BECKETT GRADING

HOME OF THE COVETED
BLACK LABEL

NO MEMBERSHIP. NO UPCHARGES.
NO CAP ON MAXIMUM SUBMISSIONS.

SCAN THE QR CODE TO SUBMIT NOW
or go to https://www.beckett.com/submit/cards/service

BECKETT

28TH EDITION 2025

BECKETT
THE #1 AUTHORITY ON COLLECTIBLES
GRADED
CARD PRICE GUIDE

THE HOBBY'S MOST RELIABLE AND RELIED UPON SOURCE™

Founder: Dr. James Beckett III
Edited by the Price Guide Staff of BECKETT COLLECTIBLES

Copyright © 2025 by Beckett Collectibles LLC

All rights reserved. No part of this book shall be reproduced in any form or by any means, electronic or mechanical, including photocopying, recording, or by any information or retrieval system, without written permission from the publisher. Prices in this guide reflect current retail rates determined just prior to printing. They do not reflect for-sale prices by the author, publisher, distributors, advertisers, or any card dealers associated with this guide. Every effort has been made to eliminate errors. Readers are invited to write us noting any errors which may be researched and corrected in subsequent printings. The publisher will not be held responsible for losses which may occur in the sale or purchase of cards because of information contained herein.

BECKETT is a registered trademark of BECKETT COLLECTIBLES LLC, PLANO, TEXAS
Manufactured in the United States of America | Published by Beckett Collectibles LLC

BECKETT

Beckett Collectibles LLC
2700 Summit Ave, Ste 100, Plano, TX 75074
(866) 287-9383 • beckett.com

First Printing ISBN: 978-1-953801-77-7

TABLE OF CONTENTS

04	HOW TO USE
06	VINTAGE BASEBALL
222	MODERN BASEBALL
234	VINTAGE BASKETBALL
249	MODERN BASKETBALL
266	VINTAGE FOOTBALL
336	MODERN FOOTBALL
353	GOLF
354	VINTAGE HOCKEY
410	MODERN HOCKEY
415	GAMING

STAFF

EDITORIAL
Mike Payne - **Editorial Director**
Ryan Cracknell - **Hobby Editor**
Ryan Wright - **Hobby Editor**
Eric Knagg - **Lead Graphic Designer**

COLLECTIBLES DATA PUBLISHING
Brian Fleischer - **Manager | Sr. Market Analyst**
Daniel Moscoso - **Digital Studio**
Matt Bible, Jeff Camay, Steven Dalton, Justin Grunert, Rex Pastrana, Kristian Redulla, Chris Roberts, Adrian Saba, Angelou Talle, Bryl Trinidad, Sam Zimmer
Price Guide Staff

ADVERTISING
Alex Soriano - **Advertising Sales Executive**
alex@beckett.com 1.619.392.5299

BECKETT GRADING SERVICES
2700 Summit Ave, Ste 100, Plano, TX 75074
Grading Sales - www.beckett.com/contact
Mike Gardner - mgardner@beckett.com
Aram Munoz - amunoz@beckett.com
Brennan Archer - barcher@beckett.com
Kenton Bettley - kentonb@beckett.com
Mike Haburay - mhaburay@beckett.com

SHOW INFORMATION
2700 Summit Ave, Ste 100, Plano, TX 75074
lknox@Beckett.com

OPERATIONS
Alberto Chavez - **Sr. Logistics & Facilities** Manager

EDITORIAL, PRODUCTION & SALES OFFICE
2700 Summit Ave, Ste 100, Plano, TX 75074
972.991.6657 www.beckett.com
© 2025 by Beckett Collectibles LLC. All rights reserved. Reproduction of material from this issue in whole or in part is prohibited.

For Customer Service/Price Guide Inquiries:
Beckett Collectibles LLC
2700 Summit Ave, Ste 100, Plano, TX 75074
www.beckett.com/contact

Subscriptions, address changes, renewals, missing or damaged copies - 1.866.287.9383
Foreign inquires
subscriptions@beckett.com
Back Issues beckettmedia.com
Books, Reprints 1.469.830.3996 OPT 7
Dealer Sales 1.469.830.3996 OPT 7
dealers@beckett.com

BECKETT

Beckett Collectibles LLC
Kevin Isaacson - **CEO**
Kevin O'Neil - **Executive Vice President of Sales**

This book is purchased by the buyer with the understanding that information presented is from various sources from which there can be no warranty or responsibility by Beckett Collectibles LLC as to the legality, completeness or technical accuracy.

COVER IMAGE BY GETTY IMAGES

How to Use

What's listed?

Beckett Graded Card Price Guide features a multi-sport format comprised of baseball, basketball, football, golf, hockey and Magic the Gathering. Our goal is to include all significant professionally graded cards from 1887-present.

What's not listed?

Unlike the raw card price guides featured within our magazine titles, Beckett Graded Card Price Guide focuses solely on material that is most frequently submitted to the top professional grading companies.

How do I find what I'm looking for?

The Price Guide is structured alphabetically by sport (baseball first, followed by basketball then football, etc.) and chronologically within each sport.

Why aren't prices listed for every condition?

After analyzing market conditions, it was determined that eight columns for vintage and four columns for modern era material best captured the range of graded cards trading hands in collectible condition. There's little need to list values for graded NM or ExMt modern era cards because material in less than NmMt condition is rarely submitted for grading. Conversely, Mint and Gem Mint graded cards are so rare in many vintage sets that providing accurate values is nearly impossible.

Why are some fields blank within the pricing grids?

Because the Price Guide is based on real-world transactions, we've deliberately left fields blank where populations are too low to derive consistent valuations. Rather than list highly dubious values for "low population" cards, we've chosen to augment the pricing grids for each set by reporting historical sales on significant rarities at the end of each set listing.

Additionally, prices are not listed for some low-end cards valued under $4 (about half the cost to grade a card). If you see a blank field for a low-end condition, you can assume the card is worth less than five dollars in that grade.

Why are vintage common cards individually listed but not modern era singles in the pricing grids?

We've gone to great lengths to extensively research market conditions for commons and minor stars. In vintage releases with a healthy community of set builders, the impact of Population Reports can be significant on the values of scarce commons and minor stars in high grade so we've included prices for every card. Frankly, it's pretty easy to figure out how much a 1957 Topps Mickey Mantle is worth in NM or NmMt since there are plenty of copies in circulation. But the task is tougher when determining the value for the Max Surkont card in similar condition - there are only a handful of high-end copies available and they sell at a premium.

There are relatively few graded card set builders for modern era releases thus the truncated listings.

How do I differentiate values between the various grading companies?

The market for professionally graded sports cards is today predominantly comprised of three companies BGS/BVG, PSA and SGC. Rather than try to break down listings for every card in every condition by every company (a bewildering option on the printed page and a virtual impossibility given the inherent inconsistencies in trading volume), we've chosen to simplify matters by providing the value that the card is most commonly traded for in that grade.

The catch is that not all company's cards always trade for equal value (in equal grade) from the various eras. We approached this dilemma by looking at market share as the primary arbiter of value. For example, the majority of 1950s graded baseball cards circulating within the secondary market are encapsulated by PSA, thus the values we list for these cards largely reflect PSA trading levels. Conversely, SGC has a significant presence and status in tobacco-era material, thus the values we list for this material is demonstrably based upon SGC transactions. In the modern era material, BGS is a market leader and the listed values are thus noticeably based on transactions of BGS cards.

None of this, however, clarifies values for the consumer dealing in vintage Beckett graded cards or modern-era SGC material. To that effect, we've added some specific sales listings to the beginning of the pricing grid for each applicable set. It's here that you'll find specific information for companies with lower trading volume in that era for some key cards, illuminating potential differences in the sales levels listed in the pricing grid.

How do I reference PSA cards with qualifiers?

In general, PSA cards with qualifiers sell for about two levels lower than the grade on the label for post-WWII material (i.e. a PSA 7 OC will sell for about the same as a standard PSA 5) and one level below the grade on the label for pre-WWII material. We don't list specific values for these cards due to low trading volume on the secondary market. Significant PSA cards with qualifiers will, however, be referenced within our sales notes at the end of each set listing.

Where do you get your sales information from?

Every card sale from every major auction house over the past few years (Heritage, Lelands, Legendary, Memory Lane, Mile High, Robert Edward, etc.) has been gathered and analyzed. The unending stream of sales from eBay and other online community-based auctions also have been reviewed. Dealers at the leading shows across America have and will continue to be interviewed by our staff of analysts throughout the year.

Furthermore, a community message board on beckett.com devoted specifically to pricing is available to all. If you've got some feedback, wish to voice your opinion or simply want to provide some sales data, you'll have a venue to do so on your own time in your own home...and our analysts will be reading (and responding when appropriate) alongside fellow collectors and dealers.

BUYING

BBCE specializes in traveling the country buying vintage and modern collections.

WE LOVE BUYING CARDS

Actively looking for sport and non-sport cards:
- **SETS** – Hand Collated or Partial Sets in Any Grade
- **SINGLES** – Autographs, Cut Signatures & Numbered Inserts
- **ROOKIES** – Key RC Cards
- **GRADED** – by PSA, BGS or SGC
- **UNOPENED** – Cases, Sets & Packs Including Junk Wax
- **GAMING** – Magic, Pokeon & Yu-Gi-Oh

BUYING FROM

- Collectors
- Estates
- Spare Room(s)
- Basements
- Storage Units
- Store Inventory
- Warehouse

CONTACT BUYER: PHIL ENDRIS

No matter if your collection is small or large, I would love to start a conversation on how BBCE can help you sell your collection. Before you sell, you owe yourself to hear an offer from BBCE.

FRIENDLY
HONEST
FAIR
INTEGRITY
PROFESSIONAL

Let's chat: phil@bbcexchange.com or call my cell 219-741-5099

BBCE.COM • Baseball Card Exchange • 2412 US-41, Schereville, IN 46375 • 800-598-8656

BASEBALL
1887 - 1980

1887-90 Old Judge N172

#	Player	PrFr 1	GD 2	VG 3	VgEx 4	EX 5	ExMt 6	NM 7	NmMt 8
1	Gus Albert	200	300	400	500	600	1,200		
3	Alexander	300	500	600	800	1,000	2,000		
4	Myron Allen	150	250	300	400	500	1,000		
5	Bob Allen	150	250	300	400	500	1,000		
6	Uncle Bill Alvord	150	250	300	400	500	1,000		
7	Varney Anderson	2,000	3,000	4,000	5,000	6,000	12,000		
8	Ed Andrews	150	250	300	400	500	1,000		
9	Ed Andrews w/B.Hoover	150	250	300	400	500	1,000		
10	Wally Andrews	150	250	300	400	500	1,000		
11	Bill Annis	150	250	300	400	500	1,000		
12B	Cap Anson Street Clothes	4,000	6,000	8,000	10,000	12,000	25,000		
13	Old Hoss Ardner	150	250	300	400	500	1,000		
14	Tug Arundel	150	250	300	400	500	1,000		
15	Jersey Bakley	150	250	300	400	500	1,000		
16	Clarence Baldwin	150	250	300	400	500	1,000		
17	Mark (Fido) Baldwin	250	400	500	600	800	1,500		
18	Lady Baldwin	150	250	300	400	500	1,000		
19	James Banning	150	250	300	400	500	1,000		
20	Samuel Barkley	150	250	300	400	500	1,000		
21	Bald Billy Barnie MG	150	250	300	400	500	1,000		
22	Charles Bassett	150	250	300	400	500	1,000		
23	Charles Bastian	150	250	300	400	500	1,000		
24	Charles Bastian w/P.Schriver	150	250	300	400	500	1,000		
25	Ebenezer Beatin	150	250	300	400	500	1,000		
26	Jake Beckley	1,500	2,500	3,000	4,000	5,000	10,000		
28	Charles Bennett	150	250	300	400	500	1,000		
29	Louis Bierbauer	150	250	300	400	500	1,000		
30	Louis Bierbauer w/R.Gamble	150	250	300	400	500	1,000		
31	Bill Bishop	150	250	300	400	500	1,000		
32	William Blair	150	250	300	400	500	1,000		
33	Ned Bligh	200	300	400	500	600	1,200		
34	Bogart	150	250	300	400	500	1,000		
35	Boyce	150	250	300	400	500	1,000		
36	Jake Boyd	150	250	300	400	500	1,000		
37	Honest John Boyle	150	250	300	400	500	1,000		
38	Handsome Henry Boyle	150	250	300	400	500	1,000		
39	Nick Bradley	150	250	300	400	500	1,000		
40	George (Grin) Bradley	600	1,000	1,200	1,500	2,000	4,000		
43	Timothy Brosnan Minn	150	250	300	400	500	1,000		
44	Timothy Brosnan Sioux	150	250	300	400	500	1,000		
45	Cal Broughton	150	250	300	400	500	1,000		
46	Dan Brouthers	600	1,000	1,200	1,500	2,000	4,000		
47	Thomas Brown	150	250	300	600				
48	California Brown	150	250	300	600				
50	Charles Brynan	150	250	300	400	500	1,000		
51	Al Buckenberger MG	150	250	300	400	500	1,000		
52	Dick Buckley	150	250	300	400	500	1,000		
53	Charles Buffington	150	250	300	400	500	1,000		
54	Ernest Burch	150	250	300	400	500	1,000		
55	Bill Burdick	150	250	300	400	500	1,000		
56	Black Jack Burdock	150	250	300	400	500	1,000		
57	Robert Burks	150	250	300	400	500	1,000		
59	James Burns Omaha	150	250	300	400	500	1,000		
60	Jimmy Burns KC	150	250	300	400	500	1,000		
61	Tommy (Oyster) Burns	250	400	500	600	800	1,500		
62	Thomas E. Burns	150	250	300	400	500	1,000		
63	Doc Bushong Brooklyn	150	250	300	400	500	1,000		
64	Doc Bushong Browns Champs	250	400	500	600	800	1,500		
65	Patsy Cahill	150	250	300	400	500	1,000		
66	Count Campau	150	250	300	400	500	1,000		
67	Jimmy Canavan	150	250	300	400	500	1,000		
68	Bart Cantz	200	300	400	500	600	1,200		
69	Handsome Jack Carney	150	250	300	400	500	1,000		
70	Hick Carpenter	250	400	500	600	800	1,500		
71	Cliff Carroll	300	500	600	800	1,000	2,000		
72	Scrappy Carroll	150	250	300	400	500	1,000		
73	Frederick Carroll	150	250	300	400	500	1,000		
74	Jumbo Cartwright	250	400	500	1,000				
75	Bob Caruthers Brooklyn	300	500	600	800	1,000	2,000		
76	Bob Caruthers Browns Champs	300	500	600	800	1,000	2,000		
77	Daniel Casey	150	250	300	400	500	1,000		
78	Icebox Chamberlain	150	250	300	400	500	1,000		
79	Cupid Childs	150	250	300	400	500	1,000		
80	Bob Clark	250	400	500	600	800	1,500		
81	Owen (Spider) Clark	250	400	500	600	800	1,500		
83	William (Dad) Clarke	150	250	300	400	500	1,000		
84	Pete Connell	150	250	300	400	500	1,000		
85	John Clarkson	800	1,200	1,500	2,000	2,500			
86	Jack Clements	150	250	300	400	500	1,000		
87	Elmer Cleveland	200	300	400	500	600	1,200		
88	Monk Cline	150	250	300	400	500	1,000		
89	Mike Cody	150	250	300	400	500	1,000		
90	John Coleman	150	250	300	400	500	1,000		
91	Bill Collins	200	300	400	500	600	1,200		
92	Hub Collins	150	250	300	400	500	1,000		
93	Charles Comiskey	800	1,200	1,500	2,000	2,500	5,000		
94	Commy Comiskey Brown's	800	1,200	1,500	2,000	2,500	5,000		
95	Roger Connor Script	2,000	3,000	4,000	5,000	6,000	12,000		
96	Roger Connor New York	1,500	2,500	3,000	4,000	5,000	10,000		
97	Richard Conway	150	250	300	400	500	1,000		
98	Peter Conway	150	250	300	400	500	1,000		
99	James Conway	150	250	300	400	500	1,000		
100	Paul Cook	150	250	300	400	500	1,000		
101	Jimmy Cooney	200	300	400	500	600	1,200		
102	Larry Corcoran	250	400	500	1,000				
103	Pop Corkhill	150	250	300	400	500	1,000		
104	Cannon Ball Crane	200	300	400	500	600	1,200		
105	Samuel Crane	250	400	500	600	800	1,500		
106	Jack Crogan	150	250	300	400	500	1,000		
107	John Crooks	150	250	300	400	500	1,000		
108	Lave Cross	150	250	300	400	500	1,000		
109	Bill Crossley	150	250	300	400	500	1,000		
111	Joe Crotty	200	300	400	500	600	1,200		
112	Billy Crowell	150	250	300	400	500	1,000		
113	Jim Cudworth	150	250	300	400	500	1,000		
114	Bert Cunningham	150	250	300	400	500	1,000		
115	Tacks Curtis	150	250	300	400	500	1,000		
117	Ed Cushman	2,000	3,000	4,000	5,000	6,000	12,000		
118	Tony Cusick	2,000	3,000	4,000	5,000	6,000	12,000		
120	Edward Dailey Phi-Wash	150	250	300	400	500	1,000		

Don't be Fooled.

The Beckett Online Price Guide is the largest and most complete database in the industry. Period.

24M+
Cards Cataloged

12M+
Cards Priced

103M+
Confirmed Sales

Join hundreds and thousands of collectors who have used the Beckett Online Price Guide.

Use promo code **OPG10** and **SAVE 10%**

SCAN THE QR CODE TO SUBSCRIBE NOW
OR go to beckett.com/opg

BECKETT

#	Name	PrFr 1	GD 2	VG 3	VgEx 4	EX 5	ExMt 6	NM 7	NmMt 8
121	Edward Dailey Columbus	250	400	500	600	800	1,500		
122	Bill Daley	150	250	300	400	500	1,000		
123	Con Daley	150	250	300	400	500	1,000		
124	Abner Dalrymple	150	250	300	400	500	1,000		
125	Tom Daly	200	300	400	500	600	1,200		
126	James Daly	150	250	300	400	500	1,000		
127	Law Daniels	200	300	400	500	600	1,200		
128	Dell Darling	150	250	300	400	500	1,000		
129	William Darnbrough	150	250	300	400	500	1,000		
130	D.J. Davin	600	1,000	1,200	1,500	2,000	4,000		
131	Jumbo Davis	150	250	300	400	500	1,000		
132	Pat Dealey	150	250	300	400	500	1,000		
133	Thomas Deasley Throwing	150	250	300	400	500	1,000		
134	Thomas Deasley Fielding	200	300	400	500	600	1,200		
135	Edward Decker	150	250	300	400	500	1,000		
136	Ed Delahanty	5,000	8,000	15,000					
137	Jeremiah Denny	150	250	300	400	500	1,000		
138	James Devlin	150	250	300	400	500	1,000		
139	Thomas Dolan	150	250	300	400	500	1,000		
142	James Donahue	200	300	400	500	600	1,200		
143	James Donnelly	250	400	500	600	800	1,500		
146	Mike Dorgan	250	400	500	600	800	1,500		
148	Home Run Duffe	250	400	500	600	800	1,500		
149	Hugh Duffy	600	1,000	1,200	1,500	2,000	4,000		
150	Dan Dugdale	150	250	300	400	500	1,000		
151	Duck Duke	150	250	300	400	500	1,000		
152	Sure Shot Dunlap	250	400	500	600	800	1,500		
153	J. Dunn	250	400	500	600	800	1,500		
154	Jesse (Cyclone) Duryea	150	250	300	400	500	1,000		
155	John Dwyer	150	250	300	400	500	1,000		
156	Billy Earle	150	250	300	400	500	1,000		
157	Buck Ebright	150	250	300	400	500	1,000		
158	Red Ehret	150	250	300	400	500	1,000		
159	R. Emmerke	200	300	400	500	600	1,200		
160	Dude Esterbrook	150	250	300	400	500	1,000		
161	Henry Esterday	150	250	300	400	500	1,000		
162	Long John Ewing	150	250	300	400	500	1,000		
163	Buck Ewing	1,200	2,000	2,500	3,000	4,000	8,000		
164	Buck Ewing w/Mascot	1,200	2,000	2,500	3,000	4,000	8,000		
165	Jay Faatz	150	250	300	400	500	1,000		
166	Clinkgers Fagan	150	250	300	400	500	1,000		
167	William Farmer	150	250	300	400	500	1,000		
168	Sidney Farrar	200	300	400	500	600	1,200		
169	Jack (Moose) Farrell	250	400	500	600	800	1,500		
170	Charles(Duke) Farrell	150	250	300	400	500	1,000		
171	Frank Fennelly	150	250	300	400	500	1,000		
172	Charlie Ferguson	150	250	300	400	500	1,000		
173	Colonel Ferson	150	250	300	400	500	1,000		
175	Jocko Fields	200	300	400	500	600	1,200		
176	Fischer - Maroons	150	250	300	400	500	1,000		
177	Thomas Flanigan	150	250	300	400	500	1,000		
178	Silver Flint	200	300	400	500	600	1,200		
179	Thomas Flood	150	250	300	400	500	1,000		
180	Jocko Flynn Omaha	600	1,000	1,200	1,500	2,000	4,000		
181	James Fogarty	250	400	500	600	800	1,500		
182	Frank (Monkey) Foreman	150	250	300	400	500	1,000		
183	Thomas Forster	150	250	300	400	500	1,000		
185	Elmer Foster NY-Chi	150	250	300	400	500	1,000		
187	Scissors Foutz Brown's	200	300	400	500	600	1,200		
188	Scissors Foutz Brooklyn	150	250	300	400	500	1,000		
189	Julie Freeman	150	250	300	400	500	1,000		
190	Will Fry	150	250	300	400	500	1,000		
192	William Fuller	150	250	300	400	500	1,000		
193	Shorty Fuller	150	250	300	400	500	1,000		
194	Christopher Fullmer	150	250	300	400	500	1,000		
195	Christopher Fullmer w/T.Tucker	150	250	300	400	500	1,000		
196	Honest John Gaffney MG	200	300	400	500	600	1,200		
197	Pud Galvin	1,500	2,500	3,000	6,000				
198	Robert Gamble	150	250	300	400	500	1,000		
199	Charles Ganzel	200	300	400	500	600	1,200		
200	Gid Gardner	150	250	300	400	500	1,000		
201	Gid Gardner w/M.Murray	150	250	300	400	500	1,000		
202	Hank Gastreich	150	250	300	400	500	1,000		
203	Emil Geiss	150	250	300	400	500	1,000		
204	Frenchy Genins	150	250	300	400	500	1,000		
205	William George	150	250	300	400	500	1,000		
206	Joe Gerhardt	150	250	300	400	500	1,000		
207	Pretzels Getzein	150	250	300	400	500	1,000		
208	Lee Gibson	150	250	300	400	500	1,000		
209	Robert Gilks	150	250	300	400	500	1,000		
210	Pete Gillespie	150	250	300	400	500	1,000		
211	Barney Gilligan	150	250	300	400	500	1,000		
212	Frank Gilmore	150	250	300	400	500	1,000		
213	Pebbly Jack Glasscock	600	1,000	1,200	1,500	2,000	4,000		
214	Kid Gleason	200	300	400	500	600	1,200		
215	Brother Bill Gleason	300	500	600	800	1,000	2,000		
216	William Bill Gleason	200	300	400	500	600	1,200		
217	Mouse Glenn	150	250	300	400	500	1,000		
218	Michael Goodfellow	150	250	300	400	500	1,000		
219	George (Piano Legs) Gore	250	400	500	600	800	1,500		
220	Frank Graves	150	250	300	400	500	1,000		
221	William Greenwood	150	250	300	400	500	1,000		
222	Michael Greer	150	250	300	400	500	1,000		
223	Mike Griffin	400	600	800	1,500				
224	Clark Griffith	1,000	1,500	2,000	2,500	3,000	6,000		
225	Henry Gruber	150	250	300	400	500	1,000		
226	Addison Gumbert	150	250	300	400	500	1,000		
227	Thomas Gunning	150	250	300	400	500	1,000		
228	Joseph Gunson	150	250	300	400	500	1,000		
229	George Haddock	150	250	300	400	500	1,000		
230	William Hafner	150	250	300	400	500	1,000		
231	Willie Hahm Mascot	150	250	300	400	500	1,000		
232	William Hallman	150	250	300	400	500	1,000		
233	Billy Hamilton	1,000	1,500	2,000	2,500	3,000	6,000		
234	Willie Hamm w/N.Williamson	200	300	400	500	600	1,200		
237	Ned Hanlon	600	1,000	1,200	1,500	2,000	4,000		
238	William Hanrahan	150	250	300	400	500	1,000		
240	Pa Harkins	150	250	300	400	500	1,000		
241	William Hart	150	250	300	400	500	1,000		
242	William (Bill) Hasamdear	150	250	300	400	500	1,000		
243	Colonel Hatfield	200	300	400	500	600	1,200		
244	Egyptian Healey Wash-Ind	150	250	300	400	500	1,000		
245	Egyptian Healey Washington	150	250	300	400	500	1,000		
246	J.C. Healy	150	250	300	400	500	1,000		
247	Guy Hecker	150	250	300	400	500	1,000		
248	Tony Hellman	150	250	300	400	500	1,000		
249	Hardie Henderson	150	250	300	400	500	1,000		
250	Hardie Henderson w/M.Greer	150	250	300	400	500	1,000		
251	Moxie Hengle	150	250	300	400	500	1,000		
252	John Henry	150	250	300	400	500	1,000		
253	Edward Herr	250	400	500	600	800	1,500		
254	Hunkey Hines	150	250	300	400	500	1,000		
255	Paul Hines	150	250	300	400	500	1,000		
256	Texas Wonder Hoffman	150	250	300	400	500	1,000		
257	Eddie Hogan	150	250	300	400	500	1,000		
259	William Holbert	150	250	300	400	500	1,000		
260	James (Bugs) Holliday	150	250	300	400	500	1,000		
261	Charles Hoover	150	250	300	400	500	1,000		
262	Buster Hoover	150	250	300	400	500	1,000		
263	Jack Horner	500	800	1,000	1,200	1,500	3,000		
264	Jack Horner w/E.Warner	150	250	300	400	500	1,000		
265	Michael Hornung	150	250	300	400	500	1,000		
266	Pete Hotaling	150	250	300	400	500	1,000		
267	William Howes	150	250	300	400	500	1,000		

SUPERIOR SPORTS INVESTMENTS
SSI

Always Buying Unopened Boxes and Singles

 Call us at: **682-706-8990**

 Text us pictures of your cards

 Check Out Our Website for Our Huge Inventory of Graded Cards, Singles, Boxes and Supplies!

We have purchased thousands of collections
THIS YEAR!
WE BUY WHAT OTHERS DON'T!

Come visit our Super Store in Arlington Texas
2201 Brookhollow Plaza /Suite 145
Arlington, Tx 76006

www.superiorsportsinvestments.com

#	Name	PrFr 1	GD 2	VG 3	VgEx 4	EX 5	ExMt 6	NM 7	NmMt 8
268	Dummy Hoy	2,000	3,000	4,000	5,000	6,000	12,000		
269	Nat Hudson Brown's	200	300	400	500	600	1,200		
270	Nat Hudson St. Louis	150	250	300	400	500	1,000		
271	Mickey Hughes	150	250	300	400	500	1,000		
272	Hungler	150	250	300	400	500	1,000		
273	Wild Bill Hutchinson	150	250	300	400	500	1,000		
274	John Irwin	150	250	300	400	500	1,000		
275	Arthur (Cut Rate) Irwin	150	250	300	400	500	1,000		
276	A.C. Jantzen	150	250	300	400	500	1,000		
277	Frederick Jevne	150	250	300	400	500	1,000		
278	John Johnson	200	300	400	500	600	1,200		
279	Richard Johnston	150	250	300	400	500	1,000		
280	Jordan	1,200	2,000	4,000					
281	Heinie Kappell	150	250	300	400	500	1,000		
282	Timothy Keefe	1,000	1,500	2,000	2,500	3,000	6,000		
283	Tim Keefe w/D.Richardson	800	1,200	1,500	2,000	2,500	5,000		
284	George Keefe	150	250	300	400	500	1,000		
285	James Keenan	150	250	300	400	500	1,000		
286	Mike (King) Kelly	2,500	4,000	5,000	6,000	8,000	15,000		
287	Honest John Kelly MGR	600	1,000	1,200	1,500	2,000	4,000		
288	Kelly UMP	150	250	300	400	500	1,000		
289	Charles Kelly	300	500	600	800	1,000	2,000		
290	Kelly and Powell UMP-MGR	150	250	300	400	500	1,000		
291	Rudolph Kemmler Brown's	200	300	400	500	600	1,200		
292	Rudolph Kemmler St. Paul	150	250	300	400	500	1,000		
293	Theodore Kennedy	150	250	300	400	500	1,000		
294	J.J. Kenyon	150	250	300	400	500	1,000		
295	John Kerins	150	250	300	400	500	1,000		
296	Matthew Kilroy	150	250	300	400	500	1,000		
298	August Kloff	300	500	600	800	1,000	2,000		
299	William Klusman	150	250	300	400	500	1,000		
300	Phillip Knell	150	250	300	400	500	1,000		
301	Fred Knouf	150	250	300	400	500	1,000		
303	William Krieg	150	250	300	400	500	1,000		
304	William Krieg w/A.Kloff	150	250	300	400	500	1,000		
305	Gus Krock	200	300	400	500	600	1,200		
306	Willie Kuehne	150	250	300	400	500	1,000		
307	Frederick Lange	150	250	300	400	500	1,000		
308	Ted Larkin	150	250	300	400	500	1,000		
309	Arlie Latham Brown's	300	500	600	800	1,000	2,000		
310	Arlie Latham Stl-Chi	200	300	400	500	600	1,200		
311	John Lauer	150	250	300	400	500	1,000		
312	John Leighton	300	500	600	800	1,000	2,000		
314	Tom Loftus MGR	150	250	300	400	500	1,000		
315	Herman (Germany) Long	200	300	400	500	600	1,200		
317	Tom Lovett	150	250	300	400	500	1,000		
318	Bobby (Link) Lowe	200	300	400	500	600	1,200		
321	Dennis Lyons	150	250	300	400	500	1,000		
322	Harry Lyons	200	300	400	500	600	1,200		
323	Connie Mack	3,000	5,000	6,000	8,000	10,000	20,000		
324	Joe (Reddie) Mack	150	250	300	400	500	1,000		
325	James (Little Mack) Macullar	150	250	300	400	500	1,000		
326	Kid Madden	150	250	300	400	500	1,000		
327	Daniel Mahoney	150	250	300	400	500	1,000		
328	Willard (Grasshopper) Maines	150	250	300	400	500	1,000		
329	Fred Mann	150	250	300	400	500	1,000		
330	Jimmy Manning	150	250	300	400	500	1,000		
331	Charles (Lefty) Marr	150	250	300	400	500	1,000		
332	Mascot (Willie) Breslin	150	250	300	400	500	1,000		
333	Samuel Maskery	150	250	300	400	500	1,000		
335	Michael Mattimore	300	500	600	800	1,000	2,000		
336	Albert Maul	150	250	300	400	500	1,000		
338	Albert Mays	150	250	300	400	500	1,000		
339	James McAleer	150	250	300	400	500	1,000		
340	Tommy McCarthy	500	800	1,000	1,200	1,500	3,000		
341	John McCarthy	150	250	300	400	500	1,000		
342	James McCauley	150	250	300	400	500	1,000		
343	William McClellan	150	250	300	400	500	1,000		
344	John McCormack	250	400	500	600	800	1,500		
345	Big Jim McCormick	150	250	300	400	500	1,000		
346	McCreachery MGR	500	800	1,000	1,200	1,500	3,000		
347	James (Chippy) McGarr	150	250	300	400	500	1,000		
348	Jack McGeachy	150	250	300	400	500	1,000		
349	John McGlone	150	250	300	400	500	1,000		
350	James (Deacon) McGuire	300	500	600	800	1,000	2,000		
351	Bill McGunnigle MGR	200	300	400	500	600	1,200		
352	Ed McKean	150	250	300	400	500	1,000		
353	Alex McKinnon	150	250	300	400	500	1,000		
355	Bid McPhee	5,000	8,000	10,000	12,000	15,000	30,000		
356	James McQuaid	150	250	300	400	500	1,000		
357	John McQuaid UMP	150	250	300	400	500	1,000		
358	Jame McTamany	300	500	600	800	1,000	2,000		
359	George McVey	150	250	300	400	500	1,000		
362	George (Doggie) Miller	150	250	300	400	500	1,000		
363	Joseph Miller	150	250	300	400	500	1,000		
364	Jocko Milligan	150	250	300	400	500	1,000		
365	E.L. Mills	150	250	300	400	500	1,000		
366	Daniel Minnehan	150	250	300	400	500	1,000		
367	Samuel Moffet	150	250	300	400	500	1,000		
368	Honest Morrell	250	400	500	600	800	1,500		
369	Ed Morris	200	300	400	500	600	1,200		
370	Morrisey	150	250	300	400	500	1,000		
371	Tony (Count) Mullane	200	300	400	500	600	1,200		
372	Joseph Mulvey	150	250	300	400	500	1,000		
373	P.L. Murphy	150	250	300	400	500	1,000		
374	Pat J. Murphy	150	250	300	400	500	1,000		
375	Miah Murray	150	250	300	400	500	1,000		
376	Truthful Mutrie MGR	600	1,000	1,200	1,500	2,000	4,000		
377	George Myers	150	250	300	400	500	1,000		
378	Al (Cod) Myers	200	300	400	500	600	1,200		
379	Thomas Nagle	150	250	300	400	500	1,000		
380	Billy Nash	300	500	600	800	1,000	2,000		
382	Kid Nichols	2,500	4,000	5,000	6,000	8,000	15,000		
383	Samuel Nichols	150	250	300	400	500	1,000		
384	J.W. Nicholson	150	250	300	400	500	1,000		
385	Tom Nicholson (Parson)	250	400	500	600	800	1,500		
386	Nick Nicholl Brown's	200	300	400	500	600	1,200		
387	Hugh Nicol	150	250	300	400	500	1,000		
388	Hugh Nicol w/J.Reilly	150	250	300	400	500	1,000		
389	Frederick Nyce	150	250	300	400	500	1,000		
390	Doc Oberlander	200	300	400	500	600	1,200		
391	Jack O'Brien	250	400	800					
392	Billy O'Brien	150	250	300	400	500	1,000		
393	Billy O'Brien w/J.Irwin	150	250	300	400	500	1,000		
394	Darby O'Brien	150	250	300	400	500	1,000		
395	John O'Brien	200	300	400	500	600	1,200		
396	P.J. O'Connell	150	250	300	400	500	1,000		
398	Hank O'Day	500	800	1,000	1,200	1,500	3,000		
399	O'Day	150	250	300	400	500	1,000		
400	James O'Neil Stl-Chi	200	300	400	500	600	1,200		
401	James O'Neil Brown's	200	300	400	500	600	1,200		
403	Jim O'Rourke	1,000	1,500	2,000	2,500	3,000	6,000		
404	Thomas O'Rourke	150	250	300	400	500	1,000		
406	David Orr	150	250	300	400	500	1,000		
407	Parsons	150	250	300	400	500	1,000		
408	Owen Patton	150	250	300	400	500	1,000		
409	James Peeples	150	250	300	400	500	1,000		
410	James Peeples w/H.Henderson	150	250	300	400	500	1,000		
412	Patrick Pettee	150	250	300	400	500	1,000		
413	Patrick Pettee w/B.Lowe	150	250	300	400	500	1,000		
414	Dandelion Pfeffer	250	400	500	600	800	1,500		
415	Dick Phelan	150	250	300	400	500	1,000		
416	William Phillips	150	250	300	400	500	1,000		
418	George Pinkney	150	250	300	400	500	1,000		

#	Name	PrFr 1	GD 2	VG 3	VgEx 4	EX 5	ExMt 6	NM 7	NmMt 8
419	Thomas Poorman	150	250	300	400	500	1,000		
420	Henry Porter	400	600	800	1,000	1,200	2,500		
421	James Powell	150	250	300	400	500	1,000		
423	Bill (Blondie) Purcell	150	250	300	400	500	1,000		
424	Thomas Quinn	150	250	300	400	500	1,000		
425	Joseph Quinn	150	250	300	400	500	1,000		
426	Old Hoss Radbourne Portrait	2,000	3,000	4,000	5,000	6,000	12,000		
427	Old Hoss Radbourne In Action	2,000	3,000	4,000	5,000	6,000	12,000		
428	Shorty Radford	150	250	300	400	500	1,000		
429	Tom Ramsey	150	250	300	400	500	1,000		
430	Rehse	150	250	300	400	500	1,000		
431	Long John Reilly	150	250	300	400	500	1,000		
432	Charles (Princeton) Reilly	150	250	300	400	500	1,000		
433	Charles Reynolds	150	250	300	400	500	1,000		
434	Hardie Richardson	150	250	300	400	500	1,000		
435	Danny Richardson	150	250	300	400	500	1,000		
437	John Roach	150	250	300	400	500	1,000		
438	Wilbert Robinson	1,500	2,500	3,000	4,000	5,000	10,000		
439	M.C. Robinson	150	250	300	400	500	1,000		
440	Yank Robinson Stl	150	250	300	400	500	1,000		
441	Yank Robinson Brown's	300	500	600	800	1,000	2,000		
442	George Rooks	150	250	300	400	500	1,000		
445	Jack Rowe	150	250	300	400	500	1,000		
446	Amos Rusie	2,500	4,000	5,000	10,000				
447	Amos Rusie New York	2,500	4,000	5,000	10,000				
448	James Ryan	200	300	400	500	600	1,200		
449	Henry Sage	150	250	300	400	500	1,000		
450	Henry Sage w/W.Van Dyke	150	250	300	400	500	1,000		
451	Sanders	150	250	300	400	500	1,000		
452	Al (Ben) Sanders	150	250	300	400	500	1,000		
453	Frank Scheibeck	150	250	300	400	500	1,000		
454	Albert Schellhase	150	250	300	400	500	1,000		
455	William Schenkle	150	250	300	400	500	1,000		
456	Bill Schildknecht	150	250	300	400	500	1,000		
457	Gus Schmelz MG	150	250	300	400	500	1,000		
458	Lewis (Jumbo) Schoeneck	150	250	300	400	500	1,000		
459	Pop Schriver	150	250	300	400	500	1,000		
460	John Seery	150	250	300	400	500	1,000		
461	William Serad	150	250	300	400	500	1,000		
462	Edward Seward	200	300	400	500	600	1,200		
463	George (Orator) Shafer	150	250	300	400	500	1,000		
464	Frank Shafer	150	250	300	400	500	1,000		
465	Daniel Shannon	150	250	300	400	500	1,000		
466	William Sharsig	150	250	300	400	500	1,000		
467	Samuel Shaw	150	250	300	400	500	1,000		
468	John Shaw	150	250	300	400	500	1,000		
469	William Shindle	150	250	300	400	500	1,000		
470	George Shoch	300	500	600	800	1,000	2,000		
471	Otto Shomberg	150	250	300	400	500	1,000		
472	Lev Shrev	150	250	300	400	500	1,000		
473	Ed (Baldy) Silch	150	250	300	400	500	1,000		
474	Michael Slattery	150	250	300	400	500	1,000		
475	Sam (Sky Rocket) Smith	150	250	300	400	500	1,000		
476	John Smith Portrait	600	1,000	1,200	1,500	2,000	4,000		
477	John Smith Non-Portrait	200	300	400	500	600	1,200		
478	Elmer Smith	150	250	300	400	500	1,000		
479	Fred (Sam) Smith	150	250	300	400	500	1,000		
480	George (Germany) Smith	150	250	300	400	500	1,000		
481	Pop Smith	150	250	300	400	500	1,000		
482	Nick Smith	150	250	300	400	500	1,000		
483	P.T. Somers	150	250	300	400	500	1,000		
484	Joe Sommer	150	250	300	400	500	1,000		
485	Pete Sommers	150	250	300	400	500	1,000		
486	William Sowders	200	300	400	500	600	1,200		
487	John Sowders	150	250	300	400	500	1,000		
488	Charles Sprague	150	250	300	400	500	1,000		
489	Edward Sproat	150	250	300	400	500	1,000		
490	Harry Staley	250	400	500	600	800	1,500		
491	Daniel Stearns	200	300	400	500	600	1,200		
492	Billy (Cannonball) Stemmyer	150	250	300	400	500	1,000		
493	B.F. Stephens	150	250	300	400	500	1,000		
494	John C. Sterling	150	250	300	400	500	1,000		
496	Harry Stovey	300	500	600	800	1,000	2,000		
497	C. Scott Stratton	150	250	300	400	500	1,000		
498	Joseph Straus	150	250	300	400	500	1,000		
499	John (Cub) Stricker	150	250	300	400	500	1,000		
500	Marty Sullivan	150	250	300	400	500	1,000		
501	Michael Sullivan	150	250	300	400	500	1,000		
502	Billy Sunday	800	1,200	1,500	2,000	2,500	5,000		
503	Sy Sutcliffe	150	250	300	400	500	1,000		
504	Ezra Sutton	150	250	300	400	500	1,000		
505	Ed Cyrus Swartwood	250	400	500	600	800	1,500		
506	Parke Swartzel	150	250	300	400	500	1,000		
507	Peter Sweeney	150	250	300	400	500	1,000		
509	Ed (Dimples) Tate	150	250	300	400	500	1,000		
510	Patsy Tebeau	200	300	400	500	600	1,200		
511	John Tener	150	250	300	400	500	1,000		
512	Bill (Adonis) Terry	150	250	300	400	500	1,000		
513	Sam Thompson	2,000	3,000	4,000	5,000	6,000	12,000		
514	Silent Mike Tiernan	200	300	400	500	600	1,200		
515	Ledell Titcomb	150	250	300	400	500	1,000		
516	Phillip Tomney	150	250	300	400	500	1,000		
517	Stephen Toole	250	400	500	600	800	1,500		
518	George Townsend	150	250	300	400	500	1,000		
519	William Traffley	150	250	300	400	500	1,000		
520	George Treadway	150	250	300	400	500	1,000		
521	Samuel Trott	150	250	300	400	500	1,000		
522	Samuel Trott w/T.Burns	150	250	300	400	500	1,000		
523	Tom (Foghorn) Tucker	150	250	300	400	500	1,000		
524	William Tuckerman	250	400	500	600	800	1,500		
525	George Turner	150	250	300	400	500	1,000		
526	Lawrence Twitchell	500	800	1,000	1,200	1,500	3,000		
527	James Tyng	150	250	300	400	500	1,000		
529	George (Rip) Van Haltren	250	400	500	600	800	1,500		
530	Farmer Harry Vaughn	150	250	300	400	500	1,000		
531	Peek-a-Boo Veach St. Paul	250	400	500	600	800	1,500		
533	Leon Viau	150	250	300	400	500	1,000		
534	William Vinton	150	250	300	400	500	1,000		
535	Joseph Visner	150	250	300	400	500	1,000		
537	Joseph Walsh	150	250	300	400	500	1,000		
538	John M. Ward	1,500	2,500	3,000	4,000	5,000	10,000		
539	E.H. Warner	250	400	500	600	800	1,500		
540	William Watkins MGR	150	250	300	400	500	1,000		
541	Farmer Bill Weaver	150	250	300	400	500	1,000		
542	Charles Weber	250	400	500	600	800	1,500		
543	George (Stump) Weidman	250	400	500	600	800	1,500		
544	William Widner	150	250	300	400	500	1,000		
545	Curtis Welch Brown's	200	300	400	500	600	1,200		
546	Curtis Welch A's	150	250	300	400	500	1,000		
547	Curtis Welch w/B.Gleason	200	300	400	500	600	1,200		
548	Smilin Mickey Welch	1,500	2,500	3,000	4,000	5,000	10,000		
549	Jake Wells	150	250	300	400	500	1,000		
550	Frank Wells	150	250	300	400	500	1,000		
551	Joseph Werrick	150	250	300	400	500	1,000		
552	Milton (Buck) West	150	250	300	400	500	1,000		
553	Gus (Cannonball) Weyhing	150	250	300	400	500	1,000		
554	John Weyhing	150	250	300	400	500	1,000		
555	Bobby Wheelock	150	250	300	400	500	1,000		
556	Whitacre	150	250	300	400	500	1,000		
557	Pat Whitaker	150	250	300	400	500	1,000		
558	Deacon White	1,500	2,500	3,000	4,000	5,000	10,000		
559	William White	150	250	300	400	500	1,000		
560	Jim (Grasshopper) Whitney	200	300	400	500	600	1,200		
561	Arthur Whitney	200	300	400	500	600	1,200		

Beckett Graded Card Price Guide 11

#	Name	PrFr 1	GD 2	VG 3	VgEx 4	EX 5	ExMt 6	NM 7	NmMt 8
562	G. Whitney	150	250	300	400	500	1,000		
563	James Williams MG	150	250	300	400	500	1,000		
564	Ned Williamson	200	300	400	500	600	1,200		
565	Williamson and Mascot	150	250	300	400	500	1,000		
566	C.H. Willis	150	250	300	400	500	1,000		
567	Walt Wilmot	150	250	300	400	500	1,000		
568	George Winkleman Hartford	400	600	800	1,000	1,200	2,500		
569	Samuel Wise	150	250	300	400	500	1,000		
570	William (Chicken) Wolf	150	250	300	400	500	1,000		
571	George (Dandy) Wood	200	300	400	500	600	1,200		
572	Peter Wood	300	500	600	800	1,000	2,000		
573	Harry Wright	4,000	6,000	8,000	10,000	12,000	25,000		
574	Charles (Chief) Zimmer	150	250	300	400	500	1,000		
575	Frank Zinn	150	250	300	400	500	1,000		

1887 Allen and Ginter N28

#	Name	PrFr 1	GD 2	VG 3	VgEx 4	EX 5	ExMt 6	NM 7	NmMt 8
1	Cap Anson/Baseball	2,500	4,000	5,000	6,000	8,000	10,000	15,000	30,000
2	Charles Bennett/Baseball	600	1,000	1,200	1,500	3,000			
3	Robert L. Caruthers/Baseball	500	800	1,000	1,200	1,500	2,000	3,000	6,000
4	John Clarkson/Baseball	1,200	2,000	2,500	3,000	4,000	5,000	8,000	15,000
5	Charles Comiskey/Baseball	1,200	2,000	2,500	3,000	4,000	5,000	10,000	
6	Captain Jack Glasscock/Baseball	1,000	1,200	1,500	2,000	2,500	3,000	4,000	8,000
7	Timothy Keefe/Baseball	1,500	2,500	3,000	4,000	5,000	6,000	8,000	15,000
8	Mike Kelly/Baseball	2,000	3,000	4,000	5,000	6,000	8,000	10,000	20,000
9	Joseph Mulvey/Baseball	400	600	800	1,000	1,200	1,500	2,000	4,000
10	John M. Ward/Baseball	1,200	2,000	2,500	3,000	4,000	5,000	6,000	12,000

1888 Allen and Ginter N29

#	Name	PrFr 1	GD 2	VG 3	VgEx 4	EX 5	ExMt 6	NM 7	NmMt 8
1	Buck Ewing/Baseball	800	1,200	1,500	2,000	2,500	3,000	4,000	8,000

1895 Mayo's Cut Plug N300

#	Name	PrFr 1	GD 2	VG 3	VgEx 4	EX 5	ExMt 6	NM 7	NmMt 8
1	Charlie Abbey	600	1,000	1,200	1,500	3,000			
2	Cap Anson	2,500	4,000	5,000	6,000	12,000			
3	Jimmy Bannon	300	500	600	800	1,500			
4A	Dan Brouthers Baltimore	2,000	3,000	4,000	5,000	10,000			
4B	Dan Brouthers Louisville	2,000	3,000	4,000	5,000	10,000			
5	Ed Cartwright	300	500	600	800	1,500			
6	John Clarkson	800	1,200	1,500	2,000	2,500	5,000		
7	Tommy Corcoran	300	500	600	1,200				
8	Lave Cross	300	500	600	800	1,500			
9	William Dahlen	500	800	1,000	2,000				
10	Tom Daly	300	500	600	800	1,500			
11	Ed Delehanty UER	3,000	5,000	6,000	8,000	15,000			
12	Hugh Duffy	800	1,200	1,500	3,000				
13A	Buck Ewing Cincinnati	2,000	3,000	4,000	5,000	10,000			
13B	Buck Ewing Cleveland	2,000	3,000	4,000	5,000	10,000			
14	Dave Foutz	300	500	600	800	1,500			
15	Bill Joyce	300	500	600	800	1,500			
16	Charlie Ganzel	300	500	600	800	1,500			
17A	Jack Glasscock Louisville	300	500	600	800	1,500			
17B	Jack Glasscock Pittsburgh	500	800	1,000	2,000				
18	Mike Griffin	300	500	600	800	1,500			
19A	George Haddock No Team	600	1,000	2,000					
19B	George Haddock Philadelphia	300	500	600	800	1,500			
20	Bill Hallman	300	500	600	800	1,500			
21	Billy Hamilton	1,000	1,500	2,000	2,500	5,000			
22	Brickyard Kennedy	400	600	800	1,000	2,000			
23A	Tom Kinslow No Team	600	1,000	2,000					
23B	Tom Kinslow Pittsburgh	500	800	1,000	1,200	2,500			
24	Arlie Latham	300	500	600	800	1,500			
25	Herman Long	300	500	600	800	1,500			
26	Tom Lovett	300	500	600	800	1,500			

#	Name	PrFr 1	GD 2	VG 3	VgEx 4	EX 5	ExMt 6	NM 7	NmMt 8
27	Link Lowe	300	500	600	800	1,500			
28	Tommy McCarthy	800	1,200	1,500	2,000	4,000			
29	Yale Murphy	400	600	800	1,000	2,000			
30	Billy Nash	300	500	600	800	1,500			
31	Kid Nichols	2,500	4,000	5,000	6,000	12,000			
32A	Fred Pfeffer 2nd Base	400	600	800	1,000	2,000			
32B	Fred Pfeffer Retired	400	600	800	1,000	2,000			
33	Wilbert Robinson	1,500	2,500	3,000	4,000	8,000			
34A	Amos Rusie COR	2,000	3,000	4,000	5,000	10,000			
34B	Amos Russie ERR	1,500	2,500	3,000	4,000	8,000			
35	Jimmy Ryan	300	500	600	800	1,500			
36	Bill Shindle	300	500	600	800	1,500			
37	Germany Smith	300	500	600	800	1,500			
38	Otis Stockdale UER	300	500	600	800	1,500			
39	Tommy Tucker	300	500	600	800	1,500			
40A	John Ward 2nd Base	1,500	2,500	3,000	4,000	8,000			
40B	John Ward Retired	1,500	2,500	3,000	4,000	8,000			

1906 Fan Craze AL WG2

#	Name	GD 2	VG 3	VgEx 4	EX 5	ExMt 6	NM 7	NmMt 8	MT 9
1	Nick Altrock	50	60	80	100	120	150	200	400
2	Jim Barrett	40	50	60	80	100	120	150	300
3	Harry Bay	40	50	60	80	100	120	150	300
4	Chief Bender	150	200	250	300	400	500	600	1,200
5	Bill Bernhardt	40	50	60	80	100	120	150	300
6	Bill Bradley	40	50	60	80	100	120	150	300
7	Jack Chesbro	150	200	250	300	400	500	600	1,200
8	Jimmy Collins	120	150	200	250	300	400	500	1,000
9	Sam Crawford	200	250	300	400	500	600	800	1,500
10	Lou Criger	40	50	60	80	100	120	150	300
11	Lave Cross	40	50	60	80	100	120	150	300
12	Monty Cross	40	50	60	80	100	120	150	300
13	Harry Davis	40	50	60	80	100	120	150	300
14	Bill Dineen	40	50	60	80	100	120	150	300
15	Pat Donovan	40	50	60	80	100	120	150	300
16	Pat Dougherty	40	50	60	80	100	120	150	300
17	Norman Elberfeld	40	50	60	80	100	120	150	300
18	Hobe Ferris	40	50	60	80	100	120	150	300
19	Elmer Flick	120	150	200	250	300	400	500	1,000
20	Buck Freeman	40	50	60	80	100	120	150	300
21	Fred Glade	40	50	60	80	100	120	150	300
22	Clark Griffith	120	150	200	250	300	400	500	1,000
23	Charles Hickman	40	50	60	80	100	120	150	300
24	William Holmes	40	50	60	80	100	120	150	300
25	Harry Howell	40	50	60	80	100	120	150	300
26	Frank Isbell	40	50	60	80	100	120	150	300
27	Albert Jacobson	40	50	60	80	100	120	150	300
28	Ban Johnson PRES	200	250	300	400	500	600	800	1,500
29	Fielder Jones	40	50	60	80	100	120	150	300
30	Adrian Joss	200	250	300	400	500	600	800	1,500
31	Willie Keeler	150	200	250	300	400	500	600	1,200
32	Nap Lajoie	200	250	300	400	500	600	800	1,500
33	Connie Mack MG	250	300	400	400	500	600	800	1,500
34	Jimmy McAleer	40	50	60	80	100	120	150	300
35	Jim McGuire	40	50	60	80	100	120	150	300
36	Earl Moore	40	50	60	80	100	120	150	300
37	George Mullen	60	80	100	120	150	200	250	500
38	Billy Owen	40	50	60	80	100	120	150	300
39	Fred Parent	40	50	60	80	100	120	150	300
40	Case Patten	40	50	60	80	100	120	150	300
41	Eddie Plank	250	300	400	400	500	600	800	1,500
42	Ossie Schreckengost	40	50	60	80	100	120	150	300
43	Jake Stahl	50	60	80	100	120	150	200	400

		GD 2	VG 3	VgEx 4	EX 5	ExMt 6	NM 7	NmMt 8	MT 9
44	Fred Stone	40	50	60	80	100	120	150	300
45	William Sudhoff	40	50	60	80	100	120	150	300
46	Roy Turner	40	50	60	80	100	120	150	300
47	Rube Waddell	120	150	200	250	300	400	500	1,000
48	Bob Wallace	100	120	150	200	250	300	400	800
49	G. Harris White	40	50	60	80	100	120	150	300
50	George Winter	40	50	60	80	100	120	150	300
51	Cy Young	400	500	600	800	1,000	1,200	2,500	

1906 Fan Craze NL WG3

		GD 2	VG 3	VgEx 4	EX 5	ExMt 6	NM 7	NmMt 8	MT 9
1	Red Ames	40	50	60	80	100	120	150	300
2	Ginger Beaumont	40	50	60	80	100	120	150	300
3	Jake Beckley	150	200	250	300	400	500	600	1,200
4	Billy Bergen	40	50	60	80	100	120	150	300
5	Roger Bresnahan	150	200	250	300	400	500	600	1,200
6	George Brown	40	50	60	80	100	120	150	300
7	Mordacai Brown (Mordecai)	150	200	250	300	400	500	600	1,200
8	Doc Casey	40	50	60	80	100	120	150	300
9	Frank Chance	120	150	200	250	200	250	300	600
10	Fred Clarke	120	150	200	250	200	250	300	600
11	Tommy Corcoran	40	50	60	80	100	120	150	300
12	Bill Dahlen	50	60	80	100	120	150	200	400
13	Mike Donlin	40	50	60	80	100	120	150	300
14	Charley Dooin	40	50	60	80	100	120	150	300
15	Mickey Doolin (Doolan)	40	50	60	80	100	120	150	300
16	Hugh Duffy	120	150	200	250	200	250	300	600
17	John E. Dunleavy	40	50	60	80	100	120	150	300
18	Bob Ewing	40	50	60	80	100	120	150	300
19	Chick Fraser	40	50	60	80	100	120	150	300
20	Ned Hanlon MG	120	150	200	250	300	400	500	1,000
21	Del Howard	40	50	60	80	100	120	150	300
22	Miller Huggins	120	150	200	250	300	400	500	1,000
23	Joe Kelley	120	150	200	250	300	400	500	1,000
24	John Kling	40	50	60	80	100	120	150	300
25	Tommy Leach	40	50	60	80	100	120	150	300
26	Harry Lumley	40	50	60	80	100	120	150	300
27	Carl Lundgren	40	50	60	80	100	120	150	300
28	Bill Maloney	40	50	60	80	100	120	150	300
29	Dan McGann	40	50	60	80	100	120	150	300
30	Joe McGinnity	120	150	200	250	300	400	500	1,000
31	John McGraw MG	120	150	200	250	300	400	500	1,000
32	Harry McIntire	40	50	60	80	100	120	150	300
33	Kid Nichols	80	100	120	150	200	250	300	600
34	Mike O'Neil	40	50	60	80	100	120	150	300
35	Orval Overall	40	50	60	80	100	120	150	300
36	Frank Pfeffer	40	50	60	80	100	120	150	300
37	Deacon Philippe	40	50	60	80	100	120	150	300
38	Charley Pittinger	40	50	60	80	100	120	150	300
39	Harry C. Pulliam PRES	40	50	60	80	100	120	150	300
40	Ed Reulbach	40	50	60	80	100	120	150	300
41	Claude Ritchey	40	50	60	80	100	120	150	300
42	Cy Seymour	40	50	60	80	100	120	150	300
43	Jim Sheckard	40	50	60	80	100	120	150	300
44	Jack Taylor	40	50	60	80	100	120	150	300
45	Dummy Taylor	40	50	60	80	100	120	150	300
46	Fred Tenny (Tenney)	40	50	60	80	100	120	150	300
47	Harry Theilman	40	50	60	80	100	120	150	300
48	Roy Thomas	40	50	60	80	100	120	150	300
49	Honus Wagner	1,200	1,500	2,000	2,500	3,000	4,000	8,000	
50	Jake Weimer	40	50	60	80	100	120	150	300
51	Bob Wicker	40	50	60	80	100	120	150	300
52	Vic Willis	120	150	200	250	300	400	500	1,000
53	Lew Wiltsie	40	50	60	80	100	120	150	300
54	Irving Young	40	50	60	80	100	120	150	300

1909 E92-1 Dockman and Sons

		PrFr 1	GD 2	VG 3	VgEx 4	EX 5	ExMt 6	NM 7	NmMt 8
1	Harry Bemis	80	120	150	200	250	500		
2	Chief Bender	250	400	500	1,000				
3	Bill Bergen	150	250	300	400	500	1,000		
4	Bob Bescher	150	250	300	400	500	1,000		
5	Al Bridwell	80	120	150	200	250	500		
6	Joe Casey	80	120	150	200	250	500		
7	Frank Chance	300	500	600	800	1,500			
8	Hal Chase	150	250	300	400	500	1,000		
9	Sam Crawford	250	400	500	600	1,200			
10	Harry Davis	120	200	250	300	400	800		
11	Art Devlin	80	120	150	200	250	500		
12	Bill Donovan	80	120	150	200	250	500		
13	Mickey Doolan	80	120	150	200	250	500		
14	Patsy Dougherty	80	120	150	200	250	500		
15	Larry Doyle Batting	80	120	150	200	250	500		
16	Larry Doyle Throwing	80	120	150	200	250	500		
17	George Gibson	80	120	150	200	250	500		
18	Topsy Hartsel	80	120	150	200	250	500		
19	Hugh Jennings	300	500	600	800	1,000	2,000		
20	Red Kleinow	150	250	300	400	500	1,000		
21	Nap Lajoie	400	600	800	1,000	2,000			
22	Hans Lobert	80	120	150	200	250	500		
23	Sherry Magee	80	120	150	200	250	500		
24	Christy Matthewson	1,000	1,500	2,000	2,500	3,000	6,000		
25	John McGraw	300	500	600	800	1,500			
26	Larry McLean	150	250	300	400	500	1,000		
27	Dots Miller Batting	80	120	150	200	250	500		
28	Danny Murphy	80	120	150	200	250	500		
29	Bill O'Hara	100	150	200	250	300	600		
30	Germany Schaefer	100	150	200	250	300	600		
31	Admiral Schlei	200	300	400	500	600	1,200		
32	Boss Schmidt	100	150	200	250	300	600		
33	John Siegle	120	200	250	300	400	800		
34	Dave Shean	80	120	150	200	250	500		
35	Frank Smith	80	120	150	200	250	500		
36	Joe Tinker	300	500	600	800	1,500			
37	Honus Wagner Batting	2,000	2,500	3,000	6,000				
38	Honus Wagner Throwing	2,500	4,000	5,000	6,000	12,000			
39	Cy Young Cleveland	1,000	1,500	2,000	2,500	5,000			
40	Heinie Zimmerman	80	120	150	200	250	500		

1909 E92-2 Croft's Candy

		PrFr 1	GD 2	VG 3	VgEx 4	EX 5	ExMt 6	NM 7	NmMt 8
1	Jack Barry	150	250	300	400	500	1,000		
2	Harry Bemis	150	250	300	400	500	1,000		
3	Chief Bender Striped Cap	400	600	800	1,000	2,000			
4	Chief Bender White Cap	400	600	800	1,000	2,000			
5	Bill Bergen	150	250	300	400	500	1,000		
6	Bob Bescher	150	250	300	400	500	1,000		
7	Al Bridwell	150	250	300	400	500	1,000		
8	Doc Casey	150	250	300	400	500	1,000		
9	Frank Chance	500	800	1,000	1,200	2,500			
10	Hal Chase	250	400	500	600	800	1,500		
11	Ty Cobb	5,000	8,000	10,000	14,000				
12	Eddie Collins	400	600	800	1,000	2,000			
13	Sam Crawford	400	600	800	1,000	2,000			
14	Harry Davis	150	250	300	400	500	1,000		
15	Art Devlin	150	250	300	400	500	1,000		
16	Bill Donovan	150	250	300	400	500	1,000		
17	Red Dooin	150	250	300	400	500	1,000		
18	Mickey Doolan	150	250	300	400	500	1,000		
19	Patsy Dougherty	150	250	300	400	500	1,000		

#	Player	PrFr 1	GD 2	VG 3	VgEx 4	EX 5	ExMt 6	NM 7	NmMt 8
20	Larry Doyle Batting	500	800	1,000	1,200	1,500	3,000		
21	Larry Doyle Throwing	150	250	300	400	500	1,000		
22	Johnny Evers	400	600	800	1,000	2,000			
23	George Gibson	150	250	300	400	500	1,000		
24	Topsy Hartsel	150	250	300	400	500	1,000		
25	Fred Jacklitsch	150	250	300	400	500	1,000		
26	Hugh Jennings	150	250	300	400	500	1,000		
27	Red Kleinow	150	250	300	400	500	1,000		
28	Otto Knabe	150	250	300	400	500	1,000		
29	John Knight	150	250	300	400	500	1,000		
30	Nap Lajoie	500	800	1,000	1,200	2,500			
31	Hans Lobert	150	250	300	400	500	1,000		
32	Sherry Magee	150	250	300	400	500	1,000		
33	Christy Matthewson	1,500	2,500	3,000	6,000				
34	John McGraw	400	600	800	1,000	2,000			
35	Larry McLean	150	250	300	400	500	1,000		
36	Dots Miller Batting	150	250	300	400	500	1,000		
37	Dots Miller Fielding	150	250	300	400	500	1,000		
38	Danny Murphy	150	250	300	400	500	1,000		
39	Bill O'Hara	150	250	300	400	500	1,000		
40	Germany Schaefer	150	250	300	400	500	1,000		
41	Admiral Schlei	150	250	300	400	500	1,000		
42	Boss Schmidt	150	250	300	400	500	1,000		
43	Dave Shean	250	400	500	600	800	1,500		
44	John Siegle	150	250	300	400	500	1,000		
45	Frank Smith	150	250	300	400	500	1,000		
46	Joe Tinker	400	600	800	1,000	2,000			
47	Honus Wagner Batting	2,500	4,000	5,000	10,000				
48	Honus Wagner Throwing	3,000	5,000	6,000	12,000				
49	Cy Young	1,200	2,000	2,500	3,000	6,000			
50	Heinie Zimmerman	150	250	300	400	500	1,000		

1909 E92-3 Croft's Cocoa

#	Player	PrFr 1	GD 2	VG 3	VgEx 4	EX 5	ExMt 6	NM 7	NmMt 8
1	Jack Barry	250	400	500	600	800	1,500		
2	Harry Bemis	150	250	300	400	500	1,000		
3	Chief Bender Striped Cap	400	600	800	1,000	2,000			
4	Chief Bender White Cap	400	600	800	1,000	2,000			
5	Bill Bergen	150	250	300	400	500	1,000		
6	Bob Bescher	150	250	300	400	500	1,000		
7	Al Bridwell	250	400	500	600	800	1,500		
8	Doc Casey	150	250	300	400	500	1,000		
9	Frank Chance	800	1,200	1,500	2,000	4,000			
10	Hal Chase	250	400	500	600	800	1,500		
11	Ty Cobb	5,000	8,000	10,000	12,000	25,000			
12	Eddie Collins	400	600	800	1,000	2,000			
13	Sam Crawford	400	600	800	1,000	2,000			
14	Harry Davis	150	250	300	400	500	1,000		
15	Art Devlin	150	250	300	400	500	1,000		
16	Bill Donovan	300	500	600	800	1,000	2,000		
17	Red Dooin	150	250	300	400	500	1,000		
18	Mickey Doolan	150	250	300	400	500	1,000		
19	Patsy Dougherty	150	250	300	400	500	1,000		
20	Larry Doyle Batting	150	250	300	400	500	1,000		
21	Larry Doyle Throwing	150	250	300	400	500	1,000		
22	Johnny Evers	400	600	800	1,000	2,000			
23	George Gibson	150	250	300	400	500	1,000		
24	Topsy Hartsel	150	250	300	400	500	1,000		
25	Fred Jacklitsch	150	250	300	400	500	1,000		
26	Hugh Jennings	400	600	800	1,000	1,200	2,500		
27	Red Kleinow	150	250	300	400	500	1,000		
28	Otto Knabe	150	250	300	400	500	1,000		
29	Jack Knight	150	250	300	400	500	1,000		
30	Nap Lajoie	500	800	1,000	1,200	2,500			
31	Hans Lobert	150	250	300	400	500	1,000		
32	Sherry Magee	150	250	300	400	500	1,000		
33	Christy Matthewson	1,500	2,500	3,000	4,000	5,000	10,000		
34	John McGraw	400	600	800	1,000	2,000			
35	Larry McLean	150	250	300	400	500	1,000		
36	Dots Miller Batting	150	250	300	400	500	1,000		
37	Dots Miller Fielding	250	400	500	600	800	1,500		
38	Danny Murphy	150	250	300	400	500	1,000		
39	Bill O'Hara	150	250	300	400	500	1,000		
40	Germany Schaefer	150	250	300	400	500	1,000		
41	Admiral Schlei	150	250	300	400	500	1,000		
42	Boss Schmidt	300	500	600	800	1,000	2,000		
43	Dave Shean	150	250	300	400	500	1,000		
44	John Siegle	150	250	300	400	500	1,000		
45	Frank Smith	150	250	300	400	500	1,000		
46	Joe Tinker	400	600	800	1,000	2,000			
47	Honus Wagner Batting	2,500	4,000	5,000	10,000				
48	Honus Wagner Throwing	2,500	4,000	5,000	10,000				
49	Cy Young Cleveland	1,200	2,000	2,500	3,000	6,000			
50	Heinie Zimmerman	150	250	300	400	500	1,000		

1909 E92-4 Nadja Caramel

#	Player	PrFr 1	GD 2	VG 3	VgEx 4	EX 5	ExMt 6	NM 7	NmMt 8
1	Bill Bailey	120	200	250	300	400	800		
2	Jack Barry	120	200	250	300	400	800		
3	Harry Bemis	120	200	250	300	400	800		
4	Chief Bender Striped Cap	1,000	1,500	2,000	2,500	5,000			
5	Chief Bender White Cap	300	500	600	800	1,500			
6	Bill Bergen	120	200	250	300	400	800		
7	Bob Bescher	120	200	250	300	400	800		
8	Roger Bresnahan	250	400	500	600	1,200			
9	Al Bridwell	120	200	250	300	400	800		
10	Doc Casey	120	200	250	300	400	800		
11	Frank Chance	300	500	600	800	1,500			
12	Hal Chase	200	300	400	500	600	1,200		
13	Ty Cobb	4,000	6,000	8,000	15,000				
14	Eddie Collins	300	500	600	800	1,500			
15	Sam Crawford	300	500	600	800	1,500			
16	Harry Davis	120	200	250	300	400	800		
17	Art Devlin	120	200	250	300	400	800		
18	Bill Donovan	120	200	250	300	400	800		
19	Red Dooin	120	200	250	300	400	800		
20	Mickey Doolan	120	200	250	300	400	800		
21	Patsy Dougherty	120	200	250	300	400	800		
22	Larry Doyle Batting	120	200	250	300	400	800		
23	Larry Doyle Throwing	120	200	250	300	400	800		
24	Rube Ellis	120	200	250	300	400	800		
25	Johnny Evers	300	500	600	800	1,500			
26	George Gibson	120	200	250	300	400	800		
27	Topsy Hartsel	120	200	250	300	400	800		
28	Roy Hartzell Batting	120	200	250	300	400	800		
29	Roy Hartzell Fielding	120	200	250	300	400	800		
30	Harry Howell Follow Through	120	200	250	300	400	800		
31	Harry Howell Ready to Pitch	150	250	300	400	500	1,000		
32	Fred Jacklitsch	120	200	250	300	400	800		
33	Hugh Jennings	300	500	600	800	1,000	2,000		
34	Red Kleinow	120	200	250	300	400	800		
35	Otto Knabe	120	200	250	300	400	800		
36	Jack Knight	120	200	250	300	400	800		
37	Nap Lajoie	400	600	800	1,000	2,000			
38	Hans Lobert	120	200	250	300	400	800		
39	Sherry Magee	120	200	250	300	400	800		
40	Christy Matthewson	1,200	2,000	2,500	3,000	4,000	8,000		
41	John McGraw	300	500	600	800	1,000	2,500		
42	Larry McLean	120	200	250	300	400	800		
43	Dots Miller Batting	120	200	250	300	400	800		
44	Dots Miller Fielding	120	200	250	300	400	800		
45	Danny Murphy	120	200	250	300	400	800		

#	Player	PrFr 1	GD 2	VG 3	VgEx 4	EX 5	ExMt 6	NM 7	NmMt 8
46	Rebel Oakes	200	300	400	500	600	1,000		
47	Bill O'Hara	120	200	250	300	400	800		
48	Ed Phelps	120	200	250	300	400	800		
49	Germany Schaefer	120	200	250	300	400	800		
50	Admiral Schlei	120	200	250	300	400	800		
51	Boss Schmidt	120	200	250	300	400	800		
52	Dave Shean	120	200	250	300	400	800		
53	Johnny Seigle (Siegle)	120	200	250	300	400	800		
54	Frank Smith	120	200	250	300	400	800		
55	George Stone Blue Back	120	200	250	300	400	800		
56	George Stone Green Back	120	200	250	300	400	800		
57	Joe Tinker	300	500	600	800	1,500			
58	Honus Wagner Batting	2,000	3,000	4,000	8,000				
59	Honus Wagner Throwing	2,000	3,000	4,000	8,000				
60	Bobby Wallace	200	300	400	500	600	1,200		
61	Cy Young	1,000	1,500	2,000	2,500	5,000			
62	Heinie Zimmerman	120	200	250	300	400	500		

1909 Philadelphia Caramel E95

#	Player	PrFr 1	GD 2	VG 3	VgEx 4	EX 5	ExMt 6	NM 7	NmMt 8
1	Chief Bender	500	800	1,000	1,200	1,500	3,000		
2	Bill Carrigan	60	100	120	150	200	400		
3	Frank Chance	300	500	600	800	1,500			
4	Ed Cicotte	400	600	800	1,000	2,000			
5	Ty Cobb	5,000	8,000	10,000	12,000	15,000	30,000		
6	Eddie Collins	250	400	500	600	1,200			
7	Sam Crawford	200	300	400	500	1,000			
8	Art Devlin	50	80	100	120	150	300		
9	Larry Doyle	50	80	100	120	150	300		
10	Johnny Evers	250	400	500	600	1,200			
11	Solly Hoffman	50	80	100	120	150	300		
12	Harry Krause	50	80	100	120	150	300		
13	Tommy Leach	80	120	150	200	250	500		
14	Harry Lord	50	80	100	120	150	300		
15	Nick Maddox	60	100	120	150	200	400		
16	Christy Mathewson	1,000	1,500	2,000	2,500	3,000	6,000		
17	Matty McIntyre	50	80	100	120	150	300		
18	Fred Merkle	200	300	400	500	600	1,200		
19	Cy Morgan	60	100	120	150	200	400		
20	Eddie Plank	1,200	3,000	4,000	8,000				
21	Ed Reulbach	150	250	300	400	500	1,000		
22	Honus Wagner	5,000	8,000	10,000	12,000	15,000	30,000		
23	Ed Willetts (Willett)	60	100	120	150	200	400		
24	Vic Willis	200	300	400	500	600	1,200		
25	Hooks Wiltse	50	80	100	120	150	300		

1909 Ramly T204

#	Player	PrFr 1	GD 2	VG 3	VgEx 4	EX 5	ExMt 6	NM 7	NmMt 8
1	Whitey Alperman	200	300	400	500	1,000			
2	John J. Anderson	120	200	250	300	600			
3	Jimmy Archer	120	200	250	300	600			
4	Frank Arrelanes (Arellanes)	200	300	400	500	1,000			
5	Jim Ball	150	250	300	400	800			
6	Neal Ball	150	250	300	400	800			
7	Frank Bancroft	150	250	300	400	800			
8	Johnny Bates	150	250	300	400	800			
9	Fred Beebe	150	250	300	400	800			
10	George Bell	120	200	250	300	600			
11	Chief Bender	500	800	1,000	1,200	2,500			
12	Walter Blair	120	200	250	300	600			
13	Cliff Blankenship	120	200	250	300	600			
14	Frank Bowerman	120	200	250	300	600			
15	Kitty Bransfield	200	300	400	500	1,000			
16	Roger Bresnahan	400	600	800	1,000	2,000			
17	Al Bridwell	120	200	250	300	600			

#	Player	PrFr 1	GD 2	VG 3	VgEx 4	EX 5	ExMt 6	NM 7	NmMt 8
18	Mordecai Brown	500	800	1,000	1,200	2,500			
19	Fred Burchell	120	200	250	300	600			
20	Jesse Burkett	2,500	4,000	5,000	6,000	12,000			
21	Bobby Byrnes (Byrne)	120	200	250	300	600			
22	Bill Carrigan	120	200	250	300	600			
23	Frank Chance	400	600	800	1,000	2,000			
24	Charles Chech	150	250	300	400	800			
25	Eddie Cicolte	400	600	800	1,000	2,000			
26	Otis Clymer	120	200	250	300	600			
27	Andrew Coakley	120	200	250	300	600			
28	Eddie Collins	500	800	1,000	1,200	2,500			
29	Jimmy Collins	400	600	800	1,000	2,000			
30	Wid Conroy	120	200	250	300	600			
31	Jack Coombs	200	300	400	500	1,000			
32	Doc Crandall	120	200	250	300	600			
33	Lou Criger	120	200	250	300	600			
34	Harry Davis	120	200	250	300	600			
35	Art Devlin	120	200	250	300	600			
36	Bill Dineen (Dineen)	120	200	250	300	600			
37	Pat Donahue	120	200	250	300	600			
38	Mike Donlin	120	200	250	300	600			
39	Bill Donovan	150	250	300	400	800			
40	Gus Dorner	120	200	250	300	600			
41	Joe Dunn	120	200	250	300	600			
42	Kid Elberfield	120	200	250	300	600			
43	Johnny Evers	600	1,000	1,200	2,500				
44	Bob Ewing	120	200	250	300	600			
45	George Ferguson	120	200	250	300	600			
46	Hobe Ferris	120	200	250	300	600			
47	Jerry Freeman	120	200	250	300	600			
48	Art Fromme	120	200	250	300	600			
49	Bob Ganley	120	200	250	300	600			
50	Doc Gessler	120	200	250	300	600			
51	Peaches Graham	120	200	250	300	600			
52	Clark Griffith	400	600	800	1,000	2,000			
53	Roy Hartzell (Topsy Hartsel Pictured)	120	200	250	300	600			
54	Charlie Hemphill	120	200	250	300	600			
55	Dick Hoblitzel (Hoblitzell)	120	200	250	300	600			
56	George Howard	120	200	250	300	600			
57	Harry Howell	120	200	250	300	600			
58	Miller Huggins	400	600	800	1,000	2,000			
59	John Hummel	120	200	250	300	600			
60	Walter Johnson	6,000	10,000	12,000	15,000	30,000			
61	Tom Jones	150	250	300	400	800			
62	Mike Kahoe	150	250	300	400	800			
63	Ed Kargar (Karger)	150	250	300	400	800			
64	Willie Keeler	600	1,000	1,200	1,500	3,000			
65	Red Kleinon (Kleinow)	120	200	250	300	600			
66	John Knight	120	200	250	300	600			
67	Ed Konetchey (Konetchy)	120	200	250	300	600			
68	Vive Lindaman	120	200	250	300	600			
69	Hans Loebert (Lobert)	120	200	250	300	600			
70	Harry Lord	150	250	300	400	800			
71	Harry Lumley	120	200	250	300	600			
72	Ernie Lush	120	200	250	300	600			
73	Rube Manning	120	200	250	300	600			
74	Jimmy McAleer	120	200	250	300	600			
75	Amby McConnell	120	200	250	300	600			
76	Moose McCormick	120	200	250	300	600			
77	Matty McIntyre	120	200	250	300	600			
78	Larry McLean	120	200	250	300	600			
79	Fred Merkle	200	300	400	500	1,000			
80	Clyde Milan	120	200	250	300	600			
81	Mike Mitchell	120	200	250	300	600			
82	Pat Moran	250	400	400	500	1,000			
83	Cy Morgan	150	250	300	400	800			
84	Tim Murname (Murnane)	150	250	300	400	800			

#	Player	PrFr 1	GD 2	VG 3	VgEx 4	EX 5	ExMt 6	NM 7	NmMt 8
85	Danny Murphy	120	200	250	300	600			
86	Red Murray	120	200	250	300	600			
87	Doc Newton	120	200	250	300	600			
88	Simon Nichols (Nicholls)	120	200	250	300	600			
89	Harry Niles	120	200	250	300	600			
90	Bill O'Hare (O'Hara)	120	200	250	300	600			
91	Charley O'Leary	120	200	250	300	600			
92	Dode Paskert	120	200	250	300	600			
93	Barney Pelty	300	500	600	800	1,500			
94	Jack Pfeister (Pfiester)	120	200	250	300	600			
95	Eddie Plank	2,000	3,000	4,000	5,000	10,000			
96	Jack Powell	120	200	250	300	600			
97	Bugs Raymond	120	200	250	300	600			
98	Tom Reilly	120	200	250	300	600			
99	Claude Ritchey	120	200	250	300	600			
100	Nap Rucker	150	250	300	400	800			
101	Ed Ruelbach (Reulbach)	120	200	250	300	600			
102	Slim Sallee	120	200	250	300	600			
103	Germany Schaefer	120	200	250	300	600			
104	Jimmy Schekard (Sheckard)	120	200	250	300	600			
105	Admiral Schlei	120	200	250	300	600			
106	Wildfire Schulte	120	200	250	300	600			
107	Jimmy Sebring	120	200	250	300	600			
108	Bill Shipke	120	200	250	300	600			
109	Charlie Smith	120	200	250	300	600			
110	Tubby Spencer	120	200	250	300	600			
111	Jake Stahl	200	300	400	500	1,000			
112	Jim Stephens	120	200	250	300	600			
113	Harry Stienfeldt (Steinfeldt)	200	300	400	500	1,000			
114	Gabby Street	120	200	250	300	600			
115	Bill Sweeney	120	200	250	300	600			
116	Fred Tenney	120	200	250	300	600			
117	Ira Thomas	120	200	250	300	600			
118	Joe Tinker	600	1,000	1,200	1,500	3,000			
119	Bob Unglane (Unglaub)	120	200	250	300	600			
120	Heinie Wagner	120	200	250	300	700			
121	Bobby Wallace	400	600	800	1,000	2,000			

1909-11 Colgan's Chips E254

#	Player	PrFr 1	GD 2	VG 3	VgEx 4	EX 5	ExMt 6	NM 7	NmMt 8
1	Ed Abbaticchio	25	40	50	60	80	150		
2	Fred Abbott	25	40	50	60	80	150		
3A	Bill Abstein Pittsburg	25	40	50	60	80	150		
3B	Bill Abstein Jersey City	25	40	50	60	80	150		
4	Babe Adams	25	40	50	60	80	150		
5	Merle (Doc) Adkins	25	40	50	60	80	150		
6	Joe Agler	25	40	50	60	80	150		
7	Alperman	25	40	50	60	80	150		
8A	Dave Altizer Cincinnati	25	40	50	60	80	150		
8B	Dave Altizer Minneapolis	25	40	50	60	80	150		
9	Nick Altrock	25	40	50	60	80	150		
10A	Red Ames Cincinnati	25	40	50	60	80	150		
10B	Red Ames New York	25	40	50	60	80	150		
11	Jimmy Archer	25	40	50	60	80	150		
12A	Atkins Atlanta	25	40	50	60	80	150		
12B	Atkins Fort Wayne	25	40	50	60	80	150		
13	Jake Atz	25	40	50	60	80	150		
14A	Jimmy Austin New York	25	40	50	60	80	150		
14B	Jimmy Austin St. Louis	25	40	50	60	80	150		
15A	Charlie Babb Memphis	25	40	50	60	80	150		
15B	Charlie Babb Norfolk	25	40	50	60	80	150		
16	Rudolph Baerwald	25	40	50	60	80	150		
17	Bill Bailey	25	40	50	60	80	150		
18	Frank Baker	100	150	200	250	300	600		
19	Jack Barry	25	40	50	60	80	150		
20	Bill Bartley	25	40	50	60	80	150		
21A	Johnny Bates Cincinnati	25	40	50	60	80	150		
21B	Johnny Bates Philadelphia	25	40	50	60	80	150		
22	Dick Bayless	25	40	50	60	80	150		
23A	Ginger Beaumont Boston	25	40	50	60	80	150		
23B	Ginger Beaumont Chicago	25	40	50	60	80	150		
23C	Ginger Beaumont St. Paul	25	40	50	60	80	150		
24	Beals Becker	25	40	50	60	80	150		
25	Fred Beebe	25	40	50	60	80	150		
26	George Bell	25	40	50	60	80	150		
27A	Harry Bemis Cleveland	25	40	50	60	80	150		
27B	Harry Bemis Columbus	25	40	50	60	80	150		
28A	Heinie Berger Cleveland	25	40	50	60	80	150		
28B	Heinie Berger Columbus	25	40	50	60	80	150		
29	Bob Bescher	25	40	50	60	80	150		
30	Beumiller	25	40	50	60	80	150		
31	Joe Birmingham	25	40	50	60	80	150		
32	Kitty Bransfield	25	40	50	60	80	150		
33A	Roger Bresnahan St. Louis	100	150	200	250	300	600		
33B	Roger Bresnahan Chicago	100	150	200	250	300	600		
34	Al Bridwell	25	40	50	60	80	150		
35	Lew Brockett	25	40	50	60	80	150		
36	Brown	25	40	50	60	80	150		
37A	Al Burch Brooklyn	25	40	50	60	80	150		
37B	Burch Louisville	25	40	50	60	80	150		
38A	William Burke Ft. Wayne	25	40	50	60	80	150		
38B	William Burke Indianapolis	25	40	50	60	80	150		
39	Burns	25	40	50	60	80	150		
40	Donie Bush	25	40	50	60	80	150		
41	Bill Byers	25	40	50	60	80	150		
42	Bobby Byrne	25	40	50	60	80	150		
43	Callahan	25	40	50	60	80	150		
44	Howie Camnitz	25	40	50	60	80	150		
45	Campbell	25	40	50	60	80	150		
46A	Charlie Carr Indianapolis	25	40	50	60	80	150		
46B	Charlie Carr Utica	25	40	50	60	80	150		
46C	Charlie Carr Kansas City	25	40	50	60	80	150		
47	Cashion Washington	25	40	50	60	80	150		
48A	Frank Chance	100	150	200	250	300	600		
48B	Frank Chance New York	25	40	50	60	80	150		
49	Hal Chase	120	200	250	300	400	800		
50	Eddie Cicotte	25	40	50	60	80	150		
51	Clancy	25	40	50	60	80	150		
52	Nig Clarke	40	60	80	100	120	250		
53	Fred Clarke	80	120	150	200	250	500		
54	Clarke	25	40	50	60	80	150		
55	Clemons	25	40	50	60	80	150		
56	Otis Clymer	25	40	50	60	80	150		
57A	Ty Cobb w/Name	600	1,000	1,200	1,500	2,000	4,000		
57B	Ty Cobb w/o Name	500	800	1,000	1,200	1,500	3,000		
58	Eddie Collins	100	150	200	250	300	600		
59A	Buck Congalton Columbus	25	40	50	60	80	150		
59B	Buck Congalton Omaha	25	40	50	60	80	150		
59C	Buck Congalton Toledo	25	40	50	60	80	150		
60	Wid Conroy	25	40	50	60	80	150		
61	Cook	25	40	50	60	80	150		
62	Coombs	25	40	50	60	80	150		
63	Corcoran	25	40	50	60	80	150		
64	Courtney	25	40	50	60	80	150		
65A	Harry Coveleski	25	40	50	60	80	150		
65B	Stan Coveleski	40	60	80	100	120	250		
66	Doc Crandall	25	40	50	60	80	150		
67	Gavvy Cravath	25	40	50	60	80	150		
68	Sam Crawford	25	40	50	60	80	150		
69	Dode Criss	25	40	50	60	80	150		
70	Bill Dahlen	25	40	50	60	80	150		
71	Bernard Daniels	25	40	50	60	80	150		
72A	Jake Daubert Memphis	25	40	50	60	80	150		

#	Player	PrFr 1	GD 2	VG 3	VgEx 4	EX 5	ExMt 6	NM 7	NmMt 8
72B	Jake Daubert Brooklyn	25	40	50	60	80	150		
73	Harry Davis	25	40	50	60	80	150		
74	George Davis	40	60	80	100	120	250		
75	Jim Delahanty	25	40	50	60	80	150		
76A	Ray Demmett New York	25	40	50	60	80	150		
76B	Ray Demmett Montreal	25	40	50	60	80	150		
76C	Ray Demmett St. Louis	25	40	50	60	80	150		
77	Art Devlin	25	40	50	60	80	150		
78A	Joshua Devore Cincinnati	25	40	50	60	80	150		
78B	Joshua Devore New York	25	40	50	60	80	150		
79	Turkey Mike Donlin	25	40	50	60	80	150		
80	Bill Donovan	25	40	50	60	80	150		
81	Charles Dooin	25	40	50	60	80	150		
82	Mickey Doolan	25	40	50	60	80	150		
83	Patsy Dougherty	25	40	50	60	80	150		
84	Tom Downey	25	40	50	60	80	150		
85	Larry Doyle	25	40	50	60	80	150		
86	Drake	25	40	50	60	80	150		
87	Jack Dunn	25	40	50	60	80	150		
88	Charles Eagan	25	40	50	60	80	150		
89A	Kid Elberfield Washington	25	40	50	60	80	150		
89B	Kid Elberfield Chattanooga	25	40	50	60	80	150		
89C	Kid Elberfield New York	25	40	50	60	80	150		
90	Roy Ellam	25	40	50	60	80	150		
91	Elliott	25	40	50	60	80	150		
92	Rube Ellis	25	40	50	60	80	150		
93	Elwert	25	40	50	60	80	150		
94A	Clyde Engle New York	25	40	50	60	80	150		
94B	Clyde Engle Boston	25	40	50	60	80	150		
95	James Esmond	25	40	50	60	80	150		
96	Steve Evans	25	40	50	60	80	150		
97	Johnny Evers	100	150	200	250	300	600		
98	George Ferguson	25	40	50	60	80	150		
99	Hobe Ferris	25	40	50	60	80	150		
100	James Field	25	40	50	60	80	150		
101	Fisher	25	40	50	60	80	150		
102	Matthew Fitzgerald	25	40	50	60	80	150		
103A	Patrick Flaherty Kansas City	25	40	50	60	80	150		
103B	Patrick Flaherty Atlanta	25	40	50	60	80	150		
104	John Flater	25	40	50	60	80	150		
105A	Elmer Flick Cleveland	80	120	150	200	250	500		
105B	Elmer Flick Toledo	80	120	150	200	250	500		
106	Russ Ford	25	40	50	60	80	150		
107	George Foster	25	40	50	60	80	150		
108A	Freck Balt	25	40	50	60	80	150		
108B	Freck Tor	25	40	50	60	80	150		
109	Freeman	25	40	50	60	80	150		
110	Bill Friel	25	40	50	60	80	150		
111	John Frill	25	40	50	60	80	150		
112	Art Fromme	25	40	50	60	80	150		
113A	Larry Gardner Boston	25	40	50	60	80	150		
113B	Larry Gardner New York	25	40	50	60	80	150		
114	Harry Gaspar	25	40	50	60	80	150		
115A	Gus Getz Boston	25	40	50	60	80	150		
115B	Gus Getz Pittsburgh	25	40	50	60	80	150		
116	George Gibson	25	40	50	60	80	150		
117	Graham	25	40	50	60	80	150		
118A	Ed Grant Cincinnati	25	40	50	60	80	150		
118B	Ed Grant New York	25	40	50	60	80	150		
119	Grief	25	40	50	60	80	150		
120A	Moose Grimshaw Toronto	25	40	50	60	80	150		
120B	Moose Grimshaw Louisville	25	40	50	60	80	150		
121	Bob Groom	25	40	50	60	80	150		
122	Noodles Hahn	25	40	50	60	80	150		
123	John Halla	25	40	50	60	80	150		
124	Hally	25	40	50	60	80	150		
125	Charles Hanford	25	40	50	60	80	150		

#	Player	PrFr 1	GD 2	VG 3	VgEx 4	EX 5	ExMt 6	NM 7	NmMt 8
126A	Topsy Hartsel Philadelphia	25	40	50	60	80	150		
126B	Topsy Hartsel Toledo	25	40	50	60	80	150		
127A	Roy Hartzel St. Louis	25	40	50	60	80	150		
127B	Roy Hartzell New York	25	40	50	60	80	150		
128	Weldon Henley	25	40	50	60	80	150		
129	Harry Hinchman	25	40	50	60	80	150		
130	Richard Hoblitzell	25	40	50	60	80	150		
131	Solly Hofman	25	40	50	60	80	150		
132	William Hogan	25	40	50	60	80	150		
133A	Harry Hooper Boston AL	80	120	150	200	250	500		
133B	Harry Hooper Boston NL	80	120	150	200	250	500		
134	Del Howard	25	40	50	60	80	150		
135	Miller Huggins	25	40	50	60	80	150		
136A	Thomas Hughes Milwaukee	25	40	50	60	80	150		
136B	Thomas Hughes Louisville	25	40	50	60	80	150		
136C	Thomas Hughes Louisville C	25	40	50	60	80	150		
137	Thomas Hughes Rochester	25	40	50	60	80	150		
138A	Rudy Hulswitt St. Louis	25	40	50	60	80	150		
138B	Rudy Hulswitt Chattanooga	25	40	50	60	80	150		
138C	Rudy Hulswitt Louisville	25	40	50	60	80	150		
139	John Hummel	25	40	50	60	80	150		
140	George Hunter	25	40	50	60	80	150		
142	Hugh Jennings	120	200	250	300	400	800		
143	Johns	25	40	50	60	80	150		
144	Davy Jones	25	40	50	60	80	150		
145	Tom Jones	25	40	50	60	80	150		
146A	Jordon Toronto	25	40	50	60	80	150		
146B	Jordon Atlanta	25	40	50	60	80	150		
146C	Jordon Atlanta	25	40	50	60	80	150		
146D	Jordon Louisville	25	40	50	60	80	150		
147	Addie Joss	80	120	150	200	250	500		
148	Kaiser Louisville	25	40	50	60	80	150		
149	Keefe Rochester	25	40	50	60	80	150		
150	Willie Keeler	80	120	150	200	250	500		
151A	Kelly Jersey City	25	40	50	60	80	150		
151B	Kelly Toronto	25	40	50	60	80	150		
152A	William Killefer St. Louis	25	40	50	60	80	150		
152B	William Killefer Philadelphia	25	40	50	60	80	150		
153A	Ed Killian Detroit	25	40	50	60	80	150		
153B	Ed Killian Toronto	25	40	50	60	80	150		
154	Johnny Kling	25	40	50	60	80	150		
155	Klipfer	25	40	50	60	80	150		
156	Otto Knabe	25	40	50	60	80	150		
157A	John Knight New York	25	40	50	60	80	150		
157B	John Knight Jersey City	25	40	50	60	80	150		
158	Ed Konetchy	25	40	50	60	80	150		
159	Paul Krichell St. Louis	25	40	50	60	80	150		
160	Rube Kroh	25	40	50	60	80	150		
161A	Doc Lafitte Rochester	25	40	50	60	80	150		
161B	Doc Lafitte Providence	25	40	50	60	80	150		
162	Nap Lajoie	120	200	250	300	400	800		
163	Lakoff	25	40	50	60	80	150		
164	Frank Lange	25	40	50	60	80	150		
165A	Frank LaPorte St. Louis	25	40	50	60	80	150		
165B	Frank LaPorte New York	25	40	50	60	80	150		
166	Tommy Leach	25	40	50	60	80	150		
167	Lee	25	40	50	60	80	150		
168	William Lelivelt	25	40	50	60	80	150		
169A	Lewis Milwaukee	25	40	50	60	80	150		
169B	Lewis Indianapolis	25	40	50	60	80	150		
170A	Vivian Lindaman Boston	25	40	50	60	80	150		
170B	Vivian Lindaman Louisville	25	40	50	60	80	150		
170C	Vivian Lindaman Indianapolis	25	40	50	60	80	150		
171	Bris Lord	25	40	50	60	80	150		
172A	Harry Lord Boston	25	40	50	60	80	150		
172B	Harry Lord Chicago	25	40	50	60	80	150		
173A	William Ludwig Milwaukee	25	40	50	60	80	150		

#	Player	PrFr 1	GD 2	VG 3	VgEx 4	EX 5	ExMt 6	NM 7	NmMt 8
173B	William Ludwig St. Louis	25	40	50	60	80	150		
174	Lush Toronto	25	40	50	60	80	150		
175	Thomas Madden	25	40	50	60	80	150		
176A	Nick Maddox Pittsburg	25	40	50	60	80	150		
176B	Nick Maddox Louisville	25	40	50	60	80	150		
177A	Manser Jersey City	25	40	50	60	80	150		
177B	Manser Rochester	25	40	50	60	80	150		
178	Rube Marquard	80	120	150	200	250	500		
179	Al Mattern	25	40	50	60	80	150		
180	Matthews Atlanta	25	40	50	60	80	150		
181	McAllister Atlanta	25	40	50	60	80	150		
182	George McBride	25	40	50	60	80	150		
183	Alex McCarthy	25	40	50	60	80	150		
184	Ambrose McConnell Rochester	25	40	50	60	80	150		
185	Ambrose McConnell Toronto	25	40	50	60	80	150		
186	Moose McCormick	25	40	50	60	80	150		
187	Dennis McGann	25	40	50	60	80	150		
188	James McGinley	25	40	50	60	80	150		
189	Joe McGinnity	80	120	150	200	250	500		
190A	Matty McIntyre Detroit	25	40	50	60	80	150		
190B	Matty McIntyre Chicago	25	40	50	60	80	150		
191A	Larry McLean Cincinnati	25	40	50	60	80	150		
191B	Larry McLean St. Louis	25	40	50	60	80	150		
192	Fred Merkle	25	40	50	60	80	150		
193A	George Merritt Buffalo	25	40	50	60	80	150		
193B	George Merritt Jersey City	25	40	50	60	80	150		
194	Lee Meyer	25	40	50	60	80	150		
195	Chief Meyers	25	40	50	60	80	150		
196	Clyde Milan	25	40	50	60	80	150		
197	Dots Miller	25	40	50	60	80	150		
198	Miller Columbus	25	40	50	60	80	150		
199A	Mike Mitchell Cincinnati	25	40	50	60	80	150		
199B	Mike Mitchell Chicago	25	40	50	60	80	150		
200	Mitchell Providence	25	40	50	60	80	150		
201	Albert Mitchell	25	40	50	60	80	150		
202	Carlton Molesworth	25	40	50	60	80	150		
203	Joseph H. Moran	25	40	50	60	80	150		
204	Pat Moran	25	40	50	60	80	150		
205	George Moriarty Detroit	25	40	50	60	80	150		
206A	George Moriarty Louisville	25	40	50	60	80	150		
206B	George Moriarty Omaha	25	40	50	60	80	150		
207	George Mullin	25	40	50	60	80	150		
208A	Simmy Murch Chattanooga	25	40	50	60	80	150		
208B	Simmy Murch Indianapolis	25	40	50	60	80	150		
209	Danny Murphy	25	40	50	60	80	150		
210A	Red Murray	25	40	50	60	80	150		
210B	Red Murray	25	40	50	60	80	150		
211	Murray Buffalo	25	40	50	60	80	150		
212	Bill Nattress	25	40	50	60	80	150		
213A	Red Nelson St. Louis	25	40	50	60	80	150		
213B	Red Nelson Toledo	25	40	50	60	80	150		
214	George Northrop	25	40	50	60	80	150		
215	Rebel Oakes	25	40	50	60	80	150		
216	Frederick Odwell	25	40	50	60	80	150		
217	Rube Oldring	25	40	50	60	80	150		
218	Steve O'Neill	25	40	50	60	80	150		
219A	O'Rourke St. Paul	25	40	50	60	80	150		
219B	O'Rourke Columbus	25	40	50	60	80	150		
220A	Al Orth New York	25	40	50	60	80	150		
220B	Al Orth Indianapolis	25	40	50	60	80	150		
221	Wilfred Osborn	25	40	50	60	80	150		
222	Orvie Overall	25	40	50	60	80	150		
223	Frank Owens	25	40	50	60	80	150		
224	Lawrence Pape	25	40	50	60	80	150		
225A	Freddie Parent	25	40	50	60	80	150		
225B	Freddy Parent	25	40	50	60	80	150		
226A	Dode Paskert Cincinnati	25	40	50	60	80	150		
226B	Dode Paskert Philadelphia	25	40	50	60	80	150		
227	Heinie Peitz	25	40	50	60	80	150		
228	Perry Providence	25	40	50	60	80	150		
229	Robert A. Peterson	25	40	50	60	80	150		
230	John Pfeister	25	40	50	60	80	150		
231	Deacon Phillipe	25	40	50	60	80	150		
232A	Oliver Pickering Louisville	25	40	50	60	80	150		
232B	Oliver Pickering Minneapolis	25	40	50	60	80	150		
232C	Oliver Pickering Omaha	25	40	50	60	80	150		
233A	Billy Purtell Chicago	25	40	50	60	80	150		
233B	Billy Purtell Boston	25	40	50	60	80	150		
233C	Billy Purtell Jersey City	25	40	50	60	80	150		
234	Bill Rariden	25	40	50	60	80	150		
235	Morrie Rath	25	40	50	60	80	150		
236	Bugs Raymond	25	40	50	60	80	150		
237	Michael Regan	25	40	50	60	80	150		
238	Thomas Reilly Chicago	25	40	50	60	80	150		
239	Thomas Reilly Louisville	25	40	50	60	80	150		
240	Ed Reulbach	25	40	50	60	80	150		
241	Claude Ritchey	25	40	50	60	80	150		
242	Lou Ritter	25	40	50	60	80	150		
243	Clyde Robinson	25	40	50	60	80	150		
244	Royal Rock	25	40	50	60	80	150		
245A	Jack Rowan Cin	25	40	50	60	80	150		
245B	Jack Rowan Phil	25	40	50	60	80	150		
246	Nap Rucker	25	40	50	60	80	150		
247A	Dick Rudolph New York	25	40	50	60	80	150		
247B	Dick Rudolph Toronto	25	40	50	60	80	150		
248	Buddy Ryan St. Paul	25	40	50	60	80	150		
249	Buddy Ryan Cleveland	25	40	50	60	80	150		
250	Slim Sallee	25	40	50	60	80	150		
251	Ray Schalk	25	40	50	60	80	150		
252A	Bill Schardt Birmingham	25	40	50	60	80	150		
252B	Bill Schardt Milwaukee	25	40	50	60	80	150		
253	Jimmy Sheckard (Scheckard)	25	40	50	60	80	150		
254A	George Schirm Birmingham	25	40	50	60	80	150		
254B	George Schirm Buffalo	25	40	50	60	80	150		
255	Larry Schlafly	25	40	50	60	80	150		
256	Frank Schulte	25	40	50	60	80	150		
257A	James Seabaugh Nashville	25	40	50	60	80	150		
258	Selby Louisville	25	40	50	60	80	150		
259A	Cy Seymour New York	25	40	50	60	80	150		
259B	Cy Seymour Baltimore	25	40	50	60	80	150		
260	Bob Shawkey	25	40	50	60	80	150		
261	Shelton Columbus	25	40	50	60	80	150		
262	Hosea Siner	25	40	50	60	80	150		
263A	Smith Atlanta	25	40	50	60	80	150		
263B	Smith Buffalo	25	40	50	60	80	150		
264	Smith Newark	25	40	50	60	80	150		
265	George Henry Smith	25	40	50	60	80	150		
266	Fred Snodgrass	25	40	50	60	80	150		
267A	Robert Spade Cincinnati	25	40	50	60	80	150		
267B	Robert Spade Newark	25	40	50	60	80	150		
268A	Tully Sparks Philadelphia	25	40	50	60	80	150		
268B	Tully Sparks Richmond	25	40	50	60	80	150		
269A	Tris Speaker Boston AL	120	200	250	300	400	800		
269B	Tris Speaker Boston NL	120	200	250	300	400	800		
270	Tubby Spencer	25	40	50	60	80	150		
271	Jake Stahl	25	40	50	60	80	150		
272	Stansberry Louisville	25	40	50	60	80	150		
273	Harry Steinfeldt	25	40	50	60	80	150		
274	George Stone	25	40	50	60	80	150		
275	George Stovall	25	40	50	60	80	150		
276	Gabby Street	25	40	50	60	80	150		
277	Amos Strunk	25	40	50	60	80	150		
278A	Billy Sullivan Louisville	25	40	50	60	80	150		
278B	Billy Sullivan Omaha	25	40	50	60	80	150		

		PrFr 1	GD 2	VG 3	VgEx 4	EX 5	ExMt 6	NM 7	NmMt 8
279	Billy Sullivan Indianapolis	25	40	50	60	80	150		
280	J. Sullivan Louisville	25	40	50	60	80	150		
281	Ed Summers	25	40	50	60	80	150		
282	Swacina Newark	25	40	50	60	80	150		
283	Jeff Sweeney	25	40	50	60	80	150		
284	Bill Sweeney	25	40	50	60	80	150		
285	Lee Tannehill	25	40	50	60	80	150		
286	John Taylor Kansas City	25	40	50	60	80	150		
287	John Taylor Montreal	25	40	50	60	80	150		
288	Jim Thorpe	25	40	50	60	80	150		
289A	Joe Tinker	100	150	200	250	300	600		
289B	Joe Tinker Cincinnati	25	40	50	60	80	150		
290A	John Titus Philadelphia	25	40	50	60	80	150		
290B	John Titus Boston	25	40	50	60	80	150		
291	Terry Turner	25	40	50	60	80	150		
292A	Bob Unglaub Washington	25	40	50	60	80	150		
292B	Bob Unglaub Lincoln	25	40	50	60	80	150		
292C	Bob Unglaub Minneapolis	25	40	50	60	80	150		
293	Viebahn Jersey City	25	40	50	60	80	150		
294A	Rube Waddell St. Louis	80	120	150	200	250	500		
294B	Rube Waddell Minneapolis	80	120	150	200	250	500		
294C	Rube Waddell Newark	80	120	150	200	250	500		
295	Honus Wagner	500	800	1,000	1,200	1,500	3,000		
296	Walker Atlanta	25	40	50	60	80	150		
297	Bobby Wallace	25	40	50	60	80	150		
298	Waller Jersey City	25	40	50	60	80	150		
299	Ed Walsh	25	40	50	60	80	150		
300	Jack Warhop	25	40	50	60	80	150		
301	Wauner Memphis	25	40	50	60	80	150		
302	Wiesman Nashville	25	40	50	60	80	150		
303	Zach Wheat	25	40	50	60	80	150		
304	White Buffalo	25	40	50	60	80	150		
305	Kirby White	25	40	50	60	80	150		
306	Kaiser Wilhelm	25	40	50	60	80	150		
307	Ed Willett	25	40	50	60	80	150		
308A	Williams Indianapolis	25	40	50	60	80	150		
308B	Williams Minneapolis	25	40	50	60	80	150		
309	Owen Wilson	25	40	50	60	80	150		
310	Hooks Wiltse	25	40	50	60	80	150		
311	Joe Wood Boston	25	40	50	60	80	150		
312A	Orville Woodruff Indianapolis	25	40	50	60	80	150		
312B	Orville Woodruff Louisville	25	40	50	60	80	150		
313	Walter Woods Buffalo	25	40	50	60	80	150		
314	Joseph Yeager	25	40	50	60	80	150		
315	Cy Young	250	400	500	600	800	1,500		
316	Heinie Zimmerman Chicago	40	60	80	100	120	250		
317A	Heinie Zimmerman Newark	40	60	80	100	120	250		
317B	Zimmerman Newark	25	40	50	60	80	30		

1909-11 American Caramel E90-1

		PrFr 1	GD 2	VG 3	VgEx 4	EX 5	ExMt 6	NM 7	NmMt 8
1	Bill Bailey	50	80	100	120	150	300		
2	Home Run Baker	150	250	300	400	500	1,000		
3	Jack Barry	50	80	100	120	150	300		
4	George Bell	50	80	100	120	150	300		
5	Harry Bemis	200	300	400	500	1,000			
6	Chief Bender	150	250	300	400	500	1,000		
7	Bob Bescher	100	150	200	250	500			
8	Cliff Blankenship	50	80	100	120	150	300		
9	John Bliss	50	80	100	120	150	300		
10	Bill Bradley	100	150	200	250	300	600		
11	Kitty Bransfield P on Shirt	50	80	100	120	150	300		
12	Kitty Bransfield No P on Shirt	100	150	200	250	300	600		
13	Roger Bresnahan	150	250	300	400	800			
14	Al Bridwell	50	80	100	120	150	300		
15	Buster Brown Horizontal	120	200	250	300	400	800		

		PrFr 1	GD 2	VG 3	VgEx 4	EX 5	ExMt 6	NM 7	NmMt 8
16	Mordecai Brown	250	400	500	1,000				
17	Donie Bush	50	80	100	120	150	300		
18	John Butler	50	80	100	120	150	300		
19	Howie Camnitz	50	80	100	120	150	300		
20	Frank Chance	150	250	300	400	500	1,000		
21	Hal Chase	200	300	400	500	600	1,200		
22	Fred Clarke Philadelphia	150	250	300	400	800			
23	Fred Clarke Pittsburgh	400	600	800	1,500				
24	Wally Clement	60	100	120	150	200	400		
25	Ty Cobb	3,000	5,000	6,000	8,000	15,000			
26	Eddie Collins	150	250	300	400	800			
27	Frank Corridon	50	80	100	120	150	300		
28	Sam Crawford	150	250	300	400	500	1,000		
29	Lou Criger	50	80	100	120	150	300		
30	George Davis	200	300	400	500	1,000			
31	Jasper Davis	50	80	100	120	150	300		
32	Ray Demmitt	100	150	200	250	500			
33	Mike Donlin	80	120	150	200	250	500		
34	Wild Bill Donovan	60	100	120	150	200	400		
35	Red Dooin	50	80	100	120	150	300		
36	Patsy Dougherty	250	400	500	600	800	1,500		
37	Hugh Duffy	600	1,000	1,200	2,500				
38	Jimmy Dygert	80	120	150	200	250	500		
39	Rube Ellis	80	120	150	200	250	500		
40	Clyde Engle	50	80	100	120	150	300		
41	Art Fromme	100	150	200	250	500			
42	George Gibson Back View	100	150	200	250	500			
43	George Gibson Front View	100	150	200	250	300	600		
44	George Graham	1,000	1,500	2,000	4,000				
45	Eddie Grant	60	100	120	150	200	400		
46	Dolly Gray	80	120	150	200	250	500		
47	Bob Groom	80	120	150	200	250	500		
48	Charles Hall Horizontal	60	100	120	150	200	400		
49	Roy Hartzell Fielding	50	80	100	120	150	300		
50	Roy Hartzell Batting	80	120	150	200	250	500		
51	William Heitmuller	80	120	150	200	400			
52	Harry Howell Follow Through	50	80	100	120	150	300		
53	Harry Howell Wind Up	60	100	120	150	200	400		
54	Tex Irwin (Erwin)	50	80	100	120	150	300		
55	Frank Isbell	50	80	100	120	150	300		
56	Joe Jackson	30,000	50,000	60,000	120,000				
57	Hughie Jennings	120	200	250	300	600			
58	Tim Jordan	50	80	100	120	150	300		
59	Addie Joss Pitching	400	600	800	1,500				
60	Addie Joss Portrait	250	400	500	600	800	1,500		
61	Ed Karger	400	600	800	1,500				
62	Willie Keeler Portrait Pink	200	300	400	500	600	1,200		
63	Willie Keeler Portrait Red	600	1,000	1,200	2,500				
64	Willie Keeler Throwing	600	1,000	1,200	1,500	3,000			
65	John Knight	50	80	100	120	150	300		
66	Harry Krause	50	80	100	120	250			
67	Nap Lajoie	800	1,200	1,500	2,000	2,500	5,000		
68	Tommy Leach Batting	60	100	120	150	200	400		
69	Tommy Leach Throwing	60	100	120	150	200	400		
70	Sam Leever	50	80	100	120	150	300		
71	Hans Lobert	300	500	600	800	1,500			
72	Harry Lumley	50	80	100	120	150	300		
73	Rube Marquard	200	300	400	500	600			
74	Christy Mathewson	2,000	3,000	4,000	5,000	6,000	12,000		
75	Stuffy McInnes (McInnis)	80	120	150	200	250	500		
76	Harry McIntyre	50	80	100	120	150	300		
77	Larry McLean	250	400	500	600	1,200			
78	George McQuillan	50	80	100	120	150	300		
79	Dots Miller								
	w/o sunset in background	50	80	100	120	150	300		
81	Mike Mitchell	3,000	5,000	6,000	12,000				
82	Fred Mitchell	50	80	100	120	150	300		

Beckett Graded Card Price Guide 19

#	Player	PrFr 1	GD 2	VG 3	VgEx 4	EX 5	ExMt 6	NM 7	NmMt 8
83	George Mullin	60	100	120	150	200	400		
84	Rebel Oakes	150	250	300	400	500	1,000		
85	Patrick O'Connor	60	100	120	150	300			
86	Charley O'Leary	50	80	100	120	150	300		
87	Orval Overall	120	200	250	300	600			
88	Jim Pastorius	80	120	150	200	250	500		
89	Ed Phelps	50	80	100	120	150	300		
90	Eddie Plank	1,000	1,500	2,000	2,500	3,000	6,000		
91	Lew Richie	50	80	100	120	150	300		
92	Germany Schaefer	60	100	120	150	300			
93	Victor Schlitzer	120	200	250	300	400	800		
94	Johnny Siegle	100	150	200	250	500			
95	Dave Shean	100	150	200	250	500			
96	Jimmy Sheckard	60	100	120	150	200	400		
97	Tris Speaker	2,000	3,000	6,000					
98	Jake Stahl	500	800	1,000	2,000				
99	Oscar Stanage	60	100	120	150	200	400		
100	George Stone Left Hand	250	400	500	600	800	1,500		
101	George Stone No Hands	60	100	120	150	200	400		
102	George Stovall	50	80	100	120	150	300		
103	Ed Summers	50	80	100	120	150	300		
104	Bill Sweeney	1,200	2,000	2,500	5,000				
105	Jeff Sweeney	50	80	100	120	150	300		
106	Jesse Tannehill	50	80	100	120	150	300		
107	Lee Tannehill	50	80	100	120	150	300		
108	Fred Tenney	80	120	150	200	250	500		
109	Ira Thomas	60	100	120	150	200	400		
110	Roy Thomas	50	80	100	120	150	300		
111	Joe Tinker	150	250	300	400	500			
112	Bob Unglaub	50	80	100	120	150	300		
113	Jerry Upp	250	400	500	600	1,200			
114	Honus Wagner Batting	1,500	2,500	5,000					
115	Honus Wagner Throwing	1,200	2,000	4,000					
116	Bobby Wallace	100	150	200	250	500			
117	Ed Walsh	800	1,200	2,500					
118	Vic Willis	200	300	400	500	1,000			
119	Hooks Wiltse	80	120	150	200	250	500		
120	Cy Young Boston	1,500	2,500	3,000	4,000	5,000	10,000		
121	Cy Young Cleveland	2,000	3,000	4,000	8,000				

1909-11 T206

#	Player	PrFr 1	GD 2	VG 3	VgEx 4	EX 5	ExMt 6	NM 7	NmMt 8
1	Ed Abbaticchio Blue Sleeves	25	30	100	120	400	600		
2	Ed Abbaticchio Brown Sleeves	25	30	50	100	200	300	800	
3	Fred Abbott ML	100	150	200	250	400	600	1,200	
4	Bill Abstein	80	100	120	150	250	400	600	
5	Doc Adkins ML	60	100	120	150	250	400	800	
6	Whitey Alperman	120	150	200	250	400	600	1,000	
7	Red Ames Hands at Chest	30	40	80	120	400	600		
8	Red Ames Hands over Head	20	25	60	100	250	300		
9	Red Ames Portrait	20	30	50	100	200	400	500	
10	John Anderson ML	60	100	120	150	250	400	800	
11	Frank Arellanes	60	100	120	150	250	400	600	
12	Herman Armbruster ML	60	100	120	150	250	400	800	
13	Harry Arndt ML	60	100	120	150	250	400	800	
14	Jake Atz	20	25	40	100	200	300	400	
15	Home Run Baker	80	150	400	500	800	1,400	2,500	
16	Neal Ball Cleveland	20	25	40	80	120	200	500	
17	Neal Ball New York	30	40	60	100	200	250	400	
18	Jap Barbeau	120	150	200	250	400	600	1,200	
19	Cy Barger ML	60	100	120	150	250	400	800	
20	Jack Barry	50	80	120	200	250	400	600	
21	Shad Barry ML	60	100	120	150	250	400	800	
22	Jack Bastian SL	150	250	300	400	500	800	2,500	
23	Emil Batch ML	60	100	120	150	250	400	800	
24	Johnny Bates	30	50	60	100	250	300	500	

#	Player	PrFr 1	GD 2	VG 3	VgEx 4	EX 5	ExMt 6	NM 7	NmMt 8
25	Harry Bay SL	300	500	600	800	1,000	1,500	5,000	
26	Ginger Beaumont	30	60	80	150	200	400	800	
27	Fred Beck	40	60	100	150	250	300	500	
28	Beals Becker	100	120	150	200	300	500	1,000	
29	Jake Beckley ML	100	150	200	250	400	600	1,200	
30	George Bell Follow Through	20	25	60	120	150	300		
31	George Bell Hands above Head	20	25	40	50	150	250		
32	Chief Bender Pitching No Trees	60	100	200	250	600	1,000	2,700	
33	Chief Bender Pitching Trees	100	120	150	250	350	800	1,900	
34	Chief Bender Portrait	120	150	200	300	600	1,200	2,000	
35	Bill Bergen Batting	20	30	40	60	100	250	500	
36	Bill Bergen Catching	20	25	60	120	150	200	500	
37	Heinie Berger	30	50	80	120	250	300	500	
38	Bill Bernhard SL	150	250	300	400	500	800	2,500	
39	Bob Bescher Hands in Air	20	25	50	100	150	300	400	
40	Bob Bescher Portrait	20	25	120	150	200	250	400	
41	Joe Birmingham Horizontal	50	80	120	150	250	300		
42	Lena Blackburne ML	60	100	120	150	250	400	800	
43	Jack Bliss	20	25	50	120	150	400	500	
44	Frank Bowerman	50	80	120	200	300	500	800	
45	Bill Bradley with Bat	25	30	60	100	200	250	600	
46	Bill Bradley Portrait	50	80	100	120	150	300	500	
47	Dave Brain ML	80	120	150	200	300	500	1,000	
48	Kitty Bransfield	80	120	150	200	300	500	1,000	
49	Roy Brashear ML	100	150	200	250	400	600	1,200	
50	Ted Breitenstein SL	250	400	500	600	800	1,200	4,000	
51	Roger Bresnahan Portrait	80	120	150	250	350	1,000	1,800	
52	Roger Bresnahan with Bat	60	100	150	250	400	600	1,500	
53	Al Bridwell No Cap	20	25	50	100	120	200	500	
54	Al Bridwell with Cap	20	25	50	100	150	250	400	
55	George Brown Chicago	30	40	80	120	200	500		
56	George Brown Washington	80	120	200	500	600	1,200	3,600	
57	Mordecai Brown Chicago Shirt	120	150	200	400	500	800	2,500	
58	Mordecai Brown Cubs Shirt	100	150	250	400	500	1,500	2,500	
59	Mordecai Brown Portrait	120	150	250	400	600	1,400	2,000	
60	Al Burch Batting	40	50	80	120	350	500		
61	Al Burch Fielding	20	25	40	100	150	200	400	
62	Fred Burchell ML	80	120	150	200	300	500	1,000	
63	Jimmy Burke ML	60	100	120	150	250	400	800	
64	Bill Burns	100	150	200	250	400	600		
65	Donie Bush	20	25	50	100	150	250		
66	John Butler ML	60	100	120	150	250	400	800	
67	Bobby Byrne	20	25	50	150	200	300	400	
68	Howie Camnitz Arm at Side	60	80	100	125	200	350	600	
69	Howie Camnitz Arms Folded	20	30	60	100	150	200	600	
70	Howie Camnitz Hands above Head	25	30	40	150	200	400	500	
71	Billy Campbell	20	25	40	100	150	250	500	
72	Scoops Carey SL	100	150	200	250	300	500	1,500	
73	Charley Carr ML	60	100	120	150	250	400	800	
74	Bill Carrigan	30	40	60	120	150	250		
75	Doc Casey ML	60	100	120	150	250	400	800	
76	Peter Cassidy ML	60	100	120	150	250	400	800	
77	Frank Chance Batting	60	100	300	400	500	100	2,000	
78	Frank Chance Portrait Red	100	200	300	400	1,000	1,200	2,500	
79	Frank Chance Portrait Yellow	80	120	200	350	600	1,500	2,000	
80	Bill Chappelle ML	60	100	120	150	250	400	800	
81	Chappie Charles	25	30	50	80	150	200	400	
82	Hal Chase Throwing Dark Cap	25	30	100	150	250	450	1,000	
83	Hal Chase Holding Trophy	30	80	120	300	400	800		
84	Hal Chase Portrait Blue	30	50	120	200	300	400	800	
85	Hal Chase Portrait Pink	50	80	100	300	400	1,200		
86	Hal Chase Throwing White Cap	30	40	100	150	300	400	1,200	
87	Jack Chesbro	300	500	600	800	1,200	2,000	4,000	
88	Ed Cicotte	100	150	250	400	600	1,000		
89	Bill Clancy (Clancey) ML	60	100	120	150	250	400	800	
90	Fred Clarke Holding Bat	50	100	150	300	400	600	1,500	
91	Fred Clarke Portrait	60	100	150	250	400	600	2,000	

www.beckett.com/price-guide

#	Card	PrFr 1	GD 2	VG 3	VgEx 4	EX 5	ExMt 6	NM 7	NmMt 8
92	Josh Clark (Clarke) ML	60	100	120	150	250	400	800	
93	J.J. (Nig) Clarke	20	25	40	150	200	250	400	
94	Bill Clymer ML	80	120	150	200	300	500	1,000	
95	Ty Cobb Bat off Shoulder	1,000	1,500	2,000	4,000	6,000	8,000	15,000	
96	Ty Cobb Bat on Shoulder	1,000	2,000	2,500	4,000	6,000	8,000	15,000	
97	Ty Cobb Portrait Green	1,500	4,000	5,000	8,000	10,000	25,000		
98	Ty Cobb Portrait Red	1,200	2,000	3,000	5,000	6,000	10,000	15,000	
99	Cad Coles SL	20	25	120	200	300	600	3,000	
100	Eddie Collins Philadelphia	300	500	800	1,200	2,000	3,000	5,000	
101	Jimmy Collins Minneapolis ML	150	250	300	400	600	1,000	2,000	
102	Bunk Congalton ML	60	100	120	150	250	400	800	
103	Wid Conroy Fielding	20	25	40	100	150	250	800	
104	Wid Conroy with Bat	20	25	40	60	100	250	500	
105	Harry Covaleski	40	50	120	150	200	300	800	
106	Doc Crandall No Cap	20	25	60	80	200	250	400	
107	Doc Crandall with Cap	20	25	60	120	150	200	500	
108	Bill Cranston SL	120	200	250	300	400	600	2,000	
109	Gavvy Cravath ML	60	100	120	150	250	400	800	
110	Sam Crawford Throwing	60	100	200	300	600	1,200	1,500	
111	Sam Crawford with Bat	60	120	200	250	600	600	20,000	
112	Birdie Cree	25	30	50	150	200	250		
113	Lou Criger	20	40	60	80	250	300		
114	Dode Criss UER	40	60	100	150	250	400	600	
115	Monte Cross ML	20	25	40	60	120	200	400	
116	Bill Dahlen Boston	20	50	80	150	200	250	800	
117	Bill Dahlen Brooklyn	100	120	400	800	2,000	5,000	8,000	
118	Paul Davidson ML	100	150	200	250	400	600	1,200	
119	George Davis	250	400	500	600	1,000	1,500	3,000	
120	Harry Davis (Davis on Front)	20	25	40	120	150	200	500	
121	Harry Davis (H.Davis on Front)	20	25	40	50	150	200	500	
122	Frank Delehanty (Delahanty) ML	60	100	120	150	250	400	800	
123	Jim Delehanty	20	25	80	120	200	800		
124	Ray Demmitt New York	25	30	50	100	150	300	600	
125	Ray Demmitt St. Louis	1,500	2,000	2,500	8,000				
126	Rube Dessau ML	60	100	120	150	250	400	800	
127	Art Devlin	20	25	40	60	150	250	400	
128	Josh Devore	20	50	60	120	150	200	600	
129	Bill Dineen	25	30	40	60	150	200	800	
130	Mike Donlin Fielding	40	50	80	120	200	400		
131	Mike Donlin Seated	20	25	40	60	120	350	500	
132	Mike Donlin with Bat	20	25	60	120	300	350	400	
133	Jiggs Donahue (Donohue)	20	25	40	50	100	200	1,000	
134	Wild Bill Donovan Portrait	30	40	60	100	150	250	1,000	
135	Wild Bill Donovan Throwing	20	25	80	100	200	275	600	
136	Red Dooin	20	25	40	80	150	200	500	
137	Mickey Doolan Batting	30	40	60	120	150	250	500	
138	Mickey Doolan Fielding	20	25	100	120	150	200	400	
139	Mickey Doolin Portrait	20	25	40	50	200	300	400	
140	Gus Dorner ML	60	100	120	150	250	400	800	
143	Patsy Dougherty Portrait	20	25	40	200	250	300	400	
144	Tom Downey Batting	30	40	60	80	150	250		
145	Tom Downey Fielding	20	30	40	80	120	200	400	
146	Jerry Downs ML	60	100	120	150	250	400	800	
147	Joe Doyle Hands Above Head	150	200	250	500	800			
149	Larry Doyle Portrait	20	25	40	60	300	350		
150	Larry Doyle Throwing	20	25	60	100	200	300		
151	Larry Doyle with Bat	30	40	50	80	250	300	400	
152	Jean Dubuc	50	80	100	120	250	200	500	
153	Hugh Duffy	300	500	600	800	1,200	2,000	4,000	
154	Jack Dunn Baltimore ML	60	100	120	150	250	400	800	
155	Joe Dunn Brooklyn	20	25	120	150	200	250	700	
156	Bull Durham	25	30	50	200	400	600		
157	Jimmy Dygert	20	25	40	50	120	250	400	
158	Ted Easterly	20	30	40	100	150	200	600	
159	Dick Egan	20	30	40	100	120	250	800	
160	Kid Elberfeld Fielding	50	60	100	120	200	300		
161	Kid Elberfeld Portrait New York	25	30	50	150	300	400		
162	Kid Elberfeld Portrait Wash	300	400	600	1,000	2,500			
163	Roy Ellam SL	200	300	400	500	600	1,000	3,000	
164	Clyde Engle	20	25	40	80	150	250	500	
165	Steve Evans	30	40	60	100	120	300	500	
166	Johnny Evers Portrait	120	200	300	400	800	1,500	2,500	
167	Johnny Evers w/Bat Chi Shirt	80	120	150	400	500	1,500	2,000	
168	Johnny Evers w/Bat Cubs Shirt	150	200	300	500	1,000	2,000		
169	Bob Ewing	20	25	60	120	150	250	800	
170	Cecil Ferguson	20	25	40	100	120	250	500	
171	Hobe Ferris	20	25	120	150	200	250	500	
172	Lou Fiene Portrait	30	40	60	120	300	500	600	
173	Lou Fiene Throwing	20	25	50	80	150	250	400	
174	Steamer Flanagan ML	60	100	120	150	250	400	800	
175	Art Fletcher	20	25	40	80	120	200	400	
176	Elmer Flick	100	200	300	500	800	1,200	2,000	
177	Russ Ford	20	50	80	120	250	300	500	
178	Ed Foster SL	120	200	250	300	400	600	2,000	
179	Jerry Freeman ML	60	100	120	150	250	400	800	
180	John Frill	20	60	100	120	150	200	500	
181	Charlie Fritz SL	150	250	300	400	500	800	2,500	
182	Art Fromme	40	60	100	150	250	400	600	
183	Chick Gandil	60	120	200	300	400	1,000	1,500	
184	Bob Ganley	25	30	100	120	200	400		
185	John Ganzel ML	60	100	120	150	250	400	800	
186	Harry Gasper (Gaspar)	20	30	60	200	250	300	400	
187	Rube Geyer	20	40	60	80	120	300	500	
188	George Gibson	25	60	80	120	150	250	500	
189	Billy Gilbert	20	40	50	100	120	200	500	
190	Wilbur Goode	40	60	100	150	250	400	600	
191	Bill Graham St. Louis	20	25	40	80	150	300	400	
192	Peaches Graham Boston	30	50	80	100	120	300	600	
193	Dolly Gray	20	25	40	60	200	250	500	
194	Ed Greminger SL	120	200	250	300	400	600	2,000	
195	Clark Griffith Batting	50	60	100	250	350	500	2,000	
196	Clark Griffith Portrait	50	100	120	200	400	800	2,000	
197	Moose Grimshaw ML	60	100	120	150	250	400	800	
198	Bob Groom	60	100	120	150	250	400	800	
199	Tom Guiheen SL	250	400	500	600	800	1,200	4,000	
200	Ed Hahn	50	80	120	200	300	500	800	
201	Bob Hall ML	60	100	120	150	250	400	800	
202	Bill Hallman ML	60	100	120	150	250	400	800	
203	Jack Hannifan (Hannifin) ML	60	100	120	150	250	400	800	
204	Bill Hart Little Rock SL	100	150	200	250	300	500	1,500	
205	Jimmy Hart Montgomery SL	120	200	250	300	400	600	2,000	
206	Topsy Hartsel	30	40	60	80	150	200		
207	Jack Hayden ML	60	100	120	150	250	400	800	
208	J.Ross Helm SL	100	150	200	250	300	500	1,500	
209	Charlie Hemphill	20	25	40	50	150	250	500	
210	Buck Herzog Boston	20	25	60	120	250	400	800	
211	Buck Herzog New York	20	25	50	100	150	250		
212	Gordon Hickman SL	250	400	500	600	800	1,200	4,000	
213	Bill Hinchman Cleveland	20	25	40	50	150	200	500	
214	Harry Hinchman Toledo ML	60	100	120	150	250	400	800	
215	Dick Hoblitzell	20	25	50	100	150	200	400	
216	Danny Hoffman St. Louis	100	150	200	250	400	600	1,200	
217	Izzy Hoffman Providence ML	60	100	120	150	250	400	800	
218	Solly Hofman	20	25	40	60	250	300	400	
219	Bock Hooker SL	300	500	600	800	1,000	1,500	5,000	
220	Del Howard Chicago	20	25	50	100	200	300		
221	Ernie Howard Savannah SL	150	250	300	400	500	800	2,500	
222	Harry Howell Hand at Waist	20	25	40	120	200	250	500	
223	Harry Howell Portrait	30	40	120	150	200	250	400	
224	Miller Huggins Hands at Mouth	100	120	150	200	500	600	1,500	
225	Miller Huggins Portrait	50	60	200	250	400	600	1,500	
226	Rudy Hulswitt	100	150	200	250	400	600	1,200	
227	John Hummel	20	25	100	120	250	400	800	
228	George Hunter	60	100	120	150	250	400	800	

#	Player	PrFr 1	GD 2	VG 3	VgEx 4	EX 5	ExMt 6	NM 7	NmMt 8
229	Frank Isbell	50	80	120	200	300	500		
230	Fred Jacklitsch	80	120	150	200	300	500	1,000	
231	Jimmy Jackson ML	60	100	120	150	250	400	800	
232	Hughie Jennings Both Hands	60	120	200	250	500	600	1,500	
233	Hughie Jennings One Hand	80	100	120	200	600	800	2,000	
234	Hughie Jennings Portrait	80	150	200	250	500	600	2,000	
235	Walter Johnson Hands at Chest	200	500	800	1,200	2,500	4,000	10,000	
236	Walter Johnson Portrait	500	600	1,200	2,000	3,000	5,000	20,000	
237	Davy Jones Detroit	25	30	40	100	120	250	800	
238	Fielder Jones Hands at Hips	20	25	40	100	150	250		
239	Fielder Jones Portrait	20	25	40	80	120	500	800	
240	Tom Jones St. Louis	20	25	40	80	100			
241	Dutch Jordan Atlanta SL	100	150	200	250	300	500	1,500	
242	Tim Jordan Brooklyn Batting	20	25	40	80	250	350	500	
243	Tim Jordan Brooklyn Portrait	20	25	40	50	150	200	400	
244	Addie Joss Pitching	60	100	200	300	600	700	2,000	
245	Addie Joss Portrait	80	200	250	300	500	1,200	4,000	
246	Ed Karger	20	25	50	80	100	300	500	
247	Willie Keeler Portrait	100	200	250	500	600	1,000	4,000	
248	Willie Keeler with Bat	100	150	200	400	600	2,000	3,000	
249	Joe Kelley ML	250	400	500	600	1,000	1,500	3,000	
250	J.F. Kiernan SL	200	300	400	500	600	1,000	3,000	
251	Ed Killian Pitching	20	25	40	60	150	200	400	
252	Ed Killian Portrait	20	25	40	120	200	250	400	
253	Frank King SL	150	250	300	400	500	800	2,500	
254	Rube Kisinger (Kissinger) ML	60	100	120	150	250	400	800	
255	Red Kleinow Boston	80	100	200	300	500	800	2,500	
256	Red Kleinow New York Catching	25	30	120	150	250	500	600	
257	Red Kleinow New York with Bat	30	40	60	80	150	300	400	
258	Johnny Kling	20	25	60	80	200	250		
259	Otto Knabe	20	25	40	60	120	200	400	
260	Jack Knight Portrait	20	25	50	100	150	250		
261	Jack Knight with Bat	20	25	40	100	250	300	500	
262	Ed Konetchy Glove Near Ground	30	40	60	120	200	300	600	
263	Ed Konetchy Glove Above Head	20	25	40	120	150	250	500	
264	Harry Krause Pitching	20	25	50	120	150	200	400	
265	Harry Krause Portrait	30	40	60	80	150	250	400	
266	Rube Kroh	20	25	40	50	100	200	500	
267	Otto Kruger (Krueger) ML	60	100	120	150	250	400	800	
268	James LaFitte SL	500	800	1,000	1,200	1,500	2,500	8,000	
269	Nap Lajoie Portrait	120	300	400	600	1,000	2,000	6,000	
270	Nap Lajoie Throwing	120	200	300	400	600	1,000	2,000	
271	Nap Lajoie with Bat	120	250	400	600	800	1,200	3,000	
272	Joe Lake New York	30	40	80	100	150	250		
273	Joe Lake St. Louis No Ball	20	25	40	80	120	200	400	
274	Joe Lake St. Louis with Ball	20	25	40	80	150	500		
275	Frank LaPorte	80	120	150	200	300	500	1,000	
276	Arlie Latham	20	25	50	100	200	300	800	
277	Bill Lattimore ML	60	100	120	150	250	400	800	
278	Jimmy Lavender ML	60	100	120	150	250	400	800	
279	Tommy Leach Bending Over	20	25	60	80	150	300	500	
280	Tommy Leach Portrait	20	25	60	100	150	250		
281	Lefty Leifield Batting	30	40	50	100	200	300	400	
282	Lefty Leifield Pitching	20	30	60	80	200	300		
283	Ed Lennox	20	25	40	80	120	200	400	
284	Harry Lentz (Sentz) SL	250	400	500	600	800	1,200	4,000	
285	Glenn Liebhardt	40	60	100	150	250	400	600	
286	Vive Lindaman	20	25	40	50	150	300		
287	Perry Lipe SL	150	250	300	400	500	800	2,500	
288	Paddy Livingstone	80	120	150	200	300	500	1,000	
289	Hans Lobert	20	25	100	150	200	300	500	
290	Harry Lord	25	50	80	120	200	300	400	
291	Harry Lumley	30	50	80	120	200	400	600	
292	Carl Lundgren Chicago	120	200	300	500	800	2,500		
293	Carl Lundgren Kansas City ML	60	100	120	150	250	400	800	
294	Nick Maddox	20	25	40	50	100	200	400	
294	Sherry Magie Portrait (Magee)	10,000	15,000	25,000	40,000				
295	Sherry Magee with Bat	20	25	60	120	250	450	500	
296	Sherry Magee Portrait	40	60	200	300	400	500		
298	Bill Malarkey ML	60	100	120	150	250	400	800	
299	Billy Maloney ML	60	100	120	150	250	400	800	
300	George Manion SL	120	200	250	300	400	600	2,000	
301	Rube Manning Batting	20	25	50	80	120	200	400	
302	Rube Manning Pitching	20	25	50	80	200	250		
303	Rube Marquard Follow Through	50	80	120	250	600	800	1,700	
304	Rube Marquard Hands at Thighs	80	100	200	250	400	500	1,700	
305	Rube Marquard Portrait	80	100	150	250	500	1,200	2,000	
306	Doc Marshall	20	25	40	80	120	200	400	
307	Christy Mathewson Dark Cap	300	400	500	1,000	2,000	3,000	6,000	
308	Christy Mathewson Portrait	250	400	800	2,000	2,500	4,000	8,000	
309	Christy Mathewson White Cap	300	400	600	1,000	2,000	2,500	5,000	
310	Al Mattern	100	150	200	250	300	500	1,000	
311	John McAleese	30	50	60	100	120	200	500	
312	George McBride	80	120	150	200	300	500	1,000	
313	Pat McCauley SL	400	600	800	1,000	1,200	2,000	6,000	
314	Moose McCormick	25	30	60	80	150	200	400	
315	Pryor McElveen	50	80	120	200	300	500	800	
316	Dan McGann ML	60	100	120	150	250	400	800	
317	Jim McGinley ML	60	100	120	150	250	400	800	
318	Iron Man McGinnity ML	250	400	500	600	1,000	1,500	3,000	
319	Stoney McGlynn ML	60	100	120	150	250	400	800	
320	John McGraw Finger in Air	60	100	150	250	500	600	2,000	
321	John McGraw Glove at Hip	100	120	200	300	500	800	2,000	
322	John McGraw Portrait No Cap	60	100	200	300	500	800	1,500	
323	John McGraw Portrait with Cap	60	80	200	300	400	600	1,500	
324	Harry McIntyre Brooklyn	20	25	40	80	150	200	400	
325	Harry McIntyre Brooklyn-Chicago	20	25	40	60	100	200	400	
326	Matty McIntyre Detroit	20	25	40	80	150	350		
327	Larry McLean	20	25	40	60	150	200	400	
328	George McQuillan Ball in Hand	20	25	50	80	150	300	500	
329	George McQuillan with Bat	30	40	60	120	250	300	800	
330	Fred Merkle Portrait	25	100	120	150	250	400	800	
331	Fred Merkle Throwing	25	30	60	150	250	500		
332	George Merritt ML	100	150	200	250	400	600	1,200	
333	Chief Meyers	20	25	40	80	200	400	600	
334	Chief Myers Batting (Meyers)	20	25	40	80	120	250		
335	Chief Myers Fielding (Meyers)	20	25	40	120	300	400	500	
336	Clyde Milan	100	150	200	250	400	600	1,200	
337	Molly Miller Dallas SL	100	150	200	250	300	500	1,500	
338	Dots Miller Pittsburgh	30	40	60	100	150	250	500	
339	Bill Milligan ML	60	100	120	150	250	400	800	
340	Fred Mitchell Toronto ML	60	100	120	150	250	400	800	
341	Mike Mitchell Cincinnati	20	25	40	80	150	250	600	
342	Dan Moeller ML	60	100	120	150	250	400	800	
343	Carleton Molesworth SL	300	500	600	800	1,000	1,500	5,000	
344	Herbie Moran Providence ML	60	100	120	150	250	400	800	
345	Pat Moran Chicago	40	60	100	150	250	400		
346	George Moriarty	40	60	100	150	250	400	600	
347	Mike Mowrey	20	25	40	60	150	200	400	
348	Dom Mullaney SL	150	250	300	400	500	800	2,500	
349	George Mullen (Mullin)	30	40	80	100	150	250	500	
350	George Mullin with Bat	20	25	40	80	100	250		
351	George Mullin Throwing	25	30	100	150	200	300		
352	Danny Murphy Batting	20	25	40	100	200	250		
353	Danny Murphy Throwing	25	30	60	150	200	250	800	
354	Red Murray Batting	20	25	40	80	150	200	400	
355	Red Murray Portrait	20	25	40	80	150	200	400	
356	Billy Nattress ML	60	100	120	150	250	400	800	
357	Tom Needham	30	40	60	100	200	300		
358	Simon Nicholls Hands on Knees	20	25	40	120	200	250	800	
359	Simon Nichols Batting (Nicholls)	20	25	60	80	300	500		
360	Harry Niles	100	150	200	250	400	600	1,200	
361	Rebel Oakes	20	25	60	80	120	250		
362	Frank Oberlin ML	120	200	250	300	500	800	1,500	

#	Player	PrFr 1	GD 2	VG 3	VgEx 4	EX 5	ExMt 6	NM 7	NmMt 8
363	Peter O'Brien ML	60	100	120	150	250	400	800	
364	Bill O'Hara New York	20	25	40	120	150	300		
365	Bill O'Hara St. Louis	1,500	2,000	4,000	8,000				
366	Rube Oldring Batting	20	25	60	80	120	300	400	
367	Rube Oldring Fielding	20	25	40	80	120	200	500	
368	Charley O'Leary Hands on Knees	20	25	40	60	120	200	400	
369	Charley O'Leary Portrait	30	40	60	100	150	200	600	
370	William O'Neil ML	60	100	120	150	250	400	800	
371	Al Orth SL	100	150	200	250	300	500	1,500	
372	William Otey SL	200	300	400	500	800	1,200	2,500	
373	Orval Overall Hand at Face	20	30	50	100	150	200	400	
374	Orval Overall Hands at Waist	20	25	60	100	200	250		
375	Orval Overall Portrait	20	25	50	80	150	250	500	
376	Frank Owen (Owens)	20	40	60	80	150	300	400	
377	George Paige SL	120	200	250	300	400	600	2,000	
378	Fred Parent	20	25	50	80	150	200	600	
379	Dode Paskert	20	25	40	100	120	200	700	
380	Jim Pastorius	20	25	40	100	120	250		
381	Harry Pattee	100	150	250	400	600	1,000	2,000	
382	Fred Payne	20	25	50	80	300	400	600	
383	Barney Pelty Horizontal	30	80	200	250	300	500	1,200	
384	Barney Pelty Vertical	20	25	50	120	250	800	1,000	
385	Hub Perdue SL	100	150	200	250	300	500	1,500	
386	George Perring	80	120	150	200	300	500	1,000	
387	Arch Persons SL	100	150	200	250	300	500	1,500	
388	Francis Pfeffer	30	40	60	100	200	250	600	
390	Jake Pfeister Seated (Pfiester)	30	40	60	120	150	200	400	
391	Jake Pfeister Throwing (Pfiester)	20	25	50	100	200	300		
392	Jimmy Phelan ML	60	100	120	150	250	400	800	
393	Eddie Phelps	20	25	40	80	150	200	400	
394	Deacon Phillippe	20	25	40	100	150	200	450	
395	Ollie Pickering ML	60	100	120	150	250	400	800	
396	Eddie Plank	60,000	80,000						
397	Phil Poland ML	60	100	120	150	250	400	800	
398	Jack Powell	25	30	100	120	200	250	1,000	
399	Mike Powers	100	150	200	250	400	800		
400	Billy Purtell	20	30	40	50	200	300	500	
401	Ambrose Puttman (Puttmann) ML	60	100	120	150	250	400	800	
402	Lee Quillen (Quillin) ML	60	100	120	150	250	400	800	
403	Jack Quinn	30	40	50	60	200	300	400	
404	Newt Randall ML	60	100	120	150	250	400	800	
405	Bugs Raymond	20	25	40	80	200	250	500	
406	Ed Reagan SL	100	150	200	250	300	500	1,500	
407	Ed Reulbach Glove Showing	30	60	80	150	300	400		
408	Ed Reulbach No Glove	25	30	60	100	250	350	500	
409	Dutch Revelle SL	100	150	200	250	300	500	1,500	
410	Bob Rhoades Hands at Chest	20	25	40	60	100	300	500	
411	Bob Rhoades Right Arm Out	30	40	60	100	150	200	500	
412	Charlie Rhodes	20	25	150	200	250	300	400	
413	Claude Ritchey	30	50	80	150	250	400		
414	Lou Ritter ML	60	100	120	150	250	400	800	
415	Ike Rockenfeld SL	120	200	250	300	400	600	2,000	
416	Claude Rossman	60	100	120	150	250	400	800	
417	Nap Rucker Portrait	25	30	40	120	150	200	600	
418	Nap Rucker Throwing	30	40	50	100	250	500	700	
419	Dick Rudolph ML	60	100	120	150	250	400	800	
420	Ray Ryan SL	200	300	400	500	600	1,000	3,000	
421	Germany Schaefer Detroit	20	50	60	150	300	400	500	
422	Germany Schaefer Washington	30	40	60	80	150	200	500	
423	George Schirm ML	60	100	120	150	250	400	800	
424	Larry Schlafly ML	60	100	120	150	250	400	800	
425	Admiral Schlei Batting	20	25	60	80	150	200	500	
426	Admiral Schlei Catching	20	40	60	80	200	300	500	
427	Admiral Schlei Portrait	40	50	60	120	200	350	1,200	
428	Boss Schmidt Portrait	20	25	40	60	150	200	400	
429	Boss Schmidt Throwing	20	25	40	60	150	250	400	
430	Ossee Schreck (Schreckengost) ML	60	100	120	150	250	400	800	
431	Wildfire Schulte Back View	20	30	40	120	150	400	500	
432	Wildfire Schulte Front View	30	50	80	150	600			
433	Jim Scott	25	40	60	100	150	250	600	
434	Charles Seitz SL	200	300	400	500	800	1,200	2,500	
435	Cy Seymour Batting	20	25	40	60	120	200	400	
436	Cy Seymour Portrait	20	25	40	80	150	200	500	
437	Cy Seymour Throwing	20	25	40	120	200	400	500	
438	Spike Shannon ML	60	100	120	150	250	400	800	
439	Bud Sharpe ML	60	100	120	150	250	400	800	
440	Bud Shappe (Sharpe) ML	300	500	600					
441	Shag Shaughnessy SL	300	500	600	800	1,000	1,500	5,000	
442	Al Shaw St. Louis	20	50	60	120	150	250		
443	Hunky Shaw Providence ML	60	100	120	150	250	400	800	
444	Jimmy Sheckard Glove Showing	20	25	40	80	150	300	600	
445	Jimmy Sheckard No Glove	30	40	80	100	120	200	500	
446	Bill Shipke	20	25	40	60	200	300	500	
447	Jimmy Slagle ML	200	300	400	500	800	1,200	2,500	
448	Carlos Smith Shreveport SL	150	250	300	400	500	800	2,500	
449	Frank Smith Chicago-Boston	100	120	150	250	600			
450	Frank Smith Chicago F.Smith	40	50	60	80	120	200		
451	Frank Smith Chicago White Cap	25	30	40	80	150	250	400	
452	Heinie Smith Buffalo ML	60	100	120	150	250	400	800	
453	Happy Smith Brooklyn	20	25	40	100	150	200	500	
454	Sid Smith Atlanta SL	120	200	250	300	400	600	2,000	
455	Fred Snodgrass Batting	30	40	60	100	200	600		
456	Fred nodgrass (Snodgrass) Batting	400	600	1,000					
457	Fred Snodgrass Catching	20	25	40	120	200	250	500	
458	Bob Spade	20	25	40	80	120	300	500	
459	Tris Speaker	500	800	1,200	2,000	3,000	4,000	5,000	
460	Tubby Spencer	20	25	60	80	150	350		
461	Jake Stahl Glove Shows	20	40	60	80	150	300		
462	Jake Stahl No Glove Shows	20	25	60	120	150	200	400	
463	Oscar Stanage	60	100	120	150	250	400	800	
464	Dolly Stark SL	150	250	300	400	500	800	2,500	
465	Charlie Starr	20	25	40	120	200	300	600	
466	Harry Steinfeldt with Bat	20	25	50	80	150	200	600	
467	Harry Steinfeldt Portrait	30	40	60	100	150	250	600	
468	Jim Stephens	20	25	40	80	120	200	500	
469	George Stone	30	60	80	120	400	500	800	
470	George Stovall Batting	20	25	40	80	150	400	800	
471	George Stovall Portrait	20	25	40	80	150	200	500	
472	Sam Strang ML	60	100	120	150	250	400	800	
473	Gabby Street Catching	20	25	60	100	200	250	400	
474	Gabby Street Portrait	30	40	60	100	200	250	500	
475	Billy Sullivan	20	25	50	80	150	250	800	
476	Ed Summers	20	40	50	80	120	250	600	
477	Bill Sweeney Boston	20	25	50	80	120	300	600	
478	Jeff Sweeney New York	40	50	80	150	300	400	600	
479	Jesse Tannehill Washington	100	150	200	250	400	600	1,200	
480	Lee Tannehill Chicago L.Tannehill	20	25	40	80	120	250	600	
481	Lee Tannehill Chicago Tannehill	20	25	40	80	120	250	1,000	
482	Dummy Taylor ML	60	100	120	150	250	400	800	
483	Fred Tenney	25	50	100	150	400	500	600	
484	Tony Thebo SL	150	250	300	400	500	800	2,500	
485	Jake Thielman ML	60	100	120	150	250	400	800	
486	Ira Thomas	50	80	120	200	300	500	800	
487	Woodie Thornton SL	250	400	500	600	800	1,200	4,000	
488	Joe Tinker Bat off Shoulder	80	100	250	300	800	1,200	3,000	
489	Joe Tinker Bat on Shoulder	100	120	200	250	300	1,000	2,000	
490	Joe Tinker Hands on Knees	80	120	200	400	700	1,200	6,000	
491	Joe Tinker Portrait	100	200	300	500	600	3,000	4,000	
492	John Titus	300	500	600	800	1,500			
493	Terry Turner	60	100	120	150	250	400	800	
494	Bob Unglaub	20	25	40	80	150	400	600	
495	Juan Violat (Viola) SL	120	200	250	300	400	600	2,000	
496	Rube Waddell Portrait	80	120	250	400	500	800	2,000	

#	Player	PrFr 1	GD 2	VG 3	VgEx 4	EX 5	ExMt 6	NM 7	NmMt 8
497	Rube Waddell Throwing	50	120	200	500	600	1,000		2,500
498	Heinie Wagner Bat on Left	25	30	50	120	150	250		600
499	Heinie Wagner Bat on Right	25	30	60	200	250	300		
500	Honus Wagner	1,500,000	2,500,000						
501	Bobby Wallace	50	120	150	250	400	600		2,000
502	Ed Walsh	400	600	800	1,000	1,500	2,500		5,000
503	Jack Warhop	20	25	50	80	150	200		600
504	Jake Weimer	20	25	40	80	150	250		400
505	James Westlake SL	250	400	500	600	800	1,200		4,000
506	Zack Wheat	80	150	200	600	800	1,000		2,000
507	Doc White Chicago Pitching	20	25	50	80	120	300		800
508	Doc White Chicago Portrait	40	50	80	100	120	200		400
509	Foley White Houston SL	250	400	500	600	800	1,200		4,000
510	Jack White Buffalo ML	60	100	120	150	250	400		800
511	Kaiser Wilhelm Hands at Chest	25	30	40	120	200	300		500
512	Kaiser Wilhelm with Bat	25	30	40	120	200	250		500
513	Ed Willett with Bat	20	25	60	100	200	250		500
514	Ed Willetts Throwing	20	25	40	50	200	300		500
515	Jimmy Williams	20	25	60	80	150	250		400
516	Vic Willis Pittsburgh Portrait	80	120	200	300	500	1,200		1,500
517	Vic Willis St. Louis Throwing	50	80	120	200	500	800		1,500
518	Vic Willis St. Louis with Bat	50	80	150	200	400	600		2,000
519	Owen Wilson	25	30	80	120	150	250		400
520	Hooks Wiltse Pitching	25	30	40	120	150	250		400
521	Hooks Wiltse Portrait No Cap	40	50	60	100	150	300		
522	Hooks Wiltse Portrait with Cap	20	25	40	150	200	400		2,000
523	Lucky Wright ML	60	100	120	150	250	400		800
524	Cy Young Bare Hand Shows	250	600	800	1,500	2,000	2,500		6,000
525	Cy Young Glove Shows	500	600	800	1,500	2,000	2,500		4,000
526	Cy Young Portrait	400	800	1,500	2,500	5,000	6,000		8,000
527	Irv Young Minneapolis ML	60	100	120	150	250	400		800
528	Heinie Zimmerman	40	60	100	150	250	400		

1910 American Caramel Pirates E90-2

#	Player	PrFr 1	GD 2	VG 3	VgEx 4	EX 5	ExMt 6	NM 7	NmMt 8
1	Babe Adams	120	200	250	800				
2	Fred Clarke	120	250	400	800				
3	George Gibson	120	200	400	500				
4	Ham Hyatt	120	200	400	800				
5	Tommy Leach	120	200	300	800				
6	Sam Leever	120	200	400	800				
7	Nick Maddox	120	200	400	800				
8	Dots Miller	120	200	400	800				
9	Deacon Phillippe	120	200	300	800				
10	Honus Wagner	2,500	4,000	6,000	9,000	10,000			
11	Chief Wilson	120	200	400	800				

1910 E98 Set of 30

#	Player	PrFr 1	GD 2	VG 3	VgEx 4	EX 5	ExMt 6	NM 7	NmMt 8
1	Chief Bender	120	250	400	800	1,500			
2	Roger Bresnahan	150	300	400	800	1,500			
3	Al Bridwell	150	200	250	500	1,000			
4	Miner Brown	150	500	600	1,000	1,500			
5	Frank Chance	120	400	500	800	1,500			
6	Hal Chase	150	400	500	1,000				
7	Fred Clarke	120	400	500	800	1,500			
8	Ty Cobb	1,500	2,000	3,000	6,000				
9	Eddie Collins	120	300	400	800	3,000			
10	Jack Coombs	100	150	250	500	1,000			
11	Bill Dahlen	100	150	250	500	1,000			
12	Harry Davis	100	150	250	500	1,000			
13	Red Dooin	100	150	400	500	1,000			
14	Johnny Evers	150	300	400	800	1,500			
15	Russ Ford	80	200	250	500	1,000			
16	Hughey Jennings	150	300	400	800	1,500			
17	Johnny Kling	80	150	250	600	1,000			
18	Nap Lajoie	200	400	600	1,200	2,500			
19	Connie Mack	150	600	1,000	1,500	3,000			
20	Christy Mathewson	800	2,500	3,000					
21	John McGraw	150	250	400	800	1,500			
22	Larry McLean	80	150	250	500	1,000			
23	Chief Meyers	100	150	300	500	1,000			
24	George Mullin	80	200	250	500	1,000			
25	Fred Tenney	80	150	250	500	1,000			
26	Joe Tinker	120	250	400					
27	Hippo Vaughn	120	250	500					
28	Hans Wagner	1,000	1,600	2,500	6,500				
29	Ed Walsh	250	300	600	800	1,500			
30	Cy Young	600	1,200	2,000	3,000				

1910 Philadelphia Caramel E96

#	Player	PrFr 1	GD 2	VG 3	VgEx 4	EX 5	ExMt 6	NM 7	NmMt 8
1	Babe Adams	60	120	200	300				
2	Red Ames	60	120	200	300				
3	Frank Arellanes	60	120	200	300	1,500			
4	Home Run Baker	200	300	400	800				
5	Mordecai Brown	100	200	600	800				
6	Fred Clark (Clarke)	100	200	300	500				
7	Harry Davis	60	120	200	300	600			
8	Jim Delehanty	60	120	200	300				
9	Bill Donovan	60	150	200	300				
10	Red Dooin	60	120	200	300				
11	George Gibson	60	120	200	500				
12	Buck Herzog	60	120	200	300				
13	Hugh Jennings MG	80	150	250	400				
14	Ed Karger	60	120	200	300	600			
15	Johnny Kling	60	120	200	300				
16	Ed Konetchy	60	120	200	300				
17	Napoleon Lajoie	325	400	800	1,000				
18	Connie Mack MG	300	800	1,000	1,200				
19	Rube Marquard	100	250	400	400				
20	George McQuillan	60	150	200	300				
21	Chief Meyers	60	120	200	300	600			
22	Mike Mowrey	60	120	200	300	600			
23	George Mullin	60	120	200	300				
24	Red Murray	60	120	200	300	600			
25	Jack Pfeister (Pfiester)	60	120	200	300				
26	Claude Rossman	60	120	150	300				
27	Nap Rucker	60	120	250	300				
28	Tubby Spencer	60	120	200	300				
29	Ira Thomas	60	120	300	350				
30	Joe Tinker	100	200	300	800				

1910 Standard Caramel E93

#	Player	PrFr 1	GD 2	VG 3	VgEx 4	EX 5	ExMt 6	NM 7	NmMt 8
1	Red Ames	60	80	100	120	650	1,200		
2	Chief Bender	120	200	350	400	600	800		
3	Mordecai Brown	200	300	500	800	1,500	2,500		
4	Frank Chance	175	250	350	600	1,200	2,000		
5	Hal Chase	100	150	200	250	600	1,500		
6	Ty Cobb	800	1,500	2,500	4,000	6,000	8,000		
7	Eddie Collins	100	150	300	500	800	1,000		
8	Harry Coveleskie (Coveleski)	50	80	150	400	800	1,500		
9	Fred Clarke	100	150	250	500	800	1,500		
10	Jim Delehanty	50	80	200	250	350	400		
11	Bill Donovan	50	80	150	400	800			
12	Red Dooin	50	80	150	250	350	1,200		
13	Johnny Evers	150	250	400	600	1,500	2,500		
14	George Gibson	50	80	150	300	500	800		
15	Clark Griffith	100	150	250	500	600	1,500		

#		PrFr 1	GD 2	VG 3	VgEx 4	EX 5	ExMt 6	NM 7	NmMt 8
16	Hugh Jennings	100	150	250	500	1,000	1,500		
17	Davy Jones	50	80	150	325	500	1,200		
18	Addie Joss	150	250	400	600	1,000	2,500		
19	Napoleon Lajoie	200	300	500	800	2,000	3,000		
20	Tommy Leach	50	80	150	300	500	3,600		
21	Christy Mathewson	600	1,000	1,500	2,500	4,000	6,000		
22	John McGraw	100	150	200	300	1,000	1,500		
23	Jim Pastorius	50	80	150	300	500	1,300		
24	Deacon Phillippe	50	80	200	300	500	800		
25	Eddie Plank	250	500	550	600	1,000	3,000		
26	Joe Tinker	100	150	300	500	1,000	1,500		
27	Rube Waddell	120	200	400	600	1,200			
28	Honus Wagner	1,200	2,000	2,500	3,500	6,000	8,000		
29	Hooks Wiltse	50	80	150	250	300	1,500		
30	Cy Young	500	800	1,200	2,000	3,500	6,000		

1910-11 Sporting Life M116

#		PrFr 1	GD 2	VG 3	VgEx 4	EX 5	ExMt 6	NM 7	NmMt 8
1	Ed Abbaticchio	25	30	40	50	80	120	150	400
2A	Babe Adams Black Back	25	30	40	50	80	120	200	400
2B	Babe Adams Blue Back	25	30	40	50	80	120	200	400
3	Red Ames	25	30	40	60	80	120	200	400
4	Jimmy Archer	25	30	40	50	80	120	200	400
5	Frank Arellanes	25	30	40	50	80	120	200	400
6	Tommy Atkins	25	30	40	50	80	120	200	400
7	Jimmy Austin	25	30	40	50	80	120	200	400
8	Les Bachman	25	30	40	50	80	120	200	400
9	Bill Bailey	25	30	40	50	80	120	200	400
10A	Frank Baker Black Back	120	150	200	250	300	400	600	1,200
10B	Frank Baker Blue Back	100	120	150	350	450	600	800	1,000
11	Cy Barger	25	30	40	50	80	120	200	400
12	Jack Barry	25	30	40	50	80	120	200	400
13A	Johnny Bates Philadelphia	25	30	40	50	80	120	200	400
14	Ginger Beaumont	25	30	40	50	80	120	200	400
15	Fred Beck	25	30	40	50	80	120	200	400
16	Heine Beckendorf	25	30	40	50	80	120	200	400
17	Fred Beebe	25	30	40	50	80	120	200	400
18	George Bell	25	30	40	50	80	120	200	400
19	Harry Bemis	25	30	40	50	80	120	200	400
20A	Chief Bender Blue	120	150	200	250	300	500	900	1,500
20B	Chief Bender Pastel	100	120	150	200	250	400	600	1,000
21	Bill Bergen	25	30	40	50	80	120	200	400
22	Charles Berger	25	30	40	50	80	120	200	400
23	Bob Bescher	25	30	40	50	80	120	200	400
24	Joseph Birmingham	25	30	40	50	80	120	200	400
25	Lena Blackburn	25	30	40	50	80	120	200	400
26	Jack Bliss	25	30	40	50	80	120	200	400
27	James J. Block	25	30	40	50	80	120	200	400
28	Hugh Bradley	25	30	40	50	80	120	200	400
29	Kitty Bransfield	25	30	40	50	100	120	200	400
30A	Roger Bresnahan Blue	120	150	200	250	300	500	800	1,500
30B	Roger Bresnahan Pastel	100	120	150	200	400	500	700	1,000
31	Al Bridwell	25	30	40	50	80	120	200	400
32	Buster Brown	25	30	40	50	80	120	200	400
33A	Mordecai Brown Blue	120	150	200	350	400	600	800	1,500
33B	Mordecai Brown Pastel	120	150	200	350	400	600	850	1,000
34	Al Burch	25	30	40	50	80	120	200	400
35	Donie Bush	25	30	40	50	80	120	200	400
36	Bobby Byrne	25	30	40	50	80	120	200	400
37	Howie Camnitz	25	30	40	50	80	120	200	400
38	Vin Campbell	25	30	40	50	80	120	200	400
39	Bill Carrigan	25	30	40	50	100	120	200	400
40A	Frank Chance Blue	120	150	200	250	300	500	900	1,500
40B	Frank Chance Pastel	100	120	200	250	300	400	600	1,000
41	Chappy Charles	25	30	40	50	80	120	200	400
42A	Hal Chase Blue	80	100	120	150	200	300	600	1,200
42B	Hal Chase Pastel	80	100	120	150	200	300	600	1,000
43	Ed Cicotte	100	120	150	200	300	400	800	1,200
44A	Fred Clarke Black Back	100	120	150	200	250	400	600	1,000
44B	Fred Clarke Blue Back	100	120	150	200	250	400	600	1,000
45	Nig Clarke	25	30	40	50	80	120	200	400
46	Tommy Clarke	25	30	40	50	80	120	200	400
47A	Ty Cobb Blue	1,000	1,500	2,500	3,500	4,000	5,000	6,000	
47B	Ty Cobb Pastel	800	1,000	1,500	2,000	2,500	3,000	5,000	
48A	Eddie Collins Blue	150	200	250	300	500	600	1,000	2,500
48B	Eddie Collins Pastel	120	150	200	250	300	500	800	1,200
49	Ray Collins	25	30	40	50	80	120	200	400
50	Wid Conroy	25	30	40	50	80	120	200	400
51	Jack Coombs	25	30	40	50	80	120	200	400
52	Frank Corridon	25	30	40	50	80	120	200	400
53	Harry Coveleski ML	30	40	50	60	100	150	250	500
54	Doc Crandall	25	30	40	50	80	120	200	400
55A	Sam Crawford Blue	120	150	200	250	400	500	800	1,500
55B	Sam Crawford Pastel	100	120	150	200	300	400	600	1,000
56	Birdie Cree	25	30	40	50	80	120	200	625
57	Lou Criger	25	30	40	50	80	120	200	400
58	Dode Criss	25	30	40	50	80	120	200	400
59	Cliff Curtis	25	30	40	50	80	120	200	400
60	Bill Dahlen MG	25	30	40	50	80	120	200	400
61	William Davidson	25	30	40	50	80	120	200	400
62A	Harry Davis Blue	30	40	50	60	150	200	250	500
62B	Harry Davis Pastel	25	30	40	50	80	120	200	400
63	Jim Delehanty	25	30	40	50	80	120	200	400
64	Ray Demmitt	25	30	40	50	80	120	200	400
65	Frank Dessau	25	30	40	50	80	120	200	400
66A	Art Devlin Black Back	25	30	40	50	80	120	200	400
66B	Art Devlin Blue Back	25	30	40	50	80	120	200	400
67	Josh Devore	25	30	40	50	80	120	200	400
68	Pat Donahue	25	30	40	50	80	120	200	400
69	Patsy Donovan MG	25	30	40	50	80	120	200	400
70A	Bill Donovan Blue	25	30	40	50	100	120	200	400
70B	Bill Donovan Pastel	25	30	40	50	100	120	200	400
71A	Red Dooin Blue	30	40	50	100	150	200	250	500
71B	Red Dooin Pastel	25	30	40	50	80	120	200	400
72	Mickey Doolan	25	30	40	50	80	120	200	400
73	Patsy Dougherty	25	30	40	50	80	120	200	400
74	Tom Downey	25	30	40	50	80	120	200	400
75	Jim Doyle	25	30	40	50	80	120	200	400
76A	Larry Doyle Blue	30	40	50	60	100	150	250	500
76B	Larry Doyle Pastel	25	30	40	50	80	120	200	400
77	Hugh Duffy MG	100	120	250	300	350	400	600	1,000
78	Jimmy Dygert	25	30	40	50	80	120	150	400
79	Dick Eagan	25	30	40	50	80	120	200	400
80	Kid Elberfeld	25	30	40	50	80	120	200	400
81	Rube Ellis	25	30	40	50	80	120	200	400
82	Clyde Engle	25	30	40	50	80	120	200	400
83	Tex Erwin	25	30	40	50	80	120	300	400
84	Steve Evans	25	30	40	50	80	120	200	400
85A	Johnny Evers Black Back	120	150	200	250	300	500	800	1,500
85B	Johnny Evers Blue Back	120	150	200	250	300	500	800	1,200
86	Bob Ewing	25	30	40	50	80	120	200	400
87	Cy Falkenberg	25	30	40	80	100	120	150	400
88	George Ferguson	25	30	40	50	80	120	200	400
89	Art Fletcher	25	30	40	50	80	120	200	400
90	Elmer Flick	100	120	150	200	250	400	600	1,000
91	John Flynn	25	30	40	50	80	120	200	400
92	Russ Ford	25	30	40	50	80	120	200	400
93	Ed Foster ML	25	30	40	50	120	200	300	400
94	Bill Foxen	25	30	40	50	80	120	200	400
95	John Frill ML	25	30	40	50	80	120	200	400
96	Samuel Frock	25	30	40	50	80	120	200	400
97	Art Fromme	25	30	40	50	80	120	200	400
98	Earle Gardner New York	25	30	40	50	80	120	200	400

#	Player	PrFr 1	GD 2	VG 3	VgEx 4	EX 5	ExMt 6	NM 7	NmMt 8
99	Larry Gardner Boston	25	30	40	80	120	200	300	400
100	Harry Gaspar	25	30	40	50	80	120	200	400
101	Doc Gessler	25	30	40	50	80	120	150	400
102A	George Gibson Blue	30	40	50	60	150	250		
102B	George Gibson Pastel	25	30	40	60	150	250		
103	Bert Graham	25	30	40	50	80	120	200	400
104	Peaches Graham	25	30	40	50	80	120	200	400
105	Eddie Grant	25	30	40	50	80	120	200	400
106	Clark Griffith MG	100	120	150	200	300	400	600	1,000
107	Ed Hahn	25	30	40	50	80	150	250	
108	Charles Hall	25	30	40	50	80	120	200	400
109	Bob Harmon	25	30	40	50	80	120	200	400
110	Topsy Hartsel	25	30	40	50	80	120	200	400
111	Roy Hartzell	25	30	40	50	80	120	200	400
112	Heinie Heitmuller	25	30	40	50	80	120	200	400
113	Buck Herzog	25	30	40	50	80	120	200	400
114	Doc Hoblitzel	25	30	40	50	80	120	200	400
115	Danny Hoffman	25	30	40	50	80	120	200	400
116	Solly Hofman	25	30	40	50	80	120	200	400
117	Harry Hooper	100	120	150	200	250	400	600	1,500
118	Harry Howell	25	30	40	50	80	120	200	400
119	Miller Huggins	100	120	150	200	250	400	600	1,200
120	Tom Hughes ML	25	30	40	50	80	120	200	400
121	Rudy Hulswitt	25	30	40	50	80	120	200	400
122	John Hummel	25	30	40	50	80	120	200	400
123	George Hunter	25	30	40	50	80	120	200	400
124	Ham Hyatt	25	30	40	50	80	120	200	400
125	Fred Jacklitsch	25	30	50	60	80	120	200	400
126A	Hugh Jennings MG Blue	120	150	200	250	400	500	800	1,500
126B	Hugh Jennings MG Pastel	100	120	150	200	250	400	600	1,000
127	Walter Johnson	500	600	800	1,000	1,800	2,000	4,000	5,000
128A	Davy Jones Blue	30	40	50	60	100	150	250	1,500
128B	Davy Jones Pastel	25	30	40	50	80	120	200	400
129	Tom Jones	25	30	40	50	80	120	200	400
130A	Tim Jordan Blue	30	40	50	60	100	150	250	500
130B	Tim Jordan Pastel	25	30	40	50	80	120	200	400
131	Addie Joss	100	120	200	250	300	1,100	1,800	
132	John Kane	25	30	40	50	80	120	200	400
133	Edwin Karge	25	30	40	50	80	120	200	400
134	Red Killifer	25	30	40	50	120	200		625
135	Johnny Kling	25	30	40	50	80	120	200	400
136	Otto Knabe	25	30	40	50	80	120	200	400
137	John Knight	25	30	40	50	80	120	200	400
138	Ed Konetchy	25	30	40	50	80	120	200	400
139	Harry Krause	25	30	40	50	80	120	200	400
140	Rube Kroh	25	30	40	50	80	120	200	400
141	Otto Krueger ML	25	30	40	50	80	120	200	400
142A	Nap Lajoie Blue	300	400	500	600	800	1,000	1,500	
142B	Nap Lajoie Pastel	200	300	400	500	600	800	1,200	
143	Joe Lake	25	30	40	50	80	120	200	400
144	Fred Lake MG	25	30	40	50	80	120	200	400
145	Frank LaPorte	25	30	40	50	80	120	200	400
146	Jack Lapp	25	30	40	80	120	200	300	400
147	Chick Lathers	25	30	40	60	80	120	200	400
148A	Tommy Leach Blue	30	40	50	120	150	200	300	500
148B	Tommy Leach Pastel	25	30	40	50	80	120	200	400
149	Sam Leever	25	30	40	50	80	120	200	400
150	Lefty Leifield	25	30	40	50	80	120	200	400
151	Ed Lennox	25	30	40	50	80	120	200	400
152	Frederick Link	25	30	40	50	80	120	200	400
153	Paddy Livingstone	25	30	40	50	80	120	200	400
154	Hans Lobert	25	30	40	50	80	120	200	400
155	Bris Lord	25	30	40	50	80	120	200	400
156A	Harry Lord Blue	30	40	50	60	100	150	250	500
156B	Harry Lord Pastel	25	30	40	50	80	120	200	400
157	Johnny Lush	25	30	40	50	80	100	120	400
158	Connie Mack MG	150	200	250	300	400	700		

#	Player	PrFr 1	GD 2	VG 3	VgEx 4	EX 5	ExMt 6	NM 7	NmMt 8
159	Thomas Madden	25	30	40	50	80	120	200	400
160	Nick Maddox	25	30	40	50	80	120	200	400
161	Sherry Magee	25	30	40	50	80	120	200	400
162A	Christy Mathewson Blue	500	600	800	1,000	1,200	1,500	2,500	
162B	Christy Mathewson Pastel	500	600	800	1,000	1,200	1,500	2,500	5,000
163	Al Mattern	25	30	40	60	80	120	200	400
164	Jimmy McAleer MG	25	30	40	50	80	120	200	400
165	George McBride	25	30	40	50	80	120	200	400
166A	Amby McConnell Boston	25	30	40	50	80	120	200	400
167	Pryor McElveen	25	30	40	50	80	120	200	400
168	John McGraw MG	80	100	200	250	300	500	800	1,200
169	Deacon McGuire MG	25	30	40	50	80	120	200	400
170	Stuffy McInnis	25	30	40	50	80	120	200	400
171	Harry McIntire	25	30	40	50	80	120	200	400
172	Matty McIntyre	25	30	40	50	80	120	250	
173	Larry McLean	25	30	40	50	80	120	200	400
174	Tommy McMillan	25	30	40	50	80	120	200	400
175B	George McQuillan Phil Blue	30	40	50	80	100	150	250	500
175C	George McQuillan Phil Pastel	25	30	40	50	80	120	200	400
176	Paul Meloan	25	30	40	80	120	200	300	400
177	Fred Merkle	25	30	40	50	80	120	200	400
178	Chief Meyers	25	30	40	50	120	150	200	400
179	Clyde Milan	25	30	40	50	80	120	200	400
180	Dots Miller	25	30	40	50	80	120	200	400
181	Warren Miller	25	30	40	50	80	120	200	750
182	Fred Mitchell ML	25	30	40	50	80	120	200	400
183	Mike Mitchell	25	30	40	50	80	120	200	400
184	Earl Moore	25	30	40	50	80	120	200	400
185	Pat Moran	25	30	40	50	80	120	200	400
186A	Lew Moren Black Back	25	30	40	50	80	120	200	400
186B	Lew Moren Blue Back	30	40	50	60	100	150	250	500
187	Cy Morgan	25	30	40	50	80	120	200	400
188	George Moriarty	25	30	40	50	80	120	200	400
189	Mike Mowery	25	30	40	50	80	120	200	400
190A	George Mullin Black Back	25	30	40	50	80	120	200	400
190B	George Mullin Blue Back	30	40	50	60	100	150	250	500
191	Danny Murphy	25	30	40	50	80	120	200	400
192	Red Murray	25	30	40	50	80	175	200	400
193	Tom Needham	25	30	40	50	80	120	200	400
194	Harry Niles	25	30	40	50	80	120	200	400
195	Rebel Oakes	25	30	40	80	100	120	300	400
196	Jack O'Connor	25	30	40	50	80	120	200	400
197	Paddy O'Connor	25	30	40	50	80	120	150	400
198	Bill O'Hara ML	25	30	40	50	80	120	200	400
199	Rube Oldring	25	30	40	50	80	120	200	400
200	Charley O'Leary	25	30	40	50	80	150	200	400
201	Orval Overall	25	30	40	50	80	120	200	400
202	Fred Parent	25	30	40	60	80	120	200	400
203	Dode Paskert	25	30	40	50	80	120	200	400
204	Frederick Payne	25	30	40	50	80	120	200	400
205	Barney Pelty	25	30	40	50	80	120	200	400
206	Hub Pernoll	25	30	40	80	120	200	300	
207	George Perring ML	25	30	40	50	80	300	400	
208	Big Jeff Pfeffer	25	30	40	50	80	120	200	400
209	Jack Pfiester	25	30	40	50	80	120	200	400
210	Art Phelan	25	30	40	50	120	200	300	400
211	Ed Phelps	25	30	40	50	80	120	200	400
212	Deacon Phillipe	25	30	40	50	80	120	200	400
213	Eddie Plank	400	500	600	800	1,000	1,200	2,000	
214	Jack Powell	25	30	40	50	80	120	200	400
215	Billy (William) Purtell	25	30	40	50	80	120	200	400
216	Farmer Ray ML	25	30	40	50	80	120	200	500
217	Bugs Raymond	25	30	40	50	450	500	600	400
218	Doc Reisling	25	30	40	50	80	120	200	400
219	Ed Reulbach	25	30	40	50	80	120	200	
220	Lew Richie	25	30	40	50	80	120	200	400
221	Jack Rowan	25	30	40	50	80	120	200	400

		PrFr 1	GD 2	VG 3	VgEx 4	EX 5	ExMt 6	NM 7	NmMt 8
222A	Nap Rucker Black Back	25	30	40	50	80	120	200	400
222B	Nap Rucker Blue Back	25	30	60	80	100	120	200	400
223	Slim Sallee	25	30	40	50	80	120	200	400
224	Doc Scanlon	25	30	40	60	80	120	200	400
225	Germany Schaefer	25	30	40	50	80	120	200	400
226	Lou Schettler	25	30	40	50	80	150	200	400
227	Admiral Schlei	25	30	40	50	80	120	200	400
228	Boss Schmidt	25	30	40	50	80	120	200	400
229	Wildfire Schulte	25	30	40	50	80	120	200	400
230	Al Schweitzer	25	30	40	50	80	120	200	400
231	James Scott	25	30	40	50	80	120	200	400
232	James Seymour	25	30	40	50	80	120	200	400
233	Tillie Shafer	25	30	40	50	80	120	200	400
234	David Shean	25	30	40	50	80	120	200	400
235	Bayard Sharpe	25	30	40	50	80	120	200	400
236	Jimmy Sheckard	25	30	40	50	80	120	200	400
237	Mike Simon	25	30	40	50	80	120	200	400
238	Charlie Smith	25	30	40	50	80	120	200	400
239	Frank Smith	25	30	40	50	80	120	200	675
240	Harry Smith	25	30	40	50	80	120	200	400
241	Fred Snodgrass	25	30	40	50	80	120	200	400
242	Bob Spade UER	25	30	40	50	80	120	200	400
243	Tully Sparks	25	30	40	50	80	120	200	400
244	Tris Speaker	500	600	800	1,000	1,200	2,000	3,000	5,000
245	Jake Stahl	25	30	40	50	120	200	200	400
246	George Stallings MG	25	30	40	50	80	120	200	400
247	Oscar Stanage	25	30	40	50	80	120	200	400
248	Harry Steinfeldt	25	30	40	50	80	120	200	400
249	Jim Stephens	25	30	40	50	80	120	200	400
250	George Stone	25	30	40	50	80	120	200	400
251	George Stovall	25	30	40	80	100	120	200	400
252	Gabby Street	25	30	40	50	80	120	150	400
253	Sailor Stroud	25	30	40	50	80	120	200	400
254	Amos Strunk	25	30	40	50	80	120	200	400
255	George Suggs	25	30	40	50	80	120	200	525
256	Billy Sullivan	25	30	40	50	80	120	150	400
257A	Ed Summers Black Back	25	30	40	50	80	120	200	400
257B	Ed Summers Blue Back	25	30	40	50	80	120	200	400
258	Bill Sweeney	25	30	40	50	80	120	200	400
259	Jeff Sweeney	25	30	40	50	80	120	200	400
260	Lee Tannehill	25	30	40	50	80	120	200	400
261A	Fred Tenney Blue	30	40	50	60	250	300	400	600
262B	Fred Tenney Pastel	25	30	40	50	100	120	200	400
262A	Ira Thomas Blue	30	40	50	80	100	250	400	600
262B	Ira Thomas Pastel	25	30	40	50	80	120	200	400
263	John Thoney	25	30	40	50	80	120	200	400
264A	Joe Tinker Black Back	120	150	200	250	300	500	800	1,500
264B	Joe Tinker Blue Back	100	120	150	200	250	400	1,400	2,200
265	John Titus	25	30	40	50	80	120	200	400
266	Terry Turner	25	30	40	50	80	120	200	400
267	Bob Unglaub	25	30	40	50	80	120	200	400
268A	Rube Waddell Black Back	120	200	250	300	300	500	800	1,500
268B	Rube Waddell Blue Back	100	120	150	300	350	400	600	1,000
269A	Hans Wagner Blue	2,000	3,000	4,000	5,000	6,000	8,000		
269B	Hans Wagner Pastel	1,200	1,500	3,000	4,000	5,000	6,000	12,000	
270	Heinie Wagner	25	30	40	50	80	120	200	400
271	Bobby Wallace	80	100	120	150	200	300	500	1,000
272	Ed Walsh	100	120	150	250	300	400	900	1,500
273	Jimmy Walsh Gray	60	80	100	120	150	250	500	800
274	Jimmy Walsh White	80	100	120	150	250	300	600	1,000
275	Doc White	25	30	40	50	80	120	200	400
276	Kaiser Wilhelm	25	30	40	50	80	120	200	400
277	Ed Willett	25	30	40	50	80	120	200	400
278	Vic Willis	100	120	150	200	250	400	600	1,500
279	Art Wilson	25	30	40	50	80	120	200	400
280	Chief Wilson	25	30	40	50	80	120	200	400
281	Hooks Wiltse	25	30	40	50	80	120	200	400

		PrFr 1	GD 2	VG 3	VgEx 4	EX 5	ExMt 6	NM 7	NmMt 8
282	Harry Wolter	25	30	40	50	80	120	200	400
283	Joe Wood	300	400	500	800	1,200	2,800		
284	Ralph Works	25	30	40	50	80	120	200	400
285A	Cy Young Black Back	500	600	800	1,000	1,200	1,500	2,500	4,000
285B	Cy Young Blue Back	500	600	800	1,000	1,200	1,500	2,500	
286	Irv Young	25	30	40	50	80	120	200	400
287	Heinie Zimmerman	25	30	40	50	80	120	200	400
288	Dutch Zwilling	25	30	40	50	80	200	250	400

1910-12 Sweet Caporal Pins P2

		PrFr 1	GD 2	VG 3	VgEx 4	EX 5	ExMt 6	NM 7	NmMt 8
1	Ed Abbaticchio	6	8	10	12	20	25	40	60
2	Red Ames	6	8	10	12	20	25	40	60
3A	Jimmy Archer Small Letters	6	8	10	12	20	25	40	60
3B	Jimmy Archer Large Letters	8	10	12	15	20	30	50	80
4A	Jimmy Austin Small Letters	6	8	10	12	20	25	40	80
4B	Jimmy Austin Large Letters	8	10	12	15	20	30	50	80
5	Home Run Baker	12	15	20	25	30	80	100	200
6	Neal Ball	6	8	10	12	20	25	40	60
7	Cy Barger	6	8	10	12	20	25	40	60
8	Jack Barry	6	8	10	12	20	25	40	60
9	Johnny Bates	6	8	10	12	20	25	40	60
10	Beals Becker	6	8	10	12	20	25	40	60
11	Fred Beebe	6	8	10	12	20	25	40	60
12A	George Bell Small Letters	6	8	10	12	20	25	40	60
12B	George Bell Large Letters	8	10	12	15	20	30	50	80
13A	Chief Bender Small Letters	12	15	20	25	30	50	80	150
13B	Chief Bender Large Letters	20	25	30	40	50	80	120	300
14	Bill Bergen	6	8	10	12	20	25	40	60
15	Bob Bescher	6	8	10	12	20	25	40	60
16	Joe Birmingham	6	8	10	12	20	25	40	60
17	Kitty Bransfield	6	8	10	12	15	50	60	80
18A	R.Bresnahan Mouth Closed Sm Ltr	12	15	20	25	30	50	80	200
18B	R.Bresnahan Mouth Closed Lg Ltr	20	25	30	40	60	80	120	400
19	Al Bridwell	6	8	10	12	20	25	40	60
20A	Mordecai Brown Small Letters	12	15	20	25	30	50	80	120
20B	Mordecai Brown Large Letters	20	25	30	40	80	100	175	250
21	Bobby Byrne	6	8	10	12	20	25	40	60
22	Nixey Callahan	6	8	10	12	20	25	40	
23A	Howie Camnitz Small Letters	6	8	10	12	20	25	40	60
23B	Howie Camnitz Large Letters	8	10	12	15	20	30	50	80
24A	Bill Carrigan Small Letters	6	8	10	12	20	25	40	60
24B	Bill Carrigan Large Letters	8	10	12	15	20	30	50	80
25A	Frank Chance Small Letters	20	25	30	40	80	250	300	500
25B	Frank Chance Large Letters	12	15	20	25	60	250	300	500
26A	Hal Chase Small Letters	12	15	20	25	30	80	100	120
26B	Hal Chase Large Letters	12	15	20	25	30	50	80	120
27	Ed Cicotte	12	15	20	25	80	100	120	200
28A	Fred Clarke Small Letters	12	15	20	25	30	50	80	120
28B	Fred Clarke Large Letters	20	25	30	40	50	100	120	200
29A	Ty Cobb Small Letters	150	200	250	300	400	600	800	1,200
29B	Ty Cobb Large Letters	200	250	300	400	500	700	1,000	
30A	Eddie Collins Small Letters	12	15	20	25	80	100	120	150
30B	Eddie Collins Large Letters	20	25	30	40	50	80	120	200
31	Doc Crandall	6	8	10	12	20	25	40	60
32A	Birdie Cree	6	8	10	12	20	25	40	60
32B	Bill Dahlen Large Letters	6	8	10	12	20	25	40	60
33	Jim Delahanty	6	8	10	12	20	25	40	60
34	Art Devlin	6	8	10	12	20	25	40	60
35	Josh Devore	6	8	10	12	20	25	40	60
36	Bill Donovan	6	8	10	12	20	25	40	60
37A	Red Dooin Small Letters	6	8	10	12	20	25	40	60
37B	Red Dooin Large Letters	8	10	12	15	20	30	50	80
38A	Mickey Doolan Small Letters	6	8	10	12	20	25	40	60

Beckett Graded Card Price Guide 27

#	Player	PrFr 1	GD 2	VG 3	VgEx 4	EX 5	ExMt 6	NM 7	NmMt 8
38B	Mickey Doolan Large Letters	8	10	12	15	20	30	50	80
39	Patsy Dougherty	6	8	10	12	20	25	40	60
40A	Tom Downey Small Letters	6	8	10	12	20	25	40	80
40B	Tom Downey Large Letters	8	10	12	15	20	30	50	80
41A	Larry Doyle Small Letters	6	8	10	12	20	25	40	60
41B	Larry Doyle Large Letters	8	10	12	15	20	30	50	80
42	Louis Drucke	6	8	10	12	20	25	40	60
43A	Hugh Duffy Small Letters	12	15	20	25	30	50	80	200
43B	Hugh Duffy Large Letters	20	25	30	40	50	80	120	200
44	Jimmy Dygert	6	8	10	12	20	25	80	120
45A	Kid Elberfeld Small Letters	6	8	10	12	20	25	40	60
45B	Kid Elberfeld Large Letters	8	10	12	15	20	30	50	80
46A	Clyde Engle Small Letters	6	8	10	12	20	25	40	60
46B	Clyde Engle Large Letters	8	10	12	15	20	30	50	80
47	Tex Erwin	6	8	10	12	20	25	40	60
48	Steve Evans	6	8	10	12	20	25	40	60
49	Johnny Evers	12	15	20	25	100	120	150	250
50	Cecil Ferguson	6	8	10	12	20	25	40	60
51	John Flynn	6	8	10	12	20	25	40	60
52A	Russ Ford Small Letters	6	8	10	12	20	25	40	60
52B	Russ Ford Large Letters	8	10	12	15	20	30	50	80
53	Art Fromme	6	8	10	12	20	25	40	60
54	Harry Gaspar	6	8	10	12	20	25	40	60
55	George Gibson	6	8	10	12	20	25	60	80
56	Eddie Grant	6	8	10	12	20	25	40	60
57	Dolly Gray	6	8	10	12	20	25	40	60
58A	Clark Griffith Small Letters	12	15	20	25	30	50	80	120
58B	Clark Griffith Large Letters	20	25	30	40	50	80	120	200
59	Bob Groom	6	8	10	12	20	25	40	60
60	Bob Harmon	6	8	10	12	20	25	40	60
61	Topsy Hartsel	6	8	10	12	20	25	40	60
62	Arnold Hauser	6	8	10	12	15	80	100	60
63	Ira Hemphill	6	8	10	12	20	25	40	60
64	Buck Herzog Large Letters	6	8	10	12	20	25	40	60
65	Buck Herzog Small Letters	6	8	10	12	20	25	40	60
66	Dick Hoblitzell	6	8	10	12	20	25	60	80
67	Danny Hoffman	6	8	10	12	20	25	40	60
68	Harry Hooper	12	15	20	25	30	80	100	120
69A	Miller Huggins Small Letters	12	15	20	25	30	50	150	200
69B	Miller Huggins Large Letters	20	25	30	40	60	100	120	200
70	John Hummel	6	8	10	12	20	25	40	80
71A	Hugh Jennings Small Letters	12	15	20	25	30	50	200	250
71B	Hugh Jennings Large Letters	20	25	30	40	50	120	150	200
72A	Walter Johnson Small Letters	50	60	80	150	200	250	400	500
72B	Walter Johnson Large Letters	100	120	150	200	250	300	400	600
73	Tom Jones	6	8	10	12	20	25	40	60
74	Ed Karger	6	8	10	12	20	25	40	60
75	Ed Killian	6	8	10	12	20	25	50	60
76A	Jack Knight Small Letters	6	8	10	12	20	25	40	80
76B	Jack Knight Large Letters	8	10	12	15	20	30	50	80
77	Ed Konetchy	6	8	10	12	20	25	40	60
78	Harry Krause	6	8	10	12	20	25	40	60
79	Rube Kroh	6	8	10	12	20	25	40	60
80	Nap Lajoie	30	40	50	60	120	150	250	300
81A	Frank LaPorte Small Letters	6	8	10	12	20	25	40	60
81B	Frank LaPorte Large Letters	8	10	12	15	20	30	50	80
82	Arlie Latham	6	8	10	12	20	25	40	60
83A	Tommy Leach Small Letters	6	8	10	12	20	25	40	60
83B	Tommy Leach Large Letters	8	10	12	15	20	30	50	80
84	Sam Leever	6	8	10	12	20	25	40	60
85	Lefty Leifield	6	8	10	12	20	25	40	60
86	Paddy Livingston	6	8	10	12	20	25	40	60
87	Hans Lobert	6	8	10	12	20	25	40	60
88A	Harry Lord Small Letters	6	8	10	12	20	25	40	60
88B	Harry Lord Large Letters	8	10	12	15	20	30	50	120
89	Nick Maddox	6	8	10	12	20	25	40	60
90	Sherry Magee	6	8	10	12	15	30	40	80

#	Player	PrFr 1	GD 2	VG 3	VgEx 4	EX 5	ExMt 6	NM 7	NmMt 8
91	Rube Marquard	25	30	40	50	60	100	150	
92A	Christy Mathewson Small Ltr	50	60	80	120	150	300	350	500
92B	Christy Mathewson Large Ltr	60	80	100	120	200	250	400	600
93A	Al Mattern Small Letters	6	8	10	12	20	25	40	60
93B	Al Mattern Large Letters	8	10	12	15	20	30	50	80
94	George McBride	6	8	10	12	20	25	40	60
95A	John McGraw Small Letters	12	15	20	25	30	50	80	300
95B	John McGraw Large Letters	20	25	30	40	50	150	200	400
96	Harry McIntire	6	8	10	12	20	25	40	60
97A	Matty McIntyre Small Letters	6	8	10	12	20	25	120	200
97B	Matty McIntyre Large Letters	8	10	12	15	20	30	50	80
98A	Larry McLean Small Letters	6	8	10	12	20	25	40	60
98B	Larry McLean Large Letters	8	10	12	15	20	30	50	175
99	Fred Merkle	6	8	10	12	20	25	60	80
100	Chief Meyers	6	8	10	12	15	60	80	100
101	Clyde Milan	6	8	10	12	20	25	40	60
102	Dots Miller	6	8	10	12	20	25	40	60
103	Mike Mitchell	6	8	10	12	20	25	40	60
104	Pat Moran	6	8	10	12	20	25	40	60
105A	George Mullen (Mullin) Small Ltr	6	8	10	12	20	25	40	60
105B	George Mullen (Mullin) Large Ltr	8	10	12	15	20	30	60	80
106	Danny Murphy	6	8	10	12	20	25	40	60
107	Red Murray	6	8	10	12	20	25	40	60
108	Tom Needham	6	8	10	12	15	60	80	100
109A	Rebel Oakes Small Letters	6	8	10	12	20	25	40	300
109B	Rebel Oakes Large Letters	8	10	12	15	20	30	50	350
110	Rube Oldring	6	8	10	12	20	25	40	60
111	Charley O'Leary	6	8	10	12	20	25	40	60
112	Orval Overall	6	8	10	12	20	25	40	60
113	Fred Parent	6	8	10	12	20	25	40	80
114A	Dode Paskert Small Letters	6	8	10	12	20	25	40	60
114B	Dode Paskert Large Letters	8	10	12	15	20	30	50	80
115	Barney Pelty	6	8	10	60	80	100	120	150
116	Jake Pfiester	6	8	10	12	20	25	40	60
117	Eddie Phelps	6	8	10	12	15	25	40	60
118	Deacon Phillippe	6	8	10	12	20	25	40	60
119	Jack Quinn	6	8	10	12	20	25	40	60
120	Ed Reulbach	6	8	10	12	20	25	40	60
121	Lew Richie	6	8	10	12	20	25	40	60
122	Jack Rowan	6	8	10	12	20	25	40	60
123A	Nap Rucker Small Letters	6	8	10	12	20	25	40	60
123B	Nap Rucker Large Letters	8	10	12	15	20	30	50	80
124	Doc Scanlon	6	8	10	12	20	25	40	60
125	Herman Schaefer	6	8	10	12	20	25	40	80
126A	Boss Schmidt Small Letters	6	8	10	12	20	25	40	60
126B	Boss Schmidt Large Letters	12	15	20	25	30	60	80	120
127	Wildfire Schulte	6	8	10	12	20	25	40	60
128	Jimmy Sheckard	6	8	10	12	20	25	40	60
129	Hap Smith	6	8	10	12	20	25	40	60
130A	Tris Speaker Small Letters	30	40	50	60	100	120	200	300
130B	Tris Speaker Large Letters	40	50	60	80	120	150	250	400
131	Oscar Stanage	6	8	10	12	20	25	40	
132	Harry Steinfeldt	6	8	10	12	20	25	40	60
133	George Stone	6	8	10	12	15	60	80	100
134A	George Stovall Small Letters	6	8	10	12	20	25	40	60
134B	George Stovall Large Letters	8	10	12	15	20	30	50	80
135A	Gabby Street Small Letters	6	8	10	12	20	25	40	60
135B	Gabby Street Large Letters	8	10	12	15	20	30	50	80
136	George Suggs	6	8	10	12	20	25	40	
137A	Ira Thomas Small Letters	6	8	10	12	20	25	40	80
137B	Ira Thomas Large Letters	8	10	12	15	20	30	50	80
138A	Joe Tinker Small Letters	12	15	20	25	30	80	100	120
138B	Joe Tinker Large Letters	20	25	30	40	50	80	120	200
139A	John Titus Small Letters	6	8	10	12	20	25	40	60
139B	John Titus Large Letters	8	10	12	15	20	30	50	80
140	Terry Turner	6	8	10	12	20	25	80	100
141	Heinie Wagner	6	8	10	12	20	25	40	60

		PrFr 1	GD 2	VG 3	VgEx 4	EX 5	ExMt 6	NM 7	NmMt 8
142A	Bobby Wallace w/Cap Small Ltr	8	10	12	15	20	30	50	80
143	Bobby Wallace without Cap	12	15	20	25	30	40	50	80
142B	Bobby Wallace w/Cap Large Ltr	12	15	20	25	30	50	80	120
144	Ed Walsh	12	15	20	25	30	50	100	120
145	Jack Warhop	6	8	10	12	20	25	60	80
146B	Zach Wheat Large Letters	20	25	30	40	50	100	120	200
146A	Zach Wheat Small Letters	20	25	30	40	50	100	120	300
147	Doc White	6	8	10	12	20	25	40	60
148A	Art Wilson Small Letters	6	8	10	12	20	25	40	60
148B	Art Wilson Large Letters	8	10	12	15	20	30	50	80
149	Owen Wilson	6	8	10	12	20	25	40	60
150	Hooks Wiltse	6	8	10	12	20	25	40	60
151	Harry Wolter	6	8	10	12	20	25	40	60
152A	Cy Young C on Cap	50	60	100	120	150	300	400	600
152B	Old Cy Young Plain Cap	50	60	100	120	150	300	400	600

1911 Close Candy E94

		PrFr 1	GD 2	VG 3	VgEx 4	EX 5	ExMt 6	NM 7	NmMt 8
1	Jimmy Austin	100	250	500	700				
2	Johnny Bates	100	350	500	1,200	1,800			
3	Bob Bescher	120	250	350	400				
4	Bobby Byrne	100	250	500	1,100				
5	Frank Chance	250	600	900					
6	Eddie Cicotte	250	500	1,200	1,300	2,000			
7	Ty Cobb	300	3,500	8,200	8,500	12,000			
8	Sam Crawford	250	550	925	1,200				
9	Harry Davis	100	250	350					
10	Art Devlin	100	250	400	700				
11	Josh Devore	120	250	350					
12	Mickey Doolan	120	250	350	500				
13	Patsy Dougherty	100	250	700					
14	Johnny Evers	250	500	800					
15	Eddie Grant	100	250	500					
16	Hugh Jennings	200	450	600					
17	Red Kleinow	100	250	500					
18	Napoleon Lajoie	250	500	800	1,500				
19	Joe Lake	100	250	450	600				
20	Tommy Leach	100	250	350	600	1,000			
21	Hans Lobert	100	250	350					
22	Harry Lord	100	250	800					
23	Sherry Magee	100	300	500	700	1,500			
24	John McGraw	250	500	1,000	1,200				
25	Earl Moore	120	400	500	600				
26	Red Murray	100	250	350	850				
27	Tris Speaker	700	1,000	1,800	2,000				
28	Terry Turner	100	250	500	1,400				
29	Honus Wagner	2,000	2,500	4,800	6,000	10,400			
30	Cy Young	1,000	2,500	3,800					

1911 Mecca Double Folders T201

		PrFr 1	GD 2	VG 3	VgEx 4	EX 5	ExMt 6	NM 7	NmMt 8
1	Abstein/Butler	25	40	100	150	250	300	400	1,000
2	Baker/Downie	25	30	50	100	120	150	400	800
3	Barrett/McGlyn	25	30	40	60	120	200	300	800
4	Bender/Oldring	50	60	120	150	175	250	400	1,500
5	Brown/Hofman	60	80	100	150	200	250	400	1,200
6	Chase/Sweeney	30	40	60	80	120	200	500	800
7	Cicotte/Thoney	30	60	80	100	120	250	500	1,200
8	Clarke/Byrne	30	40	60	80	150	250	400	800
9	Collins/Baker	50	80	100	120	250	300	800	1,500
10	Crawford/Cobb	250	400	500	700	1,200	2,000	2,500	8,000
11	Donovan/Stroud	25	30	40	60	100	150	350	800
12	Downs/Odell	25	30	50	60	100	150	300	800
13	Doyle/Meyers	25	30	40	60	100	150	250	800
14	Evers/Chance	60	80	120	200	250	400	700	2,000

		PrFr 1	GD 2	VG 3	VgEx 4	EX 5	ExMt 6	NM 7	NmMt 8
15	Ford/Johnson	25	30	40	60	100	150	300	800
16	Foster/Ward	25	30	40	60	100	150	300	800
17	Gaspar/Clarke	25	30	40	60	100	150	300	800
18	Grant/McLean	25	30	60	80	100	150	300	800
19	Hartzell/Blair	25	30	40	60	100	150	300	800
20	Hickman/Hinchman	25	30	40	60	100	200	300	1,000
21	Huggins/Bresnahan	50	60	100	120	200	300	600	1,500
22	Johnson/Street	120	150	200	300	500	700	1,500	4,000
23	Killian/Fitzpatrick	25	30	40	60	100	250	350	800
24	Kling/Cole	25	30	60	80	100	150	300	800
25	Lajoie/Falkenberg	120	150	200	250	600	700	800	2,000
26	Lake/Wallace	30	60	80	100	150	200	400	1,300
27	LaPorte/Stephens	25	30	40	60	100	150	250	800
28	Lapp/Barry	25	30	40	60	100	200	300	800
29	Leach/Gibson	25	30	40	60	100	150	300	800
30	Leifield/Simon	25	30	50	60	100	150	300	800
31	Lobert/Moore	25	30	50	60	100	150	300	800
32	Lord/Dougherty	40	50	60	100	200	400	500	1,500
33	Lush/Hauser	25	30	40	60	100	150	300	800
34	Mattern/Graham	25	30	40	60	100	150	300	800
35	Mathewson/Bridwell UER	120	150	300	350	600	800	1,800	4,000
36	McBride/Elberfeld	25	40	50	60	100	150	300	800
37	McCabe/Starr	25	30	40	60	100	150	300	800
38	McGinnity/McCarty	30	60	80	100	200	300	500	1,200
39	Miller/Herzog	25	30	40	60	100	150	300	800
40	Rucker/Daubert	25	30	40	60	100	150	300	800
41	Seymour/Dygert	25	30	40	60	100	150	300	800
42	Speaker/Gardner	60	80	150	200	400	450	800	2,000
43	Summers/Jennings	30	40	50	80	150	200	400	1,200
44	Thomas/Coombs	25	30	40	60	100	150	300	800
45	Titus/Dooin	25	30	40	60	100	150		
46	Turner/Stovall	25	30	40	60	120	150	300	800
47	Walsh/Payne	40	50	60	100	150	200	400	1,200
48	Wheat/Bergen	30	80	100	150	200	250	400	1,200
49	Wiltse/Merkle	25	30	40	60	100	150	300	800
50	Woodruff/Williams	25	30	40	60	100	150	150	800

1911 T205 Gold Border

		PrFr 1	GD 2	VG 3	VgEx 4	EX 5	ExMt 6	NM 7	NmMt 8
1	Ed Abbaticchio	40	60	80	100	150	300		
2	Doc Adkins	30	50	80	200	250	500		
3	Leon K. Ames	15	25	30	60	200	300		
4	Jas. P. Archer	15	25	60	80	120	300		
5	Jimmy Austin	30	50	80	120	200	300		
6	Bill Bailey	15	25	30	80	100	250		
7	Home Run Baker	100	150	200	250	500	800		
8	Neal Ball	15	25	30	50	100	250		
9	E.B. Barger Full B on Cap	15	25	30	80	120	400		
10	E.B. Barger Partial B on Cap	60	100	120	250	500	800		
11	Jack Barry	60	100	120	150	250	500		
12	Emil Batch	40	60	80	150	250			
13	John W. Bates	30	50	80	120	200	300		
14	Fred Beck	25	40	60	100	150	250		
15	Beals Becker	15	25	30	50	150	300		
16	George Bell	15	25	30	60	100	300		
17	Chas. Bender	60	100	150	200	400	800		
18	William Bergen	15	25	50	60	120	250		
19	Bob Bescher	15	25	50	100	200	250		
20	Joe Birmingham	15	25	30	60	100	300		
21	Lena Blackburne	20	30	50	80	120	250		
22	William Bransfield	25	40	60	80	150	300		
23	Roger Bresnahan Mouth Closed	60	100	200	250	300	600		
24	Roger Bresnahan Mouth Open	80	120	300	400	600	1,000		
25	A.H. Bridwell	15	25	30	80	120	200		
26	Mordecai Brown	120	200	300	500	800	1,200		
27	Robt. Byrne	25	40	60	100	150	250		

Beckett Graded Card Price Guide 29

#	Player	PrFr 1	GD 2	VG 3	VgEx 4	EX 5	ExMt 6	NM 7	NmMt 8
28	Hick Cady	30	50	60	120	300	600		
29	Howie Camnitz	15	25	40	80	150	200		
30	Bill Carrigan	50	80	100	120	200	400		
31	Frank Chance	200	300	400	500	800	1,500		
32A	Hal Chase Both Border Ends	30	50	80	120	300	600		
32B	Hal Chase Both Border Extends	30	50	60	200	350	600		
33	Hal Chase Left Ear	60	120	200	300	400	1,000		
34	Ed Cicotte	100	150	250	400	600	1,000		
35	Fred Clarke	120	200	250	300	500	1,000		
36	Ty Cobb	600	1,200	1,500	2,000	4,000	10,000		
37	Eddie Collins Mouth Closed	50	100	150	300	400	1,000		
38	Eddie Collins Mouth Open	120	200	300	500	600	1,800		
39	Jimmy Collins	150	250	300	400	600	1,200		
40	Frank Corridon	50	80	100	120	200	400		
41A	Otis Crandall T Crossed	20	30	40	80	250			
41B	Otis Crandall T Not Crossed	20	30	40	60	200			
42	Lou Criger	15	25	40	60	120	250		
43	W.F. Dahlen	60	100	120	300	400			
44	Jake Daubert	15	25	30	50	100	250		
45	Jim Delahanty	15	25	30	60	120	250		
46	Art Devlin	50	80	120	200	300	500		
47	Josh Devore	15	25	30	80	120	200		
48	W.R. Dickson	15	25	30	50	200	300		
49	Jiggs Donohue (Donahue)	60	100	150	250	400	800		
50	Chas. S. Dooin	30	50	80	120	200	300		
51	Michael J. Doolan	15	25	30	50	100	250		
52A	Patsy Dougherty Red Sock	30	50	100	150	350			
52B	Patsy Dougherty White Sock	30	50	80	100	300	700		
53	Thomas Downey	15	25	30	50	100	250		
54	Larry Doyle	15	25	40	80	150	250		
55	Hugh Duffy	80	120	200	300	500	800		
56	Jack Dunn	50	80	100	150	400	500		
57	Jimmy Dygert	15	40	50	80	120	200		
58	R. Egan	25	40	60	100	150	300		
59	Kid Elberfeld	15	25	40	50	100	250		
60	Clyde Engle	15	25	30	50	150	250		
61	Louis Evans	30	50	80	120	200	300		
62	John J. Evers	80	120	150	350	500	1,000		
63	Bob Ewing	25	40	50	80	120	300		
64	G.C. Ferguson	15	25	50	60	100	200		
65	Ray Fisher	40	100	120	150	300	900		
66	Arthur Fletcher	40	60	80	100	150	300		
67	John Flynn	60	100	120	150	250	400		
68	Russ Ford Black Cap	15	25	60	80	120	250		
69	Russ Ford White Cap	60	80	120	150	400			
70	Wm. A. Foxen	15	25	50	80	120	250		
71	Jimmy Frick	50	80	120	250				
72	Arthur Fromme	15	25	40	50	100	250		
73	Earl Gardner	30	50	80	120	200	300		
74	H.L. Gaspar	80	120	150	200	300	600		
75	George Gibson	30	50	80	120	200	300		
76	William Goode (Good)	15	50	60	80	150	250		
77	George Graham Cubs	60	100	150	250	500	1,000		
78	George Graham Rustlers	15	25	40	50	120	350		
79	Edward L. Grant	50	150	350	450	800	1,200		
80A	Dolly Gray No Stats on Back	40	60	100	120	250	500		
80B	Dolly Gray Stats on Back	200	300	400	800	1,000	3,500		
81	Clark Griffith	100	150	200	300	500	1,000		
82	Bob Groom	15	25	30	50	120	250		
83	Charlie Hanford	80	120	150	200	400			
84	Bob Harmon Both Ears	15	25	30	60	120	200		
85	Bob Harmon Left Ear	50	80	120	200	475	800		
86	Topsy Hartsel	15	25	30	50	100	250		
87	Arnold J. Hauser	80	120	150	200	300	600		
88	Charlie Hemphill	30	50	60	80	125	200		
89	C.L. Herzog	30	50	80	120	200	300		
90A	R.Hoblitzell No Stats on Back	6,000	8,000	10,000	12,000				
90B	R.Hoblitzell Cin. after 1908	25	40	60	120	450	600		
90C	R.Hoblitzel Name Incorrect	100	150	200	300	600	1,200		
90D	R.Hoblitzell No Cin. after 1908	100	150	200	800				
91	Danny Hoffman	120	200	250	300	500	1,000		
92	Miller J. Huggins	100	150	200	250	400	800		
93	John Hummell	80	120	150	200	300	500		
94	Fred Jacklitsch	60	100	120	150	250	500		
95	Hughie Jennings	80	100	120	150	300	1,000		
96	Walter Johnson	1,500	2,500	3,000	4,000	6,000	12,000		
97	David Jones	20	30	50	80	150	250		
98	Tom Jones	40	60	80	100	150	300		
99	Addie Joss	400	500	1,200	1,500	2,000			
100	Ed Karger	50	80	150	200	400	1,000		
101	Ed Killian	50	80	100	120	200			
102	Red Kleinow	150	250	300	400	600	1,000		
103	John G. Kling	20	30	50	60	100	200		
104	Jack Knight	15	30	40	80	120	200		
105	Ed Konetchy	40	60	80	100	150	300		
106	Harry Krause	60	100	120	150	250	400		
107	Floyd M. Kroh	15	25	40	60	100	200		
108	Frank Lang	15	25	30	50	100	200		
109	Frank LaPorte	15	25	40	60	120			
110A	Arlie Latham A.Latham	25	40	50	80	300	400		
110B	Arlie Latham W.A. Latham	60	120	150	400	500			
111	Thomas W. Leach	25	40	60	100	150	250		
112	Wyatt Lee	100	150	200	300	500	1,000		
113	Sam Leever	100	120	150	200	300	600		
114A	A. Leifield A. on Front	40	60	80	120	400	800		
114B	A.P. Leifield A.P. on Front	40	60	80	135	400			
115	Edgar Lennox	15	25	50	80	120	600		
116	Paddy Livingston	40	60	80	100	150	250		
117	John B. Lobert	50	80	100	120	200	300		
118	Briscoe Lord	30	50	60	80	120	250		
119	Harry Lord	50	80	100	120	200	300		
120	John Lush	15	25	30	60	150	250		
121	Nick Maddox	15	25	30	50	120	300		
122	Sherwood R. Magee	25	40	60	100	150	400		
123	R.W. Marquard	50	100	120	150	300	1,000		
124	Christy Mathewson	1,000	1,500	2,000	2,500	4,000	6,000		
125	A.A. Mattern	15	25	30	60	120			
126	Lewis McAllister	25	40	80	100	200			
127	George McBride	40	60	80	100	150	250		
128	Amby McConnell	15	25	50	80	120			
129	Pryor McElveen	15	25	30	50	200	500		
130	J.J. McGraw	250	400	500	600	1,000	1,500		
131	Harry McIntire	15	25	30	80	100	200		
132	Matty McIntyre	15	25	30	50	100	225		
133	M.A. McLean	15	25	30	60	150	300		
134	Fred Merkle	15	25	30	80	120	500		
135	George Merritt	30	50	60	100	250	500		
136	J.T. Meyers	15	20	30	50	120	200		
137	Clyde Milan	60	100	120	150	250	500		
138	J.D. Miller	15	25	40	80	100	250		
139	M.F. Mitchell	15	25	30	50	150	200		
140A	Pat Moran Stray Line	400	600	1,200	1,500	4,000			
140B	Pat Moran No Stray Line	15	25	30	60	120	300		
141	George Moriarty	15	25	30	60	150	300		
142	George Mullin	25	40	60	100	150	250		
143	Danny Murphy	15	25	30	50	100	250		
144	Jack Murray	15	25	30	50	200	400		
145	John Nee	150	250	300	400	800			
146	Thos. J. Needham	25	40	60	100	150	600		
147	Rebel Oakes	15	50	60	100	150	250		
148	Rube Oldring	15	25	40	50	150	250		
149	Charley O'Leary	20	30	50	80	200	300		
150	Fred Olmstead	40	60	80	100	150	300		
151	Orval Overall	30	50	80	120	200	600		

		PrFr 1	GD 2	VG 3	VgEx 4	EX 5	ExMt 6	NM 7	NmMt 8
52	Freddy Parent	15	30	40	50	100	200		
53	George Paskert	40	60	80	100	150	300		
54	Fred Payne	15	25	30	60	120	200		
55	Barney Pelty	60	100	120	150	250	800		
56	John Pfiester	15	25	30	50	120	250		
57	Jimmy Phelan	30	50	60	100	250	800		
58	E.J. Phelps	60	100	120	150	250	500		
59	Charles Phillippe	50	80	100	120	200	400		
60	Jack Quinn	30	60	80	100	200	400		
61	Bugs Raymond	80	120	150	200	300	600		
62	E.M. Reulbach	15	25	40	80	120	250		
63	Lewis Richie	60	100	120	150	250	500		
64	John A. Rowan	40	60	100	120	250	600		
65	Geo N. Rucker	15	25	30	50	100	250		
66	W.D. Scanlan	50	80	100	200	400	1,000		
67	Germany Schaefer	15	25	30	50	100	200		
68	Admiral Schlei	40	60	80	100	150	300		
69	Boss Schmidt	20	30	50	80	120	200		
70	F.M. Schulte	50	80	100	120	200	400		
71	Jim Scott	50	80	100	120	200	400		
72	B.H. Sharpe	15	25	30	60	120	200		
73	David Shean Cubs	40	60	80	150	400	800		
74	David Shean Rustlers	15	25	40	100	150	250		
75	Jas. T. Sheckard	15	25	30	80	120	350		
76	Hack Simmons	15	25	30	80	120	400		
77	Tony Smith	15	30	40	50	100	300		
78	Fred Snodgrass	100	150	200	250	400	800		
79	Tris Speaker	500	800	1,000	1,200	2,000	4,000		
180	Jake Stahl	15	25	30	50	120	400		
181	Oscar Stanage	60	100	120	150	250	500		
182	Harry Steinfeldt	80	120	150	200	300	600		
183	George Stone	50	80	100	120	200	400		
184	George Stovall	40	60	80	100	150	300		
185	Gabby Street	15	25	30	50	100	300		
186	George Suggs	60	100	120	200	500	800		
187	Ed Summers	15	25	30	60	200	300		
188	Jeff Sweeney	50	80	100	200	450			
189	Lee Tannehill	60	100	120	150	250	500		
190	Ira Thomas	40	60	80	100	150	300		
191	Joe Tinker	100	150	250	400	600	1,000		
192	John Titus	60	100	120	150	250	500		
193	Terry Turner	50	80	100	200	400	800		
194	James Vaughn	60	100	120	200	500			
195	Heinie Wagner	50	100	120	200	300	800		
196	Bobby Wallace with Cap	150	250	300	500	800	1,500		
197A	Bobby Wallace No Cap 1 Line	600	1,000	1,200	1,500	3,000			
197B	Bobby Wallace No Cap 2 Lines	250	400	500	600	1,200			
198	Ed Walsh	200	300	400	500	800	1,500		
199	Z.D. Wheat	200	300	400	500	800	1,500		
200	Doc White	15	25	30	50	120	800		
201	Kirb White	50	80	100	200	400			
202A	Irvin K. Wilhelm	100	150	200	300	600	1,200		
202B	Irvin K. Wilhelm Suffe ed in Bio	150	200	350	800				
203	Ed Willett	15	25	30	50	120	300		
204	J. Owen Wilson	15	25	40	50	120	300		
205	George R. Wiltse Both Ears	15	25	40	80	120	250		
206	George R. Wiltse Right Ear	40	60	80	150	400	800		
207	Harry Wolter	60	100	120	150	250	500		
208	Cy Young	300	500	1,000	1,200	1,800	4,000		

1910-11 Turkey Red T3

		PrFr 1	GD 2	VG 3	VgEx 4	EX 5	ExMt 6
1	Mordecai Brown	400	600	1,000	1,500	2,500	
4	Roger Bresnahan	200	300	500	1,000	1,750	
5	Sam Crawford	300	500	800	1,200	2,000	
6	Hal Chase	200	300	500	800	1,500	

		PrFr 1	GD 2	VG 3	VgEx 4	EX 5	ExMt 6
8	Fred Clarke	300	400	600	1,000	2,000	
9	Ty Cobb	2,500	4,000	5,000	8,000	20,000	30,000
16	Johnny Evers	300	500	800	1,200	2,300	
17	Clark Griffith	250	400	600	1,000	1,750	
18	Hughie Jennings	300	500	800	1,200	2,000	
19	Addie Joss	400	600	1,000	1,500	2,500	
23	Napoleon Lajoie	500	800	1,200	2,000	3,000	
26	John McGraw	300	400	600	1,200	2,000	
27	Christy Mathewson	1,000	2,000	3,000	6,000	12,000	18,000
35	Joe Tinker	300	400	600	1,200	2,500	
36	Tris Speaker	500	800	1,500	2,500	4,000	6,000
39	Rube Waddell	200	400	600	1,000	2,000	
40	Vic Willis	200	300	500	800	1,500	3,500
42	Cy Young	1,000	1,500	2,700	4,000	6,000	
47	Frank Chance At Bat	400	600	1,000	1,500	3,000	
48	Jack Murray At Bat	150	200	500	800	2,000	
49	Close Play At Second	150	200	500	800		
50	Chief Myers At Bat UER	150	200	675	800		
78	Frank Baker	120	300	500	800	2,000	
80	Chief Bender	300	500	800	1,200	2,500	
87	Eddie Collins	300	400	600	1,000	2,500	
99	Walter Johnson	1,000	1,500	2,500	4,000	10,600	
101	Willie Keeler	300	500	800	1,200	2,500	
114	Bob Rhoads	600	800	1,000	1,500	2,500	
122	Fred Tenney	500	800	1,200	2,000	3,000	
124	Bobby Wallace	250	300	500	800	1,500	3,000
125	Ed Walsh	250	400	600	1,000	2,000	
126	Chief Wilson	200	300	500	800		

1912 Hassan Triple Folders T202

		PrFr 1	GD 2	VG 3	VgEx 4	EX 5	ExMt 6	NM 7	NmMt 8
1	A Close Play (Wallace, LaPorte)	60	80	100	150	250	400	1,000	
2	A Close Play (Wallace, Pelty)	60	80	100	150	250	400	800	
3	A Desperate (O'Leary, Cobb)	300	450	600	1,000	1,750	3,500		
4	A Great Batsman (Barger. Bergen)	30	40	60	100	150	300	800	
5	A Great Batsman (Rucker, Bergen)	30	50	60	100	150	250	600	
6	A Wide Throw (Mullin, Stanage)	30	40	60	120	150	250	600	
7	Ambrose McCon (Blair, Quinn)	30	40	60	100	150	250	800	
8	Baker Gets His (Collins, Baker)	100	120	150	250	400	800	1,500	
9	Birmingham Gets (Johnson, Street)	150	200	300	400	700	900	1,200	
10	Birmingham's HR (Birm, Turner)	60	80	100	150	250	400	1,000	
11	Bush Just (Moran, Magee)	30	40	60	100	150	300	600	
12	Carrigan (Gaspar, McLean)	30	40	60	100	200	250	600	
13	Carrigan (Wagner, Carrigan)	30	50	60	100	200	250	600	
14	Catching (Oakes, Bresnahan)	60	80	100	150	250	500	1,000	
15	Caught (Bresnahan, Harmon)	60	80	100	150	250	400	1,000	
16	Chance Beats (Chance, Foxen)	60	80	100	150	250	400	1,000	
17	Chance Beats (McIntire, Archer)	30	40	60	120	200	250	800	
18	Chance Beats (Overall, Archer)	30	40	60	100	200	250	800	
19	Chance Beats (Rowan, Archer)	30	40	60	100	200	250	600	
20	Chance Beats (Shean, Chance)	60	80	100	150	250	400	1,000	
21	Chase Dives (Chase, Wolter)	30	40	60	100	200	250	600	
22	Chase Dives (Gibson, Clarke)	60	80	100	150	250	400	1,000	
23	Chase Dives (Phillippe, Gibson)	30	40	60	100	150	250	600	
24	Chase Gets (Egan, Mitchell)	30	40	60	100	200	250	600	
25	Chase Gets (Wolter, Chase)	30	40	60	200	250	300	600	
26	Chase Guard (Chase, Wolter)	30	40	80	100	200	400	900	
27	Chase Guard (Gibson, Clarke)	30	40	60	120	200	250	1,200	
28	Chase Guard (Leifield, Gibson)	30	40	60	100	200	250	600	
29	Chase Ready (Paskert, Magee)	30	40	60	100	150	450	600	
30	Chase Safe (Barry, Baker)	80	100	120	200	500			
31	Chief Bender (Bender, Thomas)	60	100	120	200	250	400	1,000	
32	Clarke Hikes (Bridwell, Kling)	30	40	80	100	150	400	1,800	

#	Card	PrFr 1	GD 2	VG 3	VgEx 4	EX 5	ExMt 6	NM 7	NmMt 8
33	Close at First (Ball, Stovall)	30	40	60	100	150	250	600	
34	Close at the Plate (Payne, White)	30	40	80	120	150	400	800	
35	Close at the Plate (Walsh, Payne)	60	80	120	200	250	450	800	
36	Close at Third (Carrigan, Wagner)	30	40	60	100	200	250	600	
37	Close at Third (Wood, Speaker)	200	250	300	350	500	1,200		
38	Collins Easily (Byrne, Clarke)	60	80	100	150	250	450	1,000	
39	Collins Easily (Collins, Baker)	100	120	200	250	400	700	1,800	
40	Collins Easily (Collins, Murphy)	60	80	100	150	300	400	1,000	
41	Crawford (Stanage, Summers)	30	40	60	100	150	250	600	
42	Cree Rolls (Daubert, Hummel)	30	40	60	100	150	250	600	
43	Davy Jones (Delahanty, Jones)	30	40	60	120	150	250	800	
44	Devlin (Devlin G, Mathewson)	150	300	800	1,000	1,200			
45	Devlin (Devlin R, Mathewson)	120	150	250	350	700	1,400	2,500	
46	Devlin (Fletcher, Mathewson)	120	150	250	350	500	1,500		
47	Devlin (Meyers, Mathewson)	150	200	250	350	500	1,000	2,000	
48	Donlin Out (Camnitz, Gibson)	30	40	60	100	150	300	600	
49	Donlin Out (Dooin, Magee)	30	40	60	100	150	250	600	
50	Donlin Out (Doyle, Merkle)	30	40	60	100	150	250	900	
51	Donlin Out (Gibson, Phillippe)	30	40	60	100	150	250	600	
52	Donlin Out (Leach, Wilson)	30	40	60	100	150	400	600	
53	Dooin Gets (Dooin, Doolan)	30	40	80	100	200	250	600	
54	Dooin Gets (Dooin, Lobert)	30	40	60	100	150	300	1,200	
55	Dooin Gets (Dooin, Titus)	30	40	60	100	200	250	800	
56	Easy for Larry (Doyle, Merkle)	30	40	60	100	200	300	1,000	
57	Elberfeld Beats (Elberfeld, Milan)	30	40	60	100	150	300	600	
58	Elberfeld Gets (Elberfeld, Milan)	30	40	60	100	150	300	600	
59	Engle in a (Speaker, Engle)	80	100	200	250	350	500	1,200	
60	Evers Makes (Archer, Evers)	60	80	100	150	250	450	1,000	
61	Evers Makes (Archer, Overall)	30	40	100	120	150	250	1,000	
62	Evers Makes (Archer, Ruelbach)	30	40	60	100	200	400	600	
63	Evers Makes (Chance, Evers)	100	120	150	400	500	800		
64	Evers Makes (Tinker, Chance)	200	300	300	500	700	1,200	3,000	
65	Fast Work (O'Leary, Cobb)	400	450	600	1,000	1,700	2,500	4,000	
66	Ford Putting (Ford, Sweeney)	30	40	60	150	200	250	800	
67	Ford Putting (Ford, Vaughn)	30	40	60	120	200	250	800	
68	Good Play (Moriarty, Cobb)	300	500	600	800	1,800	3,000		
69	Grant Gets (Grant, Hoblitzell)	40	80	100	120	150	300	600	
70	Hal Chase (McConnell, McIntyre)	30	40	60	100	200	400	700	
71	Hal Chase (McLean, Suggs)	30	40	60	100	150	300	600	
72	Harry Lord at (Lennox, Tinker)	60	80	120	150	275	400	1,000	
73	Hartsel Strikes (Gray, Groom)	30	40	60	100	200	400	1,200	
74	Hartzell (Dahlen, Scanlan)	30	40	60	100	150	300	600	
75	Held at Third (Lord, Tannehill)	30	40	60	100	200	250	600	
76	Jake Stahl (Cicotte, Stahl)	30	40	80	120	200	250	600	
77	Jim Delahanty (Delahanty, Jones)	30	40	80	100	200	350	1,000	
78	Just Before (Ames, Meyers)	30	40	60	150	200	400	600	
79	Just Before (Becker, Devore)	30	40	60	120	200	250	600	
80	Just Before (Bresnahan, McGraw)	100	120	150	250	400	600	1,500	
81	Just Before (Crandall, Meyers)	30	40	80	100	150	250	600	
82	Just Before (Fletcher, Mathewson)	150	200	250	400	600	1,500		
83	Just Before (Marquard, Meyers)	60	80	100	250	300	600		
84	Just Before (McGraw, Jennings)	80	100	120	200	400	600	1,500	
85	Just Before (Meyers, Mathewson)	120	150	200	500	700	800	1,800	
86	Just Before (Meyers, Wiltse)	30	40	80	150	250	300	600	
87	Just Before (Murray, Snodgrass)	30	40	60	200	250	300	600	
88	Knight Catches (Knight, Johnson)	150	200	250	400	600	1,000	1,500	
89	Lobert Almost (Bridwell, Kling)	30	40	60	100	200	250	600	
90	Lobert Almost (Kling, Steinfeldt)	30	40	60	100	150	250	600	
91	Lobert Almost (Kling, Young)	150	300	350	400	600	1,000		
92	Lobert Almost (Kling, Mattern)	30	40	60	100	150	250	600	
93	Lobert Gets (Dooin, Lobert)	30	40	60	100	150	250	600	
94	Lobert Catches (Lord, Tannehill)	30	40	60	100	150	500		
95	McConnell (Needham, Richie)	30	40	60	100	150	250	600	
96	McIntyre (McConnell, McIntyre)	30	40	60	100	250	250	900	
97	Moriarty Spiked (Stanage, Willett)	30	40	60	100	200	250	600	
98	Nearly Caught (Bates, Bescher)	30	40	60	100	150	250	800	
99	Oldring Almost (Lord, Oldring)	30	40	60	120	150	300	900	
100	Schaefer On (McBride, Milan)	30	40	60	100	150	250	600	
101	Schaefer Steals (McBride, Griffith)	30	40	60	100	200	250	800	
102	Scoring From (Lord, Oldring)	30	40	60	100	150	250	650	
103	Scrambling (Barger, Bergen)	30	40	60	100	250	350	600	
104	Scrambling (Chase, Wolter)	30	40	80	100	150	400	600	
105	Speaker Almost (Miller, Clarke)	60	80	120	150	250	400	1,000	
106	Speaker Round (Wood, Speaker)	200	250	300	500	600	1,200		
107	Speaker Scores (Speaker, Engle)	120	200	250	300	500	1,000		
108	Stahl Safe (Austin, Stovall)	30	40	60	100	150	250	600	
109	Stone About (Schulte, Sheckard)	30	40	60	100	150	250	600	
110	Sullivan Puts (Evans, Huggins)	60	80	100	150	250	400		
111	Sullivan Puts (Gray, Groom)	30	40	60	120	150	250	800	
112	Sweeney Gets (Ford, Sweeney)	30	40	60	100	200	250	600	
113	Sweeney Gets (Ford, Vaughn)	30	40	60	100	150	400	1,200	
114	Tenney Lands (Latham, Raymond)	30	40	60	100	300	400	500	600
115	The Athletic (Barry, Baker)	80	100	150	200	300	500		
116	The Athletic (Brown, Graham)	60	80	100	150	300	400	800	
117	The Athletic (Hauser, Konetchy)	30	40	60	100	150	250	600	
118	The Athletic (Krause, Thomas)	30	40	80	100	150	250	600	
119	The Pinch Hitter (Egan, Hoblitzell)	30	40	60	100	200	250	600	
120	The Scissors (Birmingham, Turner)	30	40	80	100	200	250	600	
121	Tom Jones (Fromme, McLean)	30	40	60	150	200	250	600	
122	Tom Jones (Gaspar, McLean)	30	40	60	100	150	250	600	
123	Too Late (Ames, Meyers)	30	40	60	100	150	250	1,200	
124	Too Late (Crandall, Meyers)	30	50	60	100	250	300	600	
125	Too Late (Devlin G, Mathewson)	250	300	400	825	1,200			
126	Too Late (Devlin R, Mathewson)	300	400	500	800	1,500			
127	Too Late (Marquard, Meyers)	60	80	100	200	400			
128	Too Late (Meyers, Wiltse)	30	40	60	100	150	300	600	
129	Ty Cobb Steals (Jennings, Cobb)	400	600	800	1,400	2,000	3,200	6,400	
130	Ty Cobb Steals (Moriarty, Cobb)	350	450	750	1,000	1,750	3,000		
131	Ty Cobb Steals (Stovall, Austin)	200	250	400	600	1,000	1,500	3,000	
132	Wheat Strikes (Dahlen, Wheat)	60	80	100	200	300	400	1,000	

1912 T207 Brown Background

#	Player	PrFr 1	GD 2	VG 3	VgEx 4	EX 5	ExMt 6	NM 7	NmMt 8
2	Eddie Ainsmith	25	40	50	60	100			
4	Jimmy Austin Insignia	25	40	50	60	100			
5	Jimmy Austin No Insignia	40	60	80	100	150			
6	Neal Ball	40	60	80	100	150			
7	Eros Barger	25	40	50	80	100	200		
8	Jack Barry	40	60	80					
10	Beals Becker	25	40	50	80	100	200		
11	Chief Bender	60	80	120	200	350	500		
13	Robert Bescher	25	40	50	60	120	200		
15	Lena Blackburne	80	120	150	250				
18	Ping Bodie	25	40	50	80	100			
19	Hugh Bradley	25	40	150	200	250	300		
20	Roger Bresnahan	50	80	120	200	325	500		
23	Robert M. Byrne	25	40	50	80	120			
24	Nixey Callahan	25	40	50	60	100			
25	Howie Camnitz	25	40	100	120	200	250		
26	Max Carey	100	150	200	400	500	750		
28	Bill Carrigan Wagner Back	40	60	80	100	150			
29	George Chalmers	25	40	50	60	100	200		

#	Player	PrFr 1	GD 2	VG 3	VgEx 4	EX 5	ExMt 6	NM 7	NmMt 8
30	Frank Chance	50	80	120	200	350	500		
31	Eddie Cicotte	150	250	300	500	1,000			
32	Tommy Clarke	25	40	50	120	150			
33	King Cole	25	40	50	60	100	200		
34	John Collins	40	60	80					
35	Robert Coulson	25	40	50	60	100	200		
36	Tex Covington	25	40	50	60	100	200		
37	Otis Crandall	25	40	50	60	150	200		
39	Dave Danforth	25	80	100	120	150			
40	Bert Daniels	25	40	50	60	100	200		
41	Jake Daubert	40	60	80	100	150			
42	Harry Davis	25	40	50	100	200			
43	Jim Delahanty	25	40	50	60	100	200		
44	Claud Derrick	25	40	50	60	120	200		
45	Art Devlin	25	40	50	60	120	200		
46	Joshua Devore	25	40	50	60	100	250		
49	Red Dooin	25	40	50	60	100	200		
51	Lawrence Doyle	25	40	50	60	120	200		
52	Dellos Drake	25	40	50	120	150			
56	Tex Erwin	25	40	50	150	200	250		
57	Steve Evans	25	40	50	60	120			
58	John Ferry	25	40	50	60	100	200		
59	Ray Fisher Blue Cap	25	40	200	200	250	300		
60	Ray Fisher White Cap	40	60	80	250	300			
61	Art Fletcher	25	40	50	60	120	200		
63	Art Fromme	25	40	50	60	100			
64	Del Gainor	25	40	50	60	100			
65	Larry Gardner	25	40	50	60	150	250		
67	Roy Golden	25	40	50	80	100	200		
68	Hank Gowdy	25	60	80	150				
69	Peaches Graham	40	60	80	100	150			
70	Jack Graney	25	40	50	150	200	250		
71	Vean Gregg	80	150	400	450	500			
73	Sea Lion Hall	25	40	50	60	250			
74	Ed Hallinan	40	60	80	100	200			
75	Earl Hamilton	25	40	50	60	100			
76	Robert Harmon	25	40	50	120	150	200		
78	Olaf Henriksen	25	40	50	60	100	250		
79	John Henry	40	60	80	100	250			
80	Buck Herzog	60	100	120	150	250			
83	Willie Hogan	25	40	60	100				
84	Harry Hooper	150	250	300	500				
87	Walter Johnson	200	350	500	600	1,000	2,500		
88	George Kaler (Kahler)	25	40	50	60	100			
89	Billy Kelly	40	80	100	120	150			
90	Jay Kirke	60	100	150					
92	Otto Knabe	25	40	50	60	100	200		
94	Ed Konetchy	25	40	50	60	100	250		
95	Harry Krause	25	40	50	60	120			
99	Jack Lapp	25	40	50	60	100			
100	Arlie Latham	25	40	50	60	100	200		
101	Tommy Leach	25	40	50	350	400			
102	Lefty Leifield	25	40	50	60				
103	Ed Lennox	25	40	50	60	120			
104	Duffy Lewis Boston	80	120	250	300				
105A	Irving Lewis Emblem	1,500	2,500	4,000	6,000				
105B	Irving Lewis No Emblem	1,500	2,500	14,000	16,000				
106	Jack Lively	25	40	50	60	250	300		
107	Paddy Livingston A on Shirt	40	60	100	200				
109	Paddy Livingston Small C	40	60	100					
110	Bris Lord Philadelphia	25	40	50	60	100			
111	Harry Lord Chicago	25	40	50	60	100			
112	Louis Lowdermilk	1,000	1,500	2,800	3,500				
113	Richard Marquard	50	80	100	200	300	500		
114	Armando Marsans	40	60	150	200	250			
115	George McBride	25	40	50	60	100	200		
117	Ed McDonald	25	40	120	150	200			
118	John McGraw	50	100	120	150	200			
119	Harry McIntire	25	40	50	60	100	200		
120	Matty McIntyre	25	40	50	60	150			
121	Bill McKechnie	150	250	300	600				
122	Larry McLean	25	40	60	80	100			
123	Clyde Milan	25	40	50	60	100	250		
124	Doc Miller Boston	80	120	300	400				
125	Dots Miller Pittsburgh	25	40	50	60	100	200		
127	Ward Miller Chicago	800	1,400	1,500	2,000				
128	Mike Mitchell Cincinnati	25	40	50	60	100			
129	Willie Mitchell Cleveland	25	40	50	60	100			
132	Pat Moran	25	40	60	60	100	200		
133	Cy Morgan Philadelphia	30	50	60	80	120			
134	Ray Morgan Washington	40	60	80					
135	George Moriarty	60	100	300					
136	George Mullin D Cap	40	60	80	100	150			
137	George Mullin No D on Cap	40	60	80	100	250	350		
138	Tom Needham	25	40	50	60	150			
140	Hub Northen	25	40	50					
141	Les Nunamaker	25	40	50	150	250			
142	Rebel Oakes	25	40	50	60	100	200		
143	Buck O'Brien	25	40	100	120	200	300		
144	Rube Oldring	25	40	50	60	100	200		
145	Ivy Olson	25	40	150	200	250	300		
146	Martin J. O'Toole	25	40	50	60	100	200		
147	George Paskart (Paskert)	25	40	50	80	100	200		
149	Hub Perdue	25	40	80					
152	Jack Quinn	25	40	50	200	250	300		
153	Pat Ragan	100	150	200	300				
154	Arthur Rasmussen	100	250	300	350				
156	Ed Reulbach	25	40	50	80				
157	Nap Rucker	40	100	200					
159	Vic Saier	400	500	1,200					
160	Doc Scanlon (Scanlan)	25	40	50	60	120	200		
161	Germany Schaefer	25	40	50	60	100	200		
162	Bill Schardt	30	50	60	80	120			
163	Frank Schulte	30	50	60	80	120			
164	Jim Scott	30	50						
165	Hank Severeid	25	40	50	60	100	200		
166	Mike Simon	25	40	50	60	100	200		
167	Frank Smith Cincinnati	30	50	120					
168	Wallace Smith St. Louis	30	50	60					
169	Fred Snodgrass	25	40	50	60	100			
170	Tris Speaker	250	400	700	1,200	1,800	2,200		
171	Harry Spratt	25	40	50	80	100			
172	Eddie Stack	25	40	50	100	120	200		
173	Oscar Stanage	25	40	50	80	150			
174	Bill Steele	60	100	150					
175	Harry Steinfeldt	25	40	100	120	150	250		
176	George Stovall	30	50	120					
177	Gabby Street	25	40	50	60	100			
178	Amos Strunk	25	40	50	60	100	200		
179	Billy Sullivan	25	40	50					
181	Lee Tannehill	25	40	50	60	100			
183	Joe Tinker	60	100	200	250	350	500		
184	Bert Tooley	25	40	50	60	100			
185	Terry Turner	25	40	50	60	150	200		
186	Lefty Tyler	250	400	500	600				
187	Hippo Vaughn	40	60	80	100	200			
188	Heine Wagner	40	200	250	300	400			
189	Dixie Walker	25	40	50	60	150	200		
190	Bobby Wallace	80	120	150					
191	Jack Warhop	25	40	50	250	400			
192	Buck Weaver	500	800	1,000	2,000	3,000			
193	Zack Wheat	80	120	150	250	400			
195	Dewey Wilie	25	40	50	60	120	200		
196	Bob Williams	30	50	60	80	120			

#	Player	PrFr 1	GD 2	VG 3	VgEx 4	EX 5	ExMt 6	NM 7	NmMt 8
197	Art Wilson New York	25	40	50	60	100	200		
198	Chief Wilson Pittsburgh	25	40	50	60	100			
199	George Wiltse	25	40	50	80	100	200		
201	Harry Wolverton	25	40	50	60	120	200		
202	Joe Wood	300	600	800	1,000				
204	Ralph Works	200	300	400	500				
205	Steve Yerkes	40	60	80					

1913 Tom Barker Game WG6

#	Player	PrFr 1	GD 2	VG 3	VgEx 4	EX 5	ExMt 6	NM 7	NmMt 8
1	Grover Alexander	120	150	200	250	300	400	500	600
3	Chief Bender	15	20	25	30	40	60	80	100
4	Bob Bescher	8	10	12	15	20	25	30	50
5	Joe Birmingham	8	10	12	15	20	25	30	50
6	Roger Bresnahan	20	25	30	40	50	60	80	120
7	Nixey Callahan	8	10	12	15	20	25	30	50
8	Bill Carrigan	8	10	12	15	20	25	30	50
9	Frank Chance	20	25	30	40	50	60	80	120
10	Hal Chase	10	12	15	20	25	30	40	60
11	Fred Clarke	15	20	25	30	40	50	60	100
12	Ty Cobb	120	250	300	350	400	425	600	1,000
13	Sam Crawford	20	25	30	40	50	60	80	120
14	Jake Daubert	8	10	12	15	20	25	30	50
15	Red Dooin	8	10	12	15	20	25	30	50
16	Johnny Evers	20	25	30	40	50	60	100	150
17	Vean Gregg	8	10	12	15	20	25	30	50
18	Clark Griffith	15	20	25	30	40	50	60	100
19	Dick Hoblitzel	8	10	12	15	20	25	30	50
20	Miller Huggins	15	20	25	30	40	50	60	100
21	Joe Jackson	500	600	750	1,000	1,200	1,500	2,000	2,500
22	Hugh Jennings	15	20	25	30	40	50	60	100
23	Walter Johnson	50	60	80	100	120	150	200	350
24	Ed Konetchy	8	10	12	15	20	25	30	50
25	Nap Lajoie	25	30	40	50	60	80	100	150
26	Connie Mack	20	25	30	40	50	60	100	200
27	Rube Marquard	15	20	25	30	60	80	100	100
28	Christy Mathewson	50	60	80	100	120	250	400	500
29	John McGraw	20	25	30	40	50	60	80	120
30	Chief Meyers	8	10	12	15	20	25	30	50
31	Clyde Milan	8	10	12	15	20	25	30	50
32	Marty O'Toole	8	10	12	15	20	25	30	50
33	Nap Rucker	8	10	12	15	20	25	30	50
34	Tris Speaker	25	30	40	50	80	150	200	250
35	George Stallings	8	10	12	15	20	25	30	50
36	Bill Sweeney	8	10	12	15	20	25	30	50
37	Joe Tinker	20	25	30	40	50	60	80	120
38	Honus Wagner	120	150	200	250	300	400	500	800
40	Zack Wheat	15	20	30	40	50	60	80	120
42	Joe Wood	15	20	25	30	100	120	150	200
43	Cy Young	50	60	80	100	120	150	200	350

1913 National Game WG5

#	Player	PrFr 1	GD 2	VG 3	VgEx 4	EX 5	ExMt 6	NM 7	NmMt 8
1	Grover Alexander	100	120	150	200	250	300	400	500
2	Frank Baker	20	25	30	40	50	60	80	200
3	Chief Bender	15	20	25	30	40	50	60	150
4	Bob Bescher	8	10	12	15	20	25	30	50
5	Joe Birmingham	8	10	12	15	20	25	30	120
6	Roger Bresnahan	20	25	30	40	50	60	80	150
7	Nixey Callahan	8	10	12	15	20	25	30	60
8	Frank Chance	20	25	30	40	50	60	80	120
9	Hal Chase	10	12	15	20	25	30	40	60
10	Fred Clarke	15	20	25	30	40	50	60	100
11	Ty Cobb	120	150	200	250	400	700	800	1,000
12	Sam Crawford	20	25	30	40	50	60	100	120

#	Player	PrFr 1	GD 2	VG 3	VgEx 4	EX 5	ExMt 6	NM 7	NmMt 8
13	Bill Dahlen	8	10	12	15	20	25	30	150
14	Jake Daubert	8	10	12	15	20	25	30	80
15	Red Dooin	8	10	12	15	20	25	30	120
16	Johnny Evers	20	25	30	120	150	200	250	200
17	Vean Gregg	8	10	12	15	20	25	30	120
18	Clark Griffith MG	15	20	25	30	40	50	60	150
19	Dick Hoblitzel	8	10	12	15	20	25	30	120
20	Miller Huggins	15	20	25	30	40	50	60	100
21	Joe Jackson	500	600	700	800	1,000	1,200	1,500	2,500
22	Hugh Jennings MG	15	20	25	30	40	50	60	100
23	Walter Johnson	40	50	150	200	250	300	400	500
24	Ed Konetchy	8	10	12	15	20	25	30	50
25	Nap Lajoie	25	30	40	50	120	150	200	150
26	Connie Mack MG	20	25	30	40	50	80	120	200
27	Rube Marquard	15	20	25	30	40	50	80	100
28	Christy Mathewson	40	50	60	120	150	200	250	300
29	John McGraw MG	20	25	30	40	50	60	80	120
30	Larry McLean	8	10	12	15	20	25	30	50
31	Clyde Milan	8	10	12	15	20	25	30	120
32	Marty O'Toole	8	10	12	15	20	25	30	120
33	Nap Rucker	8	10	12	15	20	25	30	100
34	Tris Speaker	25	30	40	50	60	80	120	150
35	Jake Stahl	8	10	12	15	20	25	30	50
36	George Stallings MG	8	10	12	15	20	25	30	50
37	George Stovall	8	10	12	15	20	25	30	50
39	Joe Tinker	20	25	50	60	80	100	120	150
40	Honus Wagner	120	150	250	300	350	500	600	800
42	Joe Wood	15	20	25	30	40	50	100	150
43	Cy Young	50	60	80	100	200	250	300	400

1913 Fatima Teams T200

#	Team	PrFr 1	GD 2	VG 3	VgEx 4	EX 5	ExMt 6	NM 7	NmMt 8
1	Boston Americans	150	250	350	550	950			
2	Chicago Americans	150	250	300	500	800			
3	Cleveland Americans	500	600	800	1,000	1,800			
4	Detroit Americans	300	600	800	1,200	2,000			
5	New York Americans	400	600	800	1,200				
6	Philadelphia Americans	100	150	300	400	600			
7	St. Louis Americans	300	500	600	1,000	1,500			
8	Washington Americans	200	250	400	500	900			
9	Boston Nationals	600	1,000						
10	Brooklyn Nationals	150	250	300	500	800			
11	Chicago Nationals	120	200	250	400	600			
12	Cincinnati Nationals	100	150	200	400	500			
13	New York Nationals	200	300	400	600	1,200			
14	Philadelphia Nationals	150	200	250	300	500			
15	Pittsburgh Nationals	200	300	400	650	800			
16	St. Louis Nationals	150	250	300	700	1,000			

1914 Cracker Jack

#	Player	PrFr 1	GD 2	VG 3	VgEx 4	EX 5	ExMt 6	NM 7	NmMt 8
1	Otto Knabe	150	500	600	800				
2	Frank Baker	300	400	800	1,000	1,400	1,800		
3	Joe Tinker	250	300	800	1,200	1,500	2,200		
4	Larry Doyle	80	120	200	300	500			
5	Ward Miller	80	100	200	200	600	800		
6	Eddie Plank	250	600	900	1,300	2,200			
7	Eddie Collins	300	500	800	1,000	1,500	2,000		
8	Rube Oldring	80	100	250	400	1,000			
9	Artie Hoffman (Hofman)	150	250	400	600	1,000			
10	John McInnis	100	150	200	400	500	600		
11	George Stovall	100	100	300	400	600	800		
12	Connie Mack MG	150	250	600	1,000	1,500	2,000		
13	Art Wilson	80	100	250	300	400	400		
14	Sam Crawford	150	300	800	1,200	2,000	3,000		

#	Player	PrFr 1	GD 2	VG 3	VgEx 4	EX 5	ExMt 6	NM 7	NmMt 8
15	Reb Russell	60	100	200	300	600			
16	Howie Camnitz	80	250	300	400	600	800		
17	Roger Bresnahan	250	600	1,200	1,500	2,000	2,500		
17B	Roger Bresnahan NNO	1,000	1,500	2,000	2,500	3,500			
18	Johnny Evers	300	500	1,000	1,500	2,000	2,500		
19	Chief Bender	150	450	500	1,500	2,000	2,500		
20	Cy Falkenberg	100	200	250	300	400			
21	Heinie Zimmerman	60	120	300	400	500			
22	Joe Wood	400	700	2,000	2,500	3,000			
23	Charles Comiskey	250	500	800	1,000	1,200	1,500		
24	George Mullen (Mullin)	100	200	250	400	500	2,000		
25	Michael Simon	120	200	300	500	800	1,200		
26	James Scott	120	200	400	600	800	1,000		
27	Bill Carrigan	80	300	600	800	1,000			
28	Jack Barry	120	200	300	500	800			
29	Vean Gregg	100	250	300	500	600			
30	Ty Cobb	5,000	6,000	15,000	20,000	30,000	40,000		
31	Heinie Wagner	60	200	300	500	600	700		
32	Mordecai Brown	300	400	1,000	1,200	1,500			
33	Amos Strunk	100	120	250	300	450	400		
34	Ira Thomas	60	120	150	250	600	1,000		
35	Harry Hooper	150	250	800	2,000	3,000	5,000		
36	Ed Walsh	300	500	600	1,000	1,200	1,500		
37	Grover C. Alexander	1,200	1,500	2,500	4,000				
38	Red Dooin	120	250	600	800	1,000			
39	Chick Gandil	800	1,200	2,000	3,000	5,000			
40	Jimmy Austin	120	250	500	600	1,500			
41	Tommy Leach	100	200	300	400	1,000			
42	Al Bridwell	120	250	400	600	800	1,000		
43	Rube Marquard	400	600	800	1,000	1,500	2,500		
44	Charles Tesreau	120	250	300	400	600			
45	Fred Luderus	100	150	250	400	500			
46	Bob Groom	80	200	250	400	500	600		
47	Josh Devore	60	120	250	400	600	1,000		
48	Harry Lord	60	100	400	500	600	800		
49	John Miller	60	300	400	500	600			
50	John Hummell (Hummel)	60	200	300	500	600	800		
51	Nap Rucker	100	120	150	300	350	400		
52	Zach Wheat	150	250	700	1,000	1,500	2,000		
53	Otto Miller	120	250	400	600	800			
54	Marty O'Toole	150	250	400	600	800	1,000		
55	Dick Hoblitzel (Hoblitzell)	120	250	400	600	800	1,000		
56	Clyde Milan	120	250	400	600	800	1,000		
57	Walter Johnson	1,500	3,000	4,000	6,000	8,000			
58	Wally Schang	120	250	400	600	800	1,000		
59	Harry Gessler	80	250	300	600	800	1,000		
60	Rollie Zeider	100	200	300	500	800	1,000		
61	Ray Schalk	300	500	600	1,200	1,500	2,000		
62	Jay Cashion	150	200	400	500	600	1,000		
63	Babe Adams	100	200	250	400	600	800		
64	Jimmy Archer	60	120	400	500	600			
65	Tris Speaker	500	1,000	1,500	2,000	3,000			
66	Napoleon Lajoie	800	1,200	2,000	3,000	5,000			
67	Otis Crandall	150	300	400	500	600	800		
68	Honus Wagner	2,000	2,500	4,000	6,000	10,000			
69	John McGraw	500	800	1,200	2,000	3,000	5,000		
70	Fred Clarke	250	400	600	700	1,200	1,500		
71	Chief Meyers	80	120	250	400	1,500			
72	John Boehling	150	250	400	600	1,000			
73	Max Carey	200	300	500	1,200	2,500	3,000		
74	Frank Owens	60	300	400	1,800	2,000			
75	Miller Huggins	200	300	800	1,000	1,500	2,500		
76	Claude Hendrix	60	100	150	200	300			
77	Hughie Jennings MG	200	300	600	800	1,500	2,500		
78	Fred Merkle	60	300	400	1,000	1,200			
79	Ping Bodie	100	150	400	800	1,000			
80	Ed Ruelbach	60	100	250	300	400			
81	Jim Delahanty	60	120	200	250	300	400		
82	Gavvy Cravath	150	200	400	600	800	1,000		
83	Russ Ford	60	100	150	600	800			
84	Elmer E. Knetzer	60	100	300	400	600			
85	Buck Herzog	80	150	200	250	600			
86	Burt Shotton	60	100	150	200	300			
87	Forrest Cady	100	150	250	300	500			
88	Christy Mathewson	30,000	50,000	80,000	100,000				
89	Lawrence Cheney	120	250	400	1,000	1,500	2,500		
90	Frank Smith	300	500	3,000	4,000	5,000			
91	Roger Peckinpaugh	60	100	600	800	1,000	1,200		
92	Al Demaree	400	600	800	2,000				
93	Del Pratt	5,000	8,000						
94	Eddie Cicotte	300	500	2,000	2,500				
95	Ray Keating	100	150	250	300				
96	Beals Becker	60	100	2,000	3,000	4,000			
97	Rube Benton	80	100	400	600	800			
98	Frank LaPorte	60	200	400	600	800			
99	Frank Chance	500	800	1,200	2,500	4,000			
100	Thomas Seaton	150	300	500	600	800	1,000		
101	Frank Schulte	60	100	300	500	800			
102	Ray Fisher	60	100	150	400	500	600		
103	Joe Jackson	20,000	30,000	50,000	80,000	120,000			
104	Vic Saier	200	250	400	600	800	1,000		
105	James Lavender	60	100	400	500	600	1,500		
106	Joe Birmingham	120	250	400	1,200	2,000			
107	Tom Downey	100	150	250	400	600	1,200		
108	Sherry Magee	120	250	1,200	2,000	3,000			
109	Fred Blanding	60	100	150	300	600	800		
110	Bob Bescher	60	400	500	600	800			
111	Jim Callahan	60	100	150	200	300			
112	Ed Sweeney	60	100	400	500	600			
113	George Suggs	60	100	150	400	600			
114	George Moriarity (Moriarty)	60	200	300	400	600	1,200		
115	Addison Brennan	60	100	150	200	300	400		
116	Rollie Zeider	80	120	300	400	600	800		
117	Ted Easterly	80	100	300	500	800			
118	Ed Konetchy	120	300	400	500	800			
119	George Perring	60	100	500	800	1,000			
120	Mike Doolan	60	100	200	200	400			
121	Hub Perdue	60	100	400	500	1,500	2,500		
122	Owen Bush	60	100	150	600	800	2,000		
123	Slim Sallee	60	100	150	250	300	400		
124	Earl Moore	200	300	500	800	1,000	1,500		
125	Bert Niehoff	200	300	400	600	800	1,200		
126	Walter Blair	60	100	300	400	600	800		
127	Butch Schmidt	60	100	150	500	800			
128	Steve Evans	60	150	400	500	800	1,000		
129	Ray Caldwell	60	100	120	400	600			
130	Ivy Wingo	100	200	300	1,000				
131	George Baumgardner	60	400	500	600	800	1,000		
132	Les Nunamaker	60	150	200	400	600	800		
133	Branch Rickey MG	400	800	3,000	4,000				
134	Armando Marsans	120	400	500	600	800	1,200		
135	Bill Killefer	250	300	400	500				
136	Rabbit Maranville	400	800	1,200	2,000				
137	William Rariden	120	300	400	600	800			
138	Hank Gowdy	60	100	200	250	300	400		
139	Rebel Oakes	80	150	200	200	600			
140	Danny Murphy	120	300	400	600	800			
141	Cy Barger	100	200	200	800	1,000			
142	Eugene Packard	100	200	300	400	500			
143	Jake Daubert	60	100	800	1,000	1,200			
144	James C. Walsh	250	300	400	600	800			

1914 Polo Grounds Game WG4

		GD 2	VG 3	VgEx 4	EX 5	ExMt 6	NM 7	NmMt 8	MT 9
1	Jimmy Archer	8	10	12	15	25	40	80	200
2	Frank Baker	20	25	30	40	60	80	150	400
3	Frank Chance	15	20	25	30	50	80	150	400
4	Larry Cheney	8	10	12	15	25	40	80	200
5	Ty Cobb	120	250	300	400	500	600	800	1,500
6	Eddie Collins	20	25	30	40	60	80	150	400
7	Larry Doyle	8	10	12	15	25	40	80	200
8	Art Fletcher	8	10	12	15	25	40	80	200
9	Claude Hendrix	8	10	12	15	25	40	80	200
10	Joe Jackson	300	400	500	600	800	1,400	1,800	2,500
11	Hugh Jennings MG	20	25	30	40	60	80	150	400
12	Nap Lajoie	25	30	40	50	80	175	225	500
13	Jimmy Lavender	8	10	12	15	25	40	80	200
14	Fritz Maisel	8	10	12	15	25	40	80	200
15	Rabbit Maranville	20	25	30	50	60	80	200	400
16	Rube Marquard	20	25	30	40	60	80	150	400
17	Christy Mathewson	50	60	80	100	150	200	400	800
18	John McGraw MG	20	25	30	40	60	100	150	400
19	Stuffy McInnis	8	10	12	15	25	40	80	200
20	Chief Meyers	8	10	12	15	25	40	80	200
21	Red Murray	8	10	12	15	25	40	80	200
22	Eddie Plank	20	25	30	40	60	80	150	400
23	Nap Rucker	8	10	12	15	25	40	80	200
24	Reb Russell	8	10	12	15	25	40	80	200
25	Frank Schulte	8	10	12	15	25	40	80	200
26	Jim Scott	8	10	12	15	25	40	80	200
27	Tris Speaker	25	30	40	50	80	100	250	500
28	Honus Wagner	80	100	120	150	250	800	1,000	1,200
29	Ed Walsh	20	25	30	40	60	80	150	400
30	Joe Wood	20	25	30	40	60	100	150	400

1915 American Caramel E106

		PrFr 1	GD 2	VG 3	VgEx 4	EX 5	ExMt 6	NM 7	NmMt 8
1	Jack Barry	60	150	250	300				
2A	Chief Bender Striped Hat	120	300	600					
2B	Chief Bender White Hat	100	250	400					
3	Bob Bescher	60	150	250	300				
4	Roger Bresnahan	100	250	400	800				
5	Al Bridwell	60	150	250	300				
6	Donie Bush	60	150	250	300				
7A	Hal Chase Portrait	100	200	400					
7B	Hal Chase Catching	100	250	400					
8A	Ty Cobb Batting Front	800	2,500	4,000					
8B	Ty Cobb Batting Side	800	2,500	4,000					
9	Eddie Collins	100	250	400	800				
10	Sam Crawford	150	300	500	800				
11	Ray Demmitt	60	150	250	300				
12	Bill Donovan	60	150	250	300				
13	Red Dooin	60	150	250	300				
14	Mickey Doolan	60	150	250	300				
15	Larry Doyle	60	150	250	300				
16	Clyde Engle	60	150	250	300				
17	Johnny Evers	100	500	600	800				
18	Art Fromme	60	150	250	300				
19A	George Gibson Back	60	150	250	300				
19B	George Gibson Front	60	150	250	300				
20	Topsy Hartzell	60	150	250	300				
21	Fred Jacklitsch	60	150	250	300				
22	Hugh Jennings MG	150	300	500					
23	Otto Knabe	60	150	250	300				
24	Nap Lajoie	250	600	1,000					
25	Hans Lobert	60	150	250	300				
26	Rube Marquard	150	300	500					
27	Christy Mathewson	500	1,200	2,000					
28	John McGraw MG	150	300	500					
29	George McQuillan	60	150	250	300				
30	Dots Miller	60	150	300	400				
31	Danny Murphy	60	150	250	300				
32	Rebel Oakes	60	150	250	300				
33	Eddie Plank	250	600	1,000					
34	Germany Schaefer	60	150	250	300				
35	Tris Speaker	300	800	1,500					
36	Oscar Stanage	60	150	250	300				
37	George Stovall	60	150	250	300				
38	Jeff Sweeney	60	150	250	300				
39A	Joe Tinker Batting	150	300	500					
39B	Joe Tinker Portrait	150	300	600	1,000				
40A	Honus Wagner Batting	1,200	2,500	4,000					
40B	Honus Wagner Throwing	1,200	2,500	4,000					
41	Hooks Wiltse	60	150	250	300				
42	Heinie Zimmerman	60	150	250	300				

1915 Cracker Jack

		PrFr 1	GD 2	VG 3	VgEx 4	EX 5	ExMt 6	NM 7	NmMt 8
1	Otto Knabe	80	100	120	150	250	1,500	3,000	
2	Frank Baker	200	500	800	1,000	1,200	1,500	2,000	6,000
3	Joe Tinker	200	300	500	800	1,200	2,000	3,000	8,000
4	Larry Doyle	60	100	150	250	400	600	1,000	
5	Ward Miller	40	120	250	300	400	500	600	1,500
6	Eddie Plank	600	800	1,200	1,500	2,500	3,000	4,000	20,000
7	Eddie Collins	200	400	600	800	1,000	1,800	2,000	4,000
8	Rube Oldring	40	50	60	150	200	250	300	600
9	Artie Hoffman	40	50	60	150	200	250	300	
10	John McInnis	40	120	150	200	250	300	400	1,000
11	George Stovall	40	50	60	120	150	200	300	500
12	Connie Mack MG	250	500	600	800	1,000	1,200	1,500	4,000
13	Art Wilson	40	80	100	200	250	300	500	800
14	Sam Crawford	250	500	600	800	1,000	1,200	1,500	5,000
15	Reb Russell	40	50	120	120	150	200	300	600
16	Howie Camnitz	40	50	60	150	200	250	300	1,000
17	Roger Bresnahan	150	300	500	600	800	1,000	1,200	2,500
18	Johnny Evers	200	300	400	500	600	800	2,000	5,000
19	Chief Bender	200	400	500	600	800	1,000	1,200	6,000
20	Cy Falkenberg	40	100	120	150	200	250	600	600
21	Heinie Zimmerman	40	80	100	150	200	300	500	1,000
22	Joe Wood	250	300	400	850	1,000	1,200	1,500	2,000
23	Charles Comiskey	250	300	500	600	800	1,000	1,500	8,000
24	George Mullen	40	50	60	120	150	200	300	1,000
25	Michael Simon	40	50	60	100	300	400	500	800
26	James Scott	40	50	60	150	200	500	800	
27	Bill Carrigan	40	50	100	150	200	300	500	
28	Jack Barry	50	100	120	150	300	500		
29	Vean Gregg	40	50	60	150	300	400	600	800
30	Ty Cobb	3,000	6,000	8,000	12,000	15,000	20,000	25,000	30,000
31	Heinie Wagner	40	50	60	100	250	300	500	2,500
32	Mordecai Brown	200	250	500	600	800	1,200	2,500	
33	Amos Strunk	50	100	200	300	500	600	800	2,500
34	Ira Thomas	40	80	120	150	175	200	300	1,000
35	Harry Hooper	150	200	250	400	500	600	1,000	4,000
36	Ed Walsh	200	250	400	500	600	800	1,500	6,000
37	Grover C. Alexander	800	1,000	2,000	2,500	3,000	4,000	6,000	8,000
38	Red Dooin	40	50	60	100	200	250	600	800
39	Chick Gandil	200	300	400	500	600	800	1,200	5,000
40	Jimmy Austin	50	60	80	120	200	250	400	800
41	Tommy Leach	40	50	60	100	120	200	300	800
42	Al Bridwell	40	60	80	150	200	250	300	1,000
43	Rube Marquard	300	400	500	600	800	1,000	2,500	4,000
44	Jeff (Charles) Tesreau	40	50	80	100	200	350	400	1,000

		PrFr 1	GD 2	VG 3	VgEx 4	EX 5	ExMt 6	NM 7	NmMt 8			PrFr 1	GD 2	VG 3	VgEx 4	EX 5	ExMt 6	NM 7	NmMt 8
45	Fred Luderus	40	50	60	150	200	250	300	1,000	112	Ed Sweeney	40	50	60	150	200	400	600	1,000
46	Bob Groom	40	150	200	300	400	500	600	2,000	113	George Suggs	40	50	60	200	250	300	400	1,200
47	Josh Devore	40	50	60	300	400	500	600	800	114	George Moriarity	40	50	200	300	400	500	600	800
48	Steve O'Neill	40	50	80	120	150	200	400	800	115	Addison Brennan	40	80	100	150	200	400	500	800
49	John Miller	50	80	120	200	300	500	800	1,200	116	Rollie Zeider	40	50	60	100	150	250	350	1,000
50	John Hummell	40	80	200	250	300	400	500	600	117	Ted Easterly	50	80	120	200	300	500	800	1,200
51	Nap Rucker	40	60	80	100	120	200	400	800	118	Ed Konetchy	40	50	250	300	400	500	600	1,000
52	Zach Wheat	200	250	300	400	1,000	2,000	2,000	4,000	119	George Perring	40	50	60	200	250	300	400	1,000
53	Otto Miller	40	50	60	120	150	200	300	450	120	Mike Doolan	40	200	250	300	400	500	600	1,200
54	Marty O'Toole	50	60	150	200	300	400	600	800	121	Hub Perdue	40	50	60	250	300	400	500	3,000
55	Dick Hoblitzel	40	50	60	100	120	200	300	800	122	Owen Bush	40	50	60	100	120	200	300	800
56	Clyde Milan	40	80	100	120	150	200	400	1,000	123	Slim Sallee	50	80	150	200	250	400	500	600
57	Walter Johnson	2,000	4,000	5,000	6,000	8,000	10,000	12,000	20,000	124	Earl Moore	40	50	60	150	200	250	300	1,000
58	Wally Schang	40	50	60	200	250	300	400	800	125	Bert Niehoff	40	120	150	200	250	300	400	2,000
59	Harry Gessler	40	50	60	100	120	200	300	800	126	Walter Blair	40	150	200	300	400	500	600	800
60	Oscar Dugey	60	150	200	250	300	400	600	800	127	Butch Schmidt	40	50	60	100	120	200	300	2,500
61	Ray Schalk	200	250	500	600	800	1,000	1,200	4,000	128	Steve Evans	50	60	80	250	400	500	600	2,500
62	Willie Mitchell	40	50	60	100	120	200	400	825	129	Ray Caldwell	40	50	60	100	120	200	400	800
63	Babe Adams	40	50	60	100	120	200	300	925	130	Ivy Wingo	50	100	120	150	200	250	300	400
64	Jimmy Archer	40	100	120	200	250	300	350	750	131	Geo. Baumgardner	40	100	120	150	200	250	600	4,000
65	Tris Speaker	600	800	1,000	1,200	2,000	3,000	4,000	5,000	132	Les Nunamaker	60	120	250	300	400	500	800	1,200
66	Napoleon Lajoie	300	600	800	1,000	1,200	1,500	2,000	8,000	133	Branch Rickey MG	250	500	1,000	1,200	1,500	2,000	3,000	5,000
67	Otis Crandall	50	100	200	300	400	500	600	800	134	Armando Marsans	100	200	250	300	400	500	600	1,500
68	Honus Wagner	2,500	3,000	4,000	5,000	10,000	12,000	15,000	20,000	135	William Killefer	80	150	200	250	300	400	500	1,000
69	John McGraw MG	200	250	300	450	500	800	1,200	6,000	136	Rabbit Maranville	250	400	600	1,000	1,500	2,500	4,000	6,000
70	Fred Clarke	200	400	450	500	600	800	1,300		137	William Rariden	40	50	60	100	120	200	300	1,500
71	Chief Meyers	50	60	100	120	150	250	400	1,200	138	Hank Gowdy	40	50	60	100	200	300	400	1,100
72	John Boehling	40	60	80	120	150	200	300	600	139	Rebel Oakes	40	80	150	200	250	300	400	1,500
73	Max Carey	200	250	300	400	500	800	1,200	4,000	140	Danny Murphy	60	100	150	250	400	600	1,000	1,500
74	Frank Owens	40	50	60	250	400	600	800	1,000	141	Cy Barger	40	50	60	150	200	250	300	1,200
75	Miller Huggins	200	250	300	400	600	800	1,000	2,500	142	Eugene Packard	80	150	250	400	500	600	800	1,500
76	Claude Hendrix	40	50	80	100	150	200	300	600	143	Jake Daubert	80	150	200	250	300	400	500	1,000
77	Hughie Jennings MG	200	300	400	500	600	800	1,200	3,000	144	James C. Walsh	40	100	120	150	200	250	300	1,000
78	Fred Merkle	40	50	60	100	300	400	600	1,000	145	Ted Cather	40	50	100	120	150	200	300	600
79	Ping Bodie	100	150	250	400	600	1,000	1,500	2,500	146	George Tyler	40	80	150	250	300	400	500	800
80	Ed Ruelbach	40	50	60	100	200	250	400	800	147	Lee Magee	40	50	100	120	150	200	500	800
81	Jim Delahanty	40	50	60	150	200	250	300		148	Owen Wilson	40	50	60	200	250	300	400	800
82	Gavvy Cravath	40	50	60	120	150	200	450	1,000	149	Hal Janvrin	40	50	60	100	120	200	350	600
83	Russ Ford	40	50	100	120	150	200	400		150	Doc Johnston	40	50	100	120	300	400	500	800
84	Elmer E. Knetzer	50	80	120	200	300	500	800	1,200	151	George Whitted	40	80	100	150	200	250	400	600
85	Buck Herzog	40	50	60	100	120	300	350	1,000	152	George McQuillen	40	50	80	120	150	200	350	1,500
86	Burt Shotton	40	50	100	200	250	300	350	600	153	Bill James	40	150	200	300	400	500	600	800
87	Forrest Cady	50	80	120	200	300	500	800	1,200	154	Dick Rudolph	40	100	120	150	200	250	400	800
88	Christy Mathewson	1,200	2,500	3,000	4,000	5,000	6,000	8,000	15,000	155	Joe Connolly	40	50	60	200	250	400	500	3,000
89	Lawrence Cheney	50	60	80	120	150	200	400	800	156	Jean Dubuc	40	50	60	100	120	200	300	1,000
90	Frank Smith	40	50	60	100	120	200	300	1,000	157	George Kaiserling	80	100	120	150	200	300	400	2,000
91	Roger Peckinpaugh	40	60	80	100	120	800	1,000	2,000	158	Fritz Maisel	100	150	250	400	600	1,000	1,500	2,500
92	Al Demaree	80	300	400	500	600	800	1,000	1,500	159	Heinie Groh	80	120	250	300	400	500	600	1,200
93	Del Pratt	80	150	200	250	300	400	500	1,200	160	Benny Kauff	50	60	80	120	150	200	300	1,500
94	Eddie Cicotte	300	500	800	1,000	1,200	1,500	2,000	4,000	161	Edd Roush	250	500	1,000	1,200	1,500	2,000	2,500	4,000
95	Ray Keating	80	250	300	400	500	600	800	1,500	162	George Stallings MG	50	100	200	250	300	400	500	800
96	Beals Becker	150	250	300	400	500	800	1,200	2,000	163	Bert Whaling	40	50	80	100	120	250	400	800
97	John (Rube) Benton	40	50	60	200	250	800	1,000	1,200	164	Bob Shawkey	40	50	100	120	150	500	600	1,200
98	Frank LaPorte	40	50	80	200	250	300	400	600	165	Eddie Murphy	50	60	150	200	250	300	400	600
99	Hal Chase	100	120	200	300	400	400	800	2,500	166	Joe Bush	40	50	100	200	250	300	400	1,000
100	Thomas Seaton	40	50	60	100	120	200	300	600	167	Clark Griffith	150	250	300	350	400	600	1,000	4,000
101	Frank Schulte	40	50	200	300	400	500	600	1,000	168	Vin Campbell	50	100	120	150	200	250	400	2,500
102	Ray Fisher	40	100	120	150	200	250	500	800	169	Raymond Collins	40	50	60	100	120	200	300	750
103	Joe Jackson	10,000	12,000	20,000	25,000	30,000	40,000	50,000	60,000	170	Hans Lobert	80	100	120	200	400	500	600	1,000
104	Vic Saier	40	50	120	150	300	400	600	1,200	171	Earl Hamilton	100	120	150	200	250	300	400	800
105	James Lavender	80	150	300	400	500	600	800	1,200	172	Erskine Mayer	50	100	200	250	300	400	1,000	
106	Joe Birmingham	40	50	60	120	150	300	400	800	173	Tilly Walker	100	150	250	400	600	1,000	1,500	3,000
107	Thomas Downey	40	50	60	200	250	400	600		174	Robert Veach	80	100	120	150	200	250	300	2,000
108	Sherry Magee	100	150	250	400	600	1,000	1,500	2,500	175	Joseph Benz	40	50	60	100	120	200	1,500	2,000
109	Fred Blanding	50	60	120	250	300	400	500	800	176	Hippo Vaughn	120	100	120	150	300	600		
110	Bob Bescher	80	150	200	250	300	400	600	800										
111	Herbie Moran	40	50	120	200	300	400	500	1,000										

Beckett Graded Card Price Guide 37

1916 M101-4 Blank Back

#	Player	PrFr 1	GD 2	VG 3	VgEx 4	EX 5	ExMt 6	NM 7	NmMt 8
2	Sam Agnew Red Sox	20	25	30	50	60	80	120	200
8	H. D. Baird C.F.	20	25	30	50	60	80	120	200
9	J. Franklin Baker	60	80	150	200	250	300	400	800
10	Dave Bancroft	60	120	150	200	250	300	550	800
11	Jack Barry	20	25	30	50	60	80	120	200
12	Zinn Beck	20	25	30	50	60	80	120	200
13	Chief Bender	60	80	100	200	250	300	400	800
14	Joe Benz	20	25	30	50	60	80	120	200
15	Bob Bescher	20	25	30	50	60	80	120	200
16	Al Betzel 2nd B.	20	25	30	50	60	80	120	200
17	Mordecai Brown	60	80	100	150	200	250	400	800
18	Eddie Burns	20	25	30	50	60	80	120	200
19	George Burns	20	25	30	50	60	80	120	200
20	Geo. J. Burns	20	25	50	60	80	100	120	200
21	Joe Bush	20	25	30	50	60	80	120	200
22	Donie Bush	20	25	30	50	60	100	120	200
23	Art Butler	20	25	30	50	60	80	120	200
24	Bobbie Byrne	20	25	30	50	60	80	120	200
25	Forrest Cady	20	25	30	50	60	80	120	200
26	Jimmy Callahan	20	25	30	50	60	80	120	200
27	Ray Caldwell	20	25	30	50	60	80	120	200
28	Max Carey	60	80	120	150	200	250	400	800
29	George Chalmers	20	25	30	50	60	80	120	200
30	Ray Chapman	20	25	30	50	60	80	120	200
31	Larry Cheney	20	25	30	50	80	100	120	200
32	Eddie Cicotte	60	80	100	150	200	250	400	800
33	Tom Clarke	20	25	30	50	60	80	120	200
34	Eddie Collins	60	80	100	150	200	250	400	800
35	Shauno Collins	20	25	30	50	60	80	250	300
36	Charles Comiskey	60	80	100	150	200	250	400	800
37	Joe Connolly	20	25	30	50	60	80	120	200
38	Ty Cobb	1,000	1,200	1,500	2,000	2,500	3,000	8,000	
39	Harry Coveleskie (Coveleski)	20	25	30	50	60	80	120	200
40	Gavvy Cravath	20	25	30	50	60	80	120	200
41	Sam Crawford	60	80	100	150	200	250	400	800
42	Jean Dale	20	25	30	50	60	80	120	200
43	Jake Daubert	20	25	30	50	60	80	120	200
44	Charles Deal	20	25	30	50	60	80	120	200
45	Al Demaree	20	25	30	50	60	80	120	200
46	Josh Devore	20	25	30	50	60	80	120	200
47	William Doak	20	25	30	50	60	80	120	200
48	Bill Donovan	20	25	30	50	60	80	120	200
49	Charles Dooin	20	25	30	50	60	80	120	200
50	Mike Doolan	20	25	30	50	60	80	120	200
51	Larry Doyle	20	25	30	50	60	80	120	200
52	Jean Dubuc	20	25	30	50	60	80	120	200
53	Oscar Dugey	20	25	30	50	60	80	120	200
54	Johnny Evers	60	80	100	150	200	250	400	800
55	Urban Faber	50	60	80	120	150	200	300	500
56	Hap Felsch C.F.	40	50	60	700	800	900	1,000	1,200
57	Bill Fischer	20	25	30	50	60	80	120	200
58	Ray Fisher Pitching	20	25	30	50	60	80	120	200
59	Max Flack	20	25	30	50	60	80	150	200
60	Art Fletcher	20	25	30	50	60	80	120	200
61	Eddie Foster	20	25	30	50	60	80	120	200
62	Jacques Fournier	20	25	30	50	60	80	120	200
63	Del Gainer (Gainor)	20	25	30	50	60	80	120	200
64	Chick Gandil	20	25	30	50	60	80	120	200
68	Geo. Gibson (eo Missing)	20	25	30	50	60	80	120	200
72	Clark Griffith	50	60	100	120	150	200	300	500
73	Tom Griffith	20	25	30	50	60	80	120	200
74	Heinie Groh	20	25	30	50	60	80	120	200
75	Earl Hamilton	20	25	30	50	60	80	120	200
76	Bob Harmon	20	25	30	50	60	80	120	200
77	Roy Hartzell Americans	20	25	30	50	80	100	120	200
78	Claude Hendrix	20	25	30	50	60	80	120	200
79	Olaf Henriksen	20	25	30	50	60	80	120	200
80	John Henry	20	25	30	50	60	80	120	200
81	Buck Herzog	20	25	30	50	60	80	120	200
82	Hugh High	20	25	30	50	60	80	120	200
83	Dick Hoblitzell	20	25	30	50	60	80	120	200
84	Harry Hooper	50	60	80	120	150	200	300	500
85	Ivan Howard 3rd B.	20	25	30	50	60	80	120	200
86	Miller Huggins	50	60	80	120	150	200	300	500
87	Joe Jackson	2,000	2,500	3,000	4,200	5,000	8,000	10,000	25,000
88	William James	20	25	30	50	60	80	120	200
89	Harold Janvrin	20	25	30	50	60	80	120	200
90	Hughie Jennings	50	60	80	120	150	200	300	500
91	Walter Johnson	200	250	300	500	800	1,000	1,500	
92	Fielder Jones	20	25	30	50	60	80	120	200
93	Joe Judge	20	25	30	50	60	80	120	200
94	Benny Kauff	20	25	30	50	60	80	120	200
95	Wm. Killefer Jr.	20	25	30	50	60	80	120	200
96	Ed. Konetchy	20	25	30	50	60	80	120	200
97	Napoleon Lajoie	100	200	250	300	400	500	600	1,200
98	Jack Lapp	20	25	30	50	60	80	120	200
99	John Lavan	20	25	30	50	60	80	120	200
100	Jimmy Lavender	20	25	30	50	60	80	120	200
101	Nemo Leibold	20	25	30	50	60	80	120	200
102	H. B. Leonard	20	25	30	50	60	80	120	200
103	Duffy Lewis	20	25	30	50	60	80	120	200
104	Hans Lobert	20	25	30	50	60	80	120	200
105	Tom Long	20	25	30	50	60	80	120	200
106	Fred Luderus	20	25	30	50	60	80	120	200
107	Connie Mack	80	100	120	200	250	300	500	1,000
108	Lee Magee L.F.	20	25	30	50	60	80	120	200
109	Sherwood Magee	20	25	30	50	60	80	120	200
110	Al. Mamaux	20	25	30	50	60	80	120	200
111	Leslie Mann L.F.	20	25	30	50	60	80	120	200
112	Rabbit Maranville	60	80	100	150	200	250	400	
113	Rube Marquard	60	80	100	150	200	250	400	800
114	J. Erskine Mayer	20	25	30	50	60	80	120	200
115	George McBride	20	25	30	50	60	80	120	200
116	John J. McGraw	60	80	100	150	200	250	400	800
117	Jack McInnis	20	25	30	80	100	120	150	200
118	Fred Merkle	20	25	30	50	60	200	250	300
119	Chief Meyers	20	25	30	50	60	80	120	200
120	Clyde Milan	20	25	30	50	60	80	120	200
121	John Miller	20	25	30	50	60	80	120	200
122	Otto Miller	20	25	30	50	80	100	120	200
123	Willie Mitchell	20	25	30	50	60	80	120	200
124	Fred Mollwitz	20	25	30	50	60	80	120	200
125	Pat Moran	20	25	30	50	60	80	120	200
126	Ray Morgan	20	25	30	50	60	80	120	200
127	Geo. Moriarty	20	25	30	50	60	80	120	200
128	Guy Morton	20	25	30	50	60	80	250	300
129	Mike Mowrey	20	25	30	50	60	80	120	200
130	Ed. Murphy	20	25	30	50	60	80	120	200
131	Hy Myers	20	25	30	50	60	80	120	200
132	J. A. Niehoff	20	25	30	50	60	80	120	200
133	Rube Oldring	20	25	30	50	60	80	120	200
134	Oliver O'Mara	20	25	30	50	60	80	120	200
135	Steve O'Neill	20	25	30	50	60	80	120	200
136	Dode Paskert C.F.	20	25	30	50	60	80	120	200
137	Roger Peckinpaugh	20	25	30	50	60	80	120	200
138	Wally Pipp	20	25	30	50	60	80	120	200
139	Derril Pratt (Derrill)	20	25	30	50	60	80	120	200
140	Pat Ragan	20	25	30	50	60	80	120	200
145	Bob Roth R.F.	20	25	30	50	60	80	120	200
146	Ed. Rousch R.F. (Roush)	60	80	100	150	200	250	400	800

		PrFr 1	GD 2	VG 3	VgEx 4	EX 5	ExMt 6	NM 7	NmMt 8
154	Ray Schalk	50	60	80	120	150	200	300	500
155	Walter Schang	20	25	30	50	60	80	120	200
156	Frank Schulte	20	25	30	50	60	80	120	200
157	Everett Scott	20	25	30	50	60	80	120	200
158	Jim Scott	20	25	30	50	60	80	120	200
159	Tom Seaton	20	25	30	50	60	80	120	200
160	Howard Shanks	20	25	30	50	60	80	120	200
161	Bob Shawkey	20	25	30	50	60	80	120	200
162	Ernie Shore	20	25	30	50	60	80	120	200
163	Burt Shotton	20	25	30	50	60	80	120	200
164	Geo. Sisler 1st B.	60	80	100	150	200	250	400	800
165	J. Carlisle Smith	20	25	30	50	60	80	120	200
166	Fred Snodgrass	20	25	30	50	60	80	120	200
167	Geo. Stallings	20	25	30	50	60	80	120	200
168A	Oscar Stanage Portrait SP	20	25	30	50	60	80	120	200
169	Charles Stengel	200	250	300	500	600	800	1,200	2,000
170	Milton Stock	20	25	30	50	60	80	120	200
171	Amos Strunk	20	25	30	50	60	80	120	200
172	Billy Sullivan	20	25	30	50	60	80	120	200
173	Jeff Tesreau	20	25	30	50	60	80	120	200
174	Joe Tinker	60	80	100	150	200	250	400	800
175	Fred Toney	20	25	30	50	60	80	120	200
176	Terry Turner 2nd B.	20	25	30	50	60	80	120	200
177	George Tyler	20	25	30	50	60	80	120	200
178	Jim Vaughn	20	25	30	50	60	80	120	200
179	Bob Veach	20	25	30	50	60	80	120	200
180	James Viox 3rd B.	20	25	30	50	60	80	120	200
181	Oscar Vitt	20	25	30	50	60	80	120	200
182	Hans Wagner	900	1,000	1,100	1,200	1,800	2,000	3,000	
183	Clarence Walker Red Sox	20	25	30	50	60	80	120	200
184	Ed. Walsh	60	80	100	150	200	250	400	800
185	W. Wambsganss UER Photo	20	25	30	50	60	80	120	200
186	Buck Weaver 3rd B.	60	80	100	150	200	250	400	800
187	Carl Weilman	20	25	30	50	60	80	120	200
188	Zach Wheat	60	80	100	150	200	250	400	800
189	Geo. Whitted Nationals	20	25	30	50	60	80	120	200
190	Fred Williams	20	25	30	50	60	80	120	200
191	Art Wilson	20	25	30	50	60	80	120	200
192	J. Owen Wilson	20	25	30	50	60	80	120	200
193	Ivy Wingo	20	25	30	50	60	80	120	200
194	Mel Wolfgang	20	25	30	50	60	80	120	200
195	Joe Wood	80	100	120	200	250	300	500	1,000
196	Steve Yerkes	20	25	30	50	60	80	120	200
197	Pep Young	20	25	30	50	60	80	120	200

1916 M101-4 Sporting News

		PrFr 1	GD 2	VG 3	VgEx 4	EX 5	ExMt 6	NM 7	NmMt 8
51	Babe Ruth	35,000	50,000	60,000	65,000	90,000	200,000	300,000	

1916 M101-5 Blank Back

		PrFr 1	GD 2	VG 3	VgEx 4	EX 5	ExMt 6	NM 7	NmMt 8
	Babe Adams *	20	25	30	50	60	80	120	200
	Sam Agnew Browns	20	25	30	50	60	80	120	200
	Ed Ainsmith *	20	25	30	50	60	80	120	200
	Grover Alexander *	100	120	150	650				
	Leon Ames *	20	25	30	50	60	80	120	200
	Jimmy Archer *	20	25	30	50	60	80	120	200
	Jimmy Austin *	20	25	30	50	60	80	120	200
	J. Franklin Baker	60	80	100	150	200	250	400	800
	Dave Bancroft	60	80	100	150	200	250	400	900
0	Jack Barry	20	25	30	50	60	80	175	250
1	Zinn Beck	20	25	30	50	60	80	120	200
2B	Lute Boone *	20	25	30	50	60	80	120	200
3	Joe Benz	20	25	30	50	60	80	120	200
4	Bob Bescher	20	25	30	50	60	80	120	200

		PrFr 1	GD 2	VG 3	VgEx 4	EX 5	ExMt 6	NM 7	NmMt 8
15	Al Betzel 3rd B.	20	25	30	50	60	80	120	200
16	Roger Bresnahan	60	80	100	150	200	250	400	800
17	Eddie Burns	20	25	30	50	60	80	120	200
18	Geo. J. Burns	20	25	30	50	60	80	120	200
19	Joe Bush	20	25	30	50	60	80	120	200
20	Owen J. Bush	20	25	30	50	60	80	120	200
21	Art Butler	20	25	30	50	60	80	120	200
22	Bobby Byrne	20	25	30	50	60	80	120	200
23A	Mordecai Brown	60	80	100	150	200	250	1,100	2,000
24	Jimmy Callahan	20	25	30	50	60	80	120	200
25	Ray Caldwell	20	25	30	50	60	80	120	200
26	Max Carey	60	80	100	150	200	250	400	800
27	George Chalmers	20	25	30	50	60	80	120	200
28	Frank Chance	60	80	100	150	200	250	400	800
29	Ray Chapman	20	25	30	50	60	80	120	200
30	Larry Cheney	20	25	30	50	60	80	120	200
31	Eddie Cicotte	60	80	100	150	200	250	400	800
32	Tom Clarke	20	25	30	50	60	80	120	200
33	Eddie Collins	60	80	100	150	200	250	400	800
34	Shauno Collins	20	25	30	50	60	80	120	200
35	Charles Comisky (Comiskey)	60	80	100	150	200	250	400	800
36	Joe Connolly	20	25	30	50	60	80	120	200
37	Luther Cook	20	25	30	50	60	80	120	200
38	Jack Coombs	40	50	60	100	120	150	250	400
39	Dan Costello	20	25	30	50	60	80	120	200
40	Harry Coveleskie (Coveleski)	20	25	30	50	60	80	120	200
41	Gavvy Cravath	20	25	30	50	60	80	120	200
42	Sam Crawford	60	80	100	150	200	250	400	800
43	Jean Dale	20	25	30	50	60	80	120	200
44	Jake Daubert	20	25	30	50	60	80	120	200
45	Geo. A. Davis Jr.	20	25	30	50	60	80	120	200
46	Charles Deal	20	25	30	50	60	80	120	200
47	Al Demaree	20	25	30	50	60	80	120	200
48	William Doak	20	25	30	50	60	80	120	200
49	Bill Donovan	20	25	30	50	60	80	120	200
50	Charles Dooin	20	25	30	50	60	80	120	200
51	Mike Doolan	20	25	30	50	60	80	120	200
52	Larry Doyle	20	25	30	50	60	80	120	200
53	Jean Dubuc	20	25	30	50	60	80	120	200
54	Oscar Dugey	20	25	30	50	60	80	120	200
55	Johnny Evers	60	80	100	150	200	250	400	800
56	Urban Faber	50	60	80	120	150	200	300	500
57	Hap Felsch R.F.	40	50	60	100	120	150	1,000	1,200
58	Bill Fischer	20	25	30	50	60	80	120	200
59	Ray Fisher Hands Over Head	20	25	30	50	60	80	120	200
60	Max Flack	20	25	30	50	60	80	120	200
61	Art Fletcher	20	25	30	50	60	80	120	200
62	Eddie Foster	20	25	30	50	60	80	120	200
63	Jacques Fournier	20	25	30	50	60	80	120	200
64	Del Gainer (Gainor)	20	25	30	50	60	80	120	200
65	Larry Gardner *	20	25	30	50	60	80	120	200
66	Joe Gedeon *	20	25	30	50	60	80	120	200
67	Gus Getz *	20	25	30	50	60	80	120	200
68	Geo. Gibson (eo Not Missing)	20	25	30	50	60	80	120	200
69	Wilbur Good *	20	25	30	50	60	80	120	200
70	Hank Gowdy *	20	25	30	50	60	80	120	200
71	Jack Graney *	20	25	30	50	60	80	120	200
72	Tom Griffith	20	25	30	50	60	80	120	200
73	Heinie Groh	20	25	30	50	60	80	120	200
74	Earl Hamilton	20	25	30	50	60	80	120	200
75	Bob Harmon	20	25	30	50	60	80	120	200
76	Roy Hartzell Am.	20	25	30	50	60	80	120	200
77	Claude Hendrix	20	25	30	50	60	80	120	200
78	Olaf Henriksen	20	25	30	50	60	80	120	200
79	John Henry	20	25	30	50	60	80	120	200
80	Buck Herzog	20	25	30	50	60	80	120	200
81	Hugh High	20	25	30	50	60	80	120	200

#	Player	PrFr 1	GD 2	VG 3	VgEx 4	EX 5	ExMt 6	NM 7	NmMt 8
82	Dick Hoblitzell	20	25	30	50	60	80	120	200
83	Harry Hooper	50	60	80	120	150	200	300	500
84	Ivan Howard 1st B.	20	25	30	50	60	80	120	200
85	Miller Huggins	50	60	80	120	150	200	300	500
86	Joe Jackson	2,000	2,500	3,000	5,000	6,000	10,000	12,000	20,000
87	William James	20	25	30	50	60	80	120	200
88	Harold Janvrin	20	25	30	50	60	80	120	200
89	Hughie Jennings	50	60	80	120	150	200	300	500
90	Walter Johnson	200	250	300	500	800	1,200	4,200	
91	Fielder Jones	20	25	30	50	60	80	120	200
92	Benny Kauff	20	25	30	50	60	80	120	200
93	Wm. Killefer Jr.	20	25	30	50	60	80	120	200
94	Ed. Konetchy	20	25	30	50	60	80	120	200
95	Napoleon Lajoie	100	120	150	250	300	400	600	1,200
96	Jack Lapp	20	25	30	50	60	80	120	200
97	John Lavan	20	25	30	50	60	80	120	200
98	Jimmy Lavender	20	25	30	50	60	80	120	200
99	Nemo Leibold	20	25	30	50	60	80	120	200
100	H. B. Leonard	20	25	30	50	60	80	120	200
101	Duffy Lewis	20	25	30	50	60	80	120	200
102	Hans Lobert	20	25	30	50	60	80	120	200
103	Tom Long	20	25	30	50	60	80	120	200
104	Fred Luderus	20	25	30	50	60	80	120	200
105	Connie Mack	80	100	120	200	250	300	500	1,000
106	Lee Magee 2nd B.	20	25	30	50	60	80	120	200
107	Al. Mamaux	20	25	30	50	60	80	120	200
108	Leslie Mann C.F.	20	25	30	50	60	80	120	200
109	Rabbit Maranville	60	80	100	150	200	250	400	800
110	Rube Marquard	60	80	100	150	200	425	600	800
111	Armando Marsans	20	25	30	50	60	80	120	200
112	J. Erskine Mayer	20	25	30	50	60	80	120	200
113	George McBride	20	25	30	50	60	80	120	200
114	John J. McGraw	60	80	100	150	200	250	400	800
115	Jack McInnis	20	25	30	50	60	80	120	250
116	Fred Merkle	20	25	30	50	60	80	120	200
117	Chief Meyers	20	25	30	50	60	80	120	200
118	Clyde Milan	20	25	30	50	60	80	120	200
119	Otto Miller	20	25	30	50	60	80	120	200
120	Willie Mitchel (Mitchell)	20	25	30	50	60	80	120	200
121	Fred Mollwitz	20	25	30	50	60	80	120	200
122	J. Herbert Moran	20	25	30	50	60	80	120	200
123	Pat Moran	20	25	30	50	60	80	120	200
124	Ray Morgan	20	25	30	50	60	80	120	200
125	Geo. Moriarty	20	25	30	50	60	80	120	200
126	Guy Morton	20	25	30	50	60	80	120	200
127	Ed. Murphy UER Photo	20	25	30	50	60	80	120	200
128	John Murray	20	25	30	50	60	80	120	200
129	Hy Myers	20	25	30	50	60	80	120	200
130	J. A. Niehoff	20	25	30	50	60	80	120	200
131	Leslie Nunamaker	20	25	30	50	60	80	120	300
132	Rube Oldring	20	25	30	50	60	80	120	200
133	Oliver O'Mara	20	25	30	50	60	80	120	200
134	Steve O'Neill	20	25	30	50	60	80	120	200
135	Dode Paskert C.	20	25	30	50	60	80	120	200
136	Roger Peckinpaugh UER Photo	20	25	30	50	60	80	120	200
137	E. J. Pfeffer	20	25	30	50	60	80	120	200
138	Geo. Pierce (Pearce)	20	25	30	50	60	80	120	200
139	Wally Pipp	20	25	30	50	60	80	120	200
140	Derril Pratt (Derrill)	20	25	30	50	60	80	120	200
141	Bill Rariden *	20	25	30	50	60	80	120	200
142	Eppa Rixey *	50	60	80	120	150	200	300	500
143	Davey Robertson *	20	25	30	50	60	80	120	200
144	Wilbert Robinson *	50	60	80	120	150	475	600	800
145	Bob Roth C.F.	20	25	30	50	60	80	120	200
146	Ed. Roush C.F.	60	80	100	150	200	250	400	800
147	Clarence Rowland *	20	25	30	50	60	80	120	200
148	Nap Rucker *	20	25	30	50	60	80	120	200
149	Dick Rudolph *	20	25	30	50	60	80	120	200
150	Reb Russell *	20	25	30	50	60	80	120	200
151	Babe Ruth *	35,000	50,000	60,000	65,000	80,000	120,000	200,000	
152	Vic Saier *	20	25	30	50	60	80	120	200
153	Slim Sallee *	20	25	30	50	60	80	120	200
154	Germany Schaefer	20	25	30	50	60	80	120	250
155	Ray Schalk	50	60	80	120	150	200	300	500
156	Walter Schang	20	25	30	50	60	80	120	200
157	Chas. Schmidt	20	25	30	50	60	80	120	200
158	Frank Schulte	20	25	30	50	60	80	120	200
159	Jim Scott	20	25	30	50	60	80	120	200
160	Everett Scott	20	25	30	50	60	80	120	200
161	Tom Seaton	20	25	30	50	60	80	120	200
162	Howard Shanks	20	25	30	50	60	80	120	200
163	Bob Shawkey UER Photo	20	25	30	50	60	80	120	200
164	Ernie Shore	20	25	30	50	60	80	120	200
165	Burt Shotton	20	25	30	50	60	80	120	200
166	Geo. Sisler P	60	80	100	150	200	250	1,200	1,600
167	J. Carlisle Smith	20	25	30	50	60	80	120	200
168	Fred Snodgrass	20	25	30	50	60	80	120	200
169	Geo. Stallings	20	25	30	50	60	80	120	200
170	Oscar Stanage UER Photo	20	25	30	50	60	80	120	200
171	Charles Stengel	200	250	300	500	1,400	1,600	2,000	2,600
172	Milton Stock	20	25	30	50	60	80	120	200
173	Amos Strunk UER Photo	20	25	30	50	60	80	120	200
174	Billy Sullivan	20	25	30	50	60	80	120	200
175	Jeff Tesreau	20	25	30	50	60	80	120	200
176	Jim Thorpe	2,500	3,000	4,000	5,000				
177	Joe Tinker	60	80	100	150	200	250	400	800
178	Fred Toney	20	25	30	50	60	80	120	200
179	Terry Turner 3rd B.	20	25	30	50	60	80	120	200
180	Jim Vaughn	20	25	30	50	60	80	120	200
181	Bob Veach	20	25	30	50	60	80	120	300
182	James Viox 2nd B.	20	25	30	50	60	80	120	200
183	Oscar Vitt	20	25	30	50	60	80	120	200
184	Hans Wagner	600	800	1,000	1,200	1,500	2,000	3,000	
185	Clarence Walker Browns UER Photo	20	25	30	50	60	80	120	200
186A	Zach Wheat	60	80	100	150	200	250	400	800
187	Ed. Walsh	60	80	100	150	200	250	400	800
188	Buck Weaver S.S.	120	150	250	400	600			
189	Carl Weilman	20	25	30	50	60	80	120	200
190	Geo. Whitted Nat'ls	20	25	30	50	60	80	120	200
191	Fred Williams	20	25	30	50	60	80	120	200
192	Art Wilson	20	25	30	50	60	80	120	200
193	J. Owen Wilson	20	25	30	50	60	80	120	200
194	Ivy Wingo	20	25	30	50	60	80	120	200
195	Mel Wolfgang	20	25	30	50	60	80	120	200
196	Joe Wood	80	100	120	200	250	300	500	1,000
197	Steve Yerkes	20	25	30	50	60	80	120	200
198	Rollie Zeider *	20	25	30	50	60	80	120	200
199	Heiny Zimmerman *	20	25	30	50	60	80	120	200
200	Ed. Zwilling *	20	25	30	50	60	80	120	200

1919-21 W514

#	Player	PrFr 1	GD 2	VG 3	VgEx 4	EX 5	ExMt 6	NM 7	NmMt 8
2	Babe Ruth	800	1,000	1,200	1,500	1,800	2,200		
15	Joe Jackson	800	1,000	2,000	2,200	2,500	3,000		
43	Ty Cobb	200	250	300	400	500	800		
56	Rogers Hornsby	100	120	200	250	300	500		
72	Christy Mathewson	120	150	200	250	300	500		
94	Walter Johnson	100	120	300	350	400	600		

1921 E121 American Caramel Series of 80

		PrFr 1	GD 2	VG 3	VgEx 4	EX 5	ExMt 6	NM 7	NmMt 8
1A	G.C. Alexander Arms Above	200	250	300	500	800	1,200		
1B	Grover Alexander Arm Forward	200	250	300	500	800	1,200		
11A	Ty Cobb Look Ahead	300	500	600	1,000	1,200			
11B	Ty Cobb Look Right Manager	400	500	600	1,000	1,200			
11C	Ty Cobb Look Right Mgr.	300	500	600	1,000	2,000			
38	Rogers Hornsby	250	300	400	500	1,200			
43A	Walter Johnson Throwing	250	350	500	800	1,000			
43B	Walter Johnson Hands at Chest	250	350	500	800	1,000			
82A	Babe Ruth	2,500	8,000	10,000	12,000	10,000	12,000		
82B	Babe Ruth Babe in Quotations	2,000	4,000	10,000	12,000				
82C	George Ruth	1,500	2,000	25,000					
94A	Tris Speaker Manager Large	100	120	150	200	400			
94B	Tris Speaker Manager Small	100	120	150	200				
94C	Tris Speaker Mgr.	100	120	150	200	400			

1921 W551

		PrFr 1	GD 2	VG 3	VgEx 4	EX 5	ExMt 6	NM 7	NmMt 8
4	Ty Cobb	200	250	350	400	500	800		
7	Babe Ruth	200	250	300	800	1,200			

1922 E120 American Caramel Series of 240

		PrFr 1	GD 2	VG 3	VgEx 4	EX 5	ExMt 6	NM 7	NmMt 8
42	Tris Speaker	100	120	150	300	400	500		
48	Ty Cobb	250	350	600	1,000	1,200	2,000		
71	Babe Ruth	1,500	3,000	5,000	8,000				
110	Walter Johnson	150	200	400	500	800	1,000		
152	Grover C. Alexander	150	200	300	500	600	1,000		
232	Rogers Hornsby	150	200	300	500	600			

1922 E121 American Caramel Series of 120

		PrFr 1	GD 2	VG 3	VgEx 4	EX 5	ExMt 6	NM 7	NmMt 8
2	Grover C. Alexander	120	150	200	350	500	800		
10A	Ty Cobb Batting	500	1,000	1,200	1,500	2,000			
10B	Ty Cobb Throwing	500	1,000	1,200	1,500	2,000			
15	Rogers Hornsby	150	250	450	600	800	1,200		
18	Walter Johnson	200	350	400	600	1,000	1,500		
6A	Babe Ruth Montage	1,000	1,500	3,000	4,000	5,000	6,000		
6B	Babe Ruth Montage (Quotations)	1,000	2,000	3,000	4,000	5,000	6,000		
6C	Babe Ruth Bird	600	1,000	2,000	2,500	4,000	5,000		
6D	Babe Ruth Bird (Quotations)	600	1,000	2,000	2,500	4,000	5,000		
6E	Babe Ruth Holding Ball	1,000	1,500	2,000	3,000	5,000	6,000		
02A	Tris Speaker Large Projection	120	150	200	300	500	800		
02B	Tris Speaker Small Projection	120	150	200	300	500	800		

1922 E122 American Caramel Series of 80

		PrFr 1	GD 2	VG 3	VgEx 4	EX 5	ExMt 6	NM 7	NmMt 8
	Grover C. Alexander	120	150	200	300	500	800		
1	Ty Cobb	300	400	500	800	1,200	2,000		
0	Rogers Hornsby	120	150	200	300	500	800		
2	Walter Johnson	150	200	250	400	600	1,000		
7	Babe Ruth	1,000	1,500	4,500					
7	Tris Speaker	120	150	200	300	500	800		

1923 W515-1

		PrFr 1	GD 2	VG 3	VgEx 4	EX 5	ExMt 6	NM 7	NmMt 8
	Babe Ruth	400	500	600	700	800	900	1,100	
7	Babe Ruth	400	500	600	700	800	900	1,100	

1925 Exhibits

		PrFr 1	GD 2	VG 3	VgEx 4	EX 5	ExMt 6	NM 7	NmMt 8
90	Tyrus Cobb	80	120	200	300	500	800		
97	Lou Gehrig	10,000	25,000	30,000	35,000	80,000			
100	Babe Ruth	800	1,200	1,500	2,500	4,000			

1932 U.S. Caramel

		PrFr 1	GD 2	VG 3	VgEx 4	EX 5	ExMt 6	NM 7	NmMt 8
1	Eddie Collins	150	200	250	300	400	600	1,200	5,000
2	Paul Waner	150	200	250	300	400	600	1,000	4,000
4	Bill Terry	150	200	250	300	400	600	1,700	
5	Earl Combs	200	250	300	400	500	600	1,000	
6	Bill Dickey	200	250	300	400	500	800	1,200	3,000
7	Joe Cronin	150	200	250	300	400	600	1,000	2,500
8	Chick Hafey	150	200	250	300	400	600	1,000	2,500
10	Rabbit Maranville	150	200	250	300	400	600	1,000	3,000
11	Rogers Hornsby	600	800	1,000	1,200	1,500	2,000	4,000	
12	Mickey Cochrane	200	250	300	400	500	800	1,200	3,000
13	Lloyd Waner	150	200	250	300	400	600	1,000	4,000
14	Ty Cobb	800	1,000	1,200	1,500	2,000	3,000	5,000	12,000
17	Al Simmons	150	200	250	400	500	800	1,200	3,000
18	Tony Lazzeri	200	250	300	400	500	800	1,200	3,000
19	Wally Berger	80	100	120	150	200	300	800	1,200
20	Red Ruffing	150	200	250	300	400	600	1,000	
21	Chuck Klein	150	200	250	300	400	600	1,000	4,500
23	Jimmie Foxx	400	600	800	1,000	1,200	2,500	4,000	5,000
24	Lefty O'Doul	120	150	200	250	350	500	800	1,500
26	Lou Gehrig	2,000	2,500	3,000	5,000	8,000	10,000	15,000	20,000
27	Lefty Grove	500	600	800	1,000	1,200	1,500		
30	Frankie Frisch	200	250	300	400	500	800	1,200	3,000
31	Lefty Gomez	200	250	300	400	500	800	1,200	
32	Babe Ruth	2,000	2,500	5,000	8,000	10,000	12,000	15,000	25,000

1933 DeLong

		PrFr 1	GD 2	VG 3	VgEx 4	EX 5	ExMt 6	NM 7	NmMt 8
1	Marty McManus	50	80	120	200	300	500	800	4,000
2	Al Simmons	100	150	200	250	400	500	1,500	4,000
3	Oscar Melillo	50	80	120	200	300	500	1,000	
4	Bill Terry	80	100	300	400	500	600	1,500	3,000
5	Charlie Gehringer	80	120	200	300	500	800	1,500	4,000
6	Mickey Cochrane	150	250	400	600	1,000	1,500	2,500	
7	Lou Gehrig	1,000	2,000	2,500	3,000	5,000	8,000	20,000	60,000
8	Kiki Cuyler	100	120	200	500	600	800	1,500	
9	Bill Urbanski	50	80	120	200	300	500	800	
10	Lefty O'Doul	80	100	150	200	250	500	800	3,000
11	Fred Lindstrom	80	100	120	200	500	600	1,500	8,000
12	Pie Traynor	80	150	200	300	500	800	1,500	2,500
13	Rabbit Maranville	120	200	300	500	800	1,200	2,000	4,000
14	Lefty Gomez	100	150	400	500	600	800	1,000	2,500
15	Riggs Stephenson	60	80	100	150	250	400	1,000	
16	Lon Warneke	60	80	100	200	250	400	1,000	
17	Pepper Martin	80	120	200	300	500	800	1,200	2,000
18	Jimmy Dykes	50	60	120	150	300	400	600	2,000
19	Chick Hafey	80	100	200	250	400	1,000	1,200	20,000
20	Joe Vosmik	50	60	150	200	250	400	1,000	
21	Jimmie Foxx	150	200	300	600	800	1,500	3,000	10,000
22	Chuck Klein	80	100	150	200	400	600	1,200	2,500
23	Lefty Grove	250	400	600	1,000	1,500	2,500	4,000	6,000
24	Goose Goslin	120	150	200	300	500	800	2,500	

1933 Goudey

#	Player	PrFr 1	GD 2	VG 3	VgEx 4	EX 5	ExMt 6	NM 7	NmMt 8
1	Benny Bengough	300	500	800	1,200	2,000	3,000	10,000	
2	Dazzy Vance	120	200	300	600	1,000	1,500	7,000	15,000
3	Hugh Critz Batting	25	40	60	100	150	250	1,000	8,000
4	Heinie Schuble	30	50	80	100	150	300	600	
5	Babe Herman	50	80	120	250	300	400		
6	Jimmy Dykes	30	50	80	120	200	300	500	
7	Ted Lyons	60	100	150	250	400	600	1,000	2,000
8	Roy Johnson	20	30	50	80	100	250	500	
9	Dave Harris	20	30	50	100	120	150	300	2,500
10	Glenn Myatt	25	40	60	100	250	400		
11	Billy Rogell	25	40	60	100	150	250	400	1,500
12	George Pipgras	40	60	100	150	250	400	800	
13	Lafayette Thompson	30	50	80	120	200	300	500	4,000
14	Henry Johnson	25	40	60	100	150	250	400	1,200
15	Victor Sorrell	25	40	60	100	120	150	600	
16	George Blaeholder	20	30	50	80	150	200	400	1,000
17	Watson Clark	20	30	50	100	120	150	800	
18	Muddy Ruel	20	30	50	80	120	150	400	
19	Bill Dickey	200	300	500	800	1,200	2,000	3,000	5,000
20	Bill Terry Throwing	60	100	150	250	400	500	800	3,000
21	Phil Collins	25	40	60	100	150	250	400	1,500
22	Pie Traynor	120	200	300	500	800	1,200	2,000	5,000
23	Kiki Cuyler	100	150	200	300	500	800	1,200	3,000
24	Horace Ford	30	50	80	120	200	300	500	
25	Paul Waner	150	250	400	600	1,000	1,500	2,500	8,000
26	Chalmer Cissell	15	25	40	60	100	150	500	
27	George Connally	25	40	60	100	150	250	400	2,000
28	Dick Bartell	25	40	60	100	120	200	500	
29	Jimmie Foxx	400	600	1,000	1,500	2,500	3,000	5,000	50,000
30	Frank Hogan	15	25	40	60	120	200	500	3,000
31	Tony Lazzeri	150	250	400	600	1,000	1,500	2,000	6,000
32	Bud Clancy	25	40	60	100	150	250	400	2,000
33	Ralph Kress	20	30	50	80	120	200	300	
34	Bob O'Farrell	15	25	40	100	150	200	600	
35	Al Simmons	80	120	200	300	500	800	1,200	2,500
36	Tommy Thevenow	25	40	60	100	100	300	1,000	4,000
37	Jimmy Wilson	20	30	50	80	120	200	300	2,000
38	Fred Brickell	25	40	60	100	150	250	400	2,500
39	Mark Koenig	25	40	60	100	150	250	800	
40	Taylor Douthit	20	30	50	80	120	150	300	1,000
41	Gus Mancuso Catching	20	30	50	80	120	200	300	800
42	Eddie Collins	60	100	150	250	400	600	1,000	2,500
43	Lew Fonseca	25	40	60	100	150	250	400	600
44	Jim Bottomley	60	100	150	250	400	600	1,000	2,000
45	Larry Benton	20	30	50	80	120	200	400	4,000
46	Ethan Allen	20	30	50	80	150	200	400	800
47	Heinie Manush Batting	50	80	120	150	300	600	800	4,000
48	Marty McManus	25	40	60	100	150	250	400	
49	Frankie Frisch	120	200	300	500	800	1,200	2,000	20,000
50	Ed Brandt	20	30	50	80	100	200	300	800
51	Charlie Grimm	12	20	30	80	150	300	400	1,200
52	Andy Cohen	15	25	40	80	100	300		
53	Babe Ruth w/Bat Yellow	10,000	15,000	25,000	40,000	60,000	80,000	100,000	200,000
54	Ray Kremer	15	25	40	60	80	100	250	500
55	Pat Malone	20	30	50	60	100	150	600	
56	Red Ruffing	80	120	200	300	500	800	1,200	2,000
57	Earl Clark	15	25	40	60	80	120	250	800
58	Lefty O'Doul	20	30	50	120	150	200	300	1,000
59	Bing Miller	25	40	60	100	150	250	400	600
60	Waite Hoyt	60	100	150	250	400	600	1,000	1,500
61	Max Bishop	20	30	50	80	120	200	300	500
62	Pepper Martin	25	40	60	100	150	250	400	1,000
63	Joe Cronin w/Bat	50	80	120	200	300	500	800	2,000
64	Burleigh Grimes	60	100	150	250	400	600	1,000	1,500
65	Milt Gaston	15	25	40	50	100	120	200	400
66	George Grantham	10	15	25	50	80	120	200	600
67	Guy Bush	20	30	50	80	120	200	300	600
68	Horace Lisenbee	15	25	40	60	80	120	200	400
69	Randy Moore	12	20	30	60	100	120	200	800
70	Floyd (Pete) Scott	15	25	40	60	100	150	250	400
71	Robert J. Burke	15	25	40	80	100	150	200	800
72	Owen Carroll	15	25	40	60	100	150	250	800
73	Jesse Haines	60	100	150	250	400	600	1,000	1,500
74	Eppa Rixey	60	100	150	250	400	600	1,000	1,500
75	Willie Kamm	15	25	40	60	100	150	250	600
76	Mickey Cochrane	100	150	250	400	600	1,000	1,500	2,500
77	Adam Comorosky	20	30	50	80	120	200	300	600
78	Jack Quinn	20	30	50	60	100	150	250	600
79	Red Faber	40	80	120	200	300	500	800	1,200
80	Clyde Manion	10	15	25	50	100	120	250	800
81	Sam Jones	20	30	50	60	100	120	200	600
82	Dibrell Williams	10	15	25	50	80	100	200	800
83	Pete Jablonowski	25	40	60	100	100	200	200	1,500
84	Glenn Spencer	20	30	50	80	120	300	500	
85	Heinie Sand	10	15	25	50	120	200	300	600
86	Phil Todt	20	30	50	80	120	200	300	800
87	Frank O'Rourke	15	25	40	50	120	150	200	600
88	Russell Rollings	12	20	30	60	80	100	200	800
89	Tris Speaker	120	200	300	500	800	1,200	1,500	5,000
90	Jess Petty	25	40	60	100	150	250	400	1,000
91	Tom Zachary	20	30	50	60	80	120	200	500
92	Lou Gehrig	2,500	4,000	6,000	10,000	15,000	25,000	50,000	100,000
93	John Welch	25	40	60	100	150	250	400	600
94	Bill Walker	25	40	50	80	120	200	300	600
95	Alvin Crowder	20	30	50	80	120	200	300	500
96	Willis Hudlin	10	15	25	60	100	120	250	800
97	Joe Morrissey	15	25	40	60	80	100	250	1,200
98	Walter Berger	12	20	30	100	120	150	500	1,500
99	Tony Cuccinello	12	20	30	50	80	200	250	1,200
100	George Uhle	15	25	40	60	150	250	400	1,000
101	Richard Coffman	15	25	40	60	100	150	250	800
102	Travis Jackson	60	100	150	250	400	600	1,000	2,000
103	Earle Combs	60	100	150	250	400	600	1,000	2,000
104	Fred Marberry	30	50	80	120	200	300	500	800
105	Bernie Friberg	15	25	40	60	100	120	200	400
106	Napoleon Lajoie SP	15,000	25,000	40,000	50,000	60,000	80,000	100,000	150,000
107	Heinie Manush	40	60	100	120	250	300	400	1,500
108	Joe Kuhel	25	40	60	100	150	250	400	600
109	Joe Cronin w/Glove	40	60	100	120	200	300	600	1,500
110	Goose Goslin	40	60	100	150	200	250	500	2,000
111	Monte Weaver	20	30	50	80	120	250	400	600
112	Fred Schulte	15	25	40	60	100	200	250	500
113	Oswald Bluege Portrait	20	30	50	80	120	200	300	800
114	Luke Sewell Fieldin	20	30	50	60	100	200	300	800
115	Cliff Heathcote	25	40	60	100	150	250	400	600
116	Eddie Morgan	12	20	30	50	100	120	200	2,000
117	Rabbit Maranville	60	100	150	250	400	600	1,000	2,000
118	Val Picinich	30	50	80	120	200	300	500	1,000
119	Rogers Hornsby Fielding	200	300	500	600	1,000	1,200	2,000	12,000
120	Carl Reynolds	20	30	50	80	120	200	300	800
121	Walter Stewart	15	25	40	50	80	120	150	600
122	Alvin Crowder	10	15	25	80	100	120	200	500
123	Jack Russell	20	30	50	80	120	200	250	500
124	Earl Whitehill	15	25	40	60	120	150	200	1,000
125	Bill Terry	30	50	80	150	250	300	600	2,000
126	Joe Moore Batting	20	30	50	80	120	200	300	500
127	Melvin Ott Portrait	250	400	600	1,000	1,500	2,500	4,000	10,000
128	Chuck Klein	60	100	150	250	400	600	1,000	2,000
129	Harold Schumacher Pitching	25	40	60	100	150	250	400	1,000
130	Fred Fitzsimmons Portrait	15	25	40	60	100	120	250	1,200

#	Player	PrFr 1	GD 2	VG 3	VgEx 4	EX 5	ExMt 6	NM 7	NmMt 8
131	Fred Frankhouse	25	40	60	100	150	250	400	600
132	Jim Elliott	20	30	50	80	120	200	300	1,200
133	Fred Lindstrom	60	100	150	250	400	600	1,000	2,000
134	Sam Rice	60	100	150	250	400	600	1,000	1,200
135	Woody English	10	15	25	50	100	120	300	800
136	Flint Rhem	25	30	50	80	120	200	300	800
137	Fred (Red) Lucas	20	30	50	60	120	200	250	800
138	Herb Pennock	80	120	200	300	500	800	1,200	2,000
139	Ben Cantwell	20	30	50	80	100	120	300	800
140	Bump Hadley	25	40	60	100	150	250	400	1,000
141	Ray Benge	15	25	40	60	100	150	300	1,500
142	Paul Richards	15	25	40	60	80	120	250	1,000
143	Glenn Wright	25	40	60	100	150	250	400	600
144	Babe Ruth Batting DP	6,000	10,000	15,000	25,000	40,000	60,000	80,000	300,000
145	George Walberg	12	20	30	60	100	120	300	800
146	Walter Stewart Pitching	15	325	40	60	100	150	300	1,500
147	Leo Durocher	50	80	120	150	250	500	600	1,500
148	Eddie Farrell	12	20	30	80	100	120	300	
149	Babe Ruth w/Bat Red	8,000	12,000	20,000	30,000	40,000	50,000	120,000	200,000
150	Ray Kolp	20	30	50	80	120	200	300	600
151	Jake Flowers	20	30	50	80	120	200	300	600
152	James (Zack) Taylor	15	25	40	50	100	120	200	800
153	Buddy Myer	15	25	40	50	100	200	400	
154	Jimmie Foxx	400	600	1,000	1,500	2,500	4,000	8,000	60,000
155	Joe Judge	30	50	80	120	200	300	500	800
156	Danny MacFayden	20	30	50	80	120	200	300	600
157	Sam Byrd	20	30	50	100	120	150	200	600
158	Moe Berg	250	400	600	800	1,000	1,200	1,500	2,500
159	Oswald Bluege Fielding	15	25	40	60	100	150	250	
160	Lou Gehrig	3,000	5,000	8,000	12,000	20,000	30,000	50,000	80,000
161	Al Spohrer	25	45	60	100	150	250	400	600
162	Leo Mangum	30	50	80	120	200	300	500	1,500
163	Luke Sewell Portrait	15	25	40	50	100	120	200	600
164	Lloyd Waner	150	250	400	600	1,000	1,500	2,500	4,000
165	Joe Sewell	50	80	120	200	250	400	500	1,500
166	Sam West	25	40	60	100	150	250	400	1,000
167	Jack Russell	10	15	25	50	100	120	250	800
168	Goose Goslin	60	100	150	250	300	500	600	1,500
169	Al Thomas	15	25	40	60	80	100	200	500
170	Harry McCurdy	15	25	40	50	100	120	200	1,000
171	Charlie Jamieson	20	30	50	80	120	200	300	800
172	Billy Hargrave	12	20	30	50	80	120	250	500
173	Roscoe Holm	20	30	50	60	120	200	300	800
174	Warren (Curley) Ogden	15	25	40	60	100	150	250	800
175	Dan Howley MG	25	40	60	100	150	250	400	600
176	John Ogden	20	30	50	80	120	200	300	800
177	Walter French	20	30	50	80	120	200	300	1,000
178	Jackie Warner	15	25	40	60	100	150	250	1,500
179	Fred Leach	12	20	30	50	80	150	250	500
180	Eddie Moore	15	25	40	60	100	150	250	600
181	Babe Ruth Portrait Green	6,000	12,000	20,000	30,000	50,000	60,000	80,000	120,000
182	Andy High	25	40	60	100	150	250	400	600
183	George Walberg	15	25	40	60	80	120	250	600
184	Charley Berry	25	40	60	100	150	250	400	500
185	Bob Smith	20	30	50	80	120	200	300	600
186	John Schulte	20	30	50	80	120	200	300	800
187	Heinie Manush	40	60	100	150	200	250	500	1,200
188	Rogers Hornsby Pointing	120	200	300	500	600	1,200	1,500	3,500
189	Joe Cronin	40	60	100	200	250	300	800	2,500
190	Fred Schulte	10	15	25	50	80	120	200	600
191	Ben Chapman	15	25	40	60	100	150	250	1,000
192	Walter Brown	15	25	40	50	100	150	200	400
193	Lynford Lary	20	30	50	80	120	150	250	1,200
194	Earl Averill	60	100	150	250	400	600	1,000	1,200
195	Evar Swanson	12	20	30	80	100	120	300	1,500
196	Leroy Mahaffey	20	30	50	80	120	200	300	800
197	Rick Ferrell	80	120	200	300	500	800	1,200	2,000

#	Player	PrFr 1	GD 2	VG 3	VgEx 4	EX 5	ExMt 6	NM 7	NmMt 8
198	Jack Burns	15	25	40	60	100	150	250	500
199	Tom Bridges	25	40	60	100	150	250	400	1,000
200	Bill Hallahan	25	40	60	100	150	250	400	600
201	Ernie Orsatti	25	40	60	100	150	250	400	600
202	Gabby Hartnett	60	100	150	250	300	400	800	3,000
203	Lon Warneke	15	25	40	50	80	150	250	800
204	Riggs Stephenson	10	15	25	60	100	150	200	400
205	Heinie Meine	20	30	50	80	120	200	300	500
206	Gus Suhr	10	15	25	60	80	100	300	600
207	Melvin Ott w/Bat	100	150	250	500	600	800	1,500	6,000
208	Bernie James	20	30	50	80	120	200	300	500
209	Adolfo Luque	15	25	40	60	80	120	300	1,000
210	Spud Davis	15	25	40	60	100	120	600	800
211	Hack Wilson	200	300	500	800	1,200	2,000	3,000	5,000
212	Billy Urbanski	25	40	60	100	150	250	400	600
213	Earl Adams	20	30	50	80	120	200	300	1,000
214	John Kerr	15	25	40	60	100	150	250	600
215	Russell Van Atta	15	25	40	60	100	150	250	600
216	Vernon Gomez	80	120	200	300	500	800	1,200	2,500
217	Frank Crosetti	40	60	100	150	250	400	600	2,000
218	Wes Ferrell	25	40	60	100	150	250	400	800
219	Mule Haas UER	10	15	25	60	150	200	250	800
220	Lefty Grove	200	300	500	800	1,200	2,000	3,000	5,000
221	Dale Alexander	10	15	25	60	100	120	300	2,000
222	Charley Gehringer	120	200	300	500	800	1,200	2,000	4,000
223	Dizzy Dean	300	500	800	1,200	2,000	3,000	5,000	8,000
224	Frank Demaree	20	30	50	80	120	200	300	600
225	Bill Jurges	10	15	25	50	100	120	250	600
226	Charley Root	50	80	120	200	300	500	800	1,200
227	Bill Herman	80	120	200	300	500	800	1,200	3,000
228	Tony Piet	15	25	40	60	80	100	400	600
229	Arky Vaughan	60	100	150	250	400	600	1,000	4,000
230	Carl Hubbell Pitching	80	120	200	300	500	600	1,200	4,000
231	Joe Moore w/Glove	12	20	30	60	100	150		
232	Lefty O'Doul	40	60	100	150	250	400	600	1,000
233	Johnny Vergez	20	30	50	80	120	200	300	1,500
234	Carl Hubbell Portrait	100	150	250	300	600	800	1,000	2,000
235	Fred Fitzsimmons Pitching	15	25	40	60	100	150	250	600
236	George Davis	20	30	50	80	120	200	300	1,000
237	Gus Mancuso Fielding	25	40	60	100	150	250	400	600
238	Hugh Critz Fielding	10	15	25	60	100	120	200	500
239	Leroy Parmelee	12	15	25	50	100	120	200	600
240	Harold Schumacher	20	30	50	80	120	200	500	2,000

1933 Tattoo Orbit

#	Player	PrFr 1	GD 2	VG 3	VgEx 4	EX 5	ExMt 6	NM 7	NmMt 8
1	Dale Alexander	30	40	50	100	150	300		
2	Ivy Andrews SP	60	80	100	150	250	400		
3	Earl Averill	60	80	100	150	250	400	600	
4	Dick Bartell	20	30	40	60	100	150	300	
5	Wally Berger	20	30	40	60	100	150	300	
6	George Blaeholder SP	50	60	80	120	200	300		
7	Irving Burns	20	30	40	60	100	150		
8	Guy Bush	20	30	40	80	100	150		
9	Bruce Campbell	20	30	40	60	100	150	300	
10	Chalmers Cissell	20	30	40	60	100	150	200	
11	Watson Clark	20	30	40	80	100	150	120	
12	Mickey Cochrane	100	120	150	250	350	500	1,000	
13	Phil Collins	20	30	40	60	100	150	150	
14	Kiki Cuyler	40	50	60	200	300	400	600	
15	Dizzy Dean	120	150	200	500	600	800	1,500	
16	Jimmy Dykes	20	30	40	60	100	150	300	
17	George Earnshaw	30	40	50	80	100	150	300	
18	Woody English	20	30	40	60	100	150	250	
19	Lou Fonseca	20	30	40	60	100	150	250	
20	Jimmy Foxx	120	150	200	400	500	800	2,000	

#	Player	PrFr 1	GD 2	VG 3	VgEx 4	EX 5	ExMt 6	NM 7	NmMt 8
21	Burleigh Grimes	40	50	60	100	150	250	600	
22	Charlie Grimm	20	30	40	60	100	150		
23	Lefty Grove	80	100	150	200	300	400	800	
24	Frank Grube	20	30	40	60	100	150	250	
25	George Haas	20	30	40	60	100	150	300	
26	Bump Hadley SP	60	80	100	150	250	400		
27	Chick Hafey	40	50	80	100	175	250	700	
28	Jess Haines	40	50	80	100	150	250	500	
29	Bill Hallahan	20	30	40	60	120	150	300	
30	Mel Harder	20	30	40	60	100	150	300	
31	Gabby Hartnett	40	60	100	150	250	400	800	
32	Babe Herman	20	30	40	60	100	175		
33	Billy Herman	40	50	80	120	200	300		
34	Rogers Hornsby	120	150	200	350	400	600	1,500	
35	Roy Johnson	20	30	40	80	100	150	200	
36	Smead Jolley	20	30	40	60	100	150	300	
37	Billy Jurges	20	30	40	60	100	150	300	
38	Willie Kamm	20	30	40	60	100	150		
39	Mark Koenig	20	30	40	60	100	150	300	
40	Jim Levey	20	30	40	60	100	200		
41	Ernie Lombardi	60	80	100	250	400	600	1,000	
42	Red Lucas	20	30	40	60	100	150	300	
43	Ted Lyons	40	50	100	120	200	250	400	
44	Connie Mack MG	100	120	150	250	300	500	800	
45	Pat Malone	30	40	50	60	100	150	300	
46	Pepper Martin	20	30	40	60	100	150		
47	Marty McManus	20	30	40	60	100	150	300	
48	Lefty O'Doul	20	30	40	60	100	150	450	
49	Dick Porter	20	30	40	60	100	150	300	
50	Carl N. Reynolds	20	30	40	80	100	150	300	
51	Charlie Root	20	30	40	60	100	150	300	
52	Bob Seeds	20	30	40	60	150	200	300	
53	Al Simmons	50	60	100	120	200	300	500	
54	Riggs Stephenson	30	40	50	60	100	150		
55	Lyle Tinning	20	30	40	60	100	150	300	
56	Joe Vosmik	20	30	40	60	100	150	300	
57	Rube Walberg	20	30	40	60	100	150	300	
58	Paul Waner	40	50	60	100	150	400	600	
59	Lon Warneke	20	30	40	60	100	150	300	
60	Arthur Whitney	20	30	40	60	80	120	300	

1934 Goudey

#	Player	PrFr 1	GD 2	VG 3	VgEx 4	EX 5	ExMt 6	NM 7	NmMt 8
1	Jimmie Foxx	400	600	1,000	1,500	2,500	4,000	6,000	12,000
2	Mickey Cochrane	80	120	200	300	500	800	1,200	4,000
3	Charlie Grimm	12	15	25	50	60	200	250	1,200
4	Woody English	12	15	20	30	60	120	250	1,200
5	Ed Brandt	10	12	15	30	80	100	150	
6	Dizzy Dean	200	300	500	800	1,200	2,000	3,000	5,000
7	Leo Durocher	60	100	150	250	400	600	1,000	2,500
8	Tony Piet	10	15	25	50	60	150	250	600
9	Ben Chapman	20	30	50	80	120	200	300	600
10	Chuck Klein	40	60	100	150	250	400	600	2,000
11	Paul Waner	50	80	100	120	200	250	600	1,500
12	Carl Hubbell	80	120	200	250	400	600	1,000	2,000
13	Frankie Frisch	50	80	120	200	300	500	800	1,000
14	Willie Kamm	12	20	30	50	80	100	200	600
15	Alvin Crowder	12	20	30	50	80	100	200	600
16	Joe Kuhel	10	15	25	40	60	100	150	500
17	Hugh Critz	10	12	15	60	80	150	200	400
18	Heinie Manush	30	50	80	120	200	300	500	1,200
19	Lefty Grove	150	250	400	600	1,000	1,500	2,500	5,000
20	Frank Hogan	10	12	15	50	60	80	150	600
21	Bill Terry	50	80	120	200	300	500	800	1,500
22	Arky Vaughan	30	50	80	120	200	300	500	1,000
23	Charley Gehringer	50	80	120	200	300	500	1,200	2,000

#	Player	PrFr 1	GD 2	VG 3	VgEx 4	EX 5	ExMt 6	NM 7	NmMt 8
24	Ray Benge	10	12	15	60	80	120	250	
25	Roger Cramer	10	12	15	40	60	80	300	500
26	Gerald Walker	10	15	25	40	60	100	150	500
27	Luke Appling	60	100	150	250	300	500	600	5,000
28	Ed Coleman	10	15	25	40	60	100	200	500
29	Larry French	10	15	25	40	60	100	150	600
30	Julius Solters	10	15	25	40	60	100	150	500
31	Baxter Jordan	10	12	25	40	60	80	200	500
32	Blondy Ryan	10	12	20	40	60	80	200	650
33	Don Hurst	10	15	25	40	60	100	200	500
34	Chick Hafey	30	50	80	120	200	300	500	1,200
35	Ernie Lombardi	50	80	120	200	250	400	600	1,200
36	Walter Betts	12	20	30	50	80	120	200	500
37	Lou Gehrig	3,000	5,000	8,000	12,000	20,000	30,000	50,000	80,000
38	Oral Hildebrand	20	25	30	50	80	120	200	500
39	Fred Walker	10	12	15	60	80	100	150	500
40	John Stone	12	20	30	50	80	120	200	600
41	George Earnshaw	12	20	30	50	80	120	200	600
42	John Allen	10	12	25	40	60	80	200	600
43	Dick Porter	10	12	20	30	80	100	250	
44	Tom Bridges	10	15	25	40	60	80	200	800
45	Oscar Melillo	15	25	40	60	100	150	250	500
46	Joe Stripp	10	12	15	40	80	100	200	800
47	John Frederick	12	20	30	50	80	120	250	2,000
48	Tex Carleton	15	20	40	50	80	100	300	1,000
49	Sam Leslie	15	25	40	60	100	150	200	600
50	Walter Beck	10	15	25	40	60	100	200	
51	Rip Collins	12	20	30	50	80	150	300	500
52	Herman Bell	10	15	25	40	60	80	150	500
53	George Watkins	20	30	50	80	120	200	300	
54	Wesley Schulmerich	12	20	30	50	80	120	200	600
55	Ed Holley	12	15	40	50	60	80	175	500
56	Mark Koenig	10	15	25	40	60	100	200	400
57	Bill Swift	12	20	30	50	80	120	200	500
58	Earl Grace	10	15	25	40	60	80	200	500
59	Joe Mowry	12	15	20	50	60	80	225	600
60	Lynn Nelson	10	15	25	40	60	100	150	500
61	Lou Gehrig	2,000	3,000	5,000	8,000	12,000	20,000	30,000	50,000
62	Hank Greenberg	500	800	1,200	2,000	3,000	5,000	10,000	15,000
63	Minter Hayes	15	25	50	60	80	100	120	500
64	Frank Grube	12	20	30	50	80	100	200	
65	Cliff Bolton	15	25	40	60	80	100	200	500
66	Mel Harder	12	15	20	40	80	150	300	600
67	Bob Weiland	12	20	30	50	80	120	200	
68	Bob Johnson	15	25	40	60	100	150	250	1,000
69	John Marcum	12	15	20	40	60	80	150	500
70	Pete Fox	10	15	25	40	60	100	300	800
71	Lyle Tinning	12	20	30	50	80	120	250	800
72	Arndt Jorgens	10	15	25	40	60	120	200	800
73	Ed Wells	15	25	40	60	120	200	300	600
74	Bob Boken	20	30	40	60	100	150	250	600
75	Bill Werber	20	30	50	80	120	200	300	800
76	Hal Trosky	25	60	100	120	200	250	300	800
77	Joe Vosmik	20	30	50	80	120	200	300	800
78	Pinky Higgins	20	30	50	80	120	200	300	800
79	Eddie Durham	20	30	50	80	120	200	300	600
80	Marty McManus	20	30	40	60	200	250	300	800
81	Bob Brown	30	50	80	120	200	300	500	800
82	Bill Hallahan	20	30	50	80	120	200	250	600
83	Jim Mooney	20	30	40	80	120	150	250	600
84	Paul Derringer	20	30	40	60	150	200	400	600
85	Adam Comorosky	25	40	60	100	150	250	400	600
86	Lloyd Johnson	15	25	40	60	100	150	300	600
87	George Darrow	20	30	50	80	120	200	250	600
88	Homer Peel	20	30	50	80	120	200	250	600
89	Linus Frey	50	60	80	100	120	150	250	600
90	KiKi Cuyler	100	150	250	400	600	1,000	1,500	2,500

		PrFr 1	GD 2	VG 3	VgEx 4	EX 5	ExMt 6	NM 7	NmMt 8
91	Dolph Camilli	25	40	60	100	150	250	400	600
92	Steve Larkin	30	50	80	120	200	300	500	
93	Fred Ostermueller	20	30	50	80	120	250	400	600
94	Red Rolfe	30	50	80	120	200	300	500	1,000
95	Myril Hoag	15	25	40	80	150	200	300	1,200
96	James DeShong	60	100	150	250	400	600	1,000	1,500

1934-36 Batter-Up

		PrFr 1	GD 2	VG 3	VgEx 4	EX 5	ExMt 6	NM 7	NmMt 8
1	Wally Berger	10	12	15	25	50	100	200	
2	Ed Brandt	10	12	15	25	40	60	150	
3	Al Lopez	15	20	25	40	60	120	250	
4	Dick Bartell	10	12	15	25	40	60	150	
5	Carl Hubbell	30	40	50	80	100	200	400	
6	Bill Terry	25	30	40	60	100	200	400	
7	Pepper Martin	10	12	15	25	40	60	150	
8	Jim Bottomley	15	20	25	40	60	120	250	
9	Tommy Bridges	10	12	15	25	40	60	150	
10	Rick Ferrell	15	20	25	40	60	120	250	
11	Ray Benge	10	12	15	25	40	60	150	
12	Wes Ferrell	10	12	15	25	40	60	150	
13	Chalmer Cissell	10	12	15	25	40	60	150	
14	Pie Traynor	25	30	40	60	100	200	400	
15	Leroy Mahaffey	10	12	15	25	40	60	150	
16	Chick Hafey	15	20	25	40	60	120	250	
17	Lloyd Waner	15	20	25	40	60	120	250	
18	Jack Burns	10	12	15	25	40	60	150	
19	Buddy Myer	10	12	15	25	40	60	150	
20	Bob Johnson	10	12	15	25	40	60	150	
21	Arky Vaughan	15	20	25	40	60	120	250	
22	Red Rolfe	10	12	15	25	40	60	150	
23	Lefty Gomez	25	30	40	80	100	200	500	
24	Earl Averill	25	30	40	60	80	150	250	
25	Mickey Cochrane	25	30	40	60	100	200	400	
26	Van Lingle Mungo	10	12	15	25	40	60	150	
27	Mel Ott	40	50	80	100	200	300	600	
28	Jimmie Foxx	60	80	100	150	250	500	800	
29	Jimmy Dykes	10	12	15	25	40	60	150	
30	Bill Dickey	40	50	80	100	150	250	500	
31	Lefty Grove	40	60	80	100	150	250	500	
32	Joe Cronin	25	30	40	60	100	200	400	
33	Frankie Frisch	25	30	40	60	100	200	400	
34	Al Simmons	25	30	40	60	100	200	400	
35	Rogers Hornsby	60	80	150	200	250	500	800	
36	Ted Lyons	15	20	25	40	60	120	250	
37	Rabbit Maranville	15	20	25	60	60	120	325	
38	Jimmy Wilson	10	12	15	25	40	60	150	
39	Willie Kamm	10	12	15	25	40	60	150	
40	Bill Hallahan	10	12	15	25	40	60	150	
41	Gus Suhr	10	12	15	25	40	60	150	
42	Charley Gehringer	25	30	40	60	150	300	500	
43	Joe Heving	10	12	15	25	40	60	150	
44	Adam Comorosky	10	12	15	25	40	60	150	
45	Tony Lazzeri	25	30	40	60	150	300	500	
46	Sam Leslie	10	12	15	25	40	60	150	
47	Bob Smith	10	12	15	25	40	60	150	
48	Willis Hudlin	10	12	15	25	40	60	150	
49	Carl Reynolds	10	12	15	25	40	60	150	
50	Fred Schulte	10	12	15	25	40	60	150	
51	Cookie Lavagetto	10	12	15	25	40	60	150	
52	Hal Schumacher	10	12	15	25	40	60	150	
53	Roger Cramer	10	12	15	25	40	60	150	
54	Sylvester Johnson	10	12	15	25	40	60	150	
55	Ollie Bejma	10	12	15	25	40	60	150	
56	Sam Byrd	10	12	15	25	40	60	150	
57	Hank Greenberg	80	100	120	200	400	900	1,200	

		PrFr 1	GD 2	VG 3	VgEx 4	EX 5	ExMt 6	NM 7	NmMt 8
58	Bill Knickerbocker	10	12	15	25	40	60	150	
59	Bill Urbanski	10	12	15	25	40	60	150	
60	Eddie Morgan	10	12	15	25	40	60	150	
61	Rabbit McNair	10	12	15	25	40	60	150	
62	Ben Chapman	10	12	15	25	40	100		
63	Roy Johnson	10	12	15	25	40	80	150	
64	Dizzy Dean	60	80	120	150	250	500	800	
65	Zeke Bonura	10	12	15	25	40	60	150	
66	Fred Marberry	10	12	15	25	40	60	150	
67	Gus Mancuso	10	12	15	25	40	60	150	
68	Joe Vosmik	10	12	15	25	40	60	150	
69	Earl Grace RC	10	12	15	25	40	60	150	
70	Tony Piet	10	12	15	25	40	60	150	
71	Rollie Hemsley	10	12	15	25	40	60	150	
72	Fred Fitzsimmons	10	12	15	25	50	80	150	
73	Hack Wilson	25	30	40	80	100	250	400	
74	Chick Fullis	10	12	15	25	40	60	150	
75	Fred Frankhouse	10	12	15	25	40	60	150	
76	Ethan Allen	10	12	15	25	40	60	150	
77	Heinie Manush	15	20	25	40	60	120	250	
78	Rip Collins	10	12	15	25	40	60	150	
79	Tony Cuccinello	10	12	15	25	40	60	150	
80	Joe Kuhel	10	12	15	25	40	60	150	
81	Tommy Bridges	20	25	30	100	120	150	250	
82	Clint Brown	20	25	30	50	80	150	250	
83	Albert Blanche	20	25	30	50	80	150	250	
84	Boze Berger	20	25	30	50	80	150	250	
85	Goose Goslin	25	30	40	60	100	200	400	
86	Lefty Gomez	30	40	50	80	120	250	500	
87	Joe Glenn	20	25	30	50	80	150	250	
88	Cy Blanton	20	25	30	50	80	150	250	
89	Tom Carey	20	25	30	50	80	150	250	
90	Ralph Birkofer	20	25	30	50	80	150	250	
91	Fred Gabler	20	25	30	50	80	150	250	
92	Dick Coffman	20	25	30	50	80	150	250	
93	Ollie Bejma	20	25	30	50	80	150	250	
94	Leroy Parmelee	20	25	30	50	80	150	250	
95	Carl Reynolds	20	25	30	50	80	150	250	
96	Ben Cantwell	20	25	30	50	80	150	250	
97	Curtis Davis	20	25	30	50	100	150	250	
98	E. Webb/W. Moses	20	25	30	50	80	150	250	
99	Ray Benge	20	25	30	50	80	150	250	
100	Pie Traynor	25	30	40	60	100	200	400	
101	Phil Cavarretta	20	25	30	50	80	150	250	
102	Pep Young	20	25	30	50	80	150	250	
103	Willis Hudlin	20	25	30	50	80	150	425	
104	Mickey Haslin	20	25	30	50	80	150	250	
105	Ossie Bluege	20	25	30	50	80	150	250	
106	Paul Andrews	20	25	30	50	80	150	250	
107	Ed Brandt	20	25	30	50	80	150	250	
108	Don Taylor	20	25	30	50	80	200	300	
109	Thornton Lee	20	25	30	50	80	150	250	
110	Hal Schumacher	20	25	30	50	80	150	250	
111	F.Hayes/T.Lyons	25	30	40	60	100	250		
112	Odell Hale	20	25	30	50	80	150	250	
113	Earl Averill	25	30	40	60	120	200	400	
114	Italo Chelini	20	25	30	50	80	150	250	
115	I.Andrews/J.Bottomley	25	30	40	60	100	200	400	
116	Bill Walker	20	25	30	50	100	150	250	
117	Bill Dickey	80	100	120	175	250	500	1,000	
118	Gerald Walker	20	25	30	60	80	150	250	
119	Ted Lyons	25	30	40	60	100	200	400	
120	Eldon Auker	20	25	30	50	80	100	250	
121	Bill Hallahan	20	25	30	50	80	150	250	
122	Fred Lindstrom	25	30	40	60	100	200	400	
123	Oral Hildebrand	20	25	30	50	80	150	250	
124	Luke Appling	40	50	100	200	250	300	600	

#	Player	PrFr 1	GD 2	VG 3	VgEx 4	EX 5	ExMt 6	NM 7	NmMt 8
125	Pepper Martin	20	25	30	50	80	150	250	
126	Rick Ferrell	25	30	40	60	100	200	400	
127	Ival Goodman	20	25	30	50	80	150	250	
128	Joe Kuhel	20	25	30	50	80	150	250	
129	Ernie Lombardi	25	30	40	60	100	200	400	
130	Charley Gehringer	40	50	60	100	150	300	600	
131	Van Lingle Mungo	20	25	30	50	80	150	250	
132	Larry French	20	25	30	50	80	150	250	
133	Buddy Myer	20	25	30	50	80	150	250	
134	Mel Harder	20	25	30	50	100	150	250	
135	Augie Galan	20	25	30	50	80	150	525	
136	Gabby Hartnett	25	30	40	60	100	200	400	
137	Stan Hack	20	25	30	50	80	150	250	
138	Billy Herman	25	30	40	100	120	200	400	
139	Bill Jurges	20	25	30	50	80	150	250	
140	Bill Lee	20	25	30	50	80	150	250	
141	Zeke Bonura	20	25	30	50	80	150	250	
142	Tony Piet	20	25	30	50	80	150	250	
143	Paul Dean	25	30	40	100	150	200	400	
144	Jimmie Foxx	80	100	120	200	300	500	1,000	
145	Joe Medwick	30	50	60	80	120	250	500	
146	Rip Collins	20	25	30	50	80	150	250	
147	Mel Almada	20	25	30	50	80	150	250	
148	Allan Cooke	20	25	30	50	80	150	250	
149	Moe Berg	100	120	150	250	400	600	1,600	
150	Dolph Camilli	20	25	30	50	80	150	250	
151	Oscar Melillo	20	25	30	60	100	150	250	
152	Bruce Campbell	20	25	30	50	80	150	250	
153	Lefty Grove	60	100	120	200	250	400	950	
154	Johnny Murphy	20	25	30	50	80	150	250	
155	Luke Sewell	20	25	30	50	80	150	250	
156	Leo Durocher	25	30	40	60	100	200	400	
157	Lloyd Waner	25	30	40	80	100	200	500	
158	Guy Bush	20	25	30	50	100	150	250	
159	Jimmy Dykes	20	25	30	50	80	150	250	
160	Steve O'Neill	20	25	30	50	80	150	300	
161	General Crowder	20	25	30	50	80	150	250	
162	Joe Cascarella	20	25	30	80	100	150	250	
163	Daniel Hafey	20	25	30	50	80	150	250	
164	Gilly Campbell	20	25	30	50	80	150	250	
165	Ray Hayworth	20	25	30	50	120	150	275	
166	Frank Demaree	20	25	30	50	80	150	250	
167	John Babich	20	25	30	50	100	150	300	
168	Marvin Owen	20	25	30	50	80	150	250	
169	Ralph Kress	20	25	30	50	80	150	250	
170	Mule Haas	20	25	30	50	80	150	250	
171	Frank Higgins	20	25	50	60	80	150	250	
172	Wally Berger	20	25	30	100	120	150	250	
173	Frankie Frisch	40	50	60	100	150	300	600	
174	Wes Ferrell	20	25	30	50	80	150	250	
175	Pete Fox	20	25	30	50	80	150	250	
176	John Vergez	20	25	30	50	80	150	250	
177	Billy Rogell	20	25	30	50	80	150	300	
178	Don Brennan	20	25	30	50	80	150	250	
179	Jim Bottomley	25	30	40	60	100	200	400	
180	Travis Jackson	25	30	40	60	100	200	400	
181	Red Rolfe	20	25	30	50	80	150	250	
182	Frank Crosetti	25	30	40	60	100	200	400	
183	Joe Cronin	25	30	40	60	100	200	400	
184	Schoolboy Rowe	20	25	30	60	80	150	300	
185	Chuck Klein	30	40	50	150	200	250	500	
186	Lon Warneke	20	25	30	50	80	150	250	
187	Gus Suhr	20	25	30	50	80	150	250	
188	Ben Chapman	20	25	30	50	80	150	275	
189	Clint Brown	20	25	30	50	80	150	250	
190	Paul Derringer	20	25	30	50	80	150	250	
191	John Burns	20	25	30	50	80	150	250	500
192	John Broaca	25	30	40	60	100	200	400	

1934-36 Diamond Stars

#	Player	PrFr 1	GD 2	VG 3	VgEx 4	EX 5	ExMt 6	NM 7	NmMt 8
1	Lefty Grove	100	250	500	800	1,200	1,500	5,000	20,000
2A	Al Simmons Sox Insignia	30	40	80	100	120	200	500	
2B	Al Simmons No Insignia	30	40	50	80	120	200	600	
3	Rabbit Maranville	30	40	60	100	150	200	500	1,200
4	Buddy Myer	10	12	15	25	80	120	300	800
5	Tom Bridges	10	12	15	25	150	250	350	600
6	Max Bishop	10	12	15	25	60	80	150	500
7	Lew Fonseca	12	15	20	40	50	80	200	850
8	Joe Vosmik	8	10	12	20	35	80	150	300
9	Mickey Cochrane	30	40	80	150	200	400	600	1,200
10A	Roy Mahaffey A's Insignia	8	10	12	20	35	80	200	300
11	Bill Dickey	40	80	80	100	300	400	500	1,200
12A	Dixie Walker 1934 Green Back	8	10	12	20	35	80	120	400
12B	Dixie Walker 1935 Green Back	8	10	12	20	35	60	150	
13	George Blaeholder	12	15	20	30	50	80	200	1,500
14	Bill Terry	30	40	80	150	200	250	600	2,000
15A	Dick Bartell Phillies on Back	10	12	15	25	60	100	250	
16	Lloyd Waner	20	30	60	80	100	250	500	800
17	Frankie Frisch	25	40	50	80	100	300	400	1,000
18	Chick Hafey	20	25	30	80	100	200	300	1,500
19	Van Mungo	15	20	25	60	100	150	300	1,200
20	Shanty Hogan	8	10	12	20	35	60	120	400
21A	Johnny Vergez Giants on back	8	10	12	25	35	100	250	
22	Jimmy Wilson	8	10	12	20	35	60	120	400
23	Bill Hallahan	8	10	12	20	35	60	200	
24	Sparky Adams	8	10	12	20	35	100	120	400
25	Wally Berger	8	10	12	20	35	50	120	300
26	Pepper Martin	12	15	20	60	120	150	200	350
27	Pie Traynor	25	30	40	80	120	200	350	600
28	Al Lopez	12	15	20	60	100	120	200	650
29	Robert Rolfe	10	12	15	25	40	60	100	300
30A	Heinie Manush W on Sleeve	15	20	25	60	100	120	250	600
31A	Kiki Cuyler Cubs	15	20	25	50	100	150	200	500
31B	Kiki Cuyler Reds	15	20	25	40	100	150	200	500
32	Sam Rice	12	15	20	40	80	120	200	400
33	Schoolboy Rowe	6	8	10	15	30	100	120	250
34	Stanley Hack	6	8	10	15	25	80	150	250
35	Earle Averill	12	15	20	60	80	120	200	400
36A	Earnie Lombardi ERR	20	25	30	80	120	150	350	700
36B	Ernie Lombardi COR	20	25	30	80	150	250		
37	Billy Urbanski	6	8	10	20	30	50	100	150
38	Ben Chapman	6	8	10	15	50	80	150	250
39	Carl Hubbell	30	40	50	100	120	200	300	700
40	Blondy Ryan	6	8	10	15	25	40	80	225
41	Harvey Hendrick	6	8	10	15	25	40	80	200
42	Jimmy Dykes	6	8	10	30	60	80	120	400
43	Ted Lyons	12	15	30	40	80	120	200	500
44	Rogers Hornsby	80	100	150	200	250	300	500	1,200
45	Jo Jo White	15	20	25	40	50	60	80	120
46	Red Lucas	6	8	10	15	25	40	80	200
47	Bob Bolton	6	8	10	15	25	60	100	150
48	Rick Ferrell	12	15	20	30	100	150	200	500
49	Buck Jordan	6	8	10	15	25	60	100	200
50	Mel Ott	60	80	120	150	200	300	800	1,000
51	Burgess Whitehead	6	8	10	15	25	80	80	200
52	George Stainback	6	8	10	15	25	40	100	200
53	Oscar Melillo	6	8	10	15	25	40	100	200
54A	Hank Greenburg ERR	120	150	200	500	800	1,200	1,500	
54B	Hank Greenberg COR	80	100	150	200	250	600	800	2,000
55	Tony Cuccinello	12	15	20	30	50	100	150	250
56	Gus Suhr	10	12	15	40	60	80	120	300
57	Cy Blanton	6	8	10	15	25	40	80	200
58	Glenn Myatt	8	10	12	20	30	50	120	300

#	Player	PrFr 1	GD 2	VG 3	VgEx 4	EX 5	ExMt 6	NM 7	NmMt 8
59	Jim Bottomley	20	25	30	40	80	100	150	500
60	Red Ruffing	20	25	30	60	100	200	250	600
61	Bill Werber	6	8	10	15	25	60	100	300
62	Fred Frankhouse	6	8	10	15	25	60	150	300
63	Stonewall Jackson	15	20	25	40	80	100	150	500
64	Jimmie Foxx	60	80	150	200	300	500	600	1,200
65	Zeke Bonura	6	8	10	15	25	40	80	300
66	Ducky Medwick	60	80	100	120	250	300	350	800
67	Marvin Owen	6	8	10	15	25	80	100	300
68	Sam Leslie	6	8	10	15	25	40	100	250
69	Earl Grace	6	8	10	15	25	40	80	200
70	Hal Trosky	6	8	10	15	50	60	100	500
71	Ossie Bluege	6	8	10	15	25	60	80	200
72	Tony Piet	6	8	10	15	25	40	100	200
73	Fritz Ostermueller	6	8	10	15	30	60	80	200
74	Tony Lazzeri	30	40	50	120	200	300	400	800
75	Irving Burns	10	12	15	25	40	80	120	200
76	Billy Rogell	6	8	10	15	25	50	80	250
77	Charlie Gehringer	40	80	100	120	150	300	400	1,000
78	Joe Kuhel	6	8	10	15	40	60	120	200
79	Willis Hudlin	6	8	10	15	50	80	100	300
80	Lou Chiozza	6	8	10	15	30	60	120	200
81	Bill Delancey	10	12	15	25	40	80	150	300
82A	John Babich Dodgers Insignia	6	8	10	15	25	80	120	200
82B	John Babich No Insignia	6	8	10	15	25	40	80	200
83	Paul Waner	25	30	40	80	150	300	500	800
84	Sam Byrd	12	15	20	30	50	80	100	
85	Julius Solters	12	15	20	40	60	80	150	400
86	Frank Crosetti	20	25	50	60	80	200	300	800
87	Steve O'Neil MG	12	15	20	30	50	80	150	300
88	George Selkirk	12	15	20	40	60	120	150	400
89	Joe Stripp	12	15	20	30	60	120	150	400
90	Ray Hayworth	12	15	20	30	50	80	150	400
91	Bucky Harris MG	25	30	60	80	100	200	400	1,000
92	Ethan Allen	12	15	20	30	50	100	200	400
93	Alvin Crowder	12	15	20	40	80	100	150	400
94	Wes Ferrell	12	15	20	30	60	80	150	500
95	Luke Appling	30	40	50	80	120	300	400	1,200
96	Lew Riggs	12	15	20	50	80	100	250	400
97	Al Lopez	60	80	100	150	250	500	800	2,000
98	Schoolboy Rowe	50	60	80	150	200	300	500	1,500
99	Pie Traynor	60	80	120	150	300	400	800	2,600
100	Earle Averill	60	80	100	150	250	400	800	1,600
101	Dick Bartell	40	50	60	100	200	400	500	1,000
102	Van Mungo	40	50	60	120	200	300	500	1,500
103	Bill Dickey	150	200	250	300	450	600	1,200	
104	Robert Rolfe	40	50	60	120	150	250	500	1,000
105	Ernie Lombardi	60	80	100	250	350	400	700	2,700
106	Red Lucas	50	60	80	120	200	400	700	1,500
107	Stanley Hack	50	60	80	120	200	300	600	
108	Wallter Berger	50	60	80	300	350	400	800	2,500

1935 Goudey 4-in-1

Card	PrFr 1	GD 2	VG 3	VgEx 4	EX 5	ExMt 6	NM 7	NmMt 8
1-Jan Charlie Berry/Bobby Burke/Red Kress/Dazzy Vance/2C SP (Chuck Klein Puzzle) Blue Border	20	25	30	50	80	150	300	
1-Jan Charlie Berry/Bobby Burke/Red Kress/Dazzy Vance/4C (4A Mickey Cochrane Puzzle) Blue Border	15	20	25	40	60	150	6,000	
1-Jan Charlie Berry/Bobby Burke/Red Kress/Dazzy Vance/7C (Al Simmons Puzzle) Blue Border	15	20	25	50	60	120	300	
1-Feb Jack Burns/Rollie Hemsley/Frank Grube/Bob Weiland 8C (Cleveland Indians Puzzle)	15	20	25	40	60	120		
1-Feb Jack Burns/Rollie Hemsley/Frank Grube/Bob Weiland 9C (Washington Senators Puzzle)	15	20	25	40	60	120		
1-Mar Bruce Campbell/Billy Meyers/Ival Goodman/Alex Kampouris XRC 8D (Cleveland Indians Puzzle)	15	20	25	40	60	120		
9-Mar Bruce Campbell/Billy Meyers/Ival Goodman/Alex Kampouris XRC/9D (Washington Senators Puzzle)	15	20	25	40	60	120		
1-Apr Mickey Cochrane/Charlie Gehringer/Tommy Bridges/Billy Rogell#1D (Detroit Tigers Puzzle)	25	30	40	80	100	250	600	
2-Apr Mickey Cochrane/Charlie Gehringer/Tommy Bridges/Billy Rogell 2D (Chuck Klein Puzzle)	25	30	40	60	100	250	600	
6-Apr Mickey Cochrane/Charlie Gehringer/Tom Bridges/Billy Rogell#6D SP (Jimmie Foxx Puzzle)	30	40	50	80	120	300	800	
7-Apr Mickey Cochrane/Charlie Gehringer/Tom Bridges/Billy Rogell/7D SP (Al Simmons Puzzle)	40	40	50	80	120	300	800	
2-May Hugh Critz/Dick Bartell/Mel Ott/Gus Mancuso/2A SP (Chuck Klein Puzzle) Blue Border	30	40	80	150	250	2,000		
4-May Hugh Critz/Dick Bartell/Mel Ott/Gus Mancuso/4A (Mickey Cochrane Puzzle) Blue Border	25	30	40	80	120	200	600	
7-May Hugh Critz/Dick Bartell/Mel Ott/Gus Mancuso/7A (Al Simmons Puzzle) Blue Border	25	30	40	60	120	200	600	
1-Jun Joe Cronin/Carl Reynolds/Max Bishop/Chalmer Cissell/1G SP (Detroit Tigers Puzzle)	20	25	30	50	100	250		
3-Jun Joe Cronin/Carl Reynolds/Max Bishop/Chalmer Cissell/3E SP (Frankie Frisch Puzzle)	20	25	30	50	100	200		
5-Jun Joe Cronin/Carl Reynolds/Max Bishop/Chalmer Cissell/5E SP (Joe Cronin Puzzle)	20	25	30	50	100	200		
6-Jun Joe Cronin/Carl Reynolds/Max Bishop/Chalmer Cissell 6E (Jimmie Foxx Puzzle)	15	20	25	40	100	120		
8-Jul Jimmy DeShong/Johnny Allen/Red Rolfe/Dixie Walker 8E (Cleveland Indians Puzzle)	15	20	25	40	60	120		
9-Jul Jimmy DeShong/Johnny Allen/Red Rolfe/Fred Walker/9E (Washington Senators Puzzle)	15	20	25	40	60	120		
1-Aug George Earnshaw/Jimmie Dykes/Luke Sewell/Luke Appling/1I (Detroit Tigers Puzzle)	15	20	25	40	60	120	400	
2-Aug George Earnshaw/Jimmie Dykes/Luke Sewell/Luke Appling/2F (Chuck Klein Puzzle)	15	20	25	40	60	120	600	
6-Aug George Earnshaw/Jimmie Dykes/Luke Sewell/Luke Appling/6F SP (Jimmie Foxx Puzzle)	20	25	30	50	100	200	500	
7-Aug George Earnshaw/Jimmie Dykes/Luke Sewell/Luke Appling/7F SP (Al Simmons Puzzle)	20	25	30	50	100	200	500	
8-Sep Pete Fox/Hank Greenberg/Gee Walker/Schoolboy Rowe/8F (Cleveland Indians Puzzle)	50	60	80	100	250	400	1,000	
9-Sep Pete Fox/Hank Greenberg/Gee Walker/Schoolboy Rowe/9F (Washington Senators Puzzle)	50	60	80	100	250	400	1,000	
1-Oct Frank Frisch/Dizzy Dean/Ernie Orsatti/Tex Carleton/1A (Detroit Tigers Puzzle)	50	80	100	150	200	400	2,000	
2-Oct Frank Frisch/Dizzy Dean/Ernie Orsatti/Tex Carleton/2A (Chuck Klein Puzzle)	50	80	100	150	200	400	1,000	
6-Oct Frank Frisch/Dizzy Dean/Ernie Orsatti/Tex Carleton/6A SP (Jimmie Foxx Puzzle)	60	80	100	120	250	500	1,500	
7-Oct Frank Frisch/Dizzy Dean/Ernie Orsatti/Tex Carleton/7A SP (Al Simmons Puzzle)	60	80	100	120	250	500	1,500	
1-Nov Burleigh Grimes/Chuck Klein/Kiki Cuyler/Woody English/1F (Detroit Tigers Puzzle)	25	30	40	80	120	250	600	
3-Nov Burleigh Grimes/Chuck Klein/Kiki Cuyler/Woody English/3D (Frankie Frisch Puzzle)	25	30	40	60	120	250	600	
4-Nov Burleigh Grimes/Chuck Klein/Kiki Cuyler/Woody English/4D SP (Mickey Cochrane Puzzle)	30	40	50	80	150	300	800	
5-Nov Burleigh Grimes/Chuck Klein/Kiki Cuyler/Woody English/5D SP (Joe Cronin Puzzle)	30	40	50	80	150	300	800	
8-Dec Minter Hayes/Ted Lyons/Mule Haas/Zeke Bonura/8B (Cleveland Indians Puzzle)	15	20	25	40	80	120	300	
9-Dec Minter Hayes/Ted Lyons/Mule Haas/Zeke Bonura/9B (Washington Senators Puzzle)	15	20	25	40	60	120	300	
13-8 Babe Herman/Gus Suhr/Tom Padden XRC/Cy Blanton/8K (Cleveland Indians Puzzle)	15	20	25	40	60	120		
13-9 Babe Herman/Gus Suhr/Tom Padden XRC/Cy Blanton/9K (Washington Senators Puzzle)	15	20	25	40	60	120		
14-1 Willis Hudlin/George Myatt XRC/Adam Comorosky/Jim Bottomley/1K SP (Detroit Tigers Puzzle)	20	25	30	50	80	150		
14-3 Willis Hudlin/George Myatt XRC/Adam Comorosky/Jim Bottomley/3B SP								

Card		PrFr 1	GD 2	VG 3	VgEx 4	EX 5	ExMt 6	NM 7	NmMt 8
	(Frankie Frisch Puzzle)	20	25	30	50	80	150		
14-5	Willis Hudlin/George Myatt XRC/Adam Comorosky/Jim Bottomley/5B								
	(Joe Cronin Puzzle)	15	20	25	40	60	120		
14-6	Willis Hudlin/George Myatt XRC/Adam Comorosky/Jim Bottomley/6B								
	(Jimmie Foxx Puzzle)	15	20	25	40	60	150		
15-8	Bob Johnson/Ed Coleman/Johnny Marcum/Doc Cramer/8J								
	(Cleveland Indians Puzzle)	15	20	25	40	60	120	300	
15-9	Bob Johnson/Ed Coleman/Johnny Marcum/Doc Cramer/9J								
	(Washington Senators Puzzle)	15	20	25	40	60	120	400	
16-1	Willie Kamm/Oral Hildebrand/Earl Averill/Hal Trosky/1L								
	(Detroit Tigers Puzzle)	15	20	25	40	80	500		
16-2	Willie Kamm/Oral Hildebrand/Earl Averill/Hal Trosky/2E								
	(Chuck Klein Puzzle)	15	20	25	50	60	200	500	
16-6	Willie Kamm/Oral Hildebrand/Earl Averill/Hal Trosky/6E SP								
	(Jimmie Foxx Puzzle)	20	25	30	50	80	250	600	
16-7	Willie Kamm/Oral Hildebrand/Earl Averill/Hal Trosky/7E SP								
	(Al Simmons Puzzle)	20	25	30	50	80	250	600	
17-8	Mark Koenig/Fred Fitzsimmons/Ray Benge/Tom Zachary/8A								
	(Cleveland Indians Puzzle)	15	20	25	40	60	120		
17-8	Mark Koenig/Fred Fitzsimmons/Ray Benge/Tom Zachary/8M								
	(Cleveland Indians Puzzle)	15	20	25	40	60	120		
18-8	Joe Kuhel/Earl Whitehill/Buddy Myer/John Stone/8H								
	(Cleveland Indians Puzzle)	15	20	25	40	60	120		
18-9	Joe Kuhel/Earl Whitehill/Buddy Myer/John Stone/9H								
	(Washington Senators Puzzle)	15	20	25	40	60	120		
19-1	Sam Leslie/Lonnie Frey/Joe Stripp/Watson Clark/1G								
	(Detroit Tigers Puzzle)	15	20	25	40	80	120		
19-3	Sam Leslie/Lonnie Frey/Joe Stripp/Watson Clark/3E								
	(Frankie Frisch Puzzle)	15	20	25	40	60	120	300	
19-4	Sam Leslie/Lonnie Frey/Joe Stripp/Watson Clark/4E SP								
	(Mickey Cochrane Puzzle)	20	25	30	50	80	150	400	
19-5	Sam Leslie/Lonnie Frey/Joe Stripp/Watson Clark/5E								
	(Joe Cronin Puzzle)	15	20	25	40	60	120	300	
20-1	Roy Mahaffey/Jimmie Foxx/Dib Williams/Pinky Higgins/1B								
	(Detroit Tigers Puzzle)	30	40	80	100	150	300	800	
20-2	Roy Mahaffey/Jimmie Foxx/Dib Williams/Pinky Higgins/2B								
	(Chuck Klein Puzzle)	30	40	50	120	150	300	2,000	
20-6	Roy Mahaffey/Jimmie Foxx/Dib Williams/Pinky Higgins/6B SP								
	(Jimmie Foxx Puzzle)	50	60	80	100	200	400	1,000	
20-7	Roy Mahaffey/Jimmie Foxx/Dib Williams/Pinky Higgins/7B SP								
	(Al Simmons Puzzle)	50	60	80	100	200	400	1,000	
21-1	Heinie Manush/Lyn Lary/Monte Weaver/Bump Hadley/1C								
	(Detroit Tigers Puzzle)	15	20	25	40	60	120	500	
21-2	Heinie Manush/Lyn Lary/Monte Weaver/Bump Hadley/2C								
	(Chuck Klein Puzzle)	15	20	25	60	60	120	500	
21-6	Heinie Manush/Lyn Lary/Monte Weaver/Bump Hadley/6C SP								
	(Jimmie Foxx Puzzle)	20	25	30	50	80	150	600	
21-7	Heinie Manush/Lyn Lary/Monte Weaver/Bump Hadley/7C SP								
	(Al Simmons Puzzle)	20	25	30	50	80	150	600	
22-2	Pepper Martin BLUE/Bob O'Farrell/Sam Byrd/Danny MacFayden/2F SP								
	(Chuck Klein Puzzle)	20	25	30	50	80	150		
22-4	Pepper Martin BLUE/Bob O'Farrell/Sam Byrd/Danny MacFayden/4F								
	(Mickey Cochrane Puzzle)	15	20	25	40	60	120		
22-7	Pepper Martin BLUE/Bob O'Farrell/Sam Byrd/Danny MacFayden/7F								
	(Al Simmons Puzzle)	15	20	25	40	60	120		
23-2	Randy Moore BLUE/Shanty Hogan/Fred Frankhouse/Eddie Brandt/2E SP								
	(Chuck Klein Puzzle)	20	25	30	50	80	150	400	
23-4	Randy Moore BLUE/Shanty Hogan/Fred Frankhouse/Eddie Brandt/4E								
	(Mickey Cochrane Puzzle)	15	20	25	40	60	120		
23-7	Randy Moore BLUE/Shanty Hogan/Fred Frankhouse/Eddie Brandt/7E								
	(Al Simmons Puzzle)	15	20	25	40	60	120	300	
24-1	Tony Piet/Adam Comorosky/Jim Bottomley/Sparky Adams/1H								
	(Detroit Tigers Puzzle)	15	20	25	40	60	120	1,000	
24-3	Tony Piet/Adam Comorosky/Jim Bottomley/Sparky Adams/3F								
	(Frankie Frisch Puzzle)	15	20	25	40	60	120	300	
24-4	Tony Piet/Adam Comorosky/Jim Bottomley/Sparky Adams/4F SP								
	(Mickey Cochrane Puzzle)	20	25	30	50	80	150	400	

Card		PrFr 1	GD 2	VG 3	VgEx 4	EX 5	ExMt 6	NM 7	NmMt 8
24-5	Tony Piet/Adam Comorosky/Jim Bottomley/Sparky Adams/5F SP								
	(Joe Cronin Puzzle)	20	25	30	50	80	150	400	
25-1	Muddy Ruel/Al Simmons/Willie Kamm/Mickey Cochrane/1J SP								
	(Detroit Tigers Puzzle)	30	40	50	80	150	300	800	
25-3	Muddy Ruel/Al Simmons/Willie Kamm/Mickey Cochrane/3A SP								
	(Frankie Frisch Puzzle)	30	40	50	80	150	300	800	
25-5	Muddy Ruel/Al Simmons/Willie Kamm/Mickey Cochrane/5A								
	(Joe Cronin Puzzle)	25	30	40	60	120	250	600	
25-6	Muddy Ruel/Al Simmons/Willie Kamm/Mickey Cochrane/6A								
	(Jimmie Foxx Puzzle)	25	30	40	60	120	250	600	
26-2	Red Ruffing/Pat Malone/Tony Lazzeri/Bill Dickey/2D SP (Chuck Klein Puzzle)								
	Blue Border	40	50	60	100	200	400	1,000	
26-4	Red Ruffing/Pat Malone/Tony Lazzeri/Bill Dickey/4D (Mickey Cochrane Puzzle)								
	Blue Border	30	40	50	80	200	300	800	
26-7	Red Ruffing/Pat Malone/Tony Lazzeri/Bill Dickey/7D (Al Simmons Puzzle)								
	Blue Border	30	40	50	80	150	300	800	
27-1	Babe Ruth/Marty McManus/Eddie Brandt/Rabbit Maranville/1J								
	(Detroit Tigers Puzzle)	400	500	600	800	1,000	1,500	4,000	
27-3	Babe Ruth/Marty McManus/Eddie Brandt/Rabbit Maranville/3A								
	(Frankie Frisch Puzzle)	300	400	600	800	1,000	1,500	4,000	
27-4	Babe Ruth/Marty McManus/Eddie Brandt/Rabbit Maranville/4A SP								
	(Mickey Cochrane Puzzle)	400	500	600	1,000	1,200	2,500	5,000	
27-5	Babe Ruth/Marty McManus/Eddie Brandt/Rabbit Maranville/5A SP								
	(Joe Cronin Puzzle)	400	500	600	1,000	1,200	2,500	5,000	
28-1	Heine Schuble/Fred Marberry/Goose Goslin/General Crowder/1H SP								
	(Detroit Tigers Puzzle)	20	25	30	50	80	150	500	
28-3	Heine Schuble/Fred Marberry/Goose Goslin/General Crowder/3F SP								
	(Frankie Frisch Puzzle)	20	25	30	50	80	150	400	
28-5	Heine Schuble/Fred Marberry/Goose Goslin/General Crowder/5F								
	(Joe Cronin Puzzle)	15	20	25	40	80	150	300	
28-6	Heine Schuble/Fred Marberry/Goose Goslin/General Crowder/6F								
	(Jimmie Foxx Puzzle)	15	20	25	40	80	150	300	
29-8	Al Spohrer/Flint Rhem/Ben Cantwell/Larry Benton/8L								
	(Cleveland Indians Puzzle)	15	20	25	40	60	120		
29-9	Al Spohrer/Flint Rhem/Ben Cantwell/Larry Benton/9L								
	(Washington Senators Puzzle)	20	25	25	40	60	120		
30-1	Bill Terry/Hal Schumacher/Gus Mancuso/Travis Jackson/1K								
	(Detroit Tigers Puzzle)	25	30	40	60	120	250		
30-3	Bill Terry/Hal Schumacher/Gus Mancuso/Travis Jackson/3B								
	(Frankie Frisch Puzzle)	25	30	40	60	120	250		
30-4	Bill Terry/Hal Schumacher/Gus Mancuso/Travis Jackson/4B SP								
	(Mickey Cochrane Puzzle)	30	40	50	80	150	300		
30-5	Bill Terry/Hal Schumacher/Gus Mancuso/Travis Jackson/5B SP								
	(Joe Cronin Puzzle)	30	40	50	80	150	300		
31-2	Pie Traynor/Red Lucas/Tommy Thevenow/Glenn Wright/2B SP (Chuck Klein Puzzle)								
	Blue Border	20	25	30	50	80	150	400	
31-4	Pie Traynor/Red Lucas/Tommy Thevenow/Glenn Wright/4B (Mickey Cochrane Puzzle)								
	Blue Border	15	20	25	60	80	120	300	
31-7	Pie Traynor/Red Lucas/Tommy Thevenow/Glenn Wright/7B (Al Simmons Puzzle)								
	Blue Border	15	20	25	40	80	120	300	
32-8	Joe Vosmik/Bill Knickerbocker/Mel Harder/Lefty Stewart/8I								
	(Cleveland Indians Puzzle)	15	20	25	40	60	120	500	
32-9	Joe Vosmik/Bill Knickerbocker/Mel Harder/Lefty Stewart/9I								
	(Washington Senators Puzzle)	15	20	25	40	60	120	1,200	
33-1	Paul Waner/Guy Bush/Waite Hoyt/Lloyd Waner/1E								
	(Detroit Tigers Puzzle)	25	30	40	60	100	250	600	
33-3	Paul Waner/Guy Bush/Waite Hoyt/Lloyd Waner/3C								
	(Frankie Frisch Puzzle)	25	30	40	60	100	250	600	
33-4	Paul Waner/Guy Bush/Waite Hoyt/Lloyd Waner/4C SP								
	(Mickey Cochrane Puzzle)	25	30	40	60	100	250	600	
33-5	Paul Waner/Guy Bush/Waite Hoyt/Lloyd Waner/5C								
	(Joe Cronin Puzzle)	30	40	50	80	150	300	1,000	
34-8	Billy Werber/Rick Ferrell/Wes Ferrell/Fritz Ostermueller/8G								
	(Cleveland Indians Puzzle)	15	20	25	40	60	200	300	
34-9	Billy Werber/Rick Ferrell/Wes Ferrell/Fritz Ostermueller/9G								
	(Washington Senators Puzzle)	15	20	25	40	60	250	300	
35-1	Sam West/Oscar Melillo/George Blaeholder/Dick Coffman/1F SP								

		PrFr 1	GD 2	VG 3	VgEx 4	EX 5	ExMt 6	NM 7	NmMt 8
	(Detroit Tigers Puzzle)	20	25	30	50	80	150	400	
35-3	Sam West/Oscar Melillo/George Blaeholder/Dick Coffman/3D SP								
	(Frankie Frisch Puzzle)	20	25	30	50	80	150	400	
35-5	Sam West/Oscar Melillo/George Blaeholder/Dick Coffman/5D								
	(Joe Cronin Puzzle)	15	20	25	40	60	120		
35-6	Sam West/Oscar Melillo/George Blaeholder/Dick Coffman/6D								
	(Jimmie Foxx Puzzle)	15	20	25	40	60	120	300	
36-1	Jimmy Wilson/Ethan Allen/Bubba Jonnard XRC/Fred Brickell/1E SP								
	(Detroit Tigers Puzzle)	20	25	30	50	80	150		
36-3	Jimmy Wilson/Ethan Allen/Bubba Jonnard XRC/Fred Brickell/3C SP								
	(Frankie Frisch Puzzle)	20	25	30	60	80	150		
36-5	Jimmy Wilson/Ethan Allen/Bubba Jonnard XRC/Fred Brickell/5C SP								
	(Joe Cronin Puzzle)	20	25	30	50	80	150		
36-6	Jimmy Wilson/Ethan Allen/Bubba Jonnard XRC/Fred Brickell/6C								
	(Jimmie Foxx Puzzle)	15	20	25	40	60	120		

1936 Goudey Black and White

		PrFr 1	GD 2	VG 3	VgEx 4	EX 5	ExMt 6	NM 7	NmMt 8
1	Wally Berger	12	15	20	30	50	60	150	300
2	Zeke Bonura	10	12	15	25	40	50	120	250
3	Frenchy Bordagaray	10	12	15	25	40	50	100	250
4	Bill Brubaker	10	12	20	30	50	80	100	250
5	Dolph Camilli	10	12	15	25	40	50	100	250
6	Clyde Castleman	10	12	15	25	40	50	120	
7	Mickey Cochrane	25	40	60	100	150	250	600	1,200
8	Joe Coscarart	10	12	15	25	40	50	100	250
9	Frank Crosetti	15	25	40	60	100	150	250	400
10	Kiki Cuyler	12	15	25	40	60	80	150	400
11	Paul Derringer	10	12	15	25	40	50	120	
12	Jimmy Dykes	10	12	15	25	40	50	100	250
13	Rick Ferrell	12	20	30	50	80	120	200	500
14	Lefty Gomez	25	40	60	100	150	250	400	800
15	Hank Greenberg	60	100	150	250	400	600	1,000	
16	Bucky Harris	12	15	25	40	60	80	200	400
17	Rollie Hemsley	10	12	15	25	40	50	100	250
18	Pinky Higgins	10	12	15	25	40	50	100	250
19	Oral Hildebrand	10	12	15	25	40	50	100	250
20	Chuck Klein	25	40	60	100	150	250	400	1,000
21	Pepper Martin	12	15	25	40	60	100	250	400
22	Bobo Newsom	10	12	15	25	40	50	100	250
23	Joe Vosmik	10	12	15	25	40	50	100	250
24	Paul Waner	25	40	60	100	150	250	400	600
25	Bill Werber	10	12	15	25	40	50	150	

1938 Goudey Heads-Up

		PrFr 1	GD 2	VG 3	VgEx 4	EX 5	ExMt 6	NM 7	NmMt 8
241	Charley Gehringer	80	100	120	200	400	500	800	3,000
242	Pete Fox	20	30	40	60	100	150	500	800
243	Joe Kuhel	20	30	40	60	100	150	400	800
244	Frank Demaree	20	30	40	60	100	200	300	800
245	Frank Pytlak	20	30	40	60	100	250	400	800
246	Ernie Lombardi	50	80	120	300	400	600	800	1,500
247	Joe Vosmik	20	30	40	80	100	150	300	800
248	Dick Bartell	20	30	40	80	100	200	300	1,000
249	Jimmie Foxx	120	150	200	300	400	600	1,200	4,000
250	Joe DiMaggio	1,000	1,500	2,500	3,000	4,000	5,000	6,000	15,000
251	Bump Hadley	30	40	50	60	100	200	300	800
252	Zeke Bonura	20	30	40	60	100	150	600	800
253	Hank Greenberg	120	150	200	600	800	1,000	1,500	3,000
254	Van Lingle Mungo	20	30	40	60	100	250	400	
255	Moose Solters	20	30	40	60	100	150	300	800
256	Vernon Kennedy	20	30	50	60	80	100	400	800
257	Al Lopez	40	50	60	100	200	300	500	1,200
258	Bobby Doerr	60	100	200	250	300	400	800	2,000
259	Billy Werber	20	30	40	60	100	150	500	800

		PrFr 1	GD 2	VG 3	VgEx 4	EX 5	ExMt 6	NM 7	NmMt 8
260	Rudy York	20	30	40	80	150	200	400	1,000
261	Rip Radcliff	20	30	40	50	80	120	300	1,000
262	Joe Medwick	60	80	100	150	300	400	800	2,000
263	Marvin Owen	20	30	40	60	100	150	300	800
264	Bob Feller	250	400	500	600	800	1,500	2,000	5,000
265	Charley Gehringer	80	100	120	200	300	500	800	2,000
266	Pete Fox	40	50	60	100	150	250		
267	Joe Kuhel	20	30	40	60	100	150	300	800
268	Frank Demaree	20	30	40	60	100	150	300	800
269	Frank Pytlak	20	30	40	60	100	150	300	800
270	Ernie Lombardi	50	60	80	200	300	500	600	1,200
271	Joe Vosmik	20	30	40	60	100	150	400	800
272	Dick Bartell	20	30	40	60	100	150	300	800
273	Jimmie Foxx	120	200	250	400	500	800	2,000	4,000
274	Joe DiMaggio	800	1,200	1,400	2,000	2,500	5,000	15,000	20,000
275	Bump Hadley	20	30	40	60	100	150	300	800
276	Zeke Bonura	20	30	40	60	100	200	300	800
277	Hank Greenberg	120	150	200	400	600	1,000	1,500	5,000
278	Van Lingle Mungo	20	30	60	80	100	150	300	800
279	Moose Solters	20	30	40	60	100	150	300	1,200
280	Vernon Kennedy	20	30	40	60	100	150	300	800
281	Al Lopez	40	50	80	100	200	400	500	1,500
282	Bobby Doerr	60	150	200	250	500	600	800	2,000
283	Billy Werber	20	30	40	60	100	150	300	1,000
284	Rudy York	20	30	40	60	150	250	400	1,000
285	Rip Radcliff	20	30	40	60	100	200	300	800
286	Joe Medwick	60	80	100	200	250	400	800	
287	Marvin Owen	20	30	40	60	100	150	400	800
288	Bob Feller	250	300	600	800	1,000	1,500	2,500	

1939 Play Ball

		PrFr 1	GD 2	VG 3	VgEx 4	EX 5	ExMt 6	NM 7	NmMt 8
1	Jake Powell	12	15	20	25	40	60		
2	Lee Grissom	6	8	10	12	15	25	60	150
3	Red Ruffing	20	30	50	80	120	200	300	500
4	Eldon Auker	6	10	15	25	40	60	150	
5	Luke Sewell	6	8	10	12	15	25	60	100
6	Leo Durocher	15	25	50	60	100	150	250	400
7	Bobby Doerr	20	25	60	100	150	250	400	600
8	Henry Pippen	6	8	10	12	15	25	60	
9	James Tobin	6	8	10	12	15	25	40	
10	James DeShong	6	8	10	12	20	30	50	100
11	Johnny Rizzo	6	8	10	12	15	25	60	
12	Hershel Martin	6	8	10	12	15	25	40	100
13	Luke Hamlin	6	8	10	15	25	50	150	
14	Jim Tabor	6	8	10	20	30	80	120	
15	Paul Derringer	8	10	12	15	20	30	40	120
16	John Peacock	6	8	10	12	15	25	40	100
17	Emerson Dickman	6	8	10	15	25	50	60	100
18	Harry Danning	6	8	10	12	15	25	50	100
19	Paul Dean	12	15	20	20	30	50	120	250
20	Joe Heving	6	6	10	15	25	40	60	
21	Dutch Leonard	8	10	12	15	25	40	60	200
22	Bucky Walters	8	10	12	15	20	30	80	200
23	Burgess Whitehead	6	8	10	20	20	30	40	150
24	Richard Coffman	6	8	10	12	15	25	60	
25	George Selkirk	8	12	20	30	50	80	120	200
26	Joe DiMaggio	1,200	1,500	2,000	2,500	4,000	6,000	8,000	15,000
27	Fred Ostermueller	6	8	10	12	15	25	40	120
28	Sylvester Johnson	6	8	10	12	20	30	40	100
29	Jack Wilson	5	5	8	12	20	30	50	100
30	Bill Dickey	30	60	80	60	100	150	300	800
31	Sam West	6	6	10	15	25	40	60	100
32	Bob Seeds	5	8	12	20	30	50	80	100
33	Del Young	6	8	10	12	15	25	40	100
34	Frank Demaree	6	8	10	12	15	25	50	100

#	Player	PrFr 1	GD 2	VG 3	VgEx 4	EX 5	ExMt 6	NM 7	NmMt 8
35	Bill Jurges	6	8	10	12	15	25	40	
36	Frank McCormick	6	8	10	12	15	25	60	150
37	Virgil Davis	6	8	10	12	15	25	40	100
38	Billy Myers	6	8	10	12	15	25	40	100
39	Rick Ferrell	12	20	30	40	60	100	150	400
40	James Bagby Jr.	6	8	10	12	15	25	60	
41	Lon Warneke	6	8	10	12	15	25	40	100
42	Arndt Jorgens	6	8	10	12	15	25	40	100
43	Melo Almada	6	8	10	12	15	25	60	
44	Don Heffner	6	8	10	12	15	25	40	
45	Merrill May	6	8	10	12	15	25	40	100
46	Morris Arnovich	6	8	10	12	15	25	40	100
47	Buddy Lewis	6	10	15	25	40	60	80	120
48	Lefty Gomez	25	30	50	80	120	200	250	400
49	Eddie Miller	6	6	8	12	20	30	50	150
50	Charley Gehringer	40	60	100	150	250	400	600	1,000
51	Mel Ott	20	30	60	100	150	250	300	600
52	Tommy Henrich	5	8	12	20	30	50	150	300
53	Carl Hubbell	40	60	100	150	250	400	600	1,000
54	Harry Gumpert	6	6	10	15	25	40	60	150
55	Arky Vaughan	10	15	25	40	60	100	120	500
56	Hank Greenberg	60	100	150	250	400	600	1,000	2,000
57	Buddy Hassett	6	8	10	12	15	25	40	
58	Lou Chiozza	6	8	10	12	15	25	60	
59	Ken Chase	6	8	10	12	15	25	40	100
60	Schoolboy Rowe	8	10	12	25	40	60	80	150
61	Tony Cuccinello	8	12	15	15	25	40	60	100
62	Tom Carey	5	5	8	12	20	30	50	100
63	Emmett Mueller	5	5	8	12	20	30	50	100
64	Wally Moses	6	8	10	15	15	25	40	120
65	Harry Craft	6	8	10	12	20	30	50	100
66	Jimmy Ripple	6	8	10	12	15	25	60	
67	Ed Joost	6	8	10	20	30	50	80	150
68	Fred Sington	6	6	10	15	25	40	60	100
69	Elbie Fletcher	6	8	10	12	15	25	40	150
70	Fred Frankhouse	6	8	10	12	20	30	50	100
71	Monte Pearson	8	10	12	15	20	30	100	150
72	Debs Garms	6	6	8	12	20	30	50	100
73	Hal Schumacher	6	8	10	12	15	25	40	120
74	Cookie Lavagetto	6	8	12	20	30	50	80	1,000
75	Stan Bordagaray	6	6	10	15	25	40	60	150
76	Goody Rosen	5	8	12	20	30	50	80	120
77	Lew Riggs	5	5	8	12	20	30	50	100
78	Julius Solters	6	8	10	12	15	25	40	100
79	Jo Jo Moore	6	6	10	15	25	40	60	150
80	Pete Fox	5	5	8	12	20	30	50	100
81	Babe Dahlgren	8	10	12	15	20	30	50	150
82	Chuck Klein	12	20	30	50	80	120	150	400
83	Gus Suhr	6	8	10	12	15	25	50	
84	Skeeter Newsom	6	8	10	12	15	25	40	120
85	Johnny Cooney	6	8	10	12	15	25	40	100
86	Dolph Camilli	6	8	10	12	15	25	40	120
87	Milburn Shoffner	6	8	10	12	15	25	60	
88	Charlie Keller	12	15	20	20	30	50	80	200
89	Lloyd Waner	25	40	60	100	150	250	400	600
90	Robert Klinger	5	6	10	15	25	40	60	100
91	John Knott	5	6	10	15	25	40	60	100
92	Ted Williams	1,500	2,500	4,000	6,000	10,000	15,000	40,000	60,000
93	Charles Gelbert	6	8	10	12	15	25	40	100
94	Heinie Manush	12	20	30	50	80	120	200	300
95	Whit Wyatt	5	5	8	12	20	30	50	100
96	Babe Phelps	5	6	10	15	25	40	60	100
97	Bob Johnson	6	8	12	20	30	50	80	150
98	Pinky Whitney	6	8	12	20	30	50	80	120
99	Wally Berger	5	8	12	20	30	50	80	200
100	Buddy Myer	5	8	12	20	30	50	80	120
101	Roger Cramer	6	10	15	25	40	60	100	150

#	Player	PrFr 1	GD 2	VG 3	VgEx 4	EX 5	ExMt 6	NM 7	NmMt 8
102	Lem (Pep) Young	5	8	12	20	30	50	80	150
103	Moe Berg	40	60	100	150	250	400	600	1,000
104	Tom Bridges	6	8	10	12	15	25	40	120
105	Rabbit McNair	6	8	10	12	20	30	40	100
106	Dolly Stark Umpire	8	10	12	20	30	50	80	250
107	Joe Vosmik	5	8	12	20	30	50	80	100
108	Frank Hayes	6	8	10	12	15	25	40	100
109	Myril Hoag	6	8	10	15	25	40	50	100
110	Fred Fitzsimmons	6	8	10	20	30	50	80	120
111	Van Lingle Mungo	6	6	8	12	20	30	50	100
112	Paul Waner	10	15	25	40	60	100	120	400
113	Al Schacht	5	6	10	15	25	40	80	200
114	Cecil Travis	6	8	10	15	25	40	80	
115	Ralph Kress	5	5	6	10	15	25	60	
116	Gene Desautels	6	10	15	30	50	80	150	
117	Wayne Ambler	6	10	15	25	40	60	100	250
118	Lynn Nelson	6	10	15	25	40	60	150	
119	Will Hershberger	10	15	25	40	60	100	200	500
120	Rabbit Warstler	8	12	20	30	50	80	150	250
121	Bill Posedel	10	12	15	25	40	60	150	
122	George McQuinn	10	12	15	25	40	60	100	250
123	Ray T. Davis	10	12	15	25	40	60	100	250
124	Walter Brown	10	12	15	25	40	60	100	250
125	Cliff Melton	10	15	25	40	60	ExMt	120	250
127	Gil Brack	10	12	15	25	40	60	150	
128	Joe Bowman	10	12	15	25	40	60	100	
129	Bill Swift	10	12	15	25	40	60	150	
130	Bill Brubaker	10	12	15	30	50	80	100	250
131	Mort Cooper	10	12	15	30	50	80	120	
132	Jim Brown	10	12	15	30	50	80	100	300
133	Lynn Myers	10	12	15	25	40	60	100	250
134	Tot Presnell	10	12	15	25	40	60	100	
135	Mickey Owen	10	15	25	40	60	100	150	400
136	Roy Bell	10	12	15	25	40	60	100	250
137	Pete Appleton	10	12	15	25	40	60	100	250
138	George Case	10	12	15	30	50	80	150	
139	Vito Tamulis	10	12	15	30	50	80	100	300
140	Ray Hayworth	10	12	15	25	40	60	100	
141	Pete Coscarart	10	12	15	25	40	60	100	250
142	Ira Hutchinson	10	12	15	25	40	60	100	
143	Earl Averill	25	30	50	80	120	200	250	600
144	Zeke Bonura	10	12	15	25	40	60	120	300
145	Hugh Mulcahy	10	15	25	40	60	100	150	
146	Tom Sunkel	8	12	20	30	50	80	150	
147	George Coffman	10	12	15	25	40	60	100	250
148	Bill Trotter	10	12	15	25	40	60	100	250
149	Max West	10	12	15	25	40	60	100	250
150	James Walkup	10	12	15	25	40	60	100	250
151	Hugh Casey	10	12	15	25	40	60	120	400
152	Roy Weatherly	10	12	15	25	40	60	100	250
153	Dizzy Trout	12	15	20	30	50	80	150	500
154	Johnny Hudson	10	15	25	40	60	100	150	
155	Jimmy Outlaw	10	12	15	25	40	60	100	200
156	Ray Berres	10	12	15	25	40	60	100	
157	Don Padgett	10	12	15	30	50	80	200	
158	Bud Thomas	10	12	15	20	50	80	100	
159	Red Evans	10	12	15	25	40	60	100	250
160	Gene Moore	10	12	15	25	40	60	150	
161	Lonnie Frey	10	12	15	25	40	60	150	
162	Whitey Moore	25	30	50	80	120	200	400	

1940 Play Ball

#	Player	PrFr 1	GD 2	VG 3	VgEx 4	EX 5	ExMt 6	NM 7	NmMt 8
1	Joe DiMaggio	800	1,000	1,200	2,000	3,000	5,000	8,000	40,000
2	Art Jorgens	8	10	12	15	20	50	150	
3	Babe Dahlgren	8	10	12	15	20	25	80	

#	Player	PrFr 1	GD 2	VG 3	VgEx 4	EX 5	ExMt 6	NM 7	NmMt 8
4	Tommy Henrich	10	12	15	20	25	60	150	
5	Monte Pearson	8	10	12	15	20	50	100	
6	Lefty Gomez	25	60	80	100	120	150	200	600
7	Bill Dickey	25	30	40	60	150	200	400	800
8	George Selkirk	8	10	12	15	20	40	150	250
9	Charlie Keller	10	12	15	20	25	40	80	500
10	Red Ruffing	20	40	50	60	80	100	150	500
11	Jake Powell	8	10	12	15	20	25	40	250
12	Johnny Schulte	8	10	12	15	20	30	40	300
13	Jack Knott	8	10	12	15	25	40	120	
14	Rabbit McNair	8	10	12	25	30	40	80	
15	George Case	8	10	12	15	20	25	50	250
16	Cecil Travis	8	10	12	15	20	40	60	250
17	Buddy Myer	8	8	10	15	25	40	60	300
18	Charlie Gelbert	5	8	12	20	30	50	80	250
19	Ken Chase	8	10	12	15	20	25	80	
20	Buddy Lewis	8	10	12	15	20	25	40	250
21	Rick Ferrell	12	20	30	50	80	100	150	800
22	Sammy West	8	10	12	15	20	25	60	
23	Dutch Leonard	8	10	12	25	30	40	60	
24	Frank Hayes	8	10	12	15	20	25	60	150
25	Bob Johnson	10	12	15	20	25	50	60	
26	Wally Moses	5	8	12	20	30	50	80	200
27	Ted Williams	400	600	1,000	1,500	2,500	4,000	6,000	8,000
28	Gene Desautels	8	10	12	15	20	30	60	150
29	Doc Cramer	8	10	12	15	20	25	60	500
30	Moe Berg	40	50	60	100	200	250	300	600
31	Jack Wilson	8	8	10	15	25	40	60	250
32	Jim Bagby	8	10	12	15	20	25	50	250
33	Fritz Ostermueller	8	10	12	15	20	25	40	120
34	John Peacock	8	10	12	15	20	25	40	150
35	Joe Heving	8	10	12	15	20	25	60	150
36	Jim Tabor	8	10	12	15	20	25	50	150
37	Emerson Dickman	8	10	12	15	20	25	50	
38	Bobby Doerr	10	15	25	40	60	100	200	500
39	Tom Carey	8	10	12	15	20	25	40	150
40	Hank Greenberg	60	100	150	250	400	600	1,500	2,500
41	Charley Gehringer	50	80	120	200	300	500	800	1,200
42	Bud Thomas	8	10	12	15	20	25	60	150
43	Pete Fox	8	10	12	15	20	25	100	200
44	Dizzy Trout	8	10	12	15	30	40	100	
45	Red Kress	8	10	12	15	20	25	50	
46	Earl Averill	15	20	25	60	80	100	150	400
47	Oscar Vitt RC	8	10	12	15	20	25	50	300
48	Luke Sewell	8	10	12	15	20	50	60	150
49	Stormy Weatherly	8	10	12	15	20	25	60	
50	Hal Trosky	8	10	12	15	20	25	40	250
51	Don Heffner	8	10	12	15	20	25	40	200
52	Myril Hoag	8	10	12	15	20	25	40	150
53	George McQuinn	8	10	12	15	20	25	40	100
54	Bill Trotter	8	10	12	15	20	25	50	
55	Slick Coffman	8	10	12	15	20	25	40	150
56	Eddie Miller RC	8	10	12	15	20	25	60	200
57	Max West	8	10	12	15	20	25	50	100
58	Bill Posedel	8	10	12	15	20	25	50	250
59	Rabbit Warstler	8	10	12	15	20	25	50	100
60	John Cooney	8	10	12	25	30	40	50	150
61	Tony Cuccinello	8	10	12	15	20	25	40	150
62	Buddy Hassett	8	10	12	15	20	25	40	100
63	Pete Coscarart	8	10	12	15	20	25	50	100
64	Van Lingle Mungo	8	10	12	15	20	30	40	150
65	Fred Fitzsimmons	8	10	12	20	30	40	50	100
66	Babe Phelps	8	10	12	15	20	25	40	250
67	Whit Wyatt	8	10	12	15	20	25	40	150
68	Dolph Camilli	8	10	12	15	20	25	40	60
69	Cookie Lavagetto	8	10	12	15	20	25	40	
70	Luke Hamlin	8	10	12	15	20	25	80	150

#	Player	PrFr 1	GD 2	VG 3	VgEx 4	EX 5	ExMt 6	NM 7	NmMt 8
71	Mel Almada	8	10	12	15	20	25	80	
72	Chuck Dressen RC	8	10	12	15	20	25	40	150
73	Bucky Walters	8	10	12	15	25	50	80	200
74	Duke Derringer	8	10	12	15	20	25	80	120
75	Buck McCormick	8	10	12	15	20	25	40	150
76	Lonny Frey	8	10	12	15	20	25	40	300
77	Willard Hershberger	8	10	12	15	30	40	80	150
78	Lew Riggs	8	10	12	15	20	25	60	100
79	Harry Craft	8	10	12	15	20	25	60	
80	Billy Myers	8	10	12	15	20	25	40	300
81	Wally Berger	8	10	12	15	20	25	40	250
82	Hank Gowdy CO	8	10	12	15	20	25	50	100
83	Cliff Melton	8	10	12	15	20	30	50	120
84	Jo Jo Moore	8	10	12	15	20	25	50	200
85	Hal Schumacher	8	10	12	15	20	25	80	
86	Harry Gumbert	8	10	12	15	20	25	40	100
87	Carl Hubbell	30	50	80	120	200	300	500	800
88	Mel Ott	60	100	150	250	400	600	1,000	1,500
89	Bill Jurges	8	10	12	15	20	25	100	250
90	Frank Demaree	8	10	12	15	20	25	40	250
91	Bob Seeds	8	10	12	15	20	25	60	120
92	Whitey Whitehead	8	10	12	15	25	40	60	250
93	Harry Danning	8	10	12	15	20	25	60	
94	Gus Suhr	8	10	12	15	20	25	60	100
95	Hugh Mulcahy	8	10	12	15	20	25	60	300
96	Heinie Mueller	8	10	12	15	20	25	40	150
97	Morry Arnovich	8	10	12	15	20	25	50	250
98	Pinky May	8	10	12	15	20	25	40	250
99	Syl Johnson	8	10	15	25	40	60	100	150
100	Hersh Martin	8	10	12	15	20	25	40	150
101	Del Young	8	10	12	15	25	50	80	120
102	Chuck Klein	12	20	30	50	80	100	150	600
103	Elbie Fletcher	8	10	12	15	20	25	40	100
104	Paul Waner	25	40	60	100	150	250	400	600
105	Lloyd Waner	15	20	25	80	100	120	150	600
106	Pep Young	8	10	12	15	20	25	40	120
107	Arky Vaughan	15	20	25	30	40	80	120	400
108	Johnny Rizzo	8	10	12	15	20	25	50	
109	Don Padgett	8	10	12	15	20	25	60	100
110	Tom Sunkel	8	10	12	15	20	25	60	
111	Mickey Owen	8	10	12	15	50	60	80	
112	Jimmy Brown	8	10	12	15	20	40	100	
113	Mort Cooper	8	10	12	15	20	40	150	
114	Lon Warneke	8	10	12	15	20	25	80	250
115	Mike Gonzalez CO	8	10	12	15	20	25	60	250
116	Al Schacht	10	12	15	20	25	80	150	
117	Dolly Stark UMP	8	10	12	20	40	60	80	300
118	Waite Hoyt	15	20	30	50	80	120	200	500
119	Grover C. Alexander	50	80	120	200	300	500	800	1,200
120	Walter Johnson	60	100	150	250	400	600	1,000	1,500
121	Atley Donald RC	8	10	12	15	20	25	60	
122	Sandy Sundra RC	8	10	12	15	20	40	100	
123	Hildy Hildebrand	8	10	12	15	20	25	40	100
124	Earle Combs	12	15	20	25	60	100	150	200
125	Art Fletcher RC	8	10	12	15	20	25	60	
126	Jake Solters	8	10	12	15	20	25	80	
127	Muddy Ruel	8	10	12	15	20	25	50	120
128	Pete Appleton	8	10	12	25	30	40	50	120
129	Bucky Harris MG	15	20	25	30	40	100	120	400
130	Clyde Milan RC	8	10	12	15	20	25	40	120
131	Zeke Bonura	8	10	12	20	30	50	80	120
132	Connie Mack MG	25	40	60	100	150	250	400	800
133	Jimmie Foxx	60	100	150	250	400	600	1,000	1,500
134	Joe Cronin	20	30	50	80	120	200	300	
135	Line Drive Nelson	8	10	12	15	20	25	50	100
136	Cotton Pippen	8	10	12	15	20	25	40	100
137	Bing Miller	8	10	12	15	20	25	40	120

#	Player	PrFr 1	GD 2	VG 3	VgEx 4	EX 5	ExMt 6	NM 7	NmMt 8
138	Beau Bell	8	10	12	15	20	25	60	100
139	Elden Auker	8	10	12	15	20	25	40	120
140	Dick Coffman	8	10	12	15	20	25	40	120
141	Casey Stengel MG	40	60	100	150	250	400	600	1,000
142	George Kelly RC	15	20	25	30	40	100	150	600
143	Gene Moore	8	10	12	15	20	25	50	150
144	Joe Vosmik	8	10	12	15	20	25	40	300
145	Vito Tamulis	8	10	12	15	20	25	80	150
146	Tot Pressnell	8	10	12	15	20	25	60	150
147	Johnny Hudson	8	10	12	15	20	25	60	150
148	Hugh Casey	8	10	12	15	20	25	100	
149	Pinky Shoffner	8	10	12	15	25	30	40	
150	Whitey Moore	8	10	12	15	30	40	50	150
151	Edwin Joost	8	10	12	25	30	40	50	120
152	Jimmy Wilson	8	10	12	15	25	40	60	120
153	Bill McKechnie MG	15	20	25	30	40	100	120	300
154	Jumbo Brown	8	10	12	15	20	25	40	100
155	Ray Hayworth	8	10	12	15	20	25	50	150
156	Daffy Dean	8	12	20	30	50	80	120	600
157	Lou Chiozza	8	10	12	15	25	60	80	120
158	Travis Jackson	15	20	25	30	60	80	120	400
159	Pancho Snyder	8	10	12	15	20	30	50	450
160	Hans Lobert CO	8	10	12	15	20	25	50	250
161	Debs Garms	8	10	12	15	20	25	40	150
162	Joe Bowman	8	10	12	15	20	40	80	
163	Spud Davis	8	10	12	15	20	25	50	300
164	Ray Berres	8	10	12	15	20	40	60	250
165	Bob Klinger	8	10	12	15	20	25	40	150
166	Bill Brubaker	8	10	12	15	20	30	50	120
167	Frankie Frisch MG	15	25	40	60	100	150	250	600
168	Honus Wagner CO	60	100	150	250	300	400	500	1,500
169	Gabby Street	6	10	12	15	25	30	40	100
170	Tris Speaker	25	40	60	100	150	250	400	800
171	Harry Heilmann	15	20	25	60	80	100	150	500
172	Chief Bender	15	20	25	40	50	100	150	400
173	Napoleon Lajoie	50	80	120	200	300	500	800	1,200
174	Johnny Evers	10	15	25	40	60	100	150	400
175	Christy Mathewson	50	80	120	200	300	500	800	1,200
176	Heinie Manush	15	20	25	40	60	100	120	400
177	Frank Baker	20	25	30	80	100	120	150	400
178	Max Carey	15	20	25	30	50	60	150	
179	George Sisler	20	25	40	80	100	120	200	500
180	Mickey Cochrane	25	30	40	80	120	150	300	
181	Spud Chandler	10	12	15	20	25	80	300	
182	Knick Knickerbocker	10	12	15	20	25	50	150	400
183	Marvin Breuer	10	12	15	20	25	40	120	200
184	Mule Haas	10	12	15	20	25	40	80	300
185	Joe Kuhel	10	12	15	20	30	50	200	
186	Taft Wright	10	12	15	20	25	50	150	400
187	Jimmy Dykes MG	10	12	15	20	25	50	100	
188	Joe Krakauskas	10	12	15	20	50	60	150	300
189	Jim Bloodworth	10	12	15	20	25	60	200	
190	Charley Berry	10	12	15	30	50	60	100	400
191	John Babich	10	12	15	20	25	40	200	300
192	Dick Siebert	10	12	15	20	25	50	200	400
193	Chubby Dean	10	12	15	20	50	80	120	300
194	Sam Chapman	10	12	15	20	25	40	60	250
195	Dee Miles	10	12	15	20	25	50	150	
196	Red Nonnenkamp	10	12	15	20	40	60	150	300
197	Lou Finney	10	12	15	20	25	40	80	150
198	Denny Galehouse	10	12	15	20	25	40	60	150
199	Pinky Higgins	10	12	15	20	25	40	80	300
200	Soup Campbell	10	12	15	20	25	50	150	300
201	Barney McCosky	10	12	15	20	25	40	60	250
202	Al Milnar	10	12	15	20	25	50	80	300
203	Bad News Hale	10	12	15	20	40	80	120	400
204	Harry Eisenstat	10	12	15	60	80	100	120	300

#	Player	PrFr 1	GD 2	VG 3	VgEx 4	EX 5	ExMt 6	NM 7	NmMt 8
205	Rollie Hemsley	10	12	15	20	25	40	150	
206	Chet Laabs	10	12	15	20	25	80	200	
207	Gus Mancuso	10	12	15	20	25	40	80	450
208	Lee Gamble	10	12	15	25	40	100	200	
209	Hy Vandenberg	10	12	15	20	25	50	150	
210	Bill Lohrman	10	12	15	20	25	80	120	
211	Pop Joiner	10	12	15	20	25	50	200	450
212	Babe Young	10	12	15	20	30	50	150	
213	John Rucker	10	12	15	25	40	60	100	250
214	Ken O'Dea	10	12	15	20	25	80	150	300
215	Johnnie McCarthy	10	12	15	20	25	50	80	250
216	Joe Marty	10	12	15	20	40	50	60	250
217	Walter Beck	10	12	15	20	30	40	80	250
218	Wally Millies	10	12	15	20	25	60	100	
219	Russ Bauers	10	12	15	20	25	60	100	250
220	Mace Brown	10	12	15	25	40	60	100	300
221	Lee Handley	10	12	15	20	25	60	100	300
222	Max Butcher	10	12	15	20	25	50	150	
223	Hughie Jennings	25	30	40	60	80	100	200	600
224	Pie Traynor	25	30	50	60	80	100	200	1,200
225	Joe Jackson	1,000	1,200	1,500	2,000	2,500	4,000	5,000	15,000
226	Harry Hooper	25	30	40	60	100	120	250	600
227	Jesse Haines	15	25	40	60	100	150	200	600
228	Charlie Grimm	10	12	15	20	25	80	100	250
229	Buck Herzog	10	12	15	20	25	80	100	300
230	Red Faber	25	30	40	50	60	120	250	600
231	Dolf Luque	10	12	15	20	50	100	500	
232	Goose Goslin	25	30	40	50	60	150	250	600
233	George Earnshaw	10	12	15	20	25	60	200	
234	Frank Chance	25	30	40	50	100	150	200	600
235	John McGraw	20	30	50	80	120	300	400	800
236	Jim Bottomley	25	30	40	50	80	200	250	600
237	Willie Keeler	30	40	50	80	120	150	400	800
238	Tony Lazzeri	20	30	50	80	120	200	400	600
239	George Uhle	10	12	15	20	25	40	300	500
240	Bill Atwood	10	15	25	40	60	100	300	

1941 Double Play

#	Players	PrFr 1	GD 2	VG 3	VgEx 4	EX 5	ExMt 6	NM 7	NmMt 8
1	L.French/V.Page	10	12	15	20	25	40	100	250
3	B.Herman/S.Hack	10	12	15	50	60	80	100	150
5	L.Frey/J.VanderMeer	6	8	10	12	15	25	40	100
7	P.Derringer/B.Walters	6	8	10	12	15	25	40	100
9	F.McCormick/B.Werber	6	8	10	12	15	25	40	100
11	J.Ripple/E.Lombardi	10	12	15	20	25	40	80	
13	A.Kampouris/W.Wyatt	6	8	10	12	15	25	50	100
15	M.Owen/P.Waner	10	12	15	20	40	60	100	150
17	C.Lavagetto/P.Reiser	10	12	15	20	25	100		
19	J.Wasdell/D.Camilli	6	8	10	12	15	25	50	100
21	D.Walker/J.Medwick	10	12	15	20	25	80	100	150
23	P.Reese/K.Higbe	40	60	100	150	250	400	600	800
25	H.Danning/C.Melton	6	8	10	12	15	25	40	150
27	H.Gumbert/B.Whitehead	6	8	10	12	15	25	40	100
29	J.Orengo/J.Moore	6	8	10	12	15	50	80	200
31	M.Ott/N.Young	25	30	40	50	80	120	250	400
33	L.Handley/A.Vaughan	10	12	15	20	25	40	60	150
35	B.Klinger/S.Brown	6	8	10	12	15	25	50	100
37	T.Moore/G.Mancuso	6	8	10	12	15	25	40	100
39	J.Mize/E.Slaughter	25	30	40	50	150	200	300	400
41	J.Cooney/S.Sisti	6	8	10	12	15	25	40	100
43	M.West/C.Rowell	6	8	10	12	15	25	40	100
45	D.Litwhiler/M.May	6	8	10	12	15	25	40	100
47	F.Hayes/A.Brancato	6	8	10	12	15	25	40	100
49	B.Johnson/B.Nagel	6	8	10	12	15	25	40	100
51	B.Newsom/H.Greenberg	30	40	80	100	120	150	200	600
53	B.McCosky/C.Gehringer	20	25	30	40	50	80	120	300

#	Card	PrFr 1	GD 2	VG 3	VgEx 4	EX 5	ExMt 6	NM 7	NmMt 8
55	P.Higgins/D.Bartell	6	8	10	12	15	25	40	100
57	T.Williams/J.Tabor	100	120	150	300	400	500	750	1,500
59	J.Cronin/J.Foxx	40	50	60	80	100	200	300	600
61	L.Gomez/P.Rizzuto	50	60	80	100	300	400	500	800
63	J.DiMaggio/C.Keller	250	400	500	600	800	1,200	2,000	3,000
65	R.Rolfe/B.Dickey	25	30	40	50	60	100	200	400
67	J.Gordon/R.Ruffing	15	20	25	30	40	60	250	400
69	M.Tresh/L.Appling	10	12	15	20	25	80	150	200
71	M.Solters/J.Rigney	6	8	10	12	15	25	40	100
73	B.Meyer/B.Chapman	10	12	15	20	25	40	60	150
75	C.Travis/G.Case	6	8	10	12	15	25	40	100
77	J.Krakauskas/B.Feller	30	40	50	60	150	200	325	600
79	K.Keltner/H.Trosky	6	8	10	12	15	25	40	100
81	T.Williams/J.Cronin	125	200	200	250	350	500	800	2,000
83	J.Gordon/C.Keller	30	40	50	60	80	150	200	400
85	H.Greenberg/R.Ruffing	40	50	80	100	120	150	300	600
87	H.Trosky/G.Case	6	8	10	12	15	25	40	100
89	M.Ott/B.Whitehead	25	30	40	50	60	150	225	800
91	H.Danning/H.Gumbert	6	8	10	12	15	25	40	200
93	N.Young/C.Melton	6	8	10	12	15	25	40	100
95	J.Ripple/B.Walters	6	8	10	12	15	25	40	200
97	S.Hack/B.Klinger	6	8	10	12	30	50	100	120
99	J.Mize/D.Litwhiler	15	20	25	30	40	80	100	250
101	D.Dallesandro/A.Galan	8	10	12	20	30	50	80	120
103	B.Lee/P.Cavarretta	8	10	12	15	20	30	100	120
105	L.Grove/B.Doerr	40	50	60	100	150	200	250	600
107	F.Pytlak/D.DiMaggio	15	20	25	30	40	80	100	300
109	J.Priddy/J.Murphy	8	10	12	15	20	30	80	120
111	T.Henrich/M.Russo	25	30	40	50	60	80	100	150
113	F.Crosetti/J.Sturm	10	12	15	20	25	40	60	250
115	I.Goodman/M.McCormick	8	10	12	15	20	30	50	120
117	E.Joost/E.Koy	8	10	12	15	20	40	50	120
119	L.Waner/H.Majeski	20	25	30	40	50	80	120	300
121	B.Hassett/E.Moore	8	10	12	15	20	30	50	200
123	N.Etten/J.Rizzo	8	10	12	15	20	30	50	150
125	S.Chapman/W.Moses	8	10	12	15	20	30	50	120
127	J.Babich/D.Siebert	8	10	12	15	20	30	50	120
129	N.Potter/B.McCoy	8	10	12	15	20	30	50	120
131	C.Campbell/L.Boudreau	20	25	30	40	50	80	120	300
133	R.Hemsley/M.Harder	8	10	12	15	20	30	60	120
135	G.Walker/J.Heving	8	10	12	15	20	30	50	200
137	J.Rucker/A.Adams	8	10	12	15	20	30	60	200
139	M.Arnovich/C.Hubbell	40	50	60	80	100	150	250	600
141	L.Riggs/L.Durocher	12	15	20	25	30	40	60	120
143	F.Fitzsimmons/J.Vosmik	8	10	12	15	20	30	50	120
145	F.Crespi/J.Brown	8	10	12	15	20	30	50	120
147	D.Heffner/H.Clift	8	10	12	15	20	30	50	120
149	D.Garms/E.Fletcher	8	10	12	15	20	30	50	120

1941 Play Ball

#	Card	PrFr 1	GD 2	VG 3	VgEx 4	EX 5	ExMt 6	NM 7	NmMt 8
1	Eddie Miller	20	40	60	100	150	250	400	1,200
2	Max West	15	20	25	30	50	120	200	1,200
3	Bucky Walters	12	20	30	50	60	100	200	1,200
4	Paul Derringer	15	25	40	60	100	150	250	600
5	Frank (Buck) McCormick	10	15	20	25	60	80	200	600
6	Carl Hubbell	80	120	200	300	500	800	1,200	3,000
7	Harry Danning	20	30	50	80	120	200	300	800
8	Mel Ott	120	200	300	500	800	1,200	2,000	5,000
9	Pinky May	6	10	15	25	40	80	120	300
10	Arky Vaughan	30	50	80	120	200	300	500	1,200
11	Debs Garms	12	20	30	50	80	120	200	500
12	Jimmy Brown	6	10	15	25	40	60	100	250
13	Jimmie Foxx	300	500	800	1,200	2,000	3,000	5,000	12,000
14	Ted Williams	600	1,000	1,500	2,500	4,000	6,000	10,000	25,000
15	Joe Cronin	30	50	80	120	200	300	500	800

#	Card	PrFr 1	GD 2	VG 3	VgEx 4	EX 5	ExMt 6	NM 7	NmMt 8
16	Hal Trosky	6	10	15	40	80	100	120	300
17	Roy Weatherly	6	10	15	20	50	50	150	400
18	Hank Greenberg	80	120	200	300	500	800	1,200	3,000
19	Charley Gehringer	80	120	200	300	500	800	1,200	3,000
20	Red Ruffing	40	60	100	150	250	400	800	2,000
21	Charlie Keller	20	30	50	80	120	200	300	800
22	Bob Johnson	25	40	60	100	150	250	400	1,000
23	George McQuinn	12	20	30	50	80	120	200	400
24	Dutch Leonard	20	30	50	80	120	200	300	800
25	Gene Moore	8	12	20	30	50	80	120	300
26	Harry Gumpert	15	25	40	60	100	150	250	600
27	Babe Young	12	20	30	50	80	120	200	500
28	Joe Marty	15	25	40	60	100	150	250	600
29	Jack Wilson	6	10	15	20	50	80	120	300
30	Lou Finney	12	20	30	50	80	120	200	300
31	Joe Kuhel	40	60	100	150	250	400	600	1,500
32	Taft Wright	15	25	40	60	100	150	250	600
33	Al Milnar	6	10	15	25	40	50	120	400
34	Rollie Hemsley	20	30	50	80	120	200	300	800
35	Pinky Higgins	15	25	40	60	100	150	250	600
36	Barney McCosky	12	20	30	50	80	120	200	500
37	Bruce Campbell	15	25	40	60	100	150	250	600
38	Atley Donald	12	20	30	50	80	120	200	500
39	Tommy Henrich	20	30	50	80	120	200	300	800
40	John Babich	6	10	15	25	40	60	100	300
41	Blimp Hayes	8	12	20	30	50	80	150	400
42	Wally Moses	8	12	20	30	50	80	150	400
43	Al Brancato	20	30	40	80	120	200	300	800
44	Sam Chapman	10	15	25	40	60	80	150	400
45	Eldon Auker	6	10	15	25	40	60	100	300
46	Sid Hudson	15	25	40	60	100	150	300	800
47	Buddy Lewis	15	25	40	60	100	150	250	600
48	Cecil Travis	10	15	25	40	60	100	200	500
49	Babe Dahlgren	12	20	30	50	80	120	200	500
50	Johnny Cooney	20	30	50	80	120	200	300	800
51	Dolph Camilli	25	40	60	100	150	250	400	1,000
52	Kirby Higbe	12	20	30	50	80	120	200	500
53	Luke Hamlin	15	25	40	60	100	150	250	600
54	Pee Wee Reese	300	500	800	1,200	2,000	3,000	5,000	12,000
55	Whit Wyatt	20	30	50	80	120	200	300	800
56	Johnny VanderMeer	40	60	100	150	250	400	600	1,500
57	Moe Arnovich	10	15	25	40	60	100	250	600
58	Frank Demaree	6	10	15	25	40	100	200	800
59	Bill Jurges	6	10	15	25	40	80	120	400
60	Chuck Klein	50	80	120	200	300	500	800	2,000
61	Vince DiMaggio	40	60	100	150	250	400	800	2,000
62	Elbie Fletcher	25	40	60	100	150	250	400	1,000
63	Dom DiMaggio	60	100	150	250	400	600	1,000	2,500
64	Bobby Doerr	50	80	120	200	300	500	800	2,000
65	Tommy Bridges	15	25	40	60	100	150	250	600
66	Harland Clift	6	10	15	25	40	80	200	400
67	Walt Judnich	8	12	20	30	50	80	150	400
68	John Knott	6	10	15	25	40	60	100	300
69	George Case	6	10	15	25	40	60	200	600
70	Bill Dickey	80	120	200	250	300	400	600	2,000
71	Joe DiMaggio	1,500	2,500	4,000	6,000	10,000	15,000	25,000	60,000
72	Lefty Gomez	80	120	200	300	500	800	1,200	3,000

1948 Bowman

#	Card	GD 2	VG 3	VgEx 4	EX 5	ExMt 6	NM 7	NmMt 8	MT 9
1	Bob Elliott RC	25	40	60	100	150	250	400	2,000
2	Ewell Blackwell RC	20	30	50	80	120	200	300	1,500
3	Ralph Kiner RC	100	150	250	400	600	1,000	1,500	8,000
4	Johnny Mize RC	50	80	120	200	300	500	800	4,000
5	Bob Feller RC	250	300	400	600	1,000	1,500	2,500	12,000
6	Yogi Berra RC	500	800	1,200	2,000	3,000	5,000	8,000	40,000

#	Player	PrFr 1	GD 2	VG 3	VgEx 4	EX 5	ExMt 6	NM 7	NmMt 8
7	Pete Reiser SP RC	50	80	120	200	300	500	800	4,000
8	Phil Rizzuto SP RC	150	250	400	600	1,000	1,500	2,500	10,000
9	Walker Cooper RC	20	30	50	80	120	200	300	1,500
10	Buddy Rosar RC	15	25	40	60	100	150	250	1,200
11	Johnny Lindell RC	15	25	40	60	100	150	250	1,200
12	Johnny Sain RC	30	50	80	100	150	250	400	2,000
13	Willard Marshall SP RC	50	80	120	200	300	500	800	4,000
14	Allie Reynolds RC	25	40	60	100	150	250	400	2,000
15	Eddie Joost	15	25	40	60	100	150	250	1,200
16	Jack Lohrke SP RC	30	50	80	120	200	300	500	2,500
17	Enos Slaughter RC	120	150	200	250	300	500	800	4,000
18	Warren Spahn RC	300	400	500	800	1,000	2,000	3,000	15,000
19	Tommy Henrich	25	40	60	100	150	250	400	2,000
20	Buddy Kerr SP RC	25	40	60	100	150	250	400	2,000
21	Ferris Fain RC	20	30	50	80	120	200	300	1,500
22	Floyd Bevens SP RC	25	40	60	100	150	250	400	2,000
23	Larry Jansen RC	25	40	60	100	150	250	400	2,000
24	Dutch Leonard SP	30	50	80	120	200	300	500	2,500
25	Barney McCosky	15	25	40	60	100	150	250	1,200
26	Frank Shea SP RC	25	40	60	100	150	250	400	
27	Sid Gordon RC	30	50	80	120	200	300	500	2,500
28	Emil Verban SP RC	20	30	50	80	120	200	300	1,500
29	Joe Page SP RC	20	30	50	80	120	200	300	1,500
30	Whitey Lockman SP RC	25	40	60	100	150	250	400	2,000
31	Bill McCahan RC	15	25	40	60	100	150	250	1,200
32	Bill Rigney RC	15	25	40	60	100	150	250	1,200
33	Bill Johnson RC	15	25	40	60	100	150	250	1,200
34	Sheldon Jones SP RC	20	30	50	80	120	200	300	1,500
35	Snuffy Stirnweiss RC	25	40	60	100	150	250	400	2,000
36	Stan Musial RC	800	1,200	2,000	3,000	5,000	10,000	15,000	50,000
37	Clint Hartung RC	30	50	80	120	200	300	500	2,500
38	Red Schoendienst RC	200	300	500	800	1,200	2,000	3,000	15,000
39	Augie Galan RC	15	25	40	60	100	150	250	1,200
40	Marty Marion RC	40	60	100	150	250	400	600	3,000
41	Rex Barney RC	20	30	50	80	120	200	300	1,500
42	Ray Poat RC	20	30	50	80	120	200	300	1,500
43	Bruce Edwards RC	25	40	60	100	150	250	400	2,000
44	Johnny Wyrostek RC	40	60	100	150	250	400	800	4,000
45	Hank Sauer RC	50	80	120	200	300	500	800	4,000
46	Herman Wehmeier RC	30	50	80	120	200	300	500	2,500
47	Bobby Thomson RC	80	120	200	300	500	800	1,200	6,000
48	Dave Koslo RC	20	30	50	80	120	200	300	1,500

1949 Bowman

#	Player	GD 2	VG 3	VgEx 4	EX 5	ExMt 6	NM 7	NmMt 8	MT 9
1	Vern Bickford RC	12	20	30	50	80	120	400	
2	Whitey Lockman	12	20	30	50	80	120	250	
3	Bob Porterfield RC	20	30	50	80	120	200	500	
4A	Jerry Priddy NNOF RC	5	6	10	15	20	40	250	
4B	Jerry Priddy NOF	10	15	25	30	50	100	150	
5	Hank Sauer	8	12	20	30	50	80	200	
6	Phil Cavarretta RC	12	20	30	50	80	120	300	
7	Joe Dobson RC	6	10	15	25	40	60	150	
8	Murry Dickson RC	8	12	20	30	50	80	200	
9	Ferris Fain	6	10	15	25	40	60	150	
10	Ted Gray RC	20	30	50	80	120	200	500	
11	Lou Boudreau MG RC	40	60	100	150	250	400	1,000	
12	Cass Michaels RC	5	8	12	20	30	50	120	
13	Bob Chesnes RC	8	12	20	30	50	80	200	
14	Curt Simmons RC	15	25	40	60	100	150	400	
15	Ned Garver RC	6	10	15	25	40	60	150	
16	Al Kozar RC	8	12	20	30	50	80	200	
17	Earl Torgeson RC	5	8	12	20	30	50	120	
18	Bobby Thomson	25	40	60	100	150	250	600	
19	Bobby Brown RC	20	30	50	80	120	200	500	
20	Gene Hermanski RC	15	25	40	60	100	150	400	

#	Player	GD 2	VG 3	VgEx 4	EX 5	ExMt 6	NM 7	NmMt 8	MT 9
21	Frank Baumholtz RC	6	10	15	25	40	60	150	
22	Peanuts Lowrey RC	8	12	20	30	50	80	200	
23	Bobby Doerr	50	80	120	200	300	500	1,200	
24	Stan Musial	250	400	600	1,000	1,500	2,500	4,000	12,000
25	Carl Scheib RC	10	15	25	40	60	100	200	
26	George Kell RC	120	200	300	500	800	1,200	3,000	
27	Bob Feller	120	200	300	500	800	1,200	2,000	5,000
28	Don Kolloway RC	5	8	12	20	30	50	120	
29	Ralph Kiner	60	100	150	250	400	600	1,500	
30	Andy Seminick	12	20	30	50	80	120	300	
31	Dick Kokos RC	5	6	10	15	20	50	80	
32	Eddie Yost RC	10	15	25	40	60	100	250	
33	Warren Spahn	120	200	300	500	800	1,200	3,000	
34	Dave Koslo	5	6	10	15	20	50	120	
35	Vic Raschi RC	40	60	100	150	250	400	1,000	
36	Pee Wee Reese	100	150	250	400	600	1,000	1,500	6,000
37	Johnny Wyrostek	8	12	20	30	50	80	200	
38	Emil Verban	10	15	25	40	60	100	250	
39	Billy Goodman RC	15	25	40	60	100	150	400	
40	George Munger RC	10	15	25	40	60	100	250	
41	Lou Brissie RC	10	15	25	40	60	100	250	
42	Hoot Evers RC	12	20	30	50	80	120	300	
43	Dale Mitchell RC	8	12	20	30	50	80	200	
44	Dave Philley RC	5	6	10	15	20	40	200	
45	Wally Westlake RC	5	6	10	15	20	50	200	
46	Robin Roberts RC	150	250	400	600	1,000	1,500	2,500	12,000
47	Johnny Sain	25	40	60	100	150	250	1,200	
48	Willard Marshall	10	15	25	40	60	100	250	
49	Frank Shea	12	20	30	50	80	120	300	
50	Jackie Robinson RC	3,000	5,000	8,000	12,000	20,000	30,000	60,000	600,000
51	Herman Wehmeier	10	15	25	40	60	100	250	
52	Johnny Schmitz RC	5	6	10	15	40	50	100	
53	Jack Kramer RC	8	12	20	30	50	80	200	
54	Marty Marion	15	25	40	60	100	150	400	
55	Eddie Joost	12	20	30	50	80	120	300	
56	Pat Mullin RC	15	25	40	60	100	150	400	
57	Gene Bearden RC	8	12	20	30	50	80	200	
58	Bob Elliott	6	10	15	25	40	60	150	
59	Jack Lohrke	8	12	20	30	50	80	200	
60	Yogi Berra	250	400	600	1,000	1,500	2,500	4,000	15,000
61	Rex Barney	5	8	12	20	25	60	100	
62	Grady Hatton RC	15	25	40	60	100	150	400	
63	Andy Pafko RC	20	30	50	80	120	200	500	
64	Dom DiMaggio	30	50	80	120	200	300	800	
65	Enos Slaughter	40	60	100	150	250	400	1,000	
66	Elmer Valo RC	12	20	30	50	80	120	300	
67	Alvin Dark RC	20	30	50	80	120	200	500	
68	Sheldon Jones	6	10	15	25	40	60	150	
69	Tommy Henrich	15	25	40	60	100	150	600	
70	Carl Furillo RC	60	100	150	250	400	600	1,500	
71	Vern Stephens RC	5	6	10	20	40	60	150	
72	Tommy Holmes RC	20	30	50	80	120	200	500	
73	Billy Cox RC	20	30	50	80	120	200	500	
74	Tom McBride RC	5	6	10	15	20	40	80	
75	Eddie Mayo RC	25	40	60	100	150	250	600	
76	Bill Nicholson RC	5	6	10	15	20	60	120	
77	Ernie Bonham RC	8	12	20	30	50	80	200	
78A	Sam Zoldak NNOF RC	5	6	10	15	20	40	80	
78B	Sam Zoldak NOF	10	15	25	30	50	80	400	
79	Ron Northey RC	5	6	10	15	25	50	200	
80	Bill McCahan	5	6	10	15	25	50	120	
81	Virgil Stallcup RC	5	6	10	15	40	60	100	
82	Joe Page	12	20	30	50	80	120	300	
83A	Bob Scheffing NNOF RC	5	6	10	15	20	40	80	
83B	Bob Scheffing NOF	10	15	25	30	50	80	120	
84	Roy Campanella RC	400	600	1,000	1,500	2,500	4,000	6,000	20,000
85A	Johnny Mize NNOF	30	50	80	120	200	300	500	1,200

#	Card	GD 2	VG 3	VgEx 4	EX 5	ExMt 6	NM 7	NmMt 8	MT 9
85B	Johnny Mize NOF	30	50	80	120	200	300	800	
86	Johnny Pesky RC	40	60	100	150	250	400	1,000	
87	Randy Gumpert RC	8	12	20	30	50	80	200	
88A	Bill Salkeld NNOF RC	5	6	10	15	20	35	80	
88B	Bill Salkeld NOF	10	15	25	30	50	80	200	
89	Mizell Platt RC	5	6	10	15	20	40	80	
90	Gil Coan RC	5	6	10	15	25	40	100	
91	Dick Wakefield RC	5	6	10	15	20	40	80	
92	Willie Jones RC	5	8	12	20	25	60	100	
93	Ed Stevens RC	5	6	10	15	20	40	120	
94	Mickey Vernon RC	5	10	20	25	30	50	200	
95	Howie Pollet RC	5	6	10	20	25	50	150	
96	Taft Wright	5	6	10	15	20	35	120	
97	Danny Litwhiler RC	12	20	30	50	80	120	300	
98A	Phil Rizzuto NNOF	60	100	150	250	400	600	1,000	3,000
98B	Phil Rizzuto NOF	60	100	150	250	400	600	1,000	3,000
99	Frank Gustine RC	6	10	15	25	40	60	200	
100	Gil Hodges RC	200	300	500	800	1,200	2,000	3,000	8,000
101	Sid Gordon	5	6	10	15	20	30	120	
102	Stan Spence RC	12	20	30	50	80	120	300	
103	Joe Tipton RC	5	6	15	20	30	50	80	
104	Eddie Stanky RC	12	20	30	50	80	120	300	
105	Bill Kennedy RC	5	6	10	15	20	80	100	
106	Jake Early RC	5	6	10	15	20	35	60	
107	Eddie Lake RC	10	15	25	40	60	100	250	
108	Ken Heintzelman RC	5	6	10	15	30	50	150	
109A	Ed Fitzgerald Script Name RC	5	6	10	15	20	35	80	
109B	Ed Fitzgerald Print Name	10	15	25	30	50	80	250	
110	Early Wynn RC	120	200	300	500	800	1,200	2,000	3,000
111	Red Schoendienst	40	60	100	150	250	400	1,000	
112	Sam Chapman	12	20	30	50	80	120	300	
113	Ray LaManno RC	10	15	25	40	60	100	250	
114	Allie Reynolds	6	10	20	25	50	60	150	
115	Dutch Leonard	5	6	10	15	20	50	100	
116	Joe Hatten RC	5	6	10	15	30	60	200	
117	Walker Cooper	8	12	20	30	50	80	200	
118	Sam Mele RC	5	6	10	15	30	40	100	
119	Floyd Baker RC	5	8	12	20	30	50	120	
120	Cliff Fannin RC	5	6	15	20	25	30	100	
121	Mark Christman RC	5	6	10	20	25	40	120	
122	George Vico RC	5	6	10	15	25	40	80	
123	Johnny Blatnick	10	15	25	40	60	100	250	
124A	Danny Murtaugh Script Name RC	5	8	12	20	25	40	80	
124B	Danny Murtaugh Print Name	10	15	25	30	50	80	150	
125	Ken Keltner RC	5	6	10	15	20	60	100	
126A	Al Brazle Script Name RC	5	6	10	15	20	40	60	
126B	Al Brazle Print Name	10	15	25	30	50	80	150	
127A	Hank Majeski Script Name RC	5	6	10	15	20	40	60	
127B	Hank Majeski Print Name	10	15	25	30	50	80	250	
128	Johnny VanderMeer	12	20	30	50	80	120	300	
129	Bill Johnson	6	10	15	25	40	60	150	
130	Harry Walker RC	15	25	40	60	100	150	400	
131	Paul Lehner RC	5	8	12	20	30	50	80	
132A	Al Evans Script Name RC	5	6	10	15	20	40	120	
132B	Al Evans Print Name	10	15	25	30	50	80	100	
133	Aaron Robinson RC	5	6	10	15	20	40	60	
134	Hank Borowy RC	6	10	15	25	40	60	100	
135	Stan Rojek RC	5	6	10	15	20	40	100	
136	Hank Edwards RC	5	6	10	20	25	50	80	
137	Ted Wilks RC	5	6	10	15	20	40	80	
138	Buddy Rosar	5	8	12	20	30	50	120	
139	Hank Arft RC	10	15	25	40	60	100	250	
140	Ray Scarborough RC	5	6	10	15	20	40	60	
141	Tony Lupien RC	5	6	15	20	25	30	100	
142	Eddie Waitkus RC	8	12	20	30	40	50	120	
143A	Bob Dillinger Script Name RC	5	6	10	20	25	100	400	
143B	Bob Dillinger Print Name	10	15	25	30	50	80	200	
144	Mickey Haefner RC	5	6	10	15	20	50	200	
145	Blix Donnelly RC	12	20	30	50	80	120	300	
146	Mike McCormick RC	5	8	12	20	50	80	120	
147	Bert Singleton RC	5	8	12	20	50	120	200	
148	Bob Swift RC	5	8	12	30	40	80	300	
149	Roy Partee RC	5	8	12	20	40	80	250	
150	Allie Clark RC	5	8	12	20	25	50	120	
151	Mickey Harris RC	5	8	12	40	50	120	250	
152	Clarence Maddern RC	8	12	20	30	50	80	200	
153	Phil Masi RC	5	8	12	20	50	150	300	
154	Clint Hartung	5	8	12	20	25	80	150	
155	Mickey Guerra RC	5	8	12	20	40	60	120	
156	Al Zarilla RC	12	20	30	50	80	120	300	
157	Walt Masterson RC	8	12	20	30	50	80	250	
158	Harry Brecheen RC	25	40	60	100	150	250	600	
159	Glen Moulder RC	5	8	12	20	40	50	120	
160	Jim Blackburn RC	5	8	12	20	40	80	200	
161	Jocko Thompson RC	5	8	12	20	25	50	150	
162	Preacher Roe RC	100	150	250	400	600	1,000	2,500	
163	Clyde McCullough RC	20	30	50	80	120	200	500	
164	Vic Wertz RC	12	20	30	50	80	120	300	
165	Snuffy Stirnweiss	12	20	30	50	80	120	300	
166	Mike Tresh RC	12	20	30	50	80	150	600	
167	Babe Martin RC	5	8	12	30	40	60	150	
168	Doyle Lade RC	5	8	12	20	30	80	150	
169	Jeff Heath RC	5	8	12	20	40	100	200	
170	Bill Rigney	5	8	12	20	25	80	400	
171	Dick Fowler RC	5	8	12	20	50	100	300	
172	Eddie Pellagrini RC	5	8	12	20	25	50	200	
173	Eddie Stewart RC	5	8	12	20	30	100	150	
174	Terry Moore RC	10	20	30	50	80	150	600	
175	Luke Appling	60	100	150	250	400	600	1,500	
176	Ken Raffensberger RC	8	12	20	30	50	80	200	
177	Stan Lopata RC	15	25	40	60	100	150	400	
178	Tommy Brown RC	8	12	20	30	50	100	250	
179	Hugh Casey	5	12	25	50	60	150	400	
180	Connie Berry	5	8	12	20	40	150	300	
181	Gus Niarhos RC	15	25	40	60	100	150	400	
182	Hal Peck RC	5	8	12	25	30	60	200	
183	Lou Stringer RC	5	8	12	25	40	50	120	
184	Bob Chipman RC	5	8	12	20	25	50	100	
185	Pete Reiser	5	8	12	40	60	100	200	
186	Buddy Kerr	8	12	20	30	50	80	200	
187	Phil Marchildon RC	5	8	12	20	25	60	120	
188	Karl Drews RC	5	8	12	20	40	150	500	
189	Earl Wooten RC	5	8	12	20	50	200	400	
190	Jim Hearn RC	5	8	25	30	40	100	150	
191	Joe Haynes RC	8	12	20	30	50	80	200	
192	Harry Gumbert	12	20	30	50	80	120	300	
193	Ken Trinkle RC	5	8	12	20	25	80	200	
194	Ralph Branca RC	50	80	120	200	300	500	1,200	
195	Eddie Bockman RC	12	20	30	50	80	120	300	
196	Fred Hutchinson RC	5	8	12	20	25	50	120	
197	Johnny Lindell	8	12	20	30	50	120		
198	Steve Gromek RC	5	8	12	20	25	50	250	
199	Tex Hughson RC	10	15	25	40	60	100	250	
200	Jess Dobernic RC	5	8	12	20	25	60	150	
201	Sibby Sisti RC	5	8	12	20	50	80	150	
202	Larry Jansen	5	8	12	20	25	50	150	
203	Barney McCosky	10	15	25	40	60	100	250	
204	Bob Savage RC	5	8	12	20	25	60	200	
205	Dick Sisler RC	5	8	12	20	25	80	150	
206	Bruce Edwards	5	8	12	20	40	150		
207	Johnny Hopp RC	10	15	25	40	50	150	500	
208	Dizzy Trout	12	20	30	50	80	120	300	
209	Charlie Keller	15	25	40	60	100	150	300	
210	Joe Gordon RC	12	20	30	50	80	150	400	

Beckett Graded Card Price Guide 55

#	Player	GD 2	VG 3	VgEx 4	EX 5	ExMt 6	NM 7	NmMt 8	MT 9
211	Boo Ferriss RC	20	30	50	80	200	250	500	
212	Ralph Hamner RC	5	8	12	20	40	50	150	
213	Red Barrett RC	5	8	12	20	25	60	150	
214	Richie Ashburn RC	300	500	800	1,200	2,000	3,000	8,000	
215	Kirby Higbe	5	8	12	20	25	80		
216	Schoolboy Rowe	5	8	12	50	60	100	500	
217	Marino Pieretti RC	10	15	25	40	60	100	250	
218	Dick Kryhoski RC	10	15	30	40	50	80	150	
219	Virgil Trucks RC	5	8	12	20	25	50	200	
220	Johnny McCarthy	5	8	12	20	25	200	400	
221	Bob Muncrief RC	5	8	12	20	25	50	150	
222	Alex Kellner RC	8	12	20	30	50	80	200	
223	Bobby Hofman RC	5	8	12	20	25	60	200	
224	Satchel Paige RC	3,000	5,000	6,000	8,000	12,000	20,000	30,000	80,000
225	Jerry Coleman RC	12	20	30	50	80	120	400	
226	Duke Snider RC	400	600	1,000	1,500	2,500	4,000	6,000	15,000
227	Fritz Ostermueller	5	8	12	20	50	60	120	
228	Jackie Mayo RC	5	8	12	20	25	50	200	
229	Ed Lopat RC	12	20	30	50	80	120	300	
230	Augie Galan	5	8	12	20	30	50	120	
231	Earl Johnson RC	5	8	12	20	40	100	120	
232	George McQuinn	5	8	12	20	40	60	150	
233	Larry Doby RC	600	1,000	1,500	2,500	4,000	6,000	15,000	
234	Rip Sewell RC	5	8	12	20	40	80	200	
235	Jim Russell RC	12	20	30	50	80	120	300	
236	Fred Sanford RC	5	8	12	20	30	50	150	
237	Monte Kennedy RC	5	8	12	20	30	60	150	
238	Bob Lemon RC	120	200	300	500	800	1,200	3,000	
239	Frank McCormick	15	25	40	60	100	150	400	
240	Babe Young	50	80	120	200	300	800		

1949 Leaf

#	Player	PrFr 1	GD 2	VG 3	VgEx 4	EX 5	ExMt 6	NM 7	NmMt 8
1	Joe DiMaggio	1,200	2,000	3,000	5,000	8,000	12,000	20,000	50,000
3	Babe Ruth	3,000	5,000	8,000	12,000	20,000	30,000	50,000	120,000
4	Stan Musial	800	1,200	2,000	3,000	5,000	8,000	12,000	60,000
5	Virgil Trucks SP RC	80	120	200	300	400	1,000		
8	Satchel Paige SP RC	25,000	30,000	40,000	50,000	60,000	80,000	120,000	
10	Paul Trout	5	10	15	20	25	40	60	300
11	Phil Rizzuto	60	80	100	120	200	300	500	2,500
13	Casimer Michaels SP RC	60	100	250	400	500	800	2,000	
14	Billy Johnson	5	10	15	20	40	60	300	
17	Frank Overmire RC	5	10	15	20	25	40	60	300
19	John Wyrostek SP	60	100	150	250	400	600	1,500	
20	Hank Sauer SP	100	200	300	400	500	800	2,000	
22	Al Evans RC	5	10	15	20	40	60	100	500
26	Sam Chapman	5	10	15	20	25	40	60	300
27	Mickey Harris RC	5	10	15	20	25	40	60	300
28	Jim Hegan RC	5	10	15	30	40	60	100	500
29	Elmer Valo RC	5	10	15	20	25	40	60	300
30	Billy Goodman SP RC	60	100	150	250	400	600	1,500	
31	Lou Brissie RC	5	10	15	20	25	40	60	300
32	Warren Spahn	300	500	800	1,200	2,000	3,000	5,000	8,000
33	Harry Lowrey SP RC	60	100	150	250	400	600	1,500	
36	Al Zarilla SP	100	150	200	300	400	1,000		
38	Ted Kluszewski RC	20	40	80	100	200	250	400	2,000
39	Ewell Blackwell	10	15	25	40	60	100	150	800
42A	Kent Peterson Black Cap RC	5	10	15	20	25	40	200	
42B	Kent Peterson Red Cap	60	100	150	150	400	1,000		
43	Eddie Stevens SP RC	100	120	150	250	400	600	1,500	
45	Ken Keltner SP	60	150	200	250	400	1,000		
46	Johnny Mize	10	15	20	50	80	120	200	1,000
47	George Vico RC	5	10	20	25	30	50	80	400
48	Johnny Schmitz SP RC	100	120	150	250	400	600	1,500	
49	Del Ennis RC	5	10	15	20	25	40	60	300
50	Dick Wakefield RC	5	10	15	20	40	60	100	500

#	Player	PrFr 1	GD 2	VG 3	VgEx 4	EX 5	ExMt 6	NM 7	NmMt 8
51	Alvin Dark SP RC	100	150	250	400	600	1,500		
53	John VanderMeer	10	15	25	40	60	100	150	800
54	Bobby Adams SP RC	100	150	200	300	400	600	1,500	
55	Tommy Henrich SP	100	250	300	400	600	1,000	2,500	
56	Larry Jensen	5	10	15	20	25	40	60	300
57	Bob McCall RC	5	10	15	25	30	50	80	400
59	Luke Appling	10	15	40	60	80	120	200	1,000
61	Jake Early RC	5	10	15	20	25	40	60	300
62	Eddie Joost SP	100	150	250	400	600	1,000	1,500	2,500
63	Barney McCosky SP	60	100	150	250	400	600	1,500	
65	Bob Elliott	5	10	15	20	25	40	60	300
66	Orval Grove SP RC	60	200	250	300	400	1,000		
68	Ed Miller SP	60	100	150	250	500	1,200		
70	Honus Wagner	200	300	500	800	1,200	2,000	3,000	5,000
72	Hank Edwards RC	5	10	15	20	25	40	60	300
73	Pat Seerey RC	5	10	15	20	25	40	60	300
75	Dom DiMaggio SP	100	200	300	500	800	1,500		
76	Ted Williams	500	800	1,200	2,000	3,000	5,000	8,000	12,000
77	Roy Smalley RC	5	10	15	20	25	40	60	300
78	Walter Evers SP RC	80	100	200	250	600	1,000	2,500	
79	Jackie Robinson RC	5,000	8,000	12,000	20,000	30,000	50,000	250,000	500,000
81	George Kurowski SP RC	80	120	200	300	500	1,200		
82	Johnny Lindell	5	10	15	20	40	60	100	500
83	Bobby Doerr	10	15	25	60	100	150	250	1,200
84	Sid Hudson	5	6	10	15	25	40	60	300
85	Dave Philley SP RC	60	100	150	250	500	800	2,000	
86	Ralph Weigel RC	5	10	15	30	40	60	100	500
88	Frank Gustine SP RC	80	120	200	300	600	1,000	2,500	
91	Ralph Kiner	15	25	80	100	150	250	400	2,000
93	Bob Feller SP	600	1,000	1,500	2,500	4,000	6,000	10,000	
95	George Stirnweiss	5	10	15	20	25	40	60	300
97	Marty Marion	6	10	20	25	40	60	100	500
98	Hal Newhouser SP RC	300	400	500	1,000	1,500	4,000		
102A	Gene Hermanski ERR	150	250	400	600	1,500			
102B	Gene Hermanski COR RC	10	15	25	40	50	80	120	600
104	Edward Stewart SP RC	100	120	150	250	400	1,000		
106	Lou Boudreau MG RC	10	15	25	40	80	120	200	1,000
108	Matthew Batts SP RC	60	120	150	250	400	600	1,000	5,000
111	Gerald Priddy RC	5	10	15	20	25	40	60	300
113	Emil Leonard SP	60	100	150	400	400	600	1,500	
117	Joe Gordon RC	5	10	15	60	80	120	200	1,000
120	George Kell SP RC	500	800	1,200	2,000	3,000	5,000	8,000	
121	Johnny Pesky SP RC	100	150	200	300	500	1,200		
123	Cliff Fannin SP RC	60	100	200	250	400	600	1,500	
125	Andy Pafko RC	5	10	15	20	25	40	60	300
127	Enos Slaughter SP	250	400	600	1,000	1,500	2,500	4,000	
128	Warren Rosar	5	10	15	20	25	40	60	300
129	Kirby Higbe SP	100	120	150	200	300	1,000		
131	Sid Gordon SP	60	200	250	300	400	1,000		
133	Tommy Holmes SP RC	100	150	200	400	600	1,500		
136A	Cliff Aberson Full Sleeve RC	5	10	15	20	120	200	600	
136B	Cliff Aberson Short Sleeve	15	25	40	60	100	150	500	
137	Harry Walker SP RC	60	120	150	200	400	1,000		
138	Larry Doby SP RC	1,200	2,000	3,000	5,000	8,000	12,000	20,000	
139	Johnny Hopp RC	5	10	15	30	40	60	100	500
142	Danny Murtaugh SP RC	60	120	150	200	250	600		
143	Dick Sisler SP RC	60	120	150	400	400	600	1,000	5,000
144	Bob Dillinger SP RC	60	100	150	250	400	600	1,500	
146	Harold Reiser SP	80	120	200	300	800	1,500		
149	Henry Majeski SP RC	60	100	150	250	400	1,000		
153	Floyd Baker SP RC	100	150	200	300	500	1,200		
158	Harry Brecheen SP RC	100	250	300	400	800	1,500		
159	Mizell Platt RC	6	10	20	25	30	50	80	400
160	Bob Scheffing SP RC	60	100	150	250	400	1,000		
161	Vernon Stephens SP RC	100	150	300	400	500	1,200		
163	Fred Hutchinson SP RC	100	150	200	300	500	1,200		
165	Dale Mitchell SP RC	100	150	200	400	600	1,500		
168	Phil Cavaretta SP RC	100	150	250	500	800	1,500		

1950 Bowman

#	Player	GD 2	VG 3	VgEx 4	EX 5	ExMt 6	NM 7	NmMt 8	MT 9
1	Mel Parnell RC	15	25	50	120	400			
2	Vern Stephens	15	20	30	50	80	100	1,000	
3	Dom DiMaggio	25	40	60	100	150	250	1,200	
4	Gus Zernial RC	12	20	30	50	80	120	500	
5	Bob Kuzava RC	5	8	12	25	30	80	250	
6	Bob Feller	200	250	300	400	500	1,000	2,000	
7	Jim Hegan	5	10	15	40	60	200	400	
8	George Kell	25	40	60	100	150	250	600	
9	Vic Wertz	5	10	15	25	40	120		
10	Tommy Henrich	10	30	40	50	100	150	1,000	
11	Phil Rizzuto	150	200	250	▲400	▲500	▲800	1,200	
12	Joe Page	15	25	40	60	100	150	400	
13	Ferris Fain	5	10	15	30	40	200	300	
14	Alex Kellner	5	8	12	20	30	60	100	
15	Al Kozar	6	10	15	25	30	100	200	
16	Roy Sievers RC	8	12	40	50	100	200	500	
17	Sid Hudson	5	8	12	20	30	60	200	
18	Eddie Robinson RC	5	8	12	20	30	80	300	
19	Warren Spahn	150	250	300	400	500	800	2,000	
20	Bob Elliott	6	10	15	25	60	100	200	
21	Pee Wee Reese	80	120	200	200	500	800	1,500	
22	Jackie Robinson	2,500	4,000	5,000	6,000	10,000	12,000	15,000	
23	Don Newcombe RC	150	200	250	300	400	600	1,200	
24	Johnny Schmitz	▲30	▲50	▲80	▲120	▲200	▲300	▲800	
25	Hank Sauer	5	10	15	25	50	80	300	
26	Grady Hatton	5	8	12	30	50	60	250	
27	Herman Wehmeier	5	8	12	20	30	60	120	
28	Bobby Thomson	50	60	80	100	120	200	300	
29	Eddie Stanky	5	10	15	25	40	80	300	
30	Eddie Waitkus	5	10	15	25	50	80	200	
31	Del Ennis	8	12	20	30	80	100	500	
32	Robin Roberts	60	100	150	250	400	600	1,200	
33	Ralph Kiner	40	60	100	150	250	400	1,000	2,000
34	Murry Dickson	5	10	15	25	40	250	500	
35	Enos Slaughter	80	100	120	150	200	300	500	
36	Eddie Kazak RC	8	12	20	30	50	100	1,200	
37	Luke Appling	40	50	60	80	100	200	500	
38	Bill Wight RC	5	8	12	20	30	60	120	
39	Larry Doby	250	300	400	500	600	1,000	2,000	
40	Bob Lemon	30	50	80	120	200	300	600	
41	Hoot Evers	6	10	15	25	40	60	120	
42	Art Houtteman RC	5	8	12	20	40	60	150	
43	Bobby Doerr	30	40	50	60	120	200	400	
44	Joe Dobson	5	8	12	20	30	50	150	
45	Al Zarilla	5	8	12	20	30	50	200	
46	Yogi Berra	▲300	▲500	600	▲1,000	1,500	2,000	5,000	
47	Jerry Coleman	5	10	25	30	50	120	250	
48	Lou Brissie	5	8	12	20	25	50	150	
49	Elmer Valo	6	10	15	25	40	80	250	
50	Dick Kokos	5	8	12	20	30	60	100	
51	Ned Garver	5	10	15	25	40	60	250	
52	Sam Mele	8	12	20	30	50	80	150	
53	Clyde Vollmer RC	10	15	25	40	60	100	300	
54	Gil Coan	5	8	12	20	30	60	120	
55	Buddy Kerr	5	8	12	20	30	50	150	
56	Del Crandall RC	5	10	25	40	50	100	200	
57	Vern Bickford	12	20	30	50	80	120	250	
58	Carl Furillo	10	15	25	60	80	120	300	800
59	Ralph Branca	15	25	40	60	100	200	300	
60	Andy Pafko	5	20	30	40	50	80	500	
61	Bob Rush RC	6	10	15	25	40	60	100	
62	Ted Kluszewski	30	50	80	120	200	300	600	
63	Ewell Blackwell	10	15	25	30	40	80	250	
64	Alvin Dark	12	20	30	50	80	120	300	
65	Dave Koslo	5	8	12	20	30	80	150	
66	Larry Jansen	5	8	12	20	30	50	200	
67	Willie Jones	12	20	30	50	80	120	500	
68	Curt Simmons	12	20	30	50	80	120	250	
69	Wally Westlake	8	12	20	30	50	80	200	
70	Bob Chesnes	8	12	20	30	50	80	200	
71	Red Schoendienst	30	50	80	120	200	300	600	
72	Howie Pollet	5	8	12	20	30	50	400	
73	Willard Marshall	5	8	12	20	30	60	400	
74	Johnny Antonelli RC	5	10	15	25	40	50	200	
75	Roy Campanella	120	200	250	400	500	600	1,200	10,000
76	Rex Barney	5	5	8	12	15	30	500	
77	Duke Snider	100	150	250	▲400	▲500	▲800	1,500	5,000
78	Mickey Owen	5	5	8	20	25	40	100	
79	Johnny VanderMeer	5	10	15	25	50	120	200	
80	Howard Fox RC	5	5	8	12	15	25	80	
81	Ron Northey	5	6	10	12	15	30	150	
82	Whitey Lockman	5	8	12	15	20	40	150	
83	Sheldon Jones	5	5	8	12	25	50	60	
84	Richie Ashburn	60	100	150	200	300	500	1,200	
85	Ken Heintzelman	5	5	8	12	15	40	150	
86	Stan Rojek	10	15	25	40	60	100	250	
87	Bill Werle RC	5	5	8	12	20	40	80	
88	Marty Marion	5	8	12	20	50	60	300	
89	George Munger	5	5	8	12	15	40	120	
90	Harry Brecheen	5	5	8	12	15	40	120	
91	Cass Michaels	5	5	8	12	15	40	100	
92	Hank Majeski	5	6	10	12	15	30	150	
93	Gene Bearden	10	15	25	40	60	100	250	
94	Lou Boudreau MG	10	15	25	40	50	100	150	700
95	Aaron Robinson	5	5	8	12	15	25	80	
96	Virgil Trucks	5	5	8	12	30	40	200	
97	Maurice McDermott RC	5	5	8	12	15	25	300	
98	Ted Williams	500	600	800	1,200	2,000	3,000	8,000	10,000
99	Billy Goodman	5	8	12	20	25	40	150	
100	Vic Raschi	10	15	25	40	60	100	250	
101	Bobby Brown	5	10	15	25	40	80	200	
102	Billy Johnson	5	5	8	12	15	60	120	
103	Eddie Joost	8	12	20	30	50	80	200	
104	Sam Chapman	5	6	10	15	20	30	200	
105	Bob Dillinger	5	5	8	12	15	30	80	
106	Cliff Fannin	8	12	20	30	50	80	250	
107	Sam Dente RC	8	12	20	30	50	80	250	
108	Ray Scarborough	5	5	8	12	25	50	200	
109	Sid Gordon	5	5	8	12	15	40	150	
110	Tommy Holmes	8	12	20	30	50	80	250	
111	Walker Cooper	5	5	8	12	15	25	60	
112	Gil Hodges	60	100	150	250	300	500	1,200	2,500
113	Gene Hermanski	5	5	8	12	15	40	100	
114	Wayne Terwilliger RC	5	5	8	20	25	50	120	
115	Roy Smalley	5	6	10	12	30	50	80	
116	Virgil Stallcup	▲12	▲20	▲30	▲50	▲80	▲120	▲300	
117	Bill Rigney	5	5	8	12	15	40	80	
118	Clint Hartung	6	10	15	25	40	60	250	
119	Dick Sisler	5	5	8	12	15	60	80	
120	John Thompson	6	10	15	25	40	60	150	
121	Andy Seminick	5	5	8	12	15	80	150	
122	Johnny Hopp	5	6	10	15	25	40	80	
123	Dino Restelli RC	5	6	10	12	15	40	120	
124	Clyde McCullough	5	5	8	12	15	25	80	
125	Del Rice RC	5	5	8	12	15	40	80	
126	Al Brazle	5	5	8	12	15	25	50	
127	Dave Philley	5	6	10	12	20	30	100	
128	Phil Masi	5	5	12	15	20	50	60	
129	Joe Gordon	20	30	50	80	120	200	500	
130	Dale Mitchell	8	12	20	30	50	80	200	

#	Player	GD 2	VG 3	VgEx 4	EX 5	ExMt 6	NM 7	NmMt 8	MT 9
131	Steve Gromek	5	▲8	12	▲20	▲30	▲150	▲400	
132	Mickey Vernon	5	5	8	12	15	40	150	
133	Don Kolloway	5	5	8	12	25	30	80	
134	Paul Trout	5	5	8	12	25	30	120	
135	Pat Mullin	8	12	20	30	50	80	200	
136	Buddy Rosar	5	6	10	12	15	30	200	
137	Johnny Pesky	▲15	▲25	▲40	▲60	▲100	▲150	▲400	
138	Allie Reynolds	5	10	25	30	50	60	150	
139	Johnny Mize	20	30	50	60	100	150	400	
140	Pete Suder RC	6	10	15	25	40	60	150	
141	Joe Coleman RC	5	5	8	25	30	50	80	
142	Sherman Lollar RC	5	8	12	20	25	50	250	
143	Eddie Stewart	8	12	20	30	50	80	200	
144	Al Evans	5	5	8	12	20	30	120	
145	Jack Graham RC	8	12	20	30	50	80	200	
146	Floyd Baker	5	6	10	12	15	40	100	
147	Mike Garcia RC	5	8	12	20	25	40	120	
148	Early Wynn	15	25	40	60	100	150	300	
149	Bob Swift	5	5	8	12	15	25	120	
150	George Vico	5	5	8	12	20	30	50	
151	Fred Hutchinson	6	10	15	25	40	60	150	
152	Ellis Kinder RC	5	5	8	12	25	30	100	
153	Walt Masterson	5	6	10	15	25	40	80	
154	Gus Niarhos	5	5	8	12	25	30	150	
155	Frank Shea	5	5	8	12	20	30	100	
156	Fred Sanford	▲12	▲20	▲30	▲50	▲80	▲120	▲300	
157	Mike Guerra	▲10	▲15	▲25	▲40	▲60	▲100	▲250	
158	Paul Lehner	▲6	▲10	▲15	▲25	▲40	▲60	▲150	
159	Joe Tipton	5	5	8	15	20	30	60	
160	Mickey Harris	5	5	8	12	15	40	100	
161	Sherry Robertson RC	5	8	12	20	30	50	120	
162	Eddie Yost	5	5	8	12	20	30	100	
163	Earl Torgeson	8	12	20	30	50	80	200	
164	Sibby Sisti	5	5	8	12	15	40	80	
165	Bruce Edwards	5	6	10	12	20	30	120	
166	Joe Hatton	5	5	8	12	15	40	80	
167	Preacher Roe	6	10	15	25	40	60	200	1,000
168	Bob Scheffing	8	12	20	30	50	80	200	
169	Hank Edwards	5	5	8	12	15	25	100	
170	Dutch Leonard	5	5	8	12	25	40	60	
171	Harry Gumbert	5	5	8	12	15	25	60	
172	Peanuts Lowrey	5	5	8	12	25	25	80	
173	Lloyd Merriman RC	5	5	8	20	25	30	80	
174	Hank Thompson RC	15	25	40	60	100	150	400	
175	Monte Kennedy	5	5	8	12	15	40	50	
176	Sylvester Donnelly	5	5	8	12	30	60	80	
177	Hank Borowy	5	6	10	15	25	30	80	
178	Ed Fitzgerald	5	5	8	12	15	40	100	
179	Chuck Diering RC	5	5	8	12	20	25	80	
180	Harry Walker	5	8	12	20	25	30	250	
181	Marino Pieretti	5	5	8	12	15	50	100	
182	Sam Zoldak	5	5	8	12	15	40	100	
183	Mickey Haefner	5	5	8	12	20	25	50	
184	Randy Gumpert	5	5	8	12	15	25	100	
185	Howie Judson RC	5	5	8	12	30	50	80	
186	Ken Keltner	5	5	8	12	15	30	120	
187	Lou Stringer	5	5	8	12	15	30	60	
188	Earl Johnson	5	5	8	12	25	50	60	
189	Owen Friend RC	5	8	12	20	30	50	80	
190	Ken Wood RC	5	6	10	15	20	30	100	
191	Dick Starr RC	5	5	8	12	15	30	60	
192	Bob Chipman	5	5	8	12	15	25	60	
193	Pete Reiser	5	8	12	20	25	40	120	
194	Billy Cox	5	8	12	20	30	50	120	600
195	Phil Cavarretta	5	8	12	20	25	40	100	
196	Doyle Lade	5	5	8	12	15	30	80	
197	Johnny Wyrostek	5	5	8	12	20	30	80	

#	Player	GD 2	VG 3	VgEx 4	EX 5	ExMt 6	NM 7	NmMt 8	MT 9
198	Danny Litwhiler	5	5	8	12	15	25	60	
199	Jack Kramer	5	5	8	12	15	40	120	
200	Kirby Higbe	5	5	8	15	20	25	80	
201	Pete Castiglione RC	5	5	8	15	20	40	80	
202	Cliff Chambers RC	5	5	8	12	20	50	80	
203	Danny Murtaugh	5	5	8	12	15	30	60	
204	Granny Hamner RC	5	8	12	20	40	50	100	
205	Mike Goliat RC	5	5	8	12	15	30	80	
206	Stan Lopata	5	5	8	12	25	30	120	
207	Max Lanier RC	5	5	8	12	20	30	80	
208	Jim Hearn	5	5	8	12	15	40	80	
209	Johnny Lindell	5	5	8	12	20	30	100	
210	Ted Gray	5	5	8	12	15	40	80	
211	Charlie Keller	5	8	12	20	25	80	120	
212	Jerry Priddy	10	15	25	40	60	100	250	
213	Carl Scheib	5	5	8	12	20	30	80	
214	Dick Fowler	5	5	8	12	25	30	60	
215	Ed Lopat	5	10	15	25	40	60	150	
216	Bob Porterfield	5	5	8	12	15	40	100	
217	Casey Stengel MG	20	30	50	80	120	200	500	1,000
218	Cliff Mapes RC	5	5	8	30	40	50	80	
219	Hank Bauer RC	8	25	30	50	60	120	250	800
220	Leo Durocher MG	5	10	30	40	60	100	200	800
221	Don Mueller RC	5	8	12	20	25	50	100	
222	Bobby Morgan RC	5	5	8	12	25	50	120	
223	Jim Russell	5	5	8	12	15	40	80	
224	Jack Banta RC	5	5	8	12	15	30	80	
225	Eddie Sawyer MG RC	5	5	8	20	25	50	100	
226	Jim Konstanty RC	5	8	12	20	50	60	150	
227	Bob Miller RC	5	5	8	12	20	30	80	
228	Bill Nicholson	5	8	12	20	30	50	60	
229	Frankie Frisch MG	6	10	15	25	40	80	200	
230	Bill Serena RC	5	5	8	12	15	30	60	
231	Preston Ward RC	5	5	8	12	25	40	60	
232	Al Rosen RC	20	30	50	80	120	200	400	
233	Allie Clark	5	5	8	20	25	40	100	
234	Bobby Shantz RC	5	10	15	25	40	60	250	
235	Harold Gilbert RC	5	5	8	15	20	50	80	
236	Bob Cain RC	5	5	8	12	20	25	100	
237	Bill Salkeld	5	5	8	12	15	25	60	
238	Nippy Jones RC	▲6	▲10	▲15	▲25	▲40	▲60	▲150	
239	Bill Howerton RC	5	5	8	12	15	30	100	
240	Eddie Lake	5	5	8	12	15	30	80	
241	Neil Berry RC	5	5	8	12	30	40	80	
242	Dick Kryhoski	5	5	8	12	25	30	100	
243	Johnny Groth RC	5	5	8	12	15	25	80	
244	Dale Coogan RC	5	5	8	12	15	40	80	
245	Al Papai RC	5	5	8	12	40	60	100	
246	Walt Dropo RC	5	10	12	20	25	40	100	
247	Irv Noren RC	5	5	8	20	30	40	250	
248	Sam Jethroe RC	5	10	15	25	50	80	200	
249	Snuffy Stirnweiss	5	5	8	12	15	30	100	
250	Ray Coleman RC	5	5	8	12	15	50	80	
251	Les Moss RC	5	5	8	12	25	30	150	
252	Billy DeMars RC	12	20	30	50	80	120	400	

1951 Bowman

#	Player	GD 2	VG 3	VgEx 4	EX 5	ExMt 6	NM 7	NmMt 8	MT 9
1	Whitey Ford RC	500	800	1,200	2,000	3,000	5,000	20,000	
2	Yogi Berra	250	400	500	800	1,000	1,500	5,000	8,000
3	Robin Roberts	▲40	▲60	▲100	▲150	▲250	▲400	800	2,000
4	Del Ennis	12	15	40	50	50	120	250	1,000
5	Dale Mitchell	5	5	8	12	20	30	120	
6	Don Newcombe	25	40	60	100	150	250	500	
7	Gil Hodges	60	80	120	200	250	500	1,200	5,000
8	Paul Lehner	5	5	8	12	20	40	80	1,000

#	Player	GD 2	VG 3	VgEx 4	EX 5	ExMt 6	NM 7	NmMt 8	MT 9
9	Sam Chapman	5	5	8	25	30	80	250	500
10	Red Schoendienst	12	20	30	50	80	120	250	1,200
11	George Munger	5	5	8	12	20	30	80	500
12	Hank Majeski	5	5	8	20	25	40	60	600
13	Eddie Stanky	12	20	30	50	80	120	300	3,000
14	Alvin Dark	8	12	20	30	50	80	250	1,500
15	Johnny Pesky	15	25	40	60	100	▲250	▲400	1,000
16	Maurice McDermott	6	10	15	25	40	60	120	500
17	Pete Castiglione	5	5	8	12	20	40	80	500
18	Gil Coan	5	5	8	12	20	120	200	
19	Sid Gordon	5	8	12	20	25	50	100	1,200
20	Del Crandall	15	25	40	60	100	150	300	800
21	Snuffy Stirnweiss	5	5	8	12	25	40	150	500
22	Hank Sauer	5	5	8	12	40	150	200	
23	Hoot Evers	5	8	12	20	25	60	100	800
24	Ewell Blackwell	5	5	8	20	30	40	80	
25	Vic Raschi	8	12	20	25	30	60	150	800
26	Phil Rizzuto	100	150	200	250	300	500	1,200	3,000
27	Jim Konstanty	5	6	10	25	30	40	150	
28	Eddie Waitkus	5	5	8	12	20	100	500	400
29	Allie Clark	5	8	12	15	25	40	80	500
30	Bob Feller	100	150	200	300	400	500	600	5,000
31	Roy Campanella	200	300	400	500	600	1,000	2,500	8,000
32	Duke Snider	▲150	200	▲300	▲400	▲600	▲1,000	▲2,000	
33	Bob Hooper RC	5	5	8	12	40	60	120	
34	Marty Marion MG	20	30	50	80	120	200	500	1,500
35	Al Zarilla	6	10	15	25	40	60	150	
36	Joe Dobson	5	5	8	12	20	40	100	
37	Whitey Lockman	5	5	8	12	20	50	120	
38	Al Evans	5	5	8	12	20	40	100	800
39	Ray Scarborough	5	6	10	15	20	50	100	500
40	Gus Bell RC	5	6	10	15	40	60	150	1,000
41	Eddie Yost	5	6	10	15	25	60	100	800
42	Vern Bickford	6	10	15	25	40	60	150	500
43	Billy DeMars	5	5	8	12	20	40	80	500
44	Roy Smalley	5	5	8	12	20	40	100	500
45	Art Houtteman	5	5	8	12	20	40	100	
46	George Kell	25	40	60	100	150	250	600	1,000
47	Grady Hatton	5	5	8	12	20	40	80	500
48	Ken Raffensberger	5	5	8	12	20	40	80	600
49	Jerry Coleman	10	15	25	40	60	100	250	600
50	Johnny Mize	25	40	60	100	150	250	600	1,200
51	Andy Seminick	5	5	8	15	20	40	100	500
52	Dick Sisler	8	12	20	30	50	80	200	1,000
53	Bob Lemon	25	40	60	100	150	250	600	1,000
54	Ray Boone RC	12	20	30	50	80	120	300	
55	Gene Hermanski	5	8	12	20	30	50	150	
56	Ralph Branca	12	20	30	50	80	120	300	
57	Alex Kellner	5	8	12	20	30	50	80	500
58	Enos Slaughter	25	40	60	100	150	250	500	1,200
59	Randy Gumpert	5	6	10	15	25	40	120	600
60	Chico Carrasquel RC	10	15	25	40	60	100	150	2,200
61	Jim Hearn	8	12	20	30	50	80	120	500
62	Lou Boudreau MG	15	25	40	60	100	150	250	1,000
63	Bob Dillinger	5	5	8	12	20	30	100	
64	Bill Werle	5	5	8	12	20	40	60	
65	Mickey Vernon	6	10	15	25	40	60	150	600
66	Bob Elliott	5	6	10	15	25	30	150	1,000
67	Roy Sievers	5	8	12	20	30	50	150	2,500
68	Dick Kokos	8	12	20	30	50	80	200	
69	Johnny Schmitz	5	8	12	20	30	50	120	
70	Ron Northey	5	5	8	12	20	30	50	1,200
71	Jerry Priddy	5	5	8	12	20	25	60	
72	Lloyd Merriman	5	5	8	12	20	50	60	500
73	Tommy Byrne RC	5	6	10	15	25	100		
74	Billy Johnson	5	5	8	12	20	30	▲250	1,200
75	Russ Meyer RC	5	6	10	15	25	40	100	1,000

#	Player	GD 2	VG 3	VgEx 4	EX 5	ExMt 6	NM 7	NmMt 8	MT 9
76	Stan Lopata	5	8	12	20	25	40	100	400
77	Mike Goliat	5	5	8	12	20	50	120	250
78	Early Wynn	25	40	60	100	150	250	600	1,200
79	Jim Hegan	6	10	15	25	40	60	150	800
80	Pee Wee Reese	120	150	200	250	300	500	1,200	10,000
81	Carl Furillo	12	20	30	50	80	120	300	1,000
82	Joe Tipton	5	5	8	12	25	40	60	1,200
83	Carl Scheib	5	8	12	20	30	50	80	400
84	Barney McCosky	5	5	8	12	20	40	100	800
85	Eddie Kazak	5	5	8	12	20	30	60	400
86	Harry Brecheen	5	8	12	20	30	50	120	500
87	Floyd Baker	5	5	8	12	20	40	60	500
88	Eddie Robinson	5	5	8	12	20	40	100	300
89	Hank Thompson	5	5	8	12	25	40	120	400
90	Dave Koslo	6	10	15	25	40	60	100	
91	Clyde Vollmer	8	12	20	30	50	80	200	1,000
92	Vern Stephens	5	5	8	20	30	40	60	500
93	Danny O'Connell RC	5	6	10	15	25	30	60	500
94	Clyde McCullough	▲8	▲12	▲20	▲30	▲50	▲80	▲120	600
95	Sherry Robertson	8	12	20	30	50	80	120	1,200
96	Sandy Consuegra RC	8	12	20	30	50	80	120	400
97	Bob Kuzava	5	5	8	12	20	30	80	500
98	Willard Marshall	5	5	8	12	20	30	60	400
99	Earl Torgeson	5	5	8	12	20	40	80	500
100	Sherm Lollar	8	12	20	30	50	80	200	
101	Owen Friend	5	5	8	12	20	40	60	1,000
102	Dutch Leonard	6	10	15	25	40	60	100	500
103	Andy Pafko	6	10	15	25	40	60	120	1,000
104	Virgil Trucks	6	10	15	25	40	60	150	800
105	Don Kolloway	5	6	10	15	20	30	60	1,200
106	Pat Mullin	5	5	8	12	20	30	80	500
107	Johnny Wyrostek	5	5	8	12	20	30	150	500
108	Virgil Stallcup	5	8	12	20	30	50	150	
109	Allie Reynolds	20	30	50	80	120	200	500	1,500
110	Bobby Brown	8	12	20	30	50	80	120	800
111	Curt Simmons	6	10	15	25	40	50	120	1,000
112	Willie Jones	5	5	8	12	20	50	100	500
113	Bill Nicholson	5	5	8	12	20	50	100	600
114	Sam Zoldak	5	8	12	20	30	50	120	
115	Steve Gromek	5	8	12	20	30	50	120	2,000
116	Bruce Edwards	5	5	8	12	20	30	120	
117	Eddie Miksis RC	5	5	15	12	20	50	250	
118	Preacher Roe	15	25	40	60	100	150	400	800
119	Eddie Joost	5	5	8	12	20	40	80	
120	Joe Coleman	5	5	8	12	20	80	200	400
121	Gerry Staley RC	5	5	8	12	20	40	80	500
122	Joe Garagiola RC	25	40	60	100	150	250	600	800
123	Howie Judson	5	5	8	12	20	40	60	1,000
124	Gus Niarhos	5	5	8	12	20	30	▲150	400
125	Bill Rigney	5	6	10	15	25	50	80	500
126	Bobby Thomson	15	25	40	60	100	150	250	1,000
127	Sal Maglie RC	5	10	25	30	50	60	250	
128	Ellis Kinder	6	10	15	25	40	60	120	400
129	Matt Batts	5	5	8	12	20	30	120	500
130	Tom Saffell RC	5	5	8	12	20	30	60	600
131	Cliff Chambers	5	5	8	12	20	30	60	500
132	Cass Michaels	5	5	8	12	20	40	60	800
133	Sam Dente	5	5	8	12	25	30	100	400
134	Warren Spahn	120	200	250	300	400	600	1,500	4,000
135	Walker Cooper	5	5	8	20	25	40	100	
136	Ray Coleman	5	5	8	12	20	30	80	500
137	Dick Starr	6	10	15	25	40	60	150	
138	Phil Cavarretta	5	5	8	12	20	40	100	500
139	Doyle Lade	5	5	8	12	20	40	120	
140	Eddie Lake	5	5	8	12	20	30	100	4,000
141	Fred Hutchinson	8	12	20	30	50	80	150	500
142	Aaron Robinson	5	5	8	12	20	30	60	500

BASEBALL

#	Player	GD 2	VG 3	VgEx 4	EX 5	ExMt 6	NM 7	NmMt 8	MT 9
143	Ted Kluszewski	40	50	60	80	120	150	250	1,500
144	Herman Wehmeier	6	10	15	25	40	60	100	500
145	Fred Sanford	5	5	8	12	20	40	80	500
146	Johnny Hopp	5	8	12	20	30	50	120	500
147	Ken Heintzelman	5	5	8	12	20	40	100	1,500
148	Granny Hamner	5	5	8	12	20	60	80	
149	Bubba Church RC	5	5	8	12	20	50	80	500
150	Mike Garcia	6	10	15	25	40	60	150	400
151	Larry Doby	150	250	300	400	500	800	2,000	4,000
152	Cal Abrams RC	5	6	10	15	25	40	80	1,200
153	Rex Barney	6	10	15	25	40	60	100	
154	Pete Suder	5	6	10	15	25	30	60	500
155	Lou Brissie	5	5	8	12	20	30	60	400
156	Del Rice	5	5	8	12	25	30	60	600
157	Al Brazle	5	8	12	20	30	50	80	400
158	Chuck Diering	5	5	8	12	20	30	120	1,000
159	Eddie Stewart	5	5	8	15	20	50	120	400
160	Phil Masi	5	8	12	20	30	50	120	800
161	Wes Westrum RC	8	12	20	30	50	80	200	
162	Larry Jansen	5	5	8	12	20	40	80	
163	Monte Kennedy	5	5	8	20	25	30	60	500
164	Bill Wight	5	5	8	12	20	30	80	2,500
165	Ted Williams	500	600	800	1,000	1,500	2,500	5,000	8,000
166	Stan Rojek	5	5	8	12	20	40	80	400
167	Murry Dickson	5	6	10	15	25	40	60	500
168	Sam Mele	5	5	8	12	20	30	80	500
169	Sid Hudson	5	5	8	12	20	30	100	2,500
170	Sibby Sisti	5	5	8	12	20	30	▲100	
171	Buddy Kerr	5	5	8	12	20	30	80	400
172	Ned Garver	5	5	8	12	20	30	100	
173	Hank Arft	5	6	10	15	25	40	100	500
174	Mickey Owen	5	5	8	12	20	30	80	
175	Wayne Terwilliger	5	5	8	12	20	30	60	400
176	Vic Wertz	6	10	15	25	40	60	120	800
177	Charlie Keller	5	6	10	15	25	40	150	600
178	Ted Gray	5	5	8	12	20	30	60	400
179	Danny Litwhiler	5	5	8	12	20	30	80	400
180	Howie Fox	5	8	12	20	30	50	80	500
181	Casey Stengel MG	30	50	80	120	200	300	800	2,000
182	Tom Ferrick RC	5	5	8	12	20	30	120	1,000
183	Hank Bauer	10	15	25	40	60	100	250	2,000
184	Eddie Sawyer MG	5	5	8	12	20	30	80	500
185	Jimmy Bloodworth	5	5	8	12	20	30	60	600
186	Richie Ashburn	80	100	120	150	200	300	800	1,200
187	Al Rosen	5	8	12	20	50	80	200	
188	Roberto Avila RC	6	10	15	25	40	60	150	500
189	Erv Palica RC	8	12	20	30	50	80	200	
190	Joe Hatten	5	6	10	15	25	40	80	2,500
191	Billy Hitchcock RC	▲6	▲10	▲15	▲25	▲40	▲60	▲100	600
192	Hank Wyse RC	5	5	8	12	20	30	60	400
193	Ted Wilks	5	5	8	12	20	30	80	400
194	Peanuts Lowrey	5	▲8	▲12	▲20	▲30	▲50	▲120	
195	Paul Richards MG	5	5	8	12	25	30	60	800
196	Billy Pierce RC	10	15	25	40	60	100	150	600
197	Bob Cain	5	8	12	20	30	50	80	2,500
198	Monte Irvin RC	150	250	400	600	1,000	1,500	3,000	
199	Sheldon Jones	5	5	8	12	25	30	80	
200	Jack Kramer	5	6	10	15	20	50	60	400
201	Steve O'Neill MG RC	5	5	8	12	20	30	80	500
202	Mike Guerra	5	5	8	12	20	30	100	400
203	Vern Law RC	6	10	15	25	40	50	120	600
204	Vic Lombardi RC	5	5	8	20	25	30	60	500
205	Mickey Grasso RC	5	5	8	12	20	40	▲150	800
206	Conrado Marrero RC	5	8	12	20	30	50	80	1,500
207	Billy Southworth MG RC	8	12	20	30	50	80	120	800
208	Blix Donnelly	5	5	8	12	20	30	80	
209	Ken Wood	5	5	8	12	25	30	60	600

#	Player	GD 2	VG 3	VgEx 4	EX 5	ExMt 6	NM 7	NmMt 8	MT 9
210	Les Moss	5	8	12	20	30	50	80	500
211	Hal Jeffcoat RC	5	5	8	12	20	30	60	2,500
212	Bob Rush	5	8	12	20	30	50	120	500
213	Neil Berry	5	6	10	15	25	30	60	600
214	Bob Swift	5	5	8	12	20	30	100	300
215	Ken Peterson	5	5	8	12	25	30	80	400
216	Connie Ryan RC	5	5	8	12	20	30	100	
217	Joe Page	10	15	25	40	60	100	250	
218	Ed Lopat	5	10	15	25	30	50	100	1,200
219	Gene Woodling RC	5	8	15	25	40	60	150	1,500
220	Bob Miller	5	6	10	15	25	60	150	500
221	Dick Whitman RC	5	5	8	12	20	30	60	500
222	Thurman Tucker RC	6	10	15	25	40	60	150	400
223	Johnny VanderMeer	8	12	20	30	50	80	200	800
224	Billy Cox	5	8	12	20	30	50	120	500
225	Dan Bankhead RC	30	50	80	120	200	300	500	1,200
226	Jimmie Dykes MG	5	8	12	20	30	50	120	1,200
227	Bobby Shantz	5	5	8	12	25	40	80	2,000
228	Cloyd Boyer RC	5	5	8	12	20	40	100	500
229	Bill Howerton	5	5	8	12	20	30	50	500
230	Max Lanier	5	5	8	12	20	40	60	400
231	Luis Aloma RC	6	10	15	25	40	60	100	400
232	Nellie Fox RC	120	200	250	▼300	500	600	1,200	4,000
233	Leo Durocher MG	15	25	40	60	100	150	250	800
234	Clint Hartung	5	5	8	12	20	30	60	400
235	Jack Lohrke	5	5	8	20	25	40	60	400
236	Buddy Rosar	5	6	10	15	25	40	100	400
237	Billy Goodman	5	5	8	12	20	40	60	1,500
238	Pete Reiser	6	10	15	25	40	60	150	1,000
239	Bill MacDonald RC	8	12	20	30	50	80	120	800
240	Joe Haynes	5	6	10	15	25	40	100	400
241	Irv Noren	5	5	8	12	20	30	60	500
242	Sam Jethroe	▲12	▲20	▲30	▲50	▲80	▲120	100	500
243	Johnny Antonelli	5	8	12	20	30	50	100	400
244	Cliff Fannin	5	5	8	12	20	40	60	600
245	John Berardino RC	6	10	15	25	40	60	100	3,000
246	Bill Serena	5	5	8	12	20	40	60	500
247	Bob Ramazzotti RC	5	6	10	15	25	30	100	800
248	Johnny Klippstein RC	5	5	8	12	20	30	80	600
249	Johnny Groth	5	5	8	12	20	30	50	400
250	Hank Borowy	5	5	8	12	20	30	60	400
251	Willard Ramsdell RC	6	10	15	25	40	60	150	400
252	Dixie Howell RC	5	5	8	12	20	30	80	500
253	Mickey Mantle RC	15,000	20,000	30,000	40,000	80,000	120,000	600,000	
254	Jackie Jensen RC	15	25	40	60	100	150	400	5,000
255	Milo Candini RC	8	12	20	30	50	80	200	800
256	Ken Silvestri RC	8	12	20	30	50	80	200	
257	Birdie Tebbetts RC	5	8	12	20	30	50	120	
258	Luke Easter RC	15	25	40	60	100	150	400	1,000
259	Chuck Dressen MG	10	15	25	40	60	100	250	800
260	Carl Erskine RC	50	80	120	200	300	500	800	4,000
261	Wally Moses	5	8	12	20	30	50	120	600
262	Gus Zernial	5	8	12	20	30	50	150	600
263	Howie Pollet	8	12	20	30	50	60	120	
264	Don Richmond RC	5	8	12	20	30	50	150	
265	Steve Bilko RC	5	8	15	20	50	120	200	1,200
266	Harry Dorish RC	5	8	12	20	30	40	100	
267	Ken Holcombe RC	5	8	12	20	30	50	100	800
268	Don Mueller	8	12	20	30	50	80	120	2,000
269	Ray Noble RC	8	12	20	30	50	80	200	800
270	Willard Nixon RC	6	10	15	25	40	60	200	800
271	Tommy Wright RC	5	10	15	25	40	80	400	
272	Billy Meyer MG RC	5	8	12	20	50	80	300	
273	Danny Murtaugh	6	10	15	25	40	60	500	
274	George Metkovich RC	5	8	12	20	40	60	250	
275	Bucky Harris MG	12	20	30	50	80	120	300	
276	Frank Quinn RC	5	8	12	20	30	80	200	800

		GD 2	VG 3	VgEx 4	EX 5	ExMt 6	NM 7	NmMt 8	MT 9
277	Roy Hartsfield RC	5	8	12	15	30	50	120	600
278	Norman Roy RC	5	8	12	20	30	80	120	
279	Jim Delsing RC	8	12	20	30	50	80	120	600
280	Frank Overmire	5	8	12	20	30	80	400	
281	Al Widmar RC	5	8	12	20	30	50	120	
282	Frankie Frisch MG	20	30	50	80	120	250	500	
283	Walt Dubiel RC	5	8	12	20	50	80	120	600
284	Gene Bearden	10	15	25	40	60	100	250	
285	Johnny Lipon RC	5	8	12	20	30	50	120	600
286	Bob Usher RC	5	8	12	20	30	60	250	
287	Jim Blackburn	5	8	12	20	30	50	150	600
288	Bobby Adams	5	8	12	20	30	50	150	600
289	Cliff Mapes	5	8	12	20	30	50		
290	Bill Dickey CO	40	60	100	150	250	400	1,000	
291	Tommy Henrich CO	8	12	20	40	80	100	300	1,500
292	Eddie Pellagrini	5	8	12	25	30	50	100	800
293	Ken Johnson RC	10	51	25	40	60	100	200	600
294	Jocko Thompson	5	8	12	20	30	50	150	1,200
295	Al Lopez MG RC	20	30	50	80	120	200	500	1,500
296	Bob Kennedy RC	5	8	12	20	30	100	120	600
297	Dave Philley	8	12	20	30	50	80	200	
298	Joe Astroth RC	5	8	12	20	30	60	200	
299	Clyde King RC	8	12	20	30	50	80	150	
300	Hal Rice RC	6	10	15	25	40	60	200	5,000
301	Tommy Glaviano RC	5	8	12	20	30	40	150	1,200
302	Jim Busby RC	5	8	12	20	40	60	150	1,500
303	Marv Rotblatt RC	5	8	12	20	30	60	150	800
304	Al Gettell RC	8	12	20	30	50	80	200	600
305	Willie Mays RC	8,000	10,000	12,000	20,000	30,000	80,000	250,000	
306	Jimmy Piersall RC	12	20	30	50	80	150	500	1,200
307	Walt Masterson	8	12	20	30	40	100	120	800
308	Ted Beard RC	5	8	15	20	30	50	150	
309	Mel Queen RC	5	8	12	20	50	60	200	
310	Erv Dusak RC	5	8	12	20	60	150	1,300	
311	Mickey Harris	8	12	20	30	50	80	200	800
312	Gene Mauch RC	15	25	30	40	60	100	200	
313	Ray Mueller RC	5	8	12	20	30	60	100	2,800
314	Johnny Sain	8	12	20	25	60	120	300	1,200
315	Zack Taylor MG	8	12	20	30	50	80	200	
316	Duane Pillette RC	8	12	20	30	50	80	150	600
317	Forrest Burgess RC	10	15	25	40	60	120	300	
318	Warren Hacker RC	5	8	12	20	30	50	150	800
319	Red Rolfe MG	5	10	15	25	40	100	200	800
320	Hal White RC	5	8	12	20	30	80	120	
321	Earl Johnson	5	8	12	20	30	50	150	1,700
322	Luke Sewell MG	5	9	15	25	40	100	250	
323	Joe Adcock RC	8	12	20	30	60	120	400	
324	Johnny Pramesa RC	9	15	25	40	80	150	400	3,500

1951 Topps Blue Backs

		GD 2	VG 3	VgEx 4	EX 5	ExMt 6	NM 7	NmMt 8	MT 9
1	Eddie Yost	20	30	50	80	120	200	300	800
2	Hank Majeski	6	10	15	25	40	60	100	250
3	Richie Ashburn	120	150	200	250	300	500	800	2,000
4	Del Ennis	6	10	15	25	40	60	100	250
5	Johnny Pesky	25	40	60	100	150	250	400	1,000
6	Red Schoendienst	60	100	150	250	400	600	1,000	2,500
7	Gerry Staley RC	6	10	15	25	40	60	100	250
8	Dick Sisler	6	10	15	25	40	60	100	250
9	Johnny Sain	25	40	60	100	150	250	400	1,000
10	Joe Page	15	25	40	60	100	150	250	600
11	Johnny Groth	15	25	40	60	100	150	250	600
12	Sam Jethroe	15	25	40	60	100	150	250	600
13	Mickey Vernon	6	10	15	25	40	60	150	400
14	George Munger	6	10	15	25	40	60	100	▲400
15	Eddie Joost	6	10	15	25	40	60	100	250

		GD 2	VG 3	VgEx 4	EX 5	ExMt 6	NM 7	NmMt 8	MT 9
16	Murry Dickson	6	10	15	25	40	60	100	▲400
17	Roy Smalley	6	10	15	25	40	60	100	300
18	Ned Garver	6	10	15	25	40	60	100	250
19	Phil Masi	6	10	15	25	40	60	100	250
20	Ralph Branca	12	20	30	50	80	120	200	500
21	Billy Johnson	6	10	15	25	40	60	100	250
22	Bob Kuzava	6	10	15	25	40	60	100	250
23	Dizzy Trout	8	12	20	30	50	80	120	300
24	Sherman Lollar	6	10	15	25	40	60	100	250
25	Sam Mele	6	10	15	25	40	60	100	250
26	Chico Carrasquel RC	8	12	20	30	50	80	120	300
27	Andy Pafko	6	10	15	25	40	60	100	250
28	Harry Brecheen	6	10	15	25	40	60	100	250
29	Granville Hamner	6	10	15	25	40	60	▲120	▲400
30	Enos Slaughter	40	60	100	150	250	400	600	1,500
31	Lou Brissie	6	10	15	25	40	60	100	250
32	Bob Elliott	12	20	30	50	80	120	200	500
33	Don Lenhardt RC	6	10	15	25	40	60	100	250
34	Earl Torgeson	6	10	15	25	40	60	100	250
35	Tommy Byrne RC	12	20	30	50	80	120	200	500
36	Cliff Fannin	6	10	15	25	40	60	100	250
37	Bobby Doerr	30	50	80	120	200	300	500	1,200
38	Irv Noren	6	10	15	25	40	60	100	250
39	Ed Lopat	12	20	30	50	80	120	200	500
40	Vic Wertz	6	10	15	25	40	60	100	250
41	Johnny Schmitz	6	10	15	25	40	60	100	200
42	Bruce Edwards	6	10	15	25	40	60	100	250
43	Willie Jones	6	10	15	25	40	60	100	250
44	Johnny Wyrostek	10	15	25	40	60	100	150	400
45	Billy Pierce RC	12	20	30	50	80	120	200	500
46	Gerry Priddy	6	10	15	25	40	60	100	250
47	Herman Wehmeier	6	10	15	25	40	60	100	250
48	Billy Cox	8	12	20	30	50	80	120	300
49	Hank Sauer	8	12	20	30	50	80	120	300
50	Johnny Mize	25	40	60	100	150	250	400	1,000
51	Eddie Waitkus	8	12	20	30	50	80	120	300
52	Sam Chapman	12	20	30	50	80	120	200	500

1951 Topps Connie Mack's All-Stars

		PrFr 1	GD 2	VG 3	VgEx 4	EX 5	ExMt 6	NM 7	NmMt 8
1	Grover C. Alexander	100	150	250	300	500	600		
2	Mickey Cochrane	80	100	150	250	300	400		
3	Eddie Collins	80	100	200	250	400	600		
4	Jimmy Collins	60	80	120	200	250	450		
5	Lou Gehrig	300	400	600	1,200	1,500	2,000		
6	Walter Johnson	200	250	400	500	600	800		
7	Connie Mack	100	120	200	300	400	800		
8	Christy Mathewson	150	200	300	400	800	1,000		
9	Babe Ruth	350	500	800	1,200	2,000	2,800		
10	Tris Speaker	80	250	300	400	500	600		
11	Honus Wagner	150	250	300	450	600	800		

1951 Topps Red Backs

		GD 2	VG 3	VgEx 4	EX 5	ExMt 6	NM 7	NmMt 8	MT 9
1	Yogi Berra	100	150	250	400	600	1,000	2,000	5,000
2	Sid Gordon	5	5	5	8	12	20	40	100
3	Ferris Fain	5	5	5	8	12	20	40	100
4	Vern Stephens	6	10	15	25	40	60	120	300
5	Phil Rizzuto	50	60	80	100	150	250	500	1,200
6	Allie Reynolds	12	20	30	50	80	120	200	500
7	Howie Pollet	10	15	25	40	60	100	150	400
8	Early Wynn	▲15	▲25	▲40	▲60	▲100	▲150	250	600
9	Roy Sievers	10	15	25	40	60	100	250	600
10	Mel Parnell	5	5	5	8	12	20	40	100
11	Gene Hermanski	12	20	30	50	80	120	250	600

Beckett Graded Card Price Guide 61

#	Player	GD 2	VG 3	VgEx 4	EX 5	ExMt 6	NM 7	NmMt 8	MT 9
12	Jim Hegan	10	15	25	40	60	100	150	400
13	Dale Mitchell	6	10	15	25	40	60	100	250
14	Wayne Terwilliger	5	5	5	8	12	20	40	100
15	Ralph Kiner	25	40	60	100	150	250	500	1,200
16	Preacher Roe	5	8	12	20	30	50	100	250
17	Gus Bell RC	8	12	20	30	50	80	120	300
18	Jerry Coleman	10	15	25	40	60	100	150	400
19	Dick Kokos	6	10	15	25	40	60	100	250
20	Dom DiMaggio	8	12	20	30	50	80	150	400
21	Larry Jansen	5	5	5	8	12	20	40	100
22	Bob Feller	50	80	120	200	300	500	1,000	2,500
23	Ray Boone RC	5	5	5	8	12	20	40	100
24	Hank Bauer	10	15	25	40	60	100	200	500
25	Cliff Chambers	6	10	15	25	40	60	100	200
26	Luke Easter RC	▲15	▲25	▲40	▲60	▲100	▲150	250	600
27	Wally Westlake	5	5	8	12	20	30	50	100
28	Elmer Valo	12	20	30	50	80	120	200	500
29	Bob Kennedy RC	5	8	12	20	30	50	80	200
30	Warren Spahn	30	50	80	120	200	300	600	1,500
31	Gil Hodges	40	60	100	150	250	400	800	2,000
32	Henry Thompson	15	25	40	60	100	150	300	800
33	William Werle	5	5	5	8	12	20	40	100
34	Grady Hatton	8	12	20	30	50	80	120	300
35	Al Rosen	10	15	25	40	60	100	150	400
36A	Gus Zernial Chicago	5	8	12	20	30	50	100	250
36B	Gus Zernial Philadelphia	5	6	6	10	15	25	50	120
37	Wes Westrum RC	5	5	5	8	12	20	40	100
38	Duke Snider	80	100	120	150	200	250	500	2,000
39	Ted Kluszewski	20	30	50	80	120	200	400	1,000
40	Mike Garcia	5	5	8	12	20	30	60	150
41	Whitey Lockman	5	5	6	10	15	25	50	120
42	Ray Scarborough	5	5	5	8	12	20	40	100
43	Maurice McDermott	5	6	10	15	25	40	80	200
44	Sid Hudson	5	5	8	12	20	30	60	150
45	Andy Seminick	5	5	5	8	12	20	40	100
46	Billy Goodman	10	15	25	40	60	100	150	400
47	Tommy Glaviano RC	▲8	▲12	▲20	▲30	▲50	▲80	▲120	▲300
48	Eddie Stanky	5	5	5	8	12	20	40	100
49	Al Zarilla	▲8	▲12	▲20	▲30	▲50	▲80	▲200	▲500
50	Monte Irvin RC	80	120	200	250	300	400	600	2,000
51	Eddie Robinson	5	5	5	8	12	20	40	100
52A	Tommy Holmes Boston	5	8	12	20	30	60	120	300
52B	Tommy Holmes Hartford	5	5	8	12	20	30	60	150

1952 Berk Ross

#	Player	GD 2	VG 3	VgEx 4	EX 5	ExMt 6	NM 7	NmMt 8	MT 9
1	Richie Ashburn	6	10	15	25	40	60	200	
2	Hank Bauer	5	6	10	15	20	30	80	
3	Yogi Berra	25	40	60	80	150	250	500	
4	Ewell Blackwell	5	6	10	15	20	30	200	
5	Bobby Brown	5	6	10	15	20	30	80	
6	Jim Busby	5	6	10	15	20	30	100	
7	Roy Campanella	12	20	30	60	80	200	650	
8	Chico Carrasquel	5	6	10	15	20	30	250	
9	Jerry Coleman	5	6	10	15	20	30	80	
10	Joe Collins	5	6	10	15	20	30	80	
11	Alvin Dark	5	6	10	15	20	30	550	
12	Dom DiMaggio	5	6	10	15	20	400	1,000	
13	Joe DiMaggio	120	200	300	500	800	1,000	2,500	
14	Larry Doby	10	15	25	40	60	100	300	
15	Bobby Doerr	5	8	12	20	40	100	200	
16	Bob Elliott	5	6	10	15	20	30	80	
17	Del Ennis	5	6	10	15	20	30	80	
18	Ferris Fain	5	6	10	15	20	30	100	
19	Bob Feller	10	15	25	40	100	120	400	
20	Nellie Fox	6	10	15	25	40	60	150	

#	Player	GD 2	VG 3	VgEx 4	EX 5	ExMt 6	NM 7	NmMt 8	MT 9
21	Ned Garver	5	6	10	15	20	30	120	
22	Clint Hartung	5	6	10	15	20	30	80	
23	Jim Hearn	5	6	10	15	20	30		
24	Gil Hodges	6	10	15	25	40	60	400	
25	Monte Irvin	5	8	12	20	30	50		
26	Larry Jansen	5	6	10	15	20	30	150	
27	Sheldon Jones	5	6	10	15	20	2,000		
28	George Kell	5	6	10	15	20	30	600	
29	Monte Kennedy	5	6	10	15	20	30		
30	Ralph Kiner	5	8	12	20	30	50		
31	Dave Koslo	5	6	10	15	20	80		
32	Bob Kuzava	5	6	10	15	20	30		
33	Bob Lemon	5	8	12	20	30	60		
34	Whitey Lockman	5	6	10	15	20	30		
35	Ed Lopat	5	6	10	15	20	30	80	
36	Sal Maglie	5	6	10	15	20	30		
37	Mickey Mantle	400	450	600	1,200	3,000	5,000		
38	Billy Martin	8	12	20	30	50	80	200	
39	Willie Mays	100	125	175	250	500	750	1,500	
40	Gil McDougald	12	20	30	50	80	200	500	
41	Minnie Minoso	5	6	10	15	20	30		
42	Johnny Mize	5	8	12	20	30	50	120	
43	Tom Morgan	5	6	10	15	20	30		
44	Don Mueller	5	6	10	15	20	30	80	
45	Stan Musial	25	40	80	100	250	400	1,200	
46	Don Newcombe	5	6	10	15	20	30	200	
47	Ray Noble	5	6	10	15	20	30		
48	Joe Ostrowski	5	6	10	15	20	30		
49	Mel Parnell	5	6	10	15	20	30	80	
50	Vic Raschi	5	6	10	15	20	30	80	
51	Pee Wee Reese	10	15	25	40	100	250	400	
52	Allie Reynolds	5	6	10	20	30	50	200	
53	Bill Rigney	5	6	10	15	20	30	150	
54A	Phil Rizzuto Bunting	10	15	25	40	60	80	300	
54B	Phil Rizzuto Swinging	10	15	25	40	80	100		
55	Robin Roberts	5	8	12	20	30	50	200	
56	Eddie Robinson	5	6	10	15	20	30		
57	Jackie Robinson	120	150	200	250	600	1,000	1,500	
58	Preacher Roe	5	6	10	50	60	80	400	
59	Johnny Sain	5	6	10	15	20	120		
60	Red Schoendienst	5	8	12	20	30	50	120	
61	Duke Snider	15	25	40	60	100	200	700	
62	George Spencer	5	6	10	15	20	30	80	
63	Eddie Stanky	5	6	10	15	20	30	100	
64	Hank Thompson	5	6	10	15	20	30	80	
65	Bobby Thomson	5	6	10	15	20	1,000		
66	Vic Wertz	5	6	10	15	20	30	80	
67	Wally Westlake	5	6	10	15	20	30		
68	Wes Westrum	5	6	10	15	20	30		
69	Ted Williams	100	120	200	300	500	800	1,800	
70	Gene Woodling	5	6	10	15	20	30	150	
71	Gus Zernial	5	6	10	15	20	30	80	

1952 Bowman

#	Player	GD 2	VG 3	VgEx 4	EX 5	ExMt 6	NM 7	NmMt 8	MT 9
1	Yogi Berra	300	500	800	1,200	1,500	3,000	4,000	20,000
2	Bobby Thomson	25	40	60	100	150	250	600	
3	Fred Hutchinson	5	5	8	10	25	50	120	400
4	Robin Roberts	25	40	60	100	150	250	400	1,200
5	Minnie Minoso RC	12	200	300	500	600	1,000	2,000	5,000
6	Virgil Stallcup	5	6	10	15	30	40	150	
7	Mike Garcia	5	8	12	20	30	50	200	
8	Pee Wee Reese	60	100	150	200	300	500	800	4,000
9	Vern Stephens	6	10	15	25	40	50	120	
10	Bob Hooper	5	5	8	10	15	30	100	
11	Ralph Kiner	50	80	120	200	300	500	800	2,000

#	Player	GD 2	VG 3	VgEx 4	EX 5	ExMt 6	NM 7	NmMt 8	MT 9
12	Max Surkont RC	5	5	8	10	25	40	60	
13	Cliff Mapes	8	12	20	30	50	80	120	300
14	Cliff Chambers	6	10	15	25	40	60	100	400
15	Sam Mele	5	5	8	12	20	40	80	400
16	Turk Lown RC	5	5	8	10	15	25	100	
17	Ed Lopat	5	10	15	20	40	60	120	800
18	Don Mueller	5	5	8	10	15	25	120	
19	Bob Cain	5	8	12	20	30	40	80	
20	Willie Jones	5	8	12	20	30	50	80	250
21	Nellie Fox	40	50	60	100	150	250	400	2,500
22	Willard Ramsdell	5	5	8	10	25	60	80	400
23	Bob Lemon	20	30	50	80	100	150	300	1,000
24	Carl Furillo	15	25	40	60	100	150	300	1,000
25	Mickey McDermott	5	5	8	12	20	25	100	
26	Eddie Joost	6	10	15	25	40	60	100	800
27	Joe Garagiola	15	25	40	60	100	150	300	1,000
28	Roy Hartsfield	5	5	10	15	25	50	150	400
29	Ned Garver	5	5	8	12	20	40	120	
30	Red Schoendienst	20	30	50	80	120	200	300	1,000
31	Eddie Yost	8	12	20	30	50	80	200	
32	Eddie Miksis	5	5	8	12	20	30	100	400
33	Gil McDougald RC	15	25	40	60	100	150	300	1,000
34	Alvin Dark	5	6	10	15	30	50	150	500
35	Granny Hamner	5	6	10	15	25	50	120	
36	Cass Michaels	5	5	8	10	20	50	100	
37	Vic Raschi	5	8	12	15	25	50	200	
38	Whitey Lockman	6	10	15	25	40	60	150	
39	Vic Wertz	5	6	10	12	20	30	120	
40	Bubba Church	5	6	10	15	25	30	80	
41	Chico Carrasquel	5	8	12	20	30	50	80	500
42	Johnny Wyrostek	5	5	8	12	20	30	120	
43	Bob Feller	100	120	150	250	400	800	1,000	2,000
44	Roy Campanella	100	150	200	300	400	600	1,000	4,000
45	Johnny Pesky	15	25	40	60	80	120	300	
46	Carl Scheib	5	5	8	10	25	30	100	
47	Pete Castiglione	8	12	20	30	50	80	120	400
48	Vern Bickford	5	8	12	20	30	50	120	
49	Jim Hearn	5	5	8	10	15	25	60	
50	Gerry Staley	5	5	8	10	15	40	100	
51	Gil Coan	5	6	10	15	25	40	80	400
52	Phil Rizzuto	60	80	100	150	250	400	600	2,000
53	Richie Ashburn	30	50	80	120	200	300	500	1,500
54	Billy Pierce	5	6	10	12	20	50	100	
55	Ken Raffensberger	5	5	8	10	15	50	60	
56	Clyde King	5	5	8	10	30	40	100	400
57	Clyde Vollmer	5	5	8	15	20	40	80	
58	Hank Majeski	5	5	8	10	25	40	100	
59	Murry Dickson	5	5	8	10	15	40	60	250
60	Sid Gordon	5	5	8	10	25	40	60	
61	Tommy Byrne	6	10	15	25	40	60	100	300
62	Joe Presko RC	5	5	8	10	15	40	80	400
63	Irv Noren	5	8	12	20	30	50	80	400
64	Roy Smalley	5	8	12	20	30	80	120	400
65	Hank Bauer	10	15	25	40	60	100	250	800
66	Sal Maglie	5	5	10	15	25	50	100	400
67	Johnny Groth	5	5	8	10	20	25	80	300
68	Jim Busby	5	5	8	10	15	30	120	
69	Joe Adcock	5	6	10	15	25	50	100	400
70	Carl Erskine	12	20	30	50	80	120	250	
71	Vern Law	15	25	40	60	100	150	400	
72	Earl Torgeson	5	6	10	15	25	40	200	300
73	Jerry Coleman	10	15	25	40	60	100	250	600
74	Wes Westrum	5	5	8	10	30	40	100	
75	George Kell	12	20	30	50	80	120	200	1,000
76	Del Ennis	5	6	10	15	25	50	150	400
77	Eddie Robinson	5	5	8	10	15	40	80	300
78	Lloyd Merriman	5	5	8	10	25	30	100	400

#	Player	GD 2	VG 3	VgEx 4	EX 5	ExMt 6	NM 7	NmMt 8	MT 9
79	Lou Brissie	5	5	8	12	20	30	60	400
80	Gil Hodges	60	100	150	250	400	600	1,000	3,000
81	Billy Goodman	5	6	10	15	25	40	100	250
82	Gus Zernial	5	5	8	10	20	50	100	
83	Howie Pollet	5	5	8	10	20	30	60	
84	Sam Jethroe	6	10	15	25	30	50	120	
85	Marty Marion CO	12	20	30	50	80	120	300	
86	Cal Abrams	5	5	8	10	25	50	100	400
87	Mickey Vernon	5	6	10	15	25	40	100	400
88	Bruce Edwards	8	12	20	30	50	80	120	300
89	Billy Hitchcock	5	5	8	12	20	30	60	300
90	Larry Jansen	6	10	15	25	40	60	150	
91	Don Kolloway	5	5	8	10	15	40	100	300
92	Eddie Waitkus	5	5	8	10	25	60	100	400
93	Paul Richards MG	8	12	20	30	50	80	120	400
94	Luke Sewell MG	8	12	20	30	50	80	120	400
95	Luke Easter	5	8	12	20	40	50	150	500
96	Ralph Branca	15	25	40	60	100	150	250	800
97	Willard Marshall	6	10	15	25	40	60	100	
98	Jimmie Dykes MG	6	10	15	25	40	60	100	500
99	Clyde McCullough	5	8	12	20	30	50	80	500
100	Sibby Sisti	5	5	8	10	25	30	40	
101	Mickey Mantle	3,000	4,000	6,000	8,000	10,000	20,000	50,000	400,000
102	Peanuts Lowrey	6	10	15	25	40	60	100	400
103	Joe Haynes	5	5	8	10	15	40	120	400
104	Hal Jeffcoat	5	5	8	10	15	60	120	300
105	Bobby Brown	6	10	15	25	30	50	150	
106	Randy Gumpert	5	5	8	10	20	30	80	500
107	Del Rice	5	6	10	15	25	40	100	300
108	George Metkovich	8	12	20	30	50	80	200	
109	Tom Morgan RC	6	10	15	25	40	60	150	
110	Max Lanier	5	5	8	10	20	50	60	
111	Hoot Evers	5	5	8	10	15	50	100	
112	Smoky Burgess	5	8	12	20	25	80	150	500
113	Al Zarilla	5	5	8	12	20	30	120	400
114	Frank Hiller RC	5	5	8	10	20	40	120	500
115	Larry Doby	80	120	200	300	500	800	2,000	
116	Duke Snider	100	150	250	300	500	600	1,000	3,000
117	Bill Wight	5	6	10	15	25	40	100	
118	Ray Murray RC	5	6	10	15	25	40	120	600
119	Bill Howerton	5	5	8	10	25	30	50	250
120	Chet Nichols RC	5	5	8	10	15	30	80	300
121	Al Corwin RC	5	5	8	10	20	30	60	500
122	Billy Johnson	5	5	8	10	15	25	60	400
123	Sid Hudson	5	5	8	10	15	30	60	250
124	Birdie Tebbetts	5	8	12	20	25	30	120	250
125	Howie Fox	5	5	8	10	15	25	80	250
126	Phil Cavarretta	8	12	20	30	50	80	120	400
127	Dick Sisler	5	5	8	10	15	50	120	400
128	Don Newcombe	20	30	50	80	120	200	300	1,200
129	Gus Niarhos	5	5	8	10	15	25	100	
130	Allie Clark	5	5	8	10	15	25	100	
131	Bob Swift	5	5	8	10	15	40	80	
132	Dave Cole RC	5	6	10	15	25	50	80	
133	Dick Kryhoski	5	6	10	15	25	40	60	
134	Al Brazle	5	5	8	10	15	25	50	
135	Mickey Harris	5	5	8	10	15	50	150	
136	Gene Hermanski	5	5	8	10	15	25	100	
137	Stan Rojek	5	5	8	10	15	25	100	300
138	Ted Wilks	5	5	8	10	15	25	60	500
139	Jerry Priddy	5	5	8	10	15	30	80	250
140	Ray Scarborough	8	12	20	30	50	80	200	
141	Hank Edwards	5	6	10	15	25	40	60	
142	Early Wynn	20	30	50	80	120	250	500	2,000
143	Sandy Consuegra	5	5	8	10	15	40	100	400
144	Joe Hatton	5	6	10	15	25	50	80	400
145	Johnny Mize	25	40	60	100	150	250	400	1,000

#	Player	GD 2	VG 3	VgEx 4	EX 5	ExMt 6	NM 7	NmMt 8	MT 9
146	Leo Durocher MG	15	25	40	60	100	150	300	800
147	Marlin Stuart RC	6	10	15	25	40	60	200	
148	Ken Heintzelman	5	5	8	15	30	50	80	
149	Howie Judson	5	5	8	10	25	30	80	400
150	Herman Wehmeier	5	5	8	10	20	50	80	350
151	Al Rosen	15	25	40	60	100	150	250	1,000
152	Billy Cox	5	6	10	12	20	30	150	400
153	Fred Hatfield RC	5	6	10	15	30	40	80	
154	Ferris Fain	5	6	10	15	25	50	80	
155	Billy Meyer MG	5	5	8	12	20	50	80	300
156	Warren Spahn	100	150	250	300	500	800	1,200	3,000
157	Jim Delsing	5	8	12	20	30	50	100	400
158	Bucky Harris MG	5	8	12	20	30	60	200	600
159	Dutch Leonard	5	6	10	15	25	30	120	250
160	Eddie Stanky	5	6	10	15	20	50	120	400
161	Jackie Jensen	10	15	25	40	60	100	150	800
162	Monte Irvin	50	80	120	200	300	500	800	2,000
163	Johnny Lipon	5	5	8	10	15	25	60	
164	Connie Ryan	5	6	10	15	25	30	100	
165	Saul Rogovin RC	6	10	15	25	40	60	100	800
166	Bobby Adams	5	5	8	10	15	40	50	250
167	Bobby Avila	5	6	10	12	20	50	100	400
168	Preacher Roe	20	30	50	80	120	200	400	1,000
169	Walt Dropo	5	6	10	15	25	40	120	400
170	Joe Astroth	5	5	8	10	15	25	80	
171	Mel Queen	5	5	8	10	25	30	80	
172	Ebba St.Claire RC	5	5	8	10	25	30	150	300
173	Gene Bearden	5	5	8	10	40	50	100	300
174	Mickey Grasso	5	5	8	12	20	25	60	300
175	Randy Jackson RC	5	6	10	15	25	50	100	300
176	Harry Brecheen	5	5	8	10	30	50	100	400
177	Gene Woodling	8	12	20	30	50	80	150	500
178	Dave Williams RC	5	5	8	10	15	25	120	400
179	Pete Suder	5	5	8	10	15	30	60	250
180	Ed Fitzgerald	5	5	8	10	15	30	150	
181	Joe Collins RC	20	30	50	80	120	200	500	
182	Dave Koslo	5	5	8	12	20	25	60	
183	Pat Mullin	6	10	15	25	40	60	150	
184	Curt Simmons	8	12	20	30	50	80	120	800
185	Eddie Stewart	5	5	8	10	15	30	60	300
186	Frank Smith RC	5	6	10	15	25	40	100	
187	Jim Hegan	5	5	8	10	15	50	100	
188	Chuck Dressen MG	5	5	8	10	15	30	150	500
189	Jimmy Piersall	5	6	10	20	40	60	120	500
190	Dick Fowler	5	5	8	10	15	30	100	
191	Bob Friend RC	8	12	20	30	50	80	120	800
192	John Cusick RC	5	5	8	10	15	25	50	400
193	Bobby Young RC	5	5	8	10	20	50	50	300
194	Bob Porterfield	5	8	12	20	30	50	80	300
195	Frank Baumholtz	5	6	10	15	25	50	60	300
196	Stan Musial	400	500	600	1,000	1,200	1,500	3,000	4,000
197	Charlie Silvera RC	5	6	10	15	25	50	120	800
198	Chuck Diering	5	5	8	10	15	50	100	
199	Ted Gray	5	5	8	10	25	30	60	
200	Ken Silvestri	5	5	8	10	20	40	50	200
201	Ray Coleman	5	5	8	10	15	25	60	
202	Harry Perkowski RC	5	5	8	12	20	30	60	300
203	Steve Gromek	6	10	15	25	40	60	100	250
204	Andy Pafko	5	6	10	12	40	50	100	500
205	Walt Masterson	5	5	8	10	25	40	60	400
206	Elmer Valo	5	5	8	10	15	40	60	400
207	George Strickland RC	5	5	8	10	25	50	80	500
208	Walker Cooper	5	5	8	10	15	30	100	400
209	Dick Littlefield RC	5	5	8	10	15	30	100	
210	Archie Wilson RC	5	6	10	15	20	25	80	400
211	Paul Minner RC	8	12	20	30	50	80	200	
212	Solly Hemus RC	8	12	20	30	50	80	120	300

#	Player	GD 2	VG 3	VgEx 4	EX 5	ExMt 6	NM 7	NmMt 8	MT 9
213	Monte Kennedy	5	5	8	10	15	30	60	300
214	Ray Boone	5	8	12	20	30	50	60	300
215	Sheldon Jones	6	10	15	25	40	60	150	
216	Matt Batts	5	5	8	10	15	25	100	300
217	Casey Stengel MG	40	60	100	120	200	300	500	1,200
218	Willie Mays	2,000	2,500	3,000	5,000	6,000	10,000	40,000	
219	Neil Berry	5	8	12	15	25	100	120	
220	Russ Meyer	5	8	12	15	30	80	150	
221	Lou Kretlow RC	5	8	12	15	25	50	60	
222	Dixie Howell	6	10	15	25	40	60	150	
223	Harry Simpson RC	8	12	20	30	50	80	200	
224	Johnny Schmitz	5	8	12	15	30	50	80	
225	Del Wilber RC	5	6	10	15	25	80	120	800
226	Alex Kellner	5	8	12	15	25	50	120	300
227	Clyde Sukeforth CO RC	5	8	12	25	40	50	120	800
228	Bob Chipman	8	12	20	30	50	80	200	500
229	Hank Arft	6	10	15	25	40	60	150	
230	Frank Shea	5	8	12	15	25	30	200	
231	Dee Fondy RC	5	8	12	15	25	50	80	
232	Enos Slaughter	25	40	60	100	150	250	400	1,200
233	Bob Kuzava	6	10	15	25	40	60	120	800
234	Fred Fitzsimmons CO	5	8	12	15	50	80	80	600
235	Steve Souchock RC	6	10	15	20	25	60	150	600
236	Tommy Brown	5	8	12	15	25	80	150	400
237	Sherm Lollar	5	10	15	20	30	80	150	
238	Roy McMillan RC	8	12	20	30	50	80	150	800
239	Dale Mitchell	8	12	20	25	40	60	200	
240	Billy Loes RC	5	15	20	25	50	80	200	600
241	Mel Parnell	5	10	15	25	50	100	150	
242	Everett Kell RC	5	8	15	20	40	100	120	
243	George Munger	5	8	12	15	25	60	150	
244	Lew Burdette RC	12	20	30	50	100	120	500	1,000
245	George Schmees RC	5	8	12	15	25	120	250	
246	Jerry Snyder RC	5	8	12	15	30	50	150	
247	Johnny Pramesa	6	10	15	20	25	40	100	600
248	Bill Werle	5	8	12	15	25	40	100	
249	Hank Thompson	5	8	12	20	25	30	80	400
250	Ike Delock RC	5	8	12	15	25	50	120	500
251	Jack Lohrke	5	8	12	15	25	60	120	
252	Frank Crosetti CO	12	30	40	60	150	300	600	

1952 Red Man

#	Player	GD 2	VG 3	VgEx 4	EX 5	ExMt 6	NM 7	NmMt 8	MT 9
AL1	Casey Stengel MG	15	25	40	60	150			
AL2	Bobby Avila	8	12	20	30	50	100	300	
AL3	Yogi Berra	25	40	100	120	200	300	1,000	
AL4	Gil Coan	8	12	20	30	50	100		
AL5	Dom DiMaggio	10	15	25	40	60	120	400	
AL6	Larry Doby	10	15	25	40	60	120	400	
AL7	Ferris Fain	8	12	20	30	50	120		
AL8	Bob Feller	20	30	50	100	150	250		
AL9	Nellie Fox	10	15	25	40	60	120	400	
AL10	Johnny Groth	8	12	20	30	50	120	300	
AL11	Jim Hegan	8	12	20	30	50	100	300	
AL12	Eddie Joost	8	12	20	30	50	100	300	
AL13	George Kell	10	15	25	50	60	120	500	
AL14	Gil McDougald	10	15	25	40	60	120	400	
AL15	Minnie Minoso	8	12	20	30	50	100	300	
AL16	Billy Pierce	8	12	20	30	50	100	300	
AL17	Bob Porterfield	8	12	20	30	100	175	300	
AL18	Eddie Robinson	8	12	20	30	50	100		
AL19	Saul Rogovin	8	12	20	30	50	100	300	
AL20	Bobby Shantz	8	12	20	30	50	120	600	
AL21	Vern Stephens	8	12	20	30	50	100	300	
AL22	Vic Wertz	8	12	20	30	50	100	300	
AL23	Ted Williams	125	200	300	600	1,000	2,500	8,000	

		GD 2	VG 3	VgEx 4	EX 5	ExMt 6	NM 7	NmMt 8	MT 9
AL24	Early Wynn	10	15	25	40	100	120	400	
AL25	Eddie Yost	8	12	20	30	50	120	300	
AL26	Gus Zernial	8	12	20	30	50	120	325	
NL1	Leo Durocher MG	10	15	25	40	80	120		
NL2	Richie Ashburn	12	20	30	50	80	250	500	
NL3	Ewell Blackwell	8	12	20	30	50	100	300	
NL4	Cliff Chambers	8	12	20	30	50	120	300	
NL5	Murry Dickson	8	12	20	30	50	100	300	
NL6	Sid Gordon	8	12	20	30	50	100		
NL7	Granny Hamner	8	12	20	30	50	100	350	
NL8	Jim Hearn	8	12	20	30	50	100	300	
NL9	Monte Irvin	10	15	25	40	60	120	600	
NL10	Larry Jansen	8	12	20	30	50	100	300	
NL11	Willie Jones	8	12	20	30	50	120	300	
NL12	Ralph Kiner	10	15	25	40	60	150	400	
NL13	Whitey Lockman	8	12	20	30	50	100	300	
NL14	Sal Maglie	8	12	20	30	50	100	300	
NL15	Willie Mays	50	100	200	250	500	800	2,000	
NL16	Stan Musial	80	100	150	250	600	800	2,500	
NL17	Pee Wee Reese	20	30	50	100	150	350	800	
NL18	Robin Roberts	15	25	40	60	100	150	400	
NL19	Red Schoendienst	10	15	25	40	80	120	400	
NL20	Enos Slaughter	10	15	25	40	60	200	500	
NL21	Duke Snider	25	40	60	120	200	400	1,600	
NL22	Warren Spahn	12	20	30	50	80	250	800	
NL23	Eddie Stanky	8	12	20	30	50	100	300	
NL24	Bobby Thomson	8	12	20	30	50	100		
NL25	Earl Torgeson	8	12	20	30	50	150	300	
NL26	Wes Westrum	8	12	20	30	50	100	300	

1952 Topps

		GD 2	VG 3	VgEx 4	EX 5	ExMt 6	NM 7	NmMt 8	MT 9
1	Andy Pafko	500	800	1,200	2,000	5,000			
1A	Andy Pafko Black	300	500	800	1,200	3,000			
2	Pete Runnels RC	25	40	80	250	500			
2A	Pete Runnels Black RC	25	40	60	120	500			
3	Hank Thompson	12	20	40	80	120	400	2,000	
3A	Hank Thompson Black	12	20	30	50	80	700	3,000	
4	Don Lenhardt	12	20	50	60	150	250	1,500	
4A	Don Lenhardt Black	8	12	20	40	120	250	1,500	
5	Larry Jansen	12	20	40	60	120	250	1,500	
5A	Larry Jansen Black	12	20	40	60	100	250	1,500	
6	Grady Hatton	8	12	50	60	100	200	1,500	
6A	Grady Hatton Black	8	12	20	40	80	200	1,500	
7	Wayne Terwilliger	8	15	40	60	120	400		
7A	Wayne Terwilliger Black	8	12	20	40	120	350	2,000	
8	Fred Marsh RC	8	12	30	50	100	200	1,500	
8A	Fred Marsh Black	8	12	20	40	80	200	1,500	
9	Bobby Hogue RC	15	25	50	80	200	500		
9A	Bobby Hogue Black	15	25	40	80	150	400		
10	Al Rosen	25	30	80	100	300	600	2,000	
10A	Al Rosen Black	20	30	50	80	200	500	4,000	
11	Phil Rizzuto	80	100	150	300	400	1,000		
11A	Phil Rizzuto Black	40	80	120	250	500	600		
12	Monty Basgall RC	8	12	40	60	200	400		
12A	Monty Basgall Black	8	12	20	50	100	250		
13	Johnny Wyrostek	40	60	100	150	250	400	2,000	
13A	Johnny Wyrostek Black	8	12	20	40	50	200	1,500	
14	Bob Elliott	8	12	30	50	100	200	1,500	
14A	Bob Elliott Black	8	12	20	40	60	200	1,500	
15	Johnny Pesky	25	50	60	100	120	250	1,500	
15A	Johnny Pesky Black	12	20	40	80	120	300	2,000	
16	Gene Hermanski	12	20	30	50	100	200		
16A	Gene Hermanski Black	10	15	25	40	100	200	1,500	
17	Jim Hegan	15	20	40	80	100	250		
17A	Jim Hegan Black	8	12	20	40	100	300	2,000	

		GD 2	VG 3	VgEx 4	EX 5	ExMt 6	NM 7	NmMt 8	MT 9
18	Merrill Combs RC	8	12	40	50	100	200	1,500	
18A	Merrill Combs Black	8	12	20	40	80	200		
19	Johnny Bucha RC	15	25	40	80	150	400		
19A	Johnny Bucha Black	10	15	25	40	120	400	2,000	
20	Billy Loes SP RC	15	25	60	120	300			
20A	Billy Loes Black	15	25	60	150	250			
21	Ferris Fain	8	20	30	50	100	250		
21A	Ferris Fain Black	8	12	20	50	120	150	1,200	
22	Dom DiMaggio	40	50	60	150	250	500		
22A	Dom DiMaggio Black	15	30	40	80	200	600		
23	Billy Goodman	10	15	25	50	100	250	1,500	
23A	Billy Goodman Black	8	12	20	40	80	150	1,200	
24	Luke Easter	30	50	80	120	200	300	2,000	
24A	Luke Easter Black	10	15	25	40	80	150	1,200	
25	Johnny Groth	20	30	50	80	120	250	1,500	
25A	Johnny Groth Black	8	12	20	40	50	200	1,500	
26	Monte Irvin	80	120	200	300	500	1,200		
26A	Monte Irvin Black	15	25	40	60	100	400		
27	Sam Jethroe	10	15	30	50	100	120	1,000	
27A	Sam Jethroe Black	8	12	20	40	80	250		
28	Jerry Priddy	12	20	30	50	100	200	1,500	
28A	Jerry Priddy Black	8	12	20	40	80	100	800	
29	Ted Kluszewski	30	40	60	100	200	500	3,000	
29A	Ted Kluszewski Black	15	25	40	60	150	400	2,000	
30	Mel Parnell	25	30	40	80	150	400	2,000	
30A	Mel Parnell Black	10	15	25	60	100	400	2,000	
31	Gus Zernial	12	20	50	60	150	300		
31A	Gus Zernial Black	10	15	20	40	100	200	1,500	
32	Eddie Robinson	60	100	150	250	400	1,000		
32A	Eddie Robinson Black	8	12	20	150	100	400		
33	Warren Spahn	80	12	150	200	300	600	3,000	
33A	Warren Spahn Black	25	40	120	150	200	600	1,200	
34	Elmer Valo	8	20	25	50	100	200	1,500	
34A	Elmer Valo Black	8	12	20	40	80	200	1,500	
35	Hank Sauer	40	60	100	150	250	600		
35A	Hank Sauer Black	25	40	50	80	150	200	1,500	
36	Gil Hodges	60	80	100	200	400	600	2,500	
36A	Gil Hodges Black	25	40	120	150	250	500		
37	Duke Snider	80	100	200	250	400	600	2,500	
37A	Duke Snider Black	50	80	120	200	300	600	2,000	
38	Wally Westlake	8	20	30	50	60	150	1,200	
38A	Wally Westlake Black	8	12	20	40	60	150	1,200	
39	Dizzy Trout	30	50	80	120	200	500		
39A	Dizzy Trout Black	20	30	50	60	100	250		
40	Irv Noren	8	12	30	60	120	300	2,000	
40A	Irv Noren Black	8	12	20	40	50	400		
41	Bob Wellman RC	8	20	30	50	100	250		
41A	Bob Wellman Black	8	12	20	50	60	500		
42	Lou Kretlow RC	10	15	30	80	120	400		
42A	Lou Kretlow Black	10	15	25	40	120	400		
43	Ray Scarborough	15	25	30	60	100	250		
43A	Ray Scarborough Black	8	12	20	40	150	250	1,500	
44	Con Dempsey RC	40	60	100	150	250	400	2,000	
44A	Con Dempsey Black	8	12	20	50	60	200	1,500	
45	Eddie Joost	12	20	40	50	100	250		
45A	Eddie Joost Black	8	12	20	50	100	120	1,000	
46	Gordon Goldsberry RC	12	20	30	50	100	250		
46A	Gordon Goldsberry Black	8	12	20	40	100	400		
47	Willie Jones	8	12	40	50	100	150		
47A	Willie Jones Black	8	12	20	40	120	200	1,500	
48	Joe Page Error Sain Bio Black	200	300	600	900	1,000	1,500	5,000	
48B	Joe Page Correct Bio Black	12	20	30	100	150	400		
48C	Joe Page Correct Bio Red	12	20	30	60	120	250		
49	John Sain Error Page Bio Black	250	300	500	1,000	1,500			
49B	John Sain Correct Bio Black	15	25	40	80	200	500		
49C	John Sain Correct Bio Red	15	25	40	50	150	800		
50	Marv Rickert RC	12	20	30	60	150	250		

#	Player	GD 2	VG 3	VgEx 4	EX 5	ExMt 6	NM 7	NmMt 8	MT 9
50A	Marv Rickert Black	8	12	20	40	100	150		
51	Jim Russell	10	15	25	50	120	250		
51A	Jim Russell Black	8	12	20	40	150	200		
52	Don Mueller	10	15	30	50	120	150		
52A	Don Mueller Black	8	12	20	40	60	500		
53	Chris Van Cuyk RC	12	20	30	60	80	250		
53A	Chris Van Cuyk Black	8	12	20	40	80	200		
54	Leo Kiely RC	10	15	25	50	100	150	1,200	
54A	Leo Kiely Black	8	12	20	40	60	120	1,000	
55	Ray Boone	12	20	40	50	100	200	1,500	
55A	Ray Boone Black	8	12	20	40	80	200		
56	Tommy Glaviano	10	15	30	50	80	200		
56A	Tommy Glaviano Black	8	12	20	40	50	120	1,000	
57	Ed Lopat	20	30	40	60	100	250	1,500	
57A	Ed Lopat Black	12	25	30	50	100	200	1,500	
58	Bob Mahoney RC	20	30	50	80	120	200	1,500	
58A	Bob Mahoney Black	8	12	20	40	50	120	1,000	
59	Robin Roberts	30	50	80	150	200	500	2,500	
59A	Robin Roberts Black	30	50	80	150	200	500	2,500	
60	Sid Hudson	12	20	30	50	100	250	1,500	
60A	Sid Hudson Black	8	12	20	40	60	300		
61	Tookie Gilbert	30	50	80	120	200	500		
61A	Tookie Gilbert Black	8	12	25	50	100	200	1,500	
62	Chuck Stobbs RC	8	12	25	50	100	200		
62A	Chuck Stobbs Black	8	12	20	40	50	200	1,500	
63	Howie Pollet	20	30	50	80	120	250	1,500	
63A	Howie Pollet Black	8	12	20	40	80	250	1,500	
64	Roy Sievers	10	15	30	50	80	200	1,500	
64A	Roy Sievers Black	8	12	20	40	80	100	800	
65	Enos Slaughter	40	50	80	100	200	400	2,000	
65A	Enos Slaughter Black	20	30	50	80	200	300	2,000	
66	Preacher Roe	25	30	50	60	120	250	1,500	
66A	Preacher Roe Black	12	20	30	80	120	150	1,200	
67	Allie Reynolds	25	30	40	80	120	250	1,500	
67A	Allie Reynolds Black	12	20	30	50	120	200	1,500	
68	Cliff Chambers	12	20	30	40	80	200	1,500	
68A	Cliff Chambers Black	8	12	20	40	60	120	1,000	
69	Virgil Stallcup	8	12	25	50	100	250	1,500	
69A	Virgil Stallcup Black	8	12	20	40	50	200	1,500	
70	Al Zarilla	8	12	30	40	100	250		
70A	Al Zarilla Black	8	12	20	40	50	800		
71	Tom Upton RC	8	12	30	60	100	300	2,000	
71A	Tom Upton Black	8	12	20	40	60	300	2,000	
72	Karl Olson RC	8	12	25	60	200	500		
72A	Karl Olson Black	8	12	20	80	120	1,500		
73	Bill Werle	8	12	20	60	100	300		
73A	Bill Werle Black	8	12	20	40	50	400	2,000	
74	Andy Hansen RC	10	15	30	50	100	250	1,500	
74A	Andy Hansen Black	8	12	20	40	60	200		
75	Wes Westrum	15	20	30	50	150	250		
75A	Wes Westrum Black	8	12	20	40	120	300		
76	Eddie Stanky	10	15	40	50	120	200	1,500	
76A	Eddie Stanky Black	10	15	25	40	150	200		
77	Bob Kennedy	12	20	40	50	100	250		
77A	Bob Kennedy Black	8	12	20	40	100	200		
78	Ellis Kinder	20	25	40	50	100	250	1,500	
78A	Ellis Kinder Black	8	12	20	40	50	250		
79	Gerald Staley	8	20	25	50	120	600		
79A	Gerald Staley Black	8	12	20	40	80	800		
80	Herman Wehmeier	50	80	120	200	300	1,000		
80A	Herman Wehmeier Black	10	15	30	60				
81	Vern Law	40	60	100	150	250	400	2,000	
82	Duane Pillette	12	20	30	60	100	100	800	
83	Billy Johnson	25	40	60	100	150	250	1,500	
84	Vern Stephens	20	30	50	80	120	200	1,500	4,000
85	Bob Kuzava	15	25	40	60	100	150	1,200	
86	Ted Gray	20	30	50	80	120	200	1,500	
87	Dale Coogan	20	30	50	80	120	200	1,500	
88	Bob Feller	200	250	400	600	1,000	1,500	2,500	6,000
89	Johnny Lipon	12	20	30	50	80	120	1,000	
90	Mickey Grasso	6	10	25	30	60	100	800	
91	Red Schoendienst	50	80	120	200	300	500	800	
92	Dale Mitchell	15	25	40	60	100	150	1,200	
93	Al Sima RC	20	30	50	80	120	200	1,500	
94	Sam Mele	20	30	50	80	120	200	1,500	4,000
95	Ken Holcombe	15	25	40	60	100	150	1,200	3,000
96	Willard Marshall	20	30	50	80	120	200	1,500	
97	Earl Torgeson	15	25	40	60	100	150	1,200	
98	Bill Pierce	25	40	60	100	150	250	1,500	
99	Gene Woodling	30	50	80	120	200	300	2,000	
100	Del Rice	25	40	60	100	150	250	1,500	
101	Max Lanier	20	30	50	80	120	200	1,500	
102	Bill Kennedy	15	25	40	60	100	150	1,200	
103	Cliff Mapes	20	30	50	80	120	200	1,500	
104	Don Kolloway	25	40	60	100	150	250	1,500	
105	Johnny Pramesa	15	25	40	60	100	150	1,200	3,000
106	Mickey Vernon	15	25	40	60	100	150	1,200	3,000
107	Connie Ryan	20	30	50	80	120	200	1,500	
108	Jim Konstanty	25	40	60	100	150	250	1,500	
109	Ted Wilks	15	25	40	60	100	150	1,200	
110	Dutch Leonard	15	25	40	60	100	150	1,200	3,000
111	Peanuts Lowrey	12	15	20	40	50	100	800	
112	Hank Majeski	12	20	30	50	80	120	1,000	
113	Dick Sisler	20	30	50	80	120	200	1,500	4,000
114	Willard Ramsdell	15	25	40	60	100	150	1,200	
115	George Munger	12	20	30	50	80	120	1,000	2,500
116	Carl Scheib	25	40	60	100	150	250	1,500	
117	Sherm Lollar	25	40	60	100	150	250	1,500	
118	Ken Raffensberger	15	25	40	60	100	150	1,200	
119	Mickey McDermott	15	25	40	60	100	150	1,200	
120	Bob Chakales RC	20	30	50	80	120	200	1,500	
121	Gus Niarhos	15	25	40	60	100	150	1,200	
122	Jack Jensen	40	60	100	150	250	400	2,000	
123	Eddie Yost	25	40	60	100	150	250	1,500	4,000
124	Monte Kennedy	20	30	50	80	120	200	1,500	4,000
125	Bill Rigney	20	30	50	80	120	200	1,500	
126	Fred Hutchinson	12	20	30	40	60	100	800	2,000
127	Paul Minner RC	15	25	40	60	100	150	1,200	
128	Don Bollweg RC	20	30	50	80	120	200	1,500	
129	Johnny Mize	50	80	120	200	300	500	1,200	
130	Sheldon Jones	12	20	30	50	80	120	1,000	
131	Morrie Martin RC	8	12	25	30	50	80		
132	Clyde Kluttz RC	10	15	25	40	60	80	600	
133	Al Widmar	10	15	25	40	50	80	600	
134	Joe Tipton	10	15	25	30	50	80	600	
135	Dixie Howell	20	30	50	80	120	200	1,500	
136	Johnny Schmitz	10	15	25	50	60	120		
137	Roy McMillan RC	10	15	30	40	60	100	800	
138	Bill MacDonald	10	15	25	30	50	80	600	
139	Ken Wood	6	10	15	25	50	80	600	
140	Johnny Antonelli	20	30	50	80	120	300		
141	Clint Hartung	6	10	25	30	50	100	800	
142	Harry Perkowski RC	12	20	25	40	60	120	1,000	
143	Les Moss	6	10	25	40	50	100	800	
144	Ed Blake RC	8	12	20	30	50	80	600	
145	Joe Haynes	6	10	15	30	50	100	800	
146	Frank House RC	6	10	15	50	60	100	800	
147	Bob Young RC	10	15	25	40	50	120	1,000	
148	Johnny Klippstein	8	12	20	40	50	80	600	
149	Dick Kryhoski	8	12	20	40	50	60	600	
150	Ted Beard	6	10	15	50	60	100	800	
151	Wally Post RC	6	10	15	50	80	150		
152	Al Evans	20	30	50	80	120	200	1,500	
153	Bob Rush	8	12	25	30	50	100	800	

#	Player	GD 2	VG 3	VgEx 4	EX 5	ExMt 6	NM 7	NmMt 8	MT 9
154	Joe Muir RC	15	25	40	60	100	150	1,200	
155	Frank Overmire	6	10	25	40	50	100	800	
156	Frank Hiller RC	6	10	25	30	40	80	600	
157	Bob Usher	6	10	15	50	60	80	600	
158	Eddie Waitkus	20	30	50	80	120	200	1,500	
159	Saul Rogovin RC	10	15	25	50	60	100	800	
160	Owen Friend	6	10	30	40	60	100	800	
161	Bud Byerly RC	20	30	50	80	120	400		
162	Del Crandall	15	25	40	50	80	250		
163	Stan Rojek	6	10	20	30	50	150	1,200	
164	Walt Dubiel	15	25	40	60	100	250	1,500	
165	Eddie Kazak	15	25	40	60	100	250		
166	Paul LaPalme RC	10	15	25	30	60	100	800	
167	Bill Howerton	6	10	15	30	60	80	600	
168	Charlie Silvera RC	12	25	30	50	80	100	800	
169	Howie Judson	6	10	15	50	80	150		
170	Gus Bell	10	15	30	50	80	120	1,000	
171	Ed Erautt RC	6	10	15	50	80	200		
172	Eddie Miksis	6	10	25	50	80	250		
173	Roy Smalley	15	25	40	50	60	250		
174	Clarence Marshall RC	6	10	15	40	80	120	1,000	
175	Billy Martin RC	120	150	200	300	500	800	5,000	
176	Hank Edwards	20	30	50	80	120	200	1,500	
177	Bill Wight	6	10	15	25	60	150	1,200	
178	Cass Michaels	6	10	15	50	60	100	800	
179	Frank Smith RC	6	10	15	25	50	120	1,000	
180	Charlie Maxwell RC	12	20	60	80	400	500		
181	Bob Swift	10	15	25	50	100	250		
182	Billy Hitchcock	6	12	25	50	60	100	800	
183	Erv Dusak	20	30	50	80	120	200	1,500	
184	Bob Ramazzotti	8	12	25	40	50	100	800	2,000
185	Bill Nicholson	12	25	30	40	100	150	1,200	
186	Walt Masterson	8	12	25	30	60	100	800	
187	Bob Miller	6	10	15	40	60	100	800	
188	Clarence Podbielan RC	8	12	25	50	60	120	1,000	2,500
189	Pete Reiser	15	25	40	50	100	200		
190	Don Johnson RC	6	10	15	30	60	150	1,200	
191	Yogi Berra	400	500	600	1,200	2,000	3,000	10,000	
192	Myron Ginsberg RC	15	25	40	50	80	200		
193	Harry Simpson RC	8	12	30	40	80	150	1,200	
194	Joe Hatton	20	30	50	80	120	200	1,500	
195	Orestes Minoso RC	300	400	600	1,200	1,500	3,000	5,000	12,000
196	Solly Hemus RC	20	30	50	80	120	200	1,500	4,000
197	George Strickland RC	10	15	25	40	60	120	1,000	
198	Phil Haugstad RC	25	40	60	100	150	250	1,500	
199	George Zuverink RC	6	10	15	50	60	120	1,000	
200	Ralph Houk RC	30	50	80	120	200	300	2,000	
201	Alex Kellner	20	30	50	80	120	200	1,500	
202	Joe Collins RC	20	30	50	80	120	200	1,500	
203	Curt Simmons	25	40	60	100	150	250	1,500	
204	Ron Northey	15	25	40	60	100	150	1,200	
205	Clyde King	20	30	50	80	120	200	1,500	4,000
206	Joe Ostrowski RC	20	30	50	80	120	200	1,500	4,000
207	Mickey Harris	20	30	50	80	120	200	1,500	4,000
208	Marlin Stuart RC	15	25	40	60	100	150	1,200	
209	Howie Fox	15	25	40	60	100	150	1,200	
210	Dick Fowler	15	25	40	60	100	150	1,200	3,000
211	Ray Coleman	10	15	25	40	80	120		
212	Ned Garver	15	25	40	60	100	250		
213	Nippy Jones	20	30	50	80	120	200	1,500	
214	Johnny Hopp	8	12	30	40	50	120	1,000	2,500
215	Hank Bauer	30	50	80	120	200	300	2,000	
216	Richie Ashburn	80	100	150	250	400	600	1,200	3,000
217	Snuffy Stirnweiss	6	10	15	25	40	100	800	2,000
218	Clyde McCullough	15	25	40	60	100	150	1,200	
219	Bobby Shantz	15	25	40	60	100	150	1,200	
220	Joe Presko RC	10	15	25	40	60	100	800	
221	Granny Hamner	20	30	50	80	120	200	1,500	
222	Hoot Evers	12	20	30	40	60	80	600	1,500
223	Del Ennis	20	30	50	80	120	200	1,500	
224	Bruce Edwards	15	25	40	60	100	150	1,200	
225	Frank Baumholtz	12	20	30	50	80	250	1,500	4,000
226	Dave Philley	15	25	40	60	100	150	1,200	
227	Joe Garagiola	25	40	60	100	150	250	2,000	5,000
228	Al Brazle	15	25	40	60	100	150	1,200	3,000
229	Gene Bearden	12	20	30	50	80	120	1,000	
230	Matt Batts	25	40	60	100	150	250	1,500	
231	Sam Zoldak	15	25	40	60	100	150	800	
232	Billy Cox	15	25	40	60	100	150	1,200	
233	Bob Friend RC	20	30	50	80	120	200	1,500	
234	Steve Souchock RC	15	25	40	60	100	150	1,000	
235	Walt Dropo	25	40	60	100	150	250	1,500	
236	Ed Fitzgerald	12	20	30	50	80	120	1,000	2,500
237	Jerry Coleman	25	40	60	100	150	250	1,500	
238	Art Houtteman	15	25	40	60	100	150	1,200	
239	Rocky Bridges RC	15	25	40	60	100	150	1,200	
240	Jack Phillips RC	15	25	40	60	100	150	1,200	2,000
241	Tommy Byrne	12	20	30	40	60	150	1,200	
242	Tom Poholsky RC	15	25	40	60	100	150	1,200	
243	Larry Doby	100	150	250	400	600	1,000	4,000	
244	Vic Wertz	25	40	60	100	150	250	1,500	
245	Sherry Robertson	20	30	50	80	120	200	1,500	
246	George Kell	50	80	120	200	300	500	800	
247	Randy Gumpert	10	15	25	40	60	100	800	
248	Frank Shea	25	40	60	100	150	250	1,500	
249	Bobby Adams	15	25	40	60	100	150	1,200	
250	Carl Erskine	40	60	100	150	250	400	2,500	
251	Chico Carrasquel	30	50	80	100	150	250		
252	Vern Bickford	15	25	30	50	60	120	1,000	
253	Johnny Berardino	20	30	50	80	120	200	1,500	
254	Joe Dobson	8	12	30	40	60	120	1,000	
255	Clyde Vollmer	20	30	50	80	120	200	1,500	
256	Pete Suder	15	25	40	60	100	150	1,200	2,000
257	Bobby Avila	15	25	40	50	150	250	1,500	4,000
258	Steve Gromek	20	30	50	80	120	200	1,500	4,000
259	Bob Addis RC	20	30	50	80	120	200	1,500	
260	Pete Castiglione	15	25	40	60	100	150	1,200	
261	Willie Mays	5,000	10,000	12,000	15,000	20,000	25,000	40,000	
262	Virgil Trucks	10	15	40	60	80	120	1,000	
263	Harry Brecheen	15	25	40	60	100	150	1,200	2,500
264	Roy Hartsfield	20	30	50	80	120	200	1,500	4,000
265	Chuck Diering	20	30	50	80	120	200	1,500	
266	Murry Dickson	20	30	50	80	120	200	1,500	3,000
267	Sid Gordon	15	25	40	60	100	150	1,200	
268	Bob Lemon	80	120	200	300	500	600	1,000	2,500
269	Willard Nixon	20	30	50	80	120	200	1,500	
270	Lou Brissie	25	40	60	100	150	250	1,500	
271	Jim Delsing	8	12	30	40	80	120	1,000	2,500
272	Mike Garcia	30	50	80	120	200	300	2,000	
273	Erv Palica	20	30	50	80	150	250	1,500	
274	Ralph Branca	40	60	100	150	250	400	1,000	
275	Pat Mullin	8	12	20	50	80	150	1,200	
276	Jim Wilson RC	15	25	40	60	100	150	1,200	
277	Early Wynn	100	150	250	400	600	1,000	1,500	4,000
278	Allie Clark	20	30	50	80	120	200	1,500	
279	Eddie Stewart	15	25	40	60	100	150	1,200	3,000
280	Cloyd Boyer	50	80	120	200	300	500	1,500	
281	Tommy Brown SP	15	25	40	60	100	150	1,200	
282	Birdie Tebbetts SP	40	60	100	150	250	400	1,500	4,000
283	Phil Masi SP	30	50	80	120	200	300	1,500	4,000
284	Hank Arft SP	12	20	30	50	80	120	1,000	2,500
285	Cliff Fannin SP	8	12	40	50	100	120	1,000	
286	Joe DeMaestri SP RC	12	20	30	50	80	100	800	2,000
287	Steve Bilko SP	40	60	100	150	250	400	1,000	2,500

#	Player	GD 2	VG 3	VgEx 4	EX 5	ExMt 6	NM 7	NmMt 8	MT 9
288	Chet Nichols SP RC	50	80	120	200	300	500	1,200	
289	Tommy Holmes MG	20	30	50	80	150	250	1,500	4,000
290	Joe Astroth SP	15	25	40	60	80	100	800	
291	Gil Coan SP	20	30	50	80	120	200	1,000	2,500
292	Floyd Baker SP	15	25	40	60	100	150	1,200	3,000
293	Sibby Sisti SP	8	12	30	50	60	120	1,000	
294	Walker Cooper SP	25	40	60	100	150	250	1,500	4,000
295	Phil Cavarretta	40	60	100	150	250	400	1,000	2,500
296	Red Rolfe MG	25	40	60	100	150	250	1,500	4,000
297	Andy Seminick SP	25	40	60	100	150	250	1,500	4,000
298	Bob Ross SP RC	15	25	40	50	100	150	1,200	3,000
299	Ray Murray SP RC	15	25	40	60	100	150	1,200	3,000
300	Barney McCosky SP	25	40	60	100	150	250	2,000	5,000
301	Bob Porterfield	20	30	50	80	120	200	1,500	
302	Max Surkont RC	20	30	40	60	100	150	1,200	3,000
303	Harry Dorish	25	40	60	100	150	300	2,500	6,000
304	Sam Dente	25	40	60	100	150	300	2,500	
305	Paul Richards MG	25	40	60	100	150	300	2,500	
306	Lou Sleater RC	25	40	60	100	150	300	2,500	6,000
307	Frank Campos RC	50	80	120	200	300	500	2,500	
308	Luis Aloma	20	30	50	60	80	120	1,000	
309	Jim Busby	20	30	40	50	100	200	1,500	4,000
310	George Metkovich	15	25	40	80	150	250	1,500	
311	Mickey Mantle DP	60,000	80,000	120,000	150,000	200,000	250,000	1,200,000	
312	Jackie Robinson DP	10,000	12,000	20,000	25,000	30,000	40,000	300,000	
313	Bobby Thomson DP	100	150	250	400	600	1,000	1,500	4,000
314	Roy Campanella	1,200	2,000	4,000	5,000	6,000	8,000	12,000	
315	Leo Durocher MG	250	400	600	1,000	1,500	2,500	6,000	
316	Davey Williams RC	120	150	200	300	400	600		
317	Connie Marrero	100	150	200	300	400	800		
318	Harold Gregg RC	150	200	250	300	400	500	800	
319	Al Walker RC	200	300	500	800	1,200	3,000		
320	John Rutherford RC	250	400	600	1,000	1,500	4,000		
321	Joe Black RC	120	200	300	500	800	1,200	2,500	
322	Randy Jackson RC	120	150	250	300	400	600	1,000	2,500
323	Bubba Church	100	150	250	300	400	500	1,000	
324	Warren Hacker	120	200	300	400	500	600	1,000	2,500
325	Bill Serena	100	150	250	400	600	1,000	1,500	
326	George Shuba RC	150	250	400	600	1,000	2,500		
327	Al Wilson RC	150	250	300	400	500	800	1,200	
328	Bob Borkowski RC	100	150	250	400	600	1,000	2,500	
329	Ike Delock RC	150	250	400	600	600	1,000	1,500	
330	Turk Lown RC	200	250	300	400	500	600	800	
331	Tom Morgan RC	120	200	300	500	800	1,200	3,000	
332	Tony Bartirome RC	600	1,000	1,500	2,500	4,000	8,000	15,000	
333	Pee Wee Reese	1,000	1,200	1,500	2,000	2,500	4,000	8,000	
334	Wilmer Mizell RC	100	150	250	400	600	1,000	1,500	4,000
335	Ted Lepcio RC	100	150	250	400	600	1,000	1,500	
336	Dave Koslo	100	150	250	300	400	600	1,200	
337	Jim Hearn	120	200	300	500	800	1,200	2,500	
338	Sal Yvars RC	100	150	250	400	600	1,000	2,500	
339	Russ Meyer	100	150	250	400	600	1,000	2,500	6,000
340	Bob Hooper	100	150	250	400	600	1,000	1,500	
341	Hal Jeffcoat	100	150	250	300	500	800		
342	Clem Labine RC	120	200	300	500	800	1,200	2,000	5,000
343	Dick Gernert RC	120	200	250	400	500	800	1,200	
344	Ewell Blackwell	150	250	400	600	1,000	1,500	2,500	6,000
345	Sammy White RC	100	150	250	300	400	500	800	2,000
346	George Spencer RC	80	120	200	300	500	600	1,000	
347	Joe Adcock	100	150	250	400	600	1,000	2,000	5,000
348	Robert Kelly RC	120	150	250	300	400	500	1,000	
349	Bob Cain	120	200	300	500	800	2,000		
350	Cal Abrams	100	200	250	300	500	800	1,200	
351	Alvin Dark	120	200	250	300	500	600	1,000	2,500
352	Karl Drews	100	200	250	300	400	500	1,000	2,500
353	Bob Del Greco RC	200	300	500	800	1,200	2,000	3,000	8,000
354	Fred Hatfield RC	120	200	300	500	800	1,200	3,000	
355	Bobby Morgan	120	200	300	500	800	1,000		
356	Toby Atwell RC	120	150	250	300	400	1,000	2,000	
357	Smoky Burgess	200	300	500	800	1,200	2,000	5,000	
358	John Kucab RC	80	120	200	300	500	800	1,200	
359	Dee Fondy RC	120	200	300	400	600	1,500	3,000	
360	George Crowe RC	150	200	250	400	500	600	1,500	
361	Bill Posedel CO	100	150	250	400	600	1,000	2,500	
362	Ken Heintzelman	120	150	200	300	400	500	1,000	
363	Dick Rozek RC	80	100	200	250	400	600	1,000	2,500
364	Clyde Sukeforth CO RC	120	200	300	500	800	1,200	3,000	
365	Cookie Lavagetto CO	120	200	300	400	500	800	1,200	3,000
366	Dave Madison RC	80	120	200	300	500	800	2,000	
367	Ben Thorpe RC	100	150	250	400	600	1,000	2,500	
368	Ed Wright RC	100	150	250	400	600	1,000	2,500	
369	Dick Groat RC	200	300	500	800	1,200	2,000	3,000	8,000
370	Billy Hoeft RC	120	200	300	500	800	1,200	3,000	
371	Bobby Hofman	120	150	200	250	300	400	800	
372	Gil McDougald RC	250	400	600	800	1,000	1,200	2,500	6,000
373	Jim Turner CO RC	250	300	400	600	800	1,000		
374	Al Benton RC	150	200	250	400	600	1,000	1,500	4,000
375	John Merson RC	100	150	200	300	500	800	1,200	3,000
376	Faye Throneberry RC	150	250	400	500	600	800	1,200	
377	Chuck Dressen MG	150	250	300	400	600	1,000		
378	Leroy Fusselman RC	150	250	400	500	800	1,200	2,000	
379	Joe Rossi RC	150	250	400	600	1,000	2,500		
380	Clem Koshorek RC	120	150	200	250	300	600	1,000	
381	Milton Stock CO RC	150	200	250	300	500	800	1,200	
382	Sam Jones RC	150	250	400	600	1,000	1,500	4,000	
383	Del Wilber RC	100	150	250	300	400	600	1,500	4,000
384	Frank Crosetti CO	150	250	400	600	1,000	1,500	2,500	6,000
385	Herman Franks CO RC	120	200	300	400	600	1,000	1,500	
386	Ed Yuhas RC	120	200	300	500	800	1,200	3,000	
387	Billy Meyer MG	150	200	250	300	400	600	800	2,000
388	Bob Chipman	120	200	250	300	400	800		
389	Ben Wade RC	120	150	250	300	400	500	1,500	
390	Glenn Nelson RC	120	200	250	300	400	600	1,000	
391	Ben Chapman CO UER	120	200	250	300	400	600	1,000	
392	Hoyt Wilhelm RC	1,000	1,500	2,500	3,000	5,000	8,000	20,000	
393	Ebba St.Claire RC	120	200	250	300	400	500	1,200	
394	Billy Herman CO	150	250	400	600	1,000	2,500		
395	Jake Pitler CO	100	250	300	500	800	1,200		
396	Dick Williams RC	300	500	800	1,200	2,000	5,000		
397	Forrest Main RC	200	250	300	400	600	1,000	1,500	
398	Hal Rice	200	250	300	400	600	1,500		
399	Jim Fridley RC	120	200	250	300	500	800		
400	Bill Dickey CO	500	600	1,000	1,200	1,500	2,500	4,000	
401	Bob Schultz RC	150	250	300	400	600	1,000	1,500	4,000
402	Earl Harrist RC	100	120	200	300	400	500	800	
403	Bill Miller RC	150	250	400	500	600	800		
404	Dick Brodowski RC	200	250	400	600	800	1,200	2,000	
405	Eddie Pellagrini	120	200	300	500	800	1,200	2,000	
406	Joe Nuxhall RC	500	800	1,200	2,000	3,000	5,000	12,000	
407	Eddie Mathews RC	5,000	6,000	10,000	15,000	20,000	40,000	100,000	

1953 Bowman Black and White

#	Player	PrFr 1	GD 2	VG 3	VgEx 4	EX 5	ExMt 6	NM 7	NmMt 8
1	Gus Bell	10	15	25	40	50	120	600	
2	Willard Nixon	5	6	10	15	20	30	80	200
3	Bill Rigney	5	6	10	15	20	30	80	200
4	Pat Mullin	5	6	10	15	20	30	60	200
5	Dee Fondy	5	6	10	15	20	30	60	300
6	Ray Murray	5	6	10	15	20	30	80	200
7	Andy Seminick	5	6	10	15	20	30	60	200
8	Pete Suder	5	6	10	15	20	30	60	200
9	Walt Masterson	5	6	10	15	40	80	150	
10	Dick Sisler	5	8	12	20	25	40	80	200

#	Player	PrFr 1	GD 2	VG 3	VgEx 4	EX 5	ExMt 6	NM 7	NmMt 8
11	Dick Gernert	5	6	10	15	20	30	60	200
12	Randy Jackson	5	6	10	15	20	30	80	200
13	Joe Tipton	5	6	10	15	30	40	60	200
14	Bill Nicholson	5	8	12	20	25	40	100	300
15	Johnny Mize	10	15	25	50	60	100	200	350
16	Stu Miller RC	5	8	12	20	25	502	80	300
17	Virgil Trucks	5	8	12	20	30	50	100	500
18	Billy Hoeft	5	6	10	15	50	60	80	200
19	Paul LaPalme	5	6	10	15	30	40	60	200
20	Eddie Robinson	5	6	10	15	20	30	60	200
21	Clarence Podbielan	5	6	10	15	20	30	60	200
22	Matt Batts	5	6	10	15	20	30	60	200
23	Wilmer Mizell	5	6	10	15	20	50	100	200
24	Del Wilber	5	6	10	15	20	40	80	200
25	Johnny Sain	8	12	20	30	50	60	150	600
26	Preacher Roe	12	20	30	50	80	120	200	500
27	Bob Lemon	20	30	50	80	100	120	200	600
28	Hoyt Wilhelm	12	20	30	60	100	150	250	500
29	Sid Hudson	5	8	12	20	30	60	100	200
30	Walker Cooper	5	6	10	15	20	30	60	150
31	Gene Woodling	8	12	20	30	40	80	300	500
32	Rocky Bridges	5	6	10	15	20	30	60	200
33	Bob Kuzava	5	8	12	20	25	50	120	250
34	Ebba St.Claire	5	6	10	15	20	30	100	200
35	Johnny Wyrostek	5	6	10	15	20	30	60	200
36	Jimmy Piersall	8	12	20	30	40	80	150	500
37	Hal Jeffcoat	5	8	12	20	25	40	100	500
38	Dave Cole	5	6	10	15	20	30	60	300
39	Casey Stengel MG	50	80	150	200	250	400	1,000	
40	Larry Jansen	5	8	12	20	25	60		
41	Bob Ramazzotti	5	6	10	15	20	30	60	200
42	Howie Judson	5	6	10	15	20	30	60	200
43	Hal Bevan RC	5	6	10	15	20	40	80	500
44	Jim Delsing	5	6	10	20	25	30	80	250
45	Irv Noren	6	10	15	25	30	50	100	600
46	Bucky Harris MG	15	25	40	60	100	150	250	600
47	Jack Lohrke	5	8	12	20	30	60	150	400
48	Steve Ridzik RC	5	6	10	15	20	50	150	
49	Floyd Baker	5	6	10	15	20	30	80	300
50	Dutch Leonard	5	6	10	15	20	30	60	250
51	Lew Burdette	5	8	12	20	25	50	200	400
52	Ralph Branca	8	12	20	30	40	60	200	
53	Morrie Martin	5	6	10	15	20	30	80	250
54	Bill Miller	5	6	10	15	20	30	120	250
55	Don Johnson	5	6	10	15	25	80		
56	Roy Smalley	8	12	20	30	40	80		
57	Andy Pafko	5	8	12	20	25	40	80	400
58	Jim Konstanty	5	8	12	20	25	40	80	500
59	Duane Pillette	5	6	8	12	20	40	80	200
60	Billy Cox	8	12	20	30	40	80	250	
61	Tom Gorman RC	5	6	10	15	20	30	100	300
62	Keith Thomas RC	5	6	10	15	20	60	150	
63	Steve Gromek	5	6	10	15	20	60		
64	Andy Hansen	10	15	25	40	60	300		

1953 Bowman Color

#	Player	GD 2	VG 3	VgEx 4	EX 5	ExMt 6	NM 7	NmMt 8	MT 9
1	Davey Williams	8	12	20	30	120	500	800	
2	Vic Wertz	6	10	15	20	30	100	250	1,000
3	Sam Jethroe	6	10	15	25	80	120	1,000	
4	Art Houtteman	6	8	12	20	30	60	200	800
5	Sid Gordon	5	8	12	20	40	60	150	600
6	Joe Ginsberg	5	8	12	20	50	80	150	800
7	Harry Chiti RC	6	10	15	25	40	50	150	800
8	Al Rosen	15	25	40	60	100	150	250	800
9	Phil Rizzuto	40	60	100	150	250	500	800	

#	Player	GD 2	VG 3	VgEx 4	EX 5	ExMt 6	NM 7	NmMt 8	MT 9
10	Richie Ashburn	30	50	80	100	150	400	800	2,000
11	Bobby Shantz	10	15	25	40	60	120	200	1,000
12	Carl Erskine	15	25	40	60	100	150	400	
13	Gus Zernial	8	12	20	30	50	80	150	1,000
14	Billy Loes	6	10	15	25	40	60	200	
15	Jim Busby	6	10	15	25	40	60	150	800
16	Bob Friend	8	12	20	30	50	80	150	600
17	Gerry Staley	8	12	20	30	50	80	300	
18	Nellie Fox	25	40	60	100	150	250	400	2,000
19	Alvin Dark	6	10	15	25	40	60	150	800
20	Don Lenhardt	8	12	20	30	50	80	120	800
21	Joe Garagiola	10	15	25	40	60	100	200	1,000
22	Bob Porterfield	6	10	15	25	40	60	150	800
23	Herman Wehmeier	6	10	15	25	40	60	150	800
24	Jackie Jensen	10	15	25	40	60	100	250	
25	Hoot Evers	5	8	12	20	40	60	200	800
26	Roy McMillan	6	10	15	25	40	60	200	600
27	Vic Raschi	8	12	20	30	50	80	300	1,500
28	Smoky Burgess	8	12	20	30	50	80	250	1,000
29	Bobby Avila	5	8	12	20	40	60	250	600
30	Phil Cavarretta	10	15	25	40	60	100	200	1,000
31	Jimmy Dykes MG	5	8	12	20	30	50	200	800
32	Stan Musial	200	300	500	800	1,200	2,000	3,000	8,000
33	Pee Wee Reese	500	800	1,200	1,500	2,500	4,000	6,000	15,000
34	Gil Coan	5	8	12	20	30	50	150	600
35	Maurice McDermott	5	8	12	20	30	60	120	600
36	Minnie Minoso	40	60	100	150	250	400	800	2,000
37	Jim Wilson	5	8	12	20	30	60	150	600
38	Harry Byrd RC	5	8	12	20	30	50	150	
39	Paul Richards MG	8	12	20	30	50	80	150	800
40	Larry Doby	40	60	100	150	250	400	1,000	2,000
41	Sammy White	8	12	20	30	40	60	250	800
42	Tommy Brown	5	8	12	20	30	60	150	
43	Mike Garcia	8	12	20	30	50	80	200	1,000
44	Bauer/Berra/Mantle	150	250	400	600	1,000	1,500	3,000	50,000
45	Walt Dropo	8	12	20	30	50	80	150	600
46	Roy Campanella	80	120	200	300	500	800	1,200	5,000
47	Ned Garver	6	10	15	30	50	60	200	600
48	Hank Sauer	10	15	25	40	50	120	300	
49	Eddie Stanky MG	8	12	20	30	50	80	150	1,000
50	Lou Kretlow	10	15	25	40	60	100	200	800
51	Monte Irvin	40	60	100	150	250	400	600	1,500
52	Marty Marion MG	8	12	20	30	50	80	300	
53	Del Rice	6	10	15	25	40	60	150	
54	Chico Carrasquel	5	8	12	20	30	80	200	800
55	Leo Durocher MG	15	25	40	60	100	150	300	1,000
56	Bob Cain	5	8	12	25	40	60	150	
57	Lou Boudreau MG	12	20	30	50	60	150	250	1,000
58	Willard Marshall	8	12	20	30	50	80	120	800
59	Mickey Mantle	2,000	2,500	3,000	5,000	6,000	8,000	20,000	80,000
60	Granny Hamner	5	8	12	30	40	60	200	800
61	George Kell	15	25	40	60	100	150	300	
62	Ted Kluszewski	15	25	40	60	100	200	300	
63	Gil McDougald	10	15	25	50	100	150	400	
64	Curt Simmons	10	15	25	40	60	120	2,000	
65	Robin Roberts	40	60	100	150	250	400	800	
66	Mel Parnell	6	10	15	25	40	150	800	
67	Mel Clark RC	6	10	15	25	30	60	400	
68	Allie Reynolds	15	25	40	60	100	150	600	
69	Charlie Grimm MG	10	15	25	40	50	150	250	
70	Clint Courtney RC	5	8	12	30	40	100	300	
71	Paul Minner	5	8	12	20	40	60	400	
72	Ted Gray	5	8	12	20	40	60	200	
73	Billy Pierce	6	10	15	25	40	120	250	1,000
74	Don Mueller	12	20	30	50	80	120	300	
75	Saul Rogovin	5	8	12	20	40	60	200	
76	Jim Hearn	5	8	12	20	30	100	200	800

#	Player	GD 2	VG 3	VgEx 4	EX 5	ExMt 6	NM 7	NmMt 8	MT 9
77	Mickey Grasso	6	10	15	30	40	80	250	
78	Carl Furillo	15	25	40	50	80	150	500	
79	Ray Boone	6	10	15	30	50	150	300	1,000
80	Ralph Kiner	30	50	80	120	200	800	2,500	6,000
81	Enos Slaughter	20	30	50	80	120	200	800	
82	Joe Astroth	10	15	25	40	60	100	200	
83	Jack Daniels RC	5	8	12	20	50	80	300	800
84	Hank Bauer	12	20	25	40	60	150	250	1,200
85	Solly Hemus	8	12	20	30	50	60	250	800
86	Harry Simpson	5	8	12	25	50	120	250	
87	Harry Perkowski	5	8	12	25	50	80	400	800
88	Joe Dobson	5	8	12	20	30	50	120	800
89	Sandy Consuegra	6	10	15	25	50	100	300	
90	Joe Nuxhall	10	15	25	40	60	120	300	
91	Steve Souchock	12	20	30	50	80	120	200	600
92	Gil Hodges	50	80	120	200	300	500	1,000	3,500
93	P.Rizzuto/B.Martin	40	60	100	150	250	400	1,000	6,000
94	Bob Addis	5	8	12	20	40	120	400	
95	Wally Moses CO	6	10	15	25	40	60	200	
96	Sal Maglie	12	20	30	50	80	120	400	
97	Eddie Mathews	80	120	200	300	500	800	1,200	4,000
98	Hector Rodriguez RC	6	10	15	25	60	200		
99	Warren Spahn	200	250	300	400	500	800	2,000	4,000
100	Bill Wight	10	15	25	40	60	120	300	
101	Red Schoendienst	30	50	80	120	200	300	1,200	
102	Jim Hegan	10	15	25	40	60	250	400	
103	Del Ennis	15	25	40	60	100	250		
104	Luke Easter	25	40	60	100	150			
105	Eddie Joost	6	10	15	25	40	120	500	
106	Ken Raffensberger	5	8	12	25	30	120	400	
107	Alex Kellner	5	8	12	25	40	80	250	
108	Bobby Adams	8	12	20	30	40	80	200	800
109	Ken Wood	6	10	15	30	40	120	400	
110	Bob Rush	8	12	20	25	30	200	300	
111	Jim Dyck RC	5	8	12	20	50	120	400	
112	Toby Atwell	8	12	20	30	60	200		
113	Karl Drews	20	30	50	80	120	300		
114	Bob Feller	80	120	200	300	400	800	2,500	5,000
115	Cloyd Boyer	12	20	30	50	80	300	600	
116	Eddie Yost	12	20	30	50	120	250	800	
117	Duke Snider	120	150	200	250	500	1,200	2,500	10,000
118	Billy Martin	40	80	100	200	300	600	3,000	6,000
119	Dale Mitchell	10	15	40	60	80	150		
120	Marlin Stuart	10	15	25	80	200	300		
121	Yogi Berra	250	400	600	800	1,200	1,500	5,000	10,000
122	Bill Serena	10	15	25	40	60	200	500	
123	Johnny Lipon	10	15	25	40	100	200	500	2,500
124	Chuck Dressen MG	12	20	30	80	120	250	600	3,000
125	Fred Hatfield	10	15	25	40	100	250	800	
126	Al Corwin	10	15	25	40	60	250	1,200	
127	Dick Kryhoski	10	15	25	40	80	300		
128	Whitey Lockman	10	15	25	50	150	600		
129	Russ Meyer	25	40	60	100	150	400		
130	Cass Michaels	8	12	20	40	60	300	800	2,000
131	Connie Ryan	12	20	30	50	80	300	800	
132	Fred Hutchinson	8	12	20	30	100	300	800	1,200
133	Willie Jones	10	15	25	40	60	250	400	2,000
134	Johnny Pesky	10	15	25	50	120	200	1,000	
135	Bobby Morgan	15	25	40	60	100	250		
136	Jim Brideweser RC	15	25	40	60	100	250	600	
137	Sam Dente	8	12	20	30	50	250	600	2,500
138	Bubba Church	8	12	20	40	60	200	500	
139	Pete Runnels	15	25	40	60	100	150	1,200	
140	Al Brazle	8	12	20	30	60	150	500	
141	Frank Shea	8	12	20	30	80	200	600	1,500
142	Larry Miggins RC	10	15	25	50	60	300	1,500	
143	Al Lopez MG	10	15	25	80	100	200	2,000	

#	Player	GD 2	VG 3	VgEx 4	EX 5	ExMt 6	NM 7	NmMt 8	MT 9
144	Warren Hacker	10	15	25	40	50	150	1,000	
145	George Shuba	15	25	40	60	150			
146	Early Wynn	30	50	80	120	200	400	1,000	2,500
147	Clem Koshorek	6	10	15	25	60	200	500	1,500
148	Billy Goodman	10	20	25	30	120	300		
149	Al Corwin	8	12	20	50	60	150	600	
150	Carl Scheib	8	12	20	30	50	100	300	
151	Joe Adcock	10	15	25	60	100	200	1,000	
152	Clyde Vollmer	8	12	20	30	50	120	400	
153	Whitey Ford	120	200	300	500	800	1,500	10,000	
154	Turk Lown	8	12	20	40	80	300	1,000	
155	Allie Clark	10	15	25	30	60	250	600	
156	Max Surkont	8	12	20	50	60	300	600	
157	Sherm Lollar	10	15	25	50	80	150	500	2,000
158	Howard Fox	8	12	20	30	60	250	1,000	
159	Mickey Vernon	10	15	25	60	100	250	1,200	
160	Cal Abrams	25	40	60	100	250	500	800	

1953 Red Man

#	Player	GD 2	VG 3	VgEx 4	EX 5	ExMt 6	NM 7	NmMt 8	MT 9
AL1	Casey Stengel MG	10	15	25	80	100	150		
AL2	Hank Bauer	8	12	20	30	50	100	300	
AL3	Yogi Berra	15	25	50	100	120	250	1,000	
AL4	Walt Dropo	6	10	15	25	40	80	200	
AL5	Nellie Fox	10	15	25	40	60	120	500	
AL6	Jackie Jensen	8	12	20	30	50	100		
AL7	Eddie Joost	6	10	15	25	40	80	200	
AL8	George Kell	10	15	25	40	60	120	500	
AL9	Dale Mitchell	6	10	15	25	40	80	200	
AL10	Phil Rizzuto	15	25	40	60	100	250	800	
AL11	Eddie Robinson	6	10	15	25	40	80		
AL12	Gene Woodling	8	12	20	30	50	100	300	
AL13	Gus Zernial	6	10	15	25	40	80		
AL14	Early Wynn	10	15	25	40	60	120	300	
AL15	Joe Dobson	6	10	15	25	40	80	200	
AL16	Billy Pierce	6	10	15	25	40	80	200	
AL17	Bob Lemon	10	15	25	40	60	120	500	
AL18	Johnny Mize	10	15	25	40	60	120	500	
AL19	Bob Porterfield	6	10	15	25	40	80	250	
AL20	Bobby Shantz	6	10	15	25	40	80		
AL21	Mickey Vernon	6	10	15	25	40	80	200	
AL22	Dom DiMaggio	8	12	20	30	50	100	250	
AL23	Gil McDougald	8	12	20	30	50	100	300	
AL24	Al Rosen	8	12	20	30	50	100	300	
AL25	Mel Parnell	6	10	15	25	40	80	200	
AL26	Bobby Avila	6	10	15	25	40	80	200	
NL1	Charlie Dressen MG	6	10	15	25	40	80		
NL2	Bobby Adams	6	10	15	25	40	80	200	
NL3	Richie Ashburn	10	15	25	40	60	120	500	
NL4	Joe Black	8	12	20	30	60	100	300	
NL5	Roy Campanella	15	25	50	100	120	250	1,200	
NL6	Ted Kluszewski	10	15	25	40	60	120	500	
NL7	Whitey Lockman	6	10	15	25	40	80	300	
NL8	Sal Maglie	6	10	15	25	40	80	200	
NL9	Andy Pafko	6	10	15	25	40	80	200	
NL10	Pee Wee Reese	15	25	40	80	100	200	800	
NL11	Robin Roberts	10	15	25	40	60	120	600	
NL12	Red Schoendienst	10	15	25	40	60	120	500	
NL13	Enos Slaughter	10	15	25	40	60	120	500	
NL14	Duke Snider	15	25	50	80	120	250	1,200	
NL15	Ralph Kiner	8	12	20	30	50	100	300	
NL16	Hank Sauer	6	10	15	25	40	150	200	
NL17	Del Ennis	6	10	15	25	40	80	350	
NL18	Granny Hamner	6	10	15	25	40	80	200	
NL19	Warren Spahn	15	25	40	60	100	200	800	
NL20	Wes Westrum	6	10	15	25	40	80	400	

#		GD 2	VG 3	VgEx 4	EX 5	ExMt 6	NM 7	NmMt 8	MT 9
NL21	Hoyt Wilhelm	10	15	25	40	60	120	500	
NL22	Murry Dickson	6	10	15	25	40	80	250	
NL23	Warren Hacker	6	10	15	25	40	80	200	
NL24	Gerry Staley	6	10	15	25	40	80		
NL25	Bobby Thomson	8	12	20	30	50	100	300	
NL26	Stan Musial	30	50	100	250	350	500		

1953 Topps

#		GD 2	VG 3	VgEx 4	EX 5	ExMt 6	NM 7	NmMt 8	MT 9
1	Jackie Robinson DP	1,000	1,500	2,500	4,000	6,000	20,000	50,000	80,000
2	Luke Easter DP	6	10	15	25	40	100	250	
3	George Crowe	15	25	40	60	100	150	300	
4	Ben Wade	6	10	15	30	100	150	400	
5	Joe Dobson	8	12	20	30	50	80	200	1,200
6	Sam Jones	12	20	30	50	80	120	200	800
7	Bob Borkowski DP	6	10	15	25	40	60	120	1,000
8	Clem Koshorek DP	6	8	12	20	40	50	300	1,000
9	Joe Collins	15	25	40	60	120	200		
10	Smoky Burgess SP	15	25	40	60	100	150	600	
11	Sal Yvars	12	20	30	50	80	120	300	
12	Howie Judson DP	10	15	25	40	60	100	150	
13	Conrado Marrero DP	8	12	20	30	50	80	250	
14	Clem Labine DP	15	25	40	60	100	150	600	
15	Bobo Newsom DP RC	6	10	15	25	40	50	120	
16	Harry Lowrey DP	5	6	10	25	30	60	200	1,500
17	Billy Hitchcock	8	12	20	30	50	80	200	1,500
18	Ted Lepcio DP	8	12	20	30	50	80	150	1,200
19	Mel Parnell DP	5	8	12	20	50	50	150	800
20	Hank Thompson	15	25	40	60	100	150	250	2,000
21	Billy Johnson	8	12	20	30	50	80	150	1,200
22	Howie Fox	6	10	15	30	50	60	200	
23	Toby Atwell DP	5	6	10	15	40	50	150	1,000
24	Ferris Fain	8	12	20	30	50	80	250	1,200
25	Ray Boone	10	15	25	40	60	100	250	
26	Dale Mitchell DP	10	15	25	40	60	100	250	
27	Roy Campanella DP	100	150	200	300	500	800	1,200	2,000
28	Eddie Pellagrini	5	8	12	20	40	80	200	1,000
29	Hal Jeffcoat	5	8	12	25	40	120	200	1,200
30	Willard Nixon	8	12	20	30	50	80	400	1,200
31	Ewell Blackwell	8	12	20	40	50	100	300	
32	Clyde Vollmer	8	12	20	30	50	80	200	
33	Bob Kennedy DP	5	8	12	20	30	60	120	800
34	George Shuba	10	15	25	40	60	100	400	
35	Irv Noren DP	12	20	30	50	80	120	200	1,200
36	Johnny Groth DP	10	15	25	40	60	100	150	800
37	Eddie Mathews DP	120	150	250	400	600	1,000	2,000	4,000
38	Jim Hearn DP	10	15	25	40	60	100	150	1,200
39	Eddie Miksis	8	12	20	30	50	80	150	1,200
40	John Lipon	8	12	20	30	50	80	200	1,200
41	Enos Slaughter	30	50	80	120	200	300	2,000	
42	Gus Zernial DP	6	10	15	25	40	60	150	1,200
43	Gil McDougald	15	25	40	60	100	250		
44	Ellis Kinder SP	8	12	20	30	60	250		
45	Grady Hatton DP	8	12	20	30	50	80	200	
46	Johnny Klippstein DP	12	20	30	50	80	200		
47	Bubba Church DP	8	12	20	30	50	80	200	
48	Bob Del Greco DP	5	6	10	25	30	60	120	
49	Faye Throneberry DP	10	15	25	40	60	100	150	1,200
50	Chuck Dressen DP	10	15	25	40	60	100	200	1,200
51	Frank Campos DP	6	10	15	25	40	50	150	1,200
52	Ted Gray DP	10	15	25	40	60	100	150	1,500
53	Sherm Lollar DP	8	12	20	30	50	80	120	800
54	Bob Feller DP	120	150	200	400	600	1,000	1,500	4,000
55	Maurice McDermott DP	8	12	20	30	50	80	200	
56	Gerry Staley DP	6	10	15	25	50	80	120	1,200
57	Carl Scheib	6	10	15	25	40	60	120	

#		GD 2	VG 3	VgEx 4	EX 5	ExMt 6	NM 7	NmMt 8	MT 9
58	George Metkovich	5	8	20	40	60	200	1,200	
59	Karl Drews DP	10	15	25	40	60	100	150	1,000
60	Cloyd Boyer DP	6	10	15	25	40	60	200	
61	Early Wynn SP	40	60	100	150	250	400	1,000	
62	Monte Irvin DP	60	100	150	250	400	600	1,500	
63	Gus Niarhos DP	8	12	20	30	50	80	200	1,000
64	Dave Philley	10	15	25	40	60	100	200	
65	Earl Harrist	10	15	25	30	50	80	200	1,500
66	Orestes Minoso	60	100	150	250	400	600	800	2,000
67	Roy Sievers DP	10	15	25	40	60	100	150	800
68	Del Rice	5	8	12	20	40	60	150	1,200
69	Dick Brodowski	10	15	25	40	60	100	150	1,000
70	Ed Yuhas	8	12	20	30	50	80	200	1,200
71	Tony Bartirome	6	10	15	25	40	80	200	
72	Fred Hutchinson SP	15	25	40	60	100	200	400	
73	Eddie Robinson	6	10	15	25	40	60	150	800
74	Joe Rossi	10	15	25	40	60	100	200	1,500
75	Mike Garcia	8	12	20	30	50	80	200	1,200
76	Pee Wee Reese	120	200	250	400	600	1,000	1,500	4,000
77	Johnny Mize DP	30	50	80	120	200	300	500	1,200
78	Al Schoendienst	30	50	80	120	200	300	1,000	
79	Johnny Wyrostek	15	25	40	60	100	150	250	1,200
80	Jim Hegan	6	10	15	25	40	60	150	1,200
81	Joe Black SP	10	15	25	50	100	200	1,000	
82	Mickey Mantle	4,000	5,000	6,000	10,000	20,000	40,000	60,000	
83	Howie Pollet	6	10	15	30	40	70	500	
84	Bob Hooper DP	8	12	20	30	50	80	150	1,000
85	Bobby Morgan DP	15	25	40	60	100	250		
86	Billy Martin	60	100	150	250	400	600	2,000	4,000
87	Ed Lopat	15	25	40	60	100	250	400	
88	Willie Jones DP	10	15	25	40	60	200	1,200	
89	Chuck Stobbs DP	6	10	15	25	40	60	150	
90	Hank Edwards DP	5	8	12	20	30	60	150	
91	Ebba St.Claire DP	6	10	15	25	40	80	400	1,200
92	Paul Minner DP	20	30	50	80	120	200	500	
93	Hal Rice DP	8	12	20	30	60	120		
94	Bill Kennedy DP	5	8	12	20	30	60	200	1,200
95	Willard Marshall DP	6	10	15	25	40	80	250	
96	Virgil Trucks	20	30	50	80	120	200	800	
97	Don Kolloway DP	5	8	12	20	30	60	200	
98	Cal Abrams DP	8	12	20	30	50	80	250	1,200
99	Dave Madison	12	20	30	50	80	120	300	
100	Bill Miller	20	30	50	80	120	200	600	
101	Ted Wilks	12	20	30	50	80	200	1,200	
102	Connie Ryan DP	10	15	25	40	60	250	600	
103	Joe Astroth DP	8	12	20	30	50	80	200	1,200
104	Yogi Berra	250	300	400	600	800	1,500	4,000	12,000
105	Joe Nuxhall DP	10	20	30	50	200	500		
106	Johnny Antonelli	6	10	15	40	60	100	250	
107	Danny O'Connell DP	8	12	20	30	50	80	400	
108	Bob Porterfield DP	5	6	15	25	30	50	120	1,500
109	Alvin Dark	20	30	50	80	120	200	600	
110	Herman Wehmeier DP	8	12	20	30	50	80	250	1,200
111	Hank Sauer DP	12	20	30	50	80	100	150	2,000
112	Ned Garver DP	10	15	25	40	60	100	250	
113	Jerry Priddy	12	20	30	50	80	120	400	
114	Phil Rizzuto	100	150	200	300	500	1,000	2,500	
115	George Spencer	5	8	25	30	50	60	250	
116	Frank Smith DP	12	20	30	50	80	120	300	
117	Sid Gordon DP	15	25	40	60	100	150	400	
118	Gus Bell DP	8	12	20	30	50	100	250	1,200
119	Johnny Sain SP	20	30	50	80	120	200	600	
120	Davey Williams	8	12	20	25	50	60	500	
121	Walt Dropo	6	10	15	40	50	150	300	
122	Elmer Valo	12	20	30	50	80	120	300	
123	Tommy Byrne DP	6	10	15	25	30	60	150	1,200
124	Sibby Sisti DP	10	15	25	40	60	100	250	

#	Player	GD 2	VG 3	VgEx 4	EX 5	ExMt 6	NM 7	NmMt 8	MT 9
125	Dick Williams DP	20	30	50	80	120	200	500	
126	Bill Connelly DP RC	6	10	15	25	40	60	300	
127	Clint Courtney DP RC	8	12	20	30	50	80	150	
128	Wilmer Mizell DP	5	6	10	30	50	100	400	
129	Keith Thomas RC	8	12	20	30	50	120	300	
130	Turk Lown DP	15	25	40	60	100	150	800	
131	Harry Byrd DP RC	6	10	15	25	40	50	120	
132	Tom Morgan	15	25	40	60	100	200	400	
133	Gil Coan	5	8	12	20	40	80	200	
134	Rube Walker	8	12	20	40	60	100	800	
135	Al Rosen DP	6	10	15	30	60	120	500	
136	Ken Heintzelman DP	5	6	10	25	50	100	150	
137	John Rutherford DP	8	12	25	30	40	60	400	
138	George Kell	30	50	80	120	200	300	800	
139	Sammy White	12	20	30	50	80	120	200	
140	Tommy Glaviano	15	25	40	60	100	250		
141	Allie Reynolds DP	15	25	40	60	100	150		
142	Vic Wertz	10	15	25	40	60	100	500	
143	Billy Pierce	15	25	40	60	80	150	500	
144	Bob Schultz DP	5	6	10	25	40	60	250	
145	Harry Dorish DP	10	15	25	40	60	100	250	
146	Granville Hamner	12	20	30	50	80	200		
147	Warren Spahn	120	200	250	400	600	1,000	2,000	
148	Mickey Grasso	5	8	12	20	40	100	200	
149	Dom DiMaggio DP	25	40	60	100	150	250	600	
150	Harry Simpson DP	8	12	20	30	50	80	250	
151	Hoyt Wilhelm	30	50	80	120	200	300	800	
152	Bob Adams DP	12	20	30	50	80	120	400	
153	Andy Seminick DP	6	10	15	25	40	80	300	
154	Dick Groat	20	30	50	80	120	1,000		
155	Dutch Leonard	6	10	15	30	40	100	250	
156	Jim Rivera DP RC	8	12	20	30	50	80	120	1,200
157	Bob Addis DP	12	20	30	50	80	200		
158	Johnny Logan RC	15	25	40	60	100	150	400	1,200
159	Wayne Terwilliger DP	10	15	25	40	60	200	600	
160	Bob Young	8	12	20	30	50	80	300	1,200
161	Vern Bickford DP	5	6	10	30	50	150	300	
162	Ted Kluszewski	20	30	50	80	120	200	500	
163	Fred Hatfield DP	8	12	20	30	50	80	500	1,500
164	Frank Shea DP	12	20	30	50	80	200		
165	Billy Hoeft	5	8	12	40	50	200	400	
166	Billy Hunter RC	8	12	20	30	50	80	200	
167	Art Schult RC	10	15	25	40	60	100	200	1,200
168	Willard Schmidt RC	10	15	25	40	60	100	250	
169	Dizzy Trout	12	20	30	50	80	120	250	1,200
170	Bill Werle	10	15	25	40	60	100	200	1,200
171	Bill Glynn RC	5	6	10	25	30	50	200	
172	Rip Repulski RC	12	20	30	50	80	120	800	
173	Preston Ward	6	10	15	25	40	60	120	1,200
174	Billy Loes	10	15	25	30	40	100	400	
175	Ron Kline RC	6	10	15	25	50	100		
176	Don Hoak RC	12	20	30	50	80	120	200	2,000
177	Jim Dyck RC	10	15	25	40	60	100	250	
178	Jim Waugh RC	5	6	10	25	30	60	200	1,500
179	Gene Hermanski	10	15	25	40	60	100	250	
180	Virgil Stallcup	12	20	30	50	80	120	300	1,200
181	Al Zarilla	6	10	15	25	40	80	250	1,200
182	Bobby Hofman	6	10	15	25	40	60	120	
183	Stu Miller RC	10	15	25	40	60	100	300	
184	Hal Brown RC	12	20	30	50	80	120	250	1,200
185	Jim Pendleton RC	12	20	30	50	80	120	250	
186	Charlie Bishop RC	6	10	15	25	40	50	150	1,200
187	Jim Fridley	5	6	15	25	30	50	200	1,200
188	Andy Carey RC	15	25	40	60	100	150	400	
189	Ray Jablonski RC	10	15	25	40	60	100	150	1,200
190	Dixie Walker CO	5	6	10	25	40	60	200	
191	Ralph Kiner	50	80	120	200	300	500	1,500	

#	Player	GD 2	VG 3	VgEx 4	EX 5	ExMt 6	NM 7	NmMt 8	MT 9
192	Wally Westlake	8	12	20	30	50	100	200	1,200
193	Mike Clark RC	10	15	25	40	60	100	200	
194	Eddie Kazak	6	10	15	25	40	50	150	
195	Ed McGhee RC	6	10	15	25	40	60	150	
196	Bob Keegan RC	10	15	25	40	60	100	150	1,200
197	Del Crandall	15	25	40	60	100	150	400	
198	Forrest Main	8	12	20	30	50	80	200	
199	Marion Fricano RC	10	15	25	40	60	100	250	
200	Gordon Goldsberry	10	15	25	40	60	100	150	1,200
201	Paul LaPalme	10	15	25	40	60	100	300	
202	Carl Sawatski RC	5	8	12	30	40	60	200	1,200
203	Cliff Fannin	10	15	25	40	60	100	250	
204	Dick Bokelman RC	5	6	10	15	30	60	150	2,000
205	Vern Benson RC	6	10	15	25	40	60	250	
206	Ed Bailey RC	8	12	20	30	50	80	200	
207	Whitey Ford	100	150	250	400	600	1,000	2,500	4,000
208	Jim Wilson	8	12	20	30	50	80	120	1,200
209	Jim Greengrass RC	6	10	15	25	40	60	200	1,200
210	Bob Cerv RC	15	25	40	60	100	150	600	
211	J.W. Porter RC	8	12	20	30	50	80	150	150
212	Jack Dittmer RC	6	10	15	25	40	60		
213	Ray Scarborough	15	25	40	60	100	150	400	
214	Bill Bruton RC	5	6	10	25	30	60	150	
215	Gene Conley RC	10	15	25	40	60	100	400	
216	Jim Hughes RC	8	12	20	30	40	80	300	
217	Murray Wall RC	15	25	40	60	100	150	400	
218	Les Fusselman	5	6	20	25	50	120	200	
219	Pete Runnels	10	15	25	40	60	100	200	
220	Satchel Paige	800	1,200	1,500	2,500	5,000	6,000	15,000	40,000
221	Bob Milliken RC	8	12	20	60	80	200	500	
222	Vic Janowicz DP RC	20	30	50	60	80	300		
223	Johnny O'Brien DP RC	6	10	15	40	50	100	300	
224	Lou Sleater DP	12	20	30	50	80	100	400	
225	Bobby Shantz	20	30	50	80	120	150	400	
226	Ed Erautt	8	12	20	50	60	100	400	
227	Morris Martin	8	12	20	50	60	150	400	
228	Hal Newhouser	80	120	200	300	500	800	2,000	
229	Rocky Krsnich RC	8	12	20	50	100	200	500	
230	Johnny Lindell DP	12	20	30	50	60	150	500	1,200
231	Solly Hemus DP	12	20	30	50	80	120	500	
232	Dick Kokos	15	25	40	60	100	200	400	
233	Al Aber RC	8	12	20	30	80	250	600	
234	Ray Murray DP	15	25	40	60	100	150	250	1,200
235	John Hetki DP RC	6	10	15	40	50	150	400	
236	Harry Perkowski DP	15	25	40	60	100	150	800	
237	Clarence Podbielan DP	10	15	25	40	60	200	500	
238	Cal Hogue DP RC	10	15	25	50	80	150	500	
239	Jim Delsing	12	20	30	50	60	150	400	
240	Freddie Marsh	12	20	30	50	80	250	500	
241	Al Sima DP	10	15	25	40	60	100	200	2,000
242	Charlie Silvera	20	30	50	80	120	200	500	
243	Carlos Bernier DP RC	12	20	30	50	80	120	500	
244	Willie Mays	2,500	5,000	6,000	8,000	10,000	20,000		
245	Bill Norman CO	10	15	25	50	100	250		
246	Roy Face DP RC	20	30	50	80	120	400	800	
247	Mike Sandlock DP RC	12	20	25	30	50	120	300	
248	Gene Stephens DP RC	15	25	40	60	100	150	500	
249	Eddie O'Brien RC	15	25	40	60	100	200	3,000	1,200
250	Bob Wilson RC	25	40	60	100	150	250	600	
251	Sid Hudson	20	30	50	80	200	250		
252	Henry Foiles RC	10	15	25	60	100	200	600	
254	Preacher Roe DP	25	40	60	100	150	300	500	
255	Dixie Howell	60	100	150	250	400	600	1,500	
256	Les Peden RC	20	30	50	80	120	200	500	
257	Bob Boyd RC	15	25	40	100	120	200	400	
258	Jim Gilliam RC	100	150	250	400	600	1,200	3,000	
259	Roy McMillan DP	12	20	30	50	80	200		

		GD 2	VG 3	VgEx 4	EX 5	ExMt 6	NM 7	NmMt 8	MT 9
260	Sam Calderone RC	12	20	30	50	100	300		
262	Bob Oldis RC	8	12	20	60	80	300	600	
263	Johnny Podres RC	80	120	200	300	500	1,000	2,000	
264	Gene Woodling DP	15	25	40	60	80	250	600	
265	Jackie Jensen	25	40	60	100	150	250	500	
266	Bob Cain	8	12	20	60	80	200	600	
269	Duane Pillette	15	25	40	50	100	300	500	
270	Vern Stephens	20	30	50	80	120	200	400	
272	Bill Antonello RC	10	15	40	50	80	300	500	
273	Harvey Haddix RC	50	80	120	200	300	500		
274	John Riddle CO	25	40	60	100	150	500		
276	Ken Raffensberger	50	80	120	200	300	500	1,200	
277	Don Lund RC	25	40	60	100	150	250	600	
278	Willie Miranda RC	30	50	80	120	200	600		
279	Joe Coleman DP	12	20	30	50	80	120	400	
280	Milt Bolling RC	80	120	200	300	500			

1954 Bowman

		GD 2	VG 3	VgEx 4	EX 5	ExMt 6	NM 7	NmMt 8	MT 9
1	Phil Rizzuto	30	50	80	120	200	300	1,200	
2	Jackie Jensen	5	6	10	15	25	60	300	
3	Marion Fricano	5	6	10	15	25	40	120	
4	Bob Hooper	5	5	5	8	12	15	60	300
5	Billy Hunter	5	6	10	15	25	40	100	
6	Nellie Fox	20	30	50	80	120	200	500	
7	Walter Dropo	5	8	12	20	30	50	120	
8	Jim Busby	5	5	5	8	12	25	80	
9	Dave Williams	5	5	5	8	12	30	60	
10	Carl Erskine	12	20	30	50	80	120	300	
11	Sid Gordon	5	5	5	8	12	20	50	400
12A	Roy McMillan 551/1290 At Bat	5	5	5	8	12	15	50	250
12B	Roy McMillan 557/1296 At Bat	5	5	6	10	15	25	150	
13	Paul Minner	5	5	5	8	12	20	30	50	300
14	Gerry Staley	5	5	5	8	12	25	50	
15	Richie Ashburn	25	40	60	80	100	150	400	
16	Jim Wilson	5	6	10	15	25	40	100	
17	Tom Gorman	5	5	5	8	12	25	50	400
18	Hoot Evers	5	5	5	8	12	30	80	300
19	Bobby Shantz	5	5	5	8	12	20	50	
20	Art Houtteman	5	8	12	20	30	50	80	300
21	Vic Wertz	5	8	12	20	30	50	120	
22A	Sam Mele 213/1661 Putouts	5	5	5	8	12	15	50	400
22B	Sam Mele 217/1665 Putouts	5	5	6	10	15	25	200	
23	Harvey Kuenn RC	6	10	15	25	40	60	100	500
24	Bob Porterfield	5	5	6	10	15	40	100	
25A	Wes Westrum 1.000/.987	5	5	6	10	15	30		
25B	Wes Westrum .982/.986	5	5	5	8	12	40		
26A	Billy Cox 1.000/.960	5	5	6	10	15	30	150	
26B	Billy Cox .972/.960	5	5	5	8	12	20	40	150
27	Dick Cole RC	5	5	5	8	12	30	60	250
28A	Jim Greengrass Addison, NJ	5	5	5	8	12	15	50	250
28B	Jim Greengrass Addison, NY	5	5	5	8	12	15	50	
29	Johnny Klippstein	5	8	12	20	30	50	80	400
30	Del Rice	5	5	5	8	12	25	30	300
31	Smoky Burgess	5	5	8	12	20	30	50	300
32	Del Crandall	5	5	5	8	12	20	60	300
33A	Vic Raschi No Trade	5	5	8	12	20	50	150	
33B	Vic Raschi Traded to St.Louis	5	6	10	15	25	80	600	
34	Sammy White	5	5	5	8	12	25	50	400
35A	Eddie Joost Quiz Answer is 8	5	5	5	8	12	15	50	300
35B	Eddie Joost Quiz Answer is 33	5	5	6	10	15	25		
36	George Strickland	5	5	6	10	15	25	50	250
37	Dick Kokos	5	5	8	12	20	30	50	250
38A	Minnie Minoso .895/.961	5	6	10	15	20	30	80	500
38B	Minnie Minoso .963/.963	5	6	10	15	25	40	250	
39	Ned Garver	5	5	8	12	20	30	50	300

		GD 2	VG 3	VgEx 4	EX 5	ExMt 6	NM 7	NmMt 8	MT 9
40	Gil Coan	5	5	5	8	12	25	50	
41A	Alvin Dark .986/.960	5	5	5	8	12	25	80	400
41B	Alvin Dark .968/.960	5	5	6	10	15	30		
42	Billy Loes	5	6	10	15	25	40	80	400
43A	Bob Friend 20 Shutouts in Quiz	5	5	5	8	12	25	80	
43B	Bob Friend 16 Shutouts in Quiz	5	5	6	10	15	40	120	
44	Harry Perkowski	5	5	5	8	12	25	50	300
45	Ralph Kiner	15	25	40	60	100	150	400	
46	Rip Repulski	5	5	5	8	12	20	25	50	300
47A	Granny Hamner .970/.953	5	5	5	8	12	15	60	300
47B	Granny Hamner .953/.951	5	5	5	8	12	20	30	120
48	Jack Dittmer	5	5	5	8	12	25	80	
49	Harry Byrd	5	6	10	15	25	40	60	
50	George Kell	10	15	25	40	60	100	150	400
51	Alex Kellner	5	8	12	20	30	50	80	300
52	Joe Ginsberg	5	6	10	15	25	40	60	400
53A	Don Lenhardt .969/.984	5	5	5	8	12	15	50	300
53B	Don Lenhardt .966/.983	5	5	5	8	12	60		
54	Chico Carrasquel	5	5	6	10	15	25	40	60	300
55	Jim Delsing	5	5	5	8	12	25	50	250
56	Maurice McDermott	5	5	6	10	15	25	60	
57	Hoyt Wilhelm	15	25	40	60	100	150	250	600
58	Pee Wee Reese	30	50	80	120	200	300	500	2,000
59	Bob Schultz	5	5	5	8	12	25	50	300
60	Fred Baczewski RC	5	6	10	15	25	50	250	
61A	Eddie Miksis .954/.962	5	5	5	8	12	15	50	300
61B	Eddie Miksis .954/.961	5	5	6	10	15	25	120	
62	Enos Slaughter	15	25	40	60	100	150	300	800
63	Earl Torgeson	6	10	15	25	40	60	100	250
64	Eddie Mathews	60	80	100	150	200	400	600	2,000
65	Mickey Mantle	1,200	1,500	2,000	2,500	5,000	8,000	15,000	25,000
66A	Ted Williams	1,200	1,500	2,500	4,000	5,000	8,000	15,000	
66B	Jimmy Piersall	6	10	15	25	60	100	250	
67A	Carl Scheib .306 Pct. Two Lines	5	5	5	8	12	40	200	
67B	Carl Scheib .306 Pct. One Line	5	5	6	10	15	60	300	
67C	Carl Scheib .300 Pct.	5	5	6	10	15	50	200	
68	Bobby Avila	5	5	5	8	12	30	80	
69	Clint Courtney	5	5	5	8	12	15	50	300
70	Willard Marshall	5	5	6	10	15	25	50	250
71	Ted Gray	5	8	12	20	30	50	80	300
72	Eddie Yost	5	5	5	8	12	30	60	300
73	Don Mueller	5	8	12	20	30	50	80	300
74	Jim Gilliam	10	15	25	40	60	100	250	600
75	Max Surkont	5	5	5	8	12	20	50	
76	Joe Nuxhall	5	5	5	8	12	40	60	250
77	Bob Rush	5	5	5	8	12	25	50	300
78	Sal Yvars	5	5	5	8	12	25	50	300
79	Curt Simmons	5	8	12	20	30	50	120	
80A	Johnny Logan 106 Runs	5	5	5	8	12	25	60	
80B	Johnny Logan 100 Runs	5	5	6	10	15	25	150	
81A	Jerry Coleman 1.000/.975	5	5	8	12	20	40	500	
81B	Jerry Coleman .952/.975	5	6	10	15	25	60	500	
82A	Bill Goodman .965/.986	5	5	6	10	15	30	80	400
82B	Bill Goodman .972/.985	5	5	8	12	20	40	120	
83	Ray Murray	5	5	5	8	12	30	50	300
84	Larry Doby	40	60	100	150	250	400	600	1,500
85A	Jim Dyck .926/.956	5	5	5	8	12	15	60	
85B	Jim Dyck .947/.960	5	5	6	10	15	25	100	
86	Harry Dorish	5	5	5	8	12	40	50	300
87	Don Lund	5	5	5	8	12	20	50	300
88	Tom Umphlett RC	5	5	5	8	12	15	50	
89	Willie Mays	500	600	800	1,000	1,500	5,000	8,000	12,000
90	Roy Campanella	50	80	120	200	250	400	800	800
91	Cal Abrams	5	5	5	8	12	25	50	300
92	Ken Raffensberger	5	5	5	8	12	15	50	300
93A	Bill Serena .983/.966	5	5	5	8	12	15	60	300
93B	Bill Serena .977/.966	5	5	6	10	15	25	120	

#	Card	GD 2	VG 3	VgEx 4	EX 5	ExMt 6	NM 7	NmMt 8	MT 9
94A	Solly Hemus 476/1343	5	5	5	8	12	15	50	300
94B	Solly Hemus 477/1343	5	5	6	10	15	25	150	
95	Robin Roberts	15	25	40	60	100	150	300	800
96	Joe Adcock	5	5	8	12	20	30	100	
97	Gil McDougald	5	8	12	20	30	50	120	500
98	Ellis Kinder	5	5	8	12	20	25	60	400
99A	Peter Suder .985/.974	5	5	5	8	12	15	50	300
99B	Peter Suder .978/.974	5	5	6	10	15	40	200	
100	Mike Garcia	5	5	8	12	20	25	50	
101	Don Larsen RC	25	40	60	100	150	250	400	1,000
102	Billy Pierce	5	5	8	12	20	40	60	300
103A	Stephen Souchock 144/1192	5	5	5	8	12	15	50	250
103B	Stephen Souchock 147/1195	5	5	6	10	15	25	120	
104	Frank Shea	5	5	5	8	12	25	50	300
105A	Sal Maglie Quiz Answer is 8	5	5	5	8	12	25	150	
105B	Sal Maglie Quiz Answer is 1904	5	5	8	12	20	30		
106	Clem Labine	5	6	10	15	25	50	80	400
107	Paul LaPalme	5	5	5	8	12	25	50	300
108	Bobby Adams	5	5	5	8	12	25	50	300
109	Roy Smalley	5	5	6	10	15	40	60	300
110	Red Schoendienst	12	20	30	50	80	120	300	
111	Murry Dickson	5	5	8	12	20	25	80	
112	Andy Pafko	5	6	10	15	25	40	100	
113	Allie Reynolds	8	12	20	30	50	80	120	600
114	Willard Nixon	5	5	8	12	20	30	50	300
115	Don Bollweg	5	5	5	8	12	25	50	250
116	Luke Easter	5	5	5	8	12	30	100	
117	Dick Kryhoski	5	5	6	10	15	25	50	400
118	Bob Boyd	5	5	5	8	12	15	50	400
119	Fred Hatfield	5	5	8	12	20	30	50	400
120	Mel Hoderlein RC	5	5	5	8	12	20	50	200
121	Ray Katt RC	5	5	5	8	12	15	60	
122	Carl Furillo	10	15	25	40	60	100	150	600
123	Toby Atwell	5	5	5	8	12	15	50	400
124A	Gus Bell 15/27 Errors	5	5	5	8	12	15	50	500
124B	Gus Bell 11/26 Errors	5	5	6	10	15	25	120	
125	Warren Hacker	5	5	8	12	20	30	50	250
126	Cliff Chambers	5	5	5	8	12	25	50	400
127	Del Ennis	5	5	8	12	20	25	50	
128	Ebba St.Claire	5	5	5	8	12	30	50	400
129	Hank Bauer	15	25	40	60	100	150	1,200	
130	Milt Bolling	5	5	5	8	12	40	150	
131	Joe Astroth	5	5	5	8	12	25	200	
132	Bob Feller	50	80	120	200	300	500	800	
133	Duane Pillette	5	5	5	8	12	30	50	
134	Luis Aloma	5	5	5	8	12	25	60	
135	Johnny Pesky	5	5	5	8	12	30	80	
136	Clyde Vollmer	5	5	5	8	15	60	300	
137	Al Corwin	5	5	5	8	12	25	80	
138A	Gil Hodges .993/.991	10	15	25	40	60	100	600	
138B	Gil Hodges .992/.991	10	15	25	40	60	100	600	
139A	Preston Ward .961/.992	5	5	5	8	12	40	300	
139B	Preston Ward .990/.992	5	5	6	10	15	60		
140A	Saul Rogovin 7-12 W-L 2 K's	5	8	12	20	30	80		
140B	Saul Rogovin 7-12 W-L 62 K's	5	8	12	20	30			
140C	Saul Rogovin 8-12 W-L	5	8	12	20	30	80	150	
141	Joe Garagiola	6	10	15	25	50	60	150	
142	Al Brazle	5	5	5	8	12	20	60	
143	Willie Jones	5	5	5	8	12	40	150	350
144	Ernie Johnson RC	5	5	8	12	20	30	250	
145A	Billy Martin .985/.983	10	15	25	40	60	100	400	
145B	Billy Martin .983/.982	10	15	25	40	60	120	400	
146	Dick Gernert	5	8	12	20	30	50	80	300
147	Joe DeMaestri	5	5	5	8	12	20	80	
148	Dale Mitchell	5	5	6	10	15	30	100	
149	Bob Young	5	6	10	15	25	40	200	
150	Cass Michaels	5	5	5	8	12	25	150	
151	Pat Mullin	5	5	5	8	12	25	150	
152	Mickey Vernon	5	6	10	15	25	100		
153A	Whitey Lockman 100/331	5	6	10	15	25			
153B	Whitey Lockman 102/333	5	8	12	20	30			
154	Don Newcombe	20	30	50	80	120	200	500	
155	Frank Thomas RC	5	5	6	10	15	40	120	
156A	Rocky Bridges 320/467	5	5	5	8	12	40	150	
156B	Rocky Bridges 328/475	5	5	6	10	15	40	300	
157	Omar Lown	5	5	5	8	12	30	250	
158	Stu Miller	6	10	15	25	40	60	400	
159	John Lindell	5	5	5	8	12	50	450	
160	Danny O'Connell	5	5	6	10	15	150		
161	Yogi Berra	120	200	250	300	500	800	1,200	3,000
162	Ted Lepcio	5	5	8	12	20	25	60	300
163A	Dave Philley No Trade 152 Games	5	5	6	10	15	40	120	
163B	Dave Philley Traded 152 Games	5	5	8	12	20	50	150	
163C	Dave Philley Traded 157 Games	5	6	10	15	25	50	150	
164	Early Wynn	12	20	30	50	80	200	500	
165	Johnny Groth	5	5	5	8	12	30	50	250
166	Sandy Consuegra	5	5	5	8	12	15	50	
167	Billy Hoeft	5	5	5	8	12	25	60	350
168	Ed Fitzgerald	5	5	5	8	12	25	60	
169	Larry Jansen	5	5	5	8	12	25	60	350
170	Duke Snider	50	60	100	150	250	400	800	2,000
171	Carlos Bernier	5	8	12	20	30	50	120	300
172	Andy Seminick	5	5	8	12	20	30	50	400
173	Dee Fondy	5	5	5	8	12	25	50	300
174A	Pete Castiglione .966/.959	5	5	5	8	12	15	60	300
174B	Pete Castiglione .970/.959	5	5	5	8	12	20	80	
175	Mel Clark	5	5	5	8	12	25	60	350
176	Vern Bickford	5	5	5	8	12	25	80	350
177	Whitey Ford	50	80	100	150	200	400	800	2,500
178	Del Wilber	5	5	6	10	15	25	50	
179A	Morris Martin 44 ERA	5	5	5	8	12	15	50	
179B	Morris Martin 4.44 ERA	5	5	5	8	12	25	80	
180	Joe Tipton	5	5	5	8	12	25	50	250
181	Les Moss	5	5	5	8	12	25	50	350
182	Sherm Lollar	5	5	6	10	15	25	50	
183	Matt Batts	5	5	5	8	12	25	50	300
184	Mickey Grasso	5	5	8	12	20	25	60	
185A	Daryl Spencer .941/.944 RC	5	5	5	8	12	15	50	300
185B	Daryl Spencer .933/.936	5	5	6	10	15	25		
186	Russ Meyer	5	5	8	12	20	30	80	
187	Vern Law	6	10	15	25	40	80	200	
188	Frank Smith	5	5	6	10	15	20	50	350
189	Randy Jackson	5	5	5	8	12	25	50	350
190	Joe Presko	5	5	5	8	12	25	50	350
191	Karl Drews	5	5	5	8	12	25	50	250
192	Lew Burdette	5	5	8	12	20	30	120	500
193	Eddie Robinson	5	6	10	15	25	120	200	
194	Sid Hudson	5	5	8	12	20	30	100	
195	Bob Cain	5	5	8	12	20	25	50	250
196	Bob Lemon	12	20	30	50	80	120	200	500
197	Lou Kretlow	5	6	10	15	25	40	60	250
198	Virgil Trucks	5	5	8	12	20	25	50	300
199	Steve Gromek	5	5	5	8	12	30	50	250
200	Conrado Marrero	5	5	5	8	12	25	60	300
201	Bob Thomson	6	10	15	25	40	60	150	
202	George Shuba	5	5	6	10	15	40	120	
203	Vic Janowicz	5	5	5	8	12	30	100	
204	Jack Collum RC	5	5	5	8	12	15	60	300
205	Hal Jeffcoat	5	6	10	15	25	40	60	
206	Steve Bilko	5	5	8	12	20	25	60	250
207	Stan Lopata	5	8	12	20	30	50	80	250
208	Johnny Antonelli	5	5	5	8	12	15	60	300
209	Gene Woodling	6	10	15	25	40	60	200	
210	Jimmy Piersall	6	10	15	25	40	60	120	

		GD 2	VG 3	VgEx 4	EX 5	ExMt 6	NM 7	NmMt 8	MT 9
211	Al Robertson RC	5	5	5	8	12	15	60	350
212A	Owen Friend .964/.957	5	5	5	8	12	25	80	300
212B	Owen Friend .967/.958	5	5	6	10	15	30	100	350
213	Dick Littlefield	5	5	5	8	12	25	50	350
214	Ferris Fain	5	5	5	8	12	20	50	250
215	Johnny Bucha	5	5	5	8	12	15	60	300
216A	Jerry Snyder .988/.988	5	5	5	8	12	25	80	300
216B	Jerry Snyder .968/.968	5	5	5	8	12	25	80	
217A	Henry Thompson .956/.951	5	6	10	15	25	60	350	
217B	Henry Thompson .958/.952	5	8	12	20	30	80	450	
218	Preacher Roe	15	25	40	60	100	150	400	
219	Hal Rice	5	5	5	8	12	25	50	350
220	Hobie Landrith RC	5	5	5	8	12	15	60	
221	Frank Baumholtz	5	5	5	8	12	25	50	400
222	Memo Luna RC	5	5	5	8	12	40	80	250
223	Steve Ridzik	5	5	5	8	12	20	80	250
224	Bill Bruton	5	6	10	15	25	80	300	

1954 Braves Johnston Cookies

		GD 2	VG 3	VgEx 4	EX 5	ExMt 6	NM 7	NmMt 8	MT 9
1	Del Crandall	5	8	12	15	20	30	100	
3	Jim Pendleton	5	8	12	15	20	40	60	
4	Danny O'Connell	5	8	12	15	20	30	100	200
5	Hank Aaron	250	300	350	600	1,200	2,500	3,000	
6	Jack Dittmer	5	8	12	15	20	30	80	
9	Joe Adcock	5	8	12	15	20	30	60	
10	Bob Buhl	5	8	12	15	20	30	80	200
11	Phil Paine	5	8	12	15	20	30	100	200
12	Ben Johnson	5	8	12	15	20	30	60	
13	Sibbi Sisti	5	8	12	15	20	30	60	
15	Charles Gorin	5	8	12	15	20	30	60	
16	Chet Nichols	5	8	12	15	20	30	60	
17	Dave Jolly	5	8	12	15	20	30	120	
19	Jim Wilson	5	8	12	15	20	30	100	
20	Ray Crone	5	8	12	15	20	30		
21	Warren Spahn	15	25	35	50	100	150	350	
22	Gene Conley	5	8	12	15	20	30	80	
23	Johnny Logan	5	8	12	15	20	30		
24	Charlie White	5	8	12	15	20	30	120	
27	George Metkovich	5	8	12	15	20	30	80	
28	Johnny Cooney CO	5	8	12	15	20	30	60	
29	Paul Burris	5	8	12	15	20	30	60	200
31	Bucky Walters CO	5	8	12	15	20	30	60	200
32	Ernie Johnson	5	8	12	15	20	30	60	
33	Lou Burdette	5	8	12	15	20	30	100	
34	Bobby Thomson SP	50	75	100	150	300	400		
35	Bob Keely	5	8	12	15	20	30		
38	Bill Bruton	5	8	12	15	20	30	60	
40	Charlie Grimm MG	5	8	12	15	20	30	60	200
41	Eddie Mathews	15	25	35	50	80	300		
42	Sam Calderone	5	8	12	15	20	30	60	200
47	Joey Jay	5	8	12	15	20	30	80	
48	Andy Pafko	5	8	12	15	20	30	100	
49	Dr. Charles Lacks (Unnumbered)	5	8	12	15	20	30	60	
50	Joseph F. Taylor (Unnumbered)	5	8	12	15	20	30	80	

1954 Dan-Dee

		GD 2	VG 3	VgEx 4	EX 5	ExMt 6	NM 7	NmMt 8	MT 9
1	Bobby Avila	10	15	25	40	60	150	450	
2	Hank Bauer	15	25	40	80	150	250	600	
3	Walker Cooper SP	30	150	300	350	400	450		
4	Larry Doby	20	30	50	80	120	250	800	
5	Luke Easter	10	15	25	120	150	250	300	
6	Bob Feller	30	100	150	200	250	400	1,500	
7	Bob Friend	10	15	25	40	150	200	400	

		GD 2	VG 3	VgEx 4	EX 5	ExMt 6	NM 7	NmMt 8	MT 9
8	Mike Garcia	10	15	25	40	60	150	300	
9	Sid Gordon	10	15	25	40	60	150	500	
10	Jim Hegan	10	15	25	40	60	150	300	
11	Gil Hodges	30	100	120	150	200	300	1,200	
12	Art Houtteman	10	15	25	40	60	150	400	
13	Monte Irvin	15	25	40	80	100	300	500	
14	Paul LaPalme	10	15	25	60	80	300	400	
15	Bob Lemon	15	25	40	60	100	225	500	
16	Al Lopez MG	10	15	25	40	60	200		
17	Mickey Mantle	1,200	2,000	3,000	5,000	8,000	12,000	20,000	
18	Dale Mitchell	10	15	25	40	80	150	300	
19	Phil Rizzuto	25	60	100	120	150	400		
20	Curt Roberts	10	15	25	40	60	150	500	
21	Al Rosen	12	20	30	50	60	175	400	
22	Red Schoendienst	15	25	40	80	120	250	600	
23	Paul Smith SP	30	50	80	120	200	300	800	
24	Duke Snider	50	100	120	200	375	600	1,500	
25	George Strickland	10	15	25	40	60	150	300	
26	Max Surkont	10	15	25	40	60	150	500	
27	Frank Thomas	12	20	30	50	80	200	500	
28	Wally Westlake	10	15	25	40	60	150	300	
29	Early Wynn	15	25	40	60	150	225	500	

1954 Red Heart

		GD 2	VG 3	VgEx 4	EX 5	ExMt 6	NM 7	NmMt 8	MT 9
NNO	Richie Ashburn SP	15	25	40	60	100	150	500	
NNO	Frank Baumholtz SP	5	8	12	20	30	100	150	
NNO	Gus Bell	5	8	12	20	30	50	250	700
NNO	Billy Cox	5	8	12	20	40	50	150	500
NNO	Alvin Dark	5	8	12	20	30	50	150	
NNO	Carl Erskine SP	10	15	25	40	120	200	500	
NNO	Ferris Fain	5	8	12	20	30	50	200	
NNO	Dee Fondy	5	8	12	20	30	150	200	
NNO	Nellie Fox	12	20	30	50	80	200	250	
NNO	Jim Gilliam	6	10	15	25	40	80	150	800
NNO	Jim Hegan SP	5	8	12	20	30	80	225	
NNO	George Kell	6	10	15	25	40	60	150	
NNO	Ralph Kiner SP	8	12	20	30	50	150	300	
NNO	Ted Kluszewski SP	8	12	20	100	120	150	300	1,000
NNO	Harvey Kuenn	5	8	12	20	30	50	150	500
NNO	Bob Lemon SP	8	12	20	30	50	100	400	
NNO	Sherman Lollar	5	8	12	20	30	50	135	
NNO	Mickey Mantle	800	1,000	1,200	1,500	2,500	4,000	5,000	20,000
NNO	Billy Martin	8	12	20	30	100	150	400	1,000
NNO	Gil McDougald SP	6	10	15	25	50	80	250	800
NNO	Roy McMillan	5	8	12	20	30	60	120	500
NNO	Minnie Minoso	6	10	15	25	40	80	300	600
NNO	Stan Musial SP	100	150	250	400	600	1,000	2,000	7,000
NNO	Billy Pierce	5	8	12	20	30	50	200	600
NNO	Al Rosen SP	6	10	15	25	40	100	300	
NNO	Hank Sauer	5	8	12	20	30	50	150	500
NNO	Red Schoendienst SP	12	20	30	50	100	200	300	
NNO	Enos Slaughter	6	10	15	25	40	150	250	800
NNO	Duke Snider	15	25	40	100	100	250	800	
NNO	Warren Spahn	10	15	25	40	60	120	350	
NNO	Sammy White	5	8	12	20	30	50	250	700
NNO	Eddie Yost	5	8	12	20	30	50	250	500
NNO	Gus Zernial	5	8	12	20	30	100	300	

1954 Red Man

		GD 2	VG 3	VgEx 4	EX 5	ExMt 6	NM 7	NmMt 8	MT 9
AL1	Bobby Avila	5	8	12	20	30	60	250	
AL2	Jim Busby	5	8	12	20	30	60	150	
AL3	Nellie Fox	10	15	25	40	60	120	400	
AL4	George Kell Boston	10	15	25	40	60	120	400	

#	Player	GD 2	VG 3	VgEx 4	EX 5	ExMt 6	NM 7	NmMt 8	MT 9
AL4	George Kell Chicago	12	20	30	50	80	150		
AL5	Sherman Lollar	5	8	12	20	30	60	150	
AL6	Sam Mele Baltimore	6	10	15	25	40	80	200	
AL6	Sam Mele Chicago	10	15	25	40	60	120		
AL7	Minnie Minoso	6	10	15	25	40	80		
AL8	Mel Parnell	5	8	12	20	30	60	150	
AL9	Dave Philley Cleveland	6	10	15	25	40	80	200	
AL9	Dave Philley Philadelphia	10	15	25	40	60	120	300	
AL10	Billy Pierce	5	8	12	20	30	60	150	
AL11	Jimmy Piersall	6	10	15	25	40	80	200	
AL12	Al Rosen	6	10	15	25	40	80	200	
AL13	Mickey Vernon	5	8	12	20	30	60	150	
AL14	Sammy White	5	8	12	20	30	60	150	
AL15	Gene Woodling	6	10	15	25	40	80	200	
AL16	Whitey Ford	15	25	40	60	80	200	500	
AL17	Phil Rizzuto	12	20	30	50	80	150	500	
AL18	Bob Porterfield	5	8	12	20	30	60	150	
AL19	Chico Carrasquel	5	8	12	20	30	60	150	
AL20	Yogi Berra	15	25	40	80	100	200	600	
AL21	Bob Lemon	6	10	15	25	40	80	200	
AL22	Ferris Fain	5	8	12	20	30	60	150	
AL23	Hank Bauer	6	10	15	25	40	80	200	
AL24	Jim Delsing	5	8	12	20	30	60	150	
AL25	Gil McDougald	6	10	15	25	40	80	250	
NL1	Richie Ashburn	10	15	25	40	60	120	400	
NL2	Billy Cox	6	10	15	25	40	80	200	
NL3	Del Crandall	5	8	12	20	30	60	150	
NL4	Carl Erskine	6	10	15	25	40	80	250	
NL5	Monte Irvin	6	10	15	25	40	80	200	
NL6	Ted Kluszewski	8	12	20	30	50	100	250	
NL7	Don Mueller	5	8	12	20	30	60	175	
NL8	Andy Pafko	5	8	12	20	30	60	150	
NL9	Del Rice	5	8	12	20	30	60	150	
NL10	Red Schoendienst	6	10	15	25	40	80	200	
NL11	Warren Spahn	12	20	30	50	80	150		
NL12	Curt Simmons	5	8	12	20	30	60	150	
NL13	Roy Campanella	15	25	40	80	150	250	800	
NL14	Jim Gilliam	6	10	15	25	40	80	250	
NL15	Pee Wee Reese	12	20	30	50	80	150	500	
NL16	Duke Snider	12	20	30	80	100	200	600	
NL17	Rip Repulski	5	8	12	20	30	60	150	
NL18	Robin Roberts	6	10	15	25	40	80	225	
NL19	Enos Slaughter	12	20	30	50	80	150	500	
NL19	Gus Bell	10	15	25	40	60	120	400	
NL20	Johnny Logan	5	8	12	20	30	60	150	
NL21	John Antonelli	5	8	12	20	30	60	150	
NL22	Gil Hodges	10	15	25	40	60	150	400	
NL23	Eddie Mathews	12	20	30	50	100	150	400	
NL24	Lew Burdette	5	8	12	20	30	60	150	
NL25	Willie Mays	30	50	100	120	250	400	1,200	

1954 Topps

#	Player	GD 2	VG 3	VgEx 4	EX 5	ExMt 6	NM 7	NmMt 8	MT 9
1	Ted Williams	400	600	1,000	1,500	2,500	5,000	12,000	
2	Gus Zernial	5	5	8	12	20	50	250	
3	Monte Irvin	40	60	100	150	250	400	1,000	
4	Hank Sauer	8	12	20	30	50	80	120	
5	Ed Lopat	5	8	12	20	30	50	250	
6	Pete Runnels	6	10	15	25	40	60	200	800
7	Ted Kluszewski	6	10	20	30	40	80	200	1,500
8	Bob Young	6	10	15	25	40	60	100	800
9	Harvey Haddix	5	6	10	15	30	40	100	800
10	Jackie Robinson	400	600	1,000	1,500	2,500	5,000	12,000	
11	Paul Leslie Smith RC	5	5	8	12	20	40	60	400
12	Del Crandall	8	12	20	30	50	80	120	1,200
13	Billy Martin	25	40	50	60	100	200	400	
14	Preacher Roe	5	6	20	25	30	50	200	
15	Al Rosen	5	6	10	25	40	50	150	800
16	Vic Janowicz	5	6	10	15	25	50	100	
17	Phil Rizzuto	25	40	50	80	100	150	400	2,000
18	Walt Dropo	5	6	10	15	30	50	80	600
19	Johnny Lipon	5	6	10	15	25	30	100	800
20	Warren Spahn	25	50	60	80	120	250	600	1,500
21	Bobby Shantz	5	6	10	15	25	50	100	
22	Jim Greengrass	5	5	8	12	20	40	120	
23	Luke Easter	6	10	15	25	40	60	200	1,000
24	Granny Hamner	5	5	8	25	30	50	60	
25	Harvey Kuenn RC	5	12	15	25	40	60	150	
26	Ray Jablonski	5	5	8	12	25	40	150	
27	Ferris Fain	5	6	10	15	25	40	60	
28	Paul Minner	5	5	8	12	20	30	60	800
29	Jim Hegan	5	5	8	12	20	30	120	1,000
30	Eddie Mathews	50	80	120	200	300	400	800	2,500
31	Johnny Klippstein	5	5	8	12	25	30	80	800
32	Duke Snider	40	60	100	150	250	400	600	2,500
33	Johnny Schmitz	5	5	8	12	20	40	80	800
34	Jim Rivera	5	5	8	20	25	30	80	
35	Jim Gilliam	6	10	15	25	50	80	200	
36	Hoyt Wilhelm	15	25	40	60	100	150	250	1,500
37	Whitey Ford	30	50	60	80	150	250	1,500	4,000
38	Eddie Stanky MG	5	6	10	20	25	40	80	
39	Sherm Lollar	5	5	8	12	20	50	100	
40	Mel Parnell	5	5	12	15	20	40	60	600
41	Willie Jones	5	8	12	20	30	50	80	600
42	Don Mueller	5	5	8	12	20	40	80	600
43	Dick Groat	5	6	10	15	25	50	100	
44	Ned Garver	5	5	8	12	25	50	120	
45	Richie Ashburn	10	25	30	50	80	120	250	1,500
46	Ken Raffensberger	5	5	8	12	25	40	120	
47	Ellis Kinder	5	5	8	15	20	30	80	400
48	Billy Hunter	8	12	20	30	50	80	120	800
49	Ray Murray	5	5	8	12	20	25	60	
50	Yogi Berra	80	120	200	300	500	800	2,500	4,000
51	Johnny Lindell	5	6	10	20	25	100	150	
52	Vic Power RC	10	15	25	40	60	100	250	
53	Jack Dittmer	5	6	10	15	30	60	200	
54	Vern Stephens	5	8	12	20	40	60	150	
55	Phil Cavaretta MG	6	10	15	25	40	80	300	1,200
56	Willie Miranda	8	12	20	30	50	80	200	
57	Luis Aloma	8	12	20	30	50	80	120	600
58	Bob Wilson	8	12	20	30	50	80	120	600
59	Gene Conley	10	15	25	40	60	100	250	
60	Frank Baumholtz	8	12	20	30	50	80	200	
61	Bob Cain	10	15	25	40	60	100	120	1,200
62	Eddie Robinson	10	15	25	40	60	100	500	1,200
63	Johnny Pesky	15	25	40	50	80	120	500	1,200
64	Hank Thompson	10	15	25	40	60	120	800	
65	Bob Swift CO	5	6	10	15	25	60	120	
66	Ted Lepcio	10	15	20	30	50	80	120	
67	Jim Willis RC	8	12	20	30	50	80	150	600
68	Sam Calderone	6	10	15	25	40	60	100	1,200
69	Bud Podbielan	5	6	10	15	25	50	150	1,000
70	Larry Doby	80	100	150	200	300	800	1,200	3,000
71	Frank Smith	5	8	12	20	30	50	200	
72	Preston Ward	12	20	30	50	80	120	250	1,200
73	Wayne Terwilliger	6	10	15	25	40	60	150	
74	Bill Taylor RC	5	6	10	15	25	50	120	
75	Fred Haney MG RC	8	12	20	30	50	200	500	
76	Bob Scheffing CO	8	12	20	30	50	80	120	800
77	Ray Boone	8	12	20	30	50	80	120	500
78	Ted Kazanski RC	5	5	8	12	20	50	120	
79	Andy Pafko	8	12	20	30	50	80	200	
80	Jackie Jensen	12	20	30	50	80	120	500	1,200

#	Player	GD 2	VG 3	VgEx 4	EX 5	ExMt 6	NM 7	NmMt 8	MT 9
81	Dave Hoskins RC	5	8	12	20	25	100	150	600
82	Milt Bolling	5	8	12	20	30	50	120	600
83	Joe Collins	8	12	20	30	40	60	120	1,000
84	Dick Cole RC	6	10	15	25	40	60	120	
85	Bob Turley RC	12	20	30	50	80	120	200	1,000
86	Billy Herman CO	10	15	25	40	60	100	250	800
87	Roy Face	15	25	40	60	100	150	250	600
88	Matt Batts	6	10	15	25	40	60	120	600
89	Howie Pollet	8	12	20	30	50	80	120	600
90	Willie Mays	500	600	1,000	1,500	2,500	5,000	12,000	20,000
91	Bob Oldis	5	5	8	12	25	30	120	600
92	Wally Westlake	6	10	15	25	40	60	100	600
93	Sid Hudson	8	12	20	30	50	80	100	800
94	Ernie Banks RC	1,000	1,200	1,500	3,000	5,000	10,000	40,000	40,000
95	Hal Rice	6	10	15	25	40	60	150	
96	Charlie Silvera	8	12	20	30	50	80	120	1,000
97	Hal Lane RC	5	5	8	12	20	50	120	500
98	Joe Black	15	25	40	60	100	200	600	
99	Bobby Hofman	5	5	8	12	20	50	80	
100	Bob Keegan	5	5	8	25	30	50	100	
101	Gene Woodling	10	15	25	40	60	150	500	2,500
102	Gil Hodges	40	60	100	150	250	600	1,500	
103	Jim Lemon RC	5	5	8	25	30	50	250	500
104	Mike Sandlock	6	10	15	25	40	60	120	600
105	Andy Carey	10	15	25	40	60	100	250	
106	Dick Kokos	5	5	8	12	30	50	250	
107	Duane Pillette	8	12	20	30	50	80	120	800
108	Thornton Kipper RC	6	10	15	25	40	60	100	800
109	Bill Bruton	6	10	15	25	40	60	200	
110	Harry Dorish	6	10	15	25	40	60	100	400
111	Jim Delsing	6	10	15	25	40	60	150	800
112	Bill Renna RC	5	5	8	12	20	40	120	600
113	Bob Boyd	8	12	20	30	50	80	120	600
114	Dean Stone RC	8	12	20	30	50	80	200	
115	Rip Repulski	6	10	15	25	40	60	300	
116	Steve Bilko	5	8	12	20	30	60	250	
117	Solly Hemus	5	8	12	20	30	50	200	500
118	Carl Scheib	5	5	8	12	20	30	80	
119	Johnny Antonelli	6	10	15	25	40	60	100	600
120	Roy McMillan	5	8	12	20	30	50	200	
121	Clem Labine	10	15	25	40	60	100	400	
122	Johnny Logan	5	6	10	20	25	40	100	
123	Bobby Adams	8	12	20	30	50	80	150	800
124	Marion Fricano	5	8	12	20	30	50	100	800
125	Harry Perkowski	8	12	20	30	50	80	200	
126	Ben Wade	15	25	40	60	100	400		
127	Steve O'Neill MG	8	12	20	30	50	80	120	400
128	Hank Aaron RC	4,000	5,000	6,000	8,000	15,000	25,000	80,000	800,000
129	Forrest Jacobs RC	5	5	8	12	20	40	100	500
130	Hank Bauer	15	25	40	60	100	150	800	
131	Reno Bertoia RC	6	10	15	25	40	60	100	400
132	Tommy Lasorda RC	120	150	200	300	400	800	2,500	6,000
133	Del Baker CO	5	6	10	15	25	40	100	400
134	Cal Hogue	8	12	20	30	50	80	300	800
135	Joe Presko	5	6	10	15	25	40	150	
136	Connie Ryan	8	12	20	30	50	80	120	400
137	Wally Moon RC	10	15	25	40	60	100	150	800
138	Bob Borkowski	5	8	12	20	30	50	80	400
139	J.O'Brien/E.O'Brien	30	50	80	120	200	300	600	1,500
140	Tom Wright	5	8	12	20	30	50	80	300
141	Joey Jay RC	10	15	25	40	60	100	250	1,000
142	Tom Poholsky	6	10	15	25	40	60	100	500
143	Rollie Hemsley CO	8	12	20	30	50	80	120	600
144	Bill Werle	5	8	12	20	30	50	80	400
145	Elmer Valo	8	12	20	30	50	80	120	400
146	Don Johnson	6	10	15	25	40	60	100	400
147	Johnny Riddle CO	5	8	12	20	30	50	100	
148	Bob Trice RC	6	10	15	25	40	60	100	600
149	Al Robertson	5	5	8	12	20	40	200	
150	Dick Kryhoski	8	12	20	30	50	80	120	800
151	Alex Grammas RC	10	15	25	40	60	100	200	1,000
152	Michael Blyzka RC	6	10	15	25	40	60	150	
153	Rube Walker	5	6	10	15	40	50	120	1,500
154	Mike Fornieles RC	8	12	20	30	50	80	150	
155	Bob Kennedy	10	15	25	40	60	100	250	
156	Joe Coleman	5	8	12	20	30	50	250	
157	Don Lenhardt	15	25	40	60	100	150	400	
158	Peanuts Lowrey	5	8	12	20	30	50	100	600
159	Dave Philley	12	20	30	50	80	120	300	
160	Ralph Kress CO	8	12	20	30	50	80	200	
161	John Hetki	6	10	15	25	40	60	100	800
162	Herman Wehmeier	10	15	25	40	60	100	250	
163	Frank House	10	15	25	40	60	100	200	
164	Stu Miller	8	12	20	30	50	80	200	
165	Jim Pendleton	8	12	20	30	50	80	300	
166	Johnny Podres	12	20	30	50	80	150	300	
167	Don Lund	5	5	8	12	20	60	150	
168	Morrie Martin	10	15	25	40	60	100	250	
169	Jim Hughes	8	12	20	30	50	80	300	
170	Dusty Rhodes RC	5	8	12	20	30	80	400	
171	Leo Kiely	5	8	12	20	30	100	250	
172	Hal Brown RC	8	12	20	30	50	80	150	1,200
173	Jack Harshman RC	5	5	8	12	20	60	100	600
174	Tom Qualters RC	8	12	20	30	50	80	200	1,200
175	Frank Leja RC	15	25	40	60	100	150	1,000	
176	Robert Keely CO	8	12	20	30	50	80	120	600
177	Bob Milliken	5	6	10	15	25	40	100	500
178	Bill Glynn UER	6	10	15	25	40	60	100	400
179	Gair Allie RC	5	8	12	20	30	60	120	400
180	Wes Westrum	5	5	8	12	20	40	100	600
181	Mel Roach RC	6	10	15	25	40	60	100	400
182	Chuck Harmon RC	8	12	20	30	50	200	600	
183	Earle Combs CO	12	20	30	50	80	120	300	
184	Ed Bailey	8	12	20	30	50	80	200	500
185	Chuck Stobbs	6	10	15	25	40	60	100	500
186	Karl Olson	5	8	12	20	30	100	150	400
187	Heinie Manush CO	15	25	40	60	100	150	400	1,000
188	Dave Jolly RC	6	10	15	25	40	60	120	400
189	Bob Ross	10	15	25	40	60	100	150	500
190	Ray Herbert RC	10	15	25	40	60	100	250	
191	Dick Schofield RC	10	15	25	40	60	100	250	1,000
192	Ellis Deal CO	5	8	12	20	30	50	80	400
193	Johnny Hopp CO	5	8	12	20	30	50	120	600
194	Bill Sarni RC	8	12	20	30	50	80	120	600
195	Billy Consolo RC	5	5	8	12	20	80	120	
196	Stan Jok RC	8	12	20	30	50	80	200	800
197	Lynwood Rowe CO	12	20	30	50	80	120	200	600
198	Carl Sawatski	8	12	20	30	50	80	120	1,000
199	Glenn (Rocky) Nelson	5	5	8	12	20	30	80	500
200	Larry Jansen	5	5	8	25	30	120	250	1,000
201	Al Kaline RC	500	600	800	1,200	2,000	4,000	10,000	40,000
202	Bob Purkey RC	5	8	12	20	30	60	100	800
203	Harry Brecheen CO	5	8	12	20	30	50	120	1,200
204	Angel Scull RC	10	15	25	40	60	100	150	400
205	Johnny Sain	10	15	25	40	60	150	250	800
206	Ray Crone RC	8	12	20	30	50	80	200	
207	Tom Oliver CO RC	6	10	15	25	40	60	100	
208	Grady Hatton	6	10	15	25	40	60	120	400
209	Chuck Thompson RC	6	10	15	25	40	60	100	400
210	Bob Buhl RC	10	15	25	40	60	100	150	600
211	Don Hoak	8	12	20	30	50	80	250	800
212	Bob Micelotta RC	5	5	8	12	20	40	60	400
213	Johnny Fitzpatrick CO RC	5	5	8	12	30	50	250	
214	Arnie Portocarrero RC	5	8	12	20	30	50	100	600

Beckett Graded Card Price Guide

#	Player	GD 2	VG 3	VgEx 4	EX 5	ExMt 6	NM 7	NmMt 8	MT 9
215	Ed McGhee	8	10	15	25	40	60	100	400
216	Al Sima	5	5	8	12	20	30	80	800
217	Paul Schreiber CO RC	5	8	12	20	30	50	120	500
218	Fred Marsh	5	8	12	20	30	50	100	400
219	Chuck Kress RC	8	12	20	30	50	80	120	800
220	Ruben Gomez RC	5	8	12	20	30	50	120	300
221	Dick Brodowski	6	10	15	25	40	60	100	400
222	Bill Wilson RC	5	8	12	20	30	50	100	800
223	Joe Haynes CO	8	12	20	30	50	80	120	800
224	Dick Weik RC	6	10	15	25	40	60	120	
225	Don Liddle RC	6	10	15	25	40	60	150	400
226	Jehosie Heard RC	5	8	12	20	30	40	100	500
227	Buster Mills CO RC	8	12	20	30	50	250		
228	Gene Hermanski	8	12	20	30	50	80	120	400
229	Bob Talbot RC	5	5	8	12	20	40	60	400
230	Bob Kuzava	6	10	15	25	40	60	100	500
231	Roy Smalley	6	10	15	25	40	100	250	
232	Lou Limmer RC	6	10	15	25	40	60	100	400
233	Augie Galan CO	5	8	12	20	30	50	120	
234	Jerry Lynch RC	5	6	10	15	25	40	150	
235	Vern Law	8	12	20	30	50	80	150	600
236	Paul Penson RC	10	15	25	40	60	100	250	
237	Mike Ryba CO RC	10	15	25	40	60	100	150	500
238	Al Aber	5	5	8	12	20	40	100	800
239	Bill Skowron RC	20	30	50	80	120	200	500	2,500
240	Sam Mele	5	8	12	20	30	50	120	
241	Robert Miller RC	8	12	20	30	50	80	200	
242	Curt Roberts RC	5	5	8	12	20	40	300	600
243	Ray Blades CO RC	5	5	8	12	25	60	250	
244	Leroy Wheat RC	6	10	15	25	40	60	100	600
245	Roy Sievers	15	25	40	60	100	500	1,000	
246	Howie Fox	10	15	25	40	60	100	150	800
247	Ed Mayo CO	5	5	8	12	25	80	80	800
248	Al Smith RC	8	12	20	30	50	200	500	1,500
249	Wilmer Mizell	5	5	8	12	30	60	250	
250	Ted Williams	400	600	1,000	1,500	2,500	4,000	15,000	25,000

1954 Wilson Franks

#	Player	PrFr 1	GD 2	VG 3	VgEx 4	EX 5	ExMt 6	NM 7	NmMt 8
1	Roy Campanella	300	500	800	1,200	2,000	3,000	5,000	
2	Del Ennis	100	150	200	400	300	500		
3	Carl Erskine	80	120	150	200	400	450	800	
4	Ferris Fain	80	120	150	200	300	400		
5	Bob Feller	150	250	300	450	600	800	1,500	
6	Nellie Fox	150	250	300	500	600	1,000		
7	Johnny Groth	80	120	150	200	400			
8	Stan Hack MG	80	120	175	300				
9	Gil Hodges	150	250	300	500	600	1,200		
10	Ray Jablonski	200	300	475	550	650			
11	Harvey Kuenn	80	120	150	250				
12	Roy McMillan	60	100	120	200	250	300	500	
13	Andy Pafko	60	100	120	150	200	400	500	
14	Paul Richards MG	60	100	150	250				
15	Hank Sauer	60	100	120	150	200	600	650	
16	Red Schoendienst	100	150	250	300	500			
17	Enos Slaughter	100	150	200	250	300	500		
18	Vern Stephens	60	100	120	150	200	300	500	
19	Sammy White	60	100	120	150	200	300	500	
20	Ted Williams	2,500	4,000	6,000	8,000	12,000	20,000		

1955 Bowman

#	Player	GD 2	VG 3	VgEx 4	EX 5	ExMt 6	NM 7	NmMt 8	MT 9
1	Hoyt Wilhelm	15	25	40	60	120	200	500	
2	Alvin Dark	5	5	6	8	15	25	60	
3	Joe Coleman	5	5	6	8	12	20	80	
4	Eddie Waitkus	5	5	5	6	10	15	50	
5	Jim Robertson	5	5	5	6	10	15	50	
6	Pete Suder	5	5	5	6	10	30	100	
7	Gene Baker RC	5	5	5	6	10	25	100	
8	Warren Hacker	5	5	5	6	10	30	80	
9	Gil McDougald	8	12	20	30	50	80	120	500
10	Phil Rizzuto	30	40	50	80	120	150	300	1,200
11	Bill Bruton	5	5	6	8	12	25	50	
12	Andy Pafko	5	5	6	8	12	20	50	300
13	Clyde Vollmer	5	8	12	20	30	50	80	250
14	Gus Keriazakos RC	5	5	5	6	10	15	40	
15	Frank Sullivan RC	5	5	5	6	10	25	50	300
16	Jimmy Piersall	8	12	20	30	50	80	120	300
17	Del Ennis	5	5	6	8	20	25	80	
18	Stan Lopata	5	5	5	6	10	15	50	400
19	Bobby Avila	5	8	12	20	30	50	150	
20	Al Smith	5	5	5	6	10	30	50	250
21	Don Hoak	5	8	12	20	30	50	80	250
22	Roy Campanella	80	100	120	150	200	400	800	
23	Al Kaline	50	80	120	150	250	400	600	2,500
24	Al Aber	5	5	5	6	10	15	40	
25	Minnie Minoso	15	25	40	60	100	300	600	
26	Virgil Trucks	5	8	12	20	30	50	120	
27	Preston Ward	5	5	5	6	10	20	80	400
28	Dick Cole	5	6	10	15	25	40	80	
29	Red Schoendienst	10	15	25	40	60	100	250	600
30	Bill Sarni	5	6	10	15	25	40	100	
31	Johnny Temple RC	5	8	12	20	30	50	120	
32	Wally Post	5	5	6	8	12	30	50	250
33	Nellie Fox	12	20	30	50	80	120	200	
34	Clint Courtney	5	5	8	12	20	30	50	400
35	Bill Tuttle RC	5	5	5	6	10	25	60	
36	Wayne Belardi RC	5	8	12	20	30	50	120	
37	Pee Wee Reese	40	60	100	120	200	300	800	
38	Early Wynn	25	30	40	50	60	100	250	600
39	Bob Darnell RC	5	5	6	8	25	40	200	400
40	Vic Wertz	5	5	6	8	20	40	100	
41	Mel Clark	6	10	15	25	40	60	150	
42	Bob Greenwood RC	6	10	15	25	40	60	100	300
43	Bob Buhl	5	5	5	6	12	30	80	250
44	Danny O'Connell	5	6	10	15	25	40	80	200
45	Tom Umphlett	5	6	10	15	25	40	60	300
46	Mickey Vernon	6	10	15	25	40	60	200	
47	Sammy White	5	5	8	12	20	30	50	300
48A	Milt Bolling ERR Frank on Back	5	5	6	8	12	40	100	
48B	Milt Bolling COR Milt on Back	5	5	6	8	12	25		
49	Jim Greengrass	5	5	5	6	12	25	50	
50	Hobie Landrith	5	5	8	12	20	30	80	250
51	Elvin Tappe RC	5	5	5	6	15	25	60	400
52	Hal Rice	6	10	15	25	40	60	100	250
53	Alex Kellner	5	6	10	15	25	40	60	300
54	Don Bollweg	5	8	12	20	30	50	80	300
55	Cal Abrams	5	6	10	15	25	40	60	200
56	Billy Cox	6	10	15	25	40	60	100	
57	Bob Friend	5	5	6	8	12	30	80	
58	Frank Thomas	5	5	6	8	15	25	50	
59	Whitey Ford	30	50	60	100	150	250	400	2,000
60	Enos Slaughter	25	40	50	60	80	200	300	800
61	Paul LaPalme	5	5	5	6	10	30	50	
62	Royce Lint RC	5	5	5	6	10	25	60	
63	Irv Noren	5	5	6	8	12	20	60	300
64	Curt Simmons	5	5	6	8	20	25	60	
65	Don Zimmer RC	15	25	40	50	60	100	200	500
66	George Shuba	5	5	6	8	12	25		
67	Don Larsen	6	10	15	25	60	80	200	
68	Elston Howard RC	30	50	80	120	200	400	600	1,000
69	Billy Hunter	5	5	6	8	12	40	150	

#	Player	GD 2	VG 3	VgEx 4	EX 5	ExMt 6	NM 7	NmMt 8	MT 9
70	Lew Burdette	5	5	6	10	20	40	100	
71	Dave Jolly	5	5	5	6	10	40	50	300
72	Chet Nichols	5	5	5	6	10	20	120	
73	Eddie Yost	8	12	20	30	50	80	200	400
74	Jerry Snyder	5	5	5	6	10	30	50	
75	Brooks Lawrence RC	5	5	5	6	25	50	150	300
76	Tom Poholsky	5	5	5	6	10	30	150	
77	Jim McDonald RC	5	5	5	6	10	15	80	
78	Gil Coan	5	5	8	12	20	25	80	300
79	Willie Miranda	5	5	5	6	10	50	80	
80	Lou Limmer	5	5	5	6	10	20	250	
81	Bobby Morgan	6	10	15	25	40	60	150	
82	Lee Walls RC	5	5	5	6	20	50	80	300
83	Max Surkont	5	5	5	6	10	20	100	400
84	George Freese RC	6	10	15	25	40	60	150	
85	Cass Michaels	5	5	8	12	20	30	60	
86	Ted Gray	5	5	5	6	10	25	80	
87	Randy Jackson	6	5	10	15	25	40	100	300
88	Steve Bilko	6	10	15	25	40	60	300	
89	Lou Boudreau MG	8	12	20	30	50	80	200	
90	Art Ditmar RC	5	5	5	6	15	20	60	
91	Dick Marlowe RC	5	5	5	6	12	25	120	
92	George Zuverink	5	8	12	20	30	50	120	
93	Andy Seminick	5	5	5	6	10	25	80	
94	Hank Thompson	5	5	6	8	12	30	80	
95	Sal Maglie	5	5	8	10	30	40	100	
96	Ray Narleski RC	5	5	5	6	25	30	150	
97	Johnny Podres	12	20	30	50	80	120	250	
98	Jim Gilliam	5	6	10	12	30	60	200	
99	Jerry Coleman	5	5	6	8	30	50	100	
100	Tom Morgan	5	5	6	8	20	30	200	
101A	Don Johnson ERR Ernie on Front	5	5	6	8	12	40	150	
101B	Don Johnson COR Don on Front	5	5	6	8	12	25	60	
102	Bobby Thomson	8	12	20	30	50	80	200	
103	Eddie Mathews	40	60	80	120	200	400	800	
104	Bob Porterfield	5	5	5	6	15	20	60	
105	Johnny Schmitz	5	5	5	6	10	30	60	
106	Del Rice	6	10	15	25	40	60	120	400
107	Solly Hemus	5	8	12	20	30	50	120	
108	Lou Kretlow	5	5	5	6	10	15	80	
109	Vern Stephens	5	5	5	6	10	25	100	250
110	Bob Miller	5	5	5	6	10	15	60	
111	Steve Ridzik	5	5	5	6	10	30	60	
112	Granny Hamner	5	5	5	6	12	25	100	
113	Bob Hall RC	5	5	5	6	10	50	120	
114	Vic Janowicz	5	5	6	8	15	20	120	
115	Roger Bowman RC	5	5	5	6	20	25	50	
116	Sandy Consuegra	5	5	5	6	10	15	60	
117	Johnny Groth	5	5	5	6	10	15	50	
118	Bobby Adams	5	5	5	6	10	15	100	
119	Joe Astroth	5	5	5	6	15	25	80	
120	Ed Burtschy RC	5	5	5	6	10	15	50	
121	Rufus Crawford RC	5	6	10	15	25	40	80	
122	Al Corwin	5	6	10	15	25	40	100	
123	Marv Grissom RC	5	5	5	6	15	25	40	
124	Johnny Antonelli	6	10	15	25	40	50	120	
125	Paul Giel RC	5	5	5	6	20	25	60	
126	Billy Goodman	5	5	5	6	15	20	60	
127	Hank Majeski	5	5	5	6	20	30	100	
128	Mike Garcia	5	6	10	15	25	40	100	
129	Hal Naragon RC	5	6	10	15	25	40	150	
130	Richie Ashburn	15	25	40	60	100	150	400	
131	Willard Marshall	5	6	10	15	25	40	100	
132A	Harvey Kueen ERR	5	5	8	10	15	25	100	
132B	Harvey Kuenn COR	5	8	12	15	25	40		
133	Charles King RC	5	5	5	12	15	25	60	300
134	Bob Feller	40	60	100	150	250	400	600	
135	Lloyd Merriman	5	5	5	6	10	15	50	
136	Rocky Bridges	5	5	5	6	10	20	80	
137	Bob Talbot	5	5	5	6	10	15	100	350
138	Davey Williams	5	5	6	8	20	25	80	
139	B.Shantz/B.Shantz	5	5	6	8	20	40	200	
140	Bobby Shantz	5	5	6	8	12	30	120	
141	Wes Westrum	5	8	12	20	30	50	120	
142	Rudy Regalado RC	5	5	5	6	10	15	100	
143	Don Newcombe	12	20	30	50	80	120	300	
144	Art Houtteman	5	5	5	6	10	25	80	
145	Bob Nieman RC	5	5	5	6	10	20		
146	Don Liddle	5	5	6	10	15	30	150	
147	Sam Mele	5	5	5	6	10	20	100	
148	Bob Chakales	5	5	5	6	20	25	60	300
149	Cloyd Boyer	5	5	5	6	20	30	50	300
150	Billy Klaus RC	5	5	5	6	10	15	50	
151	Jim Brideweser	5	5	6	10	15	25	60	
152	Johnny Klippstein	5	5	5	6	10	20	100	
153	Eddie Robinson	5	5	6	8	20	50		
154	Frank Lary RC	5	5	8	12	20	40		
155	Gerry Staley	5	5	5	6	10	20	150	
156	Jim Hughes	5	5	8	10	25	30	100	
157A	Ernie Johnson ERR Don on Front	5	5	6	8	12	40	225	
157B	Ernie Johnson COR Ernie on Front	5	5	6	8	12	25		
158	Gil Hodges	30	50	80	120	150	250	500	
159	Harry Byrd	5	8	12	20	30	50	120	
160	Bill Skowron	8	12	20	30	50	100	200	
161	Matt Batts	5	8	12	20	30	50	80	300
162	Charlie Maxwell	5	5	5	6	10	15	150	350
163	Sid Gordon	5	5	5	6	10	30	50	400
164	Toby Atwell	5	5	5	6	20	25	60	
165	Maurice McDermott	6	10	15	25	40	60	150	
166	Jim Busby	5	8	12	20	30	50	80	
167	Bob Grim RC	5	6	10	15	25	40	80	
168	Yogi Berra	100	120	150	200	300	600	1,200	
169	Carl Furillo	8	12	20	30	50	80	150	800
170	Carl Erskine	5	6	15	20	40	50	200	
171	Robin Roberts	30	40	50	60	80	120	250	
172	Willie Jones	5	5	6	10	15	25	60	300
173	Chico Carrasquel	5	5	5	6	10	25	80	250
174	Sherm Lollar	5	5	6	8	20	30	60	400
175	Wilmer Shantz RC	5	5	5	6	20	25	60	
176	Joe DeMaestri	5	8	12	20	30	50	100	
177	Willard Nixon	5	5	8	12	20	30	50	400
178	Tom Brewer RC	5	8	12	20	30	50	120	
179	Hank Aaron	250	300	400	600	1,000	2,500	6,000	
180	Johnny Logan	5	5	6	8	20	50	80	
181	Eddie Miksis	5	5	5	6	15	30	50	
182	Bob Rush	5	6	10	15	25	40	80	
183	Ray Katt	5	5	5	6	15	20	50	300
184	Willie Mays	250	400	500	1,000	1,200	2,500	6,000	
185	Vic Raschi	5	5	5	6	10	15	50	
186	Alex Grammas	5	5	5	6	10	15	100	
187	Fred Hatfield	5	5	5	6	10	25	60	
188	Ned Garver	5	8	12	20	30	50	80	
189	Jack Collum	5	5	5	6	10	15	50	
190	Fred Baczewski	6	10	15	25	40	60	150	
191	Bob Lemon	10	15	25	40	60	100	200	500
192	George Strickland	5	5	5	6	20	30	150	
193	Howie Judson	5	6	10	15	25	40	60	300
194	Joe Nuxhall	5	6	10	15	25	40	50	
195A	Erv Palica No Trade	5	5	6	8	12	20	80	
195B	Erv Palica Trade	6	10	15	20	30	50	150	
196	Russ Meyer	8	12	20	30	50	80	150	
197	Ralph Kiner	15	25	40	60	100	150	250	600
198	Dave Pope RC	5	5	5	6	10	15	80	
199	Vern Law	6	10	15	25	40	60	150	

#	Player	GD 2	VG 3	VgEx 4	EX 5	ExMt 6	NM 7	NmMt 8	MT 9
200	Dick Littlefield	5	5	8	12	20	30	60	
201	Allie Reynolds	6	10	15	25	40	50	100	400
202	Mickey Mantle	600	800	1,200	2,000	3,000	8,000	20,000	350,000
203	Steve Gromek	5	8	12	20	30	50	120	
204A	Frank Bolling ERR Milt on Back RC		5	5	6	8	12	40	
204B	Frank Bolling COR Frank on Back	5	5	6	8	12	25		
205	Rip Repulski	5	5	5	6	10	20	100	
206	Ralph Beard RC	5	5	5	6	20	40	60	
207	Frank Shea	5	8	12	20	30	50	120	
208	Ed Fitzgerald	5	5	5	6	10	40	80	300
209	Smoky Burgess	5	5	6	10	15	25	200	
210	Earl Torgeson	5	5	5	6	25	30	200	
211	Sonny Dixon RC	5	5	5	6	10	50	60	
212	Jack Dittmer	5	5	5	6	10	15	50	
213	George Kell	8	12	20	30	50	80	200	
214	Billy Pierce	5	5	6	8	20	30	60	300
215	Bob Kuzava	5	6	10	15	25	40	100	
216	Preacher Roe	5	5	8	10	25	40	120	
217	Del Crandall	5	8	12	20	30	50	120	
218	Joe Adcock	5	5	6	8	20	50	100	
219	Whitey Lockman	5	8	12	20	30	50	100	
220	Jim Hearn	5	8	12	20	30	50	120	
221	Hector Brown	5	5	5	6	10	15	50	
222	Russ Kemmerer RC	5	5	5	6	10	40	60	
223	Hal Jeffcoat	5	6	10	15	25	40	200	500
224	Dee Fondy	6	10	15	25	40	60	100	
225	Paul Richards MG	5	6	10	12	25	60	300	
226	Bill McKinley UMP	5	6	10	12	20	80	250	
227	Frank Baumholtz	5	5	8	10	30	50	100	
228	John Phillips RC	5	5	8	10	15	40	100	
229	Jim Brosnan RC	5	5	8	10	15	40	150	500
230	Al Brazle	5	5	8	10	15	25	100	
231	Jim Konstanty	8	12	20	30	50	80	200	500
232	Birdie Tebbetts MG	6	10	15	20	30	60	300	
233	Bill Serena	5	5	8	10	15	50	300	
234	Dick Bartell CO	5	5	8	10	25	40	120	
235	Joe Paparella UMP	5	6	10	12	30	40	120	
236	Murry Dickson	5	5	8	10	30	40	250	
237	Johnny Wyrostek	5	5	8	10	15	40	80	
238	Eddie Stanky MG	12	20	30	50	80	120	250	500
239	Edwin Rommel UMP	5	6	10	12	30	60	120	
240	Billy Loes	5	8	12	15	50	100		
241	Johnny Pesky	5	6	10	12	20	40		
242	Ernie Banks	150	250	400	500	800	1,500	3,000	
243	Gus Bell	5	5	8	10	15	60	100	500
244	Duane Pillette	5	5	8	10	15	60	200	
245	Bill Miller	5	5	8	10	15	40	100	400
246	Hank Bauer	20	25	30	40	50	80	250	500
247	Dutch Leonard CO	10	15	25	40	60	100	150	400
248	Harry Dorish	5	8	12	20	30	50	150	
249	Billy Gardner RC	5	8	12	20	30	50	400	
250	Larry Napp UMP	5	6	10	12	40	60	250	
251	Stan Jok	5	5	8	10	20	25	80	
252	Roy Smalley	5	5	8	10	15	25	100	400
253	Jim Wilson	5	5	8	10	15	40	250	
254	Bennett Flowers RC	5	5	8	10	25	40	120	400
255	Pete Runnels	5	5	8	10	15	50	100	
256	Owen Friend	5	5	8	10	25	50	100	
257	Tom Alston RC	10	15	25	40	60	100	150	400
258	John Stevens UMP	5	6	10	12	25	30	100	
259	Don Mossi RC	5	8	12	15	25	50	120	500
260	Edwin Hurley UMP	6	10	15	25	40	60	150	
261	Walt Moryn RC	5	6	10	12	25	80	250	
262	Jim Lemon	5	8	12	20	30	50	120	
263	Eddie Joost	5	5	8	20	25	40	80	
264	Bill Henry RC	5	5	6	10	15	50	200	
265	Al Barlick UMP	30	50	80	120	200	300	600	
266	Mike Fornieles	5	8	12	20	30	50	200	
267	Jim Honochick UMP	6	10	15	25	40	60	120	500
268	Roy Lee Hawes RC	5	5	8	10	25	40	150	
269	Joe Amalfitano RC	5	8	12	15	50	60	120	
270	Chico Fernandez RC	5	6	10	12	50	60	250	
271	Bob Hooper	5	5	8	10	15	25	100	500
272	John Flaherty UMP	5	6	10	12	20	80	150	
273	Bubba Church	5	5	8	10	15	25	100	
274	Jim Delsing	5	5	8	25	30	50	150	
275	William Grieve UMP	6	10	15	25	40	60	150	
276	Ike Delock	5	8	12	20	30	50	250	
277	Ed Runge UMP	6	10	15	25	40	60	150	
278	Charlie Neal RC	8	12	20	40	50	100	600	
279	Hank Soar UMP	6	10	15	20	25	60	150	
280	Clyde McCullough	5	5	8	10	20	50	400	
281	Charles Berry UMP	5	6	10	12	25	30	120	
282	Phil Cavarretta MG	5	8	12	15	25	80	250	
283	Nestor Chylak UMP	25	40	60	100	150	250	500	
284	Bill Jackowski UMP	5	6	10	12	20	50	200	
285	Walt Dropo	5	5	8	15	20	80	100	
286	Frank Secory UMP	6	10	15	25	40	60	150	400
287	Ron Mrozinski RC	5	8	12	20	30	80	250	
288	Dick Smith RC	6	10	15	25	40	60	200	
289	Arthur Gore UMP	5	6	10	12	20	120	150	400
290	Hershell Freeman RC	5	8	12	20	30	50	100	
291	Frank Dascoli UMP	6	10	15	25	40	60	150	
292	Marv Blaylock RC	6	10	15	25	40	60	100	500
293	Thomas Gorman UMP	5	6	10	12	30	50	100	
294	Wally Moses CO	5	5	8	10	15	25	80	500
295	Lee Ballanfant UMP	5	8	12	20	30	60	250	
296	Bill Virdon RC	6	10	15	30	40	120	200	
297	Dusty Boggess UMP	5	6	10	12	20	80	250	
298	Charlie Grimm	5	5	8	10	30	40		
299	Lon Warneke UMP	5	8	12	20	30	80	200	
300	Tommy Byrne	5	8	12	20	40	120		
301	William Engeln UMP	8	12	20	30	50	80	150	
302	Frank Malzone RC	5	8	12	15	50	80	300	
303	Jocko Conlan UMP	20	30	50	80	120	250	400	1,000
304	Harry Chiti	5	5	8	10	15	30	150	
305	Frank Umont UMP	6	10	15	25	40	60	250	
306	Bob Cerv	5	8	15	20	60	100	600	
307	Babe Pinelli UMP	5	6	10	12	30	100	120	
308	Al Lopez MG	6	10	25	30	40	150	300	
309	Hal Dixon UMP	5	6	10	12	20	50	100	
310	Ken Lehman RC	5	5	8	10	15	80		
311	Lawrence Goetz UMP	6	10	15	25	40	60	120	
312	Bill Wight	5	6	10	15	25	40	120	
313	Augie Donatelli UMP	5	8	12	20	30	50	250	
314	Dale Mitchell	5	6	10	25	30	150		
315	Cal Hubbard UMP	6	10	15	40	60	100	250	
316	Marion Fricano	5	5	8	10	15	25	100	
317	William Summers UMP	5	6	10	12	30	60		
318	Sid Hudson	5	8	12	20	30	50	120	
319	Al Schroll RC	5	6	10	15	25	40		
320	George Susce RC	8	12	25	30	50	120		

1955 Red Man

#	Player	GD 2	VG 3	VgEx 4	EX 5	ExMt 6	NM 7	NmMt 8	MT 9
AL1	Ray Boone	5	8	12	20	35	100	200	
AL2	Jim Busby	5	8	12	20	35	60	200	
AL3	Whitey Ford	12	20	30	50	80	120	500	
AL4	Nellie Fox	8	12	20	30	50	80	250	
AL5	Bob Grim	5	8	12	20	35	80	200	500
AL6	Jack Harshman	5	8	12	20	35	80	200	500
AL7	Jim Hegan	5	8	12	20	35	60	200	
AL8	Bob Lemon	8	12	20	30	50	80	250	

#	Player	GD 2	VG 3	VgEx 4	EX 5	ExMt 6	NM 7	NmMt 8	MT 9
AL9	Irv Noren	5	8	12	20	35	60	200	
AL10	Bob Porterfield	5	8	12	20	35	60	200	
AL11	Al Rosen	5	8	12	20	35	60	200	
AL12	Mickey Vernon	5	8	12	20	35	80	200	
AL13	Vic Wertz	5	8	12	20	35	60	200	
AL14	Early Wynn	8	12	20	30	50	80	250	
AL15	Bobby Avila	5	8	12	20	35	60	200	
AL16	Yogi Berra	20	30	40	60	120	150	600	
AL17	Joe Coleman	5	8	12	20	35	60	200	500
AL18	Larry Doby	8	12	20	30	50	80	200	
AL19	Jackie Jensen	5	8	12	20	35	60	200	
AL20	Pete Runnels	5	8	12	20	35	60		
AL21	Jimmy Piersall	5	8	12	20	35	60	200	
AL22	Hank Bauer	5	8	12	20	35	60	200	800
AL23	Chico Carrasquel	5	8	12	20	35	60	200	
AL24	Minnie Minoso	5	8	12	20	35	60	200	
AL25	Sandy Consuegra	5	8	12	20	35	60	200	500
NL1	Richie Ashburn	10	15	25	40	60	100	400	
NL2	Del Crandall	5	8	12	20	35	60	200	500
NL3	Gil Hodges	10	15	25	40	80	100	400	
NL4	Brooks Lawrence	5	8	12	20	35	60	200	500
NL5	Johnny Logan	5	8	12	20	35	60	200	500
NL6	Sal Maglie	5	8	12	20	35	60	200	
NL7	Willie Mays	40	60	80	120	300	400	1,200	
NL8	Don Mueller	5	8	12	20	35	60	200	
NL9	Bill Sarni	5	8	12	20	35	60	200	500
NL10	Warren Spahn	12	20	30	50	80	120	500	
NL11	Hank Thompson	5	8	12	20	35	60	200	
NL12	Hoyt Wilhelm	8	12	20	30	50	80	250	
NL13	John Antonelli	5	8	12	20	35	60	200	
NL14	Carl Erskine	5	8	12	20	35	60	200	
NL15	Granny Hamner	5	8	12	20	35	60	200	
NL16	Ted Kluszewski	8	12	20	30	50	80	250	
NL17	Pee Wee Reese	12	20	30	50	80	120	500	
NL18	Red Schoendienst	8	12	20	30	50	80	250	
NL19	Duke Snider	20	30	40	60	100	150	600	
NL20	Frank Thomas	5	8	12	20	35	60	200	
NL21	Ray Jablonski	5	8	12	20	35	60	200	
NL22	Dusty Rhodes	5	8	12	20	35	80	300	
NL23	Gus Bell	5	8	12	20	35	60	200	500
NL24	Curt Simmons	5	8	12	20	35	60		
NL25	Marv Grissom	5	8	12	20	35	80	250	

1955 Topps

#	Player	GD 2	VG 3	VgEx 4	EX 5	ExMt 6	NM 7	NmMt 8	MT 9
1	Dusty Rhodes	5	15	20	30	60	150	300	4,000
2	Ted Williams	250	400	500	800	1,200	2,500	8,000	15,000
3	Art Fowler RC	8	12	20	30	50	150	800	
4	Al Kaline	100	120	200	250	500	1,000	2,000	
5	Jim Gilliam	20	30	50	80	120	300	500	
6	Stan Hack MG RC	6	10	15	25	40	60	120	
7	Jim Hegan	5	5	6	15	60	300	1,000	
8	Hal Smith RC	5	5	6	10	40	80	600	
9	Bob Miller	5	5	6	10	15	30	100	1,200
10	Bob Keegan	5	5	6	10	25	120	800	
11	Ferris Fain	15	25	40	60	100	150	400	
12	Jake Thies RC	5	5	6	10	15	30	100	600
13	Fred Marsh	5	5	6	10	20	60	120	500
14	Jim Finigan RC	8	12	20	30	50	80	200	
15	Jim Pendleton	5	5	6	10	15	60	100	400
16	Roy Sievers	5	5	6	10	30	100	250	
17	Bobby Hofman	8	12	20	30	50	80	120	600
18	Russ Kemmerer RC	5	5	6	10	30	80	300	
19	Billy Herman CO	12	20	30	50	80	120	500	
20	Andy Carey	5	6	10	15	30	150	1,200	
21	Alex Grammas	8	12	20	30	50	80	150	
22	Bill Skowron	10	15	25	40	60	100	250	1,500
23	Jack Parks RC	6	10	15	25	40	60	600	
24	Hal Newhouser	20	30	50	80	120	200	1,200	
25	Johnny Podres	15	25	40	60	100	150	2,000	
26	Dick Groat	15	25	40	60	100	300	1,200	
27	Billy Gardner RC	6	10	15	25	40	60	200	
28	Ernie Banks	150	200	250	400	500	1,200	3,000	12,000
29	Herman Wehmeier	8	12	20	30	50	80	150	
30	Vic Power	5	5	8	15	25	100	250	
31	Warren Spahn	50	80	120	150	250	500	1,000	
32	Ed McGhee RC	8	12	20	30	50	80	250	
33	Tom Qualters	10	15	25	40	60	100	400	
34	Wayne Terwilliger	10	15	25	40	60	100	300	
35	Dave Jolly	5	8	12	20	30	50	80	400
36	Leo Kiely	10	15	25	40	60	100	250	
37	Joe Cunningham RC	5	5	8	12	25	60	100	1,000
38	Bob Turley	10	15	25	40	60	120	200	1,200
39	Bill Glynn	5	5	6	10	25	80	250	
40	Don Hoak	10	15	25	40	60	100	300	
41	Chuck Stobbs	6	10	15	25	40	60	100	600
42	Windy McCall RC	8	12	20	30	50	80	150	600
43	Harvey Haddix	6	10	15	25	40	60	100	500
44	Harold Valentine RC	5	8	12	20	30	50	100	
45	Hank Sauer	5	5	8	12	25	50	100	600
46	Ted Kazanski	6	10	15	25	40	60	100	600
47	Hank Aaron	400	500	800	1,200	2,000	3,000	8,000	15,000
48	Bob Kennedy	5	5	6	10	25	30	100	500
49	J.W. Porter	8	12	20	30	50	80	400	
50	Jackie Robinson	500	800	1,000	1,500	2,500	4,000	10,000	20,000
51	Jim Hughes	5	5	8	12	40	80	120	
52	Bill Tremel RC	5	5	6	10	15	50	80	500
53	Bill Taylor	5	5	6	10	15	50	80	600
54	Lou Limmer	5	5	6	15	25	60	200	800
55	Rip Repulski	6	10	15	25	40	60	150	
56	Ray Jablonski	5	5	6	15	25	60	120	1,000
57	Billy O'Dell RC	5	5	6	10	15	60	400	
58	Jim Rivera	10	15	25	40	60	100	400	
59	Gair Allie	8	12	20	30	50	80	150	
60	Dean Stone	6	10	15	25	40	60	100	600
61	Spook Jacobs	8	12	20	30	50	80	150	
62	Thornton Kipper	10	15	25	40	60	100	200	
63	Joe Collins	10	15	25	40	60	400		
64	Gus Triandos RC	6	10	15	25	30	120	300	
65	Ray Boone	8	12	20	30	50	80	150	
66	Ron Jackson RC	5	5	6	10	50	80	250	
67	Wally Moon	8	12	20	30	50	80	200	
68	Jim Davis RC	5	5	6	10	25	80	120	600
69	Ed Bailey	6	10	15	25	40	60	80	
70	Al Rosen	15	25	40	60	100	250	500	
71	Ruben Gomez	5	8	12	20	30	50	100	400
72	Karl Olson	8	12	20	30	50	120	250	
73	Jack Shepard RC	5	8	12	20	30	50	80	600
74	Bob Borkowski	10	15	25	40	60	100	150	500
75	Sandy Amoros RC	12	20	30	50	80	150	400	
76	Howie Pollet	5	5	6	10	15	60	100	400
77	Arnie Portocarrero	5	5	6	10	25	40	400	
78	Gordon Jones RC	5	5	6	10	30	50	300	
79	Danny Schell RC	5	5	6	15	20	40	100	600
80	Bob Grim RC	20	30	50	80	120	200	400	1,500
81	Gene Conley	6	10	15	25	50	80	300	
82	Chuck Harmon	8	12	20	30	50	80	200	600
83	Tom Brewer RC	10	15	25	40	60	100	250	
84	Camilo Pascual RC	15	25	40	60	100	150	500	
85	Don Mossi RC	6	10	15	25	40	60	100	1,200
86	Bill Wilson	6	10	15	25	40	60	150	
87	Frank House	6	10	15	25	40	60	100	800
88	Bob Skinner RC	8	12	20	30	50	80	150	

#	Player	GD 2	VG 3	VgEx 4	EX 5	ExMt 6	NM 7	NmMt 8	MT 9
89	Joe Frazier RC	10	15	25	40	60	100	250	
90	Karl Spooner RC	8	12	20	30	50	80	150	
91	Milt Bolling	6	10	15	25	40	60	100	800
92	Don Zimmer RC	20	30	50	80	120	250	1,500	
93	Steve Bilko	5	5	6	10	25	60	150	
94	Reno Bertoia	5	5	6	10	30	80	120	600
95	Preston Ward	6	10	15	25	40	60	100	600
96	Chuck Bishop	5	5	6	10	25	30	100	600
97	Carlos Paula RC	6	10	15	25	40	60	100	600
98	John Riddle CO	8	12	20	30	50	80	120	800
99	Frank Leja	5	5	6	10	20	60	150	
100	Monte Irvin	30	50	80	120	200	600		
101	Johnny Gray RC	8	12	20	30	50	80	250	
102	Wally Westlake	5	6	10	15	25	50	100	1,200
103	Chuck White RC	5	8	12	20	30	50	150	500
104	Jack Harshman	6	10	15	25	40	60	200	800
105	Chuck Diering	5	5	6	10	20	50	100	
106	Frank Sullivan RC	6	10	15	25	40	60		
107	Curt Roberts	8	12	20	30	50	80	120	500
108	Rube Walker	12	20	30	50	80	120	250	800
109	Ed Lopat	6	10	15	25	40	150	400	
110	Gus Zernial	5	6	10	15	25	100	200	
111	Bob Milliken	8	12	20	30	50	80	250	
112	Nelson King RC	5	5	6	10	30	40	100	500
113	Harry Brecheen CO	8	12	20	30	50	80	120	600
114	Lou Ortiz RC	6	10	15	25	40	60	150	500
115	Ellis Kinder	6	10	15	25	40	60	100	500
116	Tom Hurd RC	10	15	25	40	60	100	200	800
117	Mel Roach	6	10	15	25	40	60	100	1,000
118	Bob Purkey	10	15	25	40	60	100	200	600
119	Bob Lennon RC	5	5	6	10	25	40	100	
120	Ted Kluszewski	15	25	40	60	100	150	250	2,000
121	Bill Renna	5	8	12	20	30	50	100	500
122	Carl Sawatski	5	5	6	10	15	50	80	600
123	Sandy Koufax RC	800	1,200	2,000	2,500	5,000	8,000	25,000	100,000
124	Harmon Killebrew RC	200	250	300	500	800	1,200	5,000	12,000
125	Ken Boyer RC	30	50	80	120	250	400	1,500	
126	Dick Hall RC	6	10	15	25	40	60	100	600
127	Dale Long RC	5	8	12	20	30	50	100	500
128	Ted Lepcio	5	6	10	15	25	40	120	600
129	Elvin Tappe	10	15	25	40	60	100	200	600
130	Mayo Smith MG RC	6	10	15	25	40	60	100	400
131	Grady Hatton	8	12	20	30	50	80	250	500
132	Bob Trice	5	5	6	10	25	60	120	400
133	Dave Hoskins	5	8	12	20	30	80	150	
134	Joey Jay	10	15	25	40	60	100	150	600
135	Johnny O'Brien	6	10	15	25	40	60	120	
136	Bunky Stewart RC	6	10	15	25	40	60	100	600
137	Harry Elliott RC	5	5	10	12	30	50	150	
138	Ray Herbert	5	8	12	20	30	50	120	600
139	Steve Kraly RC	5	8	12	20	30	50	150	800
140	Mel Parnell	8	12	20	30	50	80	120	
141	Tom Wright	5	8	12	20	30	50	100	600
142	Jerry Lynch	5	8	12	20	30	50	100	500
143	Dick Schofield	5	5	8	12	30	50	200	1,200
144	Joe Amalfitano RC	5	5	8	12	20	50	100	
145	Elmer Valo	6	10	15	25	40	100	150	800
146	Dick Donovan RC	5	6	10	15	25	60	150	500
147	Hugh Pepper RC	5	5	6	10	15	40	100	
148	Hal Brown	6	10	15	25	40	60	120	500
149	Ray Crone	8	12	20	30	50	80	150	400
150	Mike Higgins MG	5	5	6	10	25	40	100	800
151	Red Kress CO	10	15	25	40	60	100	250	800
152	Harry Agganis RC	25	40	60	100	150	500	1,200	
153	Bud Podbielan	8	12	20	30	50	80	150	600
154	Willie Miranda	6	10	15	25	40	60	150	
155	Eddie Mathews	60	80	100	150	250	500	800	2,000

#	Player	GD 2	VG 3	VgEx 4	EX 5	ExMt 6	NM 7	NmMt 8	MT 9
156	Joe Black	25	40	60	100	150	250	500	1,000
157	Robert Miller	8	12	20	30	50	80	200	600
158	Tom Carroll RC	10	15	25	40	60	100	400	800
159	Johnny Schmitz	5	5	8	12	25	80	120	
160	Ray Narleski RC	5	5	8	12	25	60	100	
161	Chuck Tanner RC	15	25	40	60	100	150	400	
162	Joe Coleman	10	15	25	40	60	80	250	
163	Faye Throneberry	5	6	10	15	40	100	250	
164	Roberto Clemente RC	2,000	3,000	4,000	5,000	10,000	25,000	100,000	
165	Don Johnson	6	10	15	25	40	80	300	
166	Hank Bauer	20	30	50	80	120	250	600	
167	Tom Casagrande RC	8	12	20	30	50	100	300	
168	Duane Pillette	5	6	10	25	40	80	250	800
169	Bob Oldis	5	8	12	20	40	60	300	800
170	Jim Pearce DP RC	5	5	8	12	25	60	120	
171	Dick Brodowski	12	20	30	50	80	150	400	1,000
172	Frank Baumholtz DP	5	5	8	15	30	60	150	600
173	Bob Kline RC	10	15	25	40	60	100	200	
174	Rudy Minarcin RC	6	10	15	25	40	60	200	600
176	Norm Zauchin RC	5	8	12	25	60	250	600	
177	Jim Robertson	10	15	25	40	60	100	250	1,000
178	Bobby Adams	12	20	30	50	80	120	250	
179	Jim Bolger RC	15	25	40	60	100	500	1,200	
180	Clem Labine	20	30	50	80	120	250	400	
181	Roy McMillan	12	20	30	50	80	120	250	
182	Humberto Robinson RC	20	30	50	80	120	200	400	
183	Tony Jacobs RC	12	20	30	50	80	400	1,000	
184	Harry Perkowski DP	8	12	20	30	50	80	200	800
185	Don Ferrarese RC	10	15	25	40	60	100	200	800
187	Gil Hodges	60	100	120	200	250	500	1,000	4,000
188	Charlie Silvera DP	6	10	15	25	30	80	200	
189	Phil Rizzuto	60	100	120	200	300	500	1,000	
190	Gene Woodling	5	8	12	40	60	100	300	
191	Ed Stanky MG	15	25	40	60	100	250	400	
192	Jim Delsing	10	15	25	40	60	200	600	
193	Johnny Sain	15	25	40	60	100	200	400	
194	Willie Mays	500	600	1,000	1,500	2,500	5,000	12,000	
195	Ed Roebuck RC	15	25	40	60	100	400	2,000	
196	Gale Wade RC	15	25	40	60	100	400	600	
197	Al Smith	15	25	40	60	100	250	500	
198	Yogi Berra	150	200	300	500	600	1,000	2,500	8,000
199	Bert Hamric RC	8	12	20	30	50	150	300	
200	Jackie Jensen	20	30	50	80	120	200	500	
201	Sherman Lollar	6	10	15	25	80	200	1,000	
202	Jim Owens RC	20	30	50	80	120	400	1,000	
204	Frank Smith	5	6	10	30	60	120	500	
205	Gene Freese RC	15	25	40	60	150	400	2,500	
206	Pete Daley RC	12	20	30	50	120	200	1,000	
207	Bill Consolo	50	80	120	200	300	800	2,000	
208	Ray Moore RC	6	10	15	25	80	300	600	
210	Duke Snider	100	150	250	400	600	1,500	6,000	

1955 Topps Double Header

#	Player	GD 2	VG 3	VgEx 4	EX 5	ExMt 6	NM 7	NmMt 8	MT 9
1	A.Rosen/C.Diering	15	25	40	80	150	1,200		
3	M.Irvin/R.Kemmerer	8	12	20	30	50	100	250	
5	T.Kazanski/G.Jones	5	8	12	20	40	80	150	
7	B.Taylor/B.O'Dell	5	8	12	20	40	60	100	
9	J.Porter/T.Kipper	8	12	20	30	50	80	150	
11	C.Roberts/A.Portocarrero	5	8	12	20	40	60	200	
13	W.Westlake/F.House	5	8	12	20	40	60	100	
15	R.Walker/L.Limmer	5	8	12	20	40	80	150	
17	D.Stone/C.White	5	8	12	20	40	60	100	
19	K.Spooner/J.Hughes	5	8	12	20	40	60	150	
21	B.Skowron/F.Sullivan	6	10	15	25	40	80	250	
23	J.Shepard/S.Hack	5	8	12	20	40	60	150	

#	Card	GD 2	VG 3	VgEx 4	EX 5	ExMt 6	NM 7	NmMt 8	MT 9
25	J.Robinson/D.Hoak	40	60	80	250	300	500	1,200	
27	D.Rhodes/J.Davis	5	8	12	20	50	60	150	
29	V.Power/E.Bailey	5	8	12	20	40	60	150	
31	H.Pollet/E.Banks	20	30	50	100	250	300	400	
33	J.Pendleton/G.Conley	5	8	12	20	40	100	300	
35	K.Olson/A.Carey	5	8	12	20	50	60	225	
37	W.Moon/J.Cunningham	5	8	12	20	40	60	150	
39	F.Marsh/V.Thies	5	8	12	20	40	60	150	
41	E.Lopat/H.Haddix	5	8	12	20	40	100	150	
43	L.Kiely/C.Stobbs	5	8	12	20	40	60	150	
45	A.Kaline/H.Valentine	20	30	50	100	60	300		
47	F.Jacobs/J.Gray	5	8	12	20	60	80	250	
49	R.Jackson/J.Finigan	5	8	12	20	60	80	225	
51	R.Jablonski/B.Keegan	5	8	12	20	60	80	150	
53	B.Herman/S.Amoros	6	10	15	25	80	100	300	
55	C.Harmon/B.Skinner	5	8	12	20	40	60	150	
57	D.Hall/B.Grim	5	8	12	20	40	80	200	
59	B.Glynn/B.Miller	5	8	12	20	40	60	150	
61	B.Gardner/J.Hetki	5	8	12	20	40	60	150	
63	B.Borkowski/B.Turley	5	8	12	20	40	60	150	
65	J.Collins/J.Harshman	5	8	12	20	40	60	200	
67	J.Hegan/J.Parks	5	8	12	20	40	60	150	
69	T.Williams/M.Smith	250	400	600	1,000	1,500	2,500	5,000	
71	G.Allie/G.Hatton	8	12	20	30	50	80	150	
73	J.Lynch/H.Brecheen	5	8	12	20	30	60	150	
75	T.Wright/V.Stewart	5	8	12	20	40	80		
77	D.Hoskins/W.McGhee	5	8	12	20	40	60		
79	R.Sievers/A.Fowler	5	8	12	20	40	60	150	
81	D.Schell/G.Triandos	5	8	12	20	60	80	200	
83	J.Frazier/D.Mossi	5	8	12	20	40	60		
85	E.Valo/H.Brown	5	8	12	20	40	80		
87	B.Kennedy/W.McCall	5	8	12	20	60	80		
89	R.Gomez/J.Rivera	5	8	12	20	40	60	300	
91	L.Ortiz/M.Bolling	5	8	12	20	40	60	150	
93	C.Sawatski/E.Tappe	5	8	12	20	40	60	150	
95	D.Jolly/B.Hofman	5	8	12	20	40	60	150	
97	P.Ward/D.Zimmer	5	8	12	20	40	80	150	
99	B.Renna/D.Groat	5	8	12	20	30	60	200	
101	B.Wilson/B.Tremel	5	8	12	20	30	80	150	
103	H.Sauer/C.Pascual	5	8	12	20	60	120	200	
105	H.Aaron/R.Herbert	50	80	150	200	250	600	2,000	
107	A.Grammas/T.Qualters	5	8	12	20	30	80	150	
109	H.Newhouser/C.Bishop	8	12	20	30	50	100	250	
111	H.Killebrew/J.Podres	20	30	50	120	250	400	800	
113	R.Boone/B.Purkey	5	8	12	20	30	60	150	
115	D.Long/F.Fain	5	8	12	20	30	60	150	
117	S.Bilko/B.Milliken	5	8	12	20	30	80	150	
119	M.Parnell/T.Hurd	5	8	12	20	30	80	250	
121	T.Kluszewski/J.Owens	10	15	25	40	80	120	500	
123	G.Zernial/B.Trice	5	8	12	20	30	60		
125	R.Repulski/T.Lepcio	5	8	12	20	50	60	150	
127	W.Spahn/T.Brewer	15	25	50	60	100	300		
129	J.Gilliam/E.Kinder	6	10	15	25	80	200		
131	H.Wehmeier/W.Terwilliger	5	8	12	20	100	120		

1956 Topps

#	Card	GD 2	VG 3	VgEx 4	EX 5	ExMt 6	NM 7	NmMt 8	MT 9
1	Will Harridge PRES	12	15	30	40	80	200	800	
2	Warren Giles PRES DP	8	12	20	30	40	100	200	
3	Elmer Valo	5	5	6	10	30	50	200	500
4	Carlos Paula	5	5	6	10	25	60	120	
5	Ted Williams	120	200	250	400	500	1,000	2,500	6,000
6	Ray Boone	5	6	8	12	25	40	60	500
7	Ron Negray RC	5	5	6	10	15	30	60	
8	Walter Alston MG RC	6	8	10	20	40	80	150	
9	Ruben Gomez DP	5	5	6	10	20	25	50	500
10	Warren Spahn	30	50	80	120	200	300	600	
11A	Chicago Cubs TC Center	10	12	15	25	40	100	350	
11B	Chicago Cubs TC Dated 55	12	15	20	30	60	150		
11C	Chicago Cubs TC Left	10	12	15	25	40	135	600	
12	Andy Carey	5	6	8	12	20	40	100	400
13	Roy Face	5	6	8	12	20	50	80	500
14	Ken Boyer DP	5	6	8	20	30	50	100	1,000
15	Ernie Banks DP	30	50	80	120	200	400	2,000	12,000
16	Hector Lopez RC	5	5	6	10	20	30	60	500
17	Gene Conley	5	5	6	10	15	25	60	500
18	Dick Donovan	5	5	6	15	20	30	60	400
19	Chuck Diering DP	5	5	6	10	15	25	60	500
20	Al Kaline	30	40	50	80	120	250	600	4,000
21	Joe Collins DP	5	5	6	10	20	40	60	400
22	Jim Finigan	5	5	6	10	15	30	60	
23	Fred Marsh	5	5	6	10	15	30	50	400
24	Dick Groat	5	6	8	12	25	50	100	500
25	Ted Kluszewski	8	10	12	30	50	80	250	800
26	Grady Hatton	5	5	6	10	15	30	60	500
27	Nelson Burbrink DP RC	5	5	6	10	15	25	50	400
28	Bobby Hofman	5	5	6	15	20	30	50	400
29	Jack Harshman	5	5	6	15	25	30	60	
30	Jackie Robinson DP	250	400	600	1,000	1,500	2,500	8,000	15,000
31	Hank Aaron DP	100	120	200	250	400	2,000	4,000	8,000
32	Frank House	5	5	6	10	15	30	60	500
33	Roberto Clemente	150	250	300	500	2,000	5,000	8,000	25,000
34	Tom Brewer DP	5	5	6	10	15	30	50	
35	Al Rosen	5	6	8	25	30	50	80	
36	Rudy Minarcin	5	5	6	10	20	40	80	
37	Alex Grammas	5	5	6	20	25	30	50	400
38	Bob Kennedy	5	5	6	10	20	25	50	300
39	Don Mossi	5	5	6	10	25	30	60	400
40	Bob Turley	5	6	12	20	30	50	100	600
41	Hank Sauer	5	6	8	12	20	30	60	
42	Sandy Amoros	5	6	8	25	50	60	120	
43	Ray Moore	5	5	6	10	15	25	60	
44	Windy McCall	5	5	6	15	25	30	60	500
45	Gus Zernial	5	5	6	10	20	30	80	600
46	Gene Freese DP	5	5	6	10	20	25	50	300
47	Art Fowler	5	5	6	10	20	25	50	400
48	Jim Hegan	5	8	12	20	30	40	60	500
49	Pedro Ramos RC	5	5	6	10	20	25	60	300
50	Dusty Rhodes DP	5	5	6	10	15	25	60	
51	Ernie Oravetz RC	5	5	6	10	20	30	50	500
52	Bob Grim DP	5	6	8	12	30	50	80	
53	Arnie Portocarrero	5	5	6	10	15	30	60	
54	Bob Keegan	5	5	6	10	15	25	60	
55	Wally Moon	5	5	6	10	25	40	60	500
56	Dale Long	5	5	6	10	20	40	60	
57	Duke Maas RC	5	5	6	10	15	25	50	400
58	Ed Roebuck	5	5	6	15	20	40	80	500
59	Jose Santiago RC	5	5	6	10	15	30	60	400
60	Mayo Smith MG DP	5	5	6	10	20	30	50	400
61	Bill Skowron	8	12	20	30	50	80	300	
62	Hal Smith	5	5	6	10	15	30	50	500
63	Roger Craig RC	5	6	20	25	40	60	120	800
64	Luis Arroyo RC	5	5	6	10	20	30	60	400
65	Johnny O'Brien	6	10	15	25	40	60	100	600
66	Bob Speake DP RC	5	5	6	10	15	25	50	300
67	Vic Power	5	6	8	12	20	30	80	500
68	Chuck Stobbs	5	5	6	10	15	25	50	500
69	Chuck Tanner	5	5	6	10	15	40	60	400
70	Jim Rivera	5	5	6	15	20	50	60	800
71	Frank Sullivan	5	5	6	10	20	40	60	500
72A	Philadelphia Phillies TC Center	6	8	10	15	25	50		
72B	Philadelphia Phillies TC Dated 5510		12	15	25	80	100	600	
72C	Philadelphia Phillies TC Left DP	6	8	10	15	25	80	750	

#	Player	GD 2	VG 3	VgEx 4	EX 5	ExMt 6	NM 7	NmMt 8	MT 9
73	Wayne Terwilliger	5	5	6	15	20	30	50	300
74	Jim King RC	5	5	6	10	20	30	50	400
75	Roy Sievers DP	5	5	6	10	15	25	60	400
76	Ray Crone	5	5	6	10	25	50	60	500
77	Harvey Haddix	5	6	8	20	25	30	60	400
78	Herman Wehmeier	5	8	12	20	30	50	▲120	500
79	Sandy Koufax	▲200	▲300	400	600	1,000	1,500	5,000	12,000
80	Gus Triandos DP	5	5	6	10	15	25	50	
81	Wally Westlake	5	5	6	10	15	25	50	400
82	Bill Renna DP	5	5	6	10	20	30	50	
83	Karl Spooner	5	6	8	12	25	40	60	500
84	Babe Birrer RC	5	5	6	10	20	30	50	250
85A	Cleveland Indians TC Center	8	10	12	20	30	60	250	
85B	Cleveland Indians TC Dated 55	12	15	20	30	50	100	450	
85C	Cleveland Indians TC Left	8	10	12	20	30	60	400	
86	Ray Jablonski DP	5	5	6	10	15	30	50	250
87	Dean Stone	5	5	6	20	25	30	50	500
88	Johnny Kucks RC	5	6	10	15	25	50	80	
89	Norm Zauchin	5	5	6	12	25	30	50	300
90A	Cincinnati Reds TC Center	8	10	12	20	40	80	300	
90B	Cincinnati Reds TC Dated 55	12	15	20	30	50	135	600	
90C	Cincinnati Reds TC Left	8	10	12	20	40	100	600	
91	Gail Harris RC	5	5	6	10	20	25	60	
92	Bob (Red) Wilson	5	5	6	10	20	40	60	500
93	George Susce	5	5	6	10	20	30	80	
94	Ron Kline	▲8	▲12	▲20	▲30	▲50	▲80	▲120	300
95A	Milwaukee Braves TC Center	10	12	15	25	40	150	600	
95B	Milwaukee Braves TC Dated 55	12	15	20	40	100	250	1,000	
95C	Milwaukee Braves TC Left	10	12	15	25	50	200	600	
96	Bill Tremel	5	8	12	20	30	50	80	500
97	Jerry Lynch	5	5	6	10	20	30	60	
98	Camilo Pascual	5	5	6	10	20	25	80	500
99	Don Zimmer	6	8	15	30	40	60	150	1,000
100A	Baltimore Orioles TC Center	10	12	15	25	60	200		
100B	Baltimore Orioles TC Dated 55	12	15	20	30	80	400	600	
100C	Baltimore Orioles TC Left	10	12	15	25	60	300		
101	Roy Campanella	▲60	▲100	▲150	▲200	250	400	1,000	
102	Jim Davis	5	5	6	10	20	25	60	400
103	Willie Miranda	5	5	6	10	25	50	80	
104	Bob Lennon	5	▲8	▲12	▲20	▲30	▲50	150	400
105	Al Smith	5	5	6	10	20	25	30	50
106	Joe Astroth	5	5	20	25	30	40	50	500
107	Eddie Mathews	50	80	120	200	300	500	800	2,500
108	Laurin Pepper	5	5	6	25	30	60	80	400
109	Enos Slaughter	8	12	15	25	50	80	150	1,200
110	Yogi Berra	60	80	100	150	300	400	1,000	3,000
111	Boston Red Sox TC	10	15	25	40	60	250	400	
112	Dee Fondy	5	10	15	20	25	30	50	400
113	Phil Rizzuto	▲30	▲50	▲80	▲120	▲200	▲300	500	1,200
114	Jim Owens	5	5	6	20	25	30	80	300
115	Jackie Jensen	5	6	8	25	30	40	80	500
116	Eddie O'Brien	5	8	12	20	30	50	100	500
117	Virgil Trucks	5	5	6	10	25	40	100	
118	Nellie Fox	▲20	▲30	▲50	▲80	▲120	▲200	▲300	1,500
119	Larry Jackson RC	5	5	8	12	20	30	50	400
120	Richie Ashburn	10	15	25	40	60	100	200	1,000
121	Pittsburgh Pirates TC	▲30	▲50	▲80	▲120	▲200	300	500	1,500
122	Willard Nixon	5	5	6	10	15	25	40	50	300
123	Roy McMillan	5	5	6	10	20	40	80	500
124	Don Kaiser	5	5	6	10	25	40	80	500
125	Minnie Minoso	6	8	25	30	50	100	200	
126	Jim Brady RC	5	5	6	10	25	50	100	500
127	Willie Jones	5	6	10	15	25	50	60	1,800
128	Eddie Yost	5	5	6	10	20	50	150	400
129	Jake Martin RC	5	5	6	20	25	30	50	400
130	Willie Mays	▲200	▲300	▲500	▲800	▲1,200	▲3,000	▲6,000	▲12,000
131	Bob Roselli RC	5	5	6	10	15	30	60	

#	Player	GD 2	VG 3	VgEx 4	EX 5	ExMt 6	NM 7	NmMt 8	MT 9
132	Bobby Avila	5	5	6	10	25	40	60	
133	Ray Narleski	5	5	6	10	15	30	50	400
134	St. Louis Cardinals TC	15	25	40	60	100	150	200	
135	Mickey Mantle	1,500	▲2,500	▲4,000	▲5,000	▲6,000	▲10,000	25,000	200,000
136	Johnny Logan	5	5	6	10	15	25	60	
137	Al Silvera RC	5	5	6	10	15	40	50	
138	Johnny Antonelli	5	5	6	12	20	40	60	300
139	Tommy Carroll	5	6	8	12	30	50	80	
140	Herb Score RC	8	10	30	40	50	80	150	
141	Joe Frazier	5	5	6	10	25	30	60	400
142	Gene Baker	5	5	6	15	20	30	50	300
143	Jim Piersall	5	6	8	12	25	40	80	
144	Leroy Powell RC	5	5	6	10	15	30	60	300
145	Gil Hodges	15	25	40	50	80	150	400	1,500
146	Washington Nationals TC	15	25	40	60	100	200	400	
147	Earl Torgeson	5	5	6	10	20	30	60	400
148	Alvin Dark	5	6	8	12	30	40	60	300
149	Dixie Howell	5	5	6	10	25	50	80	
150	Duke Snider	50	80	120	150	200	300	500	2,000
151	Spook Jacobs	5	5	6	10	15	30	60	250
152	Billy Hoeft	5	5	6	20	25	30	60	400
153	Frank Thomas	5	5	6	10	25	40	100	
154	Dave Pope	5	5	6	10	15	40	50	300
155	Harvey Kuenn	5	6	8	15	40	50	80	500
156	Wes Westrum	5	5	6	10	30	40	50	
157	Dick Brodowski	5	5	6	10	15	25	50	500
158	Wally Post	5	5	6	10	20	30	60	400
159	Clint Courtney	5	5	6	10	15	40	250	
160	Billy Pierce	5	6	15	20	25	40	80	
161	Joe DeMaestri	5	6	10	15	25	40	80	400
162	Dave (Gus) Bell	5	5	8	12	20	30	80	
163	Gene Woodling	5	5	6	20	25	30	60	400
164	Harmon Killebrew	40	60	100	150	250	400	1,000	
165	Red Schoendienst	6	10	20	30	60	100	150	1,000
166	Brooklyn Dodgers TC	▲50	▲80	▲120	▲200	250	400	1,000	
167	Harry Dorish	5	5	6	10	15	25	60	300
168	Sammy White	5	5	6	10	25	30	50	500
169	Bob Nelson RC	5	5	6	15	20	40	50	500
170	Bill Virdon	5	6	8	12	20	30	60	500
171	Jim Wilson	5	5	6	10	25	30	50	
172	Frank Torre RC	5	5	6	25	30	40	60	300
173	Johnny Podres	6	8	25	30	50	60	150	
174	Glen Gorbous RC	5	5	6	20	25	40	80	500
175	Del Crandall	6	10	15	25	40	60	100	500
176	Alex Kellner	5	5	6	10	15	30	50	300
177	Hank Bauer	6	10	15	25	40	60	150	
178	Joe Black	5	6	8	12	20	30	80	
179	Harry Chiti	5	5	6	10	25	30	60	
180	Robin Roberts	25	40	60	100	150	250	400	800
181	Billy Martin	40	60	80	120	150	300	500	1,000
182	Paul Minner	5	8	12	20	30	60	100	500
183	Stan Lopata	8	12	20	30	50	80	200	
184	Don Bessent RC	▲10	▲15	▲25	▲40	▲60	▲100	▲250	
185	Bill Bruton	6	10	15	25	40	60	120	
186	Ron Jackson	▲6	▲10	▲15	▲25	▲40	▲60	100	500
187	Early Wynn	20	30	50	80	120	250	600	
188	Chicago White Sox TC	15	25	40	60	100	200	500	
189	Ned Garver	5	5	6	10	20	30	60	300
190	Carl Furillo	15	25	40	60	100	150	300	
191	Frank Lary	6	10	15	25	40	60	150	500
192	Smoky Burgess	8	12	20	30	50	80	120	400
193	Wilmer Mizell	5	5	6	10	20	60	200	
194	Monte Irvin	40	60	100	150	200	300	600	1,200
195	George Kell	15	25	40	60	100	150	250	600
196	Tom Poholsky	5	6	10	15	25	50	100	
197	Granny Hamner	5	5	6	10	25	40	120	500
198	Ed Fitzgerald	▲6	▲10	▲15	▲25	▲40	▲60	▲150	

#	Player	GD 2	VG 3	VgEx 4	EX 5	ExMt 6	NM 7	NmMt 8	MT 9
99	Hank Thompson	10	15	25	40	60	100	200	
100	Bob Feller	100	120	150	200	300	500	1,000	2,000
101	Rip Repulski	6	10	15	25	40	60	100	500
102	Jim Hearn	5	8	12	20	30	50	80	400
103	Bill Tuttle	5	8	12	20	30	50	60	
104	Art Swanson RC	8	12	20	30	50	80	120	400
105	Whitey Lockman	5	8	12	20	30	40	100	500
106	Erv Palica	5	6	10	15	25	40	80	300
107	Jim Small RC	5	5	6	10	25	30	60	500
108	Elston Howard	20	30	50	80	120	200	400	1,000
109	Max Surkont	5	8	12	20	30	50	50	500
110	Mike Garcia	▲6	▲10	▲15	▲25	▲40	▲60	▲150	
111	Murry Dickson	▲6	▲10	▲15	▲25	▲40	▲60	▲100	400
112	Johnny Temple	6	10	15	25	40	60	100	250
113	Detroit Tigers TC	▲12	▲20	▲30	▲50	▲80	120	500	
114	Bob Rush	5	5	6	10	25	40	80	400
115	Tommy Byrne	10	15	25	40	60	100	250	
116	Jerry Schoonmaker RC	5	6	10	15	25	40	100	500
117	Billy Klaus	6	10	15	25	40	60	120	400
118	Joe Nuxhall	10	15	25	40	60	100	150	600
119	Lew Burdette	▲10	▲15	▲25	▲40	▲60	▲100	250	
120	Del Ennis	▲8	▲12	▲20	▲30	▲50	▲80	▲150	
121	Bob Friend	6	10	15	25	40	60	100	300
122	Dave Philley	5	5	6	10	25	30	60	
123	Randy Jackson	5	8	12	20	30	50	150	
124	Bud Podbielan	5	5	6	10	15	60	150	
125	Gil McDougald	10	15	25	40	60	100	400	800
126	New York Giants TC	15	25	40	60	100	150	400	1,000
127	Russ Meyer	8	12	20	30	50	80	120	500
128	Mickey Vernon	6	10	15	25	40	60	300	
129	Harry Brecheen CO	10	15	25	40	60	100	150	400
130	Chico Carrasquel	5	8	12	20	30	50	80	600
131	Bob Hale RC	5	5	6	10	25	40	100	500
132	Toby Atwell	5	5	6	10	25	50	120	
133	Carl Erskine	12	20	30	50	80	120	250	800
134	Pete Runnels	6	10	15	25	40	60	100	500
135	Don Newcombe	25	40	60	100	150	300	600	
136	Kansas City Athletics TC	12	20	30	50	80	120	300	
137	Jose Valdivielso RC	5	8	12	20	30	50	100	
138	Walt Dropo	▲8	▲12	▲20	▲30	▲50	▲80	200	500
139	Harry Simpson	5	8	12	20	30	50	120	
140	Whitey Ford	50	80	120	150	250	500	1,000	4,000
141	Don Mueller	5	5	6	10	15	30	200	500
142	Hershell Freeman	6	10	15	25	40	60	150	
143	Sherm Lollar	5	8	12	20	30	50	100	500
144	Bob Buhl	6	10	15	25	40	60	100	500
145	Billy Goodman	▲8	▲12	▲20	▲30	▲50	▲80	150	500
146	Tom Gorman	5	5	6	10	25	50	80	400
147	Bill Sarni	5	▲8	▲12	▲20	▲30	▲80	▲120	400
148	Bob Porterfield	5	8	12	20	30	50	▲150	500
149	Johnny Klippstein	10	15	25	40	60	100	250	
150	Larry Doby	40	60	80	120	200	400	600	1,200
151	New York Yankees TC	50	80	120	200	300	1,200	2,500	3,500
152	Vern Law	8	12	20	30	50	80	200	
153	Irv Noren	15	25	40	60	100	250	600	
154	George Crowe	▲8	▲12	▲20	▲30	▲50	▲100	300	
155	Bob Lemon	20	30	50	80	120	200	400	1,000
156	Tom Hurd	5	6	10	15	25	80	120	500
157	Bobby Thomson	▲10	▲15	▲25	▲40	▲60	▲100	250	
158	Art Ditmar	6	10	15	25	40	60	100	
159	Sam Jones	8	12	20	30	50	80	200	
160	Pee Wee Reese	60	100	150	200	300	500	1,200	
161	Bobby Shantz	5	8	12	20	30	50	100	500
162	Howie Pollet	5	5	6	10	25	40	80	500
163	Bob Miller	5	5	6	10	15	40	120	
164	Ray Monzant RC	6	10	15	25	40	60	100	400
165	Sandy Consuegra	5	10	15	25	40	100	250	

#	Player	GD 2	VG 3	VgEx 4	EX 5	ExMt 6	NM 7	NmMt 8	MT 9
266	Don Ferrarese	8	12	20	30	50	80	200	
267	Bob Nieman	5	5	6	10	15	50	80	400
268	Dale Mitchell	10	15	25	40	60	200	800	
269	Jack Meyer RC	5	8	12	20	30	50	100	500
270	Billy Loes	8	12	20	30	50	80	200	500
271	Foster Castleman RC	5	5	6	8	12	50	100	
272	Danny O'Connell	6	10	15	25	40	60	100	250
273	Walker Cooper	5	5	6	10	20	30	80	500
274	Frank Baumholtz	5	8	12	20	30	50	80	500
275	Jim Greengrass	10	15	25	40	60	100	150	400
276	George Zuverink	8	12	20	30	50	▲120	▲300	
277	Daryl Spencer	6	10	15	25	40	60	100	500
278	Chet Nichols	6	10	15	25	40	60	100	500
279	Johnny Groth	5	5	6	15	25	30	60	250
280	Jim Gilliam	20	30	50	80	120	200	300	600
281	Art Houtteman	5	8	12	20	30	50	80	400
282	Warren Hacker	5	8	12	20	30	50	80	300
283	Hal R.Smith RC	5	8	12	20	30	50	100	
284	Ike Delock	5	6	10	15	25	40	100	500
285	Eddie Miksis	15	25	40	60	100	150	250	400
286	Bill Wight	8	12	20	30	50	80	200	
287	Bobby Adams	8	12	20	30	50	80	120	300
288	Bob Cerv	10	15	25	40	60	100	250	600
289	Hal Jeffcoat	6	10	15	25	40	60	100	300
290	Curt Simmons	5	6	10	15	25	40	150	400
291	Frank Kellert RC	8	12	20	30	50	80	120	400
292	Luis Aparicio RC	100	120	150	250	▼300	600	2,000	
293	Stu Miller	8	12	20	30	50	80	120	800
294	Ernie Johnson	6	10	15	25	40	60	100	400
295	Clem Labine	8	12	20	30	50	80	120	600
296	Andy Seminick	5	5	6	10	20	30	80	500
297	Bob Skinner	6	10	15	25	40	60	100	500
298	Johnny Schmitz	5	8	12	20	30	50	80	250
299	Charlie Neal	10	15	25	40	60	80	200	1,000
300	Vic Wertz	5	8	12	20	30	50	80	800
301	Marv Grissom	6	10	15	25	40	60	100	300
302	Eddie Robinson	5	6	8	12	25	60	300	500
303	Jim Dyck	5	5	6	10	15	30	100	
304	Frank Malzone	5	6	10	15	25	50	▲250	
305	Brooks Lawrence	6	10	15	25	40	60	150	500
306	Curt Roberts	5	5	10	15	25	100	250	600
307	Hoyt Wilhelm	25	40	60	80	100	150	300	800
308	Chuck Harmon	10	15	25	40	60	100	150	500
309	Don Blasingame RC	6	10	15	25	40	60	▲150	400
310	Steve Gromek	5	8	12	20	30	50	80	300
311	Hal Naragon	5	5	6	15	25	▲80	▲200	
312	Andy Pafko	6	10	15	25	40	60	150	400
313	Gene Stephens	6	10	15	25	40	60	100	500
314	Hobie Landrith	6	10	15	25	40	60	120	300
315	Milt Bolling	5	8	12	20	30	50	80	250
316	Jerry Coleman	5	6	8	20	25	40	150	800
317	Al Aber	8	12	20	30	50	80	200	
318	Fred Hatfield	5	5	6	10	15	30	200	
319	Jack Crimian RC	▲6	▲10	▲15	▲25	▲40	▲60	▲150	
320	Joe Adcock	10	15	25	40	60	100	150	600
321	Jim Konstanty	▲6	▲10	▲15	▲25	▲40	▲60	▲200	500
322	Karl Olson	6	10	15	25	40	60	100	
323	Willard Schmidt	8	12	20	30	50	80	120	300
324	Rocky Bridges	10	15	25	40	60	100	150	
325	Don Liddle	▲6	▲10	▲15	▲25	▲40	▲60	▲100	400
326	Connie Johnson RC	5	5	6	10	15	80	250	
327	Bob Wiesler RC	5	8	12	20	30	50	80	300
328	Preston Ward	6	10	15	25	40	60	150	
329	Lou Berberet RC	▲8	▲12	▲20	▲30	▲50	▲80	▲120	400
330	Jim Busby	8	12	20	30	50	80	120	400
331	Dick Hall	6	10	15	25	40	60	100	400
332	Don Larsen	30	50	60	100	150	300	500	

Beckett Graded Card Price Guide 85

#	Player	GD 2	VG 3	VgEx 4	EX 5	ExMt 6	NM 7	NmMt 8	MT 9
333	Rube Walker	12	20	30	50	80	120	200	500
334	Bob Miller	▲12	▲20	▲30	▲50	▲80	▲120	▲200	800
335	Don Hoak	5	6	10	15	25	50	80	400
336	Ellis Kinder	5	5	6	20	25	40	80	
337	Bobby Morgan	5	8	12	20	30	50	120	
338	Jim Delsing	5	8	12	20	30	50	200	
339	Rance Pless RC	5	5	6	10	20	60	300	
340	Mickey McDermott	10	15	25	40	50	250	500	
CL1	Checklist 1/3	30	40	60	100	150	300	800	
CL2	Checklist 2/4	30	40	60	100	150	300	800	2,000

1957 Topps

#	Player	GD 2	VG 3	VgEx 4	EX 5	ExMt 6	NM 7	NmMt 8	MT 9
1	Ted Williams	200	250	400	600	1,000	2,000	▲5,000	12,000
2	Yogi Berra	40	60	100	120	150	250	500	3,000
3	Dale Long	5	8	12	20	30	50	120	
4	Johnny Logan	5	6	10	15	25	60	▲400	
5	Sal Maglie	8	12	20	30	50	80	120	400
6	Hector Lopez	5	6	10	15	25	40	100	
7	Luis Aparicio	20	30	40	60	100	150	400	1,200
8	Don Mossi	5	5	5	8	20	25	100	
9	Johnny Temple	5	6	10	15	25	40	150	500
10	Willie Mays	250	300	400	600	800	2,000	6,000	8,000
11	George Zuverink	5	5	8	12	20	30	50	400
12	Dick Groat	6	10	15	25	40	60	150	
13	Wally Burnette RC	5	5	5	6	10	15	▲100	
14	Bob Nieman	5	6	10	15	25	40	80	
15	Robin Roberts	15	25	40	60	80	200	400	1,200
16	Walt Moryn	5	5	5	8	12	25	60	400
17	Billy Gardner	5	5	5	6	10	25	60	
18	Don Drysdale RC	100	120	150	250	400	1,000	3,000	15,000
19	Bob Wilson	5	5	8	12	20	30	50	400
20	Hank Aaron	250	300	400	600	1,000	2,000	5,000	15,000
21	Frank Sullivan	5	5	5	6	10	20	50	300
22	Jerry Snyder	5	5	5	6	10	20	80	400
23	Sherm Lollar	5	5	5	6	10	40	100	
24	Bill Mazeroski RC	80	100	120	200	250	400	800	4,000
25	Whitey Ford	40	50	60	100	250	500	1,000	6,000
26	Bob Boyd	5	5	5	6	10	20	50	
27	Ted Kazanski	5	5	6	10	15	25	60	300
28	Gene Conley	5	8	12	20	30	50	200	
29	Whitey Herzog RC	20	30	50	80	120	200	300	800
30	Pee Wee Reese	40	60	100	150	250	400	600	3,000
31	Ron Northey	5	6	10	15	25	40	100	
32	Hershell Freeman	5	5	5	6	10	20	50	250
33	Jim Small	5	5	5	6	10	30	100	
34	Tom Sturdivant RC	5	5	5	8	12	25	60	250
35	Frank Robinson RC	250	300	400	▼500	▼800	▼1,500	8,000	
36	Bob Grim	5	5	5	6	10	15	50	100
37	Frank Torre	5	5	5	8	20	30	200	
38	Nellie Fox	▲20	▲30	▲40	▲50	60	150	250	1,000
39	Al Worthington RC	5	6	10	15	25	40	100	
40	Early Wynn	12	20	30	50	80	120	300	1,000
41	Hal W. Smith	5	5	5	6	10	15	80	250
42	Dee Fondy	5	5	5	6	10	25	50	250
43	Connie Johnson	5	5	8	12	20	30	50	250
44	Joe DeMaestri	5	5	5	6	10	25	80	
45	Carl Furillo	6	10	15	25	50	▲120	400	
46	Robert J. Miller	5	5	▲8	▲12	▲20	▲30	50	▲400
47	Don Blasingame	5	5	6	10	15	25	40	60	500
48	Bill Bruton	5	5	5	8	12	30	100	400
49	Daryl Spencer	5	5	5	6	10	25	100	
50	Herb Score	6	10	15	25	40	100	250	
51	Clint Courtney	5	5	5	8	12	30	50	
52	Lee Walls	5	5	8	12	20	30	50	300
53	Clem Labine	5	8	12	20	30	50	80	250
54	Elmer Valo	5	5	5	8	15	40	▲150	400
55	Ernie Banks	80	100	150	200	300	500	1,500	8,000
56	Dave Sisler RC	5	5	6	10	15	25	150	
57	Jim Lemon	5	5	8	12	20	25	50	400
58	Ruben Gomez	5	5	5	8	12	25	80	
59	Dick Williams	5	8	12	20	30	50	80	250
60	Billy Hoeft	5	5	5	6	10	25	60	
61	Dusty Rhodes	5	▲6	▲10	▲15	25	▲40	▲100	
62	Billy Martin	40	50	60	80	120	200	▲500	2,000
63	Ike Delock	5	5	▲6	▲10	▲15	25	60	300
64	Pete Runnels	5	5	5	6	10	25	50	250
65	Wally Moon	8	12	20	30	50	80	200	
66	Brooks Lawrence	5	5	5	6	10	40	100	
67	Chico Carrasquel	5	5	5	6	10	30	▲100	
68	Ray Crone	5	5	5	6	15	25	250	
69	Roy McMillan	5	5	5	8	20	25	▲150	
70	Richie Ashburn	12	20	30	50	80	120	200	1,000
71	Murry Dickson	5	5	8	12	20	30	▲80	300
72	Bill Tuttle	5	5	8	12	20	30	▲100	250
73	George Crowe	5	8	12	20	30	50	120	
74	Vito Valentinetti RC	5	6	10	15	25	40	60	400
75	Jimmy Piersall	10	15	25	40	60	100	150	400
76	Roberto Clemente	150	▲250	▲400	500	800	1,200	4,000	10,000
77	Paul Foytack RC	5	5	5	8	12	20	100	
78	Vic Wertz	5	5	5	8	12	25	80	400
79	Lindy McDaniel RC	5	8	12	20	30	50	100	500
80	Gil Hodges	20	30	50	80	120	250	600	2,000
81	Herman Wehmeier	5	6	10	15	25	40	60	250
82	Elston Howard	12	20	30	50	80	120	250	1,000
83	Lou Skizas RC	5	5	5	6	10	20	50	400
84	Moe Drabowsky RC	5	8	12	20	30	50	80	300
85	Larry Doby	30	50	80	100	150	250	600	
86	Bill Sarni	5	5	6	10	15	20	60	400
87	Tom Gorman	5	5	8	12	20	30	50	300
88	Harvey Kuenn	5	5	5	8	12	30	120	500
89	Roy Sievers	5	8	12	20	30	50	▲150	
90	Warren Spahn	30	50	80	100	150	250	500	2,000
91	Mack Burk RC	5	5	5	6	10	20	50	
92	Mickey Vernon	5	5	5	8	15	30	80	
93	Hal Jeffcoat	5	5	5	6	10	20	40	
94	Bobby Del Greco	5	5	5	6	10	15	60	400
95	Mickey Mantle	500	800	1,200	1,500	2,500	6,000	20,000	200,000
96	Hank Aguirre RC	5	5	5	6	10	25	60	300
97	New York Yankees TC	20	30	50	80	120	200	400	1,000
98	Alvin Dark	5	5	8	12	20	30	60	200
99	Bob Keegan	5	5	5	6	10	25	120	400
100	League Presidents	15	25	40	60	100	150	400	
101	Chuck Stobbs	5	6	10	15	25	40	60	
102	Ray Boone	5	6	10	15	25	40	80	400
103	Joe Nuxhall	5	5	6	10	15	50	100	
104	Hank Foiles	5	5	5	6	10	30	50	
105	Johnny Antonelli	5	5	5	8	12	25	80	
106	Ray Moore	5	5	5	6	10	25	50	
107	Jim Rivera	5	5	5	6	10	20	50	200
108	Tommy Byrne	5	5	5	8	25	50	▲300	
109	Hank Thompson	5	5	8	12	20	30	50	250
110	Bill Virdon	5	6	10	15	25	40	60	250
111	Hal R. Smith	5	6	10	15	25	40	100	
112	Tom Brewer	5	8	12	20	30	50	120	
113	Wilmer Mizell	5	5	6	10	15	25	60	400
114	Milwaukee Braves TC	10	15	25	40	60	100	200	500
115	Jim Gilliam	▲15	▲25	▲40	▲50	60	100	250	
116	Mike Fornieles	5	8	12	20	30	50	80	400
117	Joe Adcock	5	8	12	20	30	50	120	
118	Bob Porterfield	5	8	12	20	30	50	120	
119	Stan Lopata	5	5	5	6	10	25	50	
120	Bob Lemon	12	20	30	50	80	120	300	1,500

#	Player	GD 2	VG 3	VgEx 4	EX 5	ExMt 6	NM 7	NmMt 8	MT 9
121	Clete Boyer RC	8	12	20	30	50	80	250	
122	Ken Boyer	8	12	20	30	50	80	200	
123	Steve Ridzik	5	5	5	6	10	30	60	
124	Dave Philley	5	5	5	6	10	15	50	
125	Al Kaline	50	60	80	100	150	300	600	3,000
126	Bob Wiesler	5	5	5	6	10	25	50	1,000
127	Bob Buhl	5	5	6	10	15	30	80	
128	Ed Bailey	5	5	5	8	12	30	80	
129	Saul Rogovin	5	5	5	6	10	25	50	250
130	Don Newcombe	15	25	40	60	100	150	300	600
131	Milt Bolling	5	6	10	15	25	40	60	300
132	Art Ditmar	5	6	10	15	25	40	60	300
133	Del Crandall	6	10	15	25	40	60	150	600
134	Don Kaiser	5	5	8	12	20	30	50	400
135	Bill Skowron	10	15	25	40	60	100	250	600
136	Jim Hegan	5	5	8	12	20	40	60	200
137	Bob Rush	5	5	6	10	15	25	50	300
138	Minnie Minoso	15	25	40	60	100	150	400	1,500
139	Lou Kretlow	5	5	5	6	10	25	200	
140	Frank Thomas	5	5	5	6	10	25	50	400
141	Al Aber	5	5	5	6	10	15	40	400
142	Charley Thompson	5	5	5	6	10	20	40	400
143	Andy Pafko	5	6	10	15	25	40	60	300
144	Ray Narleski	5	5	8	12	20	30	50	250
145	Al Smith	5	5	5	6	10	25	50	200
146	Don Ferrarese	5	5	5	6	10	25	60	250
147	Al Walker	5	5	6	10	20	30	100	
148	Don Mueller	5	5	5	6	10	20	50	250
149	Bob Kennedy	5	5	5	8	12	25	80	
150	Bob Friend	5	5	5	8	12	20	60	300
151	Willie Miranda	5	5	5	6	10	20	40	300
152	Jack Harshman	5	5	5	6	10	20	40	300
153	Karl Olson	5	5	6	10	15	25	40	400
154	Red Schoendienst	10	15	25	40	60	120	250	600
155	Jim Brosnan	5	6	10	15	25	40	100	
156	Gus Triandos	5	5	8	12	20	30	80	
157	Wally Post	5	5	5	8	12	25	100	250
158	Curt Simmons	5	5	5	8	12	40	80	
159	Solly Drake RC	5	5	5	6	10	20	50	400
160	Billy Pierce	5	5	6	10	15	25	100	400
161	Pittsburgh Pirates TC	6	10	15	25	40	60	200	
162	Jack Meyer	5	5	5	6	10	25	50	250
163	Sammy White	5	5	5	6	10	20	50	300
164	Tommy Carroll	5	5	6	10	15	30	60	400
165	Ted Kluszewski	30	50	60	100	150	200	400	3,000
166	Roy Face	5	8	12	20	30	50	120	400
167	Vic Power	5	8	12	20	30	50	100	300
168	Frank Lary	5	5	5	8	12	20	50	250
169	Herb Plews RC	5	5	8	12	20	30	80	
170	Duke Snider	40	60	80	120	200	400	1,000	
171	Boston Red Sox TC	8	12	20	30	50	80	200	
172	Gene Woodling	5	5	5	8	12	30	50	300
173	Roger Craig	5	8	12	20	30	50	80	400
174	Willie Jones	5	5	5	6	10	20	50	400
175	Don Larsen	25	30	40	50	60	120	250	
176A	Gene Bakep ERR (Baker)	150	200	250	300	400			
176B	Gene Baker COR	5	5	5	6	10	15	80	
177	Eddie Yost	5	5	5	8	15	40	120	
178	Don Bessent	5	5	5	8	15	50	200	
179	Ernie Oravetz	5	5	5	6	10	20	40	500
180	Gus Bell	5	8	12	20	30	50	▲250	
181	Dick Donovan	5	6	10	15	25	40	60	300
182	Hobie Landrith	5	6	10	15	25	40	60	400
183	Chicago Cubs TC	8	12	20	30	50	80	200	
184	Tito Francona RC	5	5	5	8	12	40	250	
185	Johnny Kucks	5	5	8	12	20	30	50	400
186	Jim King	5	5	8	12	20	30	60	250

#	Player	GD 2	VG 3	VgEx 4	EX 5	ExMt 6	NM 7	NmMt 8	MT 9
187	Virgil Trucks	5	▲6	▲10	▲15	▲25	▲40	▲60	250
188	Felix Mantilla RC	5	6	10	15	25	40	60	▲600
189	Willard Nixon	5	5	8	12	20	30	50	250
190	Randy Jackson	5	5	8	12	20	30	50	250
191	Joe Margoneri RC	5	5	5	6	10	20	50	500
192	Jerry Coleman	6	10	15	25	40	60	100	300
193	Del Rice	5	5	5	6	10	20	60	250
194	Hal Brown	5	5	5	6	10	25	50	300
195	Bobby Avila	5	5	6	10	15	25	80	
196	Larry Jackson	▲6	▲10	▲15	▲25	▲40	▲60	▲100	200
197	Hank Sauer	5	▲6	▲10	▲15	▲25	▲40	▲100	400
198	Detroit Tigers TC	5	5	6	10	15	50	100	400
199	Vern Law	5	5	5	6	10	20	60	250
200	Gil McDougald	6	10	15	25	40	60	120	500
201	Sandy Amoros	12	20	30	50	80	150	500	
202	Dick Gernert	5	6	10	15	25	40	60	400
203	Hoyt Wilhelm	15	20	25	30	50	80	200	600
204	Kansas City Athletics TC	5	8	12	20	30	50	80	250
205	Charlie Maxwell	5	5	5	8	12	25	60	400
206	Willard Schmidt	5	5	5	6	10	20	40	250
207	Gordon (Billy) Hunter	5	5	5	6	10	15	50	250
208	Lew Burdette	▲6	▲10	▲15	▲25	▲40	80	120	400
209	Bob Skinner	5	8	12	20	30	50	80	250
210	Roy Campanella	30	50	80	120	200	300	500	1,200
211	Camilo Pascual	5	5	5	6	10	25	50	200
212	Rocky Colavito RC	40	50	60	80	100	150	▲500	1,500
213	Les Moss	5	5	5	6	10	25	40	250
214	Philadelphia Phillies TC	5	6	10	15	25	40	80	400
215	Enos Slaughter	12	20	30	50	80	120	250	600
216	Marv Grissom	5	5	5	6	10	25	40	300
217	Gene Stephens	5	5	5	6	10	25	50	250
218	Ray Jablonski	5	6	10	15	25	40	60	150
219	Tom Acker RC	5	5	5	6	10	15	40	250
220	Jackie Jensen	▲6	▲10	▲15	▲25	▲40	▲60	▲100	500
221	Dixie Howell	5	5	5	6	10	20	40	250
222	Alex Grammas	5	5	5	6	10	15	50	250
223	Frank House	5	5	5	6	10	25	50	300
224	Marv Blaylock	5	5	5	6	10	25	60	250
225	Harry Simpson	5	5	6	10	15	25	50	200
226	Preston Ward	5	6	10	15	25	40	60	200
227	Gerry Staley	5	5	5	6	10	25	40	300
228	Smoky Burgess	5	6	10	15	25	40	80	250
229	George Susce	5	5	5	6	10	25	50	250
230	George Kell	8	12	20	30	50	80	1,500	400
231	Solly Hemus	5	5	5	6	10	25	40	250
232	Whitey Lockman	5	5	5	6	10	25	60	300
233	Art Fowler	5	5	5	6	10	25	50	200
234	Dick Cole	5	5	5	6	10	25	60	300
235	Tom Poholsky	5	5	5	6	10	20	50	300
236	Joe Ginsberg	5	5	5	6	10	25	40	250
237	Foster Castleman	5	5	8	12	20	30	50	250
238	Eddie Robinson	5	5	5	6	10	25	50	250
239	Tom Morgan	5	5	5	6	10	20	40	200
240	Hank Bauer	12	20	30	50	80	120	300	
241	Joe Lonnett RC	5	5	5	6	10	20	40	300
242	Charlie Neal	5	5	5	8	15	30	▲120	▲300
243	St. Louis Cardinals TC	8	12	20	30	50	80	120	300
244	Billy Loes	5	5	5	6	10	20	50	300
245	Rip Repulski	5	6	10	15	25	40	60	300
246	Jose Valdivielso	5	5	8	12	20	30	50	250
247	Turk Lown	5	6	10	15	25	40	60	250
248	Jim Finigan	5	5	5	6	10	20	50	200
249	Dave Pope	5	8	12	20	30	50	80	300
250	Eddie Mathews	50	40	60	100	120	200	600	6,000
251	Baltimore Orioles TC	5	5	5	6	10	25	60	100	300
252	Carl Erskine	8	12	20	30	50	80	150	800
253	Gus Zernial	5	5	5	8	12	30	60	200

#	Player	GD 2	VG 3	VgEx 4	EX 5	ExMt 6	NM 7	NmMt 8	MT 9
254	Ron Negray	5	6	10	15	25	40	60	250
255	Charlie Silvera	5	5	8	12	20	30	50	200
256	Ron Kline	5	5	5	6	10	25	40	250
257	Walt Dropo	5	5	8	12	20	30	50	200
258	Steve Gromek	5	5	5	6	15	25	50	300
259	Eddie O'Brien	5	5	5	6	10	20	40	300
260	Del Ennis	5	5	5	8	12	20	60	300
261	Bob Chakales	5	5	5	6	10	20	40	300
262	Bobby Thomson	6	10	15	25	40	60	120	
263	George Strickland	5	5	5	6	10	15	60	300
264	Bob Turley	5	5	6	10	15	30	150	400
265	Harvey Haddix DP	8	12	20	30	50	120	500	
266	Ken Kuhn DP RC	5	8	12	20	30	50	200	
267	Danny Kravitz RC	5	8	12	20	30	50	120	
268	Jack Collum	5	5	6	10	20	40	80	
269	Bob Cerv	5	5	6	10	25	40	80	
270	Washington Senators TC	10	15	25	40	60	150	800	
271	Danny O'Connell DP	8	12	20	30	50	120	400	
272	Bobby Shantz	8	12	20	30	50	80	150	600
273	Jim Davis	5	6	10	15	25	40	100	500
274	Don Hoak	5	8	12	20	30	50	120	
275	Cleveland Indians TC	10	15	25	40	60	100	300	
276	Jim Pyburn RC	5	6	10	15	25	50	300	
277	Johnny Podres DP	12	20	30	50	80	120	300	800
278	Fred Hatfield DP	5	6	10	15	25	40	100	
279	Bob Thurman RC	6	10	15	25	40	60	250	
280	Alex Kellner	5	5	6	20	25	50	250	
281	Gail Harris	6	10	15	25	40	60	150	
282	Jack Dittmer DP	5	5	6	12	20	30	80	
283	Wes Covington DP RC	5	6	8	12	20	60	200	1,000
284	Don Zimmer	12	20	30	50	80	120	250	2,000
285	Ned Garver	5	5	6	10	15	30	60	400
286	Bobby Richardson RC	25	40	60	100	150	250	800	
287	Sam Jones	5	5	6	10	30	50	250	
288	Ted Lepcio	5	5	6	10	15	40	80	
289	Jim Bolger DP	5	8	12	20	30	50	120	
290	Andy Carey DP	10	15	25	40	60	100	500	
291	Windy McCall	5	6	10	15	25	40	250	
292	Billy Klaus	5	5	6	10	15	60	500	
293	Ted Abernathy RC	5	5	8	12	20	30	80	
294	Rocky Bridges DP	5	5	6	10	30	40	100	
295	Joe Collins DP	8	12	20	30	50	80	200	
296	Johnny Klippstein	5	6	10	15	20	30	120	
297	Jack Crimian	5	5	6	10	25	30	150	
298	Irv Noren DP	5	5	6	10	20	50	600	
299	Chuck Harmon	5	5	6	10	25	40	200	
300	Mike Garcia	6	10	15	25	40	120	1,000	
301	Sammy Esposito DP RC	10	15	25	40	60	100	150	400
302	Sandy Koufax DP	200	300	400	500	800	1,500	5,000	
303	Billy Goodman	5	6	8	15	40	120	400	
304	Joe Cunningham	5	5	6	10	15	30	60	500
305	Chico Fernandez	5	5	6	10	25	40	100	
306	Darrell Johnson DP RC	6	10	15	25	40	60	100	400
307	Jack D. Phillips DP	8	12	20	30	50	80	500	
308	Dick Hall	5	5	6	10	15	50	80	
309	Jim Busby DP	5	5	6	10	20	40	120	
310	Max Surkont DP	6	10	15	25	30	100	2,000	
311	Al Pilarcik DP RC	5	6	10	15	25	40	100	500
312	Tony Kubek DP RC	30	50	80	100	150	250	500	1,200
313	Mel Parnell	8	12	20	30	50	80	200	
314	Ed Bouchee DP RC	5	8	12	20	30	50	200	
315	Lou Berberet DP	5	6	10	15	25	40	150	
316	Billy O'Dell	5	5	6	10	15	40	100	
317	New York Giants TC	12	20	30	50	80	200	500	
318	Mickey McDermott	5	5	6	10	25	40	100	
319	Gino Cimoli RC	8	12	20	30	50	120	1,000	
320	Neil Chrisley RC	6	10	15	25	40	60	100	400
321	John (Red) Murff RC	5	6	10	15	25	40	250	
322	Cincinnati Reds TC	12	20	30	50	80	120	400	
323	Wes Westrum	10	15	25	40	60	100	250	
324	Brooklyn Dodgers TC	30	50	80	120	150	250	800	2,500
325	Frank Bolling	6	10	15	25	40	60	120	
326	Pedro Ramos	5	5	6	10	15	30	80	
327	Jim Pendleton	5	8	12	20	30	50	100	
328	Brooks Robinson RC	500	600	800	1,000	1,500	2,500	5,000	20,000
329	Chicago White Sox TC	8	10	12	20	50	80	250	
330	Jim Wilson	5	5	6	10	20	25	80	
331	Ray Katt	5	5	6	10	25	40	150	
332	Bob Bowman RC	6	10	15	25	40	80	200	
333	Ernie Johnson	12	20	30	50	80	120	300	
334	Jerry Schoonmaker	5	5	6	10	20	30	100	
335	Granny Hamner	5	8	12	20	30	50	2,000	
336	Haywood Sullivan RC	6	10	15	25	40	60	150	
337	Rene Valdes RC	5	6	8	12	25	50	100	600
338	Jim Bunning RC	100	120	150	250	300	400	1,200	2,000
339	Bob Speake	5	6	10	15	25	40	80	400
340	Bill Wight	5	5	6	10	25	60	200	
341	Don Gross RC	5	5	6	10	15	30	100	
342	Gene Mauch	5	8	12	20	30	50	200	
343	Taylor Phillips RC	15	25	40	60	100	200	500	
344	Paul LaPalme	5	5	8	12	20	40	100	
345	Paul Smith	6	10	15	25	40	60	120	300
346	Dick Littlefield	5	5	6	10	15	30	120	500
347	Hal Naragon	8	12	20	30	50	80	300	
348	Jim Hearn	5	6	10	15	25	40	80	
349	Nelson King	5	8	12	20	30	50	100	
350	Eddie Miksis	5	5	6	10	25	60	400	
351	Dave Hillman RC	5	5	6	10	15	50	80	400
352	Ellis Kinder	5	5	6	10	20	50	150	
353	Cal Neeman RC	5	5	5	6	10	25	60	300
354	Rip Coleman RC	5	5	5	6	10	25	50	
355	Frank Malzone	5	5	5	8	12	25	50	250
356	Faye Throneberry	5	5	5	6	10	30	50	
357	Earl Torgeson	5	5	8	12	20	30	60	
358	Jerry Lynch	5	5	5	6	10	20	60	
359	Tom Cheney RC	5	6	10	15	25	40	100	
360	Johnny Groth	5	5	5	10	20	60	250	
361	Curt Barclay RC	5	5	5	6	12	25	80	
362	Roman Mejias RC	5	5	8	12	20	30	80	
363	Eddie Kasko RC	5	5	6	10	15	25	60	400
364	Cal McLish RC	5	5	5	6	10	25	60	300
365	Ozzie Virgil RC	5	8	12	20	30	50	100	400
366	Ken Lehman	5	5	8	12	20	30	80	
367	Ed Fitzgerald	5	5	5	6	10	20	40	
368	Bob Purkey	5	6	10	15	25	40	100	
369	Milt Graff RC	5	5	5	6	10	25	60	
370	Warren Hacker	6	10	15	25	40	60	100	400
371	Bob Lennon	5	5	5	6	10	15	40	
372	Norm Zauchin	5	6	10	15	25	40	60	250
373	Pete Whisenant RC	5	5	5	6	10	20	50	350
374	Don Cardwell RC	5	5	6	10	15	25	50	
375	Jim Landis RC	5	5	5	8	12	20	100	
376	Don Elston RC	5	5	5	8	12	30	60	
377	Andre Rodgers RC	5	8	12	20	30	60	120	
378	Elmer Singleton	5	5	5	6	10	25	60	
379	Don Lee RC	5	5	5	6	10	25	50	
380	Walker Cooper	5	5	5	6	10	20	50	
381	Dean Stone	5	5	5	6	10	25	50	
382	Jim Brideweser	5	5	8	12	20	30	50	400
383	Juan Pizarro RC	5	6	10	15	25	40	300	
384	Bobby G. Smith RC	5	5	5	8	12	20	120	
385	Art Houtteman	5	5	5	6	10	20	40	
386	Lyle Luttrell RC	5	8	12	20	30	50	80	400
387	Jack Sanford RC	5	6	10	15	25	40	60	

#	Player	GD 2	VG 3	VgEx 4	EX 5	ExMt 6	NM 7	NmMt 8	MT 9
88	Pete Daley	5	5	5	6	10	25	50	400
89	Dave Jolly	5	5	5	6	10	20	50	
90	Reno Bertoia	5	6	10	15	25	40	60	200
91	Ralph Terry RC	15	25	40	60	100	150	250	600
92	Chuck Tanner	5	8	12	20	30	50	300	
93	Raul Sanchez RC	6	10	15	25	40	60	120	
94	Luis Arroyo	5	5	6	10	15	25	50	500
95	Bubba Phillips	5	5	6	10	15	25	100	
96	Casey Wise RC	5	5	5	6	10	25	50	400
97	Roy Smalley	5	5	5	6	10	25	50	400
98	Al Cicotte RC	5	8	12	20	30	50	120	
99	Billy Consolo	5	5	8	12	20	30	50	200
100	Dodgers Sluggers	40	60	100	150	200	400	800	
101	Earl Battey RC	5	5	5	8	12	20	120	300
102	Jim Pisoni RC	5	5	8	12	20	30	80	
103	Dick Hyde RC	5	5	6	10	15	25	50	
104	Harry Anderson RC	5	5	5	8	12	20	50	
105	Duke Maas	5	8	12	20	30	50	120	400
106	Bob Hale	5	8	12	20	30	120	300	
107	Yankees Power Hitters	250	300	400	600	1,000	1,500	5,000	
CC1	Contest May 4th	15	20	25	40	60	150		
CC2	Contest May 25th	15	20	25	40	60	150		
CC3	Contest June 22nd	20	25	30	50	100	200		
CC4	Contest July 19th	20	25	30	50	80	250		
NNO	Checklist 1/2 Bazooka	60	80	100	150	200	400		
NNO	Checklist 1/2 Big Blony	60	80	100	135	200	600		
NNO	Checklist 2/3 Bazooka	60	80	100	150	250			
NNO	Checklist 2/3 Big Blony	60	80	100	200				
NNO	Checklist 3/4 Bazooka	150	200	250	400	600			
NNO	Checklist 3/4 Big Blony	120	150	200	300	500			
NNO	Checklist 4/5 Bazooka	200	300	400	500				
NNO	Checklist 4/5 Big Blony	300	400	500	800				
NNO	Lucky Penny Card	50	60	80	120	200			

1958 Hires Root Beer

#	Player	GD 2	VG 3	VgEx 4	EX 5	ExMt 6	NM 7	NmMt 8	MT 9
10	Richie Ashburn	8	12	20	30	50	150	1,000	
11	Chico Carrasquel	5	5	8	12	20	30	60	
12	Dave Philley	5	5	8	12	20	30	60	
13	Don Newcombe	5	8	12	20	30	50	100	
14	Wally Post	5	5	8	12	20	30	60	
15	Rip Repulski	5	5	8	12	20	30	60	
16	Chico Fernandez	5	5	8	12	20	30	60	
17	Larry Doby	6	10	15	25	40	60	120	
18	Hector Brown	5	5	8	12	20	30	60	
19	Danny O'Connell	5	5	8	12	20	30	60	
20	Granny Hamner	5	5	8	12	20	30	60	
21	Dick Groat	5	5	8	12	20	30	60	
22	Ray Narleski	5	5	8	12	20	30	60	
23	Pee Wee Reese	8	12	20	30	50	120	150	
24	Bob Friend	5	5	8	12	20	30	60	
25	Willie Mays	40	60	80	200	400	800	1,000	
26	Bob Nieman	5	5	8	12	20	30	60	
27	Frank Thomas	5	5	8	12	20	30	60	
28	Curt Simmons	5	5	8	12	20	30	60	
29	Stan Lopata	5	5	8	12	20	30	60	
30	Bob Skinner	5	5	8	12	20	30	60	
31	Ron Kline	5	5	8	12	20	30	80	
32	Willie Miranda	5	5	8	12	20	30	60	
33	Bobby Avila	5	5	8	12	20	30	60	
34	Clem Labine	5	6	10	15	25	40	80	
35	Ray Jablonski	5	5	8	12	20	30	60	
36	Bill Mazeroski	6	10	15	25	80	120	150	
37	Billy Gardner	5	5	8	12	50	80	120	250
38	Pete Runnels	5	5	8	12	20	30	60	
39	Jack Sanford	5	5	8	12	20	30	60	

#	Player	GD 2	VG 3	VgEx 4	EX 5	ExMt 6	NM 7	NmMt 8	MT 9
40	Dave Sisler	5	5	8	12	20	30	60	
41	Don Zimmer	5	8	12	20	30	50	100	
42	Johnny Podres	5	8	12	20	30	50	100	
43	Dick Farrell	5	5	8	12	20	30	60	
44	Hank Aaron	40	60	80	150	550	700	1,500	
45	Bill Virdon	5	5	8	12	20	30	60	
46	Bobby Thomson	5	8	12	20	30	50	120	
47	Willard Nixon	5	5	8	12	20	30	60	
48	Billy Loes	5	5	8	12	20	30	60	
49	Hank Sauer	5	5	8	12	20	30	100	
50	Johnny Antonelli	5	5	8	12	20	30	60	
51	Daryl Spencer	5	5	8	12	20	30	60	
52	Ken Lehman	5	5	8	12	20	30	60	
53	Sammy White	5	5	8	12	20	30	60	
54	Charley Neal	5	5	8	12	20	30	60	
55	Don Drysdale	8	12	20	30	50	80	300	
56	Jackie Jensen	5	5	8	12	20	30	60	
57	Ray Katt	5	5	8	12	20	30	120	
58	Frank Sullivan	5	5	8	12	20	30	60	
59	Roy Face	5	5	8	12	20	30	80	
60	Willie Jones	5	5	8	12	20	30	60	
61	Duke Snider	15	25	60	80	100	150	300	
62	Whitey Lockman	5	5	8	12	20	30	80	
63	Gino Cimoli	5	5	8	12	20	30	60	
64	Marv Grissom	5	5	8	12	20	30	60	
65	Gene Baker	5	5	8	12	20	30	60	
66	George Zuverink	5	5	8	12	20	30	60	
67	Ted Kluszewski	6	10	15	25	40	80	150	
68	Jim Busby	5	5	8	12	20	30	60	
70	Curt Barclay	5	5	8	12	20	30	80	
71	Hank Foiles	5	5	8	12	20	30	60	
72	Gene Stephens	5	5	8	12	20	30	80	
73	Al Worthington	5	5	8	12	20	30	60	
74	Al Walker	5	5	8	12	20	30	60	
75	Bob Boyd	5	5	8	12	20	30	60	
76	Al Pilarcik	5	5	8	12	20	30	60	

1958 Topps

#	Player	GD 2	VG 3	VgEx 4	EX 5	ExMt 6	NM 7	NmMt 8	MT 9
1	Ted Williams	120	200	300	500	800	1,500	6,000	
2A	Bob Lemon	5	6	10	15	25	40	200	
2B	Bob Lemon YT	10	15	25	40	80			
3	Alex Kellner	5	5	5	8	20	40	60	
4	Hank Foiles	5	5	5	8	12	20	60	
5	Willie Mays	150	250	400	600	1,000	2,000	6,000	
6	George Zuverink	5	5	8	12	40	60	250	
7	Dale Long	5	5	8	12	50	120		
8A	Eddie Kasko	5	5	5	8	12	30	200	
8B	Eddie Kasko YN	6	10	15	25	60	200		
9	Hank Bauer	12	20	30	50	80	120	250	
10	Lou Burdette	5	5	8	12	30	60	150	
11A	Jim Rivera	5	5	6	10	15	40	400	
11B	Jim Rivera YT	6	10	15	25	50	150		
12	George Crowe	5	5	8	12	20	50		
13A	Billy Hoeft	5	5	5	8	12	30	250	
13B	Billy Hoeft YN	6	10	15	25	40	80		
14	Rip Repulski	5	5	5	8	12	30	60	200
15	Jim Lemon	5	5	5	8	12	30	40	
16	Charlie Neal	6	10	15	25	40	60	300	
17	Felix Mantilla	5	5	5	8	15	50	250	
18	Frank Sullivan	5	5	6	10	15	25	50	
19	San Francisco Giants TC	10	15	25	40	60	100	400	
20A	Gil McDougald	5	6	10	15	25	40	200	
20B	Gil McDougald YN	10	15	25	40	60	200	600	
21	Curt Barclay	5	5	6	10	15	25	100	
22	Hal Naragon	5	5	5	8	12	30	60	

Beckett Graded Card Price Guide 89

#	Player	GD 2	VG 3	VgEx 4	EX 5	ExMt 6	NM 7	NmMt 8	MT 9
23A	Bill Tuttle	5	5	5	8	12	30		
23B	Bill Tuttle YN	6	10	15	30	40	150		
24A	Hobie Landrith	5	5	5	8	12	25	80	
24B	Hobie Landrith YN	6	10	15	30	60	100		
25	Don Drysdale	25	40	60	100	120	400	600	
26	Ron Jackson	5	5	8	12	20	30	50	300
27	Bud Freeman	5	5	8	12	20	30	50	300
28	Jim Busby	5	5	5	8	12	30	50	400
29	Ted Lepcio	5	5	6	10	15	25	60	
30A	Hank Aaron	20	50	80	150	200	400	5,000	
30B	Hank Aaron YN	50	120	150	200	300	500	6,000	
31	Tex Clevenger RC	5	5	8	12	20	30	50	300
32A	J.W. Porter	5	5	5	8	12	40	150	
32B	J.W. Porter YN	6	10	15	25	40	120	400	
33A	Cal Neeman	5	5	5	8	12	20	50	
33B	Cal Neeman YT	6	10	15	25	40	150	500	
34	Bob Thurman	5	5	5	8	12	40	100	250
35A	Don Mossi	5	5	6	10	15	25	150	
35B	Don Mossi YT	6	10	15	25	40	80	300	
36	Ted Kazanski	5	5	8	12	20	30	50	
37	Mike McCormick RC	5	5	6	10	25	60		
38	Dick Gernert	5	6	10	15	25	40	60	
39	Bob Martyn RC	5	5	5	8	12	20	100	250
40	George Kell	6	10	15	25	40	60	150	
41	Dave Hillman	5	5	8	12	20	30	50	300
42	John Roseboro RC	12	20	30	50	80	120	600	
43	Sal Maglie	5	5	6	10	25	50	100	250
44	Washington Senators TC	5	5	6	10	50	150	800	
45	Dick Groat	5	5	6	10	15	40	60	
46A	Lou Sleater	5	5	5	8	12	25	250	
46B	Lou Sleater YN	6	10	15	25	40	150	500	
47	Roger Maris RC	250	300	400	500	800	1,500	5,000	15,000
48	Chuck Harmon	5	5	5	8	12	20	40	400
49	Smoky Burgess	5	8	12	20	30	50	100	
50A	Billy Pierce	5	5	5	8	12	20	50	
50B	Billy Pierce YT	6	10	15	25	40	80	250	
51	Del Rice	5	5	6	10	15	25	120	
52A	Roberto Clemente	40	60	100	150	200	500	200	800
52B	Roberto Clemente YT	50	80	100	200	300	800	400	
53A	Morrie Martin	5	5	5	8	12	20	100	
53B	Morrie Martin YN	6	10	15	25	40	80	300	
54	Norm Siebern RC	5	8	12	20	30	50	120	400
55	Chico Carrasquel	5	5	5	8	12	20	50	500
56	Bill Fischer RC	5	5	8	12	20	30	50	250
57A	Tim Thompson	5	5	5	8	12	20	50	
57B	Tim Thompson YN	6	10	15	25	40	100	400	
58A	Art Schult	5	5	5	8	12	20	80	
58B	Art Schult YT	12	20	30	60	100	120	100	
59	Dave Sisler	5	5	5	8	12	50	150	
60A	Del Ennis	5	5	5	8	12	20	50	
60B	Del Ennis YN	6	10	15	25	40	80	300	
61A	Darrell Johnson	5	5	6	10	15	25	100	
61B	Darrell Johnson YN	6	10	15	25	40	100		
62	Joe DeMaestri	5	5	5	8	12	20	60	250
63	Joe Nuxhall	5	8	12	20	30	50	80	
64	Joe Lonnett	5	5	5	8	12	40	120	
65A	Von McDaniel RC	5	5	5	8	12	25	135	
65B	Von McDaniel YN	6	10	15	25	50	100		
66	Lee Walls	5	5	5	8	12	20	50	500
67	Joe Ginsberg	5	5	5	8	12	20	120	
68	Daryl Spencer	5	5	5	8	12	25	80	
69	Wally Burnette	5	5	5	8	12	20	40	
70A	Al Kaline	10	15	25	40	100	150	300	1,000
70B	Al Kaline YN	20	30	80	120	200	300	1,000	
71	Los Angeles Dodgers TC	6	10	15	40	60	200	1,000	
72	Bud Byerly	5	5	5	8	12	20	60	
73	Pete Daley	5	5	5	8	25	30	120	

#	Player	GD 2	VG 3	VgEx 4	EX 5	ExMt 6	NM 7	NmMt 8	MT 9
74	Roy Face	5	5	6	10	15	25	60	500
75	Gus Bell	5	5	8	12	20	30	50	
76A	Dick Farrell RC	5	5	5	8	12	20	80	
76B	Dick Farrell YT	6	10	15	25	80	200		
77A	Don Zimmer	5	5	6	10	15	40	100	
77B	Don Zimmer YT	10	15	25	40	60	250	1,000	
78A	Ernie Johnson	5	5	5	8	12	250	400	
78B	Ernie Johnson YN	6	10	15	25	50	150		
79A	Dick Williams	5	5	5	8	12	25	50	
79B	Dick Williams YT	6	10	15	25	50	100	300	
80	Dick Drott RC	5	5	5	8	12	20	40	250
81A	Steve Boros RC	5	5	5	8	12	30	200	
81B	Steve Boros YT	6	10	15	25	60	150		
82	Ron Kline	5	5	5	8	12	15	40	
83	Bob Hazle RC	5	5	5	8	12	30	120	
84	Billy O'Dell	5	5	5	8	12	20	40	300
85A	Luis Aparicio	5	6	10	15	25	40	200	
85B	Luis Aparicio YT	15	25	40	60	100	250		
86	Valmy Thomas RC	5	5	5	8	12	20	40	250
87	Johnny Kucks	5	5	6	10	15	100	200	
88	Duke Snider	40	50	60	80	120	250	1,200	
89	Billy Klaus	5	5	5	8	12	30	200	
90	Robin Roberts	10	15	25	40	60	120	400	
91	Chuck Tanner	5	5	6	10	15	50	250	
92A	Clint Courtney	5	5	5	8	12	20	40	500
92B	Clint Courtney YN	5	6	10	15	25	40	200	
93	Sandy Amoros	5	6	10	15	25	40	80	
94	Bob Skinner	5	5	8	12	20	30	50	300
95	Frank Bolling	5	5	5	8	12	30	50	
96	Joe Durham RC	5	5	5	8	12	20	40	800
97A	Larry Jackson	5	5	5	8	12	20	100	400
97B	Larry Jackson YN	6	10	15	25	60	80	675	
98A	Billy Hunter	5	5	5	8	12	20	50	
98B	Billy Hunter YN	6	10	15	25	40	100		
99	Bobby Adams	5	5	5	8	12	20	50	400
100A	Early Wynn	5	5	8	12	20	40	100	500
100B	Early Wynn YT	10	15	25	40	60	100	200	
101A	Bobby Richardson	5	8	12	20	30	60	150	
101B	Bobby Richardson YN	10	15	25	40	80	120		
102	George Strickland	5	6	10	15	25	40	60	
103	Jerry Lynch	5	5	5	8	12	20	50	400
104	Jim Pendleton	5	6	10	15	25	40	60	
105	Billy Gardner	5	5	5	8	12	40	250	
106	Dick Schofield	5	6	10	15	25	40	60	300
107	Ossie Virgil	5	5	6	10	15	150	400	
108A	Jim Landis	5	5	5	8	12	25	80	
108B	Jim Landis YT	6	10	15	25	40	100	400	
109	Herb Plews	5	5	6	10	15	25	40	300
110	Johnny Logan	5	6	10	15	25	40	80	
111	Stu Miller	5	5	5	6	10	25	50	
112	Gus Zernial	6	10	15	25	40	60	100	300
113	Jerry Walker RC	5	5	5	6	10	15	40	
114	Irv Noren	5	5	5	6	10	25	40	
115	Jim Bunning	20	25	30	40	50	80	150	400
116	Dave Philley	5	5	5	6	10	15	60	
117	Frank Torre	5	5	8	12	20	30	50	300
118	Harvey Haddix	5	5	5	6	10	25	50	300
119	Harry Chiti	5	5	5	6	10	15	30	200
120	Johnny Podres	6	10	15	25	40	60	100	400
121	Eddie Miksis	5	5	5	6	10	15	30	500
122	Walt Moryn	5	5	5	6	10	15	40	150
123	Dick Tomanek RC	5	5	5	8	12	20	40	250
124	Bobby Usher	5	5	5	6	10	15	40	200
125	Alvin Dark	5	5	5	6	10	15	40	300
126	Stan Palys RC	5	5	5	6	10	15	40	
127	Tom Sturdivant	5	6	10	15	25	40	50	300
128	Willie Kirkland RC	5	5	6	10	15	25	50	300

#	Player	GD 2	VG 3	VgEx 4	EX 5	ExMt 6	NM 7	NmMt 8	MT 9
29	Jim Derrington RC	5	5	5	6	10	15	50	
30	Jackie Jensen	5	5	5	8	12	25	60	250
31	Bob Henrich RC	5	5	5	6	10	20	30	500
32	Vern Law	5	5	5	6	10	20	40	150
33	Russ Nixon RC	5	5	5	6	10	15	40	400
34	Philadelphia Phillies TC	6	10	15	25	40	60	100	300
35	Mike Drabowsky	5	5	5	6	10	15	40	400
36	Jim Finigan	5	5	5	6	10	30	40	300
37	Russ Kemmerer	5	5	5	6	10	15	40	
38	Earl Torgeson	5	5	5	6	10	15	40	400
39	George Brunet RC	5	5	5	6	10	15	30	300
40	Wes Covington	5	5	5	6	10	15	50	
41	Ken Lehman	5	5	5	6	10	15	50	400
42	Enos Slaughter	15	25	40	60	100	150	250	500
43	Billy Muffett RC	5	5	8	12	20	30	80	500
44	Bobby Morgan	5	5	5	6	10	15	40	400
46	Dick Gray RC	5	5	5	6	10	25	50	250
47	Don McMahon RC	5	5	5	6	10	15	40	
48	Billy Consolo	5	5	5	6	10	15	40	
49	Tom Acker	5	5	5	6	10	15	30	200
50	Mickey Mantle	400	600	1,000	1,200	2,000	3,000	12,000	
51	Buddy Pritchard RC	5	5	5	6	15	60	250	
52	Johnny Antonelli	5	5	5	6	10	15	40	400
53	Les Moss	5	5	5	6	10	15	40	300
54	Harry Byrd	5	5	5	6	10	15	80	
55	Hector Lopez	5	5	5	6	10	20	40	200
56	Dick Hyde	5	5	5	6	10	15	60	
57	Dee Fondy	5	5	5	6	10	15	50	400
58	Cleveland Indians TC	5	5	6	10	25	50	150	
59	Taylor Phillips	5	5	6	10	15	25	30	300
60	Don Hoak	5	5	5	6	10	25	40	250
61	Don Larsen	12	20	30	50	80	120	250	500
62	Gil Hodges	15	25	40	60	100	150	250	800
63	Jim Wilson	5	5	5	6	10	15	30	150
64	Bob Taylor RC	5	5	5	6	10	30	200	
65	Bob Nieman	5	5	5	6	10	15	40	
66	Danny O'Connell	5	5	5	6	10	15	30	300
67	Frank Baumann RC	5	5	5	6	10	15	30	150
68	Joe Cunningham	5	5	5	6	10	15	50	
69	Ralph Terry	5	5	5	8	12	20	60	
170	Vic Wertz	5	8	12	20	30	50	80	200
171	Harry Anderson	5	5	5	6	10	15	40	
172	Don Gross	5	5	5	6	10	15	50	
173	Eddie Yost	5	5	5	6	10	15	50	400
174	Kansas City Athletics TC	6	10	15	25	40	60	150	
175	Marv Throneberry RC	5	5	8	12	50	80	300	
176	Bob Buhl	5	5	5	6	10	25	50	
177	Al Smith	5	5	5	6	10	25	50	300
178	Ted Kluszewski	5	5	8	12	25	50	80	800
179	Willie Miranda	5	5	5	6	10	15	40	
180	Lindy McDaniel	5	5	8	12	20	30	50	200
181	Willie Jones	5	5	5	6	10	15	50	300
182	Joe Caffie RC	5	5	5	6	10	15	50	800
183	Dave Jolly	5	5	5	6	10	15	40	600
184	Elvin Tappe	5	5	5	6	10	20	50	
185	Ray Boone	5	5	5	6	10	20	40	
186	Jack Meyer	5	5	5	6	10	25	60	250
187	Sandy Koufax	120	150	200	300	500	800	2,500	6,000
188	Milt Bolling	5	5	5	6	10	15	40	
189	George Susce	5	5	5	6	10	15	40	
190	Red Schoendienst	6	10	15	25	40	100	250	
191	Art Ceccarelli RC	5	5	5	6	10	15	80	
192	Milt Graff	5	5	5	6	10	20	40	300
193	Jerry Lumpe RC	5	5	5	8	12	30	60	500
194	Roger Craig	5	8	12	20	30	50	100	
195	Whitey Lockman	5	5	5	6	10	15	60	300
196	Mike Garcia	5	5	5	6	10	25	40	200

#	Player	GD 2	VG 3	VgEx 4	EX 5	ExMt 6	NM 7	NmMt 8	MT 9
197	Haywood Sullivan	5	5	8	12	20	30	50	200
198	Bill Virdon	5	5	5	6	10	25	60	
199	Don Blasingame	5	5	5	6	10	15	60	
200	Bob Keegan	5	5	5	6	10	25	40	
201	Jim Bolger	5	5	5	6	10	20	40	
202	Woody Held RC	5	5	5	6	10	20	50	300
203	Al Walker	5	5	5	6	10	15	30	300
204	Leo Kiely	5	5	5	6	10	15	60	
205	Johnny Temple	5	5	5	6	10	25	40	300
206	Bob Shaw RC	5	5	5	6	10	15	60	
207	Solly Hemus	5	8	12	20	30	50	300	
208	Cal McLish	5	5	5	6	10	25	60	
209	Bob Anderson RC	5	5	5	6	10	25	50	
210	Wally Moon	5	8	12	20	30	50	120	
211	Pete Burnside RC	5	5	5	6	10	15	50	
212	Bubba Phillips	5	5	5	6	10	20	100	
213	Red Wilson	5	5	6	10	15	25	60	
214	Willard Schmidt	5	5	5	6	10	20	40	
215	Jim Gilliam	5	8	12	20	30	50	80	
216	St. Louis Cardinals TC	5	5	6	10	25	60	120	
217	Jack Harshman	5	5	5	6	10	15	60	
218	Dick Rand RC	5	5	5	6	10	25	100	
219	Camilo Pascual	5	5	5	6	10	15	40	
220	Tom Brewer	5	5	5	6	10	20	40	300
221	Jerry Kindall RC	5	5	6	10	15	25	40	300
222	Bud Daley RC	5	5	5	6	10	20	30	400
223	Andy Pafko	5	5	5	8	25	40	100	
224	Bob Grim	5	5	5	8	12	25	50	300
225	Billy Goodman	5	5	5	6	10	25	50	
226	Bob Smith RC	5	5	8	12	20	30	50	150
227	Gene Stephens	5	5	5	6	10	15	40	
228	Duke Maas	5	5	5	6	10	15	40	300
229	Frank Zupo RC	5	5	5	6	10	20	40	300
230	Richie Ashburn	12	20	30	50	80	120	250	
231	Lloyd Merritt RC	5	5	5	6	10	25	50	
232	Reno Bertoia	5	6	10	15	25	40	60	300
233	Mickey Vernon	5	5	5	6	20	25	50	
234	Carl Sawatski	5	5	5	8	12	20	80	400
235	Tom Gorman	5	5	5	6	10	15	40	300
236	Ed Fitzgerald	5	5	8	12	20	30	80	
237	Bill Wight	5	5	5	6	10	15	50	250
238	Bill Mazeroski	20	30	50	60	100	250	600	
239	Chuck Stobbs	5	5	5	6	10	25	80	
240	Bill Skowron	8	12	20	30	50	80	150	600
241	Dick Littlefield	5	5	5	6	10	15	50	
242	Johnny Klippstein	5	5	5	6	10	20	60	400
243	Larry Raines RC	5	5	5	6	10	25	50	400
244	Don Demeter RC	5	6	10	15	25	40	100	
245	Frank Lary	5	5	5	6	10	25	50	300
246	New York Yankees TC	25	40	60	100	150	300	2,000	
247	Casey Wise	5	5	5	6	10	20	50	
248	Herman Wehmeier	5	5	5	6	10	25	80	
249	Ray Moore	5	5	5	6	10	15	60	
250	Roy Sievers	5	6	10	15	25	40	80	300
251	Warren Hacker	5	5	5	6	10	15	50	
252	Bob Trowbridge RC	5	5	5	6	10	20	60	
253	Don Mueller	5	5	5	6	10	25	40	300
254	Alex Grammas	5	5	5	6	10	15	50	
255	Bob Turley	5	5	6	10	30	40	120	
256	Chicago White Sox TC	5	5	6	10	40	80	800	
257	Hal Smith	5	5	5	6	10	15	70	
258	Carl Erskine	6	10	15	25	40	60	100	400
259	Al Pilarcik	5	5	5	6	10	25	50	400
260	Frank Malzone	5	5	5	6	10	30	60	
261	Turk Lown	5	5	5	6	10	15	60	400
262	Johnny Groth	5	5	6	10	15	25	60	400
263	Eddie Bressoud RC	5	5	6	10	15	25	80	

#	Player	GD 2	VG 3	VgEx 4	EX 5	ExMt 6	NM 7	NmMt 8	MT 9
264	Jack Sanford	5	5	5	6	10	15	100	250
265	Pete Runnels	5	5	5	6	10	25	120	
266	Connie Johnson	5	5	5	6	10	15	40	
267	Sherm Lollar	5	5	5	6	10	20	60	400
268	Granny Hamner	5	5	5	6	10	15	60	
269	Paul Smith	5	5	5	6	10	15	40	300
270	Warren Spahn	8	25	30	40	80	120	500	
271	Billy Martin	12	20	30	50	60	100	150	800
272	Ray Crone	5	5	5	6	10	15	50	200
273	Hal Smith	5	5	5	6	10	15	50	200
274	Rocky Bridges	5	5	5	6	10	15	40	400
275	Elston Howard	10	15	25	40	60	100	300	
276	Bobby Avila	5	5	5	8	12	20	50	
277	Virgil Trucks	5	5	5	6	10	25	80	300
278	Mack Burk	5	5	5	6	10	15	40	
279	Bob Boyd	5	5	5	6	10	25	50	300
280	Jim Piersall	5	8	12	20	30	50	120	
281	Sammy Taylor RC	5	5	5	6	10	15	60	
282	Paul Foytack	5	5	5	6	10	15	30	200
283	Ray Shearer RC	5	5	5	6	10	30	120	300
284	Ray Katt	5	5	6	10	15	25	40	300
285	Frank Robinson	40	60	100	150	250	400	600	
286	Gino Cimoli	5	5	5	6	10	30	120	
287	Sam Jones	5	5	5	6	10	25	150	400
288	Harmon Killebrew	40	60	80	100	150	300	600	5,000
289	Series Hurling Rivals	5	5	6	10	15	60	400	
290	Dick Donovan	5	5	5	6	10	15	40	400
291	Don Landrum RC	5	5	5	6	10	25	100	
292	Ned Garver	5	5	5	6	10	15	50	200
293	Gene Freese	5	5	5	6	10	15	50	300
294	Hal Jeffcoat	5	5	5	6	10	15	50	
295	Minnie Minoso	20	30	50	80	120	200	300	1,200
296	Ryne Duren RC	15	25	40	60	100	150	600	
297	Don Buddin RC	5	5	5	6	10	15	50	
298	Jim Hearn	5	8	12	20	30	50	120	
299	Harry Simpson	5	5	5	6	10	20	80	300
300	League Presidents	6	10	15	25	40	60	150	
301	Randy Jackson	5	5	5	6	10	20	60	300
302	Mike Baxes RC	5	5	5	6	10	25	150	
303	Neil Chrisley	5	5	5	6	10	25	40	300
304	Tigers Big Bats	5	6	10	15	50	80	200	
305	Clem Labine	5	6	10	15	25	40	60	300
306	Whammy Douglas RC	5	5	5	6	10	20	40	500
307	Brooks Robinson	60	100	120	200	300	600	1,200	
308	Paul Giel	5	5	5	6	10	15	40	
309	Gail Harris	5	5	5	6	10	15	40	400
310	Ernie Banks	10	30	60	100	120	300	600	3,000
311	Bob Purkey	5	5	5	6	10	15	60	
312	Boston Red Sox TC	6	10	15	25	30	200	800	
313	Bob Rush	5	5	5	6	10	30	80	
314	Dodgers Boss and Power	10	15	25	40	60	100	250	
315	Bob Friend	5	5	5	6	10	15	80	400
316	Tito Francona	5	5	5	6	10	25	80	400
317	Albie Pearson RC	5	5	8	12	20	100	250	
318	Frank House	5	5	5	6	10	15	50	
319	Lou Skizas	5	5	5	6	10	15	50	400
320	Whitey Ford	40	60	100	150	250	400	800	2,000
321	Sluggers Supreme	20	30	50	80	120	200	500	2,000
322	Harding Peterson RC	5	5	5	6	10	15	80	
323	Elmer Valo	5	5	5	6	10	25	80	
324	Hoyt Wilhelm	8	12	20	30	50	80	150	600
325	Joe Adcock	5	5	5	6	15	25	100	300
326	Bob Miller	5	5	5	10	15	25	40	
327	Chicago Cubs TC	5	5	8	12	25	80	400	
328	Ike Delock	5	5	8	12	20	30	120	
329	Bob Cerv	5	5	5	6	10	25	50	250
330	Ed Bailey	5	5	5	6	10	15	50	

#	Player	GD 2	VG 3	VgEx 4	EX 5	ExMt 6	NM 7	NmMt 8	MT 9
331	Pedro Ramos	5	8	12	20	30	50	100	400
332	Jim King	5	5	5	6	10	20	60	
333	Andy Carey	5	5	5	8	12	25	60	600
334	Mound Aces	5	5	5	6	10	20	60	
335	Ruben Gomez	5	5	6	10	15	25	60	
336	Bert Hamric	5	5	5	6	10	15	40	
337	Hank Aguirre	5	5	5	6	10	15	40	200
338	Walt Dropo	5	5	8	12	20	30	60	400
339	Fred Hatfield	5	5	5	6	10	15	40	
340	Don Newcombe	10	15	25	40	60	100	200	
341	Pittsburgh Pirates TC	5	5	8	12	25	100	400	
342	Jim Brosnan	5	5	5	6	10	25	60	
343	Orlando Cepeda RC	120	150	200	250	300	600	1,200	3,000
344	Bob Porterfield	5	5	5	6	10	15	50	300
345	Jim Hegan	5	5	5	6	10	15	50	
346	Steve Bilko	5	5	5	6	10	20	80	
347	Don Rudolph RC	5	5	5	6	10	20	40	
348	Chico Fernandez	5	5	5	6	10	20	60	400
349	Murry Dickson	5	6	10	15	25	60		
350	Ken Boyer	8	12	20	30	50	80	250	
351	Braves Fence Busters	30	50	80	120	200	300	1,200	3,000
352	Herb Score	5	5	5	8	20	40	100	
353	Stan Lopata	5	5	5	6	10	15	60	
354	Art Ditmar	5	5	5	8	12	50	150	400
355	Bill Bruton	5	5	5	8	12	60	250	500
356	Bob Malkmus RC	5	5	5	6	10	15	60	
357	Danny McDevitt RC	5	8	12	20	30	50	100	
358	Gene Baker	5	5	5	6	10	15	50	
359	Billy Loes	5	5	5	6	10	15	50	
360	Roy McMillan	5	8	12	20	30	50	80	250
361	Mike Fornieles	5	5	5	6	10	15	50	
362	Ray Jablonski	5	5	5	6	10	15	80	
363	Don Elston	5	5	5	6	10	20	50	300
364	Earl Battey	5	5	5	6	10	15	50	200
365	Tom Morgan	5	5	5	6	10	15	40	
366	Gene Green RC	5	5	5	6	10	15	60	
367	Jack Urban RC	5	5	5	6	10	15	40	300
368	Rocky Colavito	15	25	40	60	100	200	400	1,500
369	Ralph Lumenti RC	5	5	5	6	10	15	50	300
370	Yogi Berra	80	100	120	200	300	500	1,000	2,000
371	Marty Keough RC	5	5	5	6	10	15	40	
372	Don Cardwell	5	5	5	6	10	15	60	
373	Joe Pignatano RC	5	5	5	6	10	20	80	400
374	Brooks Lawrence	5	5	5	6	10	40	120	
375	Pee Wee Reese	30	50	60	80	120	200	300	800
376	Charley Rabe RC	5	5	5	6	10	15	80	300
377A	Milwaukee Braves TC Alpha	5	5	8	12	20	30	120	
377B	Milwaukee Braves TC Num	10	15	25	40	80			
378	Hank Sauer	5	5	5	15	20	25	50	400
379	Ray Herbert	5	5	5	6	10	15	50	300
380	Charlie Maxwell	5	5	5	6	10	25	60	400
381	Hal Brown	5	5	5	6	10	15	60	
382	Al Cicotte	5	5	5	6	10	25	50	300
383	Lou Berberet	5	5	5	6	10	15	30	
384	John Goryl RC	5	5	5	6	10	25	50	
385	Wilmer Mizell	5	5	5	6	10	20	50	250
386	Birdie's Young Sluggers	10	15	25	40	60	100	250	
387	Wally Post	5	5	5	6	10	25	60	300
388	Billy Moran RC	5	6	10	15	25	40	60	300
389	Bill Taylor	5	5	6	10	15	25	40	250
390	Del Crandall	5	5	5	6	15	25	60	400
391	Dave Melton RC	5	5	5	6	10	15	60	
392	Bennie Daniels RC	5	5	5	6	15	80	400	
393	Tony Kubek	6	10	15	25	40	60	250	600
394	Jim Grant RC	8	12	20	30	50	80	150	
395	Willard Nixon	5	5	5	6	10	15	80	
396	Dutch Dotterer RC	5	5	6	10	15	25	40	250

#	Card	GD 2	VG 3	VgEx 4	EX 5	ExMt 6	NM 7	NmMt 8	MT 9
7A	Detroit Tigers TC Alpha	5	5	5	10	15	25	80	
7B	Detroit Tigers TC Num	10	15	25	40	60			
8	Gene Woodling	5	5	5	6	10	25	60	
9	Marv Grissom	5	5	5	6	10	15	40	300
10	Nellie Fox	8	12	20	25	30	50	150	500
11	Don Bessent	5	5	6	10	15	25	40	300
12	Bobby Gene Smith	5	5	5	6	10	15	50	
13	Steve Korcheck RC	5	5	8	12	20	30	50	300
14	Curt Simmons	5	5	8	12	20	30	50	
15	Ken Aspromonte RC	5	5	5	6	10	25	40	250
16	Vic Power	5	5	5	6	10	15	40	
17	Carlton Willey RC	5	5	8	12	20	30	50	250
18A	Baltimore Orioles TC Alpha	5	5	6	10	15	25	80	
18B	Baltimore Orioles TC Num	10	15	25	40	80			
19	Frank Thomas	5	5	5	8	15	80	600	
20	Murray Wall	5	5	5	6	10	15	30	
21	Tony Taylor RC	5	5	8	12	20	30	60	300
22	Gerry Staley	5	5	5	6	10	20	40	
23	Jim Davenport RC	5	5	5	6	10	15	120	
24	Sammy White	5	5	5	6	10	25	40	
25	Bob Bowman	5	5	8	12	20	30	50	200
26	Foster Castleman	5	5	5	6	10	25	50	
27	Carl Furillo	5	8	12	20	25	30	100	400
28	World Series Batting Foes	200	300	400	600	1,000	2,000	4,000	20,000
29	Bobby Shantz	5	5	5	8	12	25	120	500
30	Vada Pinson RC	15	25	40	60	100	150	400	
31	Dixie Howell	5	5	5	6	10	15	40	
32	Norm Zauchin	5	5	5	6	10	15	80	
33	Phil Clark RC	5	5	6	10	15	25	30	
34	Larry Doby	15	25	40	60	100	200	600	
35	Sammy Esposito	5	5	5	6	10	15	40	
36	Johnny O'Brien	5	5	5	6	10	15	40	250
37	Al Worthington	5	5	5	6	15	20	60	300
38A	Cincinnati Reds TC Alpha	5	5	6	10	15	25	120	
38B	Cincinnati Reds TC Num	8	12	20	30	50	80		
39	Gus Triandos	5	5	5	6	10	40	100	
40	Bobby Thomson	5	5	5	8	12	30	50	250
41	Gene Conley	10	15	25	40	60	250	600	
42	John Powers RC	5	5	5	6	10	15	50	
43A	Pancho Herrera COR RC	5	5	5	6	10	15	60	300
43B	Pancho Herrer ERR (No a)	1,200	2,000	3,000	4,000	5,000	8,000	20,000	
44	Harvey Kuenn	5	5	5	8	12	30	50	
45	Ed Roebuck	5	5	5	6	10	20	40	250
46	Rival Fence Busters	40	60	100	150	250	400	1,200	
47	Bob Speake	5	5	5	6	10	15	50	400
48	Whitey Herzog	8	12	20	30	50	80	120	300
49	Ray Narleski	5	5	5	6	10	25	50	
50	Eddie Mathews	10	15	25	50	60	250	500	
51	Jim Marshall RC	5	5	5	6	10	25	60	
52	Phil Paine RC	5	5	5	6	10	15	30	
53	Billy Harrell SP RC	5	5	5	6	10	30	150	
54	Danny Kravitz	5	5	5	6	10	25	30	300
55	Bob Smith RC	5	5	5	6	10	15	40	500
56	Carroll Hardy SP RC	5	5	8	12	20	30	80	
57	Ray Monzant	5	5	5	6	10	15	40	
58	Charley Lau RC	5	5	5	8	12	30	200	
59	Gene Fodge RC	5	5	5	6	10	20	30	600
60	Preston Ward SP	5	5	5	6	10	50	80	
61	Joe Taylor RC	5	5	5	6	10	25	50	
62	Roman Mejias	5	5	6	10	15	25	40	250
63	Tom Qualters	5	5	5	6	10	15	40	150
64	Harry Hanebrink RC	5	5	5	8	12	20	60	400
65	Hal Griggs RC	5	5	5	6	10	15	30	
66	Dick Brown RC	5	5	8	12	20	30	50	150
67	Milt Pappas RC	5	6	10	15	25	40	80	
68	Julio Becquer RC	5	5	8	12	20	30	80	
69	Ron Blackburn RC	5	5	8	12	20	30	50	200
460	Chuck Essegian RC	5	5	5	6	10	15	40	300
461	Ed Mayer RC	5	5	5	6	10	15	40	300
462	Gary Geiger SP RC	5	5	8	12	20	30	100	
463	Vito Valentinetti	5	5	8	12	20	30	80	
464	Curt Flood RC	30	50	80	100	150	250	1,000	
465	Arnie Portocarrero	5	5	8	12	20	30	50	400
466	Pete Whisenant	5	5	5	6	10	15	50	400
467	Glen Hobbie RC	5	5	5	6	10	15	40	200
468	Bob Schmidt RC	5	5	5	6	10	15	40	400
469	Don Ferrarese	5	5	5	6	10	15	30	300
470	R.C. Stevens RC	5	5	5	6	10	15	50	250
471	Lenny Green RC	5	5	6	10	15	25	40	
472	Joey Jay	5	5	5	6	10	60	120	
473	Bill Renna	5	5	8	12	20	30	50	400
474	Roman Semproch RC	5	5	5	6	10	30	50	
475	All-Star Managers	10	15	25	30	40	80	300	
476	Stan Musial AS TP	40	50	60	100	120	200	500	1,200
477	Bill Skowron AS	5	5	15	20	30	50	100	600
478	Johnny Temple AS	5	5	5	6	10	15	50	400
479	Nellie Fox AS	5	5	15	20	25	40	80	600
480	Eddie Mathews AS	5	8	25	30	40	60	200	
481	Frank Malzone AS	5	5	5	6	10	25	100	
482	Ernie Banks AS	10	15	25	40	60	80	150	1,000
483	Luis Aparicio AS	5	5	6	10	25	40	80	
484	Frank Robinson AS	12	20	30	50	60	80	150	1,500
485	Ted Williams AS	40	60	100	150	250	400	1,000	2,500
486	Willie Mays AS	80	120	200	250	300	500	1,200	3,000
487	Mickey Mantle AS TP	200	250	300	400	500	800	1,200	4,000
488	Hank Aaron AS	40	60	100	150	250	400	600	5,000
489	Jackie Jensen AS	5	5	5	6	10	50	120	
490	Ed Bailey AS	5	5	5	6	10	15	80	
491	Sherm Lollar AS	5	5	5	6	10	15	60	
492	Bob Friend AS	5	8	12	20	25	40	120	
493	Bob Turley AS	5	5	5	6	25	50	120	
494	Warren Spahn AS	10	15	25	40	60	100	250	1,500
495	Herb Score AS	5	5	6	10	25	50	300	
NNO	Contest Card July 8th	5	8	12	20	30	150		
NNO	Felt Emblem Insert	5	8	12	20	30	60	500	

1959 Fleer Ted Williams

#	Card	GD 2	VG 3	VgEx 4	EX 5	ExMt 6	NM 7	NmMt 8	MT 9
1	The Early Years	6	10	15	25	50	100	400	
2	Ted's Idol Babe Ruth	60	100	150	200	250	400	600	1,500
3	Practice Makes Perfect	5	5	8	12	20	30	80	150
4	Learns Fine Points	5	5	5	8	12	20	50	200
5	Ted's Fame Spreads	5	5	5	8	12	20	40	120
6	Ted Turns Professional	5	5	6	10	15	25	50	250
7	From Mound to Plate	5	5	5	8	12	20	40	150
8	1937 First Full Season	5	5	5	8	20	30	50	250
9	First Step to the Majors w/Collins	5	5	6	10	15	25	50	200
10	Gunning as Pastime	5	5	5	8	12	20	40	200
11	First Spring Training w/Foxx	5	5	8	12	20	50	120	200
12	Burning Up Minors	5	5	5	8	12	20	40	200
13	1939 Shows Will Stay	5	5	5	8	12	20	40	150
14	Outstanding Rookie '39	5	5	5	8	12	25	60	200
15	Licks Sophomore Jinx	5	5	5	8	12	20	40	120
16	Williams' Greatest Year	5	5	5	8	15	30	50	120
17	How Ted Hit .400	5	6	10	15	25	50	100	300
18	1941 All Star Hero	5	5	5	8	12	20	40	120
19	Ted Wins Triple Crown	5	5	5	8	12	20	40	150
20	On to Naval Training	5	5	5	8	12	20	40	150
21	Honors for Williams	5	5	5	8	12	20	40	
22	1944 Ted Solos	5	5	5	8	12	20	40	150
23	Williams Wins His Wings	5	5	5	8	12	20	40	175
24	1945 Sharpshooter	5	5	5	8	12	20	25	100
25	1945 Ted Discharged	5	5	5	8	12	20	40	100

#	Card	GD 2	VG 3	VgEx 4	EX 5	ExMt 6	NM 7	NmMt 8	MT 9
26	Off to Flying Start	5	5	5	8	12	20	30	150
27	7/9/46 One Man Show	5	5	5	8	12	30	50	150
28	The Williams Shift	5	5	5	8	12	20	40	120
29	Ted Hits for Cycle	5	5	5	8	12	20	40	120
30	Beating The Williams Shift	5	5	5	8	12	20	50	80
31	Sox Lose Series	5	5	5	8	12	25	40	100
32	Most Valuable Player	5	5	5	8	15	20	40	150
33	Another Triple Crown	5	5	5	8	12	20	40	80
34	Runs Scored Record	5	5	5	8	12	20	40	150
35	Sox Miss Pennant	5	5	5	8	12	20	40	100
36	Banner Year for Ted	5	5	5	8	12	20	40	150
37	1949 Sox Miss Again	5	5	5	8	12	20	40	100
38	1949 Power Rampage	5	5	5	8	12	20	40	120
39	1950 Great Start	5	5	5	8	12	20	40	100
40	Ted Crashes into Wall	5	5	5	8	12	20	50	250
41	1950 Ted Recovers	5	5	5	8	12	20	25	120
42	Williams/Tom Yawkey	5	5	5	8	12	20	40	120
43	Double Play Lead	5	5	5	8	12	20	40	120
44	Back to Marines	5	5	5	8	12	20	40	150
45	Farewell to Baseball	5	5	5	8	12	20	40	100
46	Ready for Combat	5	5	5	8	12	20	30	100
47	Ted Crash Lands Jet	5	5	5	8	12	20	40	100
48	1953 Ted Returns	5	5	5	8	12	20	40	120
49	Smash Return	5	5	5	8	12	20	40	100
50	1954 Spring Injury	5	5	5	8	12	20	30	150
51	Ted is Patched Up	5	5	5	8	12	20	25	150
52	1954 Ted's Comeback	5	5	5	8	12	30	50	100
53	Comeback is Success	5	5	5	8	12	20	40	120
54	Ted Hooks Big One	5	5	5	8	12	20	40	80
55	Retirement No Go	5	5	5	8	12	20	40	150
56	2,000th Hit 8/11/55	5	5	5	8	12	20	30	120
57	Ted Reaches 400th Homer	5	5	5	8	12	20	40	150
58	Williams Hits .388	5	5	5	8	12	20	40	100
59	Hot September for Ted	5	5	5	8	12	20	40	120
60	More Records for Ted	5	5	5	8	12	20	40	100
61	1957 Outfielder Ted	5	5	5	8	12	20	40	175
62	1958 Sixth Batting Title	5	5	5	8	12	20	40	100
63	All-Star Record w/facsimile Auto	8	12	20	30	50	80	100	300
64	Daughter and Daddy	5	5	5	8	12	20	40	100
65	1958 August 30	5	5	5	8	12	20	40	80
66	1958 Powerhouse	-	5	5	5	8	12	20	40	100
67	Two Famous Fishermen w/Snead	5	5	8	12	20	30	60	120
68	Ted Signs for 1959 SP	250	300	500	500	800	1,000	1,200	2,000
69	A Future Ted Williams	5	5	8	12	20	40	100
70	Ted Williams and Jim Thorpe	5	5	8	12	20	40	50	250
71	Hitting Fundamental 1	5	5	5	8	12	20	25	120
72	Hitting Fundamental 2	5	5	5	8	12	20	40	120
73	Hitting Fundamental 3	5	5	5	8	12	20	30	120
74	Here's How	5	5	5	8	12	20	40	200
75	Williams' Value to Sox w/Ruth	5	5	8	12	20	50	80	300
76	On Base Record	5	5	5	8	12	20	40	100
77	Ted Relaxes	5	5	5	8	12	20	25	150
78	Honors for Williams	5	5	5	8	12	20	40	175
79	Where Ted Stands	5	5	5	8	12	20	50	250
80	Ted's Goals for 1959	5	6	10	15	25	50	150

1959 Topps

#	Card	GD 2	VG 3	VgEx 4	EX 5	ExMt 6	NM 7	NmMt 8	MT 9
1	Ford Frick COMM	25	40	60	100	150	250	800	
2	Eddie Yost	5	8	12	20	30	50	80	500
3	Don McMahon	5	5	8	12	20	30	80	
4	Albie Pearson	5	5	6	10	15	25	60	400
5	Dick Donovan	5	5	8	12	20	30	50	400
6	Alex Grammas	8	12	20	30	50	80	120	300
7	Al Pilarcik	5	5	8	12	20	30	50	250
8	Philadelphia Phillies CL	20	30	50	80	120	250	600	
9	Paul Giel	5	8	12	20	30	50	120	
10	Mickey Mantle	300	500	800	1,200	2,000	2,500	10,000	100,000
11	Billy Hunter	12	20	30	50	80	120	300	
12	Vern Law	5	5	5	8	12	50	80	400
13	Dick Gernert	5	5	5	5	8	15	50	300
14	Pete Whisenant	5	5	8	12	20	30	50	150
15	Dick Drott	5	6	10	15	25	40	80	
16	Joe Pignatano	5	6	10	15	25	40	60	400
17	Danny's All-Stars	6	10	15	25	40	60	150	
18	Jack Urban	5	5	8	12	20	30	50	200
19	Eddie Bressoud	5	5	6	10	15	25	40	300
20	Duke Snider	12	20	30	50	80	120	250	1,200
21	Connie Johnson	5	5	8	12	20	30	50	250
22	Al Smith	5	6	10	15	25	40	100	
23	Murry Dickson	5	8	12	20	30	50	80	300
24	Red Wilson	5	5	6	10	15	25	40	60	200
25	Don Hoak	5	5	6	10	15	25	40	100
26	Chuck Stobbs	5	5	5	8	12	20	30	50	200
27	Andy Pafko	5	5	6	10	15	25	40	60	300
28	Al Worthington	5	5	6	10	15	25	40	60	200
29	Jim Bolger	5	5	5	5	8	15	30	150
30	Nellie Fox	6	10	15	25	40	60	100	500
31	Ken Lehman	5	5	5	5	8	15	30	150
32	Don Buddin	5	5	5	5	8	15	50	300
33	Ed Fitzgerald	5	5	5	5	10	30	60	
34	Pitchers Beware	15	25	40	60	100	150	250	600
35	Ted Kluszewski	5	6	10	15	25	40	80	400
36	Hank Aguirre	5	6	10	15	25	40	60	250
37	Gene Green	5	5	5	5	8	15	50	
38	Morrie Martin	5	5	5	5	8	30	60	400
39	Ed Bouchee	5	5	8	12	20	30	80	
40A	Warren Spahn 1931 Clear 3	10	15	25	40	60	150		
40B	Warren Spahn 1931 Obscured 3	8	12	20	30	50	120	400	
40C	Warren Spahn 1921	6	10	15	25	40	100	250	
41	Bob Martyn	5	5	6	10	15	25	40	60	150
42	Murray Wall	5	5	5	5	8	15	30	200
43	Steve Bilko	5	5	5	5	8	25	40	250
44	Vito Valentinetti	5	5	5	5	8	15	40	120
45	Andy Carey	5	5	6	10	15	50	150	
46	Bill R. Henry	5	5	6	10	15	25	60	
47	Jim Finigan	5	5	5	8	30	120		
48	Baltimore Orioles CL	10	15	25	40	60	100	150	400
49	Bill Hall RC	5	5	5	5	8	15	50	250
50	Willie Mays	100	150	250	400	600	1,000	2,500	6,000
51	Rip Coleman	5	5	6	10	15	25	60	
52	Coot Veal RC	5	5	5	5	8	15	80	300
53	Stan Williams RC	5	5	6	10	15	25	50	300
54	Mel Roach	5	6	10	15	25	40	60	250
55	Tom Brewer	5	5	5	5	8	15	30	150
56	Carl Sawatski	5	5	5	5	8	25	80	400
57	Al Cicotte	5	5	5	5	8	15	40	300
58	Eddie Miksis	5	5	5	5	8	15	40	150
59	Irv Noren	5	5	5	5	8	15	50	350
60	Bob Turley	5	5	6	10	15	30	80	
61	Dick Brown	5	5	5	5	10	30	60	
62	Tony Taylor	5	5	5	5	8	20	40	200
63	Jim Hearn	5	5	8	12	20	30	50	150
64	Joe DeMaestri	5	5	8	12	20	30	50	150
65	Frank Torre	5	6	10	15	25	40	60	300
66	Joe Ginsberg	5	5	5	6	10	15	25	250
67	Brooks Lawrence	5	8	12	20	30	50	80	200
68	Dick Schofield	8	12	20	30	50	80	200	
69	San Francisco Giants CL	12	20	30	50	80	120	200	500
70	Harvey Kuenn	5	8	12	20	30	50	80	300
71	Don Bessent	5	5	8	12	20	30	50	150
72	Bill Renna	5	5	5	5	8	15	40	150
73	Ron Jackson	5	5	8	12	20	30	50	200

#	Card	GD 2	VG 3	VgEx 4	EX 5	ExMt 6	NM 7	NmMt 8	MT 9
4	Directing the Power	5	8	12	20	30	50	120	
5	Sam Jones	5	5	6	10	15	25	40	400
6	Bobby Richardson	8	12	20	30	50	80	150	500
7	John Goryl	5	5	5	5	8	25	80	
8	Pedro Ramos	5	5	8	12	20	30	50	200
9	Harry Chiti	5	5	8	12	20	30	50	150
0	Minnie Minoso	15	25	40	60	100	150	400	
1	Hal Jeffcoat	5	5	8	12	20	30	50	200
2	Bob Boyd	5	5	5	5	8	15	40	
3	Bob Smith	5	5	8	12	20	30	50	200
4	Reno Bertoia	5	5	8	12	20	30	50	300
5	Harry Anderson	5	5	5	5	8	15	30	300
6	Bob Keegan	5	5	5	5	8	15	30	250
7	Danny O'Connell	5	5	8	12	20	30	50	150
8	Herb Score	5	5	5	8	12	25	80	
9	Billy Gardner	5	5	6	10	15	25	50	250
0	Bill Skowron	5	5	8	12	20	50	120	
1	Herb Moford RC	5	5	8	12	20	30	50	200
2	Dave Philley	5	5	5	5	8	30	80	
3	Julio Becquer	5	5	5	5	8	20	60	250
4	Chicago White Sox CL	5	8	12	20	30	50	80	400
5	Carl Willey	5	5	5	5	8	15	50	250
6	Lou Berberet	5	5	5	5	8	15	25	120
7	Jerry Lynch	5	5	8	12	20	30	50	120
8	Arnie Portocarrero	5	5	8	12	20	30	50	300
9	Ted Kazanski	5	5	5	5	8	15	40	200
00	Bob Cerv	5	6	10	15	25	40	60	150
01	Alex Kellner	5	6	10	15	25	40	60	200
02	Felipe Alou RC	8	12	20	30	50	100	250	600
03	Billy Goodman	5	8	12	20	30	50	120	
04	Del Rice	5	5	8	12	50	80	250	
05	Lee Walls	5	5	5	5	8	30	150	
06	Hal Woodeshick RC	5	6	10	15	25	40	100	
07	Norm Larker RC	5	5	6	10	15	25	40	250
08	Zack Monroe RC	5	5	5	5	8	20	100	
09	Bob Schmidt	5	5	5	5	8	25	120	
110	George Witt RC	5	5	8	12	20	30	50	200
111	Cincinnati Redlegs CL	6	10	15	25	40	60	300	
112	Billy Consolo	5	5	5	5	6	12	40	250
113	Taylor Phillips	5	5	5	5	6	12	30	
114	Earl Battey	5	6	10	15	25	40	100	
115	Mickey Vernon	10	15	25	40	60	100	250	
116	Bob Allison RS RC	5	6	10	15	25	40	150	400
117	John Blanchard RS RC	5	8	12	20	30	50	80	400
118	John Buzhardt RS RC	5	5	5	5	6	12	30	150
119	Johnny Callison RS RC	6	10	15	25	40	60	150	
120	Chuck Coles RS RC	5	5	5	5	6	15	50	200
121	Bob Conley RS RC	5	5	5	5	6	12	50	250
122	Bennie Daniels RS	5	5	5	5	6	20	40	150
123	Don Dillard RS RC	5	5	5	5	6	12	25	200
124	Dan Dobbek RS RC	5	5	5	5	6	12	50	200
125	Ron Fairly RS RC	5	5	5	6	10	25	60	500
126	Eddie Haas RS RC	5	5	5	5	6	12	30	250
127	Kent Hadley RS RC	5	5	5	5	6	12	30	200
128	Bob Hartman RS RC	5	5	5	5	6	30	50	
129	Frank Herrera RS	5	5	5	5	6	20	40	250
130	Lou Jackson RS RC	5	5	5	5	6	20	60	
131	Deron Johnson RS RC	5	8	12	20	30	50	120	
132	Don Lee RS	5	5	5	5	6	12	40	250
133	Bob Lillis RS RC	5	5	5	5	8	15	50	120
134	Jim McDaniel RS RC	5	5	5	5	8	25	40	
135	Gene Oliver RS RC	5	5	5	5	6	20	30	200
136	Jim O'Toole RS RC	5	5	5	5	6	12	50	
137	Dick Ricketts RS RC	5	5	5	5	6	20	40	250
138	John Romano RS RC	5	5	5	5	6	20	50	
139	Ed Sadowski RS RC	5	5	5	5	6	15	60	150
140	Charlie Secrest RS RC	5	5	5	5	6	12	30	250
141	Joe Shipley RS RC	5	5	5	5	6	12	40	200
142	Dick Stigman RS RC	5	5	5	5	6	15	50	
143	Willie Tasby RS RC	5	5	5	5	6	12	30	200
144	Jerry Walker RS	5	5	5	5	6	12	50	250
145	Dom Zanni RS RC	5	5	5	5	6	15	30	200
146	Jerry Zimmerman RS RC	5	5	5	5	6	20	60	
147	Cubs Clubbers	8	12	20	30	50	80	250	600
148	Mike McCormick	5	5	5	5	6	12	40	250
149	Jim Bunning	8	12	20	30	50	100	250	
150	Stan Musial	40	60	80	100	150	250	1,200	2,000
151	Bob Malkmus	5	5	5	5	6	12	30	150
152	Johnny Klippstein	5	5	5	5	6	12	30	200
153	Jim Marshall	5	5	5	5	6	12	40	250
154	Ray Herbert	5	5	5	5	6	12	25	250
155	Enos Slaughter	12	20	30	50	80	120	250	500
156	Ace Hurlers	5	5	5	8	20	40	80	300
157	Felix Mantilla	5	5	5	5	6	12	30	150
158	Walt Dropo	5	5	5	5	6	15	30	200
159	Bob Shaw	5	6	10	15	25	40	60	300
160	Dick Groat	5	5	5	5	8	25	100	250
161	Frank Baumann	5	5	5	5	6	12	40	
162	Bobby G. Smith	5	5	5	5	6	12	30	150
163	Sandy Koufax	80	120	150	250	400	1,000	1,500	8,000
164	Johnny Groth	5	5	5	5	6	12	40	250
165	Bill Bruton	5	5	5	5	6	12	40	250
166	Destruction Crew	12	20	30	50	80	120	200	500
167	Duke Maas	5	5	5	6	10	25	120	
168	Carroll Hardy	5	5	5	5	6	12	30	120
169	Ted Abernathy	5	5	5	5	6	15	40	250
170	Gene Woodling	5	5	5	5	6	12	40	150
171	Willard Schmidt	5	5	5	5	6	12	40	
172	Kansas City Athletics CL	5	6	10	15	25	40	80	300
173	Bill Monbouquette RC	5	6	10	15	25	40	60	300
174	Jim Pendleton	5	5	5	5	6	15	40	300
175	Dick Farrell	5	5	5	5	6	12	30	150
176	Preston Ward	5	5	5	5	6	12	30	150
177	John Briggs RC	5	5	5	5	6	12	30	200
178	Ruben Amaro RC	5	8	12	20	30	50	300	
179	Don Rudolph	5	5	5	5	8	25	60	
180	Yogi Berra	60	80	120	200	250	400	1,000	2,000
181	Bob Porterfield	5	5	5	5	6	15	25	150
182	Milt Graff	5	5	5	5	6	20	120	
183	Stu Miller	5	5	5	5	8	40	150	
184	Harvey Haddix	5	6	10	15	25	40	100	250
185	Jim Busby	5	5	5	5	6	12	40	200
186	Mudcat Grant	5	5	8	12	20	30	50	250
187	Bubba Phillips	5	5	5	5	6	12	20	
188	Juan Pizarro	5	5	5	5	6	12	40	250
189	Neil Chrisley	5	5	5	5	6	12	60	
190	Bill Virdon	5	5	8	12	20	30	50	500
191	Russ Kemmerer	5	5	5	5	6	12	30	150
192	Charlie Beamon RC	5	5	5	5	6	12	30	300
193	Sammy Taylor	5	5	5	5	6	12	30	200
194	Jim Brosnan	5	5	5	8	12	20	30	150
195	Rip Repulski	5	5	5	5	8	40	100	
196	Billy Moran	5	5	5	5	6	12	40	200
197	Ray Semproch	5	5	5	5	6	20	100	
198	Jim Davenport	5	5	5	5	6	20	80	
199	Leo Kiely	5	5	5	5	6	30	200	
200	Warren Giles NL PRES	5	5	5	8	12	25	60	300
201	Tom Acker	5	5	5	5	6	15	60	
202	Roger Maris	30	50	80	120	200	300	1,000	2,500
203	Ossie Virgil	5	5	5	5	6	12	30	250
204	Casey Wise	5	5	5	5	6	15	80	
205	Don Larsen	5	5	8	12	25	30	100	
206	Carl Furillo	5	5	6	10	15	30	80	400
207	George Strickland	5	5	5	5	6	12	50	150

#	Player	GD 2	VG 3	VgEx 4	EX 5	ExMt 6	NM 7	NmMt 8	MT 9
208	Willie Jones	5	5	5	5	6	12	25	250
209	Lenny Green	5	5	5	5	6	12	40	200
210	Ed Bailey	5	5	5	5	6	12	40	200
211	Bob Blaylock RC	5	5	5	5	6	12	40	300
212	Fence Busters	25	40	60	100	150	250	500	1,500
213	Jim Rivera	5	5	5	5	6	20	30	200
214	Marcelino Solis RC	5	5	5	5	6	12	50	
215	Jim Lemon	5	5	5	5	6	25	30	200
216	Andre Rodgers	5	5	5	5	6	12	40	250
217	Carl Erskine	5	5	5	6	10	25	60	200
218	Roman Mejias	5	5	5	5	6	20	40	250
219	George Zuverink	5	5	5	5	6	15	60	150
220	Frank Malzone	5	5	5	5	6	20	40	
221	Bob Bowman	5	5	5	5	6	40	200	
222	Bobby Shantz	5	5	6	10	25	40	400	
223	St. Louis Cardinals CL	8	12	20	30	50	100	250	
224	Claude Osteen RC	5	5	5	6	10	20	50	400
225	Johnny Logan	5	5	5	5	8	25	80	300
226	Art Ceccarelli	5	5	5	5	6	12	30	200
227	Hal W. Smith	5	5	5	5	6	20	40	200
228	Don Gross	5	5	5	5	6	12	25	200
229	Vic Power	5	5	5	5	8	30	100	
230	Bill Fischer	5	5	5	5	6	12	30	150
231	Ellis Burton RC	5	5	5	5	6	15	60	250
232	Eddie Kasko	5	5	5	5	6	15	50	250
233	Paul Foytack	5	5	5	5	6	15	40	250
234	Chuck Tanner	5	5	5	5	6	12	30	120
235	Valmy Thomas	5	5	5	5	6	12	25	150
236	Ted Bowsfield RC	5	5	5	5	6	12	30	200
237	Run Preventers	5	8	12	20	30	50	100	
238	Gene Baker	5	5	5	5	6	40	100	400
239	Bob Trowbridge	5	5	5	5	6	12	30	150
240	Hank Bauer	5	5	6	10	15	30	60	
241	Billy Muffett	5	5	5	5	6	12	30	150
242	Ron Samford RC	5	5	5	5	6	12	25	200
243	Marv Grissom	5	5	5	5	6	12	25	150
244	Dick Gray	5	5	5	5	6	12	30	250
245	Ned Garver	5	5	5	5	6	12	25	250
246	J.W. Porter	5	5	5	5	6	12	25	150
247	Don Ferrarese	5	5	5	5	6	12	25	200
248	Boston Red Sox CL	5	5	6	10	25	40	80	300
249	Bobby Adams	5	5	5	5	6	15	40	
250	Billy O'Dell	5	5	5	6	10	70	300	
251	Clete Boyer	5	5	6	10	25	30	100	500
252	Ray Boone	5	5	5	5	8	15	50	250
253	Seth Morehead RC	5	5	5	5	6	20	30	150
254	Zeke Bella RC	5	5	5	5	6	20	30	150
255	Del Ennis	5	5	5	5	6	12	30	200
256	Jerry Davie RC	5	5	5	5	6	12	30	150
257	Leon Wagner RC	5	5	5	5	8	15	50	200
258	Fred Kipp RC	5	5	5	5	8	15	50	250
259	Jim Pisoni	5	5	5	5	6	20	40	300
260	Early Wynn	5	5	5	8	25	50	100	500
261	Gene Stephens	5	5	5	5	6	12	25	300
262	Hitters Foes	8	12	20	30	50	80	120	400
263	Bud Daley	5	5	5	5	6	12	30	250
264	Chico Carrasquel	5	5	5	5	6	12	60	250
265	Ron Kline	5	5	5	5	6	12	25	120
266	Woody Held	5	5	5	5	8	25	50	
267	John Romonosky RC	5	5	5	5	6	12	30	200
268	Tito Francona	5	5	5	5	6	12	40	200
269	Jack Meyer	5	5	5	5	6	12	25	150
270	Gil Hodges	5	5	5	8	20	30	50	100	550
271	Orlando Pena RC	5	5	5	5	6	25	60	
272	Jerry Lumpe	5	5	5	5	8	15	50	
273	Joey Jay	5	5	5	5	6	25	30	100
274	Jerry Kindall	5	5	5	5	6	12	25	120
275	Jack Sanford	5	5	5	5	6	15	50	200
276	Pete Daley	5	5	5	5	6	12	25	150
277	Turk Lown	5	5	5	5	6	12	30	200
278	Chuck Essegian	5	5	5	5	6	12	30	250
279	Ernie Johnson	5	5	5	5	6	12	25	120
280	Frank Bolling	5	5	5	5	6	12	175	400
281	Walt Craddock RC	5	5	5	5	6	12	30	200
282	R.C. Stevens	5	5	5	6	12	30	200	
283	Russ Heman RC	5	5	5	5	6	12	25	150
284	Steve Korcheck	5	5	5	5	6	12	30	200
285	Joe Cunningham	5	5	5	5	6	20	200	250
286	Dean Stone	5	5	5	5	6	20	250	
287	Don Zimmer	5	8	12	20	30	50	100	
288	Dutch Dotterer	5	5	5	5	6	12	30	200
289	Johnny Kucks	5	6	10	15	25	40	60	250
290	Wes Covington	5	5	5	5	6	12	40	200
291	Pitching Partners	5	5	5	5	8	15	30	200
292	Dick Williams	5	5	5	5	6	12	25	200
293	Ray Moore	5	5	5	5	6	20	80	
294	Hank Foiles	5	5	5	5	6	12	25	120
295	Billy Martin	8	12	20	30	50	80	200	
296	Ernie Broglio RC	5	5	5	5	6	12	20	150
297	Jackie Brandt RC	5	5	5	5	6	12	30	250
298	Tex Clevenger	5	5	5	5	6	12	25	150
299	Billy Klaus	5	5	5	5	6	12	40	250
300	Richie Ashburn	6	10	15	25	40	80	300	
301	Earl Averill Jr. RC	5	5	5	5	6	12	25	150
302	Don Mossi	5	8	12	20	30	50	100	
303	Marty Keough	5	5	5	5	6	12	30	250
304	Chicago Cubs CL	5	5	6	10	15	40	80	500
305	Curt Raydon RC	5	5	5	5	6	12	25	200
306	Jim Gilliam	5	6	10	15	25	40	100	250
307	Curt Barclay	5	5	5	5	6	20	40	
308	Norm Siebern	5	5	5	5	6	25	50	
309	Sal Maglie	6	10	15	25	40	60	100	300
310	Luis Aparicio	5	10	12	15	30	50	200	
311	Norm Zauchin	5	5	5	5	6	15	25	250
312	Don Newcombe	8	12	20	30	50	80	120	300
313	Frank House	5	5	5	5	6	12	30	200
314	Don Cardwell	5	5	5	5	6	12	25	150
315	Joe Adcock	5	5	6	10	15	25	40	200
316A	Ralph Lumenti Option	5	5	5	5	6	12	30	
316B	Ralph Lumenti No Option ERR	12	20	30	50	80			
317	NL Hitting Kings	15	25	40	60	100	150	250	800
318	Rocky Bridges	5	5	5	5	6	20	25	200
319	Dave Hillman	5	5	5	5	6	15	50	250
320	Bob Skinner	5	5	5	6	10	20	60	250
321A	Bob Giallombardo Option RC	5	5	5	5	6	20	30	
321B	Bob Giallombardo No Option ERR	10	15	25	40	80	120		
322A	Harry Hanebrink Trade	5	5	5	5	6	15	80	
322B	Harry Hanebrink No Trade ERR	40	60	100	150	250			
323	Frank Sullivan	5	5	5	5	6	12	25	150
324	Don Demeter	5	5	5	5	8	15	60	300
325	Ken Boyer	5	5	5	6	20	30	80	
326	Marv Throneberry	5	5	5	5	8	25	50	300
327	Gary Bell RC	5	5	5	5	6	20	30	150
328	Lou Skizas	5	5	5	5	6	15	30	250
329	Detroit Tigers CL	5	5	6	10	15	50	60	200
330	Gus Triandos	5	5	5	5	8	25	250	
331	Steve Boros	5	5	5	5	6	12	30	250
332	Ray Monzant	5	5	5	5	6	12	25	120
333	Harry Simpson	5	5	5	5	6	12	40	250
334	Glen Hobbie	5	5	5	5	6	12	25	150
335	Johnny Temple	5	6	10	15	25	40	60	300
336A	Billy Loes Trade	5	5	5	5	5	6	12	40	300
336B	Billy Loes No Trade ERR	12	20	30	50	120	300		
337	George Crowe	5	5	5	5	6	20	40	200

#	Card	GD 2	VG 3	VgEx 4	EX 5	ExMt 6	NM 7	NmMt 8	MT 9
38	Sparky Anderson RC	20	30	50	60	80	120	300	600
39	Roy Face	5	5	5	5	6	12	25	200
40	Roy Sievers	5	5	5	5	6	20	50	300
41	Tom Qualters	5	5	5	5	6	12	40	250
42	Ray Jablonski	5	5	5	5	6	12	25	150
43	Billy Hoeft	5	5	5	5	6	15	50	150
44	Russ Nixon	5	5	5	5	6	12	30	250
45	Gil McDougald	5	5	6	10	15	30	100	
46	Batter Bafflers	5	5	5	5	8	20	30	200
47	Bob Buhl	5	5	5	5	8	20	80	
48	Ted Lepcio	5	5	5	5	6	12	25	150
49	Hoyt Wilhelm	6	10	15	25	40	60	100	300
50	Ernie Banks	25	40	50	80	100	200	400	2,000
51	Earl Torgeson	5	5	5	5	6	15	40	
52	Robin Roberts	10	15	25	40	60	100	150	500
53	Curt Flood	6	10	15	25	40	100	300	800
54	Pete Burnside	5	5	5	5	6	12	30	200
55	Jimmy Piersall	5	5	5	5	8	25	80	
56	Bob Mabe RC	5	5	5	5	6	12	25	150
57	Dick Stuart RC	5	6	10	15	25	40	60	150
58	Ralph Terry	5	8	12	20	30	50	80	300
59	Bill White RC	5	5	8	12	20	30	50	250
60	Al Kaline	10	25	30	50	60	100	250	1,800
61	Willard Nixon	5	5	5	5	6	12	25	120
62A	Dolan Nichols Option RC	5	5	5	5	6	12	30	
62B	Dolan Nichols No Option ERR	12	20	30	50	80	275		
63	Bobby Avila	5	5	5	6	10	30	150	
64	Danny McDevitt	5	5	5	5	6	12	30	150
65	Gus Bell	5	6	10	15	25	40	60	200
66	Humberto Robinson	5	5	5	5	6	15	40	200
67	Cal Neeman	5	5	5	5	6	12	25	200
68	Don Mueller	5	5	8	12	20	30	50	200
69	Dick Tomanek	5	5	5	5	6	12	25	250
70	Pete Runnels	5	5	5	5	6	20	30	
71	Dick Brodowski	5	5	5	5	6	12	25	150
72	Jim Hegan	5	5	5	5	8	40	400	
73	Herb Plews	5	5	5	5	6	12	30	
74	Art Ditmar	5	5	5	5	8	25	100	
75	Bob Nieman	5	5	5	5	6	15	25	250
76	Hal Naragon	5	5	5	5	6	12	25	120
77	John Antonelli	5	5	5	5	6	12	30	150
78	Gail Harris	5	5	5	5	6	12	25	120
79	Bob Miller	5	5	5	5	6	12	25	120
80	Hank Aaron	100	120	200	300	500	800	2,000	6,000
81	Mike Baxes	5	5	5	5	6	12	25	150
82	Curt Simmons	5	5	8	12	20	30	50	120
83	Words of Wisdom	5	5	5	8	20	40	100	300
84	Dave Sisler	5	5	5	5	6	12	25	150
85	Sherm Lollar	5	5	5	8	12	20	30	120
86	Jim Delsing	5	5	5	5	6	12	30	250
87	Don Drysdale	6	10	15	25	40	60	120	500
88	Bob Will RC	5	5	5	5	6	12	25	120
89	Joe Nuxhall	5	5	6	10	15	25	80	150
90	Orlando Cepeda	5	10	12	15	30	60	100	400
91	Milt Pappas	5	5	8	12	20	30	50	200
92	Whitey Herzog	5	8	12	20	30	50	100	250
93	Frank Lary	5	5	5	5	6	15	30	150
94	Randy Jackson	5	5	5	5	6	12	25	150
95	Elston Howard	8	12	20	30	50	80	200	500
96	Bob Rush	5	5	5	5	6	12	25	250
97	Washington Senators CL	5	5	6	10	15	25	40	150
98	Wally Post	5	5	5	8	12	20	30	120
99	Larry Jackson	5	5	5	5	6	12	25	120
100	Jackie Jensen	5	6	10	15	25	40	60	400
101	Ron Blackburn	5	5	5	5	6	12	30	120
102	Hector Lopez	5	5	8	12	20	30	50	120
103	Clem Labine	5	6	10	15	25	40	120	300

#	Card	GD 2	VG 3	VgEx 4	EX 5	ExMt 6	NM 7	NmMt 8	MT 9
404	Hank Sauer	5	5	8	12	20	30	50	200
405	Roy McMillan	5	6	10	15	25	40	60	150
406	Solly Drake	5	5	5	5	6	12	25	120
407	Moe Drabowsky	5	5	6	10	15	25	40	120
408	Keystone Combo	8	12	20	30	50	80	120	300
409	Gus Zernial	5	5	5	8	12	20	30	100
410	Billy Pierce	5	5	5	5	8	15	40	200
411	Whitey Lockman	5	5	5	8	12	20	30	120
412	Stan Lopata	5	5	5	5	6	12	25	150
413	Camilo Pascual	5	5	5	5	6	12	30	200
414	Dale Long	5	5	8	10	15	25	40	120
415	Bill Mazeroski	5	5	5	20	25	50	80	250
416	Haywood Sullivan	5	5	20	25	30	50	100	500
417	Virgil Trucks	5	6	10	15	25	40	60	150
418	Gino Cimoli	5	5	5	5	6	12	25	120
419	Milwaukee Braves CL	5	5	5	6	10	25	80	200
420	Rocky Colavito	5	8	12	20	30	40	100	300
421	Herman Wehmeier	5	5	5	5	6	12	25	120
422	Hobie Landrith	5	5	5	5	6	12	25	150
423	Bob Grim	5	5	5	8	12	20	30	120
424	Ken Aspromonte	5	5	5	5	6	12	25	80
425	Del Crandall	5	5	8	12	20	30	50	120
426	Gerry Staley	5	5	5	5	6	15	30	120
427	Charlie Neal	5	5	5	5	8	25	50	300
428	Buc Hill Aces	5	5	5	5	6	20	25	150
429	Bobby Thomson	5	6	10	15	25	40	60	150
430	Whitey Ford	25	40	60	80	100	150	300	1,000
431	Whammy Douglas	5	5	5	5	6	12	30	200
432	Smoky Burgess	5	5	5	5	6	20	40	200
433	Billy Harrell	5	5	5	5	6	12	25	120
434	Hal Griggs	5	5	5	5	6	12	20	80
435	Frank Robinson	40	60	80	100	150	250	500	2,000
436	Granny Hamner	5	5	5	5	6	15	30	120
437	Ike Delock	5	5	5	5	6	12	25	120
438	Sammy Esposito	5	5	5	5	6	12	25	150
439	Brooks Robinson	40	50	60	80	100	200	500	2,500
440	Lew Burdette	5	8	12	20	30	50	80	250
441	John Roseboro	5	6	10	15	25	40	60	300
442	Ray Narleski	5	5	5	5	6	15	40	
443	Daryl Spencer	5	5	5	5	8	25	120	
444	Ron Hansen RC	5	5	5	8	12	20	40	150
445	Cal McLish	5	5	5	5	8	60	450	
446	Rocky Nelson	5	5	5	5	6	12	30	150
447	Bob Anderson	5	5	5	5	6	12	25	150
448	Vada Pinson	8	12	20	30	50	80	120	400
449	Tom Gorman	5	5	5	5	6	12	80	250
450	Eddie Mathews	30	50	60	80	120	250	600	
451	Jimmy Constable RC	5	5	5	5	6	12	30	250
452	Chico Fernandez	5	5	5	5	6	15	30	120
453	Les Moss	5	5	5	5	6	12	25	150
454	Phil Clark	5	5	5	5	6	12	40	250
455	Larry Doby	12	20	30	50	80	150	400	800
456	Jerry Casale RC	5	5	5	5	6	12	30	200
457	Los Angeles Dodgers CL	8	12	20	30	50	80	150	500
458	Gordon Jones	5	5	5	5	6	12	25	200
459	Bill Tuttle	5	5	5	5	6	15	30	200
460	Bob Friend	5	5	5	5	8	20	40	
461	Mickey Mantle BT	50	80	120	150	200	300	800	1,200
462	Rocky Colavito BT	6	10	15	25	40	60	100	250
463	Al Kaline BT	6	10	15	25	40	60	100	250
464	Willie Mays BT	60	100	150	200	250	500	800	4,000
465	Roy Sievers BT	5	8	12	20	30	50	80	300
466	Billy Pierce BT	5	5	5	5	6	15	60	300
467	Hank Aaron BT	15	25	40	60	100	150	400	600
468	Duke Snider BT	5	5	10	15	20	25	100	300
469	Ernie Banks BT	10	15	25	40	60	100	150	300
470	Stan Musial BT	12	20	30	50	80	120	200	600

#	Player	GD 2	VG 3	VgEx 4	EX 5	ExMt 6	NM 7	NmMt 8	MT 9
471	Tom Sturdivant	5	5	5	5	8	25	120	
472	Gene Freese	5	5	5	5	6	20	80	250
473	Mike Fornieles	5	5	5	5	6	15	30	
474	Moe Thacker RC	5	5	5	5	6	15	50	250
475	Jack Harshman	5	5	5	5	6	15	100	
476	Cleveland Indians CL	5	5	5	6	20	25	100	300
477	Barry Latman RC	5	5	5	5	6	20	25	150
478	Roberto Clemente	100	150	200	300	400	800	1,500	5,000
479	Lindy McDaniel	5	6	10	15	25	40	200	300
480	Red Schoendienst	6	10	15	25	40	60	100	300
481	Charlie Maxwell	5	5	5	5	6	25	120	
482	Russ Meyer	5	5	5	5	6	12	30	250
483	Clint Courtney	5	5	5	5	6	12	25	150
484	Willie Kirkland	5	5	5	5	6	12	40	200
485	Ryne Duren	5	5	5	5	8	20	60	250
486	Sammy White	5	5	5	5	6	12	25	120
487	Hal Brown	5	5	5	5	6	12	80	300
488	Walt Moryn	5	5	5	5	6	12	60	150
489	John Powers	5	5	5	5	6	12	40	
490	Frank Thomas	5	5	5	5	6	20	30	
491	Don Blasingame	5	5	5	5	6	12	30	250
492	Gene Conley	5	5	8	12	20	30	50	150
493	Jim Landis	5	5	8	12	20	30	50	200
494	Don Pavletich RC	5	5	5	5	6	15	30	300
495	Johnny Podres	6	10	15	25	40	60	100	250
496	Wayne Terwilliger	5	5	5	5	6	25	30	250
497	Hal R. Smith	5	5	5	5	6	15	30	150
498	Dick Hyde	5	5	5	5	6	12	50	250
499	Johnny O'Brien	5	5	5	5	6	15	60	
500	Vic Wertz	5	6	10	15	25	60	300	
501	Bob Tiefenauer RC	5	5	5	5	6	12	25	250
502	Alvin Dark	5	5	5	5	6	15	50	200
503	Jim Owens	5	5	5	5	6	15	80	
504	Ossie Alvarez RC	5	5	5	5	6	20	80	250
505	Tony Kubek	10	15	25	40	60	100	150	400
506	Bob Purkey	5	5	5	5	6	15	60	200
507	Bob Hale	5	5	5	6	25	30	60	
508	Art Fowler	5	6	10	15	25	40	100	
509	Norm Cash RC	20	30	50	80	100	200	500	
510	New York Yankees CL	20	30	50	80	120	250	600	1,200
511	George Susce	6	10	15	25	40	60	100	300
512	George Altman RC	5	5	5	6	10	40	60	300
513	Tommy Carroll	5	5	5	6	10	20	40	200
514	Bob Gibson RC	600	800	1,000	1,200	1,500	3,000	8,000	30,000
515	Harmon Killebrew	40	60	80	120	200	400	800	5,000
516	Mike Garcia	5	8	12	20	30	50	80	300
517	Joe Koppe RC	5	6	10	15	25	40	100	
518	Mike Cuellar RC	10	15	25	40	60	100	150	600
519	Infield Power	5	5	8	12	20	80	600	
520	Don Elston	5	5	5	5	6	10	40	80	250
521	Gary Geiger	5	8	12	20	30	50	120	
522	Gene Snyder RC	5	6	10	15	25	404	60	250
523	Harry Bright RC	5	5	5	6	10	25	50	300
524	Larry Osborne RC	6	10	15	25	40	60	150	
525	Jim Coates RC	5	5	6	10	15	40	100	400
526	Bob Speake	5	5	5	5	6	10	20	60	
527	Solly Hemus	5	5	5	5	6	10	25	60	250
528	Pittsburgh Pirates CL	12	20	30	50	80	120	200	600
529	George Bamberger RC	5	5	5	6	25	30	80	250
530	Wally Moon	8	12	20	30	50	80	150	
531	Ray Webster RC	5	6	10	15	25	40	60	200
532	Mark Freeman RC	5	6	10	15	25	40	60	250
533	Darrell Johnson	5	5	6	10	15	80	120	
534	Faye Throneberry	5	5	5	6	10	25	100	400
535	Ruben Gomez	5	5	5	6	20	30	100	250
536	Danny Kravitz	5	5	5	6	10	20	50	
537	Rodolfo Arias RC	5	5	5	6	10	30	120	500

#	Player	GD 2	VG 3	VgEx 4	EX 5	ExMt 6	NM 7	NmMt 8	MT 9
538	Chick King	5	5	5	6	25	30	80	400
539	Gary Blaylock RC	8	12	20	30	50	80	200	400
540	Willie Miranda	5	6	10	15	25	40	60	
541	Bob Thurman	5	5	5	6	10	20	60	200
542	Jim Perry RC	12	20	30	50	80	120	250	600
543	Corsair Trio	15	25	40	60	80	120	200	1,000
544	Lee Tate RC	5	5	6	10	15	25	60	200
545	Tom Morgan	5	5	5	6	10	30	40	
546	Al Schroll	5	5	8	12	20	30	50	250
547	Jim Baxes RC	5	8	12	20	30	50	120	
548	Elmer Singleton	5	5	5	8	25	50	300	
549	Howie Nunn RC	5	5	5	6	10	30	50	200
550	Roy Campanella Courage	60	80	100	120	200	300	600	2,500
551	Fred Haney AS MG	6	10	15	25	40	60	120	400
552	Casey Stengel AS MG	8	12	20	30	50	80	200	
553	Orlando Cepeda AS	5	15	20	25	40	60	150	
554	Bill Skowron AS	5	6	10	15	30	40	250	
555	Bill Mazeroski AS	5	5	8	12	40	50	100	400
556	Nellie Fox AS	5	6	10	20	25	50	150	
557	Ken Boyer AS	5	5	8	25	30	50	100	500
558	Frank Malzone AS	5	5	5	6	15	30	80	250
559	Ernie Banks AS	5	20	30	40	60	100	250	2,000
560	Luis Aparicio AS	5	6	10	15	30	50	200	
561	Hank Aaron AS	30	40	60	80	100	150	1,000	
562	Al Kaline AS	5	8	12	30	50	80	200	600
563	Willie Mays AS	25	40	60	100	150	250	600	1,500
564	Mickey Mantle AS	120	150	250	400	500	800	1,500	3,000
565	Wes Covington AS	5	5	5	6	10	40	80	250
566	Roy Sievers AS	5	5	5	6	10	40	80	300
567	Del Crandall AS	5	8	12	20	30	50	150	
568	Gus Triandos AS	5	5	5	6	10	30	120	200
569	Bob Friend AS	5	5	5	6	12	80	200	
570	Bob Turley AS	5	5	6	10	15	40	150	
571	Warren Spahn AS	5	8	12	20	50	80	150	1,000
572	Billy Pierce AS	5	5	8	30	100	250		

1960 Fleer

#	Player	GD 2	VG 3	VgEx 4	EX 5	ExMt 6	NM 7	NmMt 8	MT 9
1	Napoleon Lajoie DP	5	8	12	20	30	▲80	200	
2	Christy Mathewson	5	6	10	15	25	40	100	
3	Babe Ruth	100	120	150	200	250	300	600	1,500
4	Carl Hubbell	5	5	5	5	8	15	40	200
5	Grover C. Alexander	5	5	5	5	8	15	60	700
6	Walter Johnson DP	5	8	12	20	30	60	100	150
7	Chief Bender	5	5	5	5	6	12	20	▲200
8	Roger Bresnahan	8	8	8	8	10	20	30	135
9	Mordecai Brown	8	8	8	8	10	20	▲50	▲400
10	Tris Speaker	5	5	5	5	6	12	80	200
11	Arky Vaughan DP	5	5	5	5	5	12	25	
12	Zach Wheat	6	6	6	6	8	15	25	150
13	George Sisler	6	6	6	6	8	15	20	120
14	Connie Mack	5	5	5	5	10	20	40	
15	Clark Griffith	5	5	5	5	6	12	40	
16	Lou Boudreau DP	5	5	5	5	6	12	40	
17	Ernie Lombardi	6	6	6	6	8	15	25	80
18	Heinie Manush	6	6	6	6	8	15	30	200
19	Marty Marion	5	5	5	5	5	12	25	
20	Eddie Collins DP	5	5	5	5	5	12	20	80
21	Rabbit Maranville DP	6	6	6	6	8	15	20	200
22	Joe Medwick	5	5	5	5	6	12	25	100
23	Ed Barrow	5	5	5	5	6	12	25	
24	Mickey Cochrane	5	5	5	5	6	12	30	
25	Jimmy Collins	5	5	5	5	6	12	30	300
26	Bob Feller DP	▲6	▲10	▲15	▲25	▲40	▲60	▲100	▲250
27	Luke Appling	5	5	5	5	6	12	25	120
28	Lou Gehrig	50	60	80	100	120	150	250	500

#	Player	GD 2	VG 3	VgEx 4	EX 5	ExMt 6	NM 7	NmMt 8	MT 9
29	Gabby Hartnett	6	6	6	6	8	15	20	80
30	Chuck Klein	5	5	5	5	6	12	20	100
31	Tony Lazzeri DP	5	5	6	8	12	25	40	135
32	Al Simmons	6	6	6	6	8	15	40	120
33	Wilbert Robinson	6	6	6	6	8	15	40	150
34	Sam Rice	5	5	5	5	6	12	20	150
35	Herb Pennock	5	5	5	5	6	12	20	200
36	Mel Ott DP	5	6	10	15	25	40	60	150
37	Lefty O'Doul	5	5	5	5	6	12	20	200
38	Johnny Mize	5	5	▲8	▲12	▲20	▲30	50	135
39	Bing Miller	6	6	6	6	8	15	20	120
40	Joe Tinker	5	5	5	5	6	12	20	120
41	Frank Baker DP	5	5	5	5	6	12	40	200
42	Ty Cobb	15	25	40	60	100	150	250	250
43	Paul Derringer	5	5	5	5	6	12	30	150
44	Cap Anson	5	5	5	5	10	20	40	200
45	Jim Bottomley	5	5	5	5	6	12	25	150
46	Eddie Plank DP	6	6	6	6	8	15	25	100
47	Cy Young	15	20	25	30	▲50	▲80	120	▲250
48	Hack Wilson	5	5	5	5	6	12	25	50
49	Ed Walsh	5	5	5	5	6	12	20	100
50	Frank Chance	6	6	6	6	8	15	20	100
51	Dazzy Vance DP	6	6	6	6	8	15	20	150
52	Bill Terry	5	5	6	10	15	30	50	120
53	Jimmie Foxx	▲6	▲10	▲15	▲25	▲40	▲60	100	▲250
54	Lefty Gomez	5	5	5	8	12	20	80	150
55	Branch Rickey	6	6	6	6	8	15	25	175
56	Ray Schalk DP	5	5	5	5	6	12	25	150
57	Johnny Evers	5	5	5	5	6	12	25	100
58	Charley Gehringer	6	6	6	6	8	25	30	150
59	Burleigh Grimes	6	▼5	▲8	▲12	▲20	▲30	▲50	150
60	Lefty Grove	6	6	6	6	8	15	40	150
61	Rube Waddell DP	5	5	5	5	6	12	25	
62	Honus Wagner	25	30	40	50	▲80	100	200	500
63	Red Ruffing	5	5	5	5	8	15	30	80
64	Kenesaw M. Landis	5	5	5	5	6	12	20	150
65	Harry Heilmann	6	6	6	6	8	15	25	150
66	John McGraw DP	5	5	5	5	6	12	20	150
67	Hughie Jennings	5	5	5	5	6	12	20	150
68	Hal Newhouser	5	5	5	5	6	12	25	200
69	Waite Hoyt	5	5	5	5	6	12	25	150
70	Bobo Newsom	6	6	6	6	8	15	25	
71	Earl Averill DP	6	6	6	6	8	15	40	250
72	Ted Williams	50	60	80	100	120	150	400	1,000
73	Warren Giles	5	5	5	5	6	12	25	150
74	Ford Frick	5	5	5	5	6	12	30	250
75	Kiki Cuyler	5	5	5	5	6	12	20	625
76	Paul Waner DP	5	5	5	5	6	12	25	225
77	Pie Traynor	5	5	5	5	6	12	40	200
78	Lloyd Waner	5	5	5	5	6	12	30	200
79	Ralph Kiner	5	5	6	10	15	25	80	

1960 Leaf

#	Player	GD 2	VG 3	VgEx 4	EX 5	ExMt 6	NM 7	NmMt 8	MT 9
27	Brooks Robinson	15	25	40	60	100	150	400	
37	Duke Snider	▲12	▲20	▲30	▲50	▲80	▲120	▲250	
125	Sparky Anderson	8	12	20	30	50	250	400	
128	Orlando Cepeda	6	10	15	25	40	60	120	
144	Jim Bunning	6	10	15	25	40	60	135	

1960 Topps

#	Player	GD 2	VG 3	VgEx 4	EX 5	ExMt 6	NM 7	NmMt 8	MT 9
1	Early Wynn	12	20	30	50	80	200	600	
2	Roman Mejias	5	5	5	6	10	50	150	
3	Joe Adcock	5	6	10	15	25	40	200	
4	Bob Purkey	5	5	5	6	10	20	30	100
5	Wally Moon	5	5	5	5	6	15	50	
6	Lou Berberet	5	5	5	5	5	20		
7	Master and Mentor	5	15	20	25	30	40	80	500
8	Bud Daley	5	5	5	5	5	15	25	150
9	Faye Throneberry	5	5	5	5	8	15	40	
10	Ernie Banks	25	40	50	60	100	250	500	
11	Norm Siebern	5	5	5	6	10	15	30	150
12	Milt Pappas	5	5	8	12	20	30	80	150
13	Wally Post	5	5	5	8	12	20	30	
14	Jim Grant	5	5	6	10	15	25	200	
15	Pete Runnels	5	5	5	5	5	15	25	150
16	Ernie Broglio	5	5	5	6	10	15	30	120
17	Johnny Callison	5	5	8	12	20	30	50	150
18	Los Angeles Dodgers CL	5	6	10	15	25	60	250	
19	Felix Mantilla	5	5	5	5	8	25	120	
20	Roy Face	5	5	5	8	12	20	30	200
21	Dutch Dotterer	5	5	5	5	8	25	200	
22	Rocky Bridges	5	5	5	5	5	15	25	150
23	Eddie Fisher RC	5	5	5	6	10	15	80	
24	Dick Gray	5	5	5	5	5	15	40	150
25	Roy Sievers	5	5	5	5	5	15	30	
26	Wayne Terwilliger	5	5	5	5	8	30	200	
27	Dick Drott	5	5	5	5	8	40	120	
28	Brooks Robinson	40	50	60	100	120	250	600	2,500
29	Clem Labine	5	5	8	12	20	30	50	
30	Tito Francona	5	5	5	8	12	30	80	150
31	Sammy Esposito	5	5	5	5	5	15	25	150
32	Sophomore Stalwarts	5	5	5	5	6	15	50	200
33	Tom Morgan	5	5	5	5	8	25	120	300
34	Sparky Anderson	8	12	20	30	50	60	250	
35	Whitey Ford	30	50	60	80	100	▼150	▼300	800
36	Russ Nixon	5	5	5	6	10	15	25	150
37	Bill Bruton	5	5	5	5	5	15	25	
38	Jerry Casale	5	5	5	5	5	15	80	
39	Earl Averill Jr.	5	5	5	8	12	20	25	150
40	Joe Cunningham	5	5	5	6	10	15	25	150
41	Barry Latman	5	5	5	5	5	15	30	
42	Hobie Landrith	5	5	5	5	8	15	25	
43	Washington Senators CL	5	5	5	8	15	25	250	400
44	Bobby Locke RC	5	5	5	5	10	20	250	400
45	Roy McMillan	5	5	6	10	15	25	50	150
46	Jack Fisher RC	5	5	5	5	5	15	40	150
47	Don Zimmer	5	8	12	20	30	50	80	250
48	Hal W. Smith	5	5	5	5	5	15	30	175
49	Curt Raydon	5	5	5	5	5	15	60	200
50	Al Kaline	20	25	30	50	60	120	400	
51	Jim Coates	5	5	5	5	10	30	60	200
52	Dave Philley	5	5	5	5	5	15	120	
53	Jackie Brandt	5	5	5	5	5	15	25	150
54	Mike Fornieles	5	5	5	5	5	15	30	150
55	Bill Mazeroski	25	40	50	60	80	120	300	1,200
56	Steve Korcheck	5	5	5	5	5	15	25	150
57	Win Savers	5	5	5	5	8	15	60	150
58	Gino Cimoli	5	5	5	5	5	15	30	200
59	Juan Pizarro	5	5	5	5	8	15	25	100
60	Gus Triandos	5	5	8	12	20	30	50	120
61	Eddie Kasko	5	5	5	5	5	15	30	150
62	Roger Craig	5	5	8	12	20	30	50	150
63	George Strickland	5	5	5	5	5	15	25	100
64	Jack Meyer	5	5	5	5	5	15	60	120
65	Elston Howard	▼8	▼12	▼20	▼30	▼50	▼80	150	250
66	Bob Trowbridge	5	5	5	5	5	15	40	150
67	Jose Pagan RC	5	5	5	6	10	15	30	120
68	Dave Hillman	5	5	5	5	5	15	25	120
69	Billy Goodman	5	5	8	12	20	30	50	
70	Lew Burdette	5	6	10	15	25	40	60	200

#	Player	GD 2	VG 3	VgEx 4	EX 5	ExMt 6	NM 7	NmMt 8	MT 9
71	Marty Keough	5	5	5	5	5	15	25	150
72	Detroit Tigers CL	5	5	6	10	15	60	120	400
73	Bob Gibson	50	60	100	150	250	500	1,500	6,000
74	Walt Moryn	5	5	5	5	5	15	25	100
75	Vic Power	5	5	5	10	15	25	120	250
76	Bill Fischer	5	5	5	5	5	15	30	150
77	Hank Foiles	5	5	5	5	5	15	25	120
78	Bob Grim	5	5	5	5	5	15	150	250
79	Walt Dropo	5	5	5	5	5	15	25	
80	Johnny Antonelli	5	5	5	5	5	15	25	120
81	Russ Snyder RC	5	5	5	5	5	15	25	150
82	Ruben Gomez	5	5	5	5	6	15	30	120
83	Tony Kubek	10	15	25	30	50	80	300	
84	Hal R. Smith	5	5	5	5	5	15	30	100
85	Frank Lary	5	5	6	10	15	25	60	120
86	Dick Gernert	5	5	5	5	5	25	80	120
87	John Romonosky	5	5	5	5	5	15	25	
88	John Roseboro	5	5	5	5	6	15	30	
89	Hal Brown	5	5	5	8	12	20	50	
90	Bobby Avila	5	5	5	6	10	15	40	
91	Bennie Daniels	5	5	▲6	▲10	▲15	25	80	120
92	Whitey Herzog	5	8	12	20	30	▲60	▲100	400
93	Art Schult	5	5	5	6	10	15	25	100
94	Leo Kiely	5	5	5	5	8	20	120	
95	Frank Thomas	5	5	8	12	20	30	50	200
96	Ralph Terry	5	5	5	5	8	20	50	300
97	Ted Lepcio	5	5	5	5	5	15	50	200
98	Gordon Jones	5	5	5	5	5	15	80	
99	Lenny Green	5	5	5	6	10	20	25	200
100	Nellie Fox	5	10	15	25	40	▲80	120	500
101	Bob Miller RC	5	5	5	5	5	5	25	150
102	Kent Hadley	5	5	6	10	15	25	100	
103	Dick Farrell	5	5	6	10	15	25	60	150
104	Dick Schofield	5	5	5	5	5	15	50	200
105	Larry Sherry RC	5	5	5	5	8	15	25	
106	Billy Gardner	5	5	5	5	5	15	150	
107	Carlton Willey	5	5	5	5	5	15	25	
108	Pete Daley	5	5	5	5	5	15	25	100
109	Clete Boyer	8	12	20	30	50	80	150	400
110	Cal McLish	5	5	5	5	5	15	100	
111	Vic Wertz	5	5	5	5	8	30	400	
112	Jack Harshman	5	5	5	5	8	20		
113	Bob Skinner	5	5	5	5	5	15	40	100
114	Ken Aspromonte	5	5	5	5	5	15	150	
115	Fork and Knuckler	5	6	10	15	25	40	60	200
116	Jim Rivera	5	5	5	8	12	30	600	
117	Tom Borland RS	5	5	5	5	5	15	25	100
118	Bob Bruce RS RC	5	5	5	5	5	15	25	150
119	Chico Cardenas RS RC	5	6	10	15	25	40	▲80	200
120	Duke Carmel RS RC	5	5	5	5	8	15	25	
121	Camilo Carreon RS RC	5	5	5	5	5	15	25	120
122	Don Dillard RS	5	5	5	5	5	15	20	100
123	Dan Dobbek RS	5	5	5	5	5	15	25	150
124	Jim Donohue RS RC	5	5	5	5	5	15	25	100
125	Dick Ellsworth RS RC	5	8	12	20	30	50	80	150
126	Chuck Estrada RS RC	5	5	5	6	10	15	25	200
127	Ron Hansen RS	5	5	8	12	20	30	60	100
128	Bill Harris RS RC	5	5	5	5	5	15	25	100
129	Bob Hartman RS	5	5	5	5	5	15	25	100
130	Frank Herrera RS	5	5	5	5	5	15	25	150
131	Ed Hobaugh RS	5	5	5	5	5	15	25	100
132	Frank Howard RS RC	10	15	25	40	60	120	300	
133	Julian Javier RS RC	5	5	5	5	6	40	80	250
134	Deron Johnson RS	5	5	6	10	15	30	60	120
135	Ken Johnson RS RC	5	5	5	5	5	15	25	100
136	Jim Kaat RS RC	40	50	80	100	150	400	1,200	
137	Lou Klimchock RS RC	5	5	5	5	5	15	25	120

#	Player	GD 2	VG 3	VgEx 4	EX 5	ExMt 6	NM 7	NmMt 8	MT 9
138	Art Mahaffey RS RC	5	5	8	12	20	30	50	100
139	Carl Mathias RS RC	5	5	5	5	5	15	25	120
140	Julio Navarro RS RC	5	5	5	5	5	10	25	100
141	Jim Proctor RS RC	5	5	5	5	5	10	25	120
142	Bill Short RS RC	5	5	5	6	15	30	250	
143	Al Spangler RS RC	5	5	5	5	5	15	25	150
144	Al Stieglitz RS RC	5	5	5	6	15	40	150	
145	Jim Umbricht RS RC	5	5	5	8	15	25	200	
146	Ted Wieand RS RC	5	5	5	5	5	15	25	100
147	Bob Will RS	5	5	5	6	10	15	40	150
148	Carl Yastrzemski RS RC	▲200	▲250	▲300	▲400	▲600	1,200	4,000	20,000
149	Bob Nieman	5	5	5	5	5	10	20	120
150	Billy Pierce	5	5	5	5	6	20	50	175
151	San Francisco Giants CL	5	6	10	15	25	60	400	800
152	Gail Harris	5	5	5	5	5	15	30	150
153	Bobby Thomson	5	5	6	10	15	25	80	200
154	Jim Davenport	5	5	5	6	10	15	120	
155	Charlie Neal	5	5	8	12	20	30	50	200
156	Art Ceccarelli	5	5	5	5	5	10	25	120
157	Rocky Nelson	5	5	5	5	5	15	30	150
158	Wes Covington	5	5	5	5	5	15	30	
159	Jim Piersall	5	5	10	15	25	40	60	120
160	Rival All-Stars	60	80	100	120	200	300	500	800
161	Ray Narleski	5	5	5	5	5	15	25	200
162	Sammy Taylor	5	5	5	5	5	15	40	
163	Hector Lopez	5	5	5	5	20	25	300	500
164	Cincinnati Reds CL	5	6	10	15	25	50	80	150
165	Jack Sanford	5	5	6	10	15	25	60	100
166	Chuck Essegian	5	5	5	5	5	12	25	
167	Valmy Thomas	5	5	5	5	5	15	25	120
168	Alex Grammas	5	5	5	5	5	15	25	125
169	Jake Striker RC	5	5	5	5	5	15	25	150
170	Del Crandall	5	5	5	8	12	40	150	
171	Johnny Groth	5	5	5	5	5	12	25	100
172	Willie Kirkland	5	5	5	5	5	15	20	150
173	Billy Martin	20	25	30	40	50	80	200	250
174	Cleveland Indians CL	5	5	5	5	6	40	60	200
175	Pedro Ramos	5	5	5	5	5	15	25	120
176	Vada Pinson	5	5	5	10	15	25	300	
177	Johnny Kucks	5	5	5	5	5	15	100	
178	Woody Held	5	5	5	6	10	15	25	100
179	Rip Coleman	5	5	5	5	5	15	25	100
180	Harry Simpson	5	5	5	5	5	15	25	120
181	Billy Loes	5	5	6	10	15	25	40	120
182	Glen Hobbie	5	5	5	5	5	15	25	150
183	Eli Grba RC	5	5	5	5	6	15	30	200
184	Gary Geiger	5	5	5	5	5	15	25	100
185	Jim Owens	5	5	5	5	5	15	100	150
186	Dave Sisler	5	5	5	5	5	15	25	
187	Jay Hook RC	5	5	5	5	5	15	25	150
188	Dick Williams	5	6	10	15	25	40	80	150
189	Don McMahon	5	5	5	5	5	15	25	150
190	Gene Woodling	5	5	5	5	5	15	25	
191	Johnny Klippstein	5	5	5	6	10	15	60	
192	Danny O'Connell	5	5	5	5	5	15	25	100
193	Dick Hyde	5	5	5	5	5	15	25	100
194	Bobby Gene Smith	5	5	5	5	5	20	80	
195	Lindy McDaniel	5	5	6	10	15	25	40	100
196	Andy Carey	5	5	5	5	6	50	80	
197	Ron Kline	5	5	5	5	5	15	40	120
198	Jerry Lynch	5	5	6	10	15	25	50	100
199	Dick Donovan	5	5	5	5	5	15	40	200
200	Willie Mays	▲120	▲150	200	400	500	800	4,000	12,000
201	Larry Osborne	5	5	5	5	5	15	25	100
202	Fred Kipp	5	5	5	5	5	15	25	150
203	Sammy White	5	5	5	5	5	15	25	120
204	Ryne Duren	5	6	10	15	25	50		

#	Player	GD 2	VG 3	VgEx 4	EX 5	ExMt 6	NM 7	NmMt 8	MT 9
205	Johnny Logan	5	5	5	5	5	20	30	200
206	Claude Osteen	5	6	10	15	25	40	80	
207	Bob Boyd	5	5	5	5	5	15	25	80
208	Chicago White Sox CL	5	5	5	5	8	15	80	200
209	Ron Blackburn	5	5	5	5	5	15	25	150
210	Harmon Killebrew	30	40	50	80	100	150	500	
211	Taylor Phillips	5	5	5	5	5	15	25	150
212	Walter Alston MG	5	8	12	20	30	50	80	150
213	Chuck Dressen MG	5	5	5	5	5	15	100	
214	Jimmy Dykes MG	5	5	5	5	15	25	40	
215	Bob Elliott MG	5	5	5	5	5	15	50	100
216	Joe Gordon MG	5	5	5	5	6	50	80	200
217	Charlie Grimm MG	5	6	10	15	25	40	80	200
218	Solly Hemus MG	5	5	5	5	5	15	25	150
219	Fred Hutchinson MG	5	5	5	5	5	50	80	300
220	Billy Jurges MG	5	5	5	5	8	80	300	
221	Cookie Lavagetto MG	5	5	5	5	5	15	25	120
222	Al Lopez MG	5	5	5	5	15	30	80	250
223	Danny Murtaugh MG	5	5	5	8	12	20	100	
224	Paul Richards MG	5	5	5	5	5	15	200	500
225	Bill Rigney MG	5	5	5	5	5	15	25	120
226	Eddie Sawyer MG	5	5	5	5	5	15	40	150
227	Casey Stengel MG	10	15	25	40	60	150	200	
228	Ernie Johnson	5	5	5	5	6	15	30	200
229	Joe M. Morgan RC	5	5	5	5	5	15	20	100
230	Mound Magicians	8	12	20	30	50	100	250	600
231	Hal Naragon	5	5	5	5	5	15	25	120
232	Jim Busby	5	5	5	5	5	10	15	175
233	Don Elston	5	5	5	5	5	15	25	120
234	Don Demeter	5	5	5	5	5	20	25	120
235	Gus Bell	5	5	5	5	5	15	30	
236	Dick Ricketts	5	5	5	5	5	15	25	150
237	Elmer Valo	5	5	5	5	10	30	250	
238	Danny Kravitz	5	5	5	5	5	15	25	200
239	Joe Shipley	5	5	5	5	5	15	80	
240	Luis Aparicio	5	5	15	20	30	50	150	500
241	Albie Pearson	5	5	6	10	15	25	40	150
242	St. Louis Cardinals CL	5	5	5	5	8	30	100	
243	Bubba Phillips	5	5	5	5	5	15	25	100
244	Hal Griggs	5	5	5	5	5	15	25	150
245	Eddie Yost	5	5	5	5	6	15	100	
246	Lee Maye RC	5	5	8	12	20	30	150	300
247	Gil McDougald	5	6	10	15	25	40	100	250
248	Del Rice	5	5	5	5	5	15	25	120
249	Earl Wilson RC	5	5	5	5	5	15	30	120
250	Stan Musial	60	80	100	120	200	400	1,000	2,500
251	Bob Malkmus	5	5	5	5	5	15	25	120
252	Ray Herbert	5	5	5	5	5	15	25	150
253	Eddie Bressoud	5	5	5	5	5	15	25	100
254	Arnie Portocarrero	5	5	5	5	5	15	25	150
255	Jim Gilliam	5	8	12	20	30	50	80	200
256	Dick Brown	5	5	5	5	5	15	50	150
257	Gordy Coleman RC	5	5	6	10	15	25	150	150
258	Dick Groat	5	5	5	8	12	25	50	250
259	George Altman	5	5	5	5	5	15	25	120
260	Power Plus	5	8	12	20	30	50	80	250
261	Pete Burnside	5	5	5	5	5	15	60	
262	Hank Bauer	5	5	5	5	8	15	300	
263	Darrell Johnson	5	5	5	5	5	15	25	120
264	Robin Roberts	20	25	30	40	50	▲80	200	
265	Rip Repulski	5	5	5	5	5	15	20	100
266	Joey Jay	5	5	5	5	5	20	30	150
267	Jim Marshall	5	5	5	5	5	15	30	120
268	Al Worthington	5	5	5	5	5	15	25	200
269	Gene Green	5	5	5	5	5	15	25	120
270	Bob Turley	5	5	5	5	8	25	30	200
271	Julio Becquer	5	5	5	5	5	15	15	150
272	Fred Green RC	5	5	5	5	5	15	40	120
273	Neil Chrisley	5	5	5	5	5	15	30	
274	Tom Acker	5	5	5	5	5	15	30	
275	Curt Flood	10	15	25	40	60	100	200	500
276	Ken McBride RC	5	5	5	5	5	15	25	100
277	Harry Bright	5	5	5	5	5	15	25	100
278	Stan Williams	5	5	6	10	15	25	40	120
279	Chuck Tanner	5	5	8	12	20	30	50	150
280	Frank Sullivan	5	5	5	5	5	15	25	120
281	Ray Boone	5	5	8	12	20	30	120	
282	Joe Nuxhall	5	5	5	5	6	15	40	200
283	Johnny Blanchard	5	5	5	5	8	15	60	
284	Don Gross	5	5	5	5	5	20	60	150
285	Harry Anderson	5	5	5	5	5	20	25	120
286	Ray Semproch	5	5	8	12	20	30	150	
287	Felipe Alou	5	8	12	20	30	80	400	
288	Bob Mabe	5	5	5	5	5	15	30	
289	Willie Jones	5	5	5	6	10	15	25	200
290	Jerry Lumpe	5	5	5	5	5	15	50	
291	Bob Keegan	5	5	5	6	10	15	25	
292	Dodger Backstops	5	5	5	5	6	15	80	150
293	Gene Conley	5	5	6	10	15	25	60	150
294	Tony Taylor	5	5	5	5	5	25	40	150
295	Gil Hodges	▲8	▲12	▲20	▲30	▲50	▲80	▲120	500
296	Nelson Chittum RC	5	5	5	5	5	15	30	
297	Reno Bertoia	5	5	5	5	5	15	25	150
298	George Witt	5	5	5	5	5	15	50	150
299	Earl Torgeson	5	5	5	5	5	15	40	200
300	Hank Aaron	100	150	250	400	600	1,500	5,000	
301	Jerry Davie	5	5	5	5	5	15	25	
302	Philadelphia Phillies CL	5	6	10	15	25	40	80	
303	Billy O'Dell	5	5	5	5	5	15	25	120
304	Joe Ginsberg	5	5	5	5	6	15	200	300
305	Richie Ashburn	▲10	▲15	▲25	▲40	50	80	200	300
306	Frank Baumann	5	5	5	5	5	15	25	120
307	Gene Oliver	5	5	5	5	5	15	25	120
308	Dick Hall	5	5	5	5	5	15	30	100
309	Bob Hale	5	5	5	5	5	15	50	120
310	Frank Malzone	5	5	5	8	12	20	80	
311	Raul Sanchez	5	5	5	5	5	15	30	200
312	Charley Lau	5	5	6	10	15	25	40	150
313	Turk Lown	5	5	5	5	5	15	25	120
314	Chico Fernandez	5	5	5	5	5	15	25	100
315	Bobby Shantz	6	10	15	25	40	60	100	300
316	Willie McCovey ASR RC	80	120	200	300	500	1,000	4,000	30,000
317	Pumpsie Green ASR RC	5	5	5	6	10	50	100	
318	Jim Baxes ASR	5	5	5	5	5	15	60	
319	Joe Koppe ASR	5	5	5	5	5	15	50	150
320	Bob Allison ASR	5	5	5	5	6	15	80	500
321	Ron Fairly ASR	5	5	8	12	20	40	60	200
322	Willie Tasby ASR	5	5	5	5	8	15	40	250
323	John Romano ASR	5	5	5	5	5	15	40	200
324	Jim Perry ASR	5	5	5	6	10	25	200	
325	Jim O'Toole ASR	5	5	5	6	10	20	30	
326	Roberto Clemente	120	150	200	300	400	800	2,500	8,000
327	Ray Sadecki RC	5	5	5	5	5	15	25	100
328	Earl Battey	5	5	5	5	5	15	50	200
329	Zack Monroe	5	5	5	5	6	15	30	150
330	Harvey Kuenn	5	5	5	5	8	30	40	
331	Henry Mason RC	5	5	5	5	5	15	25	100
332	New York Yankees CL	15	25	40	60	100	150	250	400
333	Danny McDevitt	5	5	5	5	6	10	15	120	250
334	Ted Abernathy	5	5	5	5	6	10	25	100
335	Red Schoendienst	6	10	15	25	40	60	150	250
336	Ike Delock	5	5	5	5	5	15	25	100
337	Cal Neeman	5	5	5	5	5	15	100	
338	Ray Monzant	5	5	5	5	5	15	25	120

#	Player	GD 2	VG 3	VgEx 4	EX 5	ExMt 6	NM 7	NmMt 8	MT 9
339	Harry Chiti	5	5	5	5	5	15	25	200
340	Harvey Haddix	5	5	5	5	8	20	120	200
341	Carroll Hardy	5	5	5	5	5	15	40	150
342	Casey Wise	5	5	5	6	10	15	30	200
343	Sandy Koufax	100	120	▲200	▲250	300	600	1,200	3,000
344	Clint Courtney	5	5	5	5	5	15	25	120
345	Don Newcombe	5	8	12	20	30	50	100	250
346	J.C. Martin RC	5	5	5	8	12	20	80	150
347	Ed Bouchee	5	5	5	5	5	15	25	120
348	Barry Shetrone RC	5	5	5	5	5	15	25	150
349	Moe Drabowsky	5	5	5	5	8	15	30	120
350	Mickey Mantle	400	500	800	1,000	1,500	2,500	10,000	60,000
351	Don Nottebart RC	5	5	5	5	5	15	40	200
352	Cincy Clouters	6	10	15	25	40	60	120	500
353	Don Larsen	5	8	12	20	30	50	80	250
354	Bob Lillis	5	5	5	5	6	15	80	120
355	Bill White	5	5	5	5	8	60	120	200
356	Joe Amalfitano	5	5	5	5	5	15	25	
357	Al Schroll	5	5	5	5	5	15	25	250
358	Joe DeMaestri	5	5	5	5	8	20	150	
359	Buddy Gilbert RC	5	5	5	5	5	15	25	120
360	Herb Score	5	5	5	5	6	15	150	250
361	Bob Oldis	5	5	5	8	12	20	150	200
362	Russ Kemmerer	5	5	5	5	5	15	100	
363	Gene Stephens	5	5	5	6	10	15	40	120
364	Paul Foytack	5	5	5	5	8	15	50	200
365	Minnie Minoso	12	20	30	50	80	120	500	1,000
366	Dallas Green RC	6	10	15	25	40	60	100	300
367	Bill Tuttle	5	5	5	5	5	15	40	
368	Daryl Spencer	5	5	5	5	5	15	25	150
369	Billy Hoeft	5	5	5	5	5	15	25	200
370	Bill Skowron	5	5	8	12	25	50		
371	Bud Byerly	5	5	5	5	5	15	25	150
372	Frank House	5	5	5	5	5	15	25	120
373	Don Hoak	5	5	5	5	5	20	50	120
374	Bob Buhl	5	5	5	6	10	15	40	200
375	Dale Long	5	5	5	6	10	25	60	
376	John Briggs	5	5	5	5	5	10	25	225
377	Roger Maris	40	60	100	150	250	400	800	5,000
378	Stu Miller	5	5	5	5	5	15	25	150
379	Red Wilson	5	5	5	8	12	20	60	150
380	Bob Shaw	5	5	5	5	5	10	25	
381	Milwaukee Braves CL	5	8	12	20	30	50	100	300
382	Ted Bowsfield	5	5	5	5	5	10	25	
383	Leon Wagner	5	5	5	5	5	15	25	120
384	Don Cardwell	5	5	5	5	5	10	80	150
385	Charlie Neal WS1	6	10	15	25	40	60	100	300
386	Charlie Neal WS2	5	8	12	20	30	50	100	250
387	Carl Furillo WS3	5	8	12	20	30	50	100	300
388	Gil Hodges WS4	10	15	25	40	60	100	300	500
389	L.Aparcio/M.Wills WS 5	8	12	20	30	50	80	150	
390	Scrambling After Ball WS6	5	8	12	20	30	50	80	250
391	Champs Celebrate WS	8	12	20	30	50	80	250	
392	Tex Clevenger	5	5	5	5	5	15	25	100
393	Smoky Burgess	5	5	5	5	8	30	80	200
394	Norm Larker	5	5	5	5	6	15	30	150
395	Hoyt Wilhelm	▲8	▲12	▲20	▲30	▲50	▲80	▲120	▲300
396	Steve Bilko	5	5	5	5	6	15	50	150
397	Don Blasingame	5	5	5	5	5	10	40	200
398	Mike Cuellar	5	5	5	5	8	12	20	30	120
399	Young Hill Stars	5	5	5	5	5	20	50	200
400	Rocky Colavito	6	10	15	25	40	60	120	800
401	Bob Duliba RC	5	5	5	5	8	12	20	80
402	Dick Stuart	5	6	10	15	25	50	100	
403	Ed Sadowski	5	5	5	5	5	10	25	100
404	Bob Rush	5	5	5	5	5	10	25	100
405	Bobby Richardson	5	8	12	20	25	80	120	

#	Player	GD 2	VG 3	VgEx 4	EX 5	ExMt 6	NM 7	NmMt 8	MT 9
406	Billy Klaus	5	5	5	5	5	10	25	150
407	Gary Peters RC	5	5	5	5	6	12	40	150
408	Carl Furillo	5	5	5	5	6	25	40	150
409	Ron Samford	5	5	5	5	5	15	25	100
410	Sam Jones	5	5	5	5	5	15	25	120
411	Ed Bailey	5	5	5	5	5	15	25	120
412	Bob Anderson	5	5	5	5	5	5	40	
413	Kansas City Athletics CL	5	5	8	12	20	30	80	100
414	Don Williams RC	5	5	5	5	8	25	60	
415	Bob Cerv	5	5	5	8	12	25		100
416	Humberto Robinson	5	5	5	5	5	10	25	150
417	Chuck Cottier RC	5	5	5	6	10	15	25	100
418	Don Mossi	5	5	5	5	5	10	30	
419	George Crowe	5	5	5	5	8	20	60	200
420	Eddie Mathews	15	25	40	60	100	150	250	1,000
421	Duke Maas	5	5	5	5	8	15	40	175
422	John Powers	5	5	5	5	5	10	30	100
423	Ed Fitzgerald	5	5	5	5	5	10	25	120
424	Pete Whisenant	5	5	5	5	5	10	25	150
425	Johnny Podres	5	5	5	5	6	20	30	150
426	Ron Jackson	5	5	5	5	5	15	25	120
427	Al Grunwald RC	5	5	5	5	5	10	30	250
428	Al Smith	5	5	5	5	5	15	30	175
429	American League Kings	6	10	15	25	40	60	100	
430	Art Ditmar	5	5	5	5	8	15	40	200
431	Andre Rodgers	5	5	5	5	5	10	40	200
432	Chuck Stobbs	5	5	5	5	5	10	25	200
433	Irv Noren	5	5	5	5	5	10	25	150
434	Brooks Lawrence	5	5	5	5	5	10	25	
435	Gene Freese	5	5	5	5	5	10	25	150
436	Marv Throneberry	5	5	5	5	5	10	25	150
437	Bob Friend	5	5	5	5	6	20	25	
438	Jim Coker RC	5	5	5	5	8	25	150	300
439	Tom Brewer	5	5	5	5	5	15	25	120
440	Jim Lemon	5	5	5	5	5	10	40	150
441	Gary Bell	5	5	5	6	10	15	100	300
442	Joe Pignatano	5	5	5	5	6	20	120	300
443	Charlie Maxwell	5	5	8	12	20	30	50	150
444	Jerry Kindall	5	5	8	12	20	30	60	250
445	Warren Spahn	40	50	60	80	120	200	400	800
446	Ellis Burton	5	6	10	15	25	50	800	
447	Ray Moore	5	6	10	15	25	40	100	
448	Jim Gentile RC	5	8	12	20	30	60	150	
449	Jim Brosnan	5	5	5	6	10	12	25	150
450	Orlando Cepeda	15	25	40	60	80	200	400	800
451	Curt Simmons	6	10	15	25	40	60	2,500	
452	Ray Webster	5	5	5	5	6	20	60	
453	Vern Law	5	8	12	20	30	50	80	300
454	Hal Woodeshick	8	10	12	15	20	25	50	
455	Baltimore Coaches	5	5	5	6	10	15	40	250
456	Red Sox Coaches	5	5	5	8	12	30	150	
457	Cubs Coaches	5	5	6	10	15	25	50	
458	White Sox Coaches	5	5	5	6	10	25	40	150
459	Reds Coaches	5	5	5	5	6	15	60	150
460	Indians Coaches	5	8	12	20	30	50	80	150
461	Tigers Coaches	5	5	5	6	10	40	50	
462	Athletics Coaches	5	5	5	8	12	20	30	50	150
463	Dodgers Coaches	5	5	5	5	8	15	80	300
464	Braves Coaches	5	5	5	6	6	15	40	
465	Yankees Coaches	6	10	15	25	40	60	100	250
466	Phillies Coaches	5	6	10	15	25	40	60	200
467	Pirates Coaches	5	6	10	15	25	40	60	200
468	Cardinals Coaches	5	5	5	5	8	20	60	150
469	Giants Coaches	5	5	5	5	6	15	100	250
470	Senators Coaches	5	5	5	6	10	15	40	150
471	Ned Garver	5	5	6	10	15	25	400	
472	Alvin Dark	5	6	10	15	25	40	60	120

#	Player	GD 2	VG 3	VgEx 4	EX 5	ExMt 6	NM 7	NmMt 8	MT 9
473	Al Cicotte	5	5	5	5	6	20	60	
474	Haywood Sullivan	5	5	6	10	15	25	50	200
475	Don Drysdale	▲12	▲20	▲30	▲50	▲80	▲120	200	400
476	Lou Johnson RC	5	5	5	5	8	30	80	
477	Don Ferrarese	5	5	5	5	6	15	120	
478	Frank Torre	5	5	6	10	15	25	60	500
479	Georges Maranda RC	5	6	10	15	25	40	120	5,000
480	Yogi Berra	60	100	120	150	250	400	▲1,000	8,000
481	Wes Stock RC	5	5	6	10	15	25	80	200
482	Frank Bolling	5	5	8	12	20	30	50	120
483	Camilo Pascual	5	5	5	5	6	20	30	120
484	Pittsburgh Pirates CL	10	15	25	40	60	100	150	800
485	Ken Boyer	5	5	8	12	20	30	150	200
486	Bobby Del Greco	5	5	8	12	20	30	50	200
487	Tom Sturdivant	5	5	5	5	6	12	50	100
488	Norm Cash	6	10	15	25	40	120		
489	Steve Ridzik	5	6	10	15	25	40	300	
490	Frank Robinson	30	50	80	100	120	250	500	
491	Mel Roach	5	6	10	15	25	50	100	
492	Larry Jackson	5	5	5	5	6	12	40	120
493	Duke Snider	▼15	▼25	▼40	▼60	▼100	▲250	400	800
494	Baltimore Orioles CL	6	10	15	25	40	100	400	
495	Sherm Lollar	5	5	5	5	8	15	120	
496	Bill Virdon	5	8	12	20	30	50	500	
497	John Tsitouris	5	5	5	8	12	20	80	
498	Al Pilarcik	5	6	10	15	25	40	500	
499	Johnny James RC	5	5	5	5	8	30	120	
500	Johnny Temple	5	5	8	12	20	30	60	250
501	Bob Schmidt	5	5	6	10	15	25	120	
502	Jim Bunning	8	12	20	30	50	100	1,200	
503	Don Lee	5	5	6	10	15	25	100	
504	Seth Morehead	5	5	6	10	15	25	50	200
505	Ted Kluszewski	8	12	20	30	50	80	120	250
506	Lee Walls	5	5	8	12	20	30	50	200
507	Dick Stigman	5	5	5	5	8	25	80	200
508	Billy Consolo	5	5	5	5	8	30	60	
509	Tommy Davis RC	10	15	25	40	60	250	500	
510	Gerry Staley	▲8	▲12	▲20	▲30	▲50	▲80	▲120	▲300
511	Ken Walters RC	5	5	5	5	8	25	150	500
512	Joe Gibbon RC	10	15	25	40	60	100	200	400
513	Chicago Cubs CL	10	15	25	40	60	100	150	300
514	Steve Barber RC	5	8	12	20	30	50	120	
515	Stan Lopata	5	5	5	5	8	20	100	120
516	Marty Kutyna RC	5	8	12	20	30	100	150	
517	Charlie James RC	5	6	10	15	25	40	120	250
518	Tony Gonzalez RC	5	8	12	20	30	50	80	800
519	Ed Roebuck	5	6	10	15	25	40	60	
520	Don Buddin	5	5	5	5	8	50	80	200
521	Mike Lee RC	5	5	5	8	12	25	40	150
522	Ken Hunt RC	5	5	6	10	25	100	200	
523	Clay Dalrymple RC	5	6	10	15	25	40	60	200
524	Bill Henry	5	5	8	12	20	30	80	150
525	Marv Breeding RC	5	5	5	8	12	15	60	250
526	Paul Giel	5	5	5	6	10	30	60	
527	Jose Valdivielso	5	5	8	12	20	30	50	100
528	Ben Johnson RC	5	5	5	6	10	100	250	
529	Norm Sherry RC	5	8	12	20	30	50	80	500
530	Mike McCormick	8	12	20	30	50	80	200	300
531	Sandy Amoros	5	8	12	20	30	50	250	
532	Mike Garcia	5	6	10	15	25	40	60	
533	Lu Clinton RC	5	5	6	10	15	25	50	200
534	Ken MacKenzie RC	5	6	10	15	25	40	60	300
535	Whitey Lockman	6	10	15	25	40	60	100	200
536	Wynn Hawkins RC	5	5	5	6	10	15	50	150
537	Boston Red Sox CL	6	10	15	25	40	60	150	300
538	Frank Barnes RC	5	6	10	15	25	40	60	120
539	Gene Baker	10	15	25	40	60	100	500	

#	Player	GD 2	VG 3	VgEx 4	EX 5	ExMt 6	NM 7	NmMt 8	MT 9
540	Jerry Walker	5	6	10	15	25	40	60	120
541	Tony Curry RC	5	8	12	20	30	50	80	150
542	Ken Hamlin RC	5	5	5	8	12	20	50	150
543	Elio Chacon RC	5	5	6	10	15	25	60	
544	Bill Monbouquette	5	5	6	10	15	50	100	
545	Carl Sawatski	5	5	8	12	20	30	60	
546	Hank Aguirre	5	5	5	8	12	20	150	
547	Bob Aspromonte RC	5	5	8	12	20	30	80	150
548	Don Mincher RC	5	6	10	15	25	40	60	300
549	John Buzhardt	5	5	5	8	12	20	40	120
550	Jim Landis	5	5	5	8	12	25	80	150
551	Ed Rakow RC	5	5	6	10	15	25	80	
552	Walt Bond RC	5	5	5	5	8	30	80	150
553	Bill Skowron AS	6	10	15	25	30	40	80	400
554	Willie McCovey AS	25	40	60	100	150	250	400	800
555	Nellie Fox AS	▲6	▲10	▲15	▲25	▲40	▲60	100	400
556	Charlie Neal AS	▲6	▲10	▲15	▲25	▲40	▲60	▲100	250
557	Frank Malzone AS	▲8	▲12	▲20	▲30	▲50	▲80	150	300
558	Eddie Mathews AS	▲15	▲25	▲40	▲60	▲100	▲150	▲400	
559	Luis Aparicio AS	▲10	▲15	▲25	▲40	▲60	▲100	▲150	▲400
560	Ernie Banks AS	▲20	▲30	▲50	▲80	▲120	▲200	▲300	▲800
561	Al Kaline AS	▲12	▲20	▲30	▲50	▲80	▲120	200	500
562	Joe Cunningham AS	5	▲8	▲12	▲20	▲30	▲50	80	150
563	Mickey Mantle AS	100	150	250	400	600	1,000	1,500	3,000
564	Willie Mays AS	40	60	100	150	250	400	600	
565	Roger Maris AS	▼25	▼40	▼60	▼100	▼150	▼250	600	
566	Hank Aaron AS	▲50	▲80	▲120	150	▼200	400	1,000	6,000
567	Sherm Lollar AS	5	▲8	▲12	▲20	▲30	▲50	▲80	▲200
568	Del Crandall AS	▼5	▼6	▼10	▼15	▼25	80	120	250
569	Camilo Pascual AS	5	▲6	▲10	▲15	▲25	▲80	▲200	
570	Don Drysdale AS	▲15	▲25	▲40	▲60	▲100	▲150	250	800
571	Billy Pierce AS	5	▲8	▲12	▲20	▲30	▲50	▲80	200
572	Johnny Antonelli AS	▲8	▲12	▲20	▲30	▲50	▲80	▲200	

1961 Fleer

#	Player	GD 2	VG 3	VgEx 4	EX 5	ExMt 6	NM 7	NmMt 8	MT 9
1	Baker/Cobb/Wheat CL	8	12	20	30	50	80	250	
2	Grover C. Alexander	5	5	6	10	15	25	50	
3	Nick Altrock	5	5	5	6	10	15	30	
4	Cap Anson	5	5	5	6	10	15	30	
5	Earl Averill	5	5	5	6	10	15	30	
6	Frank Baker	5	5	5	6	10	15	30	
7	Dave Bancroft	5	5	5	6	10	15	25	60
8	Chief Bender	5	5	5	6	10	15	25	80
9	Jim Bottomley	5	5	5	6	10	15	25	60
10	Roger Bresnahan	5	5	5	6	10	15	30	
11	Mordecai Brown	5	5	5	6	10	15	30	
12	Max Carey	5	5	6	10	15	25	50	
13	Jack Chesbro	5	5	5	6	10	15	25	60
14	Ty Cobb	▲15	▲25	▲40	▲60	▲100	▲150	200	600
15	Mickey Cochrane	5	5	5	6	10	15	25	60
16	Eddie Collins	5	5	5	6	10	15	25	60
17	Earle Combs	5	5	5	6	10	15	30	
18	Charles Comiskey	5	5	5	6	10	15	30	
19	Kiki Cuyler	5	5	5	6	10	15	25	50
20	Paul Derringer	5	5	5	6	10	15	25	100
21	Howard Ehmke	5	5	5	6	10	15	25	50
22	Billy Evans UMP	5	5	5	6	10	15	25	50
23	Johnny Evers	5	5	5	6	10	15	25	50
24	Red Faber	5	5	5	6	10	15	25	50
25	Bob Feller	6	10	15	25	40	60	100	200
26	Wes Ferrell	5	5	5	6	10	15	25	50
27	Lew Fonseca	5	5	5	6	10	15	25	60
28	Jimmie Foxx	8	12	20	30	50	80	120	250
29	Ford Frick	5	5	5	6	10	15	25	80
30	Frankie Frisch	5	5	5	8	12	20	30	60

#	Player	GD 2	VG 3	VgEx 4	EX 5	ExMt 6	NM 7	NmMt 8	MT 9
31	Lou Gehrig	▲25	▲40	▲60	▲100	120	▲200	▲300	800
32	Charley Gehringer	5	5	5	6	10	15	25	50
33	Warren Giles	5	5	5	6	10	15	30	
34	Lefty Gomez	5	5	5	6	10	15	25	60
35	Goose Goslin	5	5	5	6	10	15	25	50
36	Clark Griffith	5	5	5	6	10	15	25	60
37	Burleigh Grimes	5	5	5	6	10	15	25	50
38	Lefty Grove	5	5	6	10	15	25	40	80
39	Chick Hafey	5	5	5	6	10	15	25	60
40	Jesse Haines	5	5	5	6	10	15	25	50
41	Gabby Hartnett	5	5	5	6	10	15	25	60
42	Harry Heilmann	5	5	5	6	10	15	25	60
43	Rogers Hornsby	5	5	5	10	15	25	▲100	▲200
44	Waite Hoyt	5	5	5	6	10	15	25	60
45	Carl Hubbell	5	5	8	12	20	30	50	150
46	Miller Huggins	5	5	5	6	10	15	25	80
47	Hughie Jennings	5	5	5	6	10	15	25	50
48	Ban Johnson	5	5	5	6	10	15	25	50
49	Walter Johnson	5	5	6	10	15	25	40	150
50	Ralph Kiner	5	5	6	10	15	25	40	80
51	Chuck Klein	5	5	5	6	10	15	25	60
52	Johnny Kling	5	5	5	6	10	15	25	50
53	Kenesaw M. Landis	5	5	5	6	10	15	25	50
54	Tony Lazzeri	5	5	5	6	10	15	25	60
55	Ernie Lombardi	5	5	5	6	10	15	25	50
56	Dolf Luque	5	5	5	6	10	15	25	50
57	Heinie Manush	5	5	5	6	10	15	25	50
58	Marty Marion	5	5	5	6	10	15	25	60
59	Christy Mathewson	6	10	15	25	40	60	100	300
60	John McGraw	5	5	5	6	10	15	25	50
61	Joe Medwick	5	5	5	6	10	15	25	50
62	Bing Miller	5	5	5	6	10	15	25	50
63	Johnny Mize	5	5	5	6	10	15	25	50
64	John Mostil	5	5	5	6	10	15	25	50
65	Art Nehf	5	5	5	6	10	15	30	
66	Hal Newhouser	5	5	5	6	10	15	25	50
67	Bobo Newsom	5	5	5	6	10	15	25	50
68	Mel Ott	5	5	8	12	20	30	50	120
69	Allie Reynolds	5	5	5	6	10	15	25	50
70	Sam Rice	5	5	5	6	10	15	25	50
71	Eppa Rixey	5	5	5	6	10	15	25	50
72	Edd Roush	5	5	5	6	10	15	25	60
73	Schoolboy Rowe	5	5	5	6	10	15	25	50
74	Red Ruffing	5	5	5	6	10	15	25	50
75	Babe Ruth	▲150	▲200	▲250	▲300	▲400	500	800	1,500
76	Joe Sewell	5	5	5	6	10	15	30	
77	Al Simmons	5	5	5	6	10	15	25	50
78	George Sisler	5	5	5	6	10	15	25	50
79	Tris Speaker	5	5	5	6	10	15	25	60
80	Fred Toney	5	5	5	6	10	15	25	60
81	Dazzy Vance	5	5	5	6	10	15	30	
82	Jim Vaughn	5	5	5	6	10	15	25	60
83	Ed Walsh	5	5	5	6	10	15	25	60
84	Lloyd Waner	5	5	5	6	10	15	25	60
85	Paul Waner	5	5	5	6	10	15	25	80
86	Zack Wheat	5	5	5	6	10	15	25	100
87	Hack Wilson	5	5	5	6	10	15	25	80
88	Jimmy Wilson	5	5	5	6	10	15	25	100
89	G.Sisler/P.Traynor CL	12	20	30	50	80	150	300	
90	Babe Adams	5	5	5	6	10	15	30	
91	Dale Alexander	5	5	5	6	10	15	25	50
92	Jim Bagby	5	5	5	6	10	15	30	
93	Ossie Bluege	5	5	5	6	10	15	25	50
94	Lou Boudreau	5	5	5	6	10	15	25	50
95	Tommy Bridges	5	5	5	6	10	15	25	50
96	Donie Bush	5	5	5	6	10	15	25	40	120
97	Dolph Camilli	5	5	5	6	10	15	25	40	150
98	Frank Chance	5	5	6	10	15	25	40	80
99	Jimmy Collins	5	5	6	10	15	25	50	
100	Stan Coveleskie	5	5	5	6	10	15	30	
101	Hugh Critz	5	5	5	6	10	15	25	100
102	Alvin Crowder	5	5	5	6	10	15	40	150
103	Joe Dugan	5	5	5	6	10	15	25	60
104	Bibb Falk	5	5	6	10	15	25	40	150
105	Rick Ferrell	5	5	5	6	10	15	25	80
106	Art Fletcher	5	5	5	6	10	15	25	150
107	Dennis Galehouse	5	5	6	10	15	25	40	120
108	Chick Galloway	5	5	6	10	15	25	40	150
109	Mule Haas	5	5	5	6	10	15	25	150
110	Stan Hack	5	5	5	6	10	15	25	150
111	Bump Hadley	5	5	5	6	10	15	40	100
112	Billy Hamilton	5	5	5	6	10	15	30	
113	Joe Hauser	5	5	5	6	10	15	40	100
114	Babe Herman	5	5	6	10	15	25	40	150
115	Travis Jackson	5	5	6	10	15	25	50	
116	Eddie Joost	5	5	5	6	10	15	25	80
117	Addie Joss	5	5	6	10	15	25	40	100
118	Joe Judge	5	5	6	10	15	25	50	
119	Joe Kuhel	5	5	5	6	10	15	25	60
120	Napoleon Lajoie	5	8	12	20	30	50	100	
121	Dutch Leonard	5	5	6	10	15	25	50	
122	Ted Lyons	5	5	8	12	20	30	60	
123	Connie Mack	5	5	6	10	15	25	40	150
124	Rabbit Maranville	5	5	5	6	10	15	30	
125	Fred Marberry	5	5	5	6	10	15	25	100
126	Joe McGinnity	5	5	5	6	10	15	25	60
127	Oscar Melillo	5	5	5	8	12	20	30	100
128	Ray Mueller	5	5	5	6	10	15	25	120
129	Kid Nichols	5	5	5	6	10	15	25	60
130	Lefty O'Doul	5	5	5	6	10	15	25	100
131	Bob O'Farrell	5	5	5	6	10	15	25	60
132	Roger Peckinpaugh	5	5	5	8	12	20	30	100
133	Herb Pennock	5	5	6	10	15	25	50	
134	George Pipgras	5	5	5	6	10	15	25	200
135	Eddie Plank	5	5	6	10	15	25	40	100
136	Ray Schalk	5	5	5	6	10	15	25	120
137	Hal Schumacher	5	5	5	8	12	20	30	100
138	Luke Sewell	5	5	5	6	10	15	25	60
139	Bob Shawkey	5	5	5	6	10	15	25	60
140	Riggs Stephenson	5	5	5	6	10	15	25	60
141	Billy Sullivan	5	5	5	6	10	15	25	100
142	Bill Terry	6	10	15	25	40	60	100	250
143	Joe Tinker	5	5	5	6	10	15	25	60
144	Pie Traynor	5	5	6	10	15	25	50	
145	Hal Trosky	5	5	5	6	10	15	30	200
146	George Uhle	5	5	5	6	10	15	25	60
147	Johnny VanderMeer	5	5	5	6	10	15	25	60
148	Arky Vaughan	5	5	5	6	10	15	25	80
149	Rube Waddell	5	5	5	6	10	15	25	150
150	Honus Wagner	15	25	40	60	100	150	300	600
151	Dixie Walker	5	5	6	10	15	25	50	
152	Ted Williams	25	40	60	100	150	250	▲500	▲1,200
153	Cy Young	5	8	12	20	30	50	80	250
154	Ross Youngs	5	5	8	12	20	30	60	

1961 Golden Press

#	Player	VG 3	VgEx 4	EX 5	ExMt 6	NM 7	NmMt 8	MT 9	Gem 9.5/10
1	Mel Ott	10	15	25	40	60	100	500	
2	Grover C. Alexander	8	12	20	30	50	80	1,500	
3	Babe Ruth	50	80	120	200	300	500	2,000	
4	Hank Greenberg	5	5	5	6	10	15	80	200
5	Bill Terry	5	5	5	6	10	15	40	250
6	Carl Hubbell	5	5	6	10	15	25	50	

	VG 3	VgEx 4	EX 5	ExMt 6	NM 7	NmMt 8	MT 9	Gem 9.5/10
Rogers Hornsby	5	5	6	10	15	25	150	
Dizzy Dean	6	10	15	25	40	60	200	
Joe DiMaggio	30	50	80	120	200	300	800	
Charlie Gehringer	5	5	5	6	10	15	40	150
Gabby Hartnett	5	5	5	6	10	15	40	
Mickey Cochrane	6	10	15	25	40	60	120	
George Sisler	5	5	6	10	15	25	50	200
Joe Cronin	5	5	8	12	20	30	60	200
Pie Traynor	5	5	5	6	10	15	40	150
Lou Gehrig	15	25	40	60	100	150	400	
Lefty Grove	5	5	5	6	10	15	80	250
Chief Bender	5	5	6	10	15	25	50	200
Frankie Frisch	5	5	5	6	10	15	40	200
Al Simmons	5	5	5	6	10	15	40	200
Home Run Baker	5	5	5	6	10	15	50	200
Jimmy Foxx	5	6	10	15	25	40	100	
John McGraw	5	5	5	6	10	15	40	200
Christy Mathewson	5	5	6	10	15	25	120	
Ty Cobb	12	20	30	50	80	120	300	300
Dazzy Vance	5	5	5	6	10	15	40	
Bill Dickey	5	5	5	6	10	15	80	
Eddie Collins	5	6	10	15	25	40	120	
Walter Johnson	8	12	20	30	50	80	400	
Tris Speaker	5	5	6	10	15	25	500	
Nap Lajoie	8	12	20	30	50	80	200	
Honus Wagner	25	40	60	100	150	250	800	
Cy Young	6	10	15	25	60	100	1,000	

1961 Topps

	GD 2	VG 3	VgEx 4	EX 5	ExMt 6	NM 7	NmMt 8	MT 9
Dick Groat	5	5	6	10	25	40	150	300
Roger Maris	40	60	80	100	150	300	600	8,000
John Buzhardt	5	5	5	5	5	10	20	80
Lenny Green	5	5	5	5	5	10	20	80
John Romano	5	5	5	5	5	10	25	
Ed Roebuck	5	5	5	5	8	12	20	80
Chicago White Sox TC	5	5	5	5	6	12	30	100
Dick Williams	5	5	5	6	10	15	25	40	120
Bob Purkey	5	5	5	5	5	10	20	60
Brooks Robinson	10	15	25	30	40	80	100	500
Curt Simmons	5	5	5	8	12	20	30	80
Moe Thacker	5	5	5	5	5	10	20	50
Chuck Cottier	5	5	5	5	5	10	20	60
Don Mossi	5	5	5	8	12	20	30	50
Willie Kirkland	5	5	5	5	5	10	30	
Billy Muffett	5	5	5	5	5	10	20	80
Checklist 1	5	5	5	5	6	12	25	100
Jim Grant	5	5	5	8	12	20	30	80
Clete Boyer	5	5	5	8	12	40	100	
Robin Roberts	8	12	20	30	50	80	100	400
Zoilo Versalles RC	5	5	5	5	8	12	30	100
Clem Labine	5	5	6	10	15	25	50	80
Don Demeter	5	5	5	5	6	12	25	150
Ken Johnson	5	5	5	5	5	10	20	80
Reds Heavy Artillery	5	5	5	8	12	25	50	120
Wes Stock	5	5	5	5	5	10	20	100
Jerry Kindall	5	5	5	5	5	10	25	80
Hector Lopez	5	5	5	5	8	12	30	150
Don Nottebart	5	5	5	5	5	10	20	60
Nellie Fox	5	5	5	6	10	25	30	60	250
Bob Schmidt	5	5	5	5	5	10	20	80
Ray Sadecki	5	5	5	5	5	10	20	80
Gary Geiger	5	5	5	5	5	10	20	50
Wynn Hawkins	5	5	5	5	5	10	15	50
Ron Santo RC	30	50	60	80	150	250	500	2,000
Jack Kralick RC	5	5	5	5	5	10	20	60

	GD 2	VG 3	VgEx 4	EX 5	ExMt 6	NM 7	NmMt 8	MT 9
37 Charley Maxwell	5	5	5	5	6	12	30	100
38 Bob Lillis	5	5	5	5	5	10	20	40
39 Leo Posada RC	5	5	5	5	5	10	20	60
40 Bob Turley	5	5	5	5	8	15	50	120
41 NL Batting Leaders	8	12	15	20	25	50	80	250
42 AL Batting Leaders	5	5	5	6	10	15	30	100
43 NL Home Run Leaders	5	5	15	20	25	40	80	300
44 AL Home Run Leaders	15	25	40	50	60	120	200	800
45 NL ERA Leaders	5	5	5	5	8	15	30	80
46 AL ERA Leaders	5	5	5	5	6	12	25	120
47 NL Pitching Leaders	5	5	5	5	8	20	40	300
48 AL Pitching Leaders	5	5	5	6	10	15	25	100
49 NL Strikeout Leaders	5	5	6	10	20	30	80	300
50 AL Strikeout Leaders	5	5	5	5	8	15	40	200
51 Detroit Tigers TC	5	5	5	5	6	12	30	150
52 George Crowe	5	5	5	5	5	5	20	60
53 Russ Nixon	5	5	5	5	5	5	20	80
54 Earl Francis RC	5	5	5	5	5	5	20	150
55 Jim Davenport	5	5	5	5	5	5	20	60
56 Russ Kemmerer	5	5	5	5	5	10	20	100
57 Marv Throneberry	5	5	5	8	12	20	30	80
58 Joe Schaffernoth RC	5	5	5	5	5	10	20	80
59 Jim Woods	5	5	5	5	5	10	20	80
60 Woody Held	5	5	5	5	5	10	20	80
61 Ron Piche RC	5	5	5	5	5	10	20	120
62 Al Pilarcik	5	5	5	5	5	10	20	60
63 Jim Kaat	8	12	20	30	50	80	120	800
64 Alex Grammas	5	5	5	5	5	5	20	60
65 Ted Kluszewski	5	5	6	10	15	25	60	200
66 Bill Henry	5	5	5	5	5	10	20	80
67 Ossie Virgil	5	5	5	5	5	12	50	
68 Deron Johnson	5	5	5	6	10	15	25	40	60
69 Earl Wilson	5	5	5	5	5	10	25	80
70 Bill Virdon	5	5	5	5	8	15	50	150
71 Jerry Adair	5	5	5	5	5	10	15	80
72 Stu Miller	5	5	5	8	12	20	30	100
73 Al Spangler	5	5	5	5	5	5	20	80
74 Joe Pignatano	5	5	5	5	5	10	20	80
75 Lindy Shows Larry	5	5	5	5	6	12	25	80
76 Harry Anderson	5	5	5	5	5	10	20	60
77 Dick Stigman	5	5	5	5	5	10	20	80
78 Lee Walls	5	5	5	8	12	20	30	100
79 Joe Ginsberg	5	5	5	5	5	10	20	80
80 Harmon Killebrew	▲12	▲20	▲30	▲50	60	100	250	
81 Tracy Stallard RC	5	5	5	5	5	10	20	80
82 Joe Christopher RC	5	5	5	5	5	10	20	80
83 Bob Bruce	5	5	5	5	5	10	20	80
84 Lee Maye	5	5	5	5	5	10	20	100
85 Jerry Walker	5	5	5	5	5	10	20	50
86 Los Angeles Dodgers TC	5	5	6	10	15	25	40	250
87 Joe Amalfitano	5	5	5	5	5	10	20	60
88 Richie Ashburn	5	8	12	20	30	50	80	250
89 Billy Martin	8	12	20	30	50	80	150	
90 Gerry Staley	5	5	5	5	5	5	20	100
91 Walt Moryn	5	5	5	5	5	10	20	100
92 Hal Naragon	5	5	5	5	5	5	20	80
93 Tony Gonzalez	5	5	5	5	5	10	20	100
94 Johnny Kucks	5	5	5	5	5	10	20	80
95 Norm Cash	5	8	12	20	30	50	80	250
96 Billy O'Dell	5	5	5	5	5	7	80	100
97 Jerry Lynch	5	5	5	5	5	10	30	100
98A Checklist 2 Red	5	5	5	15	60	150		
98B Checklist 2 Yellow w/White 98	5	5	5	5	6	12	50	
98C Checklist 2 Yellow w/Black 98	5	5	5	5	6	12	30	
99 Don Buddin	5	5	5	5	5	10	20	80
100 Harvey Haddix	5	5	5	5	6	12	20	80
101 Bubba Phillips	5	5	5	5	5	10	20	100

#	Player	GD 2	VG 3	VgEx 4	EX 5	ExMt 6	NM 7	NmMt 8	MT 9
102	Gene Stephens	5	5	5	5	5	10	20	80
103	Ruben Amaro	5	5	5	5	5	10	20	120
104	John Blanchard	5	6	10	15	25	40	60	200
105	Carl Willey	5	5	5	6	10	15	20	80
106	Whitey Herzog	5	5	5	5	5	10	20	80
107	Seth Morehead	5	5	5	5	5	10	20	80
108	Dan Dobbek	5	5	5	5	5	10	20	100
109	Johnny Podres	5	▲8	▲12	▲20	▲30	▲50	▲80	▼250
110	Vada Pinson	▲6	▲10	▲15	▲25	▲40	▲60	250	
111	Jack Meyer	5	5	5	5	5	10	20	150
112	Chico Fernandez	5	5	5	5	5	10	20	
113	Mike Fornieles	5	5	5	5	5	10	80	
114	Hobie Landrith	5	5	5	5	5	12	30	
115	Johnny Antonelli	5	5	6	10	15	25	40	
116	Joe DeMaestri	5	5	5	5	6	12	25	120
117	Dale Long	5	5	6	10	15	25	50	120
118	Chris Cannizzaro RC	5	5	5	5	5	10	25	
119	A's Big Armor	5	5	5	5	6	12	100	200
120	Eddie Mathews	10	15	25	40	60	100	200	800
121	Eli Grba	5	5	6	10	15	25	40	
122	Chicago Cubs TC	5	5	5	5	6	12	30	
123	Billy Gardner	5	5	5	5	5	10	30	
124	J.C. Martin	5	5	5	5	5	10	20	
125	Steve Barber	5	5	5	5	5	10	20	100
126	Dick Stuart	5	5	5	5	8	12	20	100	400
127	Ron Kline	5	5	5	5	5	10	20	80
128	Rip Repulski	5	5	5	5	5	12	60	
129	Ed Hobaugh	5	5	5	5	5	8	15	50
130	Norm Larker	5	5	5	5	5	10	20	100
131	Paul Richards MG	5	5	5	5	5	10	20	
132	Al Lopez MG	5	5	5	5	6	25	60	
133	Ralph Houk MG	5	8	12	20	30	50	800	
134	Mickey Vernon MG	5	5	5	5	6	12	25	150
135	Fred Hutchinson MG	5	5	5	5	8	15	30	
136	Walter Alston MG	5	8	12	20	30	50	120	
137	Chuck Dressen MG	5	5	5	5	6	15	150	
138	Danny Murtaugh MG	5	5	5	5	6	12	30	
139	Solly Hemus MG	5	5	5	5	5	12	25	
140	Gus Triandos	5	5	5	5	6	12	25	500
141	Billy Williams RC	40	50	60	80	120	250	1,000	5,000
142	Luis Arroyo	5	5	5	5	6	12	25	100
143	Russ Snyder	5	5	5	6	10	15	60	
144	Jim Coker	5	5	5	5	5	10	20	100
145	Bob Buhl	5	5	6	10	15	25	40	150
146	Marty Keough	5	5	5	5	5	10	20	150
147	Ed Rakow	5	5	5	5	5	10	20	100
148	Julian Javier	5	5	5	5	6	15	50	
149	Bob Oldis	5	5	5	5	5	10	20	100
150	Willie Mays	50	80	120	200	300	500	2,000	15,000
151	Jim Donohue	5	5	5	5	5	10	30	
152	Earl Torgeson	5	5	5	5	5	10	20	100
153	Don Lee	5	5	5	5	5	12	80	
154	Bobby Del Greco	5	5	5	5	5	10	50	150
155	Johnny Temple	5	5	6	10	15	25	40	
156	Ken Hunt	5	5	5	8	12	20	30	
157	Cal McLish	5	5	5	5	5	10	20	200
158	Pete Daley	5	5	5	5	5	10	20	100
159	Baltimore Orioles TC	5	5	5	5	6	12	25	250
160	Whitey Ford	15	20	25	30	50	80	400	
161	Sherman Jones RC	5	5	5	5	5	10	20	150
162	Jay Hook	5	5	5	5	5	10	20	120
163	Ed Sadowski	5	5	5	5	5	10	20	100
164	Felix Mantilla	5	5	5	5	5	10	20	100
165	Gino Cimoli	5	5	5	5	5	10	25	100
166	Danny Kravitz	5	5	5	5	5	10	20	80
167	San Francisco Giants TC	5	5	5	5	6	12	60	100
168	Tommy Davis	5	5	5	6	10	15	50	120
169	Don Elston	5	5	5	5	5	10	20	80
170	Al Smith	5	5	5	5	5	12	40	
171	Paul Foytack	5	5	5	5	5	12	80	
172	Don Dillard	5	5	5	5	5	8	15	100
173	Beantown Bombers	5	5	5	5	6	25	50	
174	Ray Semproch	5	5	5	5	5	10	25	
175	Gene Freese	5	5	5	5	6	15	60	
176	Ken Aspromonte	5	5	5	5	5	10	20	80
177	Don Larsen	5	5	5	5	8	12	60	250
178	Bob Nieman	5	5	5	5	5	10	20	100
179	Joe Koppe	5	5	5	5	5	10	20	
180	Bobby Richardson	5	5	6	12	20	50	100	600
181	Fred Green	5	5	5	5	5	10	20	150
182	Dave Nicholson RC	5	5	5	5	5	12	150	
183	Andre Rodgers	5	5	5	5	5	10	20	120
184	Steve Bilko	5	5	5	6	10	15	25	80
185	Herb Score	5	5	5	5	6	25	60	
186	Elmer Valo	5	5	5	5	5	10	50	
187	Billy Klaus	5	5	5	5	5	10	20	100
188	Jim Marshall	5	5	5	5	5	10	20	
189A	Checklist 3 Copyright at 263	5	5	5	5	6	12	25	
189B	Checklist 3 Copyright at 264	5	5	5	5	8	15		
190	Stan Williams	5	5	5	6	10	15	25	60
191	Mike de la Hoz RC	5	5	5	5	5	10	20	
192	Dick Brown	5	5	5	5	5	10	25	
193	Gene Conley	5	5	5	5	5	10	20	80
194	Gordy Coleman	5	5	5	5	5	10	20	80
195	Jerry Casale	5	5	5	5	5	10	30	
196	Ed Bouchee	5	5	5	5	5	10	20	100
197	Dick Hall	5	5	5	5	5	10	20	80
198	Carl Sawatski	5	5	5	5	5	10	20	80
199	Bob Boyd	5	5	5	5	5	10	20	80
200	Warren Spahn	5	10	20	30	40	50	120	600
201	Pete Whisenant	5	5	5	5	8	10	15	120
202	Al Neiger RC	5	5	5	5	8	10	15	100
203	Eddie Bressoud	5	5	5	5	5	10	20	80
204	Bob Skinner	5	5	5	5	6	12	40	200
205	Billy Pierce	5	5	5	5	5	10	20	80
206	Gene Green	5	5	5	5	5	10	20	60
207	Dodger Southpaws	6	10	15	25	40	60	120	1,500
208	Larry Osborne	5	5	5	5	5	10	20	80
209	Ken McBride	5	5	5	5	5	10	20	60
210	Pete Runnels	5	5	6	10	15	25	40	150
211	Bob Gibson	30	50	60	100	120	200	▲500	2,000
212	Haywood Sullivan	5	5	5	6	10	15	25	
213	Bill Stafford RC	5	5	6	10	15	25	30	100
214	Danny Murphy RC	5	5	5	5	5	10	25	120
215	Gus Bell	5	5	5	5	5	10	25	80
216	Ted Bowsfield	5	5	5	5	5	10	20	80
217	Mel Roach	5	5	5	5	5	10	20	60
218	Hal Brown	5	5	5	5	5	10	20	100
219	Gene Mauch MG	5	5	5	5	5	10	20	80
220	Alvin Dark MG	5	5	6	10	15	25	40	
221	Mike Higgins MG	5	5	5	5	5	8	15	120
222	Jimmy Dykes MG	5	5	5	5	12	20	30	80
223	Bob Scheffing MG	5	5	5	5	5	6	30	100
224	Joe Gordon MG-	5	5	5	5	5	12	25	80
225	Bill Rigney MG	5	5	5	5	5	10	25	80
226	Cookie Lavagetto MG	5	5	5	5	5	10	25	100
227	Juan Pizarro	5	5	5	5	5	10	20	80
228	New York Yankees TC	15	25	40	60	100	150	250	1,000
229	Rudy Hernandez RC	5	5	5	5	5	10	20	80
230	Don Hoak	5	5	5	5	5	12	40	200
231	Dick Drott	5	5	5	5	5	10	20	
232	Bill White	5	5	5	5	8	15	50	
233	Joey Jay	5	5	5	5	5	10	25	100
234	Ted Lepcio	5	5	5	5	5	12	60	120

#	Player	GD 2	VG 3	VgEx 4	EX 5	ExMt 6	NM 7	NmMt 8	MT 9
235	Camilo Pascual	5	5	5	5	5	10	25	80
236	Don Gile RC	5	5	5	5	5	10	20	100
237	Billy Loes	5	5	5	5	5	10	20	80
238	Jim Gilliam	5	5	5	5	6	12	40	100
239	Dave Sisler	5	5	5	5	5	10	20	60
240	Ron Hansen	5	5	5	5	5	12	60	150
241	Al Cicotte	5	5	5	5	5	10	20	60
242	Hal Smith	5	5	5	12	25	50	100	150
243	Frank Lary	5	5	5	5	5	10	60	150
244	Chico Cardenas	5	5	5	5	5	10	50	100
245	Joe Adcock	5	5	8	12	20	30	50	
246	Bob Davis RC	5	5	5	5	5	10	20	80
247	Billy Goodman	5	5	5	5	8	15	80	
248	Ed Keegan RC	5	5	5	5	5	10	15	60
249	Cincinnati Reds TC	5	5	5	8	12	20	120	250
250	Buc Hill Aces	5	5	5	5	6	12	50	150
251	Bill Bruton	5	5	5	5	5	12	40	
252	Bill Short	5	5	5	5	5	10	25	200
253	Sammy Taylor	5	5	5	5	5	8	15	80
254	Ted Sadowski RC	5	5	5	5	8	10	40	80
255	Vic Power	5	5	5	6	8	12	25	100
256	Billy Hoeft	5	5	5	6	8	12	25	100
257	Carroll Hardy	5	5	5	6	8	12	25	100
258	Jack Sanford	5	5	6	8	10	15	30	120
259	John Schaive RC	5	5	5	5	5	10	20	80
260	Don Drysdale	▼15	25	▲40	▲50	60	120	200	2,500
261	Charlie Lau	5	5	5	5	5	10	30	80
262	Tony Curry	5	5	5	5	5	10	20	80
263	Ken Hamlin	5	5	5	5	5	10	20	80
264	Glen Hobbie	5	5	5	5	5	10	20	
265	Tony Kubek	6	10	15	25	40	60	200	
266	Lindy McDaniel	5	5	6	10	15	25	80	
267	Norm Siebern	5	5	5	5	5	10	20	120
268	Ike Delock	5	5	5	5	5	10	20	80
269	Harry Chiti	5	5	5	5	5	10	20	80
270	Bob Friend	5	5	5	5	8	12	40	200
271	Jim Landis	5	5	5	5	5	10	20	100
272	Tom Morgan	5	5	5	5	5	10	20	80
273A	Checklist 4 Copyright at 336	5	5	5	5	8	15		
273B	Checklist 4 Copyright at 339	5	5	5	5	6	12	30	
274	Gary Bell	5	5	5	5	5	8	15	100
275	Gene Woodling	5	5	6	10	15	25	40	60
276	Ray Rippelmeyer RC	5	5	5	5	5	10	20	80
277	Hank Foiles	5	5	5	5	5	10	20	60
278	Don McMahon	5	5	5	5	5	10	20	80
279	Jose Pagan	5	5	5	5	5	12	40	
280	Frank Howard	5	6	8	10	12	50	100	200
281	Frank Sullivan	5	5	6	10	15	25	60	
282	Faye Throneberry	5	5	5	5	5	10	20	100
283	Bob Anderson	5	5	5	5	5	10	20	60
284	Dick Gernert	5	5	5	5	5	8	15	60
285	Sherm Lollar	5	5	6	10	15	25	40	80
286	George Witt	5	5	5	5	5	10	20	120
287	Carl Yastrzemski	80	100	120	200	250	400	800	5,000
288	Albie Pearson	5	5	5	5	5	10	25	
289	Ray Moore	5	5	5	5	5	10	25	
290	Stan Musial	30	50	60	100	120	250	600	2,500
291	Tex Clevenger	5	5	5	5	5	12	50	
292	Jim Baumer RC	5	5	5	5	5	10	25	100
293	Tom Sturdivant	5	5	5	5	5	12	60	
294	Don Blasingame	5	5	5	5	6	15	80	
295	Milt Pappas	5	5	5	5	5	10	25	100
296	Wes Covington	5	5	6	10	15	25	40	80
297	Kansas City Athletics TC	5	5	6	10	15	25	60	
298	Jim Golden RC	5	5	5	5	5	10	20	100
299	Clay Dalrymple	5	5	5	5	5	10	20	200
300	Mickey Mantle	300	500	600	1,000	1,500	2,000	8,000	20,000
301	Chet Nichols	5	5	5	5	5	15	80	150
302	Al Heist RC	5	5	5	5	5	10	60	
303	Gary Peters	5	5	5	5	5	12	30	150
304	Rocky Nelson	5	5	5	5	6	12	25	100
305	Mike McCormick	5	5	5	5	5	12	25	150
306	Bill Virdon WS1	8	12	20	30	50	80	1,000	
307	Mickey Mantle WS2	60	80	100	150	200	250	▲500	800
308	Bobby Richardson WS3	8	12	20	30	50	80	200	
309	Gino Cimoli WS4	5	5	6	10	15	30	80	
310	Roy Face WS5	5	6	10	15	25	40	120	500
311	Whitey Ford WS6	8	12	20	30	50	80	120	1,500
312	Bill Mazeroski WS7	12	20	30	50	80	200	500	
313	The Winners Celebrate WS	5	8	12	20	30	50	150	
314	Bob Miller	5	5	5	5	5	10	20	80
315	Earl Battey	5	5	5	5	5	10	50	100
316	Bobby Gene Smith	5	5	5	5	5	10	25	
317	Jim Brewer RC	5	5	5	5	5	10	20	60
318	Danny O'Connell	5	5	5	5	5	10	20	100
319	Valmy Thomas	5	5	5	5	5	10	20	100
320	Lou Burdette	5	5	5	5	6	12	50	150
321	Marv Breeding	5	5	5	5	5	10	20	80
322	Bill Kunkel RC	5	5	5	5	5	10	20	
323	Sammy Esposito	5	5	5	5	5	10	20	
324	Hank Aguirre	5	5	5	5	5	10	30	300
325	Wally Moon	5	5	5	5	6	12	30	250
326	Dave Hillman	5	5	5	5	5	10	20	100
327	Matty Alou RC	5	8	12	20	30	50	120	200
328	Jim O'Toole	5	5	5	5	5	10	40	80
329	Julio Becquer	5	5	5	5	5	10	20	100
330	Rocky Colavito	5	8	10	15	20	40	60	500
331	Ned Garver	5	5	5	5	5	10	30	
332	Dutch Dotterer	5	5	5	5	5	10	20	50
333	Fritz Brickell RC	5	5	5	5	6	12	25	100
334	Walt Bond	5	5	5	5	5	10	20	80
335	Frank Bolling	5	5	5	5	5	10	20	120
336	Don Mincher	5	5	5	5	5	10	30	80
337	Al's Aces	5	5	5	5	8	20	80	
338	Don Landrum	5	5	5	5	5	15	80	
339	Gene Baker	5	5	5	5	5	10	20	80
340	Vic Wertz	5	5	6	10	15	25	40	MT
341	Jim Owens	5	5	5	5	5	10	20	100
342	Clint Courtney	5	5	5	5	6	12	40	100
343	Earl Robinson RC	5	5	5	5	5	10	20	80
344	Sandy Koufax	40	60	100	150	250	400	1,000	5,000
345	Jimmy Piersall	5	5	6	10	15	25	60	250
346	Howie Nunn	5	5	5	5	5	10	20	80
347	St. Louis Cardinals TC	5	5	5	5	8	12	20	100
348	Steve Boros	5	5	5	5	6	12	50	200
349	Danny McDevitt	5	5	6	10	15	25	40	
350	Ernie Banks	20	25	40	60	80	100	▲500	1,200
351	Jim King	5	5	5	5	5	10	30	
352	Bob Shaw	5	5	5	5	6	12	40	
353	Howie Bedell RC	5	5	5	5	5	10	20	100
354	Billy Harrell	5	5	5	5	5	10	20	
355	Bob Allison	5	5	5	6	8	40	60	
356	Ryne Duren	5	5	5	5	8	25	80	300
357	Daryl Spencer	5	5	5	5	5	10	20	80
358	Earl Averill Jr.	5	5	5	5	8	12	30	100
359	Dallas Green	5	5	5	5	6	12	25	120
360	Frank Robinson	5	10	30	40	50	60	200	400
361A	Checklist 5 Black Topps	5	5	5	5	6	12	50	200
361B	Checklist 5 Yellow Topps	5	5	5	5	8	15	120	
362	Frank Funk RC	5	5	5	5	5	10	20	
363	John Roseboro	5	5	5	5	6	12	25	80
364	Moe Drabowsky	5	5	5	5	5	10	25	60
365	Jerry Lumpe	5	5	5	5	5	10	30	
366	Eddie Fisher	5	5	5	5	5	8	20	80

#	Player	GD 2	VG 3	VgEx 4	EX 5	ExMt 6	NM 7	NmMt 8	MT 9
367	Jim Rivera	5	5	5	5	5	10	25	150
368	Bennie Daniels	5	5	5	5	5	10	30	200
369	Dave Philley	5	5	5	5	5	10	80	100
370	Roy Face	5	5	5	5	6	12	40	250
371	Bill Skowron SP	5	6	10	15	30	50	80	200
372	Bob Hendley RC	5	5	5	5	5	10	20	
373	Boston Red Sox TC	5	5	5	5	8	30	80	
374	Paul Giel	5	5	5	5	5	10	20	80
375	Ken Boyer	5	5	5	8	10	25	80	
376	Mike Roarke RC	5	5	5	5	5	10	25	100
377	Ruben Gomez	5	5	5	5	6	12	25	80
378	Wally Post	5	5	5	5	6	12	50	150
379	Bobby Shantz	5	5	5	5	8	15	50	200
380	Minnie Minoso	5	5	5	5	6	12	40	150
381	Dave Wickersham RC	5	5	5	5	6	12	25	80
382	Frank Thomas	5	5	5	5	5	20	40	120
383	Frisco First Liners	5	5	5	5	8	25	80	
384	Chuck Essegian	5	5	5	5	5	10	20	80
385	Jim Perry	5	5	5	5	5	10	25	50
386	Joe Hicks	5	5	5	5	5	10	20	100
387	Duke Maas	5	5	5	5	6	12	25	100
388	Roberto Clemente	60	100	120	200	250	500	1,000	1,500
389	Ralph Terry	5	5	5	6	15	40	150	
390	Del Crandall	5	5	5	5	5	10	50	80
391	Winston Brown RC	5	5	5	5	5	10	20	80
392	Reno Bertoia	5	5	5	5	5	10	20	80
393	Batter Bafflers	5	5	5	5	6	12	25	120
394	Ken Walters	5	5	5	5	5	10	60	
395	Chuck Estrada	5	6	10	15	25	40	60	
396	Bob Aspromonte	5	5	5	5	6	12	40	80
397	Hal Woodeshick	5	5	5	5	5	10	20	80
398	Hank Bauer	5	5	5	5	6	12	40	
399	Cliff Cook RC	5	5	5	5	5	10	20	80
400	Vern Law	5	5	5	5	6	12	40	150
401	Babe Ruth 60th HR	60	80	100	120	150	250	500	800
402	Don Larsen Perfect SP	10	15	25	40	60	100	150	200
403	26 Inning Tire	5	6	10	15	25	40	60	250
404	Rogers Hornsby .424	5	8	12	20	30	50	80	250
405	Lou Gehrig Streak	25	30	40	50	60	120	▲200	▲800
406	Mickey Mantle 565 HR	50	60	80	100	120	200	400	1,000
407	Jack Chesbro Wins 41	5	5	6	10	15	25	40	200
408	Christy Mathewson K's SP	6	8	12	20	30	50	120	
409	Walter Johnson Shutout	6	10	15	25	40	60	150	
410	Harvey Haddix 12 Perfect	5	6	10	15	25	30	50	80
411	Tony Taylor	5	5	5	8	12	20	30	80
412	Larry Sherry	5	5	5	5	5	10	25	100
413	Eddie Yost	5	5	6	10	15	25	40	100
414	Dick Donovan	5	5	5	8	12	20	30	80
415	Hank Aaron	▲80	▲120	▲200	▲300	▲500	▲800	2,000	4,000
416	Dick Howser RC	5	6	10	15	25	40	100	200
417	Juan Marichal SP RC	100	120	200	250	300	▲500	1,000	4,000
418	Ed Bailey	5	5	5	5	5	10	20	60
419	Tom Borland	5	5	5	5	6	12	40	
420	Ernie Broglio	5	5	5	5	5	10	20	80
421	Ty Cline SP RC	5	5	6	10	15	25	40	120
422	Bud Daley	5	5	5	5	5	10	20	400
423	Charlie Neal SP	5	8	12	20	30	50	100	400
424	Turk Lown	5	5	5	5	5	12	25	
425	Yogi Berra	30	50	80	120	200	300	600	2,000
426	Milwaukee Braves TC UER 463	5	5	5	5	8	15	40	150
427	Dick Ellsworth	5	5	5	5	5	10	25	80
428	Ray Barker SP RC	5	5	8	12	20	30	60	120
429	Al Kaline	6	10	15	25	40	80	200	
430	Bill Mazeroski SP	▲10	▲15	▲25	▲40	▲60	▲100	▲150	500
431	Chuck Stobbs	5	5	5	5	5	10	30	100
432	Coot Veal	5	5	5	5	5	10	50	80
433	Art Mahaffey	5	5	5	5	5	10	20	80

#	Player	GD 2	VG 3	VgEx 4	EX 5	ExMt 6	NM 7	NmMt 8	MT 9
434	Tom Brewer	5	5	5	5	5	10	20	80
435	Orlando Cepeda	20	25	30	40	50	80	120	
436	Jim Maloney SP RC	5	5	5	8	12	50	100	250
437A	Checklist 6 440 is Louis	5	5	5	5	6	12	60	100
437B	Checklist 6 440 is Luis	5	5	5	5	6	12	25	150
438	Curt Flood	▲8	▲12	▲20	▲30	▲50	▲80	▲200	
439	Phil Regan RC	5	5	5	5	8	15	30	100
440	Luis Aparicio	5	5	6	10	20	30	60	120
441	Dick Bertell RC	5	5	5	5	5	10	20	60
442	Gordon Jones	5	5	5	5	5	10	20	100
443	Duke Snider	25	30	40	50	60	100	200	500
444	Joe Nuxhall	5	5	5	5	6	12	25	80
445	Frank Malzone	5	5	5	5	6	10	50	200
446	Bob Taylor	5	5	5	5	8	20	50	
447	Harry Bright	5	5	5	5	5	12	20	
448	Del Rice	5	5	5	8	12	20	30	200
449	Bob Bolin RC	5	5	6	10	15	25	40	80
450	Jim Lemon	5	5	6	10	15	25	40	120
451	Power for Ernie	5	5	5	5	8	15	30	100
452	Bob Allen RC	5	5	5	5	12	20	30	80
453	Dick Schofield	5	5	6	10	15	25	40	80
454	Pumpsie Green	5	5	5	5	6	12	30	80
455	Early Wynn	5	▲8	▲12	▲20	▲30	▲50	▲80	300
456	Hal Bevan	5	5	5	5	6	12	25	100
457	Johnny James	5	5	5	5	8	15	40	150
458	Willie Tasby	5	5	5	5	6	10	20	60
459	Terry Fox RC	5	5	8	12	20	30	50	120
460	Gil Hodges	▲10	▲15	▲25	30	50	80	120	500
461	Smoky Burgess	5	5	5	5	8	15	50	250
462	Lou Klimchock	5	5	5	5	6	12	40	80
463	Jack Fisher	5	5	6	8	10	25	120	250
464	Lee Thomas RC	5	5	5	5	6	12	60	120
465	Roy McMillan	5	5	5	5	6	12	30	100
466	Ron Moeller RC	5	5	5	5	6	12	25	80
467	Cleveland Indians TC	5	5	5	5	8	20	40	150
468	John Callison	5	5	8	12	20	30	80	250
469	Ralph Lumenti	5	5	5	8	12	20	30	150
470	Roy Sievers	5	5	5	5	12	15	50	
471	Phil Rizzuto MVP	25	30	40	50	60	120	300	
472	Yogi Berra MVP SP	20	30	50	80	120	200	300	1,500
473	Bob Shantz MVP	5	5	5	8	12	30		
474	Al Rosen MVP	5	6	10	15	25	40	60	250
475	Mickey Mantle MVP	▲150	▲200	▲300	▲400	500	800	1,200	3,000
476	Jackie Jensen MVP	5	5	5	5	10	20	50	100
477	Nellie Fox MVP	5	▲6	▲10	▲15	▲25	▼40	60	300
478	Roger Maris MVP	20	30	50	80	120	200	300	2,500
479	Jim Konstanty MVP	5	6	10	15	25	40	120	
480	Roy Campanella MVP	12	20	30	50	80	120	250	800
481	Hank Sauer MVP	5	5	6	10	15	25	40	120
482	Willie Mays MVP	40	60	100	150	250	300	500	4,000
483	Don Newcombe MVP	5	6	10	15	25	40	60	500
484	Hank Aaron MVP	25	40	60	100	120	200	600	1,200
485	Ernie Banks MVP	▲12	▲20	▲30	▲50	▲80	▲120	▲400	1,000
486	Dick Groat MVP	5	5	5	8	12	20	50	300
487	Gene Oliver	5	5	6	10	15	25	40	100
488	Joe McClain RC	5	5	5	6	10	15	50	100
489	Walt Dropo	5	5	8	12	20	30	80	
490	Jim Bunning	5	8	12	20	30	50	80	300
491	Philadelphia Phillies TC	5	5	5	5	5	20	40	250
492A	Ron Fairly White	5	5	5	5	8	15	60	
493	Don Zimmer	5	5	6	10	15	25	40	60	150
494	Tom Cheney	5	5	5	6	10	20	50	200
495	Elston Howard	6	10	15	25	40	60	100	250
496	Ken MacKenzie	5	5	5	5	6	12	30	100
497	Willie Jones	5	5	5	5	6	12	40	80
498	Ray Herbert	5	5	6	10	15	25	50	100
499	Chuck Schilling RC	5	5	5	5	10	12	25	200

#	Player	GD 2	VG 3	VgEx 4	EX 5	ExMt 6	NM 7	NmMt 8	MT 9
500	Harvey Kuenn	5	5	6	10	15	25	80	
501	John DeMerit RC	5	5	8	12	20	30	100	250
502	Choo Choo Coleman RC	5	5	5	5	6	12	30	100
503	Tito Francona	5	5	5	5	6	12	30	100
504	Billy Consolo	5	5	5	8	12	20	30	60
505	Red Schoendienst	8	12	20	30	50	80	120	400
506	Willie Davis RC	5	8	12	20	30	60	150	
507	Pete Burnside	5	5	5	5	8	12	20	60
508	Rocky Bridges	5	5	5	6	10	15	25	80
509	Camilo Carreon	5	5	5	5	6	12	40	
510	Art Ditmar	5	5	5	5	8	15	40	80
511	Joe M. Morgan	5	5	5	5	6	15	60	150
512	Bob Will	5	5	5	5	6	12	30	100
513	Jim Brosnan	5	5	5	5	6	12	25	80
514	Jake Wood RC	5	5	6	10	15	25	40	80
515	Jackie Brandt	5	5	5	8	12	20	40	600
516A	Checklist 7	5	5	5	5	8	15	100	
517	Willie McCovey	30	40	50	60	80	150	400	2,500
518	Andy Carey	5	5	5	5	6	12	25	80
519	Jim Pagliaroni RC	5	5	5	5	6	12	30	100
520	Joe Cunningham	5	5	5	8	12	20	120	
521	Brother Battery	5	5	8	12	20	30	50	80
522	Dick Farrell	5	5	8	12	20	30	50	100
523	Joe Gibbon	5	6	10	15	40	120	400	
524	Johnny Logan	5	6	10	15	40	50	80	300
525	Ron Perranoski RC	6	10	15	25	40	60	150	300
526	R.C. Stevens	6	10	15	25	40	60	100	
527	Gene Leek RC	5	8	12	20	30	50	80	500
528	Pedro Ramos	5	6	8	12	20	60	120	
529	Bob Roselli	5	6	10	15	25	40	60	120
530	Bob Malkmus	5	6	10	15	25	40	120	
531	Jim Coates	12	20	30	50	80	100	200	
532	Bob Hale	5	5	6	10	15	40	50	150
533	Jack Curtis RC	6	10	15	25	40	60	120	
534	Eddie Kasko	10	15	25	40	60	100	150	600
535	Larry Jackson	5	8	12	20	30	50	60	
536	Bill Tuttle	5	8	12	20	30	50	100	200
537	Bobby Locke	6	10	15	25	40	60	100	150
538	Chuck Hiller RC	6	10	15	25	40	60	100	250
539	Johnny Klippstein	5	5	8	12	25	40	60	200
540	Jackie Jensen	5	6	8	12	25	30	80	200
541	Rollie Sheldon RC	12	20	30	50	80	100	200	
542	Minnesota Twins TC	10	15	25	40	60	100	250	800
543	Roger Craig	8	12	20	30	50	80	120	250
544	George Thomas RC	10	15	25	40	60	100	150	500
545	Hoyt Wilhelm	12	20	30	50	80	150	250	600
546	Marty Kutyna	5	5	8	12	25	50	▲150	
547	Leon Wagner	8	12	20	30	50	80	120	300
548	Ted Wills	5	6	10	15	25	50	120	
549	Hal R. Smith	5	5	6	10	15	40	60	100
550	Frank Baumann	5	5	8	12	20	30	50	150
551	George Altman	8	12	20	30	50	80	120	300
552	Jim Archer RC	5	6	10	15	25	40	80	
553	Bill Fischer	8	12	20	30	50	80	120	
554	Pittsburgh Pirates TC	15	25	40	60	100	150	400	
555	Sam Jones	5	6	10	15	25	80	120	250
556	Ken R. Hunt RC	6	10	15	25	40	60	120	250
557	Jose Valdivielso	5	5	8	12	25	50	80	150
558	Don Ferrarese	6	10	15	25	40	60	100	200
559	Jim Gentile	15	25	40	60	100	150	500	
560	Barry Latman	5	6	10	15	25	40	120	250
561	Charley James	6	10	15	25	40	60	100	300
562	Bill Monbouquette	5	6		15	25	40	100	
563	Bob Cerv	25	40	60	100	150	250	600	
564	Don Cardwell	5	5	8	12	20	50	80	
565	Felipe Alou	▲12	▲20	▲30	▲50	▲80	120	200	400
566	Paul Richards AS MG	5	▲8	▲12	▲20	▲30	50	▲80	▲200

#	Player	GD 2	VG 3	VgEx 4	EX 5	ExMt 6	NM 7	NmMt 8	MT 9
567	Danny Murtaugh AS MG	5	▲8	▲12	▲20	▲30	▲50	▼80	▼200
568	Bill Skowron AS	5	5	8	12	30	60	80	150
569	Frank Herrera AS	5	5	8	12	25	30	100	250
570	Nellie Fox AS	▲6	▲10	▲15	▲25	40	60	▲100	▲250
571	Bill Mazeroski AS	▲6	▲10	▲15	▼25	▼40	60	▼100	▼250
572	Brooks Robinson AS	▲15	▲25	▲40	▲60	▲100	▲150	250	400
573	Ken Boyer AS	▲10	▲15	▲25	▲40	▲60	▲100	▲150	▲400
574	Luis Aparicio AS	6	▲10	▲15	▲25	▲40	60	▲100	▲250
575	Ernie Banks AS	▲25	▲40	▲60	▲100	▲150	▲250	▲400	▲1,000
576	Roger Maris AS	25	▲40	60	▲100	▲150	▲250	▼400	1,000
577	Hank Aaron AS	▲40	▲60	▲100	▲150	▲250	▲400	▲600	▲1,500
578	Mickey Mantle AS	▲400	▲500	▲600	▲800	▲1,000	▲1,500	▲2,000	▲5,000
579	Willie Mays AS	▲40	▲60	▲100	▲150	▲250	▲400	▼600	▲1,500
580	Al Kaline AS	▲15	▲25	▲40	▲60	▲100	▲150	▼250	▲600
581	Frank Robinson AS	▼15	▼25	40	▲60	▲100	▲150	▲250	▲600
582	Earl Battey AS	5	8	12	20	30	50	80	120
583	Del Crandall AS	5	5	8	12	20	40	100	200
584	Jim Perry AS	5	5	8	12	25	40	80	200
585	Bob Friend AS	5	6	8	12	25	40	80	200
586	Whitey Ford AS	▲15	▲25	▲40	▲60	▲100	▲150	▲250	▲600
589	Warren Spahn AS	▲10	▲15	▲25	40	▼60	100	▲250	▲600

1962 Topps

#	Player	GD 2	VG 3	VgEx 4	EX 5	ExMt 6	NM 7	NmMt 8	MT 9
1	Roger Maris	50	60	100	120	250	800	5,000	
2	Jim Brosnan	5	5	5	8	15	30	100	
3	Pete Runnels	5	5	6	10	15	25	500	
4	John DeMerit	5	5	8	12	20	30	120	
5	Sandy Koufax	50	80	120	200	300	800	3,000	
6	Marv Breeding	5	5	5	5	6	25	400	
7	Frank Thomas	5	5	8	12	20	30	200	
8	Ray Herbert	5	5	5	5	6	20	60	
9	Jim Davenport	5	6	10	15	25	40	80	
10	Roberto Clemente	100	120	150	200	300	800	3,000	8,000
11	Tom Morgan	5	5	5	5	6	12	25	
12	Harry Craft MG	5	5	5	5	6	15	80	
13	Dick Howser	5	5	5	5	6	12	30	
14	Bill White	5	5	5	5	8	15	120	
15	Dick Donovan	5	5	5	5	6	12	25	
16	Darrell Johnson	5	5	5	5	6	12	25	
17	Johnny Callison	5	5	8	12	20	30	250	
18	Managers Dream	50	60	100	120	150	400	1,200	
19	Ray Washburn RC	5	5	5	5	6	12	25	
20	Rocky Colavito	5	6	10	15	25	40	80	
21	Jim Kaat	6	10	15	25	40	60	150	1,000
22A	Checklist 1 ERR 121-176	5	5	5	5	6	12	25	150
22B	Checklist 1 COR 33-88	5	5	5	8	12	25	100	
23	Norm Larker	5	5	5	5	6	12	30	80
24	Detroit Tigers TC	5	5	5	5	8	15	30	300
25	Ernie Banks	40	50	60	80	120	300	600	6,000
26	Chris Cannizzaro	8	12	25	5	6	25	50	
27	Chuck Cottier	5	5	5	5	6	12	25	
28	Minnie Minoso	8	12	20	30	50	150	400	
29	Casey Stengel MG	8	12	20	30	50	80	150	
30	Eddie Mathews	30	40	50	60	80	150	600	
31	Tom Tresh RC	6	10	15	25	40	60	100	400
32	John Roseboro	5	5	5	5	8	15	80	
33	Don Larsen	5	5	5	8	12	20	30	▲80	200
34	Johnny Temple	5	5	5	5	6	12	40	200
35	Don Schwall RC	5	5	5	5	8	20	60	400
36	Don Leppert RC	5	5	5	5	6	12	30	
37	Tribe Hill Trio	5	5	5	5	8	15	30	
38	Gene Stephens	5	5	5	5	6	12	80	
39	Joe Koppe	5	5	5	5	6	12	25	200
40	Orlando Cepeda	5	5	8	12	25	100	300	
41	Cliff Cook	5	5	5	5	6	12	30	

#	Card	GD 2	VG 3	VgEx 4	EX 5	ExMt 6	NM 7	NmMt 8	MT 9
42	Jim King	5	5	5	5	6	12	40	
43	Los Angeles Dodgers TC	5	5	5	6	10	20	40	325
44	Don Taussig RC	5	5	5	5	6	12	25	250
45	Brooks Robinson	8	15	20	30	50	80	300	
46	Jack Baldschun RC	5	5	5	6	8	15	50	
47	Bob Will	5	5	5	5	6	12	25	
48	Ralph Terry	5	6	10	15	25	40	120	
49	Hal Jones RC	5	5	5	5	6	12	25	
50	Stan Musial	20	30	40	60	80	120	250	2,000
51	AL Batting Leaders	5	5	5	5	8	20	60	
52	NL Batting Leaders	8	12	15	20	25	50	120	500
53	AL Home Run Leaders	10	30	40	60	80	120	400	800
54	NL Home Run Leaders	5	5	6	20	25	40	80	600
55	AL ERA Leaders	5	5	5	5	8	15	30	200
56	NL ERA Leaders	5	5	5	5	8	15	40	300
57	AL Win Leaders	5	5	6	10	15	25	50	300
58	NL Win Leaders	5	5	5	6	10	25	80	
59	AL Strikeout Leaders	5	5	5	5	8	20	30	250
60	NL Strikeout Leaders	5	5	5	8	30	40	100	600
61	St. Louis Cardinals TC	5	5	5	5	8	15	40	250
62	Steve Boros	5	5	5	5	6	12	25	
63	Tony Cloninger RC	5	5	8	12	20	30	50	400
64	Russ Snyder	5	5	5	5	6	12	50	250
65	Bobby Richardson	6	10	15	25	40	60	150	
66	Cuno Barragan RC	5	5	5	5	6	12	25	150
67	Harvey Haddix	5	5	6	10	15	25	50	
68	Ken Hunt	5	5	5	5	6	12	30	
69	Phil Ortega RC	5	5	5	5	6	12	30	150
70	Harmon Killebrew	5	8	20	30	40	80	400	4,000
71	Dick LeMay RC	5	5	5	5	6	12	25	200
72	Bob's Pupils	5	5	5	5	6	12	30	300
73	Nellie Fox	6	10	15	25	40	80	300	500
74	Bob Lillis	5	5	6	10	15	25	40	
75	Milt Pappas	5	5	5	5	6	20	80	
76	Howie Bedell	5	5	5	5	6	12	25	
77	Tony Taylor	5	5	5	5	6	25	60	
78	Gene Green	5	5	5	8	12	20	50	150
79	Ed Hobaugh	5	5	5	5	6	12	25	200
80	Vada Pinson	6	10	15	25	40	60	100	250
81	Jim Pagliaroni	5	5	5	5	6	12	25	
82	Deron Johnson	5	5	6	10	15	25	40	200
83	Larry Jackson	5	5	5	5	6	12	40	
84	Lenny Green	5	5	5	5	6	20	100	
85	Gil Hodges	25	30	40	50	60	100	200	
86	Donn Clendenon RC	5	5	5	5	8	15	50	250
87	Mike Roarke	5	5	5	5	6	12	30	
88	Ralph Houk MG	5	5	5	5	8	15	60	
89	Barney Schultz RC	5	5	5	5	6	12	25	175
90	Jimmy Piersall	5	5	5	5	6	20	30	
91	J.C. Martin	5	5	5	5	6	12	200	
92	Sam Jones	5	5	5	5	6	25	40	
93	John Blanchard	5	5	5	5	8	50	500	
94	Jay Hook	5	5	5	8	12	20	30	250
95	Don Hoak	5	5	5	5	6	15	50	
96	Eli Grba	5	5	5	5	6	12	25	
97	Tito Francona	5	5	5	5	6	12	40	
98	Checklist 2	5	5	5	5	6	12	25	100
99	Boog Powell RC	15	25	40	60	80	▲120	▲300	
100	Warren Spahn	12	15	20	30	40	100	400	
101	Carroll Hardy	5	5	5	5	6	12	40	150
102	Al Schroll	5	5	5	5	6	12	30	
103	Don Blasingame	5	5	5	5	6	12	80	
104	Ted Savage RC	5	5	5	6	10	15	30	150
105	Don Mossi	5	5	5	5	6	15	50	
106	Carl Sawatski	5	5	5	6	10	15	30	150
107	Mike McCormick	5	5	5	5	6	20	30	
108	Willie Davis	5	5	5	5	8	20	40	
109	Bob Shaw	5	5	5	5	6	12	40	
110	Bill Skowron	5	5	5	6	10	40	200	500
111	Dallas Green	5	5	5	5	8	30	135	
112	Hank Foiles	5	5	5	5	6	12	30	
113	Chicago White Sox TC	5	5	5	5	8	15	50	200
114	Howie Koplitz RC	5	5	5	5	6	12	30	200
115	Bob Skinner	5	5	5	5	10	50	200	
116	Herb Score	5	5	5	5	8	40	10	
117	Gary Geiger	5	5	5	5	6	15	120	
118	Julian Javier	5	5	5	6	12	60	300	
119	Danny Murphy	5	5	5	5	6	12	30	200
120	Bob Purkey	5	5	5	5	6	25	200	
121	Billy Hitchcock MG	5	5	5	5	6	15	40	
122	Norm Bass RC	5	5	5	5	6	20	30	
123	Mike de la Hoz	5	5	5	5	6	12	40	
124	Bill Pleis RC	5	5	5	5	6	12	30	
125	Gene Woodling	5	5	5	5	6	12	30	
126	Al Cicotte	5	5	5	5	6	12	30	200
127	Pride of A's	5	5	5	5	8	15	40	200
128	Art Fowler	5	5	5	5	6	12	40	
129A	Lee Walls Face Right, Plain Jsy	5	5	5	5	6	15	80	
129B	Lee Walls Face Left, Striped Jsy	5	5	5	8	12	30	100	
130	Frank Bolling	5	5	5	5	6	30	250	
131	Pete Richert RC	5	5	5	5	6	10	40	
132A	Los Angeles Angels TC No Inset	5	5	5	5	8	15	40	
132B	Los Angeles Angels TC With Inset	5	5	6	10	15	25	60	
133	Felipe Alou	5	5	5	5	8	15	50	300
134A	Billy Hoeft Blue Sky	5	5	6	10	15	60		
135	Babe as a Boy	5	5	8	12	25	50	250	800
136	Babe Joins Yanks	5	5	6	10	30	50	100	
137	Babe with Mgr. Huggins	5	5	15	20	25	30	100	800
138	The Famous Slugger	5	5	6	10	40	50	120	800
139A1	Babe Hits 60 (Pole)	5	6	10	30	50	100		
139A2	Babe Hits 60 (No Pole)	5	6	10	30	50	80	1,000	
139B	Hal Reniff Portrait	5	5	5	8	15	50	250	
139C	Hal Reniff Pitching	6	10	15	25	40	100	400	
140	Gehrig and Ruth	5	8	12	40	50	80	250	800
141	Twilight Years	10	12	15	25	30	40	120	600
142	Coaching the Dodgers	5	5	8	15	40	50	120	800
143	Greatest Sports Hero	5	15	20	25	30	40	100	600
144	Farewell Speech	5	5	8	25	30	60	150	800
145	Barry Latman	5	5	5	5	8	15	30	150
146	Don Demeter	5	5	5	5	6	12	25	
147A	Bill Kunkel Portrait	5	5	5	8	12	20	100	
147B	Bill Kunkel Pitching	5	5	6	10	15	25	100	
148	Wally Post	5	5	5	5	12	20	60	400
149	Bob Duliba	5	5	5	5	6	12	25	200
150	Al Kaline	10	20	25	30	50	80	400	2,700
151	Johnny Klippstein	5	5	5	5	6	12	30	150
152	Mickey Vernon MG	5	5	5	6	10	15	30	150
153	Pumpsie Green	5	5	5	5	8	15	30	225
154	Lee Thomas	5	5	5	5	6	25	60	
155	Stu Miller	5	5	5	5	6	12	40	150
156	Merritt Ranew RC	5	5	6	8	12	20	40	150
157	Wes Covington	5	5	5	8	8	20	30	
158	Milwaukee Braves TC	5	5	5	5	8	15	30	200
159	Hal Reniff RC	5	5	5	5	12	40	200	
160	Dick Stuart	5	5	5	5	8	30	200	
161	Frank Baumann	5	5	5	5	6	25	30	
162	Sammy Drake RC	5	5	5	5	8	15	40	200
163	Hot Corner Guardians	5	5	5	8	12	20	80	300
164	Hal Naragon	5	5	5	5	6	12	25	150
165	Jackie Brandt	5	5	5	5	6	15	50	
166	Don Lee	5	5	5	5	6	12	50	400
167	Tim McCarver RC	10	15	25	40	60	120	200	600
168	Leo Posada	5	5	5	5	5	12	25	
169	Bob Cerv	5	5	5	6	10	40	120	300

#	Card	GD 2	VG 3	VgEx 4	EX 5	ExMt 6	NM 7	NmMt 8	MT 9
170	Ron Santo	5	5	15	25	30	60	200	900
171	Dave Sisler	5	5	5	5	8	15	40	
172	Fred Hutchinson MG	5	5	5	5	6	12	30	150
173	Chico Fernandez	5	5	5	5	6	12	100	
174A	Carl Willey w/o Cap	5	5	5	8	12	30	175	
174B	Carl Willey w/Cap	5	6	10	15	25	60	150	
175	Frank Howard	5	5	5	5	20	25	80	
176A	Eddie Yost Portrait	5	5	5	5	6	15	100	
176B	Eddie Yost Batting	5	5	8	12	20	40	150	
177	Bobby Shantz	5	5	5	5	8	15	40	
178	Camilo Carreon	5	5	5	5	6	12	40	
179	Tom Sturdivant	5	5	5	5	6	12	40	
180	Bob Allison	5	5	5	5	8	30	60	250
181	Paul Brown RC	5	5	5	5	6	12	25	100
182	Bob Nieman	5	5	5	5	6	15	150	
183	Roger Craig	5	5	5	5	8	15	30	200
184	Haywood Sullivan	5	5	5	5	6	12	40	150
185	Roland Sheldon	5	5	5	5	8	15	50	
186	Mack Jones RC	5	5	5	5	6	12	80	
187	Gene Conley	5	5	5	5	8	15	30	200
188	Chuck Hiller	5	5	5	6	10	15	25	200
189	Dick Hall	5	5	5	5	6	12	80	
190A	Wally Moon No Cap	5	5	5	5	8	30	200	
190B	Wally Moon w/Cap	5	5	6	10	15	50	250	
191	Jim Brewer	5	5	5	8	12	20	40	
192A	Checklist 3 192 No Comma	5	5	5	5	6	12	30	
192B	Checklist 3 192 with Comma	5	5	5	5	6	12	40	150
193	Eddie Kasko	5	5	5	5	6	12	30	
194	Dean Chance RC	5	5	5	6	10	50	200	
195	Joe Cunningham	5	5	5	5	6	12	50	
196	Terry Fox	5	5	5	5	6	15	120	
197	Daryl Spencer	5	5	5	5	6	15	100	300
198	Johnny Keane MG	5	5	5	5	6	12	30	
199	Gaylord Perry RC	50	60	100	120	250	400	1,500	
200	Mickey Mantle	250	400	600	1,000	1,500	2,500	8,000	150,000
201	Ike Delock	5	5	5	5	6	12	60	
202	Carl Warwick RC	5	5	5	5	6	12	25	150
203	Jack Fisher	5	5	5	5	6	12	25	
204	Johnny Weekly RC	5	5	8	12	20	30	50	200
205	Gene Freese	5	5	5	5	6	12	30	
206	Washington Senators TC	5	5	5	5	8	25	30	200
207	Pete Burnside	5	5	5	5	6	15	150	
208	Billy Martin	8	12	20	30	50	80	400	
209	Jim Fregosi RC	5	5	5	8	12	50	100	1,000
210	Roy Face	5	5	5	5	8	25	80	
211	Midway Masters	5	5	5	5	8	15	40	250
212	Jim Owens	5	5	5	5	6	12	30	
213	Richie Ashburn	8	12	20	30	50	80	200	500
214	Dom Zanni	5	5	5	5	6	15	40	
215	Woody Held	5	5	5	5	6	12	40	
216	Ron Kline	5	5	5	5	6	12	60	200
217	Walter Alston MG	5	6	10	15	25	40	▲100	
218	Joe Torre RC	30	50	80	120	200	400	1,200	
219	Al Downing RC	6	10	15	25	40	60	120	
220	Roy Sievers	5	5	5	5	6	20	30	
221	Bill Short	5	5	5	5	6	15	200	
222	Jerry Zimmerman	5	5	5	5	6	12	50	
223	Alex Grammas	5	5	5	5	6	12	50	
224	Don Rudolph	5	5	5	5	6	15	60	
225	Frank Malzone	5	5	5	5	8	15	100	
226	San Francisco Giants TC	5	5	5	5	8	15	50	300
227	Bob Tiefenauer	5	5	5	5	6	12	40	200
228	Dale Long	5	5	5	5	5	6	20	40
229	Jesus McFarlane RC	5	5	5	5	5	6	12	30
230	Camilo Pascual	5	5	5	5	6	15	100	
231	Ernie Bowman RC	5	5	5	5	6	20	30	
232	Yanks Win Opener WS1	5	5	5	6	10	30	100	300

#	Card	GD 2	VG 3	VgEx 4	EX 5	ExMt 6	NM 7	NmMt 8	MT 9
233	Joey Jay WS2	5	8	12	20	30	150	300	
234	Roger Maris WS3	12	20	30	50	80	120	250	600
235	Whitey Ford WS4	6	10	15	25	40	60	120	
236	Yanks Crush Reds WS5	5	5	5	10	15	50	150	
237	Yanks Celebrate WS	5	8	12	20	30	60	100	400
238	Norm Sherry	5	5	5	5	6	12	25	
239	Cecil Butler RC	5	5	5	5	6	12	50	
240	George Altman	5	5	5	5	6	12	40	
241	Johnny Kucks	5	5	5	5	6	12	40	
242	Mel McGaha MG RC	5	5	5	5	6	12	30	
243	Robin Roberts	6	10	15	25	40	60	100	900
244	Don Gile	5	5	5	5	6	12	25	200
245	Ron Hansen	5	5	5	5	6	12	25	150
246	Art Ditmar	5	5	5	5	6	12	30	
247	Joe Pignatano	5	5	5	5	8	15	30	200
248	Bob Aspromonte	5	5	5	5	6	12	40	200
249	Ed Keegan	5	5	5	5	6	12	30	
250	Norm Cash	5	5	5	6	10	25	60	
251	New York Yankees TC	12	20	30	50	80	120	300	800
252	Earl Francis	5	5	5	5	6	12	60	200
253	Harry Chiti CO	5	5	5	5	6	12	25	
254	Gordon Windhorn RC	5	5	5	5	6	12	50	250
255	Juan Pizarro	5	5	5	5	6	10	30	
256	Elio Chacon	5	5	5	5	6	15	60	
257	Jack Spring RC	5	5	5	5	6	12	40	200
258	Marty Keough	5	5	5	5	6	10	25	150
259	Lou Klimchock	5	5	5	5	6	12	60	150
260	Billy Pierce	5	5	5	5	6	12	40	
261	George Alusik RC	5	5	5	5	6	20	30	
262	Bob Schmidt	5	5	5	5	6	12	25	150
263	The Right Pitch	5	5	5	5	6	12	40	200
264	Dick Ellsworth	5	5	5	5	6	10	40	
265	Joe Adcock	6	10	15	25	40	60	300	
266	John Anderson RC	5	5	5	5	6	20	80	150
267	Dan Dobbek	5	5	5	5	6	20	30	
268	Ken McBride	5	5	5	5	6	20	30	
269	Bob Oldis	5	5	5	5	6	12	25	200
270	Dick Groat	5	8	12	20	30	50	80	250
271	Ray Rippelmeyer	5	5	5	5	6	12	30	
272	Earl Robinson	5	5	5	5	6	12	50	
273	Gary Bell	5	5	5	5	6	12	40	
274	Sammy Taylor	5	5	5	5	6	12	40	
275	Norm Siebern	5	5	5	5	6	12	40	250
276	Hal Kolstad RC	5	5	5	5	6	12	25	200
277	Checklist 4	5	5	8	12	20	30	40	
278	Ken Johnson	5	5	5	5	6	12	50	
279	Hobie Landrith	5	5	5	5	6	12	25	
280	Johnny Podres	5	5	5	5	6	20	80	
281	Jake Gibbs RC	5	▲6	▲10	▲15	▲25	▲40	▲100	
282	Dave Hillman	5	5	5	5	6	12	25	200
283	Charlie Smith RC	5	5	5	5	8	15	30	
284	Ruben Amaro	5	5	5	5	6	20	250	
285	Curt Simmons	5	5	5	5	8	30	200	
286	Al Lopez MG	5	5	5	5	8	25	50	250
287	George Witt	5	5	8	12	20	150		
288	Billy Williams	20	30	50	80	120	250	2,000	
289	Mike Krsnich RC	5	5	5	6	8	15	50	
290	Jim Gentile	5	5	5	5	8	30	300	
291	Hal Stowe RC	5	5	5	5	8	12	50	200
292	Jerry Kindall	5	5	5	5	6	12	40	250
293	Bob Miller	5	5	6	10	15	25	150	
294	Philadelphia Phillies TC	5	5	6	10	15	25	30	
295	Vern Law	5	5	5	5	8	50	400	
296	Ken Hamlin	5	5	5	5	6	15	80	
297	Ron Perranoski	5	5	5	5	6	25	200	
298	Bill Tuttle	5	5	5	5	8	30	300	
299	Don Wert RC	5	5	5	5	8	80	300	

#	Player	GD 2	VG 3	VgEx 4	EX 5	ExMt 6	NM 7	NmMt 8	MT 9
300	Willie Mays	120	200	300	500	800	1,500	2,500	8,000
301	Galen Cisco RC	5	5	5	5	8	25	400	
302	Johnny Edwards RC	5	5	5	5	6	15	60	
303	Frank Torre	5	5	5	5	6	25	50	
304	Dick Farrell	5	5	5	5	6	25	40	
305	Jerry Lumpe	5	5	5	5	6	12	80	
306	Redbird Rippers	5	5	5	5	6	15	80	
307	Jim Grant	5	5	5	5	6	25	120	
308	Neil Chrisley	5	5	5	5	6	15	80	300
309	Moe Morhardt RC	5	5	5	5	6	15	60	
310	Whitey Ford	15	25	30	40	50	100	400	1,800
311	Tony Kubek IA	5	5	5	8	20	50	150	
312	Warren Spahn IA	5	5	5	8	20	50	100	
313	Roger Maris IA	▲20	▲30	▲50	▲80	▲120	▲200	▲400	
314	Rocky Colavito IA	6	10	15	25	40	60	150	
315	Whitey Ford IA	6	10	15	25	40	60	100	500
316	Harmon Killebrew IA	8	12	20	30	50	80	200	
317	Stan Musial IA	12	20	30	50	80	250	400	800
318	Mickey Mantle IA	40	60	▲100	▲150	▲250	600	1,200	20,000
319	Mike McCormick IA	5	5	5	5	6	12	50	
320	Hank Aaron	60	100	150	250	400	600	2,500	10,000
321	Lee Stange RC	5	5	5	5	8	15	40	
322	Alvin Dark MG	5	5	5	5	6	15	150	
323	Don Landrum	5	5	5	5	8	60		
324	Joe McClain	5	5	5	5	6	15	80	
325	Luis Aparicio	5	5	5	8	25	40	400	
326	Tom Parsons RC	5	5	5	5	8	15	80	
327	Ozzie Virgil	5	5	5	5	10	15	40	
328	Ken Walters	5	5	5	5	6	12	50	200
329	Bob Bolin	5	5	5	5	6	15	300	
330	John Romano	5	5	5	5	6	25	60	
331	Moe Drabowsky	5	5	5	5	6	15	100	400
332	Don Buddin	5	5	5	5	6	15	80	
333	Frank Cipriani RC	5	5	5	5	6	12	30	
334	Boston Red Sox TC	5	5	5	8	20	30	60	
335	Bill Bruton	5	5	5	5	8	25	60	
336	Billy Muffett	5	5	5	5	6	30	120	
337	Jim Marshall	5	5	5	5	6	40	300	
338	Billy Gardner	5	5	5	5	6	15	60	250
339	Jose Valdivielso	5	5	5	5	6	12	60	200
340	Don Drysdale	10	15	25	30	40	120	500	1,000
341	Mike Hershberger RC	5	5	5	5	6	15	30	250
342	Ed Rakow	5	5	5	5	6	12	60	
343	Albie Pearson	5	5	5	5	8	25	200	
344	Ed Bauta RC	5	5	5	5	6	15	60	
345	Chuck Schilling	5	5	5	5	6	15	50	300
346	Jack Kralick	5	5	5	5	6	12	25	
347	Chuck Hinton RC	5	5	5	5	6	12	30	
348	Larry Burright RC	5	5	5	5	6	15	120	
349	Paul Foytack	5	5	5	8	12	100		
350	Frank Robinson	6	10	20	40	80	300	3,000	
351	Braves Backstops	5	5	5	5	6	30	100	
352	Frank Sullivan	5	5	5	5	6	30	150	
353	Bill Mazeroski	5	5	8	25	40	50	400	
354	Roman Mejias	5	5	5	5	6	12	40	150
355	Steve Barber	5	5	5	5	6	15	100	
356	Tom Haller RC	5	5	5	5	6	15	150	
357	Jerry Walker	5	5	5	5	6	12	30	
358	Tommy Davis	5	6	10	15	25	40	60	200
359	Bobby Locke	5	5	5	5	6	50	250	
360	Yogi Berra	25	40	60	100	150	250	400	10,000
361	Bob Hendley	5	5	5	5	6	15	150	
362	Ty Cline	5	5	5	5	6	15	60	
363	Bob Roselli	5	5	5	5	6	15	40	
364	Ken Hunt	5	5	5	5	6	12	40	
365	Charlie Neal	5	5	5	5	6	40	250	
366	Phil Regan	5	5	5	5	6	12	40	
367	Checklist 5	5	5	5	5	6	25	60	300
368	Bob Tillman RC	5	5	5	5	6	12	25	
369	Ted Bowsfield	5	5	6	10	15	25	40	
370	Ken Boyer	5	6	10	15	25	50	200	
371	Earl Battey	5	5	8	12	20	30	100	
372	Jack Curtis	5	5	5	5	6	12	25	200
373	Al Heist	5	5	5	5	6	12	30	325
374	Gene Mauch MG	5	6	10	15	25	40	60	200
375	Ron Fairly	5	5	5	5	8	25	30	300
376	Bud Daley	5	5	5	5	8	12	40	
377	John Orsino RC	5	5	5	5	6	12	25	
378	Bennie Daniels	5	5	5	5	6	12	50	
379	Chuck Essegian	5	5	5	5	6	12	60	250
380	Lew Burdette	5	5	5	5	8	20	80	200
381	Chico Cardenas	5	5	5	5	6	12	40	
382	Dick Williams	5	5	5	5	6	25	40	
383	Ray Sadecki	5	5	5	5	8	15	30	
384	Kansas City Athletics TC	5	5	5	8	12	20	40	250
385	Early Wynn	6	10	15	25	40	60	100	500
386	Don Mincher	5	5	8	12	20	30	100	
387	Lou Brock RC	120	150	200	300	500	1,200	4,000	15,000
388	Ryne Duren	5	5	5	5	8	15	150	
389	Smoky Burgess	5	▲8	▲12	▲20	▲30	▲50	120	
390	Orlando Cepeda AS	▲6	▲10	▲15	▲25	▲40	▲60	▲150	
391	Bill Mazeroski AS	5	▲8	▲12	▲20	▲30	▲50	▲80	200
392	Ken Boyer AS	5	▲8	▲12	▲20	▲30	▲50	120	
393	Roy McMillan AS	5	5	5	5	6	12	40	
394	Hank Aaron AS	▲20	▲30	▲50	▲80	▲120	▲200	▲500	
395	Willie Mays AS	▲25	▲40	▲60	▲100	▲150	▲250	▲400	▲1,000
396	Frank Robinson AS	▲8	▲12	▲20	▲30	▲50	▲80	▲120	1,200
397	John Roseboro AS	5	5	5	5	8	12	50	
398	Don Drysdale AS	5	▲8	▲12	▲20	▲30	▲50	▲80	300
399	Warren Spahn AS	▲6	▲10	▲15	▲25	▲40	▲60	▲100	300
400	Elston Howard	▲8	▲12	▲20	▲30	▲50	80	▲200	
401	AL and NL Homer Kings	20	30	50	80	120	200	400	1,000
402	Gino Cimoli	5	5	5	5	6	25	60	
403	Chet Nichols	5	5	5	5	6	12	25	150
404	Tim Harkness RC	5	5	5	5	6	12	30	250
405	Jim Perry	5	5	5	5	6	15	100	
406	Bob Taylor	5	5	5	5	6	12	40	200
407	Hank Aguirre	5	5	5	5	6	12	30	
408	Gus Bell	5	5	5	5	6	40	80	
409	Pittsburgh Pirates TC	5	5	5	5	8	15	30	300
410	Al Smith	5	5	5	5	6	12	40	
411	Danny O'Connell	5	5	6	10	15	25	50	200
412	Charlie James	5	5	5	5	6	12	50	
413	Matty Alou	5	5	6	10	15	25	80	
414	Joe Gaines RC	5	5	5	5	6	12	50	150
415	Bill Virdon	5	5	8	12	20	30	100	
416	Bob Scheffing MG	5	5	5	5	6	12	30	200
417	Joe Azcue RC	5	5	5	5	6	12	40	
418	Andy Carey	5	5	8	12	20	30	50	
419	Bob Bruce	5	5	5	5	6	12	25	
420	Gus Triandos	5	5	5	5	6	15	120	
421	Ken MacKenzie	5	5	5	5	6	12	25	
422	Steve Bilko	5	5	6	10	15	25	40	200
423	Rival League Relief Aces	6	10	15	25	40	60	150	
424	Al McBean RC	5	5	5	8	12	20	30	300
425	Carl Yastrzemski	40	60	100	150	200	500	1,200	6,000
426	Bob Farley RC	5	5	6	10	15	25	40	60	200
427	Jake Wood	5	5	5	5	6	12	60	200
428	Joe Hicks	5	5	5	5	6	12	80	
429	Billy O'Dell	5	5	5	5	6	15	40	
430	Tony Kubek	5	6	10	15	20	60	250	
431	Bob Rodgers RC	5	5	5	5	6	25	40	200
432	Jim Pendleton	5	5	5	5	6	12	40	
433	Jim Archer	5	5	5	5	6	12	25	

		GD 2	VG 3	VgEx 4	EX 5	ExMt 6	NM 7	NmMt 8	MT 9
434	Clay Dalrymple	5	5	5	5	6	15	80	
435	Larry Sherry	5	5	5	5	8	30	250	
436	Felix Mantilla	5	5	5	5	6	20	25	
437	Ray Moore	5	5	5	5	6	12	80	250
438	Dick Brown	5	5	5	5	6	12	25	250
439	Jerry Buchek RC	5	5	5	5	6	20	30	150
440	Joey Jay	5	5	5	5	6	12	25	250
441	Checklist 6	5	5	5	5	15	30	300	
442	Wes Stock	5	5	5	5	6	12	25	
443	Del Crandall	5	5	5	5	8	15	60	200
444	Ted Wills	5	5	5	5	6	12	40	
445	Vic Power	5	5	5	5	8	25	80	
446	Don Elston	5	5	5	5	6	12	25	200
447	Willie Kirkland	5	5	5	8	12	20	▲80	
448	Joe Gibbon	5	5	5	8	12	20	50	
449	Jerry Adair	5	5	5	5	8	15	50	300
450	Jim O'Toole	5	5	5	5	8	25	60	
451	Jose Tartabull RC	5	5	5	5	15	20	30	350
452	Earl Averill Jr.	5	5	5	5	8	20	80	
453	Cal McLish	5	5	5	5	8	25	80	
454	Floyd Robinson RC	5	6	10	15	25	40	120	
455	Luis Arroyo	5	5	5	5	20	50	100	
456	Joe Amalfitano	5	5	5	5	8	15	▲60	
457	Lou Clinton	5	5	5	5	8	15	30	200
458A	Bob Buhl M on Cap	5	5	5	5	8	30	150	
458B	Bob Buhl Plain Cap	5	6	10	15	25	40	120	
459	Ed Bailey	5	5	5	5	10	25	120	200
460	Jim Bunning	5	6	8	12	20	60	100	
461	Ken Hubbs RC	▲6	▲10	▲15	▲25	▲40	▲60	200	600
462A	Willie Tasby W on Cap	5	5	5	5	8	30	150	
462B	Willie Tasby Plain Cap	5	6	10	15	25	40	80	250
463	Hank Bauer MG	5	5	5	6	10	20	25	200
464	Al Jackson RC	5	5	6	10	15	▲120	500	
465	Cincinnati Reds TC	5	6	10	15	25	40	60	300
466	Norm Cash AS	5	▲8	▲12	▲20	▲30	▲50	120	
467	Chuck Schilling AS	5	5	5	5	8	30	40	250
468	Brooks Robinson AS	▲8	▲12	▲20	▲30	▲50	▲80	▲120	400
469	Luis Aparicio AS	5	▲8	▲12	▲20	▲30	▲50	▲80	300
470	Al Kaline AS	▲10	▲15	▲25	▲40	▲60	▲100	300	
471	Mickey Mantle AS	80	120	200	300	500	1,000	1,500	25,000
472	Rocky Colavito AS	5	▲8	▲12	▲20	▲30	▲50	▲80	400
473	Elston Howard AS	5	▲8	▲12	▲20	▲30	▲50	80	300
474	Frank Lary AS	5	5	6	10	15	25	120	300
475	Whitey Ford AS	▲8	▲12	▲20	▲30	▲50	▲80	▲200	
476	Baltimore Orioles TC	5	6	10	15	25	40	60	300
477	Andre Rodgers	5	5	5	▲8	▲12	▲20	60	
478	Don Zimmer	6	10	15	25	40	60	100	300
479	Joel Horlen RC	5	5	6	10	15	25	▲60	
480	Harvey Kuenn	5	5	6	10	15	25	60	150
481	Vic Wertz	5	5	6	10	15	25	60	200
482	Sam Mele MG	5	5	5	▲6	▲10	15	▲50	150
483	Don McMahon	5	5	5	5	8	15	60	
484	Dick Schofield	5	5	5	5	8	15	80	
485	Pedro Ramos	5	5	6	10	15	25	30	
486	Jim Gilliam	8	12	20	30	50	80	200	
487	Jerry Lynch	5	5	5	8	12	20	40	250
488	Hal Brown	5	5	6	10	15	25	60	
489	Julio Gotay RC	5	5	6	10	15	25	40	325
490	Clete Boyer	5	8	12	20	25	50	120	
491	Leon Wagner	5	5	5	6	10	25	50	
492	Hal W. Smith	5	5	5	5	12	20	30	150
493	Danny McDevitt	5	5	5	5	8	25	50	
494	Sammy White	5	5	5	8	12	20	50	
495	Don Cardwell	5	5	5	8	12	20	60	
496	Wayne Causey RC	5	5	5	8	12	20	60	200
497	Ed Bouchee	5	5	6	10	15	40	60	250
498	Jim Donohue	5	5	6	10	15	25	40	150

		GD 2	VG 3	VgEx 4	EX 5	ExMt 6	NM 7	NmMt 8	MT 9
499	Zoilo Versalles	5	5	▲8	▲12	▲20	▲30	100	250
500	Duke Snider	▲15	▲25	▲40	▲60	▲100	▲150	1,000	2,500
501	Claude Osteen	5	5	5	5	15	20	50	200
502	Hector Lopez	5	5	5	5	10	20	80	250
503	Danny Murtaugh MG	5	5	5	5	12	20	40	
504	Eddie Bressoud	5	5	5	5	8	20	40	
505	Juan Marichal	40	50	60	80	120	250	1,200	
506	Charlie Maxwell	5	6	10	15	25	40	80	
507	Ernie Broglio	5	5	5	5	8	25	60	
508	Gordy Coleman	5	5	5	5	6	25	60	
509	Dave Giusti RC	5	5	5	5	8	25	50	
510	Jim Lemon	5	5	6	10	15	25	▲50	
511	Bubba Phillips	5	5	▲6	▲10	▲15	▲25	80	
512	Mike Fornieles	5	5	6	8	12	30	50	150
513	Whitey Herzog	5	8	12	20	30	50	100	300
514	Sherm Lollar	5	5	5	6	10	25	80	
515	Stan Williams	5	5	5	5	8	15	30	250
516A	Checklist 7 White Boxes	5	5	5	5	8	15	30	
516B	Checklist 7 Yellow Boxes	5	5	5	5	8			
517	Dave Wickersham	5	5	5	5	8	25	50	
518	Lee Maye	5	5	5	5	8	25	40	150
519	Bob Johnson RC	5	5	5	5	8	15	60	
520	Bob Friend	5	5	6	10	15	40	80	
521	Jacke Davis RC	5	5	5	5	8	25	60	200
522	Lindy McDaniel	5	5	5	5	8	15	60	
523	Russ Nixon SP	5	5	5	8	12	20	60	
524	Howie Nunn SP	5	6	10	15	25	40	60	
525	George Thomas	5	5	5	10	15	25	40	150
526	Hal Woodeshick SP	5	6	10	15	25	40	60	200
527	Dick McAuliffe RC	5	5	6	10	15	60	120	
528	Turk Lown	5	5	5	8	12	25	40	800
529	John Schaive SP	5	5	5	8	12	25	60	120
530	Bob Gibson SP	▲150	▲200	▲250	▲300	400	800	2,500	
531	Bobby G. Smith	5	5	8	12	20	25	40	
532	Dick Stigman	5	5	6	▲10	▲15	▲25	▲60	
533	Charley Lau SP	5	5	6	10	15	25	100	250
534	Tony Gonzalez SP	6	10	15	25	40	60	100	500
535	Ed Roebuck	5	5	6	8	20	25	40	250
536	Dick Gernert	5	5	6	8	12	20	50	300
537	Cleveland Indians TC	5	6	10	15	25	40	60	150
538	Jack Sanford	5	5	8	12	20	30	50	150
539	Billy Moran	5	5	5	6	8	25	40	150
540	Jim Landis SP	5	8	12	20	30	50	80	
541	Don Nottebart SP	5	5	5	8	12	30	60	200
542	Dave Philley	5	5	8	12	20	30	50	
543	Bob Allen SP	5	5	5	8	25	30	60	200
544	Willie McCovey SP	80	100	120	150	200	500	1,000	1,500
545	Hoyt Wilhelm SP	15	25	40	60	100	150	250	
546	Moe Thacker SP	5	5	6	8	15	30	60	200
547	Don Ferrarese	5	6	10	15	25	40	60	200
548	Bobby Del Greco	5	▲6	▲10	▲15	▲25	▲40	▲60	200
549	Bill Rigney MG SP	5	▼5	▼8	▼12	▼20	▼30	80	
550	Art Mahaffey SP	5	5	6	10	15	40	100	250
551	Harry Bright	5	5	6	8	12	20	40	200
552	Chicago Cubs TC SP	5	6	8	12	40	50	100	400
553	Jim Coates	5	5	5	8	12	30	60	250
554	Bubba Morton SP RC	5	6	8	12	20	50	100	250
555	John Buzhardt SP	5	5	8	12	20	30	120	
556	Al Spangler	5	5	6	6	15	50	250	
557	Bob Anderson SP	5	5	8	12	20	30	50	120
558	John Goryl	5	5	8	12	20	30	50	120
559	Mike Higgins MG	5	6	10	15	25	40	60	
560	Chuck Estrada SP	5	5	6	10	15	25	80	200
561	Gene Oliver SP	5	5	5	8	10	60	100	200
562	Bill Henry	5	5	5	▲8	▲12	20	▲50	120
563	Ken Aspromonte	5	5	6	10	15	25	50	80
564	Bob Grim	5	5	5	6	10	20	50	150

#	Player	GD 2	VG 3	VgEx 4	EX 5	ExMt 6	NM 7	NmMt 8	MT 9
565	Jose Pagan	5	5	5	6	8	25	60	150
566	Marty Kutyna SP	5	5	5	8	10	30	60	200
567	Tracy Stallard SP	5	5	10	15	25	40	60	200
568	Jim Golden	5	5	5	6	10	20	60	150
569	Ed Sadowski SP	5	5	5	8	12	30	80	
570	Bill Stafford SP	5	5	6	25	40	50	250	
571	Billy Klaus SP	5	5	5	8	10	50	60	200
572	Bob G.Miller SP	▲10	▲15	▲25	▲40	▲60	▲100	▲150	▲400
573	Johnny Logan	5	5	8	12	20	30	50	250
574	Dean Stone	5	5	5	8	10	20	50	150
575	Red Schoendienst SP	15	25	40	60	100	150	400	
576	Russ Kemmerer SP	5	5	5	8	12	30	80	200
577	Dave Nicholson SP	5	5	5	8	12	40	60	300
578	Jim Duffalo RC	5	5	5	8	8	25	50	350
579	Jim Schaffer SP RC	5	8	12	20	30	50	120	
580	Bill Monbouquette	5	5	6	10	15	30	60	250
581	Mel Roach	5	5	5	6	8	20	40	
582	Ron Piche	5	6	8	10	12	25	40	150
583	Larry Osborne	5	▼5	8	▲12	▲20	▲30	▲50	150
584	Minnesota Twins TC SP	5	8	12	20	40	80	120	
585	Glen Hobbie SP	6	10	15	25	40	60	100	
586	Sammy Esposito SP	5	5	5	8	12	25	60	200
587	Frank Funk SP	5	5	5	8	12	30	100	200
588	Birdie Tebbetts MG	5	5	8	12	20	30	50	150
589	Bob Turley	5	5	8	12	40	60	80	300
590	Curt Flood	15	25	40	60	100	150	400	1,000
591	Sam McDowell SP RC	25	40	60	100	150	250	▲500	
592	Jim Bouton SP RC	20	30	50	80	120	150	200	500
593	Bob Veale SP RC	15	25	40	60	100	150	300	
594	Bob Uecker SP RC	250	300	400	500	600	1,000	1,500	
595	Rookie Infielders SP	10	15	25	40	60	100	150	250
596	Joe Pepitone SP RC	20	30	50	80	120	200	500	
597	Rookie Infielders SP	15	25	40	60	100	150	500	
598	Rookie Outfielders SP	30	50	80	120	200	300	1,200	

1963 Fleer

#	Player	GD 2	VG 3	VgEx 4	EX 5	ExMt 6	NM 7	NmMt 8	MT 9
1	Steve Barber	8	12	20	30	50	80	250	
2	Ron Hansen	5	5	5	6	12	25	60	
3	Milt Pappas	5	5	5	10	12	30	80	400
4	Brooks Robinson	30	40	50	60	100	150	400	800
5	Willie Mays	100	120	200	250	300	500	1,500	3,000
6	Lou Clinton	5	5	8	12	20	50	80	150
7	Bill Monbouquette	5	5	8	12	20	50	80	150
8	Carl Yastrzemski	20	30	50	80	120	250	400	1,000
9	Ray Herbert	5	5	5	6	12	20	30	100
10	Jim Landis	5	5	5	8	12	20	30	150
11	Dick Donovan	5	5	5	6	12	20	40	
12	Tito Francona	5	5	5	6	12	20	80	
13	Jerry Kindall	5	5	▲8	▲12	▲20	▲30	50	200
14	Frank Lary	5	5	5	6	12	20	60	150
15	Dick Howser	5	5	5	6	10	15	40	120
16	Jerry Lumpe	5	5	5	6	12	20	60	200
17	Norm Siebern	5	5	5	6	10	15	30	
18	Don Lee	5	5	8	12	20	30	50	150
19	Albie Pearson	5	5	5	6	12	20	40	200
20	Bob Rodgers	5	5	5	6	12	20	40	200
21	Leon Wagner	5	5	5	6	12	25	50	100
22	Jim Kaat	8	12	20	30	50	80	120	500
23	Vic Power	5	6	10	15	25	40	60	200
24	Rich Rollins	5	5	5	6	10	15	40	200
25	Bobby Richardson	5	8	12	20	30	50	80	400
26	Ralph Terry	5	5	8	12	20	30	50	150
27	Tom Cheney	5	5	5	6	12	20	40	150
28	Chuck Cottier	5	5	6	10	15	25	40	100
29	Jimmy Piersall	5	▲6	▲10	▲15	▲25	▲40	▲60	200

#	Player	GD 2	VG 3	VgEx 4	EX 5	ExMt 6	NM 7	NmMt 8	MT 9
30	Dave Stenhouse	5	5	5	6	12	20	40	200
31	Glen Hobbie	5	5	8	12	20	30	50	150
32	Ron Santo	6	10	15	25	40	60	150	400
33	Gene Freese	5	6	10	15	25	40	60	150
34	Vada Pinson	6	10	15	25	40	60	100	150
35	Bob Purkey	5	5	5	6	10	15	40	200
36	Joe Amalfitano	5	8	12	20	30	50	80	150
37	Bob Aspromonte	5	6	10	15	25	40	60	200
38	Dick Farrell	5	5	8	12	20	30	50	150
39	Al Spangler	5	5	▲8	▲12	▲20	▲30	▲50	150
40	Tommy Davis	5	8	12	20	30	50	80	300
41	Don Drysdale	12	20	30	50	80	100	250	500
42	Sandy Koufax	50	80	120	150	250	400	1,000	3,000
43	Maury Wills RC	40	50	60	80	120	200	500	1,200
44	Frank Bolling	5	5	6	10	15	25	100	300
45	Warren Spahn	25	30	40	50	60	120	200	300
46	Joe Adcock SP	25	30	40	50	60	120	200	1,000
47	Roger Craig	5	8	12	20	30	50	80	150
48	Al Jackson	5	5	6	8	15	25	50	200
49	Rod Kanehl	5	5	5	8	15	25	50	200
50	Ruben Amaro	5	5	5	8	15	25	50	150
51	Johnny Callison	5	5	5	8	15	25	60	200
52	Clay Dalrymple	5	5	5	6	12	30	50	150
53	Don Demeter	5	▲8	▲12	▲20	▲30	▲50	▲80	250
54	Art Mahaffey	5	6	10	15	25	40	60	250
55	Smoky Burgess	5	5	8	12	20	30	60	600
56	Roberto Clemente	100	120	▲200	▲250	300	500	800	3,000
57	Roy Face	5	5	5	8	12	25	40	200
58	Vern Law	6	10	15	25	40	60	100	200
59	Bill Mazeroski	▲10	▲15	▲25	▲40	▲60	▲100	150	
60	Ken Boyer	5	6	10	15	25	40	80	
61	Bob Gibson	20	30	50	80	120	200	250	2,500
62	Gene Oliver	5	5	6	10	15	25	40	150
63	Bill White	5	5	6	15	25	40	80	200
64	Orlando Cepeda	8	12	20	30	50	▲120	250	600
65	Jim Davenport	5	5	▲8	▲12	▲20	▲30	▲80	
66	Billy O'Dell	5	5	6	10	15	50	120	
NNO	Checklist SP	60	100	150	250	400	600	1,200	5,000

1963 Topps

#	Player	GD 2	VG 3	VgEx 4	EX 5	ExMt 6	NM 7	NmMt 8	MT 9
1	NL Batting Leaders	5	6	10	15	25	100	800	
2	AL Batting Leaders	15	25	30	40	50	80	150	800
3	NL Home Run Leaders	5	8	12	20	50	80	400	
4	AL Home Run Leaders	5	6	10	15	25	40	80	
5	NL ERA Leaders	5	6	10	15	25	50	200	
6	AL ERA Leaders	5	5	8	12	20	30	60	600
7	NL Pitching Leaders	5	5	5	8	12	30	80	
8	AL Pitching Leaders	5	5	5	8	12	20	40	
9	NL Strikeout Leaders	5	8	12	20	30	40	60	400
10	AL Strikeout Leaders	5	5	5	8	12	30	80	
11	Lee Walls	5	5	5	8	12	20	40	
12	Steve Barber	5	5	5	5	6	10	20	100
13	Philadelphia Phillies TC	5	5	5	6	10	15	120	250
14	Pedro Ramos	5	6	10	15	30	60	120	
15	Ken Hubbs NPO	5	▲8	▲12	▲20	▲30	▲60	▲150	
16	Al Smith	5	5	5	5	6	10	20	
17	Ryne Duren	5	5	5	5	6	10	50	200
18	Buc Blasters	8	12	20	30	50	80	150	1,000
19	Pete Burnside	5	5	5	5	6	10	20	
20	Tony Kubek	5	8	12	20	25	50	120	500
21	Marty Keough	5	5	5	8	12	20	200	
22	Curt Simmons	5	5	5	8	12	20	200	
23	Ed Lopat MG	5	5	5	6	10	30		
24	Bob Bruce	5	5	5	5	6	10	20	
25	Al Kaline	25	40	50	60	80	150	600	

#	Player	GD 2	VG 3	VgEx 4	EX 5	ExMt 6	NM 7	NmMt 8	MT 9
26	Ray Moore	5	5	5	5	6	10	40	
27	Choo Choo Coleman	5	5	5	6	10	15	80	
28	Mike Fornieles	5	5	5	5	6	10	50	
29A	1962 Rookie Stars	5	5	5	6	10	15	30	
29B	1963 Rookie Stars	5	5	5	5	6	10	25	
30	Harvey Kuenn	5	5	5	8	12	20	60	
31	Cal Koonce RC	5	5	5	5	6	10	25	
32	Tony Gonzalez	5	5	5	5	6	10	20	
33	Bo Belinsky	5	5	6	10	15	25	40	150
34	Dick Schofield	5	5	6	10	15	25	400	
35	John Buzhardt	5	5	5	5	6	10	25	
36	Jerry Kindall	5	5	5	5	6	10	30	
37	Jerry Lynch	5	5	5	5	6	10	40	
38	Bud Daley	5	5	5	8	12	20	50	120
39	Los Angeles Angels TC	5	5	5	5	8	12	25	120
40	Vic Power	5	5	5	6	10	15	60	
41	Charley Lau	5	5	5	5	8	12	25	
42	Stan Williams	5	5	5	8	12	25	60	
43	Veteran Masters	5	5	5	8	12	20	100	
44	Terry Fox	5	5	5	5	6	10	30	
45	Bob Aspromonte	5	5	5	5	6	10	20	100
46	Tommie Aaron RC	5	5	5	5	6	10	30	
47	Don Lock RC	5	5	5	8	12	25	50	100
48	Birdie Tebbetts MG	5	5	5	5	6	10	30	
49	Dal Maxvill RC	5	5	5	8	12	20	80	
50	Billy Pierce	5	5	5	5	6	10	50	150
51	George Alusik	5	5	5	5	6	10	20	150
52	Chuck Schilling	5	5	5	5	6	10	25	
53	Joe Moeller RC	5	5	6	10	15	25	40	120
54A	Dave DeBusschere 1962	5	5	6	10	15	25	50	400
54B	Dave DeBusschere 1963 RC	5	5	6	10	15	25	50	
55	Bill Virdon	5	5	6	10	15	25	40	
56	Dennis Bennett RC	5	5	5	8	12	20	40	
57	Billy Moran	5	5	5	8	12	20	40	80
58	Bob Will	5	5	5	8	12	20	40	
59	Craig Anderson	5	5	5	5	6	10	20	150
60	Elston Howard	8	12	20	30	50	80	150	
61	Ernie Bowman	5	5	6	10	15	30	60	
62	Bob Hendley	5	5	5	5	6	10	20	80
63	Cincinnati Reds TC	5	8	12	20	30	50	150	400
64	Dick McAuliffe	5	5	5	6	10	15	50	
65	Jackie Brandt	5	5	5	5	6	10	20	100
66	Mike Joyce RC	5	5	5	5	6	10	25	
67	Ed Charles	5	5	5	5	6	10	20	
68	Friendly Foes	5	6	10	15	25	80	120	2,000
69	Bud Zipfel RC	5	5	5	5	6	10	20	
70	Jim O'Toole	5	5	5	6	10	15	50	
71	Bobby Wine RC	5	5	6	10	15	25	40	150
72	Johnny Romano	5	5	5	5	6	10	40	
73	Bobby Bragan MG RC	5	5	5	6	10	15	25	100
74	Denny Lemaster RC	5	5	5	5	6	10	20	120
75	Bob Allison	5	5	5	6	10	15	50	
76	Earl Wilson	5	5	5	8	12	20	40	
77	Al Spangler	5	5	5	5	6	10	20	
78	Marv Throneberry	5	6	10	15	25	40	60	150
79	Checklist 1	5	5	5	6	10	20	30	120
80	Jim Gilliam	5	5	8	12	20	30	60	
81	Jim Schaffer	5	5	5	5	6	10	20	
82	Ed Rakow	5	5	5	5	6	10	20	
83	Charley James	5	5	5	5	6	10	20	100
84	Ron Kline	5	5	5	6	10	15	60	
85	Tom Haller	5	5	5	8	12	20	30	80
86	Charley Maxwell	5	5	8	12	20	30	50	300
87	Bob Veale	5	5	6	10	15	25	40	
88	Ron Hansen	5	5	5	5	6	10	20	150
89	Dick Stigman	5	5	5	5	8	12	80	
90	Gordy Coleman	5	5	6	10	15	25	50	

#	Player	GD 2	VG 3	VgEx 4	EX 5	ExMt 6	NM 7	NmMt 8	MT 9
91	Dallas Green	5	5	5	8	12	20	30	120
92	Hector Lopez	5	5	5	8	12	20	25	
93	Galen Cisco	5	5	5	5	6	10	20	80
94	Bob Schmidt	5	5	5	5	6	10	25	
95	Larry Jackson	5	5	5	5	6	10	30	80
96	Lou Clinton	5	5	5	5	6	10	40	
97	Bob Duliba	5	5	5	5	6	10	20	150
98	George Thomas	5	5	5	5	6	10	20	
99	Jim Umbricht	5	5	5	5	6	10	20	
100	Joe Cunningham	5	5	5	8	12	20	150	
101	Joe Gibbon	5	5	5	5	8	12	30	
102A	Checklist 2 Red/Yellow	5	5	5	5	6	10	25	
102B	Checklist 2 White/Red	5	5	5	5	6	10	25	120
103	Chuck Essegian	5	5	5	5	6	10	20	200
104	Lew Krausse RC	5	5	5	5	6	10	30	150
105	Ron Fairly	5	5	8	12	20	30	120	250
106	Bobby Bolin	5	5	5	5	6	10	20	120
107	Jim Hickman	5	5	8	12	20	30	50	
108	Hoyt Wilhelm	6	10	15	25	40	60	100	200
109	Lee Maye	5	5	5	5	8	12	30	
110	Rich Rollins	5	5	5	5	6	10	20	
111	Al Jackson	5	5	5	5	6	10	20	
112	Dick Brown	5	5	5	5	6	10	30	80
113	Don Landrum	5	5	5	5	6	10	25	
114	Dan Osinski RC	5	5	5	6	10	15	30	150
115	Carl Yastrzemski	20	30	50	80	100	200	600	
116	Jim Brosnan	5	5	5	8	12	20	30	50	80
117	Jacke Davis	5	5	5	5	6	10	30	
118	Sherm Lollar	5	5	5	5	6	10	20	
119	Bob Lillis	5	5	5	5	6	10	20	120
120	Roger Maris	30	40	60	80	100	150	600	
121	Jim Hannan RC	5	5	5	5	6	10	20	
122	Julio Gotay	5	5	5	5	6	10	25	150
123	Frank Howard	5	6	10	15	25	40	120	250
124	Dick Howser	5	5	6	10	15	25	40	120
125	Robin Roberts	8	12	20	30	50	80	200	
126	Bob Uecker	▲60	▲80	▲100	▲120	▲200	300	800	
127	Bill Tuttle	5	5	5	5	6	10	20	
128	Matty Alou	5	5	8	12	20	30	50	150
129	Gary Bell	5	5	5	5	6	10	20	
130	Dick Groat	5	5	8	12	20	30	50	150
131	Washington Senators TC	5	5	5	5	8	12	50	150
132	Jack Hamilton	5	5	5	5	6	10	20	60
133	Gene Freese	5	5	5	5	6	10	25	150
134	Bob Scheffing MG	5	5	5	5	6	10	30	150
135	Richie Ashburn	8	12	20	30	50	80	100	
136	Ike Delock	5	5	5	5	6	10	20	150
137	Mack Jones	5	5	5	5	6	10	20	80
138	Pride of NL	25	40	60	100	150	250	400	2,000
139	Earl Averill Jr.	5	5	5	5	6	10	20	100
140	Frank Lary	5	5	5	6	10	15	50	200
141	Manny Mota RC	5	5	5	5	8	12	50	150
142	Whitey Ford WS1	5	8	12	20	30	50	120	500
143	Jack Sanford WS2	5	5	8	12	20	30	50	200
144	Roger Maris WS3	5	5	8	12	20	30	200	
145	Chuck Hiller WS4	5	5	6	10	15	25	40	150
146	Tom Tresh WS5	8	12	20	30	50	80	120	
147	Billy Pierce WS6	5	5	8	12	20	30	60	
148	Ralph Terry WS7	8	6	10	15	25	40	200	
149	Marv Breeding	5	5	5	5	8	12	40	
150	Johnny Podres	5	5	8	12	20	30	50	400
151	Pittsburgh Pirates TC	5	5	5	5	8	12	100	150
152	Ron Nischwitz	5	5	5	5	6	10	20	150
153	Hal Smith	5	5	5	5	6	10	20	100
154	Walter Alston MG	5	5	5	5	8	12	50	150
155	Bill Stafford	5	5	5	6	10	15	120	
156	Roy McMillan	5	5	5	5	6	10	20	

Beckett Graded Card Price Guide 115

#	Player	GD 2	VG 3	VgEx 4	EX 5	ExMt 6	NM 7	NmMt 8	MT 9
157	Diego Segui RC	5	5	5	5	6	10	30	80
158	Tommy Harper RC	5	5	8	12	20	30	50	150
159	Jim Pagliaroni	5	5	5	5	6	10	30	
160	Juan Pizarro	5	5	5	5	6	10	20	120
161	Frank Torre	5	5	5	5	8	12	25	100
162	Minnesota Twins TC	5	5	5	5	8	25	200	
163	Don Larsen	5	5	6	10	15	25	40	150
164	Bubba Morton	5	5	5	5	6	10	20	200
165	Jim Kaat	8	12	20	30	50	80	200	600
166	Johnny Keane MG	5	5	5	5	8	12	40	
167	Jim Fregosi	5	5	6	10	15	25	50	150
168	Russ Nixon	5	5	5	5	8	12	40	
169	Gaylord Perry	10	15	25	40	60	100	▼150	500
170	Joe Adcock	5	5	8	12	20	30	50	100
171	Steve Hamilton RC	5	5	5	5	6	10	20	80
172	Gene Oliver	5	5	5	5	6	10	20	
173	Bomber's Best	60	80	100	120	200	400	1,000	8,000
174	Larry Burright	5	5	5	5	8	12	40	
175	Bob Buhl	5	5	6	10	15	25	100	
176	Jim King	5	5	5	5	6	10	25	
177	Bubba Phillips	5	5	5	5	6	10	20	120
178	Johnny Edwards	5	5	5	5	6	10	20	150
179	Ron Piche	5	5	5	5	6	10	20	150
180	Bill Skowron	5	5	6	10	15	25	40	120
181	Sammy Esposito	5	5	5	5	6	10	20	80
182	Albie Pearson	5	5	5	5	6	10	30	80
183	Joe Pepitone	5	5	5	8	12	20	40	150
184	Vern Law	5	5	5	6	10	15	50	200
185	Chuck Hiller	5	5	5	5	6	10	20	150
186	Jerry Zimmerman	5	5	5	5	6	10	20	
187	Willie Kirkland	5	5	5	5	6	10	20	200
188	Eddie Bressoud	5	5	5	5	6	10	20	
189	Dave Giusti	5	5	5	5	6	10	25	150
190	Minnie Minoso	8	12	20	30	50	150	800	
191	Checklist 3	5	5	5	5	8	12	30	150
192	Clay Dalrymple	5	5	5	5	6	10	20	80
193	Andre Rodgers	5	5	5	5	6	10	20	150
194	Joe Nuxhall	5	6	10	15	25	40	150	
195	Manny Jimenez	5	5	5	5	6	10	20	
196	Doug Camilli	5	5	5	5	6	10	20	120
197	Roger Craig	5	5	8	12	20	30	50	200
198	Lenny Green	5	5	5	5	6	10	20	100
199	Joe Amalfitano	5	5	5	5	6	10	20	
200	Mickey Mantle	300	500	600	800	1,200	2,500	6,000	80,000
201	Cecil Butler	5	5	5	8	12	20	25	150
202	Boston Red Sox TC	5	8	12	20	30	50	80	250
203	Chico Cardenas	5	5	5	5	6	10	20	80
204	Don Nottebart	5	5	5	5	6	10	25	150
205	Luis Aparicio	6	10	15	25	40	60	100	250
206	Ray Washburn	5	5	5	5	8	12	20	200
207	Ken Hunt	5	5	5	8	12	20	30	150
208	1963 Rookie Stars	5	5	5	5	8	60	100	
209	Hobie Landrith	5	5	5	5	6	10	20	200
210	Sandy Koufax	100	▲120	150	250	400	1,000	1,500	4,000
211	Fred Whitfield RC	5	5	5	5	6	10	30	
212	Glen Hobbie	5	5	5	5	6	10	25	150
213	Billy Hitchcock MG	5	5	5	5	6	10	20	100
214	Orlando Pena	5	5	5	6	10	15	25	80
215	Bob Skinner	5	5	5	5	6	10	50	100
216	Gene Conley	5	5	5	8	12	20	30	100
217	Joe Christopher	5	5	5	5	6	10	100	
218	Tiger Twirlers	5	5	5	8	12	20	80	120
219	Chuck Cottier	5	5	5	5	6	10	25	60
220	Camilo Pascual	5	5	8	12	20	30	60	
221	Cookie Rojas RC	5	5	5	8	12	20	60	
222	Chicago Cubs TC	5	5	5	8	12	20	100	
223	Eddie Fisher	5	5	6	10	15	25	40	80

#	Player	GD 2	VG 3	VgEx 4	EX 5	ExMt 6	NM 7	NmMt 8	MT 9
224	Mike Roarke	5	5	5	5	8	12	60	
225	Joey Jay	5	5	5	5	6	10	25	
226	Julian Javier	5	5	5	5	6	10	40	150
227	Jim Grant	5	5	5	8	12	20	60	
228	Tony Oliva RC	100	120	150	300	400	500	2,000	
229	Willie Davis	5	5	5	5	8	12	60	150
230	Pete Runnels	5	5	5	5	6	10	50	
231	Eli Grba	5	5	5	6	10	15	20	80
232	Frank Malzone	5	5	6	10	15	25	50	120
233	Casey Stengel MG	5	5	8	12	20	25	80	200
234	Dave Nicholson	5	5	5	5	6	10	20	80
235	Billy O'Dell	5	5	5	8	12	20	30	80
236	Bill Bryan RC	5	5	6	10	15	25	40	
237	Jim Coates	5	5	5	5	5	25	120	
238	Lou Johnson	5	8	12	20	30	50	80	120
239	Harvey Haddix	5	5	5	5	8	12	40	100
240	Rocky Colavito	6	10	15	25	40	60	150	
241	Billy Smith RC	5	5	5	5	6	10	30	80
242	Power Plus	▲40	▲60	▲100	120	200	300	500	3,000
243	Don Leppert	5	5	5	5	6	10	20	50
244	John Tsitouris	5	5	5	5	6	10	30	100
245	Gil Hodges	▲8	▲12	▲20	▲30	▲50	▲80	▲150	▲400
246	Lee Stange	5	5	6	10	15	25	▲60	150
247	New York Yankees TC	15	25	40	60	100	150	600	
248	Tito Francona	5	5	5	5	6	10	40	200
249	Leo Burke RC	5	5	5	8	12	20	30	100
250	Stan Musial	40	60	80	100	150	250	600	2,000
251	Jack Lamabe	5	5	5	8	12	20	30	200
252	Ron Santo	15	25	40	60	80	100	200	800
253	1963 Rookie Stars	5	5	5	5	6	10	40	120
254	Mike Hershberger	5	5	6	10	15	25	40	150
255	Bob Shaw	5	5	6	10	15	25	40	80
256	Jerry Lumpe	5	5	8	12	20	30	50	
257	Hank Aguirre	5	5	5	5	6	10	20	100
258	Alvin Dark MG	5	5	5	5	6	10	25	80
259	Johnny Logan	5	5	8	12	20	30	50	300
260	Jim Gentile	5	5	5	5	8	12	40	
261	Bob Miller	5	5	5	6	10	20	80	
262	Ellis Burton	5	5	5	5	8	12	40	
263	Dave Stenhouse	5	5	5	5	6	10	30	100
264	Phil Linz	5	5	5	6	10	15	80	
265	Vada Pinson	5	8	12	20	30	80	120	
266	Bob Allen	5	5	5	5	6	10	30	150
267	Carl Sawatski	5	5	5	5	6	10	20	100
268	Don Demeter	5	5	5	5	6	10	30	
269	Don Mincher	5	5	5	5	6	10	20	200
270	Felipe Alou	5	5	6	10	15	25	50	200
271	Dean Stone	5	5	6	10	15	25	40	
272	Danny Murphy	5	5	5	5	6	10	50	150
273	Sammy Taylor	5	5	5	5	6	10	30	80
274	Checklist 4	5	5	5	5	6	10	40	150
275	Eddie Mathews	30	40	50	60	80	120	300	500
276	Barry Shetrone	5	5	5	5	6	10	20	80
277	Dick Farrell	5	5	5	5	8	12	40	
278	Chico Fernandez	5	5	5	8	12	20	30	150
279	Wally Moon	5	5	5	5	8	12	50	
280	Bob Rodgers	5	5	5	5	6	10	30	150
281	Tom Sturdivant	5	5	5	5	6	10	20	80
282	Bobby Del Greco	5	5	5	5	6	10	25	80
283	Roy Sievers	5	5	5	6	10	15	300	300
284	Dave Sisler	5	5	5	5	8	12	50	150
285	Dick Stuart	5	5	8	12	20	30	100	
286	Stu Miller	5	5	5	5	6	10	50	200
287	Dick Bertell	5	5	5	5	6	10	30	120
288	Chicago White Sox TC	5	5	5	6	10	15	50	120
289	Hal Brown	5	5	5	8	12	20	200	
290	Bill White	5	5	5	5	8	12	40	120

#	Player	GD 2	VG 3	VgEx 4	EX 5	ExMt 6	NM 7	NmMt 8	MT 9
291	Don Rudolph	5	5	5	6	10	15	80	
292	Pumpsie Green	5	5	5	5	8	12	120	
293	Bill Pleis	5	5	5	5	8	12	100	
294	Bill Rigney MG	5	5	5	5	6	10	40	
295	Ed Roebuck	5	5	5	5	6	10	50	150
296	Doc Edwards	5	5	5	5	6	10	20	80
297	Jim Golden	5	5	5	5	6	10	40	
298	Don Dillard	5	5	5	5	6	10	150	200
299	1963 Rookie Stars	5	5	5	6	10	15	120	200
300	Willie Mays	80	120	200	300	500	800	1,500	3,000
301	Bill Fischer	5	5	5	5	6	10	40	
302	Whitey Herzog	5	5	5	5	5	50	200	
303	Earl Francis	5	5	5	5	6	10	25	120
304	Harry Bright	5	5	5	5	6	10	30	150
305	Don Hoak	5	5	5	5	8	12	80	150
306	Star Receivers	5	5	8	12	20	30	100	800
307	Chet Nichols	5	5	5	5	6	10	50	
308	Camilo Carreon	5	5	5	5	6	10	40	200
309	Jim Brewer	5	5	5	6	10	15	100	
310	Tommy Davis	5	5	5	5	8	40	150	
311	Joe McClain	5	5	5	5	6	10	40	120
312	Houston Colts TC	5	6	10	15	25	30	100	150
313	Ernie Broglio	5	5	5	6	10	15	50	
314	John Goryl	5	5	5	6	10	15	60	
315	Ralph Terry	5	5	5	5	8	12	20	200
316	Norm Sherry	5	5	5	5	6	10	80	150
317	Sam McDowell	5	5	6	10	15	25	30	200
318	Gene Mauch MG	5	5	5	5	6	10	25	
319	Joe Gaines	5	5	5	5	8	12	80	
320	Warren Spahn	▼20	▼30	▼50	▼80	▼120	250	400	
321	Gino Cimoli	5	5	5	5	6	10	50	300
322	Bob Turley	5	5	8	12	20	30	40	150
323	Bill Mazeroski	10	15	25	40	60	100	300	
324	Vic Davalillo RC	8	12	20	30	50	120	250	500
325	Jack Sanford	5	5	6	10	15	25	100	
326	Hank Foiles	5	5	5	5	6	10	80	
327	Paul Foytack	5	5	5	5	6	10	40	
328	Dick Williams	5	5	5	5	8	25	500	
329	Lindy McDaniel	5	5	6	10	15	25	40	150
330	Chuck Hinton	5	5	5	5	6	10	30	150
331	Series Foes	5	5	8	12	20	30	60	350
332	Joel Horlen	5	5	5	5	6	10	40	150
333	Carl Warwick	5	5	6	10	15	25	120	
334	Wynn Hawkins	5	5	5	5	6	10	50	100
335	Leon Wagner	5	5	5	6	10	15	120	
336	Ed Bauta	5	5	5	5	6	10	100	
337	Los Angeles Dodgers TC	5	5	8	12	20	60	200	
338	Russ Kemmerer	5	5	6	10	15	25	50	
339	Ted Bowsfield	5	5	5	5	6	10	25	150
340	Yogi Berra	40	60	100	150	250	500	2,000	
341	Jack Baldschun	5	5	5	6	10	15	60	
342	Gene Woodling	5	5	5	6	10	15	25	150
343	Johnny Pesky MG	5	5	5	6	10	15	80	200
344	Don Schwall	5	5	5	5	6	10	30	
345	Brooks Robinson	30	40	50	80	120	200	400	800
346	Billy Hoeft	5	5	6	10	15	25	40	100
347	Joe Torre	12	20	30	50	60	80	▲250	
348	Vic Wertz	5	5	6	10	15	25	80	200
349	Zoilo Versalles	5	5	5	5	6	10	60	150
350	Bob Purkey	5	5	5	5	6	10	40	150
351	Al Luplow	5	5	5	8	12	20	80	
352	Ken Johnson	5	5	5	5	6	10	40	200
353	Billy Williams	20	30	40	60	100	150	500	
354	Dom Zanni	5	5	5	6	10	15	80	
355	Dean Chance	5	5	5	8	12	20	30	80	250
356	John Schaive	5	5	5	5	6	10	200	
357	George Altman	5	5	5	5	6	10	20	100

#	Player	GD 2	VG 3	VgEx 4	EX 5	ExMt 6	NM 7	NmMt 8	MT 9
358	Milt Pappas	5	8	12	20	30	50	100	
359	Haywood Sullivan	5	5	5	5	6	10	60	
360	Don Drysdale	10	15	25	40	50	100	250	
361	Clete Boyer	8	12	20	30	50	80	120	
362	Checklist 5	5	5	5	6	10	15	150	
363	Dick Radatz	5	5	8	12	20	30	80	
364	Howie Goss	5	5	5	5	6	10	25	
365	Jim Bunning	5	5	8	12	20	50	120	
366	Tony Taylor	5	5	5	5	6	10	60	150
367	Tony Cloninger	5	5	5	5	6	10	30	120
368	Ed Bailey	5	5	5	5	6	10	40	150
369	Jim Lemon	5	5	5	5	8	12	50	
370	Dick Donovan	5	5	5	5	6	10	30	150
371	Rod Kanehl	5	5	5	5	6	10	50	100
372	Don Lee	5	5	5	8	12	20	30	100
373	Jim Campbell RC	5	5	5	8	12	20	30	80
374	Claude Osteen	5	5	5	5	6	10	25	120
375	Ken Boyer	▲8	▲12	▲20	▲30	▲50	▲80	200	500
376	John Wyatt RC	5	5	5	8	12	20	30	80
377	Baltimore Orioles TC	5	5	8	12	20	25	40	150
378	Bill Henry	5	5	5	8	12	20	30	80
379	Bob Anderson	5	5	5	5	6	10	20	120
380	Ernie Banks	80	100	120	150	250	400	800	2,500
381	Frank Baumann	5	5	5	5	6	10	40	100
382	Ralph Houk MG	8	12	20	30	50	80	150	400
383	Pete Richert	5	5	5	5	6	10	100	
384	Bob Tillman	5	5	5	5	6	10	40	
385	Art Mahaffey	5	5	5	5	6	10	20	150
386	1963 Rookie Stars	5	5	5	5	8	12	50	
387	Al McBean	5	5	5	5	6	10	40	120
388	Jim Davenport	5	5	8	12	20	30	50	80
389	Frank Sullivan	5	5	5	8	12	20	30	100
390	Hank Aaron	40	60	100	150	250	400	3,000	6,000
391	Bill Dailey RC	5	5	5	5	6	10	20	150
392	Tribe Thumpers	5	5	5	5	8	12	50	250
393	Ken MacKenzie	5	5	5	6	10	15	50	
394	Tim McCarver	5	6	10	15	25	40	100	200
395	Don McMahon	5	5	5	6	10	15	25	120
396	Joe Koppe	5	5	5	8	12	20	30	120
397	Kansas City Athletics TC	5	5	5	6	10	15	80	120
398	Boog Powell	12	20	30	50	80	120	250	
399	Dick Ellsworth	5	5	5	5	6	10	40	100
400	Frank Robinson	20	30	50	60	100	150	600	2,000
401	Jim Bouton	6	10	15	25	40	60	250	1,200
402	Mickey Vernon MG	5	5	5	5	8	12	25	150
403	Ron Perranoski	5	5	5	5	6	10	30	100
404	Bob Oldis	5	5	5	5	6	10	20	150
405	Floyd Robinson	5	5	5	5	6	10	20	80
406	Howie Koplitz	5	5	5	5	8	12	30	
407	1963 Rookie Stars	5	5	5	5	6	10	40	
408	Billy Gardner	5	5	5	5	6	10	50	
409	Roy Face	5	5	6	10	15	25	50	
410	Earl Battey	5	5	5	5	6	10	30	200
411	Jim Constable	5	5	5	5	6	10	20	
412	Dodgers Big Three	20	30	50	80	120	200	600	1,500
413	Jerry Walker	5	5	5	6	10	15	25	150
414	Ty Cline	5	5	5	5	6	10	20	
415	Bob Gibson	40	60	100	150	200	400	800	2,000
416	Alex Grammas	5	5	6	10	15	25	40	
417	San Francisco Giants TC	5	5	5	5	5	25	100	
418	John Orsino	5	5	5	5	6	10	20	150
419	Tracy Stallard	5	5	5	5	6	10	20	80
420	Bobby Richardson	15	20	25	30	40	60	100	250
421	Tom Morgan	5	5	5	5	6	10	50	
422	Fred Hutchinson MG	5	5	5	5	6	10	20	135
423	Ed Hobaugh	5	5	5	5	6	10	25	100
424	Charlie Smith	5	5	5	5	6	10	20	100

#	Player	GD 2	VG 3	VgEx 4	EX 5	ExMt 6	NM 7	NmMt 8	MT 9
425	Smoky Burgess	5	5	5	5	8	12	30	150
426	Barry Latman	5	5	5	5	6	10	20	120
427	Bernie Allen	5	5	5	5	6	10	25	80
428	Carl Boles RC	5	5	5	6	10	15	25	
429	Lew Burdette	5	5	5	5	8	12	40	
430	Norm Siebern	5	5	5	5	6	10	20	
431A	Checklist 6 White/Red	5	5	5	6	10	15	100	
431B	Checklist 6 Black/Orange	5	5	5	6	10	15	40	200
432	Roman Mejias	5	5	5	5	6	10	20	100
433	Denis Menke	5	5	5	6	10	15	40	80
434	John Callison	5	5	5	5	8	12	60	200
435	Woody Held	5	5	5	5	6	10	20	120
436	Tim Harkness	5	5	5	5	6	10	20	120
437	Bill Bruton	5	5	5	5	6	10	20	
438	Wes Stock	5	5	5	8	12	20	30	80
439	Don Zimmer	5	6	10	15	25	40	60	120
440	Juan Marichal	15	25	40	60	100	150	250	800
441	Lee Thomas	5	5	5	5	6	10	50	
442	J.C. Hartman RC	5	5	5	5	6	10	30	150
443	Jimmy Piersall	5	5	5	8	12	20	60	
444	Jim Maloney	5	5	5	5	6	10	50	120
445	Norm Cash	5	5	5	8	12	30	40	
446	Whitey Ford	15	25	40	60	100	150	400	
447	Felix Mantilla	5	5	5	6	10	15	50	100
448	Jack Kralick	5	5	5	6	10	15	50	120
449	Jose Tartabull	5	5	5	8	12	20	60	
450	Bob Friend	5	6	10	15	25	40	60	100
451	Cleveland Indians TC	5	▲8	▲12	▲20	▲30	▲50	▲120	
452	Barney Schultz	5	5	5	6	10	15	40	150
453	Jake Wood	5	5	5	6	10	15	30	
454A	Art Fowler White Card No.	5	5	5	6	10	60	100	200
454B	Art Fowler Orange Card No.	5	5	5	6	10	15	25	120
455	Ruben Amaro	5	5	5	6	10	15	80	
456	Jim Coker	5	5	5	6	10	15	50	100
457	Tex Clevenger	5	6	10	15	25	40	80	200
458	Al Lopez MG	5	5	8	12	20	30	80	
459	Dick LeMay	5	5	5	6	10	15	60	120
460	Del Crandall	5	8	12	20	30	50	80	
461	Norm Bass	5	5	6	10	15	25	40	100
462	Wally Post	5	5	5	6	10	15	80	150
463	Joe Schaffernoth	5	5	5	6	10	15	40	100
464	Ken Aspromonte	5	5	5	6	10	25	60	
465	Chuck Estrada	5	5	8	12	20	30	50	100
466	Bill Freehan SP RC	30	50	80	120	150	200	300	500
467	Phil Ortega	5	5	5	6	10	15	80	
468	Carroll Hardy	5	5	8	12	20	30	40	200
469	Jay Hook	5	5	5	8	12	30	60	
470	Tom Tresh SP	6	10	15	25	30	80	120	400
471	Ken Retzer	5	5	5	6	10	15	30	80
472	Lou Brock	40	60	100	150	▼200	300	1,000	
473	New York Mets TC	8	12	20	30	50	80	150	800
474	Jack Fisher	5	5	5	8	12	20	40	100
475	Gus Triandos	5	5	5	8	12	20	50	
476	Frank Funk	5	5	5	6	10	15	50	120
477	Donn Clendenon	5	5	5	8	12	25	60	
478	Paul Brown	5	5	5	6	10	25	80	150
479	Ed Brinkman RC	5	6	10	15	25	40	80	
480	Bill Monbouquette	5	5	5	6	10	40	80	150
481	Bob Taylor	5	5	5	6	10	15	50	100
482	Felix Torres	5	5	5	6	10	15	30	100
483	Jim Owens	5	5	5	6	10	15	50	275
484	Dale Long SP	5	6	10	15	25	40	60	550
485	Jim Landis	5	5	5	6	10	15	50	100
486	Ray Sadecki	5	6	10	15	25	40	80	150
487	John Roseboro	5	5	5	8	12	20	80	250
488	Jerry Adair	5	5	5	6	10	30	40	150
489	Paul Toth RC	5	5	8	12	20	30	50	120

#	Player	GD 2	VG 3	VgEx 4	EX 5	ExMt 6	NM 7	NmMt 8	MT 9
490	Willie McCovey	25	40	60	100	120	250	600	800
491	Harry Craft MG	5	5	5	6	10	25	40	60
492	Dave Wickersham	5	5	5	6	10	15	50	150
493	Walt Bond	5	6	10	15	25	40	100	250
494	Phil Regan	5	5	6	10	15	25	40	100
495	Frank Thomas SP	8	12	20	30	50	80	150	
496	1963 Rookie Stars	25	40	60	100	150	300	1,000	
497	Bennie Daniels	5	5	5	6	10	15	30	120
498	Eddie Kasko	5	5	5	6	10	15	50	100
499	J.C. Martin	5	5	6	10	15	25	40	100
500	Harmon Killebrew SP	60	80	100	120	200	250	600	2,500
501	Joe Azcue	5	5	5	6	10	15	150	
502	Daryl Spencer	5	5	5	6	10	15	50	80
503	Milwaukee Braves TC	5	5	5	8	12	30	80	120
504	Bob Johnson	5	5	5	6	10	15	40	150
505	Curt Flood	8	12	20	30	50	80	250	600
506	Gene Green	5	5	5	6	10	15	40	
507	Roland Sheldon	5	5	8	12	20	25	50	100
508	Ted Savage	5	6	10	15	25	40	60	200
509A	Checklist 7 Copyright Centered	5	5	5	8	12	20	30	
509B	Checklist 7 Copyright to Right	5	5	5	8	12	20	40	
510	Ken McBride	5	5	5	6	10	15	40	100
511	Charlie Neal	5	5	5	8	12	20	50	
512	Cal McLish	5	5	5	6	10	15	50	
513	Gary Geiger	5	5	5	6	10	15	50	150
514	Larry Osborne	5	5	5	6	10	15	40	100
515	Don Elston	5	5	5	6	10	15	40	120
516	Purnell Goldy RC	5	5	5	6	10	30	60	
517	Hal Woodeshick	5	5	5	6	10	15	60	
518	Don Blasingame	5	5	5	6	10	15	40	80
519	Claude Raymond RC	5	8	12	20	30	50	80	150
520	Orlando Cepeda	20	30	50	80	120	200	500	1,200
521	Dan Pfister	5	5	5	6	20	25	40	100
522	1963 Rookie Stars	5	6	10	15	25	40	100	
523	Bill Kunkel	5	5	5	5	8	25	60	
524	St. Louis Cardinals TC	5	5	5	8	12	20	60	200
525	Nellie Fox	10	15	25	40	60	100	200	400
526	Dick Hall	5	5	5	8	12	20	100	
527	Ed Sadowski	5	5	5	8	12	20	30	80
528	Carl Willey	5	5	5	5	8	12	30	80
529	Wes Covington	5	5	▲6	▲10	▲15	▲25	60	
530	Don Mossi	5	5	5	5	8	12	60	100
531	Sam Mele MG	5	5	8	12	20	30	50	120
532	Steve Boros	5	5	5	5	8	12	40	100
533	Bobby Shantz	5	5	6	10	15	25	40	80
534	Ken Walters	5	5	5	5	8	12	30	
535	Jim Perry	5	5	8	12	20	30	▲100	
536	Norm Larker	5	5	5	5	8	12	40	
537	Pete Rose RC	1,200	1,500	2,000	▲3,000	▲4,000	6,000	15,000	125,000
538	George Brunet	5	5	5	5	8	12	25	100
539	Wayne Causey	5	5	5	5	8	12	50	100
540	Roberto Clemente	▲120	▲200	▲300	▲500	600	1,200	2,500	3,000
541	Ron Moeller	5	5	5	5	8	12	40	80
542	Lou Klimchock	5	5	5	6	10	15	30	100
543	Russ Snyder	5	5	5	5	8	12	30	100
544	Rusty Staub RC	15	25	40	60	100	150	400	800
545	Jose Pagan	5	5	5	5	8	12	40	100
546	Hal Reniff	5	5	8	12	20	30	50	
547	Gus Bell	5	5	8	12	20	30	50	150
548	Tom Satriano RC	5	5	8	12	20	30	100	
549	1963 Rookie Stars	5	5	5	6	10	25	250	
550	Duke Snider	12	20	30	50	80	120	250	800
551	Billy Klaus	5	5	5	5	8	12	25	100
552	Detroit Tigers TC	5	6	10	15	25	40	100	800
553	Willie Stargell RC	200	250	300	400	600	800	2,000	8,000
554	Hank Fischer RC	5	5	5	8	12	20	40	150
555	John Blanchard	5	5	5	6	10	30	50	

#	Name	GD 2	VG 3	VgEx 4	EX 5	ExMt 6	NM 7	NmMt 8	MT 9
556	Al Worthington	5	5	5	5	8	12	50	100
557	Cuno Barragan	5	5	5	5	8	12	25	600
558	Ron Hunt RC	8	12	20	30	50	80	120	150
559	Danny Murtaugh MG	5	5	5	5	8	12	60	
560	Ray Herbert	5	5	6	10	15	25	40	80
561	Mike De La Hoz	5	5	5	5	8	12	50	
562	Dave McNally RC	6	10	15	25	40	60	200	400
563	Mike McCormick	5	5	5	5	8	12	30	80
564	George Banks RC	5	5	5	6	10	15	40	
565	Larry Sherry	5	5	5	5	6	30	100	
566	Cliff Cook	5	5	6	10	15	25	40	100
567	Jim Duffalo	5	5	5	5	8	12	50	
568	Bob Sadowski	5	5	5	5	8	12	50	150
569	Luis Arroyo	5	5	5	5	8	25	60	200
570	Frank Bolling	5	5	5	5	8	12	40	
571	Johnny Klippstein	5	5	6	10	15	25	40	80
572	Jack Spring	5	5	5	5	8	12	30	60
573	Coot Veal	5	5	5	5	6	25	100	150
574	Hal Kolstad	5	5	5	6	10	25	80	
575	Don Cardwell	5	5	5	6	10	15	100	200
576	Johnny Temple	5	6	10	15	25	40	60	200

1963 Topps Peel-Offs

#	Name	GD 2	VG 3	VgEx 4	EX 5	ExMt 6	NM 7	NmMt 8	MT 9
1	Hank Aaron	▲15	▲25	▲40	▲60	▲100	▲150	▲250	▲400
2	Luis Aparicio	5	▲8	▲12	▲20	▲30	▲50	▲80	▲120
3	Richie Ashburn	5	▲8	▲12	▲20	▲30	▲50	▲80	
4	Bob Aspromonte	5	5	5	5	5	8	15	
5	Ernie Banks	▲30	▲50	▲80	▲120	▲200	▲300	▲500	
6	Ken Boyer	5	5	5	5	5	8	15	50
7	Jim Bunning	5	5	▲8	▲12	▲20	▲30	▲50	▲80
8	Johnny Callison	5	5	5	5	5	8	15	50
9	Roberto Clemente	▲40	▲60	▲100	▲150	▲250	▲400	▲1,000	
10	Orlando Cepeda	5	▲8	▲12	▲20	▲30	▲50	▲80	▲120
11	Rocky Colavito	5	▲6	▲10	▲15	▲25	▲40	▼60	
12	Tommy Davis	5	5	5	5	5	8	15	
13	Dick Donovan	5	5	5	5	5	8	15	60
14	Don Drysdale	5	▲6	▲10	▲15	▲25	▲40	▲60	▲100
15	Dick Farrell	5	5	5	5	5	8	15	50
16	Jim Gentile	5	5	5	5	5	8	15	
17	Ray Herbert	5	5	5	5	5	8	15	50
18	Chuck Hinton	5	5	5	5	5	8	15	
19	Ken Hubbs	5	5	5	5	5	10	30	60
20	Al Jackson	5	5	5	5	5	8	15	50
21	Al Kaline	▲20	▲30	▲50	▲80	▲120	▲200	▲300	
22	Harmon Killebrew	▲6	▲10	▲15	▲25	▲40	▲60	▲100	▲150
23	Sandy Koufax	▲20	▲30	▲50	▲80	▲120	▲200	▲300	
24	Jerry Lumpe	5	5	5	5	8	12	30	
25	Art Mahaffey	5	5	5	5	5	8	15	
26	Mickey Mantle	▲80	▲120	▲200	▲300	▲500	▲800	▲2,000	
27	Willie Mays	▲25	▲40	▲60	▲100	▲150	▲250	▲400	
28	Bill Mazeroski	5	▲6	▲10	▲15	▲25	▲40	▼60	▼100
29	Bill Monbouquette	5	5	5	5	5	8	15	50
30	Stan Musial	▲20	▲30	▲50	▲80	▲120	▲200	▲300	
31	Camilo Pascual	5	5	5	5	5	8	15	
32	Bob Purkey	5	5	5	5	5	8	15	60
33	Bobby Richardson	5	5	5	5	5	10	40	60
34	Brooks Robinson	▲6	▲10	▲15	▲25	▲40	▲60	▲100	▲150
35	Floyd Robinson	5	5	5	5	5	8	15	60
36	Frank Robinson	▲20	▲30	▲50	▲80	▲120	▲200	▲300	
37	Bob Rodgers	5	5	5	5	5	8	15	60
38	Johnny Romano	5	5	5	5	5	8	15	
39	Jack Sanford	5	5	5	5	5	8	15	
40	Norm Siebern	5	5	5	5	5	8	15	50
41	Warren Spahn	5	▲8	▲12	▲20	▲30	▲50	▲80	▲120
42	Dave Stenhouse	5	5	5	5	5	8	15	

#	Name	GD 2	VG 3	VgEx 4	EX 5	ExMt 6	NM 7	NmMt 8	MT 9
43	Ralph Terry	5	5	5	5	5	8	15	
44	Lee Thomas	5	5	5	5	5	8	15	60
45	Bill White	5	5	5	5	5	8	15	
46	Carl Yastrzemski	▲20	▲30	▲50	▲80	▲120	▲200	▲300	

1964 Topps

#	Name	GD 2	VG 3	VgEx 4	EX 5	ExMt 6	NM 7	NmMt 8	MT 9
1	NL ERA Leaders	5	5	8	12	30	50	250	
2	AL ERA Leaders	5	5	5	6	10	15	120	
3	NL Pitching Leaders	5	5	8	12	20	120		
4	AL Pitching Leaders	5	5	5	8	12	40	100	500
5	NL Strikeout Leaders	5	5	5	10	12	30	60	400
6	AL Strikeout Leaders	5	5	5	5	8	30	80	300
7	NL Batting Leaders	5	6	10	15	25	50	100	500
8	AL Batting Leaders	5	5	6	10	25	40	500	
9	NL Home Run Leaders	5	6	10	30	50	60	150	500
10	AL Home Run Leaders	5	5	5	6	10	15	80	500
11	NL RBI Leaders	5	5	6	15	25	30	80	500
12	AL RBI Leaders	5	5	5	6	10	15	100	600
13	Hoyt Wilhelm	5	8	12	20	30	50	100	400
14	D.Nen RC/N.Willhite RC	5	5	5	5	5	8	15	100
15	Zoilo Versalles	5	5	5	5	6	15	40	
16	John Boozer	5	5	5	5	5	8	15	50
17	Willie Kirkland	5	5	5	5	5	8	15	50
18	Billy O'Dell	5	5	5	5	5	8	15	50
19	Don Wert	5	5	5	5	5	8	15	100
20	Bob Friend	5	5	5	5	5	15	20	
21	Yogi Berra MG	40	50	60	80	120	200	400	1,000
22	Jerry Adair	5	5	5	5	5	5	20	150
23	Chris Zachary RC	5	5	5	5	5	5	30	100
24	Carl Sawatski	5	5	5	5	5	5	15	50
25	Bill Monbouquette	5	5	5	5	5	5	25	80
26	Gino Cimoli	5	5	5	5	5	5	15	50
27	New York Mets TC	5	5	5	5	8	15	30	100
28	Claude Osteen	5	5	5	5	5	15	50	80
29	Lou Brock	30	50	60	80	120	200	500	1,000
30	Ron Perranoski	5	5	5	5	5	8	20	80
31	Dave Nicholson	5	5	5	5	5	8	15	800
32	Dean Chance	5	5	5	5	5	10	20	80
33	S.Ellis/M.Queen	5	5	5	5	5	8	25	
34	Jim Perry	5	5	5	5	5	10	50	80
35	Eddie Mathews	15	25	40	50	80	250	400	1,000
36	Hal Reniff	5	5	5	5	6	15	50	
37	Smoky Burgess	5	5	5	5	6	15	40	
38	Jim Wynn RC	8	12	20	30	50	80	150	150
39	Hank Aguirre	5	5	5	5	5	8	15	50
40	Dick Groat	5	5	5	5	8	25	60	
41	Friendly Foes	5	5	5	8	12	20	40	
42	Moe Drabowsky	5	5	5	5	5	8	20	
43	Roy Sievers	5	5	5	5	5	10	20	100
44	Duke Carmel	5	5	5	5	5	8	15	100
45	Milt Pappas	5	5	5	5	5	5	15	100
46	Ed Brinkman	5	5	5	5	5	8	15	50
47	J.Alou RC/R.Herbel	5	5	5	5	5	10	20	80
48	Bob Perry RC	5	5	5	5	5	5	25	120
49	Bill Henry	5	5	5	5	5	8	20	
50	Mickey Mantle	250	300	500	600	800	2,000	6,000	60,000
51	Pete Richert	5	5	5	5	5	8	20	50
52	Chuck Hinton	5	5	5	5	5	8	15	50
53	Denis Menke	5	5	5	5	5	8	25	80
54	Sam Mele MG	5	5	5	5	5	8	15	60
55	Ernie Banks	40	50	80	100	150	250	600	2,500
56	Hal Brown	5	5	5	5	5	8	15	60
57	Tim Harkness	5	5	5	5	5	8	15	80
58	Don Demeter	5	5	5	5	5	5	25	
59	Ernie Broglio	5	5	5	5	5	8	25	100

#	Player	GD 2	VG 3	VgEx 4	EX 5	ExMt 6	NM 7	NmMt 8	MT 9
60	Frank Malzone	5	5	5	5	5	10	30	80
61	Angel Backstops	5	5	5	5	5	8	15	50
62	Ted Savage	5	5	5	5	5	8	15	50
63	John Orsino	5	5	5	5	5	8	15	50
64	Ted Abernathy	5	5	5	5	5	8	25	
65	Felipe Alou	5	5	5	5	5	10	20	80
66	Eddie Fisher	5	5	5	5	5	8	20	
67	Detroit Tigers TC	5	5	5	5	6	12	25	200
68	Willie Davis	5	5	5	6	10	15	25	50
69	Clete Boyer	5	5	5	5	5	15	80	200
70	Joe Torre	8	12	20	30	50	80	120	250
71	Jack Spring	5	5	5	5	6	12	30	100
72	Chico Cardenas	5	5	5	5	5	15	50	
73	Jimmie Hall RC	5	5	5	5	5	15	50	100
74	B.Priddy RC/T.Butters	5	5	5	5	5	8	25	100
75	Wayne Causey	5	5	5	5	5	8	25	
76	Checklist 1	5	5	5	5	5	10	20	80
77	Jerry Walker	5	5	5	5	5	8	25	100
78	Merritt Ranew	5	5	5	5	5	8	15	50
79	Bob Heffner RC	5	5	5	5	5	8	25	100
80	Vada Pinson	5	5	5	5	5	10	80	150
81	All-Star Vets	5	5	5	8	12	20	60	200
82	Jim Davenport	5	5	5	5	5	10	20	80
83	Gus Triandos	5	5	5	5	5	8	25	80
84	Carl Willey	5	5	5	5	5	8	15	50
85	Pete Ward	5	5	5	5	5	8	15	50
86	Al Downing	5	5	5	5	5	10	30	150
87	St. Louis Cardinals TC	5	5	5	5	5	10	20	100
88	John Roseboro	5	5	5	5	5	10	20	100
89	Boog Powell	5	5	5	5	5	10	100	200
90	Earl Battey	5	5	5	5	5	8	15	150
91	Bob Bailey	5	5	5	5	5	8	50	
92	Steve Ridzik	5	5	5	5	5	8	25	100
93	Gary Geiger	5	5	5	5	5	8	25	
94	J.Britton RC/L.Maxie RC	5	5	5	5	5	8	20	
95	George Altman	5	5	5	5	5	8	15	50
96	Bob Buhl	5	5	5	5	5	8	15	100
97	Jim Fregosi	5	5	5	5	5	10	30	60
98	Bill Bruton	5	5	5	5	5	10	20	120
99	Al Stanek RC	5	5	5	5	5	8	25	80
100	Elston Howard	5	5	5	8	12	20	40	200
101	Walt Alston MG	5	5	5	10	15	30	40	80
102	Checklist 2	5	5	5	5	5	8	15	50
103	Curt Flood	10	15	25	40	60	100	400	
104	Art Mahaffey	5	5	5	5	5	8	20	120
105	Woody Held	5	5	5	5	5	8	15	60
106	Joe Nuxhall	5	5	5	5	5	10	25	
107	B.Howard RC/F.Kruetzer RC	5	5	5	5	5	8	15	50
108	John Wyatt	5	5	5	5	5	8	25	
109	Rusty Staub	5	5	5	5	8	25	30	150
110	Albie Pearson	5	5	5	5	5	12	25	
111	Don Elston	5	5	5	5	5	8	15	50
112	Bob Tillman	5	5	5	5	5	8	15	50
113	Grover Powell RC	5	5	5	5	5	8	15	50
114	Don Lock	5	5	5	5	5	8	30	60
115	Frank Bolling	5	5	5	5	5	8	15	80
116	J.Ward RC/T.Oliva	20	30	50	60	80	120	250	800
117	Earl Francis	5	5	5	5	5	8	15	80
118	John Blanchard	5	5	5	5	6	20	50	
119	Gary Kolb RC	5	5	5	5	5	8	15	50
120	Don Drysdale	6	10	15	25	40	60	120	400
121	Pete Runnels	5	5	5	5	5	10	40	
122	Don McMahon	5	5	5	5	5	8	15	50
123	Jose Pagan	5	5	5	5	5	8	15	50
124	Orlando Pena	5	5	5	5	5	8	15	50
125	Pete Rose	▲250	▲300	400	▲600	▲1,000	2,000	5,000	12,000
126	Russ Snyder	5	5	5	5	5	8	15	50
127	A.Gatewood RC/D.Simpson	5	5	5	5	5	8	15	50
128	Mickey Lolich RC	10	15	25	40	60	100	200	500
129	Amado Samuel	5	5	5	5	5	8	15	50
130	Gary Peters	5	5	5	5	5	8	20	100
131	Steve Boros	5	5	5	5	5	8	15	50
132	Milwaukee Braves TC	5	5	5	5	5	10	20	70
133	Jim Grant	5	5	5	5	5	8	25	80
134	Don Zimmer	5	5	6	10	15	25	40	100
135	Johnny Callison	5	5	5	5	5	10	25	80
136	Sandy Koufax WS1	6	10	15	25	40	80	400	
137	Willie Davis WS2	5	5	5	5	8	15	40	150
138	Ron Fairly WS3	5	5	5	5	8	15	40	120
139	Frank Howard WS4	5	5	5	5	8	15	50	650
140	Dodgers Celebrate WS	5	5	5	5	8	15	30	120
141	Danny Murtaugh MG	5	5	5	5	5	8	25	50
142	John Bateman	5	5	5	5	5	10	30	120
143	Bubba Phillips	5	5	5	5	5	8	15	50
144	Al Worthington	5	5	5	5	5	8	15	50
145	Norm Siebern	5	5	5	5	5	8	15	80
146	T.John RC/B.Chance RC	6	10	15	50	60	80	200	800
147	Ray Sadecki	5	5	5	5	5	8	30	120
148	J.C. Martin	5	5	5	5	5	10	40	100
149	Paul Foytack	5	5	5	5	5	8	15	50
150	Willie Mays	80	100	120	200	300	500	2,000	4,000
151	Kansas City Athletics TC	5	5	5	5	5	10	20	80
152	Denny Lemaster	5	5	5	5	5	8	15	50
153	Dick Williams	5	5	5	5	5	8	40	80
154	Dick Tracewski RC	5	5	5	5	5	10	20	60
155	Duke Snider	15	20	25	40	50	80	150	500
156	Bill Dailey	5	5	5	5	5	8	15	60
157	Gene Mauch MG	5	5	5	5	5	8	15	100
158	Ken Johnson	5	5	5	5	5	8	15	50
159	Charlie Dees RC	5	5	5	5	5	8	50	80
160	Ken Boyer	5	5	5	5	8	20	60	200
161	Dave McNally	5	5	5	5	5	10	25	50
162	Hitting Area	5	5	5	5	5	5	60	
163	Donn Clendenon	5	5	5	5	5	10	40	80
164	Bud Daley	5	5	5	5	5	8	15	50
165	Jerry Lumpe	5	5	5	5	5	8	15	50
166	Marty Keough	5	5	5	5	5	8	15	50
167	M.Brumley RC/L.Piniella RC	▲10	▲15	▲25	▲40	▲60	▲100	250	1,000
168	Al Weis	5	5	5	5	5	8	15	50
169	Del Crandall	5	5	5	5	5	10	20	50
170	Dick Radatz	5	5	5	5	5	15	40	100
171	Ty Cline	5	5	5	5	5	8	15	50
172	Cleveland Indians TC	5	5	5	5	5	10	20	80
173	Ryne Duren	5	5	5	5	5	5	30	60
174	Doc Edwards	5	5	5	5	5	8	15	50
175	Billy Williams	10	15	25	40	60	▼100	▼200	
176	Tracy Stallard	5	5	5	5	5	8	15	50
177	Harmon Killebrew	25	30	40	50	60	150	250	1,200
178	Hank Bauer MG	5	5	5	6	10	15	25	60
179	Carl Warwick	5	5	5	5	5	8	20	50
180	Tommy Davis	5	5	5	5	5	10	25	80
181	Dave Wickersham	5	5	5	5	5	8	15	50
182	Sox Sockers	5	5	5	8	15	80	120	200
183	Ron Taylor	5	5	5	5	5	8	15	450
184	Al Luplow	5	5	5	5	5	8	15	50
185	Jim O'Toole	5	5	5	5	5	8	15	50
186	Roman Mejias	5	5	5	5	5	8	25	
187	Ed Roebuck	5	5	5	5	5	8	15	50
188	Checklist 3	5	5	5	5	5	8	25	80
189	Bob Hendley	5	5	5	5	5	8	15	175
190	Bobby Richardson	6	10	15	25	40	60	100	300
191	Clay Dalrymple	5	5	5	5	5	8	15	50
192	J.Boccabella RC/B.Cowan RC	5	5	5	5	5	8	15	50
193	Jerry Lynch	5	5	5	5	5	8	15	120

#	Player	GD 2	VG 3	VgEx 4	EX 5	ExMt 6	NM 7	NmMt 8	MT 9
194	John Goryl	5	5	5	5	5	8	15	50
195	Floyd Robinson	5	5	5	5	5	8	15	50
196	Jim Gentile	5	5	5	5	5	8	20	50
197	Frank Lary	5	5	5	5	5	8	15	100
198	Len Gabrielson	5	5	5	5	6	12	30	100
199	Joe Azcue	5	5	5	5	5	8	15	50
200	Sandy Koufax	50	80	120	100	150	200	400	1,200
201	S.Bowens RC/W.Bunker RC	5	5	5	8	12	20	30	400
202	Galen Cisco	5	5	5	5	5	8	25	50
203	John Kennedy RC	5	5	5	5	5	8	20	50
204	Matty Alou	5	5	5	6	10	15	40	80
205	Nellie Fox	5	5	5	8	20	25	40	150
206	Steve Hamilton	5	5	5	5	5	8	30	50
207	Fred Hutchinson MG	5	5	5	5	5	8	15	80
208	Wes Covington	5	5	5	5	5	10	40	
209	Bob Allen	5	5	5	5	6	12	30	80
210	Carl Yastrzemski	25	40	50	60	100	200	400	2,000
211	Jim Coker	5	5	5	5	5	8	15	50
212	Pete Lovrich	5	5	5	5	5	8	15	50
213	Los Angeles Angels TC	5	5	5	8	12	20	30	80
214	Ken McMullen	5	5	5	5	5	8	25	50
215	Ray Herbert	5	5	5	5	5	8	25	80
216	Mike de la Hoz	5	5	5	5	5	8	15	50
217	Jim King	5	5	5	5	5	8	15	50
218	Hank Fischer	5	5	5	5	5	8	15	50
219	Young Aces	5	5	5	5	5	10	30	120
220	Dick Ellsworth	5	5	5	5	5	8	15	50
221	Bob Saverine	5	5	5	5	5	8	15	50
222	Billy Pierce	5	5	5	5	5	8	25	50
223	George Banks	5	5	5	5	5	8	15	60
224	Tommie Sisk	5	5	5	5	5	8	15	80
225	Roger Maris	40	60	80	100	120	250	400	2,000
226	J.Grote RC/L.Yellen RC	5	5	5	5	5	8	15	50
227	Barry Latman	5	5	5	5	5	8	15	50
228	Felix Mantilla	5	5	5	5	5	8	15	80
229	Charley Lau	5	5	5	8	12	20	30	50
230	Brooks Robinson	25	▼30	▼40	▼50	▼80	▼120	400	1,200
231	Dick Calmus RC	5	5	5	5	5	8	15	50
232	Al Lopez MG	5	5	5	5	5	10	60	150
233	Hal Smith	5	5	5	5	5	8	15	50
234	Gary Bell	5	5	5	5	5	10	20	60
235	Ron Hunt	5	5	5	5	5	8	15	60
236	Bill Faul	5	5	5	5	5	8	15	80
237	Chicago Cubs TC	5	5	6	10	15	25	60	250
238	Roy McMillan	5	5	5	5	5	8	20	50
239	Herm Starrette RC	5	5	5	5	5	8	25	80
240	Bill White	5	5	5	5	8	15	40	120
241	Jim Owens	5	5	5	5	5	8	15	50
242	Harvey Kuenn	5	5	5	5	5	8	15	50
243	R.Allen RC/J.Hernstein	▲40	▲60	▲100	▲150	▲200	▲400	800	2,500
244	Tony LaRussa RC	25	30	40	50	60	100	▲200	▲800
245	Dick Stigman	5	5	5	5	5	8	15	50
246	Manny Mota	5	5	5	5	5	10	40	80
247	Dave DeBusschere	5	5	5	5	5	10	40	150
248	Johnny Pesky MG	5	5	5	5	5	10	60	150
249	Doug Camilli	5	5	5	5	5	8	20	50
250	Al Kaline	20	25	30	40	50	80	120	500
251	Choo Choo Coleman	5	5	5	5	5	10	50	100
252	Ken Aspromonte	5	5	5	5	5	8	25	
253	Wally Post	5	5	5	5	5	8	25	80
254	Don Hoak	5	5	5	5	5	8	30	50
255	Lee Thomas	5	5	5	5	5	8	25	100
256	Johnny Weekly	5	5	5	5	5	8	25	80
257	San Francisco Giants TC	5	5	5	5	5	8	50	120
258	Garry Roggenburk	5	5	5	5	5	10	20	80
259	Harry Bright	5	5	5	5	5	10	20	80
260	Frank Robinson	25	40	50	80	120	150	▲400	▲1,000
261	Jim Hannan	5	5	5	5	5	8	15	50
262	M.Shannon RC/H.Fanok	5	5	5	5	8	15	50	100
263	Chuck Estrada	5	5	5	5	5	8	15	50
264	Jim Landis	5	5	5	5	5	8	15	50
265	Jim Bunning	5	5	5	8	12	20	50	120
266	Gene Freese	5	5	5	5	5	8	15	50
267	Wilbur Wood RC	5	5	5	5	6	12	25	100
268	Bill's Got It	5	5	5	5	6	12	40	100
269	Ellis Burton	5	5	5	5	5	8	15	50
270	Rich Rollins	5	5	5	5	5	8	30	100
271	Bob Sadowski	5	5	5	5	5	8	15	50
272	Jake Wood	5	5	5	5	5	8	15	150
273	Mel Nelson	5	5	5	5	5	8	15	50
274	Checklist 4	5	5	5	5	8	12	25	100
275	John Tsitouris	5	5	5	5	5	10	30	100
276	Jose Tartabull	5	5	5	5	5	8	20	50
277	Ken Retzer	5	5	5	5	5	10	30	100
278	Bobby Shantz	5	5	5	5	5	8	30	100
279	Joe Koppe	5	5	5	5	5	8	15	50
280	Juan Marichal	10	15	25	40	60	100	200	350
281	J.,Gibbs/T.Metcalf RC	5	5	5	5	5	10	25	120
282	Bob Bruce	5	5	5	5	5	8	15	50
283	Tom McCraw RC	5	5	5	5	5	8	15	50
284	Dick Schofield	5	5	5	5	5	8	15	80
285	Robin Roberts	5	5	5	8	12	20	60	100
286	Don Landrum	5	5	5	5	5	8	15	50
287	Tony Conigliaro RC	10	15	25	40	60	80	200	500
288	Al Moran	5	5	5	5	5	8	15	50
289	Frank Funk	5	5	5	5	5	8	15	50
290	Bob Allison	5	5	5	5	5	10	20	80
291	Phil Ortega	5	5	5	5	5	8	15	50
292	Mike Roarke	5	5	5	5	5	8	15	50
293	Philadelphia Phillies TC	5	5	5	5	5	10	20	120
294	Ken L. Hunt	5	5	5	5	5	8	15	30
295	Roger Craig	5	5	5	8	12	20	30	100
296	Ed Kirkpatrick	5	5	5	5	5	8	15	50
297	Ken MacKenzie	5	5	5	5	5	8	15	50
298	Harry Craft MG	5	5	5	5	5	8	15	50
299	Bill Stafford	5	5	5	5	5	12	60	100
300	Hank Aaron	▲60	▲100	▲150	▲250	▲300	400	1,500	3,000
301	Larry Brown RC	5	5	5	5	5	8	15	50
302	Dan Pfister	5	5	5	5	5	8	15	60
303	Jim Campbell	5	5	5	5	5	8	15	50
304	Bob Johnson	5	5	5	5	5	8	15	50
305	Jack Lamabe	5	5	5	5	5	8	15	50
306	Giant Gunners	15	25	40	60	100	150	250	500
307	Joe Gibbon	5	5	5	5	5	8	15	50
308	Gene Stephens	5	5	5	5	5	8	15	50
309	Paul Toth	5	5	5	5	6	12	30	100
310	Jim Gilliam	5	5	5	5	6	12	30	50
311	Tom W. Brown RC	5	5	5	5	5	8	15	50
312	F.Fisher RC/F.Gladding RC	5	5	5	5	5	8	15	50
313	Chuck Hiller	5	5	5	5	5	8	15	50
314	Jerry Buchek	5	5	5	5	5	8	15	50
315	Bo Belinsky	5	5	5	5	5	8	25	50
316	Gene Oliver	5	5	5	5	5	8	15	50
317	Al Smith	5	5	5	5	5	8	15	50
318	Minnesota Twins TC	5	5	5	5	6	12	25	120
319	Paul Brown	5	5	5	5	5	8	15	50
320	Rocky Colavito	5	▲8	▲12	▲20	▲30	▲50	▲80	300
321	Bob Lillis	5	5	5	5	5	8	15	50
322	George Brunet	5	5	5	5	5	8	15	50
323	John Buzhardt	5	5	5	5	5	8	15	50
324	Casey Stengel MG	5	8	12	20	30	50	100	250
325	Hector Lopez	5	5	5	5	5	10	50	80
326	Ron Brand RC	5	5	5	5	5	8	15	50
327	Don Blasingame	5	5	5	5	5	8	15	50

#	Player	GD 2	VG 3	VgEx 4	EX 5	ExMt 6	NM 7	NmMt 8	MT 9
328	Bob Shaw	5	5	5	5	5	8	15	50
329	Russ Nixon	5	5	5	5	5	8	15	60
330	Tommy Harper	5	5	5	5	8	20	120	250
331	AL Bombers	100	120	150	200	300	500	800	4,000
332	Ray Washburn	5	5	5	5	6	12	30	150
333	Billy Moran	5	5	5	5	5	8	15	50
334	Lew Krausse	5	5	5	5	5	8	15	50
335	Don Mossi	5	5	5	5	5	10	25	80
336	Andre Rodgers	5	5	5	5	5	8	15	50
337	A.Ferrara RC/J.Torborg RC	5	5	5	5	5	8	25	50
338	Jack Kralick	5	5	5	5	5	8	15	50
339	Walt Bond	5	5	5	5	5	8	15	50
340	Joe Cunningham	5	5	5	5	5	8	15	50
341	Jim Roland	5	5	5	5	5	8	15	50
342	Willie Stargell	30	50	60	80	▲120	250	500	2,000
343	Washington Senators TC	5	5	5	5	5	10	20	80
344	Phil Linz	5	5	5	5	5	10	25	150
345	Frank Thomas	5	5	5	5	5	10	25	80
346	Joey Jay	5	5	5	5	5	8	15	50
347	Bobby Wine	5	5	5	5	5	8	15	50
348	Ed Lopat MG	5	5	5	5	5	10	20	50
349	Art Fowler	5	5	5	5	5	8	15	50
350	Willie McCovey	8	12	20	30	50	100	150	400
351	Dan Schneider	5	5	5	5	5	8	15	50
352	Eddie Bressoud	5	5	5	5	5	8	15	50
353	Wally Moon	5	5	5	5	5	10	60	80
354	Dave Giusti	5	5	5	5	5	8	15	50
355	Vic Power	5	5	5	5	5	10	25	50
356	B.McCool RC/C.Ruiz	5	5	5	5	5	8	15	50
357	Charley James	5	5	5	5	5	8	15	60
358	Ron Kline	5	5	5	5	5	8	15	50
359	Jim Schaffer	5	5	5	5	5	8	15	50
360	Joe Pepitone	5	5	6	10	15	25	80	100
361	Jay Hook	5	5	5	5	5	8	15	50
362	Checklist 5	5	5	5	6	10	15	40	60
363	Dick McAuliffe	5	5	5	6	10	15	25	50
364	Joe Gaines	5	5	5	5	5	8	15	50
365	Cal McLish	5	5	5	5	5	8	15	50
366	Nelson Mathews	5	5	5	5	5	8	15	50
367	Fred Whitfield	5	5	5	5	5	8	15	50
368	F.Ackley RC/D.Buford RC	5	5	5	5	5	8	20	100
369	Jerry Zimmerman	5	5	5	5	5	8	15	50
370	Hal Woodeshick	5	5	5	5	5	8	15	50
371	Frank Howard	5	5	5	10	15	30	60	150
372	Howie Koplitz	5	5	5	5	5	10	25	60
373	Pittsburgh Pirates TC	5	5	5	5	6	15	60	100
374	Bobby Bolin	5	5	5	5	5	10	30	60
375	Ron Santo	20	25	30	40	60	100	300	600
376	Dave Morehead	5	5	5	5	5	10	25	60
377	Bob Skinner	5	5	5	5	5	10	20	100
378	W.Woodward RC/J.Smith	5	5	5	5	5	10	25	60
379	Tony Gonzalez	5	5	5	8	12	20	30	120
380	Whitey Ford	30	40	50	60	80	▼120	▼200	1,200
381	Bob Taylor	5	5	5	5	5	10	30	60
382	Wes Stock	5	5	5	5	5	20	30	60
383	Bill Rigney MG	5	5	5	5	5	15	40	60
384	Ron Hansen	5	5	5	5	5	15	40	80
385	Curt Simmons	5	5	▲8	▲12	▲20	▲30	▲50	150
386	Lenny Green	5	5	5	5	5	10	25	60
387	Terry Fox	5	5	5	5	5	10	25	80
388	J.O'Donoghue RC/G.Williams	5	5	5	5	5	10	50	150
389	Jim Umbricht	5	5	5	5	5	10	20	80
390	Orlando Cepeda	5	8	12	20	25	50	100	250
391	Sam McDowell	5	5	5	8	12	20	40	80
392	Jim Pagliaroni	5	5	5	5	5	10	50	120
393	Casey Teaches	5	5	5	6	15	20	60	250
394	Bob Miller	5	5	5	5	5	10	40	120
395	Tom Tresh	5	6	10	15	25	40	100	150
396	Dennis Bennett	5	5	5	5	5	10	20	60
397	Chuck Cottier	5	5	5	5	5	10	25	60
398	B.Haas/D.Smith	5	5	5	5	6	15	50	200
399	Jackie Brandt	5	5	5	5	5	20	50	120
400	Warren Spahn	25	30	40	50	60	120	250	600
401	Charlie Maxwell	5	5	5	5	5	15	80	100
402	Tom Sturdivant	5	5	5	5	5	10	30	60
403	Cincinnati Reds TC	5	5	5	5	6	12	60	150
404	Tony Martinez	5	5	5	5	5	10	20	60
405	Ken McBride	5	5	5	5	5	10	30	60
406	Al Spangler	5	5	5	5	5	10	25	100
407	Bill Freehan	▲6	▲10	▲15	▲25	▲40	▲60	▲100	▲200
408	J.Stewart RC/F.Burdette RC	5	5	5	5	5	10	25	60
409	Bill Fischer	5	5	5	5	5	10	20	60
410	Dick Stuart	5	5	5	5	5	10	40	120
411	Lee Walls	5	5	5	5	5	10	20	60
412	Ray Culp	5	5	6	8	12	20	▲100	▲300
413	Johnny Keane MG	5	5	5	5	5	10	20	60
414	Jack Sanford	5	5	5	5	5	15	30	100
415	Tony Kubek	5	8	12	20	30	50	120	250
416	Lee Maye	5	5	5	5	5	10	40	80
417	Don Cardwell	5	5	5	5	5	10	25	60
418	D.Knowles RC/B.Narum RC	5	5	5	5	5	10	30	60
419	Ken Harrelson RC	5	5	6	10	15	25	60	100
420	Jim Maloney	5	5	5	5	20	25	50	100
421	Camilo Carreon	5	5	5	5	5	10	20	60
422	Jack Fisher	5	5	5	5	5	10	25	60
423	Tops in NL	▲50	▲80	▲120	▲200	▲300	▲500	▲800	1,200
424	Dick Bertell	5	5	5	8	12	20	30	60
425	Norm Cash	5	5	5	8	12	20	40	100
426	Bob Rodgers	5	5	5	5	5	10	30	50
427	Don Rudolph	5	5	5	6	10	15	25	60
428	A.Skeen RC/P.Smith RC	5	5	5	5	5	10	50	120
429	Tim McCarver	5	5	5	5	20	25	60	250
430	Juan Pizarro	5	5	5	5	5	20		
431	George Alusik	5	5	5	5	5	10	30	60
432	Ruben Amaro	5	5	5	6	10	15	25	60
433	New York Yankees TC	10	15	25	40	60	100	250	400
434	Don Nottebart	5	5	5	5	5	10	20	60
435	Vic Davalillo	5	5	5	5	8	30	80	400
436	Charlie Neal	5	5	5	5	6	12	30	80
437	Ed Bailey	5	5	5	5	5	10	30	80
438	Checklist 6	5	5	5	5	8	15	30	100
439	Harvey Haddix	5	5	5	5	6	15	80	120
440	Roberto Clemente	100	120	200	300	400	1,000	2,500	6,000
441	Bob Duliba	5	5	5	5	5	10	20	60
442	Pumpsie Green	5	5	5	5	6	15	40	100
443	Chuck Dressen MG	5	5	5	5	6	20	30	80
444	Larry Jackson	5	5	5	5	5	10	20	150
445	Bill Skowron	5	6	10	15	25	40	60	120
446	Julian Javier	5	5	6	10	15	25	150	
447	Ted Bowsfield	5	5	5	5	5	10	20	60
448	Cookie Rojas	5	5	5	5	5	6	20	25	80
449	Deron Johnson	5	5	5	6	10	15	40	100
450	Steve Barber	5	5	5	5	8	20	50	100
451	Joe Amalfitano	5	5	5	5	5	10	50	150
452	G.Garrido RC/J.Hart RC	5	5	6	10	15	25	40	80
453	Frank Baumann	5	5	5	5	5	15	40	80
454	Tommie Aaron	5	5	5	5	6	12	50	150
455	Bernie Allen	5	5	5	5	5	10	25	60
456	W.Parker RC/J.Werhas RC	5	5	5	6	25	50	100	
457	Jesse Gonder	5	5	5	5	5	10	25	60
458	Ralph Terry	5	5	6	10	15	25	50	250
459	P.Charton RC/D.Jones RC	5	5	5	5	5	10	40	60
460	Bob Gibson	30	50	60	100	120	250	500	1,000
461	George Thomas	5	5	5	5	5	15	40	80

#	Player	GD 2	VG 3	VgEx 4	EX 5	ExMt 6	NM 7	NmMt 8	MT 9
462	Birdie Tebbetts MG	5	5	5	5	5	15	40	100
463	Don Leppert	5	5	5	5	5	10	25	80
464	Dallas Green	5	5	5	8	15	20	80	120
465	Mike Hershberger	5	5	5	5	5	15	100	
466	D.Green RC/A.Monteagudo RC	5	5	5	5	6	20	60	80
467	Bob Aspromonte	5	5	6	10	15	25	40	60
468	Gaylord Perry	▼8	▼12	▼20	▼30	▼50	▼80	▼120	500
469	F.Norman RC/S.Slaughter RC	5	5	5	5	6	30	80	120
470	Jim Bouton	5	5	5	8	12	30	50	120
471	Gates Brown RC	5	▲8	▲12	▲20	▲30	▲50	100	
472	Vern Law	5	5	5	8	12	20	80	120
473	Baltimore Orioles TC	30	50	60	80	120	250	500	
474	Larry Sherry	5	5	5	5	6	12	100	150
475	Ed Charles	5	5	5	5	5	10	20	60
476	R.Carty RC/D.Kelley RC	5	5	5	5	10	40	120	200
477	Mike Joyce	5	5	5	5	5	15	50	50
478	Dick Howser	5	5	5	5	5	10	30	120
479	D.Bakenhaster RC/J.Lewis RC	5	5	5	5	5	10	25	60
480	Bob Purkey	5	5	5	5	5	10	25	60
481	Chuck Schilling	5	5	5	5	5	10	30	80
482	J.Briggs RC/D.Cater RC	5	5	5	5	10	20	80	150
483	Fred Valentine RC	5	5	5	5	5	10	30	60
484	Bill Pleis	5	5	5	5	5	10	20	60
485	Tom Haller	5	5	5	5	5	10	20	60
486	Bob Kennedy MG	5	5	5	5	5	10	25	60
487	Mike McCormick	5	5	5	5	6	25	40	
488	P.Mikkelsen RC/B.Meyer RC	5	5	5	5	5	12	50	800
489	Julio Navarro	5	5	5	5	5	10	60	100
490	Ron Fairly	5	5	5	5	6	12	40	80
491	Ed Rakow	5	5	5	5	5	10	30	60
492	J.Beauchamp RC/M.White RC	5	5	5	5	5	10	25	60
493	Don Lee	5	5	5	5	5	10	20	40
494	Al Jackson	5	5	5	5	5	10	50	120
495	Bill Virdon	5	5	5	5	6	15	50	120
496	Chicago White Sox TC	5	5	5	5	6	12	25	80
497	Jeoff Long RC	5	5	5	5	5	10	40	120
498	Dave Stenhouse	5	5	5	5	5	10	25	60
499	C.Slamon RC/G.Seyfried RC	5	5	5	5	8	15	30	100
500	Camilo Pascual	5	5	5	5	6	40	100	
501	Bob Veale	5	5	5	5	5	10	150	
502	B.Knoop RC/B.Lee RC	5	5	5	5	5	10	50	150
503	Earl Wilson	5	5	5	5	5	12	40	100
504	Claude Raymond	5	5	5	5	5	10	25	60
505	Stan Williams	5	5	6	10	15	50	120	250
506	Bobby Bragan MG	5	5	5	5	5	10	50	100
507	Johnny Edwards	5	5	5	5	5	10	25	50
508	Diego Segui	5	5	5	5	5	10	25	
509	G.Alley RC/O.McFarlane RC	5	5	5	5	8	25	100	400
510	Lindy McDaniel	5	5	5	5	6	12	50	120
511	Lou Jackson	5	5	5	5	5	20	25	80
512	W.Horton RC/J.Sparma RC	10	15	25	40	60	100	300	800
513	Don Larsen	5	5	5	6	10	15	80	120
514	Jim Hickman	5	5	5	8	12	20	80	150
515	Johnny Romano	5	5	5	5	5	10	60	
516	J.Arrigo RC/D.Siebler RC	5	5	5	5	5	10	30	
517A	Checklist 7 Incorrect Numbering	5	5	6	10	15	25	40	150
517B	Checklist 7 Correct Numbering	5	5	5	6	10	15	40	100
518	Carl Bouldin	5	5	5	5	5	10	30	150
519	Charlie Smith	5	5	5	5	5	10	20	60
520	Jack Baldschun	5	5	5	5	5	10	60	100
521	Tom Satriano	5	5	5	5	5	15	60	100
522	Bob Tiefenauer	5	5	5	5	5	10	25	60
523	Lou Burdette	5	8	12	20	30	50	80	200
524	J.Dickson RC/B.Klaus RC	5	5	5	5	8	15	40	
525	Al McBean	5	5	5	5	8	15	30	80
526	Lou Clinton	5	5	5	5	8	20	30	80
527	Larry Bearnarth	5	5	5	5	8	15	40	120

#	Player	GD 2	VG 3	VgEx 4	EX 5	ExMt 6	NM 7	NmMt 8	MT 9
528	D.Duncan RC/T.Reynolds RC	5	5	5	5	8	15	60	
529	Alvin Dark MG	5	5	8	12	20	30	60	150
530	Leon Wagner	5	5	5	5	5	15	50	120
531	Los Angeles Dodgers TC	5	8	12	20	30	50	150	500
532	B.Bloomfield RC/J.Nossek RC	5	5	5	5	8	15	80	150
533	Johnny Klippstein	5	5	5	5	8	15	30	80
534	Gus Bell	5	5	5	8	12	20	40	
535	Phil Regan	5	5	5	5	8	30	50	120
536	L.Elliot/J.Stephenson RC	5	5	5	5	8	15	40	
537	Dan Osinski	5	5	5	5	5	15	30	80
538	Minnie Minoso	12	20	30	50	80	▲150	▼250	
539	Roy Face	5	5	5	5	8	15	40	120
540	Luis Aparicio	6	10	15	25	40	60	500	
541	P.Roof/P.Niekro RC	80	100	120	150	250	400	800	1,500
542	Don Mincher	5	5	5	6	10	15	30	100
543	Bob Uecker	▲20	▲30	▲50	▲80	▲120	▲200	250	500
544	S.Hertz RC/J.Hoerner RC	5	5	5	6	10	15	50	
545	Max Alvis	5	5	5	6	10	15	50	80
546	Joe Christopher	5	5	5	6	10	15	60	150
547	Gil Hodges MG	5	8	12	20	30	50	80	400
548	W.Schurr RC/P.Speckenbach RC	5	5	5	8	12	20	30	80
549	Joe Moeller	5	5	5	5	8	15	40	100
550	Ken Hubbs MEM	10	15	25	40	60	100	150	500
551	Billy Hoeft	5	5	5	8	25	40	80	
552	T.Kelley RC/S.Siebert RC	5	5	5	5	8	20	40	150
553	Jim Brewer	5	5	5	5	8	15	30	120
554	Hank Foiles	5	5	5	5	8	15	25	80
555	Lee Stange	5	5	5	5	8	15	60	100
556	S.Dillon RC/R.Locke RC	5	5	5	5	8	15	50	
557	Leo Burke	5	5	5	5	8	15	25	80
558	Don Schwall	5	5	5	5	8	15	40	
559	Dick Phillips	5	5	5	5	8	15	30	80
560	Dick Farrell	5	5	5	5	8	15	50	80
561	D.Bennett RC/R.Wise RC	5	5	8	12	20	30	60	150
562	Pedro Ramos	5	5	5	8	10	20	50	80
563	Dal Maxvill	5	5	5	5	8	40	100	200
564	J.McCabe RC/J.McNertney RC	5	5	5	5	8	15	40	80
565	Stu Miller	5	5	5	5	8	15	50	80
566	Ed Kranepool	5	5	5	8	12	20	40	100
567	Jim Kaat	6	10	15	25	40	60	150	400
568	P.Gagliano RC/C.Peterson RC	5	5	5	8	12	20	30	80
569	Fred Newman	5	5	6	10	15	25	40	80
570	Bill Mazeroski	25	30	40	50	60	100	150	250
571	Gene Conley	5	5	5	5	8	15	50	80
572	D.Gray RC/D.Egan	5	5	5	5	8	15	50	
573	Jim Duffalo	5	5	5	5	8	12	20	30
574	Manny Jimenez	5	5	5	5	8	15	25	50
575	Tony Cloninger	5	5	5	5	5	15	30	60
576	J.Hinsley RC/B.Wakefield RC	5	5	5	5	8	12	60	200
577	Gordy Coleman	5	5	5	5	8	15	60	200
578	Glen Hobbie	5	5	8	12	20	30	50	80
579	Boston Red Sox TC	5	8	12	20	30	50	100	400
580	Johnny Podres	5	5	5	6	10	25	60	100
581	P.Gonzalez/A.Moore RC	5	5	5	8	15	50	200	
582	Rod Kanehl	5	5	5	5	8	20	60	100
583	Tito Francona	5	5	5	5	8	20	50	300
584	Joel Horlen	5	5	5	5	10	25	100	200
585	Tony Taylor	5	5	5	5	8	25	80	
586	Jimmy Piersall	5	6	10	15	25	40	60	150
587	Bennie Daniels	5	5	5	6	10	25	60	

1964 Topps Giants

#	Player	VG 3	VgEx 4	EX 5	ExMt 6	NM 7	NmMt 8	MT 9	Gem 9.5/10
1	Gary Peters	5	5	5	5	8	30	120	
2	Ken Johnson	5	5	5	5	8	25	100	
3	Sandy Koufax SP	80	120	200	250	300	600	2,500	

#	Player	VG 3	VgEx 4	EX 5	ExMt 6	NM 7	NmMt 8	MT 9	Gem 9.5/10
4	Bob Bailey	5	5	5	5	8	15	60	
5	Milt Pappas	5	5	5	5	8	15	30	400
6	Ron Hunt	5	5	5	5	8	15	40	250
7	Whitey Ford	10	15	25	40	60	100	250	
8	Roy McMillan	5	5	5	5	8	20	40	300
9	Rocky Colavito	5	5	8	12	20	40	80	300
10	Jim Bunning	5	5	5	6	10	30	200	300
11	Roberto Clemente	60	80	100	120	200	250	1,000	
12	Al Kaline	8	12	20	30	50	60	100	400
13	Nellie Fox	5	8	12	20	30	80	150	400
14	Tony Gonzalez	5	5	5	5	8	30	80	
15	Jim Gentile	5	5	5	5	8	40	60	
16	Dean Chance	5	5	5	5	8	20	60	
17	Dick Ellsworth	5	5	5	5	8	15	40	
18	Jim Fregosi	5	5	5	6	15	50		
19	Dick Groat	5	5	5	5	8	15	50	350
20	Chuck Hinton	5	5	5	5	8	15	40	450
21	Elston Howard	6	10	15	25	40	80	150	
22	Dick Farrell	5	5	5	5	8	15	80	150
23	Albie Pearson	5	5	5	5	8	15	30	150
24	Frank Howard	5	8	12	20	30	50	100	300
25	Mickey Mantle	120	150	200	250	300	400	1,500	
26	Joe Torre	5	5	5	5	8	15	40	500
27	Eddie Brinkman	5	5	5	5	8	40	60	
28	Bob Friend SP	8	12	20	30	50	80	200	
29	Frank Robinson	10	15	25	40	60	150	300	1,200
30	Bill Freehan	5	5	5	6	15	50	300	
31	Warren Spahn	6	10	15	25	50	60	120	300
32	Camilo Pascual	5	5	6	10	15	25	50	300
33	Pete Ward	5	5	5	5	8	15	30	
34	Jim Maloney	5	5	5	5	8	60	100	300
35	Dave Wickersham	5	5	5	5	8	15	60	500
36	Johnny Callison	5	5	5	5	8	15	30	250
37	Juan Marichal	6	10	15	25	40	60	100	
38	Harmon Killebrew	10	15	25	40	50	60	150	400
39	Luis Aparicio	6	10	15	25	40	60	100	
40	Dick Radatz	5	5	5	5	8	15	30	200
41	Bob Gibson	20	30	50	80	120	200	▲500	
42	Dick Stuart SP	5	5	8	12	20	60	▲150	
43	Tommy Davis	5	5	5	5	8	15	60	200
44	Tony Oliva	5	5	5	6	10	20	40	400
45	Wayne Causey SP	8	12	20	30	50	60	200	
46	Max Alvis	5	5	5	5	8	15	80	
47	Galen Cisco SP	10	15	25	40	60	80	200	
48	Carl Yastrzemski	10	15	25	40	60	100	200	
49	Hank Aaron	40	60	100	120	200	250	500	
50	Brooks Robinson	8	12	20	30	50	80	200	600
51	Willie Mays SP	80	120	150	250	300	500	1,000	
52	Billy Williams	8	12	20	30	50	80	200	
53	Juan Pizarro	5	5	8	12	20	30	80	250
54	Leon Wagner	5	5	5	5	8	15	30	250
55	Orlando Cepeda	10	15	25	40	60	100	▼150	▲1,000
56	Vada Pinson	5	5	5	5	8	15	30	400
57	Ken Boyer	10	15	25	40	60	200		
58	Ron Santo	8	12	20	30	50	80	120	
59	John Romano	5	5	5	5	8	20	80	
60	Bill Skowron SP	12	20	30	50	80	150		

1964 Topps Stand-Ups

#	Player	GD 2	VG 3	VgEx 4	EX 5	ExMt 6	NM 7	NmMt 8	MT 9
1	Hank Aaron	20	30	40	80	150	200	1,000	2,500
2	Hank Aguirre	5	5	5	5	20	25	50	300
3	George Altman	5	5	5	5	10	30	200	
4	Max Alvis	5	5	6	10	15	25	60	
5	Bob Aspromonte	5	5	5	5	10	15	50	300
6	Jack Baldschun SP	5	5	8	12	20	200		

#	Player	GD 2	VG 3	VgEx 4	EX 5	ExMt 6	NM 7	NmMt 8	MT 9
7	Ernie Banks	8	12	20	40	80	150	300	
8	Steve Barber	5	5	5	5	10	20	300	
9	Earl Battey	5	5	5	5	10	20	200	
10	Ken Boyer	5	5	5	8	15	30	120	
11	Ernie Broglio	5	5	5	8	12	20	100	
12	John Callison	5	5	5	8	12	20	100	
13	Norm Cash SP	6	10	15	25	40	120	300	
14	Wayne Causey	5	5	5	5	10	15	80	
15	Orlando Cepeda	5	5	5	8	15	60	200	
16	Ed Charles	5	5	5	5	10	15	40	250
17	Roberto Clemente	25	50	60	150	200	350	600	
18	Donn Clendenon SP	5	5	8	12	20	30	80	300
19	Rocky Colavito	5	5	5	8	15	30	80	
20	Ray Culp SP	5	5	8	12	20	40	200	
21	Tommy Davis	5	5	5	5	10	20	120	
22	Don Drysdale SP	10	15	40	50	100	120	400	
23	Dick Ellsworth	5	5	5	5	10	15	40	250
24	Dick Farrell	5	5	5	5	10	15	40	300
25	Jim Fregosi	5	5	5	5	10	20	200	
26	Bob Friend	5	5	5	5	10	15	100	
27	Jim Gentile	5	5	5	5	10	15	60	
28	Jesse Gonder SP	5	5	8	12	20	100	200	
29	Tony Gonzalez SP	5	5	8	12	20	100	200	
30	Dick Groat	5	5	5	6	12	25	200	
31	Woody Held	5	5	5	5	10	15	120	
32	Chuck Hinton	5	5	5	5	10	15	40	400
33	Elston Howard	5	5	5	8	15	30	120	
34	Frank Howard SP	5	8	12	20	30	80	150	
35	Ron Hunt	5	5	5	5	10			
36	Al Jackson	5	5	5	5	10	15	80	
37	Ken Johnson	5	5	5	5	10	20	120	
38	Al Kaline	10	15	25	40	80	100	200	
39	Harmon Killebrew	5	8	12	20	30	100	200	
40	Sandy Koufax	20	30	40	100	150	200	600	
41	Don Lock SP	5	5	8	12	20	40	100	
42	Jerry Lumpe SP	5	5	8	12	20	40	200	
43	Jim Maloney	5	5	5	5	10	15	80	
44	Frank Malzone	5	5	5	5	10	15	80	
45	Mickey Mantle	80	120	200	250	400	800	1,500	5,000
46	Juan Marichal SP	8	12	20	30	50	100	250	800
47	Eddie Mathews SP	10	15	25	40	60	120	300	1,200
48	Willie Mays	25	40	50	80	150	300	1,500	
49	Bill Mazeroski	5	5	5	10	15	50	150	
50	Ken McBride	5	5	5	5	10	15	50	
51	Willie McCovey SP	8	12	20	30	50	200	400	
52	Claude Osteen	5	5	5	5	10	20	60	
53	Jim O'Toole	5	5	5	5	10	15	50	
54	Camilo Pascual	5	5	5	5	10	15	80	
55	Albie Pearson SP	5	5	8	12	20	35	70	
56	Gary Peters	5	5	5	5	10	15	100	
57	Vada Pinson	5	5	5	5	10	20	100	
58	Juan Pizarro	5	5	5	5	10	15	40	150
59	Boog Powell	5	5	5	8	15	30	120	
60	Bobby Richardson	5	5	5	8	15	30	150	300
61	Brooks Robinson	6	10	15	25	60	100	250	800
62	Floyd Robinson	5	5	5	5	10	30	80	
63	Frank Robinson	6	10	15	25	80	100	400	
64	Ed Roebuck SP	5	5	8	12	20	35	100	
65	Rich Rollins	5	5	5	5	10	20		
66	John Romano	5	5	5	5	10	15	50	200
67	Ron Santo SP	6	10	15	25	50	200	350	
68	Norm Siebern	5	5	5	5	10	15	80	
69	Warren Spahn SP	10	15	25	40	60	150	350	1,200
70	Dick Stuart SP	5	8	12	20	30	80	200	
71	Lee Thomas	5	5	5	8	12	20	50	
72	Joe Torre	5	5	8	12	20	60	250	
73	Pete Ward	5	5	5	5	10	15	120	

		GD 2	VG 3	VgEx 4	EX 5	ExMt 6	NM 7	NmMt 8	MT 9
74	Bill White SP	5	6	10	15	25	50	135	400
75	Billy Williams SP	8	12	20	30	50	300	500	
76	Hal Woodeshick SP	5	5	8	12	30	50		
77	Carl Yastrzemski SP	25	40	80	200	250	500	1,000	

1965 Topps

		GD 2	VG 3	VgEx 4	EX 5	ExMt 6	NM 7	NmMt 8	MT 9
1	AL Batting Leaders	8	12	20	30	50	80	120	500
2	NL Batting Leaders	10	15	25	40	60	100	150	700
3	AL Home Run Leaders	8	12	20	30	50	80	120	600
4	NL Home Run Leaders	8	12	20	30	50	80	120	600
5	AL RBI Leaders	12	20	30	50	80	120	200	500
6	NL RBI Leaders	5	8	12	20	30	50	80	500
7	AL ERA Leaders	5	5	5	8	12	20	30	100
8	NL ERA Leaders	8	12	20	30	50	80	120	500
9	AL Pitching Leaders	5	8	12	20	30	50	80	150
10	NL Pitching Leaders	5	5	8	12	20	30	50	120
11	AL Strikeout Leaders	6	10	15	25	40	60	100	300
12	NL Strikeout Leaders	5	6	10	15	25	40	60	300
13	Pedro Ramos	5	5	5	5	6	10	25	80
14	Len Gabrielson	5	5	5	5	8	12	200	
15	Robin Roberts	6	10	15	25	40	60	100	400
16	Joe Morgan DP RC	80	100	120	200	500	800	1,200	4,000
17	Johnny Romano	5	5	5	5	8	12	20	60
18	Bill McCool	5	5	5	5	8	12	20	30
19	Gates Brown	5	8	12	20	30	50	80	
20	Jim Bunning	6	10	15	25	40	60	100	300
21	Don Blasingame	6	10	15	25	40	60	100	
22	Charlie Smith	5	5	8	12	20	30	250	
23	Bob Tiefenauer	5	5	5	5	8	12	20	60
24	Minnesota Twins TC	5	8	12	20	30	50	80	175
25	Al McBean	5	5	6	10	15	25	40	80
26	Bobby Knoop	5	5	5	6	10	15	25	
27	Dick Bertell	5	5	5	5	8	12	20	50
28	Barney Schultz	5	5	5	5	8	12	20	60
29	Felix Mantilla	5	5	5	5	8	12	20	60
30	Jim Bouton	5	5	8	12	20	30	50	150
31	Mike White	5	5	5	5	8	12	20	100
32	Herman Franks MG	5	5	5	5	8	12	20	60
33	Jackie Brandt	5	5	5	5	8	12	20	60
34	Cal Koonce	5	5	5	5	8	12	20	80
35	Ed Charles	5	5	5	5	8	12	20	80
36	Bobby Wine	5	5	5	5	8	12	20	60
37	Fred Gladding	5	5	5	5	8	12	20	60
38	Jim King	5	5	5	5	8	12	20	60
39	Gerry Arrigo	5	5	5	5	8	12	20	80
40	Frank Howard	5	5	8	12	20	30	50	120
41	B.Howard/M.Staehle RC	5	5	5	5	8	12	20	60
42	Earl Wilson	5	5	5	8	12	20	30	80
43	Mike Shannon	5	5	5	5	8	12	20	60
44	Wade Blasingame RC	5	5	6	10	15	25	40	80
45	Roy McMillan	5	5	5	5	8	12	20	60
46	Bob Lee	5	5	5	6	10	15	25	225
47	Tommy Harper	5	5	5	5	8	12	20	60
48	Claude Raymond	5	5	5	5	8	12	20	50
49	C.Blefary RC/J.Miller	5	5	5	5	8	12	20	50
50	Juan Marichal	20	30	50	80	120	200	300	800
51	Bill Bryan	5	5	5	5	8	12	20	60
52	Ed Roebuck	5	5	5	6	10	15	25	150
53	Dick McAuliffe	5	5	5	8	12	20	30	200
54	Joe Gibbon	5	5	5	5	8	12	20	60
55	Tony Conigliaro	12	20	30	50	80	120	300	
56	Ron Kline	5	5	5	5	8	12	20	60
57	St. Louis Cardinals TC	5	5	5	6	10	15	25	80
58	Fred Talbot RC	5	5	5	5	8	12	20	60
59	Nate Oliver	5	5	5	5	8	12	20	150

		GD 2	VG 3	VgEx 4	EX 5	ExMt 6	NM 7	NmMt 8	MT 9
60	Jim O'Toole	5	5	5	5	8	12	20	120
61	Chris Cannizzaro	5	5	5	6	10	15	25	60
62	Jim Kaat DP	6	10	15	25	40	60	100	300
63	Ty Cline	5	5	5	5	8	12	20	60
64	Lou Burdette	5	5	5	5	8	12	20	60
65	Tony Kubek	6	10	15	25	40	60	100	200
66	Bill Rigney MG	5	5	5	5	8	12	20	60
67	Harvey Haddix	5	5	5	6	10	15	25	150
68	Del Crandall	5	5	5	5	8	12	20	60
69	Bill Virdon	5	5	5	6	10	15	25	60
70	Bill Skowron	5	5	5	6	10	15	25	80
71	John O'Donoghue	5	5	6	10	15	25	40	80
72	Tony Gonzalez	5	5	5	5	8	12	20	60
73	Dennis Ribant RC	5	5	5	5	8	12	20	60
74	Rico Petrocelli RC	6	10	15	25	40	60	100	250
75	Deron Johnson	5	5	5	5	8	12	20	150
76	Sam McDowell	5	6	10	15	25	40	60	120
77	Doug Camilli	5	5	5	5	8	12	20	30	60
78	Dal Maxvill	5	5	5	5	8	12	20	
79A	Checklist 1 Cannizzaro	6	10	15	25	40	60	150	
79B	Checklist 1 C.Cannizzaro	5	8	12	20	30			
80	Turk Farrell	5	5	5	5	8	12	20	60
81	Don Buford	5	5	5	5	8	12	20	50
82	S.Alomar RC/J.Braun RC	5	5	5	8	12	20	30	150
83	George Thomas	5	5	5	5	8	12	20	100
84	Ron Herbel	5	5	5	5	8	12	20	80
85	Willie Smith RC	5	5	5	6	10	15	25	120
86	Buster Narum	5	5	5	5	8	12	20	
87	Nelson Mathews	5	5	5	5	8	12	20	60
88	Jack Lamabe	5	5	5	5	8	12	20	80
89	Mike Hershberger	5	5	5	6	10	15	25	80
90	Rich Rollins	5	5	5	5	8	12	20	60
91	Chicago Cubs TC	5	5	8	12	20	30	50	200
92	Dick Howser	5	5	5	6	10	15	25	40
93	Jack Fisher	5	5	5	5	8	12	20	80
94	Charlie Lau	5	6	10	15	25	40	60	
95	Bill Mazeroski DP	8	12	20	30	50	80	120	▲500
96	Sonny Siebert	5	5	5	6	10	15	150	
97	Pedro Gonzalez	5	5	5	5	8	12	20	50
98	Bob Miller	5	5	5	8	12	20	30	60
99	Gil Hodges MG	5	5	6	10	15	25	40	150
100	Ken Boyer	5	8	12	20	30	50	80	
101	Fred Newman	5	5	5	5	8	12	20	60
102	Steve Boros	5	5	5	5	8	12	20	80
103	Harvey Kuenn	5	5	5	5	8	12	20	60
104	Checklist 2	5	5	5	5	8	12	20	80
105	Chico Salmon	5	5	5	5	8	12	20	50
106	Gene Oliver	5	5	5	5	8	12	20	50
107	P.Corrales RC/C.Shockley RC	5	5	6	10	15	25	40	150
108	Don Mincher	5	5	5	5	8	12	20	80
109	Walt Bond	5	6	10	15	25	40	60	150
110	Ron Santo	10	15	25	40	60	100	150	400
111	Lee Thomas	5	5	5	5	8	12	20	60
112	Derrell Griffith RC	5	5	5	5	8	12	20	60
113	Steve Barber	5	5	5	5	8	12	20	60
114	Jim Hickman	5	5	5	6	10	15	25	40	175
115	Bobby Richardson	6	10	15	25	40	60	200	
116	D.Dowling RC/B.Tolan RC	5	5	5	5	8	12	20	50
117	Wes Stock	5	5	5	5	8	12	25	100
118	Hal Lanier RC	5	5	5	5	8	12	20	60
119	John Kennedy	5	5	5	5	8	12	20	60
120	Frank Robinson	▼20	▼30	▼50	▼80	▼120	▼200	500	2,000
121	Gene Alley	5	5	5	5	8	12	20	60
122	Bill Pleis	5	5	5	5	8	12	20	60
123	Frank Thomas	5	5	5	5	8	12	20	80
124	Tom Satriano	5	5	5	5	8	12	20	80
125	Juan Pizarro	5	5	5	5	8	12	20	60

#	Player	GD 2	VG 3	VgEx 4	EX 5	ExMt 6	NM 7	NmMt 8	MT 9
126	Los Angeles Dodgers TC	5	6	10	15	25	40	60	150
127	Frank Lary	5	5	5	6	10	15	25	
128	Vic Davalillo	5	5	5	5	8	12	20	60
129	Bennie Daniels	5	5	5	5	8	12	20	50
130	Al Kaline	▼12	▼20	▼30	▼50	▼80	▼120	300	2,000
131	Johnny Keane MG	5	5	6	10	15	25	40	
132	Cards Take Opener WS1	5	8	12	20	30	50	80	250
133	Mel Stottlemyre WS2	5	6	10	15	25	40	60	400
134	Mickey Mantle WS3	25	40	60	100	150	250	400	1,000
135	Ken Boyer WS4	5	6	10	15	25	40	60	150
136	Tim McCarver WS5	5	6	10	15	25	40	60	120
137	Jim Bouton WS6	5	6	10	15	25	40	60	100
138	Bob Gibson WS7	6	10	15	25	40	60	100	500
139	Cards Celebrate WS	5	8	12	20	30	50	80	150
140	Dean Chance	5	5	5	5	8	12	20	60
141	Charlie James	5	5	5	5	8	12	20	60
142	Bill Monbouquette	5	5	5	5	8	12	20	80
143	J.Gelnar RC/J.May RC	5	5	5	5	8	12	20	60
144	Ed Kranepool	5	5	5	8	12	20	30	60
145	Luis Tiant RC	▲20	▲30	▲50	▲80	▲120	▼250	▲1,200	3,000
146	Ron Hansen	5	5	5	5	8	12	20	60
147	Dennis Bennett	5	5	5	5	8	12	20	60
148	Willie Kirkland	5	5	5	6	10	15	25	80
149	Wayne Schurr	5	5	5	5	8	12	20	50
150	Brooks Robinson	15	25	40	60	100	150	250	600
151	Kansas City Athletics TC	5	5	5	6	10	15	25	80
152	Phil Ortega	5	5	5	5	8	12	20	50
153	Norm Cash	5	8	12	20	30	50	80	250
154	Bob Humphreys RC	5	5	5	5	8	12	20	50
155	Roger Maris	▲25	▲40	50	80	120	200	300	1,200
156	Bob Sadowski	5	5	5	5	8	12	20	50
157	Zoilo Versalles	5	5	6	10	15	25	40	100
158	Dick Sisler	5	5	5	5	8	12	20	60
159	Jim Duffalo	5	5	5	5	8	12	20	80
160	Roberto Clemente	80	100	120	200	▲300	▼500	2,000	6,000
161	Frank Baumann	5	5	5	5	8	12	20	80
162	Russ Nixon	5	5	5	5	8	12	20	60
163	Johnny Briggs	5	5	5	5	8	12	20	60
164	Al Spangler	5	5	5	6	10	15	25	80
165	Dick Ellsworth	5	5	5	5	8	12	20	50
166	G.Culver RC/T.Agee RC	5	5	5	5	8	12	20	60
167	Bill Wakefield	5	5	5	5	8	12	20	50
168	Dick Green	5	5	5	6	10	15	25	50
169	Dave Vineyard RC	5	5	5	5	8	12	20	50
170	Hank Aaron	80	▲120	▲150	▲250	300	1,000	1,500	5,000
171	Jim Roland	5	5	5	5	8	12	20	80
172	Jimmy Piersall	5	5	5	8	12	20	30	100
173	Detroit Tigers TC	5	5	5	6	10	15	25	100
174	Joey Jay	5	5	5	5	8	12	20	60
175	Bob Aspromonte	5	5	5	5	8	12	20	80
176	Willie McCovey	15	25	40	60	▼80	150	250	400
177	Pete Mikkelsen	5	5	5	6	10	15	25	100
178	Dalton Jones	5	5	5	5	8	12	20	60
179	Hal Woodeshick	5	5	5	5	8	12	20	50
180	Bob Allison	5	5	5	8	12	20	30	100
181	D.Loun RC/J.McCabe	5	5	5	5	8	12	20	50
182	Mike de la Hoz	5	5	5	5	8	12	20	50
183	Dave Nicholson	5	5	5	5	8	12	20	50
184	John Boozer	5	5	5	5	8	12	20	60
185	Max Alvis	5	5	5	5	8	12	20	60
186	Billy Cowan	5	5	5	6	10	15	25	100
187	Casey Stengel MG	10	15	25	40	60	100	150	400
188	Sam Bowens	5	5	5	5	8	12	20	50
189	Checklist 3	5	5	6	10	15	25	40	60
190	Bill White	5	5	5	8	12	20	30	100
191	Phil Regan	5	5	5	5	8	12	20	100
192	Jim Coker	5	5	5	5	8	12	20	60

#	Player	GD 2	VG 3	VgEx 4	EX 5	ExMt 6	NM 7	NmMt 8	MT 9
193	Gaylord Perry	6	10	15	25	40	60	100	250
194	B.Kelso RC/R.Reichardt RC	5	5	5	5	8	12	20	50
195	Bob Veale	5	5	5	5	8	12	20	60
196	Ron Fairly	5	5	6	10	15	25	40	120
197	Diego Segui	5	5	5	5	8	12	20	30
198	Smoky Burgess	5	5	6	10	15	25	40	150
199	Bob Heffner	5	5	5	5	8	12	20	60
200	Joe Torre	12	20	30	50	80	120	200	600
201	S.Valdespino RC/C.Tovar RC	5	5	5	6	10	15	25	
202	Leo Burke	5	5	5	5	8	12	20	60
203	Dallas Green	5	5	6	10	15	25	40	60
204	Russ Snyder	5	5	5	5	8	12	20	50
205	Warren Spahn	10	15	25	40	60	100	150	400
206	Willie Horton	8	12	20	30	50	80	120	150
207	Pete Rose	100	120	150	250	400	600	2,500	5,000
208	Tommy John	8	12	20	30	50	80	120	200
209	Pittsburgh Pirates TC	8	12	20	30	50	80	120	
210	Jim Fregosi	5	5	5	5	8	12	20	80
211	Steve Ridzik	5	5	5	5	8	12	20	80
212	Ron Brand	5	5	5	5	8	12	20	60
213	Jim Davenport	5	5	5	8	12	20	30	100
214	Bob Purkey	5	5	5	5	8	12	20	300
215	Pete Ward	5	5	5	6	10	15	25	200
216	Al Worthington	5	5	5	5	8	12	20	80
217	Walter Alston MG	5	5	5	8	12	20	30	80
218	Dick Schofield	5	6	10	15	25	40	60	150
219	Bob Meyer	5	5	5	6	10	15	25	100
220	Billy Williams	12	20	30	50	80	120	300	
221	John Tsitouris	5	5	5	5	8	12	20	50
222	Bob Tillman	5	5	5	5	8	12	20	60
223	Dan Osinski	5	5	5	5	8	12	20	80
224	Bob Chance	5	5	5	6	10	15	25	80
225	Bo Belinsky	5	5	5	5	8	12	20	60
226	E.Jimenez RC/J.Gibbs	5	5	6	10	15	25	40	100
227	Bobby Klaus	5	5	5	5	8	12	20	80
228	Jack Sanford	5	5	5	5	8	12	20	60
229	Lou Clinton	5	5	5	5	8	12	20	60
230	Ray Sadecki	5	5	5	5	8	12	20	60
231	Jerry Adair	5	5	5	5	8	12	20	50
232	Steve Blass RC	5	5	5	8	12	20	30	80
233	Don Zimmer	5	5	5	6	10	15	25	100
234	Chicago White Sox TC	5	5	5	6	10	15	25	100
235	Chuck Hinton	5	5	5	5	8	12	20	60
236	Denny McLain RC	20	30	50	80	120	200	300	600
237	Bernie Allen	5	5	5	5	8	12	20	80
238	Joe Moeller	5	5	6	10	15	25	40	80
239	Doc Edwards	5	5	5	5	8	12	20	80
240	Bob Bruce	5	5	5	6	10	15	25	50
241	Mack Jones	5	5	5	5	8	12	20	60
242	George Brunet	5	5	5	6	10	15	25	
243	T.Davidson RC/T.Helms RC	5	5	5	8	12	20	30	100
244	Lindy McDaniel	5	5	5	5	8	12	20	50
245	Joe Pepitone	5	5	8	12	20	30	250	
246	Tom Butters	5	5	5	5	8	12	20	80
247	Wally Moon	5	5	5	6	10	15	25	80
248	Gus Triandos	5	5	5	5	8	12	20	80
249	Dave McNally	5	5	5	6	10	15	25	100
250	Willie Mays	80	120	150	250	400	▼600	2,000	4,000
251	Billy Herman MG	5	5	5	5	8	12	20	80
252	Pete Richert	5	5	5	5	8	12	20	80
253	Danny Cater	5	5	5	5	8	12	20	100
254	Roland Sheldon	5	5	6	10	15	25	40	200
255	Camilo Pascual	5	5	6	10	15	25	40	200
256	Tito Francona	5	5	6	10	15	25	40	200
257	Jim Wynn	5	5	8	12	20	30	50	200
258	Larry Bearnarth	5	5	5	5	8	12	20	
259	J.Northrup RC/R.Oyler RC	5	6	10	15	25	40	60	250

#	Player	GD 2	VG 3	VgEx 4	EX 5	ExMt 6	NM 7	NmMt 8	MT 9
260	Don Drysdale	6	10	15	25	40	60	100	600
261	Duke Carmel	5	5	8	12	20	30	50	150
262	Bud Daley	5	5	5	5	8	12	20	60
263	Marty Keough	5	5	5	5	8	12	20	60
264	Bob Buhl	5	5	5	6	10	15	25	80
265	Jim Pagliaroni	5	5	5	6	10	15	25	120
266	Bert Campaneris RC	12	20	30	50	80	120	200	400
267	Washington Senators TC	5	5	5	6	10	15	25	150
268	Ken McBride	5	5	5	5	8	12	20	80
269	Frank Bolling	5	5	5	5	8	12	20	80
270	Milt Pappas	5	5	5	5	8	12	20	60
271	Don Wert	5	6	10	15	25	40	60	250
272	Chuck Schilling	5	5	5	5	8	12	20	150
273	Checklist 4	5	5	5	5	8	12	20	120
274	Lum Harris MG RC	5	5	5	5	8	12	20	60
275	Dick Groat	5	8	12	20	30	50	80	150
276	Hoyt Wilhelm	8	12	20	30	50	80	120	250
277	Johnny Lewis	5	6	10	15	25	40	60	300
278	Ken Retzer	5	5	5	8	12	20	30	80
279	Dick Tracewski	5	5	5	5	8	12	20	80
280	Dick Stuart	5	5	5	6	10	15	25	100
281	Bill Stafford	5	5	5	8	12	20	30	150
282	Masanori Murakami RC	12	20	30	50	80	120	200	400
283	Fred Whitfield	5	5	5	6	10	15	25	80
284	Nick Willhite	5	5	5	5	8	12	20	80
285	Ron Hunt	5	8	12	20	30	50	80	150
286	J.Dickson/A.Monteagudo	5	5	5	5	8	12	20	60
287	Gary Kolb	5	5	5	6	10	15	25	100
288	Jack Hamilton	5	5	5	5	8	12	20	50
289	Gordy Coleman	5	5	5	5	8	12	20	150
290	Wally Bunker	5	5	5	6	10	15	25	120
291	Jerry Lynch	5	5	6	10	15	25	40	
292	Larry Yellen	5	5	6	10	15	25	40	150
293	Los Angeles Angels TC	5	5	5	8	12	20	30	100
294	Tim McCarver	5	8	12	20	30	50	80	150
295	Dick Radatz	5	5	5	5	8	12	20	60
296	Tony Taylor	5	5	8	12	20	30	50	100
297	Dave DeBusschere	5	6	10	15	25	40	60	200
298	Jim Stewart	5	5	5	8	12	20	30	150
299	Jerry Zimmerman	5	5	5	8	12	20	30	120
300	Sandy Koufax	100	120	150	250	▲400	▼600	▼1,500	12,000
301	Birdie Tebbetts MG	5	5	5	8	12	20	30	150
302	Al Stanek	5	5	5	5	8	12	20	50
303	John Orsino	5	5	5	5	8	12	20	60
304	Dave Stenhouse	5	5	5	5	8	12	20	50
305	Rico Carty	6	10	15	25	40	60	100	
306	Bubba Phillips	5	8	12	20	30	50	80	120
307	Barry Latman	5	5	5	5	8	12	20	50
308	C.Jones RC/T.Parsons	10	15	25	40	60	100	150	300
309	Steve Hamilton	6	10	15	25	40	60	100	
310	Johnny Callison	5	5	6	10	15	25	40	200
311	Orlando Pena	5	5	5	5	8	12	20	100
312	Joe Nuxhall	5	5	5	6	10	15	25	100
313	Jim Schaffer	5	5	5	6	10	15	25	80
314	Sterling Slaughter	5	5	5	8	12	20	30	60
315	Frank Malzone	5	5	5	6	10	15	25	100
316	Cincinnati Reds TC	5	6	10	15	25	40	60	300
317	Don McMahon	5	5	5	5	8	12	20	200
318	Matty Alou	6	10	15	25	40	60	100	150
319	Ken McMullen	5	5	5	5	8	12	20	60
320	Bob Gibson	30	50	80	120	200	300	500	1,200
321	Rusty Staub	5	8	12	20	30	50	80	100
322	Rick Wise	5	5	5	6	10	15	25	80
323	Hank Bauer MG	5	6	10	15	25	40	60	
324	Bobby Locke	5	5	5	5	8	12	20	60
325	Donn Clendenon	5	5	5	8	12	20	30	60
326	Dwight Siebler	5	6	10	15	25	40	60	120

#	Player	GD 2	VG 3	VgEx 4	EX 5	ExMt 6	NM 7	NmMt 8	MT 9
327	Denis Menke	5	5	5	8	12	20	30	80
328	Eddie Fisher	5	5	5	6	10	15	25	120
329	Hawk Taylor RC	5	5	5	5	8	12	20	80
330	Whitey Ford	15	25	40	60	100	150	250	600
331	A.Ferrara/J.Purdin RC	5	5	5	6	10	15	25	100
332	Ted Abernathy	5	5	5	6	10	15	25	
333	Tom Reynolds	5	5	5	5	8	12	20	60
334	Vic Roznovsky RC	5	5	5	8	12	20	30	
335	Mickey Lolich	5	8	12	20	30	50	80	
336	Woody Held	5	5	5	8	12	20	30	150
337	Mike Cuellar	5	5	5	8	12	20	30	
338	Philadelphia Phillies TC	5	5	5	8	12	20	30	120
339	Ryne Duren	5	6	10	15	25	40	60	
340	Tony Oliva	▼25	▼40	▼60	▼100	▼150	▼250	▼500	
341	Bob Bolin	5	5	5	8	12	20	30	100
342	Bob Rodgers	5	5	5	6	10	15	25	100
343	Mike McCormick	5	5	5	6	10	15	25	80
344	Wes Parker	5	5	5	6	10	15	25	100
345	Floyd Robinson	5	5	5	5	8	12	20	80
346	Bobby Bragan MG	5	5	5	6	10	15	25	100
347	Roy Face	5	5	5	6	10	15	25	100
348	George Banks	5	5	5	8	12	20	30	60
349	Larry Miller RC	5	5	6	10	15	25	40	100
350	Mickey Mantle	250	▲400	▲600	▲1,000	1,500	▲3,000	6,000	40,000
351	Jim Perry	5	6	10	15	25	40	60	100
352	Alex Johnson RC	5	6	10	15	25	40	60	120
353	Jerry Lumpe	5	5	8	12	20	30	50	
354	B.Ott RC/J.Warner RC	5	5	5	5	8	12	20	60
355	Vada Pinson	6	10	15	25	40	60	100	300
356	Bill Spanswick	5	5	5	5	8	12	20	100
357	Carl Warwick	5	5	5	5	8	12	20	80
358	Albie Pearson	5	5	5	5	8	12	20	60
359	Ken Johnson	5	5	5	5	8	12	20	80
360	Orlando Cepeda	▼12	▼20	▼30	▼50	▼80	▼120	▼300	800
361	Checklist 5	5	5	5	8	12	20	30	50
362	Don Schwall	5	5	6	10	15	25	40	
363	Bob Johnson	5	5	5	5	8	12	20	80
364	Galen Cisco	5	5	5	5	8	12	20	60
365	Jim Gentile	5	5	5	5	8	12	20	80
366	Dan Schneider	5	5	5	5	8	12	20	80
367	Leon Wagner	5	6	10	15	25	40	60	80
368	K.Berry RC/J.Gibson RC	5	5	5	6	10	15	25	60
369	Phil Linz	5	8	12	20	30	50	80	
370	Tommy Davis	5	5	8	12	20	30	50	80
371	Frank Kreutzer	5	5	5	6	10	15	25	100
372	Clay Dalrymple	5	5	6	10	15	25	40	100
373	Curt Simmons	5	5	5	6	10	15	25	120
374	J.Cardenal RC/D.Simpson	5	5	8	12	20	30	50	150
375	Dave Wickersham	5	5	5	8	12	20	30	80
376	Jim Landis	5	5	5	5	8	12	20	120
377	Willie Stargell	▼12	▼20	▼30	▼50	▼80	▼120	▼250	1,000
378	Chuck Estrada	5	5	5	5	8	12	20	60
379	San Francisco Giants TC	5	5	5	8	12	20	30	100
380	Rocky Colavito	8	12	20	30	50	80	120	400
381	Al Jackson	5	5	5	8	12	20	30	80
382	J.C. Martin	5	5	5	5	8	12	20	60
383	Felipe Alou	6	10	15	25	40	60	100	
384	Johnny Klippstein	5	5	5	8	12	20	30	60
385	Carl Yastrzemski	25	40	60	80	100	200	500	1,500
386	P.Jaeckel RC/F.Norman	5	5	5	5	8	12	20	80
387	Johnny Podres	5	5	5	6	10	15	25	200
388	John Blanchard	5	5	8	12	20	30	50	250
389	Don Larsen	5	5	6	8	12	20	30	60
390	Bill Freehan	6	10	15	25	40	60	100	
391	Mel McGaha MG	5	5	5	5	8	12	20	100
392	Bob Friend	5	5	8	12	20	30	50	80
393	Ed Kirkpatrick	5	5	6	10	15	25	40	60

#	Player	GD 2	VG 3	VgEx 4	EX 5	ExMt 6	NM 7	NmMt 8	MT 9
394	Jim Hannan	5	5	5	6	10	15	25	50
395	Jim Ray Hart	5	5	8	12	20	30	50	80
396	Frank Bertaina RC	5	5	8	12	20	30	50	
397	Jerry Buchek	5	5	5	5	8	12	20	40
398	D.Neville RC/A.Shamsky RC	5	6	10	15	25	40	60	100
399	Ray Herbert	5	5	6	10	15	25	40	60
400	Harmon Killebrew	15	25	40	60	100	150	250	600
401	Carl Willey	5	5	5	5	8	12	20	60
402	Joe Amalfitano	5	5	8	12	20	30	50	200
403	Boston Red Sox TC	5	5	8	12	20	30		150
404	Stan Williams	5	5	5	5	8	12	20	100
405	John Roseboro	5	5	8	12	20	30	50	200
406	Ralph Terry	5	5	8	12	20	30	50	150
407	Lee Maye	5	5	5	5	8	12	20	80
408	Larry Sherry	5	5	5	6	10	15	25	80
409	J.Beauchamp RC/L.Dierker RC	5	5	5	8	12	20	30	120
410	Luis Aparicio	10	15	25	40	60	100	150	500
411	Roger Craig	5	5	5	8	12	20	30	50
412	Bob Bailey	5	5	5	8	12	20	30	60
413	Hal Reniff	5	5	5	8	12	20	30	150
414	Al Lopez MG	5	5	8	12	20	30	50	120
415	Curt Flood	10	15	25	40	60	100	150	300
416	Jim Brewer	5	5	8	12	20	30	50	120
417	Ed Brinkman	5	5	5	6	10	15	25	100
418	Johnny Edwards	5	5	6	10	15	25	40	120
419	Ruben Amaro	5	5	5	8	12	20	30	60
420	Larry Jackson	5	5	6	10	15	25	40	80
421	G.Dotter RC/J.Ward	5	5	5	8	12	20	30	50
422	Aubrey Gatewood	5	5	5	8	12	20	30	100
423	Jesse Gonder	5	5	5	8	12	20	30	100
424	Gary Bell	5	5	6	10	15	25	40	120
425	Wayne Causey	5	5	5	6	10	15	25	100
426	Milwaukee Braves TC	5	5	8	12	20	30	50	100
427	Bob Saverine	5	5	5	6	10	15	25	50
428	Bob Shaw	5	5	8	12	20	30	50	150
429	Don Demeter	5	5	6	10	15	25	40	120
430	Gary Peters	5	5	8	12	20	30	50	120
431	N.Briles RC/W.Spiezio RC	5	6	10	15	25	40	60	120
432	Jim Grant	5	5	8	12	20	30	50	80
433	John Bateman	5	5	5	8	12	20	30	150
434	Dave Morehead	5	5	6	10	15	25	40	80
435	Willie Davis	5	8	12	20	30	50	80	150
436	Don Elston	5	5	5	8	12	20	30	100
437	Chico Cardenas	5	5	6	10	15	25	40	120
438	Harry Walker MG	5	5	5	8	12	20	30	50
439	Moe Drabowsky	5	6	10	15	25	40	60	100
440	Tom Tresh	5	6	10	15	25	40	60	
441	Denny Lemaster	5	5	5	5	8	12	20	60
442	Vic Power	5	5	5	5	8	12	20	80
443	Checklist 6	5	5	6	10	15	25	40	80
444	Bob Hendley	5	5	6	1	15	25	40	120
445	Don Lock	5	5	5	8	12	20	30	60
446	Art Mahaffey	5	5	6	10	15	25		150
447	Julian Javier	6	10	15	25	40	60	100	400
448	Lee Stange	5	5	5	8	12	20	30	200
449	J.Hinsley/G.Kroll RC	5	5	5	8	12	20	30	80
450	Elston Howard	6	10	15	25	40	60	100	250
451	Jim Owens	5	5	5	5	8	12	20	50
452	Gary Geiger	5	5	5	8	12	20	30	60
453	W.Crawford RC/J.Werhas	5	6	10	15	25	40	60	100
454	Ed Rakow	5	5	5	8	12	20	30	80
455	Norm Siebern	5	6	10	15	25	40	60	
456	Bill Henry	5	5	5	8	12	20	30	120
457	Bob Kennedy MG	5	5	6	10	15	25	40	120
458	John Buzhardt	5	5	5	6	10	15	25	40
459	Frank Kostro	5	5	5	5	8	12	20	60
460	Richie Allen	30	50	80	120	200	300	500	1,000

#	Player	GD 2	VG 3	VgEx 4	EX 5	ExMt 6	NM 7	NmMt 8	MT 9
461	C.Carroll RC/P.Niekro	12	20	30	50	80	120	200	400
462	Lew Krausse	5	5	5	6	10	15	25	150
463	Manny Mota	5	5	5	8	12	20	30	50
464	Ron Piche	5	5	5	8	12	20	30	80
465	Tom Haller	5	5	8	12	20	30	50	150
466	P.Craig RC/D.Nen	5	5	6	10	15	25	40	120
467	Ray Washburn	5	5	6	10	15	25	40	80
468	Larry Brown	5	5	5	6	10	15	25	60
469	Don Nottebart	5	5	5	5	8	12	20	60
470	Yogi Berra P/CO	▼15	▼25	▼40	▼60	▼100	▼150	300	600
471	Billy Hoeft	5	5	5	8	12	20	30	
472	Don Pavletich	5	5	6	10	15	25	40	80
473	P.Blair RC/D.Johnson RC	10	15	25	40	60	100	150	400
474	Cookie Rojas	5	5	6	10	15	25	40	60
475	Clete Boyer	5	6	10	15	25	40	60	100
476	Billy O'Dell	5	5	5	5	8	12	20	60
477	Steve Carlton RC	150	200	250	300	400	600	1,000	4,000
478	Wilbur Wood	5	5	5	8	12	20	30	60
479	Ken Harrelson	6	10	15	25	40	60	100	150
480	Joel Horlen	5	5	5	6	10	15	25	80
481	Cleveland Indians TC	5	5	8	12	20	30	50	100
482	Bob Priddy	5	5	6	10	15	25	40	80
483	George Smith RC	5	5	5	6	10	15	25	120
484	Ron Perranoski	5	5	6	10	15	25	40	300
485	Nellie Fox	5	8	12	20	30	50	80	200
486	T.Egan/P.Rogan RC	5	5	6	10	15	25	40	100
487	Woody Woodward	5	5	5	8	12	20	30	100
488	Ted Wills	5	5	6	10	15	25	40	150
489	Gene Mauch MG	6	10	15	25	40	60	100	150
490	Earl Battey	5	5	6	10	15	25	40	80
491	Tracy Stallard	5	5	5	8	12	20	30	100
492	Gene Freese	5	5	5	6	10	15	25	50
493	B.Roman RC/B.Brubaker RC	5	5	5	5	8	12	20	50
494	Jay Ritchie RC	5	5	8	12	20	30	50	150
495	Joe Christopher	5	5	5	8	12	20	30	60
496	Joe Cunningham	5	5	5	6	10	15	25	50
497	K.Henderson RC/J.Hiatt RC	5	5	5	8	12	20	30	80
498	Gene Stephens	5	5	5	6	10	15	25	60
499	Stu Miller	5	5	5	8	12	20	30	40
500	Eddie Mathews	20	30	50	80	120	200	300	1,200
501	R.Gagliano RC/J.Rittwage RC	5	5	5	8	12	20	30	80
502	Don Cardwell	5	5	5	5	8	12	20	80
503	Phil Gagliano	5	5	5	8	12	20	30	80
504	Jerry Grote	5	5	5	8	12	20	30	60
505	Ray Culp	5	5	6	10	15	25		100
506	Sam Mele MG	5	5	5	6	10	15	25	80
507	Sammy Ellis	5	5	5	8	12	20	30	80
508	Checklist 7	5	6	10	15	25	40	60	50
509	B.Guindon RC/G.Vezendy RC	5	5	5	6	10	15	25	60
510	Ernie Banks	30	50	80	120	200	▼250	500	2,500
511	Ron Locke	5	5	5	6	10	15	25	60
512	Cap Peterson	5	5	5	5	8	12	20	60
513	New York Yankees TC	10	15	25	40	60	100	150	400
514	Joe Azcue	5	5	5	6	10	15	25	60
515	Vern Law	6	10	15	25	40	60	100	300
516	Al Weis	5	5	5	8	12	20	30	100
517	P.Schaal RC/J.Warner	5	5	5	6	10	15	25	50
518	Ken Rowe	5	5	5	5	8	12	20	60
519	Bob Uecker	▲25	▲40	▲60	▲100	▲150	▲250	▲400	800
520	Tony Cloninger	5	5	8	12	20	30	50	120
521	D.Bennett/M.Steevens RC	5	5	5	6	10	15	25	80
522	Hank Aguirre	5	5	5	8	12	20	30	50
523	Mike Brumley SP	5	5	8	12	20	30	50	100
524	Dave Giusti SP	5	5	5	6	10	15	25	60
525	Eddie Bressoud	5	5	5	8	12	20	30	100
526	J.Odom/J.Hunter SP RC	30	50	80	120	200	300	500	2,500
527	Jeff Torborg SP	5	5	8	12	20	30	50	80

#	Player	GD 2	VG 3	VgEx 4	EX 5	ExMt 6	NM 7	NmMt 8	MT 9
528	George Altman	5	5	5	8	12	20	30	150
529	Jerry Fosnow SP RC	5	8	12	20	30	50	80	200
530	Jim Maloney	5	5	8	12	20	30	50	120
531	Chuck Hiller	5	5	8	12	20	30	50	200
532	Hector Lopez	5	5	8	12	20	30	50	80
533	R.Swoboda RC/T.McGraw RC SP	10	15	25	40	60	100	150	500
534	John Herrnstein	5	5	5	5	8	12	20	50
535	Jack Kralick SP	5	5	8	12	20	30	50	120
536	Andre Rodgers SP	5	5	5	6	10	15	25	100
537	Lopez/Roof/May RC	5	5	6	10	15	25	40	100
538	Chuck Dressen MG SP	5	5	8	12	20	30	50	150
539	Herm Starrette	5	5	5	8	12	20	30	80
540	Lou Brock SP	▼15	▼25	▼40	▼60	▼100	250	400	1,200
541	G.Bollo RC/B.Locker RC	5	5	5	6	10	15	25	80
542	Lou Klimchock	5	5	5	8	12	20	30	60
543	Ed Connolly SP RC	5	5	5	6	10	15	25	200
544	Howie Reed RC	5	5	6	10	15	25	40	60
545	Jesus Alou SP	6	8	12	20	30	50	80	200
546	Davis/Hed/Bark/Weav RC	5	5	5	6	10	15	25	50
547	Jake Wood SP	5	6	10	15	25	40	60	150
548	Dick Stigman	5	5	5	8	12	20	30	60
549	R.Pena RC/G.Beckert RC	5	8	12	20	30	50	80	150
550	Mel Stottlemyre SP RC	8	12	20	30	50	80	120	600
551	New York Mets TC SP	5	5	8	12	20	30	50	200
552	Julio Gotay	5	5	5	8	12	20	30	80
553	Coombs/Ratliff/McClure RC	5	5	5	8	12	20	30	80
554	Chico Ruiz SP	5	5	8	12	20	30	50	80
555	Jack Baldschun SP	5	5	8	12	20	30	50	200
556	Red Schoendienst SP	5	6	10	15	25	40	60	200
557	Jose Santiago RC	5	5	5	8	12	20	30	80
558	Tommie Sisk	5	5	5	5	8	12	20	80
559	Ed Bailey SP	5	5	8	12	20	30	50	120
560	Boog Powell SP	▼5	▼8	▼12	▼20	▼30	▼30	▼80	▼250
561	Dab/Kek/Valle/Lefebvre RC	5	5	6	10	15	25	40	100
562	Billy Moran	5	5	5	8	12	20	30	50
563	Julio Navarro	5	5	6	10	15	25	40	100
564	Mel Nelson	5	5	6	10	15	25	40	120
565	Ernie Broglio SP	5	6	10	15	25	40	60	150
566	Blanco RC/Mosch RC/Lopez RC	5	5	8	12	20	30	50	100
567	Tommie Aaron	5	5	5	8	12	20	30	80
568	Ron Taylor SP	5	5	8	12	20	30	50	150
569	Gino Cimoli SP	5	6	10	15	25	40	60	100
570	Claude Osteen SP	5	5	6	10	15	25	40	150
571	Ossie Virgil SP	5	5	6	10	15	25	40	80
572	Baltimore Orioles TC SP	5	8	12	20	30	50	80	150
573	Jim Lonborg SP RC	6	10	15	25	40	60	100	400
574	Roy Sievers	5	5	5	8	12	20	30	100
575	Jose Pagan	5	5	5	6	10	15	25	60
576	Terry Fox SP	5	5	5	8	12	20	30	150
577	Knowles/Buschhorn RC Schein RC	5	5	6	10	15	25	40	100
578	Camilo Carreon SP	5	5	6	10	15	25	40	120
579	Dick Smith SP	5	5	6	10	15	25	40	
580	Jimmie Hall SP	5	5	6	10	15	25	40	150
581	Tony Perez SP RC	▲40	▲60	▲100	120	200	300	600	2,500
582	Bob Schmidt SP	6	10	15	25	40	60	100	200
583	Wes Covington SP	5	5	8	12	20	30	50	80
584	Harry Bright	5	5	8	12	20	30	50	100
585	Hank Fischer	5	5	5	8	12	20	30	100
586	Tom McCraw SP	5	5	5	8	12	20	30	120
587	Joe Sparma	5	5	5	5	6	10	15	200
588	Lenny Green	5	6	10	15	25	40	60	200
589	F.Linzy RC/B.Schroder RC	5	5	8	12	20	30	50	150
590	John Wyatt	5	5	5	6	10	15	25	80
591	Bob Skinner SP	5	5	5	8	12	20	30	120
592	Frank Bork SP RC	5	5	6	10	15	25	40	80
593	J.Sullivan RC/J.Moore RC SP	5	5	8	12	20	30	50	

#	Player	GD 2	VG 3	VgEx 4	EX 5	ExMt 6	NM 7	NmMt 8	MT 9
594	Joe Gaines	5	5	5	6	10	15	25	100
595	Don Lee	5	5	5	8	12	20	30	60
596	Don Landrum SP	5	5	6	10	15	25	40	150
597	Nossek/Sevcik/Reese RC	10	15	25	40	60	100	150	
598	Al Downing SP	5	8	12	20	30	50	▲200	▲1,200

1965 Topps Embossed

#	Player	GD 2	VG 3	VgEx 4	EX 5	ExMt 6	NM 7	NmMt 8	MT 9
8	Sandy Koufax	6	10	15	40	50	60	150	
11	Mickey Mantle	60	80	100	120	200	250	1,500	
19	Roberto Clemente	20	30	50	80	100	200	500	
27	Willie Mays	15	25	40	60	100	150		
59	Hank Aaron	20	30	50	60	100	150	300	

1966 Topps

#	Player	GD 2	VG 3	VgEx 4	EX 5	ExMt 6	NM 7	NmMt 8	MT 9
1	Willie Mays	40	60	80	120	250	1,000	2,000	5,000
2	Ted Abernathy	5	6	5	5	5	12	30	
3	Sam Mele MG	5	5	5	5	5	10	50	
4	Ray Culp	5	5	5	5	5	10	30	
5	Jim Fregosi	5	5	5	5	5	20	30	
6	Chuck Schilling	5	5	5	5	5	8	20	200
7	Tracy Stallard	5	5	5	5	5	5	8	20
8	Floyd Robinson	5	5	5	5	5	8	15	60
9	Clete Boyer	5	5	5	5	8	15	50	
10	Tony Cloninger	5	5	5	5	5	10	25	150
11	B.Alyea RC/P.Craig	5	5	5	5	5	8	25	
12	John Tsitouris	5	5	5	5	5	8	25	
13	Lou Johnson	5	5	5	5	5	8	25	
14	Norm Siebern	5	5	5	5	5	8	20	60
15	Vern Law	5	5	5	5	5	8	15	60
16	Larry Brown	5	5	5	5	5	8	15	50
17	John Stephenson	5	5	5	5	5	8	15	100
18	Roland Sheldon	5	5	5	5	5	8	20	
19	San Francisco Giants TC	5	5	5	5	5	10	40	
20	Willie Horton	5	5	5	5	6	15	50	
21	Don Nottebart	5	5	5	5	5	8	15	50
22	Joe Nossek	5	5	5	5	5	8	20	60
23	Jack Sanford	5	5	5	5	5	8	20	100
24	Don Kessinger RC	5	5	5	5	5	12	40	
25	Pete Ward	5	5	5	5	5	8	30	
26	Ray Sadecki	5	5	5	5	5	8	25	60
27	D.Knowles/A.Etchebarren RC	5	5	5	5	5	10	30	80
28	Phil Niekro	10	15	25	30	50	80	120	
29	Mike Brumley	5	5	5	5	5	8	25	60
30	Pete Rose DP	50	60	▲100	▲150	200	300	▲1,000	5,000
31	Jack Cullen	5	5	5	5	5	10	25	
32	Adolfo Phillips RC	5	5	5	5	5	8	15	80
33	Jim Pagliaroni	5	5	5	5	5	8	15	50
34	Checklist 1	5	5	5	5	5	8	25	
35	Ron Swoboda	5	5	5	5	8	15	40	
36	Jim Hunter DP	8	12	20	30	50	80	120	500
37	Billy Herman MG	5	5	5	5	5	8	15	50
38	Ron Nischwitz	5	5	5	5	5	8	20	80
39	Ken Henderson	5	5	5	5	5	8	15	100
40	Jim Grant	5	5	5	5	5	8	15	80
41	Don LeJohn RC	5	5	5	5	5	8	20	100
42	Aubrey Gatewood	5	5	5	5	5	8	25	100
43A	Don Landrum Full Button	5	5	5	5	6	12	40	
43B	Don Landrum Partial Button	5	5	6	10	15	25		
43C	Don Landrum No Button	5	5	5	5	6	12	40	
44	B.Davis/T.Kelley	5	5	5	5	5	8	20	70
45	Jim Gentile	5	5	5	5	5	8	15	60
46	Howie Koplitz	5	5	5	5	5	8	15	50
47	J.C. Martin	5	5	5	5	5	8	20	80

#	Player	GD 2	VG 3	VgEx 4	EX 5	ExMt 6	NM 7	NmMt 8	MT 9
48	Paul Blair	5	5	5	5	5	10	40	
49	Woody Woodward	5	5	5	5	5	8	15	
50	Mickey Mantle DP	▲250	▲300	400	▲600	▲1,000	2,000	4,000	25,000
51	Gordon Richardson RC	5	5	5	5	5	8	20	60
52	Power Plus	5	5	5	5	5	10	20	100
53	Bob Duliba	5	5	5	5	5	8	20	
54	Jose Pagan	5	5	5	5	5	8	20	100
55	Ken Harrelson	5	5	5	5	5	8	30	100
56	Sandy Valdespino	5	5	5	5	5	8	30	
57	Jim Lefebvre	5	5	5	5	5	8	20	100
58	Dave Wickersham	5	5	5	5	5	8	15	60
59	Cincinnati Reds TC	5	5	5	5	5	10	40	80
60	Curt Flood	5	5	5	5	5	10	40	
61	Bob Bolin	5	5	5	5	5	8	15	60
62A	Merritt Ranew Sold Line	5	5	5	5	5	8	25	80
62B	Merritt Ranew No Sold Line	5	6	10	15	25	40		
63	Jim Stewart	5	5	5	5	5	8	20	60
64	Bob Bruce	5	5	5	5	5	8	25	80
65	Leon Wagner	5	5	5	5	5	8	20	60
66	Al Weis	5	5	5	5	5	8	15	50
67	C.Jones/D.Selma RC	5	5	5	5	5	10	40	120
68	Hal Reniff	5	5	5	5	5	8	20	300
69	Ken Hamlin	5	5	5	5	5	8	20	60
70	Carl Yastrzemski	25	40	50	60	100	200	400	1,500
71	Frank Carpin RC	5	5	5	5	5	8	25	120
72	Tony Perez	25	40	50	80	120	200	500	
73	Jerry Zimmerman	5	5	5	5	5	8	20	60
74	Don Mossi	5	5	5	5	5	8	15	60
75	Tommy Davis	5	5	5	5	5	8	60	
76	Red Schoendienst MG	5	5	5	5	8	15	30	
77	Johnny Orsino	5	5	5	5	5	8	15	50
78	Frank Linzy	5	5	5	5	5	8	15	60
79	Joe Pepitone	5	5	5	5	6	12	30	
80	Richie Allen	5	5	5	5	8	20	60	
81	Ray Oyler	5	5	5	5	5	8	30	100
82	Bob Hendley	5	5	5	5	5	8	15	60
83	Albie Pearson	5	5	5	5	5	8	20	60
84	J.Beauchamp/D.Kelley	5	5	5	5	5	8	15	50
85	Eddie Fisher	5	5	5	5	5	8	20	60
86	John Bateman	5	5	5	5	5	8	20	80
87	Dan Napoleon	5	5	5	5	5	8	20	100
88	Fred Whitfield	5	5	5	5	5	8	20	60
89	Ted Davidson	5	5	5	5	5	8	20	60
90	Luis Aparicio DP	5	8	12	20	30	50	100	200
91A	Bob Uecker Trade Line	5	5	6	10	15	50	200	
91B	Bob Uecker No Trade Line	12	20	30	50	60	150		
92	New York Yankees TC	5	5	6	10	15	25	100	
93	Jim Lonborg DP	5	5	5	5	5	8	20	60
94	Matty Alou	5	5	5	5	5	8	25	80
95	Pete Richert	5	5	5	5	5	8	15	50
96	Felipe Alou	5	5	5	5	5	10	30	
97	Jim Merritt RC	5	5	5	5	5	8	25	100
98	Don Demeter	5	5	5	5	5	10	30	
99	Buc Belters	5	5	5	5	8	20	40	
100	Sandy Koufax DP	30	50	60	80	100	200	500	5,000
101A	Checklist 2 Spahn 115 ERR	5	5	5	5	5	8	30	
101B	Cheklist 2 Henry 115 COR	5	5	5	5	5	8	30	
102	Ed Kirkpatrick	5	5	5	5	5	8	20	100
103A	Dick Groat Trade Line	5	5	5	5	5	10	25	60
103B	Dick Groat No Trade Line	5	6	10	15	25	40		
104A	Alex Johnson Trade Line	5	5	5	5	5	8	20	100
104B	Alex Johnson No Trade Line	5	6	10	15	25	40		
105	Milt Pappas	5	5	5	5	5	12	40	
106	Rusty Staub	5	5	5	5	5	10	30	
107	L.Stahl RC/R.Tompkins RC	5	5	5	5	5	8	20	100
108	Bobby Klaus	5	5	5	5	5	8	25	
109	Ralph Terry	5	5	5	5	5	8	25	200

#	Player	GD 2	VG 3	VgEx 4	EX 5	ExMt 6	NM 7	NmMt 8	MT 9
110	Ernie Banks	30	50	60	100	120	200	600	4,000
111	Gary Peters	5	5	5	5	5	12	40	100
112	Manny Mota	5	5	5	5	5	8	30	
113	Hank Aguirre	5	5	5	5	5	8	20	60
114	Jim Gosger	5	5	5	5	5	8	20	80
115	Bill Henry	5	5	5	5	5	5	25	
116	Walter Alston MG	5	5	5	5	5	10	30	
117	Jake Gibbs	5	5	5	5	5	10	40	
118	Mike McCormick	5	5	5	5	5	8	20	60
119	Art Shamsky	5	5	5	5	5	8	20	60
120	Harmon Killebrew	12	20	30	50	80	120	200	800
121	Ray Herbert	5	5	5	5	5	8	25	100
122	Joe Gaines	5	5	5	5	5	5	25	
123	F.Bork/J.May	5	5	5	5	5	8	20	
124	Tug McGraw	5	5	5	5	5	10	25	
125	Lou Brock	20	30	50	60	100	250	400	1,200
126	Jim Palmer UER RC	50	80	100	150	250	500	▼1,200	3,000
127	Ken Berry	5	5	5	5	5	8	25	120
128	Jim Landis	5	5	5	5	5	8	25	100
129	Jack Kralick	5	5	5	5	5	8	30	100
130	Joe Torre	5	5	8	12	20	30	50	120
131	California Angels TC	5	5	5	5	5	10	25	80
132	Orlando Cepeda	10	15	25	30	50	60	150	400
133	Don McMahon	5	5	5	5	5	8	20	60
134	Wes Parker	5	5	5	5	5	10	25	60
135	Dave Morehead	5	5	5	5	5	8	20	
136	Woody Held	5	5	5	5	5	8	20	80
137	Pat Corrales	5	5	5	5	5	8	20	
138	Roger Repoz	5	5	5	5	5	12	50	
139	B.Browne RC/D.Young RC	5	5	5	5	5	8	15	50
140	Jim Maloney	5	5	5	5	5	12	60	
141	Tom McCraw	5	5	5	5	5	8	15	60
142	Don Dennis RC	5	5	5	5	5	8	40	
143	Jose Tartabull	5	5	5	5	5	8	25	
144	Don Schwall	5	5	5	5	5	8	15	100
145	Bill Freehan	5	5	5	5	8	15	40	
146	George Altman	5	5	5	5	5	8	25	60
147	Lum Harris MG	5	5	5	5	5	8	20	100
148	Bob Johnson	5	5	5	5	5	8	20	100
149	Dick Nen	5	5	5	5	5	8	20	60
150	Rocky Colavito	5	5	6	10	15	25	80	400
151	Gary Wagner RC	5	5	5	5	5	8	25	60
152	Frank Malzone	5	5	5	5	5	8	20	
153	Rico Carty	5	5	5	5	5	10	25	80
154	Chuck Hiller	5	5	5	5	5	8	25	
155	Marcelino Lopez	5	5	5	5	5	8	15	50
156	DP Combo	5	5	5	5	5	8	20	100
157	Rene Lachemann	5	5	5	5	5	8	25	60
158	Jim Brewer	5	5	5	5	5	8	15	60
159	Chico Ruiz	5	5	5	5	5	8	20	60
160	Whitey Ford	15	25	40	50	80	120	200	600
161	Jerry Lumpe	5	5	5	5	10	30	80	
162	Lee Maye	5	5	5	5	5	8	20	120
163	Tito Francona	5	5	5	5	5	8	25	80
164	T.Agee/M.Staehle	5	5	5	5	5	10	25	80
165	Don Lock	5	5	5	5	5	8	15	50
166	Chris Krug RC	5	5	5	5	5	8	20	60
167	Boog Powell	5	5	5	5	5	20	50	
168	Dan Osinski	5	5	5	5	5	8	20	60
169	Duke Sims RC	5	5	5	5	5	8	20	
170	Cookie Rojas	5	5	5	5	5	10	25	
171	Nick Willhite	5	5	5	5	5	8	40	80
172	New York Mets TC	5	5	5	5	8	15	30	60
173	Al Spangler	5	5	5	5	5	8	15	60
174	Ron Taylor	5	5	5	5	5	8	15	80
175	Bert Campaneris	5	5	5	5	5	10	40	
176	Jim Davenport	5	5	5	5	5	8	20	60

#	Player	GD 2	VG 3	VgEx 4	EX 5	ExMt 6	NM 7	NmMt 8	MT 9
77	Hector Lopez	5	5	5	5	5	10	30	80
78	Bob Tillman	5	5	5	5	5	8	25	100
79	D.Aust RC/B.Tolan	5	5	5	5	5	10	30	
80	Vada Pinson	5	5	5	5	5	10	25	80
81	Al Worthington	5	5	5	5	5	8	20	50
82	Jerry Lynch	5	5	5	5	5	8	20	60
83A	Checklist 3 Large Print	5	5	5	5	5	8	25	60
83B	Checklist 3 Small Print	5	5	5	5	5	8	25	60
84	Denis Menke	5	5	5	5	5	8	20	50
85	Bob Buhl	5	5	5	5	5	8	25	
86	Ruben Amaro	5	5	5	5	5	15	50	
87	Chuck Dressen MG	5	5	5	6	10	15	50	100
88	Al Luplow	5	5	5	5	5	8	25	60
89	John Roseboro	5	5	5	5	5	10	20	80
90	Jimmie Hall	5	5	5	5	5	8	15	50
91	Darrell Sutherland RC	5	5	5	5	5	8	15	60
92	Vic Power	5	5	5	5	5	8	20	60
93	Dave McNally	5	5	5	5	5	10	20	200
94	Washington Senators TC	5	5	5	5	5	10	20	80
95	Joe Morgan	40	50	60	80	120	250	500	2,500
96	Don Pavletich	5	5	5	5	5	8	25	
97	Sonny Siebert	5	5	5	5	5	8	15	80
98	Mickey Stanley RC	5	5	6	10	15	25	120	300
99	ChiSox Clubbers	5	5	5	5	5	10	20	60
200	Eddie Mathews	20	25	30	40	60	80	150	400
201	Jim Dickson	5	5	5	5	5	8	15	50
202	Clay Dalrymple	5	5	5	5	5	8	30	80
203	Jose Santiago	5	5	5	5	5	8	15	50
204	Chicago Cubs TC	5	5	5	5	5	10	20	60
205	Tom Tresh	5	5	5	5	8	15	50	250
206	Al Jackson	5	5	5	5	5	8	15	50
207	Frank Quilici RC	5	5	5	5	5	8	15	50
208	Bob Miller	5	5	5	5	5	8	20	50
209	F.Fisher/J.Hiller RC	5	5	5	5	5	10	20	150
210	Bill Mazeroski	6	10	15	25	30	50	100	200
211	Frank Kreutzer	5	5	5	5	5	8	20	100
212	Ed Kranepool	5	5	5	5	5	10	25	
213	Fred Newman	5	5	5	5	5	8	15	50
214	Tommy Harper	5	5	5	5	5	10	20	80
215	NL Batting Leaders	80	120	150	200	400	600	2,000	
216	AL Batting Leaders	5	▲8	▲12	▲20	▲30	▲50	250	
217	NL Home Run Leaders	12	20	30	50	80	120	250	400
218	AL Home Run Leaders	5	▲6	▲10	▲15	▲25	▲40	60	200
219	NL RBI Leaders	10	15	25	40	60	100	250	
220	AL RBI Leaders	▲8	▲12	▲20	▼3	▲50	▲80	▲120	
221	NL ERA Leaders	▲8	▲12	▲20	▲30	▲50	▲80	▲200	
222	AL ERA Leaders	5	5	5	5	8	15	50	
223	NL Pitching Leaders	8	12	20	30	50	80	200	
224	AL Pitching Leaders	▲6	▲10	▲15	▲25	▲40	▲60	120	
225	NL Strikeout Leaders	▼8	▼12	▼20	▼30	▼50	▼80	▲250	400
226	AL Strikeout Leaders	5	▲6	▲10	▲15	▲25	▲40	▲80	
227	Russ Nixon	5	5	5	5	5	8	20	80
228	Larry Dierker	5	5	5	5	5	8	15	60
229	Hank Bauer MG	5	5	5	5	5	8	20	60
230	Johnny Callison	5	5	5	5	5	10	30	100
231	Floyd Weaver	5	5	5	5	5	8	20	60
232	Glenn Beckert	5	5	5	5	5	8	25	80
233	Dom Zanni	5	5	5	5	5	8	20	100
234	R.Beck RC/R.White RC	5	5	5	5	5	10	40	150
235	Don Cardwell	5	5	5	5	5	8	15	50
236	Mike Hershberger	5	5	5	5	5	8	15	50
237	Billy O'Dell	5	5	5	5	5	8	20	60
238	Los Angeles Dodgers TC	5	5	5	5	8	15	50	200
239	Orlando Pena	5	5	5	5	5	8	15	120
240	Earl Battey	5	5	5	5	5	8	20	100
241	Dennis Ribant	5	5	5	5	5	8	20	50
242	Jesus Alou	5	5	5	5	5	8	20	100

#	Player	GD 2	VG 3	VgEx 4	EX 5	ExMt 6	NM 7	NmMt 8	MT 9
243	Nelson Briles	5	5	5	5	5	8	15	60
244	C.Harrison RC//S.Jackson	5	5	5	5	5	8	15	50
245	John Buzhardt	5	5	5	5	5	8	15	50
246	Ed Bailey	5	5	5	5	5	8	15	60
247	Carl Warwick	5	5	5	5	5	8	15	60
248	Pete Mikkelsen	5	5	5	5	5	8	15	50
249	Bill Rigney MG	5	5	5	5	5	8	20	50
250	Sammy Ellis	5	5	5	5	5	8	20	60
251	Ed Brinkman	5	5	5	5	5	8	20	50
252	Denny Lemaster	5	5	5	5	5	8	15	50
253	Don Wert	5	5	5	5	5	8	15	125
254	Fergie Jenkins RC	30	50	80	100	150	250	500	3,000
255	Willie Stargell	12	20	30	50	▲80	▲120	▲250	1,000
256	Lew Krausse	5	5	5	5	5	8	20	60
257	Jeff Torborg	5	5	5	5	5	8	20	80
258	Dave Giusti	5	5	5	5	5	8	15	50
259	Boston Red Sox TC	5	5	5	5	6	12	30	300
260	Bob Shaw	5	5	5	5	5	8	20	60
261	Ron Hansen	5	5	5	5	5	8	15	50
262	Jack Hamilton	5	5	5	5	5	8	15	50
263	Tom Egan	5	5	5	5	5	8	15	50
264	A.Kosco RC/T.Uhlaender RC	5	5	5	5	5	8	20	60
265	Stu Miller	5	5	5	5	5	8	20	60
266	Pedro Gonzalez	5	5	5	5	5	8	15	50
267	Joe Sparma	5	5	5	5	5	8	15	80
268	John Blanchard	5	5	5	5	5	8	15	80
269	Don Heffner MG	5	5	5	5	5	8	20	80
270	Claude Osteen	5	5	5	5	5	10	20	60
271	Hal Lanier	5	5	5	5	5	8	20	60
272	Jack Baldschun	5	5	5	5	5	8	15	50
273	Astro Aces	5	5	5	5	5	10	25	120
274	Buster Narum	5	5	5	5	5	8	20	60
275	Tim McCarver	5	5	5	5	6	12	30	100
276	Jim Bouton	5	5	5	5	5	10	20	60
277	George Thomas	5	5	5	5	5	8	15	50
278	Cal Koonce	5	5	5	5	5	8	15	60
279A	Checklist 4 Black Cap	5	5	5	5	5	10	20	120
279B	Checklist 4 Red Cap	5	5	5	5	5	5	25	
280	Bobby Knoop	5	5	5	5	5	8	15	50
281	Bruce Howard	5	5	5	5	5	8	20	60
282	Johnny Lewis	5	5	5	5	5	8	15	60
283	Jim Perry	5	5	5	5	5	8	20	80
284	Bobby Wine	5	5	5	5	5	8	40	
285	Luis Tiant	5	5	5	5	5	10	40	80
286	Gary Geiger	5	5	5	5	5	8	20	200
287	Jack Aker RC	5	5	5	5	5	8	40	100
288	Don Sutton RC	40	60	80	100	150	300	500	1,500
289	Larry Sherry	5	5	5	5	5	8	20	80
290	Ron Santo	12	20	30	40	60	100	150	400
291	Moe Drabowsky	5	5	5	5	5	10	30	
292	Jim Coker	5	5	5	5	5	8	25	60
293	Mike Shannon	5	5	5	5	5	15	30	
294	Steve Ridzik	5	5	5	5	5	8	20	60
295	Jim Ray Hart	5	5	5	5	5	8	25	80
296	Johnny Keane MG	5	5	5	5	5	10	25	
297	Jim Owens	5	5	5	5	5	8	15	60
298	Rico Petrocelli	5	8	12	20	30	50	100	500
299	Lou Burdette	5	5	6	10	15	25	40	
300	Roberto Clemente	50	80	120	200	250	600	1,500	4,000
301	Greg Bollo	5	5	5	5	5	8	20	60
302	Ernie Bowman	5	5	5	5	5	5	40	
303	Cleveland Indians TC	5	5	5	5	5	8	25	80
304	John Herrnstein	5	5	5	5	5	8	20	60
305	Camilo Pascual	5	5	5	5	5	8	25	150
306	Ty Cline	5	5	5	5	5	5	20	60
307	Clay Carroll	5	5	5	5	5	8	40	
308	Tom Haller	5	5	5	5	5	8	40	

#	Player	GD 2	VG 3	VgEx 4	EX 5	ExMt 6	NM 7	NmMt 8	MT 9
309	Diego Segui	5	5	5	5	5	8	25	60
310	Frank Robinson	20	30	50	60	100	120	400	800
311	T.Helms/D.Simpson	5	5	5	5	5	8	25	60
312	Bob Saverine	5	5	5	5	5	8	20	60
313	Chris Zachary	5	5	5	5	5	8	25	100
314	Hector Valle	5	5	5	5	5	8	20	150
315	Norm Cash	5	5	5	8	12	25	150	
316	Jack Fisher	5	5	5	5	5	8	20	120
317	Dalton Jones	5	5	5	5	5	8	15	60
318	Harry Walker MG	5	5	5	5	5	8	30	80
319	Gene Freese	5	5	5	5	5	8	25	100
320	Bob Gibson	15	20	30	40	50	100	▲500	1,200
321	Rick Reichardt	5	5	5	5	5	8	20	100
322	Bill Faul	5	5	5	5	5	8	15	60
323	Ray Barker	5	5	5	5	5	12	40	120
324	John Boozer	5	5	5	5	5	8	20	
325	Vic Davalillo	5	5	5	5	5	8	25	
326	Atlanta Braves TC	5	5	5	5	5	10	30	
327	Bernie Allen	5	5	5	5	5	8	20	60
328	Jerry Grote	5	5	5	5	5	10	25	
329	Pete Charton	5	5	5	5	5	8	20	60
330	Ron Fairly	5	5	5	5	5	20	60	
331	Ron Herbel	5	5	5	5	5	12	40	100
332	Bill Bryan	5	5	5	5	5	8	25	100
333	J.Coleman RC/J.French RC	5	5	5	5	5	8	20	80
334	Marty Keough	5	5	5	5	5	10	30	150
335	Juan Pizarro	5	5	5	5	5	8	20	60
336	Gene Alley	5	5	5	5	5	10	30	80
337	Fred Gladding	5	5	5	5	5	8	20	60
338	Dal Maxvill	5	5	5	5	5	8	30	100
339	Del Crandall	5	5	5	5	5	10	20	80
340	Dean Chance	5	5	5	6	10	15	40	100
341	Wes Westrum MG	5	5	5	5	5	10	25	60
342	Bob Humphreys	5	5	5	5	5	8	25	
343	Joe Christopher	5	5	5	5	5	8	15	60
344	Steve Blass	5	5	5	5	5	8	15	120
345	Bob Allison	5	5	5	5	5	10	120	
346	Mike de la Hoz	5	5	5	5	5	8	20	50
347	Phil Regan	5	5	5	5	5	8	20	60
348	Baltimore Orioles TC	5	5	5	5	6	12	120	200
349	Cap Peterson	5	5	5	5	5	8	20	60
350	Mel Stottlemyre	5	5	5	5	8	40	120	
351	Fred Valentine	5	5	5	5	5	8	20	
352	Bob Aspromonte	5	5	5	5	5	8	25	80
353	Al McBean	5	5	5	5	5	8	20	120
354	Smoky Burgess	5	5	5	5	5	10	25	80
355	Wade Blasingame	5	5	5	5	5	8	20	60
356	O.Johnson RC/K.Sanders RC	5	5	5	5	5	12	80	100
357	Gerry Arrigo	5	5	5	5	5	8	20	60
358	Charlie Smith	5	5	5	5	5	8	15	60
359	Johnny Briggs	5	5	5	5	5	8	20	100
360	Ron Hunt	5	5	5	5	5	10	30	200
361	Tom Satriano	5	5	5	5	5	8	20	60
362	Gates Brown	5	5	5	5	6	15	40	100
363	Checklist 5	5	5	5	5	5	8	25	
364	Nate Oliver	5	5	5	5	5	8	20	60
365	Roger Maris	40	50	60	80	120	200	500	1,200
366	Wayne Causey	5	5	5	5	5	8	25	
367	Mel Nelson	5	5	5	5	5	8	25	100
368	Charlie Lau	5	5	5	5	5	8	20	60
369	Jim King	5	5	5	5	5	8	15	60
370	Chico Cardenas	5	5	5	5	5	8	40	60
371	Lee Stange	5	5	5	5	6	10	15	60
372	Harvey Kuenn	5	5	5	5	8	12	20	50
373	J.Hiatt/D.Estelle	5	5	5	6	10	15	25	60
374	Bob Locker	5	5	5	5	6	10	15	50
375	Donn Clendenon	5	5	5	5	6	10	20	60
376	Paul Schaal	5	5	5	5	6	10	20	60
377	Turk Farrell	5	5	5	5	6	10	20	50
378	Dick Tracewski	5	5	5	5	8	12	30	80
379	St. Louis Cardinals TC	5	5	5	5	8	12	25	150
380	Tony Conigliaro	5	8	12	20	30	50	100	200
381	Hank Fischer	5	5	5	5	6	10	20	60
382	Phil Roof	5	5	5	5	6	10	20	60
383	Jackie Brandt	5	5	5	5	6	10	15	50
384	Al Downing	5	5	5	5	8	12	20	60
385	Ken Boyer	5	5	6	10	15	25	60	80
386	Gil Hodges MG	5	6	10	15	25	40	60	120
387	Howie Reed	5	5	5	5	6	10	15	50
388	Don Mincher	5	5	5	5	6	10	20	
389	Jim O'Toole	5	5	5	5	6	10	20	60
390	Brooks Robinson	25	30	40	50	80	100	250	1,200
391	Chuck Hinton	5	5	5	5	6	10	20	120
392	B.Hands RC/R.Hundley RC	5	5	5	6	10	15	40	200
393	George Brunet	5	5	5	5	6	10	15	50
394	Ron Brand	5	5	5	5	6	10	15	60
395	Len Gabrielson	5	5	5	5	6	10	15	60
396	Jerry Stephenson	5	5	5	6	10	15	25	100
397	Bill White	5	5	5	5	8	25	40	60
398	Danny Cater	5	5	5	5	6	10	20	60
399	Ray Washburn	5	5	5	5	8	12	20	
400	Zoilo Versalles	5	6	10	15	25	40	60	100
401	Ken McMullen	5	5	5	5	6	10	20	50
402	Jim Hickman	5	5	5	5	6	10	20	100
403	Fred Talbot	5	5	5	5	6	10	15	50
404	Pittsburgh Pirates TC	5	5	5	8	12	20	25	60	150
405	Elston Howard	5	5	5	6	10	15	120	250
406	Joey Jay	5	5	5	5	6	10	20	80
407	John Kennedy	5	5	5	5	6	10	15	50
408	Lee Thomas	5	5	5	5	6	10	15	50
409	Billy Hoeft	5	5	5	5	6	10	15	60
410	Al Kaline	20	30	50	60	100	150	400	
411	Gene Mauch MG	5	5	5	5	6	10	15	60
412	Sam Bowens	5	5	5	5	6	10	20	50
413	Johnny Romano	5	5	5	5	6	10	20	60
414	Dan Coombs	5	5	5	5	10	15	25	50
415	Max Alvis	5	5	5	5	6	10	20	80
416	Phil Ortega	5	5	5	6	10	15	15	60
417	J.McGlothlin RC/E.Sukla RC	5	5	5	5	6	10	15	50
418	Phil Gagliano	5	5	5	5	8	12	20	50
419	Mike Ryan	5	5	5	5	6	10	20	
420	Juan Marichal	15	20	25	40	50	80	200	500
421	Roy McMillan	5	5	5	5	6	10	20	
422	Ed Charles	5	5	5	5	6	10	15	50
423	Ernie Broglio	5	5	5	5	6	10	20	60
424	L.May RC/D.Osteen RC	5	5	5	6	10	15	25	120
425	Bob Veale	5	5	5	5	6	10	20	100
426	Chicago White Sox TC	5	5	5	5	6	12	50	300
427	John Miller	5	5	5	5	6	10	15	80
428	Sandy Alomar	5	5	5	5	6	10	15	60
429	Bill Monbouquette	5	5	5	5	8	12	30	
430	Don Drysdale	15	25	40	60	80	120	300	1,200
431	Walt Bond	5	5	5	5	6	10	20	
432	Bob Heffner	5	5	5	5	6	10	15	50
433	Alvin Dark MG	5	5	5	5	6	10	30	80
434	Willie Kirkland	5	5	5	5	6	10	15	50
435	Jim Bunning	6	10	15	25	40	100	200	
436	Julian Javier	5	5	5	5	6	10	60	200
437	Al Stanek	5	5	5	5	6	10	30	100
438	Willie Smith	5	5	5	5	6	10	15	60
439	Pedro Ramos	5	5	5	5	8	12	20	60
440	Deron Johnson	5	5	5	5	6	10	25	100
441	Tommie Sisk	5	5	5	5	8	12	20	60
442	E.Barnowski RC/E.Watt RC	5	5	5	5	8	25	200	

#	Player	GD 2	VG 3	VgEx 4	EX 5	ExMt 6	NM 7	NmMt 8	MT 9
443	Bill Wakefield	5	5	5	5	6	10	20	60
444	Checklist 6 R.Sox	5	5	5	5	6	10	30	60
445	Jim Kaat	6	10	15	25	40	60	150	600
446	Mack Jones	5	5	5	5	6	10	20	50
447	Dick Ellsworth (Hubbs Photo)	5	5	5	5	8	20	30	200
448	Eddie Stanky MG	5	5	5	5	8	12	25	80
449	Joe Moeller	5	5	5	5	10	25	80	
450	Tony Oliva	15	25	40	60	100	150	250	500
451	Barry Latman	5	5	5	5	8	12	20	60
452	Joe Azcue	5	5	5	5	8	12	20	60
453	Ron Kline	5	5	5	6	10	15	25	60
454	Jerry Buchek	5	5	5	5	8	12	20	60
455	Mickey Lolich	5	5	5	6	10	25	40	150
456	D.Brandon RC/J.Foy RC	5	5	5	5	8	20	25	80
457	Joe Gibbon	5	5	5	6	10	15	25	80
458	Manny Jiminez	5	5	6	10	15	25	40	120
459	Bill McCool	5	5	5	5	8	12	30	100
460	Curt Blefary	5	6	10	15	25	40	60	200
461	Roy Face	5	5	5	6	10	15	20	60
462	Bob Rodgers	5	5	5	5	8	12	20	60
463	Philadelphia Phillies TC	5	5	5	5	8	12	30	100
464	Larry Bearnarth	5	5	5	5	8	12	50	120
465	Don Buford	5	5	5	8	12	20	30	60
466	Ken Johnson	5	5	5	5	8	12	20	60
467	Vic Roznovsky	5	5	5	8	12	20	30	150
468	Johnny Podres	5	5	5	6	10	15	40	80
469	Bobby Murcer RC	12	20	30	50	80	120	200	
470	Sam McDowell	6	10	15	25	40	60	100	300
471	Bob Skinner	5	5	5	5	10	25	60	
472	Terry Fox	5	5	5	5	10	25	100	
473	Rich Rollins	5	5	5	5	8	12	20	80
474	Dick Schofield	5	5	5	5	8	12	20	80
475	Dick Radatz	5	5	5	5	8	12	50	100
476	Bobby Bragan MG	5	5	5	5	8	12	20	50
477	Steve Barber	5	5	5	5	8	12	30	60
478	Tony Gonzalez	5	5	5	5	8	20	50	150
479	Jim Hannan	5	5	5	8	12	20	30	60
480	Dick Stuart	5	5	5	5	8	12	50	100
481	Bob Lee	5	5	5	6	10	15	30	80
482	J.Boccabella/D.Dowling	5	5	5	6	15	50	200	
483	Joe Nuxhall	5	5	5	5	8	12	100	200
484	Wes Covington	5	5	6	10	15	25	40	80
485	Bob Bailey	5	5	6	10	15	25	40	120
486	Tommy John	5	8	12	20	30	50	100	200
487	Al Ferrara	5	5	5	5	8	12	25	60
488	George Banks	5	5	5	6	10	15	25	100
489	Curt Simmons	5	5	5	8	12	20	30	120
490	Bobby Richardson	6	10	15	25	40	60	120	300
491	Dennis Bennett	5	5	5	5	8	12	25	60
492	Kansas City Athletics TC	5	5	5	5	8	12	25	60
493	Johnny Klippstein	5	5	5	5	8	20	25	80
494	Gordy Coleman	5	5	5	5	8	12	25	80
495	Dick McAuliffe	5	5	5	6	10	15	40	120
496	Lindy McDaniel	5	5	6	10	15	25	40	120
497	Chris Cannizzaro	5	5	5	6	10	15	25	60
498	L.Walker RC/W.Fryman RC	5	5	8	12	20	30	50	150
499	Wally Bunker	5	5	5	5	8	30	60	100
500	Hank Aaron	60	100	150	250	400	600	1,200	4,000
501	John O'Donoghue	5	5	5	5	8	12	20	60
502	Lenny Green	5	5	5	8	12	20	30	60
503	Steve Hamilton	5	5	5	6	10	15	50	150
504	Grady Hatton MG	5	5	5	5	8	12	20	50
505	Jose Cardenal	5	8	12	20	30	50	80	250
506	Bo Belinsky	5	5	5	6	10	15	40	80
507	Johnny Edwards	5	5	5	5	8	20	100	
508	Steve Hargan RC	5	5	5	5	8	12	20	80
509	Jake Wood	5	5	5	5	10	25	80	

#	Player	GD 2	VG 3	VgEx 4	EX 5	ExMt 6	NM 7	NmMt 8	MT 9
510	Hoyt Wilhelm	5	8	12	20	30	50	80	200
511	B.Barton RC/T.Fuentes RC	5	5	5	6	15	40	300	
512	Dick Stigman	5	5	5	8	12	20	30	50
513	Camilo Carreon	5	5	5	8	12	30	80	
514	Hal Woodeshick	5	5	5	6	10	15	25	80
515	Frank Howard	5	5	5	6	10	15	60	250
516	Eddie Bressoud	5	5	5	5	8	12	40	200
517A	Checklist 7 529 is White Sox	5	5	5	6	10	15	40	
517B	Checklist 7 529 is W.Sox	5	5	5	6	10	15	50	
518	H.Hippauf RC/A.Umbach RC	5	5	5	8	12	20	30	120
519	Bob Friend	5	5	5	5	8	15	80	250
520	Jim Wynn	5	5	5	6	10	15	50	60
521	John Wyatt	5	5	5	8	12	20	30	60
522	Phil Linz	5	5	5	5	8	12	20	60
523	Bob Sadowski	5	5	5	6	10	15	40	100
524	O.Brown RC/D.Mason RC SP	5	5	8	12	50	60	150	500
525	Gary Bell SP	▲10	▲15	▲25	▲40	▲60	▲100	▲150	250
526	Minnesota Twins TC SP	40	60	100	120	150	200	300	500
527	Julio Navarro	5	8	12	20	30	60	120	250
528	Jesse Gonder SP	5	8	12	20	30	50	120	250
529	Elia/Higgins/Voss RC	5	5	5	6	10	15	40	100
530	Robin Roberts	12	20	30	50	80	100	120	400
531	Joe Cunningham	5	5	5	6	10	25	50	120
532	Aurelio Monteagudo SP	5	5	6	10	15	40	100	200
533	Jerry Adair SP	5	5	6	10	15	30	80	250
534	D.Eilers RC/R.Gardner RC	5	5	5	6	15	25	50	60
535	Willie Davis SP	5	6	10	15	40	100	120	300
536	Dick Egan	5	5	5	6	10	15	30	60
537	Herman Franks MG	5	5	5	8	12	20	25	80
538	Bob Allen SP	5	5	5	8	15	40	80	100
539	B.Heath RC/C.Sembera RC	5	5	5	8	12	50	100	
540	Denny McLain SP	30	50	80	120	200	250	400	800
541	Gene Oliver SP	5	6	10	15	25	40	100	150
542	George Smith	5	5	5	6	10	15	60	120
543	Roger Craig SP	6	10	15	25	40	80	120	250
544	Cardinals Rookies SP RC	5	8	12	20	30	250	500	
545	Dick Green SP	5	5	6	10	20	30	100	200
546	Dwight Siebler	5	5	5	8	12	60	100	200
547	Horace Clarke SP RC	50	80	120	150	200	250	400	600
548	Gary Kroll SP	5	5	5	10	15	25	50	100
549	A.Closter RC/C.Cox RC	5	5	8	12	20	30	50	100
550	Willie McCovey SP	40	60	100	150	200	250	500	1,200
551	Bob Purkey SP	5	8	12	20	30	50	80	150
552	Birdie Tebbetts MG SP	5	5	8	12	20	60	200	400
553	P.Garrett RC/J.Warner RC	5	5	5	8	12	30	60	100
554	Jim Northrup SP	5	6	10	15	25	40	150	400
555	Ron Perranoski SP	15	25	40	60	100	150	500	
556	Mel Queen SP	5	5	10	15	50	100	200	
557	Felix Mantilla SP	5	5	8	12	20	60	150	250
558	Grilli/Magrini/Scott RC	5	5	8	12	25	80	100	250
559	Roberto Pena SP	5	5	8	12	20	50	120	
560	Joel Horlen	5	5	5	6	10	25	50	150
561	Choo Choo Coleman SP	20	30	50	80	120	200	300	
562	Russ Snyder	▲20	▲30	▲50	▲80	▲120	▲200	400	
563	P.Cimino RC/C.Tovar RC	5	5	5	8	12	100	200	300
564	Bob Chance SP	5	5	6	10	30	40	80	200
565	Jimmy Piersall SP	5	6	10	15	40	50	100	500
566	Mike Cuellar SP	5	8	12	20	30	50	120	250
567	Dick Howser SP	6	10	15	25	40	60	100	300
568	P.Lindblad RC/R.Stone RC	5	5	6	10	15	25	80	150
569	Orlando McFarlane SP	5	5	6	10	15	60	120	250
570	Art Mahaffey SP	12	20	30	50	80	120	250	
571	Dave Roberts SP	5	5	6	10	20	30	50	150
572	Bob Priddy	5	5	5	6	10	20	40	60
573	Derrell Griffith	5	5	5	6	10	25	40	▲120
574	B.Hepler RC/B.Murphy RC	5	5	5	6	10	30	50	250
575	Earl Wilson	5	5	5	8	12	20	80	150

#		GD 2	VG 3	VgEx 4	EX 5	ExMt 6	NM 7	NmMt 8	MT 9
576	Dave Nicholson SP	5	5	8	12	30	50	120	400
577	Jack Lamabe SP	5	5	6	10	15	40	60	100
578	Chi Chi Olivo SP RC	5	5	6	10	15	25	100	200
579	Bertaina/Brabender/Johnson RC	5	5	8	10	25	50	80	200
580	Billy Williams SP	20	30	50	80	100	200	400	800
581	Tony Martinez	5	5	8	12	20	30	50	100
582	Garry Roggenburk	5	5	5	6	10	15	50	120
583	Detroit Tigers TC SP	60	80	100	120	200	250	400	600
584	F.Fernandez RC/F.Peterson RC	5	5	6	10	20	60	100	250
585	Tony Taylor	5	5	5	5	6	10	50	60
586	Claude Raymond SP	5	5	6	10	15	80	200	400
587	Dick Bertell	5	5	5	6	10	15	80	200
588	C.Dobson RC/K.Suarez RC	5	5	5	6	10	50	60	120
589	Lou Klimchock SP	5	6	10	15	25	60	▲150	▲300
590	Bill Skowron SP	▲10	▲15	▲25	40	▲60	80	120	250
591	Grant Jackson SP RC	100	120	150	200	250	400	600	
592	Andre Rodgers	5	5	5	6	10	20	60	120
593	Doug Camilli SP	5	5	5	10	15	25	50	150
594	Chico Salmon	5	5	5	6	10	20	200	400
595	Larry Jackson	5	5	6	10	15	25	40	80
596	N.Colbert RC/G.Sims RC SP	10	15	25	40	60	100	200	800
597	John Sullivan	5	5	5	8	12	60	100	200
598	Gaylord Perry SP	50	80	120	200	250	300	800	1,200

1966 Topps Rub-Offs

		GD 2	VG 3	VgEx 4	EX 5	ExMt 6	NM 7	NmMt 8	MT 9
NNO	Hank Aaron	5	5	6	10	20			
NNO	Roberto Clemente	5	6	10	15	25			
NNO	Sandy Koufax	5	6	10	15	25	40	80	150
NNO	Mickey Mantle	30	50	80	120	150	200	300	600
NNO	Willie Mays	5	5	6	10	15	25	100	150
NNO	Pete Rose	5	5	8	12	20	30	120	250
NNO	Carl Yastrzemski	5	5	5	6	10	15	60	80

1967 Topps

#		GD 2	VG 3	VgEx 4	EX 5	ExMt 6	NM 7	NmMt 8	MT 9
1	The Champs	5	5	6	15	40	60	150	1,000
2	Jack Hamilton	5	5	5	5	5	8	15	40
3	Duke Sims	5	5	5	6	10	25	150	
4	Hal Lanier	5	5	5	5	5	8	30	200
5	Whitey Ford	25	30	40	50	60	100	200	1,200
6	Dick Simpson	5	5	5	5	5	8	50	200
7	Don McMahon	5	5	5	5	5	8	20	200
8	Chuck Harrison	5	5	5	5	5	8	20	80
9	Ron Hansen	5	5	5	5	5	8	15	80
10	Matty Alou	5	5	5	5	6	15	100	200
11	Barry Moore RC	5	5	5	5	5	8	20	80
12	J.Campanis RC/B.Singer	5	5	5	5	5	8	40	80
13	Joe Sparma	5	5	5	5	6	15	60	200
14	Phil Linz	5	5	5	5	5	8	25	300
15	Earl Battey	5	5	5	5	5	8	15	60
16	Bill Hands	5	5	5	5	6	15	50	
17	Jim Gosger	5	5	5	5	5	8	15	80
18	Gene Oliver	5	5	5	5	5	8	20	100
19	Jim McGlothlin	5	5	5	5	5	8	20	60
20	Orlando Cepeda	10	15	25	40	60	120	250	1,500
21	Dave Bristol MG RC	5	5	5	5	6	15	80	200
22	Gene Brabender	5	5	5	5	5	8	20	50
23	Larry Elliot	5	5	5	5	5	8	25	100
24	Bob Allen	5	5	5	5	5	8	20	80
25	Elston Howard	5	5	5	5	5	10	25	80
26A	Bob Priddy No Trade Line	5	6	10	15	25	60	25	
26B	Bob Priddy Trade Line	5	5	5	5	6	15	60	150
27	Bob Saverine	5	5	5	5	5	8	15	80
28	Barry Latman	5	5	5	5	5	8	20	100

#		GD 2	VG 3	VgEx 4	EX 5	ExMt 6	NM 7	NmMt 8	MT 9
29	Tom McCraw	5	5	5	5	5	8	20	80
30	Al Kaline DP	▲10	▲15	▲25	▲40	▲60	▲100	▲200	600
31	Jim Brewer	5	5	5	5	5	8	15	80
32	Bob Balley	5	5	5	5	6	20	100	
33	S.Bando RC/R.Schwartz RC	5	5	5	5	6	15	100	
34	Pete Cimino	5	5	5	5	5	8	15	80
35	Rico Carty	5	5	5	5	5	8	25	120
36	Bob Tillman	5	5	5	5	5	10	20	200
37	Rick Wise	5	5	5	5	6	15	100	250
38	Bob Johnson	5	5	5	5	5	8	30	100
39	Curt Simmons	5	5	5	5	5	8	15	80
40	Rick Reichardt	5	5	5	5	5	8	15	100
41	Joe Hoerner	5	5	5	5	6	15	60	150
42	New York Mets TC	5	5	5	5	8	15	40	300
43	Chico Salmon	5	5	5	5	6	15	50	400
44	Joe Nuxhall	5	5	5	5	5	8	25	100
45	Roger Maris Cardinals	5	8	25	40	60	100	200	
46	Lindy McDaniel	5	5	5	5	5	8	15	60
47	Ken McMullen	5	5	5	5	5	8	15	80
48	Bill Freehan	5	5	5	5	8	15	30	300
49	Roy Face	5	5	5	5	5	10	15	150
50	Tony Oliva	5	5	5	5	8	15	80	150
51	D.Adlesh RC/W.Bales RC	5	5	5	5	5	8	15	60
52	Dennis Higgins	5	5	5	5	5	8	30	100
53	Clay Dalrymple	5	5	5	5	5	8	15	80
54	Dick Green	5	5	5	5	5	8	25	150
55	Don Drysdale	20	25	30	50	60	100	200	600
56	Jose Tartabull	5	5	5	5	5	8	50	150
57	Pat Jarvis RC	5	5	5	5	5	8	25	100
58A	Paul Schaal Green Bat	5	5	6	10	15	25	60	250
58B	Paul Schaal Natural Bat	5	5	5	5	5	8	15	80
59	Ralph Terry	5	5	5	5	5	8	15	80
60	Luis Aparicio	6	10	15	25	40	60	100	
61	Gordy Coleman	5	5	5	5	5	8	15	80
62	Frank Robinson CL1	5	5	5	5	8	15	80	
63	Cards Clubbers	5	5	5	8	12	30	100	
64	Fred Valentine	5	5	5	5	5	8	15	80
65	Tom Haller	5	5	5	5	5	8	15	50
66	Manny Mota	5	5	5	5	5	8	15	60
67	Ken Berry	5	5	5	5	5	8	15	120
68	Bob Buhl	5	5	5	5	5	8	25	100
69	Vic Davalillo	5	5	5	5	5	8	60	200
70	Ron Santo	10	15	25	40	60	100	150	400
71	Camilo Pascual	5	5	5	5	5	8	15	100
72	G.Korince RC/T.Matchick RC	5	5	5	5	6	20	80	400
73	Rusty Staub	5	5	5	5	6	15	50	150
74	Wes Stock	5	5	5	5	5	8	20	100
75	George Scott	5	5	5	5	5	10	25	100
76	Jim Barbieri RC	5	5	5	5	5	8	15	80
77	Dooley Womack	5	5	5	5	5	8	15	80
78	Pat Corrales	5	5	5	5	5	8	15	80
79	Bubba Morton	5	5	5	5	5	8	15	100
80	Jim Maloney	5	5	5	5	6	12	25	150
81	Eddie Stanky MG	5	5	5	5	5	8	15	50
82	Steve Barber	5	5	5	5	6	15	120	
83	Ollie Brown	5	5	5	5	5	8	25	100
84	Tommie Sisk	5	5	5	5	5	8	15	50
85	Johnny Callison	5	5	5	5	6	15	80	200
86A	Mike McCormick No Trade Line	5	6	10	15	25	40		
86B	Mike McCormick Trade Line	5	5	5	5	5	8	25	150
87	George Altman	5	5	5	5	5	8	15	50
88	Mickey Lolich	5	5	5	5	5	10	25	
89	Felix Millan RC	5	5	5	5	5	8	15	60
90	Jim Nash RC	5	5	5	5	6	25	80	
91	Johnny Lewis	5	5	5	5	5	10	20	60
92	Ray Washburn	5	5	5	5	5	8	25	150
93	S.Bahnsen RC/B.Murcer	5	5	5	5	8	30	40	200

#	Player	GD 2	VG 3	VgEx 4	EX 5	ExMt 6	NM 7	NmMt 8	MT 9
94	Ron Fairly	5	5	5	5	5	8	15	60
95	Sonny Siebert	5	5	5	5	6	12	25	100
96	Art Shamsky	5	5	5	5	5	8	15	60
97	Mike Cuellar	5	5	5	5	5	10	20	80
98	Rich Rollins	5	5	5	5	6	15	40	135
99	Lee Stange	5	5	5	5	5	8	20	150
100	Frank Robinson DP	▲12	▲20	▲30	▲50	▲80	▲120	▲250	▲1,000
101	Ken Johnson	5	5	5	5	5	8	15	50
102	Philadelphia Phillies TC	5	5	5	5	5	8	15	50
103A	Mickey Mantle CL2 DP D.McAuliffe	5	5	6	10	15	25	60	200
103B	Mickey Mantle CL2 DP D McAuliffe	5	5	8	12	20	30		
104	Minnie Rojas RC	5	5	5	5	5	8	25	100
105	Ken Boyer	5	8	12	20	30	50	80	200
106	Randy Hundley	5	5	5	5	6	12	25	150
107	Joel Horlen	5	5	5	5	5	8	20	80
108	Alex Johnson	5	5	5	5	5	10	30	300
109	Tribe Thumpers	5	5	5	5	5	10	30	60
110	Jack Aker	5	5	5	5	5	8	15	50
111	John Kennedy	5	5	5	5	5	8	40	150
112	Dave Wickersham	5	5	5	5	5	8	20	100
113	Dave Nicholson	5	5	5	5	5	8	15	80
114	Jack Baldschun	5	5	5	5	5	8	15	150
115	Paul Casanova RC	5	5	5	5	6	15	60	200
116	Herman Franks MG	5	5	5	5	5	8	15	60
117	Darrell Brandon	5	5	5	5	5	8	15	120
118	Bernie Allen	5	5	5	5	5	8	15	80
119	Wade Blasingame	5	5	5	5	5	8	15	50
120	Floyd Robinson	5	5	5	5	5	8	20	80
121	Eddie Bressoud	5	5	5	5	5	8	25	120
122	George Brunet	5	5	5	5	5	8	15	60
123	J.Price RC/L.Walker	5	5	5	5	5	8	15	120
124	Jim Stewart	5	5	5	5	5	8	15	100
125	Moe Drabowsky	5	5	5	5	6	15	30	100
126	Tony Taylor	5	5	5	5	6	15	50	150
127	John O'Donoghue	5	5	5	5	5	8	30	120
128A	Ed Spiezio RC	5	5	5	5	5	8	25	120
129	Phil Roof	5	5	5	5	5	8	15	50
130	Phil Regan	5	5	5	5	5	10	25	120
131	New York Yankees TC	▲8	▲12	▲20	▲30	▲50	▲80	▲120	▲250
132	Ozzie Virgil	5	5	5	5	5	8	20	100
133	Ron Kline	5	5	5	5	5	8	15	60
134	Gates Brown	5	5	5	5	6	12	60	
135	Deron Johnson	5	5	5	5	6	15	40	120
136	Carroll Sembera	5	5	5	5	5	8	40	120
137	R.Clark RC/J.Ollum	5	5	5	5	5	8	15	60
138	Dick Kelley	5	5	5	5	5	8	20	80
139	Dalton Jones	5	5	5	5	5	10	20	100
140	Willie Stargell	12	20	30	50	60	150	250	1,200
141	John Miller	5	5	5	5	5	10	50	100
142	Jackie Brandt	5	5	5	5	5	8	15	80
143	Sox Sockers	5	5	5	5	5	10	25	150
144	Bill Hepler	5	5	5	5	5	8	30	
145	Larry Brown	5	5	5	5	6	15	40	200
146	Steve Carlton	▼15	▼25	40	▲60	100	▲200	500	1,500
147	Tom Egan	5	5	5	5	5	8	15	80
148	Adolfo Phillips	5	5	5	5	5	8	15	80
149	Joe Moeller	5	5	5	5	5	8	50	100
150	Mickey Mantle	200	300	500	600	800	2,000	4,000	12,000
151	Moe Drabowsky WS1	5	5	5	5	5	10	40	200
152	Jim Palmer WS2	5	8	12	20	30	50	100	250
153	Paul Blair WS3	5	5	5	5	5	10	30	80
154	B.Robinson/D.McNally WS4	5	5	5	5	6	12	30	
155	Orioles Celebrate WS	5	5	5	5	6	12	50	80
156	Ron Herbel	5	5	5	5	5	8	20	100
157	Danny Cater	5	5	5	5	5	8	15	100

#	Player	GD 2	VG 3	VgEx 4	EX 5	ExMt 6	NM 7	NmMt 8	MT 9
158	Jimmie Coker	5	5	5	5	5	8	15	80
159	Bruce Howard	5	5	5	5	5	8	15	80
160	Willie Davis	5	5	5	5	5	10	20	80
161	Dick Williams MG	5	5	5	5	6	15	50	250
162	Billy O'Dell	5	5	5	5	5	8	20	80
163	Vic Roznovsky	5	5	5	5	6	20	50	200
164	Dwight Siebler	5	5	5	5	5	8	20	100
165	Cleon Jones	5	5	5	5	6	12	30	200
166	Eddie Mathews	12	15	20	25	30	50	80	300
167	J.Coleman RC/T.Cullen RC	5	5	5	5	5	8	25	150
168	Ray Culp	5	5	5	5	5	8	20	80
169	Horace Clarke	5	5	5	5	6	12	25	150
170	Dick McAuliffe	5	5	5	5	6	15	60	
171	Cal Koonce	5	5	5	5	5	8	20	60
172	Bill Heath	5	5	5	5	5	8	20	80
173	St. Louis Cardinals TC	5	5	5	5	6	12	30	120
174	Dick Radatz	5	5	5	5	5	8	15	60
175	Bobby Knoop	5	5	5	5	5	8	15	80
176	Sammy Ellis	5	5	5	5	5	8	30	120
177	Tito Fuentes	5	5	5	5	5	8	15	60
178	John Buzhardt	5	5	5	5	5	8	20	80
179	C.Vaughan RC/C.Epshaw RC	5	5	5	5	5	8	20	120
180	Curt Blefary	5	5	5	5	5	8	20	100
181	Terry Fox	5	5	5	5	5	8	25	150
182	Ed Charles	5	5	5	5	5	8	20	200
183	Jim Pagliaroni	5	5	5	5	5	8	15	80
184	George Thomas	5	5	5	5	5	8	30	250
185	Ken Holtzman RC	5	5	5	5	6	10	40	100
186	Mets Maulers	5	5	5	5	6	15	70	250
187	Pedro Ramos	5	5	5	5	5	8	15	80
188	Ken Harrelson	5	5	5	5	5	8	25	120
189	Chuck Hinton	5	5	5	5	6	15	40	120
190	Turk Farrell	5	5	5	5	5	8	20	135
191A	Willie Mays CL3 214 is Tom	5	5	5	5	5	10	30	150
191B	Willie Mays CL3 214 is Dick	5	5	5	5	5	10	25	80
192	Fred Gladding	5	5	5	5	5	8	15	135
193	Jose Cardenal	5	5	5	5	5	8	15	60
194	Bob Allison	5	5	5	5	5	10	25	60
195	Al Jackson	5	5	5	5	5	8	30	200
196	Johnny Romano	5	5	5	5	5	12	150	
197	Ron Perranoski	5	5	5	5	5	10	20	80
198	Chuck Hiller	5	5	5	5	5	8	20	80
199	Billy Hitchcock MG	5	5	5	5	5	8	15	50
200	Willie Mays	▲40	▲60	▲100	▲150	▲250	▲500	1,500	5,000
201	Hal Reniff	5	5	5	5	5	10	25	150
202	Johnny Edwards	5	5	5	5	5	8	15	50
203	Al McBean	5	5	5	5	5	8	15	60
204	M.Epstein RC/T.Phoebus RC	5	5	5	5	5	8	50	200
205	Dick Groat	5	5	5	5	5	10	20	50
206	Dennis Bennett	5	5	5	5	5	8	20	60
207	John Orsino	5	5	5	5	5	8	15	80
208	Jack Lamabe	5	5	5	5	5	8	15	50
209	Joe Nossek	5	5	5	5	5	8	15	80
210	Bob Gibson	8	12	20	30	40	100	250	800
211	Minnesota Twins TC	5	5	5	5	5	8	15	60
212	Chris Zachary	5	5	5	5	5	8	15	50
213	Jay Johnstone RC	5	5	5	5	5	8	15	50
214	Tom Kelley	5	5	5	5	5	8	15	50
215	Ernie Banks	30	50	60	80	100	200	500	1,000
216	Bengal Belters	8	12	20	30	50	▲120	▲200	400
217	Rob Gardner	5	5	5	5	5	8	15	80
218	Wes Parker	5	5	5	5	6	15	40	200
219	Clay Carroll	5	5	5	5	5	8	15	50
220	Jim Ray Hart	5	5	5	5	5	8	15	60
221	Woody Fryman	5	5	5	5	5	8	15	50
222	D.Osteen/L.May	5	5	5	5	5	8	25	50
223	Mike Ryan	5	5	5	5	5	10	60	150

#	Player	GD 2	VG 3	VgEx 4	EX 5	ExMt 6	NM 7	NmMt 8	MT 9
224	Walt Bond	5	5	5	5	5	8	15	50
225	Mel Stottlemyre	5	5	5	5	6	12	40	150
226	Julian Javier	5	5	5	5	5	8	15	60
227	Paul Lindblad	5	5	5	5	5	8	15	80
228	Gil Hodges MG	5	5	5	5	6	12	25	100
229	Larry Jackson	5	5	5	5	5	8	20	120
230	Boog Powell	5	5	5	5	5	10	40	
231	John Bateman	5	5	5	5	5	8	15	50
232	Don Buford	5	5	5	5	5	8	20	100
233	AL ERA Leaders	5	5	5	5	5	8	25	100
234	NL ERA Leaders	▲8	▲12	▲20	▲30	▲50	▲80	▲120	300
235	AL Pitching Leaders	5	5	5	5	5	10	25	200
236	NL Pitching Leaders	15	25	40	50	60	120	150	300
237	AL Strikeout Leaders	5	5	5	5	5	10	80	100
238	NL Strikeout Leaders	8	12	20	30	50	80	150	300
239	AL Batting Leaders	▲8	▲12	▲20	▲30	▲50	▲80	▲150	400
240	NL Batting Leaders	5	5	8	12	20	30	50	120
241	AL RBI Leaders	8	12	20	30	50	80	100	300
242	NL RBI Leaders	12	20	30	50	80	▲250	500	1,200
243	AL Home Run Leaders	5	8	12	20	30	50	80	500
244	NL Home Run Leaders	15	25	40	60	100	150	250	1,000
245	Curt Flood	5	5	5	5	6	12	40	150
246	Jim Perry	5	5	5	5	5	10	25	120
247	Jerry Lumpe	5	5	5	5	5	8	20	100
248	Gene Mauch MG	5	5	5	5	5	8	20	100
249	Nick Willhite	5	5	5	5	5	8	15	50
250	Hank Aaron	50	80	120	200	250	500	1,200	4,000
251	Woody Held	5	5	5	5	5	8	30	80
252	Bob Bolin	5	5	5	5	5	8	20	50
253	B.Davis/G.Gil RC	5	5	5	5	5	8	15	50
254	Milt Pappas	5	5	5	5	5	8	15	50
255	Frank Howard	5	5	5	5	5	10	30	60
256	Bob Hendley	5	5	5	5	5	8	15	50
257	Charlie Smith	5	5	5	5	5	8	15	100
258	Lee Maye	5	5	5	5	5	8	15	50
259	Don Dennis	5	5	5	5	5	8	15	50
260	Jim Lefebvre	5	5	5	5	5	8	20	80
261	John Wyatt	5	5	5	5	5	8	15	50
262	Kansas City Athletics TC	5	5	5	5	5	8	20	60
263	Hank Aguirre	5	5	5	5	5	8	15	50
264	Ron Swoboda	5	5	5	5	5	10	25	
265	Lou Burdette	5	5	5	5	5	8	15	50
266	Pitt Power	5	5	5	5	8	15	40	150
267	Don Schwall	5	5	5	5	5	8	15	50
268	Johnny Briggs	5	5	5	5	5	8	15	60
269	Don Nottebart	5	5	5	5	5	8	20	80
270	Zoilo Versalles	5	5	5	5	5	8	15	80
271	Eddie Watt	5	5	5	5	5	8	20	80
272	B.Connors RC/D.Dowling	5	5	5	5	5	8	15	50
273	Dick Lines RC	5	5	5	5	5	8	15	120
274	Bob Aspromonte	5	5	5	5	5	8	20	80
275	Fred Whitfield	5	5	5	5	5	8	30	100
276	Bruce Brubaker	5	5	5	5	5	8	15	50
277	Steve Whitaker RC	5	5	5	5	5	10	20	60
278	Jim Kaat CL4	5	5	5	6	10	15	40	250
279	Frank Linzy	5	5	5	5	5	8	15	60
280	Tony Conigliaro	8	12	20	30	50	80	120	500
281	Bob Rodgers	5	5	5	5	5	8	15	100
282	John Odom	5	5	5	5	5	8	15	60
283	Gene Alley	5	5	5	5	5	8	15	100
284	Johnny Podres	5	5	5	5	6	10	20	80
285	Lou Brock	▲12	▲20	▲30	▲50	▲80	▲120	▲300	800
286	Wayne Causey	5	5	5	5	5	8	15	60
287	G.Goosen RC/B.Shirley	5	5	5	5	5	8	30	100
288	Denny Lemaster	5	5	5	5	5	8	20	50
289	Tom Tresh	5	5	5	5	5	20	40	60
290	Bill White	5	5	5	5	5	10	30	100
291	Jim Hannan	5	5	5	5	5	8	15	80
292	Don Pavletich	5	5	5	5	5	10	20	100
293	Ed Kirkpatrick	5	5	5	5	5	8	15	50
294	Walter Alston MG	5	5	5	5	5	10	100	250
295	Sam McDowell	5	5	5	5	5	10	50	150
296	Glenn Beckert	5	5	5	5	5	10	60	120
297	Dave Morehead	5	5	5	5	5	8	50	120
298	Ron Davis RC	5	5	5	5	5	8	15	50
299	Norm Siebern	5	5	5	5	6	15	40	200
300	Jim Kaat	5	5	5	5	8	15	50	150
301	Jesse Gonder	5	5	5	5	5	10	20	80
302	Baltimore Orioles TC	5	5	8	12	20	30	50	200
303	Gil Blanco	5	5	5	5	5	8	25	120
304	Phil Gagliano	5	5	5	5	5	8	20	80
305	Earl Wilson	5	5	5	8	12	20	25	80
306	Bud Harrelson RC	5	6	10	15	25	▲60	100	150
307	Jim Beauchamp	5	5	5	5	5	8	15	50
308	Al Downing	5	5	5	5	5	8	50	100
309	Hurlers Beware	▲6	▲10	▲15	▲25	▲40	▲60	▲200	▲300
310	Gary Peters	5	5	5	5	5	8	20	80
311	Ed Brinkman	5	5	5	5	5	8	15	60
312	Don Mincher	5	5	5	5	5	8	15	60
313	Bob Lee	5	5	5	5	5	8	20	80
314	M.Andrews RC/R.Smith RC	5	5	5	5	6	12	50	300
315	Billy Williams	12	20	30	50	60	80	150	600
316	Jack Kralick	5	5	5	5	6	15	50	200
317	Cesar Tovar	5	5	5	5	5	8	20	80
318	Dave Giusti	5	5	5	5	5	8	15	100
319	Paul Blair	5	5	5	6	10	15	40	100
320	Gaylord Perry	6	10	15	25	40	60	▼100	500
321	Mayo Smith MG	5	5	5	5	5	10	20	120
322	Jose Pagan	5	5	5	5	5	8	15	50
323	Mike Hershberger	5	5	5	5	5	8	15	60
324	Hal Woodeshick	5	5	5	5	5	8	30	200
325	Chico Cardenas	5	5	5	5	5	8	15	50
326	Bob Uecker	▲12	▲20	▲30	▲50	▲80	▲120	250	800
327	California Angels TC	5	5	5	5	5	8	20	40
328	Clete Boyer	5	5	5	5	6	10	25	60
329	Charlie Lau	5	5	5	5	5	8	15	30
330	Claude Osteen	5	5	5	5	5	8	15	50
331	Joe Foy	5	5	5	5	5	8	40	100
332	Jesus Alou	5	5	5	5	5	8	15	60
333	Fergie Jenkins	15	25	40	60	80	150	200	400
334	Twin Terrors	5	6	10	15	25	60	100	200
335	Bob Veale	5	5	5	5	5	8	15	60
336	Joe Azcue	5	5	5	5	5	8	15	60
337	Joe Morgan	12	20	30	40	60	80	200	600
338	Bob Locker	5	5	5	5	5	8	15	80
339	Chico Ruiz	5	5	5	5	5	8	25	80
340	Joe Pepitone	5	5	6	10	15	25	40	80
341	D.Dietz RC/B.Sorrell	5	5	5	5	5	8	15	60
342	Hank Fischer	5	5	5	5	5	8	20	60
343	Tom Satriano	5	5	5	5	5	8	15	50
344	Ossie Chavarria RC	5	5	5	5	5	8	20	50
345	Stu Miller	5	5	5	5	5	8	40	80
346	Jim Hickman	5	5	5	5	5	8	15	50
347	Grady Hatton MG	5	5	5	5	5	8	15	50
348	Tug McGraw	5	5	5	8	12	20	40	80
349	Bob Chance	5	5	5	5	5	8	15	80
350	Joe Torre	8	12	20	30	50	80	100	250
351	Vern Law	5	5	5	5	6	15	60	200
352	Ray Oyler	5	5	5	5	5	10	20	80
353	Bill McCool	5	5	5	5	5	8	15	50
354	Chicago Cubs TC	5	5	5	5	6	12	40	60
355	Carl Yastrzemski	20	30	50	80	120	250	600	2,000
356	Larry Jaster RC	5	5	5	5	5	8	15	50
357	Bill Skowron	5	5	6	10	15	25	40	80

#	Player	GD 2	VG 3	VgEx 4	EX 5	ExMt 6	NM 7	NmMt 8	MT 9
358	Ruben Amaro	5	5	5	5	5	8	15	60
359	Dick Ellsworth	5	5	5	5	5	8	15	50
360	Leon Wagner	5	5	5	5	5	10	20	100
361	Roberto Clemente CL5	6	10	15	25	40	60	100	250
362	Darold Knowles	5	5	5	5	5	8	30	200
363	Davey Johnson	5	5	5	5	6	12	120	250
364	Claude Raymond	5	5	5	5	5	8	15	60
365	John Roseboro	5	5	6	10	15	25	40	60
366	Andy Kosco	5	5	5	5	5	8	15	50
367	B.Kelso/D.Wallace RC	5	5	5	5	5	8	15	40
368	Jack Hiatt	5	5	5	5	5	8	15	60
369	Jim Hunter	12	20	30	50	80	120	150	500
370	Tommy Davis	5	5	5	5	5	10	50	120
371	Jim Lonborg	5	5	5	5	6	20	100	600
372	Mike de la Hoz	5	5	5	5	5	8	20	100
373	D.Josephson RC/F.Klages RC DP	5	5	5	5	5	8	20	100
374A	Mel Queen Partial Line	5	5	6	10	15	25		
374B	Mel Queen Complete Line DP	5	5	5	5	6	15	60	400
375	Jake Gibbs	5	5	5	5	5	8	30	80
376	Don Lock DP	5	5	5	5	5	8	30	200
377	Luis Tiant	6	10	15	25	40	60	200	500
378	Detroit Tigers TC	5	5	5	5	8	20	60	
379	Jerry May DP	5	5	5	5	5	8	15	80
380	Dean Chance DP	5	5	5	5	5	10	25	100
381	Dick Schofield DP	5	5	5	5	5	8	15	60
382	Dave McNally	5	5	5	6	10	15	80	250
383	Ken Henderson DP	5	5	5	5	5	8	30	80
384	J.Cosman RC/D.Hughes RC	5	5	5	5	5	8	15	100
385	Jim Fregosi	5	5	8	12	20	30	50	150
386	Dick Selma DP	5	5	5	5	5	10	30	120
387	Cap Peterson DP	5	5	5	5	5	8	15	80
388	Arnold Earley DP	5	5	5	5	5	8	30	300
389	Alvin Dark MG DP	5	5	5	6	10	15	25	50
390	Jim Wynn DP	5	5	5	5	5	8	20	60
391	Wilbur Wood DP	5	5	5	5	5	10	50	100
392	Tommy Harper DP	5	6	10	15	25	40	100	400
393	Jim Bouton DP	5	5	8	12	20	30	60	
394	Jake Wood DP	5	5	5	5	5	12	30	200
395	Chris Short RC	5	5	5	5	5	10	100	300
396	Atlanta Aces	5	5	5	5	8	20	80	200
397	Willie Smith DP	5	5	5	5	5	8	30	200
398	Jeff Torborg	5	5	5	6	10	15	25	50
399	Al Worthington DP	5	5	5	5	6	15	60	250
400	Roberto Clemente DP	60	80	100	120	150	250	1,000	6,000
401	Jim Coates	5	5	5	5	5	8	15	80
402A	G.Jackson/B.Wilson Partial	5	5	6	10	15			
402B	G.Jackson/B.Wilson Complete RC DP	5	5	5	5	6	15	40	125
403	Dick Nen	5	5	5	5	6	15	30	500
404	Nelson Briles	5	6	10	15	25	40	80	
405	Russ Snyder	5	5	5	5	5	8	15	60
406	Lee Elia DP	5	5	5	5	5	8	20	100
407	Cincinnati Reds TC	5	5	5	5	5	20	40	120
408	Jim Northrup DP	5	5	5	8	12	20	100	300
409	Ray Sadecki	5	5	5	5	5	8	15	120
410	Lou Johnson DP	5	5	5	5	5	8	30	100
411	Dick Howser DP	5	5	5	5	5	10	25	80
412	N.Miller RC/D.Rader RC	5	5	5	5	5	10	40	80
413	Jerry Grote	5	5	5	5	6	12	40	120
414	Casey Cox	5	5	5	5	5	8	30	50
415	Sonny Jackson	5	5	5	5	5	8	25	150
416	Roger Repoz	5	5	5	5	5	10	30	150
417A	Bob Bruce ERR Rbaves	5	5	6	10	15	25	120	
417B	Bob Bruce COR Braves DP	5	5	5	5	5	8	40	200
418	Sam Mele MG	5	5	5	5	6	15	50	150
419	Don Kessinger DP	5	5	5	5	5	8	25	80
420	Denny McLain	5	8	12	20	30	50	80	300
421	Dal Maxvill DP	5	5	5	5	5	12	35	175
422	Hoyt Wilhelm	5	8	12	20	30	50	100	200
423	Fence Busters	20	30	50	80	120	250	500	
424	Pedro Gonzalez	5	5	5	5	6	15	50	135
425	Pete Mikkelsen	5	5	5	5	6	15	50	150
426	Lou Clinton	5	5	5	5	5	10	25	200
427A	Ruben Gomez Partial	5	5	6	10	25			
427B	Ruben Gomez Complete DP	5	5	5	5	6	15	40	
428	T.Hutton RC/G.Michael RC DP	5	6	10	15	25	40	80	200
429	Garry Roggenburk DP	5	5	5	5	6	15	80	
430	Pete Rose	60	80	100	150	250	400	▲1,200	6,000
431	Ted Uhlaender	5	5	5	5	5	8	25	120
432	Jimmie Hall DP	5	5	5	5	5	8	15	100
433	Al Luplow DP	5	5	5	5	5	8	30	150
434	Eddie Fisher DP	5	5	5	5	5	8	20	80
435	Mack Jones DP	5	5	5	5	5	8	15	80
436	Pete Ward	5	5	5	5	5	10	30	100
437	Washington Senators TC	5	5	5	5	5	8	40	80
438	Chuck Dobson	5	5	5	5	5	8	15	80
439	Byron Browne	5	5	5	5	5	8	25	100
440	Steve Hargan	5	5	5	5	5	8	15	60
441	Jim Davenport	5	5	5	5	5	10	20	80
442	B.Robinson RC/J.Verbanic RC DP	5	5	6	10	15	40	200	
443	Tito Francona DP	5	5	5	5	5	8	25	100
444	George Smith	5	5	5	5	5	10	20	80
445	Don Sutton	10	15	25	40	60	100	300	600
446	Russ Nixon DP	5	5	5	5	5	8	20	120
447A	Bo Belinsky Partial	5	5	5	6	10	15		
447B	Bo Belinsky Complete DP	5	5	5	6	10	15	25	250
448	Harry Walker MG DP	5	5	6	10	15	25	40	300
449	Orlando Pena	5	5	5	6	10	15	25	150
450	Richie Allen	10	15	25	40	60	100	250	400
451	Fred Newman DP	5	5	5	5	5	8	15	60
452	Ed Kranepool	5	5	5	5	6	15	40	150
453	Aurelio Monteagudo DP	5	5	5	5	5	8	40	250
454A	Juan Marichal CL6 No Left Ear DP	5	5	5	5	8	30	150	
454B	Juan Marichal CL6 Left Ear DP	5	5	5	5	5	8	30	150
455	Tommie Agee	5	8	12	20	30	50	80	150
456	Phil Niekro UER/ERA incorrect as .288	10	15	25	40	60	80	150	400
457	Andy Etchebarren DP	5	5	6	10	25	50	200	300
458	Lee Thomas	5	5	5	5	5	10	20	60
459	D.Bosman RC/P.Craig	5	5	5	5	5	10	20	80
460	Harmon Killebrew	8	12	20	30	40	120	200	800
461	Bob Miller	5	▲6	▲10	▲15	▲25	▲50	▲150	▲300
462	Bob Barton	5	5	5	5	5	10	40	100
463	Hill Aces	5	5	5	5	6	12	40	120
464	Dan Coombs	5	5	5	5	5	10	30	80
465	Willie Horton	6	10	15	25	40	60	100	250
466	Bobby Wine	5	5	▲8	▲12	20	▲30	▲120	300
467	Jim O'Toole	5	5	5	5	5	10	50	200
468	Ralph Houk MG	5	5	5	5	6	15	80	300
469	Len Gabrielson	5	5	5	6	10	15	25	80
470	Bob Shaw	5	5	5	5	6	15	100	
471	Rene Lachemann	5	5	5	5	5	10	40	80
472	J.Gelnar/G.Spriggs RC	5	5	5	5	5	8	25	60
473	Jose Santiago	5	5	5	5	5	10	50	100
474	Bob Tolan	5	5	6	10	15	25	100	200
475	Jim Palmer	5	8	25	30	50	80	250	
476	Tony Perez SP	25	40	60	100	120	250	400	1,000
477	Atlanta Braves TC	5	6	10	15	25	40	60	150
478	Bob Humphreys	5	5	5	5	5	10	25	80
479	Gary Bell	5	5	5	5	5	12	60	150
480	Willie McCovey	▲15	▲25	▲40	▲50	60	150	250	800
481	Leo Durocher MG	5	5	6	10	15	25	40	▲120	▲250
482	Bill Monbouquette	5	5	5	10	15	30	80	
483	Jim Landis	5	5	5	5	5	10	40	200

#	Card	GD 2	VG 3	VgEx 4	EX 5	ExMt 6	NM 7	NmMt 8	MT 9
484	Jerry Adair	5	5	5	5	5	10	40	
485	Tim McCarver	5	5	5	25	30	80	250	
486	R.Reese RC/B.Whitby RC	5	5	5	5	5	10	50	100
487	Tommie Reynolds	5	5	5	5	5	10	30	100
488	Gerry Arrigo	5	5	5	5	5	10	40	80
489	Doug Clemens RC	5	5	5	5	5	10	50	150
490	Tony Cloninger	5	5	5	5	5	10	20	80
491	Sam Bowens	5	5	5	5	5	10	20	80
492	Pittsburgh Pirates TC	5	5	6	10	15	80	300	
493	Phil Ortega	5	5	5	5	5	10	50	150
494	Bill Rigney MG	5	5	5	5	5	10	20	80
495	Fritz Peterson	5	5	5	5	6	15	60	
496	Orlando McFarlane	5	5	5	5	5	10	20	50
497	Ron Campbell RC	5	5	5	5	6	25	80	200
498	Larry Dierker	5	5	5	6	10	15	40	100
499	G.Culver/J.Vidal RC	5	5	5	5	5	10	20	80
500	Juan Marichal	5	5	10	25	40	50	80	200
501	Jerry Zimmerman	5	5	5	5	6	15	50	
502	Derrell Griffith	5	5	5	5	5	10	30	100
503	Los Angeles Dodgers TC	5	5	5	8	12	20	40	150
504	Orlando Martinez RC	5	5	5	5	5	10	40	120
505	Tommy Helms	▲8	▲12	▲20	▲30	▲50	▲80	▲120	400
506	Smoky Burgess	5	5	5	5	5	10	30	100
507	E.Barnowski/L.Haney RC	5	5	5	5	5	10	20	80
508	Dick Hall	5	5	5	5	15	30	80	120
509	Jim King	5	5	5	5	5	10	25	100
510	Bill Mazeroski	8	12	20	30	50	80	100	400
511	Don Wert	5	5	5	5	6	15	60	150
512	Red Schoendienst MG	5	5	6	10	15	60	150	250
513	Marcelino Lopez	5	5	5	5	5	10	25	100
514	John Werhas	5	5	5	5	10	20	50	100
515	Bert Campaneris	6	10	15	25	40	60	100	200
516	San Francisco Giants TC	5	5	5	5	6	30	100	200
517	Fred Talbot	5	5	5	5	5	10	40	
518	Denis Menke	5	5	5	5	5	10	20	80
519	Ted Davidson	5	5	5	5	5	10	30	100
520	Max Alvis	5	5	5	5	5	10	25	80
521	Bird Bombers	5	5	5	5	5	30	100	200
522	John Stephenson	5	5	5	5	5	10	30	60
523	Jim Merritt	5	5	5	5	5	10	40	80
524	Felix Mantilla	5	5	5	5	6	15	50	150
525	Ron Hunt	5	5	5	6	10	15	50	150
526	P.Dobson RC/G.Korince RC	15	25	40	60	100	150	250	500
527	Dennis Ribant	5	5	5	5	6	15	30	100
528	Rico Petrocelli	5	5	8	12	20	60	200	400
529	Gary Wagner	5	5	5	5	5	10	50	200
530	Felipe Alou	5	5	5	5	6	40	50	200
531	Brooks Robinson CL7 DP	5	5	6	10	20	100	300	1,200
532	Jim Hicks RC	5	5	5	5	5	10	30	80
533	Jack Fisher	5	5	5	5	6	15	80	300
534	Hank Bauer MG DP	5	5	5	6	10	25	40	150
535	Donn Clendenon	5	8	12	20	60	100	200	600
536	J.Niekro RC/P.Popovich RC	20	30	50	60	100	150	400	800
537	Chuck Estrada DP	5	5	8	12	20	30	50	150
538	J.C. Martin	5	5	6	10	15	30	80	120
539	Dick Egan DP	5	5	8	12	20	30	50	150
540	Norm Cash	6	10	15	25	60	100	200	400
541	Joe Gibbon	5	5	6	10	15	60	80	150
542	R.Monday RC/T.Pierce RC DP	8	12	20	30	50	80	120	250
543	Dan Schneider	5	6	10	15	25	40	80	250
544	Cleveland Indians TC	12	20	30	50	80	120	▲300	▲600
545	Jim Grant	10	15	25	40	60	100	150	300
546	Woody Woodward	5	5	6	10	15	40	50	200
547	R.Gibson RC/B.Rohr RC DP	5	5	5	6	10	20	60	100
548	Tony Gonzalez DP	5	5	8	12	20	30	50	100
549	Jack Sanford	5	5	6	10	15	30	80	
550	Vada Pinson DP	5	6	10	15	25	50	200	600
551	Doug Camilli DP	5	5	5	8	12	20	30	60
552	Ted Savage	6	10	15	25	40	50	100	▲300
553	M.Hegan RC/T.Tillotson	10	15	25	40	60	100	150	300
554	Andre Rodgers DP	5	8	12	20	30	50	100	
555	Don Cardwell	6	10	15	25	40	60	100	200
556	Al Weis DP	5	5	5	10	15	25	30	80
557	Al Ferrara	10	15	25	40	60	100	150	250
558	M.Belanger RC/B.Dillman RC	30	50	80	120	200	300	500	1,000
559	Dick Tracewski DP	5	5	8	12	20	30	50	120
560	Jim Bunning	10	40	50	80	100	150	250	600
561	Sandy Alomar	5	6	10	15	50	120	200	400
562	Steve Blass DP	5	5	8	12	20	30	100	300
563	Joe Adcock MG	5	5	8	12	20	100	150	250
564	A.Harris RC/A.Pointer RC DP	5	6	10	15	25	40	60	150
565	Lew Krausse	5	5	6	10	15	25	80	150
566	Gary Geiger DP	5	5	5	8	12	20	50	100
567	Steve Hamilton	6	10	15	25	40	60	150	250
568	John Sullivan	6	10	15	25	40	100	150	200
569	Rod Carew DP RC	400	500	600	800	1,000	2,000	3,000	15,000
570	Maury Wills	25	40	60	80	100	200	500	1,000
571	Larry Sherry	5	5	8	12	20	60	100	
572	Don Demeter	12	20	30	50	80	120	250	
573	Chicago White Sox TC	5	5	8	15	20	50	100	150
574	Jerry Buchek	15	25	40	60	80	100	150	250
575	Dave Boswell RC	5	5	6	10	15	100	▲250	500
576	R.Hernandez RC/N.Gigon RC	5	8	12	20	40	100	200	250
577	Bill Short	5	5	8	12	20	50	120	
578	John Boccabella	5	5	6	10	15	60	120	250
579	Bill Henry	5	5	6	10	15	25	80	200
580	Rocky Colavito	12	20	100	120	150	200	300	500
581	Tom Seaver RC	1,000	1,200	1,500	2,000	2,500	3,000	6,000	25,000
582	Jim Owens DP	5	5	8	12	20	30	50	300
583	Ray Barker	5	6	10	15	25	80	120	
584	Jimmy Piersall	▲6	▲10	▲15	▲25	▲40	▲60	100	200
585	Wally Bunker	5	5	6	10	15	60	200	
586	Manny Jimenez	5	5	8	12	20	40	120	300
587	D.Shaw RC/G.Sutherland RC	5	8	12	20	80	120	200	400
588	Johnny Klippstein DP	5	5	5	6	10	15	40	150
589	Dave Ricketts DP	5	5	5	6	10	15	50	150
590	Pete Richert	5	5	8	12	20	30	100	150
591	Ty Cline	5	5	6	10	25	40	100	200
592	J.Shellenback RC/R.Willis RC	30	50	80	100	150	250	400	
593	Wes Westrum MG	6	10	15	25	40	▲120	▲250	
594	Dan Osinski	8	12	20	30	50	80	200	300
595	Cookie Rojas	5	6	10	15	25	100	200	400
596	Galen Cisco DP	5	5	5	6	10	50	100	400
597	Ted Abernathy	5	6	10	15	25	50	200	400
598	W.Williams RC/E.Stroud RC	5	6	10	15	25	60	120	200
599	Bob Duliba DP	5	5	8	12	20	30	50	150
600	Brooks Robinson	200	250	300	400	500	800	1,200	3,000
601	Bill Bryan DP	5	6	10	15	25	40	80	
602	Juan Pizarro	12	20	30	50	80	100	200	400
603	T.Talton RC/R.Webster RC	10	15	25	40	60	100	200	300
604	Boston Red Sox TC	40	60	100	150	250	400	500	
605	Mike Shannon	▲60	▲100	▲150	▲200	▲250	300	500	2,500
606	Ron Taylor	5	5	8	12	40	60	120	
607	Mickey Stanley	25	40	60	70	150	250	500	
608	R.Nye RC/J.Upham RC DP	5	5	5	6	10	15	50	
609	Tommy John	60	80	100	120	200	300	500	1,500

1968 Topps

#	Card	GD 2	VG 3	VgEx 4	EX 5	ExMt 6	NM 7	NmMt 8	MT 9
1	NL Batting Leaders	5	5	5	6	15	25	50	80
2	AL Batting Leaders	5	5	5	5	8	30	60	150
3	NL RBI Leaders	5	5	20	25	40	60	200	
4	AL RBI Leaders	5	5	5	5	6	10	30	200

#	Card	GD 2	VG 3	VgEx 4	EX 5	ExMt 6	NM 7	NmMt 8	MT 9
	NL Home Run Leaders	5	5	5	6	10	30	250	
	AL Home Run Leaders	5	5	5	5	6	10	60	200
	NL ERA Leaders	5	5	5	5	6	15	25	250
	AL ERA Leaders	5	5	5	5	5	8	15	50
	NL Pitching Leaders	5	5	5	5	6	10	30	200
10A	AL Pitching Leaders ERR Lonberg	5	5	5	5	6	15	80	
10B	AL Pitching Leaders COR Lonborg	5	5	5	5	6	15	120	
11	NL Strikeout Leaders	5	5	5	5	6	10	30	80
12	AL Strikeout Leaders/Jim Lonberg/Sam McDowell								
	Dean Chance	5	5	5	5	5	10	40	200
13	Chuck Hartenstein RC	5	5	5	5	5	5	15	120
14	Jerry McNertney	5	5	5	5	5	5	10	30
15	Ron Hunt	5	5	5	5	5	6	12	30
16	L.Piniella/R.Scheinblum	5	5	5	5	6	10	30	300
17	Dick Hall	5	5	5	5	5	5	10	25
18	Mike Hershberger	5	5	5	5	5	5	10	30
19	Juan Pizarro	5	5	5	5	5	6	20	150
20	Brooks Robinson	5	5	6	10	30	50	80	200
21	Ron Davis	5	5	5	5	5	8	25	80
22	Pat Dobson	5	5	5	5	6	15	50	250
23	Chico Cardenas	5	5	5	5	5	6	15	40
24	Bobby Locke	5	5	5	5	5	5	10	60
25	Julian Javier	5	5	5	5	5	6	20	80
26	Darrell Brandon	5	5	5	5	5	5	10	60
27	Gil Hodges MG	6	10	15	25	40	60	100	250
28	Ted Uhlaender	5	5	5	5	5	5	10	80
29	Joe Verbanic	5	5	5	5	5	5	10	30
30	Joe Torre	6	10	15	25	40	60	100	200
31	Ed Stroud	5	5	5	5	5	5	15	50
32	Joe Gibbon	5	5	5	5	5	5	10	25
33	Pete Ward	5	5	5	5	5	5	15	80
34	Al Ferrara	5	5	5	5	5	5	10	50
35	Steve Hargan	5	5	5	5	5	5	10	30
36	B.Moose RC/B.Robertson RC	5	5	5	5	5	6	12	30
37	Billy Williams	10	15	25	30	50	80	120	250
38	Tony Pierce	5	5	5	5	5	5	10	25
39	Cookie Rojas	5	5	5	5	5	5	15	80
40	Denny McLain	10	15	25	40	60	100	150	300
41	Julio Gotay	5	5	5	5	5	5	12	40
42	Larry Haney	5	5	5	5	5	5	15	100
43	Gary Bell	5	5	5	5	5	5	10	25
44	Frank Kostro	5	5	5	5	5	5	10	25
45	Tom Seaver DP	50	60	80	100	150	300	600	4,000
46	Dave Ricketts	5	5	5	5	5	5	10	25
47	Ralph Houk MG	5	5	5	5	5	6	12	30
48	Ted Davidson	5	5	5	5	5	5	20	60
49A	Ed Brinkman White Team	5	5	5	5	5	5	10	25
49B	Ed Brinkman Yellow Team	8	12	20	30	100	150	450	
50	Willie Mays	80	100	150	200	250	500	1,500	2,500
51	Bob Locker	5	5	5	5	5	5	10	60
52	Hawk Taylor	5	5	5	5	5	5	10	25
53	Gene Alley	5	5	5	5	5	5	10	25
54	Stan Williams	5	5	5	5	5	5	10	25
55	Felipe Alou	5	5	5	5	5	6	12	30
56	D.Leonhard RC/D.May RC	5	5	5	5	5	6	20	100
57	Dan Schneider	5	5	5	5	5	5	10	25
58	Eddie Mathews	10	15	25	40	60	100	200	400
59	Don Lock	5	5	5	5	5	5	10	25
60	Ken Holtzman	5	5	5	5	5	6	12	30
61	Reggie Smith	5	5	5	5	5	6	12	30
62	Chuck Dobson	5	5	5	5	5	5	10	25
63	Dick Kenworthy RC	5	5	5	5	5	5	25	60
64	Jim Merritt	5	5	5	5	5	5	10	25
65	John Roseboro	5	5	5	5	5	6	12	30
66A	Casey Cox White Team	5	5	5	5	5	5	10	25
66B	Casey Cox Yellow Team	8	12	20	30	50	80	120	
67	Checklist 1/Kaat	5	5	5	5	5	6	20	30
68	Ron Willis	5	5	5	5	5	5	10	120
69	Tom Tresh	5	5	5	5	5	8	15	50
70	Bob Veale	5	5	5	5	5	10	60	150
71	Vern Fuller RC	5	5	5	5	5	5	10	30
72	Tommy John	5	5	5	5	8	12	20	30
73	Jim Ray Hart	5	5	5	5	6	6	15	80
74	Milt Pappas	5	5	5	5	5	6	15	60
75	Don Mincher	5	5	5	5	5	6	20	80
76	J.Britton/R.Reed RC	5	5	5	5	5	8	25	150
77	Don Wilson RC	5	5	5	5	5	5	10	30
78	Jim Northrup	5	5	5	5	5	8	15	60
79	Ted Kubiak RC	5	5	5	5	5	5	10	25
80	Rod Carew	5	6	10	15	30	150	250	800
81	Larry Jackson	5	5	5	5	5	5	10	30
82	Sam Bowens	5	5	5	5	5	5	10	50
83	John Stephenson	5	5	5	5	5	5	10	25
84	Bob Tolan	5	5	5	5	5	5	10	60
85	Gaylord Perry	6	10	15	25	40	60	150	250
86	Willie Stargell	25	30	40	50	60	80	▼150	500
87	Dick Williams MG	5	5	5	5	5	5	10	25
88	Phil Regan	5	5	5	5	5	5	10	25
89	Jake Gibbs	5	5	5	5	5	5	12	30
90	Vada Pinson	5	5	5	5	5	6	12	30
91	Jim Ollom RC	5	5	5	5	5	5	10	25
92	Ed Kranepool	5	5	5	5	5	5	12	40
93	Tony Cloninger	5	5	5	5	5	5	10	25
94	Lee Maye	5	5	5	5	5	5	10	25
95	Bob Aspromonte	5	5	5	5	5	6	12	39
96	F.Coggins RC/D.Nold	5	5	5	5	5	5	15	120
97	Tom Phoebus	5	5	5	5	5	5	10	25
98	Gary Sutherland	5	5	5	5	5	5	10	25
99	Rocky Colavito	5	6	10	15	25	40	60	150
100	Bob Gibson	5	5	6	10	50	60	150	400
101	Glenn Beckert	5	5	5	5	5	5	12	50
102	Jose Cardenal	5	5	5	5	5	8	30	100
103	Don Sutton	15	20	25	30	40	60	100	250
104	Dick Dietz	5	5	5	5	5	5	10	25
105	Al Downing	5	5	5	5	5	6	15	30
106	Dalton Jones	5	5	5	5	5	5	10	25
107A	Checklist 2/Marichal Wide Mesh	5	5	5	5	5	12	30	150
107B	Checklist 2/Marichal Fine Mesh	5	5	5	5	5	12	30	200
108	Don Pavletich	5	5	5	5	5	5	10	25
109	Bert Campaneris	5	5	5	5	5	6	15	40
110	Hank Aaron	6	20	25	60	100	150	300	2,500
111	Rich Reese	5	5	5	5	5	5	5	25
112	Woody Fryman	5	5	5	5	5	5	10	40
113	T.Matchick/D.Patterson RC	5	5	5	5	6	10	25	100
114	Ron Swoboda	5	5	5	5	5	8	15	40
115	Sam McDowell	5	5	5	5	5	6	12	40
116	Ken McMullen	5	5	5	5	5	5	10	25
117	Larry Jaster	5	5	5	5	5	5	10	25
118	Mark Belanger	5	5	5	5	5	6	12	40
119	Ted Savage	5	5	5	5	5	5	10	25
120	Mel Stottlemyre	5	5	5	5	5	6	15	40
121	Jimmie Hall	5	5	5	5	5	5	10	30
122	Gene Mauch MG	5	5	5	5	5	5	15	80
123	Jose Santiago	5	5	5	5	5	5	10	25
124	Nate Oliver	5	5	5	5	5	5	10	40
125	Joel Horlen	5	5	5	5	5	5	10	40
126	Bobby Etheridge RC	5	5	5	5	5	6	20	80
127	Paul Lindblad	5	5	5	5	5	6	15	80
128	T.Dukes RC/A.Harris	5	5	5	5	5	8	30	150
129	Mickey Stanley	5	5	5	5	5	8	20	60
130	Tony Perez	15	25	40	60	100	120	250	500
131	Frank Bertaina	5	5	5	5	5	5	10	25
132	Bud Harrelson	5	5	5	5	5	8	15	40
133	Fred Whitfield	5	5	5	5	5	5	10	25

#	Player	GD 2	VG 3	VgEx 4	EX 5	ExMt 6	NM 7	NmMt 8	MT 9
134	Pat Jarvis	5	5	5	5	5	5	10	25
135	Paul Blair	5	5	5	5	5	8	20	135
136	Randy Hundley	5	5	5	5	5	5	15	60
137	Minnesota Twins TC	5	5	5	5	5	6	15	40
138	Ruben Amaro	5	5	5	5	5	5	10	30
139	Chris Short	5	5	5	5	5	5	10	30
140	Tony Conigliaro	5	5	5	5	6	15	25	120
141	Dal Maxvill	5	5	5	5	5	6	12	50
142	B.Bradford RC/B.Voss	5	5	5	5	5	5	10	40
143	Pete Cimino	5	5	5	5	5	5	15	80
144	Joe Morgan	5	5	10	12	20	30	60	150
145	Don Drysdale	10	15	25	40	60	100	150	300
146	Sal Bando	5	5	5	5	5	6	12	60
147	Frank Linzy	5	5	5	5	5	5	10	40
148	Dave Bristol MG	5	5	5	5	5	5	10	25
149	Bob Saverine	5	5	5	5	5	5	10	25
150	Roberto Clemente	50	60	80	120	200	500	800	3,000
151	Lou Brock WS1	5	5	5	8	12	20	60	150
152	Carl Yastrzemski WS2	5	6	10	15	25	40	100	250
153	Nelson Briles WS3	5	5	5	5	5	6	20	80
154	Bob Gibson WS4	5	5	5	8	12	20	50	100
155	Jim Lonborg WS5	5	5	5	5	5	6	12	30
156	Rico Petrocelli WS6	5	5	5	5	5	6	12	40
157	St. Louis Wins It WS7	5	5	5	5	5	12	50	100
158	Cardinals Celebrate WS	5	5	5	5	5	12	60	120
159	Don Kessinger	5	5	5	5	5	8	15	80
160	Earl Wilson	5	5	5	5	8	12	30	100
161	Norm Miller	5	5	5	5	5	5	30	120
162	H.Gilson RC/M.Torrez RC	5	5	5	5	5	6	12	40
163	Gene Brabender	5	5	5	5	5	5	10	60
164	Ramon Webster	5	5	5	5	5	5	10	50
165	Tony Oliva	5	5	5	5	8	15	60	225
166	Claude Raymond	5	5	5	5	5	6	20	80
167	Elston Howard	5	6	10	15	25	40	60	150
168	Los Angeles Dodgers TC	5	5	5	5	8	12	30	
169	Bob Bolin	5	5	5	5	5	5	10	50
170	Jim Fregosi	5	5	5	5	5	6	12	40
171	Don Nottebart	5	5	5	5	5	5	10	30
172	Walt Williams	5	5	5	8	12	20	30	135
173	John Boozer	5	5	5	5	5	5	10	50
174	Bob Tillman	5	5	5	5	5	5	10	30
175	Maury Wills	5	8	12	20	30	50	80	150
176	Bob Allen	5	5	5	5	5	5	10	50
177	N.Ryan RC/J.Koosman RC	800	1,000	1,200	1,500	2,500	5,000	15,000	120,000
178	Don Wert	5	5	5	5	6	15	60	250
179	Bill Stoneman RC	5	5	5	5	5	5	10	30
180	Curt Flood	5	5	5	5	5	8	15	40
181	Jerry Zimmerman	5	5	5	5	5	5	15	50
182	Dave Giusti	5	5	5	5	5	5	10	25
183	Bob Kennedy MG	5	5	5	5	5	5	12	120
184	Lou Johnson	5	5	5	5	5	5	10	30
185	Tom Haller	5	5	5	5	5	5	10	60
186	Eddie Watt	5	5	5	5	5	5	10	30
187	Sonny Jackson	5	5	5	5	5	5	10	40
188	Cap Peterson	5	5	5	5	5	5	10	60
189	Bill Landis RC	5	5	5	5	5	5	10	50
190	Bill White	5	5	5	5	5	6	15	50
191	Dan Frisella RC	5	5	5	5	5	5	12	80
192A	Checklist 3/Yaz Spec. BB	5	5	5	5	8	12	40	
192B	Checklist 3/Yaz Spec. BB Play Card	5	5	5	5	8	12	30	
193	Jack Hamilton	5	5	5	5	5	5	15	100
194	Don Buford	5	5	5	5	5	6	12	50
195	Joe Pepitone	5	5	5	5	5	6	12	50
196	Gary Nolan RC	5	5	5	5	6	10	25	135
197	Larry Brown	5	5	5	5	5	5	10	40
198	Roy Face	5	5	5	5	5	6	12	50
199	R.Rodriguez RC/D.Osteen	5	5	5	5	5	5	15	100

#	Player	GD 2	VG 3	VgEx 4	EX 5	ExMt 6	NM 7	NmMt 8	MT 9
200	Orlando Cepeda	6	10	15	25	40	60	120	500
201	Mike Marshall RC	5	5	5	5	5	8	15	120
202	Adolfo Phillips	5	5	5	5	5	5	10	25
203	Dick Kelley	5	5	5	5	5	5	10	25
204	Andy Etchebarren	5	5	5	5	5	5	10	25
205	Juan Marichal	5	5	5	8	12	30	50	150
206	Cal Ermer MG RC	5	5	5	5	5	5	10	25
207	Carroll Sembera	5	5	5	5	5	5	10	25
208	Willie Davis	5	5	5	5	5	5	10	40
209	Tim Cullen	5	5	5	5	5	5	10	25
210	Gary Peters	5	5	5	5	5	5	10	25
211	J.C. Martin	5	5	5	5	5	5	10	25
212	Dave Morehead	5	5	5	5	5	5	10	25
213	Chico Ruiz	5	5	5	5	5	5	10	30
214	S.Bahnsen/F.Fernandez	5	5	5	5	5	5	15	175
215	Jim Bunning	5	5	5	5	5	8	25	50
216	Bubba Morton	5	5	5	5	5	5	10	25
217	Dick Farrell	5	5	5	5	5	5	10	25
218	Ken Suarez	5	5	5	5	5	5	10	30
219	Rob Gardner	5	5	5	5	5	5	10	40
220	Harmon Killebrew	10	15	25	40	60	100	150	300
221	Atlanta Braves TC	5	5	5	5	5	6	12	30
222	Jim Hardin RC	5	5	5	5	5	5	10	25
223	Ollie Brown	5	5	5	5	5	5	15	
224	Jack Aker	5	5	5	5	5	5	12	50
225	Richie Allen	5	5	5	5	5	8	15	60
226	Jimmie Price	5	5	5	5	5	8	15	40
227	Joe Hoerner	5	5	5	5	5	5	10	25
228	J.Billingham RC/J.Fairey RC	5	5	5	5	5	6	12	40
229	Fred Klages	5	5	5	5	5	5	10	25
230	Pete Rose	50	60	80	100	150	300	▼600	2,500
231	Dave Baldwin RC	5	5	5	5	5	5	10	25
232	Denis Menke	5	5	5	5	5	5	10	25
233	George Scott	5	5	5	5	5	6	12	40
234	Bill Monbouquette	5	5	5	5	5	5	10	30
235	Ron Santo	5	5	5	8	12	25	40	150
236	Tug McGraw	5	5	8	12	20	30	50	120
237	Alvin Dark MG	5	5	5	5	5	5	15	
238	Tom Satriano	5	5	5	5	5	6	20	200
239	Bill Henry	5	5	5	5	5	5	10	25
240	Al Kaline	15	25	40	60	100	150	250	1,000
241	Felix Millan	5	5	5	5	5	5	10	25
242	Moe Drabowsky	5	5	5	5	5	8	20	100
243	Rich Rollins	5	5	5	5	5	5	10	60
244	John Donaldson RC	5	5	5	5	5	5	10	25
245	Tony Gonzalez	5	5	5	5	5	5	10	40
246	Fritz Peterson	5	5	5	5	5	6	12	80
247A	Rookie Stars/Johnny Bench RC								
	Ron Tompkins COR	120	150	200	250	400	600	2,500	6,000
248	Fred Valentine	5	5	5	5	5	5	10	25
249	Bill Singer	5	5	5	5	5	5	10	25
250	Carl Yastrzemski	10	15	25	40	60	100	▲250	600
251	Manny Sanguillen RC	10	15	25	40	60	100	150	300
252	California Angels TC	5	5	5	5	5	6	12	40
253	Dick Hughes	5	5	5	5	5	5	10	40
254	Cleon Jones	5	5	5	5	5	8	20	100
255	Dean Chance	5	5	5	5	5	5	10	30
256	Norm Cash	5	5	8	12	20	80	200	400
257	Phil Niekro	5	8	12	20	30	50	80	250
258	J.Arcia RC/B.Schlesinger	5	5	5	5	5	5	15	80
259	Ken Boyer	5	5	6	10	15	25	40	100
260	Jim Wynn	5	5	5	5	5	5	12	40
261	Dave Duncan	5	5	5	5	5	5	10	30
262	Rick Wise	5	5	5	5	5	5	10	30
263	Horace Clarke	5	5	5	5	5	6	15	
264	Ted Abernathy	5	5	5	5	5	5	10	50
265	Tommy Davis	5	5	5	5	5	6	15	120

#	Player	GD 2	VG 3	VgEx 4	EX 5	ExMt 6	NM 7	NmMt 8	MT 9
266	Paul Popovich	5	5	5	5	5	5	10	50
267	Herman Franks MG	5	5	5	5	5	5	10	40
268	Bob Humphreys	5	5	5	5	5	5	15	50
269	Bob Tiefenauer	5	5	5	5	5	5	10	40
270	Matty Alou	5	5	5	5	5	6	15	120
271	Bobby Knoop	5	5	5	5	5	5	15	80
272	Ray Culp	5	5	5	5	5	5	10	25
273	Dave Johnson	5	5	5	5	5	6	12	40
274	Mike Cuellar	5	5	5	5	5	6	12	40
275	Tim McCarver	5	5	5	5	8	12	40	150
276	Jim Roland	5	5	5	5	5	5	10	40
277	Jerry Buchek	5	5	5	5	5	5	12	40
278	Checklist 4/Cepeda	5	5	5	5	5	8	25	80
279	Bill Hands	5	5	5	5	5	5	15	60
280	Mickey Mantle	▲250	▲300	400	500	600	1,200	2,500	20,000
281	Jim Campanis	5	5	5	5	5	5	15	150
282	Rick Monday	5	5	5	5	5	6	15	165
283	Mel Queen	5	5	5	5	5	5	10	25
284	Johnny Briggs	5	5	5	5	5	5	10	40
285	Dick McAuliffe	5	5	5	8	12	20	60	150
286	Cecil Upshaw	5	5	5	5	5	5	15	80
287	M.Abarbanel RC/C.Carlos RC	5	5	5	5	5	5	10	25
288	Dave Wickersham	5	5	5	5	5	5	10	25
289	Woody Held	5	5	5	5	5	5	10	25
290	Willie McCovey	12	20	30	50	60	120	200	600
291	Dick Lines	5	5	5	5	5	5	10	40
292	Art Shamsky	5	5	5	5	5	5	10	25
293	Bruce Howard	5	5	5	5	5	5	10	25
294	Red Schoendienst MG	5	8	12	20	30	50	100	200
295	Sonny Siebert	5	5	5	5	5	5	10	40
296	Byron Browne	5	5	5	5	5	5	10	40
297	Russ Gibson	5	5	5	5	5	5	10	25
298	Jim Brewer	5	5	5	5	5	5	10	30
299	Gene Michael	5	5	5	5	5	5	10	25
300	Rusty Staub	5	5	5	5	8	12	40	100
301	G.Mitterwald RC/R.Renick RC	5	5	5	5	5	5	10	40
302	Gerry Arrigo	5	5	5	5	5	5	10	25
303	Dick Green	5	5	5	5	5	5	10	25
304	Sandy Valdespino	5	5	5	5	5	5	10	25
305	Minnie Rojas	5	5	5	5	5	5	10	25
306	Mike Ryan	5	5	5	5	5	5	10	30
307	John Hiller	5	5	5	5	5	8	25	120
308	Pittsburgh Pirates TC	5	5	5	5	5	8	20	80
309	Ken Henderson	5	5	5	5	5	6	12	50
310	Luis Aparicio	5	8	12	20	30	50	80	150
311	Jack Lamabe	5	5	5	5	5	5	10	25
312	Curt Blefary	5	5	5	5	5	5	10	60
313	Al Weis	5	5	5	5	5	6	12	30
314	B.Rohr/G.Spriggs	5	5	5	5	5	5	15	120
315	Zoilo Versalles	5	5	5	5	5	5	10	30
316	Steve Barber	5	5	5	5	5	6	12	30
317	Ron Brand	5	5	5	5	5	5	10	25
318	Chico Salmon	5	5	5	5	5	5	10	30
319	George Culver	5	5	5	5	5	5	10	25
320	Frank Howard	5	5	5	5	5	6	12	50
321	Leo Durocher MG	5	5	5	5	5	6	40	60
322	Dave Boswell	5	5	5	5	5	5	10	40
323	Deron Johnson	5	5	5	5	5	5	10	30
324	Jim Nash	5	5	5	5	5	5	10	50
325	Manny Mota	5	5	5	5	5	8	25	120
326	Dennis Ribant	5	5	5	5	5	8	15	100
327	Tony Taylor	5	5	5	5	5	6	12	50
328	C.Vinson RC/J.Weaver RC	5	5	5	5	5	5	10	30
329	Duane Josephson	5	5	5	5	5	5	10	30
330	Roger Maris	30	40	50	60	80	120	250	500
331	Dan Osinski	5	5	5	5	5	5	10	40
332	Doug Rader	5	5	5	5	5	6	12	50
333	Ron Herbel	5	5	5	5	5	5	10	40
334	Baltimore Orioles TC	5	5	5	5	5	6	12	40
335	Bob Allison	5	5	5	5	5	6	12	50
336	John Purdin	5	5	5	5	5	5	10	25
337	Bill Robinson	5	5	5	5	5	6	12	40
338	Bob Johnson	5	5	5	5	5	5	10	25
339	Rich Nye	5	5	5	5	5	5	10	25
340	Max Alvis	5	5	5	5	5	5	10	25
341	Jim Lemon MG	5	5	5	5	5	5	10	25
342	Ken Johnson	5	5	5	5	5	5	10	30
343	Jim Gosger	5	5	5	5	5	5	10	25
344	Donn Clendenon	5	5	5	5	5	6	12	40
345	Bob Hendley	5	5	5	5	5	6	12	30
346	Jerry Adair	5	5	5	5	5	5	10	30
347	George Brunet	5	5	5	5	5	5	10	25
348	L.Colton RC/D.Thoenen RC	5	5	5	5	5	5	10	30
349	Ed Spiezio	5	5	5	5	5	5	10	25
350	Hoyt Wilhelm	5	8	12	20	25	40	80	250
351	Bob Barton	5	5	5	5	5	5	10	25
352	Jackie Hernandez RC	5	5	5	5	5	5	10	25
353	Mack Jones	5	5	5	5	5	6	12	30
354	Pete Richert	5	5	5	5	5	5	10	25
355	Ernie Banks	30	50	60	80	100	150	250	1,000
356A	Checklist 5/Holtzman Center	5	5	5	5	5	8	25	
356B	Checklist 5/Holtzman Right	5	5	5	5	5	8	20	80
357	Len Gabrielson	5	5	5	5	5	5	10	40
358	Mike Epstein	5	5	5	5	5	5	10	30
359	Joe Moeller	5	5	5	5	5	5	10	30
360	Willie Horton	5	5	5	5	8	15	80	250
361	Harmon Killebrew AS	5	5	5	5	20	25	50	100
362	Orlando Cepeda AS	5	5	5	5	5	6	25	60
363	Rod Carew AS	5	5	5	5	6	25	50	100
364	Joe Morgan AS	5	5	5	5	6	20	30	80
365	Brooks Robinson AS	5	5	5	5	15	25	50	100
366	Ron Santo AS	5	5	5	5	5	10	15	80
367	Jim Fregosi AS	5	5	5	5	5	5	10	25
368	Gene Alley AS	5	5	5	5	5	5	15	80
369	Carl Yastrzemski AS	5	5	15	20	25	30	60	100
370	Hank Aaron AS	8	12	20	30	50	60	80	250
371	Tony Oliva AS	5	5	5	5	5	6	25	60
372	Lou Brock AS	5	5	8	12	20	30	50	100
373	Frank Robinson AS	5	5	5	5	8	25	50	100
374	Roberto Clemente AS	12	20	25	50	80	100	250	600
375	Bill Freehan AS	5	5	5	5	5	8	25	80
376	Tim McCarver AS	5	5	5	5	5	6	12	40
377	Joel Horlen AS	5	5	5	5	5	5	10	25
378	Bob Gibson AS	5	5	5	5	8	20	50	100
379	Gary Peters AS	5	5	5	5	5	6	15	30
380	Ken Holtzman AS	5	5	5	5	5	6	15	30
381	Boog Powell	5	5	5	5	6	10	25	100
382	Ramon Hernandez	5	5	5	5	5	5	10	60
383	Steve Whitaker	5	5	5	5	5	6	15	30
384	B.Henry/H.McRae RC	5	5	5	5	5	8	20	120
385	Jim Hunter	8	12	20	30	40	60	100	200
386	Greg Goossen	5	5	5	5	5	5	12	30
387	Joe Foy	5	5	5	5	5	6	15	30
388	Ray Washburn	5	5	5	5	5	5	10	25
389	Jay Johnstone	5	5	5	5	5	5	10	40
390	Bill Mazeroski	10	15	25	40	50	60	100	300
391	Bob Priddy	5	5	5	5	5	5	10	25
392	Grady Hatton MG	5	5	5	5	5	6	20	120
393	Jim Perry	5	5	5	5	5	5	10	25
394	Tommie Aaron	5	5	5	6	10	15	25	50
395	Camilo Pascual	5	5	5	5	5	6	15	60
396	Bobby Wine	5	5	5	5	5	5	10	25
397	Vic Davalillo	5	5	5	5	5	5	15	25
398	Jim Grant	5	5	5	5	5	5	10	30

#	Player	GD 2	VG 3	VgEx 4	EX 5	ExMt 6	NM 7	NmMt 8	MT 9
399	Ray Oyler	5	5	5	5	5	8	20	60
400A	Mike McCormick Yellow Team	5	5	5	5	5	5	10	25
401	Mets Team	5	5	5	5	6	20	40	
402	Mike Hegan	5	5	5	5	5	5	10	25
403	John Buzhardt	5	5	5	5	5	5	10	25
404	Floyd Robinson	5	5	5	5	5	5	10	25
405	Tommy Helms	5	5	5	5	5	6	15	80
406	Dick Ellsworth	5	5	5	5	5	5	10	60
407	Gary Kolb	5	5	5	5	5	5	10	25
408	Steve Carlton	20	30	40	50	60	100	200	500
409	F.Peters RC/R.Stone	5	5	5	5	5	5	10	25
410	Ferguson Jenkins	10	15	20	30	50	80	200	400
411	Ron Hansen	5	5	5	5	5	5	10	25
412	Clay Carroll	5	5	5	5	5	5	10	25
413	Tom McCraw	5	5	5	5	5	5	10	25
414	Mickey Lolich	5	5	5	6	10	30	200	
415	Johnny Callison	5	5	5	5	5	6	12	40
416	Bill Rigney MG	5	5	5	5	5	5	10	25
417	Willie Crawford	5	5	5	5	5	5	10	25
418	Eddie Fisher	5	5	5	5	5	5	10	25
419	Jack Hiatt	5	5	5	5	5	5	12	40
420	Cesar Tovar	5	5	5	5	5	5	8	25
421	Ron Taylor	5	5	5	5	5	6	25	100
422	Rene Lachemann	5	5	5	5	5	5	10	25
423	Fred Gladding	5	5	5	5	5	5	10	25
424	Chicago White Sox TC	5	5	5	5	5	6	20	80
425	Jim Maloney	5	5	5	5	5	6	12	40
426	Hank Allen	5	5	5	5	5	5	10	25
427	Dick Calmus	5	5	5	5	5	5	10	25
428	Vic Roznovsky	5	5	5	5	5	5	10	60
429	Tommie Sisk	5	5	5	5	5	5	10	25
430	Rico Petrocelli	5	5	5	5	6	10	30	150
431	Dooley Womack	5	5	5	5	5	5	12	60
432	B.Davis/J.Vidal	5	5	5	5	5	5	10	50
433	Bob Rodgers	5	5	5	5	5	5	10	25
434	Ricardo Joseph RC	5	5	5	5	5	5	10	80
435	Ron Perranoski	5	5	5	5	5	6	12	50
436	Hal Lanier	5	5	5	5	5	5	10	60
437	Don Cardwell	5	5	5	5	5	8	40	120
438	Lee Thomas	5	5	5	5	5	5	10	25
439	Lum Harris MG	5	5	5	5	5	5	10	25
440	Claude Osteen	5	5	5	5	5	5	10	30
441	Alex Johnson	5	5	5	5	5	8	30	135
442	Dick Bosman	5	5	5	5	5	5	10	50
443	Joe Azcue	5	5	5	5	5	5	10	25
444	Jack Fisher	5	5	5	5	5	5	10	25
445	Mike Shannon	5	5	5	5	5	8	15	50
446	Ron Kline	5	5	5	5	5	5	10	40
447	G.Korince/F.Lasher RC	5	5	5	5	5	8	30	200
448	Gary Wagner	5	5	5	5	5	5	10	25
449	Gene Oliver	5	5	5	5	5	5	15	60
450	Jim Kaat	5	5	5	5	6	10	20	60
451	Al Spangler	5	5	5	5	5	5	10	25
452	Jesus Alou	5	5	5	5	5	5	12	60
453	Sammy Ellis	5	5	5	5	5	8	30	250
454A	Checklist 6/F.Rob Cap Complete	5	5	5	5	5	6	12	60
454B	Checklist 6/F.Rob Cap Partial	5	5	5	5	5	6	12	60
455	Rico Carty	5	5	5	5	5	6	15	80
456	John O'Donoghue	5	5	5	5	5	5	10	25
457	Jim Lefebvre	5	5	5	5	5	5	10	30
458	Lew Krausse	5	5	5	5	5	5	10	25
459	Dick Simpson	5	5	5	5	5	5	10	25
460	Jim Lonborg	5	5	5	5	5	6	15	30
461	Chuck Hiller	5	5	5	5	5	5	10	25
462	Barry Moore	5	5	5	5	5	5	10	25
463	Jim Schaffer	5	5	5	5	5	5	10	25
464	Don McMahon	5	5	5	5	5	8	40	135
465	Tommie Agee	5	5	5	5	5	6	30	60
466	Bill Dillman	5	5	5	5	5	5	10	25
467	Dick Howser	5	5	5	5	5	6	25	40
468	Larry Sherry	5	5	5	5	5	5	10	25
469	Ty Cline	5	5	5	5	5	5	10	30
470	Bill Freehan	5	5	5	6	10	15	50	80
471	Orlando Pena	5	5	5	5	5	5	10	25
472	Walter Alston MG	5	5	8	12	20	30	50	100
473	Al Worthington	5	5	5	5	5	5	10	25
474	Paul Schaal	5	5	5	5	5	5	6	15
475	Joe Niekro	5	5	6	10	15	25	50	100
476	Woody Woodward	5	5	5	5	5	5	10	25
477	Philadelphia Phillies TC	5	5	5	5	5	5	10	30
478	Dave McNally	5	5	8	12	20	30	50	120
479	Phil Gagliano	5	5	5	5	5	5	10	25
480	Manager's Dream	30	40	50	60	100	120	250	500
481	John Wyatt	5	5	5	5	5	5	10	25
482	Jose Pagan	5	5	5	5	5	5	10	25
483	Darold Knowles	5	5	5	5	5	5	10	30
484	Phil Roof	5	5	5	5	5	5	8	20
485	Ken Berry	5	5	5	6	10	15	25	40
486	Cal Koonce	5	5	5	5	5	5	15	30
487	Lee May	5	5	5	25	30	50	80	250
488	Dick Tracewski	5	5	5	6	8	10	20	80
489	Wally Bunker	5	5	5	5	5	5	10	25
490	Super Stars	150	200	250	300	400	600	1,000	2,500
491	Denny Lemaster	5	5	5	5	5	5	10	25
492	Jeff Torborg	5	5	5	5	5	5	10	80
493	Jim McGlothlin	5	5	5	5	5	5	6	15
494	Ray Sadecki	5	5	5	5	5	5	6	15
495	Leon Wagner	5	5	5	5	5	8	60	120
496	Steve Hamilton	5	5	5	5	5	5	15	50
497	St. Louis Cardinals TC	5	5	5	5	8	12	40	80
498	Bill Bryan	5	5	5	5	5	8	40	80
499	Steve Blass	5	5	5	5	5	5	10	25
500	Frank Robinson	▲10	▲15	▲25	▲40	▲60	▲120	▲200	▲400
501	John Odom	5	6	10	15	25	100	500	1,200
502	Mike Andrews	5	5	5	5	5	5	10	30
503	Al Jackson	5	5	5	6	8	12	50	
504	Russ Snyder	5	5	5	5	5	5	10	40
505	Joe Sparma	5	5	5	6	25	50	60	120
506	Clarence Jones RC	5	5	5	5	5	5	10	25
507	Wade Blasingame	5	5	5	5	5	5	10	25
508	Duke Sims	5	5	5	5	5	5	10	25
509	Dennis Higgins	5	5	5	5	5	5	10	25
510	Ron Fairly	5	5	6	10	15	25	40	80
511	Bill Kelso	5	5	5	5	5	6	8	20
512	Grant Jackson	5	5	5	5	5	5	10	25
513	Hank Bauer MG	5	5	5	5	8	12	20	50
514	Al McBean	5	5	5	5	5	5	10	25
515	Russ Nixon	5	5	5	5	5	5	10	25
516	Pete Mikkelsen	5	5	5	5	5	5	10	25
517	Diego Segui	5	5	5	5	5	5	10	25
518A	Checklist 7/Boyer ERR AL	5	5	5	5	5	5	15	25
518B	Checklist 7/Boyer COR ML	5	5	5	5	5	5	10	25
519	Jerry Stephenson	5	5	5	5	5	5	10	25
520	Lou Brock	10	15	25	40	60	100	150	400
521	Don Shaw	5	5	5	5	5	5	10	25
522	Wayne Causey	5	5	5	5	5	5	10	25
523	John Tsitouris	5	5	5	5	5	6	30	60
524	Andy Kosco	5	5	5	5	5	6	12	80
525	Jim Davenport	5	5	5	5	5	5	10	50
526	Bill Denehy	5	5	5	5	5	6	15	80
527	Tito Francona	5	5	5	5	5	5	10	50
528	Detroit Tigers TC	8	12	20	30	50	80	150	400
529	Bruce Von Hoff RC	5	5	5	5	5	6	20	80
530	Bird Belters	10	15	25	40	60	100	200	400

#	Player	GD 2	VG 3	VgEx 4	EX 5	ExMt 6	NM 7	NmMt 8	MT 9
531	Chuck Hinton	5	5	5	5	5	5	10	30
532	Luis Tiant	5	5	5	5	8	12	100	250
533	Wes Parker	5	5	5	5	5	8	25	60
534	Bob Miller	5	5	5	5	5	5	12	40
535	Danny Cater	5	5	5	6	10	15	25	40
536	Bill Short	5	5	5	5	6	8	10	25
537	Norm Siebern	5	5	5	5	5	5	30	50
538	Manny Jimenez	5	5	5	5	5	5	10	30
539	J.Ray RC/M.Ferraro RC	5	5	5	5	5	5	10	50
540	Nelson Briles	5	5	5	5	5	5	25	40
541	Sandy Alomar	5	5	5	5	5	5	12	25
542	John Boccabella	5	5	5	5	5	5	10	25
543	Bob Lee	5	5	5	5	5	5	12	40
544	Mayo Smith MG	5	5	6	10	15	25	80	200
545	Lindy McDaniel	5	5	5	5	5	5	20	40
546	Roy White	5	6	10	15	25	40	80	120
547	Dan Coombs	5	5	5	5	5	5	10	25
548	Bernie Allen	5	5	5	5	5	5	10	25
549	C.Motton RC/R.Nelson RC	5	5	5	5	5	5	10	40
550	Clete Boyer	5	5	5	5	5	6	12	40
551	Darrell Sutherland	5	5	5	5	5	5	10	25
552	Ed Kirkpatrick	5	5	5	5	5	5	10	40
553	Hank Aguirre	5	5	5	5	5	5	10	25
554	Oakland Athletics TC	5	5	5	5	5	8	40	120
555	Jose Tartabull	5	5	5	5	5	5	10	25
556	Dick Selma	5	5	5	5	5	6	30	80
557	Frank Quilici	5	5	5	5	8	12	20	50
558	Johnny Edwards	5	5	5	5	5	5	10	50
559	C.Taylor RC/L.Walker	5	5	5	5	5	6	15	100
560	Paul Casanova	5	5	5	5	5	5	10	40
561	Lee Elia	5	5	5	5	5	5	10	25
562	Jim Bouton	5	5	8	12	20	30	50	200
563	Ed Charles	5	5	5	5	5	6	20	100
564	Eddie Stanky MG	5	5	5	5	5	8	40	150
565	Larry Dierker	5	5	5	5	5	5	15	40
566	Ken Harrelson	5	5	5	8	12	20	30	60
567	Clay Dalrymple	5	5	5	5	5	6	15	60
568	Willie Smith	5	5	5	5	5	5	10	25
569	I.Murrell RC/L.Rohr RC	5	5	5	5	5	5	15	80
570	Rick Reichardt	5	5	5	5	5	5	10	25
571	Tony LaRussa	5	5	8	12	20	30	50	100
572	Don Bosch RC	5	5	5	5	5	5	12	30
573	Joe Coleman	5	5	5	5	5	5	10	25
574	Cincinnati Reds TC	5	5	8	12	20	30	50	120
575	Jim Palmer	25	30	40	50	60	100	150	500
576	Dave Adlesh	5	5	5	5	5	5	10	25
577	Fred Talbot	5	5	5	5	5	5	10	25
578	Orlando Martinez	5	5	5	5	5	5	10	25
579	L.Hisle RC/M.Lum RC	5	5	8	12	20	30	100	250
580	Bob Bailey	5	5	5	5	8	12	20	50
581	Garry Roggenburk	5	5	5	5	5	5	8	25
582	Jerry Grote	5	5	8	12	20	30	50	120
583	Gates Brown	5	5	5	8	15	30	80	200
584	Larry Shepard MG RC	5	5	5	5	5	5	10	30
585	Wilbur Wood	5	5	6	10	15	25	40	30
586	Jim Pagliaroni	5	5	5	5	5	5	10	40
587	Roger Repoz	5	5	5	5	5	5	10	25
588	Dick Schofield	5	5	5	5	5	5	12	30
589	R.Clark/M.Ogier RC	5	5	5	5	5	6	15	100
590	Tommy Harper	5	5	5	6	10	15	25	50
591	Dick Nen	5	5	5	5	5	5	10	25
592	John Bateman	5	5	5	5	5	5	10	25
593	Lee Stange	5	5	5	5	5	5	10	25
594	Phil Linz	5	5	5	6	10	15	25	100
595	Phil Ortega	5	5	5	5	5	5	10	40
596	Charlie Smith	5	5	5	5	5	5	10	30
597	Bill McCool	5	5	5	5	5	6	20	50
598	Jerry May	5	5	5	8	12	20	30	100

1968 Topps Game

#	Player	GD 2	VG 3	VgEx 4	EX 5	ExMt 6	NM 7	NmMt 8	MT 9
1	Matty Alou	5	5	5	5	6	10	50	
2	Mickey Mantle	60	80	100	▲150	▲200	▲300	500	2,000
3	Carl Yastrzemski	8	12	20	30	50	80	120	300
4	Hank Aaron	25	30	40	60	100	120	250	500
5	Harmon Killebrew	5	5	8	12	20	25	50	200
6	Roberto Clemente	30	40	50	60	80	120	250	400
7	Frank Robinson	6	10	15	25	40	60	100	200
8	Willie Mays	▲20	▲30	▲50	▲60	80	120	400	800
9	Brooks Robinson	10	15	25	30	50	80	150	400
10	Tommy Davis	5	5	5	5	5	6	15	50
11	Bill Freehan	5	5	5	5	5	8	20	60
12	Claude Osteen	5	5	5	5	5	6	15	120
13	Gary Peters	5	5	5	5	5	6	15	60
14	Jim Lonborg	5	5	5	5	5	6	15	80
15	Steve Hargan	5	5	5	5	5	6	15	60
16	Dean Chance	5	5	5	5	5	6	15	50
17	Mike McCormick	5	5	5	5	5	6	15	50
18	Tim McCarver	5	5	5	5	5	6	15	50
19	Ron Santo	5	8	12	20	30	50	80	150
20	Tony Gonzalez	5	5	5	5	5	6	15	100
21	Frank Howard	5	5	5	5	5	8	20	100
22	George Scott	5	5	5	5	5	6	30	200
23	Richie Allen	5	5	5	5	5	6	15	100
24	Jim Wynn	5	5	5	5	5	8	25	80
25	Gene Alley	5	5	5	5	5	6	15	80
26	Rick Monday	5	5	5	5	5	8	25	120
27	Al Kaline	6	10	15	25	40	50	60	250
28	Rusty Staub	5	5	5	5	5	6	25	60
29	Rod Carew	12	15	20	30	40	50	80	200
30	Pete Rose	8	12	20	30	50	80	120	500
31	Joe Torre	5	6	10	15	25	40	60	120
32	Orlando Cepeda	6	10	15	25	40	60	150	300
33	Jim Fregosi	5	5	5	5	6	10	40	300

1969 Topps

#	Player	GD 2	VG 3	VgEx 4	EX 5	ExMt 6	NM 7	NmMt 8	MT 9
1	AL Batting Leaders	5	5	5	6	10	25	30	80	150
2	NL Batting Leaders	5	5	5	8	20	40	120	250
3	AL RBI Leaders	5	5	5	5	5	8	20	30
4	NL RBI Leaders	5	5	5	5	5	8	15	80
5	AL Home Run Leaders	5	5	5	5	5	8	25	60
6	NL Home Run Leaders	5	5	5	5	6	15	60	100
7	AL ERA Leaders	5	5	5	5	5	6	12	25
8	NL ERA Leaders	5	5	5	6	10	20	120	
9	AL Pitching Leaders	5	5	5	5	5	5	25	60
10	NL Pitching Leaders	5	5	5	5	5	5	25	50
11	AL Strikeout Leaders	5	5	5	5	5	6	12	30
12	NL Strikeout Leaders	5	5	5	5	6	10	25	50
13	Mickey Stanley	5	5	5	5	6	10	25	50
14	Al McBean	5	5	5	5	5	5	10	25
15	Boog Powell	5	5	5	6	10	15	25	60
16	C.Gutierrez RC/R.Robertson RC	5	5	5	5	5	5	25	40
17	Mike Marshall	5	5	5	5	5	6	12	25
18	Dick Schofield	5	5	5	5	5	5	10	25
19	Ken Suarez	5	5	5	5	5	6	12	30
20	Ernie Banks	25	40	60	80	100	150	300	800
21	Jose Santiago	5	5	5	5	5	8	20	150
22	Jesus Alou	5	5	5	5	5	6	12	30
23	Lew Krausse	5	5	5	5	5	5	20	40
24	Walt Alston MG	5	5	5	5	5	8	20	40
25	Roy White	5	5	5	5	6	15	40	150
26	Clay Carroll	5	5	5	5	5	5	10	25

#	Player	GD 2	VG 3	VgEx 4	EX 5	ExMt 6	NM 7	NmMt 8	MT 9
27	Bernie Allen	5	5	5	5	5	5	10	25
28	Mike Ryan	5	5	5	5	5	8	15	25
29	Dave Morehead	5	5	5	5	5	5	10	25
30	Bob Allison	5	5	5	5	5	8	15	30
31	G.Gentry RC/A.Otis RC	5	5	5	5	5	8	20	40
32	Sammy Ellis	5	5	5	5	5	8	15	60
33	Wayne Causey	5	5	5	5	5	8	15	25
34	Gary Peters	5	5	5	5	5	8	15	80
35	Joe Morgan	10	15	25	30	40	60	100	250
36	Luke Walker	5	5	5	5	5	8	15	25
37	Curt Motton	5	5	5	5	5	8	15	50
38	Zoilo Versalles	5	5	5	5	5	8	15	30
39	Dick Hughes	5	5	5	5	5	5	10	25
40	Mayo Smith MG	5	5	5	6	10	15	25	100
41	Bob Barton	5	5	5	5	5	5	12	40
42	Tommy Harper	5	5	5	5	5	5	10	30
43	Joe Niekro	5	5	5	5	8	20	40	
44	Danny Cater	5	5	5	5	5	5	15	30
45	Maury Wills	5	5	5	5	5	6	15	30
46	Fritz Peterson	5	5	5	5	8	15	40	
47A	Paul Popovich No C Thick Airbrush	5	5	5	5	5	5	10	25
47B	Paul Popovich No C Light Airbrush	5	5	5	5	5	5	10	25
47C	Paul Popovich C on Helmet	5	5	5	6	10	15	25	
48	Brant Alyea	5	5	5	5	5	8	20	120
49A	S.Jones/E.Rodriquez ERR	5	5	5	6	10	30	40	
49B	S.Jones RC/E.Rodriguez RC	5	5	5	5	5	5	10	25
50	Roberto Clemente	60	80	100	120	200	400	800	2,000
51	Woody Fryman	5	5	5	5	5	5	10	25
52	Mike Andrews	5	5	5	5	6	15	60	
53	Sonny Jackson	5	5	5	5	5	5	10	25
54	Cisco Carlos	5	5	5	5	5	8	60	175
55	Jerry Grote	5	5	5	5	5	8	15	30
56	Rich Reese	5	5	5	5	5	8	40	60
57	Checklist 1/McLain	5	5	5	5	5	8	15	30
58	Fred Gladding	5	5	5	5	5	5	10	25
59	Jay Johnstone	5	5	5	5	5	6	15	80
60	Nelson Briles	5	5	5	5	6	15	25	200
61	Jimmie Hall	5	5	5	5	5	5	10	30
62	Chico Salmon	5	5	5	5	5	5	10	25
63	Jim Hickman	5	5	5	5	6	25	40	150
64	Bill Monbouquette	5	5	5	5	5	5	10	25
65	Willie Davis	5	5	5	5	5	8	15	120
66	M.Adamson RC / M.Rettenmund RC	5	5	5	5	5	5	10	50
67	Bill Stoneman	5	5	5	5	5	5	12	60
68	Dave Duncan	5	5	5	5	8	20	200	
69	Steve Hamilton	5	5	5	5	5	8	30	300
70	Tommy Helms	5	5	5	5	6	10	50	120
71	Steve Whitaker	5	5	5	5	5	8	40	100
72	Ron Taylor	5	5	5	5	6	10	40	200
73	Johnny Briggs	5	5	5	5	5	5	10	25
74	Preston Gomez MG	5	5	5	5	5	5	10	25
75	Luis Aparicio	5	5	5	5	5	25	60	100
76	Norm Miller	5	5	5	5	5	5	10	80
77A	Ron Perranoski No LA on Cap	5	5	5	5	5	8	20	50
77B	Ron Perranoski LA on Cap	5	5	5	6	10	15	25	150
78	Tom Satriano	5	5	5	5	5	20	80	
79	Milt Pappas	5	5	5	5	5	5	12	25
80	Norm Cash	5	5	5	5	8	12	20	25	120
81	Mel Queen	5	5	5	5	5	5	12	25
82	R.Hebner RC/A.Oliver RC	5	5	5	5	8	50	80	250
83	Mike Ferraro	5	5	5	5	6	15	100	
84	Bob Humphreys	5	5	5	5	5	5	10	25
85	Lou Brock	6	10	12	25	40	100	800	
86	Pete Richert	5	5	5	5	5	5	15	50

#	Player	GD 2	VG 3	VgEx 4	EX 5	ExMt 6	NM 7	NmMt 8	MT 9
87	Horace Clarke	5	5	5	5	5	10	30	200
88	Rich Nye	5	5	5	5	5	5	10	25
89	Russ Gibson	5	5	5	5	5	5	5	30
90	Jerry Koosman	5	5	5	5	8	15	40	200
91	Alvin Dark MG	5	5	5	5	5	5	10	25
92	Jack Billingham	5	5	5	5	5	5	12	30
93	Joe Foy	5	5	5	5	5	6	40	
94	Hank Aguirre	5	5	5	5	5	5	15	40
95	Johnny Bench	40	60	80	120	150	250	500	2,000
96	Denny Lemaster	5	5	5	5	5	5	10	30
97	Buddy Bradford	5	5	5	5	5	5	12	40
98	Dave Giusti	5	5	5	5	5	5	12	60
99A	D.Morris RC/G.Nettles RC No Loop	5	5	5	5	8	12	20	200
99B	D.Morris/G.Nettles Black Loop	5	5	5	8	12	20	60	
100	Hank Aaron	60	80	100	150	250	400	1,200	3,000
101	Daryl Patterson	5	5	5	5	5	12	50	
102	Jim Davenport	5	5	5	5	6	15	150	
103	Roger Repoz	5	5	5	5	5	5	10	30
104	Steve Blass	5	5	5	5	6	15	50	
105	Rick Monday	5	5	5	5	5	5	50	
106	Jim Hannan	5	5	5	5	5	5	25	50
107A	Checklist 2/Gibson ERR 161 is Jim	5	5	5	5	5	6	20	40
107B	Checklist 2/Gibson COR 161 is John		5	5	5	5	6	20	50
108	Tony Taylor	5	5	5	5	5	8	30	135
109	Jim Lonborg	5	5	5	5	6	10	25	60
110	Mike Shannon	5	5	5	6	15	30	150	
111	John Morris RC	5	5	5	5	5	6	15	80
112	J.C. Martin	5	5	5	5	6	10	25	50
113	Dave May	5	5	5	5	5	5	12	50
114	A.Closter/J.Cumberland RC	5	5	5	5	5	6	25	100
115	Bill Hands	5	5	5	5	5	6	25	120
116	Chuck Harrison	5	5	5	5	8	12	40	60
117	Jim Fairey	5	5	5	5	5	5	15	30
118	Stan Williams	5	5	5	5	5	5	10	25
119	Doug Rader	5	5	5	5	5	5	10	40
120	Pete Rose	15	25	40	50	60	100	200	1,000
121	Joe Grzenda RC	5	5	5	5	5	8	25	
122	Ron Fairly	5	5	5	5	5	6	12	40
123	Wilbur Wood	5	5	5	5	5	5	10	25
124	Hank Bauer MG	5	5	5	5	5	5	10	40
125	Ray Sadecki	5	5	5	5	5	5	10	30
126	Dick Tracewski	5	5	5	5	5	6	15	50
127	Kevin Collins	5	5	5	5	6	15	50	200
128	Tommie Aaron	5	5	5	5	5	5	10	30
129	Bill McCool	5	5	5	5	5	5	10	40
130	Carl Yastrzemski	5	10	20	25	50	80	250	2,000
131	Chris Cannizzaro	5	5	5	5	5	6	20	80
132	Dave Baldwin	5	5	5	5	5	5	15	40
133	Johnny Callison	5	5	5	5	6	15	60	150
134	Jim Weaver	5	5	5	5	5	5	10	40
135	Tommy Davis	5	5	5	5	5	8	20	60
136	S.Huntz RC/M.Torrez	5	5	5	5	5	6	15	50
137	Wally Bunker	5	5	5	5	5	6	15	30
138	John Bateman	5	5	5	5	5	5	15	80
139	Andy Kosco	5	5	5	5	5	6	20	
140	Jim Lefebvre	5	5	5	5	5	6	12	50
141	Bill Dillman	5	5	5	5	8	12	30	135
142	Woody Woodward	5	5	5	5	5	5	10	25
143	Joe Nossek	5	5	5	5	5	6	20	
144	Bob Hendley	5	5	5	5	6	10	60	100
145	Max Alvis	5	5	5	5	5	8	25	60
146	Jim Perry	5	5	5	5	5	8	25	60
147	Leo Durocher MG	5	5	5	5	5	6	20	60
148	Lee Stange	5	5	5	5	5	5	15	40
149	Ollie Brown	5	5	5	5	5	5	10	25

#	Name	GD 2	VG 3	VgEx 4	EX 5	ExMt 6	NM 7	NmMt 8	MT 9
150	Denny McLain	5	5	5	5	8	25	50	300
151A	Clay Dalrymple Orioles	5	5	5	8	12	20	30	80
151B	Clay Dalrymple Phillies	5	5	5	6	10	15	60	
152	Tommie Sisk	5	5	5	5	5	8	30	80
153	Ed Brinkman	5	5	5	5	5	6	25	60
154	Jim Britton	5	5	5	5	5	5	10	40
155	Pete Ward	5	5	5	5	5	5	30	60
156	H.Gilson/L.McFadden RC	5	5	5	5	5	5	15	25
157	Bob Rodgers	5	5	5	5	5	6	25	80
158	Joe Gibbon	5	5	5	5	5	5	10	50
159	Jerry Adair	5	5	5	5	5	5	15	40
160	Vada Pinson	5	5	5	5	5	6	15	60
161	John Purdin	5	5	5	5	5	6	20	60
162	Bob Gibson WS1	5	5	5	5	10	20	80	300
163	Willie Horton WS2	5	5	5	5	5	6	30	50
164	T.McCarver w/Maris WS3	5	5	5	5	5	8	20	50
165	Lou Brock WS4	5	5	5	5	6	10	40	100
166	Al Kaline WS5	5	5	5	10	15	30	80	400
167	Jim Northrup WS6	5	5	5	5	5	8	15	60
168	M.Lolich/B.Gibson WS7	5	5	5	6	10	15	30	100
169	Tigers Celebrate WS	5	5	5	5	6	15	40	150
170	Frank Howard	5	5	5	5	5	6	15	60
171	Glenn Beckert	5	5	5	5	8	12	20	200
172	Jerry Stephenson	5	5	5	5	5	5	15	50
173	B.Christian RC/G.Nyman RC	5	5	5	5	5	5	15	60
174	Grant Jackson	5	5	5	5	5	5	15	40
175	Jim Bunning	5	5	6	10	15	25	40	100
176	Joe Azcue	5	5	5	5	5	5	10	80
177	Ron Reed	5	5	5	5	5	5	10	40
178	Ray Oyler	5	5	5	5	6	15	30	
179	Don Pavletich	5	5	5	5	5	5	10	25
180	Willie Horton	5	5	5	5	8	12	40	300
181	Mel Nelson	5	5	5	5	5	8	20	60
182	Bill Rigney MG	5	5	5	5	5	8	40	150
183	Don Shaw	5	5	5	5	5	5	15	50
184	Roberto Pena	5	5	5	5	5	5	12	50
185	Tom Phoebus	5	5	5	5	5	8	25	60
186	Johnny Edwards	5	5	5	5	5	5	15	80
187	Leon Wagner	5	5	5	5	5	6	15	150
188	Rick Wise	5	5	5	5	5	5	10	60
189	J.Lahoud RC/J.Thibodeau RC	5	5	5	5	5	6	15	80
190	Willie Mays	80	100	120	200	300	500	1,200	4,000
191	Lindy McDaniel	5	5	5	5	8	25	250	
192	Jose Pagan	5	5	5	5	8	25	50	
193	Don Cardwell	5	5	5	5	5	8	15	80
194	Ted Uhlaender	5	5	5	5	5	5	15	50
195	John Odom	5	5	5	5	5	5	12	25
196	Lum Harris MG	5	5	5	5	5	5	12	40
197	Dick Selma	5	5	5	5	5	5	15	40
198	Willie Smith	5	5	5	5	5	8	20	100
199	Jim French	5	5	5	5	5	5	15	40
200	Bob Gibson	5	5	20	30	60	80	250	800
201	Russ Snyder	5	5	5	5	5	8	20	80
202	Don Wilson	5	5	5	5	5	5	20	50
203	Dave Johnson	5	5	5	5	5	6	12	40
204	Jack Hiatt	5	5	5	5	5	6	15	80
205	Rick Reichardt	5	5	5	5	5	6	20	60
206	L.Hisle/B.Lersch RC	5	5	5	5	5	5	12	25
207	Roy Face	5	5	5	5	6	15	30	150
208A	Donn Clendenon Houston	5	5	5	5	5	8	40	150
208B	Donn Clendenon Expos	5	5	6	10	15	40	100	400
209	Larry Haney	5	5	5	5	5	6	15	60
210	Felix Millan	5	5	5	5	5	8	25	100
211	Galen Cisco	5	5	5	5	5	6	20	200
212	Tom Tresh	5	5	5	6	10	15	40	200
213	Gerry Arrigo	5	5	5	5	5	5	15	60
214	Checklist 3	5	5	5	5	5	8	20	60

#	Name	GD 2	VG 3	VgEx 4	EX 5	ExMt 6	NM 7	NmMt 8	MT 9
215	Rico Petrocelli	5	5	5	5	8	12	30	200
216	Don Sutton DP	5	5	5	6	10	15	100	300
217	John Donaldson	5	5	5	5	5	8	20	150
218	John Roseboro	5	5	5	5	5	8	20	40
219	Fred Patek RC	5	5	5	5	5	5	15	60
220	Sam McDowell	5	5	5	5	6	15	80	200
221	Art Shamsky	5	5	5	5	6	15	60	300
222	Duane Josephson	5	5	5	5	5	5	15	60
223	Tom Dukes	5	5	5	5	5	6	15	50
224	B.Harrelson RC/S.Kealey RC	5	5	5	5	5	5	10	30
225	Don Kessinger	5	5	5	5	6	15	40	
226	Bruce Howard	5	5	5	5	5	8	30	80
227	Frank Johnson RC	5	5	5	5	5	5	10	50
228	Dave Leonhard	5	5	5	5	5	6	12	25
229	Don Lock	5	5	5	5	5	8	30	100
230	Rusty Staub	5	5	5	5	5	5	15	175
231	Pat Dobson	5	5	5	5	5	8	30	120
232	Dave Ricketts	5	5	5	5	6	15	30	150
233	Steve Barber	5	5	5	5	5	12	30	80
234	Dave Bristol MG	5	5	5	5	5	6	15	60
235	Jim Hunter	5	5	5	8	15	30	60	
236	Manny Mota	5	5	5	5	5	8	40	
237	Bobby Cox RC	25	40	60	80	100	150	200	500
238	Ken Johnson	5	5	5	5	5	5	25	100
239	Bob Taylor	5	5	5	5	5	8	60	200
240	Ken Harrelson	5	5	5	5	6	10	50	150
241	Jim Brewer	5	5	5	5	5	5	12	40
242	Frank Kostro	5	5	5	5	5	5	10	60
243	Ron Kline	5	5	5	5	6	15	25	
244	R.Fosse RC/G.Woodson RC	5	5	5	5	5	8	25	100
245	Ed Charles	5	5	5	5	8	25	60	
246	Joe Coleman	5	5	5	5	5	6	20	50
247	Gene Oliver	5	5	5	5	5	6	15	60
248	Bob Priddy	5	5	5	5	8	12	40	
249	Ed Spiezio	5	5	5	5	5	6	15	80
250	Frank Robinson	30	40	50	60	80	150	300	2,500
251	Ron Herbel	5	5	5	5	5	5	10	30
252	Chuck Cottier	5	5	5	5	5	8	20	80
253	Jerry Johnson RC	5	5	5	5	5	5	10	40
254	Joe Schultz MG RC	5	5	5	5	6	15	40	80
255	Steve Carlton	10	15	25	40	60	100	200	800
256	Gates Brown	5	5	5	6	10	15	60	120
257	Jim Ray	5	5	5	5	5	5	5	40
258	Jackie Hernandez	5	5	5	5	5	6	30	
259	Bill Short	5	5	5	5	5	6	20	100
260	Reggie Jackson RC	150	200	250	400	600	1,200	6,000	80,000
261	Bob Johnson	5	5	5	5	5	5	10	25
262	Mike Kekich	5	5	5	5	8	40	150	
263	Jerry May	5	5	5	5	5	8	30	100
264	Bill Landis	5	5	5	5	5	5	10	40
265	Chico Cardenas	5	5	5	5	6	25	50	
266	T.Hutton/A.Foster RC	5	5	5	5	5	12	40	
267	Vicente Romo RC	5	5	5	5	6	10	40	150
268	Al Spangler	5	5	5	5	6	15	30	60
269	Al Weis	5	5	5	5	8	30	60	200
270	Mickey Lolich	5	5	5	6	10	25	60	300
271	Larry Stahl	5	5	5	5	5	8	20	80
272	Ed Stroud	5	5	5	5	5	5	10	25
273	Ron Willis	5	5	5	5	6	15	100	250
274	Clyde King MG	5	5	5	5	5	5	25	60
275	Vic Davalillo	5	5	5	5	5	8	30	60
276	Gary Wagner	5	5	5	5	5	5	15	40
277	Rod Hendricks RC	5	5	5	5	6	10	30	100
278	Gary Geiger	5	5	5	5	5	5	20	120
279	Roger Nelson	5	5	5	5	5	5	12	50
280	Alex Johnson	5	5	5	5	5	6	15	80
281	Ted Kubiak	5	5	5	5	5	6	15	80

#	Player	GD 2	VG 3	VgEx 4	EX 5	ExMt 6	NM 7	NmMt 8	MT 9
282	Pat Jarvis	5	5	5	5	5	8	25	120
283	Sandy Alomar	5	5	5	5	5	8	25	80
284	J.Robertson RC/M.Wegener RC	5	5	5	5	5	5	12	50
285	Don Mincher	5	5	5	5	5	6	20	
286	Dock Ellis RC	5	5	5	5	8	12	100	200
287	Jose Tartabull	5	5	5	5	5	8	25	
288	Ken Holtzman	5	5	5	5	8	20	80	
289	Bart Shirley	5	5	5	5	5	5	20	100
290	Jim Kaat	5	5	5	5	6	10	60	200
291	Vern Fuller	5	5	5	5	5	8	30	120
292	Al Downing	5	5	5	5	6	15	40	120
293	Dick Dietz	5	5	5	5	5	6	15	50
294	Jim Lemon MG	5	5	5	5	5	12	50	
295	Tony Perez	10	15	25	30	40	80	120	400
296	Andy Messersmith RC	5	5	5	5	5	6	25	120
297	Deron Johnson	5	5	5	5	5	8	30	100
298	Dave Nicholson	5	5	5	5	5	6	15	60
299	Mark Belanger	5	5	5	5	6	10	30	
300	Felipe Alou	5	5	5	5	8	15	60	
301	Darrell Brandon	5	5	5	5	5	5	10	30
302	Jim Pagliaroni	5	5	5	5	5	8	30	120
303	Cal Koonce	5	5	5	5	5	6	15	100
304	B.Davis/C.Gaston RC	5	5	5	5	5	6	12	30
305	Dick McAuliffe	5	5	5	5	5	10	30	
306	Jim Grant	5	5	5	5	5	5	15	80
307	Gary Kolb	5	5	5	5	5	5	20	80
308	Wade Blasingame	5	5	5	5	5	5	20	
309	Walt Williams	5	5	5	5	5	5	10	30
310	Tom Haller	5	5	5	5	5	5	10	50
311	Sparky Lyle RC	5	8	12	20	30	50	100	250
312	Lee Elia	5	5	5	5	6	15	25	
313	Bill Robinson	5	5	5	5	5	25	80	
314	Checklist 4/Drysdale	5	5	5	5	8	12	30	150
315	Eddie Fisher	5	5	5	5	5	8	30	100
316	Hal Lanier	5	5	5	5	5	6	15	60
317	Bruce Look RC	5	5	5	5	5	5	12	50
318	Jack Fisher	5	5	5	5	5	5	10	30
319	Ken McMullen	5	5	5	5	5	5	10	50
320	Dal Maxvill	5	5	5	5	5	6	15	80
321	Jim McAndrew RC	5	5	5	5	5	8	25	80
322	Jose Vidal	5	5	5	5	5	5	10	25
323	Larry Miller	5	5	5	5	5	5	10	40
324	L.Cain RC/D.Campbell RC	5	5	5	5	5	5	12	40
325	Jose Cardenal	5	5	5	5	5	5	12	40
326	Gary Sutherland	5	5	5	5	5	6	40	100
327	Willie Crawford	5	5	5	5	5	5	10	25
328	Joel Horlen	5	5	5	5	5	8	30	120
329	Rick Joseph	5	5	5	5	5	5	10	25
330	Tony Conigliaro	5	5	5	5	8	12	30	120
331	G.Garrido/T.House RC	5	5	5	5	5	5	10	40
332	Fred Talbot	5	5	5	5	5	5	15	50
333	Ivan Murrell	5	5	5	5	5	5	10	40
334	Phil Roof	5	5	5	5	5	5	15	50
335	Bill Mazeroski	6	10	15	25	40	60	100	200
336	Jim Roland	5	5	5	5	5	5	15	80
337	Marty Martinez RC	5	5	5	5	5	5	10	25
338	Del Unser RC	5	5	5	5	5	5	15	50
339	S.Mingori RC/J.Pena RC	5	5	5	5	5	5	10	25
340	Dave McNally	5	5	5	5	5	8	20	100
341	Dave Adlesh	5	5	5	5	5	6	15	40
342	Bubba Morton	5	5	5	5	5	8	25	120
343	Dan Frisella	5	5	5	5	5	8	20	60
344	Tom Matchick	5	5	5	5	5	5	10	40
345	Frank Linzy	5	5	5	5	5	5	10	60
346	Wayne Comer RC	5	5	5	5	5	6	20	50
347	Randy Hundley	5	5	5	5	8	25	50	
348	Steve Hargan	5	5	5	5	5	5	10	25

#	Player	GD 2	VG 3	VgEx 4	EX 5	ExMt 6	NM 7	NmMt 8	MT 9
349	Dick Williams MG	5	5	5	5	5	5	15	60
350	Richie Allen	▲6	▲10	▲15	▲25	▲40	▲60	▲120	▲400
351	Carroll Sembera	5	5	5	5	5	5	10	30
352	Paul Schaal	5	5	5	5	5	5	10	25
353	Jeff Torborg	5	5	5	5	5	5	12	60
354	Nate Oliver	5	5	5	5	5	5	10	30
355	Phil Niekro	6	10	15	25	40	60	100	250
356	Frank Quilici	5	5	5	5	5	6	15	60
357	Carl Taylor	5	5	5	5	5	6	15	60
358	G.Lauzerique RC/R.Rodriguez	5	5	5	5	5	5	10	25
359	Dick Kelley	5	5	5	5	5	5	15	60
360	Jim Wynn	5	5	5	5	5	6	12	30
361	Gary Holman RC	5	5	5	5	5	5	10	25
362	Jim Maloney	5	5	5	5	5	5	15	40
363	Russ Nixon	5	5	5	5	5	5	10	25
364	Tommie Agee	5	5	5	5	6	10	20	150
365	Jim Fregosi	5	5	5	5	5	6	15	40
366	Bo Belinsky	5	5	5	5	5	5	15	25
367	Lou Johnson	5	5	5	5	5	6	20	40
368	Vic Roznovsky	5	5	5	5	5	5	10	30
369	Bob Skinner MG	5	5	5	5	5	6	12	40
370	Juan Marichal	5	5	5	6	12	40	50	400
371	Sal Bando	5	5	5	5	5	8	20	80
372	Adolfo Phillips	5	5	5	5	5	8	25	
373	Fred Lasher	5	5	5	5	5	5	12	40
374	Bob Tillman	5	5	5	5	5	5	10	40
375	Harmon Killebrew	15	25	40	60	80	120	200	500
376	M.Fiore RC/J.Rooker RC	5	5	5	5	5	5	15	40
377	Gary Bell	5	5	5	5	5	5	15	50
378	Jose Herrera RC	5	5	5	5	5	5	10	30
379	Ken Boyer	5	5	5	5	5	8	15	40
380	Stan Bahnsen	5	5	5	5	8	20	30	120
381	Ed Kranepool	5	5	5	8	12	30	100	300
382	Pat Corrales	5	5	5	5	5	6	15	40
383	Casey Cox	5	5	5	5	5	5	15	40
384	Larry Shepard MG	5	5	5	5	5	5	20	30
385	Orlando Cepeda	5	6	10	15	25	40	80	300
386	Jim McGlothlin	5	5	5	5	5	5	12	80
387	Bobby Klaus	5	5	5	5	5	5	10	60
388	Tom McCraw	5	5	5	5	5	5	25	60
389	Dan Coombs	5	5	5	5	5	5	25	60
390	Bill Freehan	5	5	5	6	10	25	50	150
391	Ray Culp	5	5	5	5	5	8	20	80
392	Bob Burda RC	5	5	5	5	5	6	15	60
393	Gene Brabender	5	5	5	5	5	6	15	40
394	L.Piniella/M.Staehle	5	5	5	5	8	12	80	
395	Chris Short	5	5	5	5	5	6	15	50
396	Jim Campanis	5	5	5	5	5	5	10	40
397	Chuck Dobson	5	5	5	5	5	6	15	60
398	Tito Francona	5	5	5	5	6	25	100	
399	Bob Bailey	5	5	5	5	5	5	15	40
400	Don Drysdale	8	12	20	30	50	80	120	400
401	Jake Gibbs	5	5	5	5	5	5	15	40
402	Ken Boswell RC	5	5	5	8	12	20	50	120
403	Bob Miller	5	5	5	5	5	5	12	40
404	V.LaRose RC/G.Ross RC	5	5	5	5	5	5	20	80
405	Lee May	5	5	5	5	5	6	30	100
406	Phil Ortega	5	5	5	5	5	5	10	40
407	Tom Egan	5	5	5	5	5	5	10	60
408	Nate Colbert	5	5	5	5	5	5	10	40
409	Bob Moose	5	5	5	5	5	6	15	40
410	Al Kaline	8	12	20	30	50	80	120	
411	Larry Dierker	5	5	5	5	5	5	10	50
412	Checklist 5/Mantle DP	8	12	20	30	50	80	120	300
413	Roland Sheldon	5	5	5	5	5	6	15	50
414	Duke Sims	5	5	5	5	5	5	10	40
415	Ray Washburn	5	5	5	5	5	6	20	125

#	Card	GD 2	VG 3	VgEx 4	EX 5	ExMt 6	NM 7	NmMt 8	MT 9
116	Willie McCovey AS	5	5	5	5	8	15	60	300
117	Ken Harrelson AS	5	5	5	5	5	6	20	
118	Tommy Helms AS	5	5	5	5	5	6	25	100
119	Rod Carew AS	5	5	5	6	15	20	50	200
420	Ron Santo AS	5	5	5	5	5	8	20	60
421	Brooks Robinson AS	5	5	5	6	10	15	40	150
422	Don Kessinger AS	5	5	5	5	5	6	20	
423	Bert Campaneris AS	5	5	5	5	5	6	25	80
424	Pete Rose AS	5	6	10	15	25	60	100	250
425	Carl Yastrzemski AS	5	6	10	15	25	40	60	350
426	Curt Flood AS	5	5	5	5	8	25	100	300
427	Tony Oliva AS	5	5	5	5	5	8	50	175
428	Lou Brock AS	5	5	5	6	10	25	40	
429	Willie Horton AS	5	5	5	5	6	15	25	150
430	Johnny Bench AS	5	5	6	25	50	60	100	400
431	Bill Freehan AS	5	5	5	5	8	20	60	200
432	Bob Gibson AS	5	5	5	6	15	20	60	350
433	Denny McLain AS	5	5	5	5	6	15	50	150
434	Jerry Koosman AS	5	5	5	5	6	15	40	150
435	Sam McDowell AS	5	5	5	5	5	6	30	80
436	Gene Alley	5	5	5	5	5	6	15	100
437	Luis Alcaraz RC	5	5	5	5	5	6	15	80
438	Gary Waslewski RC	5	5	5	5	5	6	15	40
439	E.Herrmann RC/D.Lazar RC	5	5	5	5	5	5	12	50
440A	Willie McCovey	5	5	6	10	15	25	120	
440B	Willie McCovey WL	12	20	30	40	60	150	500	
441A	Dennis Higgins	5	5	5	5	5	5	15	30
441B	Dennis Higgins WL	5	8	12	20	30	80	200	
442	Ty Cline	5	5	5	5	5	5	15	40
443	Don Wert	5	5	5	5	12	20	30	
444A	Joe Moeller	5	5	5	5	5	5	15	30
444B	Joe Moeller WL	5	8	12	20	30	60		
445	Bobby Knoop	5	5	5	5	5	5	15	50
446	Claude Raymond	5	5	5	5	5	6	15	80
447A	Ralph Houk MG	5	5	5	5	5	8	25	100
447B	Ralph Houk MG WL	6	10	15	25	40	80	250	
448	Bob Tolan	5	5	5	5	5	6	15	
449	Paul Lindblad	5	5	5	5	5	8	20	80
450	Billy Williams	8	12	18	30	50	80	250	
451A	Rich Rollins	5	5	5	5	6	15	100	
451B	Rich Rollins WL	5	8	12	20	30	60		
452A	Al Ferrara	5	5	5	5	5	5	15	80
452B	Al Ferrara WL	5	8	12	20	30	80	200	
453	Mike Cuellar	5	5	5	5	6	10	25	150
454A	L.Colton/D.Money RC	5	5	5	5	5	5	15	30
454B	L.Colton/D.Money WL	5	8	12	20	30	150	350	
455	Sonny Siebert	5	5	5	5	5	6	15	60
456	Bud Harrelson	5	5	5	5	8	20	80	
457	Dalton Jones	5	5	5	5	5	6	15	60
458	Curt Blefary	5	5	5	5	5	6	20	
459	Dave Boswell	5	5	5	5	5	8	30	80
460	Joe Torre	5	5	5	5	8	12	30	
461A	Mike Epstein	5	5	5	5	5	6	20	
461B	Mike Epstein WL	5	8	12	20	30	100	200	
462	Red Schoendienst MG	5	5	5	5	6	15	50	
463	Dennis Ribant	5	5	5	5	5	5	10	50
464A	Dave Marshall RC	5	5	5	5	5	8	25	
464B	Dave Marshall WL	5	8	12	20	30	120		
465	Tommy John	5	5	5	5	8	12	30	150
466	John Boccabella	5	5	5	6	10	15	60	150
467	Tommie Reynolds	5	5	5	5	5	6	20	150
468A	B.Dal Canton RC/B.Robertson	5	5	5	5	5	5	15	30
468B	B.Dal Canton/B.Robertson WL	5	8	12	20	30	60	200	
469	Chico Ruiz	5	5	5	5	5	8	60	100
470A	Mel Stottlemyre	5	5	5	5	8	12	25	200
470B	Mel Stottlemyre WL	6	10	15	25	40	80	250	
471A	Ted Savage	5	5	5	5	5	5	12	50

#	Card	GD 2	VG 3	VgEx 4	EX 5	ExMt 6	NM 7	NmMt 8	MT 9
471B	Ted Savage WL	5	8	12	20	30	60	200	
472	Jim Price	5	5	5	5	5	8	25	120
473A	Jose Arcia	5	5	5	5	5	5	15	30
473B	Jose Arcia WL	5	8	12	20	50	60	200	
474	Tom Murphy RC	5	5	5	5	5	6	15	100
475	Tim McCarver	5	5	5	5	6	15	50	200
476A	K.Brett RC/G.Moses	5	5	5	5	5	12	40	
476B	K.Brett/G.Moses WL	5	8	12	20	30	60		
477	Jeff James RC	5	5	5	5	5	5	15	100
478	Don Buford	5	5	5	5	5	6		100
479	Richie Scheinblum	5	5	5	5	5	6	20	60
480	Tom Seaver	30	40	50	80	120	250	800	
481	Bill Melton RC	5	5	5	5	5	6	15	50
482A	Jim Gosger	5	5	5	5	5	5	15	50
482B	Jim Gosger WL	5	8	12	20	30	100	200	
483	Ted Abernathy	5	5	5	5	6	20	150	
484	Joe Gordon MG	5	5	5	5	5	6	20	100
485A	Gaylord Perry	5	5	5	5	8	12	40	300
485B	Gaylord Perry WL	6	10	15	25	40	150	300	
486A	Paul Casanova	5	5	5	5	5	5	15	50
486B	Paul Casanova WL	5	8	12	20	30	100		
487	Denis Menke	5	5	5	5	5	6	25	
488	Joe Sparma	5	5	5	5	5	8	25	80
489	Clete Boyer	5	5	5	5	6	15	50	
490	Matty Alou	5	5	5	5	5	6	20	100
491A	J.Crider RC/G.Mitterwald	5	5	5	5	5	5	15	50
491B	J.Crider/G.Mitterwald WL	5	8	12	20	30	60	250	
492	Tony Cloninger	5	5	5	5	5	5	15	60
493A	Wes Parker	5	5	5	5	5	8	15	80
493B	Wes Parker WL	8	12	20	30	50	100	400	
494	Ken Berry	5	5	5	5	5	8	40	100
495	Bert Campaneris	5	5	5	5	6	10	40	120
496	Larry Jaster	5	5	5	5	5	6	15	100
497	Julian Javier	5	5	5	5	5	5	15	80
498	Juan Pizarro	5	5	5	5	5	5	15	50
499	D.Bryant RC/S.Shea RC	5	5	5	5	5	6	12	25
500A	Mickey Mantle	100	150	250	400	600	1,500	5,000	30,000
500B	Mickey Mantle WL	1,000	1,500	2,000	2,500	4,000	8,000	12,000	
501A	Tony Gonzalez	5	5	5	5	5	6	25	50
501B	Tony Gonzalez WL	6	10	15	25	40	100	200	
502	Minnie Rojas	5	5	5	5	5	12	30	
503	Larry Brown	5	5	5	5	5	6	15	150
504	Checklist 6/B.Robinson	5	5	5	5	5	6	20	80
505A	Bobby Bolin	5	5	5	5	5	5	15	30
505B	Bobby Bolin WL	5	8	12	20	50	60		
506	Paul Blair	5	5	5	5	5	8	30	80
507	Cookie Rojas	5	5	5	5	5	5	15	80
508	Moe Drabowsky	5	5	5	5	5	6	15	60
509	Manny Sanguillen	5	5	5	5	6	10	25	150
510	Rod Carew	12	20	30	50	80	120	250	500
511A	Diego Segui	5	5	5	5	5	5	10	120
511B	Diego Segui WL	5	8	12	20	30	60	200	
512	Cleon Jones	5	5	6	10	15	30	150	400
513	Camilo Pascual	5	5	5	5	5	5	12	25
514	Mike Lum	5	5	5	5	5	5	10	25
515	Dick Green	5	5	5	5	5	5	12	40
516	Earl Weaver MG RC	8	12	20	30	50	60	120	250
517	Mike McCormick	5	5	5	5	5	5	10	30
518	Fred Whitfield	5	5	5	5	5	5	10	25
519	J.Kenney RC/L.Boehmer RC	5	5	5	5	5	5	10	25
520	Bob Veale	5	5	5	5	5	5	10	25
521	George Thomas	5	5	5	5	5	5	15	40
522	Joe Hoerner	5	5	5	5	5	6	20	50
523	Bob Chance	5	5	5	5	5	5	10	25
524	J.Laboy RC/F.Wicker RC	5	5	5	5	5	5	10	25
525	Earl Wilson	5	5	5	5	5	6	12	30
526	Hector Torres RC	5	5	5	5	5	5	10	25

#	Player	GD 2	VG 3	VgEx 4	EX 5	ExMt 6	NM 7	NmMt 8	MT 9
527	Al Lopez MG	5	5	5	5	5	6	12	40
528	Claude Osteen	5	5	5	5	5	6	12	30
529	Ed Kirkpatrick	5	5	5	5	5	5	10	25
530	Cesar Tovar	5	5	5	5	5	5	10	40
531	Dick Farrell	5	5	5	5	5	5	10	25
532	Bird Hill Aces	5	5	5	5	5	6	12	30
533	Nolan Ryan	250	300	400	500	▲800	▲1,500	3,000	6,000
534	Jerry McNertney	5	5	5	5	5	5	10	25
535	Phil Regan	5	5	5	5	5	5	12	40
536	D.Breeden RC/D.Roberts RC	5	5	5	5	5	5	10	25
537	Mike Paul RC	5	5	5	5	5	5	10	25
538	Charlie Smith	5	5	5	5	5	5	10	40
539	Ted Shows How	5	5	5	6	20	25	30	250
540	Curt Flood	5	5	5	5	5	8	20	80
541	Joe Verbanic	5	5	5	5	5	5	10	25
542	Bob Aspromonte	5	5	5	5	5	5	10	25
543	Fred Newman	5	5	5	5	5	5	10	30
544	M.Kilkenny RC/R.Woods RC	5	5	5	5	5	5	10	25
545	Willie Stargell	12	20	30	40	50	80	120	500
546	Jim Nash	5	5	5	5	5	5	10	30
547	Billy Martin MG	5	5	5	5	5	8	25	80
548	Bob Locker	5	5	5	5	5	5	10	25
549	Ron Brand	5	5	5	5	5	5	10	25
550	Brooks Robinson	6	10	15	25	40	60	100	250
551	Wayne Granger RC	5	5	5	5	5	5	10	25
552	T.Sizemore RC/B.Sudakis RC	5	5	5	5	5	6	12	50
553	Ron Davis	5	5	5	5	5	5	10	25
554	Frank Bertaina	5	5	5	5	5	5	10	30
555	Jim Ray Hart	5	5	5	5	5	5	10	25
556	A's Stars	5	5	5	5	5	5	15	25
557	Frank Fernandez	5	5	5	5	5	5	10	30
558	Tom Burgmeier RC	5	5	5	5	5	5	15	30
559	J.Hague RC/J.Hicks	5	5	5	5	5	5	10	25
560	Luis Tiant	5	5	5	5	5	8	20	40
561	Ron Clark	5	5	5	5	5	5	10	25
562	Bob Watson RC	5	5	5	5	5	5	25	60
563	Marty Pattin RC	5	5	5	5	5	5	10	25
564	Gil Hodges MG	8	12	20	30	50	80	120	250
565	Hoyt Wilhelm	5	5	5	6	10	15	25	50	100
566	Ron Hansen	5	5	5	5	5	5	10	25
567	E.Jimenez/J.Shellenback	5	5	5	5	5	5	10	25
568	Cecil Upshaw	5	5	5	5	5	5	10	40
569	Billy Harris	5	5	5	5	5	5	10	40
570	Ron Santo	5	5	6	15	20	40	50	150
571	Cap Peterson	5	5	5	5	5	5	10	25
572	Giants Heroes	5	5	5	8	15	25	60	200
573	Jim Palmer	12	20	30	40	60	100	150	500
574	George Scott	5	5	5	5	5	6	12	30
575	Bill Singer	5	5	5	5	5	5	10	25
576	R.Stone/B.Wilson	5	5	5	5	5	5	10	25
577	Mike Hegan	5	5	5	5	5	5	10	25
578	Don Bosch	5	5	5	5	5	5	10	25
579	Dave Nelson RC	5	5	5	5	5	5	10	25
580	Jim Northrup	5	5	5	5	5	6	12	30
581	Gary Nolan	5	5	5	5	5	6	12	30
582A	Checklist 7/Oliva White Circle	5	5	5	5	5	6	15	40
582B	Checklist 7/Oliva Red Circle	5	5	5	5	5	6	15	40
583	Clyde Wright RC	5	5	5	5	5	5	15	30
584	Don Mason	5	5	5	5	5	5	10	25
585	Ron Swoboda	5	5	5	5	5	6	15	40
586	Tim Cullen	5	5	5	5	5	5	10	25
587	Joe Rudi RC	5	5	5	5	5	6	30	60
588	Bill White	5	5	5	5	5	5	10	25
589	Joe Pepitone	5	5	5	5	5	8	20	50
590	Rico Carty	5	5	5	5	5	8	30	60
591	Mike Hedlund	5	5	5	5	5	6	12	30
592	R.Robles RC/A.Santorini RC	5	5	5	5	5	6	12	40

#	Player	GD 2	VG 3	VgEx 4	EX 5	ExMt 6	NM 7	NmMt 8	MT 9
593	Don Nottebart	5	5	5	5	5	6	12	30
594	Dooley Womack	5	5	5	5	5	6	12	25
595	Lee Maye	5	5	5	5	5	6	12	30
596	Chuck Hartenstein	5	5	5	5	5	6	12	30
597	Rollie Fingers RC	40	50	60	80	120	200	300	2,000
598	Ruben Amaro	5	5	5	5	5	6	15	100
599	John Boozer	5	5	5	5	5	6	12	25
600	Tony Oliva	5	5	5	8	15	50	60	200
601	Tug McGraw SP	6	10	15	25	40	60	100	150
602	Distaso/Young/Qualls RC	5	5	5	6	10	60	150
603	Joe Keough RC	5	5	5	5	5	6	12	40
604	Bobby Etheridge	5	5	5	5	5	6	12	40
605	Dick Ellsworth	5	5	5	5	5	6	20	60
606	Gene Mauch MG	5	5	5	5	5	6	25	40
607	Dick Bosman	5	5	5	5	5	6	12	30
608	Dick Simpson	5	5	5	5	5	6	12	30
609	Phil Gagliano	5	5	5	5	5	6	15	50	120
610	Jim Hardin	5	5	5	5	5	5	10	25
611	Didier/Hriniak/Niebauer RC	5	5	5	5	5	6	25	60
612	Jack Aker	5	5	5	5	5	6	12	30
613	Jim Beauchamp	5	5	5	5	5	6	12	30
614	T.Griffin RC/S.Guinn RC	5	5	5	5	5	6	12	40
615	Len Gabrielson	5	5	5	5	5	6	12	30
616	Don McMahon	5	5	5	5	5	8	20	30
617	Jesse Gonder	5	5	5	5	5	6	15	60
618	Ramon Webster	5	5	5	5	5	6	15	80
619	Butler/Kelly/Rios RC	5	5	5	5	5	6	12	30
620	Dean Chance	5	5	5	6	10	15	30	60
621	Bill Voss	5	5	5	5	5	5	12	30
622	Dan Osinski	5	5	5	5	5	5	12	40
623	Hank Allen	5	5	5	5	5	5	12	40
624	Chaney/Dyer/Harmon RC	5	5	5	5	5	6	15	30
625	Mack Jones	5	5	5	5	5	6	12	40
626	Gene Michael	5	5	5	5	5	8	40	100
627	George Stone RC	5	5	5	5	5	8	25	60
628	Conigliaro/O'Brien/Wenz RC	5	5	5	5	5	6	25	50
629	Jack Hamilton	5	5	5	5	5	6	12	30
630	Bobby Bonds RC	20	30	50	60	100	120	200	500
631	John Kennedy	5	5	5	5	5	6	25	60
632	Jon Warden RC	5	5	5	5	5	6	15	30
633	Harry Walker MG	5	5	5	5	5	6	12	30
634	Andy Etchebarren	5	5	5	5	5	6	15	30
635	George Culver	5	5	5	5	5	5	12	30
636	Woody Held	5	5	5	5	5	6	12	40
637	DaVanon/Reberger/Kirby RC	5	5	5	5	5	5	12	50
638	Ed Sprague RC	5	5	5	5	5	6	10	25
639	Barry Moore	5	5	5	5	5	5	12	25
640	Ferguson Jenkins	10	15	25	40	60	100	150	500
641	Darwin/Miller/Dean RC	5	5	5	5	5	6	12	30
642	John Hiller	5	5	5	5	5	6	20	50
643	Billy Cowan	5	5	5	5	5	8	40	50
644	Chuck Hinton	5	5	5	5	5	6	12	30
645	George Brunet	5	5	5	5	5	6	12	30
646	D.McGinn RC/C.Morton RC	5	5	5	5	6	10	12	50
647	Dave Wickersham	5	5	5	5	5	6	12	40
648	Bobby Wine	5	5	5	5	5	6	12	40
649	Al Jackson	5	5	5	5	6	10	25	80
650	Ted Williams MG	10	15	25	40	50	60	100	250
651	Gus Gil	5	5	5	5	5	6	15	100
652	Eddie Watt	5	5	5	5	5	6	12	30
653	Aurelio Rodriguez RC	5	5	5	5	5	6	15	50
654	May/Secrist/Morales RC	5	5	5	5	5	6	15	40
655	Mike Hershberger	5	5	5	5	5	8	40	100
656	Dan Schneider	5	5	5	5	5	6	10	25
657	Bobby Murcer	5	5	5	6	12	30	80	250
658	Hall/Burbach/Miles RC	5	5	5	5	5	6	12	30
659	Johnny Podres	5	5	5	5	6	10	12	30

		GD 2	VG 3	VgEx 4	EX 5	ExMt 6	NM 7	NmMt 8	MT 9
0	Reggie Smith	5	5	5	5	6	10	25	100
1	Jim Merritt	5	5	5	5	5	6	12	30
2	Drago/Spriggs/Oliver RC	5	5	5	5	5	8	30	
3	Dick Radatz	5	5	5	5	5	8	25	50
4	Ron Hunt	5	5	5	5	5	10	20	120

1969 Topps Decals

		VG 3	VgEx 4	EX 5	ExMt 6	NM 7	NmMt 8	MT 9	Gem 9.5/10
	Hank Aaron	25	40	50	80	120	200	400	
	Richie Allen	5	5	8	12	20	30	60	
	Felipe Alou	5	6	10	15	25	40	80	
	Matty Alou	5	5	8	12	20	30	60	
	Luis Aparicio	6	10	15	25	40	150	500	
	Roberto Clemente	30	50	60	80	100	120	250	
	Donn Clendenon	5	5	8	12	20	30	60	
	Tommy Davis	5	5	5	10	15	25	40	120
	Don Drysdale	5	5	8	12	20	30	50	250
	Joe Foy	5	5	5	8	12	20	30	200
	Jim Fregosi	5	6	10	15	25	40	60	
	Bob Gibson	5	5	8	12	20	30	50	200
	Tony Gonzalez	5	6	10	15	25	40	80	
	Tom Haller	5	5	5	6	10	15	30	
	Ken Harrelson	5	5	6	10	15	25	40	
	Tommy Helms	5	5	6	10	15	25	40	
	Willie Horton	5	5	5	8	10	15	25	80
	Frank Howard	5	5	5	6	10	15	30	
	Reggie Jackson	30	40	50	60	80	100	150	800
	Ferguson Jenkins	5	8	12	20	30	50	80	
	Harmon Killebrew	5	5	6	10	15	25	40	120
	Jerry Koosman	5	5	6	10	15	25	40	150
	Mickey Mantle	50	80	120	200	300	500	800	
	Willie Mays	12	20	30	50	80	120	200	500
	Tim McCarver	5	5	5	6	10	15	30	
	Willie McCovey	5	6	10	15	25	40	80	
	Sam McDowell	5	5	5	6	10	15	25	80
	Denny McLain	5	5	5	8	12	20	30	80
	Dave McNally	5	5	5	8	12	20	30	80
	Don Mincher	5	5	5	8	12	20	30	
	Rick Monday	5	5	5	8	12	20	30	
	Tony Oliva	5	5	8	12	20	30	50	120
	Camilo Pascual	5	8	12	20	30	50	80	
	Rick Reichardt	5	5	8	12	20	30	50	200
	Frank Robinson	5	6	10	15	25	40	60	200
	Pete Rose	8	12	20	30	50	80	120	500
	Ron Santo	5	5	5	8	12	20	30	200
	Tom Seaver	8	12	20	30	50	80	250	
	Dick Selma	5	5	5	5	6	10	15	50
	Chris Short	5	5	5	5	6	10	15	60
	Rusty Staub	5	6	10	15	25	40	80	
	Mel Stottlemyre	5	5	5	6	10	15	30	
	Luis Tiant	5	5	5	5	6	10	15	
	Pete Ward	5	5	5	8	12	20	40	
	Hoyt Wilhelm	5	5	5	8	12	20	30	150
	Maury Wills	5	5	8	12	20	30	50	100
	Jim Wynn	5	5	5	8	12	20	40	
	Carl Yastrzemski	5	5	5	20	25	30	50	300

1969 Topps Deckle Edge

		GD 2	VG 3	VgEx 4	EX 5	ExMt 6	NM 7	NmMt 8	MT 9
	Brooks Robinson	12	20	30	50	80	120	250	
	Boog Powell	6	10	15	25	40	60	120	
	Ken Harrelson	8	12	20	30	50	80	150	
	Carl Yastrzemski	8	12	20	30	50	80	150	
	Jim Fregosi	6	10	15	25	40	60	120	
	Luis Aparicio	6	10	15	25	40	60	120	

		GD 2	VG 3	VgEx 4	EX 5	ExMt 6	NM 7	NmMt 8	MT 9
7	Luis Tiant	6	10	15	25	40	60	120	
8	Denny McLain	6	10	15	25	40	60	120	
9	Willie Horton	8	12	20	30	50	80	150	
10	Bill Freehan	8	12	20	30	50	80	150	
11	Hoyt Wilhelm	5	8	12	20	30	50		
11	Jim Wynn	15	25	40	60	100	150	300	
12	Rod Carew	6	10	15	25	40	60	120	
13	Mel Stottlemyre	5	8	12	20	30	50	100	
14	Rick Monday	8	12	20	30	50	80	150	
15	Tommy Davis	6	10	15	25	40	60	120	
16	Frank Howard	6	10	15	25	40	60	120	
17	Felipe Alou	8	12	20	30	50	80	150	
18	Don Kessinger	5	8	12	20	30	50	100	
19	Ron Santo	8	12	20	30	50	80	150	
20	Tommy Helms	6	10	15	25	40	60	100	
21	Pete Rose	15	25	40	50	80	120	250	
22	Rusty Staub	8	12	20	30	50	100		
22	Joe Foy	5	8	12	20	30	50	100	
23	Tom Haller	8	12	20	30	50	80	100	
24	Maury Wills	8	12	20	30	50	80	120	
25	Jerry Koosman	6	10	15	25	40	60	120	
26	Richie Allen	8	12	20	30	50	80	150	
27	Roberto Clemente	▲20	▲30	▲50	▲80	▲120	250	800	
28	Curt Flood	8	12	20	30	50	80	150	
29	Bob Gibson	8	12	20	30	50	80	150	
30	Al Ferrara	8	12	20	30	50	80	150	
31	Willie McCovey	8	12	20	30	50	80	150	
32	Juan Marichal	8	12	20	30	50	80	150	
33	Willie Mays	25	40	60	100	150	300		

1969 Topps Super

		VG 3	VgEx 4	EX 5	ExMt 6	NM 7	NmMt 8	MT 9	Gem 9.5/10
1	Dave McNally	12	20	30	20	30	400		
2	Frank Robinson	50	80	120	200	300	500	1,000	800
3	Brooks Robinson	50	80	120	200	300	500	1,000	
4	Ken Harrelson	5	5	6	25	40	60	120	250
5	Carl Yastrzemski	60	100	150	250	400	600	1,200	
6	Ray Culp	5	5	6	20	30	50	100	200
7	Jim Fregosi	5	5	6	25	40	60	120	250
8	Rick Reichardt	5	5	6	20	30	50	100	200
9	Vic Davalillo	5	5	6	20	30	50	100	200
10	Luis Aparicio	20	30	50	80	120	200	400	800
11	Pete Ward	5	5	6	20	30	50	100	200
12	Joel Horlen	5	5	6	20	30	50	100	200
13	Luis Tiant	5	5	6	25	40	60	120	250
14	Sam McDowell	5	5	8	20	30	50	100	200
15	Jose Cardenal	5	5	6	20	30	50	100	200
16	Willie Horton	5	5	6	25	40	60	120	250
17	Denny McLain	5	8	12	30	50	80	150	300
18	Bill Freehan	5	5	6	25	40	60	120	250
19	Harmon Killebrew	40	60	100	150	250	400	800	800
20	Tony Oliva	10	15	25	60	100	200	400	
21	Dean Chance	5	5	6	20	30	50	100	200
22	Joe Foy	5	5	6	20	30	50	100	200
23	Roger Nelson	5	5	6	20	30	50	100	200
24	Mickey Mantle	800	1,000	1,200	1,500	2,500	4,000	6,000	
25	Mel Stottlemyre	5	5	6	25	40	60	120	250
26	Roy White	5	5	6	25	40	60	120	250
27	Rick Monday	5	5	6	20	30	50	100	200
28	Reggie Jackson	150	250	400	600	1,000	1,500	4,000	
29	Bert Campaneris	5	5	6	25	40	60	120	250
30	Frank Howard	5	5	6	30	50	80	150	300
31	Camilo Pascual	5	5	6	20	30	50	100	200
32	Tommy Davis	5	5	6	25	40	60	120	250
33	Don Mincher	5	5	6	20	30	50	100	200
34	Hank Aaron	250	300	400	500	600	800	1,200	2,500

BASEBALL

#	Player	VG 3	VgEx 4	EX 5	ExMt 6	NM 7	NmMt 8	MT 9	Gem 9.5/10
35	Felipe Alou	5	5	6	30	50	80	150	300
36	Joe Torre	12	20	30	50	80	120	250	500
37	Ferguson Jenkins	20	30	50	80	120	200	400	800
38	Ron Santo	10	15	25	40	60	100	200	400
39	Billy Williams	20	30	50	80	120	200	400	
40	Tommy Helms	5	5	6	20	30	50	200	
41	Pete Rose	100	150	250	400	600	1,000	800	2,500
42	Joe Morgan	30	50	80	120	200	300	800	1,200
43	Jim Wynn	5	5	6	20	30	50	100	200
44	Curt Blefary	5	5	6	20	30	50	100	200
45	Willie Davis	5	5	6	20	30	50	100	200
46	Don Drysdale	25	40	60	100	150	250	500	500
47	Tom Haller	5	5	6	20	30	50	100	200
48	Rusty Staub	5	5	6	30	50	80	150	300
49	Maury Wills	10	15	25	40	60	100	200	
50	Cleon Jones	5	6	10	20	30	50	100	200
51	Jerry Koosman	5	5	6	30	50	80	150	300
52	Tom Seaver	100	150	250	400	600	1,000	2,500	
53	Richie Allen	5	5	6	30	50	80	150	300
54	Chris Short	5	5	6	20	30	50	100	200
55	Cookie Rojas	5	5	6	20	30	50	100	200
56	Matty Alou	5	5	6	20	30	50	100	200
57	Steve Blass	5	5	6	20	30	50	100	200
58	Roberto Clemente	120	200	300	500	800	1,200	2,500	
59	Curt Flood	5	5	6	30	50	80	150	300
60	Bob Gibson	40	60	100	150	250	400	800	
61	Tim McCarver	10	15	25	40	60	100	200	400
62	Dick Selma	5	5	6	20	30	50	100	200
63	Ollie Brown	5	5	6	20	30	50	100	200
64	Juan Marichal	25	40	60	100	150	250	500	
65	Willie Mays	250	300	400	500	800	1,200	2,500	
66	Willie McCovey	25	40	60	100	150	250	500	

1970 Kellogg's

#	Player	VG 3	VgEx 4	EX 5	ExMt 6	NM 7	NmMt 8	MT 9	Gem 9.5/10
1	Ed Kranepool	4	4	4	5	10	15	70	250
2	Pete Rose	4	4	10	12	15	20	60	250
3	Cleon Jones	4	4	4	4	5	8	15	100
4	Willie McCovey	4	4	4	5	6	10	20	100
5	Mel Stottlemyre	4	4	4	4	5	8	12	30
6	Frank Howard	4	4	4	4	5	8	12	50
7	Tom Seaver	4	4	6	8	10	15	30	120
8	Don Sutton	4	4	4	5	6	10	20	80
9	Jim Wynn	4	4	4	4	5	8	12	40
10	Jim Maloney	4	4	4	4	5	8	12	40
11	Tommie Agee	4	4	4	4	5	8	15	100
12	Willie Mays	4	4	10	12	15	20	50	150
13	Juan Marichal	4	4	4	5	6	10	25	60
14	Dave McNally	4	4	4	4	5	8	15	40
15	Frank Robinson	4	4	5	6	8	12	25	80
16	Carlos May	4	4	4	4	5	8	100	
17	Bill Singer	4	4	4	4	5	8	50	250
18	Rick Reichardt	4	4	4	4	5	8	150	
19	Boog Powell	4	4	4	4	5	8	25	
20	Gaylord Perry	4	4	4	5	6	10	30	120
21	Brooks Robinson	4	4	6	8	10	15	80	250
22	Luis Aparicio	4	4	4	5	6	10	20	80
23	Joel Horlen	4	4	4	4	5	8	12	80
24	Mike Epstein	4	4	4	4	5	8	15	
25	Tom Haller	4	4	4	4	5	8	50	
26	Willie Crawford	4	4	4	4	5	8	12	
27	Roberto Clemente	4	8	25	30	40	80	120	500
28	Matty Alou	4	4	4	4	5	8	15	120
29	Willie Stargell	4	4	5	6	8	25	60	200
30	Tim Cullen	4	4	4	4	5	8	80	200
31	Randy Hundley	4	4	4	4	5	8	15	50

#	Player	VG 3	VgEx 4	EX 5	ExMt 6	NM 7	NmMt 8	MT 9	Gem 9.5/10
32	Reggie Jackson	4	4	6	8	10	15	40	150
33	Rich Allen	4	4	4	4	5	8	15	175
34	Tim McCarver	4	4	4	4	5	8	25	50
35	Ray Culp	4	4	4	4	5	8	12	50
36	Jim Fregosi	4	4	4	4	5	8	12	100
37	Billy Williams	4	4	4	5	6	10	25	80
38	Johnny Odom	4	4	4	4	5	8	12	80
39	Bert Campaneris	4	4	4	4	5	8	12	60
40	Ernie Banks	4	4	6	8	10	15	50	120
41	Chris Short	4	4	4	4	5	8	15	60
42	Ron Santo	4	4	4	5	6	10	20	
43	Glenn Beckert	4	4	4	4	5	8	12	40
44	Lou Brock	4	4	4	5	6	10	20	60
45	Larry Hisle	4	4	4	4	5	8	15	50
46	Reggie Smith	4	4	4	4	5	8	15	200
47	Rod Carew	4	4	4	5	6	10	20	80
48	Curt Flood	4	4	4	4	5	8	15	
49	Jim Lonborg	4	4	4	4	5	8	15	200
50	Sam McDowell	4	4	4	4	5	8	15	60
51	Sal Bando	4	4	4	4	5	8	30	60
52	Al Kaline	4	4	5	6	8	12	25	80
53	Gary Nolan	4	4	4	4	5	8	20	120
54	Rico Petrocelli	4	4	4	4	5	8	12	50
55	Ollie Brown	4	4	4	4	5	8	30	
56	Luis Tiant	4	4	4	4	5	8	12	80
57	Bill Freehan	4	4	4	4	5	8	15	150
58	Johnny Bench	4	4	6	8	10	15	50	200
59	Joe Pepitone	4	4	4	4	5	8	20	80
60	Bobby Murcer	4	4	5	6	8	12	40	100
61	Harmon Killebrew	4	4	5	6	8	12	25	120
62	Don Wilson	4	4	4	4	5	8	12	40
63	Tony Oliva	4	4	4	4	5	8	15	60
64	Jim Perry	4	4	4	4	5	8	12	30
65	Mickey Lolich	4	4	4	4	5	8	15	30
66	Jose Laboy	4	4	4	4	5	8	12	40
67	Dean Chance	4	4	4	4	5	8	12	40
68	Ken Harrelson	4	4	4	4	5	8	12	50
69	Willie Horton	4	4	4	4	5	8	25	60
70	Wally Bunker	4	4	4	4	5	8	12	50
71A	Bob Gibson ERR 1959 IP Blank	4	4	4	5	6	10	20	
71B	Bob Gibson COR 1959 IP 76	4	4	5	6	8	12	60	120
72	Joe Morgan	4	4	4	5	6	10	25	150
73	Denny McLain	4	4	4	4	5	8	15	80
74	Tommy Harper	4	4	4	4	5	8	15	80
75	Don Mincher	4	4	4	4	5	8	20	300

1970 Topps

#	Player	VG 3	VgEx 4	EX 5	ExMt 6	NM 7	NmMt 8	NmMt+ 8.5	MT 9
1	New York Mets TC	5	10	20	25	50	100		
2	Diego Segui	4	8	15	20	40	80		
3	Darrel Chaney	4	4	8	10	20	50		
4	Tom Egan	4	4	4	5	10	20	25	50
5	Wes Parker	4	4	8	10	20	40	80	100
6	Grant Jackson	4	4	4	5	10	20	25	50
7	G.Boyd RC/R.Nagelson RC	4	6	12	15	30	80		
8	Jose Martinez RC	4	4	4	5	10	20	25	50
9	Checklist 1	4	8	15	20	40	80		
10	Carl Yastrzemski	6	15	20	30	50	100	150	400
11	Nate Colbert	4	4	4	5	10	20	25	50
12	John Hiller	4	4	5	6	12	25	30	80
13	Jack Hiatt	4	6	12	15	30	60		
14	Hank Allen	4	4	4	4	6	12	15	30
15	Larry Dierker	4	4	4	5	10	20	25	80
16	Charlie Metro MG RC	4	4	4	5	10	20	25	100
17	Hoyt Wilhelm	4	4	6	8	15	50		
18	Carlos May	4	4	6	8	15	30		

#	Player	VG 3	VgEx 4	EX 5	ExMt 6	NM 7	NmMt 8	NmMt+ 8.5	MT 9
9	John Boccabella	4	4	4	5	10	20	25	80
10	Dave McNally	4	4	4	5	10	20		
11	V.Blue RC/G.Tenace RC	4	6	12	15	30	100		
12	Ray Washburn	4	4	4	4	6	15	15	30
13	Bill Robinson	4	4	4	4	8	15	20	
14	Dick Selma	4	4	4	4	5	15	15	25
15	Cesar Tovar	4	4	4	5	10	20	30	50
16	Tug McGraw	6	12	20	25	30	40	150	250
17	Chuck Hinton	4	4	4	5	10	12	25	50
18	Billy Wilson	4	4	4	4	6	12	15	40
19	Sandy Alomar	4	4	4	4	6	12	15	30
20	Matty Alou	4	4	4	5	10	20	25	
21	Marty Pattin	4	4	4	5	10	20	30	50
22	Harry Walker MG	4	4	4	4	6	12	15	30
23	Don Wert	4	4	4	4	6	12	15	25
24	Willie Crawford	4	4	4	4	5	10	12	50
25	Joel Horlen	4	4	4	4	5	10	12	50
26	D.Breeden/B.Carbo RC	4	4	4	4	5	10	12	50
27	Dick Drago	4	4	4	4	6	15	20	30
28	Mack Jones	4	4	4	4	5	10	12	50
29	Mike Nagy RC	4	4	4	5	10	20	25	100
30	Richie Allen	▲10	▲15	▲25	▲40	▲60	▲100		
31	George Lauzerique	4	4	4	4	8	15	20	
32	Tito Fuentes	4	4	4	4	5	10	12	50
33	Jack Aker	4	4	4	4	8	30	40	50
34	Roberto Pena	4	4	6	8	15	30	40	80
35	Dave Johnson	4	4	5	6	12	25	30	60
36	Ken Rudolph RC	4	4	4	4	6	12	15	60
37	Bob Miller	4	4	4	4	5	10	12	50
38	Gil Garrido	4	4	4	4	6	12	15	40
39	Tim Cullen	4	4	4	4	5	10	12	50
40	Tommie Agee	4	8	15	20	40	50		
41	Bob Christian	4	4	4	4	8	15	20	40
42	Bruce Dal Canton	4	4	5	6	12	25	60	100
43	John Kennedy	4	4	5	6	8	12	30	60
44	Jeff Torborg	4	4	4	5	10	20	25	80
45	John Odom	4	4	4	6	10	15	40	80
46	J.Lis RC/S.Reid RC	4	4	4	4	5	10	12	50
47	Pat Kelly	4	4	4	4	5	10	12	50
48	Dave Marshall	4	4	4	4	5	10	12	50
49	Dick Ellsworth	4	4	4	4	8	20	30	
50	Jim Wynn	4	4	4	4	6	12	15	60
61	NL Batting Leaders	▲30	▲50	▲60	▲80	150	250	300	500
62	AL Batting Leaders	6	12	25	30	50	60	150	300
63	NL RBI Leaders	4	4	8	10	20	40	60	
64	AL RBI Leaders	4	4	8	10	15	25	50	150
65	NL Home Run Leaders	12	20	30	40	50	80	120	250
66	AL Home Run Leaders	4	4	6	8	15	30		
67	NL ERA Leaders	4	4	8	10	20	50		
68	AL ERA Leaders	4	6	12	15	25	30	80	150
69	NL Pitching Leaders	4	5	6	8	12	30	60	120
70	AL Pitching Leaders	4	5	10	12	25	50		
71	NL Strikeout Leaders	4	5	10	12	20	25	80	150
72	AL Strikeout Leaders	4	4	8	10	20	40	50	150
73	Wayne Granger	4	4	4	5	10	20	25	60
74	G.Washburn RC/W.Wolf	4	4	4	4	6	12	15	30
75	Jim Kaat	4	4	5	6	12	20	25	100
76	Carl Taylor	4	4	8	10	20	40	50	
77	Frank Linzy	4	5	10	12	25	50	60	150
78	Joe Lahoud	4	4	5	6	12	15	20	60
79	Clay Kirby	4	4	4	4	6	12	15	30
80	Don Kessinger	4	4	4	4	8	20	30	
81	Dave May	4	4	4	4	6	12	15	60
82	Frank Fernandez	4	4	4	4	8	15	20	30
83	Don Cardwell	4	4	4	4	8	15	20	40
84	Paul Casanova	4	4	6	8	15	30	40	120
85	Max Alvis	4	4	4	4	5	10	12	50
86	Lum Harris MG	4	4	4	4	8	15	20	60
87	Steve Renko RC	4	4	4	4	8	15	20	50
88	M.Fuentes RC/D.Baney RC	4	4	4	4	6	12	15	30
89	Juan Rios	4	4	4	5	10	25	30	60
90	Tim McCarver	4	4	6	8	15	30	40	80
91	Rich Morales	4	4	4	4	8	15	20	50
92	George Culver	4	4	4	4	8	15	20	
93	Rick Renick	4	4	4	4	6	12	15	40
94	Freddie Patek	4	4	5	6	12	25	30	60
95	Earl Wilson	4	4	4	4	8	15	20	40
96	L.Lee RC/J.Reuss RC	4	4	6	8	15	30	50	100
97	Joe Moeller	4	4	4	4	8	15	20	
98	Gates Brown	4	4	4	4	6	15		30
99	Bobby Pfeil RC	4	4	6	8	15	30		
100	Mel Stottlemyre	4	4	4	4	8	15	20	100
101	Bobby Floyd	4	4	4	4	8	15	20	
102	Joe Rudi	4	4	4	4	8	15	20	
103	Frank Reberger	4	4	4	4	6	12	15	40
104	Gerry Moses	4	4	4	4	6	15	25	
105	Tony Gonzalez	4	4	4	4	6	12	15	100
106	Darold Knowles	4	4	4	5	10	20	25	60
107	Bobby Etheridge	4	4	4	4	6	12	20	60
108	Tom Burgmeier	4	4	4	5	10	20	25	60
109	G.Jestadt RC/C.Morton	4	4	4	4	8	15	20	80
110	Bob Moose	4	4	4	4	5	10	12	100
111	Mike Hegan	4	4	6	8	15	30		
112	Dave Nelson	4	4	4	4	8	15	20	40
113	Jim Ray	4	4	4	4	8	15	20	
114	Gene Michael	4	6	8	10	20	30	40	150
115	Alex Johnson	6	12	25	30	50	60	200	250
116	Sparky Lyle	4	4	5	6	12	25	30	150
117	Don Young	4	4	4	4	8	15	20	40
118	George Mitterwald	4	4	4	4	6	10	15	20	50
119	Chuck Taylor RC	4	4	4	4	8	15	20	100
120	Sal Bando	4	4	5	6	12	25	30	100
121	F.Beene RC/T.Crowley RC	4	4	8	10	20	40	50	
122	George Stone	4	4	4	4	6	12	15	30
123	Don Gutteridge MG RC	4	4	6	8	15	30	40	80
124	Larry Jaster	4	4	4	4	5	10	12	50
125	Deron Johnson	4	4	4	8	10	20	80	
126	Marty Martinez	4	6	12	15	30	60	80	200
127	Joe Coleman	4	4	4	4	5	10	12	40
128A	Checklist 2 R Perranoski	4	4	5	6	12	25		
128B	Checklist 2 R. Perranoski	4	4	5	6	12	30		
129	Jimmie Price	4	4	4	4	6	15	20	50
130	Ollie Brown	4	4	4	5	10	20	25	50
131	R.Lamb RC/B.Stinson RC	4	4	4	5	10	20	25	60
132	Jim McGlothlin	4	4	4	4	8	20	25	60
133	Clay Carroll	4	4	6	8	15	30	40	80
134	Danny Walton RC	4	4	4	4	5	10	12	40
135	Dick Dietz	4	6	12	15	30	60	80	100
136	Steve Hargan	4	4	4	4	6	10	12	80
137	Art Shamsky	4	5	10	12	25	30	40	250
138	Joe Foy	4	4	6	8	15	30	40	150
139	Rich Nye	4	4	4	4	5	10	12	50
140	Reggie Jackson	40	50	60	100	200	250	500	1,500
141	D.Cash RC/J.Jeter RC	4	4	4	5	10	20	25	50
142	Fritz Peterson	4	4	8	10	20	40	50	150
143	Phil Gagliano	4	4	4	5	10	20	25	50
144	Ray Culp	4	5	10	12	20	25	30	
145	Rico Carty	4	4	4	5	10	20	25	100
146	Danny Murphy	4	4	4	5	10	20	25	50
147	Angel Hermoso RC	4	4	4	4	6	12	15	30
148	Earl Weaver MG	4	4	8	10	20	25	30	80
149	Billy Champion RC	4	4	4	5	10	20	25	40
150	Harmon Killebrew	▲15	▲25	30	50	80	▼150	300	600
151	Dave Roberts	4	4	4	4	6	12	15	40

Beckett Graded Card Price Guide 151

#	Player	VG 3	VgEx 4	EX 5	ExMt 6	NM 7	NmMt 8	NmMt+ 8.5	MT 9
152	Ike Brown RC	4	4	4	4	6	12	15	60
153	Gary Gentry	4	4	4	4	5	10	12	50
154	J.Miles/J.Dukes RC	4	4	5	6	12	30	40	60
155	Denis Menke	4	4	4	4	8	15	20	
156	Eddie Fisher	4	4	4	4	5	10	12	50
157	Manny Mota	4	4	5	6	12	15	20	50
158	Jerry McNertney	4	4	4	5	10	20	25	50
159	Tommy Helms	4	4	4	4	6	12	15	60
160	Phil Niekro	8	12	20	30	50	100	120	250
161	Richie Scheinblum	4	4	5	6	12	25	30	60
162	Jerry Johnson	4	4	4	5	10	12	15	25
163	Syd O'Brien	4	4	4	4	8	15	20	40
164	Ty Cline	4	4	4	4	6	8	10	30
165	Ed Kirkpatrick	4	4	4	5	10	12	15	50
166	Al Oliver	4	4	5	6	12	25		
167	Bill Burbach	4	4	4	5	10	12	15	50
168	Dave Watkins RC	4	4	5	6	12	25	30	60
169	Tom Hall	4	4	4	4	8	15	20	40
170	Billy Williams	▲12	▲20	25	30	50	80	100	250
171	Jim Nash	4	4	4	5	10	12	15	40
172	G.Hill RC/R.Garr RC	4	4	4	4	6	12	15	80
173	Jim Hicks	4	4	5	6	10	12	15	60
174	Ted Sizemore	4	4	5	6	10	12	15	60
175	Dick Bosman	4	4	4	4	8	15	20	80
176	Jim Ray Hart	4	4	8	10	20	25	30	120
177	Jim Northrup	4	4	4	5	10	15	20	80
178	Denny Lemaster	4	4	4	5	10	20	25	50
179	Ivan Murrell	4	4	5	6	12	25	30	60
180	Tommy John	4	4	6	8	15	25	40	60
181	Sparky Anderson MG	4	6	10	15	25	60	80	
182	Dick Hall	4	4	4	4	8	15	20	80
183	Jerry Grote	4	4	4	4	6	12	15	30
184	Ray Fosse	4	4	8	10	20	25	30	100
185	Don Mincher	4	4	4	4	8	15	20	30
186	Rick Joseph	4	4	5	6	12	15	20	60
187	Mike Hedlund	4	4	4	4	5	10	12	40
188	Manny Sanguillen	4	4	6	8	15	30	40	150
189	Thurman Munson RC	50	80	120	200	400	800	1,200	3,000
190	Joe Torre	4	4	8	10	30	60	80	200
191	Vicente Romo	4	4	4	4	8	15	20	60
192	Jim Qualls	4	4	5	6	12	25	30	60
193	Mike Wegener	4	4	4	4	8	15	20	40
194	Chuck Manuel RC	4	4	4	4	5	10	12	80
195	Tom Seaver NLCS1	6	10	15	25	60	100	120	250
196	Ken Boswell NLCS2	4	8	15	20	25	80	100	200
197	Nolan Ryan NLCS3	15	25	40	60	100	200	250	500
198	Mets Celebrate NLCS w/Ryan	15	25	40	60	100	200	250	500
199	Mike Cuellar ALCS1	4	4	6	8	15	30		
200	Boog Powell ALCS2	4	8	15	20	40	80		
201	B.Powell/A.Etchebarren ALCS3	4	4	8	10	20	25	50	150
202	Orioles Celebrate ALCS	4	4	4	5	10	25	25	50
203	Rudy May	4	4	4	4	8	15	20	40
204	Len Gabrielson	4	4	4	4	6	12	15	30
205	Bert Campaneris	4	4	6	8	15	30	40	150
206	Clete Boyer	4	4	4	4	6	12	15	30
207	N.McRae RC/B.Reed RC	4	4	5	6	12	25	30	60
208	Fred Gladding	4	4	4	4	5	10	12	50
209	Ken Suarez	4	4	4	4	5	10	12	50
210	Juan Marichal	6	8	10	15	25	40		
211	Ted Williams MG	20	30	40	50	60	100	120	300
212	Al Santorini	4	4	4	4	5	10	12	25
213	Andy Etchebarren	4	4	4	4	6	12	15	50
214	Ken Boswell	4	4	4	5	10	20	25	120
215	Reggie Smith	4	4	4	4	6	15	20	60
216	Chuck Hartenstein	4	4	4	4	6	12	15	60
217	Ron Hansen	4	4	4	4	6	12	15	40
218	Ron Stone	4	4	4	4	5	10	12	30

#	Player	VG 3	VgEx 4	EX 5	ExMt 6	NM 7	NmMt 8	NmMt+ 8.5	MT 9
219	Jerry Kenney	4	4	4	4	6	20	25	30
220	Steve Carlton	8	12	20	25	40	100	120	400
221	Ron Brand	4	4	4	4	6	12	25	80
222	Jim Rooker	4	4	4	5	10	20	25	50
223	Nate Oliver	4	4	4	5	8	15	20	40
224	Steve Barber	4	4	4	4	5	10	12	50
225	Lee May	4	4	4	4	8	20	25	80
226	Ron Perranoski	4	4	4	4	8	15	20	50
227	J.Mayberry RC/B.Watkins RC	4	4	4	4	8	15		
228	Aurelio Rodriguez	4	4	4	4	5	10	12	25
229	Rich Robertson	4	4	4	4	8	20	25	40
230	Brooks Robinson	12	20	30	50	80	200	250	800
231	Luis Tiant	4	4	5	6	12	15	20	80
232	Bob Didier	4	4	4	4	8	60	30	
233	Lew Krausse	4	4	4	4	5	10	12	50
234	Tommy Dean	4	4	4	4	8	20	25	
235	Mike Epstein	4	4	4	4	8	15	20	100
236	Bob Veale	4	4	4	5	10	20	25	50
237	Russ Gibson	4	4	4	4	6	12	15	30
238	Jose Laboy	4	4	4	4	5	10	12	50
239	Ken Berry	4	4	4	5	10	20	25	100
240	Ferguson Jenkins	8	12	20	30	50	100	120	250
241	A.Fitzmorris RC/S.Northey RC	4	4	5	6	12	25	30	60
242	Walt Alston MG	4	4	4	4	8	15	20	60
243	Joe Sparma	4	4	4	5	10	20	25	100
244A	Checklist 3 Red Bat	4	4	5	6	12	40		
244B	Checklist 3 Brown Bat	4	8	15	20	40	80		
245	Leo Cardenas	4	4	4	5	10	12	15	30
246	Jim McAndrew	4	4	8	10	20	40	50	100
247	Lou Klimchock	4	4	4	4	8	15	20	50
248	Jesus Alou	4	4	4	4	8	15	20	40
249	Bob Locker	4	4	4	4	8	15	20	100
250	Willie McCovey	12	20	30	50	80	200	250	500
251	Dick Schofield	4	4	4	5	10	20	25	30
252	Lowell Palmer RC	4	4	4	5	10	20	25	50
253	Ron Woods	4	4	4	4	8	15		
254	Camilo Pascual	4	4	4	4	6	12	15	30
255	Jim Spencer RC	4	4	4	4	5	10	12	25
256	Vic Davalillo	4	4	4	5	10	20	25	50
257	Dennis Higgins	4	4	4	4	8	20	25	60
258	Paul Popovich	4	4	4	4	6	12	15	30
259	Tommie Reynolds	4	4	4	4	8	15	20	60
260	Claude Osteen	4	4	4	4	6	12	15	30
261	Curt Motton	4	4	4	4	8	25	40	50
262	J.Morales RC/J.Williams RC	4	4	4	5	10	30	40	50
263	Duane Josephson	4	4	4	5	10	20		
264	Rich Hebner	4	4	4	5	10	80		
265	Randy Hundley	4	4	4	4	5	10	12	25
266	Wally Bunker	4	4	4	4	5	10	12	25
267	H.Hill RC/P.Ratliff	4	4	4	4	5	10	12	20
268	Claude Raymond	4	4	4	4	4	6	8	25
269	Cesar Gutierrez	4	4	4	4	5	10	12	15
270	Chris Short	4	4	4	4	6	12	15	30
271	Greg Goossen	4	4	4	4	5	10	12	25
272	Hector Torres	4	4	4	4	8	15		
273	Ralph Houk MG	4	4	4	5	10	20		
274	Gerry Arrigo	4	4	4	4	8	15	20	20
275	Duke Sims	4	4	4	4	8	15	20	40
276	Ron Hunt	4	4	4	4	4	6	10	30
277	Paul Doyle RC	4	4	4	4	4	6	10	30
278	Tommie Aaron	4	4	4	4	5	10	12	20
279	Bill Lee RC	4	4	8	10	20	40	50	80
280	Donn Clendenon	4	5	10	12	25	50		
281	Casey Cox	4	4	4	4	6	12	15	30
282	Steve Huntz	4	4	4	4	6	12	15	30
283	Angel Bravo RC	4	4	4	4	4	6	8	25
284	Jack Baldschun	4	4	4	4	5	10	12	25

#	Player	VG 3	VgEx 4	EX 5	ExMt 6	NM 7	NmMt 8	NmMt+ 8.5	MT 9
285	Paul Blair	4	4	4	4	5	10	12	25
286	Bill Buckner RC	▲12	▲15	20	30	▼40	80	100	400
287	Fred Talbot	4	4	4	4	8	10	12	50
288	Larry Hisle	4	4	4	4	4	8	10	30
289	Gene Brabender	4	4	6	8	15	30	40	80
290	Rod Carew	6	10	20	25	40	80	80	400
291	Leo Durocher MG	4	4	4	4	6	12	15	30
292	Eddie Leon RC	4	4	4	4	5	10	12	25
293	Bob Bailey	4	4	4	4	5	10	12	25
294	Jose Azcue	4	4	4	4	5	10	12	25
295	Cecil Upshaw	4	4	4	4	4	8	10	30
296	Woody Woodward	4	4	4	5	10	12	15	50
297	Curt Blefary	4	4	4	4	5	10	12	25
298	Ken Henderson	4	4	4	4	5	10	12	20
299	Buddy Bradford	4	4	4	4	6	12	15	30
300	Tom Seaver	15	25	40	60	100	250	300	600
301	Chico Salmon	4	4	4	4	6	12	15	30
302	Jeff James	4	4	4	4	5	10	12	25
303	Brant Alyea	4	4	4	4	6	12	15	30
304	Bill Russell RC	4	4	6	10	15	25	30	60
305	Don Buford WS1	4	4	4	4	6	12	15	30
306	Donn Clendenon WS2	4	4	4	4	8	20	25	60
307	Tommie Agee WS3	4	8	15	20	40	60	80	200
308	J.C. Martin WS4	4	4	5	6	12	25	30	80
309	Jerry Koosman WS5	4	4	4	4	5	10	12	25
310	Mets Celebrate WS	8	12	20	30	50	80	100	500
311	Dick Green	4	4	4	4	4	8	10	30
312	Mike Torrez	4	4	4	5	10	12	15	50
313	Mayo Smith MG	4	4	4	4	5	10	12	25
314	Bill McCool	4	4	4	4	6	12	15	30
315	Luis Aparicio	6	10	15	25	40	80	100	150
316	Skip Guinn	4	4	4	4	5	10	12	25
317	B.Conigliaro/L.Alvarado RC	4	4	4	4	8	15		
318	Willie Smith	4	4	4	4	6	12	15	30
319	Clay Dalrymple	4	4	4	4	5	10	12	20
320	Jim Maloney	4	4	4	5	10	30		
321	Lou Piniella	4	4	4	4	8	15	20	80
322	Luke Walker	4	4	4	4	4	8	10	30
323	Wayne Comer	4	4	4	4	6	12	15	40
324	Tony Taylor	4	4	4	4	6	12	15	30
325	Dave Boswell	4	4	4	4	8	15	20	40
326	Bill Voss	4	4	4	4	4	8	10	30
327	Hal King RC	4	4	4	4	5	10	12	25
328	George Brunet	4	4	4	4	4	8	10	30
329	Chris Cannizzaro	4	4	4	4	6	12	15	80
330	Lou Brock	▼15	▼20	▼25	▼30	▼50	▲100	100	300
331	Chuck Dobson	4	4	4	4	6	12	15	30
332	Bobby Wine	4	4	4	4	4	8	10	30
333	Bobby Murcer	4	4	5	6	12	25	30	100
334	Phil Regan	4	4	4	4	5	10	12	30
335	Bill Freehan	4	4	4	4	8	15	20	50
336	Del Unser	4	4	4	4	8	15		
337	Mike McCormick	4	4	4	4	6	12	15	30
338	Paul Schaal	4	4	4	4	6	12	15	30
339	Johnny Edwards	4	4	4	4	5	10	12	25
340	Tony Conigliaro	6	12	25	30	50	80	150	150
341	Bill Sudakis	4	4	4	4	6	12	15	30
342	Wilbur Wood	4	4	4	4	5	10	12	20
343A	Checklist 4 Red Bat	4	4	6	8	15	50		
343B	Checklist 4 Brown Bat	4	4	5	6	12	25		
344	Marcelino Lopez	4	4	4	4	6	12	15	50
345	Al Ferrara	4	4	4	4	4	8	10	30
346	Red Schoendienst MG	4	4	4	4	8	15		
347	Russ Snyder	4	4	4	4	5	10	12	25
348	M.Jorgensen RC/J.Hudson RC	4	4	4	4	8	15	20	40
349	Steve Hamilton	4	4	4	4	6	12	15	30
350	Roberto Clemente	50	80	120	150	300	600	800	6,000

#	Player	VG 3	VgEx 4	EX 5	ExMt 6	NM 7	NmMt 8	NmMt+ 8.5	MT 9
351	Tom Murphy	4	4	4	4	6	12	15	30
352	Bob Barton	4	4	4	4	5	10	12	20
353	Stan Williams	4	4	4	4	6	12	15	30
354	Amos Otis	4	4	4	5	10	20	25	50
355	Doug Rader	4	4	4	4	5	10	12	25
356	Fred Lasher	4	4	4	4	4	8	10	30
357	Bob Burda	4	4	4	4	6	12	15	30
358	Pedro Borbon RC	4	4	4	4	5	10	12	25
359	Phil Roof	4	4	4	4	6	12	15	30
360	Curt Flood	4	4	4	4	8	15	20	60
361	Ray Jarvis	4	4	4	4	5	10	12	25
362	Joe Hague	4	4	4	4	5	10	12	25
363	Tom Shopay RC	4	4	4	4	5	10	12	25
364	Dan McGinn	4	4	4	4	5	10	12	20
365	Zoilo Versalles	4	4	4	4	5	10	12	80
366	Barry Moore	4	4	4	4	5	10	12	25
367	Mike Lum	4	4	4	4	5	10	12	30
368	Ed Herrmann	4	4	4	4	6	12	15	30
369	Alan Foster	4	4	4	4	8	15		
370	Tommy Harper	4	4	4	4	8	15	20	40
371	Rod Gaspar RC	4	4	4	4	5	10	12	25
372	Dave Giusti	4	4	4	4	6	12	15	30
373	Roy White	4	4	4	5	10	20	25	100
374	Tommie Sisk	4	4	4	4	6	12	15	30
375	Johnny Callison	4	4	4	4	8	15	20	80
376	Lefty Phillips MG RC	4	4	4	4	8	15	20	25
377	Bill Butler	4	4	4	4	8	15		
378	Jim Davenport	4	4	4	4	6	12	15	30
379	Tom Tischinski RC	4	4	5	6	12	25		
380	Tony Perez	12	20	30	50	60	200		
381	B.Brooks RC/M.Olivo RC	4	4	4	4	6	12	15	25
382	Jack DiLauro RC	4	4	4	4	5	10	12	50
383	Mickey Stanley	4	4	4	5	10	20	25	120
384	Gary Neibauer	4	4	4	4	8	15		
385	George Scott	4	4	5	6	12	25	30	60
386	Bill Dillman	4	4	4	4	6	12	15	50
387	Baltimore Orioles TC	4	4	8	10	20	30		
388	Byron Browne	4	4	4	4	6	12	15	30
389	Jim Shellenback	4	4	4	4	6	15	20	30
390	Willie Davis	4	4	4	4	8	20	25	80
391	Larry Brown	4	4	4	4	6	12	15	30
392	Walt Hriniak	4	4	4	4	8	15		
393	John Gelnar	4	4	4	4	6	12	15	50
394	Gil Hodges MG	4	5	10	12	25	50		
395	Walt Williams	4	4	4	4	8	15	20	80
396	Steve Blass	4	4	5	6	12	25	30	100
397	Roger Repoz	4	4	4	4	8	15		
398	Bill Stoneman	4	4	4	4	6	12	15	25
399	New York Yankees TC	4	6	12	15	20	30	40	150
400	Denny McLain	4	6	12	15	30	80	150	250
401	J.Harrell RC/B.Williams RC	4	4	4	5	10	20	25	100
402	Ellie Rodriguez	4	4	4	4	6	12	15	30
403	Jim Bunning	6	10	15	25	40	50	60	200
404	Rich Reese	4	4	4	4	6	12	15	50
405	Bill Hands	4	4	4	4	5	20	25	40
406	Mike Andrews	4	4	4	4	6	12	15	30
407	Bob Watson	4	4	4	4	6	12	15	60
408	Paul Lindblad	4	4	6	8	15	30	40	120
409	Bob Tolan	4	4	4	4	5	10	12	30
410	Boog Powell	4	4	5	6	12	25	30	120
411	Los Angeles Dodgers TC	4	4	4	4	6	12	15	40
412	Larry Burchart	4	4	6	8	15	30	40	80
413	Sonny Jackson	4	4	4	4	6	12	15	30
414	Paul Edmondson RC	4	4	4	4	5	10	12	25
415	Julian Javier	4	4	4	5	10	20	25	50
416	Joe Verbanic	4	4	4	4	6	12		60
417	John Bateman	4	4	4	4	8	15		

#	Player	VG 3	VgEx 4	EX 5	ExMt 6	NM 7	NmMt 8	NmMt+ 8.5	MT 9
418	John Donaldson	4	4	5	6	12	25	30	80
419	Ron Taylor	4	4	6	8	15	30	40	100
420	Ken McMullen	4	4	4	4	8	15	20	50
421	Pat Dobson	4	4	5	6	12	25	30	60
422	Kansas City Royals TC	4	4	4	4	5	10	12	20
423	Jerry May	4	6	12	15	30	60	80	150
424	Mike Kilkenny	4	4	6	8	15	30	40	120
425	Bobby Bonds	4	5	10	10	20	50	60	120
426	Bill Rigney MG	4	4	6	8	15	30	40	80
427	Fred Norman	4	4	4	4	6	12	15	30
428	Don Buford	4	4	4	4	6	12	15	50
429	R.Bobb RC/J.Cosman	4	4	4	5	10	20	25	80
430	Andy Messersmith	4	4	4	4	4	80		
431	Ron Swoboda	4	4	4	4	6	12	15	25
432A	Checklist 5 Yellow Letters	4	4	5	6	12	40		
432B	Checklist 5 White Letters	4	4	5	6	12	25		
433	Ron Bryant RC	4	4	4	4	8	15	20	60
434	Felipe Alou	4	4	4	4	6	12	15	100
435	Nelson Briles	4	4	4	4	6	12	15	30
436	Philadelphia Phillies TC	4	4	4	4	6	12	15	40
437	Danny Cater	4	4	4	4	6	12	15	60
438	Pat Jarvis	4	4	4	4	6	12	15	100
439	Lee Maye	4	4	4	4	5	10	12	30
440	Bill Mazeroski	8	12	20	30	50	80	100	200
441	John O'Donoghue	4	4	4	4	5	10	12	40
442	Gene Mauch MG	4	4	4	5	10	20	25	30
443	Al Jackson	4	4	4	4	5	10	12	30
444	B.Farmer RC/J.Matias RC	4	4	4	4	6	12	15	60
445	Vada Pinson	4	4	5	6	12	25	40	100
446	Billy Grabarkewitz RC	4	4	4	4	5	10	12	60
447	Lee Stange	4	4	4	4	6	20	25	30
448	Houston Astros TC	4	4	4	4	5	10	12	30
449	Jim Palmer	▲15	▲20	25	40	60	▲120	120	500
450	Willie McCovey AS	6	10	15	25	40	60	80	120
451	Boog Powell AS	4	4	6	8	15	50		
452	Felix Millan AS	4	4	4	5	10	20	25	50
453	Rod Carew AS	4	6	8	10	20	40	100	200
454	Ron Santo AS	4	4	5	6	12	50		
455	Brooks Robinson AS	4	5	10	20	30	150		
456	Don Kessinger AS	4	4	4	5	10	20	25	60
457	Rico Petrocelli AS	4	4	6	8	15	30	50	80
458	Pete Rose AS	10	15	25	30	80	300		
459	Reggie Jackson AS	4	10	12	25	60	250		
460	Matty Alou AS	4	6	12	15	30	100		
461	Carl Yastrzemski AS	4	10	20	30	60	250		
462	Hank Aaron AS	12	25	30	50	80	500		
463	Frank Robinson AS	8	12	20	30	50	80	100	500
464	Johnny Bench AS	12	20	30	50	100	500		
465	Bill Freehan AS	4	6	12	15	30	60	80	175
466	Juan Marichal AS	4	6	12	15	30	60	80	150
467	Denny McLain AS	4	4	5	6	12	50		
468	Jerry Koosman AS	4	6	12	15	30	80		
469	Sam McDowell AS	4	8	15	20	40	200		
470	Willie Stargell	25	30	40	50	▲100	▲250		
471	Chris Zachary	4	4	4	4	6	12	15	80
472	Atlanta Braves TC	4	4	4	5	10	20	12	80
473	Don Bryant	4	4	4	4	6	12	15	100
474	Dick Kelley	4	4	4	4	6	12	15	80
475	Dick McAuliffe	4	4	5	6	12	25	30	60
476	Don Shaw	4	4	4	5	10	20	25	50
477	A.Severinsen RC/R.Freed RC	4	4	5	6	12	25	60	100
478	Bobby Heise RC	4	4	4	4	8	20		
479	Dick Woodson RC	4	4	5	6	12	25		
480	Glenn Beckert	4	4	6	8	15	30	40	200
481	Jose Tartabull	4	4	4	5	10	20	30	60
482	Tom Hilgendorf RC	4	4	4	4	6	12	15	25
483	Gail Hopkins RC	4	4	4	4	8	15		

#	Player	VG 3	VgEx 4	EX 5	ExMt 6	NM 7	NmMt 8	NmMt+ 8.5	MT 9
484	Gary Nolan	5	6	8	10	20	80	100	150
485	Jay Johnstone	4	5	6	8	10	20	25	60
486	Terry Harmon	4	4	5	6	12	40		
487	Cisco Carlos	4	4	4	4	8	15		
488	J.C. Martin	4	4	6	8	15	30	40	80
489	Eddie Kasko MG	4	4	4	5	10	20	25	50
490	Bill Singer	4	4	4	5	10	20	25	100
491	Graig Nettles	4	4	4	8	15	80	60	120
492	K.Lampard RC/S.Spinks RC	4	4	4	4	6	12	15	30
493	Lindy McDaniel	4	4	4	4	6	20	25	50
494	Larry Stahl	4	4	4	4	8	15	20	60
495	Dave Morehead	4	4	4	5	10	20	25	50
496	Steve Whitaker	4	4	4	5	10	20	25	
497	Eddie Watt	4	4	8	10	20	40	50	100
498	Al Weis	4	4	4	4	5	10	12	60
499	Skip Lockwood	4	4	5	6	12	25	30	120
500	Hank Aaron	▼40	▼60	▼100	▼150	▼250	800	1,000	1,500
501	Chicago White Sox TC	4	4	4	4	8	15	20	60
502	Rollie Fingers	15	25	40	50	60	120	150	400
503	Dal Maxvill	4	4	4	4	8	15	20	100
504	Don Pavletich	4	4	4	4	6	12	15	80
505	Ken Holtzman	4	4	5	6	12	25	30	150
506	Ed Stroud	4	4	4	5	10	20	25	80
507	Pat Corrales	6	8	10	12	25	40		
508	Joe Niekro	4	4	4	4	8	15	30	50
509	Montreal Expos TC	4	4	4	5	10	20	25	
510	Tony Oliva	12	20	30	50	100	200		
511	Joe Hoerner	4	4	4	4	8	15	20	80
512	Billy Harris	4	4	4	4	6	12	15	50
513	Preston Gomez MG	4	4	4	4	5	10	12	25
514	Steve Hovley RC	4	4	4	4	5	10	12	25
515	Don Wilson	4	4	4	5	10	20	25	80
516	J.Ellis RC/J.Lyttle RC	4	5	10	12	25	50		
517	Joe Gibbon	4	4	4	4	5	10	12	25
518	Bill Melton	4	4	4	5	10	20	25	
519	Don McMahon	4	4	4	4	8	15		
520	Willie Horton	8	10	12	15	30	80		
521	Cal Koonce	5	6	8	10	20	40		
522	California Angels TC	4	4	5	6	12	25	30	60
523	Jose Pena	4	4	5	6	12	100		
524	Alvin Dark MG	4	4	4	4	6	12	15	25
525	Jerry Adair	4	4	6	8	15	30	50	80
526	Ron Herbel	4	4	4	5	10	20	25	
527	Don Bosch	4	4	4	4	8	15	20	40
528	Elrod Hendricks	4	4	5	6	12	25	30	200
529	Bob Aspromonte	4	4	4	4	6	12	15	30
530	Bob Gibson	15	25	40	60	100	200	250	600
531	Ron Clark	4	4	4	5	10	20	25	
532	Danny Murtaugh MG	4	4	5	6	12	25	30	80
533	Buzz Stephen RC	4	4	4	4	8	15	20	50
534	Minnesota Twins TC	4	4	5	6	12	25	30	60
535	Andy Kosco	4	4	4	4	8	15	20	25
536	Mike Kekich	4	5	10	12	25	50		
537	Joe Morgan	10	15	25	40	60	120	150	500
538	Bob Humphreys	4	4	4	5	10	20	25	60
539	D.Doyle RC/L.Bowa RC	8	12	20	30	▲80	150		
540	Gary Peters	4	4	6	8	15	30	40	
541	Bill Heath	4	4	4	4	5	10	12	40
542A	Checklist 6 Brown Bat	4	4	6	8	15	30	40	80
542B	Checklist 6 Gray Bat	4	4	5	6	12	25		
543	Clyde Wright	4	4	4	5	10	60	80	
544	Cincinnati Reds TC	4	4	5	6	12	25	30	150
545	Ken Harrelson	4	4	4	5	10	50	60	100
546	Ron Reed	4	4	4	4	6	12	15	30
547	Rick Monday	4	4	4	4	6	20	25	100
548	Howie Reed	4	4	4	4	5	10	12	40
549	St. Louis Cardinals TC	4	4	4	4	6	20	30	100

#	Player	VG 3	VgEx 4	EX 5	ExMt 6	NM 7	NmMt 8	NmMt+ 8.5	MT 9
550	Frank Howard	4	4	4	4	8	40	50	60
551	Dock Ellis	10	15	25	40	60	100	120	200
552	O'Riley/Paepke/Rico RC	4	4	4	4	8	15	20	60
553	Jim Lefebvre	4	4	4	4	5	10	12	40
554	Tom Timmermann RC	4	4	4	4	5	10	12	30
555	Orlando Cepeda	15	25	30	50	80	120	150	500
556	Dave Bristol MG	4	4	6	10	15	25	30	40
557	Ed Kranepool	4	5	10	12	25	100	120	300
558	Vern Fuller	4	4	4	4	5	10	12	25
559	Tommy Davis	4	4	4	4	5	12	15	80
560	Gaylord Perry	4	6	10	15	30	60	80	200
561	Tom McCraw	4	4	4	4	6	12	15	30
562	Ted Abernathy	4	4	4	4	5	10	12	20
563	Boston Red Sox TC	4	6	10	15	25	40	50	80
564	Johnny Briggs	4	4	4	5	6	12	15	25
565	Jim Hunter	10	15	25	40	60	100	120	300
566	Gene Alley	4	4	4	4	6	15	20	25
567	Bob Oliver	4	4	4	4	5	10	12	20
568	Stan Bahnsen	4	4	4	4	5	15	20	60
569	Cookie Rojas	4	4	4	4	5	40	50	100
570	Jim Fregosi	4	4	6	10	15	25	30	50
571	Jim Brewer	4	4	4	4	5	10	12	30
572	Frank Quilici	4	4	4	4	4	8	10	30
573	Corkins/Robles/Slocum RC	4	4	4	4	5	10	12	20
574	Bobby Bolin	4	4	4	4	5	10	12	25
575	Cleon Jones	5	8	12	20	30	50	60	80
576	Milt Pappas	4	4	6	10	15	25	30	40
577	Bernie Allen	4	4	4	4	5	10	12	25
578	Tom Griffin	4	4	4	4	8	15	20	30
579	Detroit Tigers TC	4	4	4	4	8	30	50	100
580	Pete Rose	30	50	80	120	200	500	600	2,500
581	Tom Satriano	4	4	4	4	6	12	15	25
582	Mike Paul	4	4	4	4	5	10	12	25
583	Hal Lanier	4	4	4	4	5	10	12	25
584	Al Downing	4	4	4	4	6	12	15	60
585	Rusty Staub	4	4	5	6	12	50	60	150
586	Rickey Clark RC	4	4	6	8	15	30	40	80
587	Jose Arcia	4	4	4	4	5	10	12	25
588A	Checklist 7 666 is Adolfo	4	4	5	6	12	25		
588B	Checklist 7 666 is Adolpho	4	4	5	6	12	25		
589	Joe Keough	4	4	4	4	5	10	12	20
590	Mike Cuellar	4	4	5	6	12	25	30	80
591	Mike Ryan	4	4	4	4	5	10	12	25
592	Daryl Patterson	4	4	4	4	5	10	12	20
593	Chicago Cubs TC	4	6	10	15	25	40	50	60
594	Jake Gibbs	4	4	4	4	8	15	20	80
595	Maury Wills	5	8	12	20	30	50	60	250
596	Mike Hershberger	4	4	6	10	15	25	30	40
597	Sonny Siebert	4	4	4	4	5	10	12	25
598	Joe Pepitone	4	4	4	5	8	12	20	40
599	Stelmaszek/Martin/Such RC	4	4	4	4	6	12	15	25
600	Willie Mays	60	100	150	200	300	800	1,000	2,000
601	Pete Richert	4	4	4	4	5	10	12	20
602	Ted Savage	4	4	4	4	5	10	12	25
603	Ray Oyler	4	4	4	4	5	10	12	25
604	Cito Gaston	4	4	5	8	12	20	25	50
605	Rick Wise	4	4	4	4	5	10	12	25
606	Chico Ruiz	4	4	4	4	5	10	12	25
607	Gary Waslewski	4	4	4	4	4	8	10	30
608	Pittsburgh Pirates TC	4	4	4	5	10	20	25	80
609	Buck Martinez RC	4	4	4	4	8	15	20	30
610	Jerry Koosman	4	4	5	6	8	15	20	100
611	Norm Cash	5	8	12	20	25	50	60	200
612	Jim Hickman	4	5	8	12	20	30	40	50
613	Dave Baldwin	4	4	4	4	5	25	30	50
614	Mike Shannon	4	4	4	4	6	12	15	60
615	Mark Belanger	4	6	10	15	25	40	50	80

#	Player	VG 3	VgEx 4	EX 5	ExMt 6	NM 7	NmMt 8	NmMt+ 8.5	MT 9
616	Jim Merritt	4	4	4	4	6	12	15	25
617	Jim French	4	4	4	4	4	8	10	30
618	Billy Wynne RC	4	4	4	4	5	10	12	25
619	Norm Miller	4	4	4	4	5	10	12	25
620	Jim Perry	4	4	5	8	12	20	25	50
621	McQueen/Evans/Kester RC	8	12	20	30	50	80	100	200
622	Don Sutton	8	12	20	30	50	▲80	100	200
623	Horace Clarke	4	4	4	6	12	15	25	
624	Clyde King MG	4	4	4	4	8	10	30	
625	Dean Chance	4	4	4	4	5	10	12	20
626	Dave Ricketts	4	4	4	4	5	10	12	30
627	Gary Wagner	4	4	4	4	5	10	12	20
628	Wayne Garrett RC	4	4	4	5	10	20	25	200
629	Merv Rettenmund	4	4	4	4	8	15	20	40
630	Ernie Banks	▲30	▲50	▲80	100	150	250	400	1,200
631	Oakland Athletics TC	4	4	6	8	15	60	80	150
632	Gary Sutherland	4	4	4	4	5	10	12	20
633	Roger Nelson	4	4	4	4	4	8	10	30
634	Bud Harrelson	4	6	10	15	25	150		
635	Bob Allison	4	4	4	5	20	40	50	150
636	Jim Stewart	4	4	6	10	15	25	30	60
637	Cleveland Indians TC	▲5	▲6	▲10	▲15	▲25	▲40	30	▲80
638	Frank Bertaina	4	4	4	5	10	250	400	
639	Dave Campbell	▲5	▲6	▲10	▲15	▲25	▲40	25	▲80
640	Al Kaline	20	30	50	80	100	200	250	400
641	Al McBean	4	▲5	▲8	▲12	▲20	▲30	25	▲60
642	Garrett/Lund/Tatum RC	▲5	▲6	▲10	▲15	▲25	▲40	30	▲80
643	Jose Pagan	4	4	4	5	10	20	25	80
644	Gerry Nyman	4	4	4	5	10	30	40	60
645	Don Money	4	4	4	5	10	50	60	120
646	Jim Britton	4	4	6	10	15	25	30	40
647	Tom Matchick	4	4	6	10	15	25	30	40
648	Larry Haney	4	4	4	4	6	30	40	80
649	Jimmie Hall	4	4	4	4	6	30	40	80
650	Sam McDowell	4	4	4	6	12	25	30	60
651	Jim Gosger	4	6	10	15	25	40	50	60
652	Rich Rollins	4	4	6	10	15	25	30	60
653	Moe Drabowsky	4	5	8	12	20	30	40	50
654	Oscar Gamble RC	15	25	40	50	80	120	200	400
655	John Roseboro	4	6	10	15	25	40	50	100
656	Jim Hardin	4	▲5	▲8	▲12	▲20	▲30	25	60
657	San Diego Padres TC	4	4	4	4	6	40	50	80
658	Ken Tatum RC	4	4	4	4	6	25	30	60
659	Pete Ward	4	4	4	5	10	20	60	80	150
660	Johnny Bench	80	120	200	250	400	600	800	1,500
661	Jerry Robertson	4	8	12	20	30	50	60	120
662	Frank Lucchesi MG RC	▲5	▲8	▲12	▲20	▲30	▲200	60	▲400
663	Tito Francona	4	4	6	10	15	40	50	100
664	Bob Robertson	4	5	8	12	20	50	60	150
665	Jim Lonborg	4	4	4	5	10	50	80	150
666	Adolpho Phillips	4	4	8	12	20	30	40	100
667	Bob Meyer	4	4	4	4	8	▲60	30	▲150
668	Bob Tillman	4	4	4	4	8	15		
669	Johnson/Lazar/Scott RC	4	4	4	4	8	30	40	80
670	Ron Santo	4	8	15	30	50	120	100	500
671	Jim Campanis	4	4	4	4	5	20	25	50
672	Leon McFadden	4	4	4	4	6	30	40	80
673	Ted Uhlaender	4	4	6	10	15	40	50	100
674	Dave Leonhard	4	4	4	4	6	12	15	40
675	Jose Cardenal	4	4	4	4	6	30	40	60
676	Washington Senators TC	4	5	8	12	20	30	40	50
677	Woodie Fryman	4	5	6	10	15	25	30	60
678	Dave Duncan	4	4	5	8	12	40	50	100
679	Ray Sadecki	4	4	4	4	6	25	30	80
680	Rico Petrocelli	4	5	10	12	25	30	60	120
681	Bob Garibaldi RC	4	4	4	5	20	30	40	100
682	Dalton Jones	4	4	4	5	10	40	50	100

#	Player	VG 3	VgEx 4	EX 5	ExMt 6	NM 7	NmMt 8	NmMt+ 8.5	MT 9
683	Geishart/McRae/Simpson RC	5	8	12	20	30	120	150	300
684	Jack Fisher	4	4	4	4	6	40	50	100
685	Tom Haller	4	4	4	5	10	20	25	50
686	Jackie Hernandez	4	4	4	4	6	12	15	50
687	Bob Priddy	4	4	6	10	15	25	30	40
688	Ted Kubiak	4	4	4	4	8	▲80	20	▲150
689	Frank Tepedino RC	▲6	▲10	▲15	▲25	▲40	▲60	60	120
690	Ron Fairly	4	4	5	6	12	30	40	80
691	Joe Grzenda	4	4	4	4	6	20	25	100
692	Duffy Dyer	▲5	▲8	▲12	▲20	▲30	▲50	30	300
693	Bob Johnson	4	5	8	12	20	30	40	50
694	Gary Ross	4	▲5	▲8	▲12	▲20	▲30	25	▲80
695	Bobby Knoop	4	4	4	4	8	25	30	80
696	San Francisco Giants TC	4	4	5	6	12	50	60	120
697	Jim Hannan	4	5	8	12	20	30	40	60
698	Tom Tresh	5	8	12	20	30	60	80	250
699	Hank Aguirre	▲5	▲8	▲12	▲20	▲30	▲50	20	▲120
700	Frank Robinson	6	25	30	50	60	80	150	400
701	Jack Billingham	4	4	4	4	8	15	20	80
702	Johnson/Klimkowski/Zepp RC	4	4	5	6	50	200	250	500
703	Lou Marone RC	4	5	8	12	20	40	50	150
704	Frank Baker RC	4	4	5	6	12	25	30	80
705	Tony Cloninger	4	▲6	▲10	▲15	▲25	▲40	30	80
706	John McNamara MG RC	4	4	4	4	6	50	60	200
707	Kevin Collins	4	6	10	15	25	50	60	120
708	Jose Santiago	4	5	8	12	20	30	40	50
709	Mike Fiore	4	4	4	4	6	15	20	60
710	Felix Millan	4	4	4	4	5	15	20	40
711	Ed Brinkman	4	4	4	4	6	50	60	120
712	Nolan Ryan	250	300	400	500	800	▲2,000	2,000	8,000
713	Seattle Pilots TC	12	20	30	50	80	200	250	600
714	Al Spangler	4	▲5	▲8	▲12	▲20	▲30	25	50
715	Mickey Lolich	10	15	25	40	60	200	250	300
716	Campisi/Cleveland/Guzman RC	6	10	15	25	40	60	80	100
717	Tom Phoebus	▲5	▲8	▲12	▲20	▲30	▲50	40	▲100
718	Ed Spiezio	4	▲6	▲10	▲15	▲25	▲40	30	▲80
719	Jim Roland	4	▲6	▲10	▲15	▲25	▲40	25	▲80
720	Rick Reichardt	4	4	5	6	12	50	60	200

1970 Topps Super

#	Player	GD 2	VG 3	VgEx 4	EX 5	ExMt 6	NM 7	NmMt 8	MT 9
1	Claude Osteen SP	5	8	12	20	30	50	80	
2	Sal Bando SP	5	8	12	20	30	50	80	300
3	Luis Aparicio SP	▲8	▲12	▲20	▲30	▲50	▲80	▲120	300
4	Harmon Killebrew	6	10	15	25	40	60	100	300
5	Tom Seaver SP	20	30	50	80	120	200	300	2,000
6	Larry Dierker	4	4	5	8	12	20	30	100
7	Bill Freehan	4	5	8	12	20	30	50	150
8	Johnny Bench	20	30	50	80	120	150	250	800
9	Tommy Harper	4	6	10	15	25	40	60	200
10	Sam McDowell	5	8	12	20	30	50	80	250
11	Lou Brock	8	12	20	30	50	80	120	400
12	Roberto Clemente	▲60	▲80	▲100	▲150	200	300	▼400	1,500
13	Willie McCovey	12	20	30	50	80	120	200	600
14	Rico Petrocelli	4	6	10	15	25	40	60	200
15	Phil Niekro	4	6	10	15	25	40	60	200
16	Frank Howard	4	▲8	▲12	▲20	▲30	▲50	▲80	150
17	Denny McLain	4	5	8	12	20	30	50	150
18	Willie Mays	20	30	50	80	120	200	300	1,000
19	Willie Stargell	8	12	20	30	50	80	120	400
20	Joel Horlen	4	5	8	12	20	30	50	150
21	Ron Santo	▲8	▲12	▲20	▲30	▲50	▲80	▲120	▲250
22	Dick Bosman	8	12	20	30	50	80	120	400
23	Tim McCarver	4	5	8	12	20	30	50	150
24	Hank Aaron	30	50	80	120	150	250	300	800
25	Andy Messersmith	4	5	8	12	20	30	50	150

#	Player	GD 2	VG 3	VgEx 4	EX 5	ExMt 6	NM 7	NmMt 8	MT 9
26	Tony Oliva	5	8	12	20	30	50	80	250
27	Mel Stottlemyre	4	6	10	15	25	40	60	200
28	Reggie Jackson	15	25	40	60	100	150	250	1,000
29	Carl Yastrzemski	6	10	15	25	40	60	100	300
30	Jim Fregosi	4	5	8	12	20	30	50	150
31	Vada Pinson	5	6	10	15	25	40	300	1,000
32	Lou Piniella	4	5	8	12	20	30	50	150
33	Bob Gibson	8	12	20	30	50	80	120	400
34	Pete Rose	15	25	40	50	80	120	200	800
35	Jim Wynn	4	5	8	12	20	30	50	150
36	Ollie Brown SP	6	10	15	25	40	60	100	300
37	Frank Robinson SP	8	12	20	30	50	80	120	600
38	Boog Powell SP	15	25	40	60	100	150	250	
39	Willie Davis SP	6	10	15	25	40	60	100	300
40	Billy Williams SP	8	12	20	30	50	80	120	
41	Rusty Staub	12	20	30	50	80	120	200	600
42	Tommie Agee	4	6	10	15	25	40	120	400

1971 Kellogg's

#	Player	GD 2	VG 3	VgEx 4	EX 5	ExMt 6	NM 7	NmMt 8	MT 9
1A	Wayne Simpson 119 SO	4	4	4	5	6	12	120	
1B	Wayne Simpson 120 SO	4	4	4	5	6	12	25	
2	Tom Seaver	4	4	8	10	20	40	80	200
3A	Jim Perry 2238 IP	4	4	4	4	5	10	20	40
3B	Jim Perry 2239 IP	4	4	4	4	6	12	25	
4A	Bob Robertson 94 RBI	4	4	6	8	15	30	60	150
4B	Bob Robertson 95 RBI	4	4	4	6	12	25	50	
5	Roberto Clemente	4	5	10	20	50	80	150	400
6A	Gaylord Perry 2014 IP	4	4	4	8	10	20	40	100
6B	Gaylord Perry 2015 IP	4	4	4	8	10	20	40	100
7A	Felipe Alou Oakland NL	4	4	4	8	10	20	40	
7B	Felipe Alou Oakland AL	4	4	4	8	10	20	40	60
8	Denis Menke	4	4	4	8	10	20	40	60
9B	Don Kessinger 1970, 849 Hits	4	4	4	5	6	12	25	60
9C	Don Kessinger 1970, 850 Hits	4	4	4	5	6	12	25	50
10	Willie Mays	4	4	8	15	30	60	150	
11	Jim Hickman	4	4	4	5	10	20	60	
12	Tony Oliva	4	4	4	5	10	20	40	60
13	Manny Sanguillen	4	4	4	6	12	25	60	
14A	Frank Howard Washington NL	4	4	6	12	25	50	80	
14B	Frank Howard Washington AL	4	4	8	10	20	40		
15	Frank Robinson	4	4	4	6	8	15	30	150
16	Willie Davis	4	4	4	4	5	10	20	40
17	Lou Brock	4	4	4	8	15	30	60	100
18	Cesar Tovar	4	4	4	4	5	10	20	50
19	Luis Aparicio	4	4	4	5	6	12	25	80
20	Boog Powell	4	4	4	5	6	12	25	50
21A	Dick Selma 584 SO	4	4	4	4	5	10	20	40
21B	Dick Selma 587 SO	4	4	4	5	6	12	25	50
22	Danny Walton	4	4	4	4	5	10	20	60
23	Carl Morton	4	4	4	4	5	10	20	40
24A	Sonny Siebert 1054 SO	4	4	4	4	5	10	20	40
24B	Sonny Siebert 1055 SO	4	4	4	6	8	15	30	50
25	Jim Merritt	4	4	4	4	5	10	20	40
26A	Jose Cardenal 828 Hits	4	4	4	4	5	10	20	40
26B	Jose Cardenal 829 Hits	4	4	4	5	6	12	25	50
27	Don Mincher	4	4	4	4	5	10	20	40
28B	Clyde Wright No 1970, Cal	4	4	4	4	5	10	20	50
28C	Clyde Wright 1970, Cal	4	4	4	4	5	10	20	60
29	Les Cain	4	4	4	5	6	12	25	50
30	Danny Cater	4	4	4	4	5	10	20	60
31	Don Sutton	4	4	4	5	6	12	25	60
32	Chuck Dobson	4	4	4	4	5	10	20	60
33	Willie McCovey	4	4	4	6	12	25	50	120
34	Mike Epstein	4	4	4	4	5	10	50	70
35A	Paul Blair 386 Runs	4	4	4	4	5	10	20	100

	GD 2	VG 3	VgEx 4	EX 5	ExMt 6	NM 7	NmMt 8	MT 9
3 Paul Blair 385 Runs	4	4	4	5	6	12	25	
3 Gary Nolan 1970, 577 SO	4	4	4	4	5	10	20	50
C Gary Nolan 1970, 581 SO	4	4	4	4	5	10	20	100
Sam McDowell	4	4	4	5	6	12	25	60
Amos Otis	4	4	4	4	5	10	20	50
Ray Fosse 69 RBI	4	4	4	4	5	10	20	40
3 Ray Fosse 70 RBI	4	4	4	5	6	12	25	50
Mel Stottlemyre	4	4	4	5	6	12	25	50
Clarence Gaston	4	4	4	4	5	10	20	50
Dick Dietz	4	4	4	4	5	10	20	50
Roy White	4	4	4	4	5	10	20	50
Al Kaline	4	4	4	8	10	20	40	120
Carlos May	4	4	4	4	5	10	20	60
A Tommie Agee 313 RBI	4	4	4	5	6	12	25	100
B Tommie Agee 314 RBI	4	4	6	12	25	50	100	
Tommy Harper	4	4	4	4	5	10	20	40
Larry Dierker	4	4	4	4	5	10	20	60
Mike Cuellar	4	4	4	5	6	12	25	50
Ernie Banks	4	4	4	8	10	20	40	100
Bob Gibson	4	4	4	6	8	15	30	120
Reggie Smith	4	4	4	4	5	10	20	60
A Matty Alou 273 RBI	4	4	4	4	5	10	20	100
B Matty Alou 274 RBI	4	4	4	5	6	12	25	
A Alex Johnson No 1970, Angels	4	4	4	4	5	10	20	50
B Alex Johnson No 1970, Cal	4	4	4	4	5	10	20	100
Harmon Killebrew	4	4	4	8	10	20	40	100
Bill Grabarkewitz	4	4	4	4	5	10	20	40
Richie Allen	4	4	4	5	6	12	25	50
Tony Perez	4	4	4	8	15	30	60	100
A Dave McNally 1065 SO	4	4	4	5	6	12	25	80
B Dave McNally 1067 SO	4	5	10	20	40	80	150	
A Jim Palmer 564 SO	4	4	4	6	8	15	30	120
B Jim Palmer 567 SO	4	4	4	8	10	20	40	
Billy Williams	4	4	4	8	10	20	40	80
Joe Torre	4	4	4	6	8	15	30	80
A Jim Northrup 2773 AB	4	4	4	4	5	10	20	
B Jim Northrup 2772 AB	4	4	6	12	25	50	100	
A Jim Fregosi No 1970, Angels	4	4	4	6	8	15	30	
C Jim Fregosi 1970, Cal, 1326 Hits	4	4	4	4	5	10	20	40
D Jim Fregosi 1970, Cal, 1327 Hits	4	4	4	5	6	12	25	
Pete Rose	4	4	8	15	30	60	200	300
B Bud Harrelson 1970, 112 RBI	4	4	4	5	6	12	25	50
C Bud Harrelson 1970, 113 RBI	4	4	4	5	6	12	25	60
Tony Taylor	4	4	4	4	5	10	20	50
Willie Stargell	4	4	4	8	10	20	50	100
Tony Horton	4	4	4	4	5	10	20	100
A Claude Osteen No 1970, No #	4	4	4	6	8	15	30	
C Claude Osteen 1970, No. 70	4	4	4	4	5	10	20	60
Glenn Beckert	4	4	4	8	10	20	40	80
Nate Colbert	4	4	4	4	5	10	20	60
B Rick Monday 1970, 1705 AB	4	4	4	4	5	10	20	
C Rick Monday 1970, 1704 AB	4	4	4	6	8	15	30	
4A Tommy John 444 BB	4	4	4	8	10	20	40	80
4B Tommy John 443 BB	4	4	4	6	8	15	30	
5 Chris Short	4	4	4	8	10	20	40	150

1971 Topps

	VG 3	VgEx 4	EX 5	ExMt 6	NM 7	NmMt 8	NmMt+ 8.5	MT 9
Baltimore Orioles TC	5	10	20	25	50	150		
Dock Ellis	4	4	8	10	20	60		
Dick McAuliffe	4	5	10	12	25	60		
Vic Davalillo	4	4	6	8	15	30	50	200
Thurman Munson	30	50	80	300	1,000	8,000		
Ed Spiezio	4	4	4	6	8	15	30	100	325
Jim Holt RC	4	4	4	5	6	12	60	80	150
Mike McQueen	4	4	4	4	5	10	20	25	200

	VG 3	VgEx 4	EX 5	ExMt 6	NM 7	NmMt 8	NmMt+ 8.5	MT 9
9 George Scott	5	10	20	25	50	100	120	200
10 Claude Osteen	4	5	10	12	25	50		
11 Elliott Maddox RC	4	4	6	8	15	30	80	200
12 Johnny Callison	4	5	10	12	25	60		
13 C.Brinkman RC/D.Moloney RC	4	4	4	4	8	30	40	120
14 Dave Concepcion RC	25	40	50	60	150	400	600	3,000
15 Andy Messersmith	4	4	8	10	20	60	80	275
16 Ken Singleton RC	4	4	6	8	15	30		
17 Billy Sorrell	4	4	4	8	15	40	120	
18 Norm Miller	4	4	4	8	20	100	150	
19 Skip Pitlock RC	4	4	4	8	30	100	120	
20 Reggie Jackson	▲40	▲60	▲600	150	▼600	4,000		
21 Dan McGinn	4	4	4	5	10	20		
22 Phil Roof	4	4	4	6	12	25	50	175
23 Oscar Gamble	4	4	8	10	20	40		
24 Rich Hand RC	4	4	4	4	8	25		
25 Cito Gaston	4	4	8	10	30	80		
26 Bert Blyleven RC	30	40	▲60	100	▲400	1,200		
27 F.Cambria RC/G.Clines RC	4	4	6	8	25	30		
28 Ron Klimkowski	4	5	10	12	25	80		
29 Don Buford	4	4	4	4	8	20	40	175
30 Phil Niekro	15	20	25	30	80	200		
31 Eddie Kasko MG	4	4	5	6	12	30		
32 Jerry DaVanon	4	4	6	8	15	30	50	200
33 Del Unser	4	4	6	8	15	30		
34 Sandy Vance RC	4	8	15	20	40	100		
35 Lou Piniella	4	4	5	10	20	40		
36 Dean Chance	4	4	8	10	20	40		
37 Rich McKinney RC	4	4	8	10	20	40		
38 Jim Colborn RC	4	4	4	5	10	20	40	500
39 L.LaGrow RC/G.Lamont RC	4	4	5	6	12	30	60	400
40 Lee May	4	4	8	10	20	40	60	150
41 Rick Austin RC	4	4	4	4	8	15	30	
42 Boots Day	4	4	4	4	8	15	40	150
43 Steve Kealey	4	4	4	4	8	15	25	100
44 Johnny Edwards	4	4	5	6	12	25	30	150
45 Jim Hunter	10	15	25	30	80	200	300	4,000
46 Dave Campbell	4	4	4	4	8	15	40	500
47 Johnny Jeter	4	4	4	4	8	25	40	150
48 Dave Baldwin	4	4	4	4	8	15	25	150
49 Don Money	4	6	12	15	30	60		
50 Willie McCovey	25	30	40	50	100	250	400	5,000
51 Steve Kline RC	4	4	4	4	8	20	40	150
52 O.Brown RC/E.Williams RC	4	4	4	4	8	15	25	200
53 Paul Blair	4	4	6	8	15	30	50	200
54 Checklist 1	4	6	12	15	30	60		
55 Steve Carlton	20	25	30	50	100	400		
56 Duane Josephson	4	4	6	8	15	30		
57 Von Joshua RC	4	4	4	4	8	10		
58 Bill Lee	4	4	6	8	15	40		
59 Gene Mauch MG	4	4	4	4	8	20	40	150
60 Dick Bosman	4	8	15	20	40	100		
61 AL Batting Leaders	4	6	12	15	30	80		
62 NL Batting Leaders	4	4	6	8	15	30	50	150
63 AL RBI Leaders	4	4	5	6	12	25		
64 NL RBI Leaders	10	15	25	40	60	120	200	400
65 AL Home Run Leaders	4	5	10	12	25	50	60	300
66 NL Home Run Leaders	10	15	25	40	60	120	200	400
67 AL ERA Leaders	4	4	8	10	20	40	80	250
68 NL ERA Leaders	4	4	8	10	20	80		225
69 AL Pitching Leaders	4	4	8	10	20	60		
70 NL Pitching Leaders	8	12	20	30	50	100	150	300
71 AL Strikeout Leaders	4	4	6	8	15	30	60	300
72 NL Strikeout Leaders	4	4	8	10	20	40	80	400
73 George Brunet	4	4	4	4	8	15	40	150
74 P.Hamm RC/J.Nettles RC	4	4	4	5	10	20		
75 Gary Nolan	4	4	4	5	10	50	80	150

#	Player	VG 3	VgEx 4	EX 5	ExMt 6	NM 7	NmMt 8	NmMt+ 8.5	MT 9
76	Ted Savage	4	4	5	6	12	30		
77	Mike Compton RC	4	4	4	5	10	25		
78	Jim Spencer	4	4	4	4	8	15		
79	Wade Blasingame	4	6	12	15	30	50		
80	Bill Melton	4	4	4	5	10	20		
81	Felix Millan	4	4	4	5	10	20		
82	Casey Cox	4	4	5	6	12	25		
83	T.Foli RC/R.Bobb RC	4	8	15	20	40	120		
84	Marcel Lachemann RC	4	4	4	6	12	30		
85	Billy Grabarkewitz	4	4	5	6	12	50	40	300
86	Mike Kilkenny	4	4	4	4	8	20		
87	Jack Heidemann RC	4	4	4	5	10	20		
88	Hal King	4	4	4	4	8	15	40	200
89	Ken Brett	4	4	6	8	15	40		
90	Joe Pepitone	4	4	4	5	10	25	50	250
91	Bob Lemon MG	4	4	4	6	12	25		
92	Fred Wenz	4	6	12	15	30	80		
93	N.McRae/D.Riddleberger	4	4	4	5	10	25		
94	Don Hahn RC	4	4	4	5	10	20		
95	Luis Tiant	4	4	8	10	20	40		
96	Joe Hague	4	4	6	8	15	30		
97	Floyd Wicker	4	4	4	4	8	15	50	150
98	Joe Decker RC	4	4	4	4	8	15		
99	Mark Belanger	4	4	4	5	10	30	80	450
100	Pete Rose	40	60	100	150	500	3,000		
101	Les Cain	4	4	4	5	10	20		
102	K.Forsch RC/L.Howard RC	4	4	4	5	10	25	60	250
103	Rich Severson RC	4	4	4	4	8	15		
104	Dan Frisella	4	4	6	8	15	30		300
105	Tony Conigliaro	4	4	4	4	8	15	25	200
106	Tom Dukes	4	4	4	4	8	15	40	120
107	Roy Foster RC	4	8	15	20	40	80	40	120
108	John Cumberland	4	4	4	4	8	15	50	200
109	Steve Hovley	4	4	4	5	10	20	40	120
110	Bill Mazeroski	10	15	25	40	▲80	150	250	1,000
111	L.Colson RC/B.Mitchell RC	4	8	15	20	40	80		
112	Manny Mota	4	4	5	6	12	25	80	200
113	Jerry Crider	4	4	4	4	8	20	40	120
114	Billy Conigliaro	4	6	12	15	40	60		
115	Donn Clendenon	4	4	6	8	15	30		
116	Ken Sanders	4	4	4	6	12	25	40	150
117	Ted Simmons RC	25	40	▲60	▲100	250	1,000	1,500	8,000
118	Cookie Rojas	4	4	4	5	10	25		
119	Frank Lucchesi MG	4	4	4	6	12	20	40	120
120	Willie Horton	4	4	4	5	10	25	50	200
121	J.Dunegan/R.Skidmore RC	4	4	4	5	10	20		
122	Eddie Watt	4	4	8	10	20	40	80	250
123A	Checklist 2 Bottom Right	4	5	10	12	25	50		
123B	Checklist 2 Centered	4	6	12	15	30	60		
124	Don Gullett RC	4	4	4	8	15	20	50	200
125	Ray Fosse	4	4	5	10	20	50	50	150
126	Danny Coombs	4	4	4	4	8	15	40	120
127	Danny Thompson RC	4	4	4	6	12	25		
128	Frank Johnson	4	4	4	5	10	20	25	200
129	Aurelio Monteagudo	4	4	4	5	10	20		
130	Denis Menke	4	4	4	5	10	20	40	120
131	Curt Blefary	4	5	10	12	25	50		
132	Jose Laboy	4	5	10	12	25	50		
133	Mickey Lolich	4	5	10	20	40	80		
134	Jose Arcia	4	4	4	5	10	30		
135	Rick Monday	5	10	20	25	50	100		
136	Duffy Dyer	4	4	4	5	10	20	40	300
137	Marcelino Lopez	4	4	8	10	20	40		
138	J.Lis/W.Montanez RC	5	10	20	25	50	100		
139	Paul Casanova	4	4	4	4	8	15		
140	Gaylord Perry	20	25	30	40	50	250		
141	Frank Quilici	4	4	5	10	20	40		
142	Mack Jones	4	4	5	10	20	40		
143	Steve Blass	4	4	4	5	10	30		
144	Jackie Hernandez	4	4	4	5	10	20	50	20
145	Bill Singer	4	4	4	6	12	25		
146	Ralph Houk MG	4	4	6	8	15	50		
147	Bob Priddy	4	4	4	4	8	15		
148	John Mayberry	4	4	8	10	20	50		
149	Mike Hershberger	4	4	4	5	10	20		
150	Sam McDowell	4	4	4	8	15	30	50	15
151	Tommy Davis	4	4	4	5	10	20		
152	L.Allen RC/W.Llenas RC	4	4	4	5	10	20		
153	Gary Ross	4	6	12	15	30	60		
154	Cesar Gutierrez	4	4	4	4	8	20	40	15
155	Ken Henderson	4	4	4	5	10	20	40	12
156	Bart Johnson	4	6	12	15	30	100		
157	Bob Bailey	4	4	4	4	8	15	40	12
158	Jerry Reuss	4	4	4	6	12	25	60	15
159	Jarvis Tatum	4	4	4	4	8	15	50	15
160	Tom Seaver	20	30	50	60	250	600		
161	Coin Checklist	5	8	12	20	30	50	60	25
162	Jack Billingham	4	4	4	4	8	15		
163	Buck Martinez	4	4	4	6	12	25		
164	F.Duffy RC/M.Wilcox RC	4	4	4	8	15	30		
165	Cesar Tovar	4	4	6	8	15	30		
166	Joe Hoerner	4	4	5	6	12	25		
167	Tom Grieve RC	4	4	4	4	5	20	60	200
168	Bruce Dal Canton	4	4	6	8	15	30	40	150
169	Ed Herrmann	4	4	5	6	12	25		
170	Mike Cuellar	4	4	4	8	15	30	60	25
171	Bobby Wine	4	5	10	12	25	50		
172	Duke Sims	4	4	5	6	12	25	60	275
173	Gil Garrido	4	5	10	12	25	80		
174	Dave LaRoche RC	4	4	4	5	10	20		
175	Jim Hickman	4	4	4	5	10	25	30	400
176	B.Montgomery RC/D.Griffin RC	4	4	8	10	20	50		
177	Hal McRae	4	4	4	5	10	25	50	200
178	Dave Duncan	4	4	4	5	10	80	100	200
179	Mike Corkins	4	4	4	4	8	15	40	120
180	Al Kaline	▼15	▼25	▼40	▼60	120	500	600	3,000
181	Hal Lanier	4	4	4	5	10	20		
182	Al Downing	4	4	4	5	10	20	50	150
183	Gil Hodges MG	4	4	6	8	15	30		
184	Stan Bahnsen	4	4	4	8	20	100	250	
185	Julian Javier	4	4	8	10	20	40		
186	Bob Spence RC	4	4	4	4	8	15		
187	Ted Abernathy	4	4	4	4	8	15	40	150
188	Bobby Valentine RC	6	10	15	25	40	120		
189	George Mitterwald	4	4	4	5	10	50	60	150
190	Bob Tolan	4	4	6	12	25	50		
191	Mike Andrews	4	4	4	5	10	25		
192	Billy Wilson	4	4	6	8	15	30		
193	Bob Grich RC	4	4	6	8	15	30		
194	Mike Lum	4	4	6	8	15	30	40	120
195	Boog Powell ALCS	4	4	6	8	15	40		
196	Dave McNally ALCS	4	4	4	6	12	25		
197	Jim Palmer ALCS	4	4	8	15	30	200		
198	Orioles Celebrate ALCS	4	6	12	15	30	120		
199	Ty Cline NLCS	5	10	20	25	50	120		
200	Bobby Tolan NLCS	4	6	12	15	30	100		
201	Ty Cline NLCS	4	4	5	10	20	40	80	150
202	Reds Celebrate NLCS	4	4	5	10	20	80		
203	Larry Gura RC	4	4	4	6	12	25	50	250
204	B.Smith RC/G.Kopacz RC	4	4	4	4	8	20		
205	Gerry Moses	4	4	4	4	8	15	40	120
206	Checklist 3 Orange Helmet	6	10	15	25	40	60	100	500
207	Alan Foster	4	4	4	5	10	30		
208	Billy Martin MG	4	4	5	6	12	30	80	300

#	Card	VG 3	VgEx 4	EX 5	ExMt 6	NM 7	NmMt 8	NmMt+ 8.5	MT 9
9	Steve Renko	4	4	4	4	8	15		
10	Rod Carew	30	40	50	60	150	500	800	1,500
11	Phil Hennigan RC	4	4	4	4	8	15	40	120
12	Rich Hebner	4	4	4	4	8	25	40	120
13	Frank Baker RC	4	4	4	5	10	25		
14	Al Ferrara	4	4	4	4	8	15	40	150
15	Diego Segui	4	4	4	5	10	25	40	250
16	R.Cleveland/L.Melendez RC	4	5	10	12	25	50		
17	Ed Stroud	4	4	4	5	10	20	40	120
18	Tony Cloninger	4	4	4	5	10	20	40	150
19	Elrod Hendricks	4	4	4	4	8	15	40	150
20	Ron Santo	6	12	25	30	50	150		
21	Dave Morehead	4	4	4	5	10	20	50	150
22	Bob Watson	4	4	4	5	10	30		
23	Cecil Upshaw	4	4	4	5	10	20	40	120
24	Alan Gallagher RC	4	4	4	4	8	15		
25	Gary Peters	4	4	8	10	20	40	100	200
26	Bill Russell	4	4	8	10	20	40		
27	Floyd Weaver	4	4	4	4	8	15	40	100
28	Wayne Garrett	4	4	4	6	12	25	80	300
29	Jim Hannan	4	4	8	10	20	40	60	250
30	Willie Stargell	▲25	▲40	50	60	120	400	500	1,000
31	V.Colbert RC/J.Lowenstein RC	4	4	4	8	15	60		
32	John Strohmayer RC	4	4	5	6	12	30	40	150
33	Larry Bowa	4	4	5	10	20	40		
34	Jim Lyttle	4	4	4	8	15	100		
35	Nate Colbert	4	4	4	5	10	20		
36	Bob Humphreys	4	4	4	5	10	20	40	150
37	Cesar Cedeno RC	4	4	8	15	30	60		
38	Chuck Dobson	4	4	4	6	12	25	50	120
39	Red Schoendienst MG	4	4	4	8	15	25	60	150
40	Clyde Wright	4	4	4	5	10	20	40	150
41	Dave Nelson	4	4	4	4	8	15	50	150
42	Jim Ray	4	4	4	5	10	20	40	120
43	Carlos May	4	4	5	10	20	40	60	250
44	Bob Tillman	4	4	4	5	10	20	40	100
45	Jim Kaat	4	4	4	8	15	30	60	200
46	Tony Taylor	5	10	20	25	50	100		
47	J.Cram RC/P.Splittorff RC	4	4	4	5	10	20	50	150
48	Hoyt Wilhelm	8	12	20	30	50	200	300	1,200
49	Chico Salmon	4	4	4	5	10	20		
50	Johnny Bench	40	60	100	150	500	2,500		
251	Frank Reberger	4	4	4	5	10	20		
252	Eddie Leon	4	4	5	10	20	30	50	150
253	Bill Sudakis	4	4	8	10	20	120		
254	Cal Koonce	4	4	4	5	10	20		
255	Bob Robertson	4	4	4	6	12	25	40	150
256	Tony Gonzalez	4	4	4	5	10	20	30	120
257	Nelson Briles	4	4	4	4	8	20		
258	Dick Green	5	10	20	25	50	200		
259	Dave Marshall	4	4	4	4	8	15		
260	Tommy Harper	4	4	8	10	20	100		
261	Darold Knowles	4	4	8	10	20	120		
262	J.Williams/D.Robinson RC	4	4	4	5	10	20	30	150
263	John Ellis	4	8	15	20	40	80		
264	Joe Morgan	▲15	▲25	▲40	▲60	▲200	1,000		
265	Jim Northrup	4	4	4	5	10	40	60	200
266	Bill Stoneman	4	4	4	4	8	15	40	120
267	Rich Morales	4	4	4	5	10	20	40	200
268	Philadelphia Phillies TC	4	4	4	6	12	20	40	150
269	Gail Hopkins	4	4	4	5	10	20		
270	Rico Carty	5	6	12	15	30	200		
271	Bill Zepp	4	4	4	5	10	20	40	200
272	Tommy Helms	4	4	5	10	20	40	60	120
273	Pete Richert	4	4	4	8	15	40	100	150
274	Ron Slocum	4	4	4	8	15	50		
275	Vada Pinson	5	10	20	25	50	100		

#	Card	VG 3	VgEx 4	EX 5	ExMt 6	NM 7	NmMt 8	NmMt+ 8.5	MT 9
276	M.Davison RC/G.Foster RC	▲15	▲25	▲40	▲60	100	▼250		
277	Gary Waslewski	4	8	15	20	40	100		
278	Jerry Grote	4	5	10	12	25	80		
279	Lefty Phillips MG	4	4	4	5	10	20		
280	Ferguson Jenkins	12	20	30	50	100	400		
281	Danny Walton	4	4	6	8	15	30		
282	Jose Pagan	4	4	5	6	12	30	60	150
283	Dick Such	4	4	4	6	12	25	40	150
284	Jim Gosger	4	4	4	8	15	20	40	150
285	Sal Bando	4	4	4	4	10	20	80	350
286	Jerry McNertney	4	4	4	5	10	20	40	100
287	Mike Fiore	5	10	20	25	50	60		
288	Joe Moeller	4	5	10	12	25	80		
289	Chicago White Sox TC	4	4	4	5	10	20		
290	Tony Oliva	4	6	12	25	50	80		
291	George Culver	4	4	4	4	8	15	40	150
292	Jay Johnstone	4	4	4	5	10	20		
293	Pat Corrales	4	4	4	4	8	15	40	100
294	Steve Dunning RC	6	12	25	30	60	80		
295	Bobby Bonds	4	4	5	6	12	50	60	200
296	Tom Timmermann	4	4	5	6	12	25	50	200
297	Johnny Briggs	4	4	4	6	12	25	50	175
298	Jim Nelson RC	4	4	4	6	12	25	40	150
299	Ed Kirkpatrick	4	6	12	15	30	60		
300	Brooks Robinson	25	40	60	100	300	1,200		
301	Earl Wilson	4	4	4	5	10	20	80	200
302	Phil Gagliano	4	4	5	6	12	25		
303	Lindy McDaniel	4	4	4	8	15	50		
304	Ron Brand	4	4	4	4	8	15	80	300
305	Reggie Smith	4	4	8	10	20	40		
306	Jim Nash	4	4	4	4	8	20	40	100
307	Don Wert	4	4	4	4	8	15		
308	St. Louis Cardinals TC	4	4	5	6	12	25	40	120
309	Dick Ellsworth	4	6	12	15	30	60		
310	Tommie Agee	4	4	5	10	20	40	50	175
311	Lee Stange	4	4	4	5	10	20	40	120
312	Harry Walker MG	4	4	4	5	10	20		
313	Tom Hall	4	4	4	4	8	15	40	300
314	Jeff Torborg	4	4	8	15	30	60		
315	Ron Fairly	4	4	4	4	8	15	40	150
316	Fred Scherman RC	4	4	4	5	10	20	40	100
317	J.Driscoll RC/A.Mangual	4	4	4	5	10	20		
318	Rudy May	4	4	5	6	12	25	60	200
319	Ty Cline	4	4	4	5	10	20	50	120
320	Dave McNally	4	4	6	8	15	100		
321	Tom Matchick	4	4	4	4	8	15	40	120
322	Jim Beauchamp	4	4	5	6	12	25		
323	Billy Champion	4	4	4	4	8	15		
324	Graig Nettles	4	4	5	10	20	60	200	600
325	Juan Marichal	25	30	40	50	80	250		
326	Richie Scheinblum	4	4	4	4	8	15	40	120
327	Boog Powell WS	4	4	4	8	15	30		
328	Don Buford WS	4	4	5	10	20	50	100	250
329	Frank Robinson WS	4	4	5	6	12	30	60	200
330	Reds Stay Alive WS	4	4	4	5	10	25	50	300
331	Brooks Robinson WS	10	15	25	40	60	100	150	300
332	Orioles Celebrate WS	4	4	6	12	25	50		
333	Clay Kirby	4	4	4	6	12	25		
334	Roberto Pena	4	4	5	6	12	60		
335	Jerry Koosman	4	4	4	8	15	30	80	200
336	Detroit Tigers TC	4	4	4	6	12	25	50	200
337	Jesus Alou	4	4	6	8	15	60		
338	Gene Tenace	4	4	4	6	12	60		
339	Wayne Simpson	4	4	4	5	10	20	60	300
340	Rico Petrocelli	4	4	4	6	12	25		
341	Steve Garvey RC	▲50	▲60	▲80	100	250	600	1,000	5,000
342	Frank Tepedino	4	4	4	5	10	25		

#	Player	VG 3	VgEx 4	EX 5	ExMt 6	NM 7	NmMt 8	NmMt+ 8.5	MT 9
343	E.Acosta RC/M.May RC	4	4	4	5	10	20	50	100
344	Ellie Rodriguez	4	4	4	4	8	15	50	120
345	Joel Horlen	4	4	4	5	10	20	40	100
346	Lum Harris MG	4	4	6	8	15	50		
347	Ted Uhlaender	4	4	4	4	8	15	30	80
348	Fred Norman	4	4	4	5	10	20		
349	Rich Reese	4	4	5	10	20	40		
350	Billy Williams	30	40	50	60	▲100	250		
351	Jim Shellenback	12	25	50	60	120	400		
352	Denny Doyle	4	4	5	10	20	50		
353	Carl Taylor	4	4	4	5	10	20	40	150
354	Don McMahon	4	4	4	5	10	20		
355	Bud Harrelson w/Ryan	4	4	8	10	20	60		
356	Bob Locker	4	4	4	4	8	15	40	100
357	Cincinnati Reds TC	4	4	6	8	15	40	60	250
358	Danny Cater	4	4	8	15	30	40	100	150
359	Ron Reed	4	4	4	4	8	15	40	120
360	Jim Fregosi	4	4	5	6	12	80		
361	Don Sutton	20	25	30	40	50	200		
362	M.Adamson/R.Freed	4	4	4	5	10	25		
363	Mike Nagy	4	4	4	8	15	60		
364	Tommy Dean	4	4	4	4	8	15	40	80
365	Bob Johnson	4	4	8	10	20	40		
366	Ron Stone	4	4	4	5	10	20		
367	Dalton Jones	4	4	4	4	8	25		
368	Bob Veale	4	4	4	5	10	20	50	200
369	Checklist 4	5	8	12	20	30	▼120		
370	Joe Torre	25	30	40	▲60	120	400	600	4,000
371	Jack Hiatt	4	4	4	4	8	15	50	120
372	Lew Krausse	4	4	4	5	10	20	40	120
373	Tom McCraw	4	5	10	12	25	60		
374	Clete Boyer	4	4	4	5	10	20		
375	Steve Hargan	4	4	4	5	10	20	40	120
376	C.Mashore RC/E.McAnally RC	4	4	4	4	8	15	40	100
377	Greg Garrett	4	4	4	8	15	30		
378	Tito Fuentes	4	4	4	4	8	100	150	250
379	Wayne Granger	4	5	10	12	25	50		
380	Ted Williams MG	15	25	40	60	100	150		
381	Fred Gladding	4	4	4	8	15	80		
382	Jake Gibbs	5	10	20	25	50	100		
383	Rod Gaspar	4	4	4	8	15	30		
384	Rollie Fingers	15	25	40	60	▲250	1,000		
385	Maury Wills	4	4	4	8	15	120		
386	Boston Red Sox TC	4	4	4	8	15	30	50	150
387	Ron Herbel	4	4	4	4	8	15	40	120
388	Al Oliver	4	4	4	8	15	30		
389	Ed Brinkman	4	4	4	4	8	20		
390	Glenn Beckert	4	6	12	15	30	60		
391	S.Brye RC/C.Nash RC	4	4	4	6	12	25		
392	Grant Jackson	4	4	5	6	12	40		
393	Merv Rettenmund	4	4	4	8	15	40		
394	Clay Carroll	4	4	4	8	15	30	50	300
395	Roy White	4	6	12	15	30	60	60	250
396	Dick Schofield	4	4	4	5	10	25		
397	Alvin Dark MG	4	4	4	5	10	40		
398	Howie Reed	4	8	15	20	40	100		
399	Jim French	4	4	4	5	10	25	40	120
400	Hank Aaron	50	80	120	200	400	1,200	1,500	10,000
401	Tom Murphy	4	4	4	4	8	15	40	150
402	Los Angeles Dodgers TC	10	15	25	40	60	100	150	1,000
403	Joe Coleman	4	4	5	6	12	25		
404	B.Harris RC/R.Metzger RC	4	4	4	6	12	20	100	250
405	Leo Cardenas	4	4	4	4	8	15	80	120
406	Ray Sadecki	4	4	4	4	8	15	50	450
407	Joe Rudi	4	4	8	10	20	40	80	250
408	Rafael Robles	4	4	4	6	12	25		
409	Don Pavletich	4	4	4	5	10	50		

#	Player	VG 3	VgEx 4	EX 5	ExMt 6	NM 7	NmMt 8	NmMt+ 8.5	MT 9
410	Ken Holtzman	4	4	4	5	10	20	60	12
411	George Spriggs	4	4	4	4	8	25		
412	Jerry Johnson	4	4	4	5	10	20		
413	Pat Kelly	4	4	8	10	20	40		
414	Woodie Fryman	4	4	4	8	20	40	40	20
415	Mike Hegan	4	4	8	10	20	40		
416	Gene Alley	4	4	4	5	10	20	50	12
417	Dick Hall	4	4	4	8	15	30		
418	Adolfo Phillips	4	4	4	6	12	25		
419	Ron Hansen	4	4	4	5	10	20		
420	Jim Merritt	4	4	4	6	12	25	40	15
421	John Stephenson	4	4	4	4	8	15	40	12
422	Frank Bertaina	4	5	10	12	25	50		
423	D.Saunders/T.Marting RC	4	4	4	5	10	25	50	15
424	Roberto Rodriguez	4	4	4	4	8	15		
425	Doug Rader	4	4	4	5	10	20		15
426	Chris Cannizzaro	4	4	4	4	6	12	40	15
427	Bernie Allen	4	4	4	4	8	15	40	20
428	Jim McAndrew	4	4	4	6	12	25		
429	Chuck Hinton	4	4	8	10	20	40		
430	Wes Parker	4	4	4	5	10	20	50	20
431	Tom Burgmeier	4	4	4	5	10	20		
432	Bob Didier	4	4	4	5	10	20		
433	Skip Lockwood	4	4	4	4	8	25		
434	Gary Sutherland	8	15	30	40	60	120		
435	Jose Cardenal	4	4	4	6	12	25	40	15
436	Wilbur Wood	4	4	4	5	10	25		
437	Danny Murtaugh MG	4	4	5	6	12	25		
438	Mike McCormick	4	4	4	5	10	20		
439	Greg Luzinski RC	10	15	25	40	50	150	200	3,000
440	Bert Campaneris	4	4	4	6	12	25	50	250
441	Milt Pappas	4	4	4	5	10	20		
442	California Angels TC	4	4	4	5	10	20	40	120
443	Rich Robertson	4	4	4	4	8	20	40	120
444	Jimmie Price	4	4	4	4	8	60	100	150
445	Art Shamsky	4	4	8	10	20	50	100	375
446	Bobby Bolin	4	4	4	5	10	20	50	150
447	Cesar Geronimo RC	4	4	5	10	20	50		
448	Dave Roberts	4	4	4	4	8	15	40	120
449	Brant Alyea	4	4	4	4	8	20	40	200
450	Bob Gibson	2	40	60	100	250	500	800	4,000
451	Joe Keough	4	4	4	4	8	15	40	120
452	John Boccabella	4	4	4	4	8	20	40	120
453	Terry Crowley	4	4	4	6	12	25	50	300
454	Mike Paul	4	4	4	5	10	20	40	200
455	Don Kessinger	4	4	4	5	10	25	60	400
456	Bob Meyer	4	4	4	4	8	15	40	120
457	Willie Smith	4	4	4	5	10	20	50	120
458	R.Lolich RC/D.Lemonds RC	4	4	4	4	8	15	40	120
459	Jim Lefebvre	4	4	8	10	20	120	150	200
460	Fritz Peterson	4	4	4	6	12	25	40	120
461	Jim Ray Hart	4	4	4	4	8	15		
462	Washington Senators TC	4	6	10	15	25	40	50	200
463	Tom Kelley	4	4	4	4	8	15	50	80
464	Aurelio Rodriguez	4	4	4	4	6	12	40	100
465	Tim McCarver	5	8	12	20	30	50	80	300
466	Ken Berry	4	4	4	5	10	20	50	300
467	Al Santorini	4	4	4	5	10	20	40	120
468	Frank Fernandez	4	4	4	4	8	15	40	100
469	Bob Aspromonte	4	4	4	5	10	20	60	100
470	Bob Oliver	4	4	4	5	10	20	40	150
471	Tom Griffin	4	4	4	5	10	20	40	150
472	Ken Rudolph	4	4	4	5	10	20		
473	Gary Wagner	4	8	15	20	40	50		
474	Jim Fairey	4	4	4	4	8	15	40	100
475	Ron Perranoski	4	4	4	5	10	20	80	250
476	Dal Maxvill	4	4	5	6	12	40		

#	Player	VG 3	VgEx 4	EX 5	ExMt 6	NM 7	NmMt 8	NmMt+ 8.5	MT 9
477	Earl Weaver MG	8	12	20	30	50	80	100	600
478	Bernie Carbo	4	5	10	12	25	80	120	200
479	Dennis Higgins	4	4	4	4	8	15	40	120
480	Manny Sanguillen	4	4	6	8	15	30	60	150
481	Daryl Patterson	4	4	4	4	6	12	40	120
482	San Diego Padres TC	4	4	4	4	8	50	60	120
483	Gene Michael	4	4	4	4	8	20	40	200
484	Don Wilson	4	4	4	6	12	25		
485	Ken McMullen	4	4	4	4	8	15	40	120
486	Steve Huntz	4	4	4	4	8	15	60	150
487	Paul Schaal	4	4	4	6	12	25	40	100
488	Jerry Stephenson	4	4	6	8	15	40		
489	Luis Alvarado	4	4	4	4	8	20	40	200
490	Deron Johnson	4	5	10	12	25	50		
491	Jim Hardin	4	4	4	5	10	25		
492	Ken Boswell	4	6	12	15	30	60	100	150
493	Dave May	4	4	4	5	10	20	40	100
494	R.Garr/R.Kester	4	4	4	5	10	20	40	200
495	Felipe Alou	4	4	5	6	12	30	50	150
496	Woody Woodward	4	4	6	8	15	30	80	200
497	Horacio Pina RC	4	4	4	4	8	20		
498	John Kennedy	4	4	4	5	10	20		
499	Checklist 5	6	10	15	25	40	60	100	600
500	Jim Perry	4	4	4	5	10	20	120	200
501	Andy Etchebarren	4	4	6	8	15	30	120	400
502	Chicago Cubs TC	12	20	30	50	80	120	200	600
503	Gates Brown	4	4	5	10	20	50	60	200
504	Ken Wright RC	4	4	4	5	10	20		
505	Ollie Brown	4	4	4	4	8	15		
506	Bobby Knoop	4	4	4	4	8	20	80	120
507	George Stone	4	4	4	5	10	20	40	120
508	Roger Repoz	4	4	4	4	8	15	50	120
509	Jim Grant	4	4	4	4	8	15		
510	Ken Harrelson	4	4	4	4	8	20	40	150
511	Chris Short w/Rose	4	4	4	8	15	30		
512	D.Mills RC/M.Garman RC	4	4	4	4	8	15	40	100
513	Nolan Ryan	100	120	200	300	▲800	2,500		
514	Ron Woods	4	4	4	5	10	20		
515	Carl Morton	4	4	4	8	15	30		
516	Ted Kubiak	4	4	4	6	12	25	40	150
517	Charlie Fox MG RC	4	4	4	4	8	15	25	200
518	Joe Grzenda	4	4	4	5	10	20	40	100
519	Willie Crawford	4	4	6	8	15	80		
520	Tommy John	4	4	5	10	50	100	120	500
521	Leron Lee	4	4	4	5	10	20	40	150
522	Minnesota Twins TC	5	8	12	20	30	50	80	200
523	John Odom	4	4	4	5	10	20	50	120
524	Mickey Stanley	10	15	25	40	60	200	300	800
525	Ernie Banks	50	60	100	150	400	1,200		
526	Ray Jarvis	4	4	4	4	8	15	40	100
527	Cleon Jones	4	4	4	8	15	80	120	250
528	Wally Bunker	4	4	4	4	8	15	40	120
529	Hernandez/Buckner/Perez RC	4	4	6	15	60	80	100	200
530	Carl Yastrzemski	30	40	▲60	80	▲150	500		
531	Mike Torrez	4	4	4	5	10	20	50	150
532	Bill Rigney MG	4	4	4	4	8	15	40	100
533	Mike Ryan	4	4	4	6	12	25	40	120
534	Luke Walker	4	4	4	4	8	15	40	80
535	Curt Flood	12	20	30	50	80	120	150	800
536	Claude Raymond	8	15	30	40	100			
537	Tom Egan	4	4	4	4	8	15	40	100
538	Angel Bravo	4	4	5	6	12	25		
539	Larry Brown	10	20	40	50	100	200		
540	Larry Dierker	4	6	10	15	25	50	80	400
541	Bob Burda	4	5	10	12	25	50		
542	Bob Miller	4	4	4	4	8	25		
543	New York Yankees TC	15	25	40	60	100	150	250	800

#	Player	VG 3	VgEx 4	EX 5	ExMt 6	NM 7	NmMt 8	NmMt+ 8.5	MT 9
544	Vida Blue	30	50	80	120	200	400	600	
545	Dick Dietz	4	4	4	5	10	20	40	300
546	John Matias	4	4	4	4	8	15	40	150
547	Pat Dobson	4	5	8	12	20	30	50	200
548	Don Mason	4	4	4	4	8	15	40	120
549	Jim Brewer	12	25	40	60	80	500		
550	Harmon Killebrew	25	40	60	100	150	300	500	▲2,500
551	Frank Linzy	6	12	25	30	60	150	200	250
552	Buddy Bradford	4	4	4	4	8	20	40	100
553	Kevin Collins	4	4	4	5	10	20		
554	Lowell Palmer	4	4	4	6	12	25		
555	Walt Williams	4	4	5	10	12	25	40	250
556	Jim McGlothlin	4	4	4	5	10	20	40	120
557	Tom Satriano	4	4	8	10	20	120	150	500
558	Hector Torres	4	4	4	4	8	15	40	150
559	Cox/Gogolewsk/Jones RC	4	4	6	12	25	50	60	150
560	Rusty Staub	10	15	25	40	60	150	250	600
561	Syd O'Brien	4	4	8	10	20	60		
562	Dave Giusti	4	4	4	8	15	30		
563	San Francisco Giants TC	6	10	15	25	40	80	120	300
564	Al Fitzmorris	6	12	25	30	60	150		
565	Jim Wynn	4	4	4	8	40	60		
566	Tim Cullen	4	4	4	4	8	15	40	250
567	Walt Alston MG	▲8	▲12	▲20	▲30	▲50	120	200	500
568	Sal Campisi	4	4	6	8	15	40		
569	Ivan Murrell	4	4	4	8	15	30		
570	Jim Palmer	15	25	40	60	200	300	400	1,000
571	Ted Sizemore	4	4	4	6	12	25	40	200
572	Jerry Kenney	4	4	6	8	15	30	50	120
573	Ed Kranepool	8	12	20	30	50	80	120	300
574	Jim Bunning	8	12	20	30	50	100	150	400
575	Bill Freehan	4	5	10	12	25	120		
576	Garrett/Davis/Jestadt RC	4	4	4	5	10	40	50	500
577	Jim Lonborg	8	15	30	40	150	300		
578	Ron Hunt	4	4	4	4	8	15	40	100
579	Marty Pattin	4	4	12	15	20	100	150	200
580	Tony Perez	25	40	60	80	▲200	500	600	1,500
581	Roger Nelson	4	4	6	8	15	100	120	300
582	Dave Cash	8	12	20	30	60	120		
583	Ron Cook RC	4	4	4	5	10	20		
584	Cleveland Indians TC	4	6	10	15	25	40	60	120
585	Willie Davis	4	8	15	30	60	250		
586	Dick Woodson	4	4	4	8	15	30		
587	Sonny Jackson	4	4	4	4	8	20		
588	Tom Bradley RC	4	8	15	20	30	80		
589	Bob Barton	4	4	4	5	10	20	40	150
590	Alex Johnson	4	4	4	6	12	25	50	120
591	Jackie Brown RC	4	4	4	6	12	25	40	150
592	Randy Hundley	4	4	8	10	20	40	60	250
593	Jack Aker	4	4	4	4	8	15	40	120
594	Chlupsa/Stinson/Hrabosky RC	4	4	6	12	25	50		
595	Dave Johnson	5	8	12	20	30	60	80	300
596	Mike Jorgensen	6	12	25	30	60	100		
597	Ken Suarez	4	4	4	6	12	25		
598	Rick Wise	4	6	10	15	25	50	80	250
599	Norm Cash	4	4	4	8	15	30	60	150
600	Willie Mays	80	▼100	▼150	300	▲800	2,500		
601	Ken Tatum	4	4	4	4	8	15	40	120
602	Marty Martinez	4	4	4	4	8	15	25	150
603	Pittsburgh Pirates TC	10	15	25	40	60	120	200	500
604	John Gelnar	4	4	6	8	15	40		
605	Orlando Cepeda	15	25	40	60	150	400		
606	Chuck Taylor	4	4	4	5	10	20	50	120
607	Paul Ratliff	4	4	4	4	8	15		
608	Mike Wegener	15	25	30	40	50	200		
609	Leo Durocher MG	12	20	30	50	80	300		
610	Amos Otis	4	4	6	8	40	80	100	500

#	Player	VG 3	VgEx 4	EX 5	ExMt 6	NM 7	NmMt 8	NmMt+ 8.5	MT 9
611	Tom Phoebus	4	4	6	8	15	30	50	120
612	Camilli/Ford/Mingori RC	4	4	5	6	12	25		
613	Pedro Borbon	4	4	4	5	10	20	40	300
614	Billy Cowan	4	4	5	6	12	30	40	150
615	Mel Stottlemyre	8	12	20	30	50	100		
616	Larry Hisle	4	6	10	15	25	40	60	100
617	Clay Dalrymple	4	4	8	10	20	40	60	150
618	Tug McGraw	8	12	20	30	50	100	150	500
619A	Checklist 6 No Copyright No Line	4	4	5	6	12	50		
619B	Checklist 6 Copyright w/Line	4	4	5	6	12	50		
620	Frank Howard	4	4	4	6	25	30	50	150
621	Ron Bryant	4	4	4	4	8	15	40	150
622	Joe Lahoud	4	4	5	6	12	25	40	200
623	Pat Jarvis	4	4	4	5	10	20		
624	Oakland Athletics TC	8	12	20	30	50	250	300	800
625	Lou Brock	25	40	60	100	250	400	500	2,500
626	Freddie Patek	8	12	20	30	50	200		
627	Steve Hamilton	4	4	4	5	10	20	40	150
628	John Bateman	4	4	6	8	15	60		
629	John Hiller	4	4	4	6	12	50	60	200
630	Roberto Clemente	120	200	300	500	1,000	2,500		
631	Eddie Fisher	4	4	4	5	10	20	50	120
632	Darrel Chaney	4	4	4	5	10	20	40	120
633	Brooks/Koegel/Northey RC	4	4	4	4	8	20	40	120
634	Phil Regan	4	8	15	20	40	300		
635	Bobby Murcer	25	40	60	100	200	1,000		
636	Denny Lemaster	4	4	8	10	20	60	80	150
637	Dave Bristol MG	4	4	5	10	20	25	50	200
638	Stan Williams	4	4	4	6	12	25	40	
639	Tom Haller	4	5	10	12	40	120		
640	Frank Robinson	12	20	30	50	100	250	400	1,200
641	New York Mets TC	6	10	15	25	▲60	100	250	500
642	Jim Roland	4	4	5	6	12	25	50	150
643	Rick Reichardt	4	4	4	6	12	25	40	120
644	Jim Stewart SP	10	15	25	40	60	120		
645	Jim Maloney SP	10	15	25	40	60	▲300		
646	Bobby Floyd SP	8	15	20	25	30	60		
647	Juan Pizarro	8	12	20	30	50	200		
648	Folkers/Martinez/Matlack RC	20	30	50	80	120	200		
649	Sparky Lyle SP	15	25	40	60	100	250		
650	Richie Allen SP	50	80	120	200	▲400	▲1,500		
651	Jerry Robertson SP	15	25	40	60	100	250		
652	Atlanta Braves TC	6	10	15	25	40	100	150	500
653	Russ Snyder SP	4	8	15	20	50	80		
654	Don Shaw SP	4	5	8	12	50	100		
655	Mike Epstein SP	4	5	10	20	50	150		
656	Gerry Nyman SP	5	8	10	15	▲60	200		
657	Jose Azcue	5	8	12	20	30	60		
658	Paul Lindblad SP	6	10	15	25	50	150		
659	Byron Browne SP	4	6	10	15	25	100		
660	Ray Culp	4	4	4	8	30	60		
661	Chuck Tanner MG SP	8	12	20	30	50	100		
662	Mike Hedlund SP	15	25	40	60	100	800		
663	Marv Staehle	4	6	10	15	30	150		
664	Reynolds/Reynolds/Reynolds RC	▲10	▲15	▲25	▲40	▼60	200		
665	Ron Swoboda SP	6	10	15	25	60	400		
666	Gene Brabender SP	6	10	15	25	50	120		
667	Pete Ward	4	4	6	12	50	120		
668	Gary Neibauer	4	4	4	5	25	60		
669	Ike Brown SP	8	12	20	30	50	200		
670	Bill Hands	5	6	10	15	30	100		
671	Bill Voss SP	6	10	15	25	60	400		
672	Ed Crosby SP RC	5	8	12	20	40	100		
673	Gerry Janeski SP RC	6	10	15	25	50	300		
674	Montreal Expos TC	5	8	12	30	60	100	100	500
675	Dave Boswell	5	8	12	20	30	60	100	500
676	Tommie Reynolds	4	6	10	15	25	100		

#	Player	VG 3	VgEx 4	EX 5	ExMt 6	NM 7	NmMt 8	NmMt+ 8.5	MT 9
677	Jack DiLauro SP	8	12	20	30	50	120		
678	George Thomas	6	10	15	25	40	80		
679	Don O'Riley	6	10	15	25	40	80	100	200
680	Don Mincher SP	4	4	6	12	40	80		
681	Bill Butler	6	10	15	25	40	80		
682	Terry Harmon	6	10	15	25	40	120		
683	Bill Burbach SP	8	12	20	30	50	100		
684	Curt Motton	4	4	4	8	25	60		
685	Moe Drabowsky	12	20	30	50	80	150		
686	Chico Ruiz SP	6	10	15	25	40	80		
687	Ron Taylor SP	10	15	25	40	60	120		
688	Sparky Anderson MG SP	▲25	▲40	▲60	▲80	120	250		
689	Frank Baker	8	10	20	25	40	50		
690	Bob Moose	8	12	20	30	50	80		
691	Bobby Heise	6	10	15	25	40	80		
692	Haydel/Moret/Twitchell RC	4	4	5	10	80	100	120	400
693	Jose Pena SP	▲10	▲15	▲25	▲40	▲60	250		
694	Rick Renick SP	4	6	10	15	25	80		
695	Joe Niekro	8	12	20	30	50	100	120	400
696	Jerry Morales	4	6	10	15	25	50		
697	Rickey Clark SP	6	10	15	25	40	200		
698	Milwaukee Brewers TC SP	10	15	25	40	60	150		
699	Jim Britton	5	8	12	20	30	50		
700	Boog Powell SP	5	15	30	50	120	200		
701	Bob Garibaldi	8	12	20	30	50	150		
702	Milt Ramirez RC	4	4	4	8	15	50		
703	Mike Kekich	10	15	25	40	60	120		
704	J.C. Martin SP	8	12	20	30	50	250		
705	Dick Selma SP	6	10	15	25	40	80		
706	Joe Foy SP	4	6	12	15	50	200		
707	Fred Lasher	6	10	15	25	40	80		
708	Russ Nagelson SP	10	15	25	40	60	200		
709	Baker/Baylor/Paciorek SP RC	120	150	200	300	500	3,000		
710	Sonny Siebert	4	4	5	10	30	40	150	250
711	Larry Stahl SP	4	5	10	12	50	80		
712	Jose Martinez	8	12	20	30	50	100		
713	Mike Marshall SP	10	15	25	40	60	200		
714	Dick Williams MG SP	10	15	25	40	60	400		
715	Horace Clarke SP	5	8	12	25	50	120		
716	Dave Leonhard	6	10	15	25	40	80	100	250
717	Tommie Aaron SP	8	12	20	30	50	100		
718	Billy Wynne	8	12	20	30	50	80		
719	Jerry May SP	6	10	15	25	40	80		
720	Matty Alou	5	8	12	20	30	60		
721	John Morris	5	8	12	20	30	60	80	250
722	Houston Astros TC SP	6	12	25	25	60	150		
723	Vicente Romo SP	4	6	12	15	50	400		
724	Tom Tischinski SP	4	5	10	12	30	60		
725	Gary Gentry SP	10	15	25	40	80	250		
726	Paul Popovich	6	10	15	25	40	60	80	300
727	Ray Lamb SP	4	4	5	10	50	150		
728	Redmond/Lampard/Williams RC	6	10	15	25	40	80	100	250
729	Dick Billings RC	5	8	12	20	30	60		
730	Jim Rooker	5	8	12	20	30	150		
731	Jim Qualls SP	12	20	30	50	100	500		
732	Bob Reed	6	10	15	25	40	80	100	400
733	Lee Maye SP	8	12	20	30	60	800		
734	Rob Gardner SP	4	4	8	15	60	100		
735	Mike Shannon SP	5	8	12	20	60	120		
736	Mel Queen SP	6	10	15	25	40	60		
737	Preston Gomez MG SP	4	6	12	15	30	120		
738	Russ Gibson SP	4	4	8	10	40	120		
739	Barry Lersch SP	4	6	10	15	30	60	80	200
740	Luis Aparicio SP	15	25	40	100	150	250	300	600
741	Skip Guinn	4	4	4	6	12	50		
742	Kansas City Royals TC	8	12	20	30	50	100	120	300
743	John O'Donoghue SP	8	12	20	30	50	200		

		VG 3	VgEx 4	EX 5	ExMt 6	NM 7	NmMt 8	NmMt+ 8.5	MT 9
744	Chuck Manuel SP	10	15	25	40	60	120	150	300
745	Sandy Alomar SP	▲10	▲15	▲25	▲40	▲60	▲150		
746	Andy Kosco	6	10	15	25	40	80	100	250
747	Severinsen/Spinks/Moore RC	6	10	15	25	40	80	100	400
748	John Purdin SP	12	20	30	50	80	300		
749	Ken Szotkiewicz RC	8	12	20	30	50	120		
750	Denny McLain SP	▲25	▲40	▲60	80	150	500		
751	Al Weis SP	▲10	▲15	▲25	▲40	60	250		
752	Dick Drago	10	15	25	40	60	120		

1971 Topps Greatest Moments

		GD 2	VG 3	VgEx 4	EX 5	ExMt 6	NM 7	NmMt 8	MT 9
1	Thurman Munson DP	300	500	800	1,200	2,500			
2	Hoyt Wilhelm	60	100	150	250	500			
3	Rico Carty	50	80	120	200	300	500	1,000	
4	Carl Morton DP	25	40	60	100	150	300		
5	Sal Bando DP	40	60	100	150	250	400	800	
6	Bert Campaneris DP	15	25	40	60	100	200		
7	Jim Kaat	50	80	120	200	250	500	800	
8	Harmon Killebrew	80	120	200	300	500	1,000		
9	Brooks Robinson	150	250	400	600	1,000	1,500	3,000	
10	Jim Perry	60	100	150	250	500			
11	Tony Oliva	60	100	150	250	400	600	1,200	
12	Vada Pinson	30	50	80	120	200	300	600	
13	Johnny Bench	250	400	600	1,000	1,500	2,500	5,000	
14	Tony Perez	80	120	200	300	500	1,000		
15	Pete Rose DP	250	300	400	500	600	800	2,000	
16	Jim Fregosi DP	40	60	100	150	300			
17	Alex Johnson DP	40	60	100	150	300			
18	Clyde Wright DP	12	20	30	50	100			
19	Al Kaline DP	40	60	100	150	250	400	800	
20	Denny McLain	60	100	150	250	400	600	1,000	
21	Jim Northrup	25	40	60	100	150	250	500	
22	Bill Freehan	20	30	50	80	120	200	400	
23	Mickey Lolich	25	40	60	100	150	250	500	
24	Bob Gibson DP	▲80	▲120	▲200	250	400	600	1,000	
25	Tim McCarver DP	25	40	60	100	150	250	500	
26	Orlando Cepeda DP	40	60	100	150	250	400	800	
27	Lou Brock DP	100	150	250	400	800			
28	Nate Colbert DP	15	25	40	60	100	150	300	
29	Maury Wills	40	60	100	150	250	500		
30	Wes Parker	60	100	150	250	400	600	1,000	
31	Jim Wynn	30	50	80	120	200	300	600	
32	Larry Dierker	20	30	50	80	120	250		
33	Bill Melton	40	60	100	150	250	500		
34	Joe Morgan	60	100	150	250	400	800		
35	Rusty Staub	50	80	120	200	300	500	1,000	
36	Ernie Banks DP	30	50	80	120	200	300	600	
37	Billy Williams	60	100	150	250	400	600	1,200	
38	Lou Piniella	30	50	80	120	200	300	600	
39	Rico Petrocelli DP	15	25	40	60	100	150	300	
40	Carl Yastrzemski DP	60	100	150	250	400	600	1,200	
41	Willie Mays DP	150	250	400	600	1,000	1,500	3,000	
42	Tommy Harper	50	80	120	200	300	500	1,000	
43	Jim Bunning DP	15	25	40	60	100	150	300	
44	Fritz Peterson	25	40	60	100	150	250	500	
45	Roy White	▲60	▲100	▲150	▲200	250	500		
46	Bobby Murcer	60	100	150	250	400	600	1,200	
47	Reggie Jackson	200	300	500	800	1,500			
48	Frank Howard	100	150	250	400	800			
49	Dick Bosman	30	50	80	120	200	300	600	
50	Sam McDowell DP	25	40	60	100	150	250	500	
51	Luis Aparicio DP	20	30	50	80	120	200	400	
52	Willie McCovey DP	60	100	120	150	250	500	800	
53	Joe Pepitone	60	100	150	250	400	800		
54	Jerry Grote	60	100	150	250	400	600	1,200	
55	Bud Harrelson	80	120	200	300	600			

1971 Topps Super

		GD 2	VG 3	VgEx 4	EX 5	ExMt 6	NM 7	NmMt 8	MT 9
1	Reggie Smith	4	5	8	12	20	30	50	150
2	Gaylord Perry	5	8	12	20	30	50	80	250
3	Ted Savage	4	4	6	10	15	25	40	120
4	Donn Clendenon	4	4	6	10	15	25	40	120
5	Boog Powell	4	6	10	15	25	40	60	200
6	Tony Perez	6	10	15	25	40	60	100	300
7	Dick Bosman	4	4	6	10	15	25	40	120
8	Alex Johnson	4	4	6	10	15	25	40	120
9	Rusty Staub	6	6	10	15	25	40	60	200
10	Mel Stottlemyre	4	6	10	15	25	40	60	200
11	Tony Oliva	4	6	10	15	25	40	60	200
12	Bill Freehan	4	5	8	12	20	30	50	150
13	Fritz Peterson	4	4	6	10	15	25	40	120
14	Wes Parker	4	5	8	12	20	30	50	150
15	Cesar Cedeno	4	5	8	12	20	30	50	150
16	Sam McDowell	4	5	8	12	20	30	50	150
17	Frank Howard	4	5	8	12	20	30	50	150
18	Dave McNally	4	5	8	12	20	30	50	150
19	Rico Petrocelli	4	5	8	12	20	30	50	150
20	Pete Rose	25	40	60	100	150	250	400	1,200
21	Luke Walker	4	4	6	10	15	25	40	120
22	Nate Colbert	4	4	6	10	15	25	40	120
23	Luis Aparicio	5	8	12	20	30	50	80	250
24	Jim Perry	4	5	8	12	20	30	50	150
25	Lou Brock	6	10	15	25	40	60	100	400
26	Roy White	4	5	8	12	20	30	50	150
27	Claude Osteen	4	4	6	10	15	25	40	120
28	Carl Morton	4	4	6	10	15	25	40	120
29	Rico Carty	4	5	8	12	20	30	50	150
30	Larry Dierker	4	4	6	10	15	25	40	120
31	Bert Campaneris	4	5	8	12	20	30	50	150
32	Johnny Bench	20	30	50	80	120	200	300	1,000
33	Felix Millan	4	4	6	10	15	25	40	120
34	Tim McCarver	4	6	10	15	25	40	60	200
35	Ron Santo	4	6	10	15	25	40	60	200
36	Tommie Agee	4	5	8	12	20	30	50	150
37	Roberto Clemente	30	50	80	120	200	300	500	1,500
38	Reggie Jackson	12	20	30	50	80	120	200	600
39	Clyde Wright	4	4	6	10	15	25	40	120
40	Rich Allen	4	6	10	15	25	40	60	200
41	Curt Flood	4	5	8	12	20	30	50	150
42	Ferguson Jenkins	6	10	15	25	40	60	100	300
43	Willie Stargell	6	10	15	25	40	60	100	300
44	Hank Aaron	20	30	50	80	120	200	300	1,000
45	Amos Otis	4	5	8	12	20	30	50	150
46	Willie McCovey	4	6	10	15	25	40	60	200
47	Bill Melton	4	4	6	10	15	25	40	120
48	Bob Gibson	10	15	25	40	60	100	150	500
49	Carl Yastrzemski	8	12	20	30	50	80	120	400
50	Glenn Beckert	4	4	6	10	15	25	40	120
51	Ray Fosse	4	4	6	10	15	25	40	120
52	Cito Gaston	4	4	6	10	15	25	40	120
53	Tom Seaver	12	20	30	50	80	120	200	600
54	Al Kaline	5	8	12	20	30	50	80	250
55	Jim Northrup	4	5	8	12	20	30	50	150
56	Willie Mays	25	40	60	100	150	250	400	1,200
57	Sal Bando	4	5	8	12	20	30	50	150
58	Deron Johnson	4	4	6	10	15	25	40	120
59	Brooks Robinson	5	8	12	20	30	50	80	250
60	Harmon Killebrew	5	8	12	20	30	50	80	250
61	Joe Torre	5	8	12	20	30	50	80	250
62	Lou Piniella	4	6	10	15	25	40	60	200
63	Tommy Harper	4	4	6	10	15	25	40	120

1972 Kellogg's

		VG 3	VgEx 4	EX 5	ExMt 6	NM 7	NmMt 8	MT 9	Gem 9.5/10
1A	Tom Seaver ERA 2.85	4	4	4	4	8	15	135	
1B	Tom Seaver ERA 2.81	4	4	4	4	6	12	100	
2	Amos Otis	4	4	4	4	4	4	10	60
3A	Willie Davis Runs 842	4	4	4	4	4	4	10	
3B	Willie Davis Runs 841	4	4	4	4	4	4	10	60
4	Wilbur Wood	4	4	4	4	4	4	10	40
5	Bill Parsons	4	4	4	4	4	4	10	
6	Pete Rose	4	4	4	4	8	15	40	
7A	Willie McCovey HR 360	4	4	4	4	4	6	15	
7B	Willie McCovey HR 370	4	4	4	4	4	6	15	
8	Ferguson Jenkins	4	4	4	4	4	6	15	30
9A	Vida Blue ERA 2.35	4	4	4	4	4	4	15	
9B	Vida Blue ERA 2.31	4	4	4	4	4	4	10	60
10	Joe Torre	4	4	4	4	4	4	10	
11	Merv Rettenmund	4	4	4	4	4	4	10	
12	Bill Melton	4	4	4	4	4	4	10	30
13A	Jim Palmer Games 170	4	4	4	4	4	6	25	
13B	Jim Palmer Games 168	4	4	4	4	4	6	15	60
14	Doug Rader	4	4	4	4	4	4	20	30
15B	Dave Roberts NL Leader	4	4	4	4	4	4	10	60
16	Bobby Murcer	4	4	4	4	4	6	15	80
17	Wes Parker	4	4	4	4	4	4	10	25
18A	Joe Coleman BB 394	4	4	4	4	4	4	10	
18B	Joe Coleman BB 393	4	4	4	4	4	4	10	25
19	Manny Sanguillen	4	4	4	4	4	4	10	60
20	Reggie Jackson	4	4	4	4	5	10	25	
21	Ralph Garr	4	4	4	4	4	4	10	50
22	Jim Hunter	4	4	4	4	4	6	15	
23	Rick Wise	4	4	4	4	4	4	10	
24	Glenn Beckert	4	4	4	4	4	4	10	25
25	Tony Oliva	4	4	4	4	4	4	10	50
26A	Bob Gibson SO 2577	4	4	4	4	4	6	15	
26B	Bob Gibson SO 2578	4	4	4	4	4	6	15	
27A	Mike Cuellar ERA 3.80	4	4	4	4	4	4	25	
27B	Mike Cuellar ERA 3.08	4	4	4	4	4	4	10	
28	Chris Speier	4	4	4	4	4	4	10	
29A	Dave McNally ERA 3.18	4	4	4	4	4	4	10	
29B	Dave McNally ERA 3.15	4	4	4	4	4	4	10	
30	Leo Cardenas	4	4	4	4	4	4	10	
31A	Bill Freehan Runs 497	4	4	4	4	4	4	10	
32A	Bud Harrelson Hits 634	4	4	4	4	4	4	10	
32B	Bud Harrelson Hits 624	4	4	4	4	4	4	10	
33B	Sam McDowell Less than 225	4	4	4	4	4	4	10	50
34B	Claude Osteen ERA 3.51	4	4	4	4	4	4	10	
35	Reggie Smith	4	4	4	4	4	4	10	25
36	Sonny Siebert	4	4	4	4	4	4	10	25
37	Lee May	4	4	4	4	4	4	10	60
38	Mickey Lolich	4	4	4	4	4	4	10	
39A	Cookie Rojas 2B 149	4	4	4	4	4	4	10	
39B	Cookie Rojas 2B 150	4	4	4	4	4	4	10	30
40A	Dick Drago Poyals	4	4	4	4	4	4	10	
40B	Dick Drago Royals	4	4	4	4	4	4	10	25
41	Nate Colbert	4	4	4	4	4	4	10	25
42	Andy Messersmith	4	4	4	4	4	4	10	25
43B	Dave Johnson Avg .264	4	4	4	4	4	4	10	60
44	Steve Blass	4	4	4	4	4	4	10	
45	Bob Robertson	4	4	4	4	4	4	10	
46A	Billy Williams Missed Only 1	4	4	4	4	4	6	15	
46B	Billy Williams Phrase Omitted	4	4	4	4	4	6	15	40
47	Juan Marichal	4	4	4	4	4	6	15	60
48	Lou Brock	4	4	4	4	4	6	15	
49	Roberto Clemente	4	4	6	8	15	30	100	300
50	Mel Stottlemyre	4	4	4	4	4	4	10	25
51	Don Wilson	4	4	4	4	4	4	10	30
52A	Sal Bando RBI 355	4	4	4	4	4	4	10	
52B	Sal Bando RBI 356	4	4	4	4	4	4	10	
53A	Willie Stargell 2B 197	4	4	4	4	4	6	60	
53B	Willie Stargell 2B 196	4	4	4	4	4	6	20	50
54A	Willie Mays RBI 1855	4	4	4	4	8	15	80	
54B	Willie Mays RBI 1856	4	4	4	4	8	15	50	

1972 Kellogg's ATG

		VG 3	VgEx 4	EX 5	ExMt 6	NM 7	NmMt 8	MT 9	Gem 9.5/10
1	Walter Johnson	4	4	4	4	5	10	30	
2	Rogers Hornsby	4	4	4	4	4	8	15	60
3	John McGraw	4	4	4	4	4	8	15	40
4	Mickey Cochrane	4	4	4	4	4	4	15	
5	George Sisler	4	4	4	4	4	8	15	60
6	Babe Ruth	4	4	4	4	8	15	30	200
7	Lefty Grove	4	4	4	4	4	4	15	
8	Pie Traynor	4	4	4	4	4	8	15	60
9	Honus Wagner	4	4	4	4	6	12	25	100
10	Eddie Collins	4	4	4	4	4	8	15	50
11	Tris Speaker	4	4	4	4	4	8	15	60
12	Cy Young	4	4	4	4	5	10	20	60
13	Lou Gehrig	4	4	4	4	6	12	25	100
14	Babe Ruth	4	4	4	4	8	15	50	120
15	Ty Cobb	4	4	4	4	6	12	25	

1972 Topps

		VG 3	VgEx 4	EX 5	ExMt 6	NM 7	NmMt 8	NmMt+ 8.5	MT 9
1	Pittsburgh Pirates TC	4	5	10	20	40	100	150	250
2	Ray Culp	4	5	10	12	25	80	100	200
3	Bob Tolan	4	4	4	4	8	15	20	30
4	Checklist 1-132	4	4	4	4	6	12	20	200
5	John Bateman	4	4	4	4	6	12	20	80
6	Fred Scherman	4	4	4	4	5	10	12	30
7	Enzo Hernandez	4	4	4	4	5	10	12	20
8	Ron Swoboda	4	4	4	4	8	15	20	150
9	Stan Williams	4	4	4	4	5	10	12	25
10	Amos Otis	4	4	4	4	5	10	12	25
11	Bobby Valentine	4	4	4	4	5	10	12	25
12	Jose Cardenal	4	4	4	4	5	10	15	40
13	Joe Grzenda	4	4	4	4	6	12	40	150
14	Koegel/Anderson/Twitchell RC	4	4	4	4	4	8	15	
15	Walt Williams	4	4	4	4	5	10	12	30
16	Mike Jorgensen	4	4	4	4	5	10	15	80
17	Dave Duncan	4	4	4	4	5	10	15	50
18A	Juan Pizarro Yellow	4	4	4	4	5	10	15	60
18B	Juan Pizarro Green	4	4	4	4	5	10	15	60
19	Billy Cowan	4	4	4	4	5	10	12	20
20	Don Wilson	4	4	4	4	5	10	12	20
21	Atlanta Braves TC	4	4	4	4	5	10	12	20
22	Rob Gardner	4	4	5	6	12	25	40	250
23	Ted Kubiak	4	4	4	4	5	10	12	80
24	Ted Ford	4	4	4	4	5	10	12	40
25	Bill Singer	4	4	4	4	5	10	12	50
26	Andy Etchebarren	4	4	4	4	6	12	20	60
27	Bob Johnson	4	4	4	4	5	10	12	200
28	Gebhard/Brye/Haydel RC	4	4	4	4	5	10	12	25
29A	Bill Bonham Yellow RC	4	4	4	4	5	10	15	50
29B	Bill Bonham Green	4	4	4	4	5	10	15	40
30	Rico Petrocelli	4	4	4	4	8	15	20	30
31	Cleon Jones	4	4	4	4	5	10	12	25
32	Cleon Jones IA	4	4	4	5	10	20	30	100
33	Billy Martin MG	4	4	4	6	12	25	30	150
34	Billy Martin IA	4	4	4	4	8	15	25	120
35	Jerry Johnson	4	4	4	4	5	10	12	20

#	Card	VG 3	VgEx 4	EX 5	ExMt 6	NM 7	NmMt 8	NmMt+ 8.5	MT 9
6	Jerry Johnson IA	4	4	4	4	8	15	25	100
7	Carl Yastrzemski	10	15	25	40	50	80	120	300
8	Carl Yastrzemski IA	4	4	12	15	20	30	40	100
9	Bob Barton	4	4	4	4	5	10	12	25
0	Bob Barton IA	4	5	10	12	30	50	100	200
1	Tommy Davis	4	4	4	4	5	10	12	25
2	Tommy Davis IA	4	4	4	4	5	10	12	25
3	Rick Wise	4	4	4	4	5	10	12	25
4	Rick Wise IA	4	4	4	4	8	15	25	150
5A	Glenn Beckert Yellow	4	4	4	4	5	10	12	25
5B	Glenn Beckert Green	4	4	4	4	5	10	12	60
6	Glenn Beckert IA	4	4	4	4	5	10	12	60
7	John Ellis	4	4	4	4	5	10	12	60
8	John Ellis IA	4	4	4	4	8	15	25	120
9	Willie Mays	20	25	40	50	80	120	200	500
0	Willie Mays IA	12	15	20	25	60	250		
1	Harmon Killebrew	10	15	25	40	60	80	100	250
2	Harmon Killebrew IA	4	4	4	5	10	20	30	100
3	Bud Harrelson	4	4	4	4	5	10	15	40
4	Bud Harrelson IA	4	4	4	4	6	12	20	100
5	Clyde Wright	4	4	4	4	5	10	12	40
6	Rich Chiles RC	4	4	4	4	5	10	12	20
7	Bob Oliver	4	4	4	4	5	10	12	25
8	Ernie McAnally	4	4	4	4	5	10	12	20
9	Fred Stanley RC	4	4	4	4	5	10	12	25
0	Manny Sanguillen	4	4	4	4	5	10	12	30
1	Burt Hooten RC	4	4	4	4	5	10	15	60
2	Angel Mangual	4	4	4	4	5	10	12	25
3	Duke Sims	4	4	4	4	5	10	12	20
4	Pete Broberg RC	4	4	4	4	5	10	12	30
5	Cesar Cedeno	4	4	4	4	5	10	12	25
6	Ray Corbin RC	4	4	4	4	5	10	12	20
7	Red Schoendienst MG	4	4	4	4	8	15	20	30
8	Jim York RC	4	4	4	4	5	10	12	40
9	Roger Freed	4	4	4	4	6	12	20	150
0	Mike Cuellar	4	4	4	4	5	10	15	25
1	California Angels TC	4	4	4	4	5	10	12	25
2	Bruce Kison RC	4	4	4	4	6	12	15	25
3	Steve Huntz	4	4	4	4	5	10	12	20
4	Cecil Upshaw	4	4	4	4	5	10	12	30
5	Bert Campaneris	4	4	4	4	8	15	20	30
6	Don Carrithers RC	4	4	4	4	5	10	12	40
7	Ron Theobald RC	4	4	4	4	5	10	12	25
8	Steve Arlin RC	4	4	4	4	5	10	12	20
9	C.Fisk RC/C.Cooper RC	30	40	50	80	120	400	600	2,500
0	Tony Perez	4	4	5	6	12	25	30	100
1	Mike Hedlund	4	4	4	4	5	10	12	20
2	Ron Woods	4	4	4	4	5	10	12	60
3	Dalton Jones	4	4	4	4	5	10	12	20
4	Vince Colbert	4	4	4	4	5	10	12	30
5	NL Batting Leaders	4	4	4	4	6	12	20	200
6	AL Batting Leaders	4	4	4	4	6	12	20	80
7	NL RBI Leaders	10	15	25	40	50	60	80	150
8	AL RBI Leaders	4	4	4	4	8	15	25	80
9	NL Home Run Leaders	4	4	4	8	20	30	40	100
0	AL Home Run Leaders	4	4	4	4	6	12	15	40
1	NL ERA Leaders	4	4	4	4	6	12	20	50
2	AL ERA Leaders	4	4	4	4	6	12	15	30
3	NL Pitching Leaders	4	4	4	4	8	15	30	100
4	AL Pitching Leaders	4	4	4	4	8	15	25	150
5	NL Strikeout Leaders	4	4	4	5	10	20	25	120
6	AL Strikeout Leaders	4	4	4	4	8	15	25	80
7	Tom Kelley	4	4	4	4	4	6	8	12
8	Chuck Tanner MG	4	4	4	4	5	10	12	30
9	Ross Grimsley RC	4	4	4	4	5	10	12	50
00	Frank Robinson	4	4	6	10	20	30	40	100
01	J.R. Richard RC	4	4	4	4	6	12	15	50

#	Card	VG 3	VgEx 4	EX 5	ExMt 6	NM 7	NmMt 8	NmMt+ 8.5	MT 9
102	Lloyd Allen	4	4	4	4	5	10	15	200
103	Checklist 133-263	4	4	4	4	5	10	12	20
104	Toby Harrah RC	4	4	4	4	5	10	15	40
105	Gary Gentry	4	4	4	4	5	10	12	20
106	Milwaukee Brewers TC	4	4	4	4	5	10	12	20
107	Jose Cruz RC	4	4	4	4	5	10	12	25
108	Gary Waslewski	4	4	4	4	5	10	12	30
109	Jerry May	4	4	4	4	5	10	12	20
110	Ron Hunt	4	4	4	4	5	10	12	120
111	Jim Grant	4	4	4	4	5	10	12	20
112	Greg Luzinski	4	4	4	4	5	10	12	25
113	Rogelio Moret	4	4	4	4	6	12	15	80
114	Bill Buckner	4	4	4	6	12	25	30	60
115	Jim Fregosi	4	4	4	4	5	10	12	20
116	Ed Farmer RC	4	4	4	4	5	10	12	20
117A	Cleo James Yellow RC	4	4	4	4	5	10	15	80
117B	Cleo James Green	4	4	4	4	8	15	25	250
118	Skip Lockwood	4	4	4	4	5	10	12	30
119	Marty Perez	4	4	4	4	5	10	12	25
120	Bill Freehan	4	4	4	4	6	12	20	50
121	Ed Sprague	4	4	4	4	5	10	12	20
122	Larry Biittner RC	4	4	4	4	5	10	12	50
123	Ed Acosta	4	4	4	4	5	10	12	60
124	Closter/Torres/Hambright RC	4	4	4	4	5	10	12	20
125	Dave Cash	4	4	4	4	8	15	25	80
126	Bart Johnson	4	4	4	4	5	10	12	20
127	Duffy Dyer	4	4	4	4	5	10	12	30
128	Eddie Watt	4	4	4	4	5	10	12	25
129	Charlie Fox MG	4	4	4	4	5	10	12	25
130	Bob Gibson	25	30	40	50	80	250	300	1,000
131	Jim Nettles	4	4	4	4	5	10	12	20
132	Joe Morgan	4	4	4	8	15	40	50	300
133	Joe Keough	4	4	4	4	5	10	12	60
134	Carl Morton	4	4	4	4	5	10	12	20
135	Vada Pinson	4	4	4	4	5	10	12	60
136	Darrel Chaney	4	4	4	4	5	10	12	20
137	Dick Williams MG	4	4	4	4	8	15	20	60
138	Mike Kekich	4	4	4	4	8	15	25	300
139	Tim McCarver	4	4	4	4	5	10	15	40
140	Pat Dobson	4	4	4	4	5	10	12	25
141	Capra/Stanton/Matlack RC	4	4	4	4	5	10	12	25
142	Chris Chambliss RC	4	4	4	4	6	12	15	30
143	Garry Jestadt	4	4	4	4	5	10	12	100
144	Marty Pattin	4	5	10	12	25	30		
145	Don Kessinger	4	4	4	4	5	10	12	20
146	Steve Kealey	4	4	4	4	5	10	12	20
147	Dave Kingman RC	8	12	20	30	50	80	100	300
148	Dick Billings	4	4	4	4	5	10	12	20
149	Gary Neibauer	4	4	4	4	5	10	15	50
150	Norm Cash	4	6	12	15	30	60		
151	Jim Brewer	4	4	4	4	8	15	20	150
152	Gene Clines	4	4	4	4	5	10	12	20
153	Rick Auerbach RC	4	4	4	4	5	10	12	30
154	Ted Simmons	4	4	4	4	5	10	12	200
155	Larry Dierker	4	4	4	4	5	10	12	25
156	Minnesota Twins TC	4	4	4	4	5	10	12	25
157	Don Gullett	4	4	4	4	5	10	12	30
158	Jerry Kenney	4	4	4	4	5	10	12	25
159	John Boccabella	4	4	4	4	4	8	10	15
160	Andy Messersmith	4	4	4	4	5	10	12	25
161	Brock Davis	4	4	4	4	5	10	15	40
162	Bell/Porter/Reynolds RC	4	4	4	4	5	10	12	30
163	Tug McGraw	4	4	4	4	5	10	12	40
164	Tug McGraw IA	4	4	4	4	5	10	12	100
165	Chris Speier RC	4	4	4	4	5	10	12	25
166	Chris Speier IA	4	4	4	4	5	10	12	25
167	Deron Johnson	4	4	4	4	5	10	12	20

#	Card	VG 3	VgEx 4	EX 5	ExMt 6	NM 7	NmMt 8	NmMt+ 8.5	MT 9
168	Deron Johnson IA	4	4	4	4	8	15	20	80
169	Vida Blue	4	4	4	4	6	12	15	100
170	Vida Blue IA	6	12	25	30	60	120	135	400
171	Darrell Evans	4	4	4	4	5	10	12	25
172	Darrell Evans IA	4	4	4	4	5	10	12	80
173	Clay Kirby	4	4	4	4	5	10	12	20
174	Clay Kirby IA	4	4	4	4	5	10	12	40
175	Tom Haller	4	4	4	4	5	10	12	20
176	Tom Haller IA	4	4	4	4	5	10	12	40
177	Paul Schaal	4	4	4	4	5	10	12	20
178	Paul Schaal IA	4	4	6	8	15	30	50	250
179	Dock Ellis	4	4	4	4	5	10	12	100
180	Dock Ellis IA	4	4	4	4	6	12	15	80
181	Ed Kranepool	4	4	4	4	6	12	15	25
182	Ed Kranepool IA	4	4	4	5	10	20	25	120
183	Bill Melton	4	4	4	4	5	10	12	40
184	Bill Melton IA	4	4	4	4	5	10	12	25
185	Ron Bryant	4	4	4	4	5	10	12	20
186	Ron Bryant IA	4	4	4	4	5	10	12	20
187	Gates Brown	4	4	4	4	5	10	12	20
188	Frank Lucchesi MG	4	4	4	4	5	10	12	20
189	Gene Tenace	4	4	4	4	6	12	15	25
190	Dave Giusti	4	4	4	4	5	10	12	50
191	Jeff Burroughs RC	4	4	4	4	6	12	20	100
192	Chicago Cubs TC	4	4	4	4	5	10	12	60
193	Kurt Bevacqua RC	4	4	4	4	5	10	12	40
194	Fred Norman	4	4	4	4	5	10	12	20
195	Orlando Cepeda	6	10	15	25	40	100	120	150
196	Mel Queen	4	4	4	4	5	10	12	20
197	Johnny Briggs	4	4	4	4	5	10	12	20
198	Charlie Hough RC	4	4	6	10	25	60	100	120
199	Mike Fiore	4	4	4	4	5	10	12	20
200	Lou Brock	20	25	30	40	50	100	120	500
201	Phil Roof	4	4	4	4	5	10	12	20
202	Scipio Spinks	4	4	4	4	5	10	12	20
203	Ron Blomberg RC	4	4	4	4	5	10	12	25
204	Tommy Helms	4	4	4	4	5	10	12	80
205	Dick Drago	4	4	4	4	5	10	12	20
206	Dal Maxvill	4	4	4	4	5	10	12	20
207	Tom Egan	4	4	4	4	5	10	12	20
208	Milt Pappas	4	4	4	4	6	12	15	25
209	Joe Rudi	4	4	4	4	5	10	12	100
210	Denny McLain	4	4	4	4	5	10	12	30
211	Gary Sutherland	4	4	4	4	5	10	12	25
212	Grant Jackson	4	4	4	4	5	10	12	20
213	Parker/Kusnyer/Silverio RC	4	4	4	4	5	10	12	40
214	Mike McQueen	4	4	4	4	5	10	12	20
215	Alex Johnson	4	4	4	4	5	10	12	20
216	Joe Niekro	4	4	4	4	6	12	15	30
217	Roger Metzger	4	4	4	4	5	10	12	30
218	Eddie Kasko MG	4	4	4	4	5	10	12	100
219	Rennie Stennett RC	4	4	4	4	6	12	20	80
220	Jim Perry	4	4	4	4	5	10	12	20
221	NL Playoffs Bucs	4	4	4	4	8	15	20	120
222	AL Playoffs B.Robinson	4	4	4	4	6	12	15	40
223	Dave McNally WS1	4	4	4	4	8	15	25	100
224	D.Johnson/M.Belanger WS2	4	4	4	6	12	25	30	350
225	Manny Sanguillen WS3	4	4	4	4	6	12	15	80
226	Roberto Clemente WS4	4	4	5	10	30	50	60	200
227	Nellie Briles WS5	4	4	4	4	5	10	12	25
228	F.Robinson/M.Sanguillen WS6	4	6	12	15	30	60	100	250
229	Steve Blass WS7	4	4	4	5	10	20	30	200
230	Pirates Celebrate WS	4	5	6	12	25	50	80	200
231	Casey Cox	4	4	4	4	5	10	12	80
232	Arnold/Barr/Rader RC	4	4	4	4	5	10	12	20
233	Jay Johnstone	4	4	4	4	5	10	12	25
234	Ron Taylor	4	4	4	4	5	10	12	50
235	Merv Rettenmund	4	4	4	4	5	10	12	20
236	Jim McGlothlin	4	4	4	4	5	10	12	20
237	New York Yankees TC	4	4	4	4	6	12	15	30
238	Leron Lee	4	4	4	4	5	10	12	20
239	Tom Timmermann	4	4	4	4	6	12	20	150
240	Richie Allen	4	4	4	4	5	10	12	30
241	Rollie Fingers	8	12	20	30	50	60	80	150
242	Don Mincher	4	4	4	4	5	10	12	40
243	Frank Linzy	4	4	4	4	5	10	12	80
244	Steve Braun RC	4	4	4	4	5	10	12	20
245	Tommie Agee	4	4	4	4	6	12	15	80
246	Tom Burgmeier	4	4	4	4	5	10	12	20
247	Milt May	4	4	4	4	5	10	12	20
248	Tom Bradley	4	4	4	4	5	10	12	20
249	Harry Walker MG	4	4	4	4	5	10	12	20
250	Boog Powell	4	4	5	6	12	25	30	100
251	Checklist 264-394	4	4	4	4	6	25	30	80
252	Ken Reynolds	4	4	4	4	5	10	12	20
253	Sandy Alomar	4	4	4	4	5	10	12	25
254	Boots Day	4	4	4	4	5	10	12	20
255	Jim Lonborg	4	4	4	4	5	10	12	25
256	George Foster	▲8	▲12	▲20	▲30	▲50	▲80	15	▲120
257	Foor/Hosley/Jata RC	4	4	4	4	6	12	20	60
258	Randy Hundley	4	4	4	4	5	10	12	20
259	Sparky Lyle	4	4	4	4	5	10	12	25
260	Ralph Garr	4	4	4	4	5	10	12	20
261	Steve Mingori	4	4	4	4	5	10	12	20
262	San Diego Padres TC	4	4	4	4	5	10	12	40
263	Felipe Alou	4	6	12	15	30	80	100	200
264	Tommy John	4	4	4	4	6	12	15	30
265	Wes Parker	4	4	4	4	5	10	12	20
266	Bobby Bolin	4	4	4	4	5	10	12	20
267	Dave Concepcion	4	4	4	5	10	20	25	100
268	D.Anderson RC/C.Floethe RC	4	4	4	4	4	8	10	20
269	Don Hahn	4	4	4	4	5	10	12	20
270	Jim Palmer	15	20	25	30	50	100	120	250
271	Ken Rudolph	4	4	4	4	5	10	12	20
272	Mickey Rivers RC	4	4	4	4	5	10	12	25
273	Bobby Floyd	4	4	4	4	5	10	12	20
274	Al Severinsen	4	4	4	4	4	8	10	15
275	Cesar Tovar	4	4	4	4	5	10	12	25
276	Gene Mauch MG	4	4	4	4	4	8	10	15
277	Elliott Maddox	4	4	4	4	5	10	12	20
278	Dennis Higgins	4	4	4	4	5	10	12	20
279	Larry Brown	4	4	4	4	5	10	12	20
280	Willie McCovey	12	15	20	30	50	100	120	300
281	Bill Parsons RC	4	4	4	4	5	10	12	20
282	Houston Astros TC	4	4	4	4	5	10	12	20
283	Darrell Brandon	4	4	4	4	5	10	12	20
284	Ike Brown	4	4	4	4	5	10	12	20
285	Gaylord Perry	10	12	15	20	30	50	60	120
286	Gene Alley	4	4	4	4	5	10	12	25
287	Jim Hardin	4	4	4	4	5	10	12	20
288	Johnny Jeter	4	4	4	4	5	10	12	20
289	Syd O'Brien	4	4	4	4	4	8	10	15
290	Sonny Siebert	4	4	4	4	5	10	12	20
291	Hal McRae	4	4	4	4	5	10	12	30
292	Hal McRae IA	8	15	30	40	80	100		
293	Dan Frisella	4	4	4	4	8	15	25	120
294	Dan Frisella IA	4	4	4	4	5	10	12	20
295	Dick Dietz	4	4	4	4	5	10	12	50
296	Dick Dietz IA	4	5	10	12	25	50	60	200
297	Claude Osteen	4	4	4	4	5	10	12	20
298	Claude Osteen IA	4	4	4	5	10	20	25	80
299	Hank Aaron	30	50	80	120	250	500	600	2,000
300	Hank Aaron IA	25	40	60	100	200	400		
301	George Mitterwald	4	4	4	4	5	10	12	40

#	Player	VG 3	VgEx 4	EX 5	ExMt 6	NM 7	NmMt 8	NmMt+ 8.5	MT 9
302	George Mitterwald IA	4	4	4	4	5	10	12	50
303	Joe Pepitone	4	4	4	4	5	10	12	25
304	Joe Pepitone IA	4	4	4	4	5	10	12	30
305	Ken Boswell	4	4	4	4	5	10	12	20
306	Ken Boswell IA	4	4	5	6	12	25	30	100
307	Steve Renko	4	4	4	4	5	10	12	20
308	Steve Renko IA	4	4	4	5	10	20	25	60
309	Roberto Clemente	60	80	100	150	250	500	600	2,000
310	Roberto Clemente IA	25	40	60	100	150	250	300	1,000
311	Clay Carroll	4	4	4	4	5	10	12	20
312	Clay Carroll IA	4	4	4	4	6	12	15	100
313	Luis Aparicio	4	4	4	5	10	30	40	80
314	Luis Aparicio IA	4	4	4	4	6	12	15	40
315	Paul Splittorff	4	4	4	4	5	10	12	25
316	Bibby/Roque/Guzman RC	4	4	4	4	5	10	12	20
317	Rich Hand	4	4	4	4	5	10	12	20
318	Sonny Jackson	4	4	4	4	4	8	10	15
319	Aurelio Rodriguez	4	4	4	4	5	10	12	25
320	Steve Blass	4	4	4	4	8	15	20	100
321	Joe Lahoud	4	4	4	4	5	10	12	25
322	Jose Pena	4	4	4	4	8	15	25	80
323	Earl Weaver MG	4	4	4	4	6	15	20	80
324	Mike Ryan	4	4	4	4	5	10	12	20
325	Mel Stottlemyre	4	4	4	4	5	10	12	20
326	Pat Kelly	4	4	4	4	4	8	10	15
327	Steve Stone RC	4	4	4	4	5	10	12	60
328	Boston Red Sox TC	4	4	4	4	8	15	25	150
329	Roy Foster	4	4	4	4	5	10	12	20
330	Jim Hunter	8	12	20	30	50	120	150	400
331	Stan Swanson RC	4	4	4	4	5	10	12	20
332	Buck Martinez	4	4	4	4	5	10	12	20
333	Steve Barber	4	4	4	4	5	10	12	20
334	Fahey/Mason Ragland RC	4	4	4	4	5	10	12	20
335	Bill Hands	4	4	4	4	5	10	12	20
336	Marty Martinez	4	4	4	4	6	12	20	120
337	Mike Kilkenny	4	4	4	4	5	10	12	20
338	Bob Grich	4	4	4	4	5	10	12	25
339	Ron Cook	4	4	4	4	5	10	12	20
340	Roy White	4	4	4	4	8	15	20	30
341	Joe Torre KP	4	4	4	4	5	10	12	20
342	Wilbur Wood KP	4	4	4	4	5	10	12	50
343	Willie Stargell KP	4	4	4	4	6	12	15	50
344	Dave McNally KP	4	4	4	4	5	10	12	50
345	Rick Wise KP	4	4	4	4	5	10	12	20
346	Jim Fregosi KP	4	4	5	6	8	15	20	100
347	Tom Seaver KP	4	4	4	4	8	15	20	50
348	Sal Bando KP	4	4	5	4	8	15	20	100
349	Al Fitzmorris	4	4	4	4	5	10	12	25
350	Frank Howard	4	4	4	4	5	10	12	25
351	House/Kester/Britton	4	4	4	4	5	10	12	20
352	Dave LaRoche	4	4	4	4	5	10	12	20
353	Art Shamsky	4	4	4	4	5	10	12	20
354	Tom Murphy	4	4	4	4	5	10	12	20
355	Bob Watson	4	4	4	4	4	8	10	15
356	Gerry Moses	4	4	4	4	5	10	12	20
357	Woody Fryman	4	4	4	4	5	10	12	20
358	Sparky Anderson MG	4	4	4	5	10	20	25	50
359	Don Pavletich	4	4	4	4	5	10	12	20
360	Dave Roberts	4	4	4	4	5	10	12	20
361	Mike Andrews	4	4	4	4	5	10	12	20
362	New York Mets TC	4	4	4	4	6	12	15	40
363	Ron Klimkowski	4	4	4	4	5	10	12	20
364	Johnny Callison	4	4	4	4	5	10	12	30
365	Dick Bosman	4	4	4	4	5	10	12	20
366	Jimmy Rosario RC	4	4	4	4	8	15	25	100
367	Ron Perranoski	4	4	4	4	5	10	12	25
368	Danny Thompson	4	4	4	4	4	8	10	15
369	Jim Lefebvre	4	4	4	4	6	12	15	30
370	Don Buford	4	4	4	4	5	10	12	30
371	Denny Lemaster	4	4	4	4	5	10	12	20
372	L.Clemons RC/M.Montgomery RC	4	4	4	4	5	10	12	20
373	John Mayberry	4	4	4	4	4	8	10	40
374	Jack Heidemann	4	4	4	4	5	10	12	20
375	Reggie Cleveland	4	4	4	4	4	8	10	15
376	Andy Kosco	4	4	4	4	5	10	12	25
377	Terry Harmon	4	4	6	8	15	30		
378	Checklist 395-525	4	4	6	10	15	25	30	40
379	Ken Berry	4	4	4	4	5	10	12	30
380	Earl Williams	4	4	4	4	5	10	12	20
381	Chicago White Sox TC	4	4	4	4	5	10	12	25
382	Joe Gibbon	4	4	4	4	5	10	12	25
383	Brant Alyea	4	4	4	4	5	10	12	25
384	Dave Campbell	4	4	4	4	5	10	12	20
385	Mickey Stanley	4	4	4	4	8	15	20	80
386	Jim Colborn	4	4	4	4	5	10	12	20
387	Horace Clarke	4	4	4	4	5	10	12	25
388	Charlie Williams RC	4	4	4	4	4	8	10	15
389	Bill Rigney MG	4	4	4	4	5	10	12	20
390	Willie Davis	4	4	4	4	5	10	12	30
391	Ken Sanders	4	4	4	4	5	10	12	20
392	F.Cambria/R.Zisk RC	4	4	4	4	6	12	15	30
393	Curt Motton	4	4	4	4	5	10	12	20
394	Ken Forsch	4	4	4	4	5	10	12	20
395	Matty Alou	4	4	8	15	30	60	80	200
396	Paul Lindblad	4	4	4	4	5	10	12	30
397	Philadelphia Phillies TC	4	4	4	4	8	15	20	80
398	Larry Hisle	4	4	4	5	10	20	25	200
399	Milt Wilcox	4	4	4	4	8	15	20	40
400	Tony Oliva	4	4	4	6	12	25	30	100
401	Jim Nash	4	4	4	4	8	15	20	50
402	Bobby Heise	4	4	4	4	5	10	15	80
403	John Cumberland	4	4	4	4	5	10	12	20
404	Jeff Torborg	4	4	4	4	5	10	12	40
405	Ron Fairly	4	4	4	4	6	12	20	50
406	George Hendrick RC	4	4	4	4	5	10	15	40
407	Chuck Taylor	4	4	4	4	5	10	12	50
408	Jim Northrup	4	4	4	5	10	20	25	50
409	Frank Baker	4	4	4	4	5	10	15	50
410	Ferguson Jenkins	4	4	4	5	10	30	40	60
411	Bob Montgomery	4	4	4	4	8	15	20	80
412	Dick Kelley	4	4	4	4	8	15	20	40
413	D.Eddy RC/D.Lemonds	4	4	4	4	8	15	20	60
414	Bob Miller	4	4	4	4	8	15	20	40
415	Cookie Rojas	4	4	4	4	6	12	15	40
416	Johnny Edwards	4	4	4	4	5	10	12	25
417	Tom Hall	4	4	4	4	5	10	12	20
418	Tom Shopay	4	4	4	4	5	10	12	20
419	Jim Spencer	4	4	4	4	5	10	12	40
420	Steve Carlton	5	8	12	20	30	50	50	300
421	Ellie Rodriguez	4	4	4	4	5	10	12	25
422	Ray Lamb	4	4	4	4	5	10	12	20
423	Oscar Gamble	4	4	4	4	5	10	12	20
424	Bill Gogolewski	4	4	4	4	5	10	12	20
425	Ken Singleton	4	4	4	5	10	20	25	80
426	Ken Singleton IA	4	4	4	4	8	15	20	40
427	Tito Fuentes	4	4	4	6	12	25	30	50
428	Tito Fuentes IA	4	4	4	4	5	10	12	25
429	Bob Robertson	4	4	4	4	5	10	20	25	50
430	Bob Robertson IA	4	4	4	4	8	15	20	30
431	Cito Gaston	4	4	4	4	5	10	12	20
432	Cito Gaston IA	4	4	4	4	5	10	12	20
433	Johnny Bench	15	25	40	60	150	300	400	1,200
434	Johnny Bench IA	4	4	12	20	50	100	120	600
435	Reggie Jackson	15	25	40	60	100	200	400	1,200

#	Player	VG 3	VgEx 4	EX 5	ExMt 6	NM 7	NmMt 8	NmMt+ 8.5	MT 9
436	Reggie Jackson IA	4	5	8	15	30	80	100	300
437	Maury Wills	4	4	4	4	6	12	15	50
438	Maury Wills IA	4	4	5	10	20	40	50	300
439	Billy Williams	4	4	4	5	10	50	60	80
440	Billy Williams IA	4	4	4	4	6	12	15	40
441	Thurman Munson	12	20	30	50	80	120	150	600
442	Thurman Munson IA	10	15	25	40	60	100	120	500
443	Ken Henderson	4	6	12	25	50	60		
444	Ken Henderson IA	4	4	4	4	5	10	12	20
445	Tom Seaver	10	15	25	50	60	▲250	200	600
446	Tom Seaver IA	6	10	15	20	25	60	80	300
447	Willie Stargell	4	4	5	10	30	50	60	200
448	Willie Stargell IA	4	4	6	8	15	50	60	300
449	Bob Lemon MG	4	4	4	4	8	15	20	40
450	Mickey Lolich	4	4	4	5	10	20	25	50
451	Tony LaRussa	4	4	4	4	8	15	20	50
452	Ed Herrmann	4	4	4	4	5	10	12	25
453	Barry Lersch	4	4	4	4	8	15	20	40
454	Oakland Athletics TC	4	4	4	5	10	20	25	80
455	Tommy Harper	4	4	4	4	5	10	12	30
456	Mark Belanger	4	4	4	5	10	20	25	50
457	Fast/Thomas/Ivie RC	4	4	4	4	6	12	20	150
458	Aurelio Monteagudo	4	4	4	4	5	10	12	20
459	Rick Renick	4	4	4	4	5	10	12	20
460	Al Downing	4	4	4	4	5	10	12	50
461	Tim Cullen	4	4	4	4	5	10	12	20
462	Rickey Clark	4	4	4	4	5	10	12	25
463	Bernie Carbo	4	4	4	8	15	30	40	80
464	Jim Roland	4	4	4	4	5	10	12	25
465	Gil Hodges MG	4	4	5	10	20	40		
466	Norm Miller	4	4	4	4	5	10	12	20
467	Steve Kline	4	4	4	4	5	10	15	120
468	Richie Scheinblum	4	4	4	4	5	10	12	25
469	Ron Herbel	4	4	4	4	5	10	12	20
470	Ray Fosse	4	4	4	4	5	10	12	50
471	Luke Walker	4	4	4	4	5	10	12	20
472	Phil Gagliano	4	4	4	4	5	10	12	20
473	Dan McGinn	4	4	4	4	5	10	12	20
474	Baylor/Harrison/Oates RC	6	10	15	25	40	80	100	150
475	Gary Nolan	4	4	4	4	5	10	12	25
476	Lee Richard RC	4	4	4	4	5	10	12	20
477	Tom Phoebus	4	4	4	4	5	10	12	20
478	Checklist 526-656	4	5	8	12	20	30	40	120
479	Don Shaw	4	4	4	4	5	10	12	20
480	Lee May	4	4	4	4	5	10	12	20
481	Billy Conigliaro	4	4	4	4	4	8	10	15
482	Joe Hoerner	4	4	4	4	8	15	20	40
483	Ken Suarez	4	4	4	4	5	10	12	20
484	Lum Harris MG	4	4	4	4	5	10	12	20
485	Phil Regan	4	4	4	4	5	10	12	40
486	John Lowenstein	4	4	4	4	5	10	12	25
487	Detroit Tigers TC	4	4	4	4	8	15	20	40
488	Mike Nagy	4	4	4	4	5	10	12	20
489	T.Humphrey RC/K.Lampard	4	4	4	5	10	20	25	250
490	Dave McNally	4	4	4	4	6	12	15	120
491	Lou Piniella KP	4	4	4	4	5	10	12	25
492	Mel Stottlemyre KP	4	4	4	4	6	12	15	25
493	Bob Bailey KP	4	4	5	6	12	25	30	50
494	Willie Horton KP	4	4	4	4	6	12	15	30
495	Bill Melton KP	4	4	4	4	8	15	20	40
496	Bud Harrelson KP	4	4	4	5	10	20	25	100
497	Jim Perry KP	4	4	4	4	5	10	15	50
498	Brooks Robinson KP	4	4	4	4	8	15	20	80
499	Vicente Romo	4	4	4	4	5	10	12	20
500	Joe Torre	4	4	4	5	10	20	25	120
501	Pete Hamm	4	4	4	4	8	15	20	40
502	Jackie Hernandez	4	4	4	4	5	10	12	20

#	Player	VG 3	VgEx 4	EX 5	ExMt 6	NM 7	NmMt 8	NmMt+ 8.5	MT 9
503	Gary Peters	4	4	4	4	8	15	20	50
504	Ed Spiezio	4	4	4	4	6	12	20	120
505	Mike Marshall	4	4	4	5	10	12		30
506	Ley/Moyer/Tidrow RC	4	4	4	8	15	20		80
507	Fred Gladding	4	4	4	5	10	12		25
508	Elrod Hendricks	4	4	4	5	10	12		60
509	Don McMahon	4	4	4	5	10	12		25
510	Ted Williams MG	10	15	25	40	60	100	120	800
511	Tony Taylor	4	4	4	5	10	12		25
512	Paul Popovich	4	4	4	5	10	12		80
513	Lindy McDaniel	4	4	4	5	10	12		30
514	Ted Sizemore	4	4	4	5	10	15		50
515	Bert Blyleven	4	4	4	6	12	15		120
516	Oscar Brown	4	4	4	5	10	12		20
517	Ken Brett	4	4	4	8	20	25		60
518	Wayne Garrett	8	15	30	40	80	100		
519	Ted Abernathy	4	4	4	6	12	20		120
520	Larry Bowa	4	4	4	6	12	20		150
521	Alan Foster	4	4	4	5	10	12		25
522	Los Angeles Dodgers TC	4	4	4	5	10	15		60
523	Chuck Dobson	4	4	4	5	10	15		60
524	E.Armbrister RC/M.Behney RC	4	5	10	12	25	80		
525	Carlos May	4	4	8	10	20	40		
526	Bob Bailey	4	4	4	5	10	15		40
527	Dave Leonhard	4	4	4	5	10	15		100
528	Ron Stone	4	4	4	6	12	15		40
529	Dave Nelson	4	5	8	12	20	30	40	60
530	Don Sutton	10	15	25	40	60	100	120	300
531	Freddie Patek	4	4	6	10	15	25	30	60
532	Fred Kendall RC	5	10	20	25	50	150		
533	Ralph Houk MG	4	6	12	15	30	60	100	250
534	Jim Hickman	4	4	4	4	5	10	12	80
535	Ed Brinkman	4	4	4	4	5	10	12	25
536	Doug Rader	4	4	6	10	15	25	30	150
537	Bob Locker	4	4	4	4	5	10	12	30
538	Charlie Sands RC	4	4	4	4	5	10	12	80
539	Terry Forster RC	4	4	6	10	15	25	30	40
540	Felix Millan	4	4	4	4	6	12	15	30
541	Roger Repoz	4	4	4	4	5	10	12	20
542	Jack Billingham	4	4	4	4	8	15	20	40
543	Duane Josephson	4	4	4	4	5	10	12	20
544	Ted Martinez	4	4	4	4	5	10	12	30
545	Wayne Granger	4	4	4	4	5	10	12	20
546	Joe Hague	4	4	4	4	5	10	12	20
547	Cleveland Indians TC	4	5	8	12	20	30	40	50
548	Frank Reberger	4	4	4	4	5	10	12	20
549	Dave May	4	4	4	4	5	10	12	50
550	Brooks Robinson	12	20	30	50	80	120	150	500
551	Ollie Brown	4	4	4	4	6	12	15	40
552	Ollie Brown IA	4	4	4	4	6	12	15	40
553	Wilbur Wood	4	4	4	4	5	10	12	20
554	Wilbur Wood IA	4	4	4	4	5	10	12	20
555	Ron Santo	4	4	5	6	25	50	60	100
556	Ron Santo IA	4	4	8	10	20	40	50	120
557	John Odom	4	4	4	4	5	10	12	20
558	John Odom IA	4	4	4	4	5	10	15	50
559	Pete Rose	25	40	60	100	200	300	400	1,500
560	Pete Rose IA	10	20	25	25	50	80	100	500
561	Leo Cardenas	4	4	4	4	5	10	12	25
562	Leo Cardenas IA	4	4	4	4	5	10	12	20
563	Ray Sadecki	4	4	4	4	6	12	20	150
564	Ray Sadecki IA	4	4	4	4	5	10	12	30
565	Reggie Smith	4	4	4	4	8	15	20	100
566	Reggie Smith IA	4	4	4	4	5	10	12	30
567	Juan Marichal	4	6	12	15	30	40	80	200
568	Juan Marichal IA	4	4	5	10	30	40	50	150
569	Ed Kirkpatrick	4	4	4	4	5	10	12	20

#	Player	VG 3	VgEx 4	EX 5	ExMt 6	NM 7	NmMt 8	NmMt+ 8.5	MT 9
570	Ed Kirkpatrick IA	4	4	4	4	5	10	15	80
571	Nate Colbert	4	4	4	4	5	10	12	20
572	Nate Colbert IA	4	4	4	4	6	12	20	120
573	Fritz Peterson	4	4	4	4	5	10	12	20
574	Fritz Peterson IA	4	4	4	4	5	10	15	40
575	Al Oliver	8	12	20	30	50	80	100	120
576	Leo Durocher MG	4	4	4	5	15	25	30	80
577	Mike Paul	4	4	6	10	15	25	30	50
578	Billy Grabarkewitz	4	4	4	4	5	10	12	20
579	Doyle Alexander RC	4	4	4	4	6	20	25	30
580	Lou Piniella	4	4	4	4	8	15	20	30
581	Wade Blasingame	4	4	4	4	5	10	12	25
582	Montreal Expos TC	10	15	25	40	60	300		
583	Darold Knowles	4	4	4	4	5	10	12	20
584	Jerry McNertney	4	4	4	4	5	10	12	20
585	George Scott	4	4	4	4	6	12	15	100
586	Denis Menke	4	4	4	4	5	10	12	25
587	Billy Wilson	4	4	4	4	5	10	12	20
588	Jim Holt	4	4	4	4	5	10	12	120
589	Hal Lanier	4	4	4	4	5	10	12	30
590	Graig Nettles	5	8	12	20	30	50	60	100
591	Paul Casanova	4	4	4	4	5	10	12	20
592	Lew Krausse	4	4	4	4	5	10	12	20
593	Rich Morales	4	4	4	4	5	10	12	20
594	Jim Beauchamp	4	4	4	4	5	10	12	20
595	Nolan Ryan	100	120	150	250	400	800	1,200	▲6,000
596	Manny Mota	4	4	4	4	8	15	20	80
597	Jim Magnuson RC	4	4	4	4	5	10	12	20
598	Hal King	4	4	4	4	5	10	12	60
599	Billy Champion	4	4	4	4	5	10	12	20
600	Al Kaline	30	40	50	60	80	150	200	500
601	George Stone	4	4	4	4	5	10	12	20
602	Dave Bristol MG	4	4	4	4	5	10	15	60
603	Jim Ray	4	4	4	4	5	10	12	20
604A	Checklist 657-787 Copyright on Right	4	4	4	4	6	12	15	30
604B	Checklist 657-787 Copyright on Left	4	4	4	4	6	12	15	30
605	Nelson Briles	4	4	4	4	5	10	12	50
606	Luis Melendez	4	4	4	4	5	10	12	20
607	Frank Duffy	4	4	4	4	5	10	12	20
608	Mike Corkins	4	4	4	4	5	10	12	20
609	Tom Grieve	4	5	8	12	20	30	40	50
610	Bill Stoneman	4	5	8	12	20	30	40	50
611	Rich Reese	4	4	4	4	5	10	12	20
612	Joe Decker	4	4	4	4	6	12	15	60
613	Mike Ferraro	4	4	4	4	5	10	12	20
614	Ted Uhlaender	4	4	4	4	5	10	12	50
615	Steve Hargan	4	4	4	4	5	10	12	20
616	Joe Ferguson RC	4	4	4	4	6	12	15	60
617	Kansas City Royals TC	4	4	6	10	15	20	30	60
618	Rich Robertson	4	4	4	4	5	10	12	20
619	Rich McKinney	4	4	4	5	10	20	25	250
620	Phil Niekro	10	15	25	40	60	▲120	120	500
621	Commish Award	4	4	6	10	15	25	30	60
622	MVP Award	4	4	6	10	15	25	30	60
623	Cy Young Award	4	4	6	10	15	25	30	60
624	Minor Lg POY Award	4	6	10	15	25	40		
625	Rookie of the Year	4	4	5	8	12	25	30	50
626	Babe Ruth Award	4	6	8	10	15	25	40	60
627	Moe Drabowsky	4	4	5	6	12	25		
628	Terry Crowley	4	4	4	4	5	10	12	25
629	Paul Doyle	4	4	4	4	5	10	12	25
630	Rich Hebner	4	4	4	4	6	12	15	40
631	John Strohmayer	4	4	4	4	5	10	12	30
632	Mike Hegan	4	4	4	4	5	10	15	60
633	Jack Hiatt	4	4	4	4	5	10	12	25
634	Dick Woodson	4	4	4	4	5	10	12	25
635	Don Money	4	5	8	12	20	30	40	60
636	Bill Lee	4	6	10	15	25	40	50	120
637	Preston Gomez MG	4	4	4	4	5	10	12	30
638	Ken Wright	4	4	4	4	5	10	15	40
639	J.C. Martin	4	4	4	4	5	10	12	40
640	Joe Coleman	4	4	4	4	5	10	12	25
641	Mike Lum	4	4	4	6	12	25	30	80
642	Dennis Riddleberger RC	4	4	4	4	5	10	12	20
643	Russ Gibson	4	4	4	4	5	10	12	60
644	Bernie Allen	4	4	4	4	5	10	12	60
645	Jim Maloney	4	4	4	4	6	12	20	50
646	Chico Salmon	4	4	4	4	5	10	12	200
647	Bob Moose	4	4	4	4	6	12	15	60
648	Jim Lyttle	4	4	4	4	5	10	12	25
649	Pete Richert	4	4	4	4	5	10	12	20
650	Sal Bando	4	4	4	4	5	20	40	80
651	Cincinnati Reds TC	6	10	15	25	40	100	120	250
652	Marcelino Lopez	4	4	4	4	5	10	12	20
653	Jim Fairey	4	4	4	4	5	10	12	30
654	Horacio Pina	4	4	4	4	5	10	12	60
655	Jerry Grote	4	8	15	20	40	80		
656	Rudy May	4	4	4	4	5	10	12	25
657	Bobby Wine	4	6	10	15	25	40	50	100
658	Steve Dunning	4	4	4	10	20	50	60	300
659	Bob Aspromonte	4	5	8	12	20	30	40	60
660	Paul Blair	5	8	12	20	30	50	60	100
661	Bill Virdon MG	4	4	6	8	15	80	100	150
662	Stan Bahnsen	4	6	10	15	25	40	50	80
663	Fran Healy RC	4	4	5	8	25	30	40	50
664	Bobby Knoop	4	6	10	15	25	40	50	60
665	Chris Short	4	4	5	6	12	30	30	50
666	Hector Torres	4	6	10	15	25	40	50	150
667	Ray Newman RC	4	4	5	6	12	40	50	120
668	Texas Rangers TC	5	8	12	20	30	50	60	80
669	Willie Crawford	4	▲6	▲10	▲15	▲25	▲40	40	120
670	Ken Holtzman	4	5	8	12	25	60		
671	Donn Clendenon	5	8	12	20	30	50	60	120
672	Archie Reynolds	4	5	8	12	20	30	40	100
673	Dave Marshall	4	5	10	12	25	50		
674	John Kennedy	5	8	12	20	30	50	60	120
675	Pat Jarvis	4	4	6	10	15	25	30	60
676	Danny Cater	4	4	5	6	12	▲50	30	200
677	Ivan Murrell	4	4	6	10	15	25	30	60
678	Steve Luebber RC	4	5	8	12	20	30	40	80
679	B.Fenwick RC/B.Stinson	4	4	4	4	8	25	30	50
680	Dave Johnson	4	6	10	15	25	40	50	100
681	Bobby Pfeil	4	6	10	15	25	30	40	100
682	Mike McCormick	4	▲5	▲8	▲12	▲20	30	40	80
683	Steve Hovley	4	4	6	8	15	80		
684	Hal Breeden RC	4	5	8	12	20	30	40	80
685	Joel Horlen	4	4	6	10	15	25	30	50
686	Steve Garvey	40	50	60	80	120	250	300	800
687	Del Unser	4	5	6	8	12	50		
688	St. Louis Cardinals TC	5	8	12	20	30	50	60	100
689	Eddie Fisher	4	4	4	4	8	25	30	50
690	Willie Montanez	4	4	4	6	12	60	80	120
691	Curt Blefary	4	4	4	5	10	20	30	100
692	Curt Blefary IA	4	4	4	5	10	30	40	120
693	Alan Gallagher	4	5	8	12	20	30		
694	Alan Gallagher IA	4	4	5	6	12	25	30	75
695	Rod Carew	25	40	60	100	200	300	400	1,000
696	Rod Carew IA	8	12	20	30	40	120	150	500
697	Jerry Koosman	4	4	5	6	12	25	30	80
698	Jerry Koosman IA	4	4	8	10	20	50		
699	Bobby Murcer	4	4	8	15	50	80	100	150
700	Bobby Murcer IA	4	4	10	30	50	60	200	

#	Player	VG 3	VgEx 4	EX 5	ExMt 6	NM 7	NmMt 8	NmMt+ 8.5	MT 9
701	Jose Pagan	4	4	4	4	8	20	25	50
702	Jose Pagan IA	4	4	5	8	12	40	60	100
703	Doug Griffin	4	4	4	4	8	25	30	60
704	Doug Griffin IA	4	4	4	5	10	25	30	150
705	Pat Corrales	4	4	4	15	20	40	50	100
706	Pat Corrales IA	5	8	12	20	30	50	60	80
707	Tim Foli	4	4	4	5	10	20	25	40
708	Tim Foli IA	6	12	25	30	60	150		
709	Jim Kaat	4	4	4	6	12	40	50	60
710	Jim Kaat IA	4	4	6	8	25	30	40	80
711	Bobby Bonds	4	4	5	6	12	30	40	50
712	Bobby Bonds IA	4	4	5	6	12	30	40	60
713	Gene Michael	4	4	8	10	20	40	50	200
714	Gene Michael IA	4	4	8	15	30	50	80	300
715	Mike Epstein	4	6	10	15	25	50	60	100
716	Jesus Alou	4	▲6	▲10	▲15	▲25	50		
717	Bruce Dal Canton	▲5	▲8	▲12	▲20	▲30	▲50	30	200
718	Del Rice MG	4	6	10	15	25	40	50	100
719	Cesar Geronimo	10	15	25	40	60	100	120	300
720	Sam McDowell	4	4	4	4	10	50	60	120
721	Eddie Leon	4	6	10	15	25	30	40	80
722	Bill Sudakis	4	6	10	15	25	40	50	80
723	Al Santorini	4	4	8	10	20	40	60	350
724	Curtis/Hinton/Scott RC	5	8	12	20	30	50	60	120
725	Dick McAuliffe	4	4	4	4	8	40	50	100
726	Dick Selma	4	5	8	12	20	30	40	80
727	Jose Laboy	4	5	8	12	20	30	40	80
728	Gail Hopkins	4	▲6	▲10	▲15	▲25	50	60	250
729	Bob Veale	6	10	15	25	40	60	80	150
730	Rick Monday	6	10	15	25	40	60	80	150
731	Baltimore Orioles TC	4	6	10	15	25	40	50	100
732	George Culver	4	4	4	4	8	15	20	50
733	Jim Ray Hart	4	5	8	12	20	30	40	50
734	Bob Burda	5	8	12	20	30	50	60	200
735	Diego Segui	▲5	▲8	▲12	▲20	▲30	▲50	30	▲100
736	Bill Russell	▲5	▲8	▲12	▲20	▲30	▲50	50	▲120
737	Len Randle RC	12	20	30	50	80	120	150	300
738	Jim Merritt	4	4	4	4	8	40	50	60
739	Don Mason	4	4	4	4	8	25	30	50
740	Rico Carty	5	8	12	20	30	50	60	150
741	Hutton/Milner/Miller RC	▲6	▲10	▲15	▲25	▲40	▲60	60	▲120
742	Jim Rooker	4	4	4	4	8	30	40	80
743	Cesar Gutierrez	4	5	8	12	20	30	40	80
744	Jim Slaton RC	▲5	▲8	▲12	▲20	▲30	▲50	25	▲80
745	Julian Javier	5	8	12	20	30	50	60	120
746	Lowell Palmer	4	4	4	4	8	▲50	25	150
747	Jim Stewart	▲5	▲8	▲12	▲20	▲30	▲50	40	▲100
748	Phil Hennigan	4	5	8	12	20	30	40	80
749	Walt Alston MG	4	6	10	15	25	40	50	250
750	Willie Horton	4	4	4	6	12	25	30	60
751	Steve Carlton TR	▲12	▲20	▲30	▲50	▲100	▲150	80	▲300
752	Joe Morgan TR	25	40	60	100	150	300	400	1,000
753	Denny McLain TR	4	4	4	12	15	40	50	60
754	Frank Robinson TR	4	4	8	25	50	60	80	200
755	Jim Fregosi TR	4	4	4	10	20	30	50	100
756	Rick Wise TR	4	4	4	5	10	30	40	60
757	Jose Cardenal TR	4	6	12	15	30	80	120	500
758	Gil Garrido	4	4	4	5	10	25	40	120
759	Chris Cannizzaro	4	4	4	5	10	40	50	80
760	Bill Mazeroski	12	20	30	50	80	150	200	400
761	Oglivie/Cey/Williams RC	▲30	▲40	▲60	80	120	200	250	400
762	Wayne Simpson	4	4	4	4	10	25	30	60
763	Ron Hansen	4	5	8	12	20	30	40	150
764	Dusty Baker	12	20	30	50	80	120	150	300
765	Ken McMullen	4	4	6	10	15	25	30	60
766	Steve Hamilton	5	8	12	20	30	50	60	400
767	Tom McCraw	4	6	10	15	25	40	50	100
768	Denny Doyle	4	4	4	4	8	30	40	50
769	Jack Aker	4	4	5	8	12	20	25	50
770	Jim Wynn	4	4	4	4	10	40	50	150
771	San Francisco Giants TC	5	8	12	20	30	50	60	80
772	Ken Tatum	▲5	▲8	▲12	▲20	▲30	▲50	30	▲80
773	Ron Brand	4	4	6	10	15	25	30	40
774	Luis Alvarado	4	6	10	15	20	40	50	100
775	Jerry Reuss	4	4	5	8	12	▲50	25	▲100
776	Bill Voss	4	4	4	5	10	50	60	150
777	Hoyt Wilhelm	▲85	▲12	▲20	▲30	▲50	▲80	60	▲150
778	Rick Dempsey RC	4	4	8	10	30	60	80	150
779	Tony Cloninger	4	4	4	4	8	50	60	120
780	Dick Green	4	4	4	4	8	40	50	80
781	Jim McAndrew	4	4	6	10	15	30	40	100
782	Larry Stahl	4	5	6	8	30	50	60	150
783	Les Cain	4	5	8	12	20	40	50	80
784	Ken Aspromonte	4	4	4	5	10	40	50	60
785	Vic Davalillo	4	4	8	10	20	50	60	80
786	Chuck Brinkman	4	5	8	12	20	30	40	250
787	Ron Reed	6	10	15	25	40	80	120	300

1973 Kellogg's

#	Player	VG 3	VgEx 4	EX 5	ExMt 6	NM 7	NmMt 8	MT 9	Gem 9.5/10
1	Amos Otis	4	4	4	4	4	5	8	40
2	Ellie Rodriguez	4	4	4	4	4	5	8	25
3	Mickey Lolich	4	4	4	4	4	5	8	25
4	Tony Oliva	4	4	4	4	4	5	8	20
5	Don Sutton	4	4	4	4	4	5	8	20
6	Pete Rose	4	4	4	4	6	12	25	100
7	Steve Carlton	4	4	4	4	4	5	10	25
8	Bobby Bonds	4	4	4	4	4	5	8	20
9	Wilbur Wood	4	4	4	4	4	5	8	25
10	Billy Williams	4	4	4	4	4	5	10	25
11	Steve Blass	4	4	4	4	4	5	8	25
12	Jon Matlack	4	4	4	4	4	5	8	25
13	Cesar Cedeno	4	4	4	4	4	5	8	40
14	Bob Gibson	4	4	4	4	4	5	10	30
15	Sparky Lyle	4	4	4	4	4	5	8	60
16	Nolan Ryan	4	4	4	5	10	20	50	120
17	Jim Palmer	4	4	4	4	4	5	10	25
18	Ray Fosse	4	4	4	4	4	5	8	20
19	Bobby Murcer	4	4	4	4	4	5	10	25
20	Jim Hunter	4	4	4	4	4	5	10	25
21	Tug McGraw	4	4	4	4	4	5	8	25
22	Reggie Jackson	4	4	4	4	4	8	15	40
23	Bill Stoneman	4	4	4	4	4	5	8	60
24	Lou Piniella	4	4	4	4	4	5	8	50
25	Willie Stargell	4	4	4	4	4	5	10	25
26	Dick Allen	4	4	4	4	4	5	10	25
27	Carlton Fisk	4	4	4	4	4	6	50	60
28	Ferguson Jenkins	4	4	4	4	4	5	10	60
29	Phil Niekro	4	4	4	4	4	5	10	25
30	Gary Nolan	4	4	4	4	4	5	8	25
31	Joe Torre	4	4	4	4	4	5	8	20
32	Bobby Tolan	4	4	4	4	4	5	8	20
33	Nate Colbert	4	4	4	4	4	5	8	60
34	Joe Morgan	4	4	4	4	4	5	10	25
35	Bert Blyleven	4	4	4	4	4	5	8	20
36	Joe Rudi	4	4	4	4	4	5	8	25
37	Ralph Garr	4	4	4	4	4	5	8	40
38	Gaylord Perry	4	4	4	4	4	5	10	50
39	Bobby Grich	4	4	4	4	4	5	8	40
40	Lou Brock	4	4	4	4	4	5	10	150
41	Pete Broberg	4	4	4	4	4	5	8	25
42	Manny Sanguillen	4	4	4	4	4	5	8	20
43	Willie Davis	4	4	4	4	4	5	8	20

		VG 3	VgEx 4	EX 5	ExMt 6	NM 7	NmMt 8	MT 9	Gem 9.5/10
44	Dave Kingman	4	4	4	4	4	5	8	20
45	Carlos May	4	4	4	4	4	5	8	20
46	Tom Seaver	4	4	4	4	4	8	15	30
47	Mike Cuellar	4	4	4	4	4	5	8	60
48	Joe Coleman	4	4	4	4	4	5	8	20
49	Claude Osteen	4	4	4	4	4	5	8	25
50	Steve Kline	4	4	4	4	4	5	8	20
51	Rod Carew	4	4	4	4	4	5	10	50
52	Al Kaline	4	4	4	4	4	6	15	30
53	Larry Dierker	4	4	4	4	4	5	8	20
54	Ron Santo	4	4	4	4	4	5	10	25

1973 O-Pee-Chee

		GD 2	VG 3	VgEx 4	EX 5	ExMt 6	NM 7	NmMt 8	MT 9
615	Mike Schmidt RC	100	150	250	400	600	1,000	1,500	4,000

1973 Topps

		VG 3	VgEx 4	EX 5	ExMt 6	NM 7	NmMt 8	NmMt+ 8.5	MT 9
1	Ruth/Aaron/Mays HR	20	25	30	60	80	250	200	600
2	Rich Hebner	4	4	4	4	4	8	10	30
3	Jim Lonborg	4	4	4	4	4	6	8	20
4	John Milner	4	4	4	4	4	6	8	60
5	Ed Brinkman	4	4	4	4	4	6	8	20
6	Mac Scarce RC	4	4	4	4	4	6	8	20
7	Texas Rangers TC	4	4	4	4	4	6	8	20
8	Tom Hall	4	4	4	4	4	6	8	15
9	Johnny Oates	4	4	4	4	4	6	8	15
10	Don Sutton	▲10	▲15	▲25	▲30	▲40	50	▼60	100
11	Chris Chambliss	4	4	4	4	4	8	10	30
12A	Don Zimmer MG Podres w/o Ear	4	4	4	4	4	6	8	20
12B	Don Zimmer MG Podres w/Ear	4	4	4	4	4	6	8	20
13	George Hendrick	4	4	4	4	4	6	8	20
14	Sonny Siebert	4	4	4	4	4	6	8	20
15	Ralph Garr	4	4	4	4	4	6	8	20
16	Steve Braun	4	4	4	4	4	6	8	20
17	Fred Gladding	4	4	4	4	4	6	8	25
18	Leroy Stanton	4	4	4	4	4	6	8	40
19	Tim Foli	4	4	4	4	4	6	8	12
20	Stan Bahnsen	4	4	4	4	4	6	8	20
21	Randy Hundley	4	4	4	4	4	6	8	20
22	Ted Abernathy	4	4	4	4	4	6	8	20
23	Dave Kingman	4	4	4	4	4	8	10	40
24	Al Santorini	4	4	4	4	4	6	8	20
25	Roy White	4	4	4	4	4	8	10	30
26	Pittsburgh Pirates TC	4	4	4	4	4	6	8	20
27	Bill Gogolewski	4	4	4	4	4	6	8	20
28	Hal McRae	4	4	4	4	4	8	10	25
29	Tony Taylor	4	4	4	4	4	6	8	20
30	Tug McGraw	4	4	4	4	4	8	10	25
31	Buddy Bell RC	4	4	4	4	8	15	20	120
32	Fred Norman	4	4	4	4	4	6	8	20
33	Jim Breazeale RC	4	4	4	4	4	6	8	20
34	Pat Dobson	4	4	4	4	4	6	8	20
35	Willie Davis	4	4	4	4	4	6	8	20
36	Steve Barber	4	4	4	4	4	6	8	20
37	Bill Robinson	4	4	4	4	4	6	8	20
38	Mike Epstein	4	4	4	4	4	6	8	20
39	Dave Roberts	4	4	4	4	4	6	8	20
40	Reggie Smith	4	4	4	4	4	8	10	50
41	Tom Walker RC	4	4	4	4	4	6	8	25
42	Mike Andrews	4	4	4	4	4	6	8	12
43	Randy Moffitt RC	4	4	4	4	4	6	8	20
44	Rick Monday	4	4	4	4	4	8	9	30
45	Ellie Rodriguez	4	4	4	4	4	6	8	20
46	Lindy McDaniel	4	4	4	4	4	6	8	20

		VG 3	VgEx 4	EX 5	ExMt 6	NM 7	NmMt 8	NmMt+ 8.5	MT 9
47	Luis Melendez	4	4	4	4	4	6	8	20
48	Paul Splittorff	4	4	4	4	4	6	8	50
49A	Frank Quilici MG Solid	4	4	4	4	4	6	8	40
49B	Frank Quilici MG Natural	4	4	4	4	4	6	8	20
50	Roberto Clemente	50	60	100	120	▼200	500	1,200	2,500
51	Chuck Seelbach RC	4	4	4	4	4	6	8	20
52	Denis Menke	4	4	4	4	4	6	8	20
53	Steve Dunning	4	4	4	4	4	6	8	20
54	Checklist 1-132	4	4	4	4	8	20	25	40
55	Jon Matlack	4	4	4	4	4	6	8	20
56	Merv Rettenmund	4	4	4	4	4	6	8	20
57	Derrel Thomas	4	4	4	4	4	6	8	20
58	Mike Paul	4	4	4	4	4	6	8	15
59	Steve Yeager RC	4	4	4	4	5	10	12	30
60	Ken Holtzman	4	4	4	4	4	6	8	30
61	Batting Leaders	▲5	▲8	▲12	▲20	▲30	▲50	▲60	▲120
62	Home Run Leaders	▲8	▲12	▲20	▲30	▲50	▲80	▲100	▲120
63	RBI Leaders	▲8	▲12	▲20	▲30	▲50	▲80	▲100	▲250
64	Stolen Base Leaders	▲8	▲12	▲20	▲30	▲50	▲80	▲100	▲120
65	ERA Leaders	▲5	▲8	▲12	▲20	▲30	▲50	▲60	▲120
66	Victory Leaders	▲5	▲8	▲12	▲20	▲30	▲50	▲60	▲120
67	Strikeout Leaders	▲12	▲20	▲30	▲50	▲80	▲120	▲150	400
68	Leading Firemen	4	4	▲5	▲8	▲12	▲20	▲25	▲50
69	Phil Gagliano	4	4	4	4	4	6	8	20
70	Milt Pappas	4	4	4	4	4	6	8	15
71	Johnny Briggs	4	4	4	4	4	6	8	12
72	Ron Reed	4	4	4	4	4	6	8	15
73	Ed Herrmann	4	4	4	4	4	5	6	10
74	Billy Champion	4	4	4	4	4	5	6	10
75	Vada Pinson	4	4	4	4	4	6	8	20
76	Doug Rader	4	4	4	4	4	6	8	15
77	Mike Torrez	4	4	4	4	4	6	8	20
78	Richie Scheinblum	4	4	4	4	4	6	8	12
79	Jim Willoughby RC	4	4	4	4	4	6	8	12
80	Tony Oliva	4	4	4	4	5	10	12	250
81A	W.Lockman MG w/Banks Solid	4	4	4	4	4	8	10	60
81B	W.Lockman MG w/Banks Natural	4	4	4	4	4	8	10	25
82	Fritz Peterson	4	4	4	4	4	6	8	20
83	Leron Lee	4	4	4	4	4	6	8	15
84	Rollie Fingers	5	8	12	20	30	▲60	80	500
85	Ted Simmons	4	4	4	4	4	8	10	30
86	Tom McCraw	4	4	4	4	4	6	8	15
87	Ken Boswell	4	4	4	4	4	6	8	20
88	Mickey Stanley	4	4	4	4	4	6	8	20
89	Jack Billingham	4	4	4	4	4	6	8	20
90	Brooks Robinson	15	25	30	40	50	100	120	500
91	Los Angeles Dodgers TC	4	4	4	4	4	8	10	25
92	Jerry Bell	4	4	4	4	4	6	8	20
93	Jesus Alou	4	4	4	4	4	6	8	20
94	Dick Billings	4	4	4	4	4	6	8	20
95	Steve Blass	4	4	4	4	4	6	8	20
96	Doug Griffin	4	4	4	4	4	6	8	20
97	Willie Montanez	4	4	4	4	4	6	8	20
98	Dick Woodson	4	4	4	4	4	6	8	20
99	Carl Taylor	4	4	4	4	4	6	8	20
100	Hank Aaron	25	40	60	100	250	500	800	2,500
101	Ken Henderson	4	4	4	4	4	6	8	20
102	Rudy May	4	4	4	4	4	6	8	20
103	Celerino Sanchez RC	4	4	4	4	4	6	8	20
104	Reggie Cleveland	4	4	4	4	4	6	8	12
105	Carlos May	4	4	4	4	4	6	8	20
106	Terry Humphrey	4	4	4	4	4	6	8	20
107	Phil Hennigan	4	4	4	4	4	6	8	20
108	Bill Russell	4	4	4	4	4	8	10	25
109	Doyle Alexander	4	4	4	4	4	6	8	20
110	Bob Watson	4	4	4	4	4	6	8	20
111	Dave Nelson	4	4	4	4	4	6	8	20

#	Player	VG 3	VgEx 4	EX 5	ExMt 6	NM 7	NmMt 8	NmMt+ 8.5	MT 9
112	Gary Ross	4	4	4	4	4	6	8	20
113	Jerry Grote	4	4	4	4	4	5	6	10
114	Lynn McGlothen RC	4	4	4	4	4	6	8	12
115	Ron Santo	4	4	4	4	8	15	20	30
116A	Ralph Houk MG Solid	4	4	4	4	4	6	8	120
116B	Ralph Houk MG Natural	4	4	4	4	4	6	8	20
117	Ramon Hernandez	4	4	4	4	4	6	8	20
118	John Mayberry	4	4	4	4	4	6	8	20
119	Larry Bowa	4	4	4	4	4	8	10	25
120	Joe Coleman	4	4	4	4	4	6	8	20
121	Dave Rader	4	4	4	4	4	6	8	20
122	Jim Strickland	4	4	4	4	4	6	8	20
123	Sandy Alomar	4	4	4	4	4	8	10	25
124	Jim Hardin	4	4	4	4	4	6	8	20
125	Ron Fairly	4	4	4	4	4	6	8	20
126	Jim Brewer	4	4	4	4	4	6	8	20
127	Milwaukee Brewers TC	4	4	4	4	4	6	8	25
128	Ted Sizemore	4	4	4	4	4	6	8	60
129	Terry Forster	4	4	4	4	4	8	10	25
130	Pete Rose	25	30	50	60	100	300	500	2,500
131A	Eddie Kasko MG Popowski w/oEar	4	4	4	4	4	60	80	400
131B	Eddie Kasko MG Popowski w/Ear	4	4	4	4	4	6	8	20
132	Matty Alou	4	4	4	4	4	6	8	20
133	Dave Roberts RC	4	4	4	4	4	6	8	25
134	Milt Wilcox	4	4	4	4	4	6	8	25
135	Lee May	4	4	4	4	4	6	8	20
136A	Earl Weaver MG Orange	4	4	4	4	5	10	12	60
136B	Earl Weaver MG Brown	4	4	4	4	4	8	10	400
137	Jim Beauchamp	4	4	4	4	4	6	8	25
138	Horacio Pina	4	4	4	4	4	6	8	40
139	Carmen Fanzone RC	4	4	4	4	4	6	8	20
140	Lou Piniella	4	4	4	4	4	8	10	25
141	Bruce Kison	4	4	4	4	4	6	8	150
142	Thurman Munson	20	30	50	60	100	250	300	800
143	John Curtis	4	4	4	4	4	6	8	25
144	Marty Perez	4	4	4	4	4	6	8	10
145	Bobby Bonds	4	4	4	4	4	8	10	80
146	Woodie Fryman	4	4	4	4	4	15	20	
147	Mike Anderson	4	4	4	4	4	6	8	20
148	Dave Goltz RC	4	4	4	4	4	6	8	20
149	Ron Hunt	4	4	4	4	4	6	8	25
150	Wilbur Wood	4	4	4	4	4	8	10	25
151	Wes Parker	4	4	4	4	4	8	10	25
152	Dave May	4	4	4	4	4	6	8	20
153	Al Hrabosky	4	4	4	4	4	8	10	25
154	Jeff Torborg	4	4	4	4	4	6	8	20
155	Sal Bando	4	4	4	4	4	8	10	30
156	Cesar Geronimo	4	4	4	4	4	6	8	50
157	Denny Riddleberger	4	4	4	4	4	6	8	200
158	Houston Astros TC	4	4	4	4	4	6	8	20
159	Cito Gaston	4	4	4	4	4	6	8	20
160	Jim Palmer	8	12	20	30	50	100	150	600
161	Ted Martinez	4	4	4	4	4	6	8	20
162	Pete Broberg	4	4	4	4	4	6	8	12
163	Vic Davalillo	4	4	4	4	4	8	10	
164	Monty Montgomery	4	4	4	4	4	6	8	20
165	Luis Aparicio	5	8	12	20	30	40	60	120
166	Terry Harmon	4	4	4	4	4	6	8	20
167	Steve Stone	4	4	4	4	4	6	8	20
168	Jim Northrup	4	4	4	4	4	8	10	25
169	Ron Schueler RC	4	4	4	4	4	6	8	250
170	Harmon Killebrew	12	20	30	50	60	100	120	400
171	Bernie Carbo	4	4	4	4	4	6	8	25
172	Steve Kline	4	4	4	4	4	6	8	20
173	Hal Breeden	4	4	4	4	5	10	40	
174	Rich Gossage RC	▲20	▲30	40	60	100	200	300	800
175	Frank Robinson	20	25	30	40	60	▼80	120	300

#	Player	VG 3	VgEx 4	EX 5	ExMt 6	NM 7	NmMt 8	NmMt+ 8.5	MT 9
176	Chuck Taylor	4	4	4	4	4	6	8	20
177	Bill Plummer RC	4	4	4	4	4	6	8	20
178	Don Rose RC	4	4	4	4	4	6	8	80
179A	Dick Williams MG Hoscheit w/Ear	4	4	4	4	4	6	8	30
179B	Dick Williams MG Hoscheit w/o Ear	4	4	4	4	4	6	8	20
180	Ferguson Jenkins	▲6	▲10	▲15	▲25	▲40	▲60	▲80	▲200
181	Jack Brohamer RC	4	4	4	4	4	6	8	25
182	Mike Caldwell RC	4	4	4	4	4	8	10	30
183	Don Buford	4	4	4	4	4	8	10	
184	Jerry Koosman	4	4	4	4	4	8	10	25
185	Jim Wynn	4	4	4	4	4	8	10	25
186	Bill Fahey	4	4	4	4	4	6	8	40
187	Luke Walker	4	4	4	4	4	6	8	15
188	Cookie Rojas	4	4	4	4	4	6	8	20
189	Greg Luzinski	4	4	4	4	4	8	10	50
190	Bob Gibson	15	25	40	50	80	150	200	500
191	Detroit Tigers TC	4	4	4	4	4	8	10	50
192	Pat Jarvis	4	4	4	4	4	6	8	25
193	Carlton Fisk	25	30	40	60	100	200	250	1,000
194	Jorge Orta RC	4	4	4	4	4	6	8	50
195	Clay Carroll	4	4	4	4	4	15	20	100
196	Ken McMullen	4	4	4	4	4	6	8	20
197	Ed Goodson RC	4	4	4	4	4	6	8	25
198	Horace Clarke	4	4	4	4	4	6	8	30
199	Bert Blyleven	4	4	4	4	4	8	10	60
200	Billy Williams	6	10	15	25	40	60	100	200
201	George Hendrick ALCS	4	4	4	4	4	8	10	30
202	George Foster NLCS	4	4	4	4	4	15	20	150
203	Gene Tenace WS1	4	4	4	4	4	8	10	25
204	A's Two Straight WS2	4	4	4	4	4	8	10	30
205	Tony Perez WS3	4	4	4	4	4	8	10	30
206	Gene Tenace WS4	4	4	4	4	4	8	10	40
207	Blue Moon Odom WS5	4	4	4	4	4	8	10	50
208	Johnny Bench WS6	4	4	4	5	8	12	20	25
209	Bert Campaneris WS7	4	4	4	4	4	8	10	30
210	A's Win WS	4	4	4	4	4	6	8	80
211	Balor Moore	4	4	4	4	4	6	8	40
212	Joe Lahoud	4	4	4	4	4	6	8	20
213	Steve Garvey	12	15	20	30	40	60	100	200
214	Dave Hamilton RC	4	4	4	4	4	6	8	25
215	Dusty Baker	4	6	10	15	25	50	80	120
216	Toby Harrah	4	4	4	4	4	6	8	20
217	Don Wilson	4	4	4	6	12	25	30	900
218	Aurelio Rodriguez	4	4	4	4	4	6	8	25
219	St. Louis Cardinals TC	4	4	4	4	4	8	10	80
220	Nolan Ryan	40	50	80	120	250	▼800	1,200	5,000
221	Fred Kendall	4	4	4	4	4	6	8	20
222	Rob Gardner	4	4	4	5	10	12		25
223	Bud Harrelson	4	4	4	5	10	12		60
224	Bill Lee	4	4	4	4	4	8	10	30
225	Al Oliver	4	4	4	4	4	8	10	25
226	Ray Fosse	4	4	4	4	4	6	8	20
227	Wayne Twitchell	4	4	4	4	4	12	15	60
228	Bobby Darwin	4	4	4	4	4	6	8	20
229	Roric Harrison	4	4	4	4	4	6	8	60
230	Joe Morgan	12	20	30	50	80	200		
231	Bill Parsons	4	4	4	4	4	6	8	20
232	Ken Singleton	4	4	4	4	4	8	10	25
233	Ed Kirkpatrick	4	4	4	4	4	6	8	25
234	Bill North RC	4	4	4	4	4	6	8	50
235	Jim Hunter	15	20	25	30	50	100	150	250
236	Tito Fuentes	4	4	4	4	4	6	8	15
237A	Eddie Mathews MG Burdette w/Ear	4	4	5	8	12	50	80	2,000
237B	Eddie Mathews MG Burdette w/o Ear	4	5	8	12	50	80	2,000	

#	Player	VG 3	VgEx 4	EX 5	ExMt 6	NM 7	NmMt 8	NmMt+ 8.5	MT 9
238	Tony Muser RC	4	4	4	4	4	6	8	20
239	Pete Richert	4	4	4	4	5	10	15	
240	Bobby Murcer	4	4	4	4	8	15	20	50
241	Dwain Anderson	4	4	4	4	5	10	12	20
242	George Culver	4	4	4	4	4	6	8	20
243	California Angels TC	4	4	4	4	4	6	8	25
244	Ed Acosta	4	4	4	4	4	6	8	20
245	Carl Yastrzemski	15	25	40	60	100	200		
246	Ken Sanders	4	4	4	4	4	6	8	20
247	Del Unser	4	4	4	4	5	10	15	
248	Jerry Johnson	4	4	4	4	4	6	8	20
249	Larry Biittner	4	4	4	4	4	6	8	20
250	Manny Sanguillen	4	4	4	4	4	8	10	50
251	Roger Nelson	4	4	4	4	4	6	8	15
252A	Charlie Fox MG Orange	4	4	4	4	4	6	8	60
252B	Charlie Fox MG Brown	4	4	4	4	4	6	8	20
253	Mark Belanger	4	4	4	4	4	8	10	25
254	Bill Stoneman	4	4	4	4	4	6	8	12
255	Reggie Jackson	20	25	▲40	50	80	200	400	1,000
256	Chris Zachary	4	4	4	4	4	6	8	15
257A	Yogi Berra MG Orange	4	6	10	15	25	50	80	250
257B	Yogi Berra MG Brown	4	6	10	15	25	50	80	250
258	Tommy John	4	4	4	4	4	8	10	50
259	Jim Holt	4	4	4	4	5	10	15	
260	Gary Nolan	4	4	4	4	4	6	8	20
261	Pat Kelly	4	4	4	4	4	6	8	25
262	Jack Aker	4	4	4	4	4	6	8	20
263	George Scott	4	4	4	4	4	6	8	20
264	Checklist 133-264	4	4	4	4	8	60	80	100
265	Gene Michael	4	4	4	4	4	6	8	50
266	Mike Lum	4	4	4	4	4	6	8	25
267	Lloyd Allen	4	4	4	4	4	6	8	20
268	Jerry Morales	4	4	4	4	4	6	8	20
269	Tim McCarver	4	4	4	4	4	8	10	25
270	Luis Tiant	4	4	4	4	4	8	10	25
271	Tom Hutton	4	4	4	4	4	6	8	20
272	Ed Farmer	4	4	4	4	4	6	8	25
273	Chris Speier	4	4	4	4	4	6	8	20
274	Darold Knowles	4	4	4	4	4	6	8	25
275	Tony Perez	6	10	15	25	40	120	200	400
276	Joe Lovitto RC	4	4	4	4	4	6	8	20
277	Bob Miller	4	4	4	4	4	6	8	20
278	Baltimore Orioles TC	4	4	4	4	6	12	15	100
279	Mike Strahler	4	4	4	4	4	6	8	50
280	Al Kaline	20	25	30	50	80	120	150	400
281	Mike Jorgensen	4	4	4	4	4	6	8	80
282	Steve Hovley	4	4	4	4	4	6	8	80
283	Ray Sadecki	4	4	4	4	4	6	8	120
284	Glenn Borgmann RC	4	4	4	4	4	6	8	20
285	Don Kessinger	4	4	4	4	4	6	8	120
286	Frank Linzy	4	4	4	4	4	6	8	20
287	Eddie Leon	4	4	4	4	4	6	8	20
288	Gary Gentry	4	4	4	4	4	6	8	120
289	Bob Oliver	4	4	4	4	4	6	8	25
290	Cesar Cedeno	4	4	4	4	4	8	10	50
291	Rogelio Moret	4	4	4	4	4	6	8	15
292	Jose Cruz	4	4	4	4	4	8	10	25
293	Bernie Allen	4	4	4	4	4	6	8	20
294	Steve Arlin	4	4	4	4	4	6	8	20
295	Bert Campaneris	4	4	4	4	4	6	8	25
296	Sparky Anderson MG	4	4	4	4	6	12	15	60
297	Walt Williams	4	4	4	4	4	6	8	20
298	Ron Bryant	4	4	4	4	4	6	8	50
299	Ted Ford	4	4	4	4	4	6	8	30
300	Steve Carlton	8	12	20	30	50	120	200	500
301	Billy Grabarkewitz	4	4	4	4	4	6	8	15
302	Terry Crowley	4	4	4	4	4	6	8	100
303	Nelson Briles	4	4	4	4	4	6	8	25
304	Duke Sims	4	4	4	4	4	6	8	20
305	Willie Mays	50	▼60	▼80	▼100	250	500	800	2,500
306	Tom Burgmeier	4	4	4	4	4	6	8	40
307	Boots Day	4	4	4	4	4	6	8	20
308	Skip Lockwood	4	4	4	4	4	6	8	30
309	Paul Popovich	4	4	4	4	4	6	8	20
310	Dick Allen	▲15	▲25	▲40	▲60	▲80	▲120	▲150	▲400
311	Joe Decker	4	4	4	4	4	6	8	20
312	Oscar Brown	4	4	4	4	4	6	8	20
313	Jim Ray	4	4	4	4	4	6	8	25
314	Ron Swoboda	4	4	4	4	4	6	8	25
315	John Odom	4	4	4	4	4	6	8	40
316	San Diego Padres TC	4	4	4	4	4	6	8	30
317	Danny Cater	4	4	4	4	4	6	8	20
318	Jim McGlothlin	4	4	4	4	4	6	8	20
319	Jim Spencer	4	4	4	4	4	6	8	50
320	Lou Brock	▲10	▲15	▲25	▲40	▲60	▲80	100	300
321	Rich Hinton	4	4	4	4	4	6	8	20
322	Garry Maddox RC	4	4	4	4	4	8	10	80
323	Billy Martin MG	4	4	4	4	6	12	15	80
324	Al Downing	4	4	4	4	4	6	8	50
325	Boog Powell	4	4	4	5	6	8	15	20	50
326	Darrell Brandon	4	4	4	4	4	6	8	25
327	John Lowenstein	4	4	4	4	4	6	8	30
328	Bill Bonham	4	4	4	4	4	6	8	80
329	Ed Kranepool	4	4	4	4	4	6	8	20
330	Rod Carew	▲12	▲20	▲30	▲40	▲60	120	200	1,200
331	Carl Morton	4	4	4	4	4	6	8	25
332	John Felske RC	4	4	4	4	4	6	8	25
333	Gene Clines	4	4	4	4	4	6	8	60
334	Freddie Patek	4	4	4	4	4	6	8	30
335	Bob Tolan	4	4	4	4	4	6	8	25
336	Tom Bradley	4	4	4	4	4	6	8	20
337	Dave Duncan	4	4	4	4	4	6	8	20
338	Checklist 265-396	4	4	4	4	8	15	20	100
339	Dick Tidrow	4	4	4	4	4	6	8	80
340	Nate Colbert	4	4	4	4	4	6	8	20
341	Jim Palmer KP	4	4	4	4	4	8	10	30
342	Sam McDowell KP	4	4	4	4	4	6	8	50
343	Bobby Murcer KP	4	4	4	4	4	6	8	20
344	Jim Hunter KP	4	4	4	4	4	8	10	25
345	Chris Speier KP	4	4	4	4	4	6	8	30
346	Gaylord Perry KP	4	4	4	4	4	8	10	30
347	Kansas City Royals TC	4	4	4	4	4	6	8	100
348	Rennie Stennett	4	4	4	4	4	6	8	60
349	Dick McAuliffe	4	4	4	4	4	6	8	25
350	Tom Seaver	▼10	▼15	▼25	▼40	▼60	200	250	▼600
351	Jimmy Stewart	4	4	4	4	4	6	8	25
352	Don Stanhouse RC	4	4	4	4	4	6	8	20
353	Steve Brye	4	4	4	4	4	6	8	20
354	Billy Parker	4	4	4	4	4	6	8	20
355	Mike Marshall	4	4	4	4	4	8	10	150
356	Chuck Tanner MG	4	4	4	4	4	6	8	50
357	Ross Grimsley	4	4	4	4	4	6	8	15
358	Jim Nettles	4	4	4	4	4	6	8	15
359	Cecil Upshaw	4	4	4	4	4	6	8	30
360	Joe Rudi	4	4	4	4	4	8	10	50
361	Fran Healy	4	4	4	4	4	6	8	25
362	Eddie Watt	4	4	4	4	4	6	8	25
363	Jackie Hernandez	4	4	4	4	4	6	8	60
364	Rick Wise	4	4	4	4	4	6	8	20
365	Rico Petrocelli	4	4	4	4	4	8	10	25
366	Brock Davis	4	4	4	4	4	6	8	20
367	Burt Hooton	4	4	4	4	4	6	8	25
368	Bill Buckner	4	4	4	4	4	8	10	50
369	Lerrin LaGrow	4	4	4	4	4	6	8	20

#	Player	VG 3	VgEx 4	EX 5	ExMt 6	NM 7	NmMt 8	NmMt+ 8.5	MT 9
370	Willie Stargell	▼12	20	▲30	▲50	80	100	150	500
371	Mike Kekich	4	4	4	4	4	6	8	20
372	Oscar Gamble	4	4	4	4	4	6	8	20
373	Clyde Wright	4	4	4	4	4	6	8	50
374	Darrell Evans	4	4	4	4	4	8	10	25
375	Larry Dierker	4	4	4	4	4	6	8	20
376	Frank Duffy	4	4	4	4	4	6	8	25
377	Gene Mauch MG	4	4	4	4	4	6	8	30
378	Len Randle	4	4	4	4	4	6	8	80
379	Cy Acosta RC	4	4	4	4	4	6	8	40
380	Johnny Bench	15	25	40	60	120	300	500	3,000
381	Vicente Romo	4	4	4	4	4	6	8	120
382	Mike Hegan	4	4	4	4	4	20	25	
383	Diego Segui	4	4	4	4	4	6	8	30
384	Don Baylor	4	4	4	4	4	8	10	50
385	Jim Perry	4	4	4	4	6	12	15	50
386	Don Money	4	4	4	4	4	6	8	20
387	Jim Barr	4	4	4	4	4	6	8	20
388	Ben Oglivie	4	4	4	4	4	8	10	30
389	New York Mets TC	4	5	8	12	20	40	60	120
390	Mickey Lolich	4	4	4	4	4	8	10	25
391	Lee Lacy RC	4	4	4	4	4	8	10	25
392	Dick Drago	4	4	4	4	4	6	8	40
393	Jose Cardenal	4	4	4	4	4	6	8	20
394	Sparky Lyle	4	4	4	4	5	10	12	30
395	Roger Metzger	4	4	4	4	4	6	8	20
396	Grant Jackson	4	4	4	4	4	6	8	80
397	Dave Cash	4	4	4	4	4	6	8	50
398	Rich Hand	4	4	4	4	4	6	8	20
399	George Foster	4	4	4	4	5	10	12	200
400	Gaylord Perry	5	8	12	20	30	60	100	200
401	Clyde Mashore	4	4	4	4	4	6	8	20
402	Jack Hiatt	4	4	4	4	4	6	8	20
403	Sonny Jackson	4	4	4	4	4	6	8	20
404	Chuck Brinkman	4	4	4	4	4	6	8	30
405	Cesar Tovar	4	4	4	4	4	6	8	20
406	Paul Lindblad	4	4	4	4	4	6	8	80
407	Felix Millan	4	4	4	4	4	6	8	20
408	Jim Colborn	4	4	4	4	4	6	8	20
409	Ivan Murrell	4	4	4	4	4	6	8	20
410	Willie McCovey	10	15	25	40	60	100	150	400
411	Ray Corbin	4	4	4	4	4	6	8	40
412	Manny Mota	4	4	4	4	4	6	8	30
413	Tom Timmermann	4	4	4	4	4	6	8	20
414	Ken Rudolph	4	4	4	4	4	6	8	20
415	Marty Pattin	4	4	4	4	4	6	8	20
416	Paul Schaal	4	4	4	4	4	6	8	30
417	Scipio Spinks	4	4	4	4	4	6	8	25
418	Bob Grich	4	4	4	4	4	8	10	
419	Casey Cox	4	4	4	4	4	6	8	50
420	Tommie Agee	4	4	4	4	4	6	8	120
421A	Bobby Winkles MG Orange RC	4	4	4	4	4	6	8	30
421B	Bobby Winkles MG Brown	4	4	4	4	4	6	8	100
422	Bob Robertson	4	4	4	4	4	6	8	30
423	Johnny Jeter	4	4	4	4	4	6	8	20
424	Denny Doyle	4	4	4	4	4	6	8	60
425	Alex Johnson	4	4	4	4	4	6	8	20
426	Dave LaRoche	4	4	4	4	4	6	8	20
427	Rick Auerbach	4	4	4	4	4	6	8	30
428	Wayne Simpson	4	4	4	4	4	6	8	60
429	Jim Fairey	4	4	4	4	4	6	8	20
430	Vida Blue	4	4	4	4	8	15	20	50
431	Gerry Moses	4	4	4	4	4	6	8	30
432	Dan Frisella	4	4	4	4	4	6	8	60
433	Willie Horton	4	4	4	4	5	10	12	50
434	San Francisco Giants TC	4	4	4	4	4	6	8	20
435	Rico Carty	4	4	4	4	4	6	8	20

#	Player	VG 3	VgEx 4	EX 5	ExMt 6	NM 7	NmMt 8	NmMt+ 8.5	MT 9
436	Jim McAndrew	4	4	4	4	4	6	8	30
437	John Kennedy	4	4	4	4	4	6	8	20
438	Enzo Hernandez	4	4	4	4	4	6	8	20
439	Eddie Fisher	4	4	4	4	4	6	8	20
440	Glenn Beckert	4	4	4	4	4	6	8	80
441	Gail Hopkins	4	4	4	4	4	6	8	100
442	Dick Dietz	4	4	4	4	4	6	8	20
443	Danny Thompson	4	4	4	4	4	6	8	20
444	Ken Brett	4	4	4	4	4	6	8	25
445	Ken Berry	4	4	4	4	4	6	8	20
446	Jerry Reuss	4	4	4	4	4	6	8	50
447	Joe Hague	4	4	4	4	4	6	8	25
448	John Hiller	4	4	4	4	4	6	8	20
449A	Ken Aspromonte MG Spahn Ear Pointed	4	4	4	4	4	8	10	25
449B	Ken Aspromonte MG Spahn Ear Round	4	4	4	4	4	8	10	40
450	Joe Torre	4	4	4	4	8	15	20	30
451	John Vukovich RC	4	4	4	4	4	6	8	20
452	Paul Casanova	4	4	4	4	4	6	8	25
453	Checklist 397-528	4	4	4	4	8	15	20	150
454	Tom Haller	4	4	4	4	4	6	8	20
455	Bill Melton	4	4	4	4	4	6	8	25
456	Dick Green	4	4	4	4	4	6	8	30
457	John Strohmayer	4	4	4	4	4	6	8	25
458	Jim Mason	4	4	4	4	4	6	8	20
459	Jimmy Howarth RC	4	4	4	4	4	6	8	20
460	Bill Freehan	4	4	4	4	4	8	10	80
461	Mike Corkins	4	4	4	4	4	6	8	20
462	Ron Blomberg	4	4	4	4	4	6	8	30
463	Ken Tatum	4	4	4	4	4	6	8	20
464	Chicago Cubs TC	4	4	4	4	4	8	10	80
465	Dave Giusti	4	4	4	4	4	6	8	20
466	Jose Arcia	4	4	4	4	4	8	10	
467	Mike Ryan	4	4	4	4	4	6	8	15
468	Tom Griffin	4	4	4	4	4	6	8	40
469	Dan Monzon RC	4	4	4	4	4	6	8	20
470	Mike Cuellar	4	4	4	4	8	15	20	120
471	Ty Cobb LDR	8	12	20	30	50	80	120	300
472	Lou Gehrig LDR	10	15	25	40	60	100	150	300
473	Hank Aaron LDR	15	25	40	60	100	150	250	600
474	Babe Ruth LDR	15	25	40	60	100	150	250	500
475	Ty Cobb LDR	8	12	20	30	50	80	120	300
476	Walter Johnson LDR	8	12	20	30	50	80	120	300
477	Cy Young LDR	6	10	15	25	40	60		
478	Walter Johnson LDR	8	12	20	30	50	80	120	300
479	Hal Lanier	4	4	4	4	4	6	8	20
480	Juan Marichal	6	10	15	25	40	100	150	400
481	Chicago White Sox TC	4	4	4	4	4	6	8	50
482	Rick Reuschel RC	4	4	4	4	5	10	12	40
483	Dal Maxvill	4	4	4	4	4	6	8	25
484	Ernie McAnally	4	4	4	4	4	6	8	20
485	Norm Cash	4	4	4	4	5	10	12	40
486A	Danny Ozark MG Orange RC	4	4	4	4	4	6	8	60
486B	Danny Ozark MG Brown	4	4	4	4	4	6	8	25
487	Bruce Dal Canton	4	4	4	4	4	6	8	30
488	Dave Campbell	4	4	4	4	4	8	10	25
489	Jeff Burroughs	4	4	4	4	4	8	10	25
490	Claude Osteen	4	4	4	4	4	6	8	20
491	Bob Montgomery	4	4	4	4	4	6	8	20
492	Pedro Borbon	4	4	4	4	4	6	8	25
493	Duffy Dyer	4	4	4	4	4	6	8	25
494	Rich Morales	4	4	4	4	4	6	8	20
495	Tommy Helms	4	4	4	4	4	6	8	20
496	Ray Lamb	4	4	4	4	4	6	8	100
497A	Red Schoendienst MG Orange	4	4	4	4	4	8	10	60
497B	Red Schoendienst MG Brown	4	4	4	4	4	8	10	25

#	Player	VG 3	VgEx 4	EX 5	ExMt 6	NM 7	NmMt 8	NmMt+ 8.5	MT 9
498	Graig Nettles	4	4	4	4	8	15	20	200
499	Bob Moose	4	4	4	4	4	6	8	80
500	Oakland Athletics TC	4	4	4	4	4	8	10	20
501	Larry Gura	4	4	4	4	4	6	8	20
502	Bobby Valentine	4	4	4	4	4	8	10	25
503	Phil Niekro	5	8	12	20	30	50	80	120
504	Earl Williams	4	4	4	4	4	6	8	50
505	Bob Bailey	4	4	4	4	4	6	8	20
506	Bart Johnson	4	4	4	4	4	6	8	20
507	Darrel Chaney	4	4	4	4	4	6	8	25
508	Gates Brown	4	4	4	4	4	6	8	20
509	Jim Nash	4	4	4	4	4	6	8	20
510	Amos Otis	4	4	4	4	4	8	10	40
511	Sam McDowell	4	4	4	4	4	8	10	40
512	Dalton Jones	4	4	4	4	4	6	8	20
513	Dave Marshall	4	4	4	4	4	6	8	20
514	Jerry Kenney	4	4	4	4	4	6	8	25
515	Andy Messersmith	4	4	4	4	4	8	10	15
516	Danny Walton	4	4	4	4	5	10	12	20
517A	Bill Virdon MG Mazeroski w/o Ear	4	4	4	4	4	6	8	60
517B	Bill Virdon MG Mazeroski w/Ear	4	4	4	4	4	6	8	60
518	Bob Veale	4	4	4	4	4	6	8	20
519	Johnny Edwards	4	4	4	4	4	6	8	15
520	Mel Stottlemyre	4	4	4	4	6	12	15	25
521	Atlanta Braves TC	4	4	4	4	4	6	8	20
522	Leo Cardenas	4	4	4	4	4	6	8	20
523	Wayne Granger	4	4	4	4	4	6	8	20
524	Gene Tenace	4	4	4	4	4	8	10	200
525	Jim Fregosi	4	4	4	4	4	8	10	25
526	Ollie Brown	4	4	4	4	4	6	8	25
527	Dan McGinn	4	4	4	4	4	6	8	25
528	Paul Blair	4	4	4	4	4	8	10	100
529	Milt May	4	4	4	4	5	10	12	25
530	Jim Kaat	12	20	30	50	100	200	300	600
531	Ron Woods	4	4	4	4	5	10	12	30
532	Steve Mingori	4	4	4	4	5	10	12	25
533	Larry Stahl	4	4	4	4	5	10	12	25
534	Dave Lemonds	4	4	4	4	8	15	25	
535	Johnny Callison	4	4	5	8	12	20	25	100
536	Philadelphia Phillies TC	5	8	12	20	30	50	80	120
537	Bill Slayback RC	4	4	4	4	5	10	12	30
538	Jim Ray Hart	4	6	10	15	25	40	60	80
539	Tom Murphy	4	4	4	4	5	10	12	80
540	Cleon Jones	4	4	4	4	6	12	15	50
541	Bob Bolin	4	4	4	4	5	10	12	25
542	Pat Corrales	4	4	4	4	5	10	12	100
543	Alan Foster	4	4	4	4	5	10	12	25
544	Von Joshua	4	4	4	4	5	10	12	25
545	Orlando Cepeda	8	12	20	30	50	60	80	150
546	Jim York	4	4	4	4	5	10	12	25
547	Bobby Heise	5	6	8	10	20	40	50	
548	Don Durham RC	4	4	4	4	5	10	12	80
549	Whitey Herzog MG	4	4	4	4	30	80		
550	Dave Johnson	4	4	4	4	10	50		
551	Mike Kilkenny	4	4	4	4	8	15	25	
552	J.C. Martin	4	4	4	4	5	10	12	40
553	Mickey Scott	4	4	4	4	8	15	25	
554	Dave Concepcion	4	4	5	8	15	40	50	150
555	Bill Hands	4	4	4	4	5	10	12	400
556	New York Yankees TC	5	6	8	10	15	20	50	120
557	Bernie Williams	4	4	4	4	5	10	12	50
558	Jerry May	4	4	4	4	5	10	12	40
559	Barry Lersch	4	4	4	4	5	10	12	50
560	Frank Howard	5	6	8	10	20	60		
561	Jim Geddes RC	4	4	4	4	8	25	30	
562	Wayne Garrett	4	4	4	4	5	10	12	50
563	Larry Haney	4	4	4	4	5	10	12	120

#	Player	VG 3	VgEx 4	EX 5	ExMt 6	NM 7	NmMt 8	NmMt+ 8.5	MT 9
564	Mike Thompson RC	4	4	4	4	5	10	12	25
565	Jim Hickman	4	4	4	4	5	10	12	50
566	Lew Krausse	4	4	4	4	5	10	12	80
567	Bob Fenwick	4	4	4	4	5	10	12	40
568	Ray Newman	4	4	4	4	5	10	12	30
569	Walt Alston MG	4	4	4	5	6	12	25	120
570	Bill Singer	4	4	4	4	5	10	12	25
571	Rusty Torres	4	4	4	4	6	12	15	25
572	Gary Sutherland	4	4	4	4	6	12	15	30
573	Fred Beene	4	4	4	4	5	10	12	80
574	Bob Didier	4	4	4	5	10	20	25	200
575	Dock Ellis	4	4	4	4	5	10	12	80
576	Montreal Expos TC	4	4	4	4	4	8	10	15
577	Eric Soderholm RC	4	4	4	4	5	10	12	25
578	Ken Wright	4	4	4	4	5	10	12	60
579	Tom Grieve	4	4	4	4	5	10	12	50
580	Joe Pepitone	4	5	8	12	20	30	50	60
581	Steve Kealey	4	4	4	4	8	15	25	
582	Darrell Porter	4	5	8	12	20	30	50	60
583	Bill Grief	4	4	4	4	5	10	12	25
584	Chris Arnold	4	4	4	4	8	15	20	150
585	Joe Niekro	4	4	4	4	5	10	12	50
586	Bill Sudakis	4	4	4	4	5	10	12	80
587	Rich McKinney	4	4	4	4	5	10	12	50
588	Checklist 529-660	20	30	50	80	120	200	300	600
589	Ken Forsch	4	4	4	4	5	10	12	80
590	Deron Johnson	4	4	5	6	12	25	30	200
591	Mike Hedlund	4	4	4	4	5	10	12	25
592	John Boccabella	4	4	4	4	5	10	12	60
593	Jack McKeon MG RC	4	4	4	4	8	100	120	300
594	Vic Harris RC	4	4	4	4	8	15	25	
595	Don Gullett	4	4	4	4	5	10	12	80
596	Boston Red Sox TC	4	4	4	4	8	15	25	150
597	Mickey Rivers	4	4	6	10	15	25	40	100
598	Phil Roof	4	4	4	4	5	10	12	60
599	Ed Crosby	4	4	4	4	5	10	12	100
600	Dave McNally	4	4	4	4	6	30	40	100
601	Rookie Catchers	4	4	4	5	10	40	50	150
602	Rookie Pitchers	4	4	4	4	8	15	20	250
603	Rookie Third Basemen	4	4	4	4	8	40	60	450
604	Rookie Pitchers	4	4	4	6	12	20	30	100
605	Rookie First Basemen	4	4	4	5	10	25	30	100
606	Gary Matthews RC	4	6	10	15	25	40	60	120
607	Rookie Shortstops	4	4	4	5	10	30	50	100
608	Rookie Pitchers	4	4	4	8	15	60	80	500
609	Davey Lopes RC	4	6	10	15	25	60		
610	Rookie Pitchers	4	5	8	12	20	30	40	120
611	Rookie Outfielders	4	4	4	5	10	20	25	60
612	Rookie Pitchers	4	4	4	4	6	12	15	40
613	Bob Boone RC	10	15	25	40	60	100	150	300
614	Dwight Evans RC	20	30	50	80	120	300	500	1,200
615	Mike Schmidt RC	200	250	300	▲500	▲1,000	▲2,000	2,500	▲12,000
616	Rookie Pitchers	4	4	4	5	10	25	30	150
617	Rich Chiles	4	4	4	4	5	10	12	50
618	Andy Etchebarren	4	4	4	4	5	10	12	50
619	Billy Wilson	4	4	4	4	5	10	12	20
620	Tommy Harper	4	4	4	4	6	12	15	100
621	Joe Ferguson	4	4	4	4	5	12	20	50
622	Larry Hisle	4	4	4	5	8	15	20	200
623	Steve Renko	4	4	4	4	8	15	20	50
624	Leo Durocher MG	4	4	4	5	8	20	25	50
625	Angel Mangual	4	4	4	5	8	15	20	25
626	Bob Barton	4	4	4	4	5	10	12	25
627	Luis Alvarado	4	4	4	4	6	12	15	25
628	Jim Slaton	4	4	4	4	5	10	12	50
629	Cleveland Indians TC	5	8	12	20	30	50	60	80
630	Denny McLain	5	8	5	8	12	20	30	100

#	Player	VG 3	VgEx 4	EX 5	ExMt 6	NM 7	NmMt 8	NmMt+ 8.5	MT 9
631	Tom Matchick	4	4	4	4	5	10	12	100
632	Dick Selma	4	4	4	4	5	10	12	80
633	Ike Brown	4	4	4	4	5	10	12	80
634	Alan Closter	4	4	4	4	5	10	12	40
635	Gene Alley	4	4	4	4	5	10	12	80
636	Rickey Clark	4	4	4	4	5	10	12	25
637	Norm Miller	4	4	4	4	5	10	12	25
638	Ken Reynolds	4	4	4	4	5	10	12	50
639	Willie Crawford	4	4	4	4	5	10	12	30
640	Dick Bosman	4	4	4	4	5	10	12	25
641	Cincinnati Reds TC	4	5	6	8	15	60	80	150
642	Jose Laboy	4	4	4	4	5	10	12	30
643	Al Fitzmorris	4	4	4	4	5	10	12	80
644	Jack Heidemann	4	4	4	4	5	10	12	25
645	Bob Locker	4	4	4	4	5	10	12	250
646	Del Crandall MG	4	4	4	4	6	12	15	50
647	George Stone	4	4	4	4	5	10	12	25
648	Tom Egan	4	4	4	5	8	15	20	50
649	Rich Folkers	4	4	4	4	5	10	12	60
650	Felipe Alou	4	4	4	4	8	15	20	80
651	Don Carrithers	4	4	4	4	5	10	12	25
652	Ted Kubiak	4	4	4	4	5	10	12	25
653	Joe Hoerner	4	4	8	10	20	25		
654	Minnesota Twins TC	6	10	15	25	40	60	100	150
655	Clay Kirby	4	4	4	4	5	10	12	150
656	John Ellis	4	4	4	4	5	10	12	50
657	Bob Johnson	4	4	4	4	5	10	12	60
658	Elliott Maddox	4	4	4	4	5	10	12	60
659	Jose Pagan	4	4	4	4	5	10	12	25
660	Fred Scherman	4	4	6	10	15	80	100	150

1974 Kellogg's

#	Player	VG 3	VgEx 4	EX 5	ExMt 6	NM 7	NmMt 8	MT 9	Gem 9.5/10
1	Bob Gibson	4	4	4	4	4	5		
2	Rick Monday	4	4	4	4	4	5		
3	Joe Coleman	4	4	4	4	4	5	10	25
4	Bert Campaneris	4	4	4	4	4	8	15	50
5	Carlton Fisk	4	4	4	4	4	8	15	80
6	Jim Palmer	4	4	4	4	4	5	10	30
7A	Ron Santo Cubs	4	4	4	4	5	10	20	
7B	Ron Santo White Sox	4	4	4	4	4	8	15	
8	Nolan Ryan	4	4	4	5	10	20	40	200
9	Greg Luzinski	4	4	4	4	4	5	10	40
10A	Buddy Bell 134 Runs	4	4	4	4	4	5	10	
10B	Buddy Bell 135 Runs	4	4	4	4	4	5	10	
11	Bob Watson	4	4	4	4	4	5	10	25
12	Bill Singer	4	4	4	4	4	5	10	20
13	Dave May	4	4	4	4	4	5	10	20
14	Jim Brewer	4	4	4	4	4	5	10	25
15	Manny Sanguillen	4	4	4	4	4	5	10	20
16	Jeff Burroughs	4	4	4	4	4	5	10	20
17	Amos Otis	4	4	4	4	4	5	10	25
18	Ed Goodson	4	4	4	4	4	5	10	20
19	Nate Colbert	4	4	4	4	4	5	10	20
20	Reggie Jackson	4	4	4	4	4	8	15	40
21	Ted Simmons	4	4	4	4	4	5	10	20
22	Bobby Murcer	4	4	4	4	4	5	10	25
23	Willie Horton	4	4	4	4	4	5	10	20
24	Orlando Cepeda	4	4	4	4	4	5	10	20
25	Ron Hunt	4	4	4	4	4	5	10	20
26	Wayne Twitchell	4	4	4	4	4	5	10	20
27	Ron Fairly	4	4	4	4	4	5	10	20
28	Johnny Bench	4	4	4	4	4	8	15	40
29	John Mayberry	4	4	4	4	4	5	10	20
30	Rod Carew	4	4	4	4	4	5	10	80
31	Ken Holtzman	4	4	4	4	4	5	10	20

#	Player	VG 3	VgEx 4	EX 5	ExMt 6	NM 7	NmMt 8	MT 9	Gem 9.5/10
32	Billy Williams	4	4	4	4	4	5	10	30
33	Dick Allen	4	4	4	4	4	5	10	40
34A	Wilbur Wood SO 959	4	4	4	4	4	5	10	
34B	Wilbur Wood SO 960	4	4	4	4	4	5	10	25
35	Danny Thompson	4	4	4	4	4	5	10	20
36	Joe Morgan	4	4	4	4	4	5	10	30
37	Willie Stargell	4	4	4	4	4	5	10	30
38	Pete Rose	4	4	4	4	5	10	20	80
39	Bobby Bonds	4	4	4	4	4	5	10	20
40	Chris Speier	4	4	4	4	4	5	10	20
41	Sparky Lyle	4	4	4	4	4	5	10	20
42	Cookie Rojas	4	4	4	4	4	5	10	20
43	Tommy Davis	4	4	4	4	4	5	10	20
44	Jim Hunter	4	4	4	4	4	5	10	30
45	Willie Davis	4	4	4	4	4	5	10	20
46	Bert Blyleven	4	4	4	4	4	5	10	25
47	Pat Kelly	4	4	4	4	4	5	10	25
48	Ken Singleton	4	4	4	4	4	5	10	20
49	Manny Mota	4	4	4	4	4	5	10	20
50	Dave Johnson	4	4	4	4	4	5	10	20
51	Sal Bando	4	4	4	4	4	5	10	20
52	Tom Seaver	4	4	4	4	4	8	15	40
53	Felix Millan	4	4	4	4	4	5	10	20
54	Ron Blomberg	4	4	4	4	4	5	10	25

1974 Topps

#	Player	GD 2	VG 3	EX 5	ExMt 6	NM 7	NmMt 8	NmMt+ 8.5	MT 9
1	Hank Aaron 715	8	12	30	40	100	200	250	3,000
2	Aaron Special 54-57	4	4	15	20	25	80	80	150
3	Aaron Special 58-61	4	4	15	20	25	50	60	120
4	Aaron Special 62-65	4	4	10	15	25	50	60	120
5	Aaron Special 66-69	4	4	15	20	25	40	50	120
6	Aaron Special 70-73	4	4	5	8	20	40	50	120
7	Jim Hunter	4	4	4	6	12	25	30	150
8	George Theodore RC	4	4	4	4	8	15	20	120
9	Mickey Lolich	4	4	4	4	4	5	6	20
10	Johnny Bench	4	4	15	20	30	80	80	300
11	Jim Bibby	4	4	4	4	4	5	6	15
12	Dave May	4	4	4	4	4	5	6	15
13	Tom Hilgendorf	4	4	4	4	4	5	6	15
14	Paul Popovich	4	4	4	4	4	8	10	40
15	Joe Torre	4	4	4	4	4	6	8	20
16	Baltimore Orioles TC	4	4	4	4	6	8	10	150
17	Doug Bird RC	4	4	4	4	4	5	6	15
18	Gary Thomasson RC	4	4	4	4	4	5	6	15
19	Gerry Moses	4	4	4	4	4	5	6	20
20	Nolan Ryan	12	15	25	30	50	100	250	600
21	Bob Gallagher RC	4	4	4	4	4	5	6	15
22	Cy Acosta	4	4	4	4	4	5	6	20
23	Craig Robinson RC	4	4	4	4	4	5	6	15
24	John Hiller	4	4	4	4	4	5	6	15
25	Ken Singleton	4	4	4	4	4	5	6	15
26	Bill Campbell RC	4	4	4	4	4	5	6	25
27	George Scott	4	4	4	4	4	5	6	15
28	Manny Sanguillen	4	4	4	4	4	5	6	15
29	Phil Niekro	4	4	4	4	4	8	10	80
30	Bobby Bonds	4	4	4	4	4	5	6	15
31	Preston Gomez MG	4	4	4	4	4	5	6	20
32A	Johnny Grubb SD RC	4	4	4	4	4	5	6	15
32B	Johnny Grubb WASH	4	4	5	6	12	25	30	100
33	Don Newhauser RC	4	4	4	4	4	5	6	15
34	Andy Kosco	4	4	4	4	4	5	6	15
35	Gaylord Perry	4	4	4	4	4	6	8	25
36	St. Louis Cardinals TC	4	4	4	4	4	5	6	15
37	Dave Sells RC	4	4	4	4	4	5	6	15
38	Don Kessinger	4	4	4	4	4	5	6	15

#	Player	GD 2	VG 3	EX 5	ExMt 6	NM 7	NmMt 8	NmMt+ 8.5	MT 9
39	Ken Suarez	4	4	4	4	4	5	6	20
40	Jim Palmer	4	4	4	4	12	40	50	150
41	Bobby Floyd	4	4	4	4	4	5	6	15
42	Claude Osteen	4	4	4	4	4	5	6	15
43	Jim Wynn	4	4	4	4	4	5	6	15
44	Mel Stottlemyre	4	4	4	4	4	5	6	15
45	Dave Johnson	4	4	4	4	4	5	6	15
46	Pat Kelly	4	4	4	4	4	5	6	15
47	Dick Ruthven RC	4	4	4	4	4	5	6	20
48	Dick Sharon RC	4	4	4	4	4	5	6	15
49	Steve Renko	4	4	4	4	4	5	6	15
50	Rod Carew	4	4	4	15	20	30	40	100
51	Bobby Heise	4	4	4	4	4	5	6	15
52	Al Oliver	4	4	4	4	4	5	6	20
53A	Fred Kendall SD	4	4	4	4	4	5	6	60
53B	Fred Kendall WASH	4	4	5	6	12	25	30	120
54	Elias Sosa RC	4	4	4	4	4	5	6	20
55	Frank Robinson	4	6	15	25	40	80	100	250
56	New York Mets TC	4	4	4	4	4	5	6	15
57	Darold Knowles	4	4	4	4	4	5	6	15
58	Charlie Spikes	4	4	4	4	4	5	6	25
59	Ross Grimsley	4	4	4	4	4	5	6	15
60	Lou Brock	4	4	4	5	12	30	40	80
61	Luis Aparicio	4	4	4	4	5	10	15	60
62	Bob Locker	4	4	4	4	4	5	6	15
63	Bill Sudakis	4	4	4	4	4	5	6	10
64	Doug Rau	4	4	4	4	4	5	6	15
65	Amos Otis	4	4	4	4	4	8	10	100
66	Sparky Lyle	4	4	4	4	4	5	6	30
67	Tommy Helms	4	4	4	4	4	5	6	15
68	Grant Jackson	4	4	4	4	4	5	6	25
69	Del Unser	4	4	4	4	4	8	12	80
70	Dick Allen	▲5	▲8	▲20	▲30	▲50	▲80	▲100	▲250
71	Dan Frisella	4	4	4	4	4	5	6	15
72	Aurelio Rodriguez	4	4	4	4	4	5	6	15
73	Mike Marshall	4	4	4	4	4	5	6	15
74	Minnesota Twins TC	4	4	4	4	4	5	6	15
75	Jim Colborn	4	4	4	4	4	5	6	15
76	Mickey Rivers	4	4	4	4	4	5	6	25
77A	Rich Troedson SD	4	4	4	4	4	5	6	25
77B	Rich Troedson WASH	4	4	5	6	12	25	30	80
78	Charlie Fox MG	4	4	4	4	4	5	6	20
79	Gene Tenace	4	4	4	4	4	5	6	15
80	Tom Seaver	12	20	40	50	80	▲250	300	1,000
81	Frank Duffy	4	4	4	4	4	5	6	15
82	Dave Giusti	4	4	4	4	4	5	6	15
83	Orlando Cepeda	4	5	12	20	30	50	60	120
84	Rick Wise	4	4	4	4	4	5	6	15
85	Joe Morgan	6	10	25	40	50	80	100	300
86	Joe Ferguson	4	4	4	4	4	5	6	15
87	Fergie Jenkins	4	4	4	4	6	12	15	30
88	Freddie Patek	4	4	4	4	4	5	6	15
89	Jackie Brown	4	4	4	4	4	5	6	120
90	Bobby Murcer	4	4	4	4	5	10	15	60
91	Ken Forsch	4	4	4	4	4	5	6	15
92	Paul Blair	4	4	4	4	4	5	6	20
93	Rod Gilbreath RC	4	4	4	4	4	5	6	15
94	Detroit Tigers TC	4	4	4	4	4	8	10	25
95	Steve Carlton	12	15	25	30	50	100	120	250
96	Jerry Hairston RC	4	4	4	4	4	5	6	15
97	Bob Bailey	4	4	4	4	4	5	6	15
98	Bert Blyleven	4	4	4	4	4	6	8	25
99	Del Crandall MG	4	4	4	4	4	5	6	15
100	Willie Stargell	12	15	25	30	50	80	100	250
101	Bobby Valentine	4	4	4	4	4	5	6	25
102A	Bill Greif SD	4	4	4	4	4	6	10	40
102B	Bill Greif WASH	4	4	4	4	8	15	20	50
103	Sal Bando	4	4	4	4	4	5	6	15
104	Ron Bryant	4	4	4	4	4	5	6	15
105	Carlton Fisk	6	10	25	40	60	100	150	800
106	Harry Parker RC	4	4	4	4	4	5	6	15
107	Alex Johnson	4	4	4	4	4	5	6	15
108	Al Hrabosky	4	4	4	4	4	5	6	15
109	Bob Grich	4	4	4	4	4	5	6	20
110	Billy Williams	4	4	4	4	5	10	15	200
111	Clay Carroll	4	4	4	4	6	12	15	300
112	Davey Lopes	4	4	4	4	4	6	8	20
113	Dick Drago	4	4	4	4	4	5	6	25
114	California Angels TC	4	4	4	4	4	5	6	15
115	Willie Horton	4	4	4	4	4	5	6	15
116	Jerry Reuss	4	4	4	4	4	5	6	50
117	Ron Blomberg	4	4	4	4	4	5	6	20
118	Bill Lee	4	4	4	4	4	5	6	15
119	Danny Ozark MG	4	4	4	4	4	5	6	20
120	Wilbur Wood	4	4	4	4	5	10	12	20
121	Larry Lintz RC	4	4	4	4	4	5	6	15
122	Jim Holt	4	4	4	4	4	5	6	15
123	Nelson Briles	4	4	4	4	4	5	6	15
124	Bobby Coluccio RC	4	4	4	4	4	5	6	50
125A	Nate Colbert SD	4	4	4	4	4	6	10	60
125B	Nate Colbert WASH	4	4	5	6	12	25	30	80
126	Checklist 1-132	4	4	4	4	4	6	8	25
127	Tom Paciorek	4	4	4	4	4	5	6	15
128	John Ellis	4	4	4	4	4	5	6	15
129	Chris Speier	4	4	4	4	4	5	6	15
130	Reggie Jackson	8	10	15	20	30	60	200	800
131	Bob Boone	4	4	4	4	4	5	6	15
132	Felix Millan	4	4	4	4	4	8	10	200
133	David Clyde RC	4	4	4	4	4	5	6	15
134	Denis Menke	4	4	4	4	4	5	6	15
135	Roy White	4	4	4	4	6	10		80
136	Rick Reuschel	4	4	4	4	4	5	6	15
137	Al Bumbry	4	4	4	4	4	5	6	15
138	Eddie Brinkman	4	4	4	4	4	5	6	15
139	Aurelio Monteagudo	4	4	4	4	4	5	6	15
140	Darrell Evans	4	4	4	4	4	5	6	15
141	Pat Bourque	4	4	4	4	4	5	6	15
142	Pedro Garcia	4	4	4	4	4	5	6	20
143	Dick Woodson	4	4	4	4	4	5	6	15
144	Walter Alston MG	4	4	4	4	4	6	8	20
145	Dock Ellis	4	4	4	4	4	5	6	15
146	Ron Fairly	4	4	4	4	4	5	6	20
147	Bart Johnson	4	4	4	4	4	5	6	20
148A	Dave Hilton SD	4	4	4	4	4	5	6	15
148B	Dave Hilton WASH	4	4	5	6	12	25	30	100
149	Mac Scarce	4	4	4	4	4	5	6	15
150	John Mayberry	4	4	4	4	4	5	6	40
151	Diego Segui	4	4	4	4	4	5	6	15
152	Oscar Gamble	4	4	4	4	4	5	6	15
153	Jon Matlack	4	4	4	4	4	5	6	15
154	Houston Astros TC	4	4	4	4	4	5	6	15
155	Bert Campaneris	4	4	4	4	4	5	6	15
156	Randy Moffitt	4	4	4	4	4	5	6	15
157	Vic Harris	4	4	4	4	4	5	6	15
158	Jack Billingham	4	4	4	4	4	5	6	20
159	Jim Ray Hart	4	4	4	4	4	5	6	15
160	Brooks Robinson	4	4	4	15	20	30	40	100
161	Ray Burris RC	4	4	4	4	4	5	6	15
162	Bill Freehan	4	4	4	4	4	5	6	15
163	Ken Berry	4	4	4	4	4	5	6	15
164	Tom House	4	4	4	4	4	5	6	20
165	Willie Davis	4	4	4	4	4	5	6	60
166	Jack McKeon MG	4	4	4	4	4	5	6	20
167	Luis Tiant	4	4	4	4	4	5	6	15

#	Player	GD 2	VG 3	EX 5	ExMt 6	NM 7	NmMt 8	NmMt+ 8.5	MT 9
168	Danny Thompson	4	4	4	4	4	5	6	15
169	Steve Rogers RC	4	4	4	4	4	5	6	15
170	Bill Melton	4	4	4	4	4	5	6	60
171	Eduardo Rodriguez RC	4	4	4	4	4	5	6	15
172	Gene Clines	4	4	4	4	4	5	6	20
173A	Randy Jones SD RC	4	4	4	4	4	6	10	200
173B	Randy Jones WASH	4	4	6	8	15	30	40	120
174	Bill Robinson	4	4	4	4	4	5	6	20
175	Reggie Cleveland	4	4	4	4	4	5	6	15
176	John Lowenstein	4	4	4	4	4	5	6	15
177	Dave Roberts	4	4	4	4	4	5	6	15
178	Garry Maddox	4	4	4	4	4	5	6	15
179	Yogi Berra MG	4	4	4	4	5	10	15	100
180	Ken Holtzman	4	4	4	4	4	5	6	15
181	Cesar Geronimo	4	4	4	4	4	5	6	20
182	Lindy McDaniel	4	4	4	4	4	5	6	12
183	Johnny Oates	4	4	4	4	4	5	6	15
184	Texas Rangers TC	4	4	4	4	4	5	6	15
185	Jose Cardenal	4	4	4	4	4	5	6	15
186	Fred Scherman	4	4	4	4	4	5	6	15
187	Don Baylor	4	4	4	4	4	5	6	15
188	Rudy Meoli RC	4	4	4	4	4	5	6	15
189	Jim Brewer	4	4	4	4	4	5	6	15
190	Tony Oliva	4	4	4	4	6	12	15	40
191	Al Fitzmorris	4	4	4	4	4	5	6	15
192	Mario Guerrero	4	4	4	4	4	5	6	10
193	Tom Walker	4	4	4	4	4	5	6	20
194	Darrell Porter	4	4	4	4	4	5	6	15
195	Carlos May	4	4	4	4	4	5	6	20
196	Jim Fregosi	4	4	4	4	4	5	6	15
197A	Vicente Romo SD	4	4	4	4	4	5	6	50
197B	Vicente Romo WASH	4	4	5	6	12	25	30	100
198	Dave Cash	4	4	4	4	4	5	6	15
199	Mike Kekich	4	4	4	4	4	5	6	25
200	Cesar Cedeno	4	4	4	4	4	5	6	15
201	Batting Leaders	4	4	4	4	8	25	30	60
202	Home Run Leaders	4	4	4	4	6	12	15	40
203	RBI Leaders	4	4	4	4	6	20	25	150
204	Stolen Base Leaders	4	4	4	4	4	5	6	15
205	Victory Leaders	4	4	4	4	4	5	6	15
206	ERA Leaders	4	4	4	4	6	12	15	50
207	Strikeout Leaders	4	4	4	5	25	50	60	120
208	Leading Firemen	4	4	4	4	4	5	6	15
209	Ted Sizemore	4	4	4	4	4	5	6	15
210	Bill Singer	4	4	4	4	4	5	6	15
211	Chicago Cubs TC	4	4	4	4	4	5	6	15
212	Rollie Fingers	4	4	4	4	6	12	15	30
213	Dave Rader	4	4	4	4	4	6	8	120
214	Billy Grabarkewitz	4	4	4	4	4	5	6	15
215	Al Kaline	6	10	25	40	50	100	120	400
216	Ray Sadecki	4	4	4	4	4	5	6	15
217	Tim Foli	4	4	4	4	4	5	6	15
218	Johnny Briggs	4	4	4	4	4	5	6	20
219	Doug Griffin	4	4	4	4	4	5	6	20
220	Don Sutton	4	4	4	4	4	6	8	25
221	Chuck Tanner MG	4	4	4	4	4	5	6	30
222	Ramon Hernandez	4	4	4	4	4	5	6	20
223	Jeff Burroughs	4	4	4	4	4	5	6	15
224	Roger Metzger	4	4	4	4	4	5	6	15
225	Paul Splittorff	4	4	4	4	4	5	6	20
226A	San Diego Padres TC SD	4	4	4	4	4	6	8	60
226B	San Diego Padres TC WASH	4	4	5	8	15	30	40	300
227	Mike Lum	4	4	4	4	4	5	6	15
228	Ted Kubiak	4	4	4	4	4	5	6	15
229	Fritz Peterson	4	4	4	4	4	5	6	200
230	Tony Perez	4	4	4	4	8	15	20	80
231	Dick Tidrow	4	4	4	4	4	5	6	15
232	Steve Brye	4	4	4	4	4	5	6	25
233	Jim Barr	4	4	4	4	4	5	6	30
234	John Milner	4	4	4	4	4	5	6	12
235	Dave McNally	4	4	4	4	4	6	8	15
236	Red Schoendienst MG	4	4	4	4	4	6	8	20
237	Ken Brett	4	4	4	4	4	5	6	20
238	F.Healy w/Munson	4	4	4	4	4	5	6	80
239	Bill Russell	4	4	4	4	4	5	6	20
240	Joe Coleman	4	4	4	4	4	5	6	15
241A	Glenn Beckert SD	4	4	4	4	4	5	6	25
241B	Glenn Beckert WASH	4	4	5	6	12	25	30	150
242	Bill Gogolewski	4	4	4	4	4	5	6	15
243	Bob Oliver	4	4	4	4	4	5	6	20
244	Carl Morton	4	4	4	4	4	5	6	15
245	Cleon Jones	4	4	4	4	4	5	6	25
246	Oakland Athletics TC	4	4	4	4	4	5	6	15
247	Rick Miller	4	4	4	4	4	5	6	15
248	Tom Hall	4	4	4	4	4	5	6	15
249	George Mitterwald	4	4	4	4	4	5	6	50
250A	Willie McCovey SD	4	4	4	4	8	25	30	80
250B	Willie McCovey WASH	4	4	8	10	20	50	60	200
251	Graig Nettles	4	4	4	4	6	12	15	120
252	Dave Parker RC	▲25	▲40	▲80	▲100	▲150	▲400	▲500	▲2,000
253	John Boccabella	4	4	4	4	4	5	6	15
254	Stan Bahnsen	4	4	4	4	4	5	6	15
255	Larry Bowa	4	4	4	4	4	5	6	20
256	Tom Griffin	4	4	4	4	4	5	6	15
257	Buddy Bell	4	4	4	4	4	5	6	15
258	Jerry Morales	4	4	4	4	4	5	6	15
259	Bob Reynolds	4	4	4	4	4	5	6	20
260	Ted Simmons	4	4	4	4	4	6	8	25
261	Jerry Bell	4	4	4	4	4	5	6	20
262	Ed Kirkpatrick	4	4	4	4	4	5	6	15
263	Checklist 133-264	4	4	4	4	4	6	8	80
264	Joe Rudi	4	4	4	4	4	5	6	50
265	Tug McGraw	4	4	4	4	4	5	6	15
266	Jim Northrup	4	4	4	4	4	5	6	15
267	Andy Messersmith	4	4	4	4	4	5	6	15
268	Tom Grieve	4	4	4	4	4	5	6	15
269	Bob Johnson	4	4	4	4	4	5	6	15
270	Ron Santo	4	4	4	4	4	8	10	50
271	Bill Hands	4	4	4	4	4	5	6	15
272	Paul Casanova	4	4	4	4	4	5	6	15
273	Checklist 265-396	4	4	4	4	4	8	10	100
274	Fred Beene	4	4	4	4	4	5	6	15
275	Ron Hunt	4	4	4	4	4	5	6	15
276	Bobby Winkles MG	4	4	4	4	4	5	6	10
277	Gary Nolan	4	4	4	4	4	8	10	120
278	Cookie Rojas	4	4	4	4	4	5	6	15
279	Jim Crawford RC	4	4	4	4	4	5	6	15
280	Carl Yastrzemski	▲6	▲10	▲25	▲40	▲60	100	120	300
281	San Francisco Giants TC	4	4	4	4	4	5	6	15
282	Doyle Alexander	4	4	4	4	4	5	6	10
283	Mike Schmidt	15	▲25	▲50	60	100	250	400	1,200
284	Dave Duncan	4	4	4	4	4	5	6	15
285	Reggie Smith	4	4	4	4	4	5	6	15
286	Tony Muser	4	4	4	4	4	5	6	15
287	Clay Kirby	4	4	4	4	4	5	6	12
288	Gorman Thomas RC	4	4	4	4	4	5	6	15
289	Rick Auerbach	4	4	4	4	4	5	6	100
290	Vida Blue	4	4	4	4	4	5	6	30
291	Don Hahn	4	4	4	4	4	5	6	15
292	Chuck Seelbach	4	4	4	4	4	5	6	15
293	Milt May	4	4	4	4	4	5	6	15
294	Steve Foucault RC	4	4	4	4	4	5	6	15
295	Rick Monday	4	4	4	4	4	5	6	15
296	Ray Corbin	4	4	4	4	4	5	6	15

#	Player	GD 2	VG 3	EX 5	ExMt 6	NM 7	NmMt 8	NmMt+ 8.5	MT 9
297	Hal Breeden	4	4	4	4	4	5	6	15
298	Roric Harrison	4	4	4	4	4	5	6	15
299	Gene Michael	4	4	4	4	4	5	6	15
300	Pete Rose	20	25	▲50	▲60	100	250	300	1,500
301	Bob Montgomery	4	4	4	4	4	5	6	25
302	Rudy May	4	4	4	4	4	5	6	10
303	George Hendrick	4	4	4	4	4	5	6	15
304	Don Wilson	4	4	4	4	4	5	6	15
305	Tito Fuentes	4	4	4	4	4	5	6	15
306	Earl Weaver MG	4	4	4	4	4	5	6	10
307	Luis Melendez	4	4	4	4	4	5	6	15
308	Bruce Dal Canton	4	4	4	4	4	5	6	15
309A	Dave Roberts SD	4	4	4	4	4	5	6	20
309B	Dave Roberts WASH	4	4	6	8	15	60	80	120
310	Terry Forster	4	4	4	4	4	5	6	15
311	Jerry Grote	4	4	4	4	4	6	8	50
312	Deron Johnson	4	4	4	4	4	5	6	60
313	Barry Lersch	4	4	4	4	4	5	6	15
314	Milwaukee Brewers TC	4	4	4	4	4	5	6	15
315	Ron Cey	4	4	4	4	4	5	6	15
316	Jim Perry	4	4	4	4	4	5	6	15
317	Richie Zisk	4	4	4	4	4	5	6	40
318	Jim Merritt	4	4	4	4	4	5	6	15
319	Randy Hundley	4	4	4	4	4	5	6	200
320	Dusty Baker	4	4	4	4	4	6	8	20
321	Steve Braun	4	4	4	4	4	5	6	300
322	Ernie McAnally	4	4	4	4	4	5	6	15
323	Richie Scheinblum	4	4	4	4	4	5	6	150
324	Steve Kline	4	4	4	4	4	5	6	15
325	Tommy Harper	4	4	4	4	4	5	6	15
326	Sparky Anderson MG	4	4	4	4	4	8	10	80
327	Tom Timmermann	4	4	4	4	4	5	6	20
328	Skip Jutze	4	4	4	4	4	5	6	15
329	Mark Belanger	4	4	4	4	4	5	6	15
330	Juan Marichal	10	12	20	25	40	100	120	250
331	C.Fisk/J.Bench AS	4	6	15	25	40	60	80	150
332	D.Allen/H.Aaron AS	5	8	20	30	50	80	100	200
333	R.Carew/J.Morgan AS	4	5	12	20	30	50	60	150
334	B.Robinson/R.Santo AS	4	5	12	20	30	50	60	150
335	B.Campaneris/C.Speier AS	4	4	6	10	15	25	30	60
336	B.Murcer/P.Rose AS	4	6	15	25	40	60	80	150
337	A.Otis/C.Cedeno AS	4	4	4	6	10	15	20	40
338	R.Jackson/B.Williams AS	4	4	10	15	25	40	50	100
339	J.Hunter/R.Wise AS	4	4	10	15	25	40	50	100
340	Thurman Munson	12	15	25	40	60	100	120	400
341	Dan Driessen RC	4	4	4	4	4	5	6	15
342	Jim Lonborg	4	4	4	4	4	5	6	15
343	Kansas City Royals TC	4	4	4	4	4	5	6	15
344	Mike Caldwell	4	4	4	4	4	5	6	100
345	Bill North	4	4	4	4	4	5	6	15
346	Ron Reed	4	4	4	4	4	5	6	15
347	Sandy Alomar	4	4	4	4	4	5	6	20
348	Pete Richert	4	4	4	4	4	5	6	15
349	John Vukovich	4	4	4	4	4	5	6	20
350	Bob Gibson	▲10	▲15	30	40	60	▼100	150	400
351	Dwight Evans	4	4	4	4	6	12	15	40
352	Bill Stoneman	4	4	4	4	4	5	6	80
353	Rich Coggins	4	4	4	4	4	5	6	25
354	Whitey Lockman MG	4	4	4	4	4	5	6	15
355	Dave Nelson	4	4	4	4	4	5	6	50
356	Jerry Koosman	4	4	4	4	4	5	6	12
357	Buddy Bradford	4	4	4	4	4	5	6	15
358	Dal Maxvill	4	4	4	4	4	5	6	80
359	Brent Strom	4	4	4	4	4	5	6	15
360	Greg Luzinski	4	4	4	4	4	5	6	15
361	Don Carrithers	4	4	4	4	4	5	6	60
362	Hal King	4	4	4	4	4	5	6	15
363	New York Yankees TC	4	4	4	4	4	6	8	25
364A	Cito Gaston SD	4	4	4	4	8	15	20	200
364B	Cito Gaston WASH	4	4	12	15	30	60	80	450
365	Steve Busby	4	4	4	4	4	5	6	15
366	Larry Hisle	4	4	4	4	4	5	6	15
367	Norm Cash	4	4	4	4	4	8	10	20
368	Manny Mota	4	4	4	4	4	5	6	15
369	Paul Lindblad	4	4	4	4	4	8	10	60
370	Bob Watson	4	4	4	4	4	5	6	15
371	Jim Slaton	4	4	4	4	4	5	6	15
372	Ken Reitz	4	4	4	4	4	5	6	15
373	John Curtis	4	4	4	4	4	5	6	15
374	Marty Perez	4	4	4	4	4	5	6	25
375	Earl Williams	4	4	4	4	4	5	6	15
376	Jorge Orta	4	4	4	4	4	5	6	10
377	Ron Woods	4	4	4	4	4	5	6	15
378	Burt Hooton	4	4	4	4	4	5	6	20
379	Billy Martin MG	4	4	4	4	4	5	6	25
380	Bud Harrelson	4	4	4	4	4	5	6	15
381	Charlie Sands	4	4	4	4	4	5	6	15
382	Bob Moose	4	4	4	4	4	5	6	15
383	Philadelphia Phillies TC	4	4	4	4	4	5	6	120
384	Chris Chambliss	4	4	4	4	4	5	6	15
385	Don Gullett	4	4	4	4	4	5	6	15
386	Gary Matthews	4	4	4	4	4	5	6	15
387A	Rich Morales SD	4	4	4	4	4	5	6	20
387B	Rich Morales WASH	4	4	8	10	20	40	60	100
388	Phil Roof	4	4	4	4	4	5	6	25
389	Gates Brown	4	4	4	4	4	5	6	15
390	Lou Piniella	4	4	4	4	4	5	6	15
391	Billy Champion	4	4	4	4	4	5	6	15
392	Dick Green	4	4	4	4	4	5	6	15
393	Orlando Pena	4	4	4	4	4	5	6	15
394	Ken Henderson	4	4	4	4	4	5	6	25
395	Doug Rader	4	4	4	4	4	5	6	15
396	Tommy Davis	4	4	4	4	4	5	6	15
397	George Stone	4	4	4	4	4	5	6	20
398	Duke Sims	4	4	4	4	4	5	6	15
399	Mike Paul	4	4	4	4	4	5	6	20
400	Harmon Killebrew	6	10	25	30	▲50	60	100	1,500
401	Elliott Maddox	4	4	4	4	4	5	6	15
402	Jim Rooker	4	4	4	4	4	5	6	15
403	Darrell Johnson MG	4	4	4	4	4	5	6	15
404	Jim Howarth	4	4	4	4	4	5	6	15
405	Ellie Rodriguez	4	4	4	4	4	5	6	25
406	Steve Arlin	4	4	4	4	4	5	6	25
407	Jim Wohlford	4	4	4	4	4	5	6	15
408	Charlie Hough	4	4	4	4	4	5	6	15
409	Ike Brown	4	4	4	4	4	5	6	20
410	Pedro Borbon	4	4	4	4	4	5	6	15
411	Frank Baker	4	4	4	4	4	5	6	12
412	Chuck Taylor	4	4	4	4	4	5	6	15
413	Don Money	4	4	4	4	4	5	6	15
414	Checklist 397-528	4	4	4	4	5	10	12	50
415	Gary Gentry	4	4	4	4	4	5	6	15
416	Chicago White Sox TC	4	4	4	4	4	5	6	12
417	Rich Folkers	4	4	4	4	4	5	6	20
418	Walt Williams	4	4	4	4	4	5	6	15
419	Wayne Twitchell	4	4	4	4	4	5	6	15
420	Ray Fosse	4	4	4	4	4	5	6	15
421	Dan Fife RC	4	4	4	4	4	5	6	15
422	Gonzalo Marquez	4	4	4	4	4	5	6	15
423	Fred Stanley	4	4	4	4	4	5	6	15
424	Jim Beauchamp	4	4	4	4	4	5	6	15
425	Pete Broberg	4	4	4	4	4	5	6	15
426	Rennie Stennett	4	4	4	4	4	5	6	20
427	Bobby Bolin	4	4	4	4	4	5	6	15

#	Player	GD 2	VG 3	EX 5	ExMt 6	NM 7	NmMt 8	NmMt+ 8.5	MT 9
428	Gary Sutherland	4	4	4	4	4	5	6	15
429	Dick Lange RC	4	4	4	4	4	5	6	15
430	Matty Alou	4	4	4	4	4	6	8	80
431	Gene Garber RC	4	4	4	4	4	5	6	15
432	Chris Arnold	4	4	4	4	4	5	6	15
433	Lerrin LaGrow	4	4	4	4	4	5	6	15
434	Ken McMullen	4	4	4	4	4	5	6	15
435	Dave Concepcion	4	4	4	4	4	8	10	50
436	Don Hood RC	4	4	4	4	4	5	6	15
437	Jim Lyttle	4	4	4	4	4	5	6	15
438	Ed Herrmann	4	4	4	4	4	5	6	15
439	Norm Miller	4	4	4	4	4	5	6	15
440	Jim Kaat	4	4	4	4	4	8	12	200
441	Tom Ragland	4	4	4	4	4	5	6	15
442	Alan Foster	4	4	4	4	4	5	6	25
443	Tom Hutton	4	4	4	4	4	5	6	15
444	Vic Davalillo	4	4	4	4	4	5	6	15
445	George Medich	4	4	4	4	4	5	6	15
446	Len Randle	4	4	4	4	4	5	6	15
447	Frank Quilici MG	4	4	4	4	4	5	6	15
448	Ron Hodges RC	4	4	4	4	4	5	6	15
449	Tom McCraw	4	4	4	4	4	5	6	15
450	Rich Hebner	4	4	4	4	4	5	6	20
451	Tommy John	4	4	4	4	4	5	6	15
452	Gene Hiser	4	4	4	4	4	5	6	25
453	Balor Moore	4	4	4	4	4	5	6	15
454	Kurt Bevacqua	4	4	4	4	4	5	6	40
455	Tom Bradley	4	4	4	4	4	5	6	20
456	Dave Winfield RC	▼20	30	60	▲100	150	400	600	2,500
457	Chuck Goggin RC	4	4	4	4	4	5	6	15
458	Jim Ray	4	4	4	4	4	5	6	15
459	Cincinnati Reds TC	4	4	4	4	4	8	10	30
460	Boog Powell	4	4	4	4	5	10	12	30
461	John Odom	4	4	4	4	4	5	6	50
462	Luis Alvarado	4	4	4	4	4	5	6	15
463	Pat Dobson	4	4	4	4	4	5	6	15
464	Jose Cruz	4	4	4	4	4	5	6	15
465	Dick Bosman	4	4	4	4	4	5	6	20
466	Dick Billings	4	4	4	4	4	5	6	10
467	Winston Llenas	4	4	4	4	4	5	6	15
468	Pepe Frias	4	4	4	4	4	5	6	12
469	Joe Decker	4	4	4	4	4	5	6	15
470	Reggie Jackson ALCS	4	4	4	4	4	12	20	30
471	Jon Matlack NLCS	4	4	4	4	4	5	6	15
472	Darold Knowles WS1	4	4	4	4	4	5	6	15
473	Willie Mays WS	20	25	40	50	80	120	150	300
474	Bert Campaneris WS3	4	4	4	4	4	8	10	150
475	Rusty Staub WS4	4	4	4	4	4	5	6	12
476	Cleon Jones WS5	4	4	4	4	4	5	6	12
477	Reggie Jackson WS	4	4	4	4	6	10	15	30
478	Bert Campaneris WS7	4	4	4	4	4	5	6	12
479	A's Celebrate WS	4	4	4	4	4	5	6	15
480	Willie Crawford	4	4	4	4	4	5	6	50
481	Jerry Terrell RC	4	4	4	4	4	5	6	15
482	Bob Didier	4	4	4	4	4	5	6	15
483	Atlanta Braves TC	4	4	4	4	4	5	6	10
484	Carmen Fanzone	4	4	4	4	4	5	6	15
485	Felipe Alou	4	4	4	4	4	5	6	10
486	Steve Stone	4	4	4	4	4	5	6	15
487	Ted Martinez	4	4	4	4	4	5	6	20
488	Andy Etchebarren	4	4	4	4	4	5	6	15
489	Danny Murtaugh MG	4	4	4	4	4	5	6	15
490	Vada Pinson	4	4	4	4	4	6	8	40
491	Roger Nelson	4	4	4	4	4	5	6	15
492	Mike Rogodzinski RC	4	4	4	4	6	12	15	100
493	Joe Hoerner	4	4	4	4	4	5	6	20
494	Ed Goodson	4	4	4	4	4	5	6	15
495	Dick McAuliffe	4	4	4	4	4	5	6	15
496	Tom Murphy	4	4	4	4	4	5	6	15
497	Bobby Mitchell	4	4	4	4	4	5	6	15
498	Pat Corrales	4	4	4	4	4	5	6	15
499	Rusty Torres	4	4	4	4	4	5	6	20
500	Lee May	4	4	4	4	4	5	6	12
501	Eddie Leon	4	4	4	4	4	5	6	20
502	Dave LaRoche	4	4	4	4	4	5	6	15
503	Eric Soderholm	4	4	4	4	4	5	6	15
504	Joe Niekro	4	4	4	4	4	5	6	15
505	Bill Buckner	4	4	4	4	4	5	6	15
506	Ed Farmer	4	4	4	4	4	5	6	15
507	Larry Stahl	4	4	4	4	4	5	6	15
508	Montreal Expos TC	4	4	4	4	4	5	6	15
509	Jesse Jefferson	4	4	4	4	4	5	6	15
510	Wayne Garrett	4	4	4	4	4	5	6	10
511	Toby Harrah	4	4	4	4	4	5	6	15
512	Joe Lahoud	4	4	4	4	4	5	6	15
513	Jim Campanis	4	4	4	4	4	5	6	15
514	Paul Schaal	4	4	4	4	4	5	6	15
515	Willie Montanez	4	4	4	4	4	5	6	20
516	Horacio Pina	4	4	4	4	4	5	6	15
517	Mike Hegan	4	4	4	4	4	5	6	15
518	Derrel Thomas	4	4	4	4	4	5	6	15
519	Bill Sharp RC	4	4	4	4	4	5	6	15
520	Tim McCarver	4	4	4	4	4	5	6	15
521	Ken Aspromonte MG	4	4	4	4	4	5	6	15
522	J.R. Richard	4	4	4	4	4	5	6	15
523	Cecil Cooper	4	4	4	4	4	5	6	15
524	Bill Plummer	4	4	4	4	4	5	6	15
525	Clyde Wright	4	4	4	4	4	5	6	15
526	Frank Tepedino	4	4	4	4	4	5	6	15
527	Bobby Darwin	4	4	4	4	4	5	6	20
528	Bill Bonham	4	4	4	4	4	5	6	15
529	Horace Clarke	4	4	4	4	4	5	6	15
530	Mickey Stanley	4	4	4	4	4	5	6	15
531	Gene Mauch MG	4	4	4	4	4	5	6	15
532	Skip Lockwood	4	4	4	4	4	5	6	15
533	Mike Phillips RC	4	4	4	4	4	5	6	25
534	Eddie Watt	4	4	4	4	4	5	6	15
535	Bob Tolan	4	4	4	4	4	5	6	15
536	Duffy Dyer	4	4	4	4	4	5	6	15
537	Steve Mingori	4	4	4	4	4	5	6	15
538	Cesar Tovar	4	4	4	4	4	5	6	15
539	Lloyd Allen	4	4	4	4	4	5	6	15
540	Bob Robertson	4	4	4	4	4	5	6	15
541	Cleveland Indians TC	4	4	4	4	4	5	6	15
542	Goose Gossage	4	4	4	4	8	15	20	50
543	Danny Cater	4	4	4	4	4	5	6	15
544	Ron Schueler	4	4	4	4	4	5	6	15
545	Billy Conigliaro	4	4	4	4	4	5	6	15
546	Mike Corkins	4	4	4	4	4	5	6	15
547	Glenn Borgmann	4	4	4	4	4	5	6	15
548	Sonny Siebert	4	4	4	4	4	5	6	15
549	Mike Jorgensen	4	4	4	4	4	5	6	15
550	Sam McDowell	4	4	4	4	4	5	6	15
551	Von Joshua	4	4	4	4	4	5	6	20
552	Denny Doyle	4	4	4	4	4	5	6	15
553	Jim Willoughby	4	4	4	4	4	5	6	15
554	Tim Johnson RC	4	4	4	4	4	5	6	15
555	Woodie Fryman	4	4	4	4	4	5	6	15
556	Dave Campbell	4	4	4	4	4	5	6	15
557	Jim McGlothlin	4	4	4	4	4	5	6	15
558	Bill Fahey	4	4	4	4	4	5	6	15
559	Darrel Chaney	4	4	4	4	4	5	6	15
560	Mike Cuellar	4	4	4	4	4	5	6	15
561	Ed Kranepool	4	4	4	4	4	5	6	15

#	Player	GD 2	VG 3	EX 5	ExMt 6	NM 7	NmMt 8	NmMt+ 8.5	MT 9
562	Jack Aker	4	4	4	4	4	5	6	20
563	Hal McRae	4	4	4	4	4	5	6	12
564	Mike Ryan	4	4	4	4	4	5	6	15
565	Milt Wilcox	4	4	4	4	4	5	6	15
566	Jackie Hernandez	4	4	4	4	4	5	6	15
567	Boston Red Sox TC	4	4	4	4	4	5	6	15
568	Mike Torrez	4	4	4	4	4	5	6	15
569	Rick Dempsey	4	4	4	4	4	5	6	15
570	Ralph Garr	4	4	4	4	4	5	6	15
571	Rich Hand	4	4	4	4	4	5	6	15
572	Enzo Hernandez	4	4	4	4	4	5	6	15
573	Mike Adams RC	4	4	4	4	4	5	6	15
574	Bill Parsons	4	4	4	4	4	5	6	15
575	Steve Garvey	5	8	20	30	50	80	100	300
576	Scipio Spinks	4	4	4	4	4	5	6	15
577	Mike Sadek RC	4	4	4	4	4	5	6	15
578	Ralph Houk MG	4	4	4	4	4	5	6	15
579	Cecil Upshaw	4	4	4	4	4	5	6	15
580	Jim Spencer	4	4	4	4	4	5	6	15
581	Fred Norman	4	4	4	4	4	5	6	15
582	Bucky Dent RC	4	6	15	25	40	60	80	600
583	Marty Pattin	4	4	4	4	4	5	6	15
584	Ken Rudolph	4	4	4	4	4	5	6	15
585	Merv Rettenmund	4	4	4	4	4	5	6	15
586	Jack Brohamer	4	4	4	4	4	5	6	15
587	Larry Christenson RC	4	4	4	4	4	5	6	15
588	Hal Lanier	4	4	4	4	4	5	6	15
589	Boots Day	4	4	4	4	4	5	6	15
590	Roger Moret	4	4	4	4	4	5	6	15
591	Sonny Jackson	4	4	4	4	4	5	6	15
592	Ed Bane RC	4	4	4	4	4	5	6	15
593	Steve Yeager	4	4	4	4	4	5	6	15
594	Leroy Stanton	4	4	4	4	4	5	6	15
595	Steve Blass	4	4	4	4	4	5	6	20
596	Rookie Pitchers	4	4	4	4	4	5	6	15
597	Rookie Infielders	4	4	4	4	4	6	8	80
598	Ken Griffey RC	5	8	20	30	50	80	100	250
599A	Rookie Pitchers WASH	4	4	4	4	8	15	20	30
599B	Rookie Pitchers SD Large	4	4	4	4	8	15	20	100
599C	Rookie Pitchers SD Small	4	5	20	25				
600	Bill Madlock RC	4	4	4	5	10	80	100	150
601	Rookie Outfielders	4	4	4	4	5	10	15	80
602	Rookie Pitchers	4	4	4	4	4	5	6	120
603	Rookie Catchers	4	4	4	4	4	5	6	30
604	A.Thornton RC/F.White RC	4	4	4	4	8	15	25	100
605	Frank Tanana RC	4	4	4	4	4	8	10	40
606	Rookie Outfielders	4	4	4	4	4	5	6	80
607	Rookie Shortstops	4	4	4	4	4	5	6	15
608A	Rookie Pitchers ERR Apodaca	4	4	4	4	4	8	10	40
608B	Rookie Pitchers COR Apodaca	4	4	4	4	5	10	12	60
609	Rico Petrocelli	4	4	4	4	4	5	6	15
610	Dave Kingman	4	4	4	4	4	6	8	20
611	Rich Stelmaszek	4	4	4	4	4	5	6	15
612	Luke Walker	4	4	4	4	4	5	6	15
613	Dan Monzon	4	4	4	4	4	5	6	15
614	Adrian Devine RC	4	4	4	4	4	5	6	15
615	Johnny Jeter	4	4	4	4	4	5	6	15
616	Larry Gura	4	4	4	4	4	5	6	15
617	Ted Ford	4	4	4	4	4	5	6	15
618	Jim Mason	4	4	4	4	4	5	6	10
619	Mike Anderson	4	4	4	4	4	5	6	15
620	Al Downing	4	4	4	4	4	5	6	15
621	Bernie Carbo	4	4	4	4	4	5	6	15
622	Phil Gagliano	4	4	4	4	4	5	6	15
623	Celerino Sanchez	4	4	4	4	4	5	6	15
624	Bob Miller	4	4	4	4	4	5	6	15
625	Ollie Brown	4	4	4	4	4	5	6	15
626	Pittsburgh Pirates TC	4	4	4	4	4	5	6	15
627	Carl Taylor	4	4	4	4	4	5	6	15
628	Ivan Murrell	4	4	4	4	4	5	6	15
629	Rusty Staub	4	4	4	4	4	8	10	30
630	Tommie Agee	4	4	4	4	4	5	6	15
631	Steve Barber	4	4	4	4	4	5	6	15
632	George Culver	4	4	4	4	4	5	6	30
633	Dave Hamilton	4	4	4	4	4	5	6	15
634	Eddie Mathews MG	4	4	4	4	4	6	8	20
635	Johnny Edwards	4	4	4	4	4	5	6	15
636	Dave Goltz	4	4	4	4	4	5	6	15
637	Checklist 529-660	4	4	4	4	4	8	10	50
638	Ken Sanders	4	4	4	4	4	5	6	15
639	Joe Lovitto	4	4	4	4	4	5	6	15
640	Milt Pappas	4	4	4	4	4	5	6	15
641	Chuck Brinkman	4	4	4	4	4	5	6	15
642	Terry Harmon	4	4	4	4	4	5	6	15
643	Los Angeles Dodgers TC	4	4	4	4	4	5	6	15
644	Wayne Granger	4	4	4	4	4	5	6	15
645	Ken Boswell	4	4	4	4	4	5	6	300
646	George Foster	4	▲5	▲12	▲20	▲30	▲50	▲60	▲100
647	Juan Beniquez RC	4	4	4	4	4	5	6	15
648	Terry Crowley	4	4	4	4	4	5	6	15
649	Fernando Gonzalez RC	4	4	4	4	4	5	6	15
650	Mike Epstein	4	4	4	4	4	5	6	15
651	Leron Lee	4	4	4	4	4	5	6	15
652	Gail Hopkins	4	4	4	4	4	5	6	15
653	Bob Stinson	4	4	4	4	4	5	6	100
654A	Jesus Alou ERR No Position	4	4	4	4	4	6	8	25
654B	Jesus Alou COR Outfield	4	4	4	4	4	5	6	40
655	Mike Tyson RC	4	4	4	4	4	5	6	15
656	Adrian Garrett	4	4	4	4	4	5	6	15
657	Jim Shellenback	4	4	4	4	4	5	6	20
658	Lee Lacy	4	4	4	4	4	5	6	15
659	Joe Lis	4	4	4	6	8	15	20	150
660	Larry Dierker	4	4	4	4	4	5	6	15

1974 Topps Traded

#	Player	GD 2	VG 3	EX 5	ExMt 6	NM 7	NmMt 8	NmMt+ 8.5	MT 9
23T	Craig Robinson	4	4	4	4	4	5	6	
42T	Claude Osteen	4	4	4	4	4	5	6	
43T	Jim Wynn	4	4	4	4	5	10	12	
51T	Bobby Heise	4	4	4	4	4	5	6	20
59T	Ross Grimsley	4	4	4	4	4	6	8	
62T	Bob Locker	4	4	4	4	4	6	8	25
63T	Bill Sudakis	4	4	4	4	4	6	8	
73T	Mike Marshall	4	4	4	4	5	10	12	
123T	Nelson Briles	4	4	4	4	4	6	8	80
139T	Aurelio Monteagudo	4	4	4	4	4	5	6	
151T	Diego Segui	4	4	4	4	4	5	6	
165T	Willie Davis	4	4	4	4	4	6	8	25
175T	Reggie Cleveland	4	4	4	4	4	5	6	20
182T	Lindy McDaniel	4	4	4	4	4	5	6	20
186T	Fred Scherman	4	4	4	4	4	5	6	
249T	George Mitterwald	4	4	4	4	4	5	6	15
262T	Ed Kirkpatrick	4	4	4	4	4	5	6	15
269T	Bob Johnson	4	4	4	4	4	6	8	25
270T	Ron Santo	4	4	4	4	8	10	12	25
313T	Barry Lersch	4	4	4	4	4	6	8	25
319T	Randy Hundley	4	4	4	4	4	8	10	40
330T	Juan Marichal	4	4	4	4	5	10	12	25
348T	Pete Richert	4	4	4	4	4	5	6	20
373T	John Curtis	4	4	4	4	4	5	6	
390T	Lou Piniella	4	4	4	4	5	10	12	40
428T	Gary Sutherland	4	4	4	4	4	8	10	40
454T	Kurt Bevacqua	4	4	4	4	4	6	8	25

#	Player	GD 2	VG 3	EX 5	ExMt 6	NM 7	NmMt 8	NmMt+ 8.5	MT 9
458T	Jim Ray	4	4	4	4	4	6	8	25
485T	Felipe Alou	4	4	4	4	4	6	8	
486T	Steve Stone	4	4	4	4	4	8	10	
496T	Tom Murphy	4	4	4	4	4	5	6	15
516T	Horacio Pina	4	4	4	4	4	5	6	15
534T	Eddie Watt	4	4	4	4	4	6	8	25
538T	Cesar Tovar	4	4	4	4	4	5	6	15
544T	Ron Schueler	4	4	4	4	4	5	6	20
579T	Cecil Upshaw	4	4	4	4	4	5	6	15
585T	Merv Rettenmund	4	4	4	4	4	5	6	20
612T	Luke Walker	4	4	4	4	4	5	6	
616T	Larry Gura	4	4	4	4	4	6	8	
618T	Jim Mason	4	4	4	4	4	5	6	80
630T	Tommie Agee	4	4	4	4	4	6	8	120
648T	Terry Crowley	4	4	4	4	4	6	8	25
649T	Fernando Gonzalez	4	4	4	4	4	5	6	20
NNO	Traded Checklist	4	4	4	8	15	30	100	

1975 Kellogg's

#	Player	VG 3	VgEx 4	EX 5	ExMt 6	NM 7	NmMt 8	MT 9	Gem 9.5/10
1	Roy White	4	4	4	4	4	8		
2	Ross Grimsley	4	4	4	4	4	6	12	
3	Reggie Smith	4	4	4	4	4	6	40	
4A	Bob Grich 1973 Work	4	4	4	4	4	6	12	
4B	Bob Grich Because	4	4	4					
5	Greg Gross	4	4	4	4	4	6	12	
6	Bob Watson	4	4	4	4	4	6	12	
7	Johnny Bench	4	4	4	4	8	15	50	
8	Jeff Burroughs	4	4	4	4	4	6	12	
9	Elliott Maddox	4	4	4	4	4	6	12	
10	Jon Matlack	4	4	4	4	4	6	25	
11	Pete Rose	4	4	6	8	15	30	80	
12	Lee Stanton	4	4	4	4	4	6	15	
13	Bake McBride	4	4	4	4	4	6	12	40
14	Jorge Orta	4	4	4	4	4	6	12	25
15	Al Oliver	4	4	4	4	4	6	12	50
16	John Briggs	4	4	4	4	4	6	12	
17	Steve Garvey	4	4	4	4	4	8	15	50
18	Brooks Robinson	4	4	4	4	5	10	20	
19	John Hiller	4	4	4	4	4	6	12	
20	Lynn McGlothen	4	4	4	4	4	6	12	
21	Cleon Jones	4	4	4	4	4	6	12	
22	Fergie Jenkins	4	4	4	4	4	8	15	
23	Bill North	4	4	4	4	4	6	12	
24	Steve Busby	4	4	4	4	4	6	12	
25	Richie Zisk	4	4	4	4	4	6	12	25
26	Nolan Ryan	4	4	6	8	15	30	80	
27	Joe Morgan	4	4	4	4	5	10	20	60
28	Joe Rudi	4	4	4	4	4	6	12	
29	Jose Cardenal	4	4	4	4	4	6	12	40
30	Andy Messersmith	4	4	4	4	4	6	12	
31	Willie Montanez	4	4	4	4	4	6	12	25
32	Bill Buckner	4	4	4	4	4	6	12	40
33	Rod Carew	4	4	4	4	5	10	25	
34	Lou Piniella	4	4	4	4	4	6	12	
35	Ralph Garr	4	4	4	4	4	6	12	
36	Mike Marshall	4	4	4	4	4	6	12	
37	Garry Maddox	4	4	4	4	4	6	12	
38	Dwight Evans	4	4	4	4	4	8	20	
39	Lou Brock	4	4	4	4	5	10	100	
40	Ken Singleton	4	4	4	4	4	6	12	60
41	Steve Braun	4	4	4	4	4	6	12	
42	Rich Allen	4	4	4	4	4	8	15	40
43	John Grubb	4	4	4	4	4	6	12	25
44A	Jim Hunter Oakland	4	4	4	4	4	8	15	
44B	Jim Hunter New York	4	4	4	4	4	8	40	

#	Player	VG 3	VgEx 4	EX 5	ExMt 6	NM 7	NmMt 8	MT 9	Gem 9.5/10
45	Gaylord Perry	4	4	4	4	4	8	15	
46	George Hendrick	4	4	4	4	4	6	12	
47	Sparky Lyle	4	4	4	4	4	6	20	
48	Dave Cash	4	4	4	4	4	6	12	
49	Luis Tiant	4	4	4	4	4	6	12	40
50	Cesar Geronimo	4	4	4	4	4	6	12	25
51	Carl Yastrzemski	4	4	4	4	8	15	40	
52	Ken Brett	4	4	4	4	4	6	12	25
53	Hal McRae	4	4	4	4	4	6	12	
54	Reggie Jackson	4	4	4	4	8	15	30	
55	Rollie Fingers	4	4	4	4	5	10		
56	Mike Schmidt	4	4	4	4	8	15	50	
57	Richie Hebner	4	4	4	4	5	10		

1975 Topps

#	Player	VG 3	VgEx 4	EX 5	ExMt 6	NM 7	NmMt 8	NmMt+ 8.5	MT 9
1	Hank Aaron HL	12	15	25	30	50	200	250	800
2	Lou Brock HL	4	4	4	5	10	50	80	400
3	Bob Gibson HL	4	4	4	5	10	40	50	250
4	Al Kaline HL	12	20	30	50	80	▼100	150	400
5	Nolan Ryan HL	4	▼6	▼10	15	20	50	100	300
6	Mike Marshall HL	4	4	5	6	12	25	80	400
7	Ryan/Busby/Bosman HL	4	4	4	5	10	25	30	100
8	Rogelio Moret	4	4	4	4	5	10	12	25
9	Frank Tepedino	4	4	4	4	5	10	12	25
10	Willie Davis	4	4	4	4	5	10	12	25
11	Bill Melton	4	4	4	4	5	10	12	25
12	David Clyde	4	4	4	4	5	10	12	25
13	Gene Locklear RC	4	4	4	4	6	12	15	30
14	Milt Wilcox	4	4	4	4	5	10	12	30
15	Jose Cardenal	4	4	4	4	6	12	20	120
16	Frank Tanana	4	6	12	15	30	60	80	250
17	Dave Concepcion	4	4	4	4	8	15	20	40
18	Detroit Tigers CL/Houk	4	4	4	4	6	12	15	50
19	Jerry Koosman	4	4	4	4	5	10	12	25
20	Thurman Munson	25	30	40	50	▼60	120	300	2,500
21	Rollie Fingers	4	4	4	4	8	15	20	150
22	Dave Cash	4	4	4	4	6	12	15	60
23	Bill Russell	4	4	4	4	6	12	20	80
24	Al Fitzmorris	4	4	4	4	5	10	12	25
25	Lee May	4	4	4	4	4	8	10	15
26	Dave McNally	4	4	4	4	5	10	12	30
27	Ken Reitz	4	4	4	4	5	10	15	60
28	Tom Murphy	4	4	4	4	5	10	12	25
29	Dave Parker	▲10	▲15	▲25	▲40	▲60	▲100	▲120	▲250
30	Bert Blyleven	4	4	4	6	12	25	30	400
31	Dave Rader	4	4	4	4	5	10	12	25
32	Reggie Cleveland	4	4	4	4	5	10	12	60
33	Dusty Baker	4	4	4	4	6	12	15	60
34	Steve Renko	4	4	4	4	4	8	10	15
35	Ron Santo	4	4	4	4	6	12	15	30
36	Joe Lovitto	4	4	4	4	8	15	20	50
37	Dave Freisleben	4	4	4	4	5	10	15	120
38	Buddy Bell	4	4	4	4	5	10	12	25
39	Andre Thornton	4	4	4	4	5	10	12	50
40	Bill Singer	4	4	4	4	5	10	12	25
41	Cesar Geronimo	4	4	4	4	8	15	20	80
42	Joe Coleman	4	4	4	4	5	10	12	25
43	Cleon Jones	4	4	4	4	6	12	15	40
44	Pat Dobson	4	4	4	4	5	10	12	25
45	Joe Rudi	4	4	4	4	6	12	15	30
46	Philadelphia Phillies CL/Ozark	4	4	4	4	5	10	12	40
47	Tommy John	4	4	4	4	8	20	25	200
48	Freddie Patek	4	4	4	4	5	10	12	25
49	Larry Dierker	4	4	4	4	5	10	12	50
50	Brooks Robinson	15	20	25	30	60	100	120	500

#	Player	VG 3	VgEx 4	EX 5	ExMt 6	NM 7	NmMt 8	NmMt+ 8.5	MT 9
51	Bob Forsch RC	4	4	4	4	6	12	15	30
52	Darrell Porter	4	4	4	4	5	10	12	25
53	Dave Giusti	4	4	5	6	12	25	40	500
54	Eric Soderholm	4	4	4	4	6	12	15	80
55	Bobby Bonds	4	4	4	4	6	12	20	80
56	Rick Wise	4	4	5	6	12	25	40	120
57	Dave Johnson	4	4	4	4	5	10	12	25
58	Chuck Taylor	4	4	4	4	5	10	12	30
59	Ken Henderson	4	4	4	4	5	10	12	25
60	Fergie Jenkins	4	6	10	15	25	50	60	300
61	Dave Winfield	10	15	25	30	50	120	200	800
62	Fritz Peterson	4	4	4	4	5	10	12	25
63	Steve Swisher RC	4	4	4	4	5	10	12	30
64	Dave Chalk	4	4	4	4	5	10	12	25
65	Don Gullett	4	4	4	6	12	25	30	150
66	Willie Horton	4	4	4	4	6	12	15	30
67	Tug McGraw	4	4	4	4	6	12	15	30
68	Ron Blomberg	4	4	4	4	5	10	12	25
69	John Odom	4	4	4	4	5	10	12	20
70	Mike Schmidt	15	25	30	40	80	200	400	3,000
71	Charlie Hough	4	4	4	4	6	12	15	30
72	Kansas City Royals CL/McKeon	4	4	4	4	5	10	12	40
73	J.R. Richard	4	4	4	4	6	12	15	60
74	Mark Belanger	4	4	4	4	4	12	20	80
75	Ted Simmons	4	4	4	4	8	15	60	350
76	Ed Sprague	4	4	4	4	5	10	12	25
77	Richie Zisk	4	4	4	4	5	10	15	100
78	Ray Corbin	4	4	4	4	5	10	12	25
79	Gary Matthews	4	4	4	4	6	12	15	30
80	Carlton Fisk	12	20	30	40	50	80	120	400
81	Ron Reed	4	4	4	4	5	10	12	25
82	Pat Kelly	4	4	4	4	8	15	25	120
83	Jim Merritt	4	4	4	4	5	10	12	20
84	Enzo Hernandez	4	4	4	4	4	8	10	15
85	Bill Bonham	4	4	4	4	6	12	15	60
86	Joe Lis	4	4	4	4	8	15	20	120
87	George Foster	▲8	▲12	▲20	▲30	▲50	▲80	▲100	▲200
88	Tom Egan	4	4	4	4	5	10	12	25
89	Jim Ray	4	4	4	4	4	8	10	15
90	Rusty Staub	4	4	4	4	8	25	30	500
91	Dick Green	4	4	4	4	5	10	12	25
92	Cecil Upshaw	4	4	4	4	5	10	12	40
93	Davey Lopes	4	4	4	4	6	12	15	60
94	Jim Lonborg	4	4	4	4	5	10	12	60
95	John Mayberry	4	4	4	4	5	10	12	25
96	Mike Cosgrove RC	4	4	4	4	5	10	12	25
97	Earl Williams	4	4	4	4	5	10	15	40
98	Rich Folkers	4	4	4	4	5	10	12	25
99	Mike Hegan	4	4	4	4	5	10	12	25
100	Willie Stargell	4	4	5	6	12	25	40	100
101	Montreal Expos CL/Mauch	4	4	4	5	10	20	40	100
102	Joe Decker	4	4	4	4	5	10	12	25
103	Rick Miller	4	5	10	12	25	50	60	150
104	Bill Madlock	4	4	4	5	10	20	25	150
105	Buzz Capra	4	4	4	4	5	10	12	60
106	Mike Hargrove RC	4	4	4	4	8	15	25	120
107	Jim Barr	4	4	4	4	5	10	12	25
108	Tom Hall	4	4	4	4	5	10	12	25
109	George Hendrick	4	4	4	4	5	10	12	25
110	Wilbur Wood	4	4	4	4	5	10	12	25
111	Wayne Garrett	4	4	4	4	6	12	15	100
112	Larry Hardy RC	4	4	4	4	5	10	12	25
113	Elliott Maddox	4	4	4	4	5	10	12	25
114	Dick Lange	4	4	4	4	5	10	12	25
115	Joe Ferguson	4	4	4	4	5	10	12	60
116	Lerrin LaGrow	4	4	4	4	5	10	12	25
117	Baltimore Orioles CL/Weaver	4	4	5	10	20	40	50	650

#	Player	VG 3	VgEx 4	EX 5	ExMt 6	NM 7	NmMt 8	NmMt+ 8.5	MT 9
118	Mike Anderson	4	4	4	4	4	12	12	25
119	Tommy Helms	4	4	4	4	4	8	10	15
120	Steve Busby	4	4	4	4	5	10	15	100
121	Bill North	4	4	4	4	5	10	12	25
122	Al Hrabosky	4	4	4	4	6	12	15	25
123	Johnny Briggs	4	4	4	4	5	10	12	25
124	Jerry Reuss	4	4	4	4	5	10	12	25
125	Ken Singleton	4	4	4	6	12	20	20	150
126	Checklist 1-132	4	4	4	4	5	10	15	50
127	Glenn Borgmann	4	4	4	4	6	12	15	120
128	Bill Lee	4	4	4	4	6	12	15	30
129	Rick Monday	4	4	4	5	10	20	25	150
130	Phil Niekro	4	4	4	4	8	15	20	50
131	Toby Harrah	4	4	4	4	5	10	12	50
132	Randy Moffitt	4	4	4	4	5	10	15	60
133	Dan Driessen	4	5	6	12	25	50	60	200
134	Ron Hodges	4	4	4	4	5	10	12	25
135	Charlie Spikes	4	4	4	4	5	10	12	60
136	Jim Mason	4	4	4	4	5	10	12	60
137	Terry Forster	4	4	4	4	6	12	15	30
138	Del Unser	4	4	4	4	4	8	10	15
139	Horacio Pina	4	4	4	4	5	10	15	100
140	Steve Garvey	4	4	4	6	12	25	30	100
141	Mickey Stanley	4	4	4	4	5	10	15	80
142	Bob Reynolds	4	4	4	4	5	10	12	25
143	Cliff Johnson RC	4	4	4	4	5	10	15	150
144	Jim Wohlford	4	4	4	4	5	10	12	30
145	Ken Holtzman	4	4	4	4	5	10	12	25
146	San Diego Padres CL/McNamara	4	4	4	4	5	10	12	25
147	Pedro Garcia	4	4	4	4	5	10	12	25
148	Jim Rooker	4	4	4	4	5	10	12	20
149	Tim Foli	4	4	4	4	5	10	12	20
150	Bob Gibson	4	4	8	10	20	80	100	500
151	Steve Brye	4	4	4	4	5	10	12	30
152	Mario Guerrero	4	4	4	4	5	10	12	25
153	Rick Reuschel	4	4	4	4	5	10	12	30
154	Mike Lum	4	4	4	4	4	8	10	15
155	Jim Bibby	4	4	4	4	5	10	12	25
156	Dave Kingman	4	4	4	4	5	10	12	50
157	Pedro Borbon	4	4	4	4	5	10	12	20
158	Jerry Grote	4	4	4	4	5	10	12	25
159	Steve Arlin	4	4	4	4	5	10	12	25
160	Graig Nettles	4	4	4	4	8	15	20	30
161	Stan Bahnsen	4	4	4	4	5	10	12	25
162	Willie Montanez	4	4	4	4	5	10	12	25
163	Jim Brewer	4	4	4	4	5	10	12	25
164	Mickey Rivers	4	4	4	4	6	12	15	30
165	Doug Rader	4	4	4	4	5	10	12	25
166	Woodie Fryman	4	4	4	4	5	10	12	25
167	Rich Coggins	4	4	4	4	5	10	12	25
168	Bill Greif	4	4	4	4	5	10	15	150
169	Cookie Rojas	4	4	4	4	5	10	12	40
170	Bert Campaneris	4	4	4	4	6	12	15	80
171	Ed Kirkpatrick	4	4	4	4	5	10	15	80
172	Boston Red Sox CL/Johnson	4	4	4	4	8	15	20	40
173	Steve Rogers	4	4	4	4	5	10	15	80
174	Bake McBride	4	4	4	4	5	10	12	25
175	Don Money	4	4	4	4	5	10	15	150
176	Burt Hooton	4	4	4	4	5	10	12	30
177	Vic Correll RC	4	4	4	4	5	10	12	25
178	Cesar Tovar	4	4	4	6	12	25	30	150
179	Tom Bradley	4	4	4	4	5	10	12	25
180	Joe Morgan	12	20	30	40	50	▲100	150	400
181	Fred Beene	4	4	4	4	5	10	12	25
182	Don Hahn	4	4	4	4	5	10	12	80
183	Mel Stottlemyre	4	4	4	4	8	15	20	40
184	Jorge Orta	4	4	4	4	5	10	12	40

Beckett Graded Card Price Guide 183

#	Player	VG 3	VgEx 4	EX 5	ExMt 6	NM 7	NmMt 8	NmMt+ 8.5	MT 9
185	Steve Carlton	4	4	4	6	15	30	40	200
186	Willie Crawford	4	4	4	4	5	10	12	25
187	Denny Doyle	4	4	4	4	5	10	15	40
188	Tom Griffin	4	4	4	4	5	10	12	25
189	Y.Berra/Campanella MVP	4	4	4	4	6	12	15	50
190	B.Shantz/H.Sauer MVP	4	4	4	4	5	10	12	50
191	Al Rosen/Campanella MVP	4	4	4	4	8	15	20	80
192	Y.Berra/W.Mays MVP	4	4	4	5	10	20	25	400
193	Y.Berra/Campanella MVP	4	4	4	4	6	12	15	40
194	M.Mantle/D.Newcombe MVP	4	4	▲6	▲10	20	25	30	100
195	M.Mantle/H.Aaron MVP	4	▲6	▲10	▲15	20	50	80	150
196	J.Jensen/E.Banks MVP	4	4	4	4	6	20	25	200
197	N.Fox/E.Banks MVP	4	4	4	4	5	10	12	25
198	R.Maris/D.Groat MVP	4	4	4	4	6	12	15	60
199	R.Maris/F.Robinson MVP	4	4	4	4	6	12	15	40
200	M.Mantle/M.Wills MVP	4	4	▲6	▲10	12	30	40	200
201	E.Howard/S.Koufax MVP	4	4	4	4	5	10	12	20
202	B.Robinson/K.Boyer MVP	4	6	10	15	25	40	40	100
203	Z.Versailes/W.Mays MVP	4	4	4	4	6	12	15	40
204	F.Robinson/B.Clemente MVP	▼6	▼10	▼15	25	30	50	60	400
205	C.Yastrzemski/O.Cepeda MVP	▼5	▼8	▼12	20	30	50	60	200
206	D.McLain/B.Gibson MVP	4	4	4	4	6	12	15	25
207	H.Killebrew/W.McCovey MVP	4	4	4	4	6	12	15	40
208	B.Powell/J.Bench MVP	4	4	4	4	6	12	50	275
209	V.Blue/J.Torre MVP	4	4	4	4	5	10	12	30
210	R.Allen/J.Bench MVP	▲5	▲8	▲12	▲20	8	15	20	60
211	R.Jackson/P.Rose MVP	4	4	4	4	8	15	25	100
212	J.Burroughs/S.Garvey MVP	4	4	4	4	5	10	12	40
213	Oscar Gamble	4	4	4	4	6	12	15	25
214	Harry Parker	4	4	4	4	5	10	12	25
215	Bobby Valentine	4	4	4	4	6	12	20	50
216	San Francisco Giants CL/Westrum	4	4	4	4	5	10	12	25
217	Lou Piniella	4	4	4	4	6	12	15	40
218	Jerry Johnson	4	4	4	4	4	8	10	15
219	Ed Herrmann	4	4	4	4	5	60	80	150
220	Don Sutton	4	4	4	4	6	12	15	40
221	Aurelio Rodriguez	4	4	4	4	5	10	12	25
222	Dan Spillner RC	4	4	4	4	5	10	12	25
223	Robin Yount RC	50	60	80	100	200	500	1,500	6,000
224	Ramon Hernandez	4	4	4	4	5	10	12	25
225	Bob Grich	4	4	4	4	6	12	20	80
226	Bill Campbell	4	4	4	4	5	10	12	25
227	Bob Watson	4	4	4	4	5	10	12	25
228	George Brett RC	100	120	150	250	400	1,000	2,000	8,000
229	Barry Foote	4	4	4	4	5	10	12	60
230	Jim Hunter	4	4	4	4	8	15	20	80
231	Mike Tyson	4	4	4	4	5	10	12	25
232	Diego Segui	4	4	4	4	4	8	10	15
233	Billy Grabarkewitz	4	4	4	4	5	10	12	50
234	Tom Grieve	4	4	4	4	4	8	10	15
235	Jack Billingham	4	4	4	4	5	10	12	40
236	California Angels CL/Williams	4	4	4	4	5	10	12	60
237	Carl Morton	4	4	4	4	4	8	10	15
238	Dave Duncan	4	4	4	4	5	10	15	80
239	George Stone	4	4	4	4	4	8	10	15
240	Garry Maddox	4	4	4	4	6	12	15	30
241	Dick Tidrow	4	4	4	4	5	10	12	25
242	Jay Johnstone	4	4	4	4	5	10	12	25
243	Jim Kaat	4	4	4	4	6	12	15	30
244	Bill Buckner	4	4	4	4	6	12	15	40
245	Mickey Lolich	4	4	4	4	6	12	15	60
246	St. Louis Cardinals CL/Schoen	4	4	4	4	5	10	12	50
247	Enos Cabell	4	4	4	4	5	10	12	25
248	Randy Jones	4	4	4	4	6	12	15	30
249	Danny Thompson	4	4	4	4	5	10	15	60
250	Ken Brett	4	4	4	5	10	20	30	200
251	Fran Healy	4	4	4	4	6	12	20	60
252	Fred Scherman	4	4	4	4	5	10	12	30
253	Jesus Alou	4	4	4	4	8	15	25	100
254	Mike Torrez	4	4	4	4	8	15	20	40
255	Dwight Evans	4	4	4	4	8	15	20	80
256	Billy Champion	4	4	4	4	5	10	15	40
257	Checklist: 133-264	4	4	4	4	5	10	15	40
258	Dave LaRoche	4	4	4	4	5	10	12	25
259	Len Randle	4	4	4	5	10	20	30	100
260	Johnny Bench	▲6	▲10	▲15	25	30	60	100	300
261	Andy Hassler RC	4	4	4	4	5	10	12	25
262	Rowland Office RC	4	4	4	4	5	10	15	30
263	Jim Perry	4	4	4	4	5	10	15	40
264	John Milner	4	4	4	4	5	10	12	25
265	Ron Bryant	4	4	4	4	5	10	12	25
266	Sandy Alomar	4	4	4	4	6	12	15	30
267	Dick Ruthven	4	4	4	4	5	10	12	25
268	Hal McRae	4	4	4	4	6	12	20	150
269	Doug Rau	4	4	4	4	5	10	12	25
270	Ron Fairly	4	4	4	4	6	12	15	30
271	Gerry Moses	4	4	4	4	5	10	12	25
272	Lynn McGlothen	4	4	4	4	5	10	12	25
273	Steve Braun	4	4	4	4	5	10	12	30
274	Vicente Romo	4	4	4	4	5	10	12	25
275	Paul Blair	4	4	4	4	6	12	15	30
276	Chicago White Sox CL/Tanner	4	4	4	4	5	10	12	30
277	Frank Taveras	4	4	4	4	5	10	12	50
278	Paul Lindblad	4	4	4	4	5	10	12	25
279	Milt May	4	4	4	4	4	8	10	15
280	Carl Yastrzemski	20	25	30	40	50	80	100	300
281	Jim Slaton	4	4	4	4	5	10	12	25
282	Jerry Morales	4	4	4	4	5	10	12	25
283	Steve Foucault	4	4	4	4	5	10	12	25
284	Ken Griffey Sr.	4	4	4	5	10	20	25	120
285	Ellie Rodriguez	4	4	4	4	5	10	12	25
286	Mike Jorgensen	4	4	4	4	5	10	12	25
287	Roric Harrison	4	4	4	4	4	8	10	15
288	Bruce Ellingsen RC	4	4	4	4	4	8	10	15
289	Ken Rudolph	4	4	4	4	4	8	10	15
290	Jon Matlack	4	4	4	4	5	10	12	80
291	Bill Sudakis	4	4	4	4	5	10	12	25
292	Ron Schueler	4	4	4	4	5	10	12	25
293	Dick Sharon	4	4	4	4	5	10	12	25
294	Geoff Zahn RC	4	4	4	4	5	10	12	25
295	Vada Pinson	4	4	4	4	5	10	12	50
296	Alan Foster	4	4	4	4	5	10	12	25
297	Craig Kusick RC	4	4	5	6	12	25	30	60
298	Johnny Grubb	4	4	4	4	5	10	12	25
299	Bucky Dent	4	4	4	4	5	10	12	20
300	Reggie Jackson	4	▲5	▲8	12	30	80	100	500
301	Dave Roberts	4	4	4	4	5	10	12	500
302	Rick Burleson RC	4	4	4	4	8	15	25	150
303	Grant Jackson	4	4	4	4	4	8	10	15
304	Pittsburgh Pirates CL/Murtaugh	4	4	4	4	5	10	12	30
305	Jim Colborn	4	4	4	4	5	10	12	25
306	Batting Leaders	4	4	4	4	6	12	15	30
307	Home Run Leaders	▲5	▲8	▲12	▲20	6	12	15	30
308	RBI Leaders	4	4	4	4	6	12	15	60
309	Stolen Base Leaders	4	4	4	4	6	12	15	80
310	Victory Leaders	4	4	4	4	6	12	15	50
311	ERA Leaders	4	4	4	4	6	12	15	30
312	Strikeout Leaders	4	▲5	▲8	▲12	12	30	40	80
313	Leading Firemen	4	4	4	4	6	12	15	50
314	Buck Martinez	4	4	4	4	5	10	12	25
315	Don Kessinger	4	4	4	4	5	10	12	100
316	Jackie Brown	4	4	4	4	5	10	12	25
317	Joe Lahoud	4	4	4	4	5	10	12	25
318	Ernie McAnally	4	4	4	4	4	8	10	15

#	Player	VG 3	VgEx 4	EX 5	ExMt 6	NM 7	NmMt 8	NmMt+ 8.5	MT 9
319	Johnny Oates	4	4	4	4	5	10	12	25
320	Pete Rose	30	40	50	60	100	▲200	250	▼600
321	Rudy May	4	4	4	4	5	10	12	20
322	Ed Goodson	4	4	4	4	5	10	15	50
323	Fred Holdsworth	4	4	4	4	4	8	10	15
324	Ed Kranepool	4	4	4	4	4	8	10	15
325	Tony Oliva	4	4	4	4	6	12	15	40
326	Wayne Twitchell	4	4	4	4	5	10	12	40
327	Jerry Hairston	4	4	4	4	4	8	10	15
328	Sonny Siebert	4	4	4	4	4	8	10	15
329	Ted Kubiak	4	4	4	4	5	10	12	25
330	Mike Marshall	4	4	4	4	6	12	15	25
331	Cleveland Indians CL/Robinson	4	4	4	4	6	12	15	60
332	Fred Kendall	4	4	4	4	5	10	12	25
333	Dick Drago	4	4	4	4	5	10	12	25
334	Greg Gross RC	4	4	4	4	4	8	10	15
335	Jim Palmer	▼6	▼10	▼15	25	40	80	100	800
336	Rennie Stennett	4	4	4	5	10	20	25	100
337	Kevin Kobel	4	4	4	4	5	10	12	25
338	Rich Stelmaszek	4	4	4	4	5	10	12	80
339	Jim Fregosi	4	4	4	4	5	10	12	25
340	Paul Splittorff	4	4	4	4	6	12	20	150
341	Hal Breeden	4	4	4	4	4	8	10	15
342	Leroy Stanton	4	4	4	4	4	8	10	15
343	Danny Frisella	4	4	4	4	8	15	25	80
344	Ben Oglivie	4	4	4	4	6	12	15	30
345	Clay Carroll	4	4	4	4	5	10	12	25
346	Bobby Darwin	4	4	4	4	5	10	12	25
347	Mike Caldwell	4	4	4	4	5	10	12	25
348	Tony Muser	4	4	4	4	5	10	12	25
349	Ray Sadecki	4	4	4	4	5	10	12	25
350	Bobby Murcer	4	4	4	4	6	12	15	30
351	Bob Boone	4	4	4	4	5	10	12	20
352	Darold Knowles	4	4	4	4	5	10	12	25
353	Luis Melendez	4	4	4	4	5	10	12	25
354	Dick Bosman	4	4	4	4	5	10	12	25
355	Chris Cannizzaro	4	4	4	4	4	8	10	15
356	Rico Petrocelli	4	4	4	4	6	12	15	30
357	Ken Forsch	4	4	4	4	5	10	12	25
358	Al Bumbry	4	4	4	4	6	12	15	30
359	Paul Popovich	4	4	4	4	5	10	12	25
360	George Scott	4	4	4	4	5	10	12	25
361	Los Angeles Dodgers CL/Alston	4	4	4	4	6	12	15	30
362	Steve Hargan	4	4	4	4	5	10	12	25
363	Carmen Fanzone	4	4	4	4	5	10	12	25
364	Doug Bird	4	4	4	4	5	10	12	25
365	Bob Bailey	4	4	4	4	5	10	12	25
366	Ken Sanders	4	4	4	4	5	10	12	25
367	Craig Robinson	4	4	4	4	5	10	12	25
368	Vic Albury	4	4	4	4	5	10	12	20
369	Merv Rettenmund	4	4	4	4	5	10	12	25
370	Tom Seaver	10	15	25	30	50	100	150	▲600
371	Gates Brown	4	4	4	4	6	12	15	80
372	John D'Acquisto	4	4	4	4	5	10	15	25
373	Bill Sharp	4	4	4	4	4	8	10	15
374	Eddie Watt	4	4	4	4	4	8	10	15
375	Roy White	4	4	4	4	5	10	12	25
376	Steve Yeager	4	4	4	4	6	12	15	80
377	Tom Hilgendorf	4	4	4	4	5	10	12	50
378	Derrel Thomas	4	4	4	4	5	10	15	40
379	Bernie Carbo	4	4	4	4	5	10	12	25
380	Sal Bando	4	4	4	4	6	12	20	250
381	John Curtis	4	4	4	4	5	10	12	25
382	Don Baylor	4	4	4	4	6	12	15	40
383	Jim York	4	4	4	4	5	10	12	20
384	Milwaukee Brewers CL/Crandall	4	4	4	4	5	10	12	25
385	Dock Ellis	4	4	4	4	4	8	10	15

#	Player	VG 3	VgEx 4	EX 5	ExMt 6	NM 7	NmMt 8	NmMt+ 8.5	MT 9
386	Checklist: 265-396	4	4	4	4	5	10	12	40
387	Jim Spencer	4	4	4	4	5	10	12	25
388	Steve Stone	4	4	4	4	5	10	12	25
389	Tony Solaita RC	4	4	4	4	5	10	12	25
390	Ron Cey	4	4	4	4	5	10	12	30
391	Don DeMola RC	4	4	4	4	5	10	12	25
392	Bruce Bochte RC	4	4	4	4	5	10	12	120
393	Gary Gentry	4	4	4	4	4	8	10	15
394	Larvell Blanks	4	4	4	4	5	10	12	25
395	Bud Harrelson	4	4	4	4	5	10	12	40
396	Fred Norman	4	4	4	4	6	12	15	100
397	Bill Freehan	4	4	4	4	5	10	12	40
398	Elias Sosa	4	4	4	4	4	8	10	15
399	Terry Harmon	4	4	4	4	5	10	12	25
400	Dick Allen	▲5	▲8	▲12	▲20	6	12	15	60
401	Mike Wallace	4	4	4	4	5	10	12	25
402	Bob Tolan	4	4	4	4	6	12	25	500
403	Tom Buskey RC	4	4	4	4	5	10	12	25
404	Ted Sizemore	4	4	4	4	5	10	12	25
405	John Montague RC	4	4	4	4	6	12	20	250
406	Bob Gallagher	4	4	4	4	5	10	12	40
407	Herb Washington RC	4	4	4	4	8	15	30	150
408	Clyde Wright	4	4	4	4	5	10	12	25
409	Bob Robertson	4	4	4	4	5	10	15	80
410	Mike Cuellar	4	4	4	4	6	12	20	60
411	George Mitterwald	4	4	4	4	5	10	12	25
412	Bill Hands	4	4	4	4	5	10	12	25
413	Marty Pattin	4	4	4	4	5	10	12	20
414	Manny Mota	4	4	4	4	5	10	12	60
415	John Hiller	4	4	4	4	5	10	12	25
416	Larry Lintz	4	4	4	4	5	10	12	25
417	Skip Lockwood	4	4	4	4	5	10	15	120
418	Leo Foster	4	4	4	4	5	10	12	20
419	Dave Goltz	4	4	4	4	5	10	12	25
420	Larry Bowa	4	4	4	4	6	12	15	30
421	New York Mets CL/Berra	4	4	4	4	6	12	15	30
422	Brian Downing	4	4	4	4	5	10	12	40
423	Clay Kirby	4	4	4	4	5	10	12	25
424	John Lowenstein	4	4	4	4	5	10	12	25
425	Tito Fuentes	4	4	4	4	5	10	12	25
426	George Medich	4	4	4	4	5	10	12	25
427	Clarence Gaston	4	4	4	4	5	10	15	40
428	Dave Hamilton	4	4	4	4	5	10	12	60
429	Jim Dwyer RC	4	4	4	4	5	10	12	25
430	Luis Tiant	4	4	4	4	6	12	15	60
431	Rod Gilbreath	4	4	4	4	5	10	12	25
432	Ken Berry	4	4	4	4	5	10	12	25
433	Larry Demery RC	4	4	4	4	5	10	15	40
434	Bob Locker	4	4	4	4	5	10	15	50
435	Dave Nelson	4	4	4	4	5	10	15	50
436	Ken Frailing	4	4	4	4	5	10	15	60
437	Al Cowens RC	4	4	4	4	6	12	15	30
438	Don Carrithers	4	4	4	4	8	15	25	80
439	Ed Brinkman	4	4	4	4	5	10	12	25
440	Andy Messersmith	4	4	4	4	6	12	15	60
441	Bobby Heise	4	4	4	4	6	12	15	50
442	Maximino Leon RC	4	4	4	4	6	12	15	80
443	Minnesota Twins CL/Quilici	4	4	4	4	5	10	12	25
444	Gene Garber	4	4	4	4	5	10	15	40
445	Felix Millan	4	4	4	4	6	12	15	100
446	Bart Johnson	4	4	4	4	6	12	15	100
447	Terry Crowley	4	4	4	4	5	10	12	50
448	Frank Duffy	4	4	4	4	4	8	10	15
449	Charlie Williams	4	4	4	4	5	10	12	25
450	Willie McCovey	6	10	15	25	40	50	80	150
451	Rick Dempsey	4	4	4	4	5	10	12	25
452	Angel Mangual	4	4	4	4	6	12	15	50

#	Player	VG 3	VgEx 4	EX 5	ExMt 6	NM 7	NmMt 8	NmMt+ 8.5	MT 9
453	Claude Osteen	4	4	4	4	5	10	12	25
454	Doug Griffin	4	4	4	4	5	10	12	25
455	Don Wilson	4	4	4	4	5	10	12	25
456	Bob Coluccio	4	4	4	4	5	10	12	25
457	Mario Mendoza RC	4	4	4	4	5	10	12	25
458	Ross Grimsley	4	4	4	4	8	15	25	150
459	1974 AL Championships	4	4	4	4	8	15		
460	1974 NL Championships	4	4	4	4	6	12	20	150
461	Reggie Jackson WS1	4	4	4	4	6	12	15	40
462	W.Alston/J.Ferguson WS2	4	4	4	4	6	12	15	30
463	Rollie Fingers WS3	4	4	4	4	6	12	15	30
464	A's Batter WS4	4	4	4	4	6	12	15	50
465	Joe Rudi WS5	4	4	4	4	6	12	15	30
466	A's Do it Again WS	4	4	4	4	6	12	15	50
467	Ed Halicki RC	4	4	4	4	5	10	15	150
468	Bobby Mitchell	4	4	4	4	5	10	12	25
469	Tom Dettore RC	4	4	4	4	5	10	12	25
470	Jeff Burroughs	4	4	4	4	6	12	15	30
471	Bob Stinson	4	4	4	4	5	10	15	150
472	Bruce Dal Canton	4	4	4	4	5	10	12	80
473	Ken McMullen	4	4	4	4	6	12	15	25
474	Luke Walker	4	4	4	4	5	10	12	25
475	Darrell Evans	4	4	5	5	10	20		
476	Ed Figueroa RC	4	4	4	4	5	10	15	40
477	Tom Hutton	4	4	4	4	5	10	15	80
478	Tom Burgmeier	4	4	4	4	5	10	12	25
479	Ken Boswell	4	4	4	4	5	10	12	25
480	Carlos May	4	4	4	4	5	10	12	25
481	Will McEnaney RC	4	4	8	15	30	60	80	800
482	Tom McCraw	4	4	4	4	5	10	12	25
483	Steve Ontiveros	4	4	4	4	5	10	12	50
484	Glenn Beckert	4	4	4	4	5	10	15	50
485	Sparky Lyle	4	4	4	4	8	15	20	200
486	Ray Fosse	4	4	4	4	5	10	12	30
487	Houston Astros CL/Gomez	4	4	4	4	5	10	12	40
488	Bill Travers RC	4	4	4	4	6	12	15	30
489	Cecil Cooper	4	4	4	4	6	12	20	80
490	Reggie Smith	4	4	4	4	6	12	20	100
491	Doyle Alexander	4	4	4	4	5	10	12	20
492	Rich Hebner	4	4	4	4	5	10	12	40
493	Don Stanhouse	4	4	4	4	4	8	10	15
494	Pete LaCock RC	4	4	4	4	5	10	15	50
495	Nelson Briles	4	4	4	4	5	10	12	25
496	Pepe Frias	4	4	4	4	5	10	12	25
497	Jim Nettles	4	4	4	4	5	10	15	50
498	Al Downing	4	4	4	4	5	10	12	25
499	Marty Perez	4	4	4	6	12	25	30	120
500	Nolan Ryan	5	15	25	50	100	300	800	2,500
501	Bill Robinson	4	4	4	4	5	10	12	25
502	Pat Bourque	4	4	4	4	4	8	10	15
503	Fred Stanley	4	4	4	4	5	10	15	200
504	Buddy Bradford	4	4	4	4	6	12	20	50
505	Chris Speier	4	4	4	4	5	10	15	50
506	Leron Lee	4	4	4	4	5	10	12	25
507	Tom Carroll RC	4	4	4	4	5	10	12	25
508	Bob Hansen RC	4	4	4	4	5	10	12	50
509	Dave Hilton	4	4	4	4	5	10	12	25
510	Vida Blue	4	4	4	4	8	15	20	100
511	Texas Rangers CL/Martin	4	4	4	4	4	8	10	15
512	Larry Milbourne RC	4	4	4	4	5	10	12	80
513	Dick Pole	4	4	4	4	5	10	15	80
514	Jose Cruz	4	4	4	4	6	12	20	100
515	Manny Sanguillen	4	4	4	4	6	12	15	40
516	Don Hood	4	4	4	4	5	10	12	25
517	Checklist: 397-528	4	4	4	4	5	10	12	30
518	Leo Cardenas	4	4	4	4	5	10	12	25
519	Jim Todd RC	4	4	4	4	5	10	12	50
520	Amos Otis	4	4	4	4	6	12	20	200
521	Dennis Blair RC	4	4	4	4	5	10	15	80
522	Gary Sutherland	4	4	4	4	5	10	12	25
523	Tom Paciorek	4	4	4	4	5	10	15	50
524	John Doherty RC	4	4	4	4	5	10	12	25
525	Tom House	4	4	4	4	5	10	12	25
526	Larry Hisle	4	4	4	4	5	10	12	30
527	Mac Scarce	4	4	4	4	5	10	15	50
528	Eddie Leon	4	4	4	4	5	10	12	50
529	Gary Thomasson	4	4	4	4	5	10	15	60
530	Gaylord Perry	4	4	4	4	8	15	30	150
531	Cincinnati Reds CL/Anderson	4	4	4	6	12	20	30	80
532	Gorman Thomas	4	4	4	4	5	10	15	30
533	Rudy Meoli	4	4	4	4	5	10	12	25
534	Alex Johnson	4	4	4	4	6	12	15	60
535	Gene Tenace	4	4	4	4	6	12	15	40
536	Bob Moose	4	4	4	5	10	20	25	300
537	Tommy Harper	4	4	4	4	5	10	12	25
538	Duffy Dyer	4	4	4	4	5	10	15	60
539	Jesse Jefferson	4	4	4	4	6	12	15	30
540	Lou Brock	4	4	4	6	12	20	30	80
541	Roger Metzger	4	4	4	4	5	10	12	25
542	Pete Broberg	4	4	4	4	5	10	12	25
543	Larry Biittner	4	4	4	4	5	10	12	25
544	Steve Mingori	4	4	4	4	5	10	15	80
545	Billy Williams	4	4	4	4	8	15	20	50
546	John Knox	4	4	4	4	4	8	10	15
547	Von Joshua	4	4	5	6	12	25	30	120
548	Charlie Sands	4	4	4	4	5	10	15	80
549	Bill Butler	4	4	4	4	5	10	12	30
550	Ralph Garr	4	4	4	4	5	10	15	50
551	Larry Christenson	4	4	4	4	6	12	20	275
552	Jack Brohamer	4	4	4	4	4	8	10	15
553	John Boccabella	4	4	4	4	5	10	12	30
554	Rich Gossage	4	4	4	5	10	20	25	80
555	Al Oliver	4	4	4	4	6	12	20	150
556	Tim Johnson	4	4	4	4	5	10	15	60
557	Larry Gura	4	4	4	4	5	10	12	25
558	Dave Roberts	4	4	4	4	5	10	12	25
559	Bob Montgomery	4	4	4	4	5	10	12	25
560	Tony Perez	6	10	15	25	40	60	80	150
561	Oakland Athletics CL/Dark	4	4	4	4	6	12	15	50
562	Gary Nolan	4	4	4	4	5	10	12	25
563	Wilbur Howard	4	4	4	4	4	8	10	15
564	Tommy Davis	4	6	12	15	30	60	90	500
565	Joe Torre	4	4	4	4	6	12	20	60
566	Ray Burris	4	4	4	4	5	10	12	25
567	Jim Sundberg RC	4	4	4	4	6	12	15	40
568	Dale Murray RC	4	4	4	4	5	10	12	50
569	Frank White	4	4	4	4	5	10	15	20
570	Jim Wynn	4	4	4	4	6	12	15	30
571	Dave Lemanczyk RC	4	4	4	4	5	10	12	25
572	Roger Nelson	4	4	4	4	5	10	12	25
573	Orlando Pena	4	4	4	4	4	8	10	15
574	Tony Taylor	4	4	4	4	5	10	60	30
575	Gene Clines	4	4	4	4	5	10	15	50
576	Phil Roof	4	4	4	4	5	10	12	25
577	John Morris	4	4	4	4	5	10	12	25
578	Dave Tomlin RC	4	4	4	4	5	10	12	25
579	Skip Pitlock	4	4	4	4	5	10	12	25
580	Frank Robinson	4	4	4	5	12	40	50	150
581	Darrel Chaney	4	4	4	4	8	15	20	40
582	Eduardo Rodriguez	4	4	4	4	5	10	12	40
583	Andy Etchebarren	4	4	4	5	10	20	40	350
584	Mike Garman	4	4	4	4	5	10	15	80
585	Chris Chambliss	4	4	4	4	8	15	20	60
586	Tim McCarver	4	4	4	4	6	12	15	60

#	Player	VG 3	VgEx 4	EX 5	ExMt 6	NM 7	NmMt 8	NmMt+ 8.5	MT 9
587	Chris Ward RC	4	4	4	4	4	8	10	15
588	Rick Auerbach	4	4	4	4	5	10	15	80
589	Atlanta Braves CL/King	4	4	4	4	5	10	12	30
590	Cesar Cedeno	4	4	4	4	6	12	20	80
591	Glenn Abbott	4	4	4	4	5	10	12	25
592	Balor Moore	4	4	4	4	5	10	12	20
593	Gene Lamont	4	4	4	4	4	8	10	15
594	Jim Fuller	4	4	4	4	5	10	12	25
595	Joe Niekro	4	4	4	4	6	12	15	60
596	Ollie Brown	4	4	4	4	5	10	12	60
597	Winston Llenas	4	4	4	4	5	10	12	25
598	Bruce Kison	4	4	4	4	5	10	12	30
599	Nate Colbert	4	4	4	4	5	10	12	25
600	Rod Carew	4	4	▲6	10	20	40	50	300
601	Juan Beniquez	4	4	6	8	15	30	60	400
602	John Vukovich	4	4	4	4	8	15	20	50
603	Lew Krausse	4	4	4	4	5	10	12	100
604	Oscar Zamora RC	4	4	4	4	6	12	15	30
605	John Ellis	4	4	4	4	5	10	12	25
606	Bruce Miller RC	4	4	4	4	5	10	12	25
607	Jim Holt	4	4	4	4	6	12	15	40
608	Gene Michael	4	4	4	4	5	10	15	60
609	Elrod Hendricks	4	4	4	4	5	10	15	40
610	Ron Hunt	4	4	4	4	5	10	12	25
611	New York Yankees CL/Virdon	4	4	4	4	6	12	15	50
612	Terry Hughes	4	4	4	4	6	15	15	150
613	Bill Parsons	4	4	4	4	5	10	12	25
614	Rookie Pitchers	4	4	4	4	5	10	12	25
615	Rookie Pitchers	4	4	4	4	6	12	15	40
616	Jim Rice RC	25	30	40	50	80	200	▲300	1,500
617	Rookie Infielders	4	4	4	4	6	12	15	50
618	Rookie Pitchers	4	4	4	4	6	12	15	120
619	Rookie Outfielders	4	4	4	4	5	10	12	25
620	Gary Carter RC	20	30	40	50	80	200	400	1,500
621	Rookie Pitchers	4	4	4	4	6	12	15	30
622	Fred Lynn RC	4	6	10	15	25	40	50	120
623	K.Hernandez/P.Garner RC	12	20	30	50	60	150	200	250
624	Rookie Pitchers	4	4	4	4	5	10	15	60
625	Boog Powell	4	4	4	5	10	20	25	250
626	Larry Haney	4	4	4	4	5	10	12	25
627	Tom Walker	4	4	4	4	5	10	15	30
628	Ron LeFlore RC	4	4	4	4	8	15	30	100
629	Joe Hoerner	4	4	4	4	4	8	10	15
630	Greg Luzinski	4	4	4	4	6	12	15	25
631	Lee Lacy	4	4	4	4	6	12	20	80
632	Morris Nettles RC	4	4	4	4	5	10	12	25
633	Paul Casanova	4	4	4	4	5	10	15	60
634	Cy Acosta	4	4	4	4	6	12	20	120
635	Chuck Dobson	4	4	4	4	5	10	12	25
636	Charlie Moore	4	4	4	4	5	10	12	25
637	Ted Martinez	4	4	4	4	5	10	15	250
638	Chicago Cubs CL/Marshall	4	4	8	10	20	40	50	250
639	Steve Kline	4	4	4	4	5	10	15	80
640	Harmon Killebrew	4	4	5	10	20	30	40	200
641	Jim Northrup	4	4	4	4	6	12	15	50
642	Mike Phillips	4	4	4	4	8	15	40	350
643	Brent Strom	4	4	4	4	5	10	15	100
644	Bill Fahey	4	4	4	4	4	8	10	15
645	Danny Cater	4	4	4	4	5	10	15	40
646	Checklist: 529-660	4	4	4	4	5	10	15	40
647	Claudell Washington RC	4	4	5	6	12	150	200	500
648	Dave Pagan RC	4	4	4	4	5	10	12	60
649	Jack Heidemann	4	4	4	4	8	15	20	80
650	Dave May	4	4	4	4	5	10	12	50
651	John Morlan RC	4	5	10	12	25	50	60	80
652	Lindy McDaniel	4	4	4	4	5	10	15	50
653	Lee Richard	4	4	4	4	4	8	10	15
654	Jerry Terrell	4	4	4	4	5	10	15	60
655	Rico Carty	4	4	4	4	5	10	15	30
656	Bill Plummer	4	4	4	4	6	12	15	30
657	Bob Oliver	4	4	4	4	5	10	15	60
658	Vic Harris	4	4	4	5	10	20	25	60
659	Bob Apodaca	4	4	4	4	8	15	20	250
660	Hank Aaron	4	8	25	50	80	250		

1975 Topps Mini

#	Player	GD 2	VG 3	VgEx 4	EX 5	ExMt 6	NM 7	NmMt 8	MT 9
1	Hank Aaron HL	▲8	▲12	▲20	▲30	▲50	▲80	▼120	600
2	Lou Brock HL	4	4	4	4	5	10	25	150
3	Bob Gibson HL	4	4	4	4	8	15	30	200
4	Al Kaline HL	▲12	▲20	▲30	▲50	▲80	▲120	▲200	▲600
5	Nolan Ryan HL	▼4	▼6	10	▲15	▲25	▲40	60	500
6	Mike Marshall HL	4	4	4	4	4	6	12	120
7	Ryan/Busby/Bosman HL	4	4	4	▲8	▲12	20	▲30	250
8	Rogelio Moret	4	4	4	4	4	5	10	
9	Frank Tepedino	4	4	4	4	4	5	10	30
10	Willie Davis	4	4	4	4	4	5	10	25
11	Bill Melton	4	4	4	4	4	5	10	
12	David Clyde	4	4	4	4	4	5	10	25
13	Gene Locklear	4	4	4	4	4	5	10	
14	Milt Wilcox	4	4	4	4	4	5	10	25
15	Jose Cardenal	4	4	4	4	4	5	10	60
16	Frank Tanana	4	4	4	4	6	8	15	80
17	Dave Concepcion	4	4	4	5	6	12	25	50
18	Detroit Tigers CL/Houk	4	4	4	4	4	8	15	50
19	Jerry Koosman	4	4	4	4	4	6	12	30
20	Thurman Munson	▲12	▲20	▲30	▲50	▲80	▲120	▲200	▲600
21	Rollie Fingers	4	4	4	4	4	8	25	150
22	Dave Cash	4	4	4	4	4	5	10	25
23	Bill Russell	4	4	4	4	4	6	12	60
24	Al Fitzmorris	4	4	4	4	4	5	10	25
25	Lee May	4	4	4	4	4	5	10	100
26	Dave McNally	4	4	4	4	4	6	12	40
27	Ken Reitz	4	4	4	4	4	5	10	150
28	Tom Murphy	4	4	4	4	4	6	12	50
29	Dave Parker	▲10	▲15	▲25	▲40	▲60	▲100	▲150	▲500
30	Bert Blyleven	4	4	8	15	20	40	80	
31	Dave Rader	4	4	4	4	4	8	15	
32	Reggie Cleveland	4	4	4	4	4	5	10	30
33	Dusty Baker	4	4	4	4	4	6	12	60
34	Steve Renko	4	4	4	4	4	5	10	25
35	Ron Santo	4	4	4	4	4	6	12	25
36	Joe Lovitto	4	4	4	4	4	5	10	25
37	Dave Freisleben	4	4	4	4	4	5	10	50
38	Buddy Bell	4	4	4	4	4	6	12	50
39	Andre Thornton	4	4	4	4	4	8	15	60
40	Bill Singer	4	4	4	4	4	5	10	25
41	Cesar Geronimo	4	4	4	4	4	6	12	
42	Joe Coleman	4	4	4	4	4	5	10	25
43	Cleon Jones	4	4	4	4	4	6	12	30
44	Pat Dobson	4	4	4	4	4	8	15	
45	Joe Rudi	4	4	4	4	4	6	12	30
46	Philadelphia Phillies CL/Ozark	4	4	4	4	4	6	12	30
47	Tommy John	4	4	4	4	4	8	15	
48	Freddie Patek	4	4	4	4	4	5	10	
49	Larry Dierker	4	4	4	4	4	5	10	25
50	Brooks Robinson	▲8	▲12	▲20	▲30	▲50	▲80	▲120	800
51	Bob Forsch	4	4	4	4	4	5	10	25
52	Darrell Porter	4	4	4	4	4	5	10	25
53	Dave Giusti	4	4	4	5	6	12	60	
54	Eric Soderholm	4	4	4	4	5	6	12	30
55	Bobby Bonds	4	4	4	4	6	8	15	30
56	Rick Wise	4	4	4	4	4	8	15	

#	Player	GD 2	VG 3	VgEx 4	EX 5	ExMt 6	NM 7	NmMt 8	MT 9
57	Dave Johnson	4	4	4	4	4	5	10	40
58	Chuck Taylor	4	4	4	6	8	15	30	
59	Ken Henderson	4	4	4	4	4	5	10	25
60	Fergie Jenkins	4	▲6	▲10	▲15	▲25	▲40	▲60	100
61	Dave Winfield	▲8	▲12	▲20	▲30	▲50	▲80	▲120	300
62	Fritz Peterson	4	4	4	4	4	5	10	100
63	Steve Swisher	4	4	4	4	4	8	15	
64	Dave Chalk	4	4	4	4	4	8	15	135
65	Don Gullett	4	4	4	4	4	6	12	80
66	Willie Horton	4	4	4	4	4	6	12	80
67	Tug McGraw	4	4	4	4	4	6	12	30
68	Ron Blomberg	4	4	4	4	4	5	10	25
69	John Odom	4	4	4	4	4	6	12	40
70	Mike Schmidt	▲10	▲15	▲25	▲40	▲60	▲100	▼150	1,200
71	Charlie Hough	4	4	4	4	4	6	12	30
72	Kansas City Royals CL/McKeon	4	4	4	4	4	6	12	40
73	J.R. Richard	4	4	4	4	4	6	12	30
74	Mark Belanger	4	4	4	5	6	8	15	80
75	Ted Simmons	4	4	4	8	10	12	25	120
76	Ed Sprague	4	4	4	4	4	8	15	
77	Richie Zisk	4	4	4	4	4	8	15	
78	Ray Corbin	4	4	4	4	4	5	10	25
79	Gary Matthews	4	4	4	4	4	6	12	30
80	Carlton Fisk	▲10	▲15	▲25	▲40	▲60	▲100	▲150	▲500
81	Ron Reed	4	4	4	4	4	8	15	
82	Pat Kelly	4	4	4	4	4	5	10	100
83	Jim Merritt	4	4	4	4	4	5	10	25
84	Enzo Hernandez	4	4	4	4	4	5	10	50
85	Bill Bonham	4	4	4	4	4	5	10	50
86	Joe Lis	4	4	4	5	6	12	25	
87	George Foster	▲8	▲12	▲20	▲30	▲50	▲80	▲120	▲400
88	Tom Egan	4	4	4	4	4	5	10	25
89	Jim Ray	4	4	4	4	4	5	10	25
90	Rusty Staub	4	4	4	4	5	10	20	200
91	Dick Green	4	4	4	6	8	15	30	
92	Cecil Upshaw	4	4	4	4	4	6	12	30
93	Davey Lopes	4	4	4	4	4	6	12	30
94	Jim Lonborg	4	4	4	4	4	8	15	60
95	John Mayberry	4	4	4	4	4	5	10	40
96	Mike Cosgrove	4	4	4	6	8	15	30	
97	Earl Williams	4	4	4	4	4	5	10	60
98	Rich Folkers	4	4	4	4	4	5	10	25
99	Mike Hegan	4	5	10	20	25	50	100	
100	Willie Stargell	4	5	8	12	20	30	100	300
101	Montreal Expos CL/Mauch	4	4	4	5	6	12	25	
102	Joe Decker	4	4	4	4	4	5	10	25
103	Rick Miller	4	4	4	4	4	8	15	
104	Bill Madlock	4	4	4	5	6	12	25	200
105	Buzz Capra	4	4	4	4	4	5	10	30
106	Mike Hargrove	4	4	4	4	4	6	12	40
107	Jim Barr	4	4	4	4	4	5	10	25
108	Tom Hall	4	4	4	4	4	5	10	25
109	George Hendrick	4	4	4	4	4	8	15	
110	Wilbur Wood	4	4	4	4	4	5	10	25
111	Wayne Garrett	4	4	4	4	4	8	15	
112	Larry Hardy	4	4	4	4	4	5	10	25
113	Elliott Maddox	4	4	4	4	4	5	10	25
114	Dick Lange	4	4	4	4	4	5	10	25
115	Joe Ferguson	4	4	4	4	4	5	10	25
116	Lerrin LaGrow	4	4	4	4	4	5	10	100
117	Baltimore Orioles CL/Weaver	4	4	4	4	4	6	12	50
118	Mike Anderson	4	4	4	4	4	5	10	25
119	Tommy Helms	4	4	4	4	4	5	10	25
120	Steve Busby	4	4	4	4	4	6	12	100
121	Bill North	4	4	4	4	4	5	10	30
122	Al Hrabosky	4	4	4	4	4	8	15	
123	Johnny Briggs	4	4	4	4	4	5	10	25
124	Jerry Reuss	4	4	4	4	4	5	10	25
125	Ken Singleton	4	4	4	5	6	12	50	
126	Checklist 1-132	4	4	4	4	4	6	12	50
127	Glenn Borgmann	4	4	4	4	5	10	80	
128	Bill Lee	4	4	4	4	4	6	12	40
129	Rick Monday	4	4	4	4	4	6	12	50
130	Phil Niekro	4	4	4	4	4	6	12	100
131	Toby Harrah	4	4	4	6	8	15	30	
132	Randy Moffitt	4	4	4	4	4	5	10	25
133	Dan Driessen	4	4	4	5	6	12	80	
134	Ron Hodges	4	4	4	4	4	5	10	25
135	Charlie Spikes	4	4	4	4	4	5	10	50
136	Jim Mason	4	4	4	5	6	12	25	
137	Terry Forster	4	4	4	4	4	6	12	40
138	Del Unser	4	4	4	4	4	5	10	25
139	Horacio Pina	4	4	4	5	6	12	25	
140	Steve Garvey	4	4	4	8	10	20	50	
141	Mickey Stanley	4	4	4	4	4	8	15	
142	Bob Reynolds	4	4	4	4	4	5	10	30
143	Cliff Johnson	4	4	4	4	5	10	50	
144	Jim Wohlford	4	4	4	4	4	5	10	25
145	Ken Holtzman	4	4	4	4	4	5	10	30
146	San Diego Padres CL/McNamara	4	4	4	4	4	6	12	40
147	Pedro Garcia	4	4	4	4	4	5	10	25
148	Jim Rooker	4	4	4	4	4	5	10	25
149	Tim Foli	4	4	4	4	4	8	15	
150	Bob Gibson	4	▼4	▼4	▼6	▼10	▼15	60	300
151	Steve Brye	4	4	4	4	4	5	10	25
152	Mario Guerrero	4	4	4	4	4	5	10	80
153	Rick Reuschel	4	4	4	4	4	5	10	30
154	Mike Lum	4	4	4	4	4	6	12	30
155	Jim Bibby	4	4	4	4	4	5	10	80
156	Dave Kingman	4	4	4	4	4	6	12	60
157	Pedro Borbon	4	4	4	4	4	6	30	
158	Jerry Grote	4	4	4	4	4	8	15	175
159	Steve Arlin	4	4	4	4	4	5	10	25
160	Graig Nettles	4	4	4	4	4	6	12	120
161	Stan Bahnsen	4	4	4	6	8	15	30	
162	Willie Montanez	4	4	4	4	4	8	15	
163	Jim Brewer	4	4	4	4	4	8	15	
164	Mickey Rivers	4	4	4	4	4	8	15	
165	Doug Rader	4	4	4	4	4	5	10	25
166	Woodie Fryman	4	4	4	4	4	5	10	25
167	Rich Coggins	4	4	4	4	4	5	10	25
168	Bill Greif	4	4	5	10	12	25	60	
169	Cookie Rojas	4	4	4	4	4	8	15	50
170	Bert Campaneris	4	4	4	5	6	12	25	
171	Ed Kirkpatrick	4	4	4	4	4	5	10	30
172	Boston Red Sox CL/Johnson	4	4	4	4	4	6	12	50
173	Steve Rogers	4	4	4	5	6	12	25	
174	Bake McBride	4	4	4	4	4	6	12	30
175	Don Money	4	4	4	4	4	5	10	40
176	Burt Hooton	4	4	4	4	4	5	10	60
177	Vic Correll	4	4	4	4	4	5	10	80
178	Cesar Tovar	4	4	4	4	4	5	10	100
179	Tom Bradley	4	4	4	4	4	6	12	25
180	Joe Morgan	▲10	▲15	▲25	▲40	▲60	▲100	150	400
181	Fred Beene	4	4	4	4	4	5	10	25
182	Don Hahn	4	4	4	4	4	5	10	50
183	Mel Stottlemyre	4	4	4	4	4	8	15	80
184	Jorge Orta	4	4	4	4	4	5	10	25
185	Steve Carlton	4	4	4	▲8	▲12	▲20	30	▲120
186	Willie Crawford	4	4	4	4	4	5	10	25
187	Denny Doyle	4	4	4	5	6	12	40	
188	Tom Griffin	4	4	4	4	4	5	10	25
189	Y.Berra/Campanella MVP	4	4	4	4	4	6	15	30
190	B.Shantz/H.Sauer MVP	4	4	4	4	4	6	12	30

#	Card	GD 2	VG 3	VgEx 4	EX 5	ExMt 6	NM 7	NmMt 8	MT 9
191	Al Rosen/Campanella MVP	4	4	4	4	4	6	12	30
192	Y.Berra/W.Mays MVP	4	4	4	4	4	8	25	80
193	Y.Berra/Campanella MVP	4	4	4	4	4	5	10	25
194	M.Mantle/D.Newcombe MVP	4	4	▲6	▲10	▲15	▲25	▲40	▲120
195	M.Mantle/H.Aaron MVP	▼4	▼6	10	▲15	▲25	▲40	▲60	250
196	J.Jensen/E.Banks MVP	4	4	4	4	4	6	12	60
197	N.Fox/E.Banks MVP	4	4	4	4	4	5	10	50
198	R.Maris/D.Groat MVP	4	4	4	4	4	8	15	40
199	R.Maris/F.Robinson MVP	4	4	4	6	10	15	25	60
200	M.Mantle/M.Wills MVP	4	4	▲6	▲10	▲15	▲25	▲40	▲120
201	E.Howard/S.Koufax MVP	4	4	4	4	4	6	12	40
202	B.Robinson/K.Boyer MVP	4	▲6	▲10	▲15	▲25	▲40	▲60	▲250
203	Z.Versalles/W.Mays MVP	4	4	4	4	4	8	15	25
204	F.Robinson/B.Clemente MVP	▲6	▲10	▲15	▲25	▲40	▲60	▲100	▲300
205	C.Yastrzemski/O.Cepeda MVP	▲5	▲8	▲12	▲20	▲30	▲50	▲80	▲250
206	D.McLain/B.Gibson MVP	4	4	4	4	4	6	12	40
207	H.Killebrew/W.McCovey MVP	4	4	4	4	4	6	12	30
208	B.Powell/J.Bench MVP	4	4	4	4	4	6	12	60
209	V.Blue/J.Torre MVP	4	4	4	4	4	6	12	60
210	R.Allen/J.Bench MVP	▲5	▲8	▲12	▲20	▲30	▲50	▲80	▲250
211	R.Jackson/P.Rose MVP	4	4	4	4	5	10	20	150
212	J.Burroughs/S.Garvey MVP	4	4	4	4	4	6	12	50
213	Oscar Gamble	4	4	4	4	4	4	8	15
214	Harry Parker	4	4	4	4	4	5	10	25
215	Bobby Valentine	4	4	4	4	4	6	12	40
216	San Francisco Giants CL/Westrum	4	4	4	4	4	6	12	40
217	Lou Piniella	4	4	4	4	4	6	12	40
218	Jerry Johnson	4	4	4	4	4	5	10	25
219	Ed Herrmann	4	4	4	4	4	8	15	
220	Don Sutton	4	4	6	10	15	25	40	100
221	Aurelio Rodriguez	4	4	4	4	4	5	10	25
222	Dan Spillner	4	4	4	4	5	10	20	
223	Robin Yount	25	40	60	▲100	▲150	▲250	▼400	3,000
224	Ramon Hernandez	4	4	4	4	4	5	10	25
225	Bob Grich	4	4	4	4	4	8	15	
226	Bill Campbell	4	4	4	4	4	8	15	
227	Bob Watson	4	4	4	4	4	8	15	150
228	George Brett	60	100	▲150	▲250	▲400	▲600	1,000	4,000
229	Barry Foote	4	4	4	4	4	8	15	
230	Jim Hunter	4	4	4	4	4	8	25	80
231	Mike Tyson	4	4	4	4	4	5	10	25
232	Diego Segui	4	4	4	5	6	12	25	100
233	Billy Grabarkewitz	4	4	4	6	8	15	30	
234	Tom Grieve	4	4	4	4	4	5	10	25
235	Jack Billingham	4	4	4	4	4	6	12	30
236	California Angels CL/Williams	4	4	4	4	4	6	12	60
237	Carl Morton	4	4	4	4	4	8	15	
238	Dave Duncan	4	4	4	4	4	5	10	80
239	George Stone	4	4	4	4	4	5	10	25
240	Garry Maddox	4	4	4	4	4	6	12	40
241	Dick Tidrow	4	4	4	4	4	5	10	50
242	Jay Johnstone	4	4	4	4	4	5	10	30
243	Jim Kaat	4	4	6	12	15	30	60	
244	Bill Buckner	4	4	4	4	4	8	15	
245	Mickey Lolich	4	4	4	4	5	10	20	300
246	St. Louis Cardinals CL/Schoen	4	4	5	10	20	40	80	150
247	Enos Cabell	4	4	4	4	4	5	10	25
248	Randy Jones	4	4	4	4	4	8	15	
249	Danny Thompson	4	4	4	4	4	8	15	
250	Ken Brett	4	4	4	4	4	8	15	60
251	Fran Healy	4	4	4	4	4	8	15	
252	Fred Scherman	4	4	4	4	4	5	10	25
253	Jesus Alou	4	8	15	30	40	80	150	
254	Mike Torrez	4	4	4	4	4	5	10	30
255	Dwight Evans	4	4	4	4	4	6	15	50
256	Billy Champion	4	4	4	4	4	8	15	
257	Checklist: 133-264	4	4	4	4	4	6	12	40

#	Card	GD 2	VG 3	VgEx 4	EX 5	ExMt 6	NM 7	NmMt 8	MT 9
258	Dave LaRoche	4	4	4	4	4	8	15	100
259	Len Randle	4	4	4	4	4	8	15	
260	Johnny Bench	▲6	▲10	▲15	▲25	▲40	▲60	▲100	300
261	Andy Hassler	4	4	4	4	4	5	10	25
262	Rowland Office	4	4	4	4	4	8	15	100
263	Jim Perry	4	4	4	4	4	5	10	25
264	John Milner	4	4	4	4	4	8	15	
265	Ron Bryant	4	4	4	4	4	5	10	25
266	Sandy Alomar	4	4	4	4	4	6	12	40
267	Dick Ruthven	4	4	4	4	4	5	10	25
268	Hal McRae	4	4	4	4	4	8	15	120
269	Doug Rau	4	4	4	4	4	5	10	25
270	Ron Fairly	4	4	4	4	4	5	10	25
271	Gerry Moses	4	4	4	4	4	8	15	
272	Lynn McGlothen	4	4	4	4	4	5	10	25
273	Steve Braun	4	4	4	4	4	5	10	25
274	Vicente Romo	4	4	4	4	4	5	10	20
275	Paul Blair	4	4	4	4	4	6	12	50
276	Chicago White Sox CL/Tanner	4	4	4	4	4	6	12	40
277	Frank Taveras	4	4	4	4	4	8	15	
278	Paul Lindblad	4	4	4	4	4	8	15	
279	Milt May	4	4	4	4	4	5	10	25
280	Carl Yastrzemski	▲10	▲15	▲25	▲40	▲60	▲100	▲150	▲500
281	Jim Slaton	4	4	4	4	4	5	10	25
282	Jerry Morales	4	4	4	4	4	5	10	25
283	Steve Foucault	4	4	4	4	4	5	10	25
284	Ken Griffey Sr.	4	4	4	4	4	8	25	80
285	Ellie Rodriguez	4	4	4	4	4	5	10	25
286	Mike Jorgensen	4	4	4	4	4	5	10	25
287	Roric Harrison	4	4	4	4	4	8	15	50
288	Bruce Ellingsen	4	4	4	4	4	5	10	25
289	Ken Rudolph	4	4	4	4	4	8	15	50
290	Jon Matlack	4	4	4	4	4	8	15	
291	Bill Sudakis	4	4	4	4	4	5	10	25
292	Ron Schueler	4	4	4	4	4	5	10	25
293	Dick Sharon	4	4	4	4	4	5	10	25
294	Geoff Zahn	4	4	4	4	4	5	10	25
295	Vada Pinson	4	4	4	4	4	6	12	120
296	Alan Foster	4	4	4	4	4	8	15	
297	Craig Kusick	4	4	4	4	4	8	50	
298	Johnny Grubb	4	4	4	4	4	5	10	25
299	Bucky Dent	4	4	4	4	4	6	12	40
300	Reggie Jackson	4	4	▲8	▲12	▲20	▲30	50	400
301	Dave Roberts	4	4	6	12	15	30	60	
302	Rick Burleson	6	12	15	30	40	80	150	
303	Grant Jackson	4	4	4	4	4	8	15	100
304	Pittsburgh Pirates CL/Murtaugh	4	4	4	4	4	6	12	80
305	Jim Colborn	4	4	4	4	4	5	10	25
306	Batting Leaders	4	4	4	4	4	6	12	30
307	Home Run Leaders	▲5	▲8	▲12	▲20	▲30	▲50	▲80	▲250
308	RBI Leaders	4	4	4	4	4	6	12	30
309	Stolen Base Leaders	4	4	4	4	4	6	12	40
310	Victory Leaders	4	4	4	4	4	8	15	
311	ERA Leaders	4	4	4	4	4	6	12	30
312	Strikeout Leaders	4	4	▲8	▲12	▲20	▲30	▲50	▲150
313	Leading Firemen	4	4	4	4	4	6	12	40
314	Buck Martinez	4	4	4	4	4	8	15	
315	Don Kessinger	4	4	5	10	12	25	50	
316	Jackie Brown	4	4	4	4	4	5	10	25
317	Joe Lahoud	4	4	4	4	4	5	10	80
318	Ernie McAnally	4	4	4	4	4	5	10	25
319	Johnny Oates	4	4	4	4	4	8	15	
320	Pete Rose	▲15	▲25	▲40	▲60	▲100	▲150	250	800
321	Rudy May	4	4	4	4	4	5	10	25
322	Ed Goodson	4	4	4	4	4	8	15	
323	Fred Holdsworth	4	4	4	4	4	5	10	50
324	Ed Kranepool	4	4	4	4	4	6	12	30

#	Player	GD 2	VG 3	VgEx 4	EX 5	ExMt 6	NM 7	NmMt 8	MT 9
325	Tony Oliva	4	4	4	4	4	6	12	50
326	Wayne Twitchell	4	4	4	4	4	8	60	
327	Jerry Hairston	4	4	4	4	4	5	10	20
328	Sonny Siebert	4	4	4	4	4	5	10	25
329	Ted Kubiak	4	4	4	4	4	5	10	25
330	Mike Marshall	4	4	4	4	4	6	12	40
331	Cleveland Indians CL/Robinson	4	4	4	4	4	8	15	
332	Fred Kendall	4	4	4	4	4	5	10	25
333	Dick Drago	4	4	4	4	4	5	10	30
334	Greg Gross	4	4	4	4	4	5	10	25
335	Jim Palmer	▼6	▲10	▲15	▲25	▲40	▲60	▲100	300
336	Rennie Stennett	4	4	4	8	10	20	40	
337	Kevin Kobel	4	4	4	4	4	8	15	
338	Rich Stelmaszek	4	4	4	4	4	8	15	
339	Jim Fregosi	4	4	4	5	6	12	50	
340	Paul Splittorff	4	4	4	4	4	8	15	
341	Hal Breeden	4	4	4	4	4	5	10	25
342	Leroy Stanton	4	4	4	4	4	5	10	25
343	Danny Frisella	4	4	4	4	4	8	15	
344	Ben Oglivie	4	4	4	5	6	12	25	
345	Clay Carroll	4	4	4	4	4	6	12	80
346	Bobby Darwin	4	4	4	4	4	8	15	
347	Mike Caldwell	4	4	4	4	4	5	10	25
348	Tony Muser	4	4	4	4	4	5	10	25
349	Ray Sadecki	4	4	4	4	4	5	10	25
350	Bobby Murcer	4	4	4	4	4	8	15	80
351	Bob Boone	4	4	4	4	4	6	12	30
352	Darold Knowles	4	4	4	4	4	5	10	50
353	Luis Melendez	4	4	4	4	4	5	10	25
354	Dick Bosman	4	4	4	4	4	5	10	50
355	Chris Cannizzaro	4	4	4	4	4	5	10	25
356	Rico Petrocelli	4	4	4	4	4	6	12	40
357	Ken Forsch	4	4	4	4	4	5	10	25
358	Al Bumbry	4	4	4	4	4	5	10	30
359	Paul Popovich	4	4	4	4	4	5	10	25
360	George Scott	4	4	4	4	4	5	10	30
361	Los Angeles Dodgers CL/Alston	4	4	4	4	4	6	12	30
362	Steve Hargan	4	4	4	4	4	8	15	
363	Carmen Fanzone	4	4	4	4	4	5	10	25
364	Doug Bird	4	4	4	4	4	8	15	
365	Bob Bailey	4	4	4	4	4	5	10	25
366	Ken Sanders	4	4	4	4	4	8	15	
367	Craig Robinson	4	4	4	4	4	5	10	25
368	Vic Albury	4	4	4	4	4	5	10	25
369	Merv Rettenmund	4	4	4	4	4	8	15	
370	Tom Seaver	▲8	▲12	▲20	▲30	▲50	▲80	120	500
371	Gates Brown	4	4	5	10	12	25	60	
372	John D'Acquisto	4	4	4	4	4	8	15	
373	Bill Sharp	4	4	4	4	4	5	10	25
374	Eddie Watt	4	4	4	4	4	5	10	25
375	Roy White	4	4	4	4	4	8	15	
376	Steve Yeager	4	4	4	4	4	8	15	
377	Tom Hilgendorf	4	4	4	4	4	5	10	25
378	Derrel Thomas	4	4	4	4	4	5	10	60
379	Bernie Carbo	4	4	4	4	4	5	10	60
380	Sal Bando	4	4	4	8	10	20	50	
381	John Curtis	4	4	4	4	4	5	10	25
382	Don Baylor	4	4	4	4	4	6	12	40
383	Jim York	4	4	4	4	4	5	10	25
384	Milwaukee Brewers CL/Crandall	4	4	4	4	4	6	12	60
385	Dock Ellis	4	4	4	4	4	5	10	25
386	Checklist: 265-396	4	4	4	4	4	6	12	30
387	Jim Spencer	4	4	4	4	4	5	10	25
388	Steve Stone	4	4	4	4	4	5	10	25
389	Tony Solaita	4	4	4	4	4	5	10	25
390	Ron Cey	4	4	4	5	6	12	25	
391	Don DeMola	4	4	4	4	4	5	10	25
392	Bruce Bochte	4	4	4	4	4	8	15	30
393	Gary Gentry	4	4	4	4	4	5	10	25
394	Larvell Blanks	4	4	4	4	4	5	10	25
395	Bud Harrelson	4	4	4	4	4	5	10	30
396	Fred Norman	4	4	4	4	4	5	10	25
397	Bill Freehan	4	4	4	4	4	6	12	40
398	Elias Sosa	4	4	4	4	4	5	10	25
399	Terry Harmon	4	4	4	4	4	5	10	25
400	Dick Allen	▲5	▲8	▲12	▲20	▲30	▲50	▲80	250
401	Mike Wallace	4	4	4	4	4	8	15	
402	Bob Tolan	4	4	4	5	6	12	25	
403	Tom Buskey	4	4	4	4	4	5	10	25
404	Ted Sizemore	4	4	4	4	4	5	10	25
405	John Montague	4	4	4	8	10	20	40	
406	Bob Gallagher	4	4	4	4	4	5	10	25
407	Herb Washington	4	4	4	4	4	6	12	120
408	Clyde Wright	4	4	4	4	4	5	10	25
409	Bob Robertson	4	4	4	4	4	8	15	
410	Mike Cuellar	4	4	4	4	4	8	15	
411	George Mitterwald	4	4	4	4	4	5	10	25
412	Bill Hands	4	4	4	4	4	5	10	25
413	Marty Pattin	4	4	4	4	4	5	10	25
414	Manny Mota	4	4	4	4	4	5	10	50
415	John Hiller	4	4	4	4	4	5	10	30
416	Larry Lintz	4	4	4	4	4	5	10	25
417	Skip Lockwood	4	4	4	8	10	20	40	
418	Leo Foster	4	4	4	4	4	5	10	25
419	Dave Goltz	4	4	4	4	4	5	10	25
420	Larry Bowa	4	4	4	4	4	6	12	30
421	New York Mets CL/Berra	4	4	4	4	4	8	15	
422	Brian Downing	4	4	4	4	4	6	12	40
423	Clay Kirby	4	4	4	4	4	5	10	30
424	John Lowenstein	4	4	4	4	4	5	10	25
425	Tito Fuentes	4	4	4	4	4	4	8	15
426	George Medich	4	4	4	4	4	5	10	50
427	Clarence Gaston	4	4	4	4	4	5	10	30
428	Dave Hamilton	4	4	4	4	4	5	10	25
429	Jim Dwyer	4	4	4	4	4	5	10	25
430	Luis Tiant	4	4	4	4	4	6	12	100
431	Rod Gilbreath	4	4	4	4	4	8	15	
432	Ken Berry	4	4	4	4	4	5	10	25
433	Larry Demery	4	4	4	4	4	8	15	
434	Bob Locker	4	4	4	4	4	5	10	25
435	Dave Nelson	4	4	4	4	4	5	10	150
436	Ken Frailing	4	4	4	4	4	5	10	40
437	Al Cowens	4	4	4	4	4	5	10	25
438	Don Carrithers	4	4	4	4	4	5	10	60
439	Ed Brinkman	4	4	4	4	4	5	10	25
440	Andy Messersmith	4	4	4	4	4	5	10	60
441	Bobby Heise	4	4	4	4	4	5	10	80
442	Maximino Leon	4	4	4	4	5	10	20	
443	Minnesota Twins CL/Quilici	4	4	4	4	4	6	12	40
444	Gene Garber	4	4	4	4	5	10	20	
445	Felix Millan	4	4	4	4	4	8	15	
446	Bart Johnson	4	4	4	4	4	8	15	
447	Terry Crowley	4	4	4	4	4	5	10	25
448	Frank Duffy	4	4	4	4	4	5	10	25
449	Charlie Williams	4	4	4	4	4	5	10	50
450	Willie McCovey	▲6	▲10	▲15	▲25	▲40	▲60	▲100	▲300
451	Rick Dempsey	4	4	4	4	4	5	10	25
452	Angel Mangual	4	4	4	4	4	5	10	25
453	Claude Osteen	4	4	4	4	4	8	15	
454	Doug Griffin	4	4	4	4	4	5	10	25
455	Don Wilson	4	4	4	4	4	5	10	25
456	Bob Coluccio	4	4	4	4	4	5	10	25
457	Mario Mendoza	4	4	4	4	4	5	10	25
458	Ross Grimsley	4	5	10	20	25	50	100	

#	Card	GD 2	VG 3	VgEx 4	EX 5	ExMt 6	NM 7	NmMt 8	MT 9
459	1974 AL Championships	4	4	4	10	12	25	50	
460	1974 NL Championships	4	4	4	8	10	20	40	
461	Reggie Jackson WS1	4	4	4	4	4	8	15	50
462	W.Alston/J.Ferguson WS2	4	4	4	4	4	6	12	40
463	Rollie Fingers WS3	4	4	4	5	6	12	25	
464	A's Batter WS4	4	4	4	4	4	8	15	
465	Joe Rudi WS5	4	4	4	4	5	10	20	
466	A's Do it Again WS	4	4	4	4	4	6	12	40
467	Ed Halicki	4	4	4	4	4	5	10	25
468	Bobby Mitchell	4	4	4	4	4	8	15	
469	Tom Dettore	4	4	4	4	4	5	10	25
470	Jeff Burroughs	4	4	4	4	4	5	10	50
471	Bob Stinson	4	4	4	4	4	5	10	150
472	Bruce Dal Canton	4	4	4	4	4	5	10	40
473	Ken McMullen	4	4	4	4	4	5	10	25
474	Luke Walker	4	4	4	4	4	5	10	25
475	Darrell Evans	4	4	4	4	4	8	15	
476	Ed Figueroa	4	4	4	4	4	8	15	
477	Tom Hutton	4	4	4	4	4	8	15	
478	Tom Burgmeier	4	4	4	4	4	5	10	40
479	Ken Boswell	4	4	4	4	4	5	10	25
480	Carlos May	4	4	4	4	4	5	10	120
481	Will McEnaney	4	4	4	4	5	10	20	
482	Tom McCraw	4	4	4	4	4	8	15	
483	Steve Ontiveros	4	4	4	4	5	6	12	25
484	Glenn Beckert	4	4	4	4	4	5	10	25
485	Sparky Lyle	4	4	4	4	4	6	12	40
486	Ray Fosse	4	4	4	4	4	5	10	25
487	Houston Astros CL/Gomez	4	4	4	4	4	8	15	40
488	Bill Travers	4	4	4	4	4	5	10	40
489	Cecil Cooper	4	4	4	4	4	8	15	
490	Reggie Smith	4	4	4	4	4	8	15	
491	Doyle Alexander	4	4	4	4	4	5	10	25
492	Rich Hebner	4	4	4	4	4	8	15	50
493	Don Stanhouse	4	4	4	4	4	5	10	30
494	Pete LaCock	4	4	4	4	4	5	10	25
495	Nelson Briles	4	4	4	4	4	5	10	30
496	Pepe Frias	4	4	4	4	4	5	10	25
497	Jim Nettles	4	4	4	4	4	5	10	25
498	Al Downing	4	4	4	4	4	5	10	25
499	Marty Perez	4	4	4	4	4	8	15	
500	Nolan Ryan	▲12	▲20	▲30	▲50	▲80	▲120	▼200	1,000
501	Bill Robinson	4	4	4	4	4	5	10	60
502	Pat Bourque	4	4	4	4	4	5	10	25
503	Fred Stanley	4	5	10	20	25	50	100	
504	Buddy Bradford	4	4	4	4	4	8	15	
505	Chris Speier	4	4	4	4	4	8	15	
506	Leron Lee	4	4	4	4	4	5	10	25
507	Tom Carroll	4	4	4	4	4	5	10	25
508	Bob Hansen	4	4	4	4	4	5	10	80
509	Dave Hilton	4	4	4	4	4	5	10	25
510	Vida Blue	4	4	4	4	4	8	15	60
511	Texas Rangers CL/Martin	4	4	4	4	4	6	12	30
512	Larry Milbourne	4	4	4	8	10	20	100	
513	Dick Pole	4	4	4	4	4	8	15	
514	Jose Cruz	4	4	4	6	8	15	30	
515	Manny Sanguillen	4	4	4	4	4	8	15	
516	Don Hood	4	4	4	4	4	5	10	25
517	Checklist: 397-528	4	4	4	4	4	8	15	
518	Leo Cardenas	4	4	4	4	4	5	10	25
519	Jim Todd	4	4	4	4	4	8	15	100
520	Amos Otis	4	4	4	4	4	5	10	50
521	Dennis Blair	4	4	4	4	4	5	10	30
522	Gary Sutherland	4	4	4	4	4	5	10	25
523	Tom Paciorek	4	4	4	4	4	5	10	80
524	John Doherty	4	4	4	4	4	5	10	25
525	Tom House	4	4	4	4	4	8	15	
526	Larry Hisle	4	4	4	4	4	5	10	25
527	Mac Scarce	4	4	4	4	4	8	15	
528	Eddie Leon	4	4	4	4	4	5	10	25
529	Gary Thomasson	4	4	4	4	4	5	10	25
530	Gaylord Perry	4	5	8	12	20	30	50	150
531	Cincinnati Reds CL/Anderson	4	4	4	4	6	12	25	50
532	Gorman Thomas	4	4	4	4	4	6	12	40
533	Rudy Meoli	4	4	4	4	4	5	10	25
534	Alex Johnson	4	4	4	4	4	6	12	40
535	Gene Tenace	4	4	4	4	4	8	15	
536	Bob Moose	4	4	4	4	4	5	10	40
537	Tommy Harper	4	4	4	4	4	8	15	
538	Duffy Dyer	4	4	4	4	4	5	10	40
539	Jesse Jefferson	4	4	4	4	4	8	15	
540	Lou Brock	4	4	4	▲6	10	15	30	▲120
541	Roger Metzger	4	4	4	4	4	5	10	25
542	Pete Broberg	4	4	4	4	4	8	15	
543	Larry Biittner	4	4	4	4	4	5	10	25
544	Steve Mingori	4	4	4	5	6	12	25	
545	Billy Williams	4	5	8	12	20	30	50	200
546	John Knox	4	4	4	4	4	5	10	25
547	Von Joshua	4	4	4	4	4	5	10	50
548	Charlie Sands	4	4	4	4	4	5	10	25
549	Bill Butler	4	4	4	4	4	5	10	25
550	Ralph Garr	4	4	4	4	4	5	10	120
551	Larry Christenson	4	4	4	4	4	8	15	
552	Jack Brohamer	4	4	4	4	4	5	10	25
553	John Boccabella	4	4	4	4	4	5	10	60
554	Goose Gossage	4	4	4	4	4	8	15	50
555	Al Oliver	4	4	4	4	4	6	12	100
556	Tim Johnson	4	4	4	4	4	8	15	
557	Larry Gura	4	4	4	4	4	5	10	60
558	Dave Roberts	4	4	4	4	4	5	10	40
559	Bob Montgomery	4	4	4	4	4	5	10	25
560	Tony Perez	▲6	▲10	▲15	▲25	▲40	▲60	▲100	▲300
561	Oakland Athletics CL/Dark	4	4	4	5	6	12	25	120
562	Gary Nolan	4	4	4	4	4	8	15	
563	Wilbur Howard	4	4	4	4	4	5	10	25
564	Tommy Davis	4	4	4	4	8	15	150	
565	Joe Torre	4	4	4	4	4	6	12	40
566	Ray Burris	4	4	4	4	4	5	10	25
567	Jim Sundberg	4	4	4	4	4	6	12	30
568	Dale Murray	4	4	4	4	4	5	10	60
569	Frank White	4	4	4	4	4	6	12	30
570	Jim Wynn	4	4	4	4	4	6	12	30
571	Dave Lemanczyk	4	4	4	4	4	5	10	25
572	Roger Nelson	4	4	4	4	4	8	15	
573	Orlando Pena	4	4	4	4	4	5	10	25
574	Tony Taylor	4	4	4	4	4	8	15	
575	Gene Clines	4	4	4	4	4	5	10	25
576	Phil Roof	4	4	4	4	4	5	10	25
577	John Morris	4	4	4	4	4	5	10	50
578	Dave Tomlin	4	4	4	4	4	5	10	25
579	Skip Pitlock	4	4	4	4	4	5	10	25
580	Frank Robinson	4	4	▼4	▼6	▼10	▼15	30	250
581	Darrel Chaney	4	4	4	4	4	5	10	
582	Eduardo Rodriguez	4	4	4	4	4	5	10	60
583	Andy Etchebarren	4	4	4	5	6	12	25	
584	Mike Garman	4	4	4	4	4	5	10	25
585	Chris Chambliss	4	4	4	4	4	6	12	30
586	Tim McCarver	4	4	4	4	4	8	15	30
587	Chris Ward	4	4	4	4	4	5	10	25
588	Rick Auerbach	4	4	4	4	4	8	15	
589	Atlanta Braves CL/King	4	4	4	4	4	8	15	
590	Cesar Cedeno	4	4	4	5	6	12	25	
591	Glenn Abbott	4	4	4	4	4	5	10	25
592	Balor Moore	4	4	4	4	4	5	10	40

#	Player	GD 2	VG 3	VgEx 4	EX 5	ExMt 6	NM 7	NmMt 8	MT 9
593	Gene Lamont	4	4	4	4	4	5	10	25
594	Jim Fuller	4	4	4	4	4	5	10	25
595	Joe Niekro	4	4	4	4	4	5	10	60
596	Ollie Brown	4	4	4	4	4	8	15	
597	Winston Llenas	4	4	4	4	4	5	10	25
598	Bruce Kison	4	4	4	4	4	5	10	80
599	Nate Colbert	4	4	4	4	4	5	10	25
600	Rod Carew	4	4	4	▲8	▲12	▼20	▼30	500
601	Juan Beniquez	4	4	4	4	4	8	15	
602	John Vukovich	4	4	4	4	4	5	10	80
603	Lew Krausse	4	4	5	10	12	25	50	
604	Oscar Zamora	4	4	4	4	4	5	10	25
605	John Ellis	4	4	4	4	4	5	10	25
606	Bruce Miller	4	4	4	4	4	6	12	25
607	Jim Holt	4	4	4	4	4	8	15	
608	Gene Michael	4	4	4	4	4	5	10	25
609	Elrod Hendricks	4	4	4	4	4	5	10	30
610	Ron Hunt	4	4	4	4	4	5	10	25
611	New York Yankees CL/Virdon	4	4	4	4	4	8	15	80
612	Terry Hughes	4	4	4	4	4	5	10	300
613	Bill Parsons	4	4	4	4	4	5	10	25
614	Rookie Pitchers	4	4	4	4	4	5	10	25
615	Rookie Pitchers	4	4	4	4	4	6	12	30
616	Jim Rice	12	20	30	▲50	▲80	▲120	200	800
617	Rookie Infielders	4	4	4	4	4	6	12	30
618	Rookie Pitchers	4	4	4	4	4	6	12	50
619	Rookie Outfielders	4	4	4	4	4	5	10	25
620	Gary Carter	▼12	▼20	30	50	▲80	▲120	200	▲600
621	Rookie Pitchers	4	4	4	4	4	6	12	30
622	Fred Lynn	▼4	▼6	▼10	▼15	▼25	▼40	▼60	200
623	K.Hernandez/P.Garner	▲12	▲20	▲30	▲50	▲80	▲120	▲200	▲600
624	Rookie Pitchers	4	4	4	5	6	12	25	
625	Boog Powell	4	4	4	4	6	12	25	200
626	Larry Haney	4	4	4	8	10	20	40	
627	Tom Walker	4	4	4	4	4	5	10	25
628	Ron LeFlore	4	4	4	4	4	5	10	40
629	Joe Hoerner	4	4	4	4	4	5	10	40
630	Greg Luzinski	4	4	4	4	4	6	12	30
631	Lee Lacy	4	4	4	4	4	8	15	
632	Morris Nettles	4	4	4	4	4	5	10	25
633	Paul Casanova	4	4	4	4	4	5	10	50
634	Cy Acosta	4	4	4	4	4	8	15	40
635	Chuck Dobson	4	4	4	4	4	5	10	25
636	Charlie Moore	4	4	4	4	4	5	10	20
637	Ted Martinez	4	4	4	4	4	8	15	
638	Chicago Cubs CL/Marshall	4	4	4	8	10	20	40	
639	Steve Kline	4	4	4	4	4	5	10	25
640	Harmon Killebrew	4	4	4	6	▲10	▼15	30	200
641	Jim Northrup	4	4	4	4	4	6	12	30
642	Mike Phillips	4	4	4	4	4	8	15	
643	Brent Strom	4	4	4	4	4	5	10	25
644	Bill Fahey	4	4	4	4	4	5	10	25
645	Danny Cater	4	4	4	4	4	5	10	25
646	Checklist: 529-660	4	4	4	4	4	8	15	
647	Claudell Washington	4	4	5	10	12	25		
648	Dave Pagan	4	4	4	4	4	5	10	25
649	Jack Heidemann	4	4	4	4	4	8	15	
650	Dave May	4	4	4	4	4	5	10	60
651	John Morlan	4	4	4	4	4	8	15	
652	Lindy McDaniel	4	4	4	4	4	5	10	60
653	Lee Richard	4	4	4	4	4	5	10	20
654	Jerry Terrell	4	4	4	4	4	5	10	60
655	Rico Carty	4	4	4	4	4	5	10	25
656	Bill Plummer	4	4	4	4	4	5	10	25
657	Bob Oliver	4	4	4	4	4	8	15	
658	Vic Harris	4	4	4	4	4	5	10	25
659	Bob Apodaca	4	4	4	4	4	8	15	150
660	Hank Aaron	▲12	▲20	▲30	▲50	▲80	▲120	200	800

1976 Kellogg's

#	Player	VG 3	VgEx 4	EX 5	ExMt 6	NM 7	NmMt 8	MT 9	Gem 9.5/10
1	Steve Hargan SP	4	4	4	4	8	15	30	
2	Claudell Washington SP	4	4	4	4	6	12	25	60
3	Don Gullett SP	4	4	4	4	6	12	25	120
4	Randy Jones	4	4	4	4	4	4	8	20
5	Jim Hunter	4	4	4	4	4	5	10	25
6A	Clay Carroll Reds Logo	4	4	4	4	4	4	8	
6B	Clay Carroll White Sox Logo	4	4	4	4	4	4	8	
7	Joe Rudi	4	4	4	4	4	4	8	20
8	Reggie Jackson	4	4	4	4	4	8	15	50
9	Felix Millan	4	4	4	4	4	4	8	25
10	Jim Rice	4	4	4	4	4	6	12	40
11	Bert Blyleven	4	4	4	4	4	4	8	25
12	Ken Singleton	4	4	4	4	4	4	8	25
13	Don Sutton	4	4	4	4	4	5	10	25
14	Joe Morgan	4	4	4	4	4	5	10	25
15	Dave Parker	4	4	4	4	4	5	10	60
16	Dave Cash	4	4	4	4	4	4	8	25
17	Ron LeFlore	4	4	4	4	4	4	8	25
18	Greg Luzinski	4	4	4	4	4	4	8	25
19	Dennis Eckersley	4	4	4	4	4	8	15	60
20	Bill Madlock	4	4	4	4	4	4	8	25
21	George Scott	4	4	4	4	4	4	8	3
22	Willie Stargell	4	4	4	4	4	5	10	25
23	Al Hrabosky	4	4	4	4	4	4	8	25
24	Carl Yastrzemski	4	4	4	4	4	8	15	40
25A	Jim Kaat White Sox Logo	4	4	4	4	4	4	8	30
25B	Jim Kaat Phillies Logo	4	4	4	4	4	4	8	
26	Marty Perez	4	4	4	4	4	4	8	15
27	Bob Watson	4	4	4	4	4	4	8	25
28	Eric Soderholm	4	4	4	4	4	4	8	25
29	Bill Lee	4	4	4	4	4	4	8	20
30A	Frank Tanana 1975 ERA 2.63	4	4	4	4	4	4	8	
31	Fred Lynn	4	4	4	4	4	5	10	40
32A	Tom Seaver Pct. .552 No Decimal	4	4	4	4	4	8	15	40
32B	Tom Seaver Pct. .552 w/Decimal	4	4	4	4	4	8		
33	Steve Busby	4	4	4	4	4	4	8	25
34	Gary Carter	4	4	4	4	4	5	10	25
35	Rick Wise	4	4	4	4	4	4	8	15
36	Johnny Bench	4	4	4	4	4	8	15	60
37	Jim Palmer	4	4	4	4	4	5	10	25
38	Bobby Murcer	4	4	4	4	4	4	8	25
39	Von Joshua	4	4	4	4	4	4	8	25
40	Lou Brock	4	4	4	4	4	5	10	25
41A	Mickey Rivers No Last Line	4	4	4	4	4	4	8	25
42	Manny Sanguillen	4	4	4	4	4	4	8	25
43	Jerry Reuss	4	4	4	4	4	4	8	15
44	Ken Griffey	4	4	4	4	4	4	8	15
45B	Jorge Orta AB 1616	4	4	4	4	4	4	8	15
46	John Mayberry	4	4	4	4	4	4	8	25
47A	Vida Blue Struck Out More	4	4	4	4	4	4	8	20
47B	Vida Blue Pitched More	4	4	4	4	4	4	8	25
48	Rod Carew	4	4	4	4	4	5	10	25
49B	Jon Matlack ER 86	4	4	4	4	4	4	8	25
50	Boog Powell	4	4	4	4	4	4	8	20
51B	Mike Hargrove AB 934	4	4	4	4	4	4	8	25
52A	Paul Lindblad ERA 2.73	4	4	4	4	4	4	8	20
53	Thurman Munson	4	4	4	4	4	8	15	50
54	Steve Garvey	4	4	4	4	4	5	10	25
55	Pete Rose	4	4	4	4	5	10	20	60
56A	Greg Gross Games 334	4	4	4	4	4	4	8	25
57	Ted Simmons	4	4	4	4	4	4	8	25

1976 Topps

#	Player	VG 3	VgEx 4	EX 5	ExMt 6	NM 7	NmMt 8	NmMt+ 8.5	MT 9
1	Hank Aaron RB	8	10	12	20	25	60	100	250
2	Bobby Bonds RB	4	4	4	4	4	6	15	80
3	Mickey Lolich RB	4	4	4	4	4	6	10	200
4	Dave Lopes RB	4	4	4	4	4	6	8	25
5	Tom Seaver RB	4	4	4	4	5	20	25	30
6	Rennie Stennett RB	4	4	4	4	4	6	8	200
7	Jim Umbarger RC	4	4	4	4	4	6	8	150
8	Tito Fuentes	4	4	4	4	4	5	8	50
9	Paul Lindblad	4	4	4	4	4	5	6	15
10	Lou Brock	4	4	4	4	8	15	20	50
11	Jim Hughes	4	4	4	4	4	6	8	60
12	Richie Zisk	4	4	4	4	4	5	8	25
13	John Wockenfuss RC	4	4	4	4	4	5	6	15
14	Gene Garber	4	4	4	4	4	5	6	10
15	George Scott	4	4	4	4	4	5	6	20
16	Bob Apodaca	4	4	4	4	4	5	6	10
17	New York Yankees CL/Martin	4	4	4	4	4	6	8	25
18	Dale Murray	4	4	4	4	4	5	6	12
19	George Brett	25	30	40	50	150	▲800	1,000	
20	Bob Watson	4	4	4	4	4	5	6	15
21	Dave LaRoche	4	4	4	4	4	5	8	30
22	Bill Russell	4	4	4	4	4	5	6	15
23	Brian Downing	4	4	4	4	4	5	8	25
24	Cesar Geronimo	4	4	4	4	4	5	6	20
25	Mike Torrez	4	4	4	4	4	5	6	15
26	Andre Thornton	4	4	4	4	4	5	6	10
27	Ed Figueroa	4	4	4	4	4	5	6	15
28	Dusty Baker	4	4	4	4	4	6	8	20
29	Rick Burleson	4	4	4	4	4	5	6	15
30	John Montefusco RC	4	4	4	4	4	6	8	20
31	Len Randle	4	4	4	4	4	5	6	12
32	Danny Frisella	4	4	4	4	4	6	8	20
33	Bill North	4	4	4	4	4	5	6	20
34	Mike Garman	4	4	4	4	4	5	6	15
35	Tony Oliva	4	4	4	4	4	25	30	400
36	Frank Taveras	4	4	4	4	4	5	8	40
37	John Hiller	4	4	4	4	4	5	6	10
38	Garry Maddox	4	4	4	4	4	5	6	15
39	Pete Broberg	4	4	4	4	4	5	6	15
40	Dave Kingman	4	4	4	4	4	6	8	20
41	Tippy Martinez RC	4	4	4	4	4	5	6	30
42	Barry Foote	4	4	4	4	4	5	6	10
43	Paul Splittorff	4	4	4	4	4	5	6	15
44	Doug Rader	4	4	4	4	4	5	6	10
45	Boog Powell	4	4	4	4	4	6	8	40
46	Los Angeles Dodgers CL/Alston	4	4	4	4	4	5	6	15
47	Jesse Jefferson	4	4	4	4	4	6	8	60
48	Dave Concepcion	4	4	4	4	4	8	10	50
49	Dave Duncan	4	4	4	4	4	5	6	15
50	Fred Lynn	12	15	20	25	30	80	100	200
51	Ray Burris	4	4	4	4	4	6	8	40
52	Dave Chalk	4	4	4	4	4	5	6	10
53	Mike Beard RC	4	4	4	4	4	5	6	15
54	Dave Rader	4	4	4	4	4	5	6	15
55	Gaylord Perry	4	4	4	4	4	10	12	100
56	Bob Tolan	4	4	4	4	4	5	6	10
57	Phil Garner	4	4	4	4	4	5	6	15
58	Ron Reed	4	4	4	4	4	5	6	15
59	Larry Hisle	4	4	4	4	4	5	6	10
60	Jerry Reuss	4	4	4	4	4	5	6	15
61	Ron LeFlore	4	4	4	4	4	5	6	15
62	Johnny Oates	4	4	4	4	4	5	6	15
63	Bobby Darwin	4	4	4	4	4	5	6	15
64	Jerry Koosman	4	4	4	4	4	5	6	15
65	Chris Chambliss	4	4	4	4	4	5	6	40
66	Gus/Buddy Bell FS	4	4	4	4	4	5	6	15
67	Bob/Ray Boone FS	4	4	4	4	4	5	6	15
68	Joe/Joe Jr. Coleman FS	4	4	4	4	4	5	6	15
69	Jim/Mike Hegan FS	4	4	4	4	4	5	6	15
70	Roy/Roy Jr. Smalley FS	4	4	4	4	4	5	6	30
71	Steve Rogers	4	4	4	4	4	5	6	15
72	Hal McRae	4	4	4	4	4	5	6	15
73	Baltimore Orioles CL/Weaver	4	4	4	4	4	5	6	12
74	Oscar Gamble	4	4	4	4	4	5	6	15
75	Larry Dierker	4	4	4	4	4	5	8	25
76	Willie Crawford	4	4	4	4	4	6	8	50
77	Pedro Borbon	4	4	4	4	4	5	6	20
78	Cecil Cooper	4	4	4	4	4	5	6	25
79	Jerry Morales	4	4	4	4	4	5	6	15
80	Jim Kaat	4	4	4	4	4	6	8	20
81	Darrell Evans	4	4	4	4	4	5	6	15
82	Von Joshua	4	4	4	4	4	5	6	10
83	Jim Spencer	4	4	4	4	4	5	6	10
84	Brent Strom	4	4	4	4	4	5	6	10
85	Mickey Rivers	4	4	4	4	4	5	6	20
86	Mike Tyson	4	4	4	4	4	5	6	10
87	Tom Burgmeier	4	4	4	4	4	5	6	15
88	Duffy Dyer	4	4	4	4	4	5	6	15
89	Vern Ruhle	4	4	4	4	4	5	6	30
90	Sal Bando	4	4	4	4	4	5	6	25
91	Tom Hutton	4	4	4	4	4	5	6	15
92	Eduardo Rodriguez	4	4	4	4	4	5	6	15
93	Mike Phillips	4	4	4	4	4	5	6	15
94	Jim Dwyer	4	4	4	4	4	5	6	15
95	Brooks Robinson	15	20	25	40	50	80	120	150
96	Doug Bird	4	4	4	4	4	5	6	15
97	Wilbur Howard	4	4	4	4	4	5	6	15
98	Dennis Eckersley RC	20	25	40	60	100	250	400	2,500
99	Lee Lacy	4	4	4	4	4	5	8	80
100	Jim Hunter	4	4	4	4	8	15	25	120
101	Pete LaCock	4	4	4	4	4	5	6	15
102	Jim Willoughby	4	4	4	4	4	5	6	15
103	Biff Pocoroba RC	4	4	4	4	4	5	6	15
104	Cincinnati Reds CL/Anderson	4	4	4	4	5	10	12	40
105	Gary Lavelle	4	4	4	4	4	5	6	12
106	Tom Grieve	4	4	4	4	4	5	6	12
107	Dave Roberts	4	4	4	4	4	5	6	10
108	Don Kirkwood RC	4	4	4	4	4	5	6	12
109	Larry Lintz	4	4	4	4	4	5	6	15
110	Carlos May	4	4	4	4	4	5	6	15
111	Danny Thompson	4	4	4	4	4	5	6	10
112	Kent Tekulve RC	4	4	4	4	4	8	10	25
113	Gary Sutherland	4	4	4	4	4	5	6	15
114	Jay Johnstone	4	4	4	4	4	5	6	15
115	Ken Holtzman	4	4	4	4	4	5	6	15
116	Charlie Moore	4	4	4	4	4	5	6	12
117	Mike Jorgensen	4	4	4	4	4	5	6	10
118	Boston Red Sox CL/Johnson	4	4	4	4	4	6	8	15
119	Checklist 1-132	4	4	4	4	4	6	8	80
120	Rusty Staub	4	4	4	4	4	5	6	15
121	Tony Solaita	4	4	4	4	4	5	6	15
122	Mike Cosgrove	4	4	4	4	4	5	6	15
123	Walt Williams	4	4	4	4	4	5	6	60
124	Doug Rau	4	4	4	4	4	5	6	15
125	Don Baylor	4	4	4	4	4	6	8	20
126	Tom Dettore	4	4	4	4	4	6	8	200
127	Larvell Blanks	4	4	4	4	4	5	6	15
128	Ken Griffey Sr.	4	4	4	4	4	6	8	25
129	Andy Etchebarren	4	4	4	4	4	5	6	15
130	Luis Tiant	4	4	4	4	4	6	8	25

#	Player	VG 3	VgEx 4	EX 5	ExMt 6	NM 7	NmMt 8	NmMt+ 8.5	MT 9
131	Bill Stein RC	4	4	4	4	4	5	6	15
132	Don Hood	4	4	4	4	4	5	6	15
133	Gary Matthews	4	4	4	4	4	5	6	25
134	Mike Ivie	4	4	4	4	4	5	8	50
135	Bake McBride	4	4	4	4	4	5	6	15
136	Dave Goltz	4	4	4	4	4	5	6	12
137	Bill Robinson	4	4	4	4	4	5	8	80
138	Lerrin LaGrow	4	4	4	4	4	5	6	12
139	Gorman Thomas	4	4	4	4	4	5	6	15
140	Vida Blue	4	4	4	4	4	6	8	40
141	Larry Parrish RC	4	4	4	4	4	6	8	25
142	Dick Drago	4	4	4	4	4	5	8	25
143	Jerry Grote	4	4	4	4	4	5	6	20
144	Al Fitzmorris	4	4	4	4	4	5	6	15
145	Larry Bowa	4	4	4	4	4	5	6	15
146	George Medich	4	4	4	4	4	5	6	15
147	Houston Astros CL/Virdon	4	4	4	4	4	5	6	15
148	Stan Thomas RC	4	4	4	4	4	5	6	15
149	Tommy Davis	4	4	4	4	4	5	6	15
150	Steve Garvey	4	4	4	4	5	10	15	50
151	Bill Bonham	4	4	4	4	4	5	6	15
152	Leroy Stanton	4	4	4	4	4	6	8	30
153	Buzz Capra	4	4	4	4	4	5	6	15
154	Bucky Dent	4	4	4	4	4	5	6	10
155	Jack Billingham	4	4	4	4	4	5	6	15
156	Rico Carty	4	4	4	4	4	5	6	15
157	Mike Caldwell	4	4	4	4	4	5	8	25
158	Ken Reitz	4	4	4	4	4	5	6	50
159	Jerry Terrell	4	4	4	4	4	5	6	15
160	Dave Winfield	10	15	20	25	40	▲80	80	300
161	Bruce Kison	4	4	4	4	4	6	8	150
162	Jack Pierce RC	4	4	4	4	4	5	6	30
163	Jim Slaton	4	4	4	4	4	6	8	100
164	Pepe Mangual	4	4	4	4	4	5	6	15
165	Gene Tenace	4	4	4	4	4	5	6	15
166	Skip Lockwood	4	4	4	4	4	5	6	12
167	Freddie Patek	4	4	4	4	4	5	6	10
168	Tom Hilgendorf	4	4	4	4	4	5	8	25
169	Graig Nettles	4	4	4	4	4	8	10	30
170	Rick Wise	4	4	4	4	4	5	8	25
171	Greg Gross	4	4	4	4	4	5	6	15
172	Texas Rangers CL/Lucchesi	4	4	4	4	4	5	6	12
173	Steve Swisher	4	4	4	4	4	5	6	15
174	Charlie Hough	4	4	4	4	4	6	8	40
175	Ken Singleton	4	4	4	4	4	5	6	15
176	Dick Lange	4	4	4	4	4	6	8	80
177	Marty Perez	4	4	4	4	4	5	6	15
178	Tom Buskey	4	4	4	4	4	5	6	15
179	George Foster	4	▲6	▲10	▲15	▲25	▲40	10	▲100
180	Goose Gossage	4	4	4	4	4	8	10	25
181	Willie Montanez	4	4	4	4	4	5	6	15
182	Harry Rasmussen	4	4	4	4	4	5	8	25
183	Steve Braun	4	4	4	4	4	5	6	25
184	Bill Greif	4	4	4	4	4	5	6	15
185	Dave Parker	4	4	4	4	4	12	15	25
186	Tom Walker	4	4	4	4	4	5	6	15
187	Pedro Garcia	4	4	4	4	4	5	6	15
188	Fred Scherman	4	4	4	4	4	5	6	10
189	Claudell Washington	4	4	4	4	4	5	6	10
190	Jon Matlack	4	4	4	4	4	5	6	15
191	NL Batting Leaders	4	4	4	4	4	5	6	15
192	AL Batting Leaders	4	4	4	4	4	6	8	20
193	NL Home Run Leaders	4	4	4	4	4	10	12	15
194	AL Home Run Leaders	4	4	4	4	4	6	8	20
195	NL RBI Leaders	4	4	4	4	4	6	8	15
196	AL RBI Leaders	4	4	4	4	4	5	6	15
197	NL Stolen Base Leaders	4	4	4	4	4	6	8	15
198	AL Stolen Base Leaders	4	4	4	4	4	6	8	20
199	NL Victory Leaders	4	4	4	4	4	6	8	20
200	AL Victory Leaders	4	4	4	4	4	6	8	20
201	NL ERA Leaders	4	4	4	4	4	6	8	20
202	AL ERA Leaders	4	4	4	4	4	6	8	15
203	NL Strikeout Leaders	4	4	4	4	4	6	8	20
204	AL Strikeout Leaders	4	4	4	4	4	5	6	15
205	NL/AL Leading Firemen	4	4	4	4	4	5	6	20
206	Manny Trillo	4	4	4	4	4	8	10	80
207	Andy Hassler	4	4	4	4	4	5	6	15
208	Mike Lum	4	4	4	4	4	5	6	12
209	Alan Ashby RC	4	4	4	4	4	5	6	15
210	Lee May	4	4	4	4	4	5	6	15
211	Clay Carroll	4	4	4	4	4	5	6	15
212	Pat Kelly	4	4	4	4	4	5	6	10
213	Dave Heaverlo RC	4	4	4	4	4	5	6	15
214	Eric Soderholm	4	4	4	4	4	5	6	15
215	Reggie Smith	4	4	4	4	4	5	6	15
216	Montreal Expos CL/Kuehl	4	4	4	4	4	5	6	10
217	Dave Freisleben	4	4	4	4	4	5	6	15
218	John Knox	4	4	4	4	4	5	8	25
219	Tom Murphy	4	4	4	4	4	5	8	25
220	Manny Sanguillen	4	4	4	4	4	5	6	20
221	Jim Todd	4	4	4	4	4	5	6	10
222	Wayne Garrett	4	4	4	4	4	5	6	10
223	Ollie Brown	4	4	4	4	4	5	6	15
224	Jim York	4	4	4	4	4	5	6	15
225	Roy White	4	4	4	4	4	5	6	20
226	Jim Sundberg	4	4	4	4	4	5	6	15
227	Oscar Zamora	4	4	4	4	4	5	6	15
228	John Hale RC	4	4	4	4	4	5	6	15
229	Jerry Remy RC	4	4	4	4	4	5	6	60
230	Carl Yastrzemski	12	15	20	▲30	50	60	120	250
231	Tom House	4	4	4	4	4	5	6	15
232	Frank Duffy	4	4	4	4	4	5	6	15
233	Grant Jackson	4	4	4	4	4	5	6	15
234	Mike Sadek	4	4	4	4	4	5	6	15
235	Bert Blyleven	4	4	4	4	4	6	8	60
236	Kansas City Royals CL/Herzog	4	4	4	4	4	5	6	15
237	Dave Hamilton	4	4	4	4	4	5	6	15
238	Larry Biittner	4	4	4	4	4	5	6	10
239	John Curtis	4	4	4	4	4	5	6	15
240	Pete Rose	25	30	40	▲60	▲80	250	400	2,500
241	Hector Torres	4	4	4	4	4	5	6	15
242	Dan Meyer	4	4	4	4	4	5	6	15
243	Jim Rooker	4	4	4	4	4	5	6	10
244	Bill Sharp	4	4	4	4	4	5	6	25
245	Felix Millan	4	4	4	4	4	5	6	15
246	Cesar Tovar	4	4	4	4	4	5	6	15
247	Terry Harmon	4	4	4	4	4	5	6	15
248	Dick Tidrow	4	4	4	4	4	5	6	15
249	Cliff Johnson	4	4	4	4	4	5	6	15
250	Fergie Jenkins	4	4	4	4	4	6	8	25
251	Rick Monday	4	4	4	4	4	5	6	15
252	Tim Nordbrook RC	4	4	4	4	4	5	6	15
253	Bill Buckner	4	4	4	4	4	5	6	15
254	Rudy Meoli	4	4	4	4	4	5	8	10
255	Fritz Peterson	4	4	4	4	4	5	6	10
256	Rowland Office	4	4	4	4	4	5	6	15
257	Ross Grimsley	4	4	4	4	4	5	6	15
258	Nyls Nyman	4	4	4	4	4	5	6	10
259	Darrel Chaney	4	4	4	4	4	5	6	15
260	Steve Busby	4	4	4	4	4	5	6	15
261	Gary Thomasson	4	4	4	4	4	5	8	40
262	Checklist 133-264	4	4	4	4	4	5	6	40
263	Lyman Bostock RC	4	4	4	4	4	8	10	40
264	Steve Renko	4	4	4	4	4	5	6	4

#	Player	VG 3	VgEx 4	EX 5	ExMt 6	NM 7	NmMt 8	NmMt+ 8.5	MT 9
265	Willie Davis	4	4	4	4	4	5	6	50
266	Alan Foster	4	4	4	4	4	5	8	25
267	Aurelio Rodriguez	4	4	4	4	4	5	6	15
268	Del Unser	4	4	4	4	4	5	8	25
269	Rick Austin	4	4	4	4	4	5	6	15
270	Willie Stargell	4	4	4	4	8	15	20	60
271	Jim Lonborg	4	4	4	4	4	5	6	15
272	Rick Dempsey	4	4	4	4	4	5	6	15
273	Joe Niekro	4	4	4	4	4	5	6	15
274	Tommy Harper	4	4	4	4	4	5	6	15
275	Rick Manning RC	4	4	4	4	4	5	6	20
276	Mickey Scott	4	4	4	4	4	5	6	25
277	Chicago Cubs CL/Marshall	4	4	4	4	4	5	6	15
278	Bernie Carbo	4	4	4	4	4	5	8	80
279	Roy Howell RC	4	4	4	4	4	5	6	15
280	Burt Hooton	4	4	4	4	4	5	6	15
281	Dave May	4	4	4	4	4	5	6	15
282	Dan Osborn RC	4	4	4	4	4	5	6	10
283	Merv Rettenmund	4	4	4	4	4	5	6	12
284	Steve Ontiveros	4	4	4	4	4	5	6	15
285	Mike Cuellar	4	4	4	4	4	5	8	100
286	Jim Wohlford	4	4	4	4	4	5	6	15
287	Pete Mackanin	4	4	4	4	4	5	6	15
288	Bill Campbell	4	4	4	4	4	5	6	15
289	Enzo Hernandez	4	4	4	4	4	5	6	15
290	Ted Simmons	4	4	4	4	4	8	10	50
291	Ken Sanders	4	4	4	4	4	5	6	10
292	Leon Roberts	4	4	4	4	4	5	6	15
293	Bill Castro RC	4	4	4	4	4	5	6	15
294	Ed Kirkpatrick	4	4	4	4	4	5	8	60
295	Dave Cash	4	4	4	4	4	6	8	100
296	Pat Dobson	4	4	4	4	4	5	6	10
297	Roger Metzger	4	4	4	4	4	5	6	10
298	Dick Bosman	4	4	4	4	4	5	6	12
299	Champ Summers RC	4	4	4	4	4	5	6	15
300	Johnny Bench	20	30	40	50	80	150	200	500
301	Jackie Brown	4	4	4	4	4	5	6	15
302	Rick Miller	4	4	4	4	4	6	8	40
303	Steve Foucault	4	4	4	4	4	5	6	15
304	California Angels CL/Williams	4	4	4	4	4	5	6	10
305	Andy Messersmith	4	4	4	4	4	5	6	15
306	Rod Gilbreath	4	4	4	4	4	5	6	10
307	Al Bumbry	4	4	4	4	4	5	6	15
308	Jim Barr	4	4	4	4	4	5	8	80
309	Bill Melton	4	4	4	4	4	5	6	15
310	Randy Jones	4	4	4	4	4	5	6	10
311	Cookie Rojas	4	4	4	4	4	5	6	15
312	Don Carrithers	4	4	4	4	4	5	6	15
313	Dan Ford RC	4	4	4	4	4	5	8	150
314	Ed Kranepool	4	4	4	4	4	5	6	15
315	Al Hrabosky	4	4	4	4	4	8	10	200
316	Robin Yount	8	12	20	25	40	▲60	60	▲200
317	John Candelaria RC	4	4	4	4	4	8	10	30
318	Bob Boone	4	4	4	4	4	6	8	25
319	Larry Gura	4	4	4	4	4	5	6	15
320	Willie Horton	4	4	4	4	4	6	8	60
321	Jose Cruz	4	4	4	4	4	5	6	15
322	Glenn Abbott	4	4	4	4	4	5	6	15
323	Rob Sperring RC	4	4	4	4	4	5	6	25
324	Jim Bibby	4	4	4	4	4	5	6	12
325	Tony Perez	4	4	4	4	4	8	10	40
326	Dick Pole	4	4	4	4	4	5	6	15
327	Dave Moates RC	4	4	4	4	4	5	6	10
328	Carl Morton	4	4	4	4	4	5	6	15
329	Joe Ferguson	4	4	4	4	4	5	8	15
330	Nolan Ryan	25	30	40	50	▲100	250	400	1,500
331	San Diego Padres CL/McNamara	4	4	4	4	4	5	6	15
332	Charlie Williams	4	4	4	4	4	5	6	15
333	Bob Coluccio	4	4	4	4	4	5	6	10
334	Dennis Leonard	4	4	4	4	4	5	6	15
335	Bob Grich	4	4	4	4	4	5	6	15
336	Vic Albury	4	4	4	4	4	5	6	10
337	Bud Harrelson	4	4	4	4	4	5	6	20
338	Bob Bailey	4	4	4	4	4	5	6	10
339	John Denny	4	4	4	4	4	5	6	15
340	Jim Rice	15	20	25	30	50	100	150	500
341	Lou Gehrig ATG	12	15	20	25	30	60	80	150
342	Rogers Hornsby ATG	4	4	4	4	4	6	8	150
343	Pie Traynor ATG	4	4	4	4	4	6	8	150
344	Honus Wagner ATG	5	8	12	20	30	50	60	150
345	Babe Ruth ATG	▲25	▲30	▲40	▲50	▲80	100	120	400
346	Ty Cobb ATG	15	20	25	30	40	60	80	150
347	Ted Williams ATG	▲15	▲20	▲25	▲30	▲40	60	80	150
348	Mickey Cochrane ATG	4	4	4	4	4	6	8	20
349	Walter Johnson ATG	5	8	12	20	30	50	60	120
350	Lefty Grove ATG	4	4	4	4	4	6	10	60
351	Randy Hundley	4	4	4	4	4	5	6	10
352	Dave Giusti	4	4	4	4	4	5	6	12
353	Sixto Lezcano RC	4	4	4	4	4	5	6	10
354	Ron Blomberg	4	4	4	4	4	5	6	20
355	Steve Carlton	10	12	15	20	30	50	80	200
356	Ted Martinez	4	4	4	4	4	5	6	15
357	Ken Forsch	4	4	4	4	4	6	8	30
358	Buddy Bell	4	4	4	4	4	5	6	15
359	Rick Reuschel	4	4	4	4	4	5	6	15
360	Jeff Burroughs	4	4	4	4	4	5	6	15
361	Detroit Tigers CL/Houk	4	4	4	4	4	5	6	15
362	Will McEnaney	4	4	4	4	4	5	6	15
363	Dave Collins RC	4	4	4	4	4	5	6	10
364	Elias Sosa	4	4	4	4	4	5	6	15
365	Carlton Fisk	6	10	15	25	40	60	80	400
366	Bobby Valentine	4	4	4	4	4	5	6	15
367	Bruce Miller	4	4	4	4	4	5	6	15
368	Wilbur Wood	4	4	4	4	4	5	8	25
369	Frank White	4	4	4	4	4	5	6	20
370	Ron Cey	4	4	4	4	4	6	8	20
371	Elrod Hendricks	4	4	4	4	4	5	6	15
372	Rick Baldwin RC	4	4	4	4	4	5	6	12
373	Johnny Briggs	4	4	4	4	8	15	25	
374	Dan Warthen RC	4	4	4	4	4	5	6	15
375	Ron Fairly	4	4	4	4	4	5	6	10
376	Rich Hebner	4	4	4	4	4	5	6	15
377	Mike Hegan	4	4	4	4	4	5	6	20
378	Steve Stone	4	4	4	4	4	5	6	15
379	Ken Boswell	4	4	4	4	4	5	6	15
380	Bobby Bonds	4	4	4	4	4	6	8	25
381	Denny Doyle	4	4	4	4	4	5	8	25
382	Matt Alexander RC	4	4	4	4	4	5	6	15
383	John Ellis	4	4	4	4	4	6	8	50
384	Philadelphia Phillies CL/Ozark	4	4	4	4	4	5	6	15
385	Mickey Lolich	4	4	4	4	4	6	8	30
386	Ed Goodson	4	4	4	4	4	5	6	15
387	Mike Miley RC	4	4	4	4	4	5	6	15
388	Stan Perzanowski RC	4	4	4	4	4	5	6	15
389	Glenn Adams RC	4	4	4	4	4	5	8	25
390	Don Gullett	4	4	4	4	4	5	6	20
391	Jerry Hairston	4	4	4	4	4	5	6	15
392	Checklist 265-396	4	4	4	4	4	6	8	
393	Paul Mitchell RC	4	4	4	4	4	5	6	15
394	Fran Healy	4	4	4	4	4	5	6	10
395	Jim Wynn	4	4	4	4	4	5	6	15
396	Bill Lee	4	4	4	4	4	5	6	25
397	Tim Foli	4	4	4	4	4	5	6	10
398	Dave Tomlin	4	4	4	4	4	5	6	10

#	Player	VG 3	VgEx 4	EX 5	ExMt 6	NM 7	NmMt 8	NmMt+ 8.5	MT 9
399	Luis Melendez	4	4	4	4	4	5	6	15
400	Rod Carew	4	4	4	6	15	20	25	100
401	Ken Brett	4	4	4	4	4	5	6	15
402	Don Money	4	4	4	4	4	5	6	15
403	Geoff Zahn	4	4	4	4	4	5	6	15
404	Enos Cabell	4	4	4	4	4	5	8	50
405	Rollie Fingers	4	4	4	4	4	6	8	25
406	Ed Herrmann	4	4	4	4	4	5	6	12
407	Tom Underwood	4	4	4	4	4	5	6	10
408	Charlie Spikes	4	4	4	4	4	5	6	10
409	Dave Lemanczyk	4	4	4	4	4	5	6	15
410	Ralph Garr	4	4	4	4	4	5	8	25
411	Bill Singer	4	4	4	4	4	5	6	15
412	Toby Harrah	4	4	4	4	4	5	6	15
413	Pete Varney RC	4	4	4	4	4	5	6	15
414	Wayne Garland	4	4	4	4	4	5	6	15
415	Vada Pinson	4	4	4	4	4	5	6	15
416	Tommy John	4	4	4	4	4	5	6	15
417	Gene Clines	4	4	4	4	4	5	6	20
418	Jose Morales RC	4	4	4	4	4	5	6	15
419	Reggie Cleveland	4	4	4	4	4	5	6	20
420	Joe Morgan	6	10	15	25	40	60	80	150
421	Oakland Athletics CL	4	4	4	4	4	5	6	15
422	Johnny Grubb	4	4	4	4	4	5	8	25
423	Ed Halicki	4	4	4	4	4	5	6	10
424	Phil Roof	4	4	4	4	4	5	6	10
425	Rennie Stennett	4	4	4	4	4	5	8	60
426	Bob Forsch	4	4	4	4	4	5	6	15
427	Kurt Bevacqua	4	4	4	4	4	5	6	20
428	Jim Crawford	4	4	4	4	4	5	6	10
429	Fred Stanley	4	4	4	4	4	5	6	15
430	Jose Cardenal	4	4	4	4	4	5	6	15
431	Dick Ruthven	4	4	4	4	4	5	6	10
432	Tom Veryzer	4	4	4	4	4	5	6	25
433	Rick Waits RC	4	4	4	4	4	5	6	15
434	Morris Nettles	4	4	4	4	4	5	6	15
435	Phil Niekro	4	4	4	4	4	8	10	25
436	Bill Fahey	4	4	4	4	4	5	6	15
437	Terry Forster	4	4	4	4	4	5	6	10
438	Doug DeCinces	4	4	4	4	4	5	6	20
439	Rick Rhoden	4	4	4	4	4	5	6	15
440	John Mayberry	4	4	4	4	4	5	6	120
441	Gary Carter	12	20	25	30	50	80	100	200
442	Hank Webb	4	4	4	4	4	5	6	15
443	San Francisco Giants CL	4	4	4	4	4	5	6	15
444	Gary Nolan	4	4	4	4	4	5	6	12
445	Rico Petrocelli	4	4	4	4	4	6	8	30
446	Larry Haney	4	4	4	4	4	5	8	10
447	Gene Locklear	4	4	4	4	4	5	6	10
448	Tom Johnson	4	4	4	4	4	5	6	12
449	Bob Robertson	4	4	4	4	4	6	8	40
450	Jim Palmer	6	10	15	25	50	60	80	200
451	Buddy Bradford	4	4	4	4	4	5	8	15
452	Tom Hausman RC	4	4	4	4	4	5	6	15
453	Lou Piniella	4	4	4	4	5	10	12	50
454	Tom Griffin	4	4	4	4	4	5	8	25
455	Dick Allen	▲12	▲20	▲30	▲50	▲80	▲120	8	▲200
456	Joe Coleman	4	4	4	4	4	5	6	15
457	Ed Crosby	4	4	4	4	4	5	6	15
458	Earl Williams	4	4	4	4	4	5	6	15
459	Jim Brewer	4	4	4	4	4	5	8	25
460	Cesar Cedeno	4	4	4	4	4	5	6	15
461	NL/AL Champs	4	4	4	4	4	5	6	25
462	1975 WS/Reds Champs	4	4	4	4	5	10	12	30
463	Steve Hargan	4	4	4	4	4	5	6	10
464	Ken Henderson	4	4	4	4	4	5	6	10
465	Mike Marshall	4	4	4	4	4	5	6	30
466	Bob Stinson	4	4	4	4	4	5	6	12
467	Woodie Fryman	4	4	4	4	4	5	6	10
468	Jesus Alou	4	4	4	4	4	5	6	10
469	Rawly Eastwick	4	4	4	4	4	5	6	15
470	Bobby Murcer	4	4	4	4	4	5	6	30
471	Jim Burton	4	4	4	4	4	5	6	15
472	Bob Davis RC	4	4	4	4	4	5	6	15
473	Paul Blair	4	4	4	4	4	5	6	15
474	Ray Corbin	4	4	4	4	4	5	6	15
475	Joe Rudi	4	4	4	4	4	6	8	80
476	Bob Moose	4	4	4	4	4	5	6	15
477	Cleveland Indians CL/Robinson	4	4	4	4	4	5	6	10
478	Lynn McGlothen	4	4	4	4	4	5	6	15
479	Bobby Mitchell	4	4	4	4	4	5	6	15
480	Mike Schmidt	15	20	25	30	50	100	120	600
481	Rudy May	4	4	4	4	4	5	6	25
482	Tim Hosley	4	4	4	4	4	5	6	15
483	Mickey Stanley	4	4	4	4	4	5	6	15
484	Eric Raich RC	4	4	4	4	4	5	6	10
485	Mike Hargrove	4	4	4	4	4	5	6	15
486	Bruce Dal Canton	4	4	4	4	4	5	6	15
487	Leron Lee	4	4	4	4	4	5	6	15
488	Claude Osteen	4	4	4	4	4	5	6	15
489	Skip Jutze	4	4	4	4	4	5	6	10
490	Frank Tanana	4	4	4	4	4	5	6	15
491	Terry Crowley	4	4	4	4	4	5	6	15
492	Marty Pattin	4	4	4	4	4	5	6	12
493	Derrel Thomas	4	4	4	4	4	5	6	10
494	Craig Swan	4	4	4	4	4	5	6	15
495	Nate Colbert	4	4	4	4	4	5	6	10
496	Juan Beniquez	4	4	4	4	4	5	6	20
497	Joe McIntosh RC	4	4	4	4	4	5	6	15
498	Glenn Borgmann	4	4	4	4	4	5	6	10
499	Mario Guerrero	4	4	4	4	4	5	6	15
500	Reggie Jackson	▲8	▲12	▲20	▲30	▲50	120	150	300
501	Billy Champion	4	4	4	4	4	5	6	15
502	Tim McCarver	4	4	4	4	4	6	8	20
503	Elliott Maddox	4	4	4	4	4	5	6	10
504	Pittsburgh Pirates CL/Murtaugh	4	4	4	4	4	5	6	20
505	Mark Belanger	4	4	4	4	4	5	6	15
506	George Mitterwald	4	4	4	4	4	5	6	15
507	Ray Bare RC	4	4	4	4	4	5	6	15
508	Duane Kuiper RC	4	4	4	4	4	5	6	15
509	Bill Hands	4	4	4	4	4	5	6	15
510	Amos Otis	4	4	4	4	4	5	6	15
511	Jamie Easterley	4	4	4	4	4	5	6	15
512	Ellie Rodriguez	4	4	4	4	4	5	6	15
513	Bart Johnson	4	4	4	4	4	5	6	15
514	Dan Driessen	4	4	4	4	4	5	6	15
515	Steve Yeager	4	4	4	4	4	5	6	15
516	Wayne Granger	4	4	4	4	4	5	6	15
517	John Milner	4	4	4	4	4	5	6	15
518	Doug Flynn RC	4	4	4	4	4	5	6	60
519	Steve Brye	4	4	4	4	4	5	6	15
520	Willie McCovey	12	15	20	25	40	50	80	100
521	Jim Colborn	4	4	4	4	4	5	6	10
522	Ted Sizemore	4	4	4	4	4	5	6	10
523	Bob Montgomery	4	4	4	4	4	5	6	15
524	Pete Falcone RC	4	4	4	4	4	5	6	15
525	Billy Williams	4	4	4	4	4	6	8	30
526	Checklist 397-528	4	4	4	4	4	6	8	12
527	Mike Anderson	4	4	4	4	4	5	6	10
528	Dock Ellis	4	4	4	4	4	5	6	15
529	Deron Johnson	4	4	4	4	4	5	6	20
530	Don Sutton	4	4	4	4	4	6	8	25
531	New York Mets CL/Frazier	4	4	4	4	4	5	6	12
532	Milt May	4	4	4	4	4	5	6	10

#	Player	VG 3	VgEx 4	EX 5	ExMt 6	NM 7	NmMt 8	NmMt+ 8.5	MT 9
533	Lee Richard	4	4	4	4	4	5	6	15
534	Stan Bahnsen	4	4	4	4	4	5	6	10
535	Dave Nelson	4	4	4	4	4	5	8	25
536	Mike Thompson	4	4	4	4	4	5	6	10
537	Tony Muser	4	4	4	4	4	5	6	10
538	Pat Darcy	4	4	4	4	4	5	6	15
539	John Balaz RC	4	4	4	4	4	5	6	15
540	Bill Freehan	4	4	4	4	4	5	6	20
541	Steve Mingori	4	4	4	4	4	5	8	25
542	Keith Hernandez	4	4	4	4	4	8	10	40
543	Wayne Twitchell	4	4	4	4	4	5	6	15
544	Pepe Frias	4	4	4	4	4	5	6	15
545	Sparky Lyle	4	4	4	4	4	5	6	15
546	Dave Rosello	4	4	4	4	4	5	6	10
547	Roric Harrison	4	4	4	4	4	5	6	15
548	Manny Mota	4	4	4	4	4	5	6	15
549	Randy Tate RC	4	4	4	4	4	5	6	15
550	Hank Aaron	15	▲25	▲40	▲60	▲100	▲300	250	▲1,200
551	Jerry DaVanon	4	4	4	4	4	5	6	15
552	Terry Humphrey	4	4	4	4	4	5	6	15
553	Randy Moffitt	4	4	4	4	4	5	6	15
554	Ray Fosse	4	4	4	4	4	5	6	15
555	Dyar Miller	4	4	4	4	4	5	6	15
556	Minnesota Twins CL/Mauch	4	4	4	4	4	5	6	15
557	Dan Spillner	4	4	4	4	4	5	6	15
558	Clarence Gaston	4	4	4	4	4	5	6	15
559	Clyde Wright	4	4	4	4	4	5	6	15
560	Jorge Orta	4	4	4	4	4	5	6	15
561	Tom Carroll	4	4	4	4	4	5	8	40
562	Adrian Garrett	4	4	4	4	4	5	6	15
563	Larry Demery	4	4	4	4	4	5	6	10
564	Kurt Bevacqua GUM	4	4	4	4	4	5	6	50
565	Tug McGraw	4	4	4	4	4	5	6	15
566	Ken McMullen	4	4	4	4	4	5	6	15
567	George Stone	4	4	4	4	4	5	6	15
568	Rob Andrews RC	4	4	4	4	4	5	6	15
569	Nelson Briles	4	4	4	4	4	5	6	15
570	George Hendrick	4	4	4	4	4	5	6	15
571	Don DeMola	4	4	4	4	4	5	6	10
572	Rich Coggins	4	4	4	4	4	5	6	15
573	Bill Travers	4	4	4	4	4	5	8	25
574	Don Kessinger	4	4	4	4	4	5	6	10
575	Dwight Evans	4	4	4	4	4	6	8	25
576	Maximino Leon	4	4	4	4	4	5	6	15
577	Marc Hill	4	4	4	4	4	5	6	15
578	Ted Kubiak	4	4	4	4	4	5	6	25
579	Clay Kirby	4	4	4	4	4	5	6	15
580	Bert Campaneris	4	4	4	4	4	5	6	15
581	St. Louis Cardinals CL/Schoendienst	4	4	4	4	4	5	6	20
582	Mike Kekich	4	4	4	4	4	5	6	15
583	Tommy Helms	4	4	4	4	4	5	8	40
584	Stan Wall RC	4	4	4	4	4	5	6	15
585	Joe Torre	4	4	4	4	8	15	25	120
586	Ron Schueler	4	4	4	4	4	5	6	15
587	Leo Cardenas	4	4	4	4	4	5	6	10
588	Kevin Kobel	4	4	4	4	4	5	6	15
589	Rookie Pitchers	4	4	4	4	4	8	10	30
590	Rookie Outfielders	4	4	▲6	▲10	▲15	▲25	10	▲60
591	Rookie Pitchers	4	4	4	4	4	6	8	25
592	Willie Randolph RC	4	4	4	4	12	25	30	150
593	Rookie Pitchers	4	4	4	4	4	6	8	25
594	Rookie Catchers and Outfielders	4	4	4	4	4	5	6	15
595	Rookie Pitchers	4	4	4	4	4	5	6	15
596	Rookie Infielders	4	4	4	4	4	5	6	15
597	Rookie Pitchers	4	4	4	4	4	5	6	15
598	Rookie Outfielders	4	4	4	4	4	5	6	15
599	Ron Guidry RC	8	12	20	30	50	100	120	400
600	Tom Seaver	8	10	12	15	25	120	150	250
601	Ken Rudolph	4	4	4	4	4	5	6	15
602	Doug Konieczny	4	4	4	4	4	5	6	15
603	Jim Holt	4	4	4	4	4	5	6	15
604	Joe Lovitto	4	4	4	4	4	5	6	15
605	Al Downing	4	4	4	4	4	5	6	15
606	Milwaukee Brewers CL/Grammas	4	4	4	4	4	5	6	15
607	Rich Hinton	4	4	4	4	4	5	6	15
608	Vic Correll	4	4	4	4	4	5	6	15
609	Fred Norman	4	4	4	4	4	5	8	25
610	Greg Luzinski	4	4	4	4	4	6	15	60
611	Rich Folkers	4	4	4	4	4	5	6	15
612	Joe Lahoud	4	4	4	4	4	5	6	10
613	Tim Johnson	4	4	4	4	4	6	8	40
614	Fernando Arroyo RC	4	4	4	4	4	5	8	25
615	Mike Cubbage	4	4	4	4	4	5	6	15
616	Buck Martinez	4	4	4	4	4	5	6	10
617	Darold Knowles	4	4	4	4	4	5	6	12
618	Jack Brohamer	4	4	4	4	4	5	6	15
619	Bill Butler	4	4	4	4	4	5	6	80
620	Al Oliver	4	4	4	4	4	5	6	15
621	Tom Hall	4	4	4	4	4	5	8	25
622	Rick Auerbach	4	4	4	4	4	5	6	10
623	Bob Allietta RC	4	4	4	4	4	5	6	15
624	Tony Taylor	4	4	4	4	4	6	8	60
625	J.R. Richard	4	4	4	4	4	8	10	30
626	Bob Sheldon	4	4	4	4	4	5	6	10
627	Bill Plummer	4	4	4	4	4	5	6	15
628	John D'Acquisto	4	4	4	4	4	5	6	10
629	Sandy Alomar	4	4	4	4	4	6	8	30
630	Chris Speier	4	4	4	4	4	5	6	15
631	Atlanta Braves CL/Bristol	4	4	4	4	4	5	6	12
632	Rogelio Moret	4	4	4	4	4	5	6	15
633	John Stearns RC	4	4	4	4	4	5	6	15
634	Larry Christenson	4	4	4	4	4	5	8	60
635	Jim Fregosi	4	4	4	4	4	5	6	15
636	Joe Decker	4	4	4	4	4	5	6	15
637	Bruce Bochte	4	4	4	4	4	5	6	10
638	Doyle Alexander	4	4	4	4	4	5	6	15
639	Fred Kendall	4	4	4	4	4	5	6	15
640	Bill Madlock	4	4	4	4	4	8	10	20
641	Tom Paciorek	4	4	4	4	4	5	6	15
642	Dennis Blair	4	4	4	4	4	5	6	10
643	Checklist 529-660	4	4	4	4	4	5	8	15
644	Tom Bradley	4	4	4	4	4	5	6	15
645	Darrell Porter	4	4	4	4	4	5	6	15
646	John Lowenstein	4	4	4	4	4	5	6	15
647	Ramon Hernandez	4	4	4	4	4	6	15	150
648	Al Cowens	4	4	4	4	4	5	8	
649	Dave Roberts	4	4	4	4	4	5	6	15
650	Thurman Munson	12	15	▲25	▲30	▲50	80	100	200
651	John Odom	4	4	4	4	4	5	6	30
652	Ed Armbrister	4	4	4	4	4	5	6	15
653	Mike Norris RC	4	4	4	4	4	5	6	15
654	Doug Griffin	4	4	4	4	4	5	6	15
655	Mike Vail RC	4	4	4	4	4	5	8	25
656	Chicago White Sox CL/Tanner	4	4	4	4	4	5	6	15
657	Roy Smalley RC	4	4	4	4	4	5	8	25
658	Jerry Johnson	4	4	4	4	4	5	6	10
659	Ben Oglivie	4	4	4	4	4	6	8	20
660	Davey Lopes	4	4	4	4	4	6	10	50

Beckett Graded Card Price Guide 197

1976 Topps Traded

		GD 2	VG 3	VgEx 4	EX 5	ExMt 6	NM 7	NmMt 8	MT 9
27T	Ed Figueroa	4	4	4	4	4	4	5	20
28T	Dusty Baker	4	4	4	4	4	4	8	40
44T	Doug Rader	4	4	4	4	4	4	5	15
58T	Ron Reed	4	4	4	4	4	4	5	15
74T	Oscar Gamble	4	4	4	4	4	4	6	25
80T	Jim Kaat	4	4	4	4	4	4	8	25
83T	Jim Spencer	4	4	4	4	4	4	5	15
85T	Mickey Rivers	4	4	4	4	4	4	5	25
99T	Lee Lacy	4	4	4	4	4	4	5	100
120T	Rusty Staub	4	4	4	4	4	4	6	25
127T	Larvell Blanks	4	4	4	4	4	4	5	80
146T	George Medich	4	4	4	4	4	4	5	15
158T	Ken Reitz	4	4	4	4	4	4	5	20
208T	Mike Lum	4	4	4	4	4	4	5	20
211T	Clay Carroll	4	4	4	4	4	4	5	20
231T	Tom House	4	4	4	4	4	4	5	25
250T	Fergie Jenkins	4	4	5	8	12	20	30	60
259T	Darrel Chaney	4	4	4	4	4	4	5	20
292T	Leon Roberts	4	4	4	4	4	4	5	15
296T	Pat Dobson	4	4	4	4	4	4	5	25
309T	Bill Melton	4	4	4	4	4	4	5	15
338T	Bob Bailey	4	4	4	4	4	4	5	25
380T	Bobby Bonds	4	4	4	4	4	4	8	25
383T	John Ellis	4	4	4	4	4	4	5	15
385T	Mickey Lolich	4	4	4	4	4	4	6	20
401T	Ken Brett	4	4	4	4	4	4	5	15
410T	Ralph Garr	4	4	4	4	4	4	5	15
411T	Bill Singer	4	4	4	4	4	4	5	10
428T	Jim Crawford	4	4	4	4	4	4	5	80
434T	Morris Nettles	4	4	4	4	4	4	5	15
464T	Ken Henderson	4	4	4	4	4	4	5	15
497T	Joe McIntosh	4	4	4	4	4	4	5	15
524T	Pete Falcone	4	4	4	4	4	4	5	20
527T	Mike Anderson	4	4	4	4	4	4	5	12
528T	Dock Ellis	4	4	4	4	4	4	5	25
532T	Milt May	4	4	4	4	4	4	5	
554T	Ray Fosse	4	4	4	4	4	4	5	
579T	Clay Kirby	4	4	4	4	4	4	5	15
583T	Tommy Helms	4	4	4	4	4	4	5	15
592T	Willie Randolph	4	5	8	12	20	30	40	100
618T	Jack Brohamer	4	4	4	4	4	4	5	15
632T	Rogelio Moret	4	4	4	4	4	4	5	20
649T	Dave Roberts	4	4	4	4	4	4	5	15
NNO	Traded Checklist	4	4	4	4	4	4	6	25

1977 Topps

		VgEx 4	EX 5	ExMt 6	NM 7	NmMt 8	NmMt+ 8.5	MT 9	Gem 9.5/10
1	Batting Leaders	4	4	4	4	8		12	50
2	Home Run Leaders	4	4	4	4	6		8	25
3	RBI Leaders	4	4	4	4	5		6	15	100
4	Stolen Base Leaders	4	4	4	4	5		6	15
5	Victory Leaders	4	4	4	4	5		6	15
6	Strikeout Leaders	4	6	10	15	25		30	40
7	ERA Leaders	4	4	4	4	6		8	50
8	Leading Firemen	4	4	4	4	5		6	15
9	Doug Rader	4	4	4	4	5		6	15
10	Reggie Jackson	25	30	40	▲60	▲120		150	500
11	Rob Dressler	4	4	4	4	5		6	15
12	Larry Haney	4	4	4	4	5		6	15
13	Luis Gomez RC	4	4	4	4	5		6	15
14	Tommy Smith	4	4	4	4	6		8	20
15	Don Gullett	4	4	4	4	5		6	15
16	Bob Jones RC	4	4	4	4	5	6	15	
17	Steve Stone	4	4	4	4	5	8		
18	Cleveland Indians CL/Robinson	4	4	4	4	5	6	15	
19	John D'Acquisto	4	4	4	4	5	6	15	
20	Graig Nettles	4	4	4	6	8		25	100
21	Ken Forsch	4	4	4	4	5	6	15	
22	Bill Freehan	4	4	4	4	5	6	15	60
23	Dan Driessen	4	4	4	4	5	6	15	60
24	Carl Morton	4	4	4	4	5	6	60	50
25	Dwight Evans	4	4	4	4	10			
26	Ray Sadecki	4	4	4	4	5	6	15	100
27	Bill Buckner	4	4	4	4	5	6	15	
28	Woodie Fryman	4	4	4	4	5	6	15	50
29	Bucky Dent	4	4	4	4	6	8	30	
30	Greg Luzinski	4	4	4	4	6	8	15	100
31	Jim Todd	4	4	4	4	5	6	15	
32	Checklist 1-132	4	4	4	4	5	6	15	
33	Wayne Garland	4	4	4	4	5	6	15	50
34	California Angels CL/Sherry	4	4	4	4	5	6	30	50
35	Rennie Stennett	4	4	4	4	5	6	15	
36	John Ellis	4	4	4	4	5	6	15	
37	Steve Hargan	4	4	4	4	5	6	15	100
38	Craig Kusick	4	4	4	4	5	6	15	50
39	Tom Griffin	4	4	4	4	5	6	15	
40	Bobby Murcer	4	4	4	4	5	6	15	
41	Jim Kern	4	4	4	4	5	6	15	50
42	Jose Cruz	4	4	4	4	5	6	20	50
43	Ray Bare	4	4	4	4	5	6	15	
44	Bud Harrelson	4	4	4	4	5	6	15	50
45	Rawly Eastwick	4	4	4	4	5	6	20	
46	Buck Martinez	4	4	4	4	5	6	15	50
47	Lynn McGlothen	4	4	4	4	5	6	15	50
48	Tom Paciorek	4	4	4	4	5	6	15	
49	Grant Jackson	4	4	4	4	5	6	15	
50	Ron Cey	4	4	4	4	5	6	15	
51	Milwaukee Brewers CL/Grammas	4	4	4	4	5	6	15	100
52	Ellis Valentine	4	4	4	4	5	6	15	
53	Paul Mitchell	4	4	4	4	5	6	15	
54	Sandy Alomar	4	4	4	4	5	6	15	
55	Jeff Burroughs	4	4	4	4	5	8		
56	Rudy May	4	4	4	4	5	6	100	
57	Marc Hill	4	4	4	4	5	6	15	
58	Chet Lemon	4	4	4	4	5	6	20	
59	Larry Christenson	4	4	4	4	5	6	15	
60	Jim Rice	4	4	4	4	8	10	30	
61	Manny Sanguillen	4	4	4	4	5	6	15	
62	Eric Raich	4	4	4	4	5	6	15	50
63	Tito Fuentes	4	4	4	4	5	6	10	50
64	Larry Biittner	4	4	4	4	5	6	15	50
65	Skip Lockwood	4	4	4	4	5	6	15	50
66	Roy Smalley	4	4	4	4	5	6	15	50
67	Joaquin Andujar RC	4	4	4	4	5	6	15	120
68	Bruce Bochte	4	4	4	4	5	6	15	60
69	Jim Crawford	4	4	4	4	5	6	15	
70	Johnny Bench	8	10	15	20	40	40	100	
71	Dock Ellis	4	4	4	4	5	6	15	80
72	Mike Anderson	4	4	4	4	5	6	15	50
73	Charlie Williams	4	4	4	4	5	6	15	
74	Oakland Athletics CL/McKeon	4	4	4	4	5	6	15	
75	Dennis Leonard	4	4	4	4	5	6	50	
76	Tim Foli	4	4	4	4	5	6	15	
77	Dyar Miller	4	4	4	4	5	6	15	
78	Bob Davis	4	4	4	4	5	6	15	
79	Don Money	4	4	4	4	5	6	15	
80	Andy Messersmith	4	4	4	4	5	6	15	
81	Juan Beniquez	4	4	4	4	5	8		
82	Jim Rooker	4	4	4	4	5	6	15	50

		VgEx 4	EX 5	ExMt 6	NM 7	NmMt 8	NmMt+ 8.5	MT 9	Gem 9.5/10
83	Kevin Bell RC	4	4	4	4	5	6	60	
84	Ollie Brown	4	4	4	4	5	6	15	
85	Duane Kuiper	4	4	4	4	5	6	20	
86	Pat Zachry	4	4	4	4	5	6	60	
87	Glenn Borgmann	4	4	4	4	5	6	15	50
88	Stan Wall	4	4	4	4	5	6	15	50
89	Butch Hobson RC	4	4	4	4	6	8	60	
90	Cesar Cedeno	4	4	4	4	5	6	15	50
91	John Verhoeven RC	4	4	4	4	5	6	15	50
92	Dave Rosello	4	4	4	4	5	6	15	
93	Tom Poquette	4	4	4	4	5	6	15	50
94	Craig Swan	4	4	4	4	5	6	15	
95	Keith Hernandez	4	4	4	4	8	12	40	
96	Lou Piniella	4	4	4	4	5	6	15	60
97	Dave Heaverlo	4	4	4	4	5	6	15	
98	Milt May	4	4	4	4	5	6	20	
99	Tom Hausman	4	4	4	4	5	6	15	
100	Joe Morgan	4	4	4	8	15	20	50	
101	Dick Bosman	4	4	4	4	5	6	15	
102	Jose Morales	4	4	4	4	5	6	15	50
103	Mike Bacsik RC	4	4	4	4	5	8		
104	Omar Moreno RC	4	4	4	4	5	6	15	
105	Steve Yeager	4	4	4	4	5	6	15	
106	Mike Flanagan	4	4	4	4	5	6	12	
107	Bill Melton	4	4	4	4	5	6	10	50
108	Alan Foster	4	4	4	4	5	6	15	
109	Jorge Orta	4	4	4	4	5	6	15	
110	Steve Carlton	6	10	15	25	40	50	100	2,000
111	Rico Petrocelli	4	4	4	4	5	6	15	100
112	Bill Greif	4	4	4	4	5	6	15	
113	Toronto Blue Jays CL/Hartsfield	4	4	4	4	5	6	15	
114	Bruce Dal Canton	4	4	4	4	5	6	15	
115	Rick Manning	4	4	4	4	5	6	15	
116	Joe Niekro	4	4	4	4	5	6	15	
117	Frank White	4	4	4	4	5	6	15	
118	Rick Jones RC	4	4	4	4	5	6	15	
119	John Stearns	4	4	4	4	5	6	15	100
120	Rod Carew	20	25	30	40	50	60	250	
121	Gary Nolan	4	4	4	4	5	6	15	
122	Ben Oglivie	4	4	4	4	5	6	15	
123	Fred Stanley	4	4	4	4	5	6	15	
124	George Mitterwald	4	4	4	4	5	6	15	50
125	Bill Travers	4	4	4	4	5	6	15	
126	Rod Gilbreath	4	4	4	4	5	6	15	
127	Ron Fairly	4	4	4	4	5	6	15	50
128	Tommy John	4	4	4	4	5	6	15	
129	Mike Sadek	4	4	4	4	5	6	15	50
130	Al Oliver	4	4	4	4	5	6	15	
131	Orlando Ramirez RC	4	4	4	4	5	6	15	
132	Chip Lang RC	4	4	4	4	5	6	15	
133	Ralph Garr	4	4	4	4	5	6	15	
134	San Diego Padres CL/McNamara	4	4	4	4	5	6	15	
135	Mark Belanger	4	4	4	4	5	6	40	
136	Jerry Mumphrey RC	4	4	4	4	5	6	10	
137	Jeff Terpko RC	4	4	4	4	5	6	15	50
138	Bob Stinson	4	4	4	4	5	6	15	
139	Fred Norman	4	4	4	4	5	6	10	50
140	Mike Schmidt	20	25	30	40	80	100	250	
141	Mark Littell	4	4	4	4	5	6	150	
142	Steve Dillard RC	4	4	4	4	5	6	15	50
143	Ed Herrmann	4	4	4	4	5	6	15	50
144	Bruce Sutter RC	▼12	▼20	▼30	▼50	80	100	250	4,000
145	Tom Veryzer	4	4	4	4	5	6	15	
146	Dusty Baker	4	4	4	4	5	6	15	
147	Jackie Brown	4	4	4	4	5	6	15	
148	Fran Healy	4	4	4	4	5	6	15	
149	Mike Cubbage	4	4	4	4	5	6	250	
150	Tom Seaver	15	20	30	50	120	150	1,500	
151	Johnny LeMaster	4	4	4	4	5	6	15	
152	Gaylord Perry	4	4	4	4	6	8	20	
153	Ron Jackson RC	4	4	4	4	5	6	15	50
154	Dave Giusti	4	4	4	4	5	6	15	
155	Joe Rudi	4	4	4	4	5	6	15	60
156	Pete Mackanin	4	4	4	4	5	6	15	
157	Ken Brett	4	4	4	4	5	6	15	
158	Ted Kubiak	4	4	4	4	5	6	15	
159	Bernie Carbo	4	4	4	4	5	6	15	
160	Will McEnaney	4	4	4	4	5	6	25	80
161	Garry Templeton RC	4	4	4	4	8	10	20	
162	Mike Cuellar	4	4	4	4	5	6	15	
163	Dave Hilton	4	4	4	4	5	6	15	
164	Tug McGraw	4	4	4	4	5	6	15	
165	Jim Wynn	4	4	4	4	5	6	15	50
166	Bill Campbell	4	4	4	4	5	6	15	
167	Rich Hebner	4	4	4	4	5	6	15	50
168	Charlie Spikes	4	4	4	4	5	6	15	50
169	Darold Knowles	4	4	4	4	5	6	15	50
170	Thurman Munson	25	▲40	▲50	▲80	200	250	1,200	
171	Ken Sanders	4	4	4	4	5	6	15	50
172	John Milner	4	4	4	4	5	6	15	50
173	Chuck Scrivener RC	4	4	4	4	5	6	15	
174	Nelson Briles	4	4	4	4	5	6	15	50
175	Butch Wynegar RC	4	4	4	4	5	6	15	
176	Bob Robertson	4	4	4	4	5	6	15	
177	Bart Johnson	4	4	4	4	5	6	15	
178	Bombo Rivera RC	4	4	4	4	5	6	15	
179	Paul Hartzell RC	4	4	4	4	5	6	10	
180	Dave Lopes	4	4	4	4	5	6	20	
181	Ken McMullen	4	4	4	4	5	6	15	
182	Dan Spillner	4	4	4	4	5	6	15	
183	St.Louis Cardinals CL/V.Rapp	4	4	4	4	5	6	15	100
184	Bo McLaughlin RC	4	4	4	4	5	6	15	
185	Sixto Lezcano	4	4	4	4	5	6	10	50
186	Doug Flynn	4	4	4	4	5	6	15	
187	Dick Pole	4	4	4	4	5	8		
188	Bob Tolan	4	4	4	4	5	6	10	
189	Rick Dempsey	4	4	4	4	5	6	10	
190	Ray Burris	4	4	4	4	5	6	10	100
191	Doug Griffin	4	4	4	4	5	6	10	
192	Clarence Gaston	4	4	4	4	5	6	15	50
193	Larry Gura	4	4	4	4	5	6	10	50
194	Gary Matthews	4	4	4	4	5	6	15	
195	Ed Figueroa	4	4	4	4	5	6	15	50
196	Len Randle	4	4	4	4	5	6	15	
197	Ed Ott	4	4	4	4	5	6	15	50
198	Wilbur Wood	4	4	4	4	5	6	15	
199	Pepe Frias	4	4	4	4	5	8		
200	Frank Tanana	4	4	4	4	5	6	20	60
201	Ed Kranepool	4	4	4	4	5	6	30	
202	Tom Johnson	4	4	4	4	5	6	15	
203	Ed Armbrister	4	4	4	4	5	6	15	50
204	Jeff Newman RC	4	4	4	4	5	6	60	
205	Pete Falcone	4	4	4	4	5	6	15	50
206	Boog Powell	4	4	4	4	5	6	10	150
207	Glenn Abbott	4	4	4	4	5	8		
208	Checklist 133-264	4	4	4	4	5	8	25	80
209	Rob Andrews	4	4	4	4	5	6	15	
210	Fred Lynn	4	4	4	5	10	12	30	
211	San Francisco Giants CL/Altobelli	4	4	4	4	5	6	15	50
212	Jim Mason	4	4	4	4	5	6	10	
213	Maximino Leon	4	4	4	4	5	6	15	50
214	Darrell Porter	4	4	4	4	5	6	10	
215	Butch Metzger	4	4	4	4	5	6	15	
216	Doug DeCinces	4	4	4	4	5	6	15	

#	Player	VgEx 4	EX 5	ExMt 6	NM 7	NmMt 8	NmMt+ 8.5	MT 9	Gem 9.5/10
217	Tom Underwood	4	4	4	4	5	6	15	
218	John Wathan RC	4	4	4	4	5	6	15	
219	Joe Coleman	4	4	4	4	5	6	15	
220	Chris Chambliss	4	4	4	4	6	8	20	
221	Bob Bailey	4	4	4	4	5	6	15	
222	Francisco Barrios RC	4	4	4	4	5	6	15	
223	Earl Williams	4	4	4	4	5	6	15	
224	Rusty Torres	4	4	4	4	5	6	15	
225	Bob Apodaca	4	4	4	4	5	6	15	
226	Leroy Stanton	4	4	4	4	5	6	15	
227	Joe Sambito RC	4	4	4	4	5	6	15	
228	Minnesota Twins CL/Mauch	4	4	4	4	5	6	15	50
229	Don Kessinger	4	4	4	4	5	6	15	
230	Vida Blue	4	4	4	4	6	8	25	
231	George Brett RB	4	4	4	5	15	20	25	
232	Minnie Minoso RB	4	4	4	4	5	6	15	100
233	Jose Morales RB	4	4	4	4	5	6	12	
234	Nolan Ryan RB	8	10	12	20	25	30	50	
235	Cecil Cooper	4	4	4	4	5	6	10	
236	Tom Buskey	4	4	4	4	5	6	15	
237	Gene Clines	4	4	4	4	5	6	15	
238	Tippy Martinez	4	4	4	4	5	6	10	
239	Bill Plummer	4	4	4	4	5	6	15	
240	Ron LeFlore	4	4	4	4	6	8	20	120
241	Dave Tomlin	4	4	4	4	5	6	15	
242	Ken Henderson	4	4	4	4	5	6	15	
243	Ron Reed	4	4	4	4	5	6	15	50
244	John Mayberry	4	4	4	4	5	6	15	
245	Rick Rhoden	4	4	4	4	5	6	15	50
246	Mike Vail	4	4	4	4	5	6	15	60
247	Chris Knapp RC	4	4	4	4	5	6	15	
248	Wilbur Howard	4	4	4	4	5	6	15	50
249	Pete Redfern RC	4	4	4	4	5	6	15	
250	Bill Madlock	4	4	4	4	5	6	10	200
251	Tony Muser	4	4	4	4	5	6	10	50
252	Dale Murray	4	4	4	4	5	6	15	
253	John Hale	4	4	4	4	5	6	25	
254	Doyle Alexander	4	4	4	4	5	6	10	
255	George Scott	4	4	4	4	5	8		
256	Joe Hoerner	4	4	4	4	5	6	15	60
257	Mike Miley	4	4	4	4	5	6	15	
258	Luis Tiant	4	4	4	4	6	8	15	
259	New York Mets CL/Frazier	4	4	4	4	5	6	15	
260	J.R. Richard	4	4	4	4	5	6	15	100
261	Phil Garner	4	4	4	4	5	6	15	
262	Al Cowens	4	4	4	4	5	6	15	50
263	Mike Marshall	4	4	4	4	6	8	20	
264	Tom Hutton	4	4	4	4	5	6	15	
265	Mark Fidrych RC	4	5	10	20	30	40	250	
266	Derrel Thomas	4	4	4	4	5	6	15	80
267	Ray Fosse	4	4	4	4	5	6	15	
268	Rick Sawyer RC	4	4	4	4	5	6	15	50
269	Joe Lis	4	4	4	4	5	6	25	50
270	Dave Parker	4	4	4	4	6	8	50	
271	Terry Forster	4	4	4	4	5	6	15	
272	Lee Lacy	4	4	4	4	5	6	15	
273	Eric Soderholm	4	4	4	4	5	6	15	60
274	Don Stanhouse	4	4	4	4	5	6	15	50
275	Mike Hargrove	4	4	4	4	5	6	15	
276	Chris Chambliss ALCS	4	4	4	4	5	6	15	
277	Pete Rose NLCS	4	4	4	4	8	10	25	200
278	Danny Frisella	4	4	4	4	5	6	15	50
279	Joe Wallis	4	4	4	4	5	6	15	
280	Jim Hunter	4	4	5	10	20	30	150	
281	Roy Staiger	4	4	4	4	5	6	15	
282	Sid Monge	4	4	4	4	5	6	15	50
283	Jerry DaVanon	4	4	4	4	5	6	15	

#	Player	VgEx 4	EX 5	ExMt 6	NM 7	NmMt 8	NmMt+ 8.5	MT 9	Gem 9.5/10
284	Mike Norris	4	4	4	4	5	6	15	50
285	Brooks Robinson	15	20	25	40	60	80	200	
286	Johnny Grubb	4	4	4	4	5	6	15	
287	Cincinnati Reds CL/Anderson	4	4	4	4	6	8	50	
288	Bob Montgomery	4	4	4	4	5	6	15	
289	Gene Garber	4	4	4	4	5	6	60	
290	Amos Otis	4	4	4	4	5	6	15	120
291	Jason Thompson RC	4	4	4	4	6	8	50	
292	Rogelio Moret	4	4	4	4	5	6	15	
293	Jack Brohamer	4	4	4	4	5	6	15	
294	George Medich	4	4	4	4	5	6	15	
295	Gary Carter	4	4	5	10	20	25	30	200
296	Don Hood	4	4	4	4	5	6	10	50
297	Ken Reitz	4	4	4	4	5	6	15	
298	Charlie Hough	4	4	4	4	5	6	15	
299	Otto Velez	4	4	4	4	5	6	10	
300	Jerry Koosman	4	4	4	4	5	6	15	
301	Toby Harrah	4	4	4	4	6	8	25	
302	Mike Garman	4	4	4	4	5	6	15	50
303	Gene Tenace	4	4	4	4	5	6	15	
304	Jim Hughes	4	4	4	4	5	6	15	
305	Mickey Rivers	4	4	4	4	5	6	15	
306	Rick Waits	4	4	4	4	5	6	15	
307	Gary Sutherland	4	4	4	4	5	6	10	50
308	Gene Pentz RC	4	4	4	4	5	6	15	
309	Boston Red Sox CL/Zimmer	4	4	4	6	12	15	25	
310	Larry Bowa	4	4	4	4	5	6	15	100
311	Vern Ruhle	4	4	4	4	5	6	15	
312	Rob Belloir RC	4	4	4	4	5	6	15	
313	Paul Blair	4	4	4	4	5	6	15	
314	Steve Mingori	4	4	4	4	5	6	15	50
315	Dave Chalk	4	4	4	4	5	8		
316	Steve Rogers	4	4	4	4	5	6	15	
317	Kurt Bevacqua	4	4	4	4	5	6	10	
318	Duffy Dyer	4	4	4	4	5	6	15	
319	Goose Gossage	4	4	4	4	8	12	40	
320	Ken Griffey Sr.	4	4	4	4	6	8	20	
321	Dave Goltz	4	4	4	4	5	6	15	
322	Bill Russell	4	4	4	4	5	6	15	
323	Larry Lintz	4	4	4	4	5	6	15	
324	John Curtis	4	4	4	4	5	6	15	50
325	Mike Ivie	4	4	4	4	5	6	20	
326	Jesse Jefferson	4	4	4	4	5	6	15	
327	Houston Astros CL/Virdon	4	4	4	4	5	6	15	120
328	Tommy Boggs RC	4	4	4	4	5	6	15	100
329	Ron Hodges	4	4	4	4	5	6	15	
330	George Hendrick	4	4	4	4	5	6	15	
331	Jim Colborn	4	4	4	4	5	6	15	50
332	Elliott Maddox	4	4	4	4	5	6	15	
333	Paul Reuschel RC	4	4	4	4	5	6	20	50
334	Bill Stein	4	4	4	4	5	6	15	
335	Bill Robinson	4	4	4	4	5	6	15	
336	Denny Doyle	4	4	4	4	5	6	15	50
337	Ron Schueler	4	4	4	4	5	6	10	
338	Dave Duncan	4	4	4	4	5	6	15	
339	Adrian Devine	4	4	4	4	5	6	15	120
340	Hal McRae	4	4	4	4	5	6	15	60
341	Joe Kerrigan RC	4	4	4	4	5	6	15	80
342	Jerry Remy	4	4	4	4	5	6	15	50
343	Ed Halicki	4	4	4	4	5	6	15	50
344	Brian Downing	4	4	4	4	5	8		
345	Reggie Smith	4	4	4	4	5	6	15	50
346	Bill Singer	4	4	4	4	5	8		
347	George Foster	▲10	▲15	▲25	▲40	▲60	10	▲200	
348	Brent Strom	4	4	4	4	5	6	15	60
349	Jim Holt	4	4	4	4	5	6	15	
350	Larry Dierker	4	4	4	4	5	6	15	

#	Player	VgEx 4	EX 5	ExMt 6	NM 7	NmMt 8	NmMt+ 8.5	MT 9	Gem 9.5/10
351	Jim Sundberg	4	4	4	4	5	6	15	
352	Mike Phillips	4	4	4	4	5	6	15	
353	Stan Thomas	4	4	4	4	5	6	15	
354	Pittsburgh Pirates CL/Tanner	4	4	4	4	5	6	15	
355	Lou Brock	4	4	4	5	10	15	30	
356	Checklist 265-396	4	4	4	4	5	6	15	
357	Tim McCarver	4	4	4	4	5	6	15	
358	Tom House	4	4	4	4	5	6	15	
359	Willie Randolph	4	4	4	4	6	8	20	
360	Rick Monday	4	4	4	4	5	6	15	
361	Eduardo Rodriguez	4	4	4	4	5	6	15	
362	Tommy Davis	4	4	4	4	5	6	15	80
363	Dave Roberts	4	4	4	4	5	6	15	
364	Vic Correll	4	4	4	4	5	6	15	50
365	Mike Torrez	4	4	4	4	5	6	20	50
366	Ted Sizemore	4	4	4	4	5	6	15	50
367	Dave Hamilton	4	4	4	4	5	6	15	
368	Mike Jorgensen	4	4	4	4	5	6	15	
369	Terry Humphrey	4	4	4	4	5	6	15	50
370	John Montefusco	4	4	4	4	5	6	15	50
371	Kansas City Royals CL/Herzog	4	4	4	4	5	6	15	50
372	Rich Folkers	4	4	4	4	5	6	10	
373	Bert Campaneris	4	4	4	4	5	6	10	
374	Kent Tekulve	4	4	4	4	6	8	25	
375	Larry Hisle	4	4	4	4	5	6	15	
376	Nino Espinosa RC	4	4	4	4	5	6	15	
377	Dave McKay	4	4	4	4	5	6	10	50
378	Jim Umbarger	4	4	4	4	5	6	15	50
379	Larry Cox RC	4	4	4	4	5	6	15	
380	Lee May	4	4	4	4	5	6	15	80
381	Bob Forsch	4	4	4	4	5	6	15	50
382	Charlie Moore	4	4	4	4	5	6	15	60
383	Stan Bahnsen	4	4	4	4	5	8		
384	Darrel Chaney	4	4	4	4	5	6	15	50
385	Dave LaRoche	4	4	4	4	5	6	15	
386	Manny Mota	4	4	4	4	5	6	20	
387	New York Yankees CL/Martin	4	4	4	6	20	25	200	
388	Terry Harmon	4	4	4	4	5	8		
389	Ken Kravec RC	4	4	4	4	5	6	15	50
390	Dave Winfield	8	12	20	30	50	60	300	
391	Dan Warthen	4	4	4	4	5	6	15	50
392	Phil Roof	4	4	4	4	5	6	15	
393	John Lowenstein	4	4	4	4	5	6	15	
394	Bill Laxton RC	4	4	4	4	5	6	15	50
395	Manny Trillo	4	4	4	4	5	6	20	
396	Tom Murphy	4	4	4	4	5	6	15	50
397	Larry Herndon RC	4	4	4	4	5	6	15	
398	Tom Burgmeier	4	4	4	4	5	6	15	
399	Bruce Boisclair RC	4	4	4	4	5	6	20	
400	Steve Garvey	4	4	5	10	20	25	60	
401	Mickey Scott	4	4	4	4	5	6	20	
402	Tommy Helms	4	4	4	4	5	6	15	
403	Tom Grieve	4	4	4	4	5	6	15	
404	Eric Rasmussen RC	4	4	4	4	5	6	15	
405	Claudell Washington	4	4	4	4	5	6	15	
406	Tim Johnson	4	4	4	4	5	6	10	50
407	Dave Freisleben	4	4	4	4	5	6	15	
408	Cesar Tovar	4	4	4	4	5	6	15	50
409	Pete Broberg	4	4	4	4	5	6	15	100
410	Willie Montanez	4	4	4	4	5	6	15	
411	J.Morgan/J.Bench WS	4	4	4	4	6	8	20	
412	Johnny Bench WS	4	4	4	4	6	8	20	
413	Cincy Wins WS	4	4	4	4	5	6	15	60
414	Tommy Harper	4	4	4	4	5	6	15	50
415	Jay Johnstone	4	4	4	4	5	6	15	
416	Chuck Hartenstein	4	4	4	4	5	6	25	
417	Wayne Garrett	4	4	4	4	5	6	15	
418	Chicago White Sox CL/Lemon	4	4	4	4	6	8	30	
419	Steve Swisher	4	4	4	4	5	6	15	
420	Rusty Staub	4	4	4	4	5	6	30	
421	Doug Rau	4	4	4	4	5	6	15	
422	Freddie Patek	4	4	4	4	5	6	15	
423	Gary Lavelle	4	4	4	4	5	6	15	
424	Steve Brye	4	4	4	4	5	6	15	50
425	Joe Torre	4	4	4	4	6	8	20	60
426	Dick Drago	4	4	4	4	5	6	15	50
427	Dave Rader	4	4	4	4	5	6	15	
428	Texas Rangers CL/Lucchesi	4	4	4	4	5	6	15	
429	Ken Boswell	4	4	4	4	5	6	15	
430	Fergie Jenkins	4	4	4	4	6	8	10	
431	Dave Collins	4	4	4	4	5	8		
432	Buzz Capra	4	4	4	4	5	6	10	
433	Nate Colbert TBC	4	4	4	4	5	6	15	
434	Carl Yastrzemski TBC	4	4	4	4	5	6	10	
435	Maury Wills TBC	4	4	4	4	5	6	15	
436	Bob Keegan TBC	4	4	4	4	5	6	15	
437	Ralph Kiner TBC	4	4	4	4	5	6	15	
438	Marty Perez	4	4	4	4	5	6	15	50
439	Gorman Thomas	4	4	4	4	5	6	15	
440	Jon Matlack	4	4	4	4	5	6	15	60
441	Larvell Blanks	4	4	4	4	5	6	15	50
442	Atlanta Braves CL/Bristol	4	4	4	4	5	6	20	
443	Lamar Johnson	4	4	4	4	5	6	15	120
444	Wayne Twitchell	4	4	4	4	5	6	15	50
445	Ken Singleton	4	4	4	4	5	6	15	100
446	Bill Bonham	4	4	4	4	5	6	15	
447	Jerry Turner	4	4	4	4	5	6	15	
448	Ellie Rodriguez	4	4	4	4	5	6	15	50
449	Al Fitzmorris	4	4	4	4	5	6	15	
450	Pete Rose	10	15	25	40	100	120	400	2,500
451	Checklist 397-528	4	4	4	4	5	6	15	80
452	Mike Caldwell	4	4	4	4	5	6	15	
453	Pedro Garcia	4	4	4	4	5	6	15	
454	Andy Etchebarren	4	4	4	4	5	6	15	
455	Rick Wise	4	4	4	4	5	6	25	
456	Leon Roberts	4	4	4	4	5	6	15	
457	Steve Luebber	4	4	4	4	5	8		
458	Leo Foster	4	4	4	4	5	6	15	
459	Steve Foucault	4	4	4	4	5	6	15	50
460	Willie Stargell	4	4	5	6	12	15	50	
461	Dick Tidrow	4	4	4	4	5	6	15	120
462	Don Baylor	4	4	4	4	6	8	20	
463	Jamie Quirk	4	4	4	4	5	6	15	
464	Randy Moffitt	4	4	4	4	5	6	15	
465	Rico Carty	4	4	4	4	5	6	15	
466	Fred Holdsworth	4	4	4	4	5	6	15	
467	Philadelphia Phillies CL/Ozark	4	4	4	4	5	6	15	50
468	Ramon Hernandez	4	4	4	4	5	6	15	
469	Pat Kelly	4	4	4	4	5	6	15	
470	Ted Simmons	4	4	4	4	5	6	20	200
471	Del Unser	4	4	4	4	5	6	15	
472	Rookie Pitchers	4	4	4	4	5	6	15	
473	Andre Dawson RC	30	40	50	60	120	250	600	6,000
474	Rookie Shortstops	4	4	4	4	5	6	15	60
475	Rookie Pitchers	4	4	4	5	10	15		
476	Dale Murphy RC	25	40	50	60	▲150	150	400	5,000
477	Rookie Infielders	4	4	4	4	5	6	15	60
478	Rookie Pitchers	4	4	4	4	5	6	15	60
479	Rookie Outfielders	4	4	4	4	5	6	15	
480	Carl Yastrzemski	6	10	15	25	80	100	150	
481	Roger Metzger	4	4	4	4	5	6	15	
482	Tony Solaita	4	4	4	4	5	6	25	
483	Richie Zisk	4	4	4	4	5	6	15	
484	Burt Hooton	4	4	4	4	5	6	15	

#	Player	VgEx 4	EX 5	ExMt 6	NM 7	NmMt 8	NmMt+ 8.5	MT 9	Gem 9.5/10
485	Roy White	4	4	4	4	5	6	15	60
486	Ed Bane	4	4	4	4	5	6	15	50
487	Rookie Pitchers	4	4	4	4	5	6	15	60
488	J.Clark RC/L.Mazzilli RC	4	4	4	6	12	15	30	
489	Rookie Pitchers	4	4	4	4	6	8	20	60
490	Rookie Shortstops	4	4	4	4	5	6	25	
491	Dennis Martinez RC	4	4	4	5	10	12	25	150
492	Rookie Outfielders	4	4	4	4	5	6	15	
493	Rookie Pitchers	4	4	4	4	5	6	15	
494	Rookie Infielders	4	4	4	4	5	6	15	
495	Al Hrabosky	4	4	4	4	5	6	80	
496	Gary Thomasson	4	4	4	4	5	6	30	50
497	Clay Carroll	4	4	4	4	5	6	15	50
498	Sal Bando	4	4	4	4	5	6	15	
499	Pablo Torrealba	4	4	4	4	5	6	15	
500	Dave Kingman	4	4	4	4	6	8	40	
501	Jim Bibby	4	4	4	4	5	6	15	50
502	Randy Hundley	4	4	4	4	5	6	15	50
503	Bill Lee	4	4	4	4	5	6	15	50
504	Los Angeles Dodgers CL/Lasorda	4	4	4	4	5	6	10	60
505	Oscar Gamble	4	4	4	4	5	6	15	
506	Steve Grilli	4	4	4	4	5	6	15	50
507	Mike Hegan	4	4	4	4	5	6	15	50
508	Dave Pagan	4	4	4	4	5	8		
509	Cookie Rojas	4	4	4	4	5	6	15	50
510	John Candelaria	4	4	4	4	5	6	20	
511	Bill Fahey	4	4	4	4	5	6	15	50
512	Jack Billingham	4	4	4	4	5	6	15	
513	Jerry Terrell	4	4	4	4	5	6	15	
514	Cliff Johnson	4	4	4	4	5	6	15	
515	Chris Speier	4	4	4	4	5	6	15	
516	Bake McBride	4	4	4	4	5	6	15	
517	Pete Vuckovich RC	4	4	4	4	5	6	100	
518	Chicago Cubs CL/Franks	4	4	4	4	6	8	12	
519	Don Kirkwood	4	4	4	4	5	6	15	
520	Garry Maddox	4	4	4	4	5	6	15	
521	Bob Grich	4	4	4	4	5	6	20	
522	Enzo Hernandez	4	4	4	4	5	6	15	
523	Rollie Fingers	4	4	4	4	6	8	20	
524	Rowland Office	4	4	4	4	5	6	15	
525	Dennis Eckersley	8	12	20	30	50	60	100	2,000
526	Larry Parrish	4	4	4	4	5	6	15	80
527	Dan Meyer	4	4	4	4	5	6	15	
528	Bill Castro	4	4	4	4	5	6	15	50
529	Jim Essian RC	4	4	4	4	5	6	15	
530	Rick Reuschel	4	4	4	4	5	6	15	
531	Lyman Bostock	4	4	4	4	5	6	50	80
532	Jim Willoughby	4	4	4	4	5	6	15	100
533	Mickey Stanley	4	4	4	4	5	6	15	
534	Paul Splittorff	4	4	4	4	5	6	15	
535	Cesar Geronimo	4	4	4	4	5	6	15	60
536	Vic Albury	4	4	4	4	5	6	12	
537	Dave Roberts	4	4	4	4	5	6	15	
538	Frank Taveras	4	4	4	4	5	6	15	
539	Mike Wallace	4	4	4	4	5	6	10	50
540	Bob Watson	4	4	4	4	5	6	15	
541	John Denny	4	4	4	4	5	6	15	80
542	Frank Duffy	4	4	4	4	5	6	15	
543	Ron Blomberg	4	4	4	4	5	6	15	50
544	Gary Ross	4	4	4	4	5	6	15	50
545	Bob Boone	4	4	4	4	5	6	15	
546	Baltimore Orioles CL/Weaver	4	4	4	4	5	6	15	60
547	Willie McCovey	4	4	4	5	10	12	25	
548	Joel Youngblood RC	4	4	4	4	5	6	15	
549	Jerry Royster	4	4	4	4	5	8		
550	Randy Jones	4	4	4	4	6	8	30	50
551	Bill North	4	4	4	4	5	6	15	50
552	Pepe Mangual	4	4	4	4	5	6	15	50
553	Jack Heidemann	4	4	4	4	5	6	15	
554	Bruce Kimm RC	4	4	4	4	5	6	15	
555	Dan Ford	4	4	4	4	5	6	15	50
556	Doug Bird	4	4	4	4	5	6	15	
557	Jerry White	4	4	4	4	5	6	15	
558	Elias Sosa	4	4	4	4	5	6	15	
559	Alan Bannister RC	4	4	4	4	5	6	15	50
560	Dave Concepcion	4	4	4	4	6	8	30	
561	Pete LaCock	4	4	4	4	6	8	20	
562	Checklist 529-660	4	4	4	4	5	6	15	60
563	Bruce Kison	4	4	4	4	5	6	15	120
564	Alan Ashby	4	4	4	4	5	6	15	
565	Mickey Lolich	4	4	4	4	6	8	20	80
566	Rick Miller	4	4	4	4	5	6	15	80
567	Enos Cabell	4	4	4	4	5	6	15	
568	Carlos May	4	4	4	4	5	6	15	
569	Jim Lonborg	4	4	4	4	5	6	15	
570	Bobby Bonds	4	4	4	4	6	8	20	
571	Darrell Evans	4	4	4	4	5	6	15	100
572	Ross Grimsley	4	4	4	4	5	6	10	50
573	Joe Ferguson	4	4	4	4	5	6	15	
574	Aurelio Rodriguez	4	4	4	4	5	6	15	50
575	Dick Ruthven	4	4	4	4	5	8		
576	Fred Kendall	4	4	4	4	5	6	15	
577	Jerry Augustine RC	4	4	4	4	5	6	10	
578	Bob Randall RC	4	4	4	4	5	6	15	
579	Don Carrithers	4	4	4	4	5	6	15	50
580	George Brett	12	20	30	40	120	150	300	5,000
581	Pedro Borbon	4	4	4	4	5	6	15	50
582	Ed Kirkpatrick	4	4	4	4	5	6	50	
583	Paul Lindblad	4	4	4	4	5	6	15	
584	Ed Goodson	4	4	4	4	5	6	10	
585	Rick Burleson	4	4	4	4	5	6	15	
586	Steve Renko	4	4	4	4	5	6	15	
587	Rick Baldwin	4	4	4	4	5	6	15	
588	Dave Moates	4	4	4	4	5	6	15	
589	Mike Cosgrove	4	4	4	4	5	6	15	50
590	Buddy Bell	4	4	4	4	5	6	10	50
591	Chris Arnold	4	4	4	4	5	6	15	
592	Dan Briggs RC	4	4	4	4	5	6	15	
593	Dennis Blair	4	4	4	4	5	6	15	
594	Biff Pocoroba	4	4	4	4	5	6	15	
595	John Hiller	4	4	4	4	5	6	15	50
596	Jerry Martin RC	4	4	4	4	5	6	15	
597	Seattle Mariners CL/Johnson	4	4	4	4	5	6	15	50
598	Sparky Lyle	4	4	4	4	6	8	20	
599	Mike Tyson	4	4	4	4	5	6	15	
600	Jim Palmer	4	4	4	8	15	20	100	
601	Mike Lum	4	4	4	4	5	6	15	
602	Andy Hassler	4	4	4	4	5	6	100	
603	Willie Davis	4	4	4	4	5	8		
604	Jim Slaton	4	4	4	4	5	6	15	
605	Felix Millan	4	4	4	4	5	6	10	
606	Steve Braun	4	4	4	4	5	6	15	
607	Larry Demery	4	4	4	4	5	6	15	
608	Roy Howell	4	4	4	4	5	6	15	
609	Jim Barr	4	4	4	4	5	6	20	
610	Jose Cardenal	4	4	4	4	5	8		
611	Dave Lemanczyk	4	4	4	4	5	6	15	
612	Barry Foote	4	4	4	4	5	6	15	
613	Reggie Cleveland	4	4	4	4	5	6	15	80
614	Greg Gross	4	4	4	4	5	6	15	50
615	Phil Niekro	4	4	4	4	8	10	40	
616	Tommy Sandt RC	4	4	4	4	5	6	15	80
617	Bobby Darwin	4	4	4	4	5	6	15	50
618	Pat Dobson	4	4	4	4	5	6	15	50

#	Player	VgEx 4	EX 5	ExMt 6	NM 7	NmMt 8	NmMt+ 8.5	MT 9	Gem 9.5/10
619	Johnny Oates	4	4	4	4	5	6	15	
620	Don Sutton	4	4	4	4	8	10	25	
621	Detroit Tigers CL/Houk	4	4	4	4	6	8	20	
622	Jim Wohlford	4	4	4	4	5	8		
623	Jack Kucek	4	4	4	4	5	8		
624	Hector Cruz	4	4	4	4	5	6	15	
625	Ken Holtzman	4	4	4	4	5	6	15	80
626	Al Bumbry	4	4	4	4	5	6	15	150
627	Bob Myrick RC	4	4	4	4	5	6	15	50
628	Mario Guerrero	4	4	4	4	5	6	15	80
629	Bobby Valentine	4	4	4	4	5	8		
630	Bert Blyleven	4	4	4	4	6	8	80	
631	Brett Brothers	4	4	4	5	10	15	80	
632	Forsch Brothers	4	4	4	4	5	8		
633	May Brothers	4	4	4	4	5	6	15	
634	Reuschel Brothers	4	4	4	4	5	6	20	
635	Robin Yount	12	15	25	40	100	120	800	
636	Santo Alcala	4	4	4	4	5	6	15	50
637	Alex Johnson	4	4	4	4	5	6	15	
638	Jim Kaat	4	4	4	4	5	6	15	80
639	Jerry Morales	4	4	4	4	5	6	15	
640	Carlton Fisk	15	20	25	40	▼80	120	▲400	
641	Dan Larson RC	4	4	4	4	5	6	15	50
642	Willie Crawford	4	4	4	4	5	6	15	50
643	Mike Pazik	4	4	4	4	5	8		
644	Matt Alexander	4	4	4	4	5	6	15	
645	Jerry Reuss	4	4	4	4	5	6	15	
646	Andres Mora RC	4	4	4	4	5	6	15	
647	Montreal Expos CL/Williams	4	4	4	4	5	6	15	
648	Jim Spencer	4	4	4	4	5	6	15	
649	Dave Cash	4	4	4	4	5	6	15	50
650	Nolan Ryan	20	30	50	80	250	300	1,500	
651	Von Joshua	4	4	4	4	5	6	40	
652	Tom Walker	4	4	4	4	5	6	15	50
653	Diego Segui	4	4	4	4	5	6	15	50
654	Ron Pruitt RC	4	4	4	4	5	6	15	
655	Tony Perez	4	4	4	6	12	15	40	
656	Ron Guidry	4	4	5	10	20	25		
657	Mick Kelleher RC	4	4	4	4	5	6	15	
658	Marty Pattin	4	4	4	4	5	6		
659	Merv Rettenmund	4	4	4	4	5	6	15	
660	Willie Horton	4	4	4	4	6	8	25	

1977 Topps Cloth Stickers

#	Player	VG 3	VgEx 4	EX 5	ExMt 6	NM 7	NmMt 8	MT 9	Gem 9.5/10
1	Alan Ashby	4	4	4	4	5	6	12	80
2	Buddy Bell SP	4	6	10	15	25	40	60	
3	Johnny Bench	6	10	15	25	40	60	100	250
4	Vida Blue	4	4	4	4	5	6	12	
5	Bert Blyleven	4	4	4	4	5	6	12	40
6	Steve Braun SP	4	5	8	12	20	30	50	
7	George Brett	▲5	▲8	▲12	▲20	▲30	▲50	150	
8	Lou Brock	4	4	4	4	5	8	15	50
9	Jose Cardenal	4	4	4	4	5	6	12	
10	Rod Carew SP	▲6	▲10	▲15	▲25	▲40	▲60	120	600
11	Steve Carlton	4	4	4	4	5	8	15	80
12	Dave Cash	4	4	4	4	5	6	12	40
13	Cesar Cedeno SP	4	4	4	4	5	6	12	40
14	Ron Cey	4	4	4	4	5	6	15	50
15	Mark Fidrych	4	4	4	4	8	10	30	100
16	Dan Ford	4	4	4	4	5	6	12	30
17	Wayne Garland	4	4	4	4	5	6	12	50
18	Ralph Garr	4	4	4	4	5	6	12	40
19	Steve Garvey	4	4	4	4	5	8	15	50
20	Mike Hargrove	4	4	4	4	5	6	12	40
21	Jim Hunter	4	4	4	4	5	8	15	

#	Player	VG 3	VgEx 4	EX 5	ExMt 6	NM 7	NmMt 8	MT 9	Gem 9.5/10
22	Reggie Jackson	4	4	5	6	8	15	25	150
23	Randy Jones	4	4	4	4	5	6	15	
24	Dave Kingman SP	4	4	4	4	5	6	12	40
25	Bill Madlock	4	4	4	4	5	6	12	30
26	Lee May SP	4	4	4	4	5	6	12	40
27	John Mayberry	4	4	4	4	5	6	12	30
28	Andy Messersmith	4	4	4	4	5	6	12	50
29	Willie Montanez	4	4	4	4	5	6	12	30
30	John Montefusco SP	4	4	4	4	5	6	12	
31	Joe Morgan	4	4	4	4	5	8	15	50
32	Thurman Munson	4	4	5	6	8	12	50	100
33	Bobby Murcer	4	4	4	4	5	6	12	
34	Al Oliver SP	4	4	4	4	5	6	12	50
35	Dave Pagan	4	4	4	4	5	6	12	50
36	Jim Palmer SP	4	4	4	4	5	8	15	200
37	Tony Perez	4	4	4	4	5	8	15	40
38	Pete Rose SP	15	20	25	30	40	60	200	
39	Joe Rudi	4	4	4	4	5	6	12	
40	Nolan Ryan SP	10	15	25	40	60	100	500	
41	Mike Schmidt	4	4	5	6	8	12	50	250
42	Tom Seaver	4	4	4	4	5	6	10	25
43	Ted Simmons	4	4	4	4	5	6	12	50
44	Bill Singer	4	4	4	4	5	6	12	
45	Willie Stargell	4	4	4	4	5	8	30	40
46	Rusty Staub	4	4	4	4	5	6	12	100
47	Don Sutton	4	4	4	4	5	8	15	60
48	Luis Tiant	4	4	4	4	5	6	12	30
49	Bill Travers	4	4	4	4	5	6	12	
50	Claudell Washington	4	4	4	4	5	6	12	
51	Bob Watson	4	4	4	4	5	6	12	
52	Dave Winfield	4	4	4	4	8	15	30	100
53	Carl Yastrzemski	4	4	4	4	8	15	30	120
54	Robin Yount	4	6	10	15	25	40	60	1,000
55	Richie Zisk	4	4	4	4	5	6	12	40

1978 Kellogg's

#	Player	VG 3	VgEx 4	EX 5	ExMt 6	NM 7	NmMt 8	MT 9	Gem 9.5/10
1	Steve Carlton	4	4	4	4	4	5	10	30
2	Bucky Dent	4	4	4	4	4	4	8	25
3	Mike Schmidt	4	4	4	4	4	8	15	50
4	Ken Griffey	4	4	4	4	4	4	8	25
5	Al Cowens	4	4	4	4	4	4	8	25
6	George Brett	4	4	5	10	20	40	80	
7	Lou Brock	4	4	4	4	4	5	10	30
8	Goose Gossage	4	4	4	4	4	4	8	30
9	Tom Johnson	4	4	4	4	4	4	8	
10	George Foster	4	4	4	4	4	4	8	30
11	Dave Winfield	4	4	4	4	4	5	10	30
12	Dan Meyer	4	4	4	4	4	4	8	25
13	Chris Chambliss	4	4	4	4	4	4	8	25
14	Paul Dade	4	4	4	4	4	4	8	
15	Jeff Burroughs	4	4	4	4	4	4	8	
16	Jose Cruz	4	4	4	4	4	4	8	
17	Mickey Rivers	4	4	4	4	4	4	8	
18	John Candelaria	4	4	4	4	4	4	8	50
19	Ellis Valentine	4	4	4	4	4	4	8	25
20	Hal McRae	4	4	4	4	4	4	8	
21	Dave Rozema	4	4	4	4	4	4	8	
22	Lenny Randle	4	4	4	4	4	4	8	
23	Willie McCovey	4	4	4	4	4	5	10	
24	Ron Cey	4	4	4	4	4	4	8	30
25	Eddie Murray	4	4	4	5	10	20	40	
26	Larry Bowa	4	4	4	4	4	4	8	25
27	Tom Seaver	4	4	4	4	4	6	12	
28	Garry Maddox	4	4	4	4	4	4	8	
29	Rod Carew	4	4	4	4	4	5	10	

#	Player	VG 3	VgEx 4	EX 5	ExMt 6	NM 7	NmMt 8	MT 9	Gem 9.5/10
30	Thurman Munson	4	4	4	4	5	10	20	
31	Garry Templeton	4	4	4	4	4	4	8	30
32	Eric Soderholm	4	4	4	4	4	4	8	
33	Greg Luzinski	4	4	4	4	4	4	8	25
34	Reggie Smith	4	4	4	4	4	4	8	25
35	Dave Goltz	4	4	4	4	4	4	8	25
36	Tommy John	4	4	4	4	4	4	8	25
37	Ralph Garr	4	4	4	4	4	4	8	
38	Alan Bannister	4	4	4	4	4	4	8	25
39	Bob Bailor	4	4	4	4	4	4	8	
40	Reggie Jackson	4	4	4	4	4	8	15	50
41	Cecil Cooper	4	4	4	4	4	4	8	30
42	Burt Hooton	4	4	4	4	4	4	8	25
43	Sparky Lyle	4	4	4	4	4	4	8	30
44	Steve Ontiveros	4	4	4	4	4	4	8	25
45	Rick Reuschel	4	4	4	4	4	4	8	25
46	Lyman Bostock	4	4	4	4	4	4	8	
47	Mitchell Page	4	4	4	4	4	4	8	25
48	Bruce Sutter	4	4	4	4	4	4	8	
49	Jim Rice	4	4	4	4	4	4	8	25
50	Ken Forsch	4	4	4	4	4	4	8	25
51	Nolan Ryan	4	4	4	4	8	15	30	100
52	Dave Parker	4	4	4	4	4	4	8	30
53	Bert Blyleven	4	4	4	4	4	4	8	25
54	Frank Tanana	4	4	4	4	4	4	8	25
55	Ken Singleton	4	4	4	4	4	4	8	25
56	Mike Hargrove	4	4	4	4	4	4	8	
57	Don Sutton	4	4	4	4	4	4	8	30

1978 O-Pee-Chee

#	Player	GD 2	VG 3	VgEx 4	EX 5	ExMt 6	NM 7	NmMt 8	MT 9
154	Eddie Murray RC	15	25	40	60	100	120	300	2,000

1978 Tigers Burger King

#	Player	GD 2	VG 3	VgEx 4	EX 5	ExMt 6	NM 7	NmMt 8	MT 9
8	Jack Morris *	4	4	4	5	6	8	15	
13	Lou Whitaker *	4	4	4	5	6	8	15	
15	Alan Trammell *	4	4	5	6	8	15	30	120

1978 Topps

#	Player	VgEx 4	EX 5	ExMt 6	NM 7	NmMt 8	NmMt+ 8.5	MT 9	Gem 9.5/10
1	Lou Brock RB	4	4	4	4	8	10	25	500
2	Sparky Lyle RB	4	4	4	4	8	10	15	
3	Willie McCovey RB	4	4	4	4	8	10	15	
4	Brooks Robinson RB	6	10	15	25	50	60	100	
5	Pete Rose RB	6	10	15	25	40	50	80	1,200
6	Nolan Ryan RB	8	10	12	20	25	30	50	
7	Reggie Jackson RB	4	4	4	5	10	12	20	
8	Mike Sadek	4	4	4	4	4	5	8	
9	Doug DeCinces	4	4	4	4	4	5	8	40
10	Phil Niekro	4	4	4	4	5	6	10	200
11	Rick Manning	4	4	4	4	4	5	8	50
12	Don Aase	4	4	4	4	4	5	8	40
13	Art Howe RC	4	4	4	4	8	10	15	
14	Lerrin LaGrow	4	4	4	4	4	5	8	50
15	Tony Perez DP	4	4	4	4	5	6	10	80
16	Roy White	4	4	4	4	5	6	10	80
17	Mike Krukow	4	4	4	4	4	5	8	40
18	Bob Grich	4	4	4	4	4	5	8	40
19	Darrell Porter	4	4	4	4	4	5	8	40
20	Pete Rose DP	6	10	15	25	40	50	80	300
21	Steve Kemp	4	4	4	4	4	5	8	
22	Charlie Hough	4	4	4	4	4	5	8	40
23	Bump Wills	4	4	4	4	4	5	8	40
24	Don Money DP	4	4	4	4	4	5	8	40

#	Player	VgEx 4	EX 5	ExMt 6	NM 7	NmMt 8	NmMt+ 8.5	MT 9	Gem 9.5/10
25	Jon Matlack	4	4	4	4	4	5	8	50
26	Rich Hebner	4	4	4	4	4	5	8	
27	Geoff Zahn	4	4	4	4	4	5	8	50
28	Ed Ott	4	4	4	4	4	5	8	50
29	Bob Lacey RC	4	4	4	4	4	5	8	
30	George Hendrick	4	4	4	4	4	5	8	40
31	Glenn Abbott	4	4	4	4	4	5	8	50
32	Garry Templeton	4	4	4	4	4	5	8	
33	Dave Lemanczyk	4	4	4	4	4	5	8	50
34	Willie McCovey	4	4	4	5	10	12	50	
35	Sparky Lyle	4	4	4	4	8	10	15	
36	Eddie Murray RC	30	40	50	100	250	▲500	▼1,500	50,000
37	Rick Waits	4	4	4	4	4	5	8	50
38	Willie Montanez	4	4	4	4	8	10	15	
39	Floyd Bannister RC	4	4	4	4	4	5	8	
40	Carl Yastrzemski	8	12	20	30	50	60	200	
41	Burt Hooton	4	4	4	4	4	5	8	40
42	Jorge Orta	4	4	4	4	4	5	8	50
43	Bill Atkinson RC	4	4	4	4	4	5	8	60
44	Toby Harrah	4	4	4	4	4	5	8	
45	Mark Fidrych	4	4	4	4	8	10	15	200
46	Al Cowens	4	4	4	4	4	5	8	
47	Jack Billingham	4	4	4	4	4	5	8	40
48	Don Baylor	4	4	4	4	5	6	10	50
49	Ed Kranepool	4	4	4	4	4	5	8	40
50	Rick Reuschel	4	4	4	4	4	5	8	60
51	Charlie Moore DP	4	4	4	4	4	5	8	
52	Jim Lonborg	4	4	4	4	4	5	8	
53	Phil Garner DP	4	4	4	4	4	5	8	40
54	Tom Johnson	4	4	4	4	4	5	8	50
55	Mitchell Page RC	4	4	4	4	4	5	8	50
56	Randy Jones	4	4	4	4	4	5	8	
57	Dan Meyer	4	4	4	4	4	5	8	40
58	Bob Forsch	4	4	4	4	4	5	8	
59	Otto Velez	4	4	4	4	4	5	8	50
60	Thurman Munson	4	4	5	10	20	25	50	
61	Larvell Blanks	4	4	4	4	4	5	8	40
62	Jim Barr	4	4	4	4	4	5	8	40
63	Don Zimmer MG	4	4	4	4	4	5	8	40
64	Gene Pentz	4	4	4	4	4	5	8	
65	Ken Singleton	4	4	4	4	4	5	8	40
66	Chicago White Sox CL	4	4	4	4	8	10	80	
67	Claudell Washington	4	4	4	4	4	5	8	40
68	Steve Foucault DP	4	4	4	4	4	5	8	40
69	Mike Vail	4	4	4	4	4	5	8	40
70	Goose Gossage	4	4	4	4	8	10	15	250
71	Terry Humphrey	4	4	4	4	4	5	8	
72	Andre Dawson	4	4	4	8	15	20	30	300
73	Andy Hassler	4	4	4	4	8	10	15	
74	Checklist 1-121	4	4	4	4	4	5	8	60
75	Dick Ruthven	4	4	4	4	4	5	8	50
76	Steve Ontiveros	4	4	4	4	4	5	8	50
77	Ed Kirkpatrick	4	4	4	4	4	5	8	60
78	Pablo Torrealba	4	4	4	4	4	5	8	60
79	Darrell Johnson MG DP	4	4	4	4	4	5	8	60
80	Ken Griffey Sr.	4	4	4	4	5	6	10	80
81	Pete Redfern	4	4	4	4	4	5	8	40
82	San Francisco Giants CL	4	4	4	4	8	10	15	
83	Bob Montgomery	4	4	4	4	4	5	8	100
84	Kent Tekulve	4	4	4	4	4	5	8	40
85	Ron Fairly	4	4	4	4	4	5	8	50
86	Dave Tomlin	4	4	4	4	4	5	8	40
87	John Lowenstein	4	4	4	4	8	10	15	
88	Mike Phillips	4	4	4	4	4	5	8	60
89	Ken Clay RC	4	4	4	4	8	10	15	120
90	Larry Bowa	4	4	4	4	4	5	8	40
91	Oscar Zamora	4	4	4	4	8	10	15	

#	Player	VgEx 4	EX 5	ExMt 6	NM 7	NmMt 8	NmMt+ 8.5	MT 9	Gem 9.5/10
2	Adrian Devine	4	4	4	4	4	5	8	40
3	Bobby Cox DP	4	4	4	4	4	5	8	40
4	Chuck Scrivener	4	4	4	4	4	5	8	
5	Jamie Quirk	4	4	4	4	4	5	8	40
6	Baltimore Orioles CL	4	4	4	8	15	20	30	40
7	Stan Bahnsen	4	4	4	4	8	10	15	
8	Jim Essian	4	4	4	4	4	5	8	
9	Willie Hernandez RC	4	4	5	10	20	25	40	80
100	George Brett	15	20	25	30	80	100	500	
101	Sid Monge	4	4	4	4	8	10	15	
102	Matt Alexander	4	4	4	4	8	10	15	
103	Tom Murphy	4	4	5	10	20	25	40	
104	Lee Lacy	4	4	4	4	4	5	8	40
105	Reggie Cleveland	4	4	4	4	4	5	8	40
106	Bill Plummer	4	4	4	4	8	10	15	
107	Ed Halicki	4	4	4	4	4	5	8	
108	Von Joshua	4	4	4	4	4	5	8	40
109	Joe Torre MG	4	4	4	4	5	6	12	50
110	Richie Zisk	4	4	4	6	12	15	25	
111	Mike Tyson	4	4	4	4	8	10	15	
112	Houston Astros CL	4	4	4	4	8	10	15	
113	Don Carrithers	4	4	4	4	4	5	8	
114	Paul Blair	4	4	4	4	5	6	10	
115	Gary Nolan	4	4	4	4	8	10	15	
116	Tucker Ashford RC	4	4	4	4	4	5	8	60
117	John Montague	4	4	4	4	4	5	8	40
118	Terry Harmon	4	4	4	4	4	5	8	40
119	Dennis Martinez	4	4	4	4	4	5	8	40
120	Gary Carter	4	4	4	4	8	10	15	1,200
121	Alvis Woods	4	4	4	4	8	10	15	60
122	Dennis Eckersley	4	4	4	4	8	10	15	100
123	Manny Trillo	4	4	4	4	4	5	8	40
124	Dave Rozema RC	4	4	4	4	4	5	8	40
125	George Scott	4	4	4	4	8	10	15	
126	Paul Moskau RC	4	4	4	4	4	5	10	40
127	Chet Lemon	4	4	4	4	4	5	8	40
128	Bill Russell	4	4	4	4	4	5	8	40
129	Jim Colborn	4	4	4	4	4	5	8	40
130	Jeff Burroughs	4	4	4	4	4	5	8	
131	Bert Blyleven	4	4	4	4	5	6	10	80
132	Enos Cabell	4	4	4	4	4	5	8	
133	Jerry Augustine	4	4	4	4	4	5	8	
134	Steve Henderson RC	4	4	4	4	4	5	8	100
135	Ron Guidry DP	4	4	4	4	8	10	15	100
136	Ted Sizemore	4	4	4	4	4	5	8	40
137	Craig Kusick	4	4	4	4	8	10	10	
138	Larry Demery	4	4	4	4	4	5	8	60
139	Wayne Gross	4	4	4	4	4	5	8	40
140	Rollie Fingers	4	4	4	4	5	6	10	100
141	Ruppert Jones	4	4	4	4	8	10	15	
142	John Montefusco	4	4	4	4	4	5	8	
143	Keith Hernandez	4	4	4	4	4	5	8	40
144	Jesse Jefferson	4	4	4	4	4	5	8	40
145	Rick Monday	4	4	4	4	4	5	8	
146	Doyle Alexander	4	4	4	4	4	5	8	40
147	Lee Mazzilli	4	4	4	4	4	5	8	40
148	Andre Thornton	4	4	4	4	8	10	15	
149	Dale Murray	4	4	4	4	4	5	8	40
150	Bobby Bonds	4	4	4	4	4	5	8	
151	Milt Wilcox	4	4	4	4	4	5	8	
152	Ivan DeJesus RC	4	4	4	4	4	5	8	60
153	Steve Stone	4	4	4	4	4	5	8	60
154	Cecil Cooper DP	4	4	4	4	4	5	8	
155	Butch Hobson	4	4	4	4	4	5	8	40
156	Andy Messersmith	4	4	4	4	4	5	8	100
157	Pete LaCock DP	4	4	4	4	4	5	8	40
158	Joaquin Andujar	4	4	5	10	20	25	40	
159	Lou Piniella	4	4	4	4	5	6	10	
160	Jim Palmer	4	4	4	4	8	10	15	200
161	Bob Boone	4	4	4	4	4	5	8	60
162	Paul Thormodsgard RC	4	4	4	4	4	5	8	50
163	Bill North	4	4	4	4	4	5	8	
164	Bob Owchinko RC	4	4	4	4	4	5	8	60
165	Rennie Stennett	4	8	10	20	40	50	80	
166	Carlos Lopez	4	4	4	4	4	5	8	40
167	Tim Foli	4	4	4	4	4	5	8	
168	Reggie Smith	4	4	4	4	4	5	8	
169	Jerry Johnson	4	4	4	4	8	10	15	50
170	Lou Brock	4	4	4	4	8	10	15	80
171	Pat Zachry	4	4	4	4	4	5	8	40
172	Mike Hargrove	4	4	4	4	8	10	15	
173	Robin Yount	10	15	20	25	40	50	60	1,000
174	Wayne Garland	4	4	4	4	4	5	8	60
175	Jerry Morales	4	4	4	4	4	5	8	60
176	Milt May	4	4	4	4	4	5	8	50
177	Gene Garber DP	4	4	4	4	4	5	8	40
178	Dave Chalk	4	4	4	4	8	10	15	
179	Dick Tidrow	4	4	4	4	6	8	12	80
180	Dave Concepcion	4	4	4	4	5	6	10	80
181	Ken Forsch	4	4	4	4	4	5	8	
182	Jim Spencer	4	4	4	4	4	5	8	60
183	Doug Bird	4	4	4	4	8	10	60	
184	Checklist 122-242	4	4	4	4	4	5	8	60
185	Ellis Valentine	4	4	4	4	8	10	100	
186	Bob Stanley DP RC	4	4	4	4	4	5	8	
187	Jerry Royster DP	4	4	4	4	4	5	8	40
188	Al Bumbry	4	4	4	4	4	5	8	
189	Tom Lasorda MG DP	4	4	4	4	8	10	15	100
190	John Candelaria	4	4	4	4	4	5	8	80
191	Rodney Scott RC	4	4	4	4	4	5	8	
192	San Diego Padres CL	4	4	4	4	4	5	8	
193	Rich Chiles	4	4	4	4	4	5	8	
194	Derrel Thomas	4	4	4	4	4	5	8	60
195	Larry Dierker	4	4	4	4	4	5	8	
196	Bob Bailor	4	4	4	4	8	10	15	150
197	Nino Espinosa	4	4	4	4	4	5	8	
198	Ron Pruitt	4	4	4	4	4	5	8	40
199	Craig Reynolds	4	4	4	4	4	5	8	60
200	Reggie Jackson	8	12	20	30	50	60	400	
201	Batting Leaders	4	4	4	4	5	6	10	80
202	Home Run Leaders DP	4	4	4	4	6	8	12	100
203	RBI Leaders	4	4	4	4	4	5	8	50
204	Stolen Base Leaders DP	4	4	4	4	4	5	8	60
205	Victory Leaders	4	4	4	4	6	8	12	50
206	Strikeout Leaders DP	5	8	12	20	30	40	60	150
207	ERA Leaders DP	4	4	4	4	5	6	10	40
208	Leading Firemen	4	4	4	4	6	8	12	
209	Dock Ellis	4	4	4	4	4	5	8	60
210	Jose Cardenal	4	4	4	4	4	5	8	
211	Earl Weaver MG DP	4	4	4	4	5	6	10	60
212	Mike Caldwell	4	4	4	4	4	5	8	
213	Alan Bannister	4	4	4	4	4	5	8	60
214	California Angels CL	4	4	4	4	4	5	8	200
215	Darrell Evans	4	4	4	4	4	5	8	50
216	Mike Paxton RC	4	4	4	4	4	5	8	40
217	Rod Gilbreath	4	4	4	4	4	5	8	60
218	Marty Pattin	4	4	4	4	4	5	8	40
219	Mike Cubbage	4	4	4	4	4	5	8	60
220	Pedro Borbon	4	4	4	4	4	5	8	60
221	Chris Speier	4	4	5	10	20	25	40	
222	Jerry Martin	4	4	4	4	4	5	8	40
223	Bruce Kison	4	4	4	4	4	5	8	60
224	Jerry Tabb RC	4	4	4	4	4	5	8	40
225	Don Gullett DP	4	4	4	4	5	6	10	50

#	Player	VgEx 4	EX 5	ExMt 6	NM 7	NmMt 8	NmMt+ 8.5	MT 9	Gem 9.5/10
226	Joe Ferguson	4	4	4	4	4	5	8	60
227	Al Fitzmorris	4	4	4	4	4	5	8	40
228	Manny Mota DP	4	4	4	4	4	5	8	40
229	Leo Foster	4	4	4	4	4	5	8	40
230	Al Hrabosky	4	4	4	4	4	5	8	
231	Wayne Nordhagen RC	4	4	4	4	8	10	15	
232	Mickey Stanley	4	4	4	4	4	5	8	60
233	Dick Pole	4	4	4	4	4	5	8	
234	Herman Franks MG	4	4	4	4	8	10	15	40
235	Tim McCarver	4	4	4	4	8	10	15	
236	Terry Whitfield	4	4	4	4	4	5	8	
237	Rich Dauer	4	4	4	4	8	10	15	50
238	Juan Beniquez	4	4	4	4	4	5	8	40
239	Dyar Miller	4	4	4	4	4	5	8	40
240	Gene Tenace	4	4	4	4	4	5	8	50
241	Pete Vuckovich	4	4	4	4	4	5	8	40
242	Barry Bonnell DP RC	4	4	4	4	4	5	8	
243	Bob McClure	4	4	4	4	4	5	8	60
244	Montreal Expos CL DP	4	4	4	4	4	5	8	40
245	Rick Burleson	4	4	5	10	20	25	250	
246	Dan Driessen	4	4	4	4	4	5	8	
247	Larry Christenson	4	4	4	4	4	5	8	40
248	Frank White DP	4	4	4	4	4	5	8	40
249	Dave Goltz DP	4	4	4	4	4	5	8	40
250	Graig Nettles DP	4	4	4	5	10	12	20	100
251	Don Kirkwood	4	4	4	4	4	5	8	40
252	Steve Swisher DP	4	4	4	4	4	5	8	40
253	Jim Kern	4	4	4	4	4	5	8	40
254	Dave Collins	4	4	4	4	4	5	8	50
255	Jerry Reuss	4	4	4	4	4	5	8	40
256	Joe Altobelli MG RC	4	4	4	6	12	15	25	80
257	Hector Cruz	4	4	4	4	4	5	8	60
258	John Hiller	4	4	4	4	8	10	15	200
259	Los Angeles Dodgers CL	4	4	5	10	20	25	40	
260	Bert Campaneris	4	4	4	4	4	5	8	40
261	Tim Hosley	4	4	4	4	4	5	8	40
262	Rudy May	4	4	4	4	4	5	8	60
263	Danny Walton	4	4	4	4	8	10	15	
264	Jamie Easterly	4	4	4	4	8	10	15	60
265	Sal Bando DP	4	4	4	4	4	5	8	40
266	Bob Shirley RC	4	4	4	4	4	5	8	40
267	Doug Ault	4	4	4	4	4	5	8	50
268	Gil Flores RC	4	4	4	4	4	5	8	
269	Wayne Twitchell	4	4	4	4	4	5	8	40
270	Carlton Fisk	4	4	4	4	8	10	20	200
271	Randy Lerch DP	4	4	4	4	4	5	8	40
272	Royle Stillman	4	4	4	4	8	10	15	60
273	Fred Norman	4	4	4	4	4	5	8	40
274	Freddie Patek	4	4	4	4	4	5	8	
275	Dan Ford	4	4	4	4	4	5	8	
276	Bill Bonham DP	4	4	4	4	4	5	8	40
277	Bruce Boisclair	4	4	4	4	4	5	8	60
278	Enrique Romo RC	4	4	4	4	4	5	8	40
279	Bill Virdon MG	4	4	4	4	8	10	15	80
280	Buddy Bell	4	4	4	4	4	5	8	40
281	Eric Rasmussen DP	4	4	4	4	4	5	8	60
282	New York Yankees CL	4	6	8	15	30	40	200	
283	Omar Moreno	4	4	4	4	4	5	8	
284	Randy Moffitt	4	4	4	4	4	5	8	
285	Steve Yeager DP	4	4	4	4	4	5	8	40
286	Ben Oglivie	4	4	4	4	4	5	8	50
287	Kiko Garcia	4	4	4	4	4	5	8	60
288	Dave Hamilton	4	4	4	4	4	5	8	40
289	Checklist 243-363	4	4	4	4	4	5	8	40
290	Willie Horton	4	4	4	4	4	5	8	
291	Gary Ross	4	4	4	4	4	5	8	
292	Gene Richards	4	4	4	4	4	5	8	40
293	Mike Willis	4	4	4	4	4	5	8	40
294	Larry Parrish	4	4	4	4	4	5	8	50
295	Bill Lee	4	4	4	4	4	5	8	50
296	Biff Pocoroba	4	4	4	4	4	5	8	40
297	Warren Brusstar DP RC	4	4	4	4	4	5	8	40
298	Tony Armas	4	4	4	4	8	10	15	
299	Whitey Herzog MG	4	4	4	4	4	5	8	
300	Joe Morgan	4	4	4	5	10	12	20	200
301	Buddy Schultz RC	4	4	4	4	4	5	8	60
302	Chicago Cubs CL	4	4	4	4	8	10	50	
303	Sam Hinds RC	4	4	4	4	4	5	8	40
304	John Milner	4	4	4	4	4	5	8	80
305	Rico Carty	4	4	4	4	4	5	8	40
306	Joe Niekro	4	4	4	4	4	5	8	
307	Glenn Borgmann	4	4	4	4	4	5	8	40
308	Jim Rooker	4	4	4	4	4	5	8	40
309	Cliff Johnson	4	4	4	4	5	6	10	60
310	Don Sutton	4	4	4	4	5	6	10	100
311	Jose Baez DP RC	4	4	4	4	4	5	8	40
312	Greg Minton	4	4	4	4	4	5	8	80
313	Andy Etchebarren	4	4	4	4	4	5	8	
314	Paul Lindblad	4	4	4	4	4	5	8	
315	Mark Belanger	4	4	4	4	4	5	8	50
316	Henry Cruz DP	4	4	4	4	4	5	8	40
317	Dave Johnson	4	4	4	4	4	5	8	40
318	Tom Griffin	4	4	4	4	4	5	8	40
319	Alan Ashby	4	4	4	4	8	10	15	
320	Fred Lynn	4	4	4	4	6	8	12	
321	Santo Alcala	4	4	4	4	4	5	8	
322	Tom Paciorek	4	4	4	4	5	6	10	
323	Jim Fregosi DP	4	4	4	4	4	5	8	40
324	Vern Rapp MG RC	4	4	4	4	4	5	8	
325	Bruce Sutter	4	4	4	4	8	10	15	100
326	Mike Lum DP	4	4	4	4	4	5	8	40
327	Rick Langford DP RC	4	4	4	4	4	5	8	60
328	Milwaukee Brewers CL	4	4	5	10	20	25	40	
329	John Verhoeven	4	4	4	4	4	5	8	
330	Bob Watson	4	8	10	20	40	50	250	
331	Mark Littell	4	4	4	4	4	5	8	40
332	Duane Kuiper	4	4	4	4	4	5	8	
333	Jim Todd	4	4	4	4	8	10	15	
334	John Stearns	4	4	4	4	4	5	8	60
335	Bucky Dent	4	4	4	4	8	10	15	100
336	Steve Busby	4	4	4	4	4	5	8	60
337	Tom Grieve	4	4	4	4	4	5	8	50
338	Dave Heaverlo	4	4	4	4	8	10	15	
339	Mario Guerrero	4	4	4	4	4	5	8	40
340	Bake McBride	4	4	4	4	4	5	8	50
341	Mike Flanagan	4	4	4	4	4	5	15	100
342	Aurelio Rodriguez	4	4	4	4	4	5	8	60
343	John Wathan DP	4	4	4	4	4	5	8	25
344	Sam Ewing RC	4	4	4	4	8	10	15	
345	Luis Tiant	4	4	4	4	4	5	8	50
346	Larry Biittner	4	4	4	4	8	10	15	
347	Terry Forster	5	10	12	25	50	60	100	
348	Del Unser	4	4	4	4	4	5	8	
349	Rick Camp DP	4	4	4	4	8	10	15	
350	Steve Garvey	4	4	4	4	8	10	15	100
351	Jeff Torborg	4	4	4	4	8	10	15	60
352	Tony Scott RC	4	4	4	4	4	5	8	40
353	Doug Bair RC	4	4	4	4	4	5	8	
354	Cesar Geronimo	4	4	4	4	4	5	8	150
355	Bill Travers	4	4	4	4	4	5	8	40
356	New York Mets CL	4	4	4	4	8	10	20	50
357	Tom Poquette	4	4	4	4	4	5	8	
358	Mark Lemongello	4	4	4	4	4	5	8	40
359	Marc Hill	4	4	4	4	4	5	8	

#	Player	VgEx 4	EX 5	ExMt 6	NM 7	NmMt 8	NmMt+ 8.5	MT 9	Gem 9.5/10
360	Mike Schmidt	10	15	25	30	50	60	120	▼2,000
361	Chris Knapp	4	4	4	4	8	10	15	60
362	Dave May	4	4	4	4	4	5	8	40
363	Bob Randall	4	4	4	4	6	8	12	
364	Jerry Turner	4	4	4	4	4	5	8	
365	Ed Figueroa	4	4	4	4	8	10	10	
366	Larry Milbourne DP	4	4	4	4	8	10	15	
367	Rick Dempsey	4	4	4	4	4	5	8	40
368	Balor Moore	4	4	4	4	4	5	8	
369	Tim Nordbrook	4	4	4	4	8	10	15	
370	Rusty Staub	4	4	4	4	8	10	15	40
371	Ray Burris	4	4	4	4	4	5	8	
372	Brian Asselstine	4	4	4	4	4	5	8	40
373	Jim Willoughby	4	4	4	4	8	10	15	
374A	Jose Morales	4	4	4	4	4	5	8	
375	Tommy John	4	4	4	4	4	5	8	40
376	Jim Wohlford	4	4	4	4	8	10	15	60
377	Manny Sarmiento	4	4	4	4	4	5	8	60
378	Bobby Winkles MG	4	4	4	4	4	5	8	40
379	Skip Lockwood	4	4	4	4	8	10	15	60
380	Ted Simmons	4	4	4	4	5	6	10	50
381	Philadelphia Phillies CL	4	4	4	4	4	5	8	40
382	Joe Lahoud	4	4	4	4	4	5	8	60
383	Mario Mendoza	4	4	4	4	4	5	8	40
384	Jack Clark	4	4	4	4	5	6	10	80
385	Tito Fuentes	4	4	4	4	5	6	10	
386	Bob Gorinski RC	4	4	4	4	8	10	15	
387	Ken Holtzman	4	4	4	4	5	6	10	
388	Bill Fahey DP	4	4	4	4	4	5	8	40
389	Julio Gonzalez RC	4	4	4	4	4	5	8	
390	Oscar Gamble	4	4	4	4	4	5	8	
391	Larry Haney	4	4	4	4	4	5	8	40
392	Billy Almon	4	4	4	4	4	5	8	40
393	Tippy Martinez	4	4	4	4	4	5	8	40
394	Roy Howell DP	4	4	4	4	4	5	8	40
395	Jim Hughes	4	4	4	5	10	12	20	
396	Bob Stinson DP	4	4	4	4	4	5	8	40
397	Greg Gross	4	4	4	4	4	5	8	
398	Don Hood	4	4	4	4	4	5	8	40
399	Pete Mackanin	4	4	4	4	4	5	8	
400	Nolan Ryan	15	25	40	60	200	250	2,500	
401	Sparky Anderson MG	4	4	4	4	5	6	10	80
402	Dave Campbell	4	4	5	10	20	25	40	
403	Bud Harrelson	4	4	4	4	4	5	8	40
404	Detroit Tigers CL	4	4	4	4	5	6	10	80
405	Rawly Eastwick	4	4	4	4	4	5	8	
406	Mike Jorgensen	4	4	4	4	4	5	8	
407	Odell Jones RC	4	4	4	4	4	5	8	40
408	Joe Zdeb RC	4	4	4	4	4	5	8	
409	Ron Schueler	4	4	4	4	4	5	8	
410	Bill Madlock	4	4	4	4	4	5	8	
411	Mickey Rivers ALCS	4	4	4	4	5	6	10	80
412	Davey Lopes NLCS	4	4	4	4	8	10	15	120
413	Reggie Jackson WS	4	4	4	5	10	12	25	
414	Darold Knowles DP	4	4	4	4	4	5	8	
415	Ray Fosse	4	4	4	4	4	5	8	
416	Jack Brohamer	4	4	4	4	4	5	8	
417	Mike Garman DP	4	4	4	4	4	5	8	40
418	Tony Muser	4	4	4	4	4	5	8	60
419	Jerry Garvin RC	4	4	4	4	8	10	15	
420	Greg Luzinski	4	4	4	4	4	5	8	60
421	Junior Moore RC	4	4	4	4	4	5	8	40
422	Steve Braun	4	4	4	4	4	5	8	40
423	Dave Rosello	4	4	4	4	4	5	8	60
424	Boston Red Sox CL	4	4	4	4	8	10	15	60
425	Steve Rogers DP	4	4	4	4	4	5	8	40
426	Fred Kendall	4	4	4	4	4	5	8	60
427	Mario Soto RC	4	4	4	4	4	5	8	100
428	Joel Youngblood	4	4	4	4	4	5	8	60
429	Mike Barlow RC	4	4	4	4	4	5	8	40
430	Al Oliver	4	4	4	4	4	5	8	50
431	Butch Metzger	4	4	4	4	4	5	8	
432	Terry Bulling RC	4	4	4	4	4	5	8	
433	Fernando Gonzalez	4	4	4	4	4	5	8	
434	Mike Norris	4	4	4	4	4	5	8	100
435	Checklist 364-484	4	4	4	4	4	5	8	60
436	Vic Harris DP	4	4	4	4	4	5	8	60
437	Bo McLaughlin	4	4	4	4	4	5	8	60
438	John Ellis	4	4	4	4	4	5	8	40
439	Ken Kravec	4	4	4	4	4	5	8	40
440	Dave Lopes	4	4	4	4	4	5	8	
441	Larry Gura	4	4	4	4	4	5	8	40
442	Elliott Maddox	4	4	4	4	4	5	8	
443	Darrel Chaney	4	4	4	4	4	5	8	
444	Roy Hartsfield MG	4	4	5	10	20	25	40	
445	Mike Ivie	4	4	4	4	4	5	8	40
446	Tug McGraw	4	4	4	4	4	5	8	60
447	Leroy Stanton	4	4	4	4	4	5	8	40
448	Bill Castro	4	4	4	4	4	5	8	60
449	Tim Blackwell DP RC	4	4	4	4	4	5	8	40
450	Tom Seaver	12	15	20	25	40	50	60	500
451	Minnesota Twins CL	4	4	4	4	8	10	15	
452	Jerry Mumphrey	4	4	4	4	4	5	8	60
453	Doug Flynn	4	4	4	4	4	5	8	40
454	Dave LaRoche	4	4	4	4	4	5	8	40
455	Bill Robinson	4	4	4	4	4	5	8	50
456	Vern Ruhle	4	4	5	10	20	25	50	
457	Bob Bailey	4	4	4	4	4	5	8	
458	Jeff Newman	4	4	4	4	4	5	8	40
459	Charlie Spikes	4	4	4	4	4	5	8	40
460	Jim Hunter	4	4	4	4	8	10	15	120
461	Rob Andrews DP	4	4	4	4	4	5	8	
462	Rogelio Moret	4	4	4	4	4	5	8	40
463	Kevin Bell	4	4	4	4	4	5	8	
464	Jerry Grote	4	4	4	4	4	5	8	
465	Hal McRae	4	4	4	4	4	5	8	
466	Dennis Blair	4	6	8	15	30	40	60	
467	Alvin Dark MG	4	4	4	4	4	5	8	50
468	Warren Cromartie RC	4	4	4	4	4	5	8	40
469	Rick Cerone	4	4	4	4	4	5	8	40
470	J.R. Richard	4	4	4	4	4	5	8	50
471	Roy Smalley	4	4	4	4	4	5	8	
472	Ron Reed	4	4	4	4	4	5	8	40
473	Bill Buckner	4	4	4	4	4	5	8	40
474	Jim Slaton	4	4	4	4	4	5	8	40
475	Gary Matthews	4	4	4	4	4	5	8	40
476	Bill Stein	4	4	4	4	4	5	8	40
477	Doug Capilla RC	4	4	4	4	4	5	8	
478	Jerry Remy	4	4	4	4	4	5	8	60
479	St. Louis Cardinals CL	4	4	4	4	4	5	8	
480	Ron LeFlore	4	4	4	4	4	5	8	40
481	Jackson Todd RC	4	4	4	4	8	10		
482	Rick Miller	4	4	4	4	8	10	15	
483	Ken Macha RC	4	4	4	4	4	5	8	
484	Jim Norris RC	4	4	4	4	8	10	15	
485	Chris Chambliss	4	4	4	4	5	6	10	60
486	John Curtis	4	4	4	4	4	5	8	60
487	Jim Tyrone	4	4	4	4	4	5	8	
488	Dan Spillner	4	4	4	4	4	5	8	40
489	Rudy Meoli	4	4	5	10	20	25	40	
490	Amos Otis	4	4	4	4	4	5	8	50
491	Scott McGregor	4	5	4	4	5	6	10	60
492	Jim Sundberg	4	4	4	4	4	5	8	50
493	Steve Renko	4	4	4	4	4	5	40	

#	Player	VgEx 4	EX 5	ExMt 6	NM 7	NmMt 8	NmMt+ 8.5	MT 9	Gem 9.5/10
494	Chuck Tanner MG	4	4	4	4	4	5	8	40
495	Dave Cash	4	4	4	4	4	5	8	60
496	Jim Clancy DP RC	4	4	4	4	4	5	8	40
497	Glenn Adams	4	4	4	4	4	5	8	40
498	Joe Sambito	4	4	4	4	4	5	8	40
499	Seattle Mariners CL	4	4	4	4	4	5	8	40
500	George Foster	4	▲6	▲10	▲15	▲25	▲30	▲50	▲300
501	Dave Roberts	4	4	4	4	4	5	8	60
502	Pat Rockett RC	4	4	4	4	4	5	8	60
503	Ike Hampton RC	4	4	4	4	4	5	8	
504	Roger Freed	4	4	4	6	12	15	25	
505	Felix Millan	4	4	4	4	4	5	8	
506	Ron Blomberg	4	4	5	10	20	25	40	
507	Willie Crawford	4	4	4	4	4	5	8	
508	Johnny Oates	4	4	4	4	8	15	20	30
509	Brent Strom	4	4	4	4	8	10	15	
510	Willie Stargell	4	4	4	4	8	10	15	100
511	Frank Duffy	4	4	4	4	4	5	8	40
512	Larry Herndon	4	4	4	4	8	10	15	
513	Barry Foote	4	4	4	4	4	5	8	
514	Rob Sperring	4	4	4	4	4	5	8	60
515	Tim Corcoran RC	4	4	4	4	8	10	15	
516	Gary Beare RC	4	4	4	4	8	10	15	
517	Andres Mora	4	4	4	4	8	10	15	
518	Tommy Boggs DP	4	4	4	4	4	5	8	50
519	Brian Downing	4	4	4	4	4	5	8	
520	Larry Hisle	4	4	4	4	4	5	8	80
521	Steve Staggs RC	4	4	4	4	4	5	8	60
522	Dick Williams MG	4	4	4	4	8	10	80	
523	Donnie Moore RC	4	4	4	4	4	5	8	
524	Bernie Carbo	4	4	4	4	4	5	8	40
525	Jerry Terrell	4	4	4	4	8	10	15	60
526	Cincinnati Reds CL	4	5	6	12	25	30	150	
527	Vic Correll	4	4	4	4	4	5	8	
528	Rob Picciolo RC	4	4	4	4	4	5	8	100
529	Paul Hartzell	4	4	4	4	4	5	8	40
530	Dave Winfield	4	4	4	6	12	15	30	200
531	Tom Underwood	4	4	4	4	8	10	15	
532	Skip Jutze	4	4	4	4	4	5	8	
533	Sandy Alomar	4	4	4	4	8	10	15	
534	Wilbur Howard	4	4	5	10	20	25	40	
535	Checklist 485-605	4	4	4	4	4	5	8	
536	Roric Harrison	4	4	4	4	4	5	8	
537	Bruce Bochte	4	4	4	4	4	5	8	40
538	Johnny LeMaster	4	4	4	4	8	10		
539	Vic Davalillo DP	4	4	4	4	4	5	8	50
540	Steve Carlton	4	4	4	4	8	10	15	200
541	Larry Cox	4	4	4	4	4	5	8	
542	Tim Johnson	4	4	4	4	8	10	15	
543	Larry Harlow DP RC	4	4	4	4	4	5	8	50
544	Len Randle DP	4	4	4	4	4	5	8	40
545	Bill Campbell	4	4	4	4	4	5	8	40
546	Ted Martinez	4	4	4	4	4	5	8	40
547	John Scott	4	4	4	4	4	5	8	40
548	Billy Hunter MG DP	4	4	4	4	4	5	8	40
549	Joe Kerrigan	4	4	4	4	4	5	8	
550	John Mayberry	4	4	4	4	4	5	8	50
551	Atlanta Braves CL	4	4	4	4	4	5	8	
552	Francisco Barrios	4	4	4	4	4	5	8	50
553	Terry Puhl RC	4	4	4	4	4	5	8	80
554	Joe Coleman	4	4	4	4	4	5	8	
555	Butch Wynegar	4	4	4	4	8	10	15	
556	Ed Armbrister	4	4	4	4	8	10	15	
557	Tony Solaita	4	4	4	4	4	5	8	40

#	Player	VgEx 4	EX 5	ExMt 6	NM 7	NmMt 8	NmMt+ 8.5	MT 9	Gem 9.5/10
558	Paul Mitchell	4	4	4	4	4	5	8	
559	Phil Mankowski	4	4	5	10	20	25	80	
560	Dave Parker	4	4	6	12	25	30	120	
561	Charlie Williams	4	4	4	4	4	5	8	
562	Glenn Burke RC	4	4	5	10	20	25	60	
563	Dave Rader	4	5	6	12	25	30	50	
564	Mick Kelleher	4	4	4	4	4	5	8	60
565	Jerry Koosman	4	4	4	4	4	5	8	50
566	Merv Rettenmund	4	4	4	4	4	5	8	60
567	Dick Drago	4	4	4	4	4	5	8	
568	Tom Hutton	4	4	4	4	4	5	8	60
569	Lary Sorensen RC	4	4	4	4	4	5	8	
570	Dave Kingman	4	4	4	4	5	6	10	60
571	Buck Martinez	4	4	4	4	4	5	8	40
572	Rick Wise	4	4	5	10	20	25	40	
573	Luis Gomez	4	4	4	6	12	15	25	
574	Bob Lemon MG	4	4	4	6	12	15	25	
575	Pat Dobson	4	4	4	4	4	5	8	40
576	Sam Mejias	4	4	4	4	8	10	100	
577	Oakland Athletics CL	4	4	4	4	4	5	8	40
578	Buzz Capra	4	4	4	4	4	5	8	
579	Rance Mulliniks RC	4	4	4	4	4	5	8	
580	Rod Carew	4	4	4	4	8	15	20	80
581	Lynn McGlothen	4	4	4	4	4	5	8	40
582	Fran Healy	4	4	4	4	8	10	15	
583	George Medich	4	4	4	4	4	5	8	40
584	John Hale	4	4	4	4	8	10	15	60
585	Woodie Fryman DP	4	4	4	4	4	5	8	40
586	Ed Goodson	4	4	4	4	8	10	15	60
587	John Urrea RC	4	4	4	4	4	5	8	
588	Jim Mason	4	4	4	4	4	5	8	
589	Bob Knepper RC	4	4	4	4	4	5	8	
590	Bobby Murcer	4	4	4	5	10	12	20	
591	George Zeber RC	4	4	4	4	5	6	10	80
592	Bob Apodaca	4	4	4	4	8	10	15	
593	Dave Skaggs RC	4	4	4	4	4	5	8	60
594	Dave Freisleben	4	4	4	4	8	10	15	50
595	Sixto Lezcano	4	4	4	4	4	5	8	40
596	Gary Wheelock	4	4	4	4	4	5	8	40
597	Steve Dillard	4	4	4	4	8	10	15	
598	Eddie Solomon	4	4	4	4	4	5	8	
599	Gary Woods	4	4	4	4	4	5	8	
600	Frank Tanana	4	4	4	4	4	5	8	
601	Gene Mauch MG	4	4	4	4	8	10	15	
602	Eric Soderholm	4	4	4	4	4	5	8	80
603	Will McEnaney	4	4	4	4	4	5	8	
604	Earl Williams	4	4	4	4	4	5	8	40
605	Rick Rhoden	4	4	4	4	4	5	8	50
606	Pittsburgh Pirates CL	4	4	4	4	8	10	15	
607	Fernando Arroyo	4	4	4	4	8	10	15	
608	Johnny Grubb	4	4	4	4	8	10	15	
609	John Denny	4	4	4	4	8	10	60	
610	Garry Maddox	4	4	4	4	8	10	15	50
611	Pat Scanlon RC	4	4	4	4	4	5	8	
612	Ken Henderson	4	4	4	4	4	5	8	
613	Marty Perez	4	4	4	4	4	5	8	40
614	Joe Wallis	4	4	4	4	4	5	8	
615	Clay Carroll	4	4	4	4	4	5	8	
616	Pat Kelly	4	4	4	4	4	5	8	
617	Joe Nolan RC	4	4	4	4	4	5	8	
618	Tommy Helms	4	4	4	4	8	10	60	60
619	Thad Bosley DP RC	4	4	4	4	4	5	8	
620	Willie Randolph	4	4	4	4	8	10	15	100

#	Player	VgEx 4	EX 5	ExMt 6	NM 7	NmMt 8	NmMt+ 8.5	MT 9	Gem 9.5/10
621	Craig Swan DP	4	4	4	4	4	5	8	40
622	Champ Summers	4	4	4	4	4	5	8	
623	Eduardo Rodriguez	4	4	4	4	4	5	8	
624	Gary Alexander DP	4	4	4	4	4	5	8	
625	Jose Cruz	4	4	4	4	4	5	8	40
626	Toronto Blue Jays CL DP	4	4	4	4	4	5	8	40
627	David Johnson	4	4	4	4	4	5	8	50
628	Ralph Garr	4	4	4	4	4	5	8	
629	Don Stanhouse	4	4	4	4	4	5	8	40
630	Ron Cey	4	6	8	15	30	40	60	
631	Danny Ozark MG	4	4	4	4	4	5	8	60
632	Rowland Office	4	4	4	4	4	5	8	60
633	Tom Veryzer	4	4	4	4	4	5	8	60
634	Len Barker	4	4	4	4	4	5	8	
635	Joe Rudi	4	4	4	4	4	5	8	40
636	Jim Bibby	4	4	4	4	8	10	15	
637	Duffy Dyer	4	4	4	4	4	5	8	40
638	Paul Splittorff	4	4	4	4	4	5	8	
639	Gene Clines	4	4	4	4	4	5	8	
640	Lee May DP	4	4	4	4	4	5	8	60
641	Doug Rau	4	4	4	4	4	5	8	40
642	Denny Doyle	4	4	5	10	20	25	120	
643	Tom House	4	4	4	4	4	5	8	
644	Jim Dwyer	4	4	4	4	4	5	8	
645	Mike Torrez	4	4	4	4	8	10	15	
646	Rick Auerbach DP	4	4	4	4	4	5	8	50
647	Steve Dunning	4	4	4	4	4	5	8	40
648	Gary Thomasson	4	4	4	4	4	5	8	
649	Moose Haas RC	4	4	4	4	4	5	8	40
650	Cesar Cedeno	4	4	4	4	4	5	8	40
651	Doug Rader	4	4	4	4	8	10	15	
652	Checklist 606-726	4	4	4	4	5	6	10	50
653	Ron Hodges DP	4	4	4	4	4	5	8	40
654	Pepe Frias	4	4	4	4	4	5	8	
655	Lyman Bostock	4	4	4	4	4	5	8	40
656	Dave Garcia MG RC	4	4	4	4	4	5	8	
657	Bombo Rivera	4	4	4	4	4	5	8	
658	Manny Sanguillen	4	4	4	4	4	5	8	
659	Texas Rangers CL	4	4	4	4	4	5	8	40
660	Jason Thompson	4	4	4	4	4	5	8	60
661	Grant Jackson	4	4	4	4	4	5	8	40
662	Paul Dade RC	4	4	4	4	4	5	8	
663	Paul Reuschel	4	4	4	4	4	5	8	40
664	Fred Stanley	4	4	4	6	12	15	25	
665	Dennis Leonard	4	4	4	4	8	10	15	
666	Billy Smith RC	4	4	4	4	4	5	8	80
667	Jeff Byrd RC	4	4	4	4	4	5	8	60
668	Dusty Baker	4	4	4	4	4	5	8	50
669	Pete Falcone	4	4	4	4	4	5	8	60
670	Jim Rice	4	4	4	6	12	15	25	175
671	Gary Lavelle	4	4	4	4	4	5	8	
672	Don Kessinger	4	4	4	4	4	5	8	
673	Steve Brye	4	4	4	4	8	10	60	
674	Ray Knight RC	4	4	4	4	5	6	10	80
675	Jay Johnstone	4	4	4	4	8	10	15	80
676	Bob Myrick	4	4	4	4	4	5	8	40
677	Ed Herrmann	4	4	4	4	4	5	8	
678	Tom Burgmeier	4	4	4	4	4	5	8	40
679	Wayne Garrett	4	4	4	4	4	5	8	40
680	Vida Blue	4	4	4	4	4	5	8	50
681	Rob Belloir	4	4	4	4	8	10	15	
682	Ken Brett	4	4	4	4	8	10	15	
683	Mike Champion	4	4	4	4	4	5	8	60
684	Ralph Houk MG	4	4	4	4	8	10	15	60
685	Frank Taveras	4	4	4	4	4	5	8	60
686	Gaylord Perry	4	4	4	4	5	6	10	
687	Julio Cruz RC	4	4	4	4	4	5	8	60
688	George Mitterwald	4	4	4	4	4	5	8	
689	Cleveland Indians CL	4	4	4	4	8	10	15	
690	Mickey Rivers	5	10	12	25	50	60	120	
691	Ross Grimsley	4	4	4	4	4	5	8	
692	Ken Reitz	4	4	4	4	4	5	8	60
693	Lamar Johnson	4	4	4	4	8	10	15	
694	Elias Sosa	4	4	4	4	4	5	8	40
695	Dwight Evans	4	4	4	6	12	15	25	
696	Steve Mingori	4	4	4	4	4	5	8	40
697	Roger Metzger	4	4	4	4	4	5	8	40
698	Juan Bernhardt	4	4	4	4	4	5	8	40
699	Jackie Brown	4	4	4	4	4	5	8	40
700	Johnny Bench	12	15	20	25	50	80	150	2,500
701	Rookie Pitchers	4	4	4	4	4	5	8	
702	Rookie Catchers	4	4	4	4	8	10	15	60
703	Jack Morris DP RC	12	15	20	25	40	50	120	1,200
704	Lou Whitaker RC	20	25	30	40	60	80	250	3,000
705	Rookie Outfielders	4	4	4	4	4	5	8	
706	Rookie 1st Basemen	4	4	4	4	5	6	10	60
707	P.Molitor RC/A.Trammell RC	30	40	50	80	250	400	2,500	12,000
708	D.Murphy/L.Parrish RC	4	4	6	12	20	25	40	450
709	Rookie Pitchers	4	4	4	4	4	5	8	40
710	Rookie Outfielders	4	8	10	20	40	50	80	
711	Rookie Pitchers	4	4	4	4	4	5	8	60
712	Bobby Valentine	4	4	4	4	4	5	8	
713	Bob Davis	4	4	4	4	4	5	8	
714	Mike Anderson	4	4	4	4	4	5	8	60
715	Jim Kaat	4	4	4	4	5	6	10	
716	Clarence Gaston	4	4	4	4	4	5	8	
717	Nelson Briles	4	4	4	4	8	10	15	
718	Ron Jackson	4	4	4	4	4	5	8	60
719	Randy Elliott RC	4	4	4	4	8	10	15	
720	Fergie Jenkins	4	4	4	5	10	12	20	250
721	Billy Martin MG	4	4	4	4	8	10	15	100
722	Pete Broberg	4	4	4	4	4	5	8	60
723	John Wockenfuss	4	4	4	4	8	10	15	60
724	Kansas City Royals CL	4	4	5	10	20	25	40	
725	Kurt Bevacqua	4	4	5	10	20	25	50	
726	Wilbur Wood	4	4	4	6	8	12	50	

1979 Kellogg's

#	Player	VG 3	VgEx 4	EX 5	ExMt 6	NM 7	NmMt 8	MT 9	Gem 9.5/10
1	Bruce Sutter	4	4	4	4	4	5	10	30
2	Ted Simmons	4	4	4	4	4	4	8	
3	Ross Grimsley	4	4	4	4	4	4	8	
4	Wayne Nordhagen	4	4	4	4	4	4	8	25
5B	Jim Palmer Pct. .650	4	4	4	4	4	5	10	
6	John Henry Johnson	4	4	4	4	4	5	10	
7	Jason Thompson	4	4	4	4	4	4	8	
8	Pat Zachry	4	4	4	4	4	4	8	25
9	Dennis Eckersley	4	4	4	4	4	5	10	
10B	Paul Splittorff IP 1666	4	4	4	4	4	4	8	25
11B	Ron Guidry Hits 396	4	4	4	4	4	5	10	
12	Jeff Burroughs	4	4	4	4	4	4	8	
13	Rod Carew	4	4	4	4	4	5	10	
14A	Buddy Bell No Trade	4	4	4	4	4	4	8	
15	Jim Rice	4	4	4	4	4	4	10	
16	Garry Maddox	4	4	4	4	4	4	8	
17	Willie McCovey	4	4	4	4	4	5	10	40
18	Steve Carlton	4	4	4	4	4	5	10	

#	Card	VgEx 4	EX 5	ExMt 6	NM 7	NmMt 8	NmMt+ 8.5	MT 9	Gem 9.5/10
19B	J.R. Richard Stats Begin 1971	4	4	4	4	4	4	8	
20	Paul Molitor	4	4	4	4	4	8	15	
21B	Dave Parker Avg. 318	4	4	4	4	4	5	10	
22A	Pete Rose 1978 3B 3	4	4	4	4	5	10	20	80
23B	Vida Blue Runs 818	4	4	4	4	4	4	8	
24	Richie Zisk	4	4	4	4	4	4	8	
25B	Darrell Porter 2B 111	4	4	4	4	4	4	8	25
26A	Dan Driessen Games 742	4	4	4	4	4	4	8	
27B	Geoff Zahn 1978 Minnesota	4	4	4	4	4	8	15	
28	Phil Niekro	4	4	4	4	4	5	10	
29	Tom Seaver	4	4	4	4	4	8	15	
30	Fred Lynn	4	4	4	4	4	5	10	
31	Bill Bonham	4	4	4	4	4	4	8	
32	George Foster	4	4	4	4	4	5	10	
34B	John Candelaria Age 25	4	4	4	4	4	4	8	
35	Bob Knepper	4	4	4	4	4	4	8	25
36	Fred Patek	4	4	4	4	4	4	8	
37	Chris Chambliss	4	4	4	4	4	4	8	25
38B	Bob Forsch 1977 Games 35	4	4	4	4	4	4	8	
40	Jack Clark	4	4	4	4	4	4	8	
41B	Dwight Evans 1978 Hits 123	4	4	4	4	4	5	10	
42	Lee Mazzilli	4	4	4	4	4	4	8	
43	Mario Guerrero	4	4	4	4	4	4	8	25
44	Larry Bowa	4	4	4	4	4	4	8	
45A	Carl Yastrzemski AB 9930 SP	4	4	4	4	5	10	20	
45B	Carl Yastrzemski AB 9929	4	4	4	4	4	8	15	
46B	Reggie Jackson 1978 Games 1394	4	4	4	4	4	8	15	
47	Rick Reuschel	4	4	4	4	4	4	8	
48B	Mike Flanagan 1976 SO 56	4	4	4	4	4	4	8	
49A	Gaylord Perry 1973 Hits 315	4	4	4	4	4	5	10	
50	George Brett	4	4	4	4	4	8	15	
51B	Craig Reynolds In Those	4	4	4	4	4	4	8	
52	Dave Lopes	4	4	4	4	4	4	8	
53B	Bill Almon 2B 41	4	4	4	4	4	4	8	
54	Roy Howell	4	4	4	4	4	4	8	
55	Frank Tanana	4	4	4	4	4	4	8	25
56B	Doug Rau 1978 Pct. .625	4	4	4	4	4	8	15	
58	Jon Matlack	4	4	4	4	4	4	8	
59B	Ron Jackson The Twins	4	4	4	4	4	4	8	
60	Jim Sundberg	4	4	4	4	4	5	10	

1979 Ogden A's TCMA

#	Card	VG 3	VgEx 4	EX 5	ExMt 6	NM 7	NmMt 8	MT 9	Gem 9.5/10
9	Rickey Henderson	4	6	8	12	20	120	300	

1979 O-Pee-Chee

#	Card	GD 2	VG 3	VgEx 4	EX 5	ExMt 6	NM 7	NmMt 8	MT 9
51	Nolan Ryan	4	5	8	12	20	50	150	500
52	Ozzie Smith RC	▲25	▲40	▲60	▲100	▲150	▲250	▲600	4,000

1979 Topps

#	Card	VgEx 4	EX 5	ExMt 6	NM 7	NmMt 8	NmMt+ 8.5	MT 9	Gem 9.5/10
1	Batting Leaders	4	4	4	6	12	15	25	
2	Home Run Leaders	▲5	▲8	▲12	▲20	30	40	60	
3	RBI Leaders	▲5	▲8	▲12	▲20	▲30	▲40	▲60	
4	Stolen Base Leaders	4	4	4	4	5	6	10	
5	Victory Leaders	4	4	4	4	5	6	10	
6	Strikeout Leaders	4	4	4	4	8	10	20	100
7	ERA Leaders	4	4	5	10	20	25	40	
8	Leading Firemen	4	4	4	4	5	6	10	
9	Dave Campbell	4	4	4	4	5	8.6	10	
10	Lee May	4	4	4	4	5	6	10	
11	Marc Hill	4	4	4	4	8	10	15	
12	Dick Drago	4	4	4	4	5	6	10	
13	Paul Dade	4	4	4	4	8	10	15	
14	Rafael Landestoy RC	4	4	4	5	6		10	
15	Ross Grimsley	4	4	4	4	5	6	10	
16	Fred Stanley	4	4	4	4	5	6	10	
17	Donnie Moore	4	4	4	4	5	6	10	
18	Tony Solaita	4	4	4	4	5	6	10	
19	Larry Gura DP	4	4	4	4	5	6	10	
20	Joe Morgan DP	4	4	4	5	10	12	20	150
21	Kevin Kobel	4	4	4	4	5	6	10	
22	Mike Jorgensen	4	4	4	4	5	6	10	
23	Terry Forster	4	4	4	4	5	6	10	
24	Paul Molitor	20	25	30	40	60	80	500	
25	Steve Carlton	4	4	4	4	8	10	20	200
26	Jamie Quirk	4	4	4	4	8	10	50	
27	Dave Goltz	4	4	4	4	8	10	15	
28	Steve Brye	4	4	4	6	10	15		
29	Rick Langford	4	4	4	4	8	10	15	
30	Dave Winfield	6	8	10	20	40	50	80	
31	Tom House DP	4	4	4	4	8	10	15	
32	Jerry Mumphrey	4	4	4	4	5	6	10	
33	Dave Rozema	4	4	4	4	5	6	10	
34	Rob Andrews	4	4	4	4	8	10	15	
35	Ed Figueroa	4	4	4	4	4		50	
36	Alan Ashby	4	4	4	4	8	10	15	
37	Joe Kerrigan DP	4	4	4	4	5	6	10	
38	Bernie Carbo	4	4	4	4	8	10	15	40
39	Dale Murphy	4	4	4	8	15	20	40	
40	Dennis Eckersley	4	4	4	8	15	20	60	
41	Minnesota Twins CL/Mauch	4	4	4	4	8	10	15	
42	Ron Blomberg	4	4	4	4	5	6	10	50
43	Wayne Twitchell	4	4	4	4	5	6	10	
44	Kurt Bevacqua	4	4	4	4	5	6	10	
45	Al Hrabosky	4	4	4	4	5	6	10	
46	Ron Hodges	4	4	4	4	8	10	15	
47	Fred Norman	4	4	4	4	5	6	10	
48	Merv Rettenmund	4	4	4	4	5	6	10	
49	Vern Ruhle	4	4	4	4	5	6	10	
50	Steve Garvey DP	4	4	4	4	8	10	15	200
51	Ray Fosse DP	4	4	4	4	5	6	10	
52	Randy Lerch	4	4	4	4	5	6	10	
53	Mick Kelleher	4	4	4	4	8	10	15	
54	Dell Alston DP	4	4	4	4	5	6	10	40
55	Willie Stargell	4	5	10	20	40	50	400	
56	John Hale	4	4	4	4	5	6	10	
57	Eric Rasmussen	4	4	4	6	10	15		
58	Bob Randall DP	4	4	4	4	5	6	10	40
59	John Denny DP	4	4	4	4	5	6	10	40
60	Mickey Rivers	4	4	4	4	6	8	12	50
61	Bo Diaz	4	4	4	4	5	6	10	
62	Randy Moffitt	4	4	4	4	5	6	10	
63	Jack Brohamer	4	4	4	4	5	6	10	
64	Tom Underwood	4	4	4	4	8	10	15	
65	Mark Belanger	4	4	4	4	5	6	10	80
66	Detroit Tigers CL/Moss	4	4	4	4	8	10	15	
67	Jim Mason DP	4	4	4	4	5	6	10	
68	Joe Niekro DP	4	4	4	4	5	6	10	
69	Elliott Maddox	4	4	4	4	5	6	10	
70	John Candelaria	4	4	4	4	8	10	15	50
71	Brian Downing	4	4	4	4	5	6	10	
72	Steve Mingori	4	4	4	4	5	6	10	
73	Ken Henderson	4	4	4	4	8	10	15	
74	Shane Rawley RC	4	4	4	4	8	10	15	

#	Player	VgEx 4	EX 5	ExMt 6	NM 7	NmMt 8	NmMt+ 8.5	MT 9	Gem 9.5/10
5	Steve Yeager	4	4	4	4	5	6	10	
6	Warren Cromartie	4	4	4	4	5	6	10	
7	Dan Briggs DP	4	4	4	4	8	10	15	
8	Elias Sosa	4	4	4	4	8	10	15	
9	Ted Cox	4	4	4	4	8	10	15	
0	Jason Thompson	4	4	4	4	5	6	10	
1	Roger Erickson RC	4	4	4	4	5	6	10	40
2	New York Mets CL/Torre	4	4	4	5	10	12	50	
3	Fred Kendall	4	4	4	4	8	10	15	
4	Greg Minton	4	4	4	4	8	10	15	
5	Gary Matthews	4	4	4	4	5	6	10	
6	Rodney Scott	4	4	4	4	5	6	10	
7	Pete Falcone	4	4	4	4	5	6	10	
8	Bob Molinaro RC	4	4	4	4	5	6	10	40
9	Dick Tidrow	4	4	4	4	5	6	10	
0	Bob Boone	4	4	4	4	8	10	15	
1	Terry Crowley	4	4	4	4	8	10	60	
2	Jim Bibby	4	4	4	4	8	10	15	
3	Phil Mankowski	4	4	4	4	5	6	10	
4	Len Barker	4	4	4	4	5	6	10	40
5	Robin Yount	▼6	▼10	▼15	25	▲40	▲50	120	
6	Cleveland Indians CL/Torborg	4	4	4	4	5	6	10	
7	Sam Mejias	4	4	4	6	10	15		
8	Ray Burris	4	4	4	4	5	6	10	
9	John Wathan	4	4	4	4	5	6	10	
00	Tom Seaver DP	4	4	4	4	8	10	20	300
01	Roy Howell	4	4	4	4	5	6	10	
02	Mike Anderson	4	4	4	6	10	15		
03	Jim Todd	4	4	4	4	5	6	10	
04	Johnny Oates DP	4	4	4	4	5	6	10	40
05	Rick Camp DP	4	4	4	6	10	15		
06	Frank Duffy	4	4	4	4	5	6	10	
07	Jesus Alou DP	4	4	4	4	5	6	10	
08	Eduardo Rodriguez	4	4	4	4	5	6	10	
09	Joel Youngblood	4	4	4	4	5	6	10	
10	Vida Blue	4	4	4	4	5	6	10	
11	Roger Freed	4	4	4	4	8	10	15	
12	Philadelphia Phillies CL/Ozark	4	4	4	4	8	10	15	
13	Pete Redfern	4	4	4	4	8	10	15	
14	Cliff Johnson	4	4	4	4	8	10	15	
15	Nolan Ryan	20	25	30	50	100	120	500	
16	Ozzie Smith RC	50	60	100	▲200	400	800	4,000	
17	Grant Jackson	4	4	4	4	5	6	10	
18	Bud Harrelson	4	4	4	4	8	10	15	
19	Don Stanhouse	4	4	4	4	8	10	15	
20	Jim Sundberg	4	4	4	4	5	6	10	
21	Checklist 1-121 DP	4	4	4	4	5	6	10	
22	Mike Paxton	4	4	4	4	5	6	10	
23	Lou Whitaker	4	4	4	4	8	10	15	
24	Dan Schatzeder	4	4	4	4	8	10	15	
25	Rick Burleson	4	4	4	4	5	6	10	
26	Doug Bair	4	4	4	4	5	6	10	
27	Thad Bosley	4	4	4	4	5	6	10	50
28	Ted Martinez	4	4	4	4	8	10	15	
29	Marty Pattin DP	4	4	4	4	5	6	10	
30	Bob Watson DP	4	4	4	4	5	6	10	40
31	Jim Clancy	4	4	4	4	5	6	10	
32	Rowland Office	4	4	4	4	5	6	10	40
33	Bill Castro	4	4	4	4	8	10	15	
34	Alan Bannister	4	4	4	4	5	6	10	
35	Bobby Murcer	4	4	4	4	5	6	10	80
36	Jim Kaat	4	4	4	4	6	8	12	
37	Larry Wolfe DP RC	4	4	4	4	5	6	10	

#	Player	VgEx 4	EX 5	ExMt 6	NM 7	NmMt 8	NmMt+ 8.5	MT 9	Gem 9.5/10
138	Mark Lee RC	4	4	4	4	8	10	15	
139	Luis Pujols RC	4	4	4	4	5	6	10	
140	Don Gullett	4	4	4	4	5	6	10	
141	Tom Paciorek	4	4	4	4	5	6	10	
142	Charlie Williams	4	4	4	4	5	6	10	
143	Tony Scott	4	4	4	4	8	10	15	
144	Sandy Alomar	4	4	4	4	8	10	15	
145	Rick Rhoden	4	4	4	4	5	6	10	
146	Duane Kuiper	4	4	4	4	5	6	10	40
147	Dave Hamilton	4	4	4	4	5	6	10	
148	Bruce Boisclair	4	4	4	4	5	6	10	
149	Manny Sarmiento	4	4	4	4	5	6	10	
150	Wayne Cage	4	4	4	4	8	10	15	
151	John Hiller	4	4	4	4	5	6	10	
152	Rick Cerone	4	4	4	4	5	6	10	40
153	Dennis Lamp	4	4	4	4	5	6	10	
154	Jim Gantner DP	4	4	4	4	5	6	10	
155	Dwight Evans	4	4	4	4	5	6	10	120
156	Buddy Solomon RC	4	4	4	4	5	6	10	
157	U.L. Washington	4	4	4	6	10	15		
158	Joe Sambito	4	4	4	4	8	10	15	
159	Roy White	4	4	4	4	8	10	15	
160	Mike Flanagan	4	4	4	4	5	6	10	
161	Barry Foote	4	4	4	4	5	6	10	
162	Tom Johnson	4	4	4	4	5	6	10	
163	Glenn Burke	4	4	4	4	5	6	10	
164	Mickey Lolich	4	4	4	4	8	10	15	
165	Frank Taveras	4	4	4	4	5	6	10	
166	Leon Roberts	4	4	4	4	5	6	10	
167	Roger Metzger DP	4	4	5	10	20	25	40	80
168	Dave Freisleben	4	4	4	6	10	15		
169	Bill Nahorodny	4	4	4	4	8	10	15	
170	Don Sutton	4	4	4	4	5	6	10	
171	Gene Clines	4	4	4	4	5	6	10	
172	Mike Bruhert RC	4	4	4	4	8	10	15	
173	John Lowenstein	4	4	4	4	5	6	10	
174	Rick Auerbach	4	4	4	4	5	6	10	
175	George Hendrick	4	4	4	4	5	6	10	
176	Aurelio Rodriguez	4	4	4	4	8	10	15	40
177	Ron Reed	4	4	4	4	5	6	10	
178	Alvis Woods	4	4	4	4	5	6	10	
179	Jim Beattie DP RC	4	4	4	4	5	6	10	40
180	Larry Hisle	4	4	4	4	8	10	15	
181	Mike Garman	4	4	4	4	5	6	10	
182	Tim Johnson	4	4	4	4	5	6	10	
183	Paul Splittorff	4	4	4	4	8	10	15	
184	Darrel Chaney	4	4	4	4	5	6	10	
185	Mike Torrez	4	4	4	4	5	6	10	
186	Eric Soderholm	4	4	4	4	5	6	10	
187	Mark Lemongello	4	4	4	6	10	15		
188	Pat Kelly	4	4	4	4	5	6	10	
189	Ed Whitson RC	4	4	4	4	5	6	10	
190	Ron Cey	4	4	4	4	6	8	12	
191	Mike Norris	4	4	4	4	5	6	10	
192	St. Louis Cardinals CL/Boyer	4	4	4	4	8	10	15	
193	Glenn Adams	4	4	4	4	5	6	10	
194	Randy Jones	4	4	4	4	5	6	10	
195	Bill Madlock	4	4	4	4	8	10	15	
196	Steve Kemp DP	4	4	4	4	5	6	10	40
197	Bob Apodaca	4	4	4	4	5	6	10	40
198	Johnny Grubb	4	4	4	4	5	6	10	
199	Larry Milbourne	4	4	4	4	5	6	10	
200	Johnny Bench DP	8	15	20	25	40	50	80	1,200
201	Mike Edwards RB	4	4	4	4	5	6	10	

#	Player	VgEx 4	EX 5	ExMt 6	NM 7	NmMt 8	NmMt+ 8.5	MT 9	Gem 9.5/10
202	Ron Guidry RB	4	4	4	4	5	6	10	
203	J.R. Richard RB	4	4	4	4	5	6	10	
204	Pete Rose RB	5	8	12	20	40	50	100	300
205	John Stearns RB	4	4	4	4	5	6	10	
206	Sammy Stewart RB	4	4	4	4	5	6	10	40
207	Dave Lemanczyk	4	4	4	4	5	6	10	
208	Clarence Gaston	4	4	4	4	5	6	10	
209	Reggie Cleveland	4	4	4	4	5	6	10	
210	Larry Bowa	4	4	4	4	5	6	10	40
211	Dennis Martinez	4	4	4	4	5	6	10	
212	Carney Lansford RC	4	4	4	4	8	10	15	
213	Bill Travers	4	4	4	6	10	15		
214	Boston Red Sox CL/Zimmer	4	4	4	4	5	6	10	
215	Willie McCovey	4	4	4	6	12	15	25	
216	Wilbur Wood	4	4	4	4	5	6	10	
217	Steve Dillard	4	4	4	4	5	6	10	
218	Dennis Leonard	4	4	4	4	5	6	10	
219	Roy Smalley	4	4	4	4	5	6	10	40
220	Cesar Geronimo	4	4	4	4	5	6	10	
221	Jesse Jefferson	4	4	4	6	10	15		
222	Bob Beall RC	4	4	4	4	5	6	10	40
223	Kent Tekulve	4	4	4	4	5	6	10	
224	Dave Revering	4	4	4	4	5	6	10	
225	Goose Gossage	4	4	4	4	8	10	15	60
226	Ron Pruitt	4	4	4	4	8	10	15	
227	Steve Stone	4	4	4	4	5	6	10	
228	Vic Davalillo	4	4	4	4	5	6	10	
229	Doug Flynn	4	4	4	4	5	6	10	
230	Bob Forsch	4	4	4	4	5	6	10	
231	John Wockenfuss	4	4	4	4	5	6	10	
232	Jimmy Sexton RC	4	4	4	4	5	6	10	
233	Paul Mitchell	4	4	4	4	5	6	10	
234	Toby Harrah	4	4	4	4	5	6	10	40
235	Steve Rogers	4	4	4	4	5	6	10	
236	Jim Dwyer	4	4	4	6	10	15		
237	Billy Smith	4	4	4	4	8	10	15	
238	Balor Moore	4	4	4	4	5	6	10	
239	Willie Horton	4	4	4	4	5	6	10	
240	Rick Reuschel	4	4	4	4	8	10	15	
241	Checklist 122-242 DP	4	4	4	4	8	10	15	
242	Pablo Torrealba	4	4	4	4	8	10	15	
243	Buck Martinez DP	4	4	4	4	5	6	10	40
244	Pittsburgh Pirates CL/Tanner	4	4	4	4	8	10	15	
245	Jeff Burroughs	4	4	4	4	5	6	10	40
246	Darrell Jackson RC	4	4	4	4	8	10	15	
247	Tucker Ashford DP	4	4	4	4	5	6	10	40
248	Pete LaCock	4	4	4	4	5	6	10	
249	Paul Thormodsgard	4	4	4	4	8	10	15	
250	Willie Randolph	4	4	4	4	5	6	10	100
251	Jack Morris	4	4	4	4	5	6	10	
252	Bob Stinson	4	4	4	4	5	6	10	
253	Rick Wise	4	4	4	4	5	6	10	
254	Luis Gomez	4	4	4	4	8	10	15	
255	Tommy John	4	4	4	4	5	6	10	60
256	Mike Sadek	4	4	4	4	5	6	10	
257	Adrian Devine	4	4	4	4	8	10	15	
258	Mike Phillips	4	4	4	6	10	15		
259	Cincinnati Reds CL/Anderson	4	4	4	4	5	6	10	
260	Richie Zisk	4	4	4	4	5	6	10	
261	Mario Guerrero	4	4	4	4	5	6	10	
262	Nelson Briles	4	4	4	4	5	6	10	
263	Oscar Gamble	4	4	4	4	5	6	10	40
264	Don Robinson RC	4	4	4	4	5	6	10	40
265	Don Money	4	4	4	4	5	6	10	

#	Player	VgEx 4	EX 5	ExMt 6	NM 7	NmMt 8	NmMt+ 8.5	MT 9	Gem 9.5/10
266	Jim Willoughby	4	4	4	4	5	6	10	
267	Joe Rudi	4	4	4	4	5	6	10	
268	Julio Gonzalez	4	4	4	4	5	6	10	
269	Woodie Fryman	4	4	4	4	5	6	10	
270	Butch Hobson	4	4	4	4	8	10	15	
271	Rawly Eastwick	4	4	4	4	5	6	10	
272	Tim Corcoran	4	4	4	4	5	6	10	
273	Jerry Terrell	4	4	4	6	10	15		
274	Willie Norwood	4	4	4	4	5	6	10	
275	Junior Moore	4	4	4	4	5	6	10	
276	Jim Colborn	4	4	4	4	8	10	15	
277	Tom Grieve	4	4	4	4	5	6	10	40
278	Andy Messersmith	4	4	4	4	5	6	10	
279	Jerry Grote DP	4	4	4	4	5	6	10	
280	Andre Thornton	4	4	4	4	5	6	10	
281	Vic Correll DP	4	4	4	4	5	6	10	
282	Toronto Blue Jays CL/Hartsfield	4	4	4	4	8	10	15	
283	Ken Kravec	4	4	4	4	5	6	10	
284	Johnnie LeMaster	4	4	4	6	10	15		
285	Bobby Bonds	4	4	4	4	5	6	10	
286	Duffy Dyer	4	4	4	4	5	6	10	
287	Andres Mora	4	4	4	4	8	10	15	
288	Milt Wilcox	4	4	4	4	5	6	10	
289	Jose Cruz	4	4	4	4	5	6	10	
290	Dave Lopes	4	4	4	4	5	6	10	
291	Tom Griffin	4	4	4	4	5	6	10	
292	Don Reynolds RC	4	4	4	4	5	6	10	40
293	Jerry Garvin	4	4	4	4	5	6	10	
294	Pepe Frias	4	4	4	4	8	10	15	
295	Mitchell Page	4	4	4	4	8	10	15	
296	Preston Hanna RC	4	4	4	4	5	6	10	
297	Ted Sizemore	4	4	4	4	5	6	10	40
298	Rich Gale RC	4	4	4	6	10	15		
299	Steve Ontiveros	4	4	4	4	5	6	10	
300	Rod Carew	4	4	4	5	10	12	25	200
301	Tom Hume	4	4	4	4	5	6	10	
302	Atlanta Braves CL/Cox	4	4	5	8	12	20		
303	Lary Sorensen DP	4	4	4	4	5	6	10	
304	Steve Swisher	4	4	4	4	5	6	10	
305	Willie Montanez	4	4	4	4	5	6	10	50
306	Floyd Bannister	4	4	4	4	5	6	10	
307	Larvell Blanks	4	4	4	4	5	6	10	
308	Bert Blyleven	4	4	4	4	8	10	15	
309	Ralph Garr	4	4	4	4	5	6	10	
310	Thurman Munson	4	4	5	10	15	20	50	
311	Gary Lavelle	4	4	4	4	5	6	10	
312	Bob Robertson	4	4	4	4	5	6	10	
313	Dyar Miller	4	4	4	4	5	6	10	
314	Larry Harlow	4	4	4	4	5	6	10	
315	Jon Matlack	4	4	4	4	5	6	10	
316	Milt May	4	4	4	4	5	6	10	
317	Jose Cardenal	4	4	4	4	5	6	10	
318	Bob Welch RC	4	4	4	4	8	10	25	
319	Wayne Garrett	4	4	4	6	10	15		
320	Carl Yastrzemski	12	15	20	25	50	80	120	
321	Gaylord Perry	4	4	4	4	6	8	12	
322	Danny Goodwin RC	4	4	4	4	8	10	60	
323	Lynn McGlothen	4	4	4	4	5	6	10	
324	Mike Tyson	4	4	4	4	5	6	10	40
325	Cecil Cooper	4	4	5	8	12	20		
326	Pedro Borbon	4	4	4	4	5	6	10	
327	Art Howe DP	4	4	4	4	8	10	15	
328	Oakland Athletics CL/McKeon	4	4	4	4	5	6	10	
329	Joe Coleman	4	4	4	4	8	10	15	

#	Player	VgEx 4	EX 5	ExMt 6	NM 7	NmMt 8	NmMt+ 8.5	MT 9	Gem 9.5/10
330	George Brett	12	15	20	30	▲80	▲100	▼400	
331	Mickey Mahler	4	4	4	4	8	10	50	
332	Gary Alexander	4	4	4	4	5	6	10	
333	Chet Lemon	4	4	4	4	5	6	10	
334	Craig Swan	4	4	4	4	8	10	15	
335	Chris Chambliss	4	4	4	4	6	8	12	
336	Bobby Thompson RC	4	4	4	4	5	6	10	
337	John Montague	4	4	4	4	5	6	10	
338	Vic Harris	4	4	4	4	8	10	15	
339	Ron Jackson	4	4	4	4	5	6	10	
340	Jim Palmer	4	4	4	6	12	15	80	
341	Willie Upshaw RC	4	4	4	4	8	10	15	
342	Dave Roberts	4	4	4	4	5	6	10	
343	Ed Glynn	4	4	4	4	5	6	10	40
344	Jerry Royster	4	4	4	4	8	10	15	
345	Tug McGraw	4	4	4	4	5	6	10	50
346	Bill Buckner	4	4	4	4	5	6	10	
347	Doug Rau	4	4	4	4	5	6	10	
348	Andre Dawson	4	4	4	5	10	12	20	
349	Jim Wright RC	4	4	4	4	5	6	10	
350	Garry Templeton	4	4	4	4	5	6	10	
351	Wayne Nordhagen DP	4	4	4	4	5	6	10	
352	Steve Renko	4	4	4	4	5	6	10	
353	Checklist 243-363	4	4	4	4	5	6	10	
354	Bill Bonham	4	4	4	4	5	6	10	
355	Lee Mazzilli	4	4	4	4	5	6	10	40
356	San Francisco Giants CL/Altobelli	4	4	5	8	12	20		
357	Jerry Augustine	4	4	4	4	5	6	10	
358	Alan Trammell	4	4	4	4	8	10	15	
359	Dan Spillner DP	4	4	4	4	5	6	10	40
360	Amos Otis	4	4	4	4	5	6	10	
361	Tom Dixon RC	4	4	4	4	8	10	15	
362	Mike Cubbage	4	4	4	4	8	10	15	
363	Craig Skok RC	4	4	4	4	5	6	10	
364	Gene Richards	4	4	4	6	10	15		
365	Sparky Lyle	4	4	4	4	5	6	10	120
366	Juan Bernhardt	4	4	4	4	5	6	10	
367	Dave Skaggs	4	4	4	6	10	15		
368	Don Aase	4	4	4	4	5	6	10	
369A	Bump Wills ERR Blue Jays	4	4	4	4	8	10	15	
369B	Bump Wills COR Rangers	4	4	4	4	6	8	12	
370	Dave Kingman	4	4	4	4	5	6	10	
371	Jeff Holly RC	4	4	4	4	5	6	10	
372	Lamar Johnson	4	4	4	4	5	6	10	
373	Lance Rautzhan	4	4	4	4	5	6	10	
374	Ed Herrmann	4	4	4	4	5	6	10	
375	Bill Campbell	4	4	4	4	5	6	10	40
376	Gorman Thomas	4	4	4	4	5	6	10	
377	Paul Moskau	4	4	4	4	8	10	15	
378	Rob Picciolo DP	4	4	4	4	5	6	10	
379	Dale Murray	4	4	4	4	5	6	10	40
380	John Mayberry	4	4	4	4	5	6	10	
381	Houston Astros CL/Virdon	4	4	4	4	8	10	15	
382	Jerry Martin	4	4	4	4	5	6	10	
383	Phil Garner	4	4	4	4	5	6	10	
384	Tommy Boggs	4	4	4	4	5	6	10	
385	Dan Ford	4	4	4	4	5	6	10	40
386	Francisco Barrios	4	4	4	4	5	6	10	
387	Gary Thomasson	4	4	4	4	8	10	15	40
388	Jack Billingham	4	4	4	6	10	15		
389	Joe Zdeb	4	4	4	4	8	10	15	
390	Rollie Fingers	4	4	4	5	50	80	100	
391	Al Oliver	4	4	4	4	5	6	10	
392	Doug Ault	4	4	4	4	5	6	10	
393	Scott McGregor	4	4	4	4	8	10	15	
394	Randy Stein RC	4	4	4	4	5	6	10	
395	Dave Cash	4	4	4	4	5	6	10	
396	Bill Plummer	4	4	4	4	5	6	10	
397	Sergio Ferrer RC	4	4	4	4	5	6	10	
398	Ivan DeJesus	4	4	4	4	5	6	10	
399	David Clyde	4	4	4	4	8	10	15	
400	Jim Rice	4	4	4	5	10	12	25	
401	Ray Knight	4	4	4	4	5	6	10	
402	Paul Hartzell	4	4	4	4	5	6	10	
403	Tim Foli	4	4	4	4	8	10	15	
404	Chicago White Sox CL/Kessinger	4	4	4	4	5	6	10	
405	Butch Wynegar DP	4	4	4	4	5	6	10	40
406	Joe Wallis DP	4	4	4	4	5	6	10	
407	Pete Vuckovich	4	4	4	4	5	6	10	
408	Charlie Moore DP	4	4	4	4	5	6	10	40
409	Willie Wilson RC	4	4	4	8	15	20	50	
410	Darrell Evans	4	4	4	4	5	6	10	
411	G.Sisler/T.Cobb ATL	4	4	4	4	5	6	10	40
412	H.Wilson/H.Aaron ATL	4	4	4	4	6	8	12	60
413	R.Maris/H.Aaron ATL	4	4	4	4	8	10	15	60
414	R.Hornsby/T.Cobb ATL	4	4	4	4	5	6	10	
415	L.Brock/L.Brock ATL	4	4	4	4	5	6	10	40
416	J.Chesbro/C.Young ATL	4	4	4	4	5	6	10	40
417	N.Ryan/W.Johnson ATL DP	4	4	5	8	12	15	50	100
418	D.Leonard/W.Johnson ATL DP	4	4	4	4	5	6	10	40
419	Dick Ruthven	4	4	4	4	5	6	10	
420	Ken Griffey Sr.	4	4	4	4	5	6	10	
421	Doug DeCinces	4	4	4	4	5	6	10	
422	Ruppert Jones	4	4	4	4	8	10	15	
423	Bob Montgomery	4	4	4	4	5	6	10	
424	California Angels CL/Fregosi	4	4	4	4	5	6	10	
425	Rick Manning	4	4	4	4	5	6	10	
426	Chris Speier	4	4	4	4	5	6	10	
427	Andy Replogle RC	4	4	4	4	8	10	15	
428	Bobby Valentine	4	4	4	4	5	6	10	
429	John Urrea DP	4	4	4	4	5	6	10	40
430	Dave Parker	4	4	4	4	8	10	15	120
431	Glenn Borgmann	4	4	4	4	5	6	10	
432	Dave Heaverlo	4	4	4	4	5	6	10	
433	Larry Biittner	4	4	4	4	8	10	15	
434	Ken Clay	4	4	4	4	5	6	10	40
435	Gene Tenace	4	4	4	4	5	6	10	
436	Hector Cruz	4	4	4	4	8	10	15	
437	Rick Williams RC	4	4	4	4	8	10	15	
438	Horace Speed RC	4	4	4	4	5	6	10	
439	Frank White	4	4	4	4	5	6	10	
440	Rusty Staub	4	4	4	4	5	6	10	50
441	Lee Lacy	4	4	4	4	5	6	10	
442	Doyle Alexander	4	4	4	4	5	6	10	
443	Bruce Bochte	4	4	4	6	10	15		
444	Aurelio Lopez RC	4	4	4	4	8	10	15	
445	Steve Henderson	4	4	4	4	5	6	10	
446	Jim Lonborg	4	4	4	4	5	6	10	
447	Manny Sanguillen	4	4	4	4	5	6	10	
448	Moose Haas	4	4	4	4	5	6	10	
449	Bombo Rivera	4	4	4	4	8	10	15	
450	Dave Concepcion	4	4	4	4	8	10	60	
451	Kansas City Royals CL/Herzog	4	4	4	4	8	10	15	
452	Jerry Morales	4	4	4	4	5	6	10	40
453	Chris Knapp	4	4	4	4	8	10	15	
454	Len Randle	4	4	4	4	5	6	10	
455	Bill Lee DP	4	4	4	4	5	6	10	50

#	Player	VgEx 4	EX 5	ExMt 6	NM 7	NmMt 8	NmMt+ 8.5	MT 9	Gem 9.5/10
456	Chuck Baker RC	4	4	4	4	5	6	10	40
457	Bruce Sutter	4	4	4	5	10	12	20	
458	Jim Essian	4	4	4	4	5	6	10	
459	Sid Monge	4	4	4	4	5	6	10	
460	Graig Nettles	4	4	4	4	6	8	12	
461	Jim Barr DP	4	4	4	4	5	6	10	40
462	Otto Velez	4	4	4	4	5	6	10	
463	Steve Comer RC	4	4	4	4	8	10	15	
464	Joe Nolan	4	4	4	4	5	6	10	
465	Reggie Smith	4	4	4	4	5	6	10	
466	Mark Littell	4	4	4	4	5	6	10	
467	Don Kessinger DP	4	4	4	4	5	6	10	
468	Stan Bahnsen DP	4	4	4	4	5	6	10	
469	Lance Parrish	4	4	4	4	5	6	10	
470	Garry Maddox DP	4	4	4	4	5	6	10	40
471	Joaquin Andujar	4	4	4	4	8	10	15	
472	Craig Kusick	4	4	4	4	5	6	10	
473	Dave Roberts	4	4	4	4	5	6	10	
474	Dick Davis RC	4	4	4	4	8	10	15	
475	Dan Driessen	4	4	4	4	8	10	15	
476	Tom Poquette	4	4	4	4	8	10	15	
477	Bob Grich	4	4	4	4	5	6	10	
478	Juan Beniquez	4	4	4	4	8	10	15	
479	San Diego Padres CL/Craig	4	4	4	4	5	6	10	
480	Fred Lynn	4	4	4	4	5	6	10	150
481	Skip Lockwood	4	4	4	4	5	6	10	50
482	Craig Reynolds	4	4	4	4	5	6	10	
483	Checklist 364-484 DP	4	4	4	4	5	6	10	
484	Rick Waits	4	4	4	4	8	10	15	
485	Bucky Dent	4	4	4	4	5	6	10	50
486	Bob Knepper	4	4	4	4	8	10	15	
487	Miguel Dilone	4	4	4	4	5	6	10	
488	Bob Owchinko	4	4	4	4	5	6	10	
489	Larry Cox	4	4	4	4	5	6	10	40
490	Al Cowens	4	4	4	4	8	10	15	
491	Tippy Martinez	4	4	4	6	10	15		
492	Bob Bailor	4	4	4	4	5	6	10	40
493	Larry Christenson	4	4	4	4	5	6	10	40
494	Jerry White	4	4	4	4	5	6	10	
495	Tony Perez	4	4	4	4	5	6	10	
496	Barry Bonnell DP	4	4	4	4	5	6	10	
497	Glenn Abbott	4	4	4	4	5	6	10	
498	Rich Chiles	4	4	4	6	10	15		
499	Texas Rangers CL/Corrrales	4	4	4	4	8	10	15	
500	Ron Guidry	4	4	4	4	8	10	15	80
501	Junior Kennedy RC	4	4	4	6	10	15		
502	Steve Braun	4	4	4	4	5	6	10	
503	Terry Humphrey	4	4	4	4	8	10	15	
504	Larry McWilliams RC	4	4	4	4	5	6	10	
505	Ed Kranepool	4	4	4	4	5	6	10	
506	John D'Acquisto	4	4	4	4	5	6	10	
507	Tony Armas	4	4	4	4	5	6	10	40
508	Charlie Hough	4	4	4	4	5	6	10	
509	Mario Mendoza	4	4	4	4	5	6	10	40
510	Ted Simmons	4	4	4	4	5	6	10	
511	Paul Reuschel DP	4	4	4	4	5	6	10	
512	Jack Clark	4	4	4	4	5	6	10	
513	Dave Johnson	4	4	4	4	5	6	10	
514	Mike Proly RC	4	4	4	4	8	10	15	
515	Enos Cabell	4	4	4	4	5	6	10	
516	Champ Summers DP	4	4	4	4	5	6	10	40
517	Al Bumbry	4	4	5		12	20		
518	Jim Umbarger	4	4	4	4	5	6	10	
519	Ben Oglivie	4	4	5		12	20		
520	Gary Carter	▲6	▲10	▲15	▲25	▲40	▲50	▲100	
521	Sam Ewing	4	4	4	4	8	10	15	
522	Ken Holtzman	4	4	4	4	5	6	10	
523	John Milner	4	4	4	4	5	6	10	
524	Tom Burgmeier	4	4	4	4	5	6	10	40
525	Freddie Patek	4	4	4	4	5	6	10	100
526	Los Angeles Dodgers CL/Lasorda	4	4	4	4	5	6	10	
527	Lerrin LaGrow	4	4	4	6	10	15		
528	Wayne Gross DP	4	4	4	4	5	6	10	
529	Brian Asselstine	4	4	4	4	5	6	10	
530	Frank Tanana	4	4	4	4	8	10	15	
531	Fernando Gonzalez	4	4	4	4	8	10	15	
532	Buddy Schultz	4	4	4	4	5	6	10	
533	Leroy Stanton	4	4	4	4	5	6	10	
534	Ken Forsch	4	4	4	4	8	10	15	
535	Ellis Valentine	4	4	4	4	5	6	10	60
536	Jerry Reuss	4	4	4	4	8	10	15	
537	Tom Veryzer	4	4	4	4	5	6	10	
538	Mike Ivie DP	4	4	4	4	5	6	10	
539	John Ellis	4	4	4	4	5	6	10	40
540	Greg Luzinski	4	4	4	4	6	8	12	
541	Jim Slaton	4	4	4	4	8	10	15	
542	Rick Bosetti	4	4	4	4	5	6	10	
543	Kiko Garcia	4	4	4	6	10	15		
544	Fergie Jenkins	4	4	4	4	8	10	15	
545	John Stearns	4	4	4	4	5	6	10	
546	Bill Russell	4	4	4	4	5	6	10	
547	Clint Hurdle	4	4	4	4	5	6	10	
548	Enrique Romo	4	4	4	4	8	10	15	
549	Bob Bailey	4	4	4	4	5	6	10	
550	Sal Bando	4	4	4	4	5	6	10	40
551	Chicago Cubs CL/Franks	4	4	4	8	15	20	30	
552	Jose Morales	4	4	4	4	5	6	10	
553	Denny Walling	4	4	4	4	8	10	15	
554	Matt Keough	4	4	4	4	8	10	15	
555	Biff Pocoroba	4	4	4	4	5	6	10	
556	Mike Lum	4	4	4	4	5	6	10	
557	Ken Brett	4	4	4	4	8	10	15	
558	Jay Johnstone	4	4	4	4	5	6	10	
559	Greg Pryor RC	4	4	4	4	8	10	15	
560	John Montefusco	4	4	4	4	5	6	10	
561	Ed Ott	4	4	4	4	5	6	10	40
562	Dusty Baker	4	4	4	4	5	6	10	
563	Roy Thomas	4	4	4	4	8	10	15	
564	Jerry Turner	4	4	4	6	10	15		
565	Rico Carty	4	4	4	4	5	6	10	
566	Nino Espinosa	4	4	4	4	5	6	10	
567	Richie Hebner	4	4	4	4	5	6	10	
568	Carlos Lopez	4	4	4	4	8	10	15	
569	Bob Sykes	4	4	4	4	8	10	15	
570	Cesar Cedeno	4	4	4	4	8	10	15	
571	Darrell Porter	4	4	4	4	5	6	10	
572	Rod Gilbreath	4	4	4	4	5	6	10	40
573	Jim Kern	4	4	4	4	5	6	10	
574	Claudell Washington	4	4	4	4	5	6	10	
575	Luis Tiant	4	4	4	4	5	6	10	
576	Mike Parrott RC	4	4	4	4	8	10	15	40
577	Milwaukee Brewers CL/Bamberger	4	4	4	4	5	6	10	
578	Pete Broberg	4	4	4	4	5	6	10	
579	Greg Gross	4	4	4	4	5	6	10	40
580	Ron Fairly	4	4	4	4	5	6	10	
581	Darold Knowles	4	4	4	4	5	6	10	

#	Player	VgEx 4	EX 5	ExMt 6	NM 7	NmMt 8	NmMt+ 8.5	MT 9	Gem 9.5/10
582	Paul Blair	4	4	4	4	5	6	10	
583	Julio Cruz	4	4	4	4	5	6	10	40
584	Jim Rooker	4	4	4	4	8	10	60	
585	Hal McRae	4	4	4	4	5	6	10	
586	Bob Horner RC	4	4	4	6	12	15	25	
587	Ken Reitz	4	4	4	4	5	6	10	
588	Tom Murphy	4	4	4	4	5	6	10	
589	Terry Whitfield	4	4	4	4	5	6	10	40
590	J.R. Richard	4	4	4	4	5	6	10	
591	Mike Hargrove	4	4	4	4	5	6	10	
592	Mike Krukow	4	4	4	4	5	6	10	
593	Rick Dempsey	4	4	4	4	8	10	15	
594	Bob Shirley	4	4	4	4	5	6	10	
595	Phil Niekro	4	4	4	5	10	12	20	
596	Jim Wohlford	4	4	4	4	5	6	10	
597	Bob Stanley	4	4	4	4	5	6	10	
598	Mark Wagner	4	4	4	4	5	6	10	
599	Jim Spencer	4	4	4	4	8	10	15	
600	George Foster	▲6	▲10	▲15	▲25	▲40	▲50	▲80	
601	Dave LaRoche	4	4	4	4	5	6	10	
602	Checklist 485-605	4	4	4	4	8	10	15	
603	Rudy May	4	4	4	4	5	6	10	
604	Jeff Newman	4	4	4	4	5	6	10	40
605	Rick Monday DP	4	4	4	4	5	6	10	
606	Montreal Expos CL/Williams	4	4	4	4	5	6	10	
607	Omar Moreno	4	4	4	4	5	6	10	
608	Dave McKay	4	4	4	4	5	6	10	
609	Silvio Martinez RC	4	4	4	4	5	6	10	
610	Mike Schmidt	8	12	20	30	50	60	120	2,500
611	Jim Norris	4	4	4	6	10	15		
612	Rick Honeycutt RC	4	4	4	4	5	6	10	
613	Mike Edwards RC	4	4	4	4	8	10	15	
614	Willie Hernandez	4	4	4	4	5	6	10	
615	Ken Singleton	4	4	4	4	5	6	10	
616	Billy Almon	4	4	4	4	5	6	10	
617	Terry Puhl	4	4	4	4	5	6	10	
618	Jerry Remy	4	4	4	4	5	6	10	
619	Ken Landreaux RC	4	4	5	4	12	20		
620	Bert Campaneris	4	4	4	4	5	6	10	
621	Pat Zachry	4	4	4	4	5	6	10	
622	Dave Collins	4	4	4	4	5	6	10	80
623	Bob McClure	4	4	4	4	5	6	10	
624	Larry Herndon	4	4	4	4	8	10	15	
625	Mark Fidrych	4	4	4	4	5	6	10	
626	New York Yankees CL/Lemon	4	4	4	4	8	10	20	60
627	Gary Serum RC	4	4	4	4	8	10	15	
628	Del Unser	4	4	4	4	5	6	10	
629	Gene Garber	4	4	4	4	8	10	15	
630	Bake McBride	4	4	4	4	5	6	10	
631	Jorge Orta	4	4	4	4	5	6	10	
632	Don Kirkwood	4	4	4	4	5	6	10	
633	Rob Wilfong DP RC	4	4	4	4	5	6	10	
634	Paul Lindblad	4	4	4	4	5	6	10	
635	Don Baylor	4	4	4	4	5	6	10	
636	Wayne Garland	4	4	4	4	8	10	15	
637	Bill Robinson	4	4	4	4	5	6	10	
638	Al Fitzmorris	4	4	4	6	10	15		
639	Manny Trillo	4	4	4	4	5	6	10	
640	Eddie Murray	▼5	▼8	▼12	▼20	40	50	▲100	2,500
641	Bobby Castillo RC	4	4	4	6	10			
642	Wilbur Howard DP	4	4	4	4	5	6	10	
643	Tom Hausman	4	4	4	4	5	6	10	40
644	Manny Mota	4	4	4	4	5	6	10	80
645	George Scott DP	4	4	4	4	5	6	10	50
646	Rick Sweet	4	4	4	4	5	6	10	40
647	Bob Lacey	4	4	4	4	5	6	10	
648	Lou Piniella	4	4	4	4	6	8	12	
649	John Curtis	4	4	4	4	5	6	10	
650	Pete Rose	10	15	25	30	▲80	▲100	600	
651	Mike Caldwell	4	4	4	4	8	10	15	
652	Stan Papi RC	4	4	4	4	8	10	15	
653	Warren Brusstar DP	4	4	4	4	5	6	10	
654	Rick Miller	4	4	4	4	5	6	10	
655	Jerry Koosman	4	4	4	4	5	6	10	40
656	Hosken Powell RC	4	4	4	4	5	6	10	
657	George Medich	4	4	4	4	8	10	15	
658	Taylor Duncan RC	4	4	4	4	8	10	15	
659	Seattle Mariners CL/Johnson	4	4	4	4	8	10	15	
660	Ron LeFlore DP	4	4	4	4	5	6	10	
661	Bruce Kison	4	4	4	4	8	10	15	
662	Kevin Bell	4	4	4	4	5	6	10	
663	Mike Vail	4	4	4	4	5	6	10	
664	Doug Bird	4	4	4	4	5	6	10	
665	Lou Brock	4	4	4	6	12	15	25	
666	Rich Dauer	4	4	4	4	5	6	10	
667	Don Hood	4	4	4	4	5	6	10	
668	Bill North	4	4	4	4	8	10	15	
669	Checklist 606-726	4	4	4	4	5	6	10	
670	Jim Hunter DP	4	4	4	4	6	8	12	80
671	Joe Ferguson DP	4	4	4	4	5	6	10	40
672	Ed Halicki	4	4	4	4	5	6	10	
673	Tom Hutton	4	4	4	4	5	6	10	
674	Dave Tomlin	4	4	4	4	5	6	10	
675	Tim McCarver	4	4	4	4	5	6	10	
676	Johnny Sutton RC	4	4	4	4	5	6	10	
677	Larry Parrish	4	4	4	4	8	10	12	
678	Geoff Zahn	4	4	4	4	5	6	10	
679	Derrel Thomas	4	4	4	4	5	6	10	
680	Carlton Fisk	4	4	4	5	10	12	25	200
681	John Henry Johnson RC	4	4	4	4	5	6	10	40
682	Dave Chalk	4	4	4	4	5	6	10	40
683	Dan Meyer DP	4	4	4	4	5	6	10	
684	Jamie Easterly DP	4	4	4	4	5	6	10	
685	Sixto Lezcano	4	4	4	4	5	6	10	
686	Ron Schueler DP	4	4	4	4	5	6	10	
687	Rennie Stennett	4	4	4	4	5	6	10	
688	Mike Willis	4	4	4	4	8	10	15	
689	Baltimore Orioles CL/Weaver	4	4	4	4	5	6	10	
690	Buddy Bell DP	4	4	4	4	5	6	10	
691	Dock Ellis DP	4	4	4	4	5	6	10	
692	Mickey Stanley	4	4	4	4	5	6	10	
693	Dave Rader	4	4	4	4	5	6	10	
694	Burt Hooton	4	4	4	4	5	6	10	
695	Keith Hernandez	4	4	4	4	6	8	12	50
696	Andy Hassler	4	4	4	4	8	10	15	
697	Dave Bergman	4	4	4	4	8	10	15	
698	Bill Stein	4	4	4	4	5	6	10	
699	Hal Dues RC	4	4	4	4	5	6	10	
700	Reggie Jackson DP	15	20	25	30	40	60	120	2,000
701	Corey/Flinn/Stewart RC	4	4	4	4	5	6	10	
702	Finch/Hancock/Ripley RC	4	4	4	4	5	6	10	
703	Anderson/Frost/Slater RC	4	4	4	4	5	6	10	40
704	Baumgarten/Colbern/Squires RC	4	4	4	4	5	6	10	
705	Griffin/Norrid/Oliver RC	4	4	4	4	5	6	10	50
706	Stegman/Tobik/Young RC	4	4	4	4	5	6	10	
707	Bass/Gaudet/McGilberry RC	4	4	4	4	5	6	10	40

#	Card	VgEx 4	EX 5	ExMt 6	NM 7	NmMt 8	NmMt+ 8.5	MT 9	Gem 9.5/10
708	Bass/Romero/Yost RC	4	4	4	4	5	6	10	40
709	Perlozzo/Sofield/Stanfield RC	4	4	4	4	5	6	10	
710	Doyle/Heath/Rajisch RC	4	4	4	4	5	6	10	40
711	Murphy/Robinson/Wirth RC	4	4	4	4	5	6	10	
712	Anderson/Biercevicz/McLaughlin RC	4	4	4	4	5	6	10	
713	Darwin/Putnam/Sample RC	4	4	4	4	5	6	10	
714	Cruz/Kelly/Whitt RC	4	4	4	4	5	6	10	60
715	Benedict/Hubbard/Whisenton RC	4	4	4	4	5	6	10	
716	Geisel/Pagel/Thompson RC	4	4	4	4	5	6	10	
717	LaCoss/Oester/Spilman RC	4	4	4	4	5	6	10	
718	Bochy/Fischlin/Pisker RC	6	10	15	30	50	80	100	300
719	Guerrero/Law/Simpson RC	4	4	4	4	6	8	12	50
720	Fry/Pirtle/Sanderson RC	4	4	4	4	5	6	10	
721	Berenguer/Bernard/Norman RC	4	4	4	4	5	6	10	40
722	Morrison/Smith/Wright RC	4	4	4	4	5	6	10	50
723	Berra/Cotes/Wiltbank RC	4	4	4	4	5	6	10	40
724	Bruno/Frazier/Kennedy RC	4	4	4	4	5	6	10	
725	Beswick/Mura/Perkins RC	4	4	4	4	5	6	10	40
726	Johnston/Strain/Tamargo RC	4	4	4	4	5		10	40

1980 Topps

#	Card	VgEx 4	EX 5	ExMt 6	NM 7	NmMt 8	NmMt+ 8.5	MT 9	Gem 9.5/10
1	L.Brock/C.Yastrzemski HL	4	4	4	6	12	20	40	
2	Willie McCovey HL	4	4	4	4	5	6	10	100
3	Manny Mota HL	4	4	4	4	5	6	10	
4	Pete Rose HL	4	4	4	4	8	10	20	
5	Garry Templeton HL	4	4	4	4	5	6	10	50
6	Del Unser HL	4	4	4	4	5	6	10	
7	Mike Lum	4	4	4	4	5	6	10	40
8	Craig Swan	4	4	4	4	5	6	10	40
9	Steve Braun	4	4	4	4	5	6	10	
10	Dennis Martinez	4	4	4	6	12	15	25	30
11	Jimmy Sexton	4	4	4	4	5	6	10	25
12	John Curtis DP	4	4	4	4	5	6	10	40
13	Ron Pruitt	4	4	4	4	5	6	10	
14	Dave Cash	4	4	4	4	5	6	10	
15	Bill Campbell	4	4	4	4	5	6	10	40
16	Jerry Narron RC	4	4	4	4	5	10	20	50
17	Bruce Sutter	4	4	4	8	15	15	20	80
18	Ron Jackson	4	4	4	4	5	6	10	
19	Balor Moore	4	4	4	4	5	6	10	40
20	Dan Ford	4	4	4	4	5	6	10	
21	Manny Sarmiento	4	4	4	4	5	6	10	
22	Pat Putnam	4	4	4	4	5	6	10	
23	Derrel Thomas	4	4	4	4	5	6	10	
24	Jim Slaton	4	4	4	4	5	6	10	25
25	Lee Mazzilli	4	4	4	4	6	8	12	
26	Marty Pattin	4	4	4	6	12	15	25	
27	Del Unser	4	4	4	4	5	6	10	40
28	Bruce Kison	4	4	4	4	5	6	10	
29	Mark Wagner	4	4	4	4	5	6	10	
30	Vida Blue	4	4	4	4	5	6	10	40
31	Jay Johnstone	4	4	4	4	5	6	10	40
32	Julio Cruz DP	4	4	4	4	5	6	10	40
33	Tony Scott	4	4	4	4	5	6	10	
34	Jeff Newman DP	4	4	4	4	5	6	10	40
35	Luis Tiant	4	4	4	4	5	6	10	80
36	Rusty Torres	4	4	4	4	5	6	10	
37	Kiko Garcia	4	4	4	4	5	6	10	
38	Dan Spillner DP	4	4	4	4	5	6	10	40

#	Card	VgEx 4	EX 5	ExMt 6	NM 7	NmMt 8	NmMt+ 8.5	MT 9	Gem 9.5/10
39	Rowland Office	4	4	4	4	5	6	10	
40	Carlton Fisk	4	4	4	4	8	10	15	80
41	Texas Rangers CL/Corrrales	4	4	4	4	5	6	10	
42	David Palmer RC	4	4	4	4	5	6	10	40
43	Bombo Rivera	4	4	4	4	5	6	10	
44	Bill Fahey	4	4	4	4	5	6	10	
45	Frank White	4	4	4	4	5	6	30	
46	Rico Carty	4	4	4	4	5	6	10	
47	Bill Bonham DP	4	4	4	4	5	6	10	
48	Rick Miller	4	4	4	4	5	6	10	
49	Mario Guerrero	4	4	4	4	5	6	10	
50	J.R. Richard	4	4	4	4	5	6	10	40
51	Joe Ferguson DP	4	4	4	4	5	6	10	40
52	Warren Brusstar	4	4	4	4	5	6	10	
53	Ben Oglivie	4	4	4	4	5	6	10	40
54	Dennis Lamp	4	4	4	4	5	6	10	
55	Bill Madlock	4	4	4	4	5	6	10	40
56	Bobby Valentine	4	4	4	4	5	6	10	
57	Pete Vuckovich	4	4	4	4	5	6	10	50
58	Doug Flynn	4	4	4	4	5	6	10	
59	Eddy Putman RC	4	4	4	4	5	6	10	
60	Bucky Dent	4	4	4	4	5	6	10	
61	Gary Serum	4	4	4	4	5	6	10	
62	Mike Ivie	4	4	4	4	5	6	10	40
63	Bob Stanley	4	4	4	4	5	6	10	
64	Joe Nolan	4	4	4	4	5	6	10	
65	Al Bumbry	4	4	4	4	5	6	10	
66	Kansas City Royals CL/Frey	4	4	4	4	8	10	15	
67	Doyle Alexander	4	4	4	4	6	8	12	
68	Larry Harlow	4	4	4	4	6	8	12	
69	Rick Williams	4	4	4	4	5	6	10	
70	Gary Carter	4	4	4	4	6	8	20	100
71	John Milner DP	4	4	4	4	5	6	10	
72	Fred Howard DP RC	4	4	4	4	5	6	10	25
73	Dave Collins	4	4	4	4	5	6	10	
74	Sid Monge	4	4	4	4	5	6	10	
75	Bill Russell	4	4	4	4	5	6	15	25
76	John Stearns	4	4	4	4	5	6	10	40
77	Dave Stieb RC	4	4	4	6	10	12	15	150
78	Ruppert Jones	4	4	4	4	5	6	10	
79	Bob Owchinko	4	4	4	4	5	6	10	
80	Ron LeFlore	4	4	4	4	5	6	10	
81	Ted Sizemore	4	4	4	4	5	8	12	
82	Houston Astros CL/Virdon	4	4	4	4	8	10	15	
83	Steve Trout RC	4	4	4	4	5	6	10	25
84	Gary Lavelle	4	4	4	4	5	6	10	40
85	Ted Simmons	4	4	4	5	10	12	20	200
86	Dave Hamilton	4	4	4	4	5	6	10	40
87	Pepe Frias	4	4	4	4	5	6	10	
88	Ken Landreaux	4	4	4	4	5	6	10	
89	Don Hood	4	4	4	4	5	6	15	60
90	Manny Trillo	4	4	4	4	5	6	10	
91	Rick Dempsey	4	4	4	4	5	6	10	40
92	Rick Rhoden	4	4	4	4	5	6	10	
93	Dave Roberts DP	4	4	4	4	5	6	10	25
94	Neil Allen RC	4	4	4	4	5	6	10	40
95	Cecil Cooper	4	4	4	4	5	6	10	30
96	Oakland Athletics CL/Marshall	4	4	4	4	5	6	10	50
97	Bill Lee	4	4	4	4	5	6	10	40
98	Jerry Terrell	4	4	4	4	5	6	10	
99	Victor Cruz	4	4	4	4	5	6	10	25

#	Player	VgEx 4	EX 5	ExMt 6	NM 7	NmMt 8	NmMt+ 8.5	MT 9	Gem 9.5/10
00	Johnny Bench	4	4	4	4	8	15	25	150
01	Aurelio Lopez	4	4	4	4	5	6	10	
02	Rich Dauer	4	4	4	4	5	6	15	
03	Bill Caudill RC	4	4	4	4	5	6	10	
04	Manny Mota	4	4	4	4	5	8	15	40
05	Frank Tanana	4	4	4	4	5	6	10	40
06	Jeff Leonard RC	4	4	4	4	6	8	12	
07	Francisco Barrios	4	4	4	4	5	6	10	
08	Bob Horner	4	4	4	4	5	6	10	30
09	Bill Travers	4	4	4	4	5	6	10	
10	Fred Lynn DP	4	4	4	5	8	10	15	60
11	Bob Knepper	4	4	4	4	5	6	10	
12	Chicago White Sox CL/LaRussa	4	4	4	4	6	8	12	
13	Geoff Zahn	4	4	4	4	5	6	10	40
14	Juan Beniquez	4	4	4	4	5	6	10	
15	Sparky Lyle	4	4	4	4	5	6	10	
16	Larry Cox	4	4	4	4	5	6	10	40
17	Dock Ellis	4	4	4	4	5	6	10	40
18	Phil Garner	4	4	4	4	5	6	10	40
19	Sammy Stewart	4	4	4	4	5	6	10	
20	Greg Luzinski	4	4	4	4	5	6	10	30
21	Checklist 1-121	4	4	4	4	5	8	15	
22	Dave Rosello DP	4	4	4	4	5	6	10	25
23	Lynn Jones RC	4	4	4	4	5	6	10	40
24	Dave Lemanczyk	4	4	4	4	5	6	10	
25	Tony Perez	4	4	4	4	5	10	20	50
26	Dave Tomlin	4	4	4	4	5	6	10	
27	Gary Thomasson	4	4	4	4	5	6	10	
28	Tom Burgmeier	4	4	4	4	5	8	12	
29	Craig Reynolds	4	4	4	4	5	6	10	40
30	Amos Otis	4	4	4	4	5	6	10	
31	Paul Mitchell	4	4	4	4	5	6	10	60
32	Biff Pocoroba	4	4	4	4	5	6	10	40
33	Jerry Turner	4	4	4	4	5	6	10	
34	Matt Keough	4	4	4	4	5	6	10	
35	Bill Buckner	4	4	4	4	5	6	10	25
36	Dick Ruthven	4	4	4	4	5	6	10	
37	John Castino RC	4	4	4	4	5	6	10	
38	Ross Baumgarten	4	4	4	4	5	8	12	
39	Dane Iorg RC	4	4	4	4	5	6	10	30
40	Rich Gossage	4	4	4	4	5	6	30	100
41	Gary Alexander	4	4	4	4	5	6	10	
42	Phil Huffman RC	4	4	4	4	5	6	10	40
43	Bruce Bochte DP	4	4	4	4	5	6	10	25
44	Steve Comer	4	4	4	4	5	6	10	
45	Darrell Evans	4	4	4	4	5	6	10	
46	Bob Welch	4	4	4	4	5	6	10	
47	Terry Puhl	4	4	4	4	5	6	10	
48	Manny Sanguillen	4	4	4	4	5	6	10	40
49	Tom Hume	4	4	4	4	5	6	10	
50	Jason Thompson	4	4	4	4	5	6	10	40
51	Tom Hausman DP	4	4	4	4	5	6	10	
52	John Fulgham RC	4	4	4	4	5	6	10	40
53	Tim Blackwell	4	4	4	4	5	6	10	
54	Lary Sorensen	4	4	4	4	5	6	10	
55	Jerry Remy	4	4	4	4	5	6	10	
56	Tony Brizzolara RC	4	4	4	4	5	6	10	
57	Willie Wilson DP	4	4	4	4	5	6	10	40
58	Rob Picciolo DP	4	4	4	4	5	6	10	
59	Ken Clay	4	4	4	4	5	6	10	30
60	Eddie Murray	8	10	12	20	25	30	60	800
61	Larry Christenson	4	4	4	4	5	6	10	40
162	Bob Randall	4	4	4	4	5	6	10	
163	Steve Swisher	4	4	4	4	5	6	10	25
164	Greg Pryor	4	4	4	4	6	8	12	
165	Omar Moreno	4	4	4	4	5	6	10	20
166	Glenn Abbott	4	4	4	4	5	6	10	
167	Jack Clark	4	4	4	4	5	6	10	40
168	Rick Waits	4	4	4	4	5	6	10	40
169	Luis Gomez	4	4	4	4	5	6	10	40
170	Burt Hooton	4	4	4	4	5	6	10	40
171	Fernando Gonzalez	4	4	4	4	5	6	10	
172	Ron Hodges	4	4	4	4	5	6	10	40
173	John Henry Johnson	4	4	4	4	5	6	10	
174	Ray Knight	4	4	4	4	5	6	10	25
175	Rick Reuschel	4	4	4	4	6	8	12	
176	Champ Summers	4	4	4	4	5	6	10	
177	Dave Heaverlo	4	4	4	4	5	6	10	40
178	Tim McCarver	4	4	4	4	5	6	10	40
179	Ron Davis RC	4	4	4	4	6	8	12	50
180	Warren Cromartie	4	4	4	4	5	6	10	40
181	Moose Haas	4	4	4	4	5	6	10	40
182	Ken Reitz	4	4	4	4	5	8	15	40
183	Jim Anderson DP	4	4	4	4	5	6	10	15
184	Steve Renko DP	4	4	4	4	5	6	10	
185	Hal McRae	4	4	4	4	5	6	10	40
186	Junior Moore	4	4	4	4	5	6	10	
187	Alan Ashby	4	4	4	4	5	6	10	
188	Terry Crowley	4	4	4	4	5	6	10	40
189	Kevin Kobel	4	4	4	4	5	8	12	
190	Buddy Bell	4	4	4	4	5	6	10	50
191	Ted Martinez	4	4	4	4	5	6	10	
192	Atlanta Braves CL/Cox	4	4	4	4	5	6	10	
193	Dave Goltz	4	4	4	4	5	6	10	
194	Mike Easler	4	4	4	4	5	10	20	
195	John Montefusco	4	4	4	4	5	6	10	
196	Lance Parrish	4	4	4	4	5	8	12	
197	Byron McLaughlin	4	4	4	4	5	6	10	20
198	Dell Alston DP	4	4	4	4	5	6	10	
199	Mike LaCoss	4	4	4	4	5	6	10	
200	Jim Rice	4	4	5	10	12	15	20	150
201	Batting Leaders	4	4	4	4	5	6	10	40
202	Home Run Leaders	4	4	4	4	6	8	12	80
203	RBI Leaders	4	4	4	4	5	6	10	30
204	Stolen Base Leaders	4	4	4	4	5	10	20	40
205	Victory Leaders	4	4	4	4	5	6	10	25
206	Strikeout Leaders	10	12	15	20	25	30	60	500
207	ERA Leaders	4	4	4	5	10	12	20	40
208	Wayne Cage	4	4	4	4	5	6	10	30
209	Von Joshua	4	4	4	4	5	6	10	25
210	Steve Carlton	4	4	4	5	8	10	15	200
211	Dave Skaggs DP	4	4	4	4	5	6	10	
212	Dave Roberts	4	4	4	4	5	6	10	30
213	Mike Jorgensen DP	4	4	4	4	5	6	10	40
214	California Angels CL/Fregosi	4	4	4	4	8	10	15	
215	Sixto Lezcano	4	4	4	4	5	6	10	40
216	Phil Mankowski	4	4	4	4	5	6	10	
217	Ed Halicki	4	4	4	4	5	6	10	
218	Jose Morales	4	4	4	4	5	6	10	40
219	Steve Mingori	4	4	4	4	5	6	10	
220	Dave Concepcion	4	4	4	4	5	6	10	40
221	Joe Cannon RC	4	4	4	4	5	6	10	
222	Ron Hassey RC	4	4	4	4	5	6	10	
223	Bob Sykes	4	4	4	4	5	6	10	
224	Willie Montanez	4	4	4	4	5	6	10	

#	Player	VgEx 4	EX 5	ExMt 6	NM 7	NmMt 8	NmMt+ 8.5	MT 9	Gem 9.5/10
225	Lou Piniella	4	4	4	4	5	6	10	50
226	Bill Stein	4	4	4	4	5	6	10	
227	Len Barker	4	4	4	4	5	6	10	
228	Johnny Oates	4	4	4	4	5	6	10	30
229	Jim Bibby	4	4	4	4	8	10	20	
230	Dave Winfield	4	4	4	4	8	10	15	
231	Steve McCatty	4	4	4	4	5	6	10	
232	Alan Trammell	4	4	4	5	10	12	20	100
233	LaRue Washington RC	4	4	4	4	5	6	10	40
234	Vern Ruhle	4	4	4	4	5	6	10	40
235	Andre Dawson	4	4	4	4	8	10	15	120
236	Marc Hill	4	4	4	4	5	6	10	
237	Scott McGregor	4	4	4	4	5	6	10	
238	Rob Wilfong	4	4	4	4	5	6	10	
239	Don Aase	4	4	4	4	5	6	10	25
240	Dave Kingman	4	4	4	4	5	6	10	40
241	Checklist 122-242	4	4	4	4	5	6	10	
242	Lamar Johnson	4	4	4	4	5	6	10	
243	Jerry Augustine	4	4	4	4	5	6	10	40
244	St. Louis Cardinals CL/Boyer	4	4	4	4	5	8	12	
245	Phil Niekro	4	4	4	4	6	8	12	120
246	Tim Foli DP	4	4	4	4	5	6	10	40
247	Frank Riccelli	4	4	4	4	5	6	10	40
248	Jamie Quirk	4	4	4	4	5	6	10	40
249	Jim Clancy	4	4	4	4	5	6	10	40
250	Jim Kaat	4	4	4	4	5	6	10	60
251	Kip Young	4	4	4	4	5	6	10	40
252	Ted Cox	4	4	4	4	5	6	10	
253	John Montague	4	4	4	4	6	8	12	
254	Paul Dade DP	4	4	4	4	5	6	10	25
255	Dusty Baker DP	4	4	4	4	5	6	10	80
256	Roger Erickson	4	4	4	4	5	6	10	
257	Larry Herndon	4	4	4	4	5	6	10	
258	Paul Moskau	4	4	4	4	5	6	10	40
259	New York Mets CL/Torre	4	4	4	4	6	8	12	40
260	Al Oliver	4	4	4	4	5	6	10	40
261	Dave Chalk	4	4	4	4	5	6	10	40
262	Benny Ayala	4	4	4	4	5	6	10	
263	Dave LaRoche DP	4	4	4	4	5	6	10	40
264	Bill Robinson	4	4	4	4	5	6	10	30
265	Robin Yount	4	4	4	4	8	12	25	150
266	Bernie Carbo	4	4	4	4	5	6	10	
267	Dan Schatzeder	4	4	4	4	5	6	10	
268	Rafael Landestoy	4	4	4	4	5	6	10	40
269	Dave Tobik	4	4	4	4	5	6	10	40
270	Mike Schmidt DP	4	4	4	5	10	12	20	150
271	Dick Drago DP	4	4	4	4	5	6	10	40
272	Ralph Garr	4	4	4	4	5	6	10	
273	Eduardo Rodriguez	4	4	4	4	5	6	10	
274	Dale Murphy	4	4	4	4	6	8	15	60
275	Jerry Koosman	4	4	4	4	5	6	10	25
276	Tom Veryzer	4	4	4	4	5	6	10	30
277	Rick Bosetti	4	4	4	4	5	6	10	25
278	Jim Spencer	4	4	4	4	5	6	10	40
279	Rob Andrews	4	4	4	4	5	6	10	
280	Gaylord Perry	4	4	4	4	5	6	10	50
281	Paul Blair	4	4	4	4	5	6	10	40
282	Seattle Mariners CL/Johnson	4	4	4	4	8	10	15	50
283	John Ellis	4	4	4	4	5	6.5	10	
284	Larry Murray DP RC	4	4	4	4	5	6	10	40
285	Don Baylor	4	4	4	4	5	10	20	25
286	Darold Knowles DP	4	4	4	4	5	6	10	40
287	John Lowenstein	4	4	4	4	5	6	10	40
288	Dave Rozema	4	4	4	4	5	6	10	40
289	Bruce Bochy	4	4	4	4	5	6	10	
290	Steve Garvey	4	4	4	4	6	8	12	120
291	Randy Scarberry RC	4	4	4	4	5	6	10	
292	Dale Berra	4	4	4	4	5	6	10	
293	Elias Sosa	4	4	4	4	5	6	10	
294	Charlie Spikes	4	4	4	4	5	6	15	
295	Larry Gura	4	4	4	4	5	6	10	30
296	Dave Rader	4	4	4	4	5	6	10	
297	Tim Johnson	4	4	4	4	5	6	10	40
298	Ken Holtzman	4	4	4	4	5	6	10	40
299	Steve Henderson	4	4	4	4	5	6	10	40
300	Ron Guidry	4	4	4	4	5	6	10	40
301	Mike Edwards	4	4	4	4	5	6	10	
302	Los Angeles Dodgers CL/Lasorda	4	4	4	4	6	8	12	50
303	Bill Castro	4	4	4	4	5	6	10	30
304	Butch Wynegar	4	4	4	4	5	6	10	
305	Randy Jones	4	4	4	4	5	6	10	
306	Denny Walling	4	4	4	4	5	6	10	25
307	Rick Honeycutt	4	4	4	4	5	6	10	
308	Mike Hargrove	4	4	4	4	5	6	10	
309	Larry McWilliams	4	4	4	4	5	6	10	
310	Dave Parker	4	4	4	6	12	15	25	150
311	Roger Metzger	4	4	4	4	5	8	15	
312	Mike Barlow	4	4	4	4	5	6	10	
313	Johnny Grubb	4	4	4	4	5	6	10	
314	Tim Stoddard RC	4	4	4	4	5	6	10	40
315	Steve Kemp	4	4	4	4	5	6	10	
316	Bob Lacey	4	4	4	4	5	6	10	
317	Mike Anderson DP	4	4	4	4	5	6	10	40
318	Jerry Reuss	4	4	4	4	5	6	10	
319	Chris Speier	4	4	4	4	5	6	10	25
320	Dennis Eckersley	4	4	4	4	8	10	15	80
321	Keith Hernandez	4	4	4	4	5	8	15	40
322	Claudell Washington	4	4	4	4	5	6	10	
323	Mick Kelleher	4	4	4	4	5	6	10	25
324	Tom Underwood	4	4	4	4	5	6	10	40
325	Dan Driessen	4	4	4	4	5	6	10	
326	Bo McLaughlin	4	4	4	4	5	6	10	40
327	Ray Fosse DP	4	4	4	4	5	6	10	40
328	Minnesota Twins CL/Mauch	4	4	4	4	5	6	10	40
329	Bert Roberge RC	4	4	4	4	5	6	10	
330	Al Cowens	4	4	4	4	5	6	10	
331	Richie Hebner	4	4	4	4	5	6	10	
332	Enrique Romo	4	4	4	4	5	6	10	
333	Jim Norris DP	4	4	4	4	5	6	10	25
334	Jim Beattie	4	4	4	4	5	6	10	40
335	Willie McCovey	4	4	4	4	8	12	20	120
336	George Medich	4	4	4	4	5	6	10	
337	Carney Lansford	4	4	4	4	5	6	10	40
338	John Wockenfuss	4	4	4	4	5	6	10	
339	John D'Acquisto	4	4	4	4	5	6	10	
340	Ken Singleton	4	4	4	4	5	6	10	
341	Jim Essian	4	4	4	4	5	6	10	40
342	Odell Jones	4	4	4	4	5	6	10	
343	Mike Vail	4	4	4	4	5	6	10	
344	Randy Lerch	4	4	4	4	5	6	10	
345	Larry Parrish	4	4	4	4	5	6	10	25
346	Buddy Solomon	4	4	4	4	5	6	10	
347	Harry Chappas RC	4	4	4	4	5	6	10	

#	Player	VgEx 4	EX 5	ExMt 6	NM 7	NmMt 8	NmMt+ 8.5	MT 9	Gem 9.5/10
368	Checklist 243-363	4	4	4	4	5	12	25	
369	Jack Brohamer	4	4	4	4	5	6	10	
370	George Hendrick	4	4	4	4	5	6	10	
371	Bob Davis	4	4	4	4	5	6	10	
372	Dan Briggs	4	4	4	4	5	6	10	40
373	Andy Hassler	4	4	4	4	5	6	10	40
374	Rick Auerbach	4	4	4	4	5	6	10	25
375	Gary Matthews	4	4	4	4	5	6	10	40
376	San Diego Padres CL/Coleman	4	4	4	4	5	6	10	40
377	Bob McClure	4	4	4	4	5	6	10	40
378	Lou Whitaker	4	4	4	4	5	6	10	50
379	Randy Moffitt	4	4	4	4	5	6	10	25
380	Darrell Porter DP	4	4	4	4	5	6	10	25
381	Wayne Garland	4	4	4	4	5	10	20	40
382	Danny Goodwin	4	4	4	4	5	6	10	
383	Wayne Gross	4	4	4	4	5	6	10	25
384	Ray Burris	4	4	4	4	5	6	10	
385	Bobby Murcer	4	4	4	4	5	6	10	100
386	Rob Dressler	4	4	4	4	5	6	10	
387	Billy Smith	4	4	4	4	5	6	10	
388	Willie Aikens RC	4	4	4	4	5	6	10	
389	Jim Kern	4	4	4	4	5	6	10	
370	Cesar Cedeno	4	4	4	4	5	6	10	40
371	Jack Morris	4	4	4	4	5	6	10	
372	Joel Youngblood	4	4	4	4	5	6	10	
373	Dan Petry DP RC	4	4	4	4	5	6	10	50
374	Jim Gantner	4	4	4	4	5	6	10	
375	Ross Grimsley	4	4	4	4	5	6	10	40
376	Gary Allenson RC	4	4	4	4	5	8	15	
377	Junior Kennedy	4	4	4	4	5	6	10	
378	Jerry Mumphrey	4	4	4	4	5	6	10	
379	Kevin Bell	4	4	4	4	5	6	10	40
380	Garry Maddox	4	4	4	4	5	6	10	
381	Chicago Cubs CL/Gomez	4	4	4	5	10	12	20	
382	Dave Freisleben	4	4	4	4	5	6	10	
383	Ed Ott	4	4	4	4	5	6	10	40
384	Joey McLaughlin RC	4	4	4	4	5	6	10	
385	Enos Cabell	4	4	4	4	5	6	10	
386	Darrell Jackson	4	4	4	4	5	12	25	40
387A	Fred Stanley Yellow Name	4	4	4	4	6	8	12	50
388	Mike Paxton	4	4	4	4	5	6	10	
389	Pete LaCock	4	4	4	4	5	6	10	
390	Fergie Jenkins	4	4	4	4	5	6	10	50
391	Tony Armas DP	4	4	4	4	5	6	10	
392	Milt Wilcox	4	4	4	4	5	6	10	
393	Ozzie Smith	12	15	20	25	▲40	40	▲100	2,000
394	Reggie Cleveland	4	4	4	4	5	6	10	40
395	Ellis Valentine	4	4	4	4	5	6	10	
396	Dan Meyer	4	4	4	4	5	6	10	
397	Roy Thomas DP	4	4	4	4	5	6	10	40
398	Barry Foote	4	4	4	4	5	6	10	
399	Mike Proly DP	4	4	4	4	5	6	10	
400	George Foster	4	▲6	▲10	▲15	▲25	▲30	▲50	250
401	Pete Falcone	4	4	4	4	8	10	15	
402	Merv Rettenmund	4	4	4	4	5	6	10	20
403	Pete Redfern DP	4	4	4	4	5	6	10	
404	Baltimore Orioles CL/Weaver	4	4	4	4	5	8	12	40
405	Dwight Evans	4	4	4	4	5	8	15	
406	Paul Molitor	4	4	4	4	8	10	15	80
407	Tony Solaita	4	4	4	4	4	5	6	10	40
408	Bill North	4	4	4	4	5	6	10	40
409	Paul Splittorff	4	4	4	4	5	6	10	40

#	Player	VgEx 4	EX 5	ExMt 6	NM 7	NmMt 8	NmMt+ 8.5	MT 9	Gem 9.5/10
410	Bobby Bonds	4	4	4	4	6	8	12	
411	Frank LaCorte	4	4	4	4	5	6	10	40
412	Thad Bosley	4	4	4	4	5	6	10	
413	Allen Ripley	4	4	4	4	5	6	10	30
414	George Scott	4	4	4	4	5	6	10	40
415	Bill Atkinson	4	4	4	4	5	6	10	30
416	Tom Brookens RC	4	4	4	4	5	6	10	
417	Craig Chamberlain DP RC	4	4	4	4	5	6	10	25
418	Roger Freed DP	4	4	4	4	5	6	10	20
419	Vic Correll	4	4	4	4	5	6	10	40
420	Butch Hobson	4	4	4	4	6	8	12	
421	Doug Bird	4	4	4	4	5	6	10	40
422	Larry Milbourne	4	4	4	4	5	6	10	
423	Dave Frost	4	4	4	4	5	6	10	40
424	New York Yankees CL/Howser	4	4	4	5	10	12	20	80
425	Mark Belanger	4	4	4	4	5	6	10	40
426	Grant Jackson	4	4	4	4	5	6	10	
427	Tom Hutton DP	4	4	4	4	5	6	10	30
428	Pat Zachry	4	4	4	4	5	6	10	
429	Duane Kuiper	4	4	4	4	5	6	10	25
430	Larry Hisle DP	4	4	4	4	5	6	10	
431	Mike Krukow	4	4	4	4	5	6	10	40
432	Willie Norwood	4	4	4	4	5	6	10	
433	Rich Gale	4	4	4	4	5	6	10	40
434	Johnnie LeMaster	4	4	4	4	5	6	10	40
435	Don Gullett	4	4	4	4	5	6	10	
436	Billy Almon	4	4	4	4	5	6	10	40
437	Joe Niekro	4	4	4	4	5	6	10	
438	Dave Revering	4	4	4	4	5	6	10	
439	Mike Phillips	4	4	4	4	5	6	10	
440	Don Sutton	4	4	4	4	5	6	10	40
441	Eric Soderholm	4	4	4	4	5	6	10	40
442	Jorge Orta	4	4	4	4	5	6	10	40
443	Mike Parrott	4	4	4	4	5	6	10	
444	Alvis Woods	4	4	4	4	5	6	10	
445	Mark Fidrych	4	4	4	4	6	8	12	50
446	Duffy Dyer	4	4	4	4	5	6	10	
447	Nino Espinosa	4	4	4	4	5	6	10	
448	Jim Wohlford	4	4	4	4	5	6	10	25
449	Doug Bair	4	4	4	4	5	6	10	
450	George Brett	12	15	20	25	40	40	120	▲5,000
451	Cleveland Indians CL/Garcia	4	4	4	4	6	8	12	
452	Steve Dillard	4	4	4	4	5	6	10	
453	Mike Bacsik	4	4	4	4	5	6	10	
454	Tom Donohue RC	4	4	4	4	5	6	10	40
455	Mike Torrez	4	4	4	4	5	6	10	
456	Frank Taveras	4	4	4	4	5	6	10	
457	Bert Blyleven	4	4	4	4	5	10	20	30
458	Billy Sample	4	4	4	4	5	6	10	30
459	Mickey Lolich DP	4	4	4	4	5	6	10	80
460	Willie Randolph	4	4	4	5	10	12	20	
461	Dwayne Murphy	4	4	4	4	5	6	10	
462	Mike Sadek DP	4	4	4	4	5	6	10	
463	Jerry Royster	4	4	4	4	5	6	10	40
464	John Denny	4	4	4	4	5	6	10	40
465	Rick Monday	4	4	4	4	5	6	10	40
466	Mike Squires	4	4	4	8	15	20	30	
467	Jesse Jefferson	4	4	4	4	5	6	10	
468	Aurelio Rodriguez	4	4	4	4	5	6	10	40
469	Randy Niemann DP RC	4	4	4	4	4	5	6	10	40
470	Bob Boone	4	4	4	4	5	6	10	30
471	Hosken Powell DP	4	4	4	4	5	6	10	25

Beckett Graded Card Price Guide 219

#	Player	VgEx 4	EX 5	ExMt 6	NM 7	NmMt 8	NmMt+ 8.5	MT 9	Gem 9.5/10
472	Willie Hernandez	4	4	4	4	5	6	10	40
473	Bump Wills	4	4	4	4	5	6	10	40
474	Steve Busby	4	4	4	4	5	6	10	40
475	Cesar Geronimo	4	4	4	4	5	6	10	
476	Bob Shirley	4	4	4	4	5	6	10	40
477	Buck Martinez	4	4	4	4	5	6	10	
478	Gil Flores	4	4	4	4	5	6	10	
479	Montreal Expos CL/Williams	4	4	4	4	8	10	15	50
480	Bob Watson	4	4	4	4	5	6	10	40
481	Tom Paciorek	4	4	4	4	5	6	10	40
482	Rickey Henderson RC	▲100	▲120	▲150	▲200	▲500	600	▲3,000	150,000
483	Bo Diaz	4	4	4	4	5	6	10	
484	Checklist 364-484	4	4	4	4	5	6	10	30
485	Mickey Rivers	4	4	4	4	5	6	10	40
486	Mike Tyson DP	4	4	4	4	5	6	10	25
487	Wayne Nordhagen	4	4	4	4	5	6	10	
488	Roy Howell	4	4	4	4	5	6	10	40
489	Preston Hanna DP	4	4	4	4	5	15	30	
490	Lee May	4	4	4	4	5	6	10	
491	Steve Mura DP	4	4	4	4	5	6	10	
492	Todd Cruz RC	4	4	4	4	5	6	10	40
493	Jerry Martin	4	4	4	4	5	6	10	
494	Craig Minetto RC	4	4	4	4	5	6	10	
495	Bake McBride	4	4	4	4	5	6	10	
496	Silvio Martinez	4	4	4	4	5	6	10	
497	Jim Mason	4	4	4	4	5	6	10	
498	Danny Darwin	4	4	4	4	5	6	10	500
499	San Francisco Giants CL/Bristol	4	4	4	4	8	10	15	50
500	Tom Seaver	4	4	4	6	8	10	15	150
501	Rennie Stennett	4	4	4	4	5	6	10	
502	Rich Wortham DP RC	4	4	4	4	5	6	10	25
503	Mike Cubbage	4	4	4	4	5	6	10	40
504	Gene Garber	4	4	4	4	5	6	10	
505	Bert Campaneris	4	4	4	4	5	6	10	
506	Tom Buskey	4	4	4	4	5	6	10	
507	Leon Roberts	4	4	4	4	5	6	10	
508	U.L. Washington	4	4	4	4	5	6	10	
509	Ed Glynn	4	4	4	4	5	6	10	
510	Ron Cey	4	4	4	4	5	6	10	40
511	Eric Wilkins RC	4	4	4	4	5	6	10	40
512	Jose Cardenal	4	4	4	4	5	6	10	40
513	Tom Dixon DP	4	4	4	4	5	6	10	25
514	Steve Ontiveros	4	4	4	4	5	6	10	40
515	Mike Caldwell	4	4	4	4	5	6	10	25
516	Hector Cruz	4	4	4	4	5	6	10	
517	Don Stanhouse	4	4	4	4	5	6	10	40
518	Nelson Norman RC	4	4	4	4	5	6	10	30
519	Steve Nicosia RC	4	4	4	4	5	6	10	40
520	Steve Rogers	4	4	4	4	5	6	10	
521	Ken Brett	4	4	4	4	5	6	10	40
522	Jim Morrison	4	4	4	4	5	6	10	40
523	Ken Henderson	4	4	4	4	5	6	10	40
524	Jim Wright DP	4	4	4	4	5	6	10	
525	Clint Hurdle	4	4	4	4	5	6	10	40
526	Philadelphia Phillies CL/Green	4	4	4	6	12	20	50	
527	Doug Rau DP	4	4	4	4	5	6	10	25
528	Adrian Devine	4	4	4	4	5	6	10	40
529	Jim Barr	4	4	4	4	5	6	10	30
530	Jim Sundberg DP	4	4	4	4	5	6	10	
531	Eric Rasmussen	4	4	4	4	5	6	10	40
532	Willie Horton	4	4	4	4	5	6	10	
533	Checklist 485-605	4	4	4	4	8	10	15	50
534	Andre Thornton	4	4	4	4	5	6	10	
535	Bob Forsch	4	4	4	4	5	6	10	
536	Lee Lacy	4	4	4	4	5	6	10	
537	Alex Trevino RC	4	4	4	4	5	6	10	
538	Joe Strain	4	4	4	4	5	6	10	
539	Rudy May	4	4	4	4	5	6	10	
540	Pete Rose	5	6	8	10	50	60	100	40
541	Miguel Dilone	4	4	4	4	5	12	25	
542	Joe Coleman	4	4	4	4	5	6	10	3
543	Pat Kelly	4	4	4	4	5	6	10	
544	Rick Sutcliffe RC	4	4	4	4	6	8	12	4
545	Jeff Burroughs	4	4	4	4	5	6	10	3
546	Rick Langford	4	4	4	4	5	6	10	4
547	John Wathan	4	4	4	4	5	6	10	4
548	Dave Rajsich	4	4	4	4	5	6	10	2
549	Larry Wolfe	4	4	5	10	20	25	40	
550	Ken Griffey Sr.	4	4	4	4	5	6	10	
551	Pittsburgh Pirates CL/Tanner	4	4	5	10	12	15	25	6
552	Bill Nahorodny	4	4	4	4	5	6	10	4
553	Dick Davis	4	4	4	4	5	6	10	
554	Art Howe	4	4	4	4	5	6	10	4
555	Ed Figueroa	4	4	4	4	5	6	10	
556	Joe Rudi	4	4	4	4	5	6	10	
557	Mark Lee	4	4	4	4	5	6	10	30
558	Alfredo Griffin	4	4	4	4	5	6	10	40
559	Dale Murray	4	4	4	4	5	6	10	40
560	Dave Lopes	4	4	4	4	5	6	10	
561	Eddie Whitson	4	4	4	4	5	6	10	
562	Joe Wallis	4	4	4	4	5	6	10	40
563	Will McEnaney	4	4	4	4	5	6	10	40
564	Rick Manning	4	4	4	4	5	6	10	
565	Dennis Leonard	4	4	4	4	5	6	10	40
566	Bud Harrelson	4	4	4	4	5	6	10	
567	Skip Lockwood	4	4	4	4	5	6	10	40
568	Gary Roenicke RC	4	4	4	4	5	6	10	
569	Terry Kennedy	4	4	4	4	5	6	10	40
570	Roy Smalley	4	4	4	6	12	15	25	80
571	Joe Sambito	4	4	4	4	5	6	10	40
572	Jerry Morales DP	4	4	4	4	5	6	10	40
573	Kent Tekulve	4	4	4	4	5	6	10	30
574	Scot Thompson	4	4	4	4	5	6	10	40
575	Ken Kravec	4	4	4	4	5	6	10	
576	Jim Dwyer	4	4	4	4	5	6	10	
577	Toronto Blue Jays CL/Matlick	4	4	4	4	5	6	10	
578	Scott Sanderson	4	4	4	4	5	6	10	
579	Charlie Moore	4	4	4	4	5	6	10	40
580	Nolan Ryan	15	20	25	▲50	80	120	500	8,000
581	Bob Bailor	4	4	4	4	5	6	10	25
582	Brian Doyle	4	4	4	4	5	6	10	40
583	Bob Stinson	4	4	4	4	6	8	12	
584	Kurt Bevacqua	4	4	4	4	5	6	10	40
585	Al Hrabosky	4	4	4	4	5	6	10	40
586	Mitchell Page	4	4	4	4	5	6	10	40
587	Garry Templeton	4	4	4	4	5	6	10	
588	Greg Minton	4	4	4	4	5	6	10	40
589	Chet Lemon	4	4	4	4	5	6	10	
590	Jim Palmer	4	4	4	8	15	20	40	
591	Rick Cerone	4	4	4	4	5	6	10	
592	Jon Matlack	4	4	4	4	5	6	10	
593	Jesus Alou	4	4	4	4	5	6	10	40
594	Dick Tidrow	4	4	4	4	5	6	10	
595	Don Money	4	4	4	4	5	6	10	40
596	Rick Matula RC	4	4	4	4	5	6	10	
597	Tom Poquette	4	4	4	4	5	6	10	

#	Player	VgEx 4	EX 5	ExMt 6	NM 7	NmMt 8	NmMt+ 8.5	MT 9	Gem 9.5/10
598	Fred Kendall DP	4	4	4	4	5	6	10	20
599	Mike Norris	4	4	4	4	5	6	10	
600	Reggie Jackson	4	4	4	6	12	15	25	150
601	Buddy Schultz	4	4	4	4	5	6	10	
602	Brian Downing	4	4	4	4	5	6	10	
603	Jack Billingham DP	4	4	4	4	5	6	10	40
604	Glenn Adams	4	4	4	4	5	6	10	40
605	Terry Forster	4	4	4	4	5	6	10	
606	Cincinnati Reds CL/McNamara	4	4	4	5	10	15	30	50
607	Woodie Fryman	4	4	4	4	5	6	10	40
608	Alan Bannister	4	4	4	4	5	6	10	40
609	Ron Reed	4	4	4	4	5	6	10	
610	Willie Stargell	4	4	4	6	12	15	25	
611	Jerry Garvin DP	4	4	4	4	5	6	10	40
612	Cliff Johnson	4	4	4	4	5	6	10	
613	Randy Stein	4	4	4	4	5	6	10	40
614	John Hiller	4	4	4	4	5	6	10	40
615	Doug DeCinces	4	4	4	4	5	6	10	
616	Gene Richards	4	4	4	4	5	6	10	40
617	Joaquin Andujar	4	4	4	4	5	6	10	
618	Bob Montgomery DP	4	4	4	4	5	6	10	30
619	Sergio Ferrer	4	4	4	4	5	6	10	
620	Richie Zisk	4	4	4	4	6	8	12	
621	Bob Grich	4	4	4	4	5	6	10	
622	Mario Soto	4	4	4	4	5	6	10	40
623	Gorman Thomas	4	4	4	4	5	8	12	30
624	Lerrin LaGrow	4	4	4	4	5	6	10	40
625	Chris Chambliss	4	4	4	4	6	8	12	40
626	Detroit Tigers CL/Anderson	4	4	4	6	12	15	25	
627	Pedro Borbon	4	4	4	4	5	6	10	
628	Doug Capilla	4	4	4	4	5	6	10	
629	Jim Todd	4	4	4	4	5	6	10	40
630	Larry Bowa	4	4	4	4	5	6	10	40
631	Mark Littell	4	4	4	4	5	6	10	25
632	Barry Bonnell	4	4	4	4	5	6	10	40
633	Bob Apodaca	4	4	4	4	5	6	10	40
634	Glenn Borgmann DP	4	4	4	4	5	6	10	40
635	John Candelaria	4	4	4	4	5	10	20	
636	Toby Harrah	4	4	4	4	5	6	10	40
637	Joe Simpson	4	4	4	4	5	6	10	
638	Mark Clear RC	4	4	4	4	5	6	10	
639	Larry Biittner	4	4	4	4	5	8	15	
640	Mike Flanagan	4	4	4	4	5	6	10	
641	Ed Kranepool	4	4	4	4	5	6	10	
642	Ken Forsch DP	4	4	4	4	5	6	10	40
643	John Mayberry	4	4	4	4	5	6	10	
644	Charlie Hough	4	4	4	4	5	6	10	40
645	Rick Burleson	4	4	4	4	5	6	10	
646	Checklist 606-726	4	4	4	4	5	6	10	40
647	Milt May	4	4	4	4	5	6	10	40
648	Roy White	4	4	4	4	5	6	10	60
649	Tom Griffin	4	4	4	4	5	6	10	
650	Joe Morgan	4	4	4	4	6	8	12	100
651	Rollie Fingers	4	4	4	4	5	6	10	50
652	Mario Mendoza	4	4	4	4	5	6	10	
653	Stan Bahnsen	4	4	4	4	5	6	10	25
654	Bruce Boisclair DP	4	4	4	4	5	6	10	
655	Tug McGraw	4	4	4	4	5	6	10	40
656	Larvell Blanks	4	4	4	4	5	6	10	40
657	Dave Edwards RC	4	4	4	4	5	6	10	
658	Chris Knapp	4	4	4	4	5	6	10	60
659	Milwaukee Brewers CL/Bamberger	4	4	4	4	5	6	10	40
660	Rusty Staub	4	4	4	4	5	6	10	25
661	Corey/Ford/Krenchiki RC	4	4	4	4	5	6	10	
662	Finch/O'Berry/Rainey RC	4	4	4	4	5	8	15	
663	Botting/Clark/Thon RC	4	4	4	4	5	8	15	
664	Colbern/Hoffman/Robinson RC	4	4	4	4	5	6	10	40
665	Andersen/Cuellar/Wihtol RC	4	4	4	4	5	6	10	
666	Chris/Greene/Robbins RC	4	4	4	4	5	6	10	
667	Mart/Pasch/Quisenberry RC	4	4	4	4	8	10	15	60
668	Boitano/Mueller/Sakata RC	4	4	4	4	5	6	10	25
669	Graham/Sofield/Ward RC	4	4	4	4	5	6	10	40
670	Brown/Gulden/Jones RC	4	4	4	4	5	6	10	
671	Bryant/Kingman/Morgan RC	4	4	4	4	5	6	10	
672	Beamon/Craig/Vasquez RC	4	4	4	4	5	6	10	
673	Allard/Gleaton/Mahlberg RC	4	4	4	4	5	6	10	
674	Edge/Kelly/Wilborn RC	4	4	4	4	5	6	10	
675	Benedict/Bradford/Miller RC	4	4	4	4	5	6	10	40
676	Geisel/Macko/Pagel RC	4	4	4	4	5	6	10	40
677	DeFreites/Pastore/Spilman RC	4	4	4	4	5	6	10	
678	Baldwin/Knicely/Ladd RC	4	4	4	4	5	6	10	
679	Beckwith/Hatcher/Patterson RC	4	4	4	4	5	6	10	
680	Bernazard/Miller/Tamargo RC	4	4	4	4	8	10	15	
681	Norman/Orosco/Scott RC	4	4	4	4	6	8	12	
682	Aviles/Noles/Saucier RC	4	4	4	4	6	8	12	
683	Boyland/Lois/Saferight RC	4	4	4	4	5	8	15	
684	Frazier/Herr/O'Brien RC	4	4	4	4	5	8	15	
685	Flannery/Greer/Wilhelm RC	4	4	4	4	5	6	10	25
686	Johnston/Littlejohn/Nastu RC	4	4	4	4	5	6	10	
687	Mike Heath DP	4	4	4	4	5	6	10	40
688	Steve Stone	4	4	4	4	5	6	10	
689	Boston Red Sox CL/Zimmer	4	4	4	4	8	10	15	60
690	Tommy John	4	4	4	4	5	6	10	40
691	Ivan DeJesus	4	4	4	4	5	6	10	
692	Rawly Eastwick DP	4	4	4	4	5	6	10	
693	Craig Kusick	4	4	4	4	5	6	10	40
694	Jim Rooker	4	4	4	4	5	6	10	40
695	Reggie Smith	4	4	4	4	5	6	10	
696	Julio Gonzalez	4	4	4	4	5	6	10	
697	David Clyde	4	4	4	4	5	6	10	
698	Oscar Gamble	4	4	4	4	5	6	10	
699	Floyd Bannister	4	4	4	4	5	6	10	
700	Rod Carew DP	4	4	4	4	6	8	12	120
701	Ken Oberkfell RC	4	4	4	4	5	6	10	
702	Ed Farmer	4	4	4	4	5	6	10	
703	Otto Velez	4	4	4	4	5	6	10	
704	Gene Tenace	4	4	4	4	5	6	10	40
705	Freddie Patek	4	4	4	4	5	6	10	
706	Tippy Martinez	4	4	4	6	12	15	25	
707	Elliott Maddox	4	4	4	4	5	6	10	
708	Bob Tolan	4	4	4	4	5	6	10	
709	Pat Underwood RC	4	4	4	4	5	6	10	
710	Graig Nettles	4	4	4	5	10	15	20	50
711	Bob Galasso RC	4	4	4	4	5	6	10	25
712	Rodney Scott	4	4	4	4	5	6	10	
713	Terry Whitfield	4	4	4	4	5	6	10	40
714	Fred Norman	4	4	4	4	5	6	10	
715	Sal Bando	4	4	4	4	5	6	10	40
716	Lynn McGlothen	4	4	4	4	5	6	10	30
717	Mickey Klutts DP	4	4	4	4	5	6	10	50
718	Greg Gross	4	4	4	4	5	6	10	40
719	Don Robinson	4	4	4	4	5	6	10	40
720	Carl Yastrzemski DP	4	4	5	10	12	15	20	120
721	Paul Hartzell	4	4	4	4	5	6	10	40
722	Jose Cruz	4	4	4	4	5	6	10	40
723	Shane Rawley	4	4	4	4	5	6	10	
724	Jerry White	4	4	4	4	5	6	10	50
725	Rick Wise	4	4	4	4	5	6	10	25
726	Steve Yeager	4	4	4	4	5	6	10	

BASEBALL
1981 - Present

1981 Rochester Red Wings TCMA
		NmMt 8	NmMt+ 8.5	MT 9	Gem 9.5/10
15	Cal Ripken Jr.	250	300	350	700

1981 Topps
		NmMt 8	NmMt+ 8.5	MT 9	Gem 9.5/10
180	Pete Rose	15	20	40	1,500
240	Nolan Ryan	▲50	50	250	1,500
254	Ozzie Smith	10	15	20	80
261	Rickey Henderson	20	25	50	500
302	F.Valenzuela/M.Scioscia RC	50	60	500	
315	Kirk Gibson RC	80	80	300	2,500
347	Harold Baines RC	8	10	15	400
479	Tim Raines RC	15	20	25	250

1981 Topps Traded
		NmMt 8	NmMt+ 8.5	MT 9	Gem 9.5/10
727	Danny Ainge XRC	40	40	120	600
816	Tim Raines	40	50	100	1,500
850	Fernando Valenzuela	100	120	300	

1982 Anchorage Glacier Pilots McGwire
		NmMt 8	NmMt+ 8.5	MT 9	Gem 9.5/10
1	Mark McGwire	30	40	50	500

1982 Donruss
		NmMt 8	NmMt+ 8.5	MT 9	Gem 9.5/10
168	Pete Rose	6	8	12	60
405	Cal Ripken RC	60	60	▲150	▲2,000
419	Nolan Ryan	5	6	10	40

1982 Fleer
		NmMt 8	NmMt+ 8.5	MT 9	Gem 9.5/10
176	Cal Ripken RC	50	60	120	2,500
229	Nolan Ryan	10	15	25	40

1982 Topps
		NmMt 8	NmMt+ 8.5	MT 9	Gem 9.5/10
21	Cal Ripken RC	60	100	200	2,000
90	Nolan Ryan	15	20	30	300
780	Pete Rose	10	12	20	120

1982 Topps Traded
		NmMt 8	NmMt+ 8.5	MT 9	Gem 9.5/10
98T	Cal Ripken	▲300	300	600	6,000
109T	Ozzie Smith	40	50	100	1,200

1983 Donruss
		NmMt 8	NmMt+ 8.5	MT 9	Gem 9.5/10
42	Pete Rose	5	8	15	40
118	Nolan Ryan	6	8	12	30
277	Ryne Sandberg RC	▲40	40	60	▲800
279	Cal Ripken	25	25	▲60	▲500
525	Julio Franco RC	6	8	15	40
586	Wade Boggs RC	25	30	▲50	250
598	Tony Gwynn RC	▲40	40	60	500

1983 Fleer
		NmMt 8	NmMt+ 8.5	MT 9	Gem 9.5/10
70	Cal Ripken	20	25	▲40	200
171	Pete Rose	5	6	12	40
179	Wade Boggs RC	25	30	▲50	300
360	Tony Gwynn RC	▼30	40	60	500
463	Nolan Ryan	5	6	10	80
507	Ryne Sandberg RC	30	40	60	400

1983 Topps
		NmMt 8	NmMt+ 8.5	MT 9	Gem 9.5/10
83	Ryne Sandberg RC	50	50	100	1,500
100	Pete Rose	8	10	15	50
163	Cal Ripken	▼20	▼25	▼40	▼400
180	Rickey Henderson	6	8	12	50
360	Nolan Ryan	10	12	25	120
482	Tony Gwynn RC	60	80	250	▲5,000
498	Wade Boggs RC	40	50	▲150	3,000

1984 Donruss
		NmMt 8	NmMt+ 8.5	MT 9	Gem 9.5/10
41	Joe Carter RC	30	40	80	400
60	Nolan Ryan	25	30	50	▼250
61	Pete Rose	8	10	▼30	120
68	Darryl Strawberry RC	30	40	▼50	▲500
106	Cal Ripken	20	25	30	▲120
248	Don Mattingly RC	100	120	250	5,000
311	Ryne Sandberg	15	20	▲50	200

1984 Fleer
		NmMt 8	NmMt+ 8.5	MT 9	Gem 9.5/10
17	Cal Ripken	15	15	▲30	150
46	Pete Rose	5	6	10	60
131	Don Mattingly RC	50	60	120	1,200
239	Nolan Ryan	20	25	40	250
504	Ryne Sandberg	▲12	▲15	▲40	▲80
599	Darryl Strawberry RC	30	40	50	300

1984 Fleer Update
		NmMt 8	NmMt+ 8.5	MT 9	Gem 9.5/10
U27	Roger Clemens XRC	250	250	400	2,500
U43	Dwight Gooden XRC	100	120	▼150	800
U93	Kirby Puckett XRC	250	250	▲500	1,500
U102	Pete Rose	▲40	40	▲80	▲250

1984 Pawtucket Red Sox TCMA
		NmMt 8	NmMt+ 8.5	MT 9	Gem 9.5/10
22	Roger Clemens	80	100	700	

1984 Topps
		NmMt 8	NmMt+ 8.5	MT 9	Gem 9.5/10
8	Don Mattingly RC	50	50	120	1,500
182	Darryl Strawberry RC	8	10	15	50
300	Pete Rose	6	8	12	50
470	Nolan Ryan	8	10	15	100
490	Cal Ripken	6	8	12	50
596	Ryne Sandberg	5	6	12	60

1984 Topps Traded Tiffany
		NmMt 8	NmMt+ 8.5	MT 9	Gem 9.5/10
104T	Bret Saberhagen	12	15	25	80

1985 Donruss
		NmMt 8	NmMt+ 8.5	MT 9	Gem 9.5/10
60	Nolan Ryan	25	30	50	150
169	Cal Ripken	5	6	15	50
190	Dwight Gooden RC	25	30	50	▲400
254	Pete Rose Expos	6	8	15	50
273	Roger Clemens RC	25	30	50	▲500
438	Kirby Puckett RC	30	30	60	▼500
581	Orel Hershiser RC	5	6	10	80
641	Pete Rose	5	6	12	60

1985 Fleer
		NmMt 8	NmMt+ 8.5	MT 9	Gem 9.5/10
82	Dwight Gooden RC	20	25	50	500
155	Roger Clemens RC	30	40	100	1,000
187	Cal Ripken	5	6	15	50
286	Kirby Puckett RC	40	50	80	▼600
359	Nolan Ryan	5	6	10	100
550	Pete Rose	6	8	12	40

1985 Modesto A's Chong
		NmMt 8	NmMt+ 8.5	MT 9	Gem 9.5/10
17B	Mark McGwire COR	8	10	15	30

1985 Topps
		NmMt 8	NmMt+ 8.5	MT 9	Gem 9.5/10
30	Cal Ripken	5	6	12	600
181	Roger Clemens RC	30	30	80	2,000
401	Mark McGwire OLY RC	40	50	150	2,500
493	Orel Hershiser RC	20	25	25	100
536	Kirby Puckett RC	30	40	80	▲1,200

1985 (continued)
		NmMt 8	NmMt+ 8.5	MT 9	Gem 9.5/10
600	Pete Rose	5	6	12	50
620	Dwight Gooden RC	20	25	50	500
760	Nolan Ryan	8	10	20	120

1986 Donruss
		NmMt 8	NmMt+ 8.5	MT 9	Gem 9.5/10
28	Fred McGriff RC	▲30	▲40	▼50	▼500
33A	Andres Galarraga RC	5	6	8	25
37	Paul O'Neill RC	5	5	10	30
39	Jose Canseco RC	50	50	100	600
258	Nolan Ryan	5	6	12	50
512	Cecil Fielder RC	8	10	15	

1986 Donruss Rookies
		NmMt 8	NmMt+ 8.5	MT 9	Gem 9.5/10
11	Barry Bonds XRC	▼20	▼25	40	300
22	Jose Canseco	▼15	▼20	▼25	80
32	Will Clark XRC	5	5	6	25
38	Bo Jackson XRC	▲30	30	50	250

1986 Fleer Update
		NmMt 8	NmMt+ 8.5	MT 9	Gem 9.5/10
U14	Barry Bonds XRC	25	25	50	400
U20	Jose Canseco	5	6	12	40
U25	Will Clark XRC	10	12	25	80

1986 Pittsfield Cubs ProCards
		NmMt 8	NmMt+ 8.5	MT 9	Gem 9.5/10
14	Greg Maddux	120	150	250	400
18	Rafael Palmeiro	40	50	80	100

1986 Sportflics Rookies
		NmMt 8	NmMt+ 8.5	MT 9	Gem 9.5/10
13	Barry Bonds	20	20	25	100
34	Barry Larkin	12	15	30	120

1986 Topps Traded
		NmMt 8	NmMt+ 8.5	MT 9	Gem 9.5/10
11T	Barry Bonds XRC	25	25	50	400
20T	Jose Canseco XRC	20	20	30	150
24T	Will Clark XRC	20	25	30	120
50T	Bo Jackson XRC	▲40	▲50	80	800

1986 Topps Traded Tiffany
		NmMt 8	NmMt+ 8.5	MT 9	Gem 9.5/10
11T	Barry Bonds	800	800	1,200	8,000
20T	Jose Canseco	100	100	150	800
24T	Will Clark	80	80	150	500
50T	Bo Jackson	500	500	1,200	15,000

1987 Bellingham Mariners Team Issue
		NmMt 8	NmMt+ 8.5	MT 9	Gem 9.5/10
15	Ken Griffey Jr.	50	60	80	200

1987 Donruss
		NmMt 8	NmMt+ 8.5	MT 9	Gem 9.5/10
35	Bo Jackson RC	30	30	▲60	▲500
36	Greg Maddux RC	25	25	40	400
43	Rafael Palmeiro RC	10	12	20	60
46	Mark McGwire	▲25	▲30	▲50	▲150
66	Will Clark RC	5	5	8	20
361	Barry Bonds RC	20	20	30	300
492	Barry Larkin RC	6	8	12	30
502	David Cone RC	5	5	6	25

1987 Fleer
		NmMt 8	NmMt+ 8.5	MT 9	Gem 9.5/10
204	Barry Larkin RC	15	20	▲30	120
269	Will Clark RC	5	6	12	30
369	Bo Jackson RC	25	25	▲50	250
604	Barry Bonds RC	▲25	▲30	▲50	▲500

1987 Fleer Update
		NmMt 8	NmMt+ 8.5	MT 9	Gem 9.5/10
U68	Greg Maddux XRC	▲25	▲30	▲50	150
U76	Mark McGwire	15	15	25	50

1987 Topps

		NmMt 8	NmMt+ 8.5	MT 9	Gem 9.5/10
	Bo Jackson RC	▼20	25	30	▲250
	Barry Bonds RC	20	20	▲40	400
	Mark McGwire	▼15	20	25	▲120
	Will Clark RC	5	5	6	20
	Rafael Palmeiro RC	5	6	10	20
	Barry Larkin RC	4	10	15	30

1987 Topps Glossy Send-Ins

		NmMt 8	NmMt+ 8.5	MT 9	Gem 9.5/10
	Barry Bonds	20	20	30	60

1987 Topps Traded

		NmMt 8	NmMt+ 8.5	MT 9	Gem 9.5/10
T	Greg Maddux XRC	25	25	30	120

1988 Cape Cod Prospects P and L Promotions

		NmMt 8	NmMt+ 8.5	MT 9	Gem 9.5/10
6	Frank Thomas	20	25	30	80

1988 Fleer Glossy

		NmMt 8	NmMt+ 8.5	MT 9	Gem 9.5/10
8	Edgar Martinez	20	20	30	200
9	Tom Glavine	12	15	25	50

1988 Fleer Update

		NmMt 8	NmMt+ 8.5	MT 9	Gem 9.5/10
9	David Wells XRC	5	5	8	20
4	John Smoltz XRC	20	20	30	250
9	Craig Biggio XRC	▲20	20	▲30	100
22	Roberto Alomar XRC	5	5	8	20

1988 Fleer Update Glossy

		NmMt 8	NmMt+ 8.5	MT 9	Gem 9.5/10
4	John Smoltz	25	25	40	300
9	Craig Biggio	20	25	30	100

1988 San Bernardino Spirit Cal League Cards

		NmMt 8	NmMt+ 8.5	MT 9	Gem 9.5/10
	Ken Griffey Jr.	30	40	60	5,000

1988 Score Rookie/Traded

		NmMt 8	NmMt+ 8.5	MT 9	Gem 9.5/10
T	Mark Grace XRC	8	10	12	25
03T	Craig Biggio XRC	12	15	20	50
05T	Roberto Alomar XRC	10	12	15	40

1988 Score Rookie/Traded Glossy

		NmMt 8	NmMt+ 8.5	MT 9	Gem 9.5/10
T	Mark Grace	10	15	20	60
03T	Craig Biggio	60	80	100	400
05T	Roberto Alomar	30	40	80	400

1989 Bowman

		NmMt 8	NmMt+ 8.5	MT 9	Gem 9.5/10
42	Gary Sheffield RC	5	5	8	40
20	Ken Griffey Jr. RC	12	15	25	120
66	John Smoltz RC	6	8	12	25

1989 Donruss

		NmMt 8	NmMt+ 8.5	MT 9	Gem 9.5/10
1	Gary Sheffield RC	12	12	20	80
3	Ken Griffey Jr. RC	25	25	50	▲600
2	Randy Johnson RC	5	5	8	30
61	Craig Biggio RC	5	5	10	20
635	Curt Schilling RC	5	5	10	25
42	John Smoltz RC	5	5	6	20

1989 Fleer

		NmMt 8	NmMt+ 8.5	MT 9	Gem 9.5/10
196	Gary Sheffield RC	5	5	6	30
53	Craig Biggio RC	5	6	10	40
81	Randy Johnson RC	6	8	12	40
548	Ken Griffey Jr. RC UER	25	25	40	250
602	John Smoltz RC	5	5	10	30
616A	Bill Ripken ERR Rick Face	12	15	50	100

1989 Score Rookie/Traded

		NmMt 8	NmMt+ 8.5	MT 9	Gem 9.5/10
77T	Randy Johnson	5	5	5	25
100T	Ken Griffey Jr. RC	25	25	40	200

1989 Scoremasters

		NmMt 8	NmMt+ 8.5	MT 9	Gem 9.5/10
30	Ken Griffey Jr.	▼20	▼20	40	120

1989 Topps

		NmMt 8	NmMt+ 8.5	MT 9	Gem 9.5/10
49	Craig Biggio RC	5	5	6	30
343	Gary Sheffield RC	6	8	10	20

		NmMt 8	NmMt+ 8.5	MT 9	Gem 9.5/10
382	John Smoltz RC	6	8	10	30
647	Randy Johnson RC	6	8	10	30

1989 Topps Traded

		NmMt 8	NmMt+ 8.5	MT 9	Gem 9.5/10
41T	Ken Griffey Jr. RC	▼25	30	50	200
57T	Randy Johnson	4	5	8	15
104T	Kenny Rogers RC	5	5	8	15
122T	Omar Vizquel RC	5	5	5	25

1989 Upper Deck

		NmMt 8	NmMt+ 8.5	MT 9	Gem 9.5/10
1	Ken Griffey Jr. RC	120	▼120	▲300	▲3,000
13	Gary Sheffield RC	10	10	20	30
17	John Smoltz RC	20	20	25	▼60
25	Randy Johnson RC	▼15	20	25	150
273	Craig Biggio RC	15	15	▲25	▼50
787	Omar Vizquel RC	8	8	12	30

1990 Leaf

		NmMt 8	NmMt+ 8.5	MT 9	Gem 9.5/10
220	Sammy Sosa RC	12	15	25	120
237	John Olerud RC	4	5	8	25
245	Ken Griffey Jr.	20	20	30	250
297	David Justice RC	6	8	12	20
300	Frank Thomas RC	25	30	50	150
325	Larry Walker RC	12	15	25	200

1990 Topps

		NmMt 8	NmMt+ 8.5	MT 9	Gem 9.5/10
331	Juan Gonzalez RC	5	5	6	15
414	FrankThomas NNOF	2,000	2,500	4,500	
414	Frank Thomas RC	5	6	10	30
692	Sammy Sosa RC	5	5	5	25
701	Bernie Williams RC	5	5	6	25
757	Larry Walker RC	5	5	6	20
USA1	George Bush PRES	1,500	2,000		

1991 Bowman

		NmMt 8	NmMt+ 8.5	MT 9	Gem 9.5/10
68	Jim Thome RC	20	20	25	50
183	Jeff Bagwell RC	5	6	10	60
272	Ivan Rodriguez RC	6	8	12	60
569	Chipper Jones RC	20	20	25	150

1991 Fleer Update

		NmMt 8	NmMt+ 8.5	MT 9	Gem 9.5/10
U62	Ivan Rodriguez RC	5	5	8	25
U87	Jeff Bagwell RC	5	6	10	20

1991 Stadium Club

		NmMt 8	NmMt+ 8.5	MT 9	Gem 9.5/10
388	Jeff Bagwell RC	8	10	15	25
576	Luis Gonzalez RC	5	6	10	50

1991 Topps

		NmMt 8	NmMt+ 8.5	MT 9	Gem 9.5/10
333	Chipper Jones RC	25	25	40	▲120

1991 Upper Deck

		NmMt 8	NmMt+ 8.5	MT 9	Gem 9.5/10
55	Chipper Jones RC	15	15	25	40
65	Mike Mussina RC	4	5	8	15
567	Luis Gonzalez RC	4	4	5	10
755	Jeff Bagwell RC	5	5	8	20
SP1	Michael Jordan	50	50	80	250

1991 Upper Deck Final Edition

		NmMt 8	NmMt+ 8.5	MT 9	Gem 9.5/10
2F	Pedro Martinez RC	15	15	20	40
17F	Jim Thome RC	12	15	20	30
55F	Ivan Rodriguez RC	5	5	6	20

1992 Bowman

		NmMt 8	NmMt+ 8.5	MT 9	Gem 9.5/10
11	Trevor Hoffman RC	25	25	▲50	250
28	Chipper Jones	20	20	25	40
82	Pedro Martinez	15	15	25	80
127	Carlos Delgado RC	12	15	20	50
298	Garret Anderson RC	5	6	10	30
302	Mariano Rivera RC	100	100	▲150	400
460	Jim Thome	8	10	12	25
461	Mike Piazza RC	30	40	▲60	▲150
532	Manny Ramirez RC	8	8	12	30
676	Manny Ramirez FOIL	10	12	15	30

1992 Fleer Update

		NmMt 8	NmMt+ 8.5	MT 9	Gem 9.5/10
92	Mike Piazza RC	80	80	120	250
104	Jeff Kent RC	▼20	▼20	▼30	▲400

1992 Front Row Draft Picks

		NmMt 8	NmMt+ 8.5	MT 9	Gem 9.5/10
55	Derek Jeter	20	25	30	150

1992 Little Sun High School Prospects

		NmMt 8	NmMt+ 8.5	MT 9	Gem 9.5/10
2	Derek Jeter	100	120	200	400

1992 Upper Deck Minors

		NmMt 8	NmMt+ 8.5	MT 9	Gem 9.5/10
5	Derek Jeter FDP	40	50	60	100

1993 Bowman

		NmMt 8	NmMt+ 8.5	MT 9	Gem 9.5/10
103	Andy Pettitte RC	15	20	40	80
327	Mariano Rivera	20	25	▼40	120
511	Derek Jeter RC	30	40	60	200

1993 Pinnacle

		NmMt 8	NmMt+ 8.5	MT 9	Gem 9.5/10
457	Derek Jeter RC	▲30	▲40	▲80	300

1993 Select

		NmMt 8	NmMt+ 8.5	MT 9	Gem 9.5/10
360	Derek Jeter RC	25	25	40	200

1993 SP

		NmMt 8	NmMt+ 8.5	MT 9	Gem 9.5/10
273	Johnny Damon FOIL RC	25	25	80	200
279	Derek Jeter FOIL RC	500	500	1,200	6,000

1993 Stadium Club Murphy

		NmMt 8	NmMt+ 8.5	MT 9	Gem 9.5/10
93	Nomar Garciaparra USA	5	6	15	30
117	Derek Jeter RC	100	▲120	▼150	300

1993 Topps

		NmMt 8	NmMt+ 8.5	MT 9	Gem 9.5/10
98	Derek Jeter RC	25	30	50	▲500
799	Jim Edmonds RC	5	5	8	25

1993 Topps Inaugural Marlins

		NmMt 8	NmMt+ 8.5	MT 9	Gem 9.5/10
98	Derek Jeter	120	200	300	1,200

1993 Topps Inaugural Rockies

		NmMt 8	NmMt+ 8.5	MT 9	Gem 9.5/10
98	Derek Jeter	120	150	500	1,500

1993 Topps Traded

		NmMt 8	NmMt+ 8.5	MT 9	Gem 9.5/10
19T	Todd Helton USA RC	25	30	50	100

1993 Upper Deck

		NmMt 8	NmMt+ 8.5	MT 9	Gem 9.5/10
449	Derek Jeter RC	25	25	50	150

1994 Appleton Foxes Fleer/ProCards

		NmMt 8	NmMt+ 8.5	MT 9	Gem 9.5/10
1063	Alex Rodriguez	15	15	25	50

1994 Bowman

		NmMt 8	NmMt+ 8.5	MT 9	Gem 9.5/10
38	Jorge Posada RC	30	30	50	100
94	Edgar Renteria RC	5	6	8	25
104	Torii Hunter RC	8	10	15	40
232	Derrek Lee RC	8	10	15	20
433	Jermaine Dye RC	5	6	10	20
594	Paul LoDuca RC	5	5	8	15

1994 Bowman's Best

		NmMt 8	NmMt+ 8.5	MT 9	Gem 9.5/10
B19	Billy Wagner RC	5	5	8	12
B29	Jorge Posada RC	10	12	20	40
B63	Edgar Renteria RC	6	6	8	12

1994 Flair

		NmMt 8	NmMt+ 8.5	MT 9	Gem 9.5/10
340	Alex Rodriguez RC	15	15	25	50

1994 Flair Wave of the Future

		NmMt 8	NmMt+ 8.5	MT 9	Gem 9.5/10
B8	Alex Rodriguez	12	15	25	40

1994 Fleer Update

		NmMt 8	NmMt+ 8.5	MT 9	Gem 9.5/10
U86	Alex Rodriguez	15	20	▼20	60

1994 Leaf Limited Rookies Phenoms

		NmMt 8	NmMt+ 8.5	MT 9	Gem 9.5/10
10	Alex Rodriguez	120	120	▲250	600

Beckett Graded Card Price Guide 223

1994 Score Rookie/Traded

		NmMt 8	NmMt+ 8.5	MT 9	Gem 9.5/10
HC1	Alex Rodriguez CU	100	120	150	250

1994 SP

		NmMt 8	NmMt+ 8.5	MT 9	Gem 9.5/10
10	Derrek Lee FOIL RC	10	12	50	150
15	Alex Rodriguez FOIL RC	▼40	50	250	1,000

1994 SP Holoviews

		NmMt 8	NmMt+ 8.5	MT 9	Gem 9.5/10
33	Alex Rodriguez	25	30	40	200

1994 SP Holoviews Die Cuts

		NmMt 8	NmMt+ 8.5	MT 9	Gem 9.5/10
16	Michael Jordan	120	150	200	800
33	Alex Rodriguez	200	200	250	1,000

1994 Upper Deck

		NmMt 8	NmMt+ 8.5	MT 9	Gem 9.5/10
19	Michael Jordan RC	20	25	30	60
24	Alex Rodriguez RC	12	15	20	60
298	Alex Rodriguez UDCA	5	6	10	30
A298	Alex Rodriguez AU	120	150	250	500

1995 Bowman's Best

		NmMt 8	NmMt+ 8.5	MT 9	Gem 9.5/10
B2	Vladimir Guerrero RC	▲60	▲60	100	▼500
B3	Bob Abreu RC	6	8	10	40
B7	Andruw Jones RC	▲60	60	▲100	▲400
B10	Richie Sexson RC	8	10	▼15	40
B73	Bartolo Colon RC	8	10	12	50
B74	Chris Carpenter RC	8	10	12	40
B87	Scott Rolen RC	50	▲60	▼80	▲600
X5	C.Beltran/J.Gonzalez UER	5	6	8	20

1997 Bowman

		NmMt 8	NmMt+ 8.5	MT 9	Gem 9.5/10
194	Adrian Beltre RC	30	30	50	▲500
196	Kerry Wood RC	5	6	8	15
308	Roy Halladay RC	25	30	80	120
411	Miguel Tejada RC	8	10	15	30
424	Vernon Wells RC	5	5	6	10
438	Lance Berkman RC	8	10	15	40

1997 Bowman Chrome

		NmMt 8	NmMt+ 8.5	MT 9	Gem 9.5/10
182	Adrian Beltre RC	40	50	100	200
183	Kerry Wood RC	20	25	30	50
192	Eric Chavez RC	5	5	6	15
212	Roy Halladay RC	50	60	100	200

1997 Bowman's Best

		NmMt 8	NmMt+ 8.5	MT 9	Gem 9.5/10
114	Miguel Tejada RC	6	8	12	25
117	Adrian Beltre RC	25	30	40	120
134	Roy Halladay RC	15	15	25	120
154	Kerry Wood RC	5	5	8	20

1997 Fleer

		NmMt 8	NmMt+ 8.5	MT 9	Gem 9.5/10
512	David Arias-Ortiz RC	80	80	120	200

1997 Ultra

		NmMt 8	NmMt+ 8.5	MT 9	Gem 9.5/10
518	David Arias-Ortiz RC	80	80	300	600

1998 Bowman Chrome

		NmMt 8	NmMt+ 8.5	MT 9	Gem 9.5/10
85	Mike Lowell RC	5	6	10	15
91	Kevin Millwood RC	5	5	8	12
134	Troy Glaus RC	4	5	8	12
181	Jimmy Rollins RC	5	6	10	40
185	Magglio Ordonez RC	6	6	15	20
221	Orlando Hernandez RC	5	6	8	25
428	Carlos Lee RC	8	10	15	25

1999 Bowman Chrome

		NmMt 8	NmMt+ 8.5	MT 9	Gem 9.5/10
175	Pat Burrell RC	4	5	8	12
200	Austin Kearns RC	8	10	15	25
344	C.C. Sabathia RC	▲50	▲60	▲80	▲300
350	Alfonso Soriano RC	10	10	15	30
355	Mark Mulder RC	5	6	10	20
364	Rafael Furcal RC	5	6	10	20
369	Adam Dunn RC	5	6	10	15
375	Tim Hudson RC	5	6	10	30
400	Matt Holliday RC	5	6	10	25
421	David Eckstein RC	5	8	12	25
431	Josh Hamilton RC	6	8	15	20
440	Carl Crawford RC	4	5	8	12

1999 Bowman's Best

		NmMt 8	NmMt+ 8.5	MT 9	Gem 9.5/10
151	Pat Burrell RC	5	5	5	20
160	Austin Kearns RC	5	5	5	20
169	Alfonso Soriano RC	5	6	10	25
171	C.C. Sabathia RC	▲20	▲25	▲60	▲150
172	Matt Holliday RC	6	8	▲20	▲40

1999 Finest

		NmMt 8	NmMt+ 8.5	MT 9	Gem 9.5/10
131	Pat Burrell RC	5	5	6	25
133	Austin Kearns RC	5	5	5	20
286	Alfonso Soriano RC	8	10	15	30
294	C.C. Sabathia RC	6	8	12	30

1999 Fleer Tradition Update

		NmMt 8	NmMt+ 8.5	MT 9	Gem 9.5/10
U3	Pat Burrell RC	5	5	8	25
U5	Alfonso Soriano RC	5	5	8	25
U42	Eric Gagne RC	5	5	8	25
U122	Josh Beckett RC	8	8	10	25

1999 Topps Traded Autographs

		NmMt 8	NmMt+ 8.5	MT 9	Gem 9.5/10
T33	C.C. Sabathia	▲300	▲400	▲500	▲800
T50	Adam Dunn	▲50	▲60	▲80	▲200
T65	Alfonso Soriano	▲60	▲80	▲100	200
T66	Josh Hamilton	▲50	▲60	▲80	200
T75	Carl Crawford	20	25	30	120

1999 Topps Chrome Traded

		NmMt 8	NmMt+ 8.5	MT 9	Gem 9.5/10
T8	Mark Mulder RC	5	5	6	10
T33	C.C. Sabathia RC	▲50	▲40	▲80	300
T44	Pat Burrell	5	5	6	10
T50	Adam Dunn RC	12	12	15	30
T65	Alfonso Soriano RC	8	10	15	25
T66	Josh Hamilton RC	8	10	15	25
T75	Carl Crawford RC	5	6	8	15

1999 Ultimate Victory

		NmMt 8	NmMt+ 8.5	MT 9	Gem 9.5/10
136	Alfonso Soriano SP RC	8	10	12	25
137	Tim Hudson SP RC	6	8	12	20
138	Josh Beckett SP RC	8	10	15	25
141	Pat Burrell SP RC	6	8	12	20
145	Rick Ankiel SP RC	6	8	12	20

2000 Bowman Draft

		NmMt 8	NmMt+ 8.5	MT 9	Gem 9.5/10
4	Barry Zito	5	5	6	12
69	Mark Buehrle RC	5	5	8	12
86	Adrian Gonzalez RC	6	8	12	20
93	Adam Wainwright RC	5	5	6	12
109	Grady Sizemore RC	8	8	10	20

2000 Bowman Chrome

		NmMt 8	NmMt+ 8.5	MT 9	Gem 9.5/10
321	Francisco Rodriguez RC	▲10	▲12	20	▲50
395	Roy Oswalt RC	▼6	▼8	12	▲30
419	Barry Zito RC	▼8	▼10	15	▲40

2000 Bowman Chrome Draft

		NmMt 8	NmMt+ 8.5	MT 9	Gem 9.5/10
69	Mark Buehrle RC	6	6	8	▼20
86	Adrian Gonzalez RC	12	12	15	▼40
93	Adam Wainwright RC	4	4	5	▼12

2000 SPx

		NmMt 8	NmMt+ 8.5	MT 9	Gem 9.5/10
122	Roy Oswalt/1600 RC	15	20	30	50
148	Barry Zito AU/1500 RC	20	25	30	200

2000 Topps Traded

		NmMt 8	NmMt+ 8.5	MT 9	Gem 9.5/10
T38	Francisco Rodriguez RC	8	10	15	40
T40	Miguel Cabrera RC	▲120	▲120	▲150	▲300
T46	Mike Young RC	6	8	10	20

2000 Topps Traded Autographs

		NmMt 8	NmMt+ 8.5	MT 9	Gem 9.5/10
TTA29	Carlos Zambrano	12	15	25	150
TTA38	Francisco Rodriguez	15	20	25	60
TTA40	Miguel Cabrera	1,500	1,500	2,000	5,000
TTA46	Mike Young	40	50	100	250

2000 Topps Chrome Traded

		NmMt 8	NmMt+ 8.5	MT 9	Gem 9.5/10
T40	Miguel Cabrera RC	▲200	▲250	▲300	▲1,000
T46	Mike Young RC	6	8	12	25

		NmMt 8	NmMt+ 8.5	MT 9	Gem 9.5/10
T81	Adrian Gonzalez RC	8	10	15	30
T88	Adam Wainwright RC	▲10	▲12	▲20	▲60

2001 Bowman

		NmMt 8	NmMt+ 8.5	MT 9	Gem 9.5/10
264	Albert Pujols RC	100	▲120	▲200	500

2001 Bowman Autographs

		NmMt 8	NmMt+ 8.5	MT 9	Gem 9.5/10
BAAP	Albert Pujols	1,200	1,500	2,000	3,000

2001 Bowman Draft

		NmMt 8	NmMt+ 8.5	MT 9	Gem 9.5/10
BDP69	Chase Utley RC	▲60	▲60	▲120	▲200
BDP84	Ichiro Suzuki RC	60	60	100	600
BDP88	Bobby Crosby RC	5	5	10	30

2001 Bowman Chrome

		NmMt 8	NmMt+ 8.5	MT 9	Gem 9.5/10
164	Jose Reyes RC	▲30	▲40	▲60	▲250
169	Justin Morneau RC	12	15	▲25	▲80
183	Jake Peavy RC	▲25	▲30	▲50	▲120
340	Albert Pujols AU RC	10,000	12,000	15,000	60,000
351A	Ichiro Suzuki English RC	1,000	1,200	1,500	3,000
351B	Ichiro Suzuki Japan RC	1,000	1,200	1,500	3,000

2001 Bowman Heritage

		NmMt 8	NmMt+ 8.5	MT 9	Gem 9.5/10
304	Chase Utley RC	▲25	▲30	▲50	▲80
351	Albert Pujols SP RC	100	▼120	▼200	▲600
352	Ichiro Suzuki SP RC	▲60	▲80	▲120	▲500

2001 Bowman's Best

		NmMt 8	NmMt+ 8.5	MT 9	Gem 9.5/10
162	Ichiro Suzuki RC	▲150	150	200	400
166	Justin Morneau RC	5	6	10	25
174	Albert Pujols RC	▲400	▲500	▲600	▲1,000

2001 Donruss Rookies

		NmMt 8	NmMt+ 8.5	MT 9	Gem 9.5/10
R97	Albert Pujols UPD	80	100	▲200	▲600

2001 Donruss Elite

		NmMt 8	NmMt+ 8.5	MT 9	Gem 9.5/10
156	Albert Pujols SP RC	▲250	▲600	▲1,200	
195	Ichiro Suzuki SP RC	▲80	▲100	▲250	▲600
206	Victor Martinez/410 XRC	30	40	120	200
250	Mark Teixeira/543 XRC	20	25	50	200

2001 E-X

		NmMt 8	NmMt+ 8.5	MT 9	Gem 9.5/10
105	Ichiro Suzuki/1999 RC	30	40	100	200
131	Albert Pujols/499 RC	150	200	250	600

2001 Finest

		NmMt 8	NmMt+ 8.5	MT 9	Gem 9.5/10
134	Jose Reyes PROS RC	20	25	30	50

2001 Fleer Authority

		NmMt 8	NmMt+ 8.5	MT 9	Gem 9.5/10
101	Ichiro Suzuki RC	▲80	▲100	▲120	▲300
102	Albert Pujols RC	100	120	▲200	▲400
146	Mark Teixeira RC	10	10	12	20

2001 Fleer Platinum

		NmMt 8	NmMt+ 8.5	MT 9	Gem 9.5/10
301	Albert Pujols/1500 RC	60	80	150	250

2001 Fleer Premium

		NmMt 8	NmMt+ 8.5	MT 9	Gem 9.5/10
231	Ichiro Suzuki RC	100	100	120	250
233	Albert Pujols RC	▲80	▲100	▲200	300

2001 Fleer Tradition

		NmMt 8	NmMt+ 8.5	MT 9	Gem 9.5/10
451	Albert Pujols RC	60	▲80	100	▲250
452	Ichiro Suzuki RC	40	40	▼120	250

2001 Fleer Triple Crown

		NmMt 8	NmMt+ 8.5	MT 9	Gem 9.5/10
309	Albert Pujols/2999 RC	▲100	▲120	▲200	600

2001 Leaf Rookies and Stars

		NmMt 8	NmMt+ 8.5	MT 9	Gem 9.5/10
205	Albert Pujols RC	150	200	400	1,000
221	Mark Teixeira RC	20	25	40	100
273	Mark Prior RC	20	25	50	120

2001 SP Authentic

		NmMt 8	NmMt+ 8.5	MT 9	Gem 9.5/10
	Ichiro Suzuki FW RC	▲1,000	▲1,200	▲1,500	▲4,000
	Travis Hafner FW RC	30	40	50	200
26	Albert Pujols FW RC	1,200	▼2,000	▼2,500	▼6,000
	Mark Prior FW RC	8	10	12	25
	Mark Teixeira FW RC	15	20	40	60

2001 SPx

		NmMt 8	NmMt+ 8.5	MT 9	Gem 9.5/10
50	Ichiro Suzuki Jsy AU RC	2,500	3,000	5,000	20,000
06	Albert Pujols YS AU RC	▲1,000	▲1,200	▲1,500	▲2,500
07	Mark Teixeira YS AU RC	25	30	50	200
08	Mark Prior YS AU RC	10	12	20	40

2001 Sweet Spot

		NmMt 8	NmMt+ 8.5	MT 9	Gem 9.5/10
	Ichiro Suzuki SB RC	100	120	150	300
21	Albert Pujols SB RC	200	250	300	500
38	Mark Teixeira SB RC	10	12	15	30
39	Mark Prior SB RC	5	6	8	12

2001 Topps

		NmMt 8	NmMt+ 8.5	MT 9	Gem 9.5/10
26	Ichiro Suzuki RC	▲80	▲80	▲200	▲600

2001 Topps Traded

		NmMt 8	NmMt+ 8.5	MT 9	Gem 9.5/10
99	I.Suzuki/A.Pujols ROY	150	200	300	1,200
235	Justin Morneau RC	6	8	15	40
242	Jose Reyes RC	8	10	15	40
247	Albert Pujols RC	200	250	300	1,000

2001 Topps Chrome

		NmMt 8	NmMt+ 8.5	MT 9	Gem 9.5/10
96	Albert Pujols RC	200	▲250	▲300	▲1,000

2001 Topps Chrome Traded

		NmMt 8	NmMt+ 8.5	MT 9	Gem 9.5/10
99	I.Suzuki/A.Pujols ROY	250	300	▼400	▼1,500
235	Justin Morneau RC	5	6	10	15
242	Jose Reyes RC	15	20	25	60
247	Albert Pujols	250	300	1,500	1,500
266	Ichiro Suzuki RC	▼200	▼250	▼300	▲1,200

2001 Topps Gallery

		NmMt 8	NmMt+ 8.5	MT 9	Gem 9.5/10
35	Albert Pujols RC	▲60	▲80	▲100	▲150
51A	Ichiro Suzuki English RC	12	15	25	60
51B	Ichiro Suzuki Japan RC	12	15	25	60

2001 Topps Stars

		NmMt 8	NmMt+ 8.5	MT 9	Gem 9.5/10
98	Albert Pujols RC	50	50	100	150

2001 UD Reserve

		NmMt 8	NmMt+ 8.5	MT 9	Gem 9.5/10
81	Ichiro Suzuki SP RC	15	20	30	50
04	Albert Pujols SP RC	250	250	300	600

2001 Upper Deck Ovation

		NmMt 8	NmMt+ 8.5	MT 9	Gem 9.5/10
6	Ichiro Suzuki WP RC	▼100	▼100	▼150	▼250

2001 Upper Deck Victory

		NmMt 8	NmMt+ 8.5	MT 9	Gem 9.5/10
64	Ichiro Suzuki RC	20	20	30	50

2001 Upper Deck Vintage

		NmMt 8	NmMt+ 8.5	MT 9	Gem 9.5/10
46	Ichiro Suzuki RC	12	15	20	40

2002 Bowman Chrome

		NmMt 8	NmMt+ 8.5	MT 9	Gem 9.5/10
48	Jose Bautista SP RC	10	15	25	40
185	David Wright AU A RC	50	60	80	120
191	Joe Mauer AU A RC	200	250	300	500
03A	Kazuhisa Ishii AU B	30	40	50	80
04A	So Taguchi AU B	30	40	50	80

2002 Bowman Chrome Draft

		NmMt 8	NmMt+ 8.5	MT 9	Gem 9.5/10
	Zack Greinke RC	▲150	▲200	▲300	2,500
7	Cole Hamels RC	20	30	50	▲150
4	Joey Votto RC	▼80	▼100	150	▼600

2002 Bowman's Best

		NmMt 8	NmMt+ 8.5	MT 9	Gem 9.5/10
10	Joe Mauer AU A RC	40	120		
168	Francisco Liriano AU A RC	10	12	15	30

2002 Topps

		NmMt 8	NmMt+ 8.5	MT 9	Gem 9.5/10
622	Joe Mauer RC	40	40	80	▲200

2002 Upper Deck Prospect Premieres

		NmMt 8	NmMt+ 8.5	MT 9	Gem 9.5/10
12	Jon Lester XRC	6	8	20	40
14	Curtis Granderson XRC	5	5	8	12
25	Francisco Liriano XRC	5	5	8	12
92	Prince Fielder AU XRC	20	25	50	100
93	Zack Greinke AU XRC	▲120	▲150	▲200	▲300
95	Scott Kazmir AU XRC	6	8	12	20

2002 USA Baseball National Team

		NmMt 8	NmMt+ 8.5	MT 9	Gem 9.5/10
17	Dustin Pedroia	8	10	15	30

2003 Bowman Chrome Draft

		NmMt 8	NmMt+ 8.5	MT 9	Gem 9.5/10
51	Jon Papelbon RC	▲6	▲8	10	25
138	Ryan Howard RC	▲5	▲6	8	20

2003 Bowman Heritage Signs of Greatness

		NmMt 8	NmMt+ 8.5	MT 9	Gem 9.5/10
RC	Robinson Cano	40	40	80	200

2003 SP Authentic

		NmMt 8	NmMt+ 8.5	MT 9	Gem 9.5/10
181	Hid Matsui FW AU RC	150	200	250	400

2003 SPx

		NmMt 8	NmMt+ 8.5	MT 9	Gem 9.5/10
161	Hideki Matsui AU Jsy RC	150	200	250	400
382	Delm Young AU Jsy RC	20	25	30	60

2003 Upper Deck Prospect Premieres

		NmMt 8	NmMt+ 8.5	MT 9	Gem 9.5/10
7	Adam Jones XRC	5	6	10	15
16	Carlos Quentin XRC	6	8	12	25
17	Chad Billingsley XRC	6	8	12	25
73	Brandon Wood XRC	5	6	10	25
84	Nick Markakis XRC	5	6	10	25

2003 Upper Deck Prospect Premieres Autographs

		NmMt 8	NmMt+ 8.5	MT 9	Gem 9.5/10
P7	Adam Jones	50	60	80	200

2003 USA Baseball National Team

		NmMt 8	NmMt+ 8.5	MT 9	Gem 9.5/10
5	Justin Verlander	▼8	▼10	▼20	▼40

2004 Bowman Signs of the Future

		NmMt 8	NmMt+ 8.5	MT 9	Gem 9.5/10
JV	Joey Votto A	250	300	400	600

2004 Bowman Chrome

		NmMt 8	NmMt+ 8.5	MT 9	Gem 9.5/10
301	Yadier Molina RC	▼40	▼50	▼80	▼300
345	Felix Hernandez AU RC	▲100	▲120	▲150	▲250

2004 Bowman Chrome Draft AFLAC

		NmMt 8	NmMt+ 8.5	MT 9	Gem 9.5/10
AFL5	Andrew McCutchen	10	15	25	50

2004 Bowman Chrome Draft AFLAC Autograph Refractors

		NmMt 8	NmMt+ 8.5	MT 9	Gem 9.5/10
AAAM	Andrew McCutchen	200	250	300	500
AAJU	Justin Upton	50	60	80	120

2004 Bowman Heritage

		NmMt 8	NmMt+ 8.5	MT 9	Gem 9.5/10
30	Yadier Molina FY RC	40	50	100	200

2004 Bowman's Best

		NmMt 8	NmMt+ 8.5	MT 9	Gem 9.5/10
FH	Felix Hernandez FY AU RC	▲60	▲80	▲100	▲150
YM	Yadier Molina FY AU RC	200	▲400	▲600	1,000

2004 SP Prospects

		NmMt 8	NmMt+ 8.5	MT 9	Gem 9.5/10
339	Hunter Pence AU 600/RC	25	25	30	120
340	Dustin Pedroia AU 400/RC	40	50	150	250

2004 Topps

		NmMt 8	NmMt+ 8.5	MT 9	Gem 9.5/10
324	Yadier Molina FY RC	▲60	▲80	▲120	▼250

2004 Topps Traded

		NmMt 8	NmMt+ 8.5	MT 9	Gem 9.5/10
T144	Felix Hernandez FY RC	5	6	10	30

2004 Topps Chrome

		NmMt 8	NmMt+ 8.5	MT 9	Gem 9.5/10
219	Yadier Molina FY RC	▲120	▲150	▲200	▲500

2004 Topps Chrome Traded

		NmMt 8	NmMt+ 8.5	MT 9	Gem 9.5/10
T144	Felix Hernandez FY RC	20	25	40	80

2005 BBM Japan Rookie Edition

		NmMt 8	NmMt+ 8.5	MT 9	Gem 9.5/10
12	Yu Darvish	20	25	30	50

2005 Bowman Chrome

		NmMt 8	NmMt+ 8.5	MT 9	Gem 9.5/10
331	Justin Verlander AU RC	400	400	500	800

2005 Bowman Chrome Draft

		NmMt 8	NmMt+ 8.5	MT 9	Gem 9.5/10
BDP32	Jay Bruce FY RC	3	5	8	20
BDP63	Andrew McCutchen FY RC	▲8	▲10	12	30
BDP105	Troy Tulowitzki FY RC	6	▼8	▼10	▼25
BDP168	Ryan Braun AU B RC	30	40	50	80
BDP178	Ryan Zimmerman AU B RC	30	40	50	80

2005 Bowman Sterling

		NmMt 8	NmMt+ 8.5	MT 9	Gem 9.5/10
AM	Andrew McCutchen AU Jsy D RC	50	60	100	150
JV	J.Verlander AU Jsy A RC	▲200	▲250	▲300	▲600
RB	Ryan Braun AU A RC	15	20	25	40
RZ	Ryan Zimmerman RC	6	8	10	25
TT	Troy Tulowitzki RC	10	12	15	25

2005 SP Authentic

		NmMt 8	NmMt+ 8.5	MT 9	Gem 9.5/10
137	Justin Verlander AU RC	80	100	120	600
152	Nelson Cruz AU RC	30	50	60	80
159	Prince Fielder AU RC	25	30	40	100

2005 SPx

		NmMt 8	NmMt+ 8.5	MT 9	Gem 9.5/10
135	Justin Verlander AU RC	60	80	100	200
147	Nelson Cruz AU RC	30	40	50	100
153	Prince Fielder AU RC	20	25	30	60
169	Ubaldo Jimenez AU RC	15	20	25	50
173	Ryan Zimmerman AU RC	40	50	60	120

2005 Topps

		NmMt 8	NmMt+ 8.5	MT 9	Gem 9.5/10
677	Justin Verlander FY RC	40	40	60	120

2005 Topps Chrome

		NmMt 8	NmMt+ 8.5	MT 9	Gem 9.5/10
242	Justin Verlander FY AU RC	▲400	▲500	▲600	▲1,000
463	Yadier Molina	15	20	25	50

2005 Topps Chrome Update

		NmMt 8	NmMt+ 8.5	MT 9	Gem 9.5/10
169	Matthew Kemp FY RC	5	6	8	20
198	Ryan Braun FY RC	10	12	15	30
208	Ryan Zimmerman FY RC	10	12	15	30
234	A.McCutchen FY AU B RC	▼60	▼80	▼100	▼150

2005-06 USA Baseball Junior National Team

		NmMt 8	NmMt+ 8.5	MT 9	Gem 9.5/10
86	Clayton Kershaw	8	10	15	60

2005-06 USA Baseball National Team

		NmMt 8	NmMt+ 8.5	MT 9	Gem 9.5/10
56	Max Scherzer	8	12	25	100

2006 Bowman Chrome Prospects

		NmMt 8	NmMt+ 8.5	MT 9	Gem 9.5/10
BC1	Alex Gordon	12	12	20	30
BC239	Jon Lester AU	30	40	50	80

2006 Bowman Chrome Draft Draft Picks

		NmMt 8	NmMt+ 8.5	MT 9	Gem 9.5/10
66	Evan Longoria AU	30	40	50	100
84	Clayton Kershaw AU	▲800	▲1,200	▲1,500	▲2,500

2006 Bowman Heritage Prospects

		NmMt 8	NmMt+ 8.5	MT 9	Gem 9.5/10
85	Clayton Kershaw	▲40	▲40	▼50	▲120

2006 Bowman Sterling Prospects

		NmMt 8	NmMt+ 8.5	MT 9	Gem 9.5/10
CK	Clayton Kershaw AU A	▲300	▲400	▲500	▲1,000

2006-07 USA Baseball

		NmMt 8	NmMt+ 8.5	MT 9	Gem 9.5/10
45	Matt Harvey	6	8	12	50

2007 Bowman Draft Future's Game Prospects

		NmMt 8	NmMt+ 8.5	MT 9	Gem 9.5/10
BDPP77	Clayton Kershaw	25	25	50	100

2007 Bowman Chrome

		NmMt 8	NmMt+ 8.5	MT 9	Gem 9.5/10
210	Daisuke Matsuzaka RC	▲8	▲10	15	▲40
217	Tim Lincecum RC	5	6	10	▲25

2007 Bowman Chrome Prospects

		NmMt 8	NmMt+ 8.5	MT 9	Gem 9.5/10
BC238	Tim Lincecum AU	100	120	150	250

2007 Bowman Chrome Draft Draft Picks

		NmMt 8	NmMt+ 8.5	MT 9	Gem 9.5/10
BDPP12	Freddie Freeman	▲40	▲50	▲60	▲150
BDPP54	Jason Heyward	5	5	8	15
BDPP55	David Price	5	5	8	15
BDPP61	Madison Bumgarner	8	10	20	40

2007 Bowman Chrome Draft Future's Game Prospects

		NmMt 8	NmMt+ 8.5	MT 9	Gem 9.5/10
BDPP77	Clayton Kershaw	▲30	▲40	▲50	▲120

2007 Bowman Sterling Prospects

		NmMt 8	NmMt+ 8.5	MT 9	Gem 9.5/10
CK	Clayton Kershaw Jsy AU	▲200	▲250	▲300	▲500
JV	Joey Votto Jsy AU	60	80	100	150
MBB	Madison Bumgarner AU	▲50	▲60	80	▼100

2007 Bowman's Best

		NmMt 8	NmMt+ 8.5	MT 9	Gem 9.5/10
93	Tim Lincecum AU RC UER	30	40	50	100

2007 SPx

		NmMt 8	NmMt+ 8.5	MT 9	Gem 9.5/10
106	Tim Lincecum AU RC	40	50	60	150
120	Ryan Braun AU (RC)	15	20	25	50
128	Daisuke Matsuzaka AU RC	30	40	50	▼80

2007 Topps

		NmMt 8	NmMt+ 8.5	MT 9	Gem 9.5/10
40a	Derek Jeter w/Mantle/Bush	12	15	20	150

2007 Topps AFLAC

		NmMt 8	NmMt+ 8.5	MT 9	Gem 9.5/10
TB	Tim Beckham	60	80	120	200

2008 Bowman Chrome Prospects

		NmMt 8	NmMt+ 8.5	MT 9	Gem 9.5/10
BCP120	Madison Bumgarner AU	40	50	60	▲120

2008 Bowman Chrome Draft

		NmMt 8	NmMt+ 8.5	MT 9	Gem 9.5/10
BDP26a	Clayton Kershaw RC	▲40	▲50	▲80	▲400
BDP26b	Clayton Kershaw AU	500	600	800	1,200
BDP27b	Evan Longoria AU	30	40	50	80
BDP33	Max Scherzer RC	▲25	▲30	▲50	250

2008 Bowman Chrome Draft Prospects

		NmMt 8	NmMt+ 8.5	MT 9	Gem 9.5/10
BDPP115	Michael Stanton AU	200	150	200	300
BDPP128	Buster Posey AU	300	400	500	800

2008 Bowman Sterling Prospects

		NmMt 8	NmMt+ 8.5	MT 9	Gem 9.5/10
BP	Buster Posey AU	▼120	▲150	▲200	▲300

2008 Donruss Elite Extra Edition

		NmMt 8	NmMt+ 8.5	MT 9	Gem 9.5/10
121	Dominic Brown AU/996	25	30	40	80
123	Gordon Beckham AU/710	8	10	12	30
156	Rick Porcello AU/1299	10	12	15	30
177	Buster Posey AU/934	60	80	150	250

2008 Playoff Contenders

		NmMt 8	NmMt+ 8.5	MT 9	Gem 9.5/10
63	Buster Posey AU	▲80	▲100	▲150	▲300
66	Chris Davis AU	15	20	25	50
117	Rick Porcello AU	10	12	15	40

2008 SPx

		NmMt 8	NmMt+ 8.5	MT 9	Gem 9.5/10
150	Max Scherzer AU RC	120	150	200	500

2008 Topps Update

		NmMt 8	NmMt+ 8.5	MT 9	Gem 9.5/10
UH240	Clayton Kershaw RC	▲120	▲120	200	▲500
UH280	Max Scherzer RC	▼40	▼50	▼60	▼120

2008 Topps Chrome

		NmMt 8	NmMt+ 8.5	MT 9	Gem 9.5/10
193	Evan Longoria RC	20	30	40	100
196	Joey Votto (RC)	▲40	▲50	▲100	▲250

2009 Bowman AFLAC

		NmMt 8	NmMt+ 8.5	MT 9	Gem 9.5/10
BH	Bryce Harper	120	150	200	400
KB2	Kris Bryant	60	80	100	250

2009 Bowman Chrome Prospects

		NmMt 8	NmMt+ 8.5	MT 9	Gem 9.5/10
BCP101	Freddie Freeman AU	▲400	▲500	▲800	▲1,200

2009 Bowman Chrome WBC Prospects

		NmMt 8	NmMt+ 8.5	MT 9	Gem 9.5/10
BCW1	Yu Darvish	6	8	10	20
BCW12	Aroldis Chapman	4	5	8	20
BCW30	Masahiro Tanaka	8	10	15	30
BCW49	Yoennis Cespedes	5	6	10	25

2009 Bowman Chrome Draft Prospects

		NmMt 8	NmMt+ 8.5	MT 9	Gem 9.5/10
BDPP85	Steve Matz AU	30	40	50	80
BDPP86	Zack Wheeler AU	30	40	50	80
BDPP89	Mike Trout AU	▼4,000	▼4,000	▼5,000	▲8,000

2009 Bowman Chrome Draft WBC Prospects

		NmMt 8	NmMt+ 8.5	MT 9	Gem 9.5/10
BDPW2	Yu Darvish	6	8	12	30

2009 Bowman Sterling Prospects

		NmMt 8	NmMt+ 8.5	MT 9	Gem 9.5/10
MT	Mike Trout AU	1,000	▼1,000	▼1,200	▼2,000

2009 Donruss Elite Extra Edition

		NmMt 8	NmMt+ 8.5	MT 9	Gem 9.5/10
57	Mike Trout AU/495	▼800	▼800	▼1,000	▼2,000

2009 Donruss Elite Extra Edition Signature Turn of the Century

		NmMt 8	NmMt+ 8.5	MT 9	Gem 9.5/10
6	Nolan Arenado AU/844	50	60	100	200
57	Mike Trout AU/149	1,500	2,000	3,000	6,000
150	Aroldis Chapman AU/149	40	50	60	120

2009 Topps Chrome World Baseball Classic

		NmMt 8	NmMt+ 8.5	MT 9	Gem 9.5/10
W37	Masahiro Tanaka	25	30	40	150

2009 TRISTAR Prospects Plus

		NmMt 8	NmMt+ 8.5	MT 9	Gem 9.5/10
20	Michael Trout	15	20	30	80

2009 Upper Deck Signature Stars USA Star Prospects

		NmMt 8	NmMt+ 8.5	MT 9	Gem 9.5/10
USA8	Bryce Harper	12	15	20	60

2010 Bowman

		NmMt 8	NmMt+ 8.5	MT 9	Gem 9.5/10
200	Jason Heyward RC	5	6	10	15
208	Buster Posey RC	▲30	▲40	▲50	▲100

2010 Bowman Prospects

		NmMt 8	NmMt+ 8.5	MT 9	Gem 9.5/10
BP1a	Stephen Strasburg	6	8	12	25
BP1b	Stephen Strasburg AU	▼40	▼50	▼60	▼100

2010 Bowman Draft

		NmMt 8	NmMt+ 8.5	MT 9	Gem 9.5/10
BDP1	Stephen Strasburg RC	5	6	10	20

2010 Bowman Draft Prospects

		NmMt 8	NmMt+ 8.5	MT 9	Gem 9.5/10
BDPP47	Russell Wilson	12	▼15	▼20	▼40
BDPP80	Manny Machado	▲15	▲20	▲40	▲80
BDPP84	Matt Harvey	4	5	10	20

2010 Bowman Chrome

		NmMt 8	NmMt+ 8.5	MT 9	Gem 9.5/10
198B	Mike Stanton RC	▲15	▲20	▲30	▲60
205A	Stephen Strasburg RC	▲8	▲10	15	30
205B	Stephen Strasburg AU	25	40	50	80

2010 Bowman Chrome 18U USA Baseball

		NmMt 8	NmMt+ 8.5	MT 9	Gem 9.5/10
18BC8	Bryce Harper	50	60	100	150

2010 Bowman Chrome 18U USA Baseball Autographs

		NmMt 8	NmMt+ 8.5	MT 9	Gem 9.5/10
FL	Francisco Lindor	▲100	▲120	▲150	▲250

2010 Bowman Chrome Prospects

		NmMt 8	NmMt+ 8.5	MT 9	Gem 9.5/10
BCP91B	Nolan Arenado AU	▼150	▼200	▼250	▼400
BCP101B	Anthony Rizzo AU	▲100	▲120	▲150	▲250
BCP124	Salvador Perez UER	▲40	▲50	▲80	▲200
BCP137	Jose Altuve	40	▼40	▼50	▲200

2010 Bowman Chrome Draft

		NmMt 8	NmMt+ 8.5	MT 9	Gem 9.5/10
BDP1B	Stephen Strasburg AU	150	200	250	400
BDP30	Mike Stanton RC	▲20	▲25	▲40	▲150
BDP61	Buster Posey RC	▲20	25	▼40	▲150

2010 Bowman Chrome Draft Prospect Autographs

		NmMt 8	NmMt+ 8.5	MT 9	Gem 9.5/10
BDPP78	Christian Yelich	50	60	80	120
BDPP80	Manny Machado	▲200	▲250	▲300	▲800
BDPP92	Chris Sale	60	80	100	150

2010 Bowman Chrome Draft Prospects

		NmMt 8	NmMt+ 8.5	MT 9	Gem 9.5/10
BDPP47	Russell Wilson	15	20	25	50
BDPP78	Christian Yelich	10	15	20	50
BDPP80	Manny Machado	15	20	30	60
BDPP95	Alex Bregman	6	10	20	30
BDPP104	Matt Olson	15	25	50	80
BDPP108	Corey Seager	8	12	25	40

2010 Bowman Chrome Draft USA Baseball Autographs

		NmMt 8	NmMt+ 8.5	MT 9	Gem 9.5/10
USAA5	Alex Bregman	50	60	80	120
USAA14	Matt Olson	100	120	150	250
USAA18	Corey Seager	80	100	120	200

2010 Bowman Platinum

		NmMt 8	NmMt+ 8.5	MT 9	Gem 9.5/10
1	Stephen Strasburg RC	5	6	8	15
18	Buster Posey RC	25	25	30	60
73	Madison Bumgarner RC	6	8	12	20
86	Mike Stanton RC	20	20	20	50

2010 Bowman Platinum Prospect Autographs Refractors

		NmMt 8	NmMt+ 8.5	MT 9	Gem 9.5/10
ACH	Aroldis Chapman	20	25	30	50
FF	Freddie Freeman	40	50	100	200
JDM	J.D. Martinez	30	40	60	100
MS	Miguel Sano	12	15	30	50
MT	Mike Trout	800	800	▼1,000	▼1,500
PG	Paul Goldschmidt	60	80	120	250

2010 Bowman Platinum Prospects

		NmMt 8	NmMt+ 8.5	MT 9	Gem 9.5/10
PP5	Mike Trout	50	50	80	▲200

2010 Bowman Sterling Prospect Autographs

		NmMt 8	NmMt+ 8.5	MT 9	Gem 9.5/10
CS	Chris Sale	30	40	50	80
CY	Christian Yelich	40	50	60	100

2010 Bowman Sterling Rookie Autographs

		NmMt 8	NmMt+ 8.5	MT 9	Gem 9.5/10
1	Stephen Strasburg	30	40	50	80

2010 Donruss Elite Extra Edition

		NmMt 8	NmMt+ 8.5	MT 9	Gem 9.5/10
103	Chris Sale AU/655	30	40	60	80
132	Manny Machado AU/425	60	60	80	120
147	Christian Yelich AU/815	▼30	▼40	▼50	▼80
191	Paul Goldschmidt AU/820	50	60	100	120

2010 Donruss Elite Extra Edition Franchise Futures Signatures

		NmMt 8	NmMt+ 8.5	MT 9	Gem 9.5/10
46	Matt Harvey/149	80	100	120	200

2010 Topps

		NmMt 8	NmMt+ 8.5	MT 9	Gem 9.5/10
2	Buster Posey RC	30	40	50	100
105	Madison Bumgarner RC	6	8	12	20

2010 Topps Red Hot Rookie Redemption

		NmMt 8	NmMt+ 8.5	MT 9	Gem 9.5/10
RHR8	Stephen Strasburg	15	20	25	40

2010 Topps 206

		NmMt 8	NmMt+ 8.5	MT 9	Gem 9.5/10
5	Stephen Strasburg RC	6	8	12	30

2010 Topps Chrome

		NmMt 8	NmMt+ 8.5	MT 9	Gem 9.5/10
12	Stephen Strasburg RC	12	15	20	30

2010 Topps Chrome Rookie Autographs

		NmMt 8	NmMt+ 8.5	MT 9	Gem 9.5/10
30	Mike Stanton	100	120	150	250
12	Stephen Strasburg	▲80	▲100	▲120	▲200

2010 Topps Chrome Wrapper Redemption Refractors

		NmMt 8	NmMt+ 8.5	MT 9	Gem 9.5/10
90	Mike Stanton	25	30	50	100
12	Stephen Strasburg	12	15	20	30
21	Buster Posey	120	150	200	▲400

2010 Upper Deck

		NmMt 8	NmMt+ 8.5	MT 9	Gem 9.5/10
8	Buster Posey RC	20	25	40	60

2011 Bowman Bowman's Best Prospects

		NmMt 8	NmMt+ 8.5	MT 9	Gem 9.5/10
BP1	Bryce Harper	8	10	25	60
BP9	Mike Trout	▼60	▼80	▼100	▼200
BP51	Bryce Harper	8	10	12	50
BP55	Manny Machado	5	6	10	25

2011 Bowman Prospect Autographs

		NmMt 8	NmMt+ 8.5	MT 9	Gem 9.5/10
MM	Manny Machado	▲100	▲120	▲150	▲250

2011 Bowman Prospects

		NmMt 8	NmMt+ 8.5	MT 9	Gem 9.5/10
P1A	Bryce Harper	5	6	12	30
P1B	Bryce Harper AU	300	400	500	800

2011 Bowman Chrome

		NmMt 8	NmMt+ 8.5	MT 9	Gem 9.5/10
175	Mike Trout RC	200	200	250	▲600
185	Freddie Freeman RC	▲50	▲60	▲80	200
196B	Eric Hosmer AU	40	50	60	100

2011 Bowman Chrome 18U USA National Team Autographs Refractors

		NmMt 8	NmMt+ 8.5	MT 9	Gem 9.5/10
18U2	Alex Bregman	50	60	80	120
18U28	Jesse Winker	50	60	80	120

2011 Bowman Chrome Bryce Harper Retail Exclusive

		NmMt 8	NmMt+ 8.5	MT 9	Gem 9.5/10
CE1G	Bryce Harper Gold	15	20	25	50
CE1R	Bryce Harper Red	6	8	12	25
CE1S	Bryce Harper Silver	6	8	12	25

2011 Bowman Chrome Prospect Autographs

		NmMt 8	NmMt+ 8.5	MT 9	Gem 9.5/10
CP92	J.D. Martinez	30	40	50	80
CP99	Paul Goldschmidt	▲150	▲200	▲250	▲400
CP111B	Bryce Harper	▲600	800	1,000	1,500
CP165	Nathan Eovaldi	30	40	50	80

2011 Bowman Chrome Prospects

		NmMt 8	NmMt+ 8.5	MT 9	Gem 9.5/10
CP1	Bryce Harper	15	30	40	60
CP111	Bryce Harper	15	20	25	60

2011 Bowman Chrome Rookie Autographs

		NmMt 8	NmMt+ 8.5	MT 9	Gem 9.5/10
105	Freddie Freeman	▲250	▲300	▲400	▲800

2011 Bowman Chrome Draft

		NmMt 8	NmMt+ 8.5	MT 9	Gem 9.5/10
1	Jose Altuve RC	▲50	▲60	▲100	▲200
101	Mike Trout RC	150	200	250	500
108	Paul Goldschmidt RC	▼15	▼20	▼25	▼60

2011 Bowman Chrome Draft Prospects

		NmMt 8	NmMt+ 8.5	MT 9	Gem 9.5/10
BDPP18	Dylan Bundy	5	6	12	20
BDPP29	Jose Fernandez	6	8	12	25

2011 Bowman Chrome Draft Prospect Autographs

		NmMt 8	NmMt+ 8.5	MT 9	Gem 9.5/10
BN	Brandon Nimmo	▼40	▼50	▼60	▼100
BSN	Blake Snell	30	40	50	▼80
FL	Francisco Lindor	▲200	▲250	▲300	▲500
	Jose Fernandez	▼40	▼50	▼60	▼120
TB	Trevor Bauer	▲50	▲60	▲80	▲120

2011 Bowman Draft

		NmMt 8	NmMt+ 8.5	MT 9	Gem 9.5/10
101	Mike Trout RC	▲150	▲150	▲250	▲500

2011 Bowman Draft Bryce Harper Green Border Autograph

		NmMt 8	NmMt+ 8.5	MT 9	Gem 9.5/10
BH	Bryce Harper	▲400	▲500	▲600	▲1,000

2011 Bowman Platinum

		NmMt 8	NmMt+ 8.5	MT 9	Gem 9.5/10
57	Freddie Freeman RC	▲40	▲50	▲60	▲120

2011 Bowman Platinum Prospect Autograph Refractors

		NmMt 8	NmMt+ 8.5	MT 9	Gem 9.5/10
BH	Bryce Harper	250	300	400	600
MH	Matt Harvey	15	20	25	40
MM	Manny Machado	50	50	60	100

2011 Bowman Sterling

		NmMt 8	NmMt+ 8.5	MT 9	Gem 9.5/10
15	Jose Altuve RC	80	100	150	250
22	Mike Trout RC	▼300	▼400	▼500	▼800
27	Paul Goldschmidt RC	50	60	80	120

2011 Bowman Sterling Prospect Autographs

		NmMt 8	NmMt+ 8.5	MT 9	Gem 9.5/10
FL	Francisco Lindor	▲60	▲80	▲100	▲150
TB	Trevor Bauer	30	40	50	80

2011 Bowman Sterling Rookie Autographs

		NmMt 8	NmMt+ 8.5	MT 9	Gem 9.5/10
4	Anthony Rizzo	▲40	▲50	▲60	▲100
6	Eric Hosmer	30	40	50	80
7	Freddie Freeman	▲200	▲250	▲300	▲600

2011 Donruss Elite Extra Edition Prospects

		NmMt 8	NmMt+ 8.5	MT 9	Gem 9.5/10
P4	Dylan Bundy AU/435	50	60	80	100

2011 Finest

		NmMt 8	NmMt+ 8.5	MT 9	Gem 9.5/10
94	Mike Trout RC	▲250	▲300	▲400	▲800

2011 Finest Rookie Autographs Refractors

		NmMt 8	NmMt+ 8.5	MT 9	Gem 9.5/10
84	Mike Trout	1,000	2,000	2,500	3,000

2011 Leaf Metal Draft

		NmMt 8	NmMt+ 8.5	MT 9	Gem 9.5/10
JF1	Jose Fernandez	20	25	30	50
MM1	Manny Machado	30	40	50	80
XB1	Xander Bogaerts	20	25	30	50

2011 Playoff Contenders

		NmMt 8	NmMt+ 8.5	MT 9	Gem 9.5/10
17	Mike Trout RC	40	60	100	400

2011 Topps Update

		NmMt 8	NmMt+ 8.5	MT 9	Gem 9.5/10
US47	Paul Goldschmidt RC	▲30	▲40	▲50	▲80
US55	Anthony Rizzo RC	▲30	▲30	▲40	▲60
US132	Jose Altuve RC	▲50	▲50	▲60	▲100
US175	Mike Trout RC	400	400	500	1,000
US186	J.D. Martinez RC	12	15	20	40

2011 Topps Chrome Rookie Autographs

		NmMt 8	NmMt+ 8.5	MT 9	Gem 9.5/10
170	Eric Hosmer	40	50	60	100
173	Freddie Freeman	250	300	▲600	
195	Craig Kimbrel	50	60	80	120
205	Chris Sale	80	100	120	200

2011 USA Baseball Autographs

		NmMt 8	NmMt+ 8.5	MT 9	Gem 9.5/10
A51	Joey Gallo	30	40	50	80

2012 Bowman

		NmMt 8	NmMt+ 8.5	MT 9	Gem 9.5/10
209A	Yu Darvish RC	8	10	15	30

2012 Bowman Prospects

		NmMt 8	NmMt+ 8.5	MT 9	Gem 9.5/10
BP10	Bryce Harper	20	20	30	50

2012 Bowman Chrome

		NmMt 8	NmMt+ 8.5	MT 9	Gem 9.5/10
84	Yu Darvish RC	8	10	15	25
157	Mike Trout	25	30	40	80
214	Bryce Harper RC	30	50	60	80

2012 Bowman Chrome Prospect Autographs

		NmMt 8	NmMt+ 8.5	MT 9	Gem 9.5/10
NC	Nick Castellanos	50	60	80	120
BCP86	Gerrit Cole	▼120	150	200	300

2012 Bowman Chrome Prospects

		NmMt 8	NmMt+ 8.5	MT 9	Gem 9.5/10
BCP10	Bryce Harper	20	25	30	50
BCP105	Xander Bogaerts	8	10	15	25
BCP120	Jorge Soler	8	10	15	25
BCP182	Gregory Polanco	10	12	20	30
BCP217	Manny Machado	20	25	30	50

2012 Bowman Chrome Rookie Autographs

		NmMt 8	NmMt+ 8.5	MT 9	Gem 9.5/10
BH	Bryce Harper	200	250	300	500
TB	Trevor Bauer	30	40	50	80
YD	Yu Darvish	120	150	200	300
209	Yu Darvish	120	150	200	300

2012 Bowman Chrome Draft

		NmMt 8	NmMt+ 8.5	MT 9	Gem 9.5/10
10	Bryce Harper RC	30	40	50	▲100
50	Yu Darvish RC	5	6	10	25

2012 Bowman Chrome Draft Draft Pick Autographs

		NmMt 8	NmMt+ 8.5	MT 9	Gem 9.5/10
CS	Corey Seager	▲120	▲150	▲200	▲300
MF	Max Fried	▲60	▲80	▲100	▲150

2012 Bowman Chrome Draft Rookie Autographs

		NmMt 8	NmMt+ 8.5	MT 9	Gem 9.5/10
BH	Bryce Harper	▲250	▲300	▲500	▼100
YD	Yu Darvish	120	150	200	300

2012 Bowman Draft

		NmMt 8	NmMt+ 8.5	MT 9	Gem 9.5/10
10	Bryce Harper RC	20	20	40	60
50	Yu Darvish RC	5	6	10	25

2012 Bowman Platinum

		NmMt 8	NmMt+ 8.5	MT 9	Gem 9.5/10
9	Yu Darvish RC	8	10	15	25
16	Mike Trout	25	30	40	600
56	Bryce Harper RC	30	40	50	150

2012 Bowman Platinum Prospect Autographs

		NmMt 8	NmMt+ 8.5	MT 9	Gem 9.5/10
YC	Yoenis Cespedes	25	30	50	80
YD	Yu Darvish	60	80	120	200

2012 Bowman Sterling Prospect Autographs

		NmMt 8	NmMt+ 8.5	MT 9	Gem 9.5/10
CS	Corey Seager	▲50	▲60	▲80	▲120
FL	Francisco Lindor	30	40	50	80
GCO	Gerrit Cole	50	60	80	120
MF	Max Fried	30	40	50	80

2012 Bowman Sterling Rookie Autographs

		NmMt 8	NmMt+ 8.5	MT 9	Gem 9.5/10
BH	Bryce Harper	250	300	400	600
MT	Mike Trout	600	800	1,000	1,500
YD	Yu Darvish	100	120	150	250

2012 Elite Extra Edition

		NmMt 8	NmMt+ 8.5	MT 9	Gem 9.5/10
101	Carlos Correa AU/470	▼40	▼50	▼60	▼80
102	Byron Buxton AU/599	20	25	30	50
113	Corey Seager AU/330	60	80	100	150

2012 Finest

		NmMt 8	NmMt+ 8.5	MT 9	Gem 9.5/10
35	Yu Darvish RC	6	8	15	30
73	Bryce Harper RC	40	40	50	▼80

2012 Leaf Ultimate Draft

		NmMt 8	NmMt+ 8.5	MT 9	Gem 9.5/10
YP1	Yasiel Puig	300	350	400	500

2012 Panini Prizm

		NmMt 8	NmMt+ 8.5	MT 9	Gem 9.5/10
50	Mike Trout	▲30	▲30	40	▼60
151	Bryce Harper	4	5	8	15
152	Bryce Harper RC	▲30	▲30	▲40	▲80

2012 Panini Prizm Rookie Autographs

		NmMt 8	NmMt+ 8.5	MT 9	Gem 9.5/10
RMH	Matt Harvey	30	40	50	100

2012 Topps

	NmMt 8	NmMt+ 8.5	MT 9	Gem 9.5/10
446 Mike Trout	20	25	30	50
660A Yu Darvish RC	5	6	10	30

2012 Topps Update

	NmMt 8	NmMt+ 8.5	MT 9	Gem 9.5/10
US183 Bryce Harper RC	25	30	40	80
US299A Bryce Harper	10	12	20	30

2012 Topps Archives

	NmMt 8	NmMt+ 8.5	MT 9	Gem 9.5/10
119 Yu Darvish RC	5	6	10	25

2012 Topps Chrome

	NmMt 8	NmMt+ 8.5	MT 9	Gem 9.5/10
151A Yu Darvish Arm Back RC	6	8	12	25
196A Bryce Harper Hitting RC	8	10	15	50

2012 Topps Chrome Rookie Autographs

	NmMt 8	NmMt+ 8.5	MT 9	Gem 9.5/10
BH Bryce Harper	▲500	▲600	▲1,000	▲1,500
TB Trevor Bauer	50	60	80	120
151 Yu Darvish	30	40	50	80

2012 Topps Heritage

	NmMt 8	NmMt+ 8.5	MT 9	Gem 9.5/10
207 Mike Trout	▲50	▲50	60	120
H650 Bryce Harper RC	▲600	▲600	▲800	1,500

2013 Bowman

	NmMt 8	NmMt+ 8.5	MT 9	Gem 9.5/10
215 Manny Machado RC	15	20	25	50

2013 Bowman Prospects

	NmMt 8	NmMt+ 8.5	MT 9	Gem 9.5/10
BP1 Byron Buxton	5	6	10	30
BP100 Carlos Correa	10	12	15	25

2013 Bowman Chrome

	NmMt 8	NmMt+ 8.5	MT 9	Gem 9.5/10
78 Yasiel Puig RC	5	6	12	20
147 Didi Gregorius RC	4	5	8	15
205 Manny Machado RC	20	25	30	50

2013 Bowman Chrome Cream of the Crop Mini Refractors

	NmMt 8	NmMt+ 8.5	MT 9	Gem 9.5/10
LAD3 Yasiel Puig	12	15	20	40

2013 Bowman Chrome Prospect Autographs

	NmMt 8	NmMt+ 8.5	MT 9	Gem 9.5/10
BB Byron Buxton	▼30	▼40	▼50	▼80
CC Carlos Correa	▼40	▼50	▼60	▼100
MO Matt Olson	60	▲80	▲100	▼150
TG Tyler Glasnow	▲40	▲50	▲60	100

2013 Bowman Chrome Prospects

	NmMt 8	NmMt+ 8.5	MT 9	Gem 9.5/10
BCP100 Carlos Correa	8	10	15	25

2013 Bowman Chrome Rookie Autographs

	NmMt 8	NmMt+ 8.5	MT 9	Gem 9.5/10
EG Evan Gattis	30	40	50	80
HJR Hyun-Jin Ryu	80	100	120	200
MM Manny Machado	100	120	150	250
WM Wil Myers	30	40	50	80

2013 Bowman Chrome Draft

	NmMt 8	NmMt+ 8.5	MT 9	Gem 9.5/10
1 Yasiel Puig RC	6	8	10	20

2013 Bowman Chrome Draft Draft Pick Autographs

	NmMt 8	NmMt+ 8.5	MT 9	Gem 9.5/10
AJ Aaron Judge	▲2,000	▲2,500	▲3,000	▲5,000
KB Kris Bryant	▲50	▲60	▲80	▲120

2013 Bowman Chrome Draft Draft Picks

	NmMt 8	NmMt+ 8.5	MT 9	Gem 9.5/10
BDPP19 Aaron Judge	▲200	▲250	▲300	▲500

2013 Bowman Chrome Draft Rookie Autographs

	NmMt 8	NmMt+ 8.5	MT 9	Gem 9.5/10
YP Yasiel Puig	150	200	250	400

2013 Bowman Chrome Draft Top Prospects

	NmMt 8	NmMt+ 8.5	MT 9	Gem 9.5/10
TP10 Carlos Correa	8	10	15	20

2013 Bowman Chrome Mini

	NmMt 8	NmMt+ 8.5	MT 9	Gem 9.5/10
311 Aaron Judge	▲60	▲100	▲120	▲200

2013 Bowman Draft

	NmMt 8	NmMt+ 8.5	MT 9	Gem 9.5/10
1 Yasiel Puig RC	5	6	10	20

2013 Bowman Draft Draft Picks

	NmMt 8	NmMt+ 8.5	MT 9	Gem 9.5/10
BDPP19 Aaron Judge	▲60	▲80	▲100	▲200

2013 Bowman Draft Top Prospects

	NmMt 8	NmMt+ 8.5	MT 9	Gem 9.5/10
TP10 Carlos Correa	6	8	12	25

2013 Bowman Platinum Prospect Autographs

	NmMt 8	NmMt+ 8.5	MT 9	Gem 9.5/10
CC Carlos Correa	50	60	80	200

2013 Bowman Sterling

	NmMt 8	NmMt+ 8.5	MT 9	Gem 9.5/10
32 Yasiel Puig RC	10	12	25	40

2013 Bowman Sterling Prospect Autographs

	NmMt 8	NmMt+ 8.5	MT 9	Gem 9.5/10
AJ Aaron Judge	▲800	▲800	▲1,000	▲1,500

2013 Bowman Sterling Prospects

	NmMt 8	NmMt+ 8.5	MT 9	Gem 9.5/10
11 Kris Bryant	15	20	30	50

2013 Bowman Sterling Rookie Autographs

	NmMt 8	NmMt+ 8.5	MT 9	Gem 9.5/10
JF Jose Fernandez	30	40	50	80
NA Nolan Arenado	80	80	150	250
YP Yasiel Puig	100	120	150	250

2013 Elite Extra Edition

	NmMt 8	NmMt+ 8.5	MT 9	Gem 9.5/10
102 Kris Bryant AU/324	20	25	30	50
107 Austin Meadows AU/322	15	20	25	80
111 J.P. Crawford AU/411	15	20	25	40
116 Alex Gonzalez AU/420	15	20	25	40
122 Aaron Judge AU/599	▲400	▲500	▲600	▲1,000
158 Cody Bellinger AU/673	60	120	150	400
185 Rosell Herrera AU/174 EXCH	20	25	30	50

2013 Elite Extra Edition Franchise Futures Signatures

	NmMt 8	NmMt+ 8.5	MT 9	Gem 9.5/10
71 Gleyber Torres/250	100	120	150	250

2013 Finest

	NmMt 8	NmMt+ 8.5	MT 9	Gem 9.5/10
80 Manny Machado RC	15	15	20	30
91 Yasiel Puig RC	5	6	10	20

2013 Topps

	NmMt 8	NmMt+ 8.5	MT 9	Gem 9.5/10
270A Manny Machado RC	5	6	10	25

2013 Topps Update

	NmMt 8	NmMt+ 8.5	MT 9	Gem 9.5/10
US250A Yasiel Puig RC	5	6	10	20
US259 Nolan Arenado RC	15	15	25	40
US290 Christian Yelich RC	15	20	25	40

2013 Topps Chrome

	NmMt 8	NmMt+ 8.5	MT 9	Gem 9.5/10
12 Manny Machado RC	20	20	▼30	80
78 Nolan Arenado RC	30	30	40	80
138A Yasiel Puig RC	6	8	12	25

2013 Topps Chrome Rookie Autographs

	NmMt 8	NmMt+ 8.5	MT 9	Gem 9.5/10
CY Christian Yelich	▼50	▼60	▼80	▼120
GC Gerrit Cole	60	80	100	150
YP Yasiel Puig	40	50	60	100
12 Manny Machado	150	200	250	400
25 Hyun-Jin Ryu	60	80	100	150
78 Nolan Arenado	▼150	▼200	▼250	▼400
128 Anthony Rendon	50	60	80	120

2013 Topps Heritage

	NmMt 8	NmMt+ 8.5	MT 9	Gem 9.5/10
201 Manny Machado RC / Dylan Bundy RC	6	8	12	25
H519 Nolan Arenado RC	▲30	▲40	▲50	▼80
H536 Christian Yelich RC	15	20	25	▼40
H568 Zack Wheeler RC	15	20	30	50
H596 Gerrit Cole RC	12	15	30	50

2014 Bowman Prospects

	NmMt 8	NmMt+ 8.5	MT 9	Gem 9.5/10
BP25 Kris Bryant	▼8	▼10	▼12	▼20
BP73 Jacob deGrom	15	15	25	40
BP109 Mookie Betts	25	30	40	80

2014 Bowman Chrome Fire Die-Cut Refractors

	NmMt 8	NmMt+ 8.5	MT 9	Gem 9.5/10
FDCKB Kris Bryant	12	15	25	40

2014 Bowman Chrome Mini

	NmMt 8	NmMt+ 8.5	MT 9	Gem 9.5/10
MCKB Kris Bryant	8	10	12	20

2014 Bowman Chrome Prospect Autographs

	NmMt 8	NmMt+ 8.5	MT 9	Gem 9.5/10
BCAPDWI Devin Williams	30	40	50	80
BCAPED Edwin Diaz	30	40	50	80
BCAPKB Kris Bryant	▼30	▼40	▼50	▼80
BCAPKM Ketel Marte	▲50	▲60	▲80	120
BCAPMB Mookie Betts	▲1,000	▲1,200	▲1,500	▲2,500

2014 Bowman Chrome Prospects

	NmMt 8	NmMt+ 8.5	MT 9	Gem 9.5/10
BCP25 Kris Bryant	10	12	15	25
BCP109 Mookie Betts	25	25	50	120

2014 Bowman Chrome Draft

	NmMt 8	NmMt+ 8.5	MT 9	Gem 9.5/10
CDP2 Kyle Schwarber	6	8	20	50
CDP122 Rhys Hoskins	8	10	12	30

2014 Bowman Chrome Draft Draft Pick Autographs

	NmMt 8	NmMt+ 8.5	MT 9	Gem 9.5/10
BCAAN Aaron Nola	30	▲40	▼50	▼80
BCAAV Alex Verdugo	30	40	50	80
BCAKS Kyle Schwarber	▲60	▲80	▲100	▲150
BCAMCH Matt Chapman	▲60	▲80	▲100	▲150
BCATTT Trea Turner	▲80	▲100	▲120	▲200

2014 Bowman Chrome Draft Top Prospects

	NmMt 8	NmMt+ 8.5	MT 9	Gem 9.5/10
CTP33 Eloy Jimenez	10	20	30	40
CTP39 Aaron Judge	▲40	▲50	▲60	▲100
CTP62 Kris Bryant	12	15	25	50

2014 Bowman Draft

	NmMt 8	NmMt+ 8.5	MT 9	Gem 9.5/10
DP2 Kyle Schwarber	8	10	15	30

2014 Bowman Draft Top Prospects

	NmMt 8	NmMt+ 8.5	MT 9	Gem 9.5/10
TP37 Rafael Devers	15	20	25	50
TP39 Aaron Judge	▲40	▲50	▲60	▲120
TP62 Kris Bryant	8	10	20	30

2014 Bowman Platinum Prospect Autographs

	NmMt 8	NmMt+ 8.5	MT 9	Gem 9.5/10
APCCO Carlos Correa	30	40	50	100
APCFR Clint Frazier	20	25	30	50
APJBA Javier Baez	40	50	60	100
APKB Kris Bryant	250	300	350	500

2014 Bowman Sterling Prospect Autographs

	NmMt 8	NmMt+ 8.5	MT 9	Gem 9.5/10
BSPAFL Francisco Lindor	25	30	50	80

2014 Bowman Sterling Rookie Autographs

	NmMt 8	NmMt+ 8.5	MT 9	Gem 9.5/10
BSRAMB Mookie Betts	▲300	▲400	▲500	▲1,000

2014 Topps

	NmMt 8	NmMt+ 8.5	MT 9	Gem 9.5/10
424 Jose Ramirez RC	40	50	60	120

2014 Topps Update

	NmMt 8	NmMt+ 8.5	MT 9	Gem 9.5/10
US26A Mookie Betts RC	40	60	100	300
US50A Jacob deGrom RC	40	60	100	300

2014 Topps Chrome

	NmMt 8	NmMt+ 8.5	MT 9	Gem 9.5/10
45 Jose Ramirez RC	20	80	100	200

2014 Topps Chrome Rookie Autographs

	NmMt 8	NmMt+ 8.5	MT 9	Gem 9.5/10
45 Jose Ramirez	▲300	▲400	▲500	▲800

2014 Topps Heritage

		NmMt 8	NmMt+ 8.5	MT 9	Gem 9.5/10
4519	Randal Grichuk RC	8	10	15	30
4549	Jacob deGrom RC	30	40	▼50	▼80
4558	Mookie Betts RC	▲150	▲200	▲250	▲400
4590	Jose Ramirez RC	▲60	▲80	▲100	▲150

2015 Bowman Chrome

		NmMt 8	NmMt+ 8.5	MT 9	Gem 9.5/10
49	Francisco Lindor RC	▲25	▲30	▲40	▲80
10	Carlos Correa RC	20	20	▼25	▼40

2015 Bowman Chrome Prospect Autographs

		NmMt 8	NmMt+ 8.5	MT 9	Gem 9.5/10
CAPCBE	Cody Bellinger	▲120	▲150	▲200	▲300
CAPGT	Gleyber Torres	25	30	40	▼60
CAPJS	Justin Steele	30	40	50	80
CAPOAL	Ozhaino Albies	▲80	▲100	▲120	▲200
CAPRD	Rafael Devers	▲100	▲120	150	250
CAPTH	Teoscar Hernandez	30	40	▼50	▼80

2015 Bowman Chrome Prospects

		NmMt 8	NmMt+ 8.5	MT 9	Gem 9.5/10
BCP71	Ozhaino Albies	▼12	▼15	▼20	▼40
BCP138	Mike Yastrzemski	20	25	30	50

2015 Bowman Chrome Rookie Autographs

		NmMt 8	NmMt+ 8.5	MT 9	Gem 9.5/10
BCARBB	Byron Buxton	▲100	▲120	▲150	▲250
BCARFL	Francisco Lindor	▲80	▲100	▲120	▲250
BCARJB	Javier Baez	50	60	80	120
BCARKB	Kris Bryant	40	50	60	100
BCARNS	Noah Syndergaard	30	40	50	80

2015 Bowman Chrome Draft

		NmMt 8	NmMt+ 8.5	MT 9	Gem 9.5/10
6	Walker Buehler	20	25	30	60
5	Kyle Tucker	▲20	▲25	▲30	▲60
0	Ryan Mountcastle	15	20	25	60
37	Ke'Bryan Hayes	12	12	15	30
50	Aaron Judge	30	40	50	80
57	Austin Riley	▼12	▼15	▼20	▼40
82	Andrew Benintendi	12	15	20	30

2015 Bowman Chrome Draft Draft Pick Autographs

		NmMt 8	NmMt+ 8.5	MT 9	Gem 9.5/10
BCAARI	Austin Riley	▼100	120	150	250
BCAKT	Kyle Tucker	100	▲120	▲150	250
BCAWB	Walker Buehler	▼40	▼50	▼60	▼100

2015 Bowman's Best Best of '15 Autographs

		NmMt 8	NmMt+ 8.5	MT 9	Gem 9.5/10
B15ARI	Anthony Rizzo	30	40	50	80
B15BB	Byron Buxton	50	60	80	120
B15FL	Francisco Lindor	▲60	▲80	▲100	▲150
B15KB	Kris Bryant	50	60	80	120
B15KT	Kyle Tucker	50	60	80	120
B15MO	Matt Olson	30	40	50	80
B15MSC	Max Scherzer	60	80	100	150
B15NS	Noah Syndergaard	30	40	50	80
B15RD	Rafael Devers	40	50	80	100
B15TT	Trea Turner	▲30	▲40	▼50	▼80

2015 Topps

		NmMt 8	NmMt+ 8.5	MT 9	Gem 9.5/10
616A	Kris Bryant RC	10	12	20	60

2015 Topps Update

		NmMt 8	NmMt+ 8.5	MT 9	Gem 9.5/10
US78	Kris Bryant RC	10	12	20	40
US242	Kris Bryant	10	12	20	40

2015 Topps Update Chrome

		NmMt 8	NmMt+ 8.5	MT 9	Gem 9.5/10
US174	Carlos Correa RC	20	25	50	100

2015 Topps Chrome

		NmMt 8	NmMt+ 8.5	MT 9	Gem 9.5/10
39	Javier Baez RC	20	25	30	100
112	Kris Bryant RC	▼6	▼8	▼10	▼20
202	Francisco Lindor SP RC	▲80	▲100	▲120	▲250
205	Carlos Correa SP RC	15	▼15	▼20	▼30

2015 Topps Chrome Rookie Autographs

		NmMt 8	NmMt+ 8.5	MT 9	Gem 9.5/10
ARBBN	Byron Buxton	40	50	60	100
ARCC	Carlos Correa	40	50	60	100
ARFL	Francisco Lindor	▲250	▲300	▲400	▲600
ARJB	Javier Baez	▲60	▲80	▲100	▲150
ARKB	Kris Bryant	50	60	80	120

2016 Bowman Prospects

		NmMt 8	NmMt+ 8.5	MT 9	Gem 9.5/10
BP17	Fernando Tatis Jr.	▲20	▲25	▲40	▲60
BP55	Vladimir Guerrero Jr.	30	30	60	100

2016 Bowman Chrome

		NmMt 8	NmMt+ 8.5	MT 9	Gem 9.5/10
40	Corey Seager RC	10	12	15	30

2016 Bowman Chrome Prospect Autographs

		NmMt 8	NmMt+ 8.5	MT 9	Gem 9.5/10
BCAPOC	Oneal Cruz UER	▼80	▼100	▼120	▼250
CPAAB	Alex Bregman	▲100	▲120	▲150	▲250
CPAFT	Fernando Tatis Jr.	▲400	▲500	▲600	▲1,200
CPAJS	Juan Soto	1,200	1,200	1,500	2,500
CPAVG	Vladimir Guerrero Jr.	500	600	800	▲1,500
CPAYM	Yoan Moncada	▼15	▼20	▼25	▼40

2016 Bowman Chrome Prospects

		NmMt 8	NmMt+ 8.5	MT 9	Gem 9.5/10
BCP17	Fernando Tatis Jr.	▼20	▼25	▼30	▼100
BCP55	Vladimir Guerrero Jr.	25	30	40	80
BCP182	Cody Bellinger	▼6	▼8	▼10	▼20
BCP204	Oneal Cruz UER	20	25	30	60
BCP236	Gleyber Torres	15	20	25	50

2016 Bowman Chrome Rookie Autographs

		NmMt 8	NmMt+ 8.5	MT 9	Gem 9.5/10
CRATT	Trea Turner	▼40	▼50	▼60	▼100

2016 Bowman Chrome Draft

		NmMt 8	NmMt+ 8.5	MT 9	Gem 9.5/10
BDC68	Shane Bieber	10	12	15	40
BDC74	Bo Bichette	▼12	▼15	▼20	▼30
BDC92	Pete Alonso	▼15	▼20	▼30	▼60
BDC143	Gleyber Torres	8	10	15	50

2016 Bowman Chrome Draft Draft Pick Autographs

		NmMt 8	NmMt+ 8.5	MT 9	Gem 9.5/10
CDABOB	Bo Bichette	▼100	▼120	▼150	▼250
CDANJ	Nolan Jones	30	▲40	50	80
CDAPA	Pete Alonso	▲200	▲250	▲300	▲500
CDAWS	Will Smith	▼30	▼40	▼50	▼80

2016 Bowman's Best Best of '16 Autographs

		NmMt 8	NmMt+ 8.5	MT 9	Gem 9.5/10
B16ABR	Alex Bregman	25	30	40	80
B16AJ	Aaron Judge	300	400	500	800
B16BH	Bryce Harper	100	120	150	250
B16BP	Buster Posey	30	40	50	80
B16CS	Corey Seager	80	100	120	200
B16FL	Francisco Lindor	50	60	80	120
B16KS	Kyle Schwarber	60	80	100	200
B16NA	Nolan Arenado	30	40	50	80
B16OA	Ozzie Albies	30	40	50	80
B16RD	Rafael Devers	30	40	50	80
B16VG	Vladimir Guerrero Jr.	80	100	120	200

2016 Topps Chrome

		NmMt 8	NmMt+ 8.5	MT 9	Gem 9.5/10
32	Trea Turner RC	20	25	30	80
143	Gary Sanchez RC	15	20	25	60
150	Corey Seager RC	▼8	▼10	▼12	▼20

2016 Topps Chrome Rookie Autographs

		NmMt 8	NmMt+ 8.5	MT 9	Gem 9.5/10
RAAN	Aaron Nola	▲40	▲50	60	100
RACS	Corey Seager	▲120	▲150	▲200	▲300
RAJU	Julio Urias	▼15	▼20	▼25	▼40
RAKSC	Kyle Schwarber	40	50	60	100
RAMC	Michael Conforto	▼30	▼40	▼50	▼80
RAMK	Max Kepler	30	40	50	80
RATS	Trevor Story	▼30	▼40	▼50	▼100
RATTU	Trea Turner	100	120	150	250

2017 Bowman

		NmMt 8	NmMt+ 8.5	MT 9	Gem 9.5/10
32	Aaron Judge RC	▲40	▲50	▲60	▲120

2017 Bowman Prospects

		NmMt 8	NmMt+ 8.5	MT 9	Gem 9.5/10
BP127	Ronald Acuna	20	25	30	80

2017 Bowman Chrome

		NmMt 8	NmMt+ 8.5	MT 9	Gem 9.5/10
27	Cody Bellinger RC	▼10	▼12	▼15	▼25
56A	Aaron Judge RC	25	30	40	80

2017 Bowman Chrome Prospect Autographs

		NmMt 8	NmMt+ 8.5	MT 9	Gem 9.5/10
CPAJC	Jazz Chisholm	60	80	100	150
CPALA	Luis Arraez	▼100	▼120	▼150	▼250
CPARA	Ronald Acuna	800	1,000	1,200	2,000

2017 Bowman Chrome Prospects

		NmMt 8	NmMt+ 8.5	MT 9	Gem 9.5/10
BCP32	Vladimir Guerrero Jr.	12	15	20	30
BCP127	Ronald Acuna	▲30	▲40	▲50	▲100
BCP160	Fernando Tatis Jr.	20	25	30	50
BCP180	Juan Soto	▼20	▼25	▼30	▼100
BCP207	Jazz Chisholm	25	30	40	60

2017 Bowman Chrome Rookie Autographs

		NmMt 8	NmMt+ 8.5	MT 9	Gem 9.5/10
BCARAB	Alex Bregman	30	40	50	80
BCARCB	Cody Bellinger	120	150	200	300
BCARYM	Yoan Moncada	40	50	60	100
CRAAB	Alex Bregman	30	40	50	80
CRAAJ	Aaron Judge	▲1,200	▲1,500	▲2,000	▲4,000
CRADS	Dansby Swanson	30	40	50	80
CRAYM	Yoan Moncada	60	80	100	150

2017 Bowman Chrome Draft

		NmMt 8	NmMt+ 8.5	MT 9	Gem 9.5/10
BDC39	Ronald Acuna	▼20	▼25	▼30	▼60
BDC71	Fernando Tatis Jr.	10	12	15	25
BDC150	Vladimir Guerrero Jr.	15	20	25	80
BDC162	Juan Soto	▼15	▼20	▼25	▼80

2017 Bowman Chrome Draft Autographs

		NmMt 8	NmMt+ 8.5	MT 9	Gem 9.5/10
CDABR	Brent Rooker	30	40	50	100
CDAHR	Heliot Ramos	40	40	60	100
CDAJA	Jo Adell	▼40	▼50	▼60	▼120
CDAMJM	MJ Melendez	30	40	50	80
CDAMV	Mark Vientos	60	60	100	150
CDARL	Royce Lewis	▼80	▼100	▼120	▼200

2017 Bowman Chrome Mega Box Prospects Refractors

		NmMt 8	NmMt+ 8.5	MT 9	Gem 9.5/10
BCP31	Shohei Otani UER	50	60	80	120
BCP127	Ronald Acuna	100	120	150	600

2017 Bowman Chrome Mini Prospects

		NmMt 8	NmMt+ 8.5	MT 9	Gem 9.5/10
BCP32	Vladimir Guerrero Jr.	15	20	25	60
BCP127	Ronald Acuna	25	40	60	100
BCP160	Fernando Tatis Jr.	15	20	25	50
BCP180	Juan Soto	15	20	25	40

2017 Bowman Draft

		NmMt 8	NmMt+ 8.5	MT 9	Gem 9.5/10
BD39	Ronald Acuna	15	20	25	40
BD162	Juan Soto	▼20	▼20	▼40	▼80

2017 Bowman Platinum

		NmMt 8	NmMt+ 8.5	MT 9	Gem 9.5/10
91	Aaron Judge RC	40	50	60	▲120

2017 Bowman Platinum Top Prospects Autographs

		NmMt 8	NmMt+ 8.5	MT 9	Gem 9.5/10
TPAR	Amed Rosario	30	30	40	60
TPEJ	Eloy Jimenez	50	50	60	100
TPGT	Gleyber Torres	60	60	80	120
TPIH	Ian Happ	30	40	40	60
TPJG	Jason Groome	15	20	25	40
TPJS	Juan Soto	250	250	300	500

2017 Bowman's Best

		NmMt 8	NmMt+ 8.5	MT 9	Gem 9.5/10
1	Aaron Judge RC	30	40	50	100

2017 Bowman's Best Best of '17 Autographs

		NmMt 8	NmMt+ 8.5	MT 9	Gem 9.5/10
B17AJ	Aaron Judge	600	800	1,000	1,500
B17AR	Anthony Rizzo	30	40	50	80
B17BH	Bryce Harper	120	150	200	300
B17KB	Kris Bryant	40	50	60	100
B17MG	MacKenzie Gore	15	20	25	40
B17MT	Mike Trout	400	500	600	1,000
B17RA	Ronald Acuna	150	▲200	250	500
B17RL	Royce Lewis	▼30	▼40	▼50	▼80

2017 Donruss

		NmMt 8	NmMt+ 8.5	MT 9	Gem 9.5/10
38	Aaron Judge RR RC	40	50	60	100

2017 Donruss Optic

		NmMt 8	NmMt+ 8.5	MT 9	Gem 9.5/10
38	Aaron Judge RR RC	▲60	▲80	▲100	▲250
G5	Cody Bellinger RR RC	12	15	20	30

2017 Finest

		NmMt 8	NmMt+ 8.5	MT 9	Gem 9.5/10
2	Aaron Judge RC	▼30	▼40	▼50	▼100

2017 Topps Update

		NmMt 8	NmMt+ 8.5	MT 9	Gem 9.5/10
US4	Matt Chapman RC	12	15	20	30
US50A	Cody Bellinger RC	25	30	40	100

2017 Topps Archives

		NmMt 8	NmMt+ 8.5	MT 9	Gem 9.5/10
62	Aaron Judge RC	▲60	▲80	▲120	▲200

2017 Topps Chrome

		NmMt 8	NmMt+ 8.5	MT 9	Gem 9.5/10
79	Cody Bellinger RC	15	15	20	30
98	Matt Olson RC	12	15	20	40
169A	Aaron Judge RC	30	40	50	150

2017 Topps Chrome Rookie Autographs

		NmMt 8	NmMt+ 8.5	MT 9	Gem 9.5/10
RAAB	Alex Bregman	▲60	▲80	▲100	▲150
RAAJ	Aaron Judge	▲1,000	▲1,200	▲1,500	▲2,500
RACB	Cody Bellinger	▲100	▲120	▲150	▲250
RAIH	Ian Happ	25	30	40	80
RAMO	Matt Olson	50	60	80	120

2018 Bowman

		NmMt 8	NmMt+ 8.5	MT 9	Gem 9.5/10
49	Shohei Ohtani RC	▲40	▲50	▲60	▲150

2018 Bowman Prospect Autographs

		NmMt 8	NmMt+ 8.5	MT 9	Gem 9.5/10
PAGT	Gleyber Torres	▼25	▼30	▼40	▼60
PAHG	Hunter Greene	▼40	▼50	▼60	▼100
PAPA	Peter Alonso	60	80	100	150
PARL	Royce Lewis	40	50	60	100
PAWS	Will Smith	30	40	50	80

2018 Bowman Prospects

		NmMt 8	NmMt+ 8.5	MT 9	Gem 9.5/10
BP21	Luis Robert	10	12	15	50

2018 Bowman Chrome

		NmMt 8	NmMt+ 8.5	MT 9	Gem 9.5/10
1	Shohei Ohtani RC	▲400	▲500	▲600	1,000
40	Ronald Acuna Jr. RC	25	25	▼30	▼60

2018 Bowman Chrome Prospect Autographs

		NmMt 8	NmMt+ 8.5	MT 9	Gem 9.5/10
CPABW	Jose Adolis Garcia	▼40	▼50	▼60	120
CPACM	Cedric Mullins	40	50	60	100
CPAHG	Hunter Greene	▲100	▲120	▲150	▲250
CPALR	Luis Robert	▼40	▼50	▼60	▼120
CPARL	Royce Lewis	60	80	100	150
CPARS	Ranger Suarez	▼30	▼40	▼50	▼100
CPAYA	Yordan Alvarez	▲250	▲300	▲400	▲600
BCPARW	Russell Wilson	▼120	▼150	▼200	▼300

2018 Bowman Chrome Rookie Autographs

		NmMt 8	NmMt+ 8.5	MT 9	Gem 9.5/10
CRARD	Rafael Devers	120	150	200	300
CRARH	Rhys Hoskins	40	50	60	100
CRASO	Shohei Ohtani	▲12,000	▲12,000	▲15,000	▲25,000
CRAWB	Walker Buehler	▼30	▼40	▼50	▼80
BCRAOA	Ozzie Albies	30	40	50	80
BCRARA	Ronald Acuna	250	300	400	800
BCRARD	Rafael Devers	120	150	200	300
BCRASO	Shohei Ohtani	▲12,000	▲12,000	▲15,000	▲25,000
BCRAWA	Willy Adames	30	40	50	80

2018 Bowman Chrome Draft

		NmMt 8	NmMt+ 8.5	MT 9	Gem 9.5/10
BDC6	Jarred Kelenic	10	10	12	25
BDC25	Alec Bohm	15	20	25	50
BDC112	Jonathan India	20	25	30	100
BDC117	Nolan Gorman	15	20	25	80
BDC171	Triston Casas	12	15	25	40
BDC188	Luis Robert	15	20	25	80

2018 Bowman Chrome Draft Autographs

		NmMt 8	NmMt+ 8.5	MT 9	Gem 9.5/10
CDAAB	Alec Bohm	▼50	▼60	▼80	▼120
CDABT	Brice Turang	40	50	60	100
CDAGR	Grayson Rodriguez	40	50	60	100
CDAJI	Jonathan India	▼30	▼40	▼50	100
CDALG	Logan Gilbert	30	40	50	80
CDANG	Nolan Gorman	▼40	▼50	▼60	▼100
CDAPM	Parker Meadows	30	40	50	80
CDASM	Shane McClanahan	▼30	▼40	▼50	▼80
CDATC	Triston Casas	▼50	▼60	▼80	▼150

2018 Bowman Chrome Mega Box Prospects Refractors

		NmMt 8	NmMt+ 8.5	MT 9	Gem 9.5/10
BCP21	Luis Robert	100	120	150	500

2018 Bowman Platinum Top Prospect Autographs

		NmMt 8	NmMt+ 8.5	MT 9	Gem 9.5/10
TOP2	Ronald Acuna	200	200	250	400
TOP4	Hunter Greene	50	50	60	100
TOP5	Royce Lewis	30	40	50	80
TOP8	Luis Robert	▼30	▼40	▼50	▼80
TOP11	Jo Adell	30	40	▲50	80
TOP15	Peter Alonso	50	60	80	200

2018 Bowman's Best

		NmMt 8	NmMt+ 8.5	MT 9	Gem 9.5/10
1	Shohei Ohtani RC	▲80	▲100	▲150	▲250
29	Juan Soto RC	▼25	▼30	▼40	▼60
51	Ronald Acuna Jr. RC	20	▲40	▲50	▲80

2018 Bowman's Best Best of '18 Autographs

		NmMt 8	NmMt+ 8.5	MT 9	Gem 9.5/10
B18AJ	Aaron Judge	▼100	▼120	▼150	▼250
B18AR	Anthony Rizzo	30	40	50	80
B18FT	Fernando Tatis Jr.	▼80	▼100	▼120	▼200
B18JKE	Jarred Kelenic	15	20	25	40
B18JSO	Juan Soto	400	500	600	1,000
B18KB	Kris Bryant	▼40	▼50	▼60	▼100
B18LR	Luis Robert	▼40	▼50	▼60	▼100
B18MT	Mike Trout	▲500	▲600	▲800	▲1,200
B18OA	Ozzie Albies	▼40	▼50	▼60	▼100
B18RA	Ronald Acuna Jr.	250	300	▼400	▼600
B18SO	Shohei Ohtani	▲4,000	▲5,000	▲6,000	▲10,000
B18YA	Yordan Alvarez	▲60	▲80	100	150

2018 Donruss Optic

		NmMt 8	NmMt+ 8.5	MT 9	Gem 9.5/10
56	Shohei Ohtani RR RC	50	60	80	200
63	Ronald Acuna Jr. RR RC	▲25	▲30	▲40	▲60
181	Juan Soto RR RC	25	30	40	60

2018 Donruss Optic Rated Rookies Signatures

		NmMt 8	NmMt+ 8.5	MT 9	Gem 9.5/10
RRSSO	Shohei Ohtani	▲3,000	▲4,000	▲5,000	▲10,000
RRSVG	Vladimir Guerrero Jr	▼60	▼80	▼100	▼150

2018 Finest

		NmMt 8	NmMt+ 8.5	MT 9	Gem 9.5/10
100	Shohei Ohtani RC	▲80	▲100	▲150	▲250

2018 Panini Prizm

		NmMt 8	NmMt+ 8.5	MT 9	Gem 9.5/10
23	Shohei Ohtani RC	40	50	60	120

2018 Topps

		NmMt 8	NmMt+ 8.5	MT 9	Gem 9.5/10
700	Shohei Ohtani RC	▲50	60	80	▲150

2018 Topps Update

		NmMt 8	NmMt+ 8.5	MT 9	Gem 9.5/10
US1	Shohei Ohtani RC	40	50	80	▼150
US198	Shane Bieber RC	▼5	▼6	▼10	20
US200	Gleyber Torres RC	▼4	▼5	▼8	▼15
US250	Ronald Acuna Jr. RC	▼15	▼20	▼30	▼50
US300	Juan Soto RC	▼20	▼25	▼40	▼60

2018 Topps Archives

		NmMt 8	NmMt+ 8.5	MT 9	Gem 9.5/10
50	Shohei Ohtani RC	▲60	▲80	▲150	▲250
73	Juan Soto RC	▲25	▲30	▲40	▲60
212	Ronald Acuna Jr. RC	20	25	30	▼60

2018 Topps Chrome

		NmMt 8	NmMt+ 8.5	MT 9	Gem 9.5/10
25	Rafael Devers RC	12	15	25	60
31	Gleyber Torres RC	10	12	15	25
71	Walker Buehler RC	15	20	25	40
150	Shohei Ohtani RC	▲120	▲150	▲200	▲400
193	Ronald Acuna RC	40	50	60	100

2018 Topps Chrome Rookie Autographs

		NmMt 8	NmMt+ 8.5	MT 9	Gem 9.5/10
RAMF	Max Fried	▲50	▲60	▲80	▲120
RAOA	Ozzie Albies	▲60	▲80	100	150
RARA	Ronald Acuna	▼300	▼400	▼500	▼800
RARD	Rafael Devers	120	150	200	300
RASO	Shohei Ohtani	▲5,000	▲6,000	▲10,000	▲20,000
RAWA	Willy Adames	25	30	40	60
RAWB	Walker Buehler	▲40	▲50	▲60	▲100

2018 Topps Chrome Update

		NmMt 8	NmMt+ 8.5	MT 9	Gem 9.5/10
HMT1	Shohei Ohtani RC	60	80	100	250
HMT25	Ronald Acuna Jr. RC	60	80	100	250
HMT55	Juan Soto RC	120	150	200	400

2018 Topps Gypsy Queen

		NmMt 8	NmMt+ 8.5	MT 9	Gem 9.5/10
89	Shohei Ohtani RC	50	50	60	120

2018 Topps Heritage

		NmMt 8	NmMt+ 8.5	MT 9	Gem 9.5/10
502	Juan Soto RC	20	25	30	50
580	Ronald Acuna Jr. RC	20	25	30	50
600	Shohei Ohtani RC	▲60	▲80	▲100	▲150
603	Gleyber Torres RC	10	12	15	30

2018 Topps Heritage Real One Autographs

		NmMt 8	NmMt+ 8.5	MT 9	Gem 9.5/10
ROASO	Shohei Ohtani	1,000	1,200	1,600	3,000

2019 Bowman Prospects

		NmMt 8	NmMt+ 8.5	MT 9	Gem 9.5/10
BP100	Wander Franco	20	20	25	40

2019 Bowman Chrome

		NmMt 8	NmMt+ 8.5	MT 9	Gem 9.5/10
26	Fernando Tatis Jr. RC	15	25	30	50
48	Pete Alonso RC	12	15	20	50
73	Vladimir Guerrero Jr. RC	15	20	25	40

2019 Bowman Chrome Prospect Autographs

		NmMt 8	NmMt+ 8.5	MT 9	Gem 9.5/10
CPAAB	Alec Bohm	▲40	▲50	▲60	▲100
CPACR	Cal Raleigh	▲60	▲80	▲100	▲150
CPAJRO	Julio Rodriguez	400	500	600	1,000
CPALGI	Luis Gil	30	40	50	80
CPALW	Logan Webb	30	40	50	80
CPANMA	Noelvi Marte	▼40	▼50	▼60	▼100
CPARM	Ronny Mauricio	▲60	▲80	▲100	▲150
CPAVGJ	Vladimir Guerrero Jr.	▲80	▲100	▲120	200

2019 Bowman Chrome Prospects

		NmMt 8	NmMt+ 8.5	MT 9	Gem 9.5/10
BCP33	Julio Rodriguez	25	▲30	▲40	▲60
BCP50	Joey Bart	12	15	20	40
BCP82	Marco Luciano	15	20	25	50
BCP123	Yordan Alvarez	12	12	15	30
BCP127	Peter Alonso	▼10	▼12	▼15	▼30

2019 Bowman Chrome Rookie Autographs

		NmMt 8	NmMt+ 8.5	MT 9	Gem 9.5/10
CRAFTJ	Fernando Tatis Jr.	120	150	200	300
CRAKT	Kyle Tucker	50	60	80	120

2019 Bowman Chrome Draft

		NmMt 8	NmMt+ 8.5	MT 9	Gem 9.5/10
BDC1	Adley Rutschman	25	30	50	100
BDC7	Josh Jung	10	▼12	▼15	▼30
BDC22	Gunnar Henderson	▼15	▼20	▼25	▼50
BDC50	Riley Greene	15	20	25	40
BDC85	CJ Abrams	15	20	25	50
BDC93	Wander Franco	25	30	50	200
BDC125	Corbin Carroll	▲25	▲30	▲40	▲80

2019 Bowman Chrome Draft Autographs

		NmMt 8	NmMt+ 8.5	MT 9	Gem 9.5/10
CDAAR	Adley Rutschman	▼100	▼120	▼150	▼300
CDABB	Brett Baty	▼30	▼40	▼50	▼80
CDABS	Bryson Stott	▲60	▲80	▲100	▲200
CDACA	CJ Abrams	▼50	▼60	▼80	▼120
CDACC	Corbin Carroll	▲300	▲400	▲500	▲800
CDAGH	Gunnar Henderson	▲400	▲500	▲600	▲1,000
CDAGK	George Kirby	▲50	▲60	▲80	▲120
CDAJJ	Josh Jung	▲80	▲100	▲120	▲250
CDAKP	Kyren Paris	40	50	60	100
CDARG	Riley Greene	▲120	▲150	▲200	▲300

2019 Bowman Chrome Mega Box Prospects Refractors

		NmMt 8	NmMt+ 8.5	MT 9	Gem 9.5/10
CP1	Vladimir Guerrero Jr.	15	20	25	50
CP25	Fernando Tatis Jr.	15	20	25	50
CP44	Luis Robert	40	50	80	120
CP100	Wander Franco	100	120	200	400
CP123	Yordan Alvarez	15	20	20	80

2019 Bowman Sterling Prospect Autographs

		NmMt 8	NmMt+ 8.5	MT 9	Gem 9.5/10
PAJR	Julio Rodriguez	▼100	▼120	▼150	▼250

2019 Bowman Sterling Rookie Autographs

		NmMt 8	NmMt+ 8.5	MT 9	Gem 9.5/10
RACB	Corbin Burnes	30	40	50	80

2019 Bowman's Best Best of '19 Autographs

		NmMt 8	NmMt+ 8.5	MT 9	Gem 9.5/10
9AR	Adley Rutschman	▼50	▼60	▼80	▼120
9ARI	Austin Riley	▼60	▼80	▼100	▼150
9BH	Bryce Harper	▲150	▲200	▲250	▲400
9CC	Corbin Carroll	80	100	120	200
9FTJ	Fernando Tatis Jr.	150	200	250	▼400
9HG	Hunter Greene	40	50	60	100
9JA	Jose Altuve	30	40	50	80
9JJU	Josh Jung	30	40	50	80
9JR	Julio Rodriguez	▼40	150	200	▼400
9KB	Kris Bryant	40	50	60	100
9LG	Luis Gil	30	40	60	100
9MT	Mike Trout	▲400	▲500	▲600	▲1,000
9PA	Pete Alonso	▲60	▲80	▲100	▲150
9RG	Riley Greene	▲40	▲50	▲60	100
9SO	Shohei Ohtani	500	600	800	▼1,200
9VGJ	Vladimir Guerrero Jr.	80	100	120	▼200

2019 Donruss Optic

		NmMt 8	NmMt+ 8.5	MT 9	Gem 9.5/10
	Vladimir Guerrero Jr. RR RC	15	20	25	60
	Fernando Tatis Jr. RR RC	12	15	20	50

2019 Finest

		NmMt 8	NmMt+ 8.5	MT 9	Gem 9.5/10
	Pete Alonso RC	10	12	15	25
	Fernando Tatis Jr. RC	12	15	20	▼40
1	Vladimir Guerrero Jr. RC	▼20	▼25	▼30	▼60

2019 Topps

		NmMt 8	NmMt+ 8.5	MT 9	Gem 9.5/10
0	Fernando Tatis Jr. RC	12	15	20	30
5	Pete Alonso RC	15	15	20	30
0	Eloy Jimenez RC	8	10	12	20
NO	Vladimir Guerrero Jr SP	12	15	25	▼40

2019 Topps Update

		NmMt 8	NmMt+ 8.5	MT 9	Gem 9.5/10
556	Fernando Tatis Jr. RD	15	20	25	40

2019 Topps Chrome

		NmMt 8	NmMt+ 8.5	MT 9	Gem 9.5/10
1	Vladimir Guerrero Jr. RC	▲20	25	▲40	▲60
3	Fernando Tatis Jr.	20	▼25	▼30	▼60
4	Pete Alonso RC	▼10	▼12	▼20	40

2019 Topps Chrome Rookie Autographs

		NmMt 8	NmMt+ 8.5	MT 9	Gem 9.5/10
AG	Adolis Garcia	25	30	40	▲80
AR	Austin Riley	▼80	▼100	▼120	▼250
FT	Fernando Tatis Jr.	▲250	▲300	▲400	▲600
FV	Framber Valdez	40	50	60	120
JM	Jeff McNeil	25	20	40	80
KT	Kyle Tucker	▲40	▲50	▲60	▲100
PA	Peter Alonso	▲100	100	120	▲250
VGJ	Vladimir Guerrero Jr.	150	200	250	▼400
WS	Will Smith	▲80	▲100	▲120	▲250

2019 Topps Chrome Update Rookie Autograph Refractors

		NmMt 8	NmMt+ 8.5	MT 9	Gem 9.5/10
AFT	Fernando Tatis Jr.	150	200	250	500
APA	Pete Alonso	▲80	▲100	▲120	▲250
AVG	Vladimir Guerrero Jr.	▼60	▼80	▼100	200

2019 Topps Gallery

		NmMt 8	NmMt+ 8.5	MT 9	Gem 9.5/10
	Fernando Tatis Jr. RC	15	20	25	80
	Vladimir Guerrero Jr. RC	15	20	25	60

2019 Topps Heritage

		NmMt 8	NmMt+ 8.5	MT 9	Gem 9.5/10
504	Vladimir Guerrero Jr. RC	12	15	20	50
517	Fernando Tatis Jr. RC	12	15	20	60
519	Pete Alonso RC	10	12	15	40

2020 Bowman Prospect Autographs

		NmMt 8	NmMt+ 8.5	MT 9	Gem 9.5/10
PABWJ	Bobby Witt Jr.	150	200	250	400

2020 Bowman Prospects

		NmMt 8	NmMt+ 8.5	MT 9	Gem 9.5/10
BP8	Jasson Dominguez	▲15	▲20	▲25	▲40
BP25	Bobby Witt Jr.	▲20	▲25	▲30	▲60

2020 Bowman Chrome

		NmMt 8	NmMt+ 8.5	MT 9	Gem 9.5/10
8	Luis Robert RC	8	10	12	20
11	Randy Arozarena RC	8	8	10	15
50	Bo Bichette RC	10	12	15	40

2020 Bowman Chrome Prospect Autographs

		NmMt 8	NmMt+ 8.5	MT 9	Gem 9.5/10
CPAAP	Andy Pages	▲60	▲80	▲100	▲200
CPAAR	Adley Rutschman	▲80	▲100	▲120	▼200
CPAAV	Anthony Volpe	▼120	▼150	▼200	▼300
CPABD	Brenton Doyle	30	40	50	80
CPABWJ	Bobby Witt Jr.	▲800	▲1,000	▲1,200	▲2,000
CPAFA	Francisco Alvarez	100	▼100	▼120	▼200
CPAGM	Gabriel Moreno	25	30	40	80
CPAIH	Ivan Herrera	40	50	60	120
CPAIP	Isaac Paredes	30	40	50	80
CPAJD	Jarren Duran	▲100	▲120	▲150	▲250
CPAJDO	Jasson Dominguez	▼250	▼300	▼400	▼600
CPAJP	Jeremy Pena	▲50	▲60	▲80	120
CPALA	Luisangel Acuna	▼100	120	150	250
CPALM	Luis Matos	▼30	▼40	▼50	▼80
CPALOH	Logan O'Hoppe	▲40	▲50	▲60	100
CPAMH	Michael Harris	▲120	▲150	▲200	▲300
CPARG	Riley Greene	▲30	▲40	▲50	▲80
CPATS	Tarik Skubal	▲120	▲150	▲200	▲300

2020 Bowman Chrome Prospects

		NmMt 8	NmMt+ 8.5	MT 9	Gem 9.5/10
BCP8	Jasson Dominguez	15	20	25	60
BCP25	Bobby Witt Jr.	15	20	25	80
BCP61	Jeremy Pena	10	12	15	25
BCP139	Anthony Volpe	20	25	30	50
BCP144	Jarren Duran	15	20	25	40

2020 Bowman Chrome Rookie Autographs

		NmMt 8	NmMt+ 8.5	MT 9	Gem 9.5/10
CRALR	Luis Robert	400	500	600	1,000
CRALR	Luis Robert	400	500	600	1,000
CRAYA	Yordan Alvarez	80	100	120	200
CRAYT	Yoshi Tsutsugo	40	50	60	100

2020 Bowman Chrome Mega Box Prospects Refractors

		NmMt 8	NmMt+ 8.5	MT 9	Gem 9.5/10
BCP8	Jasson Dominguez	150	200	250	600
BCP25	Bobby Witt Jr.	40	50	60	300

2020 Bowman Chrome Draft

		NmMt 8	NmMt+ 8.5	MT 9	Gem 9.5/10
BD39	Robert Hassell	10	12	15	25
BD57	Jordan Walker	15	20	25	60
BD59	Masyn Winn	40	50	60	100
BD107	Zac Veen	▲15	▲20	▲25	▼40
BD118	Garrett Mitchell	20	25	30	50
BD119	Tyler Soderstrom	12	15	20	30
BD121	Spencer Torkelson	12	15	20	30
BD151	Jasson Dominguez	15	20	25	50
BD152	Bobby Witt Jr.	25	30	40	100
BD178	Anthony Volpe	12	15	20	40

2020 Bowman Chrome Draft Autographs

		NmMt 8	NmMt+ 8.5	MT 9	Gem 9.5/10
CDAAWE	Austin Wells	▲50	▲60	▲80	▲150
CDABM	Bobby Miller	▼50	▼60	▼80	▼120
CDAEC	Evan Carter	▼100	▼120	▼150	▼250
CDAGC	Garrett Crochet	60	80	100	150
CDAHK	Heston Kjerstad	▼50	▼60	▼80	▼120
CDAJW	Jordan Walker	150	200	250	400
CDAKC	Keith Colt UER	▼80	▼100	▼120	▼200
CDAMH	Tink Hence	▼40	▼50	▼60	▼100
CDANY	Nick Yorke	▼40	▼50	▼60	▼100
CDAOC	Owen Caissie	▼50	▼60	▼80	▼120
CDAPB	Patrick Bailey	40	50	60	100
CDAPC	Pete Crow-Armstrong	▼100	▼120	▼150	▼250
CDARHA	Robert Hassell	40	50	60	100
CDASS	Spencer Strider	▼100	▼120	▼150	▼250
CDAST	Spencer Torkelson	▼100	▼120	▼150	▼250
CDATS	Tyler Soderstrom	80	100	120	250
CDAZV	Zac Veen	▲50	▲60	▲80	▲150

2020 Bowman Draft

		NmMt 8	NmMt+ 8.5	MT 9	Gem 9.5/10
BD121	Spencer Torkelson	10	12	20	30

2020 Bowman Sterling Prospect Autographs

		NmMt 8	NmMt+ 8.5	MT 9	Gem 9.5/10
BSPAAR	Adley Rutschman	60	80	100	150
BSPAAV	Anthony Volpe	80	100	120	▲250
BSPABS	Bryson Stott	▲40	▲50	▲60	▲100
BSPABWJ	Bobby Witt Jr.	150	200	▲300	▲500
BSPACC	Corbin Carroll	▲60	▲80	▲100	▲150
BSPAJD	Jasson Dominguez	▼100	▼120	▼150	▼250
BSPAJDU	Jarren Duran	▲40	▲50	▲60	▲100
BSPAJP	Jeremy Pena	25	30	40	▲80
BSPATS	Tarik Skubal	▲80	▲100	▲120	▲250

2020 Bowman Sterling Rookie Autographs

		NmMt 8	NmMt+ 8.5	MT 9	Gem 9.5/10
BSRALR	Luis Robert	▼60	▼80	▼100	▼150
BSRAYA	Yordan Alvarez	50	60	80	120

2020 Bowman's Best

		NmMt 8	NmMt+ 8.5	MT 9	Gem 9.5/10
45	Yordan Alvarez RC	15	20	25	60

2020 Bowman's Best Best of '20 Autographs

		NmMt 8	NmMt+ 8.5	MT 9	Gem 9.5/10
B20AJ	Aaron Judge	120	150	200	300
B20BW	Bobby Witt Jr.	▲200	▲250	▲300	▲600
B20CS	Casey Schmitt	30	40	50	80
B20JD	Jasson Dominguez	▲100	▲120	▲150	250
B20JS	Juan Soto	100	120	150	250
B20MT	Mike Trout	500	600	800	1,200
B20NY	Nick Yorke	30	40	50	80
B20PA	Pete Alonso	60	80	100	150
B20RA	Ronald Acuna Jr.	100	120	150	250
B20RD	Rafael Devers	60	80	100	200
B20ST	Spencer Torkelson	▲60	▲80	▲100	150
B20YA	Yordan Alvarez	50	60	80	120
B20ZV	Zac Veen	30	40	50	80
B20ADR	Adley Rutschman	50	60	80	150
B20BTY	Brett Baty	30	40	50	80

2020 Finest

		NmMt 8	NmMt+ 8.5	MT 9	Gem 9.5/10
27	Bo Bichette RC	20	25	30	50
50	Yordan Alvarez RC	12	15	20	50
97	Luis Robert RC	8	10	12	20

2020 Topps

		NmMt 8	NmMt+ 8.5	MT 9	Gem 9.5/10
78	Bo Bichette RC	15	20	25	40
276	Yordan Alvarez RC	10	12	15	30
392	Luis Robert RC	▼6	▼8	▼10	▼15

2020 Topps Update

		NmMt 8	NmMt+ 8.5	MT 9	Gem 9.5/10
U208	Randy Arozarena RC	8	10	12	20

2020 Topps Chrome

		NmMt 8	NmMt+ 8.5	MT 9	Gem 9.5/10
49	Randy Arozarena RC	10	12	18	25
148	Gavin Lux RC	6	8	10	15
150	Bo Bichette RC	15	15	20	30
200	Yordan Alvarez RC	15	20	25	40

2020 Topps Chrome Rookie Autographs

		NmMt 8	NmMt+ 8.5	MT 9	Gem 9.5/10
RABBI	Bo Bichette	120	▲150	▲200	300
RADCE	Dylan Cease	30	40	50	80
RALR	Luis Robert	▲60	▲80	100	150
RALW	Logan Webb	30	40	50	80
RANH	Nico Hoerner	30	40	50	80
RARAR	Randy Arozarena	30	40	▼20	▼80
RAYA	Yordan Alvarez	▲100	▲120	▲150	▲250

2021 Bowman Chrome Prospect Autographs

		NmMt 8	NmMt+ 8.5	MT 9	Gem 9.5/10
CPABJ	Blaze Jordan	30	40	50	80
CPACH	Cristian Hernandez	40	50	60	100
CPAJQ	Jeferson Quero	40	50	60	100
CPAKA	Kevin Alcantara	▲40	▲50	▲60	▲100
CPAST	Spencer Torkelson	60	80	100	150
CPACMA	Coby Mayo	▲100	120	150	▲300
CPACMO	Christopher Morel	▼25	▼30	▼40	80
CPAERO	Emmanuel Rodriguez	▲60	▲80	▲100	▲200
CPAETO	Ezequiel Tovar	40	50	60	▲120
CPAMBL	Miguel Bleis	▲40	▲50	▲60	▲100

2021 Bowman Chrome Prospects

		NmMt 8	NmMt+ 8.5	MT 9	Gem 9.5/10
BCP71	Blaze Jordan	25	30	40	100
BCP87	Austin Martin	15	20	25	60
BCP167	Miguel Bleis	10	12	15	25
BCP171	Cristian Hernandez	▼8	▼10	▼12	▼20

2021 Bowman Chrome Rookie Autographs

		NmMt 8	NmMt+ 8.5	MT 9	Gem 9.5/10
CRAAB	Alec Bohm	120	150	200	300
CRACP	Cristian Pache	50	60	80	120
CRADC	Dylan Carlson	30	40	50	80
CRAJA	Jo Adell	80	100	120	200
CRAKH	Ke'Bryan Hayes	▼25	▼30	▼40	▼80
CRARM	Ryan Mountcastle	▲40	▲50	▲60	100
BCRAJC	Jazz Chisholm	▼40	▼50	▼60	120
BCRAJG	Jose Garcia	30	40	50	80
BCRAJK	Jarred Kelenic	100	120	150	250

2021 Bowman Chrome Draft

		NmMt 8	NmMt+ 8.5	MT 9	Gem 9.5/10
BDC1	Harry Ford	10	12	15	30
BDC69	Jackson Jobe	15	20	25	50
BDC166	Colton Cowser	12	15	20	40
BDC174	Marcelo Mayer	▲20	▲25	▲30	▲60
BDC186	Brady House	12	15	20	40
BDC194	Jordan Lawlar	▼10	▼12	▼15	▼30

2021 Bowman Chrome Draft Autographs

		NmMt 8	NmMt+ 8.5	MT 9	Gem 9.5/10
CDAAS	Anthony Solometo	120	150	200	300
CDABC	Bubba Chandler	▲150	▲200	▲250	▲400
CDACC	Colton Cowser	▼60	▼80	▼100	▼150
CDACE	Christian Encarnacion-Strand	30	40	50	80
CDACN	Connor Norby	30	40	50	80
CDACW	Carson Williams	▲100	▲120	150	250
CDAGW	Gavin Williams	50	60	80	120
CDAHD	Henry Davis	▲50	▲60	▲80	▲120
CDAHF	Harry Ford	60	80	100	150
CDAJJ	Jackson Jobe	▲120	▲150	▲200	▲300
CDAKM	Kyle Manzardo	▲50	▲60	▲80	▲120
CDAMM	Marcelo Mayer	▲200	▲250	▲300	▲500
CDASS	Spencer Schwellenbach	▲100	▲120	▲150	▲250
CDABMI	Bryce Miller	40	50	60	100
CDAJLA	Jordan Lawlar	80	▲100	▲120	▲250
CDAMMIL	Mason Miller	▲60	▲80	▲100	▲150

2021 Bowman Sterling Prospect Autographs

		NmMt 8	NmMt+ 8.5	MT 9	Gem 9.5/10
BSPAAM	Austin Martin	40	50	60	100
BSPAHK	Heston Kjerstad	30	40	50	80
BSPAJW	Jordan Walker	▼30	▼40	▼50	▼80
BSPAST	Spencer Torkelson	30	40	50	80
BSPACMA	Coby Mayo	▲50	▲60	▲80	▲120

2021 Bowman Sterling Rookie Autographs

		NmMt 8	NmMt+ 8.5	MT 9	Gem 9.5/10
BSRAAB	Alec Bohm	30	40	50	80
BSRAJC	Jazz Chisholm	▲60	▲80	▲100	▲150
BSRAKH	Ke'Bryan Hayes	▲50	▲60	▲80	▲120

2021 Bowman's Best

		NmMt 8	NmMt+ 8.5	MT 9	Gem 9.5/10
15	Bobby Witt Jr. RC	30	40	50	80
49	Julio Rodriguez RC	15	20	25	50
50	Wander Franco RC	15	20	25	50

2021 Bowman's Best Best of '21 Autographs

		NmMt 8	NmMt+ 8.5	MT 9	Gem 9.5/10
B21BJ	Blaze Jordan	▼30	▼40	▼50	▼80
B21BR	Brent Rooker	30	40	50	80
B21HD	Henry Davis	▼30	▼40	▼50	▼80
B21JR	Julio Rodriguez	▼80	▼100	▼120	▼200
B21LG	Logan Gilbert	30	40	50	80
B21RM	Ryan Mountcastle	40	50	60	100
B21ST	Spencer Torkelson	▲40	▲50	▲60	▲100
B21CCO	Colton Cowser	▼30	▼40	▼50	▼80
B21JLA	Jordan Lawlar	120	150	200	300
B21KHA	Ke'Bryan Hayes	50	60	80	120
B21MMA	Marcelo Mayer	200	250	300	500

2021 Topps

		NmMt 8	NmMt+ 8.5	MT 9	Gem 9.5/10
25	Sixto Sanchez RC	8	10	12	25
277	Alec Bohm RC	8	10	15	25
285	Dylan Carlson RC	8	10	12	25
371	Jake Cronenworth RC	25	30	40	60
538	Jazz Chisholm RC	12	15	20	50
644	Ke'Bryan Hayes RC	8	10	12	30

2021 Topps Chrome Rookie Autographs

		NmMt 8	NmMt+ 8.5	MT 9	Gem 9.5/10
RAAB	Alec Bohm	40	50	60	100
RAGC	Garrett Crochet	60	80	100	150
RAJA	Jo Adell	40	50	60	100
RASM	Shane McClanahan	30	40	50	80
RAJCH	Jazz Chisholm	▼40	▼50	▼60	120
RATSK	Tarik Skubal	▲100	▲120	▲150	▲300

2022 Bowman Chrome

		NmMt 8	NmMt+ 8.5	MT 9	Gem 9.5/10
10	Wander Franco (RC)	12	15	20	30
35	Jeremy Pena RC	10	12	20	30
45	Oneil Cruz RC	10	12	20	30
48	Julio Rodriguez (RC)	12	15	20	60
77	Bobby Witt Jr. (RC)	20	25	30	50

2022 Bowman Chrome Prospect Autographs

		NmMt 8	NmMt+ 8.5	MT 9	Gem 9.5/10
CPABB	Brayan Bello	25	30	40	80
CPAED	Elly De La Cruz	▲500	▲600	▲800	▲1,500
CPAJN	Jhonkensy Noel	30	40	50	80
CPAMM	Matt McLain	120	150	200	300
CPARA	Roderick Arias	▼30	▼40	▼50	▼80
CPATB	Taj Bradley	25	30	40	80
CPATS	Trey Sweeney	30	40	50	80
CPACMY	Colson Montgomery	50	60	80	120
CPACRL	Ceddanne Rafaela	▼30	▼40	▼50	▼80
CPAJCO	Jaison Chourio	▲50	▲60	▲80	150
CPAJCO	Jackson Chourio	▲300	▲400	▲500	▲800
CPAJME	Jackson Merrill	120	150	200	300
CPAJSA	Jarlin Susana	40	50	60	100
CPAJWD	James Wood	▲250	▲300	▲400	▲600
CPAMMU	Max Muncy	30	40	50	80
CPAMMY	Marcelo Mayer	▼60	▼80	▼100	▼150

2022 Bowman Chrome Prospects

		NmMt 8	NmMt+ 8.5	MT 9	Gem 9.5/10
BCP3	Kahlil Watson	30	40	50	80
BCP50	Elly De La Cruz	80	100	120	200
BCP79	Jackson Chourio	25	▲30	▲40	▲60

2022 Bowman Chrome Rookie Autographs

		NmMt 8	NmMt+ 8.5	MT 9	Gem 9.5/10
CRABS	Bryson Stott	60	80	100	150
CRACA	CJ Abrams	100	120	150	250
CRACR	Cal Raleigh	30	40	50	80
CRAHG	Hunter Greene	60	80	100	150
CRAJL	Josh Lowe	30	40	50	80
CRAJR	Julio Rodriguez	1,000	1,200	1,500	2,500
CRALG	Luis Gil	30	40	50	80
CRALG	Luis Gil	30	40	50	80
CRAOC	Oneil Cruz	150	200	250	400
CRAOC	Oneil Cruz	150	200	250	400
CRAST	Spencer Torkelson	100	150	200	300
CRAWF	Wander Franco	40	50	60	100
CRAWF	Wander Franco	40	50	60	100
CRABWJ	Bobby Witt Jr.	200	250	300	500
CRAJDN	Jarren Duran	50	80	100	120

2022 Bowman Chrome Draft

		NmMt 8	NmMt+ 8.5	MT 9	Gem 9.5/10
BDC23	Elijah Green	▼8	▼10	▼12	▼20
BDC130	Termarr Johnson	▼10	▼12	▼15	▼25
BDC153	Brooks Lee	30	50	60	100
BDC168	Jackson Holliday	▼10	▼12	▼20	▼40

2022 Bowman Chrome Draft Autographs

		NmMt 8	NmMt+ 8.5	MT 9	Gem 9.5/10
CDAAF	Alex Freeland	30	40	50	80
CDABL	Brooks Lee	▼40	▼50	▼60	▼100
CDACD	Chase DeLauter	▲80	▲100	▲120	▲200
CDACM	Chase Meidroth	30	40	50	100
CDACY	Cole Young	▼50	▼60	▼80	▼120
CDADB	Dylan Beavers	▼60	▼80	▼100	▼150
CDAGR	Gabriel Rincones	50	60	100	150
CDAHB	Henry Bolte	▲50	▲60	▲80	▲120
CDAJH	Jackson Holliday	250	300	400	▼600
CDAJJ	Jace Jung	40	50	60	▼100
CDAKR	Kumar Rocker	50	60	80	120
CDAMR	Mikey Romero	▲80	▲100	▲120	▲200
CDASS	Sal Stewart	50	60	80	120
CDATJ	Termarr Johnson	60	80	100	150
CDAVS	Victor Scott II	▲50	▲60	▲80	▲120
CDAZN	Zach Neto	▼40	▼50	▼60	▼100
CDACSN	Chandler Simpson	100	120	150	250
CDADRG	Dalton Rushing	▲80	▲100	▲120	▲200
CDAJBE	Jordan Beck	▼30	▼40	▼50	▼80
CDAJWS	Jett Williams	▲80	▲100	▲120	▲200
CDANSZ	Noah Schultz	80	100	120	200

2022 Bowman Sterling Prospect Autographs

		NmMt 8	NmMt+ 8.5	MT 9	Gem 9.5/10
PAED	Elly De La Cruz	200	250	300	▼500
PAJL	Jordan Lawlar	30	40	50	80
PAJW	James Wood	▲60	▲80	▲100	▲150
PALA	Luisangel Acuna	25	30	50	80

2022 Bowman Sterling Rookie Autographs

		NmMt 8	NmMt+ 8.5	MT 9	Gem 9.5/10
RABW	Bobby Witt Jr.	150	200	250	400
RACA	CJ Abrams	30	40	50	80
RAST	Spencer Torkelson	40	50	60	100
RAWF	Wander Franco	30	40	50	80
RAJRO	Julio Rodriguez	400	500	600	1,000

2022 Bowman's Best

		NmMt 8	NmMt+ 8.5	MT 9	Gem 9.5/10
13	Bobby Witt Jr. (RC)	30	40	60	120

2022 Bowman's Best Best of '22 Autographs

		NmMt 8	NmMt+ 8.5	MT 9	Gem 9.5/10
B22BL	Brooks Lee	30	40	50	80
B22BS	Bryson Stott	40	50	60	100
B22CC	Colton Cowser	30	40	50	80
B22JH	Jackson Holliday	▼100	▼120	▼150	▼250
B22JW	James Wood	50	60	80	200
B22KR	Kumar Rocker	40	50	60	100
B22MM	Marcelo Mayer	▲50	▲60	▲80	▲120
B22SK	Steven Kwan	50	60	80	120
B22TJ	Termarr Johnson	30	40	50	80
B22WF	Wander Franco	▼30	▼40	▼50	▼80
B22EDL	Elly De La Cruz EXCH	250	300	400	600
B22JCH	Jackson Chourio EXCH	120	150	200	300
B22JLA	Jordan Lawlar	30	40	50	80

2022 Topps

		NmMt 8	NmMt+ 8.5	MT 9	Gem 9.5/10
509	Spencer Strider RC	20	25	30	60
537	Oneil Cruz RC	15	20	25	40

2022 Topps Chrome

		NmMt 8	NmMt+ 8.5	MT 9	Gem 9.5/10
128	Oneil Cruz RC	15	20	25	80
221	Bobby Witt Jr. SP (RC)	▲250	▲300	▲400	▲1,000
222	Julio Rodriguez SP (RC)	▲400	▲500	▲600	▲1,200
223	Spencer Torkelson SP (RC)	▲50	▲60	▲100	▲200
224	Hunter Greene SP RC	40	50	60	100

2022 Topps Chrome Rookie Autographs

		NmMt 8	NmMt+ 8.5	MT 9	Gem 9.5/10
RABW	Bobby Witt Jr.	300	400	500	800
RACA	CJ Abrams	40	50	60	100
RAHG	Hunter Greene	▲40	▲50	▲60	100
RARL	Royce Lewis	▼30	▼40	▼50	▼80
RASS	Spencer Strider	50	60	80	120
RAST	Spencer Torkelson	▲100	▲120	▲150	▲250

2022 Topps Chrome Rookie Autographs Purple Refractors

		NmMt 8	NmMt+ 8.5	MT 9	Gem 9.5/10
AJRO	Julio Rodriguez	600	800	1,000	1,500

2022 Topps Chrome Update Autographs

		NmMt 8	NmMt+ 8.5	MT 9	Gem 9.5/10
CJRO	Julio Rodriguez	250	300	400	1,000

2023 Bowman Chrome Prospect Autographs

		NmMt 8	NmMt+ 8.5	MT 9	Gem 9.5/10
*PAAG	Angel Genao	50	60	80	120
PACC	Cam Collier	50	60	80	▲200
*PADD	Deyvison De Los Santos	▼50	▼60	▼80	▼120
PADJ	Druw Jones	▼60	▼80	▼100	▼150
*PAFC	Felnin Celesten	80	100	120	200
*PAHL	Hao Yu Lee	50	60	80	150
*PAJC	Justin Crawford	80	100	120	200
PAJH	Jackson Holliday	150	200	250	400
*PAJV	Joendry Vargas	▼30	▼40	▼50	▼80
PALM	Lazaro Montes	100	120	150	250
PARA	Roman Anthony	▲300	▲400	▲500	▲1,000
PASB	Samuel Basallo	▲120	▲150	▲200	▲400
PASJ	Spencer Jones	▼120	▼150	▼200	▼300
PAWA	Wilyer Abreu	50	60	80	120
PAXI	Xavier Isaac	▼60	▼80	▼100	▼150
PAADU	Alfredo Duno	40	50	60	100
*PAESS	Ethan Salas	80	100	120	▲250
PAJCR	Junior Caminero	▲150	▲200	▲250	▲500
PAJDE	Josue De Paula	▲100	▲120	▲150	▲250
PAMBS	Moises Ballesteros	▲40	▲50	▲60	▲100

2023 Bowman Chrome Prospects

		NmMt 8	NmMt+ 8.5	MT 9	Gem 9.5/10
CP25	Druw Jones	15	20	25	40
CP171	Ethan Salas	▼20	▼25	▼30	60

2023 Bowman Chrome Rookie Autographs

		NmMt 8	NmMt+ 8.5	MT 9	Gem 9.5/10
RAAV	Anthony Volpe	50	60	80	120

2023 Bowman Chrome Draft Autographs

		NmMt 8	NmMt+ 8.5	MT 9	Gem 9.5/10
DABE	Bryce Eldridge	▲150	▲200	▲300	▲500
DACD	Chase Davis	50	60	80	200
DACE	Colt Emerson	▲200	▲250	▲300	▲600
DAEB	Eric Bitonti	40	50	60	120
DAJF	Jonny Farmelo	40	50	60	120
DALK	Luke Keaschall	50	60	100	200
DAMC	Max Clark	▲200	▲250	▲300	▲600
DAMS	Matt Shaw	▲120	▲150	▲200	▲500
DAPS	Paul Skenes	▲600	▲800	▲1,000	▲1,500
DAWL	Wyatt Langford	200	▲250	▲300	500
DAEBR	Enrique Bradfield Jr.	30	40	50	80
DAJWI	Jacob Wilson	▲80	▲100	▲120	▲200
DAKCA	Kristian Campbell	▲200	▲250	▲300	▲500
DARLO	Rhett Lowder	40	50	60	120

2023 Bowman Sterling Prospect Autographs

		NmMt 8	NmMt+ 8.5	MT 9	Gem 9.5/10
ADJ	Druw Jones	30	40	50	80
AED	Elly De La Cruz	▲150	▲200	▲250	▲400
AJH	Jackson Holliday	▲150	▲200	▲250	▲400
ASJ	Spencer Jones	▼50	▼60	▼80	▼120
AJCR	Junior Caminero	▲40	▼50	60	100
AJC	Jackson Chourio	▲100	▲120	▲150	▲250
AJML	Jackson Merrill	100	120	150	250

2023 Bowman Sterling Rookie Autographs

		NmMt 8	NmMt+ 8.5	MT 9	Gem 9.5/10
AMH	Michael Harris II	50	60	80	120

2023 Bowman's Best Best of '23 Autographs

		NmMt 8	NmMt+ 8.5	MT 9	Gem 9.5/10
23AV	Anthony Volpe	▲100	▲120	▲150	▲250
23BE	Bryce Eldridge	▲150	▲200	▲250	▲500
23CE	Colt Emerson	60	80	100	▲250
23EP	Eury Perez	30	40	50	80
23ES	Ethan Salas	▼50	▼60	▼80	150
23MC	Max Clark	120	150	200	300
23MH	Michael Harris II	▲60	▲80	▲100	▲150
23PS	Paul Skenes	300	400	▲600	▲1,200
23SB	Samuel Basallo	40	50	60	100

		NmMt 8	NmMt+ 8.5	MT 9	Gem 9.5/10
B23SJ	Spencer Jones	▲60	▲80	▲100	▲150
B23WL	Wyatt Langford	▲150	▲200	▲250	▲500
B23JCO	Junior Caminero	▲50	▲60	▲80	▲120
B23JWA	Jordan Walker	▲50	▲60	▲80	120
B23RAY	Roman Anthony	▲120	▲150	▲200	▲300

2023 Topps

		NmMt 8	NmMt+ 8.5	MT 9	Gem 9.5/10
206	Gunnar Henderson RC	25	25	30	60
226	Michael Harris II RC	15	20	25	40
250	Adley Rutschman (RC)	12	15	25	40
401	Corbin Carroll RC	20	20	25	40
460	Anthony Volpe RC	12	15	20	30

2023 Topps Chrome Rookie Autographs

		NmMt 8	NmMt+ 8.5	MT 9	Gem 9.5/10
RAAR	Adley Rutschman	▼100	▼120	▼150	▼250
RAAV	Anthony Volpe	▼150	▼200	▼250	500
RAFA	Francisco Alvarez	▲80	▲100	▲120	▲200
RAJJ	Josh Jung	▼40	▼50	▼60	▼80
RAMH	Michael Harris II	▼60	▼80	▼100	▼150
RAMV	Mark Vientos	▲80	▲100	▲120	▲250
RAMY	Masataka Yoshida	▲40	▲50	▲60	▲100
RARG	Riley Greene	50	60	80	▼120
RACCA	Corbin Carroll	100	120	150	▲300
RAJWA	Jordan Walker	▼60	▼80	▼100	▼250
RAKCA	Kerry Carpenter	60	80	100	200
RAKSA	Kodai Senga	▲60	▲80	▲100	▲150

2024 Bowman Chrome

		NmMt 8	NmMt+ 8.5	MT 9	Gem 9.5/10
31	Paul Skenes RC	30	40	50	100
42	Elly De La Cruz RC	25	30	50	80

2024 Bowman Chrome Prospects

		NmMt 8	NmMt+ 8.5	MT 9	Gem 9.5/10
BCP179	Leo De Vries	30	40	50	80

2024 Bowman Chrome Prospect Autographs

		NmMt 8	NmMt+ 8.5	MT 9	Gem 9.5/10
CPAAN	Arjun Nimmala	50	60	80	120
CPABE	Bryce Eldridge	40	50	60	100
CPABS	Brandon Sproat	120	150	200	300
CPADC	Dylan Crews	120	150	200	400
CPAEM	Emil Morales	50	60	80	120
CPAET	Eduardo Tait	40	50	60	100
CPAJP	Jose Perdomo	40	50	60	100CPAKT
Kyle Teel 50		60	80	120	
CPALD	Leo De Vries	150	200	250	500
CPAMS	Matt Shaw	30	40	50	80
CPAPS	Paul Skenes	250	300	400	600
CPASW	Sebastian Walcott	80	100	120	200
CPAWJ	Walker Jenkins	120	150	200	300
CPAAMI	Aidan Miller	60	80	100	150
CPACPR	Cooper Pratt	40	50	60	100
CPAGLO	George Lombard Jr.	120	150	200	400
CPARCA	Robert Calaz	30	40	50	80
CPAWLA	Wyatt Langford	80	100	120	200
CPAYCE	Yoeilin Cespedes	30	40	50	80

2024 Bowman Chrome Rookie Autographs

		NmMt 8	NmMt+ 8.5	MT 9	Gem 9.5/10
CRAED	Elly De La Cruz	300	400	500	800
CRAED	Elly De La Cruz	300	400	500	800
CRAJC	Junior Caminero	80	100	120	200
CRAJD	Jasson Dominguez	100	120	150	250
CRAJD	Jasson Dominguez	100	120	150	250
CRAPC	Pete Crow-Armstrong	150	200	250	400
CRAPS	Paul Skenes	400	500	600	1,000
CRATS	Tyler Soderstrom	30	40	50	80
CRAWL	Wyatt Langford	120	150	200	400
CRAYY	Yoshinobu Yamamoto	300	400	500	800
CRAYY	Yoshinobu Yamamoto	300	400	500	800
CRAJCA	Junior Caminero	80	100	120	200
CRAJCH	Jackson Chourio	200	250	300	500
CRAJHO	Jackson Holliday	150	200	250	400
CRAJLE	Jung Hoo Lee	120	150	200	300

2024 Bowman Chrome Draft

		NmMt 8	NmMt+ 8.5	MT 9	Gem 9.5/10
BDC8	Jac Cagliaone	40	50	60	200

2024 Bowman Chrome Draft Autographs

		NmMt 8	NmMt+ 8.5	MT 9	Gem 9.5/10
CPABM	Braden Montgomery	60	80	100	150
CPABP	Braylon Payne	40	50	60	100
CPABR	Bryce Rainer	80	100	120	300

		NmMt 8	NmMt+ 8.5	MT 9	Gem 9.5/10
CPACB	Chase Burns	60	80	100	200
CPACC	Cam Caminiti	30	40	50	80
CPACM	Christian Moore	120	150	250	500
CPACS	Cam Smith	120	150	200	400
CPADD	Dylan Dreiling	30	40	50	80
CPAHS	Hagen Smith	50	60	80	150
CPAJC	Jac Cagliaone	250	300	400	600
CPAJT	James Tibbs III	30	40	50	80
CPAKC	Kaelen Culpepper	40	50	60	100
CPAKG	Konnor Griffin	150	200	250	400
CPANK	Nick Kurtz	150	200	300	500
CPASK	Seaver King	30	40	50	80
CPATB	Travis Bazzana	200	250	400	600
CPATG	Theo Gillen	80	100	120	250
CPATL	Tyson Lewis	30	40	50	100
CPACBG	Carson Benge	60	80	120	200

2024 Bowman Sterling Prospect Autographs

		NmMt 8	NmMt+ 8.5	MT 9	Gem 9.5/10
PAAM	Aidan Miller	40	50	60	120
PACE	Colt Emerson	25	30	40	80
PADC	Dylan Crews	100	120	200	300
PADR	Dalton Rushing	30	40	50	120
PAES	Ethan Salas	40	50	60	120
PAGL	George Lombard Jr.	40	50	60	120
PAJW	Jacob Wilson	60	80	100	200
PARA	Roman Anthony	60	80	120	250
PASB	Samuel Basallo	40	50	60	120
PASJ	Spencer Jones	40	50	60	120
PASW	Sebastian Walcott	50	60	100	150
PAWJ	Walker Jenkins	100	120	150	250

2024 Bowman Sterling Rookies Autographs

		NmMt 8	NmMt+ 8.5	MT 9	Gem 9.5/10
RAED	Elly De La Cruz	250	300	400	800
RAJC	Junior Caminero	100	100	120	200
RAPS	Paul Skenes LIVE EXCH	300	400	500	1,000

2024 Bowman's Best Best of '24 Autographs

		NmMt 8	NmMt+ 8.5	MT 9	Gem 9.5/10
B24BE	Bryce Eldridge	40	50	60	100
B24CB	Chase Burns	30	40	50	100
B24CS	Cam Smith	60	80	100	150
B24DC	Dylan Crews	120	150	200	300
B24GL	George Lombard Jr.	60	80	120	200
B24HW	Hurston Waldrep	10	12	15	150
B24JC	Jackson Chourio	120	150	200	300
B24JD	Jasson Dominguez	120	150	250	400
B24JM	Jackson Merrill	100	120	150	250
B24LD	Leo De Vries	50	60	80	120
B24MC	Max Clark	80	100	120	200
B24MS	Matt Shaw	60	80	100	150
B24RA	Roman Anthony	80	100	120	250
B24SB	Samuel Basallo	30	40	50	80
B24WL	Wyatt Langford	100	120	150	300
B24ARZ	Agustin Ramirez	40	50	80	120
B24JCA	Junior Caminero	100	120	200	300
B24JCE	Jac Cagliaone	200	250	300	500

2024 Topps

		NmMt 8	NmMt+ 8.5	MT 9	Gem 9.5/10
60	Jasson Dominguez (RC)	10	12	15	40
66	Jordan Westburg RC	12	15	20	50
141	Elly De La Cruz RC	15	20	25	60
180	Anthony Volpe FS	12	15	20	50
257	Colton Cowser (RC)	15	20	25	60
280	Evan Carter RC	10	12	15	40
313	Ceddanne Rafaela RC	12	15	15	40

2024 Topps Update

		NmMt 8	NmMt+ 8.5	MT 9	Gem 9.5/10
US100	Paul Skenes RC	20	40	60	120
US210	Jackson Merrill RC	15	25	40	80

2024 Topps Chrome Rookie Autographs

		NmMt 8	NmMt+ 8.5	MT 9	Gem 9.5/10
RACC	Colton Cowser	40	50	60	120
RAEC	Evan Carter	60	80	100	150
RAJC	Jackson Chourio	400	500	600	1,000
RAPC	Pete Crow-Armstrong	80	100	120	250
RASI	Shota Imanaga	80	100	120	250
RAWL	Wyatt Langford	150	200	250	500
RAYY	Yoshinobu Yamamoto	250	300	500	800
RACKE	Colt Keith	60	80	100	250
RAJCA	Junior Caminero	100	120	150	300
RAJDZ	Jasson Dominguez	120	150	250	400
RAJME	Jackson Merrill	200	250	300	500
RALBU	Lawrence Butler	150	200	250	500
RAEDLC	Elly De La Cruz	500	600	800	1,200

Beckett Graded Card Price Guide 233

BASKETBALL
1933 -1989/90

1948 Bowman

#	Player	PrFr 1	GD 2	VG 3	VgEx 4	EX 5	ExMt 6	NM 7	NmMt 8
1	Ernie Calverley RC	20	40	60	100	150	250	500	▲1,500
2	Ralph Hamilton	10	15	20	▲40	▲60	▲120	▲300	▲400
3	Gale Bishop	15	20	30	40	60	100	150	400
4	Fred Lewis RC	10	15	30	40	50	80	150	300
5	Single Cut Off Post	10	20	30	40	60	80	120	250
6	Bob Feerick RC	10	15	20	30	50	80	150	400
7	John Logan	10	15	20	30	50	80	150	400
8	Mel Riebe	10	15	20	30	50	80	150	400
9	Andy Phillip RC	25	50	80	150	200	300	500	800
10	Bob Davies RC	25	50	80	150	200	300	500	▲1,000
11	Single Cut With	10	12	20	25	40	60	150	400
12	Kenny Sailors RC	100	200	250	300	400	500	600	800
13	Paul Armstrong	15	25	40	50	60	120	300	500
14	Howard Dallmar RC	15	25	40	50	60	120	300	500
15	Bruce Hale RC	10	15	25	40	▲60	▲100	▲200	▲400
16	Sid Hertzberg	12	15	25	40	60	100	250	500
17	Single Cut Using	12	20	25	30	40	60	100	250
18	Red Rocha	▲20	▲40	▲50	▲60	▲80	100	150	300
19	Eddie Ehlers	15	25	40	50	60	100	150	400
20	Ellis (Gene) Vance	10	15	30	50	60	100	150	400
21	Fuzzy Levane RC	10	15	30	50	60	100	150	400
22	Earl Shannon	10	15	25	30	50	80	120	500
23	Double Cut Off Post	10	20	30	40	50	60	120	300
24	Leo (Crystal) Klier	15	20	30	50	60	▲80	150	400
25	George Senesky	10	20	30	▲50	▲80	▲150	▲300	▲600
26	Price Brookfield	10	12	25	30	40	60	100	250
27	John Norlander	10	12	25	30	50	80	150	400
28	Don Putman	10	12	20	30	40	60	150	400
29	Double Post	15	20	30	50	80	150	250	400
30	Jack Garfinkel	▲12	▲20	▲40	▲60	▲100	▲150	▲250	▲500
31	Chuck Gilmur	12	15	30	50	100	200	300	400
32	Red Holzman RC	25	▲50	▲100	▲200	▲300	▲400	▲500	600
33	Jack Smiley	▲15	▲25	▲40	▲60	▲100	▲200	▲300	▲400
34	Joe Fulks RC	30	50	100	▲200	▲300	400	600	800
35	Screen Play	▲12	▲20	30	▲50	▲80	▲150	▲300	▲500
36	Hal Tidrick	10	20	40	80	150	200	300	500
37	Don (Swede) Carlson	25	50	100	200	300	400	500	800
38	Buddy Jeanette CO RC	40	80	150	300	500	600	1,000	2,000
39	Ray Kuka	15	25	40	60	▲100	▲200	▲400	600
40	Stan Miasek	15	20	30	50	60	120	300	600
41	Double Screen With	15	25	50	60	100	125	200	375
42	George Nostrand	20	30	50	60	80	150	400	800
43	Chuck Halbert RC	20	30	50	▲80	▲120	▲250	▲400	▲500
44	Arnie Johnson	30	50	100	200	300	400	500	800
45	Bob Doll	▲20	▲40	▲60	▲100	▲150	▲300	▲400	▲600
46	Bones McKinney RC	15	25	40	▲60	▲100	200	▲300	▲600
47	Out Of Bounds	10	15	30	60	80	125	200	400
48	Ed Sadowski	20	30	50	75	100	150	250	500
49	Bob Kinney	15	25	40	50	80	150	300	
50	Charles (Hawk) Black	25	50	100	200	300	400	600	
51	Jack Dwan	30	50	100	120	200	300	400	800
52	Connie Simmons RC	20	40	60	100	200	300	400	600
53	Out Of Bounds Play	15	25	50	150	200	300	400	600
54	Bud Palmer RC	15	30	60	120	200	300	400	600
55	Max Zaslofsky RC	▲40	▲60	▲100	▲200	▲300	▲400	600	1,000
56	Lee Roy Robbins	15	25	40	60	120	200	300	700
57	Arthur Spector	▲20	▲40	▲60	▲100	▲200	▲300	▲400	▲600
58	Arnie Risen RC	50	100	200	400	500	600	800	1,200
59	Out Of Bounds Play	30	80	150	200	300	400	500	600
60	Ariel Maughan	20	40	60	100	200	300	400	600
61	Dick O'Keefe	15	25	40	50	60	▲100	▲250	500
62	Herman Schaefer	10	15	30	40	80	150	300	600
63	John Mahnken	30	50	80	150	250	400	500	800
64	Tommy Byrnes	10	20	40	80	150	300	450	600
65	Held Ball Play	20	40	80	150	200	300	400	600
66	Jim Pollard RC	60	200	300	500	600	800	1,000	2,000
67	Lee Mogus	20	40	80	200	300	400	500	600
68	Lee Knorek	20	30	60	120	200	300	500	800
69	George Mikan RC	4,000	▲6,000	▲8,000	▲10,000	▲15,000	20,000	40,000	
70	Walter Budko	12	25	50	100	150	200	300	600
71	Guards Down Play	20	40	60	100	200	300	500	800
72	Carl Braun RC	200	300	400	500	800	1,000	2,000	4,000

— Max Zaslofsky #55 PSA 9 (MT) sold for $2,953 (Mile High; 1/10)
— Jim Pollard #66 PSA 9 (MT) sold for $8,520 (Greg Bussineau; Fall 2012)
— Jim Pollard #66 PSA 8 (NmMt) sold for $1,704 (Memory Lane; 5/13)
— Jim Pollard #66 PSA 8 (NmMt) sold for $1,059 (eBay; 12/12)
— George Mikan #69 PSA 10 (Gem Mt) sold for $403,664 (SCP; 12/15)
— George Mikan #69 SGC 96 (Mint) sold for $35,850 (Heritage; 11/15)
— George Mikan #69 PSA 7 (NM) sold for $4,877 (Mile High; 6/10)

1957-58 Topps

#	Player	PrFr 1	GD 2	VG 3	VgEx 4	EX 5	ExMt 6	NM 7	NmMt 8
1	Nat Clifton DP RC	50	80	150	300	400	600	2,000	
2	George Yardley DP RC	▲15	▲30	▲60	▲100	▲200	300	600	4,000
3	Neil Johnston DP RC	▲15	▲30	▲60	▲100	150	300	600	4,000
4	Carl Braun DP	10	12	20	50	80	150	300	800
5	Bill Sharman DP RC	15	30	50	100	200	400	600	1,200
6	George King DP RC	8	10	15	25	▲50	▲100	▲200	400
7	Kenny Sears DP RC	10	12	20	30	60	120	200	500
8	Dick Ricketts DP RC	10	12	20	30	40	50	150	400
9	Jack Nichols DP	8	12	25	50	100	200	300	500
10	Paul Arizin DP RC	20	25	40	80	150	300	400	800
11	Chuck Noble DP	10	15	20	30	50	80	200	400
12	Slater Martin DP RC	20	40	80	120	200	400	600	1,200
13	Dolph Schayes DP RC	20	40	80	150	200	300	600	1,200
14	Dick Atha DP	8	10	15	30	50	80	150	500
15	Frank Ramsey DP RC	15	30	60	120	250	400	600	1,000
16	Dick McGuire DP RC	10	20	40	80	150	300	500	800
17	Bob Cousy DP RC	300	500	800	1,000	1,200	2,000	5,000	20,000
18	Larry Foust DP RC	8	10	15	25	40	80	200	500
19	Tom Heinsohn RC	50	60	120	250	400	600	1,200	2,500
20	Bill Thieben DP	10	15	30	40	60	100	300	1,500
21	Don Meineke DP RC	8	10	15	25	40	60	100	600
22	Tom Marshall	10	12	20	▲40	▲60	▲100	▲250	▲500
23	Dick Garmaker	10	12	25	50	100	200	300	600
24	Bob Pettit DP RC	40	100	100	200	300	500	1,500	3,000
25	Jim Krebs DP RC	10	12	20	40	80	150	300	600
26	Gene Shue DP RC	10	15	25	30	40	50	100	500
27	Ed Macauley DP RC	12	20	25	30	60	120	300	1,000
28	Vern Mikkelsen RC	12	20	30	50	80	120	400	2,000
29	Willie Naulls RC	10	12	15	20	40	60	200	500
30	Walter Dukes DP RC	10	15	25	40	60	100	250	400
31	Dave Piontek DP	8	10	15	20	40	60	120	300
32	John (Red) Kerr RC	15	25	40	50	60	100	300	600
33	Larry Costello DP RC	10	12	20	30	60	100	200	500
34	Woody Sauldsberry DP RC	10	15	20	40	60	125	400	
35	Ray Felix RC	10	12	20	25	40	60	150	500

234 www.beckett.com/price-guide

#	Player	PrFr 1	GD 2	VG 3	VgEx 4	EX 5	ExMt 6	NM 7	NmMt 8
6	Ernie Beck	8	10	20	30	40	60	200	3,000
7	Cliff Hagan RC	25	50	100	▼150	▼200	▼300	600	1,000
8	Guy Sparrow DP	10	12	20	▲40	▲60	▲80	120	400
9	Jim Loscutoff RC	10	20	40	80	150	300	500	1,200
10	Arnie Risen DP	10	20	40	60	100	300	400	800
11	Joe Graboski	10	12	20	25	▲50	▲100	▲200	500
12	Maurice Stokes DP RC	12	25	40	—	60	▼100	▼200	400	600
13	Rod Hundley DP RC	12	20	30	▲50	▲100	▲150	250	500
14	Tom Gola DP RC	15	25	40	60	120	200	400	1,500
15	Med Park RC	10	12	20	30	40	50	100	450
16	Mel Hutchins DP	8	10	20	30	50	80	200	800
17	Larry Friend DP	10	15	20	30	50	80	200	800
18	Len Rosenbluth DP RC	10	20	40	▼60	▼100	▼150	▼300	600
19	Walt Davis	10	12	20	25	30	40	150	500
20	Richie Regan RC	10	12	20	▲30	▲50	▲80	200	500
21	Frank Selvy DP RC	12	20	25	40	80	150	300	500
22	Art Spoelstra DP	8	10	15	20	30	60	120	400
23	Bob Hopkins RC	8	10	20	40	80	150	300	600
24	Earl Lloyd RC	30	▲80	▼120	▼150	▼250	▼400	1,200	2,500
25	Phil Jordan DP	8	10	20	40	80	150	300	700
26	Bob Houbregs DP RC	10	15	25	40	60	80	150	500
27	Lou Tsioropoulos DP	10	12	25	▲40	▲60	100	400	800
28	Ed Conlin RC	10	12	20	40	60	100	300	700
29	Al Bianchi RC	10	12	20	30	60	120	300	800
30	George Dempsey RC	10	12	15	▲30	▲60	▲100	▲150	300
31	Chuck Share	10	12	15	30	60	80	200	500
32	Harry Gallatin DP RC	12	20	40	60	80	120	500	700
33	Bob Harrison	10	15	25	30	40	50	100	600
34	Bob Burrow DP	8	10	15	25	30	60	125	400
35	Win Wilfong DP	8	10	20	40	50	80	120	300
36	Jack McMahon DP RC	10	15	25	40	80	120	250	500
37	Jack George	▲10	▲12	▲20	▲40	▲60	▲100	200	400
38	Charlie Tyra DP	10	12	20	25	30	60	200	750
39	Ron Sobie	10	15	20	25	40	80	150	450
40	Jack Coleman	10	12	25	40	80	150	300	600
41	Jack Twyman DP RC	12	20	30	60	100	▼200	500	1,000
42	Paul Seymour RC	10	15	25	50	80	150	300	600
43	Jim Paxson DP RC	10	12	25	40	60	80	150	400
44	Bob Leonard RC	12	20	30	50	100	250	450	700
45	Andy Phillip	12	20	30	▼40	▼60	▼100	▼400	700
46	Joe Holup	10	12	20	30	50	80	200	400
47	Bill Russell RC	2,000	3,000	4,000	6,000	8,000	▼12,000	50,000	150,000
48	Clyde Lovellette DP RC	15	30	60	100	200	300	500	1,000
49	Ed Fleming DP	10	15	30	50	80	200	500	
50	Dick Schnittker RC	15	20	30	40	80	200	500	3,500

- Nat Clifton #1 PSA 8 (NMMT) sold for $3,081 (eBay; 12/10)
- Tom Heinsohn #19 PSA 8 (NMMT) sold for $822 (Mile High; 6/10)
- Phil Jordan #55 PSA 9 (MT) sold for $2,225 (eBay; 2/12)
- Bob Houbregs #56 PSA 9 (MT) sold for $4,062 (eBay; 4/12)
- Lou Tsioropoluos #57 PSA 9 (MT) sold for $3,950 (eBay; 4/12)
- Jack McMahon #66 PSA 9 (MT) sold for $2,948 (eBay; 4/12)
- Bill Russell #77 PSA 7 (NM) sold for $2,218 (Mile High; 10/09)
- Bill Russell #77 SGC 70 (EX+) sold for $1,304 (Huggins & Scott; 4/13)
- Clyde Lovellette #78 PSA 8 (NMMT) sold for $910 (Mile High; 6/10)
- Ed Flemming #79 PSA 8 (NMMT) sold for $4,057 (eBay; 3/12)
- Dick Schnittker #80 PSA 8 (NMMT) sold for $2,901 (Goodwin; 6/10)

1961-62 Fleer

#	Player	GD 2	VG 3	VgEx 4	EX 5	ExMt 6	NM 7	NmMt 8	MT 9
1	Al Attles RC	30	60	120	200	300	800	3,000	5,000
2	Paul Arizin	10	20	40	80	200	400	2,000	4,000
3	Elgin Baylor RC	250	400	600	800	1,200	4,000	12,000	25,000
4	Walt Bellamy RC	30	60	100	200	400	1,000	3,000	6,000
5	Arlen Bockhorn	10	20	40	60	▲120	250	800	1,500
6	Bob Boozer RC	15	20	40	80	150	300	600	2,000
7	Carl Braun	10	12	15	25	50	100	300	800
8	Wilt Chamberlain RC	2,000	2,500	3,000	4,000	6,000	12,000	40,000	
9	Larry Costello	10	15	30	40	60	100	200	500
10	Bob Cousy	80	▲150	200	300	400	600	2,000	6,000
11	Walter Dukes	8	15	30	60	120	200	400	800

#	Player	GD 2	VG 3	VgEx 4	EX 5	ExMt 6	NM 7	NmMt 8	MT 9
12	Wayne Embry RC	▲8	▲15	▲30	▲50	100	250	400	
13	Dave Gambee	6	10	15	25	50	100	250	800
14	Tom Gola	6	8	15	30	60	120	250	600
15	Sihugo Green RC	6	15	30	40	60	120	200	500
16	Hal Greer RC	20	40	80	120	200	▲400	▲800	▲1,500
17	Richie Guerin RC	8	10	20	40	60	100	250	500
18	Cliff Hagan	8	12	20	20	80	150	300	650
19	Tom Heinsohn	10	15	30	50	100	200	500	1,200
20	Bailey Howell RC	12	25	50	100	150	250	400	1,000
21	Rod Hundley	8	12	25	50	100	200	350	800
22	K.C. Jones RC	20	40	▲80	▲120	200	300	600	2,000
23	Sam Jones RC	30	60	120	150	250	500	1,000	3,000
24	Phil Jordan	8	10	20	40	60	120	250	1,000
25	John/Red Kerr	6	10	20	40	80	150	300	800
26	Rudy LaRusso RC	8	15	30	60	80	120	300	1,000
27	George Lee	▲12	▲25	▲40	50	60	80	200	500
28	Bob Leonard	8	10	20	30	60	100	200	450
29	Clyde Lovellette	6	10	20	40	80	150	300	850
30	John McCarthy	5	6	10	20	40	100	300	600
31	Tom Meschery RC	10	20	40	80	120	200	400	800
32	Willie Naulls RC	10	25	50	60	120	200	400	1,000
33	Don Ohl RC	5	10	15	30	60	80	700	2,000
34	Bob Pettit	10	20	40	80	150	300	600	2,000
35	Frank Ramsey	10	15	20	30	60	120	300	2,000
36	Oscar Robertson RC	600	800	1,000	1,500	2,000	5,000	12,000	
37	Guy Rodgers RC	20	40	50	80	150	250	400	800
38	Bill Russell	200	400	600	1,000	2,000	2,500	4,000	6,000
39	Dolph Schayes	20	40	60	100	150	300	400	800
40	Frank Selvy	▲6	▲10	▲20	▲40	▲50	▲100	▲400	1,000
41	Gene Shue	5	10	15	20	40	60	150	800
42	Jack Twyman	8	12	▲25	▲50	▲80	▲200	▲600	▲1,000
43	Jerry West RC	600	800	1,500	2,000	3,000	6,000	15,000	
44	Len Wilkens RC	25	50	100	200	300	400	600	2,000
45	Paul Arizin IA	▲12	▲25	▲50	▲80	▲100	120	250	800
46	Elgin Baylor IA	50	80	100	200	300	500	800	2,000
47	Wilt Chamberlain IA	500	600	800	1,200	2,000	3,000	5,000	
48	Larry Costello IA	8	12	20	40	60	100	150	600
49	Bob Cousy IA	25	50	100	200	300	400	500	1,000
50	Walter Dukes IA	5	8	10	▲20	▲40	▲80	▲120	500
51	Tom Gola IA	6	8	15	30	60	100	250	500
52	Richie Guerin IA	6	10	20	40	80	150	300	600
53	Cliff Hagan IA	10	12	20	40	60	80	120	500
54	Tom Heinsohn IA	10	15	30	50	80	150	300	600
55	Bailey Howell IA	5	10	15	30	60	120	300	600
56	John/Red Kerr IA	8	12	20	25	30	50	100	500
57	Rudy LaRusso IA	6	10	20	40	60	100	250	
58	Clyde Lovellette IA	6	15	30	60	125	250	500	2,000
59	Bob Pettit IA	10	15	30	50	80	150	300	700
60	Frank Ramsey IA	5	8	12	15	25	50	100	600
61	Oscar Robertson IA	100	200	300	400	600	2,000	4,000	
62	Bill Russell IA	300	400	500	600	1,500	3,000		
63	Dolph Schayes IA	8	20	30	▲50	▲80	▲150	300	▲1,000
64	Gene Shue IA	6	12	25	50	80	120	300	
65	Jack Twyman IA	5	10	▲20	▲40	▲80	▲200	▲500	
66	Jerry West IA	120	150	200	400	600	2,000	4,000	

— Elgin Baylor #3 PSA 9 (Mint) sold for $3,730 (eBay, 2/10)
— Wilt Chamberlain #8 PSA 9 (Mint) sold for $7,240 (eBay, 4/12)
— Wayne Embry #12 PSA 9 (MT) sold for $1,118 (SCP; 4/13)
— Sam Jones #23 PSA 10 (Gem Mt) sold for $10,157 (Heritage; 8/16)
— Jerry West #43 PSA 9 (Mint) sold for $6,932 (Goodwin; 2/11)
— Jerry West #43 PSA 8.5 (NmMt+) sold for $17,788 (Goodwin; 8/16)
— Len Wilkens #44 PSA 10 (Gem Mt) sold for $10,157 (Heritage; 8/16)

1969-70 Topps

#	Player	GD 2	VG 3	VgEx 4	EX 5	ExMt 6	NM 7	NmMt 8	MT 9
1	Wilt Chamberlain	120	150	200	400	500	1,500	4,000	12,000
2	Gail Goodrich RC	12	25	40	50	80	150	500	1,000
3	Cazzie Russell RC	5	8	10	20	50	80	300	800
4	Darrall Imhoff RC	5	8	10	15	30	60	150	400
5	Bailey Howell	5	8	10	15	30	60	150	400

#	Player	GD 2	VG 3	VgEx 4	EX 5	ExMt 6	NM 7	NmMt 8	MT 9
6	Lucius Allen RC	5	8	12	25	40	80	300	
7	Tom Boerwinkle RC	5	5	6	8	12	30	120	
8	Jimmy Walker RC	5	5	8	10	▲20	▲50	▲150	
9	John Block RC	5	5	6	15	30	60	200	400
10	Nate Thurmond RC	▲6	12	▲25	▲50	120	200	500	1,000
11	Gary Gregor	5	6	10	25	50	80	120	400
12	Gus Johnson RC	5	10	15	20	▼40	▼80	250	
13	Luther Rackley	5	5	6	▲10	▲20	▲50	▲120	
14	Jon McGlocklin RC	5	5	12	15	30	60	125	250
15	Connie Hawkins RC	15	20	25	40	60	120	400	1,000
16	Johnny Egan	5	5	6	8	▲20	30	60	150
17	Jim Washington	5	5	6	8	15	▲40	▲80	150
18	Dick Barnett RC	5	6	10	20	40	80	150	300
19	Tom Meschery	5	5	8	12	25	▲50	200	
20	John Havlicek RC	60	80	100	200	300	▼600	1,500	12,000
21	Eddie Miles	5	6	10	15	30	50	80	200
22	Walt Wesley	5	8	10	12	20	40	80	225
23	Rick Adelman RC	5	8	15	30	60	120	200	400
24	Al Attles	5	6	10	20	30	50	150	300
25	Lew Alcindor RC	500	600	800	1,200	2,000	4,000	12,000	30,000
26	Jack Marin RC	5	5	8	10	15	30	60	250
27	Walt Hazzard RC	5	8	10	12	▲20	▲40	80	400
28	Connie Dierking	5	5	8	15	30	50	150	
29	Keith Erickson RC	5	8	10	12	25	40	80	300
30	Bob Rule RC	5	8	10	12	20	40	80	200
31	Dick Van Arsdale RC	5	8	10	12	20	40	80	400
32	Archie Clark RC	5	8	10	12	25	50	80	300
33	Terry Dischinger RC	5	5	8	▲15	▲40	▲80	200	
34	Henry Finkel RC	5	5	6	8	▲15	▲30	▲80	200
35	Elgin Baylor	12	25	40	60	80	150	400	1,000
36	Ron Williams	5	5	6	10	15	30	50	150
37	Loy Petersen	5	▲6	▲8	▲12	▲25	50	100	300
38	Guy Rodgers	5	8	12	25	40	80	120	250
39	Toby Kimball	5	▲6	▲10	▲15	▲30	▲60	150	300
40	Billy Cunningham RC	6	12	25	50	80	200	500	800
41	Joe Caldwell RC	5	8	10	12	15	▲30	▲80	
42	Leroy Ellis RC	5	5	10	12	20	40	150	400
43	Bill Bradley RC	15	25	40	60	80	150	300	1,200
44	Len Wilkens	5	10	15	25	40	60	100	800
45	Jerry Lucas RC	6	10	20	40	60	120	250	700
46	Neal Walk RC	5	8	10	12	▲25	▲50	▲120	▲250
47	Emmette Bryant RC	5	10	12	15	30	100	350	600
48	Bob Kauffman RC	6	8	10	15	30	60	150	
49	Mel Counts RC	5	6	10	15	25	40	80	200
50	Oscar Robertson	20	40	60	80	120	250	500	1,000
51	Jim Barnett RC	5	6	10	15	30	50	100	400
52	Don Smith	5	5	6	8	12	25	80	400
53	Jim Davis	5	5	8	10	20	40	100	400
54	Wally Jones RC	5	5	6	12	20	40	120	300
55	Dave Bing RC	8	12	25	50	80	150	300	800
56	Wes Unseld RC	10	15	25	40	50	120	300	800
57	Joe Ellis	5	5	6	12	20	40	▲100	
58	John Tresvant	5	5	6	8	▲15	▲30	▲60	500
59	Larry Siegfried RC	5	5	6	8	▲15	▲30	▲60	200
60	Willis Reed RC	25	50	80	150	200	300	600	1,500
61	Paul Silas RC	5	8	12	15	25	40	120	400
62	Bob Weiss RC	5	8	12	15	25	50	100	300
63	Willie McCarter	5	5	6	8	20	50	100	300
64	Don Kojis RC	5	5	6	8	20	50	100	
65	Lou Hudson RC	5	10	15	25	50	100	250	500
66	Jim King	5	5	6	10	20	40	80	200
67	Luke Jackson RC	5	5	6	8	15	30	50	200
68	Len Chappell RC	5	5	8	10	20	30	50	120
69	Ray Scott	5	5	6	8	10	20	40	80
70	Jeff Mullins RC	5	6	10	15	30	60	150	
71	Howie Komives	5	5	6	10	20	40	80	
72	Tom Sanders RC	5	8	12	15	30	80	200	600
73	Dick Snyder	5	5	6	10	20	40	80	
74	Dave Stallworth RC	5	5	6	10	15	30	60	
75	Elvin Hayes RC	25	40	60	80	100	250	400	4,000

#	Player	GD 2	VG 3	VgEx 4	EX 5	ExMt 6	NM 7	NmMt 8	MT 9
76	Art Harris	5	5	6	12	20	30	80	400
77	Don Ohl	5	5	6	10	15	30	80	
78	Bob Love RC	5	8	15	30	40	60	120	600
79	Tom Van Arsdale RC	5	8	10	12	20	40	150	
80	Earl Monroe RC	20	▲30	40	▲60	80	150	500	800
81	Greg Smith	5	5	6	8	15	30	60	300
82	Don Nelson RC	8	12	20	30	50	100	300	600
83	Happy Hairston RC	5	6	10	15	30	60	120	400
84	Hal Greer	5	10	▲20	▲40	60	▲120	300	600
85	Dave DeBusschere RC	10	20	40	60	80	150	300	
86	Bill Bridges RC	5	5	8	10	15	30	80	200
87	Herm Gilliam RC	5	5	8	10	15	40	80	
88	Jim Fox	5	5	6	10	20	50	150	600
89	Bob Boozer	5	5	6	8	15	20	100	
90	Jerry West	30	40	60	100	150	▼300	800	3,000
91	Chet Walker RC	8	15	30	40	50	80	300	500
92	Flynn Robinson RC	5	5	6	12	15	30	100	400
93	Clyde Lee	5	5	6	8	12	30	100	300
94	Kevin Loughery RC	5	6	10	15	30	60	100	400
95	Walt Bellamy	5	6	12	30	60	100	200	
96	Art Williams	▲6	▲8	▲12	▲25	▲40	▲60	100	
97	Adrian Smith RC	5	▲6	8	▲12	▲25	▲50	80	300
98	Walt Frazier RC	50	80	100	150	200	300	1,000	4,000
99	Checklist 1-99	40	60	80	▲200	▲300	600	1,200	6,000

— Rick Adelman #23 PSA 10 (Gem MT) sold for $2,025 (eBay; 3/12)
— Lew Alcindor #25 PSA 10 (Gem MT) sold for $501,900 (Heritage; 8/16)
— Lew Alcindor #25 BSG 10 (Pristine) sold for $12,245 (eBay; 3/11)
— John Havlicek #20 PSA 10 (Gem MT) sold for $25,273 (Mile High; 12/13)
— John Havlicek #20 PSA 9 (MT) sold for $3,696 (Mile High; 10/09)

1970-71 Topps

#	Player	GD 2	VG 3	VgEx 4	EX 5	ExMt 6	NM 7	NmMt 8	MT 9
1	Alcind/West/Hayes LL	8	10	20	30	80	150	300	
2	West/Alcin/Hayes LL SP	8	15	30	60	120	250	500	800
3	Green/Imhoff/Hudson LL	5	5	8	10	15	30	60	125
4	Rob/Walker/Mull LL SP	▲6	▲10	▲15	▲30	▲60	200	500	
5	Hayes/Uns/Alcindor LL	15	20	30	40	50	80	300	500
6	Wilkens/Fraz/Hask LL SP	5	6	10	20	30	60	250	
7	Bill Bradley	5	5	10	20	40	80	150	300
8	Ron Williams	5	5	6	8	10	15	40	300
9	Otto Moore	5	5	6	8	10	12	30	80
10	John Havlicek SP	12	25	40	▲60	▲120	▲300	600	
11	George Wilson RC	5	5	6	8	12	25	60	150
12	John Trapp	5	5	6	8	10	20	50	150
13	Pat Riley RC	15	25	40	60	100	150	300	1,000
14	Jim Washington	5	5	5	6	▲10	▲25	▲60	▲120
15	Bob Rule	5	5	5	6	12	30	50	200
16	Bob Weiss	5	5	6	8	10	12	60	100
17	Neil Johnson	5	5	6	10	20	50	150	
18	Walt Bellamy	5	5	6	8	20	40	80	300
19	McCoy McLemore	5	5	5	6	15	30	60	
20	Earl Monroe	6	8	10	20	30	60	200	800
21	Wally Anderzunas	5	5	6	10	15	30	100	
22	Guy Rodgers	5	5	5	6	10	15	40	200
23	Rick Roberson	5	5	5	6	10	20	60	
24	Checklist 1-110	5	8	15	20	40	100	300	
25	Jimmy Walker	5	5	5	6	8	30	60	300
26	Mike Riordan RC	5	5	6	10	15	40	150	
27	Henry Finkel	5	5	5	6	10	20	60	
28	Joe Ellis	5	5	5	6	8	10	20	60
29	Mike Davis	5	5	5	6	8	15	30	80
30	Lou Hudson	5	8	10	15	20	40	80	200
31	Lucius Allen SP	▲6	8	▲15	▲30	▲60	▲120	▲250	
32	Toby Kimball SP	5	5	5	15	20	40	150	
33	Luke Jackson SP	5	6	8	15	30	60	200	400
34	Johnny Egan	5	5	5	6	▲15	▲40	▲120	▲250
35	Leroy Ellis SP	8	10	15	30	60	150	400	
36	Jack Marin SP	6	8	10	20	40	100	300	
37	Joe Caldwell SP	5	5	6	8	15	30	120	
38	Keith Erickson	5	5	6	8	10	15	30	80

#	Player	GD 2	VG 3	VgEx 4	EX 5	ExMt 6	NM 7	NmMt 8	MT 9
39	Don Smith	5	5	5	5	6	10	40	
40	Flynn Robinson	5	5	5	6	8	12	25	120
41	Bob Boozer	5	5	5	5	6	10	▲25	
42	Howie Komives	5	5	5	5	6	8	12	40
43	Dick Barnett	5	5	6	8	10	20	50	150
44	Stu Lantz RC	5	5	6	8	10	12	25	150
45	Dick Van Arsdale	5	5	6	8	10	12	25	150
46	Jerry Lucas	5	5	8	10	20	40	80	400
47	Don Chaney RC	5	5	8	10	12	20	▲60	200
48	Ray Scott	5	5	5	5	6	10	20	60
49	Dick Cunningham SP	5	6	12	25	50	150	400	
50	Wilt Chamberlain	80	100	120	150	200	300	▼1,000	4,000
51	Kevin Loughery	5	5	5	6	8	10	20	70
52	Stan McKenzie	5	5	5	5	8	15	30	80
53	Fred Foster	5	5	5	6	10	15	30	80
54	Jim Davis	5	5	5	5	8	10	12	40
55	Walt Wesley	5	5	5	5	8	10	15	50
56	Bill Hewitt	5	5	5	5	8	10	12	50
57	Darrall Imhoff	5	5	5	5	8	12	30	100
58	John Block	5	5	5	5	8	10	15	
59	Al Attles SP	5	5	6	8	12	30	200	
60	Chet Walker	5	5	6	8	12	20	40	100
61	Luther Rackley	5	5	5	6	8	10	15	60
62	Jerry Chambers SP RC	6	8	15	30	50	100	300	500
63	Bob Dandridge RC	6	8	10	20	50	150	300	600
64	Dick Snyder	5	5	5	5	6	10	25	80
65	Elgin Baylor	5	5	12	25	40	80	▼200	500
66	Connie Dierking	5	5	5	5	8	10	15	50
67	Steve Kuberski RC	5	5	6	8	20	50	100	400
68	Tom Boerwinkle	5	5	5	5	8	10	20	60
69	Paul Silas	5	5	6	8	15	20	30	200
70	Elvin Hayes	6	12	25	50	80	120	200	400
71	Bill Bridges	5	5	5	6	8	10	20	75
72	Wes Unseld	5	6	8	10	20	▲50	▲150	▲300
73	Herm Gilliam	5	5	5	▲6	▲8	▲20	▲40	▲100
74	Bobby Smith SP RC	5	6	8	20	40	150	300	
75	Lew Alcindor	80	120	150	250	300	400	1,500	5,000
76	Jeff Mullins	5	5	5	6	8	12	25	80
77	Happy Hairston	5	5	6	8	10	20	50	150
78	Dave Stallworth SP	5	5	6	8	15	25	80	300
79	Fred Hetzel	5	5	5	6	8	10	15	50
80	Len Wilkens SP	5	6	10	20	40	80	150	
81	Johnny Green RC	5	5	6	8	10	25	50	
82	Erwin Mueller	5	5	5	5	6	8	12	
83	Wally Jones	5	5	5	6	8	12	25	80
84	Bob Love	5	6	8	10	15	30	60	200
85	Dick Garrett RC	5	5	5	5	6	10	15	50
86	Don Nelson SP	5	8	20	30	40	60	80	250
87	Neal Walk SP	5	5	6	8	10	30	100	
88	Larry Siegfried	5	5	5	6	8	15	30	80
89	Gary Gregor	5	5	5	5	6	8	12	50
90	Nate Thurmond	5	6	8	12	▲25	▲50	▲150	▲300
91	John Warren	5	5	6	8	10	20	40	150
92	Gus Johnson	5	6	8	10	25	50	80	150
93	Gail Goodrich	5	5	8	10	15	▲30	▲100	▲200
94	Dorrie Murrey	5	5	5	6	8	15	30	60
95	Cazzie Russell SP	5	8	12	15	20	60	300	
96	Terry Dischinger	5	5	5	5	6	8	12	50
97	Norm Van Lier SP RC	5	5	10	12	20	120	450	
98	Jim Fox	5	5	5	6	10	15	30	60
99	Tom Meschery	5	5	5	6	8	20	50	150
100	Oscar Robertson	10	20	30	50	100	200	▲400	▲1,000
101A	Checklist 111-175	5	5	8	12	20	25	60	
101B	Checklist 111-175	5	10	15	20	25	30	▲60	▲300
102	Rich Johnson	5	5	5	5	6	8	20	80
103	Mel Counts	5	5	5	6	8	10	15	100
104	Bill Hosket SP RC	5	10	15	30	50	100	250	
105	Archie Clark	5	5	5	6	8	10	20	80

#	Player	GD 2	VG 3	VgEx 4	EX 5	ExMt 6	NM 7	NmMt 8	MT 9
106	Walt Frazier AS	6	8	12	15	40	80	200	800
107	Jerry West AS	6	10	20	30	40	60	100	600
108	Billy Cunningham AS SP	5	8	10	20	40	80	200	
109	Connie Hawkins AS	5	5	6	8	▲15	▲40	▲100	
110	Willis Reed AS	5	5	6	▲10	▲20	▲40	▲100	▲250
111	Nate Thurmond AS	5	5	6	8	12	15	25	80
112	John Havlicek AS	5	5	10	20	40	60	100	400
113	Elgin Baylor AS	6	8	15	25	40	60	100	400
114	Oscar Robertson AS	5	6	10	20	40	60	100	400
115	Lou Hudson AS	5	5	5	6	8	10	100	200
116	Emmette Bryant	5	5	5	6	8	10	30	60
117	Greg Howard	5	5	5	5	6	8	15	80
118	Rick Adelman	5	5	6	8	▲12	▲25	▲60	▲120
119	Barry Clemens	5	5	5	5	6	8	20	60
120	Walt Frazier	10	15	20	25	40	60	200	1,000
121	Jim Barnes RC	5	5	5	6	8	15	30	80
122	Bernie Williams	5	5	5	5	6	10	15	125
123	Pete Maravich RC	200	250	400	500	800	1,500	4,000	15,000
124	Matt Guokas RC	5	5	6	8	▲12	▲25	▲60	▲120
125	Dave Bing	5	6	8	10	12	20	40	120
126	John Tresvant	5	5	5	6	8	12	25	60
127	Shaler Halimon	5	5	5	6	8	12	30	60
128	Don Ohl	5	5	5	6	8	15	30	▲100
129	Fred Carter RC	5	5	6	8	10	12	20	60
130	Connie Hawkins	▼5	▼6	▼8	▼12	▼25	▼50	▼100	300
131	Jim King	5	5	5	5	6	8	15	50
132	Ed Manning RC	5	5	6	8	10	15	30	80
133	Adrian Smith	5	5	5	5	6	8	15	30
134	Walt Hazzard	5	5	6	8	▲20	▲50	▲200	
135	Dave DeBusschere	5	5	8	10	25	50	150	300
136	Don Kojis	5	5	5	5	6	10	15	50
137	Calvin Murphy RC	6	8	12	25	50	100	250	600
138	Nate Bowman	5	5	5	5	10	15	30	60
139	Jon McGlocklin	5	5	5	6	8	12	25	60
140	Billy Cunningham	5	▲6	8	▲12	▲25	50	120	300
141	Willie McCarter	5	5	5	5	6	8	12	50
142	Jim Barnett	5	5	5	5	6	8	12	60
143	Jo Jo White RC	8	12	25	40	60	100	200	500
144	Clyde Lee	5	5	5	5	8	10	15	30
145	Tom Van Arsdale	5	5	5	8	10	15	40	250
146	Len Chappell	5	5	5	6	8	10	25	60
147	Lee Winfield	5	5	5	10	20	40	80	150
148	Jerry Sloan RC	5	6	12	20	30	60	120	300
149	Art Harris	5	5	5	▲6	▲10	▲20	▲50	▲100
150	Willis Reed	5	5	8	15	20	40	80	500
151	Art Williams	5	5	5	5	6	8	12	50
152	Don May	5	5	5	▲6	▲10	▲25	▲60	▲120
153	Loy Petersen	5	5	5	5	6	10	25	100
154	Dave Gambee	5	5	5	5	6	8	12	50
155	Hal Greer	5	5	6	8	12	20	40	80
156	Dave Newmark	5	5	5	5	6	10	25	60
157	Jimmy Collins	5	5	5	5	6	8	15	50
158	Bill Turner	5	5	5	5	5	6	15	50
159	Eddie Miles	5	5	5	5	6	8	15	50
160	Jerry West	6	12	25	50	100	150	300	800
162	Fred Crawford	5	5	5	5	6	8	15	40
163	Tom Sanders	5	5	6	8	10	15	40	125
164	Dale Schlueter	5	5	5	5	6	8	12	50
165	Clem Haskins RC	5	5	8	10	12	▲20	▲40	▲100
166	Greg Smith	5	5	5	5	6	8	15	50
167	Rod Thorn RC	5	5	5	6	8	10	12	80
168	Playoff G1/W.Reed	5	5	5	8	10	30	50	150
169	Playoff G2/D.Garnett	5	5	5	6	8	10	25	150
170	Playoff G3/DeBussch	5	5	5	8	10	12	15	30
171	Playoff G4/J.West	5	8	12	15	30	60	120	300
172	Playoff G5/Bradley	5	5	8	10	12	15	25	
173	Playoff G6/Wilt	6	8	12	20	40	80	150	400
174	Playoff G7/Frazier	6	8	12	20	40	60	100	
175	Knicks Celebrate	5	6	10	20	40	60	80	150

— Wally Anderzunas #21 PSA 10 (Gem MT) sold for $2,615 (eBay; 9/12)
— Al Attles #59 PSA 9 (Mint) sold for $459 (eBay; 9/12)
— Connie Hawkins #130 PSA 10 (Gem MT) sold for 1,502 (eBay; 6/11)
— Pete Maravich #123 PSA 8 (NMMT) sold for $470 (Goodwin; 9/11)
— Pete Maravich #123 PSA 9 (MT) sold for $2,987 (eBay; 12/11)
— Oscar Robertson #114 PSA 10 (Gem MT) sold for $3,232 (Goodwin, 2012)

1971-72 Topps

#	Player	GD 2	VG 3	VgEx 4	EX 5	ExMt 6	NM 7	NmMt 8	MT 9
1	Oscar Robertson	10	15	30	60	120	200	400	1,000
2	Bill Bradley	4	5	8	10	15	30	60	200
3	Jim Fox	4	4	4	4	5	8	20	80
4	John Johnson RC	4	4	4	4	5	6	8	30
5	Luke Jackson	4	4	4	4	5	6	8	40
6	Don May DP	4	4	4	4	6	10	25	100
7	Kevin Loughery	4	4	4	5	8	15	30	80
8	Terry Dischinger	4	4	4	4	5	8	20	
9	Neal Walk	4	4	4	▲5	▲6	▲15	▲40	▲150
10	Elgin Baylor	5	6	12	25	50	120	350	600
11	Rick Adelman	4	4	4	4	5	6	15	50
12	Clyde Lee	4	4	4	5	8	20	40	80
13	Jerry Chambers	4	4	4	4	5	6	15	30
14	Fred Carter	4	4	4	5	6	12	25	80
15	Tom Boerwinkle DP	4	4	4	5	6	8	25	60
16	John Block	4	4	4	4	5	6	50	
17	Dick Barnett	4	4	4	5	6	15	40	
18	Henry Finkel	4	4	4	4	5	6	15	
19	Norm Van Lier	4	4	4	4	5	8	12	60
20	Spencer Haywood RC	10	20	40	80	120	200	400	600
21	George Johnson	4	4	4	4	5	6	20	40
22	Bobby Lewis	4	4	4	5	6	15	40	100
23	Bill Hewitt	4	4	5	8	15	30	60	120
24	Walt Hazzard	4	4	4	4	5	8	15	50
25	Happy Hairston	4	4	4	4	5	10	40	80
26	George Wilson	4	4	4	4	5	8	25	60
27	Lucius Allen	4	4	4	4	6	8	20	60
28	Jim Washington	4	4	4	4	5	8	12	60
29	Nate Archibald RC	12	25	50	60	100	200	400	1,500
30	Willis Reed	4	6	8	15	30	50	100	300
31	Erwin Mueller	4	4	4	4	5	8	15	75
32	Art Harris	4	4	4	4	5	6	8	40
33	Pete Cross	4	4	4	5	6	12	30	
34	Geoff Petrie RC	4	4	4	6	8	15	30	60
35	John Havlicek	5	6	10	20	40	80	150	400
36	Larry Siegfried	4	4	4	4	5	8	20	80
37	John Tresvant DP	4	4	4	5	6	12	25	50
38	Ron Williams	4	4	4	4	5	6	10	40
39	Lamar Green DP	4	4	4	4	5	▲8	▲20	▲50
40	Bob Rule DP	4	4	4	4	5	6	20	40
41	Jim McMillian RC	4	4	4	5	8	12	50	120
42	Wally Jones	4	4	4	5	8	15	▲40	▲80
43	Bob Boozer	4	4	4	4	5	6	15	65
44	Eddie Miles	4	4	5	6	8	10	25	80
45	Bob Love DP	4	4	4	5	6	10	15	30
46	Claude English	4	4	4	4	5	6	10	60
47	Dave Cowens RC	12	20	30	40	60	80	200	1,000
48	Emmette Bryant	4	4	4	4	5	6	8	40
49	Dave Stallworth	4	4	4	4	5	12	30	125
50	Jerry West	8	15	30	40	60	120	400	600
51	Joe Ellis	4	4	4	4	5	6	15	40
52	Walt Wesley DP	4	4	4	4	5	6	8	25
53	Howie Komives	4	4	5	8	15	40	80	150
54	Paul Silas	4	4	4	4	5	8	12	50
55	Pete Maravich DP	25	40	60	80	100	150	400	1,200
56	Gary Gregor	4	4	4	4	5	6	10	100
57	Sam Lacey RC	4	4	4	4	5	8	10	50
58	Calvin Murphy DP	4	4	4	5	6	10	20	50	100
59	Bob Dandridge	4	4	4	4	5	8	15	30	60
60	Hal Greer	4	4	4	5	6	8	15	40	100
61	Keith Erickson	4	4	4	4	4	5	10	20	120

#	Player	GD 2	VG 3	VgEx 4	EX 5	ExMt 6	NM 7	NmMt 8	MT 9
62	Joe Cooke	4	4	4	4	5	8	12	35
63	Bob Lanier RC	15	20	30	40	60	100	300	1,000
64	Don Kojis	4	4	4	6	15	30	80	300
65	Walt Frazier	6	10	12	20	30	80	250	600
66	Chet Walker DP	4	4	4	5	6	10	25	60
67	Dick Garrett	4	4	4	5	6	8	20	50
68	John Trapp	4	4	4	4	6	10	25	60
69	Jo Jo White	4	5	6	12	25	50	100	200
70	Wilt Chamberlain	25	50	100	200	300	400	800	6,000
71	Dave Sorenson	4	4	4	4	5	8	15	80
72	Jim King	4	4	4	5	6	12	30	80
73	Cazzie Russell	4	4	4	4	5	8	15	70
74	Jon McGlocklin	4	4	4	5	6	8	20	60
75	Tom Van Arsdale	4	4	4	▲5	6	▲15	▲40	▲120
76	Dale Schlueter	4	4	4	4	5	6	40	
77	Gus Johnson DP	4	4	4	▲5	▲6	▲15	▲40	
78	Dave Bing	4	4	5	6	12	25	60	200
79	Billy Cunningham	4	4	6	8	12	25	50	120
80	Len Wilkens	4	▲5	6	▲12	▲25	▲50	▲80	▲200
81	Jerry Lucas DP	4	4	4	5	6	10	30	100
82	Don Chaney	4	4	4	5	6	10	30	100
83	McCoy McLemore	4	4	4	▲5	▲6	▲10	▲25	100
84	Bob Kauffman DP	4	4	4	4	5	8	20	50
85	Dick Van Arsdale	4	4	4	4	6	10	25	
86	Johnny Green	4	4	4	4	5	6	8	50
87	Jerry Sloan	4	4	4	6	8	▲20	▲50	▲100
88	Luther Rackley DP	4	4	4	4	5	6	8	20
89	Shaler Halimon	4	4	4	6	12	30	100	
90	Jimmy Walker	4	4	4	5	6	8	20	80
91	Rudy Tomjanovich RC	6	8	10	20	40	80	150	300
92	Levi Fontaine	4	4	4	5	6	10	25	80
93	Bobby Smith	4	4	4	4	6	8	20	60
94	Bob Arnzen	4	4	4	4	5	6	12	30
95	Wes Unseld DP	4	6	8	10	15	30	60	200
96	Clem Haskins DP	4	4	4	5	6	10	25	60
97	Jim Davis	4	4	4	4	5	6	8	
98	Steve Kuberski	4	4	4	5	6	10	30	120
99	Mike Davis DP	4	4	4	4	5	6	10	40
100	Lew Alcindor	30	60	100	200	300	500	800	2,000
101	Willie McCarter	4	4	4	5	5	6	8	40
102	Charlie Paulk	4	4	4	5	6	12	25	80
103	Lee Winfield	4	4	4	4	5	6	15	75
104	Jim Barnett	4	4	4	4	5	6	8	20
105	Connie Hawkins DP	4	4	4	6	8	20	40	80
106	Archie Clark DP	4	4	4	5	6	12	30	80
107	Dave DeBusschere	4	4	5	6	10	20	40	150
108	Stu Lantz DP	4	4	5	6	8	10	30	100
109	Don Smith	4	4	4	4	5	8	15	60
110	Lou Hudson	4	4	4	5	6	8	10	50
111	Leroy Ellis	4	4	4	4	5	8	25	
112	Jack Marin	4	4	4	4	5	6	15	60
113	Matt Guokas	4	4	4	4	5	6	15	80
114	Don Nelson	4	4	6	8	▲15	▲30	60	200
115	Jeff Mullins DP	4	4	4	5	6	8	20	80
116	Walt Bellamy	4	4	5	6	8	12	25	60
117	Bob Quick	4	4	4	5	6	8	20	120
118	John Warren	4	4	4	4	5	6	20	60
119	Barry Clemens	4	4	4	4	5	6	12	60
120	Elvin Hayes DP	4	4	6	8	10	12	20	50
121	Gail Goodrich	4	5	6	12	25	40	100	300
122	Ed Manning	4	4	4	4	5	6	8	40
123	Herm Gilliam DP	4	4	4	4	5	6	10	60
124	Dennis Awtrey RC	4	4	4	4	5	8	15	60
125	John Hummer DP	4	4	4	4	5	6	20	50
126	Mike Riordan	4	4	4	4	5	10	20	40
127	Mel Counts	4	4	4	▲5	▲6	▲12	▲30	▲60
128	Bob Weiss DP	4	4	4	4	4	5	6	8	20
129	Greg Smith DP	4	4	4	4	5	6	8	20	60
130	Earl Monroe	4	5	8	15	30	60	120	300
131	Nate Thurmond DP	4	5	6	10	25	40	60	120

#	Card	GD 2	VG 3	VgEx 4	EX 5	ExMt 6	NM 7	NmMt 8	MT 9
82	Bill Bridges DP	4	4	4	4	6	8	20	50
83	Playoffs G1/Alcindor	4	4	6	12	25	50	100	300
84	NBA Playoffs G2	4	4	4	4	6	12	20	60
85	NBA Playoffs G3	4	4	4	4	5	8	12	75
86	Playoffs G4/Oscar	4	4	4	4	5	8	20	50
87	NBA Champs/Oscar	4	4	6	8	10	15	25	50
88	Alcind/Hayes/Havl LL	5	8	20	30	50	100	200	
89	Alcind/Havl/Hayes LL	5	8	20	30	50	120	250	
90	Green/Alcind/Wilt LL	4	8	20	30	50	120	250	500
91	Walker/Oscar/Williams LL	▲5	▲8	▲20	▲30	▲50	▲120	▲250	
92	Wilt/Hayes/Alcind LL	4	8	20	40	60	120	250	500
93	Van Lier/Oscar/West LL	4	6	10	15	30	60	120	250
94A	NBA Checklist 1-144	4	4	6	8	10	12	15	60
94B	NBA Checklist 1-144	4	4	6	8	10	12	15	60
95	ABA Checklist 145-233	4	4	5	6	10	15	30	60
96	Issel/Brisker/Scott LL	4	4	6	8	10	15	25	60
97	Issel/Barry/Brisker LL	4	4	6	8	10	15	25	80
98	ABA 2pt FG Pct Leaders	4	4	4	4	5	8	12	50
99	Barry/Carrier/Keller LL	4	▲5	6	8	▲20	▲50	▲100	
100	ABA Rebound Leaders	4	4	4	4	5	10	15	80
101	ABA Assist Leaders	4	4	5	6	8	15	30	75
102	Larry Brown RC	6	10	20	30	40	60	120	300
103	Bob Bedell	4	4	4	4	5	6	10	
104	Merv Jackson	4	4	4	4	5	6	10	50
105	Joe Caldwell	4	4	4	5	6	8	12	60
106	Billy Paultz RC	4	4	5	6	8	20	50	120
107	Les Hunter	4	4	4	5	6	8	10	35
108	Charlie Williams	4	4	4	4	5	6	10	40
109	Stew Johnson	4	4	4	4	6	12	25	50
110	Mack Calvin RC	4	4	4	4	5	12	40	150
111	Don Sidle	4	4	4	5	6	8	10	50
112	Mike Barrett	4	4	5	6	8	15	40	150
113	Tom Workman	4	4	4	4	5	6	10	50
114	Joe Hamilton	4	4	4	4	5	6	12	50
115	Zelmo Beaty RC	4	4	4	10	20	60	150	
116	Dan Hester	4	4	4	4	5	6	12	40
117	Bob Verga	4	4	4	4	5	6	12	50
118	Wilbert Jones	4	4	4	4	5	8	20	100
119	Skeeter Swift	4	4	4	5	6	10	30	
120	Rick Barry RC	10	20	40	60	100	150	500	▲1,500
121	Billy Keller RC	4	4	4	4	5	6	10	30
122	Ron Franz	4	4	4	4	5	6	10	60
123	Roland Taylor RC	4	4	4	4	5	6	10	60
124	Julian Hammond	4	4	4	6	8	20	50	120
125	Steve Jones RC	4	4	4	6	10	30	50	120
126	Gerald Govan	4	4	4	5	8	20	60	
127	Darrell Carrier RC	4	4	5	6	8	12	50	300
128	Ron Boone RC	4	4	4	4	5	10	20	50
129	George Peeples	4	4	4	4	5	6	8	50
130	John Brisker	4	5	6	10	20	30	50	200
131	Doug Moe RC	4	4	4	5	6	12	25	80
132	Ollie Taylor	4	4	4	4	5	6	8	40
133	Bob Netolicky RC	4	4	4	4	5	6	12	50
134	Sam Robinson	4	4	4	4	5	6	8	50
135	James Jones	4	4	4	4	5	6	8	40
136	Julius Keye	4	4	4	4	5	6	8	40
137	Wayne Hightower	4	4	5	8	15	30	60	120
138	Warren Armstrong RC	4	4	4	4	5	6	10	30
139	Mike Lewis	4	4	4	4	5	6	10	50
140	Charlie Scott RC	8	12	15	20	30	60	200	700
141	Jim Ard	4	4	4	▲5	▲6	▲10	▲30	▲80
142	George Lehmann	4	4	4	4	5	6	10	30
143	Ira Harge	4	4	4	5	6	10	25	50
144	Willie Wise RC	4	4	4	4	5	10	20	80
145	Mel Daniels RC	5	6	12	25	50	100	200	400
146	Larry Cannon	4	4	4	5	6	15	40	100
147	Jim Eakins	4	4	4	4	5	8	15	60
148	Rich Jones	4	4	4	5	6	8	12	60

#	Card	GD 2	VG 3	VgEx 4	EX 5	ExMt 6	NM 7	NmMt 8	MT 9
199	Bill Melchionni RC	4	4	4	4	5	8	10	40
200	Dan Issel RC	6	12	25	50	80	120	300	600
201	George Stone	4	4	4	4	5	6	12	75
202	George Thompson	4	4	4	4	5	6	8	
203	Craig Raymond	4	4	4	4	5	8	20	100
204	Freddie Lewis RC	4	4	4	4	5	6	8	50
205	George Carter	4	4	4	4	5	6	10	40
206	Lonnie Wright	4	4	4	4	5	6	8	40
207	Cincy Powell	4	4	4	4	5	6	10	50
208	Larry Miller	4	4	4	5	6	8	12	30
209	Sonny Dove	4	4	4	5	6	8	15	40	120
210	Byron Beck RC	4	4	4	5	6	8	15	70
211	John Beasley	4	4	4	4	5	8	15	100
212	Lee Davis	4	4	4	▲5	▲6	▲10	▲30	▲60
213	Rick Mount RC	4	4	4	6	10	15	40	80
214	Walt Simon	4	4	4	4	5	6	10	30
215	Glen Combs	4	4	5	6	10	25	60	150
216	Neil Johnson	4	4	4	4	5	6	12	
217	Manny Leaks	4	4	4	4	5	6	15	50
218	Chuck Williams	4	4	4	5	6	12	30	
219	Warren Davis	4	4	4	4	5	6	12	100
220	Donnie Freeman RC	4	4	5	6	8	10	15	80
221	Randy Mahaffey	4	4	4	4	5	6	8	50
222	John Barnhill	4	4	4	4	5	8	20	40	100
223	Al Cueto	4	4	4	4	5	6	8	40
224	Louie Dampier RC	4	4	4	12	25	80	120	500
225	Roger Brown RC	4	5	6	15	30	60	120	300
226	Joe DePre	4	4	4	4	5	6	10	30
227	Ray Scott	4	4	4	4	5	6	12	50
228	Arvesta Kelly	4	4	4	4	5	6	10	40
229	Vann Williford	4	4	4	4	5	6	20	
230	Larry Jones	4	4	4	4	5	8	12	50
231	Gene Moore	4	4	4	4	5	6	15	40
232	Ralph Simpson RC	4	4	4	4	5	6	10	
233	Red Robbins RC	4	4	4	6	10	30	60	200

— Oscar Robertson #1 PSA 9 (MT) sold for $1,219 (eBay; 4/12)
— Pete Maravich #55 PSA 10 (Gem MT) sold for $2,397 (Mile High; 6/10)
— Pete Maravich #55 PSA 10 (Gem MT) sold for $1,937 (eBay; 4/12)
— Walt Frazier #65 PSA 10 (Gem MT) sold for $640 (eBay; 1/13)
— Lew Alcindor #100 PSA 10 (Gem MT) sold for $3,070 (eBay; 4/12)
— Rick Barry #170 PSA 10 (Gem MT) sold for $2,117 (eBay; 4/12)

1972-73 Icee Bear

#	Card	VG 3	VgEx 4	EX 5	ExMt 6	NM 7	NmMt 8	MT 9	Gem 9.5/10
1	Kareem Abdul-Jabbar	25	50	80	100	150	300	600	
2	Dennis Awtrey	4	4	5	10	25	60	100	
3	Tom Boerwinkle	4	4	8	10	15	20	60	
4	Austin Carr SP	4	4	6	12	30	80	200	
5	Wilt Chamberlain	25	50	150	250	300	400		
6	Archie Clark SP	4	6	8	12	20	40	100	
7	Dave DeBusschere	4	4	6	10	20	40	100	
8	Walt Frazier SP	4	6	8	20	50	120	250	
9	John Havlicek	5	10	20	40	100	250	400	
10	Connie Hawkins	4	6	12	25	40	80	200	
11	Bob Love	4	4	6	12	30	60	150	
12	Jerry Lucas	4	5	6	10	40	150	300	
13	Pete Maravich SP	10	20	40	80	150	400	800	
14	Calvin Murphy	4	4	6	12	30	80	200	
15	Oscar Robertson	15	30	50	60	100	150	300	
16	Jerry Sloan	4	4	6	10	20	40	100	
17	Wes Unseld	4	4	6	12	40	120	250	
18	Dick Van Arsdale	4	4	6	12	30	80	200	
19	Jerry West	8	15	30	60	150	250	400	
20	Sidney Wicks	4	4	5	8	20	60	120	

— Pete Maravich #13 PSA 10 (Gem MT) sold for $1,084 (eBay; 4/12)
— Oscar Robertson #15 PSA 10 (Gem MT) sold for $810 (eBay; 4/07)
— Jerry West #19 PSA 10 (Gem MT) sold for $802 (eBay; 7/07)
— Sidney Wicks #20 PSA 10 (Gem MT) sold for $356 (eBay; 11/06)

1972-73 Topps

#	Player	VG 3	VgEx 4	EX 5	ExMt 6	NM 7	NmMt 8	MT 9	Gem 9.5/10
1	Wilt Chamberlain	50	80	100	150	400	600	2,000	
2	Stan Love	4	5	6	12	30	50	100	
3	Geoff Petrie	4	5	6	8	10	12	25	
4	Curtis Perry RC	4	4	5	6	8	20	60	
5	Pete Maravich	20	40	60	100	300	600		
6	Gus Johnson	4	4	5	6	15	30	80	
7	Dave Cowens	4	6	▲15	▲30	▲60	▲80	▲120	
8	Randy Smith RC	4	5	6	8	10	20	25	225
9	Matt Guokas	4	4	4	5	6	8	15	
10	Spencer Haywood	4	4	5	6	10	30	50	150
11	Jerry Sloan	4	4	4	6	8	20	50	125
12	Dave Sorenson	4	4	5	12	20	30	60	
13	Howie Komives	4	4	4	5	8	20	50	
14	Joe Ellis	4	4	4	5	8	20	50	
15	Jerry Lucas	4	4	5	6	12	30	80	
16	Stu Lantz	4	4	4	5	6	8	15	100
17	Bill Bridges	4	4	4	5	6	8	15	
18	Leroy Ellis	4	4	4	6	15	40	100	
19	Art Williams	4	4	4	5	6	8	15	125
20	Sidney Wicks RC	4	4	5	6	8	15	50	300
21	Wes Unseld	4	▲5	▲8	▲20	▲25	▲40	▲100	
22	Jim Washington	4	4	4	5	6	8	20	
23	Fred Hilton	4	4	4	5	6	10	50	
24	Curtis Rowe RC	4	4	4	5	6	8	15	120
25	Oscar Robertson	8	15	30	50	150	400	800	
26	Larry Steele RC	4	4	4	5	8	15	30	
27	Charlie Davis	4	4	4	5	6	8	15	60
28	Nate Thurmond	4	5	6	8	15	40	120	
29	Fred Carter	4	4	4	4	6	▲10	▲25	60
30	Connie Hawkins	4	4	5	6	▲12	▲30	▲80	
31	Calvin Murphy	4	5	8	15	40	80	200	
32	Phil Jackson RC	30	50	60	100	150	300	600	
33	Lee Winfield	4	4	▲5	▲8	▲20	▲30	▲60	
34	Jim Fox	4	4	4	5	6	8	20	100
35	Dave Bing	6	8	10	20	40	80	150	
36	Gary Gregor	4	4	4	5	6	8	20	
37	Mike Riordan	4	4	4	5	6	8	30	100
38	George Trapp	4	4	5	6	8	12	25	
39	Mike Davis	4	4	4	5	6	8	15	
40	Bob Rule	4	4	4	5	6	8	15	100
41	John Block	4	4	4	5	6	8	10	20
42	Bob Dandridge	4	4	4	6	8	10	35	
43	John Johnson	4	4	4	5	6	8	20	
44	Rick Barry	5	8	10	12	15	40	250	
45	Jo Jo White	4	4	4	6	8	15	50	100
46	Cliff Meely	4	4	5	6	8	12	40	
47	Charlie Scott	4	4	4	5	6	8	25	
48	Johnny Green	4	4	4	5	6	8	25	125
49	Pete Cross	4	4	4	5	6	8	15	
50	Gail Goodrich	4	4	6	8	10	15	50	
51	Jim Davis	4	4	4	5	6	8	15	100
52	Dick Barnett	4	4	4	▲6	▲15	▲40	▲80	
53	Bob Christian	4	4	4	▲12	▲25	▲50	▲100	
54	Jon McGlocklin	4	4	4	5	8	12	30	150
55	Paul Silas	4	4	4	6	8	12	30	
56	Hal Greer	4	4	5	6	15	40	80	
57	Barry Clemens	4	4	4	5	6	10	25	
58	Nick Jones	4	4	4	5	8	12	30	150
59	Cornell Warner	4	4	4	5	6	8	15	100
60	Walt Frazier	8	15	25	40	60	200	400	
61	Dorie Murrey	4	4	4	5	6	8	15	100
62	Dick Cunningham	4	4	4	5	6	8	20	100
63	Sam Lacey	4	4	4	5	▲10	▲25	▲50	
64	John Warren	4	4	4	5	8	20	50	
65	Tom Boerwinkle	4	4	4	5	6	8	15	100
66	Fred Foster	4	4	4	5	6	8	20	
67	Mel Counts	4	4	4	4	6	15	40	
68	Toby Kimball	4	4	4	5	6	8	15	
69	Dale Schlueter	4	4	4	5	6	8	15	100
70	Jack Marin	4	5	6	8	10	25	60	125
71	Jim Barnett	4	4	4	5	6	8	15	
72	Clem Haskins	4	4	4	5	6	8	15	
73	Earl Monroe	5	6	10	20	40	60	120	
74	Tom Sanders	4	5	8	20	30	40	80	
75	Jerry West	15	30	80	120	200	300	600	
76	Elmore Smith RC	4	4	4	5	6	10	20	200
77	Don Adams	4	4	4	5	6	8	25	
78	Wally Jones	4	4	4	5	6	8	15	
79	Tom Van Arsdale	4	4	4	5	6	8	15	80
80	Bob Lanier	5	8	10	15	40	80	200	
81	Len Wilkens	4	4	▲5	▲10	▲20	▲40	▲80	
82	Neal Walk	4	4	4	5	6	8	15	
83	Kevin Loughery	4	4	4	6	10	25	80	
84	Stan McKenzie	4	4	4	5	6	8	15	
85	Jeff Mullins	4	4	4	5	6	8	15	80
86	Otto Moore	4	4	4	5	6	8	20	80
87	John Tresvant	4	4	4	5	6	8	15	
88	Dean Meminger RC	4	4	4	5	6	8	20	80
89	Jim McMillian	4	4	4	5	6	8	15	
90	Austin Carr RC	4	6	8	15	30	60	120	
91	Clifford Ray RC	4	4	4	5	6	10	20	
92	Don Nelson	4	4	5	6	8	10	20	
93	Mahdi Abdul-Rahman	4	4	4	5	6	8	15	100
94	Willie Norwood	4	4	4	5	6	8	20	
95	Dick Van Arsdale	4	4	4	5	6	8	20	125
96	Don May	4	4	4	5	6	10	30	
97	Walt Bellamy	4	4	5	6	8	10	50	
98	Garfield Heard RC	4	4	4	5	6	8	12	50
99	Dave Wohl	4	4	4	4	5	6	8	15
100	Kareem Abdul-Jabbar	50	100	150	300	400	800		
101	Ron Knight	4	4	4	5	8	25	50	
102	Phil Chenier RC	4	4	4	5	6	8	10	20
103	Rudy Tomjanovich	4	4	4	6	8	12	30	80
104	Flynn Robinson	4	4	4	5	6	8	40	
105	Dave DeBusschere	4	4	5	6	8	12	50	
106	Dennis Layton	4	4	4	5	6	8	20	
107	Bill Hewitt	4	4	4	5	6	10	30	
108	Dick Garrett	4	4	4	5	6	8	20	
109	Walt Wesley	4	4	4	5	6	8	15	
110	John Havlicek	6	10	20	40	80	200	400	800
111	Norm Van Lier	4	4	4	5	6	8	15	
112	Cazzie Russell	4	4	▲10	▲20	▲40	▲60	▲100	
113	Herm Gilliam	4	4	4	5	6	8	15	
114	Greg Smith	4	4	4	5	6	15	40	150
115	Nate Archibald	5	6	8	12	25	50	300	
116	Don Kojis	4	4	4	5	6	8	15	
117	Rick Adelman	4	4	4	5	6	8	20	100
118	Luke Jackson	4	4	4	5	6	8	20	
119	Lamar Green	4	4	4	5	6	8	15	60
120	Archie Clark	4	4	4	5	6	8	25	
121	Happy Hairston	4	4	4	5	6	8	20	
122	Bill Bradley	4	6	8	10	25	40	80	
123	Ron Williams	4	4	4	5	6	8	20	
124	Jimmy Walker	4	4	4	5	6	8	15	
125	Bob Kauffman	4	4	4	5	6	8	30	100
126	Rick Roberson	4	4	4	5	6	8	25	
127	Howard Porter RC	4	4	4	5	6	8	20	
128	Mike Newlin RC	4	4	4	5	6	8	20	125
129	Willis Reed	5	6	8	10	20	50	120	
130	Lou Hudson	4	4	4	5	6	8	20	
131	Don Chaney	4	4	4	5	8	10	25	
132	Dave Stallworth	4	4	4	5	6	8	15	
133	Charlie Yelverton	4	4	4	5	6	8	15	
134	Ken Durrett	4	6	10	15	30	200	400	
135	John Brisker	4	4	4	5	6	8	15	
136	Dick Snyder	4	4	4	5	▲15	50		
137	Jim McDaniels	4	4	4	5	6	▲8	50	

240 www.beckett.com/price-guide

#	Card	VG 3	VgEx 4	EX 5	ExMt 6	NM 7	NmMt 8	MT 9	Gem 9.5/10
138	Clyde Lee	4	4	4	5	6	8	70	
139	Dennis Awtrey	4	4	4	5	6	8	40	
140	Keith Erickson	4	4	4	5	6	10	60	
141	Bob Weiss	4	4	4	5	8	15	120	
142	Butch Beard RC	4	4	4	5	6	10	75	
143	Terry Dischinger	4	4	4	8	20	50	100	
144	Pat Riley	5	8	12	20	40	60	150	
145	Lucius Allen	4	4	4	5	6	8	40	
146	John Mengelt RC	4	4	4	6	8	25	150	
147	John Hummer	4	4	4	5	6	8	40	
148	Bob Love	4	5	6	8	10	20	80	
149	Bobby Smith	4	4	4	5	8	15	100	
150	Elvin Hayes	4	6	10	20	40	60	200	
151	Nate Williams	4	4	4	5	6	8	80	
152	Chet Walker	4	4	4	5	10	25	100	
153	Steve Kuberski	4	4	4	5	6	8	20	
154	Playoffs G1/Monroe	4	4	4	5	8	20		
155	NBA Playoffs G2	4	4	4	5	10	20	125	
156	NBA Playoffs G3	4	4	4	6	12	25	80	
157	NBA Playoffs G4	4	4	4	5	6	10	60	
158	Playoffs G5/J.West	4	5	6	10	20	50	100	
159	Champs Lakers/Wilt	6	8	10	15	30	60	120	
160	NBA Checklist 1-176	4	5	6	10	12	40	200	
161	John Havlicek AS	4	5	6	30	60	100	250	
162	Spencer Haywood AS	4	4	4	5	6	8	50	
163	Kareem Abdul-Jabbar AS	12	25	50	80	150	300		
164	Jerry West AS	6	12	25	50	100	200	500	
165	Walt Frazier AS	4	4	5	6	8	15	60	
166	Bob Love AS	4	4	4	5	8	30	100	
167	Billy Cunningham AS	4	4	5	6	▲10	▲20	▲50	
168	Wilt Chamberlain AS	12	25	50	80	150	250	500	
169	Nate Archibald AS	4	4	5	6	8	20	50	
170	Archie Clark AS	4	4	5	6	6	8	70	
171	Jabbar/Havl/Arch LL	6	8	10	15	40	80	200	
172	Jabbar/Arch/Havl LL	4	5	8	15	40	80	200	
173	Wilt/Jabbar/Bell LL	5	8	15	30	80	150	400	
174	Marin/Murphy/Goodr LL	4	4	6	8	15	40	120	
175	Wilt/Jabbar/Unseld LL	6	10	20	40	80	150	400	
176	Wilkens/West/Arch LL	4	4	6	8	▲12	▲30	▼200	
177	Roland Taylor	4	4	4	5	6	8	20	
178	Art Becker	4	4	4	5	6	10	30	
179	Mack Calvin	4	4	4	5	6	8	30	
180	Artis Gilmore RC	20	30	40	50	120	300		
181	Collis Jones	4	4	4	5	6	12	125	
182	John Roche RC	4	4	4	5	6	8	100	
183	George McGinnis RC	12	25	40	80	150	400	1,000	
184	Johnny Neumann	4	4	4	5	6	8	15	
185	Willie Wise	4	4	4	5	6	8	25	
186	Bernie Williams	4	4	4	5	6	8	40	
187	Byron Beck	4	4	4	5	6	8	15	
188	Larry Miller	4	4	4	▲6	▲12	▲30	▲60	
189	Cincy Powell	4	4	4	5	6	8	60	
190	Donnie Freeman	4	4	4	5	6	12	60	
191	John Baum	4	4	4	5	6	12	20	
192	Billy Keller	4	4	5	6	▲15	▲40	▲100	
193	Wilbert Jones	4	4	4	5	6	8	75	
194	Glen Combs	4	4	4	5	6	8	15	
195	Julius Erving RC	300	400	500	600	1,000	3,000	10,000	
196	Al Smith	4	4	4	5	6	8	50	
197	George Carter	4	4	4	5	6	8	15	
198	Louie Dampier	4	4	4	6	8	10	20	
199	Rich Jones	4	4	4	5	6	8	15	
200	Mel Daniels	4	4	4	5	8	12	30	
201	Gene Moore	4	4	4	5	6	8	15	100
202	Randy Denton	4	4	4	5	6	8	50	
203	Larry Jones	4	4	4	5	6	8	15	
204	Jim Ligon	4	4	4	5	10	50	150	
205	Warren Jabali	4	4	▲5	▲8	▲20	▲30	▲50	
206	Joe Caldwell	4	4	4	5	6	10	25	100
207	Darrell Carrier	4	4	4	5	6	8	15	

#	Card	VG 3	VgEx 4	EX 5	ExMt 6	NM 7	NmMt 8	MT 9	Gem 9.5/10
208	Gene Kennedy	4	4	4	5	6	8	60	
209	Ollie Taylor	4	4	4	5	6	8	20	
210	Roger Brown	4	4	4	5	6	8	40	
211	George Lehmann	4	4	4	▲6	▲10	▲30	▲100	
212	Red Robbins	4	4	4	5	6	8	30	
213	Jim Eakins	4	4	4	5	8	15	30	
214	Willie Long	4	4	4	5	6	8	15	
215	Billy Cunningham	4	5	▲15	▲20	▲40	▲60	100	
216	Steve Jones	4	4	4	5	6	8	15	
217	Les Hunter	4	4	4	5	6	8	50	
218	Billy Paultz	4	4	4	5	▲8	▲20	▲50	
219	Freddie Lewis	4	4	4	6	10	15	30	125
220	Zelmo Beaty	4	4	4	5	6	10	25	
221	George Thompson	4	4	4	5	6	8	15	
222	Neil Johnson	4	4	4	5	6	8	30	80
223	Dave Robisch RC	4	4	4	5	6	8	50	
224	Walt Simon	4	4	4	5	6	8	30	125
225	Bill Melchionni	4	4	4	5	6	8	30	
226	Wendell Ladner RC	4	4	4	6	10	60		
227	Joe Hamilton	4	4	4	5	6	10	30	
228	Bob Netolicky	4	4	4	5	6	8	15	
229	James Jones	4	4	4	5	6	8	15	
230	Dan Issel	4	5	8	10	12	20	60	
231	Charlie Williams	4	4	5	8	12	30	80	
232	Willie Sojourner	4	4	4	5	6	8	15	
233	Merv Jackson	4	4	4	6	12	30	60	
234	Mike Lewis	4	4	4	5	6	8	15	125
235	Ralph Simpson	4	4	4	5	6	8	15	125
236	Darnell Hillman	4	4	5	8	10	12	40	
237	Rick Mount	5	6	8	20	30	60		
238	Gerald Govan	4	4	4	5	6	10	40	
239	Ron Boone	4	4	5	5	8	10	30	
240	Tom Washington	4	4	4	6	8	20	50	
241	ABA Playoffs G1	4	4	4	5	6	8	20	100
242	Playoffs G2/Barry	4	4	4	6	8	15	50	150
243	Playoffs G3/McGinnis	4	4	4	6	8	10	160	
244	Playoffs G4/Barry	4	4	4	6	8	10	30	
245	ABA Playoffs G5	4	4	4	6	6	10	25	
246	ABA Playoffs G6	4	4	4	6	6	8	20	
247	ABA Champs: Pacers	4	4	4	6	6	8	30	
248	ABA Checklist 177-264	4	5	10	12	20	40	200	
249	Dan Issel AS	4	4	4	6	10	20	40	
250	Rick Barry AS	4	4	4	6	10	25	100	
251	Artis Gilmore AS	4	4	4	6	10	25	80	
252	Donnie Freeman AS	4	4	4	5	6	10	40	150
253	Bill Melchionni AS	4	4	4	5	6	10	25	
254	Willie Wise AS	4	4	4	5	8	15	60	
255	Julius Erving AS	25	50	100	150	300	600	1,200	
256	Zelmo Beaty AS	4	4	4	5	6	10	25	
257	Ralph Simpson AS	4	4	4	5	6	10	50	
258	Charlie Scott AS	4	4	4	5	6	10	60	150
259	Scott/Barry/Issel LL	4	4	▲5	6	▲10	▲25	▲60	
260	Gilmore/Wash/Jones LL	4	5	6	10	25	50	120	
261	ABA 3pt FG Pct.	4	4	4	5	10	25	100	
262	Barry/Calvin/Jones LL	4	4	4	6	10	25	150	
263	Gilmore/Erving/Dan LL	6	10	20	40	80	150	300	
264	Melch/Brown/Damp LL!	4	4	4	6	10	60	150	

— Kareem Abdul-Jabbar #100 PSA 10 (Gem MT) sold for $2,040 (eBay; 1/11)
— Artis Gilmore #180 PSA 10 (Gem MT) sold for $618 (Goodwin; 11/12)
— Julius Erving #195 BGS 9.5 (Gem MT) sold for $3,057 (eBay; 8/12)
— Julius Erving #195 BGS 9.5 (Gem MT) sold for $2,638 (eBay; 1/13)

1973-74 Topps

#	Card	GD 2	VG 3	VgEx 4	EX 5	ExMt 6	NM 7	NmMt 8	MT 9
	COM. NBA CARD (1-176)	4	4	4	4	4	4	5	15
1	Nate Archibald	4	▲5	▲10	▲12	▲15	▲25	100	
4	Jim McMillian	4	4	4	4	5	6	10	30
5	Nate Thurmond	4	4	4	4	5	8	15	30
10	Walt Frazier	4	4	4	6	12	30	60	
13	Calvin Murphy	4	4	4	4	5	6	8	120

#	Player	GD 2	VG 3	VgEx 4	EX 5	ExMt 6	NM 7	NmMt 8	MT 9
20	John Havlicek	5	6	8	10	15	30	80	
21	Pat Riley	4	4	5	8	10	12	▲30	▲100
30	Dave DeBusschere	4	4	5	6	8	15	30	
34	Leroy Ellis	4	4	4	4	5	8	15	50
40	Dave Cowens	4	4	4	6	8	12	30	100
41	Cazzie Russell	4	4	4	5	6	8	20	50
43	Connie Hawkins	4	4	4	4	5	6	10	50
45	Chet Walker	4	4	4	4	5	6	10	25
50	Kareem Abdul-Jabbar	6	10	20	40	60	150	300	600
53	Kevin Porter RC	4	4	4	4	5	10	20	50
57	Don Chaney	4	4	4	4	5	6	12	40
60	Bob Love	4	4	4	4	5	6	12	25
64	Western Semis/Wilt	5	6	8	10	20	40	60	150
65	NBA Western Semis	4	4	4	4	5	6	8	30
68	Knicks Champs/Frazier	4	4	5	6	8	12	30	60
70	Oscar Robertson	5	6	12	25	50	80	150	300
71	Phil Jackson	4	4	5	8	10	25	50	120
80	Wilt Chamberlain	20	30	50	60	100	200	400	800
82	Bill Bradley	4	4	4	6	8	12	30	60
86	Dick Snyder	4	4	4	4	4	4	5	50
90	Rick Barry	4	4	5	6	12	30	60	120
95	Elvin Hayes	4	4	5	6	8	▲20	▲50	▲100
100	Jerry West	6	15	30	40	60	100	200	400
103	Fred Brown RC	4	4	4	4	6	8	20	100
105	Willis Reed	4	5	6	8	15	30	60	
110	Bob Lanier	4	4	5	8	▼12	▼25	▼50	120
119	Steve Bracey	4	4	4	4	4	4	5	20
120	Spencer Haywood	4	4	4	▲5	▲6	▲12	▲40	▲80
121	NBA Checklist 1-176	4	4	4	6	8	10	15	30
122	Jack Marin	4	4	4	4	4	6	8	20
125	Jerry Lucas	4	4	4	5	6	8	25	60
126	Paul Westphal RC	4	4	6	20	40	80	150	300
130	Pete Maravich	15	20	30	40	60	120	300	500
131	Don May	4	4	4	4	4	4	5	20
134	Dick Cunningham	4	4	4	4	4	8	10	40
135	Bob McAdoo RC	5	8	12	30	50	150	350	600
142	Earl Monroe	4	4	4	5	6	12	30	
143	Clyde Lee	4	4	4	4	4	4	5	60
144	Rick Roberson	4	4	4	4	4	4	5	40
145	Rudy Tomjanovich	4	4	4	4	6	8	12	25
147	Art Williams	4	4	4	4	4	4	8	
153	Arch/Jabbar/Hayw LL	4	4	4	8	▲12	25	80	300
154	Arch/Jabbar/Hayw LL	4	4	4	8	▲12	25	80	300
155	Wilt/Guokas/Jabbar LL	5	6	8	15	30	60	100	300
156	Barry/Murphy/Newlin LL	4	4	4	4	4	6	8	50
157	Wilt/Thurm/Cowens LL	5	6	8	15	30	50	100	▼200
158	Arch/Wilkens/Bing LL	4	4	4	4	4	6	10	40
165	Len Wilkens	4	4	4	4	6	8	12	40
168	Jo Jo White	4	4	4	4	5	10	20	40
170	Dave Bing	4	4	4	6	8	12	30	▲60
175	Geoff Petrie	4	4	4	4	4	6	8	▲30
176	Wes Unseld	4	4	4	5	6	15	50	
180	George McGinnis	4	4	4	5	6	12	30	80
190	Ralph Simpson AS2	4	4	4	4	5	6	8	20
200	Billy Cunningham	4	4	5	6	8	▲20	▲30	100
201	John Roche	4	4	4	4	4	4	8	20
202	ABA Western Semis	4	4	4	4	4	4	8	20
203	ABA Western Semis	4	4	4	4	4	4	8	20
204	ABA Eastern Semis	4	4	4	4	4	6	8	20
205	ABA Eastern Semis	4	4	4	4	4	6	8	30
206	ABA Western Finals	4	4	4	4	4	6	8	20
207	Eastern Finals/Gilmore	4	4	4	4	4	6	8	
208	ABA Championship	4	4	4	4	4	6	8	
210	Dan Issel	4	4	4	4	6	8	15	40
222	Don Buse RC	4	4	4	4	6	8	20	
234	Erving/McG/Issel LL	4	4	4	5	6	8	20	40	100
240	Julius Erving	10	12	25	40	60	120	300	600

#	Player	GD 2	VG 3	VgEx 4	EX 5	ExMt 6	NM 7	NmMt 8	MT 9
242	ABA Checklist 177-264	4	4	4	6	8	12	25	60
243	Johnny Neumann	4	4	4	4	6	8	20	40
250	Artis Gilmore	4	4	4	5	8	15	40	
263	Les Hunter	4	4	4	4	4	6	10	30
264	Billy Keller	4	4	4	4	6	▲12	▲30	▲100

1974-75 Topps

#	Player	GD 2	VG 3	VgEx 4	EX 5	ExMt 6	NM 7	NmMt 8	MT 9
	COM. NBA CARD (1-176)	4	4	4	4	4	4	5	15
1	Kareem Abdul-Jabbar	10	20	40	60	100	200	400	800
6	Jim Chones	4	4	4	4	4	6	8	20
10	Pete Maravich	▲10	▲15	▲20	▲25	40	80	200	500
25	Earl Monroe	4	4	▲5	▲6	▲10	▲25	▲50	
27	Jo Jo White	4	4	4	4	4	6	8	25
28	Rudy Tomjanovich	4	4	4	4	▲6	▲12	▲30	▲60
30	Elvin Hayes	4	4	4	6	8	20	40	120
31	Pat Riley	4	4	4	6	▲12	▲25	40	100
39	Bill Walton RC	50	▼60	▼80	▼100	▼150	300	500	3,000
50	Rick Barry	4	4	4	6	12	30	60	150
51	Jerry Sloan	4	4	4	4	4	6	15	30
55	Oscar Robertson	4	5	6	12	25	60	100	
64	Paul Westphal	4	4	4	4	4	6	8	25
70	Spencer Haywood	4	4	4	4	4	6	10	60
80	Bob McAdoo	4	4	4	4	5	8	15	30
81	Hawks TL/Maravich/Bell	4	5	8	20	30	50	80	200
82	Celtics TL/Havlicek	4	4	4	4	6	8	15	30	80
83	Buffalo Braves TL	4	4	4	4	4	8	15	30	80
84	Bulls TL/Love/Walker	4	4	4	4	4	8	15	30	80
87	Warriors TL/Barry	4	4	4	5	6	8	20	60
91	Bucks TL/Jabbar/Oscar	4	4	6	12	25	50	100	200
93	Knicks TL/Fraz/Brad/DeB	4	4	4	▼10	▼20	▼30	▼50	▼100
100	John Havlicek	4	6	8	15	30	60	120	500
105	Nate Thurmond	4	4	4	5	6	15	40	120
113	Bill Bradley	4	4	4	4	5	8	15	40
120	Gail Goodrich	4	4	4	4	5	6	8	15	40
123	Jeff Mullins	4	4	4	4	4	4	6	8	40
129	Doug Collins RC	4	4	4	6	8	15	30	60
131	Bob Lanier	4	4	4	4	4	6	10	80
132	Phil Jackson	4	4	4	6	8	20	40	100
135	Ernie DiGregorio RC	4	4	4	4	5	10	15	30
141	NBA Checklist 1-176	4	4	4	4	6	11	15	30
144	McAd/Jabbar/Marav LL	▲5	▲10	▲20	▲25	40	80	150	300
145	McAd/Marav/Jabbar LL	4	5	10	20	40	80	150	300
146	McAd/Jabbar/Tomjan LL	4	4	6	12	25	50	100	200
148	Hayes/Cowens/McAd LL	4	4	4	4	10	20	40	100
150	Walt Frazier	4	4	4	▲5	▲8	▲15	▲30	60
155	Dave Cowens	4	4	4	4	6	8	15	150
170	Nate Archibald	4	4	4	4	4	8	10	
175	Sidney Wicks	4	4	4	4	6	8	15	30
176	Jerry West	5	8	12	20	30	60	150	400
178	George Carter	4	4	4	4	4	6	8	25
180	Artis Gilmore	4	4	4	4	4	6	10	40
186	James Silas RC	4	4	4	4	5	6	12	30
187	Caldwell Jones RC	4	4	4	4	4	6	8	30
190	Dan Issel	4	4	4	4	4	5	8	15
196	George Gervin RC	20	30	40	60	80	▼120	▼400	
200	Julius Erving	10	20	25	40	60	▼120	300	600
203	ABA Checklist 177-264	4	4	4	4	4	6	10	15
207	Erving/McG/Issel LL	4	4	4	4	8	20	40	80
220	George McGinnis	4	4	4	4	5	8	15	30	80
224	Colonels TL/Issel	4	4	4	4	6	8	15	40	60
226	Nets TL/Erving	4	4	5	6	10	20	▼40	▼100
227	Spurs TL/Gervin	4	4	4	4	6	12	30	50
248	ABA Div. Finals	4	4	4	4	4	6	10	12
249	ABA Championships/Dr.J	4	6	8	15	30	▼50	100	
250	Wilt Chamberlain CO	▲10	▲20	▲40	60	▼80	▼100	▼200	800
257	George Karl RC	4	4	4	4	5	15	25	50	80

1975-76 Topps

#	Player	GD 2	VG 3	VgEx 4	EX 5	ExMt 6	NM 7	NmMt 8	MT 9
	COM. NBA CARD (1-220)	4	4	4	4	4	4	5	15
1	McAd/Barry/Jabbar LL	4	4	5	6	12	30	60	120
2	Nelson/Beard/Tomj LL	4	4	4	4	4	6	8	40
3	Barry/Murphy/Bradley LL	4	4	4	4	6	8	10	30
4	Unseld/Cowens/Lacey LL	4	4	4	4	4	6	8	30
7	Tom Van Arsdale	4	4	4	4	4	6	8	30
9	Jerry Sloan	4	4	4	4	4	6	8	30
10	Bob McAdoo	4	4	5	6	▲12	▲25	▲50	▲120
15	Nate Archibald	4	4	5	6	8	20	50	
20	Billy Cunningham	4	4	5	6	8	20	50	120
30	Bob Lanier	4	5	6	10	15	30	60	120
34	Cazzie Russell	4	4	4	4	4	6	8	25
37	Bill Bradley	4	4	4	5	6	12	25	80
38	Fred Carter	4	4	4	4	4	6	8	20
42	Rowland Garrett	4	4	4	4	4	4	5	25
50	Keith/Jamaal Wilkes RC	6	10	20	40	80	150	250	600
55	Walt Frazier	4	4	5	6	12	30	80	200
57	Nate Hawthorne	4	4	4	4	4	4	5	25
60	Elvin Hayes	4	4	4	4	10	20	40	80
61	Checklist 1-110	4	4	4	4	6	8	12	
63	Randy Smith	4	4	4	4	4	6	8	60
65	Charlie Scott	4	4	5	6	12	30	100	300
67	Rick Adelman	4	4	4	5	6	8	20	
70	Rudy Tomjanovich	4	4	4	5	6	▲12	▲30	▲60
71	Pat Riley	4	4	5	6	8	12	30	100
73	Earl Monroe	4	4	5	6	8	20	30	80
74	Allan Bristow RC	4	4	4	4	4	6	8	20
75	Pete Maravich DP	6	8	12	25	40	60	150	400
77	Bill Walton	6	8	10	20	40	▲100	150	300
80	John Havlicek	4	4	10	15	30	60	100	250
85	Nate Thurmond	4	5	8	10	20	25	50	120
90	Kareem Abdul-Jabbar	15	▼25	▼30	▼40	▼80	▼150	500	2,000
97	Mike Bantom	4	4	4	4	4	4	5	40
99	Kevin Stacom RC	4	4	4	4	4	4	5	25
100	Rick Barry	4	5	6	8	12	25	40	
105	Austin Carr	4	4	4	4	4	6	8	25
110	Gail Goodrich	4	4	4	4	6	8	20	80
111	Phil Jackson	4	5	6	8	15	25	40	120
115	Wes Unseld	4	4	4	6	8	15	40	
126	Kareem Abdul-Jabbar TL	4	4	5	6	8	15	40	120
127	Pete Maravich TL	4	4	5	6	8	15	40	120
134	John Drew RC	4	4	5	6	10	30	60	
135	Jo Jo White	4	4	4	5	6	12	30	60
143	Brian Winters RC	4	4	4	4	4	6	8	20
151	Leonard Robinson RC	4	4	4	4	4	8	15	60
156	Campy Russell RC	4	4	4	4	6	10	20	80
170	Dave Cowens	4	4	4	6	10	30	80	300
177	Zelmo Beaty	4	4	4	4	4	6	8	25
181	Checklist 111-220 DP	4	4	4	4	4	8	12	40
195	Connie Hawkins DP	4	4	4	5	6	10	30	
200	Spencer Haywood	4	4	4	4	4	6	8	30
203	Atlanta Hawks	4	4	4	4	4	6	8	20
204	Celtics Team CL	4	4	4	4	4	6	8	20
206	Bulls Team CL	4	4	4	5	6	8	15	40
213	Milwaukee Bucks	4	4	4	4	4	6	8	30
215	New York Knicks	4	4	4	4	4	6	8	30
219	Sonics Team/B.Russell	4	4	4	4	6	10	20	60
221	McGin/Erving/Boone LL	4	4	4	5	10	25	50	120
222	Jones/Gilmore/Malone LL	4	4	4	4	6	10	15	30
225	ABA Rebounds Leaders	4	4	4	4	4	6	8	30
233	George Gervin	4	6	10	20	40	60	100	400
237	Kevin Joyce RC	4	4	4	4	4	6	8	40
250	Artis Gilmore	4	5	6	8	15	30	60	120
254	Moses Malone RC	20	40	50	60	80	150	300	1,200
257	Checklist 221-330	4	4	5	6	8	10	20	40
260	Dan Issel	4	4	5	6	12	30	50	100
282	Julius Erving TL	4	4	5	6	12	30	50	120
293	Fly Williams RC	4	4	4	4	▲6	▲8	▲20	▲50
295	Red Robbins	4	4	4	4	4	6	8	25
298	Bobby Jones RC	8	▲12	15	▲25	▲40	▲80	150	500
300	Julius Erving	▲10	▲20	30	50	▼60	▼80	▼150	600
301	Billy Shepherd	4	4	4	4	4	6	8	20
302	Maurice Lucas RC	4	4	▲5	▲6	▲10	▲20	▲40	▲80
303	George Karl	4	4	4	4	6	8	20	50
310	Artis Gilmore PO	4	4	5	6	8	20	60	
321	Denver Nuggets	4	4	4	4	4	6	8	50
324	Memphis Sounds	4	4	4	4	4	6	8	20
328	San Diego Sails	4	4	4	4	4	6	8	40

— Pete Maravich #75 PSA 10 (Gem MT) sold for $1,732 (Memory Lane; 7/12)
— Moses Malone #254 PSA 10 (Gem MT) sold for $1,540 (eBay; 4/12)
— Maurice Lucas #302 PSA 10 (Gem MT) sold for $248 (eBay; 1/13)

1976-77 Topps

#	Player	VG 3	VgEx 4	EX 5	ExMt 6	NM 7	NmMt 8	MT 9	Gem 9.5/10
	COMMON CARD (1-144)	4	4	4	4	4	5	8	20
1	Julius Erving	▲20	▲40	50	80	200	400	1,000	
3	Paul Silas	4	4	4	4	4	5	8	25
4	Keith Erickson	4	4	5	6	12	40	80	
5	Wes Unseld	4	4	4	5	6	8	60	200
9	Jim McMillian	4	4	5	6	8	20	60	
10	Bob Lanier	5	6	10	20	30	50	120	
11	Junior Bridgeman RC	4	4	4	5	10	40		
13	Billy Keller	4	4	4	4	6	10	60	200
20	Nate Archibald	4	4	6	12	25	50	150	
22	Ralph Simpson	4	4	4	4	5	8	25	
23	Campy Russell	4	4	4	4	8	50	80	
24	Charlie Scott	4	4	4	4	6	10	60	
25	Artis Gilmore	▲6	▲8	▲15	▲20	30	80	200	
26	Dick Van Arsdale	4	4	4	4	5	8	50	
29	Chris Ford	4	4	4	4	6	10	25	
30	Dave Cowens	4	6	8	15	30	60	150	
34	Lucius Allen	4	5	6	8	25	60		
36	Henry Bibby	4	4	4	4	5	8	80	
38	Doug Collins	4	5	6	8	25	60	150	
39	Garfield Heard	4	4	4	5	6	12	40	
40	Randy Smith	4	4	4	4	4	6	12	30
42	Dave Twardzik	4	4	4	5	6	10	40	
43	Bill Bradley	4	4	10	20	30	60	120	
44	Calvin Murphy	4	4	4	5	6	12	30	200
46	Brian Winters	4	4	4	4	5	12	50	
48	Checklist 1-144	5	8	12	15	25	50	200	
49	Bird Averitt	4	4	4	4	5	8	40	
50	Rick Barry	4	5	6	10	20	40	100	
53	Austin Carr	4	4	4	5	6	12	30	100
56	Mike Riordan	4	4	4	4	4	5	8	25
57	Bill Walton	6	8	15	30	50	80	250	
58	Eric Money RC	4	4	4	4	4	5	8	30
60	Pete Maravich	8	15	30	40	80	150	300	600
61	John Shumate RC	4	4	4	5	8	12	30	200
64	Walt Frazier	6	8	15	30	60	150	300	
65	Elmore Smith	4	4	4	6	8	15	80	
66	Rudy Tomjanovich	4	4	5	6	12	30	80	
67	Sam Lacey	4	4	4	4	6	10	30	125
68	George Gervin	6	8	15	30	50	100	300	
69	Gus Williams RC	4	5	8	15	40	80	150	
70	George McGinnis	4	4	5	6	12	30	100	
71	Len Elmore	4	4	4	4	5	8	25	
75	Alvan Adams RC	4	4	4	6	12	25	60	
76	Dave Bing	4	5	6	8	15	40	100	300
77	Phil Jackson	6	8	15	30	60	150	800	
82	Ernie DiGregorio	4	6	10	20	40	80	250	
90	John Havlicek	5	6	8	15	30	60	150	
91	Kevin Kunnert	4	4	4	4	4	10	50	
92	Jimmy Walker	4	4	4	6	10	40		
93	Billy Cunningham	▲5	▲6	▲8	▲15	▲40	▲60	120	
94	Dan Issel	5	6	10	20	40	80	400	
98	Earl Monroe	5	6	8	15	25	50	200	

#	Player	VG 3	VgEx 4	EX 5	ExMt 6	NM 7	NmMt 8	MT 9	Gem 9.5/10
100	Kareem Abdul-Jabbar	40	60	80	120	300	600	1,500	
101	Moses Malone	6	8	15	30	60	120	400	
106	Otto Moore	4	4	4	4	5	8	25	60
107	Maurice Lucas	4	4	6	12	25	60		
108	Norm Van Lier	4	4	4	4	5	8	25	
109	Clifford Ray	4	4	5	6	10	25	60	
110	David Thompson RC	8	20	40	80	150	300	800	
114	Bobby Smith	4	4	4	4	5	8	25	150
115	Jo Jo White	4	5	6	8	15	40	80	
118	Curtis Rowe	4	4	4	4	5	8	25	
120	Elvin Hayes	4	6	10	20	40	80	200	
123	Jerry Sloan	4	4	6	8	15	40	80	300
124	Billy Knight	4	4	4	4	5	10	80	
126	K. Abdul-Jabbar AS	8	15	▼25	▼50	▼80	250	500	
127	Julius Erving AS	8	15	30	60	120	250	500	
128	George McGinnis AS	4	4	4	6	12	30	80	
130	Pete Maravich AS	6	10	20	40	▼60	▼150	500	
131	Dave Cowens AS	4	5	6	12	25	50	120	
132	Rick Barry AS	4	4	6	20	50	150	300	
133	Elvin Hayes AS	15	25	30	40	60	100		
134	James Silas AS	4	4	4	4	5	8	30	
139	Mike Newlin	4	4	4	4	5	8	80	
140	Bob McAdoo	4	5	6	12	25	80	200	
141	Mike Gale	4	4	4	4	5	8	25	
142	Scott Wedman	4	▲5	▲8	▲15	▲20	▲40	▲60	
143	Lloyd Free RC	6	10	20	50	80	200	400	
144	Bobby Jones	4	6	10	20	40	80	200	

— David Thompson #110 PSA 10 (Gem MT) sold for $404 (eBay; 12/12)

1977-78 Topps

#	Player	VG 3	VgEx 4	EX 5	ExMt 6	NM 7	NmMt 8	MT 9	Gem 9.5/10
	COMMON CARD (1-132)	4	4	4	4	4	5	10	
1	Kareem Abdul-Jabbar	12	15	30	60	100	200	600	
6	Earl Monroe	4	5	6	8	15	40	80	
7	Leonard Gray	4	4	4	4	4	5	15	
9	Jim Brewer	4	4	4	4	4	5	15	
10	Paul Westphal	4	4	4	4	6	10	15	30
11	Bob Gross RC	4	4	4	4	4	5	15	
15	Rudy Tomjanovich	4	4	4	▲5	▲8	▲15	▲40	
16	Kevin Porter	4	4	4	4	4	5	20	
18	Lloyd Free	4	4	4	4	8	15	40	
20	Pete Maravich	4	6	15	30	80	200		
23	Kevin Grevey RC	4	4	4	4	6	8	12	
28	Larry Kenon	4	4	4	4	4	5	20	
29	Checklist 1-132	4	4	4	4	6	8	20	
33	Keith/Jamaal Wilkes	4	4	4	5	6	12	40	
35	Jo Jo White	4	4	4	4	4	5	20	
36	Scott May RC	4	4	4	4	4	8	25	
40	Elvin Hayes	4	▲5	▲6	▲8	▲20	30	100	
41	Dan Issel	4	4	4	4	6	10	30	
42	Ricky Sobers	4	4	4	4	4	5	12	
43	Don Ford	4	4	4	4	4	5	12	
45	Bob McAdoo	4	4	4	4	6	8	20	
49	Sam Lacey	4	4	4	4	4	5	12	
50	George McGinnis	4	4	5	6	12	25	60	
56	Adrian Dantley RC	6	▼10	▼20	▼30	60	▲150		
57	Jim Chones	4	4	4	4	4	5	20	
58	John Lucas RC	5	6	8	10	20	30		
59	Cazzie Russell	4	4	5	6	10	20	50	
60	David Thompson	4	4	6	8	30	60		
61	Bob Lanier	4	4	5	6	8	30	60	
65	Doug Collins	4	4	4	4	6	8	30	
66	Tom McMillen RC	4	4	4	4	4	5	30	
68	Mike Bantom	4	4	4	4	4	5	20	
70	John Havlicek	6	10	12	20	30	60	100	
72	Marvin Webster RC	4	4	4	4	4	8	30	
73	George Gervin	4	4	▲5	▲8	▲12	▲30	80	
75	Wes Unseld	4	4	4	4	6	▲10	30	
78	Richard Washington RC	4	4	4	4	4	8	50	
84	Kevin Kunnert	4	4	4	4	4	4	12	

#	Player	VG 3	VgEx 4	EX 5	ExMt 6	NM 7	NmMt 8	MT 9	Gem 9.5/10
85	Lou Hudson	4	4	4	4	4	5	12	
87	Lucius Allen	4	4	4	4	4	5	30	
88	Spencer Haywood	4	4	4	4	6	8	20	
93	Tom Henderson	4	4	4	4	4	5	15	
100	Julius Erving	6	12	25	40	80	250	700	1,000
103	Billy Paultz	4	4	4	5	8	12	30	
105	Calvin Murphy	4	4	5	6	8	15	30	
107	Jim McMillian	4	4	4	4	4	5	12	20
111	Robert Parish RC	8	10	20	40	60	120	600	
113	Bruce Seals	4	4	4	4	8	10	20	
116	Steve Mix	4	4	4	4	4	5	12	25
120	Bill Walton	6	8	12	20	40	60	150	400
124	Moses Malone	5	6	8	15	30	60	150	
127	Nate Archibald	4	4	4	4	6	8	15	30
128	Mitch Kupchak RC	4	4	5	6	12	20	40	
129	Walt Frazier	▲5	▲6	▲8	▲15	▲25	40		
130	Rick Barry	4	4	4	5	8	25	▼80	
131	Ernie DiGregorio	4	4	4	4	4	5	15	
132	Darryl Dawkins RC	▲8	▲10	▲20	25	40	80		

1978-79 Topps

#	Player	VG 3	VgEx 4	EX 5	ExMt 6	NM 7	NmMt 8	MT 9	Gem 9.5/10
	COMMON CARD (1-132)	4	4	4	4	5	6	10	
1	Bill Walton	5	6	8	12	20	3	60	
2	Doug Collins	4	4	4	4	6	12	40	
5	Bob McAdoo	4	4	5	6	8	20	60	
7	Wes Unseld	4	4	5	6	12	25	60	
9	Austin Carr	4	4	4	4	5	6	12	
10	Walter Davis RC	4	4	5	8	25	40	100	
14	Bobby Jones	4	4	5	6	▲12	▲25	▲50	
20	George Gervin	4	4	6	10	20	40	300	
25	Elvin Hayes	4	4	5	6	12	25	50	
27	James Edwards RC	4	4	4	4	8	20	50	
28	Howard Porter	4	4	4	4	5	6	15	
29	Quinn Buckner RC	4	4	4	4	8	20	50	
32	Campy Russell	4	4	4	4	5	6	15	
39	Gus Williams	4	4	4	4	5	6	15	
40	Dave Cowens	4	4	4	5	8	▼20	▼50	
42	Wilbert Jones	4	4	4	4	5	6	15	
43	Charlie Scott	4	4	4	5	8	20	60	
45	Earl Monroe	4	4	5	8	15	40		
51	Louie Dampier	4	4	4	4	5	8	12	
61	Dave Bing	4	4	4	4	6	10	15	
63	Norm Nixon RC	4	4	4	4	12	30	60	
67	Checklist 1-132	4	4	4	4	6	10	15	
75	Bernard King RC	8	10	15	30	60	100	250	
78	Dennis Johnson RC	6	10	15	20	30	60	300	
79	Scott Wedman	4	4	4	4	6	8	12	
80	Pete Maravich	5	6	10	20	40	80	250	
81	Dan Issel	4	4	4	5	6	12	40	
83	Walt Frazier	4	5	6	8	20	25	50	
85	Jo Jo White	4	4	4	▲5	▲6	▲12	▲25	
86	Robert Parish	4	4	5	6	10	20	50	
95	Gail Goodrich	4	4	5	8	15	30	60	
100	David Thompson	4	4	▲5	▲6	▲12	▲30	▲60	
110	Kareem Abdul-Jabbar	6	10	20	30	40	80	200	
117	Jack Sikma RC	5	6	8	10	25	60		
126	Marques Johnson RC	5	6	8	15	25	40	100	
128	Cedric Maxwell RC	4	4	5	8	12	25	60	
130	Julius Erving	6	10	15	20	30	60	100	
132	Adrian Dantley	4	4	5	6	10	25	80	

1979-80 Topps

#	Player	GD 2	VG 3	VgEx 4	EX 5	ExMt 6	NM 7	NmMt 8	MT 9
	COMMON CARD (1-132)	4	4	4	4	4	4	5	10
1	George Gervin	4	5	6	8	15	30	50	150
3	Henry Bibby	4	4	4	4	4	4	5	12
6	Dennis Johnson	4	4	4	4	4	5	8	25
10	Kareem Abdul-Jabbar	5	6	10	20	▼30	▼40	▼60	400
14	Bernard King	4	4	4	4	8	12	15	30	60

#	Player	GD 2	VG 3	VgEx 4	EX 5	ExMt 6	NM 7	NmMt 8	MT 9
17	Dan Issel	4	4	4	4	4	5	6	15
20	Julius Erving	5	6	10	20	▼30	▼40	▼80	▲400
25	Artis Gilmore	4	4	4	4	5	6	12	30
31	Alex English RC	4	6	8	10	20	40	80	250
41	Rudy Tomjanovich	4	4	4	4	4	5	8	25
44	Reggie Theus RC	4	4	4	4	6	8	20	60
45	Bill Walton	4	5	6	10	15	20	30	60
54	Adrian Dantley	4	4	4	4	4	5	6	12	30
58	Bob Lanier	4	4	4	4	4	6	10	20	50
60	Pete Maravich	5	6	8	10	15	30	60	150
63	Mychal Thompson RC	4	4	4	4	4	5	6	12	30
64	Doug Collins	4	4	4	4	4	6	12	25
65	Wes Unseld	4	4	4	▲5	▲6	▲10	▲25	▲50
75	Bob McAdoo	4	4	4	5	6	10	20	40	80
93	Robert Parish	4	4	4	5	6	10	20	40	120
100	Moses Malone	4	4	▲5	▲6	▲8	▲12	▲25	▲100
101	Checklist 1-132	4	4	4	4	4	5	6	12
105	Darryl Dawkins	4	4	4	4	4	4	5	6	12
130	Bob Dandridge AS2	4	4	4	4	4	5	▲10	15	60
132	Bobby Jones	4	4	4	▲5	▲6	▲10	▲25	50

1980-81 Topps

#	Player	GD 2	VG 3	VgEx 4	EX 5	ExMt 6	NM 7	NmMt 8	MT 9
6	Bird/Erving/Magic	400	500	600	800	1,000	1,500	3,000	15,000
8	Maravich/Free/Johnson	4	4	5	6	8	15	30	100
18	Bird/Marques/Sikma	10	20	25	▼40	▼50	▼60	▼80	▼200
19	Bridgeman/Bird/Brewer	10	20	25	▼30	▼40	▼50	▼80	▼200
66	Cheeks/Johnson/Boone	10	▼15	▼20	▼30	▼50	▼80	▼120	▼250
84	Bird/Cartwright/Drew	6	10	20	40	▼60	▼100	▼200	▼600
88	May/Bird/Sikma	6	8	12	▼20	▼30	▼50	▼100	▼200
11	Long/Johnson/Boone	▼8	▼10	▼15	▼20	▼30	▼50	▼100	600
46	Klotz/Erving/Johnson	25	40	40	60	80	120	250	1,000
65	Brown/Bird/Brewer	▲6	▲8	▲15	▲25	▲40	▲60	▼80	▼200

— Bird/Erving/Magic #6 BGS 10 (Pristine) sold for $60,667 (SCP; 8/13)
— Bird/Erving/Magic #6 PSA 10 (Gem MT) sold for $14,467 (eBay; 9/12)

1981-82 Topps

#	Player	VG 3	VgEx 4	EX 5	ExMt 6	NM 7	NmMt 8	MT 9	Gem 9.5/10
	Larry Bird	20	25	40	60	100	200	800	
	Robert Parish	4	4	4	4	6	10	30	
4	Moses Malone	4	4	4	4	6	10	30	
20	Kareem Abdul-Jabbar	6	8	15	▼20	▼25	▼40	125	
21	Magic Johnson	15	20	25	30	50	80	250	
30	Julius Erving	4	6	8	10	▲20	40	150	
37	George Gervin	4	4	4	4	4	6	15	40
45	Celtics TL/Bird/Arch	4	4	4	4	4	6	12	150
55	Lakers TL/Jabbar	4	4	4	4	4	5	8	40
59	76ers TL/Erving	4	4	4	4	4	6	8	50
75	Kevin McHale RC	5	6	10	▼15	▼25	▼50	▼150	600
101	Larry Bird SA	6	10	20	30	80	200	500	
104	Julius Erving SA	6	8	10	20	40	100		
W68	Alex English	4	4	4	4	4	4	8	50
W87	Jim Paxson RC	4	4	4	4	4	4	5	15
W106	Kareem Abdul-Jabbar SA	6	8	12	25	50	120		
W109	Magic Johnson SA	6	10	20	40	80	200	500	
W74	Bill Laimbeer RC	4	6	8	10	15	30	80	

— Larry Bird #4 PSA 10 (Gem MT) sold for $518 (Mile High; 5/11)
— Magic Johnson #21 PSA 10 (Gem MT) sold for $285 (Mile High; 5/11)

1983 Star All-Star Game

#	Player	VgEx 4	EX 5	ExMt 6	NM 7	NmMt 8	NmMt+ 8.5	MT 9	Gem 9.5/10
	Larry Bird	6	10	▲50	▲60	▲120	▲250	▲500	800
	Julius Erving	5	▲6	▲12	▲20	▲40	▲50	▲100	▲300
1	Isiah Thomas	▲10	▲20	▲40	▲50	▲60	▲80	▲150	400
	Kareem Abdul-Jabbar	5	5	6	10	15	30	60	120
	Magic Johnson	10	20	40	80	▼120	▼150	▼400	800
	Julius Erving MVP	5	5	15	30	50	60	120	250

1983-84 Star

#	Player	VgEx 4	EX 5	ExMt 6	NM 7	NmMt 8	NmMt+ 8.5	MT 9	Gem 9.5/10
1	Julius Erving SP !	▲50	▲60	▲80	▲120	▲150	▲200	▲400	
2	Maurice Cheeks SP	▲6	▲8	▲15	▲30	▲50	▲60	▲120	
13	Magic Johnson SP !	▲40	▲60	100	200	300	400	▲2,000	
14	Kareem Abdul-Jabbar SP	▲20	▲40	▲60	100	200	▼300	▲800	
21	Kurt Rambis SP XRC	5	▲10	▲20	▲40	▲60	▲80	▲150	
22	Byron Scott SP XRC	▲6	▲12	▲25	▲40	▲60	▲80	▲200	
25	James Worthy SP XRC	▲60	▲100	▲150	▲200	▲300	▲350	500	1,200
27	Danny Ainge SP XRC	▲6	▲12	▲25	▲50	▲100	▲150	▲400	
35	Robert Parish SP !	5	▲10	▲20	▲30	▲50	▲80	▲200	400
49	Mark Aguirre SP XRC	▲80	▲150	▲300	▲400	▲500	▲600	▲2,000	
51	Pat Cummings SP	▲40	▲60	▲100	▲200	▲500	▲600		
52	Brad Davis SP XRC	5	6	▲100	▲200	▲500	▲600		
94	Isiah Thomas XRC	▲100	▲200	▲300	▲400	▲500	600	1,000	3,000
100	Clyde Drexler XRC	▲200	▲300	▲400	▲500	▲600	▲800	▲1,200	2,500
263	Dominique Wilkins XRC	▲300	▲400	▲500	▲600	▲800	▲1,000	1,500	3,000
271	Doc Rivers XRC	▲8	▲15	▲30	▲40	60	80	150	400

— Larry Bird #26 BGS 9.5 (Gem MT) sold for $487 (eBay; 4/13)
— Clyde Drexler #100 BGS 10 (Pristine) sold for $1,549 (Memory Lane; 5/13)

1983-84 Star All-Rookies

#	Player	VgEx 4	EX 5	ExMt 6	NM 7	NmMt 8	NmMt+ 8.5	MT 9	Gem 9.5/10
8	Dominique Wilkins !	10	20	40	80	120	150	300	600
10	James Worthy	5	10	20	40	80	100	200	400

1984-85 Star

#	Player	VG 3	VgEx 4	EX 5	ExMt 6	NM 7	NmMt 8	NmMt+ 8.5	MT 9
1	Larry Bird	▲25	▲60	▲100	▲150	▲200			
101	Michael Jordan XRC	▲10,000	▲15,000	▲20,000	▲25,000	▲30,000	40,000	60,000	100,000
172	Magic Johnson !	8	15	30	60	100	150	200	500
195	Michael Jordan OLY !	▲1,500	▲2,000	▲3,000	▲4,000	▲5,000	▲8,000	15,000	
202	Charles Barkley XRC	▲300	▲400	▲500	▲600	▲800	▲1,200	1,500	2,500
204	Julius Erving	▲20	▲25	▲30	▲40	▲50	▲60	▲80	
235	John Stockton XRC	100	200	300	400	600	800	1,000	2,000
237	Hakeem Olajuwon XRC !	150	300	400	600	800	1,500	2,000	3,000
261	Isiah Thomas	10	20	40	60	100	150	300	500
288	Michael Jordan SPEC !	▲1,500	▲2,000	▲3,000	▲4,000	▲5,000	▲8,000	▲15,000	

— Michael Jordan #101 BGS 9.5 (Gem Mt) sold for $52,500 (Beckett Auctions; 3/15)
— Michael Jordan #101 BGS 9 (Mint) sold for $9,531 (eBay; 3/13)
— Michael Jordan #101 BGS 9 (Mint) sold for $6,102 (eBay; 2/14)
— Michael Jordan #101 BGS 8.5 (NMMT+) sold for $3,200 [eBay; 9/11]
— Michael Jordan #101 BGS 8.5 (NMMT+) sold for $2,225 [eBay; 9/11]
— Charles Barkley #202 BGS 9.5 (Gem MT) sold for $1,038 (eBay; 10/12)
— Hakeem Olajuwon #237 BGS 9 (Mint) sold for $1,825 (eBay; 4/13)

1984-85 Star Court Kings 5x7

#	Player	VgEx 4	EX 5	ExMt 6	NM 7	NmMt 8	NmMt+ 8.5	MT 9	Gem 9.5/10
26	Michael Jordan	800	1,500	2,500	3,000	4,000	5,000	10,000	
47	Hakeem Olajuwon	20	40	80	150	300	400	800	

1985 Star Gatorade Slam Dunk

#	Player	VgEx 4	EX 5	ExMt 6	NM 7	NmMt 8	NmMt+ 8.5	MT 9	Gem 9.5/10
7	Michael Jordan	▲800	▲1,000	▲1,200	▲1,500	▲2,000	▲2,500	4,000	8,000
NNO	Charles Barkley SP	30	50	80	150	▲300	▲500	800	

1985-86 Star

#	Player	VgEx 4	EX 5	ExMt 6	NM 7	NmMt 8	NmMt+ 8.5	MT 9	Gem 9.5/10
106	Clyde Drexler !	8	10	15	20	30	80	200	500
117	Michael Jordan !	350	500	600	1,000	1,500	2,200	3,000	6,000
144	John Stockton	10	15	25	40	60	120	250	500
166	Patrick Ewing XRC	40	50	80	150	300	450	700	2,000

1985-86 Star All-Rookie Team

#	Player	VgEx 4	EX 5	ExMt 6	NM 7	NmMt 8	NmMt+ 8.5	MT 9	Gem 9.5/10
1	Hakeem Olajuwon	40	60	100	150	250	500	1,000	
2	Michael Jordan	600	800	1,000	1,200	1,500	2,500	6,000	
8	John Stockton	6	10	20	40	80	150	300	

Beckett Graded Card Price Guide 245

1986-87 Fleer

#	Player	VgEx 4	EX 5	ExMt 6	NM 7	NmMt 8	NmMt+ 8.5	MT 9	Gem 9.5/10
1	Kareem Abdul-Jabbar	20	30	40	60	120	200	500	1,000
2	Alvan Adams	5	6	8	15	30	40	120	800
3	Mark Aguirre RC	4	6	15	40	60	80	200	400
4	Danny Ainge RC	4	4	5	10	20	30	▲80	200
5	John Bagley RC	5	6	10	15	25	30	60	150
6	Thurl Bailey RC	4	4	10	20	30	40	80	▲200
7	Charles Barkley RC	40	80	150	200	300	400	800	▲6,000
8	Benoit Benjamin RC	4	4	▲5	▲8	▲20	▲30	▲80	300
9	Larry Bird	20	40	60	80	100	200	400	800
10	Otis Birdsong	4	5	6	8	15	30	80	500
11	Rolando Blackman RC	4	4	8	20	40	50	500	
12	Manute Bol RC	6	15	25	30	50	80	150	500
13	Sam Bowie RC	4	6	8	20	40	60	100	300
14	Joe Barry Carroll	4	4	4	6	12		50	
15	Tom Chambers RC	4	4	6	10	30	50	80	250
16	Maurice Cheeks	4	4	4	6	10	15	30	80
17	Michael Cooper	4	4	4	4	15	20	40	120
18	Wayne Cooper	4	4	4	4	12	15	▲40	▲300
19	Pat Cummings	4	5	6	8	15	30	60	400
20	Terry Cummings RC	5	6	8	20	40	50	80	200
21	Adrian Dantley	4	4	4	5	15	25	60	200
22	Brad Davis RC	5	6	8	20	30	60	250	
23	Walter Davis	4	4	4	6	15	20	▲40	▲120
24	Darryl Dawkins	4	4	6	8	15	30	▲100	
25	Larry Drew	4	6	8	20	▼25	▼40	▼80	250
26	Clyde Drexler RC	20	30	50	80	100	200	300	▲1,200
27	Joe Dumars RC	8	15	30	50	60	100	200	400
28	Mark Eaton RC	4	4	6	8	20	40	▼80	
29	James Edwards	5	6	8	15	30	40	80	150
30	Alex English	4	6	8	15	25	40	60	150
31	Julius Erving	30	40	50	80	120	200	400	1,200
32	Patrick Ewing RC	30	40	60	120	200	300	400	1,200
33	Vern Fleming RC	4	4	▲6	▲12	▲25	30	60	300
34	Sleepy Floyd RC	4	4	5	8	20	25	50	250
35	World B. Free	5	6	10	20	40	50	100	
36	George Gervin	4	▲5	▲8	▲20	30	50	100	
37	Artis Gilmore	4	10	15	25	50	60	▼80	
38	Mike Gminski	4	4	6	12	25	30	80	
39	Rickey Green	4	4	6	12	30	40	80	200
40	Sidney Green	4	6	8	20	50	60	100	250
41	David Greenwood	4	4	4	4	15	20	60	400
42	Darrell Griffith	4	4	4	4	15	25	40	100
43	Bill Hanzlik	4	4	4	4	10	15	30	300
44	Derek Harper RC	4	4	4	25	40	50	120	
45	Gerald Henderson	4	4	4	5	10	15	25	100
46	Roy Hinson	4	4	4	4	12	15	40	
47	Craig Hodges RC	4	4	4	6	20	30	50	150
48	Phil Hubbard	4	5	6	12	25	30	60	250
49	Jay Humphries RC	4	4	6	15	40	60	100	
50	Dennis Johnson	4	4	6	8	15	30	80	
51	Eddie Johnson RC	4	4	4	4	15	25	80	
52	Frank Johnson RC	4	4	4	12	30	80	150	
53	Magic Johnson	25	40	80	100	150	250	400	2,000
54	Marques Johnson	5	6	8	20	40	50	80	600
55	Steve Johnson	5	6	10	25	50	60	150	300
56	Vinnie Johnson	4	4	8	15	30	40	100	300
57	Michael Jordan RC	▲3,500	4,000	5,000	6,000	▲8,000	▲10,000	▲20,000	40,000
58	Clark Kellogg RC	4	4	4	8	▲25	▲40	100	
59	Albert King	4	4	6	12	30	50	80	
60	Bernard King	4	4	8	15	40	60	100	
61	Bill Laimbeer	5	6	10	15	30	40	80	250
62	Allen Leavell	4	▲5	▲8	▲15	20	30	80	
63	Fat Lever RC	4	4	6	12	25	40	120	
64	Alton Lister	4	4	4	4	15	20	40	300
65	Lewis Lloyd	4	4	4	20	40	60	200	500
66	Maurice Lucas	4	6	10	20	60	80	200	500
67	Jeff Malone RC	4	4	4	20	40	▲120	300	
68	Karl Malone RC	25	30	60	80	100	150	300	1,500
69	Moses Malone	5	6	8	15	30	40	80	150
70	Cedric Maxwell	5	6	8	12	20	25	50	150
71	Rodney McCray RC	4	5	6	12	20	25	60	300
72	Xavier McDaniel RC	4	4	▲12	▲25	30	120		
73	Kevin McHale	6	8	10	20	40	50	120	300
74	Mike Mitchell	4	5	6	8	20	25	50	200
75	Sidney Moncrief	5	6	8	15	20	25	50	200
76	Johnny Moore	4	4	▲12	30	100	200	600	
77	Chris Mullin RC	15	20	30	50	100	200	400	1,000
78	Larry Nance RC	4	6	12	30	50	60	120	300
79	Calvin Natt	5	6	8	15	30	40	60	120
80	Norm Nixon	4	5	6	12	20	25	60	250
81	Charles Oakley RC	5	8	15	20	25	40	80	400
82	Hakeem Olajuwon RC	30	60	100	120	200	250	400	3,000
83	Louis Orr	4	4	4	5	10	15	▲40	▲150
84	Robert Parish	4	▲5	▲8	▲20	▲30	▲40	▲120	▲600
85	Jim Paxson	4	4	4	4	15	20	25	100
86	Sam Perkins RC	4	6	12	30	50	60	120	300
87	Ricky Pierce RC	4	6	12	30	50	60	120	
88	Paul Pressey RC	4	5	6	20	25	60	250	
89	Kurt Rambis RC	4	4	4	5	10	20	50	250
90	Robert Reid	4	4	5	8	20	25	40	300
91	Doc Rivers RC	4	6	10	▼15	▼25	▼30	▼60	300
92	Alvin Robertson RC	5	6	8	15	30	40	60	200
93	Cliff Robinson	4	6	8	15	25	40	80	
94	Tree Rollins	4	4	6	12	30	40	80	300
95	Dan Roundfield	4	4	4	4	15	20	25	60
96	Jeff Ruland	4	6	10	25	40	50	120	500
97	Ralph Sampson RC	4	4	4	12	30	60	100	400
98	Danny Schayes RC	4	5	6	8	20	30	60	150
99	Byron Scott RC	4	4	6	10	30	40	120	250
100	Purvis Short	4	4	4	6	15	20	30	100
101	Jerry Sichting	4	4	4	▲6	12	▲20	▲40	150
102	Jack Sikma	5	6	8	15	30	40	60	
103	Derek Smith	4	4	6	8	20	30	80	
104	Larry Smith	4	4	4	6	12	25	80	
105	Rory Sparrow	4	4	4	8	20	40	80	
106	Steve Stipanovich	4	6	8	10	25	30	60	400
107	Terry Teagle	4	4	4	4	10	15	30	80
108	Reggie Theus	4	4	4	5	10	20	30	60
109	Isiah Thomas RC	40	50	60	100	150	300	800	2,000
110	LaSalle Thompson RC	5	6	10	25	60	80	200	
111	Mychal Thompson	4	4	6	8	15	30	100	
112	Sedale Threatt RC	4	5	6	12	20	30	50	120
113	Wayman Tisdale RC	4	4	4	8	20	30	80	250
114	Andrew Toney	4	4	6	15	40	60	120	250
115	Kelly Tripucka RC	4	5	6	8	15	20	50	200
116	Mel Turpin	4	5	6	8	20	25	50	200
117	Kiki Vandeweghe RC	4	8	12	15	20	30	50	200
118	Jay Vincent	4	4	4	4	10	15	40	100
119	Bill Walton	4	4	6	15	50	80	150	300
120	Spud Webb RC	6	8	12	25	50	80	150	350
121	Dominique Wilkins RC	30	50	60	100	200	400	800	2,000
122	Gerald Wilkins RC	4	4	4	5	12	15	30	200
123	Buck Williams RC	4	▲5	▲8	▲20	▲30	▲40	▲60	▲500
124	Gus Williams	4	6	8	20	40	50	80	200
125	Herb Williams	4	4	6	15	25	80		
126	Kevin Willis RC	4	6	8	20	50	60	120	250
127	Randy Wittman	4	4	6	20	40	80	300	
128	Al Wood	4	4	4	8	20	25	120	
129	Mike Woodson	5	6	12	25	40	50	120	
130	Orlando Woolridge RC	5	8	15	40	50	60	120	300
131	James Worthy RC	8	15	30	100	200	250	500	
132	Checklist 1-132	12	25	40	80	150	400	1,200	3,000

— Charles Barkley #7 PSA 10 (Gem MT) sold for $455 (eBay; 10/11)
— Magic Johnson #53 PSA 10 (Gem MT) sold for $346 (Mile High; 5/11)
— Michael Jordan #57 BGS 10 (Pristine) sold for $8,025 (eBay; 10/12)
— Michael Jordan #57 in PSA 10 (Gem MT) typically sell for $14,000-$18,000
— Michael Jordan #57 BGS 9.5 (Gem MT) sold for $6,500 (eBay; 10/11)

— Karl Malone #68 PSA 10 (Gem MT) sold for $471 (Mile High; 5/11)
— Hakeem Olajuwon #82 PSA 10 (Gem MT) sold for $510 (Mile High; 5/11)
— Dominique Wilkins #121 BGS 10 (Pristine) sold for $3,859 (eBay; 4/14)

1986-87 Fleer Stickers

#	Player	VgEx 4	EX 5	ExMt 6	NM 7	NmMt 8	NmMt+ 8.5	MT 9	Gem 9.5/10
1	Kareem Abdul-Jabbar	▼40	▼60	▼120	▼200	▼500	1,000	4,000	
2	Larry Bird	30	40	60	▼100	▼200	▼250	▼500	2,000
3	Adrian Dantley	10	20	▼40	▼60	▼100	▼120	300	
4	Alex English	15	▼25	▼40	▼60	▼80	▼120	500	2,000
5	Julius Erving	▼25	▼30	▼50	80	▼150	250	500	2,000
6	Patrick Ewing	▼20	▼30	▼40	60	▼100	200	▼300	1,200
7	Magic Johnson	▼25	▼40	▼60	▼80	▼120	300	600	
8	Michael Jordan	▲600	▲700	▲800	▲1,000	1,500	2,500	5,000	40,000
9	Hakeem Olajuwon	40	▼50	▼60	▼100	300	400	600	2,000
10	Isiah Thomas	20	▼25	▼40	▼60	▼120	200	500	1,500
11	Dominique Wilkins	30	40	60	▼80	▼150	▼300	500	2,000

1987-88 Fleer

#	Player	VgEx 4	EX 5	ExMt 6	NM 7	NmMt 8	NmMt+ 8.5	MT 9	Gem 9.5/10
1	Kareem Abdul-Jabbar	4	6	8	20	40	▲60	▲120	▲400
2	Alvan Adams	4	5	6	8	20	25		
3	Mark Aguirre	4	5	6	12	20	25	80	
4	Danny Ainge	4	4	5	6	12	15	35	
5	John Bagley	4	4	5	6	12	25	60	
6	Thurl Bailey	4	4	4	4	6	8	15	
7	Greg Ballard	4	4	4	5	8	10		
8	Gene Banks	4	4	4	6	12	15	40	
9	Charles Barkley	4	4	8	20	40	50	200	
10	Benoit Benjamin	4	4	4	5	8	10	20	
11	Larry Bird	6	8	15	40	80	100	300	
12	Rolando Blackman	4	4	4	4	4	8	12	40
13	Manute Bol	4	4	4	5	6	15	30	
14	Tony Brown	4	4	4	5	10	15	25	
15	Michael Cage RC	4	4	5	6	15	20	40	150
16	Joe Barry Carroll	4	4	4	4	6	8	12	
17	Bill Cartwright	4	4	4	4	6	8	20	
18	Terry Catledge RC	4	5	6	10	20	25	60	
19	Tom Chambers	4	4	5	6	12	15	40	
20	Maurice Cheeks	4	4	4	5	8	10	25	60
21	Michael Cooper	4	4	5	6	12	15		
22	Dave Corzine	4	4	6	10	15	20	40	
23	Terry Cummings	4	4	4	▲5	6	▲10	▲30	
24	Adrian Dantley	4	4	4	4	6	8	15	
25	Brad Daugherty RC	4	4	5	8	15	30	80	150
26	Walter Davis	4	4	▲5	▲6	▲8	▲15	▲50	
27	Johnny Dawkins RC	4	4	5	6	20	25	40	100
28	James Donaldson	4	4	4	4	5	8	10	
29	Larry Drew	4	4	4	4	5	8	10	30
30	Clyde Drexler	4	5	6	10	20	25	50	
31	Joe Dumars	4	4	4	5	6	8	15	50
32	Mark Eaton	4	5	6	8	15	20	40	
33	Dale Ellis RC	4	4	4	6	10	25	80	
34	Alex English	4	4	5	8	25	30	60	
35	Julius Erving	5	6	8	20	30	40	80	
36	Mike Evans	4	4	4	4	6	8	10	
37	Patrick Ewing	4	5	6	12	30	40	80	
38	Vern Fleming	4	4	4	4	5	8	10	25
39	Sleepy Floyd	4	4	4	4	6	8	12	
40	Artis Gilmore	4	4	4	4	6	8	12	40
41	Mike Gminski	4	4	4	4	15	20	30	
42	A.C. Green RC	4	4	4	5	6	10	30	100
43	Rickey Green	4	4	4	4	5	8	10	
44	Sidney Green	4	4	4	4	▲15	▲20	▲40	
45	David Greenwood	4	4	4	4	5	8	10	40
46	Darrell Griffith	4	4	5	8	▼10	▼12	▼25	
47	Bill Hanzlik	4	4	4	4	4	6	8	20
48	Derek Harper	4	4	4	▲5	6	▲12	▲40	
49	Ron Harper RC	5	6	8	10	▼20	▼25	▼40	150
50	Gerald Henderson	4	4	4	4	4	5	6	

#	Player	VgEx 4	EX 5	ExMt 6	NM 7	NmMt 8	NmMt+ 8.5	MT 9	Gem 9.5/10
51	Roy Hinson	4	4	4	4	4	6	8	30
52	Craig Hodges	4	4	4	4	4	6	8	30
53	Phil Hubbard	4	4	4	4	6	8	25	
54	Dennis Johnson	4	4	4	4	6	8	25	60
55	Eddie Johnson	4	4	4	4	6	8	10	25
56	Magic Johnson	6	8	12	25	40	80	120	400
57	Steve Johnson	4	4	4	4	6	8	25	
58	Vinnie Johnson	4	4	4	5	8	10	30	
59	Michael Jordan	150	200	250	300	500	1,000	2,000	12,000
60	Jerome Kersey RC	4	4	4	4	10	15	30	50
61	Bill Laimbeer	4	4	4	5	10	15	30	
62	Lafayette Lever	4	4	4	4	6	8	20	80
63	Cliff Levingston RC	4	4	5	8	15	20	50	
64	Alton Lister	4	4	4	6	▲15	▲20	▲50	
65	John Long	4	4	4	10	20	30	50	100
66	John Lucas	4	4	4	5	▲15	▲20	▲50	
67	Jeff Malone	4	4	4	4	6	8	20	
68	Karl Malone	5	6	10	15	20	30	80	400
69	Moses Malone	4	4	4	4	6	8	10	80
70	Cedric Maxwell	4	4	4	6	15	20	30	60
71	Tim McCormick	4	4	4	4	5	8	30	
72	Rodney McCray	4	4	4	4	6	8	15	40
73	Xavier McDaniel	4	4	4	4	6	8	▲25	
74	Kevin McHale	4	5	6	8	10	12	25	60
75	Nate McMillan RC	4	4	5	6	15	20	50	
76	Sidney Moncrief	4	4	4	4	4	6	8	
77	Chris Mullin	5	6	8	10	15	20	40	100
78	Larry Nance	4	4	4	4	5	6	10	100
79	Charles Oakley	4	4	4	4	5	8	12	30
80	Hakeem Olajuwon	4	5	6	15	25	30	50	150
81	Robert Parish	4	4	4	5	10	12	30	100
82	Jim Paxson	4	4	4	4	10	15	40	
83	John Paxson RC	4	4	4	4	20	25	50	80
84	Sam Perkins	4	4	4	4	6	10	25	60
85	Chuck Person RC	4	5	6	▼10	▼20	▼30	▼60	150
86	Jim Petersen	4	4	4	4	5	8	15	
87	Ricky Pierce	4	4	4	4	6	8	10	25
88	Ed Pinckney RC	4	4	4	4	8	10	15	
89	Terry Porter RC	4	4	4	5	8	12	30	
90	Paul Pressey	4	4	4	4	6	10	25	
91	Robert Reid	4	4	4	4	6	10	25	
92	Doc Rivers	4	4	4	5	10	12	30	50
93	Alvin Robertson	4	4	4	5	10	12	30	30
94	Tree Rollins	4	4	4	4	4	6	▲15	
95	Ralph Sampson	4	4	4	5	6	10	25	60
96	Mike Sanders	4	4	4	5	8	10	12	60
97	Detlef Schrempf RC	4	4	6	8	15	25	50	120
98	Byron Scott	4	4	5	6	15	25	40	100
99	Jerry Sichting	4	4	4	4	6	10	12	30
100	Jack Sikma	4	4	5	6	12	15	25	50
101	Larry Smith	4	4	4	4	6	8	10	25
102	Rory Sparrow	4	4	4	4	4	6	8	25
103	Steve Stipanovich	4	4	4	4	4	6	8	25
104	Jon Sundvold	4	4	4	4	6	8	▲20	
105	Reggie Theus	4	4	4	4	6	8	10	30
106	Isiah Thomas	4	4	4	15	20	25	50	
107	LaSalle Thompson	4	4	4	4	▲5	6	▲15	▲50
108	Mychal Thompson	4	4	4	4	4	6	8	12	30
109	Otis Thorpe RC	4	4	5	8	20	30	60	
110	Sedale Threatt	4	4	4	4	4	6	8	25
111	Wayman Tisdale	4	4	4	5	8	10	30	
112	Kelly Tripucka	4	4	4	4	5	8	10	30
113	Trent Tucker RC	4	4	4	▲5	▲6	▲8	▲20	▲60
114	Terry Tyler	4	4	4	4	4	6	8	12	40
115	Darnell Valentine	4	4	4	4	4	6	▲12	▲50
116	Kiki Vandeweghe	4	4	4	4	5	6	8	20	60
117	Darrell Walker RC	4	4	4	4	4	6	8	40
118	Dominique Wilkins	4	4	6	8	20	25	50	200
119	Gerald Wilkins	4	4	4	4	6	10	30	
120	Buck Williams	4	4	4	4	4	8	▲15	

#	Player	VgEx 4	EX 5	ExMt 6	NM 7	NmMt 8	NmMt+ 8.5	MT 9	Gem 9.5/10
121	Herb Williams	4	4	4	4	6	8	10	25
122	John Williams RC	4	4	4	6	10	15	25	
123	Hot Rod Williams RC	4	5	6	8	20	25	50	
124	Kevin Willis	4	4	4	4	4	6	10	25
125	David Wingate RC	4	4	4	6	8	10	▲40	
126	Randy Wittman	4	4	4	6	8	10	30	
127	Leon Wood	4	4	4	4	4	6	10	40
128	Mike Woodson	4	4	4	5	8	12	30	
129	Orlando Woolridge	4	4	4	4	4	6	8	40
130	James Worthy	4	4	5	6	12	20	50	150
131	Danny Young RC	4	4	4	6	8	10	12	
132	Checklist 1-132	5	6	8	20	30	40	80	

1987-88 Fleer Stickers

#	Player	VgEx 4	EX 5	ExMt 6	NM 7	NmMt 8	NmMt+ 8.5	MT 9	Gem 9.5/10
1	Magic Johnson	4	6	10	20	50	100	300	
2	Michael Jordan	60	80	120	150	400	600	2,000	
3	Hakeem Olajuwon	4	6	10	20	50	80	200	
4	Larry Bird	4	6	10	20	50	80	200	
5	Kevin McHale	4	5	6	20	40	50	100	
6	Charles Barkley	4	6	8	15	40	60	200	
7	Dominique Wilkins	4	6	10	20	50	80	200	
8	Kareem Abdul-Jabbar	4	6	8	20	50	80	200	
9	Mark Aguirre	4	4	4	8	20	30	80	
10	Chuck Person	4	4	4	8	20	30	100	
11	Alex English	4	4	4	6	20	30	150	

— Larry Bird #4 BGS 9.5 (Gem MT) sold for $650 (eBay; 10/11)

1988-89 Fleer

#	Player	VgEx 4	EX 5	ExMt 6	NM 7	NmMt 8	NmMt+ 8.5	MT 9	Gem 9.5/10
	COMMON CARD (1-132)	4	4	4	4	4	6	8	20
1	Antoine Carr RC	4	4	4	4	6	8	20	50
5	Dominique Wilkins	4	4	4	4	6	8	30	80
8	Danny Ainge	4	4	4	4	6	▲12	▲25	50
9	Larry Bird	4	5	6	10	25	30	60	400
11	Kevin McHale	4	4	4	4	4	6	20	50
13	Muggsy Bogues RC	4	4	5	8	15	20	50	200
14	Dell Curry RC	4	4	4	4	6	8	20	50
16	Horace Grant RC	4	4	5	6	15	20	40	200
17	Michael Jordan	30	50	60	120	150	200	400	▲4,000
20	Scottie Pippen RC	20	25	30	40	▲60	▲80	200	2,000
25	Mark Price RC	4	4	▲5	▲6	▲15	▲20	▲40	150
32	Roy Tarpley RC	4	4	4	4	4	8	20	60
33	Michael Adams RC	4	4	4	4	6	8	15	50
39	Adrian Dantley	4	4	4	4	5	6	20	50
40	Joe Dumars	4	4	4	4	4	6	20	50
43	Dennis Rodman RC	15	20	30	40	50	80	150	800
44	John Salley RC	4	4	4	4	4	10	15	30	60
45	Isiah Thomas	4	4	4	4	4	10	25	60
53	Hakeem Olajuwon	4	4	8	10	12	15	30	80
57	Reggie Miller RC	8	10	15	20	40	50	100	800
58	Chuck Person	4	4	4	4	6	8	15	40
61	Benoit Benjamin	4	4	4	4	4	5	15	30
64	Kareem Abdul-Jabbar	4	4	5	6	▲15	▲20	▲50	
67	Magic Johnson	4	▲5	▲6	▲8	▲20	▲25	60	
70	James Worthy	4	4	4	4	6	8	20	50
76	Jack Sikma	4	4	4	4	4	6	8	15	40
80	Patrick Ewing	4	4	▲5	▲6	▲12	▲15	▲25	▲60
82	Mark Jackson RC	4	4	4	4	4	6	20	50
83	Kenny Walker RC	4	4	4	4	4	6	15	40
84	Gerald Wilkins	4	4	4	4	4	6	15	40
85	Charles Barkley	4	5	6	8	15	20	40	150
86	Maurice Cheeks	4	4	4	4	4	6	15	40
88	Cliff Robinson	4	4	4	4	5	6	15	40
92	Clyde Drexler	4	4	4	6	15	25	40	
93	Kevin Duckworth RC	4	4	4	4	5	6	15	40
94	Steve Johnson	4	4	4	4	4	5	20	50

#	Player	VgEx 4	EX 5	ExMt 6	NM 7	NmMt 8	NmMt+ 8.5	MT 9	Gem 9.5/10
98	Reggie Theus	4	4	4	4	4	5	15	40
99	Otis Thorpe	4	4	4	4	4	5	15	40
100	Kenny Smith RC	4	4	4	4	5	6	20	50
102	Walter Berry RC	4	4	4	4	4	5	15	40
103	Frank Brickowski RC	4	4	4	4	4	6	15	40
105	Alvin Robertson	4	4	4	4	4	5	15	40
106	Tom Chambers	4	4	4	4	4	5	15	40
108	Xavier McDaniel	4	4	4	4	4	6	20	50
112	Mark Eaton	4	4	4	4	4	5	15	40
114	Karl Malone	4	4	4	5	▲10	▲12	▲30	
115	John Stockton RC	6	8	12	20	30	50	100	500
116	Bernard King	4	4	4	4	4	6	15	
118	Moses Malone	4	4	4	4	4	5	20	50
120	Michael Jordan AS	20	40	60	100	150	▲250	▲500	4,000
123	Magic Johnson AS	4	4	▲5	▲6	▲15	▲20	▲40	
124	Larry Bird AS	4	4	4	4	5	8	30	
125	Dominique Wilkins AS	4	4	4	4	4	5	20	
126	Hakeem Olajuwon AS	4	4	4	4	4	5	6	20
127	John Stockton AS	4	4	4	4	4	6	8	20
129	Charles Barkley AS	4	4	4	4	4	6	8	30
130	Patrick Ewing AS	4	4	4	4	4	5	6	20
132	Checklist 1-132	4	4	4	4	4	6	8	20

— Dennis Rodman #43 PSA 10 (Gem MT) sold for $200 (eBay; 9/11)
— Reggie Miller #57 PSA 10 (Gem MT) sold for $222 (eBay; 10/11)

1988-89 Fleer Stickers

#	Player	VgEx 4	EX 5	ExMt 6	NM 7	NmMt 8	NmMt+ 8.5	MT 9	Gem 9.5/10
1	Mark Aguirre	4	4	4	4	10			
2	Larry Bird	6	10	15	20	40	100	700	
3	Clyde Drexler	4	4	4	8	20	80	250	
4	Alex English	4	4	4	4	6	8		
5	Patrick Ewing	4	4	6	10	20	80	300	
6	Magic Johnson	6	10	15	30	60	100	400	
7	Michael Jordan	25	40	60	150	400	500	2,500	
8	Karl Malone	6	8	10	20	40	80	200	
9	Kevin McHale	4	4	6	8	15	30	100	
10	Isiah Thomas	4	6	10	25	50	80	300	
11	Dominique Wilkins	4	4	4	6	15	50	200	

— Clyde Drexler #3 PSA 10 (Gem MT) sold for $475 (eBay; 12/06)
— Magic Johnson #6 PSA 10 (Gem MT) sold for $763 (eBay; 4/13)

1989-90 Fleer

#	Player	VgEx 4	EX 5	ExMt 6	NM 7	NmMt 8	NmMt+ 8.5	MT 9	Gem 9.5/10
21	Michael Jordan	5	6	15	25	40	50	100	1,200
23	Scottie Pippen	4	4	4	4	8	20	60	300
49	Dennis Rodman	4	4	4	4	8	15	40	150
56	Mitch Richmond RC	4	4	4	4	6	12	30	▼100
61	Hakeem Olajuwon	4	4	4	4	6	12	30	120
65	Reggie Miller	4	4	4	4	6	12	30	150
77	Magic Johnson	4	5	6	8	15	30	100	
113	Charles Barkley	4	4	4	4	6	12	30	100
121	Jeff Hornacek RC	4	4	4	4	8	10	12	30
123	Kevin Johnson RC	4	4	4	6	8	15	40	120
124	Dan Majerle RC	4	4	4	5	6	10	25	80

1989-90 Fleer Stickers

#	Player	VgEx 4	EX 5	ExMt 6	NM 7	NmMt 8	NmMt+ 8.5	MT 9	Gem 9.5/10
3	Michael Jordan	10	10	15	25	40	60	200	1,000
10	Larry Bird	5	6	10	15	25	40	120	

— Michael Jordan #3 BGS 10 (Pristine) sold for $2,985 (Mile High; 1/10)

1989-90 Hoops

#	Player	VgEx 4	EX 5	ExMt 6	NM 7	NmMt 8	NmMt+ 8.5	MT 9	Gem 9.5/10
21	Michael Jordan AS	4	6	10	15	25	30	60	150
138	David Robinson SP RC	4	4	5	6	15	20	50	400
200	Michael Jordan	4	5	6	8	10	15	30	200
266	Phil Jackson CO	4	4	4	4	8	12	30	100
310	David Robinson IA	4	4	4	5	6	10	25	80
351	Steve Kerr RC	4	4	4	5	6	10	20	50

BASKETBALL
1990/91 - Present

1990-91 Fleer

		NmMt 8	NmMt+ 8.5	MT 9	Gem 9.5/10
8	Larry Bird	10	12	25	50
26	Michael Jordan	15	20	40	220
93	Magic Johnson	15	25	40	120
139	Charles Barkley UER	6	10	30	100
172	David Robinson	4	6	12	40
178	Shawn Kemp RC	6	10	20	60
189	John Stockton	4	6	12	40

1990-91 Fleer All-Stars

		NmMt 8	NmMt+ 8.5	MT 9	Gem 9.5/10
1	Charles Barkley	4	8	20	80
2	Larry Bird	6	10	30	120
3	Hakeem Olajuwon	4	8	20	80
4	Magic Johnson	6	10	30	120
5	Michael Jordan	20	25	50	400
10	David Robinson	6	10	30	120
12	Patrick Ewing	4	8	20	80

1990-91 Fleer Rookie Sensations

		NmMt 8	NmMt+ 8.5	MT 9	Gem 9.5/10
1	David Robinson	10	20	40	200
8	Tim Hardaway	10	12	30	80

1990-91 Fleer Update

		NmMt 8	NmMt+ 8.5	MT 9	Gem 9.5/10
U81	Drazen Petrovic RC	5	6	15	50
U92	Gary Payton RC	8	10	25	80

1990-91 Hoops

		NmMt 8	NmMt+ 8.5	MT 9	Gem 9.5/10
5	Michael Jordan AS SP	10	15	30	150
65	Michael Jordan	10	15	30	200
205	Mark Jackson/Lyle and Erik Menendez in background	40	50	80	400
248	Drazen Petrovic RC	8	12	30	60
391	Gary Payton RC	4	6	15	40

1990-91 SkyBox

		NmMt 8	NmMt+ 8.5	MT 9	Gem 9.5/10
41	Michael Jordan	20	30	60	250
268	Shawn Kemp RC	10	15	30	60
365	Gary Payton RC	10	150	30	60

1991-92 Fleer

		NmMt 8	NmMt+ 8.5	MT 9	Gem 9.5/10
29	Michael Jordan	12	20	50	250
211	Michael Jordan AS	10	20	40	120

1991-92 Fleer Pro-Visions

		NmMt 8	NmMt+ 8.5	MT 9	Gem 9.5/10
2	Michael Jordan	20	25	50	200

1991-92 Hoops

		NmMt 8	NmMt+ 8.5	MT 9	Gem 9.5/10
30	Michael Jordan	10	15	40	150
253	Michael Jordan AS	10	15	30	60
455	Michael Jordan SC	12	15	30	60
579	Michael Jordan USA	15	30	60	120

1991-92 Hoops All-Star MVP's

		NmMt 8	NmMt+ 8.5	MT 9	Gem 9.5/10
9	Michael Jordan	25	40	80	200

1991-92 Hoops Slam Dunk

		NmMt 8	NmMt+ 8.5	MT 9	Gem 9.5/10
4	Michael Jordan	25	40	80	250

1991-92 SkyBox

		NmMt 8	NmMt+ 8.5	MT 9	Gem 9.5/10
39	Michael Jordan	10	20	40	100
534	Michael Jordan USA	15	30	80	150
572	Michael Jordan SAL	10	20	40	100

1991-92 Upper Deck

		NmMt 8	NmMt+ 8.5	MT 9	Gem 9.5/10
34	M.Johnson/M.Jordan CC	8	12	25	60
44	Michael Jordan	8	12	25	60
48	Michael Jordan AS CL	8	12	25	60
452	Michael Jordan AS	8	12	25	60

1991-92 Upper Deck Award Winner Holograms

		NmMt 8	NmMt+ 8.5	MT 9	Gem 9.5/10
AW1	Michael Jordan	25	40	100	200
AW4	Michael Jordan	25	40	100	200

1992 Classic

		NmMt 8	NmMt+ 8.5	MT 9	Gem 9.5/10
1	Shaquille O'Neal	10	20	40	80

1992-93 Fleer

		NmMt 8	NmMt+ 8.5	MT 9	Gem 9.5/10
32	Michael Jordan	25	40	80	200
238	Michael Jordan LL	20	25	50	100
298	Shaquille O'Neal SD	15	20	40	80
401	Shaquille O'Neal RC	25	40	80	200

1992-93 Fleer All-Stars

		NmMt 8	NmMt+ 8.5	MT 9	Gem 9.5/10
6	Michael Jordan	100	150	300	1,500

1992-93 Fleer Team Leaders

		NmMt 8	NmMt+ 8.5	MT 9	Gem 9.5/10
4	Michael Jordan	250	400	600	3,000

1992-93 Fleer Total D

		NmMt 8	NmMt+ 8.5	MT 9	Gem 9.5/10
5	Michael Jordan	150	300	600	5,000

1992-93 Hoops

		NmMt 8	NmMt+ 8.5	MT 9	Gem 9.5/10
30	Michael Jordan	15	20	40	100
442	Shaquille O'Neal RC	25	40	80	200

1992-93 Hoops Draft Redemption

		NmMt 8	NmMt+ 8.5	MT 9	Gem 9.5/10
A	Shaquille O'Neal	100	150	250	500
B	Alonzo Mourning	12	20	40	100

1992-93 Hoops Magic's All-Rookies

		NmMt 8	NmMt+ 8.5	MT 9	Gem 9.5/10
1	Shaquille O'Neal	40	60	100	400
2	Alonzo Mourning	12	15	40	150

1992-93 Hoops Supreme Court

		NmMt 8	NmMt+ 8.5	MT 9	Gem 9.5/10
SC1	Michael Jordan	20	30	60	150

1992-93 SkyBox

		NmMt 8	NmMt+ 8.5	MT 9	Gem 9.5/10
31	Michael Jordan	20	25	50	120
314	Michael Jordan MVP	20	25	50	120
382	Shaquille O'Neal SP RC	20	30	60	150

1992-93 SkyBox Draft Picks

	NmMt 8	NmMt+ 8.5	MT 9	Gem 9.5/10
DP1 Shaquille O'Neal	20	40	80	200

1992-93 SkyBox Olympic Team

	NmMt 8	NmMt+ 8.5	MT 9	Gem 9.5/10
USA11 Michael Jordan	25	40	80	200

1992-93 Stadium Club

	NmMt 8	NmMt+ 8.5	MT 9	Gem 9.5/10
1 Michael Jordan	25	40	80	200
201 Shaquille O'Neal MC	15	20	40	100
210 Michael Jordan MC	20	30	60	150
247 Shaquille O'Neal RC	30	40	80	200

1992-93 Stadium Club Beam Team

	NmMt 8	NmMt+ 8.5	MT 9	Gem 9.5/10
1 Michael Jordan	300	400	600	1,500
21 Shaquille O'Neal	300	500	1,000	3,000

1992-93 Topps

	NmMt 8	NmMt+ 8.5	MT 9	Gem 9.5/10
115 Michael Jordan AS	10	12	30	80
141 Michael Jordan	10	12	30	80
205 Michael Jordan 50P	10	12	30	80
362 Shaquille O'Neal RC	12	15	40	120

1992-93 Ultra

	NmMt 8	NmMt+ 8.5	MT 9	Gem 9.5/10
27 Michael Jordan	15	20	40	100
328 Shaquille O'Neal RC	10	12	30	80

1992-93 Ultra All-NBA

	NmMt 8	NmMt+ 8.5	MT 9	Gem 9.5/10
4 Michael Jordan	20	30	60	200

1992-93 Ultra All-Rookies

	NmMt 8	NmMt+ 8.5	MT 9	Gem 9.5/10
6 Alonzo Mourning	8	10	15	40
7 Shaquille O'Neal	20	30	60	200

1992-93 Ultra Award Winners

	NmMt 8	NmMt+ 8.5	MT 9	Gem 9.5/10
1 Michael Jordan	25	40	80	200

1992-93 Ultra Rejectors

	NmMt 8	NmMt+ 8.5	MT 9	Gem 9.5/10
4 Shaquille O'Neal	12	20	40	▲200

1992-93 Upper Deck

	NmMt 8	NmMt+ 8.5	MT 9	Gem 9.5/10
1 Shaquille O'Neal SP RC	30	50	100	1,200
1B Shaquille O'Neal TRADE	20	25	50	600
23 Michael Jordan	20	25	60	150
67 Michael Jordan MVP	12	15	30	100
453A M.Jordan FACE 85 ERR	15	30	80	200
474 Shaquille O'Neal TP	12	15	30	60

1992-93 Upper Deck All-Division

	NmMt 8	NmMt+ 8.5	MT 9	Gem 9.5/10
AD1 Shaquille O'Neal	12	15	40	150
AD9 Michael Jordan	12	15	40	150

1992-93 Upper Deck Award Winner Holograms

	NmMt 8	NmMt+ 8.5	MT 9	Gem 9.5/10
AW1 Michael Jordan	20	30	60	200
AW9 Michael Jordan	20	30	60	200

1992-93 Upper Deck 15000 Point Club

	NmMt 8	NmMt+ 8.5	MT 9	Gem 9.5/10
PC4 Michael Jordan	25	30	60	200

1992-93 Upper Deck Rookie Standouts

	NmMt 8	NmMt+ 8.5	MT 9	Gem 9.5/10
RS15 Shaquille O'Neal	15	25	50	120

1992-93 Upper Deck Team MVPs

	NmMt 8	NmMt+ 8.5	MT 9	Gem 9.5/10
TM1 Michael Jordan CL	15	20	40	120
TM5 Michael Jordan	20	30	80	200

1993-94 Finest

	NmMt 8	NmMt+ 8.5	MT 9	Gem 9.5/10
1 Michael Jordan	100	200	350	600
189 Anfernee Hardaway RC	20	25	50	120
212 Chris Webber RC	25	40	100	200

1993-94 Fleer

	NmMt 8	NmMt+ 8.5	MT 9	Gem 9.5/10
28 Michael Jordan	12	15	30	100
224 Michael Jordan LL	10	12	20	50

1993-94 Fleer All-Stars

	NmMt 8	NmMt+ 8.5	MT 9	Gem 9.5/10
5 Michael Jordan	25	40	100	

1993-94 Fleer Living Legends

	NmMt 8	NmMt+ 8.5	MT 9	Gem 9.5/10
4 Michael Jordan	60	100	▲300	▲800

1993-94 Fleer NBA Superstars

	NmMt 8	NmMt+ 8.5	MT 9	Gem 9.5/10
7 Michael Jordan	12	20	50	▲200

1993-94 Fleer Sharpshooters

	NmMt 8	NmMt+ 8.5	MT 9	Gem 9.5/10
3 Michael Jordan	25	40	80	▲400

1993-94 Hoops

	NmMt 8	NmMt+ 8.5	MT 9	Gem 9.5/10
28 Michael Jordan	10	15	25	60
257 Michael Jordan AS	10	15	25	60

1993-94 Hoops Fifth Anniversary Gold

	NmMt 8	NmMt+ 8.5	MT 9	Gem 9.5/10
28 Michael Jordan	25	60	120	

1993-94 Hoops Draft Redemption

	NmMt 8	NmMt+ 8.5	MT 9	Gem 9.5/10
LP1 Chris Webber	10	15	30	▲120
LP3 Anfernee Hardaway	10	15	▲30	▲120

1993-94 Hoops Supreme Court

	NmMt 8	NmMt+ 8.5	MT 9	Gem 9.5/10
SC11 Michael Jordan	15	25	50	▲300

1993-94 SkyBox Premium

	NmMt 8	NmMt+ 8.5	MT 9	Gem 9.5/10
14 Michael Jordan PO	10	12	20	50
45 Michael Jordan	10	12	20	50
227 Chris Webber RC	4	6	10	▲30

1993-94 SkyBox Premium Center Stage

	NmMt 8	NmMt+ 8.5	MT 9	Gem 9.5/10
CS1 Michael Jordan	▲60	▲100	▲250	▲1,000

1993-94 SkyBox Premium Draft Picks

	NmMt 8	NmMt+ 8.5	MT 9	Gem 9.5/10
DP1 Chris Webber	▼6	▼8	▼12	▼25

1993-94 SkyBox Premium Dynamic Dunks

	NmMt 8	NmMt+ 8.5	MT 9	Gem 9.5/10
D4 Michael Jordan	▲50	▲80	▲250	▲800

1993-94 SkyBox Premium Showdown Series

	NmMt 8	NmMt+ 8.5	MT 9	Gem 9.5/10
SS11 C.Drexler/M.Jordan	10	15	30	80

1993-94 Stadium Club

	NmMt 8	NmMt+ 8.5	MT 9	Gem 9.5/10
169 Michael Jordan	12	15	30	80

1993-94 Stadium Club First Day Issue

	NmMt 8	NmMt+ 8.5	MT 9	Gem 9.5/10
1 Michael Jordan TD	100	150	300	600

1993-94 Stadium Club Beam Team

	NmMt 8	NmMt+ 8.5	MT 9	Gem 9.5/10
4 Michael Jordan	▲200	▲250	▲500	

1993-94 Topps

	NmMt 8	NmMt+ 8.5	MT 9	Gem 9.5/10
224 Chris Webber RC	5	8	20	50

1993-94 Ultra

	NmMt 8	NmMt+ 8.5	MT 9	Gem 9.5/10
30 Michael Jordan	12	15	30	▲120

1993-94 Ultra All-Defensive

	NmMt 8	NmMt+ 8.5	MT 9	Gem 9.5/10
2 Michael Jordan	▲120	150	▲300	▲1,000

1993-94 Ultra All-NBA

		NmMt 8	NmMt+ 8.5	MT 9	Gem 9.5/10
2	Michael Jordan	25	40	80	▲500

1993-94 Ultra Famous Nicknames

		NmMt 8	NmMt+ 8.5	MT 9	Gem 9.5/10
7	Michael Jordan	40	60	150	800

1993-94 Ultra Inside/Outside

		NmMt 8	NmMt+ 8.5	MT 9	Gem 9.5/10
4	Michael Jordan	80	120	250	500

1993-94 Ultra Power In The Key

		NmMt 8	NmMt+ 8.5	MT 9	Gem 9.5/10
2	Michael Jordan	250	400	1,200	5,000

1993-94 Ultra Scoring Kings

		NmMt 8	NmMt+ 8.5	MT 9	Gem 9.5/10
5	Michael Jordan	1,000	1,500	3,000	6,000
8	Shaquille O'Neal	100	150	300	600

1993-94 Upper Deck

		NmMt 8	NmMt+ 8.5	MT 9	Gem 9.5/10
23A	Michael Jordan	12	20	40	120

1993-94 Upper Deck All-NBA

		NmMt 8	NmMt+ 8.5	MT 9	Gem 9.5/10
AN4	Michael Jordan	25	30	60	150
AN15	Michael Jordan CL	25	30	60	150

1993-94 Upper Deck SE Behind the Glass

		NmMt 8	NmMt+ 8.5	MT 9	Gem 9.5/10
G11	Michael Jordan	100	150	300	600

1994-95 Emotion

		NmMt 8	NmMt+ 8.5	MT 9	Gem 9.5/10
20	Jason Kidd RC	8	12	25	50
100	Michael Jordan	20	30	60	150

1994-95 Emotion N-Tense

		NmMt 8	NmMt+ 8.5	MT 9	Gem 9.5/10
3	Michael Jordan	150	200	400	800
7	Shaquille O'Neal	60	80	150	300

1994-95 Finest

		NmMt 8	NmMt+ 8.5	MT 9	Gem 9.5/10
200	Grant Hill CB	20	25	50	100
240	Grant Hill RC	20	25	50	100
286	Jason Kidd RC	20	25	50	100
331	Michael Jordan	80	100	250	600

1994-95 Flair

		NmMt 8	NmMt+ 8.5	MT 9	Gem 9.5/10
326	Michael Jordan	15	25	50	▲300

1994-95 SP

		NmMt 8	NmMt+ 8.5	MT 9	Gem 9.5/10
2	Jason Kidd FOIL RC	10	15	40	100
3	Grant Hill FOIL RC	10	15	40	100
MJ1RM	Jordan Red	25	40	100	250

1994-95 SP Die Cuts

		NmMt 8	NmMt+ 8.5	MT 9	Gem 9.5/10
D2	Jason Kidd	10	15	40	100

1994-95 SP Championship Playoff Heroes

		NmMt 8	NmMt+ 8.5	MT 9	Gem 9.5/10
P2	Michael Jordan	30	40	80	200

1994-95 SP Championship Playoff Heroes Die Cuts

		NmMt 8	NmMt+ 8.5	MT 9	Gem 9.5/10
P2	Michael Jordan	100	120	200	400

1994-95 Topps

		NmMt 8	NmMt+ 8.5	MT 9	Gem 9.5/10
37	Jason Kidd RC	10	15	30	80
211	Grant Hill RC	10	15	30	80

1994-95 Upper Deck

		NmMt 8	NmMt+ 8.5	MT 9	Gem 9.5/10
157	Grant Hill RC	10	15	30	60
160	Jason Kidd RC	10	15	30	60

1995-96 Collector's Choice

		NmMt 8	NmMt+ 8.5	MT 9	Gem 9.5/10
275	Kevin Garnett RC	6	10	25	60

1995-96 E-XL

		NmMt 8	NmMt+ 8.5	MT 9	Gem 9.5/10
10	Michael Jordan	20	30	60	150
49	Kevin Garnett RC	10	15	30	80

1995-96 E-XL Blue

		NmMt 8	NmMt+ 8.5	MT 9	Gem 9.5/10
10	Michael Jordan	40	60	120	300
49	Kevin Garnett RC	12	15	30	80

1995-96 E-XL Natural Born Thrillers

		NmMt 8	NmMt+ 8.5	MT 9	Gem 9.5/10
1	Michael Jordan	600	800	1,500	5,000
5	Kevin Garnett	100	200	400	800

1995-96 E-XL No Boundaries

		NmMt 8	NmMt+ 8.5	MT 9	Gem 9.5/10
1	Michael Jordan	80	120	250	500

1995-96 Finest

		NmMt 8	NmMt+ 8.5	MT 9	Gem 9.5/10
115	Kevin Garnett RC	40	60	100	300
229	Michael Jordan	60	80	120	300

1995-96 Finest Hot Stuff

		NmMt 8	NmMt+ 8.5	MT 9	Gem 9.5/10
HS1	Michael Jordan	80	100	150	▲500

1995-96 Finest Mystery

		NmMt 8	NmMt+ 8.5	MT 9	Gem 9.5/10
M1	Michael Jordan	80	120	250	500

1995-96 Finest Veteran/Rookie

		NmMt 8	NmMt+ 8.5	MT 9	Gem 9.5/10
RV5	K.Garnett/T.Gugliotta	30	40	80	300
RV20	J.Caffey/M.Jordan	100	120	250	500

1995-96 Flair

		NmMt 8	NmMt+ 8.5	MT 9	Gem 9.5/10
15	Michael Jordan	25	40	80	200
206	Kevin Garnett RC	8	10	20	60

1995-96 Flair Anticipation

		NmMt 8	NmMt+ 8.5	MT 9	Gem 9.5/10
2	Michael Jordan	200	250	500	1,000

1995-96 Flair Class of '95

		NmMt 8	NmMt+ 8.5	MT 9	Gem 9.5/10
R2	Kevin Garnett	12	20	40	120

1995-96 Flair Hot Numbers

		NmMt 8	NmMt+ 8.5	MT 9	Gem 9.5/10
4	Michael Jordan	▲800	▲1,000	▲1,500	▲3,000

1995-96 Flair New Heights

		NmMt 8	NmMt+ 8.5	MT 9	Gem 9.5/10
4	Michael Jordan	▲300	▲400	▲600	▲2,000

1995-96 Flair Wave of the Future

		NmMt 8	NmMt+ 8.5	MT 9	Gem 9.5/10
3	Kevin Garnett	20	25	50	200

1995-96 Fleer

		NmMt 8	NmMt+ 8.5	MT 9	Gem 9.5/10
22	Michael Jordan	15	20	40	150

1995-96 Fleer Flair Hardwood Leaders

		NmMt 8	NmMt+ 8.5	MT 9	Gem 9.5/10
4	Michael Jordan	25	40	80	▲400

1995-96 Hoops Hot List

		NmMt 8	NmMt+ 8.5	MT 9	Gem 9.5/10
1	Michael Jordan	150	200	400	▲1,200

1995-96 Hoops SkyView

		NmMt 8	NmMt+ 8.5	MT 9	Gem 9.5/10
SV1	Michael Jordan	▲400	▲500	▲1,000	▲3,000

1995-96 Metal

		NmMt 8	NmMt+ 8.5	MT 9	Gem 9.5/10
167	Kevin Garnett RC	6	8	20	50
212	Michael Jordan NB	20	30	60	120

1995-96 Metal Maximum Metal

		NmMt 8	NmMt+ 8.5	MT 9	Gem 9.5/10
4	Michael Jordan	100	150	300	600

1995-96 Metal Scoring Magnets

		NmMt 8	NmMt+ 8.5	MT 9	Gem 9.5/10
4	Michael Jordan	▲250	▲300	▲500	▲800

1995-96 Metal Slick Silver

		NmMt 8	NmMt+ 8.5	MT 9	Gem 9.5/10
3	Michael Jordan	▲120	▲150	▲300	▲800

1995-96 SkyBox Premium Larger Than Life

		NmMt 8	NmMt+ 8.5	MT 9	Gem 9.5/10
L1	Michael Jordan	400	600	1,200	

1995-96 SkyBox Premium Meltdown

		NmMt 8	NmMt+ 8.5	MT 9	Gem 9.5/10
M1	Michael Jordan	▲800	▲1,000	▲2,500	

1995-96 SP

		NmMt 8	NmMt+ 8.5	MT 9	Gem 9.5/10
23	Michael Jordan	20	30	50	150
159	Kevin Garnett RC	12	20	40	120

1995-96 SP All-Stars

		NmMt 8	NmMt+ 8.5	MT 9	Gem 9.5/10
AS2	Michael Jordan	40	60	120	300
AS28	Kevin Garnett	12	20	40	100

1995-96 SP All-Stars Gold

		NmMt 8	NmMt+ 8.5	MT 9	Gem 9.5/10
AS2	Michael Jordan	250	300	600	1,200

1995-96 SP Holoviews

		NmMt 8	NmMt+ 8.5	MT 9	Gem 9.5/10
PC5	Michael Jordan	80	120	300	600

1995-96 Stadium Club

		NmMt 8	NmMt+ 8.5	MT 9	Gem 9.5/10
1	Michael Jordan	20	30	60	120
343	Kevin Garnett RC	15	20	40	100

1995-96 Stadium Club Beam Team

		NmMt 8	NmMt+ 8.5	MT 9	Gem 9.5/10
B14	Michael Jordan	250	400	800	2,000

1995-96 Stadium Club Warp Speed

		NmMt 8	NmMt+ 8.5	MT 9	Gem 9.5/10
WS1	Michael Jordan	▲300	▲400	▲1,000	▲3,000

1995-96 Topps

		NmMt 8	NmMt+ 8.5	MT 9	Gem 9.5/10
237	Kevin Garnett RC	10	15	30	80

1995-96 Topps Draft Redemption

		NmMt 8	NmMt+ 8.5	MT 9	Gem 9.5/10
5	Kevin Garnett	40	50	100	400

1995-96 Topps Power Boosters

		NmMt 8	NmMt+ 8.5	MT 9	Gem 9.5/10
277	Michael Jordan	▲300	▲400	600	▲2,000

1995-96 Topps Spark Plugs

		NmMt 8	NmMt+ 8.5	MT 9	Gem 9.5/10
SP2	Michael Jordan	50	80	200	▲800

1995-96 Topps Top Flight

		NmMt 8	NmMt+ 8.5	MT 9	Gem 9.5/10
TF1	Michael Jordan	60	100	200	▲800

1995-96 Ultra

		NmMt 8	NmMt+ 8.5	MT 9	Gem 9.5/10
274	Kevin Garnett RC	▼8	▼10	▼25	▼60

1995-96 Ultra Gold Medallion

		NmMt 8	NmMt+ 8.5	MT 9	Gem 9.5/10
25	Michael Jordan	▲200	▲250	▲400	▲800

1995-96 Ultra Double Trouble

		NmMt 8	NmMt+ 8.5	MT 9	Gem 9.5/10
3	Michael Jordan	25	40	80	▲600

1995-96 Upper Deck

		NmMt 8	NmMt+ 8.5	MT 9	Gem 9.5/10
23	Michael Jordan	20	40	80	200
273	Kevin Garnett RC	▼12	▼15	▼40	▲150

1995-96 Upper Deck Special Edition

		NmMt 8	NmMt+ 8.5	MT 9	Gem 9.5/10
100	Michael Jordan	30	40	80	▲400

1996 SPx

		NmMt 8	NmMt+ 8.5	MT 9	Gem 9.5/10
8	Michael Jordan	50	80	150	▲500
R1	Michael Jordan RB	12	20	30	80

1996 SPx Gold

		NmMt 8	NmMt+ 8.5	MT 9	Gem 9.5/10
8	Michael Jordan	▲150	▲200	300	600

1996 SPx Holoview Heroes

		NmMt 8	NmMt+ 8.5	MT 9	Gem 9.5/10
H1	Michael Jordan	120	150	300	▲800

1996-97 Bowman's Best

		NmMt 8	NmMt+ 8.5	MT 9	Gem 9.5/10
80	Michael Jordan	20	30	60	200
R1	Allen Iverson RC	10	15	30	100
R5	Ray Allen RC	8	10	25	▼50
R18	Steve Nash RC	▼8	▼10	▼25	▼50
R23	Kobe Bryant RC	60	80	150	500

1996-97 Bowman's Best Honor Roll

		NmMt 8	NmMt+ 8.5	MT 9	Gem 9.5/10
HR2	M.Jordan/H.Olajuwon	60	80	150	500

1996-97 Bowman's Best Picks

		NmMt 8	NmMt+ 8.5	MT 9	Gem 9.5/10
BP10	Kobe Bryant	▲200	▲250	▲400	▲800

1996-97 Bowman's Best Shots

		NmMt 8	NmMt+ 8.5	MT 9	Gem 9.5/10
BS6	Michael Jordan	60	80	150	▲500

1996-97 Collector's Choice

		NmMt 8	NmMt+ 8.5	MT 9	Gem 9.5/10
267	Kobe Bryant RC	30	40	80	200
301	Allen Iverson RC	10	12	25	60

1996-97 E-X2000

		NmMt 8	NmMt+ 8.5	MT 9	Gem 9.5/10
9	Michael Jordan	▲120	▲150	▲300	▲1,000
30	Kobe Bryant RC	▼350	500	▼1,200	6,000
37	Ray Allen RC	20	40	100	
53	Allen Iverson RC	100	200	500	

1996-97 E-X2000 A Cut Above

		NmMt 8	NmMt+ 8.5	MT 9	Gem 9.5/10
5	Michael Jordan	▲5,000	▲6,000	10,000	

1996-97 E-X2000 Net Assets

		NmMt 8	NmMt+ 8.5	MT 9	Gem 9.5/10
8	Michael Jordan	▲1,000	▲1,250	▲2,500	▲6,000

1996-97 E-X2000 Star Date 2000

		NmMt 8	NmMt+ 8.5	MT 9	Gem 9.5/10
3	Kobe Bryant	▼500	▼600	▼1,200	▼6,000
7	Allen Iverson	▼100	▼120	▼250	▼600

1996-97 Finest

		NmMt 8	NmMt+ 8.5	MT 9	Gem 9.5/10
50	Michael Jordan B	20	40	100	300
69	Allen Iverson B RC	▼15	▼20	▼50	▲200
74	Kobe Bryant B RC	▼100	▼120	▼250	600
75	Steve Nash B RC	15	20	50	120
127	Michael Jordan S	20	40	100	300
269	Kobe Bryant G	1,200	2,000	2,500	5,000
291	Michael Jordan G	300	400	600	

1996-97 Flair Showcase Row 2

		NmMt 8	NmMt+ 8.5	MT 9	Gem 9.5/10
3	Allen Iverson RC	20	30	60	300
23	Michael Jordan	100	120	250	500
31	Kobe Bryant RC	80	100	200	800

1996-97 Flair Showcase Class of '96

		NmMt 8	NmMt+ 8.5	MT 9	Gem 9.5/10
4	Kobe Bryant	200	250	500	▲2,000
10	Allen Iverson	▼30	▼40	▼100	400
15	Steve Nash	▼20	▼30	▼60	▼250

1996-97 Flair Showcase Hot Shots

		NmMt 8	NmMt+ 8.5	MT 9	Gem 9.5/10
1	Michael Jordan	3,000	4,000	6,000	10,000

1996-97 Fleer

		NmMt 8	NmMt+ 8.5	MT 9	Gem 9.5/10
203	Kobe Bryant RC	40	▼50	▼120	▲500
235	Allen Iverson RC	▼8	▼10	▼25	▼60
239	Steve Nash RC	▼8	▼10	▼25	▼60

1996-97 Fleer Decade of Excellence

		NmMt 8	NmMt+ 8.5	MT 9	Gem 9.5/10
4	Michael Jordan	▼30	▼50	▼120	300

1996-97 Fleer Game Breakers

		NmMt 8	NmMt+ 8.5	MT 9	Gem 9.5/10
1	M.Jordan/S.Pippen	100	150	300	

1996-97 Fleer Lucky 13

		NmMt 8	NmMt+ 8.5	MT 9	Gem 9.5/10
1	Allen Iverson	15	20	50	150
5	Ray Allen	10	15	30	60
13	Kobe Bryant	120	200	400	1,200

1996-97 Fleer Rookie Sensations

		NmMt 8	NmMt+ 8.5	MT 9	Gem 9.5/10
3	Kobe Bryant	250	300	▼500	1,500
7	Allen Iverson	▲50	60	120	300

1996-97 Fleer Total O

		NmMt 8	NmMt+ 8.5	MT 9	Gem 9.5/10
4	Michael Jordan	▲250	▲300	▲500	▲1,000

1996-97 Hoops

		NmMt 8	NmMt+ 8.5	MT 9	Gem 9.5/10
281	Kobe Bryant RC	25	40	80	300
295	Allen Iverson RC	▼12	▼15	▼30	▲100
304	Steve Nash RC	▼10	▼12	▼25	80

1996-97 Hoops Hot List

		NmMt 8	NmMt+ 8.5	MT 9	Gem 9.5/10
	Michael Jordan	200	▼250	▼400	▲1,200

1996-97 Hoops Rookies

		NmMt 8	NmMt+ 8.5	MT 9	Gem 9.5/10
	Kobe Bryant	▼60	▼80	▼200	800

1996-97 Hoops Superfeats

		NmMt 8	NmMt+ 8.5	MT 9	Gem 9.5/10
	Michael Jordan	50	80	150	300

1996-97 Metal

		NmMt 8	NmMt+ 8.5	MT 9	Gem 9.5/10
11	Michael Jordan	10	20	40	100
137	Kobe Bryant FF RC	40	50	100	500
181	Kobe Bryant	40	50	100	500
201	Allen Iverson RC	15	20	40	120
241	Michael Jordan MS	40	50	80	200

1996-97 Metal Cyber-Metal

		NmMt 8	NmMt+ 8.5	MT 9	Gem 9.5/10
5	Kobe Bryant	▲80	100	▼200	500

1996-97 Metal Decade of Excellence

		NmMt 8	NmMt+ 8.5	MT 9	Gem 9.5/10
M4	Michael Jordan	120	250	500	

1996-97 Metal Freshly Forged

		NmMt 8	NmMt+ 8.5	MT 9	Gem 9.5/10
3	Kobe Bryant	▼120	▼150	▼300	▼600

1996-97 Metal Maximum Metal

		NmMt 8	NmMt+ 8.5	MT 9	Gem 9.5/10
4	Michael Jordan	▲1,000	▲1,200	▲3,000	▲5,000

1996-97 Metal Metal Edge

		NmMt 8	NmMt+ 8.5	MT 9	Gem 9.5/10
15	Kobe Bryant	▲150	▲200	▲400	2,000

1996-97 Metal Molten Metal

		NmMt 8	NmMt+ 8.5	MT 9	Gem 9.5/10
18	Michael Jordan	▲800	▲1,000	▲3,000	8,000

1996-97 Metal Net-Rageous

		NmMt 8	NmMt+ 8.5	MT 9	Gem 9.5/10
5	Michael Jordan	▲1,250	▲2,500	4,000	

1996-97 Metal Platinum Portraits

		NmMt 8	NmMt+ 8.5	MT 9	Gem 9.5/10
5	Michael Jordan	▼400	▼500	1,500	3,000

1996-97 Metal Steel Slammin'

		NmMt 8	NmMt+ 8.5	MT 9	Gem 9.5/10
6	Michael Jordan	400	500	1,000	

1996-97 SkyBox Premium

		NmMt 8	NmMt+ 8.5	MT 9	Gem 9.5/10
16	Michael Jordan	10	15	30	60
55	Kobe Bryant RC	40	50	100	400
85	Allen Iverson RC	10	15	30	60
91	Steve Nash RC	10	15	30	60
203	Kobe Bryant ROO	20	30	60	300

1996-97 SkyBox Premium Golden Touch

		NmMt 8	NmMt+ 8.5	MT 9	Gem 9.5/10
5	Michael Jordan	1,500	2,000	2,500	

1996-97 SkyBox Premium New Editions

		NmMt 8	NmMt+ 8.5	MT 9	Gem 9.5/10
3	Kobe Bryant	300	400	800	4,000

1996-97 SkyBox Premium Rookie Prevue

		NmMt 8	NmMt+ 8.5	MT 9	Gem 9.5/10
R3	Kobe Bryant	250	300	600	

1996-97 SP

		NmMt 8	NmMt+ 8.5	MT 9	Gem 9.5/10
134	Kobe Bryant RC	40	50	100	300
136	Ray Allen RC	8	12	25	50
141	Allen Iverson RC	15	20	40	80
142	Steve Nash RC	15	20	40	80

1996-97 SP Holoviews

		NmMt 8	NmMt+ 8.5	MT 9	Gem 9.5/10
PC5	Michael Jordan	150	200	400	800
PC18	Kobe Bryant	600	800	1,500	

1996-97 Stadium Club

		NmMt 8	NmMt+ 8.5	MT 9	Gem 9.5/10
101	Michael Jordan	15	20	40	100

1996-97 Stadium Club Rookie Showcase

		NmMt 8	NmMt+ 8.5	MT 9	Gem 9.5/10
RS11	Kobe Bryant	▼120	▼150	▼300	800

1996-97 Stadium Club Rookies 1

		NmMt 8	NmMt+ 8.5	MT 9	Gem 9.5/10
R12	Kobe Bryant	40	50	100	400

1996-97 Stadium Club Rookies 2

		NmMt 8	NmMt+ 8.5	MT 9	Gem 9.5/10
R9	Kobe Bryant	40	50	100	400

1996-97 Stadium Club Top Crop

		NmMt 8	NmMt+ 8.5	MT 9	Gem 9.5/10
TC9	M.Jordan/G.Payton	▲100	▲120	▲400	▲800

1996-97 Topps

		NmMt 8	NmMt+ 8.5	MT 9	Gem 9.5/10
138	Kobe Bryant RC	60	80	150	800
139	Michael Jordan	30	50	100	200
171	Allen Iverson RC	12	20	40	100
182	Steve Nash RC	10	15	40	80

1996-97 Topps NBA at 50

		NmMt 8	NmMt+ 8.5	MT 9	Gem 9.5/10
138	Kobe Bryant	300	400	800	3,000

1996-97 Topps Draft Redemption

		NmMt 8	NmMt+ 8.5	MT 9	Gem 9.5/10
DP1	Allen Iverson	80	150	300	600
DP13	Kobe Bryant	800	1,000	2,000	▲5,000

1996-97 Topps Holding Court

	NmMt 8	NmMt+ 8.5	MT 9	Gem 9.5/10
HC2 Michael Jordan	40	50	100	300

1996-97 Topps Pro Files

	NmMt 8	NmMt+ 8.5	MT 9	Gem 9.5/10
PF3 Michael Jordan	▲20	25	▲60	▲300

1996-97 Topps Season's Best

	NmMt 8	NmMt+ 8.5	MT 9	Gem 9.5/10
SB1 Michael Jordan	80	120	250	▲800
SB18 Michael Jordan	80	120	250	▲800

1996-97 Topps Youthquake

	NmMt 8	NmMt+ 8.5	MT 9	Gem 9.5/10
YQ1 Allen Iverson	30	50	120	400
YQ15 Kobe Bryant	120	150	400	1,200

1996-97 Topps Chrome

	NmMt 8	NmMt+ 8.5	MT 9	Gem 9.5/10
138 Kobe Bryant RC	800	1,200	2,000	6,000
139 Michael Jordan	100	150	300	1,000
171 Allen Iverson RC	80	100	250	600
182 Steve Nash RC	80	100	150	500
217 Ray Allen RC	40	60	120	500

1996-97 Topps Chrome Youthquake

	NmMt 8	NmMt+ 8.5	MT 9	Gem 9.5/10
YQ1 Allen Iverson	50	60	120	
YQ15 Kobe Bryant	300	400	800	3,000

1996-97 UD3

	NmMt 8	NmMt+ 8.5	MT 9	Gem 9.5/10
19 Kobe Bryant RC	40	60	120	300
43 Kobe Bryant	30	50	100	250

1996-97 Ultra

	NmMt 8	NmMt+ 8.5	MT 9	Gem 9.5/10
52 Kobe Bryant RC	50	80	200	1,000
60 Ray Allen RC	12	20	50	150
82 Allen Iverson RC	15	30	80	
87 Steve Nash RC	12	25	60	

1996-97 Ultra Gold Medallion

	NmMt 8	NmMt+ 8.5	MT 9	Gem 9.5/10
G52 Kobe Bryant	800	1,200		

1996-97 Ultra All-Rookies

	NmMt 8	NmMt+ 8.5	MT 9	Gem 9.5/10
3 Kobe Bryant	50	80	300	1,000

1996-97 Ultra Court Masters

	NmMt 8	NmMt+ 8.5	MT 9	Gem 9.5/10
2 Michael Jordan	▲1,500	▲2,000	▲3,000	▲10,000

1996-97 Ultra Fresh Faces

	NmMt 8	NmMt+ 8.5	MT 9	Gem 9.5/10
3 Kobe Bryant	400	600	1,000	4,000

1996-97 Ultra Full Court Trap

	NmMt 8	NmMt+ 8.5	MT 9	Gem 9.5/10
1 Michael Jordan	▲100	▲120	▲300	▲600

1996-97 Ultra Scoring Kings

	NmMt 8	NmMt+ 8.5	MT 9	Gem 9.5/10
4 Michael Jordan	▲800	▲1,000	▲2,000	▲4,000

1996-97 Upper Deck

	NmMt 8	NmMt+ 8.5	MT 9	Gem 9.5/10
16 Michael Jordan	12	20	40	▲150
58 Kobe Bryant RC	25	40	80	300
91 Allen Iverson RC	12	20	40	150
280 Steve Nash RC	8	12	30	80

1996-97 Upper Deck Fast Break Connections

	NmMt 8	NmMt+ 8.5	MT 9	Gem 9.5/10
FB23 Michael Jordan	▲30	▲50	▲100	▲300

1996-97 Upper Deck Rookie Exclusives

	NmMt 8	NmMt+ 8.5	MT 9	Gem 9.5/10
R1 Allen Iverson	10	15	30	100
R7 Ray Allen	8	10	15	40
R10 Kobe Bryant	50	80	150	▲500

1996-97 Upper Deck Smooth Grooves

	NmMt 8	NmMt+ 8.5	MT 9	Gem 9.5/10
SG8 Michael Jordan	250	300	▼500	1,200

1996-97 Z-Force

	NmMt 8	NmMt+ 8.5	MT 9	Gem 9.5/10
142 Kobe Bryant RC	▼40	▼50	▼100	500

1996-97 Z-Force Slam Cam

	NmMt 8	NmMt+ 8.5	MT 9	Gem 9.5/10
SC5 Michael Jordan	2,000	2,500	▼4,000	

1996-97 Z-Force Zebut

	NmMt 8	NmMt+ 8.5	MT 9	Gem 9.5/10
3 Kobe Bryant	400	500	1,000	3,000

1997 SPx

	NmMt 8	NmMt+ 8.5	MT 9	Gem 9.5/10
22 Kobe Bryant	50	60	120	300

1997 SPx Gold

	NmMt 8	NmMt+ 8.5	MT 9	Gem 9.5/10
22 Kobe Bryant	150	200	400	

1997-98 Bowman's Best

	NmMt 8	NmMt+ 8.5	MT 9	Gem 9.5/10
60 Michael Jordan	25	40	80	200
96 Michael Jordan BP	30	40	80	200
106 Tim Duncan RC	15	30	60	120
111 Tracy McGrady RC	10	20	40	80

1997-98 Bowman's Best Techniques

	NmMt 8	NmMt+ 8.5	MT 9	Gem 9.5/10
T2 Michael Jordan	▲25	30	60	▲150

1997-98 Bowman's Best Techniques Refractors

	NmMt 8	NmMt+ 8.5	MT 9	Gem 9.5/10
T2 Michael Jordan	▲200	▲250	▲500	▲1,000

1997-98 E-X2001

	NmMt 8	NmMt+ 8.5	MT 9	Gem 9.5/10
9 Michael Jordan	150	200	400	
75 Tim Duncan RC	60	80	150	400
79 Tracy McGrady RC	25	40	80	200

1997-98 Finest

	NmMt 8	NmMt+ 8.5	MT 9	Gem 9.5/10
101 Tim Duncan B RC	30	40	80	150
103 Chauncey Billups B RC	6	10	20	40
107 Tracy McGrady B RC	8	15	30	60
137 Kobe Bryant S	60	80	150	300
154 Michael Jordan G	60	80	200	400
262 Kobe Bryant B	60	80	150	300
271 Michael Jordan B	10	15	30	60
287 Michael Jordan S	20	40	80	200
294 Tracy McGrady S	10	15	30	60
306 Tim Duncan S	15	30	60	150
316 Tracy McGrady G	15	20	40	80
325 Tim Duncan G	40	80	150	300

1997-98 Fleer

	NmMt 8	NmMt+ 8.5	MT 9	Gem 9.5/10
23 Michael Jordan	6	8	15	40
201 Tim Duncan RC	12	15	30	60
226 Tracy McGrady RC	6	8	15	30

1997-98 Fleer Tiffany Collection

	NmMt 8	NmMt+ 8.5	MT 9	Gem 9.5/10
23 Michael Jordan	500	600	1,200	3,000

1997-98 Fleer Decade of Excellence

	NmMt 8	NmMt+ 8.5	MT 9	Gem 9.5/10
5 Michael Jordan	100	150	300	600

1997-98 Fleer Soaring Stars

	NmMt 8	NmMt+ 8.5	MT 9	Gem 9.5/10
9 Michael Jordan	100	120	250	▲800

1997-98 Fleer Thrill Seekers

	NmMt 8	NmMt+ 8.5	MT 9	Gem 9.5/10
7 Michael Jordan	1,500	2,000	4,000	

1997-98 Hoops

	NmMt 8	NmMt+ 8.5	MT 9	Gem 9.5/10
166 Tim Duncan RC	20	30	60	120
169 Tracy McGrady RC	10	15	30	60

1997-98 Hoops Frequent Flyer Club

		NmMt 8	NmMt+ 8.5	MT 9	Gem 9.5/10
FF4	Michael Jordan	100	150	300	500

1997-98 Hoops Frequent Flyer Club Upgrade

		NmMt 8	NmMt+ 8.5	MT 9	Gem 9.5/10
FF4	Michael Jordan	1,500	2,000	3,000	

1997-98 Hoops HOOPerstars

		NmMt 8	NmMt+ 8.5	MT 9	Gem 9.5/10
H1	Michael Jordan	400	500	800	2,000

1997-98 Metal Universe

		NmMt 8	NmMt+ 8.5	MT 9	Gem 9.5/10
23	Michael Jordan	100	200	300	600
42	Tracy McGrady RC	8	12	30	120
66	Tim Duncan RC	10	15	40	200

1997-98 Metal Universe Planet Metal

		NmMt 8	NmMt+ 8.5	MT 9	Gem 9.5/10
1	Michael Jordan	800	1,000	2,000	

1997-98 Metal Universe Titanium

		NmMt 8	NmMt+ 8.5	MT 9	Gem 9.5/10
1	Michael Jordan	1,000	1,500	3,000	5,000
3	Kobe Bryant	1,000	1,200	2,000	4,000

1997-98 Metal Universe Championship

		NmMt 8	NmMt+ 8.5	MT 9	Gem 9.5/10
23	Michael Jordan	60	80	200	400
36	Tracy McGrady RC	8	10	20	50
72	Tim Duncan RC	12	15	40	150

1997-98 SkyBox Premium

		NmMt 8	NmMt+ 8.5	MT 9	Gem 9.5/10
79	Tracy McGrady RC	6	8	15	40
112	Tim Duncan RC	8	12	25	60

1997-98 SkyBox Premium Competitive Advantage

		NmMt 8	NmMt+ 8.5	MT 9	Gem 9.5/10
CA2	Kobe Bryant	500	600	1,000	2,000
CA3	Michael Jordan	600	800	1,500	3,000

1997-98 SkyBox Premium Premium Players

		NmMt 8	NmMt+ 8.5	MT 9	Gem 9.5/10
1	Michael Jordan	2,000	3,000	4,000	8,000
3	Kobe Bryant	1,000	1,500	3,000	6,000

1997-98 SP Authentic

		NmMt 8	NmMt+ 8.5	MT 9	Gem 9.5/10
128	Tim Duncan RC	20	25	50	300
166	Tracy McGrady FW RC	15	20	40	150

1997-98 SPx

		NmMt 8	NmMt+ 8.5	MT 9	Gem 9.5/10
37	Tim Duncan RC	30	40	80	200
42	Tracy McGrady RC	20	30	60	120

1997-98 Stadium Club

		NmMt 8	NmMt+ 8.5	MT 9	Gem 9.5/10
201	Tim Duncan RC	8	12	25	60
217	Tracy McGrady RC	8	10	20	50

1997-98 Stadium Club Hardcourt Heroics

		NmMt 8	NmMt+ 8.5	MT 9	Gem 9.5/10
H1	Michael Jordan	100	150	300	600

1997-98 Stadium Club Hardwood Hopefuls

		NmMt 8	NmMt+ 8.5	MT 9	Gem 9.5/10
HH4	Tim Duncan	10	15	30	60

1997-98 Stadium Club Triumvirate

		NmMt 8	NmMt+ 8.5	MT 9	Gem 9.5/10
T1B	Michael Jordan	400	600	1,000	
T9B	Michael Jordan	400	600	1,000	

1997-98 Topps

		NmMt 8	NmMt+ 8.5	MT 9	Gem 9.5/10
115	Tim Duncan RC	15	25	50	150
123	Michael Jordan	20	30	60	150
125	Tracy McGrady RC	8	10	20	50
171	Kobe Bryant	10	12	30	100

1997-98 Topps Draft Redemption

		NmMt 8	NmMt+ 8.5	MT 9	Gem 9.5/10
DP1	Tim Duncan	60	80	200	400

1997-98 Topps Generations

		NmMt 8	NmMt+ 8.5	MT 9	Gem 9.5/10
G2	Michael Jordan	150	200	400	800

1997-98 Topps Rock Stars

		NmMt 8	NmMt+ 8.5	MT 9	Gem 9.5/10
RS1	Michael Jordan	▲250	▲300	▲500	▲1,200

1997-98 Topps Chrome

		NmMt 8	NmMt+ 8.5	MT 9	Gem 9.5/10
115	Tim Duncan RC	30	40	100	400
123	Michael Jordan	100	120	250	500
125	Tracy McGrady RC	12	15	40	120
171	Kobe Bryant	30	40	80	300
181	Chauncey Billups RC	20	25	50	200

1997-98 Topps Chrome Destiny Refractors

		NmMt 8	NmMt+ 8.5	MT 9	Gem 9.5/10
D5	Kobe Bryant	200	300	600	1,200
D8	Tim Duncan	60	80	200	400

1997-98 Topps Chrome Season's Best

		NmMt 8	NmMt+ 8.5	MT 9	Gem 9.5/10
SB6	Michael Jordan	100	150	250	500

1997-98 Topps Chrome Topps 40

		NmMt 8	NmMt+ 8.5	MT 9	Gem 9.5/10
T5	Michael Jordan	80	120	300	600

1997-98 Topps Chrome Topps 40 Refractors

		NmMt 8	NmMt+ 8.5	MT 9	Gem 9.5/10
T5	Michael Jordan	600	800	1,500	3,000

1997-98 Ultra

		NmMt 8	NmMt+ 8.5	MT 9	Gem 9.5/10
131	Tim Duncan RC	15	30	120	
138	Tracy McGrady RC	12	15	50	

1997-98 Ultra Gold Medallion

		NmMt 8	NmMt+ 8.5	MT 9	Gem 9.5/10
131G	Tim Duncan	15	30	60	250

1997-98 Ultra Big Shots

		NmMt 8	NmMt+ 8.5	MT 9	Gem 9.5/10
1	Michael Jordan	40	60	150	▲600

1997-98 Ultra Court Masters

		NmMt 8	NmMt+ 8.5	MT 9	Gem 9.5/10
CM1	Michael Jordan	▲2,000	3,000	6,000	

1997-98 Ultra Star Power

		NmMt 8	NmMt+ 8.5	MT 9	Gem 9.5/10
SP1	Michael Jordan	80	120	250	500

1997-98 Ultra Star Power Plus

		NmMt 8	NmMt+ 8.5	MT 9	Gem 9.5/10
SPP1	Michael Jordan	300	400	800	2,000

1997-98 Ultra Stars

		NmMt 8	NmMt+ 8.5	MT 9	Gem 9.5/10
1	Michael Jordan	2,000	3,000	4,000	6,000

1997-98 Upper Deck

		NmMt 8	NmMt+ 8.5	MT 9	Gem 9.5/10
114	Tim Duncan RC	8	10	15	40
300	Tracy McGrady RC	4	6	10	25

1997-98 Upper Deck Rookie Discovery 1

		NmMt 8	NmMt+ 8.5	MT 9	Gem 9.5/10
R1	Tim Duncan	6	10	20	40

1997-98 Z-Force

		NmMt 8	NmMt+ 8.5	MT 9	Gem 9.5/10
111	Tim Duncan RC	6	10	20	40

1997-98 Z-Force Big Men on Court

		NmMt 8	NmMt+ 8.5	MT 9	Gem 9.5/10
2	Kobe Bryant	▼1,200	▼1,500	▼2,000	▼4,000
9	Michael Jordan	2,000	3,000	4,000	8,000

1997-98 Z-Force Slam Cam

		NmMt 8	NmMt+ 8.5	MT 9	Gem 9.5/10
1	Kobe Bryant	100	150	300	600
5	Michael Jordan	150	200	400	800

1998-99 Black Diamond

		NmMt 8	NmMt+ 8.5	MT 9	Gem 9.5/10
22	Michael Jordan	▲10	▲12	▲30	▲80
92	Dirk Nowitzki RC	20	30	60	120
101	Paul Pierce RC	10	12	25	50
120	Vince Carter RC	15	25	50	100

1998-99 Bowman's Best

		NmMt 8	NmMt+ 8.5	MT 9	Gem 9.5/10
105	Vince Carter RC	30	40	80	200
109	Dirk Nowitzki RC	40	60	150	300
110	Paul Pierce RC	20	25	50	100

1998-99 E-X Century

		NmMt 8	NmMt+ 8.5	MT 9	Gem 9.5/10
68	Dirk Nowitzki RC	20	30	80	300
82	Paul Pierce RC	8	10	20	60
89	Vince Carter RC	20	30	60	250

1998-99 E-X Century Dunk 'N Go Nuts

		NmMt 8	NmMt+ 8.5	MT 9	Gem 9.5/10
6	Kobe Bryant	▲2,000	▲2,500	▲4,000	▲8,000
15	Michael Jordan	▲3,000	▲4,000	▲8,000	▲12,000

1998-99 Finest

		NmMt 8	NmMt+ 8.5	MT 9	Gem 9.5/10
81	Michael Jordan	▲20	▲25	▲50	▲150
230	Vince Carter RC	12	20	40	100
234	Dirk Nowitzki RC	15	25	50	200
235	Paul Pierce RC	12	20	40	100

1998-99 Finest No Protectors

		NmMt 8	NmMt+ 8.5	MT 9	Gem 9.5/10
234	Dirk Nowitzki	20	30	60	250

1998-99 Finest Arena Stars

		NmMt 8	NmMt+ 8.5	MT 9	Gem 9.5/10
AS19	Michael Jordan	▲500	▲600	▲1,200	▲4,000

1998-99 Flair Showcase takeit2.net

		NmMt 8	NmMt+ 8.5	MT 9	Gem 9.5/10
5	Kobe Bryant	▼1,000	▼1,250	▼2,500	▼5,000
13	Michael Jordan	▲4,000	▲5,000	▲8,000	▲15,000

1998-99 Fleer Electrifying

		NmMt 8	NmMt+ 8.5	MT 9	Gem 9.5/10
1	Kobe Bryant	600	800	1,500	3,000
6	Michael Jordan	▲1,200	▲1,500	▲3,000	▲8,000

1998-99 Fleer Lucky 13

		NmMt 8	NmMt+ 8.5	MT 9	Gem 9.5/10
5	Vince Carter	50	60	120	300

1998-99 Fleer Brilliants

		NmMt 8	NmMt+ 8.5	MT 9	Gem 9.5/10
105	Vince Carter RC	15	20	40	80
109	Dirk Nowitzki RC	20	30	60	150

1998-99 Metal Universe Linchpins

		NmMt 8	NmMt+ 8.5	MT 9	Gem 9.5/10
2	Kobe Bryant	2,000	3,000	5,000	8,000
8	Michael Jordan	4,000	5,000	8,000	12,000

1998-99 SkyBox Molten Metal

		NmMt 8	NmMt+ 8.5	MT 9	Gem 9.5/10
35	Dirk Nowitzki RC	10	15	40	100
91	Paul Pierce RC	6	8	20	50
134	Vince Carter RC	10	12	30	80

1998-99 SkyBox Molten Metal Xplosion

		NmMt 8	NmMt+ 8.5	MT 9	Gem 9.5/10
141	Michael Jordan	400	600	1,200	2,500

1998-99 SkyBox Premium

		NmMt 8	NmMt+ 8.5	MT 9	Gem 9.5/10
234	Vince Carter RC	8	10	25	50
255	Dirk Nowitzki RC	10	12	30	60

1998-99 SkyBox Premium 3D's

		NmMt 8	NmMt+ 8.5	MT 9	Gem 9.5/10
1	Kobe Bryant	800	1,000	2,000	
4	Michael Jordan	1,500	2,000	3,000	6,000

1998-99 SkyBox Thunder Noyz Boyz

		NmMt 8	NmMt+ 8.5	MT 9	Gem 9.5/10
3	Kobe Bryant	4,000	5,000	6,000	10,000
9	Michael Jordan	6,000	8,000	10,000	15,000

1998-99 SP Authentic

		NmMt 8	NmMt+ 8.5	MT 9	Gem 9.5/10
95	Vince Carter RC	125	150	300	600
97	Jason Williams RC	40	50	100	250
99	Dirk Nowitzki RC	125	150	300	600
100	Paul Pierce RC	30	40	80	200

1998-99 SP Authentic First Class

		NmMt 8	NmMt+ 8.5	MT 9	Gem 9.5/10
FC1	Michael Jordan	25	40	80	220
FC14	Kobe Bryant	15	20	40	100

1998-99 SPx Finite

		NmMt 8	NmMt+ 8.5	MT 9	Gem 9.5/10
215	Vince Carter RC	100	150	300	800
219	Dirk Nowitzki RC	100	150	300	800

1998-99 Stadium Club

		NmMt 8	NmMt+ 8.5	MT 9	Gem 9.5/10
62	Michael Jordan	20	30	60	120
105	Vince Carter RC	6	8	20	40
109	Dirk Nowitzki RC	8	10	25	50

1998-99 Topps

		NmMt 8	NmMt+ 8.5	MT 9	Gem 9.5/10
154	Dirk Nowitzki RC	12	15	40	150
199	Vince Carter RC	10	12	30	150

1998-99 Topps Draft Redemption

		NmMt 8	NmMt+ 8.5	MT 9	Gem 9.5/10
9	Dirk Nowitzki	80	100	200	500

1998-99 Topps East/West

		NmMt 8	NmMt+ 8.5	MT 9	Gem 9.5/10
EW5	M.Jordan/K.Bryant	600	800	1,500	3,000

1998-99 Topps East/West Refractors

		NmMt 8	NmMt+ 8.5	MT 9	Gem 9.5/10
EW5	M.Jordan/K.Bryant	3,000	4,000	6,000	10,000

1998-99 Topps Gold Label

		NmMt 8	NmMt+ 8.5	MT 9	Gem 9.5/10
GL1	Michael Jordan	25	50	100	300

1998-99 Topps Legacies

		NmMt 8	NmMt+ 8.5	MT 9	Gem 9.5/10
L15	Michael Jordan	250	300	600	1,200

1998-99 Topps Roundball Royalty

		NmMt 8	NmMt+ 8.5	MT 9	Gem 9.5/10
R1	Michael Jordan	▲80	▲100	▲250	▲500

1998-99 Topps Roundball Royalty Refractors

		NmMt 8	NmMt+ 8.5	MT 9	Gem 9.5/10
R1	Michael Jordan	▲1,000	▲1,200	▲2,000	▲4,000

1998-99 Topps Chrome

		NmMt 8	NmMt+ 8.5	MT 9	Gem 9.5/10
135	Paul Pierce RC	12	15	40	120
154	Dirk Nowitzki RC	40	50	100	400
199	Vince Carter RC	25	30	60	250

1998-99 Topps Chrome Refractors

		NmMt 8	NmMt+ 8.5	MT 9	Gem 9.5/10
135	Paul Pierce	300	400	600	1,200
154	Dirk Nowitzki	800	1,200	2,000	4,000
199	Vince Carter	400	600	1,000	2,000

1998-99 Topps Chrome Back 2 Back

		NmMt 8	NmMt+ 8.5	MT 9	Gem 9.5/10
B1	Michael Jordan	15	30	60	200

1998-99 Topps Chrome Champion Spirit

		NmMt 8	NmMt+ 8.5	MT 9	Gem 9.5/10
CS1	Michael Jordan	20	40	80	250

1998-99 UD Ionix

		NmMt 8	NmMt+ 8.5	MT 9	Gem 9.5/10
65	Vince Carter RC	10	12	30	80
69	Dirk Nowitzki RC	12	15	40	100
70	Paul Pierce RC	4	5	10	30

1998-99 UD Ionix Warp Zone

		NmMt 8	NmMt+ 8.5	MT 9	Gem 9.5/10
1	Michael Jordan	500	600	1,000	4,000
6	Dirk Nowitzki	80	100	200	600
12	Kobe Bryant	250	300	500	1,000

1998-99 Ultra

		NmMt 8	NmMt+ 8.5	MT 9	Gem 9.5/10
5	Michael Jordan	10	15	30	100
06	Vince Carter RC	20	25	60	200
18	Dirk Nowitzki RC	20	25	60	200

1998-99 Upper Deck

		NmMt 8	NmMt+ 8.5	MT 9	Gem 9.5/10
16	Vince Carter RC	12	25	50	120
20	Dirk Nowitzki RC	12	25	50	120

1998-99 Upper Deck Ovation

		NmMt 8	NmMt+ 8.5	MT 9	Gem 9.5/10
	Michael Jordan	20	30	60	150
5	Vince Carter RC	12	20	40	100
9	Dirk Nowitzki RC	20	30	60	120
	Paul Pierce RC	8	10	20	50

1998-99 Upper Deck Ovation Gold

		NmMt 8	NmMt+ 8.5	MT 9	Gem 9.5/10
9	Dirk Nowitzki	100	200	400	600

2000-01 Ultimate Collection

		NmMt 8	NmMt+ 8.5	MT 9	Gem 9.5/10
	Michael Jordan	400	500	800	1,500

2001-02 SP Authentic

		NmMt 8	NmMt+ 8.5	MT 9	Gem 9.5/10
	Michael Jordan	15	25	50	120
38	Tony Parker AU RC	100	120	250	500

2001-02 SPx

		NmMt 8	NmMt+ 8.5	MT 9	Gem 9.5/10
	Michael Jordan	15	20	30	60
A	Tony Parker JSY AU RC	30	40	80	200
B	Tony Parker JSY AU RC	30	40	80	200
C	Tony Parker JSY AU RC	30	40	80	200
40	Pau Gasol RC	8	12	25	50

2001-02 Topps Chrome

		NmMt 8	NmMt+ 8.5	MT 9	Gem 9.5/10
6	Michael Jordan	20	40	100	300
51	Pau Gasol RC	15	20	40	80
55	Tony Parker RC	15	20	40	80

2001-02 Topps Chrome Refractors

		NmMt 8	NmMt+ 8.5	MT 9	Gem 9.5/10
	Michael Jordan	250	300	500	800
51	Pau Gasol	80	100	200	500
55	Tony Parker	80	100	200	500

2001-02 Topps Chrome Fast and Furious

		NmMt 8	NmMt+ 8.5	MT 9	Gem 9.5/10
FF5	Michael Jordan	12	20	40	▲150

2001-02 Topps Chrome Fast and Furious Refractors

		NmMt 8	NmMt+ 8.5	MT 9	Gem 9.5/10
FF5	Michael Jordan	120	150	300	600
FF6	Kobe Bryant	100	120	250	500

2001-02 Topps Pristine

		NmMt 8	NmMt+ 8.5	MT 9	Gem 9.5/10
6	Michael Jordan	25	40	80	150

2001-02 Upper Deck

		NmMt 8	NmMt+ 8.5	MT 9	Gem 9.5/10
403	Michael Jordan	12	15	25	50

2002-03 Bowman Signature Edition

		NmMt 8	NmMt+ 8.5	MT 9	Gem 9.5/10
SEEG	Manu Ginobili AU RC	200	250	400	800
SEYM	Yao Ming AU RC	400	500	1,000	2,000

2002-03 Finest

		NmMt 8	NmMt+ 8.5	MT 9	Gem 9.5/10
100	Michael Jordan	▲15	▲20	▲40	▲100
178	LeBron James XRC	1,000	1,200	1,500	4,000
180	Carmelo Anthony XRC	8	10	15	25
182	Dwyane Wade XRC	12	15	20	50

2002-03 Hoops Hot Prospects

		NmMt 8	NmMt+ 8.5	MT 9	Gem 9.5/10
81	Yao Ming JSY RC	40	50	60	

2002-03 SP Authentic

		NmMt 8	NmMt+ 8.5	MT 9	Gem 9.5/10
143	Yao Ming AU RC	300	400	600	1,200
172	M.Ginobili AU RC	80	120	250	500

2002-03 SP Game Used

		NmMt 8	NmMt+ 8.5	MT 9	Gem 9.5/10
142	Manu Ginobili RC	30	40	80	200

2002-03 SPx

		NmMt 8	NmMt+ 8.5	MT 9	Gem 9.5/10
132	Yao Ming JSY AU RC	200	300	600	1,200
155	Manu Ginobili RC	20	30	60	150

2002-03 Topps Chrome

		NmMt 8	NmMt+ 8.5	MT 9	Gem 9.5/10
124A	Manu Ginobili RC	40	60	120	300
124B	Manu Ginobili RC	40	60	120	300
146A	Yao Ming RC	50	80	150	400
146B	Yao Ming RC	50	80	150	400

2002-03 Topps Chrome Refractors

		NmMt 8	NmMt+ 8.5	MT 9	Gem 9.5/10
10	Michael Jordan	250	300	600	1,200
124A	Manu Ginobili	200	300	500	1,000
124B	Manu Ginobili	200	300	500	1,000
146A	Yao Ming	500	600	1,200	2,500
146B	Yao Ming	500	600	1,200	2,500

2002-03 Topps Chrome Coast to Coast

		NmMt 8	NmMt+ 8.5	MT 9	Gem 9.5/10
CC8	Michael Jordan	20	30	60	120

2002-03 Topps Chrome Coast to Coast Refractors

		NmMt 8	NmMt+ 8.5	MT 9	Gem 9.5/10
CC8	Michael Jordan	250	300	500	1,000

2002-03 Topps Chrome Zone Busters

		NmMt 8	NmMt+ 8.5	MT 9	Gem 9.5/10
ZB13	Michael Jordan	20	30	60	120

2002-03 Topps Chrome Zone Busters Refractors

		NmMt 8	NmMt+ 8.5	MT 9	Gem 9.5/10
ZB13	Michael Jordan	250	300	500	1,000

2002-03 Topps Pristine

		NmMt 8	NmMt+ 8.5	MT 9	Gem 9.5/10
4	Michael Jordan	20	25	50	120
51	Yao Ming C RC	25	30	60	150

2002-03 Ultimate Collection

		NmMt 8	NmMt+ 8.5	MT 9	Gem 9.5/10
79	Yao Ming AU RC	1,000	1,500	3,000	

2002-03 Ultra

		NmMt 8	NmMt+ 8.5	MT 9	Gem 9.5/10
181	Yao Ming RC	20	30	60	150
204	Manu Ginobili RC	20	30	60	150

2002-03 Upper Deck

		NmMt 8	NmMt+ 8.5	MT 9	Gem 9.5/10
210	Yao Ming RC	20	30	60	150
392	Manu Ginobili RC	20	30	60	150

2002-03 Upper Deck Inspirations

		NmMt 8	NmMt+ 8.5	MT 9	Gem 9.5/10
156	LeBron James XRC	1,500	2,000	4,000	

2003-04 Bazooka

		NmMt 8	NmMt+ 8.5	MT 9	Gem 9.5/10
223A	LeBron James RC	60	80	150	400
223B	LeBron James RC	60	80	150	400
252A	Dwyane Wade Dribble RC	10	12	30	60
252B	Dwyane Wade Layup RC	10	12	30	60
276	LeBron James BAZ	100	120	250	600
280	Dwyane Wade BAZ	10	12	30	60

2003-04 Bazooka Comics

		NmMt 8	NmMt+ 8.5	MT 9	Gem 9.5/10
8	Kobe Bryant	20	25	50	120
15	LeBron James	30	40	80	250
17	Carmelo Anthony	10	12	30	80

2003-04 Black Diamond

		NmMt 8	NmMt+ 8.5	MT 9	Gem 9.5/10
148	Dwyane Wade RC	▼12	▼15	▼40	▼100
184	LeBron James RC	250	300	600	▲2,500
186	Carmelo Anthony RC	▼25	▼30	▼60	▼120

2003-04 Bowman

		NmMt 8	NmMt+ 8.5	MT 9	Gem 9.5/10
123	LeBron James RC	200	300	500	1,200
140	Carmelo Anthony RC	10	15	25	60
149	Dwyane Wade AU RC	100	120	250	500

2003-04 Bowman Chrome

		NmMt 8	NmMt+ 8.5	MT 9	Gem 9.5/10
123	LeBron James RC	300	400	600	2,000
140	Carmelo Anthony RC	15	20	40	100
149	Dwyane Wade AU RC	200	250	400	800

2003-04 Bowman Chrome Refractors

		NmMt 8	NmMt+ 8.5	MT 9	Gem 9.5/10
123	LeBron James	4,000	6,000	12,000	

2003-04 E-X

		NmMt 8	NmMt+ 8.5	MT 9	Gem 9.5/10
73	Carmelo Anthony RC	20	30	60	120
90	Dwyane Wade RC	30	40	100	250
102	LeBron James RC	800	1,000	2,000	5,000

2003-04 E-X Buzzer Beaters Autographs

		NmMt 8	NmMt+ 8.5	MT 9	Gem 9.5/10
10	Dwyane Wade/299	▼120	▼150	▼300	

2003-04 Finest

		NmMt 8	NmMt+ 8.5	MT 9	Gem 9.5/10
133	LeBron James RC	1,200	1,500	2,500	5,000
158	Dwyane Wade AU RC	150	200	400	800
163	Carmelo Anthony AU RC	100	120	250	500

2003-04 Finest Refractors

		NmMt 8	NmMt+ 8.5	MT 9	Gem 9.5/10
133	LeBron James	5,000	6,000	12,000	

2003-04 Flair

		NmMt 8	NmMt+ 8.5	MT 9	Gem 9.5/10
94	LeBron James RC	800	1,200	2,500	

2003-04 Fleer Focus

		NmMt 8	NmMt+ 8.5	MT 9	Gem 9.5/10
137	LeBron James RC	500	600	1,000	3,000
148	Dwyane Wade RC	40	60	120	300

2003-04 Fleer Mystique

		NmMt 8	NmMt+ 8.5	MT 9	Gem 9.5/10
99	LeBron James RC	1,000	1,200	2,000	4,000
119	Dwyane Wade RC	20	30	60	150

2003-04 Fleer Mystique Die Cut

		NmMt 8	NmMt+ 8.5	MT 9	Gem 9.5/10
99	LeBron James	1,000	1,200	2,000	4,000
119	Dwyane Wade	40	60	150	400

2003-04 Fleer Showcase

		NmMt 8	NmMt+ 8.5	MT 9	Gem 9.5/10
130	LeBron James RC	600	800	1,500	3,000

2003-04 Fleer Tradition

		NmMt 8	NmMt+ 8.5	MT 9	Gem 9.5/10
261	LeBron James RC	100	120	250	500
263	Carmelo Anthony RC	6	▼8	20	▲50
265	Dwyane Wade RC	▼10	▼12	▼30	▼80
291	James/Darko/Melo	60	80	150	300
300	LeBron/Melo/Wade	120	150	300	600

2003-04 Hoops Hot Prospects Cream of the Crop

		NmMt 8	NmMt+ 8.5	MT 9	Gem 9.5/10
1	LeBron James	80	120	250	500
8	Carmelo Anthony	10	15	30	80

2003-04 SkyBox Autographics

		NmMt 8	NmMt+ 8.5	MT 9	Gem 9.5/10
77	LeBron James RC	300	400	600	1,200

2003-04 SkyBox Autographics Rookies Affirmed

		NmMt 8	NmMt+ 8.5	MT 9	Gem 9.5/10
12	L.James/K.Bryant	▼200	▼250	▼400	▼1,000

2003-04 SkyBox LE Sky's the Limit

		NmMt 8	NmMt+ 8.5	MT 9	Gem 9.5/10
16	LeBron James	100	150	300	600

2003-04 SP Authentic

		NmMt 8	NmMt+ 8.5	MT 9	Gem 9.5/10
148	LeBron James AU RC	6,000	8,000	15,000	
150	Carmelo Anthony AU RC	150	200	400	800
152	Dwyane Wade AU RC	200	250	500	

2003-04 SP Authentic Signatures

		NmMt 8	NmMt+ 8.5	MT 9	Gem 9.5/10
DYA	Dwyane Wade	▼80	▼100	▼200	▼400
LJA	LeBron James SP	3,000	4,000	6,000	

2003-04 SP Game Used

		NmMt 8	NmMt+ 8.5	MT 9	Gem 9.5/10
107	Lebron James RC	600	800	1,500	4,000
109	Carmelo Anthony RC	30	40	80	200
111	Dwyane Wade RC	50	80	200	400

2003-04 SP Signature Edition

		NmMt 8	NmMt+ 8.5	MT 9	Gem 9.5/10
101	LeBron James RC	1,000	1,200	2,500	5,000

2003-04 SP Signature Edition Rookie INKorporated

		NmMt 8	NmMt+ 8.5	MT 9	Gem 9.5/10
LJ	LeBron James	15,000	20,000	30,000	

2003-04 SP Signature Edition Signatures

		NmMt 8	NmMt+ 8.5	MT 9	Gem 9.5/10
DY	Dwyane Wade	400	500	1,000	2,000
KB	Kobe Bryant	1,000	2,000	3,000	6,000
LJ	LeBron James	12,000	15,000	20,000	30,000

2003-04 SPx

		NmMt 8	NmMt+ 8.5	MT 9	Gem 9.5/10
9	Michael Jordan	25	40	80	200
151	LeBron James JSY AU RC	10,000	15,000	20,000	30,000
153	Carmelo Anthony JSY AU RC	250	300	600	1,000
155	Dwyane Wade JSY AU RC	600	800	1,500	3,000

2003-04 Sweet Shot

		NmMt 8	NmMt+ 8.5	MT 9	Gem 9.5/10
91	LeBron James RC	▼300	▼400	▼600	3,000
95	Dwyane Wade RC	20	25	50	120

2003-04 Topps

		NmMt 8	NmMt+ 8.5	MT 9	Gem 9.5/10
221	LeBron James RC	200	250	500	1,500
223	Carmelo Anthony RC	10	12	25	100
225	Dwyane Wade RC	20	25	50	100

2003-04 Topps First Edition

		NmMt 8	NmMt+ 8.5	MT 9	Gem 9.5/10
221	LeBron James	800	1,000	2,000	5,000

2003-04 Topps Collection

		NmMt 8	NmMt+ 8.5	MT 9	Gem 9.5/10
221	LeBron James RC	250	300	600	1,500

2003-04 Topps Chrome

		NmMt 8	NmMt+ 8.5	MT 9	Gem 9.5/10
111	Lebron James RC	600	800	1,500	4,000
113	Carmelo Anthony RC	15	20	40	120
115	Dwyane Wade RC	25	30	60	200

2003-04 Topps Chrome Refractors

		NmMt 8	NmMt+ 8.5	MT 9	Gem 9.5/10
111	LeBron James	4,000	5,000	8,000	20,000
113	Carmelo Anthony	80	100	250	600
115	Dwyane Wade	120	150	300	1,200

2003-04 Topps Contemporary Collection

		NmMt 8	NmMt+ 8.5	MT 9	Gem 9.5/10
1	LeBron James RC	1,200	2,000	4,000	
4	Dwyane Wade RC	80	120	300	

2003-04 Topps Jersey Edition

		NmMt 8	NmMt+ 8.5	MT 9	Gem 9.5/10
DW	Dwyane Wade SS RC	200	300	600	1,000
LJ	LeBron James SS RC	2,500	3,000	5,000	8,000

2003-04 Topps Pristine Personal Endorsements

		NmMt 8	NmMt+ 8.5	MT 9	Gem 9.5/10
DWA	Dwyane Wade C	100	120	250	500

2003-04 Topps Rookie Matrix

		NmMt 8	NmMt+ 8.5	MT 9	Gem 9.5/10
WJB	Wade/LeBron/Bosh	120	150	300	600

2003-04 Topps Rookie Matrix Rookie Frames

		NmMt 8	NmMt+ 8.5	MT 9	Gem 9.5/10
11	LeBron James	200	250	500	800

2003-04 UD Top Prospects

		NmMt 8	NmMt+ 8.5	MT 9	Gem 9.5/10
	LeBron James	12	15	40	120
5	LeBron James	12	15	40	120
0	LeBron James	12	15	40	120

2003-04 UD Top Prospects Signs of Success

		NmMt 8	NmMt+ 8.5	MT 9	Gem 9.5/10
SCA	Carmelo Anthony	40	80	150	300
SLJ	LeBron James	1,500	2,000	4,000	8,000

2003-04 Ultra

		NmMt 8	NmMt+ 8.5	MT 9	Gem 9.5/10
71	LeBron James L13 RC	600	800	1,500	5,000

2003-04 Ultra Gold Medallion

		NmMt 8	NmMt+ 8.5	MT 9	Gem 9.5/10
71	LeBron James L13	200	250	500	2,000

2003-04 Ultra Roundball Discs

		NmMt 8	NmMt+ 8.5	MT 9	Gem 9.5/10
1	LeBron James	▼40	▼50	▼100	▼300

2003-04 Upper Deck

		NmMt 8	NmMt+ 8.5	MT 9	Gem 9.5/10
01	LeBron James RC	120	150	300	800
03	Carmelo Anthony RC	8	10	20	50
05	Dwyane Wade RC	10	12	30	100

2003-04 Upper Deck Air Academy

		NmMt 8	NmMt+ 8.5	MT 9	Gem 9.5/10
A3	LeBron James	40	50	100	300

2003-04 Upper Deck Black Diamond Rookies F/X

		NmMt 8	NmMt+ 8.5	MT 9	Gem 9.5/10
D1	LeBron James	400	600	1,200	

2003-04 Upper Deck SE Die Cut Future All-Stars

		NmMt 8	NmMt+ 8.5	MT 9	Gem 9.5/10
1	Dwyane Wade	80	120	250	500
5	LeBron James	500	600	1,000	2,000

2003-04 Upper Deck Finite

		NmMt 8	NmMt+ 8.5	MT 9	Gem 9.5/10
42	LeBron James RC	1,500	2,000	4,000	

2003-04 Upper Deck Finite Elements Jerseys

		NmMt 8	NmMt+ 8.5	MT 9	Gem 9.5/10
FJ18	LeBron James	250	300	600	1,000

2003-04 Upper Deck Finite Signatures

		NmMt 8	NmMt+ 8.5	MT 9	Gem 9.5/10
CA	Carmelo Anthony	80	100	200	400
DW	Dwyane Wade	80	100	200	400

2003-04 Upper Deck Hardcourt

		NmMt 8	NmMt+ 8.5	MT 9	Gem 9.5/10
132	LeBron James RC	400	500	1,000	3,000

2003-04 Upper Deck Legends

		NmMt 8	NmMt+ 8.5	MT 9	Gem 9.5/10
131	Dwyane Wade RC	40	50	100	300
133	Carmelo Anthony RC	25	40	80	200
135	LeBron James RC	600	800	1,500	4,000

2003-04 Upper Deck Legends Legendary Signatures

		NmMt 8	NmMt+ 8.5	MT 9	Gem 9.5/10
MJ	Michael Jordan SP	6,000	8,000	12,000	20,000

2003-04 Upper Deck MVP

		NmMt 8	NmMt+ 8.5	MT 9	Gem 9.5/10
201	LeBron James RC	60	80	120	400
203	Carmelo Anthony RC	10	12	▼25	▼60
205	Dwyane Wade RC	▼10	▼12	▼25	▼60

2003-04 Upper Deck MVP Rising to the Occasion

		NmMt 8	NmMt+ 8.5	MT 9	Gem 9.5/10
RO2	LeBron James	120	150	300	600

2003-04 Upper Deck Rookie Exclusives

		NmMt 8	NmMt+ 8.5	MT 9	Gem 9.5/10
1	LeBron James RC	▼40	▼60	▼120	▼300
5	Dwyane Wade RC	▼10	▼12	▼25	▼60

2003-04 Upper Deck Rookie Exclusives Jerseys

		NmMt 8	NmMt+ 8.5	MT 9	Gem 9.5/10
J1	LeBron James	250	300	500	800

2003-04 Upper Deck Standing O

		NmMt 8	NmMt+ 8.5	MT 9	Gem 9.5/10
85	LeBron James RC	60	80	150	400

2003-04 Upper Deck Triple Dimensions Reflections

		NmMt 8	NmMt+ 8.5	MT 9	Gem 9.5/10
10	LeBron James	▼60	▼80	▼150	▼400

2003-04 Upper Deck Victory

		NmMt 8	NmMt+ 8.5	MT 9	Gem 9.5/10
100	Michael Jordan	20	30	60	120
101	Lebron James SP RC	40	50	100	300
103	Carmelo Anthony RC	8	12	20	40

2004-05 Bowman Chrome

		NmMt 8	NmMt+ 8.5	MT 9	Gem 9.5/10
23	LeBron James	20	25	50	150
129	Dwight Howard RC	6	8	20	50

2004-05 Finest

		NmMt 8	NmMt+ 8.5	MT 9	Gem 9.5/10
159	Dwight Howard RC	12	15	30	80
194	Chris Paul XRC	15	20	50	120

2004-05 Finest Refractors

		NmMt 8	NmMt+ 8.5	MT 9	Gem 9.5/10
194	Chris Paul	▲50	▲60	▲120	▲300

2004-05 Fleer Tradition

		NmMt 8	NmMt+ 8.5	MT 9	Gem 9.5/10
221	Dwight Howard RC	6	10	15	40

2004-05 SP Authentic

		NmMt 8	NmMt+ 8.5	MT 9	Gem 9.5/10
14	LeBron James	25	40	80	200
186	Dwight Howard AU RC	50	60	150	300

2004-05 SP Authentic Limited

		NmMt 8	NmMt+ 8.5	MT 9	Gem 9.5/10
186	Dwight Howard AU	50	80	150	300

2004-05 SP Authentic Signatures

		NmMt 8	NmMt+ 8.5	MT 9	Gem 9.5/10
DH	Dwight Howard	25	40	80	200

2004-05 SP Game Used SIGnificance

		NmMt 8	NmMt+ 8.5	MT 9	Gem 9.5/10
MJ	Michael Jordan	6,000	8,000	12,000	

2004-05 SPx

		NmMt 8	NmMt+ 8.5	MT 9	Gem 9.5/10
147	Dwight Howard JSY AU RC	▲50	60	120	▲400

2004-05 Topps

		NmMt 8	NmMt+ 8.5	MT 9	Gem 9.5/10
221	Dwight Howard RC	▲8	▲10	▲25	▲60

2004-05 Topps Chrome

		NmMt 8	NmMt+ 8.5	MT 9	Gem 9.5/10
23	LeBron James	30	40	80	300
166	Dwight Howard RC	15	20	40	80

2004-05 Topps Chrome Refractors

		NmMt 8	NmMt+ 8.5	MT 9	Gem 9.5/10
23	LeBron James	250	300	800	2,000
166	Dwight Howard	20	25	50	200

2004-05 Topps Pristine

		NmMt 8	NmMt+ 8.5	MT 9	Gem 9.5/10
101	Dwight Howard C RC	15	20	40	80

2004-05 Ultimate Collection

		NmMt 8	NmMt+ 8.5	MT 9	Gem 9.5/10
127	Dwight Howard AU RC	40	60	120	250

2004-05 Upper Deck

		NmMt 8	NmMt+ 8.5	MT 9	Gem 9.5/10
224	Dwight Howard SP RC	6	8	15	40

2004-05 Upper Deck Trilogy

		NmMt 8	NmMt+ 8.5	MT 9	Gem 9.5/10
141	Dwight Howard RC	20	25	50	100

2005-06 Bowman

		NmMt 8	NmMt+ 8.5	MT 9	Gem 9.5/10
111	Chris Paul RC	5	6	12	30

2005-06 Bowman Chrome

		NmMt 8	NmMt+ 8.5	MT 9	Gem 9.5/10
111	Chris Paul RC	▼10	▼12	▼25	60

2005-06 Bowman Chrome Refractors

		NmMt 8	NmMt+ 8.5	MT 9	Gem 9.5/10
111	Chris Paul	▼60	▼80	▼150	400

2005-06 Finest Refractors

		NmMt 8	NmMt+ 8.5	MT 9	Gem 9.5/10
106	Chris Paul	▲40	▲60	▲150	▲400

2005-06 Greats of the Game

		NmMt 8	NmMt+ 8.5	MT 9	Gem 9.5/10
113	Chris Paul AU RC	▼80	▼100	▼200	▼400

2005-06 SP Authentic

		NmMt 8	NmMt+ 8.5	MT 9	Gem 9.5/10
94	Chris Paul AU RC	80	100	200	500

2005-06 SP Game Used

		NmMt 8	NmMt+ 8.5	MT 9	Gem 9.5/10
149	Chris Paul RC	15	20	40	120

2005-06 SPx

		NmMt 8	NmMt+ 8.5	MT 9	Gem 9.5/10
153	Chris Paul JSY AU RC	▼100	▼120	▼250	▼500

2005-06 Topps

		NmMt 8	NmMt+ 8.5	MT 9	Gem 9.5/10
224	Chris Paul RC	▼10	▼12	▼25	60

2005-06 Topps Chrome

		NmMt 8	NmMt+ 8.5	MT 9	Gem 9.5/10
168	Chris Paul RC	20	▼25	▼50	▼150

2005-06 Topps Chrome Refractors

		NmMt 8	NmMt+ 8.5	MT 9	Gem 9.5/10
168	Chris Paul	100	120	250	500

2005-06 Topps Style

		NmMt 8	NmMt+ 8.5	MT 9	Gem 9.5/10
154	Chris Paul RC	15	25	50	100

2005-06 Upper Deck

		NmMt 8	NmMt+ 8.5	MT 9	Gem 9.5/10
230	Chris Paul SP RC	12	15	30	60

2005-06 Upper Deck Rookie Debut

		NmMt 8	NmMt+ 8.5	MT 9	Gem 9.5/10
103	Chris Paul RC	5	6	12	30

2005-06 Upper Deck Slam

		NmMt 8	NmMt+ 8.5	MT 9	Gem 9.5/10
93	Chris Paul RC	5	6	12	30

2005-06 Upper Deck Trilogy

		NmMt 8	NmMt+ 8.5	MT 9	Gem 9.5/10
137	Chris Paul RC	30	▼40	▼80	▼200

2005-06 Upper Deck Trilogy Auto Focus

		NmMt 8	NmMt+ 8.5	MT 9	Gem 9.5/10
CP	Chris Paul	▼100	▼120	▼250	▼500

2006-07 Bowman Chrome

		NmMt 8	NmMt+ 8.5	MT 9	Gem 9.5/10
163	Rajon Rondo B AU RC	25	40	80	200

2006-07 E-X

		NmMt 8	NmMt+ 8.5	MT 9	Gem 9.5/10
4	Michael Jordan	100	150	300	600
6	LeBron James	40	50	120	300
79	LaMarcus Aldridge 199 AU RC	15	25	40	60

2006-07 Finest

		NmMt 8	NmMt+ 8.5	MT 9	Gem 9.5/10
72	Rajon Rondo RC	6	8	15	40
96	LaMarcus Aldridge RC	5	6	10	25
102	Kevin Durant XRC	50	60	120	300

2006-07 Finest Refractors

		NmMt 8	NmMt+ 8.5	MT 9	Gem 9.5/10
22	LeBron James	60	80	120	300
25	Kobe Bryant	60	80	120	300
102	Kevin Durant	120	150	300	600

2006-07 Fleer

		NmMt 8	NmMt+ 8.5	MT 9	Gem 9.5/10
27	Michael Jordan	15	20	40	100

2006-07 Fleer 1986-87 20th Anniversary

		NmMt 8	NmMt+ 8.5	MT 9	Gem 9.5/10
57	Michael Jordan	250	300	600	1,000
58	Kobe Bryant	100	120	250	500
71	LeBron James	100	120	250	500

2006-07 SP Authentic

		NmMt 8	NmMt+ 8.5	MT 9	Gem 9.5/10
111	Rajon Rondo AU RC	25	40	80	200

2006-07 Topps

		NmMt 8	NmMt+ 8.5	MT 9	Gem 9.5/10
241A	LaMarcus Aldridge RC	4	5	10	25
241B	LaMarcus Aldridge Draft RC	4	5	10	25
251	Rajon Rondo RC	5	6	15	30

2006-07 Topps Chrome

		NmMt 8	NmMt+ 8.5	MT 9	Gem 9.5/10
183	LaMarcus Aldridge RC	5	6	12	30
201	Rajon Rondo RC	12	20	40	100

2007-08 Bowman Chrome

		NmMt 8	NmMt+ 8.5	MT 9	Gem 9.5/10
111	Kevin Durant RC	60	80	150	400

2007-08 Bowman Chrome Refractors

		NmMt 8	NmMt+ 8.5	MT 9	Gem 9.5/10
111	Kevin Durant	300	400	600	1,500

2007-08 Bowman Elevation

		NmMt 8	NmMt+ 8.5	MT 9	Gem 9.5/10
71	Kevin Durant RC	50	60	120	300

2007-08 Bowman Sterling

		NmMt 8	NmMt+ 8.5	MT 9	Gem 9.5/10
KD	Kevin Durant RC	25	30	60	150

2007-08 Bowman Sterling Refractors

		NmMt 8	NmMt+ 8.5	MT 9	Gem 9.5/10
KD	Kevin Durant/399	120	150	300	800

2007-08 Finest

		NmMt 8	NmMt+ 8.5	MT 9	Gem 9.5/10
71	Kevin Durant RC	25	30	60	150
101	Derrick Rose XRC	15	20	40	100
104	Russell Westbrook XRC	25	30	60	150

2007-08 Finest Refractors

		NmMt 8	NmMt+ 8.5	MT 9	Gem 9.5/10
71	Kevin Durant	50	80	200	400

2007-08 Fleer

		NmMt 8	NmMt+ 8.5	MT 9	Gem 9.5/10
212	Kevin Durant RC	15	25	50	150

2007-08 Fleer 1986-87 Rookies

		NmMt 8	NmMt+ 8.5	MT 9	Gem 9.5/10
143	Kevin Durant	40	60	120	400

2007-08 Fleer Rookie Sensations

		NmMt 8	NmMt+ 8.5	MT 9	Gem 9.5/10
RS2	Kevin Durant	15	20	40	100

2007-08 Fleer Rookie Sensations Glossy

	NmMt 8	NmMt+ 8.5	MT 9	Gem 9.5/10
RS2 Kevin Durant	30	50	120	250

2007-08 Fleer Hot Prospects

	NmMt 8	NmMt+ 8.5	MT 9	Gem 9.5/10
123 Kevin Durant JSY AU RC	600	800	1,500	3,000

2007-08 Fleer Hot Prospects Notable Newcomers

	NmMt 8	NmMt+ 8.5	MT 9	Gem 9.5/10
NN-1 Kevin Durant	40	80	150	300

2007-08 SP Authentic

	NmMt 8	NmMt+ 8.5	MT 9	Gem 9.5/10
152 Kevin Durant JSY AU/299 RC	2,500	3,000	5,000	8,000

2007-08 SP Authentic Profiles

	NmMt 8	NmMt+ 8.5	MT 9	Gem 9.5/10
AP13 Kevin Durant	10	12	30	80

2007-08 SP Authentic Retail Rookie Autographs

	NmMt 8	NmMt+ 8.5	MT 9	Gem 9.5/10
152 Kevin Durant/399	600	800	1,500	3,000

2007-08 SP Game Used

	NmMt 8	NmMt+ 8.5	MT 9	Gem 9.5/10
142 Kevin Durant RC	20	25	50	150

2007-08 SP Rookie Edition

	NmMt 8	NmMt+ 8.5	MT 9	Gem 9.5/10
61 Kevin Durant RC	10	12	30	80
106 Kevin Durant 96-97	20	25	40	100

2007-08 SP Rookie Edition Rookie Autographs

	NmMt 8	NmMt+ 8.5	MT 9	Gem 9.5/10
61 Kevin Durant	500	600	1,000	2,000

2007-08 SP Rookie Threads

	NmMt 8	NmMt+ 8.5	MT 9	Gem 9.5/10
49 Kevin Durant JSY AU RC	800	1,000	1,500	4,000

2007-08 SPx

	NmMt 8	NmMt+ 8.5	MT 9	Gem 9.5/10
101 Kevin Durant JSY AU RC	600	800	1,500	3,000

2007-08 SPx Endorsements

	NmMt 8	NmMt+ 8.5	MT 9	Gem 9.5/10
KD Kevin Durant	500	600	1,000	2,000

2007-08 SPx Super Scripts

	NmMt 8	NmMt+ 8.5	MT 9	Gem 9.5/10
KD Kevin Durant	400	▼500	▼800	▼1,500

2007-08 Stadium Club

	NmMt 8	NmMt+ 8.5	MT 9	Gem 9.5/10
102 Kevin Durant RC	50	60	120	300

2007-08 Stadium Club Chrome Rookie Refractors

	NmMt 8	NmMt+ 8.5	MT 9	Gem 9.5/10
102 Kevin Durant	125	150	300	800

2007-08 Topps

	NmMt 8	NmMt+ 8.5	MT 9	Gem 9.5/10
112 Kevin Durant RC	25	30	60	▲500

2007-08 Topps 1957-58 Variations

	NmMt 8	NmMt+ 8.5	MT 9	Gem 9.5/10
112 Kevin Durant	12	20	40	100

2007-08 Topps Rookie Set

	NmMt 8	NmMt+ 8.5	MT 9	Gem 9.5/10
2 Kevin Durant	15	20	40	120

2007-08 Topps Chrome

	NmMt 8	NmMt+ 8.5	MT 9	Gem 9.5/10
23 LeBron James	20	30	60	250
131 Kevin Durant RC	▼60	▼80	▼150	▼500

2007-08 Topps Chrome Refractors

	NmMt 8	NmMt+ 8.5	MT 9	Gem 9.5/10
131 Kevin Durant	▼600	▼800	▼1,500	▼3,000

2007-08 Topps Echelon

	NmMt 8	NmMt+ 8.5	MT 9	Gem 9.5/10
74 Kevin Durant RC	▼60	▼80	▲150	▲300

2007-08 Ultra SE

	NmMt 8	NmMt+ 8.5	MT 9	Gem 9.5/10
232 Kevin Durant L13 RC	30	40	80	200

2007-08 Upper Deck

	NmMt 8	NmMt+ 8.5	MT 9	Gem 9.5/10
234 Kevin Durant SP RC	30	40	80	200

2007-08 Upper Deck First Edition

	NmMt 8	NmMt+ 8.5	MT 9	Gem 9.5/10
202 Kevin Durant RC	▼25	▼30	▼60	200

2007-08 Upper Deck NBA Rookie Box Set

	NmMt 8	NmMt+ 8.5	MT 9	Gem 9.5/10
11 Kevin Durant	8	12	25	50

2008-09 Bowman

	NmMt 8	NmMt+ 8.5	MT 9	Gem 9.5/10
111 Derrick Rose RC	8	12	25	50
114 Russell Westbrook RC	8	12	25	50
115 Kevin Love RC	5	6	8	15

2008-09 Bowman Chrome

	NmMt 8	NmMt+ 8.5	MT 9	Gem 9.5/10
111 Derrick Rose RC	20	25	50	120
114 Russell Westbrook RC	20	25	50	120
115 Kevin Love RC	4	5	10	25

2008-09 Bowman Chrome Refractors

	NmMt 8	NmMt+ 8.5	MT 9	Gem 9.5/10
111 Derrick Rose	40	60	120	250
114 Russell Westbrook	50	80	150	300

2008-09 Fleer

	NmMt 8	NmMt+ 8.5	MT 9	Gem 9.5/10
201 Derrick Rose RC	6	8	15	30
204 Russell Westbrook RC	6	8	15	30

2008-09 Fleer 1986-87 Rookies

	NmMt 8	NmMt+ 8.5	MT 9	Gem 9.5/10
86R163 Derrick Rose	6	8	15	30
86R166 Russell Westbrook	6	8	15	30
86R167 Kevin Love	4	6	8	20

2008-09 SkyBox

	NmMt 8	NmMt+ 8.5	MT 9	Gem 9.5/10
201 Derrick Rose RC	6	8	15	30
204 Russell Westbrook RC	12	15	30	60

2008-09 SkyBox Metal Universe

	NmMt 8	NmMt+ 8.5	MT 9	Gem 9.5/10
71 Derrick Rose	15	20	40	100
74 Russell Westbrook	40	60	120	250

2008-09 SP Authentic

	NmMt 8	NmMt+ 8.5	MT 9	Gem 9.5/10
126 Kevin Love JSY AU/299 RC	40	60	150	300
130 D.Rose JSY AU/299 RC	200	400	600	1,000
139 R.Westbrook JSY AU/299 RC	400	600	1,000	2,000

2008-09 SP Authentic Destination Stardom

	NmMt 8	NmMt+ 8.5	MT 9	Gem 9.5/10
DS1 Derrick Rose	6	10	15	40
DS4 Russell Westbrook	15	20	40	80

2008-09 SP Authentic Profiles

	NmMt 8	NmMt+ 8.5	MT 9	Gem 9.5/10
AP46 Derrick Rose	5	6	10	25
AP49 Russell Westbrook	6	10	20	40

2008-09 SP Rookie Threads

	NmMt 8	NmMt+ 8.5	MT 9	Gem 9.5/10
67 Russell Westbrook JSY AU RC	300	400	600	1,200
95 Derrick Rose JSY AU RC	100	120	250	400

2008-09 SPx

		NmMt 8	NmMt+ 8.5	MT 9	Gem 9.5/10
111	Derrick Rose JSY AU RC	100	150	300	500
114	Russell Westbrook JSY AU RC	200	250	500	800
121	Derrick Rose JSY AU RC	100	150	300	500
124	Russell Westbrook JSY AU RC	200	250	500	800
125	Kevin Love JSY AU RC	15	30	60	120

2008-09 Topps 1958-59 Variations

		NmMt 8	NmMt+ 8.5	MT 9	Gem 9.5/10
196	Derrick Rose	6	8	15	30
199	Russell Westbrook	8	12	25	50

2008-09 Topps Chrome

		NmMt 8	NmMt+ 8.5	MT 9	Gem 9.5/10
23	LeBron James	▲60	▲80	▲150	▲400
24	Kobe Bryant	120	150	300	▲800
181	Derrick Rose RC	▲30	▲40	▲80	▲300
184	Russell Westbrook RC	▲40	50	100	▲400

2008-09 Topps Signature

		NmMt 8	NmMt+ 8.5	MT 9	Gem 9.5/10
TSDR	Derrick Rose RC	▲12	▲15	▲30	▲60
TSRW	Russell Westbrook RC	20	▼15	▼30	▼60

2008-09 Upper Deck

		NmMt 8	NmMt+ 8.5	MT 9	Gem 9.5/10
259	Derrick Rose RC	4	6	12	25
262	Russell Westbrook RC	6	8	15	30

2008-09 Upper Deck First Edition

		NmMt 8	NmMt+ 8.5	MT 9	Gem 9.5/10
259	Derrick Rose	4	6	12	25
262	Russell Westbrook	8	12	25	50

2008-09 Upper Deck MVP

		NmMt 8	NmMt+ 8.5	MT 9	Gem 9.5/10
201	Derrick Rose RC	4	6	12	30
204	Russell Westbrook RC	10	12	25	60

2008-09 Upper Deck Radiance

		NmMt 8	NmMt+ 8.5	MT 9	Gem 9.5/10
89RC	Derrick Rose AU RC	80	120	250	500
90RC	Russell Westbrook AU RC	120	150	300	600

2009-10 Adrenalyn XL

		NmMt 8	NmMt+ 8.5	MT 9	Gem 9.5/10
67	Stephen Curry RC	150	200	400	800

2009-10 Bowman 48

		NmMt 8	NmMt+ 8.5	MT 9	Gem 9.5/10
104	James Harden RC	60	80	150	300
106	Stephen Curry RC	800	1,200	2,500	5,000

2009-10 Certified

		NmMt 8	NmMt+ 8.5	MT 9	Gem 9.5/10
173	James Harden JSY AU RC	120	150	300	600
176	Stephen Curry JSY AU RC	1,200	1,500	2,500	5,000

2009-10 Court Kings

		NmMt 8	NmMt+ 8.5	MT 9	Gem 9.5/10
129	Stephen Curry AU RC	1,000	1,200	2,500	5,000
145	James Harden AU RC	150	200	400	800
150	Blake Griffin AU RC	30	40	80	200

2009-10 Crown Royale

		NmMt 8	NmMt+ 8.5	MT 9	Gem 9.5/10
103	Stephen Curry AU/399 RC	2,000	2,500	4,000	8,000
104	James Harden AU/599 RC	150	200	400	800
108	Blake Griffin AU/399 RC	30	40	80	200

2009-10 Donruss Elite

		NmMt 8	NmMt+ 8.5	MT 9	Gem 9.5/10
161	Blake Griffin AU RC	20	25	50	100
163	James Harden/479 AU RC	100	120	250	500
166	Stephen Curry AU RC	1,000	1,200	2,500	5,000

2009-10 Limited

		NmMt 8	NmMt+ 8.5	MT 9	Gem 9.5/10
153	James Harden JSY AU RC	100	120	250	500
156	Stephen Curry JSY AU RC	1,500	2,000	3,000	5,000

2009-10 Panini

		NmMt 8	NmMt+ 8.5	MT 9	Gem 9.5/10
303	James Harden RC	12	15	30	60
307	Stephen Curry RC	100	150	300	600
353	James Harden RC	12	15	30	60
357	Stephen Curry RC	100	150	300	600
372	Stephen Curry RC	100	150	300	600
400	James Harden RC	12	15	30	60

2009-10 Playoff Contenders

		NmMt 8	NmMt+ 8.5	MT 9	Gem 9.5/10
101	Blake Griffin SP AU RC	25	30	60	120
103	James Harden SP AU RC	150	200	400	800
106	Stephen Curry SP AU RC	5,000	6,000	10,000	15,000

2009-10 Prestige

		NmMt 8	NmMt+ 8.5	MT 9	Gem 9.5/10
157	Stephen Curry RC	60	80	150	400
207	Stephen Curry RC	60	80	150	400
230	Stephen Curry Davidson RC	60	80	150	400

2009-10 Studio

		NmMt 8	NmMt+ 8.5	MT 9	Gem 9.5/10
129	Stephen Curry RC	80	100	200	▲500
135	James Harden RC	12	15	30	60

2009-10 Topps

		NmMt 8	NmMt+ 8.5	MT 9	Gem 9.5/10
319	James Harden RC	25	30	60	200
321	Stephen Curry RC	▲800	▲1,000	▲2,000	▲6,000

2009-10 Topps Chrome

		NmMt 8	NmMt+ 8.5	MT 9	Gem 9.5/10
99	James Harden RC	250	300	500	1,200
101	Stephen Curry RC	▲5,000	▲6,000	8,000	▼20,000

2009-10 Upper Deck

		NmMt 8	NmMt+ 8.5	MT 9	Gem 9.5/10
227	James Harden SP RC	8	▼10	▼20	▼40
234	Stephen Curry SP RC	100	120	200	500

2009-10 Upper Deck Draft Edition

		NmMt 8	NmMt+ 8.5	MT 9	Gem 9.5/10
34	Stephen Curry SP	▲60	▲80	120	250
40	James Harden	6	8	15	▲40

2010-11 Donruss

		NmMt 8	NmMt+ 8.5	MT 9	Gem 9.5/10
228	John Wall RC	5	6	12	30
237	Paul George RC	▲20	▲30	▲60	▲200

2010-11 Rookies and Stars

		NmMt 8	NmMt+ 8.5	MT 9	Gem 9.5/10
140	Paul George AU/455 RC	60	100	200	400
170	John Wall AU/454 RC	40	60	120	250

2012-13 Hoops

		NmMt 8	NmMt+ 8.5	MT 9	Gem 9.5/10
223	Kyrie Irving RC	▼8	▼10	▼20	▼50
232	Klay Thompson RC	8	▼10	▼20	▼50
236	Kawhi Leonard RC	8	▼10	▼20	▼50
249	Jimmy Butler RC	6	8	15	40
275	Anthony Davis RC	▼8	▼10	▼25	▼50
280	Damian Lillard RC	▼8	▼10	▼25	▼50

2012-13 Panini Contenders

		NmMt 8	NmMt+ 8.5	MT 9	Gem 9.5/10
201	Anthony Davis AU RC	120	150	300	600
233	Draymond Green AU RC	40	60	120	250
250	Kyrie Irving AU RC	100	150	300	500
254	Jimmy Butler AU RC	50	80	150	300
263	Kawhi Leonard AU RC	100	120	250	500
271	Klay Thompson AU RC	100	120	250	500

2012-13 Panini Prizm

		NmMt 8	NmMt+ 8.5	MT 9	Gem 9.5/10
1	LeBron James	50	60	▼100	300
24	Kobe Bryant	30	40	80	200
72	Stephen Curry	30	40	80	200

#	Player	NmMt 8	NmMt+ 8.5	MT 9	Gem 9.5/10
201	Kyrie Irving RC	20	30	60	150
203	Klay Thompson RC	20	30	60	150
205	Jimmy Butler RC	15	25	50	120
209	Kawhi Leonard RC	25	40	80	200
236	Anthony Davis RC	30	40	80	200
245	Damian Lillard RC	▼25	▼30	▼60	▼150
282	Draymond Green RC	20	25	50	100

2012-13 Prestige

#	Player	NmMt 8	NmMt+ 8.5	MT 9	Gem 9.5/10
151	Kyrie Irving RC	5	6	12	30
155	Klay Thompson RC	6	8	15	40
162	Kawhi Leonard RC	6	8	15	40
199	Jimmy Butler RC	5	6	12	25
201	Anthony Davis RC	8	10	20	50
212	Bradley Beal RC	5	6	8	20
214	Damian Lillard RC	6	8	15	40
237	Draymond Green RC	5	6	10	25

2012-13 Totally Certified

#	Player	NmMt 8	NmMt+ 8.5	MT 9	Gem 9.5/10
11	Kawhi Leonard RC	▼10	▼12	▼25	▼50
12	Kyrie Irving RC	▲10	▲12	▲25	▲50
29	Anthony Davis RC	▼10	▼12	▼25	▼50
70	Damian Lillard RC	▼10	▼12	▼25	▼50

2013-14 Elite

#	Player	NmMt 8	NmMt+ 8.5	MT 9	Gem 9.5/10
229	Giannis Antetokounmpo RC	120	150	300	600

2013-14 Hoops

#	Player	NmMt 8	NmMt+ 8.5	MT 9	Gem 9.5/10
275	Giannis Antetokounmpo RC	30	40	80	200

2013-14 Panini Crusade

#	Player	NmMt 8	NmMt+ 8.5	MT 9	Gem 9.5/10
122	Giannis Antetokounmpo RC	60	80	150	300

2013-14 Panini Gold Standard

#	Player	NmMt 8	NmMt+ 8.5	MT 9	Gem 9.5/10
231	G.Antetokounmpo JSY AU RC	▼1,000	▼1,250	▼2,500	▼5,000

2013-14 Panini Prizm

#	Player	NmMt 8	NmMt+ 8.5	MT 9	Gem 9.5/10
1	Kobe Bryant	6	8	20	50
65	LeBron James	6	8	20	50
290	Giannis Antetokounmpo RC	120	150	▼250	▼500

2013-14 Panini Spectra

#	Player	NmMt 8	NmMt+ 8.5	MT 9	Gem 9.5/10
120	Giannis Antetokounmpo JSY AU RC	▼800	▼1,000	▼1,500	4,000

2013-14 Pinnacle

#	Player	NmMt 8	NmMt+ 8.5	MT 9	Gem 9.5/10
5	Giannis Antetokounmpo RC	▼25	▼30	▼60	▼150

2013-14 Prestige

#	Player	NmMt 8	NmMt+ 8.5	MT 9	Gem 9.5/10
175	Giannis Antetokounmpo RC	▼25	▼30	▼60	▼150

2013-14 Select

#	Player	NmMt 8	NmMt+ 8.5	MT 9	Gem 9.5/10
178	Giannis Antetokounmpo RC	▼60	▼80	▼150	▼300

2014-15 Donruss

#	Player	NmMt 8	NmMt+ 8.5	MT 9	Gem 9.5/10
203	Joel Embiid RC	▼8	▼12	▼25	▼60
221	Zach LaVine RC	4	5	▼8	▼20
224	Julius Randle RC	4	5	8	20

2014-15 Hoops

#	Player	NmMt 8	NmMt+ 8.5	MT 9	Gem 9.5/10
263	Joel Embiid RC	▼4	▼6	▼12	30

2014-15 Panini Prizm

#	Player	NmMt 8	NmMt+ 8.5	MT 9	Gem 9.5/10
251	Andrew Wiggins RC	▼4	▼5	▼8	▼20
253	Joel Embiid RC	▼6	▼8	▼20	▼50
262	Zach LaVine RC	▼4	▼5	▼8	▼20

2014-15 Panini Prizm Prizms

#	Player	NmMt 8	NmMt+ 8.5	MT 9	Gem 9.5/10
253	Joel Embiid	▼100	▼150	▼250	▼500

2014-15 Select

#	Player	NmMt 8	NmMt+ 8.5	MT 9	Gem 9.5/10
90	Joel Embiid CON RC	▼5	▼6	▼10	▼30

2015-16 Donruss

#	Player	NmMt 8	NmMt+ 8.5	MT 9	Gem 9.5/10
208	Karl-Anthony Towns RC	5	6	12	▲40
215	Nikola Jokic RC	80	120	250	500
223	Devin Booker RC	▼10	▼12	▼30	▼100

2015-16 Donruss The Rookies

#	Player	NmMt 8	NmMt+ 8.5	MT 9	Gem 9.5/10
43	Nikola Jokic	100	120	200	500

2015-16 Panini Clear Vision

#	Player	NmMt 8	NmMt+ 8.5	MT 9	Gem 9.5/10
99	Nikola Jokic RC	150	200	300	600

2015-16 Panini Prizm

#	Player	NmMt 8	NmMt+ 8.5	MT 9	Gem 9.5/10
308	Devin Booker RC	20	25	50	▼120
328	Karl-Anthony Towns RC	▼6	▼8	▼20	50
335	Nikola Jokic RC	120	150	300	600

2015-16 Panini Revolution

#	Player	NmMt 8	NmMt+ 8.5	MT 9	Gem 9.5/10
114	Nikola Jokic RC	▲100	▲120	▲250	▲500

2015-16 Prestige Acetate Rookies

#	Player	NmMt 8	NmMt+ 8.5	MT 9	Gem 9.5/10
16	Nikola Jokic	120	150	250	800

2015-16 Select

#	Player	NmMt 8	NmMt+ 8.5	MT 9	Gem 9.5/10
128	Nikola Jokic PRE RC	▲100	▲120	▲250	▲600
203	Devin Booker COU RC	▼50	▼60	▼120	300

2015-16 Totally Certified

#	Player	NmMt 8	NmMt+ 8.5	MT 9	Gem 9.5/10
167	Nikola Jokic RC	80	100	200	600

2016-17 Donruss Optic

#	Player	NmMt 8	NmMt+ 8.5	MT 9	Gem 9.5/10
153	Jaylen Brown RC	10	12	25	▲60
157	Jamal Murray RC	▼4	▼6	▼12	▼30

2016-17 Panini Prizm

#	Player	NmMt 8	NmMt+ 8.5	MT 9	Gem 9.5/10
44	Jaylen Brown RC	▼10	▼12	▼30	▼80
175	Jamal Murray RC	▼5	▼6	▼15	▼40

2016-17 Panini Prizm Prizms Silver

#	Player	NmMt 8	NmMt+ 8.5	MT 9	Gem 9.5/10
44	Jaylen Brown	▼50	▼60	▼120	▼250
175	Jamal Murray	▼30	▼40	▼80	▼200

2017-18 Donruss Optic

#	Player	NmMt 8	NmMt+ 8.5	MT 9	Gem 9.5/10
188	Donovan Mitchell RR RC	5	6	12	30
196	De'Aaron Fox RR RC	5	6	12	30
198	Jayson Tatum RR RC	▼15	▼20	▼40	100

2017-18 Hoops

#	Player	NmMt 8	NmMt+ 8.5	MT 9	Gem 9.5/10
253	Jayson Tatum RC	10	12	30	80
263	Donovan Mitchell RC	4	5	10	25

2017-18 Panini Prizm

#	Player	NmMt 8	NmMt+ 8.5	MT 9	Gem 9.5/10
16	Jayson Tatum RC	20	25	50	120
24	De'Aaron Fox RC	▼6	▼8	▼15	▼40
117	Donovan Mitchell RC	8	▼10	▼20	▼50

2017-18 Panini Prizm Prizms Silver

#	Player	NmMt 8	NmMt+ 8.5	MT 9	Gem 9.5/10
16	Jayson Tatum	200	250	400	800
24	De'Aaron Fox	▼20	▼25	▼50	▼120
117	Donovan Mitchell	▼50	▼60	▼120	300

2017-18 Select

		NmMt 8	NmMt+ 8.5	MT 9	Gem 9.5/10
93	Jayson Tatum RC	15	20	40	100
166	Jayson Tatum	15	20	40	100

2018-19 Absolute Memorabilia

		NmMt 8	NmMt+ 8.5	MT 9	Gem 9.5/10
58	Luka Doncic RC	▼120	▼150	▼300	600
66	Shai Gilgeous-Alexander RC	60	80	150	400

2018-19 Certified

		NmMt 8	NmMt+ 8.5	MT 9	Gem 9.5/10
153	Luka Doncic RC	15	20	40	120
161	Shai Gilgeous-Alexander RC	15	20	40	120

2018-19 Donruss Optic

		NmMt 8	NmMt+ 8.5	MT 9	Gem 9.5/10
162	Shai Gilgeous Alexander RR RC	▲10	▲12	▲30	▲100
177	Luka Doncic RR RC	25	30	60	150
198	Trae Young RR RC	5	6	12	30

2018-19 Hoops

		NmMt 8	NmMt+ 8.5	MT 9	Gem 9.5/10
250	Trae Young RC	4	6	10	25
262	Shai Gilgeous-Alexander RC	▲8	▲10	▲25	▲60
268	Luka Doncic RC	▼15	▼20	▼40	100

2018-19 Panini Prizm

		NmMt 8	NmMt+ 8.5	MT 9	Gem 9.5/10
78	Trae Young RC	▼4	▼6	▼12	▼30
184	Shai Gilgeous-Alexander RC	▲20	▲25	▲50	▲150
280	Luka Doncic RC	40	▼50	▼100	250

2018-19 Panini Prizm Prizms Silver

		NmMt 8	NmMt+ 8.5	MT 9	Gem 9.5/10
78	Trae Young	▼20	▼25	▼50	▼120
184	Shai Gilgeous-Alexander	120	150	300	1,000
280	Luka Doncic	▼250	▼300	▼500	1,200

2018-19 Panini Revolution

		NmMt 8	NmMt+ 8.5	MT 9	Gem 9.5/10
103	Shai Gilgeous-Alexander RC	15	20	40	100
128	Luka Doncic RC	25	30	60	150

2018-19 Panini Status

		NmMt 8	NmMt+ 8.5	MT 9	Gem 9.5/10
106	Shai Gilgeous-Alexander RC	20	25	50	120
122	Luka Doncic RC	20	25	50	120

2018-19 Panini Threads

		NmMt 8	NmMt+ 8.5	MT 9	Gem 9.5/10
101	Luka Doncic ASOC RC	25	30	60	200
111	Shai Gilgeous Alexander ASOC RC	20	25	50	150

2018-19 Select

		NmMt 8	NmMt+ 8.5	MT 9	Gem 9.5/10
7	Shai Gilgeous-Alexander RC	12	15	30	60
25	Luka Doncic RC	▼15	▼20	▼40	▼100
45	Trae Young RC	▼4	6	12	▼25
104	Shai Gilgeous-Alexander	12	15	30	60
122	Luka Doncic	▼15	▼20	▼40	▼100
142	Trae Young	▼4	▼6	▼12	▼25

2019-20 Donruss

		NmMt 8	NmMt+ 8.5	MT 9	Gem 9.5/10
201	Zion Williamson RR RC	▼3	▼4	▼8	▼20
202	Ja Morant RR RC	▼4	▼6	▼12	▼30

2019-20 Donruss Optic

		NmMt 8	NmMt+ 8.5	MT 9	Gem 9.5/10
158	Zion Williamson RR RC	4	5	8	▼20
168	Ja Morant RR RC	5	6	15	▼40

2019-20 Donruss Optic Holo

		NmMt 8	NmMt+ 8.5	MT 9	Gem 9.5/10
158	Zion Williamson RR	▼20	▼25	▼50	▼100
168	Ja Morant RR	25	▼30	▼60	▼120

2019-20 Hoops

		NmMt 8	NmMt+ 8.5	MT 9	Gem 9.5/10
258	Zion Williamson RC	3	4	6	15
259	Ja Morant RC	4	5	10	25

2019-20 Hoops Premium Stock

		NmMt 8	NmMt+ 8.5	MT 9	Gem 9.5/10
258	Zion Williamson RC	4	5	8	20
259	Ja Morant RC	5	6	10	25

2019-20 Panini Mosaic

		NmMt 8	NmMt+ 8.5	MT 9	Gem 9.5/10
209	Zion Williamson RC	4	5	8	20
219	Ja Morant RC	5	6	10	25

2019-20 Panini Prizm

		NmMt 8	NmMt+ 8.5	MT 9	Gem 9.5/10
248	Zion Williamson RC	▼4	6	12	40
249	Ja Morant RC	▼4	▼6	▼12	▼40

2019-20 Panini Prizm Prizms Silver

		NmMt 8	NmMt+ 8.5	MT 9	Gem 9.5/10
248	Zion Williamson	▼30	▼40	80	▼250
249	Ja Morant	▼40	▼50	100	▼300

2019-20 Panini Revolution

		NmMt 8	NmMt+ 8.5	MT 9	Gem 9.5/10
101	Zion Williamson RC	6	8	▼15	▼40
102	Ja Morant RC	6	8	▼15	▼40

2019-20 Select

		NmMt 8	NmMt+ 8.5	MT 9	Gem 9.5/10
1	Zion Williamson RC	4	5	8	20
72	Ja Morant RC	5	6	10	25

2020-21 Certified

		NmMt 8	NmMt+ 8.5	MT 9	Gem 9.5/10
198	LaMelo Ball RC	▼4	▼6	▼12	▼30
200	Anthony Edwards RC	▼12	▼15	▼40	▼80

2020-21 Donruss

		NmMt 8	NmMt+ 8.5	MT 9	Gem 9.5/10
201	Anthony Edwards RR RC	▲8	▲10	▲25	▲60
202	LaMelo Ball RR RC	4	5	12	30

2020-21 Donruss Optic

		NmMt 8	NmMt+ 8.5	MT 9	Gem 9.5/10
151	Anthony Edwards RR RC	▲10	▲12	▲30	▲80
153	LaMelo Ball RR RC	▼5	▼6	▼15	▼40

2020-21 Hoops

		NmMt 8	NmMt+ 8.5	MT 9	Gem 9.5/10
216	Anthony Edwards RC	5	6	12	40
223	LaMelo Ball RC	4	5	10	▼25

2020-21 Panini Mosaic

		NmMt 8	NmMt+ 8.5	MT 9	Gem 9.5/10
201	Anthony Edwards RC	5	6	15	40
202	LaMelo Ball RC	4	5	10	▼25

2020-21 Panini Prizm

		NmMt 8	NmMt+ 8.5	MT 9	Gem 9.5/10
1	LeBron James	8	10	25	▲80
256	Tyrese Maxey RC	▼5	▼6	▼15	▼40
258	Anthony Edwards RC	10	15	40	120
262	Tyrese Haliburton RC	5	6	12	30
278	LaMelo Ball RC	8	10	20	50

2021-22 Donruss Optic

		NmMt 8	NmMt+ 8.5	MT 9	Gem 9.5/10
159	Jalen Green RC	6	8	12	30
161	Cade Cunningham RC	6	10	15	40

2021-22 Panini Prizm

#	Player	NmMt 8	NmMt+ 8.5	MT 9	Gem 9.5/10
82	Cade Cunningham RC	6	8	15	40
106	Jalen Green RC	▼4	▼6	▼12	▼30

2022-23 Bowman's Best University

#	Player	NmMt 8	NmMt+ 8.5	MT 9	Gem 9.5/10
10	Caitlin Clark	▼15	▼20	▼40	▼100
1	Victor Wembanyama	15	20	40	100

2022-23 Bowman's Best University Refractors

#	Player	NmMt 8	NmMt+ 8.5	MT 9	Gem 9.5/10
10	Caitlin Clark	20	25	50	150
1	Victor Wembanyama	20	25	50	150

2022-23 Bowman Chrome University

#	Player	NmMt 8	NmMt+ 8.5	MT 9	Gem 9.5/10
3	JuJu Watkins	10	12	25	50
10	Caitlin Clark	20	25	50	150
101	Victor Wembanyama SP	100	120	250	500

2022-23 Bowman Chrome University Refractors

#	Player	NmMt 8	NmMt+ 8.5	MT 9	Gem 9.5/10
10	Caitlin Clark	40	50	100	300

2022-23 Donruss Optic

#	Player	NmMt 8	NmMt+ 8.5	MT 9	Gem 9.5/10
208	Chet Holmgren RR RC	▼4	6	▼12	▼30
221	Paolo Banchero RR RC	▲6	▲8	15	40

2022-23 Panini Prizm

#	Player	NmMt 8	NmMt+ 8.5	MT 9	Gem 9.5/10
249	Paolo Banchero RC	8	10	25	▼50
266	Chet Holmgren RC	▼6	▼8	▼20	▼40

2023-24 Bowman's Best University

#	Player	NmMt 8	NmMt+ 8.5	MT 9	Gem 9.5/10
10	Caitlin Clark	12	15	30	100
7	Paige Bueckers	12	15	30	100

2023-24 Bowman Chrome University

#	Player	NmMt 8	NmMt+ 8.5	MT 9	Gem 9.5/10
4	Caitlin Clark	12	15	30	60
10	Paige Bueckers	12	15	30	80

2023-24 Donruss

#	Player	NmMt 8	NmMt+ 8.5	MT 9	Gem 9.5/10
20	Victor Wembanyama RC	8	10	20	▼50

2023-24 Donruss Optic

#	Player	NmMt 8	NmMt+ 8.5	MT 9	Gem 9.5/10
225	Victor Wembanyama RR RC	▼8	▼10	▼20	▼50

2023-24 Elite

#	Player	NmMt 8	NmMt+ 8.5	MT 9	Gem 9.5/10
231	Victor Wembanyama RC	▼12	▼15	▼30	▼150

2023-24 Hoops

#	Player	NmMt 8	NmMt+ 8.5	MT 9	Gem 9.5/10
277	Victor Wembanyama RC	▼6	▼8	▼15	▼40

2023-24 Panini Mosaic

#	Player	NmMt 8	NmMt+ 8.5	MT 9	Gem 9.5/10
238	Victor Wembanyama RC	▼6	▼8	▼15	▼40

2023-24 Panini Prizm

#	Player	NmMt 8	NmMt+ 8.5	MT 9	Gem 9.5/10
136	Victor Wembanyama RC	15	20	40	100

2023-24 Panini Prizm Draft Picks

#	Player	NmMt 8	NmMt+ 8.5	MT 9	Gem 9.5/10
2	Victor Wembanyama	▼6	▼8	▼15	▼40

2023-24 Panini Prizm Monopoly

#	Player	NmMt 8	NmMt+ 8.5	MT 9	Gem 9.5/10
81	Victor Wembanyama RC	▼6	▼8	▼15	▼40

2023-24 Panini Revolution

#	Player	NmMt 8	NmMt+ 8.5	MT 9	Gem 9.5/10
104	Victor Wembanyama RC	15	20	40	▼120

2023-24 Select

#	Player	NmMt 8	NmMt+ 8.5	MT 9	Gem 9.5/10
87	Victor Wembanyama RC	▼6	▼8	▼15	▼40

2023-24 Topps Chrome

#	Player	NmMt 8	NmMt+ 8.5	MT 9	Gem 9.5/10
1	Victor Wembanyama RC	▼10	20	▼20	▼50

2024-25 Panini Prizm

#	Player	NmMt 8	NmMt+ 8.5	MT 9	Gem 9.5/10
234	Stephon Castle RC	12	15	30	100

2024-25 Panini Prizm Draft Picks

#	Player	NmMt 8	NmMt+ 8.5	MT 9	Gem 9.5/10
57	Caitlin Clark	8	10	25	60

2024-25 Panini Prizm Draft Picks Prizms Silver

#	Player	NmMt 8	NmMt+ 8.5	MT 9	Gem 9.5/10
57	Caitlin Clark	12	15	40	200

2000 Ultra WNBA

#	Player	NmMt 8	NmMt+ 8.5	MT 9	Gem 9.5/10
21	Becky Hammon RC	12	15	30	100

2016 WNBA

#	Player	NmMt 8	NmMt+ 8.5	MT 9	Gem 9.5/10
95	Breanna Stewart RC	800	1,000	1,500	

2018 WNBA

#	Player	NmMt 8	NmMt+ 8.5	MT 9	Gem 9.5/10
48	A'ja Wilson RC	1,000	1,200	1,500	3,000

2020 Panini Prizm WNBA

#	Player	NmMt 8	NmMt+ 8.5	MT 9	Gem 9.5/10
89	Sabrina Ionescu RC	10	15	30	80

2023 Panini Prizm WNBA

#	Player	NmMt 8	NmMt+ 8.5	MT 9	Gem 9.5/10
133	Aliyah Boston RC	10	12	25	60

2024 Panini Origins WNBA

#	Player	NmMt 8	NmMt+ 8.5	MT 9	Gem 9.5/10
13	Caitlin Clark RC	200	250	400	1,000

2024 Panini Prizm WNBA

#	Player	NmMt 8	NmMt+ 8.5	MT 9	Gem 9.5/10
22	Caitlin Clark RC	12	15	40	200

2024 Panini Prizm WNBA Prizms Silver

#	Player	NmMt 8	NmMt+ 8.5	MT 9	Gem 9.5/10
22	Caitlin Clark	200	250	400	2,500

2024 Panini Prizm Monopoly WNBA

#	Player	NmMt 8	NmMt+ 8.5	MT 9	Gem 9.5/10
65	Caitlin Clark RC	8	10	25	60

2024 Panini Prizm Monopoly WNBA Prizms Silver

#	Player	NmMt 8	NmMt+ 8.5	MT 9	Gem 9.5/10
65	Caitlin Clark	25	30	80	300

2024 Panini Prizm Monopoly WNBA Insert

WNBA27 Caitlin Clark

2024 Panini Prizm Monopoly WNBA Insert Prizms Silver

#	Player	NmMt 8	NmMt+ 8.5	MT 9	Gem 9.5/10
WNBA27	Caitlin Clark	25	30	60	200

2024 Select WNBA

#	Player	NmMt 8	NmMt+ 8.5	MT 9	Gem 9.5/10
72	Caitlin Clark RC	10	12	25	60

2024 Select WNBA Silver Prizms

#	Player	NmMt 8	NmMt+ 8.5	MT 9	Gem 9.5/10
72	Caitlin Clark	50	60	100	250

FOOTBALL
1888 - 1979

1888 Goodwin Champions N162

		PrFr 1	GD 2	VG 3	VgEx 4	EX 5	ExMt 6	NM 7	NmMt 8
12	Harry Beecher (Football)	2,500	4,000	8,000					

— Ed Andrews PSA 7 (NM) sold for $6,600 (Mastro; 5/08)
— Ed Andrews PSA 7 (NM) sold for $3,884 (Heritage; 10/07)
— Cap Anson PSA 7 (NM) sold for $25,831 (Memory Lane; 5/08)
— Cap Anson PSA 7 (NM) sold for $23,184 (Goodwin; 3/09)
— Cap Anson PSA 7 (NM) sold for $10,443 (Mastro; 12/05)
— Cap Anson SGC 80 (ExMt) sold for $13,698 (Mastro; 4/07)
— Dan Brouthers PSA 7 (NM) sold for $11,596 (Mastro; 4/07)
— Dan Brouthers PSA 7 (NM) sold for $6,600 (Mastro; 5/08)
— Fred Dunlap PSA 7.5 (NM+) sold for $9,000 (mastro; 5/08)
— Tim Keefe PSA 8 (NmMt) sold for $18,448 (Goodwin; 11/07)
— Tim Keefe PSA 7 (NM) sold for $13,394 (Mastro; 4/07)
— Tim Keefe SGC 80 (ExMt) sold for $7,050 (REA; 5/08)
— Tim Keefe PSA 6 (ExMt) sold for $3,680 (Superior; 3/05)
— King Kelly PSA 8 (NmMt) sold for $66,337 (SCP; 7/08)
— King Kelly PSA 8 (NmMt) sold for $18,975 (SCP Sotheby's 8/03)
— King Kelly PSA 7 (NM) sold for $12,000 (Mastro; 5/08)

1894 Mayo

— George Adee #2 PSA 8 (NM/MT) sold for $2400 (Legendary; 8/12)
— H.W.Barnett #4 PSA 8 (NM/MT) sold for $2100 (Legendary; 8/12)
— Anson Beard #6 SGC 5 (EXC) sold for $1057.5 (Huggins&Scott; 10/12)
— Charles Brewer #7 SGC 7.5 (Near MT+) sold for $1600 (Legendary; 8/12)
— H.D.Brown #8 PSA 8 (NM/MT) sold for $2200 (Legendary; 8/12)
— C.D. Burt #9 PSA 6 (EX-MT) sold for $1300 (Legendary; 8/12)
— Frank Butterworth #10 SGC 7 (Near MT) sold for $950 (Legendary; 8/12)
— Anonymous John Dunlop SGC 1 (Poor) sold for $12,659 (Goodwin; 7/09)
— Anonymous John Dunlop #35 PSA 1 (Poor) sold for $9000 (Legendary; 8/12)
— Madison Gonterman #13 PSA 7 (Near MT) sold for $1000 (Legendary; 8/12)
— George Gray PSA 5 (Ex) sold for $1,035 (Huggins&Scott; 4/08)
— George Gray #14 PSA 7 (Near MT) sold for $900 (Legendary; 8/12)
— John Greenway SGC 4 (VgEx) sold for $794 (Memory Lane; 8/06)
— Frank Hinkey PSA 6 (ExMt) sold for $1,645 (Robert Edward Auction; 4/07)
— William Hickok #16 PSA 6 (EX-MT) sold for $1200 (Legendary; 8/12)
— Augustus Holly #18 SGC 4 (VgEx) sold for $655 (Memory Lane; 8/06)
— Langdon Lea #19 PSA 7 (Near MT) sold for $1200 (Legendary; 8/12)
— William Mackie #20 PSA 7 (Near MT) sold for $1400 (Legendary; 8/12)
— Tom Manahan #21 PSA 7 (Near MT) sold for $2000 (Legendary; 8/12)
— Fred Murphy #24 PSA 7 (Near MT) sold for $950 (Legendary; 8/12)
— Neilson Poe #25 PSA 3 (VG) sold for $1,406 (Barry Sloate Auction; 9/07)
— Neilson Poe #25 PSA 7 (Near MT) sold for $3750 (Legendary; 8/12)
— Dudley Riggs #26 PSA 8 (NM/MT) sold for $2300 (Legendary; 8/12)
— Phillip Stillman #27 PSA 8 (NM/MT) sold for $2200 (Legendary; 8/12)
— Knox Taylor #28 PSA 8 (NM/MT) sold for $2500 (Legendary; 8/12)
— T.Trenchard #30 SGC 7 (Near MT) sold for $2100 (Legendary; 8/12)
— William Ward #31 PSA 7 (Near MT) sold for $1600 (Legendary; 8/12)
— Bert Waters #32 PSA 8 (NM/MT) sold for $2200 (Legendary; 8/12)
— A. Wheeler #33 PSA 7 (Near MT) sold for $1300 (Legendary; 8/12)
— Edgar Wrightington #34 PSA 7 (Near MT) sold for $1200 (Legendary; 8/12)

1933 Sport Kings

		PrFr 1	GD 2	VG 3	VgEx 4	EX 5	ExMt 6	NM 7	NmMt 8
4	Red Grange RC FB	250	300	400	550	700	1,200	2,500	
6	Jim Thorpe RC FB	1,200	2,000	3,000	4,000	6,000	8,000		
35	Knute Rockne RC FB		200	250	450	600	800	1,200	4,000

— Red Grange #4 PSA 8 (NmMt) sold for $13,394.40 (Mastro Auctions; 12/07)
— Red Grange #4 SGC 8 (NmMt) sold for $3,704 (Mile High Auctions; 11/10)
— Carl Hubbell #42 PSA 9 (MT) sold for $7,929 (Mastro; 12/05)
— Babe Ruth #2 SGC 92 (NmMt+) sold for $64,417 (Mastro; 4/07)
— Babe Ruth #2 GAI 7.5 (NM+) sold for $5,541 (Mile High; 8/07)
— Jim Thorpe #6 PSA 8 (NmMt) sold for $7,200.00 (Mastro Auctions; 5/08)
— Ed Wachter #5 PSA 8 (NmMt) sold for $2,100 (Bussineau; 7/13)

1935 National Chicle

		PrFr 1	GD 2	VG 3	VgEx 4	EX 5	ExMt 6	NM 7	NmMt 8
1A	Dutch Clark RC	150	200	250	400	600	1,000	2,500	3,500
2A	Bo Molenda RC	30	50	60	100	150	250	600	3,000
3A	George Kenneally RC	30	50	60	100	150	200	800	1,500
4A	Ed Matesic RC	30	50	60	100	125	200	600	1,500
5A	Glenn Presnell RC	30	50	60	100	150	225	500	1,800
6A	Pug Rentner RC	30	50	60	100	125	200	400	1,000
7A	Ken Strong RC	60	80	125	200	350	400	1,000	2,500
8A	Jim Zyntell RC	30	50	60	100	125	175	400	900
9A	Knute Rockne CO	250	350	450	600	1,200	2,000	4,000	8,000
10A	Cliff Battles RC	80	120	150	250	400	600	1,000	2,500
11A	Turk Edwards RC	80	120	150	250	400	600	1,200	4,000
12A	Tom Hupke RC	30	50	60	100	125	175	400	900
13A	Homer Griffiths RC	30	50	60	100	125	175	400	900
14A	Phil Sarboe RC	30	50	60	100	125	175	400	900
15A	Ben Ciccone RC	30	50	60	100	125	175	400	900
16A	Ben Smith RC	30	50	60	100	125	175	400	900
17A	Tom Jones RC	30	50	60	100	125	175	400	900
18A	Mike Mikulak RC	30	50	60	100	125	200	400	900
19	Ralph Kercheval RC	30	50	60	100	125	200	400	900
20A	Warren Heller RC	30	50	60	100	125	175	400	900
21A	Cliff Montgomery RC	30	50	60	100	125	175	400	900
22A	Shipwreck Kelly RC	30	50	60	100	125	175	400	900
23A	Beattie Feathers RC	40	60	90	150	200	300	600	1,200
24A	Clarke Hinkle RC	120	150	200	350	500	700	1,500	3,500
25	Dale Burnett RC	175	250	300	400	500	750	1,200	
26	John Dell Isola RC	175	250	400	400	500	750	1,200	
27	Bull Tosi RC	300	600	900	1,500	2,500	4,000	12,000	
28	Stan Kostka RC	175	250	300	500	600	750	1,200	
29	Jim MacMurdo RC	175	250	300	400	500	750	1,200	
30	Ernie Caddel RC	175	250	300	400	500	750	1,200	
31	Nic Niccola RC	175	250	300	400	500	1,200	1,500	
32	Swede Johnston RC	175	250	300	400	500	750	1,200	
33	Ernie Smith RC	175	250	300	400	500	750	2,000	
34	Bronko Nagurski RC	3,000	3,500	4,000	10,000	15,000	20,000	25,000	
35	Luke Johnsos RC	175	250	300	400	600	1,000	1,500	
36	Bernie Masterson RC	175	250	300	450	600	1,000	3,000	

— Dale Burnett #25 PSA 8 (NmMt) sold for $2,550 (eBay; 1/05)
— Ernie Caddel #30 SGC 96 (Mint) sold for $5,000 (Robert Edward; 5/09)
— Ernie Caddel #30 PSA 8 (NmMt) sold for $2,360 (Love of the Game Winter; 2/14)
— John Dell Isola #26 SGC 96 (Mint) sold for $3,500 (Robert Edward; 5/09)
— John Dell Isola #26 PSA 8 (NmMt) sold for $1,912 (Heritage; 10/06)
— Beattie Feathers #23 PSA 9 (Mint) sold for $2,496 (Mile High; 11/09)
— Homer Griffiths #13 PSA 9 (Mint) sold for $1,912 (Heritage; 10/06)
— Warren Heller #20 PSA 9 (Mint) sold for $3,287 (Mastro; 12/03)
— Luke Johnsos #35 PSA 8 (NmMt) sold for $2,988 (Mastro; 4/04)
— Swede Johnston #32 PSA 8 (NmMt) sold for $2,490 (Heritage; 5/06)
— Swede Johnston #32 PSA 8 (NmMt) sold for $2,950 (Love of the Game Winter; 2/14)
— Tom Jones #17 PSA 9 (Mint) sold for $3,884 (Heritage; 5/06)
— Shipwreck Kelly #22 PSA 9 (Mint) sold for $1,400 (Robert Edward; 5/09)
— Ralph Kercheval #19 PSA 9 (Mint) sold for $2,495 (eBay; 6/04)
— Stan Kostka #28 PSA 8 (NmMt) sold for $3,300 (Mastro; 5/08)
— Bernie Masterson #36 PSA 8 (NmMt) sold for $14,340 (Heritage; 5/06)
— Jim MacMurdo #36 PSA 8 (NmMt) sold for $3,650 (Memory Lane; 6/08)
— Jim MacMurdo #36 PSA 8 (NmMt) sold for $2,478 (Love of the Game Winter; 2/14)
— Mike Mikulak #18 PSA 9 (Mint) sold for $4,050 (eBay; 11/07)
— Mike Mikulak #18 SGC 96 (Mint) sold for $1,526 (eBay; 5/05)
— Bronko Nagurski #34 SGC 96 (Mint) private sale $240,000 (SGC reported; 7/06)
— Bronko Nagurski #34 SGC 96 (Mint) sold for $80,000 (eBay; 6/03)
— Bronko Nagurski #34 PSA 8 (NmMt) sold for $58,417 (Memory Lane; 12/06)
— Bronko Nagurski #34 PSA 8 (NmMt) sold for $66,354 (SCP Auctions; 7/08)
— Bronko Nagurski #34 PSA 7 (NmMt) sold for $23,148 (Memory Lane; 5/13)
— Nic Niccola #31 PSA 9 (Mint) sold for $7,200 (Mastro; 4/08)
— Nic Niccola #31 PSA 8 (NmMt) sold for $2,616 (eBay; 4/07)
— Nic Niccola #31 PSA 8 (NmMt) sold for $4,050 (eBay; 3/05)
— Knute Rockne #9 SGC 8.5 (NmMt+) sold for $6,019 (Mastro; 12/07)
— Knute Rockne #9 PSA 8 (NmMt) sold for $6,114 (SCP Auctions; 7/08)

266 www.beckett.com/price-guide

— Ken Strong #7 PSA 9 (Mint) sold for $11,352 (Heritage; 5/06)
— Bull Tosi #27 PSA 8 (NmMt) sold for $5,826 (Mastro, 4/04)
— Jim Zyntell #8 PSA 9 (Mint) sold for $2,987 (Heritage; 5/06)

1948 Bowman

#	Player	PrFr 1	GD 2	VG 3	VgEx 4	EX 5	ExMt 6	NM 7	NmMt 8
1	Joe Tereshinski RC	20	30	25	▲40	▲50	100	200	700
2	Larry Olsonoski	6	8	10	60	80	100	125	250
3	Johnny Lujack SP RC	100	▼150	▼200	▼250	500	600	800	1,000
4	Ray Poole	5	6	20	▼25	50	60	80	150
5	Bill DeCorrevont RC	6	8	10	30	40	50	60	125
6	Paul Briggs RC	10	15	60	80	100	125	150	250
7	Steve Van Buren RC	50	60	▲125	▲150	250	300	500	2,000
8	Kenny Washington RC	▼125	▼150	▼200	300	400	500	1,000	1,200
9	Nolan Luhn SP	10	15	200	300	400	500	600	800
10	Chris Iversen	5	6	8	12	20	40	150	200
11	Jack Wiley	6	8	▲12	▲30	▲40	250	500	600
12	Charley Conerly SP RC	30	50	80	200	300	400	350	500
13	Hugh Taylor RC	5	20	▲30	▲40	▲50	▲60	▲80	250
14	Frank Seno	6	8	10	▲40	50	60	100	150
15	Gil Bouley SP	10	15	25	30	50	75	100	300
16	Tommy Thompson RC	5	6	30	40	50	60	150	200
17	Charley Trippi RC	25	30	80	100	▼125	200	250	400
18	Vince Banonis SP	10	15	25	30	50	75	100	350
19	Art Faircloth	5	6	8	20	25	30	125	250
20	Clyde Goodnight	6	30	40	50	60	80	▼125	250
21	Bill Chipley SP	10	15	25	30	50	75	100	300
22	Sammy Baugh RC	▲150	▲200	▲250	▲300	500	600	1,500	2,000
23	Don Kindt	6	8	30	40	80	100	125	250
24	John Koniszewski SP	10	▲40	▲50	▲60	▲80	▲100	150	800
25	Pat McHugh	20	25	30	40	50	60	80	200
26	Bob Waterfield RC	40	100	125	150	200	250	300	1,200
27	Tony Compagno SP	10	15	25	30	50	70	100	350
28	Paul Governali RC	5	6	8	40	▼60	▼80	125	175
29	Pat Harder RC	8	12	15	20	35	50	100	200
30	Vic Lindskog SP	10	15	25	30	50	▲200	▲250	300
31	Salvatore Rosato	20	25	30	40	50	80	100	175
32	John Mastrangelo	6	8	10	15	25	60	80	175
33	Fred Gehrke SP	10	15	25	30	50	75	100	300
34	Bosh Pritchard	5	6	8	30	40	50	60	150
35	Mike Micka	6	8	20	25	30	▲60	▲80	175
36	Bulldog Turner SP RC	30	80	100	150	400	600	800	2,000
37	Len Younce	5	6	8	20	40	50	100	175
38	Pat West	6	8	10	15	30	40	▲100	175
39	Russ Thomas SP	10	15	25	30	40	125	150	350
40	James Peebles	5	6	8	12	▼60	▼80	▼100	200
41	Bob Skoglund	6	8	10	15	40	50	60	175
42	Walt Stickle SP	10	15	25	30	50	75	100	300
43	Whitey Wistert RC	12	15	20	30	40	50	60	175
44	Paul Christman RC	8	12	15	30	40	50	100	200
45	Jay Rhodemyre SP	30	40	50	80	150	200	250	350
46	Tony Minisi	10	15	40	50	60	80	100	150
47	Bob Mann	6	8	10	25	40	50	150	125
48	Mal Kutner SP RC	10	15	25	30	80	100	125	300
49	Dick Poillon	5	6	20	25	30	50	60	175
50	Charles Cherundolo	6	8	25	50	60	80	100	175
51	Gerald Cowhig SP	10	15	25	30	200	250	300	400
52	Neill Armstrong RC	12	20	30	40	50	125	150	300
53	Frank Maznicki	6	8	20	25	30	80	100	175
54	John Sanchez SP	10	15	25	30	125	150	400	500
55	Frank Reagan	5	6	8	30	60	80	100	200
56	Jim Hardy	6	8	20	25	30	40	80	150
57	John Badaczewski SP	10	15	25	30	50	75	125	350
58	Robert Nussbaumer	5	6	8	12	20	30	150	175
59	Marvin Pregulman	6	8	10	15	25	35	50	150
60	Elbie Nickel SP RC	12	20	80	100	125	150	200	400
61	Alex Wojciechowicz RC	20	30	40	100	125	150	300	1,000
62	Walt Schlinkman	6	8	10	▼30	▼40	100	125	200
63	Pete Pihos SP RC	30	150	200	▲350	▲400	▲500	▲600	1,200
64	Joseph Sulaitis	12	20	25	30	40	50	60	200
65	Mike Holovak RC	6	8	10	15	25	60	80	175
66	Cy Souders SP RC	10	15	25	30	50	125	150	300
67	Paul McKee	5	6	8	12	20	50	60	150
68	Bill Moore	6	8	25	30	40	50	150	250
69	Frank Minini SP	10	15	40	50	125	150	200	300
70	Jack Ferrante	5	▲20	▲25	40	50	60	100	250
71	Les Horvath RC	6	▲50	▲60	▲80	▲100	125	150	▼500
72	Ted Fritsch Sr. SP RC	50	60	100	200	300	350	400	500
73	Tex Coulter RC	5	6	8	12	20	40	50	200
74	Boley Dancewicz	6	8	10	30	50	60	100	150
75	Dante Mangani SP	10	15	25	30	50	75	100	500
76	James Hefti	5	6	8	12	30	40	50	150
77	Paul Sarringhaus	6	12	15	20	25	30	80	150
78	Joe Scott SP	10	15	25	80	100	125	150	300
79	Bucko Kilroy RC	5	6	▲30	40	▲150	▲200	▲250	300
80	Bill Dudley RC	25	50	60	80	100	150	200	400
81	Mar. Goldberg SP RC	10	15	25	60	80	200	250	400
82	John Cannady	5	6	8	12	40	50	▲80	400
83	Perry Moss	6	8	40	50	60	80	100	200
84	Harold Crisler SP RC	10	30	50	60	80	100	250	400
85	Bill Gray	5	6	8	25	50	60	80	200
86	John Clement	6	30	40	50	60	80	100	175
87	Dan Sandifer SP	10	15	25	30	50	75	100	600
88	Ben Kish	12	20	25	30	40	50	60	175
89	Herbert Banta	6	8	30	40	50	80	100	175
90	Bill Garnaas SP	10	15	25	▲50	▲60	100	150	
91	Jim White RC	8	12	15	40	50	80	150	200
92	Frank Barzilauskas	6	8	10	15	25	50	80	175
93	Vic Sears SP	10	15	25	60	80	100	300	400
94	John Adams	5	6	15	20	25	30	40	250
95	George McAfee RC	15	25	▼60	▼80	▼100	200	300	500
96	Ralph Heywood SP	10	15	25	30	▲50	▲60	300	400
97	Joe Muha	5	6	8	▼40	▼50	80	200	250
98	Fred Enke	6	8	10	15	▲60	▲80	▲100	175
99	Harry Gilmer SP RC	25	40	50	80	100	100	400	500
100	Bill Miklich	6	8	30	40	50	60	125	150
101	Joe Gottlieb	6	8	15	25	40	50	60	200
102	Bud Angsman SP RC	10	15	25	80	100	125	150	400
103	Tom Farmer	5	6	8	25	30	60	▲150	
104	Bruce Smith RC	▲60	▼100	▼125	▼150	500	600	800	1,000
105	Bob Cifers SP	10	40	100	125	150	200	250	400
106	Ernie Steele	▲12	▲20	25	30	40	60	150	
107	Sid Luckman RC	100	150	200	300	▼50	▲600	1,000	1,200
108	Buford Ray SP RC	250	300	400	500	300	800	1,000	1,200

— Bud Angsman #102 PSA 9 (Mint) sold for $1,478.56 (Ebay, 1/14)
— Sammy Baugh #22 SGC 9 (Mint) sold for $2640 (Ebay; 9/14)
— Sammy Baugh #22 PSA 9 (Mint) sold for $6917 (Ebay; 4/15)
— John Cannady #82 PSA 9 (Mint) sold for $1,477.98 (Goodwin; 8/12)
— John Clement #86 PSA 9 (Mint) sold for $464 (eBay; 6/12)
— Paul Christman #44 PSA 9 (Mint) sold for $1,533 (eBay; 2/14)
— Harold Crisler #84 PSA 9 (MT) sold for $1,475 (REA; 4/07)
— Gerald Cowhig SP #51 PSA 9 (Mint) sold for $1633 (eBay; 8/12)
— Bill Dudley #80 PSA 9 (MT) sold for $3,285 (Goodwin; 7/09)
— Boley Dancewicz #74 PSA 9 (MT) sold for $1,170 (eBay; 8/08)
— Art Faircloth #19 PSA 9 (MT) sold for $810 (REA; 4/07)
— Harry Gilmer #99 PSA 8.5 (NmMt+) sold for $3,253.50 (Ebay; 3/14)
— Jim Hardy #56 PSA 9 (MT) sold for $761 (eBay; 11/07)
— John Mastrangelo #32 PSA 9 (Mint) sold for $1,076 (Memory Lane; 8/12)
— Mar. Goldberg #81 PSA 9 (Mint) sold for $3,546.95 (Ebay; 2/14)
— Marvin Pregulman #59 PSA 9 (MT) sold for $1,261 (Goodwin;01/13)
— Frank Reagan #55 PSA 9 (MT) sold for $895 (REA; 4/07)
— John Sanchez #54 PSA 9 (MT) sold for $961 (eBay; 11/07)
— Ernie Steele #54 PSA 8 (NmMt) sold for $1,075 (eBay; 11/07)
— Joe Tereshinksi #1 PSA 9 (MT) sold for $2,448 (Mastro; 12/06)
— Charley Trippi #17 PSA 9 (MT) sold for $1,853 (Goodwin; 2/10)
— Charley Trippi #17 PSA 9 (MT) sold for $1,373 (eBay; 4/07)
— Charley Trippi #17 PSA 9 (MT) sold for $1,229 (eBay; 9/14)
— Bob Waterfield #26 PSA 9 (MT) sold for $1,833 (Memory Lane; 12/06)
— Pat West #38 PSA 9 (MT) sold for $1,767 (Goodwin; 2/10)
— Alex Wojciechowicz #38 PSA 9 (MT) sold for $2,042 (Mile High; 11/10)

1948 Leaf

#	Player	PrFr 1	GD 2	VG 3	VgEx 4	EX 5	ExMt 6	NM 7	NmMt 8
1A	Sid Luckman Yell.Bkgrd RC	125	200	250	300	500	2,500		
2	Steve Suhey	6	10	20	25	60	80	150	
3A	BulldogTurner Red Bkgrd RC	20	40	50	125	200	250	600	
3C	Bulldog Turner Wht.Bkgrd RC	20	30	40	60	125	200		
4A	Doak Walker RC	100	125	150	200	250	800	1,600	
5A	Levi Jackson Blu Jsy RC	6	10	12	20	30	50	150	
5B	Levi Jackson Wht Jsy RC	10	15	20	30	50	75		
6A	Bobby Layne Yell.Pants RC	60	80	100	150	300	700	4,000	
6B	Bobby Layne Red Pants RC	100	125	150	225	400	600		
7A	Bill Fischer Red Bkgrd RC	6	10	12	20	30	50	350	
7C	Bill Fischer Wht.Bkgrd RC	10	15	20	30	50	75		
8A	Vince Banonis Blk Name RC	6	10	12	20	30	50	150	
8B	Vince Banonis Wht Name RC	10	15	20	30	45	75		
9A	Tommy Thompson Yell.#'s RC	6	10	12	20	30	50	250	
9B	Tommy Thompson Blu #'s RC	10	15	20	30	50	75		
10A	Perry Moss	6	10	15	20	50	200		

Beckett Graded Card Price Guide 267

#	Card	PrFr 1	GD 2	VG 3	VgEx 4	EX 5	ExMt 6	NM 7	NmMt 8
11A	Terry Brennan RC	6	10	12	20	30	50	150	
12A	Bill Swiacki Blk Name RC	6	10	12	20	30	50	150	
12B	Bill Swiacki Wht Name RC	10	15	20	30	50	75		
13A	Johnny Lujack RC	25	40	50	75	100	200	600	
13B	Johnny Lujack RC ERR	125	200	300	400	500	750		
14A	Mal Kutner BL RC	6	10	12	20	30	50	150	
14B	Mal Kutner WL RC	10	15	20	30	50	75		
15	Charlie Justice RC	10	15	30	80	150	300	▲500	
16A	Pete Pihos Yell.#'s RC	20	30	35	60	100	175	600	
16B	Pete Pihos Blu #'s RC	30	50	60	80	100	300		
17A	Ken Washington Blk Name RC	6	10	12	20	30	50	150	
17B	Ken Washington Wht Name RC	10	15	20	30	50	80		
18A	Harry Gilmer RC	6	10	12	20	30	50	150	
19A	George McAfee RC	15	25	30	50	100	250	600	
19B	Gorgeous George McAfee RC	80	60	80	100	200	350		
20A	George Taliaferro Yell.Bkgrd RC	6	10	12	20	30	80	150	
20B	George Taliaferro Wht.Bkgrd RC	10	15	20	30	50	75		
21	Paul Christman RC	6	10	12	20	50	60	300	
22A	Steve Van Buren Green Jsy RC	30	50	60	100	150	300	1,000	
22B	Steve Van Buren Yell.Jsy RC	40	60	90	150	250	400		
22C	S.Van Buren Grn Jsy Blu Sck RC	80	100	125	175	300			
23A	Ken Kavanaugh YS RC	6	10	12	20	30	50	150	
24A	Jim Martin Red Bkgrd RC	6	10	12	20	50	75	175	
24C	Jim Martin Wht.Bkgrd RC	10	15	20	30	50	75		
25A	Bud Angsman Blk Name RC	6	10	12	20	30	50	150	
25B	Bud Angsman Wht Name RC	10	15	20	30	50	75		
26A	Bob Waterfield Blk Name RC	30	50	60	100	175	300	1,000	
26B	Bob Waterfield Wht.Name RC	40	60	90	150	250	450		
27A	Fred Davis Yell.Bkgrd	6	10	12	20	30	50	600	
27B	Fred Davis Wht.Bkgrd	10	15	20	30	50	75		
28A	Whitey Wistert Yell.Jsy RC	8	12	15	30	40	100	250	
28B	Whitey Wistert Green Jsy RC	12	25	30	40	60	150		
29	Charley Trippi RC	10	▲100	▲125	▲150	▲200	225	500	2,000
30A	P.Governali RC dark tan hlmt	6	10	12	20	30	50	150	
31A	Tom McWilliams Maroon Jsy RC	6	10	12	20	30	50	150	
31B	Tom McWilliams Red Jsy RC	10	15	20	30	50	75		
32A	Leroy Zimmerman	6	10	12	20	30	50	150	
33	Pat Harder RC	6	15	20	50	60	80	300	
34A	Sammy Baugh RC maroon	100	300	400	500	1,200	1,500	8,000	
35A	Ted Fritsch Sr. RC	6	10	12	20	40	80	300	
36	Bill Dudley RC	12	20	125	150	400	500	600	
37A	George Connor RC	10	15	25	35	80	150	400	
38A	F.Dancewicz RC green num	6	10	12	20	30	50	150	
39	Billy Dewell	6	10	40	50	60	80	200	
40A	John Nolan RC green numbr	6	10	12	20	30	50	150	
41A	H.Szulborski Orng Pants RC	6	10	12	20	30	50	150	
41B	Harry Szulborski Yell.Pants RC	10	15	20	30	50	75		
42	Tex Coulter RC	6	10	12	20	40	50	200	
43A	R.Nussbaumer Maroon RC	6	10	12	20	30	50	200	
43B	R.Nussbaumer Red Jsy RC	10	15	20	30	50	125		
44	Bob Mann	6	10	12	40	50	60	125	
45A	Jim White RC	20	30	35	60	80	125	400	
46A	Jack Jacobs Jsy # RC	6	10	12	20	30	50	300	
46B	Jack Jacobs No Jsy # RC	12	20	25	40	60	100		
47A	John Clement RC brown FB	6	10	12	20	30	50	100	
48	Frank Reagan	6	10	12	50	60	80	200	
49	Frank Tripucka RC	25	60	80	100	150	200	300	
50	John Rauch RC	20	30	▲50	60	120	200	800	
51A	Mike Dimitro	20	30	40	60	120	200	800	
52A	Nomellini Blu Bkg Maroon RC	125	500	600	800	1,000	1,200	2,000	
52B	Nomellini Blu Bkg Red Jsy RC	125	500	600	800	1,000	1,200		
53	Charley Conerly RC	100	125	150	250	400	800		
54A	Chuck Bednarik Yell Bkgrd RC	150	225	350	500	800	2,000	3,500	
55	Chick Jagade	20	30	40	60	120	250		
56A	Bob Folsom RC	20	30	40	60	120	300		
57	Gene Rossides RC	20	30	40	60	100	300		
58	Art Weiner	20	30	40	60	100	150	600	
59	Alex Sarkistian	20	30	40	60	100	200	400	
60	Dick Harris Texas	20	30	40	▲80	100	250		
61	Len Younce	20	30	40	80	100	150		
62	Gene Derricotte	20	30	40	60	100	200		
63A	Roy Rebel Steiner Red Jsy RC	20	30	40	60	120	250		
64A	Frank Seno	20	30	40	60	100	250		
65A	Bob Hendren RC	20	30	40	60	120	200	600	
66A	Jack Cloud Blue Bkgrd RC	20	30	40	60	120	200	600	
67	Harrell Collins	20	30	40	100	125	200	800	
68A	Clyde LeForce Red Bkgrd RC	20	30	40	60	100	200	400	
69	Larry Joe	20	30	40	60	100	200	300	
70	Phil O'Reilly	20	30	40	60	100	150		
71	Paul Campbell	20	30	40	50	100	150	500	
72A	Ray Evans	20	30	40	60	120	400	800	
73A	Jackie Jensen Red Bkgrd RC	60	80	100	175	250	400	800	
74	Russ Steger	20	30	50	60	100	200	400	
75	Tony Minisi	20	30	40	60	120	200	500	
76A	Clayton Tonnemaker	20	30	40	60	120	200	1,000	
77A	George Savitsky Grn Strps RC	20	30	40	60	120	200	800	
78	Clarence Self	20	30	40	60	100	250	300	
79	Rod Franz	20	30	40	60	120	200	800	
80A	Jim Youle Red Bkgrd RC	20	30	40	60	120	250		
81A	B.Bye Yell.Pants Maroon Jsy RC	20	30	40	60	120	200	800	
82	Fred Enke	▲40	▲50	▲60	▲80	100	200	500	
83A	Fred Folger Gray Jsy RC	20	30	40	60	120	250		
84	Jug Girard RC	20	30	40	200	250	300	400	
85	Joe Scott	20	30	40	60	100	150	200	
86A	Bob Demoss	20	30	60	80	150	400	1,000	
87	Dave Templeton	20	30	40	60	120	150	800	
88A	Herb Siegert	20	30	40	60	120	200	800	
89A	Bucky O'Conner RC blu jsy	20	30	40	60	120	200	800	
90	Joe Whisler	30	40	50	60	80	200	250	
91	Leon Hart RC	60	80	100	200	500	600		
92	Earl Banks	20	30	40	60	150	250	800	
93A	Frank Aschenbrenner	20	30	40	60	120	200	800	
94	John Goldsberry RC	20	30	60	80	100	250		
95	Porter Payne	20	30	40	60	100	150	800	
96A	Pete Perini	20	30	40	60	120	250		
97A	Jay Rhodemyre	20	30	40	60	120	250		
98A	Al DiMarco RC	30	50	60	100	200	300		

— Al DiMarco #98A PSA 7 (NrMt) sold for $5,121 (eBay; 7/13)
— Sammy Baugh #34 SGC 9 (NmMt) sold for $37,950 (Hunt; 3/08)
— Sammy Baugh #34 SGC 9 (NmMt) sold for $14,998 (eBay; 01/13)
— Sammy Baugh #34 PSA 8 (NmMt) sold for $12,925 (REA; 4/07)
— Sammy Baugh #34 SGC 8 (NmMt) sold for $9121 (eBay; 9/14)
— Sammy Baugh #34 PSA 8 (NmMt) sold for $7,000 (Legendary; 8/13)
— Sammy Baugh #34 SGC 8.5 (NmMt) sold for $12,000 (Hunt; 3/09)
— Sammy Baugh #34 PSA 8 (NmMt) sold for $8,833 (Goodwin, 2/11)
— Sammy Baugh #34 PSA 8 (NmMt) sold for $8,495 (Mile High; 5/11)
— Sammy Baugh #34 SGC 8 (NmMt) sold for $4,500 (Mastro; 5/08)
— Sammy Baugh #34 SGC 8 (NmMt) sold for $7,000 (Legendary; 8/13)
— Chuck Bednarik YB #54A PSA 8 (NmMt) sold for $38,561 (Goodwin, 11/07)
— Chuck Bednarik YB #54A PSA 7 (NrMt) sold for $8,159 (Ebay; 11/13)
— Terry Brennan #11 SGC 9 (Mt) sold for $2,990 (Hunt; 3/08)
— Paul Campbell #71 PSA 8.5 (NmMt+) sold for $9,112 (Goodwin; 9/09)
— Paul Christman #21 PSA 8 (NmMt) sold for $3,815 (REA; 4/07)
— John Clement #47 PSA 8 (NmMt) sold for $1,277 (eBay; 2/09)
— Jack Cloud Blue Bkgrd #66A PSA 8 (NmMt) sold for $1,012 (eBay; 4/12)
— Charley Conerly RC #53 PSA 8 (NM/MT) sold for $11227.65 (Goodwin; 9/12)
— Charley Conerly RC #53 PSA 7 (NM) sold for $3080 (eBay; 6/16)
— George Connor #37 SGC 8 (NmMt) sold for $2,185 (Hunt; 3/08)
— George Connor #37 PSA 8 (NmMt) sold for $2,450 (eBay; 11/07)
— George Connor #37 PSA 8 (NmMt) sold for $1,367 (Goodwin; 2/11)
— Frank Dancewicz #38A PSA 9 (Mt) sold for $3,327 (Goodwin; 9/11)
— Bill Dudley #36 PSA 8 (NmMt) sold for $4,150 (eBay; 11/06)
— Bill Dudley #36 PSA 8 (NMMT) sold for $3163.07 (eBay; 6/12)
— Bill Dudley #36 SGC 8 (NmMt) sold for $2,226 (Mile High; 11/09)
— Fred Enke #82 PSA 8 (NmMt) sold for $2,851 (Goodwin; 11/07)
— Ray Evans #72 PSA 8 (NM/MT) sold for $2805.99 (eBay; 6/12)
— Ted Fritsch #35 SGC 8.5 (NmMt+) sold for $1,840 (Hunt; 3/08)
— Jug Girard #84 PSA 8 (NmMt) sold for $1,828 (eBay; 4/11)
— John Goldsberry #94 PSA 7.5 (NrMt+) sold for $1,928 (eBay; 10/11)
— Jug Girard RC #84 PSA 8 (NM/MT) sold for $1488.69 (Goodwin; 2/12)
— Pat Harder #33 PSA 9 (Mt) sold for $1,979 (Goodwin; 11/09)
— Pat Harder #33 SGC 8.5 (NmMt+) sold for $1,092 (Hunt; 3/08)
— Bob Hendren #65 PSA 9 (Mt) sold for $2,021 (eBay; 11/07)
— Bob Hendren #65 PSA 8 (NmMt) sold for $1,012 (eBay; 4/12)
— Jack Jacobs #46A PSA 9 (Mt) sold for $5,362 (Goodwin; 2/11)
— Jack Jacobs #46A SGC 8.5 (NmMt+) sold for $1,955 (Hunt; 3/08)
— Levi Jackson BL JSY #5A PSA 8.5 (NmMt+) sold for $1,626 (Goodwin; 11/12)
— Jackie Jensen RB #73A SGC 8.5 (NmMt+) sold for $15,114 (Goodwin; 9/09)
— Jackie Jensen RB #73A PSA 8 (NmMt) sold for $3,862 (Mile High; 6/10)
— Charlie Justice #15 PSA 8.5 (NmMt+) sold for $5,295 (Goodwin; 6/10)
— Charlie Justice #15 SGC 8 (NmMt) sold for $5,142 (Goodwin; 3/08)
— Sid Luckman YB #1A PSA 8 (NmMt) sold for $71,836 (Goodwin; 9/09)
— Sid Luckman YB #1A PSA 7 (NrMt) sold for $11,239 (Goodwin; 2/10)
— Sid Luckman YB #1A PSA 7 (NmMt) sold for $5605 (eBay; 10/14)
— Sid Luckman YB #1A PSA 7 (Near MT) sold for $5483.52 (Goodwin; 6/12)
— Sid Luckman YB #1A PSA 7 (NrMt) sold for $9,717 (Goodwin;01/13)
— Sid Luckman YB #1A PSA 7 (NrMT) sold for $6,933 (Goodwin;06/13)
— Johnny Lujack #13 PSA 9 (Mt) sold for $10,701 (Goodwin; 5/08)

- Johnny Lujack #13 SGC 9 (Mt) sold for $8,912 (Hunt; 3/08)
- Johnny Lujack #13 SGC 8 (NmMt) sold for $2,760 (Hunt; 3/08)
- Bob Mann #44 SGC 9 (Mt) sold for $3,105 (Hunt; 3/08)
- Perry Moss #10 PSA 9 (Mt) sold for $4,027 (Goodwin; 2/11)
- George McAfee #19A PSA 8 (NmMt) sold for $1,980 (Goodwin; 2/10)
- George McAfee #19A PSA 8 (NmMt) sold for $1,504 (Goodwin; 2/11)
- Leo Nomellini Blu Bkg Maroon RC #52A PSA 8 (NM/MT) sold for $10539.83 (Memory Lane; 5/12)
- Porter Payne #95 PSA 8 (NmMt) sold for $5,052 (Goodwin; 2/09)
- Pete Perini #96 PSA 7 (NrMt) sold for $1,057 (eBay; 9/07)
- Pete Pihos #16A PSA 8.5 (NmMt+) sold for $4,813 (Goodwin; 6/10)
- Frank Reagan #48 PSA 8 (NmMt) sold for $1,955 (eBay; 11/07)
- Clarence Self #78 PSA 7 (NM) sold for $1,780 (eBay; 1/07)
- Russ Steger #74 PSA 8 (NmMt) sold for $6,846 (Goodwin; 2/10)
- Roy Steiner #63 PSA 9 (Mt) sold for $19,160 (Goodwin; 9/09)
- Bill Swiacki #12A PSA 9 (Mt) sold for $4,922 (Goodwin; 5/08)
- Bill Swiacki #12A SGC 9 (Mt) sold for $3,680 (Hunt; 3/08)
- Harry Szulborski #41A SGC 9 (Mt) sold for $2,185 (Hunt; 3/08)
- Dave Templeton #87 PSA 8 (NmMt) sold for $6,223 (Goodwin; 9/09)
- Charley Trippi #29 SGC 8 (NmMt) sold for $3,220 (Hunt; 3/08)
- Charley Trippi #29 PSA 8 (NmMt) sold for $2,427 (Mile High; 11/10)
- Charley Trippi #29 PSA 8 (NmMt) sold for $1,275 (eBay; 4/11)
- Bulldog Turner RB #3A PSA 9 (Mint) sold for $7,207 (Goodwin; 2/09)
- Bulldog Turner RB #3A PSA 8 (NmMt) sold for $2,196 (eBay; 4/11)
- Bulldog Turner RB #3A PSA 8 (NmMt) sold for $2,140 (Goodwin; 11/09)
- Bulldog Turner RB #3A PSA 8 (NmMt) sold for $2,070 (Hunt; 3/08)
- Steve Van Buren #22A PSA 7.5 (NrMt+) sold for $3,176 (Goodwin; 2/11)
- Steve Van Buren Green Jsy RC #22A PSA 8 (NM/MT) sold for $3427.07 (eBay; 6/12)
- Doak Walker #4 SGC 8.5 (NmMt+) sold for $6,325 (Hunt; 3/08)
- Doak Walker #4 PSA 8 (NmMt) sold for $9,382 (Goodwin; 6/10)
- Doak Walker #4 PSA 8 (NmMt) sold for $8,139 (Goodwin; 11/07)
- Doak Walker #4 PSA 8 (NmMt) sold for $6,489 (Goodwin; 2/11)
- Bob Waterfield #26A PSA 8.5 (NmMt+) sold for $31,598 (Goodwin; 2/10)
- Bob Waterfield Blk Name RC #26A PSA 8 (NM/MT) sold for $2811.97 (Goodwin; 6/12)
- Jim Youle Red Bkgrd RC #80A PSA 7.5 (Near MT+) sold for $1090 (eBay; 6/12)

1949 Leaf

#	Player	PrFr 1	GD 2	VG 3	VgEx 4	EX 5	ExMt 6	NM 7	NmMt 8
1	Bob Hendren	10	15	20	30	50	80	175	
2	Joe Scott	6	10	12	25	30	50	300	
3	Frank Reagan	6	10	12	40	50	60		
4	John Rauch	6	10	25	▲80	▲100	▲125	▲150	
7	Bill Fischer	6	10	12	50	60	80	150	
8	Elmer Bud Angsman	6	10	10	15	30	40	100	200
10	Billy Dewell	6	10	12	20	50	60	120	
13	Tommy Thompson QB	6	10	12	50	60	80	120	
15	Sid Luckman	20	100	▲300	400	500	600	800	1,000
16	Charley Trippi	8	12	15	25	100	125	200	
17	Bob Mann	6	10	12	50	60	80		
19	Paul Christman	6	10	12	20	50	80	125	
22	Bill Dudley	8	12	15	80	▲125	200	300	
25	Clyde LeForce	6	10	12	20	30	50	120	
26	Sammy Baugh	▲150	250	300	400	500	600	800	2,000
28	Pete Pihos	10	15	40	50	60	125	175	600
31	Tex Coulter	6	10	12	25	40	50	120	
32	Mal Kutner	6	10	30	40	50	60	120	350
35	Whitey Wistert	6	10	12	80	100	125	150	
37	Ted Fritsch Sr.	6	10	12	50	60	80	120	
38	Vince Banonis	6	10	12	20	50	60	120	
39	Jim White	6	10	12	20	30	50	120	
40	George Connor	8	40	50	60	80	100	125	400
41	George McAfee	8	20	40	80	100	125	200	
43	Frank Tripucka	8	12	15	25	40	80	250	
47	Fred Enke	6	10	40	50	60	80		
49	Charley Conerly	10	50	60	150	200	250		
51	Ken Kavanaugh	6	10	12	30	60	80	120	350
52	Bob Demoss	6	10	12	20	30	60	120	
56	Johnny Lujack	10	▲20	▲50	60	▲100	120	200	600
57	Jim Youle	6	10	12	20	30	80		
62	Harry Gilmer	6	10	12	20	30	50	200	
65	Robert Nussbaumer	6	10	12	20	30	100	120	
67	Bobby Layne	▲60	80	100	▲300	▲400	600	800	
70	Herb Siegert	6	10	12	20	50	60	120	350
74	Tony Minisi	6	10	12	40	50	80		
79	Steve Van Buren	15	25	40	150	200	250	300	800
81	Perry Moss	6	10	12	20	125	150	200	
89	Bob Waterfield	12	50	60	80	100	125	400	600
90	Jack Jacobs	6	10	12	125	150	200	250	
95	Kenny Washington	50	100	150	250	400	600	800	

#	Player	PrFr 1	GD 2	VG 3	VgEx 4	EX 5	ExMt 6	NM 7	NmMt 8
101	Pat Harder	6	10	12	20	30	▲100	120	
110	Bill Swiacki	6	10	12	20	40	50	120	
118	Fred Davis	6	10	12	40	50	60	120	350
126	Jay Rhodemyre	6	10	12	40	50	60	120	
127	Frank Seno	6	10	25	30	40	50	120	
134	Chuck Bednarik	20	30	▲400	▲500	▲600	▲800	▲1,000	
144	George Savitsky	6	10	12	50	60	150		
150	Bulldog Turner	25	40	50	90	125	200	300	400

- Chuck Bednarik #134 SGC 8.5 (NmMt+) sold for $1,526 (Memory Lane; 5/08)
- Bob Demoss #52 PSA 8 (NmMt) sold for $1,440 (eBay; 2/08)
- Bob Hendren #1 PSA 8 (NmMt) sold for $1,930 (eBay; 4/07)
- Bob Mann #17 PSA 8 (NmMt) sold for $1,295 (eBay; 12/07)
- Frank Tripucka #43 PSA 8 (NmMt) sold for $822 (Goodwin; 11/07)

1950 Bowman

#	Player	GD 2	VG 3	VgEx 4	EX 5	ExMt 6	NM 7	NmMt 8	MT 9
1	Doak Walker	50	▲200	▲250	▲300	▲400	▲1,500	6,300	
2	John Greene	8	10	30	40	50	80	150	
3	Bob Nowasky	8	10	12	20	25	100	125	
4	Jonathan Jenkins	8	10	12	20	25	50	100	
5	Y.A.Tittle RC	▲200	250	300	400	▲800	▲1,500	2,500	
6	Lou Groza RC	60	80	▲200	▲250	▲300	500	800	
7	Alex Agase RC	8	10	12	20	80	200	300	
8	Mac Speedie RC	125	150	250	300	400	500	1,200	
9	Tony Canadeo RC	▲100	150	200	250	300	500	1,000	
10	Larry Craig	8	10	12	▲50	80	125	250	
11	Ted Fritsch Sr.	8	10	▲20	30	40	60	150	
12	Joe Golding	8	10	12	20	25	40	100	
13	Martin Ruby	8	10	12	30	40	50	150	
14	George Taliaferro	8	10	12	20	25	80	100	
15	Tank Younger RC	10	12	25	30	60	100	250	1,000
16	Glenn Davis RC	20	25	40	▲60	75	200	400	
17	Bob Waterfield	20	40	50	60	100	200	300	
18	Val Jansante	8	10	30	40	50	100	150	
19	Joe Geri	8	10	12	20	25	60	125	
20	Jerry Nuzum	8	10	▲20	▲25	40	50	100	
21	Elmer Bud Angsman	8	10	12	20	25	60	▲125	
22	Billy Dewell	8	10	12	20	▲40	▲50	100	
23	Steve Van Buren	40	50	100	125	150	200	300	
24	Cliff Patton	8	10	12	20	30	60	150	500
25	Bosh Pritchard	8	10	20	25	30	40	100	
26	Johnny Lujack	40	50	60	80	100	125	200	600
27	Sid Luckman	80	100	125	150	200	400	500	1,200
28	Bulldog Turner	10	50	60	80	100	150	▲350	
29	Bill Dudley	10	▲50	▲60	▲80	▲100	▲125	250	
30	Hugh Taylor	8	10	12	20	50	60	100	
31	George Thomas	8	20	25	30	50	60	▲400	
32	Ray Poole	8	10	20	30	50	60	100	
33	Travis Tidwell	8	10	12	20	▲30	150	200	
34	Gail Bruce	8	10	15	50	60	80	100	
35	Joe Perry RC	80	100	125	150	200	400	▲1,000	2,500
36	Frankie Albert RC	8	10	12	25	50	100	200	
37	Bobby Layne	30	60	80	125	150	250	▼300	
38	Leon Hart	8	10	20	25	30	100	250	
39	Bob Hoernschemeyer RC	20	25	30	40	50	60	200	
40	Dick Barwegan RC	8	10	12	20	30	250	300	
41	Adrian Burk RC	8	10	25	30	40	50	▲150	500
42	Barry French	8	10	12	20	40	50	100	
43	Marion Motley RC	200	250	300	600	800	1,200	3,200	
44	Jim Martin	8	10	12	▲50	▲60	80	125	500
45	Otto Graham RC	500	600	800	1,000	2,000	3,200	6,500	1,500
46	Al Baldwin	8	10	12	20	25	40	100	800
47	Larry Coutre	8	10	12	20	25	▼50	125	
48	John Rauch	8	10	12	25	▲40	▲50	100	
49	Sam Tamburo	8	10	12	20	25	50	100	500
50	Mike Swistowicz	8	10	12	20	40	50	100	
51	Tom Fears RC	25	60	▼80	125	150	350	400	1,800
52	Elroy Hirsch RC	▲125	▲150	▲200	▼250	400	600	1,200	4,000
53	Dick Huffman	8	10	12	20	60	80	100	400
54	Bob Gage	8	10	30	40	50	60	100	
55	Buddy Tinsley	8	20	25	30	40	50	150	
56	Bill Blackburn	8	10	12	25	30	40	▲100	
57	John Cochran	8	10	12	20	25	25	80	125
58	Bill Fischer	8	10	12	20	25	40	100	
59	Whitey Wistert	8	10	20	25	30	60	125	
60	Clyde Scott	8	10	12	20	40	60	100	
61	Walter Barnes	8	10	12	20	40	50	100	
62	Bob Perina	8	10	12	20	30	60	100	

#	Player	GD 2	VG 3	VgEx 4	EX 5	ExMt 6	NM 7	NmMt 8	MT 9
63	Bill Wightkin	8	10	12	20	30	▲50	150	
64	Bob Goode	8	10	▲40	▲50	▲60	200	250	500
65	Al Demao	8	10	20	25	30	50	125	
66	Harry Gilmer	8	10	25	30	40	50	125	
67	Bill Austin	8	10	12	30	40	50	100	
68	Joe Scott	8	10	12	20	25	40	100	
69	Tex Coulter	8	10	12	30	40	50	100	600
70	Paul Salata	8	10	12	20	25	50	100	
71	Emil Sitko RC	8	10	12	20	25	50	100	
72	Bill Johnson C	8	10	12	20	25	60	100	
73	Don Doll RC	8	10	12	20	25	50	100	
74	Dan Sandifer	8	10	25	30	40	50	100	
75	John Panelli	8	10	12	20	25	50	60	
76	Bill Leonard	8	10	12	20	40	50	100	
77	Bob Kelly	8	10	20	25	30	40	100	400
78	Dante Lavelli RC	25	80	100	150	200	400	▲1,500	
79	Tony Adamle	8	20	25	40	50	80	250	
80	Dick Wildung	8	10	12	20	50	60	100	
81	Tobin Rote RC	10	12	50	80	150	200	300	
82	Paul Burris	8	10	12	20	40	80	125	
83	Lowell Tew	8	20	25	30	40	50	100	
84	Barney Poole	8	10	12	40	50	60	100	
85	Fred Naumetz	8	10	12	20	25	40	250	
86	Dick Hoerner	8	10	20	25	50	60	100	
87	Bob Reinhard	8	10	12	20	40	50	▲125	
88	Howard Hartley RC	8	10	20	▼40	▼50	▼60	150	
89	Darrell Hogan RC	8	10	12	20	40	60	100	
90	Jerry Shipkey	8	10	12	20	25	60	200	
91	Frank Tripucka	8	10	20	25	30	▲100	▲125	
92	Buster Ramsey RC	8	10	12	20	30	40	100	
93	Pat Harder	8	10	12	20	40	60	100	▲3,500
94	Vic Sears	8	10	12	20	25	40	100	
95	Tommy Thompson QB	8	10	12	60	80	100	200	
96	Bucko Kilroy	8	10	12	30	40	60	125	
97	George Connor	10	30	40	50	60	100	200	
98	Fred Morrison	8	10	12	20	50	60	▲125	
99	Jim Keane RC	8	10	12	20	25	100	200	
100	Sammy Baugh	100	125	▲200	▲250	▲350	400	600	
101	Harry Ulinski	8	10	12	20	25	50	100	
102	Frank Spaniel	8	10	12	20	25	40	100	
103	Charley Conerly	▲30	▲40	▲50	▲60	▲80	100	225	1,000
104	Dick Hensley	8	10	20	25	40	50	100	500
105	Eddie Price	8	30	40	50	80	100	▲200	400
106	Ed Carr	8	10	12	20	25	60	200	
107	Leo Nomellini	12	15	40	50	▲100	125	200	800
108	Verl Lillywhite	8	25	30	40	50	60	100	
109	Wallace Triplett	8	30	40	50	60	80	400	
110	Joe Watson	8	10	12	20	25	80	100	400
111	Cloyce Box RC	8	10	12	20	25	40	100	400
112	Billy Stone	8	20	50	60	80	100	125	
113	Earl Murray	8	10	12	20	25	60	300	
114	Chet Mutryn RC	8	10	20	25	30	50	150	
115	Ken Carpenter	30	40	50	60	80	100	125	400
116	Lou Rymkus RC	8	20	25	30	40	50	▲300	
117	Dub Jones RC	8	10	40	50	100	250	300	
118	Clayton Tonnemaker	8	20	30	40	50	80	100	
119	Walt Schlinkman	8	30	50	60	80	125	150	
120	Billy Grimes	8	10	12	40	50	80	200	
121	George Ratterman RC	8	10	20	30	40	50	100	
122	Bob Mann	8	10	12	20	50	100	125	
123	Buddy Young RC	8	10	12	30	40	80	120	600
124	Jack Zilly	8	10	12	20	40	50	125	500
125	Tom Kalmanir	8	10	12	20	40	50	100	
126	Frank Sinkovitz	8	10	40	50	60	80	200	
127	Elbert Nickel	8	10	12	20	60	80	100	
128	Jim Finks RC	▲40	▲50	80	100	125	200	300	
129	Charley Trippi	12	15	30	▲125	▲150	▲200	▲300	
130	Tom Wham	8	10	▲20	▲25	▲30	50	▲125	
131	Ventan Yablonski	8	10	12	20	25	40	100	
132	Chuck Bednarik	20	25	80	100	125	150	350	
133	Joe Muha	8	20	25	30	40	50	125	
134	Pete Pihos	12	15	40	60	80	150	200	400
135	Washington Serini	8	10	12	20	40	50	150	
136	George Gulyanics	8	10	12	30	100	125	300	
137	Ken Kavanaugh	8	10	20	25	50	60	150	
138	Howie Livingston	8	10	12	20	40	50	100	
139	Joe Tereshinski	8	10	12	20	30	100	200	
140	Jim White	▲15	▲30	40	100	200	500	1,000	
141	Gene Roberts	8	10	12	20	40	50	150	
142	Bill Swiacki	8	10	12	20	30	40	200	
143	Norm Standlee	8	20	25	30	40	50	200	
144	Knox Ramsey RC	25	40	60	80	150	250	2,000	

— Chuck Bednarik #132 PSA 9 (MT) sold for $1,410 (eBay; 4/11)
— Chuck Bednarik #132 SGC 98 (Gem Mt) sold for $1,004 (eBay; 7/09)
— Tony Canadeo #9 PSA 8.5 (NmMt+) sold for $1,214 (Mile High; 3/09)
— Glenn Davis #16 PSA 9 (MT) sold for $1,526 (Memory Lane; 12/07)
— Jim Finks RC #128 PSA 9 (Mint) sold for $810.94 (eBay; 5/12)
— Otto Graham #45 PSA 8.5 (NmMt+) sold for $1,853 (Goodwin; 5/08)
— John Greene #2 PSA 9 (Mint) sold for $1,278 (eBay; 12/12)
— Lou Groza #6 PSA 10 (Gem Mint) sold for $4,918 (eBay; 01/13)
— Lou Groza #6 PSA 9 (Mint) sold for $1,444 (eBay; 11/12)
— Lou Groza #6 PSA 9 (Mint) sold for $1,700 (Memory; 05/13)
— Lou Groza #6 PSA 9 (Mint) sold for $4,030 (eBay; 09/16)
— Howard Hartley #88 PSA 9 (Mint) sold for $1,229 (eBay; 08/13)
— Elroy Hirsch #52 PSA 10 (Gem Mt) sold for $4,481 (Legendary; 8/11)
— Elroy Hirsch #52 PSA 9 (Mint) sold for $3,976 (Goodwin; 2/09)
— Elroy Hirsch #52 PSA 9 (Mint) sold for $2,700 (eBay; 3/05)
— Dub Jones #117 PSA 9 (MT) sold for $791.27 (eBay; 1/14)
— Johnny Lujack #26 PSA 9 (MT) sold for $1,218 (Memory Lane; 12/07)
— Marion Motley #43 PSA 9 (MT) sold for $6,600 (Mastro; 12/08)
— Marion Motley #43 PSA 9 (MT) sold for $2,030 (eBay; 4/11)
— Marion Motley #43 PSA 9 (MT) sold for $2,221 (eBay; 2/12)
— Vic Sears #94 PSA 9 (Mint) sold for $1076.5 (eBay; 7/12)
— Mac Speedie #8 PSA 10 (Gem MT) sold for $3,471 (Mile High; 1/07)
— Billy Stone #112 PSA 9 (Mint) sold for $718 (eBay; 11/07)
— George Taliaferro #14 PSA 9 (Mint) sold for $1596 (eBay; 08/13)
— Y.A. Tittle #5 SGC 9 (MT) sold for $4,200 (Mastro; 5/08)
— Steve Van Buren #23 PSA 9 (MT) sold for $1,108 (Mastro, 2/07)
— Doak Walker #1 PSA 8 (NmMt) sold for $3,585 (Legendary, 8/11)
— Doak Walker #1 SGC 8.5 (NmMt+) sold for $2,839 (Memory Lane, 5/08)
— Bob Waterfield #17 PSA 9 (MT) sold for $997 (eBay, 11/07)
— Bob Waterfield #17 PSA 9 (Mint) sold for $983.55 (eBay; 9/12)

1949 Topps Felt Backs

#	Player	PrFr 1	GD 2	VG 3	VgEx 4	EX 5	ExMt 6	NM 7	NmMt 8
1	Lou Allen	10	15	25	40	60			
2	Morris Bailey	10	15	25	40	50	80		
3	George Bell	10	15	25					
4	Lindy Berry HOR	10	15	25	40	60			
5B	Mike Boldin Yel	25	30	50	60	80	125		
6B	Bernie Botula Yel	25	30	50	60	80	125		
7	Bob Bowlby	10	15	25	40	50	80		
8	Bob Bucher	10	15	25	40	50	80		
9B	Al Burnett Yel	25	30	50	60	80			
10	Don Burson	10	15	25	40	60			
11	Paul Campbell	10	15	25	40	50	80		
12	Herb Carey	10	15	25	40	50	80		
13B	Bimbo Cecconi Yel	25	30	50	60	80	125		
14	Bill Chauncey	10	15	25	40	60			
15	Dick Clark	10	15	25	40	50	80		
16	Tom Coleman	10	15	25	40	50	80		
17	Billy Conn	10	15	25	40	60			
18	John Cox	10	15	25	40	60			
19	Lou Creekmur RC	50	60	100	150	300			
20	Richard Glen Davis RC	15	20	30	50	75			
21	Warren Davis	10	15	25	40	50	80		
22	Bob Deuber	10	15	25	40	50	80		
23	Ray Dooney	10	15	25	40	50	80		
24	Tom Dublinski	15	20	30	50	75			
25	Jeff Fleischman	10	15	25	40	60			
26	Jack Friedland	10	15	25	40	60			
27	Bob Fuchs	10	15	25	40	60			
28	Arnold Galiffa RC	15	20	30	50	60	100		
29	Dick Gilman	10	15	25	40	50	80		
30A	Frank Gitschier Brn	25	30	50	60	80	125		
30B	Frank Gitschier Yel	25	30	50	60	80	125		
31	Gene Glick	10	15	25	40	50	80		
32	Bill Gregus	10	15	25	40	50	80		
33	Harold Hagan	10	15	25	40	80			
34	Charles Hall	10	15	25	40	60			
35A	Leon Hart Brn	50	60	100	150	200	350		
35B	Leon Hart Yel	50	60	100	150	200	350		
36B	Bob Hester Yel	25	30	50	60	80	150		
37	George Hughes	10	15	25	40	60			
38	Levi Jackson	15	20	30	50	60	100		
39A	Jack Jensen Brn	60	80	135	175	250	500		
39B	Jack Jensen Yel	60	80	135	175	250	500		

		PrFr 1	GD 2	VG 3	VgEx 4	EX 5	ExMt 6	NM 7	NmMt 8
40	Charlie Justice	30	40	60	80	100			
41	Gary Kerkorian	10	15	25	40	60			
42	Bernie Krueger	10	15	25	40	50	80		
43	Bill Kuhn	10	15	25	40	60			
44	Dean Laun	10	15	25	40	60			
45	Chet Leach	10	15	25	40	50	80		
46B	Bobby Lee Yel	25	30	50	60	80			
47	Roger Lehew	10	15	25	40	50	80		
48	Glenn Lippman	10	15	25	40	50	80		
49	Melvin Lyle	10	15	25	40	50	80		
50	Len Makowski	10	15	25	40	50	80		
51B	Al Malekoff Yel	25	30	50	60	80			
52B	Jim Martin Yel	30	40	60	80	100			
53	Frank Mataya	10	15	25	40	60			
54B	Ray Mathews Yel RC	30	40	60	80	100	150		
55B	Dick McKissack Yel	25	30	50	60	80	125		
56	Frank Miller	10	15	25	40	50	80		
57B	John Miller Yel	25	30	50	60	80	125		
58	Ed Modzelewski RC	15	20	30	50	80	125		
59	Don Mouser	10	15	25	40	60			
60	James Murphy	10	15	25	40	60			
61A	Ray Nagle Brn	25	30	50	60	80	150		
61B	Ray Nagle Yel	25	30	50	60	80	150		
62	Leo Nomellini	60	80	125	200	350	500		
63	James O'Day	10	15	25	40				
64	Joe Paterno RC	400	500	600	800	1,200	2,000		
65	Andy Pavich	10	15	25	40	50	80		
66A	Pete Perini Brn	25	30	50	60	80			
66B	Pete Perini Yel	25	30	50	60	80			
67	Jim Powers	10	15	25	40	60			
68	Dave Rakestraw	10	15	25	40	50	80		
69	Herb Rich	10	15	25	40	50	80		
70	Fran Rogel RC	10	15	25	40	60			
71A	Darrell Royal Brn RC	175	225	350					
71B	Darrell Royal Yel RC	150	200	300	500				
72	Steve Sawle	10	15	25	40	50	80		
73	Nick Sebek	10	15	25	40	60			
74	Herb Seidell	10	15	25	40	50	80		
75B	Charles Shaw Yel	25	30	50	60	80			
76A	Emil Sitko Brn RC	25	30	50	60	80	125		
76B	Emil Sitko Yel RC	25	30	50	60	80	125		
77	Butch Songin RC	15	20	30	50	60	100		
78A	Mariano Stalloni Brn	25	30	50	60	80			
78B	Mariano Stalloni Yel	25	30	50	60	80			
79	Ernie Stautner RC	60	80	125	200	300	400		
80	Don Stehley	10	15	25	40	60			
81	Gil Stevenson	10	15	25	40	50	80		
82	Bishop Strickland	10	15	25	40	50	80		
83	Harry Szulborski	10	15	25	40	60			
84A	Wally Teninga Brn	25	30	50	60	80			
84B	Wally Teninga Yel	25	30	50	60	80			
85	Clayton Tonnemaker	10	15	25	40	50	80		
86A	Dan Towler Brn RC	60	80	125	175	250			
86B	Dan Towler RC Yel	60	80	125	175	250			
87A	Bert Turek Brn	25	30	50	60	80			
87B	Bert Turek Yel	25	30	50	60	80			
88	Harry Ulinski	10	15	25	40	60			
89	Leon Van Billingham	10	15	25	40	60			
90	Langdon Viracola	10	15	25	40	60			
91	Leo Wagner	10	15	25	40	50	80		
92A	Doak Walker Brn	150	200	300					
92B	Doak Walker Yel	125	150	250	350	500			
93	Jim Ward	10	15	25	40	60			
94	Art Weiner	10	15	25	40	50	80		
95	Dick Weiss	10	15	25	40	50	80		
96	Froggie Williams	10	15	25	40	50	80		
97	Robert (Red) Wilson	10	15	25	40	50	80		
98	Roger Red Wilson	10	15	25	40	60	80		
99	Carl Wren	10	15	25	40				
100A	Pete Zinaich Brn	25	30	50	60	80	125		
100B	Pete Zinaich Yel	25	30	50	60	80	125		

- Len Makowski PSA 8 (NmMt) sold for $1,035 (Huggins&Scott; 4/08)
- Joe Paterno PSA 7 (NrMt) sold for $5,215 (eBay; 10/11)
- Joe Paterno PSA 7 (NrMt) sold for $2,714.51 (eBay; 11/13)
- Joe Paterno RC #64 PSA 8 (NM/MT) sold for $9124.8 (SCP; 5/12)
- Darrell Royal Yel PSA 5 (NmMt) sold for $1,265 (Huggins&Scott; 4/08)
- Wally Teninga Yel PSA 7 (NM) sold for $431 (Huggins&Scott; 4/08)
- Dan Towler Yel PSA 8 (NmMt) sold for $1,305 (eBay; 12/08)
- Bert Turek Yel PSA 7 (NM) sold for $431 (Huggins&Scott; 4/08)
- Doak Walker Brn SGC 6 (ExNm) sold for $700 (eBay; 1/08)

1951 Bowman

		GD 2	VG 3	VgEx 4	EX 5	ExMt 6	NM 7	NmMt 8	MT 9
1	Weldon Humble RC	12	20	25	40	60	200	800	
2	Otto Graham	80	100	125	150	250	300	1,200	
3	Mac Speedie	5	25	▲60	▲80	▲100	▲125	300	
4	Norm Van Brocklin RC	100	200	250	300	600	▲1,000	3,000	
5	Woodley Lewis RC	5	8	10	40	50	60	100	
6	Tom Fears	6	10	12	30	60	100	200	
7	George Musacco	5	8	10	15	30	30	100	
8	George Taliaferro	5	8	10	15	80	100	200	
9	Barney Poole	5	12	15	20	25	30	150	
10	Steve Van Buren	8	30	40	50	80	100	200	
11	Whitey Wistert	5	8	10	20	40	100		
12	Chuck Bednarik	10	15	20	40	150	200	▲500	
13	Bulldog Turner	6	10	50	80	125	150	300	
14	Bob Williams	5	8	15	20	25	50	100	
15	Johnny Lujack	8	12	15	30	40	80	150	
16	Roy Rebel Steiner	5	20	25	30	50	60	200	
17	Jug Girard	5	8	25	30	40	50	125	
18	Bill Neal	5	8	20	25	30	80	100	
19	Travis Tidwell	5	8	10	15	20	30	125	
20	Tom Landry RC	250	300	400	600	800	1,500	2,500	4,000
21	Arnie Weinmeister RC	8	60	80	100	150	300	▲500	
22	Joe Geri	5	8	10	15	20	30	100	
23	Bill Walsh C RC	20	25	30	40	80	150	200	
24	Fran Rogel	5	8	10	25	30	40	100	
25	Doak Walker	8	40	▲100	▲125	▲150	200	300	
26	Leon Hart	5	15	20	30	25	50	150	
27	Thurman McGraw	5	8	10	25	40	50	100	
28	Buster Ramsey	10	12	15	20	25	30	80	
29	Frank Tripucka	5	8	25	30	40	50	80	
30	Don Paul DB	5	8	10	15	20	30	80	
31	Alex Loyd	5	8	10	15	25	40	100	
32	Y.A.Tittle	20	60	80	100	125	300	500	1,500
33	Verl Lillywhite	5	8	10	15	20	50	100	
34	Sammy Baugh	80	100	150	200	250	500	600	
35	Chuck Drazenovich	5	8	10	15	40	50	100	
36	Bob Goode	5	8	20	25	30	40	125	
37	Horace Gillom RC	5	8	25	30	40	100	125	
38	Lou Rymkus	5	8	10	15	20	30	100	
39	Ken Carpenter	5	8	10	20	30	50	250	
40	Bob Waterfield	10	15	50	80	100	125	400	
41	Vitamin Smith RC	5	8	10	15	30	40	80	
42	Glenn Davis	8	12	15	40	50	60	200	
43	Dan Edwards	5	8	10	15	25	40	200	
44	John Rauch	5	8	10	15	20	30	100	
45	Zollie Toth	5	8	10	15	20	40	▼150	
46	Pete Pihos	8	12	15	25	40	80	200	
47	Russ Craft	5	8	10	15	40	50	80	
48	Walter Barnes	5	8	10	30	20	60	80	
49	Fred Morrison	5	8	10	15	25	▲50	100	
50	Ray Bray	5	8	10	25	30	40	125	500
51	Ed Sprinkle RC	5	8	150	200	250	300	800	
52	Floyd Reid	5	8	10	50	60	80	100	
53	Billy Grimes	5	8	10	15	60	80	300	
54	Ted Fritsch Sr.	20	25	30	40	50	60	300	
55	Al DeRogatis	5	8	10	25	30	60	100	
56	Charley Conerly	10	15	20	30	50	100	125	800
57	Jon Baker	5	8	10	15	30	40	100	
58	Tom McWilliams	5	8	10	15	20	30	100	
59	Jerry Shipkey	5	8	10	15	30	50	100	
60	Lynn Chandnois RC	5	8	10	20	30	▲50	100	
61	Don Doll	5	8	30	40	50	60	100	
62	Lou Creekmur	15	30	50	100	125	200	500	
63	Bob Hoernschemeyer	5	20	25	30	40	50	100	
64	Tom Wham	5	12	15	20	40	50	100	
65	Bill Fischer	5	8	10	25	30	40	100	
66	Robert Nussbaumer	5	8	10	15	30	40	80	
67	Gordy Soltau RC	5	8	10	15	20	80	▲200	
68	Visco Grgich	5	8	20	30	40	50	150	
69	John Strzykalski RC	5	8	20	25	30	40	100	
70	Pete Stout	5	8	10	15	20	30	100	
71	Paul Lipscomb	5	15	20	25	80	100	125	
72	Harry Gilmer	8	20	25	30	40	80	125	
73	Dante Lavelli	30	40	60	80	100	300	1,000	
74	Dub Jones	5	8	10	15	40	60	300	
75	Lou Groza	15	20	50	60	80	100	400	

#	Player	GD 2	VG 3	VgEx 4	EX 5	ExMt 6	NM 7	NmMt 8	MT 9
76	Elroy Hirsch	10	60	80	100	125	200	▲350	
77	Tom Kalmanir	5	8	10	15	20	40	100	
78	Jack Zilly	5	8	10	15	80	100	150	
79	Bruce Alford	5	8	10	30	40	50	200	
80	Art Weiner	5	8	10	15	40	50	100	
81	Brad Ecklund	5	8	10	15	20	40	200	
82	Bosh Pritchard	5	8	10	15	20	30	▲80	
83	John Green	5	8	10	25	30	40	100	
84	Ebert Van Buren	5	8	▲20	▲25	50	60	80	
85	Julie Rykovich	5	8	10	25	30	40	100	
86	Fred Davis	5	8	10	15	50	60	80	
87	John Hoffman RC	5	8	10	15	20	80	100	
88	Tobin Rote	5	8	10	50	60	100	150	
89	Paul Burris	10	12	15	20	25	50	100	
90	Tony Canadeo	▲50	▲80	▲90	▲100	▼150	▼200	500	
91	Emlen Tunnell RC	50	▲100	150	250	350	600	2,000	
92	Otto Schnellbacher RC	5	8	10	30	50	60	150	
93	Ray Poole	5	8	15	20	30	40	100	
94	Darrell Hogan	5	8	10	15	20	30	80	
95	Frank Sinkovitz	15	20	25	30	40	50	100	
96	Ernie Stautner	40	80	100	125	150	▲300	500	
97	Elmer Bud Angsman	5	8	10	15	30	40	100	
98	Jack Jennings	5	8	15	20	20	60	100	
99	Jerry Groom	5	8	10	15	20	30	▲150	
100	John Prchlik	5	8	10	15	40	50	100	
101	J. Robert Smith	5	8	10	25	40	50	▲125	
102	Bobby Layne	20	60	80	▲125	▲150	▲300	350	
103	Frankie Albert	5	8	10	15	25	40	120	
104	Gail Bruce	5	8	10	15	30	60	100	
105	Joe Perry	10	30	40	50	60	80	▲250	
106	Leon Heath	5	15	20	25	30	50	100	
107	Ed Quirk	5	8	10	15	20	30	100	
108	Hugh Taylor	5	8	10	25	30	80	100	
109	Marion Motley	12	80	100	150	250	400	500	
110	Tony Adamle	5	8	10	15	25	40	▼80	
111	Alex Agase	5	8	10	15	20	50	100	
112	Tank Younger	5	8	10	40	50	100	150	
113	Bob Boyd	5	8	10	15	40	50	100	
114	Jerry Williams	5	8	10	30	40	50	200	
115	Joe Golding	5	8	15	20	30	40	100	
116	Sherman Howard	5	8	10	15	50	80	100	
117	John Wozniak	5	8	10	15	20	50	150	
118	Frank Reagan	5	8	10	15	40	50	100	
119	Vic Sears	5	8	10	15	40	50	100	
120	Clyde Scott	5	8	10	15	20	80	200	
121	George Gulyanics	5	15	20	25	40	60	100	
122	Bill Wightkin	5	8	10	15	20	30	125	
123	Chuck Hunsinger	5	8	10	15	20	▲50	100	
124	Jack Cloud	5	8	10	15	20	60	▲250	
125	Abner Wimberly	5	8	10	▲25	30	40	200	
126	Dick Wildung	5	8	10	30	50	▲250	400	
127	Eddie Price	5	8	10	15	30	40	150	
128	Joe Scott	5	8	10	15	50	60	100	
129	Jerry Nuzum	5	8	10	15	▲30	▲40	100	
130	Jim Finks	5	15	20	25	50	60	▲200	
131	Bob Gage	5	8	10	15	20	30	100	
132	Bill Swiacki	5	8	10	15	20	30	100	
133	Joe Watson	5	8	10	15	50	60	125	
134	Ollie Cline	5	8	10	15	40	50	100	
135	Jack Lininger	5	8	10	▲40	▲50	▲60	175	
136	Fran Polsfoot	20	25	30	40	50	60	125	
137	Charley Trippi	6	40	50	60	80	100	250	
138	Ventan Yablonski	5	8	10	15	30	40	150	
139	Emil Sitko	5	8	10	15	20	40	125	
140	Leo Nomellini	8	12	40	50	100	125	250	
141	Norm Standlee	5	8	10	15	20	▲40	100	
142	Eddie Saenz	5	8	15	20	▲30	▲40	250	
143	Al Demao	5	8	10	15	20	50	120	
144	Bill Dudley	20	40	60	100	100	▲250	1,500	

— Sammy Baugh #34 SGC 96 (MT) sold for $1,440 (Mastro; 5/08)
— Chuck Bednarik #12 PSA 9 (MT) sold for $897 (eBay; 2/10)
— Tony Canadeo #12 PSA 9 (MT) sold for $1,780 (Mile High; 6/10)
— Lou Creekmur #34 PSA 9 (MT) sold for $2,640 (Mastro; 7/08)
— Al DeRogatis #55 PSA 9 (Mint) sold for $747.5 (eBay; 7/12)
— Bill Dudley #144 PSA 9 (MT) sold for $6,087 (Memory Lane; 5/08)
— Bill Dudley #144 PSA 9 (MT) sold for $3,245 (Mile High; 1/07)
— Dan Edwards #43 PSA 9 (MT) sold for $1,225 (Mastro; 3/08)
— Elroy Hirsch #76 PSA 9 (MT) sold for $2,520 (eBay; 11/06)
— Weldon Humble #1 PSA 9 (MT) sold for $3,386 (Memory Lane; 12/06)
— Tom Landry #20 PSA 10 (Gem MT) sold for $16,286 (Mile High; 11/10)
— Tom Landry #20 PSA 10 (Gem MT) sold for $22,130 (eBay; 7/16)
— Tom Landry #20 PSA 9 (MT) sold for $5,407 (Mastro; 12/07)
— Tom Landry #20 PSA 9 (Gem MT) sold for $4483 (eBay; 10/14)
— Bobby Layne #102 PSA 9 (MT) sold for $1,350 (eBay; 2/10)
— Woodley Lewis #5 PSA 9 (MT) sold for $1,187 (Memory Lane; 5/08)
— Floyd Reid #52 PSA 9 (MT) sold for $1,148 (eBay; 8/07)
— Ernie Stautner #96 PSA 9 (MT) sold for $3,976 (Goodwin; 2/10)
— Ernie Stautner #96 PSA 9 (MT) sold for $3,900 (eBay; 4/09)
— Ernie Stautner #96 SGC 9 (MT) sold for $1,136 (Mile High; 10/09)
— Norm Van Brocklin #4 PSA 9 (MT) sold for $8063 (eBay; 11/14)
— Norm Van Brocklin #4 SGC 9 (MT) sold for $2,250 (eBay; 11/09)
— Norm Van Brocklin #4 SGC 8.5 (NmMt+) sold for $1,560 (Mastro; 5/08)
— Norm Van Brocklin #4 PSA 8.5 (NmMt+) sold for $2,554.95 (eBay; 2/14)
— Steve Van Buren #10 PSA 9 (MT) sold for $1,614 (eBay; 11/07)
— Arnie Weinmeister #21 PSA 9 (MT) sold for $1,242 (Mile High; 5/11)
— Arnie Weinmeister #21 PSA 9 (MT) sold for $1,481 (eBay; 2/14)

1951 Topps Magic

#	Player	PrFr 1	GD 2	VG 3	VgEx 4	EX 5	ExMt 6	NM 7	NmMt 8
1	Jimmy Monahan RC	5	6	8	12	25	50		
2	Bill Wade RC	8	60	80	100	200	250		
3	Bill Reichardt	5	5	5	10	20	40		
4	Babe Parilli RC	8	25	30	40	50	75	350	
5	Billie Burkhalter	5	5	5	10	20	40		
6	Ed Weber	5	5	20	25	30	40		
7	Tom Scott	5	5	6	12	25	50		
8	Frank Guthridge	5	5	5	10	20	40	150	
9	John Karras	5	5	5	10	20	40		
10	Vic Janowicz RC	40	60	80	100	300	400	1,000	
11	Lloyd Hill	5	▲10	▲12	15	25	40	150	
12	Jim Weatherall RC	5	5	6	12	25	50	100	
13	Howard Hansen	5	5	5	10	▲30	40		
14	Lou D'Achille	5	5	5	10	20	60		
15	Johnny Turco	5	5	5	10	20	40		
16	Jerrell Price	5	5	5	10	60	80		
17	John Coatta	5	5	5	10	20	40		
18	Bruce Patton	5	5	5	10	20	40		
19	Marion Campbell RC	6	8	12	20	35	60		
20	Blaine Earon	5	5	5	10	20	40		
21	Dewey McConnell	5	5	5	10	20	40		
22	Ray Beck	5	5	5	10	20	40		
23	Jim Prewett	5	5	5	10	30	40	150	
24	Bob Steele	5	5	5	10	50	60	150	
25	Art Betts	5	5	5	10	20	40		
26	Walt Trillhaase	5	5	5	25	30	40		
27	Gil Bartosh	5	5	5	10	20	40		
28	Bob Bestwick	5	5	5	10	30	40		
29	Tom Rushing	5	5	5	10	30	100		
30	Bert Rechichar RC	6	8	10	15	30	40	50	
31	Bill Owens	5	5	5	10	20	40		
32	Mike Goggins	5	5	5	10	20	40		
33	John Petitbon	5	5	5	▲40	▲50	▲60		
34	Byron Townsend	5	5	5	10	30	40	150	
35	Ed Rotticci	5	5	5	10	20	40		
36	Steve Wadiak	5	5	5	10	20	40		
37	Bobby Marlow RC	5	5	6	12	40	50		
38	Bill Fuchs	5	5	5	10	20	40		
39	Ralph Staub	5	5	▲15	10	20	40		
40	Bill Vesprini	5	5	5	10	20	40		
41	Zack Jordan	5	5	5	10	20	40		
42	Bob Smith RC	5	5	6	12	25	50		
43	Charles Hanson	5	5	5	10	20	40		
44	Glenn Smith	5	5	▲8	10	20	40		
45	Armand Kitto	5	5	5	▲12	20	40		
46	Vinnie Drake	5	5	5	10	20	40	150	
47	Bill Putich RC	5	5	5	10	20	40		
48	George Young RC	6	8	50	60	80	100		
49	Don McRae	5	5	15	20	30	40		
50	Frank Smith RC	5	5	5	10	20	40		
51	Dick Hightower	5	5	▲12	▲15	20	40		
52	Clyde Pickard	5	5	5	10	30	40		
53	Bob Reynolds HB	5	5	6	12	25	50		
54	Dick Gregory	5	5	5	10	20	40		
55	Dale Samuels	5	5	5	10	20	40		
56	Gale Galloway	5	5	15	20	25	40		
57	Vic Pujo	5	5	5	10	20	40		
58	Dave Waters	5	5	5	10	20	40		

#	Player	PrFr 1	GD 2	VG 3	VgEx 4	EX 5	ExMt 6	NM 7	NmMt 8
59	Joe Ernest	5	5	5	10	20	40		
60	Elmer Costa	5	5	5	10	20	40		
61	Nick Liotta	5	5	5	10	20	40		
62	John Dottley	5	5	5	10	20	40		
63	Hi Faubion	5	5	5	10	20	40		
64	David Harr	5	5	5	10	20	40		
65	Bill Matthews	5	5	5	10	20	40		
66	Carroll McDonald	5	5	5	10	20	40		
67	Dick Dewing	5	5	5	10	30	40		
68	Joe Johnson RB	5	5	5	10	20	▲60		
69	Arnold Burwitz	5	5	▲10	▲12	30	40		
70	Ed Dobrowolski	5	5	5	10	20	40		
71	Joe Dudeck	5	5	5	10	20	40		
72	Johnny Bright RC	5	5	6	12	25	50		
73	Harold Loehlein	5	5	5	10	20	35		
74	Lawrence Hairston	5	5	5	10	25	40		
75	Bob Carey RC	5	5	6	12	25	50		

— Bill Wade #2 PSA 7 (NrMt) sold for $565 (eBay; 10/07)
— Bob Carey #75 PSA 7 (NrMt) sold for $1,260 (eBay; 11/07)

1952 Bowman Large

#	Player	GD 2	VG 3	VgEx 4	EX 5	ExMt 6	NM 7	NmMt 8	MT 9
1	Norm Van Brocklin SP	▲80	150	500	600	800	1,000	2,800	
2	Otto Graham	80	100	125	250	400	500	1,400	
3	Doak Walker	30	40	60	125	150	300	500	
4	Steve Owen CO RC	10	15	40	▲80	125	200	500	
5	Frankie Albert	6	10	20	25	80	100	200	
6	Laurie Niemi RC	5	8	12	20	40	150	175	
7	Chuck Hunsinger	5	8	12	20	80	100	200	
8	Ed Modzelewski	6	10	12	20	▲80	▲100	250	
9	Joe Spencer SP RC	15	40	50	150	200	300		
10	Chuck Bednarik SP	60	80	100	150	350	500	1,200	
11	Barney Poole	5	8	12	20	40	▲200	225	
12	Charley Trippi	10	15	18	60	80	100	350	
13	Tom Fears	10	15	40	60	80	200	300	
14	Paul Brown CO RC	▲125	150	200	250	▲350	600	1,800	
15	Leon Hart	8	12	15	25	40	100	200	
16	Frank Gifford RC	200	250	400	600	800	1,000	2,500	6,000
17	Y.A.Tittle	40	60	80	125	250	350	800	
18	Charlie Justice SP	30	50	125	150	250	400	1,500	
19	George Connor SP	30	▲100	▲125	▲150	▲200	300	1,200	
20	Lynn Chandnois	5	8	12	20	40	60	225	
21	Billy Howton RC	6	10	12	150	200	250	400	
22	Kenneth Snyder RC	5	8	12	20	40	60	225	
23	Gino Marchetti RC	▲80	▲100	▲125	200	250	600	2,000	
24	John Karras	5	8	12	20	40	▲150	225	
25	Tank Younger	6	10	12	20	100	125	▼250	
26	Tommy Thompson LB RC	5	8	12	20	80	150	400	
27	Bob Miller SP RC	▼60	▼80	▼100	250	350	500		
28	Kyle Rote SP RC	30	▲100	▲125	▲150	200	600	800	
29	Hugh McElhenny RC	40	60	200	▲300	▲350	600	2,200	
30	Sammy Baugh	50	▲150	▲200	250	300	500	2,000	
31	Jim Dooley RC	6	10	12	20	40	60	300	
32	Ray Mathews	5	8	12	20	40	80	200	
33	Fred Cone RC	5	8	12	80	100	125	225	
34	Al Pollard RC	5	8	25	30	40	80	400	
35	Brad Ecklund	5	8	12	20	40	60	250	
36	John Hancock SP RC	100	150	250	400	1,200	1,500		
37	Elroy Hirsch SP	60	80	125	200	300	500	600	
38	Keever Jankovich RC	5	8	12	50	60	80	175	
39	Emlen Tunnell	12	20	40	50	▲125	200	400	
40	Steve Dowden RC	5	8	12	20	60	80	200	
41	Claude Hipps RC	5	8	12	20	60	80	200	
42	Norm Standlee	5	8	12	80	100	125	150	
43	Dick Todd CO RC	5	8	12	20	40	80	200	
44	Babe Parilli	6	10	60	100	125	250	400	
45	Steve Van Buren SP	50	60	80	200	500	600		
46	Art Donovan SP RC	100	150	200	300	250	▲600	1,200	
47	Bill Fischer	5	8	12	20	40	60	175	
48	George Halas CO RC	100	125	▲300	▲400	600	800	800	
49	Jerrell Price	5	8	12	20	40	60	100	
50	John Sandusky RC	5	8	12	40	50	200	250	
51	Ray Beck	5	8	12	50	60	80	175	
52	Jim Martin	6	10	12	40	50	100	200	
53	Joe Bach CO RC	5	8	12	20	60	80	175	
54	Glen Christian SP RC	15	25	60	80	200	1,200		
55	Andy Davis SP RC	15	25	30	50	80	100	400	
56	Tobin Rote	6	40	50	125	150	250	▲600	

#	Player	GD 2	VG 3	VgEx 4	EX 5	ExMt 6	NM 7	NmMt 8	MT 9
57	Wayne Millner CO RC	15	25	80	100	125	300	1,000	
58	Zollie Toth	5	8	12	20	40	100	200	
59	Jack Jennings	5	8	12	20	40	60	175	
60	Bill McColl RC	5	8	12	20	80	125	200	
61	Les Richter RC	50	80	125	150	200	400	500	
62	Walt Michaels RC	6	10	▲60	▲80	▲100	▲125	350	
63	Charley Conerly SP	200	300	500	600	1,200	1,500	2,500	
64	Howard Hartley SP	15	20	25	50	75	150	400	
65	Jerome Smith RC	5	8	12	▲40	▲50	60	200	
66	James Clark RC	5	8	12	20	40	60	300	
67	Dick Logan RC	5	8	12	40	50	80	250	
68	Wayne Robinson RC	5	8	12	20	40	60	200	
69	James Hammond RC	5	8	12	50	60	80	350	
70	Gene Schroeder RC	5	8	12	20	80	400	500	
71	Tex Coulter	6	20	80	100	125	250	300	
72	John Schweder SP RC	125	150	350	450	1,000	1,200		
73	Vitamin Smith SP	30	▼40	▼50	▼60	125	400	500	
74	Joe Campanella RC	8	12	15	25	40	▲100	150	
75	Joe Kuharich CO RC	8	12	15	25	40	100	250	
76	Herman Clark RC	8	12	15	25	40	80	250	
77	Dan Edwards	8	12	15	25	40	80	250	
78	Bobby Layne	40	60	80	150	200	250	600	
79	Bob Hoernschemeyer	8	12	15	25	40	80	200	
80	John Carr Blount RC	8	12	15	25	40	80	200	
81	John Kastan SP RC	30	50	60	80	100	250	500	
82	Harry Minarik SP RC	30	50	60	150	200	225	500	
83	Joe Perry	15	50	60	80	▲125	150	450	
84	Buddy Parker CO RC	8	12	25	30	60	200	250	
85	Andy Robustelli RC	25	▲80	125	150	300	400	1,500	
86	Dub Jones	8	12	20	50	60	80	400	
87	Mal Cook RC	8	12	15	25	▲60	80	250	
88	Billy Stone	8	12	15	25	▲60	80	200	
89	George Taliaferro	8	12	15	25	50	100	175	
90	Thomas Johnson SP RC	30	80	100	200	250	400	▲4,000	
91	Leon Heath SP	20	30	40	60	80	150	300	
92	Pete Pihos	12	20	25	40	75	▲200	300	
93	Fred Benners RC	8	12	15	▲50	100	80	250	
94	George Tarasovic RC	12	20	25	30	50	80	250	
95	Buck Shaw CO RC	8	12	15	25	40	80	200	
96	Bill Wightkin	8	12	15	50	200	250		
97	John Wozniak	8	12	15	25	40	▲100	200	
98	Bobby Dillon RC	8	150	200	250	600	800	3,000	
99	Joe Stydahar SP RC	200	400	500	800	1,000	1,200	3,000	
100	Dick Alban SP RC	30	50	▼60	▼80	150	250	600	
101	Arnie Weinmeister	10	15	18	80	100	125	400	
102	Bobby Cross RC	8	12	15	50	60	100	350	
103	Don Paul DB	8	12	15	25	50	80	400	
104	Buddy Young	10	15	18	30	40	80	250	
105	Lou Groza	20	30	60	100	125	200	600	
106	Ray Pelfrey RC	8	12	15	30	80	100	350	
107	Maurice Nipp RC	8	12	15	25	80	100	400	
108	Hubert Johnston SP RC	200	250	300	550	600	800	2,500	
109	Vol.Quinlan SP RC	20	30	40	80	100	250	450	
110	Jack Simmons RC	8	12	15	25	40	80	120	
111	George Ratterman	8	12	15	40	▲100	200		
112	John Badaczewski RC	8	12	15	25	40	80	200	
113	Bill Reichardt	8	12	15	25	80	▲200	▲250	
114	Art Weiner	25	30	40	50	60	80	200	
115	Keith Flowers RC	8	12	15	25	40	80	200	
116	Russ Craft	8	12	15	40	50	▲150	150	
117	Jim O'Donahue SP RC	30	50	60	100	135	250	800	
118	Darrell Hogan SP	20	50	60	80	100	150	500	
119	Frank Ziegler RC	8	12	15	▲40	▲50	80	150	
120	Dan Towler	10	15	18	30	60	150	250	
121	Fred Williams RC	8	12	15	25	100	125	800	
122	Jimmy Phelan CO RC	8	12	15	25	50	100	▲250	
123	Eddie Price	8	12	15	40	50	▲125	250	
124	Chet Ostrowski RC	8	12	15	25	60	100	200	
125	Leo Nomellini	12	20	40	50	125	150	▲500	
126	Steve Romanik SP RC	50	60	80	250	300	400	2,000	
127	Ollie Matson SP RC	100	150	▲250	▼400	600	1,000	3,800	
128	Dante Lavelli	12	20	25	▲60	125	400	800	
129	Jack Christiansen RC	30	50	100	200	250	600	1,000	
130	Dom Moselle RC	8	25	30	40	80	300	800	
131	John Rapacz RC	8	12	15	40	80	125	300	
132	Chuck Ortmann UER RC	8	12	15	25	80	80	500	
133	Bob Williams	8	12	15	25	60	100	500	
134	Chuck Ulrich RC	8	12	15	60	80	125	300	
135	Gene Ronzani CO SP RC	200	450	600	800	1,000	2,000	3,000	

		GD 2	VG 3	VgEx 4	EX 5	ExMt 6	NM 7	NmMt 8	MT 9
136	Bert Rechichar SP	25	40	50	125	250	250	600	
137	Bob Waterfield	15	50	60	▲200	▲250	▲300	800	
138	Bobby Walston RC	8	12	15	25	40	125	200	
139	Jerry Shipkey	8	12	15	25	40	▲125	600	
140	Yale Lary RC	30	50	▲150	250	300	▲800	1,000	
141	Gordy Soltau	8	12	15	25	60	100	200	
142	Tom Landry	▲150	200	250	300	500	▼600	1,500	5,000
143	John Papit RC	8	12	40	50	60	▲200	500	
144	Jim Lansford SP RC	800	1,000	1,200	1,800	2,000	4,400	10,000	

— Dick Alban #5 PSA 10 (Gem) sold for $3,273 (Memory Lane; 5/13)
— Dick Alban #100 PSA 9 (MT) sold for $1,790 (Mile High; 6/13)
— Frankie Albert #5 PSA 9 (MT) sold for $1,055 (eBay; 12/12)
— Lou Groza #105 PSA 9 (MT) sold for $1,100 (eBay; 11/07)
— Otto Graham #2 PSA 9 (MT) sold for $5,467 (eBay; 5/13)
— Leon Hart #15 PSA 9 (MT) sold for $1,055 (eBay; 1/08)
— George Halas #48 PSA 9 (MT) sold for $3,550 (eBay; 1/07)
— Jim Lansford #144 PSA 8 (NmMt) sold for $10,321 (Andy Madec; 11/09)
— Jim Lansford #144 PSA 9 (Mint) sold for $17,920 (Memory Lane; 5/13)
— Dante Lavelli #128 PSA 9 (MT) sold for $1,446.40 (eBay; 2/14)
— Bobby Layne #78 PSA 9 (MT) sold for $2,247 (Mile High; 6/13)
— Yale Lary #140 PSA 9 (MT) sold for $4,517 (Memory Lane; 5/13)
— Gino Marchetti #23 PSA 9 (Mint) sold for $2,272 (Mile High; 11/10)
— Ray Matthews #32 PSA 9 (Mint) sold for $1,353 (Mile High; 6/13)
— Ollie Matson #127 PSA 7.5 (NrMt+) sold for $1,361 (Mile High; 3/09)
— Leo Nomellini #125 PSA 9 (Mint) sold for $1,375 (eBay; 11/13)
— Joe Perry #83 PSA 10 (Gem) sold for $4,357 (Memory Lane; 5/13)
— Kyle Rote #28 PSA 9 (MT) sold for $2,151 (Legendary; 3/11)
— Joe Spencer #9 PSA 8 (NmMt) sold for $3,912 (Mile High; 6/13)
— John Schweder SP RC #72 SGC 8 (NM/MT) sold for $2249.1 (Goodwin; 9/12)
— Y.A. Tittle #17 PSA 9 (MT) sold for $2,278 (Mastro; 12/06)
— Charley Trippi #12 PSA 9 (MT) sold for $1,243 (eBay; 02/13)
— Chuck Ulrich #134 PSA 9 (MT) sold for $1,620 (REA; 4/07)
— Steve Van Buren #45 PSA 8 (NmMt) sold for $2,140 (eBay; 4/07)
— Steve Van Buren #45 PSA 8 (NmMt) sold for $2,804 (Memory Lane; 5/13)

1952 Bowman Small

		GD 2	VG 3	VgEx 4	EX 5	ExMt 6	NM 7	NmMt 8	MT 9
1	Norm Van Brocklin	50	60	100	150	350	▲800	2,500	
2	Otto Graham	80	125	150	250	300	400	550	
3	Doak Walker	8	25	30	40	125	200	500	
4	Steve Owen CO RC	10	15	50	80	100	125	300	
5	Frankie Albert	6	10	30	40	60	80	▲150	
6	Laurie Niemi	6	8	10	15	25	50	150	
7	Chuck Hunsinger	6	8	10	15	25	100	200	
8	Ed Modzelewski	6	10	12	18	80	200	300	
9	Joe Spencer	6	8	10	15	100	125	300	
10	Chuck Bednarik	10	15	20	30	50	▲200	300	
11	Barney Poole	6	8	10	15	25	60	125	
12	Charley Trippi	8	12	15	25	50	200	250	
13	Tom Fears	20	25	30	40	80	100	400	
14	Paul Brown CO RC	80	125	150	▲300	▲400	▲500	2,500	
15	Leon Hart	6	10	12	18	30	50	150	
16	Frank Gifford RC	150	250	300	400	500	800	1,000	3,000
17	Y.A. Tittle	40	50	80	100	200	250	800	
18	Charlie Justice	8	12	40	50	60	80	300	
19	George Connor	6	15	25	50	60	100	400	
20	Lynn Chandnois	6	8	10	15	25	50	125	
21	Billy Howton RC	6	60	80	100	125	150	400	
22	Kenneth Snyder	6	8	15	2	25	50	175	
23	Gino Marchetti RC	25	60	▲100	200	250	400	2,000	
24	John Karras	6	8	10	15	50	60	125	
25	Tank Younger	6	10	12	18	25	100	250	
26	Tommy Thompson LB	6	8	10	15	40	80		
27	Bob Miller RC	6	8	12	15	40	50	250	
28	Kyle Rote RC	10	15	20	40	100	125	600	
29	Hugh McElhenny RC	25	80	125	200	250	400	1,200	
30	Sammy Baugh	100	125	150	200	300	400	800	
31	Jim Dooley RC	6	8	10	▲25	50	60	125	
32	Ray Mathews	6	8	10	20	25	100	150	
33	Fred Cone	6	8	10	15	25	60	200	
34	Al Pollard	6	8	10	20	25	50	150	
35	Brad Ecklund	6	8	10	15	30	50	125	
36	John Lee Hancock	6	8	10	15	▲60	▲80	125	
37	Elroy Hirsch	10	15	20	100	125	350	1,500	
38	Keever Jankovich	6	8	10	15	25	▲100	300	
39	Emlen Tunnell	8	12	15	20	▲50	60	300	
40	Steve Dowden	6	8	10	▲30	▲40	100	300	
41	Claude Hipps	6	8	10	15	25	50	125	

		GD 2	VG 3	VgEx 4	EX 5	ExMt 6	NM 7	NmMt 8	MT 9
42	Norm Standlee	6	8	10	15	25	50	▲400	
43	Dick Todd CO	6	8	10	15	25	50	150	
44	Babe Parilli	6	10	50	60	200	250	400	
45	Steve Van Buren	10	30	50	60	125	150	400	
46	Art Donovan RC	▲80	▲100	125	250	300	▲1,000	▲1,200	
47	Bill Fischer	6	8	10	15	25	100	150	
48	George Halas CO RC	60	200	300	350	500	600	2,500	
49	Jerrell Price	6	8	10	15	25	50	200	
50	John Sandusky RC	6	8	10	15	40	100	150	
51	Ray Beck	6	8	10	15	25	50	125	
52	Jim Martin	6	8	15	20	50	60	200	
53	Joe Bach CO	6	8	10	15	25	60	250	
54	Glen Christian	6	8	10	25	30	100	200	
55	Andy Davis	6	8	10	25	30	50		
56	Tobin Rote	6	10	12	20	60	75		
57	Wayne Millner CO RC	8	12	15	▲60	150	200	1,500	
58	Zollie Toth	6	8	10	15	25	50	125	
59	Jack Jennings	6	8	10	15	25	50	200	
60	Bill McColl	6	8	10	15	40	100	200	
61	Les Richter RC	12	40	80	100	125	250	1,500	
62	Walt Michaels RC	6	8	10	15	25	50	250	
63	Charley Conerly	10	15	20	30	100	125	200	
64	Howard Hartley	6	8	10	15	25	50	125	
65	Jerome Smith	6	8	10	15	25	50	150	
66	James Clark	6	8	10	15	25	50	150	
67	Dick Logan	6	8	10	15	25	50	150	
68	Wayne Robinson	6	8	10	25	30	50	200	
69	James Hammond	6	8	30	40	50	60	250	
70	Gene Schroeder	6	8	30	40	50	60	125	
71	Tex Coulter	6	8	10	15	25	80	100	
72	John Schweder	6	8	10	15	25	125		
73	Vitamin Smith	8	12	40	50	60	250		
74	Joe Campanella RC	6	10	12	20	30	60	400	
75	Joe Kuharich CO RC	6	10	12	18	60	80	200	
76	Herman Clark	6	10	12	18	30	60	300	
77	Dan Edwards	6	10	12	18	30	60	300	
78	Bobby Layne	20	30	80	100	150	300	600	
79	Bob Hoernschemeyer	6	10	12	18	30	60	300	
80	John Carr Blount	6	10	12	18	30	60	250	
81	John Kastan RC	6	10	12	40	50	60	250	
82	Harry Minarik	6	10	12	18	30	60		
83	Joe Perry	10	15	20	40	100	125	450	
84	Buddy Parker CO RC	6	10	12	18	30	100	250	
85	Andy Robustelli RC	▲50	▲60	80	100	125	200	500	
86	Dub Jones	6	10	12	18	40	60	350	
87	Mal Cook	6	10	25	30	40	300		
88	Billy Stone	8	12	15	25	40	150	350	
89	George Taliaferro	6	10	12	18	40	60	300	
90	Thomas Johnson RC	6	10	12	18	40	80	300	
91	Leon Heath	6	10	12	25	50	100	600	
92	Pete Pihos	8	12	15	25	80	100	150	
93	Fred Benners	6	10	12	18	40	100		
94	George Tarasovic	6	10	12	18	30	60	300	
95	Buck Shaw CO RC	6	10	12	18	50	60	200	
96	Bill Wightkin	6	10	12	18	30	80	300	
97	John Wozniak	6	10	12	18	30	80	300	
98	Bobby Dillon RC	125	150	200	250	300	400	500	
99	Joe Stydahar CO RC	▲125	▲150	▲200	▲250	400	600	2,000	
100	Dick Alban RC	6	10	12	18	30	60	300	
101	Arnie Weinmeister	8	12	15	40	60	100	400	
102	Bobby Cross	6	10	12	18	30	80	250	
103	Don Paul DB	6	10	12	18	30	60	250	
104	Buddy Young	8	12	15	20	35	60	400	
105	Lou Groza	30	40	50	80	100	125	500	
106	Ray Pelfrey	6	10	12	18	30	80	600	
107	Maurice Nipp	6	10	12	18	30	250	300	
108	Hubert Johnston	6	10	12	18	30	60	400	
109	Volney Quinlan RC	8	12	15	25	40	80		
110	Jack Simmons	6	10	12	30	40	60	250	
111	George Ratterman	6	10	12	18	30	60	300	
112	John Badaczewski	6	10	12	18	50	60	300	
113	Bill Reichardt	6	10	12	18	30	60	300	
114	Art Weiner	6	10	12	18	30	100	250	
115	Keith Flowers	6	10	12	18	30	60	400	
116	Russ Craft	6	10	20	25	30	60	150	
117	Jim O'Donahue RC	6	10	12	25	30	80	300	
118	Darrell Hogan	8	12	15	25	50	60		
119	Frank Ziegler	6	10	15	30	40	60	1,000	
120	Dan Towler	8	12	15	20	30	80	300	

		GD 2	VG 3	VgEx 4	EX 5	ExMt 6	NM 7	NmMt 8	MT 9
21	Fred Williams	6	10	12	18	30	60	300	
22	Jimmy Phelan CO	6	10	12	18	30	50	250	
23	Eddie Price	6	10	12	18	30	60	300	
24	Chet Ostrowski	6	10	▲30	▲40	▲50	60	150	
25	Leo Nomellini	10	15	20	30	50	100	300	
26	Steve Romanik	6	10	12	18	30	60	400	
27	Ollie Matson RC	40	80	200	250	30	800		
28	Dante Lavelli	10	15	20	40	100	400	500	
29	Jack Christiansen RC	12	40	▲80	▲125	▲150	300	2,200	
30	Dom Moselle	6	10	12	18	30	60	800	
31	John Rapacz	6	10	25	30	40	100	250	
32	Chuck Ortmann	6	10	40	50	60	80	250	
33	Bob Williams	6	10	12	18	▲40	60	250	
34	Chuck Ulrich	6	10	12	18	30	100	800	
35	Gene Ronzani CO RC	80	100	125	200	250	300	400	
36	Bert Rechichar	6	10	12	18	▲80	▲100	500	
37	Bob Waterfield	10	15	20	60	100	200	800	
38	Bobby Walston RC	6	10	20	25	50	50	500	
39	Jerry Shipkey	6	10	12	40	60	90	250	
40	Yale Lary RC	12	20	▲100	▲125	150	300	800	
41	Gordy Soltau	6	10	12	18	30	125	500	
42	Tom Landry	80	100	250	300	400	600	1,500	
43	John Papit	6	10	12	18	30	60	200	
44	Jim Lansford RC	25	▼60	▼80	200	250	300	1,200	

— Mal Cook #87 PSA 8 (NmMt) sold for $2,223 (Mile High; 5/11)
— Mal Cook #87 PSA 8 (NmMt) sold for $1683 (eBay; 12/12)
— Art Donovan #46 PSA 8.5 (NmMt+) sold for $1,367 (Mile High; 11/10)
— Art Donovan #46 PSA 8.5 (NmMt+) sold for $2,310 (Greg Bussineau Fall; Fall 2013)
— Frank Gifford #16 PSA 9 (Mint) sold for $8,500 (eBay; 10/11)
— Frank Gifford #16 PSA 9 (Mint) sold for $3658 (eBay; 11/12)
— Frank Gifford #16 PSA 9 (Mint) sold for $3,480 (Memory Lane; 5/13)
— Frank Gifford #16 SGC 8.5 (NmMt+) sold for $1,826 (Mile High; 3/09)
— Darrell Hogan #118 PSA 8 (NmMt) sold for $1,034 (Mile High; 5/11)
— Tom Landry #142 SGC 9 (Mint) sold for $1209 (Memory Lane; 8/12)
— Ollie Matson #118 PSA 8 (NmMt) sold for $999 (Mile High; 5/11)
— Ollie Matson #118 PSA 8 (NmMt) sold for $1,079 (eBay; 12/12)
— Hugh McElhenny #29 PSA 8.5 (NmMt+) sold for $1,969 (Mile High; 11/10)
— Jim O'Donahue #117 PSA 8.5 (NmMt+) sold for $1,099 (Mile High; 5/11)
— Steve Owen #4 PSA 9 (Mint) sold for $1,115 (Mile High; 3/09)
— Buddy Parker #84 PSA 9 (Mint) sold for $1,206 (eBay; 5/09)
— Volney Quinlan #109 PSA 8 (NmMt) sold for $1,034 (Mile High; 5/11)
— Zollie Toth #58 PSA 9 (Mint) sold for $1,015 (eBay; 2/09)
— Emlen Tunnell #39 PSA 9 (Mint) sold for $1106 (eBay; 11/14)
— Chuck Ulrich #134 PSA 9 (Mint) sold for $1,002 (Mile High; 10/09)
— Norm Van Brocklin #1 PSA 8.5 (NmMt+) sold for $2,153 (Goodwin; 5/08)
— Bob Williams #133 PSA 9 (Mint) sold for $1,015 (eBay; 2/09)

1953 Bowman

		GD 2	VG 3	VgEx 4	EX 5	ExMt 6	NM 7	NmMt 8	MT 9
	Eddie LeBaron RC	15	30	100	125	150	300	2,000	
	John Dottley	8	10	12	15	25	60	200	
	Babe Parilli	8	10	12	30	40	60	200	
	Bucko Kilroy	8	10	12	15	25	80	300	
	Joe Tereshinski	8	10	12	15	▲100	▲125	250	
	Doak Walker	▲40	▲50	▲60	▲80	▲100	125	350	
	Fran Polsfoot	8	10	12	15	25	60	▲300	
	Sisto Averno RC	8	10	12	15	25	80	175	
	Marion Motley	20	30	200	250	300	400	1,500	
0	Pat Brady RC	8	10	▲50	▲60	▲80	▲100	175	
1	Norm Van Brocklin	30	35	40	60	80	200	300	
2	Bill McColl	8	10	12	15	25	100	175	
3	Jerry Groom	8	10	12	15	25	60	200	
4	Al Pollard	8	10	12	15	25	60	175	
5	Dante Lavelli	10	40	50	60	80	125	300	
6	Eddie Price	8	10	12	15	40	60	175	
7	Charley Trippi	10	12	15	50	60	80	250	
8	Elbert Nickel	8	10	12	25	30	60	175	
9	George Taliaferro	8	10	12	40	50	60	175	
0	Charley Conerly	15	20	25	35	60	80	250	
1	Bobby Layne	20	30	60	80	150	200	300	
2	Elroy Hirsch	15	50	60	80	100	125	500	1,500
3	Jim Finks	8	10	12	15	25	80	250	
4	Chuck Bednarik	15	20	25	35	60	100	400	
5	Kyle Rote	8	10	12	15	50	60	150	
6	Otto Graham	25	60	125	▼150	▼250	600	3,000	
7	Harry Gilmer	8	10	12	15	40	80	175	
8	Tobin Rote	8	10	12	40	60	100	200	
9	Billy Stone	8	10	12	15	30	60	200	

		GD 2	VG 3	VgEx 4	EX 5	ExMt 6	NM 7	NmMt 8	MT 9
30	Buddy Young	8	10	12	15	30	60	200	
31	Leon Hart	8	10	12	30	40	80	300	
32	Hugh McElhenny	30	40	▲150	▲200	▲250	▲300	450	
33	Dale Samuels	8	10	12	15	30	▲100		
34	Lou Creekmur	10	12	50	60	80	100		
35	Tom Catlin RC	8	10	25	30	40	80	300	
36	Tom Fears	20	25	30	40	80	125	150	
37	George Connor	8	10	50	60	80	100	175	
38	Bill Walsh C	8	30	40	50	60	80	250	
39	Leo Sanford SP RC	10	12	15	20	40	100	300	
40	Horace Gillom	8	10	12	15	▲60	250		
41	John Schweder SP	10	12	15	20	80	100	350	
42	Tom O'Connell RC	8	10	12	15	25	60	175	
43	Frank Gifford SP	60	80	100	125	200	400	1,000	
44	Frank Continetti SP RC	10	12	15	20	40	60	250	
45	John Olszewski SP RC	10	12	15	20	40	60	250	
46	Dub Jones	8	10	12	50	60	100	200	
47	Don Paul LB SP RC	10	12	15	20	40	80	500	
48	Gerald Weatherly RC	8	10	12	15	25	60	175	
49	Fred Bruney SP RC	10	12	15	20	60	100	450	
50	Jack Scarbath RC	8	10	12	30	▼60	125	200	
51	John Karras	8	10	12	15	25	60	200	
52	Al Conway RC	40	50	60	80	100	125	150	
53	Emlen Tunnell SP	20	25	30	40	▲100	250	600	
54	Gern Nagler SP RC	10	12	15	20	35	60	250	
55	Kenneth Snyder SP	10	12	15	20	35	60	250	
56	Y.A.Tittle	25	35	▼60	100	125	300	600	
57	John Rapacz SP	10	12	15	20	40	100	350	
58	Harley Sewell SP RC	10	12	15	25	40	80	250	
59	Don Bingham RC	8	10	25	30	40	60	150	
60	Darrell Hogan	8	10	12	15	25	60	200	
61	Tony Curcillo RC	8	10	12	15	25	60	175	
62	Ray Renfro RC	10	12	15	25	60	250	300	
63	Leon Heath	8	10	12	15	25	60	200	
64	Tex Coulter SP	10	12	15	20	35	60	250	
65	Dewayne Douglas RC	8	10	12	15	25	60		
66	J. Robert Smith SP	10	12	15	20	50	80	300	
67	Bob McChesney SP RC	10	12	15	20	35	60	200	
68	Dick Alban SP	10	12	15	20	50	60	300	
69	Andy Kozar RC	8	10	12	15	25	60	175	
70	Merwin Hodel SP RC	10	12	15	20	35	60	250	
71	Thurman McGraw	8	10	12	15	50	60	150	
72	Cliff Anderson RC	8	10	12	15	25	60	150	
73	Pete Pihos	10	12	15	20	50	80	250	
74	Julie Rykovich	8	10	12	15	25	60	200	
75	John Kreamcheck SP RC	10	12	15	20	35	80	250	
76	Lynn Chandnois	8	10	12	15	25	60	125	
77	Cloyce Box SP	10	12	15	20	35	80	350	
78	Ray Mathews	8	10	12	15	40	60	175	
79	Bobby Walston	8	10	12	15	40	60	250	
80	Jim Dooley	8	10	20	25	30	60	100	
81	Pat Harder SP	10	20	25	30	40	80	400	
82	Jerry Shipkey	8	10	12	15	25	60	175	
83	Bobby Thomason RC	8	10	12	15	25	60	175	
84	Hugh Taylor	8	10	12	15	60	80	175	
85	George Ratterman	8	10	12	15	25	80	175	
86	Don Stonesifer RC	8	10	12	15	50	60	175	
87	John Williams SP RC	10	12	15	20	40	50	200	
88	Leo Nomellini	10	25	30	40	80	100	400	
89	Frank Ziegler	8	10	12	15	30	60	175	
90	Don Paul DB UER	8	10	12	▲40	▲50	60	200	
91	Tom Dublinski	8	10	12	15	25	60	150	
92	Ken Carpenter	8	10	12	15	25	60	150	
93	Ted Marchibroda RC	8	10	12	▲200	▲250	▲300	▲400	
94	Chuck Drazenovich	8	10	12	15	25	60	200	
95	Lou Groza SP	25	35	40	60	150	200	600	
96	William Cross SP RC	▼30	▼40	▼50	100	125	350	800	

— Chuck Bednarik #24 PSA 9 (Mint) sold for $1,510 (eBay; 10/08)
— Cloyce Box #77 PSA 9 (Mint) sold for $1,015 (eBay; 7/07)
— Cloyce Box #77 PSA 9 (Mint) sold for $686 (Mastro; 6/07)
— Lou Creekmur #34 PSA 8 (NmMt) sold for $1,220 (eBay; 3/07)
— William Cross #96 PSA 9 (Mint) sold for $1,975 (Mile High; 12/10)
— William Cross #96 PSA 9 (Mint) sold for $2,247 (Mile High; 6/13)
— Frank Gifford #43 SGC 8.5 (NmMt+) sold for $2,160 (Mastro; 5/08)
— Frank Gifford #43 PSA 8.5 (NmMt+) sold for $1,821 (Mile High; 5/08)
— Horace Gillom #40 PSA 8 (NmMt) sold for $1,983 (Goodwin; 11/12)
— Hugh McElhenny #32 PSA 9 (Mint) sold for $1,617.55 (eBay; 10/13)
— Marion Motley #9 PSA 9 (Mint) sold for $2,775 (eBay; 7/07)
— Marion Motley #9 PSA 9 (Mint) sold for $1,378 (Mastro; 12/06)

— Dale Samuels #33 PSA 9 (NmMt) sold for $1,353 (Goodwin; 11/12)
— Don Stonesifer #86 PSA 9 (Mint) sold for $831 (Mastro; 2/07)
— Charley Trippi #86 PSA 9 (Mint) sold for $1,313 (eBay; 1/08)

1954 Bowman

#	Player	GD 2	VG 3	VgEx 4	EX 5	ExMt 6	NM 7	NmMt 8	MT 9
1	Ray Mathews	6	15	20	25	30	60	250	1,000
2	John Huzvar	5	5	6	8	12	20	60	
3	Jack Scarbath	5	5	6	8	30	40	50	400
4	Doug Atkins RC	25	40	60	100	150	250	▲800	
5	Bill Stits	5	5	6	8	12	20	40	
6	Joe Perry	8	10	12	▲30	▲40	60	▲250	400
7	Kyle Rote	6	8	10	12	15	25	▲80	
8	Norm Van Brocklin	10	12	▼30	▼40	▼50	▼60	▲200	600
9	Pete Pihos	6	8	10	12	▲80	▲100	▼125	
10	Babe Parilli	5	5	6	8	20	50	60	
11	Zeke Bratkowski RC	6	8	10	25	40	50	125	300
12	Ollie Matson	8	10	12	25	30	40	▲125	400
13	Pat Brady	5	5	6	8	20	25	40	200
14	Fred Enke	5	5	6	15	20	30	80	200
15	Harry Ulinski	5	5	6	8	12	20	40	
16	Bob Garrett	5	5	25	30	40	50	80	200
17	Bill Bowman	5	5	6	8	20	25	80	
18	Leo Rucka	5	5	6	8	12	20	50	
19	John Cannady	5	5	6	8	12	20	40	200
20	Tom Fears	8	10	12	15	30	40	▲100	400
21	Norm Willey	5	5	6	8	25	30	60	
22	Floyd Reid	5	5	6	8	25	30	60	200
23	George Blanda RC	40	▲100	▼125	▼150	250	500	800	1,500
24	Don Doheney	5	5	6	8	12	20	40	200
25	John Schweder	5	5	6	8	12	25	80	200
26	Bert Rechichar	5	5	6	8	20	25	40	200
27	Harry Dowda	5	5	6	8	12	25	40	
28	John Sandusky	5	5	6	8	12	40	100	200
29	Les Bingaman RC	6	8	10	12	15	25	50	250
30	Joe Arenas	5	5	6	8	20	25	40	200
31	Ray Wietecha RC	5	5	6	8	12	30	40	200
32	Elroy Hirsch	8	▼20	▼25	▼30	▼40	▼60	▼150	
33	Harold Giancanelli	5	10	12	15	20	30	40	
34	Billy Howton	5	5	6	8	12	30	80	250
35	Fred Morrison	5	5	6	8	12	25	40	200
36	Bobby Cavazos	5	5	6	15	20	25	40	
37	Darrell Hogan	5	5	6	8	12	20	40	200
38	Buddy Young	5	5	6	50	60	80	100	200
39	Charlie Justice	6	8	10	12	15	40	100	300
40	Otto Graham	50	60	125	150	200	400	▼600	1,000
41	Doak Walker	15	20	30	40	50	200	250	
42	Y.A. Tittle	▲20	30	40	50	80	100	300	800
43	Buford Long	5	5	6	8	12	20	40	200
44	Volney Quinlan	5	5	6	8	25	30	40	200
45	Bobby Thomason	5	5	6	8	12	20	50	200
46	Fred Cone	5	5	6	8	12	20	50	200
47	Gerald Weatherly	5	5	6	8	30	40	50	
48	Don Stonesifer	5	5	6	8	12	20	40	
49A	L.Chandnois ERR Chadnois back	5	5	6	8	12	20	40	
49B	Lynn Chandnois COR	5	5	6	8	12	20	40	
50	George Taliaferro	5	5	20	25	30	40	50	200
51	Dick Alban	5	5	6	8	12	20	60	200
52	Lou Groza	10	12	40	50	60	80	▲125	500
53	Bobby Layne	15	20	30	50	80	100	250	1,200
54	Hugh McElhenny	10	12	▼25	▼30	▼40	▼50	125	400
55	Frank Gifford	15	30	40	50	60	100	▲200	800
56	Leon McLaughlin	5	5	6	8	12	20	80	
57	Chuck Bednarik	10	12	15	50	60	80	100	
58	Art Hunter	5	5	6	8	30	40	50	
59	Bill McColl	5	5	6	8	20	25	60	200
60	Charley Trippi	8	10	20	50	60	80	100	
61	Jim Finks	6	8	10	12	15	30	60	250
62	Bill Lange G	5	5	6	8	12	20	40	200
63	Laurie Niemi	5	5	6	8	12	20	40	200
64	Ray Renfro	5	5	6	8	12	20	40	
65	Dick Chapman SP	8	10	12	15	25	30	▲200	
66	Bob Hantla SP	8	10	12	15	20	30	120	
67	Ralph Starkey SP	8	10	12	15	20	60	80	250
68	Don Paul LB SP	8	10	12	15	20	30	100	
69	Kenneth Snyder SP	8	1,310	12	15	20	30	50	250
70	Tobin Rote SP	8	10	12	15	30	40	60	120	250
71	Art DeCarlo SP	8	10	12	15	25	40	100	250

#	Player	GD 2	VG 3	VgEx 4	EX 5	ExMt 6	NM 7	NmMt 8	MT 9
72	Tom Keane SP	8	10	12	15	20	30	80	
73	Hugh Taylor SP	8	10	12	15	40	50	120	
74	Warren Lahr SP RC	8	10	12	15	20	60	150	
75	Jim Neal SP	8	10	15	20	25	30	80	250
76	Leo Nomellini SP	15	20	25	30	50	80	125	800
77	Dick Yelvington SP	8	10	12	15	20	30	80	
78	Les Richter SP	8	10	12	15	25	30	80	250
79	Bucko Kilroy SP	8	10	12	15	20	40	80	
80	John Martinkovic SP	8	10	12	15	80	100	120	250
81	Dale Dodrill SP RC	8	10	12	15	20	▲80	150	
82	Ken Jackson SP	8	10	12	15	20	30	150	
83	Paul Lipscomb SP	8	10	12	15	20	40	▲200	
84	John Bauer SP	8	10	12	15	20	30	80	
85	Lou Creekmur SP	12	15	20	25	▼40	60	100	400
86	Eddie Price SP	8	10	12	15	20	40	80	400
87	Kenneth Farragut SP	8	10	12	15	20	30	80	250
88	Dave Hanner SP RC	8	10	12	30	40	50	200	250
89	Don Boll SP	8	10	12	15	30	40	▼125	
90	Chet Hanulak SP	8	10	12	15	20	80	125	300
91	Thurman McGraw SP	8	10	12	15	20	30	100	150
92	Don Heinrich SP RC	8	10	25	30	40	50	▲200	250
93	Dan McKown SP	8	10	12	15	20	30	100	
94	Bob Fleck SP	8	10	12	40	50	60	150	250
95	Jerry Hilgenberg SP	8	10	12	▼30	▼40	60	▲150	200
96	Bill Walsh C SP	8	10	12	15	60	80	100	250
97A	Tom Finnin ERR	15	20	25	40	60	100	300	
97B	Tom Finnan COR	5	5	6	8	12	20	40	200
98	Paul Barry	5	5	6	8	30	40	50	200
99	Chick Jagade	5	5	6	8	12	20	40	200
100	Jack Christiansen	6	8	10	12	30	40	100	400
101	Gordy Soltau	5	5	6	8	20	30	40	200
102A	Emlen Tunnell ERR Tunnel	10	12	15	20	40	75	200	500
102B	Emlen Tunnell COR	6	8	10	12	15	25	75	300
102C	Emlen Tunnell COR	6	8	10	12	15	25	75	300
103	Stan West	5	5	6	8	20	25	40	
104	Jerry Williams	5	5	6	8	12	30	40	
105	Veryl Switzer	5	5	6	8	12	60	80	150
106	Billy Stone	5	5	6	8	25	30	40	200
107	Jerry Watford	5	5	6	8	40	80	100	200
108	Elbert Nickel	5	5	6	8	12	20	40	200
109	Ed Sharkey	5	5	6	8	12	20	40	200
110	Steve Meilinger	5	5	6	8	15	20	40	150
111	Dante Lavelli	6	8	10	12	30	100	150	300
112	Leon Hart	6	8	10	12	15	25	▼125	
113	Charley Conerly	8	10	12	15	25	30	▼60	▲600
114	Richard Lemmon	5	5	6	8	12	20	40	
115	Al Carmichael	5	5	6	8	20	30	50	
116	George Connor	6	8	10	12	15	30	▲125	
117	John Olszewski	5	5	6	15	20	25	40	150
118	Ernie Stautner	8	10	20	25	40	50	▲200	
119	Ray Smith	5	5	6	8	12	20	80	
120	Neil Worden	5	5	6	8	20	70	100	
121	Jim Dooley	5	5	6	8	12	20	60	200
122	Arnold Galiffa	5	5	15	20	25	30	60	300
123	Kline Gilbert	5	5	6	8	12	20	40	200
124	Bob Hoernschemeyer	5	5	6	8	20	30	50	
125	Wilford White RC	6	8	10	12	15	60	100	400
126	Art Spinney	5	5	6	8	12	20	40	
127	Joe Koch	5	5	15	20	25	50	100	200
128	John Lattner RC	12	15	20	▲100	▲125	150	2,500	

— George Connor #116 PSA 9 (Mt) sold for $411 (eBay; 11/14)
— Doak Walker #41 PSA 9 (Mt) sold for $1,023 (eBay; 2/10)
— Jerry Watford #107 PSA 10 (Gem) sold for $790 (eBay; 7/07)

1955 Bowman

#	Player	GD 2	VG 3	VgEx 4	EX 5	ExMt 6	NM 7	NmMt 8	MT 9
1	Doak Walker	30	40	50	60	80	125	500	1,800
2	Mike McCormack RC	25	30	40	50	80	150	▲550	600
3	John Olszewski	5	5	6	8	12	20	40	250
4	Dorne Dibble RC	5	5	6	25	30	40	50	250
5	Lindon Crow RC	5	5	6	8	12	25	50	
6	Hugh Taylor UER	5	5	6	8	25	30	40	250
7	Frank Gifford	10	20	25	30	40	100	200	800
8	Alan Ameche RC	8	10	20	25	40	80	▲200	1,200
9	Don Stonesifer	5	5	6	8	12	30	60	
10	Pete Pihos	6	8	10	12	30	▲50	▲200	
11	Bill Austin	5	5	6	8	20	25	60	250
12	Dick Alban	5	5	6	8	12	20	40	250

#	Player	GD 2	VG 3	VgEx 4	EX 5	ExMt 6	NM 7	NmMt 8	MT 9
	Bobby Walston	5	5	6	15	25	30	50	250
	Len Ford RC	▲12	▲15	▲20	▲40	60	150	▲300	
	Jug Girard	5	5	6	8	12	20	40	
	Charley Conerly	8	10	12	15	20	30	80	400
	Volney Peters RC	5	5	6	8	20	40	60	300
	Max Boydston RC	5	5	6	8	12	20	40	
	Leon Hart	6	8	10	12	30	40	60	
	Bert Rechichar	5	5	6	8	12	20	40	250
	Lee Riley RC	5	5	6	8	12	30	40	250
	Johnny Carson RC	5	5	6	15	20	25	40	200
	Harry Thompson	5	5	6	8	12	20	40	250
	Ray Wietecha	5	5	6	12	20	25	40	250
	Ollie Matson	8	10	12	15	30	60	200	
	Eddie LeBaron	6	8	10	20	25	▲40	125	▲800
	Jack Simmons	5	5	6	8	12	20	40	
	Jack Christiansen	6	8	10	20	25	30	60	
	Bucko Kilroy	5	5	6	8	12	20	50	
	Tom Keane	5	5	6	8	12	20	50	
	Dave Leggett RC	5	5	6	8	12	30	40	
	Norm Van Brocklin	20	25	30	40	50	▲80	300	1,000
	Harlon Hill RC	5	5	6	8	12	30	80	200
	Robert Haner RC	5	5	6	8	12	20	60	200
	Veryl Switzer	5	5	6	8	12	30	40	250
	Dick Stanfel RC	6	25	30	40	▼50	100	200	
	Lou Groza	8	10	12	30	40	▲80	▲150	500
	Tank Younger	6	20	25	30	40	50	60	300
	Dick Flanagan RC	5	5	6	8	12	20	40	200
	Jim Dooley	5	5	6	8	25	30	40	250
	Ray Collins RC	5	5	6	20	25	30	50	250
	John Henry Johnson RC	8	▲25	▲30	▲40	▲100	150	300	1,500
	Tom Fears	6	8	10	12	40	50	▲125	
	Joe Perry	8	▲15	▲20	▲25	▲30	▲40	75	
	Gene Brito RC	5	5	6	8	12	20	40	
	Bill Johnson C	5	5	6	8	12	30	40	
	Dan Towler	6	8	10	12	15	25	60	
	Dick Moegle RC	5	5	6	8	12	20	40	200
	Kline Gilbert	5	5	6	20	25	30	80	200
	Les Gobel RC	5	5	6	8	12	30	40	125
	Ray Krouse RC	5	5	6	8	20	25	40	250
	Pat Summerall RC	▲30	▲40	▲50	▲60	▲80	▲100	▲400	▲500
	Ed Brown RC	6	8	10	12	20	40	60	
	Lynn Chandnois	5	5	6	8	30	40	60	200
	Joe Heap RC	5	15	20	25	30	40	50	200
	John Hoffman	5	5	6	15	20	25	40	
	Howard Ferguson RC	5	5	6	8	12	30	100	300
	Bobby Watkins RC	5	5	6	8	20	50	60	
	Charlie Ane RC	5	5	6	8	12	30	60	250
	Ken MacAfee E RC	5	5	6	15	20	25	40	
	Ralph Guglielmi RC	5	5	12	15	20	25	40	
	George Blanda	10	25	30	50	▲100	▲125	150	600
	Kenneth Snyder	5	5	6	8	12	30	50	
	Chet Ostrowski	5	5	6	8	12	20	40	
	Buddy Young	8	10	12	15	20	30	80	
	Gordy Soltau	5	6	8	10	15	30	80	
	Eddie Bell RC	5	5	6	8	25	30	80	200
	Ben Agajanian RC	6	8	10	12	▲50	▲60	80	200
	Tom Dahms RC	5	6	8	10	15	30	60	
	Jim Ringo RC	▲30	▲40	80	100	125	200	600	
	Bobby Layne	15	40	50	60	100	125	▲350	800
	Y.A.Tittle	25	30	40	50	80	▲150	400	
	Bob Gaona RC	5	6	8	10	15	30	100	
	Tobin Rote	6	8	10	▲30	50	100	125	
	Hugh McElhenny	10	12	15	20	50	60	▲300	400
	John Kreamcheck	5	6	8	10	30	40	60	
	Al Dorow RC	6	8	10	12	15	30	60	
	Bill Wade	8	10	12	15	20	30	60	
	Dale Dodrill	5	10	12	15	20	50	80	200
	Chuck Drazenovich	5	6	8	10	15	30	80	
	Billy Wilson RC	6	8	10	▲40	▲50	▲60	400	
	Les Richter	6	8	10	12	30	50	100	
	Pat Brady	5	6	8	10	15	40	80	
	Bob Hoernschemeyer	6	8	10	12	30	50	80	200
	Joe Arenas	5	6	8	10	15	30	125	200
	Len Szafaryn UER RC	5	6	8	10	15	40	100	
	Rick Casares RC	10	12	15	20	25	60	▲200	
	Leon McLaughlin	5	6	8	10	15	30	60	200
	Charley Toogood RC	5	6	8	10	15	50	125	
	Tom Bettis RC	5	6	8	10	15	80	125	
	John Sandusky	5	6	8	10	15	50	80	250

#	Player	GD 2	VG 3	VgEx 4	EX 5	ExMt 6	NM 7	NmMt 8	MT 9
92	Bill Wightkin	5	6	8	10	15	30	50	250
93	Darrel Brewster RC	5	6	8	10	30	40	60	
94	Marion Campbell	8	10	12	20	25	30	40	350
95	Floyd Reid	5	6	8	10	15	40	80	
96	Chick Jagade	5	6	8	10	25	30	80	200
97	George Taliaferro	5	6	8	10	15	25	200	
98	Carlton Massey RC	5	6	8	10	15	100	250	
99	Fran Rogel	5	6	8	10	20	25	300	
100	Alex Sandusky RC	5	6	8	10	15	50	125	
101	Bob St.Clair RC	15	30	40	60	▲125	250	600	
102	Al Carmichael	5	6	8	10	15	100	200	
103	Carl Taseff RC	5	6	8	10	15	30	125	
104	Leo Nomellini	10	12	15	20	25	125	150	
105	Tom Scott	5	6	8	10	20	80	150	
106	Ted Marchibroda	8	10	12	15	20	▲100	125	
107	Art Spinney	5	6	8	10	15	30	50	
108	Wayne Robinson	5	6	8	10	20	30	80	
109	Jim Ricca RC	5	6	8	10	20	30	50	
110	Lou Ferry RC	5	6	8	10	15	30	100	
111	Roger Zatkoff RC	5	6	8	10	15	40	120	
112	Lou Creekmur	8	10	12	15	20	▲60	100	
113	Kenny Konz RC	5	6	8	10	25	50	80	
114	Doug Eggers RC	5	6	8	10	20	30	80	
115	Bobby Thomason	5	6	8	10	15	30	80	
116	Bill McPeak RC	5	6	8	10	15	50	100	
117	William Brown RC	5	6	8	20	25	50	200	
118	Royce Womble RC	5	6	8	10	15	30	60	200
119	Frank Gatski RC	10	12	50	60	80	125	600	
120	Jim Finks	8	25	30	40	50	80	100	
121	Andy Robustelli	10	12	15	20	25	40	125	
122	Bobby Dillon	5	6	8	10	15	30	80	
123	Leo Sanford	5	6	8	10	15	30	60	250
124	Elbert Nickel	6	8	10	12	30	▲50	125	
125	Wayne Hansen RC	5	6	8	10	15	60	40	200
126	Buck Lansford RC	5	6	8	10	15	30	40	
127	Gern Nagler	5	6	8	10	15	25	80	200
128	Jim Salsbury RC	5	6	8	10	15	30	80	
129	Dale Atkeson RC	5	6	8	10	15	30	150	
130	John Schweder	5	6	8	10	15	30	100	
131	Dave Hanner	6	8	10	12	30	40	200	
132	Eddie Price	5	6	8	10	15	40	100	250
133	Vic Janowicz	10	12	15	20	25	▲60	125	300
134	Ernie Stautner	10	12	15	20	25	40	150	
135	James Parmer RC	5	6	8	10	15	25	120	
136	Emlen Tunnell UER	10	12	15	20	▲80	100	▲300	
137	Kyle Rote	8	10	12	15	80	125	1,200	
138	Norm Willey	5	6	8	10	15	30	135	
139	Charley Trippi	10	12	15	20	25	50	150	
140	Billy Howton	6	8	10	12	20	50	100	
141	Bobby Clatterbuck RC	5	6	8	15	20	40	150	
142	Bob Boyd	5	6	8	10	15	30	150	
143	Bob Toneff RC	6	8	10	25	30	▲50	300	
144	Jerry Helluin RC	5	6	8	10	20	50	120	
145	Adrian Burk	5	6	20	25	30	40	150	
146	Walt Michaels	6	8	10	12	15	30	100	
147	Zollie Toth	5	6	8	10	15	60	150	
148	Frank Varrichione RC	5	6	8	20	60	80	200	
149	Dick Bielski RC	5	6	8	20	25	30	80	300
150	George Ratterman	▲15	▲20	▲25	▲30	▲40	60	200	
151	Mike Jarmoluk RC	5	6	8	10	20	40	400	
152	Tom Landry	80	100	▼125	250	300	500	1,000	
153	Ray Renfro	6	8	10	12	20	40	100	
154	Zeke Bratkowski RC	6	8	10	12	15	30	▼80	
155	Jerry Norton RC	5	6	8	10	15	30	100	
156	Maurice Bassett RC	5	8	10	20	30	80	300	
157	Volney Quinlan	5	6	8	10	15	40	100	
158	Chuck Bednarik	10	12	▲40	▲60	▲80	▲100	300	
159	Don Colo RC	5	6	8	10	25	60	350	
160	L.G. Dupre RC	6	8	12	30	50	150	300	

— Joe Arenas #85 PSA 9 (Mint) sold for $568.5 (eBay: 4/12)
— Len Ford #14 PSA 9 (Mint) sold for $921 (eBay: 11/14)
— Tom Fears #43 PSA 9 (MT) sold for $990 (Mastro; 10/06)
— Frank Gatski #119 PSA 9 (MT) sold for $940 (eBay; 10/12)
— Les Richter #82 PSA 9 (MT) sold for $714 (eBay; 10/07)
— Y.A.Tittle #72 PSA 9 (Mint) sold for $569.5 (eBay; 5/12)

1955 Topps All American

#	Player	GD 2	VG 3	VgEx 4	EX 5	ExMt 6	NM 7	NmMt 8	MT 9
1	Herman Hickman RC	30	35	40	60	100	125	▲500	2,000
2	John Kimbrough RC	5	6	8	▲30	40	50	250	
3	Ed Weir RC	5	6	▲40	▲50	▲60	150	800	
4	Erny Pinckert RC	5	6	8	12	40	50	200	
5	Bobby Grayson RC	5	6	8	12	30	▲100	150	500
6	Nile Kinnick UER RC	▲40	▲100	125	150	250	400	1,000	1,500
7	Andy Bershak RC	5	6	8	12	▲40	50	125	500
8	George Cafego RC	5	6	25	30	40	60	200	400
9	Tom Hamilton SP RC	6	8	20	25	40	80	200	600
10	Bill Dudley	8	30	40	50	60	80	150	500
11	Bobby Dodd SP RC	6	8	25	40	60	80	200	400
12	Otto Graham	▲80	100	125	150	200	250	500	1,500
13	Aaron Rosenberg	5	6	15	20	40	80	125	500
14A	Gaynell Tinsley ERR RC	30	35	40	60	100	250	800	
14B	Gaynell Tinsley COR RC	6	8	10	18	30	80	200	
15	Ed Kaw SP	6	8	15	30	40	60	100	600
16	Knute Rockne	80	▲125	▲150	250	300	400	600	1,500
17	Bob Reynolds	6	20	25	30	50	80	250	
18	Pudge Heffelfinger SP RC	6	8	10	30	50	▲80	▲200	400
19	Bruce Smith	8	10	30	40	60	125	400	800
20	Sammy Baugh	40	80	100	125	150	250	500	2,500
21A	W.White RC SP ERR	60	80	100	150	250	400	800	
21B	W.White RC SP COR	15	20	25	40	75	150	250	1,000
22	Brick Muller RC	5	6	15	20	25	50	125	
23	Dick Kazmaier RC	10	12	15	30	40	80	200	
24	Ken Strong	10	12	15	30	60	200	400	800
25	Casimir Myslinski SP RC	6	8	10	25	30	50	▲150	
26	Larry Kelley SP RC	6	8	10	15	25	50	200	▼500
27	Red Grange UER	100	125	200	250	300	400	500	2,000
28	Mel Hein SP RC	12	15	50	60	80	150	▼200	
29	Leo Nomellini SP	12	15	30	40	50	150	▲250	1,000
30	Wes Fesler RC	5	6	8	40	50	80	150	800
31	George Sauer Sr. RC	5	6	8	25	30	80	125	500
32	Hank Foldberg RC	8	10	40	60	80	100	300	
33	Bob Higgins RC	5	6	8	12	40	50	125	500
34	Davey O'Brien RC	10	20	30	80	60	125	▲400	500
35	Tom Harmon SP RC	15	50	60	100	150	350	400	1,200
36	Turk Edwards SP	10	12	15	25	60	80	200	800
37	Jim Thorpe	300	400	500	600	1,000	▲3,000	▲3,500	
38	Amos A. Stagg RC	▲30	▲40	▲50	▲60	100	125	400	1,600
39	Jerome Holland RC	12	15	20	30	40	60	▼80	1,200
40	Donn Moomaw RC	5	6	20	25	30	▲80	200	500
41	Joseph Alexander SP RC	6	8	10	▲20	40	50	175	
42	Eddie Tryon SP RC	6	12	25	30	40	60	▼80	750
43	George Savitsky	5	6	8	30	40	60	150	500
44	Ed Garbisch RC	5	6	8	12	40	50	100	500
45	Elmer Oliphant RC	5	6	8	12	50	125	250	
46	Arnold Lassman RC	5	6	20	25	30	60	125	
47	Bo McMillin RC	5	6	25	30	40	50	150	500
48	Ed Widseth RC	5	6	8	▲30	▲40	50	150	
49	Don Gordon Zimmerman RC	5	6	8	30	40	50	100	500
50	Ken Kavanaugh	5	6	8	20	40	60	200	▼300
51	Duane Purvis SP RC	6	8	20	25	30	60	120	
52	Johnny Lujack	15	50	60	80	100	125	400	1,000
53	John F. Green RC	5	6	8	12	30	50	125	600
54	Edwin Dooley SP RC	6	8	10	15	40	50	150	500
55	Frank Merritt SP RC	6	8	10	25	30	50	100	600
56	Ernie Nevers RC	40	50	60	80	100	▼150	▼200	
57	Vic Hanson SP RC	6	8	10	15	40	50	120	600
58	Ed Franco RC	5	6	8	12	30	40	125	500
59	Doc Blanchard RC	12	15	40	50	60	150	250	
60	Dan Hill RC	5	6	8	12	40	50	125	
61	Charles Brickley SP RC	6	8	10	30	40	50	250	600
62	Harry Newman RC	6	8	10	20	▲40	60	150	600
63	Charlie Justice	8	10	12	20	▲80	150	300	600
64	Benny Friedman RC	15	20	25	50	80	250	400	
65	Joe Donchess SP RC	6	8	10	▲30	40	50	120	
66	Bruiser Kinard RC	▲25	▲30	▲40	▲60	▲80	150	300	600
67	Frankie Albert	8	25	30	40	50	60	225	600
68	Four Horsemen SP RC	150	200	250	300	500	800	2,000	5,000
69	Frank Sinkwich RC	8	10	30	40	50	125	150	700
70	Bill Daddio RC	5	6	25	30	40	50	100	
71	Bobby Wilson	6	8	10	15	25	60	300	500
72	Chub Peabody RC	5	6	8	40	50	60	400	
73	Paul Governali RC	5	6	12	15	40	50	125	500
74	Gene McEver RC	5	6	20	30	50	60	250	500
75	Hugh Gallarneau RC	5	6	8	25	40	80	150	500
76	Angelo Bertelli RC	25	▲30	▲50	▲80	▲100	200	600	
77	Bowden Wyatt SP RC	6	8	10	▲25	40	60	▲200	1,000
78	Jay Berwanger RC	8	40	50	60	80	125	250	1,000
79	Pug Lund RC	5	6	20	30	40	60	125	
80	Bennie Oosterbaan RC	6	15	30	40	50	100	350	
81	Cotton Warburton RC	6	8	10	50	60	100	400	
82	Alex Wojciechowicz	8	10	12	20	35	100	500	
83	Ted Coy SP RC	6	8	10	18	50	60	125	750
84	Ace Parker SP RC	12	15	100	125	150	200	550	
85	Sid Luckman	30	40	50	60	▲100	▲150	400	
86	Albie Booth SP RC	6	8	10	30	40	80	125	
87	Adolph Schultz SP	6	8	10	15	25	60	175	700
88	Ralph Kercheval	5	15	20	25	30	80	150	600
89	Marshall Goldberg	6	8	10	30	40	50	125	1,000
90	Charlie O'Rourke RC	5	6	8	▲30	▲40	150	800	
91	Bob Odell UER RC	5	6	8	▲20	50	60	200	600
92	Biggie Munn RC	5	6	30	40	50	80	150	
93	Willie Heston SP RC	8	10	20	25	50	▲80	150	750
94	Joe Bernard SP RC	8	10	12	▲30	40	80	150	
95	Chris Cagle SP RC	8	10	12	20	40	60	120	500
96	Bill Hollenback SP	8	10	12	▲50	▲60	▲80	200	750
97	Don Hutson SP RC	250	300	400	500	600	1,000	▲2,000	5,500
98	Beattie Feathers SP	20	30	40	50	60	200	250	1,000
99	Don Whitmire SP RC	8	10	30	40	50	100	250	750
100	Fats Henry SP RC	20	30	40	60	120	400	600	2,500

— Joe Bernard #94 PSA 9 (MT) sold for $960 (eBay; 12/06)
— Otto Graham #12 PSA 10 (Gem Mt) sold for $4,900 (eBay; 11/09)
— Mel Hein SP RC #28 PSA 9 (Mint) sold for $1,478 (Memory Lane; 8/12)
— Mel Hein SP RC #28 PSA 9 (Mint) sold for $1,422 (Robert Edward; Fall 2013)
— Fats Henry SP RC #100 PSA 9 (Mint) sold for $4,444 (Robert Edward; Fall 2013)
— Four Horsemen #68 GAI 9 (MT) sold for $2,082 (Mastro; 4/07)
— Sid Luckman #85 PSA 9 (MT) sold for $2,805 (eBay; 7/08)
— Sid Luckman #85 SGC 9 (Mint) sold for $1504.16 (Goodwin; 2/12)
— Ernie Nevers #56 PSA 9 (MT) sold for $1,549 (eBay; 2/14)
— Charlie O'Rourke #90 PSA 9 (MT) sold for $1,075 (Legendary; 5/11)
— Knute Rockne #16 PSA 10 (Gem Mint) sold for $4680 (SCP; 5/12)
— Jim Thorpe #37 PSA 9 (MT) sold for $11,860 (Memory Lane; 4/07)
— Jim Thorpe #37 PSA 9 (Mint) sold for $6791 (Memory Lane; 5/12)
— Jim Thorpe #37 PSA 8.5 (NrMt) sold for $1946 (eBay; 8/13)

1956 Topps

#	Player	GD 2	VG 3	VgEx 4	EX 5	ExMt 6	NM 7	NmMt 8	MT 9
1	Johnny Carson SP	20	▲80	▲100	▲125	150	300	2,000	
2	Gordy Soltau	5	5	5	8	50	100	125	200
3	Frank Varrichione	5	5	5	8	25	50	100	600
4	Eddie Bell	5	5	5	15	20	50	40	200
5	Alex Webster RC	5	6	8	10	15	60	150	250
6	Norm Van Brocklin	8	10	40	50	60	100	200	450
7	Green Bay Packers	▲20	▲25	▲30	▲40	▲50	80	125	600
8	Lou Creekmur	5	6	8	10	15	25	80	300
9	Lou Groza	▲20	▲30	▲40	▲50	▲60	80	100	550
10	Tom Bienemann SP RC	5	6	8	15	50	100	250	
11	George Blanda	8	15	25	30	40	▲100	▲200	500
12	Alan Ameche	5	6	▲30	▲40	▲50	▲60	80	125
13	Vic Janowicz SP	8	10	30	50	80	▲150	1,500	
14	Dick Moegle	5	5	5	8	12	30	60	
15	Fran Rogel	5	5	80	100	125	150	200	
16	Harold Giancanelli	5	5	5	8	30	40	40	200
17	Emlen Tunnell	5	6	15	30	40	80	125	
18	Tank Younger	5	▲12	▲15	▲20	▲25	50	100	600
19	Billy Howton	5	5	5	8	20	30	60	200
20	Jack Christiansen	5	12	15	20	25	30	▲125	350
21	Darrel Brewster	5	5	5	8	12	30	40	
22	Chicago Cardinals SP	12	15	18	25	40	60	80	100
23	Ed Brown	5	5	5	8	20	50	60	250
24	Joe Campanella	5	5	5	8	12	20	80	125
25	Leon Heath SP	6	8	10	15	40	100	400	
26	San Francisco 49ers	5	6	8	10	25	100	125	
27	Dick Flanagan RC	5	5	5	8	12	40	80	
28	Chuck Bednarik	6	8	▼50	▼60	▼80	▼100	250	500
29	Kyle Rote	5	6	8	▲30	▲40	50	60	250
30	Les Richter	5	5	5	20	25	30	50	
31	Howard Ferguson	5	5	5	8	20	30	▼50	200
32	Dorne Dibble	5	5	5	8	25	30	40	
33	Kenny Konz	5	5	5	8	12	20	50	300
34	Dave Mann SP RC	5	6	8	▲30	40	80	▼100	

		GD 2	VG 3	VgEx 4	EX 5	ExMt 6	NM 7	NmMt 8	MT 9
	Rick Casares	5	6	8	10	30	40	50	100
	Art Donovan	8	10	12	25	30	40	▲150	400
	Chuck Drazenovich SP	6	8	25	40	50	▼125	▲600	
	Joe Arenas	5	5	5	8	12	25	125	400
	Lynn Chandnois	5	5	12	15	20	25	80	300
	Philadelphia Eagles	5	6	8	10	40	50	80	▲400
	Roosevelt Brown RC	20	25	▲50	▲60	80	100	300	600
	Tom Fears	6	8	10	15	30	50	▲150	400
	Gary Knafelc RC	5	5	5	25	30	40	150	250
	Joe Schmidt RC	40	50	60	80	100	200	1,000	1,200
	Cleveland Browns	5	6	8	10	30	80	100	500
	Len Teeuws SP RC	6	8	10	15	100	125	300	
	Bill George RC	▼25	▼30	▼40	▼50	▼60	150	300	600
	Baltimore Colts	5	6	8	10	15	50	60	100
	Eddie LeBaron SP	10	12	▲20	40	▼60	250	600	
	Hugh McElhenny	8	10	30	40	50	▼60	150	400
	Ted Marchibroda	5	12	15	20	25	40	100	250
	Adrian Burk	5	5	5	8	40	50	60	200
	Frank Gifford	25	30	40	50	60	▲125	▲250	500
	Charley Toogood	5	5	5	25	30	40	50	200
	Tobin Rote	5	5	12	15	20	40	100	200
	Bill Stits	5	5	5	8	20	50	60	
	Don Colo	5	5	5	8	12	80	100	
	Ollie Matson SP	12	15	18	30	50	80	350	500
	Harlon Hill	5	5	5	25	30	40	80	
	Lenny Moore RC	▼50	▼60	▼80	200	250	400	2,000	
	Wash.Redskins SP	12	15	18	30	60	100	300	
	Billy Wilson	5	5	5	8	25	40	200	
	Pittsburgh Steelers	5	6	8	10	15	60	150	300
	Bob Pellegrini RC	5	5	5	8	12	30	40	
	Ken MacAfee E	5	5	5	8	30	40	50	
	Willard Sherman RC	5	5	15	20	25	30	40	200
	Roger Zatkoff	5	5	15	20	25	30	80	
	Dave Middleton RC	5	5	5	8	12	30	50	200
	Ray Renfro	5	5	5	8	40	100	60	
	Don Stonesifer SP	8	10	12	20	50	250	400	
	Stan Jones RC	25	30	40	50	60	100	400	
	Jim Mutscheller RC	5	5	5	8	12	30	50	
	Volney Peters SP	6	8	10	15	25	200	1,000	1,200
	Leo Nomellini	6	8	10	25	▲50	▲60	150	500
	Ray Mathews	5	5	5	8	12	50	60	200
	Dick Bielski	5	5	5	8	20	25	40	
	Charley Conerly	6	8	10	15	20	50	150	350
	Elroy Hirsch	30	40	30	40	50	80	▲200	
	Bill Forester RC	12	12	12	15	30	40	100	200
	Jim Doran RC	5	5	5	8	30	40	50	200
	Fred Morrison	5	5	5	8	25	60	200	
	Jack Simmons SP	6	8	10	15	30	125	150	250
	Bill McColl	5	5	5	20	30	40	100	300
	Bert Rechichar	5	5	5	8	25	30	40	125
	Joe Scudero SP RC	6	8	10	15	20	150	500	
	Y.A.Tittle	8	10	25	50	60	150	200	1,000
	Ernie Stautner	6	8	▲20	▲25	60	80	▲125	
	Norm Willey	5	5	15	20	25	40	60	
	Bob Schnelker RC	5	5	5	8	15	25	40	200
	Dan Towler	5	6	▲25	▲30	▲40	▲50	60	
	John Martinkovic	5	5	5	8	30	40	60	400
	Detroit Lions	5	6	8	30	40	50	100	300
	George Ratterman	5	5	5	20	25	50	100	
	Chuck Ulrich SP	6	8	30	40	50	60	200	
	Bobby Watkins	5	5	5	8	40	50	200	200
	Buddy Young	5	6	8	10	25	30	60	250
	Billy Wells SP RC	6	8	10	15	50	100	▲400	
	Bob Toneff	5	5	5	8	20	25	30	100	200
	Bill McPeak	5	5	5	8	12	40	50	200
	Bobby Thomason	10	10	10	12	30	40	80	400
	Roosevelt Grier RC	20	25	30	40	100	125	400	500
	Ron Waller RC	5	5	20	25	30	50	200	
	Bobby Dillon	5	5	5	8	20	50	100	300
	Leon Hart	5	6	8	▲40	▲50	▲60	▲100	250
	Mike McCormack	5	5	6	10	▲30	▲40	80	400
	John Olszewski SP	6	8	10	15	50	250	800	
	Bill Wightkin	5	6	8	10	20	40	80	600
	George Shaw RC	5	5	5	50	60	80	200	250
	Dale Atkeson SP	6	▼40	▼50	▼60	▼80	200	1,600	
	Joe Perry	6	▲20	▲25	▲30	▲40	60	▲200	
	Dale Dodrill	5	5	5	8	20	40	80	
	Tom Scott	5	5	5	8	12	30	50	
	New York Giants	5	6	40	50	60	80	▲250	600

		GD 2	VG 3	VgEx 4	EX 5	ExMt 6	NM 7	NmMt 8	MT 9
114	Los Angeles Rams	5	5	8	10	15	40	100	
115	Al Carmichael	5	5	5	8	12	400	500	
116	Bobby Layne	8	30	▲50	▲60	▲80	125	150	500
117	Ed Modzelewski	5	5	5	8	25	40	60	
118	Lamar McHan RC SP	6	8	10	40	80	100	▲125	1,500
119	Chicago Bears	5	6	8	10	15	60	100	500
120	Billy Vessels RC	5	8	30	50	50	80	150	500
NNO	Checklist SP NNO	50	60	100	250	300	800	1,000	
C1	Contest Card 1	20	25	30	50	100	175		
C2	Contest Card 2	25	30	40	75	150	225		
C3	Contest Card 3	25	30	40	75				
CA	Contest Card A	25	30	40	75	150	250		
CB	Contest Card B	25	30	40	75	150	250	400	

— George Blanda #11 PSA 10 (Gem) sold for $940 (eBay; 3/07)
— Stan Jones #71 SGC 9 (Mint) sold for $987 (Mile High; 10/09)
— Dick Moegle #14 PSA 10 (Gem) sold for $1,485 (eBay; 3/07)
— Lenny Moore #60 PSA 9 (Mint) sold for $3,385 (eBay; 12/07)
— Lenny Moore #60 PSA 9 (Mint) sold for $2,201 (eBay; 7/13)
— Lenny Moore #60 PSA 9 (Mint) sold for $5,730 (eBay; 7/16)
— Volney Peters SP #73 PSA 9 (Mint) sold for $1480 (eBay; 9/12)
— Elroy Hirsch #78 PSA 10 (Gem Mint) sold for $3,024 (Mile High; 1/20)

1957 Topps

		GD 2	VG 3	VgEx 4	EX 5	ExMt 6	NM 7	NmMt 8	MT 9
1	Eddie LeBaron	6	8	10	25	30	60	175	800
2	Pete Retzlaff RC	5	5	6	10	40	60	600	
3	Mike McCormack	5	5	6	10	20	40	60	
4	Lou Baldacci	5	5	5	8	12	20	40	
5	Gino Marchetti	5	6	8	12	20	40	80	300
6	Leo Nomellini	5	6	8	12	20	30	80	400
7	Bobby Watkins	5	5	5	8	12	20	40	
8	Dave Middleton	5	5	5	8	12	20	40	250
9	Bobby Dillon	5	5	5	8	12	20	50	300
10	Les Richter	5	5	5	8	25	40	50	
11	Roosevelt Brown	5	6	8	12	▲40	▲50	60	
12	Lavern Torgeson RC	5	5	5	8	20	50		
13	Dick Bielski	5	5	5	8	12	20	40	
14	Pat Summerall	5	6	8	25	30	▼40	200	
15	Jack Butler RC	5	5	40	50	60	100	175	300
16	John Henry Johnson	5	6	10	40	50	80		
17	Art Spinney	5	5	5	8	12	20	40	
18	Bob St. Clair	5	5	6	10	15	50	80	350
19	Perry Jeter	5	5	5	8	12	20	40	
20	Lou Creekmur	5	5	6	10	15	40	100	400
21	Dave Hanner	5	5	15	20	25	40	60	300
22	Norm Van Brocklin	6	8	30	40	50	60	▼100	600
23	Don Chandler RC	5	5	25	30	40	50	125	500
24	Al Dorow	5	5	5	8	12	20	35	250
25	Tom Scott	5	5	5	8	12	20	40	
26	Ollie Matson	5	6	8	15	20	25	50	
27	Fran Rogel	5	5	5	8	12	20	40	
28	Lou Groza	6	8	10	25	30	40	▼100	500
29	Billy Vessels	5	5	5	8	12	30	200	
30	Y.A.Tittle	15	20	25	40	50	100	200	400
31	George Blanda	6	8	▲20	30	40	60	125	300
32	Bobby Layne	8	25	40	50	60	80	▲200	400
33	Billy Howton	5	5	15	20	25	30	100	
34	Bill Wade	5	5	6	10	15	30	100	300
35	Emlen Tunnell	5	5	25	30	40	50	250	
36	Leo Elter	5	5	5	8	12	20	35	250
37	Clarence Peaks RC	5	5	5	8	12	30	50	400
38	Don Stonesifer	5	5	5	8	12	25	40	
39	George Tarasovic	5	5	5	8	12	20	40	
40	Darrel Brewster	5	5	5	8	12	20	40	
41	Bert Rechichar	5	5	5	8	12	20	35	250
42	Billy Wilson	5	5	5	8	12	20	40	200
43	Ed Brown	5	5	5	8	12	20	50	250
44	Gene Gedman	5	5	5	8	12	20	35	250
45	Gary Knafelc	5	5	5	8	12	20	35	250
46	Elroy Hirsch	6	8	10	25	40	60	200	600
47	Don Heinrich	5	5	5	8	12	30	60	
48	Gene Brito	5	5	5	8	12	20	35	200
49	Chuck Bednarik	6	8	10	15	▲40	▲50	75	
50	Dave Mann	5	5	5	8	12	20	40	
51	Bill McPeak	5	5	5	8	12	20	40	
52	Kenny Konz	5	5	5	8	12	20	40	
53	Alan Ameche	5	5	6	10	30	80	300	600
54	Gordy Soltau	5	5	5	8	12	20	35	350

Beckett Graded Card Price Guide 279

#	Player	GD 2	VG 3	VgEx 4	EX 5	ExMt 6	NM 7	NmMt 8	MT 9
55	Rick Casares	5	5	5	8	20	25	150	
56	Charlie Ane	5	5	5	8	12	20	40	
57	Al Carmichael	5	5	5	8	12	20	40	
58A	W.Sherman ERR no pos/team	60	80	100	150	200	350	600	
58B	Willard Sherman COR	5	5	5	8	12	20	35	250
59	Kyle Rote	5	5	6	15	20	50	125	500
60	Chuck Drazenovich	5	5	5	8	12	20	35	300
61	Bobby Walston	5	5	5	8	12	20	35	250
62	John Olszewski	5	5	5	8	12	20	35	250
63	Ray Mathews	5	5	5	8	12	20	35	350
64	Maurice Bassett	5	5	5	8	12	20	35	250
65	Art Donovan	6	8	10	20	30	40	100	350
66	Joe Arenas	5	5	5	8	12	20	35	250
67	Harlon Hill	5	5	5	20	25	30	40	250
68	Yale Lary	5	5	▲20	▲25	30	60	60	
69	Bill Forester	5	5	5	8	12	30	50	250
70	Bob Boyd	5	5	5	8	12	20	35	250
71	Andy Robustelli	5	6	8	12	30	50	150	
72	Sam Baker RC	5	5	5	8	12	20	80	250
73	Bob Pellegrini	5	5	5	8	12	20	40	
74	Leo Sanford	5	5	5	8	12	20	100	
75	Sid Watson	5	5	5	8	12	20	60	250
76	Ray Renfro	5	5	5	8	12	30	50	250
77	Carl Taseff	5	5	5	8	12	20	50	
78	Clyde Conner	5	5	5	8	12	20	35	250
79	J.C. Caroline	5	5	5	8	12	25	50	
80	Howard Cassady RC	5	▼25	▼30	▼40	▼50	80	100	1,000
81	Tobin Rote	5	5	20	25	30	50	60	
82	Ron Waller	5	5	5	8	12	20	35	250
83	Jim Patton RC	5	5	5	8	12	50	100	500
84	Volney Peters	5	5	5	8	12	20	40	250
85	Dick Lane RC	40	80	100	125	200	300	1,200	
86	Royce Womble	5	5	5	8	12	20	35	200
87	Duane Putnam RC	5	5	10	12	20	25	35	250
88	Frank Gifford	15	20	25	30	50	100	200	400
89	Steve Meilinger	5	6	8	12	50	60	200	
90	Buck Lansford	5	6	12	15	30	40	400	
91	Lindon Crow DP	5	5	5	20	30	40	125	
92	Ernie Stautner DP	5	6	8	20	30	50	400	
93	Preston Carpenter DP RC	5	5	5	8	15	40	200	
94	Raymond Berry RC	80	100	150	200	300	1,000	5,000	
95	Hugh McElhenny	6	8	10	30	40	100	1,000	
96	Stan Jones	6	8	20	25	30	60	400	
97	Dorne Dibble	5	6	8	12	25	50	120	
98	Joe Scudero DP	5	5	5	8	12	30	200	
99	Eddie Bell	5	6	8	12	20	60	500	
100	Joe Childress DP	5	5	5	8	20	80	150	
101	Elbert Nickel	5	6	8	12	50	150	800	
102	Walt Michaels	5	6	8	12	30	50	150	
103	Jim Mutscheller DP	5	5	5	8	12	50	800	
104	Earl Morrall RC	▲20	▲30	60	80	100	200	600	
105	Larry Strickland	5	6	8	12	20	60	300	
106	Jack Christiansen	5	6	15	20	25	▼40	150	
107	Fred Cone DP	5	5	5	20	25	100	200	
108	Bud McFadin RC	5	6	15	25	30	150	250	
109	Charley Conerly	6	8	▲20	30	40	125	150	600
110	Tom Runnels DP	5	5	5	10	15	20	125	
111	Ken Keller DP	5	5	5	8	15	30	125	
112	James Root	5	6	8	12	50	150	200	
113	Ted Marchibroda DP	5	5	6	10	15	50	▲150	
114	Don Paul DB	5	5	6	50	60	80	300	
115	George Shaw	5	6	8	20	40	80	200	
116	Dick Moegle	5	6	8	12	30	50	200	
117	Don Bingham	5	6	8	20	25	▲200	▲250	
118	Leon Hart	5	6	8	12	20	125	300	
119	Bart Starr RC	500	800	1,000	1,500	2,000	4,000	10,000	
120	Paul Miller DP	20	20	20	25	30	25	80	
121	Alex Webster	5	6	8	12	60	80	600	
122	Ray Wietecha DP	5	5	5	15	20	40	150	
123	Johnny Carson	5	6	8	12	20	80	150	
124	Tom. McDonald DP RC	8	25	▲40	▲50	100	200	1,500	
125	Jerry Tubbs RC	5	6	8	▲50	▲60	▲80	▲100	
126	Jack Scarbath	5	6	8	12	30	60	350	
127	Ed Modzelewski DP	5	5	5	8	40	100	400	
128	Lenny Moore	8	10	25	40	80	100	500	
129	Joe Perry DP	5	6	8	12	25	50	▲250	
130	Bill Wightkin	5	6	8	20	25	80	200	
131	Jim Doran	5	6	8	▼30	50	60	500	
132	Howard Ferguson	5	6	8	12	80	200	300	

#	Player	GD 2	VG 3	VgEx 4	EX 5	ExMt 6	NM 7	NmMt 8	MT 9
133	Tom Wilson	5	6	8	25	30	60	200	
134	Dick James	5	6	15	20	25	80	300	
135	Jimmy Harris	5	6	12	20	25	▲40	350	
136	Chuck Ulrich	6	8	20	25	40	80	200	
137	Lynn Chandnois	5	6	8	12	20	60	150	
138	Johnny Unitas DP RC	300	400	600	800	1,200	▼2,500	6,500	15,000
139	Jim Ridlon DP	5	5	5	8	12	30	100	
140	Zeke Bratkowski DP	5	5	6	10	30	135	1,000	
141	Ray Krouse	5	6	8	12	20	100	150	
142	John Martinkovic	5	▲50	▲60	▲80	▲100	▲125	▲150	
143	Jim Cason DP	5	5	5	12	15	40	60	
144	Ken MacAfee E	5	6	8	15	30	200	250	
145	Sid Youngelman RC	5	6	▲25	▲30	▲40	125	200	
146	Paul Larson	5	6	8	12	40	125	400	
147	Len Ford	6	8	10	30	200	300	1,500	
148	Bob Toneff DP	5	5	15	20	25	40	80	
149	Ronnie Knox DP	5	5	5	15	20	50	125	
150	Jim David RC	5	6	8	25	30	80	150	
151	Paul Hornung RC	▼150	250	400	500	▲800	1,500	6,000	
152	Tank Younger	5	6	8	25	60	150	800	
153	Bill Svoboda DP	5	5	5	12	15	60	200	
154	Fred Morrison	6	8	15	20	100	250	1,500	
CL1	Checklist Card SP#1(Bazooka back)	175	250	300	400	600	1,200		
CL2	Checklist Blony SP	175	250	300	400	800			

— Alan Ameche #12 PSA 9 (Mint) sold for $681 (Mile High; 11/10)
— Raymond Berry #94 PSA 8.5 (NmMt+) sold for $3,862 (Mile High; 6/10)
— Raymond Berry #94 PSA 8.5 (NmMt+) sold for $9,009 (eBay; 8/16)
— Jack Christiansen #106 PSA 9 (Mint) sold for $528 (eBay; 6/12)
— Jack Christiansen #106 PSA 9 (Mint) sold for $1,097.50 (eBay; 11/13)
— Charlie Conerly #109 PSA 9 (Mint) sold for $1,497 (Andy Madec; 5/07)
— Howard Ferguson #132 PSA 9 (Mint) sold for $901 (eBay; 12/13)
— Paul Hornung #151 PSA 9 (Mint) sold for $6,552 (Mile High; 6/10)
— Paul Hornung #151 PSA 9 (Mint) sold for $7,300 (Goodwin; 6/13)
— Dick Lane #85 SGC 9 (Mint) sold for $1,833 (Mile High; 10/09)
— Dick Lane #85 SGC 9 (Mint) sold for $825 (Goodwin; 2/11)
— Ollie Matson #26 PSA 9 (Mint) sold for $737 (eBay; 11/14)
— Hugh McElhenny #95 PSA 9 (Mint) sold for $761.5 (eBay; 5/12)
— Walt Michaels #102 PSA 9 (Mint) sold for $715 (eBay; 1/08)
— Dave Middleton #8 PSA 10 (Gem Mt) sold for $904 (Mile High; 10/09)
— Lenny Moore #128 PSA 9 (Mt) sold for $2,949 (eBay; 9/12)
— Pete Retzlaff #2 PSA 9 (Mint) sold for $1,260 (eBay; 3/07)
— Andy Robustelli #71 PSA 9 (Mint) sold for $897 (eBay; 1/08)
— George Shaw #115 PSA 9 (Mint) sold for $810 (eBay; 4/05)
— Willard Sherman ERR #58A SGC 9 (Mint) sold for $1,684 (Mile High; 3/09)
— Bart Starr RC #119 SGC 9 (Mint) sold for $10280.41 (Mile High; 5/12)
— Johnny Unitas #138 PSA 9 (Mint) sold for $15,457 (Goodwin; 11/09)
— Johnny Unitas DP RC #138 PSA 9 (Mint) sold for $27205.78 (Mile High; 1/12)
— Johnny Unitas #138 SGC 8.5 (NmMt+) sold for $2,954 (Mile High; 3/09)
— Johnny Unitas #138 PSA 8.5 (NmMt+) sold for $7,626.71 (Mile High; Dec 2013)
— Royce Womble #86 PSA 10 (Gem Mint) sold for $954 (Ebay; 1/14)

1958 Topps

#	Player	GD 2	VG 3	VgEx 4	EX 5	ExMt 6	NM 7	NmMt 8	MT 9
1	Gene Filipski RC	5	5	6	10	18	80	100	
2	Bobby Layne	6	15	30	40	50	▲80	150	
3	Joe Schmidt	5	5	6	10	15	80	▲150	
4	Bill Barnes	5	5	5	8	12	25	80	
5	Milt Plum RC	5	6	8	10	15	80	150	
6	Billy Howton	5	5	30	50	80	100	200	
7	Howard Cassady	5	5	5	8	12	30	80	
8	Jim Dooley	5	5	5	8	12	25	125	
9	Cleveland Browns	5	5	6	8	30	40	150	
10	Lenny Moore	5	6	8	12	30	100	400	
11	Darrel Brewster	5	5	5	8	12	25	100	
12	Alan Ameche	5	6	15	20	25	30	100	
13	Jim David	5	5	5	8	12	25	80	
14	Jim Mutscheller	5	5	5	8	12	25	80	
15	Andy Robustelli	5	5	6	10	15	50	▲150	
16	Gino Marchetti	5	5	6	20	40	50	80	
17	Ray Renfro	5	5	30	40	50	200	500	
18	Yale Lary	5	5	10	30	40	80		
19	Gary Glick	5	5	5	8	12	30	120	
20	Jon Arnett RC	5	5	6	10	12	60	80	500
21	Bob Boyd	5	5	5	8	12	25	80	
22	Johnny Unitas	30	80	100	125	200	600	▼2,500	
23	Zeke Bratkowski	5	5	5	8	25	30	80	
24	Sid Youngelman	5	5	5	8	12	25	80	
25	Leo Elter	5	5	5	8	12	25	100	

		GD 2	VG 3	VgEx 4	EX 5	ExMt 6	NM 7	NmMt 8	MT 9
6	Kenny Konz	5	5	5	8	12	25	80	
7	Washington Redskins	5	5	6	8	12	25	80	
8	Carl Brettschneider	5	5	5	8	12	25	80	
9	Chicago Bears	5	5	6	8	12	30	120	
10	Alex Webster	5	5	5	8	12	25	80	
11	Al Carmichael	5	5	5	8	12	25	80	
12	Bobby Dillon	5	5	5	8	12	30	100	
13	Steve Meilinger	5	5	5	8	12	25	80	
14	Sam Baker	5	5	5	8	12	25	60	
15	Chuck Bednarik	5	6	▲20	▲30	▲40	▲50	100	
16	Bert Vic Zucco	5	5	5	8	12	25	80	
17	George Tarasovic	5	5	5	8	12	25	80	
18	Bill Wade	5	6	8	10	12	30	80	
19	Dick Stanfel	5	5	5	8	12	40	200	
20	Jerry Norton	5	5	5	8	12	25	80	
21	San Francisco 49ers	5	5	6	30	40	50	60	
22	Emlen Tunnell	5	5	▲20	30	40	50	100	
23	Jim Doran	5	5	5	8	12	25	80	
24	Ted Marchibroda	5	6	10	12	20	50	200	
25	Chet Hanulak	5	5	5	8	12	25	80	
26	Dale Dodrill	5	5	5	8	12	25	80	
27	Johnny Carson	5	5	5	8	12	25	80	
28	Dick Deschaine	5	5	5	8	12	25	80	
29	Billy Wells	5	5	5	8	12	25	80	
30	Larry Morris	5	5	5	8	12	25	80	
31	Jack McClairen	5	5	5	8	12	25	80	
32	Lou Groza	5	6	▲30	▲40	▲50	▲60	80	
33	Rick Casares	5	5	5	8	20	60	200	
34	Don Chandler	5	5	5	8	30	40	80	
35	Duane Putnam	5	5	5	8	12	25	80	
36	Gary Knafelc	5	5	5	8	12	25	80	
37	Earl Morrall	5	5	20	30	40	50	100	
38	Ron Kramer RC	5	5	5	40	50	200	400	
39	Mike McCormack	5	6	8	20	25	30	80	
40	Gern Nagler	5	5	5	8	12	25	80	
41	New York Giants	5	5	6	20	25	30	80	
42	Jim Brown RC	1,000	1,500	2,000	2,500	3,000	▼6,000	▼8,000	
43	Joe Marconi RC	5	5	5	8	12	25	80	
44	R.C. Owens RC	5	5	5	8	12	25	80	
45	Jimmy Carr RC	5	5	5	8	12	30	80	
46	Bart Starr	▲50	▲60	80	125	150	500	▲1,000	
47	Tom Wilson	5	5	5	8	12	30	80	
48	Lamar McHan	5	5	5	8	12	25	100	
49	Chicago Cardinals	5	5	6	8	12	60	100	
50	Jack Christiansen	5	6	12	15	30	40	80	
51	Don McIlhenny RC	5	5	5	8	12	25	80	
52	Ron Waller	5	5	5	8	12	35	80	
53	Frank Gifford	25	30	40	50	60	▲125	200	
54	Bert Rechichar	5	5	5	8	12	25	225	
55	John Henry Johnson	5	5	6	10	15	80	350	
56	Jack Butler	5	5	5	8	20	60	80	
57	Frank Varrichione	5	5	5	8	12	30	80	
58	Ray Mathews	5	5	5	8	12	30	80	
59	Marv Matuszak	5	5	5	8	12	25	80	
60	Harlon Hill	5	5	5	8	12	30	80	
61	Lou Creekmur	5	6	8	10	30	40	100	
62	Woodley Lewis	5	5	5	8	12	30	100	
63	Don Heinrich	5	5	5	8	12	25	80	
64	Charley Conerly	5	6	8	20	25	40	80	
65	Los Angeles Rams	5	5	6	8	12	25	80	
86	Y.A. Tittle	5	6	30	50	60	80	125	
87	Bobby Walston	5	5	5	8	12	25	80	
88	Earl Putman	5	5	5	8	12	30	100	
89	Leo Nomellini	5	6	8	12	▲30	▲40	▲100	
90	Sonny Jurgensen RC	30	▲60	80	100	150	300	800	3,000
91	Don Paul DB	5	5	5	8	12	30	80	
92	Paige Cothren	5	5	5	8	12	30	80	
93	Joe Perry	5	6	8	12	25	30	80	
94	Tobin Rote	5	5	5	8	12	60	80	
95	Billy Wilson	5	5	5	8	12	25	80	
96	Green Bay Packers	5	6	8	20	30	60	300	
97	Lavern Torgeson	5	5	5	8	12	25	80	
98	Milt Davis	5	5	5	8	12	25	80	
99	Larry Strickland	5	5	5	8	12	30	150	
100	Matt Hazeltine RC	5	5	5	8	12	30	200	
101	Walt Yowarsky	5	5	5	8	12	30	125	
102	Roosevelt Brown	5	6	8	40	50	60	400	
103	Jim Ringo	5	5	6	20	25	60	100	400
104	Joe Krupa	5	5	5	8	12	25	80	

		GD 2	VG 3	VgEx 4	EX 5	ExMt 6	NM 7	NmMt 8	MT 9
105	Les Richter	5	5	12	15	20	30	80	
106	Art Donovan	5	6	8	12	50	60	▲125	
107	John Olszewski	5	5	5	8	12	30	125	
108	Ken Keller	5	5	5	8	12	25	80	
109	Philadelphia Eagles	5	5	6	40	50	80	200	
110	Baltimore Colts	5	5	6	8	12	80	100	
111	Dick Bielski	5	5	5	8	12	25	80	
112	Eddie LeBaron	5	6	8	10	12	30	80	400
113	Gene Brito	5	5	5	8	12	25	80	
114	Willie Galimore RC	5	6	8	80	100	125	300	
115	Detroit Lions	5	5	6	8	12	40	100	
116	Pittsburgh Steelers	5	5	6	8	12	25	80	300
117	L.G. Dupre	5	5	5	8	15	25	80	
118	Babe Parilli	5	5	5	8	12	25	100	
119	Bill George	5	5	6	10	15	30	80	
120	Raymond Berry	6	8	10	15	▲40	▼80	150	
121	Jim Podoley	5	5	5	8	12	25	100	
122	Hugh McElhenny	5	6	8	12	18	30	100	
123	Ed Brown	5	5	5	15	20	30	100	
124	Dick Moegle	5	5	5	8	12	30	80	
125	Tom Scott	5	5	5	8	12	25	60	250
126	Tommy McDonald	5	5	6	10	15	30	80	
127	Ollie Matson	5	6	8	12	18	40	100	
128	Preston Carpenter	5	5	5	8	12	25	80	
129	George Blanda	10	12	15	30	40	80	200	
130	Gordy Soltau	5	5	5	8	12	30	80	
131	Dick Nolan RC	5	5	5	8	12	30	80	
132	Don Bosseler RC	5	6	8	12	20	50	250	1,200
NNO	Free Felt Initial Card	5	6	50	60	80	100		

— Chuck Bednarik #35 PSA 9 (Mint) sold for $700 (eBay; 12/07)
— George Blanda #129 PSA 9 (Mint) sold for $1,277 (Andy Madec; 5/07)
— Gene Brito #113 PSA 9 (Mint) sold for $713 (eBay; 12/12)
— Jim Brown #62 PSA 9 (Mint) sold for $29,257 (Mile High; 11/10)
— Jim Brown #62 SGC 8.5 (NmMt+) sold for $4,474 (Mile High; 3/09)
— Jim Brown #62 PSA 8.5 (NmMt+) sold for $5,377 (eBay; 4/12)
— Rick Casares #53 PSA 9 (Mint) sold for $1,230 (Greg Bussineau; Fall 2013)
— Jack Christiansen #70 PSA 9 (Mint) sold for $630 eBay 11/14
— Paige Cothran #28 PSA 10 (Gem Mt) sold for $908 (Mile High; 11/10)
— Bobby Dillon #32 PSA 9 (Mint) sold for $570 (eBay; 10/13)
— Lou Groza #52 PSA 9 (Mint) sold for $831 (Mastro; 2/07)
— Sonny Jurgensen #90 PSA 9 (Mint) sold for $2,180 (eBay; 12/07)
— Bobby Layne #2 PSA 9 (Mint) sold for $1,055 (Andy Madec; 5/07)
— Ted Marchibroda #44 PSA 9 (Mint) sold for $725 (eBay; 9/07)
— Earl Morrall #57 PSA 9 (Mint) sold for $410 (eBay; 6/06)
— Don Owens #47 PSA 10 (Gem Mt) sold for $1,634 (Goodwin; 6/10)
— Babe Parilli #118 PSA 9 (Mint) sold for $549 (eBay 11/14)
— Duane Putnam #55 PSA 10 (Gem Mt) sold for $1,030 (eBay; 3/07)
— Bart Starr #66 PSA 10 (Gem Mint) sold for $9036.86 (Mile High; 1/12)
— Y.A. Tittle #86 PSA 9 (Mint) sold for $1,055 (Andy Madec; 5/07)
— Johnny Unitas #22 PSA 9 (Mint) sold for $5,105 (eBay; 9/08)
— Johnny Unitas #22 PSA 9 (Mint) sold for $7852.81 (Mile High; 1/12)
— Johnny Unitas #22 PSA 9 (Mint) sold for $9239 (eBay; 8/13)
— Johnny Unitas #22 PSA 9 (Mint) sold for $ 4,737 (eBay; 11/13)
— Johnny Unitas #22 PSA 8.5 (Mint) sold for $ 1806 (eBay; 11/14)

1959 Topps

		GD 2	VG 3	VgEx 4	EX 5	ExMt 6	NM 7	NmMt 8	MT 9
1	Johnny Unitas	50	60	80	125	200	400	1,800	
2	Gene Brito	5	5	5	6	10	15	60	
3	Detroit Lions CL	5	5	6	8	12	25	60	175
4	Max McGee RC	5	6	▲25	▲30	40	100	150	400
5	Hugh McElhenny	5	5	5	8	12	50	80	350
6	Joe Schmidt	5	5	6	8	12	25	40	250
7	Kyle Rote	5	5	5	6	20	30	80	
8	Clarence Peaks	5	5	5	6	10	15	30	
9	Steelers Pennant	5	5	5	6	10	15	30	125
10	Jim Brown	▼150	▼200	▼250	▼300	▼400	800	2,000	15,000
11	Ray Mathews	5	5	5	6	10	15	30	125
12	Bobby Dillon	5	5	5	6	10	15	30	125
13	Joe Childress	5	5	5	6	10	15	40	125
14	Terry Barr RC	5	5	5	6	10	15	30	125
15	Del Shofner RC	5	5	5	6	10	15	50	125
16	Bob Pellegrini UER	5	5	5	6	10	15	30	125
17	Baltimore Colts CL	5	5	5	8	20	25	60	
18	Preston Carpenter	5	5	5	6	10	15	30	
19	Leo Nomellini	5	5	6	20	25	40	60	350
20	Frank Gifford	8	15	25	30	40	60	150	250
21	Charlie Ane	5	5	5	6	10	15	30	125

Beckett Graded Card Price Guide 281

#	Player	GD 2	VG 3	VgEx 4	EX 5	ExMt 6	NM 7	NmMt 8	MT 9
22	Jack Butler	5	5	5	6	20	25	80	250
23	Bart Starr	60	80	100	125	150	300	500	1,500
24	Cardinals Pennant	5	5	5	6	10	20	60	125
25	Bill Barnes	5	5	5	6	10	15	30	125
26	Walt Michaels	5	5	5	6	10	15	30	125
27	Clyde Conner UER	5	5	5	6	10	15	60	125
28	Paige Cothren	5	5	5	6	10	15	30	125
29	Roosevelt Grier	5	5	5	6	8	60	80	100	300
30	Alan Ameche	5	5	12	15	20	25	60	200
31	Philadelphia Eagles CL	5	5	5	6	8	12	20	35	100
32	Dick Nolan	5	5	5	6	10	15	30	
33	R.C. Owens	5	5	5	6	10	15	30	125
34	Dale Dodrill	5	5	5	6	10	15	30	
35	Gene Gedman	5	5	5	6	10	15	30	125
36	Gene Lipscomb RC	5	5	5	6	8	12	20	60	400
37	Ray Renfro	5	5	5	6	10	15	30	150
38	Browns Pennant	5	5	5	6	10	20	50	125
39	Bill Forester	5	5	5	5	6	10	15	40	125
40	Bobby Layne	6	8	20	25	▲40	50	80	250
41	Pat Summerall	5	5	15	20	25	30	100	200
42	Jerry Mertens RC	5	5	5	6	10	15	30	125
43	Steve Myhra RC	5	5	5	6	10	15	30	125
44	John Henry Johnson	5	5	5	6	8	12	40	60	125
45	Woodley Lewis UER	5	5	5	5	6	10	15	30	
46	Green Bay Packers CL	5	12	15	20	25	40	125	300
47	Don Owens UER RC	5	5	5	6	10	15	30	125
48	Ed Beatty RC	5	5	5	6	10	15	30	125
49	Don Chandler	5	5	5	6	10	15	40	125
50	Ollie Matson	5	5	6	15	20	25	50	175
51	Sam Huff RC	12	40	50	60	80	100	250	600
52	Tom Miner RC	5	5	5	6	10	15	30	125
53	Giants Pennant	5	5	5	6	10	15	30	125
54	Kenny Konz	5	5	5	6	10	15	30	125
55	Raymond Berry	12	15	20	30	40	50	80	300
56	Howard Ferguson UER	5	5	5	6	10	15	30	125
57	Chuck Ulrich	5	5	5	6	10	15	30	125
58	Bob St.Clair	5	5	5	6	8	12	20	50	250
59	Don Burroughs RC	5	5	5	6	10	15	30	125
60	Lou Groza	5	5	5	6	8	12	40	80	▲300
61	San Francisco 49ers CL	5	5	5	6	8	12	20	35	100
62	Andy Nelson RC	5	5	5	6	10	15	30	125
63	Harold Bradley RC	5	5	5	6	10	15	40	
64	Dave Hanner	5	5	5	6	10	15	30	150
65	Charley Conerly	5	6	8	20	25	30	60	
66	Gene Cronin RC	5	5	5	6	10	15	30	100
67	Duane Putnam	5	5	5	6	10	15	30	
68	Colts Pennant	5	5	5	6	10	15	60	80	250
69	Ernie Stautner	5	5	6	8	12	20	50	300
70	Jon Arnett	5	5	5	6	10	15	30	100
71	Ken Panfil RC	5	5	5	6	10	15	50	125
72	Matt Hazeltine	5	5	5	6	10	15	30	125
73	Harley Sewell	5	5	5	6	10	15	30	125
74	Mike McCormack	5	5	6	8	12	20	150	
75	Jim Ringo	5	5	6	30	40	50	200	300
76	Los Angeles Rams CL	5	5	6	8	20	80	100	200
77	Bob Gain RC	5	5	5	6	10	15	60	
78	Buzz Nutter RC	5	5	5	6	10	15	40	125
79	Jerry Norton	5	5	5	6	10	15	30	125
80	Joe Perry	5	5	6	8	20	25	50	200
81	Carl Brettschneider	5	5	5	6	10	15	30	100
82	Paul Hornung	10	12	▲30	50	60	100	200	1,000
83	Eagles Pennant	5	5	5	6	10	15	30	125
84	Les Richter	5	5	5	6	10	15	40	
85	Howard Cassady	5	5	5	6	10	15	30	125
86	Art Donovan	5	5	6	8	12	20	▲80	▲500
87	Jim Patton	5	5	5	6	10	15	30	120
88	Pete Retzlaff	5	5	5	6	10	15	30	100
89	Jim Mutscheller	5	5	5	5	8	12	50	125
90	Zeke Bratkowski	5	5	5	5	8	12	25	
91	Washington Redskins CL	5	5	5	5	8	12	25	100
92	Art Hunter	5	5	5	5	8	12	25	100
93	Gern Nagler	5	5	5	5	8	12	25	100
94	Chuck Weber RC	5	5	5	5	8	12	30	100
95	Lew Carpenter RC	5	5	5	5	8	12	25	100
96	Stan Jones	5	5	5	6	10	15	40	300
97	Ralph Guglielmi UER	5	5	5	5	8	12	25	100
98	Packers Pennant	5	5	5	5	8	12	25	100
99	Ray Wietecha	5	5	5	5	8	12	25	100
100	Lenny Moore	5	15	20	25	50	60	100	200
101	Jim Ray Smith UER RC	5	5	6	8	10	20	80	250
102	Abe Woodson RC	5	5	5	5	8	12	25	100
103	Alex Karras RC	8	▲25	40	50	60	125	200	1,000
104	Chicago Bears CL	5	5	5	5	8	12	25	80
105	John David Crow RC	5	6	8	10	40	50	60	200
106	Joe Fortunato RC	5	5	5	5	8	12	25	100
107	Babe Parilli	5	5	5	5	8	12	25	100
108	Proverb Jacobs RC	5	5	5	5	8	12	30	100
109	Gino Marchetti	5	5	6	8	15	20	50	200
110	Bill Wade	5	5	5	5	8	12	25	
111	49ers Pennant	5	5	5	5	8	12	25	80
112	Karl Rubke RC	5	5	5	5	8	12	25	100
113	Dave Middleton UER	5	5	5	5	8	12	25	80
114	Roosevelt Brown	5	5	12	15	20	25	30	125
115	John Olszewski	5	5	5	5	8	12	25	80
116	Jerry Kramer RC	20	30	60	80	100	150	250	400
117	King Hill RC	5	5	5	5	8	12	25	80
118	Chicago Cardinals CL	5	5	5	5	8	12	25	80
119	Frank Varrichione	5	5	5	5	8	12	25	100
120	Rick Casares	5	5	5	5	8	12	25	
121	George Strugar RC	5	5	5	5	8	12	25	80
122	Bill Glass RC	5	5	5	5	8	12	25	
123	Don Bosseler	5	5	5	5	8	12	25	80
124	John Reger RC	5	5	5	5	8	12	25	
125	Jim Ninowski RC	5	5	5	5	8	12	50	100
126	Rams Pennant	5	5	5	5	8	12	25	100
127	Willard Sherman	5	5	5	5	8	12	25	100
128	Bob Schnelker	5	5	5	5	8	12	25	80
129	Ollie Spencer RC	5	5	5	5	8	12	25	100
130	Y.A.Tittle	6	8	20	25	40	50	80	▲250
131	Yale Lary	5	5	5	6	15	40	60	100
132	Jim Parker RC	6	12	15	40	50	100	250	600
133	New York Giants CL	5	5	5	5	8	12	25	80
134	Jim Schrader RC	5	5	5	5	8	12	25	
135	M.C. Reynolds RC	5	5	5	5	8	12	25	100
136	Mike Sandusky RC	5	5	5	5	8	12	25	80
137	Ed Brown	5	5	5	5	8	12	25	150
138	Al Barry RC	5	5	5	5	8	12	25	100
139	Lions Pennant	5	5	5	5	8	12	25	80
140	Bobby Mitchell RC	6	8	20	40	60	80	150	600
141	Larry Morris	5	5	5	5	8	12	25	100
142	Jim Phillips RC	5	5	5	5	8	12	25	100
143	Jim David	5	5	5	5	8	12	25	80
144	Joe Krupa	5	5	5	5	8	12	25	100
145	Willie Galimore	5	5	5	5	8	12	25	80
146	Pittsburgh Steelers CL	5	5	5	5	8	12	25	100
147	Andy Robustelli	5	5	6	8	12	30	40	80
148	Billy Wilson	5	5	5	5	8	12	25	100
149	Leo Sanford	5	5	5	5	8	12	25	100
150	Eddie LeBaron	5	5	5	6	10	15	30	125
151	Bill McColl	5	5	5	5	8	12	25	100
152	Buck Lansford UER	5	5	5	5	8	12	25	80
153	Bears Pennant	5	5	5	5	8	12	25	100
154	Leo Sugar RC	5	5	5	5	8	12	25	100
155	Jim Taylor UER RC	25	30	40	50	80	100	300	600
156	Lindon Crow	5	5	5	5	8	12	100	
157	Jack McClairen	5	5	5	5	8	12	25	100
158	Vince Costello UER RC	5	5	5	5	8	12	25	100
159	Stan Wallace RC	5	5	5	5	8	12	25	80
160	Mel Triplett RC	5	5	5	5	8	12	25	80
161	Cleveland Browns CL	5	5	5	5	8	12	25	80
162	Dan Currie RC	5	5	5	5	8	15	40	200
163	L.G. Dupre UER	5	5	5	5	8	12	25	80
164	John Morrow UER RC	5	5	5	5	8	12	25	100
165	Jim Podoley	5	5	5	5	8	12	25	80
166	Bruce Bosley RC	5	5	5	5	8	12	25	100
167	Harlon Hill	5	5	5	5	8	12	25	100
168	Redskins Pennant	5	5	5	5	8	12	25	100
169	Junior Wren RC	5	5	5	5	8	12	40	125
170	Tobin Rote	5	5	5	5	8	12	25	100
171	Art Spinney	5	5	5	5	8	12	25	100
172	Chuck Drazenovich UER	5	5	5	5	8	12	25	80
173	Bobby Joe Conrad RC	5	5	5	5	8	12	25	80
174	Jesse Richardson RC	5	5	5	5	8	12	25	100
175	Sam Baker	5	5	5	5	8	12	25	80
176	Tom Tracy RC	5	5	6	20	40	80	150	

— Jon Arnett #70 PSA 10 (Gem Mint) sold for $1330 (eBay; 11/14)
— Ed Beatty RC #48 PSA 10 (Gem Mint) sold for $870 (Bussineau; 4/12)
— Jack Butler #22 PSA 10 (Gem Mint) sold for $1050 (Bussineau; 4/12)

- Joe Childress #13 PSA 10 (Gem Mint) sold for $628 (eBay 11/14)
- Charley Conerly #65 PSA 9 (Mint) sold for $2,006 (eBay; 1/09)
- Dale Dodrill #34 PSA 10 (Gem Mint) sold for $870 (Bussineau; 4/12)
- Harlon Hill #103 PSA 10 (Gem Mint) sold for $1,280 (eBay; 3/11)
- Alex Karras #103 PSA 10 (Gem Mint) sold for $1,740 (eBay; 1/06)
- Stan Jones #96 PSA 10 (Gem) sold for $1630 (eBay; 11/14)
- Bobby Layne #40 PSA 10 (Gem Mint) sold for $3150 (Bussineau; 4/12)
- Eddie LeBaron #150 PSA 10 (Gem Mint) sold for $1590 (Bussineau; 4/12)
- Ray Mathews #11 PSA 10 (Gem Mint) sold for $810 (Bussineau; 4/12)
- Don Owens UER RC #47 PSA 10 (Gem Mint) sold for $810 (Bussineau; 4/12)
- Ken Panfil #71 PSA 10 (Gem Mint) sold for $990 (Bussineau; 4/12)
- Jim Patton RC #87 PSA 10 (Gem Mint) sold for $740 (ebay; 11/14)
- Bob Pellegrini UER #16 PSA 10 (Gem Mint) sold for $930 (Bussineau; 4/12)
- Duane Putnam #67 PSA 10 (Gem Mint) sold for $1,210 (eBay; 1/14)
- Ray Renfro #37 PSA 10 (Gem Mint) sold for $1685 (eBay; 4/12)
- Del Shofner RC #15 PSA 10 (Gem Mint) sold for $1170 (Bussineau; 4/12)
- Bart Starr #23 PSA 10 (Gem Mint) sold for $7260 (Bussineau; 4/12)
- Bart Starr #23 PSA 9 (Mint) sold for $802 (eBay; 11/14)
- Y.A. Tittle #130 PSA 10 (Gem Mint) sold for $3,200 (Mastro; 4/07)
- Billy Wilson #148 PSA 10 (Gem Mint) sold for $1,366 (eBay; 10/12)
- Redskins Pennant #168 PSA 10 (Gem) sold for $2,129.50 (eBay; 2/14)

1960 Fleer

#	Card	GD 2	VG 3	VgEx 4	EX 5	ExMt 6	NM 7	NmMt 8	MT 9
	Harvey White RC	4	4	4	5	8	40	150	
	Tom Corky Tharp	4	4	4	5	6	20	175	
	Dan McGrew	4	4	4	5	6	20	200	
	Bob White	4	4	4	5	6	20	200	
	Dick Jamieson	4	4	4	5	6	15	150	
	Sam Salerno	4	4	4	5	6	15	100	
	Sid Gillman CO RC	5	6	8	12	▲60	▲100	175	
	Ben Preston	4	4	4	5	6	10	25	100
	George Blanch	4	4	4	5	6	10	50	
10	Bob Stransky	4	4	4	5	6	10	30	150
11	Fran Curci	4	4	4	5	6	10	30	
12	George Shirkey	4	4	4	5	6	10	25	
13	Paul Larson	4	4	4	5	6	10	25	100
14	John Stolte	4	4	4	5	6	10	30	
15	Serafino Fazio RC	4	4	4	5	6	10	40	
16	Tom Dimitroff	4	4	4	5	6	10	25	
17	Elbert Dubenion RC	4	5	6	8	20	25	40	
18	Hogan Wharton	4	4	4	5	6	10	25	100
19	Tom O'Connell	4	4	4	5	6	10	25	80
20	Sammy Baugh CO	10	12	15	20	40	60	80	250
21	Tony Sardisco	4	4	4	5	6	10	25	100
22	Alan Cann	4	4	4	5	6	10	25	100
23	Mike Hudock	4	4	4	5	6	10	30	
24	Bill Atkins	4	4	4	5	6	10	25	100
25	Charlie Jackson	4	4	4	5	6	10	25	80
26	Frank Tripucka	4	4	4	5	15	20	80	100
27	Tony Teresa	4	4	4	5	6	10	25	100
28	Joe Amstutz	4	4	4	5	6	10	25	100
29	Bob Fee RC	4	4	4	5	6	10	30	
30	Jim Baldwin	4	4	4	5	6	10	25	100
31	Jim Yates	4	4	4	5	6	10	25	100
32	Don Flynn	4	4	4	5	6	10	25	80
33	Ken Adamson	4	4	4	5	6	10	25	100
34	Ron Drzewiecki	4	4	4	5	6	10	25	80
35	J.W. Slack	4	4	4	5	6	10	25	80
36	Bob Yates	4	4	4	5	6	10	30	80
37	Gary Cobb	4	4	4	5	6	10	25	80
38	Jacky Lee RC	4	4	4	5	6	10	30	80
39	Jack Spikes RC	4	4	4	5	6	10	30	
40	Jim Padgett	4	4	4	5	6	10	30	100
41	Jack Larscheid RC	4	4	4	5	6	10	25	100
42	Bob Reifsnyder RC	4	4	4	5	6	10	30	
43	Fran Rogel	4	4	4	5	6	10	25	100
44	Ray Moss	4	4	4	5	6	10	25	80
45	Tony Banfield RC	4	4	4	5	6	10	25	
46	George Herring	4	4	4	5	6	10	30	100
47	Willie Smith RC	4	4	4	5	6	10	25	100
48	Buddy Allen	4	4	4	5	6	10	35	100
49	Bill Brown LB	4	4	4	5	6	10	25	80
50	Ken Ford RC	4	4	4	5	6	10	25	100
51	Billy Kinard	4	4	4	5	6	10	25	100
52	Buddy Mayfield	4	4	4	5	6	10	25	100
53	Bill Krisher	4	4	4	5	6	10	25	100
54	Frank Bernardi	4	4	4	5	6	10	30	
55	Lou Saban CO RC	4	4	4	5	15	20	25	100
56	Gene Cockrell	4	4	4	5	6	10	25	80
57	Sam Sanders	4	4	4	5	6	10	25	100
58	George Blanda	12	15	18	20	30	60	100	250
59	Sherrill Headrick RC	4	4	4	5	6	10	25	100
60	Carl Larpenter	4	4	4	5	6	10	30	
61	Gene Prebola	4	4	4	5	6	10	25	100
62	Dick Chorovich	4	4	4	5	6	10	25	100
63	Bob McNamara	4	4	4	5	6	10	30	
64	Tom Saidock	4	4	4	5	6	10	25	
65	Willie Evans	4	4	4	5	6	10	25	100
66	Billy Cannon RC	5	6	8	10	60	80	200	400
67	Sam McCord	4	4	4	5	6	10	25	100
68	Mike Simmons	4	4	4	5	6	10	25	80
69	Jim Swink RC	4	4	4	5	6	10	30	80
70	Don Hitt	4	4	4	5	6	10	25	80
71	Gerhard Schwedes	4	4	4	5	6	10	30	
72	Thurlow Cooper	4	4	4	5	6	10	30	
73	Abner Haynes RC	5	6	50	60	100	150	200	
74	Billy Shoemake	4	4	4	5	6	10	30	
75	Marv Lasater	4	4	6	10	15	40	100	
76	Paul Lowe RC	5	6	25	30	40	50	200	
77	Bruce Hartman	4	4	4	5	6	10	50	135
78	Blanche Martin	4	4	6	10	15	40	100	
79	Gene Grabosky	4	4	4	5	6	10	30	
80	Lou Rymkus CO	4	4	4	5	6	10	30	80
81	Chris Burford RC	4	4	4	5	8	25	200	
82	Don Allen	4	4	4	5	6	10	150	
83	Bob Nelson C	4	4	4	5	6	10	125	
84	Jim Woodard	4	4	4	5	6	20		
85	Tom Rychlec	4	4	4	5	6	10	25	100
86	Bob Cox	4	4	4	5	6	10	20	80
87	Jerry Cornelison	4	4	4	5	6	10	25	100
88	Jack Work	4	4	4	5	6	10	25	100
89	Sam DeLuca	4	4	4	5	6	10	25	100
90	Rommie Loudd	4	4	4	5	6	10	30	
91	Teddy Edmondson	4	4	4	5	6	10	25	80
92	Buster Ramsey CO	4	4	4	5	6	10	25	80
93	Doug Asad	4	4	4	5	6	10	25	80
94	Jimmy Harris	4	4	4	5	6	10	30	
95	Larry Cundiff	4	4	4	5	6	10	25	80
96	Richie Lucas RC	4	4	4	5	8	50	60	150
97	Don Norwood	4	4	4	5	6	10	25	80
98	Larry Grantham RC	4	4	4	5	15	20	80	125
99	Bill Mathis RC	4	4	4	5	8	12	40	150
100	Mel Branch RC	4	4	4	5	6	20	30	100
101	Marvin Terrell	4	4	4	5	6	10	25	100
102	Charlie Flowers	4	4	4	5	6	10	25	80
103	John McMullan	4	4	4	5	6	10	25	80
104	Charlie Kaaihue	4	4	4	5	6	10	25	100
105	Joe Schaffer	4	4	4	5	6	10	25	
106	Al Day	4	4	4	5	6	10	30	
107	Johnny Carson	4	4	4	5	6	10	30	
108	Alan Goldstein	4	4	4	5	6	10	25	100
109	Doug Cline	4	4	4	5	6	10	30	
110	Al Carmichael	4	4	4	5	6	10	25	100
111	Bob Dee	4	4	4	5	6	10	30	
112	John Bredice	4	4	4	5	6	10	25	
113	Don Floyd	4	4	4	5	6	10	25	100
114	Ronnie Cain	4	4	4	5	6	10	30	
115	Stan Flowers	4	4	4	5	6	10	25	100
116	Hank Stram CO RC	10	12	30	40	50	60	150	350
117	Bob Dougherty	4	4	4	5	6	10	25	100
118	Ron Mix RC	10	12	▲30	▲40	80	100	250	800
119	Roger Ellis	4	4	4	5	6	10	25	100
120	Elvin Caldwell	4	4	4	5	6	10	30	100
121	Bill Kimber	4	4	4	5	6	10	30	
122	Jim Matheny	4	4	4	5	6	10	25	80
123	Curley Johnson RC	4	4	4	5	6	10	40	
124	Jack Kemp RC	30	40	50	60	80	125	175	600
125	Ed Denk	4	4	4	5	6	10	25	80
126	Jerry McFarland	4	4	4	5	6	10	30	
127	Dan Lanphear	4	4	4	5	6	15	80	
128	Paul Maguire RC	5	6	8	10	12	20	40	125
129	Ray Collins	4	4	4	5	6	10	20	100
130	Ron Burton RC	4	4	4	5	8	12	40	
131	Eddie Erdelatz CO	4	4	4	5	6	10	30	100
132	Ron Beagle C	4	4	4	5	6	10	40	250

- Jack Kemp RC #124 PSA 10 (Gem Mint) sold for $2850 (eBay; 4/12)
- Paul Maguire #128 PSA 10 (Gem) sold for $2,505 (eBay; 4/08)

1960 Topps

		GD 2	VG 3	VgEx 4	EX 5	ExMt 6	NM 7	NmMt 8	MT 9
1	Johnny Unitas	30	40	60	80	150	400	1,200	15,000
2	Alan Ameche	4	4	4	6	10	15	300	
3	Lenny Moore	5	5	6	8	12	50	80	
4	Raymond Berry	5	5	6	25	30	40	80	250
5	Jim Parker	4	4	5	6	10	30	60	125
6	George Preas	4	4	4	4	6	12	60	
7	Art Spinney	4	4	4	4	6	12	50	
8	Bill Pellington RC	4	4	4	4	6	12	40	
9	Johnny Sample RC	4	4	4	4	6	12	40	
10	Gene Lipscomb	4	4	4	4	6	12	25	120
11	Baltimore Colts	4	4	4	4	6	80	200	
12	Ed Brown	4	4	4	4	6	12	30	120
13	Rick Casares	4	4	4	4	6	12	40	
14	Willie Galimore	4	4	4	4	6	12	135	
15	Jim Dooley	4	4	4	4	6	12	40	
16	Harlon Hill	4	4	4	4	6	12	30	120
17	Stan Jones	4	4	4	4	6	12	25	150
18	Bill George	4	4	4	4	6	12	30	150
19	Erich Barnes RC	4	4	4	4	6	12	40	120
20	Doug Atkins	4	4	4	5	6	10	30	60
21	Chicago Bears	4	4	4	4	6	12	30	120
22	Milt Plum	4	4	4	4	6	12	25	120
23	Jim Brown	60	80	125	150	250	350	1,200	1,500
24	Sam Baker	4	4	4	4	6	12	60	
25	Bobby Mitchell	5	5	6	8	12	30	60	250
26	Ray Renfro	4	4	4	4	6	12	20	120
27	Billy Howton	4	4	4	4	6	12	40	120
28	Jim Ray Smith	4	4	4	4	6	12	30	120
29	Jim Shofner RC	4	4	4	4	6	12	50	
30	Bob Gain	4	4	4	4	6	12	40	
31	Cleveland Browns	4	4	6	10	15	40	100	
32	Don Heinrich	4	4	4	4	6	12	40	120
33	Ed Modzelewski	4	4	4	4	6	12	40	
34	Fred Cone	4	4	4	4	6	20	40	120
35	L.G. Dupre	4	4	4	4	6	12	25	120
36	Dick Bielski	4	4	4	4	6	12	30	120
37	Charlie Ane	4	4	4	4	6	12	60	
38	Jerry Tubbs	4	4	4	5	8	15	50	200
39	Doyle Nix	4	4	4	4	6	12	20	200
40	Ray Krouse	4	4	4	4	6	12	40	
41	Earl Morrall	4	4	4	5	10	15	60	
42	Howard Cassady	4	4	4	4	6	12	40	
43	Dave Middleton	4	4	4	4	6	12	25	120
44	Jim Gibbons RC	4	4	4	4	6	12	20	175
45	Darris McCord	4	4	4	4	6	12	50	
46	Joe Schmidt	4	4	4	5	6	15	20	60
47	Terry Barr	4	4	4	4	6	12	60	
48	Yale Lary	4	4	4	4	6	12	40	
49	Gil Mains	4	4	4	4	6	12	25	120
50	Detroit Lions	4	4	4	4	6	12	40	
51	Bart Starr	10	40	50	80	100	▲200	400	▲2,500
52	Jim Taylor	4	4	5	6	40	50	60	200
53	Lew Carpenter	4	4	4	4	6	12	40	
54	Paul Hornung	8	25	30	40	50	100	200	▲2,000
55	Max McGee	4	4	5	6	10	25	125	
56	Forrest Gregg RC	8	10	40	30	80	100	250	1,800
57	Jim Ringo	4	4	5	20	30	50	60	150
58	Bill Forester	4	4	4	4	6	12	40	200
59	Dave Hanner	4	4	4	4	6	12	60	
60	Green Bay Packers	4	4	5	6	10	20	80	
61	Bill Wade	4	4	4	4	6	12	20	120
62	Frank Ryan RC	4	4	4	5	15	20	50	250
63	Ollie Matson	5	5	6	12	15	25	60	200
64	Jon Arnett	4	4	4	4	6	12	20	120
65	Del Shofner	4	4	4	4	6	12	20	120
66	Jim Phillips	4	4	4	4	6	12	20	120
67	Art Hunter	4	4	4	4	6	12	40	
68	Les Richter	4	4	4	4	6	12	50	
69	Lou Michaels RC	4	4	4	4	6	12	80	
70	John Baker	4	4	4	4	6	12	40	200
71	Los Angeles Rams	4	4	4	4	6	12	40	
72	Charley Conerly	4	4	5	6	10	20	50	150
73	Mel Triplett	4	4	4	4	6	12	40	
74	Frank Gifford	6	20	25	40	50	125	125	250
75	Alex Webster	4	4	4	4	6	12	40	150
76	Bob Schnelker	4	4	4	4	6	12	20	120
77	Pat Summerall	5	5	25	30	40	80	100	
78	Roosevelt Brown	4	4	4	4	6	12	30	150
79	Jim Patton	4	4	4	4	6	12	20	120
80	Sam Huff	5	5	6	8	12	25	50	200
81	Andy Robustelli	4	4	5	20	25	30	40	150
82	New York Giants	4	4	4	4	6	12	40	
83	Clarence Peaks	4	4	4	4	6	12	40	
84	Bill Barnes	4	4	4	4	6	12	20	120
85	Pete Retzlaff	4	4	4	4	6	12	20	120
86	Bobby Walston	4	4	4	4	6	12	40	
87	Chuck Bednarik	4	4	5	6	10	20	125	200
88	Bob Pellegrini	4	4	4	4	6	12	40	
89	Tom Brookshier RC	4	4	4	4	6	15	200	
90	Marion Campbell	4	4	4	4	6	12	30	120
91	Jesse Richardson	4	4	4	4	6	12	20	120
92	Philadelphia Eagles	4	4	4	4	6	12	30	120
93	Bobby Layne	6	8	10	30	40	50	60	250
94	John Henry Johnson	4	4	6	15	20	40	120	
95	Tom Tracy	4	4	4	4	6	12	40	
96	Preston Carpenter	4	4	4	4	6	12	20	120
97	Frank Varrichione	4	4	4	4	6	12	40	
98	John Nisby	4	4	4	4	6	12	40	
99	Dean Derby	4	4	4	4	6	12	40	
100	George Tarasovic	4	4	4	4	6	12	25	120
101	Ernie Stautner	4	4	5	25	30	40	60	300
102	Pittsburgh Steelers	4	4	4	4	6	12	40	
103	King Hill	4	4	4	4	6	12	20	120
104	Mal Hammack	4	4	4	4	6	12	80	175
105	John David Crow	4	4	4	6	10	30	120	
106	Bobby Joe Conrad	4	4	4	4	6	12	20	120
107	Woodley Lewis	4	4	4	4	6	12	20	120
108	Don Gillis	4	4	4	4	6	12	20	120
109	Carl Brettschneider	4	4	4	4	6	12	20	120
110	Leo Sugar	4	4	4	4	6	12	60	
111	Frank Fuller	4	4	4	4	6	12	60	300
112	St. Louis Cardinals	4	4	4	4	6	12	20	120
113	Y.A. Tittle	12	15	20	25	▲50	▲60	80	300
114	Joe Perry	4	4	5	20	20	25	60	600
115	J.D. Smith RC	4	4	4	4	6	12	40	
116	Hugh McElhenny	4	4	5	6	10	30	40	200
117	Billy Wilson	4	4	4	4	6	12	25	150
118	Bob St. Clair	4	4	4	4	6	12	30	150
119	Matt Hazeltine	4	4	4	4	6	12	40	
120	Abe Woodson	4	4	4	4	6	12	20	120
121	Leo Nomellini	4	4	5	6	20	25	40	
122	San Francisco 49ers	4	4	4	4	6	12	50	150
123	Ralph Guglielmi	4	4	4	4	6	12	40	
124	Don Bosseler	4	4	4	4	6	12	20	120
125	John Olszewski	4	4	4	4	6	12	20	120
126	Bill Anderson	4	4	4	4	6	12	20	120
127	Joe Walton RC	4	4	4	4	6	12	25	120
128	Jim Schrader	4	4	4	4	6	12	20	120
129	Ralph Felton	4	4	4	4	6	12	40	120
130	Gary Glick	4	4	4	4	6	20	200	
131	Bob Toneff	4	4	4	4	6	12	40	
132	Redskins Team	5	5	20	25	30	40	50	200

— Cleveland Browns #31 PSA 9 (Mint) sold for $903.5 (eBay; 4/12)
— Forrest Gregg #56 PSA 9 (Mint) sold for $840 (eBay; 3/07)
— John Henry Johnson #94 PSA 9 (Mint) sold for $405.83 (eBay; 4/12)
— Leo Nomellini #121 PSA 10 (Gem Mt) sold for $1,327 (Goodwin; 12/10)
— Bart Starr #51 PSA 10 (Gem Mt) sold for $2400 (Mastro; 12/08)

1961 Fleer

		GD 2	VG 3	VgEx 4	EX 5	ExMt 6	NM 7	NmMt 8	MT 9
1	Ed Brown	4	5	5	8	12	20	250	
2	Rick Casares	4	5	5	5	6	10	100	
3	Willie Galimore	4	5	5	5	6	10	40	
4	Jim Dooley	4	5	5	5	6	10	25	100
5	Harlon Hill	4	5	5	5	6	10	30	
6	Stan Jones	4	5	5	5	8	12	80	
7	J.C. Caroline	4	5	5	5	6	10	30	
8	Joe Fortunato	4	5	5	5	6	10	30	250
9	Doug Atkins	4	5	5	6	8	30	40	150
10	Milt Plum	4	5	5	5	6	20	25	175
11	Jim Brown	100	150	200	250	400	600	1,200	3,000
12	Bobby Mitchell	4	5	6	8	10	15	50	300
13	Ray Renfro	4	5	5	5	6	10	20	120

		GD 2	VG 3	VgEx 4	EX 5	ExMt 6	NM 7	NmMt 8	MT 9
	Gern Nagler	4	5	5	5	6	10	30	
	Jim Shofner	4	5	5	5	6	10	20	100
	Vince Costello	4	5	5	5	6	10	20	125
	Galen Fiss RC	4	5	5	5	6	10	20	100
	Walt Michaels	4	5	5	5	6	10	30	
	Bob Gain	4	5	5	5	6	10	30	
	Mal Hammack	4	5	5	5	6	10	20	100
	Frank Mestnik RC	4	5	5	5	6	10	20	100
	Bobby Joe Conrad	4	5	5	5	6	10	30	
	John David Crow	4	5	5	5	6	10	30	100
	Sonny Randle RC	4	5	5	5	6	10	25	100
	Don Gillis	4	5	5	5	6	10	30	
	Jerry Norton	4	5	5	5	6	10	20	80
	Bill Stacy RC	4	5	5	5	6	10	50	200
	Leo Sugar	4	5	5	5	6	10	20	100
	Frank Fuller	4	5	5	5	6	10	20	100
	Johnny Unitas	12	50	80	100	150	▲250	▲500	▲4,000
	Alan Ameche	4	5	15	20	25	60	100	150
	Lenny Moore	4	6	30	40	50	60	150	300
	Raymond Berry	4	6	8	25	30	80	100	250
	Jim Mutscheller	4	5	5	5	6	10	20	100
	Jim Parker	4	5	5	6	12	15	50	200
	Bill Pellington	4	5	5	5	6	10	20	100
	Gino Marchetti	4	5	6	8	10	50	60	150
	Gene Lipscomb	4	5	5	6	8	12	35	150
	Art Donovan	4	6	8	10	30	80	100	250
	Eddie LeBaron	4	5	5	5	6	10	20	120
	Don Meredith RC	80	125	150	200	250	▲400	600	800
	Don McIlhenny	4	5	5	5	6	10	20	100
	L.G. Dupre	4	5	5	5	6	10	40	100
	Fred Dugan RC	4	5	5	5	6	10	20	100
	Billy Howton	4	5	5	5	6	10	80	100
	Duane Putnam	4	5	5	5	6	10	20	100
	Gene Cronin	4	5	5	5	6	15	20	100
	Jerry Tubbs	4	5	5	5	6	10	40	100
	Clarence Peaks	4	5	5	5	6	10	20	100
	Ted Dean RC	4	5	5	5	6	10	20	100
	Tommy McDonald	4	5	5	6	25	50	60	
	Bill Barnes	4	5	5	5	6	10	40	
	Pete Retzlaff	4	5	5	5	6	20	50	100
	Bobby Walston	4	5	5	5	6	10	40	
	Chuck Bednarik	4	5	6	8	10	15	▲150	200
	Maxie Baughan RC	4	5	5	30	100	200	250	300
	Bob Pellegrini	4	5	5	5	6	10	20	100
	Jesse Richardson	4	5	5	5	6	10	30	
	John Brodie RC	8	12	▲30	▲40	50	▲100	150	500
	J.D. Smith RB	4	5	5	5	6	10	20	100
	Ray Norton RC	4	5	5	5	6	10	40	400
	Monty Stickles RC	4	5	5	5	6	10	30	
	Bob St.Clair	4	5	5	6	8	12	30	150
	Dave Baker RC	4	5	5	5	6	10	30	
	Abe Woodson	4	5	5	5	6	10	20	100
	Matt Hazeltine	4	5	5	5	6	10	30	120
	Leo Nomellini	4	5	6	8	10	15	30	
	Charley Conerly	4	5	6	8	10	18	40	300
	Kyle Rote	4	5	5	5	8	12	100	
	Jack Stroud RC	4	5	5	5	6	10	20	100
	Roosevelt Brown	4	5	5	6	8	30	50	150
	Jim Patton	4	5	5	5	6	10	80	
	Erich Barnes	4	5	5	5	6	10	20	100
	Sam Huff	4	6	8	15	25	30	60	250
	Andy Robustelli	4	5	6	8	10	25	30	200
	Dick Modzelewski RC	4	5	5	5	6	10	50	120
	Roosevelt Grier	4	5	5	6	8	15	40	
	Earl Morrall	4	5	5	6	8	12	25	150
	Jim Ninowski	4	5	5	5	6	10	25	100
	Nick Pietrosante RC	4	5	5	5	6	10	20	100
	Howard Cassady	4	5	5	15	20	30	40	100
	Jim Gibbons	4	5	5	5	6	10	20	100
	Gail Cogdill RC	4	5	5	5	6	10	30	100
	Dick Lane	4	5	5	15	20	35		
	Yale Lary	4	5	5	6	8	12	35	
	Joe Schmidt	4	5	5	6	15	25	30	150
	Darris McCord	4	5	5	5	6	10	40	
	Bart Starr	12	30	50	60	125	150	400	600
	Jim Taylor	8	12	15	25	40	100	125	400
	Paul Hornung	8	12	60	80	100	125	200	500
	Tom Moore RC	4	5	5	6	8	12	30	400
	Boyd Dowler RC	4	5	6	8	50	60	150	250

		GD 2	VG 3	VgEx 4	EX 5	ExMt 6	NM 7	NmMt 8	MT 9
93	Max McGee	4	5	5	6	8	30	50	
94	Forrest Gregg	4	5	5	6	8	125	150	▲600
95	Jerry Kramer	4	5	20	25	50	60	100	
96	Jim Ringo	4	5	5	6	8	12	40	
97	Bill Forester	4	5	5	5	6	10	40	100
98	Frank Ryan	4	5	5	5	15	20	50	
99	Ollie Matson	4	5	6	8	10	20	50	175
100	Jon Arnett	4	5	5	5	6	10	20	100
101	Dick Bass RC	4	5	5	5	15	20	25	150
102	Jim Phillips	4	5	5	5	6	10	20	100
103	Del Shofner	4	5	5	5	6	10	40	100
104	Art Hunter	4	5	5	5	6	10	30	
105	Lindon Crow	4	5	5	5	6	10	20	100
106	Les Richter	4	5	5	5	15	20	30	100
107	Lou Michaels	4	5	5	5	6	10	20	100
108	Ralph Guglielmi	4	5	5	5	6	10	20	100
109	Don Bosseler	4	5	5	5	6	10	30	
110	John Olszewski	4	5	5	5	6	10	20	100
111	Bill Anderson	4	5	5	5	6	10	20	100
112	Joe Walton	4	5	5	5	6	10	20	100
113	Jim Schrader	4	5	5	5	6	10	20	100
114	Gary Glick	4	5	5	5	6	10	30	
115	Ralph Felton	4	5	5	5	6	10	20	100
116	Bob Toneff	4	5	5	5	6	10	20	100
117	Bobby Layne	5	8	20	25	30	40	50	200
118	John Henry Johnson	4	5	5	6	8	12	40	
119	Tom Tracy	4	5	5	5	6	10	20	60
120	Jimmy Orr RC	4	5	5	6	8	20	40	150
121	John Nisby	4	5	5	5	6	10	20	100
122	Dean Derby	4	5	5	5	6	10	20	100
123	John Reger	4	5	5	5	6	10	20	100
124	George Tarasovic	4	5	5	5	6	10	20	100
125	Ernie Stautner	4	5	6	8	10	100		
126	George Shaw	4	5	5	5	6	15	60	250
127	Hugh McElhenny	4	5	6	8	30	50	150	200
128	Dick Haley RC	4	5	5	5	6	10	30	120
129	Dave Middleton	4	5	5	5	6	10	30	
130	Perry Richards RC	4	5	5	5	6	10	20	100
131	Gene Johnson DB RC	4	5	5	5	6	10	40	
132	Don Joyce RC	4	5	5	5	6	10	25	175
133	Johnny Green RC	4	5	5	5	6	10	25	80
134	Wray Carlton RC	4	5	5	5	6	10	30	80
135	Richie Lucas	4	5	5	5	6	10	30	40
136	Elbert Dubenion	4	5	5	5	6	10	20	80
137	Tom Rychlec	4	5	5	5	6	10	20	60
138	Mack Yoho RC	4	5	5	5	6	10	30	60
139	Phil Blazer RC	4	5	5	5	6	20	25	250
140	Dan McGrew	4	5	5	5	6	10	30	80
141	Bill Atkins	4	5	5	5	6	10	30	50
142	Archie Matsos RC	4	5	5	5	6	10	20	60
143	Gene Grabosky	4	5	5	5	6	10	20	100
144	Frank Tripucka	4	5	5	6	8	15	50	80
145	Al Carmichael	4	5	5	5	6	10	25	60
146	Bob McNamara	4	5	5	5	6	15	20	60
147	Lionel Taylor RC	4	5	6	8	10	20	50	200
148	Eldon Danenhauer RC	4	5	5	5	6	20	30	60
149	Willie Smith	4	5	5	5	6	10	20	60
150	Carl Larpenter	4	5	5	5	6	20	25	60
151	Ken Adamson	4	5	5	5	6	10	20	50
152	Goose Gonsoulin UER RC	4	5	5	6	15	20	30	100
153	Joe Young RC	4	5	5	5	6	10	20	200
154	Gordy Holz RC	4	5	5	5	6	15	30	50
155	Jack Kemp	12	20	25	30	60	80	100	400
156	Charlie Flowers	4	5	5	5	6	10	20	60
157	Paul Lowe	4	5	5	6	12	15	25	80
158	Don Norton RC	4	5	5	5	6	10	20	80
159	Howard Clark RC	4	5	5	5	6	10	20	60
160	Paul Maguire	4	5	5	5	6	10	15	30	100
161	Ernie Wright RC	4	5	5	5	6	10	15	60
162	Ron Mix	4	5	5	6	8	10	15	60	100
163	Fred Cole RC	4	5	5	5	6	10	20	60
164	Jim Sears RC	4	5	5	5	15	20	25	60
165	Volney Peters	4	5	5	5	6	10	20	60
166	George Blanda	6	25	30	40	50	60	80	150
167	Jacky Lee	4	5	5	5	6	15	40	60
168	Bob White	4	5	5	5	6	10	20	60
169	Doug Cline	4	5	5	5	6	10	20	60
170	Dave Smith RB RC	4	5	5	5	6	12	20	40
171	Billy Cannon	4	5	6	8	10	30	40	▲100

#	Player	GD 2	VG 3	VgEx 4	EX 5	ExMt 6	NM 7	NmMt 8	MT 9
172	Bill Groman RC	4	5	5	5	6	10	20	60
173	Al Jamison RC	4	5	5	5	6	10	20	50
174	Jim Norton RC	4	5	5	5	6	10	20	40
175	Dennit Morris RC	4	5	5	5	6	10	20	60
176	Don Floyd	4	5	5	5	6	15	20	60
177	Butch Songin	4	5	5	5	15	20	200	400
178	Billy Lott RC	4	5	5	5	6	20	25	80
179	Ron Burton	4	5	5	6	8	20	40	80
180	Jim Colclough RC	4	5	5	5	6	20	25	
181	Charley Leo RC	4	5	5	5	15	20	25	60
182	Walt Cudzik RC	4	5	5	5	6	20	25	60
183	Fred Bruney	4	5	5	5	6	20	25	60
184	Ross O'Hanley RC	4	5	5	5	6	20	25	60
185	Tony Sardisco	4	5	5	5	6	20	25	60
186	Harry Jacobs RC	4	5	5	5	6	25	20	80
187	Bob Dee	4	5	5	5	6	20	25	60
188	Tom Flores RC	5	50	60	80	▼125	250	300	400
189	Jack Larscheid	4	5	5	5	6	25	30	60
190	Dick Christy RC	4	5	5	5	6	10	20	60
191	Alan Miller RC	4	5	5	5	6	10	20	60
192	James Smith	4	5	5	5	6	10	20	60
193	Gerald Burch RC	4	5	5	5	6	10	20	60
194	Gene Prebola	4	5	5	5	6	10	30	60
195	Alan Goldstein	4	5	5	5	6	10	20	60
196	Don Manoukian RC	4	5	5	5	6	10	20	80
197	Jim Otto RC	50	60	80	100	150	200	350	800
198	Wayne Crow	4	5	5	5	6	10	60	80
199	Cotton Davidson RC	4	5	5	5	15	40	20	80
200	Randy Duncan RC	4	5	5	5	6	10	150	
201	Jack Spikes	4	5	5	5	6	10	20	80
202	Johnny Robinson RC	4	40	50	80	125	150	500	1,000
203	Abner Haynes	4	5	6	8	10	40	50	100
204	Chris Burford	4	5	5	5	6	30	40	80
205	Bill Krisher	4	5	5	5	6	10	20	60
206	Marvin Terrell	4	5	5	5	6	10	20	100
207	Jimmy Harris	4	5	5	5	6	10	20	80
208	Mel Branch	4	5	5	5	6	10	20	80
209	Paul Miller	4	5	5	5	6	40	50	
210	Al Dorow	4	5	5	5	6	30	40	
211	Dick Jamieson	4	5	5	5	6	10	25	
212	Pete Hart RC	4	5	5	5	6	10	20	60
213	Bill Shockley RC	4	5	5	5	6	10	20	60
214	Dewey Bohling RC	4	5	5	5	6	10	20	60
215	Don Maynard RC	50	60	80	100	125	150	250	350
216	Bob Mischak RC	4	5	5	5	6	10	20	80
217	Mike Hudock	4	5	5	5	6	10	20	80
218	Bob Reifsnyder	4	5	5	5	6	10	25	
219	Tom Saidock	4	5	5	5	6	10	25	
220	Sid Youngelman	4	5	6	8	10	20	40	800

— Billy Cannon #171 PSA 10 (Gem) sold for $653 (Mile High; 1/07)
— Jerry Kramer #95 PSA 9 (MT) sold for $899 (ebay; 11/07)
— Dick Lane #84 PSA 10 (Gem) sold for $643 (eBay; 5/11)
— Paul Maguire #160 PSA 10 (Gem Mt) sold for $715 (eBay; 3/07)
— Jim Otto #197 PSA 10 (Gem Mt) sold for $2,843 (eBay; 2/08)
— Jim Otto #197 PSA 10 (Gem Mt) sold for $2,500 (eBay; 4/11)
— Jim Otto #197 PSA 10 (Gem Mt) sold for $2,251 (eBay; 11/09)
— Jim Otto #197 PSA 10 (Gem Mint) sold for $1,080 (Bussineau; 7/12)
— Jim Otto #197 PSA 10 (Gem Mint) sold for $1,206 (eBay; 2/14)
— Gern Nagler #14 PSA 10 (Gem Mt) sold for $755 (eBay; 6/06)

1961 Nu-Card

#	Player	VG 3	VgEx 4	EX 5	ExMt 6	NM 7	NmMt 8	MT 9	Gem 9.5/10
	COMMON CARD (101-180)	4	4	5	5	6	10	20	
101	Bob Ferguson	4	4	5	5	8	12	30	
105	Vern Von Sydow	4	4	5	5	6	10	20	80
112	Don Purcell	4	4	5	5	6	10	20	80
116	Bobby Iles	4	4	5	5	6	10	25	
117	John Hadl	6	8	10	12	20	30	60	
118	Charlie Mitchell	4	4	5	5	6	10	25	
120	Bill King	4	4	5	5	6	10	25	
121	Mike Lucci	4	4	5	5	8	12	25	
128	Gary Collins	4	4	5	6	10	15	25	
130	Bobby Dodd Flor.	4	4	5	5	8	12	25	
131	Curtis McClinton	4	4	5	6	10	15	30	
135	Larry Libertore	4	4	5	5	6	10	20	80
136	Stan Sczurek	4	4	5	5	6	10	20	80
138	Jesse Bradford	4	4	5	5	6	10	15	80
140	Walter Doleschal	4	4	5	5	6	10	20	80

#	Player	VG 3	VgEx 4	EX 5	ExMt 6	NM 7	NmMt 8	MT 9	Gem 9.5/10
142	Pat Trammell	4	4	5	5	8	12	25	80
143	Ernie Davis	10	12	15	20	35	60	120	
148	Roger Kochman	4	4	5	5	6	10	25	
150	Sherwyn Torson	4	4	5	5	6	10	25	
151	Russ Hepner	4	4	5	5	6	10	20	80
155	Ken Bolin	4	4	5	5	6	10	20	80
159	Dan Celoni G	4	4	5	5	6	10	20	80
166	Roman Gabriel	6	8	10	12	20	30	80	
169	Charles Rieves	4	4	5	5	6	10	20	80
172	Galen Hall	4	4	5	5	8	12	25	
174	Don Kasso	4	4	5	5	6	15		
175	Bill Miller	4	4	5	5	6	10	20	80
178	Mel Melin UER((misspelled Mellin)	4	4	5	5	6	10	15	80
179	Tom Vassell	4	4	5	5	6	10	25	

— Ernie Davis #143 PSA 10 (Gem) sold for $420 (eBay; 2/07)

1961 Topps

#	Player	GD 2	VG 3	VgEx 4	EX 5	ExMt 6	NM 7	NmMt 8	MT 9
1	Johnny Unitas	20	25	30	40	60	150	350	1,200
2	Lenny Moore	4	4	5	12	20	100	125	
3	Alan Ameche	4	4	5	5	10	15	60	
4	Raymond Berry	4	12	25	30	60	80	125	
5	Jim Mutscheller	4	4	5	5	6	12	20	100
6	Jim Parker	4	4	5	5	8	15	80	
7	Gino Marchetti	4	20	25	30	40	50	60	200
8	Gene Lipscomb	4	4	5	5	8	12	50	
9	Baltimore Colts	4	4	5	5	6	12	60	
10	Bill Wade	4	4	5	5	6	12	25	
11	Johnny Morris RC	4	4	5	40	50	60	80	150
12	Rick Casares	4	4	5	5	6	12	35	
13	Harlon Hill	4	4	5	5	6	12	25	
14	Stan Jones	4	4	5	5	8	12	25	120
15	Doug Atkins	4	4	5	5	8	15	60	150
16	Bill George	4	4	5	5	6	12	25	120
17	J.C. Caroline	4	4	5	5	6	12	20	100
18	Chicago Bears	4	4	5	5	6	12	50	150
19	Eddie LeBaron IA	4	4	5	6	10	20	100	
20	Eddie LeBaron	4	4	5	5	6	12	50	
21	Don McIlhenny	4	4	5	5	6	12	40	
22	L.G. Dupre	4	4	5	5	6	12	40	125
23	Jim Doran	4	4	5	5	6	12	35	
24	Billy Howton	4	4	5	5	6	12	40	
25	Buzz Guy	4	4	5	6	12	15	60	
26	Jack Patera RC	4	4	5	5	6	12	40	120
27	Tom Franckhauser RC	4	4	5	5	6	12	40	
28	Cowboys Team	4	5	6	10	15	25	80	
29	Jim Ninowski	4	4	5	5	6	12	25	
30	Dan Lewis RC	4	4	5	5	6	12	20	100
31	Nick Pietrosante RC	4	4	5	5	6	12	25	
32	Gail Cogdill RC	4	4	5	5	6	12	40	
33	Jim Gibbons	4	4	5	5	6	12	25	
34	Jim Martin	4	4	5	5	6	12	20	100
35	Alex Karras	4	5	6	10	15	30	80	
36	Joe Schmidt	4	4	5	5	25	30	40	
37	Detroit Lions	4	4	5	5	6	12	25	
38	Paul Hornung IA	4	5	6	10	15	25	150	
39	Bart Starr	10	40	50	60	100	200	400	600
40	Paul Hornung	6	8	10	15	25	50	100	400
41	Jim Taylor	6	40	50	60	80	100	200	450
42	Max McGee	4	4	5	5	8	12	50	150
43	Boyd Dowler RC	4	4	5	25	40	80	200	
44	Jim Ringo	4	4	5	5	20	30	80	300
45	Hank Jordan RC	6	8	25	60	100	200	500	
46	Bill Forester	4	4	5	5	6	10	30	100
47	Green Bay Packers	4	5	6	10	15	25	60	200
48	Frank Ryan	4	4	5	5	6	12	20	100
49	Jon Arnett	4	4	5	5	6	12	20	100
50	Ollie Matson	4	4	5	5	30	40	60	150
51	Jim Phillips	4	4	5	5	6	12	30	100
52	Del Shofner	4	4	5	5	6	12	25	
53	Art Hunter	4	4	5	5	6	12	25	
54	Gene Brito	4	4	5	5	6	12	25	
55	Lindon Crow	4	4	5	5	6	12	25	
56	Los Angeles Rams	4	4	5	5	6	12	20	100
57	Johnny Unitas IA	5	6	8	12	20	35	200	
58	Y.A. Tittle	5	20	25	30	40	50	80	250
59	John Brodie RC	6	8	▲20	50	60	80	150	350
60	J.D. Smith	4	4	5	5	6	12	25	

		GD 2	VG 3	VgEx 4	EX 5	ExMt 6	NM 7	NmMt 8	MT 9
	R.C. Owens	4	4	5	5	6	12	20	100
	Clyde Conner	4	4	5	5	6	12	25	
	Bob St.Clair	4	4	5	5	8	12	25	
	Leo Nomellini	4	4	5	6	10	20	80	
	Abe Woodson	4	4	5	5	6	12	20	100
	San Francisco 49ers	4	4	5	5	6	12	20	100
	Checklist 1	4	5	6	10	15	40	80	
	Milt Plum	4	4	5	5	6	12	20	100
	Ray Renfro	4	4	5	5	6	12	30	120
	Bobby Mitchell	4	5	6	8	20	30	80	200
	Jim Brown	60	100	150	250	400	500	1,200	25,000
	Mike McCormack	4	4	5	5	8	12	30	
	Jim Ray Smith	4	4	5	5	6	12	25	
	Sam Baker	4	4	5	5	6	12	25	
	Walt Michaels	4	4	5	5	6	12	20	100
	Cleveland Browns	4	4	5	5	6	15	25	100
	Jim Brown IA	25	30	40	80	150	300	500	600
	George Shaw	4	4	5	5	6	12	25	
	Hugh McElhenny	4	4	5	6	10	20	40	200
	Clancy Osborne	4	4	5	5	6	12	30	
	Dave Middleton	4	4	5	5	6	12	30	
	Frank Youso	4	4	5	6	12	15	50	
	Don Joyce	4	4	5	5	6	12	30	
	Ed Culpepper	4	4	5	5	6	12	30	
	Charley Conerly	4	4	5	6	20	25	40	150
	Mel Triplett	4	4	5	5	6	12	20	100
	Kyle Rote	4	4	5	5	6	12	20	100
	Roosevelt Brown	4	4	5	5	8	12	25	
	Ray Wietecha	4	4	5	5	6	12	20	100
	Andy Robustelli	4	4	5	5	8	15	50	
	Sam Huff	4	4	5	20	25	30	80	125
	Jim Patton	4	4	5	5	6	12	20	100
	New York Giants	4	4	5	5	6	12	50	
	Charley Conerly IA	4	4	5	6	10	20	50	
	Sonny Jurgensen	4	5	15	25	30	40	100	550
	Tommy McDonald	4	4	5	5	8	40	100	
	Bill Barnes	4	4	5	5	6	12	20	100
	Bobby Walston	4	4	5	5	6	12	25	
	Pete Retzlaff	4	4	5	5	6	12	25	
0	Jim McCusker	4	4	5	5	6	12	25	
1	Chuck Bednarik	4	4	5	6	10	20	50	175
2	Tom Brookshier	4	4	5	5	6	12	20	100
3	Philadelphia Eagles	4	4	5	5	6	12	30	100
4	Bobby Layne	5	6	8	12	18	30	50	
5	John Henry Johnson	4	4	5	5	8	12	25	120
6	Tom Tracy	4	4	5	5	6	12	60	
7	Buddy Dial RC	4	4	5	5	6	12	25	
8	Jimmy Orr RC	4	4	5	6	10	40	60	200
9	Mike Sandusky	4	4	5	5	6	12	20	100
0	John Reger	4	4	5	5	6	12	20	100
1	Junior Wren	4	4	5	5	6	12	20	100
2	Pittsburgh Steelers	4	4	5	5	6	15	30	150
3	Bobby Layne IA	4	4	5	8	12	25	50	
4	John Roach	4	4	5	5	6	12	20	100
5	Sam Etcheverry RC	4	4	5	5	6	12	20	100
6	John David Crow	4	4	5	5	6	12	25	
7	Mal Hammack	4	4	5	5	6	12	25	
8	Sonny Randle RC	4	4	5	5	6	12	80	
9	Leo Sugar	4	4	5	5	6	12	25	
20	Jerry Norton	4	4	5	5	6	12	20	100
21	St. Louis Cardinals	4	4	5	5	6	12	25	
22	Checklist 2	5	6	8	12	20	50	100	
23	Ralph Guglielmi	4	4	5	5	6	12	25	
24	Dick James	4	4	5	5	6	12	20	100
25	Don Bosseler	4	4	5	5	6	12	20	100
26	Joe Walton	4	4	5	5	6	12	20	100
27	Bill Anderson	4	4	5	5	6	12	20	100
28	Vince Promuto RC	4	4	5	5	6	12	50	
29	Bob Toneff	4	4	5	5	6	12	20	100
30	John Paluck	4	4	5	5	6	12	25	
31	Washington Redskins	4	4	5	5	6	12	60	
32	Milt Plum IA	4	4	5	5	6	12	30	
33	Abner Haynes	4	4	5	10	12	20	25	100
34	Mel Branch	4	4	5	5	6	12	20	80
35	Jerry Cornelison	4	4	5	5	6	12	20	80
36	Bill Krisher	4	4	5	5	6	12	20	80
37	Paul Miller	4	4	5	5	6	12	20	80
38	Jack Spikes	4	4	5	5	6	12	20	80
39	Johnny Robinson RC	4	4	25	50	80	200	250	300

		GD 2	VG 3	VgEx 4	EX 5	ExMt 6	NM 7	NmMt 8	MT 9
140	Cotton Davidson RC	4	4	5	5	6	12	20	80
141	Dave Smith RB	4	4	5	5	6	12	20	80
142	Bill Groman	4	4	5	5	6	12	20	80
143	Rich Michael	4	4	5	5	6	12	20	80
144	Mike Dukes	4	4	5	5	6	12	20	50
145	George Blanda	4	4	20	25	30	50	100	200
146	Billy Cannon	4	4	5	5	6	12	50	150
147	Dennit Morris	4	4	5	5	6	12	20	50
148	Jacky Lee	4	4	5	5	6	12	20	80
149	Al Dorow	4	4	5	5	6	12	20	80
150	Don Maynard RC	10	▲40	▲50	▲60	▲80	100	▲200	500
151	Art Powell RC	4	4	5	5	100	250	800	1,000
152	Sid Youngelman	4	4	5	5	6	12	20	80
153	Bob Mischak	4	4	5	5	6	12	20	80
154	Larry Grantham	4	4	5	5	6	12	20	80
155	Tom Saidock	4	4	5	5	6	12	20	80
156	Roger Donnahoo	4	4	5	5	6	12	20	
157	Laverne Torczon	4	4	5	5	6	12	20	
158	Archie Matsos RC	4	4	5	5	6	12	20	80
159	Elbert Dubenion	4	4	5	5	6	12	20	80
160	Wray Carlton RC	4	4	5	5	6	12	20	80
161	Rich McCabe	4	4	5	5	6	12	20	80
162	Ken Rice	4	4	5	5	6	12	20	80
163	Art Baker RC	4	4	5	5	6	12	20	80
164	Tom Rychlec	4	4	5	5	6	12	20	80
165	Mack Yoho	4	4	5	5	6	12	25	100
166	Jack Kemp	12	20	25	35	40	60	100	300
167	Paul Lowe	4	4	5	5	6	12	30	80
168	Ron Mix	4	4	5	5	6	10	15	50
169	Paul Maguire	4	4	5	5	6	20	30	80
170	Volney Peters	4	4	5	5	6	12	20	
171	Ernie Wright RC	4	4	5	5	6	12	20	135
172	Ron Nery RC	4	4	5	5	6	12	20	80
173	Dave Kocourek RC	4	4	5	5	6	12	20	100
174	Jim Colclough	4	4	5	5	6	12	20	80
175	Babe Parilli	4	4	5	5	6	12	20	80
176	Billy Lott	4	4	5	5	6	12	20	
177	Fred Bruney	4	4	5	5	6	12	20	80
178	Ross O'Hanley	4	4	5	5	6	12	20	80
179	Walt Cudzik	4	4	5	5	6	12	20	80
180	Charley Leo	4	4	5	5	6	12	20	
181	Bob Dee	4	4	5	5	6	12	20	80
182	Jim Otto RC	8	50	60	80	125	150	400	▲1,500
183	Eddie Macon	4	4	5	5	6	10	20	80
184	Dick Christy	4	4	5	5	6	12	20	80
185	Alan Miller RC	4	4	5	5	5	10	20	80
186	Tom Flores RC	50	60	80	100	125	150	200	250
187	Joe Cannavino	4	4	5	5	6	12	20	80
188	Don Manoukian	4	4	5	5	6	12	20	
189	Bob Coolbaugh	4	4	5	5	6	12	20	80
190	Lionel Taylor RC	4	4	5	5	50	60	400	
191	Bud McFadin	4	4	5	5	6	12	20	80
192	Goose Gonsoulin RC	4	4	5	5	6	10	40	100
193	Frank Tripucka	4	4	5	5	6	12	20	80
194	Gene Mingo RC	4	4	5	5	6	10	30	100
195	Eldon Danenhauer	4	4	5	5	6	12	20	80
196	Bob McNamara	4	4	5	5	6	10	20	80
197	Dave Rolle	4	4	5	5	6	12	20	80
198	Checklist 3	6	8	10	20	40	50	100	250

— Alan Ameche #2 PSA 9 (MT) sold for $610 (eBay; 2/07)
— Joe Cannavino #187 PSA 10 (Gem Mt) sold for $611 (Mile High; 3/09)
— Paul Hornung IA #38 PSA 9 (MT) sold for $770 (eBay; 4/07)
— Don Joyce #83 PSA 10 (Gem Mint) sold for $464 (eBay; 4/12)
— Jim Parker #6 PSA 9 (Mint) sold for $1,583.50 (eBay; 2/14)
— Vince Promuto #128 PSA 9 (Mint) sold for $725 (eBay; 11/14)

1962 Fleer

		GD 2	VG 3	VgEx 4	EX 5	ExMt 6	NM 7	NmMt 8	MT 9
1	Billy Lott	5	5	5	8	15	100	800	
2	Ron Burton	5	5	5	8	12	18	80	
3	Gino Cappelletti RC	5	5	5	20	100	80	150	
4	Babe Parilli	5	5	5	8	12	30	40	
5	Jim Colclough	5	5	5	6	10	15	50	
6	Tony Sardisco	5	5	5	6	10	15	40	
7	Walt Cudzik	5	5	5	6	10	15	40	
8	Bob Dee	5	5	5	6	10	15	40	
9	Tommy Addison RC	5	5	5	6	10	15	40	
10	Harry Jacobs	5	5	5	6	10	15	40	150

#	Player	GD 2	VG 3	VgEx 4	EX 5	ExMt 6	NM 7	NmMt 8	MT 9
11	Ross O'Hanley	5	5	5	6	10	15	40	
12	Art Baker	5	5	5	6	10	15	40	
13	Johnny Green	5	5	5	6	10	15	40	120
14	Elbert Dubenion	5	5	15	20	25	50	100	
15	Tom Rychlec	5	5	5	6	10	15	80	
16	Billy Shaw RC	15	20	80	100	200	▲350	800	
17	Ken Rice	5	5	5	6	10	15	40	
18	Bill Atkins	5	5	5	6	10	15	50	
19	Richie Lucas	5	5	5	6	10	15	40	250
20	Archie Matsos	5	5	5	6	10	15	40	
21	Laverne Torczon	5	5	5	6	10	15	40	
22	Warren Rabb RC UER	5	5	5	6	10	50	80	
23	Jack Spikes	5	5	5	6	10	15	40	
24	Cotton Davidson	5	5	5	6	10	15	60	
25	Abner Haynes	5	5	5	8	20	25	100	
26	Jimmy Saxton	5	5	5	6	10	50	250	
27	Chris Burford	5	5	5	6	10	15	40	
28	Bill Miller	5	5	5	6	10	40	50	
29	Sherrill Headrick	5	5	5	6	10	15	40	
30	E.J. Holub RC	5	5	5	6	10	15	40	
31	Jerry Mays RC	5	5	5	▲50	▲60	▲80	▲100	
32	Mel Branch	5	5	5	6	10	15	40	
33	Paul Rochester RC	5	5	5	6	10	15	60	
34	Frank Tripucka	5	5	5	8	12	40	125	250
35	Gene Mingo	5	5	5	6	10	25	40	
36	Lionel Taylor	5	5	15	20	25	30	▲200	▲250
37	Ken Adamson	5	5	5	6	10	15	40	125
38	Eldon Danenhauer	5	5	5	6	10	20	40	
39	Goose Gonsoulin	5	5	5	8	12	18	40	
40	Gordy Holz	5	5	5	6	10	15	80	100
41	Bud McFadin	5	5	5	6	10	15	40	150
42	Jim Stinnette	5	5	5	6	10	15	40	
43	Bob Hudson RC	5	5	5	6	10	15	100	
44	George Herring	5	5	5	6	10	15	40	
45	Charley Tolar RC	5	5	5	6	10	15	40	150
46	George Blanda	10	12	25	30	▲60	▲80	125	400
47	Billy Cannon	5	5	5	▲40	▲50	▲60	▲80	
48	Charlie Hennigan RC	5	5	5	8	12	20	▲150	
49	Bill Groman	5	5	5	6	10	15	40	
50	Al Jamison	5	5	5	6	10	15	40	
51	Tony Banfield	5	5	5	6	10	15	40	
52	Jim Norton	5	5	5	6	10	15	40	
53	Dennit Morris	5	5	5	6	10	15	40	400
54	Don Floyd	5	5	5	6	10	15	40	
55	Ed Husmann	5	5	5	6	10	15	40	
56	Robert Brooks	5	5	5	6	10	15	40	150
57	Al Dorow	5	5	5	6	10	30	40	
58	Dick Christy	5	5	5	6	10	15	40	
59	Don Maynard	10	12	15	20	▲50	▲60	150	500
60	Art Powell	5	5	5	8	12	18	40	
61	Mike Hudock	5	5	5	6	10	15	40	150
62	Bill Mathis	5	5	5	6	10	20	80	400
63	Butch Songin	5	5	5	6	10	15	400	
64	Larry Grantham	5	5	5	6	10	15	40	
65	Nick Mumley	5	5	5	6	10	15	40	
66	Tom Saidock	5	5	5	6	10	15	40	
67	Alan Miller	5	5	5	6	10	15	40	
68	Tom Flores	5	5	5	8	12	150	200	
69	Bob Coolbaugh	5	5	5	6	10	15	40	150
70	George Fleming	5	5	5	6	10	15	40	
71	Wayne Hawkins RC	5	5	5	6	10	25	40	
72	Jim Otto	6	8	10	15	50	60	120	
73	Wayne Crow	5	5	5	6	10	15	40	
74	Fred Williamson RC	5	6	80	100	125	150	200	
75	Tom Louderback	5	5	5	6	10	15	100	
76	Volney Peters	5	5	5	6	10	30	500	
77	Charley Powell	5	5	5	6	10	15	40	225
78	Don Norton	5	5	5	6	10	15	40	
79	Jack Kemp	15	20	50	60	80	100	150	600
80	Paul Lowe	5	5	5	8	12	18	40	
81	Dave Kocourek	5	5	5	6	10	15	40	
82	Ron Mix	5	5	5	8	12	25	50	400
83	Ernie Wright	5	5	5	8	12	20	40	
84	Dick Harris	5	5	5	6	10	15	100	
85	Bill Hudson	5	5	5	6	10	15	40	
86	Ernie Ladd RC	10	12	15	20	30	250	600	800
87	Earl Faison RC	5	5	5	6	10	20	60	100
88	Ron Nery	5	5	5	6	10	15	30	100

— Gordy Holz #40 PSA 10 (Gem) sold for $500 (eBay; 6/06)
— Bill Hudson #85 PSA 10 (Gem Mt) sold for $987 (Mile High, 10/09)
— Al Jamison #50 PSA 10 (Gem Mt) sold for $1,265 (eBay; 3/07)
— Ron Mix #82 PSA 9 (MT) sold for $1,275 (eBay; 2/07)
— Babe Parilli #4 PSA 10 (Gem Mt) sold for $1,053 (eBay; 11/12)
— Warren Rabb #22 PSA 10 (Gem Mt) sold for $987 (Mile High; 10/09)
— Billy Shaw #16 PSA 9 (MT) sold for $4275 (eBay; 11/07)
— Jack Spikes #23 PSA 10 (Gem Mt) sold for $930 (eBay; 4/06)
— LaVerne Torczon #21 PSA 10 (Gem) sold for $905 (eBay; 1/06)

1962 Topps

#	Player	GD 2	VG 3	VgEx 4	EX 5	ExMt 6	NM 7	NmMt 8	MT 9
1	Johnny Unitas	30	60	100	200	250	800	8,000	
2	Lenny Moore	6	8	10	50	60	80	▲400	
3	Alex Hawkins SP RC	4	5	6	8	12	60	400	
4	Joe Perry	4	5	6	25	30	150	500	
5	Raymond Berry SP	10	12	30	40	50	100	400	
6	Steve Myhra	4	4	5	6	12	25	80	
7	Tom Gilburg SP	4	5	6	8	20	30	150	
8	Gino Marchetti	4	5	6	20	30	50	125	
9	Bill Pellington	4	4	5	6	12	40	125	
10	Andy Nelson	4	4	5	6	12	25	80	
11	Wendell Harris SP	4	5	6	8	25	40	135	
12	Baltimore Colts	4	4	5	6	12	30	100	
13	Bill Wade SP	4	5	15	20	25	60	135	
14	Willie Galimore	4	4	20	25	30	40	150	
15	Johnny Morris SP	4	5	6	8	20	30	150	
16	Rick Casares	4	4	5	6	25	40	150	
17	Mike Ditka RC	200	300	400	500	800	2,000	5,000	
18	Stan Jones	4	4	5	6	15	40	100	
19	Roger LeClerc	4	4	5	6	12	25	100	
20	Angelo Coia	4	4	5	6	12	25	100	
21	Doug Atkins	4	5	6	15	20	25	125	
22	Bill George	4	4	5	6	20	25	80	350
23	Richie Petitbon RC	4	4	5	6	12	25	350	
24	Ronnie Bull SP RC	5	6	8	10	15	50	200	
25	Chicago Bears	4	4	5	6	12	25	100	
26	Howard Cassady	4	4	5	6	12	25	800	
27	Ray Renfro SP	4	5	6	8	15	40	800	
28	Jim Brown	80	200	250	400	600	2,500	6,000	
29	Rich Kreitling	4	4	5	6	12	25	135	
30	Jim Ray Smith	4	4	5	6	12	25	80	
31	John Morrow	4	4	5	6	12	25	150	
32	Lou Groza	5	6	25	30	40	50	150	
33	Bob Gain	4	4	5	6	12	25	150	
34	Bernie Parrish	4	4	5	6	12	30	100	
35	Jim Shofner	4	4	5	6	12	40	150	
36	Ernie Davis SP RC	▲125	▲150	200	250	400	1,000	1,200	
37	Cleveland Browns	4	4	5	6	12	35	150	
38	Eddie LeBaron	4	4	5	6	50	40	300	
39	Don Meredith SP	25	30	40	▲80	▲125	▼250	600	
40	J.W. Lockett SP	4	5	6	8	12	80	100	
41	Don Perkins RC	8	10	▲25	60	100	300	500	
42	Billy Howton	4	4	8	10	20	50	250	
43	Dick Bielski	4	4	5	6	15	25	80	
44	Mike Connelly RC	4	4	5	6	12	40	120	
45	Jerry Tubbs SP	4	5	6	15	20	50	120	
46	Don Bishop SP	4	5	6	10	15	40	200	
47	Dick Moegle	4	4	5	6	12	40	150	
48	Bobby Plummer SP	4	5	6	8	20	60	250	
49	Cowboys Team	6	8	10	12	40	50	▲400	
50	Milt Plum	4	4	5	6	12	25	80	
51	Dan Lewis	4	4	5	6	12	30	100	
52	Nick Pietrosante SP	4	5	6	20	25	30	125	
53	Gail Cogdill	4	4	5	6	12	25	80	
54	Jim Gibbons	4	4	5	6	12	25	120	
55	Jim Martin	4	4	5	6	12	40	100	
56	Yale Lary	4	4	5	6	15	50	100	
57	Darris McCord	4	4	5	6	12	25	80	
58	Alex Karras	4	8	15	20	25	60	200	
59	Joe Schmidt	4	5	25	30	40	80	100	
60	Dick Lane	4	15	30	40	50	150	200	
61	John Lomakoski SP	4	5	6	8	12	30	100	
62	Detroit Lions SP	6	8	10	15	20	30	125	
63	Bart Starr SP	30	40	▲80	150	250	500	▲1,000	
64	Paul Hornung SP	40	50	60	100	125	400	800	
65	Tom Moore SP	5	6	8	9	15	200	1,500	
66	Jim Taylor SP	12	15	▲50	▲60	▲80	150	▲400	
67	Max McGee SP	5	6	15	20	▼40	150	200	

#	Player	GD 2	VG 3	VgEx 4	EX 5	ExMt 6	NM 7	NmMt 8	MT 9
68	Jim Ringo SP	5	6	8	10	30	40	150	
69	Fuzzy Thurston SP RC	8	10	30	80	▼60	125	175	
70	Forrest Gregg	4	5	6	20	25	80	150	
71	Boyd Dowler	4	4	5	6	25	60	200	
72	Hank Jordan SP	6	8	20	25	40	60	200	
73	Bill Forester SP	4	5	6	8	12	40	150	
74	Earl Gros SP	4	5	6	12	20	150	200	
75	Packers Team SP	10	12	15	40	50	125	300	
76	Checklist SP	6	8	25	100	125	150	250	
77	Zeke Bratkowski SP	4	5	6	8	12	50	250	
78	Jon Arnett SP	4	5	6	8	12	30	▲125	
79	Ollie Matson SP	10	12	15	18	25	40	▼60	
80	Dick Bass SP	4	5	6	8	12	80	800	
81	Jim Phillips	4	4	5	6	12	30	80	
82	Carroll Dale RC	4	4	5	6	12	80	100	
83	Frank Varrichione	4	4	5	6	12	25	100	
84	Art Hunter	4	4	5	6	12	60	300	
85	Danny Villanueva RC	4	4	5	6	12	25	80	
86	Les Richter SP	4	4	5	6	8	12	40	100
87	Lindon Crow	4	4	5	6	12	25	80	
88	Roman Gabriel SP RC	▼40	▼50	▼60	▼80	150	250	▲400	
89	Los Angeles Rams SP	6	8	10	12	25	▼30	150	
90	Fran Tarkenton SP RC	125	200	250	400	600	1,500	4,000	
91	Jerry Reichow SP	4	5	6	8	12	30	100	
92	Hugh McElhenny SP	8	10	12	15	25	80	200	
93	Mel Triplett SP	4	5	6	20	25	40	150	
94	Tommy Mason SP RC	5	6	8	12	30	150	350	
95	Dave Middleton SP	4	5	6	8	12	60	120	
96	Frank Youso SP	4	5	6	8	12	50	100	
97	Mike Mercer SP	4	5	6	8	12	80	400	
98	Rip Hawkins SP	4	5	6	8	60	100	400	
99	Cliff Livingston SP	4	5	6	8	50	100	200	
100	Roy Winston SP RC	4	5	6	40	50	100	150	
101	Vikings Team SP	8	10	12	15	20	80	150	
102	Y.A. Tittle	20	25	30	40	50	60	150	
103	Joe Walton	4	4	5	6	12	40	100	
104	Frank Gifford	12	15	20	40	50	125	200	
105	Alex Webster	4	4	5	6	12	30	100	
106	Del Shofner	4	4	5	6	12	60	150	
107	Don Chandler	4	4	5	6	12	25	80	
108	Andy Robustelli	4	5	6	8	15	25	100	
109	Jim Katcavage RC	4	4	5	6	12	25	80	
110	Sam Huff SP	10	12	15	18	25	80	300	
111	Erich Barnes	4	4	5	6	12	25	100	
112	Jim Patton	4	4	5	6	12	30	125	
113	Jerry Hillebrand SP	4	5	6	8	12	40	100	
114	New York Giants	4	4	5	6	12	50	125	
115	Sonny Jurgensen	10	12	15	25	30	50	175	
116	Tommy McDonald	4	5	6	8	15	25	80	
117	Ted Dean SP	4	5	6	12	25	40	300	
118	Clarence Peaks	4	4	5	6	12	25	80	
119	Bobby Walston	4	4	5	6	12	25	125	
120	Pete Retzlaff SP	4	5	6	8	12	30	80	
121	Jim Schrader SP	4	5	6	8	12	40	200	
122	J.D. Smith T	4	4	5	6	12	25	125	
123	King Hill	4	4	5	6	12	30	80	
124	Maxie Baughan	4	4	5	6	12	25	150	
125	Pete Case SP	4	5	6	8	12	30	100	
126	Philadelphia Eagles	4	4	5	6	20	25	100	
127	Bobby Layne	10	12	25	30	40	▲80	300	
128	Tom Tracy	4	4	10	12	20	40	300	
129	John Henry Johnson	4	4	5	6	12	50	80	
130	Buddy Dial SP	4	5	6	8	12	40	300	
131	Preston Carpenter	4	4	5	6	20	40	225	
132	Lou Michaels SP	4	5	6	8	12	30	150	
133	Gene Lipscomb SP	5	6	8	10	20	80	150	
134	Ernie Stautner SP	6	8	10	20	30	80	150	
135	John Reger SP	4	5	6	8	20	30	100	
136	Myron Pottios RC	4	4	5	6	12	40	300	
137	Bob Ferguson SP	4	5	6	8	12	100	150	
138	Pittsburgh Steelers SP	6	8	10	20	25	50	150	
139	Sam Etcheverry	4	4	5	6	12	30	80	
140	John David Crow SP	4	5	6	20	30	150	200	
141	Bobby Joe Conrad SP	4	5	6	8	20	30	100	
142	Prentice Gautt SP RC	4	5	6	8	12	80	400	
143	Frank Mestnik	4	4	5	6	12	25	80	
144	Sonny Randle	4	4	5	6	30	40	100	
145	Gerry Perry	4	4	5	6	12	25	150	
146	Jerry Norton	4	4	5	6	12	25	80	

#	Player	GD 2	VG 3	VgEx 4	EX 5	ExMt 6	NM 7	NmMt 8	MT 9
147	Jimmy Hill	4	4	5	6	12	35	175	
148	Bill Stacy	4	4	5	6	12	25	80	
149	Fate Echols SP	4	5	6	8	20	30	100	
150	St. Louis Cardinals	4	4	5	6	12	25	120	
151	Billy Kilmer RC	20	25	30	40	50	60	200	
152	John Brodie	6	8	10	12	20	▲80	350	
153	J.D. Smith RB	4	4	5	6	12	30	120	
154	C.R. Roberts SP	4	5	6	8	12	40	60	
155	Monty Stickles	4	4	5	6	12	30	80	
156	Clyde Conner	4	4	5	6	12	30	80	
157	Bob St.Clair	4	4	5	6	12	30	80	
158	Tommy Davis RC	4	4	5	6	12	40	80	
159	Leo Nomellini	4	4	5	6	8	15	40	80
160	Matt Hazeltine	4	4	5	6	20	25	120	
161	Abe Woodson	4	4	5	6	12	25	80	
162	Dave Baker	4	4	5	6	12	30	100	
163	San Francisco 49ers	4	4	5	6	30	50	250	
164	Norm Snead SP RC	10	12	15	20	100	200	1,200	
165	Dick James	4	4	5	6	12	80	200	
166	Bobby Mitchell	4	5	6	20	25	40	200	
167	Sam Horner	4	4	5	6	12	25	80	
168	Bill Barnes	4	4	5	6	12	25	80	
169	Bill Anderson	4	4	5	6	12	25	100	
170	Fred Dugan	4	4	5	6	12	25	80	
171	John Aveni SP	4	5	6	8	12	30	100	
172	Bob Toneff	4	4	5	6	12	50	250	
173	Jim Kerr	4	4	5	6	12	100	300	
174	Leroy Jackson SP	4	4	5	6	12	25	80	
175	Washington Redskins	4	4	5	20	40	150	200	
176	Checklist	15	20	40	50	60	125	▼400	

— Raymond Berry SP #5 PSA 9 (Mint) sold for $2384.76 (Goodwin; 8/12)
— Dick Bielski #43 PSA 9 (Mint) sold for $957.5 (eBay; 7/12)
— Jim Brown #28 PSA 9 (MT) sold for $10,540 (Mastro; 12/06)
— Jim Brown #28 PSA 8.5 (NmMt+) sold for $2,714 (Mile High; 3/09)
— Ronnie Bull #24 PSA 9 (Mt) sold for $1185 (eBay; 11/14)
— Mike Ditka #17 PSA 9 (Mt) sold for $9,132 (eBay; 02/13)
— Bill Forester #73 PSA 9 (MT) sold for $615 (eBay; 1/07)
— Rip Hawkins #98 PSA 9 (MT) sold for $1,459 (Goodwin; 11/09)
— Matt Hazeltine #160 PSA 9 (MT) sold for $1,631 (eBay; 2/14)
— Jim Kerr #173 PSA 9 (Mint) sold for $813.49 (eBay; 8/12)
— Dick Lane #60 PSA 9 (MT) sold for $925 (eBay; 4/07)
— Max McGee #67 PSA 9 (MT) sold for $1,240 (eBay; 2/13)
— Hugh McElhenny #92 PSA 9 (MT) sold for $715 (eBay; 9/05)
— Lenny Moore #1 PSA 9 (MT) sold for $635 (eBay; 6/06)
— Johnny Morris #15 PSA 9 (MT) sold for $390 (eBay; 9/05)
— Bernie Parrish #34 PSA 9 (MT) sold for $510 (eBay; 1/06)
— Don Perkins RC #41 PSA 9 (Mint) sold for $890.5 (eBay; 6/12)

1963 Fleer

#	Player	GD 2	VG 3	VgEx 4	EX 5	ExMt 6	NM 7	NmMt 8	MT 9
1	Larry Garron RC	4	5	6	20	25	80	▲600	
2	Babe Parilli	4	5	5	6	10	100	125	
3	Ron Burton	4	5	5	8	12	20	60	
4	Jim Colclough	4	5	5	6	10	15	150	
5	Gino Cappelletti	4	5	5	15	12	50	100	150
6	Charles Long SP RC	25	35	40	50	60	80	125	450
7	Billy Neighbors RC	4	5	5	6	10	20	50	
8	Dick Felt	4	5	5	6	10	15	30	120
9	Tommy Addison	4	5	5	6	10	25	40	
10	Nick Buoniconti RC	12	20	100	150	200	300	800	1,200
11	Larry Eisenhauer RC	4	5	5	6	10	20	50	400
12	Bill Mathis	4	5	5	6	10	15	40	
13	Lee Grosscup RC	4	5	5	6	10	125	150	300
14	Dick Christy	4	5	5	6	10	15	30	200
15	Don Maynard	6	10	12	18	30	80	100	300
16	Alex Kroll RC	4	5	5	6	10	15	30	150
17	Bob Mischak	4	5	5	6	10	15	30	125
18	Dainard Paulson	4	5	5	6	10	15	40	
19	Lee Riley	4	5	5	6	10	15	30	100
20	Larry Grantham	4	5	5	6	10	15	25	150
21	Hubert Bobo	4	5	5	6	25	30	40	200
22	Nick Mumley	4	5	5	6	10	15	30	200
23	Cookie Gilchrist RC	10	30	40	50	80	125	200	450
24	Jack Kemp	15	25	30	50	60	80	125	350
25	Wray Carlton	4	5	6	8	10	30	40	250
26	Elbert Dubenion	4	5	5	6	10	30	60	
27	Ernie Warlick RC	4	5	5	6	10	15	25	200
28	Billy Shaw	4	5	6	10	15	25	50	150

#	Player	GD 2	VG 3	VgEx 4	EX 5	ExMt 6	NM 7	NmMt 8	MT 9
29	Ken Rice	4	5	5	6	10	15	40	100
30	Booker Edgerson	4	5	5	6	25	125	250	300
31	Ray Abruzzese	4	5	5	6	10	50	60	200
32	Mike Stratton RC	4	5	6	10	15	30	60	150
33	Tom Sestak RC	4	5	5	6	60	80	100	
34	Charley Tolar	4	5	5	6	10	15	40	
35	Dave Smith RB	4	5	5	6	20	25	40	
36	George Blanda	10	12	15	20	35	50	100	350
37	Billy Cannon	4	5	6	10	15	50	60	300
38	Charlie Hennigan	4	5	5	6	10	15	30	200
39	Bob Talamini RC	4	5	12	15	20	25	30	150
40	Jim Norton	4	5	5	6	10	15	25	120
41	Tony Banfield	4	5	5	6	10	15	50	350
42	Doug Cline	4	5	5	6	10	15	40	
43	Don Floyd	4	5	5	6	10	15	40	200
44	Ed Husmann	4	5	5	6	10	15	40	
45	Curtis McClinton RC	4	5	5	10	▲50	60	150	500
46	Jack Spikes	4	5	5	6	10	15	30	250
47	Len Dawson RC	50	500	600	800	1,000	1,200	1,600	2,000
48	Abner Haynes	4	5	6	10	15	25	40	200
49	Chris Burford	4	5	5	6	10	15	50	300
50	Fred Arbanas RC	4	5	5	8	50	80	100	▲400
51	Johnny Robinson	4	5	5	6	10	▲60	▲80	100
52	E.J. Holub	4	5	5	6	10	15	120	150
53	Sherrill Headrick	4	5	5	6	10	15	30	250
54	Mel Branch	4	5	5	6	10	15	30	120
55	Jerry Mays	4	5	5	6	10	▲20	▲50	200
56	Cotton Davidson	4	5	5	6	10	15	40	100
57	Clem Daniels RC	4	5	6	10	30	50	50	
58	Bo Roberson RC	4	5	5	6	10	15	80	300
59	Art Powell	4	5	5	8	12	20	100	200
60	Bob Coolbaugh	4	5	5	6	10	15	40	100
61	Wayne Hawkins	4	5	5	6	10	30	40	250
62	Jim Otto	4	6	8	12	18	80	200	
63	Fred Williamson	4	5	5	6	40	50	60	100
64	Bob Dougherty SP	20	30	35	60	80	100	150	300
65	Dalva Allen	4	5	5	6	10	15	30	80
66	Chuck McMurtry	4	5	5	6	10	15	60	
67	Gerry McDougall RC	4	5	5	6	10	15	30	150
68	Tobin Rote	4	5	5	6	10	20	40	120
69	Paul Lowe	4	5	5	8	12	20	50	300
70	Keith Lincoln RC	5	8	10	15	25	40	80	400
71	Dave Kocourek	4	5	5	6	10	18	40	150
72	Lance Alworth RC	50	80	100	500	600	1,200	1,500	2,200
73	Ron Mix	4	5	6	10	15	40	100	300
74	Charley McNeil RC	4	5	5	6	10	15	30	200
75	Emil Karas	4	5	5	6	10	15	40	80
76	Ernie Ladd	4	5	6	10	15	25	40	120
77	Earl Faison	4	5	5	6	10	15	30	200
78	Jim Stinnette	4	5	5	6	10	15	30	200
79	Frank Tripucka	4	5	5	8	12	40	50	200
80	Don Stone	4	5	5	6	10	15	30	100
81	Bob Scarpitto	4	5	5	15	20	25	40	
82	Lionel Taylor	4	5	5	8	12	20	80	150
83	Jerry Tarr	4	5	5	6	10	15	30	200
84	Eldon Danenhauer	4	5	5	6	10	15	25	150
85	Goose Gonsoulin	4	5	5	6	10	15	40	250
86	Jim Fraser	4	5	5	15	20	30	50	80
87	Chuck Gavin	4	5	5	6	10	15	50	150
88	Bud McFadin	4	5	6	10	15	25	80	
NNO	Checklist SP	60	100	150	200	250	400	1,200	

— Checklist SP #NNO PSA 9 (Mint) sold for $2,747 (Mile High; 10/09)
— Checklist SP #NNO PSA 9 (Mint) sold for $2,182 (Goodwin; 2/11)
— Earl Faison #77 PSA 10 (Gem Mt) sold for $561 (eBay; 11/14)
— Larry Garron RC #1 PSA 9 (Mint) sold for $1042.03 (eBay; 8/12)
— Ron Mix #73 PSA 10 (Gem Mt) sold for $1,618 (eBay; 6/07)
— Ron Mix #73 PSA 10 (Gem Mt) sold for $1,010 (eBay; 1/06)

1963 Topps

#	Player	GD 2	VG 3	VgEx 4	EX 5	ExMt 6	NM 7	NmMt 8	MT 9
1	Johnny Unitas	20	40	50	100	150	500	3,000	
2	Lenny Moore	4	5	6	10	40	50	100	
3	Jimmy Orr	4	5	5	6	10	40	80	
4	Raymond Berry	4	5	6	10	15	50	100	
5	Jim Parker	4	5	5	6	12	30	50	
6	Alex Sandusky	4	5	5	6	10	15	40	
7	Dick Szymanski RC	4	5	5	6	10	15	40	
8	Gino Marchetti	4	5	5	8	12	40	60	
9	Billy Ray Smith RC	4	5	5	6	10	15	40	
10	Bill Pellington	4	5	5	6	10	30	60	
11	Bob Boyd DB RC	4	5	5	6	10	40	80	
12	Baltimore Colts SP	4	5	5	8	12	40	100	
13	Frank Ryan SP	4	5	5	6	10	50	60	
14	Jim Brown SP	80	120	200	300	500	800	2,500	6,000
15	Ray Renfro SP	4	5	5	8	10	20	40	
16	Rich Kreitling SP	4	5	5	6	10	15	40	
17	Mike McCormack SP	4	5	5	8	12	40	60	
18	Jim Ray Smith SP	4	5	5	6	10	50	60	
19	Lou Groza SP	4	5	6	10	15	25	120	
20	Bill Glass SP	4	5	5	8	10	15	40	
21	Galen Fiss SP	4	5	5	8	10	15	40	
22	Don Fleming SP RC	4	5	5	8	80	150	200	
23	Bob Gain SP	4	5	5	8	10	40	100	
24	Cleveland Browns SP	4	5	5	8	12	50	200	
25	Milt Plum	4	5	5	6	10	30	80	
26	Dan Lewis	4	5	5	6	10	15	40	
27	Nick Pietrosante	4	5	5	6	10	15	50	
28	Gail Cogdill	4	5	5	6	10	15	40	
29	Harley Sewell	4	5	5	6	10	15	40	
30	Jim Gibbons	4	5	5	6	10	15	40	
31	Carl Brettschneider	4	5	5	6	10	15	40	
32	Dick Lane	4	5	25	30	40	50	60	
33	Yale Lary	4	5	5	8	12	30	600	
34	Roger Brown RC	4	5	5	6	10	15	40	
35	Joe Schmidt	4	5	5	40	50	60	80	
36	Detroit Lions SP	4	5	5	8	12	20	100	
37	Roman Gabriel	4	5	20	30	40	100	125	
38	Zeke Bratkowski	4	5	5	6	10	15	30	
39	Dick Bass	4	5	5	6	10	15	40	
40	Jon Arnett	4	5	5	6	10	15	40	300
41	Jim Phillips	4	5	5	6	10	15	30	
42	Frank Varrichione	4	5	5	6	10	15	40	
43	Danny Villanueva	4	5	5	6	10	15	40	
44	Deacon Jones RC	▼50	▼60	100	125	200	400	1,000	1,500
45	Lindon Crow	4	5	5	6	10	15	40	
46	Marlin McKeever	4	5	5	6	10	15	30	
47	Ed Meador RC	4	5	5	6	10	40	80	
48	Los Angeles Rams	4	5	5	6	10	15	40	
49	Y.A. Tittle SP	6	30	40	50	80	100	800	
50	Del Shofner SP	4	5	5	8	10	40	80	
51	Alex Webster SP	4	5	5	6	10	20	40	
52	Phil King SP	4	5	5	8	10	15	40	
53	Jack Stroud SP	4	5	5	8	10	40	50	
54	Darrell Dess SP	4	5	5	8	10	15	20	
55	Jim Katcavage SP	4	5	5	6	10	15	40	
56	Roosevelt Grier SP	4	5	5	8	12	40	200	250
57	Erich Barnes SP	4	5	5	8	10	40	40	
58	Jim Patton SP	4	5	5	6	10	15	40	150
59	Sam Huff SP	4	5	6	10	25	80	120	
60	New York Giants	4	5	5	6	10	15	40	
61	Bill Wade	4	5	5	6	10	40	100	
62	Mike Ditka	10	15	50	80	100	150	400	1,000
63	Johnny Morris	4	5	5	6	10	15	40	
64	Roger LeClerc	4	5	5	6	10	15	40	
65	Roger Davis RC	4	5	5	6	10	15	40	
66	Joe Marconi	4	5	5	6	10	15	40	
67	Herman Lee	4	5	5	6	10	15	40	
68	Doug Atkins	4	5	5	8	12	20	40	
69	Joe Fortunato	4	5	5	6	10	15	40	
70	Bill George	4	5	5	8	30	40	200	
71	Richie Petitbon	4	5	5	6	10	40	80	
72	Bears Team SP	4	5	5	20	25	40	80	
73	Eddie LeBaron SP	4	5	5	25	30	80	100	
74	Don Meredith SP	8	12	15	40	50	100	250	
75	Don Perkins SP	4	5	30	40	80	150	200	
76	Amos Marsh SP	4	5	5	8	10	60	100	
77	Billy Howton SP	4	5	5	8	10	40	150	
78	Andy Cvercko SP	4	5	5	8	40	60	250	
79	Sam Baker SP	4	5	5	8	10	40	80	
80	Jerry Tubbs SP	4	5	5	8	10	50	60	
81	Don Bishop SP	4	5	5	8	10	15	50	
82	Bob Lilly SP RC	35	80	250	300	400	1,200	1,500	
83	Jerry Norton SP	4	5	5	8	10	40	120	
84	Cowboys Team SP	4	5	25	30	40	60	150	350
85	Checklist 1	4	5	6	10	15	30	80	
86	Bart Starr	▲15	▲30	40	100	200	▲350	1,500	
87	Jim Taylor	5	6	▲25	60	80	100	150	

#	Player	GD 2	VG 3	VgEx 4	EX 5	ExMt 6	NM 7	NmMt 8	MT 9
88	Boyd Dowler	4	5	25	30	40	50	60	
89	Forrest Gregg	4	5	5	8	12	40	60	400
90	Fuzzy Thurston	4	5	6	12	20	30	100	
91	Jim Ringo	4	5	5	8	20	30	80	
92	Ron Kramer	4	5	5	6	10	15	40	
93	Hank Jordan	4	5	5	8	12	20	60	
94	Bill Forester	4	5	5	6	10	15	40	
95	Willie Wood RC	6	25	50	60	80	▲150	400	1,000
96	Ray Nitschke RC	30	80	100	150	250	600	1,200	4,200
97	Green Bay Packers	4	5	6	12	25	40	100	
98	Fran Tarkenton	8	12	30	50	125	200	800	
99	Tommy Mason	4	5	5	6	10	15	40	
100	Mel Triplett	4	5	5	6	10	15	40	
101	Jerry Reichow	4	5	5	6	10	15	40	
102	Frank Youso	4	5	5	6	10	15	40	
103	Hugh McElhenny	4	5	6	8	12	20	50	
104	Gerald Huth	4	5	5	6	10	15	40	
105	Ed Sharockman	4	5	5	6	10	15	40	
106	Rip Hawkins	4	5	5	6	10	15	40	
107	Jim Marshall RC	5	20	40	60	80	200	500	
108	Jim Prestel	4	5	5	6	10	15	40	
109	Minnesota Vikings	4	5	5	6	10	15	40	
110	Sonny Jurgensen SP	5	8	15	25	100	125	600	
111	Timmy Brown SP RC	4	5	5	8	20	100	125	
112	Tommy McDonald SP	4	5	6	10	25	40	175	
113	Clarence Peaks SP	4	5	5	8	10	40	50	
114	Pete Retzlaff SP	4	5	5	8	10	15	300	
115	Jim Schrader SP	4	5	5	8	20	25	60	
116	Jim McCusker SP	4	5	5	8	10	15	40	
117	Don Burroughs SP	4	5	5	8	10	15	40	
118	Maxie Baughan SP	4	5	5	8	10	30	40	
119	Riley Gunnels SP	4	5	5	8	80	100	125	
120	Jimmy Carr SP	4	5	5	30	40	50	135	
121	Philadelphia Eagles SP	4	5	5	8	12	20	150	
122	Ed Brown SP	4	5	5	8	12	60		
123	John H. Johnson SP	4	5	6	10	15	80	150	
124	Buddy Dial SP	4	5	5	8	10	40	120	
125	Bill Red Mack SP	4	5	5	8	10	80	100	
126	Preston Carpenter SP	4	5	20	25	30	40	100	
127	Ray Lemek SP	4	5	5	8	10	80	100	
128	Buzz Nutter SP	4	5	5	8	10	150	200	
129	Ernie Stautner SP	4	5	6	20	25	50	80	
130	Lou Michaels SP	4	5	5	8	10	80	135	
131	Clendon Thomas SP RC	4	5	5	8	10	20	50	
132	Tom Bettis SP	4	5	5	8	40	50	135	
133	Pittsburgh Steelers SP	4	5	5	30	40	150	200	
134	John Brodie	4	5	10	12	50	100	135	
135	J.D. Smith	4	5	5	6	10	15	30	
136	Billy Kilmer	4	5	5	10	12	20	40	
137	Bernie Casey RC	4	5	5	6	10	15	40	
138	Tommy Davis	4	5	5	6	10	15	40	
139	Ted Connolly	4	5	5	6	10	15	30	
140	Bob St.Clair	4	5	5	8	12	20	40	
141	Abe Woodson	4	5	5	6	10	15	30	100
142	Matt Hazeltine	4	5	5	6	10	15	40	
143	Leo Nomellini	4	5	5	8	15	30	40	350
144	Dan Colchico	4	5	5	6	10	15	40	
145	San Francisco 49ers SP	4	5	25	30	40	50		
146	Charlie Johnson RC	4	5	6	8	12	20	40	
147	John David Crow	4	5	5	6	10	15	40	400
148	Bobby Joe Conrad	4	5	5	6	10	15	40	
149	Sonny Randle	4	5	5	6	10	15	25	100
150	Prentice Gautt	4	5	5	6	10	15	40	
151	Taz Anderson	4	5	5	6	10	15	30	100
152	Ernie McMillan RC	4	5	5	6	10	15	40	
153	Jimmy Hill	4	5	5	6	10	15	40	150
154	Bill Koman	4	5	5	6	10	15	40	100
155	Larry Wilson RC	4	5	5	50	60	80	200	
156	Don Owens	4	5	5	6	10	15	40	
157	St. Louis Cardinals SP	4	5	5	8	12	25	50	
158	Norm Snead SP	4	5	25	30	40	100	125	
159	Bobby Mitchell SP	4	5	6	10	20	60	80	
160	Bill Barnes SP	4	5	5	8	10	15	40	
161	Fred Dugan SP	4	5	5	8	10	15	40	
162	Don Bosseler SP	4	5	5	8	40	50	60	300
163	John Nisby SP	4	5	5	8	10	50	60	
164	Riley Mattson SP	4	5	5	8	40	50	100	
165	Bob Toneff SP	4	5	5	8	10	60	200	
166	Rod Breedlove SP	4	5	5	8	10	80	150	
167	Dick James SP	4	5	5	8	10	80	100	
168	Claude Crabb SP	4	5	5	8	40	50	250	
169	Washington Redskins SP	4	5	5	8	50	60	200	
170	Checklist 2 UER	6	10	12	20	30	50	125	

— Raymond Berry #4 PSA 10 (Gem Mint) sold for $3,235 (eBay;11/13)
— John Brodie #134 PSA 9 (Mint) sold for $1117.89 (eBay: 7/12)
— Mike Ditka #62 PSA 9 (MT) sold for $2,247 (eBay; 12/07)
— Mike Ditka #62 SGC 9 (MT) sold for $1,095 (eBay; 10/09)
— Mike Ditka #62 PSA 9 (MT) sold for $995 (Mile High; 10/09)
— Mike Ditka #62 PSA 9 (MT) sold for $1,503 (eBay; 60/16)
— Boyd Dowler #88 PSA 9 (Mint) sold for $865.49 (eBay; 4/12)
— Forrest Gregg #89 PSA 9 (Mint) sold for $570 (eBay; 2/07)
— Rosey Grier #56 PSA 10 (Gem Mt) sold for $1,194 (Mile High; 10/09)
— Sam Huff #59 PSA 9 (MT) sold for $1,580 (eBay; 4/12)
— Sam Huff SP #59 PSA 9 (Mint) sold for $1580.49 (eBay; 4/12)
— Deacon Jones #44 PSA 9 (MT) sold for $2869 (Mile High; 6/10)
— Deacon Jones #44 PSA 9 (MT) sold for $2,505 (eBay; 4/08)
— Deacon Jones #44 PSA 9 (MT) sold for $2,250 (eBay; 10/11)
— Deacon Jones #44 PSA 9 (MT) sold for $1415 (eBay; 11/14)
— Deacon Jones #44 PSA 9 (MT) sold for $1,312 (eBay; 10/12)
— Deacon Jones #44 PSA 9 (MT) sold for $968 (eBay; 12/12)
— Deacon Jones #44 PSA 9 (MT) sold for $1,216 (eBay; 3/14)
— Sonny Jurgensen #110 PSA 9 (MT) sold for $1,085 (Mastro; 10/06)
— Rich Kreitling #16 PSA 10 (Gem Mint) sold for $1,789 (Memory Lane; Winter 2013)
— Dick Lane #32 PSA 9 (MT) sold for $1230 (eBay; 6/13)
— Dan Lewis #26 PSA 10 (Gem Mt) sold for $1,108 (Mastro; 6/07)
— Bob Lilly #26 PSA 9 (MT) sold for $7050 (eBay; 11/14)
— Bob Lilly #26 PSA 8.5 (NmMt+) sold for $1,095 (Mile High; 10/09)
— Gino Marchetti #8 PSA 9 (Mint) sold for $1528 (eBay; 11/14)
— Gino Marchetti #8 PSA 9 (Mint) sold for $590.77 (eBay; 7/12)
— Jim Marshall RC #107 PSA 9 (Mint) sold for $767 (eBay; 11/13)
— Riley Mattson SP #164 PSA 9 (Mint) sold for $613.49 (eBay; 7/12)
— Mike McCormack SP #17 PSA 9 (Mint) sold for $901.5 (eBay; 4/12)
— Marlin McKeever #46 PSA 10 (Gem Mint) sold for $1681.5 (eBay; 4/12)
— Minnesota Vikings #109 PSA 9 (Mint) sold for $630 (Bussineau; 4/12)
— Lenny Moore #2 PSA 9 (Mint) sold for $2998 (eBay; 6/13)
— Jim Parker #5 PSA 10 (GemMt) sold for $1033 (eBay; 11/14)
— Jim Ray Smith SP #18 PSA 9 (Mint) sold for $913.5 (eBay; 5/12)
— Ernie Stautner #129 PSA 9 (MT) sold for $1,013 (eBay; 2/10)
— Bart Starr #86 PSA 9 (MT) sold for $1,578 (Mile High; 1/07)
— Fran Tarkenton #98 PSA 9 (Mint) sold for $3750 (Bussineau; 4/12)
— Fuzzy Thurston #90 PSA 9 (Mint) sold for $703.89 (eBay; 6/12)
— Johnny Unitas #1 PSA 9 (MT) sold for $4,340 (Mastro; 4/07)
— Washington Redskins SP #169 PSA 9 (Mint) sold for $902.49 (eBay; 8/12)
— Larry Wilson #551 PSA 9 (Mint) sold for $995 (eBay; 5/11)
— Willie Wood #95 PSA 9 (MT) sold for $903 (eBay; 2/10)
— Willie Wood #95 PSA 9 (MT) sold for $961.5 (eBay; 4/12)

1964 Philadelphia

#	Player	GD 2	VG 3	VgEx 4	EX 5	ExMt 6	NM 7	NmMt 8	MT 9
1	Raymond Berry	4	5	5	20	25	30	50	100
2	Tom Gilburg	4	5	5	5	8	20	50	
3	John Mackey RC	4	5	40	80	100	200	500	1,000
4	Gino Marchetti	4	5	5	8	12	18	50	125
5	Jim Martin	4	5	5	5	8	12	20	120
6	Tom Matte RC	4	5	5	6	10	15	100	120
7	Jimmy Orr	4	5	5	5	8	12	20	80
8	Jim Parker	4	5	5	6	10	15	25	80
9	Bill Pellington	4	5	5	5	8	12	20	80
10	Alex Sandusky	4	5	5	5	8	12	20	80
11	Dick Szymanski	4	5	5	5	8	12	20	80
12	Johnny Unitas	5	10	40	50	80	100	200	500
13	Baltimore Colts Team	4	5	5	5	8	20	60	
14	Colts Play/Don Shula	4	6	8	12	20	35	50	80
15	Doug Atkins	4	5	5	8	12	25	30	100
16	Ronnie Bull	4	5	5	5	8	20	50	100
17	Mike Ditka	15	20	25	50	60	80	150	500
18	Joe Fortunato	4	5	5	5	8	12	20	60
19	Willie Galimore	4	5	5	5	8	12	20	80
20	Joe Marconi	4	5	5	5	8	12	20	80
21	Bennie McRae RC	4	5	5	5	8	12	20	50
22	Johnny Morris	4	5	5	5	8	12	20	80
23	Richie Petitbon	4	5	5	5	8	12	30	80
24	Mike Pyle	4	5	5	5	8	12	20	80
25	Roosevelt Taylor RC	4	5	5	5	8	12	20	80
26	Bill Wade	4	5	5	5	8	12	20	80
27	Chicago Bears Team	4	5	5	5	8	12	20	80
28	Bears Play/George Halas	4	5	5	8	12	25	50	100

#	Player	GD 2	VG 3	VgEx 4	EX 5	ExMt 6	NM 7	NmMt 8	MT 9
29	Johnny Brewer	4	5	5	5	8	12	20	80
30	Jim Brown	100	▼125	▼150	▼200	▼250	▼400	800	3,000
31	Gary Collins RC	4	5	5	5	30	40	100	
32	Vince Costello	4	5	5	5	8	12	20	60
33	Galen Fiss	4	5	5	5	8	12	40	80
34	Bill Glass	4	5	5	5	8	12	20	60
35	Ernie Green RC	4	5	5	5	8	15	150	250
36	Rich Kreitling	4	5	5	5	8	12	20	
37	John Morrow	4	5	5	5	8	12	20	100
38	Frank Ryan	4	5	5	5	8	12	20	80
39	Charlie Scales RC	4	5	5	5	8	12	20	80
40	Dick Schafrath RC	4	5	5	5	8	12	40	80
41	Cleveland Browns Team	4	5	5	5	8	12	30	100
42	Cleveland Browns Play	4	5	5	5	8	12	20	80
43	Don Bishop	4	5	5	5	8	12	20	80
44	Frank Clarke RC	4	5	5	5	8	12	20	80
45	Mike Connelly	4	5	5	5	8	12	20	80
46	Lee Folkins	4	5	5	5	8	12	20	80
47	Cornell Green RC	4	5	5	5	8	12	80	150
48	Bob Lilly	4	6	8	30	40	80	150	400
49	Amos Marsh	4	5	5	5	8	12	30	
50	Tommy McDonald	4	5	5	8	40	50	60	400
51	Don Meredith	6	8	10	25	40	50	150	500
52	Pettis Norman RC	4	5	5	5	8	12	25	200
53	Don Perkins	4	5	5	6	10	15	25	120
54	Guy Reese	4	5	5	5	8	12	25	80
55	Dallas Cowboys Team	4	5	5	5	8	12	50	
56	Cowboys Play/Landry	4	5	5	8	12	20	30	150
57	Terry Barr	4	5	5	5	8	12	20	80
58	Roger Brown	4	5	5	5	8	12	20	
59	Gail Cogdill	4	5	5	5	8	12	20	80
60	John Gordy	4	5	5	5	8	12	20	60
61	Dick Lane	4	5	5	6	10	15	25	100
62	Yale Lary	4	5	5	6	10	15	25	
63	Dan Lewis	4	5	5	5	8	12	20	50
64	Darris McCord	4	5	5	5	8	12	20	
65	Earl Morrall	4	5	5	5	8	12	20	80
66	Joe Schmidt	4	5	5	8	12	60	80	
67	Pat Studstill RC	4	5	5	5	8	15	30	80
68	Wayne Walker RC	4	5	5	5	8	15	30	100
69	Detroit Lions Team	4	5	5	5	8	12	20	80
70	Detroit Lions Play	4	5	5	5	8	12	20	80
71	Herb Adderley RC	4	25	50	60	80	100	150	500
72	Willie Davis DE RC	4	15	40	50	80	100	125	400
73	Forrest Gregg	4	5	5	8	12	30	40	80
74	Paul Hornung	4	6	25	30	40	80	125	250
75	Hank Jordan	4	5	5	8	12	18	80	125
76	Jerry Kramer	4	5	5	8	12	20	60	100
77	Tom Moore	4	5	5	5	8	12	20	200
78	Jim Ringo	4	5	5	8	20	25	40	120
79	Bart Starr	40	50	60	80	100	125	250	1,500
80	Jim Taylor	4	20	25	30	40	50	60	200
81	Jesse Whittenton RC	4	5	5	5	8	12	20	80
82	Willie Wood	4	5	20	30	40	50	60	200
83	Green Bay Packers Team	4	5	5	8	12	30	80	300
84	Packers Play/Lombardi	4	6	8	12	20	50	60	200
85	Jon Arnett	4	5	5	5	8	12	25	80
86	Pervis Atkins RC	4	5	5	5	8	12	20	80
87	Dick Bass	4	5	5	5	8	12	20	80
88	Carroll Dale	4	5	5	6	10	15	25	120
89	Roman Gabriel	4	5	5	8	20	50	200	250
90	Ed Meador	4	5	5	5	8	12	20	80
91	Merlin Olsen RC	5	25	40	50	60	100	200	800
92	Jack Pardee RC	4	5	5	6	10	15	25	100
93	Jim Phillips	4	5	5	5	8	12	20	60
94	Carver Shannon	4	5	5	5	8	12	20	50
95	Frank Varrichione	4	5	5	5	8	12	20	60
96	Danny Villanueva	4	5	5	5	8	12	20	50
97	Los Angeles Rams Team	4	5	5	5	8	12	20	80
98	Los Angeles Rams Play	4	5	5	5	8	12	20	60
99	Grady Alderman RC	4	5	5	5	8	12	25	120
100	Larry Bowie	4	5	5	5	8	12	20	
101	Bill Brown RC	4	5	5	6	15	30	40	
102	Paul Flatley RC	4	5	5	5	8	12	20	
103	Rip Hawkins	4	5	5	5	8	12	20	80
104	Jim Marshall	4	5	5	8	12	30	50	200
105	Tommy Mason	4	5	5	5	8	12	20	60
106	Jim Prestel	4	▼125	▼150	5	28	▼20	20	80
107	Jerry Reichow	4	5	5	5	8	12	20	80
108	Ed Sharockman	4	5	5	5	8	12	20	80
109	Fran Tarkenton	4	▲20	40	50	50	80	125	500
110	Mick Tingelhoff RC	4	5	25	30	80	100	150	600
111	Minnesota Vikings Team	4	5	5	5	8	12	25	80
112	Vikings Play/Van Brocklin	4	5	5	5	8	12	20	80
113	Erich Barnes	4	5	5	5	8	12	20	
114	Roosevelt Brown	4	5	5	6	10	15	25	100
115	Don Chandler	4	5	5	5	8	12	20	80
116	Darrell Dess	4	5	5	5	8	12	20	60
117	Frank Gifford	4	6	30	40	50	60	80	200
118	Dick James	4	5	5	5	8	12	20	80
119	Jim Katcavage	4	5	5	5	8	12	20	80
120	John Lovetere	4	5	5	5	8	12	20	50
121	Dick Lynch RC	4	5	5	5	8	12	20	80
122	Jim Patton	4	5	5	5	8	12	20	80
123	Del Shofner	4	5	5	5	8	12	20	60
124	Y.A. Tittle	4	5	15	30	40	60	80	125
125	New York Giants Team	4	5	5	5	8	12	40	50
126	New York Giants Play	4	5	5	5	8	12	20	80
127	Sam Baker	4	5	5	5	8	12	20	80
128	Maxie Baughan	4	5	5	5	8	12	20	60
129	Timmy Brown	4	5	5	5	8	12	20	80
130	Mike Clark	4	5	5	5	8	12	20	80
131	Irv Cross RC	4	5	5	5	8	12	30	60
132	Ted Dean	4	5	5	5	8	12	20	60
133	Ron Goodwin	4	5	5	5	8	12	20	60
134	King Hill	4	5	5	5	8	12	20	80
135	Clarence Peaks	4	5	5	5	8	12	20	
136	Pete Retzlaff	4	5	5	5	8	12	20	
137	Jim Schrader	4	5	5	5	8	12	60	
138	Norm Snead	4	5	5	5	8	12	20	80
139	Philadelphia Eagles Team	4	5	5	5	8	12	25	50
140	Philadelphia Eagles Play	4	5	5	5	8	12	20	80
141	Gary Ballman RC	4	5	5	5	8	12	20	
142	Charley Bradshaw RC	4	5	5	5	8	12	20	50
143	Ed Brown	4	5	5	5	8	12	20	
144	John Henry Johnson	4	5	5	6	10	15	25	80
145	Joe Krupa	4	5	5	5	8	12	30	
146	Bill Mack	4	5	5	5	8	12	20	80
147	Lou Michaels	4	5	5	5	8	12	20	50
148	Buzz Nutter	4	5	5	5	8	12	20	80
149	Myron Pottios	4	5	5	5	8	12	20	50
150	John Reger	4	5	5	5	8	12	50	
151	Mike Sandusky	4	5	5	5	8	12	20	80
152	Clendon Thomas	4	5	5	5	8	12	20	
153	Pittsburgh Steelers Team	4	5	5	5	8	12	40	175
154	Pittsburgh Steelers Play	4	5	5	5	8	12	20	40
155	Kermit Alexander RC	4	5	5	5	8	12	20	80
156	Bernie Casey	4	5	5	5	8	12	20	80
157	Dan Colchico	4	5	5	5	8	12	20	
158	Clyde Conner	4	5	5	5	8	12	20	50
159	Tommy Davis	4	5	5	5	8	12	20	80
160	Matt Hazeltine	4	5	5	5	8	12	20	80
161	Jim Johnson RC	4	5	25	30	▲60	100	200	500
162	Don Lisbon RC	4	5	5	5	8	12	20	80
163	Lamar McHan	4	5	5	5	8	12	20	100
164	Bob St.Clair	4	5	5	6	10	15	25	80
165	J.D. Smith	4	5	5	5	8	12	20	100
166	Abe Woodson	4	5	5	5	8	12	20	60
167	San Francisco 49ers Team	4	5	5	5	8	12	20	80
168	San Francisco 49ers Play	4	5	5	5	8	12	20	80
169	Garland Boyette	4	5	5	5	8	12	20	60
170	Bobby Joe Conrad	4	5	5	5	8	12	20	80
171	Bob DeMarco RC	4	5	5	5	8	12	20	80
172	Ken Gray RC	4	5	5	5	8	12	20	60
173	Jimmy Hill	4	5	5	5	8	12	20	80
174	Charlie Johnson	4	5	5	5	8	12	20	50
175	Ernie McMillan	4	5	5	5	8	12	20	80
176	Dale Meinert	4	5	5	5	8	12	20	80
177	Luke Owens	4	5	5	5	8	12	20	60
178	Sonny Randle	4	5	5	5	8	12	20	80
179	Joe Robb	4	5	5	5	8	12	20	
180	Bill Stacy	4	5	5	5	8	12	20	
181	St. Louis Cardinals Team	4	5	5	5	8	12	20	80
182	St. Louis Cardinals Play	4	5	5	5	8	12	20	50
183	Bill Barnes	4	5	5	5	8	12	40	
184	Don Bosseler	4	5	5	5	8	12	20	60
185	Sam Huff	4	5	10	15	20	25	40	
186	Sonny Jurgensen	4	5	5	25	30	40	80	150

		GD 2	VG 3	VgEx 4	EX 5	ExMt 6	NM 7	NmMt 8	MT 9
37	Bob Khayat	4	5	5	5	8	12	20	80
38	Riley Mattson	4	5	5	5	8	12	20	
39	Bobby Mitchell	4	5	5	8	12	20	30	150
90	John Nisby	4	5	5	5	8	12	20	80
91	Vince Promuto	4	5	5	5	8	12	20	80
92	Joe Rutgens	4	5	5	5	8	12	20	50
93	Lonnie Sanders	4	5	5	5	8	12	20	
94	Jim Steffen	4	5	5	5	8	12	20	
95	Washington Redskins Team	4	5	5	5	8	15	150	
96	Washington Redskins Play	4	5	5	5	8	12	20	80
97	Checklist 1	4	5	5	5	8	15	40	125
98	Checklist 2	4	5	5	6	10	30	60	150

- Bobby Mitchell #189 PSA 10 (Gem Mt) sold for $750 (eBay; 12/14)
- Mike Ditka #17 PSA 10 (Gem Mt) sold for $3,353 (eBay; 5/11)
- Mike Ditka #17 PSA 10 (Gem Mt) sold for $3,080 (Mile High; 1/07)
- Paul Hornung #74 PSA 10 (Gem Mt) sold for $2832.2 (Goodwin; 3/12)
- Tommy McDonald #50 PSA 10 (Gem Mt) sold for $970 (eBay; 1/06)
- Merlin Olson #91 PSA 10 (Gem Mt) sold for $1,625 (eBay; 01/13)

1964 Topps

		GD 2	VG 3	VgEx 4	EX 5	ExMt 6	NM 7	NmMt 8	MT 9
1	Tommy Addison SP	5	6	8	12	18	100	200	
2	Houston Antwine RC	4	5	5	5	8	12	80	
3	Nick Buoniconti	4	5	6	25	30	80	100	
4	Ron Burton SP	4	5	6	10	50	60	120	
5	Gino Cappelletti	4	5	5	5	8	12	60	
6	Jim Colclough SP	4	5	6	10	15	40	100	
7	Bob Dee SP	4	5	5	6	10	15	200	
8	Larry Eisenhauer	4	5	5	5	8	12	30	80
9	Dick Felt SP	4	5	5	6	80	100	125	
10	Larry Garron	4	5	5	5	8	12	40	120
11	Art Graham	4	5	5	5	8	12	40	
12	Ron Hall DB	4	5	5	5	8	12	30	80
13	Charles Long	4	5	5	5	8	12	30	
14	Don McKinnon	4	5	5	5	8	12	30	175
15	Don Oakes SP	4	5	5	6	10	15	125	
16	Ross O'Hanley SP	4	5	5	6	10	15	60	225
17	Babe Parilli SP	4	5	5	6	10	15	60	225
18	Jesse Richardson SP	4	5	5	6	10	15	60	
19	Jack Rudolph SP	4	5	5	6	20	25	80	
20	Don Webb RC	4	5	5	5	8	12	40	250
21	Boston Patriots Team	4	5	5	6	10	15	40	
22	Ray Abruzzese	4	5	5	5	8	12	30	80
23	Stew Barber RC	4	5	5	5	8	12	30	200
24	Dave Behrman	4	5	5	5	8	12	40	
25	Al Bemiller	4	5	5	5	8	12	40	150
26	Elbert Dubenion SP	4	5	5	6	10	40	80	
27	Jim Dunaway SP RC	4	5	5	6	12	30	225	
28	Booker Edgerson SP	4	5	5	6	10	15	50	
29	Cookie Gilchrist SP	4	5	40	50	60	125	200	
30	Jack Kemp SP	12	15	20	30	100	150	200	400
31	Daryle Lamonica RC	10	12	25	30	40	60	▲125	500
32	Bill Miller	4	5	5	5	8	12	40	80
33	Herb Paterra RC	4	5	5	5	8	12	40	100
34	Ken Rice SP	4	5	12	15	20	25	60	120
35	Ed Rutkowski	4	5	5	5	8	12	40	120
36	George Saimes RC	4	5	5	5	8	12	30	150
37	Tom Sestak	4	5	5	5	8	12	30	80
38	Billy Shaw SP	4	5	5	8	12	20	100	
39	Mike Stratton	4	5	5	5	8	12	50	
40	Gene Sykes	4	5	5	5	8	12	30	100
41	John Tracey SP	4	5	5	6	10	80	120	
42	Sid Youngelman SP	4	5	5	6	10	60	80	120
43	Buffalo Bills Team	4	5	5	6	10	15	60	
44	Eldon Danenhauer SP	4	5	5	6	10	15	40	120
45	Jim Fraser SP	4	5	5	6	10	15	40	150
46	Chuck Gavin SP	4	5	5	6	10	15	60	
47	Goose Gonsoulin SP	4	5	5	6	10	15	60	
48	Ernie Barnes RC	4	5	5	5	8	12	30	80
49	Tom Janik	4	5	5	5	8	12	25	80
50	Billy Joe RC	4	5	5	5	8	12	50	100
51	Ike Lassiter RC	4	5	5	5	8	12	30	80
52	John McCormick QB SP	4	5	5	6	10	15	80	125
53	Bud McFadin SP	4	5	5	6	10	15	60	
54	Gene Mingo SP	4	5	5	6	10	15	60	
55	Charlie Mitchell	4	5	5	5	8	12	30	80
56	John Nocera SP	4	5	5	6	10	15	40	150
57	Tom Nomina	4	5	5	5	8	12	40	80

		GD 2	VG 3	VgEx 4	EX 5	ExMt 6	NM 7	NmMt 8	MT 9
58	Harold Olson SP	4	5	6	10	15	40	150	
59	Bob Scarpitto	4	5	5	5	8	12	40	
60	John Sklopan	4	5	5	5	8	12	30	80
61	Mickey Slaughter	4	5	5	5	8	12	60	
62	Don Stone	4	5	5	5	8	12	40	100
63	Jerry Sturm	4	5	5	5	8	12	40	100
64	Lionel Taylor SP	4	5	5	8	12	20	50	
65	Denver Broncos Team SP	4	5	5	8	12	20	175	
66	Scott Appleton RC	4	5	5	5	8	12	40	250
67	Tony Banfield SP	4	5	5	6	10	15	60	
68	George Blanda SP	12	15	18	50	60	125	200	
69	Billy Cannon	4	5	5	6	10	15	60	
70	Doug Cline SP	4	5	5	6	10	15	40	
71	Gary Cutsinger SP	4	5	5	6	20	25	50	
72	Willard Dewveall SP	4	5	5	6	10	15	30	
73	Don Floyd SP	4	5	5	6	10	15	60	
74	Freddy Glick SP	4	5	5	6	10	20	50	100
75	Charlie Hennigan SP	4	5	5	6	10	40	50	
76	Ed Husmann SP	4	5	5	6	10	15	60	
77	Bobby Jancik SP	4	5	5	12	15	20	30	175
78	Jacky Lee SP	4	5	5	6	10	60	80	175
79	Bob McLeod SP	4	5	5	6	20	25	50	
80	Rich Michael SP	4	5	5	6	10	15	60	
81	Larry Onesti RC	4	5	5	5	8	12	40	200
82	Checklist Card 1	5	6	8	15	25	50	125	350
83	Bob Schmidt SP	4	5	5	6	10	15	100	
84	Walt Suggs SP	4	5	5	6	10	15	60	
85	Bob Talamini SP	4	5	5	5	8	12	30	150
86	Charley Tolar SP	4	5	5	6	10	15	80	
87	Don Trull RC	4	5	5	5	8	12	30	120
88	Houston Oilers Team	4	5	5	6	10	15	40	100
89	Fred Arbanas	4	5	5	5	8	12	60	
90	Bobby Bell RC	6	8	50	60	100	150	400	1,500
91	Mel Branch SP	4	5	5	6	10	15	60	
92	Buck Buchanan RC	6	8	20	30	40	125	250	1,000
93	Ed Budde RC	4	5	5	5	8	12	40	
94	Chris Burford SP	4	5	5	6	10	15	60	
95	Walt Corey RC	4	5	5	5	8	12	40	135
96	Len Dawson SP	20	40	60	80	100	200	300	1,200
97	Dave Grayson RC	4	5	5	5	8	12	50	100
98	Abner Haynes	4	5	20	25	30	80	250	
99	Sherrill Headrick SP	4	5	5	6	10	15	120	
100	E.J. Holub	4	5	5	5	8	15	200	
101	Bobby Hunt RC	4	5	5	5	8	12	40	200
102	Frank Jackson SP	4	5	5	6	10	15	50	100
103	Curtis McClinton	4	5	5	5	8	20	125	125
104	Jerry Mays SP	4	5	5	6	10	15	60	
105	Johnny Robinson SP	4	5	10	12	15	20	150	
106	Jack Spikes SP	4	5	5	5	10	25	80	
107	Smokey Stover SP	4	5	5	6	40	50		
108	Jim Tyrer RC	4	5	10	12	30	▲200	200	
109	Duane Wood SP	4	5	5	5	40	80	250	
110	Kansas City Chiefs Team	4	5	5	5	8	12	50	80
111	Dick Christy SP	4	5	5	6	10	20	300	
112	Dan Ficca SP	4	5	5	6	10	15	60	200
113	Larry Grantham	4	5	5	5	8	12	40	
114	Curley Johnson SP	4	5	5	6	10	15	100	
115	Gene Heeter	4	5	5	5	8	12	30	100
116	Jack Klotz	4	5	5	5	8	12	30	120
117	Pete Liske RC	4	5	5	5	8	40	50	80
118	Bob McAdam	4	5	5	5	8	12	30	80
119	Dee Mackey SP	4	5	5	6	10	15	80	125
120	Bill Mathis SP	4	5	10	12	15	20	150	
121	Don Maynard	5	6	8	30	40	50	80	300
122	Dainard Paulson SP	4	5	5	6	10	15	60	
123	Gerry Philbin RC	4	5	5	5	8	12	80	120
124	Mark Smolinski SP	4	5	5	6	10	15	40	
125	Matt Snell RC	4	5	30	40	50	60	125	
126	Mike Taliaferro	4	5	5	5	8	12	40	175
127	Bake Turner SP RC	4	5	5	20	30	40	60	
128	Jeff Ware	4	5	5	5	8	12	30	
129	Clyde Washington	4	5	5	5	8	12	60	
130	Dick Wood RC	4	5	5	5	8	12	30	100
131	New York Jets Team	4	5	20	25	30	40	60	150
132	Dalva Allen SP	4	5	5	6	10	15	150	
133	Dan Birdwell	4	5	5	5	8	12	30	80
134	Dave Costa RC	4	5	5	5	8	12	30	80
135	Dobie Craig	4	5	5	5	8	12	40	
136	Clem Daniels	4	5	5	5	8	12	40	150

#	Player	GD 2	VG 3	VgEx 4	EX 5	ExMt 6	NM 7	NmMt 8	MT 9
137	Cotton Davidson SP	4	5	5	6	10	15	150	
138	Claude Gibson	4	5	5	5	8	12	40	
139	Tom Flores SP	4	5	6	10	15	40	200	
140	Wayne Hawkins SP	4	5	5	6	10	30	60	
141	Ken Herock	4	5	5	5	8	12	40	
142	Jon Jelacic SP	4	5	5	15	20	25	600	
143	Joe Krakoski	4	5	5	5	8	12	30	80
144	Archie Matsos SP	4	5	5	6	10	15	80	120
145	Mike Mercer	4	5	5	5	8	12	40	
146	Alan Miller SP	4	5	5	6	10	15	60	
147	Bob Mischak SP	4	5	5	6	40	50	60	175
148	Jim Otto SP	5	6	25	30	100	125	150	
149	Clancy Osborne SP	4	5	5	6	10	15	60	
150	Art Powell SP	4	5	5	8	125	150		
151	Bo Roberson	4	5	5	5	8	12	40	
152	Fred Williamson SP	6	8	10	15	100	125	400	
153	Oakland Raiders Team	4	5	5	6	10	15	80	
154	Chuck Allen SP RC	4	5	5	5	8	12	40	150
155	Lance Alworth	8	25	30	40	80	100	200	400
156	George Blair	4	5	5	5	8	12	40	200
157	Earl Faison	4	5	5	5	8	12	30	150
158	Sam Gruneisen	4	5	5	5	8	12	40	
159	John Hadl RC	6	8	10	40	50	60	150	400
160	Dick Harris SP	4	5	5	6	10	15	40	225
161	Emil Karas SP	4	5	5	6	10	20	75	150
162	Dave Kocourek SP	4	5	5	6	10	20	100	
163	Ernie Ladd	4	5	5	6	20	25	125	
164	Keith Lincoln	4	5	5	5	8	12	50	120
165	Paul Lowe SP	4	5	5	60	80	100	350	
166	Charley McNeil	4	5	5	5	8	12	40	
167	Jacque MacKinnon SP RC	4	5	5	6	10	15	125	
168	Ron Mix SP	4	5	5	8	12	80	200	
169	Don Norton SP	4	5	5	6	10	15	80	
170	Don Rogers SP	4	5	5	6	10	15	150	
171	Tobin Rote SP	4	5	5	6	15	20	60	
172	Henry Schmidt SP RC	4	5	5	6	10	15	120	
173	Bud Whitehead	4	5	5	5	8	12	40	
174	Ernie Wright SP	4	5	5	5	8	12	40	250
175	San Diego Chargers Team	4	5	5	8	15	80	100	200
176	Checklist Card 2 SP	12	15	20	35	200	250	300	

— Buck Buchanan #92 PSA 10 (Gem) sold for $7,503 (eBay; 1/15)
— Houston Antwine #2 PSA 9 (MT) sold for $515 (eBay; 10/07)
— Ed Budde #93 PSA 9 (MT) sold for $893 (eBay; 5/09)
— Jim Dunaway #27 PSA 8 (NmMt) sold for $1,029 (eBay; 2/10)
— Goose Gonsoulin SP #47 PSA 9 (MT) sold for $1,028.50 (eBay; 10/13)
— E.J. Holub #100 PSA 9 (MT) sold for $559 (eBay; 9/07)
— Frank Jackson #102 PSA 10 (Gem) sold for $1,477 (Mastro; 2/07)
— Daryle Lamonica RC #31 PSA 10 (Gem Mint) sold for $799.95 (eBay; 6/12)
— Don Norton SP #169 PSA 10 (Gem Mint) sold for $1099 (eBay; 11/14)
— Art Powell SP #150 PSA 8 (NM/MT) sold for $598.88 (eBay; 5/12)
— Jack Rudolph SP #19 PSA 9 (Mint) sold for $524.50 (eBay; 2/14)
— Mickey Slaughter #61 PSA 10 (Gem) sold for $1,365 (eBay; 1/07)
— Jim Tyrer RC #108 PSA 9 (Mint) sold for $1,283 (eBay; 11/13)

1965 Philadelphia

#	Player	GD 2	VG 3	VgEx 4	EX 5	ExMt 6	NM 7	NmMt 8	MT 9
1	Baltimore Colts Team	4	4	5	8	12	60	100	
2	Raymond Berry	4	4	5	6	10	40	100	
3	Bob Boyd DB	4	4	5	5	8	12	35	120
4	Wendell Harris	4	4	5	5	8	12	20	80
5	Jerry Logan	4	4	5	5	8	12	20	50
6	Tony Lorick	4	4	5	5	8	12	20	60
7	Lou Michaels	4	4	5	5	8	12	20	80
8	Lenny Moore	4	4	5	6	20	25	30	
9	Jimmy Orr	4	4	5	5	8	12	20	80
10	Jim Parker	4	4	5	6	10	15	30	
11	Dick Szymanski	4	4	5	5	8	12	20	80
12	Johnny Unitas	30	40	50	80	100	150	400	500
13	Bob Vogel RC	4	4	5	5	8	12	25	
14	Colts Play/Don Shula	4	4	5	8	12	20	50	
15	Chicago Bears Team	4	4	5	5	8	12	40	
16	Jon Arnett	4	4	5	5	8	12	20	50
17	Doug Atkins	4	4	5	6	10	15	30	80
18	Rudy Bukich RC	4	4	5	5	8	12	20	80
19	Mike Ditka	▲20	▲25	▲30	▲40	60	100	150	
20	Dick Evey	4	4	5	5	8	12	20	80
21	Joe Fortunato	4	4	5	5	8	12	20	
22	Bobby Joe Green RC	4	4	5	5	8	12	20	80

#	Player	GD 2	VG 3	VgEx 4	EX 5	ExMt 6	NM 7	NmMt 8	MT 9
23	Johnny Morris	4	4	5	5	8	12	50	80
24	Mike Pyle	4	4	5	5	8	12	20	
25	Roosevelt Taylor	4	4	5	5	8	12	20	
26	Bill Wade	4	4	5	5	8	12	20	80
27	Bob Wetoska	4	4	5	5	8	12	20	80
28	Bears Play/George Halas	4	4	5	6	10	15	30	100
29	Cleveland Browns Team	4	4	5	5	8	12	20	
30	Walter Beach	4	4	5	5	8	12	20	100
31	Jim Brown	100	125	150	200	250	500	800	10,000
32	Gary Collins	4	4	5	5	8	12	20	80
33	Bill Glass	4	4	5	5	8	12	20	80
34	Ernie Green	4	4	5	5	8	12	20	80
35	Jim Houston RC	4	4	6	12	40	60	200	
36	Dick Modzelewski	4	4	5	5	8	12	25	
37	Bernie Parrish	4	4	5	5	8	12	15	80
38	Walter Roberts	4	4	5	5	8	12	20	80
39	Frank Ryan	4	4	5	5	8	12	20	
40	Dick Schafrath	4	4	5	5	8	12	30	
41	Paul Warfield RC	20	30	80	125	150	250	600	1,200
42	Cleveland Browns Play	4	4	5	5	8	12	20	80
43	Dallas Cowboys Team	4	4	5	5	8	20	50	
44	Frank Clarke	4	4	5	5	8	12	20	80
45	Mike Connelly	4	4	5	5	8	12	20	
46	Buddy Dial	4	4	5	5	8	12	20	
47	Bob Lilly	5	6	20	40	50	60	100	450
48	Tony Liscio RC	4	4	5	5	8	12	20	80
49	Tommy McDonald	4	4	5	6	10	15	30	100
50	Don Meredith	4	5	10	20	25	40	60	200
51	Pettis Norman	4	4	5	5	8	12	20	60
52	Don Perkins	4	4	5	6	10	15	25	80
53	Mel Renfro RC	8	▲50	▲60	80	100	200	500	1,200
54	Jim Ridlon	4	4	5	5	8	12	20	80
55	Jerry Tubbs	4	4	5	5	8	12	20	80
56	Cowboys Play/T.Landry	4	4	5	6	10	15	40	150
57	Detroit Lions Team	4	4	5	5	8	12	20	
58	Terry Barr	4	4	5	5	8	12	20	
59	Roger Brown	4	4	5	5	8	12	20	80
60	Gail Cogdill	4	4	5	5	8	12	20	80
61	Jim Gibbons	4	4	5	5	8	12	20	
62	John Gordy	4	4	5	5	8	12	20	80
63	Yale Lary	4	4	5	6	10	15	30	100
64	Dick LeBeau RC	6	30	60	100	80	150	250	400
65	Earl Morrall	4	4	5	5	8	12	20	60
66	Nick Pietrosante	4	4	5	5	8	12	20	80
67	Pat Studstill	4	4	5	5	8	12	20	80
68	Wayne Walker	4	4	5	5	8	12	20	
69	Tom Watkins	4	4	5	5	8	12	20	
70	Detroit Lions Play	4	4	5	5	8	12	20	60
71	Green Bay Packers Team	4	4	5	6	10	15	60	300
72	Herb Adderley	4	4	5	6	10	15	60	
73	Willie Davis DE	4	4	5	6	10	40	80	
74	Boyd Dowler	4	4	5	6	10	15	25	80
75	Forrest Gregg	4	4	5	12	15	30	125	
76	Paul Hornung	5	6	20	30	40	80	100	200
77	Hank Jordan	4	4	5	6	40	50	60	
78	Tom Moore	4	4	5	5	8	12	40	80
79	Ray Nitschke	4	5	12	15	20	80	125	
80	Elijah Pitts RC	4	4	5	6	10	30	100	125
81	Bart Starr	▲25	▲30	▲40	▲50	▲60	125	300	600
82	Jim Taylor	4	5	20	25	30	40	125	300
83	Willie Wood	4	4	5	40	50	60	80	150
84	Packers Play/Lombardi	4	5	6	50	60	80	100	150
85	Los Angeles Rams Team	4	4	5	5	8	12	20	80
86	Dick Bass	4	4	5	5	8	12	20	80
87	Roman Gabriel	4	4	5	6	10	15	60	150
88	Roosevelt Grier	4	4	5	6	10	15	30	80
89	Deacon Jones	4	4	5	40	50	80	150	
90	Lamar Lundy RC	4	4	5	6	10	15	30	80
91	Marlin McKeever	4	4	5	5	8	12	20	50
92	Ed Meador	4	4	5	5	8	12	20	80
93	Bill Munson RC	4	4	5	6	10	15	20	80
94	Merlin Olsen	4	4	5	20	25	30	80	120
95	Bobby Smith	4	4	5	5	8	12	20	50
96	Frank Varrichione	4	4	5	5	8	12	20	50
97	Ben Wilson	4	4	5	5	8	12	20	80
98	Los Angeles Rams Play	4	4	5	5	8	12	20	
99	Minnesota Vikings Team	4	4	5	5	8	12	20	
100	Grady Alderman	4	4	5	5	8	12	20	60
101	Hal Bedsole RC	4	4	5	5	8	12	20	50

#	Player	GD 2	VG 3	VgEx 4	EX 5	ExMt 6	NM 7	NmMt 8	MT 9
102	Bill Brown	4	4	5	5	8	12	20	80
103	Bill Butler	4	4	5	5	8	12	20	80
104	Fred Cox RC	4	4	5	5	8	12	20	100
105	Carl Eller RC	12	15	40	60	80	100	200	400
106	Paul Flatley	4	4	5	5	8	12	20	50
107	Jim Marshall	4	4	12	15	20	25	50	
108	Tommy Mason	4	4	5	5	8	12	20	125
109	George Rose	4	4	5	5	8	12	20	80
110	Fran Tarkenton	4	5	30	40	50	60	150	
111	Mick Tingelhoff	4	4	5	5	8	12	20	
112	Vikings Play/Van Brock.	4	4	5	6	10	15	60	
113	New York Giants Team	4	4	5	5	8	12	20	
114	Erich Barnes	4	4	5	5	8	15	150	
115	Roosevelt Brown	4	4	5	6	10	15	40	
116	Clarence Childs	4	4	5	5	8	12	20	50
117	Jerry Hillebrand	4	4	5	5	8	12	20	
118	Greg Larson RC	4	4	5	5	8	12	20	60
119	Dick Lynch	4	4	5	5	8	12	20	80
120	Joe Morrison RC	4	4	5	6	10	15	25	60
121	Lou Slaby	4	4	5	5	8	12	20	80
122	Aaron Thomas RC	4	4	5	5	8	12	20	
123	Steve Thurlow	4	4	5	5	8	12	20	
124	Ernie Wheelwright RC	4	4	5	5	8	12	20	80
125	Gary Wood RC	4	4	5	5	8	12	20	80
126	New York Giants Play	4	4	5	5	8	12	20	
127	Philadelphia Eagles Team	4	4	5	5	8	15	40	
128	Sam Baker	4	4	5	5	8	15	120	
129	Maxie Baughan	4	4	5	5	8	12	20	80
130	Timmy Brown	4	4	5	5	8	12	20	80
131	Jack Concannon RC	4	4	5	5	8	12	20	50
132	Irv Cross	4	4	5	5	8	12	20	
133	Earl Gros	4	4	5	5	8	12	20	50
134	Dave Lloyd	4	4	5	5	8	12	20	
135	Floyd Peters RC	4	4	5	5	8	12	20	80
136	Nate Ramsey	4	4	5	5	8	12	20	80
137	Pete Retzlaff	4	4	5	5	8	12	20	80
138	Jim Ringo	4	4	5	6	10	15	40	
139	Norm Snead	4	4	5	6	10	15	40	60
140	Philadelphia Eagles Play	4	4	5	5	8	12	20	
141	Pittsburgh Steelers Team	4	4	5	5	8	12	40	80
142	John Baker	4	4	5	5	8	12	20	
143	Gary Ballman	4	4	5	5	8	12	20	80
144	Charley Bradshaw	4	4	5	5	8	12	20	80
145	Ed Brown	4	4	5	5	8	12	20	
146	Dick Haley	4	4	5	5	8	15	80	120
147	John Henry Johnson	4	4	5	6	10	15	40	
148	Brady Keys	4	4	5	5	8	12	20	50
149	Ray Lemek	4	4	5	5	8	12	20	80
150	Ben McGee	4	4	5	5	8	12	20	50
151	Clarence Peaks UER	4	4	5	5	8	12	20	50
152	Myron Pottios	4	4	5	5	8	12	20	80
153	Clendon Thomas	4	4	5	5	8	12	20	50
154	Pittsburgh Steelers Play	4	4	5	5	8	12	20	
155	St. Louis Cardinals Team	4	4	5	5	8	12	20	
156	Jim Bakken RC	4	4	5	5	8	15	50	100
157	Joe Childress	4	4	5	5	8	12	20	
158	Bobby Joe Conrad	4	4	5	5	8	12	20	
159	Bob DeMarco	4	4	5	5	8	12	20	80
160	Pat Fischer RC	4	4	5	6	10	15	50	
161	Irv Goode	4	4	5	5	8	12	15	60
162	Ken Gray	4	4	5	5	8	12	20	80
163	Charlie Johnson	4	4	5	5	8	12	20	60
164	Bill Koman	4	4	5	5	8	12	20	
165	Dale Meinert	4	4	5	5	8	12	20	60
166	Jerry Stovall RC	4	4	5	5	8	12	20	80
167	Abe Woodson	4	4	5	5	8	12	20	60
168	St. Louis Cardinals Play	4	4	5	5	8	12	20	
169	San Francisco 49ers Team	4	4	5	5	8	12	30	80
170	Kermit Alexander	4	4	5	5	8	12	20	80
171	John Brodie	4	4	5	6	10	40	50	150
172	Bernie Casey	4	4	5	5	8	12	20	
173	John David Crow	4	4	5	5	8	12	20	60
174	Tommy Davis	4	4	5	5	8	12	20	80
175	Matt Hazeltine	4	4	5	5	8	12	20	80
176	Jim Johnson	4	4	5	6	10	15	30	100
177	Charlie Krueger RC	4	4	5	5	8	12	20	80
178	Roland Lakes	4	4	5	5	8	12	20	60
179	George Mira RC	4	4	5	5	8	12	20	
180	Dave Parks RC	4	4	5	5	8	12	20	80

#	Player	GD 2	VG 3	VgEx 4	EX 5	ExMt 6	NM 7	NmMt 8	MT 9
181	John Thomas RC	4	4	5	5	8	12	20	80
182	49ers Play/Christiansen	4	4	5	5	8	12	20	80
183	Washington Redskins Team	4	4	5	5	8	12	20	80
184	Pervis Atkins	4	4	5	5	8	12	20	
185	Preston Carpenter	4	4	5	5	8	12	20	80
186	Angelo Coia	4	4	5	5	8	12	20	80
187	Sam Huff	4	4	5	6	10	40	60	125
188	Sonny Jurgensen	4	4	5	6	10	40	80	
189	Paul Krause RC	6	6	60	80	125	150	300	1,500
190	Jim Martin	4	4	5	5	8	12	20	
191	Bobby Mitchell	4	4	5	6	10	15	30	80
192	John Nisby	4	4	5	5	8	12	20	
193	John Paluck	4	4	5	5	8	12	20	80
194	Vince Promuto	4	4	5	5	8	12	20	80
195	Charley Taylor RC	6	▲40	▲50	▲60	▲80	100	400	800
196	Washington Redskins Play	4	4	5	5	8	15	40	
197	Checklist 1	4	5	6	10	15	30	60	150
198	Checklist 2	6	8	10	15	30	60	150	

— Raymond Berry #2 PSA 9 (MT) sold for $488 (eBay; 1/08)
— Carl Eller #105 PSA 10 (Gem Mt) sold for $8,284 (Mile High; 6/10)
— Deacon Jones #89 PSA 9 (MT) sold for $465 (eBay; 6/06)
— Tommy Mason #108 PSA 10 (Gem) sold for $795 (eBay; 2/07)
— Ray Nitschke #79 PSA 9 (MT) sold for $525 (eBay; 1/08)
— Fran Tarkenton #110 PSA 9 (MT) sold for $1,228 (eBay; 9/09)
— Fran Tarkenton #110 PSA 9 (Mint) sold for $420 (Bussineau; 4/12)
— Charley Taylor #195 PSA 10 (Gem Mt) sold for $8,284 (Mile High; 10/09)
— Paul Warfield #41 PSA 10 (Gem Mt) sold for $11,027 (Mile High; 6/10)

1965 Topps

#	Player	GD 2	VG 3	VgEx 4	EX 5	ExMt 6	NM 7	NmMt 8	MT 9
1	Tommy Addison SP	6	8	10	30	40	80	500	
2	Houston Antwine SP	12	15	50	80	100	300	400	
3	Nick Buoniconti SP	6	8	25	60	80	150	500	
4	Ron Burton SP	6	8	10	15	25	80	400	
5	Gino Cappelletti SP	6	8	10	40	60	125	200	
6	Jim Colclough	5	5	6	25	80	300		
7	Bob Dee SP	5	6	8	12	20	40	60	
8	Larry Eisenhauer	5	5	6	8	50	60	80	
9	J.D. Garrett	5	5	6	8	15	80	60	
10	Larry Garron	5	5	6	8	25	125	200	
11	Art Graham SP	5	5	6	12	20	100	100	
12	Ron Hall DB	5	5	6	8	20	50	125	250
13	Charles Long	5	5	6	8	15	25	50	
14	Jon Morris RC	5	5	6	25	30	40	250	
15	Billy Neighbors SP	5	6	8	12	50	60	200	
16	Ross O'Hanley	5	5	6	12	20	40	100	
17	Babe Parilli SP	6	8	10	15	60	150	350	
18	Tony Romeo SP	5	6	8	12	25	40	100	
19	Jack Rudolph SP	5	6	8	12	40	100	125	
20	Bob Schmidt	5	5	6	8	40	50	150	
21	Don Webb SP	5	6	8	12	20	60	▲150	
22	Jim Whalen SP	5	6	8	12	40	60	150	
23	Stew Barber	5	5	6	8	25	250	400	
24	Glenn Bass SP	5	6	20	25	30	40	60	
25	Al Bemiller SP	5	6	8	12	30	80	100	
26	Wray Carlton SP	5	6	8	12	30	60	100	
27	Tom Day	5	5	6	40	50	150	300	
28	Elbert Dubenion SP	5	6	8	12	20	100	200	
29	Jim Dunaway	5	5	6	8	15	150	200	
30	Pete Gogolak SP RC	6	8	▲80	▲100	▲125	▲200	▲250	
31	Dick Hudson SP	5	6	8	12	60	▼80	200	
32	Harry Jacobs SP	5	6	8	12	40	50	▼60	
33	Billy Joe SP	5	6	8	12	125	150	400	
34	Tom Keating SP RC	5	6	8	12	20	150	250	
35	Jack Kemp SP	20	25	40	80	125	150	400	
36	Daryle Lamonica SP	8	10	40	50	80	125	600	
37	Paul Maguire SP	6	8	10	15	80	100	200	
38	Ron McDole SP RC	5	6	8	12	20	30	100	
39	George Saimes SP	5	6	8	12	50	150	250	
40	Tom Sestak SP	5	6	8	12	40	▼60	▼80	
41	Billy Shaw SP	6	8	10	15	60	150	▲500	
42	Mike Stratton SP	5	6	8	12	20	150	300	400
43	John Tracey SP	5	6	8	12	20	▼80	▼250	
44	Ernie Warlick	5	5	6	8	20	50	125	300
45	Odell Barry	5	5	6	8	50	200		
46	Willie Brown SP RC	20	50	100	125	250	600	800	
47	Gerry Bussell SP	5	6	8	12	20	30	100	
48	Eldon Danenhauer SP	5	6	8	12	20	50	60	

#	Player	GD 2	VG 3	VgEx 4	EX 5	ExMt 6	NM 7	NmMt 8	MT 9
49	Al Denson SP	5	6	8	12	80	250	500	
50	Hewitt Dixon SP RC	5	6	8	12	50	60	250	
51	Cookie Gilchrist SP	6	8	10	15	80	100	125	
52	Goose Gonsoulin SP	5	6	8	12	20	30	125	
53	Abner Haynes SP	6	8	20	25	40	50	100	
54	Jerry Hopkins	5	5	6	8	50	200	250	
55	Ray Jacobs SP	5	6	8	12	20	125	150	
56	Jacky Lee SP	5	6	8	20	60	▼100	250	
57	John McCormick QB	5	6	8	8	15	50	125	
58	Bob McCullough SP	5	6	8	12	20	30	120	
59	John McGeever	5	15	20	25	30	60	80	
60	Charlie Mitchell SP	5	6	8	12	20	40	50	
61	Jim Perkins SP	5	6	8	12	20	40	100	
62	Bob Scarpitto SP	5	6	8	12	20	50	100	
63	Mickey Slaughter SP	5	6	8	12	20	100	125	
64	Jerry Sturm SP	5	6	20	25	30	60	200	
65	Lionel Taylor SP	6	8	10	15	40	50	200	300
66	Scott Appleton SP	5	6	8	12	20	30	80	300
67	Johnny Baker SP	5	6	8	12	30	40	200	
68	Sonny Bishop SP	5	6	8	12	20	30	80	
69	George Blanda SP	15	40	▼50	▼60	▼80	▼100	400	
70	Sid Blanks SP	5	6	8	15	30	100	125	
71	Ode Burrell SP	5	6	8	15	20	50	80	
72	Doug Cline SP	5	6	8	12	20	25	40	250
73	Willard Dewveall	5	5	6	8	15	50	80	300
74	Larry Elkins RC	5	5	6	8	15	125	150	
75	Don Floyd SP	5	6	8	12	20	30	60	
76	Freddy Glick	5	5	6	8	15	25	200	
77	Tom Goode SP	5	6	8	12	20	40	125	
78	Charlie Hennigan SP	6	8	10	15	25	50	100	
79	Ed Husmann	5	5	6	8	15	30	100	
80	Bobby Jancik SP	5	6	8	12	20	▲50	80	
81	Bud McFadin SP	5	6	20	25	30	50	▲200	
82	Bob McLeod SP	5	6	8	12	20	50	80	400
83	Jim Norton SP	5	6	8	12	20	30	400	
84	Walt Suggs	5	5	6	8	50	150	800	
85	Bob Talamini	5	5	6	8	15	25	50	
86	Charley Tolar SP	5	6	8	12	20	50	150	250
87	Checklist SP	20	25	150	200	250	400	500	
88	Don Trull SP	5	6	8	12	20	200	250	
89	Fred Arbanas SP	5	6	8	25	50	100	120	
90	Pete Beathard SP RC	5	25	30	40	50	80	300	
91	Bobby Bell SP	6	8	10	30	100	125	200	
92	Mel Branch SP	5	6	8	12	15	60	80	
93	Tommy Brooker SP	5	6	8	12	20	125	200	
94	Buck Buchanan SP	6	8	10	30	80	120		
95	Ed Budde SP	5	6	8	12	40	60	60	
96	Chris Burford SP	5	6	8	12	25	60	150	
97	Walt Corey	5	5	6	15	20	25	150	
98	Jerry Cornelison	5	5	6	8	15	25	100	200
99	Len Dawson SP	30	60	80	100	150	▲300	500	
100	Jon Gilliam SP	5	6	8	12	20	50	100	
101	Sherrill Headrick SP	5	6	8	20	40	50	200	
102	Dave Hill SP	5	6	8	20	30	100	60	
103	E.J. Holub SP	5	6	8	12	20	50	150	
104	Bobby Hunt SP	5	6	8	12	30	80	150	
105	Frank Jackson SP	5	6	8	12	30	100	300	
106	Jerry Mays	5	5	6	8	15	40	100	
107	Curtis McClinton SP	5	6	8	12	30	80	150	
108	Bobby Ply SP	5	6	8	12	15	30	60	
109	Johnny Robinson SP	5	▲50	▲60	▲80	▲100	▲125	▲150	
110	Jim Tyrer SP	5	6	8	12	40	100	150	400
111	Bill Baird SP	5	6	8	12	30	80	200	
112	Ralph Baker SP RC	5	6	8	12	20	30	100	400
113	Sam DeLuca SP	5	6	8	15	20	50	125	
114	Larry Grantham SP	5	6	8	12	20	50	80	
115	Gene Heeter SP	5	6	8	12	20	30	100	
116	Winston Hill SP RC	6	8	▲125	▲150	250	500	800	
117	John Huarte SP	6	8	25	30	60	150	250	
118	Cosmo Iacavazzi SP	6	8	40	50	60	80	200	
119	Curley Johnson SP	5	6	8	12	20	50	150	
120	Dee Mackey	25	30	40	50	60	80	125	300
121	Don Maynard	8	50	60	80	▼125	▼150	▼200	
122	Joe Namath SP RC	2,500	3,000	4,000	6,000	8,000	12,000	60,000	
123	Dainard Paulson	5	5	6	8	30	40	80	
124	Gerry Philbin SP	5	6	8	12	40	80	150	
125	Sherman Plunkett SP RC	5	6	8	30	40	100	▲200	
126	Mark Smolinski	5	6	8	15	30	100	300	
127	Matt Snell SP	6	8	20	25	30	60	150	600

#	Player	GD 2	VG 3	VgEx 4	EX 5	ExMt 6	NM 7	NmMt 8	MT 9
128	Mike Taliaferro SP	5	6	8	20	30	40	60	350
129	Bake Turner SP	5	6	8	12	60	80	150	
130	Clyde Washington SP	5	6	8	20	40	80	150	
131	Verlon Biggs SP RC	5	6	20	25	30	60	100	
132	Dalva Allen	5	5	6	25	30	200	250	
133	Fred Biletnikoff SP RC	250	300	400	500	600	1,200	1,500	10,000
134	Billy Cannon SP	6	8	10	▲30	▲40	100	250	
135	Dave Costa SP	5	6	8	20	25	100	800	
136	Clem Daniels SP	5	6	100	150	200	300	400	
137	Ben Davidson SP RC	10	▲30	40	80	100	125	400	
138	Cotton Davidson SP	5	6	8	12	50	200	400	
139	Tom Flores SP	6	8	10	25	60	100	125	
140	Claude Gibson	5	5	6	8	30	40	200	
141	Wayne Hawkins	5	6	8	12	35	200	300	
142	Archie Matsos SP	5	6	8	12	20	100	125	
143	Mike Mercer SP	5	6	8	12	30	80	150	
144	Bob Mischak SP	5	6	8	12	40	100	150	
145	Jim Otto	12	15	25	▼60	▼80	▼100	400	
146	Art Powell	5	15	20	40	50	150	120	
147	Warren Powers DB SP	5	6	8	12	20	100	250	
148	Ken Rice SP	5	6	8	12	40	100	175	
149	Bo Roberson SP	5	6	8	12	50	100	200	
150	Harry Schuh RC	5	6	8	15	20	100	200	
151	Larry Todd SP	5	6	8	12	25	80	100	350
152	Fred Williamson SP	6	8	10	15	40	150	120	
153	J.R. Williamson	5	5	6	8	40	80	100	
154	Chuck Allen	5	5	6	8	20	40	60	
155	Lance Alworth	▲25	▲30	▲60	80	125	200	400	
156	Frank Buncom	5	5	6	8	25	40	100	
157	Steve DeLong SP RC	5	6	8	12	25	40	100	
158	Earl Faison SP	5	6	8	15	50	80	150	
159	Kenny Graham SP	5	6	8	20	30	40	80	
160	George Gross SP	5	60	80	100	125	150	200	
161	John Hadl SP	6	8	12	50	60	100	200	
162	Emil Karas SP	5	6	8	12	20	60	80	
163	Dave Kocourek SP	5	6	8	12	20	40	150	
164	Ernie Ladd SP	6	8	50	60	80	150	250	
165	Keith Lincoln SP	6	8	10	25	30	100	100	
166	Paul Lowe SP	6	8	10	15	25	80	100	
167	Jacque MacKinnon	5	5	6	8	20	150	50	
168	Ron Mix	6	8	10	15	40	60	200	
169	Don Norton SP	5	6	8	12	20	40	80	
170	Bob Petrich	5	5	6	8	15	40	80	
171	Rick Redman SP	5	6	8	12	20	50	100	250
172	Pat Shea	5	5	6	8	15	40	60	
173	Walt Sweeney SP RC	5	6	8	12	80	100	150	
174	Dick Westmoreland RC	5	5	6	30	50	80	500	
175	Ernie Wright SP	6	8	10	15	25	80	150	
176	Checklist SP	60	80	125	150	150	600	800	

— Tommy Addison #1 PSA 9 (MT) sold for $1,735 (Memory Lane; 4/07)
— Willie Brown #46 PSA 9 (MT) sold for $3215 (eBay; 11/14)
— Checklist #87 PSA 9 (MT) sold for $1,485 (Mile High; 3/09)
— Clem Daniels #136 PSA 9 (MT) sold for $2,555 (eBay; 11/08)
— Sam DeLuca SP #113 PSA 9 (Mint) sold for $500.89 (eBay; 8/12)
— Tom Keating SP RC #34 PSA 9 (Mint) sold for $1042 (eBay; 8/12)
— Joe Namath #122 PSA 8.5 (NmMT+) sold for $15,000 (eBay; 1/14)
— Billy Shaw #41 PSA 9 (MT) sold for $1,004 (eBay; 10/08)
— Jim Whalen SP #22 PSA 9 (Mint) sold for $414.89 (eBay; 8/12)

1966 Philadelphia

#	Player	GD 2	VG 3	VgEx 4	EX 5	ExMt 6	NM 7	NmMt 8	MT 9
1	Atlanta Falcons Logo	4	6	10	15	20	60	80	
2	Larry Benz	4	5	5	5	12	30		
3	Dennis Claridge	4	5	5	5	8	15	50	
4	Perry Lee Dunn	4	5	5	5	8	15	50	
5	Dan Grimm	4	5	5	5	8	15	50	
6	Alex Hawkins	4	5	5	5	8	15	40	
7	Ralph Heck	4	5	5	5	8	15	50	
8	Frank Lasky	4	5	5	5	8	15	50	
9	Guy Reese	4	5	5	5	8	15	50	
10	Bob Richards	4	5	5	5	8	15	50	
11	Ron Smith RC	4	5	5	5	8	15	50	
12	Ernie Wheelwright	4	5	5	5	8	15	30	
13	Atlanta Falcons Roster	4	5	5	5	8	15	50	
14	Baltimore Colts Team	4	5	5	5	8	15	50	
15	Raymond Berry	4	5	5	5	6	10	40	50	200
16	Bob Boyd DB	4	5	5	5	8	12	50	60
17	Jerry Logan	4	5	5	5	8	12	50	80

#	Player	GD 2	VG 3	VgEx 4	EX 5	ExMt 6	NM 7	NmMt 8	MT 9
18	John Mackey	4	5	5	30	40	50	125	
19	Tom Matte	4	5	5	5	8	15	60	
20	Lou Michaels	4	5	5	5	8	15	50	
21	Lenny Moore	4	5	5	6	12	20	50	
22	Jimmy Orr	4	5	5	5	8	15	50	
23	Jim Parker	4	5	5	5	8	15	50	
24	Johnny Unitas	12	15	50	60	100	300	400	
25	Bob Vogel	4	5	5	5	8	15	50	
26	Colts Play/Moore/Parker	4	5	5	5	8	15	50	
27	Chicago Bears Team	4	5	5	5	8	12	25	80
28	Doug Atkins	4	5	5	5	8	15	50	
29	Rudy Bukich	4	5	5	5	8	15	50	
30	Ronnie Bull	4	5	5	5	8	15	50	
31	Dick Butkus RC	300	400	450	500	800	1,500	5,000	
32	Mike Ditka	8	20	30	50	80	100	200	400
33	Joe Fortunato	4	5	5	5	8	15	50	
34	Bobby Joe Green	4	5	5	5	8	15	50	
35	Roger LeClerc	4	5	5	5	10	25	100	
36	Johnny Morris	4	5	5	5	8	15	50	
37	Mike Pyle	4	5	5	5	8	15	50	
38	Gale Sayers RC	100	150	250	400	600	1,200	3,000	25,000
39	Bears Play/G.Sayers	8	10	25	30	40	200	300	300
40	Cleveland Browns Team	4	5	5	5	8	15	80	
41	Jim Brown	100	120	150	200	300	600	2,500	5,000
42	Gary Collins	4	5	5	5	8	15	50	
43	Ross Fichtner	4	5	5	5	8	15	60	
44	Ernie Green	4	5	5	5	8	15	50	80
45	Gene Hickerson RC	8	10	30	40	50	60	200	
46	Jim Houston	4	5	5	5	8	15	50	
47	John Morrow	4	5	5	5	8	15	50	100
48	Walter Roberts	4	5	5	5	8	15	50	
49	Frank Ryan	4	5	5	5	8	15	50	
50	Dick Schafrath	4	5	5	5	8	15	50	
51	Paul Wiggin RC	4	5	5	5	8	12	25	100
52	Cleveland Browns Play	4	5	5	5	8	15	50	
53	Dallas Cowboys Team	4	5	5	5	8	15	100	
54	George Andrie RC	4	5	5	6	10	20	120	
55	Frank Clarke	4	5	5	5	8	15	50	
56	Mike Connelly	4	5	5	5	8	15	50	
57	Cornell Green	4	5	5	5	15	40		
58	Bob Hayes RC	60	100	150	200	300	600	1,200	
59	Chuck Howley RC	6	8	100	▲200	▲250	▲400	800	1,500
60	Bob Lilly	5	6	10	20	25	30	100	
61	Don Meredith	6	▲30	▲40	▲50	▲60	80	200	
62	Don Perkins	4	5	5	5	8	15	50	
63	Mel Renfro	5	6	25	30	40	60	100	
64	Danny Villanueva	4	5	5	5	8	15	50	
65	Dallas Cowboys Play	4	5	5	5	8	12	25	80
66	Detroit Lions Team	4	5	5	5	8	15	50	
67	Roger Brown	4	5	5	5	8	15	50	
68	John Gordy	4	5	5	5	15	40		
69	Alex Karras	5	6	30	40	50	60	80	200
70	Dick LeBeau	4	5	5	25	30	40	200	
71	Amos Marsh	4	5	5	5	8	15	50	
72	Milt Plum	4	5	5	5	8	12	25	80
73	Bobby Smith	4	5	5	5	8	15	50	
74	Wayne Rasmussen	4	5	5	5	8	15	50	
75	Pat Studstill	4	5	5	5	8	15	50	
76	Wayne Walker	4	5	5	5	8	15	30	
77	Tom Watkins	4	5	5	5	8	15	30	
78	Detroit Lions Play	4	5	5	5	8	15	30	
79	Green Bay Packers Team	4	5	5	25	80	100	125	
80	Herb Adderley	4	5	10	15	25	30	60	300
81	Lee Roy Caffey RC	4	5	5	5	8	15	60	
82	Don Chandler	4	5	5	5	8	15	80	
83	Willie Davis DE	4	5	5	10	12	50	60	
84	Boyd Dowler	4	5	5	5	8	20	50	
85	Forrest Gregg	4	5	5	5	8	15	50	
86	Tom Moore	4	5	5	5	8	15	50	
87	Ray Nitschke	5	6	6	8	100	125	200	
88	Bart Starr	30	40	50	60	80	100	300	800
89	Jim Taylor	5	6	6	▲30	▲40	50	100	
90	Willie Wood	4	5	5	20	25	40	50	
91	Green Bay Packers Play	4	5	5	5	8	20	50	
92	Los Angeles Rams Team	4	5	5	5	8	15	50	
93	Willie Brown WR	4	5	5	5	8	15	50	
94	R.Gabriel/D.Bass	4	5	5	5	8	15	50	
95	Bruce Gossett RC	4	5	5	5	8	15	50	
96	Deacon Jones	4	5	5	25	30	40	60	100

#	Player	GD 2	VG 3	VgEx 4	EX 5	ExMt 6	NM 7	NmMt 8	MT 9
97	Tommy McDonald	4	5	5	5	8	25	30	200
98	Marlin McKeever	4	5	5	5	8	15	50	
99	Aaron Martin	4	5	5	5	8	15	50	
100	Ed Meador	4	5	5	5	8	15	50	
101	Bill Munson	4	5	5	5	8	12	25	80
102	Merlin Olsen	4	5	5	15	30	50	100	150
103	Jim Stiger	4	5	5	5	8	12	25	80
104	Rams Play/W.Brown	4	5	5	5	8	15	30	
105	Minnesota Vikings Team	4	5	5	5	8	15	50	
106	Grady Alderman	4	5	5	5	8	15	50	
107	Bill Brown	4	5	5	5	8	12	25	100
108	Fred Cox	4	5	5	5	8	15	60	
109	Paul Flatley	4	5	5	5	8	15	50	
110	Rip Hawkins	4	5	5	5	8	15	30	
111	Tommy Mason	4	5	5	5	15	40		
112	Ed Sharockman	4	5	5	5	8	15	50	
113	Gordon Smith	4	5	5	5	8	15	50	
114	Fran Tarkenton	6	20	30	40	50	125	300	
115	Mick Tingelhoff	4	5	5	5	8	15	120	
116	Bobby Walden RC	4	5	5	5	8	15	40	
117	Minnesota Vikings Play	4	5	5	5	8	15	50	
118	New York Giants Team	4	5	5	5	8	12	25	60
119	Roosevelt Brown	4	5	5	5	8	12	25	80
120	Henry Carr RC	4	5	5	6	12	30	80	
121	Clarence Childs	4	5	5	5	8	15	30	
122	Tucker Frederickson RC	4	5	5	5	8	15	50	
123	Jerry Hillebrand	4	5	5	5	8	15	50	
124	Greg Larson	4	5	5	5	8	15	50	
125	Spider Lockhart RC	4	5	5	5	8	15	60	
126	Dick Lynch	4	5	5	5	8	15	50	
127	E.Morrall/B.Scholtz	4	5	5	5	8	15	50	
128	Joe Morrison	4	5	5	5	8	15	50	
129	Steve Thurlow	4	5	5	5	8	15	60	
130	New York Giants Play	4	5	5	5	8	12	25	50
131	Philadelphia Eagles Team	4	5	5	5	8	12	25	80
132	Sam Baker	4	5	5	5	8	15	50	
133	Maxie Baughan	4	5	5	5	8	15	50	
134	Bob Brown OT RC	5	12	15	30	60	125	600	
135	Timmy Brown	4	5	5	5	8	15	50	
136	Irv Cross	4	5	5	5	15	60		
137	Earl Gros	4	5	5	5	8	15	50	
138	Ray Poage	4	5	5	5	8	15	50	
139	Nate Ramsey	4	5	5	5	8	15	50	
140	Pete Retzlaff	4	5	5	5	8	15	50	
141	Jim Ringo	4	5	5	5	8	15	50	
142	Norm Snead	4	5	5	5	8	15	50	
143	Philadelphia Eagles Play	4	5	5	5	8	15	60	
144	Pittsburgh Steelers Team	4	5	5	5	8	15	50	
145	Gary Ballman	4	5	5	5	8	15	50	
146	Jim Bradshaw	4	5	5	5	15	40		
147	Jim Butler	4	5	5	5	8	15	50	
148	Mike Clark	4	5	5	5	8	15	50	
149	Dick Hoak RC	4	5	5	5	8	15	50	
150	Roy Jefferson RC	4	5	5	5	8	15	50	
151	Frank Lambert	4	5	5	5	8	15	30	
152	Mike Lind	4	5	5	5	8	15	50	
153	Bill Nelsen RC	4	5	5	5	8	15	50	
154	Clarence Peaks	4	5	5	5	8	15	50	
155	Clendon Thomas	4	5	5	5	8	15	50	
156	Pittsburgh Steelers Play	4	5	5	5	8	15	50	
157	St. Louis Cardinals Team	4	5	5	5	8	15	50	
158	Jim Bakken	4	5	5	5	8	15	40	
159	Bobby Joe Conrad	4	5	5	5	8	15	40	80
160	Willis Crenshaw RC	4	5	5	5	8	15	50	
161	Bob DeMarco	4	5	5	5	8	15	50	
162	Pat Fischer	4	5	5	5	8	15	50	
163	Charlie Johnson	4	5	5	5	8	12	25	120
164	Dale Meinert	4	5	5	5	8	15	30	
165	Sonny Randle	4	5	5	5	8	15	50	
166	Sam Silas RC	4	5	5	5	8	15	30	
167	Bill Triplett	4	5	5	5	8	15	50	
168	Larry Wilson	4	5	5	5	8	15	50	
169	St. Louis Cardinals Play	4	5	5	5	8	15	50	
170	San Francisco 49ers Team	4	5	5	5	8	15	50	
171	Kermit Alexander	4	5	5	5	8	15	50	
172	Bruce Bosley	4	5	5	5	8	15	50	
173	John Brodie	4	5	15	20	25	30	150	
174	Bernie Casey	4	5	5	5	8	15	50	
175	John David Crow	4	5	5	5	8	12	25	

#	Player	GD 2	VG 3	VgEx 4	EX 5	ExMt 6	NM 7	NmMt 8	MT 9
176	Tommy Davis	4	5	5	5	8	15	50	
177	Jim Johnson	4	5	5	5	8	15	40	
178	Gary Lewis RC	4	5	5	5	8	15	50	
179	Dave Parks	4	5	5	5	8	15	50	
180	Walter Rock RC	4	5	5	5	8	15	50	
181	Ken Willard RC	4	5	5	5	8	15	50	
182	San Francisco 49ers Play	4	5	5	5	8	12	20	40
183	Washington Redskins Team	4	5	5	5	8	15	50	
184	Rickie Harris	4	5	5	5	8	40		
185	Sonny Jurgensen	4	5	5	6	30	50	80	
186	Paul Krause	4	5	5	15	40	60	100	
187	Bobby Mitchell	4	5	5	6	15	15	60	
188	Vince Promuto	4	5	5	5	8	15	80	
189	Pat Richter RC	4	5	5	5	7	15	50	
190	Joe Rutgens	4	5	5	5	8	15	50	
191	Johnny Sample	4	5	5	5	8	15	50	
192	Lonnie Sanders	4	5	5	5	8	15	50	
193	Jim Steffen	4	5	5	5	8	12	25	100
194	Charley Taylor	5	6	12	15	20	25	100	
195	Washington Redskins Play	4	5	5	5	8	15	50	
196	Referee Signals	4	5	5	5	8	15	50	
197	Checklist 1	6	8	8	10	15	100	150	800
198	Checklist 2 UER	6	8	10	12	30	80	250	

- George Andrie #54 PSA 9 (MT) sold for $925 (eBay; 8/06)
- Sam Baker #132 PSA 9 (MT) sold for $1,003 (eBay; 1/10)
- Baltimore Colts #14 PSA 10 (Gem Mt) sold for $1,195 (Mile High; 3/09)
- Bob Brown #134 PSA 9 (MT) sold for $1,619 (eBay; 6/13)
- Bob Hayes RC #58 PSA 9 (MT) sold for $4,003 (eBay; 12/14)
- Dick Butkus #31 PSA 9 (MT) sold for $11,166 (Goodwin; 5/08)
- Dick Butkus RC #31 SGC 9 (Mint) sold for $4716 (Memory Lane; 8/12)
- Dick Butkus #31 PSA 8.5 (NmMt+) sold for $1,655 (Mile High; 5/11)
- Dick Butkus #31 SGC 9 (Mint) sold for $4,075 (eBay; 11/13)
- Checklist 2 #198 PSA 9 (MT) sold for $3,058 (eBay; 8/13)
- Irv Cross #136 PSA 8 (NmMt) sold for $715 (eBay; 1/10)
- Dallas Cowboys #53 PSA 9 (MT) sold for $1,060 (eBay; 1/10)
- Bob Hayes #58 PSA 9 (MT) sold for $1,500 (eBay; 9/12)
- Gene Hickerson #45 PSA 9 (MT) sold for $1,580 (eBay; 3/07)
- Chuck Howley #59 PSA 9 (MT) sold for $1,855 (eBay; 8/06)
- Philadelphia Eagles Play #143 PSA 9 (Mint) sold for $801 (eBay; 7/12)
- Gale Sayers #38 GAI 8.5 (NmMt+) sold for $800 (eBay; 1/07)
- Norm Snead #142 PSA 10 (Gem Mt) sold for $1,063 (Andy Madec; 12/08)
- Fran Tarkenton #114 PSA 9 (MT) sold for $1,740 (Memory Lane; 4/07)
- Fran Tarkenton #114 PSA 9 (Mint) sold for $690 (Bussineau; 4/12)
- Johnny Unitas #24 PSA 9 (MT) sold for $1,030 (eBay; 9/06)

1966 Topps

#	Player	GD 2	VG 3	VgEx 4	EX 5	ExMt 6	NM 7	NmMt 8	MT 9
1	Tommy Addison	4	5	8	12	30	40	80	
2	Houston Antwine	4	5	5	8	12	50	60	
3	Nick Buoniconti	4	5	6	10	15	20	50	
4	Gino Cappelletti	4	5	5	8	12	30	40	150
5	Bob Dee	4	5	5	8	12	18	60	
6	Larry Garron	4	5	5	8	12	18	40	150
7	Art Graham	4	5	5	8	12	18	40	150
8	Ron Hall DB	4	5	5	8	12	30	40	
9	Charles Long	4	5	5	8	12	18	40	120
10	Jon Morris	4	5	5	8	12	20	40	
11	Don Oakes	4	5	5	8	12	18	40	
12	Babe Parilli	4	5	5	8	12	18	50	250
13	Don Webb	4	5	5	8	12	40	50	
14	Jim Whalen	4	5	5	8	50	60	100	
15	Funny Ring Checklist	125	150	200	250	300	500	1,000	
16	Stew Barber	4	5	5	8	12	18	40	120
17	Glenn Bass	4	5	5	8	12	18	40	120
18	Dave Behrman	4	5	5	8	12	18	40	120
19	Al Bemiller	4	5	5	8	12	40	100	120
20	Butch Byrd RC	4	5	5	30	40	50	60	250
21	Wray Carlton	4	5	5	8	12	18	80	
22	Tom Day	4	5	5	8	12	15	40	150
23	Elbert Dubenion	4	5	5	8	12	60	80	
24	Jim Dunaway	4	5	5	8	12	20	30	150
25	Dick Hudson	4	5	5	8	20	25	40	150
26	Jack Kemp	15	25	30	40	50	100	▼125	
27	Daryle Lamonica	5	6	8	20	25	30	50	
28	Tom Sestak	4	5	5	8	12	18	40	150
29	Billy Shaw	4	5	6	10	15	25	60	120
30	Mike Stratton	4	5	5	8	30	40	50	150
31	Eldon Danenhauer	4	5	5	8	12	18	40	150

#	Player	GD 2	VG 3	VgEx 4	EX 5	ExMt 6	NM 7	NmMt 8	MT 9
32	Cookie Gilchrist	4	5	5	10	15	40	50	
33	Goose Gonsoulin	4	5	5	8	12	18	40	
34	Wendell Hayes RC	4	5	6	10	15	20	40	200
35	Abner Haynes	4	5	5	10	15	20	40	150
36	Jerry Hopkins	4	5	5	8	12	18	40	
37	Ray Jacobs	4	5	5	8	12	18	50	
38	Charlie Janerette	4	5	5	8	12	18	40	150
39	Ray Kubala	4	5	5	8	12	30	40	200
40	John McCormick QB	4	5	5	8	15	125	150	
41	Leroy Moore	4	5	5	8	12	18	40	120
42	Bob Scarpitto	4	5	5	8	12	18	40	150
43	Mickey Slaughter	4	5	5	8	12	18	40	150
44	Jerry Sturm	4	5	5	8	20	25	60	
45	Lionel Taylor	4	5	6	20	25	30	50	
46	Scott Appleton	4	5	5	8	12	18	40	
47	Johnny Baker	4	5	5	20	25	18	40	
48	George Blanda	8	10	12	25	30	50	150	400
49	Sid Blanks	4	5	5	8	12	18	40	
50	Danny Brabham	4	5	5	8	12	18	40	
51	Ode Burrell	4	5	5	8	12	15	30	120
52	Gary Cutsinger	4	5	5	8	12	18	40	120
53	Larry Elkins	4	5	5	8	12	18	40	
54	Don Floyd	4	5	5	8	12	18	40	
55	Willie Frazier RC	4	5	5	8	12	18	40	
56	Freddy Glick	4	5	5	8	12	18	25	150
57	Charlie Hennigan	4	5	5	8	12	18	30	150
58	Bobby Jancik	4	5	5	8	10	12	25	
59	Rich Michael	4	5	5	8	12	18	40	
60	Don Trull	4	5	5	8	12	18	40	
61	Checklist 1	10	12	15	25	80	200	300	
62	Fred Arbanas	4	5	5	8	12	40	50	200
63	Pete Beathard	4	5	5	8	12	20	40	
64	Bobby Bell	4	5	6	25	30	40	50	400
65	Ed Budde	4	5	5	8	20	25	50	
66	Chris Burford	4	5	5	8	12	20	40	150
67	Len Dawson	10	20	25	60	80	150	200	
68	Jon Gilliam	4	5	5	8	12	18	30	250
69	Sherrill Headrick	4	5	5	8	12	18	40	150
70	E.J. Holub	4	5	5	8	30	40	50	150
71	Bobby Hunt	4	5	5	8	12	15	30	125
72	Curtis McClinton	4	5	5	8	12	40	50	125
73	Jerry Mays	4	5	5	8	12	18	40	150
74	Johnny Robinson	4	5	5	8	80	200	250	
75	Otis Taylor RC	5	6	20	25	30	125	200	350
76	Tom Erlandson	4	5	5	8	12	18	60	
77	Norm Evans RC	4	5	6	10	40	50	60	
78	Tom Goode	4	5	5	20	25	30	40	
79	Mike Hudock	4	5	5	8	12	18	40	200
80	Frank Jackson	4	5	5	8	20	25	60	
81	Billy Joe	4	5	5	8	12	25	35	
82	Dave Kocourek	4	5	5	8	12	50	60	
83	Bo Roberson	4	5	5	8	12	20	40	150
84	Jack Spikes	4	5	5	8	12	18	40	
85	Jim Warren RC	4	5	5	8	12	18	40	200
86	Willie West RC	4	5	5	8	12	18	40	
87	Dick Westmoreland	4	5	5	8	12	18	50	150
88	Eddie Wilson	4	5	5	8	12	18	40	
89	Dick Wood	4	5	5	8	12	50	60	
90	Verlon Biggs	4	5	5	8	12	18	40	120
91	Sam DeLuca	4	5	5	8	40	50	60	
92	Winston Hill	4	5	5	8	30	40	50	
93	Dee Mackey	4	5	5	8	12	18	50	
94	Bill Mathis	4	5	5	15	20	25	40	
95	Don Maynard	6	8	10	15	20	40	125	400
96	Joe Namath	125	200	250	400	500	1,000	2,500	2,200
97	Dainard Paulson	4	5	5	8	12	18	60	
98	Gerry Philbin	4	5	5	8	12	30	40	
99	Sherman Plunkett	4	5	5	8	12	18	40	200
100	Paul Rochester	4	5	5	8	12	20	80	200
101	George Sauer Jr. RC	4	5	6	10	▲30	40	▲50	
102	Matt Snell	4	5	6	15	20	50	60	
103	Jim Turner RC	4	5	5	8	12	50	100	150
104	Fred Biletnikoff	10	12	25	30	60	100	250	300
105	Bill Budness	4	5	5	8	12	18	50	60
106	Billy Cannon	4	5	6	20	25	30	50	
107	Clem Daniels	4	5	5	8	12	18	40	
108	Ben Davidson	4	5	6	10	25	40	100	
109	Cotton Davidson	4	5	5	8	12	30	80	100
110	Claude Gibson	4	5	5	8	30	40	150	

298 www.beckett.com/price-guide

#	Player	GD 2	VG 3	VgEx 4	EX 5	ExMt 6	NM 7	NmMt 8	MT 9
111	Wayne Hawkins	4	5	5	8	12	20	40	100
112	Ken Herock	4	5	5	8	25	30	50	
113	Bob Mischak	4	5	5	8	12	18	60	
114	Gus Otto	4	5	5	8	12	20	50	200
115	Jim Otto	15	20	25	40	50	60	80	▲400
116	Art Powell	4	5	6	10	40	50	80	200
117	Harry Schuh	4	5	5	8	12	20	40	
118	Chuck Allen	4	5	5	8	12	50	60	
119	Lance Alworth	10	▲25	▲30	▲40	80	100	600	
120	Frank Buncom	4	5	5	8	12	18	100	
121	Steve DeLong	4	5	5	8	12	18	40	
122	John Farris	4	5	5	20	25	30	40	
123	Kenny Graham	4	5	5	8	12	18	50	
124	Sam Gruneisen	4	5	5	20	25	30	40	
125	John Hadl	4	5	6	10	15	▲40	150	
126	Walt Sweeney	4	5	5	8	15	30	80	
127	Keith Lincoln	4	5	6	20	25	30	40	200
128	Ron Mix	4	5	5	10	15	20	40	
129	Don Norton	4	5	5	8	12	100	125	200
130	Pat Shea	4	5	5	8	12	30	40	
131	Ernie Wright	4	5	6	10	15	20	100	
132	Checklist 2	25	30	40	75	150	300		

— Tommy Addison #1 PSA 9 (MT) sold for $756 (Mile High; 11/10)
— Bobby Bell #64 PSA 10 (Gem Mt) sold for $1,242 (Mile High; 5/11)
— Fred Biletnikoff #104 PSA 9 (MT) sold for $2,545 (Memory Lane; 4/07)
— Ed Budde #65 PSA 9 (MT) sold for $700 (eBay; 6/11)
— Nick Buoniconti #3 PSA 9 (MT) sold for $425 (eBay; 1/06)
— Len Dawson #67 PSA 9 (MT) sold for $925 (eBay; 9/05)
— Kenny Graham #123 PSA 10 (Gem Mt) sold for $628 (Mile High; 5/11)
— Bobby Hunt #71 PSA 10 (Gem Mt) sold for $1,477 (Mastro; 2/07)
— Bobby Hunt #71 PSA 10 (Gem Mt) sold for $1,214 (eBay; 1/10)
— Don Maynard #95 PSA 10 (Gem Mt) sold for $1,640 (Mastro; 4/07)
— Don Maynard #95 PSA 9 (MT) sold for $795 (eBay; 3/05)
— Joe Namath #96 PSA 10 (Gem Mt) sold for $14,771 (Mile High; 11/10)
— Jim Otto #115 PSA 9 (MT) sold for $790 (eBay; 4/07)
— Willie West RC #86 PSA 10 (Gem Mint) sold for $570 (Bussineau; 7/12)

1967 Philadelphia

#	Player	GD 2	VG 3	VgEx 4	EX 5	ExMt 6	NM 7	NmMt 8	MT 9
1	Atlanta Falcons Team	4	5	5	6	30	40	▲400	
2	Junior Coffey RC	4	5	5	5	8	15	30	
3	Alex Hawkins	4	5	5	5	8	12	35	
4	Randy Johnson RC	4	5	5	5	8	12	35	80
5	Lou Kirouac	4	5	5	5	8	12	25	80
6	Billy Martin RC	4	5	5	5	8	12	35	80
7	Tommy Nobis RC	5	6	25	30	40	▲80	200	
8	Jerry Richardson RC	4	5	5	6	10	15	30	
9	Marion Rushing	4	5	5	5	8	12	25	80
10	Ron Smith	4	5	5	5	10	20		
11	Ernie Wheelwright	4	5	5	5	10	20		
12	Atlanta Falcons Logo	4	5	5	5	10	20		
13	Baltimore Colts Team	4	5	5	8	12	25	80	
14	Raymond Berry	4	5	6	8	20	25	60	
15	Bob Boyd DB	4	5	5	5	8	12	35	80
16	Ordell Braase RC	4	5	5	5	8	12	35	80
17	Alvin Haymond RC	4	5	5	5	8	12	35	250
18	Tony Lorick	4	5	5	5	8	12	35	
19	Lenny Lyles	4	5	5	5	8	15	50	
20	John Mackey	4	5	5	6	25	30	100	120
21	Tom Matte	4	5	5	5	10	25		
22	Lou Michaels	4	5	5	5	8	15	30	
23	Johnny Unitas	15	18	30	60	100	150	600	
24	Baltimore Colts Logo	4	5	5	5	10	20		
25	Chicago Bears Team	4	5	5	5	8	12	35	
26	Rudy Bukich	4	5	5	8	12	25	50	
27	Ronnie Bull	4	5	5	5	8	12	35	
28	Dick Butkus	15	18	50	80	100	150	500	
29	Mike Ditka	8	10	20	25	50	125	100	
30	Dick Gordon RC	4	5	5	5	8	12	40	80
31	Roger LeClerc	4	5	5	5	8	15	100	
32	Bennie McRae	4	5	5	5	8	12	25	
33	Richie Petitbon	4	5	5	5	8	12	30	80
34	Mike Pyle	4	5	5	5	8	12	40	80
35	Gale Sayers	15	30	60	80	150	200	600	1,200
36	Chicago Bears Logo	4	5	5	5	8	12	35	
37	Cleveland Browns Team	4	5	5	5	8	12	35	100
38	Johnny Brewer	4	5	5	5	8	12	35	80
39	Gary Collins	4	5	5	5	8	12		

#	Player	GD 2	VG 3	VgEx 4	EX 5	ExMt 6	NM 7	NmMt 8	MT 9
40	Ross Fichtner	4	5	5	5	8	15	25	
41	Ernie Green	4	5	5	5	8	12	40	
42	Gene Hickerson	4	5	5	5	8	15	100	
43	Leroy Kelly RC	15	18	20	25	35	150	800	
44	Frank Ryan	4	5	5	5	10	20		
45	Dick Schafrath	4	5	5	5	8	12	35	
46	Paul Warfield	4	5	20	25	30	40	60	300
47	John Wooten	4	5	5	6	10	50		
48	Cleveland Browns Logo	4	5	5	5	8	12	35	100
49	Dallas Cowboys Team	4	5	5	5	8	12	35	80
50	George Andrie	4	5	5	5	8	20	80	
51	Cornell Green	4	5	5	5	8	12	35	80
52	Bob Hayes	5	6	15	20	40	60	125	300
53	Chuck Howley	4	5	5	6	10	25	35	
54	Lee Roy Jordan RC	4	5	6	50	50	80	250	400
55	Bob Lilly	4	5	20	25	30	40	60	600
56	Dave Manders RC	4	5	5	5	8	15	200	
57	Don Meredith	6	8	10	20	60	80	▲300	
58	Dan Reeves RC	10	12	15	20	50	100	300	
59	Mel Renfro	4	5	6	10	60	80		
60	Dallas Cowboys Logo	4	5	5	5	8	12	35	100
61	Detroit Lions Team	4	5	5	5	8	15	30	
62	Roger Brown	4	5	5	5	8	12	35	
63	Gail Cogdill	4	5	5	5	8	12	35	250
64	John Gordy	4	5	5	5	8	12	35	
65	Ron Kramer	4	5	5	5	8	12	25	50
66	Dick LeBeau	4	5	5	5	8	12	35	80
67	Mike Lucci RC	4	5	5	6	10	15	35	125
68	Amos Marsh	4	5	5	5	8	12	30	
69	Tom Nowatzke	4	5	5	5	8	12	30	80
70	Pat Studstill	4	5	5	5	8	12	30	
71	Karl Sweetan	4	5	5	5	8	12	30	
72	Detroit Lions Logo	4	5	5	5	8	12	30	80
73	Green Bay Packers Team	4	5	5	6	12	20	500	
74	Herb Adderley	4	5	10	20	25	30	50	400
75	Lee Roy Caffey	4	5	5	5	8	12	80	
76	Willie Davis DE	4	5	5	10	15	50	60	200
77	Forrest Gregg	4	5	5	6	10	15	60	
78	Hank Jordan	4	5	5	6	10	15	35	350
79	Ray Nitschke	4	5	6	8	12	100	125	
80	Dave Robinson RC	12	15	30	40	100	125	150	500
81	Bob Skoronski	4	5	5	5	8	20	100	
82	Bart Starr	15	50	60	80	150	200	500	
83	Willie Wood	4	5	25	50	60	100	125	
84	Green Bay Packers Logo	4	5	5	5	8	12	30	
85	Los Angeles Rams Team	4	5	5	5	8	15	50	
86	Dick Bass	4	5	5	5	8	12	30	40
87	Maxie Baughan	4	5	5	5	8	15	30	
88	Roman Gabriel	4	5	5	6	10	15	25	100
89	Bruce Gossett	4	5	5	5	8	12	30	60
90	Deacon Jones	4	5	5	6	20	40	100	400
91	Tommy McDonald	4	5	5	6	10	15	35	200
92	Marlin McKeever	4	5	5	5	8	15	30	
93	Tom Moore	4	5	5	5	8	12	30	60
94	Merlin Olsen	4	5	5	6	10	40	50	
95	Clancy Williams	4	5	5	5	8	12	30	60
96	Los Angeles Rams Logo	4	5	5	5	8	12	30	80
97	Minnesota Vikings Team	4	5	5	5	8	12	30	80
98	Grady Alderman	4	5	5	5	8	15	30	
99	Bill Brown	4	5	5	5	8	15	30	
100	Fred Cox	4	5	5	5	8	15	30	
101	Paul Flatley	4	5	5	5	8	12	30	80
102	Dale Hackbart RC	4	5	5	5	8	12	30	80
103	Jim Marshall	4	5	5	6	10	15	25	100
104	Tommy Mason	4	5	5	5	8	15	30	
105	Milt Sunde RC	4	5	5	5	8	25		
106	Fran Tarkenton	5	6	30	40	50	80	100	350
107	Mick Tingelhoff	4	5	5	5	8	12	30	
108	Minnesota Vikings Logo	4	5	5	5	8	25		
109	New York Giants Team	4	5	5	5	8	12	30	80
110	Henry Carr	4	5	5	5	10	20		
111	Clarence Childs	4	5	5	5	8	12	30	
112	Allen Jacobs	4	5	5	5	8	15	50	
113	Homer Jones RC	4	5	5	5	8	12	30	80
114	Tom Kennedy	4	5	5	5	8	15	80	
115	Spider Lockhart	4	5	5	5	8	15	30	
116	Joe Morrison	4	5	5	5	8	12	25	80
117	Francis Peay	4	5	5	5	8	12	30	80
118	Jeff Smith LB	4	5	5	5	8	12	30	80

#	Player	GD 2	VG 3	VgEx 4	EX 5	ExMt 6	NM 7	NmMt 8	MT 9
119	Aaron Thomas	4	5	5	5	8	12	25	80
120	New York Giants Logo	4	5	5	5	8	12	40	
121	New Orleans Saints Logo	4	5	5	5	8	12	35	80
122	Charley Bradshaw	4	5	5	5	8	12	20	80
123	Paul Hornung	6	8	40	50	60	80	300	
124	Elbert Kimbrough	4	5	5	5	8	15	80	
125	Earl Leggett RC	4	5	5	5	8	15	30	
126	Obert Logan	4	5	5	5	8	15	30	
127	Riley Mattson	4	5	5	5	8	15	80	
128	John Morrow	4	5	5	5	8	12	30	
129	Bob Scholtz	4	5	5	5	8	12	40	80
130	Dave Whitsell RC	4	5	5	5	8	12	30	80
131	Gary Wood	4	5	5	5	8	12	20	80
132	NO Saints Roster ERR 121	4	5	5	5	8	12	30	
133	Philadelphia Eagles Team	4	5	5	5	8	12	30	80
134	Sam Baker	4	5	5	5	8	12	20	80
135	Bob Brown OT	4	5	5	6	10	20	60	
136	Timmy Brown	4	5	5	5	8	15	50	
137	Earl Gros	4	5	5	5	8	12	30	
138	Dave Lloyd	4	5	5	5	8	12	30	
139	Floyd Peters	4	5	5	5	8	12	30	
140	Pete Retzlaff	4	5	5	5	8	12	30	80
141	Joe Scarpati	4	5	5	5	8	12	30	
142	Norm Snead	4	5	5	5	8	12	35	120
143	Jim Skaggs	4	5	5	5	8	12	30	
144	Philadelphia Eagles Logo	4	5	5	5	8	15	200	
145	Pittsburgh Steelers Team	4	5	5	5	8	15	40	
146	Bill Asbury	4	5	5	5	8	12	30	
147	John Baker	4	5	5	5	8	15	30	
148	Gary Ballman	4	5	5	5	8	12	30	
149	Mike Clark	4	5	5	5	8	12	30	50
150	Riley Gunnels	4	5	5	5	8	15	50	
151	John Hilton	4	5	5	5	8	12	25	60
152	Roy Jefferson	4	5	5	5	8	15	30	
153	Brady Keys	4	5	5	5	8	15	30	
154	Ben McGee	4	5	5	5	8	12	30	
155	Bill Nelsen	4	5	5	5	8	12	30	
156	Pittsburgh Steelers Logo	4	5	5	5	8	15	30	
157	St. Louis Cardinals Team	4	5	5	5	8	12	30	
158	Jim Bakken	4	5	5	5	8	12	30	
159	Bobby Joe Conrad	4	5	5	5	8	15	30	
160	Ken Gray	4	5	5	5	8	15	30	
161	Charlie Johnson	4	5	5	5	8	12	30	
162	Joe Robb	4	5	5	5	8	15	30	
163	Johnny Roland RC	4	5	5	5	8	12	30	80
164	Roy Shivers	4	5	5	5	8	15	25	
165	Jackie Smith RC	6	25	40	50	60	100	250	
166	Jerry Stovall	4	5	5	5	8	12	30	
167	Larry Wilson	4	5	5	6	10	15	25	
168	St. Louis Cardinals Logo	4	5	5	5	8	15	30	80
169	San Francisco 49ers Team	4	5	5	5	8	15	30	
170	Kermit Alexander	4	5	5	5	8	12	30	
171	Bruce Bosley	4	5	5	5	8	12	30	
172	John Brodie	4	5	5	6	10	20	50	
173	Bernie Casey	4	5	5	5	8	15	30	
174	Tommy Davis	4	5	5	5	8	12	30	
175	Howard Mudd	4	5	5	6	10	20	100	
176	Dave Parks	4	5	5	5	8	15	30	
177	John Thomas	4	5	5	5	8	15	30	
178	Dave Wilcox RC	5	6	20	25	60	80	▼200	▼250
179	Ken Willard	4	5	5	5	8	15	30	
180	San Francisco 49ers Logo	4	5	5	5	8	12	30	
181	Washington Redskins Team	4	5	5	5	8	15	40	
182	Charlie Gogolak RC	4	5	5	5	8	12	25	
183	Chris Hanburger RC	5	6	15	50	80	125	300	
184	Len Hauss RC	4	5	5	5	8	15	50	
185	Sonny Jurgensen	4	5	5	6	10	15	125	175
186	Bobby Mitchell	4	5	5	6	10	20	30	100
187	Brig Owens	4	5	5	5	8	12	30	
188	Jim Shorter	4	5	5	5	8	15	35	
189	Jerry Smith RC	4	5	5	5	8	15	80	
190	Charley Taylor	4	5	10	12	15	30	80	
191	A.D. Whitfield	4	5	5	5	8	12	25	50
192	Washington Redskins Logo	4	5	5	5	8	15	50	
193	Browns Play/Leroy Kelly	4	5	5	6	10	15	30	
194	Giants Play/Joe Morrison	4	5	5	5	8	12	30	
195	Falcons Play/Wheelwright	4	5	5	5	8	12	25	
196	Referee Signals	4	5	5	5	6	10	35	
197	Checklist 1	6	8	10	12	15	20	35	80
198	Checklist 2	8	10	12	15	40	50	125	300

— Bob Lilly #55 PSA 10 (Gem) sold for $1,232 (eBay; 2/14)
— Raymond Berry #14 PSA 10 (Gem) sold for $1,140 (eBay; 2/07)
— Charley Bradshaw #122 PSA 10 (Gem) sold for $892 (Memory Lane; 5/08)
— Junior Coffey #2 PSA 10 (Gem) sold for $795 (eBay; 5/05)
— Willie Davis #76 PSA 10 (Gem) sold for $803 (eBay; 9/13)
— Chris Hanburger #183 PSA 9 (MT) sold for $4497 (eBay; 11/14)
— Hank Jordan #78 PSA 10 (Gem) sold for $818 (eBay; 8/13)
— Tommy Nobis #7 PSA 9 (MT) sold for $435 (eBay; 9/05)
— Merlin Olsen #94 PSA 9 (MT) sold for $365 (eBay; 1/06)
— Dan Reeves #58 PSA 9 (MT) sold for $1,465 (eBay; 2/07)
— Johnny Unitas #23 PSA 9 (Mint) sold for $2909.55 (Memory Lane; 5/12)
— Ken Willard #179 PSA 10 (Gem) sold for $2,544 (Memory Lane; 5/08)

1967 Topps

#	Player	GD 2	VG 3	VgEx 4	EX 5	ExMt 6	NM 7	NmMt 8	MT 9
1	John Huarte	4	5	5	25	30	40	80	200
2	Babe Parilli	4	5	5	5	8	15	100	
3	Gino Cappelletti	4	5	5	5	8	12	25	100
4	Larry Garron	4	5	5	5	8	12	25	80
5	Tommy Addison	4	5	5	5	8	12	25	80
6	Jon Morris	4	5	5	5	8	12	25	80
7	Houston Antwine	4	5	5	5	8	12	35	
8	Don Oakes	4	5	5	5	8	12	35	
9	Larry Eisenhauer	4	5	5	5	8	12	25	
10	Jim Hunt	4	5	5	5	8	12	35	
11	Jim Whalen	4	5	5	5	8	12	25	80
12	Art Graham	4	5	5	5	8	12	25	80
13	Nick Buoniconti	4	5	5	5	30	80	100	
14	Bob Dee	4	5	5	5	8	12	25	80
15	Keith Lincoln	4	5	5	5	8	15	30	100
16	Tom Flores	4	5	5	5	8	15	30	100
17	Art Powell	4	5	5	5	8	12	25	80
18	Stew Barber	4	5	5	5	8	12	25	80
19	Wray Carlton	4	5	5	5	8	12	35	
20	Elbert Dubenion	4	5	5	5	8	12	25	80
21	Jim Dunaway	4	5	5	5	8	12	25	
22	Dick Hudson	4	5	5	5	8	12	25	80
23	Harry Jacobs	4	5	5	5	8	12	35	
24	Jack Kemp	12	20	30	40	50	80	125	200
25	Ron McDole	4	5	5	5	8	12	25	50
26	George Saimes	4	5	5	5	8	12	25	100
27	Tom Sestak	4	5	5	5	8	12	35	
28	Billy Shaw	4	5	5	5	15	40	50	100
29	Mike Stratton	4	5	5	5	8	12	25	80
30	Nemiah Wilson RC	4	5	5	5	8	12	25	80
31	John McCormick QB	4	5	5	5	8	12	25	80
32	Rex Mirich	4	5	5	5	8	12	50	150
33	Dave Costa	4	5	5	5	8	12	25	80
34	Goose Gonsoulin	4	5	5	5	8	12	25	
35	Abner Haynes	4	5	5	5	8	12	50	80
36	Wendell Hayes	4	5	5	5	8	12	25	60
37	Archie Matsos	4	5	5	5	8	12	25	80
38	John Bramlett	4	5	5	5	8	12	25	
39	Jerry Sturm	4	5	5	5	8	12	30	40
40	Max Leetzow	4	5	5	5	8	12	25	80
41	Bob Scarpitto	4	5	5	5	8	12	25	80
42	Lionel Taylor	4	5	5	5	8	15	40	100
43	Al Denson	4	5	5	5	8	12	25	80
44	Miller Farr RC	4	5	5	5	8	12	25	60
45	Don Trull	4	5	5	5	8	12	20	
46	Jacky Lee	4	5	5	5	8	12	20	80
47	Bobby Jancik	4	5	5	5	8	12	25	80
48	Ode Burrell	4	5	5	5	8	12	30	
49	Larry Elkins	4	5	5	5	8	12	30	60
50	W.K. Hicks	4	5	5	5	8	12	25	
51	Sid Blanks	4	5	5	5	8	12	25	
52	Jim Norton	4	5	5	5	8	12	25	80
53	Bobby Maples RC	4	5	5	5	8	12	35	100
54	Bob Talamini	4	5	5	5	8	12	35	
55	Walt Suggs	4	5	5	5	8	12	25	80
56	Gary Cutsinger	4	5	5	5	8	12	25	80
57	Danny Brabham	4	5	5	5	8	12	35	80
58	Ernie Ladd	4	5	5	5	8	40	125	100
59	Checklist 1	6	8	10	12	25	100	125	
60	Pete Beathard	4	5	5	5	8	12	25	80
61	Len Dawson	6	30	40	50	60	125	350	400

#	Player	GD 2	VG 3	VgEx 4	EX 5	ExMt 6	NM 7	NmMt 8	MT 9
62	Bobby Hunt	4	5	5	5	8	12	25	80
63	Bert Coan	4	5	5	5	8	12	25	80
64	Curtis McClinton	4	5	5	5	8	12	25	80
65	Johnny Robinson	4	5	5	5	8	12	25	80
66	E.J. Holub	4	5	5	5	8	12	25	80
67	Jerry Mays	4	5	5	5	8	12	25	80
68	Jim Tyrer	4	5	5	5	8	12	35	
69	Bobby Bell	4	5	5	5	8	15	80	125
70	Fred Arbanas	4	5	5	5	8	12	35	
71	Buck Buchanan	4	5	5	5	8	15	50	150
72	Chris Burford	4	5	5	5	8	12	50	
73	Otis Taylor	4	5	5	5	8	15	200	250
74	Cookie Gilchrist	4	5	5	6	10	15	30	100
75	Earl Faison	4	5	5	5	8	12	50	80
76	George Wilson Jr.	4	5	5	5	8	12	30	150
77	Rick Norton	4	5	5	5	8	12	25	120
78	Frank Jackson	4	5	5	5	8	12	25	80
79	Joe Auer	4	5	5	5	8	12	40	
80	Willie West	4	5	5	5	8	12	25	80
81	Jim Warren	4	5	5	5	8	12	35	
82	Wahoo McDaniel RC	50	60	80	100	125	200	250	500
83	Ernie Park	4	5	5	5	8	12	25	80
84	Billy Neighbors	4	5	5	5	8	12	25	150
85	Norm Evans	4	5	5	5	8	12	40	120
86	Tom Nomina	4	5	5	5	8	12	30	100
87	Rich Zecher	4	5	5	5	8	12	25	100
88	Dave Kocourek	4	5	5	5	8	12	25	80
89	Bill Baird	4	5	5	5	8	12	25	80
90	Ralph Baker	4	5	5	5	8	12	25	80
91	Verlon Biggs	4	5	5	5	8	12	25	80
92	Sam DeLuca	4	5	5	5	8	12	25	80
93	Larry Grantham	4	5	5	5	8	12	25	100
94	Jim Harris	4	5	5	5	8	12	25	80
95	Winston Hill	4	5	5	5	8	12	25	
96	Bill Mathis	4	5	5	5	8	12	25	80
97	Don Maynard	4	10	12	15	20	25	50	
98	Joe Namath	60	80	100	125	250	300	500	800
99	Gerry Philbin	4	5	5	5	8	12	25	50
100	Paul Rochester	4	5	5	5	8	12	30	
101	George Sauer Jr.	4	5	5	5	8	12	30	120
102	Matt Snell	4	5	5	5	20	25	80	
103	Daryle Lamonica	4	5	20	25	40	60	200	150
104	Glenn Bass	4	5	5	5	8	12	25	80
105	Jim Otto	10	12	12	12	20	25	80	200
106	Fred Biletnikoff	6	20	25	30	40	80	125	500
107	Cotton Davidson	4	5	5	5	8	12	30	
108	Larry Todd	4	5	5	5	8	12	30	
109	Billy Cannon	4	5	5	5	25	30	80	
110	Clem Daniels	4	5	5	5	8	12	30	
111	Dave Grayson	4	5	5	5	8	12	25	80
112	Kent McCloughan RC	4	5	5	5	8	12	25	80
113	Bob Svihus	4	5	5	5	8	12	25	80
114	Ike Lassiter	4	5	5	5	8	12	25	80
115	Harry Schuh	4	5	5	5	8	12	25	80
116	Ben Davidson	4	5	5	20	40	50	60	200
117	Tom Day	4	5	5	5	8	12	30	
118	Scott Appleton	4	5	5	5	8	12	25	80
119	Steve Tensi RC	4	5	5	5	8	12	30	
120	John Hadl	4	5	5	5	8	15	50	300
121	Paul Lowe	4	5	5	5	8	12	25	125
122	Jim Allison	4	5	5	5	8	12	25	80
123	Lance Alworth	8	10	12	40	50	80	150	500
124	Jacque MacKinnon	4	5	5	5	8	12	25	80
125	Ron Mix	4	5	5	5	8	30	40	
126	Bob Petrich	4	5	5	5	8	12	25	80
127	Howard Kindig	4	5	5	5	8	12	25	100
128	Steve DeLong	4	5	5	5	8	12	25	80
129	Chuck Allen	4	5	5	5	8	12	35	
130	Frank Buncom	4	5	5	5	8	12	25	80
131	Speedy Duncan RC	4	5	6	8	80	300	400	500
132	Checklist 2	12	15	40	50	100	125	300	

- Don Maynard #97 PSA 10 (Gem Mt) sold for $1,206 (Mile High; 10/09)
- Wahoo McDaniel #82 PSA 9 (Mint) sold for $1,205 (eBay; 3/07)
- Wahoo McDaniel #82 PSA 10 (Gem) sold for $768 (Lelands; 6/13)
- Billy Neighbors #84 PSA 10 (Gem Mint) sold for $515.64 (eBay; 9/12)
- Larry Todd #108 PSA 10 (Gem Mint) sold for $912.5 (eBay; 5/12)

1968 Topps

#	Player	GD 2	VG 3	VgEx 4	EX 5	ExMt 6	NM 7	NmMt 8	MT 9
1	Bart Starr	30	40	60	80	125	200	600	1,200
2	Dick Bass	4	5	5	5	6	10	20	80
3	Grady Alderman	4	5	5	5	6	10	40	
4	Obert Logan	4	5	5	5	6	10	20	80
5	Ernie Koy RC	4	5	5	5	6	10	40	100
6	Don Hultz	4	5	5	5	6	15	30	150
7	Earl Gros	4	5	5	5	6	10	20	50
8	Jim Bakken	4	5	5	5	6	10	20	
9	George Mira	4	5	5	5	6	10	30	100
10	Carl Kammerer	4	5	5	5	6	10	20	60
11	Willie Frazier	4	5	5	5	6	10	20	50
12	Kent McCloughan	4	5	5	5	6	10	60	
13	George Sauer Jr.	4	5	5	5	6	10	20	80
14	Jack Clancy	4	5	5	5	6	10	30	
15	Jim Tyrer	4	5	5	5	6	10	30	150
16	Bobby Maples	4	5	5	5	6	10	20	80
17	Bo Hickey	4	5	5	5	6	10	20	80
18	Frank Buncom	4	5	5	5	6	10	30	
19	Keith Lincoln	4	5	5	5	6	10	20	100
20	Jim Whalen	4	5	5	5	6	10	30	
21	Junior Coffey	4	5	5	5	6	10	30	
22	Billy Ray Smith	4	5	5	5	6	10	25	
23	Johnny Morris	4	5	5	5	6	10	20	50
24	Ernie Green	4	5	5	5	6	10	25	60
25	Don Meredith	5	6	20	40	50	60	125	300
26	Wayne Walker	4	5	5	5	6	10	20	50
27	Carroll Dale	4	5	5	5	6	40	250	
28	Bernie Casey	4	5	5	5	6	10	30	
29	Dave Osborn RC	4	5	5	5	6	10	20	80
30	Ray Poage	4	5	5	5	6	10	20	80
31	Homer Jones	4	5	5	5	6	10	20	80
32	Sam Baker	4	5	5	5	6	10	30	
33	Bill Saul	4	5	5	5	6	10	20	80
34	Ken Willard	4	5	5	5	6	10	30	100
35	Bobby Mitchell	4	5	5	5	6	10	30	100
36	Gary Garrison RC	4	5	5	5	6	10	30	125
37	Billy Cannon	4	5	5	5	6	10	30	100
38	Ralph Baker	4	5	5	5	6	10	20	80
39	Howard Twilley RC	4	5	5	5	6	10	30	120
40	Wendell Hayes	4	5	5	5	6	10	20	80
41	Jim Norton	4	5	5	5	6	10	30	100
42	Tom Beer	4	5	5	5	6	10	30	
43	Chris Burford	4	5	5	5	6	10	30	
44	Stew Barber	4	5	5	5	6	10	40	
45	Leroy Mitchell	4	5	5	5	6	10	60	
46	Dan Grimm	4	5	5	5	6	10	20	
47	Jerry Logan	4	5	5	5	6	10	20	80
48	Andy Livingston	4	5	5	5	6	10	30	100
49	Paul Warfield	4	5	10	12	30	40	50	200
50	Don Perkins	4	5	5	5	6	10	30	80
51	Ron Kramer	4	5	5	5	6	10	20	50
52	Bob Jeter RC	4	5	5	5	6	10	30	
53	Les Josephson RC	4	5	5	5	6	10	20	60
54	Bobby Walden	4	5	5	5	6	10	20	80
55	Checklist 1	4	5	20	30	40	50	60	150
56	Walter Roberts	4	5	5	5	6	10	20	80
57	Henry Carr	4	5	5	5	6	10	30	
58	Gary Ballman	4	5	5	5	6	10	20	80
59	J.R. Wilburn	4	5	5	5	6	10	20	80
60	Jim Hart RC	4	5	5	40	50	60	100	400
61	Jim Johnson	4	5	5	5	6	10	20	80
62	Chris Hanburger	4	5	5	5	6	10	25	125
63	John Hadl	4	5	5	5	6	10	25	125
64	Hewritt Dixon	4	5	5	5	6	10	30	
65	Joe Namath	30	80	100	125	200	▼250	▼500	▼600
66	Jim Warren	4	5	5	5	6	10	30	100
67	Curtis McClinton	4	5	5	5	6	10	20	80
68	Bob Talamini	4	5	5	5	6	10	20	
69	Steve Tensi	4	5	5	5	6	10	20	50
70	Dick Van Raaphorst	4	5	5	5	6	10	20	
71	Art Powell	4	5	5	5	6	10	25	80
72	Jim Nance RC	4	5	5	5	6	10	30	200
73	Bob Riggle	4	5	5	5	6	10	20	80
74	John Mackey	4	5	5	5	10	25	60	
75	Gale Sayers	25	30	40	50	100	150	500	600

#	Player	GD 2	VG 3	VgEx 4	EX 5	ExMt 6	NM 7	NmMt 8	MT 9
76	Gene Hickerson	4	5	5	5	6	10	30	
77	Dan Reeves	4	10	10	20	30	60	200	
78	Tom Nowatzke	4	5	5	5	6	10	20	80
79	Elijah Pitts	4	5	5	5	6	12	80	
80	Lamar Lundy	4	5	5	5	6	10	30	100
81	Paul Flatley	4	5	5	5	6	10	20	60
82	Dave Whitsell	4	5	5	5	6	10	40	
83	Spider Lockhart	4	5	5	5	6	10	20	80
84	Dave Lloyd	4	5	5	5	6	10	20	80
85	Roy Jefferson	4	5	5	5	6	10	20	80
86	Jackie Smith	4	5	5	5	6	12	40	150
87	John David Crow	4	5	5	5	6	10	30	
88	Sonny Jurgensen	4	5	12	25	30	40	80	
89	Ron Mix	4	5	5	5	6	10	30	
90	Clem Daniels	4	5	5	5	6	10	30	
91	Cornell Gordon	4	5	5	5	6	10	20	60
92	Tom Goode	4	5	5	5	6	10	30	100
93	Bobby Bell	4	5	5	5	6	10	30	150
94	Walt Suggs	4	5	5	5	6	10	40	
95	Eric Crabtree	4	5	5	5	6	10	30	
96	Sherrill Headrick	4	5	5	5	6	10	20	50
97	Wray Carlton	4	5	5	5	6	10	20	80
98	Gino Cappelletti	4	5	5	5	6	10	20	60
99	Tommy McDonald	4	5	5	5	6	10	20	80
100	Johnny Unitas	10	25	40	50	80	150	▼400	1,200
101	Richie Petitbon	4	5	5	5	6	10	30	
102	Erich Barnes	4	5	5	5	6	10	30	
103	Bob Hayes	4	5	15	20	30	50	200	
104	Milt Plum	4	5	5	5	6	10	30	80
105	Boyd Dowler	4	5	5	5	6	10	40	
106	Ed Meador	4	5	5	5	6	10	25	100
107	Fred Cox	4	5	5	5	6	10	25	100
108	Steve Stonebreaker RC	4	5	5	5	6	10	20	60
109	Aaron Thomas	4	5	5	5	6	10	20	80
110	Norm Snead	4	5	5	5	6	10	20	60
111	Paul Martha RC	4	5	5	5	10	25	100	
112	Jerry Stovall	4	5	5	5	6	10	20	60
113	Kay McFarland	4	5	5	5	6	10	25	
114	Pat Richter	4	5	5	5	6	10	20	80
115	Rick Redman	4	5	5	5	6	10	30	
116	Tom Keating	4	5	5	5	6	10	20	100
117	Matt Snell	4	5	5	5	6	10	25	100
118	Dick Westmoreland	4	5	5	5	6	10	30	
119	Jerry Mays	4	5	5	5	6	10	30	
120	Sid Blanks	4	5	5	5	6	10	20	80
121	Al Denson	4	5	5	5	6	10	30	
122	Bobby Hunt	4	5	5	5	6	10	30	
123	Mike Mercer	4	5	5	5	6	10	60	
124	Nick Buoniconti	4	5	5	5	6	10	40	
125	Ron Vanderkelen RC	4	5	5	5	6	10	30	
126	Ordell Braase	4	5	5	5	6	10	150	
127	Dick Butkus	10	12	40	50	50	100	300	600
128	Gary Collins	4	5	5	5	6	10	20	80
129	Mel Renfro	4	5	15	25	30	40	60	150
130	Alex Karras	4	5	5	20	40	50	60	150
131	Herb Adderley	4	5	5	12	20	50	100	
132	Roman Gabriel	4	5	5	5	6	10	25	80
133	Bill Brown	4	5	5	5	6	10	30	
134	Kent Kramer	4	5	5	5	6	10	30	
135	Tucker Frederickson	4	5	5	5	6	10	40	
136	Nate Ramsey	4	5	5	5	6	10	20	80
137	Marv Woodson	4	5	5	5	6	10	20	50
138	Ken Gray	4	5	5	5	6	10	20	80
139	John Brodie	4	5	5	5	20	25	30	100
140	Jerry Smith	4	5	5	5	6	10	150	
141	Brad Hubbert	4	5	5	5	6	10	20	50
142	George Blanda	4	5	10	20	25	50	80	150
143	Pete Lammons RC	4	5	5	5	6	10	40	120
144	Doug Moreau	4	5	5	5	6	10	20	80
145	E.J. Holub	4	5	5	5	6	10	20	80
146	Ode Burrell	4	5	5	4	6	10	20	
147	Bob Scarpitto	4	5	5	5	6	10	20	80
148	Andre White	4	5	5	5	6	10	40	
149	Jack Kemp	8	10	12	20	30	40	100	
150	Art Graham	4	5	5	5	6	10	20	50
151	Tommy Nobis	4	5	5	5	15	20	60	100
152	Willie Richardson RC	4	5	5	5	6	10	30	
153	Jack Concannon	4	5	5	5	6	10	50	
154	Bill Glass	4	5	5	5	6	10	20	60

#	Player	GD 2	VG 3	VgEx 4	EX 5	ExMt 6	NM 7	NmMt 8	MT 9
155	Craig Morton RC	4	5	20	40	50	50	125	350
156	Pat Studstill	4	5	5	5	6	10	20	80
157	Ray Nitschke	4	30	40	50	▲80	▲150	▲300	400
158	Roger Brown	4	5	5	5	6	10	30	
159	Joe Kapp RC	4	5	5	10	30	60	100	150
160	Jim Taylor	5	5	5	6	8	40	50	60	135
161	Fran Tarkenton	5	6	25	40	50	60	100	350
162	Mike Ditka	6	8	40	50	60	80	150	300
163	Andy Russell RC	4	5	60	80	100	125	200	600
164	Larry Wilson	4	5	5	5	6	10	20	80
165	Tommy Davis	4	5	5	5	6	10	20	80
166	Paul Krause	4	5	5	5	6	10	20	100
167	Speedy Duncan	4	5	5	5	6	10	25	200
168	Fred Biletnikoff	5	15	20	25	30	100	125	200
169	Don Maynard	4	5	5	15	30	40	80	150
170	Frank Emanuel	4	5	5	5	6	10	20	150
171	Len Dawson	5	5	15	25	30	80	200	350
172	Miller Farr	4	5	5	5	6	10	30	
173	Floyd Little RC	15	25	40	60	100	200	500	1,500
174	Lonnie Wright	4	5	5	5	6	10	30	
175	Paul Costa	4	5	5	5	6	10	20	80
176	Don Trull	4	5	5	5	6	10	40	
177	Jerry Simmons	4	5	5	5	6	10	40	
178	Tom Matte	4	5	5	5	6	10	20	50
179	Bennie McRae	4	5	5	5	6	10	30	120
180	Jim Kanicki	4	5	5	5	6	10	20	100
181	Bob Lilly	5	5	6	8	50	60	80	250
182	Tom Watkins	4	5	5	5	6	10	30	100
183	Jim Grabowski RC	4	5	25	30	40	60	80	
184	Jack Snow RC	4	5	5	5	6	10	30	150
185	Gary Cuozzo RC	4	5	5	5	6	10	20	50
186	Billy Kilmer	4	5	5	5	6	10	30	
187	Jim Katcavage	4	5	5	5	6	10	20	80
188	Floyd Peters	4	5	5	5	6	10	30	50
189	Bill Nelsen	4	5	5	5	6	10	20	
190	Bobby Joe Conrad	4	5	5	5	6	10	20	80
191	Kermit Alexander	4	5	5	5	6	10	30	100
192	Charley Taylor	4	5	5	5	8	20	50	100
193	Lance Alworth	5	6	8	10	50	60	125	400
194	Daryle Lamonica	4	5	5	20	25	50	60	
195	Al Atkinson	4	5	5	5	6	10	20	
196	Bob Griese RC	40	60	100	150	200	300	500	5,000
197	Buck Buchanan	4	5	5	5	6	10	20	80
198	Pete Beathard	4	5	5	5	6	10	20	80
199	Nemiah Wilson	4	5	5	5	6	10	20	80
200	Ernie Wright	4	5	5	5	6	10	30	
201	George Saimes	4	5	5	5	6	10	20	50
202	John Charles	4	5	5	5	6	10	20	50
203	Randy Johnson	4	5	5	5	6	10	20	60
204	Tony Lorick	4	5	5	5	6	10	20	60
205	Dick Evey	4	5	5	5	6	10	20	60
206	Leroy Kelly	4	5	5	25	30	40	80	
207	Lee Roy Jordan	4	5	5	5	8	50	60	125
208	Jim Gibbons	4	5	5	5	6	10	20	50
209	Donny Anderson RC	4	5	5	5	6	12	60	175
210	Maxie Baughan	4	5	5	8	20	40	250	
211	Joe Morrison	4	5	5	5	6	10	20	120
212	Jim Snowden	4	5	5	5	6	10	30	
213	Lenny Lyles	4	5	5	5	6	10	20	80
214	Bobby Joe Green	4	5	5	5	6	10	25	100
215	Frank Ryan	4	5	5	5	6	10	40	120
216	Cornell Green	4	5	5	5	6	10	25	120
217	Karl Sweetan	4	5	5	5	6	10	30	
218	Dave Williams	4	5	5	5	6	10	20	60
219A	Checklist Green	5	5	6	8	12	25	100	
219B	Checklist Blue	5	5	6	8	12	25	80	

— Donny Anderson RC #209 PSA 10 (Gem Mint) sold for $451.5 (eBay; 5/12)
— George Blanda #142 PSA 10 (Gem Mint) sold for $758.5 (eBay; 8/12)
— Tommy Davis #165 PSA 10 (Gem) sold for $416 (Mile High; 10/09)
— Carroll Dale #27 PSA 9 (Mt) sold for $1028 (eBay; 11/14)
— Mike Ditka #162 PSA 10 (Gem Mint) sold for $8,246 (eBay; 10/07)
— Roy Jefferson #85 PSA 10 (Gem Mint) sold for $616 (eBay; 4/12)
— Floyd Little #173 PSA 9 (Mt) sold for $2407 (eBay; 11/14)
— Floyd Little #173 PSA 9 (Mt) sold for $1007 (eBay; 11/14)
— Bobby Maples #16 PSA 10 (Gem) sold for $765 (eBay; 12/06)
— George Mira #9 PSA 10 (Gem Mint) sold for $284 (eBay; 4/12)
— Carig Morton #155 PSA 10 (Gem) sold for $680 (eBay; 11/06)
— Dan Reeves #77 PSA 10 (Gem) sold for $715 (eBay; 2/07)
— Frank Ryan #215 PSA 10 (Gem) sold for $740 (Mile High; 10/09)

– Norm Snead #110 PSA 10 (Gem) sold for $465 (eBay; 6/06)
– Ernie Wright #200 PSA 10 (Gem) sold for $474 (Mile High; 10/09)
– Larry Wilson #164 PSA 10 (Gem) sold for $685 (eBay; 1/07)

1968 Topps Stand-Ups Inserts

	GD 2	VG 3	VgEx 4	EX 5	ExMt 6	NM 7	NmMt 8	MT 9
COMMON CARD (1-22)	4	5	5	8	12	20	80	
John Brodie	5	6	8	30	40	50	80	
Jack Concannon	5	5	6	8	12	20	100	
Roman Gabriel	5	6	8	10	15	30	80	
Jim Grabowski	5	5	6	8	12	40	80	
John Hadl	5	5	6	8	12	30	60	
Sonny Jurgensen	5	6	8	10	15	40	120	
Alex Karras	5	6	8	10	15	50	60	
Billy Kilmer	5	6	8	10	15	30	120	
Daryle Lamonica	5	6	8	10	15	30	80	
Curtis McClinton	5	5	6	8	12	30	60	
Don Meredith	8	10	12	15	25	50	150	
Joe Namath	15	40	50	80	100	125	400	
Willie Richardson	5	5	6	8	12	30	100	

– Roman Gabriel #4 PSA 9 (MT) sold for $425 (eBay; 4/07)
– Homer Jones #9 PSA 10 (Gem Mint) sold for $750 (Bussineau; 7/12)
– Alex Karras #11 PSA 9 (Mint) sold for $420 (Bussineau; 7/12)

1969 Topps

	GD 2	VG 3	VgEx 4	EX 5	ExMt 6	NM 7	NmMt 8	MT 9
Leroy Kelly	4	5	6	30	40	50	250	400
Paul Flatley	4	4	5	6	8	10	20	125
Jim Cadile	4	4	5	6	8	12	60	
Erich Barnes	4	4	5	6	8	10	20	80
Willie Richardson	4	4	5	6	8	10	30	150
Bob Hayes	4	5	6	8	10	80	200	1,200
Bob Jeter	4	4	5	6	8	10	50	175
Jim Colclough	4	4	5	6	8	10	20	60
Sherrill Headrick	4	4	5	6	8	10	25	
Jim Dunaway	4	4	5	6	8	10	20	
Bill Munson	4	4	5	6	8	10	20	80
Jack Pardee	4	4	5	6	8	10	20	60
Jim Lindsey	4	4	5	6	8	10	25	
Dave Whitsell	4	4	5	6	8	10	20	50
Tucker Frederickson	4	4	5	6	8	10	25	60
Alvin Haymond	4	4	5	6	8	10	25	
Andy Russell	4	4	5	6	8	10	20	80
Tom Beer	4	4	5	6	8	10	20	50
Bobby Maples	4	4	5	6	8	10	20	60
Len Dawson	15	20	25	30	40	100	125	350
Willis Crenshaw	4	4	5	6	8	10	15	60
Tommy Davis	4	4	5	6	8	10	20	60
Rickie Harris	4	4	5	6	8	10	20	60
Jerry Simmons	4	4	5	6	8	10	20	
Johnny Unitas	25	30	40	50	80	125	250	1,500
Brian Piccolo RC	30	40	80	100	125	200	500	2,500
Bob Matheson	4	4	5	6	8	10	20	60
Howard Twilley	4	4	5	6	8	10	20	80
Jim Turner	4	4	5	6	8	10	20	80
Pete Banaszak RC	4	4	5	6	8	10	20	80
Lance Rentzel RC	4	4	5	6	8	10	20	80
Bill Triplett	4	4	5	6	8	10	20	80
Boyd Dowler	4	4	5	6	8	10	20	80
Merlin Olsen	4	5	15	20	25	50	80	100
Joe Kapp	4	4	5	6	8	10	20	80
Dan Abramowicz RC	4	4	5	6	8	10	20	60
Spider Lockhart	4	4	5	6	8	10	20	60
Tom Day	4	4	5	6	8	10	20	60
Art Graham	4	4	5	6	8	10	20	60
Bob Cappadona	4	4	5	6	8	10	20	50
Gary Ballman	4	4	5	6	8	10	20	60
Clendon Thomas	4	4	5	6	8	10	20	100
Jackie Smith	4	5	6	8	10	12	25	100
Dave Wilcox	4	4	5	6	8	10	20	60
Jerry Smith	4	4	5	6	8	10	20	80
Dan Grimm	4	4	5	6	8	10	20	60
Tom Matte	4	4	5	6	8	10	20	80
John Stofa	4	4	5	6	8	10	20	80
Rex Mirich	4	4	5	6	8	10	20	50
Miller Farr	4	4	5	6	8	10	20	60
Gale Sayers	30	40	50	60	100	200	600	▲5,000
Bill Nelsen	4	4	5	12	18	20	50	80

		GD 2	VG 3	VgEx 4	EX 5	ExMt 6	NM 7	NmMt 8	MT 9
53	Bob Lilly	4	5	12	30	40	100	150	350
54	Wayne Walker	4	4	5	6	8	10	25	
55	Ray Nitschke	4	15	20	25	50	100	200	
56	Ed Meador	4	4	5	6	8	10	20	60
57	Lonnie Warwick	4	4	5	6	8	10	20	80
58	Wendell Hayes	4	4	5	6	8	10	20	60
59	Dick Anderson RC	4	5	6	12	15	40	80	250
60	Don Maynard	4	20	25	30	40	50	100	300
61	Tony Lorick	4	4	5	6	8	10	25	100
62	Pete Gogolak	4	4	5	6	8	10	20	80
63	Nate Ramsey	4	4	5	6	8	10	20	80
64	Dick Shiner	4	4	5	6	8	10	20	100
65	Larry Wilson	4	4	5	6	8	10	20	60
66	Ken Willard	4	4	5	6	8	10	20	60
67	Charley Taylor	4	5	6	8	10	12	40	100
68	Billy Cannon	4	4	5	6	8	10	25	
69	Lance Alworth	4	15	20	25	30	80	150	500
70	Jim Nance	4	4	5	6	8	10	20	60
71	Nick Rassas	4	4	5	6	8	10	25	
72	Lenny Lyles	4	4	5	6	8	10	20	60
73	Bennie McRae	4	4	5	6	8	10	20	80
74	Bill Glass	4	4	5	6	8	10	25	
75	Don Meredith	5	20	30	40	60	60	125	300
76	Dick LeBeau	4	4	5	6	8	10	20	80
77	Carroll Dale	4	4	5	6	8	10	20	100
78	Ron McDole	4	4	5	6	8	10	20	50
79	Charley King	4	4	5	6	8	10	20	60
80	Checklist 1	4	4	5	20	30	100	125	150
81	Dick Bass	4	4	5	6	8	10	20	60
82	Roy Winston	4	4	5	6	8	10	20	60
83	Don McCall	4	4	5	6	8	10	20	60
84	Jim Katcavage	4	4	5	6	8	10	20	60
85	Norm Snead	4	4	5	6	8	10	20	60
86	Earl Gros	4	4	5	6	8	10	20	60
87	Don Brumm	4	4	5	6	8	10	20	60
88	Sonny Bishop	4	4	5	6	8	10	20	100
89	Fred Arbanas	4	4	5	6	8	10	20	50
90	Karl Noonan	4	4	5	6	8	10	20	80
91	Dick Witcher	4	4	5	6	8	10	20	60
92	Vince Promuto	4	4	5	6	8	10	20	60
93	Tommy Nobis	4	4	5	6	8	10	20	100
94	Jerry Hill	4	4	5	6	8	10	20	150
95	Ed O'Bradovich RC	4	4	5	6	8	12	30	
96	Ernie Kellerman	4	4	5	6	8	10	20	40
97	Chuck Howley	4	4	5	6	8	10	30	100
98	Hewritt Dixon	4	4	5	6	8	10	20	50
99	Ron Mix	4	4	5	6	8	10	25	100
100	Joe Namath	50	60	80	125	200	300	500	800
101	Billy Gambrell	4	4	5	6	8	10	20	50
102	Elijah Pitts	4	4	5	6	8	10	30	150
103	Billy Truax RC	4	4	5	6	8	10	20	60
104	Ed Sharockman	4	4	5	6	8	10	25	50
105	Doug Atkins	4	4	5	6	8	10	25	80
106	Greg Larson	4	4	5	6	8	12	30	
107	Israel Lang	4	4	5	6	8	10	20	60
108	Houston Antwine	4	4	5	6	8	10	20	60
109	Paul Guidry	4	4	5	6	8	10	20	60
110	Al Denson	4	4	5	6	8	10	20	80
111	Roy Jefferson	4	4	5	6	8	10	20	80
112	Chuck Latourette	4	4	5	6	8	10	20	60
113	Jim Johnson	4	4	5	6	8	10	20	40
114	Bobby Mitchell	4	5	6	8	10	12	25	80
115	Randy Johnson	4	4	5	6	8	10	20	60
116	Lou Michaels	4	4	5	6	8	10	20	80
117	Rudy Kuechenberg	4	4	5	6	8	10	20	50
118	Walt Suggs	4	4	5	6	8	10	40	
119	Goldie Sellers	4	4	5	6	8	10	20	60
120	Larry Csonka RC	25	40	60	100	150	250	500	5,000
121	Jim Houston	4	4	5	6	8	10	20	80
122	Craig Baynham	4	4	5	6	8	10	20	60
123	Alex Karras	4	5	6	8	10	50	150	200
124	Jim Grabowski	4	4	5	6	8	10	30	
125	Roman Gabriel	4	4	5	6	10	12	60	
126	Larry Bowie	4	4	5	6	8	10	20	60
127	Dave Parks	4	4	5	6	8	10	20	80
128	Ben Davidson	4	4	5	6	8	10	20	80
129	Steve DeLong	4	4	5	6	8	12	30	
130	Fred Hill	4	4	5	6	8	12	40	80
131	Ernie Koy	4	4	5	6	8	12	30	

#	Player	GD 2	VG 3	VgEx 4	EX 5	ExMt 6	NM 7	NmMt 8	MT 9
132A	Checklist 2 no border	4	4	5	6	12	25	60	150
132B	Checklist 2 bordered	4	4	5	6	12	25	60	
133	Dick Hoak	4	4	5	6	10	15	80	
134	Larry Stallings RC	4	4	5	6	8	12	80	100
135	Clifton McNeil RC	4	4	5	6	8	12	80	100
136	Walter Rock	4	4	5	6	8	10	30	80
137	Billy Lothridge	4	4	5	6	8	10	30	50
138	Bob Vogel	4	4	5	6	8	10	25	80
139	Dick Butkus	8	10	40	60	80	150	400	2,000
140	Frank Ryan	4	4	5	6	8	10	35	150
141	Larry Garron	4	4	5	6	8	10	30	80
142	George Saimes	4	4	5	6	8	10	30	80
143	Frank Buncom	4	4	5	6	8	10	25	80
144	Don Perkins	4	5	6	8	10	12	40	150
145	Johnnie Robinson	4	4	5	6	8	10	30	60
146	Lee Roy Caffey	4	4	5	6	8	10	30	100
147	Bernie Casey	4	4	5	6	8	10	30	60
148	Billy Martin E	4	4	5	6	8	12	40	100
149	Gene Howard	4	4	5	6	8	10	30	100
150	Fran Tarkenton	10	12	30	40	50	60	150	2,000
151	Eric Crabtree	4	4	5	6	8	10	20	100
152	W.K. Hicks	4	4	5	6	8	10	40	80
153	Bobby Bell	4	5	6	8	10	12	30	125
154	Sam Baker	4	4	5	6	8	12	50	100
155	Marv Woodson	4	4	5	6	8	10	30	80
156	Dave Williams	4	4	5	6	8	10	30	80
157	Bruce Bosley	4	4	5	6	8	10	30	100
158	Carl Kammerer	4	4	5	6	8	10	30	100
159	Jim Burson	4	4	5	6	8	10	25	80
160	Roy Hilton	4	4	5	6	8	12	40	150
161	Bob Griese	5	20	25	30	50	100	200	500
162	Bob Talamini	4	4	5	6	8	10	30	60
163	Jim Otto	4	4	5	6	8	20	80	175
164	Ronnie Bull	4	4	5	6	8	10	30	100
165	Walter Johnson RC	4	4	5	6	8	12	50	125
166	Lee Roy Jordan	4	4	5	6	10	12	40	200
167	Mike Lucci	4	4	5	6	8	12	40	
168	Willie Wood	4	5	6	8	10	12	40	150
169	Maxie Baughan	4	4	5	6	8	10	25	
170	Bill Brown	4	4	5	6	8	10	25	80
171	John Hadl	4	4	5	6	8	15	80	175
172	Gino Cappelletti	4	4	5	6	8	10	20	80
173	George Butch Byrd	4	4	5	6	8	10	30	80
174	Steve Stonebreaker	4	4	5	6	8	10	30	60
175	Joe Morrison	4	4	5	6	8	10	30	80
176	Joe Scarpati	4	4	5	6	8	12	40	100
177	Bobby Walden	4	4	5	6	8	10	30	100
178	Roy Shivers	4	4	5	6	8	12	25	80
179	Kermit Alexander	4	4	5	6	8	10	30	80
180	Pat Richter	4	4	5	6	8	10	30	80
181	Pete Perreault	4	4	5	6	8	10	30	80
182	Pete Duranko	4	4	5	6	8	10	30	80
183	Leroy Mitchell	4	4	5	6	8	10	20	80
184	Jim Simon	4	4	5	6	8	10	30	80
185	Billy Ray Smith	4	4	5	6	8	10	30	80
186	Jack Concannon	4	4	5	6	8	12	40	80
187	Ben Davis	4	4	5	6	8	10	25	80
188	Mike Clark	4	4	5	6	8	10	40	120
189	Jim Gibbons	4	4	5	6	8	10	25	80
190	Dave Robinson	4	4	5	8	10	40	150	300
191	Otis Taylor	4	4	5	6	8	10	30	60
192	Nick Buoniconti	4	4	5	6	8	10	35	135
193	Matt Snell	4	4	5	6	8	10	30	80
194	Bruce Gossett	4	4	5	6	8	10	30	80
195	Mick Tingelhoff	4	4	5	6	8	10	30	100
196	Earl Leggett	4	4	5	6	8	10	25	50
197	Pete Case	4	4	5	6	8	10	30	80
198	Tom Woodeshick RC	4	4	5	6	8	10	30	80
199	Ken Kortas	4	4	5	6	8	10	30	80
200	Jim Hart	4	4	5	6	8	10	30	80
201	Fred Biletnikoff	4	5	10	40	50	60	200	400
202	Jacque MacKinnon	4	4	5	6	8	10	40	80
203	Jim Whalen	4	4	5	6	8	10	40	
204	Matt Hazeltine	4	4	5	6	8	10	30	80
205	Charlie Gogolak	4	4	5	6	8	10	25	60
206	Ray Ogden	4	4	5	6	8	10	25	50
207	John Mackey	4	5	6	8	10	12	30	60
208	Roosevelt Taylor	4	4	5	6	8	12	40	125
209	Gene Hickerson	4	4	5	6	8	10	25	100

#	Player	GD 2	VG 3	VgEx 4	EX 5	ExMt 6	NM 7	NmMt 8	MT 9
210	Dave Edwards RC	4	4	5	6	8	10	40	80
211	Tom Sestak	4	4	5	6	8	10	30	80
212	Ernie Wright	4	4	5	6	8	10	25	100
213	Dave Costa	4	4	5	6	8	10	30	50
214	Tom Vaughn	4	4	5	6	8	10	30	80
215	Bart Starr	6	40	50	60	80	150	300	2,000
216	Les Josephson	4	4	5	6	8	10	30	80
217	Fred Cox	4	4	5	6	8	10	30	80
218	Mike Tilleman	4	4	5	6	8	10	30	80
219	Darrell Dess	4	4	5	6	8	10	30	80
220	Dave Lloyd	4	4	5	6	8	10	30	80
221	Pete Beathard	4	4	5	6	8	10	20	80
222	Buck Buchanan	4	5	6	8	10	12	35	100
223	Frank Emanuel	4	4	5	6	8	10	30	80
224	Paul Martha	4	4	5	6	8	10	30	80
225	Johnny Roland	4	4	5	6	8	10	30	80
226	Gary Lewis	4	4	5	6	8	10	20	80
227	Sonny Jurgensen	4	5	12	15	20	50	100	350
228	Jim Butler	4	4	5	6	8	10	20	60
229	Mike Curtis RC	4	5	15	20	30	50	150	300
230	Richie Petitbon	4	4	5	6	8	10	30	60
231	George Sauer Jr.	4	4	5	6	8	10	30	80
232	George Blanda	4	12	25	30	40	60	100	500
233	Gary Garrison	4	4	5	6	8	10	25	80
234	Gary Collins	4	4	5	6	8	10	30	100
235	Craig Morton	4	4	5	6	8	10	30	175
236	Tom Nowatzke	4	4	5	6	8	10	20	50
237	Donny Anderson	4	4	5	6	8	12	100	200
238	Deacon Jones	4	5	6	8	10	12	50	125
239	Grady Alderman	4	4	5	6	8	10	30	80
240	Billy Kilmer	4	4	5	6	8	10	20	100
241	Mike Taliaferro	4	4	5	6	8	10	30	100
242	Stew Barber	4	4	5	6	8	10	30	80
243	Bobby Hunt	4	4	5	6	8	10	30	60
244	Homer Jones	4	4	5	6	8	10	30	100
245	Bob Brown OT	4	4	5	6	8	15	60	120
246	Bill Asbury	4	4	5	6	8	10	30	100
247	Charlie Johnson	4	4	5	6	8	10	50	80
248	Chris Hanburger	4	4	5	6	8	10	20	80
249	John Brodie	4	5	6	8	15	25	80	600
250	Earl Morrall	4	4	5	6	8	10	40	120
251	Floyd Little	4	10	12	20	25	40	100	250
252	Jerrel Wilson RC	4	4	5	6	8	10	30	100
253	Jim Keyes	4	4	5	6	8	10	30	100
254	Mel Renfro	4	5	6	8	10	12	35	125
255	Herb Adderley	4	5	6	8	10	15	40	150
256	Jack Snow	4	4	5	6	8	10	30	100
257	Charlie Durkee	4	4	5	6	8	10	30	100
258	Charlie Harper	4	4	5	6	8	10	25	80
259	J.R. Wilburn	4	4	5	6	8	10	40	150
260	Charlie Krueger	4	4	5	6	8	10	40	80
261	Pete Jacques	4	4	5	6	8	10	30	80
262	Gerry Philbin	4	4	5	6	10	12	40	100
263	Daryle Lamonica	4	5	▲20	▼30	▼40	▼50	▼200	

— John Brodie #249 PSA 10 (Gem Mt) sold for $1,033 (eBay; 2/09)
— Dick Butkus #139 PSA 9 (Mint) sold for $2,007 (eBay; 1/09)
— Dick Butkus #139 PSA 9 (Mint) sold for $1,125 (eBay; 2/10)
— Dick Butkus #139 PSA 9 (Mint) sold for $656 (eBay; 8/12)
— Checklist bordered #132B PSA 9 (Mint) sold for $765 (eBay; 3/08)
— Jim Dunaway #10 PSA 9 (Mint) sold for $1,103 (Mile High; 3/09)
— Wendell Hayes #10 PSA 10 (Gem) sold for $854 (eBay; 11/14)
— Randy Johnson #115 PSA 10 (Gem Mt) sold for $672 (Mile High; 10/09)
— Lou Michaels #116 PSA 10 (Gem Mt) sold for $611 (Mile High; 10/09)
— Leory Mitchell #183 PSA 9 (Mint) sold for $977 (eBay; 10/12)
— Ron Mix #99 PSA 10 (Gem Mt) sold for $1,317 (eBay; 2/13)
— Gayle Sayers #51 PSA 9 (Mint) sold for $1683 (eBay; 8/13)

1969 Topps Four-in-One Inserts

#	Player	GD 2	VG 3	VgEx 4	EX 5	ExMt 6	NM 7	NmMt 8	MT 9
	COMMON CARD (1-66)	4	4	4	5	6	10	20	
1	Aldmn/Je.Smth/Sayrs/LeBeau	4	4	5	6	10	15	50	
3	Alwrth/Mynrd/McDle/Cannon	4	4	4	5	6	12	25	60
4	Andrsn/Talifrro/Biltnikff/O/Tylr	4	4	4	5	8	12	25	
6	Bllmn/J.Hill/R.Jeffrsn/Dowler	4	4	4	5	6	10	20	60
8	Bishop/Bnaszk/Guidry/Day	4	4	4	5	6	10	20	60
11	Bncnti/Saimes/McKinn/Drnko	4	4	4	5	6	10	20	60
13	Carln/Grron/Hicks/Jacques	4	4	4	5	6	10	20	60
15	Dixon/Sell/Namath/Twilley	5	6	8	10	15	25	50	

	GD 2	VG 3	VgEx 4	EX 5	ExMt 6	NM 7	NmMt 8	MT 9	
16 Durk/McNeil/Bghn/Tarken	4	4	4	5	6	10	15	30	80
18 Griese/LeMne/Grysn/Swney	4	4	4	5	6	10	15	30	100
21 Hickrsn/D.Andrsn/Butks/Luc	4	4	4	4	5	6	10	15	30
25 Howrd/Morrisn/B.Mrtin/B.Dvis	4	4	4	4	5	6	10	20	60
26 Hwly/Picclo/Hnbrgr/Barnes	5	6	8	10	15	25	50	100	
29 W.John/Frdricksn/Lloyd/Wldn	4	4	4	4	5	6	10	20	60
30 Jurgensen/Bass/Martha/Parks	4	4	4	4	5	8	12	25	
31 Kelly/Meador/Starr/Ogden	4	4	4	5	6	10	15	35	120
33 Lamon/Cnningham/Hunt/Brbr	4	4	4	4	5	6	10	20	60
34 Lang/Lilly/Butler/Brodie	4	4	4	4	5	8	12	25	
38 Mrdith/G.Cllins/H.Jnes/Wdsn	4	4	4	4	5	6	10	15	30	80
41 Nance/Dunaway/Csonka/Mix	4	4	4	5	6	10	15	30	100
42 Nlsn/Munson/Ramsey/Curtis	4	4	4	4	5	6	10	20	60
44 Pard/Snead/Baynham/Jeter	4	4	4	4	5	6	10	20	60
46 Rass/Mtte/Rntzl/B.Mitchell	4	4	4	4	5	6	10	20	60
48 Rolnd/Mortn/Bi.Brown/Baker	4	4	4	4	5	6	10	20	60
49 Rssll/R.Jhnsn/Mthsn/Karras	4	4	4	4	5	8	12	25	
51 Sestak/Wright/Moreau/Snell	4	4	4	4	5	6	10	20	60
52 Simmns/B.Hyes/Atkns/Lckhrt	4	4	4	4	5	6	10	20	60
53 Ja.Smth/Grbw/Ji.Jhnsn/C.Tylr	4	4	4	4	5	8	12	25	60
55 Strttn/Rshing/Brnnan/Keyes	4	4	4	4	5	6	10	20	60
56 Suggs/Dwsn/Hedrck/Denson	4	4	4	4	5	8	12	25	80
57 Talam/Blanda/Whalen/Kemp	4	5	6	8	12	20	40		
59 Trull/Philbin/Garrison/Buchan	4	4	4	5	6	10	20	60	
60 Unitas/Josephson/Cox/Renfro	4	4	4	5	6	10	20	40	100
62 West/Herock/Byrd/Cappell	4	4	4	4	5	6	10	20	60

— Dixon/Sellers/Namath/Twilley #15 PSA 9 (MT) sold for $400 (eBay; 11/06)
— Dixon/Sell/Namath/Twilley #15 PSA 10 (Gem Mint) sold for $575.96 (Memory Lane; 5/12)

1970 Kellogg's

	VG 3	VgEx 4	EX 5	ExMt 6	NM 7	NmMt 8	MT 9	Gem 9.5/10
COMMON CARD (1-60)	4	4	5	6	10	12	15	60
Carl Eller	4	5	5	5	6	12	30	80
Len Dawson	4	5	5	5	6	12	20	60
Dick Butkus	4	5	5	6	8	15	30	350
George Sauer Jr.	4	5	5	5	6	10	20	50
Alex Karras	4	5	5	5	6	12	18	50
Bob Griese	4	5	5	5	6	12	25	100
Paul Warfield	4	5	5	5	6	12	20	60
Mike Garrett	4	5	5	5	6	10	25	400
Carl Garrett	4	5	5	5	6	10	20	175
Merlin Olsen	4	5	5	5	6	12	18	60
Lance Alworth	4	5	5	5	6	12	30	300
Larry Csonka	4	5	5	5	6	12	30	300
Bobby Bell	4	5	5	5	6	10	25	
George Webster	4	5	5	5	6	10	20	120
Bubba Smith	4	5	5	5	6	10	20	60
O.J. Simpson	4	5	6	8	12	25	50	200
Fred Biletnikoff	4	5	5	5	6	12	18	60
Gale Sayers	4	5	5	6	8	15	30	100
Sonny Jurgensen	4	5	5	5	6	12	20	80
Bob Lilly	4	5	5	5	6	12	18	80
Johnny Unitas	4	5	6	8	10	20	50	250
Don Maynard	4	5	5	5	6	10	20	60

1970 Topps

	VG 3	VgEx 4	EX 5	ExMt 6	NM 7	NmMt 8	MT 9	Gem 9.5/10
Len Dawson	4	5	12	15	40	100	500	
Doug Hart	4	5	5	5	8	12	60	
Verlon Biggs	4	5	5	5	8	12	40	120
Ralph Neely RC	4	5	5	5	8	20	300	
Harmon Wages	4	5	5	5	8	12	40	
Dan Conners	4	5	5	5	8	12	40	
Gino Cappelletti	4	5	5	5	8	12	150	
Erich Barnes	4	5	5	5	8	12	150	
Checklist 1	4	5	5	6	10	30		
Bob Griese	10	12	15	25	40	80	175	
Ed Flanagan	4	5	5	5	8	12	40	
George Seals	4	5	5	5	8	12	50	
Harry Jacobs	4	5	5	5	8	12	40	
Mike Haffner	4	5	5	5	8	12	50	
Bob Vogel	4	5	5	5	8	12	40	
Bill Peterson	4	5	5	5	8	12	50	
Spider Lockhart	4	5	5	5	8	12	50	
Billy Truax	4	5	5	5	8	12	50	
Jim Beirne	4	5	5	5	8	12	50	
Leroy Kelly	4	5	5	15	30	40	80	
Dave Lloyd	4	5	5	5	8	12	40	

	VG 3	VgEx 4	EX 5	ExMt 6	NM 7	NmMt 8	MT 9	Gem 9.5/10
22 Mike Tilleman	4	5	5	5	8	12	40	
23 Gary Garrison	4	5	5	5	8	12	50	
24 Larry Brown RC	4	5	5	20	25	60	200	
25 Jan Stenerud RC	10	15	25	40	50	100	300	
26 Rolf Krueger	4	5	5	5	8	12	50	
27 Roland Lakes	4	5	5	5	8	12	50	
28 Dick Hoak	4	5	5	5	8	12	50	
29 Gene Washington Vik RC	4	5	5	6	10	15	200	
30 Bart Starr	30	40	50	60	100	200	500	
31 Dave Grayson	4	5	5	5	8	12	50	
32 Jerry Rush	4	5	5	5	8	12	50	
33 Len St. Jean	4	5	5	5	8	20		
34 Randy Edmunds	4	5	5	5	8	12	50	
35 Matt Snell	4	5	5	5	8	12	40	
36 Paul Costa	4	5	5	5	8	12	40	
37 Mike Pyle	4	5	5	5	8	12	50	
38 Roy Hilton	4	5	5	5	8	12	50	
39 Steve Tensi	4	5	5	5	8	12	60	
40 Tommy Nobis	4	5	5	6	10	15	60	
41 Pete Case	4	5	5	5	8	12	40	
42 Andy Rice	4	5	5	5	8	12	40	
43 Elvin Bethea RC	4	5	25	30	40	100	200	
44 Jack Snow	4	5	5	5	8	12	50	
45 Mel Renfro	4	5	5	6	10	20	60	
46 Andy Livingston	4	5	5	5	8	12	30	120
47 Gary Ballman	4	5	5	5	8	12	50	
48 Bob DeMarco	4	5	5	5	8	12	40	
49 Steve DeLong	4	5	5	5	8	25		
50 Daryle Lamonica	4	5	5	6	10	15	60	300
51 Jim Lynch RC	4	5	5	6	12	25	135	
52 Mel Farr RC	4	5	5	5	8	12	40	
53 Bob Long RC	4	5	5	5	8	12	40	
54 John Elliott	4	5	5	5	8	12	50	
55 Ray Nitschke	4	5	20	25	30	80	125	
56 Jim Shorter	4	5	5	5	8	12	50	
57 Dave Wilcox	4	5	5	6	10	15	60	
58 Eric Crabtree	4	5	5	5	8	12	40	
59 Alan Page RC	15	▲30	40	50	100	200	1,000	
60 Jim Nance	4	5	5	5	8	12	40	
61 Glen Ray Hines	4	5	5	5	8	12	40	120
62 John Mackey	4	5	5	6	10	15	60	
63 Ron McDole	4	5	5	5	8	12	40	
64 Tom Beier	4	5	5	5	8	12	40	120
65 Bill Nelsen	4	5	5	5	8	12	80	
66 Paul Flatley	4	5	5	5	8	12	40	
67 Sam Brunelli	4	5	5	5	8	12	40	
68 Jack Pardee	4	5	5	5	8	12	50	
69 Brig Owens	4	5	5	5	8	12	50	
70 Gale Sayers	20	40	50	60	100	200	1,000	
71 Lee Roy Jordan	4	5	5	6	10	15	80	
72 Harold Jackson RC	4	5	5	15	30	40	250	
73 John Hadl	4	5	5	6	10	15	100	
74 Dave Parks	4	5	5	5	8	12	40	
75 Lem Barney RC	8	12	20	30	50	100	300	
76 Johnny Roland	4	5	5	5	8	12	40	
77 Ed Budde	4	5	5	5	8	12	50	
78 Ben McGee	4	5	5	5	8	12	40	
79 Ken Bowman	4	5	5	5	8	12	40	
80 Fran Tarkenton	15	20	25	30	40	50	200	600
81 G.Washington 49er RC	4	5	15	20	25	30	80	
82 Larry Grantham	4	5	5	5	8	12	50	
83 Bill Brown	4	5	5	5	8	12	50	
84 John Charles	4	5	5	5	8	12	50	
85 Fred Biletnikoff	4	5	5	15	20	60	125	
86 Royce Berry	4	5	5	5	8	12	40	
87 Bob Lilly	4	5	5	25	40	50	125	
88 Earl Morrall	4	5	5	5	8	15	50	
89 Jerry LeVias RC	4	5	5	5	8	12	40	
90 O.J. Simpson RC	100	150	200	300	500	1,000	6,000	
91 Mike Howell	4	5	5	5	8	12	50	
92 Ken Gray	4	5	5	5	8	12	40	100
93 Chris Hanburger	4	5	5	5	8	12	40	
94 Larry Seiple RC	4	5	5	5	8	12	40	250
95 Rich Jackson RC	4	5	5	5	8	12	200	
96 Rockne Freitas	4	5	5	5	8	12	50	
97 Dick Post RC	4	5	5	5	8	12	50	
98 Ben Hawkins RC	4	5	5	5	8	12	40	
99 Ken Reaves	4	5	5	5	8	12	50	
100 Roman Gabriel	4	5	5	6	10	15	60	

#	Player	VG 3	VgEx 4	EX 5	ExMt 6	NM 7	NmMt 8	MT 9	Gem 9.5/10
101	Dave Rowe	4	5	5	5	8	15		
102	Dave Robinson	4	5	5	5	8	12	40	
103	Otis Taylor	4	5	5	5	8	12	60	
104	Jim Turner	4	5	5	5	8	15		
105	Joe Morrison	4	5	5	5	8	12	50	
106	Dick Evey	4	5	5	5	8	12	50	
107	Ray Mansfield	4	5	5	5	8	12	40	
108	Grady Alderman	4	5	5	5	8	12	50	
109	Bruce Gossett	4	5	5	5	8	12	50	
110	Bob Trumpy RC	4	5	5	6	10	20	80	
111	Jim Hunt	4	5	5	5	8	12	40	
112	Larry Stallings	4	5	5	5	8	12	40	
113A	Lance Rentzel Red	4	5	5	5	8	12	40	
113B	Lance Rentzel Black	4	5	5					
114	Bubba Smith RC	12	20	25	30	40	80	300	800
115	Norm Snead	4	5	5	5	8	12	40	
116	Jim Otto	4	5	5	6	10	15	60	
117	Bo Scott RC	4	5	5	5	8	15	60	
118	Rick Redman	4	5	5	5	8	12	40	150
119	George Butch Byrd	4	5	5	5	8	12	40	
120	George Webster RC	4	5	5	5	8	12	40	
121	Chuck Walton RC	4	5	5	5	8	12	40	
122	Dave Costa	4	5	5	5	8	12	40	
123	Al Dodd	4	5	5	5	8	12	40	
124	Len Hauss	4	5	5	5	8	15		
125	Deacon Jones	4	5	5	6	10	20	100	
126	Randy Johnson	4	5	5	5	8	12	40	
127	Ralph Heck	4	5	5	5	8	12	40	
128	Emerson Boozer RC	4	5	5	5	8	12	40	
129	Johnny Robinson	4	5	5	5	8	12	60	
130	John Brodie	4	5	12	15	25	40	125	
131	Gale Gillingham RC	4	5	5	5	8	12	40	
132	Checklist 2 DP	4	5	5	5	8	40	100	
133	Chuck Walker	4	5	5	5	8	12	80	
134	Bennie McRae	4	5	5	5	8	12	50	
135	Paul Warfield	10	15	20	25	30	40	150	
136	Dan Darragh	4	5	5	5	8	12	50	
137	Paul Robinson RC	4	5	5	5	8	12	50	
138	Ed Philpott	4	5	5	5	8	12	40	
139	Craig Morton	4	5	5	5	8	20	100	
140	Tom Dempsey RC	4	5	5	5	8	12	60	
141	Al Nelson	4	5	5	5	8	12	50	
142	Tom Matte	4	5	5	5	8	12	60	
143	Dick Schafrath	4	5	5	5	8	12	50	
144	Willie Brown	4	5	5	5	8	15	100	
145	Charley Taylor	4	5	10	12	15	30	60	
146	John Huard	4	5	5	5	8	12	50	
147	Dave Osborn	4	5	5	5	8	12	50	
148	Gene Mingo	4	5	5	5	8	12	50	
149	Larry Hand	4	5	5	5	8	12	50	
150	Joe Namath	50	60	80	100	200	400	1,300	
151	Tom Mack RC	12	20	30	50	60	100	250	
152	Kenny Graham	4	5	5	5	8	12	50	
153	Don Herrmann	4	5	5	5	8	12	50	
154	Bobby Bell	4	5	5	5	8	20		
155	Hoyle Granger	4	5	5	5	8	12	60	
156	Claude Humphrey RC	12	20	30	50	60	150	400	
157	Clifton McNeil	4	5	5	5	8	12	50	
158	Mick Tingelhoff	4	5	5	5	8	40	200	
159	Don Horn RC	4	5	5	5	8	12	50	
160	Larry Wilson	4	5	5	6	10	30	300	
161	Tom Neville	4	5	5	5	8	12	50	
162	Larry Csonka	12	20	25	30	40	100	400	
163	Doug Buffone RC	4	5	5	5	8	20	80	
164	Cornell Green	4	5	5	5	8	12	50	
165	Haven Moses RC	4	5	5	5	8	12	40	
166	Billy Kilmer	4	5	5	5	8	15	60	
167	Tim Rossovich RC	4	5	5	5	8	12	50	
168	Bill Bergey RC	4	5	5	5	8	15	150	
169	Gary Collins	4	5	5	5	8	12	50	
170	Floyd Little	4	5	5	5	8	15	200	
171	Tom Keating	4	5	5	5	8	20	100	
172	Pat Fischer	4	5	5	5	8	12	50	
173	Walt Sweeney	4	5	5	5	8	20		
174	Greg Larson	4	5	5	5	8	20	80	
175	Carl Eller	4	5	5	6	10	40	300	
176	George Sauer Jr.	4	5	5	5	8	12	50	
177	Jim Hart	4	5	5	5	8	15	60	
178	Bob Brown OT	4	5	5	5	8	15	100	
179	Mike Garrett RC	4	5	5	5	8	25	60	
180	Johnny Unitas	20	30	40	50	80	200	800	
181	Tom Regner	4	5	5	5	8	12	50	
182	Bob Jeter	4	5	5	5	8	12	50	
183	Gail Cogdill	4	5	5	5	8	12	50	
184	Earl Gros	4	5	5	5	8	12	50	
185	Dennis Partee	4	5	5	5	8	12	50	
186	Charlie Krueger	4	5	5	5	8	12	50	
187	Martin Baccaglio	4	5	5	5	8	12	50	
188	Charles Long	4	5	5	5	8	12	50	
189	Bob Hayes	4	5	20	25	40	60		
190	Dick Butkus	15	20	40	50	60	▼125	600	
191	Al Bemiller	4	5	5	5	8	12	50	
192	Dick Westmoreland	4	5	5	5	8	12	50	
193	Joe Scarpati	4	5	5	5	8	12	50	
194	Ron Snidow	4	5	5	5	8	12	50	
195	Earl McCullouch RC	4	5	5	5	8	12	80	
196	Jake Kupp	4	5	5	5	8	12	50	
197	Bob Lurtsema	4	5	5	5	8	12	50	
198	Mike Current	4	5	5	5	8	12	50	
199	Charlie Smith RB	4	5	5	5	8	12	80	
200	Sonny Jurgensen	4	5	15	20	25	30	100	
201	Mike Curtis	4	5	5	5	8	12	50	
202	Aaron Brown RC	4	5	5	5	8	12	50	
203	Richie Petitbon	4	5	5	5	8	12	50	
204	Walt Suggs	4	5	5	5	8	12	50	
205	Roy Jefferson	4	5	5	5	8	12	100	
206	Russ Washington RC	4	5	5	5	8	12	125	
207	Woody Peoples RC	4	5	5	5	8	12	80	
208	Dave Williams	4	5	5	5	8	12	50	
209	John Zook RC	4	5	5	5	8	12	50	
210	Tom Woodeshick	4	5	5	5	8	12	50	
211	Howard Fest	4	5	5	5	8	12	50	
212	Jack Concannon	4	5	5	5	8	12	50	
213	Jim Marshall	4	5	5	5	8	15	60	
214	Jon Morris	4	5	5	5	8	12	50	
215	Dan Abramowicz	4	5	5	5	8	12	50	
216	Paul Martha	4	5	5	5	8	12	40	
217	Ken Willard	4	5	5	5	8	12	50	
218	Walter Rock	4	5	5	5	8	12	50	
219	Garland Boyette	4	5	5	5	8	12	50	
220	Buck Buchanan	4	5	5	5	8	15	200	
221	Bill Munson	4	5	5	5	10	25	150	
222	David Lee RC	4	5	5	5	8	15		
223	Karl Noonan	4	5	5	5	8	25		
224	Harry Schuh	4	5	5	5	8	12	50	
225	Jackie Smith	4	5	5	5	8	15	60	
226	Gerry Philbin	4	5	5	5	8	12	50	
227	Ernie Koy	4	5	5	5	8	12	50	
228	Chuck Howley	4	5	5	5	8	25	60	
229	Billy Shaw	4	5	5	5	8	15	60	
230	Jerry Hillebrand	4	5	5	5	8	12	50	
231	Bill Thompson RC	4	5	5	5	8	12	50	
232	Carroll Dale	4	5	5	5	8	12	60	
233	Gene Hickerson	4	5	5	5	8	12	50	
234	Jim Butler	4	5	5	5	8	12	50	
235	Greg Cook RC	4	5	5	5	8	12	50	
236	Lee Roy Caffey	4	5	5	5	8	12	50	
237	Merlin Olsen	4	5	5	5	8	25	80	
238	Fred Cox	4	5	5	5	8	12	60	
239	Nate Ramsey	4	5	5	5	8	12	50	
240	Lance Alworth	4	5	5	20	25	50	100	
241	Chuck Hinton	4	5	5	5	8	12	80	
242	Jerry Smith	4	5	5	5	8	12	50	
243	Tony Baker FB	4	5	5	5	8	12	50	
244	Nick Buoniconti	4	5	5	5	8	15	60	
245	Jim Johnson	4	5	5	5	8	15	80	
246	Willie Richardson	4	5	5	5	8	12	100	
247	Fred Dryer RC	4	5	5	40	60	80	200	
248	Bobby Maples	4	5	5	5	8	12	50	
249	Alex Karras	4	5	5	5	8	15	200	
250	Joe Kapp	4	5	5	5	8	12	50	
251	Ben Davidson	4	5	5	5	8	15	60	
252	Mike Stratton	4	5	5	5	8	12	60	
253	Les Josephson	4	5	5	5	8	12	50	
254	Don Maynard	4	5	5	30	40	60	200	
255	Houston Antwine	4	5	5	5	8	25	60	
256	Mac Percival RC	4	5	5	5	8	12	80	
257	George Goeddeke	4	5	5	5	8	12	50	

#		VG 3	VgEx 4	EX 5	ExMt 6	NM 7	NmMt 8	MT 9	Gem 9.5/10
258	Homer Jones	4	5	5	5	8	12	50	
259	Bob Berry	4	5	5	5	8	15		
260A	Calvin Hill Red RC	4	5	6	10	20	40	150	
260B	Calvin Hill RC Black	4	5	10	25	50	100		
261	Willie Wood	4	5	5	5	8	20	80	
262	Ed Weisacosky	4	5	5	5	8	25	300	
263	Jim Tyrer	4	5	5	6	10	30		

— Lem Barney #75 PSA 10 (Gem) sold for $2,011 (eBay; 2/13)
— Lem Barney #75 PSA 10 (Gem) sold for $1440 (eBay; 11/14)
— Elvin Bethea #43 PSA 10 (Gem) sold for $1,280 (eBay; 2/08)
— Elvin Bethea #43 PSA 10 (Gem Mint) sold for $573 (eBay; 6/12)
— Lee Roy Caffey #236 PSA 10 (Gem) sold for $1,252 (Mile High; 10/13)
— Larry Csonka #162 PSA 10 (Gem) sold for $2,055 (eBay; 3/07)
— Larry Csonka #162 PSA 10 (Gem Mint) sold for $1517.67 (eBay; 6/12)
— Larry Csonka #162 PSA 10 (Gem Mint) sold for $2510 (eBay; 6/16)
— Len Dawson #1 PSA 10 (Gem Mint) sold for $832.69 (eBay; 6/12)
— Fred Dryer RC #247 PSA 10 (Gem Mint) sold for $569.33 (eBay; 6/12)
— Don Maynard #254 PSA 10 (Gem) sold for $570.43 (eBay; 6/12)
— Ray Nitschke #55 PSA 10 (Gem) sold for $698 (Andy Madec; 5/07)
— Merlin Olsen #237 PSA 10 (Gem Mint) sold for $560.43 (eBay; 6/12)
— Alan Page #59 PSA 10 (Gem) sold for $790 (eBay; 4/07)
— Bart Starr #30 PSA 10 (Gem) sold for $720 (eBay; 11/12)
— Bart Starr #30 PSA 10 (Gem) sold for $910 (eBay; 2/07)
— Bart Starr #30 PSA 10 (Gem) sold for $913 (eBay; 4/14)

1970 Topps Glossy Inserts

#		GD 2	VG 3	VgEx 4	EX 5	ExMt 6	NM 7	NmMt 8	MT 9
	COMMON CARD (1-33)	4	4	4	5	6	10	18	80
1	Tommy Nobis	4	5	5	6	10	15	30	150
2	Johnny Unitas	6	8	10	30	40	50	60	200
4	Mac Percival	4	5	5	20	25	30	40	120
5	Leroy Kelly	4	5	5	5	8	20	25	80
7	Bob Hayes	4	5	5	5	6	10	18	150
9	Bart Starr	5	20	25	50	60	80	125	200
10	Willie Wood	4	5	5	5	8	25	30	80
13	Dave Osborn	4	5	5	5	6	10	18	120
15	Fran Tarkenton	4	5	5	5	20	30	40	150
16	Tom Woodeshick	4	5	5	5	6	10	18	150
20	Sonny Jurgensen	4	5	5	6	10	15	100	150
21	Houston Antwine	4	5	5	5	6	10	20	120
22	O.J. Simpson	4	5	50	60	80	100	200	400
25	Rich Jackson	4	5	5	5	6	10	18	120
26	George Webster	4	5	5	5	6	10	18	120
27	Len Dawson	4	5	5	5	8	12	50	100
28	Bob Griese	4	5	5	15	20	25	30	100
29	Joe Namath	8	20	40	50	60	100	150	200
31	Daryle Lamonica	4	5	5	5	8	12	25	150
32	Fred Biletnikoff	4	5	5	10	25	40	20	150

1971 Kellogg's

#		GD 2	VG 3	VgEx 4	EX 5	ExMt 6	NM 7	NmMt 8	MT 9
	COMMON CARD (1-60)	4	4	5	5	6	12	25	60
1	Tom Barrington	4	4	5	5	6	12	50	150
2	Chris Hanburger	4	4	5	5	6	15	40	80
12	Fred Dryer	4	4	5	5	6	12	25	60
13	Larry Brown	4	4	5	5	6	12	25	100
15	Joe Greene	4	5	6	8	25	30	50	125
18	Johnny Unitas	8	10	12	15	25	40	125	250
23	George Blanda	4	5	6	8	12	18	30	100
39	Dick Butkus	5	6	8	10	15	25	40	200
45	John Brodie	4	4	5	5	8	15	30	60
55	Bob Griese	4	5	6	8	12	20	35	100

— Doug Cunningham #58 PSA 10 (Gem) sold for $500 (eBay; 4/07)
— Len Dawson #1 PSA 10 (Gem) sold for $384 (Mile High; 10/09)
— Gary Garrison #110 PSA 10 (Gem) sold for $460 (eBay; 4/07)

1971 Topps

#		GD 2	VG 3	VgEx 4	EX 5	ExMt 6	NM 7	NmMt 8	MT 9
1	Johnny Unitas	5	8	25	40	50	100	400	1,250
2	Jim Butler	4	4	5	5	6	12	60	
3	Marty Schottenheimer RC	4	5	6	20	25	30	125	
4	Joe O'Donnell	4	4	5	5	6	10	20	
5	Tom Dempsey	4	4	5	5	6	10	20	200
6	Chuck Allen	4	4	5	5	6	10	20	
7	Ernie Kellerman	4	4	5	5	6	10	20	100
8	Walt Garrison RC	4	4	5	5	6	10	30	150
9	Bill Van Heusen	4	4	5	5	6	10	20	

#		GD 2	VG 3	VgEx 4	EX 5	ExMt 6	NM 7	NmMt 8	MT 9
10	Lance Alworth	4	4	5	15	30	40	125	150
11	Greg Landry RC	4	4	5	5	6	10	20	80
12	Larry Krause	4	4	5	5	6	10	20	80
13	Buck Buchanan	4	4	5	5	6	10	40	
14	Roy Gerela RC	4	4	5	5	6	10	20	80
15	Clifton McNeil	4	4	5	5	6	12	50	
16	Bob Brown OT	4	4	5	5	6	10	20	80
17	Lloyd Mumphord	4	4	5	5	6	10	50	
18	Gary Cuozzo	4	4	5	5	6	12	40	
19	Don Maynard	4	4	5	12	15	20	25	150
20	Larry Wilson	4	4	5	5	6	10	25	
21	Charlie Smith RB	4	4	5	5	6	10	20	80
22	Ken Avery	4	4	5	5	6	10	20	120
23	Billy Walik	4	4	5	5	6	10	20	80
24	Jim Johnson	4	4	5	5	6	10	25	
25	Dick Butkus	5	30	40	50	60	100	400	
26	Charley Taylor	4	4	5	5	6	12	25	100
27	Checklist 1	4	4	5	5	8	30	300	
28	Lionel Aldridge RC	4	4	5	5	6	10	60	150
29	Billy Lothridge	4	4	5	5	6	10	20	80
30	Terry Hanratty RC	4	4	5	5	6	10	20	150
31	Lee Roy Jordan	4	4	5	5	6	10	40	
32	Rick Volk RC	4	4	5	5	6	10	20	
33	Howard Kindig	4	4	5	5	6	10	20	80
34	Carl Garrett RC	4	4	5	5	6	10	20	80
35	Bobby Bell	4	4	5	5	6	20	60	
36	Gene Hickerson	4	4	5	5	6	10	20	100
37	Dave Parks	4	4	5	5	6	10	20	
38	Paul Martha	4	4	5	5	6	10	20	80
39	George Blanda	4	4	8	15	20	25	50	100
40	Tom Woodeshick	4	4	5	5	6	10	20	100
41	Alex Karras	4	4	5	5	6	12	25	100
42	Rick Redman	4	4	5	5	6	10	20	120
43	Zeke Moore	4	4	5	5	6	10	20	
44	Jack Snow	4	4	5	5	6	12	40	120
45	Larry Csonka	4	12	20	25	60	80	150	▲500
46	Karl Kassulke	4	4	5	5	6	10	20	80
47	Jim Hart	4	4	5	5	6	10	20	80
48	Al Atkinson	4	4	5	5	6	12	100	
49	Horst Muhlmann RC	4	4	5	5	6	10	20	
50	Sonny Jurgensen	4	4	5	40	50	60	150	
51	Ron Johnson RC	4	4	5	5	6	10	20	
52	Cas Banaszek	4	4	5	5	6	12	60	
53	Bubba Smith	4	4	5	15	20	40	50	150
54	Bobby Douglass RC	4	4	5	5	6	10	20	80
55	Willie Wood	4	4	5	5	6	10	20	
56	Bake Turner	4	4	5	5	6	10	20	
57	Mike Morgan LB	4	4	5	5	6	10	20	
58	George Butch Byrd	4	4	5	5	6	10	40	
59	Don Horn	4	4	5	5	6	12	40	
60	Tommy Nobis	4	4	5	5	6	10	20	135
61	Jan Stenerud	4	4	5	5	6	12	25	100
62	Altie Taylor RC	4	4	5	5	6	10	20	
63	Gary Pettigrew	4	4	5	5	6	10	20	
64	Spike Jones RC	4	4	5	5	6	10	50	
65	Duane Thomas RC	4	4	5	5	6	10	50	
66	Marty Domres RC	4	4	5	5	6	10	20	
67	Dick Anderson	4	4	5	5	6	10	20	150
68	Ken Iman	4	4	5	5	6	10	20	
69	Miller Farr	4	4	5	5	6	12	60	
70	Daryle Lamonica	4	4	5	5	6	12	25	150
71	Alan Page	4	4	25	30	40	50	100	400
72	Pat Matson	4	4	5	5	6	10	20	80
73	Emerson Boozer	4	4	5	6	10	20	80	
74	Pat Fischer	4	4	5	5	6	12	60	
75	Gary Collins	4	4	5	5	6	10	20	
76	John Fuqua RC	4	4	5	5	8	15	50	
77	Bruce Gossett	4	4	5	5	6	12	50	
78	Ed O'Bradovich	4	4	5	5	6	10	20	80
79	Bob Tucker RC	4	4	5	5	6	10	30	
80	Mike Curtis	4	4	5	5	6	12	50	
81	Rich Jackson	4	4	5	5	6	10	20	100
82	Tom Janik	4	4	5	5	6	10	20	100
83	Gale Gillingham	4	4	5	5	6	10	20	
84	Jim Mitchell TE	4	4	5	5	6	10	20	
85	Charlie Johnson	4	4	5	5	6	10	20	100
86	Edgar Chandler	4	4	5	5	6	10	20	
87	Cyril Pinder	4	4	5	5	6	10	20	
88	Johnny Robinson	4	4	5	5	6	10	20	

#	Player	GD 2	VG 3	VgEx 4	EX 5	ExMt 6	NM 7	NmMt 8	MT 9
89	Ralph Neely	4	4	5	5	6	10	25	
90	Dan Abramowicz	4	4	5	5	6	10	50	
91	Mercury Morris RC	4	4	20	25	40	30	200	
92	Steve DeLong	4	4	5	5	6	10	20	150
93	Larry Stallings	4	4	5	5	6	10	20	
94	Tom Mack	4	4	5	5	6	10	20	
95	Hewritt Dixon	4	4	5	5	6	10	20	120
96	Fred Cox	4	4	5	5	6	12	80	
97	Chris Hanburger	4	4	5	5	6	10	20	
98	Gerry Philbin	4	4	5	5	6	12	30	
99	Ernie Wright	4	4	5	5	6	10	20	
100	John Brodie	4	4	5	5	6	12	40	100
101	Tucker Frederickson	4	4	5	5	6	10	20	
102	Bobby Walden	4	4	5	5	6	10	20	
103	Dick Gordon	4	4	5	5	6	10	25	
104	Walter Johnson	4	4	5	5	6	10	20	
105	Mike Lucci	4	4	5	5	6	10	20	
106	Checklist 2 DP	4	4	5	5	5	20	40	
107	Ron Berger	4	4	5	5	6	10	20	80
108	Dan Sullivan	4	4	5	5	6	10	20	80
109	George Kunz RC	4	4	5	5	6	10	20	80
110	Floyd Little	4	4	5	5	6	12	40	
111	Zeke Bratkowski	4	4	5	5	6	10	40	
112	Haven Moses	4	4	5	5	6	10	50	
113	Ken Houston RC	6	10	15	25	40	60	125	1,200
114	Willie Lanier RC	6	10	15	25	40	60	100	3,000
115	Larry Brown	4	4	5	5	6	10	20	120
116	Tim Rossovich	4	4	5	5	6	12	120	
117	Errol Linden	4	4	5	5	6	10	20	
118	Mel Renfro	4	4	5	5	6	10	40	
119	Mike Garrett	4	4	5	5	6	10	40	
120	Fran Tarkenton	4	4	20	40	50	60	100	400
121	Garo Yepremian RC	4	4	5	5	6	10	20	
122	Glen Condren	4	4	5	5	6	10	20	
123	Johnny Roland	4	4	5	5	6	10	30	
124	Dave Herman	4	4	5	5	6	10	20	
125	Merlin Olsen	4	4	5	5	6	12	25	
126	Doug Buffone	4	4	5	5	6	10	30	
127	Earl McCullouch	4	4	5	5	6	10	20	
128	Spider Lockhart	4	4	5	5	6	10	20	100
129	Ken Willard	4	4	5	5	6	10	20	150
130	Gene Washington Vik	4	4	5	5	6	10	20	135
131	Mike Phipps RC	4	4	5	5	6	10	20	150
132	Andy Russell	4	4	5	5	6	12	60	
133	Ray Nitschke	4	4	25	30	40	125	600	
134	Jerry Logan	4	4	5	5	6	12	200	
135	MacArthur Lane RC	4	4	5	5	6	12	80	
136	Jim Turner	4	4	5	5	6	12	175	
137	Kent McCloughan	4	4	5	5	6	12	250	
138	Paul Guidry	4	4	5	5	6	12	150	
139	Otis Taylor	4	4	5	5	6	10	60	
140	Virgil Carter RC	4	4	5	5	6	10	60	
141	Joe Dawkins	4	4	5	5	6	10	25	
142	Steve Preece	4	4	5	5	6	12	30	
143	Mike Bragg RC	4	4	5	5	6	10	50	
144	Bob Lilly	4	4	5	30	40	50	125	
145	Joe Kapp	4	4	5	5	6	10	30	
146	Al Dodd	4	4	5	5	6	12	80	
147	Nick Buoniconti	4	4	5	5	6	10	40	
148	Speedy Duncan	4	4	5	5	6	10	25	
149	Cedrick Hardman RC	4	4	5	5	6	10	150	
150	Gale Sayers	20	25	40	50	▼80	▼100	▼250	800
151	Jim Otto	4	4	5	5	6	10	40	
152	Billy Truax	4	4	5	5	6	10	60	
153	John Elliott	4	4	5	5	6	10	25	
154	Dick LeBeau	4	4	5	5	6	10	60	
155	Bill Bergey	4	4	5	5	6	12	135	
156	Terry Bradshaw RC	120	200	300	400	600	1,200	5,000	50,000
157	Leroy Kelly	4	4	5	20	25	30	50	
158	Paul Krause	4	4	5	5	6	15	50	
159	Ted Vactor	4	4	5	5	6	10	20	80
160	Bob Griese	4	10	15	20	80	100	150	1,000
161	Ernie McMillan	4	4	5	5	6	10	25	
162	Donny Anderson	4	4	5	5	6	10	30	
163	John Pitts	4	4	5	5	6	12	50	
164	Dave Costa	4	4	5	5	6	10	25	
165	Gene Washington 49er	4	4	5	5	6	10	30	
166	John Zook	4	4	5	5	6	10	25	
167	Pete Gogolak	4	4	5	5	6	10	50	

#	Player	GD 2	VG 3	VgEx 4	EX 5	ExMt 6	NM 7	NmMt 8	MT 9
168	Erich Barnes	4	4	5	5	6	12	80	
169	Alvin Reed	4	4	5	5	6	12	50	
170	Jim Nance	4	4	5	5	6	10	30	80
171	Craig Morton	4	4	5	5	6	10	50	
172	Gary Garrison	4	4	5	5	6	10	30	150
173	Joe Scarpati	4	4	5	5	6	10	25	
174	Adrian Young	4	4	5	5	6	12	120	
175	John Mackey	4	4	5	5	6	15	80	
176	Mac Percival	4	4	5	5	6	12	100	
177	Preston Pearson RC	4	4	5	5	6	12	40	
178	Fred Biletnikoff	4	4	5	5	12	40	150	
179	Mike Battle RC	4	4	5	5	6	10	30	
180	Len Dawson	4	4	5	25	40	125	250	
181	Les Josephson	4	4	5	5	6	10	20	120
182	Royce Berry	4	4	5	5	6	10	60	
183	Herman Weaver	4	4	5	5	6	12	100	
184	Norm Snead	4	4	5	5	6	20	40	
185	Sam Brunelli	4	4	5	5	6	10	25	
186	Jim Kiick RC	4	4	15	30	40	50	125	
187	Austin Denney	4	4	5	5	6	10	20	80
188	Roger Wehrli RC	10	15	25	40	50	80	300	
189	Dave Wilcox	4	4	5	5	6	12	50	
190	Bob Hayes	4	4	5	5	6	10	60	
191	Joe Morrison	4	4	5	5	6	10	50	
192	Manny Sistrunk	4	4	5	5	6	12	100	
193	Don Cockroft RC	4	4	5	5	6	10	25	
194	Lee Bouggess	4	4	5	5	6	12	100	
195	Bob Berry	4	4	5	5	6	10	25	125
196	Ron Sellers	4	4	5	5	6	12	30	
197	George Webster	4	4	5	5	6	12	150	
198	Hoyle Granger	4	4	5	5	6	10	20	150
199	Bob Vogel	4	4	5	5	6	10	40	
200	Bart Starr	20	25	30	50	80	150	350	▲1,000
201	Mike Mercer	4	4	5	5	6	12	30	
202	Dave Smith WR	4	4	5	5	6	12	100	
203	Lee Roy Caffey	4	4	5	5	6	10	25	
204	Mick Tingelhoff	4	4	5	5	6	12	60	
205	Matt Snell	4	4	5	5	6	10	20	125
206	Jim Tyrer	4	4	5	5	6	12	40	
207	Willie Brown	4	4	5	5	6	10	60	
208	Bob Johnson RC	4	4	5	5	6	10	30	
209	Deacon Jones	4	4	5	5	6	12	80	
210	Charlie Sanders RC	6	10	15	25	60	150	500	
211	Jake Scott RC	4	10	12	30	40	80	125	
212	Bob Anderson RC	4	4	5	5	6	10	25	
213	Charlie Krueger	4	4	5	5	6	10	50	
214	Jim Bakken	4	4	5	5	6	15	100	
215	Harold Jackson	4	4	5	5	6	15	100	
216	Bill Brundige	4	4	5	5	6	10	50	300
217	Calvin Hill	4	4	5	5	15	20	60	
218	Claude Humphrey	4	4	5	5	6	12	150	
219	Glen Ray Hines	4	4	5	5	6	12	30	
220	Bill Nelsen	4	4	5	5	6	10	50	80
221	Roy Hilton	4	4	5	5	6	12	150	
222	Don Herrmann	4	4	5	5	6	10	25	
223	John Bramlett	4	4	5	5	6	12	100	
224	Ken Ellis	4	4	5	5	6	30	250	500
225	Dave Osborn	4	4	5	5	6	10	50	
226	Edd Hargett RC	4	4	5	5	6	12	100	
227	Gene Mingo	4	4	5	5	6	12	50	
228	Larry Grantham	4	4	5	5	6	12	100	
229	Dick Post	4	4	5	5	6	25	150	
230	Roman Gabriel	4	4	5	5	6	10	50	300
231	Mike Eischeid	4	4	5	5	6	20	150	
232	Jim Lynch	4	4	5	5	6	10	50	
233	Lemar Parrish RC	4	4	5	5	6	20	135	
234	Cecil Turner	4	4	5	5	6	12	100	
235	Dennis Shaw RC	4	4	5	5	6	12	40	
236	Mel Farr	4	4	5	5	6	12	100	
237	Curt Knight	4	4	5	5	6	10	25	
238	Chuck Howley	4	4	5	5	6	10	50	
239	Bruce Taylor RC	4	4	5	5	6	10	100	
240	Jerry LeVias	4	4	5	5	6	12	100	
241	Bob Lurtsema	4	4	5	5	6	10	25	
242	Earl Morrall	4	4	5	5	6	10	25	
243	Kermit Alexander	4	4	5	5	6	10	25	150
244	Jackie Smith	4	4	5	5	6	10	50	

		GD 2	VG 3	VgEx 4	EX 5	ExMt 6	NM 7	NmMt 8	MT 9
245	Joe Greene RC	50	80	120	200	300	▲600	1,500	
246	Harmon Wages	4	4	5	5	6	10	50	
247	Errol Mann	4	4	5	5	6	20	120	
248	Mike McCoy DT RC	4	4	5	5	6	10	30	
249	Milt Morin RC	4	4	5	5	6	10	25	
250	Joe Namath	40	50	60	100	150	300	500	
251	Jackie Burkett	4	4	5	5	6	10	100	
252	Steve Chomyszak	4	4	5	5	6	10	35	
253	Ed Sharockman	4	4	5	5	6	12	200	
254	Robert Holmes RC	4	4	5	5	6	10	40	100
255	John Hadl	4	4	5	5	6	10	25	
256	Cornell Gordon	4	4	5	5	6	12	30	
257	Mark Moseley RC	4	4	5	5	6	12	30	
258	Gus Otto	4	4	5	5	6	20	300	
259	Mike Taliaferro	4	4	5	5	6	12	30	
260	O.J. Simpson	25	30	40	60	100	150	▼1,000	
261	Paul Warfield	4	4	5	30	40	80	250	
262	Jack Concannon	4	4	5	5	10	20	100	
263	Tom Matte	4	4	5	5	8	50	150	

— Lance Alworth #10 PSA 9 (MT) sold for $760 (eBay; 1/07)
— Willie Brown #207 PSA 9 (MT) sold for $710 (eBay; 1/08)
— Dick Butkus #25 PSA 9 (MT) sold for $770 (eBay; 7/05)
— Dick Butkus #25 PSA 9 (MT) sold for $1,228 (eBay; 9/13)
— Joe Greene #245 PSA 10 (Gem) sold for $5115 (eBay; 11/14)
— Joe Greene #245 PSA 9 (MT) sold for $2,497 (Mile High; 10/09)
— Joe Greene #245 PSA 9 (MT) sold for $2,613 (eBay; 11/13)
— John Hadl #255 PSA 9 (MT) sold for $565 (eBay; 1/08)
— Ken Houston #113 PSA 10 (Gem Mint) sold for $5,510 (eBay; 2/13)
— Les Josephson #181 PSA 9 (MT) sold for $1,335 (eBay; 6/09)
— Mike Lucci #105 PSA 10 (Gem Mint) sold for $607 (Memory Lane; 8/12)
— John Mackey #175 PSA 9 (MT) sold for $520 (eBay; 10/06)
— Mercury Morris #91 PSA 10 (Gem MT) sold for $2,555 (eBay; 12/11)
— Craig Morton #171 PSA 10 (Gem MT) sold for $1,228.50 (eBay; 2/14)
— Joe Namath #250 PSA 8.5 (NmMT+) sold for $974 (eBay; 12/12)
— Ed O'Bradovich #78 PSA 10 (Gem Mint) sold for $552 (Memory Lane; 8/12)
— Charlie Sanders #210 PSA 9 (MT) sold for $453 (eBay; 12/12)
— Marty Schottenheimer #3 PSA 9 (MT) sold for $550 (eBay; 6/06)
— Altie Taylor RC #62 PSA 10 (Gem Mint) sold for $668 (Memory Lane; 8/12)
— Duane Thomas #65 PSA 9 (MT) sold for $337 (eBay; 2/13)
— Billy Truax #152 PSA 10 (Gem Mint) sold for $889 (Memory Lane; 8/12)
— Johnny Unitas #1 PSA 9 (MT) sold for $1,285 (eBay; 3/07)
— Roger Wehrli #188 PSA 9 (MT) sold for $1,335 (eBay; 6/09)
— Dave Wilcox #189 PSA 10 (Gem Mint) sold for $1,032 (eBay; 7/13)

1971 Topps Game Inserts

		GD 2	VG 3	VgEx 4	EX 5	ExMt 6	NM 7	NmMt 8	MT 9
	COMMON CARD (1-53)	4	4	4	5	5	8	15	
1	Dick Butkus DP	4	4	4	5	6	10	25	
3	Joe Namath DP	4	10	12	25	30	50	100	300
4	Mike Curtis	4	4	4	5	25	8	15	80
5	Jim Nance	4	4	4	5	5	8	12	
7	O.J. Simpson	4	4	15	20	30	40	60	120
9	Tommy Nobis	4	4	4	5	5	8	10	80
10	Gale Sayers	4	4	12	25	30	40	50	60
17	Floyd Little	4	4	4	5	5	10	25	
18	Sam Brunelli	4	4	4	5	6	12		
21	Gene Washington 49er	4	4	4	5	5	8	15	80
22	Willie Wood	4	4	4	5	5	8	15	80
24	Charley Johnson	4	4	4	5	5	10	25	
25	Len Dawson	4	4	4	5	6	10	20	
27	Merlin Olsen	4	4	4	5	5	8	20	
28	Roman Gabriel	4	4	4	5	5	10	25	
29	Bob Griese	4	4	4	5	5	10	30	
30	Larry Csonka	4	4	4	5	6	15	30	100
33	Dan Abramowicz	4	4	4	5	5	10	25	
34	Tom Dempsey	4	4	4	5	6	12		
35	Fran Tarkenton	4	4	4	5	6	10	25	
37	Johnny Unitas	4	8	10	12	15	40	60	150
39	Daryle Lamonica	4	4	4	5	5	8	15	80
43	Terry Bradshaw	4	15	25	60	80	150	200	250
45	MacArthur Lane	4	4	4	5	5	8	20	100
48	Lance Alworth	4	4	4	5	6	10	20	80
49	John Brodie	4	4	4	5	5	8	30	
50	Bart Starr DP	4	4	4	25	30	40	100	120
51	Sonny Jurgensen	4	4	4	5	5	10	15	
52	Larry Brown	4	4	4	5	6	12		

1972 Topps

		VG 3	VgEx 4	EX 5	ExMt 6	NM 7	NmMt 8	MT 9	Gem 9.5/10
1	Csonka/Little/Hubbard LL	4	5	5	8	15	10	500	
2	Brockington/Owens/Ellison LL	4	5	5	5	8	25	60	
3	Griese/Dawson/Carter LL	4	5	5	5	8	20	120	
4	Staubach/Landry/Kilmer LL	4	5	20	25	30	100	250	
5	Biletnikoff/O.Taylor/Vataha LL	4	5	5	5	8	20	80	
6	Tucker/Kwalick/H.Jack./Jeffer.LL	4	5	5	5	8	15	60	
7	Yepremian/Stenerud/O'Brien LL	4	5	5	5	8	15	50	
8	Knight/Mann/Gossett LL	4	5	5	5	8	12	40	
9	Jim Kiick	4	5	5	5	8	15	50	
10	Otis Taylor	4	5	5	5	8	12	40	
11	Bobby Joe Green	4	5	5	5	8	12	40	
12	Ken Ellis	4	5	5	5	8	12	40	
13	John Riggins RC	12	20	30	50	80	200	1,000	10,000
14	Dave Parks	4	5	5	5	8	12	40	
15	John Hadl	4	5	5	5	8	15	40	
16	Ron Hornsby	4	5	5	5	8	15		
17	Chip Myers RC	4	5	5	5	8	15		
18	Billy Kilmer	4	5	5	5	8	12	40	
19	Fred Hoaglin	4	5	5	5	8	12	40	
20	Carl Eller	4	5	5	5	8	12	40	
21	Steve Zabel	4	5	5	5	8	12		
22	Vic Washington RC	4	5	5	5	8	12	40	
23	Len St. Jean	4	5	5	5	8	12	40	
24	Bill Thompson	4	5	5	5	8	12	40	
25	Steve Owens RC	4	5	5	5	10	25	80	
26	Ken Burrough RC	4	5	5	5	8	12	50	
27	Mike Clark	4	5	5	5	8	12	60	
28	Willie Brown	4	5	5	5	8	12	40	
29	Checklist 1	4	5	5	6	10	50	125	
30	Marlin Briscoe RC	4	5	5	5	8	12	40	
31	Jerry Logan	4	5	5	5	8	12	40	
32	Donny Anderson	4	5	5	5	8	12	40	
33	Rich McGeorge	4	5	5	5	8	12	40	
34	Charlie Durkee	4	5	5	5	8	12	40	
35	Willie Lanier	4	5	5	5	8	12	40	
36	Chris Farasopoulos	4	5	5	5	8	12	40	
37	Ron Shanklin RC	4	5	5	5	8	15		
38	Forrest Blue RC	4	5	5	5	8	12	40	
39	Ken Reaves	4	5	5	5	8	12	40	
40	Roman Gabriel	4	5	5	5	8	12	40	
41	Mac Percival	4	5	5	5	8	12	40	
42	Lem Barney	4	5	5	5	8	12	40	
43	Nick Buoniconti	4	5	5	5	8	15	40	
44	Charlie Gogolak	4	5	5	5	8	12	40	
45	Bill Bradley RC	4	5	5	5	8	12	40	
46	Joe Jones DE	4	5	5	5	8	12	40	
47	Dave Williams	4	5	5	5	8	12	40	
48	Pete Athas	4	5	5	5	8	12	40	
49	Virgil Carter	4	5	5	5	8	12	40	
50	Floyd Little	4	5	5	5	8	20	40	
51	Curt Knight	4	5	5	5	8	12	40	
52	Bobby Maples	4	5	5	5	8	12	40	
53	Charlie West	4	5	5	5	8	12	50	
54	Marv Hubbard RC	4	5	5	5	8	12	40	
55	Archie Manning RC	20	30	40	50	80	150	500	1,000
56	Jim O'Brien RC	4	5	5	5	8	12	40	
57	Wayne Patrick	4	5	5	5	8	12	40	
58	Ken Bowman	4	5	5	5	8	15		
59	Roger Wehrli	4	5	5	5	8	12	40	
60	Charlie Sanders	4	5	5	5	8	12	40	
61	Jan Stenerud	4	5	5	5	8	12	40	
62	Willie Ellison	4	5	5	5	8	12	40	
63	Walt Sweeney	4	5	5	5	8	12	40	
64	Ron Smith	4	5	5	5	8	12	40	
65	Jim Plunkett RC	15	25	30	40	80	150	500	
66	Herb Adderley	4	5	5	5	8	12	40	
67	Mike Reid RC	4	5	5	5	8	12	40	
68	Richard Caster RC	4	5	5	5	8	12	50	
69	Dave Wilcox	4	5	5	5	8	12	50	
70	Leroy Kelly	4	5	5	5	8	30	60	
71	Bob Lee RC	4	5	5	5	8	12	50	
72	Verlon Biggs	4	5	5	5	8	12	80	
73	Henry Allison	4	5	5	5	8	12		
74	Steve Ramsey	4	5	5	5	8	12	40	
75	Claude Humphrey	4	5	5	5	8	12	40	

Beckett Graded Card Price Guide 309

#	Player	VG 3	VgEx 4	EX 5	ExMt 6	NM 7	NmMt 8	MT 9	Gem 9.5/10
76	Bob Grim RC	4	5	5	5	8	12	40	
77	John Fuqua	4	5	5	5	8	12	100	
78	Ken Houston	4	5	5	5	8	20	40	
79	Checklist 2 DP	4	5	5	10	12	30	150	
80	Bob Griese	4	5	6	8	15	25	120	
81	Lance Rentzel	4	5	5	5	8	12	40	
82	Ed Podolak RC	4	5	5	5	8	12	40	
83	Ike Hill	4	5	5	5	8	12	40	
84	George Farmer	4	5	5	5	8	12	40	
85	John Brockington RC	4	5	5	5	8	12	40	
86	Jim Otto	4	5	5	5	8	12	40	
87	Richard Neal	4	5	5	5	8	12	40	
88	Jim Hart	4	5	5	5	8	12	40	
89	Bob Babich	4	5	5	5	8	12	40	
90	Gene Washington 49ers	4	5	5	5	8	12	40	
91	John Zook	4	5	5	5	8	12	40	
92	Bobby Duhon	4	5	5	5	8	12	40	
93	Ted Hendricks RC	8	12	20	30	50	250	800	
94	Rockne Freitas	4	5	5	5	8	12	40	
95	Larry Brown	4	5	5	5	8	12	40	
96	Mike Phipps	4	5	5	5	8	12	40	
97	Julius Adams	4	5	5	5	8	12	40	
98	Dick Anderson	4	5	5	5	8	12	40	
99	Fred Willis	4	5	5	5	8	12	40	
100	Joe Namath	10	20	25	50	60	200	250	1,500
101	L.C.Greenwood RC	4	20	25	30	40	100	300	500
102	Mark Nordquist	4	5	5	5	8	12	40	
103	Robert Holmes	4	5	5	5	8	12	40	
104	Ron Yary RC	8	12	20	30	50	▼80	500	
105	Bob Hayes	4	5	5	5	8	15	50	
106	Lyle Alzado RC	4	12	25	30	40	100	▼250	
107	Bob Berry	4	5	5	5	8	12	40	
108	Phil Villapiano RC	4	5	5	5	8	12	60	
109	Dave Elmendorf	4	5	5	5	8	12	40	
110	Gale Sayers	5	20	25	40	100	125	300	
111	Jim Tyrer	4	5	5	5	8	12	40	
112	Mel Gray RC	4	5	5	5	8	12	40	
113	Gerry Philbin	4	5	5	5	8	12	40	
114	Bob James	4	5	5	5	8	12	40	
115	Garo Yepremian	4	5	5	5	8	12	50	
116	Dave Robinson	4	5	5	5	8	12	40	
117	Jeff Queen	4	5	5	5	8	12	40	
118	Norm Snead	4	5	5	5	8	25		
119	Jim Nance IA	4	5	5	5	8	12	40	
120	Terry Bradshaw IA	4	5	6	8	12	25	100	300
121	Jim Kiick IA	4	5	5	5	8	12	40	
122	Roger Staubach IA	5	6	8	12	40	50	250	
123	Bo Scott IA	4	5	5	5	8	12	40	
124	John Brodie IA	4	5	5	5	8	12	40	175
125	Rick Volk IA	4	5	5	5	8	12	40	
126	John Riggins IA	4	5	5	6	10	20	30	250
127	Bubba Smith IA	4	5	5	5	8	12	40	
128	Roman Gabriel IA	4	5	5	5	8	12	40	
129	Calvin Hill IA	4	5	5	5	8	12	40	
130	Bill Nelsen IA	4	5	5	5	8	12	40	
131	Tom Matte IA	4	5	5	5	8	12	40	
132	Bob Griese IA	4	5	5	5	8	20	80	
133	AFC Semi-Final	4	5	5	6	10	30	150	
134	NFC Semi-Final	4	5	5	5	8	12	80	
135	AFC Semi-Final	4	5	5	5	8	12	50	
136	NFC Semi-Final	4	5	5	5	8	12	60	
137	AFC Title Game/Unitas	4	5	5	5	10	20	60	
138	NFC Title Game/Lilly	4	5	5	5	8	25		
139	Super Bowl VI/Staubach	4	5	5	5	40	50	60	100
140	Larry Csonka	4	5	5	8	15	50	200	
141	Rick Volk	4	5	5	5	8	12	40	
142	Roy Jefferson	4	5	5	5	8	12	40	
143	Raymond Chester RC	4	5	5	5	8	12	60	
144	Bobby Douglass	4	5	5	5	8	12	40	
145	Bob Lilly	4	5	5	8	30	150		
146	Harold Jackson	4	5	5	5	8	12	50	
147	Pete Gogolak	4	5	5	5	8	12	40	
148	Art Malone	4	5	5	5	8	12	40	
149	Ed Flanagan	4	5	5	5	8	12	40	
150	Terry Bradshaw	12	15	20	30	40	150	750	
151	MacArthur Lane	4	5	5	5	8	12	40	
152	Jack Snow	4	5	5	5	8	10	40	
153	Al Beauchamp	4	5	5	5	8	12	40	
154	Bob Anderson	4	5	5	5	8	12	40	
155	Ted Kwalick RC	4	5	5	5	8	12	40	
156	Dan Pastorini RC	4	5	5	5	10	20	60	
157	Emmitt Thomas RC	8	20	25	30	50	125	500	
158	Randy Vataha RC	4	5	5	5	8	12	40	
159	Al Atkinson	4	5	5	5	8	12	40	
160	O.J.Simpson	20	25	30	40	50	100	400	
161	Jackie Smith	4	5	5	5	8	12	40	
162	Ernie Kellerman	4	5	5	5	8	15		
163	Dennis Partee	4	5	5	5	8	12	40	
164	Jake Kupp	4	5	5	5	8	12	150	
165	Johnny Unitas	8	10	30	40	50	60	200	
166	Clint Jones RC	4	5	5	5	8	12	40	
167	Paul Warfield	4	5	5	6	10	25	80	
168	Roland McDole	4	5	5	5	8	20	60	
169	Daryle Lamonica	4	5	5	5	8	15	125	
170	Dick Butkus	4	5	6	8	20	50	150	
171	Jim Butler	4	5	5	5	8	12	40	
172	Mike McCoy DT	4	5	5	5	8	12	40	
173	Dave Smith WR	4	5	5	5	8	12	40	
174	Greg Landry	4	5	5	5	8	12	40	
175	Tom Dempsey	4	5	5	5	8	15	50	
176	John Charles	4	5	5	5	8	12	150	
177	Bobby Bell	4	5	5	5	8	12	60	
178	Don Horn	4	5	5	5	8	10	40	
179	Bob Trumpy	4	5	5	5	8	15		
180	Duane Thomas	4	5	5	5	8	12	40	
181	Merlin Olsen	4	5	5	5	8	15	60	
182	Dave Herman	4	5	5	5	8	12	40	
183	Jim Nance	4	5	5	5	8	12	40	
184	Pete Beathard	4	5	5	5	8	12	40	
185	Bob Tucker	4	5	5	5	8	12	40	
186	Gene Upshaw RC	12	20	25	30	▲50	150	800	
187	Bo Scott	4	5	5	5	8	12	40	
188	J.D.Hill RC	4	5	5	5	8	12	40	
189	Bruce Gossett	4	5	5	5	8	12	40	
190	Bubba Smith	4	5	5	5	8	15	40	
191	Edd Hargett	4	5	5	5	8	12	40	
192	Gary Garrison	4	5	5	5	8	12	40	
193	Jake Scott	4	5	5	5	8	12	50	
194	Fred Cox	4	5	5	5	8	25		
195	Sonny Jurgensen	4	5	5	5	8	25	80	
196	Greg Brezina RC	4	5	5	5	8	12	50	
197	Ed O'Bradovich	4	5	5	5	8	12	50	
198	John Rowser	4	5	5	5	8	12	50	
199	Altie Taylor	4	5	5	5	8	12	50	
200	Roger Staubach RC	120	150	200	250	600	2,000	15,000	
201	Leroy Keyes RC	4	5	5	5	8	12	40	
202	Garland Boyette	4	5	5	5	8	12	40	
203	Tom Beer	4	5	5	5	8	12	40	
204	Buck Buchanan	4	5	5	5	8	12	40	
205	Larry Wilson	4	5	5	5	8	12	40	
206	Scott Hunter RC	4	5	5	5	8	12	40	
207	Ron Johnson	4	5	5	5	8	12	40	
208	Sam Brunelli	4	5	5	5	8	12	40	
209	Deacon Jones	4	5	5	5	8	12	50	
210	Fred Biletnikoff	4	5	5	6	10	25	80	
211	Bill Nelsen	4	5	5	5	8	20	80	
212	George Nock	4	5	5	5	8	12	40	
213	Dan Abramowicz	4	5	5	5	8	12	40	
214	Irv Goode	4	5	5	5	8	12	40	
215	Isiah Robertson RC	4	5	5	5	8	12	40	
216	Tom Matte	4	5	5	5	8	12	50	
217	Pat Fischer	4	5	5	5	8	15		
218	Gene Washington Vik	4	5	5	5	8	12	50	
219	Paul Robinson	4	5	5	5	8	12	40	
220	John Brodie	4	5	5	5	8	15	50	
221	Manny Fernandez RC	4	5	5	5	8	12	40	
222	Errol Mann	4	5	5	5	8	12	40	
223	Dick Gordon	4	5	5	5	8	12	40	
224	Calvin Hill	4	5	5	5	8	12	120	
225	Fran Tarkenton	4	5	12	30	50	60	400	
226	Jim Turner	4	5	5	5	8	12	40	
227	Jim Mitchell TE	4	5	5	5	8	12	40	
228	Pete Liske	4	5	5	5	8	12	40	
229	Carl Garrett	4	5	5	5	8	12	40	
230	Joe Greene	15	20	30	50	80	200	250	
231	Gale Gillingham	4	5	5	5	8	12	40	
232	Norm Bulaich RC	4	5	5	5	8	20	60	
233	Spider Lockhart	4	5	5	5	8	15		

#	Player	VG 3	VgEx 4	EX 5	ExMt 6	NM 7	NmMt 8	MT 9	Gem 9.5/10
234	Ken Willard	4	5	5	5	8	25	80	
235	George Blanda	4	5	6	8	15	25	100	
236	Wayne Mulligan	4	5	5	5	8	12	60	
237	Dave Lewis	4	5	5	5	8	12	60	
238	Dennis Shaw	4	5	5	5	8	12	40	
239	Fair Hooker	4	5	5	5	8	12	40	
240	Larry Little RC	10	15	25	40	60	150	800	
241	Mike Garrett	4	5	5	5	8	12	50	
242	Glen Ray Hines	4	5	5	5	8	15		
243	Myron Pottios	4	5	5	5	8	12	40	
244	Charlie Joiner RC	10	15	25	40	50	80	600	
245	Len Dawson	4	5	5	8	12	30	150	
246	W.K. Hicks	4	5	5	5	8	12	40	
247	Les Josephson	4	5	5	5	8	12	40	
248	Lance Alworth	4	5	30	40	50	125	150	
249	Frank Nunley	4	5	5	5	8	12	40	
250	Mel Farr IA	4	5	5	5	8	12	40	
251	Johnny Unitas IA	4	5	5	8	15	40	125	
252	George Farmer IA	4	5	5	5	8	12	40	
253	Duane Thomas IA	4	5	5	5	8	12	40	
254	John Hadl IA	4	5	5	5	8	12	40	
255	Vic Washington IA	4	5	5	5	8	12	40	
256	Don Horn IA	4	5	5	5	8	12	40	
257	L.C.Greenwood IA	4	5	5	6	10	25	125	
258	Bob Lee IA	4	5	5	5	8	12	60	
259	Larry Csonka IA	4	5	5	5	8	15	60	
260	Mike McCoy IA	4	5	5	5	8	12	40	
261	Greg Landry IA	4	5	5	5	8	12	50	
262	Ray May IA	4	5	5	5	8	20	125	
263	Bobby Douglass IA	4	5	5	5	8	12	60	
264	Charlie Sanders AP	8	10	12	15	20	30	60	
265	Ron Yary AP	8	10	12	15	25	35	60	175
266	Rayfield Wright AP	10	12	15	30	80	100	250	
267	Larry Little AP	8	10	12	15	20	40	75	
268	John Niland AP	6	8	10	15	25	40	75	
269	Forrest Blue AP	6	8	10	12	15	40	50	
270	Otis Taylor AP	6	8	10	12	15	30	50	200
271	Paul Warfield AP	8	10	12	18	30	50	80	300
272	Bob Griese AP	10	12	30	40	40	60	120	600
273	John Brockington AP	6	8	10	12	15	50	60	
274	Floyd Little AP	6	8	10	12	15	40	80	200
275	Garo Yepremian AP	6	8	10	12	15	50	60	
276	Jerrel Wilson AP	6	8	10	12	15	30	50	150
277	Carl Eller AP	6	8	10	12	15	50	60	
278	Bubba Smith AP	8	10	12	15	25	40	80	
279	Alan Page AP	8	10	12	15	40	50	80	
280	Bob Lilly AP	8	10	12	18	30	80	100	
281	Ted Hendricks AP	8	10	12	18	30	50	80	
282	Dave Wilcox AP	6	8	10	12	15	30	50	
283	Willie Lanier AP	8	10	12	15	20	35	60	250
284	Jim Johnson AP	6	8	10	12	15	30	50	200
285	Willie Brown AP	8	10	12	15	20	35	80	
286	Bill Bradley AP	6	8	10	12	15	30	50	200
287	Ken Houston AP	8	10	12	15	20	35	50	250
288	Mel Farr	6	8	10	12	15	30	50	
289	Kermit Alexander	6	8	10	40	50	60	80	
290	John Gilliam RC	6	8	20	50	▲125	300	450	
291	Steve Spurrier RC	15	20	50	125	150	500	600	
292	Walter Johnson	6	8	10	25	40	80	100	
293	Jack Pardee	6	8	10	30	40	50	150	
294	Checklist 3	8	10	80	100	150	200	250	
295	Winston Hill	6	8	10	30	40	80	150	
296	Hugo Hollas	6	8	10	40	50	100	125	
297	Ray May RC	6	8	10	12	15	50	80	
298	Jim Bakken	6	8	10	15	20	60	80	
299	Larry Carwell	6	8	10	12	40	100	125	
300	Alan Page	8	10	12	18	40	60	200	
301	Walt Garrison	6	8	10	80	100	200	300	
302	Mike Lucci	6	20	25	30	40	50	100	
303	Nemiah Wilson	6	8	20	25	40	80	150	
304	Carroll Dale	6	40	50	80	100	200	400	
305	Jim Kanicki	6	8	10	12	20	100	200	
306	Preston Pearson	8	10	12	15	60	125	200	
307	Lemar Parrish	6	8	10	12	50	125	100	
308	Earl Morrall	VG 6	8	10	60	100	150	300	
309	Tommy Nobis	30	40	50	60	80	100	125	
310	Rich Jackson	6	8	10	12	15	30	60	
311	Doug Cunningham	6	8	10	12	15	30	50	
312	Jim Marsalis	6	8	10	40	50	60	125	
313	Jim Beirne	6	8	30	40	50	60	80	
314	Tom McNeill	6	8	10	25	30	40	80	
315	Milt Morin	6	12	15	20	80	125	400	
316	Rayfield Wright RC	60	100	150	250	400	800	1,000	
317	Jerry LeVias	6	8	10	15	20	50	80	
318	Travis Williams RC	6	8	10	30	60	80	150	
319	Edgar Chandler	6	8	10	40	50	60	80	
320	Bob Wallace	6	8	10	50	80	100	125	
321	Delles Howell	6	20	25	30	40	60	80	
322	Emerson Boozer	6	8	10	12	30	80	100	
323	George Atkinson RC	6	8	30	80	100	125	▲250	
324	Mike Montler	6	8	25	30	40	50	100	
325	Randy Johnson	6	8	10	12	30	100	125	
326	Mike Curtis	6	8	10	12	40	60	80	
327	Miller Farr	6	8	10	12	15	50	80	
328	Horst Muhlmann	6	8	25	30	40	80	150	
329	John Niland RC	8	10	12	15	100	125	350	
330	Andy Russell	8	10	12	20	80	125	▼300	
331	Mercury Morris	50	60	80	100	125	200	500	
332	Jim Johnson	8	10	12	15	50	60	150	
333	Jerrel Wilson	6	8	10	12	15	50	100	
334	Charley Taylor	8	25	30	40	50	80	100	
335	Dick LeBeau	6	8	25	30	40	80	125	
336	Jim Marshall	8	10	50	60	80	100	125	
337	Tom Mack	8	10	12	15	20	40	150	
338	Steve Spurrier IA	10	12	15	20	35	60	100	
339	Floyd Little IA	6	8	10	12	15	50	60	
340	Len Dawson IA	8	10	12	15	25	40	80	
341	Dick Butkus IA	12	15	20	40	80	100	150	
342	Larry Brown IA	6	8	10	12	15	40	60	
343	Joe Namath IA	25	50	80	100	125	200	300	
344	Jim Turner IA	6	8	10	12	15	30	50	
345	Doug Cunningham IA	6	8	10	12	15	30	60	
346	Edd Hargett IA	6	8	10	12	15	30	60	
347	Steve Owens IA	6	8	10	25	30	40	80	
348	George Blanda IA	8	10	12	25	40	60	150	
349	Ed Podolak IA	6	8	10	12	15	30	50	
350	Rich Jackson IA	6	8	10	12	15	30	60	
351	Ken Willard IA	6	8	10	25	40	175	800	

— Csonka/Little Hubbard LL #1 PSA 10 (Gem) sold for $2,205 (eBay; 1/07)
— Yepr/Stenerud/O'Brien LL #7 PSA 10 (Gem) sold for $1,345 (eBay; 11/06)
— Lyle Alzado #106 PSA 10 (Gem) sold for $1411 (eBay; 11/14)
— Dick Anderson #98 PSA 10 (Gem) sold for $1,325 (eBay; 12/07)
— George Blanda IA #348 PSA 10 (Gem) sold for $1,080 (eBay; 9/07)
— Forrest Blue #38 PSA 10 (Gem) sold for $835 (eBay; 12/07)
— Terry Bradshaw #150 PSA 10 (Gem) sold for $1,734 (Mile High; 10/09)
— Nick Buoniconti #43 PSA 10 (Gem) sold for $1,130 (eBay; 4/08)
— Chris Farasopoulis #36 PSA 10 (Gem) sold for $905 (eBay; 4/07)
— Bobby Joe Green #11 PSA 10 (Gem Mint) sold for $717 (eBay; 8/12)
— Bob Griese #272 PSA 10 (Gem) sold for $1,055 (Andy Madec; 10/06)
— Charlie Joiner RC #244 PSA 10 (Gem) sold for $4,059 (eBay 09/14)
— Leroy Kelly #70 PSA 10 (Gem) sold for $563 (eBay; 02/13)
— Floyd Little #50 PSA 10 (Gem) sold for $724 (eBay; 11/14)
— Mercury Morris #331 PSA 10 (Gem) sold for $2,130 (eBay; 3/07)
— Mercury Morris #331 PSA 10 (Gem) sold for $1,025 (eBay; 2/14)
— Joe Namath IA #343 PSA 10 (Gem) sold for $1,535 (eBay; 2/07)
— Joe Namath IA #343 PSA 10 (Gem) sold for $569 (Mile High 10/09)
— Merlin Olsen #181 PSA 10 (Gem) sold for $602 (eBay; 7/07)
— Jim Plunkett #65 PSA 10 (Gem) sold for $1,458 (eBay; 1/09)
— Jim Plunkett #65 PSA 10 (Gem) sold for $1,285 (eBay; 12/07)
— John Riggins #13 PSA 10 (Gem) sold for $4,500 (eBay; 2/07)
— John Riggins #13 PSA 10 (Gem) sold for $4,044 (eBay; 11/14)
— John Riggins #13 PSA 10 (Gem) sold for $1,459 (Mile High; 6/10)
— Charlie Sanders #60 PSA 10 (Gem) sold for $795 (eBay; 4/07)
— Gale Sayers #110 PSA 10 (Gem) sold for $560 (Mile High; 10/09)
— Dennis Shaw #238 PSA 10 (Gem) sold for $835 (eBay; 12/07)
— Steve Spurrier #291 PSA 10 (Gem) sold for $509 (Mile High; 6/10)
— Roger Staubach IA #122 PSA 10 (Gem) sold for $1,225 (eBay; 1/08)
— Roger Staubach IA #122 PSA 10 (Gem) sold for $22,161.37 (Mile High; 12/13)
— Johnny Unitas #165 PSA 10 (Gem) sold for $2,670 (Mile High; 11/10)
— Gene Upshaw #186 PSA 10 (Gem) sold for $3558 (eBay; 11/14)
— Vic Washington #22 PSA 10 (Gem) sold for $1,335 (eBay; 4/07)
— Dave Williams #47 PSA 10 (Gem Mint) sold for $717 (eBay; 8/12)
— Ron Yary #104 PSA 10 (Gem) sold for $2,230 (eBay; 4/08)
— Ron Yary #104 PSA 10 (Gem) sold for $1543 (eBay; 11/14)

1973 Topps

#	Player	VG 3	VgEx 4	EX 5	ExMt 6	NM 7	NmMt 8	MT 9	Gem 9.5/10
1	Simpson/L.Brown LL	5	6	8	12	20	30	150	
2	Snea/Morrall LL	5	6	8	10	15	20	30	
3	H.Jackson/Biletnikoff LL	5	6	8	10	15	20	60	
4	Marcol/Howfield LL	5	6	8	10	15	20	30	
5	Bradley/Sensibaugh LL	5	6	8	10	15	25	60	
6	Capple/J.Wilson LL	5	6	8	10	15	20	50	
7	Bob Trumpy	5	6	8	10	15	20	30	
8	Mel Tom	5	6	8	10	15	20	30	
9	Clarence Ellis	5	6	8	10	15	20	30	
10	John Niland	5	6	8	10	15	20	30	
11	Randy Jackson	5	6	8	10	15	20	30	
12	Greg Landry	5	6	8	10	15	20	30	
13	Cid Edwards	5	6	8	10	15	20	30	
14	Phil Olsen	5	6	8	10	15	20	30	
15	Terry Bradshaw	25	30	40	100	150	250	800	
16	Al Cowlings RC	5	6	8	10	20	25		
17	Walker Gillette	5	6	8	10	15	20	30	
18	Bob Atkins	5	6	8	10	15	20	30	
19	Diron Talbert RC	5	6	8	10	15	20	50	
20	Jim Johnson	5	6	8	10	20	25		
21	Howard Twilley	5	6	8	10	15	20	30	
22	Dick Enderle	5	6	8	10	15	20	30	
23	Wayne Colman	5	6	8	10	15	20	30	
24	John Schmitt	5	6	8	10	15	20	30	
25	George Blanda	5	6	8	10	25	30	80	
26	Milt Morin	5	6	8	10	15	20	30	
27	Mike Current	5	6	8	10	15	20	30	
28	Rex Kern RC	5	6	8	10	15	20	25	
29	MacArthur Lane	5	6	8	10	15	20	30	
30	Alan Page	5	6	8	10	15	20	50	
31	Randy Vataha	5	6	8	10	15	20	25	
32	Jim Kearney	5	6	8	10	20	25		
33	Steve Smith T	5	6	8	10	15	20	30	
34	Ken Anderson RC	25	30	50	100	200	250	300	
35	Calvin Hill	5	6	8	10	15	20	30	
36	Andy Maurer	5	6	8	10	15	20	30	
37	Joe Taylor	5	6	8	10	15	20	30	
38	Deacon Jones	5	6	8	10	15	20	30	
39	Mike Weger	5	6	8	10	20	25		
40	Roy Gerela	5	6	8	10	15	20	30	
41	Les Josephson	5	6	8	10	15	20	30	
42	Dave Washington	5	6	8	10	15	20	30	
43	Bill Curry RC	5	6	8	10	15	20	30	
44	Fred Heron	5	6	8	10	15	20	30	
45	John Brodie	5	6	8	10	15	20	35	
46	Roy Winston	5	6	8	10	15	20	30	
47	Mike Bragg	5	6	8	10	15	20	30	
48	Mercury Morris	5	6	8	10	15	20	50	
49	Jim Files	5	6	8	10	15	20	30	
50	Gene Upshaw	5	6	8	10	15	20	40	
51	Hugo Hollas	5	6	8	10	15	20	30	
52	Rod Sherman	5	6	8	10	15	20	30	
53	Ron Snidow	5	6	8	10	15	20	30	
54	Steve Tannen RC	5	6	8	10	15	20	30	
55	Jim Carter RC	5	6	8	10	15	20	30	
56	Lydell Mitchell RC	5	6	8	10	15	20	30	
57	Jack Rudnay RC	5	6	8	10	20	25		
58	Halvor Hagen	5	6	8	10	15	20	30	
59	Tom Dempsey	5	6	8	10	15	20	30	
60	Fran Tarkenton	20	25	30	40	80	100	300	
61	Lance Alworth	15	20	25	30	60	80	100	
62	Vern Holland	5	6	8	10	15	20	30	
63	Steve DeLong	5	6	8	10	15	20	30	
64	Art Malone	5	6	8	10	15	20	30	
65	Isiah Robertson	5	6	8	10	20	25		
66	Jerry Rush	5	6	8	10	15	20	30	
67	Bryant Salter	5	6	8	10	15	20	30	
68	Checklist 1-132	5	20	25	10	60	80	100	
69	J.D. Hill	5	6	8	10	15	20	30	
70	Forrest Blue	5	6	8	10	15	20	30	
71	Myron Pottios	5	6	8	10	15	20	30	
72	Norm Thompson RC	5	6	8	10	15	20	30	
73	Paul Robinson	5	6	8	10	15	20	30	
74	Larry Grantham	5	6	8	10	15	20	30	
75	Manny Fernandez	5	6	8	10	15	20	30	

#	Player	VgEx 4	EX 5	ExMt 6	NM 7	NmMt 8	NmMt+ 8.5	MT 9	Gem 9.5/10
76	Kent Nix	5	6	8	10	15	20	30	
77	Art Shell RC	15	25	40	60	150	200	500	
78	George Saimes	5	6	8	10	15	20	30	
79	Don Cockroft	5	6	8	10	15	20	30	
80	Bob Tucker	5	6	8	10	15	20	30	
81	Don McCauley RC	5	6	8	10	15	20	30	
82	Bob Brown DT	5	6	8	10	15	20	30	
83	Larry Carwell	5	6	8	10	15	20	30	
84	Mo Moorman	5	6	8	10	15	20	30	
85	John Gilliam	5	6	8	10	15	20	30	
86	Wade Key	5	6	8	10	15	20	30	
87	Ross Brupbacher	5	6	8	10	15	20	30	
88	Dave Lewis	5	6	8	10	15	20	30	
89	Franco Harris RC	60	80	125	200	400	600	3,000	
90	Tom Mack	5	6	8	10	15	20	30	
91	Mike Tilleman	5	6	8	10	15	20	30	
92	Carl Mauck	5	6	8	10	15	20	30	
93	Larry Hand	5	6	8	10	15	20	30	
94	Dave Foley RC	5	6	8	10	15	20	30	
95	Frank Nunley	5	6	8	10	15	20	30	
96	John Charles	5	6	8	10	15	20	30	
97	Jim Bakken	5	6	8	10	15	20	30	
98	Pat Fischer	5	6	8	10	20	25	35	
99	Randy Rasmussen	5	6	8	10	15	20	30	
100	Larry Csonka	5	6	8	10	25	40	175	
101	Mike Siani RC	5	6	8	10	15	20	30	
102	Tom Roussel	5	6	8	10	15	20	30	
103	Clarence Scott RC	5	6	8	10	15	20	30	
104	Charlie Johnson	5	6	8	10	15	20	30	
105	Rick Volk	5	6	8	10	15	20	30	
106	Willie Young	5	6	8	10	15	20	30	
107	Emmitt Thomas	5	6	8	10	15	20	30	
108	Jon Morris	5	6	8	10	15	20	30	
109	Clarence Williams	5	6	8	10	15	20	30	
110	Rayfield Wright	5	6	8	10	15	20	30	
111	Norm Bulaich	5	6	8	10	15	20	30	
112	Mike Eischeid	5	6	8	10	15	20	30	
113	Speedy Thomas	5	6	8	10	20	25		
114	Glen Holloway	5	6	8	10	15	20	30	
115	Jack Ham RC	25	40	60	120	250	400	800	
116	Jim Nettles	5	6	8	10	15	20	30	
117	Errol Mann	5	6	8	10	15	20	30	
118	John Mackey	5	6	8	10	15	20	30	
119	George Kunz	5	6	8	10	20	25		
120	Bob James	5	6	8	10	15	20	30	
121	Garland Boyette	5	6	8	10	15	20	30	
122	Mel Phillips	5	6	8	10	15	20	30	
123	Johnny Roland	5	6	8	10	15	20	30	
124	Doug Swift	5	6	8	10	15	20	30	
125	Archie Manning	5	6	8	10	15	20	80	
126	Dave Herman	5	6	8	10	15	20	30	
127	Carleton Oats	5	6	8	10	15	20	30	
128	Bill Van Heusen	5	6	8	10	15	20	30	
129	Rich Jackson	5	6	8	10	15	20	30	
130	Len Hauss	5	6	8	10	15	20	30	
131	Billy Parks RC	5	6	8	10	15	20	30	
132	Ray May	5	6	8	10	15	20	30	
133	NFC Semi/R.Staubach	5	6	8	15	30	50	400	
134	AFC Semi/Immac.Rec.	5	6	8	10	15	20	80	
135	NFC Semi-Final	5	6	8	10	15	20	50	
136	AFC Semi/L.Csonka	5	6	8	10	15	20	40	
137	NFC Title Game/Kilmer	5	6	8	10	15	20	40	
138	AFC Title Game	5	6	8	10	15	20	60	
139	Super Bowl VII	5	6	8	10	15	20	80	
140	Dwight White RC	5	40	50	60	200	250	600	
141	Jim Marsalis	5	6	8	10	15	20	30	
142	Doug Van Horn	5	6	8	10	20	25		
143	Al Matthews	5	6	8	10	15	20	30	
144	Bob Windsor	5	6	8	10	15	20	30	
145	Dave Hampton RC	5	6	8	10	15	20	30	
146	Horst Muhlmann	5	6	8	10	15	20	30	
147	Wally Hilgenberg RC	5	6	8	10	15	20	30	
148	Ron Smith	5	6	8	10	15	20	30	
149	Coy Bacon RC	5	6	8	10	15	20	60	
150	Winston Hill	5	6	8	10	15	20	30	
151	Ron Jessie RC	5	6	8	10	15	20	30	
152	Ken Iman	5	6	8	10	15	20	30	
153	Ron Saul	5	6	8	10	15	20	30	
154	Jim Braxton RC	5	6	8	10	15	20	30	

#	Player	VgEx 4	EX 5	ExMt 6	NM 7	NmMt 8	NmMt+ 8.5	MT 9	Gem 9.5/10
155	Bubba Smith	5	6	8	10	15	20	35	80
156	Gary Cuozzo	5	6	8	10	15	20	30	
157	Charlie Krueger	5	6	8	10	15	20	30	
158	Tim Foley RC	5	6	8	10	15	20	30	
159	Lee Roy Jordan	5	6	8	10	15	20	30	
160	Bob Brown OT	5	6	8	10	15	20	30	
161	Margene Adkins	5	6	8	10	15	20	30	
162	Ron Widby	5	6	8	10	15	20	30	
163	Jim Houston	5	6	8	10	15	20	30	
164	Joe Dawkins	5	6	8	10	15	20	30	
165	L.C. Greenwood	5	6	8	10	15	20	35	150
166	Richmond Flowers RC	5	6	8	10	15	20	30	
167	Curley Culp RC	15	25	40	60	120	200	600	
168	Len St. Jean	5	6	8	10	20	25		
169	Walter Rock	5	6	8	10	15	20	30	
170	Bill Bradley	5	6	8	10	15	20	30	
171	Ken Riley RC	30	50	80	250	400	20	1,000	
172	Rich Coady	5	6	8	10	15	20	30	
173	Don Hansen	5	6	8	10	15	20	30	
174	Lionel Aldridge	5	6	8	10	15	20	30	
175	Don Maynard	5	6	8	10	15	20	35	
176	Dave Osborn	5	6	8	10	15	20	30	
177	Jim Bailey	5	6	8	10	15	20	30	
178	John Pitts	5	6	8	10	15	20	30	
179	Dave Parks	5	6	8	10	15	20	30	
180	Chester Marcol RC	5	6	8	10	15	20	30	
181	Len Rohde	5	6	8	10	15	20	30	
182	Jeff Staggs	5	6	8	10	15	20	30	80
183	Gene Hickerson	5	6	8	10	15	20	30	
184	Charlie Evans	5	6	8	10	15	20	30	
185	Mel Renfro	5	6	8	10	15	20	30	
186	Marvin Upshaw	5	6	8	10	15	20	30	
187	George Atkinson	5	6	8	10	15	20	50	
188	Norm Evans	5	6	8	10	15	20	30	
189	Steve Ramsey	5	6	8	10	15	20	30	80
190	Dave Chapple	5	6	8	10	15	20	30	
191	Gerry Mullins	5	6	8	10	15	20	50	
192	John Didion	5	6	8	10	15	20	30	
193	Bob Gladieux	5	6	8	10	15	20	30	
194	Don Hultz	5	6	8	10	15	20	30	
195	Mike Lucci	5	6	8	10	15	20	30	
196	John Wilbur	5	6	8	10	15	20	30	
197	George Farmer	5	6	8	10	15	20	30	
198	Tommy Casanova RC	5	6	8	10	15	20	40	
199	Russ Washington	5	6	8	10	15	20	40	
200	Claude Humphrey	5	6	8	10	15	20	30	
201	Pat Hughes	5	6	8	10	15	20	30	80
202	Zeke Moore	5	6	8	10	15	20	30	
203	Chip Glass	5	6	8	10	15	20	30	
204	Glenn Ressler	5	6	8	10	15	20	30	
205	Willie Ellison	5	6	8	10	15	20	30	
206	John Leypoldt	5	6	8	10	15	20	30	
207	Johnny Fuller	5	6	8	10	15	20	30	
208	Bill Hayhoe	5	6	8	10	15	20	30	
209	Ed Bell	5	6	8	10	15	20	30	
210	Willie Brown	5	6	8	10	15	20	50	
211	Carl Eller	5	6	8	10	15	20	30	80
212	Mark Nordquist	5	6	8	10	15	20	30	
213	Larry Willingham	5	6	8	10	15	20	30	
214	Nick Buoniconti	5	6	8	10	15	20	30	
215	John Hadl	5	6	8	10	15	20	30	80
216	Jethro Pugh RC	5	6	8	10	20	25	50	
217	Leroy Mitchell	5	6	8	10	15	20	30	
218	Billy Newsome	5	6	8	10	15	20	30	
219	John McMakin	5	6	8	10	15	20	30	
220	Larry Brown	5	6	8	10	15	20	30	80
221	Clarence Scott RC	5	6	8	10	15	20	30	
222	Paul Naumoff	5	6	8	10	15	20	30	
223	Ted Fritsch Jr.	5	6	8	10	15	20	30	
224	Checklist 133-264	5	6	8	10	15	20	150	
225	Dan Pastorini	5	6	8	10	15	20	30	80
226	Joe Beauchamp	5	6	8	10	15	20	30	
227	Pat Matson	5	6	8	10	15	20	30	
228	Tony McGee DT	5	6	8	10	15	20	30	80
229	Mike Phipps	5	6	8	10	15	20	30	80
230	Harold Jackson	5	6	8	10	12	20	30	
231	Willie Williams	5	6	8	10	15	20	35	100
232	Spike Jones	5	6	8	10	15	20	30	
233	Jim Tyrer	5	6	8	10	15	20	30	
234	Roy Hilton	5	6	8	10	15	20	30	
235	Phil Villapiano	5	6	8	10	15	20	30	
236	Charley Taylor	5	6	8	10	15	20	35	
237	Malcolm Snider	5	6	8	10	15	20	30	
238	Vic Washington	5	6	8	10	15	20	30	80
239	Grady Alderman	5	6	8	10	15	20	30	
240	Dick Anderson	5	6	8	10	15	20	30	
241	Ron Yankowski	5	6	8	10	15	20	30	
242	Billy Masters	5	6	8	10	15	20	30	
243	Herb Adderley	5	6	8	10	15	20	30	
244	David Ray	5	6	8	10	15	20	40	
245	John Riggins	5	6	25	30	80	100	125	
246	Mike Wagner RC	5	6	8	10	35	30	100	
247	Don Morrison	5	6	8	10	15	20	30	
248	Earl McCullouch	5	6	8	10	20	25	50	
249	Dennis Wirgowski	5	6	8	10	15	20	30	
250	Chris Hanburger	5	6	8	10	12	20	30	
251	Pat Sullivan RC	5	6	8	10	15	20	30	
252	Walt Sweeney	5	6	8	10	15	20	30	
253	Willie Alexander	5	6	8	10	15	20	30	
254	Doug Dressler	5	6	8	10	20	25		
255	Walter Johnson	5	6	8	10	15	20	30	
256	Ron Hornsby	5	6	8	10	15	20	25	
257	Ben Hawkins	5	6	8	10	15	20	30	80
258	Donnie Green RC	5	6	8	10	15	20	30	100
259	Fred Hoaglin	5	6	8	10	15	20	30	
260	Jerrel Wilson	5	6	8	10	15	20	30	
261	Horace Jones	5	6	8	10	15	20	30	
262	Woody Peoples	5	6	8	10	15	20	30	
263	Jim Hill RC	5	6	8	10	15	20	30	
264	John Fuqua	5	6	8	10	15	20	30	
265	Donny Anderson KP	5	6	8	10	15	20	30	
266	Roman Gabriel KP	5	6	8	10	15	20	30	
267	Mike Garrett KP	5	6	8	10	15	20	30	
268	Rufus Mayes RC	5	6	8	10	15	20	60	
269	Chip Myrtle	5	6	8	10	15	20	30	
270	Bill Stanfill RC	5	6	8	10	15	20	30	
271	Clint Jones	5	6	8	10	15	20	30	
272	Miller Farr	5	6	8	10	15	20	30	
273	Harry Schuh	5	6	8	10	15	20	30	80
274	Bob Hayes	5	6	8	10	15	20	30	80
275	Bobby Douglass	5	6	8	10	15	20	30	
276	Gus Hollomon	5	6	8	10	15	20	30	
277	Del Williams	5	6	8	10	15	20	30	
278	Julius Adams	5	6	8	10	12	15	20	80
279	Herman Weaver	5	6	8	10	15	20	30	
280	Joe Greene	15	25	40	80	150	200	400	
281	Wes Chesson	5	6	8	10	15	20	30	
282	Charlie Harraway	5	6	8	10	15	20	30	
283	Paul Guidry	5	6	8	10	15	20	30	80
284	Terry Owens RC	5	6	8	10	15	20	30	
285	Jan Stenerud	5	6	8	10	15	20	30	
286	Pete Athas	5	6	8	10	15	20	30	80
287	Dale Lindsey	5	6	8	10	15	20	30	
288	Jack Tatum RC	25	30	40	60	80	150	300	
289	Floyd Little	5	6	8	10	15	20	30	80
290	Bob Johnson	5	6	8	10	15	20	30	
291	Tommy Hart RC	5	6	8	10	15	20	30	
292	Tom Mitchell	5	6	8	10	15	20	30	
293	Walt Patulski RC	5	6	8	10	15	20	30	
294	Jim Skaggs	5	6	8	10	15	20	30	
295	Bob Griese	5	6	30	40	50	60	80	300
296	Mike McCoy DT	5	6	8	10	15	20	30	
297	Mel Gray	5	6	8	10	15	20	30	80
298	Bobby Bryant	5	6	8	10	15	20	30	
299	Blaine Nye RC	5	6	8	10	15	20	30	
300	Dick Butkus	5	25	50	60	80	100	150	225
301	Charlie Cowan RC	5	6	8	10	15	20	30	
302	Mark Lomas	5	6	8	10	15	20	30	
303	Josh Ashton	5	6	8	10	15	20	30	
304	Happy Feller	5	6	8	10	15	20	30	
305	Ron Shanklin	5	6	8	10	15	20	30	
306	Wayne Rasmussen	5	6	8	10	15	20	30	
307	Jerry Smith	5	6	8	10	15	20	30	80
308	Ken Reaves	5	6	8	10	15	20	30	
309	Ron East	5	6	8	10	15	20	30	
310	Otis Taylor	5	6	8	10	15	20	30	
311	John Garlington	5	6	8	10	15	20	30	
312	Lyle Alzado	5	6	8	10	15	20	40	

#	Player	VgEx 4	EX 5	ExMt 6	NM 7	NmMt 8	NmMt+ 8.5	MT 9	Gem 9.5/10
313	Remi Prudhomme	5	6	8	10	15	20	30	
314	Cornelius Johnson	5	6	8	10	15	20	30	
315	Lemar Parrish	5	6	8	10	20	25		
316	Jim Kiick	5	6	8	10	15	20	25	
317	Steve Zabel	5	6	8	10	15	20	30	
318	Alden Roche	5	6	8	10	15	20	30	
319	Tom Blanchard	5	6	8	10	15	20	30	
320	Fred Biletnikoff	5	6	8	10	15	20	40	
321	Ralph Neely	5	6	8	10	15	20	30	80
322	Dan Dierdorf RC	12	20	30	50	100	200	500	
323	Richard Caster	5	6	8	10	15	20	30	
324	Gene Howard	5	6	8	10	15	20	30	
325	Elvin Bethea	5	6	8	10	15	20	30	
326	Carl Garrett	5	6	8	10	15	20	30	
327	Ron Billingsley	5	6	8	10	15	20	30	
328	Charlie West	5	6	8	10	15	20	30	
329	Tom Neville	5	6	8	10	15	20	30	
330	Ted Kwalick	5	6	8	10	15	20	30	
331	Rudy Redmond	5	6	8	10	15	20	30	
332	Henry Davis	5	6	8	10	15	20	30	
333	John Zook	5	6	8	10	15	20	30	
334	Jim Turner	5	6	8	10	15	20	30	60
335	Len Dawson	5	6	10	12	60	80	200	
336	Bob Chandler RC	5	6	8	10	15	20	30	
337	Al Beauchamp	5	6	8	10	15	20	30	80
338	Tom Matte	5	6	8	10	15	20	30	80
339	Paul Laaveg	5	6	8	10	15	20	30	
340	Ken Ellis	5	6	8	10	15	20	30	80
341	Jim Langer RC	12	20	30	50	80	100	125	600
342	Ron Porter	5	6	8	10	15	20	30	
343	Jack Youngblood RC	20	30	50	▲100	200	250	600	
344	Cornell Green	5	6	8	10	15	20	30	80
345	Marv Hubbard	5	6	8	10	15	20	30	80
346	Bruce Taylor	5	6	8	10	15	20	30	
347	Sam Havrilak	5	6	8	10	15	20	30	80
348	Walt Sumner	5	6	8	10	15	20	30	
349	Steve O'Neal	5	6	8	10	15	20	30	80
350	Ron Johnson	5	6	8	10	15	20	30	60
351	Rockne Freitas	5	6	8	10	15	20	30	60
352	Larry Stallings	5	6	8	10	15	20	30	
353	Jim Cadile	5	6	8	10	15	20	30	
354	Ken Burrough	5	6	8	10	15	20	30	60
355	Jim Plunkett	5	6	8	10	15	20	100	
356	Dave Long	5	6	8	10	15	20	30	
357	Ralph Anderson	5	6	8	10	15	20	40	
358	Checklist 265-396	5	6	8	10	50	60	80	
359	Gene Washington Vik	5	6	8	10	15	20	30	
360	Dave Wilcox	5	6	8	10	15	20	30	80
361	Paul Smith	5	6	8	10	15	20	30	
362	Alvin Wyatt	5	6	8	10	15	20	30	
363	Charlie Smith RB	5	6	8	10	15	20	30	
364	Royce Berry	5	6	8	10	15	20	30	80
365	Dave Elmendorf	5	6	8	10	15	20	30	
366	Scott Hunter	5	6	8	10	15	20	30	
367	Bob Kuechenberg RC	5	6	8	10	30	30	50	500
368	Pete Gogolak	5	6	8	10	15	20	30	
369	Dave Edwards	5	6	8	10	15	20	30	
370	Lem Barney	5	6	8	10	15	20	30	
371	Verlon Biggs	5	6	8	10	15	20	30	60
372	John Reaves RC	5	6	8	10	15	20	30	80
373	Ed Podolak	5	6	8	10	15	20	30	
374	Chris Farasopoulos	5	6	8	10	15	20	30	60
375	Gary Garrison	5	6	8	10	15	20	30	
376	Tom Funchess	5	6	8	10	15	20	30	80
377	Bobby Joe Green	5	6	8	10	15	20	30	
378	Don Brumm	5	6	8	10	15	20	30	
379	Jim O'Brien	5	6	8	10	15	20	30	
380	Paul Krause	5	6	8	10	15	20	30	
381	Leroy Kelly	5	6	8	10	15	20	30	
382	Ray Mansfield	5	6	8	10	15	20	30	
383	Dan Abramowicz	5	6	8	10	15	20	30	
384	John Outlaw RC	5	6	8	10	15	20	30	
385	Tommy Nobis	5	6	8	10	15	20	30	
386	Tom Domres	5	6	8	10	15	20	30	
387	Ken Willard	5	6	8	10	15	20	30	
388	Mike Stratton	5	6	8	10	15	20	30	80
389	Fred Dryer	5	6	8	10	15	20	30	
390	Jake Scott	5	6	8	10	15	20	30	
391	Rich Houston	5	6	8	10	15	20	30	
392	Virgil Carter	5	6	8	10	15	20	30	
393	Tody Smith	5	6	8	10	15	20	30	
394	Ernie Calloway	5	6	8	10	15	20	30	60
395	Charlie Sanders	5	6	8	10	15	20	30	
396	Fred Willis	5	6	8	10	15	20	30	80
397	Curt Knight	5	6	8	10	15	20	30	
398	Nemiah Wilson	5	6	8	10	15	20	30	
399	Carroll Dale	5	6	8	10	15	20	30	
400	Joe Namath	30	40	60	100	200	250	450	600
401	Wayne Mulligan	5	6	8	10	15	20	30	
402	Jim Harrison	5	6	8	10	15	20	30	
403	Tim Rossovich	5	6	8	10	15	20	30	
404	David Lee	5	6	8	10	15	20	30	
405	Frank Pitts	5	6	8	10	15	20	30	
406	Jim Marshall	5	6	8	10	15	20	30	
407	Bob Brown TE	5	6	8	10	15	20	30	
408	John Rowser	5	6	8	10	15	20	30	
409	Mike Montler	5	6	8	10	20	25		
410	Willie Lanier	5	6	8	10	15	20	30	
411	Bill Bell K	5	6	8	10	15	20	30	
412	Cedrick Hardman	5	6	8	10	15	20	30	80
413	Bob Anderson	5	6	8	10	15	20	30	100
414	Earl Morrall	5	6	8	10	15	20	30	
415	Ken Houston	5	6	8	10	15	20	30	
416	Jack Snow	5	6	8	10	15	20	30	
417	Dick Cunningham	5	6	8	10	15	20	30	
418	Greg Larson	5	6	8	10	15	20	30	
419	Mike Bass	5	6	8	10	15	20	30	80
420	Mike Reid	5	6	8	10	15	20	30	
421	Walt Garrison	5	6	8	10	15	20	30	80
422	Pete Liske	5	6	8	10	15	20	30	
423	Jim Yarbrough	5	6	8	10	15	20	30	
424	Rich McGeorge	5	6	8	10	20	25		
425	Bobby Howfield	5	6	8	10	15	20	30	
426	Pete Banaszak	5	6	8	10	15	20	30	80
427	Willie Holman	5	6	8	10	15	20	30	
428	Dale Hackbart	5	6	8	10	15	20	30	
429	Fair Hooker	5	6	8	10	15	20	30	
430	Ted Hendricks	5	6	8	10	15	20	40	
431	Mike Garrett	5	6	8	10	15	20	30	
432	Glen Ray Hines	5	6	8	10	20	25	100	
433	Fred Cox	5	6	8	10	15	20	50	
434	Bobby Walden	5	6	8	10	15	20	30	
435	Bobby Bell	5	6	8	10	15	20	30	
436	Dave Rowe	5	6	8	10	15	20	30	
437	Bob Berry	5	6	8	10	15	20	30	
438	Bill Thompson	5	6	8	10	20	25	100	
439	Jim Beirne	5	6	8	10	15	20	30	
440	Larry Little	5	6	8	10	20	25	80	
441	Rocky Thompson	5	6	8	10	15	20	30	
442	Brig Owens	5	6	8	10	20	25		
443	Richard Neal	5	6	8	10	20	25		
444	Al Nelson	5	6	8	10	15	20	30	
445	Chip Myers	5	6	8	10	15	20	30	
446	Ken Bowman	5	6	8	10	15	20	30	
447	Jim Purnell	5	6	8	10	15	20	30	
448	Altie Taylor	5	6	8	10	15	20	30	
449	Linzy Cole	5	6	8	10	15	20	25	
450	Bob Lilly	5	25	30	40	50	80	100	500
451	Charlie Ford	5	6	8	10	15	20	30	
452	Milt Sunde	5	6	8	10	15	20	30	
453	Doug Wyatt	5	6	8	10	15	20	30	
454	Don Nottingham RC	5	6	8	10	15	20	30	
455	Johnny Unitas	20	25	30	50	60	80	200	
456	Frank Lewis RC	5	6	8	10	15	20	40	
457	Roger Wehrli	5	6	8	10	15	20	30	
458	Jim Cheyunski	5	6	8	10	15	20	30	
459	Jerry Sherk RC	5	6	8	10	15	20	30	
460	Gene Washington 49er	5	6	8	10	15	20	30	
461	Jim Otto	5	6	8	10	15	20	30	
462	Ed Budde	5	6	8	10	15	20	30	
463	Jim Mitchell TE	5	6	8	10	15	20	30	
464	Emerson Boozer	5	6	8	10	15	20	30	
465	Garo Yepremian	5	6	8	10	15	20	40	
466	Pete Duranko	5	6	8	10	15	20	30	
467	Charlie Joiner	5	6	8	10	30	40	100	
468	Spider Lockhart	5	6	8	10	15	20	30	
469	Marty Domres	5	6	8	10	15	20	30	
470	John Brockington	5	6	8	10	15	20	30	

#	Player	VgEx 4	EX 5	ExMt 6	NM 7	NmMt 8	NmMt+ 8.5	MT 9	Gem 9.5/10
471	Ed Flanagan	5	6	8	10	15	20	30	
472	Roy Jefferson	5	6	8	10	15	20	30	
473	Julian Fagan	5	6	8	10	15	20	30	
474	Bill Brown	5	6	8	10	15	20	30	80
475	Roger Staubach	12	15	25	40	125	150	350	
476	Jan White RC	5	6	8	10	15	20	40	
477	Pat Holmes	5	6	8	10	15	20	30	
478	Bob DeMarco	5	6	8	10	15	20	30	
479	Merlin Olsen	5	6	8	10	15	20	35	100
480	Andy Russell	5	6	8	10	15	20	80	
481	Steve Spurrier	5	6	15	30	▼40	125	200	
482	Nate Ramsey	5	6	8	10	20	25		
483	Dennis Partee	5	6	8	10	20	25	30	
484	Jerry Simmons	5	6	8	10	15	20	30	
485	Donny Anderson	5	6	8	10	15	20	30	
486	Ralph Baker	5	6	8	10	15	20	30	
487	Ken Stabler RC	50	80	120	200	400	500	1,500	
488	Ernie McMillan	5	6	8	10	15	20	30	
489	Ken Burrow	5	6	8	10	15	20	30	
490	Jack Gregory RC	5	6	8	10	15	20	30	
491	Larry Seiple	5	6	8	10	15	20	30	
492	Mick Tingelhoff	5	6	8	10	15	20	50	
493	Craig Morton	5	6	8	10	12	15	20	
494	Cecil Turner	5	6	8	10	15	20	30	
495	Steve Owens	5	6	8	10	15	20	30	
496	Rickie Harris	5	6	8	10	15	20	30	
497	Buck Buchanan	5	6	8	10	15	20	30	
498	Checklist 397-528	5	6	20	25	30	40	80	
499	Billy Kilmer	5	6	8	10	15	20	30	
500	O.J.Simpson	20	30	40	50	60	80	100	
501	Bruce Gossett	5	6	8	10	15	20	30	
502	Art Thoms RC	5	6	8	10	20	25	80	
503	Larry Kaminski	5	6	8	10	15	20	30	
504	Larry Smith RB	5	6	8	10	15	20	30	
505	Bruce Van Dyke	5	6	8	10	15	20	30	
506	Alvin Reed	5	6	8	10	15	20	30	
507	Delles Howell	5	6	8	10	15	20	30	
508	Leroy Keyes	5	6	8	10	15	20	30	
509	Bo Scott	5	6	8	10	15	20	30	
510	Ron Yary	5	6	8	10	15	20	60	
511	Paul Warfield	5	6	8	10	40	50	125	
512	Mac Percival	5	6	8	10	15	20	30	80
513	Essex Johnson	5	6	8	10	15	25	50	
514	Jackie Smith	5	6	8	10	15	20	30	
515	Norm Snead	5	6	8	10	15	20	30	
516	Charlie Stukes	5	6	8	10	15	20	30	100
517	Reggie Rucker RC	5	6	8	10	15	20	30	100
518	Bill Sandeman	5	6	8	10	15	20	30	
519	Mel Farr	5	6	8	10	15	20	30	
520	Raymond Chester	5	6	8	10	15	20	30	
521	Fred Carr RC	5	6	8	10	15	20	30	
522	Jerry LeVias	5	6	8	10	15	20	30	
523	Jim Strong	5	6	8	10	15	20	30	
524	Roland McDole	5	6	8	10	15	20	30	
525	Dennis Shaw	5	6	8	10	15	20	30	
526	Dave Manders	5	6	8	10	15	20	40	
527	Skip Vanderbundt	5	6	8	10	15	20	30	
528	Mike Sensibaugh RC	5	6	8	10	40	50	250	

— Terry Bradshaw #15 BGS 9.5 (Gem) sold for $505 (eBay; 10/07)
— Terry Bradshaw #15 PSA 10 (Gem Mint) sold for $2548.98 (Memory Lane; 5/12)
— Jack Ham #115 PSA 10 (Gem) sold for $2,185 (Mastro; 12/06)
— Jack Ham #115 PSA 10 (Gem) sold for $1,679 (Memory Lane; 5/08)
— Jack Ham RC #115 PSA 10 (Gem Mint) sold for $2057.51 (Memory Lane; 5/12)
— Larry Little #440 PSA 9 (MT) sold for $480 (eBay; 10/07)
— Art Shell RC #77 PSA 10 (Gem Mint) sold for $3158.02 (eBay; 8/12)
— O.J. Simpson #500 PSA 10 (Gem Mint) sold for $1657 (eBay; 10/14)

1974 Topps

#	Player	VG 3	VgEx 4	EX 5	ExMt 6	NM 7	NmMt 8	MT 9	Gem 9.5/10
1	O.J.Simpson RB	5	8	12	25	50	60	125	
2	Blaine Nye	4	5	6	8	10	12	25	
3	Don Hansen	4	5	6	8	10	12	25	
4	Ken Bowman	4	5	6	8	10	12	25	
5	Carl Eller	4	5	6	8	20			
6	Jerry Smith	4	5	6	8	20			
7	Ed Podolak	4	5	6	8	10	12	25	
8	Mel Gray	4	5	6	8	10	12	25	100
9	Pat Matson	4	5	6	8	20			

#	Player	VgEx 4	EX 5	ExMt 6	NM 7	NmMt 8	NmMt+ 8.5	MT 9	Gem 9.5/10
10	Floyd Little	4	5	6	8	10	12	50	
11	Frank Pitts	4	5	6	8	20			
12	Vern Den Herder RC	4	5	6	8	30	40	100	
13	John Fuqua	4	5	6	8	10	12	60	
14	Jack Tatum	4	5	6	8	10	12	30	
15	Winston Hill	4	5	6	8	20			
16	John Beasley	4	5	6	8	10	12	25	
17	David Lee	4	5	6	8	10	12	25	
18	Rich Coady	4	5	6	8	10	12	25	
19	Ken Willard	4	5	6	8	10	12	25	
20	Coy Bacon	4	5	6	8	10	12	25	
21	Ben Hawkins	4	5	6	8	10	12	25	
22	Paul Guidry	4	5	6	8	10	12	25	
23	Norm Snead HOR	4	5	6	8	10	12	25	
24	Jim Yarbrough	4	5	6	8	10	12	25	
25	Jack Reynolds RC	4	5	6	8	25			
26	Josh Ashton	4	5	6	8	10	12	25	
27	Donnie Green	4	5	6	8	10	12	20	
28	Bob Hayes	4	5	6	8	12		40	
29	John Zook	4	5	6	8	10	12	15	
30	Bobby Bryant	4	5	6	8	10	12	25	
31	Scott Hunter	4	5	6	8	10	12	25	
32	Dan Dierdorf	4	5	6	10	15	20	50	
33	Curt Knight	4	5	6	8	20			
34	Elmo Wright RC	4	5	6	8	10	12	25	
35	Essex Johnson	4	5	6	8	10	12	25	
36	Walt Sumner	4	5	6	8	10	12	25	80
37	Marv Montgomery	4	5	6	8	10	12	25	
38	Tim Foley	4	5	6	8	10	12	15	
39	Mike Siani	4	5	6	8	10	12	25	
40	Joe Greene	4	40	50	60	125	150	200	
41	Bobby Howfield	4	5	6	8	10	12	25	
42	Del Williams	4	5	6	8	10	12	25	100
43	Don McCauley	4	5	6	8	10	12	25	
44	Randy Jackson	4	5	6	8	10	12	25	100
45	Ron Smith	4	5	6	8	10	12	25	
46	Gene Washington 49er	4	5	6	8	10	12	25	
47	Po James	4	5	6	8	10	12	25	
48	Solomon Freelon	4	5	6	8	10	12	25	
49	Bob Windsor HOR	4	5	6	8	10	12	25	
50	John Hadl	4	5	6	8	10	12	25	
51	Greg Larson	4	5	6	8	10	12	15	
52	Steve Owens	4	5	6	8	20			
53	Jim Cheyunski	4	5	6	8	10	12	20	
54	Rayfield Wright	4	5	6	8	10	12	25	
55	Dave Hampton	4	5	6	8	10	12	25	
56	Ron Widby	4	5	6	8	20			
57	Milt Sunde	4	5	6	8	10	12	25	
58	Billy Kilmer	4	5	6	8	10	12	25	
59	Bobby Bell	4	5	6	8	10	12	25	
60	Jim Bakken	4	5	6	8	10	12	25	
61	Rufus Mayes	4	5	6	8	20			
62	Vic Washington	4	5	6	8	20			
63	Gene Washington Vik	4	5	6	8	10	12	25	100
64	Clarence Scott	4	5	6	8	20			
65	Gene Upshaw	4	5	6	8	10	20	80	
66	Larry Seiple	4	5	6	8	10	12	25	
67	John McMakin	4	5	6	8	10	12	25	
68	Ralph Baker	4	5	6	8	10	12	25	
69	Lydell Mitchell	4	5	6	8	10	12	20	
70	Archie Manning	4	5	6	8	10	12	40	
71	George Farmer	4	5	6	8	10	12	25	100
72	Ron East	4	5	6	8	10	12	25	
73	Al Nelson	4	5	6	8	10	12	25	
74	Pat Hughes	4	5	6	8	10	12	25	
75	Fred Willis	4	5	6	8	10	12	25	
76	Larry Walton	4	5	6	8	10	12	25	
77	Tom Neville	4	5	6	8	10	12	25	
78	Ted Kwalick	4	5	6	8	10	12	25	
79	Walt Patulski	4	5	6	8	10	12	20	
80	John Niland	4	5	6	8	10	12	25	
81	Ted Fritsch Jr.	4	5	6	8	10	12	25	
82	Paul Krause	4	5	6	8	10	12	25	
83	Jack Snow	4	5	6	8	15			
84	Mike Bass	4	5	6	8	10	12	25	
85	Jim Tyrer	4	5	6	8	30	50		
86	Ron Yankowski	4	5	6	8	10	12	25	
87	Mike Phipps	4	5	6	8	10	12	25	
88	Al Beauchamp	4	5	6	8	10	12	25	

#	Player	VgEx 4	EX 5	ExMt 6	NM 7	NmMt 8	NmMt+ 8.5	MT 9	Gem 9.5/10
89	Riley Odoms RC	4	5	6	8	15	20	80	
90	MacArthur Lane	4	5	6	8	10	12	25	
91	Art Thoms	4	5	6	8	20			
92	Marlin Briscoe	4	5	6	8	10	12	25	60
93	Bruce Van Dyke	4	5	6	8	10	12	25	
94	Tom Myers RC	4	5	6	8	10	12	25	
95	Calvin Hill	4	5	6	8	10	12	25	
96	Bruce Laird	4	5	6	8	10	12	20	60
97	Tony McGee DT	4	5	6	8	10	12	25	
98	Len Rohde	4	5	6	8	10	12	25	100
99	Tom McNeill	4	5	6	8	10	12	25	
100	Delles Howell	4	5	6	8	10	12	25	
101	Gary Garrison	4	5	6	8	10	12	25	
102	Dan Goich	4	5	6	8	10	12	25	
103	Len St. Jean	4	5	6	8	10	12	25	
104	Zeke Moore	4	5	6	8	10	12	25	
105	Ahmad Rashad RC	6	25	30	40	80	100	200	
106	Mel Renfro	4	5	6	8	10	12	25	
107	Jim Mitchell TE	4	5	6	8	10	12	25	100
108	Ed Budde	4	5	6	8	20		50	
109	Harry Schuh	4	5	6	8	10	12	25	
110	Greg Pruitt RC	4	5	6	8	10	15	135	
111	Ed Flanagan	4	5	6	8	10	12	25	
112	Larry Stallings	4	5	6	8	10	12	25	
113	Chuck Foreman RC	4	6	40	80	125	150	200	
114	Royce Berry	4	5	6	8	10	12	25	
115	Gale Gillingham	4	5	6	8	10	12	25	
116	Charlie Johnson HOR	4	5	6	8	20			
117	Checklist 1-132	4	5	6	8	10	12	25	
118	Bill Butler	4	5	6	8	10	12	25	
119	Roy Jefferson	4	5	6	8	20			
120	Bobby Douglass	4	5	6	8	10	12	25	
121	Harold Carmichael RC	30	50	80	200	300	400	800	
122	George Kunz AP	4	5	6	8	10	15	25	
123	Larry Little	4	5	6	8	10	12	25	
124	Forrest Blue AP	4	5	6	8	20			
125	Ron Yary	4	5	6	8	10	12	25	
126	Tom Mack AP	4	5	6	8	10	12	25	
127	Bob Tucker AP	4	5	6	8	10	12	25	
128	Paul Warfield	4	5	6	8	10	15	60	
129	Fran Tarkenton	4	5	25	50	150	200	250	
130	O.J. Simpson	4	30	40	50	100	125	250	
131	Larry Csonka	4	5	6	10	15	30	120	
132	Bruce Gossett AP	4	5	6	8	10	12	25	
133	Bill Stanfill AP	4	5	6	8	10	12	25	
134	Alan Page	4	5	6	8	10	12	30	
135	Paul Smith AP	4	5	6	8	10	12	25	
136	Claude Humphrey AP	4	5	6	8	10	12	25	
137	Jack Ham	4	25	30	40	80	100	125	
138	Lee Roy Jordan	4	5	6	8	10	12	40	
139	Phil Villapiano AP	4	5	6	8	10	12	25	
140	Ken Ellis AP	4	5	6	8	10	12	25	80
141	Willie Brown	4	5	6	8	10	12	40	100
142	Dick Anderson AP	4	5	6	8	10	12	25	
143	Bill Bradley AP	4	5	6	8	10	12	25	
144	Jerrel Wilson AP	4	5	6	8	10	12	25	
145	Reggie Rucker	4	5	6	8	20			
146	Marty Domres	4	5	6	8	10	12	25	80
147	Bob Kowalkowski	4	5	6	8	10	12	25	100
148	John Matuszak RC	4	5	6	10	50	60	80	
149	Mike Adamle RC	4	5	6	8	10	12	25	
150	Johnny Unitas	10	25	30	40	50	100	150	
151	Charlie Ford	4	5	6	8	10	12	20	
152	Bob Klein RC	4	5	6	8	10	12	25	
153	Jim Merlo	4	5	6	8	10	12	25	
154	Willie Young	4	5	6	8	10	12	25	60
155	Donny Anderson	4	5	6	8	10	12	25	60
156	Brig Owens	4	5	6	8	10	12	25	
157	Bruce Jarvis	4	5	6	8	10	12	25	
158	Ron Carpenter RC	4	5	6	8	10	12	25	60
159	Don Cockroft	4	5	6	8	10	12	25	
160	Tommy Nobis	4	5	6	8	10	12	25	80
161	Craig Morton	4	5	6	8	10	12	25	80
162	Jon Staggers	4	5	6	8	20			
163	Mike Eischeid	4	5	6	8	10	12	25	
164	Jerry Sisemore RC	4	5	6	8	10	12	25	
165	Cedrick Hardman	4	5	6	8	20			
166	Bill Thompson	4	5	6	8	20			
167	Jim Lynch	4	5	6	8	10	12	20	

#	Player	VgEx 4	EX 5	ExMt 6	NM 7	NmMt 8	NmMt+ 8.5	MT 9	Gem 9.5/10
168	Bob Moore	4	5	6	8	10	12	25	
169	Glen Edwards	4	5	6	8	10	12	25	100
170	Mercury Morris	4	5	6	8	10	12	25	
171	Julius Adams	4	5	6	8	10	12	20	100
172	Cotton Speyrer	4	5	6	8	10	12	25	100
173	Bill Munson	4	5	6	8	10	12	25	
174	Benny Johnson	4	5	6	8	10	12	25	150
175	Burgess Owens RC	4	5	8	12	25	50	60	200
176	Cid Edwards	4	5	6	8	10	12	25	
177	Doug Buffone	4	5	6	8	10	12	20	100
178	Charlie Cowan	4	5	6	8	10	12	25	60
179	Bob Newland	4	5	6	8	10	12	25	
180	Ron Johnson	4	5	6	8	10	12	25	100
181	Bob Rowe	4	5	6	8	10	12	25	
182	Len Hauss	4	5	6	8	10	12	25	80
183	Joe DeLamielleure RC	15	25	40	50	60	120	300	1,000
184	Sherman White RC	4	5	6	8	10	12	25	
185	Fair Hooker	4	5	6	8	10	12	20	80
186	Nick Mike-Mayer	4	5	6	8	15			
187	Ralph Neely	4	5	6	8	10	12	20	80
188	Rich McGeorge	4	5	6	8	10	12	25	80
189	Ed Marinaro RC	4	5	6	8	10	12	25	100
190	Dave Wilcox	4	5	6	8	10	12	25	80
191	Joe Owens RC	4	5	6	8	10	12	25	80
192	Bill Van Heusen	4	5	6	8	10	12	25	100
193	Jim Kearney	4	5	6	8	20			
194	Otis Sistrunk RC	4	5	6	8	30	50		
195	Ron Shanklin	4	5	6	8	10	12	25	50
196	Bill Lenkaitis	4	5	6	8	10	12	25	
197	Tom Drougas	4	5	6	8	10	12	15	80
198	Larry Hand	4	5	6	8	10	12	25	80
199	Mack Alston	4	5	6	8	10	12	25	80
200	Bob Griese	4	25	30	40	50	60	80	
201	Earlie Thomas	4	5	6	8	10	12	25	
202	Carl Gersbach	4	5	6	8	10	12	25	80
203	Jim Harrison	4	5	6	8	10	12	25	80
204	Jake Kupp	4	5	6	8	10	12	20	
205	Merlin Olsen	4	5	6	8	10	12	25	
206	Spider Lockhart	4	5	6	8	10	12	25	
207	Walker Gillette	4	5	6	8	10	12	15	100
208	Verlon Biggs	4	5	6	8	10	12	25	100
209	Bob James	4	5	6	8	10	12	25	100
210	Bob Trumpy	4	5	6	8	20			
211	Jerry Sherk	4	5	6	8	10	12	25	80
212	Andy Maurer	4	5	6	8	10	12	25	80
213	Fred Carr	4	5	6	8	10	12	25	100
214	Mick Tingelhoff	4	5	6	8	10	12	25	100
215	Steve Spurrier	4	10	30	40	50	60	80	
216	Richard Harris	4	5	6	8	10	12	25	100
217	Charlie Greer	4	5	6	8	10	12	15	100
218	Buck Buchanan	4	5	6	8	20			
219	Ray Guy RC	40	50	60	120	300	500	600	
220	Franco Harris	5	25	40	80	125	250	400	
221	Darryl Stingley RC	4	5	6	8	10	12	25	
222	Rex Kern	4	5	6	8	10	12	25	80
223	Toni Fritsch	4	5	6	8	10	12	25	80
224	Levi Johnson	4	5	6	8	10	12	25	50
225	Bob Kuechenberg	4	5	6	8	10	12	25	
226	Elvin Bethea	4	5	6	8	10	12	25	100
227	Al Woodall RC	4	5	6	8	10	12	25	
228	Terry Owens	4	5	6	8	10	12	25	80
229	Bivian Lee	4	5	6	8	10	12	25	
230	Dick Butkus	5	20	25	60	80	100	250	
231	Jim Bertelsen RC	4	5	6	8	10	12	25	80
232	John Mendenhall RC	4	5	6	8	15			
233	Conrad Dobler RC	4	5	6	8	10	12	20	100
234	J.D. Hill	4	5	6	8	10	12	25	60
235	Ken Houston	4	5	6	8	10	12	25	
236	Dave Lewis	4	5	6	8	10	12	25	80
237	John Garlington	4	5	6	8	10	12	25	100
238	Bill Sandeman	4	5	6	8	10	12	25	100
239	Alden Roche	4	5	6	8	10	12	25	100
240	John Gilliam	4	5	6	8	10	12	25	80
241	Bruce Taylor	4	5	6	8	10	12	25	
242	Vern Winfield	4	5	6	8	10	12	25	80
243	Bobby Maples	4	5	6	8	10	12	25	
244	Wendell Hayes	4	5	6	8	10	12	25	
245	George Blanda	4	5	6	10	50	60	100	
246	Dwight White	4	5	6	8	10	12	20	100

#	Player	VgEx 4	EX 5	ExMt 6	NM 7	NmMt 8	NmMt+ 8.5	MT 9	Gem 9.5/10
247	Sandy Durko	4	5	6	8	10	12	25	50
248	Tom Mitchell	4	5	6	8	10	12	25	60
249	Chuck Walton	4	5	6	8	10	12	25	
250	Bob Lilly	4	5	6	8	15	50		
251	Doug Swift	4	5	6	8	10	12	25	60
252	Lynn Dickey RC	4	5	6	8	15	20	25	
253	Jerome Barkum RC	4	5	6	8	20			100
254	Clint Jones	4	5	6	8	20			
255	Billy Newsome	4	5	6	8	10	12	25	100
256	Bob Asher	4	5	6	8	10	12	25	
257	Joe Scibelli	4	5	6	8	20		80	
258	Tom Blanchard	4	5	6	8	10	12	25	80
259	Norm Thompson	4	5	6	8	10	12	15	60
260	Larry Brown	4	5	6	8	10	12	25	
261	Paul Seymour	4	5	6	8	10	12	25	80
262	Checklist 133-264	4	5	6	8	10	12	25	80
263	Doug Dieken RC	4	5	6	8	10	12	25	100
264	Lemar Parrish	4	5	6	8	20		50	
265	Bob Lee	4	5	6	8	10	12	25	100
266	Bob Brown DT	4	5	6	8	10	12	25	
267	Roy Winston	4	5	6	8	10	12	25	
268	Randy Beisler	4	5	6	8	10	12	25	100
269	Joe Dawkins	4	5	6	8	10	12	25	
270	Tom Dempsey	4	5	6	8	10	12	25	
271	Jack Rudnay	4	5	6	8	10	12	25	
272	Art Shell	4	5	6	30	40	50	60	
273	Mike Wagner	4	5	6	8	10	12	25	
274	Rick Cash	4	5	6	8	10	12	20	
275	Greg Landry	4	5	6	8	10	12	25	
276	Glenn Ressler	4	5	6	8	10	12	25	100
277	Billy Joe DuPree RC	4	5	6	8	10	12	25	
278	Norm Evans	4	5	6	8	10	12	25	100
279	Billy Parks	4	5	6	8	10	12	25	
280	John Riggins	4	5	6	10	50	60	80	
281	Lionel Aldridge	4	5	6	8	10	12	25	
282	Steve O'Neal	4	5	6	8	10	12	25	
283	Craig Clemons	4	5	6	8	10	12	25	100
284	Willie Williams	4	5	6	8	10	12	25	80
285	Isiah Robertson	4	5	6	8	10	12	25	
286	Dennis Shaw	4	5	6	8	10	12	25	
287	Bill Brundige	4	5	6	8	10	12	25	
288	John Leypoldt	4	5	6	8	10	12	20	
289	John DeMarie	4	5	6	8	10	12	25	
290	Mike Reid	4	5	6	8	10	12	25	
291	Greg Brezina	4	5	6	8	10	12	25	
292	Willie Buchanon RC	4	5	6	8	10	12	25	
293	Dave Osborn	4	5	6	8	10	12	25	
294	Mel Phillips	4	5	6	8	10	12	25	
295	Haven Moses	4	5	6	8	10	12	25	
296	Wade Key	4	5	6	8	10	12	25	50
297	Marvin Upshaw	4	5	6	8	10	12	25	
298	Ray Mansfield	4	5	6	8	10	12	25	
299	Edgar Chandler	4	5	6	8	10	12	25	
300	Marv Hubbard	4	5	6	8	10	12	25	
301	Herman Weaver	4	5	6	8	10	12	25	
302	Jim Bailey	4	5	6	8	10	12	15	80
303	D.D.Lewis RC	4	5	6	8	10	12	25	100
304	Ken Burrough	4	5	6	8	10	12	25	
305	Jake Scott	4	5	6	8	10	12	25	
306	Randy Rasmussen	4	5	6	8	10	12	25	
307	Pettis Norman	4	5	6	8	10	12	15	80
308	Carl Johnson	4	5	6	8	10	12	25	
309	Joe Taylor	4	5	6	8	10	12	15	
310	Pete Gogolak	4	5	6	8	10	12	25	100
311	Tony Baker FB	4	5	6	8	10	12	25	
312	John Richardson	4	5	6	8	10	12	25	
313	Dave Robinson	4	5	6	8	10	12	25	100
314	Reggie McKenzie RC	4	5	6	8	10	12	25	
315	Isaac Curtis RC	4	5	6	8	10	12	25	100
316	Thom Darden	4	5	6	8	10	12	25	
317	Ken Reaves	4	5	6	8	10	12	25	
318	Malcolm Snider	4	5	6	8	10	12	25	
319	Jeff Siemon RC	4	5	6	8	10	12	25	100
320	Dan Abramowicz	4	5	6	8	20			
321	Lyle Alzado	4	5	6	8	10	12	25	
322	John Reaves	4	5	6	8	10	12	25	100
323	Morris Stroud	4	5	6	8	10	12	25	
324	Bobby Walden	4	5	6	8	10	12	25	60
325	Randy Vataha	4	5	6	8	10	12	25	
326	Nemiah Wilson	4	5	6	8	20			
327	Paul Naumoff	4	5	6	8	10	12	25	80
328	Simpson/Brockington LL	4	5	6	8	10	12	30	
329	Staubach/Stabler LL	4	5	6	8	20	25	40	
330	Carmichael/Willis LL	4	5	6	8	10	12	25	
331	Gerela/Ray LL	4	5	6	8	10	12	25	
332	Interception Leaders	4	5	6	8	10	12	25	
333	J.Wilson/Wittum LL	4	5	6	8	10	12	25	100
334	Dennis Nelson	4	5	6	8	10	12	25	
335	Walt Garrison	4	5	6	8	10	12	25	100
336	Tody Smith	4	5	6	8	10	12	25	80
337	Ed Bell	4	5	6	8	10	12	25	
338	Bryant Salter	4	5	6	8	10	12	25	
339	Wayne Colman	4	5	6	8	10	12	15	80
340	Garo Yepremian	4	5	6	8	10	12	25	
341	Bob Newton	4	5	6	8	10	12	25	
342	Vince Clements RC	4	5	6	8	10	12	25	
343	Ken Iman	4	5	6	8	10	12	20	
344	Jim Tolbert	4	5	6	8	10	12	25	100
345	Chris Hanburger	4	5	6	8	10	12	25	
346	Dave Foley	4	5	6	8	10	12	20	80
347	Tommy Casanova	4	5	6	8	20			
348	John James	4	5	6	8	10	12	25	100
349	Clarence Williams	4	5	6	8	10	12	25	60
350	Leroy Kelly	4	5	6	8	10	12	25	
351	Stu Voigt RC	4	5	6	8	10	12	25	
352	Skip Vanderbundt	4	5	6	8	10	12	25	
353	Pete Duranko	4	5	6	8	20			
354	John Outlaw	4	5	6	8	10		25	100
355	Jan Stenerud	4	5	6	8	10	12	25	
356	Barry Pearson	4	5	6	8	10	12	25	100
357	Brian Dowling RC	4	5	6	8	10	12	25	
358	Dan Conners	4	5	6	8	10	12	25	
359	Bob Bell	4	5	6	8	10	12	25	
360	Rick Volk	4	5	6	8	10	12	25	100
361	Pat Toomay	4	5	6	8	10	12	25	
362	Bob Gresham	4	5	6	8	20			
363	John Schmitt	4	5	6	8	10	12	25	
364	Mel Rogers	4	5	6	8	10	12	25	100
365	Manny Fernandez	4	5	6	8	10	12	25	60
366	Ernie Jackson	4	5	6	8	10	12	25	50
367	Gary Huff RC	4	5	6	8	10	12	25	
368	Bob Grim	4	5	6	8	20			
369	Ernie McMillan	4	5	6	8	10	12	25	60
370	Dave Elmendorf	4	5	6	8	10	12	25	
371	Mike Bragg	4	5	6	8	10	12	25	100
372	John Skorupan	4	5	6	8	10	12	25	
373	Howard Fest	4	5	6	8	10	12	25	
374	Jerry Tagge RC	4	5	6	8	10	12	25	
375	Art Malone	4	5	6	8	10	12	25	80
376	Bob Babich	4	5	6	8	20			
377	Jim Marshall	4	5	6	8	10	12	25	
378	Bob Hoskins	4	5	6	8	10	12	25	100
379	Don Zimmerman	4	5	6	8	10	12	25	
380	Ray May	4	5	6	8	10	12	20	
381	Emmitt Thomas	4	5	6	8	10	12	25	100
382	Terry Hanratty	4	5	6	8	10	12	25	
383	John Hannah RC	30	40	50	80	200	250	1,000	
384	George Atkinson	4	5	6	8	10	12	25	
385	Ted Hendricks	4	5	6	8	10	12	25	
386	Jim O'Brien	4	5	6	8	20			
387	Jethro Pugh	4	5	6	8	10	12	30	
388	Elbert Drungo	4	5	6	8	10	12	15	100
389	Richard Caster	4	5	6	8	10	12	25	
390	Deacon Jones	4	5	6	8	10	12	25	
391	Checklist 265-396	4	5	6	8	10	12	25	
392	Jess Phillips	4	5	6	8	10	12	25	
393	Garry Lyle	4	5	6	8	10	12	25	
394	Jim Files	4	5	6	8	10	12	25	100
395	Jim Hart	4	5	6	8	10	12	25	
396	Dave Chapple	4	5	6	8	20			
397	Jim Langer	4	5	6	8	15	20	25	
398	John Wilbur	4	5	6	8	20			
399	Dwight Harrison	4	5	6	8	10	12	25	
400	John Brockington	4	5	6	8	10	12	25	
401	Ken Anderson	4	5	6	10	20	25	50	
402	Mike Tilleman	4	5	6	8	10	12	25	
403	Charlie Hall	4	5	6	8	10	12	25	
404	Tommy Hart	4	5	6	8	10	12	25	100

#	Player	VgEx 4	EX 5	ExMt 6	NM 7	NmMt 8	NmMt+ 8.5	MT 9	Gem 9.5/10
405	Norm Bulaich	4	5	6	8	10	12	25	
406	Jim Turner	4	5	6	8	10	12	25	
407	Mo Moorman	4	5	6	8	10	12	25	
408	Ralph Anderson	4	5	6	8	10	12	25	
409	Jim Otto	4	5	6	8	10	12	25	
410	Andy Russell	4	5	6	8	10	12	25	
411	Glenn Doughty	4	5	6	8	10	12	15	50
412	Altie Taylor	4	5	6	8	10	12	25	
413	Marv Bateman	4	5	6	8	10	12	25	
414	Willie Alexander	4	5	6	8	25			
415	Bill Zapalac RC	4	5	6	8	10	12	25	
416	Russ Washington	4	5	6	8	10	12	25	
417	Joe Federspiel	4	5	6	8	10	12	20	
418	Craig Cotton	4	5	6	8	10	12	25	
419	Randy Johnson	4	5	6	8	10	12	25	
420	Harold Jackson	4	5	6	8	10	12	25	80
421	Roger Wehrli	4	5	6	8	10	12	15	100
422	Charlie Harraway	4	5	6	8	20			
423	Spike Jones	4	5	6	8	10	12	15	
424	Bob Johnson	4	5	6	8	20			
425	Mike McCoy DT	4	5	6	8	10	12	15	
426	Dennis Havig	4	5	6	8	10	12	25	
427	Bob McKay RC	4	5	6	8	10	12	25	
428	Steve Zabel	4	5	6	8	10	12	25	
429	Horace Jones	4	5	6	8	10	12	25	
430	Jim Johnson	4	5	6	8	10	12	30	
431	Roy Gerela	4	5	6	8	10	12	25	
432	Tom Graham RC	4	5	6	8	10	12	20	
433	Curley Culp	4	5	6	10	15	20	40	125
434	Ken Mendenhall	4	5	6	8	10	12	20	
435	Jim Plunkett	4	5	6	8	12	15	30	
436	Julian Fagan	4	5	6	8	10	12	25	
437	Mike Garrett	4	5	6	8	10	12	25	
438	Bobby Joe Green	4	5	6	8	10	12	25	
439	Jack Gregory	4	5	6	8	10	12	25	
440	Charlie Sanders	4	5	6	8	10	12	25	100
441	Bill Curry	4	5	6	8	10	12	25	
442	Bob Pollard	4	5	6	8	20			
443	David Ray	4	5	6	8	10	12	25	
444	Terry Metcalf RC	4	5	6	8	20			
445	Pat Fischer	4	5	6	8	10	12	25	100
446	Bob Chandler	4	5	6	8	10	12	25	
447	Bill Bergey	4	5	6	8	10	12	25	100
448	Walter Johnson	4	5	6	8	10	12	25	
449	Charle Young RC	4	5	6	8	20			
450	Chester Marcol	4	5	6	8	10	12	30	
451	Ken Stabler	6	8	12	20	60	80	200	
452	Preston Pearson	4	5	6	8	10	12	25	
453	Mike Current	4	5	6	8	10	12	25	
454	Ron Bolton	4	5	6	8	20			
455	Mark Lomas	4	5	6	8	10	12	25	
456	Raymond Chester	4	5	6	8	10	12	25	
457	Jerry LeVias	4	5	6	8	10	12	25	
458	Skip Butler	4	5	6	8	10	12	25	80
459	Mike Livingston RC	4	5	6	8	15			
460	AFC Semi-Final	4	5	6	8	20	25	125	
461	NFC Semi-Finals/R.Staubach	4	5	6	8	20	30	150	
462	Playoff Champships/Stabler	4	5	6	8	12	15	50	
463	SB VIII/L.Csonka	4	5	6	8	10	12	120	
464	Wayne Mulligan	4	5	6	8	10	12	25	60
465	Horst Muhlmann	4	5	6	8	10	12	25	
466	Milt Morin	4	5	6	8	10	12	20	
467	Don Parish	4	5	6	8	10	12	25	
468	Richard Neal	4	5	6	8	10	12	25	
469	Ron Jessie	4	5	6	8	10	12	25	
470	Terry Bradshaw	20	30	60	125	250	300	600	
471	Fred Dryer	4	5	6	8	10	12	25	
472	Jim Carter	4	5	6	8	10	12	25	100
473	Ken Burrow	4	5	6	8	10	12	15	60
474	Wally Chambers RC	4	5	6	8	10	12	25	
475	Dan Pastorini	4	5	6	8	20			
476	Don Morrison	4	5	6	8	10	12	25	
477	Carl Mauck	4	5	6	8	10	12	25	100
478	Larry Cole RC	4	5	6	8	10	12	25	
479	Jim Kiick	4	5	6	8	20		120	
480	Willie Lanier	4	5	6	8	10	12	25	100
481	Don Herrmann	4	5	6	8	10	12	25	
482	George Hunt	4	5	6	8	10	12	25	
483	Bob Howard RC	4	5	6	8	10	12	25	
484	Myron Pottios	4	5	6	8	10	12	25	
485	Jackie Smith	4	5	6	8	10	12	25	100
486	Vern Holland	4	5	6	8	10	12	25	
487	Jim Braxton	4	5	6	8	10	12	20	100
488	Joe Reed	4	5	6	8	20			
489	Wally Hilgenberg	4	5	6	8	10		30	
490	Fred Biletnikoff	4	5	6	8	12	15	50	
491	Bob DeMarco	4	5	6	8	20			
492	Mark Nordquist	4	5	6	8	10	12	25	
493	Larry Brooks	4	5	6	8	20			
494	Pete Athas	4	5	6	8	10	12	25	
495	Emerson Boozer	4	5	6	8	10	12	25	
496	L.C.Greenwood	4	5	6	8	10	12	80	
497	Rockne Freitas	4	5	6	8	10	12	25	
498	Checklist 397-528	4	5	6	8	10	12	25	
499	Joe Schmiesing	4	5	6	8	10	12	25	
500	Roger Staubach	8	10	15	25	60	80	400	
501	Al Cowlings	4	5	6	8	10	12	25	100
502	Sam Cunningham RC	4	5	6	8	10	12	25	
503	Dennis Partee	4	5	6	8	10	12	25	
504	John Didion	4	5	6	8	10	12	25	
505	Nick Buoniconti	4	5	6	8	10	12	25	
506	Carl Garrett	4	5	6	8	10	12	25	
507	Doug Van Horn	4	5	6	8	10	12	25	
508	Jamie Rivers	4	5	6	8	10	12	30	
509	Jack Youngblood	4	5	6	8	10	15	40	
510	Charley Taylor	4	5	6	8	20			
511	Ken Riley	4	5	6	8	10	12	25	
512	Joe Ferguson RC	4	5	6	8	10	20	40	
513	Bill Lueck	4	5	6	8	10	12	25	
514	Ray Brown DB RC	4	5	6	8	10	12	25	
515	Fred Cox	4	5	6	8	20			
516	Joe Jones DE	4	5	6	8	10		25	
517	Larry Schreiber	4	5	6	8	10	12	25	
518	Dennis Wirgowski	4	5	6	8	10	12	25	
519	Leroy Mitchell	4	5	6	8	10	12	25	
520	Otis Taylor	4	5	6	8	10	12	25	80
521	Henry Davis	4	5	6	8	20			
522	Bruce Barnes	4	5	6	8	20	20		
523	Charlie Smith RB	4	5	6	8	10	12	25	
524	Bert Jones RC	4	5	60	80	100	125	200	
525	Lem Barney	4	5	6	8	10	12	25	
526	John Fitzgerald RC	4	5	6	8	10	12	40	
527	Tom Funchess	4	5	6	8	10	12	25	
528	Steve Tannen	4	5	6	8	10	12	20	

— Dick Butkus #230 PSA 10 (Gem) sold for $1,403.65 (eBay; 12/13)
— Billy Joe Dupree #277 PSA 10 (Gem) sold for $1,237 (Andy Madec; 5/07)
— Chuck Foreman RC #113 PSA 10 (Gem Mint) sold for $300 (Bussineau; 4/12)
— Ray Guy #219 PSA 10 (Gem) sold for $3,755 (eBay; 9/13)
— Franco Harris #220 PSA 10 (Gem) sold for $886 (eBay; 12/07)
— Roger Staubach #500 PSA 10 (Gem) sold for $825 (Goodwin; 2/11)
— Roger Staubach #500 PSA 10 (Gem) sold for $1,220.94 (Mile High; 12/13)

1975 Topps

#	Player	VG 3	VgEx 4	EX 5	ExMt 6	NM 7	NmMt 8	MT 9	Gem 9.5/10
1	McCutcheon/Armstrong LL	4	4	5	6	10	15		
2	Jurgensen/K.Anderson LL	4	4	5	5	10	15	60	
3	C.Young/L.Mitchell LL	4	4	5	5	10	12	25	
4	Marcol/Gerela LL	4	4	5	5	10	12	30	
5	R.Brown/E.Thomas LL	4	4	5	5	10	12	25	
6	Blanchard/Guy LL	4	4	5	5	10	12	25	
7	George Blanda HL	4	4	5	6	10	12	25	
8	George Blanda HL	4	4	5	6	10	12	25	80
9	Ralph Baker	4	4	5	5	10	12	25	
10	Don Woods	4	4	5	5	10	12	25	
11	Bob Asher	4	4	5	5	10	12	25	60
12	Mel Blount RC	20	30	50	80	200	250	500	2,500
13	Sam Cunningham	4	4	5	5	10	12	25	
14	Jackie Smith	4	4	5	5	10	12	25	80
15	Greg Landry	4	4	5	5	15	20	150	
16	Buck Buchanan	4	4	5	5	10	12	25	60
17	Haven Moses	4	4	5	5	10	12	25	50
18	Clarence Ellis	4	4	5	5	10	12	25	80
19	Jim Carter	4	4	5	5	10	12	25	50
20	Charley Taylor	4	4	5	5	10	12	25	
21	Jess Phillips	4	4	5	5	10	12	25	
22	Larry Seiple	4	4	5	5	10	12	25	
23	Doug Dieken	4	4	5	5	10	12	20	60

#	Player	VgEx 4	EX 5	ExMt 6	NM 7	NmMt 8	NmMt+ 8.5	MT 9	Gem 9.5/10
24	Ron Saul	4	4	5	5	10	12	15	50
25	Isaac Curtis	4	4	5	5	10	12	25	60
26	Gary Larsen RC	4	4	5	5	10	12	25	100
27	Bruce Jarvis	4	4	5	5	10	12	25	60
28	Steve Zabel	4	4	5	5	10	12	20	50
29	John Mendenhall	4	4	5	5	10	12	25	60
30	Rick Volk	4	4	5	5	10	12	25	60
31	Checklist 1-132	4	4	5	5	10	12	25	
32	Dan Abramowicz	4	4	5	5	10	12	20	80
33	Bubba Smith	4	4	5	5	10	12	25	100
34	David Ray	4	4	5	5	10	12	25	60
35	Dan Dierdorf	4	4	5	6	10	12	25	
36	Randy Rasmussen	4	4	5	5	10	12	25	
37	Bob Howard	4	4	5	5	10	12	20	80
38	Gary Huff	4	4	5	5	10	12	20	
39	Rocky Bleier RC	25	30	40	50	100	125	250	
40	Mel Gray	4	4	5	5	10	12	20	60
41	Tony McGee DT	4	4	5	5	10	12	25	
42	Larry Hand	4	4	5	5	10	12	25	60
43	Wendell Hayes	4	4	5	5	10	12	25	60
44	Doug Wilkerson RC	4	4	5	5	10	12	25	60
45	Paul Smith	4	4	5	5	10	12	25	
46	Dave Robinson	4	4	5	5	10	12	25	80
47	Bivian Lee	4	4	5	5	10	12	25	80
48	Jim Mandich RC	4	4	5	5	10	12	80	
49	Greg Pruitt	4	4	5	5	10	12	25	135
50	Dan Pastorini	4	4	5	5	10	12	25	60
51	Ron Pritchard	4	4	5	5	10	12	25	60
52	Dan Conners	4	4	5	5	10	12	25	
53	Fred Cox	4	4	5	5	10	12	25	50
54	Tony Greene	4	4	5	5	10	12	25	
55	Craig Morton	4	4	5	5	10	12	25	200
56	Jerry Sisemore	4	4	5	5	10	12	25	60
57	Glenn Doughty	4	4	5	5	10	12	25	
58	Larry Schreiber	4	4	5	5	10	12	20	60
59	Charlie Waters RC	4	4	5	6	15	20	50	
60	Jack Youngblood	4	4	5	5	10	12	25	80
61	Bill Lenkaitis	4	4	5	5	10	12	25	
62	Greg Brezina	4	4	5	5	10	12	25	
63	Bob Pollard	4	4	5	5	10	12	25	80
64	Mack Alston	4	4	5	5	10	12	25	
65	Drew Pearson RC	30	40	50	60	125	150	500	2,500
66	Charlie Stukes	4	4	5	5	10	12	25	60
67	Emerson Boozer	4	4	5	5	10	12	25	
68	Dennis Partee	4	4	5	5	10	12	20	120
69	Bob Newton	4	4	5	5	10	12	25	80
70	Jack Tatum	4	4	5	5	10	12	25	
71	Frank Lewis	4	4	5	5	10	12	25	
72	Bob Young	4	4	5	5	10	12	25	60
73	Julius Adams	4	4	5	5	40	60	150	
74	Paul Naumoff	4	4	5	5	10	12	25	
75	Otis Taylor	4	4	5	5	10	12	25	
76	Dave Hampton	4	4	5	5	10	12	25	60
77	Mike Current	4	4	5	5	10	12	25	60
78	Brig Owens	4	4	5	5	10	12	25	80
79	Bobby Scott	4	4	5	5	10	12	25	
80	Harold Carmichael	4	4	5	5	10	12	25	
81	Bill Stanfill	4	4	5	5	10	12	25	80
82	Bob Babich	4	4	5	5	10	12	25	
83	Vic Washington	4	4	5	5	10	12	25	
84	Mick Tingelhoff	4	4	5	5	10	12	25	60
85	Bob Trumpy	4	4	5	5	10	12	25	60
86	Earl Edwards	4	4	5	5	10	12	20	60
87	Ron Hornsby	4	4	5	5	10	12	25	
88	Don McCauley	4	4	5	5	10	12	20	80
89	Jim Johnson	4	4	5	5	10	12	25	
90	Andy Russell	4	4	5	5	10	12	25	80
91	Cornell Green	4	4	5	5	10	12	25	
92	Charlie Cowan	4	4	5	5	10	12	15	60
93	Jon Staggers	4	4	5	5	10	12	25	60
94	Billy Newsome	4	4	5	5	10	12	20	
95	Willie Brown	4	4	5	5	10	12	25	60
96	Carl Mauck	4	4	5	5	10	12	20	60
97	Doug Buffone	4	4	5	5	10	12	20	60
98	Preston Pearson	4	4	5	5	15	20	60	
99	Jim Bakken	4	4	5	5	10	12	25	60
100	Bob Griese	4	4	5	6	15	30	80	
101	Bob Windsor	4	4	5	5	10	12	25	
102	Rockne Freitas	4	4	5	5	10	12	25	
103	Jim Marsalis	4	4	5	5	10	12	25	
104	Bill Thompson	4	4	5	5	10	12	25	
105	Ken Burrow	4	4	5	5	10	12	20	60
106	Diron Talbert	4	4	5	5	10	12	20	60
107	Joe Federspiel	4	4	5	5	10	12	25	
108	Norm Bulaich	4	4	5	5	10	12	25	50
109	Bob DeMarco	4	4	5	5	10	12	25	50
110	Tom Wittum	4	4	5	5	10	12	20	
111	Larry Hefner	4	4	5	5	10	12	25	80
112	Tody Smith	4	4	5	5	10	12	20	
113	Stu Voigt	4	4	5	5	10	12	25	60
114	Horst Muhlmann	4	4	5	5	10	12	25	60
115	Ahmad Rashad	8	10	12	15	30	40	50	
116	Joe Dawkins	4	4	5	5	10	12	20	
117	George Kunz	4	4	5	5	10	12	25	60
118	D.D. Lewis	4	4	5	5	10	12	25	60
119	Levi Johnson	4	4	5	5	10	12	30	
120	Len Dawson	4	4	5	5	10	15	50	
121	Jim Bertelsen	4	4	5	5	10	12	25	60
122	Ed Bell	4	4	5	5	10	12	25	
123	Art Thoms	4	4	5	5	10	12	25	60
124	Joe Beauchamp	4	4	5	5	10	12	15	60
125	Jack Ham	4	8	15	25	50	60	100	
126	Carl Garrett	4	4	5	5	10	12	25	
127	Roger Finnie	4	4	5	5	10	12	25	
128	Howard Twilley	4	4	5	5	10	12	25	
129	Bruce Barnes	4	4	5	5	10	12	25	
130	Nate Wright	4	4	5	5	10	12	25	
131	Jerry Tagge	4	4	5	5	10	12	25	
132	Floyd Little	4	4	5	5	10	12	25	80
133	John Zook	4	4	5	5	10	12	20	
134	Len Hauss	4	4	5	5	10	12	25	
135	Archie Manning	4	4	5	6	12	15	25	
136	Po James	4	4	5	5	10	12	20	60
137	Walt Sumner	4	4	5	5	10	12	25	
138	Randy Beisler	4	4	5	5	10	12	25	60
139	Willie Alexander	4	4	5	5	10	12	25	
140	Garo Yepremian	4	4	5	5	10	12	20	
141	Chip Myers	4	4	5	5	10	12	25	80
142	Jim Braxton	4	4	5	5	10	12	50	
143	Doug Van Horn	4	4	5	5	10	12	25	
144	Stan White	4	4	5	5	10	12	25	80
145	Roger Staubach	15	30	40	50	80	100	250	800
146	Herman Weaver	4	4	5	5	10	12	25	60
147	Marvin Upshaw	4	4	5	5	10	12	25	
148	Bob Klein	4	4	5	5	10	12	25	
149	Earlie Thomas	4	4	5	5	10	12	25	60
150	John Brockington	4	4	5	5	10	12	25	80
151	Mike Siani	4	4	5	5	10	12	25	
152	Sam Davis RC	4	4	5	5	10	12	25	
153	Mike Wagner	4	4	5	5	10	12	25	
154	Larry Stallings	4	4	5	5	10	12	25	60
155	Wally Chambers	4	4	5	5	10	12	25	60
156	Randy Vataha	4	4	5	5	10	12	25	
157	Jim Marshall	4	4	5	5	10	12	25	
158	Jim Turner	4	4	5	5	10	12	25	60
159	Walt Sweeney	4	4	5	5	10	12	25	
160	Ken Anderson	4	4	5	6	10	12	35	
161	Ray Brown DB	4	4	5	5	10	12	25	60
162	John Didion	4	4	5	5	10	12	25	
163	Tom Dempsey	4	4	5	5	10	12	15	
164	Clarence Scott	4	4	5	5	10	12	25	60
165	Gene Washington 49er	4	4	5	5	10	12	25	60
166	Willie Rodgers RC	4	4	5	5	10	12	25	80
167	Doug Swift	4	4	5	5	10	12	25	
168	Rufus Mayes	4	4	5	5	10	12	25	80
169	Marv Bateman	4	4	5	5	10	12	25	100
170	Lydell Mitchell	4	4	5	5	10	12	25	60
171	Ron Smith	4	4	5	5	10	12	25	
172	Bill Munson	4	4	5	5	10	12	25	
173	Bob Grim	4	4	5	5	10	12	15	60
174	Ed Budde	4	4	5	5	10	12	25	60
175	Bob Lilly	4	4	5	6	10	12	35	120
176	Jim Youngblood RC	4	4	5	5	10	12	25	
177	Steve Tannen	4	4	5	5	10	12	25	60
178	Rich McGeorge	4	4	5	5	10	12	20	60
179	Jim Tyrer	4	4	5	5	10	12	20	
180	Forrest Blue	4	4	5	5	10	12	25	
181	Jerry LeVias	4	4	5	5	10	12	15	60

#	Player	VgEx 4	EX 5	ExMt 6	NM 7	NmMt 8	NmMt+ 8.5	MT 9	Gem 9.5/10
182	Joe Gilliam RC	4	4	5	5	10	12	25	60
183	Jim Otis RC	4	4	5	5	10	12	25	
184	Mel Tom	4	4	5	5	10	12	25	60
185	Paul Seymour	4	4	5	5	10	12	20	
186	George Webster	4	4	5	5	10	12	25	50
187	Pete Duranko	4	4	5	5	10	12	20	60
188	Essex Johnson	4	4	5	5	10	12	25	
189	Bob Lee	4	4	5	5	10	12	25	60
190	Gene Upshaw	4	4	5	5	10	12	25	80
191	Tom Myers	4	4	5	5	10	12	25	60
192	Don Zimmerman	4	4	5	5	10	12	25	
193	John Garlington	4	4	5	5	10	12	25	
194	Skip Butler	4	4	5	5	10	12	25	60
195	Tom Mitchell	4	4	5	5	10	12	25	60
196	Jim Langer	4	4	5	5	10	12	25	
197	Ron Carpenter	4	4	5	5	10	12	25	60
198	Dave Foley	4	4	5	5	10	12	25	
199	Bert Jones	4	4	5	5	10	12	25	80
200	Larry Brown	4	4	5	5	10	12	25	80
201	F.Biletnikoff/C.Taylor AP	4	4	5	5	10	12	25	80
202	R.Wright/R.Washington AP	4	4	5	5	10	12	25	80
203	L.Little/T.Mack AP	4	4	5	5	10	12	25	
204	J.Van Note/J.Rudnay AP	4	4	5	5	10	12	25	60
205	J.Hannah/G.Gillingham AP	4	4	5	5	10	12	25	80
206	D.Dierdorf/W.Hill AP	4	4	5	5	10	12	25	50
207	C.Young/R.Odoms AP	4	4	5	5	10	12	25	
208	F.Tarkenton/K.Stabler AP	4	4	5	6	10	12	35	100
209	O.Simpson/L.McCutchen AP	4	4	5	5	10	12	40	
210	T.Metcalf/O.Armstrong AP	4	4	5	5	10	12	25	
211	M.Gray/I.Curtis AP	4	4	5	5	10	12	25	
212	C.Marcol/R.Gerela AP	4	4	5	5	10	12	25	
213	J.Youngblood/E.Bethea AP	4	4	5	5	10	12	25	
214	A.Page/O.Sistrunk AP	4	4	5	5	10	12	25	
215	M.Olsen/M.Reid AP	4	4	5	5	10	12	25	
216	C.Eller/L.Alzado AP	4	4	5	5	10	12	25	
217	T.Hendricks/P.Villapiano AP	4	4	5	5	10	12	25	
218	W.Lanier/L.Jordan AP	4	4	5	5	10	12	25	60
219	I.Robertson/A.Russell AP	4	4	5	5	10	12	25	
220	N.Wright/E.Thomas AP	4	4	5	5	10	12	25	
221	W.Buchanon/L.Parrish AP	4	4	5	5	10	12	15	80
222	K.Houston/D.Anderson AP	4	4	5	5	10	12	25	80
223	C.Harris/J.Tatum AP	4	4	5	5	10	12	25	
224	T.Wittum/R.Guy AP	4	4	5	5	10	12	25	
225	T.Metcalf/G.Pruitt AP	4	4	5	5	10	12	20	60
226	Ted Kwalick	4	4	5	5	10	12	20	
227	Spider Lockhart	4	4	5	5	10	12	25	
228	Mike Livingston	4	4	5	5	10	12	25	
229	Larry Cole	4	4	5	5	10	12	25	80
230	Gary Garrison	4	4	5	5	10	12	25	60
231	Larry Brooks	4	4	5	5	10	12	20	60
232	Bobby Howfield	4	4	5	5	10	12	15	60
233	Fred Carr	4	4	5	5	10	12	25	60
234	Norm Evans	4	4	5	5	10	12	20	60
235	Dwight White	4	4	5	5	10	12	40	125
236	Conrad Dobler	4	4	5	5	10	12	25	60
237	Garry Lyle	4	4	5	5	10	12	15	60
238	Darryl Stingley	4	4	5	5	10	12	25	60
239	Tom Graham	4	4	5	5	10	12	25	60
240	Chuck Foreman	4	4	5	5	10	12	50	
241	Ken Riley	4	4	5	5	10	12	30	
242	Don Morrison	4	4	5	5	10	12	25	
243	Lynn Dickey	4	4	5	5	10	12	20	80
244	Don Cockroft	4	4	5	5	10	12	20	
245	Claude Humphrey	4	4	5	5	10	12	50	
246	John Skorupan	4	4	5	5	10	12	25	60
247	Raymond Chester	4	4	5	5	10	12	25	60
248	Cas Banaszek	4	4	5	5	10	12	20	50
249	Art Malone	4	4	5	5	10	12	25	
250	Ed Flanagan	4	4	5	5	10	12	25	60
251	Checklist 133-264	4	4	5	5	10	20	100	
252	Nemiah Wilson	4	4	5	5	10	12	25	60
253	Ron Jessie	4	4	5	5	10	12	25	60
254	Jim Lynch	4	4	5	5	10	12	25	
255	Bob Tucker	4	4	5	5	10	12	25	
256	Terry Owens	4	4	5	5	10	12	25	
257	John Fitzgerald	4	4	5	5	10	12	25	
258	Jack Snow	4	4	5	5	10	12	25	
259	Garry Puetz	4	4	5	5	10	12	25	60
260	Mike Phipps	4	4	5	5	10	12	25	

#	Player	VgEx 4	EX 5	ExMt 6	NM 7	NmMt 8	NmMt+ 8.5	MT 9	Gem 9.5/10
261	Al Matthews	4	4	5	5	10	12	25	
262	Bob Kuechenberg	4	4	5	5	10	12	20	80
263	Ron Yankowski	4	4	5	5	10	12	25	
264	Ron Shanklin	4	4	5	5	10	12	30	
265	Bobby Douglass	4	4	5	5	10	12	25	
266	Josh Ashton	4	4	5	5	10	12	25	
267	Bill Van Heusen	4	4	5	5	10	12	25	
268	Jeff Siemon	4	4	5	5	10	12	25	60
269	Bob Newland	4	4	5	5	10	12	20	60
270	Gale Gillingham	4	4	5	5	10	12	25	
271	Zeke Moore	4	4	5	5	10	12	25	60
272	Mike Tilleman	4	4	5	5	10	12	25	
273	John Leypoldt	4	4	5	5	10	12	15	60
274	Ken Mendenhall	4	4	5	5	10	12	15	60
275	Norm Snead	4	4	5	5	10	12	25	80
276	Bill Bradley	4	4	5	5	10	12	25	60
277	Jerry Smith	4	4	5	5	10	12	25	
278	Clarence Davis	4	4	5	5	10	12	25	
279	Jim Yarbrough	4	4	5	5	10	12	15	
280	Lemar Parrish	4	4	5	5	10	12	15	60
281	Bobby Bell	4	4	5	5	10	12	25	80
282	Lynn Swann RC	40	60	100	150	250	300	1,000	5,000
283	John Hicks	4	4	5	5	10	12	25	60
284	Coy Bacon	4	4	5	5	10	12	40	
285	Lee Roy Jordan	4	4	5	5	10	12	25	80
286	Willie Buchanon	4	4	5	5	10	12	25	
287	Al Woodall	4	4	5	5	10	12	25	
288	Reggie Rucker	4	4	5	5	10	12	25	
289	John Schmitt	4	4	5	5	10	12	25	
290	Carl Eller	4	4	5	5	10	12	25	
291	Jake Scott	4	4	5	5	10	12	25	
292	Donny Anderson	4	4	5	5	10	12	20	
293	Charley Wade	4	4	5	5	10	12	20	60
294	John Tanner	4	4	5	5	10	12	20	60
295	Charlie Johnson	4	4	5	5	10	12	25	
296	Tom Blanchard	4	4	5	5	10	12	15	60
297	Curley Culp	4	4	5	5	10	15	40	60
298	Jeff Van Note RC	4	4	5	5	10	12	25	
299	Bob James	4	4	5	5	10	12	25	60
300	Franco Harris	8	10	12	40	60	80	100	200
301	Tim Berra	4	4	5	5	10	12	20	60
302	Bruce Gossett	4	4	5	5	10	12	25	
303	Verlon Biggs	4	4	5	5	10	12	20	
304	Bob Kowalkowski	4	4	5	5	10	12	25	
305	Marv Hubbard	4	4	5	5	10	12	25	
306	Ken Avery	4	4	5	5	10	12	25	60
307	Mike Adamle	4	4	5	5	10	12	25	60
308	Don Herrmann	4	4	5	5	10	12	25	60
309	Chris Fletcher	4	4	5	5	10	12	25	60
310	Roman Gabriel	4	4	5	5	10	12	25	60
311	Billy Joe DuPree	4	4	5	5	10	12	20	80
312	Fred Dryer	4	4	5	5	10	12	20	
313	John Riggins	4	4	12	15	25	30	40	
314	Bob McKay	4	4	5	5	10	12	25	60
315	Ted Hendricks	4	4	5	5	10	12	35	80
316	Bobby Bryant	4	4	5	5	10	12	25	100
317	Don Nottingham	4	4	5	5	10	12	20	80
318	John Hannah	4	4	5	6	10	12	25	120
319	Rich Coady	4	4	5	5	10	12	30	60
320	Phil Villapiano	4	4	5	5	10	12	25	
321	Jim Plunkett	4	4	5	5	10	12	25	
322	Lyle Alzado	4	4	5	5	10	12	25	
323	Ernie Jackson	4	4	5	5	10	12	25	
324	Billy Parks	4	4	5	5	10	12	25	
325	Willie Lanier	4	4	5	5	10	12	25	
326	John James	4	4	5	5	10	12	25	60
327	Joe Ferguson	4	4	5	5	10	12	25	60
328	Ernie Holmes RC	4	5	60	100	200	250	300	
329	Bruce Laird	4	4	5	5	10	12	80	
330	Chester Marcol	4	4	5	5	10	12	25	60
331	Dave Wilcox	4	4	5	5	10	12	25	80
332	Pat Fischer	4	4	5	5	10	12	20	
333	Steve Owens	4	4	5	5	10	12	25	
334	Royce Berry	4	4	5	5	10	12	30	
335	Russ Washington	4	4	5	5	10	12	40	
336	Walker Gillette	4	4	5	5	10	12	25	80
337	Mark Nordquist	4	4	5	5	10	12	25	60
338	James Harris RC	4	4	5	6	10	12	50	60
339	Warren Koegel	4	4	5	5	10	12	25	60

#	Player	VgEx 4	EX 5	ExMt 6	NM 7	NmMt 8	NmMt+ 8.5	MT 9	Gem 9.5/10
340	Emmitt Thomas	4	4	5	5	10	12	25	
341	Walt Garrison	4	4	5	5	10	12	25	
342	Thom Darden	4	4	5	5	10	12	25	100
343	Mike Eischeid	4	4	5	5	10	12	25	80
344	Ernie McMillan	4	4	5	5	10	12	20	60
345	Nick Buoniconti	4	4	5	5	10	12	20	
346	George Farmer	4	4	5	5	10	12	25	60
347	Sam Adams OL	4	4	5	5	10	12	25	
348	Larry Cipa	4	4	5	5	10	12	25	80
349	Bob Moore	4	4	5	5	10	12	25	
350	Otis Armstrong RC	4	4	5	5	10	12	25	80
351	George Blanda RB	4	4	5	5	10	12	40	
352	Fred Cox RB	4	4	5	5	10	12	25	60
353	Tom Dempsey RB	4	4	5	5	10	12	25	
354	Ken Houston RB	4	4	5	5	10	12	25	80
355	O.J. Simpson RB	4	4	5	30	40	60	80	
356	Ron Smith RB	4	4	5	5	10	12	25	60
357	Bob Atkins	4	4	5	5	10	12	40	
358	Pat Sullivan	4	4	5	5	10	12	25	80
359	Joe DeLamielleure	4	4	5	5	10	12	25	
360	Lawrence McCutcheon RC	4	4	5	5	10	12	25	100
361	David Lee	4	4	5	5	10	12	50	
362	Mike McCoy DT	4	4	5	5	10	12	20	60
363	Skip Vanderbundt	4	4	5	5	10	12	25	
364	Mark Moseley	4	4	5	5	10	12	25	
365	Lem Barney	4	4	5	5	10	12	25	120
366	Doug Dressler	4	4	5	5	10	12	25	
367	Dan Fouts RC	20	30	50	80	200	250	500	6,000
368	Bob Hyland	4	4	5	5	10	12	25	
369	John Outlaw RC	4	4	5	5	10	12	25	60
370	Roy Gerela	4	4	5	5	10	12	25	
371	Isiah Robertson	4	4	5	5	10	12	25	60
372	Jerome Barkum	4	4	5	5	10	12	25	
373	Ed Podolak	4	4	5	5	10	12	25	60
374	Milt Morin	4	4	5	5	10	12	25	60
375	John Niland	4	4	5	5	20	40	60	
376	Checklist 265-396	4	4	5	5	10	12	30	
377	Ken Iman	4	4	5	5	10	12	25	80
378	Manny Fernandez	4	4	5	5	10	12	25	
379	Dave Gallagher	4	4	5	5	10	12	25	60
380	Ken Stabler	5	6	8	15	25	30	50	300
381	Mack Herron	4	4	5	5	10	12	25	
382	Bill McClard	4	4	5	5	10	12	25	60
383	Ray May	4	4	5	5	10	12	25	
384	Don Hansen	4	4	5	5	10	12	25	
385	Elvin Bethea	4	4	5	5	10	12	25	80
386	Joe Scibelli	4	4	5	5	10	12	25	60
387	Neal Craig	4	4	5	5	10	12	25	
388	Marty Domres	4	4	5	5	10	12	25	60
389	Ken Ellis	4	4	5	5	10	12	25	
390	Charle Young	4	4	5	5	10	12	25	
391	Tommy Hart	4	4	5	5	10	12	25	
392	Moses Denson	4	4	5	5	10	12	25	60
393	Larry Walton	4	4	5	5	10	12	25	60
394	Dave Green	4	4	5	5	10	12	50	
395	Ron Johnson	4	4	5	5	10	12	25	80
396	Ed Bradley RC	4	4	5	5	10	12	25	60
397	J.T. Thomas	4	4	5	5	10	12	30	175
398	Jim Bailey	4	4	5	5	10	12	25	60
399	Barry Pearson	4	4	5	5	10	12	25	
400	Fran Tarkenton	20	25	30	40	50	60	100	400
401	Jack Rudnay	4	4	5	5	10	12	25	60
402	Rayfield Wright	4	4	5	5	10	12	30	
403	Roger Wehrli	4	4	5	5	10	12	40	200
404	Vern Den Herder	4	4	5	5	10	12	25	60
405	Fred Biletnikoff	4	4	5	5	10	12	25	
406	Ken Grandberry	4	4	5	5	10	12	25	
407	Bob Adams	4	4	5	5	10	12	25	60
408	Jim Merlo	4	4	5	5	10	12	25	
409	John Pitts	4	4	5	5	10	12	25	
410	Dave Osborn	4	4	5	5	10	12	25	60
411	Dennis Havig	4	4	5	5	10	12	25	80
412	Bob Johnson	4	4	5	5	10	12	25	60
413	Ken Burrough	4	4	5	5	10	12	25	80
414	Jim Cheyunski	4	4	5	5	10	12	25	60
415	MacArthur Lane	4	4	5	5	10	12	25	
416	Joe Theismann RC	30	40	50	60	100	125	400	
417	Mike Boryla RC	4	4	5	5	10	12	25	60
418	Bruce Taylor	4	4	5	5	10	12	25	60

#	Player	VgEx 4	EX 5	ExMt 6	NM 7	NmMt 8	NmMt+ 8.5	MT 9	Gem 9.5/10
419	Chris Hanburger	4	4	5	5	10	12	30	
420	Tom Mack	4	4	5	5	10	12	25	
421	Errol Mann	4	4	5	5	10	12	25	
422	Jack Gregory	4	4	5	5	10	12	25	60
423	Harrison Davis	4	4	5	5	10	12	25	
424	Burgess Owens	4	4	5	5	10	12	25	60
425	Joe Greene	8	15	20	30	40	50	200	
426	Morris Stroud	4	4	5	5	10	12	25	60
427	John DeMarie	4	4	5	5	10	12	25	60
428	Mel Renfro	4	4	5	5	10	12	50	
429	Cid Edwards	4	4	5	5	10	12	25	80
430	Mike Reid	4	4	5	5	10	12	25	
431	Jack Mildren RC	4	4	5	5	10	12	25	80
432	Jerry Simmons	4	4	5	5	10	12	25	
433	Ron Yary	4	4	5	5	10	12	60	
434	Howard Stevens	4	4	5	5	10	12	25	
435	Ray Guy	4	4	5	5	10	12	60	
436	Tommy Nobis	4	4	5	5	10	12	25	100
437	Solomon Freelon	4	4	5	5	10	12	25	
438	J.D. Hill	4	4	5	5	10	12	25	60
439	Toni Linhart	4	4	5	5	10	12	50	
440	Dick Anderson	4	4	5	5	10	12	25	
441	Guy Morriss	4	4	5	5	10	12	25	60
442	Bob Hoskins	4	4	5	5	10	12	25	60
443	John Hadl	4	4	5	5	10	12	50	80
444	Roy Jefferson	4	4	5	5	10	12	25	
445	Charlie Sanders	4	4	5	5	10	12	25	80
446	Pat Curran	4	4	5	5	10	12	25	60
447	David Knight	4	4	5	5	10	12	25	60
448	Bob Brown DT	4	4	5	5	10	12	25	
449	Pete Gogolak	4	4	5	5	10	12	25	
450	Terry Metcalf	4	4	5	5	10	12	25	
451	Bill Bergey	4	4	5	5	10	12	25	60
452	Dan Abramowicz HL	4	4	5	5	10	12	25	60
453	Otis Armstrong HL	4	4	5	5	10	12	25	60
454	Cliff Branch HL	4	4	5	5	10	12	25	60
455	John James HL	4	4	5	5	10	12	25	
456	Lydell Mitchell HL	4	4	5	5	10	12	25	60
457	Lemar Parrish HL	4	4	5	5	10	12	25	
458	Ken Stabler HL	4	4	5	6	10	12	25	
459	Lynn Swann HL	4	5	6	10	15	20	40	200
460	Emmitt Thomas HL	4	4	5	5	10	12	25	
461	Terry Bradshaw	8	10	15	20	40	50	150	1,000
462	Jerrel Wilson	4	4	5	5	10	12	25	
463	Walter Johnson	4	4	5	5	10	12	25	
464	Golden Richards	4	4	5	5	10	12	25	
465	Tommy Casanova	4	4	5	5	10	12	25	
466	Randy Jackson	4	4	5	5	10	12	25	
467	Ron Bolton	4	4	5	5	10	12	25	60
468	Joe Owens	4	4	5	5	10	12	25	
469	Wally Hilgenberg	4	4	5	5	10	12	30	
470	Riley Odoms	4	4	5	5	10	12	25	80
471	Otis Sistrunk	4	4	5	5	10	12	25	
472	Eddie Ray	4	4	5	5	10	12	25	60
473	Reggie McKenzie	4	4	5	5	10	12	25	60
474	Elbert Drungo	4	4	5	5	10	12	35	100
475	Mercury Morris	4	4	5	5	10	12	35	
476	Dan Dickel	4	4	5	5	10	12	25	60
477	Merritt Kersey	4	4	5	5	10	12	25	
478	Mike Holmes	4	4	5	5	10	12	25	
479	Clarence Williams	4	4	5	5	10	12	25	60
480	Billy Kilmer	4	4	5	5	10	12	25	
481	Altie Taylor	4	4	5	5	10	12	25	60
482	Dave Elmendorf	4	4	5	5	10	12	25	60
483	Bob Rowe	4	4	5	5	10	12	30	
484	Pete Athas	4	4	5	5	10	12	25	
485	Winston Hill	4	4	5	5	10	12	25	60
486	Bo Matthews	4	4	5	5	10	12	100	
487	Earl Thomas	4	4	5	5	10	12	25	
488	Jan Stenerud	4	4	5	5	10	12	25	
489	Steve Holden	4	4	5	5	10	12	25	
490	Cliff Harris RC	25	40	60	100	300	400	600	
491	Boobie Clark RC	4	4	5	5	10	12	80	
492	Joe Taylor	4	4	5	5	10	12	40	
493	Tom Neville	4	4	5	5	10	12	25	60
494	Wayne Colman	4	4	5	5	10	12	25	
495	Jim Mitchell TE	4	4	5	5	10	12	25	60
496	Paul Krause	4	4	5	5	10	12	25	80
497	Jim Otto	4	4	5	5	10	12	25	

#	Player	VgEx 4	EX 5	ExMt 6	NM 7	NmMt 8	NmMt+ 8.5	MT 9	Gem 9.5/10
498	John Rowser	4	4	5	5	10	12	25	60
499	Larry Little	4	4	8	12	25	30	100	
500	O.J. Simpson	5	20	40	50	80	100	125	
501	John Dutton RC	4	4	5	5	10	12	25	
502	Pat Hughes	4	4	5	5	10	12	25	80
503	Malcolm Snider	4	4	5	5	10	12	25	60
504	Fred Willis	4	4	5	5	10	12	25	
505	Harold Jackson	4	4	5	5	10	12	25	
506	Mike Bragg	4	4	5	5	10	12	25	
507	Jerry Sherk	4	4	5	5	10	12	25	
508	Mirro Roder	4	4	5	5	10	12	25	
509	Tom Sullivan	4	4	5	5	10	12	25	60
510	Jim Hart	4	4	5	5	10	12	25	
511	Cedrick Hardman	4	4	5	5	10	12	25	
512	Blaine Nye	4	4	5	5	10	12	30	
513	Elmo Wright	4	4	5	5	10	12	25	60
514	Herb Orvis	4	4	5	5	10	12	60	
515	Richard Caster	4	4	5	5	10	12	25	
516	Doug Kotar RC	4	4	5	5	10	12	30	
517	Checklist 397-528	4	4	5	5	10	12	25	
518	Jesse Freitas	4	4	5	5	10	12	25	
519	Ken Houston	4	4	5	5	10	12	25	
520	Alan Page	4	4	5	5	10	12	40	
521	Tim Foley	4	4	5	5	10	12	25	
522	Bill Olds	4	4	5	5	10	12	25	60
523	Bobby Maples	4	4	5	5	10	12	25	
524	Cliff Branch RC	25	40	60	100	200	250	300	3,000
525	Merlin Olsen	4	4	5	5	10	12	50	
526	AFC Champs/Bradshaw/Harris	4	4	5	6	10	12	80	
527	NFC Champs/Foreman	4	4	5	5	10	15	40	
528	Super Bowl IX/Bradshaw	4	5	6	10	25	40	200	

— AFC Champs/Brad/Harris #526 PSA 10 (Gem) sold for $672 (Mile High; 6/10)
— Rocky Bleier RC #39 PSA 10 (Gem Mint) sold for $590.77 (eBay; 6/12)
— Rocky Bleier RC #39 PSA 10 (Gem Mint) sold for $570 (eBay; 6/12)
— Bob Brown DT #448 PSA 10 (Gem Mint) sold for $505 (eBay; 6/12)
— Dan Fouts #367 PSA 10 (Gem Mint) sold for $3,055 (eBay; 4/07)
— Joe Greene #425 PSA 10 (Gem Mint) sold for $839.02 (eBay; 6/12)
— Drew Pearson #65 PSA 10 (Gem) sold for $1,000 (eBay; 11/07)
— O.J.Simpson #500 PSA 10 (Gem Mint) sold for $543 (eBay; 6/12)
— Super Bowl IX/Bradshaw #528 PSA 10 (Gem Mint) sold for $791 (eBay; 6/12)
— Lynn Swann #282 PSA 10 (Gem) sold for $2,809.99 (eBay; 3/14)
— Lynn Swann #282 PSA 10 (Gem) sold for $2,805 (eBay; 4/07)
— Lynn Swann #282 PSA 10 (Gem) sold for $1,767 (Mile High; 10/09)
— Joe Theismann RC #416 PSA 10 (Gem Mint) sold for $2958 (eBay; 8/12)
— Joe Theismann RC #416 PSA 10 (Gem Mint) sold for $3553 (eBay; 10/14)
— Joe Theismann RC #416 PSA 10 (Gem Mint) sold for $3008 (eBay; 10/14)

1976 Topps

#	Player	VG 3	VgEx 4	EX 5	ExMt 6	NM 7	NmMt 8	MT 9	Gem 9.5/10
1	George Blanda RB	4	4	5	8	10	12	60	175
2	Neal Colzie RB	4	4	5	8	20	25	60	
3	Chuck Foreman RB	4	4	5	8	10	12	30	
4	Jim Marshall RB	4	4	5	8	12	15	40	
5	Terry Metcalf RB	4	4	5	8	10	12	30	
6	O.J.Simpson RB	4	4	5	8	12	15	60	
7	Fran Tarkenton RB	4	4	5	8	10	12	25	
8	Charley Taylor RB	4	4	5	8	10	12	30	100
9	Ernie Holmes	4	4	5	8	10	12	30	
10	Ken Anderson	4	4	5	8	15	20	120	
11	Bobby Bryant	4	4	5	8	10	12	25	60
12	Jerry Smith	4	4	5	8	10	12	30	
13	David Lee	4	4	5	8	10	12	25	
14	Robert Newhouse RC	4	4	5	8	20	25	80	
15	Vern Den Herder	4	4	5	8	10	12	25	60
16	John Hannah	4	4	5	8	10	12	30	
17	J.D. Hill	4	4	5	8	10	12	30	
18	James Harris	4	4	5	8	10	12	30	
19	Willie Buchanon	4	4	5	8	10	12	25	60
20	Charle Young	4	4	5	8	10	12	30	
21	Jim Yarbrough	4	4	5	8	10	12	25	
22	Ronnie Coleman	4	4	5	8	10	12	25	
23	Don Cockroft	4	4	5	8	10	12	25	
24	Willie Lanier	4	4	5	8	10	12	30	
25	Fred Biletnikoff	4	4	5	8	10	12	30	
26	Ron Yankowski	4	4	5	8	10	12	25	80
27	Spider Lockhart	4	4	5	8	10	12	25	
28	Bob Johnson	4	4	5	8	10	12	25	
29	J.T. Thomas	4	4	5	8	10	12	25	60
30	Ron Yary	4	4	5	8	10	12	30	
31	Brad Dusek RC	4	4	5	8	10	12	25	
32	Raymond Chester	4	4	5	8	10	12	30	
33	Larry Little	4	4	5	8	10	12	25	
34	Pat Leahy RC	4	4	5	8	10	12	30	
35	Steve Bartkowski RC	4	4	5	8	10	12	40	
36	Tom Myers	4	4	5	8	10	12	25	
37	Bill Van Heusen	4	4	5	8	10	12	25	60
38	Russ Washington	4	4	5	8	10	12	25	
39	Tom Sullivan	4	4	5	8	10	12	25	
40	Curley Culp	4	4	5	8	30	40	100	
41	Johnnie Gray	4	4	5	8	10	12	25	60
42	Bob Klein	4	4	5	8	10	12	25	60
43	Lem Barney	4	4	5	8	10	12	30	
44	Harvey Martin RC	10	15	25	50	60	80	125	
45	Reggie Rucker	4	4	5	8	10	12	30	
46	Neil Clabo	4	4	5	8	10	12	25	
47	Ray Hamilton	4	4	5	8	10	12	25	
48	Joe Ferguson	4	4	5	8	10	12	30	60
49	Ed Podolak	4	4	5	8	10	12	25	
50	Ray Guy	4	4	5	8	10	12	30	
51	Glen Edwards	4	4	5	8	10	12	25	
52	Jim LeClair	4	4	5	8	10	12	25	80
53	Mike Barnes	4	4	5	8	10	12	25	
54	Nat Moore RC	4	4	5	8	10	12	30	
55	Billy Kilmer	4	4	5	8	10	12	30	
56	Larry Stallings	4	4	5	8	10	12	25	60
57	Jack Gregory	4	4	5	8	10	12	25	
58	Steve Mike-Mayer	4	4	5	8	10	12	25	
59	Virgil Livers	4	4	5	8	10	12	25	
60	Jerry Sherk	4	4	5	8	10	12	30	
61	Guy Morriss	4	4	5	8	10	12	25	
62	Barty Smith	4	4	5	8	10	12	25	
63	Jerome Barkum	4	4	5	8	10	12	25	
64	Ira Gordon	4	4	5	8	10	12	25	
65	Paul Krause	4	4	5	8	10	12	30	80
66	John McMakin	4	4	5	8	10	12	25	
67	Checklist 1-132	4	4	5	8	10	12	30	
68	Charlie Johnson	4	4	5	8	10	12	30	60
69	Tommy Nobis	4	4	5	8	10	12	30	80
70	Lydell Mitchell	4	4	5	8	10	12	30	
71	Vern Holland	4	4	5	8	10	12	25	
72	Tim Foley	4	4	5	8	10	12	30	
73	Golden Richards	4	4	5	8	10	12	30	
74	Bryant Salter	4	4	5	5	10	12	25	
75	Terry Bradshaw	6	8	12	20	80	100	150	
76	Ted Hendricks	4	4	5	8	10	12	30	80
77	Rich Saul RC	4	4	5	8	10	12	25	
78	John Smith RC	4	4	5	8	10	12	25	
79	Altie Taylor	4	4	5	8	10	12	25	80
80	Cedrick Hardman	4	4	5	8	10	12	100	
81	Ken Payne	4	4	5	8	10	12	25	
82	Zeke Moore	4	4	5	8	10	12	25	
83	Alvin Maxson	4	4	5	8	10	12	25	
84	Wally Hilgenberg	4	4	5	8	10	12	25	
85	John Niland	4	4	5	8	10	12	25	
86	Mike Sensibaugh	4	4	5	8	10	12	25	
87	Ron Johnson	4	4	5	8	10	12	30	
88	Winston Hill	4	4	5	8	10	12	25	
89	Charlie Joiner	4	4	5	8	10	12	25	100
90	Roger Wehrli	4	4	5	8	10	12	30	
91	Mike Bragg	4	4	5	8	10	12	25	
92	Dan Dickel	4	4	5	8	10	12	30	
93	Earl Morrall	4	4	5	8	10	12	30	
94	Pat Toomay	4	4	5	8	10	12	25	
95	Gary Garrison	4	4	5	8	10	12	25	80
96	Ken Geddes	4	4	5	8	10	12	25	60
97	Mike Current	4	4	5	8	10	12	25	
98	Bob Avellini RC	4	4	5	8	10	12	50	
99	Dave Pureifory	4	4	5	8	10	12	25	
100	Franco Harris	4	15	20	25	30	40	60	
101	Randy Logan	4	4	5	8	10	12	25	
102	John Fitzgerald	4	4	5	8	10	12	25	60
103	Gregg Bingham RC	4	4	5	8	10	12	100	
104	Jim Plunkett	4	4	5	8	10	12	25	
105	Carl Eller	4	4	5	8	10	12	30	
106	Larry Walton	4	4	5	8	10	12	25	
107	Clarence Scott	4	4	5	8	10	12	25	
108	Skip Vanderbundt	4	4	5	8	10	12	25	

		VgEx 4	EX 5	ExMt 6	NM 7	NmMt 8	NmMt+ 8.5	MT 9	Gem 9.5/10			VgEx 4	EX 5	ExMt 6	NM 7	NmMt 8	NmMt+ 8.5	MT 9	Gem 9.5/10
109	Boobie Clark	4	4	5	8	10	12	30		188	Steve Zabel	4	4	5	8	10	12	25	
110	Tom Mack	4	4	5	8	10	12	30	60	189	Ken Johnson DT	4	4	5	8	10	12	25	
111	Bruce Laird	4	4	5	8	10	12	25		190	Rayfield Wright	4	4	5	8	10	12	40	
112	Dave Dalby RC	4	4	5	8	10	12	30		191	Brent McClanahan	4	4	5	8	10	12	25	60
113	John Leypoldt	4	4	5	8	10	12	25		192	Pat Fischer	4	4	5	8	10	12	30	
114	Barry Pearson	4	4	5	8	10	12	25		193	Roger Carr RC	4	4	5	8	10	12	25	
115	Larry Brown	4	4	5	8	10	12	30		194	Manny Fernandez	4	4	5	8	10	12	30	
116	Jackie Smith	4	4	5	8	10	12	30	80	195	Roy Gerela	4	4	5	8	10	12	25	
117	Pat Hughes	4	4	5	8	10	12	25		196	Dave Elmendorf	4	4	5	8	10	12	25	
118	Al Woodall	4	4	5	8	10	12	25	80	197	Bob Kowalkowski	4	4	5	8	10	12	25	
119	John Zook	4	4	5	8	15	20	25		198	Phil Villapiano	4	4	5	8	10	12	30	
120	Jake Scott	4	4	5	8	10	12	25		199	Will Wynn	4	4	5	8	10	12	25	60
121	Rich Glover	4	4	5	8	10	12	25		200	Terry Metcalf	4	4	5	8	10	12	30	
122	Ernie Jackson	4	4	5	8	10	12	25		201	F.Tarkenton/K.Anderson LL	4	4	5	8	10	12	25	
123	Otis Armstrong	4	4	5	8	10	12	30		202	Rucker/Mitchell/Foreman LL	4	4	5	8	10	12	30	80
124	Bob Grim	4	4	5	8	10	12	25	60	203	O.Simpson/J.Otis LL	4	4	5	8	10	12	30	
125	Jeff Siemon	4	4	5	8	10	12	25		204	O.Simpson/C.Foreman LL	4	4	5	8	10	12	25	
126	Harold Hart	4	4	5	8	10	12	25		205	M.Blount/P.Krause LL	4	4	5	8	10	12	25	
127	John DeMarie	4	4	5	8	10	12	25		206	R.Guy/H.Weaver LL	4	4	5	8	10	12	25	
128	Dan Fouts	12	15	20	25	40	50	125		207	Ken Ellis	4	4	5	8	10	12	25	60
129	Jim Kearney	4	4	5	8	10	12	25		208	Ron Saul	4	4	5	8	10	12	25	80
130	John Dutton	4	4	5	8	10	12	100		209	Toni Linhart	4	4	5	8	10	12	25	80
131	Calvin Hill	4	4	5	8	10	12	30	80	210	Jim Langer	4	4	5	8	10	12	30	
132	Toni Fritsch	4	4	5	8	10	12	25		211	Jeff Wright S	4	4	5	8	10	12	25	
133	Ron Jessie	4	4	5	8	10	12	25	60	212	Moses Denson	4	4	5	8	10	12	25	
134	Don Nottingham	4	4	5	8	10	12	25		213	Earl Edwards	4	4	5	8	10	12	25	
135	Lemar Parrish	4	4	5	8	10	12	25	60	214	Walker Gillette	4	4	5	8	10	12	25	60
136	Russ Francis RC	4	4	5	8	10	12	30		215	Bob Trumpy	4	4	5	8	10	12	30	
137	Joe Reed	4	4	5	8	10	12	25	60	216	Emmitt Thomas	4	4	5	8	10	12	30	
138	C.L. Whittington	4	4	5	8	10	12	25	50	217	Lyle Alzado	4	4	5	8	10	12	30	
139	Otis Sistrunk	4	4	5	8	10	12	30		218	Carl Garrett	4	4	5	8	10	12	30	
140	Lynn Swann	4	40	50	60	80	100	300		219	Van Green	4	4	5	8	10	12	25	
141	Jim Carter	4	4	5	8	10	12	25		220	Jack Lambert RC	30	50	80	120	250	300	600	5,000
142	Mike Montler	4	4	5	8	10	12	25	100	221	Spike Jones	4	4	5	8	10	12	25	
143	Walter Johnson	4	4	5	8	10	12	25		222	John Hadl	4	4	5	8	10	12	30	
144	Doug Kotar	4	4	5	8	10	12	25		223	Billy Johnson RC	4	4	5	8	12	15	40	
145	Roman Gabriel	4	4	5	8	10	12	30		224	Tony McGee DT	4	4	5	8	10	12	25	
146	Billy Newsome	4	4	5	8	10	12	25	80	225	Preston Pearson	4	4	5	8	10	12	40	
147	Ed Bradley	4	4	5	8	10	12	25	50	226	Isiah Robertson	4	4	5	8	10	12	30	80
148	Walter Payton RC	300	350	500	1,000	1,500	2,000	8,000	80,000	227	Errol Mann	4	4	5	8	10	12	25	
149	Johnny Fuller	4	4	5	8	10	12	25		228	Paul Seal	4	4	5	8	10	12	25	60
150	Alan Page	4	4	5	8	10	12	30		229	Roland Harper RC	4	4	5	8	10	12	25	
151	Frank Grant	4	4	5	8	10	12	25	50	230	Ed White RC	4	4	5	8	10	12	30	
152	Dave Green	4	4	5	8	10	12	25		231	Joe Theismann	4	20	25	30	40	50	60	
153	Nelson Munsey	4	4	5	8	10	12	25		232	Jim Cheyunski	4	4	5	8	10	12	25	
154	Jim Mandich	4	4	5	8	10	12	25		233	Bill Stanfill	4	4	5	8	10	12	30	
155	Lawrence McCutcheon	4	4	5	8	10	12	30		234	Marv Hubbard	4	4	5	8	10	12	25	
156	Steve Ramsey	4	4	5	8	10	12	25		235	Tommy Casanova	4	4	5	8	10	12	30	
157	Ed Flanagan	4	4	5	8	10	12	25		236	Bob Hyland	4	4	5	8	10	12	25	60
158	Randy White RC	15	25	40	60	100	120	300		237	Jesse Freitas	4	4	5	8	10	12	25	
159	Gerry Mullins	4	4	5	8	10	12	25		238	Norm Thompson	4	4	5	8	10	12	25	
160	Jan Stenerud	4	4	5	8	10	12	30		239	Charlie Smith WR	4	4	5	8	10	12	25	
161	Steve Odom	4	4	5	8	10	12	25	60	240	John James	4	4	5	8	10	12	25	
162	Roger Finnie	4	4	5	8	10	12	25		241	Alden Roche	4	4	5	8	10	12	25	
163	Norm Snead	4	4	5	8	10	12	30		242	Gordon Jolley	4	4	5	8	10	12	25	
164	Jeff Van Note	4	4	5	8	10	12	30		243	Larry Ely	4	4	5	8	10	12	25	
165	Bill Bergey	4	4	5	8	10	12	30		244	Richard Caster	4	4	5	8	10	12	25	80
166	Allen Carter	4	4	5	8	10	12	25		245	Joe Greene	4	4	30	40	80	100	150	200
167	Steve Holden	4	4	5	8	10	12	25		246	Larry Schreiber	4	4	5	8	10	12	25	
168	Sherman White	4	4	5	8	10	12	25		247	Terry Schmidt	4	4	5	8	10	12	25	
169	Bob Berry	4	4	5	8	10	12	25	80	248	Jerrel Wilson	4	4	5	8	10	12	25	
170	Ken Houston	4	4	5	8	10	12	25		249	Marty Domres	4	4	5	8	10	12	25	
171	Bill Olds	4	4	5	8	10	12	25		250	Isaac Curtis	4	4	5	8	10	12	35	
172	Larry Seiple	4	4	5	8	10	12	25		251	Harold McLinton	4	4	5	8	10	12	25	
173	Cliff Branch	4	4	5	8	10	12	30	100	252	Fred Dryer	4	4	5	8	10	12	30	80
174	Reggie McKenzie	4	4	5	8	10	12	25		253	Bill Lenkaitis	4	4	5	8	10	12	25	80
175	Dan Pastorini	4	4	5	8	10	12	30		254	Don Hardeman	4	4	5	8	10	12	25	
176	Paul Naumoff	4	4	5	8	10	12	25		255	Bob Griese	4	4	5	8	10	12	30	
177	Checklist 133-264	4	4	5	8	10	12	30		256	Oscar Roan RC	4	4	5	8	10	12	25	
178	Durwood Keeton	4	4	5	8	10	12	25		257	Randy Gradishar RC	15	25	40	50	125	150	200	
179	Earl Thomas	4	4	5	8	10	12	25		258	Bob Thomas RC	4	4	5	8	10	12	25	
180	L.C.Greenwood	4	4	5	10	15	20	50		259	Joe Owens	4	4	5	8	10	12	25	
181	John Outlaw	4	4	5	8	10	12	25		260	Cliff Harris	4	4	5	8	10	12	30	
182	Frank Nunley	4	4	5	8	10	12	25		261	Frank Lewis	4	4	5	8	10	12	25	
183	Dave Jennings RC	4	4	5	8	10	12	30		262	Mike McCoy DT	4	4	5	8	10	12	25	60
184	MacArthur Lane	4	4	5	8	10	12	25		263	Rickey Young RC	4	4	5	8	10	12	25	60
185	Chester Marcol	4	4	5	8	10	12	25		264	Brian Kelley RC	4	4	5	8	10	12	25	60
186	J.J. Jones	4	4	5	8	10	12	25		265	Charlie Sanders	4	4	5	8	10	12	30	
187	Tom DeLeone	4	4	5	8	10	12	25	100	266	Jim Hart	4	4	5	8	10	12	25	

#	Player	VgEx 4	EX 5	ExMt 6	NM 7	NmMt 8	NmMt+ 8.5	MT 9	Gem 9.5/10
267	Greg Gantt	4	4	5	8	10	12	25	
268	John Ward	4	4	5	8	10	12	25	
269	Al Beauchamp	4	4	5	8	10	12	25	
270	Jack Tatum	4	4	5	8	10	12	30	
271	Jim Lash	4	4	5	8	10	12	25	80
272	Diron Talbert	4	4	5	8	10	12	25	
273	Checklist 265-396	4	4	5	8	10	12	30	
274	Steve Spurrier	4	4	5	20	25	30	40	300
275	Greg Pruitt	4	4	5	8	10	12	30	
276	Jim Mitchell TE	4	4	5	8	10	12	25	
277	Jack Rudnay	4	4	5	8	10	12	25	
278	Freddie Solomon RC	4	4	5	8	10	12	25	
279	Frank LeMaster	4	4	5	8	10	12	25	
280	Wally Chambers	4	4	5	8	10	12	25	
281	Mike Collier	4	4	5	8	10	12	25	
282	Clarence Williams	4	4	5	8	10	12	25	
283	Mitch Hoopes	4	4	5	8	10	12	25	
284	Ron Bolton	4	4	5	8	10	12	25	
285	Harold Jackson	4	4	5	8	10	12	30	
286	Greg Landry	4	4	5	8	10	12	30	
287	Tony Greene	4	4	5	8	10	12	25	
288	Howard Stevens	4	4	5	8	10	12	25	
289	Roy Jefferson	4	4	5	8	10	12	25	
290	Jim Bakken	4	4	5	8	10	12	25	
291	Doug Sutherland	4	4	5	8	10	12	25	
292	Marvin Cobb RC	4	4	5	8	10	12	25	
293	Mack Alston	4	4	5	8	10	12	25	60
294	Rod McNeill	4	4	5	8	10	12	25	80
295	Gene Upshaw	4	4	5	8	10	12	30	
296	Dave Gallagher	4	4	5	8	10	12	25	
297	Larry Ball	4	4	5	8	10	12	25	60
298	Ron Howard	4	4	5	8	10	12	25	
299	Don Strock RC	4	4	5	8	10	12	30	
300	O.J. Simpson	4	30	40	50	60	80	100	
301	Ray Mansfield	4	4	5	20	25	30	40	
302	Larry Marshall	4	4	5	8	10	12	25	
303	Dick Himes	4	4	5	8	10	12	25	
304	Ray Wersching RC	4	4	5	8	10	12	25	
305	John Riggins	4	4	5	8	10	12	30	
306	Bob Parsons	4	4	5	8	10	12	25	
307	Ray Brown DB	4	4	5	8	10	12	25	
308	Len Dawson	4	4	5	8	10	12	30	
309	Andy Maurer	4	4	5	8	10	12	25	60
310	Jack Youngblood	4	4	5	8	10	12	30	80
311	Essex Johnson	4	4	5	8	10	12	25	
312	Stan White	4	4	5	8	10	12	25	
313	Drew Pearson	4	4	5	8	50	60	80	
314	Rockne Freitas	4	4	5	8	10	12	25	60
315	Mercury Morris	4	4	5	8	10	12	30	100
316	Willie Alexander	4	4	5	8	10	12	25	
317	Paul Warfield	4	4	5	8	10	12	30	
318	Bob Chandler	4	4	5	8	10	12	30	
319	Bobby Walden	4	4	5	8	10	12	25	60
320	Riley Odoms	4	4	5	8	10	12	30	
321	Mike Boryla	4	4	5	8	10	12	25	
322	Bruce Van Dyke	4	4	5	8	10	12	25	
323	Pete Banaszak	4	4	5	8	10	12	25	
324	Darryl Stingley	4	4	5	8	10	12	30	60
325	John Mendenhall	4	4	5	8	10	12	40	
326	Dan Dierdorf	4	4	5	8	10	12	30	
327	Bruce Taylor	4	4	5	8	10	12	25	
328	Don McCauley	4	4	5	8	10	12	25	
329	John Reaves	4	4	5	8	10	12	25	100
330	Chris Hanburger	4	4	5	8	10	12	30	
331	NFC Champs/Staubach	4	4	5	8	12	25		
332	AFC Champs/F.Harris	4	4	5	8	10	18	60	
333	Super Bowl X/Bradshaw	4	5	6	12	50	80		
334	Godwin Turk	4	4	5	8	10	12	25	60
335	Dick Anderson	4	4	5	8	10	12	30	
336	Woody Green	4	4	5	8	10	12	25	
337	Pat Curran	4	4	5	8	10	12	25	
338	Council Rudolph	4	4	5	8	10	12	25	60
339	Joe Lavender	4	4	5	8	10	12	25	60
340	John Gilliam	4	4	5	8	10	12	30	80
341	Steve Furness RC	4	4	5	8	10	12	30	
342	D.D. Lewis	4	4	5	8	10	15	60	
343	Duane Carrell	4	4	5	8	10	12	25	
344	Jon Morris	4	4	5	8	10	12	25	
345	John Brockington	4	4	5	8	10	12	30	100

#	Player	VgEx 4	EX 5	ExMt 6	NM 7	NmMt 8	NmMt+ 8.5	MT 9	Gem 9.5/10
346	Mike Phipps	4	4	5	8	10	12	30	
347	Lyle Blackwood RC	4	4	5	8	10	12	25	
348	Julius Adams	4	4	5	8	10	12	25	
349	Terry Hermeling	4	4	5	8	10	12	25	80
350	Rolland Lawrence RC	4	4	5	8	10	12	25	
351	Glenn Doughty	4	4	5	8	10	12	25	
352	Doug Swift	4	4	5	8	10	12	25	
353	Mike Strachan	4	4	5	8	10	12	25	
354	Craig Morton	4	4	5	8	10	12	30	
355	George Blanda	4	4	5	8	10	12	25	150
356	Garry Puetz	4	4	5	8	10	12	25	
357	Carl Mauck	4	4	5	8	10	12	25	
358	Walt Patulski	4	4	5	8	10	12	25	60
359	Stu Voigt	4	4	5	8	10	12	25	60
360	Fred Carr	4	4	5	8	10	12	25	
361	Po James	4	4	5	8	10	12	25	60
362	Otis Taylor	4	4	5	8	10	12	30	
363	Jeff West	4	4	5	8	10	12	25	
364	Gary Huff	4	4	5	8	10	12	30	
365	Dwight White	4	4	5	8	10	12	25	
366	Dan Ryczek	4	4	5	8	10	12	25	
367	Jon Keyworth RC	4	4	5	8	10	12	25	
368	Mel Renfro	4	4	5	8	10	12	30	100
369	Bruce Coslet RC	4	4	5	8	10	12	30	
370	Len Hauss	4	4	5	8	10	12	25	
371	Rick Volk	4	4	5	8	10	12	25	
372	Howard Twilley	4	4	5	8	10	12	25	
373	Cullen Bryant RC	4	4	5	8	10	12	30	
374	Bob Babich	4	4	5	8	10	12	25	
375	Herman Weaver	4	4	5	8	10	12	25	
376	Steve Grogan RC	4	4	5	8	10	15	30	
377	Bubba Smith	4	4	5	8	10	12	30	
378	Burgess Owens	4	4	5	8	10	12	25	
379	Al Matthews	4	4	5	8	10	12	25	80
380	Art Shell	4	4	5	8	10	12	30	
381	Larry Brown	4	4	5	8	10	12	25	
382	Horst Muhlmann	4	4	5	8	10	12	25	
383	Ahmad Rashad	4	4	5	8	10	12	35	
384	Bobby Maples	4	4	5	8	10	12	25	
385	Jim Marshall	4	4	5	8	10	12	30	
386	Joe Dawkins	4	4	5	8	10	12	25	
387	Dennis Partee	4	4	5	8	10	12	25	80
388	Eddie McMillan RC	4	4	5	8	10	12	25	
389	Randy Johnson	4	4	5	8	10	12	25	
390	Bob Kuechenberg	4	4	5	8	10	12	25	
391	Rufus Mayes	4	4	5	8	10	12	25	
392	Lloyd Mumphord	4	4	5	8	10	12	25	60
393	Ike Harris	4	4	5	8	10	12	25	
394	Dave Hampton	4	4	5	8	10	12	25	60
395	Roger Staubach	5	8	12	20	30	35	125	800
396	Doug Buffone	4	4	5	8	10	12	25	
397	Howard Fest	4	4	5	8	10	12	25	
398	Wayne Mulligan	4	4	5	8	10	12	25	
399	Bill Bradley	4	4	5	8	10	12	30	
400	Chuck Foreman	4	4	5	8	10	12	30	
401	Jack Snow	4	4	5	8	10	12	30	
402	Bob Howard	4	4	5	8	10	12	25	60
403	John Matuszak	4	4	5	8	10	12	30	
404	Bill Munson	4	4	5	8	10	12	30	
405	Andy Russell	4	4	5	8	10	12	30	80
406	Skip Butler	4	4	5	8	10	12	25	
407	Hugh McKinnis	4	4	5	8	10	12	25	
408	Bob Penchion	4	4	5	8	10	12	25	
409	Mike Bass	4	4	5	8	10	12	25	60
410	George Kunz	4	4	5	8	10	12	25	
411	Ron Pritchard	4	4	5	8	10	12	25	60
412	Barry Smith	4	4	5	8	10	12	25	
413	Norm Bulaich	4	4	5	8	10	12	25	
414	Marv Bateman	4	4	5	8	10	12	25	
415	Ken Stabler	4	20	25	30	80	100	150	
416	Conrad Dobler	4	20	5	8	10	12	30	
417	Bob Tucker	4	4	5	8	10	12	25	
418	Gene Washington 49er	4	4	5	8	10	12	30	
419	Ed Marinaro	4	4	5	8	10	12	30	60
420	Jack Ham	4	4	5	8	10	12	100	
421	Jim Turner	4	4	5	8	10	12	25	80
422	Chris Fletcher	4	4	5	8	10	12	25	60
423	Carl Barzilauskas	4	4	5	8	10	12	25	
424	Robert Brazile RC	12	20	30	50	100	120	400	

		VgEx 4	EX 5	ExMt 6	NM 7	NmMt 8	NmMt+ 8.5	MT 9	Gem 9.5/10
125	Harold Carmichael	4	4	5	8	10	12	35	
126	Ron Jaworski RC	4	4	5	10	50	60	125	
127	Ed Too Tall Jones RC	25	30	40	50	80	100	200	1,500
128	Larry McCarren	4	4	5	8	10	12	30	
129	Mike Thomas RC	4	4	5	8	10	12	30	
130	Joe DeLamielleure	4	4	5	8	10	12	30	80
131	Tom Blanchard	4	4	5	8	10	12	25	
132	Ron Carpenter	4	4	5	8	10	12	25	
133	Levi Johnson	4	4	5	8	10	12	25	60
134	Sam Cunningham	4	4	5	8	10	12	30	
135	Garo Yepremian	4	4	5	8	10	12	30	
136	Mike Livingston	4	4	5	8	10	12	25	
137	Larry Csonka	4	4	5	8	10	12	40	
138	Doug Dieken	4	4	5	8	10	12	30	
139	Bill Lueck	4	4	5	8	10	12	25	80
140	Tom MacLeod	4	4	5	8	10	12	25	
141	Mick Tingelhoff	4	4	5	8	10	12	30	
142	Terry Hanratty	4	4	5	8	10	12	25	
143	Mike Siani	4	4	5	8	10	12	25	
144	Dwight Harrison	4	4	5	8	10	12	25	
145	Jim Otis	4	4	5	8	10	12	30	
146	Jack Reynolds	4	4	5	8	10	12	30	
147	Jean Fugett RC	4	4	5	8	10	12	30	
148	Dave Beverly	4	4	5	8	10	12	25	
149	Bernard Jackson RC	4	4	5	8	10	12	30	
150	Charley Taylor	4	4	5	8	10	12	35	
151	Atlanta Falcons CL	4	4	5	8	10	12	30	
152	Baltimore Colts CL	4	4	5	8	10	12		
153	Buffalo Bills CL	4	4	5	8	12	15	25	
154	Chicago Bears CL	4	4	5	8	10	12	50	
155	Cincinnati Bengals CL	4	4	5	8	10	12		
156	Cleveland Browns CL	4	4	5	8	10	12	30	
157	Dallas Cowboys CL	4	4	5	8	10	12	40	
158	Denver Broncos CL	4	4	5	8	10	12		
159	Detroit Lions CL	4	4	5	8	10	12	25	60
160	Green Bay Packers CL	4	4	5	8	10	12		
161	Houston Oilers CL	4	4	5	8	10	12	25	
162	Kansas City Chiefs CL	4	4	5	8	10	12	30	80
163	Los Angeles Rams CL	4	4	5	8	10	12		
164	Miami Dolphins CL	4	4	5	8	10	12	30	
165	Minnesota Vikings CL	4	4	5	8	10	12		
166	New England Patriots CL	4	4	5	8	10	12		
167	New Orleans Saints CL	4	4	5	8	10	12		
168	New York Giants CL	4	4	5	8	10	12		
169	New York Jets CL	4	4	5	8	10	12	25	
170	Oakland Raiders CL	4	4	5	8	10	12	50	
171	Philadelphia Eagles CL	4	4	5	8	10	12	25	
172	Pittsburgh Steelers CL	4	4	5	8	10	12	40	
173	St. Louis Cardinals CL	4	4	5	8	10	12		
174	San Diego Chargers CL	4	4	5	8	10	12	30	
175	San Francisco 49ers CL	4	4	5	8	10	12	100	
176	Seattle Seahawks CL	4	4	5	8	10	12		
177	Tampa Bay Buccaneers CL	4	4	5	8	10	12	40	
178	Washington Redskins CL	4	4	5	8	10	12	30	
179	Fred Cox	4	4	5	8	10	12	25	60
180	Mel Blount	4	4	5	8	10	12	80	
181	John Bunting RC	4	4	5	8	10	12	25	60
182	Ken Mendenhall	4	4	5	8	10	12	25	
183	Will Harrell	4	4	5	8	10	12	25	
184	Marlin Briscoe	4	4	5	8	10	12	25	
185	Archie Manning	4	4	5	8	10	12	25	
186	Tody Smith	4	4	5	8	10	12	25	
187	George Hunt	4	4	5	8	10	12	25	80
188	Roscoe Word	4	4	5	8	10	12	25	
189	Paul Seymour	4	4	5	8	10	12	25	60
190	Lee Roy Jordan	4	4	5	8	15	20	35	
191	Chip Myers	4	4	5	8	10	12	25	
192	Norm Evans	4	4	5	8	10	12	25	
193	Jim Bertelsen	4	4	5	8	10	12	25	
194	Mark Moseley	4	4	5	8	10	12	25	
195	George Buehler	4	4	5	8	10	12	25	
196	Charlie Hall	4	4	5	8	10	12	25	
197	Marvin Upshaw	4	4	5	8	10	12	25	60
198	Tom Banks RC	4	4	5	8	10	12	80	
199	Randy Vataha	4	4	5	8	10	12	25	
200	Fran Tarkenton	4	4	5	8	80	100	125	
201	Mike Wagner	4	4	5	8	10	12	25	60
202	Art Malone	4	4	5	8	10	12	25	
203	Fred Cook	4	4	5	8	10	12	25	

		VgEx 4	EX 5	ExMt 6	NM 7	NmMt 8	NmMt+ 8.5	MT 9	Gem 9.5/10
504	Rich McGeorge	4	4	5	8	10	12	25	
505	Ken Burrough	4	4	5	8	10	12	25	
506	Nick Mike-Mayer	4	4	5	8	10	12	25	
507	Checklist 397-528	4	4	5	8	10	12	30	
508	Steve Owens	4	4	5	8	10	12	25	
509	Brad Van Pelt RC	4	4	5	8	10	12	25	
510	Ken Riley	4	4	5	8	10	12	25	
511	Art Thoms	4	4	5	8	10	12	25	
512	Ed Bell	4	4	5	8	10	12	25	
513	Tom Wittum	4	4	5	8	10	12	25	60
514	Jim Braxton	4	4	5	8	10	12	25	80
515	Nick Buoniconti	4	4	6	10	10	12	30	
516	Brian Sipe RC	4	20	25	50	100	125	150	
517	Jim Lynch	4	4	5	8	10	12	30	
518	Prentice McCray	4	4	5	8	10	12	25	
519	Tom Dempsey	4	4	5	8	10	12	25	
520	Mel Gray	4	4	5	8	10	12	20	
521	Nate Wright	4	4	5	8	10	12	25	
522	Rocky Bleier	4	4	5	20	40	100	125	
523	Dennis Johnson RC	4	4	5	8	10	12	25	
524	Jerry Sisemore	4	4	5	8	10	12	25	
525	Bert Jones	4	4	5	8	10	12	25	
526	Perry Smith	4	4	5	8	10	12	40	
527	Blaine Nye	4	4	5	8	10	12	25	
528	Bob Moore	4	4	5	8	10	12	25	

— Terry Bradshaw #75 BGS 9.5 (Gem Mint) sold for $435.01 (eBay: 5/12)
— L.C.Greenwood #180 PSA 10 (Gem Mint) sold for $532 (eBay: 8/12)
— Jack Lambert #220 PSA 10 (Gem) sold for $1,179 (eBay: 2/10)
— Jack Lambert #220 PSA 10 (Gem) sold for $1,538.65 (eBay: 11/13)
— Jack Lambert #220 BGS 10 (Gem) sold for $6573 (eBay: 09/14)
— Jack Lambert #220 BGS 9.5 (Gem Mint) sold for $840.01 (eBay: 5/12)
— Walter Payton #148 BVG 10 (Pristine) sold for $11,050 (eBay; 11/07)
— Walter Payton #148 PSA 10 (Gem) sold for $10,230 (eBay; 10/14)
— O.J. Simpson #6 PSA 10 (Gem) sold for $695 (eBay; 10/14)
— Fran Tarkenton #500 PSA 10 (Gem Mint) sold for $540 (Bussineau; 4/12)
— Randy White #158 PSA 10 (Gem) sold for $1,476 (eBay; 9/07)
— Super Bowl X/Bradshaw #333 PSA 10 (Gem) sold for $1,037 (eBay; 7/13)

1977 Topps

		VgEx 4	EX 5	ExMt 6	NM 7	NmMt 8	NmMt+ 8.5	MT 9	Gem 9.5/10
1	K.Stabler/J.Harris LL	4	4	5	5	10	15	40	
2	D.Pearson/M.Lane LL	4	4	5	5	10	12	30	
3	W.Payton/O.Simpson LL	4	4	6	10	40	50	120	
4	M.Moseley/T.Linhart LL	4	4	5	5	10	12	25	60
5	M.Jackson/K.Riley LL	4	4	5	5	10	12	25	
6	J.James/M.Bateman LL	4	4	5	5	10	12	25	
7	Mike Phipps	4	4	5	5	10	12	25	
8	Rick Volk	4	4	5	5	10	12	25	
9	Steve Furness	4	4	5	5	10	12	25	
10	Isaac Curtis	4	4	5	5	10	12	25	
11	Nate Wright	4	4	5	5	10	12	25	
12	Jean Fugett	4	4	5	5	10	12	25	80
13	Ken Mendenhall	4	4	5	5	10	12	25	
14	Sam Adams OL	4	4	5	5	10	12	25	
15	Charlie Waters	4	4	5	5	10	12	25	80
16	Bill Stanfill	4	4	5	5	10	12	25	
17	John Holland	4	4	5	5	10	12	25	
18	Pat Haden RC	4	4	5	5	10	12	25	60
19	Bob Young	4	4	5	5	10	12	25	
20	Wally Chambers	4	4	5	5	10	12	25	
21	Lawrence Gaines	4	4	5	5	10	12	25	
22	Larry McCarren	4	4	5	5	10	12	25	
23	Horst Muhlmann	4	4	5	5	10	12	25	60
24	Phil Villapiano	4	4	5	5	10	12	25	60
25	Greg Pruitt	4	4	5	5	10	12	40	
26	Ron Howard	4	4	5	5	10	12	25	
27	Craig Morton	4	4	5	5	10	12	25	
28	Rufus Mayes	4	4	5	5	10	12	50	
29	Lee Roy Selmon RC	12	20	30	50	100	120	300	
30	Ed White	4	4	5	5	10	12	25	
31	Harold McLinton	4	4	5	5	10	12	25	50
32	Glenn Doughty	4	4	5	5	10	12	25	60
33	Bob Kuechenberg	4	4	5	5	10	12	25	
34	Duane Carrell	4	4	5	5	10	12	25	
35	Riley Odoms	4	4	5	5	10	12	25	
36	Bobby Scott	4	4	5	5	10	12	25	
37	Nick Mike-Mayer	4	4	5	5	10	12	25	
38	Bill Lenkaitis	4	4	5	5	10	12	25	

#	Player	VgEx 4	EX 5	ExMt 6	NM 7	NmMt 8	NmMt+ 8.5	MT 9	Gem 9.5/10
39	Roland Harper	4	4	5	5	10	12	25	
40	Tommy Hart	4	4	5	5	10	12	25	
41	Mike Sensibaugh	4	4	5	5	10	12	25	
42	Rusty Jackson	4	4	5	5	10	12	25	
43	Levi Johnson	4	4	5	5	10	12	25	
44	Mike McCoy DT	4	4	5	5	10	12	25	60
45	Roger Staubach	5	20	30	60	100	125	300	
46	Fred Cox	4	4	5	5	10	12	25	
47	Bob Babich	4	4	5	5	10	12	25	
48	Reggie McKenzie	4	4	5	5	10	12	25	
49	Dave Jennings	4	4	5	5	10	12	25	
50	Mike Haynes RC	12	20	30	50	80	100	300	
51	Larry Brown	4	4	5	5	10	12	25	
52	Marvin Cobb	4	4	5	5	10	12	25	
53	Fred Cook	4	4	5	5	10	12	25	
54	Freddie Solomon	4	4	5	5	10	12	25	
55	John Riggins	4	4	5	5	12	15	30	
56	John Bunting	4	4	5	5	10	12	25	
57	Ray Wersching	4	4	5	5	10	12	25	
58	Mike Livingston	4	4	5	5	10	12	25	60
59	Billy Johnson	4	4	5	5	10	12	25	
60	Mike Wagner	4	4	5	5	10	12	25	
61	Waymond Bryant	4	4	5	5	10	12	25	
62	Jim Otis	4	4	5	5	10	12	25	60
63	Ed Galigher	4	4	5	5	10	12	25	60
64	Randy Vataha	4	4	5	5	10	12	25	
65	Jim Zorn RC	4	4	5	8	15	20	40	
66	Jon Keyworth	4	4	5	5	10	12	25	60
67	Checklist 1-132	4	4	5	5	10	12	25	
68	Henry Childs	4	4	5	5	10	12	25	60
69	Thom Darden	4	4	5	5	10	12	25	
70	George Kunz	4	4	5	5	10	12	25	
71	Lenvil Elliott	4	4	5	5	10	12	25	
72	Curtis Johnson	4	4	5	5	10	12	25	
73	Doug Van Horn	4	4	5	5	10	12	20	80
74	Joe Theismann	4	4	5	8	15	20	40	125
75	Dwight White	4	4	5	5	10	12	30	100
76	Scott Laidlaw	4	4	5	5	10	12	25	
77	Monte Johnson	4	4	5	5	10	12	25	
78	Dave Beverly	4	4	5	5	10	12	25	
79	Jim Mitchell TE	4	4	5	5	10	12	25	60
80	Jack Youngblood	4	4	5	5	10	12	25	60
81	Mel Gray	4	4	5	5	10	12	25	
82	Dwight Harrison	4	4	5	5	10	12	25	60
83	John Hadl	4	4	5	5	10	12	25	
84	Matt Blair RC	4	4	5	5	10	12	100	
85	Charlie Sanders	4	4	5	5	10	12	25	
86	Noah Jackson	4	4	5	5	10	12	25	
87	Ed Marinaro	4	4	5	5	10	12	25	80
88	Bob Howard	4	4	5	5	10	12	25	
89	John McDaniel	4	4	5	5	10	12	25	
90	Dan Dierdorf	4	4	5	5	10	12	40	60
91	Mark Moseley	4	4	5	5	10	12	25	
92	Cleo Miller	4	4	5	5	10	12	25	
93	Andre Tillman	4	4	5	5	10	12	25	60
94	Bruce Taylor	4	4	5	5	10	12	25	60
95	Bert Jones	4	4	5	5	10	12	25	
96	Anthony Davis RC	4	4	5	5	10	12	25	
97	Don Goode	4	4	5	5	10	12	25	
98	Ray Rhodes RC	4	4	5	8	15	20	50	
99	Mike Webster RC	40	50	60	80	100	150	250	1,200
100	O.J. Simpson	4	40	50	60	80	100	125	300
101	Doug Plank RC	4	4	5	5	10	12	25	
102	Efren Herrera	4	4	5	5	10	12	50	
103	Charlie Smith WR	4	4	5	5	10	12	25	60
104	Carlos Brown RC	4	4	5	5	10	12	25	
105	Jim Marshall	4	4	5	5	10	12	25	80
106	Paul Naumoff	4	4	5	5	10	12	25	60
107	Walter White	4	4	5	5	10	12	25	60
108	John Cappelletti RC	4	4	5	5	10	15	40	
109	Chip Myers	4	4	5	5	10	12	25	
110	Ken Stabler	4	4	6	10	80	100	125	200
111	Joe Ehrmann	4	4	5	5	10	12	25	
112	Rick Engles	4	4	5	5	10	12	25	
113	Jack Dolbin RC	4	4	5	5	10	12	25	60
114	Ron Bolton	4	4	5	5	10	12	25	60
115	Mike Thomas	4	4	5	5	10	12	25	
116	Mike Fuller	4	4	5	5	10	12	25	
117	John Hill	4	4	5	5	10	12	20	
118	Richard Todd RC	4	4	5	5	10	12	30	
119	Duriel Harris RC	4	4	5	5	10	12	30	
120	John James	4	4	5	5	10	12	25	
121	Lionel Antoine	4	4	5	5	10	12	25	
122	John Skorupan	4	4	5	5	10	12	25	
123	Skip Butler	4	4	5	5	10	12	25	
124	Bob Tucker	4	4	5	5	10	12	25	
125	Paul Krause	4	4	5	5	10	12	25	
126	Dave Hampton	4	4	5	5	10	12	25	
127	Tom Wittum	4	4	5	5	10	12	25	60
128	Gary Huff	4	4	5	5	10	12	25	60
129	Emmitt Thomas	4	4	5	5	10	12	25	
130	Drew Pearson	4	4	5	5	10	12	30	
131	Ron Saul	4	4	5	5	10	12	25	
132	Steve Niehaus	4	4	5	5	10	12	25	
133	Fred Carr	4	4	5	5	10	12	25	60
134	Norm Bulaich	4	4	5	5	10	12	25	
135	Bob Trumpy	4	4	5	5	10	12	25	
136	Greg Landry	4	4	5	5	10	12	25	
137	George Buehler	4	4	5	5	10	12	25	
138	Reggie Rucker	4	4	5	5	10	12	25	
139	Julius Adams	4	4	5	5	10	12	25	
140	Jack Ham	4	4	5	5	10	12	80	
141	Wayne Morris RC	4	4	5	5	10	12	25	
142	Marv Bateman	4	4	5	5	10	12	25	
143	Bobby Maples	4	4	5	5	10	12	25	
144	Harold Carmichael	4	4	5	5	10	12	25	
145	Bob Avellini	4	4	5	5	10	12	25	
146	Harry Carson RC	12	20	30	50	150	200	600	
147	Lawrence Pillers	4	4	5	5	10	12	25	60
148	Ed Williams RC	4	4	5	5	10	12	25	
149	Dan Pastorini	4	4	5	5	10	12	25	60
150	Ron Yary	4	4	5	5	10	12	25	
151	Joe Lavender	4	4	5	5	10	12	25	60
152	Pat McInally RC	4	4	5	5	10	12	100	
153	Lloyd Mumphord	4	4	5	5	10	12	25	60
154	Cullen Bryant	4	4	5	5	10	12	25	
155	Willie Lanier	4	4	5	5	10	12	25	60
156	Gene Washington 49er	4	4	5	5	10	12	25	
157	Scott Hunter	4	4	5	5	10	12	25	60
158	Jim Merlo	4	4	5	5	10	12	25	
159	Randy Grossman	4	4	5	5	10	12	30	
160	Blaine Nye	4	4	5	5	10	12	25	
161	Ike Harris	4	4	5	5	10	12	25	
162	Doug Dieken	4	4	5	5	10	12	25	
163	Guy Morriss	4	4	5	5	10	12	25	60
164	Bob Parsons	4	4	5	5	10	12	25	80
165	Steve Grogan	4	4	5	5	10	12	25	
166	John Brockington	4	4	5	5	10	12	25	
167	Charlie Joiner	4	4	5	5	10	12	30	
168	Ron Carpenter	4	4	5	5	10	12	25	
169	Jeff Wright S	4	4	5	5	10	12	25	
170	Chris Hanburger	4	4	5	5	10	12	25	
171	Roosevelt Leaks RC	4	4	5	5	10	12	25	80
172	Larry Little	4	4	5	5	10	12	25	
173	John Matuszak	4	4	5	5	10	12	25	80
174	Joe Ferguson	4	4	5	5	10	12	25	
175	Brad Van Pelt	4	4	5	5	10	12	25	
176	Dexter Bussey RC	4	4	5	5	10	12	25	60
177	Steve Largent RC	20	30	50	80	150	200	600	10,000
178	Dewey Selmon	4	4	5	5	10	12	25	80
179	Randy Gradishar	4	4	5	5	10	12	25	80
180	Mel Blount	4	4	5	5	10	12	30	
181	Dan Neal	4	4	5	5	10	12	25	50
182	Rich Szaro	4	4	5	5	10	12	25	
183	Mike Boryla	4	4	5	5	10	12	25	60
184	Steve Jones	4	4	5	5	10	12	25	60
185	Paul Warfield	4	4	5	5	10	12	30	
186	Greg Buttle RC	4	4	5	5	10	12	25	
187	Rich McGeorge	4	4	5	5	10	12	25	
188	Leon Gray RC	4	4	5	5	10	12	25	
189	John Shinners	4	4	5	5	10	12	25	60
190	Toni Linhart	4	4	5	5	10	12	25	60
191	Robert Miller	4	4	5	5	10	12	25	
192	Jake Scott	4	4	5	5	10	12	25	
193	Jon Morris	4	4	5	5	10	12	25	
194	Randy Crowder	4	4	5	5	10	12	25	
195	Lynn Swann	4	20	25	30	60	80	100	
196	Marsh White	4	4	5	5	10	12	25	

#	Player	VgEx 4	EX 5	ExMt 6	NM 7	NmMt 8	NmMt+ 8.5	MT 9	Gem 9.5/10
197	Rod Perry RC	4	4	5	5	10	12	25	
198	Willie Hall	4	4	5	5	10	12	25	60
199	Mike Hartenstine	4	4	5	5	10	12	25	60
200	Jim Bakken	4	4	5	5	10	12	25	
201	Atlanta Falcons CL	4	4	5	5	10	12	25	
202	Baltimore Colts CL	4	4	5	5	10	12	25	
203	Buffalo Bills CL	4	4	5	5	10	12	25	
204	Chicago Bears CL	4	4	5	5	10	12	25	
205	Cincinnati Bengals CL	4	4	5	5	10	12	25	60
206	Cleveland Browns CL	4	4	5	5	10	12	25	80
207	Dallas Cowboys CL	4	4	5	5	10	12	25	
208	Denver Broncos CL	4	4	5	5	10	12	25	
209	Detroit Lions CL	4	4	5	5	10	12	25	
210	Green Bay Packers CL	4	4	5	5	10	12	25	
211	Houston Oilers CL	4	4	5	5	10	12	25	
212	Kansas City Chiefs CL	4	4	5	5	10	12	60	
213	Los Angeles Rams CL	4	4	5	5	10	12	25	
214	Miami Dolphins CL	4	4	5	5	10	12	25	
215	Minnesota Vikings CL	4	4	5	5	10	12	25	
216	New England Patriots CL	4	4	5	5	10	12	25	
217	New Orleans Saints CL	4	4	5	5	10	12	25	
218	New York Giants CL	4	4	5	5	10	12	25	50
219	New York Jets CL	4	4	5	5	10	12	25	50
220	Oakland Raiders CL	4	4	5	5	10	12	25	80
221	Philadelphia Eagles CL	4	4	5	5	10	12	25	
222	Pittsburgh Steelers CL	4	4	5	5	10	12	25	80
223	St. Louis Cardinals CL	4	4	5	5	10	12	25	
224	San Diego Chargers CL	4	4	5	5	10	12	25	80
225	San Francisco 49ers CL	4	4	5	5	10	12	25	
226	Seattle Seahawks CL	4	4	5	5	10	12	40	
227	Tampa Bay Buccaneers CL	4	4	5	5	10	12	25	
228	Washington Redskins CL	4	4	5	5	10	12	25	
229	Sam Cunningham	4	4	5	5	10	12	25	
230	Alan Page	4	4	5	5	10	12	40	
231	Eddie Brown S	4	4	5	5	10	12	25	
232	Stan White	4	4	5	5	10	12	25	60
233	Vern Den Herder	4	4	5	5	10	12	25	
234	Clarence Davis	4	4	5	5	10	12	25	
235	Ken Anderson	4	4	5	5	8	12	25	60
236	Karl Chandler	4	4	5	5	10	12	25	
237	Will Harrell	4	4	5	5	10	12	25	
238	Clarence Scott	4	4	5	5	10	12	25	
239	Bo Rather	4	4	5	5	10	12	25	50
240	Robert Brazile	4	4	5	5	10	12	25	
241	Bob Bell	4	4	5	5	10	12	25	
242	Rolland Lawrence	4	4	5	5	10	12	25	
243	Tom Sullivan	4	4	5	5	10	12	25	60
244	Larry Brunson	4	4	5	5	10	12	25	60
245	Terry Bradshaw	12	15	30	40	▼60	125	300	
246	Rich Saul	4	4	5	5	10	12	25	60
247	Cleveland Elam	4	4	5	5	10	12	25	
248	Don Woods	4	4	5	5	10	12	25	
249	Bruce Laird	4	4	5	5	10	12	25	
250	Coy Bacon	4	4	5	5	10	12	25	80
251	Russ Francis	4	4	5	5	10	12	25	
252	Jim Braxton	4	4	5	5	10	12	25	
253	Perry Smith	4	4	5	5	10	12	25	
254	Jerome Barkum	4	4	5	5	10	12	25	50
255	Garo Yepremian	4	4	5	5	10	12	25	
256	Checklist 133-264	4	4	5	5	10	12	25	
257	Tony Galbreath RC	4	4	5	5	10	12	25	
258	Troy Archer	4	4	5	5	10	12	25	
259	Brian Sipe	4	4	5	5	10	12	25	
260	Billy Joe DuPree	4	4	5	5	10	12	25	60
261	Bobby Walden	4	4	5	5	10	12	25	
262	Larry Marshall	4	4	5	5	10	12	25	
263	Ted Fritsch Jr.	4	4	5	5	10	12	25	
264	Larry Hand	4	4	5	5	10	12	25	
265	Tom Mack	4	4	5	5	10	12	25	60
266	Ed Bradley	4	4	5	5	10	12	25	60
267	Pat Leahy	4	4	5	5	10	12	25	
268	Louis Carter	4	4	5	5	8	12	25	
269	Archie Griffin RC	4	4	5	30	60	80	150	
270	Art Shell	4	4	5	5	10	12	25	
271	Stu Voigt	4	4	5	5	10	12	25	
272	Prentice McCray	4	4	5	5	10	12	25	
273	MacArthur Lane	4	4	5	5	10	12	25	
274	Dan Fouts	10	15	20	25	40	50	125	
275	Charle Young	4	4	5	5	10	12	25	50
276	Wilbur Jackson RC	4	4	5	5	10	12	25	
277	John Hicks	4	4	5	5	10	12	25	
278	Nat Moore	4	4	5	5	10	12	25	60
279	Virgil Livers	4	4	5	5	10	12	25	
280	Curley Culp	4	4	5	5	10	12	25	
281	Rocky Bleier	4	4	5	5	10	12	30	
282	John Zook	4	4	5	5	10	12	25	60
283	Tom DeLeone	4	4	5	5	10	12	25	
284	Danny White RC	4	4	30	40	60	80	150	400
285	Otis Armstrong	4	4	5	5	10	12	25	
286	Larry Walton	4	4	5	5	10	12	25	60
287	Jim Carter	4	4	5	5	10	12	25	
288	Don McCauley	4	4	5	5	10	12	25	
289	Frank Grant	4	4	5	5	10	12	25	
290	Roger Wehrli	4	4	5	5	10	12	25	50
291	Mick Tingelhoff	4	4	5	5	10	12	25	80
292	Bernard Jackson	4	4	5	5	10	12	25	60
293	Tom Owen RC	4	4	5	5	10	12	25	
294	Mike Esposito	4	4	5	5	10	12	25	60
295	Fred Biletnikoff	4	4	5	5	10	12	30	
296	Revie Sorey RC	4	4	5	5	10	12	25	
297	John McMakin	4	4	5	5	10	12	25	
298	Dan Ryczek	4	4	5	5	10	12	25	
299	Wayne Moore	4	4	5	5	8	12	25	80
300	Franco Harris	4	4	5	8	25	35	175	
301	Rick Upchurch RC	4	4	5	5	10	12	25	80
302	Jim Stienke	4	4	5	5	10	12	25	
303	Charlie Davis	4	4	5	5	10	12	25	
304	Don Cockroft	4	4	5	5	10	12	25	60
305	Ken Burrough	4	4	5	5	10	12	25	
306	Clark Gaines	4	4	5	5	10	12	25	
307	Bobby Douglass	4	4	5	5	10	12	50	
308	Ralph Perretta	4	4	5	5	10	12	25	
309	Wally Hilgenberg	4	4	5	5	10	12	25	
310	Monte Jackson RC	4	4	5	5	10	12	25	60
311	Chris Bahr RC	4	4	5	5	10	12	25	
312	Jim Cheyunski	4	4	5	5	10	12	25	60
313	Mike Patrick	4	4	5	5	8	12	25	
314	Ed Too Tall Jones	4	8	10	12	50	60	125	
315	Bill Bradley	4	4	5	5	10	12	25	
316	Benny Malone	4	4	5	5	10	12	25	
317	Paul Seymour	4	4	5	5	10	12	25	60
318	Jim Laslavic	4	4	5	5	10	12	25	
319	Frank Lewis	4	4	5	5	10	12	25	60
320	Ray Guy	4	4	5	5	10	12	30	
321	Allan Ellis	4	4	5	5	10	12	25	
322	Conrad Dobler	4	4	5	5	10	12	25	
323	Chester Marcol	4	4	5	5	10	12	25	
324	Doug Kotar	4	4	5	5	10	12	25	
325	Lemar Parrish	4	4	5	5	10	12	25	
326	Steve Holden	4	4	5	5	10	12	25	
327	Jeff Van Note	4	4	5	5	10	12	25	
328	Howard Stevens	4	4	5	5	10	12	25	
329	Brad Dusek	4	4	5	5	10	12	25	
330	Joe DeLamielleure	4	4	5	5	10	12	20	
331	Jim Plunkett	4	4	5	5	10	12	30	
332	Checklist 265-396	4	4	5	5	10	12	25	
333	Lou Piccone	4	4	5	5	10	12	25	60
334	Ray Hamilton	4	4	5	5	10	12	25	
335	Jan Stenerud	4	4	5	5	10	12	25	
336	Jeris White	4	4	5	5	10	12	25	
337	Sherman Smith RC	4	4	5	5	10	12	25	
338	Dave Green	4	4	5	5	10	12	25	
339	Terry Schmidt	4	4	5	5	10	12	25	
340	Sammie White RC	4	4	5	5	10	12	50	
341	Jon Kolb RC	4	4	5	5	8	12	25	
342	Randy White	4	4	5	50	60	80	200	250
343	Bob Klein	4	4	5	5	10	12	40	
344	Bob Kowalkowski	4	4	5	5	10	12	25	60
345	Terry Metcalf	4	4	5	5	10	12	25	
346	Joe Danelo	4	4	5	5	10	12	25	60
347	Ken Payne	4	4	5	5	10	12	25	
348	Neal Craig	4	4	5	5	10	12	25	
349	Dennis Johnson	4	4	5	5	10	12	25	
350	Bill Bergey	4	4	5	5	10	12	25	
351	Raymond Chester	4	4	5	5	10	12	25	
352	Bob Matheson	4	4	5	5	10	12	25	60
353	Mike Kadish	4	4	5	5	10	12	25	60
354	Mark Van Eeghen RC	4	4	5	5	10	12	40	

#	Player	VgEx 4	EX 5	ExMt 6	NM 7	NmMt 8	NmMt+ 8.5	MT 9	Gem 9.5/10
355	L.C. Greenwood	4	4	5	5	10	12	25	
356	Sam Hunt	4	4	5	5	10	12	25	
357	Darrell Austin	4	4	5	5	10	12	25	
358	Jim Turner	4	4	5	5	10	12	25	
359	Ahmad Rashad	4	4	5	5	8	12	25	
360	Walter Payton	8	40	60	80	200	250	600	
361	Mark Arneson	4	4	5	5	10	12	25	
362	Jerrel Wilson	4	4	5	5	10	12	25	
363	Steve Bartkowski	4	4	5	5	10	12	25	
364	John Watson	4	4	5	5	10	12	25	
365	Ken Riley	4	4	5	5	10	12	25	
366	Gregg Bingham	4	4	5	5	10	12	25	60
367	Golden Richards	4	4	5	5	10	12	25	
368	Clyde Powers	4	4	5	5	10	12	25	
369	Diron Talbert	4	4	5	5	10	12	25	
370	Lydell Mitchell	4	4	5	5	10	12	25	
371	Bob Jackson	4	4	5	5	10	12	25	
372	Jim Mandich	4	4	5	5	10	12	25	
373	Frank LeMaster	4	4	5	5	10	12	25	
374	Benny Ricardo	4	4	5	5	10	12	25	
375	Lawrence McCutcheon	4	4	5	5	10	12	25	
376	Lynn Dickey	4	4	5	5	10	12	25	
377	Phil Wise	4	4	5	5	10	12	25	
378	Tony McGee DT	4	4	5	5	10	12	25	
379	Norm Thompson	4	4	5	5	8	12	25	
380	Dave Casper RC	30	40	50	60	125	300	600	
381	Glen Edwards	4	4	5	5	10	12	25	
382	Bob Thomas	4	4	5	5	10	12	25	
383	Bob Chandler	4	4	5	5	10	12	25	
384	Rickey Young	4	4	5	5	10	12	25	
385	Carl Eller	4	4	5	5	10	12	25	
386	Lyle Alzado	4	4	5	5	10	12	25	
387	John Leypoldt	4	4	5	5	10	12	25	
388	Gordon Bell	4	4	5	5	10	12	25	60
389	Mike Bragg	4	4	5	5	10	12	25	
390	Jim Langer	4	4	5	5	10	12	25	
391	Vern Holland	4	4	5	5	10	12	25	
392	Nelson Munsey	4	4	5	5	10	12	25	
393	Mack Mitchell	4	4	5	5	10	12	25	
394	Tony Adams RC	4	4	5	5	10	12	25	
395	Preston Pearson	4	4	5	5	10	12	25	
396	Emanuel Zanders	4	4	5	5	8	12	25	
397	Vince Papale RC	25	30	40	50	60	80	100	
398	Joe Fields RC	4	4	5	5	10	12	25	
399	Craig Clemons	4	4	5	5	10	12	25	80
400	Fran Tarkenton	4	4	5	8	15	20	50	
401	Andy Johnson	4	4	5	5	10	12	25	60
402	Willie Buchanon	4	4	5	5	10	12	25	60
403	Pat Curran	4	4	5	5	10	12	25	
404	Ray Jarvis	4	4	5	5	10	12	25	
405	Joe Greene	4	4	5	5	10	12	40	
406	Bill Simpson	4	4	5	5	10	12	25	
407	Ronnie Coleman	4	4	5	5	10	12	25	
408	J.K. McKay RC	4	4	5	5	10	12	25	60
409	Pat Fischer	4	4	5	5	10	12	25	
410	John Dutton	4	4	5	5	10	12	25	
411	Boobie Clark	4	4	5	5	10	12	25	
412	Pat Tilley RC	4	4	5	5	10	12	25	80
413	Don Strock	4	4	5	5	10	12	25	
414	Brian Kelley	4	4	5	5	10	12	25	
415	Gene Upshaw	4	4	5	5	10	12	25	
416	Mike Montler	4	4	5	5	10	12	25	
417	Checklist 397-528	4	4	5	5	10	12	25	
418	John Gilliam	4	4	5	5	10	12	25	60
419	Brent McClanahan	4	4	5	5	10	12	30	
420	Jerry Sherk	4	4	5	5	10	12	30	
421	Roy Gerela	4	4	5	5	10	12	25	60
422	Tim Fox	4	4	5	5	10	12	25	60
423	John Ebersole	4	4	5	5	10	12	25	
424	James Scott RC	4	4	5	5	10	12	25	60
425	Delvin Williams RC	4	4	5	5	10	12	25	
426	Spike Jones	4	4	5	5	10	12	25	
427	Harvey Martin	4	4	5	5	10	12	25	120
428	Don Herrmann	4	4	5	5	10	12	25	60
429	Calvin Hill	4	4	5	5	10	12	25	
430	Isiah Robertson	4	4	5	5	10	12	25	60
431	Tony Greene	4	4	5	5	10	12	25	
432	Bob Johnson	4	4	5	5	10	12	25	
433	Lem Barney	4	4	5	5	10	12	25	80
434	Eric Torkelson	4	4	5	5	10	12	25	
435	John Mendenhall	4	4	5	5	10	12	25	
436	Larry Seiple	4	4	5	5	10	12	25	
437	Art Kuehn	4	4	5	5	10	12	60	
438	John Vella	4	4	5	5	10	12	25	
439	Greg Latta	4	4	5	5	10	12	25	100
440	Roger Carr	4	4	5	5	10	12	25	
441	Doug Sutherland	4	4	5	5	10	12	25	80
442	Mike Kruczek RC	4	4	5	5	10	12	25	60
443	Steve Zabel	4	4	5	5	10	12	25	
444	Mike Pruitt RC	4	4	5	5	10	12	25	
445	Harold Jackson	4	4	5	5	10	12	25	
446	George Jakowenko	4	4	5	5	10	12	25	
447	John Fitzgerald	4	4	5	5	10	12	60	
448	Carey Joyce	4	4	5	5	10	12	25	
449	Jim LeClair	4	4	5	5	10	12	25	
450	Ken Houston	4	4	5	5	10	12	50	
451	Steve Grogan RB	4	4	5	5	10	12	25	50
452	Jim Marshall RB	4	4	5	5	10	12	25	
453	O.J. Simpson RB	4	4	5	5	10	12	30	100
454	Fran Tarkenton RB	4	4	5	5	10	12	30	
455	Jim Zorn RB	4	4	5	5	10	12	25	50
456	Robert Pratt	4	4	5	5	10	12	25	50
457	Walker Gillette	4	4	5	5	10	12	25	60
458	Charlie Hall	4	4	5	5	10	12	25	
459	Robert Newhouse	4	4	5	5	10	12	25	
460	John Hannah	4	4	5	5	10	12	25	
461	Ken Reaves	4	4	5	5	10	12	25	
462	Herman Weaver	4	4	5	5	10	12	25	50
463	James Harris	4	4	5	5	10	12	25	80
464	Howard Twilley	4	4	5	5	10	12	30	
465	Jeff Siemon	4	4	5	5	10	12	25	80
466	John Outlaw	4	4	5	5	10	12	25	
467	Chuck Muncie RC	4	4	5	5	12	15	40	
468	Bob Moore	4	4	5	5	10	12	25	80
469	Robert Woods	4	4	5	5	10	12	25	
470	Cliff Branch	4	4	5	5	10	12	25	100
471	Johnnie Gray	4	4	5	5	10	12	25	50
472	Don Hardeman	4	4	5	5	10	12	25	50
473	Steve Ramsey	4	4	5	5	10	12	25	50
474	Steve Mike-Mayer	4	4	5	5	10	12	25	
475	Gary Garrison	4	4	5	5	10	12	25	
476	Walter Johnson	4	4	5	5	10	12	25	50
477	Neil Clabo	4	4	5	5	8	12	25	
478	Len Hauss	4	4	5	5	10	12	25	
479	Darryl Stingley	4	4	5	5	10	12	30	
480	Jack Lambert	12	20	30	40	80	100	300	
481	Mike Adamle	4	4	5	5	10	12	25	50
482	David Lee	4	4	5	5	10	12	25	
483	Tom Mullen	4	4	5	5	10	12	25	60
484	Claude Humphrey	4	4	5	5	10	12	25	
485	Jim Hart	4	4	5	5	10	12	25	
486	Bobby Thompson RB	4	4	5	5	10	12	25	
487	Jack Rudnay	4	4	5	5	10	12	25	
488	Rich Sowells	4	4	5	5	10	12	25	
489	Reuben Gant	4	4	5	5	10	12	25	
490	Cliff Harris	4	4	5	5	10	12	25	
491	Bob Brown DT	4	4	5	5	10	12	25	
492	Don Nottingham	4	4	5	5	10	12	25	
493	Ron Jessie	4	4	5	5	10	12	25	
494	Otis Sistrunk	4	4	5	5	10	12	25	60
495	Billy Kilmer	4	4	5	5	10	12	25	
496	Oscar Roan	4	4	5	5	10	12	25	
497	Bill Van Heusen	4	4	5	5	10	12	25	
498	Randy Logan	4	4	5	5	10	12	25	
499	John Smith	4	4	5	5	10	12	25	
500	Chuck Foreman	4	4	5	5	10	12	50	
501	J.T. Thomas	4	4	5	5	10	12	25	
502	Steve Schubert	4	4	5	5	10	12	25	
503	Mike Barnes	4	4	5	5	10	12	25	
504	J.V. Cain	4	4	5	5	10	12	25	
505	Larry Csonka	4	4	5	5	10	12	30	135
506	Elvin Bethea	4	4	5	5	10	12	25	
507	Ray Easterling	4	4	5	5	10	12	25	
508	Joe Reed	4	4	5	5	10	12	25	
509	Steve Odom	4	4	5	5	10	12	25	
510	Tommy Casanova	4	4	5	5	10	12	25	
511	Dave Dalby	4	4	5	5	10	12	25	
512	Richard Caster	4	4	5	5	10	12	25	

		VgEx 4	EX 5	ExMt 6	NM 7	NmMt 8	NmMt+ 8.5	MT 9	Gem 9.5/10
513	Fred Dryer	4	4	5	5	10	12	40	
514	Jeff Kinney	4	4	5	5	10	12	25	
515	Bob Griese	4	4	5	5	10	12	40	
516	Butch Johnson RC	4	4	5	5	10	12	40	
517	Gerald Irons	4	4	5	5	10	12	25	
518	Don Calhoun	4	4	5	5	10	12	25	
519	Jack Gregory	4	4	5	5	10	12	25	
520	Tom Banks	4	4	5	5	10	12	25	
521	Bobby Bryant	4	4	5	5	10	12	25	
522	Reggie Harrison	4	4	5	5	10	12	25	
523	Terry Hermeling	4	4	5	5	10	12	25	
524	David Taylor	4	4	5	5	10	12	25	60
525	Brian Baschnagel RC	4	4	5	5	10	12	25	
526	AFC Champ/Stabler	4	4	5	5	10	12	25	120
527	NFC Championship	4	4	5	5	10	12	35	80
528	Super Bowl XI	4	4	5	5	12	20	50	

— Dave Casper #380 PSA 10 (Gem) sold for $4,275 (eBay; 10/07)
— Joe Greene #405 PSA 10 (Gem) sold for $300 (eBay; 1/08)
— John Hannah #460 PSA 10 (Gem Mint) sold for $421.26 (Goodwin; 3/12)
— Walter Payton #360 PSA 10 (Gem) sold for $4,600 (eBay; 8/08)
— Walter Payton #360 PSA 10 (Gem) sold for $5,661 (eBay; 12/13)
— Walter Payton #360 PSA 10 (Gem Mint) sold for $4110 (Bussineau; 6/12)
— Lee Roy Selmon #29 PSA 10 (Gem Mint) sold for $1,186 (eBay; 2/13)
— Lee Roy Selmon #29 PSA 10 (Gem Mint) sold for $4,059 (eBay; 09/14)
— Mike Webster #99 PSA 10 (Gem) sold for $504 (eBay; 6/08)

1978 Topps

		VgEx 4	EX 5	ExMt 6	NM 7	NmMt 8	NmMt+ 8.5	MT 9	Gem 9.5/10
1	Gary Huff HL	4	4	5	5	8	10	25	50
2	Craig Morton HL	4	4	5	5	8	10	15	50
3	Walter Payton HL	4	4	5	8	25	30	40	200
4	O.J. Simpson HL	4	4	5	5	8	10	20	60
5	Fran Tarkenton HL	4	4	5	5	8	10	20	80
6	Bob Thomas HL	4	4	5	5	8	10	20	
7	Joe Pisarcik	4	4	5	5	8	10	20	
8	Skip Thomas	4	4	5	5	8	10	25	
9	Roosevelt Leaks	4	4	5	5	8	10	20	
10	Ken Houston	4	4	5	5	8	10	20	
11	Tom Blanchard	4	4	5	5	8	10	20	
12	Jim Turner	4	4	5	5	8	10	20	40
13	Tom DeLeone	4	4	5	5	8	10	20	
14	Jim LeClair	4	4	5	5	8	10	20	40
15	Bob Avellini	4	4	5	5	8	10	20	
16	Tony McGee DT	4	4	5	5	8	10	20	50
17	James Harris	4	4	5	5	8	10	20	
18	Terry Nelson	4	4	5	5	8	10	20	
19	Rocky Bleier	4	4	5	5	8	10	20	
20	Joe DeLamielleure	4	4	5	5	8	10	20	
21	Richard Caster	4	4	5	5	8	10	20	
22	A.J. Duhe RC	4	4	5	5	8	10	20	
23	John Outlaw	4	4	5	5	8	10	20	50
24	Danny White	4	4	5	5	8	10	20	80
25	Larry Csonka	4	4	5	6	10	12	25	
26	David Hill RC	4	4	5	5	8	10	20	
27	Mark Arneson	4	4	5	5	8	10	20	50
28	Jack Tatum	4	4	5	5	8	10	20	
29	Norm Thompson	4	4	5	5	8	10	20	50
30	Sammie White	4	4	5	5	8	10	20	50
31	Dennis Johnson	4	4	5	5	8	10	20	
32	Robin Earl	4	4	5	5	8	10	20	40
33	Don Cockroft	4	4	5	5	8	10	20	50
34	Bob Johnson	4	4	5	5	8	10	20	50
35	John Hannah	4	4	5	5	8	10	20	
36	Scott Hunter	4	5	6	15	30	40	50	
37	Ken Burrough	4	4	5	5	8	10	20	
38	Wilbur Jackson	4	4	5	5	8	10	20	50
39	Rich McGeorge	4	4	5	5	8	10	20	60
40	Lyle Alzado	4	4	5	5	8	10	15	60
41	John Ebersole	4	4	5	5	8	10	20	50
42	Gary Green RC	4	4	5	5	8	10	20	
43	Art Kuehn	4	4	5	5	8	10	20	40
44	Glen Edwards	4	4	5	5	8	10	20	40
45	Lawrence McCutcheon	4	4	5	5	8	10	20	50
46	Duriel Harris	4	4	5	5	8	10	20	
47	Rich Szaro	4	4	5	5	8	10	20	50
48	Mike Washington	4	4	5	5	8	10	20	
49	Stan White	4	4	5	5	8	10	20	50
50	Dave Casper	4	4	5	5	8	10	20	

		VgEx 4	EX 5	ExMt 6	NM 7	NmMt 8	NmMt+ 8.5	MT 9	Gem 9.5/10
51	Len Hauss	4	4	5	5	8	10	20	
52	James Scott	4	4	5	5	8	10	20	50
53	Brian Sipe	4	4	5	5	8	10	20	50
54	Gary Shirk	4	4	5	5	8	10	20	50
55	Archie Griffin	4	4	5	5	8	10	15	60
56	Mike Patrick	4	4	5	5	8	10	20	50
57	Mario Clark	4	4	5	5	8	10	20	50
58	Jeff Siemon	4	4	5	5	8	10	20	50
59	Steve Mike-Mayer	4	4	5	5	8	10	20	50
60	Randy White	4	4	5	8	12	15	25	175
61	Darrell Austin	4	4	5	5	8	10	20	50
62	Tom Sullivan	4	4	5	5	8	10	20	40
63	Johnny Rodgers RC	4	4	5	5	15	20	30	
64	Ken Reaves	4	4	5	5	8	10	20	
65	Terry Bradshaw	10	12	15	30	50	60	150	
66	Fred Steinfort	4	4	5	5	8	10	20	50
67	Curley Culp	4	4	5	5	8	10	20	50
68	Ted Hendricks	4	4	5	5	8	10	25	
69	Raymond Chester	4	4	5	5	8	10	20	50
70	Jim Langer	4	4	5	5	8	10	20	50
71	Calvin Hill	4	4	5	5	8	10	20	
72	Mike Hartenstine	4	4	5	5	8	10	20	40
73	Gerald Irons	4	4	5	5	8	10	50	
74	Billy Brooks	4	4	5	5	8	10	20	
75	John Mendenhall	4	4	5	5	8	10	20	50
76	Andy Johnson	4	4	5	5	8	10	20	50
77	Tom Wittum	4	4	5	5	8	10	20	
78	Lynn Dickey	4	4	5	5	8	10	20	60
79	Carl Eller	4	4	5	5	8	10	20	
80	Tom Mack	4	4	5	5	8	10	20	50
81	Clark Gaines	4	4	5	5	8	10	20	50
82	Lem Barney	4	4	5	5	8	10	20	50
83	Mike Montler	4	4	5	5	8	10	20	50
84	Jon Kolb	4	4	5	5	8	10	30	
85	Bob Chandler	4	4	5	5	8	10	20	
86	Robert Newhouse	4	4	5	5	8	10	25	
87	Frank LeMaster	4	4	5	5	8	10	25	50
88	Jeff West	4	4	5	5	8	10	20	50
89	Lyle Blackwood	4	4	5	5	8	10	20	
90	Gene Upshaw	4	4	5	5	8	10	40	
91	Frank Grant	4	4	5	5	8	10	20	50
92	Tom Hicks	4	4	5	5	8	10	20	
93	Mike Pruitt	4	4	5	5	8	10	20	80
94	Chris Bahr	4	4	5	5	8	10	20	50
95	Russ Francis	4	4	5	5	8	10	20	
96	Norris Thomas	4	4	5	5	8	10	20	50
97	Gary Barbaro RC	4	4	5	5	8	10	20	
98	Jim Merlo	4	4	5	5	8	10	20	50
99	Karl Chandler	4	4	5	5	8	10	20	
100	Fran Tarkenton	4	4	5	8	12	15	30	
101	Abdul Salaam	4	4	5	5	8	10	20	50
102	Marv Kellum	4	4	5	5	8	10	20	50
103	Herman Weaver	4	4	5	5	8	10	20	
104	Roy Gerela	4	4	5	5	8	10	20	40
105	Harold Jackson	4	4	5	5	8	10	20	40
106	Dewey Selmon	4	4	5	5	8	10	20	40
107	Checklist 1-132	4	4	5	5	8	10	20	
108	Clarence Davis	4	4	5	5	8	10	20	
109	Robert Pratt	4	4	5	5	8	10	20	50
110	Harvey Martin	4	4	5	5	8	10	20	50
111	Brad Dusek	4	4	5	5	8	10	20	50
112	Greg Latta	4	4	5	5	8	10	20	50
113	Tony Peters	4	4	5	5	8	10	20	50
114	Jim Braxton	4	4	5	5	8	10	20	50
115	Ken Riley	4	4	5	5	8	10	20	
116	Steve Nelson	4	4	5	5	8	10	25	50
117	Rick Upchurch	4	4	5	5	8	10	20	60
118	Spike Jones	4	4	5	5	8	10	20	50
119	Doug Kotar	4	4	5	5	8	10	20	60
120	Bob Griese	4	4	5	6	10	12	20	150
121	Burgess Owens	4	4	5	5	8	10	20	
122	Rolf Benirschke RC	4	4	5	5	8	10	20	50
123	Haskel Stanback RC	4	4	5	5	8	10	20	
124	J.T. Thomas	4	4	5	5	8	10	20	60
125	Ahmad Rashad	4	4	5	5	8	10	20	50
126	Rick Kane	4	4	5	5	8	10	20	
127	Elvin Bethea	4	4	5	5	8	10	20	
128	Dave Dalby	4	4	5	5	8	10	20	
129	Mike Barnes	4	4	5	5	8	10	20	

#	Player	VgEx 4	EX 5	ExMt 6	NM 7	NmMt 8	NmMt+ 8.5	MT 9	Gem 9.5/10
130	Isiah Robertson	4	4	5	5	8	10	20	
131	Jim Plunkett	4	4	5	5	8	10	20	
132	Allan Ellis	4	4	5	5	8	10	20	40
133	Mike Bragg	4	4	5	5	8	10	20	
134	Bob Jackson	4	4	5	5	8	10	20	50
135	Coy Bacon	4	4	5	5	8	10	20	50
136	John Smith	4	4	5	5	8	10	20	50
137	Chuck Muncie	4	4	5	5	8	10	20	
138	Johnnie Gray	4	4	5	5	8	10	20	50
139	Jimmy Robinson	4	4	5	5	8	10	20	50
140	Tom Banks	4	4	5	5	8	10	20	
141	Marvin Powell RC	4	4	5	5	8	10	20	40
142	Jerrel Wilson	4	4	5	5	8	10	20	
143	Ron Howard	4	4	5	5	8	10	20	
144	Rob Lytle RC	4	4	5	5	8	10	20	50
145	L.C. Greenwood	4	4	5	5	10	12	25	50
146	Morris Owens	4	4	5	5	8	10	20	50
147	Joe Reed	4	4	5	5	8	10	20	
148	Mike Kadish	4	4	5	5	8	10	20	50
149	Phil Villapiano	4	4	5	5	8	10	20	100
150	Lydell Mitchell	4	4	5	5	8	10	20	50
151	Randy Logan	4	4	5	5	8	10	20	60
152	Mike Williams RC	4	4	5	5	8	10	20	
153	Jeff Van Note	4	4	5	5	8	10	20	50
154	Steve Schubert	4	4	5	5	8	10	20	50
155	Billy Kilmer	4	4	5	5	8	10	20	60
156	Boobie Clark	4	4	5	5	8	10	20	
157	Charlie Hall	4	4	5	5	8	10	20	
158	Raymond Clayborn RC	4	4	5	5	8	10	20	
159	Jack Gregory	4	4	5	5	8	10	20	50
160	Cliff Harris	4	4	5	5	8	10	20	50
161	Joe Fields	4	4	5	5	8	10	20	50
162	Don Nottingham	4	4	5	5	8	10	20	
163	Ed White	4	4	5	5	8	10	20	50
164	Toni Fritsch	4	4	5	5	8	10	20	50
165	Jack Lambert	4	4	5	10	12	15	25	150
166	NFC Champs/Staubach	4	4	5	5	8	10	25	
167	AFC Champs/Lytle	4	4	5	5	8	10	50	
168	Super Bowl XII/Dorsett	4	4	5	8	10	12	30	
169	Neal Colzie RC	4	4	5	5	8	10	20	
170	Cleveland Elam	4	4	5	5	8	10	20	
171	David Lee	4	4	5	5	8	10	20	50
172	Jim Otis	4	4	5	5	8	10	20	
173	Archie Manning	4	4	5	5	8	10	20	60
174	Jim Carter	4	4	5	5	8	10	20	50
175	Jean Fugett	4	4	5	5	8	10	20	
176	Willie Parker C	4	4	5	5	8	10	20	50
177	Haven Moses	4	4	5	5	8	10	20	50
178	Horace King RC	4	4	5	5	8	10	20	50
179	Bob Thomas	4	4	5	5	8	10	20	
180	Monte Jackson	4	4	5	5	8	10	20	50
181	Steve Zabel	4	4	5	5	8	10	20	
182	John Fitzgerald	4	4	5	5	8	10	20	
183	Mike Livingston	4	4	5	5	8	10	20	50
184	Larry Poole	4	4	5	5	8	10	20	50
185	Isaac Curtis	4	4	5	5	8	10	20	
186	Chuck Ramsey	4	4	5	5	8	10	20	50
187	Bob Klein	4	4	5	5	8	10	20	50
188	Ray Rhodes	4	4	5	5	8	10	20	
189	Otis Sistrunk	4	4	5	5	8	10	20	
190	Bill Bergey	4	4	5	5	8	10	20	
191	Sherman Smith	4	4	5	5	8	10	20	
192	Dave Green	4	4	5	5	8	10	20	
193	Carl Mauck	4	4	5	5	8	10	20	50
194	Reggie Harrison	4	4	5	5	8	10	20	
195	Roger Carr	4	4	5	5	8	10	20	50
196	Steve Bartkowski	4	4	5	5	8	10	20	
197	Ray Wersching	4	4	5	5	8	10	20	60
198	Willie Buchanon	4	4	5	5	8	10	20	
199	Neil Clabo	4	4	5	5	8	10	20	
200	Walter Payton	5	6	12	20	40	50	200	800
201	Sam Adams OL	4	4	5	5	8	10	20	50
202	Larry Gordon	4	4	5	5	8	10	20	50
203	Pat Tilley	4	4	5	5	8	10	20	50
204	Mack Mitchell	4	4	5	5	8	10	20	
205	Ken Anderson	4	4	5	5	8	10	30	
206	Scott Dierking	4	4	5	5	8	10	20	50
207	Jack Rudnay	4	4	5	5	8	10	20	
208	Jim Stienke	4	4	5	5	8	10	20	
209	Bill Simpson	4	4	5	5	8	10	20	50
210	Errol Mann	4	4	5	5	8	10	20	80
211	Bucky Dilts	4	4	5	5	8	10	20	50
212	Reuben Gant	4	4	5	5	8	10	20	50
213	Thomas Henderson RC	4	4	5	5	8	10	20	
214	Steve Furness	4	4	5	5	8	10	100	
215	John Riggins	4	4	5	5	8	10	20	
216	Keith Krepfle RC	4	4	5	5	8	10	20	60
217	Fred Dean RC	8	12	20	25	40	50	200	
218	Emanuel Zanders	4	4	5	5	8	10	20	50
219	Don Testerman	4	4	5	5	8	10	20	60
220	George Kunz	4	4	5	5	8	10	20	
221	Darryl Stingley	4	4	5	5	8	10	20	
222	Ken Sanders	4	4	5	5	8	10	20	50
223	Gary Huff	4	4	5	5	8	10	20	40
224	Gregg Bingham	4	4	5	5	8	10	20	
225	Jerry Sherk	4	4	5	5	8	10	20	50
226	Doug Plank	4	4	5	5	8	10	20	40
227	Ed Taylor	4	4	5	5	8	10	20	
228	Emery Moorehead	4	4	5	5	8	10	20	
229	Reggie Williams RC	4	4	5	5	8	10	20	60
230	Claude Humphrey	4	4	5	5	8	10	20	
231	Randy Cross RC	4	4	5	5	10	12	25	
232	Jim Hart	4	4	5	5	8	10	20	50
233	Bobby Bryant	4	4	5	5	8	10	20	
234	Larry Brown	4	4	5	5	8	10	20	40
235	Mark Van Eeghen	4	4	5	5	8	10	20	
236	Terry Hermeling	4	4	5	5	8	10	20	
237	Steve Odom	4	4	5	5	8	10	20	
238	Jan Stenerud	4	4	5	5	8	10	20	
239	Andre Tillman	4	4	5	5	8	10	20	50
240	Tom Jackson RC	4	4	5	20	30	40	100	150
241	Ken Mendenhall	4	4	5	5	8	10	20	
242	Tim Fox	4	4	5	5	8	10	20	60
243	Don Herrmann	4	4	5	5	8	10	20	
244	Eddie McMillan	4	4	5	5	8	10	20	50
245	Greg Pruitt	4	4	5	5	8	10	20	60
246	J.K. McKay	4	4	5	5	8	10	20	40
247	Larry Keller	4	4	5	5	8	10	20	
248	Dave Jennings	4	4	5	5	8	10	20	40
249	Bo Harris	4	4	5	5	8	10	20	40
250	Revie Sorey	4	4	5	5	8	10	20	50
251	Tony Greene	4	4	5	5	8	10	20	50
252	Butch Johnson	4	4	5	5	8	10	20	
253	Paul Naumoff	4	4	5	5	8	10	20	50
254	Rickey Young	4	4	5	5	8	10	20	50
255	Dwight White	4	4	5	5	8	10	20	
256	Joe Lavender	4	4	5	5	8	10	20	
257	Checklist 133-264	4	4	5	5	8	10	20	
258	Ronnie Coleman	4	4	5	5	8	10	20	50
259	Charlie Smith WR	4	4	5	5	8	10	20	40
260	Ray Guy	4	4	5	5	8	10	20	
261	David Taylor	4	4	5	5	8	10	20	50
262	Bill Lenkaitis	4	4	5	5	8	10	20	50
263	Jim Mitchell TE	4	4	5	5	8	10	20	50
264	Delvin Williams	4	4	5	5	8	10	20	40
265	Jack Youngblood	4	4	5	5	8	10	20	
266	Chuck Crist	4	4	5	5	8	10	20	50
267	Richard Todd	4	4	5	5	8	10	20	50
268	Dave Logan RC	4	4	5	5	8	10	20	50
269	Rufus Mayes	4	4	5	5	8	10	20	
270	Brad Van Pelt	4	4	5	5	8	10	20	40
271	Chester Marcol	4	4	5	5	8	10	20	40
272	J.V. Cain	4	4	5	5	8	10	20	40
273	Larry Seiple	4	4	5	5	8	10	20	
274	Brent McClanahan	4	4	5	5	8	10	20	
275	Mike Wagner	4	4	5	5	8	10	30	80
276	Diron Talbert	4	4	5	5	8	10	20	
277	Brian Baschnagel	4	4	5	5	8	10	20	40
278	Ed Podolak	4	4	5	5	8	10	20	50
279	Don Goode	4	4	5	5	8	10	20	40
280	John Dutton	4	4	5	5	8	10	20	40
281	Don Calhoun	4	4	5	5	8	10	20	40
282	Monte Johnson	4	4	5	5	8	10	20	
283	Ron Jessie	4	4	5	5	8	10	20	
284	Jon Morris	4	4	5	5	8	10	20	50
285	Riley Odoms	4	4	5	5	8	10	20	50
286	Marv Bateman	4	4	5	5	8	10	20	50
287	Joe Klecko RC	20	25	40	50	100	125	400	

#	Player	VgEx 4	EX 5	ExMt 6	NM 7	NmMt 8	NmMt+ 8.5	MT 9	Gem 9.5/10
288	Oliver Davis	4	4	5	5	8	10	20	
289	John McDaniel	4	4	5	5	8	10	20	
290	Roger Staubach	10	15	25	50	80	100	250	
291	Brian Kelley	4	4	5	5	8	10	20	
292	Mike Hogan	4	4	5	5	8	10	20	
293	John Leypoldt	4	4	5	5	8	10	20	
294	Jack Novak	4	4	5	5	8	10	20	
295	Joe Greene	4	4	5	5	10	12	30	
296	John Hill	4	4	5	5	8	10	20	50
297	Danny Buggs	4	4	5	5	8	10	20	50
298	Ted Albrecht	4	4	5	5	8	10	20	40
299	Nelson Munsey	4	4	5	5	8	10	20	
300	Chuck Foreman	4	4	5	5	8	10	20	60
301	Dan Pastorini	4	4	5	5	8	10	20	50
302	Tommy Hart	4	4	5	5	8	10	20	40
303	Dave Beverly	4	4	5	5	8	10	20	60
304	Tony Reed RC	4	4	5	5	8	10	20	50
305	Cliff Branch	4	4	5	5	8	10	20	
306	Clarence Duren	4	4	5	5	8	10	20	40
307	Randy Rasmussen	4	4	5	5	8	10	20	
308	Oscar Roan	4	4	5	5	8	10	20	60
309	Lenvil Elliott	4	4	5	5	8	10	20	50
310	Dan Dierdorf	4	4	5	5	8	10	20	
311	Johnny Perkins	4	4	5	5	8	10	20	
312	Rafael Septien RC	4	4	5	5	8	10	20	50
313	Terry Beeson	4	4	5	5	8	10	20	50
314	Lee Roy Selmon	4	4	5	5	8	10	20	
315	Tony Dorsett RC	25	40	60	100	250	300	1,200	
316	Greg Landry	4	4	5	5	8	10	20	50
317	Jake Scott	4	4	5	5	8	10	20	40
318	Dan Peiffer	4	4	5	5	8	10	20	
319	John Bunting	4	4	5	5	8	10	20	
320	John Stallworth RC	10	15	25	40	80	100	200	2,500
321	Bob Howard	4	4	5	5	8	10	20	40
322	Larry Little	4	4	5	5	8	10	20	50
323	Reggie McKenzie	4	4	5	5	8	10	20	
324	Duane Carrell	4	4	5	5	8	10	20	
325	Ed Simonini	4	4	5	5	8	10	20	
326	John Vella	4	4	5	5	8	10	20	
327	Wesley Walker RC	4	4	5	6	10	12	25	200
328	Jon Keyworth	4	4	5	5	8	10	20	40
329	Ron Bolton	4	4	5	5	8	10	20	40
330	Tommy Casanova	4	4	5	5	8	10	20	
331	R.Staubach/B.Griese LL	4	4	5	8	12	15	30	
332	A.Rashad/Mitchell LL	4	4	5	5	8	10	30	
333	W.Payton/VanEeghen LL	4	4	5	6	10	12	50	
334	W.Payton/E.Mann LL	4	4	5	6	10	12	40	
335	Interception Leaders	4	4	5	5	8	10	20	
336	Punting Leaders	4	4	5	5	8	10	30	
337	Robert Brazile	4	4	5	5	8	10	20	50
338	Charlie Joiner	4	4	5	5	8	10	20	
339	Joe Ferguson	4	4	5	5	8	10	20	40
340	Bill Thompson	4	4	5	5	8	10	20	40
341	Sam Cunningham	4	4	5	5	8	10	20	50
342	Curtis Johnson	4	4	5	5	8	10	20	
343	Jim Marshall	4	4	5	5	8	10	20	100
344	Charlie Sanders	4	4	5	5	8	10	20	40
345	Willie Hall	4	4	5	5	8	10	20	
346	Pat Haden	4	4	5	5	8	10	20	100
347	Jim Bakken	4	4	5	5	8	10	20	40
348	Bruce Taylor	4	4	5	5	8	10	20	
349	Barty Smith	4	4	5	5	8	10	20	50
350	Drew Pearson	4	4	5	5	8	10	20	
351	Mike Webster	4	4	5	6	10	12	25	
352	Bobby Hammond	4	4	5	5	8	10	20	100
353	Dave Mays	4	4	5	5	8	10	20	40
354	Pat McInally	4	4	5	5	8	10	20	
355	Toni Linhart	4	4	5	5	8	10	20	
356	Larry Hand	4	4	5	5	8	10	20	50
357	Ted Fritsch Jr.	4	4	5	5	8	10	20	
358	Larry Marshall	4	4	5	5	8	10	20	50
359	Waymond Bryant	4	4	5	5	8	10	20	50
360	Louie Kelcher RC	4	4	5	5	8	10	20	
361	Stanley Morgan RC	4	4	5	5	8	12	30	200
362	Bruce Harper RC	4	4	5	5	8	10	20	50
363	Bernard Jackson	4	4	5	5	8	10	20	40
364	Walter White	4	4	5	5	8	10	20	50
365	Ken Stabler	4	4	12	20	30	40	100	150
366	Fred Dryer	4	4	5	5	8	10	20	50

#	Player	VgEx 4	EX 5	ExMt 6	NM 7	NmMt 8	NmMt+ 8.5	MT 9	Gem 9.5/10
367	Ike Harris	4	4	5	5	8	10	20	40
368	Norm Bulaich	4	4	5	5	8	10	20	
369	Merv Krakau	4	4	5	5	8	10	20	
370	John James	4	4	5	5	8	10	20	
371	Bennie Cunningham RC	4	4	5	5	8	10	20	
372	Doug Van Horn	4	4	5	5	8	10	20	40
373	Thom Darden	4	4	5	5	8	10	20	40
374	Eddie Edwards RC	4	4	5	5	8	10	20	
375	Mike Thomas	4	4	5	5	8	10	20	
376	Fred Cook	4	4	5	5	8	10	20	50
377	Mike Phipps	4	4	5	5	8	10	20	
378	Paul Krause	4	4	5	5	8	10	20	60
379	Harold Carmichael	4	4	5	5	8	10	20	60
380	Mike Haynes	4	4	5	5	8	10	20	
381	Wayne Morris	4	4	5	5	8	10	20	
382	Greg Buttle	4	4	5	5	8	10	20	50
383	Jim Zorn	4	4	5	5	8	10	20	50
384	Jack Dolbin	4	4	5	5	8	10	20	
385	Charlie Waters	4	4	5	5	8	10	20	50
386	Dan Ryczek	4	4	5	5	8	10	20	40
387	Joe Washington RC	4	4	5	5	8	10	20	50
388	Checklist 265-396	4	4	5	5	8	10	25	40
389	James Hunter	4	4	5	5	8	10	20	40
390	Billy Johnson	4	4	5	5	8	10	20	40
391	Jim Allen RC	4	4	5	5	8	10	20	40
392	George Buehler	4	4	5	5	8	10	20	
393	Harry Carson	4	4	5	5	8	10	20	60
394	Cleo Miller	4	4	5	5	8	10	20	40
395	Gary Burley	4	4	5	5	8	10	20	
396	Mark Moseley	4	4	5	5	8	10	20	
397	Virgil Livers	4	4	5	5	8	10	20	40
398	Joe Ehrmann	4	4	5	5	8	10	20	40
399	Freddie Solomon	4	4	5	5	8	10	20	
400	O.J. Simpson	4	4	5	8	12	15	25	
401	Julius Adams	4	4	5	5	8	10	20	40
402	Artimus Parker	4	4	5	5	8	10	20	40
403	Gene Washington 49er	4	4	5	5	8	10	20	
404	Herman Edwards	4	4	5	5	8	10	20	80
405	Craig Morton	4	4	5	5	8	10	20	60
406	Alan Page	4	4	5	5	8	10	20	50
407	Larry McCarren	4	4	5	5	8	10	20	
408	Tony Galbreath	4	4	5	5	8	10	20	40
409	Roman Gabriel	4	4	5	5	8	10	20	60
410	Efren Herrera	4	4	5	5	8	10	30	60
411	Jim Smith RC	4	4	5	5	8	10	20	50
412	Bill Bryant	4	4	5	5	8	10	20	
413	Doug Dieken	4	4	5	5	8	10	20	50
414	Marvin Cobb	4	4	5	5	8	10	20	40
415	Fred Biletnikoff	4	4	5	5	8	10	20	
416	Joe Theismann	4	4	5	6	10	12	20	80
417	Roland Harper	4	4	5	5	8	10	20	50
418	Derrel Luce	4	4	5	5	8	10	20	50
419	Ralph Perretta	4	4	5	5	8	10	20	40
420	Louis Wright RC	4	4	5	5	8	10	20	
421	Prentice McCray	4	4	5	5	8	10	20	40
422	Garry Puetz	4	4	5	5	8	10	20	40
423	Alfred Jenkins RC	4	4	5	5	8	10	20	
424	Paul Seymour	4	4	5	5	8	10	20	50
425	Garo Yepremian	4	4	5	5	8	10	20	50
426	Emmitt Thomas	4	4	5	5	8	10	15	50
427	Dexter Bussey	4	4	5	5	8	10	20	40
428	John Sanders	4	4	5	5	8	10	20	40
429	Ed Too Tall Jones	4	4	5	5	8	10	40	
430	Ron Yary	4	4	5	5	8	10	20	60
431	Frank Lewis	4	4	5	5	8	10	20	40
432	Jerry Golsteyn	4	4	5	5	8	10	20	
433	Clarence Scott	4	4	5	5	8	10	20	60
434	Pete Johnson RC	4	4	5	5	8	10	20	80
435	Charle Young	4	4	5	5	8	10	20	40
436	Harold McLinton	4	4	5	5	8	10	20	
437	Noah Jackson	4	4	5	5	8	10	20	
438	Bruce Laird	4	4	5	5	8	10	20	40
439	John Matuszak	4	4	5	5	8	10	20	50
440	Nat Moore	4	4	5	5	8	10	20	125
441	Leon Gray	4	4	5	5	8	10	20	100
442	Jerome Barkum	4	4	5	5	8	10	20	
443	Steve Largent	4	5	6	20	40	50	60	300
444	John Zook	4	4	5	5	8	10	20	60
445	Preston Pearson	4	4	5	5	8	10	20	50

#	Player	VgEx 4	EX 5	ExMt 6	NM 7	NmMt 8	NmMt+ 8.5	MT 9	Gem 9.5/10
446	Conrad Dobler	4	4	5	5	8	10	20	40
447	Wilbur Summers	4	4	5	5	8	10	20	40
448	Lou Piccone	4	4	5	5	8	10	20	50
449	Ron Jaworski	4	4	5	5	8	10	20	60
450	Jack Ham	4	4	5	5	8	10	25	80
451	Mick Tingelhoff	4	4	5	5	8	10	20	
452	Clyde Powers	4	4	5	5	8	10	20	
453	John Cappelletti	4	4	5	5	8	10	20	40
454	Dick Ambrose	4	4	5	5	8	10	20	
455	Lemar Parrish	4	4	5	5	8	10	20	50
456	Ron Saul	4	4	5	5	8	10	20	
457	Bob Parsons	4	4	5	5	8	10	20	50
458	Glenn Doughty	4	4	5	5	8	10	20	
459	Don Woods	4	4	5	5	8	10	20	50
460	Art Shell	4	4	5	5	8	10	25	
461	Sam Hunt	4	4	5	5	8	10	20	40
462	Lawrence Pillers	4	4	5	5	8	10	20	
463	Henry Childs	4	4	5	5	8	10	20	40
464	Roger Wehrli	4	4	5	5	8	10	30	
465	Otis Armstrong	4	4	5	5	8	10	20	80
466	Bob Baumhower RC	4	4	5	5	12	15	25	
467	Ray Jarvis	4	4	5	5	8	10	20	40
468	Guy Morriss	4	4	5	5	8	10	20	40
469	Matt Blair	4	4	5	5	8	10	20	50
470	Billy Joe DuPree	4	4	5	5	8	10	20	
471	Roland Hooks	4	4	5	5	8	10	20	40
472	Joe Danelo	4	4	5	5	8	10	20	
473	Reggie Rucker	4	4	5	5	8	10	20	
474	Vern Holland	4	4	5	5	8	10	20	50
475	Mel Blount	4	4	5	5	8	10	25	
476	Eddie Brown S	4	4	5	5	8	10	20	
477	Bo Rather	4	4	5	5	8	10	20	
478	Don McCauley	4	4	5	5	8	10	20	40
479	Glen Walker	4	4	5	5	8	10	20	40
480	Randy Gradishar	4	4	5	5	8	12	25	50
481	Dave Rowe	4	4	5	5	8	10	20	
482	Pat Leahy	4	4	5	5	8	10	20	50
483	Mike Fuller	4	4	5	5	8	10	20	40
484	David Lewis RC	4	4	5	5	8	10	20	
485	Steve Grogan	4	4	5	5	8	10	20	50
486	Mel Gray	4	4	5	5	8	10	20	
487	Eddie Payton RC	4	4	5	5	8	10	20	
488	Checklist 397-528	4	4	5	5	8	10	20	60
489	Stu Voigt	4	4	5	5	8	10	20	50
490	Rolland Lawrence	4	4	5	5	8	10	20	100
491	Nick Mike-Mayer	4	4	5	5	8	10	20	40
492	Troy Archer	4	4	5	5	8	10	20	50
493	Benny Malone	4	4	5	5	8	10	20	40
494	Golden Richards	4	4	5	5	8	12	20	80
495	Chris Hanburger	4	4	5	5	8	10	20	80
496	Dwight Harrison	4	4	5	5	8	10	20	
497	Gary Fencik RC	4	4	5	5	8	10	20	80
498	Rich Saul	4	4	5	5	8	10	20	50
499	Dan Fouts	4	4	5	8	12	15	25	
500	Franco Harris	4	4	5	8	12	15	25	150
501	Atlanta Falcons TL	4	4	5	5	8	10	20	40
502	Baltimore Colts TL	4	4	5	5	8	10	20	
503	Bills TL/O.J.Simpson	4	4	5	5	8	10	25	
504	Bears TL/W.Payton	4	4	5	5	8	10	40	
505	Bengals TL/Reg.Williams	4	4	5	5	8	10	25	
506	Cleveland Browns TL	4	4	5	5	8	10	25	
507	Cowboys TL/T.Dorsett	4	4	5	6	10	12	25	
508	Denver Broncos TL	4	4	5	5	8	10	20	
509	Detroit Lions TL	4	4	5	5	8	10	20	
510	Green Bay Packers TL	4	4	5	5	8	10	20	50
511	Houston Oilers TL	4	4	5	5	8	10	20	50
512	Kansas City Chiefs TL	4	4	5	5	8	10	20	60
513	Los Angeles Rams TL	4	4	5	5	8	10	20	50
514	Miami Dolphins TL	4	4	5	5	8	10	20	50
515	Minnesota Vikings TL	4	4	5	5	8	10	20	60
516	New England Patriots TL	4	4	5	5	8	10	20	50
517	New Orleans Saints TL	4	4	5	5	8	10	20	
518	New York Giants TL	4	4	5	5	8	10	20	60
519	Jets TL/Wesley Walker	4	4	5	5	8	10	20	
520	Oakland Raiders TL	4	4	5	5	8	10	20	60
521	Philadelphia Eagles TL	4	4	5	5	8	10	20	
522	Steelers TL/Harris/Blount	4	4	5	5	8	10	50	
523	St.Louis Cardinals TL	4	4	5	5	8	10	20	40
524	San Diego Chargers TL	4	4	5	5	8	10	20	50
525	San Francisco 49ers TL	4	4	5	5	8	10	20	
526	Seahawks TL/S.Largent	4	4	5	5	8	10	25	
527	Tampa Bay Bucs TL	4	4	5	5	8	10	20	50
528	Redskins TL/Ken Houston	4	4	5	5	12	15	35	60

— Terry Bradshaw #65 PSA 10 (Gem) sold for $577 (Andy Madec; 5/07)
— Terry Bradshaw #65 PSA 10 (Gem) sold for $1,331 (Goodwin; 11/12)
— Fred Dean RC #217 PSA 10 (Gem) sold for $2910 (eBay; 09/14)
— Tony Dorsett #315 PSA 10 (Gem) sold for $4500 (eBay; 1/08)
— Tony Dorsett #315 PSA 10 (Gem) sold for $3825.01 (eBay; 5/12)
— Tony Dorsett #315 PSA 10 (Gem) sold for $6520 (eBay; 09/14)
— Tony Dorsett #315 PSA 10 (Gem) sold for $16,661 (eBay; 07/16)
— Joe Greene #295 PSA 10 (Gem) sold for $575 (eBay; 10/14)
— Roger Staubach #290 PSA 10 (Gem) sold for $812.31 (eBay; 3/14)
— Roger Staubach #290 PSA 10 (Gem) sold for $908 (Mile High; 4/14)

1979 Topps

#	Player	VgEx 4	EX 5	ExMt 6	NM 7	NmMt 8	NmMt+ 8.5	MT 9	Gem 9.5/10
1	Staubach/Bradshaw LL	4	4	5	8	12	15	50	400
2	S.Largent/R.Young LL	4	4	5	5	8	10	20	50
3	E.Campbell/W.Payton LL	4	4	5	6	10	12	30	175
4	F.Corral/P.Leahy LL	4	4	5	5	8	10	20	
5	Buchanon/Stone/Darden LL	4	4	5	5	8	10	20	40
6	T.Skladany/P.McInally LL	4	4	5	5	8	10	20	40
7	Johnny Perkins	4	4	5	5	8	10	20	
8	Charles Phillips	4	4	5	5	8	10	20	
9	Derrel Luce	4	4	5	5	8	10	20	50
10	John Riggins	4	4	5	5	8	10	20	
11	Chester Marcol	4	4	5	5	8	10	20	40
12	Bernard Jackson	4	4	5	5	8	10	20	
13	Dave Logan	4	4	5	5	8	10	20	50
14	Bo Harris	4	4	5	5	8	10	20	
15	Alan Page	4	4	5	5	8	10	20	50
16	John Smith	4	4	5	5	8	10	20	
17	Dwight McDonald	4	4	5	5	8	10	20	40
18	John Cappelletti	4	4	5	5	8	10	20	
19	Steelers TL/Harris/Dungy	4	4	5	8	12	15	25	
20A	Bill Bergey	4	4	5	5	8	10	20	80
20B	Bill Bergey AP Red/(Eagles printed in red on front)								
21	Jerome Barkum	4	4	5	5	8	10	20	60
22	Larry Csonka	4	4	5	5	8	10	25	80
23	Joe Ferguson	4	4	5	5	8	10	30	50
24	Ed Too Tall Jones	4	4	5	5	8	10	40	
25	Dave Jennings	4	4	5	5	8	10	20	
26	Horace King	4	4	5	5	8	10	20	40
27	Steve Little	4	4	5	5	8	10	20	50
28	Morris Bradshaw	4	4	5	5	8	10	20	
29	Joe Ehrmann	4	4	5	5	8	10	20	60
30	Ahmad Rashad	4	4	5	5	8	10	20	
31	Joe Lavender	4	4	5	5	8	10	20	50
32	Dan Neal	4	4	5	5	8	10	20	
33	Johnny Evans	4	4	5	5	8	10	20	40
34	Pete Johnson	4	4	5	5	8	10	20	
35	Mike Haynes	4	4	5	5	8	10	20	50
36	Tim Mazzetti	4	4	5	5	8	10	20	40
37	Mike Barber RC	4	4	5	5	8	10	20	
38	49ers TL/O.J.Simpson	4	4	5	5	8	10	20	
39	Bill Gregory	4	4	5	5	8	10	20	50
40	Randy Gradishar	4	4	5	5	8	10	20	80
41	Richard Todd	4	4	5	5	8	10	20	60
42	Henry Marshall	4	4	5	5	8	10	20	
43	John Hill	4	4	5	5	8	10	20	
44	Sidney Thornton	4	4	5	5	8	10	20	
45	Ron Jessie	4	4	5	5	8	10	20	40
46	Bob Baumhower	4	4	5	5	8	10	30	
47	Johnnie Gray	4	4	5	5	8	10	20	40
48	Doug Williams RC	4	4	30	50	60	100	150	400
49	Don McCauley	4	4	5	5	8	10	20	
50	Ray Guy	4	4	5	5	8	10	20	
51	Bob Klein	4	4	5	5	8	10	20	
52	Golden Richards	4	4	5	5	8	10	20	
53	Mark Miller QB	4	4	5	5	8	10	20	
54	John Sanders	4	4	5	5	8	10	20	
55	Gary Burley	4	4	5	5	8	10	20	
56	Steve Nelson	4	4	5	5	8	10	20	
57	Buffalo Bills TL	4	4	5	5	8	10	20	40
58	Bobby Bryant	4	4	5	5	8	10	20	
59	Rick Kane	4	4	5	5	8	10	20	
60	Larry Little	4	4	5	5	8	10	20	

#	Player	VgEx 4	EX 5	ExMt 6	NM 7	NmMt 8	NmMt+ 8.5	MT 9	Gem 9.5/10
1	Ted Fritsch Jr.	4	4	5	5	8	10	20	
2	Larry Mallory	4	4	5	5	8	10	20	
3	Marvin Powell	4	4	5	5	8	10	20	
4	Jim Hart	4	4	5	5	8	10	20	40
5	Joe Greene	4	4	5	5	8	10	30	150
6	Walter White	4	4	5	5	8	10	20	40
7	Gregg Bingham	4	4	5	5	8	10	20	40
8	Errol Mann	4	4	5	5	8	10	20	
9	Bruce Laird	4	4	5	5	8	10	20	
10	Drew Pearson	4	4	5	5	8	10	20	60
11	Steve Bartkowski	4	4	5	5	8	10	20	40
12	Ted Albrecht	4	4	5	5	8	10	20	40
13	Charlie Hall	4	4	5	5	8	10	20	40
14	Pat McInally	4	4	5	5	8	10	20	
15	Bubba Baker RC	4	4	5	5	8	10	20	
16	New England Pats TL	4	4	5	5	8	10	20	
17	Steve DeBerg RC	4	4	5	5	8	10	25	60
18	John Yarno	4	4	5	5	8	10	20	40
19	Stu Voigt	4	4	5	5	8	10	20	
20	Frank Corral AP	4	4	5	5	8	10	20	50
21	Troy Archer	4	4	5	5	8	10	20	
22	Bruce Harper	4	4	5	5	8	10	20	
23	Tom Jackson	4	4	5	5	8	10	20	50
24	Larry Brown	4	4	5	5	8	10	20	
25A	Wilbert Montgomery RC	4	4	5	5	8	10	25	
26	Butch Johnson	4	4	5	5	8	10	20	
27	Mike Kadish	4	4	5	5	8	10	20	40
28	Ralph Perretta	4	4	5	5	8	10	20	40
29	David Lee	4	4	5	5	8	10	20	40
30	Mark Van Eeghen	4	4	5	5	8	10	20	
31	John McDaniel	4	4	5	5	8	10	20	
32	Gary Fencik	4	4	5	5	8	10	20	40
33	Mack Mitchell	4	4	5	5	8	10	20	
34	Cincinnati Bengals TL	4	4	5	5	8	10	20	60
35	Steve Grogan	4	4	5	5	8	10	20	
36	Garo Yepremian	4	4	5	5	8	10	20	40
37	Barty Smith	4	4	5	5	8	10	20	40
38	Frank Reed	4	4	5	5	8	10	20	40
39	Jim Clack	4	4	5	5	8	10	20	
100	Chuck Foreman	4	4	5	5	8	10	20	
101	Joe Klecko	4	4	5	5	8	10	20	
102	Pat Tilley	4	4	5	5	8	10	20	80
103	Conrad Dobler	4	4	5	5	8	10	20	
104	Craig Colquitt	4	4	5	5	8	10	20	
105	Dan Pastorini	4	4	5	5	8	10	20	40
106	Rod Perry AP	4	4	5	5	8	10	20	
107	Nick Mike-Mayer	4	4	5	5	8	10	20	40
108	John Matuszak	4	4	5	5	8	10	20	
109	David Taylor	4	4	5	5	8	10	20	40
110	Billy Joe DuPree	4	4	5	5	8	10	20	80
111	Harold McLinton	4	4	5	5	8	10	20	
112	Virgil Livers	4	4	5	5	8	10	20	
113	Cleveland Browns TL	4	4	5	5	8	10	20	
114	Checklist 1-132	4	4	5	5	8	10	20	
115	Ken Anderson	4	4	5	5	8	10	20	60
116	Bill Lenkaitis	4	4	5	5	8	10	20	40
117	Bucky Dilts	4	4	5	5	8	10	20	40
118	Tony Greene	4	4	5	5	8	10	20	
119	Bobby Hammond	4	4	5	5	8	10	20	
120	Nat Moore	4	4	5	5	8	10	20	40
121	Pat Leahy	4	4	5	5	8	10	20	40
122	James Harris	4	4	5	5	8	10	20	
123	Lee Roy Selmon	4	4	5	5	8	10	20	
124	Bennie Cunningham	4	4	5	5	8	10	20	40
125	Matt Blair AP	4	4	5	5	8	10	20	
126	Jim Allen	4	4	5	5	8	10	20	40
127	Alfred Jenkins	4	4	5	5	8	10	20	
128	Arthur Whittington	4	4	5	5	8	10	20	40
129	Norm Thompson	4	4	5	5	8	10	20	
130	Pat Haden	4	4	5	5	8	10	20	40
131	Freddie Solomon	4	4	5	5	8	10	20	40
132	Bears TL/W.Payton	4	4	5	5	8	10	30	
133	Mark Moseley	4	4	5	5	8	10	20	
134	Cleo Miller	4	4	5	5	8	10	20	
135	Ross Browner RC	4	4	5	5	8	10	20	50
136	Don Calhoun	4	4	5	5	8	10	20	40
137	David Whitehurst	4	4	5	5	8	10	20	200
138	Terry Beeson	4	4	5	5	8	10	20	40
139	Ken Stone	4	4	5	5	8	10	20	
140	Brad Van Pelt AP	4	4	5	5	8	10	20	
141	Wesley Walker	4	4	5	5	8	10	20	50
142	Jan Stenerud	4	4	5	5	8	10	20	
143	Henry Childs	4	4	5	5	8	10	20	
144	Otis Armstrong	4	4	5	5	8	10	20	
145	Dwight White	4	4	5	5	8	10	25	
146	Steve Wilson	4	4	5	5	8	10	20	
147	Tom Skladany RC	4	4	5	5	8	10	20	40
148	Lou Piccone	4	4	5	5	8	10	20	40
149	Monte Johnson	4	4	5	5	8	10	30	
150	Joe Washington	4	4	5	5	8	10	20	
151	Eagles TL/W.Montgomery	4	4	5	5	8	10	20	40
152	Fred Dean	4	4	5	5	8	20	50	
153	Rolland Lawrence	4	4	5	5	8	10	20	
154	Brian Baschnagel	4	4	5	5	8	10	20	
155	Joe Theismann	4	4	5	5	8	10	25	80
156	Marvin Cobb	4	4	5	5	8	10	20	
157	Dick Ambrose	4	4	5	5	8	10	20	
158	Mike Patrick	4	4	5	5	8	10	20	
159	Gary Shirk	4	4	5	5	8	10	20	
160	Tony Dorsett	4	5	6	30	40	50	100	800
161	Greg Buttle	4	4	5	5	8	10	20	
162	A.J. Duhe	4	4	5	5	8	10	20	50
163	Mick Tingelhoff	4	4	5	5	8	10	20	
164	Ken Burrough	4	4	5	5	8	10	20	40
165	Mike Wagner	4	4	5	5	8	10	30	
166	AFC Champs/F.Harris	4	4	5	5	8	10	20	60
167	NFC Championship	4	4	5	5	8	10	20	50
168	Super Bowl XIII/Harris	4	4	5	5	8	10	20	100
169	Raiders TL/T.Hendricks	4	4	5	5	8	10	20	40
170	O.J.Simpson	4	4	5	5	8	10	40	120
171	Doug Nettles	4	4	5	5	8	10	20	40
172	Dan Dierdorf	4	4	5	5	8	10	20	
173	Dave Beverly	4	4	5	5	8	10	20	
174	Jim Zorn	4	4	5	5	8	10	20	40
175	Mike Thomas	4	4	5	5	8	10	20	40
176	John Outlaw	4	4	5	5	8	10	20	
177	Jim Turner	4	4	5	5	8	10	20	
178	Freddie Scott	4	4	5	5	8	10	20	50
179	Mike Phipps	4	4	5	5	8	10	20	
180	Jack Youngblood	4	4	5	5	8	10	20	
181	Sam Hunt	4	4	5	5	8	10	20	
182	Tony Hill RC	4	4	5	5	8	12	60	250
183	Gary Barbaro	4	4	5	5	8	10	20	
184	Archie Griffin	4	4	5	5	8	10	20	40
185	Jerry Sherk	4	4	5	5	8	10	20	40
186	Bobby Jackson	4	4	5	5	8	10	20	40
187	Don Woods	4	4	5	5	8	10	20	60
188	New York Giants TL	4	4	5	5	8	10	20	
189	Raymond Chester	4	4	5	5	8	10	20	50
190	Joe DeLamielleure AP	4	4	5	5	8	10	20	50
191	Tony Galbreath	4	4	5	5	8	10	20	
192	Robert Brazile AP	4	4	5	5	8	10	20	
193	Neil O'Donoghue	4	4	5	5	8	10	20	
194	Mike Webster	4	4	5	5	8	10	40	150
195	Ed Simonini	4	4	5	5	8	10	20	40
196	Benny Malone	4	4	5	5	8	10	20	
197	Tom Wittum	4	4	5	5	8	10	20	
198	Steve Largent	4	4	5	6	10	12	25	125
199	Tommy Hart	4	4	5	5	8	10	20	50
200	Fran Tarkenton	4	4	5	5	8	10	25	
201	Leon Gray AP	4	4	5	5	8	10	20	
202	Leroy Harris	4	4	5	5	8	10	20	40
203	Eric Williams LB	4	4	5	5	8	10	20	
204	Thom Darden AP	4	4	5	5	8	10	20	40
205	Ken Riley	4	4	5	5	8	10	20	
206	Clark Gaines	4	4	5	5	8	10	20	40
207	Kansas City Chiefs TL	4	4	5	5	8	10	20	
208	Joe Danelo	4	4	5	5	8	10	20	
209	Glen Walker	4	4	5	5	8	10	20	
210	Art Shell	4	4	5	5	8	10	40	
211	Jon Keyworth	4	4	5	5	8	10	20	40
212	Herman Edwards	4	4	5	5	8	10	20	40
213	John Fitzgerald	4	4	5	5	8	10	20	
214	Jim Smith	4	4	5	5	8	10	20	60
215	Coy Bacon	4	4	5	5	8	10	20	40
216	Dennis Johnson RC	4	4	5	5	8	10	20	
217	John Jefferson RC	4	4	5	5	8	10	30	
218	Gary Weaver	4	4	5	5	8	10	20	
219	Tom Blanchard	4	4	5	5	8	10	20	

#	Player	VgEx 4	EX 5	ExMt 6	NM 7	NmMt 8	NmMt+ 8.5	MT 9	Gem 9.5/10
220	Bert Jones	4	4	5	5	8	10	20	
221	Stanley Morgan	4	4	5	5	8	10	20	50
222	James Hunter	4	4	5	5	8	10	20	40
223	Jim O'Bradovich	4	4	5	5	8	10	20	40
224	Carl Mauck	4	4	5	5	8	10	20	40
225	Chris Bahr	4	4	5	5	8	10	20	
226	Jets TL/W.Walker	4	4	5	5	8	10	20	60
227	Roland Harper	4	4	5	5	8	10	20	50
228	Randy Dean	4	4	5	5	8	10	20	40
229	Bob Jackson	4	4	5	5	8	10	20	40
230	Sammie White	4	4	5	5	8	10	20	
231	Mike Dawson	4	4	5	5	8	10	20	
232	Checklist 133-264	4	4	5	5	8	10	20	40
233	Ken MacAfee RC	4	4	5	5	8	10	20	
234	Jon Kolb AP	4	4	5	5	8	10	30	80
235	Willie Hall	4	4	5	5	8	10	20	
236	Ron Saul AP	4	4	5	5	8	10	20	
237	Haskel Stanback	4	4	5	5	8	10	20	
238	Zenon Andrusyshyn	4	4	5	5	8	10	20	
239	Norris Thomas	4	4	5	5	8	10	20	
240	Rick Upchurch	4	4	5	5	8	10	20	
241	Robert Pratt	4	4	5	5	8	10	20	40
242	Julius Adams	4	4	5	5	8	10	20	
243	Rich McGeorge	4	4	5	5	8	10	20	40
244	Seahawks TL/S.Largent	4	4	5	5	8	10	20	100
245	Blair Bush RC	4	4	5	5	8	10	20	
246	Billy Johnson	4	4	5	5	8	10	20	40
247	Randy Rasmussen	4	4	5	5	8	10	20	40
248	Brian Kelley	4	4	5	5	8	10	20	40
249	Mike Pruitt	4	4	5	5	8	10	20	100
250	Harold Carmichael	4	4	5	5	8	10	25	50
251	Mike Hartenstine	4	4	5	5	8	10	20	
252	Robert Newhouse	4	4	5	5	8	10	20	
253	Gary Danielson RC	4	4	5	5	8	10	20	50
254	Mike Fuller	4	4	5	5	8	10	20	
255	L.C.Greenwood	4	4	5	5	8	10	20	
256	Lemar Parrish	4	4	5	5	8	10	20	
257	Ike Harris	4	4	5	5	8	10	20	
258	Ricky Bell RC	4	4	5	5	8	10	20	
259	Willie Parker C	4	4	5	5	8	10	20	
260	Gene Upshaw	4	4	5	5	8	10	30	60
261	Glenn Doughty	4	4	5	5	8	10	30	
262	Steve Zabel	4	4	5	5	8	10	20	
263	Atlanta Falcons TL	4	4	5	5	8	10	20	
264	Ray Wersching	4	4	5	5	8	10	20	40
265	Lawrence McCutcheon	4	4	5	5	8	10	20	
266	Willie Buchanon AP	4	4	5	5	8	10	20	40
267	Matt Robinson	4	4	5	5	8	10	20	40
268	Reggie Rucker	4	4	5	5	8	10	20	
269	Doug Van Horn	4	4	5	5	8	10	20	
270	Lydell Mitchell	4	4	5	5	8	10	20	
271	Vern Holland	4	4	5	5	8	10	20	40
272	Eason Ramson	4	4	5	5	8	10	20	40
273	Steve Towle	4	4	5	5	8	10	20	
274	Jim Marshall	4	4	5	5	8	10	20	40
275	Mel Blount	4	4	5	5	8	10	20	80
276	Bob Kuziel	4	4	5	5	8	10	20	
277	James Scott	4	4	5	5	8	10	20	40
278	Tony Reed	4	4	5	5	8	10	20	40
279	Dave Green	4	4	5	5	8	10	20	40
280	Toni Linhart	4	4	5	5	8	10	20	
281	Andy Johnson	4	4	5	5	8	10	20	
282	Los Angeles Rams TL	4	4	5	5	8	10	20	40
283	Phil Villapiano	4	4	5	5	8	10	20	
284	Dexter Bussey	4	4	5	5	8	10	20	
285	Craig Morton	4	4	5	5	8	10	20	
286	Guy Morriss	4	4	5	5	8	10	20	40
287	Lawrence Pillers	4	4	5	5	8	10	20	
288	Gerald Irons	4	4	5	5	8	10	20	40
289	Scott Perry	4	4	5	5	8	10	20	40
290	Randy White	4	4	5	5	8	10	50	
291	Jack Gregory	4	4	5	5	8	10	20	
292	Bob Chandler	4	4	5	5	8	10	20	50
293	Rich Szaro	4	4	5	5	8	10	20	40
294	Sherman Smith	4	4	5	5	8	10	20	40
295	Tom Banks AP	4	4	5	5	8	10	20	
296	Revie Sorey AP	4	4	5	5	8	10	30	
297	Ricky Thompson	4	4	5	5	8	10	20	
298	Ron Yary	4	4	5	5	8	10	20	40
299	Lyle Blackwood	4	4	5	5	8	10	20	
300	Franco Harris	4	4	5	5	8	10	30	200
301	Oilers TL/E.Campbell	4	4	5	5	8	10	25	
302	Scott Bull	4	4	5	5	8	10	40	
303	Dewey Selmon	4	4	5	5	8	10	20	40
304	Jack Rudnay	4	4	5	5	8	10	20	40
305	Fred Biletnikoff	4	4	5	5	8	10	25	
306	Jeff West	4	4	5	5	8	10	20	
307	Shafer Suggs	4	4	5	5	8	10	20	
308	Ozzie Newsome RC	8	12	20	25	80	100	400	
309	Boobie Clark	4	4	5	5	8	10	20	50
310	James Lofton RC	8	12	20	40	80	100	250	
311	Joe Pisarcik	4	4	5	5	8	10	20	
312	Bill Simpson AP	4	4	5	5	8	10	20	40
313	Haven Moses	4	4	5	5	8	10	20	40
314	Jim Merlo	4	4	5	5	8	10	20	40
315	Preston Pearson	4	4	5	5	8	10	20	
316	Larry Tearry	4	4	5	5	8	10	20	40
317	Tom Dempsey	4	4	5	5	8	10	20	
318	Greg Latta	4	4	5	5	8	10	20	
319	Redskins TL/J.Riggins	4	4	5	5	8	10	20	
320	Jack Ham	4	4	5	5	8	10	20	100
321	Harold Jackson	4	4	5	5	8	10	20	
322	George Roberts	4	4	5	5	8	10	20	
323	Ron Jaworski	4	4	5	5	8	10	20	150
324	Jim Otis	4	4	5	5	8	10	20	
325	Roger Carr	4	4	5	5	8	10	20	40
326	Jack Tatum	4	4	5	5	8	10	20	
327	Derrick Gaffney	4	4	5	5	8	10	20	
328	Reggie Williams	4	4	5	5	8	10	20	
329	Doug Dieken	4	4	5	5	8	10	20	
330	Efren Herrera	4	4	5	5	8	10	20	
331	Earl Campbell RB	4	4	5	6	10	12	30	150
332	Tony Galbreath RB	4	4	5	5	8	10	20	40
333	Bruce Harper RB	4	4	5	5	8	10	20	40
334	John James RB	4	4	5	5	8	10	15	40
335	Walter Payton RB	4	4	5	5	8	10	25	
336	Rickey Young RB	4	4	5	5	8	10	20	
337	Jeff Van Note	4	4	5	5	8	10	20	40
338	Chargers TL/J.Jefferson	4	4	5	5	8	10	20	
339	Stan Walters RC	4	4	5	5	8	10	20	
340	Louis Wright	4	4	5	5	8	10	20	50
341	Horace Ivory	4	4	5	5	8	10	20	50
342	Andre Tillman	4	4	5	5	8	10	20	40
343	Greg Coleman RC	4	4	5	5	8	10	20	40
344	Doug English RC	4	4	5	5	8	10	20	
345	Ted Hendricks	4	4	5	5	8	10	20	
346	Rich Saul	4	4	5	5	8	10	20	40
347	Mel Gray	4	4	5	5	8	10	20	60
348	Toni Fritsch	4	4	5	5	8	10	20	40
349	Cornell Webster	4	4	5	5	8	10	20	
350	Ken Houston	4	4	5	5	8	10	20	
351	Ron Johnson DB RC	4	4	5	5	8	10	20	40
352	Doug Kotar	4	4	5	5	8	10	20	50
353	Brian Sipe	4	4	5	5	8	10	20	50
354	Billy Brooks	4	4	5	5	8	10	20	
355	John Dutton	4	4	5	5	8	10	20	
356	Don Goode	4	4	5	5	8	10	20	
357	Detroit Lions TL	4	4	5	5	8	10	20	
358	Reuben Gant	4	4	5	5	8	10	20	40
359	Bob Parsons	4	4	5	5	8	10	20	40
360	Cliff Harris	4	4	5	5	8	10	40	
361	Raymond Clayborn	4	4	5	5	8	10	20	40
362	Scott Dierking	4	4	5	5	8	10	20	
363	Bill Bryan	4	4	5	5	8	10	20	
364	Mike Livingston	4	4	5	5	8	10	20	40
365	Otis Sistrunk	4	4	5	5	8	10	20	
366	Charle Young	4	4	5	5	8	10	20	
367	Keith Wortman	4	4	5	5	8	10	20	40
368	Checklist 265-396	4	4	5	5	8	10	20	
369	Mike Michel	4	4	5	5	8	10	20	
370	Delvin Williams AP	4	4	5	5	8	10	20	40
371	Steve Furness	4	4	5	5	8	10	20	
372	Emery Moorehead	4	4	5	5	8	10	20	
373	Clarence Scott	4	4	5	5	8	10	20	40
374	Rufus Mayes	4	4	5	5	8	10	20	
375	Chris Hanburger	4	4	5	5	8	10	20	
376	Baltimore Colts TL	4	4	5	5	8	10	20	
377	Bob Avellini	4	4	5	5	8	10	20	
378	Jeff Siemon	4	4	5	5	8	10	20	50
379	Roland Hooks	4	4	5	5	8	10	20	

#	Player	VgEx 4	EX 5	ExMt 6	NM 7	NmMt 8	NmMt+ 8.5	MT 9	Gem 9.5/10
380	Russ Francis	4	4	5	5	8	10	20	60
381	Roger Wehrli	4	4	5	5	8	10	20	40
382	Joe Fields	4	4	5	5	8	10	20	
383	Archie Manning	4	4	5	5	8	10	20	
384	Rob Lytle	4	4	5	5	8	10	20	40
385	Thomas Henderson	4	4	5	5	8	10	20	80
386	Morris Owens	4	4	5	5	8	10	20	
387	Dan Fouts	4	4	5	5	8	10	25	80
388	Chuck Crist	4	4	5	5	8	10	20	
389	Ed O'Neil	4	4	5	5	8	10	20	
390	Earl Campbell RC	20	30	50	80	200	250	1,000	
391	Randy Grossman	4	4	5	5	8	10	20	
392	Monte Jackson	4	4	5	5	8	10	20	
393	John Mendenhall	4	4	5	5	8	10	20	
394	Miami Dolphins TL	4	4	5	5	8	10	20	
395	Isaac Curtis	4	4	5	5	8	10	20	40
396	Mike Bragg	4	4	5	5	8	10	20	
397	Doug Plank	4	4	5	5	8	10	20	
398	Mike Barnes	4	4	5	5	8	10	20	
399	Calvin Hill	4	4	5	5	8	10	20	40
400	Roger Staubach	4	5	30	40	60	80	150	
401	Doug Beaudoin	4	4	5	5	8	10	20	
402	Chuck Ramsey	4	4	5	5	8	10	20	40
403	Mike Hogan	4	4	5	5	8	10	20	
404	Mario Clark	4	4	5	5	8	10	20	40
405	Riley Odoms	4	4	5	5	8	10	20	40
406	Carl Eller	4	4	5	5	8	10	20	50
407	Packers TL/J.Lofton	4	4	5	5	8	10	20	
408	Mark Arneson	4	4	5	5	8	10	20	
409	Vince Ferragamo RC	4	4	5	5	8	10	20	
410	Cleveland Elam	4	4	5	5	8	10	20	
411	Donnie Shell RC	10	15	25	40	100	120	500	
412	Ray Rhodes	4	4	5	5	8	10	20	40
413	Don Cockroft	4	4	5	5	8	10	20	40
414	Don Bass	4	4	5	5	8	10	20	
415	Cliff Branch	4	4	5	5	8	10	20	
416	Diron Talbert	4	4	5	5	8	10	20	60
417	Tom Hicks	4	4	5	5	8	10	20	40
418	Roosevelt Leaks	4	4	5	5	8	10	20	
419	Charlie Joiner	4	4	5	5	8	10	20	80
420	Lyle Alzado	4	4	5	5	8	10	20	60
421	Sam Cunningham	4	4	5	5	8	10	20	
422	Larry Keller	4	4	5	5	8	10	20	50
423	Jim Mitchell TE	4	4	5	5	8	10	20	
424	Randy Logan	4	4	5	5	8	10	20	40
425	Jim Langer	4	4	5	5	8	10	20	
426	Gary Green	4	4	5	5	8	10	20	
427	Luther Blue	4	4	5	5	8	10	20	
428	Dennis Johnson	4	4	5	5	8	10	20	
429	Danny White	4	4	5	5	8	10	20	
430	Roy Gerela	4	4	5	5	8	10	20	
431	Jimmy Robinson	4	4	5	5	8	10	20	
432	Minnesota Vikings TL	4	4	5	5	8	10	60	
433	Oliver Davis	4	4	5	5	8	10	20	40
434	Lenvil Elliott	4	4	5	5	8	10	20	
435	Willie Miller RC	4	4	5	5	8	10	20	40
436	Brad Dusek	4	4	5	5	8	10	20	
437	Bob Thomas	4	4	5	5	8	10	20	
438	Ken Mendenhall	4	4	5	5	8	10	20	
439	Clarence Davis	4	4	5	5	8	10	20	40
440	Bob Griese	4	4	5	5	8	10	25	50
441	Tony McGee DT	4	4	5	5	8	10	20	40
442	Ed Taylor	4	4	5	5	8	10	20	40
443	Ron Howard	4	4	5	5	8	10	20	
444	Wayne Morris	4	4	5	5	8	10	20	
445	Charlie Waters	4	4	5	5	8	10	20	
446	Rick Danmeier	4	4	5	5	8	10	20	
447	Paul Naumoff	4	4	5	5	8	10	20	40
448	Keith Krepfle	4	4	5	5	8	10	20	
449	Rusty Jackson	4	4	5	5	8	10	20	40
450	John Stallworth	4	4	5	5	8	10	25	
451	New Orleans Saints TL	4	4	5	5	8	10	20	
452	Ron Mikolajczyk	4	4	5	5	8	10	20	40
453	Fred Dryer	4	4	5	5	8	10	20	40
454	Jim LeClair	4	4	5	5	8	10	20	
455	Greg Pruitt	4	4	5	5	8	10	20	40
456	Jake Scott	4	4	5	5	8	10	20	
457	Steve Schubert	4	4	5	5	8	10	20	
458	George Kunz	4	4	5	5	8	10	20	
459	Mike Williams	4	4	5	5	8	10	20	40
460	Dave Casper AP	4	4	5	5	8	10	40	
461	Sam Adams OL	4	4	5	5	8	10	20	40
462	Abdul Salaam	4	4	5	5	8	10	20	40
463	Terdell Middleton	4	4	5	5	8	10	20	
464	Mike Wood	4	4	5	5	8	10	20	40
465	Bill Thompson AP	4	4	5	5	8	10	20	40
466	Larry Gordon	4	4	5	5	8	10	20	
467	Benny Ricardo	4	4	5	5	8	10	20	40
468	Reggie McKenzie	4	4	5	5	8	10	20	
469	Cowboys TL/T.Dorsett	4	4	5	5	8	10	25	
470	Rickey Young	4	4	5	5	8	10	20	
471	Charlie Smith WR	4	4	5	5	8	10	20	
472	Al Dixon	4	4	5	5	8	10	20	
473	Tom DeLeone	4	4	5	5	8	10	20	
474	Louis Breeden	4	4	5	5	8	10	20	
475	Jack Lambert	4	4	5	5	8	10	30	175
476	Terry Hermeling	4	4	5	5	8	10	20	
477	J.K. McKay	4	4	5	5	8	10	20	
478	Stan White	4	4	5	5	8	10	20	40
479	Terry Nelson	4	4	5	5	8	10	20	40
480	Walter Payton	5	6	12	20	35	40	125	
481	Dave Dalby	4	4	5	5	8	10	20	50
482	Burgess Owens	4	4	5	5	8	10	20	
483	Rolf Benirschke	4	4	5	5	8	10	20	40
484	Jack Dolbin	4	4	5	5	8	10	20	
485	John Hannah	4	4	5	5	8	10	20	
486	Checklist 397-528	4	4	5	5	8	10	50	
487	Greg Landry	4	4	5	5	8	10	20	50
488	St. Louis Cardinals TL	4	4	5	5	8	10	20	
489	Paul Krause	4	4	5	5	8	10	20	50
490	John James	4	4	5	5	8	10	20	40
491	Merv Krakau	4	4	5	5	8	10	20	
492	Dan Doornink	4	4	5	5	8	10	20	
493	Curtis Johnson	4	4	5	5	8	10	20	
494	Rafael Septien	4	4	5	5	8	10	40	
495	Jean Fugett	4	4	5	5	8	10	20	40
496	Frank LeMaster	4	4	5	5	8	10	20	
497	Allan Ellis	4	4	5	5	8	10	20	40
498	Billy Waddy RC	4	4	5	5	8	10	20	
499	Hank Bauer	4	4	5	5	8	10	20	
500	Terry Bradshaw	4	5	6	10	15	20	40	400
501	Larry McCarren	4	4	5	5	8	10	20	40
502	Fred Cook	4	4	5	5	8	10	20	
503	Chuck Muncie	4	4	5	5	8	10	20	80
504	Herman Weaver	4	4	5	5	8	10	20	40
505	Eddie Edwards	4	4	5	5	8	10	20	40
506	Tony Peters	4	4	5	5	8	10	20	40
507	Denver Broncos TL	4	4	5	5	8	10	20	40
508	Jimbo Elrod	4	4	5	5	8	10	20	
509	David Hill	4	4	5	5	8	10	20	
510	Harvey Martin	4	4	5	5	8	10	20	
511	Terry Miller	4	4	5	5	8	10	20	40
512	June Jones RC	4	4	5	5	8	10	20	50
513	Randy Cross	4	4	5	5	8	10	20	40
514	Duriel Harris	4	4	5	5	8	10	20	40
515	Harry Carson	4	4	5	5	8	10	20	
516	Tim Fox	4	4	5	5	8	10	20	
517	John Zook	4	4	5	5	8	10	20	
518	Bob Tucker	4	4	5	5	8	10	20	40
519	Kevin Long RC	4	4	5	5	8	10	20	
520	Ken Stabler	8	10	15	25	40	50	60	
521	John Bunting	4	4	5	5	8	10	20	
522	Rocky Bleier	4	4	5	5	8	10	20	
523	Noah Jackson	4	4	5	5	8	10	20	100
524	Cliff Parsley	4	4	5	5	8	10	20	
525	Louie Kelcher AP	4	4	5	5	8	10	20	50
526	Bucs TL/R.Bell	4	4	5	5	8	10	20	
527	Bob Brudzinski RC	4	4	5	5	8	10	20	
528	Danny Buggs	4	4	5	5	8	10	15	

— James Lofton #310 PSA 10 (Gem Mt) sold for $1,660 (eBay: 10/11)
— James Lofton #310 PSA 10 (Gem Mt) sold for $2,338 (eBay: 1/13)
— Wilbert Montgomery RC #85 PSA 10 (Gem Mint) sold for $519 (eBay: 6/12)
— Walter Payton #480 PSA 10 (Gem Mt) sold for $1,022 (eBay: 4/08)
— Walter Payton #480 PSA 10 (Gem Mt) sold for $905 (eBay: 7/09)
— Walter Payton #480 PSA 10 (Gem Mint) sold for $1869 (eBay: 6/12)
— Walter Payton #480 PSA 10 (Gem Mint) sold for $1350 (Bussineau: 6/12)
— Walter Payton RB #335 PSA 10 (Gem Mint) sold for $769 (eBay: 6/12)
— Roger Staubach #400 PSA 10 (Gem Mint) sold for $530 (eBay: 6/12)
— Roger Staubach #400 PSA 10 (Gem Mint) sold for $497.32 (eBay: 3/14)

FOOTBALL
1980 - Present

1980 Topps

		NmMt 8	NmMt+ 8.5	MT 9	Gem 9.5/10
160	Walter Payton	80	100	250	500
170	Ottis Anderson RC	10	12	20	250
195	Lester Hayes RC	25	30	80	350
200	Terry Bradshaw	40	50	60	400
225	Phil Simms RC	50	60	150	400
330	Tony Dorsett	10	12	30	150
418	Clay Matthews RC	15	20	30	100

— Terry Bradshaw #200 PSA 10 (Gem) sold for $1,003 (eBay; 4/08)

1981 Topps

		NmMt 8	NmMt+ 8.5	MT 9	Gem 9.5/10
100	Billy Sims RC	10	12	30	150
150	Kellen Winslow RC	25	30	80	800
194	Art Monk RC	30	40	100	1,200
202	Walter Payton SA	10	12	25	
216	Joe Montana RC	500	600	2,000	80,000
316	Dan Hampton RC	30	40	120	2,500
342	Mark Gastineau RC	30	40	80	300
375	Terry Bradshaw	12	15	25	120
400	Walter Payton	25	30	80	400
422	Dwight Clark RC	25	30	40	
500	Tony Dorsett	10	12	20	60

— Joe Montana #216 BGS 9.5 (GemMt) typically sells for $2,500-$3,500

1982 Topps

		NmMt 8	NmMt+ 8.5	MT 9	Gem 9.5/10
44	Cris Collinsworth RC	10	12	25	60
51	Anthony Munoz RC	40	50	200	1,500
196	Matt Millen RC	6	8	12	25
204	Terry Bradshaw	10	12	25	80
257	J.Montana/Anderson LL	10	12	20	50
302	Walter Payton	20	25	50	200
303	Walter Payton IA	10	12	20	80
434	Lawrence Taylor RC	150	200	600	10,000
435	Lawrence Taylor IA	50	60	200	1,200
486	Ronnie Lott RC	60	80	250	2,500
487	Ronnie Lott IA	30	40	60	600
488	Joe Montana	20	35	50	150
489	Joe Montana IA	10	12	20	100

1983 Topps

		NmMt 8	NmMt+ 8.5	MT 9	Gem 9.5/10
4	Joe Montana RB	8	10	20	80
33	Jim McMahon RC	40	50	80	100
36	Walter Payton	10	12	30	150
38	Mike Singletary RC	40	50	100	1,500
133	Lawrence Taylor	20	25	40	50
169	Joe Montana DP	12	15	35	400
190	Joe Jacoby RC	12	15	40	200
294	Marcus Allen RC DP	40	50	100	1,500
356	Gary Anderson K RC DP	6	8	15	60
358	Terry Bradshaw DP	10	12	20	60

1984 Topps

		NmMt 8	NmMt+ 8.5	MT 9	Gem 9.5/10
63	John Elway RC	120	150	500	10,000
98	Marcus Allen	8	10	15	60
111	Howie Long RC	30	40	80	1,200
120	Mark Duper PB RC	8	10	15	60
123	Dan Marino RC	120	150	500	6,000
124	Dan Marino IR	25	30	40	500
129	Dwight Stephenson RC	20	25	100	800
143	Andre Tippett RC	25	30	50	250
162	Terry Bradshaw	8	10	20	60
202	D.Marino/Bartkow. LL	8	10	15	80
222	Jim Covert RC	25	30	100	800
228	Walter Payton	25	35	150	
280	Eric Dickerson RC	40	50	120	4,000
281	Eric Dickerson IR	15	20	30	300
286	Jackie Slater RC	8	10	20	150
300	Morten Andersen RC	15	20	50	250
303	Rickey Jackson RC	12	15	50	600
353	Roger Craig RC	10	12	50	400
358	Joe Montana	15	20	35	250
359	Joe Montana IR	8	10	20	120
380	Darrell Green RC	25	30	80	1,000
381	Russ Grimm PB RC	25	30	50	300

— John Elway #63 BGS 10 (Pristine) sold for $3,615 (eBay; 3/08)
— John Elway #63 BGS 10 (Pristine) sold for $2,924 (eBay; 4/08)
— John Elway #63 in BGS 9.5 (Gem) typically sells for $250-$500
— Dan Marino #123 BGS 10 (Pristine) sold for $2,555 (eBay; 4/08)
— Dan Marino #123 BGS 10 (Pristine) sold for $1,637 (eBay; 8/08)
— Dan Marino #123 BGS 10 (Pristine) sold for $1,040 (eBay; 11/08)
— Dan Marino #123 in BGS 9.5 (Gem) typically sells for $250-$500
— Walter Payton #228 PSA 10 (Gem) sold for $1398 (eBay; 08/14)
— Walter Payton #228 PSA 10 (Gem) sold for $570 (eBay; 11/06)
— Dwight Stephenson #129 PSA 10 (Gem) sold for $2,610 (eBay; 4/07)

1984 Topps USFL

		NmMt 8	NmMt+ 8.5	MT 9	Gem 9.5/10
36	Jim Kelly XRC	150	200	400	5,000
52	Steve Young XRC	250	300	800	15,000
58	Reggie White XRC	200	250	▼500	
59	Anthony Carter XRC	12	15	40	
74	Herschel Walker XRC	100	125	400	
76	Marcus Dupree XRC	50	60		

— Herschel Walker #74 PSA 10 (Gem Mt) sold for $565 (eBay; 1/08)

1985 Topps

		NmMt 8	NmMt+ 8.5	MT 9	Gem 9.5/10
4	Dan Marino RB	10	12	25	200
24	Richard Dent RC	40	50	300	4,000
33	Walter Payton	30	40	200	
80	Henry Ellard RC	8	10	20	150
157	Joe Montana	15	20	50	500
192	D.Marino/Montana LL	15	20	30	300
238	John Elway	15	25	80	
251	Warren Moon RC	40	50	200	3,000
253	Mike Munchak RC	20	25	100	800
308	Mark Clayton AP RC	8	10	30	
314	Dan Marino	15	20	40	500
325	Irving Fryar RC	10	12	40	150
328	Craig James RC	8	10	30	

— Walter Payton #33 PSA 10 (Gem) sold for $2420 (eBay; 07/14)

1985 Topps USFL

		NmMt 8	NmMt+ 8.5	MT 9	Gem 9.5/10
19	Sam Mills XRC	120	150	300	2,000
45	Jim Kelly	20	25	50	150
49	Gary Clark XRC	10	12	25	80
65	Steve Young	30	40	80	300
75	Reggie White	40	50	60	500
80	Doug Flutie XRC	50	60	80	200
86	Herschel Walker	10	12	25	300
105	Marcus Dupree	12	15		

1986 Topps

		NmMt 8	NmMt+ 8.5	MT 9	Gem 9.5/10
11	Walter Payton	15	20	40	300
45	Dan Marino	10	12	30	400
112	John Elway	25	30	80	500
156	Joe Montana	15	20	60	1,000
161	Jerry Rice RC	300	400	▲1,000	120,000
187	Bernie Kosar RC	10	12	40	200
255	Boomer Esiason RC	10	12	50	400
275	Reggie White RC	50	60	300	8,000
374	Steve Young RC	120	150	▼250	2,500
388	Andre Reed RC	25	30	80	1,200
389	Bruce Smith RC	50	60	250	4,000

— Jerry Rice #161 BGS 9.5 (Gem Mt) typically sell for $1,800-$3,000
— Steve Young #374 BGS 9.5 (Gem Mt) sold for $1,350 (Mile High; 3/09)

1987 Topps

		NmMt 8	NmMt+ 8.5	MT 9	Gem 9.5/10
31	John Elway	8	10	15	60
45	Doug Flutie RC	10	12	25	80
46	Walter Payton	10	12	30	150
112	Joe Montana	10	12	25	60
115	Jerry Rice	20	25	40	300
125	Charles Haley RC	20	25	50	250
207	Gary Zimmerman RC	20	25	40	300
233	Dan Marino	8	10	15	60
264	Herschel Walker RC	8	10	15	40
296	Randall Cunningham RC	20	30	60	200
301	Reggie White	8	10	20	50
362	Jim Kelly RC	30	40	80	500
384	Steve Young	8	10	20	60

1988 Topps

		NmMt 8	NmMt+ 8.5	MT 9	Gem 9.5/10
23	John Elway	8	10	15	50
38	Joe Montana	8	10	15	50
43	Jerry Rice	6	8	12	30
65	Sam Mills RC	12	15	50	150
144	Brian Bosworth RC	10	12	20	50
157	Chris Doleman RC	10	12	20	50
190	Dan Marino	8	10	15	30
327	Bo Jackson RC	50	60	80	400
352	Vinny Testaverde RC	8	10	20	50

1989 Pro Set

		NmMt 8	NmMt+ 8.5	MT 9	Gem 9.5/10
32	Thurman Thomas RC	8	10	12	30
89	Michael Irvin RC	8	10	12	35
183	Tim Brown RC	8	10	12	30
314	Cris Carter RC	8	10	12	30
486	Deion Sanders RC	15	20	25	60
490	Troy Aikman RC	15	20	30	80
492	Steve Atwater RC	5	6	15	50
494	Barry Sanders RC	20	25	30	200
498	Derrick Thomas RC	8	10	12	40

1989 Score Supplemental

		NmMt 8	NmMt+ 8.5	MT 9	Gem 9.5/10
333S	Sterling Sharpe RC	12	15	30	120
384S	Bo Jackson FB/BB	8	10	20	50
408S	Dermontti Dawson RC	12	15	30	100

1989 Topps

		NmMt 8	NmMt+ 8.5	MT 9	Gem 9.5/10
45	Thurman Thomas RC	8	10	12	30
121	Cris Carter RC	8	10	12	40
265	Tim Brown RC	8	10	12	40
383	Michael Irvin RC	8	10	12	40

1989 Topps Traded

		NmMt 8	NmMt+ 8.5	MT 9	Gem 9.5/10
30T	Deion Sanders RC	20	25	30	50
52T	Steve Atwater RC	10	12	15	50
54T	Randall McDaniel RC	6	8	10	20
70T	Troy Aikman RC	15	20	25	80
83T	Barry Sanders RC	30	40	50	200
90T	Derrick Thomas RC	6	8	10	20

1990 Action Packed Rookie Update

		NmMt 8	NmMt+ 8.5	MT 9	Gem 9.5/10
10	LeRoy Butler RC	30	40	100	400
34	Emmitt Smith RC UER	50	60	80	1,000
38	Junior Seau RC	8	10	15	50

1990 Fleer Update

		NmMt 8	NmMt+ 8.5	MT 9	Gem 9.5/10
U40	Emmitt Smith RC	30	40	60	100
U97	LeRoy Butler RC	20	25	30	60
U102	Junior Seau RC	15	10	25	50

1990 Pro Set

		NmMt 8	NmMt+ 8.5	MT 9	Gem 9.5/10
673	Junior Seau RC	6	8	12	40
685	Emmitt Smith RC	25	30	50	60
717	LeRoy Butler RC	12	15	20	120
8000	Emmitt Smith/(Offensive ROY) 5	6	8	10	30

1990 Score Supplemental

		NmMt 8	NmMt+ 8.5	MT 9	Gem 9.5/10
65T	Junior Seau	10	12	15	30
101T	Emmitt Smith RC	60	100	150	1,500

1990 Topps

		NmMt 8	NmMt+ 8.5	MT 9	Gem 9.5/10
381	Junior Seau RC	6	8	15	40

1990 Topps Traded

		NmMt 8	NmMt+ 8.5	MT 9	Gem 9.5/10
27T	Emmitt Smith RC	40	50	60	200
28T	Junior Seau	5	6	8	25

1991 Action Packed Rookie Update

		NmMt 8	NmMt+ 8.5	MT 9	Gem 9.5/10
21	Brett Favre RC	8	10	40	125

1991 Pacific

		NmMt 8	NmMt+ 8.5	MT 9	Gem 9.5/10
551	Brett Favre RC	8	10	20	80

1991 Pro Set

		NmMt 8	NmMt+ 8.5	MT 9	Gem 9.5/10
762	Brett Favre RC	12	15	30	125
835	John Randle RC	10	12	30	100

1991 Pro Set Platinum

		NmMt 8	NmMt+ 8.5	MT 9	Gem 9.5/10
290	Brett Favre RC	10	12	40	60

1991 Stadium Club

		NmMt 8	NmMt+ 8.5	MT 9	Gem 9.5/10
94	Brett Favre RC UER	50	60	100	250
— Brett Favre #94 BGS 10 (Pristine) sold for $1,030 (eBay; 8/08)
— Brett Favre #94 BGS 10 (Pristine) sold for $1,000 (eBay; 2/09)

1991 Star Pics

		NmMt 8	NmMt+ 8.5	MT 9	Gem 9.5/10
65	Brett Favre	6	8	15	25

1991 Star Pics Autographs

		NmMt 8	NmMt+ 8.5	MT 9	Gem 9.5/10
65	Brett Favre	175	200	250	400

1991 Ultra

		NmMt 8	NmMt+ 8.5	MT 9	Gem 9.5/10
283	Brett Favre RC	20	25	40	60

1991 Ultra Update

		NmMt 8	NmMt+ 8.5	MT 9	Gem 9.5/10
U1	Brett Favre	12	15	25	100

1991 Upper Deck

		NmMt 8	NmMt+ 8.5	MT 9	Gem 9.5/10
13	Brett Favre RC	10	12	30	50
647	Brett Favre	8	10	15	30

1991 Wild Card Draft

		NmMt 8	NmMt+ 8.5	MT 9	Gem 9.5/10
119	Brett Favre	8	10	20	50

1992 Stadium Club

		NmMt 8	NmMt+ 8.5	MT 9	Gem 9.5/10
683	Brett Favre	60	80	125	300
— Brett Favre #683 BGS 10 (Pristine) sold for $1,946 (eBay; 8/08)

1992 Topps

		NmMt 8	NmMt+ 8.5	MT 9	Gem 9.5/10
696	Brett Favre	8	10	20	40

1992 Topps Gold

		NmMt 8	NmMt+ 8.5	MT 9	Gem 9.5/10
696	Brett Favre	25	30	250	300

1993 Action Packed

		NmMt 8	NmMt+ 8.5	MT 9	Gem 9.5/10
163	Drew Bledsoe RC	10	12	25	50
172	Jerome Bettis RC	10	12	25	50

1993 Bowman

		NmMt 8	NmMt+ 8.5	MT 9	Gem 9.5/10
264	Jerome Bettis RC	12	15	25	80
280	Drew Bledsoe RC FOIL	12	15	25	80

1993 Playoff

		NmMt 8	NmMt+ 8.5	MT 9	Gem 9.5/10
294	Jerome Bettis RC	10	12	20	50

1993 Playoff Contenders

		NmMt 8	NmMt+ 8.5	MT 9	Gem 9.5/10
124	Jerome Bettis RC	10	12	20	30

1993 Power Update Prospects

		NmMt 8	NmMt+ 8.5	MT 9	Gem 9.5/10
3	Trent Green RC	8	10	12	40
9	Jerome Bettis RC	8	10	12	40

1993 Select

		NmMt 8	NmMt+ 8.5	MT 9	Gem 9.5/10
166	Drew Bledsoe RC	6	8	10	100
172	Jerome Bettis RC	10	12	20	80

1993 SkyBox Premium

		NmMt 8	NmMt+ 8.5	MT 9	Gem 9.5/10
62	Jerome Bettis RC	10	12	20	35

1993 SP

		NmMt 8	NmMt+ 8.5	MT 9	Gem 9.5/10
6	Jerome Bettis RC	60	80	200	2,000
9	Drew Bledsoe RC	40	50	80	400
91	Mark Brunell RC	10	12	20	40
259	John Lynch RC	25	30	40	200

1993 Stadium Club

		NmMt 8	NmMt+ 8.5	MT 9	Gem 9.5/10
108	Jerome Bettis RC	10	12	20	40
280A	Drew Bledsoe RC ERR	8	10	15	30
280B	Drew Bledsoe RC COR	8	10	15	30

1993 Topps

		NmMt 8	NmMt+ 8.5	MT 9	Gem 9.5/10
130	Drew Bledsoe RC	8	10	15	30
166	Jerome Bettis RC	10	12	20	40

1993 Upper Deck

		NmMt 8	NmMt+ 8.5	MT 9	Gem 9.5/10
20	Jerome Bettis RC	10	12	20	100

1993 Upper Deck Rookie Exchange

		NmMt 8	NmMt+ 8.5	MT 9	Gem 9.5/10
RE2	Drew Bledsoe UER	8	10	15	25
RE7	Jerome Bettis	15	20	40	50

1994 Bowman

		NmMt 8	NmMt+ 8.5	MT 9	Gem 9.5/10
2	Marshall Faulk RC	15	20	40	120
68	Isaac Bruce RC	12	15	50	100

1994 Collector's Choice

		NmMt 8	NmMt+ 8.5	MT 9	Gem 9.5/10
14	Marshall Faulk RC	6	8	12	30

1994 Fleer Rookie Exchange

		NmMt 8	NmMt+ 8.5	MT 9	Gem 9.5/10
3	Marshall Faulk	15	20	30	60

1994 Pinnacle

		NmMt 8	NmMt+ 8.5	MT 9	Gem 9.5/10
198	Marshall Faulk RC	8	10	15	60

1994 Playoff

		NmMt 8	NmMt+ 8.5	MT 9	Gem 9.5/10
300	Larry Allen RC	25	40	200	500

1994 Playoff Contenders

		NmMt 8	NmMt+ 8.5	MT 9	Gem 9.5/10
104	Marshall Faulk RC	8	10	15	40

1994 Select

		NmMt 8	NmMt+ 8.5	MT 9	Gem 9.5/10
200	Marshall Faulk RC	8	10	20	40
SR1	Marshall Faulk SR	35	40	50	80

1994 SkyBox Impact

		NmMt 8	NmMt+ 8.5	MT 9	Gem 9.5/10
274	Marshall Faulk RC	8	10	15	80

1994 SkyBox Premium

		NmMt 8	NmMt+ 8.5	MT 9	Gem 9.5/10
158	Marshall Faulk RC	10	12	20	40

1994 SP

		NmMt 8	NmMt+ 8.5	MT 9	Gem 9.5/10
3	Marshall Faulk RC	20	30	50	200
5	Trent Dilfer RC	10	12	15	40

1994 SP Die Cuts

#	Player	NmMt 8	NmMt+ 8.5	MT 9	Gem 9.5/10
3	Marshall Faulk	20	25	40	400

1994 Stadium Club

#	Player	NmMt 8	NmMt+ 8.5	MT 9	Gem 9.5/10
288	Larry Allen RC	8	10	15	30
327	Marshall Faulk RC	8	10	12	80

1994 Topps

#	Player	NmMt 8	NmMt+ 8.5	MT 9	Gem 9.5/10
445	Marshall Faulk RC	10	15	30	100

1994 Ultra

#	Player	NmMt 8	NmMt+ 8.5	MT 9	Gem 9.5/10
133	Marshall Faulk RC	8	10	15	40

1994 Upper Deck

#	Player	NmMt 8	NmMt+ 8.5	MT 9	Gem 9.5/10
7	Marshall Faulk RC	8	10	30	60

1995 Absolute

#	Player	NmMt 8	NmMt+ 8.5	MT 9	Gem 9.5/10
102	Steve McNair RC	6	8	12	30

1995 Action Packed

#	Player	NmMt 8	NmMt+ 8.5	MT 9	Gem 9.5/10
36	Steve McNair RC	6	8	12	30

1995 Action Packed Rookies/Stars

#	Player	NmMt 8	NmMt+ 8.5	MT 9	Gem 9.5/10
90	Curtis Martin RC	6	8	12	30
92	Terrell Davis RC	6	8	12	30
101	Steve McNair RC	6	8	12	30

1995 Bowman

#	Player	NmMt 8	NmMt+ 8.5	MT 9	Gem 9.5/10
3	Steve McNair RC	10	12	20	60
301	Curtis Martin RC	8	10	20	40

1995 Crown Royale

#	Player	NmMt 8	NmMt+ 8.5	MT 9	Gem 9.5/10
78	Curtis Martin RC	8	10	15	60
126	Steve McNair RC	8	10	15	60
136	Terrell Davis RC	20	25	20	80

1995 Finest

#	Player	NmMt 8	NmMt+ 8.5	MT 9	Gem 9.5/10
264	Curtis Martin RC	10	12	40	100

1995 Flair

#	Player	NmMt 8	NmMt+ 8.5	MT 9	Gem 9.5/10
83	Steve McNair RC	6	8	12	60
124	Curtis Martin RC	6	8	12	60

1995 Playoff Contenders

#	Player	NmMt 8	NmMt+ 8.5	MT 9	Gem 9.5/10
126	Terrell Davis RC	6	8	10	40

1995 Select Certified

#	Player	NmMt 8	NmMt+ 8.5	MT 9	Gem 9.5/10
117	Curtis Martin RC	12	15	25	60
126	Terrell Davis RC	10	25	30	80

1995 Select Certified Mirror Gold

#	Player	NmMt 8	NmMt+ 8.5	MT 9	Gem 9.5/10
117	Curtis Martin	40	50	60	100
126	Terrell Davis	30	40	125	400

1995 SP

#	Player	NmMt 8	NmMt+ 8.5	MT 9	Gem 9.5/10
3	Steve McNair RC	30	40	50	100
5	Kerry Collins RC	10	12	25	50
6	Joey Galloway RC	10	12	25	50
18	Curtis Martin RC	12	15	50	500
99	Warren Sapp RC	10	12	50	150
103	Derrick Brooks RC	10	12	40	250
130	Terrell Davis RC	10	12	40	200
174	Ty Law RC	8	10	15	25

1995 SP Championship

#	Player	NmMt 8	NmMt+ 8.5	MT 9	Gem 9.5/10
14	Terrell Davis RC	10	12	40	80
19	Steve McNair RC	10	12	25	100
29	Curtis Martin RC	10	12	25	100

1996 Collector's Choice

#	Player	NmMt 8	NmMt+ 8.5	MT 9	Gem 9.5/10
20	Ray Lewis RC	12	15	25	40

1996 Collector's Choice Update

#	Player	NmMt 8	NmMt+ 8.5	MT 9	Gem 9.5/10
U32	Ray Lewis	10	12	20	40

1996 Crown Royale

#	Player	NmMt 8	NmMt+ 8.5	MT 9	Gem 9.5/10
27	Marvin Harrison RC	10	12	20	50
39	Terrell Owens RC	10	12	20	80

1996 Finest

#	Player	NmMt 8	NmMt+ 8.5	MT 9	Gem 9.5/10
225	Keyshawn Johnson B RC	6	8	12	25
243	Marvin Harrison B RC	10	12	25	50
338	Terrell Owens B RC	10	12	60	100
344	Brian Dawkins B RC	20	40	80	250

1996 Finest Refractors

#	Player	NmMt 8	NmMt+ 8.5	MT 9	Gem 9.5/10
225	Keyshawn Johnson B	20	25	40	150
243	Marvin Harrison B	40	50	80	
338	Terrell Owens B	40	50	60	300

1996 Fleer

#	Player	NmMt 8	NmMt+ 8.5	MT 9	Gem 9.5/10
165	Ray Lewis RC	12	15	30	80

1996 Select Certified

#	Player	NmMt 8	NmMt+ 8.5	MT 9	Gem 9.5/10
91	Marvin Harrison RC	12	15	25	50
105	Keyshawn Johnson RC	8	10	15	30

1996 SP

#	Player	NmMt 8	NmMt+ 8.5	MT 9	Gem 9.5/10
1	Keyshawn Johnson RC	8	10	15	40
4	Jonathan Ogden RC	20	25	100	350
5	Eddie George RC	8	10	20	100
7	Terrell Owens RC	20	25	100	400
18	Marvin Harrison RC	15	20	60	125
126	Mike Alstott RC	20	25	30	40

1996 Stadium Club

#	Player	NmMt 8	NmMt+ 8.5	MT 9	Gem 9.5/10
351	Ray Lewis SP RC	30	40	60	125

1996 Topps Chrome

#	Player	NmMt 8	NmMt+ 8.5	MT 9	Gem 9.5/10
156	Marvin Harrison RC	15	20	50	200
159	Keyshawn Johnson RC	20	25	30	50
162	Eddie George RC	10	12	40	150
163	Jonathan Ogden RC	10	12	25	100

1996 Topps Chrome Refractors

#	Player	NmMt 8	NmMt+ 8.5	MT 9	Gem 9.5/10
156	Marvin Harrison	60	80	100	150
162	Eddie George	40	50	100	

1997 Pacific Philadelphia

#	Player	NmMt 8	NmMt+ 8.5	MT 9	Gem 9.5/10
199	Adam Vinatieri RC	80	100	125	400

1997 Pinnacle Totally Certified Platinum Red

#	Player	NmMt 8	NmMt+ 8.5	MT 9	Gem 9.5/10
129	Tiki Barber RC	15	20	25	50
149	Tony Gonzalez RC	12	15	25	60

1997 SP Authentic

#	Player	NmMt 8	NmMt+ 8.5	MT 9	Gem 9.5/10
1	Orlando Pace RC	15	20	60	
10	Warrick Dunn RC	12	15	100	200
11	Tony Gonzalez RC	30	40	60	200
23	Jake Plummer RC	12	15	25	80
25	Corey Dillon RC	12	15	25	50
116	Jason Taylor RC	100	125	150	400
137	Tiki Barber RC	15	20	25	40
186	Ronde Barber RC	150	200	400	600

1997 Topps Chrome

#	Player	NmMt 8	NmMt+ 8.5	MT 9	Gem 9.5/10
24	Tony Gonzalez RC	30	40	60	125

1998 Absolute Hobby

#	Player	NmMt 8	NmMt+ 8.5	MT 9	Gem 9.5/10
40	Randy Moss RC	25	30	50	120
165	Peyton Manning RC	30	40	50	250

1998 Absolute Retail

#	Player	NmMt 8	NmMt+ 8.5	MT 9	Gem 9.5/10
40	Randy Moss RC	8	10	15	40
165	Peyton Manning RC	15	50	60	200

1998 Aurora

#	Player	NmMt 8	NmMt+ 8.5	MT 9	Gem 9.5/10
71	Peyton Manning RC	20	25	50	250

1998 Bowman

#	Player	NmMt 8	NmMt+ 8.5	MT 9	Gem 9.5/10
1	Peyton Manning RC	40	50	60	▼200
182	Randy Moss RC	10	12	50	125

1998 Bowman Interstate

#	Player	NmMt 8	NmMt+ 8.5	MT 9	Gem 9.5/10
1	Peyton Manning	100	125	200	500
182	Randy Moss	20	40	60	150

1998 Bowman Rookie Autographs

#	Player	NmMt 8	NmMt+ 8.5	MT 9	Gem 9.5/10
A1	Peyton Manning	450	500	1,000	1,200

1998 Bowman Chrome Preview Refractors

#	Player	NmMt 8	NmMt+ 8.5	MT 9	Gem 9.5/10
BCP1	Peyton Manning	300	400	500	600

1998 Bowman Chrome

#	Player	NmMt 8	NmMt+ 8.5	MT 9	Gem 9.5/10
1	Peyton Manning RC	40	50	80	▲300
182	Randy Moss RC	40	60	80	250

1998 Bowman Chrome Interstate

#	Player	NmMt 8	NmMt+ 8.5	MT 9	Gem 9.5/10
1	Peyton Manning	100	125	400	600
27	Hines Ward	15	20	30	60
182	Randy Moss	50	60	80	250

1998 Bowman Chrome Interstate Refractors

#	Player	NmMt 8	NmMt+ 8.5	MT 9	Gem 9.5/10
1	Peyton Manning	175	200	800	2,000
27	Hines Ward	60	80	100	200
182	Randy Moss	60	80	120	300

1998 Bowman Chrome Refractors

#	Player	NmMt 8	NmMt+ 8.5	MT 9	Gem 9.5/10
1	Peyton Manning	300	400	2,000	2,500
27	Hines Ward	40	50	80	125
182	Randy Moss	300	600	800	3,000

1998 Collector's Edge First Place

		NmMt 8	NmMt+ 8.5	MT 9	Gem 9.5/10
31	Matt Hasselbeck RC	20	25	40	60
35	Peyton Manning RC	12	15	25	50

1998 Collector's Edge Masters

		NmMt 8	NmMt+ 8.5	MT 9	Gem 9.5/10
3	Peyton Manning RC	20	25	30	50

1998 Crown Royale

		NmMt 8	NmMt+ 8.5	MT 9	Gem 9.5/10
4	Peyton Manning RC	60	80	100	400
5	Randy Moss RC	20	25	30	80

1998 E-X2001

		NmMt 8	NmMt+ 8.5	MT 9	Gem 9.5/10
4	Peyton Manning RC	20	25	40	100
5	Randy Moss RC	12	15	25	50

1998 E-X2001 Star Date 2001

		NmMt 8	NmMt+ 8.5	MT 9	Gem 9.5/10
5	Peyton Manning	15	20	30	60

1998 Finest

		NmMt 8	NmMt+ 8.5	MT 9	Gem 9.5/10
21	Peyton Manning RC	▼40	▼50	▼60	▼100
35	Randy Moss RC	30	40	50	▼100

1998 Finest No-Protectors

		NmMt 8	NmMt+ 8.5	MT 9	Gem 9.5/10
21	Peyton Manning	35	40	60	120
35	Randy Moss	12	15	30	60

1998 Finest No-Protectors Refractors

		NmMt 8	NmMt+ 8.5	MT 9	Gem 9.5/10
21	Peyton Manning	100	120	175	400
35	Randy Moss	40	50	80	150

1998 Finest Refractors

		NmMt 8	NmMt+ 8.5	MT 9	Gem 9.5/10
21	Peyton Manning	60	80	200	1,000
35	Randy Moss	25	30	400	500

1998 Finest Undergrads

		NmMt 8	NmMt+ 8.5	MT 9	Gem 9.5/10
20	Peyton Manning	25	30	125	200

1998 Flair Showcase Row 3

		NmMt 8	NmMt+ 8.5	MT 9	Gem 9.5/10
	Peyton Manning RC	40	50	60	▼100
	Randy Moss RC	10	12	40	100

1998 Flair Showcase Row 2

		NmMt 8	NmMt+ 8.5	MT 9	Gem 9.5/10
	Peyton Manning	15	20	80	150
	Randy Moss	10	12	40	100

1998 Flair Showcase Row 1

		NmMt 8	NmMt+ 8.5	MT 9	Gem 9.5/10
	Peyton Manning	60	80	400	800
	Randy Moss	25	30	150	250

1998 Flair Showcase Row 0

		NmMt 8	NmMt+ 8.5	MT 9	Gem 9.5/10
	Peyton Manning	100	120	1,000	4,000
	Randy Moss	50	60	800	2,000

1998 Fleer Brilliants

		NmMt 8	NmMt+ 8.5	MT 9	Gem 9.5/10
20	Peyton Manning RC	30	40	100	500
40	Randy Moss RC	15	20	40	300

1998 Fleer Brilliants Blue

		NmMt 8	NmMt+ 8.5	MT 9	Gem 9.5/10
120	Peyton Manning	40	50	80	150

1998 Leaf Rookies and Stars

		NmMt 8	NmMt+ 8.5	MT 9	Gem 9.5/10
199	Randy Moss RC	20	25	50	80
202	Hines Ward RC	20	25	40	80
233	Peyton Manning RC	40	50	60	200
270	Peyton Manning PT	25	30	40	80

1998 Leaf Rookies and Stars True Blue

		NmMt 8	NmMt+ 8.5	MT 9	Gem 9.5/10
233	Peyton Manning	40	50	80	200

1998 Metal Universe

		NmMt 8	NmMt+ 8.5	MT 9	Gem 9.5/10
189	Peyton Manning RC	25	40	80	300
190	Randy Moss RC	25	40	50	150

1998 Pacific

		NmMt 8	NmMt+ 8.5	MT 9	Gem 9.5/10
181	Peyton Manning RC	30	40	80	250

1998 Playoff Contenders Leather

		NmMt 8	NmMt+ 8.5	MT 9	Gem 9.5/10
37	Peyton Manning	40	50	80	300
52	Randy Moss	12	15	50	125

1998 Playoff Contenders Ticket

		NmMt 8	NmMt+ 8.5	MT 9	Gem 9.5/10
5	Priest Holmes RC	25	30	60	
87	Peyton Manning AU/200*	4,000	6,000	7,000	15,000
92	Randy Moss AU/300*	4,000	6,000	7,000	10,000

1998 Playoff Contenders Ticket Red

		NmMt 8	NmMt+ 8.5	MT 9	Gem 9.5/10
87	Peyton Manning	200	225	350	

1998 Playoff Momentum Hobby

		NmMt 8	NmMt+ 8.5	MT 9	Gem 9.5/10
98	Peyton Manning RC	30	40	50	200
131	Randy Moss RC	20	25	40	60

1998 Playoff Momentum Retail

		NmMt 8	NmMt+ 8.5	MT 9	Gem 9.5/10
146	Peyton Manning RC	20	50	80	150

1998 Playoff Prestige Hobby

		NmMt 8	NmMt+ 8.5	MT 9	Gem 9.5/10
165	Peyton Manning RC	40	50	60	300
173	Randy Moss RC	30	40	50	

1998 Playoff Prestige Retail

		NmMt 8	NmMt+ 8.5	MT 9	Gem 9.5/10
165	Peyton Manning RC	10	12	20	50
173	Randy Moss RC	6	8	10	30

1998 Revolution

		NmMt 8	NmMt+ 8.5	MT 9	Gem 9.5/10
58	Peyton Manning RC	50	60	100	500

1998 Score

		NmMt 8	NmMt+ 8.5	MT 9	Gem 9.5/10
233	Peyton Manning RC	40	50	60	150
235	Randy Moss RC	10	15	25	80
252	Hines Ward RC	10	12	15	100

1998 Score Showcase Artist's Proofs

		NmMt 8	NmMt+ 8.5	MT 9	Gem 9.5/10
PP123	Peyton Manning	60	125	150	400

1998 SkyBox Premium

		NmMt 8	NmMt+ 8.5	MT 9	Gem 9.5/10
231	Peyton Manning RC	50	60	80	150
240	Randy Moss RC	12	15	50	125

1998 SkyBox Thunder

		NmMt 8	NmMt+ 8.5	MT 9	Gem 9.5/10
239	Peyton Manning RC	15	50	60	250
242	Randy Moss RC	10	12	20	50

1998 SP Authentic

		NmMt 8	NmMt+ 8.5	MT 9	Gem 9.5/10
14	Peyton Manning RC	600	700	2,000	3,000
16	Fred Taylor RC	25	30	40	150
18	Randy Moss RC	500	600	1,200	2,000
23	Charles Woodson RC	200	300	500	2,000

— Peyton Manning #14 BGS 10 (PRISTINE) sold for $2460 (eBay; 6/07)

1998 SP Authentic Die Cuts

		NmMt 8	NmMt+ 8.5	MT 9	Gem 9.5/10
11	Brian Griese	15	20	25	30
14	Peyton Manning	800	1,000	3,000	4,000
16	Fred Taylor	40	50	80	120
18	Randy Moss	250	300	500	800
23	Charles Woodson	200	250	300	400
27	Ahman Green	25	30	40	100

1998 SP Authentic Maximum Impact

		NmMt 8	NmMt+ 8.5	MT 9	Gem 9.5/10
SE11	Peyton Manning	50	80	100	200

1998 SPx Finite

		NmMt 8	NmMt+ 8.5	MT 9	Gem 9.5/10
181	Peyton Manning/1998 RC	300	400	600	1,500
239	Randy Moss/1998 RC	50	60	100	
287	Peyton Manning ET	30	40	80	250

1998 Stadium Club

		NmMt 8	NmMt+ 8.5	MT 9	Gem 9.5/10
189	Randy Moss RC	10	12	30	100
195	Peyton Manning RC	40	50	60	▼125

1998 Stadium Club First Day

		NmMt 8	NmMt+ 8.5	MT 9	Gem 9.5/10
195	Peyton Manning	80	100	150	300

1998 Stadium Club Prime Rookies

		NmMt 8	NmMt+ 8.5	MT 9	Gem 9.5/10
PR10	Peyton Manning	12	15	60	150

1998 Topps

		NmMt 8	NmMt+ 8.5	MT 9	Gem 9.5/10
352	Randy Moss RC	30	40	60	200
360	Peyton Manning RC	60	80	100	▲500

1998 Topps Autographs

		NmMt 8	NmMt+ 8.5	MT 9	Gem 9.5/10
A1	Randy Moss	400	500	800	1,500
A10B	Peyton Manning Bronze	450	500	600	900
A10G	Peyton Manning Gold	450	500	600	900

1998 Topps Chrome

		NmMt 8	NmMt+ 8.5	MT 9	Gem 9.5/10
35	Randy Moss RC	40	60	200	400
44	Charles Woodson RC	40	40	50	150
165	Peyton Manning RC	100	125	150	800

1998 Topps Chrome Refractors

		NmMt 8	NmMt+ 8.5	MT 9	Gem 9.5/10
35	Randy Moss	150	250	500	3,000
44	Charles Woodson	125	200	400	600
133	Brian Griese	12	15	30	60
152	Fred Taylor	25	30	40	60
165	Peyton Manning	3,000	4,000	6,000	30,000

1998 Topps Gold Label Class 1

		NmMt 8	NmMt+ 8.5	MT 9	Gem 9.5/10
20	Peyton Manning RC	30	40	50	150

1998 Topps Gold Label Class 1 Black

		NmMt 8	NmMt+ 8.5	MT 9	Gem 9.5/10
20	Peyton Manning	80	100	150	250

1998 Topps Gold Label Class 2

		NmMt 8	NmMt+ 8.5	MT 9	Gem 9.5/10
20	Peyton Manning	100	125	200	350

1998 Topps Gold Label Class 2 Black

		NmMt 8	NmMt+ 8.5	MT 9	Gem 9.5/10
20	Peyton Manning	80	100	125	150

1998 Topps Gold Label Class 3

		NmMt 8	NmMt+ 8.5	MT 9	Gem 9.5/10
20	Peyton Manning	80	125	200	350

1998 Topps Season Opener

		NmMt 8	NmMt+ 8.5	MT 9	Gem 9.5/10
1	Peyton Manning RC	80	100	200	400
11	Hines Ward RC	10	12	30	50
22	Randy Moss RC	12	15	40	200

1998 Topps Stars

		NmMt 8	NmMt+ 8.5	MT 9	Gem 9.5/10
67	Peyton Manning RC	40	50	100	350

1998 Topps Stars Bronze

		NmMt 8	NmMt+ 8.5	MT 9	Gem 9.5/10
67	Peyton Manning	25	40	100	400

1998 UD3

		NmMt 8	NmMt+ 8.5	MT 9	Gem 9.5/10
1	Peyton Manning FE	30	35	50	300
91	Peyton Manning FF	40	50	80	200
181	Peyton Manning FR RC	15	20	30	100
197	Randy Moss FR RC	10	12	20	60

1998 UD Choice

		NmMt 8	NmMt+ 8.5	MT 9	Gem 9.5/10
193	Peyton Manning RC	12	15	25	50
200	Randy Moss RC	6	8	12	25
256	Peyton Manning DN	15	20	30	60

1998 Ultra

		NmMt 8	NmMt+ 8.5	MT 9	Gem 9.5/10
201	Peyton Manning RC	50	60	80	300
207	Randy Moss RC	12	15	30	60
416	Peyton Manning	25	30	40	100

1998 Ultra Gold Medallion

		NmMt 8	NmMt+ 8.5	MT 9	Gem 9.5/10
201G	Peyton Manning	40	50	80	300
207G	Randy Moss	25	30	50	125

1998 Upper Deck

		NmMt 8	NmMt+ 8.5	MT 9	Gem 9.5/10
1	Peyton Manning RC	40	50	60	200
17	Randy Moss RC	30	40	50	80

1998 Upper Deck Game Jerseys

		NmMt 8	NmMt+ 8.5	MT 9	Gem 9.5/10
GJ16	Peyton Manning	150	250	300	1,600

1998 Upper Deck Encore

		NmMt 8	NmMt+ 8.5	MT 9	Gem 9.5/10
1	Peyton Manning RC	50	80	100	300
12	Randy Moss RC	15	20	30	60

1999 Bowman Chrome

		NmMt 8	NmMt+ 8.5	MT 9	Gem 9.5/10
168	Donovan McNabb RC	10	12	25	50
174	Torry Holt RC	10	12	20	40

1999 Bowman Chrome Interstate

		NmMt 8	NmMt+ 8.5	MT 9	Gem 9.5/10
161	Edgerrin James	10	12	20	60
166	Daunte Culpepper	10	12	20	60
168	Donovan McNabb	12	15	30	100
174	Torry Holt	10	12	20	60

1999 Bowman Chrome Refractors

		NmMt 8	NmMt+ 8.5	MT 9	Gem 9.5/10
161	Edgerrin James	12	15	25	125
166	Daunte Culpepper	12	15	25	125
168	Donovan McNabb	25	30	60	300
174	Torry Holt	12	15	25	125

1999 Bowman's Best

		NmMt 8	NmMt+ 8.5	MT 9	Gem 9.5/10
110	Kurt Warner RC	20	25	60	▼125

1999 Bowman's Best Atomic Refractors

		NmMt 8	NmMt+ 8.5	MT 9	Gem 9.5/10
118	Donovan McNabb	60	80	120	400

1999 Bowman's Best Refractors

		NmMt 8	NmMt+ 8.5	MT 9	Gem 9.5/10
107	Daunte Culpepper	15	20	30	80
115	Edgerrin James	15	20	30	80
118	Donovan McNabb	40	50	60	150
120	Torry Holt	15	20	30	80

1999 E-X Century

		NmMt 8	NmMt+ 8.5	MT 9	Gem 9.5/10
64	Donovan McNabb RC	12	15	25	80

1999 Finest Refractors

		NmMt 8	NmMt+ 8.5	MT 9	Gem 9.5/10
151	Daunte Culpepper	8	10	20	40
152	Edgerrin James	10	12	25	40
166	Donovan McNabb	15	20	60	100

1999 Metal Universe

		NmMt 8	NmMt+ 8.5	MT 9	Gem 9.5/10
213	Donovan McNabb	8	10	15	50

1999 Playoff Contenders SSD

		NmMt 8	NmMt+ 8.5	MT 9	Gem 9.5/10
146	Kurt Warner AU/1825* RC	500	600	800	1,800
152	R.Williams AU/725* RC	35	40	250	400
154	E.James AU/525* RC	30	35	60	200
158	Champ Bailey AU/1725* RC	35	40	▼125	400

1999 SP Authentic

		NmMt 8	NmMt+ 8.5	MT 9	Gem 9.5/10
91	Ricky Williams RC	20	25	40	80
111	Champ Bailey RC	80	100	200	400

1999 SP Authentic Excitement

		NmMt 8	NmMt+ 8.5	MT 9	Gem 9.5/10
91	Ricky Williams	25	30	60	100
94	Edgerrin James	20	25	50	100
95	Donovan McNabb	100	120	200	400
96	Torry Holt	25	30	60	125

1999 SPx

		NmMt 8	NmMt+ 8.5	MT 9	Gem 9.5/10
117	Champ Bailey AU RC	30	40	60	
135	Ricky Williams AU/500 RC	50	60	80	150

1999 Stadium Club

		NmMt 8	NmMt+ 8.5	MT 9	Gem 9.5/10
165	Donovan McNabb RC	10	12	25	50
166	Torry Holt RC	8	10	20	40

1999 Stadium Club Chrome

		NmMt 8	NmMt+ 8.5	MT 9	Gem 9.5/10
133	Donovan McNabb RC	12	15	30	60
134	Torry Holt RC	10	12	25	50

1999 Topps

		NmMt 8	NmMt+ 8.5	MT 9	Gem 9.5/10
341	Donovan McNabb RC	12	15	30	60
343	Torry Holt RC	10	12	25	50

1999 Topps Collection

		NmMt 8	NmMt+ 8.5	MT 9	Gem 9.5/10
330	Daunte Culpepper	8	10	20	60
339	Edgerrin James	8	10	20	60
341	Donovan McNabb	10	12	25	80
343	Torry Holt	8	10	20	60

1999 Topps Chrome

		NmMt 8	NmMt+ 8.5	MT 9	Gem 9.5/10
147	Donovan McNabb RC	15	20	25	80
149	Torry Holt RC	12	15	25	40

1999 Topps Chrome Refractors

		NmMt 8	NmMt+ 8.5	MT 9	Gem 9.5/10
135	Ricky Williams	12	15	25	40
145	Edgerrin James	40	50	100	300
147	Donovan McNabb	30	40	60	250

1999 Topps Gold Label Class 1

		NmMt 8	NmMt+ 8.5	MT 9	Gem 9.5/10
71	Torry Holt RC	8	10	15	40
75	Donovan McNabb RC	10	12	20	50

1999 UD Ionix

		NmMt 8	NmMt+ 8.5	MT 9	Gem 9.5/10
65	Donovan McNabb RC	10	12	15	40

1999 Ultra

		NmMt 8	NmMt+ 8.5	MT 9	Gem 9.5/10
265	Torry Holt RC	12	15	30	
266	Donovan McNabb RC	15	20	40	

1999 Upper Deck

		NmMt 8	NmMt+ 8.5	MT 9	Gem 9.5/10
235	Donovan McNabb RC	12	15	25	50
248	Torry Holt RC	12	15	30	60

1999 Upper Deck Encore

		NmMt 8	NmMt+ 8.5	MT 9	Gem 9.5/10
139	Kurt Warner RC	10	12	30	60
190	Donovan McNabb RC	15	20	60	150

1999 Upper Deck MVP

		NmMt 8	NmMt+ 8.5	MT 9	Gem 9.5/10
220	Donovan McNabb RC	8	10	15	50

1999 Upper Deck Retro

		NmMt 8	NmMt+ 8.5	MT 9	Gem 9.5/10
117	Donovan McNabb RC	8	10	15	30

2000 Absolute Coaches Honors

		NmMt 8	NmMt+ 8.5	MT 9	Gem 9.5/10
195	Tom Brady	175	600	700	

2000 Aurora

		NmMt 8	NmMt+ 8.5	MT 9	Gem 9.5/10
84	Tom Brady RC	▼125	▼150	▼200	600

2000 Black Diamond

	NmMt 8	NmMt+ 8.5	MT 9	Gem 9.5/10
126 Tom Brady RC	800	1,000	1,200	▼1,500
166 Brian Urlacher JSY RC	30	40	60	120

2000 Bowman

	NmMt 8	NmMt+ 8.5	MT 9	Gem 9.5/10
177 Shaun Alexander RC	6	8	10	15
178 Brian Urlacher RC	8	10	15	50
236 Tom Brady RC	800	1,000	2,000	6,000

2000 Bowman Chrome

	NmMt 8	NmMt+ 8.5	MT 9	Gem 9.5/10
178 Brian Urlacher RC	15	20	60	100
236 Tom Brady RC	2,000	2,500	3,000	8,000

2000 Collector's Edge Supreme

	NmMt 8	NmMt+ 8.5	MT 9	Gem 9.5/10
176 Tom Brady RC	600	800	1,000	2,000
190 Brian Urlacher RC	20	25	30	60

2000 Crown Royale

	NmMt 8	NmMt+ 8.5	MT 9	Gem 9.5/10
110 Tom Brady RC	400	500	600	800

2000 Crown Royale Retail

	NmMt 8	NmMt+ 8.5	MT 9	Gem 9.5/10
110 Tom Brady RC	500	600	1,000	1,200

2000 Crown Royale Rookie Autographs

	NmMt 8	NmMt+ 8.5	MT 9	Gem 9.5/10
110 Tom Brady	2,500	3,000	4,000	5,000

2000 Crown Royale Rookie Royalty

	NmMt 8	NmMt+ 8.5	MT 9	Gem 9.5/10
2 Tom Brady	200	250	500	1,000

2000 Donruss

	NmMt 8	NmMt+ 8.5	MT 9	Gem 9.5/10
230 Tom Brady RC	1,800	2,000	2,500	3,000

2000 Donruss Elite

	NmMt 8	NmMt+ 8.5	MT 9	Gem 9.5/10
183 Tom Brady RC	▲600	800	1,200	2,000

2000 E-X

	NmMt 8	NmMt+ 8.5	MT 9	Gem 9.5/10
122 Tom Brady RC	2,500	3,000	4,000	6,000
140 Brian Urlacher RC	25	30	60	120

2000 Finest

	NmMt 8	NmMt+ 8.5	MT 9	Gem 9.5/10
151 Brian Urlacher RC	25	30	40	80

2000 Fleer Mystique

	NmMt 8	NmMt+ 8.5	MT 9	Gem 9.5/10
103 Tom Brady RC	600	800	1,000	1,500

2000 Fleer Tradition

	NmMt 8	NmMt+ 8.5	MT 9	Gem 9.5/10
309 Brian Urlacher RC	8	10	20	
352 T.Brady RC/Stachelski RC	200	250	300	1,200

2000 Fleer Tradition Glossy

	NmMt 8	NmMt+ 8.5	MT 9	Gem 9.5/10
352 Tom Brady/Stachelski	40	60	80	500

2000 Impact

	NmMt 8	NmMt+ 8.5	MT 9	Gem 9.5/10
27 Tom Brady RC	200	250	300	▲1,200

2000 Leaf Certified

	NmMt 8	NmMt+ 8.5	MT 9	Gem 9.5/10
157 Brian Urlacher RC	15	20	30	50
207 Tom Brady RC	▲1,000	▲1,200	2,000	6,500

2000 Leaf Certified Mirror Red

	NmMt 8	NmMt+ 8.5	MT 9	Gem 9.5/10
207 Tom Brady	3,000	4,000	5,000	6,000

2000 Leaf Certified Rookie Die Cuts

	NmMt 8	NmMt+ 8.5	MT 9	Gem 9.5/10
207 Tom Brady	5,000	6,000	8,000	

2000 Metal

	NmMt 8	NmMt+ 8.5	MT 9	Gem 9.5/10
267 Tom Brady RC	600	800	1,000	▼1,500

2000 Metal Emerald

	NmMt 8	NmMt+ 8.5	MT 9	Gem 9.5/10
267 Tom Brady UER 442 completions, not 441	3,000	4,000	10,000	

2000 Pacific

	NmMt 8	NmMt+ 8.5	MT 9	Gem 9.5/10
403 Tom Brady RC	125	150	200	600

2000 Pacific Autographs

	NmMt 8	NmMt+ 8.5	MT 9	Gem 9.5/10
403 Tom Brady/200*	1,000	2,000	3,000	8,000

2000 Pacific Omega

	NmMt 8	NmMt+ 8.5	MT 9	Gem 9.5/10
191 Tom Brady RC	1,200	1,500	2,000	8,000

2000 Pacific Prism Prospects

	NmMt 8	NmMt+ 8.5	MT 9	Gem 9.5/10
156 Tom Brady RC	1,000	1,200	2,000	

2000 Paramount

	NmMt 8	NmMt+ 8.5	MT 9	Gem 9.5/10
138 Tom Brady RC	150	▲400	▲500	600

2000 Paramount Draft Picks 325

	NmMt 8	NmMt+ 8.5	MT 9	Gem 9.5/10
138 Tom Brady	300	400	500	1,000

2000 Playoff Contenders

	NmMt 8	NmMt+ 8.5	MT 9	Gem 9.5/10
103 Brian Urlacher AU RC	150	▲400	▲500	
144 Tom Brady AU RC	20,000	22,000	25,000	60,000

2000 Playoff Contenders Round Numbers Autographs

	NmMt 8	NmMt+ 8.5	MT 9	Gem 9.5/10
11 M.Bulger/T.Brady	5,000	8,000	15,000	

2000 Playoff Momentum

	NmMt 8	NmMt+ 8.5	MT 9	Gem 9.5/10
180 Tom Brady RC	▼2,000	▼2,500	4,000	6,000

2000 Playoff Prestige

	NmMt 8	NmMt+ 8.5	MT 9	Gem 9.5/10
286 Tom Brady RC	500	600	1,000	1,200

2000 Press Pass Gold Zone

	NmMt 8	NmMt+ 8.5	MT 9	Gem 9.5/10
37 Tom Brady	60	80	125	300

2000 Press Pass Autographs

	NmMt 8	NmMt+ 8.5	MT 9	Gem 9.5/10
3 Tom Brady	3,000	3,500	4,000	12,000

2000 Private Stock

	NmMt 8	NmMt+ 8.5	MT 9	Gem 9.5/10
128 Tom Brady RC	400	600	1,500	2,000

2000 Private Stock Retail

	NmMt 8	NmMt+ 8.5	MT 9	Gem 9.5/10
128 Tom Brady RC	600	800	1,000	1,200

2000 Private Stock Premiere Date

	NmMt 8	NmMt+ 8.5	MT 9	Gem 9.5/10
128 Tom Brady	350	400	500	800

2000 Quantum Leaf

	NmMt 8	NmMt+ 8.5	MT 9	Gem 9.5/10
343 Tom Brady RC	250	300	500	4,000

2000 Revolution

	NmMt 8	NmMt+ 8.5	MT 9	Gem 9.5/10
128 Tom Brady RC	4,000	5,000	6,000	12,000

2000 Revolution First Look

	NmMt 8	NmMt+ 8.5	MT 9	Gem 9.5/10
22 Tom Brady	500	600	800	

2000 Score

	NmMt 8	NmMt+ 8.5	MT 9	Gem 9.5/10
288 Brian Urlacher RC	8	10	15	25
316 Tom Brady RC	250	300	600	3,500

2000 Score Scorecard

	NmMt 8	NmMt+ 8.5	MT 9	Gem 9.5/10
316 Tom Brady	300	400	500	

2000 SkyBox Dominion

	NmMt 8	NmMt+ 8.5	MT 9	Gem 9.5/10
234 T.Brady RC/Carmazzi RC	▼100	150	200	▼250

2000 SkyBox Dominion Extra

	NmMt 8	NmMt+ 8.5	MT 9	Gem 9.5/10
234 G.Carmazzi/T.Brady			100	350

2000 SP Authentic

	NmMt 8	NmMt+ 8.5	MT 9	Gem 9.5/10
118 Tom Brady RC	5,000	6,000	8,000	15,000
122 Brian Urlacher RC	250	300	500	600
140 Shaun Alexander RC	50	60	150	400

2000 SPx

	NmMt 8	NmMt+ 8.5	MT 9	Gem 9.5/10
130 Tom Brady RC	2,500	3,000	4,000	6,000
134 Brian Urlacher JSY AU RC	125	150	225	

2000 Topps

	NmMt 8	NmMt+ 8.5	MT 9	Gem 9.5/10
383 Brian Urlacher RC	25	30	40	125

2000 Topps Chrome

	NmMt 8	NmMt+ 8.5	MT 9	Gem 9.5/10
241 Shaun Alexander RC	30	50	125	150
253 Brian Urlacher RC	50	150	250	300

2000 UD Graded

	NmMt 8	NmMt+ 8.5	MT 9	Gem 9.5/10
104 Tom Brady RC	2,000	2,500	3,000	4,000
111 Brian Urlacher RC	25	30	40	50
157 Shaun Alexander AU RC	35	40	60	100

2000 UD Ionix

	NmMt 8	NmMt+ 8.5	MT 9	Gem 9.5/10
77 Tom Brady RC	500	600	1,000	1,200

2000 Ultimate Victory

	NmMt 8	NmMt+ 8.5	MT 9	Gem 9.5/10
146 Tom Brady RC	800	1,200	2,000	2,500

2000 Ultimate Victory Parallel

	NmMt 8	NmMt+ 8.5	MT 9	Gem 9.5/10
146 Tom Brady	2,000	2,500	6,000	

2000 Upper Deck Encore

	NmMt 8	NmMt+ 8.5	MT 9	Gem 9.5/10
254 Tom Brady RC	400	500	800	▲2,500

2000 Upper Deck Gold Reserve

		NmMt 8	NmMt+ 8.5	MT 9	Gem 9.5/10
215	Tom Brady RC	1,000	1,500	2,000	4,000

2000 Upper Deck MVP

		NmMt 8	NmMt+ 8.5	MT 9	Gem 9.5/10
192	Brian Urlacher RC	10	12	20	30

2000 Upper Deck Pros and Prospects

		NmMt 8	NmMt+ 8.5	MT 9	Gem 9.5/10
93	Brian Urlacher RC	30	40	60	100
124	Tom Brady RC	800	1,000	1,500	2,500

2000 Upper Deck Victory

		NmMt 8	NmMt+ 8.5	MT 9	Gem 9.5/10
326	Tom Brady RC	250	400	500	1,200

2000 Upper Deck Vintage Previews

		NmMt 8	NmMt+ 8.5	MT 9	Gem 9.5/10
14	T.Brady/J.R.Redmond	300	400	1,000	

2000 Vanguard

		NmMt 8	NmMt+ 8.5	MT 9	Gem 9.5/10
139	Tom Brady RC	▲800	▲1,000	▲1,200	1,500

2001 Bowman

		NmMt 8	NmMt+ 8.5	MT 9	Gem 9.5/10
164	Drew Brees RC	25	40	200	
200	Michael Vick RC	15	20	60	
210	LaDainian Tomlinson RC	15	20	50	

2001 Bowman Chrome

		NmMt 8	NmMt+ 8.5	MT 9	Gem 9.5/10
144	Drew Brees RC	400	500	600	1,500
180	Michael Vick RC	100	125	150	250
190	LaDainian Tomlinson RC	40	50	100	200

2001 Bowman Chrome Gold Refractors

		NmMt 8	NmMt+ 8.5	MT 9	Gem 9.5/10
144	Drew Brees	2,500	2,800	8,000	10,000
190	LaDainian Tomlinson	200	225	400	500

2001 Bowman Chrome Xfractors

		NmMt 8	NmMt+ 8.5	MT 9	Gem 9.5/10
144	Drew Brees	1,200	1,500	2,500	4,000
190	LaDainian Tomlinson	125	150	250	300

2001 Bowman Chrome Autographs

		NmMt 8	NmMt+ 8.5	MT 9	Gem 9.5/10
BCDB	Drew Brees	800	1,500	3,000	4,000
BCLT	LaDainian Tomlinson		▲2,000	▲2,500	▲3,000

2001 Crown Royale

		NmMt 8	NmMt+ 8.5	MT 9	Gem 9.5/10
146	Michael Vick AU/250 RC	80	120	100	
150	Drew Brees AU/250 RC	500	600	800	1,500

2001 Crown Royale Crown Rookies

		NmMt 8	NmMt+ 8.5	MT 9	Gem 9.5/10
2	Drew Brees	12	30	50	60

2001 Donruss Elite

		NmMt 8	NmMt+ 8.5	MT 9	Gem 9.5/10
101	Michael Vick RC	15	25	50	
102	Drew Brees RC	150	250	400	500
114	LaDainian Tomlinson RC	25	30	60	

2001 eTopps

		NmMt 8	NmMt+ 8.5	MT 9	Gem 9.5/10
125	Drew Brees/1290	25	80	200	250
140	Michael Vick/5721	20	30	80	100
143	LaDainian Tomlinson/1536	20	25	30	40

2001 E-X

		NmMt 8	NmMt+ 8.5	MT 9	Gem 9.5/10
133	L.Tomlinson/1000 RC	30	40	50	125
136	Michael Vick/1000 RC	30	40	50	125

2001 Finest

		NmMt 8	NmMt+ 8.5	MT 9	Gem 9.5/10
127	Drew Brees RC	200	250	300	500
132	LaDainian Tomlinson RC	100	125	200	300
134	Michael Vick RC	30	40	200	250
136	Reggie Wayne RC	15	20	40	80

2001 Fleer Authority

		NmMt 8	NmMt+ 8.5	MT 9	Gem 9.5/10
101	Michael Vick RC	12	15	25	40
102	Drew Brees RC	30	50	80	400
113	LaDainian Tomlinson RC	12	15	25	40

2001 Fleer Legacy Rookie Postmarks Autographs

		NmMt 8	NmMt+ 8.5	MT 9	Gem 9.5/10
91	Michael Vick	200	250	300	450

2001 Leaf Rookies and Stars Rookie Autographs

		NmMt 8	NmMt+ 8.5	MT 9	Gem 9.5/10
202	Drew Brees	175	200	350	

2001 Pacific Dynagon

		NmMt 8	NmMt+ 8.5	MT 9	Gem 9.5/10
102	Drew Brees AU RC	400	500	1,000	
108	LaDainian Tomlinson AU RC	80	100	150	

2001 Pacific Dynagon Retail

		NmMt 8	NmMt+ 8.5	MT 9	Gem 9.5/10
102	Drew Brees RC	25	30	40	100
108	LaDainian Tomlinson RC	10	12	20	30

2001 Playoff Contenders

		NmMt 8	NmMt+ 8.5	MT 9	Gem 9.5/10
124	Drew Brees AU/500* RC	2,500	3,000	6,000	15,000
150	L.Tomlinson AU/600* RC	500	600	1,200	1,500
157	Michael Vick AU/327* RC	175	400	500	700
166	Reggie Wayne AU/400* RC	125	150	200	1,200
190	Steve Smith AU/300* RC	120	150	300	450

2001 Quantum Leaf

		NmMt 8	NmMt+ 8.5	MT 9	Gem 9.5/10
201	Michael Vick RC	10	12	20	30
202	Drew Brees RC	30	40	50	100
210	LaDainian Tomlinson RC	8	10	15	25

2001 SP Authentic

		NmMt 8	NmMt+ 8.5	MT 9	Gem 9.5/10
91	Michael Vick JSY AU RC	400	500	1,200	1,500
101	Drew Brees JSY RC	250	300	400	1,200
120	L.Tomlinson JSY/500 RC	150	200	250	500
146	Steve Smith AU RC	60	100	150	200

2001 SP Authentic Sign of the Times

		NmMt 8	NmMt+ 8.5	MT 9	Gem 9.5/10
DBR	Drew Brees	250	300	400	▲800

2001 SP Game Used Edition

		NmMt 8	NmMt+ 8.5	MT 9	Gem 9.5/10
91	Michael Vick JSY RC	40	50	60	80
93	Drew Brees JSY RC	60	100	125	200
96	LaDainian Tomlinson JSY RC	50	60	120	200

2001 SPx

		NmMt 8	NmMt+ 8.5	MT 9	Gem 9.5/10
95B	M.Vick JSY AU/250 RC	80	100	175	300
95G	M.Vick JSY AU/250 RC	80	100	175	300
101B	D.Brees JSY AU/250 RC	275	300	400	600
101G	D.Brees JSY AU/250 RC	275	300	400	600
122B	L.Tomlinson JSY/250 RC	50	60	100	
122G	L.Tomlinson JSY/250 RC	50	60	100	

2001 Topps

		NmMt 8	NmMt+ 8.5	MT 9	Gem 9.5/10
328	Drew Brees RC	50	60	100	▲400
350	LaDainian Tomlinson RC	20	25	50	▲150

2001 Topps Rookie Premier Autographs

		NmMt 8	NmMt+ 8.5	MT 9	Gem 9.5/10
RPDB	Drew Brees	350	400	500	
RPMV	Michael Vick	350	400	600	

2001 Topps Chrome Refractors

		NmMt 8	NmMt+ 8.5	MT 9	Gem 9.5/10
221	LaDainian Tomlinson	125	300	500	1,200
229	Drew Brees	1,500	2,500	4,000	
262	Michael Vick	60	80	200	

2001 Topps Debut

		NmMt 8	NmMt+ 8.5	MT 9	Gem 9.5/10
101	Drew Brees AU RC	200	300	500	1,200
103	LaDainian Tomlinson AU RC	80	100	200	400
108	Michael Vick AU RC	40	80	150	200

2001 Topps Gallery

		NmMt 8	NmMt+ 8.5	MT 9	Gem 9.5/10
101	Michael Vick RC	10	12	15	30
103	LaDainian Tomlinson RC	10	12	15	30
115	Drew Brees RC	25	30	50	150

2001 Topps Heritage

		NmMt 8	NmMt+ 8.5	MT 9	Gem 9.5/10
116	Drew Brees RC	100	125	150	600
133	Michael Vick RC	25	30	40	60
136	LaDainian Tomlinson RC	25	30	80	100

2001 UD Game Gear

		NmMt 8	NmMt+ 8.5	MT 9	Gem 9.5/10
107	Drew Brees RC	60	80	100	400
108	LaDainian Tomlinson RC	25	30	50	100

2001 UD Graded

		NmMt 8	NmMt+ 8.5	MT 9	Gem 9.5/10
47	Drew Brees Action RC	35	40	100	300
47P	Drew Brees Portrait RC	35	40	100	300
53	L.Tomlinson Action RC	20	25	50	80
53P	L.Tomlinson Portrait RC	20	25	50	80
54	Michael Vick Action RC	15	20	40	80
54P	Michael Vick Portrait RC	15	20	40	80
56	Reggie Wayne Action RC	12	15	25	50
56P	Reggie Wayne Portrait RC	12	15	25	50

2001 Upper Deck

		NmMt 8	NmMt+ 8.5	MT 9	Gem 9.5/10
206	Drew Brees RC	40	50	▼60	200
230	LaDainian Tomlinson RC	20	25	40	▲150
239	Michael Vick RC	20	25	40	60

2001 UD Graded Rookie Autographs

		NmMt 8	NmMt+ 8.5	MT 9	Gem 9.5/10
47	Drew Brees	300	500	800	1,500
53	LaDainian Tomlinson	60	100	200	250
54	Michael Vick	40	125	150	300

2001 Upper Deck MVP

		NmMt 8	NmMt+ 8.5	MT 9	Gem 9.5/10
283	Michael Vick RC	10	12	20	30
287	Drew Brees RC	20	25	40	125
294	LaDainian Tomlinson RC	12	15	20	25

2001 Upper Deck Top Tier

		NmMt 8	NmMt+ 8.5	MT 9	Gem 9.5/10
184	Michael Vick/1500 RC	20	25	40	60
227	L.Tomlinson/1500 RC	20	25	40	60

2001 Upper Deck Victory

		NmMt 8	NmMt+ 8.5	MT 9	Gem 9.5/10
74	Michael Vick RC	10	12	15	25
15	Drew Brees RC	25	30	50	100
16	LaDainian Tomlinson RC	10	12	25	80

2001 Upper Deck Vintage

		NmMt 8	NmMt+ 8.5	MT 9	Gem 9.5/10
04	Michael Vick RC	8	10	20	35
51	Drew Brees RC	25	40	60	125
52	LaDainian Tomlinson RC	10	20	25	50

2002 Bowman Chrome

		NmMt 8	NmMt+ 8.5	MT 9	Gem 9.5/10
9	Tom Brady	25	40	80	300
23	Brian Westbrook AU C RC	15	25	40	60
27	Dwight Freeney AU D RC	40	50	100	400
30	Ed Reed AU A RC	200	250	400	

2002 Finest

		NmMt 8	NmMt+ 8.5	MT 9	Gem 9.5/10
7	Julius Peppers RC	8	10	15	50
2	Dwight Freeney RC	8	10	12	20
02	Brian Westbrook RC	10	12	20	40
09	Ed Reed RC	12	15	30	100

2002 Finest Refractors

		NmMt 8	NmMt+ 8.5	MT 9	Gem 9.5/10
7	Jeremy Shockey	12	15	25	50
22	Clinton Portis AU	40	50	100	200

2002 Playoff Contenders

		NmMt 8	NmMt+ 8.5	MT 9	Gem 9.5/10
28	Dwight Freeney AU/410 RC	50	60	150	
29	Ed Reed AU/550 RC	80	100	600	

2002 SP Authentic

		NmMt 8	NmMt+ 8.5	MT 9	Gem 9.5/10
	Tom Brady	50	60	80	100
57	Brian Westbrook RC	25	30	40	60
95	Ed Reed AU RC	50	100	250	500

2002 SPx

		NmMt 8	NmMt+ 8.5	MT 9	Gem 9.5/10
9	Ed Reed RC	15	20	30	50

2002 Topps Chrome

		NmMt 8	NmMt+ 8.5	MT 9	Gem 9.5/10
00	Tom Brady	400	500	800	1,000
08	Ed Reed RC	25	30	200	500
14	Julius Peppers RC	80	100	200	800

2002 Topps Pristine

		NmMt 8	NmMt+ 8.5	MT 9	Gem 9.5/10
5	Tom Brady		80	100	250

2002 Upper Deck

		NmMt 8	NmMt+ 8.5	MT 9	Gem 9.5/10
45	Clinton Portis RC	15	20	25	50

2003 Bowman

		NmMt 8	NmMt+ 8.5	MT 9	Gem 9.5/10
11	Carson Palmer RC	8	10	20	
71	Tony Romo RC	30	50	60	125
57	Troy Polamalu RC	40	50	60	80

2003 Bowman Chrome

		NmMt 8	NmMt+ 8.5	MT 9	Gem 9.5/10
44	Tony Romo RC	50	60	80	250
80	Rex Grossman RC	8	10	15	30
95	Andre Johnson RC	10	12	30	50
06	Willis McGahee RC	8	10	15	30
30	Jason Witten AU D RC	80	100	150	400
35	Larry Johnson AU B RC	35	40	80	
37	Carson Palmer AU A RC	40	50	60	

2003 Bowman Chrome Refractors

		NmMt 8	NmMt+ 8.5	MT 9	Gem 9.5/10
144	Tony Romo	80	100	500	800
195	Andre Johnson	20	25	40	80

2003 Finest

		NmMt 8	NmMt+ 8.5	MT 9	Gem 9.5/10
61	Troy Polamalu RC	30	40	80	150
119	Carson Palmer AU/399 RC	40	50	60	
127	Willis McGahee AU/399 RC	25	30	50	
139	Jason Witten AU RC	60	80	125	

2003 Leaf Limited

		NmMt 8	NmMt+ 8.5	MT 9	Gem 9.5/10
123	Tony Romo RC	40	50	100	250
145	Andre Johnson AU RC	60	80	120	

2003 Leaf Rookies and Stars

		NmMt 8	NmMt+ 8.5	MT 9	Gem 9.5/10
205	Tony Romo RC	40	50	80	125

2003 Playoff Contenders

		NmMt 8	NmMt+ 8.5	MT 9	Gem 9.5/10
141	Andre Johnson AU/199 RC	▲400	▲500	▲600	▲800
156	Tony Romo AU/999 RC	120	150	200	400
190	Troy Polamalu AU/989 RC	500	600	800	1,200

2003 Score

		NmMt 8	NmMt+ 8.5	MT 9	Gem 9.5/10
276	Carson Palmer RC	10	12	20	40

2003 SP Authentic

		NmMt 8	NmMt+ 8.5	MT 9	Gem 9.5/10
120	Troy Polamalu RC	250	300	400	500
199	Jason Witten RC	60	80	100	300
217	Tony Romo AU RC	225	250	300	500
244	Willis McGahee JSY RC	15	20	35	60
270	Carson Palmer JSY AU RC	30	100	150	

2003 SP Game Used Edition

		NmMt 8	NmMt+ 8.5	MT 9	Gem 9.5/10
91	Carson Palmer RC	20	25	40	60
111	Willis McGahee RC	12	15	25	40

2003 SP Signature

		NmMt 8	NmMt+ 8.5	MT 9	Gem 9.5/10
106	Tony Romo RC	50	60	80	125

2003 SPx

		NmMt 8	NmMt+ 8.5	MT 9	Gem 9.5/10
114	Tony Romo RC	35	40	100	125
184	Troy Polamalu RC	40	50	80	100
202	A.Johnson JSY AU/250 RC	150	175	250	350
207	B.Leftwich JSY AU/250 RC	25	30	50	60
208	McGahee JSY AU/450 RC	25	30	40	50
210	C.Palmer JSY AU/250 RC	40	50	80	120

2003 Topps

		NmMt 8	NmMt+ 8.5	MT 9	Gem 9.5/10
311	Carson Palmer RC	8	10	20	35

2003 Topps Chrome

		NmMt 8	NmMt+ 8.5	MT 9	Gem 9.5/10
124	Tom Brady	100	150	200	800
215	Willis McGahee RC	8	10	20	30
235	Andre Johnson RC	▲100	▲125	▲150	300
274	Troy Polamalu RC	250	300	400	500

2003 Topps Pristine

		NmMt 8	NmMt+ 8.5	MT 9	Gem 9.5/10
75	Carson Palmer C RC	10	12	20	35
76	Carson Palmer U	12	15	25	40
77	Carson Palmer R	15	20	30	50

2003 Topps Pristine Refractors

		NmMt 8	NmMt+ 8.5	MT 9	Gem 9.5/10
75	Carson Palmer C	12	15	25	40
76	Carson Palmer U	15	20	30	50
77	Carson Palmer R	35	40	60	100
111	Larry Johnson C	20	25	40	60
112	Larry Johnson U	25	30	50	80
113	Larry Johnson R	12	15	25	40

2003 Ultimate Collection

		NmMt 8	NmMt+ 8.5	MT 9	Gem 9.5/10
58	Tony Romo/750 RC	35	40	60	100
85	Carson Palmer AU/250 RC	100	120	150	250
95	Willis McGahee AU/250 RC	35	40	60	100
105	Andre Johnson/750 RC	15	20	40	100

2003 Ultra

		NmMt 8	NmMt+ 8.5	MT 9	Gem 9.5/10
161	Carson Palmer RC	8	10	20	30
164	Andre Johnson RC	10	12	15	80
182	Tony Romo RC	30	60	80	125

2003 Upper Deck

		NmMt 8	NmMt+ 8.5	MT 9	Gem 9.5/10
241	Carson Palmer RC	15	20	30	50
251	Willis McGahee RC	10	12	20	30
253	Andre Johnson RC	15	20	30	50
256	Tony Romo RC	25	30	50	150

2004 Absolute Memorabilia

		NmMt 8	NmMt+ 8.5	MT 9	Gem 9.5/10
225	Eli Manning RPM RC	40	50	80	120
227	Ben Roethlisberger RPM RC	50	60	100	150

2004 Bazooka

		NmMt 8	NmMt+ 8.5	MT 9	Gem 9.5/10
200	Eli Manning RC	20	25	40	100
210	Ben Roethlisberger RC	15	15	20	▼80

2004 Bowman

		NmMt 8	NmMt+ 8.5	MT 9	Gem 9.5/10
111	Eli Manning RC	30	40	50	200
114	Ben Roethlisberger RC	40	50	60	▼125

2004 Bowman Chrome

		NmMt 8	NmMt+ 8.5	MT 9	Gem 9.5/10
106	Tom Brady	40	50	60	150
111	Roethlisberger AU/199 RC	800	1,000	1,200	2,000
118	Larry Fitzgerald RC	50	60	80	200
179	Wes Welker RC	15	20	30	60
223	Philip Rivers AU/199 RC	250	300	400	800
225	Eli Manning AU/199 RC	200	225	300	500

2004 Bowman Chrome Refractors

		NmMt 8	NmMt+ 8.5	MT 9	Gem 9.5/10
118	Larry Fitzgerald	150	200	250	1,000
179	Wes Welker	35	40	50	60

2004 Bowman Chrome Super Bowl XXXIX Unsigned Draft Picks

		NmMt 8	NmMt+ 8.5	MT 9	Gem 9.5/10
111	Ben Roethlisberger	60	80	100	150
225	Eli Manning	40	50	60	100

2004 eTopps

		NmMt 8	NmMt+ 8.5	MT 9	Gem 9.5/10
35	Ben Roethlisberger/2500	60	80	100	250
44	Eli Manning/3750	40	50	60	125

2004 E-X Rookie Die Cuts

		NmMt 8	NmMt+ 8.5	MT 9	Gem 9.5/10
41	Eli Manning No Ser.#	25	30	40	50
46	Ben Roethlisberger No Ser.#	35	40	50	60

2004 Finest

		NmMt 8	NmMt+ 8.5	MT 9	Gem 9.5/10
100	Larry Fitzgerald RC	20	25	30	100
108	Roethlisberger AU/399 RC	200	300	400	▲2,000
109	Philip Rivers AU/399 RC	125	150	200	400
110	Eli Manning AU/399 RC	125	150	▲600	▲800

2004 Finest Refractors

		NmMt 8	NmMt+ 8.5	MT 9	Gem 9.5/10
108	Ben Roethlisberger AU	250	300	400	500
109	Philip Rivers AU	80	100	200	400
110	Eli Manning AU	150	200	250	450

2004 Finest Gold Refractors

		NmMt 8	NmMt+ 8.5	MT 9	Gem 9.5/10
108	Ben Roethlisberger AU	350	400	600	1,500
110	Eli Manning AU	350	400	500	800

2004 Fleer Showcase

		NmMt 8	NmMt+ 8.5	MT 9	Gem 9.5/10
110	Eli Manning RC	25	30	40	60
113	Ben Roethlisberger RC	30	40	100	125

2004 Leaf Rookies and Stars

		NmMt 8	NmMt+ 8.5	MT 9	Gem 9.5/10
181	Willie Parker RC	6	8	12	20

2004 Playoff Contenders

		NmMt 8	NmMt+ 8.5	MT 9	Gem 9.5/10
106	Roethlisberger AU/541* RC	800	1,000	1,200	2,500
131	Eli Manning AU/372* RC	800	1,000	1,200	3,500
148	Kel.Winslow AU/135* RC	40	50	60	100
151	Larry Fitzgerald AU/50* RC	5,000	6,000	8,000	12,000
162	Philip Rivers AU/556* RC	150	200	250	400
168	Robert Gallery AU/310* RC	40	50	60	100
172	Sean Taylor/575* RC No Auto	100	120	150	600
174	Steven Jackson AU/333* RC	50	60	80	120
179	Vince Wilfork AU/315* RC	150	250	300	400
193	Wes Welker AU RC	50	60	100	120
196	Andy Reid AU/335* RC	150	200	250	400
198	Jeff Fisher AU/585* RC	30	40	50	80
199	Jon Gruden AU/585* RC	50	60	80	120

2004 Playoff Prestige

		NmMt 8	NmMt+ 8.5	MT 9	Gem 9.5/10
151	Eli Manning RC	12	15	20	50
159	Ben Roethlisberger RC	15	20	40	60
220	Mike Williams SP RC	15	20	50	100

2004 Score

		NmMt 8	NmMt+ 8.5	MT 9	Gem 9.5/10
371	Eli Manning RC	10	12	15	100
374	Philip Rivers RC	6	8	12	20
381	Ben Roethlisberger RC	25	30	40	60

2004 Score Glossy

		NmMt 8	NmMt+ 8.5	MT 9	Gem 9.5/10
371	Eli Manning	12	15	20	60
381	Ben Roethlisberger	20	20	25	200

2004 SP Authentic

		NmMt 8	NmMt+ 8.5	MT 9	Gem 9.5/10
135	Wes Welker RC	25	30	60	125
187	Matt Schaub JSY AU RC	175	200	250	350
213	Ben Roethlisberger JSY AU RC	1,200	1,500	2,000	
214	Philip Rivers JSY AU RC	400	500	1,000	
215	Larry Fitzgerald JSY AU RC	250	300	1,500	
216	Eli Manning JSY AU RC	600	1,000	1,200	

2004 SP Game Used Edition

		NmMt 8	NmMt+ 8.5	MT 9	Gem 9.5/10
171	Ben Roethlisberger RC	50	60	80	120
184	Eli Manning RC	50	60	80	150

2004 SPx

		NmMt 8	NmMt+ 8.5	MT 9	Gem 9.5/10
220	Roethlisberger JSY AU/375 RC	400	500	600	800
221	Eli Manning JSY AU/375 RC	150	175	250	500

2004 Topps

		NmMt 8	NmMt+ 8.5	MT 9	Gem 9.5/10
311	Ben Roethlisberger RC	50	60	80	200
350	Eli Manning RC	40	50	60	200
356	Matt Schaub RC	8	10	15	25
360	Larry Fitzgerald RC	30	50	60	100
375	Philip Rivers RC	8	10	15	25

2004 Topps Rookie Premiere Autographs

		NmMt 8	NmMt+ 8.5	MT 9	Gem 9.5/10
RPBR	Ben Roethlisberger	250	300	500	

2004 Topps Chrome

		NmMt 8	NmMt+ 8.5	MT 9	Gem 9.5/10
166	Ben Roethlisberger RC	60	80	125	600
205	Eli Manning RC	50	100	125	600
211	Matt Schaub RC				
215	Larry Fitzgerald RC	50	60	125	500
230	Philip Rivers RC	30	40	50	200

2004 Topps Chrome Gold Xfractors

		NmMt 8	NmMt+ 8.5	MT 9	Gem 9.5/10
166	Ben Roethlisberger	400	500	600	800
205	Eli Manning	200	250	300	500
230	Philip Rivers	250	300	400	1,600

2004 Topps Chrome Refractors

		NmMt 8	NmMt+ 8.5	MT 9	Gem 9.5/10
166	Ben Roethlisberger	150	200	800	1,000
205	Eli Manning	60	80	100	
230	Philip Rivers	60	80	300	350

2004 Topps Pristine

		NmMt 8	NmMt+ 8.5	MT 9	Gem 9.5/10
51	Ben Roethlisberger C RC	20	25	35	200
52	Ben Roethlisberger U	25	30	50	200
53	Ben Roethlisberger R	30	35	50	300
87	Eli Manning C RC	25	30	40	250
88	Eli Manning U	25	30	40	60
89	Eli Manning R	25	30	40	60
108	Larry Fitzgerald C RC	80	100	125	250
109	Larry Fitzgerald U	80	100	125	250
110	Larry Fitzgerald R	80	100	125	250
129	Philip Rivers C RC	15	20	25	50
130	Philip Rivers U	15	20	25	125
131	Philip Rivers R	15	20	25	50

2004 Topps Pristine Refractors

		NmMt 8	NmMt+ 8.5	MT 9	Gem 9.5/10
51	Ben Roethlisberger C	35	40	50	60
52	Ben Roethlisberger U	40	50	80	125
53	Ben Roethlisberger R	100	120	150	250
87	Eli Manning C	30	40	50	80
88	Eli Manning U	30	40	50	60
89	Eli Manning R	30	40	50	60

2004 Topps Signature

		NmMt 8	NmMt+ 8.5	MT 9	Gem 9.5/10
80	Philip Rivers AU/299 RC	80	150	300	500
90	Eli Manning AU/299 RC	300	400	500	▲1,000
93	Roethlisberger AU/299 RC	200	250	300	500

2004 Topps Total

		NmMt 8	NmMt+ 8.5	MT 9	Gem 9.5/10
331	Philip Rivers RC	8	10	15	30
350	Eli Manning RC	40	50	60	80
375	Ben Roethlisberger RC	12	15	25	50

2004 Ultimate Collection

		NmMt 8	NmMt+ 8.5	MT 9	Gem 9.5/10
124	Steven Jackson AU RC	50	60	80	100
127	Ben Roethlisberger AU RC	400	500	600	800
128	Philip Rivers AU RC	400	500	600	800
129	Larry Fitzgerald AU RC	400	500	600	1,500
130	Eli Manning AU RC	400	500	600	800

2004 Ultimate Collection Ultimate Signatures

		NmMt 8	NmMt+ 8.5	MT 9	Gem 9.5/10
USBR	Roethlisberger/100	225	250	400	800
USEM	E.Manning/100	175	200	250	350
USPR	Philip Rivers/275	80	100	200	250

2004 Upper Deck

		NmMt 8	NmMt+ 8.5	MT 9	Gem 9.5/10
201	Eli Manning RC	20	25	30	50
202	Larry Fitzgerald RC	12	15	25	40
204	Ben Roethlisberger RC	25	30	40	▲200
205	Philip Rivers RC	15	20	30	60

2004 Upper Deck Rookie Premiere

		NmMt 8	NmMt+ 8.5	MT 9	Gem 9.5/10
1	Eli Manning	8	10	15	50
2	Ben Roethlisberger	20	30	40	100
25	Matt Schaub	6	8	10	20

2005 Absolute Memorabilia

		NmMt 8	NmMt+ 8.5	MT 9	Gem 9.5/10
180	Aaron Rodgers RC	100	125	150	300

2005 Bazooka

		NmMt 8	NmMt+ 8.5	MT 9	Gem 9.5/10
190	Aaron Rodgers RC	30	60	80	200

2005 Bowman

		NmMt 8	NmMt+ 8.5	MT 9	Gem 9.5/10
112	Aaron Rodgers RC	40	50	60	150
114	Alex Smith QB RC	8	10	15	25

2005 Bowman Chrome

		NmMt 8	NmMt+ 8.5	MT 9	Gem 9.5/10
8	Tom Brady	30	40	60	300
221	Aaron Rodgers AU/199 RC	4,000	4,500	8,000	10,000
252	Ryan Fitzpatrick AU F RC	25	30	50	200
259	Frank Gore AU B RC	150	200	250	300

2005 Donruss Classics

		NmMt 8	NmMt+ 8.5	MT 9	Gem 9.5/10
210	Aaron Rodgers RC	80	100	125	400

2005 Donruss Elite

		NmMt 8	NmMt+ 8.5	MT 9	Gem 9.5/10
101	Aaron Rodgers RC	100	200	400	

2005 Exquisite Collection

		NmMt 8	NmMt+ 8.5	MT 9	Gem 9.5/10
93	Frank Gore JSY AU RC	175	200	300	600
106	A.Rodgers JSY AU RC	2,000	2,200	2,800	6,000
114	R.Brown JSY AU/99 RC	250	300	500	800
117	C.Williams JSY AU/99 RC	100	125	200	300
118	A.Smith QB JSY AU/99 RC	300	350	450	

2005 Finest

		NmMt 8	NmMt+ 8.5	MT 9	Gem 9.5/10
121	Frank Gore RC	10	15	30	40
150	Marion Barber RC	10	12	15	25
151	Aaron Rodgers AU/299 RC	▼1,000	1,800	2,000	5,000
152	Alex Smith QB AU/299 RC	80	100	125	175

2005 Playoff Contenders

		NmMt 8	NmMt+ 8.5	MT 9	Gem 9.5/10
101	A.Rodgers AU/530* RC	2,500	3,000	4,000	6,000
106	Alex Smith QB AU/401* RC	80	100	125	250

2005

		NmMt 8	NmMt+ 8.5	MT 9	Gem 9.5/10
29	Darren Sproles AU/454* RC	25	30	50	100
33	DeMarcus Ware AU RC	35	40	125	400
39	Frank Gore AU RC	200	250	300	1,000

2005 Score

		NmMt 8	NmMt+ 8.5	MT 9	Gem 9.5/10
352	Aaron Rodgers RC	40	50	60	200

2005 Score Glossy

		NmMt 8	NmMt+ 8.5	MT 9	Gem 9.5/10
352	Aaron Rodgers	20	25	40	60

2005 SP Authentic

		NmMt 8	NmMt+ 8.5	MT 9	Gem 9.5/10
188	Marion Barber AU RC	12	15	25	50
190	Derek Anderson AU RC	12	15	25	40
219	DeMarcus Ware AU RC	60	80	100	400
224	Frank Gore JSY/899 AU RC	100	125	250	500
248	A.Smith QB JSY/299 AU RC	225	250	350	500
252	A.Rodgers JSY/99/AU RC	2,250	2,500	8,000	

2005 SPx

		NmMt 8	NmMt+ 8.5	MT 9	Gem 9.5/10
198B	Kyle Orton JSY AU RC	25	30	50	
200B	Frank Gore JSY AU RC	80	100	125	250
222	A.Smith QB JSY AU/250 RC	100	120	150	200
223	A.Rodgers JSY AU/250 RC	800	1,000	1,200	4,000

2005 Topps

		NmMt 8	NmMt+ 8.5	MT 9	Gem 9.5/10
431	Aaron Rodgers RC	80	100	125	250

2005 Topps Rookie Premiere Autographs

		NmMt 8	NmMt+ 8.5	MT 9	Gem 9.5/10
RPAS	Alex Smith QB	80	100	125	175

2005 Topps Chrome

		NmMt 8	NmMt+ 8.5	MT 9	Gem 9.5/10
171	Jason Campbell RC	8	10	15	25
177	Frank Gore RC	30	40	50	250
190	Aaron Rodgers RC	250	300	400	1,500
194	Alex Smith QB RC	12	20	50	60
223	Marion Barber RC				

2005 Topps Chrome Black Refractors

		NmMt 8	NmMt+ 8.5	MT 9	Gem 9.5/10
194	Alex Smith QB	60	80	100	150

2005 Topps Chrome Gold Xfractors

		NmMt 8	NmMt+ 8.5	MT 9	Gem 9.5/10
190	Aaron Rodgers AU	4,000	5,000	6,000	10,000
194	Alex Smith QB	40	50	60	100

2005 Topps Chrome Refractors

		NmMt 8	NmMt+ 8.5	MT 9	Gem 9.5/10
170	Ronnie Brown				
190	Aaron Rodgers	2,000	2,500	4,000	5,000
194	Alex Smith QB	25	30	40	50

2005 Topps Draft Picks and Prospects Chrome

		NmMt 8	NmMt+ 8.5	MT 9	Gem 9.5/10
152	Aaron Rodgers	30	40	60	125

2005 Topps Heritage

		NmMt 8	NmMt+ 8.5	MT 9	Gem 9.5/10
344A	Aaron Rodgers SP RC	25	30	50	80

2005 Ultimate Collection

		NmMt 8	NmMt+ 8.5	MT 9	Gem 9.5/10
216	Frank Gore AU RC	30	40	50	100
232	Jason Campbell AU/150 RC	50	60	100	150
241	Alex Smith QB AU/99 RC	125	135	150	250
242	Aaron Rodgers AU/99 RC	800	900	2,000	3,500

2005 Upper Deck

		NmMt 8	NmMt+ 8.5	MT 9	Gem 9.5/10
202	Aaron Rodgers RC	▼30	▼40	▼50	▼100

2005 Upper Deck Kickoff

		NmMt 8	NmMt+ 8.5	MT 9	Gem 9.5/10
91	Aaron Rodgers RC	30	40	50	200

2005 Upper Deck Legends

		NmMt 8	NmMt+ 8.5	MT 9	Gem 9.5/10
101	Aaron Rodgers RC	50	60	200	400

2005 Upper Deck Rookie Debut

		NmMt 8	NmMt+ 8.5	MT 9	Gem 9.5/10
126	Aaron Rodgers RC	25	30	40	125

2005 Upper Deck Rookie Materials

		NmMt 8	NmMt+ 8.5	MT 9	Gem 9.5/10
91	Aaron Rodgers RC		30	40	50

2005 Upper Deck Rookie Premiere

		NmMt 8	NmMt+ 8.5	MT 9	Gem 9.5/10
4	Cadillac Williams				
16	Aaron Rodgers	40	50	60	80

2005 Upper Deck Rookie Premiere Gold

		NmMt 8	NmMt+ 8.5	MT 9	Gem 9.5/10
16	Aaron Rodgers	25	30	40	100

2006 Bowman

		NmMt 8	NmMt+ 8.5	MT 9	Gem 9.5/10
112	Matt Leinart RC	8	8	12	25
114	Jay Cutler RC	8	10	15	30

2006 Bowman Chrome

		NmMt 8	NmMt+ 8.5	MT 9	Gem 9.5/10
222	Jay Cutler RC	10	12	25	40
224	Matt Leinart RC	8	10	20	30

2006 Bowman Chrome Blue Refractors

		NmMt 8	NmMt+ 8.5	MT 9	Gem 9.5/10
222	Jay Cutler	25	30	40	80
223	Reggie Bush	25	30	40	60

2006 Bowman Chrome Refractors

		NmMt 8	NmMt+ 8.5	MT 9	Gem 9.5/10
222	Jay Cutler	15	20	30	50
223	Reggie Bush	15	20	30	50

2006 Bowman Chrome Rookie Autographs

		NmMt 8	NmMt+ 8.5	MT 9	Gem 9.5/10
223	Reggie Bush/199	40	50	60	

2006 Bowman Sterling

		NmMt 8	NmMt+ 8.5	MT 9	Gem 9.5/10
DHE	Devin Hester AU RC	50	60	200	300
ML	Matt Leinart JSY RC	20	25	30	50

2006 Finest

		NmMt 8	NmMt+ 8.5	MT 9	Gem 9.5/10
152	Matt Leinart AU/199 RC	25	30	50	80
153	Vince Young AU/199 RC	25	30	50	80
154	Jay Cutler AU/199 RC	40	60	100	125

2006 Playoff Contenders

		NmMt 8	NmMt+ 8.5	MT 9	Gem 9.5/10
165	Devin Hester AU RC	125	150	200	500

2006 Playoff Prestige

		NmMt 8	NmMt+ 8.5	MT 9	Gem 9.5/10
198	Jay Cutler RC	8	10	15	
223	Matt Leinart RC	8	10	12	25
246	Vince Young RC	10	12	15	30

2006 Score

		NmMt 8	NmMt+ 8.5	MT 9	Gem 9.5/10
331	Matt Leinart RC	6	8	10	15
340	Vince Young RC	8	10	12	20
350A	Jay Cutler RC	6	8	10	15
350B	Jay Cutler fact set	6	8	10	15

2006 SP Authentic

		NmMt 8	NmMt+ 8.5	MT 9	Gem 9.5/10
226	Jay Cutler AU/99 RC	50	60	80	
247	M.Drew JSY/999 AU RC				
252	R.Bush JSY/299 AU RC	40	50	100	

2006 SPx

		NmMt 8	NmMt+ 8.5	MT 9	Gem 9.5/10
183	Vince Young JSY AU RC	25	30	40	60
184	S.Holmes JSY AU RC	25	30	50	80
186	Matt Leinart JSY AU RC	25	30	50	80
203	Maurice Drew JSY AU RC	25	30	40	50
208	Brandon Marshall JSY AU RC	20	25	40	60

2006 SPx Rookie Autographs Gold

		NmMt 8	NmMt+ 8.5	MT 9	Gem 9.5/10
159	Jay Cutler	80	100	125	200

2006 Topps

		NmMt 8	NmMt+ 8.5	MT 9	Gem 9.5/10
353	Vince Young RC	8	10	15	25
354	Matt Leinart RC	8	10	15	25
365	Jay Cutler RC	10	12	20	35

2006 Topps Chrome

		NmMt 8	NmMt+ 8.5	MT 9	Gem 9.5/10
14	Aaron Rodgers	20	30	40	50
223	Vince Young RC	8	10	20	30
224	Matt Leinart RC	8	10	20	30
229	Jay Cutler RC	10	12	25	40
252	Devin Hester RC	20	30	50	300

2006 Topps Chrome Black Refractors

		NmMt 8	NmMt+ 8.5	MT 9	Gem 9.5/10
221	Reggie Bush	25	30	40	60
229	Jay Cutler	25	30	40	60

2006 Topps Chrome Refractors

		NmMt 8	NmMt+ 8.5	MT 9	Gem 9.5/10
221	Reggie Bush	15	20	30	50
224	Matt Leinart	10	12	20	35
229	Jay Cutler	20	25	40	50
234	Vernon Davis	12	15	25	40
244	Santonio Holmes	10	12	20	35
247	Maurice Drew	15	20	30	40
263	Brandon Marshall	12	15	25	40
268	Joseph Addai	12	15	25	40

2006 Topps Chrome Rookie Autographs

		NmMt 8	NmMt+ 8.5	MT 9	Gem 9.5/10
221	Reggie Bush A				
263	Brandon Marshall D	15	20	25	40

2006 Topps Heritage

		NmMt 8	NmMt+ 8.5	MT 9	Gem 9.5/10
320	Vince Young SP RC	10	12	20	30

2006 Upper Deck

		NmMt 8	NmMt+ 8.5	MT 9	Gem 9.5/10
210	Jay Cutler RC	15	20	30	50
216	Matt Leinart RC	10	12	20	35
225	Vince Young RC	10	12	20	35

2007 Artifacts

		NmMt 8	NmMt+ 8.5	MT 9	Gem 9.5/10
152	Adrian Peterson RC	20	25	40	60

2007 Bowman

		NmMt 8	NmMt+ 8.5	MT 9	Gem 9.5/10
126	Adrian Peterson RC	15	20	25	30

2007 Bowman Chrome

		NmMt 8	NmMt+ 8.5	MT 9	Gem 9.5/10
BC65	Adrian Peterson RC	25	30	40	60
BC66	Marshawn Lynch RC	8	12	20	80
BC75	Calvin Johnson RC	20	30	50	80
BC171	Peyton Manning				

2007 Bowman Chrome Refractors

		NmMt 8	NmMt+ 8.5	MT 9	Gem 9.5/10
BC65	Adrian Peterson	50	80	150	300
BC66	Marshawn Lynch	10	12	15	25
BC75	Calvin Johnson	30	100	200	250

2007 Bowman Chrome Uncirculated Rookies

		NmMt 8	NmMt+ 8.5	MT 9	Gem 9.5/10
BC65	Adrian Peterson	25	30	60	100
BC75	Calvin Johnson	20	25	30	40

2007 Bowman Sterling

		NmMt 8	NmMt+ 8.5	MT 9	Gem 9.5/10
APE1	Adrian Peterson JSY RC	40	50	60	100
CJO1	Calvin Johnson JSY RC	20	25	35	80

2007 Donruss Elite

		NmMt 8	NmMt+ 8.5	MT 9	Gem 9.5/10
105	Adrian Peterson RC	40	50	80	
118	Calvin Johnson RC	25	30	50	

2007 Finest

		NmMt 8	NmMt+ 8.5	MT 9	Gem 9.5/10
112	Adrian Peterson RC	40	50	60	80
135	Calvin Johnson RC	25	30	40	100

2007 Finest Blue Refractors

		NmMt 8	NmMt+ 8.5	MT 9	Gem 9.5/10
102	Brady Quinn	12	15	25	40
112	Adrian Peterson	30	35	50	80

2007 Finest Refractors

		NmMt 8	NmMt+ 8.5	MT 9	Gem 9.5/10
112	Adrian Peterson	40	50	60	80
135	Calvin Johnson	15	20	35	60

2007 Finest Rookie Autographs

		NmMt 8	NmMt+ 8.5	MT 9	Gem 9.5/10
112	Adrian Peterson A	250	300	500	

2007 Playoff Contenders

		NmMt 8	NmMt+ 8.5	MT 9	Gem 9.5/10
104	A.Peterson AU/355* RC	250	300	400	600
123	C.Johnson AU/525* RC	300	400	500	800
138	Darrelle Revis AU/533* RC	80	100	120	200
168	Joe Thomas AU/129* RC	200	250	300	500
194	M.Lynch AU/533* RC	100	120	150	250
196	Mason Crosby AU RC	30	40	60	80
205	Patrick Willis AU/239* RC	80	100	120	200

2007 Playoff Prestige

		NmMt 8	NmMt+ 8.5	MT 9	Gem 9.5/10
155	Adrian Peterson RC	20	25	30	50

2007 Score

		NmMt 8	NmMt+ 8.5	MT 9	Gem 9.5/10
341	Adrian Peterson RC	8	10	15	25
351	Calvin Johnson RC	8	10	12	30

2007 SP Authentic

		NmMt 8	NmMt+ 8.5	MT 9	Gem 9.5/10
289	Adrian Peterson JSY AU RC	500	600		

2007 SP Chirography

		NmMt 8	NmMt+ 8.5	MT 9	Gem 9.5/10
101	Adrian Peterson AU/199 RC	125	150	200	300

2007 SPx

		NmMt 8	NmMt+ 8.5	MT 9	Gem 9.5/10
218	A.Peterson JSY AU/299 RC	250	300	400	
220	Ca.Johnson JSY AU/299 RC	100	120	250	

2007 Topps

		NmMt 8	NmMt+ 8.5	MT 9	Gem 9.5/10
301	Adrian Peterson RC	10	12	20	60
320	Calvin Johnson RC	8	10	15	25

2007 Topps Rookie Premiere Autographs

		NmMt 8	NmMt+ 8.5	MT 9	Gem 9.5/10
AP	Adrian Peterson	175	200	350	500

2007 Topps Chrome

		NmMt 8	NmMt+ 8.5	MT 9	Gem 9.5/10
TC6	Tom Brady	30	40	50	400
TC181	Adrian Peterson RC	40	50	100	200
TC200	Calvin Johnson RC	50	60	80	200

2007 Topps Chrome Blue Refractors

		NmMt 8	NmMt+ 8.5	MT 9	Gem 9.5/10
TC181	Adrian Peterson	50	60	100	150

2007 Topps Chrome Red Refractors Uncirculated

		NmMt 8	NmMt+ 8.5	MT 9	Gem 9.5/10
TC181	Adrian Peterson	125	150	175	250

2007 Topps Chrome Refractors

		NmMt 8	NmMt+ 8.5	MT 9	Gem 9.5/10
TC181	Adrian Peterson	100	125	250	400
TC200	Calvin Johnson	150	250	400	500

2007 Topps Chrome White Refractors

		NmMt 8	NmMt+ 8.5	MT 9	Gem 9.5/10
TC181	Adrian Peterson	60	80	100	150
TC200	Calvin Johnson	60	80	100	500

2007 Topps Chrome Xfractors

		NmMt 8	NmMt+ 8.5	MT 9	Gem 9.5/10
TC181	Adrian Peterson	50	60	80	135
TC200	Calvin Johnson	50	60	80	100

2007 Topps Draft Picks and Prospects

		NmMt 8	NmMt+ 8.5	MT 9	Gem 9.5/10
135	Adrian Peterson RC	10	12	15	25

2007 Topps Draft Picks and Prospects Chrome Black

		NmMt 8	NmMt+ 8.5	MT 9	Gem 9.5/10
132	Calvin Johnson	8	10	15	25
135	Adrian Peterson	12	15	20	30

2007 Topps Draft Picks and Prospects Chrome Bronze

		NmMt 8	NmMt+ 8.5	MT 9	Gem 9.5/10
135	Adrian Peterson	15	20	25	40

2007 Ultimate Collection

		NmMt 8	NmMt+ 8.5	MT 9	Gem 9.5/10
101	Adrian Peterson AU/99 RC	250	300	400	500
103	Calvin Johnson AU/99 RC	150	175	200	1,500

2007 Upper Deck

		NmMt 8	NmMt+ 8.5	MT 9	Gem 9.5/10
277	Calvin Johnson RC	12	15	25	40
279	Adrian Peterson RC	15	20	30	50

2007 Upper Deck Exclusive Edition Rookies

		NmMt 8	NmMt+ 8.5	MT 9	Gem 9.5/10
2/9	Adrian Peterson	8	10	15	25

2007 Upper Deck First Edition

		NmMt 8	NmMt+ 8.5	MT 9	Gem 9.5/10
104	Adrian Peterson RC	10	12	20	30

2007 Upper Deck Rookie Premiere

		NmMt 8	NmMt+ 8.5	MT 9	Gem 9.5/10
15	Calvin Johnson	8	10	12	25
21	Adrian Peterson	10	12	15	30

2008 Bowman Chrome

		NmMt 8	NmMt+ 8.5	MT 9	Gem 9.5/10
BC59	Matt Ryan RC	12	15	30	50
BC61	Joe Flacco RC	8	10	15	20

2008 Bowman Chrome Refractors

		NmMt 8	NmMt+ 8.5	MT 9	Gem 9.5/10
BC59	Matt Ryan	15	20	50	100
BC61	Joe Flacco	15	20	35	50
BC76	Chris Johnson	12	15	25	40

2008 Bowman Sterling Gold Rookie Autographs

		NmMt 8	NmMt+ 8.5	MT 9	Gem 9.5/10
156	Chris Johnson/400	12	15	25	50

2008 Bowman Sterling Rookie Blue Refractors

		NmMt 8	NmMt+ 8.5	MT 9	Gem 9.5/10
BS1	Matt Ryan	12	15	50	60
BS2	Joe Flacco	12	15	25	40
BS7	Chris Johnson	8	10	15	30

2008 Donruss Elite

		NmMt 8	NmMt+ 8.5	MT 9	Gem 9.5/10
101	Matt Ryan AU/199 RC	80	100	100	175
105	Joe Flacco AU/299 RC	25	40	50	60

2008 Exquisite Collection

		NmMt 8	NmMt+ 8.5	MT 9	Gem 9.5/10
148	Jamaal Charles JSY AU RC	60	80	200	
168	Matt Ryan JSY AU RC	400	500	800	
170	Joe Flacco JSY AU RC	100	150	250	

2008 Finest

		NmMt 8	NmMt+ 8.5	MT 9	Gem 9.5/10
109	Matt Ryan RC	15	20	100	150
116	Chris Johnson RC	10	12	20	30

2008 Playoff Contenders

		NmMt 8	NmMt+ 8.5	MT 9	Gem 9.5/10
112	Chad Henne AU RC	20	25	40	60
115	Chris Johnson AU RC	25	30	60	120
123	Darren McFadden AU RC	30	35	60	100
151	Joe Flacco AU/220* RC	80	100	200	250
178	Matt Forte AU RC	35	40	50	80
179	Matt Ryan AU/246* RC	400	500	600	1,200

2008 Playoff National Treasures

		NmMt 8	NmMt+ 8.5	MT 9	Gem 9.5/10
111	Matt Ryan JSY AU RC	300	350	400	600

2008 Playoff Prestige

		NmMt 8	NmMt+ 8.5	MT 9	Gem 9.5/10
151	Joe Flacco RC	8	10	15	25
179	Matt Ryan RC	8	10	15	25

2008 Score

		NmMt 8	NmMt+ 8.5	MT 9	Gem 9.5/10
333	Matt Ryan RC	10	12	15	25
344	Joe Flacco RC	8	10	12	20
348	Chris Johnson RC	8	10	12	20

2008 SP Authentic

	NmMt 8	NmMt+ 8.5	MT 9	Gem 9.5/10
Matt Ryan JSY AU/499 RC	▼125	▼200	▼250	

2008 SPx

	NmMt 8	NmMt+ 8.5	MT 9	Gem 9.5/10
3 Chris Johnson JSY AU RC	20	25	50	
2 Joe Flacco JSY AU RC	50	60	100	150

2008 Topps Rookie Premiere Autographs

	NmMt 8	NmMt+ 8.5	MT 9	Gem 9.5/10
PADM Darren McFadden	80	100	125	200
PAJF Joe Flacco	80	100	125	200
PAJS Jonathan Stewart	40	50	60	80
PAMF Matt Forte	40	50	60	80
PAMR Matt Ryan	80	100	120	150

2008 Topps Chrome

	NmMt 8	NmMt+ 8.5	MT 9	Gem 9.5/10
C166 Matt Ryan RC	12	15	50	60
C170 Joe Flacco RC	10	12	20	30

2008 Topps Chrome Copper Refractors

	NmMt 8	NmMt+ 8.5	MT 9	Gem 9.5/10
C166 Matt Ryan	20	25	40	100

2008 Topps Chrome Refractors

	NmMt 8	NmMt+ 8.5	MT 9	Gem 9.5/10
C166 Matt Ryan	15	20	125	300
C170 Joe Flacco	12	15	25	50
C186 Chris Johnson	8	10	20	40

2008 Topps Chrome Rookie Autographs

	NmMt 8	NmMt+ 8.5	MT 9	Gem 9.5/10
C186 Chris Johnson E	20	25	40	50
C187 Ray Rice B	25	30	40	50
C191 Matt Forte E	25	30	40	50

2008 Upper Deck

	NmMt 8	NmMt+ 8.5	MT 9	Gem 9.5/10
9 Chris Johnson RC	8	10	15	20
51 Joe Flacco RC	10	12	15	25
05 Matt Ryan SP RC	20	25	35	50

2008 Upper Deck Draft Edition

	NmMt 8	NmMt+ 8.5	MT 9	Gem 9.5/10
Joe Flacco RC	10	12	15	25
4 Matt Ryan RC	10	12	15	25

2008 Upper Deck Rookie Premiere

	NmMt 8	NmMt+ 8.5	MT 9	Gem 9.5/10
Matt Ryan	8	10	15	25

2009 Bowman Chrome

	NmMt 8	NmMt+ 8.5	MT 9	Gem 9.5/10
11 Matthew Stafford RC	30	40	60	125

2009 Bowman Chrome Rookie Autographs

	NmMt 8	NmMt+ 8.5	MT 9	Gem 9.5/10
11 Matthew Stafford A	500	600	700	800

2009 Bowman Draft

	NmMt 8	NmMt+ 8.5	MT 9	Gem 9.5/10
11 Matthew Stafford RC	10	12	20	30

2009 Finest

	NmMt 8	NmMt+ 8.5	MT 9	Gem 9.5/10
1 Josh Freeman RC	8	10	12	20
3 Percy Harvin RC	8	10	12	20
0 Mark Sanchez RC	10	12	15	25
00 Matthew Stafford RC	20	25	30	80

2009 Playoff Contenders

	NmMt 8	NmMt+ 8.5	MT 9	Gem 9.5/10
101 M.Stafford AU/540* RC	125	150	200	500
156 Clay Matthews AU RC	50	60	80	150
176 Julian Edelman AU RC	300	400	500	600

2009 Playoff National Treasures

	NmMt 8	NmMt+ 8.5	MT 9	Gem 9.5/10
119 LeSean McCoy JSY AU RC	60	125	150	200
121 Matthew Stafford JSY AU RC 2,000	3,200	4,000	4,500	
150 Clay Matthews AU RC	80	100	125	150

2009 Playoff Prestige

	NmMt 8	NmMt+ 8.5	MT 9	Gem 9.5/10
172A Matthew Stafford RC	12	15	25	40

2009 Score

	NmMt 8	NmMt+ 8.5	MT 9	Gem 9.5/10
323 Chris Wells RC	10	12	15	25
371 Matthew Stafford RC	12	15	25	50

2009 SP Authentic

	NmMt 8	NmMt+ 8.5	MT 9	Gem 9.5/10
305 Julian Edelman AU RC	250	300	400	600
357 Clay Matthews AU/299 RC	50	60	80	60
403 M.Stafford JSY AU/499 RC	250	300	400	

2009 Topps

	NmMt 8	NmMt+ 8.5	MT 9	Gem 9.5/10
430A Matthew Stafford RC	12	15	20	35

2009 Topps Chrome

	NmMt 8	NmMt+ 8.5	MT 9	Gem 9.5/10
TC155 Percy Harvin RC	8	10	15	25
TC210 Matthew Stafford RC	50	60	80	250

2009 Topps Chrome Blue Refractors

	NmMt 8	NmMt+ 8.5	MT 9	Gem 9.5/10
TC210 Matthew Stafford	100	150	200	800

2009 Topps Chrome Refractors

	NmMt 8	NmMt+ 8.5	MT 9	Gem 9.5/10
TC210 Matthew Stafford	150	250	400	1,200
TC220 Mark Sanchez	12	15	30	60

2009 Topps Chrome Xfractors

	NmMt 8	NmMt+ 8.5	MT 9	Gem 9.5/10
TC210 Matthew Stafford	25	30	50	80
TC220 Mark Sanchez	15	20	30	50

2009 Topps Chrome Rookie Autographs

	NmMt 8	NmMt+ 8.5	MT 9	Gem 9.5/10
TC210 Matthew Stafford B	250	300	400	800

2009 Topps Platinum

	NmMt 8	NmMt+ 8.5	MT 9	Gem 9.5/10
125 Matthew Stafford RC	25	30	40	150

2009 Upper Deck

	NmMt 8	NmMt+ 8.5	MT 9	Gem 9.5/10
305 Matthew Stafford RC	12	15	20	30

2010 Bowman Chrome Rookie Preview Inserts

	NmMt 8	NmMt+ 8.5	MT 9	Gem 9.5/10
BCR1 Tim Tebow	8	10	15	25
BCR3 Dez Bryant	8	10	15	25

2010 Donruss Rated Rookies

	NmMt 8	NmMt+ 8.5	MT 9	Gem 9.5/10
95 Tim Tebow	8	10	15	25
100 Victor Cruz	8	10	12	20

2010 Exquisite Collection Draft Picks

	NmMt 8	NmMt+ 8.5	MT 9	Gem 9.5/10
ERAD Andy Dalton	50	60	80	100
ERCN Cam Newton	125	150	200	300

2010 Finest

	NmMt 8	NmMt+ 8.5	MT 9	Gem 9.5/10
100 Tim Tebow RC	10	12	20	30
110 Dez Bryant RC	8	10	15	25

2010 Finest Atomic Refractor Rookies

	NmMt 8	NmMt+ 8.5	MT 9	Gem 9.5/10
FAR25 Tim Tebow	15	20	30	50

2010 Playoff Contenders

	NmMt 8	NmMt+ 8.5	MT 9	Gem 9.5/10
56 Danny Woodhead RC	8	10	60	80
101 Aaron Hernandez AU RC	250	300	400	500
105 Antonio Brown AU RC	80	100	125	200
151 Jimmy Graham AU/358* RC	30	40	50	125
204A Ben Tate Cut AU RC				
204B Ben Tate Stnd AU RC				
209A D.Thomas Cut AU RC	40	50	80	120
209B D.Thomas Fwd AU RC	40	50	80	120
211A Dez Bryant BJ AU/360* RC	80	100	125	200
211B Dez Bryant WJ AU/360* RC	80	100	125	200
228A N.Suh BJ AU/326* RC	40	50	60	80
228B N.Suh WJ AU/326* RC	40	50	60	80
229A Gronkowski BJ AU/499* RC	60	80	100	300
229B Gronkowski WJ AU/499* RC	60	80	100	300
232A Bradford Fwd AU/377* RC	60	80	100	125
232B Bradford Lft AU/377* RC	60	80	100	125
234A Tim Tebow BJ AU/400* RC	60	80	150	250
234B T.Tebow WJ AU/400* RC	60	80	150	250

2010 Playoff National Treasures

	NmMt 8	NmMt+ 8.5	MT 9	Gem 9.5/10
311 Dez Bryant JSY AU RC	250	300	400	
329 Rob Gronkowski JSY AU RC	225	250	500	
332 Sam Bradford JSY AU RC	100	125	150	
334 Tim Tebow JSY AU RC	250	300	400	

2010 Score

	NmMt 8	NmMt+ 8.5	MT 9	Gem 9.5/10
323 Colt McCoy RC	8	10	12	20
334 Dez Bryant RC	8	10	15	25
387 Sam Bradford RC	10	12	20	30
396 Tim Tebow RC	10	12	20	35

2010 SP Authentic

	NmMt 8	NmMt+ 8.5	MT 9	Gem 9.5/10
102 Colt McCoy JSY AU/299 RC	25	30	35	
103 Dez Bryant JSY AU/299 RC	60	80	100	150
107 Bradford JSY AU/299 RC	40	50	60	80
108 Tim Tebow JSY AU/299 RC	100	125	150	200
128 Gronkowski JSY AU/499 RC	200	250	300	400

2010 SPx

	NmMt 8	NmMt+ 8.5	MT 9	Gem 9.5/10
101 Sam Bradford JSY AU RC	25	30	40	50
102 Tim Tebow JSY AU RC	125	150	200	300
121 Rob Gronkowski JSY AU RC	100	150	200	250

2010 Topps

	NmMt 8	NmMt+ 8.5	MT 9	Gem 9.5/10
148A Rob Gronkowski RC				
Cutting to his right	8	10	12	20
194A Colt McCoy RC helmet	8	10	15	25
300A Sam Bradford RC passing	10	12	20	30
300B Sam Bradford SP snap	60	80	100	125
425A Dez Bryant RC leaping	8	10	15	25
440A Tim Tebow RC leaping	10	12	20	40

2010 Topps Chrome

		NmMt 8	NmMt+ 8.5	MT 9	Gem 9.5/10
C60A	Dez Bryant RC	10	12	15	25
C67	Jimmy Graham RC	8	10	15	25
C70A	Colt McCoy helm RC	10	12	15	25
C100A	Tim Tebow leap RC	8	10	15	25
C150A	Sam Bradford run RC	12	15	20	30
C150B	Sam Bradford snap SP	60	80	100	150

2010 Topps Chrome Purple Refractors

		NmMt 8	NmMt+ 8.5	MT 9	Gem 9.5/10
C150	Sam Bradford	25	30	40	50

2010 Topps Chrome Refractors

		NmMt 8	NmMt+ 8.5	MT 9	Gem 9.5/10
C3	Jahvid Best	12	15	20	30
C60	Dez Bryant	10	12	25	40
C70	Colt McCoy	10	12	20	30
C100	Tim Tebow	15	20	30	50
C150	Sam Bradford	15	20	30	40
C160	Ndamukong Suh	10	12	20	30

2010 Topps Chrome Rookie Autographs

		NmMt 8	NmMt+ 8.5	MT 9	Gem 9.5/10
C60	Dez Bryant A	50	60	150	200
C87	Aaron Hernandez B	60	80	200	300
C100	Tim Tebow A	100	150	200	400
C112	Rob Gronkowski B	250	300	400	500
C160	Ndamukong Suh A	40	50	60	200

2010 Topps Platinum Rookie Autographs

		NmMt 8	NmMt+ 8.5	MT 9	Gem 9.5/10
103	Jimmy Graham/999	25	30	40	60

2011 Bowman Chrome Rookie Preview Inserts

		NmMt 8	NmMt+ 8.5	MT 9	Gem 9.5/10
BCR3	Cam Newton	10	12	20	40
BCR18	Cam Newton	10	12	20	40

2011 Donruss Elite

		NmMt 8	NmMt+ 8.5	MT 9	Gem 9.5/10
115	Cam Newton RC	20	25	30	50

2011 Exquisite Collection

		NmMt 8	NmMt+ 8.5	MT 9	Gem 9.5/10
152	Cam Newton JSY AU	250	300	400	800
154	Julio Jones JSY AU		250	300	400

2011 Exquisite Collection Draft Picks Bronze

		NmMt 8	NmMt+ 8.5	MT 9	Gem 9.5/10
ERRW	Russell Wilson	100	125	150	175

2011 Finest

		NmMt 8	NmMt+ 8.5	MT 9	Gem 9.5/10
125	Cam Newton RC	10	12	15	40

2011 Finest Refractors

		NmMt 8	NmMt+ 8.5	MT 9	Gem 9.5/10
52	Colin Kaepernick	25	30	50	80
125	Cam Newton	20	25	40	60

2011 Finest Xfractors

		NmMt 8	NmMt+ 8.5	MT 9	Gem 9.5/10
52	Colin Kaepernick	30	40	50	80
125	Cam Newton	25	30	50	80

2011 Finest Atomic Refractor Rookies

		NmMt 8	NmMt+ 8.5	MT 9	Gem 9.5/10
FARAG	A.J. Green	8	10	12	20
FARCK	Colin Kaepernick	15	20	30	60
FARCN	Cam Newton	15	20	25	50

2011 Finest Rookie Patch Autographs Refractors

		NmMt 8	NmMt+ 8.5	MT 9	Gem 9.5/10
RAPAD	Andy Dalton	80	100	125	150

2011 Leaf Metal Draft

		NmMt 8	NmMt+ 8.5	MT 9	Gem 9.5/10
RCCN1	Cam Newton	20	40	50	80

2011 Panini Plates and Patches

		NmMt 8	NmMt+ 8.5	MT 9	Gem 9.5/10
201	C.Newton JSY AU/299 RC	80	100	125	150

2011 Panini Threads

		NmMt 8	NmMt+ 8.5	MT 9	Gem 9.5/10
255	Cam Newton AU/300 RC	60	80	100	150

2011 Playoff Contenders

		NmMt 8	NmMt+ 8.5	MT 9	Gem 9.5/10
137	J.J. Watt AU RC	125	200	300	600
203A	Ryan Mallett AU RC				
205A	Christian Ponder AU RC				
220A	Von Miller AU RC	40	50	60	80
221A	Julio Jones AU RC	100	125	150	300
222A	A.J. Green AU RC	30	40	50	150
225A	Andy Dalton AU RC	25	30	40	100
227A	Colin Kaepernick AU RC	50	60	250	300
228A	Cam Newton AU RC	80	100	125	300

2011 Playoff National Treasures

		NmMt 8	NmMt+ 8.5	MT 9	Gem 9.5/10
243	J.J. Watt AU RC	300	400	500	600
307	Von Miller JSY AU RC	60	80	100	400
323	Julio Jones JSY AU RC	300	400	500	800
326	Andy Dalton JSY AU RC	50	60	80	100
327	Kaepernick JSY AU RC	125	150	200	250
328	Cam Newton JSY AU RC	150	200	250	300
329	A.J. Green JSY AU RC	150	200	250	300

2011 Rookies and Stars

		NmMt 8	NmMt+ 8.5	MT 9	Gem 9.5/10
251	Cam Newton AU RC	60	80	100	200

2011 Score

		NmMt 8	NmMt+ 8.5	MT 9	Gem 9.5/10
315A	Cam Newton RC	8	10	15	25
320A	Colin Kaepernick RC	10	12	20	30

2011 SP Authentic

		NmMt 8	NmMt+ 8.5	MT 9	Gem 9.5/10
89	A.J. Green	8	10	15	25
94	Cam Newton	10	12	20	30
100	Julio Jones	8	10	15	25
151	Cam Newton FW	8	10	15	25
203	A.J. Green JSY AU/299	60	80	100	
204	Cam Newton JSY AU/299	80	100	150	200
207	Julio Jones JSY AU/299	80	100	150	200
233	Kaepernick JSY AU/699	60	80	100	125

2011 SPx

		NmMt 8	NmMt+ 8.5	MT 9	Gem 9.5/10
48	D.Murray JSY AU/225	20	25	30	50
64	Julio Jones JSY AU/150	60	80	100	120
67	A.J. Green JSY AU/150	30	40	50	100
68	Cam Newton JSY AU/150	80	100	125	200

2011 Topps

		NmMt 8	NmMt+ 8.5	MT 9	Gem 9.5/10
200A	Cam Newton RC	10	12	20	30

2011 Topps Rookie Refractors

		NmMt 8	NmMt+ 8.5	MT 9	Gem 9.5/10
TMB1	Cam Newton	10	12	20	30

2011 Topps Chrome

		NmMt 8	NmMt+ 8.5	MT 9	Gem 9.5/10
1A	Cam Newton RC	10	12	20	40
104	J.J. Watt RC	15	25	40	100
131A	Julio Jones RC	8	10	12	25
150A	A.J. Green RC	8	10	12	25
173A	DeMarco Murray RC	8	10	12	25

2011 Topps Chrome Blue Refractors

		NmMt 8	NmMt+ 8.5	MT 9	Gem 9.5/10
1	Cam Newton	50	100	300	400

2011 Topps Chrome Orange Refractors

		NmMt 8	NmMt+ 8.5	MT 9	Gem 9.5/10
1	Cam Newton	25	30	200	300
25	Colin Kaepernick	20	25	40	80
173	DeMarco Murray	10	12	20	40

2011 Topps Chrome Refractors

		NmMt 8	NmMt+ 8.5	MT 9	Gem 9.5/10
1	Cam Newton	25	60	80	250
25	Colin Kaepernick	300	400	450	500
131	Julio Jones	10	12	20	30
173	DeMarco Murray	10	12	20	30

2011 Topps Chrome Sepia Refractors

		NmMt 8	NmMt+ 8.5	MT 9	Gem 9.5/10
1	Cam Newton	100	125	150	250

2011 Topps Chrome Xfractors

		NmMt 8	NmMt+ 8.5	MT 9	Gem 9.5/10
1	Cam Newton	30	50	80	200
25	Colin Kaepernick	125	150	200	250
104	J.J. Watt	20	30	40	300

2011 Topps Chrome Finest Freshman

		NmMt 8	NmMt+ 8.5	MT 9	Gem 9.5/10
FFCM	Cam Newton	10	12	15	30

2011 Topps Chrome Rookie Autographs

		NmMt 8	NmMt+ 8.5	MT 9	Gem 9.5/10
1	Cam Newton A	125	150	200	250
25	Colin Kaepernick A	250	300	400	500

2011 Topps Chrome Rookie Autographs Refractors

		NmMt 8	NmMt+ 8.5	MT 9	Gem 9.5/10
1	Cam Newton	200	250	300	600

2011 Topps Legends

		NmMt 8	NmMt+ 8.5	MT 9	Gem 9.5/10
75	Cam Newton RC	10	12	20	30

2011 Topps Platinum

		NmMt 8	NmMt+ 8.5	MT 9	Gem 9.5/10
1	Cam Newton RC	10	12	25	40
86	J.J. Watt RC	6	10	30	80

2011 Topps Platinum Xfractors

		NmMt 8	NmMt+ 8.5	MT 9	Gem 9.5/10
1	Cam Newton	15	20	25	30
59	Colin Kaepernick	25	30	40	60
132	Andy Dalton	10	12	20	30

2011 Upper Deck

	NmMt 8	NmMt+ 8.5	MT 9	Gem 9.5/10
98 Cam Newton	10	12	20	35

2012 Bowman

	NmMt 8	NmMt+ 8.5	MT 9	Gem 9.5/10
150A Andrew Luck RC	10	12	20	35

2012 Bowman Gold

	NmMt 8	NmMt+ 8.5	MT 9	Gem 9.5/10
150 Andrew Luck	15	20	30	60

2012 Bowman Sterling

	NmMt 8	NmMt+ 8.5	MT 9	Gem 9.5/10
5 Russell Wilson RC	50	60	100	125
100 Andrew Luck RC	15	20	30	40

2012 Certified

	NmMt 8	NmMt+ 8.5	MT 9	Gem 9.5/10
316 Andrew Luck JSY AU/299 RC	40	50	60	80
346 Russell Wilson JSY AU/499 RC	125	150	200	250

2012 Elite

	NmMt 8	NmMt+ 8.5	MT 9	Gem 9.5/10
101 Andrew Luck/699 RC	10	12	15	20
190 Russell Wilson/799 RC	30	40	50	125

2012 Elite Turn of the Century Autographs

	NmMt 8	NmMt+ 8.5	MT 9	Gem 9.5/10
101 Andrew Luck/99	80	125	200	300

2012 Finest

	NmMt 8	NmMt+ 8.5	MT 9	Gem 9.5/10
110 Andrew Luck RC	12	15	25	50
140 Russell Wilson RC	30	40	50	80

2012 Finest Prism Refractors

	NmMt 8	NmMt+ 8.5	MT 9	Gem 9.5/10
140 Russell Wilson	30	35	40	60

2012 Finest Refractors

	NmMt 8	NmMt+ 8.5	MT 9	Gem 9.5/10
140 Russell Wilson	20	25	35	50

2012 Finest Atomic Refractor Rookies

	NmMt 8	NmMt+ 8.5	MT 9	Gem 9.5/10
FARAL Andrew Luck	20	25	30	50

2012 Leaf Draft Army All-American Bowl

	NmMt 8	NmMt+ 8.5	MT 9	Gem 9.5/10
AABAL1 Andrew Luck	10	12	15	25

2012 Leaf Metal Draft

	NmMt 8	NmMt+ 8.5	MT 9	Gem 9.5/10
TR1 Trent Richardson	15	20	25	40

2012 Leaf Metal Draft Prismatic Silver

	NmMt 8	NmMt+ 8.5	MT 9	Gem 9.5/10
TR1 Trent Richardson	20	25	30	50

2012 Leaf Valiant Draft

	NmMt 8	NmMt+ 8.5	MT 9	Gem 9.5/10
RW1 Russell Wilson	40	50	80	150

2012 Leaf Valiant Draft Blue

	NmMt 8	NmMt+ 8.5	MT 9	Gem 9.5/10
RW1 Russell Wilson	40	50	80	120

2012 Leaf Valiant Draft Army All-American Bowl Green

	NmMt 8	NmMt+ 8.5	MT 9	Gem 9.5/10
AL1 Andrew Luck	20	25	30	40

2012 Leaf Valiant Draft Army All-American Bowl Purple

	NmMt 8	NmMt+ 8.5	MT 9	Gem 9.5/10
AL1 Andrew Luck/125		40	60	80

2012 Leaf Young Stars Draft Autographs

	NmMt 8	NmMt+ 8.5	MT 9	Gem 9.5/10
RW1 Russell Wilson SP	40	50	80	120

2012 Momentum

	NmMt 8	NmMt+ 8.5	MT 9	Gem 9.5/10
101 A.Luck JSY AU/399 RC	40	50	100	150

2012 Panini Contenders

	NmMt 8	NmMt+ 8.5	MT 9	Gem 9.5/10
86A Richard Sherman RC	15	40	50	100
155A Kirk Cousins AU RC	80	100	150	200
201A Andrew Luck AU/550* RC	100	125	150	200
201B Andrew Luck AU SP/75*	300	500	800	1,000
204A R.Tannehill AU/550* RC	80	100	200	250
204B R.Tannehill AU SP/200*	100	125	150	300
218B Nick Foles AU/550* RC	80	100	125	150
225A R.Wilson AU/550* RC	1,600	2,000	3,000	4,000
— Andrew Luck AU/550* RC				
— (ball in right hand only) #201A BGS 10 (Pristine) sold for $3,110 (eBay; 3/15)				

2012 Panini Contenders Playoff Ticket

	NmMt 8	NmMt+ 8.5	MT 9	Gem 9.5/10
201 Andrew Luck AU	1,000	1,200	1,500	2,500
218 Nick Foles AU	150	200	250	300
225 Russell Wilson AU	600	650	700	1,000

2012 Panini Contenders Rookie Stallions

	NmMt 8	NmMt+ 8.5	MT 9	Gem 9.5/10
1 Andrew Luck	10	12	20	35

2012 Panini National Treasures

	NmMt 8	NmMt+ 8.5	MT 9	Gem 9.5/10
257 Kirk Cousins AU RC	125	150	250	400
325 Russell Wilson JSY AU RC	1,500	2,000	2,500	5,000

2012 Panini Prizm

	NmMt 8	NmMt+ 8.5	MT 9	Gem 9.5/10
60 Peyton Manning	20	25	30	200
69 Aaron Rodgers	10	12	15	80
116 Tom Brady	30	40	60	150
118 Drew Brees	15	20	40	80
203A Andrew Luck RC	12	15	25	40
230A Russell Wilson RC	300	400	500	1,500
277 Kirk Cousins RC	20	25	30	80

2012 Panini Prizm Autographs

203 Andrew Luck/250				
232 Ryan Tannehill/250				
277 Kirk Cousins/499				

2012 Panini Prizm Autographs Prizms

	NmMt 8	NmMt+ 8.5	MT 9	Gem 9.5/10	Pristine
230 Russell Wilson/99	200	250	300	350	400

2012 Prestige

	NmMt 8	NmMt+ 8.5	MT 9	Gem 9.5/10
229A Andrew Luck RC	12	15	25	50

2012 Prestige Rookie Autographs

	NmMt 8	NmMt+ 8.5	MT 9	Gem 9.5/10
229A Andrew Luck/299	30	40	50	80
238 Russell Wilson/499	125	150	200	500

2012 Rookies and Stars

	NmMt 8	NmMt+ 8.5	MT 9	Gem 9.5/10
216 Andrew Luck JSY AU RC	50	60	80	100

2012 Score

	NmMt 8	NmMt+ 8.5	MT 9	Gem 9.5/10
304A Andrew Luck RC	8	10	15	25

2012 SP Authentic

	NmMt 8	NmMt+ 8.5	MT 9	Gem 9.5/10
87 Russell Wilson	10	12	20	30
251 Nick Foles JSY AU/885	40	50	60	100
258 Kirk Cousins JSY AU/885	50	30	100	125
272 Russell Wilson JSY AU/885	125	150	200	300

2012 Topps

	NmMt 8	NmMt+ 8.5	MT 9	Gem 9.5/10
140A Andrew Luck RC	10	12	20	40
140B A.Luck SP rabbit foot	200	225	300	400
140D A.Luck FS twst pass	10	12	20	40
165A Russell Wilson RC	40	50	60	80

2012 Topps Rookie Refractors

	NmMt 8	NmMt+ 8.5	MT 9	Gem 9.5/10
TFHMAL Andrew Luck	12	15	20	30

2012 Topps Chrome

	NmMt 8	NmMt+ 8.5	MT 9	Gem 9.5/10
1A A.Luck RC passing	25	30	40	100
1B Andrew Luck SP drop	80	100	135	250
23A T.Rchardson RC cut	8	10	15	30
40A R.Wilson RC stands	100	125	150	200

2012 Topps Chrome Black Refractors

	NmMt 8	NmMt+ 8.5	MT 9	Gem 9.5/10
1 Andrew Luck	40	50	60	80
40 Russell Wilson	500	600	800	2,000

2012 Topps Chrome Blue Refractors

	NmMt 8	NmMt+ 8.5	MT 9	Gem 9.5/10
1 Andrew Luck	50	60	80	100
40 Russell Wilson	500	600	2,500	3,000

2012 Topps Chrome Camo Refractors

	NmMt 8	NmMt+ 8.5	MT 9	Gem 9.5/10
1 Andrew Luck	12	15	25	30
40 Russell Wilson	400	500	800	1,500

2012 Topps Chrome Orange Refractors

	NmMt 8	NmMt+ 8.5	MT 9	Gem 9.5/10
1 Andrew Luck	12	15	20	25
40 Russell Wilson	200	250	400	600

2012 Topps Chrome Pink Refractors

	NmMt 8	NmMt+ 8.5	MT 9	Gem 9.5/10
1 Andrew Luck	30	40	50	80
40 Russell Wilson	300	400	600	1,800

2012 Topps Chrome Prism Refractors

	NmMt 8	NmMt+ 8.5	MT 9	Gem 9.5/10
1 Andrew Luck	20	30	40	100
40 Russell Wilson	500	600	800	1,500

FOOTBALL

2012 Topps Chrome Purple Refractors

		NmMt 8	NmMt+ 8.5	MT 9	Gem 9.5/10
1	Andrew Luck	12	15	20	25
40	Russell Wilson	400	500	600	1,200

2012 Topps Chrome Refractors

		NmMt 8	NmMt+ 8.5	MT 9	Gem 9.5/10
1A	Andrew Luck/passing pose	12	20	25	30
40	Russell Wilson	300	400	700	2,000
147	Doug Martin	8	10	15	25
220	Tom Brady	80	200	400	

2012 Topps Chrome Sepia Refractors

		NmMt 8	NmMt+ 8.5	MT 9	Gem 9.5/10
1	Andrew Luck	30	40	50	60
40	Russell Wilson	800	1,000	1,500	2,000

2012 Topps Chrome Xfractors

		NmMt 8	NmMt+ 8.5	MT 9	Gem 9.5/10
1	Andrew Luck	12	15	20	25
40	Russell Wilson	250	300	400	800

2012 Topps Chrome 1957

		NmMt 8	NmMt+ 8.5	MT 9	Gem 9.5/10
1	Andrew Luck	12	15	40	50
2	Andrew Luck	12	15	40	50

2012 Topps Chrome 1965

		NmMt 8	NmMt+ 8.5	MT 9	Gem 9.5/10
1	Andrew Luck	12	15	40	50
12	Russell Wilson	25	30	40	80

2012 Topps Chrome 1984

		NmMt 8	NmMt+ 8.5	MT 9	Gem 9.5/10
1	Andrew Luck	12	15	40	50
14	Russell Wilson	20	25	40	80

2012 Topps Chrome Red Zone Rookies Refractors

		NmMt 8	NmMt+ 8.5	MT 9	Gem 9.5/10
RZDC1	Andrew Luck	15	20	25	50
RZDC14	Russell Wilson	25	30	40	80

2012 Topps Chrome Rookie Autographs

		NmMt 8	NmMt+ 8.5	MT 9	Gem 9.5/10
40	Russell Wilson	200	250	300	▼400

2012 Topps Chrome Rookie Autographs Pink Refractors

		NmMt 8	NmMt+ 8.5	MT 9	Gem 9.5/10
1	Andrew Luck		600	800	1,200

2012 Topps Chrome Rookie Autographs Prism Refractors

		NmMt 8	NmMt+ 8.5	MT 9	Gem 9.5/10
1	Andrew Luck		150	200	300

2012 Topps Chrome Rookie Autographs Refractors

		NmMt 8	NmMt+ 8.5	MT 9	Gem 9.5/10
40	Russell Wilson	200	300	400	500
153	Nick Foles	60	80	100	150

2012 Topps Chrome Rookie Autographs Refractors Variations

		NmMt 8	NmMt+ 8.5	MT 9	Gem 9.5/10
1	Andrew Luck	400	450	1,200	1,500
40	Russell Wilson	225	250	300	500

2012 Topps Magic

		NmMt 8	NmMt+ 8.5	MT 9	Gem 9.5/10
1	Andrew Luck RC	10	12	20	40
181	Russell Wilson RC	25	30	40	50

2012 Topps Magic Autographs

		NmMt 8	NmMt+ 8.5	MT 9	Gem 9.5/10
232	Colin Kaepernick	30	40	80	200

2012 Topps Platinum

		NmMt 8	NmMt+ 8.5	MT 9	Gem 9.5/10
138	Russell Wilson RC	25	30	40	60
150	Andrew Luck RC	12	15	25	40

2012 Topps Platinum Orange Refractors

		NmMt 8	NmMt+ 8.5	MT 9	Gem 9.5/10
138	Russell Wilson	80	100	300	400
150	Andrew Luck	15	20	50	35

2012 Topps Platinum Xfractors

		NmMt 8	NmMt+ 8.5	MT 9	Gem 9.5/10
138	Russell Wilson	100	125	400	500
150	Andrew Luck	8	10	12	15

2012 Topps Platinum Rookie Die Cut

		NmMt 8	NmMt+ 8.5	MT 9	Gem 9.5/10
PDCAL	Andrew Luck	25	30	40	60

2013 Panini Contenders

		NmMt 8	NmMt+ 8.5	MT 9	Gem 9.5/10
187A	Travis Kelce AU RC (knees not visible)	400	500	800	2,500

2013 Panini Prizm

		NmMt 8	NmMt+ 8.5	MT 9	Gem 9.5/10
64	Tom Brady	25	30	40	100
189	Russell Wilson	15	20	25	30
225	DeAndre Hopkins RC	15	25	30	40
292	Travis Kelce RC	80	100	125	300

2013 Prestige

		NmMt 8	NmMt+ 8.5	MT 9	Gem 9.5/10
293	Travis Kelce RC	50	60	80	150

2013 Score

		NmMt 8	NmMt+ 8.5	MT 9	Gem 9.5/10
431	Travis Kelce RC	50	60	100	300

2013 Select

		NmMt 8	NmMt+ 8.5	MT 9	Gem 9.5/10
242	Travis Kelce RC				

2013 Topps Chrome

		NmMt 8	NmMt+ 8.5	MT 9	Gem 9.5/10
118	Travis Kelce RC	60	80	100	300

2013 Topps Chrome Refractors

		NmMt 8	NmMt+ 8.5	MT 9	Gem 9.5/10
118	Travis Kelce	60	100	200	800

2014 Bowman

		NmMt 8	NmMt+ 8.5	MT 9	Gem 9.5/10
R8	Odell Beckham Jr. RC				

2014 Bowman Chrome Rookie Autographs College Refractors

		NmMt 8	NmMt+ 8.5	MT 9	Gem 9.5/10
79	Odell Beckham Jr.	100	125	150	200

2014 Bowman Chrome Rookie Autographs College Blue Refractors

		NmMt 8	NmMt+ 8.5	MT 9	Gem 9.5/10
12	Johnny Manziel	80	100	125	150
14	Teddy Bridgewater	80	100	125	150
79	Odell Beckham Jr.	125	150	200	400

2014 Bowman Chrome

		NmMt 8	NmMt+ 8.5	MT 9	Gem 9.5/10
190A	Odell Beckham Jr. RC	8	10	12	20

2014 Bowman Chrome Rookie Autographs Refractors

		NmMt 8	NmMt+ 8.5	MT 9	Gem 9.5/10
RCRAAD	Aaron Donald	200	250	300	800
RCRADC	Derek Carr	50	60	80	125
RCRAJG	Jimmy Garoppolo	50	60	80	100
RCRAJM	Johnny Manziel	20	25	30	50
RCRAOB	Odell Beckham Jr.	50	60	80	100

2014 Bowman Chrome Rookie Autographs Blue Refractors

		NmMt 8	NmMt+ 8.5	MT 9	Gem 9.5/10
RCRAOB	Odell Beckham Jr.	80	100	125	150

2014 Finest

		NmMt 8	NmMt+ 8.5	MT 9	Gem 9.5/10
116	Jimmy Garoppolo RC	8	12	25	40
130	Davante Adams RC		25	30	50

2014 Panini Contenders

		NmMt 8	NmMt+ 8.5	MT 9	Gem 9.5/10
208A	Carlos Hyde AU RC (ball in right arm)		50	60	80
214A	Derek Carr AU RC (ball at right shoulder)		200	400	500
221A	Jimmy Garoppolo AU RC (looking left)		100	200	250
227A	Odell Beckham Jr. AU RC (ball in left arm)	125	150	200	250
227B	Odell Beckham Jr. AU 206*/looking straight)	125	150	200	250
236A	Mike Evans AU RC (looking right)	40	50	125	400
237A	Sammy Watkins AU RC (ball in left arm)	30	40	50	60
239A	Teddy Bridgewater AU RC (looking left)	80	100	125	250

2014 Panini National Treasures

		NmMt 8	NmMt+ 8.5	MT 9	Gem 9.5/10
274	Jimmy Garoppolo JSY AU RC	2,000	2,500	2,800	3,000
296	Derek Carr JSY AU RC	500	600	700	800

2014 Panini Prizm

		NmMt 8	NmMt+ 8.5	MT 9	Gem 9.5/10
36	Tom Brady	25	50	60	125
228	Aaron Donald RC	25	30	50	100
281	Davante Adams RC		40	50	100

2014 SP Authentic

		NmMt 8	NmMt+ 8.5	MT 9	Gem 9.5/10
231	Jimmy Garoppolo JSY AU/350	100	125	150	200

2014 Topps

		NmMt 8	NmMt+ 8.5	MT 9	Gem 9.5/10
355A	Odell Beckham Jr. RC	3	4	5	10

2014 Topps Chrome

		NmMt 8	NmMt+ 8.5	MT 9	Gem 9.5/10
117A	Odell Beckham Jr. RC	12	15	20	30
175	Aaron Donald RC	15	20	30	125

2014 Topps Chrome Refractors

		NmMt 8	NmMt+ 8.5	MT 9	Gem 9.5/10
115	Derek Carr	30	40	50	200
117	Odell Beckham Jr.	25	30	40	50
150	Jimmy Garoppolo	25	30	40	100
173	Teddy Bridgewater	8	10	15	25

2014 Topps Chrome Rookie Autographs

		NmMt 8	NmMt+ 8.5	MT 9	Gem 9.5/10
15	Derek Carr SP	60	80	100	250
7	Odell Beckham Jr.	30	40	50	80
50	Jimmy Garoppolo	40	50	60	80
69	Johnny Manziel SP	40	50	100	150
75	Aaron Donald	125	150	200	300

2015 Bowman

		NmMt 8	NmMt+ 8.5	MT 9	Gem 9.5/10
23	Jameis Winston RC	5	8	12	25

2015 Bowman Chrome Rookie Autographs Refractors

		NmMt 8	NmMt+ 8.5	MT 9	Gem 9.5/10
CRAAC	Amari Cooper	60	80	100	150
CRAJW	Jameis Winston	50	60	80	100
CRAMM	Marcus Mariota	60	80	100	150
CRATG	Todd Gurley	60	80	100	150

2015 Panini Contenders

		NmMt 8	NmMt+ 8.5	MT 9	Gem 9.5/10
60	Taylor Heinicke AU RC	20	25	30	100
25A	Marcus Mariota AU RC	40	60	100	150
28A	Amari Cooper AU RC	60	80	100	125
38A	Todd Gurley AU RC	50	60	80	100

2015 Panini Contenders Draft Picks

		NmMt 8	NmMt+ 8.5	MT 9	Gem 9.5/10
22A	Jameis Winston AU RC SP1 (red jsy)			120	200
31A	Marcus Mariota AU RC SP1 (white jsy)	150	200	300	400

2015 Panini National Treasures

		NmMt 8	NmMt+ 8.5	MT 9	Gem 9.5/10
107	Jameis Winston JSY AU RC	200	300	400	800

2015 Topps Chrome Rookie Autographs

		NmMt 8	NmMt+ 8.5	MT 9	Gem 9.5/10
177	David Johnson	25	30	40	50

2015 Topps Chrome Rookie Autographs Camo Refractors

		NmMt 8	NmMt+ 8.5	MT 9	Gem 9.5/10
110	Todd Gurley	100	125	150	200

2015 Topps Chrome Rookie Autographs Pink Refractors

		NmMt 8	NmMt+ 8.5	MT 9	Gem 9.5/10
110	Todd Gurley	60	80	100	125

2015 Topps Chrome Rookie Autographs Refractors

		NmMt 8	NmMt+ 8.5	MT 9	Gem 9.5/10
110	Todd Gurley	50	60	80	100
150	Marcus Mariota	100	125	150	200

2016 Donruss

		NmMt 8	NmMt+ 8.5	MT 9	Gem 9.5/10
362	Dak Prescott RR RC	30	40	50	80
365	Derrick Henry RR RC	25	40	50	80
372	Jared Goff RR RC	10	20	40	80

2016 Donruss Optic

		NmMt 8	NmMt+ 8.5	MT 9	Gem 9.5/10
62	Tom Brady	20	25	30	50
117	Tyreek Hill RC	25	30	50	125
162	Dak Prescott RR RC	25	30	40	80
168	Ezekiel Elliott RR RC	10	20	50	80
172	Jared Goff RR RC	25	40	50	100

2016 Donruss Optic Holo

		NM 7	NmMt+ 8.5	MT 9	Gem 9.5/10
62	Tom Brady			200	300
156	Carson Wentz RR		25	50	400
168	Ezekiel Elliott RR		40	50	200

2016 Donruss Optic Rated Rookies Autographs

		NmMt 8	NmMt+ 8.5	MT 9	Gem 9.5/10
156	Carson Wentz	50	60	80	150
162	Dak Prescott	300	400	500	1,000
165	Derrick Henry	80	100	125	400
168	Ezekiel Elliott			125	200

2016 Elite Pen Pals

		NM 7	NmMt+ 8.5	MT 9	Gem 9.5/10
PPCW	Carson Wentz		80	100	125
PPDP	Dak Prescott		200	300	400
PPEE	Ezekiel Elliott		100	125	200

2016 Panini Contenders

		NmMt 8	NmMt+ 8.5	MT 9	Gem 9.5/10
232	Tyreek Hill AU RC	200	250	300	400
245	Adam Thielen AU RC	150	200	250	300

2016 Panini Contenders Draft Picks

		NmMt 8	NmMt+ 8.5	MT 9	Gem 9.5/10
105A	Ezekiel Elliott AU RC (white jsy)			150	400
125A	Dak Prescott AU RC (throwing)			150	300
127A	Carson Wentz AU RC (white jsy)			150	400

2016 Panini Prizm

		NmMt 8	NmMt+ 8.5	MT 9	Gem 9.5/10
238	Ezekiel Elliott RC	25	30	40	50
296	Tyreek Hill RC	50	60	80	200
298	Derrick Henry RC	50	60	100	200

2016 Select

		NmMt 8	NmMt+ 8.5	MT 9	Gem 9.5/10
22	Derrick Henry RC	30	40	50	150
65	Tyreek Hill RC	40	50	60	150
70	Dak Prescott RC	40	50	60	150

2017 Classics

		NmMt 8	NmMt+ 8.5	MT 9	Gem 9.5/10
274	Patrick Mahomes II RC	60	80	80	200

2017 Donruss

		NmMt 8	NmMt+ 8.5	MT 9	Gem 9.5/10
318	Christian McCaffrey RR RC	25	30	50	▼80
327	Patrick Mahomes II RR RC	▲300	▲400	▲500	▲1,500
329	Cooper Kupp RR RC	20	30	50	60
335	Joe Mixon RR RC	10	20	30	50
345	Deshaun Watson RR RC	15	25	30	100
372	T.J. Watt RC	10	25	40	80

2017 Donruss Rookie Gridiron Kings

2	Patrick Mahomes II				

2017 Donruss The Elite Series Rookies

		NmMt 8	NmMt+ 8.5	MT 9	Gem 9.5/10
7	Patrick Mahomes II	200	250	400	800

2017 Donruss The Rookies

		NmMt 8	NmMt+ 8.5	MT 9	Gem 9.5/10
7	Patrick Mahomes II	200	250	▲400	800

2017 Donruss Optic

		NmMt 8	NmMt+ 8.5	MT 9	Gem 9.5/10
177	Patrick Mahomes II RR RC	350	400	▲800	▲1,500
179	Cooper Kupp RR RC	25	30	40	125
193	Dalvin Cook RR RC	25	30	40	60
195	Deshaun Watson RR RC	25	30	40	60
199	Alvin Kamara RR RC	10	20	40	50

2017 Donruss Optic Holo

		NmMt 8	NmMt+ 8.5	MT 9	Gem 9.5/10
168	Christian McCaffrey RR	100	125	150	300
177	Patrick Mahomes II RR	1,500	2,000	2,500	6,000
195	Deshaun Watson RR	50	60	125	400

2017 Donruss Optic AKA

		NmMt 8	NmMt+ 8.5	MT 9	Gem 9.5/10
30	Patrick Mahomes II	150	200	250	400

2017 Donruss Optic The Rookies

		NmMt 8	NmMt+ 8.5	MT 9	Gem 9.5/10
7	Patrick Mahomes II	500	600	800	1,500

2017 Panini Contenders Optic

		NmMt 8	NmMt+ 8.5	MT 9	Gem 9.5/10
102	Deshaun Watson AU RC	100	125	150	200
103	Patrick Mahomes II AU RC	5,000	6,000	▲12,000	▲14,000
111	Christian McCaffrey AU RC	150	200	400	500
127	JuJu Smith-Schuster AU RC	25	30	40	50
186	George Kittle AU RC		250	300	800

2017 Panini Prizm

		NmMt 8	NmMt+ 8.5	MT 9	Gem 9.5/10
203	Cooper Kupp RC	40	50	60	125
216	T.J. Watt RC	50	80	200	250
269	Patrick Mahomes II RC	▲1,000	▲1,200	▲1,500	5,000
279	Deshaun Watson RC	40	50	60	200

2017 Panini Prizm Rookie Autographs Prizms

		NmMt 8	NmMt+ 8.5	MT 9	Gem 9.5/10
RAPM	Patrick Mahomes II	4,000	10,000	12,000	15,000

2017 Panini Prizm Rookie Introductions Prizms

		NmMt 8	NmMt+ 8.5	MT 9	Gem 9.5/10
2	Patrick Mahomes II	150	200	400	800

2017 Select

		NmMt 8	NmMt+ 8.5	MT 9	Gem 9.5/10
16	Deshaun Watson RC	25	30	40	50
303B	Josh Allen XRC	600	800	1,000	1,500

2018 Classics

		NmMt 8	NmMt+ 8.5	MT 9	Gem 9.5/10
207	Josh Allen RC	25	40	50	150
208	Baker Mayfield RC	10	15	25	40
209	Lamar Jackson RC	20	30	40	60
213	Saquon Barkley RC	12	15	40	60

2018 Donruss

		NmMt 8	NmMt+ 8.5	MT 9	Gem 9.5/10
301	Sam Darnold RR RC	6	10	15	20
303	Baker Mayfield RR RC	12	20	30	40
304	Josh Allen RR RC	80	100	125	▲300
306	Saquon Barkley RR RC	8	12	25	50
308	Nick Chubb RR RC	5	10	25	50
317	Lamar Jackson RR RC	30	40	▲60	150

Beckett Graded Card Price Guide 351

2018 Donruss Optic

#	Player	NmMt 8	NmMt+ 8.5	MT 9	Gem 9.5/10
49	Patrick Mahomes II	20	40	50	80
151	Sam Darnold RR RC	15	20	25	40
153	Baker Mayfield RR RC	20	30	50	▲100
156	Saquon Barkley RR RC	▲30	▲40	▲80	▲200
167	Lamar Jackson RR RC	50	80	100	200

2018 Donruss Optic Holo

#	Player	NmMt 8	NmMt+ 8.5	MT 9	Gem 9.5/10
49	Patrick Mahomes II	150	200	300	600
151	Sam Darnold RR	60	80	150	250
153	Baker Mayfield RR	100	125	200	500
156	Saquon Barkley RR	30	50	125	400
167	Lamar Jackson RR	300	400	500	1,000

2018 Donruss Optic Downtown

#	Player	NmMt 8	NmMt+ 8.5	MT 9	Gem 9.5/10
DT11	Sam Darnold	300	350	400	800
DT12	Baker Mayfield	400	500	600	▲1,000
DT14	Josh Allen	2,000	2,200	2,500	4,000
DT15	Saquon Barkley	600	800	1,200	1,500
DT16	Lamar Jackson	1,200	1,500	2,000	▲3,000

2018 Panini Contenders Optic

#	Player	NmMt 8	NmMt+ 8.5	MT 9	Gem 9.5/10
101	Baker Mayfield AU RC	200	250	300	400
112	Lamar Jackson AU RC	1,000	1,200	1,500	2,000

2018 Panini Prizm

#	Player	NmMt 8	NmMt+ 8.5	MT 9	Gem 9.5/10
102	Patrick Mahomes II	30	40	100	125
201	Baker Mayfield RC	30	40	50	100
202	Saquon Barkley RC	25	40	50	100
203	Sam Darnold RC	8	10	12	25
205	Josh Allen RC	80	100	150	500
212	Lamar Jackson RC	50	60	80	300
213	Nick Chubb RC	20	30	50	80

2018 Panini Prizm Rookie Autographs Prizms

#	Player	NmMt 8	NmMt+ 8.5	MT 9	Gem 9.5/10
1	Baker Mayfield	125	150	250	▲400
2	Saquon Barkley	▲250	▲300	▲800	▲500
3	Sam Darnold	50	80	125	400
5	Josh Allen	1,000	1,200	2,000	3,000
12	Lamar Jackson	1,200	1,500	1,800	2,000

2019 Donruss

#	Player	NmMt 8	NmMt+ 8.5	MT 9	Gem 9.5/10
302	Kyler Murray RR RC	20	25	30	50
313	D.K. Metcalf RR RC	8	15	30	60

2019 Donruss Optic

#	Player	NmMt 8	NmMt+ 8.5	MT 9	Gem 9.5/10
1	Patrick Mahomes II	10	20	40	60
63	Tom Brady	12	30	40	50
152	Kyler Murray RR RC	25	30	40	50
163	D.K. Metcalf RR RC	25	30	40	50
167	Deebo Samuel RR RC	20	30	50	150

2019 Donruss Optic Holo

#	Player	NmMt 8	NmMt+ 8.5	MT 9	Gem 9.5/10
152	Kyler Murray RR		250	300	1,200

2019 Panini Prizm

#	Player	NmMt 8	NmMt+ 8.5	MT 9	Gem 9.5/10
18	Tom Brady	6	15	40	100
210	Patrick Mahomes II	15	25	40	60
301	Kyler Murray RC	20	25	30	60
302	Daniel Jones RC	15	25	40	80

2020 Donruss

#	Player	NmMt 8	NmMt+ 8.5	MT 9	Gem 9.5/10
301	Joe Burrow RR RC	40	50	80	125
302	Tua Tagovailoa RR RC	20	30	40	50
303	Justin Herbert RR RC	25	30	40	50
304	Jordan Love RR RC	30	40	50	80
317	Jonathan Taylor RR RC	30	40	60	100

2020 Donruss Optic

#	Player	NmMt 8	NmMt+ 8.5	MT 9	Gem 9.5/10
151	Joe Burrow RR RC	50	60	80	125
152	Tua Tagovailoa RR RC	25	30	40	60
153	Justin Herbert RR RC	25	30	60	▲200
154	Jordan Love RR RC	30	40	50	▲125
163	Justin Jefferson RR RC	15	25	40	▲150
164	Jalen Hurts RR RC	20	30	50	100

2020 Panini Prizm Rookie Autographs

#	Player	NmMt 8	NmMt+ 8.5	MT 9	Gem 9.5/10
307	Joe Burrow	1,000	1,200	2,000	2,500
325	Justin Herbert	▼600	▼800	▼1,000	▼1,200
339	Tua Tagovailoa	600	800	1,000	1,200
363	Jordan Love	500	600	800	1,200
398	Justin Jefferson	250	400	500	1,000

2020 Panini Prizm Draft Picks

#	Player	NmMt 8	NmMt+ 8.5	MT 9	Gem 9.5/10
101	Tua Tagovailoa RC	10	20	60	150
102	Justin Herbert RC	10	20	25	50
105	Joe Burrow RC	10	15	30	40

2021 Donruss

#	Player	NmMt 8	NmMt+ 8.5	MT 9	Gem 9.5/10
251	Trevor Lawrence RR RC	▼15	▼20	▼25	▼60
262	Ja'Marr Chase RR RC	20	30	40	60
331	Micah Parsons RR RC	10	15	20	40

2021 Donruss Optic

#	Player	NmMt 8	NmMt+ 8.5	MT 9	Gem 9.5/10
201	Trevor Lawrence RR RC	10	15	25	60
207	Ja'Marr Chase RR RC	12	20	40	100
245	Micah Parsons RR RC	10	15	25	50

2021 Panini Prizm

#	Player	NmMt 8	NmMt+ 8.5	MT 9	Gem 9.5/10
331	Trevor Lawrence RC	▼15	▼20	▼30	▼80
334	Justin Fields RC	20	30	40	50
337	Ja'Marr Chase RC	20	25	30	80

2022 Bowman Chrome University

#	Player	NmMt 8	NmMt+ 8.5	MT 9	Gem 9.5/10
50	Caleb Williams	10	25	30	50
100	CJ Stroud	8	15	25	50

2022 Donruss

#	Player	NmMt 8	NmMt+ 8.5	MT 9	Gem 9.5/10
301	Kenny Pickett RR RC	12	15	20	60
374	Brock Purdy RR RC		30	60	100

2022 Donruss Optic

#	Player	NmMt 8	NmMt+ 8.5	MT 9	Gem 9.5/10
201	Kenny Pickett RR RC		20	25	100
277	Brock Purdy RR RC	▼30	▼40	▼50	▼80

2022 Donruss Optic Downtown

#	Player	NmMt 8	NmMt+ 8.5	MT 9	Gem 9.5/10
1	Brock Purdy	1,200	1,500	2,000	2,500
27	Jameson Williams	300	400	500	800
28	Chris Olave	350	400	500	600
29	Aidan Hutchinson	400	500	600	800
30	Malik Willis	200	250	300	400

2022 Panini Prizm

#	Player	NmMt 8	NmMt+ 8.5	MT 9	Gem 9.5/10
301	Kenny Pickett RC	20	25	40	150
302	Desmond Ridder RC	10	15	30	100
353	Brock Purdy RC	40	50	60	150

2022 Panini Prizm Autographs Prizms

#	Player	NmMt 8	NmMt+ 8.5	MT 9	Gem 9.5/10
301	Kenny Pickett	100	125	150	200
302	Desmond Ridder	40	50	60	80
306	Sam Howell	100	125	150	200
353	Brock Purdy	600	800	1,500	2,500

2022 Select

#	Player	NmMt 8	NmMt+ 8.5	MT 9	Gem 9.5/10
502	CJ Stroud XRC	400	500	600	800

2023 Absolute

#	Player	NmMt 8	NmMt+ 8.5	MT 9	Gem 9.5/10
102	CJ Stroud RC	20	25	40	▼50
114	Will Levis RC	8	12	20	40
189	Puka Nacua RC	8	12	25	40

2023 Donruss Optic

#	Player	NmMt 8	NmMt+ 8.5	MT 9	Gem 9.5/10
244	CJ Stroud RR RC	20	25	40	100
247	Anthony Richardson RR RC	15	20	30	80

2023 Donruss Optic Downtown

#	Player	NmMt 8	NmMt+ 8.5	MT 9	Gem 9.5/10
D1	Bryce Young	400	500	800	1,000
D2	CJ Stroud	▼1,200	▼1,500	▼1,800	▼3,000
D3	Anthony Richardson	▼300	▼400	▼500	▼800
D4	Joe Burrow	800	1,000	1,200	1,500
D5	Jalen Hurts	400	500	600	1,200
D6	Patrick Mahomes II	▼800	▼1,000	▼1,200	2,000

2023 Panini Prizm Autographs Prizms Silver

#	Player	NmMt 8	NmMt+ 8.5	MT 9	Gem 9.5/10
305	Bijan Robinson	125	150	200	400
331	Jahmyr Gibbs	150	200	250	400
332	Sam LaPorta	100	125	150	300
334	Jayden Reed	80	100	125	250
357	Puka Nacua	250	300	400	800
365	De'Von Achane	80	100	125	250

2024 Donruss

#	Player	NmMt 8	NmMt+ 8.5	MT 9	Gem 9.5/10
327	Caleb Williams RR RC	10	20	30	100
369	Bo Nix RR RC	25	30	40	100
379	Drake Maye RR RC	12	20	30	80
389	Jayden Daniels RR RC	15	20	60	150

2024 Donruss Downtown!

#	Player	NmMt 8	NmMt+ 8.5	MT 9	Gem 9.5/10
11	J.J. McCarthy	600	700	800	1,500
13	Drake Maye	600	800	1,000	1,500
16	Jayden Daniels	1,200	1,500	2,000	4,000
17	Brock Bowers	500	600	800	1,500
21	Caleb Williams	600	800	1,000	2,000

2024 Panini Prizm

#	Player	NmMt 8	NmMt+ 8.5	MT 9	Gem 9.5/10
301	Caleb Williams RC	15	25	40	200

GOLF
1927 - Present

1927 Churchman's Famous Golfers Large
		VgEx 4	EX 5	ExMt 6	NM 7
4	Walter Hagen	100	200	350	500
7	Bobby Jones	200	350	700	1,200

1927 Churchman's Famous Golfers Small
		EX 5	ExMt 6	NM 7	NmMt 8
13	Walter Hagen 13	50	100	250	750
14	Walter Hagen 14	50	100	250	750
27	Bobby Jones 27	125	250	600	1,000
28	Bobby Jones 28	125	250	600	1,000
33	Tom Morris	75	125	300	600
34	Edward Ray 34	15	25	50	150
35	Edward Ray 35	15	25	50	150
40	Freddie Tait	15	25	50	150
41	John Henry Taylor 41	20	30	60	150
42	John Henry Taylor 42	20	30	60	150
43	Cyril Tolley	15	25	50	150
44	Harry Vardon 44	30	50	150	300
45	Harry Vardon 45	30	50	150	300
46	Harry Vardon 46	30	50	150	300
47	Harry Vardon 47	30	50	150	300

1928 J.Millhoff and Co. Famous Golfers
		EX 5	ExMt 6	NM 7	NmMt 8
2	Walter Hagen	60	100	175	400
5	Harry Vardon	30	50	100	300
20	Bobby Jones	175	275	500	900

1930 Wills Cigarettes Famous Golfers
		EX 5	ExMt 6	NM 7	NmMt 8
7	Walter Hagen	75	125	150	300

1931 Churchman's Prominent Golfers Large
		EX 5	ExMt 6	NM 7	NmMt 8
3	Henry Cotton	25	60	100	
4	Walter Hagen	100	175	250	
5	Bobby Jones	150	250	500	800
6	Abe Mitchell	25	60	100	
8	Cyril Tolley	20	40	80	
11	Roger Wethered	25	60	100	
— Walter Hagen #4 PSA 8.5 (NmMt+) sold for $1,540 (eBay; 2/10)
— Walter Hagen #4 PSA 8 (NmMt) sold for $461 (eBay; 10/08)
— Harry Vardon #9 PSA 9 (MT) sold for $1,490 (eBay; 11/11)
— Harry Vardon #9 PSA 8 (NmMt) sold for $300 (eBay; 05/09)

1931 Churchman's Prominent Golfers Small
		VgEx 4	EX 5	ExMt 6	NM 7
16	Walter Hagen	25	40	75	200
25	Bobby Jones	60	100	175	325
35	Gene Sarazen	40	60	75	125

1981 Donruss
		NM 7	NmMt 8	MT 9	Gem 9.5/10
	COMMONS & MINOR STARS	5	10	15	60
1	Tom Watson RC	10	15	25	250
2	Lee Trevino RC	8	12	20	125
3	Curtis Strange RC	5	10	15	75
5	Ben Crenshaw RC	5	12	20	125
10	Raymond Floyd RC	5	10	15	200
13	Jack Nicklaus RC	15	40	40	225
20	Tom Kite RC	5	10	15	75
21	Jim Colbert RC	5	10	20	200
27	David Graham RC	5	10	30	175
29	Lon Hinkle RC	5	10	15	150
30	Johnny Miller RC	5	10	15	100
31	Dave Eichelberger RC	5	10	15	125
32	Wayne Levi SP RC	5	10	15	200
35	Jay Haas RC	5	10	15	150
36	Dan Halldorson SP RC	5	10	20	200
39	Mark Lye RC	5	10	20	125
47	Tom Weiskopf RC	5	10	15	150
48	Jim Simons RC	5	10	30	200
NNO	Jack Nicklaus SL	8	15	30	150
NNO	Tom Watson SL	5	10	40	250

1982 Donruss
		NM 7	NmMt 8	MT 9	Gem 9.5/10
	COMMONS & MINOR STARS	5	10	25	
1	Tom Kite	10	15	30	
3	Tom Watson	10	15	40	
16	Jack Nicklaus	15	30	50	
23	Lee Trevino	8	15	40	
53	Fred Couples RC	10	20	100	
55	Mark O'Meara RC	8	20	60	
— Jack Nicklaus #16 BGS 9.5 (Gem) sold for $145 (Mastro; 02/08)

1990 Pro Set
		NmMt 8	NmMt+ 8.5	MT 9	Gem 9.5/10
20	Payne Stewart RC	4	6	10	20
80	Arnold Palmer RC	4	6	10	
93	Jack Nicklaus	3	5	8	15

1992 Pro Set
		NmMt 8	NmMt+ 8.5	MT 9	Gem 9.5/10
E6	Vijay Singh RC	10	15	30	

1996 Niketown Promo
		NmMt 8	NmMt+ 8.5	MT 9	Gem 9.5/10
NNO	Tiger Woods	70	125	200	350
— Tiger Woods BGS 9.5 (Gem) sold for $4,155 (eBay; 5/09)

1997-98 Grand Slam Ventures Masters Collection
		NmMt 8	NmMt+ 8.5	MT 9	Gem 9.5/10
1997	Tiger Woods XRC	60	75	350	500

1997-98 Grand Slam Ventures Masters Collection Gold Foil
		NmMt 8	NmMt+ 8.5	MT 9	Gem 9.5/10
1997	Tiger Woods	150	250	750	
— Tiger Woods #1997 BGS 9.5 (Gem) sold for $2,560 (eBay; 07/07)
— Tiger Woods #1997 BGS 9.5 (Gem) sold for $3,000 (eBay; 11/07)

2001 SP Authentic Preview
		NmMt 8	NmMt+ 8.5	MT 9	Gem 9.5/10
21	Tiger Woods STAR	20	25	40	250

2001 SP Authentic Preview Red
— Tiger Woods STAR #21 BGS 9 (Mint) sold for $1,505 (eBay; 06/08)

2001 SP Authentic
		NmMt 8	NmMt+ 8.5	MT 9	Gem 9.5/10
45	Tiger Woods AS AU/900 RC	5,000	6,000	▲15,000	▲28,000
46	D.Duval AS AU/900 RC	25	40	60	100
62	S.Garcia AS AU/900 RC	80	100	125	150
78	R.Goosen AS AU/900 RC	20	40	60	100
136	David Toms AS AU/900	15	30	50	100
— #45 Tiger Woods BGS 10 (Pristine) sold for $16,610 (eBay; 3/08)
— #45 Tiger Woods BGS 10 (Pristine) sold for $10,417 (eBay; 5/09)

2001 SP Authentic Gold
— Tiger Woods #45 BGS 10 (Pristine) sold for $5,890 (eBay; 1/10)
— Tiger Woods #45 PSA 10 (Gem) sold for $4,540 (eBay; 11/07)
— Tiger Woods #45 PSA 10 (Gem) sold for $15,000 (eBay; 05/08)
— Tiger Woods #45 PSA 10 (Gem) sold for $10,000 (eBay; 10/09)
— Tiger Woods #45 PSA 10 (Gem) sold for $12,000 (eBay; 07/12)
— Tiger Woods #45 BGS 9.5 (Gem) sold for $10,000 (eBay; 02/08)
— Tiger Woods #45 BGS 9.5 (Gem) sold for $8,500 (eBay; 02/08)
— Tiger Woods #45 BGS 9.5 (Gem) sold for $4,533 (eBay; 02/08)
— Tiger Woods #45 BGS 9.5 (Gem) sold for $3,892 (eBay; 10/11)
— Tiger Woods #45 BGS 9.5 (Gem) sold for $4,999 (eBay; 4/13)
— Tiger Woods #45 BGS 9.5 (Gem) sold for $4,161 (eBay; 9/13)
— Tiger Woods #45 BGS 9.5 (Gem) sold for $3,870 (eBay; 9/13)
— Tiger Woods #45 BGS 9 (MT) sold for $8,900 (eBay; 02/08)
— Tiger Woods #45 BGS 9 (MT) sold for $8,500 (eBay; 06/08)
— Tiger Woods #45 BGS 9 (MT) sold for $6,000 (eBay; 08/08)
— Tiger Woods #45 BGS 9 (MT) sold for $4,500 (eBay; 04/08)
— Retief Goosen #78 BGS 9.5 (Gem) sold for $130 (eBay; 02/08)
— Retief Goosen #78 BGS 9.5 (Gem) sold for $125 (eBay; 03/08)
— Retief Goosen #78 BGS 9.5 (Gem) sold for $120 (eBay; 04/08)

2001 SP Authentic Sign of the Times
		NmMt 8	NmMt+ 8.5	MT 9	Gem 9.5/10
TW	Tiger Woods SP	2,500	3,000	4,000	
— Tiger Woods #TW BGS 9.5 (Gem) sold for $2,930 (eBay; 04/08)
— Tiger Woods #TW BGS 9.5 (Gem) sold for $750 (eBay; 05/11)
— Tiger Woods #TW PSA 10 (Gem) sold for $1,850 (eBay; 10/11)
— Tiger Woods #TW BGS 9 (Mint) sold for $1,900 (eBay; 06/08)
— Tiger Woods #TW BGS 9 (Mint) sold for $1,400 (eBay; 05/09)
— Tiger Woods #TW BGS 9 (Mint) sold for $999 (eBay; 5/09)
— Tiger Woods #TW BGS 9 (Mint) sold for $795 (eBay; 3/13)

2001 SP Authentic Sign of the Times Red
		NM 7	NmMt 8	NmMt+ 8.5	MT 9
TW1	T.Woods Bay Hill/273	2,000	2,500	3,000	4,000
TW2	T.Woods Player's/274	2,000	2,500	3,000	4,000
— Tiger Woods #TW1 PSA 10 (Gem) sold for $2,515 (eBay; 06/08)
— Tiger Woods #TW1 BGS 9.5 (Gem) sold for $2,025 (eBay; 06/08)
— Tiger Woods #TW1 SGC 10 (Gem) sold for $1,627 (eBay; 12/08)
— Tiger Woods #TW1 BGS 9.5 (Gem) sold for $1,230 (eBay; 11/08)
— Tiger Woods #TW1 BGS 9.5 (Gem) sold for $1,188 (eBay; 10/09)
— Tiger Woods #TW1 BGS 9 (Mint) sold for $1,190 (eBay; 06/08)
— Tiger Woods #TW1 BGS 9 (Mint) sold for $1,032 (eBay; 01/09)
— Tiger Woods #TW1 BGS 9 (Mint) sold for $807 (eBay; 5/09)
— Tiger Woods #TW2 BGS 10 (Pristine) sold for $3,300 (eBay; 12/08)
— Tiger Woods #TW2 BGS 10 (Pristine) sold for $3,030 (eBay; 2/10)
— Tiger Woods #TW2 BGS 9.5 (Gem) sold for $1,125 (eBay; 10/08)
— Tiger Woods #TW2 BGS 9 (Mint) sold for $762 (eBay; 09/26)
— Tiger Woods #TW2 BGS 9 (Mint) sold for $1,000 (eBay; 05/08)
— Tiger Woods #TW4 BGS 9.5 (Gem) sold for $2,220 (eBay; 08/12)
— Tiger Woods #TW5 BGS 9.5 (Gem) sold for $12,200 (eBay; 09/09)
— Tiger Woods #TW5 BGS 9.5 (Gem) sold for $9,560 (eBay; 05/08)
— Tiger Woods #TW7 BGS 9 (Mint) sold for $1,800 (eBay; 9/09)

2001 Upper Deck Promos
		NmMt 8	NmMt+ 8.5	MT 9	Gem 9.5/10
NNO	Tiger Woods	25	50	100	200

2001 Upper Deck
		NmMt 8	NmMt+ 8.5	MT 9	Gem 9.5/10
1	Tiger Woods RC	50	60	80	300
— Tiger Woods #1 BGS 10 (Pristine) sold for $1,010 (eBay; 04/08)
— Tiger Woods #1 BGS 10 (Pristine) sold for $550 (eBay; 02/09)
— Tiger Woods #1 BGS 10 (Pristine) sold for $500 (eBay; 03/08)
— Tiger Woods #1 BGS 10 (Pristine) sold for $500 (eBay; 05/09)
— Tiger Woods #1 BGS 10 (Pristine) sold for $493 (eBay; 03/08)
— Tiger Woods #1 BGS 10 (Pristine) sold for $485 (eBay; 03/08)
— Tiger Woods #1 BGS 10 (Pristine) sold for $430 (eBay; 06/08)
— Tiger Woods #1 BGS 10 (Pristine) sold for $415 (eBay; 08/08)
— Tiger Woods #1 BGS 10 (Pristine) sold for $409 (eBay; 04/09)
— Tiger Woods #1 BGS 10 (Pristine) sold for $375 (eBay; 06/08)
— Tiger Woods #1 BGS 10 (Pristine) sold for $305 (eBay; 05/08)
— Tiger Woods #1 BGS 10 (Pristine) sold for $235 (eBay; 11/07)
— Tiger Woods #1 BGS 10 (Pristine) sold for $230 (eBay; 06/08)
— Tiger Woods #1 BGS 10 (Pristine) sold for $215 (eBay; 11/07)
— Tiger Woods #1 BGS 10 (Pristine) sold for $215 (eBay; 11/07)
— Tiger Woods #1 BGS 10 (Pristine) sold for $215 (eBay; 01/08)
— Tiger Woods #1 BGS 10 (Pristine) sold for $205 (eBay; 01/08)
— Tiger Woods #1 BGS 10 (Pristine) sold for $155 (eBay; 01/08)
— Tiger Woods VM #151 BGS 10 (Pristine) sold for $181 (eBay; 02/09)
— Tiger Woods VM #151 BGS 10 (Pristine) sold for $124 (eBay; 03/09)

2001 Upper Deck Gallery
		NmMt 8	NmMt+ 8.5	MT 9	Gem 9.5/10
GG4	Tiger Woods	5	8	10	20
— Tiger Woods #GG4 BGS 10 (Pristine) sold for $105 (eBay; 06/08)
— Tiger Woods #GG4 BGS 10 (Pristine) sold for $32 (eBay; 5/11)

2001 Upper Deck Player's Ink
		NmMt 8	NmMt+ 8.5	MT 9	Gem 9.5/10
TW	Tiger Woods	600	800	1,000	1,200
— Tiger Woods #TW BGS 10 (Pristine) sold for $5,500 (eBay; 10/09)
— Tiger Woods #TW BGS 10 (Pristine) sold for $3,303 (eBay; 10/09)
— Tiger Woods #TW BGS 10 (Pristine) sold for $3,187 (eBay; 9/09)

2001 Upper Deck Stat Leaders
		NmMt 8	NmMt+ 8.5	MT 9	Gem 9.5/10
SL2	Tiger Woods	5	8	10	40
SL7	Tiger Woods	5	8	10	40
SL11	Tiger Woods	5	8	10	40
SL17	Tiger Woods	5	8	10	40

2001 Upper Deck Tiger's Tales
		NmMt 8	NmMt+ 8.5	MT 9	Gem 9.5/10
COMMON CARD (TT1-TT30)		5	5	5	15

2001 Upper Deck Heroes of Golf National Convention Promos
		NmMt 8	NmMt+ 8.5	MT 9	Gem 9.5/10
1TW	Tiger Woods	8	12	20	50

2001 Upper Deck Tiger Jam IV
		NmMt 8	NmMt+ 8.5	MT 9	Gem 9.5/10
TJ1	Tiger Woods	20	30	50	75
TJ2	Tiger Woods Silver	30	50	75	150

2002 SP Authentic
		NmMt 8	NmMt+ 8.5	MT 9	Gem 9.5/10
110	Phil Mickelson AU RC	250	300	500	1,200

2002 SP Authentic Limited
— Phil Mickelson #110 BGS 9 (MT) sold for $330 (eBay; 03/08)

2002 SP Game Used
		NmMt 8	NmMt+ 8.5	MT 9	Gem 9.5/10
80	Phil Mickelson AU Jsy T3 RC	▼300	800	1,500	3,000

2002 SP Game Used 01 Buybacks
— Tiger Woods #1 UD/18 PSA 9 (Mint) sold for $11,005 (eBay; 03/08)

2002 Upper Deck
		NmMt 8	NmMt+ 8.5	MT 9	Gem 9.5/10
41	Phil Mickelson RC	30	40	50	80

2003 SP Authentic
		NmMt 8	NmMt+ 8.5	MT 9	Gem 9.5/10
110	Annika Sorenstam AU/799 RC	150	200	250	600
125	Natalie Gulbis AU/1999 RC	15	20	25	40
127	Lorena Ochoa AU/1999 RC	15	20	25	50

2003 Upper Deck
		NmMt 8	NmMt+ 8.5	MT 9	Gem 9.5/10
48	Annika Sorenstam FL RC	12	20	30	100
57	Lorena Ochoa FL RC	6	8	10	25
— Tiger Woods #1 BGS 10 (Pristine) sold for $132 (eBay; 05/09)

2005 SP Authentic
		NmMt 8	NmMt+ 8.5	MT 9	Gem 9.5/10
104	Paula Creamer AU L1 RC	60	80	100	150

2005 SP Authentic Sign of the Times Single
		NmMt 8	NmMt+ 8.5	MT 9	Gem 9.5/10
TW	Tiger Woods	200	250	300	500

2014 SP Authentic
		NmMt 8	NmMt+ 8.5	MT 9	Gem 9.5/10
100	Rory McIlroy AU/299 RC	600	800	1,000	1,500

2014 SP Game Used
		NmMt 8	NmMt+ 8.5	MT 9	Gem 9.5/10
56	Rory McIlroy Shirt AU/199 RC	400	500	600	1,000

HOCKEY
1910 - 1980

1910-11 C56

#	Player	PrFr 1	GD 2	VG 3	VgEx 4	EX 5	ExMt 6	NM 7	NmMt 8
1	Frank Patrick RC	250	500	600	1,500	2,000			
2	Percy Lesueur RC	300	400	500	800	3,000			
3	Gordon Roberts RC	300	500	800	2,500	4,000	5,000		
4	Barney Holden RC	300	400	600	800	1,200			
5	Frank(Pud) Glass RC	80	300	400	600	1,000	2,500		
6	Edgar Dey RC	150	400	500	800	1,000			
7	Marty Walsh RC	100	200	600	1,500	3,000			
8	Art Ross RC	2,000			6,000	8,000			
9	Angus Campbell RC	80	120	200	300	600			
10	Harry Hyland RC	300	500	600	1,200				
11	Herb Clark RC	60	150	200	300				
12	Art Ross RC	500	800	1,000	1,500	2,500	5,000		
13	Ed Decary RC	100	300	800	2,000	2,500			
14	Tom Dunderdale RC	250	400	600	1,000	1,500			
15	Fred Taylor RC	550	800	1,500	12,000				
16	Jos. Cattarinich RC	200	400	600	1,200				
17	Bruce Stuart RC	150	250	400	800	1,000	1,500		
18	Nick Bawlf RC	150	250	300	400	800	2,500		
19	Jim Jones RC	200	400	500	800	1,000	2,000		
20	Ernest Russell RC	250	400	600	1,000	2,500	4,000		
21	Jack Laviolette RC	1,000	2,000	3,000					
22	Riley Hern RC	150	500	600	800	1,200			
23	Didier(Pit) Pitre RC	400	600	1,200	1,500	2,500	4,000		
24	Skinner Poulin RC	100	250	800	1,000	2,000	3,000		
25	Art Bernier RC	200	400	600	1,000	2,000			
26	Lester Patrick RC	800	1,500	2,500	3,000	4,000	5,000		
27	Fred Lake RC	60	100	150	200	400			
28	Paddy Moran RC	400	500	800	1,000	2,000			
29	C.Toms RC	200	300	600	1,000	1,500			
30	Ernest(Moose) Johnson RC	200	600	800	2,000	3,000	4,000		
31	Horace Gaul RC	80	200	250	300	500			
32	Harold McNamara RC	100	200	300	400	600			
33	Jack Marshall RC	250	800	1,500	2,000	2,500			
34	Bruce Ridpath RC	250	600	1,500	2,000	2,500			
35	Jack Marshall RC	250	500	1,500	2,000	2,500			
36	Newsy Lalonde RC	600	600	1,000	2,500	3,000			

—Nick Bawlf #18 PSA 7 (NM) sold for $1,792.77 (eBay; 3/16)
—Art Bernier #25 PSA 6 (ExMt) sold for $1,366 (eBay; 3/16)
—Joesph Cattarinich #16 PSA 6 (ExMt) sold for $1,144 (eBay; 3/16)
—Frank Glass #5 PSA 6 (ExMt) sold foe $896 (eBay; 3/16)
—Harry Hyland RC #10 PSA 6 (ExMt) sold for $1,910 (eBay; 1/14)
—Skinner Poulin #24 PSA 7 (NrMt) sold for $2,911 (Mastro; 4/07)

1911-12 C55

#	Player	PrFr 1	GD 2	VG 3	VgEx 4	EX 5	ExMt 6	NM 7	NmMt 8
1	Paddy Moran	150	250	300	500	1,000			
2	Joe Hall RC	150	200	400	500	600			
3	Barney Holden	40	▲200	▲250	▲300	▲400	600		
4	Joe Malone RC	200	300	400	700	1,500	2,250		
5	Ed Oatman RC	150	250	300	400	800	1,000		
6	Tom Dunderdale	100	150	250	400	600	1,000		
7	Ken Mallen RC	50	▲100	▲150	▲200	▲250	500		
8	Jack MacDonald RC	100	120	150	200	300	800		
9	Fred Lake	▲80	▲150	▲250	▲300	▲500	▲800		
10	Albert Kerr RC	80	100	150	250	400	600		
11	Marty Walsh	▲150	▲200	▲300	▲400	500	800		
12	Hamby Shore RC	80	125	200	300	400	600		
13	Alex Currie RC	60	100	150	200	300	600		
14	Bruce Ridpath	40	60	80	100	200	300		
15	Bruce Stuart	100	150	300	500	600	1,000		
16	Percy Lesueur	125	200	300	400	500	800		
17	Jack Darragh RC	60	100	▲250	300	400	800		
18	Steve Vair RC	50	80	100	150	200	400		
19	Don Smith RC	50	80	125	150	300	700		
20	Fred Taylor	300	400	500	800	1,500	2,400		
21	Bert Lindsay RC	40	100	150	250	350	600		
22	H.L.(Larry) Gilmour RC	▲100	▲200	▲250	▲300	400	600		
23	Bobby Rowe RC	80	150	200	300	500	800		
24	Sprague Cleghorn RC	125	250	500	600	1,200	2,000		
25	Odie Cleghorn RC	▲100	▲200	▲250	▲300	▲400	600		
26	Skene Ronan RC	▲200	▲250	▲300	▲400	▲500	▲600		
27A	W.Smaill RC Hand on stk	120	200	300	600	1,200			
27B	W.Smaill RC Hand on hip	150	300	800	1,200				
28	Ernest(Moose) Johnson	60	100	125	200	400	800		
29	Jack Marshall	50	100	150	200	300	600		
30	Harry Hyland	50	80	125	250	350	600		
31	Art Ross	300	500	700	1,000	1,500	2,000		
32	Riley Hern	80	125	200	300	500	800		
33	Gordon Roberts	150	250	300	500	800	400		
34	Frank Glass	▲100	▲150	▲200	▲250	▲400	▲500		
35	Ernest Russell	▲150	▲250	▲300	▲400	500	800		
36	James Gardner UER RC	60	100	150	300	600			
37	Art Bernier	40	60	100	150	250	500		
38	Georges Vezina RC	2,500	8,000	15,000	20,000	25,000			
39	G.(Henri) Dallaire RC	▲200	▲250	▲300	▲400	▲500	▲600		
40	R.(Rocket) Power RC	60	100	150	250	300	800		
41	Didier(Pit) Pitre	▲150	▲250	▲400	▲600	▲800			
42	Newsy Lalonde	250	400	500	800	1,000	2,000		
43	Eugene Payan RC	▲100	▲150	▲200	▲250	300	500		
44	George Poulin RC	50	80	125	200	300	600		
45	Jack Laviolette	▲150	▲250	▲300	▲500	▲600	1,500		

—Jack Darragh RC #17 PSA 7 (NM MT) sold for $1,085 (eBay, 1/14)
—Bert Lindsay #21 PSA 8 (NM MT) sold for $4,176 (eBay, 8/13)
—Ed Oatman RC #5 PSA 8 (NM MT) sold for $2,010 (eBay, 8/13)
—Walter Smaill #27A PSA 8 (NM MT) sold for $7,620 (eBay, 8/13)
—Fred Taylor #20 SCG 8 (NM MT) sold for $3,438 (Mile High; 1/16)
—Fred Taylor #20 PSA 6 (NM) sold for $1,812.50 (eBay, 2/14)
—George Vezina #38 SGC 6 (ExMt) sold for $1,910 (eBay, 07/09)
—George Vezina #38 SGC 96 (MT) sold for $100,000 (BMW, private sale)
—George Vezina #38 PSA 7 (NM) sold for $11,000 (Mastro, 12/08)
—George Vezina #38 SGC 20 (Fair) sold for $1,535 (eBay, 05/08)
—George Vezina #38 PSA 7 (NM) sold for $20,698.50 (eBay, 03/14)

1933-34 O-Pee-Chee V304A Red

#	Player	PrFr 1	GD 2	VG 3	VgEx 4	EX 5	ExMt 6	NM 7	NmMt 8
1	Danny Cox RC	35	60	100	150	300			
2	Joe Lamb RC	30	40	80	100	200	300	400	
3	Eddie Shore RC	500	1,200	2,500	4,000	6,000			
4	Ken Doraty RC	30	40	60	100	200			
5	Fred Hitchman RC	30	40	80	200	300	600		
6	Nels Stewart RC	150	250	400	500	1,000			
7	Walter Galbraith RC	50	80	100	150	200	400		
8	Dit Clapper RC	150	200	300	600	1,000	2,000		
9	Harry Oliver RC	80	150	250	300	500	800		
10	Red Horner RC	50	80	120	200	300			
11	Alex Levinsky RC	30	40	60	100	200	400		
12	Joe Primeau RC	125	300	400	500	800	1,200		
13	Ace Bailey RC	150	300	400	500	600	800		
14	George Patterson RC	30	40	60	100	150			
15	George Hainsworth RC	▲200	▲300	▲400	▲500	800	1,500		
16	Ott Heller RC	30	40	60	100	150			
17	Art Somers RC	30	40	60	100	150			
18	Lorne Chabot RC	60	100	125	250	400			
19	Johnny Gagnon RC	30	40	60	100	200	400		
20	Pit Lepine RC	60	80	120	200	300	500		
21	Wildor Larochelle RC	50	80	100	200	300	600		
22	Georges Mantha RC	50	100	250	400	600			
23	Howie Morenz RC	500	600	1,200	2,000	3,000	4,000		
24	Syd Howe RC	100	300	400	500	800	1,200		
25	Frank Finnigan RC	30	40	60	100	150			
26	Bill Touhey RC	30	40	60	100	150			
27	Cooney Weiland RC	80	100	150	250	400	600		
28	Leo Bourgeault RC	35	50	100	150	250			
29	Normie Himes RC	30	40	60	120	150	300		
30	Johnny Sheppard RC	30	40	60	100	150			
31	King Clancy RC	250	500	600	800	1,200	2,000		
32	Hap Day RC	50	100	300	400	500			
33	Busher Jackson RC	100	150	250	300	500	1,000		
34	Charlie Conacher RC	100	150	250	350	800			
35	Harold Cotton RC	50	60	100	150	200	350		
36	Butch Keeling RC	30	40	60	100	150			

		PrFr 1	GD 2	VG 3	VgEx 4	EX 5	ExMt 6	NM 7	NmMt 8
7	Murray Murdoch RC	35	40	60	100	200	300	400	
8	Bill Cook	100	150	200	250	400	600		
9	Ching Johnson RC	60	100	150	250	400	600		
10	Hap Emms RC	30	40	60	100	150			
11	Bert McInenly RC	30	40	60	100	150			
12	John Sorrell RC	50	100	150	200	250	300		
13	Bill Phillips RC	60	80	150	200	400	600		
14	Charley McVeigh RC	60	80	120	200	300		1,200	
15	Roy Worters RC	150	▲250	300	▼400	600	800		
16	Albert Leduc RC	40	50	80	120	200			
17	Nick Wasnie RC	30	40	60	100	150	500		
18	Armand Mondou RC	50	80	100	150	200			

—Ace Bailey #13 PSA 7 (NM) sold for $1,154 (eBay; 6/13)
—Dit Clapper #8 PSA 8 (NmMt) sold for $5,008 (eBay; 5/12)
—Dit Clapper #8 PSA 7.5 (NmMt) sold for $854 (eBay; 9/14)
—Butch Keeling #36 PSA 7 (NM) sold for $1,475 (eBay; 2/13)
—Cooney Weiland #27 PSA 7 (NM) sold for $1,283 (eBay; 2/16)

1933-34 O-Pee-Chee V304B

		PrFr 1	GD 2	VG 3	VgEx 4	EX 5	ExMt 6	NM 7	NmMt 8
19	Babe Siebert RC	50	80	120	300	800			
20	Aurel Joliat	150	250	400	500	800	2,000		
21	Larry Aurie RC	50	80	100	200	250	400		
22	Ebbie Goodfellow RC	60	100	150	250	400	1,000	2,000	
23	John Roach	30	50	100	300	500			
24	Bill Beveridge RC	80	200	500	600	800	1,000		
25	Earl Robinson RC	80	150	400	600	800	1,200		
26	Jimmy Ward RC	30	50	80	100	200			
27	Archie Wilcox RC	25	40	60	100	150	350		
28	Lorne Duguid RC	25	40	60	100	150	350		
29	Dave Kerr RC	30	80	100	150	200			
30	Baldy Northcott RC	50	80	250	400	500	800		
31	Marvin Wentworth RC	60	100	200	300	400	600		
32	Dave Trottier RC	30	50	80	125	150	250		
33	Wally Kilrea RC	40	60	100	150	250	400		4,000
34	Glen Brydson RC	30	40	60	100	150			
35	Vernon Ayres RC	25	40	60	100	150			
36	Bob Gracie RC	25	40	60	100	150	400		
37	Vic Ripley RC	30	50	80	125	250			
38	Tiny Thompson RC	250	600	800	1,000	1,500	2,000		
39	Alex Smith RC	25	40	60	100	150			
40	Andy Blair RC	25	40	60	100	150			
41	Cecil Dillon RC	25	40	60	125	200	600		
42	Bun Cook RC	50	80	120	200	600			

—Tiny Thompson #68 PSA 7 (NM) sold for $1,865 (eBay; 4/16)

1933-34 V357 Ice Kings

		PrFr 1	GD 2	VG 3	VgEx 4	EX 5	ExMt 6	NM 7	NmMt 8
1	Dit Clapper RC	40	75	125	250	400	1,500		
2	Bill Brydge RC	25	30	50	80	150			
3	Aurel Joliat UER	50	100	200	300	400	700		
4	Andy Blair	25	30	50	80	100	150		
5	Earl Robinson RC	25	30	50	80	100	150		
6	Paul Haynes RC	25	30	50	80	100	150		
7	Ronnie Martin RC	25	30	50	80	100	150		
8	Babe Siebert RC	25	50	100	150	200	500		
9	Archie Wilcox RC	25	30	50	80	100	150		
10	Hap Day	35	50	80	125	250			
11	Roy Worters RC	50	80	150	200	350			
12	Nels Stewart RC	40	60	100	200	300	500		
13	King Clancy	40	80	120	200	300	600		
14	Marty Burke RC	30	40	60	100	200			
15	Cecil Dillon RC	25	30	50	80	100			
16	Red Horner RC	50	60	100	150	300			
17	Armand Mondou RC	25	30	50	80	100	150		
18	Paul Raymond RC	25	30	50	80	100			
19	Dave Kerr RC	25	30	50	80	100	150	250	
20	Butch Keeling RC	25	30	50	80	100	150	300	
21	Johnny Gagnon RC	25	30	50	80	100	150	250	
22	Ace Bailey RC	40	80	120	200	300			
23	Harry Oliver RC	30	40	60	100	150	250	400	
24	Gerald Carson RC	25	30	50	80	100	150	200	
25	Red Dutton RC	25	35	50	80	125	200		
26	Georges Mantha RC	25	30	50	80	100	200		
27	Marty Barry RC	40	50	80	125	175	250		
28	Wildor Larochelle RC	25	30	50	80	100	150		
29	Red Beattie RC	25	30	50	80	100	150		
30	Bill Cook	40	50	80	125	175	250		
31	Hooley Smith	50	60	100	150	200	350		
32	Art Chapman RC	25	30	50	80	100	150		
33	Harold Cotton RC	30	50	80	100	150	250		
34	Lionel Hitchman RC	30	40	60	100	150	250		
35	George Patterson RC	25	30	50	80	100	150		
36	Howie Morenz	150	250	400	800				
37	Jimmy Ward RC	25	30	50	80	100	150		
38	Charley McVeigh RC	25	35	50	80	125	175		
39	Glen Brydson RC	25	35	50	80	125	175		
40	Joe Primeau RC	100	125	200	300	500	800		

		PrFr 1	GD 2	VG 3	VgEx 4	EX 5	ExMt 6	NM 7	NmMt 8
41	Joe Lamb RC	30	40	60	100	150	200	350	
42	Sylvio Mantha	50	60	100	150	225	350		
43	Cy Wentworth RC	30	40	60	100	200	400		
44	Normie Himes RC	25	35	50	80	125	175		
45	Doug Brennan RC	25	30	50	80	100	150		
46	Pit Lepine RC	25	30	50	80	100			
47	Alex Levinsky RC	25	35	50	80	125	175		
48	Baldy Northcott RC	25	35	50	80	125	175		
49	Ken Doraty RC	25	35	50	80	125			
50	Bill Thoms RC	25	35	50	80	125			
51	Vernon Ayres RC	25	35	50	60	150			
52	Lorne Duguid RC	25	35	50	80	125			
53	Wally Kilrea RC	25	35	50	80	125			
54	Vic Ripley RC	25	35	50	80	125			
55	Hap Emms RC	25	35	50	80	125			
56	Duke Dutkowski RC	25	35	50	80	125			
57	Tiny Thompson RC	200	250	300	400	500	1,500		
58	Charlie Sands RC	25	35	50	80	125			
59	Larry Aurie RC	25	35	50	80	125			
60	Bill Beveridge RC	25	35	50	80	125			
61	Bill McKenzie RC	25	35	50	80	125			
62	Earl Roche RC	25	35	50	80	125			
63	Bob Gracie RC	25	35	50	80	125			
64	Hec Kilrea RC	25	35	50	80	125			
65	Cooney Weiland RC	125	150	200	250	400			
66	Bun Cook RC	40	60	100	150	300			
67	John Roach	25	35	50	80	125	175		
68	Murray Murdoch RC	25	35	50	80	125			
69	Danny Cox RC	25	35	50	80	125			
70	Desse Roche RC	25	35	50	80	150			
71	Lorne Chabot RC	125	150	200	300	400			
72	Syd Howe RC	40	60	100	150				

—Ace Bailey #22 PSA 7 (NrMt) sold for $756 (eBay; 9/12)
—Armand Mondou #17 PSA 8 (NmMt) sold for $1,127 (eBay; 9/12)
—Aurel Joliat #3 PSA 7 (NrMt) sold for $1,153 (eBay; 9/12)
—Bill Brydge #2 PSA 8 (NmMt) sold for $1,143 (eBay; 9/12)
—Hap Day #10 PSA 8 (NmMt) sold for $592 (eBay; 9/12)
—King Clancy #13 PSA 8 (NmMt) sold for $2,385 (Mile High; 1/12)
—Nels Stewart #12 PSA 8 (NmMt) sold for $1,432 (eBay; 9/14)

1935-36 O-Pee-Chee V304C

		PrFr 1	GD 2	VG 3	VgEx 4	EX 5	ExMt 6	NM 7	NmMt 8
73	Wilfred Cude RC	▲150	▲200	▲250	▲400	600			
74	Jack McGill RC	30	50	100	150				
75	Russ Blinco RC	40	60	100	200				
76	Hooley Smith	60	100	150	300				
77	Herb Cain RC	30	50	80	125	250			
78	Gus Marker RC	60	100	150	400				
79	Lynn Patrick RC	50	80	125	200				
80	Johnny Gottselig	30	50	80	125				
81	Marty Barry	35	60	100	250	400			
82	Sylvio Mantha	80	125	200	400				
83	Flash Hollett RC	30	50	80	200	500	600	800	1,000
84	Nick Metz RC	30	50	80	150				
85	Bill Thoms	40	80	100	250				
86	Hec Kilrea	30	50	80	150				
87	Pep Kelly RC	30	50	80	150				
88	Art Jackson RC	30	50	80	150				
89	Allan Shields RC	30	50	80	150				
90	Buzz Boll	40	60	100	200	▼250			
91	Jean Pusie RC	50	80	▼150	400				
92	Roger Jenkins RC	50	80	150	250	500			
93	Arthur Coulter RC	50	100	200	300	1,000			
94	Art Chapman	30	50	80	125				
95	Paul Haynes	35	60	100	150				
96	Leroy Goldsworthy RC	50	80	125	200	250	300		

1936-37 O-Pee-Chee V304D

		PrFr 1	GD 2	VG 3	VgEx 4	EX 5	ExMt 6	NM 7	NmMt 8
97	Turk Broda RC	150	300	800	1,500	6,000	10,000		
98	Sweeney Schriner RC	50	150	200	300	800	1,200		
99	Jack Shill RC	25	40	60	100	150	200		
100	Bob Davidson RC	35	60	80	200	250	400		
101	Syl Apps RC	100	250	400	600	800	3,000		
102	Lionel Conacher RC	60	150	250	400	500	600		
103	Jimmy Fowler RC	30	50	80	120	200	300		
104	Al Murray RC	25	40	60	100	150	250		
105	Neil Colville RC	60	150	250	400	500	1,500		
106	Paul Runge RC	25	40	60	100	150	200		
107	Mike Karakas RC	100	200	▼300	500	600	800		
108	John Gallagher RC	25	40	60	100	150	250	300	
109	Alex Shibicky RC	35	60	100	150	200	300		
110	Herb Cain	35	60	100	150	200	300		
111	Bill McKenzie	30	60	100	250	300	500		
112	Harold Jackson	40	60	80	125	200	300		
113	Art Wiebe	25	40	60	100	150	200	250	300
114	Joffre Desilets RC	25	40	60	100	150	250		
115	Earl Robinson	25	40	60	100	200	300		

		PrFr 1	GD 2	VG 3	VgEx 4	EX 5	ExMt 6	NM 7	NmMt 8
116	Cy Wentworth	35	60	80	125	200	250		
117	Ebbie Goodfellow	40	60	100	250	300	400		
118	Eddie Shore	200	600	800	1,000	1,500	2,000		
119	Buzz Boll	25	40	60	100	150	250		
120	Wilfred Cude	30	50	80	150	300	600		
121	Howie Morenz	250	400	600	800	1,500	2,000		
122	Red Horner	50	125	200	300	400	600		
123	Charlie Conacher	100	250	▼300	600	800	1,000		
124	Busher Jackson	60	150	250	300	400	800		
125	King Clancy	100	250	400	500	600	1,000		
126	Dave Trottier	30	50	80	125	200	300		
127	Russ Blinco	25	40	60	100	200	400	800	
128	Lynn Patrick	50	120	200	300	400	500		
129	Aurel Joliat	80	200	300	500	600	800		
130	Baldy Northcott	25	50	100	150	200	250		
131	Larry Aurie	25	40	100	150	225	300		
132	Hooley Smith	40	80	120	200	300	400		

—Turk Broda #97 PSA 8 (NmMt) sold for $3,6192.00 (eBay; 11/11)
—Charlie Conacher #123 SGC 9 (Mint) sold for $4,633.86.00 (Goodwin; 7/12)
—Aurel Joliat #129 SGC 8 (NRMint) sold for $1,036 (eBay; 3/14)
—Aurel Joliat #129 SGC 7 (NRMint) sold for $837 (eBay; 9/14)

1937-38 O-Pee-Chee V304E

		PrFr 1	GD 2	VG 3	VgEx 4	EX 5	ExMt 6	NM 7	NmMt 8
133	Turk Broda	200	300	400	500	800			
134	Red Horner	40	60	100	150	250			
135	Jimmy Fowler	30	40	60	100	300			
136	Bob Davidson	40	60	100	150	250	400		
137	Reg. Hamilton RC	25	40	50	100	200			
138	Charlie Conacher	100	150	300	400	500	1,000		
139	Busher Jackson	80	120	200	300				
140	Buzz Boll	25	40	50	60	200			
141	Syl Apps	60	100	150	250				
142	Gordie Drillon RC	125	200	600	800	1,000			
143	Bill Thoms	30	40	60	120	300	400	500	600
144	Nick Metz	40	60	100	150				
145	Pep Kelly	25	40	50	100				
146	Murray Armstrong RC	50	100	150	200	300	400	500	
147	Murph Chamberlain RC	30	40	90	100	300			
148	Des Smith RC	30	40	60	80	150	250		
149	Wilfred Cude	30	50	80	100				
150	Babe Siebert	50	80	200	250	300	400		
151	Bill MacKenzie	25	40	60	100	150	200		
152	Aurel Joliat	100	250	300	400	600			
153	Georges Mantha	25	40	50	60				
154	Johnny Gagnon	25	40	50	60	200			
155	Paul Haynes	40	80	100	150	200	300		
156	Joffre Desilets	40	60	100	150	200	300		
157	George Allen Brown RC	40	60	100	150	250	400		
158	Paul Drouin RC	25	40	50	60	80			
159	Pit Lepine	50	60	100	200	400	600		
160	Toe Blake RC	150	250	300	500				
161	Bill Beveridge	30	50	80	100				
162	Allan Shields	30	50	80	200	250	300		
163	Cy Wentworth	30	50	80	120				
164	Stew Evans RC	30	40	60	100	200	300	500	
165	Earl Robinson	40	60	100	200	300	400		
166	Baldy Northcott	30	50	80	100				
167	Paul Runge	25	40	50	60				
168	Dave Trottier	50	80	100	150	250	300		
169	Russ Blinco	25	40	50	60	200			
170	Jimmy Ward	30	50	80	150				
171	Bob Gracie	25	40	50	60				
172	Herb Cain	30	50	80	120	250	400		
173	Gus Marker	25	40	50	60				
174	Walter Buswell RC	50	100	200	250	300	400		
175	Carl Voss	30	50	80	120				
176	Rod Lorraine RC	25	40	50	60				
177	Armand Mondou	25	40	50	60				
178	Cliff(Red) Goupille RC	25	40	50	60	200			
179	Jerry Shannon RC	25	40	50	60				
180	Tom Cook RC	30	50	80	120				

—Carl Voss #175 PSA 7 (NM) sold for $902 (eBay; 3/16)

1939-40 O-Pee-Chee V301-1

		PrFr 1	GD 2	VG 3	VgEx 4	EX 5	ExMt 6	NM 7	NmMt 8
1	Reg Hamilton	15	25	35	60				
2	Turk Broda	100	150	200	250	300			
3	Bingo Kampman RC	15	25	35	50				
4	Gordie Drillon	20	25	40	80				
5	Bob Davidson	15	25	35	50				
6	Syl Apps	30	50	80	120				
7	Pete Langelle RC	15	30	50	100				
8	Don Metz RC	15	25	35	50				
9	Pep Kelly	15	25	35	50				
10	Red Horner	20	30	50	80				
11	Wally Stanowsky RC	15	25	35	50	200			
12	Murph Chamberlain	15	25	35	50				

		PrFr 1	GD 2	VG 3	VgEx 4	EX 5	ExMt 6	NM 7	NmMt 8
13	Bucko MacDonald	15	25	35	50				
14	Sweeney Schriner	20	30	50	80				
15	Billy Taylor RC	15	25	35	50				
16	Gus Marker	15	25	35	50				
17	Hooley Smith	20	30	50	80				
18	Art Chapman	15	25	35	50				
19	Murray Armstrong	15	25	35	50				
20	Busher Jackson	20	30	50	80	150			
21	Buzz Boll	15	25	35	50	60	80		
22	Cliff(Red) Goupille	15	25	35	50				
23	Rod Lorraine	15	25	35	50				
24	Paul Drouin	15	25	35	50				
25	Johnny Gagnon	15	25	35	50				
26	Georges Mantha	15	25	40	60				
27	Armand Mondou	15	25	40	60				
28	Claude Bourque RC	20	40	60	100				
29	Ray Getliffe RC	15	25	40	60				
30	Cy Wentworth	15	25	40	60				
31	Paul Haynes	15	25	35	50				
32	Walter Buswell	15	25	35	50				
33	Ott Heller	15	25	35	50				
34	Arthur Coulter	15	25	35	60				
35	Clint Smith RC	20	30	50	80	250			
36	Lynn Patrick	20	30	50	80	125			
37	Dave Kerr	15	25	40	60				
38	Murray Patrick RC	15	25	35	50				
39	Neil Colville	20	30	50	80				
40	Jack Portland RC	15	25	35	50				
41	Flash Hollett	15	25	35	50				
42	Herb Cain	20	30	50	80				
43	Mud Bruneteau	15	25	35	50				
44	Joffre DeSilets	15	25	35	50				
45	Mush March	15	25	35	50				
46	Cully Dahlstrom RC	15	25	35	50				
47	Mike Karakas	15	25	35	60				
48	Bill Thoms	15	25	35	50				
49	Art Wiebe	15	25	35	50				
50	Johnny Gottselig	15	25	35	50				
51	Nick Metz	15	25	35	50				
52	Jack Church RC	15	25	35	50				
53	Bob Heron RC	15	25	35	50				
54	Hank Goldup RC	15	25	35	50	80			
55	Jimmy Fowler	15	25	35	50				
56	Charlie Sands	15	25	35	50				
57	Marty Barry	15	25	35	60				
58	Doug Young	15	25	35	50				
59	Charlie Conacher	30	60	100	150	250			
60	John Sorrell	15	25	35	50				
61	Tommy Anderson RC	15	25	35	50	135			
62	Lorne Carr	15	25	35	50				
63	Earl Robertson RC	15	25	60	80				
64	Wilfy Field RC	15	25	35	50				
65	Jimmy Orlando RC	15	25	35	50				
66	Ebbie Goodfellow	15	30	50	80	100			
67	Jack Keating RC	15	25	35	50	80			
68	Sid Abel RC	60	100	200	500	800	1,500		
69	Gus Giesebrecht RC	15	25	35	50				
70	Don Deacon RC	15	25	35	50	80			
71	Hec Kilrea	15	25	35	50				
72	Syd Howe	20	30	50	80				
73	Eddie Wares RC	15	25	35	50	80			
74	Carl Liscombe RC	15	25	35	50				
75	Tiny Thompson	20	30	80	200	300	800		
76	Earl Seibert RC	15	25	35	50				
77	Des Smith RC	15	25	35	50	80			
78	Les Cunningham RC	15	25	35	50				
79	George Allen RC	15	25	35	50				
80	Bill Carse RC	15	25	35	50				
81	Bill McKenzie	15	25	35	50				
82	Ab DeMarco RC	15	30	50	80	150			
83	Phil Watson	15	25	35	50				
84	Alf Pike RC	15	25	35	50				
85	Babe Pratt RC	15	200	250	300	400	800		
86	Bryan Hextall Sr. RC	20	30	50	200	300			
87	Kilby MacDonald RC	15	25	35	50				
88	Alex Shibicky	15	25	35	50	100			
89	Dutch Hiller RC	15	25	35	50				
90	Mac Colville	15	25	35	50				
91	Roy Conacher RC	20	30	50	80	125			
92	Cooney Weiland	20	30	50	80	125			
93	Art Jackson	15	25	35	50				
94	Woody Dumart RC	20	30	50	80	250			
95	Dit Clapper	30	50	80	120	200			
96	Mel Hill RC	20	30	50	80	150			
97	Frank Brimsek RC	50	80	120	200	300			
98	Bill Cowley RC	50	80	100	200	250			
99	Bobby Bauer RC	40	60	100	200				
100	Eddie Shore	100	150	250	400				

- Bryan Hextall #86 SGC 9 (Mint) sold for $1,705 (Mile High; 10/12)
- Bryan Hextall #86 PSA 8 (NM Mt) sold for $837 (eBay; 2/16)
- Rod Lorraine #23 SGC 9 (Mint) sold for $1,025 (Mile High; 5/12)
- Wally Stanowsky #11 SGC 8.5 (NmMt+) sold for $567 (Mile High; 5/12)

1951-52 Parkhurst

#	Player	GD 2	VG 3	VgEx 4	EX 5	ExMt 6	NM 7	NmMt 8	NmMt+ 8.5
1	Elmer Lach	100	200	250	800	1,500	2,500	5,000	
2	Paul Meger RC	50	100	250	400	800	1,500	5,000	
3	Butch Bouchard RC	100	▼200	400	▼500	800	1,000	2,000	
4	Maurice Richard RC	3,000	5,000	6,000	8,000	10,000	15,000		80,000
5	Bert Olmstead RC	40	60	150	200	400	600	1,500	
6	Bud MacPherson RC	50	100	▼125	300	400	800	1,000	
7	Tom Johnson RC	30	50	80	100	200	350	600	
8	Paul Masnick RC	▲30	▲50	▲60	80	100	200	300	
9	Calum Mackay RC	25	40	80	100	150	200	500	
10	Doug Harvey RC	400	600	1,000	1,200	2,000	2,500	4,000	
11	Ken Mosdell RC	25	40	60	125	250	400	800	
12	Floyd Curry RC	▲40	▲50	▲60	▲80	100	150	400	
13	Billy Reay RC	50	80	▼125	200	300	500	800	
14	Bernie Geoffrion RC	250	400	600	800	1,200	2,000	3,000	
15	Gerry McNeil RC	▲200	▲250	▲300	400	600	800	2,000	
16	Dick Gamble RC	50	80	150	200	400	600	800	
17	Gerry Couture RC	▲50	▲60	▲80	▲125	250	400	800	
18	Ross Robert Lowe RC	50	80	100	150	200	300	600	1,000
19	Jim Henry RC	25	40	80	250	300	400	500	
20	Victor Ivan Lynn	15	25	50	100	125	150	300	
21	Walter(Gus) Kyle RC	12	20	30	50	100	150	300	
22	Ed Sandford RC	12	20	30	50	100	▲200	▼4	
23	John Henderson RC	25	40	60	100	200	300	500	
24	Dunc Fisher RC	50	60	100	150	300	500	800	
25	Hal Laycoe RC	50	60	80	100	150	200	500	
26	Bill Quackenbush RC	▲125	▲150	▲200	▲250	▲300	▲500	400	
27	George Sullivan RC	▲40	▲80	▲125	▲200	▲250	▲300	600	
28	Woody Dumart RC	40	80	100	125	150	200	400	
29	Milt Schmidt	80	100	150	200	400	600	600	
30	Adam Brown RC	25	50	200	250	300	400	600	800
31	Pentti Lund RC	40	80	▼100	▼150	400	500	400	850
32	Ray Barry RC	▲15	▲30	▲50	▲60	125	150	250	
33	Ed Kryznowski UER RC	▲15	▲25	▲50	▲100	▲200	▲400	300	
34	Johnny Peirson RC	15	25	80	150	200	300	400	
35	Lorne Ferguson RC	50	60	80	100	125	200	400	
36	Clare(Rags) Raglan	▲25	▲30	▲60	80	▼100	300	500	
37	Bill Gadsby RC	100	200	400	500	600	800	1,200	
38	Al Dewsbury RC	40	50	60	100	150	250	400	
39	George Clare Martin RC	50	60	80	100	150	200	400	
40	Gus Bodnar RC	30	50	100	200	▼250	400	600	
41	Jim Peters RC	25	40	▲80	▲100	▲200	▲250	▲400	
42	Bep Guidolin RC	50	125	150	200	300	400	500	
43	George Gee RC	12	20	100	150	200	250	400	
44	Jim McFadden RC	50	60	80	100	200	300	400	
45	Fred Hucul RC	50	▼80	150	200	300	500	1,000	
46	Lee Fogolin	▲50	▲60	▲80	▲100	▲125	150	▼250	
47	Harry Lumley RC	50	100	250	400	500	600	▲1,000	1,500
48	Doug Bentley RC	▲30	50	▲100	▲200	▲300	▲500	800	
49	Bill Mosienko RC	60	100	150	200	500	600	800	
50	Roy Conacher RC	20	40	60	100	250	300	500	
51	Pete Babando RC	50	60	100	200	300	400	600	
52	B.Barilko/G.McNeil IA	▼250	▼400	1,000	1,200	1,500	2,000	3,000	
53	Jack Stewart	50	60	80	100	200	300	500	
54	Marty Pavelich RC	12	20	100	150	200	250	800	
55	Red Kelly RC	200	300	400	600	800	1,000	1,500	2,000
56	Ted Lindsay RC	200	400	500	600	▲1,200	▲1,500	▲2,000	
57	Glen Skov RC	50	100	125	250	400	500	1,200	
58	Benny Woit	25	40	60	100	200	300	500	
59	Tony Leswick RC	20	▲40	▲80	▲125	▲200	300	400	
60	Fred Glover RC	30	50	100	200	300	400	600	
61	Terry Sawchuk RC	1,200	2,000	2,500	3,000	4,000	5,000	12,000	
62	Vic Stasiuk RC	30	50	100	▼125	250	400	500	
63	Alex Delvecchio RC	▲250	▲300	400	500	600	▲1,200	1,500	2,000
64	Sid Abel	▲125	▲150	▲200	▲250	▲300	400	600	
65	Metro Prystai RC	30	50	100	200	300	400	500	
66	Gordie Howe RC	8,000	10,000	12,000	15,000	25,000	30,000	60,000	
67	Bob Goldham RC	▲30	▲50	125	150	200	250	400	
68	Marcel Pronovost RC	100	250	300	400	500	600	1,000	
69	Leo Reise	▼100	▼150	▼200	▼250	400	500	600	
70	Harry Watson RC	60	100	200	150	300	500	1,400	
71	Danny Lewicki RC	15	25	40	60	200	300	▼500	
72	Howie Meeker RC	60	125	200	300	400	600	2,000	
73	Gus Mortson RC	12	20	100	125	200	300	500	
74	Joe Klukay RC	15	30	50	80	120	250	1,000	
75	Turk Broda	150	250	300	400	600	2,000	4,000	
76	Al Rollins RC	▲100	▲125	▲150	▲200	▲250	▲500	1,500	
77	Bill Juzda RC	12	▲25	▲50	▲60	80	150	▲400	
78	Ray Timgren RC	15	30	100	150	250	400	300	
79	Hugh Bolton RC	25	40	60	250	400	500	800	
80	Fern Flaman RC	25	50	80	100	300	400	600	
81	Max Bentley	80	100	250	▼300	600	800	1,000	
82	Jim Thomson RC	40	80	100	150	200	250	400	
83	Fleming Mackell RC	15	30	50	80	100	200	400	
84	Sid Smith RC	20	▲40	▲80	▲100	▲150	250	400	
85	Cal Gardner RC	25	50	100	150	200	300	500	
86	Teeder Kennedy RC	▲200	250	300	400	▲600	▲800	▲1,000	2,500
87	Tod Sloan RC	▲30	▲50	▲60	80	125	200	300	
88	Bob Solinger	15	30	50	80	125	200	300	
89	Frank Eddolls RC	50	60	80	100	150	200	400	
90	Jack Evans RC	▲60	▲80	▲100	▲150	▲200	▲300	500	
91	Hy Buller RC	25	30	40	60	100	200	800	
92	Steve Kraftcheck	▲50	▲80	▲100	▲150	▲200	▲250	▲400	
93	Don Raleigh	▲60	▲80	▲100	▲150	▲200	▲300	▲500	
94	Allan Stanley RC	100	125	150	250	400	500	1,000	
95	Paul Ronty RC	40	50	80	150	200	250	400	
96	Edgar Laprade RC	25	50	▲100	▲200	250	300	600	
97	Nick Mickoski RC	30	60	80	150	250	300	400	
98	Jack McLeod RC	▲40	▲50	▲60	▲80	150	300	600	
99	Gaye Stewart	50	60	80	▲150	▲250	▲300	▲500	
100	Wally Hergesheimer RC	60	▲100	▲125	150	200	▲300	500	
101	Ed Kullman RC	25	40	80	100	125	200	400	
102	Ed Slowinski RC	40	50	100	125	150	250	1,000	
103	Reg Sinclair RC	▲25	▲40	▲60	100	250	400	3,000	
104	Chuck Rayner RC	▲80	▲150	200	250	300	400	600	
105	Jim Conacher RC	30	50	100	150	250	400	1,000	

- Pete Babando #51 PSA 7.5 (NrMt+) sold for $2,030 (eBay; 7/08)
- Bill Barilko/Gerry McNeil #53 PSA 9 (MT) sold for $5,612 (Memory Lane; 4/12)
- Bill Barilko/Gerry McNeil #53 PSA 8.5 (NmMt+) sold for $2,427 (Mile High; 5/12)
- Ray Barry #32 PSA 9 (MT) sold for $3,312 (Memory Lane; 7/12)
- Ray Barry #32 PSA 9 (MT) sold for $1,721 (eBay; 3/16)
- Doug Bentley #48 PSA 8.5 (NmMt+) sold for $1,332 (Mile High; 5/12)
- Doug Bentley #48 PSA 8.5 (NmMt+) sold for $7,200 (eBay; 8/08)
- Butch Bouchard #3 PSA 8.5 (NmMt+) sold for $7,200 (Mastro; 8/08)
- Turk Broda #75 PSA 8 (NmMt) sold for $3,065 (eBay; 3/14)
- Adam Brown #30 PSA 10 (Gem) sold for $6,000 (Mastro; 8/08)
- Adam Brown #30 PSA 9 (MT) sold for $1,256.50 (eBay; 5/16)
- Hy Buller #91 PSA 9 (MT) sold for $2,608.50 (eBay; 5/16)
- Roy Conacher #50 PSA 9 (MT) sold for $4,524 (eBay; 7/15)
- Gerry Couture RC #17 PSA 9 (MT) sold for $2,216 (Memory Lane; 12/13)
- Alex Delvecchio #63 PSA 8 (NmMt) sold for $4,859 (eBay; 8/12)
- Alex Delvecchio #63 PSA 9 (MT) sold for $3,708 (eBay; 3/13)
- Jack Evans #90 PSA 9 (NmMt) sold for $2,379 (eBay; 6/12)
- Bill Gadsby #37 PSA 9 (MT) sold for $2,549 (Memory Lane; 5/13)
- George Gee #43 PSA 9 (MT) sold for $2,489 (Memory Lane; 7/12)
- Bob Goldman #67 PSA 10 (GEM) sold for $6,000 (Mastro; 8/08)
- Bep Guidolin #42 PSA 8.5 (NmMt+) sold for $6,000 (Mastro; 8/08)
- Doug Harvey #10 PSA 9 (MT) sold for $5,620 (eBay; 3/13)
- Doug Harvey #10 PSA 9 (MT) sold for $3,000 (eBay; 9/08)
- Jim Henry #19 PSA 9 (MT) sold for $2,005 (Mile High; 5/12)
- Jim Henry #19 PSA 9 (MT) sold for $3,204 (eBay; 10/08)
- Gordie Howe #66 SGC 9 (MT) sold for $29,372 (Goodwin; 9/15)
- Gordie Howe #66 SGC 8.5 (NmMt+) sold for $21,493 (Mile High; 7/15)
- Gordie Howe #66 PSA 8.5 (NmMt+) sold for $26,300 (eBay; 3/13)
- Fred Hucul #45 PSA 9 (MT) sold for $1,307 (eBay; 1/07)
- Fred Hucul #45 PSA 9 (MT) sold for $1,840 (eBay; 3/16)
- Tom Johnson #7 PSA 9 (MT) sold for $4,191 (eBay; 10/15)
- Ed Kryznowski #33 PSA 9 (Mint) sold for $1,034 (Memory Lane; 7/12)
- Hal Laycoe #25 PSA 9 (MT) sold for $1,367 (Mile High; 5/12)
- Hal Laycoe #25 PSA 9 (MT) sold for $2,480 (Mile High; 1/07)
- Danny Lewicki #71 PSA 9 (MT) sold for $2,263 (Memory Lane; 4/12)
- Ted Lindsay #56 PSA 9 (MT) sold for $7,714 (Memory Lane; 12/06)
- Ted Lindsay #56 SGC 9 (MT) sold for $2,323 (Goodwin; 3/13)
- Robert Lowe #18 PSA 9 (MT) sold for $2,738 (Mile High; 5/12)
- Harry Lumley #47 PSA 9 (MT) sold for $1,923 (eBay; 3/13)
- Jim McFadden #44 PSA 9 (MT) sold for $1,830 (eBay; 7/08)
- George Martin #39 PSA 9 (MT) sold for $1,627 (Memory Lane; 7/12)
- George Martin #39 PSA 9 (MT) sold for $2,534 (Memory Lane; 4/07)
- George Martin #39 PSA 9 (MT) sold for $1,704 (eBay; 10/08)
- Paul Meger #2 PSA 8 (NmMt) sold for $3,844 (Goodwin; 9/11)
- Ken Mosdell #11 PSA 9 (MT) sold for $3,300 (eBay; 9/08)
- Bill Mosienko #49 PSA 9 (MT) sold for $2,670 (Mile High; 5/12)
- Marcel Pronovost #68 PSA 8.5 (NmMt+) sold for $2,167 (Mile High; 5/12)
- Bill Quackenbush #26 PSA 9 (MT) sold for $3,600 (eBay; 9/08)
- Don Raleigh #93 PSA 9 (MT) sold for $1,700 (Memory Lane; 4/12)
- Maurice Richard #4 PSA 9 (MT) sold for $30,100 (eBay; 3/13)
- Maurice Richard #4 PSA 9 (MT) sold for $9,008 (eBay; 11/14)
- Maurice Richard #4 PSA 9 (MT) sold for $8,295 (Robert Edward; Fall 2013)
- Maurice Richard #4 PSA 5 (Ex) sold for $1,369 (eBay; 1/14)
- Maurice Richard #4 PSA 9 (MT) sold for $30,100 (eBay; 3/13)
- Maurice Richard #4 PSA 9 (MT) sold for $9,008 (eBay; 11/14)
- Maurice Richard #4 PSA 9 (MT) sold for $8,295 (Robert Edward; Fall 2013)
- Maurice Richard #4 PSA 5 (Ex) sold for $1,369 (eBay; 1/14)
- Paul Ronty #95 PSA 9 (MT) sold for $2,489 (Memory Lane; 4/12)
- Paul Ronty #95 PSA 9 (MT) sold for $1,262 (eBay; 3/20)
- Terry Sawchuk #61 PSA 9 (MT) sold for $6,600 (Mastro; 8/08)
- Terry Sawchuk #61 PSA 8.5 (NmMt+) sold for $4,041 (eBay; 11/15)
- Milt Schmidt #29 PSA 9 (MT) sold for $1,902 (Memory Lane; 7/12)
- Milt Schmidt #29 SGC 9 (MT) sold for $2,750 (eBay; 1/16)
- Allen Stanley #94 PSA 9 (MT) sold for $3,232 (Mile High; 5/12)
- Jack Stewart #53 PSA 9 (MT) sold for $2,520 (Mastro; 8/08)
- Jack Stewart #53 PSA 8.5 (NrMt+) sold for $772 (eBay; 2/14)

1952-53 Parkhurst

#	Player	PrFr 1	GD 2	VG 3	VgEx 4	EX 5	ExMt 6	NM 7	NmMt 8
1	Maurice Richard	300	600	800	1,000	1,500	2,000	3,000	
2	Billy Reay	5	10	15	25	40	80	150	
3	Bernie Geoffrion UER	30	60	100	200	400	500	600	2,000
4	Paul Meger	30	40	60	100	150	200	250	400
5	Dick Gamble	10	20	30	40	50	80	250	
6	Elmer Lach	8	15	25	30	40	60	120	300
7	Floyd(Busher) Curry	8	15	25	40	50	100	250	500
8	Ken Mosdell	5	10	15	20	25	40	80	250
9	Tom Johnson	20	30	40	60	100	150	200	400
10	Dickie Moore RC	50	100	150	200	250	400	600	2,000
11	Bud MacPherson	5	8	12	15	20	30	80	200
12	Gerry McNeil	12	25	40	60	150	200	400	
13	Butch Bouchard	5	10	20	30	40	50	200	300
14	Doug Harvey	▲30	▲50	▲100	▲125	▲150	300	400	600
15	John McCormack	10	15	20	30	60	80	200	
16	Pete Babando	15	20	30	40	80	125	150	300
17	Al Dewsbury	10	15	25	30	50	100	300	
18	Ed Kullman	6	10	15	30	40	50	100	200
19	Ed Slowinski	5	8	12	15	20	25	80	250
20	Wally Hergesheimer	5	10	15	20	25	40	80	250
21	Allan Stanley	10	20	30	40	50	60	120	250
22	Chuck Rayner	10	20	40	60	80	100	200	300
23	Steve Kraftcheck	20	30	50	100	200	250	300	400
24	Paul Ronty	5	8	12	15	20	30	80	175
25	Gaye Stewart	5	8	12	15	20	30	80	250
26	Fred Hucul	5	8	12	15	20	40	80	
27	Bill Mosienko	10	25	60	80	100	150	200	400
28	Jim Morrison RC	10	40	50	100	150	250	300	600
29	Ed Kryznowski	6	10	15	20	30	50	100	300
30	Cal Gardner	▲20	▲50	▲100	▲125	▲150	▲200	▲300	▲500
31	Al Rollins	8	15	25	30	40	60	100	200
32	Enio Sclisizzi RC	12	20	30	40	50	100	200	
33	Pete Conacher RC	5	10	15	20	40	50	100	250
34	Leo Boivin RC	50	80	100	125	200	400	600	1,000
35	Jim Peters	10	10	20	30	40	80	125	400
36	George Gee	5	8	12	20	40	60	100	200
37	Gus Bodnar	6	12	30	40	50	60	80	200
38	Jim McFadden	5	8	12	15	20	25	80	200
39	Gus Mortson	5	10	15	20	25	40	80	200
40	Fred Glover	5	8	12	15	20	25	60	225
41	Gerry Couture	5	8	12	25	50	80	150	250
42	Howie Meeker	15	30	60	80	100	200	400	600
43	Jim Thomson	10	20	30	50	80	100	250	400
44	Teeder Kennedy	12	25	40	50	60	100	250	
45	Sid Smith	10	20	30	40	80	125	200	500
46	Harry Watson	6	12	20	25	50	60	125	400
47	Fern Flaman	5	10	15	30	50	80	150	250
48	Tod Sloan	5	10	15	20	25	40	60	250
49	Leo Reise	10	20	30	40	60	100	200	400
50	Bob Solinger	5	8	12	15	25	50	150	250
51	George Armstrong RC	125	200	▼250	400	500	800	1,500	2,500
52	Dollard St.Laurent RC	6	12	20	25	30	60	125	400
53	Alex Delvecchio	40	60	150	200	250	300	500	
54	Gord Hannigan RC	10	15	20	40	80	100	150	300
55	Lee Fogolin	25	40	50	60	80	100	150	300
56	Bill Gadsby	▲15	▲25	▲40	▲60	▲100	▲150	▲200	▲500
57	Herb Dickenson RC	6	10	15	20	30	80	200	
58	Tim Horton RC	▼800	1,200	1,500	2,500	▼3,000	5,000	8,000	15,000
59	Harry Lumley	12	25	40	60	100	200	300	500
60	Metro Prystai	12	10	20	25	50	80	100	200
61	Marcel Pronovost	5	10	15	30	50	100	200	
62	Benny Woit	6	10	20	40	100	125	200	400
63	Glen Skov	5	8	12	20	40	50	100	300
64	Bob Goldham	10	15	25	50	100	150	200	
65	Tony Leswick	5	8	12	15	20	30	80	250
66	Marty Pavelich	5	8	12	15	25	40	80	200
67	Red Kelly	20	30	40	60	100	150	200	300
68	Bill Quackenbush	6	12	20	30	50	100	150	
69	Ed Sandford	5	8	12	15	20	30	80	250
70	Milt Schmidt	8	15	25	30	40	60	150	
71	Hal Laycoe	5	10	20	25	40	60	100	250
72	Woody Dumart	6	12	20	30	40	60	150	300
73	Zellio Toppazzini	6	40	50	60	80	100	150	300
74	Jim Henry	5	10	15	20	25	50	80	200
75	Joe Klukay	5	8	12	15	50	60	125	200
76	Dave Creighton RC	10	20	25	50	80	100	200	400
77	Jack McIntyre	5	8	12	15	25	50	80	125
78	Johnny Peirson	6	10	15	20	40	50	100	
79	George Sullivan	6	10	20	40	100	125	200	400
80	Real Chevrefils RC	6	12	20	40	50	60	125	300
81	Leo Labine RC	8	15	25	40	80	100	150	400
82	Fleming Mackell	6	12	20	25	30	60	100	250
83	Pentti Lund	6	10	15	20	30	80	150	300
84	Bob Armstrong RC	8	15	20	40	80	100	125	
85	Warren Godfrey RC	10	20	30	50	100	150	250	
86	Terry Sawchuk	▲80	▲200	▲250	▲300	400	500	▲800	2,000
87	Ted Lindsay	50	80	100	150	250	400	500	600
88	Gordie Howe	▲800	▲1,000	▲1,500	▲2,000	▲2,500	3,000	4,000	5,000
89	Johnny Wilson RC	6	12	20	25	30	100	200	
90	Vic Stasiuk	5	10	15	20	25	40	100	200
91	Larry Zeidel	5	8	12	15	20	30	80	300
92	Larry Wilson RC	10	15	25	40	80	125	200	
93	Bert Olmstead	▲10	▲15	▲25	▲40	▲80	▲200	▲300	▲400
94	Ron Stewart RC	10	15	25	50	100	150	250	400
95	Max Bentley	6	12	20	25	30	50	150	350
96	Rudy Migay RC	6	10	15	20	30	60	100	
97	Jack Stoddard	5	8	12	15	20	25	80	250
98	Hy Buller	5	8	12	15	20	50	100	
99	Don Raleigh UER	5	8	12	15	20	30	80	250
100	Edgar Laprade	5	10	20	40	100	125	150	250
101	Nick Mickoski	5	10	15	30	60	150	200	
102	Jack McLeod UER	10	15	25	40	50	100	200	400
103	Jim Conacher	6	10	15	20	25	50	100	225
104	Reg Sinclair	6	15	20	30	60	100	250	400
105	Bob Hassard RC	15	30	40	50	60	80	350	

—Bob Armstrong #84 PSA 8 (NmMt) sold for $430.05 (Mile High; 11/11)
—George Armstrong #51 PSA 8 (NmMt) sold for $1,932.38 (eBay; 5/12)
—George Armstrong #51 PSA 8 (NmMt) sold for $1,221 (Mile High; 10/12)
—Dick Gamble #5 PSA 8 (NmMt) sold for $667 (eBay; 7/11)
—Bernie Geoffrion #5 PSA 8.5 (NmMt+) sold for $1,152 (eBay; 2/13)
—Tim Horton #58 PSA 8.5 (NmMt+) sold for $3,406.33 (eBay; 9/12)
—Tim Horton #58 PSA 8 (NmMt) sold for $3,270 (eBay; 2/14)
—Gordie Howe #88 SGC 9 (MT) sold for $3,828 (eBay; 7/12)
—Howie Meeker #42 PSA 9 (MT) sold for $1,096 (eBay; 3/16)
—Dickie Moore #10 PSA 8 (NmMt) sold for $1,377 (eBay; 7/11)

1953-54 Parkhurst

#	Player	PrFr 1	GD 2	VG 3	VgEx 4	EX 5	ExMt 6	NM 7	NmMt 8
1	Harry Lumley	40	60	125	▲250	▲400	600	1,000	4,000
2	Sid Smith	8	12	25	50	80	150	250	
3	Gord Hannigan	5	6	12	20	30	40	100	
4	Bob Hassard	5	6	12	20	25	40	60	
5	Tod Sloan	5	6	12	20	25	40	60	200
6	Leo Boivin	5	6	12	20	25	40	100	300
7	Teeder Kennedy	10	15	60	100	125	150	200	300
8	Jim Thomson	5	▲10	▲15	▲25	▲40	▲80	▲150	▲300
9	Ron Stewart	5	6	12	20	30	60	100	200
10	Eric Nesterenko RC	6	10	20	30	40	60	150	400
11	George Armstrong	10	15	30	50	60	100	150	350
12	Harry Watson	6	10	20	30	40	60	80	300
13	Tim Horton	▲100	▲150	▲200	▲250	▲300	▲400	▲500	▲2,000
14	Fern Flaman	5	▲10	▲20	▲30	▲60	▲100	▲250	▲800
15	Jim Morrison	5	6	12	20	25	50	100	200
16	Bob Solinger	5	6	12	20	60	▲100	▲200	▲400
17	Rudy Migay	5	6	12	20	25	50	80	150
18	Dick Gamble	5	6	12	20	25	40	75	250
19	Bert Olmstead	5	10	20	40	80	100	200	300
20	Eddie Mazur RC	▲8	▲10	▲15	20	▲30	▲60	▲100	200
21	Paul Meger	▲30	▲60	▲100	▲150	▲200	▲250	▲300	▲400
22	Bud MacPherson	▲10	▲15	▲20	▲25	▲40	▲80	▲100	▲500
23	Dollard St.Laurent	5	6	12	20	25	40	60	300
24	Maurice Richard	200	300	500	800	1,000	2,000	2,500	5,000
25	Gerry McNeil	▲10	▲15	▲30	▲50	▲100	▲200	▲300	▲500
26	Doug Harvey	20	30	60	100	120	200	300	400
27	Jean Beliveau RC	▲600	1,000	1,500	2,000	3,000	4,000	5,000	8,000
28	Dickie Moore UER	12	20	40	60	80	125	200	400
29	Bernie Geoffrion	20	30	50	80	120	200	250	500
30	E.Lach/M.Richard	20	30	60	80	150	200	300	500
31	Elmer Lach	6	10	20	30	40	60	100	250
32	Butch Bouchard	8	8	15	25	30	80	150	300
33	Ken Mosdell	5	6	12	20	25	30	80	150
34	John McCormack	5	6	12	20	25	40	80	250
35	Floyd (Busher) Curry	5	6	12	20	25	40	60	150
36	Earl Reibel RC	5	6	12	20	50	60	100	200
37	Bill Dineen UER RC	8	12	25	40	50	80	120	400
38	Al Arbour UER RC	10	15	30	50	60	100	150	300
39	Vic Stasiuk	5	▲10	▲15	▲25	▲40	▲50	▲80	150
40	Red Kelly	10	15	30	50	▲80	100	150	250
41	Marcel Pronovost	5	8	15	25	30	50	150	300
42	Metro Prystai	5	6	12	20	25	40	100	300
43	Tony Leswick	5	6	12	20	25	40	80	200
44	Marty Pavelich	5	20	25	30	40	60	80	300
45	Benny Woit	5	6	12	20	25	40	60	200
46	Terry Sawchuk	150	200	250	300	400	500	▲800	1,200
47	Alex Delvecchio	15	30	60	50	150	200	250	500
48	Glen Skov	5	6	12	20	25	50	60	150
49	Bob Goldham	5	6	12	20	25	40	60	200
50	Gordie Howe	300	400	500	800	1,000	1,200	2,500	5,000
51	Johnny Wilson	5	6	12	25	50	100	200	
52	Ted Lindsay	▲15	▲20	▲40	▲60	▲100	▲200	▲250	▲400
53	Gump Worsley RC	60	125	200	300	500	600	1,000	2,000
54	Jack Evans	25	40	50	60	80	100	125	250
55	Max Bentley	6	10	20	30	60	80	125	250

#	Player	PrFr 1	GD 2	VG 3	VgEx 4	EX 5	ExMt 6	NM 7	NmMt 8
6	Andy Bathgate RC	25	60	80	150	200	300	500	800
7	Harry Howell RC	15	25	50	80	100	120	200	400
8	Hy Buller	5	6	12	20	▲30	▲60	▲125	▲250
9	Chuck Rayner	6	10	20	40	50	80	125	250
10	Jack Stoddard	5	6	12	20	30	50	100	200
11	Ed Kullman	15	25	30	40	50	60	80	300
12	Nick Mickoski	5	6	12	20	30	50	80	150
13	Paul Ronty	5	6	12	20	▲30	▲50	▲100	▲250
14	Allan Stanley	6	10	20	30	40	60	100	250
15	Leo Reise	5	6	12	20	30	50	80	200
16	Aldo Guidolin RC	5	6	12	20	25	50	▲100	200
17	Wally Hergesheimer	5	6	12	20	60	80	100	▲300
18	Don Raleigh	5	6	12	20	25	40	80	250
19	Jim Peters	5	6	12	20	25	40	60	300
20	Pete Conacher	5	6	12	20	30	40	60	200
21	Fred Hucul	5	6	12	20	25	50	60	250
22	Lee Fogolin	5	6	12	20	50	60	100	▲250
23	Larry Zeidel	5	6	12	20	25	50	60	200
24	Larry Wilson	5	6	12	20	30	50	100	150
25	Gus Bodnar	20	25	30	40	50	60	100	250
26	Bill Gadsby	6	10	20	30	40	60	100	250
27	Jim McFadden	5	6	12	20	30	50	80	200
28	Al Dewsbury	5	6	12	20	25	40	50	200
29	Clare Raglan	5	6	12	20	25	40	60	200
30	Bill Mosienko	6	10	20	30	60	80	125	200
31	Gus Mortson	5	6	12	20	▲30	▲50	▲80	200
32	Al Rollins	15	30	80	100	125	150	300	400
33	George Gee	5	6	12	20	25	40	60	200
34	Gerry Couture	5	6	12	20	40	60	100	150
35	Dave Creighton	5	6	12	25	30	▲50	▲100	▲300
36	Jim Henry	6	10	15	25	30	60	150	300
37	Hal Laycoe	5	6	12	20	▲30	▲50	▲125	200
38	Johnny Peirson UER	5	8	15	25	30	50	80	200
39	Real Chevrefils	5	6	12	20	50	80	100	200
40	Ed Sandford	5	6	12	20	25	40	100	200
41A	Fleming Mackell NoBio	5	8	15	25	30	50	80	150
41B	Fleming Mackell COR	200	250	350	450	600			
42	Milt Schmidt	6	10	20	30	40	100	150	300
43	Leo Labine	5	6	12	20	25	60	100	200
44	Joe Klukay	5	6	12	20	25	40	60	150
45	Warren Godfrey	5	6	12	20	25	50	100	200
46	Woody Dumart	5	8	15	25	30	▲80	▲125	400
47	Frank Martin RC	5	6	12	20	25	40	60	200
48	Jerry Toppazzini RC	5	6	12	20	25	50	150	300
49	Cal Gardner	5	6	12	20	25	40	150	600
100	Bill Quackenbush	15	25	50	80	100	150	300	1,000

—Andy Bathgate #56 PSA 9 (Mint) sold for $2,709 (Mile High; 1/12)
—Jean Beliveau RC #27 PSA 5.5 (Ex+) sold for $910 (eBay; 4/14)
—Alex Delvecchio #47 PSA 9 (MT) sold for $1,033 (eBay; 12/15)
—Al Dewsbury #78 PSA 10 (Gem) sold for $3,732 (Memory Lane; 4/12)
—Fern Flaman #14 PSA 9 (Mint) sold for $1,515 (Mile High; 1/12)
—Aldo Guidolin RC #66 PSA 9 (Mint) sold for $962 (eBay; 2/14)
—Red Kelly #40 PSA 9 (Mint) sold for $1,790 (Mile High; 1/12)
—Leo Labine #93 PSA 9 (Mint) sold for $562 (Mile High; 1/12)
—Hal Laycoe #87 PSA 10 (Gem Mt) sold for $3,023 (Mile High; 5/12)
—Harry Lumley #1 PSA 8 (NmMt) sold for $4,3034 (Mile High; 1/12)
—Harry Lumley #1 PSA 8 (NmMt) sold for $2,390 (eBay; 3/14)
—Bill Mosienko #1 PSA 9 (Mint) sold for $1,516 (eBay; 2/15)
—Eric Nesterenko #10 PSA 9 (Mint) sold for $825 (Mile High; 1/12)
—Bert Olmsted #19 PSA 9 (Mint) sold for $619 (Mile High; 1/12)
—Marty Pavelich #44 PSA 9 (Mint) sold for $494 (eBay; 1/08)
—Marcel Pronovost #41 PSA 9 (MT) sold for $896.29 (eBay; 3/16)
—Al Rollins #82 PSA 9 (Mint) sold for $619 (Mile High; 1/12)
—Sid Smith #2 PSA 8 (NmMt) sold for $704 (Mile High; 1/12)
—Vic Stassiuk #39 PSA 9 (MT) sold for $626.79 (eBay; 4/16)
—Johnny Wilson #51 PSA 9 (Mint) sold for $1,099 (Mile High; 1/12)
—Gump Worsley #82 PSA 8.5 (NmMt+) sold for $2,015 (eBay; 11/14)

1954-55 Parkhurst

#	Player	PrFr 1	GD 2	VG 3	VgEx 4	EX 5	ExMt 6	NM 7	NmMt 8
1	Gerry McNeil	30	50	60	100	150	300	800	3,500
2	Dickie Moore	15	30	50	100	200	300	500	600
3	Jean Beliveau	50	100	250	▲400	▲500	▲600	1,000	2,500
4	Eddie Mazur	6	10	15	20	30	50	125	300
5	Bert Olmstead	5	8	12	20	25	40	150	
6	Butch Bouchard	8	12	20	25	40	60	120	
7	Maurice Richard	▲150	▲200	▲250	▲300	▲400	▲500	▲600	1,200
8	Bernie Geoffrion	15	25	60	80	100	200		
9	John McCormack	5	8	12	20	▲30	▲60	▲100	
10	Tom Johnson	5	▲10	▲15	▲30	▲40	60	100	
11	Calum Mackay	8	10	15	30	60	100	150	400
12	Ken Mosdell	5	10	15	25	50	60	100	
13	Paul Masnick	8	10	15	25	40	60	100	400
14	Doug Harvey	15	25	40	60	80	100	150	
15	Floyd(Busher) Curry	5	8	12	20	25	40	80	
16	Harry Lumley	8	12	15	25	35	60	80	
17	Harry Watson	10	15	20	▼40	80	100	250	
18	Jim Morrison	5	8	12	15	20	40	100	

#	Player	PrFr 1	GD 2	VG 3	VgEx 4	EX 5	ExMt 6	NM 7	NmMt 8
19	Eric Nesterenko	5	8	12	15	20	40	80	
20	Fern Flaman	5	8	12	30	40	50	100	
21	Rudy Migay	5	8	12	20	25	30	60	
22	Sid Smith	5	8	12	20	25	30	60	
23	Ron Stewart	5	8	12	20	50	60	100	250
24	George Armstrong	10	15	25	—	40	50	60	150	400
25	Earl Balfour RC	5	8	12	20	25	40	80	200
26	Leo Boivin	6	10	20	30	100	150	300	400
27	Gord Hannigan	5	8	12	20	25	60	150	300
28	Bob Bailey RC	5	8	12	20	25	40	100	200
29	Teeder Kennedy	8	12	15	25	30	50	80	
30	Tod Sloan	5	8	12	20	80	100	150	400
31	Tim Horton	60	125	150	200	205	300	400	800
32	Jim Thomson	5	8	12	20	25	50	100	300
33	Terry Sawchuk	40	60	▲100	▲150	▲250	▲300	▲400	800
34	Marcel Pronovost	5	▲10	▲20	▲30	▲40	▲50	80	
35	Metro Prystai	5	8	12	20	40	80	125	
36	Alex Delvecchio	10	15	25	40	50	60	100	300
37	Earl Reibel	5	8	12	20	25	40	80	
38	Benny Woit	5	8	12	20	25	40	80	200
39	Bob Goldham	5	10	15	30	80	150	200	
40	Glen Skov	5	10	15	60	80	125	200	300
41	Gordie Howe	100	200	250	300	400	800	1,500	2,500
42	Red Kelly	10	15	25	40	50	100	250	400
43	Marty Pavelich	5	8	12	20	25	40	80	250
44	Johnny Wilson	6	10	15	30	80	100	150	400
45	Tony Leswick	6	10	15	25	30	80	150	250
46	Ted Lindsay	10	15	25	40	50	100	150	500
47	Keith Allen RC	6	10	15	30	60	125	200	
48	Bill Dineen	8	15	▼25	▼30	▼40	80	150	300
49	Jim Henry	8	12	15	50	60	80	125	
50	Fleming Mackell	5	10	15	30	80	100	125	200
51	Bill Quackenbush	8	12	15	25	30	40	80	
52	Hal Laycoe	5	8	12	25	40	60	100	250
53	Cal Gardner	5	8	12	20	25	40	100	250
54	Joe Klukay	5	8	30	40	50	60	80	
55	Bob Armstrong	5	8	12	20	40	60	100	250
56	Warren Godfrey	10	▼15	▼20	▼30	60	80	150	
57	Doug Mohns RC	▲10	▲15	▲20	▲30	▲50	▲100	150	
58	Dave Creighton	8	10	15	25	40	80		250
59	Milt Schmidt	8	12	15	40	▲80	▲100	▲200	
60	Johnny Peirson	5	8	12	20	25	30	80	
61	Leo Labine	8	10	15	25	50	80	120	
62	Gus Bodnar	5	8	12	20	25	50	100	▲250
63	Real Chevrefils	5	8	12	20	25	50	80	
64	Ed Sandford	8	10	15	25	40	▲80	▲125	▲200
65	Johnny Bower UER RC	150	200	250	300	400	500	800	3,000
66	Paul Ronty	5	8	20	30	40	60	100	
67	Leo Reise	5	8	12	20	25	30	50	150
68	Don Raleigh	6	10	20	50	60	80	150	
69	Bob Chrystal	5	8	12	20	25	80	150	
70	Harry Howell	8	12	20	40	50	80	150	
71	Wally Hergesheimer	5	8	12	20	25	30	60	
72	Jack Evans	10	20	30	40	30	40	100	200
73	Camille Henry RC	5	8	12	20	25	40	60	
74	Dean Prentice RC	8	12	25	30	40	50	100	
75	Nick Mickoski	5	8	12	15	▲25	▲50	▲100	150
76	Ron Murphy RC	5	8	12	15	20	40	60	200
77	Al Rollins	8	12	15	25	40	100	200	400
78	Al Dewsbury	5	8	12	20	25	30	60	
79	Lou Jankowski	5	8	12	20	30	60	100	200
80	George Gee	5	8	12	15	25	40	125	
81	Gus Mortson	5	8	12	15	25	40	80	200
82	Fred Saskamoose UER RC	▲20	▲30	▲60	▲125	▲200	300	500	800
83	Ike Hildebrand RC	5	8	12	20	25	40	60	
84	Lee Fogolin	5	8	12	20	▲30	▲50	▲100	150
85	Larry Wilson	5	8	12	20	25	40	80	
86	Pete Conacher	5	8	12	20	25	40	80	150
87	Bill Gadsby	5	8	12	25	25	80	150	300
88	Jack McIntyre	5	8	12	20	25	40	80	
89	Busher Curry goes/up and over	5	8	12	20	40	80	250	600
90	Delvecchio/Defense	8	12	15	25	35	50	120	
91	R.Kelly/H.Lumley	8	12	15	30	60	80	100	200
92	Lumley/Howe/Stewart	30	40	50	60	80	125	200	400
93	H.Lumley/R.Murphy	▲10	▲15	▲20	▲30	▲50	▲100	▲150	▲250
94	P.Meger/J.Morrison	▲10	▲15	▲20	▲30	▲50	▲100	▲150	250
95	D.Harvey/E.Nesterenko	10	15	25	40	80	125	200	400
96	T.Sawchuk/T.Kennedy	12	20	30	50	60	80	125	400
97	Plante/B.Bouchard/Reibel	12	20	30	50	60	80	100	400
98	J.Plante/Harvey/Sloan	▲20	▲30	▲50	▲80	▲125	▲250	▲400	▲600
99	J.Plante/T.Kennedy	▲15	▲25	▲40	▲60	▲80	▲200	▲300	▲500
100	T.Sawchuk/B.Geoffrion	25	40	60	80	120	▲200	400	1,000

—Alex Delvecchio #90 PSA 8 (NM) sold for $365 (eBay; 4/16)
—Camille Henry #73 PSA 9 (Mint) sold for $393 (eBay; 8/12)
—Ted Lindsay #46 PSA 9 (Mint) sold for $1,303 (eBay; 4/12)
—Gerry McNeil #1 PSA 8 (NrMt) sold for $3,633 (eBay; 8/12)

1954-55 Topps

		PrFr 1	GD 2	VG 3	VgEx 4	EX 5	ExMt 6	NM 7	NmMt 8
1	Dick Gamble	20	30	60	100	250	500	800	4,000
2	Bob Chrystal	10	20	30	50	150	200	800	2,000
3	Harry Howell	10	20	30	60	80	200	400	800
4	Johnny Wilson	6	10	15	30	50	125	200	400
5	Red Kelly	20	30	60	100	150	200	400	600
6	Real Chevrefils	6	10	20	25	30	100	150	500
7	Bob Armstrong	8	15	25	40	80	125	200	400
8	Gordie Howe	▲500	600	1,200	1,500	▲2,500	3,000	6,000	8,000
9	Benny Woit	6	10	15	20	50	80	150	250
10	Gump Worsley	25	40	80	100	200	250	600	1,200
11	Andy Bathgate	40	50	60	80	150	250	400	800
12	Bucky Hollingworth RC	6	10	50	60	80	▲150	▲300	600
13	Ray Timgren	6	10	15	25	50	80	150	250
14	Jack Evans	▲10	▲15	▲20	▲30	▲50	▲80	▲200	300
15	Paul Ronty	6	15	20	30	50	60	100	250
16	Glen Skov	▲15	▲20	▲30	▲50	▲60	▲100	▲150	▲500
17	Gus Mortson	6	10	15	30	80	125	200	400
18	Doug Mohns RC	▲15	20	▼30	▼40	▼60	125	200	▲500
19	Leo Labine	30	40	50	60	80	125	300	500
20	Bill Gadsby	10	12	25	50	80	100	200	650
21	Jerry Toppazzini	8	12	20	30	60	80	100	350
22	Wally Hergesheimer	6	10	15	20	30	100	150	300
23	Danny Lewicki	6	10	15	30	40	80	150	250
24	Metro Prystai	6	10	15	30	50	80	150	▲400
25	Fern Flaman	10	25	30	50	60	100	▲200	▲500
26	Al Rollins	▲20	▲30	▲50	▲80	▲150	200	300	800
27	Marcel Pronovost	10	15	25	50	80	150	200	400
28	Lou Jankowski	6	10	20	▲30	▲50	100	150	300
29	Nick Mickoski	10	30	40	50	60	100	250	600
30	Frank Martin	6	15	30	40	▲60	100	150	300
31	Lorne Ferguson	6	10	15	20	50	100	200	300
32	Camille Henry RC	10	15	25	40	60	100	250	500
33	Pete Conacher	10	15	25	40	50	80	150	250
34	Marty Pavelich	6	10	15	▲25	▲50	100	▲250	▲600
35	Don McKenney RC	10	15	25	40	50	150	200	500
36	Fleming Mackell	8	12	20	30	40	▲80	▲125	300
37	Jim Henry	10	15	25	40	100	150	250	500
38	Hal Laycoe	8	10	30	40	50	100	200	400
39	Alex Delvecchio	20	30	40	60	150	300	400	1,200
40	Larry Wilson	6	10	15	30	40	50	100	250
41	Allan Stanley	12	20	30	50	80	100	200	650
42	George Sullivan	6	10	25	30	50	80	200	400
43	Jack McIntyre	6	10	25	▲60	▲80	▲100	▲250	▲600
44	Ivan Irwin RC	6	10	15	30	50	125	300	400
45	Tony Leswick	8	10	25	40	60	▲150	250	500
46	Bob Goldham	6	10	15	20	80	125	200	400
47	Cal Gardner	10	15	25	40	80	125	200	400
48	Ed Sandford	10	15	40	50	80	125	200	800
49	Bill Quackenbush	10	15	25	40	60	100	200	400
50	Warren Godfrey	6	25	30	40	50	80	150	300
51	Ted Lindsay	▲25	▲40	▲100	▲150	▲200	400	500	1,200
52	Earl Reibel	5	10	15	25	30	60	150	300
53	Don Raleigh	6	10	15	25	50	125	250	800
54	Bill Mosienko	20	30	60	▲150	▲200	▲250	300	▲1,000
55	Larry Popein	8	12	30	50	80	150	400	
56	Edgar Laprade	6	15	20	30	50	80	200	800
57	Bill Dineen	8	12	30	40	50	125	200	800
58	Terry Sawchuk	80	200	250	400	500	800	1,500	2,500
59	Marcel Bonin RC	10	15	25	50	100	250	500	2,000
60	Milt Schmidt	20	30	60	100	250	400	1,200	3,000

—Marcel Bonin #59 PSA 8 (NmMt) sold for $4,800 (Memory Lane; 5/08)
—Dick Gamble #1 PSA 8 (NmMt) sold for $5,141 (Goodwin & Co.; 12/08)
—Wally Hergesheimer #22 PSA 9 (MT) sold for $4,195 (Memory Lane; 9/07)
—Gordie Howe #8 SGC 96 (MT) sold for $13,200 (Mastro; 8/08)
—Gordie Howe #8 SGC 8.5 (NrMt+) sold for $2,398 (eBay; 4/14)
—Gordie Howe #8 SGC 7.5 (ExMt) sold for $1,750 (eBay; 4/14)
—Gordie Howe #8 SGC 96 (MT) sold for $6,955 (Memory Lane; 5/08)
—Red Kelly #5 SGC 96 (MT) sold for $6,955 (Memory Lane; 5/08)
—Edgar Laprade #56 PSA 8 (NmMt) sold for $4,365 (Memory Lane; 12/06)
—Edgar Laprade #56 PSA 8 (NmMt) sold for $1,530 (Memory Lane; 9/07)
—Edgar Laprade #56 PSA 8 (NmMt) sold for $865 (Memory Lane; 5/08)
—Tony Leswick #42 PSA 8 (NmMt) sold for $2,035 (Memory Lane; 9/07)
—Ted Lindsay #51 PSA 9 (MT) sold for $2,726 (eBay; 6/12)
—Frank Martin #30 SGC 9 (MT) sold for $670 (eBay; 8/12)
—Nick Mickoski #29 PSA 9 (MT) sold for $810 (eBay; 7/08)
—Gus Mortson #17 PSA 9 (MT) sold for $3,466 (Memory Lane; 9/07)
—Gus Mortson #17 SGC 8 (NM) sold for $346.02 (eBay; 2/16)
—Larry Popein #55 PSA 7 (NM) sold for $560 (eBay; 11/07)
—Don Raleigh #53 PSA 9 (MT) sold for $9,650 (Mile High; 1/07)
—Don Raleigh #53 PSA 9 (MT) sold for $2,980 (Memory Lane; 5/07)
—Milt Schmidt #60 PSA 8 (NmMt) sold for $5,447 (Mile High; 1/07)
—Milt Schmidt #60 PSA 7.5 (NrMt+) sold for $1,752 (Goodwin & Co.; 12/08)
—Allan Stanley #41 SGC 96 (MT) sold for $3,600 (Memory Lane; 7/08)
—Jerry Toppazzini #21 PSA 9 (MT) sold for $2,252 (eBay; 3/13)

1955-56 Parkhurst

		PrFr 1	GD 2	VG 3	VgEx 4	EX 5	ExMt 6	NM 7	NmMt 8
1	Harry Lumley	40	60	100	200	400	900	3,000	
2	Sid Smith	6	10	20	30	60	100	300	
3A	Tim Horton	125	200	250	300	400	500	1,000	3,000
4	George Armstrong	10	15	25	40	125	200	300	
5	Ron Stewart	12	20	25	50	100	150	300	
6	Joe Klukay	5	8	12	15	25	60	100	200
7	Marc Reaume	5	6	8	12	25	150	250	
8	Jim Morrison	5	8	12	25	60	100	300	
9	Parker MacDonald RC	5	6	8	12	20	50	100	
10	Tod Sloan	6	10	20	40	100	150	250	
11	Jim Thomson	5	6	8	12	20	50	100	
12	Rudy Migay	5	6	8	12	20	50	100	300
13	Brian Cullen RC	6	8	10	15	50	120		
14	Hugh Bolton	5	6	8	12	20	50	250	
15	Eric Nesterenko	6	8	10	20	40	150	400	
16	Larry Cahan RC	10	20	25	30	40	60	125	300
17	Willie Marshall	5	6	8	12	20	60	200	
18	Dick Duff RC	12	20	30	50	80	175	1,000	
19	Jack Caffery RC	5	6	8	20	50	100	250	
20	Billy Harris RC	6	8	15	30	60	80	150	
21	Lorne Chabot OTG	6	8	10	15	25	50	100	
22	Harvey Jackson OTG	▲30	▲50	▲60	▲100	▲125	▲200	▲400	
23	Turk Broda OTG	12	20	30	40	60	100	300	
24	Joe Primeau OTG	6	8	12	20	30	80	200	300
25	Gordie Drillon OTG	6	8	10	15	25	50	150	500
26	Chuck Conacher OTG	6	8	12	20	30	100	150	300
27	Sweeney Schriner OTG	6	8	10	15	30	80	200	
28	Syl Apps OTG	▲10	▲12	▲15	▲30	60	125	200	
29	Teeder Kennedy OTG	8	12	20	30	50	125	250	
30	Ace Bailey OTG	8	12	20	30	50	125	200	400
31	Babe Pratt OTG	6	8	10	15	30	100	200	
32	Harold Cotton OTG	6	8	10	15	30	80	125	
33	King Clancy CO	12	20	30	50	80	400	500	4,000
34	Hap Day	6	10	15	25	40	100	175	
35	Don Marshall RC	6	10	15	25	40	80	150	250
36	Jackie LeClair RC	6	8	10	15	30	100	200	
37	Maurice Richard	60	80	120	200	300	400	600	1,000
38	Dickie Moore	10	15	25	40	80	125	200	
39	Ken Mosdell	6	8	10	15	30	100	200	
40	Floyd(Busher) Curry	5	6	8	12	20	50	150	
41	Calum Mackay	20	30	40	50	60	100	150	400
42	Bert Olmstead	▲20	▲30	▲40	▲50	▲125	▲150	200	250
43	Bernie Geoffrion	15	25	50	100	150	200	300	600
44	Jean Beliveau	50	▲100	▲200	▲300	▲400	▲500	▲600	1,000
45	Doug Harvey	15	25	40	60	100	125	200	600
46	Butch Bouchard	6	8	10	15	25	50	100	200
47	Bud MacPherson	5	6	8	12	20	50	100	200
48	Dollard St.Laurent	5	6	8	12	20	50	100	300
49	Tom Johnson	6	8	10	15	40	80	100	200
50	Jacques Plante RC	600	1,000	1,500	2,000	2,500	5,000	10,000	
51	Paul Meger	10	12	15	20	40	100	200	400
52	Gerry McNeil	6	10	20	40	60	125	200	300
53	Jean-Guy Talbot RC	6	8	10	15	30	100	250	
54	Bob Turner	5	6	8	12	25	100	150	400
55	Newsy Lalonde OTG	8	12	20	30	50	120	250	500
56	Georges Vezina OTG	▲50	▲100	▲150	▲200	▲250	▲300	500	
57	Howie Morenz OTG	12	20	30	50	150	250	400	600
58	Aurel Joliat OTG	8	12	20	30	40	150	300	
59	George Hainsworth OTG	12	20	30	50	80	100	200	
60	Sylvio Mantha OTG	6	8	10	15	30	100	250	
61	Battleship Leduc OTG	6	8	10	15	30	100	200	
62	Babe Siebert OTG UER	6	8	12	20	50	125	200	300
63	Bill Durnan OTG RC	25	40	60	100	250	300	500	600
64	Ken Reardon OTG RC	8	12	20	30	50	100	250	400
65	Johnny Gagnon OTG	6	8	10	15	25	60	150	400
66	Billy Reay OTG	6	8	10	15	30	50	100	400
67	Toe Blake CO	6	10	15	25	40	150	250	
68	Frank Selke MG	15	30	50	100	200	300	500	
69	H.Bolton/C.Hodge	6	8	10	15	25	50	150	
70	H.Lumley/B.Geoffrion	8	12	20	30	50	150	300	
71	B.Bouchard/T.Johnson	10	15	25	40	60	100	200	
72	Rocket (Richard) Roars	10	15	30	50	80	200	500	
73	M.Richard/H.Lumley	12	20	30	40	60	150	300	
74	J.Beliveau/H.Lumley	8	12	20	30	50	80	200	500
75	Nesterenko/Smith/Plante	10	15	25	40	60	100	250	
76	Curry/Lumley/Morrison	6	8	10	15	30	100	300	500
77	Sloan/MacD/Harvey/Beliv	10	15	25	40	60	150	400	
78	Montreal Forum	40	60	100	120	200	450	1,200	
79	Maple Leaf Gardens	40	60	100	150	250	600	1,000	

—Tim Horton #3 SGC 9 (MT) sold for $12,103 (eBay; 4/11)
—Dick Duff #18 PSA 8 (NmMt) sold for $1,633 (eBay; 5/12)
—Harold Cotton OTG #32 PSA 9 (MT) sold for $4,118 (eBay; 8/12)
—Newsy Lalonde OTG #55 PSA 9 (MT) sold for $4,874 (Mile High; 10/12)
—Sloan/Macdonald/Harvey/Beliveau #77 PSA 8 (NmMt) sold for $2,782 (eBay; 8/12)

1957-58 Parkhurst

		PrFr 1	GD 2	VG 3	VgEx 4	EX 5	ExMt 6	NM 7	NmMt 8
M1	Doug Harvey	30	50	80	120	200	250	600	200
M2	Bernie Geoffrion	12	25	40	60	100	200	700	2,000
M3	Jean Beliveau	30	100	150	200	300	400	800	1,500
M4	Henri Richard RC	500	600	800	1,200	2,000	3,000	4,000	▲8,000
M5	Maurice Richard	40	60	100	150	300	600	1,200	2,500
M6	Tom Johnson	5	5	6	10	15	25	80	150
M7	Andre Pronovost RC	5	6	10	15	25	40	125	300
M8	Don Marshall	5	5	5	8	60	80	100	200
M9	Jean-Guy Talbot	5	5	5	8	12	20	50	100
M10	Dollard St.Laurent	5	5	5	8	12	20	50	100
M11	Phil Goyette RC	5	6	10	15	25	40	100	350
M12	Claude Provost RC	5	6	10	15	25	50	150	250
M13	Bob Turner	5	5	5	8	12	20	50	120
M14	Dickie Moore	6	10	15	25	40	60	100	250
M15	Jacques Plante	40	60	200	300	400	500	800	1,500
M16	Toe Blake CO	5	6	15	20	30	50	100	200
M17	Charlie Hodge RC	▲20	▲30	▲50	▲80	▲125	▲150	▲200	▲400
M18	Marcel Bonin	5	6	8	15	30	40	80	150
M19	Bert Olmstead	5	5	6	10	15	25	80	150
M20	Floyd (Busher) Curry	5	5	5	8	12	40	60	100
M21	Len Broderick IA RC	5	6	10	15	25	40	80	200
M22	Brian Cullen scores	5	5	5	8	12	20	50	200
M23	Broderick/Harvey IA	5	6	10	15	25	40	60	150
M24	Geoffrion/Chadwick IA	5	8	12	20	30	50	100	200
M25	Olmstead/Chadwick IA	5	6	10	15	25	40	60	200
T1	George Armstrong	▲20	▲30	▲40	80	200	500	800	
T2	Ed Chadwick RC	30	40	60	100	135	225	600	
T3	Dick Duff	5	10	15	25	50	120	700	1,800
T4	Bob Pulford RC	30	40	60	150	250	500	1,500	3,000
T5	Tod Sloan	5	8	15	40	80	200	300	800
T6	Rudy Migay	5	5	6	20	30	50	80	200
T7	Ron Stewart	5	5	6	8	12	25	60	150
T8	Gerry James RC	5	5	6	10	15	25	80	120
T9	Brian Cullen	5	5	5	8	30	40	50	150
T10	Sid Smith	5	5	5	8	15	25	80	150
T11	Jim Morrison	5	5	5	8	12	20	50	100
T12	Marc Reaume	5	5	5	8	12	20	50	120
T13	Hugh Bolton	6	8	10	20	30	40	60	100
T14	Pete Conacher	8	10	20	25	30	40	80	150
T15	Billy Harris	5	5	5	8	12	20	50	150
T16	Mike Nykoluk RC	5	5	5	8	12	20	50	100
T17	Frank Mahovlich RC	▲250	400	600	800	▲1,500	▲2,500	▲3,000	▲5,000
T18	Ken Girard RC	5	5	5	8	12	20	50	100
T19	Al MacNeil RC	5	5	5	8	12	20	50	150
T20	Bob Baun RC	10	15	25	40	60	100	250	500
T21	Barry Cullen RC	6	8	12	20	30	40	100	200
T22	Tim Horton	40	60	80	▲125	150	200	400	▲600
T23	Gary Collins RC	5	5	5	8	12	20	60	100
T24	Gary Aldcorn RC	5	5	5	8	12	20	50	150
T25	Billy Reay CO	5	6	10	15	25	40	80	250

— George Armstrong #T1 PSA 8 (NmMt) sold for $3,570 (eBay; 9/15)
— Pete Conacher #T14 PSA 9 (MT) sold for $410 (eBay; 8/12)
— Tom Johnson #M6 PSA 9 (MT) sold for $799 (eBay; 1/08)
— Don Marshall #M8 PSA 9 (MT) sold for $799 (eBay; 1/08)
— Rudy Migay #T6 PSA 10 (Gem MT) sold for $1,500 (eBay; 3/13)
— Bert Olmstead #M19 PSA 10 (Gem MT) sold for $1,317 (eBay; 4/15)
— Claude Provost #M12 PSA 10 (Gem MT) sold for $1,331 (eBay; 4/15)
— Billy Reay CO #T25 PSA 8.5 (NMMT+) sold for $356 (eBay; 7/12)

1957-58 Topps

		PrFr 1	GD 2	VG 3	VgEx 4	EX 5	ExMt 6	NM 7	NmMt 8
1	Real Chevrefils	6	8	12	20	25	60	400	1,000
2	Jack Bionda RC	5	6	8	12	20	30	50	500
3	Bob Armstrong	5	5	6	10	12	20	50	200
4	Fern Flaman	6	8	20	25	30	40	80	300
5	Jerry Toppazzini	6	8	15	30	40	50	80	250
6	Larry Regan RC	6	8	10	15	20	25	60	125
7	Bronco Horvath RC	6	8	10	15	25	40	100	450
8	Jack Caffery RC	5	6	8	12	15	30	60	150
9	Leo Labine	5	6	8	12	15	25	30	100
10	Johnny Bucyk RC	100	150	300	400	500	600	1,000	4,000
11	Vic Stasiuk	5	6	8	12	20	25	50	100
12	Doug Mohns	6	8	12	20	30	40	60	500
13	Don McKenney	5	6	8	12	20	40	50	250
14	Don Simmons RC	10	12	15	25	▲50	▲125	250	600
15	Allan Stanley	5	6	8	12	20	▲40	▲60	200
16	Fleming Mackell	5	6	8	12	15	30	60	125
17	Larry Hillman RC	5	6	8	12	15	50	80	200
18	Leo Boivin	5	6	8	12	15	25	30	100
19	Bob Bailey	5	5	6	10	▲15	▲25	▲50	▲125
20	Glenn Hall RC	125	300	400	500	600	800	1,200	2,500
21	Ted Lindsay	8	12	20	30	40	60	80	300
22	Pierre Pilote RC	▲20	▲25	▲30	50	80	250	300	600
23	Jim Thomson	5	6	8	12	20	25	60	200
24	Eric Nesterenko	5	6	8	12	20	25	60	200

		PrFr 1	GD 2	VG 3	VgEx 4	EX 5	ExMt 6	NM 7	NmMt 8
25	Gus Mortson	10	12	20	30	50	100	200	600
26	Ed Litzenberger RC	5	6	8	12	20	60	100	200
27	Elmer Vasko RC	5	6	8	12	20	30	40	100
28	Jack McIntyre	5	5	6	10	12	20	30	100
29	Ron Murphy	5	6	8	12	15	25	40	300
30	Glen Skov	6	10	20	30	50	60	80	150
31	Hec Lalande RC	5	5	6	10	12	20	40	200
32	Nick Mickoski	5	5	6	10	12	20	▼50	150
33	Wally Hergesheimer	5	6	8	12	15	25	50	120
34	Alex Delvecchio	6	8	12	20	25	50	120	300
35	Terry Sawchuk UER	▲50	100	125	150	200	300	500	1,000
36	Guyle Fielder RC	5	6	8	12	15	25	30	▼100
37	Tom McCarthy	5	6	8	12	20	30	50	100
38	Al Arbour	▲10	▲15	▲20	▲30	▲40	▲60	▲80	▲150
39	Billy Dea	5	5	6	10	12	40	100	150
40	Lorne Ferguson	5	5	6	10	15	30	60	200
41	Warren Godfrey	5	6	8	12	15	30	50	120
42	Gordie Howe	100	250	300	400	500	800	1,000	2,500
43	Marcel Pronovost	6	8	15	20	25	30	40	120
44	Bill McNeil RC	5	6	8	12	20	25	40	120
45	Earl Reibel	5	5	6	8	12	20	40	100
46	Norm Ullman RC	40	60	80	120	150	▲250	▲300	500
47	Johnny Wilson	5	5	6	10	12	30	50	120
48	Red Kelly	6	8	12	20	25	50	80	300
49	Bill Dineen	5	6	8	12	20	25	50	120
50	Forbes Kennedy RC	5	6	8	12	20	30	40	200
51	Harry Howell	8	12	20	25	30	▲60	▲100	200
52	Jean-Guy Gendron RC	6	8	10	20	30	60	80	150
53	Gump Worsley	10	15	25	40	50	80	100	400
54	Larry Popein	▲8	▲10	▲15	▲20	▲40	▲60	▲60	▼100
55	Jack Evans	5	6	8	12	15	25	40	60
56	George Sullivan	5	6	8	12	15	25	60	125
57	Gerry Foley RC	5	6	8	▲20	▲40	60	80	250
58	Andy Hebenton RC	5	6	8	12	15	25	60	▼125
59	Larry Cahan	5	5	6	10	12	20	40	120
60	Andy Bathgate	6	8	12	20	30	50	60	100
61	Danny Lewicki	5	6	8	12	20	30	50	400
62	Dean Prentice	6	8	10	15	25	40	60	150
63	Camille Henry	6	8	10	15	20	25	60	250
64	Lou Fontinato RC	6	8	12	20	25	40	60	150
65	Bill Gadsby	6	8	10	15	20	30	60	250
66	Dave Creighton	8	15	25	40	80	125	300	200
									600

— Glenn Hall #20 SGC 9 (MT) sold for $1,860 (Greg Bussineau; Fall 2014)
— Ted Lindsay #21 PSA 9 (MT) sold for $1,346 (eBay; 3/13)
— Pierre Pilote #22 SGC 9 (MT) sold for $4,613 (Goodwin; 7/12)
— Pierre Pilote #22 PSA 8.5 (NmMt+) sold for $2,208 (eBay; 3/13)
— Terry Sawchuk UER #35 PSA 9 (MT) sold for $1,380 (Greg Bussineau; Fall 2013)
— Allan Stanley #15 PSA 9 (MT) sold for $1,803 (eBay; 3/14)
— Elmer Vasko #27 PSA 9 (MT) sold for $802 (eBay; 8/12)
— Elmer Vasko #27 PSA 9 (MT) sold for $672.78 (eBay; 2/14)

1958-59 Parkhurst

		PrFr 1	GD 2	VG 3	VgEx 4	EX 5	ExMt 6	NM 7	NmMt 8
1	Bob Pulford IA	5	8	12	20	50	80	150	600
2	Henri Richard	20	30	50	80	120	200	250	1,000
3	Andre Pronovost	5	5	▲10	▲15	▲25	▲50	▲100	▲150
4	Billy Harris	8	15	20	40	50	60	100	200
5	Albert Langlois RC	5	▲10	▲15	▲20	▲30	▲50	▲125	▲300
6	Noel Price RC	5	5	6	10	15	20	50	100
7	G.Armstrong/Johnson IA	5	6	8	12	20	30	50	120
8	Dickie Moore	5	6	10	15	25	40	60	175
9	Toe Blake CO	10	20	30	40	50	60	80	200
10	Tom Johnson	5	5	6	10	15	25	60	120
11	J.Plante/G.Armstrong	10	12	15	20	30	50	80	150
12	Ed Chadwick	5	6	10	15	25	40	60	250
13	Bob Nevin RC	5	6	▲10	▲20	▲30	▲50	▲100	▲500
14	Ron Stewart	5	5	6	10	15	25	50	120
15	Bob Baun	5	6	10	15	25	40	60	120
16	Ralph Backstrom RC	5	8	12	20	30	100	200	300
17	Charlie Hodge	▲10	▲15	▲20	▲25	▲50	▲125	▲200	▲400
18	Gary Aldcorn	6	10	15	20	30	60	100	200
19	Willie Marshall	5	5	6	10	15	20	50	120
20	Marc Reaume	5	5	6	10	15	30	50	200
21	Jacques Plante IA	10	15	20	25	40	50	80	200
22	Jacques Plante	40	50	80	120	150	250	400	800
23	Allan Stanley UER	5	6	8	12	20	30	80	150
24	Ian Cushenan RC	10	20	30	60	80	100	150	250
25	Billy Reay CO	15	20	25	30	40	50	80	250
26	Jacques Plante IA	10	15	20	30	40	60	80	200
27	Bert Olmstead	5	5	6	10	▼25	▼40	100	200
28	Bernie Geoffrion	10	25	40	100	150	200	250	400
29	Dick Duff	5	5	6	10	15	25	50	100
30	Ab McDonald RC	5	5	6	10	15	20	60	100
31	Barry Cullen	5	5	6	10	15	25	60	150
32	Marcel Bonin	10	20	30	50	60	80	100	200
33	Frank Mahovlich	20	30	60	100	200	300	400	500
34	Jean Beliveau	▲40	▲60	▲125	200	250	300	▲600	▲800
35	J.Plante/Canadiens IA	6	10	15	25	40	60	80	150

		PrFr 1	GD 2	VG 3	VgEx 4	EX 5	ExMt 6	NM 7	NmMt 8
36	Brian Cullen Shoots	5	5	6	10	15	25	50	120
37	Steve Kraftcheck	8	10	20	40	50	60	80	150
38	Maurice Richard	150	250	300	400	500	600	800	2,000
39	Jacques Plante IA	6	10	15	25	40	60	80	200
40	Bob Turner	5	5	6	10	20	30	60	150
41	Jean-Guy Talbot	5	▲10	▲20	▲25	▲40	▲80	▲150	▲400
42	Tim Horton	12	20	30	50	80	100	200	350
43	Claude Provost	5	5	6	10	15	25	40	80
44	Don Marshall	10	20	30	40	60	80	100	200
45	Bob Pulford	10	15	20	25	40	50	60	120
46	Johnny Bower UER	▲25	▲30	40	60	100	150	200	▲600
47	Phil Goyette	5	5	6	10	15	25	50	120
48	George Armstrong	5	6	10	15	25	40	60	150
49	Doug Harvey	▲15	▲20	▲30	▲50	▲60	100	150	▲500
50	Brian Cullen	5	5	6	10	15	25	40	200

— Bernie Geoffrion #28 PSA 9 (MT) sold for $528 (eBay, 4/15)
— Albert Langlois #5 PSA 9 (MT) sold for $468 (eBay; 5/12)
— Frank Mahovlich #5 PSA 9 (MT) sold for $910 (eBay; 4/15)
— J.Plante/Others IA #21 PSA 9 (MT) sold for $439 (eBay; 5/12)
— Jacques Plante #22 PSA 9 (MT) sold for $2,175 (eBay; 4/15)
— Andre Pronovost #3 PSA 9 (MT) sold for $718 (eBay; 2/14)
— Frank Mahovlich #33 PSA 9 (MT) sold for $2,662.00 (eBay; 5/12)
— Jean Beliveau #34 PSA 9 (MT) sold for $1,529 (eBay; 3/14)
— J.Plante/Canadiens IA #35 PSA 9 (MT) sold for $760.72 (eBay; 5/12)
— Steve Kraftcheck #37 PSA 9 (MT) sold for $720.00 (eBay; 8/12)

1958-59 Topps

		PrFr 1	GD 2	VG 3	VgEx 4	EX 5	ExMt 6	NM 7	NmMt 8
1	Bob Armstrong	10	20	25	30	40	100	500	
2	Terry Sawchuk	25	30	50	125	200	250	400	500
3	Glen Skov	5	10	15	20	25	40	▼60	▼200
4	Leo Labine	5	5	6	10	15	25	60	150
5	Dollard St.Laurent	5	▲10	▲15	▲20	▲30	▲50	100	250
6	Danny Lewicki	▼5	▼8	▼10	▼15	▼25	▼50	80	150
7	John Hanna RC	5	5	5	8	12	20	100	400
8	Gordie Howe UER	80	150	200	300	500	600	1,000	4,000
9	Vic Stasiuk	▲10	▲12	▲15	▲20	▲30	▲50	▲150	400
10	Larry Regan	5	5	5	8	12	25	50	100
11	Forbes Kennedy	5	5	▲10	▲15	▲25	50	80	200
12	Elmer Vasko	5	5	6	10	15	25	100	400
13	Glenn Hall	15	25	40	60	80	100	200	500
14	Ken Wharram RC	6	8	10	15	25	50	100	300
15	Len Lunde RC	6	10	25	30	40	50	60	200
16	Ed Litzenberger	5	10	15	25	30	50	60	125
17	Norm Johnson RC	6	8	10	20	30	40	80	200
18	Earl Ingarfield RC	5	5	5	8	12	20	60	300
19	Les Colwill RC	5	5	5	8	12	20	60	120
20	Leo Boivin	5	▲8	▲10	▲15	▲20	▲30	▲60	150
21	Andy Bathgate	5	6	10	15	40	50	100	250
22	Johnny Wilson	5	5	5	8	12	20	60	250
23	Larry Cahan	▲10	▲15	▲25	▲40	▲50	▲60	80	150
24	Marcel Pronovost	▲10	▲15	▲20	▲25	▲40	60	80	250
25	Larry Hillman	5	5	6	10	15	25	60	150
26	Jim Bartlett RC	5	5	5	8	12	50	80	150
27	Nick Mickoski	5	5	5	10	20	50	80	650
28	Larry Popein	5	5	10	15	25	50	100	1,000
29	Fleming Mackell	5	5	6	10	15	25	50	150
30	Eddie Shack RC	25	40	60	▼125	▼150	300	500	600
31	Jack Evans	5	8	10	20	30	40	100	150
32	Dean Prentice	10	15	20	25	40	50	60	500
33	Claude Laforge RC	5	5	5	8	12	50	80	250
34	Bill Gadsby	▲10	▲12	▲15	▲20	▲25	50	60	150
35	Bronco Horvath	5	5	6	10	15	25	50	120
36	Pierre Pilote	5	8	15	40	80	100	125	200
37	Earl Balfour	8	10	20	30	40	80	300	
38	Gus Mortson	5	5	8	12	20	40	80	200
39	Gump Worsley	8	12	20	30	50	125	150	400
40	Johnny Bucyk	12	20	60	80	100	125	250	400
41	Lou Fontinato	5	5	6	10	20	40	80	200
42	Tod Sloan	5	5	5	8	12	20	60	300
43	Charlie Burns RC	5	5	5	8	12	20	80	400
44	Don Simmons	5	5	6	10	15	25	125	250
45	Jerry Toppazzini	5	5	5	10	20	50	60	150
46	Andy Hebenton	5	5	5	8	15	25	60	
47	Pete Goegan UER	6	10	20	30	40	50	100	400
48	George Sullivan	5	5	8	10	15	30	80	200
49	Hank Ciesla RC	5	5	5	25	▲40	▲50	100	▼500
50	Doug Mohns	6	10	15	25	30	40	60	100
51	Jean-Guy Gendron	5	5	5	10	20	50	80	150
52	Alex Delvecchio	5	6	10	15	80	100	150	300
53	Eric Nesterenko	5	5	5	10	15	40	100	900
54	Camille Henry	5	5	6	10	15	25	60	300
55	Lorne Ferguson	5	5	5	8	15	30	80	250
56	Fern Flaman	5	5	5	10	15	25	60	150
57	Earl Reibel	5	5	5	5	40	60	100	
58	Warren Godfrey	5	5	5	8	12	50	80	300
59	Ron Murphy	5	5	5	8	12	30	80	300
60	Harry Howell	8	12	20	30	100	400		

		PrFr 1	GD 2	VG 3	VgEx 4	EX 5	ExMt 6	NM 7	NmMt 8
61	Red Kelly	5	6	10	15	60	80	100	250
62	Don McKenney	5	5	5	8	12	20	50	150
63	Ted Lindsay	15	20	30	50	60	80	150	600
64	Al Arbour	5	5	6	10	40	60	80	150
65	Norm Ullman	10	15	25	40	50	80	120	400
66	Bobby Hull RC	1,000	2,000	2,500	3,000	4,000	8,000	12,000	

— Bobby Hull #66 PSA 8 (NmMt) sold for $102,000 (REA, 4/17)
— Bobby Hull #66 PSA 8 (NmMt) sold for $13,010 (Mastro; 8/07)
— Earl Ingarfield #18 PSA 9 (Mint) sold for $762 (eBay; 8/13)
— Norm Johnson #17 PSA 7 (NrMt) sold for $1,284 (eBay; 11/14)
— Gus Mortson #18 PSA 9 (Mint) sold for $2,035 (eBay; 8/13)
— Earl Reibel #57 PSA 8 (NrMt) sold for $806 (eBay; 2/14)
— Ken Wharram RC #14 PSA 9 (Mint) sold for $2,229 (eBay; 3/14)
— Johnny Wilson #22 PSA 9 (Mint) sold for $791 (eBay; 6/13)

1959-60 Parkhurst

		VG 3	VgEx 4	EX 5	ExMt 6	NM 7	NmMt 8	NmMt+ 8.5	MT 9
1	Canadiens On Guard	40	60	▲80	▲100	200	▲400	▲500	▲1,500
2	Maurice Richard	250	300	400	▲600	▲800	1,500	2,000	3,000
3	Carl Brewer RC	20	40	50	80	125	200		
4	Phil Goyette	▲15	▲25	▲40	▲80	▲100	▲150	▲200	300
5	Ed Chadwick	10	15	20	30	40	100		
6	Jean Beliveau	▲125	▲200	▲250	▲300	400	▲800	1,000	1,500
7	George Armstrong	10	15	▼25	▼30	60	200	300	500
8	Doug Harvey	25	50	60	100	125	200	300	500
9	Billy Harris	▲15	▲25	▲40	▲80	▲100	▲125	150	250
10	Tom Johnson	10	20	40	50	80	150		
11	Marc Reaume	8	12	15	25	30	100	150	250
12	Marcel Bonin	8	12	15	25	50	80		200
13	Johnny Wilson	8	12	15	25	30	120	150	200
14	Dickie Moore	12	40	50	60	100	150	250	400
15	Punch Imlach CO RC	▲25	▲30	▲40	▲60	▲100	▲250		500
16	Charlie Hodge	10	50	60	80	100	300		400
17	Larry Regan	8	12	20	30	50	100	150	250
18	Claude Provost	8	12	15	25	50	125	150	250
19	Gerry Ehman RC	8	12	15	25	30	100	150	300
20	Ab McDonald	8	12	15	25	40	100	125	250
21	Bob Baun	8	12	15	25	30	100	125	300
22	Ken Reardon VP	8	12	15	25	40	80		
23	Tim Horton	30	▲60	▲125	▲200	250	400	500	800
24	Frank Mahovlich	▲80	▲100	▲150	▲200	▲250	▲300	▲400	▲1,000
25	Johnny Bower IA	12	20	25	40	50	150		
26	Ron Stewart	8	12	40	50	80	250		
27	Toe Blake CO	20	30	50	60	100	250		500
28	Bob Pulford	8	12	30	40	▲60	▲200		
29	Ralph Backstrom	8	12	15	25	30	200		
30	Action Around the Net	10	15	20	30	40	150		
31	Bill Hicke RC	10	15	20	25	30	80	150	
32	Johnny Bower	30	50	60	80	120	250		
33	Bernie Geoffrion	20	30	40	60	80	200		
34	Ted Hampson RC	8	12	15	40	50	150		
35	Andre Pronovost	▲10	▲15	▲20	▲50	▲80	▲250		
36	Stafford Smythe CHC	8	12	15	25	50	150	200	250
37	Don Marshall	8	12	15	25	30	100		
38	Dick Duff	8	12	15	30	60	100	200	
39	Henri Richard	40	60	150	200	250	300	400	500
40	Bert Olmstead	8	12	15	25	40	100		
41	Jacques Plante	60	150	200	250	300	400	600	1,500
42	Noel Price	8	12	15	25	40	80		
43	Bob Turner	15	20	40	50	60	100		
44	Allan Stanley	12	20	25	60	80	150	125	300
45	Albert Langlois	8	12	15	▲30	50	150		
46	Officials Intervene	10	15	20	30	50	80		
47	Frank Selke MD	▲30	▲50	▲60	▲80	▲100	▲150		300
48	Gary Edmundson RC	8	12	15	25	▲50	80	125	▼300
49	Jean-Guy Talbot	8	12	15	25	40	150		
50	King Clancy AGM	25	40	50	60	120	300		

— George Armstrong #7 PSA 9 (MT) sold for $514 (eBay; 8/09)
— Jean Beliveau #6 PSA 9 (Mt) sold for $783 (eBay; 5/12)
— Johnny Bower #32 PSA 9 (MT) sold for $840 (eBay; 3/07)
— Canadiens On Guard #1 PSA 8 (NmMt) sold for $470 (eBay; 10/08)
— Canadiens On Guard #1 PSA 9 (MT) sold for $1580.55 (eBay; 4/12)
— Charlie Hodge #16 PSA 10 (Gem) sold for $618 (eBay; 2/16)
— Tim Horton #23 PSA 9 (MT) sold for $1,034 (eBay; 5/07)
— Tim Horton #23 PSA 9 (MT) sold for $602 (eBay; 4/12)
— Jacques Plante #41 PSA 9 (MT) sold for $1,850 (eBay; 1/10)
— Jacques Plante #41 PSA 9 (MT) sold for $1,351 (eBay; 11/14)
— Maurice Richard #2 PSA 9 (Mt) sold for $1331 (eBay; 11/14)
— Maurice Richard #2 PSA 9 (Mt) sold for $859.18 (Mile Hile; 1/12)

1959-60 Topps

		PrFr 1	GD 2	VG 3	VgEx 4	EX 5	ExMt 6	NM 7	NmMt 8
1	Eric Nesterenko	5	8	12	20	▲50	▼150	▼200	800
2	Pierre Pilote						100	200	300
3	Elmer Vasko	5	10	20	30	80	200	300	500
4	Peter Goegan	5	5	5	8	30	40	▲80	200
5	Lou Fontinato	5	5	6	10	15	25	50	150
6	Ted Lindsay	6	8	12	20	30	50	80	300

	PrFr 1	GD 2	VG 3	VgEx 4	EX 5	ExMt 6	NM 7	NmMt 8
7 Leo Labine	5	5	▲12	20	25	40	80	300
8 Alex Delvecchio	5	6	10	20	30	50	80	250
9 Don McKenney UER	5	5	5	8	12	20	50	120
10 Earl Ingarfield	5	5	5	8	12	20	40	100
11 Don Simmons	5	5	6	10	15	25	60	250
12 Glen Skov	5	5	5	8	12	20	50	120
13 Tod Sloan	5	5	5	8	12	25	80	350
14 Vic Stasiuk	5	5	5	8	12	20	50	120
15 Gump Worsley	6	10	15	25	40	60	▲150	200
16 Andy Hebenton	5	5	6	10	15	25	50	120
17 Dean Prentice	5	5	6	10	25	40	60	150
18 Action/Pronovost/Bartlett	5	5	5	8	12	20	50	100
19 Fleming Mackell	5	5	6	10	15	25	50	200
20 Harry Howell	5	5	6	10	15	25	60	120
21 Larry Popein	5	5	5	8	12	20	50	100
22 Len Lunde	5	5	5	8	12	20	50	150
23 Johnny Bucyk	6	10	15	25	40	60	80	250
24 Jean-Guy Gendron	5	5	5	8	12	20	50	150
25 Barry Cullen	5	5	5	8	12	20	50	80
26 Leo Boivin	5	6	8	12	20	30	60	125
27 Warren Godfrey	5	5	▲10	▲15	▲20	▲40	▲80	▲200
28 G.Hall/C.Henry IA	5	6	10	15	25	40	50	200
29 Fern Flaman	5	5	6	10	15	25	50	120
30 Jack Evans	5	5	▲8	▲10	▲15	▲40	50	100
31 John Hanna	5	5	5	8	12	20	50	120
32 Glenn Hall	10	15	25	50	80	125	200	
33 Murray Balfour RC	5	5	6	10	15	25	50	120
34 Andy Bathgate	5	6	10	15	25	40	60	250
35 Al Arbour	5	5	6	10	15	25	50	150
36 Jim Morrison	5	5	5	8	12	20	50	100
37 Nick Mickoski	5	5	5	8	12	20	40	150
38 Jerry Toppazzini	5	5	5	8	12	20	50	120
39 Bob Armstrong	5	5	▲10	▲15	▲25	50	▼80	
40 Charlie Burns UER	5	5	5	8	20	50	60	150
41 Bill McNeil	5	5	5	8	12	20	50	200
42 Terry Sawchuk	20	25	40	60	125	200	250	600
43 Dollard St.Laurent	5	5	5	8	12	20	60	150
44 Marcel Pronovost	5	▲10	▲15	▲25	▲50	▲80	▲100	▼200
45 Norm Ullman	6	10	15	25	40	60	60	200
46 Camille Henry	5	5	6	10	15	30	100	300
47 Bobby Hull	80	150	300	400	500	600	1,000	2,000
48 G.Howe/Jack Evans IA	10	15	30	50	100	150	200	400
49 Lou Marcon RC	5	5	5	8	12	20	50	100
50 Earl Balfour	5	▲8	▲12	▲20	▲25	▲30	50	200
51 Jim Bartlett	5	5	5	8	12	20	50	200
52 Forbes Kennedy	5	5	5	8	12	20	50	200
53 Action Picture	5	5	5	8	12	20	50	▲250
54 G.Worsley/H.Howell IA	5	6	10	15	25	40	50	120
55 Brian Cullen	5	5	5	8	12	20	50	200
56 Bronco Horvath	5	5	6	10	15	25	50	100
57 Eddie Shack	10	15	25	40	60	80	100	200
58 Doug Mohns	5	5	6	10	15	25	80	350
59 George Sullivan	5	5	▲8	▲10	▲15	▲25	50	150
60 Pierre Pilote/Flem Mackell IA	5	5	5	8	12	20	50	100
61 Ed Litzenberger	5	5	5	8	12	20	80	150
62 Bill Gadsby	5	5	8	12	20	30	50	120
63 Gordie Howe	40	80	100	200	400	500	600	2,000
64 Claude Laforge	5	5	5	8	12	20	50	150
65 Red Kelly	5	6	10	20	30	80	150	250
66 Ron Murphy	5	▼6	12	20	35	50	150	

—John Bucyk #23 SGC 9 (MT) sold for $467 (Goodwin; 1/12)
—Bill Gadsby #62 PSA 9 (Mint) sold for $249.50 (eBay; 4/16)
—Glenn Hall #32 PSA 9 (MT) sold for $467 (Goodwin; 1/12)
—Ed Litzenberger #61 PSA 9 (MT) sold for $732 (eBay; 5/12)
—Terry Sawchuk #42 PSA 9 (MT) sold for $1,365 (eBay; 2/14)
—Eddie Shack #57 PSA 9 (MT) sold for $897 (eBay; 6/12)
—Tod Sloan #13 PSA 9 (MT) sold for $797.50 (eBay; 2/14)
—Norm Ullman #45 PSA 9 (MT) sold for $1,221 (eBay; 2/13)
—Norm Ullman #45 SGC 9 (MT) sold for $464 (Goodwin; 1/12)

1960-61 Parkhurst

	VG 3	VgEx 4	EX 5	ExMt 6	NM 7	NmMt 8	NmMt+ 8.5	MT 9
1 Tim Horton	▲50	▲80	▲250	▲300	▲500	800		
2 Frank Mahovlich	25	30	50	80	125	▼300	400	800
3 Johnny Bower	▲20	▲30	▲50	▲100	▲200	▲400	600	800
4 Bert Olmstead	8	10	12	40	60	100	125	200
5 Gary Edmundson	8	10	▲15	▲25	▲40	▲100	▲125	▲250
6 Ron Stewart	8	10	12	20	30	80	100	250
7 Gerry James	▲15	▲20	▲25	▲50	▲80	▲150	▲200	▲300
8 Gerry Ehman	8	10	12	20	▲40	▲100	▲125	▲250
9 Red Kelly	12	15	20	▲40	50	80	125	225
10 Dave Creighton	8	10	12	▼15	▼25	80	100	150
11 Bob Baun	8	10	12	20	30	80	100	150
12 Dick Duff	8	10	12	▲25	▲40	▲125	▲200	▲400
13 Larry Regan	8	10	12	20	▲30	▲80	▲100	250
14 Johnny Wilson	8	10	12	20	▼25	80	100	150
15 Billy Harris	8	10	12	20	30	▲100	▲125	▲200
16 Allan Stanley	20	30	40	60	80	100	150	200

	VG 3	VgEx 4	EX 5	ExMt 6	NM 7	NmMt 8	NmMt+ 8.5	MT 9
17 George Armstrong	▲15	▲20	▲30	▲50	▲80	▲150	▲200	▲400
18 Carl Brewer	8	10	12	20	40	80	100	200
19 Bob Pulford	8	10	12	20	50	100	120	250
20 Gordie Howe	▲150	▲200	▲300	400	500	600	1,500	2,000
21 Val Fonteyne	8	10	12	20	25	60	80	175
22 Murray Oliver RC	8	10	12	20	30	80	100	150
23 Sid Abel CO	8	10	12	20	50	80	125	250
24 Jack McIntyre	8	10	▲30	60	80	200		
25 Marc Reaume	▲20	▲30	▲40	▲60	▲80	▲100	▲125	▼200
26 Norm Ullman	15	20	30	50	80	125	200	250
27 Brian Smith	8	10	12	20	30	80	100	150
28 Gerry Melnyk UER RC	8	10	12	20	30	60	80	200
29 Marcel Pronovost	8	10	12	30	50	80	120	250
30 Warren Godfrey	8	10	12	20	30	80	125	200
31 Terry Sawchuk	▲40	▲80	▲125	▲150	200	400	500	600
32 Barry Cullen	8	10	12	20	30	60	80	150
33 Gary Aldcorn	8	10	12	▲40	60	80	100	200
34 Pete Goegan	8	10	12	20	30	80	100	225
35 Len Lunde	8	10	12	20	30	80	100	200
36 Alex Delvecchio	12	15	20	30	60	100	150	250
37 John McKenzie RC	10	12	50	100	300	500		
38 Dickie Moore	10	12	15	25	50	80	100	350
39 Albert Langlois	8	10	12	20	30	80	100	200
40 Bill Hicke	8	10	12	20	40	80	100	200
41 Ralph Backstrom	▲10	▲15	▲20	▲30	▲50	▲100	▲125	300
42 Don Marshall	▲15	▲20	▲30	▲40	▲50	▲100	▲125	▲300
43 Bob Turner	8	10	12	40	60	100	200	300
44 Tom Johnson	8	10	12	20	▲50	▲125	▲150	300
45 Maurice Richard	200	300	400	500	800	1,500		3,000
46 Bernie Geoffrion	40	50	60	80	100	150	300	400
47 Henri Richard	▲50	▲60	▲80	100	▼150	300	400	▲800
48 Doug Harvey	20	▲30	▲80	▲100	250	300	400	▲800
49 Jean Beliveau	100	125	150	200	250	500	600	800
50 Phil Goyette	8	10	12	25	40	80	125	250
51 Marcel Bonin	8	10	12	20	30	40	80	150
52 Jean-Guy Talbot	8	10	25	30	40	80	100	200
53 Jacques Plante	▲150	▲200	▲250	▲300	▲400	500	800	1,000
54 Claude Pronovost	8	10	12	20	30	80	100	250
55 Andre Pronovost	8	10	12	25	40	100		
56 Hicke/McDonald/Backstrom	▲10	▲15	▲20	▲30	▲50	▲150	▲200	▲250
57 Marsh/H.Richard/Moore	15	40	50	60	80	125	200	400
58 Provost/Pronovost/Goyette	8	10	12	20	30	100	150	300
59 Boom/Marshall/Beliveau	▲40	▲60	▲80	▲150	▲200	▲250	500	
60 Ab McDonald	8	10	12	20	40	100	125	300
61 Jim Morrison	25	35	60	100	150	500		

—Gary Aldcorn #33 PSA 9 (MT) sold for $350 (eBay; 1/08)
—Johnny Bower #3 PSA 10 (GemMt) sold for $875 (eBay; 2/16)
—Phil Goyette #50 PSA 9 (MT) sold for $350 (eBay; 1/08)
—Bill Hicke #40 PSA 9 (MT) sold for $205 (eBay; 1/08)
—Albert Langlois #39 PSA 10 (GmMt) sold for $1005.00 (eBay; 8/12)
—John McKenzie #37 PSA 9 (MT) sold for $290 (eBay; 8/12)
—Allan Stanley #16 PSA 10 (GemMt) sold for $308.50 (eBay; 1/16)
—Norm Ullman #26 PSA 9 (MT) sold for $262 (eBay; 1/08)

1960-61 Topps

	VG 3	VgEx 4	EX 5	ExMt 6	NM 7	NmMt 8	NmMt+ 8.5	MT 9
1 Lester Patrick ATG	20	25	50	80	200	800		
2 Paddy Moran ATG	8	10	15	40	60	150		
3 Joe Malone ATG	10	12	20	30	40	150		
4 Ernest (Moose) Johnson ATG	6	8	12	20	80	150		
5 Nels Stewart ATG	10	12	20	30	50			
6 Bill Hay RC	6	8	40	50	60	150		
7 Eddie Shack	20	25	30	50	100	300		
8 Cy Denneny ATG	6	8	12	100	150	200	300	500
9 Jim Morrison	5	6	10	15	30	80		
10 Bill Cook ATG	6	8	15	20	80	150	200	300
11 Johnny Bucyk	15	25	50	60	100	250		
12 Murray Balfour	5	6	10	15	30	120		
13 Leo Labine	5	6	10	15	30	80		
14 Stan Mikita RC	500	600	800	1,500	2,000	4,000		
15 George Hay ATG	6	8	12	25	30	80		
16 Mervyn(Red) Dutton ATG	25	30	40	50	100	300		
17 Dickie Boon ATG UER	5	6	10	15	100	200		
18 George Sullivan	5	6	10	15	30	100		
19 Georges Vezina ATG	15	20	25	80	150	300	300	400
20 Eddie Shore ATG	▲20	▲25	50	125	▼150	▼200		600
21 Ed Litzenberger	5	6	10	15	30	80		
22 Bill Gadsby	8	10	15	20	30	80		
23 Elmer Vasko	5	6	15	30	225			
24 Charlie Burns	5	6	10	30	60	250		
25 Glenn Hall	20	60	80	100	150	300		
26 Dit Clapper ATG	10	12	20	30	40	125	200	300
27 Art Ross ATG	15	20	25	40	60	▼150		
28 Jerry Toppazzini	5	6	10	15	30	80		
29 Frank Boucher ATG	15	25	30	60	80	100	200	300
30 Jack Evans	5	6	10	15	30	80		
31 Jean-Guy Gendron	20	30	50	80	125	200		
32 Chuck Gardiner ATG	8	10	15	25	80	100		250

#	Player	VG 3	VgEx 4	EX 5	ExMt 6	NM 7	NmMt 8	NmMt+ 8.5	MT 9
33	Ab McDonald	5	6	12	50	80	150		
34	Frank Frederickson ATG	6	8	12	25	80	150	200	400
35	Frank Nighbor ATG	8	10	15	50	60	100		
36	Gump Worsley	20	25	40	50	80	250		
37	Dean Prentice	6	8	12	20	30	80		
38	Hugh Lehman ATG	6	8	15	30	60	150		
39	Jack McCartan RC	10	12	20	80	125	300		
40	Don McKenney UER	5	6	10	20	30	80		
41	Ron Murphy	5	6	10	25	40	100		
42	Andy Hebenton	8	10	15	25	▲50	▲200		800
43	Don Simmons	8	12	20	80	150	500		
44	Herb Gardiner ATG	8	12	20	30	60			
45	Andy Bathgate	8	10	30	40	60	150		
46	Cyclone Taylor ATG	▲20	▲25	30	40	▼50	150		
47	King Clancy ATG	15	20	25	40	80	200		
48	Newsy Lalonde ATG	10	12	20	30	50	100	125	250
49	Harry Howell	6	8	15	25	60	150		
50	Ken Schinkel RC	5	6	10	15	50	200		
51	Tod Sloan	5	▲10	▲15	▼30	▼50	150		
52	Doug Mohns	8	10	15	25	60			
53	Camille Henry	6	8	12	25	50	125		
54	Bronco Horvath	20	30	80	100	150	200		
55	Tiny Thompson ATG	30	40	50	60	80	150		
56	Bob Armstrong	▲20	▲30	▲40	▲50	▲80	▲200		
57	Fern Flaman	6	8	12	20	50	150		
58	Bobby Hull	100	250	400	▼500	1,000	1,500	2,000	
59	Howie Morenz ATG	20	25	30	40	60	150		
60	Dick Irvin ATG	▲20	▲25	▲30	▲60	▲80	▲150		400
61	Lou Fontinato	5	6	10	40	100			
62	Leo Boivin	6	8	12	20	40	100		
63	Moose Goheen ATG	▲20	▲30	▲40	▲60	▲150	▲200		1,500
64	Al Arbour	6	8	12	20	60	120		
65	Pierre Pilote	10	12	20	40	50	120		
66	Vic Stasiuk	12	15	20	30	40	150		

— Johnny Bucyk #11 PSA 9 (MT) sold for $989 (eBay; 2/07)
— George Sullivan #18 PSA 9 (MT) sold for $502 (eBay; 4/12)
— Glenn Hall #25 PSA 9 (MT) sold for $636 (Goodwin; 2/07)
— Hugh Lehman #38 PSA 9 (MT) sold for $882 (eBay; 4/09)
— Lou Fontinato #61 PSA 8 (NMMT) sold for $908 (eBay; 8/12)
— Pierre Pilote #65 PSA 9 (MT) sold for $1,968.00 (Memory Lane; 6/12)

1961-62 Parkhurst

#	Player	VG 3	VgEx 4	EX 5	ExMt 6	NM 7	NmMt 8	NmMt+ 8.5	MT 9
1	Tim Horton	▲50	▲60	▲150	▲200	▲300	800		
2	Frank Mahovlich	▲40	▲60	▲80	▲125	▲150	▲400		
3	Johnny Bower	▲50	▲60	▲80	▲125	▲200	▲400		
4	Bert Olmstead	8	10	12	20	30	60		
5	Dave Keon RC	500	600	800	1,000	1,200	2,000	4,000	5,000
6	Ron Stewart	8	10	12	20	30	80	120	300
7	Eddie Shack	20	25	40	60	80	150	200	350
8	Bob Pulford	▲25	▲30	▲40	▲50	▲60	▲150		
9	Red Kelly	10	12	15	25	50	80		
10	Bob Nevin	▲20	▲30	▲40	▲50	▲60	▲100		▲400
11	Bob Baun	8	10	12	40	50	80	125	200
12	Dick Duff	8	10	12	25	40	125	200	300
13	Larry Keenan	8	10	12	20	30	60	125	200
14	Larry Hillman	8	10	12	20	25	60	100	200
15	Billy Harris	8	10	12	20	25	60	100	200
16	Allan Stanley	8	10	12	20	25	80	125	200
17	George Armstrong	8	10	12	20	30	200	250	400
18	Carl Brewer	8	10	12	25	60	100	200	
19	Howie Glover	8	10	12	20	25	60	100	175
20	Gordie Howe	150	200	300	400	500	600	800	2,000
21	Val Fonteyne	8	10	12	20	30	100		150
22	Al Johnson	8	10	12	20	30	80		
23	Pete Goegan	8	10	12	20	30	80	150	600
24	Len Lunde	8	10	12	20	30	80		
25	Alex Delvecchio	▲30	▲40	▲50	100	200	300	400	500
26	Norm Ullman	15	20	25	40	60	100	125	200
27	Bill Gadsby	8	10	12	20	80	125	150	300
28	Ed Litzenberger	8	10	12	20	30	80	100	200
29	Marcel Pronovost	▲15	▲25	▲40	▲60	▲80	▲200		300
30	Warren Godfrey	8	10	20	30	50	60	100	250
31	Terry Sawchuk	▲50	▲100	▲125	▲150	▲200	▲400	▲500	▲1,000
32	Vic Stasiuk	8	10	12	20	30	80	100	175
33	Leo Labine	8	10	12	20	30	80	100	175
34	John McKenzie	8	10	12	20	30	80	100	175
35	Bernie Geoffrion	30	50	60	80	100	150	200	300
36	Dickie Moore	▲15	▲20	▲25	▲40	▲80	▲150	▲200	▲300
37	Albert Langlois	8	10	12	20	150	200	250	400
38	Bill Hicke	8	10	25	30	40	60	100	150
39	Ralph Backstrom	8	10	12	20	25	60	100	200
40	Don Marshall	8	10	12	20	30	80		125
41	Bob Turner	8	10	12	20	30	80	100	200
42	Tom Johnson	8	10	12	20	30	125	150	300
43	Henri Richard	60	80	100	150	200	250	300	500
44	Wayne Connelly UER RC	8	10	12	20	30	80	100	175
45	Jean Beliveau	▲80	▲100	▲150	▲250	▲300	▲500	▲600	▲1,000

#	Player	VG 3	VgEx 4	EX 5	ExMt 6	NM 7	NmMt 8	NmMt+ 8.5	MT 9
46	Phil Goyette	20	30	40	50	60	▲100	▲125	▲250
47	Marcel Bonin	▲15	▲20	▲25	▲30	▲40	▲100	▲125	
48	Jean-Guy Talbot	▲15	▲20	▲30	▲40	▲60	▲80	▲125	250
49	Jacques Plante	50	125	150	200	250	600	800	1,200
50	Claude Provost	8	10	12	20	30	80	100	150
51	Andre Pronovost UER	15	20	25	40	100	200		

— Bill Gadsby #27 PSA 10 (GmMt) sold for $1,025 (eBay; 8/12)
— Dave Keon #5 PSA 9 (Mint) sold for $1,365 (eBay; 2/13)
— Bert Olmstead #4 PSA 9 (Mint) sold for $186.50 (eBay; 3/16)
— Andre Pronovost #61 PSA 10 (GmMt) sold for $3,643.78 (Memory Lane; 4/12)

1961-62 Topps

#	Player	VG 3	VgEx 4	EX 5	ExMt 6	NM 7	NmMt 8	NmMt+ 8.5	MT 9
1	Phil Watson CO	20	25	40	60	100	800		
2	Ted Green RC	15	20	30	40	80	200		
3	Earl Balfour	▲40	▲60	▲80	▲200	▲300	▲800		
4	Dallas Smith RC	▲25	▲30	▲40	▲50	▲80	▲200		
5	Andre Pronovost UER	12	15	20	25	30	80		
6	Dick Meissner	6	8	10	12	30	80		
7	Leo Boivin	6	8	10	12	40	50	80	
8	Johnny Bucyk	15	20	30	100	150	300		
9	Jerry Toppazzini	▲12	▲15	▲20	▲25	▲40	60	80	▲250
10	Doug Mohns	8	10	12	15	30	80		
11	Charlie Burns	6	8	10	15	25	60		
12	Don McKenney	6	8	10	20	150	250		
13	Bob Armstrong	6	8	10	20	40	100	125	
14	Murray Oliver	6	8	10	12	25	60		
15	Orland Kurtenbach RC	4	50	60	80	100	150	200	300
16	Terry Gray	10	15	20	30	50	80	125	250
17	Don Head	8	10	12	15	30	80		
18	Pat Stapleton RC	12	15	25	50	100	200	300	400
19	Cliff Pennington	6	8	10	12	30	125	150	400
20	Bruins Team Picture	15	20	30	40	50	100	135	400
21	E.Balfour/F.Flaman IA	8	12	20	25	50	120		
22	A.Bathgate/G.Hall IA	12	15	20	25	60	175		
23	Rudy Pilous CO RC	8	12	20	60	80	200		
24	Pierre Pilote	12	15	50	60	100	150	200	400
25	Elmer Vasko	6	8	10	50	60	80	150	400
26	Reg Fleming RC	8	10	12	15	30	80		
27	Ab McDonald	6	8	10	12	25	60	100	175
28	Eric Nesterenko	8	10	12	15	30	100	150	250
29	Bobby Hull	75	100	125	200	300	500	600	1,000
30	Ken Wharram	8	10	12	15	30	80	100	175
31	Dollard St.Laurent	6	8	10	12	25	60	100	250
32	Glenn Hall	20	25	40	60	100	200	300	400
33	Murray Balfour	6	8	20	50	60	80	150	300
34	Ron Murphy	6	8	10	12	40	50	100	200
35	Bill(Red) Hay	6	8	10	60	80	150		
36	Stan Mikita	▲50	▲60	▲80	150	200	400	500	800
37	Denis DeJordy RC	15	20	30	40	60	120		
38	Wayne Hillman	8	10	25	30	40	120		
39	Rino Robazzo	6	8	10	50	80	100	150	
40	Bronco Horvath	6	8	10	12	40	60	100	
41	Bob Turner	6	8	10	20	30	60	100	
42	Blackhawks Team Picture	15	20	30	40	60	120		
43	Ken Wharram IA	10	25	30	40	60	150		
44	St.Laurent/G.Hall IA	12	15	20	25	60	200	250	400
45	Doug Harvey CO	15	20	30	40	60	200	250	400
46	Junior Langlois	6	8	10	12	25	60	100	175
47	Irv Spencer	6	8	10	12	25	60	100	200
48	George Sullivan	6	8	10	12	25	60		
49	Earl Ingarfield	6	8	10	12	25	60	100	175
50	Gump Worsley	15	20	30	40	60	100	150	250
51	Harry Howell	8	10	12	15	50	80	100	250
52	Larry Cahan	6	8	10	12	25	60	100	175
53	Andy Bathgate	10	12	15	20	30	80	125	400
54	Dean Prentice	8	10	12	15	30	60	100	175
55	Andy Hebenton	6	8	10	12	25	60	100	175
56	Camille Henry	8	10	12	20	30	100	150	250
57	Jean-Guy Gendron	6	8	10	12	25	60		
58	Pat Hannigan	6	8	10	12	30	60	100	200
59	Ted Hampson	6	8	10	12	25	60		
60	Jean Ratelle RC	150	200	250	300	500	600	1,200	2,000
61	Al Lebrun	▲25	30	40	80	125	150		
62	Rod Gilbert RC	125	150	200	300	500	1,000	1,200	2,000
63	Rangers Team Picture	15	20	30	60	100	800		
64	Meissner/Worsley IA	10	12	20	40	200			
65	Gump Worsley IA	15	20	30	80	150			
66	Checklist Card	50	60	125	150	200	600		

— Bob Armstrong #13 PSA 8.5 (NM MT+) sold for $173.99 (eBay; 3/16)
— Earl Balfour #3 PSA 9 (MT) sold for $305 (eBay; 8/08)
— Bruins Team Picture #20 PSA 9 (MT) sold for $648 (eBay; 3/07)
— Charlie Burns #11 PSA 9 (MT) sold for $279 (eBay; 2/16)
— Camile Henry #56 PSA 9 (MT) sold for $305 (eBay; 8/08)
— Camile Henry #56 PSA 10 (GemMT) sold for $639 (eBay; 3/17)
— Don McKenney #12 PSA 9 (MT) sold for $929 (eBay; 2/16)
— Stan Mikita #36 PSA 9 (MT) sold for $685 (ebay; 3/14)
— Stan Mikita #36 PSA 9 (MT) sold for $662 (ebay; 2/14)

—Stan Mikita #36 SGC 9 (MT) sold for $467.67 (Goodwin; 3/12)
—Dallas Smith #4 PSA 9 (MT) sold for $269.10 (eBay; 3/16)
—Jean Ratelle #60 SGC 10 (Gem) sold for $2,427 (Goodwin; 3/12)
—D.St.Laurent/G.Hall #44 PSA 9 (MT) sold for $940 (eBay, 8/09)
—Pat Stapleton #18 PSA 9 (MT) sold for $435 (eBay; 8/12)
—Bob Turner #41 PSA 9 (MT) sold for $299 (eBay; 2/16)
—Phil Watson #1 PSA 9 (MT) sold for $1,030 (eBay; 8/12)

1962-63 Parkhurst

#	Player	VG 3	VgEx 4	EX 5	ExMt 6	NM 7	NmMt 8	NmMt+ 8.5	MT 9
1	Billy Harris	10	12	40	80	100	150	200	400
2	Dick Duff	6	10	12	30	40	60	80	120
3	Bob Baun	6	10	30	50	60	80	100	150
4	Frank Mahovlich	12	15	30	60	80	150	200	300
5	Red Kelly	8	10	15	25	40	100	120	150
6	Ron Stewart	6	8	10	25	50	60	80	150
7	Tim Horton	30	▲50	▲80	▲100	▲150	250	300	500
8	Carl Brewer	6	30	40	50	60	80	100	200
9	Allan Stanley	▲25	▲30	▲40	▲50	▲60	▲80	▲100	250
10	Bob Nevin	6	8	10	15	25	60	80	120
11	Bob Pulford	▲20	▲30	▲40	▲50	▲60	▲80	▲100	▲150
12	Ed Litzenberger	6	8	10	15	25	50	100	
13	George Armstrong	6	8	10	30	50	100	150	250
14	Eddie Shack	10	12	20	30	50	100	150	200
15	Dave Keon	12	15	25	40	75	125	150	250
16	Johnny Bower	50	60	80	100	150	250	300	400
17	Larry Hillman	6	8	10	15	30	50	100	150
18	Frank Mahovlich	12	15	50	60	80	125	150	250
19	Hank Bassen	6	8	20	30	40	50	80	120
20	Gerry Odrowski	6	8	10	15	25	50	60	150
21	Norm Ullman	▲20	▲25	▲40	▲50	▲60	▲80	100	200
22	Vic Stasiuk	6	8	10	15	25	40	80	120
23	Bruce MacGregor	6	8	15	30	40	80	125	250
24	Claude Laforge	6	8	25	30	40	50	80	120
25	Bill Gadsby	▲10	▲15	▲20	▲40	▲50	▲80	▲100	▲150
26	Leo Labine	6	8	10	15	25	50	80	120
27	Val Fonteyne	6	8	10	20	30	60	80	120
28	Howie Glover	6	8	20	25	40	50	80	200
29	Marc Boileau	6	8	10	20	40	50	80	120
30	Gordie Howe	60	80	150	250	300	500	600	1,000
31	Gordie Howe	60	80	150	250	300	500	600	1,000
32	Alex Delvecchio	8	10	15	50	100	150	200	300
33	Marcel Pronovost	6	8	10	15	25	50	80	120
34	Sid Abel CO	6	8	10	15	25	50	80	120
35	Len Lunde	6	8	10	15	25	50	80	100
36	Warren Godfrey	6	8	10	15	25	50	80	100
37	Phil Goyette	6	8	15	25	50	60	100	200
38	Henri Richard	40	50	▲80	▲100	125	200	300	400
39	Jean Beliveau	▲50	▲60	▲80	▲200	▲250	▲400	▲500	▲600
40	Bill Hicke	▲20	▲30	▲40	▲50	▲60	▲80	▲100	▲125
41	Claude Provost	6	8	10	30	40	100	120	150
42	Dickie Moore	6	8	10	20	40	80	100	150
43	Don Marshall	6	8	10	20	40	60	100	200
44	Ralph Backstrom	6	8	10	15	25	50	80	120
45	Marcel Bonin	6	8	10	20	25	50	80	120
46	Gilles Tremblay RC	10	12	20	30	50	200	300	400
47	Bobby Rousseau RC	8	10	15	30	40	100	150	200
48	Bernie Geoffrion	10	12	20	30	50	100	150	200
49	Jacques Plante	80	100	125	▲200	▲250	400	500	600
50	Tom Johnson	6	8	10	25	40	60	80	200
51	Jean-Guy Talbot	6	8	10	20	40	50	80	120
52	Lou Fontinato	6	8	10	15	25	100	120	150
53	Bernie Geoffrion	10	12	20	30	50	80	125	175
54	J.C.Tremblay RC	12	40	50	60	100	250	300	500
NNO	Zip Entry Game Card	60	80	100	150	250	400	500	600
NNO	Checklist Card	50	75	125	250	400	500		

—Sid Able #34 PSA 10 (Gem) sold for $192.50 (eBay; 12/15)
—Bob Baun #3 PSA 10 (Gem) sold for $219.50 (eBay; 12/15)
—Warren Godfrey #36 PSA 10 (Gem) sold for $1,031 (eBay; 9/12)
—Frank Mahovlich #4 PSA 10 (Gem) sold for $1,100 (eBay; 9/12)
—Frank Mahovlich #4 PSA 10 (Gem) sold for $637 (eBay; 3/14)
—Don Marshall #43 PSA 10 (Gem) sold for $797 (eBay; 8/07)
—Bob Nevin #10 PSA 10 (Gem) sold for $585 (eBay; 2/13)
—Jaques Plante #10 PSA 10 (Gem) sold for $1,099 (eBay; 3/13)
—Bobby Rousseau #47 PSA 9 (MT) sold for $515 (eBay; 12/06)
—Ron Stewart #6 PSA 10 (Gem) sold for $376 (eBay; 2/16)

1962-63 Topps

#	Player	VG 3	VgEx 4	EX 5	ExMt 6	NM 7	NmMt 8	NmMt+ 8.5	MT 9
1	Phil Watson CO	10	15	25	35	80	200		
2	Bob Perreault	10	15	25	40	80	200		
3	Bruce Gamble RC	10	15	30	40	100	300		
4	Warren Godfrey	6	8	10	15	30	80	100	150
5	Leo Boivin	8	10	12	15	30	80		
6	Doug Mohns	8	10	12	15	30	80	100	150
7	Ted Green	8	10	12	15	30	80		
8	Pat Stapleton	8	10	12	15	30	80		
9	Dallas Smith	10	15	25	40	50	80		250

#	Player	VG 3	VgEx 4	EX 5	ExMt 6	NM 7	NmMt 8	NmMt+ 8.5	MT 9
10	Don McKenney	6	8	10	15	30	80		
11	Johnny Bucyk	15	20	25	30	50	100	125	400
12	Murray Oliver	6	8	10	15	▲80			
13	Jerry Toppazzini	10	15	25	40	80	100	150	
14	Cliff Pennington	6	8	10	15	30	80		
15	Charlie Burns	6	8	10	15	30	80		
16	Jean-Guy Gendron	6	8	10	40	50	100		
17	Irv Spencer	6	8	10	25	30	60	100	250
18	Wayne Connelly	6	8	10	15	30	60	80	150
19	Andre Pronovost	6	8	10	15	30	▲100		
20	Terry Gray	6	8	10	15	30	80		
21	Tom Williams RC	8	10	15	25	30	80	100	150
22	Bruins Team	20	25	30	40	50	80		
23	Rudy Pilous CO	6	15	20	30	50	80		
24	Glenn Hall	25	30	35	50	100	150	200	400
25	Denis DeJordy	8	10	12	15	30	80	100	200
26	Jack Evans	6	▲10	▲20	▲25	30	60		
27	Elmer Vasko	6	8	10	15	30	60		
28	Pierre Pilote	10	▲15	▲20	40	▲60	80	100	200
29	Bob Turner	6	8	10	15	30	60	80	150
30	Dollard St.Laurent	6	8	10	15	30	80		
31	Wayne Hillman	8	10	12	20	30	60		
32	Al McNeil	6	8	10	15	30	80		
33	Bobby Hull	▲125	▲150	▲200	▲250	▲400	▲500	▲600	▲1,200
34	Stan Mikita	30	40	80	100	150	200	250	400
35	Bill(Red) Hay	6	8	10	20	40	80		
36	Murray Balfour	6	8	10	20	40	80	100	
37	Chico Maki RC	10	12	15	20	40	80		
38	Ab McDonald	6	8	10	15	30	80		
39	Ken Wharram	8	10	12	15	30	80		
40	Ron Murphy	6	8	10	15	30	250		
41	Eric Nesterenko	6	8	10	25	40	100		250
42	Reg Fleming	8	10	12	20	40	80	100	
43	Murray Hall	6	8	10	15	30	60	100	250
44	Blackhawks Team	20	25	30	40	50	80		
45	Gump Worsley	20	25	30	40	60	150		
46	Harry Howell	6	8	10	15	30	80	100	200
47	Albert Langlois	6	8	10	15	30	60	100	250
48	Larry Cahan	6	8	10	15	30	60		
49	Jim Neilson UER RC	10	12	20	30	50	200		
50	Al Lebrun	8	15	20	30	50	80		
51	Earl Ingarfield	6	8	10	15	30	60		
52	Andy Bathgate	10	12	15	20	50	80	100	200
53	Dean Prentice	8	10	12	15	30	80	100	175
54	Andy Hebenton	6	8	10	20	30	60		
55	Ted Hampson	6	8	10	15	30	60		
56	Dave Balon	6	8	10	20	30	60	150	400
57	Bert Olmstead	8	10	12	15	30	60	80	150
58	Jean Ratelle	25	30	▲40	▲80	▲150	▲250	300	
59	Rod Gilbert	25	30	▲50	▲80	▲100	▲200	250	600
60	Vic Hadfield RC	25	30	▲40	▲60	▲200	▲250	▲300	▲400
61	Frank Paice RC TR	6	8	10	15	30	60		
62	Camille Henry	▲10	▲15	▲20	▲30	▲60	80		
63	Bronco Horvath	6	8	10	20	40	80	150	
64	Pat Hannigan	6	8	10	25	50	80	150	
65	Rangers Team	15	20	25	30	40	60	100	
66	Checklist Card	60	80	100	150	225	500		

—Denis DeJordy #25 PSA 10 (Gem) sold for $2,064.65 (Goodwin; 3/12)
—Vic Hadfield #60 PSA 10 (Gem) sold for $840 (ebay; 2/14)
—Bobby Hull #33 PSA 10 (Gem) sold for $5,118 (Mastro; 2/07)

1963-64 Parkhurst

#	Player	VG 3	VgEx 4	EX 5	ExMt 6	NM 7	NmMt 8	NmMt+ 8.5	MT 9
1	Allan Stanley	12	15	30	40	60	80	135	450
2	Don Simmons	6	8	10	20	30	60	80	150
3	Red Kelly	10	12	20	25	40	80	100	200
4	Dick Duff	6	8	10	20	30	50	80	120
5	Johnny Bower	15	20	25	50	80	100	150	250
6	Ed Litzenberger	6	8	10	20	30	60	80	120
7	Kent Douglas	6	8	10	30	50	80	100	200
8	Carl Brewer	6	8	10	20	30	60	80	120
9	Eddie Shack	15	20	25	40	80	120	150	250
10	Bob Nevin	6	8	10	25	30	60	80	200
11	Billy Harris	6	8	15	20	30	60	80	120
12	Bob Pulford	6	8	10	20	30	60	80	120
13	George Armstrong	6	8	10	20	40	60	100	300
14	Ron Stewart	6	8	10	20	30	60	80	250
15	John MacMillan	6	8	15	20	30	50		▲250
16	Tim Horton	20	40	50	60	100	150	200	350
17	Frank Mahovlich	20	25	30	40	80	150	200	350
18	Bob Baun	6	8	10	20	30	60	80	120
19	Punch Imlach ACO/GM	10	12	15	40	50	80	100	250
20	King Clancy ACO	10	12	20	30	50	100		
21	Gilles Tremblay	6	8	10	20	30	60	80	135
22	Jean-Guy Talbot	6	8	10	25	30	60	80	150
23	Henri Richard	25	30	40	50	100	150	175	300
24	Ralph Backstrom	6	8	10	20	30	60	80	250
25	Bill Hicke	6	8	10	20	30	50	80	200

#	Player	VG 3	VgEx 4	EX 5	ExMt 6	NM 7	NmMt 8	NmMt+ 8.5	MT 9
26	Red Berenson RC	12	15	20	30	50	125	150	200
27	Jacques Laperriere RC	15	20	25	50	100	200	250	600
28	Jean Gauthier	6	8	10	20	30	60	80	120
29	Bernie Geoffrion	15	25	40	50	80	125	150	250
30	Jean Beliveau	20	25	100	150	200	250	400	500
31	J.C.Tremblay	6	8	10	20	30	60	80	120
32	Terry Harper RC	10	12	15	40	60	150	200	300
33	John Ferguson RC	20	25	30	60	100	200	250	400
34	Toe Blake CO	10	12	15	40	60	125	150	300
35	Bobby Rousseau	6	8	10	25	30	100	150	200
36	Claude Provost	6	8	10	25	40	100	150	200
37	Marc Reaume	6	8	10	25	50	125	150	200
38	Dave Balon	6	8	10	20	40	100		
39	Gump Worsley	12	15	20	30	50	100	175	300
40	Cesare Maniago RC	15	20	25	50	100	150	200	400
41	Bruce MacGregor	6	8	25	30	40	80	125	200
42	Alex Faulkner RC	50	100	300	400	500	600	800	1,000
43	Pete Goegan	6	8	20	30	40	80	100	200
44	Parker MacDonald	6	8	10	20	30	60	80	120
45	Andre Pronovost	6	8	10	20	30	50	80	120
46	Marcel Pronovost	6	8	10	20	30	60	80	120
47	Bob Dillabough	6	8	20	30	40	100		
48	Larry Jeffrey	6	8	10	20	50	80		
49	Ian Cushenan	6	8	20	30	40	80	100	150
50	Alex Delvecchio	10	12	15	25	40	100	125	250
51	Hank Ciesla	6	8	10	20	30	60	80	120
52	Norm Ullman	10	12	15	25	60	80	100	150
53	Terry Sawchuk	25	30	60	125	200	300		
54	Ron Ingram	6	8	10	20	30	60	80	150
55	Gordie Howe	▲300	▲400	▲500	▲600	▲800	1,000	1,500	▲3,000
56	Billy McNeil	6	8	10	20	30	60	80	
57	Floyd Smith	6	8	10	20	30	60	80	120
58	Vic Stasiuk	6	8	10	20	30	60	80	120
59	Bill Gadsby	6	8	10	20	30	60	80	150
60	Doug Barkley	6	8	10	20	30	45	60	120
61	Allan Stanley	6	8	10	20	30	60	80	120
62	Don Simmons	6	8	10	40	50	60	80	125
63	Red Kelly	10	12	15	25	40	80	100	200
64	Dick Duff	6	8	20	30	40	100	150	400
65	Johnny Bower	15	20	25	50	80	100	200	400
66	Ed Litzenberger	6	8	10	20	30	60	80	100
67	Kent Douglas	6	8	10	20	30	60	80	120
68	Carl Brewer	6	8	10	20	30	50	60	100
69	Eddie Shack	15	20	25	40	80	100	150	200
70	Bob Nevin	6	8	10	20	30	50	80	125
71	Billy Harris	6	8	10	20	30	50	60	100
72	Bob Pulford	6	8	10	30	60	125	200	300
73	George Armstrong	6	8	10	20	30	60	80	120
74	Ron Stewart	6	8	10	20	50	60	80	100
75	Dave Keon	15	25	40	60	80	▲150	200	250
76	Tim Horton	15	20	25	40	80	120	200	400
77	Frank Mahovlich	15	20	25	40	60	100	120	300
78	Bob Baun	6	8	10	20	30	60	80	120
79	Punch Imlach ACO/GM	10	12	15	25	40	60	100	225
80	Gilles Tremblay	6	8	10	20	30	125	200	300
81	Jean-Guy Talbot	6	8	10	20	30	60	80	150
82	Henri Richard	20	25	30	60	80	150	200	300
83	Ralph Backstrom	6	8	20	30	40	50	100	200
84	Bill Hicke	6	8	10	20	30	50	60	120
85	Red Berenson RC	12	15	20	30	50	100	150	200
86	Jacques Laperriere RC	40	50	60	80	100	400		
87	Jean Gauthier	6	8	10	40	80	150	200	400
88	Bernie Geoffrion	12	15	20	30	60	125	150	200
89	Jean Beliveau	20	25	50	60	100	150	200	300
90	J.C.Tremblay	6	8	10	20	30	45	60	100
91	Terry Harper RC	10	12	15	25	40	60	80	150
92	John Ferguson RC	15	20	25	50	80	150		
93	Toe Blake CO	10	12	15	30	50	80	125	400
94	Bobby Rousseau	6	8	10	30	60	125	150	200
95	Claude Provost	6	8	10	20	30	50		100
96	Marc Reaume	6	8	10	25	40	80	150	200
97	Dave Balon	6	8	10	20	30	80	100	150
98	Gump Worsley	12	15	20	50	100	200	250	400
99	Cesare Maniago RC	30	40	60	100	200	300		800

—George Armstrong #73 PSA 10 (Gem) sold for $428.79 (eBay; 2/16)
—Ralph Backstrom #83 PSA 10 (Gem) sold for $560 (eBay; 7/08)
—Bob Baun #18 PSA 10 (Gem) sold for $852 (eBay; 9/12)
—Jean Beliveau #89 PSA 10 (Gem) sold for $2,260 (eBay; 7/08)
—Red Berenson #85 PSA 10 (Gem) sold for $1,683.33 (eBay; 9/12)
—Johnny Bower #5 PSA 10 (Gem) sold for $1,533.60 (eBay; 5/12)
—Johnny Bower #5 PSA 10 (Gem) sold for $673 (eBay; 3/14)
—Johnny Bower #65 PSA 10 (Gem) sold for $1,930.33 (eBay; 6/12)
—Bob Dillabough #47 PSA 9 (MT) sold for $803 (eBay; 3/14)
—Kent Douglas #7 PSA 10 (Gem) sold for $1,197 (eBay; 6/12)
—Alex Faulkner #42 PSA 10 (Gem) sold for $2,409 (eBay; 2/13)
—Alex Faulkner #42 PSA 10 (Gem) sold for $1,533 (eBay; 3/13)
—Alex Faulkner #42 PSA 10 (Gem) sold for $1,319 (eBay; 3/14)
—John Ferguson #33 PSA 10 (Gem) sold for $1,609.44 (eBay; 9/12)
—Glenn Hall #23 PSA 10 (Gem) sold for $3159 (eBay 4/27)
—Billy Harris #71 PSA 10 (Gem) sold for $259.90 (eBay; 2/16)
—Tim Horton #76 PSA 9 (MT) sold for $466.78 (eBay; 9/12)
—Gordie Howe #55 SGC 8.5 (NmMt+) sold for $372 (eBay); 3/14)
—Gordie Howe #55 PSA 9 (MT) sold for $1,856 (eBay; 2/16)
—Ed Litzenberger #6 PSA 10 (Gem) sold for $873 (eBay; 2/14)
—Frank Mahovlich #77 PSA 10 (Gem) sold for $2,180 (Memory Lane; 4/12)
—Cesare Maniago #40 PSA 10 (Gem) sold for $1,533.33 (eBay; 9/12)
—Cesare Maniago #99 PSA 9 (MT) sold for $668 (eBay; 3/14)
—Marcel Pronovost #46 PSA 10 (Gem) sold for $259 (eBay; 2/16)
—Henri Richard #82 PSA 10 (Gem) sold for $1,109 (eBay; 9/12)
—Henri Richard #82 PSA 10 (Gem) sold for $973 (eBay; 12/12)
—Henri Richard #82 PSA 10 (Gem) sold for $508 (eBay; 2/16)
—Terry Sawchuk #53 PSA 9 (MT) sold for $436 (eBay; 2/16)
—Don Simmons #62 PSA 10 (Gem) sold for $1,297 (eBay; 6/12)
—Jean-Guy Talbot #81 PSA 9 (MT) sold for $514 (eBay; 12/06)
—Norm Ullman #52 PSA 10 (Gem) sold for $1,395 (eBay; 6/12)
—Norm Ullman #52 PSA 10 (Gem) sold for $342.76 (eBay; 2/16)
—Gump Worsley #98 PSA 10 (Gem) sold for $2,032 (eBay; 9/12)

1963-64 Topps

#	Player	VG 3	VgEx 4	EX 5	ExMt 6	NM 7	NmMt 8	NmMt+ 8.5	MT 9
1	Milt Schmidt CO	12	15	20	30	40	200		
2	Ed Johnston RC	15	20	25	35	50	150	200	400
3	Doug Mohns	8	10	15	30	50	80		
4	Tom Johnson	8	10	20	25	40	100		
5	Leo Boivin	8	10	12	25	40	80		
6	Bob McCord	6	8	10	12	25	50		
7	Ted Green	8	10	12	▲20	40	▼60		
8	Ed Westfall RC	15	20	25	30	80	150		
9	Charlie Burns	6	8	10	15	▼25	80		
10	Murray Oliver	8	10	12	15	30	60		
11	Johnny Bucyk	▼50	▼60	▼80	▼100	150	300		
12	Tom Williams	8	10	12	15	30	80		
13	Dean Prentice	8	10	12	▲20	30	80		
14	Bob Leiter	6	10	20	40	50	60	100	250
15	Andy Hebenton	6	8	10	12	25	50		
16	Jean-Guy Gendron	6	10	15	30	50	100		
17	Wayne Rivers	6	8	10	12	25	50		
18	Jerry Toppazzini	6	8	15	25	40	60		
19	Forbes Kennedy	6	8	10	12	25	50		
20	Orland Kurtenbach	8	10	15	30	40	80		
21	Bruins Team	20	25	30	40	80	200		
22	Billy Reay CO	8	10	12	15	30	60		
23	Glenn Hall	20	25	30	40	▲60	150	200	▲400
24	Denis DeJordy	15	20	40	▼50	▼60	150		
25	Pierre Pilote	10	15	20	30	60	80	150	300
26	Elmer Vasko	6	8	10	12	30	60		
27	Wayne Hillman	8	10	12	15	30	60	80	▼150
28	Al McNeil	6	8	10	12	25	50		
29	Howie Young	▲10	▲15	▲20	▲25	▲30	▲80		
30	Ed Van Impe RC	8	10	▲15	▲25	▲50	▼150		
31	Reg Fleming	8	10	12	▲20	▲40	80		
32	Bob Turner	6	8	10	30	40	60	80	200
33	Bobby Hull	▲125	▲150	▲200	▼250	▼300	500	600	▲2,000
34	Bill(Red) Hay	6	8	10	12	30	40		
35	Murray Balfour	6	8	10	12	25	50		
36	Stan Mikita	25	30	35	50	80	150	300	500
37	Ab McDonald	6	8	10	12	25	40	100	250
38	Ken Wharram	8	10	12	15	30	80		
39	Eric Nesterenko	8	10	12	15	30	80	100	350
40	Ron Murphy	5	6	8	10	25	50		
41	Chico Maki	6	8	10	20	30	60	80	200
42	John McKenzie	8	10	12	15	30	80		
43	Blackhawks Team	15	20	25	30	▲60	120		
44	George Sullivan	10	12	15	20	50	300		
45	Jacques Plante	25	30	40	80	100	▲300		
46	Gilles Villemure RC	15	20	25	50	60	100		
47	Doug Harvey	15	20	▼30	▼40	60	150		400
48	Harry Howell	8	10	12	▲20	▲40	80		
49	Albert Langlois	6	8	10	12	25	50	60	150
50	Jim Neilson	8	10	12	15	30	80		
51	Larry Cahan	6	8	10	12	25	50	60	150
52	Andy Bathgate	10	15	▼20	▼30	▼40	80	125	300
53	Don McKenney	6	8	10	12	25	50		
54	Vic Hadfield	20	25	30	40	50	80	100	200
55	Earl Ingarfield	6	8	10	12	25	50		
56	Camille Henry	▲10	▲12	▲15	▲20	25	50		
57	Rod Gilbert	15	20	25	30	40	100		
58	Phil Goyette	8	10	12	15	30	80	100	250
59	Don Marshall	8	10	12	15	30	60	80	150
60	Dick Meissner	6	8	10	12	25	▼40		
61	Val Fonteyne	8	10	12	▲15	25	50		
62	Ken Schinkel	6	8	10	12	25	50		
63	Jean Ratelle	15	20	25	30	80	125	250	400
64	Don Johns	6	8	10	12	25	50		
65	Rangers Team	20	25	30	40	50	125		
66	Checklist Card	60	80	100	▲200	▲250	400		

366 www.beckett.com/price-guide

- Ab McDonald #37 PSA 9 (Mt) sold for $255 (eBay; 05/08)
- Glenn Hall #23 PSA 10 (GEM) sold for $3,195 (eBay; 4/16)
- Chico Maki #41 PSA 9 (Mt) sold for $365.28 (eBay; 5/12)
- Billy Reay #22 PSA 10 (GEM) sold for $1092 (eBay; 2/14)

1964-65 Topps

#	Player	VG 3	VgEx 4	EX 5	ExMt 6	NM 7	NmMt 8	NmMt+ 8.5	MT 9
1	Pit Martin RC	50	▲100	▲125	150	400	2,500	800	
2	Gilles Tremblay	▲20	▲25	▲30	▲150	▲200	▲400		
3	Terry Harper	▲20	▲50	▲60	▲100	▲125	300		
4	John Ferguson	20	25	30	80	200	300		2,500
5	Elmer Vasko	10	12	15	30	60	200	600	
6	Terry Sawchuk UER	60	125	150	200	300	500		
7	Bill(Red) Hay	20	▲50	▲60	100	150	200		
8	Gary Bergman RC	15	25	50	150	400	2,500		
9	Doug Barkley	25	30	40	80	100	200	300	800
10	Bob McCord	20	30	40	50	60	200		1,000
11	Parker MacDonald	10	12	15	40	100	500		
12	Glenn Hall	25	30	50	150	200	400		
13	Albert Langlois	▲15	▲20	▲30	▲40	80	150		
14	Camille Henry	20	30	50	100	200	500		
15	Norm Ullman	15	20	25	60	▼125	▼250		
16	Ab McDonald	10	15	25	40	60	120		
17	Charlie Hodge	▲30	▲40	▲60	▲80	▲150	▲500		600
18	Orland Kurtenbach	15	25	50	60	80	150		
19	Dean Prentice	10	12	15	30	50	100		
20	Bobby Hull	200	300	400	500	1,200	3,000		
21	Ed Johnston	15	25	60	80	125	▼400		
22	Denis DeJordy	30	40	50	60	125	500		
23	Claude Provost	10	12	15	30	60	▲150		
24	Rod Gilbert	20	40	50	60	200	800		
25	Doug Mohns	10	12	25	50	▼80	200	300	400
26	Al McNeil	10	12	20	▲40	▲80	▲200		
27	Billy Harris	40	▲60	80	150	250	1,500		
28	Ken Wharram	12	15	25	50	120	400		
29	George Sullivan	10	12	15	▲25	▲60	▲150		
30	John McKenzie	15	20	40	80	150	150	200	500
31	Stan Mikita	40	50	60	100	150	300		
32	Ted Green	▲40	▲50	▲60	80	150	▲1,500		
33	Jean Beliveau	▲125	▲250	▲300	▲400	600	2,000		8,000
34	Arnie Brown	10	▲15	▲20	▲40	50	100	150	400
35	Reg Fleming	10	15	25	60	80	▲200	600	800
36	Jim Mikol	25	30	40	60	80	125	200	400
37	Dave Balon	15	20	30	60	80	200		
38	Billy Reay CO	10	12	15	30	50	100	150	400
39	Marcel Pronovost	20	▲40	▲80	150	250	1,200		
40	Johnny Bower	25	50	80	150	250	400		
41	Wayne Hillman	▼20	▼25	▼30	▼50	▼60	300	400	500
42	Floyd Smith	15	20	30	40	80	200	500	
43	Toe Blake CO	15	20	25	▼40	80	200		400
44	Red Kelly	▲40	▲50	▲60	80	125	200	250	400
45	Punch Imlach CO	15	20	25	80	250	600		
46	Dick Duff	15	20	40	▼60	100	250	600	
47	Roger Crozier RC	25	30	40	150	200	300		
48	Henri Richard	40	100	250	300	400	1,200		
49	Larry Jeffrey	10	12	15	30	50	100		
50	Leo Boivin	10	12	15	30	80	150		
51	Ed Westfall	▲40	▲50	▲60	125	200	400		
52	Jean-Guy Talbot	30	40	50	125	150	400	500	600
53	Jacques Laperriere	20	25	30	80	150	300	600	800
54	1st Checklist	100	120	150	▲400	▼600	2,000		
55	2nd Checklist	120	200	500	1,000	2,000	2,500		
56	Ron Murphy	25	30	40	80	175	300		
57	Bob Baun	25	30	40	50	100	250		
58	Tom Williams SP	200	400	600	1,000	▲1,500	4,000		
59	Pierre Pilote SP	100	300	400	1,000	1,200	2,500		
60	Bob Pulford	▲40	▲60	▲100	▲150	▲400	▲600		
61	Red Berenson	25	30	35	50	100	200		
62	Vic Hadfield	25	30	35	50	100	400		
63	Bob Leiter	25	30	40	50	80	500		
64	Jim Pappin RC	25	30	40	60	150	250		
65	Earl Ingarfield	25	30	40	100	200	400		
66	Lou Angotti RC	25	30	40	80	150	600		
67	Rod Seiling RC	25	30	60	150	250	400		
68	Jacques Plante	100	▲200	▲250	300	500	800		
69	George Armstrong UER	▼25	▼30	▼40	100	200	300		
70	Milt Schmidt CO	25	30	35	50	150	250		
71	Eddie Shack	40	50	100	150	250	500		
72	Gary Dornhoefer SP RC	200	400	▲1,000	▲1,200	▲1,500	2,500		
73	Chico Maki SP	▲250	▲300	400	500	600	1,500		
74	Gilles Villemure SP	100	150	300	500	800	2,000		
75	Carl Brewer	25	30	35	50	100	300		
76	Bruce MacGregor	25	30	40	60	120	400		
77	Bob Nevin	25	30	40	60	120	300		
78	Ralph Backstrom	30	▲50	▲80	▲150	▲200	300		
79	Murray Oliver	20	30	80	100	125	600	800	1,000
80	Bobby Rousseau SP	▲100	▲200	▲400	▲500	1,000			
81	Don McKenney	25	30	40	60	125	400		

#	Player	VG 3	VgEx 4	EX 5	ExMt 6	NM 7	NmMt 8	NmMt+ 8.5	MT 9
82	Ted Lindsay	30	40	50	80	150	400		
83	Harry Howell	25	30	40	80	200	800		
84	Doug Robinson	20	25	30	60	120	300		
85	Frank Mahovlich	▲80	▲100	▲125	▲150	300	▲600		
86	Andy Bathgate	25	30	50	125	200	400		
87	Phil Goyette	25	30	40	▲80	▲125	250		
88	J.C. Tremblay	25	30	40	▲80	▲200	300		
89	Gordie Howe	300	400	500	600	800	2,000		
90	Murray Balfour	25	30	60	125	200	500		
91	Eric Nesterenko SP	250	300	400	600	800	1,500		
92	Marcel Paille SP RC	▲400	▲500	▲600	▲800	▲2,000	▲3,000		
93	Sid Abel CO	25	30	50	80	120	300		
94	Dave Keon	40	▲60	▲125	▲200	400	600		4,000
95	Alex Delvecchio	30	40	60	200	300	600		
96	Bill Gadsby	25	30	40	100	200	400		
97	Don Marshall	25	30	35	60	100	500		
98	Bill Hicke SP	100	120	150	400	500	2,000		
99	Ron Stewart	25	30	40	▲80	▲150	300		
100	Johnny Bucyk	30	▲50	125	200	300	500		
101	Tom Johnson	25	30	35	50	200	300		
102	Tim Horton	70	80	100	150	350	700		
103	Jim Neilson	25	30	40	60	100	600		
104	Allan Stanley	▲40	▲60	▲80	100	150	400		
105	Tim Horton AS SP	250	300	600	1,000	1,200	1,500		
106	Stan Mikita AS SP	100	120	150	250	400	750		
107	Bobby Hull AS	60	80	125	200	300	650		
108	Ken Wharram AS	25	30	40	60	150	500		
109	Pierre Pilote AS	40	60	100	300	400	500		
110	Glenn Hall AS	60	100	250	500	800	1,000	3,000	6,000

- George Armstrong UER #69 PSA 9 sold for $698 (eBay; 12/15)
- Ralph Backstrom #78 PSA 9 (MT) sold for $483 (eBay; 2/07)
- Bob Baun #57 PSA 10 (Gem) sold for $4,207 (Memory Lane; 9/07)
- Toe Blake CO #43 PSA 9 (MT) sold for $359.10 (eBay; 3/16)
- Leo Boivin #50 PSA 9 (MT) sold for $491 (eBay; 12/15)
- Johnny Bucyk #100 PSA 9 (MT) sold for $1,617 (Memory Lane; 4/07)
- Checklist Card #54 PSA 9 (MT) sold for $3,271 (Memory Lane; 12/06)
- 2nd Checklist Card #55 PSA 8.5 (NmMt+) sold for $2,032 (eBay; 9/12)
- John Ferguson #4 PSA 9 (MT) sold for $1,042 (eBay; 3/07)
- Ted Green #32 PSA 8 (NmMt) sold for $890 (eBay; 2/07)
- Terry Harper #3 PSA 10 (Gem) sold for $1,789 (Memory Lane; 12/13)
- Terry Harper #3 PSA 9 (MT) sold for $519 (eBay; 12/06)
- Camille Henry #14 PSA 9 (MT) sold for $1,949 (Memory Lane; 11/15)
- Wayne Hillman #41 PSA 9 (MT) sold for $545 (eBay; 12/06)
- Charlie Hodge #17 PSA 9 (MT) sold for $498 (eBay; 3/07)
- Harry Howell #83 PSA 9 (MT) sold for $1,013 (Goodwin; 2/07)
- Punch Imlach CO #45 PSA 9 (MT) sold for $607 (Memory Lane; 12/06)
- Tom Johnson #101 PSA 9 (MT) sold for $1,241 (eBay; 9/12)
- Ed Johnston #21 PSA 9 (MT) sold for $775 (eBay; 6/12)
- Ed Johnston #21 PSA 9 (MT) sold for $675 (eBay; 3/16)
- Dave Keon #94 PSA 9 (MT) sold for $678.88 (eBay; 2/16)
- Bob Leiter #63 PSA 9 (MT) sold for $1,184 (Memory Lane; 6/12)
- Parker MacDonald #11 PSA 9 (MT) sold for $1,187 (Memory Lane; 4/07)
- Frank Mahovlich #85 PSA 9 (MT) sold for $2,563 (eBay; 9/12)
- Pit Martin #1 SGC 9 (MT) sold for $1,549 (Goodwin; 3/12)
- Jim Pappin #64 PSA 9 (MT) sold for $1,305 (Memory Lane; 4/07)
- Claude Provost #23 PSA 9 (MT) sold for $593 (eBay; 2/16)
- Bob Pulford #60 PSA 9 (MT) sold for $470 (eBay; 12/15)
- Terry Sawchuk #6 PSA 9 (MT) sold for $1,504 (eBay; 6/12)
- Milt Schmidt CO #70 PSA 9 (MT) sold for $888 (eBay; 2/16)
- Gilles Tremblay #2 PSA 9 (MT) sold for $1,435 (Memory Lane; 4/07)
- Norm Ullman #15 PSA 9 (MT) sold for $1,609 (Memory Lane; 12/15)
- Ken Wharram AS #108 PSA 8.5 (NM MT+) sold for $569.99 (eBay; 12/15)
- Ken Wharram #28 PSA 9 (MT) sold for $1,024 (eBay; 3/16)

1965-66 Topps

#	Player	VG 3	VgEx 4	EX 5	ExMt 6	NM 7	NmMt 8	NmMt+ 8.5	MT 9
1	Toe Blake CO	50	125	150	200	300	800		
2	Gump Worsley	40	60	100	150	250	400		
3	Jacques Laperriere	▲20	▲25	▲30	▲50	▲60	▲80	▲100	▲200
4	Jean-Guy Talbot	10	15	20	40	80	200		
5	Ted Harris	▲15	▲20	▲40	▲60	▲100	200		
6	Jean Beliveau	25	30	▼40	▼60	100	150	300	400
7	Dick Duff	12	15	20	40	60	150		400
8	Claude Provost DP	6	8	10	12	25	60		
9	Red Berenson	6	8	10	12	25	80		
10	John Ferguson	10	15	20	30	60	150		
11	Punch Imlach CO	10	20	30	50	80	120		
12	Terry Sawchuk	30	40	60	125	150	250	250	400
13	Bob Baun	6	8	10	12	25	50	80	150
14	Kent Douglas	8	12	20	30	60	80	125	200
15	Red Kelly	10	12	15	20	30	80	100	175
16	Jim Pappin	▲8	▲10	▲15	▲20	25	60	80	120
17	Dave Keon	20	30	40	60	80	200		
18	Bob Pulford	6	8	10	12	25	100		
19	George Armstrong	15	20	25	30	50	100	150	250
20	Orland Kurtenbach	6	8	10	30	50	100	150	250
21	Ed Giacomin RC	60	100	200	250	300	800		1,200
22	Harry Howell	6	8	10	12	25	60		500

#	Player	VG 3	VgEx 4	EX 5	ExMt 6	NM 7	NmMt 8	NmMt+ 8.5	MT 9
23	Rod Seiling	6	8	10	15	▲30	▲60	150	
24	Mike McMahon	6	8	10	12	25	60		
25	Jean Ratelle	12	15	20	25	40	80	100	200
26	Doug Robinson	6	8	10	12	30	80		
27	Vic Hadfield	6	8	10	30	40	60	80	150
28	Garry Peters UER RC	6	8	10	25	40	80	100	200
29	Don Marshall	6	8	10	12	25	60	80	120
30	Bill Hicke	6	8	10	12	25	▼50	80	▲125
31	Gerry Cheevers RC	150	250	300	400	500	800		2,500
32	Leo Boivin	6	8	10	20	40	60		
33	Albert Langlois	6	8	10	20	50	80		200
34	Murray Oliver DP	6	8	10	12	25	60	125	300
35	Tom Williams	6	8	10	30	40	80	100	200
36	Ron Schock	6	8	10	12	25	100		
37	Ed Westfall	6	8	10	15	30	80		
38	Gary Dornhoefer	6	10	15	25	40	100		
39	Bob Dillabough	12	15	20	50	200	500		
40	Paul Popiel	6	10	20	30	40	▼60	150	200
41	Sid Abel CO	6	8	10	12	25	60		
42	Roger Crozier	15	20	30	60	150	200		250
43	Doug Barkley	6	8	10	20	40	125		
44	Bill Gadsby	6	8	10	15	30	80	100	200
45	Bryan Watson RC	8	10	12	15	30	80	100	200
46	Bob McCord	6	8	10	12	25	60		
47	Alex Delvecchio	30	40	50	60	80	100		
48	Andy Bathgate	8	10	15	30	50	100	150	200
49	Norm Ullman	8	10	12	15	30	100		
50	Ab McDonald	6	8	10	12	25	60		200
51	Paul Henderson RC	80	125	150	▼200	500	1,000		2,000
52	Pit Martin	6	8	10	12	25	60		300
53	Billy Harris DP	6	8	10	30	80	150		
54	Billy Reay CO	6	8	15	20	25	60	100	200
55	Glenn Hall	15	20	30	80	200	400		
56	Pierre Pilote	10	15	▼25	▼30	▼60	▼125	200	250
57	Al McNeil	8	10	20	30	60	150		
58	Camille Henry	6	8	10	12	25	60	80	120
59	Bobby Hull	60	80	▼100	▼125	250	300	400	500
60	Stan Mikita	25	40	60	80	125	150	200	300
61	Ken Wharram	6	8	10	20	30	50	120	
62	Bill(Red) Hay	6	10	20	25	40	60		
63	Fred Stanfield RC	6	10	20	50	60	100		150
64	Dennis Hull RC DP	15	30	80	100	125	▼150	250	500
65	Ken Hodge RC	25	30	60	125	200	500		
66	Checklist Card	40	80	120	250	400	600		
67	Charlie Hodge	▲12	▲15	20	30	50	125		
68	Terry Harper	▲15	▲20	▲40	▲50	▲60	▲125		
69	J.C. Tremblay	6	8	10	12	25	100		
70	Bobby Rousseau DP	6	8	10	30	40	50		
71	Henri Richard	25	30	▼60	▼100	▼125	250	300	500
72	Dave Balon	6	8	10	15	25	60		200
73	Ralph Backstrom	6	8	10	12	25	60	100	150
74	Jim Roberts RC	10	15	25	40	60	100		
75	Claude Larose	6	8	10	20	40	100	150	300
76	Y.Cournoyer UER RC DP	200	250	300	400	800	1,200		
77	Johnny Bower DP	12	15	25	80	100	150	200	300
78	Carl Brewer	6	8	10	12	25	80	120	225
79	Tim Horton	25	30	40	50	100	250		
80	Marcel Pronovost	6	8	10	20	30	80		150
81	Frank Mahovlich	25	30	40	60	80	200	250	400
82	Ron Ellis RC	15	20	25	50	100	150		
83	Larry Jeffrey	6	8	10	12	25	▼40	80	120
84	Peter Stemkowski RC	6	8	10	25	40	100	150	250
85	Eddie Joyal	6	8	10	20	30	60	125	200
86	Mike Walton RC	6	8	10	12	25	60	80	150
87	George Sullivan	6	8	10	15	30	60		200
88	Don Simmons	6	8	10	20	50	150	200	250
89	Jim Neilson	6	8	10	12	25	60		
90	Arnie Brown	6	8	10	20	40	▼80		250
91	Rod Gilbert	12	15	20	50	100	200	300	500
92	Phil Goyette	6	8	10	25	60	100		
93	Bob Nevin	10	20	30	50	80	150	250	300
94	John McKenzie	6	8	10	25	40	80	100	200
95	Ted Taylor RC	6	8	10	15	30	80		200
96	Milt Schmidt CO DP	6	8	10	25	50	125	200	400
97	Ed Johnston	6	8	10	20	40	120		
98	Ted Green	6	8	10	15	40	80		400
99	Don Awrey RC	6	8	10	20	50	200		400
100	Bob Woytowich DP	6	8	10	15	40	60	100	250
101	Johnny Bucyk	10	12	30	50	100	250		
102	Dean Prentice	6	10	20	40	50	150		
103	Ron Stewart	6	8	10	15	25	100		
104	Reg Fleming	6	8	10	15	40	200		
105	Parker MacDonald	6	8	10	20	40	▼60		
106	Hank Bassen	6	8	10	12	25	60	80	150
107	Gary Bergman	6	8	10	15	25	60	80	200
108	Gordie Howe DP	100	125	200	250	400	600		
109	Floyd Smith	12	25	50	125	150	250		
110	Bruce MacGregor	6	8	15	30	40	60	80	150

#	Player	VG 3	VgEx 4	EX 5	ExMt 6	NM 7	NmMt 8	NmMt+ 8.5	MT 9
111	Ron Murphy	6	8	10	12	25	80		
112	Don McKenney	6	8	10	12	25	60		
113	Denis DeJordy DP	6	8	10	12	25	60	100	250
114	Elmer Vasko	6	8	10	12	50	120		
115	Matt Ravlich	6	8	10	25	50	100	150	250
116	Phil Esposito RC	400	500	800	1,500	2,000	3,000	4,000	5,000
117	Chico Maki	10	15	20	30	▼50	100		
118	Doug Mohns	6	8	10	20	30	80		200
119	Eric Nesterenko	6	8	10	15	30	80	100	250
120	Pat Stapleton	6	8	10	12	25	75	100	250
121	Checklist Card	50	100	200	300	400	1,000		
122	Gordie Howe 600 SP	125	200	225	250	400	800		
123	Toronto Maple Leafs SP	20	25	30	60	100	250		500
124	Chicago Blackhawks SP	▲25	▲30	▲60	▲100	▲125	300		
125	Detroit Red Wings SP	30	60	80	100	250	400		
126	Montreal Canadiens SP	30	40	50	60	80	▲250	▲300	500
127	New York Rangers SP	30	40	50	100	200			
128	Boston Bruins SP	60	100	150	250	300	800		

—Toe Blake CO #1 PSA 9 (Mint) sold for $390 (eBay; 1/16)
—Gerry Cheevers #31 SGC 9 (Mint) sold for $3,149 (Goodwin; 3/12)
—Gerry Cheevers #31 PSA 9 (Mint) sold for $3,715 (eBay; 2/16)
    %%Yvan Cournoyer #76 PSA 10 (Gem) sold for $3,269 (eBay; 12/11)
—Yvan Cournoyer #76 PSA 9 (Mint) sold for $2,756 (eBay; 3/14)
—Yvan Cournoyer #76 PSA 9 (Mint) sold for $2,632.89 (eBay; 4/16)
—Kent Douglas #14 PSA 10 (Gem) sold for $426.99 (eBay; 3/16)
—Ron Ellis #82 PSA 10 (Gem) sold for $818 (eBay; 3/13)
—Ed Giacomin #21 SGC 8.5 (NrMt+) sold for $1,627 (Goodwin; 3/12)
—Phil Doyetto #92 PSA 9 (Mint) sold for $415 (eBay; 3/16)
—Paul Henderson #51 PSA 9 (MT) sold for $1,419 (eBay; 10/15)
—Punch Imlach CO #11 PSA 8.5 (NrMt+) sold for $293.98 (eBay; 12/15)
—Pit Martin #53 PSA 10 (Gem) sold for $556.99 (eBay; 3/16)
—Mike McMahon #24 PSA 10 (Gem) sold for $528 (eBay; 2/07)
—Terry Sawchuk #12 SGC 9 (Mint) sold for $382 (Goodwin; 3/12)
—Pat Stapleton #120 PSA 9 (Mint) sold for $323 (eBay; 3/08)
—Peter Stemkowski #84 PSA 10 (Gem) sold for $719 (eBay; 3/16)
—George Sullivan #87 PSA 9 (Mint) sold for $388 (eBay; 3/08)
—Ted Taylor #95 PSA 9 (MT) sold for $278 (eBay; 12/06)

1966-67 Topps

#	Player	VG 3	VgEx 4	EX 5	ExMt 6	NM 7	NmMt 8	NmMt+ 8.5	MT 9
1	Toe Blake CO	40	125	200	300	500	1,250		
2	Gump Worsley	12	20	30	40	135	750		
3	Jean-Guy Talbot	6	8	10	40	150	800		
4	Gilles Tremblay	▲10	▲20	▲30	▲50	▲80	120		250
5	J.C. Tremblay	20	40	50	60	80	200		
6	Jim Roberts	8	10	15	30	80			
7	Bobby Rousseau	6	10	20	40	100	200		
8	Henri Richard	20	60	80	100	200	500		
9	Claude Provost	▲20	▲25	▲30	▲60	▲80	200		
10	Claude Larose	8	10	25	40	60	300		
11	Punch Imlach CO	8	10	30	100	150	300		
12	Johnny Bower	15	20	50	80	200	400		
13	Terry Sawchuk	▲50	▲60	▲80	▲100	▲250			
14	Mike Walton	20	50	60	100	125	500		
15	Pete Stemkowski	6	8	10	15	30	120		
16	Allan Stanley	8	10	30	40	50	140		
17	Eddie Shack	20	25	30	40	60	150		
18	Brit Selby RC	10	20	40	50	60	125		
19	Bob Pulford	8	10	12	15	40	100		
20	Marcel Pronovost	8	10	12	15	40	350		
21	Emile Francis RC CO	40	50	125	150	200	400		
22	Rod Seiling	6	10	20	50	100	200		
23	Ed Giacomin	30	40	▲60	▲125	▲200	400		
24	Don Marshall	8	10	50	60	80	100		
25	Orland Kurtenbach	6	8	10	25	100	600		
26	Rod Gilbert	12	15	20	30	100	200		
27	Bob Nevin	6	8	20	60	80	150		
28	Phil Goyette	6	8	10	15	30	100		
29	Jean Ratelle	12	20	40	50	80	150		
30	Earl Ingarfield	6	8	10	15	30	300		
31	Harry Sinden RC CO	25	30	50	150	200	400	600	
32	Ed Westfall	8	20	30	50	80	150		
33	Joe Watson RC	▲20	▲15	▲30	▲60	▲80	150		
34	Bob Woytowich	▲10	▲15	▲25	▲50	▲60	100		200
35	Bobby Orr RC	6,000	7,000	10,000	15,000	30,000	40,000		
36	Gilles Marotte RC	20	30	40	80	100	300		
37	Ted Green	▲15	▲20	▲30	▲40	▲80	▲125		
38	Tom Williams	20	30	40	60	100	200		
39	Johnny Bucyk	20	60	80	100	150	200		
40	Wayne Connelly	6	8	10	50	125	400		
41	Pit Martin	8	10	12	20	40	80		
42	Sid Abel CO	6	8	25	30	50	120		
43	Roger Crozier	8	10	15	40	200			
44	Andy Bathgate	▲20	▲30	▲40	▲60	▲100	▲200		
45	Dean Prentice	6	8	10	15	30	175		
46	Paul Henderson	10	12	15	25	80	300		
47	Gary Bergman	10	20	50	80	100	150		1,000
48	Bryan Watson	8	10	20	40	80	125		1,200

#	Player	VG 3	VgEx 4	EX 5	ExMt 6	NM 7	NmMt 8	NmMt+ 8.5	MT 9
49	Bob Wall	15	20	30	40	50	250		
50	Leo Boivin	8	10	25	40	50	60		
51	Bert Marshall	6	10	15	30	100	350		
52	Norm Ullman	10	12	15	20	50	100		
53	Billy Reay CO	8	10	12	15	40	120		
54	Glenn Hall	15	20	25	30	60	300		
55	Wally Boyer	20	30	40	50	80	200		
56	Fred Stanfield	6	8	10	15	40	150		
57	Pat Stapleton	8	10	12	15	40	150		
58	Matt Ravlich	6	8	10	15	30	100		
59	Pierre Pilote	8	10	12	15	40	120		
60	Eric Nesterenko	8	10	12	50	80	200	600	1,500
61	Doug Mohns	8	10	12	15	40	100		
62	Stan Mikita	25	30	40	50	100	400		
63	Phil Esposito	40	50	100	200	300	400		1,500
64	Bobby Hull LL	40	50	60	250	400	600		
65	C.Hodge/Worsley	15	20	40	80	100	300		
66	Checklist Card	100	125	200	400	500	2,000		
67	Jacques Laperriere	8	10	12	15	100	500		
68	Terry Harper	10	15	30	50	100	400		800
69	Ted Harris	10	15	30	60	80	150		
70	John Ferguson	8	10	12	25	80	300		
71	Dick Duff	8	20	40	50	100	120		
72	Yvan Cournoyer	25	▲40	▲50	▲60	100	200		
73	Jean Beliveau	30	40	50	60	150	300		
74	Dave Balon	6	10	15	30	50	150		
75	Ralph Backstrom	8	10	25	50	80	120		400
76	Jim Pappin	6	8	10	25	50	150		
77	Frank Mahovlich	20	25	30	40	80	600		
78	Dave Keon	20	40	80	100	125	250		
79	Red Kelly	12	15	30	60	80	150		
80	Tim Horton	60	80	100	150	300	400	800	5,000
81	Ron Ellis	▲20	▲25	▲30	▲40	▲60	100		
82	Kent Douglas	15	20	40	50	60	150		
83	Bob Baun	▲20	▲30	▲40	▲60	150	▲250		
84	George Armstrong	10	12	15	20	50	300		
85	Bernie Geoffrion	15	▲25	▲40	▲80	▲100	250		
86	Vic Hadfield	8	10	12	15	40	200		
87	Wayne Hillman	▲8	▲12	▲25	▼50	80	150		600
88	Jim Neilson	6	▲12	▲25	30	50	120		
89	Al McNeil	15	20	30	50	80	150		
90	Arnie Brown	6	8	10	15	30	200		
91	Harry Howell	15	20	30	60	80	200		1,500
92	Red Berenson	8	10	20	40	60	100		
93	Reg Fleming	6	15	25	50	60	100		
94	Ron Stewart	6	8	10	15	50	120		
95	Murray Oliver	6	▲10	▲20	▲30	▲60	200		
96	Ron Murphy	6	8	10	20	50	100		
97	John McKenzie	8	10	12	15	50	125		
98	Bob Dillabough	6	8	10	30	50	80		
99	Ed Johnston	8	10	25	40	60	▲125		
100	Ron Schock	▲20	▲30	▲40	▲60	▲100	▲800	▲1,000	3,000
101	Dallas Smith	6	8	20	25	40	125		500
102	Alex Delvecchio	15	20	30	50	125	200		
103	Peter Mahovlich RC	20	25	30	40	125	400		1,200
104	Bruce MacGregor	▲15	▲20	▲40	▲50	▲80	300		
105	Murray Hall	6	8	10	15	30	100		
106	Floyd Smith	6	8	10	15	60	120		
107	Hank Bassen	▲20	▲30	▲40	▲50	▲60	▲200		2,000
108	Val Fonteyne	10	15	25	40	60	100		
109	Gordie Howe	150	250	300	400	500	1,500		
110	Chico Maki	25	30	40	80	100	200		
111	Doug Jarrett	20	25	▼30	50	80	150		
112	Bobby Hull	50	60	80	125	200	400		
113	Dennis Hull	8	10	12	15	150	200		
114	Ken Hodge	20	30	50	60	80	300		2,000
115	Denis DeJordy	20	30	50	60	80	250		
116	Lou Angotti	6	▲10	▲15	▲25	▲60	200		
117	Ken Wharram	6	8	10	40	50	150		200
118	Montreal Canadiens/Team Card	▲20	▲30	▲50	▲125	▲200	▲400		
119	Detroit Red Wings/Team Card	15	40	80	100	200	400		
120	Checklist Card	▼300	▼400	600	800	1,000			
121	Gordie Howe AS	40	50	60	80	225	700		
122	Jacques Laperriere AS	8	10	12	30	80	300		
123	Pierre Pilote AS	8	10	40	50	100	500		
124	Stan Mikita AS	15	20	50	100	250	350		
125	Bobby Hull AS	40	50	60	80	100	250		
126	Glenn Hall AS	20	25	30	40	80	250		
127	Jean Beliveau AS	20	25	40	80	150	500		
128	Allan Stanley AS	8	10	15	25	80	500		
129	Pat Stapleton AS	▲20	▲30	▲60	▲100	▲200	400		
130	Gump Worsley AS	▲60	▲80	▲100	▲125	▲200	▲600		
131	Frank Mahovlich AS	25	30	50	80	100	400		
132	Bobby Rousseau AS	25	30	40	120	400	2,500		

—Andy Bathgate #44 PSA 9 (MT) sold for $891 (ebay; 3/14)
—Jean Beliveau #73 PSA 8.5 (NmMt+) sold for $1,500 (ebay; 3/14)
—Jean Beliveau AS #127 PSA 8 (NmMT) sold for $1,149 (Memory Lane; 9/07)
—Wally Boyer #55 PSA 9 (Mint) sold for $829 (eBay; 3/16)
—Gerry Cheevers #31 PSA 10 (Gem) sold for $3,558 (eBay; 5/09)
—Wayne Connelly #40 PSA 8 (NmMt) sold for $774 (eBay; 5/12)
—Denis DeJordy #115 PSA 9 (Mt) sold for $1,812 (Mile High; 10/15)
—Bernie Geoffrion #85 PSA 9 (MT) sold for $3,630 (Mile High; 10/15)
—Bobby Hull AS #125 PSA 9 (Mt) sold for $1,834 (Mile High; 10/15)
—Doug Jarrett #111 PSA 9 (Mt) sold for $1,994 (Mile High; 10/15)
—Frank Mahovlich AS #131 PSA 8 (NmMT) sold for $1,278 (eBay; 4/12)
—Al McNeil #89 PSA 9 (Mint) sold for $844.95 (eBay; 3/16)
—Stan Mikita AS #124 PSA 9 (Mt) sold for $2,948 (Mile High; 10/15)
—Bobby Orr #35 PSA 9 (MT) sold for $47,923 (Mastro; 4/07)
—Bobby Orr #35 BGS 9.5 (GEM) sold for $5,789.44 (eBay; 5/12)
—Pierre Pilote AS #123 PSA 8 (NmMt) sold for $3,537 (Mile High; 10/15)
—Pierre Pilote AS #123 PSA 9 (Mt) sold for $1,118.88 (eBay; 1/16)
—Jim Roberts #6 PSA 9 (Mt) sold for $2,228 (Mile High; 10/15)
—Bobby Rousseau #132 PSA 8 (NmMt) sold for $2,720 (eBay; 1/13)
—Terry Sawchuk #13 PSA 9 (Mt) sold for $1,312 (eBay; 1/14)
—Terry Sawchuk #13 PSA 9 (Mt) sold for $1,187 (Memory Lane; 9/07)
—Eddie Shack #17 PSA 9 (MT) sold for $490 (eBay; 7/08)

1967-68 Topps

#	Player	VG 3	VgEx 4	EX 5	ExMt 6	NM 7	NmMt 8	NmMt+ 8.5	MT 9
1	Gump Worsley	20	25	35	200	250	400	500	
2	Dick Duff	6	8	10	30	150	500		
3	Jacques Lemaire RC	125	150	200	300	800	1,000		
4	Claude Larose	8	10	12	15	40	80		
5	Gilles Tremblay	▲10	▲15	▲20	▲30	▲50	▲80	▲100	▲200
6	Terry Harper	6	8	10	12	25	80	100	200
7	Jacques Laperriere	6	8	10	12	25	50	60	200
8	Garry Monahan	6	8	10	12	25	40	50	100
9	Carol Vadnais RC	6	8	10	12	25	40	50	100
10	Ted Harris	▲10	▲15	▲20	▲30	▲50	▲60		▲200
11	Dave Keon	▲25	▲30	▲40	▲60	▲100	▲150	▲400	▲600
12	Pete Stemkowski	6	8	10	12	60	80	100	250
13	Allan Stanley	▲10	▲20	▲25	▲30	▲50	▲100	▲125	▲200
14	Ron Ellis	6	8	10	12	25	50	60	150
15	Mike Walton	6	8	10	12	25	40	50	100
16	Tim Horton	15	20	25	50	80	250		
17	Brian Conacher	6	8	10	50	60	80	100	200
18	Bruce Gamble	6	8	10	12	25	40	50	150
19	Bob Pulford	6	8	10	30	50	80		
20	Duane Rupp	▲20	▲25	▲30	▲40	▲50	▲60		150
21	Larry Jeffrey	6	8	10	12	25	40		
22	Wayne Hillman	6	8	10	12	25	40		
23	Don Marshall	6	8	10	12	25	50		
24	Red Berenson	▲8	▲10	▲12	▲15	▲30	▲60	▲80	▲150
25	Phil Goyette	6	8	10	12	25	40	50	100
26	Camille Henry	6	8	10	▲15	▲30	40	50	80
27	Rod Seiling	8	10	15	20	40	50		
28	Bob Nevin	6	8	10	12	25	40	50	120
29	Bernie Geoffrion	15	20	25	30	40	50	60	120
30	Reg Fleming	6	8	10	12	25	40	60	120
31	Jean Ratelle	8	10	12	15	30	50	60	120
32	Phil Esposito	60	80	100	125	200	400		1,200
33	Derek Sanderson RC	▲100	▲125	▲150	▲200	▲300	▲800		
34	Eddie Shack	12	15	20	25	40	60	80	120
35	Ross Lonsberry RC	6	8	10	12	25	▼100	▼150	400
36	Fred Stanfield	6	8	10	12	25	40	50	100
37	Don Awrey UER	6	8	10	12	25	40	50	80
38	Glen Sather RC	30	40	60	80	150	200	250	400
39	John McKenzie	6	8	10	▲15	▲30	▲100	▲150	▲300
40	Tom Williams	6	8	10	12	25	40	50	100
41	Dallas Smith	▲10	▲12	▲15	▲20	▲40	▲60	▲100	▲250
42	Johnny Bucyk	10	12	15	20	30	60	100	175
43	Gordie Howe	30	40	80	150	200	400	500	800
44	Gary Jarrett	6	8	10	12	25	40		
45	Dean Prentice	6	8	10	12	25	40	50	
46	Bert Marshall	6	8	10	12	25	40		
47	Gary Bergman	▲10	▲12	▲15	▲20	25	▲60	▲80	▲150
48	Roger Crozier	6	8	10	12	25	50		
49	Howie Young	6	8	10	12	25	40	50	100
50	Doug Roberts	6	8	10	12	25	40		120
51	Alex Delvecchio	10	12	15	30	60	125	200	
52	Floyd Smith	6	8	10	12	25	40	60	120
53	Doug Shelton	6	8	10	12	25	40		
54	Gerry Goyer	6	8	10	12	25	40	50	150
55	Wayne Maki	6	8	10	▲15	▲40	▲80	▲100	▲200
56	Dennis Hull	6	8	10	12	25	50		
57	Dave Dryden RC	▲30	▲40	▲50	▲80	▲100	▲150	▲200	▲500
58	Paul Terbenche	▲20	▲25	▲30	▲40	▲50	▲60	▲80	▼150
59	Gilles Marotte	6	8	10	12	25	40		120
60	Eric Nesterenko	6	8	10	12	25	50	60	120
61	Pat Stapleton	6	8	10	12	25	100	150	250
62	Pierre Pilote	8	10	12	15	30	60	80	120
63	Doug Mohns	6	8	10	12	25	40		
64	Stan Mikita Triple	15	20	25	30	50	100		
65	G.Hall/D.DeJordy	10	12	15	20	30	80		300
66	Checklist Card	▲150	▲250	▲300	▲400	▲500	▲800		
67	Ralph Backstrom	6	8	10	12	25	125		

#	Player	VG 3	VgEx 4	EX 5	ExMt 6	NM 7	NmMt 8	NmMt+ 8.5	MT 9
68	Bobby Rousseau	6	8	10	12	25	80	100	200
69	John Ferguson	6	8	10	15	30	80	100	200
70	Yvan Cournoyer	▲25	▲30	▲60	▲100	▲150	▲300	▲400	▲500
71	Claude Provost	6	8	10	30	50	80	125	200
72	Henri Richard	12	15	20	▲30	▲80	300	400	500
73	J.C. Tremblay	6	8	10	12	25	250	300	400
74	Jean Beliveau	▲25	▲40	▲100	▲150	250	300	400	500
75	Rogatien Vachon RC	150	200	250	300	500	1,000	1,500	2,000
76	Johnny Bower	▲30	▲50	▲60	▲100	▲150	▲300		▲400
77	Wayne Carleton	6	8	10	40	50	60	80	150
78	Jim Pappin	6	8	10	12	25	40	50	100
79	Frank Mahovlich	20	30	50	100	150	200	250	400
80	Larry Hillman	6	8	10	12	25	40	50	100
81	Marcel Pronovost	6	▲10	▲15	▲20	▲30	▲80	▲100	▲200
82	Murray Oliver	6	8	10	12	25	40	60	120
83	George Armstrong	▲15	▲20	▲30	▲50	▲60	▲100	▲150	▲200
84	Harry Howell	6	8	10	12	25	40	60	100
85	Ed Giacomin	15	20	25	30	40	80	100	175
86	Gilles Villemure	6	8	10	12	40	80	100	150
87	Orland Kurtenbach	6	▲10	▲15	▲20	▲50	▲100	▲125	▲150
88	Vic Hadfield	6	8	10	12	25	40	50	100
89	Arnie Brown	6	8	10	12	25	40	60	120
90	Rod Gilbert	30	40	50	100	150	200	250	300
91	Jim Neilson	6	8	10	12	25	40	50	100
92	Bobby Orr	600	800	1,000	1,500	2,000	4,000	5,000	6,000
93	Skip Krake UER RC	6	8	10	12	25	40	50	100
94	Ted Green	10	15	25	40	50	60	100	200
95	Ed Westfall	▲10	▲15	▲20	▲30	▲40	▲80	▲100	▲150
96	Ed Johnston	▲10	▲15	▲20	▲30	▲50	▲100	▲100	▲400
97	Gary Doak RC	6	▲10	▲15	▲20	▲30	▲80	▲100	▲150
98	Ken Hodge	6	8	10	▲15	▲40	▲60		
99	Gerry Cheevers	20	25	30	40	60	100	120	250
100	Ron Murphy	6	8	10	▲15	25	▲50	▲60	▲200
101	Norm Ullman	8	10	12	15	30	50	60	150
102	Bruce MacGregor	6	8	10	12	25	40	50	100
103	Paul Henderson	15	20	25	40	60	200		300
104	Jean-Guy Talbot	6	8	10	12	25	40	60	120
105	Bart Crashley	6	8	10	12	25	40	50	100
106	Roy Edwards	▲20	▲25	▲30	▲40	▲50	▲100	▲150	▲200
107	Jim Watson	6	8	10	12	25	40	50	100
108	Ted Hampson	6	8	10	12	30	100		
109	Bill Orban	6	▲10	▲15	▲20	▲40	▲50	▲60	100
110	Geoffrey Powis	6	8	10	12	25	40	50	150
111	Chico Maki	6	8	10	12	25	40	50	100
112	Doug Jarrett	6	8	10	12	25	40	50	135
113	Bobby Hull	30	40	50	80	150	200	250	800
114	Stan Mikita	20	25	30	40	60	120	150	300
115	Denis DeJordy	6	8	10	12	25	40	50	100
116	Pit Martin	6	8	10	12	25	150		
117	Ken Wharram	6	8	10	12	25	40	50	100
118	Bobby Orr Calder	300	400	500	600	800	1,000	2,000	3,000
119	Harry Howell Norris	6	8	10	12	25	40	60	135
120	Checklist Card	60	80	100	150	250	400	500	800
121	Harry Howell AS	6	8	10	12	25	40	50	175
122	Pierre Pilote AS	6	8	10	12	30	60	75	120
123	Ed Giacomin AS	8	10	12	15	30	50	60	120
124	Bobby Hull AS	30	40	50	60	100	150	175	300
125	Ken Wharram AS	6	8	10	12	25	40	60	120
126	Stan Mikita AS	12	15	20	50	60	100	150	300
127	Tim Horton AS	10	12	15	20	30	80	100	150
128	Bobby Orr AS	250	300	400	500	600	1,000	1,500	3,000
129	Glenn Hall AS	10	12	15	100	150	200	250	400
130	Don Marshall AS	6	8	10	12	25	40	50	200
131	Gordie Howe AS	30	40	50	125	400	500	600	800
132	Norm Ullman AS	6	8	12	15	20	40	175	

—Checklist Card #66 PSA 9 (Mint) sold for $1,013 (eBay; 3/16)
—Ron Ellis #14 PSA 9 (Mint) sold for $365 (eBay; 3/08)
—Reg Flemming #30 PSA 10 (Gem) sold for $434 (eBay; 2/14)
—Harry Howell #84 PSA 10 (Gem) sold for $505 (eBay; 10/08)
—Harry Howell Norris #119 PSA 9 (Mint) sold for $640 (eBay; 8/12)
—Bruce MacGregor ##102 PSA 10 (Gem) sold for $364.44 (eBay; 2/16)
—Stan Mikita AS #126 PSA 9 (Mint) sold for $571.20 (Mile High 5/12)
—Bobby Orr AS #128 PSA 9 (Mint) sold for $6,655 (eBay; 2/12)
—Pierre Pilote AS #122 PSA 10 (Gem) sold for $711 (eBay; 8/07)
—Jean Ratelle #31 PSA 10 (Gem) sold for $298.98 (eBay; 8/12)
—Fred Stanfield #36 PSA 9 (Mint) sold for $359 (eBay; 3/08)
—J.C. Tremblay #73 PSA 10 (Gem) sold for $1,034 (eBay; 3/16)

1968-69 O-Pee-Chee

#	Player	VG 3	VgEx 4	EX 5	ExMt 6	NM 7	NmMt 8	NmMt+ 8.5	MT 9
1	Doug Harvey	30	▲80	200	250	400	4,000		
2	Bobby Orr	400	500	600	800	1,000	1,500		
3	Don Awrey UER	6	8	10	15	30	60		
4	Ted Green	6	8	10	15	30	60		
5	Johnny Bucyk	10	15	50	80	150			
6	Derek Sanderson	20	25	60	125	150	300		
7	Phil Esposito	20	25	30	40	60	120		
8	Ken Hodge	6	8	10	15	40	175		

#	Player	VG 3	VgEx 4	EX 5	ExMt 6	NM 7	NmMt 8	NmMt+ 8.5	MT 9
9	John McKenzie	6	8	10	15	30	60	80	150
10	Fred Stanfield	6	8	30	40	50	80		
11	Tom Williams	6	8	10	15	30	50	60	175
12	Denis DeJordy	6	8	10	15	200			
13	Doug Jarrett	6	8	10	15	30	60		
14	Gilles Marotte	20	30	50	60	80	150		
15	Pat Stapleton	6	8	10	15	40	125		
16	Bobby Hull	30	40	50	80	200	300		
17	Chico Maki	6	8	10	15	100	175		
18	Pit Martin	6	8	10	15	60	135		
19	Doug Mohns	20	25	50	100	150	200		500
20	John Ferguson	▲10	▲15	▲25	▲40	▲125	600		
21	Jim Pappin	6	8	10	15	80	100		
22	Ken Wharram	6	8	10	15	30	60		
23	Roger Crozier	6	8	10	25	80			
24	Bob Baun	6	8	10	20	50	120		
25	Gary Bergman	6	8	12	30	80			
26	Kent Douglas	6	8	12	30	150	250		
27	Ron Harris	6	8	10	15	30	40		
28	Alex Delvecchio	15	20	30	40	80	200		
29	Gordie Howe	100	150	200	300	400	800	1,000	2,000
30	Bruce MacGregor	6	8	10	15	30	50	80	150
31	Frank Mahovlich	25	30	40	60	250	400		
32	Dean Prentice	6	8	10	15	30	60		
33	Pete Stemkowski	6	8	10	25	50	125		
34	Terry Sawchuk	20	25	50	80	▲125	▲300		800
35	Larry Cahan	6	8	10	15	30	60		
36	Real Lemieux	6	8	10	15	30	60		
37	Bill White RC	6	8	10	15	30	60		
38	Gord Labossiere RC	6	8	10	15	30	60		
39	Ted Irvine RC	6	8	10	15	30	60		
40	Eddie Joyal	10	15	20	25	30	50	60	100
41	Dale Rolfe	6	8	10	15	30	60		
42	Lowell MacDonald RC	6	8	10	15	30	60		
43	Skip Krake UER	6	8	10	15	30	60		
44	Terry Gray	6	8	10	25	60	200		
45	Cesare Maniago	6	8	10	15	40	80	100	150
46	Mike McMahon	6	8	10	15	30	60		
47	Wayne Hillman	6	8	10	15	25	60		
48	Larry Hillman	6	8	10	15	30	60		
49	Bob Woytowich	6	8	15	30	125	250		
50	Wayne Connelly	6	8	10	15	30	60		
51	Claude Larose	6	▲15	▲20	▲30	▲80	▼150		
52	Danny Grant RC	10	12	15	▲25	80	▼150		
53	Andre Boudrias	6	8	10	50	60	80		500
54	Ray Cullen RC	6	8	10	15	30	60	80	150
55	Parker MacDonald	6	8	10	15	30	300		
56	Gump Worsley	8	10	15	40	200	400		
57	Terry Harper	6	8	10	15	30	60		
58	Jacques Laperriere	6	▲10	▲15	▲25	▲40	80		
59	J.C. Tremblay	6	8	10	15	30	80		
60	Ralph Backstrom	6	8	10	20	60	120		
61	Checklist 2	100	200	250	300	500	1,000		
62	Yvan Cournoyer	60	80	100	150	200	400		
63	Jacques Lemaire	12	15	20	25	60	200		
64	Mickey Redmond RC	30	40	100	200	250	600		
65	Bobby Rousseau	6	8	10	25	▲50	100		
66	Gilles Tremblay	6	8	10	15	30	300		
67	Ed Giacomin	10	12	15	20	40	80		
68	Arnie Brown	6	8	10	30	60	100		
69	Harry Howell	6	8	12	25	60	200		
70	Al Hamilton	6	8	10	15	30	60		
71	Rod Seiling	6	10	25	40	100	300		
72	Rod Gilbert	6	8	10	15	40	80		
73	Phil Goyette	10	12	15	25	▼40	100		
74	Larry Jeffrey	6	8	10	15	80	100		
75	Don Marshall	6	8	10	15	30	60		
76	Bob Nevin	6	8	10	15	60	80		
77	Jean Ratelle	12	15	20	30	40	80		
78	Charlie Hodge	6	8	10	15	30	200		
79	Bert Marshall	6	8	15	25	40	100		
80	Billy Harris	6	8	10	15	30	100		
81	Carol Vadnais	6	8	10	15	30	60		
82	Howie Young	6	8	10	15	30	60		
83	John Brenneman	6	8	10	15	30	80		
84	Gerry Ehman	6	8	10	15	30			
85	Ted Hampson	6	8	10	15	30	60		
86	Bill Hicke	6	8	10	15	30	80		
87	Gary Jarrett	6	8	10	15	30	60		
88	Doug Roberts	6	10	20	30	50	125		
89	Bernie Parent RC	150	300	600	800	2,000	3,000		
90	Joe Watson	6	8	10	15	30	60		
91	Ed Van Impe	6	8	10	25	50	100		
92	Larry Zeidel	6	8	10	15	30	120		
93	John Miszuk	6	8	10	15	30	50		
94	Gary Dornhoefer	6	8	10	15	30	60		
95	Leon Rochefort	6	8	10	15	30	60		
96	Brit Selby	6	8	10	15	30	60		

#	Player	VG 3	VgEx 4	EX 5	ExMt 6	NM 7	NmMt 8	NmMt+ 8.5	MT 9
97	Forbes Kennedy	6	8	10	20	30	60		300
98	Ed Hoekstra RC	6	8	10	15	60	150		
99	Garry Peters	6	8	10	20	30	60		
100	Les Binkley RC	10	12	15	25	100	150		
101	Leo Boivin	6	8	10	20	50	80		
102	Earl Ingarfield	6	8	10	20	40	60		
103	Lou Angotti	6	8	10	15	30	80		
104	Andy Bathgate	6	8	10	15	60	100		
105	Wally Boyer	6	8	10	15	30	80		
106	Ken Schinkel	15	25	30	40	50	100		
107	Ab McDonald	6	8	10	25	60	150		
108	Charlie Burns	6	8	10	15	40	80		
109	Val Fonteyne	6	8	10	15	30	60	80	200
110	Noel Price	6	8	10	15	30	50	60	200
111	Glenn Hall	10	12	15	20	40	100		
112	Bob Plager RC	12	15	20	25	50	150		
113	Jim Roberts	6	8	10	15	30	60		
114	Red Berenson	6	8	10	15	30	60		
115	Larry Keenan	6	8	10	15	30	60		
116	Camille Henry	6	8	10	15	30	150		
117	Gary Sabourin	6	8	10	15	40	80		
118	Ron Schock	6	8	15	50	150	300		
119	Gary Veneruzzo	6	8	10	15	30	60		
120	Gerry Melnyk	6	8	10	25	50	100		
121	Checklist 2	80	125	250	400	550			
122	Johnny Bower	8	15	15	25	80	300		
123	Tim Horton	30	80	125	150	200	300		
124	Pierre Pilote	6	8	10	15	40	200		
125	Marcel Pronovost	15	30	40	50	60	80		
126	Ron Ellis	6	8	10	15	30	80		
127	Paul Henderson	6	8	10	15	30	80		
128	Al Arbour	6	8	10	15	30	150		
129	Bob Pulford	6	8	10	15	30	80		
130	Floyd Smith	6	8	10	15	30	80		
131	Norm Ullman	15	20	40	60	150			
132	Mike Walton	6	8	12	30	80	150		300
133	Ed Johnston	6	8	12	25	150			
134	Glen Sather	8	10	12	20	60	120		
135	Ed Westfall	6	8	10	15	30	80		
136	Dallas Smith	6	8	10	15	30	60		
137	Eddie Shack	6	8	10	25	▲50	60		
138	Gary Doak	6	8	10	15	25	60	80	100
139	Ron Murphy	6	8	10	15	80	200		
140	Gerry Cheevers	10	25	30	40	80	100		
141	Bob Falkenberg	6	8	10	15	30	60		
142	Garry Unger DP RC	15	20	25	30	80	150		
143	Peter Mahovlich	6	8	15	30	▼60	150		
144	Roy Edwards	6	8	10	▲20	▲40	80		
145	Gary Bauman	6	8	10	15	100	200		
146	Bob McCord	6	8	10	15	30	60		
147	Elmer Vasko	6	8	10	15	30	60		
148	Bill Goldsworthy RC	6	10	25	50	60	125		250
149	Jean-Paul Parise RC	15	25	40	60	▼80	▼100		
150	Dave Dryden	6	8	10	15	30	100		
151	Howie Young	6	8	10	15	25	50		
152	Matt Ravlich	6	8	10	15	30	120		
153	Dennis Hull	6	8	10	15	40	100		
154	Eric Nesterenko	6	8	10	15	30	60		125
155	Stan Mikita	15	20	25	30	50	100		
156	Bob Wall	6	8	10	15	30	80		
157	Dave Amadio	6	8	10	15	25	60		
158	Howie Hughes	6	8	10	30	▼50	125		
159	Bill Flett RC	6	8	10	15	30	80		
160	Doug Robinson	6	8	10	15	30	100		200
161	Dick Duff	6	8	10	▲20	▲30	40		
162	Ted Harris	6	8	10	15	30	60		
163	Claude Provost	6	8	10	15	25	50		
164	Rogatien Vachon	20	25	50	100	200	300		
165	Henri Richard	10	▲20	30	50	100	150		
166	Jean Beliveau	▲50	▲80	▲100	▲125	150	300		
167	Reg Fleming	6	8	10	15	30	80		
168	Ron Stewart	6	8	10	15	30	80		
169	Dave Balon	6	8	10	15	125	200		
170	Orland Kurtenbach	6	8	10	25	40	60		
171	Vic Hadfield	6	8	10	15	30	60		
172	Jim Neilson	6	8	10	15	25	40	50	120
173	Bryan Watson	15	25	40	▼50	▼60	▼150		
174	George Swarbrick	6	8	10	15	30	80		
175	Joe Szura	6	8	10	15	30	60		
176	Gary Smith RC	40	60	80	100	150	300		
177	Barclay Plager UER RC	8	10	12	15	40	80		250
178	Tim Ecclestone	6	8	10	12	30	60		
179	Jean-Guy Talbot	6	8	10	15	25	50		
180	Ab McDonald	6	8	10	15	30	80		
181	Jacques Plante	▲25	▲30	▲40	60	80	150		
182	Bill McCreary	6	8	10	15	30	150		
183	Allan Stanley	6	8	10	15	25	50		
184	Andre Lacroix RC	6	8	10	15	60	175		

#	Player	VG 3	VgEx 4	EX 5	ExMt 6	NM 7	NmMt 8	NmMt+ 8.5	MT 9
185	Jean-Guy Gendron	6	8	10	15	25	40	60	100
186	Jim Johnson RC	6	8	10	15	30	60		
187	Simon Nolet RC	6	8	10	15	60	80		
188	Joe Daley RC	6	8	12	20	80	150		
189	John Arbour	6	8	10	15	50	100		
190	Billy Dea	6	8	10	15	30	80		
191	Bob Dillabough	6	8	10	15	30	60		
192	Bob Woytowich	6	8	10	15	30	50	60	100
193	Keith McCreary RC	6	8	10	15	40	60		
194	Murray Oliver	6	8	10	15	30	60		
195	Larry Mickey	6	8	10	15	40	80		
196	Bill Sutherland	6	8	10	15	50	100		
197	Bruce Gamble	6	8	10	25	50	100		
198	Dave Keon	▲10	▲15	▲20	▲40	▲60	150		
199	Gump Worsley AS1	30	40	50	100	150			
200	Bobby Orr AS1	60	80	150	250	400	500	800	
201	Tim Horton AS1	8	10	15	30	80	175		
202	Stan Mikita AS1	8	10	12	30	60	400		
203	Gordie Howe AS1	30	40	50	60	100	175	200	450
204	Bobby Hull AS1	25	30	40	50	80	175		
205	Ed Giacomin AS2	8	10	12	20	80	350		
206	J.C. Tremblay AS2	6	8	12	25	250	400		
207	Jim Neilson AS2	6	8	10	15	30	135		
208	Phil Esposito AS2	12	15	25	50	150	300		
209	Rod Gilbert AS2	6	8	12	30	100	500		
210	Johnny Bucyk AS2	6	8	10	15	80	250		
211	Stan Mikita Triple	8	10	12	30	60	200		
212	Worsley/Vachon Vezina	20	25	30	60	125	250		
213	Derek Sanderson Calder	25	30	40	50	100	250		
214	Bobby Orr Norris	60	80	100	150	250	800		
215	Glenn Hall Smythe	6	8	10	15	100	250		
216	Claude Provost Mast	20	30	40	50	80	200		

—Ralph Backstrom #5 PSA 9 (MT) sold for $1,132 (eBay; 8/15)
—Johnny Bucyk #5 PSA 9 (MT) sold for $626 (eBay; 8/12)
—Checklist #61 PSA 9 (MT) sold for $833 (eBay; 10/12)
—Roger Crozier #23 PSA 9 (MT) sold for $694 (eBay; 8/12)
—Alex Delvecchio #28 PSA 10 (Gem) sold for $1,490 (eBay; 4/15)
—Dave Dryden #150 PSA 9 (MT) sold for $1,040 (eBay; 2/13)
—Doug Harvey #1 PSA 8 (NmMt) sold for $1,649 (eBay; 8/12)
—Gordie Howe #29 PSA 9 (MT) sold for $1,584 (eBay; 3/15)
—Larry Hillman #48 PSA 9 (MT) sold for $611 (eBay; 3/14)
—Gordie Howe AS1#203 PSA 9 (MT) sold for $460 (eBay; 8/12)
—Gordie Howe #29 PSA 9 (MT) sold for $1,130 (eBay; 8/12)
—John McKenzie #9 PSA 10 (Gem) sold for $453 (eBay; 2/07)
—Bobby Orr #2 PSA 9 (Mt) sold for $13,547 (Mile High; 12/13)
—Bobby Orr Norris #214 PSA 9 (MT) sold for $1,775 (Mile High; 12/13)
—Bobby Orr Norris #214 PSA 9 (MT) sold for $1,258 (eBay; 2/16)
—Jim Pappin #21 PSA 9 (Mt) sold for $1040 (eBay; 2/13)
—Mickey Redmond RC #64 PSA 8 (NmMt) sold for $703.44 (eBay; 8/12)
—Mike Walton #132 PSA 9 (Mt) sold for $465 (eBay; 8/12)

1968-69 Topps

#	Player	VG 3	VgEx 4	EX 5	ExMt 6	NM 7	NmMt 8	NmMt+ 8.5	MT 9
1	Gerry Cheevers	20	30	50	100	300	500		
2	Bobby Orr	200	300	400	500	1,000	▲2,000		
3	Don Awrey UER	6	8	10	12	15	30		
4	Ted Green	6	8	10	15	20	40		
5	Johnny Bucyk	▲30	▲40	▲50	▲80	▲300	▲400		▼500
6	Derek Sanderson	12	15	20	50	80	▲150	200	300
7	Phil Esposito	15	20	50	80	100	300	400	500
8	Ken Hodge	6	8	10	12	15	150		
9	John McKenzie	6	8	10	12	15	30		
10	Fred Stanfield	6	8	10	25	40	60		
11	Tom Williams	6	8	10	15	20	30	60	100
12	Denis DeJordy	6	8	10	20	30	40	60	100
13	Doug Jarrett	6	8	10	20	30	40	60	100
14	Gilles Marotte	6	8	10	12	20	60		
15	Pat Stapleton	6	8	10	25	30	60		
16	Bobby Hull	25	50	60	80	150	400	500	600
17	Chico Maki	6	8	10	15	30	60		
18	Pit Martin	6	8	10	25	40	60	100	200
19	Doug Mohns	6	8	10	12	25	60	80	200
20	Stan Mikita	20	30	60	80	100	250		
21	Jim Pappin	6	8	10	15	25	60		
22	Ken Wharram	6	8	10	12	25	60		
23	Roger Crozier	6	8	10	20	40	100		
24	Bob Baun	6	8	10	15	30	80		
25	Gary Bergman	6	8	10	20	30	80		
26	Kent Douglas	6	8	10	25	60	100		
27	Ron Harris	6	8	10	12	30	40	50	125
28	Alex Delvecchio	6	8	10	12	40	60		
29	Gordie Howe	80	100	150	200	250	▲500		3,000
30	Bruce MacGregor	6	8	10	12	15	30	40	80
31	Frank Mahovlich	8	10	25	40	80	100	200	300
32	Dean Prentice	6	8	10	12	15	30		
33	Pete Sternkowski	6	8	10	12	15	80	100	150
34	Terry Sawchuk	20	30	50	80	125	150		800
35	Larry Cahan	6	8	10	15	30	40		80

#	Player	VG 3	VgEx 4	EX 5	ExMt 6	NM 7	NmMt 8	NmMt+ 8.5	MT 9
36	Real Lemieux	6	10	15	25	50	80		
37	Bill White RC	6	8	10	12	15	40		
38	Gord Labossiere	6	10	15	20	40	50		80
39	Ted Irvine	6	8	10	20	30	40	50	60
40	Eddie Joyal	6	8	15	25	30	50	60	100
41	Dale Rolfe	6	8	10	12	15	30	50	80
42	Lowell MacDonald RC	6	8	10	10	15	30	60	125
43	Skip Krake UER	6	8	10	20	30	60	80	100
44	Terry Gray	6	8	10	20	30	50		200
45	Cesare Maniago	6	8	10	▲30	40	▲100	▲150	▲200
46	Mike McMahon	6	8	10	12	20	40		
47	Wayne Hillman	6	8	10	12	15	25		
48	Larry Hillman	6	8	10	12	15	30		
49	Bob Woytowich	6	8	10	12	15	30	40	80
50	Wayne Connelly	6	8	10	25	40	60		
51	Claude Larose	6	8	10	15	30	60		
52	Danny Grant RC	6	8	10	25	40	60	120	150
53	Andre Boudrias	6	8	10	12	15	30	50	125
54	Ray Cullen RC	6	8	10	12	15	60	80	150
55	Parker MacDonald	6	8	10	12	15	30		
56	Gump Worsley	25	30	40	50	60	125		500
57	Terry Harper	6	8	10	20	30	50	100	150
58	Jacques Laperriere	6	8	10	12	15	50	80	100
59	J.C. Tremblay	15	20	25	30	40	50	125	300
60	Ralph Backstrom	6	8	10	20	40	80		
61	Jean Beliveau	▲30	▲60	▲80	▲100	▲125	▲250	▲300	▲500
62	Yvan Cournoyer	8	10	20	50	60	125		
63	Jacques Lemaire	▲12	▲25	▲40	▲50	▲60	125		400
64	Henri Richard	8	10	15	40	125	200		
65	Bobby Rousseau	6	8	10	12	30	40	50	100
66	Gilles Tremblay	10	20	30	50	60	80		150
67	Ed Giacomin	25	30	40	50	60	150	200	300
68	Arnie Brown	6	8	10	20	30	60		
69	Harry Howell	6	8	10	20	30	80		
70	Jim Neilson	6	8	10	20	30	80		
71	Rod Seiling	6	8	10	20	30	50		
72	Rod Gilbert	25	30	40	50	80	100	200	300
73	Phil Goyette	6	8	10	12	15	30	40	80
74	Vic Hadfield	20	25	30	40	50	60	100	200
75	Don Marshall	6	8	10	20	30	50		200
76	Bob Nevin	6	8	10	15	30	60		100
77	Jean Ratelle	6	8	10	20	30	▲50	▲80	▲150
78	Charlie Hodge	6	8	10	12	25	50		
79	Bert Marshall	6	8	10	12	15	30	40	80
80	Billy Harris	6	8	10	15	30	60		150
81	Carol Vadnais	6	8	10	12	15	30		
82	Howie Young	6	8	10	20	30	80		
83	John Brenneman	6	8	10	20	30	40	50	80
84	Gerry Ehman	6	8	10	12	15	40		150
85	Ted Hampson	6	8	10	12	30	50		
86	Bill Hicke	6	8	10	12	15	40	50	80
87	Gary Jarrett	6	8	10	20	30	50		
88	Doug Roberts	6	8	10	15	25	50		
89	Bernie Parent RC	▲80	▲125	150	200	300	800	1,000	2,000
90	Joe Watson	6	8	10	30	50	60		125
91	Ed Van Impe	6	8	10	12	15	40		
92	Larry Zeidel	6	8	10	20	40	125		
93	John Miszuk	6	8	10	15	20	80		
94	Gary Dornhoefer	6	8	10	20	30	40	80	150
95	Leon Rochefort	6	10	20	40	60	80	100	200
96	Brit Selby	6	8	10	12	15	40		125
97	Forbes Kennedy	6	8	10	30	50	100	150	250
98	Ed Hoekstra	6	8	10	12	15	30		80
99	Garry Peters	6	8	10	15	20	40	60	120
100	Les Binkley RC	8	10	20	30	60	125		
101	Leo Boivin	6	8	10	20	30	50	80	
102	Earl Ingarfield	6	8	10	20	25	50	100	300
103	Lou Angotti	6	8	10	12	15	60		
104	Andy Bathgate	6	8	10	20	30	40	60	100
105	Wally Boyer	6	8	20	25	30	40	50	100
106	Ken Schinkel	6	8	10	20	30	40	50	100
107	Ab McDonald	6	8	10	20	30	40	50	100
108	Charlie Burns	6	8	10	20	30	40	50	100
109	Val Fonteyne	6	8	10	15	20	50		100
110	Noel Price	6	8	10	15	20	50	60	▼125
111	Glenn Hall	8	10	12	25	40	60	80	200
112	Bob Plager RC	8	10	12	▲25	▲60	▲100	▲125	▲250
113	Jim Roberts	10	15	25	40	60	150		
114	Red Berenson	6	8	10	15	25	50	80	150
115	Larry Keenan	6	8	10	12	15	30	40	80
116	Camille Henry	6	8	10	15	20	50		100
117	Gary Sabourin	6	8	10	15	30			
118	Ron Schock	6	8	10	20	40	80		200
119	Gary Veneruzzo	6	8	10	12	15	30	40	80
120	Gerry Melnyk	6	8	10	12	15	30	35	60
121	Checklist Card	25	30	40	100	150	300	400	500
122	Johnny Bower	▲30	▲40	▲50	▲60	▲100	▲150	▲200	▲400
123	Tim Horton	▲25	▲40	▲50	▲60	▲100	200		

#	Player	VG 3	VgEx 4	EX 5	ExMt 6	NM 7	NmMt 8	NmMt+ 8.5	MT 9
124	Pierre Pilote	6	8	10	15	25	50		
125	Marcel Pronovost	10	12	15	20	30	50		125
126	Ron Ellis	6	8	10	20	25	40		
127	Paul Henderson	6	10	25	40	60	100		
128	Dave Keon	6	10	20	40	50	100	150	200
129	Bob Pulford	6	8	10	12	20	50		
130	Floyd Smith	6	8	10	15	40	50	60	125
131	Norm Ullman	10	20	25	30	125	200		
132	Mike Walton	20	30	40	50	100	200		

— Bobby Hull #16 PSA 9 (MT) sold for $430 (eBay; 8/09)

1969-70 O-Pee-Chee

#	Player	VG 3	VgEx 4	EX 5	ExMt 6	NM 7	NmMt 8	NmMt+ 8.5	MT 9
1	Gump Worsley	50	100	150	200	500	2,000		
2	Ted Harris	5	6	10	15	60	200		
3	Jacques Laperriere	5	6	10	15	50	200	250	
4	Serge Savard RC	30	50	125	200	400	1,000		
5	J.C. Tremblay	20	25	40	60	100	400		
6	Yvan Cournoyer	5	6	8	10	25	50		
7	John Ferguson	5	6	8	10	30	120	135	250
8	Jacques Lemaire	5	6	8	15	50	200		
9	Bobby Rousseau	5	6	8	15	125	200		
10	Jean Beliveau	30	50	80	100	300	600		
11	Dick Duff	5	6	8	15	50	1,500		
12	Glenn Hall	6	8	10	12	25	60	80	120
13	Bob Plager	5	6	8	10	25	50	60	120
14	Ron Anderson	5	6	8	10	25	50	60	120
15	Jean-Guy Talbot	5	6	8	10	25	50		
16	Andre Boudrias	5	6	8	40	50	80		150
17	Camille Henry	5	6	8	10	50	80		
18	Ab McDonald	5	6	8	10	25	50	60	120
19	Gary Sabourin	5	6	8	10	25	50		
20	Red Berenson	5	6	8	15	50	120		
21	Phil Goyette	5	6	8	10	25	50	60	120
22	Gerry Cheevers	10	20	50	60	80	125		
23	Ted Green	5	6	8	10	25	50		
24	Bobby Orr	80	100	150	250	400	800		
25	Dallas Smith	5	6	8	10	25	50	60	120
26	Johnny Bucyk	▲20	▲30	▲40	▲50	▲60	▲100	▲150	▲400
27	Ken Hodge	5	6	8	50	60	80		
28	John McKenzie	5	6	8	10	25	50	60	135
29	Ed Westfall	5	6	8	10	40	80		
30	Phil Esposito	15	20	25	30	50	80	100	175
31	Checklist 2	50	60	100	150	400	500	600	800
32	Fred Stanfield	5	6	8	10	80	125		
33	Ed Giacomin	8	10	12	15	60	100		
34	Arnie Brown	5	6	8	10	50	80		
35	Jim Neilson	5	6	8	15	25	50	60	120
36	Rod Seiling	5	6	8	10	25	50		
37	Rod Gilbert	5	6	8	12	40	150		
38	Vic Hadfield	5	6	10	25	50	250		
39	Don Marshall	5	6	8	10	25	50		
40	Bob Nevin	5	6	8	10	25	50		
41	Ron Stewart	10	15	20	40	60	80	100	150
42	Jean Ratelle	5	6	▲15	▲30	40	80		
43	Walt Tkaczuk RC	▲20	▲30	▲40	▲60	▲100	▲250		
44	Bruce Gamble	5	6	8	10	25	125	200	500
45	Jim Dorey	5	6	8	10	25	100		
46	Ron Ellis	5	10	25	50	60	100		
47	Paul Henderson	5	6	8	10	25	150		
48	Brit Selby	5	10	15	25	50	60	80	150
49	Floyd Smith	5	6	8	10	25	100		
50	Mike Walton	5	6	8	10	25	50		
51	Dave Keon	15	▲25	50	150	300	500	600	
52	Murray Oliver	5	6	8	50	60	100		
53	Bob Pulford	5	6	8	10	25	80		
54	Norm Ullman	5	6	8	10	25	50	60	120
55	Roger Crozier	10	20	30	50	60	80		
56	Roy Edwards	5	6	8	30	40	80	100	150
57	Bob Baun	5	6	10	20	60	80		
58	Gary Bergman	5	6	8	10	25	60	80	150
59	Carl Brewer	5	6	8	10	30	125	150	200
60	Wayne Connelly	5	6	8	10	50	60	80	150
61	Gordie Howe	30	50	80	100	300	500	600	800
62	Frank Mahovlich	10	15	20	30	60	100	150	200
63	Bruce MacGregor	5	6	8	15	40	150		
64	Ron Harris	5	6	8	10	25	50	60	120
65	Pete Stemkowski	5	6	8	10	50	80		
66	Denis DeJordy	▲10	▲15	▲20	▲30	▲60	▲80	▲100	▲150
67	Doug Jarrett	5	10	15	25	40	80		
68	Gilles Marotte	5	6	8	10	25	50	60	120
69	Pat Stapleton	5	6	8	10	25	50	60	135
70	Bobby Hull	30	40	50	80	150	200	250	350
71	Dennis Hull	5	6	8	10	25	50		
72	Doug Mohns	5	6	8	80	100	200		
73	Howie Menard	5	6	8	10	25	150	200	300
74	Ken Wharram	5	6	8	10	25	50	60	120
75	Pit Martin	5	6	8	10	60	80		200

#	Player	VG 3	VgEx 4	EX 5	ExMt 6	NM 7	NmMt 8	NmMt+ 8.5	MT 9
76	Stan Mikita	10	12	40	50	80	250		
77	Charlie Hodge	5	6	8	25	40	80	125	200
78	Gary Smith	5	6	8	10	25	50		
79	Harry Howell	5	▲10	▲15	▲20	▲30	▲100	▲125	150
80	Bert Marshall	5	6	8	25	40	▲80	▲100	▲200
81	Doug Roberts	5	6	8	10	25	50		
82	Carol Vadnais	5	6	8	10	30	80		
83	Gerry Ehman	25	30	40	50	80	100		
84	Brian Perry	5	6	8	10	25	50	60	120
85	Gary Jarrett	5	6	8	10	25	50	60	120
86	Ted Hampson	5	10	20	30	40	50	60	125
87	Earl Ingarfield	5	6	8	10	25	50		
88	Doug Favell RC	8	10	12	15	50	175		
89	Bernie Parent	50	60	80	100	125	150	200	400
90	Larry Hillman	10	15	20	30	60	125		
91	Wayne Hillman	5	6	8	20	50	100		
92	Ed Van Impe	5	6	8	10	25	50	60	135
93	Joe Watson	5	6	8	10	25	50	60	120
94	Gary Dornhoefer	5	10	20	30	60	100		
95	Reg Fleming	5	6	8	10	25	50	60	120
96	Ralph McSweyn	5	6	8	10	25	150		
97	Jim Johnson	5	6	8	20	50	100		
98	Andre Lacroix	5	6	8	20	50	100		
99	Gerry Desjardins RC	6	8	10	12	25	60		500
100	Dale Rolfe	5	6	8	10	25	50		
101	Bill White	5	6	8	10	25	50	60	150
102	Bill Flett	5	6	8	10	25	50		
103	Ted Irvine	5	6	8	30	40	80		
104	Ross Lonsberry	5	6	8	10	25	50		
105	Leon Rochefort	5	6	8	60	80	125		
106	Bryan Campbell	5	6	8	40	50	80		
107	Dennis Hextall RC	5	6	8	10	25	60		
108	Eddie Joyal	5	6	8	10	25	50		
109	Gord Labossiere	5	6	8	10	25	400		
110	Les Binkley	5	6	8	60	80	150	200	300
111	Tracy Pratt	5	10	15	25	40	60	80	150
112	Bryan Watson	5	6	8	10	25	50		
113	Bob Blackburn	5	6	8	10	25	50		
114	Keith McCreary	5	6	8	10	25	50		
115	Dean Prentice	5	6	8	10	25	50		
116	Glen Sather	5	6	8	10	25	50		
117	Ken Schinkel	5	6	8	10	25	50	60	135
118	Wally Boyer	5	10	25	40	100	150		
119	Val Fonteyne	5	6	8	10	25	50		
120	Ron Schock	5	6	8	10	25	50	60	120
121	Cesare Maniago	5	6	8	10	25	50	60	120
122	Leo Boivin	5	6	8	10	25	50		1,000
123	Bob McCord	5	6	8	10	30	100		
124	John Miszuk	5	6	8	10	25	50		
125	Danny Grant	5	6	8	30	60	125		
126	Bill Collins	5	6	8	10	25	50		
127	Jean-Paul Parise	5	6	8	10	25	50	60	135
128	Tom Williams	5	6	8	10	25	50		
129	Charlie Burns	5	6	8	10	60	80	100	200
130	Ray Cullen	5	10	15	25	30	200		
131	Danny O'Shea	5	▲8	▲10	▲20	50	▲200		
132	Checklist 1	▲300	▲500	▲600	▲800	▲4,000			
133	Jim Pappin	5	6	8	10	12	25	30	50
134	Lou Angotti	6	8	12	15	20	25	30	60
135	Terry Cafery RC	5	6	8	10	20	25	30	50
136	Eric Nesterenko	5	6	8	10	12	30	40	80
137	Chico Maki	5	6	8	10	12	15	20	50
138	Tony Esposito RC	80	100	150	200	250	400	600	1,000
139	Eddie Shack	5	6	8	▲12	▲20	40	50	▼60
140	Bob Wall	5	6	8	10	12	30	40	60
141	Skip Krake RC	5	6	8	10	12	15	20	30
142	Howie Hughes	5	6	8	10	12	15	20	30
143	Jimmy Peters RC	5	6	8	10	12	30	40	60
144	Brent Hughes RC	5	6	8	10	12	100	125	200
145	Bill Hicke	5	6	8	10	12	15	20	30
146	Norm Ferguson RC	6	8	10	15	20	30	40	50
147	Dick Mattiussi RC	5	6	8	10	12	25	30	60
148	Mike Laughton RC	5	6	8	10	12	25	30	▲80
149	Gene Ubriaco RC	5	6	8	10	12	15	20	40
150	Bob Dillabough	5	6	8	10	12	30	40	60
151	Bob Woytowich	5	6	8	10	12	25	30	60
152	Joe Daley	5	6	8	10	25	30	40	80
153	Duane Rupp	5	6	8	10	12	30	30	60
154	Bryan Hextall RC	10	12	15	20	25	30	40	60
155	Jean Pronovost RC	5	10	15	25	30	40	50	80
156	Jim Morrison	5	6	8	10	12	20	25	40
157	Alex Delvecchio	V8	V8	10	12ExMt	12	25	30	50
158	Paul Popiel	5	6	8	10	12	20	25	40
159	Garry Unger	5	10	15	25	30	40	50	60
160	Garry Monahan	5	6	8	15	20	30	40	60

#	Player	VG 3	VgEx 4	EX 5	ExMt 6	NM 7	NmMt 8	NmMt+ 8.5	MT 9
161	Matt Ravlich	5	6	10	▼20	▼25	▼30	50	60
162	Nick Libett RC	5	6	8	10	▲20	▲40		▲50
163	Henri Richard	6	10	20	50	60	125	150	200
164	Terry Harper	20	30	40	50	60	200	300	500
165	Rogatien Vachon	8	10	12	15	20	30	40	150
166	Ralph Backstrom	5	6	8	10	▲15	▲30	▲40	▲100
167	Claude Provost	5	▲10	▲15	▲25	▲30	▲40	▲50	▲60
168	Gilles Tremblay	5	6	8	15	25	30	50	60
169	Jean-Guy Gendron	5	6	8	12	25	30	40	50
170	Earl Heiskala RC	5	6	8	10	12	15	20	30
171	Garry Peters	5	6	8	10	15	40		
172	Bill Sutherland	5	6	8	10	12	30	40	60
173	Dick Cherry RC	5	6	▲10	▲15	▲20	30	40	▲80
174	Jim Roberts	5	6	8	10	12	20	25	40
175	Noel Picard RC	10	20	30	40	60	300		
176	Barclay Plager RC	5	10	12	15	20	25	30	60
177	Frank St. Marseille RC	5	6	8	10	12	15	20	50
178	Al Arbour	5	10	20	40	50	100		
179	Tim Ecclestone	5	6	8	10	12	20	25	40
180	Jacques Plante	15	20	25	35	50	60	80	120
181	Bill McCreary	5	6	8	10	12	15	20	30
182	Tim Horton	20	30	50	80	100	200		
183	Rick Ley RC	5	6	8	10	▲15	▲20	▲30	50
184	Wayne Carleton	5	6	8	10	12	30	40	50
185	Marv Edwards RC	5	6	8	10	60	80	100	150
186	Pat Quinn RC	8	10	12	15	20	150	200	300
187	Johnny Bower	▲10	▲15	▲25	▲40	▲50	▼80	▼100	▼150
188	Orland Kurtenbach	▼6	▼8	▼10	▼12	▼15	▼30		50
189	Terry Sawchuk UER	20	30	40	▲60	▲80	100	150	200
190	Real Lemieux	5	6	8	10	12	15	20	30
191	Dave Balon	5	6	8	10	12	15	20	30
192	Al Hamilton	15	20	30	40	50	80	100	150
193A	G.Howe Mr. HK ERR	30	40	50	60	80	100	150	250
193B	G.Howe Mr. HK COR	50	60	80	100	150	200		
194	Claude Larose	5	6	8	10	12	30	40	60
195	Bill Goldsworthy	5	6	10	15	40	50	60	100
196	Bob Barlow	5	6	8	10	12	30	40	80
197	Ken Broderick RC	5	10	15	20	30	▼50	▼60	▼80
198	Lou Nanne RC	▲10	▲12	▲15	▲20	▲25	▲30	▲40	▲60
199	Tom Polonic RC	5	6	8	10	12	25	30	▲80
200	Ed Johnston	5	6	8	10	25	40	50	60
201	Derek Sanderson	20	30	40	50	60	100	150	250
202	Gary Doak	10	▼12	▼15	▼20	▼25	▼30	▼50	▼60
203	Don Awrey	6	8	10	15	20	40	50	60
204	Ron Murphy	5	6	8	10	12	25	30	60
205A	P.Esposito Double ERR	12	15	20	25	60			
205B	P.Esposito Double COR	12	15	20	50				
206	Alex Delvecchio Byng	5	6	8	10	12	25	30	50
207	J.Plante/G.Hall Vezina	15	20	25	30	50	60		
208	Danny Grant Calder	5	6	8	10	12	20	25	40
209	Bobby Orr Norris	30	40	50	80	150	200	250	350
210	Serge Savard Smythe	5	6	8	10	12	20	25	40
211	Glenn Hall AS	8	10	12	15	30	150		
212	Bobby Orr AS	80	100	125	200	250	300	400	600
213	Tim Horton AS	10	15	30	60	80	100	125	200
214	Phil Esposito AS	10	20	40	60	80	100		
215	Gordie Howe AS	25	30	40	50	80	120		
216	Bobby Hull AS	15	20	25	30	50	80		
217	Ed Giacomin AS	6	8	10	12	20	40		
218	Ted Green AS	5	6	8	10	12	20	25	40
219	Ted Harris AS	5	6	8	10	12	20	25	50
220	Jean Beliveau AS	10	12	15	30	80	400		
221	Yvan Cournoyer AS	5	6	25	30	40	60		
222	Frank Mahovlich AS	5	6	8	15	40	135		
223	Art Ross Trophy	20	30	40	60	100	250		
224	Hart Trophy	5	6	8	10	12	20	30	60
225	Lady Byng Trophy	25	30	40	60	100	200		
226	Vezina Trophy	5	6	8	10	12	30	35	40
227	Calder Trophy	5	6	8	12	100	200		
228	James Norris Trophy	10	20	40	100	300	400		
229	Conn Smythe Trophy	5	6	8	12	20	50		
230	Prince of Wales Trophy	5	6	8	10	12	20	25	50
231	The Stanley Cup	20	40	60	100	150	200	250	300

—Jean Beliveau #10 PSA 9 (MT) sold for $410 (eBay; 4/07)
—Checklist #31 PSA 10 (Gem) sold for $2,375 (Memory Lane; 4/07)
—Checklist #132 PSA 8 (Gem) sold for $1,454 (eBay; 11/14)
—Gordie Howe #193A PSA 10 (Gem) sold for $3,216 (Memory Lane; 12/13)
—Bobby Hull #70 PSA 10 (Gem) sold for $2,092 (Memory Lane; 12/13)
—Eddie Joyal #108 PSA 10 (Gem) sold for $446 (eBay; 4/07)
—Cesare Maniago PSA 10 (Gem) sold for $265 (eBay; 05/08)
—Pit Martin #75 PSA 9 (MT) sold for $321 (eBay; 3/08)
—Keith Mcreary #114 PSA 10 (Gem) sold for $446 (eBay; 4/07)
—Bobby Orr #24 PSA 9 (MT) sold for $2,624 (Mile High; 12/13)
—Serge Savard RC #4 PSA 8 (NmMt) sold for $1,044 (eBay; 5/12)
—Gump Worsley #1 PSA 9 (MT) sold for $919 (eBay; 3/07)

1969-70 Topps

#	Player	VG 3	VgEx 4	EX 5	ExMt 6	NM 7	NmMt 8	NmMt+ 8.5	MT 9
1	Gump Worsley	8	10	12	15	25			
2	Ted Harris	5	6	8	10	15	30		
3	Jacques Laperriere	5	6	8	10	15	25	30	80
4	Serge Savard RC	40	50	60	80	125	200		2,000
5	J.C. Tremblay	5	6	8	10	15	25	30	80
6	Yvan Cournoyer	5	6	8	10	15	40		
7	John Ferguson	5	6	8	10	15	25	30	80
8	Jacques Lemaire	5	10	15	25	30	50	60	100
9	Bobby Rousseau	5	6	8	10	15	80		
10	Jean Beliveau	50	60	80	100	150	200	250	300
11	Henri Richard	5	6	8	10	30	50	60	135
12	Glenn Hall	5	6	8	10	20	60		
13	Bob Plager	5	6	8	10	15	30		
14	Jim Roberts	5	6	8	10	15	30		
15	Jean-Guy Talbot	5	6	8	10	15	30		
16	Andre Boudrias	5	6	8	10	15	25	30	80
17	Camille Henry	5	6	8	10	15	25	30	80
18	Ab McDonald	5	6	8	10	15	30		
19	Gary Sabourin	5	6	8	10	15	50		
20	Red Berenson	5	6	8	10	15	50		
21	Phil Goyette	5	6	8	10	15	30		
22	Gerry Cheevers	6	8	10	40	50	▲100		
23	Ted Green	5	6	8	10	15	50		
24	Bobby Orr	150	200	250	▼500	1,000	1,200	1,500	3,000
25	Dallas Smith	5	6	8	10	15	25	30	80
26	Johnny Bucyk	5	6	8	10	15	35	50	125
27	Ken Hodge	5	6	8	10	15	50		
28	John McKenzie	5	6	8	10	15	50		
29	Ed Westfall	5	6	8	10	15	50		
30	Phil Esposito	10	12	15	40	200	250	400	600
31	Derek Sanderson	8	10	12	20	30	125		
32	Fred Stanfield	5	6	8	10	15	30		
33	Ed Giacomin	▲10	▲15	▲20	▲30	▲60	▲100	▲125	▲250
34	Arnie Brown	5	6	8	10	15	30		
35	Jim Neilson	5	6	8	10	15	25	30	60
36	Rod Seiling	5	6	8	10	15	25	30	60
37	Rod Gilbert	5	10	20	40	100	150		200
38	Vic Hadfield	5	6	8	10	15	40		
39	Don Marshall	5	6	8	10	15	60		
40	Bob Nevin	5	6	8	10	15	30		
41	Ron Stewart	5	6	8	10	15	50		
42	Jean Ratelle	5	6	8	10	40	50	60	125
43	Walt Tkaczuk RC	5	6	8	10	15	40		
44	Bruce Gamble	5	6	8	10	15	30		
45	Tim Horton	8	10	12	15	25	60	80	175
46	Ron Ellis	5	6	8	10	15	30		
47	Paul Henderson	5	6	8	10	15	30	35	80
48	Brit Selby	5	6	8	10	15	30		
49	Floyd Smith	5	6	8	10	15	25	30	60
50	Mike Walton	5	6	8	10	15	30		
51	Dave Keon	5	10	20	30	40	60		
52	Murray Oliver	5	6	8	10	15	40		
53	Bob Pulford	5	6	8	10	15	25	30	60
54	Norm Ullman	5	6	8	10	15	30	40	80
55	Roger Crozier	5	6	8	10	15	50		
56	Roy Edwards	5	6	8	10	15	30		
57	Bob Baun	5	6	8	10	15	30	35	80
58	Gary Bergman	5	6	8	10	15	25	30	60
59	Carl Brewer	5	6	8	10	15	30	35	80
60	Wayne Connelly	5	6	8	10	15	30		
61	Gordie Howe	30	50	60	80	150	200	250	500
62	Frank Mahovlich	10	15	20	30	40	80	125	250
63	Bruce MacGregor	5	6	8	10	15	25	30	60
64	Alex Delvecchio	10	20	40	50	60	80	100	150
65	Pete Stemkowski	5	6	8	10	15	25	30	60
66	Denis DeJordy	5	6	8	10	15	30	35	80
67	Doug Jarrett	5	6	8	10	15	30	35	80
68	Gilles Marotte	5	6	8	10	15	30	35	80
69	Pat Stapleton	5	6	8	10	15	25	30	60
70	Bobby Hull	▲25	30	50	60	125	250	400	600
71	Dennis Hull	10	15	20	30	40	80	100	150
72	Doug Mohns	5	6	8	10	15	30		
73	Jim Pappin	5	6	8	10	15	40		
74	Ken Wharram	5	6	8	10	15	30	35	80
75	Pit Martin	5	6	8	10	15	30		
76	Stan Mikita	10	▼15	▼20	▼25	80	150	200	300
77	Charlie Hodge	5	6	8	10	15	30	35	80
78	Gary Smith	5	6	8	10	15	25	30	60
79	Harry Howell	5	6	8	10	15	30	35	80
80	Bert Marshall	5	6	8	10	15	30	35	80
81	Doug Roberts	5	6	8	10	15	25	30	60
82	Carol Vadnais	5	6	8	10	15	30		
83	Gerry Ehman	5	6	8	10	15	30		
84	Bill Hicke	5	6	8	10	15	25	30	60
85	Gary Jarrett	5	6	8	10	15	25	30	60
86	Ted Hampson	5	6	8	10	15	25	30	60
87	Earl Ingarfield	5	6	8	10	15	25	30	60
88	Doug Favell RC	6	8	10	12	25	60		
89	Bernie Parent	10	12	15	25	40	50	80	150
90	Larry Hillman	5	6	8	10	20	80		
91	Wayne Hillman	5	6	8	10	15	60		
92	Ed Van Impe	5	6	8	10	15	25	30	60
93	Joe Watson	5	6	8	10	15	30		
94	Gary Dornhoefer	5	6	8	10	15	30		
95	Reg Fleming	5	6	8	10	15	25	30	60
96	Jean-Guy Gendron	5	6	8	10	15	25	30	60
97	Jim Johnson	5	6	8	10	15	25	30	60
98	Andre Lacroix	5	6	8	10	15	30	35	80
99	Gerry Desjardins RC	5	6	8	10	15	30	35	80
100	Dale Rolfe	5	6	8	10	15	25	30	60
101	Bill White	5	6	8	10	15	25	30	60
102	Bill Flett	5	6	8	10	15	30		
103	Ted Irvine	5	6	8	10	15	25	30	60
104	Ross Lonsberry	5	6	8	10	15	40		
105	Leon Rochefort	5	6	8	10	15	25	30	60
106	Eddie Shack	5	6	8	10	15	40		
107	Dennis Hextall RC	5	6	8	10	15	30	35	60
108	Eddie Joyal	5	6	8	10	15	25	30	60
109	Gord Labossiere	5	6	8	10	15	25	30	60
110	Les Binkley	5	6	8	10	15	30	35	80
111	Tracy Pratt	5	6	8	10	15	30		
112	Bryan Watson	5	6	8	10	15	40		
113	Bob Woytowich	5	6	8	10	15	25	30	60
114	Keith McCreary	5	6	8	10	15	60		
115	Dean Prentice	5	6	8	10	15	30		
116	Glen Sather	5	6	8	10	15	30		
117	Ken Schinkel	5	6	8	10	15	50		
118	Wally Boyer	5	6	8	10	15	30	35	80
119	Val Fonteyne	5	6	8	10	15	30		
120	Ron Schock	5	6	8	10	15	25	30	60
121	Cesare Maniago	5	6	8	10	15	50		
122	Leo Boivin	5	6	8	10	15	30		
123	Bob McCord	5	6	8	10	15	50		
124	John Miszuk	5	6	8	10	15	30		
125	Danny Grant	5	6	8	10	15	50		
126	Claude Larose	5	6	8	10	15	30		
127	Jean-Paul Parise	5	6	8	10	15	30		
128	Tom Williams	5	6	8	10	15	25	30	60
129	Charlie Burns	5	6	8	10	15	80		
130	Ray Cullen	5	6	8	10	20	100		
131	Danny O'Shea	5	6	8	10	20	100		
132	Checklist Card	15	25	40	50	80	250		

— Bobby Hull #70 PSA 10 (GEM) sold for $780 (Mastro; 8/08)
— Bobby Orr #24 PSA 9 (MT) sold for $1,211780 (Mile High; 12/13)

1970-71 O-Pee-Chee

#	Player	VG 3	VgEx 4	EX 5	ExMt 6	NM 7	NmMt 8	NmMt+ 8.5	MT 9
1	Gerry Cheevers	▼12	▼15	▼20	50	80	300	350	800
2	Johnny Bucyk	30	40	50	80	200	500		2,000
3	Bobby Orr	100	250	300	500	600	2,000		5,000
4	Don Awrey	4	4	8	20	40	100		
5	Fred Stanfield	4	5	6	12	30	250		
6	John McKenzie	4	5	6	10	30	80		
7	Wayne Cashman RC	▲25	▲30	▲50	▲60	▲150	▲400	175	250
8	Ken Hodge	4	5	6	20	50	80		
9	Wayne Carleton	4	4	5	10	20	80		
10	Garnet Bailey RC	4	5	6	12	30	400		
11	Phil Esposito	20	25	30	40	50	100		
12	Lou Angotti	4	4	5	10	20	60	80	150
13	Jim Pappin	4	4	5	10	25	100		
14	Dennis Hull	4	5	8	15	25	100		
15	Bobby Hull	40	45	50	60	100	200	250	350
16	Doug Mohns	4	4	5	8	15	30	50	120
17	Pat Stapleton	4	5	6	10	30	300		
18	Pit Martin	4	4	5	10	40	60	100	150
19	Eric Nesterenko	4	5	6	10	20	40	50	200
20	Stan Mikita	15	20	20	30	40	80	125	225
21	Roy Edwards	15	20	30	40	50	60	80	125
22	Frank Mahovlich	10	12	15	25	50	250		
23	Ron Harris	4	4	5	8	15	30		
24	Checklist 1	150	200	250	300	400	600	800	1,000
25	Pete Stemkowski	4	4	5	8	15	25	40	125
26	Garry Unger	4	4	5	10	25	80		
27	Bruce MacGregor	4	4	5	8	15	30		
28	Larry Jeffrey	4	4	5	8	15	30		
29	Gordie Howe	80	100	125	150	200	300	400	600
30	Billy Dea	4	4	5	8	15	30	40	100
31	Denis DeJordy	10	15	20	25	30	50		
32	Matt Ravlich	4	5	8	12	40	135		
33	Dave Amadio	4	4	5	8	15	30	40	80
34	Gilles Marotte	4	4	5	10	30	60		
35	Eddie Shack	10	12	15	25	40	60	80	150
36	Bob Pulford	10	12	15	25	40	80		

#	Player	VG 3	VgEx 4	EX 5	ExMt 6	NM 7	NmMt 8	NmMt+ 8.5	MT 9
37	Ross Lonsberry	4	5	6	10	20	40	50	120
38	Gord Labossiere	4	4	5	8	15	30	40	120
39	Eddie Joyal	4	4	5	8	15	30	40	100
40	Gump Worsley	15	25	40	60	80	100	125	200
41	Bob McCord	4	4	5	8	15	30		
42	Leo Boivin	4	4	5	6	10	20	30	40	80
43	Tom Reid RC	4	4	5	8	15	30	40	80
44	Charlie Burns	4	4	5	8	15	50		
45	Bob Barlow	4	4	5	8	15	30	40	80
46	Bill Goldsworthy	4	5	6	10	20	30	40	100
47	Danny Grant	10	12	15	20	25	50	80	100
48	Norm Beaudin RC	4	4	5	8	15	40	50	120
49	Rogatien Vachon	10	12	15	25	35	50	60	200
50	Yvan Cournoyer	10	12	15	25	35	60	80	135
51	Serge Savard	10	20	25	30	40	150		
52	Jacques Laperriere	4	8	10	15	30	100	125	175
53	Terry Harper	4	4	5	8	15	30	40	120
54	Ralph Backstrom	4	5	6	10	20	60		
55	Jean Beliveau	10	12	15	25	125	200		
56	Claude Larose	4	4	5	8	80	300		
57	Jacques Lemaire	10	12	15	25	40	80		
58	Peter Mahovlich	4	5	10	20	▲30	▲50	80	150
59	Tim Horton	12	15	20	40	50	80	100	200
60	Bob Nevin	4	4	5	8	15	30		
61	Dave Balon	4	4	5	8	15	60		
62	Vic Hadfield	4	5	6	10	20	30		
63	Rod Gilbert	10	12	15	25	40	80		200
64	Ron Stewart	4	4	5	8	15	25		
65	Ted Irvine	4	4	5	8	15	40		
66	Arnie Brown	4	4	5	8	15	120		
67	Brad Park RC	25	30	40	80	200	300	500	1,500
68	Ed Giacomin	10	12	15	40	50	80		
69	Gary Smith	4	5	6	10	20	30		
70	Carol Vadnais	4	5	6	10	20	25	40	120
71	Doug Roberts	4	4	5	8	15	30		
72	Harry Howell	4	5	6	10	20	30		
73	Joe Szura	4	4	5	8	15	30	40	100
74	Mike Laughton	4	4	5	8	15	150		
75	Gary Jarrett	4	4	5	8	15	30	40	100
76	Bill Hicke	4	4	5	8	15	50		
77	Paul Andrea RC	4	4	5	8	20	80		
78	Bernie Parent	▲25	▲30	▲40	▲80	▲125	200		
79	Joe Watson	4	4	5	8	15	30	40	100
80	Ed Van Impe	4	4	5	8	15	60		
81	Larry Hillman	4	4	5	8	15	60		
82	George Swarbrick	4	4	5	8	15	60		
83	Bill Sutherland	4	4	5	8	15	40		
84	Andre Lacroix	4	5	6	10	20	80		
85	Gary Dornhoefer	4	10	15	25	40	50	60	100
86	Jean-Guy Gendron	4	4	5	8	15	30		
87	Al Smith RC	4	5	6	10	25	50		
88	Bob Woytowich	4	4	5	8	15	30		
89	Duane Rupp	4	4	5	8	15	30		
90	Jim Morrison	4	4	5	8	15	50		
91	Ron Schock	4	4	5	8	15	60		
92	Ken Schinkel	4	4	5	8	15	30	40	120
93	Keith McCreary	4	4	5	8	15	40		
94	Bryan Hextall	4	5	6	10	25	60		
95	Wayne Hicks RC	4	4	5	8	15	40		
96	Gary Sabourin	4	4	5	8	15	30		
97	Ernie Wakely RC	4	5	6	10	20	80		
98	Bob Wall	4	4	5	8	15	40	50	100
99	Barclay Plager	4	5	6	12	25	40	50	80
100	Jean-Guy Talbot	4	4	5	8	15	30		
101	Gary Veneruzzo	4	4	5	8	15	30		
102	Tim Ecclestone	4	4	5	8	15	30	40	100
103	Red Berenson	4	5	▲10	▲15	▲30	▼40		
104	Larry Keenan	4	4	5	8	15	30	40	100
105	Bruce Gamble	4	5	6	30	50	▼100		
106	Jim Dorey	4	4	5	8	15	30		
107	Mike Pelyk RC	4	4	5	8	30	150		
108	Rick Ley	4	4	5	10	20	60		
109	Mike Walton	4	4	5	8	15	30		
110	Norm Ullman	10	12	15	25	30	100	125	175
111A	Brit Selby no trade	4	4	5	8	15	30	40	80
111B	Brit Selby trade	15	20	20	30	40	100		
112	Garry Monahan	4	4	5	8	15	100		
113	George Armstrong	10	12	15	25	▲50	▲250	▲300	▲400
114	Gary Doak	4	5	10	15	30	150		
115	Darryl Sly RC	4	4	5	8	15	30		
116	Wayne Maki	4	4	5	8	15	125		
117	Orland Kurtenbach	4	4	5	8	20	60		
118	Murray Hall	4	4	5	8	15	30		
119	Marc Reaume	4	4	5	8	15	30	40	350
120	Pat Quinn	10	12	15	25	40	60	80	200
121	Andre Boudrias	4	4	5	15	60	100		
122	Paul Popiel	4	4	5	8	15	150		
123	Paul Terbenche	4	4	5	8	15	40	50	80

#	Player	VG 3	VgEx 4	EX 5	ExMt 6	NM 7	NmMt 8	NmMt+ 8.5	MT 9
124	Howie Menard	4	4	5	8	15	30		
125	Gerry Meehan RC	4	▲10	▲15	▲20	▲40	60		
126	Skip Krake	4	4	5	8	15	30		
127	Phil Goyette	4	4	5	8	15	50	60	150
128	Reg Fleming	4	4	5	8	15	30	40	100
129	Don Marshall	4	5	10	25	50	60		
130	Bill Inglis RC	4	4	5	8	15	40	50	100
131	Gilbert Perreault RC	80	▼100	▼125	▼300	1,000	5,000		
132	Checklist 2	▲250	▲300	▲400	▲500	800	2,000		
133	Ed Johnston	4	5	6	10	40	50		
134	Ted Green	4	4	6	20	30	80		
135	Rick Smith RC	4	4	5	8	15	40		
136	Derek Sanderson	▲20	▲30	▲40	▲80	▲100	▲500	▲600	800
137	Dallas Smith	4	5	8	20	30	100		
138	Don Marcotte RC	4	5	8	20	60	80	100	150
139	Ed Westfall	4	4	6	10	20	60		
140	Floyd Smith	4	4	5	8	15	30	35	60
141	Randy Wyrozub RC	4	4	5	8	15	30		
142	Cliff Schmautz RC	4	4	5	8	15	30		
143	Mike McMahon	4	4	5	8	15	30	40	150
144	Jim Watson	4	4	5	8	15	30		
145	Roger Crozier	4	10	20	30	40	60		
146	Tracy Pratt	4	4	5	8	15	30		
147	Cliff Koroll RC	4	5	6	10	20	60		
148	Gerry Pinder RC	4	5	6	8	15	30	40	60
149	Chico Maki	4	4	5	8	15	30	40	135
150	Doug Jarrett	4	4	5	8	15	30		
151	Keith Magnuson RC	12	15	20	30	60	80	100	200
152	Gerry Desjardins	4	5	6	10	20	30		
153	Tony Esposito	20	25	30	40	60	150	200	300
154	Gary Bergman	4	4	5	8	15	30	40	80
155	Tom Webster RC	4	5	6	10	20	30	40	60
156	Dale Rolfe	4	4	5	8	15	30		
157	Alex Delvecchio	10	12	15	20	▲40	▲50	▲60	100
158	Nick Libett	4	4	5	8	15	30		
159	Wayne Connelly	4	4	5	8	15	30	40	60
160	Mike Byers RC	4	4	5	8	15	30		
161	Bill Flett	4	4	5	8	15	30	40	60
162	Larry Mickey	4	4	5	8	15	30	40	80
163	Noel Price	4	4	5	8	15	30		
164	Larry Cahan	4	4	5	8	15	50		
165	Jack Norris RC	4	5	6	10	15	30	40	80
166	Ted Harris	4	4	5	8	15	30	40	60
167	Murray Oliver	4	4	5	8	15	30	40	80
168	Jean-Paul Parise	4	5	6	10	20	40	50	80
169	Tom Williams	4	4	5	8	15	30		
170	Bobby Rousseau	4	4	5	8	15	30		
171	Jude Drouin RC	4	5	6	10	20	30		
172	Walt McKechnie RC	4	4	6	10	20	30		
173	Cesare Maniago	4	5	6	10	20	100		
174	Rejean Houle RC	10	12	15	20	▲60	100	125	200
175A	M.Redmond trade	4	5	6	10	25	40	50	80
175B	M.Redmond no trade	12	15	20	30	40	150		
176	Henri Richard	10	25	30	40	50	80	100	200
177	Guy Lapointe RC	40	50	60	80	▲200	▲300	▲400	▲1,000
178	J.C. Tremblay	4	5	6	15	25	30	50	100
179	Marc Tardif RC	10	12	15	25	50	200	250	300
180	Walt Tkaczuk	4	10	15	20	25	30	40	60
181	Jean Ratelle	6	8	12	15	25	60	80	100
182	Pete Stemkowski	4	4	5	8	15	30		
183	Gilles Villemure	4	5	6	10	20	30	40	60
184	Rod Seiling	4	4	5	8	15	30	40	60
185	Jim Neilson	4	4	5	8	15	30	40	60
186	Dennis Hextall	4	5	6	10	20	30	40	60
187	Gerry Ehman	4	4	5	8	15	30		
188	Bert Marshall	4	4	5	8	15	50		
189	Gary Croteau RC	4	4	5	8	15	30		
190	Ted Hampson	4	4	5	8	15	30		
191	Earl Ingarfield	4	4	5	8	15	30	40	60
192	Dick Mattiussi	4	4	5	8	15	30		
193	Earl Heiskala	4	4	5	8	15	30	40	80
194	Simon Nolet	4	4	5	8	15	30	40	60
195	Bobby Clarke RC	▼100	150	200	300	500	1,200	1,500	2,000
196	Garry Peters	4	4	5	8	15	30		
197	Lew Morrison RC	4	4	5	8	15	30	40	80
198	Wayne Hillman	4	4	5	8	15	40		
199	Doug Favell	10	12	15	25	40	100		
200	Les Binkley	4	5	6	10	20	40	50	150
201	Dean Prentice	4	4	5	8	15	30		
202	Jean Pronovost	4	5	6	10	25	80		
203	Wally Boyer	4	4	5	8	15	30		
204	Bryan Watson	4	4	5	8	15	30		
205	Glen Sather	4	5	6	10	25	40	50	80
206	Lowell MacDonald	4	4	5	8	' 15	' 30	40	'80
207	Andy Bathgate	4	5	10	15	25	30		
208	Val Fonteyne	4	4	5	8	15	30	60	125
209	Jim Lorentz RC	4	4	5	8	15	30		
210	Glenn Hall	10	12	15	25	50	100	125	200

#	Player	VG 3	VgEx 4	EX 5	ExMt 6	NM 7	NmMt 8	NmMt+ 8.5	MT 9
211	Bob Plager	4	5	6	20	25	40	50	60
212	Noel Picard	4	4	5	8	15	30	40	80
213	Jim Roberts	4	5	6	10	25	40		
214	Frank St.Marseille	4	4	5	8	15	30	40	60
215	Ab McDonald	4	4	5	8	15	30		
216	Brian Glennie RC	4	4	5	8	15	30	40	80
217	Paul Henderson	4	5	6	10	20	35	50	80
218	Darryl Sittler RC	150	250	300	400	600	1,500	2,000	2,500
219	Dave Keon	8	10	12	20	35	50	60	125
220	Jim Harrison RC	4	4	5	8	15	30	40	125
221	Ron Ellis	4	5	6	10	20	30		
222	Jacques Plante	20	25	30	50	60	100		
223	Bob Baun	4	10	15	40	50	120		
224	George Gardner RC	4	4	5	8	15	30	40	60
225	Dale Tallon RC	4	5	6	10	20	40	50	80
226	Rosaire Paiement RC	4	4	5	8	15	30		
227	Mike Corrigan RC	4	4	5	8	15	30	40	80
228	Ray Cullen	4	4	5	8	15	30		
229	Charlie Hodge	4	5	6	10	20	40		
230	Len Lunde	4	4	5	8	15	30	40	80
231	Terry Sawchuk Mem	▼25	▼30	▼40	60	80	100	125	200
232	Bruins Team Champs	▲15	▲20	▲25	▲30	40	60	100	150
233	Espo/Cashm/Hodge	15	▲25	▲60	▲80	▲100	▲125	▲150	▲200
234	Tony Esposito AS1	20	25	30	40	60	120		
235	Bobby Hull AS1	20	25	30	40	50	80		
236	Bobby Orr AS1	40	50	60	80	120	300	400	750
237	Phil Esposito AS1	12	15	20	30	40	80	100	200
238	Gordie Howe AS1	20	30	50	60	80	150		
239	Brad Park AS1	12	15	20	30	40	80		
240	Stan Mikita AS2	10	12	15	25	40	100		
241	John McKenzie AS2	4	5	8	10	25	125	150	200
242	Frank Mahovlich AS2	4	4	5	8	15	30	50	150
243	Carl Brewer AS2	4	4	5	8	15	30		
244	Ed Giacomin AS2	4	5	6	20	40	200		
245	J.Laperriere AS2	4	4	6	10	20	80		
246	Bobby Orr Hart	40	50	80	100	200	400	500	800
247	Tony Esposito Calder	20	25	30	40	60	100		
248A	B.Orr Norris Howe	50	60	80	120	200	350	500	
248B	B.Orr Norris no Howe	50	60	80	120	200	350	500	
249	Bobby Orr Ross	35	50	60	80	100	350	500	
250	Tony Esposito Vezina	20	25	30	40	60	120		
251	Phil Goyette Byng Trophy	4	4	5	8	15	30		
252	Bobby Orr Smythe	50	60	80	120	150	225	350	600
253	P.Martin Mastrtn Trophy	4	4	5	8	15	30		
254	Stanley Cup	25	30	40	60	80	150		
255	Prince of Wales Trophy	4	5	6	10	20	30		
256	Conn Smythe Trophy	15	20	25	30	40	80		125
257	James Norris Trophy				200	250			
258	Calder Trophy	4	5	6	10	20	30	40	80
259	Vezina Trophy	12	15	20	25	50	60		
260	Lady Byng Trophy	4	5	6	10	20	30	40	80
261	Hart Trophy	15	20	25	30	40	60		150
262	Art Ross Trophy	15	20	30	40	60	80		
263	Clarence Campbell Bowl	15	20	30	60	80	100		250
264	John Ferguson	10	12	15	25	50	250		

- Art Ross Trophy #262 PSA 9 (MT) sold for $408 (eBay; 4/07)
- Bobby Orr Hart #246 PSA 9 (MT) sold for $681 (Mile High; 12/13)
- Bruins Team Champs #232 PSA 10 (Gem) sold for $929 (eBay; 1/14)
- Checklist 2 #132 PSA 10 (Gem) sold for $2,385 (Mile High; 12/13)
- Guy LaPointe #177 PSA 10 (Gem) sold for $1,209 (eBay; 9/15)
- Peter Mahovlich #58 PSA 10 (Gem) sold for $204 (eBay; 2/07)
- Bobby Orr #3 PSA 10 (Gem) sold for $7,036 (eBay; 5/12)
- Bobby Orr Norris #214 PSA 9 (Mt) sold for $1,775 (Mile High; 12/13)
- Bobby Orr Norris no Howe #248B PSA 10 (Gem) sold for $1,710 (eBay; 2/13)
- Bobby Orr Smythe #252 PSA 10 (Gem) sold for $1,955 (Memory Lane; 5/08)
- Jacques Plante #222 PSA 9 (MT) sold for $460 (eBay; 2/14)
- Terry Sawchuk Mem #231 PSA 10 (gem) sold for $1,135 (eBay; 2/16)
- Brad Park RC #67 PSA 9 (MT) sold for $1,730 (eBay; 4/09)

1970-71 Topps

#	Player	VG 3	VgEx 4	EX 5	ExMt 6	NM 7	NmMt 8	NmMt+ 8.5	MT 9
1	Gerry Cheevers	10	15	20	30	60	200		
2	Johnny Bucyk	5	15	20	60	50	100		
3	Bobby Orr	▲100	▲150	▲200	▲250	300	500	600	2,500
4	Don Awrey	5	6	8	10	12	25		40
5	Fred Stanfield	5	6	8	10	12	15	25	40
6	John McKenzie	5	6	8	10	12	15	25	40
7	Wayne Cashman RC	6	8	10	12	15	25	40	125
8	Ken Hodge	5	6	8	10	12	25		40
9	Wayne Carleton	5	6	8	10	12	15	25	40
10	Garnet Bailey RC	5	6	8	10	12	15	25	40
11	Phil Esposito	10	20	40	50	60	125	150	200
12	Lou Angotti	5	6	8	10	12	15	25	40
13	Jim Pappin	5	6	8	10	12	15	25	40
14	Dennis Hull	5	6	8	10	12	15	25	40
15	Bobby Hull	25	30	40	50	▲80	125	150	200
16	Doug Mohns	5	6	8	10	12	15	25	40
17	Pat Stapleton	5	6	8	10	12	15	20	30

#	Player	VG 3	VgEx 4	EX 5	ExMt 6	NM 7	NmMt 8	NmMt+ 8.5	MT 9
18	Pit Martin	5	6	8	10	12	15	25	40
19	Eric Nesterenko	5	6	8	10	12	15	25	40
20	Stan Mikita	▼12	▼15	▼20	▼25	50	60	80	150
21	Roy Edwards	5	6	8	10	12	15	25	40
22	Frank Mahovlich	5	6	8	10	15	30	40	150
23	Ron Harris	5	6	8	10	12	15	25	40
24	Bob Baun	5	6	8	10	12	15	25	40
25	Pete Stemkowski	5	6	8	10	12	15	25	40
26	Garry Unger	5	6	8	10	12	15	25	40
27	Bruce MacGregor	5	6	8	10	12	15	25	40
28	Larry Jeffrey	5	6	8	10	12	15	25	
29	Gordie Howe	▼40	▼50	▼60	▼80	150	250	400	600
30	Billy Dea	5	6	8	10	12	15	25	40
31	Denis DeJordy	5	6	8	10	12	15	25	40
32	Matt Ravlich	5	6	8	10	12	20	30	50
33	Dave Amadio	5	6	8	10	12	15	25	40
34	Gilles Marotte	5	6	8	10	12	15	20	30
35	Eddie Shack	5	6	8	10	12	15	25	50
36	Bob Pulford	5	6	8	10	12	15	25	30
37	Ross Lonsberry	5	6	8	10	12	15	25	40
38	Gord Labossiere	5	6	8	10	12	15	25	40
39	Eddie Joyal	5	6	8	10	12	15	25	40
40	Gump Worsley	5	6	8	10	12	20		
41	Bob McCord	5	6	8	10	12	15	20	30
42	Leo Boivin	5	6	8	10	12	15	25	40
43	Tom Reid	5	6	8	10	12	15	25	40
44	Charlie Burns	5	6	8	10	12	15	25	40
45	Bob Barlow	5	6	8	10	12	15	20	30
46	Bill Goldsworthy	5	6	8	10	12	15	25	40
47	Danny Grant	5	6	8	10	12	15	25	40
48	Norm Beaudin	5	6	8	10	12	15	20	30
49	Rogatien Vachon	6	10	20	30	40	80	100	150
50	Yvan Cournoyer	5	6	8	10	▲15	▲50	▲60	▲80
51	Serge Savard	5	6	8	10	15	30		50
52	Jacques Laperriere	5	6	8	10	12	15	20	30
53	Terry Harper	5	6	8	10	12	15	20	30
54	Ralph Backstrom	5	6	8	10	12	15	25	40
55	Jean Beliveau	12	15	20	25	50	▲100	▲125	250
56	Claude Larose UER	5	6	8	10	12	15	25	40
57	Jacques Lemaire	5	6	8	10	12	20	25	50
58	Peter Mahovlich	5	6	8	10	12	15	25	40
59	Tim Horton	12	15	20	25	50	60	80	▲150
60	Bob Nevin	5	6	8	10	12	15	25	40
61	Dave Balon	5	6	8	10	12	15	25	40
62	Vic Hadfield	5	6	8	10	12	15	25	40
63	Rod Gilbert	5	6	8	10	12	20	25	50
64	Ron Stewart	5	6	8	10	12	15	25	40
65	Ted Irvine	5	6	8	10	12	15	25	40
66	Arnie Brown	5	6	8	10	12	15	20	30
67	Brad Park RC	15	20	40	50	60	150	200	300
68	Ed Giacomin	5	6	8	10	12	20	25	50
69	Gary Smith	5	6	8	10	12	15	20	30
70	Carol Vadnais	5	6	8	10	12	15	25	30
71	Doug Roberts	5	6	8	10	12	15	25	40
72	Harry Howell	5	6	8	10	12	15	20	30
73	Joe Szura	5	6	8	10	12	15	20	30
74	Mike Laughton	5	6	8	10	12	15	20	30
75	Gary Jarrett	5	6	8	10	12	15	25	40
76	Bill Hicke	5	6	8	10	12	20		
77	Paul Andrea	5	6	8	10	12	15	25	40
78	Bernie Parent	8	12	15	20	50	80	100	150
79	Joe Watson	5	6	8	10	12	15	25	40
80	Ed Van Impe	5	6	8	10	12	15	25	40
81	Larry Hillman	5	6	8	10	12	15	25	40
82	George Swarbrick	5	6	8	10	12	15	25	40
83	Bill Sutherland	5	6	8	10	12	15	25	40
84	Andre Lacroix	5	6	8	10	12	15	25	40
85	Gary Dornhoefer	5	6	8	10	12	15	25	40
86	Jean-Guy Gendron	5	6	8	10	12	15	25	40
87	Al Smith	5	6	8	10	12	15	25	40
88	Bob Woytowich	5	6	8	10	12	15	25	40
89	Duane Rupp	5	6	8	10	12	15	25	40
90	Jim Morrison	5	6	8	10	12	15	25	40
91	Ron Schock	5	6	8	10	12	15	25	40
92	Ken Schinkel	5	6	8	10	12	15	25	40
93	Keith McCreary	5	6	8	10	12	15	25	40
94	Bryan Hextall	5	6	8	10	12	15	25	40
95	Wayne Hicks	5	6	8	10	12	15	25	40
96	Gary Sabourin	5	6	8	10	12	15	25	40
97	Ernie Wakely	5	6	8	10	12	15	25	40
98	Bob Wall	5	6	8	10	12	15	25	40
99	Barclay Plager	5	6	8	10	12	15	25	40
100	Jean-Guy Talbot	5	6	8	10	12	20		
101	Gary Veneruzzo	5	6	8	10	12	20		
102	Tim Ecclestone	5	6	8	10	12	15	25	40
103	Red Berenson	5	6	8	10	12	15	25	40
104	Larry Keenan	5	6	8	10	12	20		30
105	Bruce Gamble	5	6	8	10	12	20		

#	Player	VG 3	VgEx 4	EX 5	ExMt 6	NM 7	NmMt 8	NmMt+ 8.5	MT 9
106	Jim Dorey	5	6	8	10	12	15	25	40
107	Mike Pelyk	5	6	8	10	12	15	25	40
108	Rick Ley	5	6	8	10	12	15	25	40
109	Mike Walton	5	6	8	10	12	15	25	40
110	Norm Ullman	5	6	8	10	12	20	25	50
111	Brit Selby	5	6	8	10	12	15	25	40
112	Garry Monahan	5	6	8	10	12	15	20	30
113	George Armstrong	5	6	8	10	12	20	25	50
114	Gary Doak	5	6	8	10	12	15	25	40
115	Darryl Sly	5	6	8	10	12	15	20	30
116	Wayne Maki	5	6	8	10	12	20		
117	Orland Kurtenbach	5	6	8	10	12	15	25	40
118	Murray Hall	5	6	8	10	12	15	20	30
119	Marc Reaume	5	6	8	10	12	15	25	40
120	Pat Quinn	5	6	8	10	12	30	40	60
121	Andre Boudrias	5	6	8	10	12	15	20	30
122	Paul Popiel	5	6	8	10	12	15	25	40
123	Paul Terbenche	5	6	8	10	12	15	25	40
124	Howie Menard	5	6	8	10	12	15	25	40
125	Gerry Meehan RC	5	6	8	10	12	25	30	50
126	Skip Krake	5	6	8	10	12	15	25	40
127	Phil Goyette	5	6	8	10	12	15	25	40
128	Reg Fleming	5	6	8	10	12	20		
129	Don Marshall	5	6	8	10	12	15	25	40
130	Bill Inglis	5	6	8	10	12	15	25	40
131	Gilbert Perreault RC	50	60	100	150	200	400	500	▲2,000
132	Checklist Card	20	50	60	80	100	150		500

— Jean Beliveau #55 PSA 10 (GmMT) sold for $665 (eBay; 1/07)
— Gary Doak #114 PSA 10 (GmMT) sold for $535 (Memory Lane; 5/08)
— Gordie Howe #29 PSA 10 (GmMT) sold for $1,630 (eBay; 1/07)
— Orland Kurtenbach #117 PSA 10 (GmMT) sold for $535 (Memory Lane; 5/08)
— Gilbert Perreault RC #131 PSA 8 (NrMt) sold for $3,442.99 (eBay; 2/14)
— Doug Mohns #16 PSA 9 (MT) sold for $258 (eBay; 7/12)
— Brad Park #67 PSA 10 (GmMT) sold for $921.50 (eBay; 8/12)

1971-72 O-Pee-Chee

#	Player	VG 3	VgEx 4	EX 5	ExMt 6	NM 7	NmMt 8	NmMt+ 8.5	MT 9
1	Paul Popiel	6	8	10	15	30	200		
2	Pierre Bouchard RC	20	30	40	125	150	250		
3	Don Awrey	4	4	5	8	15	40	60	150
4	Paul Curtis RC	4	4	5	8	15	80		
5	Guy Trottier RC	4	4	5	10	20	50	60	135
6	Paul Shmyr RC	4	4	5	10	20	50	60	135
7	Fred Stanfield	4	4	5	10	20	50	60	120
8	Mike Robitaille RC	4	4	5	8	15	50	60	100
9	Vic Hadfield	15	20	▼25	▼30	▼40	60	80	150
10	Jim Harrison	4	4	5	8	15	40	60	100
11	Bill White	4	4	5	8	15	40	50	80
12	Andre Boudrias	4	4	5	8	25	60		
13	Gary Sabourin	4	4	5	8	15	60	80	150
14	Arnie Brown	5	6	10	15	30	80		
15	Yvan Cournoyer	10	20	50	100	150	250		
16	Bryan Hextall	4	5	6	20	30	60	100	150
17	Gary Croteau	4	4	5	8	15	80		
18	Gilles Villemure	4	5	6	10	20	200		
19	Serge Bernier RC	5	10	15	25	50	200		
20	Phil Esposito	15	20	25	50	80	100	125	200
21	Tom Reid	4	4	5	8	15	40	60	120
22	Doug Barrie RC	4	4	5	8	15	50	60	80
23	Eddie Joyal	4	4	5	8	15	50		
24	Dunc Wilson RC	6	8	10	15	30	100	125	250
25	Pat Stapleton	4	4	5	6	10	20		
26	Garry Unger	4	5	10	50	80	300		
27	Al Smith	4	5	6	20	40	50	60	100
28	Bob Woytowich	4	4	5	8	40	80		
29	Marc Tardif	4	5	6	10	20	60	80	150
30	Norm Ullman	6	8	10	15	30	80		
31	Tom Williams	4	4	5	8	40	250		
32	Ted Harris	4	4	5	8	15	40	50	80
33	Andre Lacroix	4	4	5	6	20	40	60	
34	Mike Byers	4	4	5	8	15	40	50	100
35	Johnny Bucyk	6	8	30	40	80	150	200	400
36	Roger Crozier	4	5	6	25	40	60	80	150
37	Alex Delvecchio	10	20	25	30	60	250		1,200
38	Frank St.Marseille	4	4	5	8	15	50	60	100
39	Pit Martin	4	5	6	10	20	40	50	80
40	Brad Park	12	15	25	30	40	100	125	200
41	Greg Polis RC	4	4	5	8	15	50		
42	Orland Kurtenbach	4	4	5	8	15	50	60	100
43	Jim McKenny RC	4	4	5	8	15	50	60	100
44	Bob Nevin	4	4	5	8	15	60	80	135
45	Ken Dryden RC	250	300	400	600	1,000	2,500	3,000	5,000
46	Carol Vadnais	4	5	6	15	25	50	60	100
47	Bill Flett	4	4	5	8	15	40	50	80
48	Jim Johnson	4	4	5	8	15	50	60	100
49	Al Hamilton	4	4	5	8	15	50		
50	Bobby Hull	30	40	50	80	100	200		1,000
51	Chris Bordeleau RC	4	5	6	8	15	60	80	175

#	Player	VG 3	VgEx 4	EX 5	ExMt 6	NM 7	NmMt 8	NmMt+ 8.5	MT 9
52	Tim Ecclestone	4	4	5	8	15	40	50	80
53	Rod Seiling	4	4	5	8	15	40		
54	Gerry Cheevers	20	30	50	60	80	200		1,000
55	Bill Goldsworthy	4	5	6	10	20	50	60	100
56	Ron Schock	4	4	5	8	15	50		100
57	Jim Dorey	4	4	5	8	15	40	50	80
58	Wayne Maki	4	4	5	8	15	40		
59	Terry Harper	4	4	5	8	15	50		
60	Gilbert Perreault	20	15	30	50	80	100	125	225
61	Ernie Hicke RC	4	4	5	8	15	40	50	80
62	Wayne Hillman	4	4	5	8	20	80	100	175
63	Denis DeJordy	4	4	5	10	20	80		
64	Ken Schinkel	4	4	5	8	15	50		100
65	Derek Sanderson	10	12	15	30	60	150	200	400
66	Barclay Plager	4	5	6	20	40	80	100	200
67	Paul Henderson	8	10	20	40	50	100	125	200
68	Jude Drouin	4	4	5	8	15	80	100	175
69	Keith Magnuson	20	30	40	50	80	150		200
70	Ron Harris	4	4	5	8	15	40	50	80
71	Jacques Lemaire	6	8	10	20	30	60	80	150
72	Doug Favell	4	5	6	10	20	60	80	150
73	Bert Marshall	4	4	5	8	15	30	40	80
74	Ted Irvine	4	4	5	8	15	50		
75	Walt Tkaczuk	4	5	6	10	25	60	80	150
76	Bob Berry RC	6	8	10	15	30	50		
77	Syl Apps RC	6	8	10	15	25	60	80	150
78	Tom Webster	4	4	5	10	15	30	60	125
79	Danny Grant	4	5	▲10	20	50	125	150	250
80	Dave Keon	6	8	20	50	6			400
81	Ernie Wakely	4	5	20	40	80	300		400
82	John McKenzie	4	5	6	10	20	50	60	300
83	Ron Stackhouse RC	4	4	5	8	15			100
84	Peter Mahovlich	15	20	30	50	80	250		500
85	Dennis Hull	4	5	6	10	20	100	150	200
86	Juha Widing RC	4	4	5	8	15	50	60	100
87	Gary Doak	4	4	5	8	15	50		100
88	Phil Goyette	4	4	5	8	15	40	50	80
89	Lew Morrison	4	4	5	8	15	40	50	80
90	Ab DeMarco RC	4	4	5	8	15	40	50	80
91	Red Berenson	4	5	6	20	30	60	80	100
92	Mike Pelyk	4	4	5	8	15	50		
93	Gary Jarrett	4	4	5	8	15	30	40	60
94	Bob Pulford	4	5	6	20	40	150		200
95	Dan Johnson RC	4	4	5	8	15	40	50	60
96	Eddie Shack	6	8	10	15	30	50	60	120
97	Jean Ratelle	6	8	10	15	30	60	80	150
98	Jim Pappin	4	4	5	8	15	50	60	100
99	Roy Edwards	▲10	▲12	▲15	25	40	100	150	200
100	Bobby Orr	60	80	150	250	500	2,000		
101	Ted Hampson	4	4	5	8	15	40	50	80
102	Mickey Redmond	6	10	20	60	125	200		
103	Bob Plager	6	8	10	15	30	50		100
104	Barry Ashbee RC	4	4	6	10	40	60	80	300
105	Frank Mahovlich	8	10	20	50	80	150		
106	Dick Redmond RC	4	4	5	8	15	30	40	80
107	Tracy Pratt	4	4	5	8	15	30	40	80
108	Ralph Backstrom	4	5	6	20	40	150		
109	Murray Hall	4	4	5	8	15	30	40	80
110	Tony Esposito	25	30	40	80	100	400	500	600
111	Checklist Card	250	300	800	1,000	2,000	2,500		
112	Jim Neilson	4	4	5	8	15	50	60	100
113	Ron Ellis	4	5	6	10	20	80		
114	Bobby Clarke	25	30	40	100	125	250	400	500
115	Ken Hodge	4	5	6	10	30	60		
116	Jim Roberts	▲10	▲12	▲15	25	30	80	100	200
117	Cesare Maniago	4	5	6	15	25	60	80	150
118	Jean Pronovost	4	5	6	10	20	50		250
119	Gary Bergman	4	4	5	8	15	40	50	80
120	Henri Richard	10	25	40	60	100	200	300	400
121	Ross Lonsberry	4	4	5	8	15	50	60	100
122	Pat Quinn	4	5	6	15	40	150	250	300
123	Rod Gilbert	6	8	10	15	30	80	100	200
124	Walt McKechnie	4	5	6	25	30	50		
125	Stan Mikita	▲15	▲20	25	50	60	125	150	250
126	Ed Van Impe	4	4	5	8	15	30	40	60
127	Terry Crisp RC	8	10	12	20	30	40	50	80
128	Fred Barrett RC	4	4	5	8	15	40	50	80
129	Wayne Cashman	▲12	▲15	▲20	▼25	▼60	▲150		
130	J.C. Tremblay	4	5	6	10	40	80		
131	Bernie Parent	15	20	25	40	80	250	300	400
132	Bryan Watson	4	5	▲15	▲50	▲60	100		
133	Marcel Dionne RC	80	125	▼200	▼300	▼500	1,000	▼1,500	3,000
134	Ab McDonald	4	5	6	10	20	60	80	150
135	Leon Rochefort	4	4	5	8	15	30	40	60
136	Serge Lajeunesse RC	4	5	6	10	20	50	60	100
137	Joe Daley	5	6	8	12	30	40	50	80
138	Brian Conacher	4	5	6	30	40	80		
139	Bill Collins	4	5	6	20	30	60		

		VG 3	VgEx 4	EX 5	ExMt 6	NM 7	NmMt 8	NmMt+ 8.5	MT 9
140	Nick Libett	4	5	6	10	20	100	150	200
141	Bill Sutherland	4	5	6	12	25	30	40	60
142	Bill Hicke	4	5	6	10	20	50	60	100
143	Serge Savard	15	25	30	▼40	60	150	200	300
144	Jacques Laperriere	▲8	▲10	▲12	20	50	100	150	200
145	Guy Lapointe	5	10	20	30	40	70		
146	Claude Larose UER	15	20	30	40	50	150		
147	Rejean Houle	5	6	8	15	50	80	100	150
148	Guy Lafleur UER RC	300	400	500	600	1,000	▼2,500		5,000
149	Dale Hoganson RC	4	5	10	20	30	40	50	100
150	Al McDonough RC	4	5	6	10	20	30	40	100
151	Gilles Marotte	4	5	6	20	25	40	50	100
152	Butch Goring RC	20	30	40	▼80	▼100	400		
153	Harry Howell	5	6	8	12	25	60	80	150
154	Real Lemieux	4	5	6	15	25	40	50	80
155	Gary Edwards RC	5	6	8	15	30	50	60	100
156	Rogatien Vachon	8	10	▲15	▲25	▲60	150	200	400
157	Mike Corrigan	4	5	6	10	20	60	80	150
158	Floyd Smith	4	5	6	10	20	40	50	100
159	Dave Dryden	10	15	20	30	▼40	250	300	500
160	Gerry Meehan	5	6	15	20	30	50		
161	Richard Martin RC	15	20	▲40	▲50	▲60	200	250	400
162	Steve Atkinson RC	4	5	6	15	30	100		
163	Ron Anderson	4	5	6	12	20	60	80	150
164	Dick Duff	5	6	8	12	25	80	100	150
165	Jim Watson	4	5	6	10	20	30	35	60
166	Don Luce RC	4	5	6	10	20	60		
167	Larry Mickey	4	5	6	15	20	60		
168	Larry Hillman	4	5	6	12	20	▼50	▼60	▼100
169	Ed Westfall	5	▲10	▲15	▲25	▲50	▲60	▲80	▲200
170	Dallas Smith	4	5	6	10	20	40	50	150
171	Mike Walton	4	5	6	10	20	40	50	100
172	Ed Johnston	5	6	8	12	25	40	50	150
173	Ted Green	▲10	▲15	20	25	30	▲60	▲100	▲200
174	Rick Smith	4	5	6	15	30	80	100	150
175	Reggie Leach RC	15	20	30	▲80	150	300		
176	Don Marcotte	4	5	▲10	▲20	▲40	▲100		1,200
177	Bobby Sheehan RC	4	5	6	12	30	80		
178	Wayne Carleton	4	5	6	10	20	40	50	120
179	Norm Ferguson	4	5	6	10	20	30	35	60
180	Don O'Donoghue RC	4	5	6	25	30	40	50	100
181	Gary Kurt RC	5	6	8	12	25	40	50	80
182	Joey Johnston RC	4	5	6	10	20	40		
183	Stan Gilbertson RC	4	5	6	10	20	50	80	150
184	Craig Patrick RC	8	10	12	20	40	50	60	120
185	Gerry Pinder	4	5	6	20	25	30	40	60
186	Tim Horton	▲20	▲25	▲40	▲100	▲150	▲200	▲250	400
187	Darryl Edestrand RC	4	5	6	10	25	30	50	60
188	Keith McCreary	4	5	6	20	40	80	100	150
189	Val Fonteyne	4	5	6	10	20	50	60	100
190	S.Kannegiesser RC	4	5	6	10	20	30	35	60
191	Nick Harbaruk RC	4	5	6	10	20	60		
192	Les Binkley	5	6	8	25	40	50	60	150
193	Darryl Sittler	25	40	50	▲80	▲100	250	300	400
194	Rick Ley	4	5	6	10	25	40	80	150
195	Jacques Plante	25	30	35	40	50	80	125	200
196	Bob Baun	10	20	50	80	250	1,200		
197	Brian Glennie	4	5	6	15	30	40	50	200
198	Brian Spencer RC	8	10	12	▼15	▲40	50	60	▲200
199	Don Marshall	5	6	8	12	25	40	50	100
200	Denis Dupere RC	4	5	6	10	20	50	60	100
201	Bruce Gamble	4	5	8	30	40	50	60	100
202	Gary Dornhoefer	4	5	6	10	20	25	40	80
203	Bob Kelly RC	5	6	8	20	30	60		
204	Jean-Guy Gendron	4	5	6	10	20	40	50	80
205	Brent Hughes	4	5	6	12	30	40	50	100
206	Simon Nolet	4	5	6	10	20	40	50	80
207	Rick MacLeish RC	▲20	▲30	▲40	50	60	100	150	400
208	Doug Jarrett	4	5	6	10	20	30	35	60
209	Cliff Koroll	4	5	10	20	▼25	▼30	50	100
210	Chico Maki	4	5	6	10	20	40	50	100
211	Danny O'Shea	4	5	6	10	20	30	40	80
212	Lou Angotti	4	5	10	12	25	125		
213	Eric Nesterenko	5	6	8	12	25	30	40	50
214	Bryan Campbell	4	5	6	10	20	30	40	80
215	Bill Fairbairn RC	4	5	6	10	20	40	50	80
216	Bruce MacGregor	4	5	10	20	25	30	40	80
217	Pete Stemkowski	4	5	6	10	20	40	50	80
218	Bobby Rousseau	4	5	6	10	20	30	40	80
219	Dale Rolfe	4	5	6	10	20	30	35	60
220	Ed Giacomin	8	10	12	20	40	40	50	120
221	Glen Sather	5	6	8	12	25	30	50	80
222	Carl Brewer	5	6	8	12	25	30	40	80
223	George Morrison RC	4	5	8	20	50	200		
224	Noel Picard	4	5	6	10	20	30	40	60
225	Peter McDuffe RC	▲20	▲30	▲40	▲60	▲100	▲400		
226	Brit Selby	4	5	6	10	20	40	50	80
227	Jim Lorentz	4	5	6	12	25	30	40	80

		VG 3	VgEx 4	EX 5	ExMt 6	NM 7	NmMt 8	NmMt+ 8.5	MT 9
228	Phil Roberto RC	4	5	6	10	20	60	80	125
229	Dave Balon	4	5	6	10	20	30	40	100
230	Barry Wilkins RC	4	5	6	10	20	35	40	80
231	Dennis Kearns RC	10	20	25	30	40	50	60	100
232	Jocelyn Guevremont RC	5	6	8	12	25	30	40	80
233	Rosaire Paiement	4	5	10	20	40	500	600	
234	Dale Tallon	4	5	6	10	20	80		
235	George Gardner	4	5	10	20	40	50	60	100
236	Ron Stewart	4	5	6	10	20	30	35	60
237	Wayne Connelly	4	5	6	10	20	40	50	80
238	Charlie Burns	4	5	6	25	60	200		
239	Murray Oliver	4	5	6	10	20	40	80	200
240	Lou Nanne	5	6	10	20	30	40	50	100
241	Gump Worsley	8	10	12	20	35	50	60	100
242	Doug Mohns	4	5	10	25	30	50	60	100
243	Jean-Paul Parise	4	5	6	10	20	35	40	80
244	Dennis Hextall	8	10	15	20	50	200		
245	Bobby Orr Double	25	40	50	100	125	150	200	400
246	Gilbert Perreault Calder	12	15	15	40	50	100		
247	Phil Esposito Ross	8	10	12	20	50	100		
248	Giacmn/Ville Vezina	5	8	15	30	150	500		
249	Johnny Bucyk Byng	5	6	10	20	40	50	60	150
250	Ed Giacomin AS1	5	10	25	30	40	150		
251	Bobby Orr AS1	40	50	60	80	150	250	300	500
252	J.C. Tremblay AS1	5	8	15	30	125	200		
253	Phil Esposito AS1 UER	10	12	15	25	40	60	80	200
254	Ken Hodge AS1	5	6	8	12	25	60		
255	Johnny Bucyk AS1	5	6	8	15	30	80		
256	Jacques Plante AS2 UER	12	15	15	30	50	80	100	200
257	Brad Park AS2	5	6	8	12	25	40	60	100
258	Pat Stapleton AS2	5	6	8	15	25	35		
259	Dave Keon AS2	5	6	20	30	50	200		
260	Yvan Cournoyer AS2	5	6	8	12	25	50	60	100
261	Bobby Hull AS2	15	20	25	40	50	125	150	300
262	Gordie Howe Retires	40	50	60	100	150	200	250	400
263	Jean Beliveau Retires	25	30	▲50	▲80	▲125	▼150	▲200	300
264	Checklist Card	▲125	250	300	400	600	1,500		

— Jean Beliveau Retires #263 PSA 10 (Gem) sold for $1,499 (eBay; 2/14)
— Checklist Card #111 PSA 9 (MT) sold for $2,800 (2/07)
— Checklist Card #264 PSA 9 (MT) sold for $1,034 (eBay; 2/14)
— Marcel Dionne RC #133 BGS 9.5 (GemMT) sold for $1,629.30 (eBay; 12/15)
— Ted Hampson #101 PSA 10 (Gem) sold for $311 (eBay; 8/12)
— Bobby Hull #50 PSA 10 (Gem) sold for $1,063 (eBay; 11/15)
— Ed Johnston #172 PSA 10 (Gem) sold for $425 (eBay; 4/07)
— Andre Lacroix #33 PSA 10 (Gem) sold for $425 (eBay; 8/12)
— Peter Mahovlich #84 PSA 10 (Gem) sold for $684 (eBay; 8/12)
— Chico Maki #210 PSA 10 (Gem) sold for $375 (eBay; 8/07)
— Murray Oliver #239 PSA 10 (Gem) sold for $505 (eBay; 4/07)
— Bobby Orr #100 PSA 9 (MT) sold for $3,354 (eBay; 12/12)
— Bobby Orr #100 PSA 9 (MT) sold for $2,887 (Mile High; 12/13)
— Mike Pelyk #92 PSA 10 (Gem) sold for $526 (eBay; 8/12)
— Frank St.Marseille #38 PSA 10 (Gem) sold for $266 (eBay; 8/12)
— Gary Sabourin #13 PSA 10 (Gem) sold for $444 (eBay; 8/12)
— Serge Savard #143 PSA 10 (Gem) sold for $570 (eBay; 7/12)
— Ken Schinkel #64 PSA 10 (Gem) sold for $540 (eBay; 8/12)
— Jim Watson #165 PSA 10 (Gem) sold for $408 (eBay; 4/07)

1971-72 Topps

		VG 3	VgEx 4	EX 5	ExMt 6	NM 7	NmMt 8	NmMt+ 8.5	MT 9
1	Espo/Bucyk/B.Hull LL	▲15	▲25	30	50	60	80		800
2	Orr/Espo/Bucyk LL	15	20	25	30	40	150	200	300
3	Espo/Orr/Bucyk LL	▲25	▲30	▲40	▲50	▲80	▲150	▲200	▲300
4	Espo/EJ/Cheev/Giaco LL	5	6	25	30	40	50	60	100
5	Giaco/Espo/Maniago LL	▲5	▲10	▲15	▲20	▲25	▲60	▲80	150
6	Plante/Giaco/T.Espo LL	▲20	▲25	▲30	▲40	▲50	▲60	▲80	150
7	Fred Stanfield	4	5	6	8	12	15	20	40
8	Mike Robitaille RC	4	5	6	8	10	12	15	30
9	Vic Hadfield	4	5	6	8	12	15	20	40
10	Jacques Plante	8	10	30	40	50	60	80	150
11	Bill White	4	5	6	8	12	15	30	100
12	Andre Boudrias	4	5	6	8	10	12	15	30
13	Jim Lorentz	4	5	6	8	10	12	15	30
14	Arnie Brown	4	5	6	8	12	15	20	40
15	Yvan Cournoyer	4	5	6	8	12	15	20	40
16	Bryan Hextall	4	5	6	8	10	12	15	30
17	Gary Croteau	4	5	6	8	10	12	15	30
18	Gilles Villemure	4	5	6	8	12	15	20	40
19	Serge Bernier RC	4	5	6	8	12	15	20	40
20	Phil Esposito	6	8	10	12	60	80	100	200
21	Charlie Burns	4	5	6	8	12	15	20	40
22	Doug Barrie RC	4	5	6	8	12	15	20	40
23	Eddie Joyal	4	5	6	8	12	15	20	40
24	Rosaire Paiement	4	5	6	8	10	12	15	30
25	Pat Stapleton	4	5	6	8	12	15	20	40
26	Garry Unger	4	5	6	8	12	15	20	40
27	Al Smith	4	5	6	8	12	15	20	40
28	Bob Woytowich	4	5	6	8	12	15	20	40
29	Marc Tardif	4	5	6	8	12	15	20	40

#	Player	VG 3	VgEx 4	EX 5	ExMt 6	NM 7	NmMt 8	NmMt+ 8.5	MT 9
30	Norm Ullman	4	5	6	8	12	15	20	40
31	Tom Williams	4	5	6	8	12	15	20	40
32	Ted Harris	4	5	6	8	12	15	20	40
33	Andre Lacroix	4	5	6	8	10	12	15	30
34	Mike Byers	4	5	6	8	12	15	20	40
35	Johnny Bucyk	4	5	6	8	12	15	30	100
36	Roger Crozier	4	5	6	8	12	15	20	40
37	Alex Delvecchio	4	5	6	8	12	15	20	40
38	Frank St.Marseille	4	5	6	8	12	15	20	40
39	Pit Martin	4	5	6	8	12	15	20	50
40	Brad Park	5	6	8	10	12	25	40	60
41	Greg Polis RC	4	5	6	8	12	15	20	40
42	Orland Kurtenbach	4	5	6	8	10	12	15	30
43	Jim McKenny RC	4	5	6	8	10	12	15	30
44	Bob Nevin	4	5	6	8	12	15	20	40
45	Ken Dryden RC	80	▲125	150	200	250	400	500	1,000
46	Carol Vadnais	4	5	6	8	12	15	20	40
47	Bill Flett	4	5	6	8	12	15	20	40
48	Jim Johnson	4	5	6	8	12	15	20	40
49	Al Hamilton	4	5	6	8	12	15	20	80
50	Bobby Hull	15	20	50	60	80	100	150	300
51	Chris Bordeleau RC	4	5	6	8	12	15	20	40
52	Tim Ecclestone	4	5	6	8	10	12	15	30
53	Rod Seiling	4	5	6	8	12	15	20	40
54	Gerry Cheevers	10	12	15	20	25	80	100	1,200
55	Bill Goldsworthy	4	5	6	8	12	15	20	40
56	Ron Schock	4	5	6	8	10	12	15	30
57	Jim Dorey	4	5	6	8	10	12	15	30
58	Wayne Maki	4	5	6	8	12	15	20	40
59	Terry Harper	4	5	6	8	12	15	20	40
60	Gilbert Perreault	▲10	▲12	▲15	▲30	▲60	▲80	▲100	▲250
61	Ernie Hicke RC	4	5	6	8	10	12	15	30
62	Wayne Hillman	4	5	6	8	10	12	15	30
63	Denis DeJordy	4	5	6	8	12	15	20	40
64	Ken Schinkel	4	5	6	8	12	15	25	60
65	Derek Sanderson	12	15	25	30	40	125	150	200
66	Barclay Plager	4	5	6	8	10	12	15	30
67	Paul Henderson	4	5	6	8	12	15	20	40
68	Jude Drouin	4	5	6	8	12	15	20	40
69	Keith Magnuson	4	5	6	8	10	12	15	30
70	Gordie Howe	30	40	50	60	80	150	200	▲500
71	Jacques Lemaire	4	5	6	8	12	15	30	60
72	Doug Favell	4	5	6	8	12	15	30	80
73	Bert Marshall	4	5	6	8	12	15	20	40
74	Gerry Meehan	4	5	6	8	12	15	20	40
75	Walt Tkaczuk	4	5	6	8	12	15	20	40
76	Bob Berry RC	4	5	6	8	12	15	20	40
77	Syl Apps Jr. RC	4	5	6	8	12	15	20	40
78	Tom Webster	4	5	6	8	10	12	15	30
79	Danny Grant	4	5	6	8	10	12	15	30
80	Dave Keon	4	5	6	8	10	12	15	30
81	Ernie Wakely	4	5	6	8	12	15	20	40
82	John McKenzie	4	5	6	8	12	15	25	80
83	Doug Roberts	4	5	6	8	10	12	15	30
84	Peter Mahovlich	4	5	6	8	12	15	20	30
85	Dennis Hull	4	5	6	8	12	15	30	60
86	Juha Widing RC	4	5	6	8	10	12	15	30
87	Gary Doak	4	5	6	8	12	15	20	40
88	Phil Goyette	4	5	6	8	12	15	20	40
89	Gary Dornhoefer	4	5	6	8	12	15	20	40
90	Ed Giacomin	4	5	6	8	12	15	30	60
91	Red Berenson	4	5	6	8	10	12	15	30
92	Mike Pelyk	4	5	6	8	10	12	15	30
93	Gary Jarrett	4	5	6	8	12	15	20	40
94	Bob Pulford	4	5	6	8	12	15	25	60
95	Dale Tallon	4	5	6	8	12	15	20	40
96	Eddie Shack	4	5	6	8	10	12	15	30
97	Jean Ratelle	4	5	6	8	12	15	30	60
98	Jim Pappin	4	5	6	8	12	15	20	40
99	Roy Edwards	4	5	6	8	12	15	20	40
100	Bobby Orr	60	100	125	150	150	500	600	1,500
101	Ted Hampson	4	5	6	8	12	15	20	40
102	Mickey Redmond	4	5	6	8	12	15	20	40
103	Bob Plager	4	5	6	8	12	15	40	60
104	Bruce Gamble	4	5	6	8	12	15	20	40
105	Frank Mahovlich	4	5	6	8	12	15	20	40
106	Tony Featherstone RC	4	5	6	8	12	15	20	40
107	Tracy Pratt	4	5	6	8	12	15	20	40
108	Ralph Backstrom	4	5	6	8	12	15	20	40
109	Murray Hall	4	5	6	8	12	15	20	40
110	Tony Esposito	12	15	20	25	30	40	80	150
111	Checklist Card	30	40	60	80	100	125	200	500
112	Jim Neilson	4	5	6	8	12	15	20	40
113	Ron Ellis	4	5	6	8	12	15	20	40
114	Bobby Clarke	25	30	40	50	60	125	150	250
115	Ken Hodge	4	5	6	8	12	15	30	100
116	Jim Roberts	4	5	6	8	12	15	20	40
117	Cesare Maniago	4	5	6	8	12	15	20	40

#	Player	VG 3	VgEx 4	EX 5	ExMt 6	NM 7	NmMt 8	NmMt+ 8.5	MT 9
118	Jean Pronovost	4	5	6	8	10	12	15	30
119	Gary Bergman	4	5	6	8	10	12	15	30
120	Henri Richard	4	5	6	8	12	15	20	40
121	Ross Lonsberry	4	5	6	8	12	15	20	40
122	Pat Quinn	4	5	6	8	12	15	25	60
123	Rod Gilbert	4	5	6	8	12	15	20	40
124	Gary Smith	4	5	6	8	10	12	15	30
125	Stan Mikita	20	25	30	50	60	80	100	150
126	Ed Van Impe	4	5	6	8	12	15	30	60
127	Wayne Connelly	4	5	6	8	12	15	20	60
128	Dennis Hextall	4	5	6	8	12	15	20	40
129	Wayne Cashman	4	5	6	8	12	20	15	60
130	J.C. Tremblay	4	5	6	8	12	15	20	60
131	Bernie Parent	4	5	6	8	12	40	50	100
132	Dunc McCallum RC	5	10	15	20	30	80	150	400

—Espo/Bucyk/B. Hull LL #1 PSA 10 (Gem) sold for $2,000 (eBay; 7/08)
—Espo/Bucyk/B. Hull LL #1 PSA 9 (MT) sold for $367 (eBay; 3/08)
—Ken Dryden #45 PSA 10 (MT) sold for $2,375 (eBay; 9/12)

1972-73 O-Pee-Chee

#	Player	VG 3	VgEx 4	EX 5	ExMt 6	NM 7	NmMt 8	NmMt+ 8.5	MT 9
1	Johnny Bucyk DP	6	8	12	40	50	80	120	250
2	Rene Robert RC	4	5	10	12	20	50		
3	Gary Croteau	4	5	6	10	15	30		
4	Pat Stapleton	4	5	6	10	15	25	30	60
5	Ron Harris	4	5	6	10	15	25	30	60
6	Checklist 1	30	40	50	60	80	100		
7	Playoff Game 1	4	5	10	15	30	150		
8	Marcel Dionne	12	15	20	25	35	125	150	250
9	Bob Berry	4	5	6	10	15	30		
10	Lou Nanne	4	5	6	10	15	30		
11	Marc Tardif	4	5	6	10	15	30		
12	Jean Ratelle	4	5	6	10	15	30		
13	Craig Cameron RC	4	5	6	10	15	30		
14	Bobby Clarke	25	30	40	40	80	100	125	200
15	Jim Rutherford RC	12	15	20	25	30			
16	Andre Dupont RC	4	5	6	10	15	30	40	60
17	Mike Pelyk	4	5	6	10	15	25	30	60
18	Dunc Wilson	4	5	6	10	15	30		
19	Checklist 2	30	40	50	60	80	100		
20	Playoff Game 2	4	5	6	10	15	30		
21	Dallas Smith	4	5	6	10	15	30		
22	Gerry Meehan	4	5	6	10	15	30		
23	Rick Smith UER	4	5	6	10	15	25	30	60
24	Pit Martin	4	5	6	10	15	30		
25	Keith McCreary	4	5	6	10	15	30		
26	Alex Delvecchio	4	5	6	10	15	30		
27	Gilles Marotte	4	5	6	10	15	25	30	60
28	Gump Worsley	4	5	6	10	15	40		
29	Yvan Cournoyer	4	5	6	10	15	40		
30	Playoff Game 3	4	5	6	10	15	30		
31	Vic Hadfield	4	5	6	10	15	25	30	60
32	Tom Miller RC	4	5	6	10	15	25	30	60
33	Ed Van Impe	4	5	6	10	15	30		
34	Greg Polis	4	5	6	10	15	30		
35	Barclay Plager	4	5	6	10	15	25	30	60
36	Ron Ellis	4	5	6	10	15	30		
37	Jocelyn Guevremont	4	5	6	10	15	30		
38	Playoff Game 4	4	5	6	10	15	25	30	80
39	Carol Vadnais	4	5	6	10	15	30		
40	Steve Atkinson	4	5	6	10	15	30		
41	Ivan Boldirev RC	4	5	6	10	30	50		
42	Jim Pappin	4	5	6	10	15	25	30	60
43	Phil Myre RC	6	8	25	50	60	80	100	200
44	Yvan Cournoyer IA	4	5	6	10	15	30	40	60
45	Nick Libett	4	5	6	10	15	30		
46	Juha Widing	4	5	6	10	15	30		
47	Jude Drouin	4	5	6	10	15	25	30	60
48A	Jean Ratelle IA Defense	4	5	6	10	15	30	40	60
48B	Jean Ratelle IA Centre	4	5	6	10	15	30	40	60
49	Ken Hodge	4	5	6	10	15	40		
50	Roger Crozier	4	5	6	10	25	30		
51	Reggie Leach	4	5	6	10	15	30	40	60
52	Dennis Hull	4	5	6	10	15	30		
53	Larry Hale RC	4	5	6	10	15	30		
54	Playoff Game 5	4	5	6	10	15	30		
55	Tim Ecclestone	4	5	6	10	15	25	30	60
56	Butch Goring	4	5	6	10	15	30	40	60
57	Danny Grant	4	5	6	10	15	30		
58	Bobby Orr IA	25	40	80	100	150	200	250	400
59	Guy Lafleur	40	50	▼60	150	200	400	500	▼800
60	Jim Neilson	4	5	6	10	15	30		
61	Brian Spencer	4	5	6	10	15	25	30	60
62	Joe Watson	4	5	6	10	15	25	30	60
63	Playoff Game 6	4	5	6	10	15	25	30	80
64	Jean Pronovost	4	5	6	10	15	30		
65	Frank St.Marseille	4	5	6	10	15	30		
66	Bob Baun	4	5	6	10	15	30		

#	Player	VG 3	VgEx 4	EX 5	ExMt 6	NM 7	NmMt 8	NmMt+ 8.5	MT 9
67	Paul Popiel	4	5	6	10	15	25	30	60
68	Wayne Cashman	4	5	6	10	15	30		
69	Tracy Pratt	4	5	6	10	15	30		
70	Stan Gilbertson	4	5	6	10	15	20	25	50
71	Keith Magnuson	4	5	6	10	15	30		
72	Ernie Hicke	4	5	6	10	15	30		
73	Gary Doak	4	5	6	10	15	30		
74	Mike Corrigan	4	5	6	10	15	30		
75	Doug Mohns	4	5	6	10	15	25	30	60
76	Phil Esposito IA	6	8	12	20	25	30	50	100
77	Jacques Lemaire	4	5	6	10	15	30	40	80
78	Pete Stemkowski	4	5	6	10	15	30		
79	Bill Mikkelson RC	4	5	6	10	15	25	30	60
80	Rick Foley RC	4	5	6	10	15	25	30	60
81	Ron Schock	4	5	6	10	15	25	30	60
82	Phil Roberto	4	5	6	10	15	25	30	60
83	Jim McKenny	4	5	6	10	15	30		
84	Wayne Maki	4	5	6	10	15	25	30	60
85A	Brad Park IA Centre	6	8	12	20	25	40		
85B	Brad Park IA Defense	4	5	8	12	20	40		
86	Guy Lapointe	4	5	6	10	15	30	40	60
87	Bill Fairbairn	4	5	6	10	15	25	30	60
88	Terry Crisp	4	5	6	10	15	25	30	60
89	Doug Favell	4	5	6	10	15	25	30	60
90	Bryan Watson	4	5	6	10	15	20	25	50
91	Gary Sabourin	4	5	6	10	15	25	30	60
92	Jacques Plante	10	12	15	40	50	80	100	150
93	Andre Boudrias	4	5	6	10	15	20	25	50
94	Mike Walton	4	5	6	10	15	20	25	50
95	Don Luce	4	5	6	10	15	30		
96	Joey Johnston	4	5	6	10	15	20	25	50
97	Doug Jarrett	4	5	6	10	15	25	30	60
98	Bill MacMillan RC	4	5	6	10	15	30		
99	Mickey Redmond	4	5	6	10	15	30		
100	Rogatien Vachon UER	4	5	6	10	15	30	40	60
101	Barry Gibbs RC	4	5	6	10	15	30		
102	Frank Mahovlich DP	4	5	6	10	15	30	40	60
103	Bruce MacGregor	4	5	6	10	15	25	30	60
104	Ed Westfall	4	5	6	10	15	25	30	60
105	Rick MacLeish	4	5	8	12	20	35	40	80
106	Nick Harbaruk	4	5	6	10	15	25	30	60
107	Jack Egers RC	4	5	6	10	15	20	25	50
108	Dave Keon	4	5	6	10	15	30	40	80
109	Barry Wilkins	4	5	6	10	20	50		
110	Walt Tkaczuk	4	5	6	10	15	25	30	60
111	Phil Esposito	8	10	12	25	30	50	60	100
112	Gilles Meloche RC	15	20	25	50	60	80		
113	Gary Edwards	4	5	6	10	15	30	40	
114	Brad Park	8	10	20	25	30	40	50	80
115	Syl Apps DP	4	5	6	10	15	30		
116	Jim Lorentz	4	5	6	10	15	20	25	50
117	Gary Smith	4	5	6	10	15	20	25	50
118	Ted Harris	4	5	6	10	15	30		
119	Gerry Desjardins DP	4	5	6	10	15	25	30	60
120	Garry Unger	4	5	6	10	15	20	25	50
121	Dale Tallon	4	5	6	10	15	30		
122	Bill Plager RC	4	5	6	10	15	20	25	50
123	Red Berenson DP	4	5	6	10	15	20	25	50
124	Peter Mahovlich DP	4	5	6	10	15	20	25	50
125	Simon Nolet	4	5	6	10	15	30	35	60
126	Paul Henderson	4	5	6	10	15	30		
127	Hart Trophy Winners	4	5	6	10	15	20	25	50
128	Frank Mahovlich IA	4	5	6	10	15	30	35	60
129	Bobby Orr	35	40	50	80	100	250	350	800
130	Bert Marshall	4	5	6	10	15	30		
131	Ralph Backstrom	4	5	6	10	15	20	25	50
132	Gilles Villemure	4	5	6	10	15	20	25	50
133	Dave Burrows RC	4	5	6	10	15	20	25	50
134	Calder Trophy Winners	4	5	6	10	15	30	35	60
135	Dallas Smith IA	4	5	6	10	15	20	25	50
136	Gilbert Perreault DP	8	10	20	25	30	50	60	100
137	Tony Esposito DP	8	10	25	30	40	50	60	100
138	Cesare Maniago DP	4	5	6	10	15	30		
139	Gerry Hart RC	4	5	6	10	15	20	25	50
140	Jacques Caron RC	4	5	6	10	15	30	40	60
141	Orland Kurtenbach	4	5	6	10	15	30		
142	Norris Trophy Winners	4	5	6	10	15	80		
143	Lew Morrison	4	5	6	10	15	30		
144	Arnie Brown	4	5	6	10	15	20	25	50
145	Ken Dryden DP	12	15	20	50	150	200	300	500
146	Gary Dornhoefer	4	5	6	10	15	20	25	50
147	Norm Ullman	4	5	8	12	20	30	35	80
148	Art Ross Trophy/Winners	4	5	6	10	15	30		
149	Orland Kurtenbach IA	4	5	6	10	15	30	35	60
150	Fred Stanfield	4	5	6	10	15	30		
151	Dick Redmond DP	4	5	6	10	15	20	25	50
152	Serge Bernier	4	5	6	10	15	20	25	50
153	Rod Gilbert	4	5	8	12	20	30	35	60
154	Duane Rupp	4	5	6	10	15	20	25	50
155	Vezina Trophy Winners	4	5	6	10	15	30		
156	Stan Mikita IA	4	5	8	12	20	40	50	80
157	Richard Martin DP	4	5	8	20	40	50	60	125
158	Bill White DP	4	5	6	10	15	20	25	50
159	Bill Goldsworthy DP	4	5	6	10	15	25	30	60
160	Jack Lynch RC	4	5	6	10	15	30		
161	Bob Plager DP	4	5	6	10	15	25	30	60
162	Dave Balon UER	4	5	6	10	15	30		
163	Noel Price	4	5	6	10	15	30		
164	Gary Bergman DP	4	5	6	10	15	20	25	50
165	Pierre Bouchard	4	5	6	10	15	30		
166	Ross Lonsberry	4	5	6	10	15	20	25	50
167	Denis Dupere	4	5	6	10	15	30		
168	Byng Trophy Winners DP	4	5	6	10	15	20	25	50
169	Ken Hodge	4	5	6	10	15	30		
170	Don Awrey DP	4	5	6	10	15	25		
171	Marshall Johnston DP RC	4	5	6	10	15	40		
172	Terry Harper	4	5	6	10	15	30		
173	Ed Giacomin	4	5	8	10	30	40	50	80
174	Bryan Hextall DP	4	5	6	10	15	20	25	50
175	Conn Smythe/Trophy Winners	4	5	6	10	20	30	35	60
176	Larry Hillman	4	5	6	10	15	30		
177	Stan Mikita DP	6	8	12	20	25	40	50	80
178	Charlie Burns	4	5	6	10	15	30		
179	Brian Marchinko	4	5	6	10	15	30		
180	Noel Picard DP	4	5	6	10	15	20	25	50
181	Bobby Schmautz RC	4	5	6	10	15	30		
182	Richard Martin IA UER	4	5	6	10	15	30	40	80
183	Pat Quinn	4	5	6	10	15	30		
184	Denis DeJordy UER	4	5	6	10	15	20	25	50
185	Serge Savard	4	8	10	25	50	80		
186	Eddie Shack IA	4	5	6	10	15	30		
187	Bill Flett	4	5	6	10	15	30		
188	Darryl Sittler	15	20	25	30	40			
189	Gump Worsley IA	4	5	6	10	15	30	40	60
190	Checklist	25	30	40	50	60	80	100	200
191	Garnet Bailey DP	4	5	6	10	15	20	25	50
192	Walt McKechnie	4	5	6	10	15	20	25	50
193	Harry Howell	4	5	6	10	15	30		
194	Rod Seiling	4	5	6	10	15	30	35	60
195	Darryl Edestrand	4	5	6	10	15	30		
196	Tony Esposito IA	6	8	12	20	25	40		
197	Tim Horton	6	8	12	20	25	40		
198	Chico Maki DP	4	5	6	10	15	20	25	50
199	Jean-Paul Parise	4	5	6	10	15	30		
200	Germaine Gagnon UER RC	4	5	6	10	15	30		
201	Danny O'Shea	4	5	6	10	15	20	25	50
202	Richard Lemieux RC	4	5	6	10	15	30		
203	Dan Bouchard RC	8	10	20	25	30	40	50	100
204	Leon Rochefort	4	5	6	10	15	30		
205	Jacques Laperriere	4	5	6	10	15	25	30	60
206	Barry Ashbee	4	5	6	10	15	30		
207	Garry Monahan	4	5	6	10	15	30		
209	Dave Keon IA	4	5	8	12	20	40	50	80
210	Rejean Houle	4	5	6	10	15	30		
211	Dave Hudson RC	4	5	6	10	20	60		
212	Ted Irvine	4	5	6	10	15	25	30	60
213	Don Saleski RC	4	5	8	12	20	50		
214	Lowell MacDonald	4	5	6	10	15	20	25	50
215	Mike Murphy RC	4	5	6	10	15	30		
216	Brian Glennie	4	5	6	10	15	30		
217	Bobby Lalonde RC	4	5	6	10	15	30		
218	Bob Leiter	4	5	6	10	15	30		
219	Don Marcotte	4	5	6	10	25	60		
220	Jim Schoenfeld RC	10	12	20	25	30	60	80	125
221	Craig Patrick	4	5	6	10	15	30		
222	Cliff Koroll	4	5	6	10	15	30		
223	Guy Charron RC	4	5	6	10	15	20	25	50
224	Jim Peters	4	5	6	10	15	40		
225	Dennis Hextall	4	5	6	10	15	30		
226	Tony Esposito AS1	12	15	20	25	30			
227	Orr/Park AS1	25	30	40	60	80	150	250	500
228	Bobby Hull AS1	25	30	40	50	80	100	200	250
229	Rod Gilbert AS1	4	5	6	10	20	50		
230	Phil Esposito AS1	8	10	20	25	30	100		
231	Claude Larose UER	4	5	6	10	15	20	25	50
232	Jim Mair RC	4	5	6	10	15	20	25	50
233	Bobby Rousseau	4	5	6	10	15	20	25	50
234	Brent Hughes	4	5	6	10	15	30		
235	Al McDonough	4	5	6	10	15	20	25	50
236	Chris Evans RC	4	5	6	10	15	30		
237	Pierre Jarry RC	4	5	6	10	15	30		
238	Don Tannahill RC	4	5	6	10	15	60		
239	Rey Comeau RC	4	5	6	10	15	30		
240	Gregg Sheppard UER RC	4	5	6	10	15	30		
241	Dave Dryden	4	5	6	10	15	40	50	100
242	Ted McAneeley RC	4	5	6	10	15	30	40	100

#	Name	VG 3	VgEx 4	EX 5	ExMt 6	NM 7	NmMt 8	NmMt+ 8.5	MT 9
243	Lou Angotti	4	5	6	10	15	30		
244	Len Fontaine RC	4	5	6	10	15	30		
245	Bill Lesuk RC	4	5	6	10	15	30		
246	Fred Harvey	4	5	6	10	15	30	35	60
247	Ken Dryden AS2	15	20	25	30	60	125		
248	Bill White AS2	4	5	6	10	15	30		
249	Pat Stapleton AS2	4	5	6	10	15	20	25	50
250	Ratelle/Cour/Hadfld LL	5	6	10	12	20	80		
251	Henri Richard	10	15	25	30	100	150		
252	Bryan Lefley RC	4	5	6	10	15	30	40	80
253	Stanley Cup Trophy	40	50	100	200	250	500		
254	Steve Vickers RC	6	10	15	20	40	50		
255	Wayne Hillman	4	5	6	10	15	30		
256	Ken Schinkel UER	4	5	6	10	15	30		
257	Kevin O'Shea RC	4	5	6	10	15	30		
258	Ron Low RC	12	15	20	25	40	60	80	100
259	Don Lever RC	▲30	▲40	50	80	125	200		
260	Randy Manery RC	4	5	6	10	15	30		
261	Ed Johnston	25	30	40	80	100	250		
262	Craig Ramsay RC	5	6	15	20	40	80		
263	Pete Laframboise RC	4	5	6	10	15	25	30	60
264	Dan Maloney RC	6	8	10	15	25	50		150
265	Bill Collins	4	5	6	10	15	30		
266	Paul Curtis	4	5	6	10	15	30		
267	Bob Nevin	4	5	6	10	15	60		
268	Watson/Magnuson LL	4	5	6	10	20	50		
269	Jim Roberts	4	5	6	10	15	30		
270	Brian Lavender RC	4	5	6	10	20	30	50	40
271	Dale Rolfe	4	5	6	10	15	30		
272	Espo/Hadf/B.Hull LL	15	20	25	30	40	200		
273	Michel Belhumeur RC	8	10	15	25	30	40		
274	Eddie Shack	4	5	6	10	15	30		
275	W.Stephenson UER RC	8	10	20	50	60	80	125	200
276	Bruins Team	30	40	50	60	80	150		800
277	Rick Kehoe RC	6	8	12	20	100	150		
278	Gerry O'Flaherty RC	4	5	6	10	15	40		
279	Jacques Richard RC	4	5	12	15	25	40		
280	Espo/Orr/Ratelle LL	20	25	30	40	60			
281	Nick Beverley RC	5	6	10	12	20	40	50	100
282	Larry Carriere RC	4	5	6	10	15	30		
283	Orr/Espo/Ratelle LL	20	25	30	40	60	250		
284	Rick Smith IA	4	5	6	10	15	30		
285	Jerry Korab RC	4	5	10	15	40	50		
286	Espo/Villem/Worsley LL	10	12	20	25	30			
287	Ron Stackhouse	4	5	6	10	15	30		
288	Barry Long RC	4	5	6	10	15	30		
289	Dean Prentice	40	50	60	80	125	250		
290	Norm Beaudin	6	8	12	15	20	40		
291	Mike Amodeo RC	6	8	12	20	25	40		
292	Jim Harrison	6	8	25	30	40	50	60	100
293	J.C. Tremblay	6	8	12	20	50	80	125	
294	Murray Hall	6	8	12	20	25	40		
295	Bart Crashley	6	8	12	20	25	40		
296	Wayne Connelly	6	8	12	25	50	80		
297	Bobby Sheehan	6	8	20	25	30	50		
298	Ron Anderson	6	8	12	20	25	40		
299	Chris Bordeleau	6	8	15	20	25	40		
300	Les Binkley	6	8	15	20	25	40	50	100
301	Ron Walters	6	8	15	25	30	40		
302	Jean-Guy Gendron	6	8	15	20	25	40		
303	Gord Labossiere	6	8	15	25	30	50	80	125
304	Gerry Odrowski	6	8	15	20	25	40	50	60
305	Mike McMahon	6	8	15	20	25	40		
306	Gary Kurt	10	20	40	50	60	80		
307	Larry Cahan	6	8	15	20	25	40	50	80
308	Wally Boyer	6	8	15	20	25	80		
309	Bob Charlebois RC	6	8	15	20	25	40		
310	Bob Falkenberg	6	8	15	20	25	40		
311	Jean Payette RC	6	8	15	20	25	40		
312	Ted Taylor	6	8	15	20	25	40		
313	Joe Szura	6	8	15	20	25	125		
314	George Morrison	6	8	15	25	30	100		
315	Wayne Rivers	6	8	15	20	25	50		
316	Reg Fleming	6	8	15	20	40	80		
317	Larry Hornung RC	6	8	15	20	25	60		
318	Ron Climie RC	6	8	15	20	30	40		80
319	Val Fonteyne	6	8	15	20	25	40		300
320	Michel Archambault RC	6	8	15	20	25	40	50	100
321	Ab McDonald	6	8	15	20	25	40		
322	Bob Leduc RC	6	8	15	25	50	80		
323	Bob Wall	6	8	15	20	25	40	50	80
324	Alain Caron RC	6	8	15	20	25	50		250
325	Bob Woytowich	6	8	15	20	25	40	50	100
326	Guy Trottier	6	8	15	20	40	80		
327	Bill Hicke	6	8	12	20	40	50	60	150
328	Guy Dufour RC	6	8	15	20	25	30	40	60
329	Wayne Rutledge RC	15	20	30	50	60	100		
330	Gary Veneruzzo	6	8	15	20	25	40	50	100

#	Name	VG 3	VgEx 4	EX 5	ExMt 6	NM 7	NmMt 8	NmMt+ 8.5	MT 9
331	Fred Speck RC	6	8	15	20	25	40	50	100
332	Ron Ward RC	6	8	15	20	40	50		
333	Rosaire Paiement	6	8	20	25	30	40	50	100
334A	Checklist 3 ERR	60	80	100	120	150			
334B	Checklist 3 COR	50	60	80	100	125			
335	Michel Parizeau RC	6	8	15	25	30	60		
336	Bobby Hull	40	50	60	80	100	150	350	
337	Wayne Carleton	6	8	15	20	25	40		
338	John McKenzie	6	8	15	20	25	50		
339	Jim Dorey	6	8	15	20	125	200		
340	Gerry Cheevers	15	20	25	▲50	▲200	250	300	400
341	Gerry Pinder	15	20	25	30	50	120	150	150

—Guy Lafleur #59 PSA 10 (Gem) sold for $408 (eBay; 12/06)
—Brad Park #114 PSA 10 (Gem) sold for $127.50 (eBay; 8/12)
—Bobby Orr #129 PSA 10 (Gem) sold for $3,327.24 (Mile High; 12/13)
—Craig Ramsay #262 PSA 9 (MT) sold for $237.50 (eBay; 8/12)
—Rick Kehoe #277 PSA 10 (Gem) sold for $203.48 (eBay; 7/11)

1972-73 Topps

#	Name	VgEx 4	EX 5	ExMt 6	NM 7	NmMt 8	NmMt+ 8.5	MT 9	Gem 9.5/10
1	Bruins Team DP	▼15	▼20	▼25	▼30	▼40	60	▲125	▲1,000
2	Playoff Game 1	5	6	8	10	12	15	30	
3	Playoff Game 2	5	6	8	10	12	20	50	
4	Playoff Game 3	5	6	8	10	12	20	60	
5	Playoff Game 4 DP	5	6	8	10	15	20		60
6	Playoff Game 5 DP	5	6	8	10	15	20		60
7	Playoff Game 6 DP	5	6	8	10	15	20		60
8	Stanley Cup Trophy	25	40	50	80	150	250	300	
9	Ed Van Impe DP	5	6	8	10	12	15		50
10	Yvan Cournoyer DP	5	6	8	10	12	15	20	120
11	Syl Apps DP	5	6	8	10	12	15		50
12	Bill Plager RC	5	6	8	10	12	15		50
13	Ed Johnston DP	5	6	8	10	12	15		50
14	Walt Tkaczuk	5	6	8	10	12	15		40
15	Dale Tallon DP	5	6	8	10	12	15		50
16	Gerry Meehan	5	6	8	10	12	15		
17	Reggie Leach	5	6	8	10	12	15		60
18	Marcel Dionne DP	6	8	20	▼25	▼30	▼40	▼50	▲250
19	Andre Dupont RC	5	6	8	10	12	15	20	
20	Tony Esposito	6	8	20	30	40	50	80	200
21	Bob Berry DP	5	6	8	10	12	15		50
22	Craig Cameron	5	6	8	10	12	15		40
23	Ted Harris	5	6	8	10	12	15		50
24	Jacques Plante	▲12	▲15	▲20	▲30	▲50	▲60	100	▲250
25	Jacques Lemaire DP	5	6	8	10	12	15		50
26	Simon Nolet DP	5	6	8	10	12	15		50
27	Keith McCreary DP	5	6	8	10	12	15		40
28	Duane Rupp	5	6	8	10	12	15		50
29	Wayne Cashman	5	6	8	10	12	15		50
30	Brad Park	5	6	8	10	20	30	40	200
31	Roger Crozier	5	6	8	10	12	15		50
32	Wayne Maki	5	6	8	10	12	15		50
33	Tim Ecclestone	5	6	8	10	12	15		50
34	Rick Smith	5	6	8	10	12	15		50
35	Garry Unger DP	5	6	8	10	12	15		50
36	Serge Bernier DP	5	6	8	10	12	15		50
37	Brian Glennie	5	6	8	10	12	15		50
38	Gerry Desjardins DP	5	6	8	10	12	15		50
39	Danny Grant	5	6	8	10	12	15		50
40	Bill White DP	5	6	8	10	12	15		50
41	Gary Dornhoefer DP	5	6	8	10	12	15	20	
42	Peter Mahovlich	5	6	8	10	12	15	20	60
43	Greg Polis DP	5	6	8	10	12	15		50
44	Larry Hale DP RC	5	6	8	10	12	15		50
45	Dallas Smith	5	6	8	10	12	15		50
46	Orland Kurtenbach DP	5	6	8	10	12	15		50
47	Steve Atkinson	5	6	8	10	12	15	20	
48	Joey Johnston DP	5	6	8	10	12	15		50
49	Gary Bergman	5	6	8	10	12	15	20	
50	Jean Ratelle	5	6	8	10	12	20		
51	Rogatien Vachon DP	5	6	8	10	12	15		50
52	Phil Roberto DP	5	6	8	10	12	15	20	
53	Brian Spencer DP	5	6	8	10	12	15		50
54	Jim McKenny DP	5	6	8	10	12	15		50
55	Gump Worsley	5	6	8	10	12	15	30	80
56	Stan Mikita DP	6	8	20	30	▼50	▼60	▼80	200
57	Guy Lapointe	5	6	8	10	12	15	20	
58	Lew Morrison DP	5	6	8	10	12	15		50
59	Ron Schock DP	5	6	8	10	12	15		50
60	Johnny Bucyk	5	6	8	10	15	25		60
61	Espo/Hadf/B.Hull LL	6	8	12	20	30	40	50	
62	Orr/Espo/Ratelle LL DP	▲10	▲12	▲15	▲20	25	30	50	
63	Espo/Orr/Ratelle LL DP	6	8	10	20	40	50	▲125	
64	Espo/Villem/Worsley LL	6	8	15	20	25	40		
65	Wtsn/Magn/Dorn LL	5	6	8	10	12	15	20	
66	Jim Neilson	5	6	8	10	12	15		50
67	Nick Libett DP	5	6	8	10	12	15		50
68	Jim Lorentz	5	6	8	10	12	15		50

#	Player	VgEx 4	EX 5	ExMt 6	NM 7	NmMt 8	NmMt+ 8.5	MT 9	Gem 9.5/10
69	Gilles Meloche RC	20	25	30	40	60	80	125	200
70	Pat Stapleton	5	6	8	10	10	12	15	50
71	Frank St.Marseille DP	5	6	8	10	10	12	15	50
72	Butch Goring FTC	5	6	8	10	10	12	15	50
73	Paul Henderson DP	5	6	8	10	10	12	15	50
74	Doug Favell	5	6	8	10	10	12	15	50
75	Jocelyn Guevremont DP	5	6	8	10	10	12	15	50
76	Tom Miller RC	5	6	8	10	10	12	15	50
77	Bill MacMillan	5	6	8	10	12	15	20	
78	Doug Mohns	5	6	8	10	10	12	15	50
79	Guy Lafleur DP	20	25	30	50	60	80	150	300
80	Rod Gilbert DP	5	6	8	10	10	12	15	50
81	Gary Doak	5	6	8	10	10	12	15	
82	Dave Burrows DP RC	5	6	8	10	10	12	15	50
83	Gary Croteau	5	6	8	10	12	15	20	
84	Tracy Pratt DP	5	6	8	10	12	15	20	
85	Carol Vadnais DP	5	6	8	10	10	12	15	50
86	Jacques Caron DP RC	5	6	8	10	10	12	15	50
87	Keith Magnuson	5	6	8	10	12	25	40	100
88	Dave Keon	5	6	8	10	12	15	30	80
89	Mike Corrigan	5	6	8	10	10	12	15	40
90	Bobby Clarke	10	12	15	▲25	▲60	▲80	▲125	
91	Dunc Wilson DP	5	6	8	10	10	12	15	50
92	Gerry Hart RC	5	6	8	10	10	12	15	50
93	Lou Nanne	5	6	8	10	12	15	20	
94	Checklist 1-176 DP	8	10	25	30	40	50	80	600
95	Red Berenson DP	5	6	8	10	12	15	20	
96	Bob Plager	5	6	8	10	10	12	15	50
97	Jim Rutherford RC	5	6	8	10	12	15	20	
98	Rick Foley DP RC	5	6	8	10	10	12	15	50
99	Pit Martin DP	5	6	8	10	10	12	15	50
100	Bobby Orr DP	30	60	80	100	125	150	200	500
101	Stan Gilbertson	5	6	8	10	10	12	15	50
102	Barry Wilkins	5	6	8	10	10	12	15	50
103	Terry Crisp DP	5	6	8	10	10	12	15	50
104	Cesare Maniago DP	5	6	8	10	10	12	15	50
105	Marc Tardif	5	6	8	10	10	12	15	50
106	Don Luce DP	5	6	8	10	10	12	15	50
107	Mike Pelyk	5	6	8	10	12	15	20	
108	Juha Widing DP	5	6	8	10	12	15	20	
109	Phil Myre DP RC	5	6	8	10	10	12	15	50
110	Vic Hadfield	5	6	8	10	12	15	20	
111	Arnie Brown DP	5	6	8	10	10	12	15	50
112	Ross Lonsberry DP	5	6	8	10	10	12	15	50
113	Dick Redmond	5	6	8	10	12	15	20	
114	Gary Smith	5	6	8	10	12	15	20	
115	Bill Goldsworthy	5	6	8	10	12	15	20	
116	Bryan Watson	5	6	8	10	12	15	20	
117	Dave Balon DP	5	6	8	10	10	12	15	50
118	Bill Mikkelson DP RC	5	6	8	10	10	12	15	50
119	Terry Harper DP	5	6	8	10	10	12	15	50
120	Gilbert Perreault DP	8	10	12	15	25	30	60	200
121	Tony Esposito AS1	5	6	10	12	15	25	50	100
122	Bobby Orr AS1	20	40	50	60	80	100	200	1,200
123	Brad Park AS1	5	6	8	10	10	12	15	50
124	Phil Esposito AS1	5	6	8	10	12	15	30	60
125	Rod Gilbert AS1	5	6	8	10	10	12	15	50
126	Bobby Hull AS1	10	12	15	25	40	50	80	
127	Ken Dryden AS2 DP	8	10	12	15	20	25	40	100
128	Bill White AS2 DP	5	6	8	10	10	12	15	50
129	Pat Stapleton AS2 DP	5	6	8	10	12	15	20	
130	Jean Ratelle AS2 DP	5	6	8	10	10	12	15	50
131	Yvan Cournoyer AS2 DP	5	6	8	10	10	12	15	50
132	Vic Hadfield AS2 DP	5	6	8	10	12	15	20	
133	Ralph Backstrom DP	5	6	8	10	10	12	15	50
134	Bob Baun DP	5	6	8	10	10	12	15	50
135	Fred Stanfield DP	5	6	8	10	10	12	15	50
136	Barclay Plager DP	5	6	8	10	10	12	15	50
137	Gilles Villemure	5	6	8	10	10	12	15	50
138	Ron Harris DP	5	6	8	10	10	12	15	50
139	Bill Flett DP	5	6	8	10	10	12	15	
140	Frank Mahovlich	5	6	8	10	12	15	20	
141	Alex Delvecchio DP	5	6	8	10	10	12	15	50
142	Paul Popiel	5	6	8	10	10	12	15	50
143	Jean Pronovost DP	5	6	8	10	10	12	15	50
144	Denis DeJordy DP	5	6	8	10	10	12	15	50
145	Richard Martin DP	5	6	8	10	10	12	15	40
146	Ivan Boldirev RC	5	6	8	10	12	15	20	
147	Jack Egers RC	5	6	8	10	10	12	15	50
148	Jim Pappin	5	6	8	10	10	12	15	50
149	Rod Seiling	5	6	8	10	10	12	15	50
150	Phil Esposito	15	20	25	30	40	50	100	150
151	Gary Edwards	5	6	8	10	10	12	15	50
152	Ron Ellis DP	5	6	8	10	10	12	15	40
153	Jude Drouin	5	6	8	10	10	12	15	
154	Ernie Hicke DP	5	6	8	10	10	12	15	40
155	Mickey Redmond	5	6	8	10	10	12	15	50
156	Joe Watson DP	5	6	8	10	10	12	15	50
157	Bryan Hextall	5	6	8	10	10	12	15	50
158	Andre Boudrias	5	6	8	10	10	12	15	50
159	Ed Westfall	5	6	8	10	10	12	15	50
160	Ken Dryden	12	15	25	30	40	50	60	150
161	Rene Robert DP RC	5	6	8	10	10	12	15	50
162	Bert Marshall DP	5	6	8	10	10	12	15	50
163	Gary Sabourin	5	6	8	10	10	12	15	50
164	Dennis Hull	5	6	8	10	12	15	20	100
165	Ed Giacomin DP	5	6	8	10	12	15	20	60
166	Ken Hodge	5	6	8	10	10	12	15	50
167	Gilles Marotte DP	5	6	8	10	10	12	15	50
168	Norm Ullman DP	5	6	8	10	10	12	15	50
169	Barry Gibbs RC	5	6	8	10	10	12	15	50
170	Art Ross Trophy	5	6	8	10	12	15	20	
171	Hart Memorial Trophy	5	6	8	10	12	15	20	50
172	James Norris Trophy	5	6	8	10	12	15	30	
173	Vezina Trophy DP	5	6	8	12	15	20	25	60
174	Calder Trophy DP	5	6	8	12	15	20	25	
175	Lady Byng Trophy DP	5	6	8	12	20	25	30	
176	Conn Smythe Trophy DP	5	6	8	12	20	25	40	

— Bruins Team #1 PSA 10 (Gem) sold for $901 (eBay; 7/07)
— Bruins Team #1 PSA 10 (Gem) sold for $704 (eBay; 10/14)
— Espo/Orr/Ratelle LL #62 PSA 10 (Gem) sold for $323 (eBay; 9/12)
— Espo/Orr/Ratelle LL #63 PSA 10 (Gem) sold for $2,040 (eBay; 4/12)
— Playoff Game 3 PSA 10 (Gem) sold for $704 (Mile High; 10/12)

1973-74 O-Pee-Chee

#	Player	VG 3	VgEx 4	EX 5	ExMt 6	NM 7	NmMt 8	NmMt+ 8.5	MT 9
1	Alex Delvecchio	5	6	8	12	15	20	25	80
2	Gilles Meloche	4	5	6	10	15	60		
3	Phil Roberto	4	5	6	10	15	20		
4	Orland Kurtenbach	4	5	6	10	15	20		
5	Gilles Marotte	4	5	6	10	15	20		
6	Stan Mikita	20	25	30	40	60	80		200
7	Paul Henderson	4	5	6	10	15	20	30	50
8	Gregg Sheppard	4	5	6	10	12	15	20	35
9	Rod Seiling	4	5	6	10	15	20		
10	Red Berenson	4	5	6	10	15	20		
11	Jean Pronovost	4	5	6	10	12	15	20	35
12	Dick Redmond	4	5	6	10	15	20	25	40
13	Keith McCreary	4	5	6	10	15	20		
14	Bryan Watson	4	5	6	10	15	20		
15	Garry Unger	4	5	6	10	15	20		
16	Neil Komadoski RC	4	5	6	10	15	20	25	40
17	Marcel Dionne	6	8	10	20	25	40	60	125
18	Ernie Hicke	4	5	6	10	12	15	20	30
19	Andre Boudrias	4	5	6	10	15	20	25	40
20	Bill Flett	4	5	6	10	15	20		
21	Marshall Johnston	4	5	6	10	12	15	20	30
22	Gerry Meehan	4	5	6	10	15	20		
23	Ed Johnston	4	5	6	10	15	20	30	40
24	Serge Savard	15	20	▼25	▼30	50	80		150
25	Walt Tkaczuk	4	5	6	10	12	15	20	35
26	Ken Hodge	4	5	6	10	15	20	25	40
27	Norm Ullman	5	6	8	12	15	30		
28	Cliff Koroll	4	5	6	10	15	20		
29	Rey Comeau	4	5	6	10	15	20		50
30	Bobby Orr	15	20	30	60	250	500		
31	Wayne Stephenson	4	5	6	10	15	20		
32	Dan Maloney	4	5	6	10	15	20		
33	Henry Boucha RC	4	5	6	10	15	20	25	40
34	Gerry Hart	4	5	6	10	12	15	20	35
35	Bobby Schmautz	4	5	6	10	15	20	25	40
36	Ross Lonsberry	4	5	6	10	15	20		
37	Ted McAneeley	4	5	6	10	15	20	25	40
38	Don Luce	4	5	6	10	12	15	20	35
39	Jim McKenny	4	5	6	10	15	20	25	40
40	Jacques Laperriere	4	5	6	10	12	15	20	30
41	Bill Fairbairn	4	5	6	10	15	20		
42	Craig Cameron	4	5	6	10	12	15	20	35
43	Bryan Hextall	4	5	6	10	15	20		
44	Chuck Lefley RC	4	5	6	10	15	20		
45	Dan Bouchard	4	5	6	10	15	20		
46	Jean-Paul Parise	4	5	6	10	12	15	20	35
47	Barclay Plager	4	5	6	10	12	15	20	
48	Mike Corrigan	4	5	6	10	12	15	20	30
49	Nick Libett	4	5	6	10	15	20		
50	Bobby Clarke	6	8	10	15	▲30	▲60	▲80	▲200
51	Bert Marshall	4	5	6	10	15	20		
52	Craig Patrick	4	5	6	10	12	15	20	30
53	Richard Lemieux	4	5	6	10	15	20		
54	Tracy Pratt	4	5	6	10	12	15	20	35
55	Ron Ellis	4	5	6	10	15	20		
56	Jacques Lemaire	6	8	10	15	20	50	60	200
57	Steve Vickers	4	5	6	10	12	15	20	30
58	Carol Vadnais	4	5	6	10	15	20	25	40
59	Jim Rutherford	4	5	6	10	15	20		
60	Rick Kehoe	4	5	6	10	15	20	25	40

#	Player	VG 3	VgEx 4	EX 5	ExMt 6	NM 7	NmMt 8	NmMt+ 8.5	MT 9
61	Pat Quinn	4	5	6	10	15	20		
62	Bill Goldsworthy	4	5	6	10	15	20	25	40
63	Dave Dryden	4	5	6	10	15	20	30	60
64	Rogatien Vachon	▲10	▲20	▲30	▲40	▲60	80	100	150
65	Gary Bergman	4	5	6	10	15	20		
66	Bernie Parent	6	8	10	30	60	150	200	300
67	Ed Westfall	4	5	6	10	15	20		
68	Ivan Boldirev	4	5	6	10	12	15	20	35
69	Don Tannahill	4	5	6	10	15	20	25	40
70	Gilbert Perreault	10	20	40	50	60	80	100	250
71	Mike Pelyk	4	5	6	10	15	20	25	40
72	Guy Lafleur	8	10	12	20	100	150	200	300
73	Pit Martin	4	5	6	10	15	20		
74	Gilles Gilbert RC	5	6	8	12	30	60	80	125
75	Jim Lorentz	4	5	6	10	12	15	20	35
76	Syl Apps	4	5	6	10	12	15	20	30
77	Phil Myre	4	5	6	10	15	20		
78	Bill White	4	5	6	10	12	15	20	35
79	Jack Egers	4	5	6	10	12	15	20	35
80	Terry Harper	4	5	6	10	15	20		
81	Bill Barber RC	6	10	25	50	125	▲300	▲400	500
82	Roy Edwards	4	5	6	10	15	20	25	40
83	Brian Spencer	4	5	6	10	12	15	20	35
84	Reggie Leach	4	5	6	10	15	20		
85	Wayne Cashman	4	5	6	10	12	15	20	35
86	Jim Schoenfeld	5	6	8	12	12	15	20	35
87	Henri Richard	20	25	30	50	60	100		
88	Dennis O'Brien RC	4	5	6	10	12	15	20	35
89	Al McDonough	4	5	6	10	12	15	20	35
90	Tony Esposito	12	15	20	30	40	60	80	150
91	Joe Watson	4	5	6	10	12	15	20	35
92	Flames Team	4	5	6	10	15	20	25	50
93	Bruins Team	4	5	6	10	15	8		
94	Sabres Team	4	5	6	10	12	15	20	30
95	Golden Seals Team	4	5	6	10	15	25	30	60
96	Blackhawks Team	4	5	10	20	30	60		400
97	Red Wings Team	4	5	6	10	20	30	40	100
98	Kings Team	4	5	6	10	15	20		
99	North Stars Team	5	10	15	25	30	60		
100	Canadiens Team	4	5	6	10	15	40	50	100
101	Islanders Team	4	5	6	10	12	15	20	50
102	Rangers Team	4	5	6	10	15	60	80	125
103	Flyers Team	4	5	6	10	15	60	80	125
104	Penguins Team	4	5	6	10	15	20	30	40
105	Blues Team	4	5	6	10	20	▲40		
106	Maple Leafs Team	4	5	10	20	30	40	50	100
107	Canucks Team	4	5	6	15	25	30	40	80
108	Vic Hadfield	4	5	6	10	15	20	25	40
109	Tom Reid	4	5	6	10	15	20	25	40
110	Hilliard Graves RC	4	5	6	10	15	20		
111	Don Lever	4	5	6	10	15	20		
112	Jim Pappin	4	5	6	10	15	20	25	40
113	Andre Dupont	4	5	6	10	15	20		
114	Guy Lapointe	4	5	6	10	15	20		
115	Dennis Hextall	4	5	6	10	15	20	25	40
116	Checklist 1	8	12	20	50	80	150		
117	Bob Leiter	4	5	6	10	15	20		
118	Ab DeMarco	4	5	6	10	15	20		
119	Gilles Villemure	4	5	6	10	15	20		
120	Phil Esposito	6	8	10	20	30	▲50	▲80	200
121	Mike Robitaille	4	5	6	10	15	20		
122	Real Lemieux	4	5	6	10	12	15	20	35
123	Jim Neilson	4	5	6	10	15	20		
124	Steve Durbano RC	4	5	6	10	12	15	20	30
125	Jude Drouin	4	5	6	10	12	15	20	30
126	Gary Smith	4	5	6	10	12	15	20	35
127	Cesare Maniago	4	5	6	10	12	15	20	35
128	Lowell MacDonald	4	5	6	10	15	20		
129	Checklist 2	8	12	20	100	125	150	200	300
130	Billy Harris RC	4	5	6	10	12	15	20	35
131	Randy Manery	4	5	6	10	15	20		
132	Darryl Sittler	▲15	▲20	▲30	▲40	▲80	▲250		
133	P.Espo/MacLeish LL	4	5	6	10	15	20	30	50
134	P.Espo/B.Clarke LL	4	5	12	20	30	40	80	200
135	P.Espo/B.Clarke LL	4	5	6	40	50	60		
136	K.Dryden/T.Espo LL	6	8	10	20	40	50	60	250
137	Schultz/Schnfeld LL	4	5	6	10	15	20		
138	P.Espo/MacLeish LL	4	5	6	10	15	20	30	60
139	Rene Robert	4	5	6	10	15	20		
140	Dave Burrows	4	5	6	10	12	15	20	35
141	Jean Ratelle	5	6	8	12	15	30		
142	Billy Smith RC	40	50	60	80	▲200	600	800	1,000
143	Jocelyn Guevremont	4	5	6	10	15	20		
144	Tim Ecclestone	4	5	6	10	12	15	20	35
145	Frank Mahovlich	5	6	8	20	30	▼50	125	200
146	Rick MacLeish	5	6	8	12	15	20	25	40
147	Johnny Bucyk	5	6	10	20	30	60		
148	Bob Plager	4	5	6	10	15	20	25	40

#	Player	VG 3	VgEx 4	EX 5	ExMt 6	NM 7	NmMt 8	NmMt+ 8.5	MT 9
149	Curt Bennett RC	4	5	6	10	12	15	20	35
150	Dave Keon	5	10	15	25	40	▼80		
151	Keith Magnuson	4	5	6	10	15	20	25	40
152	Walt McKechnie	4	5	6	10	15	20		
153	Roger Crozier	4	5	6	10	15	20		
154	Ted Harris	4	5	6	10	15	20		
155	Butch Goring	4	5	6	10	15	20	25	40
156	Rod Gilbert	5	6	8	15	20	40	50	100
157	Yvan Cournoyer	10	15	20	30	40	50	60	80
158	Doug Favell	4	5	6	10	15	20		
159	Juha Widing	4	5	6	10	12	15	20	35
160	Ed Giacomin	5	10	15	20	30	80		
161	Germaine Gagnon UER	4	5	6	10	12	15	20	35
162	Dennis Kearns	4	5	6	10	15	20		
163	Bill Collins	4	5	6	10	15	20		
164	Peter Mahovlich	4	5	6	10	15	20	30	60
165	Brad Park	20	30	40	50	60	80	125	150
166	Dave Schultz RC	6	8	10	25	60	80	100	200
167	Dallas Smith	4	5	6	10	15	20		
168	Gary Sabourin	4	5	6	10	15	20		
169	Jacques Richard	4	5	6	10	15	20	25	40
170	Brian Glennie	4	5	6	10	15	20	25	50
171	Dennis Hull	4	5	6	10	15	20	25	40
172	Joey Johnston	4	5	6	10	15	20		
173	Richard Martin	5	6	10	15	20	▲40		
174	Barry Gibbs	4	5	6	10	12	15	20	30
175	Bob Berry	4	5	6	10	15	20		
176	Greg Polis	4	5	6	10	15	20		
177	Dale Rolfe	4	5	6	10	15	20		
178	Gerry Desjardins	4	5	6	10	15	20	25	40
179	Bobby Lalonde	4	5	6	10	15	20		
180	Mickey Redmond	4	5	6	10	15	30		
181	Jim Roberts	4	5	6	10	15	20		
182	Gary Dornhoefer	4	5	6	10	15	20		
183	Derek Sanderson	5	6	8	15	30	80	100	200
184	Brent Hughes	4	5	6	10	12	15	20	35
185	Larry Romanchych RC	4	5	6	10	15	20		
186	Pierre Jarry	4	5	6	10	15	20		
187	Doug Jarrett	4	5	6	10	12	15	20	35
188	Bob Stewart RC	4	5	6	10	15	20		
189	Tim Horton	20	25	30	40	60	150	200	250
190	Fred Harvey	4	5	6	10	15	20		
191	Series A/Cand/Sabr	4	5	6	10	15	20	25	50
192	Series B/Flyrs/Stars	4	5	6	10	12	15	20	35
193	Series C/Hwks/Blues	4	5	6	10	15	20	25	40
194	Series D/Rngr/Bruins	4	5	6	10	15	40		
195	Series E/Cndn/Flyr	4	5	6	10	15	20		
196	Series F/Blckh/Rngr	4	5	6	10	15	20	25	40
197	Series G/Cndn/Hawk	4	5	6	10	15	25	30	60
198	Canadiens Champs	5	6	8	12	15	30		
199	Gary Edwards	4	5	6	10	15	20		
200	Ron Schock	4	5	6	10	15	20		
201	Bruce MacGregor	4	5	6	10	12	15	20	35
202	Bob Nystrom RC	20	30	40	▲80	▲100	200	250	300
203	Jerry Korab	4	5	6	10	12	15	20	35
204	Thommie Bergman RC	4	5	6	10	15	20		30
205	Bill Lesuk	4	5	6	10	15	20		
206	Ed Van Impe	4	5	6	10	12	15	20	30
207	Doug Roberts	4	5	6	10	12	15	20	35
208	Chris Evans	4	5	6	10	15	20		35
209	Lynn Powis RC	4	5	6	10	12	15	20	35
210	Denis Dupere	4	5	6	10	15	20	25	40
211	Dale Tallon	4	5	6	10	15	20		
212	Stan Gilbertson	4	5	6	10	15	20		
213	Craig Ramsay	4	5	6	10	15	20	25	40
214	Danny Grant	4	5	6	10	15	20		
215	Doug Volmar RC	4	5	6	10	12	15	20	35
216	Darryl Edestrand	4	5	6	10	15	20		
217	Pete Stemkowski	4	5	6	10	12	15	20	30
218	Lorne Henning RC	4	5	6	10	15	20		
219	Bryan McSheffrey RC	4	5	6	10	12	15	20	30
220	Guy Charron	4	5	6	10	15	20	25	40
221	Wayne Thomas RC	5	8	10	20	40	80		100
222	Simon Nolet	4	5	6	10	12	15	20	30
223	Fred O'Donnell RC	4	5	6	10	15	20	25	40
224	Lou Angotti	4	5	6	10	15	20		
225	Arnie Brown	4	5	6	10	15	20		
226	Garry Monahan	4	5	6	10	15	20	25	40
227	Chico Maki	4	5	6	10	12	15	20	35
228	Gary Croteau	4	5	6	10	12	15	20	30
229	Paul Terbenche	4	5	6	10	15	20		
230	Gump Worsley	5	▲8	▲15	▲20	▲25	▲60	▲80	▲100
231	Jim Peters	4	5	6	10	15	20	25	40
232	Jack Lynch	4	5	6	10	12	15	20	35
233	Bobby Rousseau	4	5	6	10	15	20		
234	Dave Hudson	4	5	6	10	15	20	25	30
235	Gregg Boddy RC	4	5	6	10	15	20	25	40
236	Ron Stackhouse	4	5	6	10	12	15	20	35

#	Player	VG 3	VgEx 4	EX 5	ExMt 6	NM 7	NmMt 8	NmMt+ 8.5	MT 9
237	Larry Robinson RC	▲50	100	150	250	500	800	1,000	2,000
238	Bobby Taylor RC	5	10	20	30	50	80	100	200
239	Nick Beverley	4	5	6	10	15	20		
240	Don Awrey	4	5	6	10	15	20	25	35
241	Doug Mohns	4	5	6	10	15	20	25	40
242	Eddie Shack	5	6	8	12	15	20	25	40
243	Phil Russell RC	5	6	8	12	15	20	30	50
244	Pete Laframboise	4	5	6	10	15	20		
245	Steve Atkinson	4	5	6	10	15	20		
246	Lou Nanne	4	5	6	10	15	20	25	40
247	Yvon Labre RC	4	5	6	10	15	20		
248	Ted Irvine	4	5	6	10	15	20		
249	Tom Miller	4	5	6	10	15	20	25	50
250	Gerry O'Flaherty	4	5	6	10	15	20	25	40
251	Larry Johnston RC	4	5	6	10	15	20		
252	Michel Plasse RC	5	8	14	20	40	50	60	200
253	Bob Kelly	4	5	6	10	12	15	20	30
254	Terry O'Reilly RC	15	▲40	▲50	▲60	125	▲300		
255	Pierre Plante RC	4	5	6	10	15	20	25	40
256	Noel Price	4	5	6	10	15	20		
257	Dunc Wilson	4	5	6	10	15	20		
258	J.P. Bordeleau RC	4	5	6	10	15	20		
259	Terry Murray RC	4	5	6	10	15	20	30	60
260	Larry Carriere	4	5	6	10	15	20		
261	Pierre Bouchard	4	5	6	10	15	30		
262	Frank St.Marseille	4	5	6	10	15	20		
263	Checklist 3	8	12	20	▲40	▲100	200		
264	Fred Barrett	4	5	6	10	15	30	35	60

—Bob Nystrom RC #202 PSA 10 (MT) sold for $1,017 (eBay; 2/14)
—Larry Robinson #237 PSA 10 (MT) sold for $1,387.54 (Mile High; 5/12)
—Terry O'Reilly #254 PSA 9 (MT) sold for $145 (eBay; 2/07)

1973-74 Topps

#	Player	VG 3	VgEx 4	EX 5	ExMt 6	NM 7	NmMt 8	NmMt+ 8.5	MT 9
1	P.Espo/MacLeish LL	4	5	6	8	15	25	35	80
2	P.Espo/B.Clarke LL	4	5	6	8	12	20		60
3	P.Espo/B.Clarke LL	4	5	6	8	12	20	25	40
4	K.Dryden/T.Espo LL	4	5	6	8	12	20	25	40
5	Schultz/Schoenfeld LL	4	5	6	8	12	20	25	35
6	P.Espo/MacLeish LL	4	5	6	8	12	20	25	40
7	Paul Henderson DP	4	5	6	8	12	20	25	60
8	Gregg Sheppard DP UER	4	5	6	8	12	18		
9	Rod Seiling DP	4	5	6	8	12	18	20	30
10	Ken Dryden	10	15	20	25	30	40	60	120
11	Jean Pronovost DP	4	5	6	8	12	18	20	30
12	Dick Redmond	4	5	6	8	12	18		
13	Keith McCreary DP	4	5	6	8	12	18		
14	Ted Harris DP	4	5	6	8	12	18	20	30
15	Garry Unger	4	5	6	8	12	18		
16	Neil Komadoski RC	4	5	6	8	12	18	20	30
17	Marcel Dionne	5	▲10	▲12	▲15	▲20	▲30	▲40	▲100
18	Ernie Hicke DP	4	5	6	8	12	18	20	30
19	Andre Boudrias	4	5	6	8	12	18	25	50
20	Bill Flett	4	5	6	8	12	18	25	50
21	Marshall Johnston	4	5	6	8	12	18	20	30
22	Gerry Meehan	4	5	6	8	12	18		
23	Ed Johnston DP	4	5	6	8	12	18		
24	Serge Savard	4	5	6	8	12	18	20	30
25	Walt Tkaczuk	4	5	6	8	12	18		
26	Johnny Bucyk	4	5	6	8	12	18		
27	Dave Burrows	4	5	6	8	12	18	20	30
28	Cliff Koroll	4	5	6	8	12	18		
29	Rey Comeau DP	4	5	6	8	12	18		
30	Barry Gibbs	4	5	6	8	12	18		
31	Wayne Stephenson	4	5	6	8	12	18	20	30
32	Dan Maloney DP	4	5	6	8	12	18	20	30
33	Henry Boucha DP	4	5	6	8	12	18	20	30
34	Gerry Hart	4	5	6	8	12	18		
35	Bobby Schmautz	4	5	6	8	12	18	20	30
36	Ross Lonsberry DP	4	5	6	8	12	18		
37	Ted McAneeley	4	5	6	8	12	18	20	30
38	Don Luce DP	4	5	6	8	12	18		
39	Jim McKenny DP	4	5	6	8	12	18		
40	Frank Mahovlich	4	5	6	8	12	20	30	80
41	Bill Fairbairn	4	5	6	8	12	18	20	30
42	Dallas Smith	4	5	6	8	12	18		
43	Bryan Hextall	4	5	6	8	12	18		
44	Keith Magnuson	4	5	6	8	12	18	20	30
45	Dan Bouchard	4	5	6	8	12	18		
46	Jean-Paul Parise DP	4	5	6	8	12	18	20	30
47	Barclay Plager	4	5	6	8	12	18		
48	Mike Corrigan	4	5	6	8	12	18	20	30
49	Nick Libett DP	4	5	6	8	12	18	20	30
50	Bobby Clarke	▲8	▲10	▲15	▲20	▲30	▲50		400
51	Bert Marshall DP	4	5	6	8	12	18	20	
52	Craig Patrick	4	5	6	8	12	18	20	30
53	Richard Lemieux	4	5	6	8	12	18		
54	Tracy Pratt DP	4	5	6	8	12	18		

#	Player	VG 3	VgEx 4	EX 5	ExMt 6	NM 7	NmMt 8	NmMt+ 8.5	MT 9
55	Ron Ellis DP	4	5	6	8	12	18	20	30
56	Jacques Lemaire	4	5	6	8	12	18		
57	Steve Vickers DP	4	5	6	8	12	18	20	30
58	Carol Vadnais	4	5	6	8	12	18	20	30
59	Jim Rutherford DP	4	5	6	8	12	18	20	30
60	Dennis Hull	4	5	6	8	12	18		
61	Pat Quinn DP	4	5	6	8	12	18		
62	Bill Goldsworthy DP	4	5	6	8	12	18		
63	Fran Huck RC	4	5	6	8	12	18		
64	Rogatien Vachon DP	4	5	6	8	12	18	20	30
65	Gary Bergman DP	4	5	6	8	12	18		
66	Bernie Parent	4	5	6	8	12	20		
67	Ed Westfall	4	5	6	8	12	18		
68	Ivan Boldirev	4	5	6	8	12	18	20	30
69	Don Tannahill DP	4	5	6	8	12	18		
70	Gilbert Perreault	4	5	6	8	12	20	25	60
71	Mike Pelyk DP	4	5	6	8	12	18		
72	Guy Lafleur DP	5	8	12	25	60	80	100	300
73	Jean Ratelle	4	5	6	8	12	18		
74	Gilles Gilbert DP RC	4	5	6	8	12	20	25	50
75	Greg Polis	4	5	6	8	12	18		
76	Doug Jarrett DP	4	5	6	8	12	18		
77	Phil Myre DP	4	5	6	8	12	18	20	30
78	Fred Harvey DP	4	5	6	8	12	18	20	30
79	Jack Egers	4	5	6	8	12	18		
80	Terry Harper	4	5	6	8	12	18		
81	Bill Barber RC	10	15	30	40	50	200		250
82	Roy Edwards DP	4	5	6	8	12	18		
83	Brian Spencer	4	5	6	8	12	18	20	30
84	Reggie Leach DP	4	5	6	8	12	18	20	30
85	Dave Keon	4	5	6	8	12	18		
86	Jim Schoenfeld	4	5	6	8	12	18		
87	Henri Richard DP	4	5	6	8	12	18	20	30
88	Rod Gilbert DP	4	5	6	8	12	18	20	30
89	Don Marcotte DP	4	5	6	8	12	18	20	30
90	Tony Esposito	4	5	6	8	12	18		
91	Joe Watson	4	5	6	8	12	18	20	30
92	Flames Team	4	5	6	8	12	20	25	40
93	Bruins Team	4	5	6	8	12	20	25	40
94	Sabres Team DP	4	5	6	8	12	20	25	40
95	Golden Seals Team DP	4	5	6	8	12	18		
96	Blackhawks Team	4	5	6	8	12	20	25	40
97	Red Wings Team DP	4	5	6	8	12	20	30	100
98	Kings Team DP	4	5	6	8	12	18		
99	North Stars Team	4	5	6	8	12	20	25	40
100	Canadiens Team	4	5	6	8	12	20	25	40
101	Islanders Teams	4	5	6	8	12	20	25	40
102	Rangers Team DP	4	5	6	8	12	20	25	40
103	Flyers Team DP	4	5	6	8	12	18		
104	Penguins Team	4	5	6	8	12	20	25	40
105	Blues Team	4	5	6	8	12	18		
106	Maple Leafs Team	4	5	6	8	12	20	25	40
107	Canucks Team	4	5	6	8	12	20	25	40
108	Roger Crozier DP	4	5	6	8	12	18	20	30
109	Tom Reid	4	5	6	8	12	18	20	30
110	Hilliard Graves RC	4	5	6	8	12	18		
111	Don Lever	4	5	6	8	12	18		
112	Jim Pappin	4	5	6	8	12	18		30
113	Ron Schock DP	4	5	6	8	12	18	20	30
114	Gerry Desjardins	4	5	6	8	12	18	20	30
115	Yvan Cournoyer DP	4	5	6	8	12	18	20	30
116	Checklist Card	6	8	10	12	20	40		
117	Bob Leiter	4	5	6	8	12	18		
118	Ab DeMarco	4	5	6	8	12	18		
119	Doug Favell	4	5	6	8	12	18	20	30
120	Phil Esposito	4	5	10	20	30	40		200
121	Mike Robitaille	4	5	6	8	12	18	20	30
122	Real Lemieux	4	5	6	8	12	18	20	30
123	Jim Neilson	4	5	6	8	12	18	20	30
124	Tim Ecclestone DP	4	5	6	8	12	18	20	30
125	Jude Drouin	4	5	6	8	12	18		
126	Gary Smith DP	4	5	6	8	12	18	20	30
127	Walt McKechnie	4	5	6	8	12	18		30
128	Lowell MacDonald	4	5	6	8	12	18		
129	Dale Tallon DP	4	5	6	8	12	18		
130	Billy Harris RC	4	5	6	8	12	18	20	30
131	Randy Manery DP	4	5	6	8	12	18	20	30
132	Darryl Sittler DP	10	15	20	30	40	50		60
133	Ken Hodge	4	5	6	8	12	18		
134	Bob Plager	4	5	6	8	12	18	20	30
135	Rick MacLeish	4	5	6	8	12	18	20	30
136	Dennis Hextall	4	5	6	8	12	18	20	30
137	Jacques Laperriere DP	4	5	6	8	12	18	20	30
138	Butch Goring	4	5	6	8	12	18	20	30
139	Rene Robert	4	5	6	8	12	18		
140	Ed Giacomin	4	5	6	8	12	18		
141	Alex Delvecchio DP	4	5	6	8	12	18	20	30
142	Jocelyn Guevremont	4	5	6	8	12	18		

#	Player	VG 3	VgEx 4	EX 5	ExMt 6	NM 7	NmMt 8	NmMt+ 8.5	MT 9
143	Joey Johnston	4	5	6	8	12	18	20	30
144	Bryan Watson DP	4	5	6	8	12	18	20	30
145	Stan Mikita	4	5	6	10	15	25	30	60
146	Cesare Maniago	4	5	6	8	12	18		
147	Craig Cameron	4	5	6	8	12	18	20	30
148	Norm Ullman DP	4	5	6	8	12	18	20	30
149	Dave Schultz RC	5	6	8	10	15	25		
150	Bobby Orr	30	40	50	▲100	▲150	250	400	1,000
151	Phil Roberto	4	5	6	8	12	18		
152	Curt Bennett	4	5	6	8	12	18	20	30
153	Gilles Villemure DP	4	5	6	8	12	18	20	30
154	Chuck Lefley	4	5	6	8	12	18	20	30
155	Richard Martin	4	5	6	8	12	18		
156	Juha Widing	4	5	6	8	12	18		
157	Orland Kurtenbach	4	5	6	8	12	18		
158	Bill Collins DP	4	5	6	8	12	18	20	30
159	Bob Stewart	4	5	6	8	12	18	20	30
160	Syl Apps	4	5	6	8	12	18		
161	Danny Grant	4	5	6	8	12	18		
162	Billy Smith RC	20	40	50	▲80	▲100	▲150		
163	Brian Glennie	4	5	6	8	12	18		
164	Pit Martin DP	4	5	6	8	12	18		
165	Brad Park	4	5	6	8	12	18		
166	Wayne Cashman DP	4	5	6	8	12	18		
167	Gary Dornhoefer	4	5	6	8	12	18		
168	Steve Durbano RC	4	5	6	8	12	18		
169	Jacques Richard	4	5	6	8	12	18	20	30
170	Guy Lapointe	4	5	6	8	12	18		
171	Jim Lorentz	4	5	6	8	12	18		
172	Bob Berry DP	4	5	6	8	12	18	20	30
173	Dennis Kearns	4	5	6	8	12	18		
174	Red Berenson	4	5	6	8	12	18		
175	Gilles Meloche DP	4	5	6	8	12	18	20	30
176	Al McDonough	4	5	6	8	12	18	20	30
177	Dennis O'Brien RC	4	5	6	8	12	18	20	30
178	Germaine Gagnon UER DP	4	5	6	8	12	18		
179	Rick Kehoe DP	4	5	6	8	12	18	20	30
180	Bill White	4	5	6	8	12	18		
181	Vic Hadfield DP	4	5	6	8	12	18		
182	Derek Sanderson	4	5	6	8	12	20	25	35
183	Andre Dupont DP	4	5	6	8	12	18		
184	Gary Sabourin	4	5	6	8	12	18		
185	Larry Romanchych RC	4	5	6	8	12	18	20	30
186	Peter Mahovlich	4	5	6	8	12	18		
187	Dave Dryden	4	5	6	8	12	18	20	30
188	Gilles Marotte	4	5	6	8	12	18		
189	Bobby Lalonde	4	5	6	8	12	18	20	30
190	Mickey Redmond	4	5	6	8	12	18		
191	Series A/Can 4/Sabres 2	4	5	6	8	12	18		
192	Series B/Flyers 4/Stars 2	4	5	6	8	12	18	20	30
193	Series C/Hawks 4/Blues 1	4	5	6	8	12	18		
194	Series D/Rangrs 4/Bruins	4	5	6	8	12	18	20	30
195	Series E/Canad 4/Flyers 1	4	5	6	8	12	18		
196	Series F/Hawks 4/Rangrs 1	4	5	6	8	12	18		
197	Series G/Canad 4/Hawks 2	4	5	6	8	12	20		
198	Canadiens Champs	4	5	6	8	15	20		

—Paul Henderson #7 PSA 9 (MT) sold for $110.50 (eBay; 7/12)
—Gary Bergman #65 PSA 9 (MT) sold for $211.75 (eBay; 8/12)
—Bobby Orr #150 PSA 9 (MT) sold for $640.34 (eBay; 2/14)

1974-75 O-Pee-Chee

#	Player	VG 3	VgEx 4	EX 5	ExMt 6	NM 7	NmMt 8	NmMt+ 8.5	MT 9
1	P.Espo/Gldswrthy LL	20	25	30	80	100	150		600
2	B.Orr/D.Hextall LL	6	20	30	40	50	150	200	300
3	P.Espo/B.Clarke LL	5	6	8	12	15	40		
4	Favell/B.Parent LL	4	5	6	10	12	20		
5	Watson/D.Schulz LL	4	5	6	10	12	20		
6	Redmond/MacLsh LL	4	5	6	10	12	20	25	40
7	Gary Bromley	4	5	6	10	12			
8	Bill Barber	5	6	8	12	20	60		
9	Emile Francis CO	4	5	6	10	12	30		
10	Gilles Gilbert	4	5	6	10	12	20		
11	John Davidson RC	15	20	40	50	60	100	125	200
12	Ron Ellis	4	5	6	10	12			
13	Syl Apps	4	5	6	10	12	20		
14	Richard/Lysiak TL	4	5	6	10	12	20	25	40
15	Dan Bouchard	4	5	6	10	12	25		
16	Ivan Boldirev	4	5	6	10	12			
17	Gary Coalter RC	4	5	6	10	12			
18	Bob Berry	4	5	6	10	12	20		
19	Red Berenson	4	5	6	10	12	20		
20	Stan Mikita	5	6	8	12	15	40	50	120
21	Fred Shero CO RC	5	6	40	50	60	80		
22	Gary Smith	4	5	6	10	12	20		
23	Bill Mikkelson	4	5	6	10	12	20		
24	Jacques Lemaire UER	4	5	6	10	12			
25	Gilbert Perreault	5	6	8	50	125	200	250	400
26	Cesare Maniago	4	5	6	10	12			

#	Player	VG 3	VgEx 4	EX 5	ExMt 6	NM 7	NmMt 8	NmMt+ 8.5	MT 9
27	Bobby Schmautz	4	5	6	10	12	20		
28	Espo/Orr/Bucyk TL	6	10	15	25	50	80	100	200
29	Steve Vickers	4	5	6	10	12	20		
30	Lowell MacDonald UER	4	5	6	10	25	80		
31	Fred Stanfield	4	5	6	10	12	20		
32	Ed Westfall	4	5	6	10	12			
33	Curt Bennett	4	5	6	10	12			
34	Bep Guidolin CO	4	5	6	10	12	20		
35	Cliff Koroll	4	5	6	10	12			
36	Gary Croteau	4	5	6	10	12	20		
37	Mike Corrigan	4	5	6	10	12			
38	Henry Boucha	4	5	6	10	12	20		
39	Ron Low	4	5	6	10	12	20		
40	Darryl Sittler	15	20	30	40	50	100		
41	Tracy Pratt	4	5	6	10	12			
42	Martin/Robert TL	4	5	6	10	12	20	25	40
43	Larry Carriere	4	5	6	10	12	20		
44	Gary Dornhoefer	4	5	6	10	12			
45	Denis Herron RC	5	6	8	12	15	25	30	60
46	Doug Favell	4	5	6	10	12	20		
47	Dave Gardner RC	4	5	6	10	12	20		
48	Morris Mott RC	4	5	6	10	12	20		
49	Marc Boileau CO	4	5	6	10	12	20		
50	Brad Park	5	6	15	20	40	50		
51	Bob Leiter	4	5	6	10	12	20		
52	Tom Reid	4	5	6	10	12	20		
53	Serge Savard	4	5	6	10	15	40		
54	Checklist 1-132 UER	25	30	50	200	300	500		
55	Terry Harper	4	5	6	10	12	20		
56	Joey Johnston LL	4	5	6	10	12	20	25	40
57	Guy Charron	4	5	6	10	12	20		
58	Pit Martin	4	5	6	10	12			
59	Chris Evans	4	5	6	10	12	20		
60	Bernie Parent	5	6	8	12	15			
61	Jim Lorentz	4	5	6	10	12	20		
62	Dave Kryskow RC	4	5	6	10	12	20		
63	Lou Angotti CO	4	5	6	10	12	20		
64	Bill Flett	4	5	6	10	12	20		
65	Vic Hadfield	4	5	6	10	12	20		
66	Wayne Merrick RC	4	5	6	10	12			
67	Andre Dupont	4	5	6	10	12			
68	Tom Lysiak RC	4	5	6	10	12	20		
69	Pappin/Mikita/Bord TL	4	5	6	10	12	20		
70	Guy Lapointe	4	5	6	10	12	20		
71	Gerry O'Flaherty	4	5	6	10	12	20		
72	Marcel Dionne	10	15	25	40	125			
73	Butch Deadmarsh RC	4	5	6	25	60			
74	Butch Goring	4	5	6	10	12	20		
75	Keith Magnuson	4	5	6	10	12	20		
76	Red Kelly CO	4	5	6	10	15	80		
77	Pete Sternkowski	4	5	6	10	12	20		
78	Jim Roberts	4	5	6	10	12	20		
79	Don Luce	4	5	6	10	12	20		
80	Don Awrey	4	5	6	10	12	20		
81	Rick Kehoe	4	5	6	10	12	20		
82	Billy Smith	15	20	30	50	80	300		
83	Jean-Paul Parise	4	5	6	10	12	20		
84	Rdmnd/Dnne/Hoga TL	4	5	6	10	12	20		
85	Ed Van Impe	4	5	6	10	12	20		
86	Randy Manery	4	5	6	10	12	20		
87	Barclay Plager	4	5	6	10	12	20		
88	Inge Hammarstrom RC	4	5	6	10	12	20		
89	Ab DeMarco	4	5	6	10	12	25	30	50
90	Bill White	4	5	6	10	12	20		
91	Al Arbour CO	4	5	6	10	12	20	30	60
92	Bob Stewart	4	5	6	10	12	20		
93	Jack Egers	4	5	6	10	12	20		
94	Don Lever	4	5	6	10	12	20		
95	Reggie Leach	4	5	6	10	12	20		
96	Dennis O'Brien	4	5	6	10	12	20		
97	Peter Mahovlich	4	5	6	10	12	20		
98	Grng/St.Mrsle/Kzk TL	4	5	6	10	12	20		
99	Gerry Meehan	4	5	6	10	12	20		
100	Bobby Orr	25	30	80	125	150	500	600	1,000
101	Jean Potvin RC	4	5	6	10	12	20		
102	Rod Seiling	4	5	6	10	12	20	25	50
103	Keith McCreary	4	5	6	10	12	20	25	60
104	Phil Maloney CO RC	4	5	6	10	12	20		
105	Denis Dupere	4	5	6	10	12	20		
106	Steve Durbano	4	5	6	10	12	20		
107	Bob Plager UER	4	5	6	10	12	20	25	50
108	Chris Oddleifson RC	4	5	6	10	12	20	25	60
109	Jim Neilson	4	5	6	10	12	20		
110	Jean Pronovost	4	5	6	10	12	20		
111	Don Kozak RC	4	5	6	10	12	20		
112	Gldswrthy/Hxtall TL	4	5	6	10	12	20	25	50
113	Jim Pappin	4	5	6	10	12	20		
114	Richard Lemieux	4	5	6	10	12			

#	Player	VG 3	VgEx 4	EX 5	ExMt 6	NM 7	NmMt 8	NmMt+ 8.5	MT 9
115	Dennis Hextall	4	5	6	10	12			
116	Bill Hogaboam RC	4	5	6	10	12	20	25	50
117	Vrgrt/Schmt/Boud TL	4	5	6	10	12	20	25	50
118	Jimmy Anderson CO	4	5	6	10	12			
119	Walt Tkaczuk	4	5	6	10	12	20		
120	Mickey Redmond	4	5	6	10	12			
121	Jim Schoenfeld	4	5	6	10	12	20		
122	Jocelyn Guevremont	4	5	6	10	12	20		
123	Bob Nystrom	4	5	6	10	12	20		
124	Cour/F.Mahov/Lrse TL	4	5	6	10	12	20	25	60
125	Lew Morrison	4	5	6	10	12	20		
126	Terry Murray	4	5	6	10	12			
127	Richard Martin AS	4	5	6	10	12	20		
128	Ken Hodge AS	4	5	6	10	12			
129	Phil Esposito AS	4	5	6	10	12	20	30	80
130	Bobby Orr AS	8	10	12	40	80	200	225	350
131	Brad Park AS	4	5	6	10	12			
132	Gilles Gilbert AS	4	5	6	10	12			
133	Lowell MacDonald AS	4	5	6	10	12	20	25	40
134	Bill Goldsworthy AS	4	5	6	10	12	20		
135	Bobby Clarke AS	5	6	8	15	25	100		
136	Bill White AS	4	5	6	10	12			
137	Dave Burrows AS	4	5	6	10	12	20		
138	Bernie Parent AS	4	5	6	10	12	35		
139	Jacques Richard	4	5	6	10	12	20		
140	Yvan Cournoyer	4	5	6	10	12	20		
141	R.Gilbert/B.Park TL	4	5	6	10	12	20		
142	Rene Robert	4	5	6	10	12	20		
143	J. Bob Kelly RC	4	5	6	10	12	25		
144	Ross Lonsberry	4	5	6	10	12	20		
145	Jean Ratelle	4	5	6	10	12	20		
146	Dallas Smith	4	5	6	10	12	20		
147	Bernie Geoffrion CO	4	5	6	10	12	20	25	40
148	Ted McAneeley	4	5	6	10	12	20		
149	Pierre Plante	4	5	6	10	12	20		
150	Dennis Hull	4	5	6	10	12	20		
151	Dave Keon	4	5	6	10	12			
152	Dave Dunn RC	4	5	6	10	12	20		
153	Michel Belhumeur	4	5	6	10	12	20	25	40
154	Clarke/D.Schultz TL	4	5	6	10	12	20		
155	Ken Dryden	30	40	60	80	100	250		
156	John Wright RC	4	5	6	10	12			
157	Larry Romanchych	4	5	6	10	12	20		
158	Ralph Stewart RC	4	5	6	10	12			
159	Mike Robitaille	4	5	6	10	12	20		
160	Ed Giacomin	4	5	6	10	12	20		
161	Don Cherry CO RC	30	40	50	▲125	150	250	300	400
162	Checklist 133-264	10	12	▲30	▲40	▲100	▲300		
163	Rick MacLeish	4	5	6	10	12	20		
164	Greg Polis	4	5	6	10	12	20		
165	Carol Vadnais	4	5	6	10	12	20		
166	Pete Laframboise	4	5	6	10	12	20		
167	Ron Schock	4	5	6	10	12	20		
168	Lanny McDonald RC	30	40	60	100	200	500	600	800
169	Scouts Emblem	4	5	6	10	12	20		
170	Tony Esposito	25	30	40	80	100	150		500
171	Pierre Jarry	4	5	6	10	12	20	25	40
172	Dan Maloney	4	5	6	10	12	20		
173	Peter McDuffe	4	5	6	10	12	20		
174	Danny Grant	4	5	6	10	12			
175	John Stewart RC	4	5	6	10	12	20		
176	Floyd Smith CO	4	5	6	10	12	20		
177	Bert Marshall	4	5	6	10	12			
178	Chuck Lefley UER	4	5	6	10	15	60		
179	Gilles Villemure	4	5	6	10	12	20		
180	Borje Salming RC	▼30	▼40	▼50	▼150	300	500		2,000
181	Doug Mohns	4	5	6	10	12	20		
182	Barry Wilkins	4	5	6	10	12	20		
183	MacDonald/Apps TL	4	5	6	10	12	20	25	40
184	Gregg Sheppard	4	5	6	10	12	20	25	40
185	Joey Johnston	4	5	6	10	12			
186	Dick Redmond	4	5	6	10	12	20		
187	Simon Nolet	4	5	6	10	12	20		
188	Ron Stackhouse	4	5	6	10	12	20		
189	Marshall Johnston	4	5	6	10	12	20		
190	Richard Martin	4	5	6	10	12	20		
191	Andre Boudrias	4	5	6	10	12	20		
192	Steve Atkinson	4	5	6	10	12			
193	Nick Libett	4	5	6	10	12	20	25	40
194	Bob Murdoch Kings RC	4	5	6	10	12	20		
195	Denis Potvin RC	40	50	60	100	300	400	500	1,200
196	Dave Schultz	4	5	6	10	12	20		
197	Unger/Plante TL	4	5	6	10	12	20		
198	Jim McKenny	4	5	6	10	12			
199	Gerry Hart	4	5	6	10	12	20		
200	Phil Esposito	30	40	50	100	150	300	400	600
201	Rod Gilbert	4	5	6	10	12	20	25	60
202	Jacques Laperriere	4	5	6	10	25			

#	Player	VG 3	VgEx 4	EX 5	ExMt 6	NM 7	NmMt 8	NmMt+ 8.5	MT 9
203	Barry Gibbs	4	5	6	10	12	20	30	100
204	Billy Reay CO	4	5	6	10	12	20		
205	Gilles Meloche	4	5	6	10	12	20		
206	Wayne Cashman	4	5	6	10	12	20		
207	Dennis Ververgaert	4	5	6	10	12	20		
208	Phil Roberto	4	5	6	10	12			
209	Quarter Finals	4	5	6	10	12	20		
210	Quarter Finals	4	5	6	10	12	20		
211	Quarter Finals	4	5	6	10	12	20		
212	Quarter Finals	4	5	6	10	12	20		
213	Semi-Finals	4	5	6	10	12	20		
214	Semi-Finals	4	5	6	10	12	25		
215	Stanley Cup Finals	4	5	6	10	12	20		
216	Flyers Champions	4	5	6	10	12	25		
217	Joe Watson	4	5	6	10	12	20	25	50
218	Wayne Stephenson	4	5	6	10	12	20		
219	Sittlr/Ullmn/Hend TL	4	5	6	10	12	20		
220	Bill Goldsworthy	4	5	6	10	12	20		
221	Don Marcotte	4	5	6	10	12	20		
222	Alex Delvecchio CO	4	5	6	10	12	20		
223	Stan Gilbertson	4	5	6	10	12	20		
224	Mike Murphy	4	5	6	10	12	20		
225	Jim Rutherford	4	5	6	10	12			
226	Phil Russell	4	5	6	10	12	20		
227	Lynn Powis	4	5	6	10	12	20		
228	Billy Harris	4	5	6	10	12	20	25	50
229	Bob Pulford CO	4	5	6	10	12	25		
230	Ken Hodge	4	5	6	10	12			
231	Bill Fairbairn	4	5	6	10	12	20		
232	Guy Lafleur	15	20	30	50	60	400		1,200
233	Hart/Stw/Ptvn TL UER	4	5	6	10	12	20		
234	Fred Barrett	4	5	6	10	12	20	25	40
235	Rogatien Vachon	4	5	6	40	50	60		
236	Norm Ullman	4	5	6	10	12	20		
237	Garry Unger	4	5	6	10	12	20		
238	Jack Gordon CO RC	4	5	6	10	12	20		
239	Johnny Bucyk	4	5	6	10	12	20	25	50
240	Bob Dailey RC	4	5	6	10	12	20		
241	Dave Burrows	4	5	6	10	12	20		
242	Len Frig RC	4	5	6	10	12	20	25	40
243	Henri Richard Mstrsn	4	5	6	10	25	100		
244	Phil Esposito Hart	4	5	6	10	12	20		
245	Johnny Bucyk Byng	4	5	6	10	12	20		
246	Phil Esposito Ross	4	5	6	12	20			
247	Wales Trophy	4	5	6	10	12	20		
248	Bobby Orr Norris	8	10	20	30	40	60	125	
249	Bernie Parent Vezina	4	5	6	10	15	40		
250	Philadelphia Flyers SC	15	20	30	40	50	60	100	200
251	Bernie Parent Smythe	4	5	6	10	12	40		
252	Denis Potvin Calder	6	8	10	12	15	30		
253	Campbell Trophy	4	5	6	10	12	20		
254	Pierre Bouchard	4	5	6	10	12	20		
255	Jude Drouin	4	5	6	10	12	20		
256	Capitals Emblem	4	5	6	10	12	20		
257	Michel Plasse	4	5	6	10	12	20		
258	Juha Widing	4	5	6	10	12			
259	Bryan Watson	4	5	6	10	12			
260	Bobby Clarke UER	6	8	10	12	20	60	80	150
261	Scotty Bowman CO RC	15	20	30	60	75	150		
262	Craig Patrick	4	5	6	10	12			
263	Craig Cameron	4	5	6	10	12			
264	Ted Irvine	4	5	6	10	12	20		
265	Ed Johnston	4	5	6	10	12	20		
266	Dave Forbes RC	4	5	6	10	12	20		
267	Red Wings Team CL	4	5	6	10	12	20	25	50
268	Rick Dudley RC	4	5	6	10	12	30		
269	Darcy Rota RC	4	5	6	10	12	20	25	50
270	Phil Myre	4	5	6	10	12			
271	Larry Brown RC	4	5	6	10	12			
272	Bob Neely RC	4	5	6	10	12			
273	Jerry Byers RC	4	5	6	10	12			
274	Penguins Team CL	4	5	6	10	12	20		
275	Glenn Goldup RC	4	5	6	10	12	20		
276	Ron Harris	4	5	6	10	12			
277	Joe Lundrigan RC	4	5	6	10	30			
278	Mike Christie RC	4	5	6	10	12	20		
279	Doug Rombough RC	4	5	6	10	12	20		
280	Larry Robinson	10	20	30	▼40	80	100		250
281	Blues Team CL	4	5	6	10	12	20	25	40
282	John Marks RC	4	5	6	10	12	20		
283	Don Saleski	4	5	6	10	12	20	25	40
284	Rick Wilson RC	4	5	6	10	12	20		
285	Andre Savard RC	4	5	6	10	12	20		
286	Pat Quinn	4	5	6	10	12	20		
287	Kings Team CL	4	5	6	10	12			
288	Norm Gratton	4	5	6	10	12	20		
289	Ian Turnbull RC	4	5	6	10	12	60		
290	Derek Sanderson	4	5	6	10	12	20		

		VG 3	VgEx 4	EX 5	ExMt 6	NM 7	NmMt 8	NmMt+ 8.5	MT 9
291	Murray Oliver	4	5	6	10	12	20		
292	Wilf Paiement RC	4	5	6	10	12	20		
293	Nelson Debenedet RC	4	5	6	10	12	20		
294	Greg Joly RC	4	5	6	10	12	25	30	50
295	Terry O'Reilly	4	5	6	10	12	20		
296	Rey Comeau	4	5	6	10	12	20	25	40
297	Michel Larocque RC	30	40	50	80	100	150		
298	Floyd Thomson RC	4	5	6	10	12	20		
299	Jean-Guy Lagace RC	4	5	6	10	12			
300	Flyers Team CL	4	5	6	10	12	30		
301	Al MacAdam RC	4	5	6	10	12	20		
302	George Ferguson RC	4	5	6	10	12	20		
303	Jimmy Watson RC	4	5	6	10	20	50		
304	Rick Middleton RC	▲15	▲20	25	40	▲125	200	300	400
305	Craig Ramsay UER	4	5	6	10	12	20		
306	Hilliard Graves	4	5	6	10	12			
307	Islanders Team CL	4	5	6	10	12	20		
308	Blake Dunlop RC	4	5	6	10	12	20		
309	J.P. Bordeleau RC	4	5	6	10	12	20		
310	Brian Glennie	4	5	6	10	12			
311	Checklist 265-396 UER	▲20	▲30	▲40	80	150	▲500		
312	Doug Roberts	4	5	6	10	12	20		
313	Darryl Edestrand	4	5	6	10	12			
314	Ron Anderson	4	5	6	10	12	20		
315	Blackhawks Team CL	4	5	6	10	12	20		
316	Steve Shutt RC	25	30	50	▲100	125	400	500	800
317	Doug Horbul RC	4	5	6	10	12	20	25	50
318	Billy Lochead RC	4	5	6	10	12	20		
319	Fred Harvey	4	5	6	10	12			
320	Gene Carr RC	4	5	6	10	12	20		
321	Henri Richard	4	5	6	10	12	50		
322	Canucks Team CL	4	5	6	10	12	20	25	40
323	Tim Ecclestone	4	5	6	10	12	20		
324	Dave Lewis RC	4	5	6	10	12	25		
325	Lou Nanne	4	5	6	10	12	20		
326	Bobby Rousseau	4	5	6	10	12	20		
327	Dunc Wilson	4	5	6	10	12	20		
328	Brian Spencer	4	5	6	10	12	20		
329	Rick Hampton RC	4	5	6	10	12	20		
330	Canadiens Team CL UER	4	5	6	10	12	30	35	50
331	Jack Lynch	4	5	6	10	12			
332	Garnet Bailey	4	5	6	10	12	20		
333	Al Sims RC	4	5	6	10	12	25		
334	Orest Kindrachuk RC	4	5	6	10	12	40		
335	Dave Hudson	4	5	6	10	12			
336	Bob Murray RC	4	5	6	10	12	20		
337	Sabres Team CL	4	5	6	10	12	20		
338	Sheldon Kannegiesser	4	5	6	10	12			
339	Bill MacMillan	4	5	6	10	12	20		
340	Paulin Bordeleau RC	4	5	6	10	12			
341	Dale Rolfe	4	5	6	10	12	20		
342	Yvon Lambert RC	4	5	6	10	12	50		
343	Bob Paradise RC	4	5	6	10	12	20		
344	Germaine Gagnon UER	4	5	6	10	12			
345	Yvon Labre	4	5	6	10	12	20		
346	Chris Ahrens RC	4	5	6	10	12	20		
347	Doug Grant RC	4	5	6	10	12	20		
348	Blaine Stoughton RC	4	5	6	10	12	20		
349	Gregg Boddy	4	5	6	10	12	25	30	60
350	Bruins Team CL	4	5	6	10	12	20		
351	Doug Jarrett	4	5	6	10	12	20	25	50
352	Terry Crisp	4	5	6	10	12	20	25	50
353	Glenn Resch UER RC	25	30	40	50	60	100	150	250
354	Jerry Korab	4	5	6	10	12	20		
355	Stan Weir RC	4	5	6	10	12	20		
356	Noel Price	4	5	6	10	12	20		
357	Bill Clement RC	6	8	10	20	30	60	80	135
358	Neil Komadoski	4	5	6	10	12			
359	Murray Wilson RC	4	5	6	10	12			
360	Dale Tallon UER	4	5	6	10	12	20		
361	Gary Doak	4	5	6	10	12			
362	Randy Rota RC	4	5	6	10	12	20		
363	North Stars Team CL	4	5	6	10	12	20		
364	Bill Collins	4	5	6	10	12	20		
365	Thommie Bergman UER	4	5	6	10	12	20		
366	Dennis Kearns	4	5	6	10	12	20		
367	Lorne Henning	4	5	6	10	12			
368	Gary Sabourin	4	5	6	10	12	20		
369	Mike Bloom RC	4	5	6	10	12			
370	Rangers Team CL	4	5	6	10	12	20		
371	Gary Simmons RC	5	6	8	12	15			
372	Dwight Bialowas RC	4	5	6	10	12			
373	Gilles Marotte	4	5	6	10	12	20		
374	Frank St.Marseille	4	5	6	10	12			
375	Garry Howatt RC	4	5	6	10	12	30		
376	Ross Brooks RC	4	5	6	10	12	20	25	60
377	Flames Team CL	4	5	6	10	12	20		
378	Bob Nevin	4	5	6	10	12	20		

		VG 3	VgEx 4	EX 5	ExMt 6	NM 7	NmMt 8	NmMt+ 8.5	MT 9
379	Lyle Moffat RC	4	5	6	10	12	20		
380	Bob Kelly	4	5	6	10	12	20		
381	John Gould RC	4	5	6	10	12	20		
382	Dave Fortier RC	4	5	6	10	12	20		
383	Jean Hamel RC	4	5	6	10	12	20		
384	Bert Wilson RC	4	5	6	10	12	20		
385	Chuck Arnason RC	4	5	6	10	12	20		
386	Bruce Cowick RC	4	5	6	10	12	20		
387	Ernie Hicke	4	5	6	10	12	20		
388	Bob Gainey RC	30	40	▲80	▲100	250	500	600	▲1,200
389	Vic Venasky RC	4	5	6	10	12	20		
390	Maple Leafs Team CL	4	5	6	10	12	25	30	60
391	Eric Vail RC	4	5	6	10	12	20		
392	Bobby Lalonde	4	5	6	10	12	20		
393	Jerry Butler RC	4	5	6	10	12	20		
394	Tom Williams	4	5	6	10	12	20		
395	Chico Maki	4	5	6	10	12	30		
396	Tom Bladon RC	4	5	6	12	20	40		

—Scotty Bowman CO RC #61 PSA 9 (MT) sold for $351.95 (eBay; 8/12)
—Bill Clement RC #357 PSA 9 (MT) sold for $305 (eBay; 8/12)
—Espo/Orr/Bucyk TL #28 PSA 10 (Gem) sold for $1,491 (eBay; 3/07)
—Espo/Orr/Bucyk TL #28 PSA 10 (Gem) sold for $562 (Mile High; 12/13)
—Espo/Orr/Bucyk TL #28 PSA 10 (Gem) sold for $510 (eBay; 12/06)
—Bob Gainey RC #388 PSA 10 (Gem) sold for $1,079 (eBay; 9/15)
—Rick Middleton RC #304 PSA 10 (Gem) sold for $764 (eBay; 7/12)
—Bobby Orr AS #130 PSA 10 (Gem) sold for $2,025 (eBay; 8/12)
—Bobby Orr AS #130 PSA 10 (Gem) sold for $1,952 (Mile High; 10/12)
—Bobby Orr AS #130 PSA 10 (Gem) sold for $1,626.73 (Mile High; 12/13)
—Bobby Orr Norris #248 BVG 10 (Gem) sold for $507.99 (eBay; 2/16)
—Denis Potvin RC #195 BVG 9.5 (GemMT) sold for $652.50 (eBay; 4/16)
—Steve Schutt RC #316 PSA 9 (MT) sold for $569 (eBay; 7/12)
—Billy Smith #82 PSA 10 (Gem) sold for $488 (eBay; 7/15)

1974-75 O-Pee-Chee WHA

		VG 3	VgEx 4	EX 5	ExMt 6	NM 7	NmMt 8	NmMt+ 8.5	MT 9
1	Gord/Mark/Marty Howe	20	40	50	60	80	125	150	200
2	Bruce MacGregor	5	5	5	8	10	15		
4	Ulf Nilsson RC	5	6	8	12	15	50	60	100
7	Rosaire Paiement	5	5	5	8	10	15		
8	Tom Webster	5	5	5	8	10	15		
11	Norm Beaudin	5	5	5	8	10	15	25	40
17	Anders Hedberg RC	10	15	20	30	50	80	100	150
19	Mike Pelyk	5	5	5	8	10	15	20	40
25	Danny Lawson RC	5	5	5	8	10	15	20	40
27	Gene Peacosh RC	5	5	5	8	10	15		
28	Fran Huck	5	5	5	8	10	15		
29	Al Hamilton	5	5	5	8	10	15	20	40
30	Gerry Cheevers	5	8	10	15	20	30	40	60
35	Pat Stapleton	5	5	8	12	15	25	30	50
38	Joe Daley	5	5	5	8	10	15	20	40
40	Frank Mahovlich	5	5	8	12	20	30	40	60
41	Rejean Houle	5	5	5	8	10	15	20	40
42	Ron Chipperfield RC	5	5	6	10	12	20		50
48	Don McLeod RC	5	5	5	8	10	15	20	40
49	Vaclav Nedomansky RC	20	25	30	100	200	400		500
50	Bobby Hull	20	25	30	50	60	100	125	200
53	Checklist	6	10	15	20	25	40	50	150
54	Wayne Connelly	5	5	5	8	10	15		
56	Dennis Sobchuk RC	5	5	5	8	10	15	20	40
57	Paul Henderson	5	5	5	8	10	15	20	40
58	Andy Brown RC	15	20	25	30	40	50	60	100
60	Andre Lacroix	5	5	5	8	10	15	20	40
61	Gary Jarrett	5	5	5	8	10	15	20	40
62	Claude St.Sauveur RC	5	5	5	8	10	15		
63	Real Cloutier RC	5	5	6	10	12	20	25	50
64	Jacques Plante	8	10	▲20	▲25	▲40	▲100	▲125	200
65	Gilles Gratton RC	5	5	6	8	12	15	40	
66	Lars-Erik Sjoberg RC	5	6	8	12	25	50		

—Gordie/Mark/Marty Howe #1 PSA 10 (Gem) sold for $1,633 (eBay; 12/15)

1974-75 Topps

		VG 3	VgEx 4	EX 5	ExMt 6	NM 7	NmMt 8	NmMt+ 8.5	MT 9
1	P.Espo/Goldsworthy LL	4	5	6	8	15	40		
2	B.Orr/D.Hextall LL	4	5	6	8	20	25	30	50
3	P.Espo/B.Clarke LL	4	5	6	8	12	20	25	50
4	D.Favell/B.Parent LL	4	5	6	8	12	20		
5	B.Watson/D.Schultz LL	4	5	6	8	12	18		
6	M.Redmond/R.Mac LL	4	5	6	8	10	12	15	30
7	Gary Bromley RC	4	5	6	8	10	12	15	30
8	Bill Barber	4	5	6	8	12	20		
9	Emile Francis CO	4	5	6	8	12	18		
10	Gilles Gilbert	4	5	6	8	12	20		
11	John Davidson RC	5	6	8	10	15	25		
12	Ron Ellis	4	5	6	8	12	18		
13	Syl Apps	4	5	6	8	10	12	15	30
14	Richard/Lysiak/McCrry TL	4	5	6	8	12	20		
15	Dan Bouchard	4	5	6	10	15	50		
16	Ivan Boldirev	4	5	6	8	12	18		

#	Player	VG 3	VgEx 4	EX 5	ExMt 6	NM 7	NmMt 8	NmMt+ 8.5	MT 9
17	Gary Coalter RC	4	5	6	8	12	18		
18	Bob Berry	4	5	6	8	12	18		
19	Red Berenson	4	5	6	10	15			
20	Stan Mikita	4	5	6	8	12	20		
21	Fred Shero CO RC	4	5	6	8	12	15	20	35
22	Gary Smith	4	5	6	8	12	15	15	30
23	Bill Mikkelson	4	5	6	8	12	18		
24	Jacques Lemaire UER	4	5	6	8	12	20		
25	Gilbert Perreault	4	5	6	8	12	20	25	50
26	Cesare Maniago	4	5	6	8	10	12	15	30
27	Bobby Schmautz	4	5	6	8	12	18		
28	Espo/Orr/Bucyk TL	5	10	15	20	40	200	250	400
29	Steve Vickers	4	5	6	8	12	18		
30	Lowell MacDonald	4	5	6	8	12	18		
31	Fred Stanfield	4	5	6	8	10	12	15	30
32	Ed Westfall	4	5	6	10	15			
33	Curt Bennett	4	5	6	8	10	12	15	30
34	Bep Guidolin CO	4	5	6	8	12	18		
35	Cliff Koroll	4	5	6	8	10	12	15	30
36	Gary Croteau	4	5	6	8	10	12	15	30
37	Mike Corrigan	4	5	6	8	10	12	15	30
38	Henry Boucha	4	5	6	10	15			
39	Ron Low	4	5	6	8	10	12	15	30
40	Darryl Sittler	4	5	6	8	12	15	20	40
41	Tracy Pratt	4	5	6	8	12	18		
42	R.Martin/R.Robert TL	4	5	6	8	12	18		
43	Larry Carriere	4	5	6	8	10	12	15	30
44	Gary Dornhoefer	4	5	6	8	12	18		
45	Denis Herron RC	4	5	6	8	12	▲20	▲25	▲40
46	Doug Favell	4	5	6	8	10	12	15	30
47	Dave Gardner RC	4	5	6	8	10	12	15	30
48	Morris Mott RC	4	5	6	8	10	12	15	30
49	Marc Boileau CO	4	5	6	8	10	12	15	30
50	Brad Park	4	5	6	8	12	20		
51	Bob Leiter	4	5	6	8	10	12	15	30
52	Tom Reid	4	5	6	8	12	18		
53	Serge Savard	4	5	6	8	12	15	20	35
54	Checklist 1-132	5	6	8	10	15	25		125
55	Terry Harper	4	5	6	8	10	12	15	30
56	Johnston/McKechnie TL	4	5	6	8	10	12	15	30
57	Guy Charron	4	5	6	8	10	12	15	30
58	Pit Martin	4	5	6	8	12	18		
59	Chris Evans	4	5	6	8	12	18		
60	Bernie Parent	4	5	6	8	12	20		
61	Jim Lorentz	4	5	6	8	12	18		
62	Dave Kryskow RC	4	5	6	8	12	18		
63	Lou Angotti CO	4	5	6	10	15	30		
64	Bill Flett	4	5	6	8	12	18		
65	Vic Hadfield	4	5	6	10	15	30		
66	Wayne Merrick RC	4	5	6	10	15	35		
67	Andre Dupont	4	5	6	10	15	35		
68	Tom Lysiak RC	4	5	6	8	12	20		
69	Pappin/Mikita/Bord TL	4	5	6	8	12	18		
70	Guy Lapointe	4	5	6	8	10	12	15	30
71	Gerry O'Flaherty	4	5	6	8	12	18		
72	Marcel Dionne	4	5	6	8	12	20		
73	Butch Deadmarsh RC	4	5	6	10	15	35		
74	Butch Goring	4	5	6	8	10	12	15	30
75	Keith Magnuson	4	5	6	8	12	18		
76	Red Kelly CO	4	5	6	8	12	18		
77	Pete Stemkowski	4	5	6	8	12	18		
78	Jim Roberts	4	5	6	8	10	12	15	30
79	Don Luce	4	5	6	8	10	12	15	30
80	Don Awrey	4	5	6	8	12	18		
81	Rick Kehoe	4	5	6	8	10	12	15	30
82	Billy Smith	4	5	6	8	20	25	30	50
83	Jean-Paul Parise	4	5	6	8	12	18		
84	Redmnd/Dionne/Hog TL	4	5	6	8	12	18		
85	Ed Van Impe	4	5	6	8	12	18		
86	Randy Manery	4	5	6	8	10	12	15	30
87	Barclay Plager	4	5	6	10	15	30		
88	Inge Hammarstrom RC	4	5	6	8	12	18		
89	Ab DeMarco	4	5	6	8	12	18		
90	Bill White	4	5	6	8	10	12	15	30
91	Al Arbour CO	4	5	6	8	12	20		
92	Bob Stewart	4	5	6	8	12	18		
93	Jack Egers	4	5	6	8	12	18		
94	Don Lever	4	5	6	8	10	12	15	30
95	Reggie Leach	4	5	6	8	12	18		
96	Dennis O'Brien	4	5	6	8	10	12	15	30
97	Peter Mahovlich	4	5	6	8	12	18		
98	Goring/St.Mars/Kozak TL	4	5	6	8	10	12	15	30
99	Gerry Meehan	4	5	6	8	10	12	15	30
100	Bobby Orr	30	40	50	60	80	100	150	400
101	Jean Potvin RC	4	5	6	8	12	18		
102	Rod Seiling	4	5	6	8	12	18		
103	Keith McCreary	4	5	6	8	10	12	15	30
104	Phil Maloney CO RC	4	5	6	8	10	12	15	30
105	Denis Dupere	4	5	6	8	12	18		
106	Steve Durbano	4	5	6	8	12	18		
107	Bob Plager UER	4	5	6	8	10	12	15	30
108	Chris Oddleifson RC	4	5	6	8	12	18		
109	Jim Neilson	4	5	6	8	12	18		
110	Jean Pronovost	4	5	6	8	10	12	15	30
111	Don Kozak RC	4	5	6	8	10	12	15	30
112	Goldswrthy/Grant/Hex	4	5	6	8	12	18		
113	Jim Pappin	4	5	6	8	12	18		
114	Richard Lemieux	4	5	6	8	10	12	15	30
115	Dennis Hextall	4	5	6	8	12	18		
116	Bill Hogaboam	4	5	6	8	12	18		
117	Canucks Leaders	4	5	6	8	12	18		
118	Jimmy Anderson CO	4	5	6	8	12	18		
119	Walt Tkaczuk	4	5	6	8	12	18		
120	Mickey Redmond	4	5	6	10	15			
121	Jim Schoenfeld	4	5	6	8	12	20		
122	Jocelyn Guevremont	4	5	6	8	10	12	15	30
123	Bob Nystrom	4	5	6	8	12	20		
124	Cour/F.Mahv/Larose TL	4	5	6	8	12	15	20	35
125	Lew Morrison	4	5	6	10	15	25		
126	Terry Murray	4	5	6	8	12	18		
127	Richard Martin	4	5	6	8	12	18		
128	Ken Hodge AS	4	5	6	8	12	18		
129	Phil Esposito AS	4	5	6	8	12	20		
130	Bobby Orr AS	15	20	25	40	50	80	125	200
131	Brad Park AS	4	5	6	10	15			
132	Gilles Gilbert AS	4	5	6	10	15	80		
133	Lowell MacDonald AS	4	5	6	8	10	12	15	30
134	Bill Goldsworthy AS	4	5	6	8	12	18		
135	Bobby Clarke AS	4	5	6	8	12	20		
136	Bill White AS	4	5	6	10	15	25		
137	Dave Burrows AS	4	5	6	8	12	18		
138	Bernie Parent AS	4	5	6	8	12	20		
139	Jacques Richard	4	5	6	8	10	12	15	30
140	Yvan Cournoyer	4	5	6	8	10	12	15	30
141	R.Gilbert/B.Park TL	4	5	6	8	12	15	20	35
142	Rene Robert	4	5	6	8	10	12	15	30
143	J. Bob Kelly RC	4	5	6	10	15	25		
144	Ross Lonsberry	4	5	6	8	12	18		
145	Jean Ratelle	4	5	6	8	12	20		
146	Dallas Smith	4	5	6	8	10	12	15	30
147	Bernie Geoffrion CO	4	5	6	8	12	15	20	35
148	Ted McAneeley	4	5	6	8	10	12	15	30
149	Pierre Plante	4	5	6	8	12	18		
150	Dennis Hull	4	5	6	8	12	18		
151	Dave Keon	4	5	6	8	12	15	20	35
152	Dave Dunn RC	4	5	6	8	10	12	15	30
153	Michel Belhumeur	4	5	6	8	12	18		
154	B.Clarke/D.Schultz TL	4	5	6	8	12	20		
155	Ken Dryden	6	8	10	15	25	50	60	125
156	John Wright RC	4	5	6	8	12	18		
157	Larry Romanchych	4	5	6	8	10	12	15	30
158	Ralph Stewart	4	5	6	10	15	25		
159	Mike Robitaille	4	5	6	8	10	12	15	30
160	Ed Giacomin	4	5	6	8	12	15	20	35
161	Don Cherry CO RC	20	25	30	▼40	▼50	▼125		
162	Checklist 133-264	5	6	8	10	15	100		
163	Rick MacLeish	4	5	6	8	10	12	15	30
164	Greg Polis	4	5	6	10	15	25		
165	Carol Vadnais	4	5	6	8	12	18		
166	Pete Laframboise	4	5	6	8	10	12	15	30
167	Ron Schock	4	5	6	8	10	12	15	30
168	Lanny McDonald RC	15	20	25	30	▼60	125	150	300
169	Scouts Emblem	4	5	6	8	12	18		
170	Tony Esposito	15	20	25	30	50	100	125	250
171	Pierre Jarry	4	5	6	8	12	18		
172	Dan Maloney	4	5	6	8	10	12	15	30
173	Peter McDuffe	4	5	6	8	10	12	15	30
174	Danny Grant	4	5	6	8	10	12	15	30
175	John Stewart	4	5	6	8	10	12	15	30
176	Floyd Smith CO	4	5	6	8	10	12	15	30
177	Bert Marshall	4	5	6	8	12	18		
178	Chuck Lefley UER	4	5	6	8	12	18		
179	Gilles Villemure	4	5	6	8	10	12	15	30
180	Borje Salming RC	15	20	30	60	80	100	125	400
181	Doug Mohns	4	5	6	8	12	18		
182	Barry Wilkins	4	5	6	8	10	12	15	30
183	MacDonald/S.Apps TL	4	5	6	8	12	18		
184	Gregg Sheppard	4	5	6	8	10	12	15	30
185	Joey Johnston	4	5	6	8	12	18		
186	Dick Redmond	4	5	6	8	10	12	15	30
187	Simon Nolet	4	5	6	8	10	12	15	30
188	Ron Stackhouse	4	5	6	8	12	18		
189	Marshall Johnston	4	5	6	8	10	12	15	30
190	Richard Martin	4	5	6	8	12	15	20	35
191	Andre Boudrias	4	5	6	8	12	18		
192	Steve Atkinson	4	5	6	10	12	20		

#	Player	VG 3	VgEx 4	EX 5	ExMt 6	NM 7	NmMt 8	NmMt+ 8.5	MT 9
193	Nick Libett	4	5	6	8	12	18		
194	Bob Murdoch RC	4	5	6	8	10	12	15	30
195	Denis Potvin RC	20	25	40	50	100	200		800
196	Dave Schultz	4	5	6	8	12	20		
197	G.Unger/P.Plante TL	4	5	6	8	12	18		
198	Jim McKenny	4	5	6	8	12	18		
199	Gerry Hart	4	5	6	8	12	18		
200	Phil Esposito	4	5	6	8	12	20	30	60
201	Rod Gilbert	4	5	6	8	12	20		
202	Jacques Laperriere	4	5	6	8	10	12	15	30
203	Barry Gibbs	4	5	6	8	10	12	15	30
204	Billy Reay CO	4	5	6	8	10	12	15	30
205	Gilles Meloche	4	5	6	8	12	18		
206	Wayne Cashman	4	5	6	8	10	12	15	30
207	Dennis Ververgaert RC	4	5	6	8	12	18		
208	Phil Roberto	4	5	6	8	10	12	15	30
209	Quarter Finals	4	5	6	8	12	18		
210	Quarter Finals	4	5	6	8	12	18		
211	Quarter Finals	4	5	6	8	10	12	15	30
212	Quarter Finals	4	5	6	8	10	12	15	30
213	Stanley Cup Semifinals	4	5	6	8	10	12	15	30
214	Stanley Cup Semifinals	4	5	6	8	12	18		
215	Stanley Cup Finals	4	5	6	8	12	18		
216	Flyers Champions	4	5	6	8	12	15	20	35
217	Joe Watson	4	5	6	8	12	18		
218	Wayne Stephenson	4	5	6	10	15	25		
219	Sittler/Ullman/Hend TL	4	5	6	8	12	20		
220	Bill Goldsworthy	4	5	6	8	12	18		
221	Don Marcotte	4	5	6	8	12	18		
222	Alex Delvecchio CO	4	5	6	8	12	18		
223	Stan Gilbertson	4	5	6	8	10	12	15	30
224	Mike Murphy	4	5	6	8	10	12	15	30
225	Jim Rutherford	4	5	6	8	12	18		
226	Phil Russell	4	5	6	8	10	12	15	30
227	Lynn Powis	4	5	6	8	10	12	15	30
228	Billy Harris	4	5	6	8	10	12	15	30
229	Bob Pulford CO	4	5	6	8	10	12	15	30
230	Ken Hodge	4	5	6	8	12	18		
231	Bill Fairbairn	4	5	6	8	10	12	15	30
232	Guy Lafleur	25	30	40	50	60	80	100	300
233	Harris/Stew/Potvin TL	4	5	6	8	12	20		
234	Fred Barrett	4	5	6	8	10	12	15	30
235	Rogatien Vachon	4	5	6	8	12	15	20	35
236	Norm Ullman	4	5	6	8	12	20		
237	Garry Unger	4	5	6	10	15			
238	Jack Gordon CO RC	4	5	6	8	10	12	15	30
239	Johnny Bucyk	4	5	6	8	12	15	20	35
240	Bob Dailey RC	4	5	6	8	10	12	15	30
241	Dave Burrows	4	5	6	8	12	18		
242	Len Frig RC	4	5	6	8	10	12	15	30
243	Henri Richard Mast.	4	5	6	10	15	30		
244	Phil Esposito Hart	4	5	6	8	12	15	20	40
245	Johnny Bucyk Byng	4	5	6	8	12	18		
246	Phil Esposito Ross	4	5	6	8	12	20		
247	Prince of Wales Trophy	4	5	6	8	12	18		
248	Bobby Orr Norris	10	15	20	30	40	50	80	100
249	Bernie Parent Vezina	4	5	6	8	12	15	20	40
250	Flyers Stanley Cup	4	5	6	8	12	15	20	40
251	Bernie Parent Smythe	4	5	6	8	12	15	20	40
252	Denis Potvin Calder	4	5	6	8	12	20		
253	Flyers Campbell Trophy	4	5	6	8	12	18		
254	Pierre Bouchard	4	5	6	8	12	18		
255	Jude Drouin	4	5	6	8	12	18		
256	Capitals Emblem	4	5	6	8	12	20		
257	Michel Plasse	4	5	6	8	12	18		
258	Juha Widing	4	5	6	10	12	20		
259	Bryan Watson	4	5	6	10	12	20		
260	Bobby Clarke	5	6	10	15	25	60		
261	Scotty Bowman CO RC	12	▲25	▲30	50	60	100	125	200
262	Craig Patrick	4	5	6	10	15	25		
263	Craig Cameron	4	5	6	10	15			
264	Ted Irvine	4	5	6	12	20			

1975-76 O-Pee-Chee

#	Player	VG 3	VgEx 4	EX 5	ExMt 6	NM 7	NmMt 8	NmMt+ 8.5	MT 9
1	Stanley Cup Finals	4	5	6	12	20	50		
2	Semi-Finals/Phil/Isln	4	5	6	10	12	25		
3	Semi-Finals/Buf/Mont	4	5	6	10	12	25	30	50
4	Quarter Finals/Isln/Pitt	4	5	6	10	12	20		
5	Quarter Finals/Mont/Van	4	5	6	10	12	20		
6	Quarter Finals/Buf/Chi	4	5	6	10	12	20	30	80
7	Quarter Finals/Phil/Tor	4	5	6	10	12	30		
8	Curt Bennett	4	5	6	10	12	20		
9	Johnny Bucyk	4	5	6	10	12	20		
10	Gilbert Perreault	5	6	8	12	15	25		
11	Darryl Edestrand	4	5	6	10	12	20		
12	Ivan Boldirev	4	5	6	10	12	20	25	40
13	Nick Libett	4	5	6	10	12	25		40
14	Jim McElmury RC	4	5	6	10	12	20		
15	Frank St.Marseille	4	5	6	10	12	20		
16	Blake Dunlop	4	5	6	10	12	20		
17	Yvon Lambert	4	5	6	10	12	20		
18	Gerry Hart	4	5	6	10	12	20		
19	Steve Vickers	4	5	6	10	12	20		
20	Rick MacLeish	4	5	6	10	12	20		
21A	Bob Paradise NoTR	4	5	6	10	12	20	25	40
21B	Bob Paradise TR	4	5	6	10				
22	Red Berenson	4	5	6	10	12	20		
23	Lanny McDonald	5	6	8	12	40	50	60	100
24	Mike Robitaille	4	5	6	10	12	20		
25	Ron Low	4	5	6	10	12	20	25	40
26A	Bryan Hextall NoTR	4	5	6	10	12	20		
26B	Bryan Hextall TR	4	5	6	10	12			
27A	Carol Vadnais NoTR	4	5	6	10	12	20		
27B	Carol Vadnais TR	4	5	6	10	12	20		
28	Jim Lorentz	4	5	6	10	12	20	25	40
29	Gary Simmons	4	5	6	10	12	20		
30	Stan Mikita	4	5	10	15	20	40		
31	Bryan Watson	4	5	6	10	12	20		
32	Guy Charron	4	5	6	10	12	20		
33	Bob Murdoch	4	5	6	10	12	20		
34	Norm Gratton	4	5	6	10	12	20		
35	Ken Dryden	20	30	40	60	100	150		
36	Jean Potvin	4	5	6	10	12	20	25	40
37	Rick Middleton	4	5	6	10	12	20		
38	Ed Van Impe	4	5	6	10	12	20		
39	Rick Kehoe	4	5	6	10	12	20	25	40
40	Garry Unger	4	5	6	10	12	20		
41	Ian Turnbull	4	5	6	10	12	20		
42	Dennis Ververgaert	4	5	6	10	12	20		
43	Mike Marson RC	4	5	6	10	12	20	25	50
44	Randy Manery	4	5	6	10	12	20		
45	Gilles Gilbert	4	5	6	10	12	20		
46	Rene Robert	4	5	6	10	12	20	25	40
47	Bob Stewart	4	5	6	10	12	20		
48	Pit Martin	4	5	6	10	12	20	25	40
49	Danny Grant	4	5	6	10	12	20	25	40
50	Peter Mahovlich	4	5	6	10	12	20		
51	Dennis Patterson RC	4	5	6	10	12	20	25	40
52	Mike Murphy	4	5	6	10	12	20	25	40
53	Dennis O'Brien	4	5	6	10	12	20	25	40
54	Garry Howatt	4	5	6	10	12	20		
55	Ed Giacomin	4	5	6	10	12	20		
56	Andre Dupont	4	5	6	10	12	20		
57	Chuck Arnason	4	5	6	10	12	20		
58	Bob Gassoff RC	4	5	6	10	12	20		
59	Ron Ellis	4	5	6	10	12	20		
60	Andre Boudrias	4	5	6	10	12	20		
61	Yvon Labre	4	5	6	10	12	20		
62	Hilliard Graves	4	5	6	10	12	20	25	40
63	Wayne Cashman	4	5	6	10	12	20		
64	Danny Gare RC	4	5	6	10	12	20		
65	Rick Hampton	4	5	6	10	12	20	25	40
66	Darcy Rota	4	5	6	10	12	20		
67	Bill Hogaboam	4	5	6	10	12	20		
68	Denis Herron	4	5	6	10	12	20		
69	Sheldon Kannegiesser	4	5	6	10	12	20		
70	Yvan Cournoyer UER	4	5	6	10	12	20	30	50
71	Ernie Hicke	4	5	6	10	12	20		
72	Bert Marshall	4	5	6	10	12	20	25	40
73	Derek Sanderson	4	5	6	10	12	20		
74	Tom Bladon	4	5	6	10	12	20		
75	Ron Schock	4	5	6	10	12	20		
76	Larry Sacharuk RC	4	5	6	10	12	20		
77	George Ferguson	4	5	6	10	12	20		
78	Ab DeMarco	4	5	6	10	12	20		
79	Tom Williams	4	5	6	10	12	20	25	40
80	Phil Roberto	4	5	6	10	12	20		
81	Bruins Team CL	4	5	6	10	12	20		
82	Seals Team CL	4	5	6	10	12	20	25	50
83	Sabres Team CL	4	5	6	10	12	20		
84	Blackhawks Team CL	4	5	6	10	12	20		
85	Flames Team CL	4	5	6	10	12	20		
86	Kings Team CL	4	5	6	10	12	20		
87	Red Wings Team CL	4	5	6	10	12	20		
88	Scouts Team CL	4	5	6	10	12	20		
89	North Stars Team CL	4	5	6	10	12	20		
90	Canadiens Team CL	4	5	6	10	15	60		
91	Maple Leafs Team CL	4	5	6	10	12	40		
92	Islanders Team CL	4	5	6	10	12	20		
93	Penguins Team CL	4	5	6	10	12	20		
94	Rangers Team CL	4	5	6	10	12	20		
95	Flyers Team CL	4	5	6	10	12	20		
96	Blues Team CL	4	5	6	10	12	20		
97	Canucks Team CL	4	5	6	10	12	20		
98	Capitals Team CL	4	5	6	10	12			

#	Player	VG 3	VgEx 4	EX 5	ExMt 6	NM 7	NmMt 8	NmMt+ 8.5	MT 9
99	Checklist 1-110	6	8	10	15	40	80		
100	Bobby Orr	15	20	25	30	50	100	150	300
101	Germain Gagnon UER	4	5	6	10	12	20		
102	Phil Russell	4	5	6	10	12	20		
103	Billy Lochead	4	5	6	10	12	20		
104	Robin Burns RC	4	5	6	10	12	20	25	40
105	Gary Edwards	4	5	6	10	12	20	25	40
106	Dwight Bialowas	4	5	6	10	12	20		
107	Doug Risebrough UER RC	4	5	6	10	15	35	50	80
108	Dave Lewis	4	5	6	10	12	20		
109	Bill Fairbairn	4	5	6	10	12	20		
110	Ross Lonsberry	4	5	6	10	12	20		
111	Ron Stackhouse	4	5	6	10	12	20		
112	Claude Larose	4	5	6	10	12	20	25	40
113	Don Luce	4	5	6	10	12	20	25	40
114	Errol Thompson RC	4	5	6	10	12	20	25	40
115	Gary Smith	4	5	6	10	12	20		
116	Jack Lynch	4	5	6	10	12			
117	Jacques Richard	4	5	6	10	12	20		
118	Dallas Smith	4	5	6	10	12	20		
119	Dave Gardner	4	5	6	10	12	20		
120	Mickey Redmond	4	5	6	10	12	20		
121	John Marks	4	5	6	10	12	20		
122	Dave Hudson	4	5	6	10	12	20		
123	Bob Nevin	4	5	6	10	12	20		
124	Fred Barrett	4	5	6	10	12	20		
125	Gerry Desjardins	4	5	6	10	12	20		
126	Guy Lafleur UER	6	8	10	15	25	50	60	100
127	Jean-Paul Parise	4	5	6	10	12	20		
128	Walt Tkaczuk	4	5	6	10	12	20		
129	Gary Dornhoefer	4	5	6	10	12	20	25	40
130	Syl Apps	4	5	6	10	12	20		
131	Bob Plager	4	5	6	10	12	20		
132	Stan Weir	4	5	6	10	12	20		
133	Tracy Pratt	4	5	6	10	12	20		
134	Jack Egers	4	5	6	10	12	20	25	40
135	Eric Vail	4	5	6	10	12	20		
136	Al Sims	4	5	6	10	12	20		
137	Larry Patey RC	4	5	6	10	12	20	25	40
138	Jim Schoenfeld	4	5	6	10	12	20		
139	Cliff Koroll	4	5	6	10	12	20	25	40
140	Marcel Dionne	5	6	8	12	15	25		
141	Jean-Guy Lagace	4	5	6	10	12	20		
142	Juha Widing	4	5	6	10	12	20	25	40
143	Lou Nanne	4	5	6	10	12	20		
144	Serge Savard	4	5	6	10	12	20		
145	Glenn Resch	4	5	6	10	12	20		
146	Ron Greschner RC	4	5	6	10	12	20		
147	Dave Schultz	4	5	6	10	12	20		
148	Barry Wilkins	4	5	6	10	12	20		
149	Floyd Thomson	4	5	6	10	12	20		
150	Darryl Sittler	5	6	8	12	15	30	35	60
151	Paulin Bordeleau	4	5	6	10	12	20	25	40
152	Ron Lalonde RC	4	5	6	10	12	20	25	40
153	Larry Romanchych	4	5	6	10	12	20		
154	Larry Carriere	4	5	6	10	12	20	25	40
155	Andre Savard	4	5	6	10	12	20		
156	Dave Hrechkosy RC	4	5	6	10	12	20		
157	Bill White	4	5	6	10	12	20		
158	Dave Kryskow	4	5	6	10	12	20		
159	Denis Dupere	4	5	6	10	12	20		
160	Rogatien Vachon	4	5	6	10	12	20	25	50
161	Doug Rombough	4	5	6	10	12	20		
162	Murray Wilson	4	5	6	10	12	20		
163	Bob Bourne RC	4	5	6	10	12	25	30	50
164	Gilles Marotte	4	5	6	10	12	20		
165	Vic Hadfield	4	5	6	10	12	20	25	50
166	Reggie Leach	4	5	6	10	12	20		
167	Jerry Butler	4	5	6	10	12	20		
168	Inge Hammarstrom	4	5	6	10	12	20		
169	Chris Oddleifson	4	5	6	10	12	20		
170	Greg Joly	4	5	6	10	12	20		
171	Checklist 111-220	6	8	10	12	25	80		
172	Pat Quinn	4	5	6	10	12	20		
173	Dave Forbes	4	5	6	10	12	20	25	40
174	Len Frig	4	5	6	10	12	20		
175	Richard Martin	4	5	6	10	12	20		
176	Keith Magnuson	4	5	6	10	12	20	25	40
177	Dan Maloney	4	5	6	10	12	20		
178	Craig Patrick	4	5	6	10	12	20		
179	Tom Williams	4	5	6	10	12	20		
180	Bill Goldsworthy	4	5	6	10	12	20		
181	Steve Shutt	4	5	6	10	12	20	30	60
182	Ralph Stewart	4	5	6	10	12	20	25	40
183	John Davidson	4	5	6	10	12			
184	Bob Kelly	4	5	6	10	12	20		
185	Ed Johnston	4	5	6	10	12	20		
186	Dave Burrows	4	5	6	10	12	20		
187	Dave Dunn	4	5	6	10	12	20		
188	Dennis Kearns	4	5	6	10	12	20		
189	Bill Clement	4	5	6	10	12	20		
190	Gilles Meloche	4	5	6	10	12	20	25	40
191	Bob Leiter	4	5	6	10	12	20	25	40
192	Jerry Korab	4	5	6	10	12	20		
193	Joey Johnston	4	5	6	10	12	20		
194	Walt McKechnie	4	5	6	10	12	20		
195	Wilf Paiement	4	5	6	10	12	20		
196	Bob Berry	4	5	6	10	12	20	25	40
197	Dean Talafous RC	4	5	6	10	12	20		
198	Guy Lapointe	4	5	6	10	12	20		
199	Clark Gillies RC	15	20	30	50	150	300	400	500
200A	Phil Esposito NoTR	5	6	8	12	15			
200B	Phil Esposito TR	4	5	6	10	12	30		
201	Greg Polis	4	5	6	10	12	20		
202	Jimmy Watson	4	5	6	10	12	20		
203	Gord McRae RC	4	5	6	10	12	20	25	40
204	Lowell MacDonald	4	5	6	10	12	20		
205	Barclay Plager	4	5	6	10	12	20		
206	Don Lever	4	5	6	10	12	20		
207	Bill Mikkelson	4	5	6	10	12	20		
208	Espo/Lafleur/Martin LL	4	5	6	10	12	20		
209	Clarke/Orr/P.Mahv LL	5	6	8	12	60	150	250	500
210	Orr/Espo/Dionne LL	5	8	12	30	50	350		
211	Schltz/Dupnt/Rssll LL	4	5	6	10	12	25		
212	Fspo/Martin/Grant LL	4	5	6	10	12	20		
213	Parnt/Vach/Drydn LL	5	6	8	12	15	30		
214	Barry Gibbs	4	5	6	10	12	20		
215	Ken Hodge	4	5	6	10	12	20		
216	Jocelyn Guevremont	4	5	6	10	12	20		
217	Warren Williams RC	4	5	6	10	12	20		
218	Dick Redmond	4	5	6	10	12	20		
219	Jim Rutherford	4	5	6	10	12	20		
220	Simon Nolet	4	5	6	10	12	20		
221	Butch Goring	4	5	6	10	12	20		
222	Glen Sather	4	5	6	10	12	20		
223	Mario Tremblay UER RC	4	5	6	10	50	80		
224	Jude Drouin	4	5	6	10	12	20		
225	Rod Gilbert	4	5	6	10	12	20		
226	Bill Barber	4	5	6	10	12	20		
227	Gary Inness RC	4	5	6	10	12	20	25	40
228	Wayne Merrick	4	5	6	10	12	20		
229	Rod Seiling	4	5	6	10	12	20		
230	Tom Lysiak	4	5	6	10	12	20		
231	Bob Dailey	4	5	6	10	12	20		
232	Michel Belhumeur	4	5	6	10	12	20		
233	Bill Hajt RC	4	5	6	10	12	20		
234	Jim Pappin	4	5	6	10	12	20		
235	Gregg Sheppard	4	5	6	10	12	20		
236A	Gary Bergman NoTR	4	5	6	10	12			
236B	Gary Bergman TR	4	5	6	10	12			
237	Randy Rota	4	5	6	10	12	20	25	40
238	Neil Komadoski	4	5	6	10	12			
239	Craig Cameron	4	5	6	10	12	20		
240	Tony Esposito	5	6	8	12	15	80	100	200
241	Larry Robinson	5	6	8	12	20	▼30	50	80
242	Billy Harris	4	5	6	10	12	20		
243A	Jean Ratelle NoTR	4	5	6	10	12			
243B	Jean Ratelle TR	4	5	6	10	12	20		
244	Ted Irvine UER	4	5	6	10	12	20	25	40
245	Bob Neely	4	5	6	10	12	20		
246	Bobby Lalonde	4	5	6	10	12	20	25	40
247	Ron Jones RC	4	5	6	10	12	20		
248	Rey Comeau	4	5	6	10	12	20		
249	Michel Plasse	4	5	6	10	12	20		
250	Bobby Clarke	5	6	8	12	20	40		
251	Bobby Schmautz	4	5	6	10	12	20		
252	Peter McNab RC	4	5	6	10	12	20	25	50
253	Al MacAdam	4	5	6	10	12	20		
254	Dennis Hull	4	5	6	10	12	20		
255	Terry Harper	4	5	6	10	12	20		
256	Peter McDuffe	4	5	6	10	12	20	25	40
257	Jean Hamel	4	5	6	10	12	20		
258	Jacques Lemaire	4	5	6	10	12	20		
259	Bob Nystrom	4	5	6	10	12	20		
260A	Brad Park NoTR	4	5	6	10	12			
260B	Brad Park TR	4	5	6	10	12	20		
261	Cesare Maniago	4	5	6	10	12	20	25	40
262	Don Saleski	4	5	6	10	12	20	25	40
263	J. Bob Kelly	4	5	6	10	12	20		
264	Bob Hess RC	4	5	6	10	12	20		
265	Blaine Stoughton	4	5	6	10	12	20	25	40
266	John Gould	4	5	6	10	12	20		
267A	Checklist 221-330	▲20	▲25	▲40	▲50	▲60	80		250
267B	Checklist 331-396	▲20	▲25	▲40	▲50	▲60			250
268	Dan Bouchard	4	5	6	10	12	20		
269	Don Marcotte	4	5	6	10	12	20		

#	Player	VG 3	VgEx 4	EX 5	ExMt 6	NM 7	NmMt 8	NmMt+ 8.5	MT 9
270	Jim Neilson	4	5	6	10	12	20		
271	Craig Ramsay	4	5	6	10	12	20		
272	Grant Mulvey RC	4	5	6	10	12	30		
273	Larry Giroux RC	4	5	6	10	12	20		
274	Real Lemieux	4	5	6	10	12	20		
275	Denis Potvin	5	6	8	12	20	30	50	125
276	Don Kozak	4	5	6	10	12	20		
277	Tom Reid	4	5	6	10	12	20		
278	Bob Gainey	5	6	8	12	15	25		
279	Nick Beverley	4	5	6	10	12	20		
280	Jean Pronovost	4	5	6	10	12	20		
281	Joe Watson	4	5	6	10	12	20		
282	Chuck Lefley	4	5	6	10	12			
283	Borje Salming	5	6	8	12	15	30	35	60
284	Garnet Bailey	4	5	6	10	12	20	25	40
285	Gregg Boddy	4	5	6	10	12	20		
286	Bobby Clarke AS1	4	5	6	10	12	25		
287	Denis Potvin AS1	4	5	6	10	12	20		
288	Bobby Orr AS1	30	40	50	60	80	150	100	250
289	Richard Martin AS1	4	5	6	10	12	20	30	50
290	Guy Lafleur AS1	5	6	8	12	15	30		
291	Bernie Parent AS1	4	5	6	10	12	20		
292	Phil Esposito AS2	4	5	6	10	12	20		
293	Guy Lapointe AS2	4	5	6	10	12	20		
294	Borje Salming AS2	4	5	6	10	12			
295	Steve Vickers AS2	4	5	6	10	12	20		
296	Rene Robert AS2	4	5	6	10	12	20		
297	Rogatien Vachon AS2	4	5	6	10	12	25		
298	Buster Harvey RC	4	5	6	10	12	20		
299	Gary Sabourin	4	5	6	10	12	20		
300	Bernie Parent	4	5	6	10	12	20		
301	Terry O'Reilly	4	5	6	10	12	20		
302	Ed Westfall	4	5	6	10	12	20		
303	Pete Stemkowski	4	5	6	10	12	20		
304	Pierre Bouchard	4	5	6	10	12	20		
305	Pierre Larouche RC	▲10	▲15	▲20	▲30	▲40	▲80		250
306	Lee Fogolin RC	4	5	6	10	12	20	25	40
307	Gerry O'Flaherty	4	5	6	10	12	20		
308	Phil Myre	4	5	6	10	12	20		
309	Pierre Plante	4	5	6	10	12	20		
310	Dennis Hextall	4	5	6	10	12	20		
311	Jim McKenny	4	5	6	10	12	20		
312	Vic Venasky	4	5	6	10	12	20		
313	Vail/Lysiak TL	4	5	6	10	12			
314	P.Espo/Orr/Bucyk TL	10	12	15	20	30	60	80	135
315	R.Martin/R.Robert TL	4	5	6	10	12	20		
316	Hrchsy/Ptey/Weir TL	4	5	6	10	12	20		
317	S.Mikita/J.Pappin TL	4	5	6	10	12	20		
318	D.Grant/M.Dionne TL	4	5	6	10	12	20		
319	Nolet/Pmnt/Charn TL	4	5	6	10	12			
320	Nevin/Wdng/Brry TL	4	5	6	10	12	20	25	40
321	Gldswrthy/Hextall TL	4	5	6	10	12	20		
322	Lafleur/P.Mahov TL	4	5	6	10	12	20		
323	Nystrom/Potvin/Gill TL	4	5	6	10	12	20		
324	Vick/Gilbert/Ratelle TL	4	5	6	10	12	20		
325	R.Leach/B.Clarke TL	4	5	6	10	12	20	30	50
326	Pronovost/Schock TL	4	5	6	10	12	20		
327	G.Unger/L.Sacharuk TL	4	5	6	10	12	20		
328	Darryl Sittler TL	4	5	6	10	12	25	30	50
329	Lever/Boudrias TL	4	5	6	10	12	20		
330	Williams/Bailey TL	4	5	6	10	12	20		
331	Noel Price	4	5	6	10	12	20		
332	Fred Stanfield	4	5	6	10	12	20		
333	Doug Jarrett	4	5	6	10	12	20	25	40
334	Gary Coalter	4	5	6	10	12	20		
335	Murray Oliver	4	5	6	10	12	20		
336	Dave Fortier	4	5	6	10	12	20		
337	Terry Crisp UER	4	5	6	10	12	20		
338	Bert Wilson	4	5	6	10	12	20	25	40
339	John Grisdale RC	4	5	6	10	12	20	25	40
340	Ken Broderick	4	5	6	10	12	20		
341	Frank Spring RC	4	5	6	10	12	20		
342	Mike Korney RC	4	5	6	10	12	20		
343	Gene Carr	4	5	6	10	12	20		
344	Don Awrey	4	5	6	10	12	20		
345	Pat Hickey	4	5	6	10	12	20		
346	Colin Campbell RC	4	5	6	10	12	20		
347	Wayne Thomas	4	5	6	10	12	20		
348	Bob Gryp RC	4	5	6	10	12	20		
349	Bill Flett	4	5	6	10	12	20		
350	Roger Crozier	4	5	6	10	12	20	25	40
351	Dale Tallon	4	5	6	10	12	20		
352	Larry Johnston	4	5	6	10	12	20		
353	John Flesch RC	4	5	6	10	12	20		
354	Lorne Henning	4	5	6	10	12	20		
355	Wayne Stephenson	4	5	6	10	12	20	25	40
356	Rick Wilson	4	5	6	10	12	20		
357	Garry Monahan	4	5	6	10	12	20		
358	Gary Doak	4	5	6	10	12	20	25	40
359A	Pierre Jarry NoTR	4	5	6	10	12	20		
359B	Pierre Jarry TR	4	5	6	10	12	20		
360	George Pesut RC	4	5	6	10	12	20		
361	Mike Corrigan	4	5	6	10	12	20		
362	Michel Larocque	4	5	6	10	12	20		
363	Wayne Dillon	4	5	6	10	12	20		
364	Pete Laframboise	4	5	6	10	12	20	25	40
365	Brian Glennie	4	5	6	10	12	20		
366	Mike Christie	4	5	6	10	12	20		
367	Jean Lemieux RC	4	5	6	10	12	20		
368	Gary Bromley	4	5	6	10	12	20	25	50
369	J.P. Bordeleau	4	5	6	10	12	20		
370	Ed Gilbert RC	4	5	6	10	12	20		
371	Chris Ahrens	4	5	6	10	12	20		
372	Billy Smith	5	6	8	12	15	25		
373	Larry Goodenough RC	4	5	6	10	12	20		
374	Leon Rochefort	4	5	6	10	12	20		
375	Doug Gibson RC	4	5	6	10	12	20		
376	Mike Bloom	4	5	6	10	12	20		
377	Larry Brown	4	5	6	10	12	20		
378	Jim Roberts	4	5	6	10	12	20		
379	Gilles Villemure	4	5	6	10	12	20	25	40
380	Dennis Owchar RC	4	5	6	10	12	20		
381	Doug Favell	4	5	6	10	12	20		
382	Stan Gilbertson UER	4	5	6	10	12	20		
383	Ed Kea RC	4	5	6	10	12	20		
384	Brian Spencer	4	5	6	10	12	20		
385	Mike Veisor RC	4	5	6	10	12	20		
386	Bob Murray	4	5	6	10	12	20		
387	Andre St.Laurent RC	4	5	6	10	12	20	25	40
388	Rick Chartraw RC	4	5	6	10	12	20		
389	Orest Kindrachuk	4	5	6	10	12	20	25	40
390	Dave Hutchinson RC	4	5	6	10	12	20		
391	Glenn Goldup	4	5	6	10	12	20		
392	Jerry Holland RC	4	5	6	10	12	20		
393	Peter Sturgeon RC	4	5	6	10	12	20		
394	Alain Daigle RC	4	5	6	10	12	20		
396	Harold Snepsts RC	15	20	25	30	40	200		

— Espo/Orr/Bucyk TL #314 PSA 10 (Gem) sold for $1,531 (eBay; 3/07)
— Espo/Orr/Bucyk TL #314 PSA 10 (Gem) sold for $510 (eBay; 12/06)
— Orr/Espo/Dionne LL #210 PSA 10 (Gem) sold for $618.80 (Mile High; 12/13)

1975-76 O-Pee-Chee WHA

#	Player	VG 3	VgEx 4	EX 5	ExMt 6	NM 7	NmMt 8	NmMt+ 8.5	MT 9
1	Bobby Hull	8	12	20	30	40	60		
2	Dale Hoganson	5	5	6	8	10	20		
4	Ron Chipperfield	5	5	6	8	10	20		
5	Paul Shmyr	5	5	6	8	10	15	20	30
7	Mark Howe RC	30	40	50	60	150	500		1,500
9	Bryon Baltimore	5	5	6	8	10	15	20	30
11	Nick Harbaruk	5	5	6	8	10	15		
12	John Garrett RC	6	8	10	12	15	25	30	50
13	Lou Nistico	5	5	6	8	10	15	20	30
15	Veli-Pekka Ketola RC	5	5	6	8	12	25	30	40	60
16	Real Cloutier	5	5	6	8	10	15	20	30
18	Duane Rupp	5	5	6	8	10	15	20	30
19	Robbie Ftorek RC	6	8	12	20	25	30	40	80
20	Gerry Cheevers	30	40	50	60	80	100		
22	Bruce MacGregor	5	5	6	8	10	15	20	30
24	Gene Peacosh	5	5	6	8	10	15	20	30
28	C.Abrahamsson RC	5	6	8	10	12	20	25	40
31	Bryan Campbell	5	5	6	8	10	15	20	30
33	Al McDonough	5	5	6	8	10	15	20	30
34	Jacques Plante	6	10	15	25	40	60		
37	Ken Baird	5	5	6	8	10	15	20	30
40	Anders Hedberg	5	5	6	8	10	15	20	40
41	Rick Smith	5	5	6	8	10	15		
44	Richard Brodeur RC	6	8	10	12	40	50	60	100
47	Jim Harrison	5	5	6	8	10	20	25	40
53	Murray Heatley	5	5	6	8	10	15	20	30
55	Jim Shaw	5	5	6	8	10	15	20	30
56	Larry Pleau RC	5	5	6	8	10	15	20	40
59	Butch Deadmarsh	5	5	6	8	10	15	20	30
62	J.C. Tremblay AS	5	5	6	8	10	15	20	30
63	Kevin Morrison AS	5	5	6	8	10	15	20	30
64	Andre Lacroix AS	5	5	6	8	10	15		
65	Bobby Hull AS	6	10	15	20	25	40	50	80
66	Gordie Howe AS	6	10	15	20	25	60		
67	Gerry Cheevers AS	5	6	8	10	12	20		
69	Barry Long AS	5	5	6	8	10	15	20	30
70	Serge Bernier AS	5	5	6	8	10	15	20	30
80	Kevin Morrison	5	5	6	8	10	15	20	30
83	Ulf Nilsson	5	5	6	8	10	15		40
85	N.Lapointe RC UER	5	5	6	8	10			
88	Al McLeod	5	5	6	8	10	15		
90	Barry Long	5	5	6	8	10	15	20	30
97	Dave Keon	5	5	6	8	10	15	20	40

#	Player	VG 3	VgEx 4	EX 5	ExMt 6	NM 7	NmMt 8	NmMt+ 8.5	MT 9
99	Rick Jodzio	5	5	6	8	10	15	20	30
100	Gordie Howe	12	15	20	30	50	80	100	150
101	Joe Daley	5	5	6	8	10	15	20	40
102	Wayne Muloin	5	5	6	8	10	15	20	30
106	Rosaire Paiement	5	5	6	8	10	15	20	30
107	John Sheridan RC	5	6	8	10	12	20		
108	Nick Fotiu RC	6	8	10	12	15	25		
110	Frank Mahovlich	5	5	6	8	12	25	30	60
114	Jack Norris	5	5	6	8	10	15	20	40
119	Cam Newton	5	5	6	8	10	15	20	30
121	Fran Huck	5	5	6	8	10	15	20	30
122	Tony Featherstone	5	5	6	8	10	15	20	30
125	Heikki Riihiranta	8	10	12	15	20	25	30	60
129	Jacques Locas	5	5	6	8	10	15		
131	Checklist Card	10	12	20	30	50	80	100	150
132	Ernie Wakely	5	6	8	10	12	20		

—Gordie Howe AS #66 PSA 10 (Gem) sold for $668 (eBay; 8/12)
—Dave Keon #97 PSA 10 (Gem) sold for $99 (Sirius Sports; 6/12)
—Jacques Plante #34 PSA 9 (MT) sold for $110 (Sirius Sports; 6/12)

1975-76 Topps

#	Player	VG 3	VgEx 4	EX 5	ExMt 6	NM 7	NmMt 8	NmMt+ 8.5	MT 9
1	Stanley Cup Finals	4	5	6	8	15	25		
2	Semi-Finals	4	5	6	8	12	18		
3	Semi-Finals	4	5	6	8	12	18		
4	Quarter Finals	4	5	6	8	12	15	20	30
5	Quarter Finals	4	5	6	10	15			
6	Quarter Finals	4	5	6	8	12	15	20	30
7	Quarter Finals	4	5	6	8	12	15	20	30
8	Curt Bennett	4	5	6	8	10	12	15	25
9	Johnny Bucyk	4	5	6	8	10	12	15	25
10	Gilbert Perreault	4	5	6	8	12	20		
11	Darryl Edestrand	4	5	6	8	10	12	15	25
12	Ivan Boldirev	4	5	6	8	10	12	15	25
13	Nick Libett	4	5	6	8	10	12	15	25
14	Jim McElmury RC	4	5	6	8	10	12	15	25
15	Frank St.Marseille	4	5	6	8	10	12	15	25
16	Blake Dunlop	4	5	6	10	15			
17	Yvon Lambert	4	5	6	8	10	12	15	25
18	Gerry Hart	4	5	6	8	10	12	15	25
19	Steve Vickers	4	5	6	8	12	18		
20	Rick MacLeish	4	5	6	10	15			
21	Bob Paradise	4	5	6	8	10	12	15	25
22	Red Berenson	4	5	6	8	10	12	15	25
23	Lanny McDonald	4	5	6	8	12	20	30	50
24	Mike Robitaille	4	5	6	8	10	12	15	25
25	Ron Low	4	5	6	8	12	18		
26	Bryan Hextall	4	5	6	8	10	12	15	25
27	Carol Vadnais	4	5	6	8	10	12	15	25
28	Jim Lorentz	4	5	6	8	10	12	15	25
29	Gary Simmons	4	5	6	10	15			
30	Stan Mikita	4	5	6	8	12	20	25	40
31	Bryan Watson	4	5	6	8	10	12	15	25
32	Guy Charron	4	5	6	8	10	12	15	25
33	Bob Murdoch	4	5	6	8	10	12	15	25
34	Norm Gratton	4	5	6	8	10	12	15	25
35	Ken Dryden	6	▲10	▲15	20	25	40	50	80
36	Jean Potvin	4	5	6	8	12	18		
37	Rick Middleton	4	5	6	10	15			
38	Ed Van Impe	4	5	6	8	10	12	15	25
39	Rick Kehoe	4	5	6	8	10	12	15	25
40	Garry Unger	4	5	6	8	10	12	15	25
41	Ian Turnbull	4	5	6	8	10	12	15	25
42	Dennis Ververgaert	4	5	6	8	12	18		
43	Mike Marson	4	5	6	8	10	12	15	25
44	Randy Manery	4	5	6	10	15			
45	Gilles Gilbert	4	5	6	8	10	12	15	25
46	Rene Robert	4	5	6	8	10	12	15	25
47	Bob Stewart	4	5	6	8	10	12	15	25
48	Pit Martin	4	5	6	8	12	18		
49	Danny Grant	4	5	6	8	10	12	15	25
50	Peter Mahovlich	4	5	6	10	15			
51	Dennis Patterson RC	4	5	6	8	10	12	15	25
52	Mike Murphy	4	5	6	8	10	12	15	25
53	Dennis O'Brien	4	5	6	8	10	12	15	25
54	Garry Howatt	4	5	6	8	10	12	15	25
55	Ed Giacomin	4	5	6	8	12	20	25	35
56	Andre Dupont	4	5	6	10	15			
57	Chuck Arnason	4	5	6	8	10	12	15	25
58	Bob Gassoff RC	4	5	6	10	15			
59	Ron Ellis	4	5	6	8	10	12	15	25
60	Andre Boudrias	4	5	6	8	10	12	15	25
61	Yvon Labre	4	5	6	8	10	12	15	25
62	Hilliard Graves	4	5	6	8	10	12	15	25
63	Wayne Cashman	4	5	6	8	12	18		
64	Danny Gare RC	4	5	6	8	12	20	25	35
65	Rick Hampton	4	5	6	8	10	12	15	25
66	Darcy Rota	4	5	6	8	10	12	15	25

#	Player	VG 3	VgEx 4	EX 5	ExMt 6	NM 7	NmMt 8	NmMt+ 8.5	MT 9
67	Bill Hogaboam	4	5	6	8	10	12	15	25
68	Denis Herron	4	5	6	8	10	12	15	25
69	Sheldon Kannegiesser	4	5	6	8	10	12	15	25
70	Yvan Cournoyer UER	4	5	6	8	10	12	15	25
71	Ernie Hicke	4	5	6	8	12	18		
72	Bert Marshall	4	5	6	8	10	12	15	25
73	Derek Sanderson	4	5	6	8	12	20	25	35
74	Tom Bladon	4	5	6	8	10	12	15	25
75	Ron Schock	4	5	6	8	10	12	15	25
76	Larry Sacharuk RC	4	5	6	8	10	12	15	25
77	George Ferguson	4	5	6	8	10	12	15	25
78	Ab DeMarco	4	5	6	8	10	12	15	25
79	Tom Williams	4	5	6	8	12	18		
80	Phil Roberto	4	5	6	8	10	12	15	25
81	Bruins Team CL	4	5	6	8	12	20	25	35
82	Seals Team CL	4	5	6	8	12	20	25	35
83	Sabres Team CL UER	4	5	6	8	12	20	25	35
84	Blackhawks CL UER	4	5	6	8	12	20	25	35
85	Flames Team CL	4	5	6	8	12	20	25	35
86	Kings Team CL	4	5	6	8	12	20	25	35
87	Red Wings Team CL	4	5	6	8	12	20	25	35
88	Scouts Team CL UER	4	5	6	8	12	20	25	35
89	North Stars Team CL	4	5	6	8	12	20	25	35
90	Canadiens Team CL	4	5	6	8	12	20	25	35
91	Maple Leafs Team CL	4	5	6	8	12	20	25	35
92	Islanders Team CL	4	5	6	8	12	20	25	35
93	Penguins Team CL	4	5	6	8	12	20	25	35
94	Rangers Team CL	4	5	6	8	12	20	25	35
95	Flyers Team CL UER	4	5	6	8	12	20	25	35
96	Blues Team CL	4	5	6	8	12	20	25	35
97	Canucks Team CL	4	5	6	8	12	20	25	35
98	Capitals Team CL	4	5	6	8	12	20	25	35
99	Checklist 1-110	5	6	8	10	15	25		30
100	Bobby Orr	8	10	30	40	60	250	300	400
101	Germaine Gagnon UER	4	5	6	8	10	12	15	25
102	Phil Russell	4	5	6	8	10	12	15	25
103	Billy Lochead	4	5	6	8	10	12	15	25
104	Robin Burns	4	5	6	10	15			
105	Gary Edwards	4	5	6	8	10	12	15	25
106	Dwight Bialowas	4	5	6	8	10	12	15	25
107	D.Risebrough UER RC	4	5	6	8	12	20	25	35
108	Dave Lewis	4	5	6	10	15			
109	Bill Fairbairn	4	5	6	10	15			
110	Ross Lonsberry	4	5	6	8	10	12	15	25
111	Ron Stackhouse	4	5	6	8	12	18		
112	Claude Larose	4	5	6	8	10	12	15	25
113	Don Luce	4	5	6	8	10	12	15	25
114	Errol Thompson RC	4	5	6	8	10	12	15	25
115	Gary Smith	4	5	6	8	10	12	15	25
116	Jack Lynch	4	5	6	8	10	12	15	25
117	Jacques Richard	4	5	6	10	15			
118	Dallas Smith	4	5	6	10	15			
119	Dave Gardner	4	5	6	8	10	12	15	25
120	Mickey Redmond	4	5	6	8	10	12	15	25
121	John Marks	4	5	6	8	10	12	15	25
122	Dave Hudson	4	5	6	8	10	12	15	25
123	Bob Nevin	4	5	6	8	12	18		
124	Fred Barrett	4	5	6	8	10	12	15	25
125	Gerry Desjardins	4	5	6	10	15			
126	Guy Lafleur UER	5	6	8	10	15	25	30	40
127	Jean-Paul Parise	4	5	6	8	10	12	15	25
128	Walt Tkaczuk	4	5	6	8	10	12	15	25
129	Gary Dornhoefer	4	5	6	8	10	12	15	25
130	Syl Apps	4	5	6	8	10	12	15	25
131	Bob Plager	4	5	6	8	10	12	15	25
132	Stan Weir	4	5	6	8	10	12	15	25
133	Tracy Pratt	4	5	6	8	10	12	15	25
134	Jack Egers	4	5	6	8	10	12	15	25
135	Eric Vail	4	5	6	8	10	12	15	25
136	Al Sims	4	5	6	8	10	12	15	25
137	Larry Patey	4	5	6	8	10	12	15	25
138	Jim Schoenfeld	4	5	6	8	10	12	15	25
139	Cliff Koroll	4	5	6	8	10	12	15	25
140	Marcel Dionne	4	5	6	8	12	20	30	50
141	Jean-Guy Lagace	4	5	6	8	10	12	15	25
142	Juha Widing	4	5	6	8	10	12	15	25
143	Lou Nanne	4	5	6	8	10	12	15	25
144	Serge Savard	4	5	6	8	10	12	15	25
145	Glenn Resch	4	5	6	8	12	20	25	40
146	Ron Greschner RC	4	5	6	8	12	20	25	35
147	Dave Schultz	4	5	6	8	10	12	15	25
148	Barry Wilkins	4	5	6	8	10	12	15	25
149	Floyd Thomson	4	5	6	8	10	12	15	25
150	Darryl Sittler	4	5	6	8	10	12	15	25
151	Paulin Bordeleau	4	5	6	8	10	12	15	25
152	Ron Lalonde RC	4	5	6	8	10	12	15	25
153	Larry Romanchych	4	5	6	8	10	12	15	25
154	Larry Carriere	4	5	6	8	12	18		

#	Player	VG 3	VgEx 4	EX 5	ExMt 6	NM 7	NmMt 8	NmMt+ 8.5	MT 9
155	Andre Savard	4	5	6	8	10	12	15	25
156	Dave Hrechkosy RC	4	5	6	8	10	12	15	25
157	Bill White	4	5	6	8	10	12	15	25
158	Dave Kryskow	4	5	6	8	10	12	15	25
159	Denis Dupere	4	5	6	8	12	18		
160	Rogatien Vachon	4	5	6	8	12	20	25	35
161	Doug Rombough	4	5	6	8	10	12	15	25
162	Murray Wilson	4	5	6	8	10	12	15	25
163	Bob Bourne RC	4	5	6	8	12	20	25	35
164	Gilles Marotte	4	5	6	10	15			
165	Vic Hadfield	4	5	6	10	15			
166	Reggie Leach	4	5	6	8	10	12	15	25
167	Jerry Butler	4	5	6	10	15			
168	Inge Hammarstrom	4	5	6	8	12	18		
169	Chris Oddleifson	4	5	6	8	12	18		
170	Greg Joly	4	5	6	8	10	12	15	25
171	Checklist 111-220	5	6	10	12	20			
172	Pat Quinn	4	5	6	10	15			
173	Dave Forbes	4	5	6	8	10	12	15	25
174	Len Frig	4	5	6	8	10	12	15	25
175	Richard Martin	4	5	6	8	10	12	15	25
176	Keith Magnuson	4	5	6	8	10	12	15	25
177	Dan Maloney	4	5	6	8	10	12	15	25
178	Craig Patrick	4	5	6	8	10	12	15	25
179	Tom Williams	4	5	6	10	15			
180	Bill Goldsworthy	4	5	6	8	10	12	15	25
181	Steve Shutt	4	5	6	8	10	12	15	25
182	Ralph Stewart	4	5	6	8	12	18		
183	John Davidson	4	5	6	8	10	20	25	40
184	Bob Kelly	4	5	6	8	10	12	15	25
185	Ed Johnston	4	5	6	8	10	12	15	25
186	Dave Burrows	4	5	6	8	10	12	15	25
187	Dave Dunn	4	5	6	8	10	12	15	25
188	Dennis Kearns	4	5	6	8	10	12	15	25
189	Bill Clement	4	5	6	8	12	20	25	40
190	Gilles Meloche	4	5	6	8	10	12	15	25
191	Bob Leiter	4	5	6	8	10	12	15	25
192	Jerry Korab	4	5	6	8	10	12	15	25
193	Joey Johnston	4	5	6	8	10	12	15	25
194	Walt McKechnie	4	5	6	8	10	12	15	25
195	Wilf Paiement	4	5	6	8	10	12	15	25
196	Bob Berry	4	5	6	8	10	12	15	25
197	Dean Talafous RC	4	5	6	8	10	12	15	25
198	Guy Lapointe	4	5	6	8	10	12	15	25
199	Clark Gillies RC	4	5	6	8	12	20	30	50
200	Phil Esposito	4	5	6	8	12	20	25	40
201	Greg Polis	4	5	6	8	10	12	15	25
202	Jimmy Watson	4	5	6	10	15			
203	Gord McRae RC	4	5	6	8	12	18		
204	Lowell MacDonald	4	5	6	8	10	12	15	25
205	Barclay Plager	4	5	6	8	10	12	15	25
206	Don Lever	4	5	6	8	12	18		
207	Bill Mikkelson	4	5	6	8	10	12	15	25
208	Espo/Lafleur/Martin LL	4	5	6	8	12	20	25	40
209	Clarke/Orr/P.Mahov LL	4	5	6	8	12	25	30	125
210	Orr/Espo/Dionne LL	4	5	10	20	30	60		
211	Schultz/Dupont/Rusl LL	4	5	6	8	10	12	15	25
212	Espo/Martin/Grant LL	4	5	6	10	15			
213	Parent/Vach/Dryden LL	4	5	6	10	15	25	30	50
214	Barry Gibbs	4	5	6	10	15			
215	Ken Hodge	4	5	6	8	10	12	15	25
216	Jocelyn Guevremont	4	5	6	8	10	12	15	25
217	Warren Williams RC	4	5	6	8	10	12	15	25
218	Dick Redmond	4	5	6	8	10	12	15	25
219	Jim Rutherford	4	5	6	8	10	12	15	25
220	Simon Nolet	4	5	6	8	10	12	15	25
221	Butch Goring	4	5	6	8	10	12	15	25
222	Glen Sather	4	5	6	8	10	12	15	25
223	Mario Tremblay RC	4	5	6	8	12	20		
224	Jude Drouin	4	5	6	10	15			
225	Rod Gilbert	4	5	6	8	10	12	15	25
226	Bill Barber	4	5	6	8	10	12	15	25
227	Gary Inness RC	4	5	6	8	10	12	15	25
228	Wayne Merrick	4	5	6	8	10	12	15	25
229	Rod Seiling	4	5	6	8	10	12	15	25
230	Tom Lysiak	4	5	6	8	10	12	15	25
231	Bob Dailey	4	5	6	8	10	12	15	25
232	Michel Belhumeur	4	5	6	10	15			
233	Bill Hajt RC	4	5	6	8	10	12	15	25
234	Jim Pappin	4	5	6	8	10	12	15	25
235	Gregg Sheppard	4	5	6	8	10	12	15	25
236	Gary Bergman	4	5	6	8	10	12	15	25
237	Randy Rota	4	5	6	8	10	12	15	25
238	Neil Komadoski	4	5	6	10	15			
239	Craig Cameron	4	5	6	8	10	12	15	25
240	Tony Esposito	4	5	6	8	12	20		
241	Larry Robinson	4	5	6	10	15			
242	Billy Harris	4	5	6	8	10	12	15	25
243	Jean Ratelle	4	5	6	8	10	12	15	25
244	Ted Irvine UER	4	5	6	8	10	12	15	25
245	Bob Neely	4	5	6	8	10	12	15	25
246	Bobby Lalonde	4	5	6	8	10	12	15	25
247	Ron Jones RC	4	5	6	8	10	12	15	25
248	Rey Comeau	4	5	6	8	10	12	15	25
249	Michel Plasse	4	5	6	8	10	12	15	25
250	Bobby Clarke	4	5	6	15	20	30	40	100
251	Bobby Schmautz	4	5	6	8	10	12	15	25
252	Peter McNab RC	4	5	6	8	12	20	25	35
253	Al MacAdam	4	5	6	8	10	12	15	25
254	Dennis Hull	4	5	6	8	10	12	15	25
255	Terry Harper	4	5	6	8	10	12	15	25
256	Peter McDuffe	4	5	6	8	10	12	15	25
257	Jean Hamel	4	5	6	10	15			
258	Jacques Lemaire	4	5	6	10	15			
259	Bob Nystrom	4	5	6	8	10	12	15	25
260	Brad Park	4	5	6	8	12	20		
261	Cesare Maniago	4	5	6	8	10	12	15	25
262	Don Saleski	4	5	6	8	10	12	15	25
263	J. Bob Kelly	4	5	6	8	12	18		
264	Bob Hess RC	4	5	6	8	10	12	15	25
265	Blaine Stoughton	4	5	6	8	12	18		
266	John Gould	4	5	6	8	10	12	15	25
267	Checklist 221-330	5	6	8	10	15	25	40	60
268	Dan Bouchard	4	5	6	8	10	12	15	25
269	Don Marcotte	4	5	6	8	12	18		
270	Jim Neilson	4	5	6	8	10	12	15	25
271	Craig Ramsay	4	5	6	8	10	12	15	25
272	Grant Mulvey RC	4	5	6	8	10	12	15	25
273	Larry Giroux RC	4	5	6	8	10	12	15	25
274	Real Lemieux	4	5	6	10	15			
275	Denis Potvin	4	5	6	12	15	25	60	125
276	Don Kozak	4	5	6	10	15			
277	Tom Reid	4	5	6	8	12	18		
278	Bob Gainey	4	5	6	8	12	20	30	50
279	Nick Beverley	4	5	6	10	15			
280	Jean Pronovost	4	5	6	8	10	12	15	25
281	Joe Watson	4	5	6	10	15			
282	Chuck Lefley	4	5	6	8	10	12	15	25
283	Borje Salming	4	5	6	8	12	25	30	50
284	Garnet Bailey	4	5	6	8	10	12	15	25
285	Gregg Boddy	4	5	6	8	10	12	15	25
286	Bobby Clarke AS1	4	5	6	8	12	20		
287	Denis Potvin AS1	4	5	6	8	12	20	25	40
288	Bobby Orr AS1	5	6	10	20	40	50	125	300
289	Richard Martin AS1	4	5	6	8	10	12	15	25
290	Guy Lafleur AS1	4	5	6	8	12	20	30	50
291	Bernie Parent AS1	4	5	6	8	10	12	15	25
292	Phil Esposito AS2	4	5	6	8	12	20	25	35
293	Guy Lapointe AS2	4	5	6	8	10	12	15	25
294	Borje Salming AS2	4	5	6	8	12	20	25	35
295	Steve Vickers AS2	4	5	6	8	10	12	15	25
296	Rene Robert AS2	4	5	6	8	10	12	15	25
297	Rogatien Vachon AS2	4	5	6	8	12	20	25	35
298	Buster Harvey RC	4	5	6	8	10	12	15	25
299	Gary Sabourin	4	5	6	8	10	12	15	25
300	Bernie Parent	4	5	6	8	10	12	15	25
301	Terry O'Reilly	4	5	6	8	10	12	15	25
302	Ed Westfall	4	5	6	8	10	12	15	25
303	Pete Stemkowski	4	5	6	10	15			
304	Pierre Bouchard	4	5	6	8	12	18		
305	Pierre Larouche RC	4	5	6	8	12	20	30	50
306	Lee Fogolin RC	4	5	6	8	10	12	15	25
307	Gerry O'Flaherty	4	5	6	8	10	12	15	25
308	Phil Myre	4	5	6	8	10	12	15	25
309	Pierre Plante	4	5	6	8	10	12	15	25
310	Dennis Hextall	4	5	6	10	15			
311	Jim McKenny	4	5	6	8	10	12	15	25
312	Vic Venasky	4	5	6	8	10	12	15	25
313	Flames Leaders	4	5	6	8	12	15	20	30
314	Espo/Orr/Bucyk TL	4	5	6	8	12	25	30	50
315	Sabres Leaders	4	5	6	8	12	15	20	30
316	Seals Leaders	4	5	6	8	12	15	20	30
317	S.Mikita/J.Pappin TL	4	5	6	8	12	15	20	30
318	D.Grant/M.Dionne TL	4	5	6	8	12	15	20	30
319	Scouts Leaders	4	5	6	8	12	15	20	30
320	Kings Leaders	4	5	6	8	12	15	20	30
321	North Stars Leaders	4	5	6	8	12	15	20	30
322	Lafleur/P.Mahov TL	4	5	6	8	12	20	25	35
323	Nystrom/Potvin/Gill TL	4	5	6	8	12	20		
324	Vick/Gilbert/Ratelle TL	4	5	6	10	15			
325	R.Leach/B.Clarke TL	4	5	6	8	12	15	20	30
326	Penguins Leaders	4	5	6	10	15			
327	Blues Leaders	4	5	6	10	15			
328	Darryl Sittler TL	4	5	6	10	15			
329	Canucks Leaders	4	5	6	8	12	15	20	30
330	Capitals Leaders	4	5	6	8	12	15	20	30

— Stan Mikita #30 PSA 10 (Gem) sold for $99.98 (eBay; 4/12)
— Bobby Orr #100 PSA 10 (Gem) sold for $1,047 (eBay; 5/12)
— Bobby Orr #100 PSA 10 (Gem) sold for $564 (eBay; 11/15)
— Bobby Orr AS #288 PSA 10 (Gem) sold for $924.63 (Memory Lane; 4/12)

1976-77 O-Pee-Chee

#	Player	VG 3	VgEx 4	EX 5	ExMt 6	NM 7	NmMt 8	NmMt+ 8.5	MT 9
1	Leach/Lafleur/Larou LL	5	6	8	12	15	60		
2	Clarke/Lafleur/Perr LL	5	6	8	12	15	25	30	50
3	Lafleur/Clarke/Perr LL	5	6	8	10	12	25		
4	Durbno/Watsn/Schltz LL	4	5	6	10	12	20		
5	Espo/Lafleur/Potvin LL	5	6	8	10	12	30		
6	Dryden/Resch/Laroc LL	5	6	10	15	25	50	80	150
7	Gary Doak	4	5	6	10	12	20		
8	Jacques Richard	4	5	6	10	12	20		
9	Wayne Dillon	4	5	6	10	12	20		
10	Bernie Parent	4	5	6	10	12	20		
11	Ed Westfall	4	5	6	10	12	15	20	30
12	Dick Redmond	4	5	6	10	12	20		
13	Bryan Hextall	4	5	6	10	12	20		
14	Jean Pronovost	4	5	6	10	12	15	20	30
15	Peter Mahovlich	4	5	6	10	12	20		
16	Danny Grant	4	5	6	10	12	15	20	30
17	Phil Myre	4	5	6	10	12	15	20	30
18	Wayne Merrick	4	5	6	10	12	20		
19	Steve Durbano	4	5	6	10	12	15	20	30
20	Derek Sanderson	4	5	6	10	12	20		
21	Mike Murphy	4	5	6	10	12	15	20	30
22	Borje Salming	5	6	8	10	12	20	30	60
23	Mike Walton	4	5	6	10	12	15	20	30
24	Randy Manery	4	5	6	10	12	15	20	30
25	Ken Hodge	4	5	6	10	12	15	20	30
26	Mel Bridgman RC	4	5	6	10	12	20	25	50
27	Jerry Korab	4	5	6	10	12	15	20	30
28	Gilles Gratton	4	5	6	10	12	20		
29	Andre St.Laurent	4	5	6	10	12	20		
30	Yvan Cournoyer	4	5	6	10	12	20	25	50
31	Phil Russell	4	5	6	10	12	20		
32	Dennis Hextall	4	5	6	10	12	20		
33	Lowell MacDonald	4	5	6	10	12	20		
34	Dennis O'Brien	4	5	6	10	12	20		
35	Gerry Meehan	4	5	6	10	12	15	20	30
36	Gilles Meloche	4	5	6	10	12	15	20	30
37	Wilf Paiement	4	5	6	10	12	15	20	30
38	Bob MacMillan RC	4	5	6	10	12	20		
39	Ian Turnbull	4	5	6	10	12	20		
40	Rogatien Vachon	4	5	6	10	12	20	25	50
41	Nick Beverley	4	5	6	10	12	20		
42	Rene Robert	4	5	6	10	12	15	20	30
43	Andre Savard	4	5	6	10	12	15	20	30
44	Bob Gainey	5	6	8	10	12	20	25	50
45	Joe Watson	4	5	6	10	12	20		
46	Billy Smith	5	6	8	20	25	30	40	60
47	Darcy Rota	4	5	6	10	12	20		
48	Rick Lapointe RC	4	5	6	10	12	15	20	30
49	Pierre Jarry	4	5	6	10	12	20		
50	Syl Apps	4	5	6	10	12	15	20	30
51	Eric Vail	4	5	6	10	12	15	20	30
52	Greg Joly	4	5	6	10	12	15	20	30
53	Don Lever	4	5	6	10	12	15	20	30
54	Bob Murdoch Seals	4	5	6	10	12	20		
55	Denis Herron	4	5	6	10	12	15	20	30
56	Mike Bloom	4	5	6	10	12	15	20	30
57	Bill Fairbairn	4	5	6	10	12	20		
58	Fred Stanfield	4	5	6	10	12	20		
59	Steve Shutt	4	5	6	10	12	20		
60	Brad Park	4	5	6	10	12	20		
61	Gilles Villemure	4	5	6	10	12	20		
62	Bert Marshall	4	5	6	10	12	20		
63	Chuck Lefley	4	5	6	10	12	20		
64	Simon Nolet	4	5	6	10	12	15	20	30
65	Reggie Leach RB	4	5	6	10	12	20		
66	Darryl Sittler RB	4	5	6	10	12	20		
67	Bryan Trottier RB	5	6	8	10	15	30	40	60
68	Garry Unger RB	4	5	6	10	12	15	20	30
69	Ron Low	4	5	6	10	12	20		
70	Bobby Clarke	5	6	8	10	12	25	30	50
71	Michel Bergeron RC	4	5	6	10	12	15	20	30
72	Ron Stackhouse	4	5	6	10	12	15	20	30
73	Bill Hogaboam	4	5	6	10	12	20		
74	Bob Murdoch Kings	4	5	6	10	12	15	20	30
75	Steve Vickers	4	5	6	10	12	20		
76	Pit Martin	4	5	6	10	12	20		
77	Gerry Hart	4	5	6	10	12	15	20	30
78	Craig Ramsay	4	5	6	10	12	20		
79	Michel Larocque	4	5	6	10	12	20		
80	Jean Ratelle	4	5	6	10	12	20		
81	Don Saleski	4	5	6	10	12	15	20	30
82	Bill Clement	4	5	6	10	12	20		
83	Dave Burrows	4	5	6	10	12	15	20	30
84	Wayne Thomas	4	5	6	10	12	15	20	30
85	John Gould	4	5	6	10	12	20		
86	Dennis Maruk RC	5	6	8	10	12	20	25	50
87	Ernie Hicke	4	5	6	10	12	20		
88	Jim Rutherford	4	5	6	10	12	15	20	30
89	Dale Tallon	4	5	6	10	12	20		
90	Rod Gilbert	4	5	6	10	12	20		
91	Marcel Dionne	5	10	15	20	25	60	80	150
92	Chuck Arnason	4	5	6	10	12	15	20	30
93	Jean Potvin	4	5	6	10	12	20		
94	Don Luce	4	5	6	10	12	20		
95	Johnny Bucyk	4	5	6	10	12	20	25	40
96	Larry Goodenough	4	5	6	10	12	20		
97	Mario Tremblay	4	5	6	10	12	20		
98	Nelson Pyatt	4	5	6	10	12	20		
99	Brian Glennie	4	5	6	10	12	20		
100	Tony Esposito	5	6	8	10	12	20	25	50
101	Dan Maloney	4	5	6	10	12	15	20	30
102	Dunc Wilson	4	5	6	10	12	20		
103	Dean Talafous	4	5	6	10	12	20		
104	Ed Staniowski	4	5	6	10	12	15	20	30
105	Dallas Smith	4	5	6	10	12	15	20	30
106	Jude Drouin	4	5	6	10	12	15	20	30
107	Pat Hickey	4	5	6	10	12	20		
108	Jocelyn Guevremont	4	5	6	10	12	15	20	30
109	Doug Risebrough	4	5	6	10	12	20		
110	Reggie Leach	4	5	6	10	12	20		
111	Dan Bouchard	4	5	6	10	12	15	20	30
112	Chris Oddleifson	4	5	6	10	12	20		
113	Rick Hampton	4	5	6	10	12	20		
114	John Marks	4	5	6	10	12	15	20	30
115	Bryan Trottier RC	15	25	40	60	80	150	200	600
116	Checklist 1-132	▼15	▼20	▼25	▼30	▼40	▼50	▼80	150
117	Greg Polis	4	5	6	10	12	20		
118	Peter McNab	4	5	6	10	12	20	25	40
119	Jim Roberts Mont	4	5	6	10	12	15	20	30
120	Gerry Cheevers	5	6	8	10	12	20	25	40
121	Rick MacLeish	4	5	6	10	12	20		
122	Billy Lochead	4	5	6	10	12	20		30
123	Tom Reid	4	5	6	10	12	15	20	30
124	Rick Kehoe	4	5	6	10	12	15	20	30
125	Keith Magnuson	4	5	6	10	12	20		
126	Clark Gillies	4	5	6	10	12	20	25	40
127	Rick Middleton	4	5	6	10	12	20		
128	Bill Hajt	4	5	6	10	12	20		
129	Jacques Lemaire	4	5	6	10	12	20		
130	Terry O'Reilly	4	5	6	10	12	20		
131	Andre Dupont	4	5	6	10	12	20		
132	Flames Team	5	6	8	10	12	20		
133	Bruins Team	5	6	8	10	12	20		
134	Sabres Team	5	6	8	10	12	20		
135	Seals Team	5	6	8	10	12	20		
136	Blackhawks Team	5	6	8	10	12	20	25	40
137	Red Wings Team	5	6	8	10	12	20	25	40
138	Scouts Team	5	6	8	10	12	20		
139	Kings Team	5	6	8	10	12	20		
140	North Stars Team	5	6	8	10	12	20		
141	Canadiens Team	5	6	8	10	12	20	25	40
142	Islanders Team	5	6	8	10	12	20		
143	Rangers Team	5	6	8	10	12	20	25	40
144	Flyers Team	5	6	8	10	12	20	25	40
145	Penguins Team	5	6	8	10	12	20		
146	Blues Team	5	6	8	10	12	20	25	40
147	Maple Leafs Team	5	6	8	10	12	20		
148	Canucks Team	5	6	8	10	12	20		
149	Capitals Team	5	6	8	10	12	20	25	40
150	Dave Schultz	4	5	6	10	12	20	25	50
151	Larry Robinson	5	10	12	15	25	60	80	200
152	Al Smith	4	5	6	10	12	15	20	30
153	Bob Nystrom	4	5	6	10	12	15	20	30
154	Ron Greschner	4	5	6	10	12	20		
155	Gregg Sheppard	4	5	6	10	12	20		
156	Alain Daigle	4	5	6	10	12	15	20	30
157	Ed Van Impe	4	5	6	10	12	20		
158	Tim Young RC	4	5	6	10	12	15	20	30
159	Bryan Lefley	4	5	6	10	12	20		
160	Ed Giacomin	4	5	6	10	12	20	25	50
161	Yvon Labre	4	5	6	10	12	20		
162	Jim Lorentz	4	5	6	10	12	15	20	30
163	Guy Lafleur	6	8	10	12	20	40	50	80
164	Tom Bladon	4	5	6	10	12	20		
165	Wayne Cashman	4	5	6	10	12	20		
166	Pete Stemkowski	4	5	6	10	12	20		
167	Grant Mulvey	4	5	6	10	12	15	20	30
168	Yves Belanger	4	5	6	10	12	15	20	30
169	Bill Goldsworthy	4	5	6	10	12	15	20	30

#	Player	VG 3	VgEx 4	EX 5	ExMt 6	NM 7	NmMt 8	NmMt+ 8.5	MT 9
170	Denis Potvin	5	6	8	10	12	25	30	40
171	Nick Libett	4	5	6	10	12	15	20	30
172	Michel Plasse	4	5	6	10	12	20		
173	Lou Nanne	4	5	6	10	12	15	20	30
174	Tom Lysiak	4	5	6	10	12	15	20	30
175	Dennis Ververgaert	4	5	6	10	12	15	20	30
176A	Gary Simmons	4	5	6	10	12	20		
177	Pierre Bouchard	4	5	6	10	12	15	20	30
178	Bill Barber	4	5	6	10	12	20	25	40
179	Darryl Edestrand	4	5	6	10	12	20		
180	Gilbert Perreault	5	6	8	10	12	20		
181	Dave Maloney RC	4	5	6	10	12	20	25	40
182	Jean-Paul Parise	4	5	6	10	12	20		
183	Jim Harrison	4	5	6	10	12	20		
184	Pete Lopresti	4	5	6	10	12	15	20	30
185	Don Kozak	4	5	6	10	12	15	20	30
186	Guy Charron	4	5	6	10	12	15	20	30
187	Stan Gilbertson	4	5	6	10	12	20		
188	Bill Nyrop	4	5	6	10	12	20		
189	Bobby Schmautz	4	5	6	10	12	15	20	30
190	Wayne Stephenson	4	5	6	10	12	20		
191	Brian Spencer	4	5	6	10	12	15	20	30
192	Gilles Marotte	4	5	6	10	12	15	20	30
193	Lorne Henning	4	5	6	10	12	15	20	30
194	Bob Neely	4	5	6	10	12	15	20	30
195	Dennis Hull	4	5	6	10	12	15	20	30
196	Walt McKechnie	4	5	6	10	12	15	20	30
197	Curt Ridley	4	5	6	10	12	20		
198	Dwight Bialowas	4	5	6	10	12	15	20	30
199	Pierre Larouche	4	5	6	10	12	20		
200	Ken Dryden	30	40	50	60	100	200	300	▼500
201	Ross Lonsberry	4	5	6	10	12	20		
202	Curt Bennett	4	5	6	10	12	20		
203	Hartland Monahan	4	5	6	10	12	20		
204	John Davidson	5	6	8	10	12	20	25	50
205	Serge Savard	4	5	6	10	12	20		
206	Garry Howatt	4	5	6	10	12	15	20	30
207	Darryl Sittler	5	6	8	10	12	20	25	40
208	J.P. Bordeleau	4	5	6	10	12	15	20	30
209	Henry Boucha	4	5	6	10	12	20		
210	Richard Martin	4	5	6	10	12	20		
211	Vic Venasky	4	5	6	10	12	15	20	30
212	Buster Harvey	4	5	6	10	12	20		
213	Bobby Orr	30	40	50	60	80	150	200	500
214	Martin/Perreault/Robert	5	6	8	10	12	20	25	50
215	Barber/Clarke/Leach	5	6	8	10	12	20	30	
216	Gillies/Trottier/Harris	5	6	8	10	12	20	25	40
217	Gainey/Jarvis/Roberts	4	5	6	10	12	20		
218	Bicentennial Line	4	5	6	10	12	20		
219	Bob Kelly	4	5	6	10	12	20		
220	Walt Tkaczuk	4	5	6	10	12	15	20	30
221	Dave Lewis	4	5	6	10	12	15	20	30
222	Danny Gare	4	5	6	10	12	20		
223	Guy Lapointe	4	5	6	10	12	20		
224	Hank Nowak	4	5	6	10	12	15	20	30
225	Stan Mikita	5	6	8	10	12	20	25	50
226	Vic Hadfield	4	5	6	10	12	20		
227	Bernie Wolfe	4	5	6	10	12	15	20	30
228	Bryan Watson	4	5	6	10	12	15	20	30
229	Ralph Stewart	4	5	6	10	12	20		
230	Gerry Desjardins	4	5	6	10	12	20		
231	John Bednarski	4	5	6	10	12	20		
232	Yvon Lambert	4	5	6	10	12	20		
233	Orest Kindrachuk	4	5	6	10	12	20		
234	Don Marcotte	4	5	6	10	12	15	20	30
235	Bill White	4	5	6	10	12	20		
236	Red Berenson	4	5	6	10	12	20		
237	Al MacAdam	4	5	6	10	12	20		
238	Rick Blight	4	5	6	10	12	15	20	30
239	Butch Goring	4	5	6	10	12	20		
240	Cesare Maniago	4	5	6	10	12	20		
241	Jim Schoenfeld	4	5	6	10	12	20		
242	Cliff Koroll	4	5	6	10	12	20		
243	Scott Garland	4	5	6	10	12	20		
244	Rick Chartraw	4	5	6	10	12	20		
245	Phil Esposito	5	6	8	10	12	20	25	40
246	Dave Forbes	4	5	6	10	12	15	20	30
247	Jimmy Watson	4	5	6	10	12	20		
248	Ron Schock	4	5	6	10	12	20		
249	Fred Barrett	4	5	6	10	12	15	20	30
250	Glenn Resch	5	6	8	10	12	20	25	50
251	Ivan Boldirev	4	5	6	10	12	20		
252	Billy Harris	4	5	6	10	12	15	20	30
253	Lee Fogolin	4	5	6	10	12	15	20	30
254	Murray Wilson	4	5	6	10	12	15	20	30
255	Gilles Gilbert	4	5	6	10	12	20		
256	Gary Dornhoefer	4	5	6	10	12	20		
257	Carol Vadnais	4	5	6	10	12	15	20	30

#	Player	VG 3	VgEx 4	EX 5	ExMt 6	NM 7	NmMt 8	NmMt+ 8.5	MT 9
258	Checklist 133-264	10	15	20	30	40	200		
259	Errol Thompson	4	5	6	10	12	20		
260	Garry Unger	4	5	6	10	12	20		
261	J. Bob Kelly	4	5	6	10	12	20		
262	Terry Harper	4	5	6	10	12	15	20	30
263	Blake Dunlop	4	5	6	10	12	20		
264	Canadiens Champs	4	5	6	10	12	20		
265	Richard Mulhern	4	5	6	10	12	15	20	30
266	Gary Sabourin	4	5	6	10	12	20		
267	Bill McKenzie UER RC	4	5	6	10	12	20		
268	Mike Corrigan	4	5	6	10	12	15	20	30
269	Rick Smith	4	5	6	10	12	20		
270	Stan Weir	4	5	6	10	12	15	20	30
271	Ron Sedlbauer	4	5	6	10	12	15	20	30
272	Jean Lemieux	4	5	6	10	12	20		
273	Hilliard Graves	4	5	6	10	12	20		
274	Dave Gardner	4	5	6	10	12	20		
275	Tracy Pratt	4	5	6	10	12	15	20	30
276	Frank St.Marseille	4	5	6	10	12	20		
277	Bob Hess	4	5	6	10	12	15	20	30
278	Bobby Lalonde	4	5	6	10	12	15	20	30
279	Tony White	4	5	6	10	12	20		
280	Rod Seiling	4	5	6	10	12	20		
281	Larry Romanchych	4	5	6	10	12	15	20	30
282	Ralph Klassen	4	5	6	10	12	20		
283	Gary Croteau	4	5	6	10	12	15	20	30
284	Neil Komadoski	4	5	6	10	12	15	20	30
285	Ed Johnston	4	5	6	10	12	15	20	30
286	George Ferguson	4	5	6	10	12	20		
287	Gerry O'Flaherty	4	5	6	10	12	20		
288	Jack Lynch	4	5	6	10	12	15	20	30
289	Pat Quinn	4	5	6	10	12	15	20	30
290	Gene Carr	4	5	6	10	12	15	20	30
291	Bob Stewart	4	5	6	10	12	15	20	30
292	Doug Favell	4	5	6	10	12	15	20	30
293	Rick Wilson	4	5	6	10	12	20		
294	Jack Valiquette	4	5	6	10	12	15	20	30
295	Garry Monahan	4	5	6	10	12	20		
296	Michel Belhumeur	4	5	6	10	12	20		
297	Larry Carriere	4	5	6	10	12	15	20	30
298	Fred Ahern	4	5	6	10	12	20		
299	Dave Hudson	4	5	6	10	12	20		
300	Bob Berry	4	5	6	10	12	15	20	30
301	Bob Gassoff	4	5	6	10	12	15	20	30
302	Jim McKenny	4	5	6	10	12	20		
303	Gord Smith	4	5	6	10	12	15	20	30
304	Garnet Bailey	4	5	6	10	12	15	20	30
305	Bruce Affleck	4	5	6	10	12	20		
306	Doug Halward	4	5	6	10	12	20		
307	Lew Morrison	4	5	6	10	12	20		
308	Bob Sauve RC	5	6	8	10	12	20	25	50
309	Bob Murray RC	4	5	6	10	12	20		
310	Claude Larose	4	5	6	10	12	15	20	30
311	Don Awrey	4	5	6	10	12	15	20	30
312	Bill MacMillan	4	5	6	10	12	20		
313	Doug Jarvis RC	4	5	6	10	12	30	35	80
314	Dennis Owchar	4	5	6	10	12	15	20	30
315	Jerry Holland	4	5	6	10	12	15	20	30
316	Guy Chouinard RC	4	5	6	10	12	20	25	40
317	Gary Smith	4	5	6	10	12	15	20	30
318	Pat Price	4	5	6	10	12	15	20	30
319	Tom Williams	4	5	6	10	12	15	20	30
320	Larry Patey	4	5	6	10	12	15	20	30
321	Claire Alexander	4	5	6	10	12	15	20	30
322	Larry Bolonchuk	4	5	6	10	12	15	20	30
323	Bob Sirois	4	5	6	10	12	20		
324	Joe Zanussi	4	5	6	10	12	20		
325	Joey Johnston	4	5	6	10	12	15	20	30
326	J.P. LeBlanc	4	5	6	10	12	15	20	30
327	Craig Cameron	4	5	6	10	12	15	20	30
328	Dave Fortier	4	5	6	10	12	15	20	30
329	Ed Gilbert	4	5	6	10	12	15	20	30
330	John Van Boxmeer	4	5	6	10	12	15	20	30
331	Gary Inness	4	5	6	10	12	15	20	30
332	Bill Flett	4	5	6	10	12	20		
333	Mike Christie	4	5	6	10	12	15	20	30
334	Denis Dupere	4	5	6	10	12	20		
335	Sheldon Kannegiesser	4	5	6	10	12	20		
336	Jerry Butler	4	5	6	10	12	15	20	30
337	Gord McRae	4	5	6	10	12	15	20	30
338	Dennis Kearns	4	5	6	10	12	15	20	30
339	Ron Lalonde	4	5	6	10	12	20		
340	Jean Hamel	4	5	6	10	12	15	20	30
341	Barry Gibbs	4	5	6	10	12	20		
342	Mike Pelyk	4	5	6	10	12	20		
343	Rey Comeau	4	5	6	10	12	15	20	30
344	Jim Neilson	4	5	6	10	12	20		
345	Phil Roberto	4	5	6	10	12	20		

#	Player	VG 3	VgEx 4	EX 5	ExMt 6	NM 7	NmMt 8	NmMt+ 8.5	MT 9
346	Dave Hutchinson	4	5	6	10	12	20		
347	Ted Irvine	4	5	6	10	12	15	20	30
348	Lanny McDonald UER	5	6	8	10	12	20	30	60
349	Jim Moxey	4	5	6	10	12	15	20	30
350	Bob Dailey	4	5	6	10	12	15	20	30
351	Tim Ecclestone	4	5	6	10	12	20		
352	Len Frig	4	5	6	10	12	20		
353	Randy Rota	4	5	6	10	12	20		
354	Juha Widing	4	5	6	10	12	15	20	30
355	Larry Brown	4	5	6	10	12	20		
356	Floyd Thomson	4	5	6	10	12	20		
357	Richard Nantais	4	5	6	10	12	20		
358	Inge Hammarstrom	4	5	6	10	12	15	20	30
359	Mike Robitaille	4	5	6	10	12	20		
360	Rejean Houle	4	5	6	10	12	15	20	30
361	Ed Kea	4	5	6	10	12	15	20	30
362	Bob Girard	4	5	6	10	12	15	20	30
363	Bob Murray Vancv	4	5	6	10	12	15	20	30
364	Dave Hrechkosy	4	5	6	10	12	15	20	30
365	Gary Edwards	4	5	6	10	12	15	20	30
366	Harold Snepsts	5	6	8	10	12	20	25	40
367	Pat Boutette RC	4	5	6	10	12	20	25	40
368	Bob Paradise	4	5	6	10	12	15	20	30
369	Bob Plager	4	5	6	10	12	15	20	30
370	Tim Jacobs	4	5	6	10	12	15	20	30
371	Pierre Plante	4	5	6	10	12	15	20	30
372	Colin Campbell	4	5	6	10	12	15	20	30
373	Dave Williams RC	15	20	30	40	80	150		400
374	Ab DeMarco	4	5	6	10	12	20		
375	Mike Lampman	4	5	6	10	12	15	20	30
376	Mark Heaslip	4	5	6	10	12	15	20	30
377	Checklist Card	6	8	10	12	20	50	60	100
378	Bert Wilson	4	5	6	10	12	20		
379	Bntt/Lysk/Qnn/St.S TL	4	5	6	10	12	20		
380	Gre/Perrlt/Mrtin TL	4	5	6	10	12	15	20	30
381	Bucyk/Ratle/O'Rei TL	4	5	6	10	12	20		
382	Mrtn/Tln/Rsll/Kroll TL	4	5	6	10	12	20		
383	Seals/McAd/Mrdch TL	4	5	6	10	12	20		
384	Charron/Durbano TL	4	5	6	10	12	20		
385	Brgrn/McKch/Wtsn TL	4	5	6	10	12	20		
386	Dione/Htch/Corrig TL	4	5	6	10	12	15	20	30
387	Hoga/Yng/O'Brien TL	4	5	6	10	12	15	20	30
388	Laflr/P.Mahv/Rise TL	5	6	8	10	12	20	25	50
389	Gillies/Potvin/How TL	4	5	6	10	12	20	25	50
390	Gilbert/Vick/Espo TL	4	5	6	10	12	20		
391	Leach/Clarke/Barber TL	4	5	6	10	12	20		
392	Lrch/Apps/Schck TL	4	5	6	10	12	20		
393	Lefly/Ungr/Gssf TL	4	5	6	10	12	20		
394	Thmpsn/Sittlr/Will TL	4	5	6	10	12	20		
395	Vgrt/Odl/Krns/Snpst TL	4	5	6	10	12	20		
396	Pyatt/Mhn/Lbr/Whte TL	4	5	6	10	12	20		

—Guy Lafleur #163 PSA 10 (Gem) sold for $262 (Memory Lane, 4/12)
—Bobby Orr #213 PSA 10 (Gem) sold for $949 (Memory Lane, 4/07)
—Bobby Orr #213 PSA 10 (Gem) sold for $756.84 (Mile High, 12/13)
—Brian Trottier RC #155 PSA 10 (Gem) sold for $2,033 (eBay, 3/13)

1976-77 O-Pee-Chee WHA

#	Player	GD 2	VG 3	VgEx 4	EX 5	ExMt 6	NM 7	NmMt 8	MT 9
2	Tardif/Trembl/Nils LL	4	4	5	6	10	12		
3	Tardif/B.Hull/Nils LL	4	5	6	8	12	15	20	40
9	Ulf Nilsson	4			6	10	12	15	
14	Tom Webster	4	4	5	6	8	10	12	25
15	Marty Howe	4		5	6	10	12	15	30
20	Joe Daley	4	4	5	6	8	10	15	
21	Gary Veneruzzo	4	4	5	6	8	10	12	25
23	Mike Antonovich	4	4	5	6	8	10	12	30
27	Poul Popiel	4	4	5	6	8	10	12	25
28	Renald Leclerc	4	4	5	6	8	10	12	25
30	Lars-Erik Sjoberg	4	4	5	6	8	10	12	25
33	Tim Sheehy	4	4	5	6	8	10	12	25
34	Brent Hughes	4	4	5	6	8	10	12	25
37	Rosaire Paiement	4	4	5	6	8	10	12	25
39	Hugh Harris	4	4	5	6	8	10	12	25
41	Rich Leduc	4	4	5	6	8	10	12	25
46	Joe Noris RC	4	4	5	6	8	10	12	25
50	Gordie Howe	8	10	15	20	25	30	40	80
52	Dave Keon	4			6	10	12	15	
54	Bryan Maxwell	4	4	5	6	8	10		
60	Gene Peacosh	4	4	5	6	8	10		
62	J.C. Tremblay AS	4	4	5	6	8	10	12	25
63	Lars-Erik Sjoberg AS	4	4	5	6	8	10	12	25
65	Bobby Hull AS	6	8	10	12	20	25	35	80
67	Chris Abrahamsson AS	4	4	5	6	8	10	12	25
72	Gordie Howe AS	6	8	10	12	20	25	40	150
73	Bob Nevin	4	4	5	6	8	10	12	25
81	Frank Hughes	4	4	5	6	8	10	12	25
82	Reg Thomas	4	4	5	6	8	10	12	25
84	Paul Henderson	4			6	10	12	15	

#	Player	GD 2	VG 3	VgEx 4	EX 5	ExMt 6	NM 7	NmMt 8	MT 9
91	Garry Swain	4	4	5	6	8	10	12	25
95	Mark Howe	5	6	10	15	▼20	30	50	100
97	Peter Marrin RC	4	4	5	6	10	12	15	
98	Paulin Bordeleau	4	4	5	6	8	10	12	25
100	Bobby Hull	6	8	10	12	20	25	40	80
101	Rick Ley	4	4	5	6	8	10	12	25
105	John French	4	4	5	6	8	10	12	25
106	John Hughes	4	4	5	6	8	10		
111	Frank Mahovlich	5	6	8	10	15	20	50	100
115	Rich Preston	4	4	5	6	8	10	12	25
117	Checklist Card	4	5	6	8	12	20	60	150
125	Anders Hedberg	4	4	5	6	10	12	15	
126	Norm Ullman	4	4	5	6	10	12	15	35
127	Steve Sutherland	4	4	5	6	8	10	12	25
128	John Schella	4	4	5	6	8	10	12	25
129	Don McLeod	4	4	5	6	8	10	12	25
130	Canadian Finals	4	5	6	8	12	15	20	40
132	World Trophy Final	5	6	▲10	▲15	▲20	▲40	▲50	▲100

1976-77 Topps

#	Player	VG 3	VgEx 4	EX 5	ExMt 6	NM 7	NmMt 8	NmMt+ 8.5	MT 9
1	Leach/Lafleur/Larou LL	4	5	6	8	10	20	25	
2	Clarke/Lafleur/Perr/ LL	4	5	6	8	10	20	25	
3	Lafleur/Clarke/Perr LL	4	5	6	8	10	15	20	
4	Durbno/Watsn/Schultz LL	4	5	6	8	10	12	15	
5	Espo/Lafleur/Potvin LL	4	5	6	8	10	12	15	
6	Dryden/Resch/Laroc LL	4	5	6	8	10	12	15	
7	Gary Doak	4	5	6	8	10	12	15	
8	Jacques Richard	4	5	6	8	10	12	15	
9	Wayne Dillon	4	5	6	8	10	12	15	20
10	Bernie Parent	4	5	6	8	10	12	15	25
11	Ed Westfall	4	5	6	8	10	12	15	
12	Dick Redmond	4	5	6	8	10	12	15	
13	Bryan Hextall	4	5	6	8	10	12	15	20
14	Jean Pronovost	4	5	6	8	10	12	15	20
15	Peter Mahovlich	4	5	6	8	10	12	15	20
16	Danny Grant	4	5	6	8	10	12	15	
17	Phil Myre	4	5	6	8	10	12	15	20
18	Wayne Merrick	4	5	6	8	10	12	15	
19	Steve Durbano	4	5	6	8	10	12	15	20
20	Derek Sanderson	4	5	6	8	10	12	15	
21	Mike Murphy	4	5	6	8	10	12	15	
22	Borje Salming	4	5	6	8	10	12	15	25
23	Mike Walton	4	5	6	8	10	12	15	
24	Randy Manery	4	5	6	8	10	12	15	
25	Ken Hodge	4	5	6	8	10	12	15	
26	Mel Bridgman RC	4	5	6	8	10	12	15	20
27	Jerry Korab	4	5	6	8	10	12	15	20
28	Gilles Gratton	4	5	6	8	10	12	15	20
29	Andre St.Laurent	4	5	6	8	10	12	15	
30	Yvan Cournoyer	4	5	6	8	10	12	15	
31	Phil Russell	4	5	6	8	10	12	15	20
32	Dennis Hextall	4	5	6	8	10	12	15	
33	Lowell MacDonald	4	5	6	8	10	12	15	20
34	Dennis O'Brien	4	5	6	8	10	12	15	
35	Gerry Meehan	4	5	6	8	10	12	15	
36	Gilles Meloche	4	5	6	8	10	12	15	
37	Wilf Paiement	4	5	6	8	10	12	15	
38	Bob MacMillan RC	4	5	6	8	10	12	15	
39	Ian Turnbull	4	5	6	8	10	12	15	
40	Rogatien Vachon	4	5	6	8	10	12	15	
41	Nick Beverley	4	5	6	8	10	12	15	
42	Rene Robert	4	5	6	8	10	12	15	20
43	Andre Savard	4	5	6	8	10	12	15	
44	Bob Gainey	4	5	6	8	10	12	15	
45	Joe Watson	4	5	6	8	10	12	15	20
46	Billy Smith	4	5	6	8	10	12	15	25
47	Darcy Rota	4	5	6	8	10	12	15	
48	Rick Lapointe RC	4	5	6	8	10	12	15	
49	Pierre Jarry	4	5	6	8	10	12	15	
50	Syl Apps	4	5	6	8	10	12	15	20
51	Eric Vail	4	5	6	8	10	12	15	20
52	Greg Joly	4	5	6	8	10	12	15	
53	Don Lever	4	5	6	8	10	12	15	
54	Bob Murdoch Seals	4	5	6	8	10	12	15	
55	Denis Herron	4	5	6	8	10	12	15	
56	Mike Bloom	4	5	6	8	10	12	15	20
57	Bill Fairbairn	4	5	6	8	10	12	15	
58	Fred Stanfield	4	5	6	8	10	12	15	
59	Steve Shutt	4	5	6	8	10	12	15	25
60	Brad Park	4	5	6	8	10	12	15	25
61	Gilles Villemure	4	5	6	8	10	12	15	
62	Bert Marshall	4	5	6	8	10	12	15	
63	Chuck Lefley	4	5	6	8	10	12	15	
64	Simon Nolet	4	5	6	8	10	12	15	
65	Reggie Leach RB	4	5	6	8	10	12	15	
66	Darryl Sittler RB	4	5	6	8	10	12	15	
67	Bryan Trottier RB	5	6	8	10	12	20	25	50

#	Player	VG 3	VgEx 4	EX 5	ExMt 6	NM 7	NmMt 8	NmMt+ 8.5	MT 9
68	Garry Unger RB	4	5	6	8	10	12	15	20
69	Ron Low	4	5	6	8	10	12	15	
70	Bobby Clarke	5	6	8	10	12	15	20	25
71	Michel Bergeron RC	4	5	6	8	10	12	15	
72	Ron Stackhouse	4	5	6	8	10	12	15	20
73	Bill Hogaboam	4	5	6	8	10	12	15	20
74	Bob Murdoch Kings	4	5	6	8	10	12	15	20
75	Steve Vickers	4	5	6	8	10	12	15	
76	Pit Martin	4	5	6	8	10	12	15	20
77	Gerry Hart	4	5	6	8	10	12	15	
78	Craig Ramsay	4	5	6	8	10	12	15	20
79	Michel Larocque	4	5	6	8	10	12	15	20
80	Jean Ratelle	4	5	6	8	10	12	15	20
81	Don Saleski	4	5	6	8	10	12	15	
82	Bill Clement	4	5	6	8	10	12	15	20
83	Dave Burrows	4	5	6	8	10	12	15	
84	Wayne Thomas	4	5	6	8	10	12	15	20
85	John Gould	4	5	6	8	10	12	15	20
86	Dennis Maruk RC	4	5	6	8	10	12	15	25
87	Ernie Hicke	4	5	6	8	10	12	15	20
88	Jim Rutherford	4	5	6	8	10	12	15	
89	Dale Tallon	4	5	6	8	10	12	15	
90	Rod Gilbert	4	5	6	8	10	12	15	
91	Marcel Dionne	4	5	6	8	10	15	20	25
92	Chuck Arnason	4	5	6	8	10	12	15	
93	Jean Potvin	4	5	6	8	10	12	15	20
94	Don Luce	4	5	6	8	10	12	15	
95	Johnny Bucyk	4	5	6	8	10	12	15	20
96	Larry Goodenough	4	5	6	8	10	12	15	20
97	Mario Tremblay	4	5	6	8	10	12	15	
98	Nelson Pyatt RC	4	5	6	8	10	12	15	
99	Brian Glennie	4	5	6	8	10	12	15	
100	Tony Esposito	4	5	6	8	10	12	15	30
101	Dan Maloney	4	5	6	8	10	12	15	20
102	Barry Wilkins	4	5	6	8	10	12	15	
103	Dean Talafous	4	5	6	8	10	12	15	20
104	Ed Staniowski RC	4	5	6	8	10	12	15	20
105	Dallas Smith	4	5	6	8	10	12	15	
106	Jude Drouin	4	5	6	8	10	12	15	
107	Pat Hickey	4	5	6	8	10	12	15	
108	Jocelyn Guevremont	4	5	6	8	10	12	15	20
109	Doug Risebrough	4	5	6	8	10	12	15	20
110	Reggie Leach	4	5	6	8	10	12	15	
111	Dan Bouchard	4	5	6	8	10	12	15	20
112	Chris Oddleifson	4	5	6	8	10	12	15	
113	Rick Hampton	4	5	6	8	10	12	15	
114	John Marks	4	5	6	8	10	12	15	
115	Bryan Trottier RC	20	25	30	40	50	100	150	300
116	Checklist 1-132	5	6	8	10	15	20	30	
117	Greg Polis	4	5	6	8	10	12	15	
118	Peter McNab	4	5	6	8	10	12	15	20
119	Jim Roberts	4	5	6	8	10	12	15	
120	Gerry Cheevers	4	5	6	8	10	12	15	
121	Rick MacLeish	4	5	6	8	10	12	15	20
122	Billy Lochead	4	5	6	8	10	12	15	
123	Tom Reid	4	5	6	8	10	12	15	20
124	Rick Kehoe	4	5	6	8	10	12	15	20
125	Keith Magnuson	4	5	6	8	10	12	15	20
126	Clark Gillies	4	5	6	8	10	12	15	
127	Rick Middleton	4	5	6	8	10	12	15	
128	Bill Hajt	4	5	6	8	10	12	15	
129	Jacques Lemaire	4	5	6	8	10	12	15	
130	Terry O'Reilly	4	5	6	8	10	12	15	20
131	Andre Dupont	4	5	6	8	10	12	15	
132	Flames Team CL	4	5	6	8	10	12	15	
133	Bruins Team CL	4	5	6	8	10	12	15	
134	Sabres Team CL	4	5	6	8	10	12	15	40
135	Seals Team CL	4	5	6	8	10	12	15	
136	Blackhawks Team CL	4	5	6	8	10	12	15	40
137	Red Wings Team CL	4	5	6	8	10	12	15	
138	Scouts Team CL	4	5	6	8	10	12	15	
139	Kings Team CL	4	5	6	8	10	12	15	
140	North Stars Team CL	4	5	6	8	10	12	15	
141	Canadiens Team CL	4	5	6	8	10	12	15	
142	Islanders Team CL	4	5	6	8	10	12	15	
143	Rangers Team CL	4	5	6	8	10	12	15	
144	Flyers Team CL	4	5	6	8	10	12	15	
145	Penguins Team CL	4	5	6	8	10	12	15	
146	Blues Team CL	4	5	6	8	10	12	15	
147	Maple Leafs Team CL	4	5	6	8	10	12	15	
148	Canucks Team CL	4	5	6	8	10	12	15	
149	Capitals Team CL	4	5	6	8	10	12	15	
150	Dave Schultz	4	5	6	8	10	12	15	20
151	Larry Robinson	5	6	8	10	12	15	20	25
152	Al Smith	4	5	6	8	10	12	15	
153	Bob Nystrom	4	5	6	8	10	12	15	20
154	Ron Greschner UER	4	5	6	8	10	12	15	
155	Gregg Sheppard	4	5	6	8	10	12	15	

#	Player	VG 3	VgEx 4	EX 5	ExMt 6	NM 7	NmMt 8	NmMt+ 8.5	MT 9
156	Alain Daigle	4	5	6	8	10	12	15	20
157	Ed Van Impe	4	5	6	8	10	12	15	20
158	Tim Young RC	4	5	6	8	10	12	15	20
159	Gary Bergman	4	5	6	8	10	12	15	
160	Ed Giacomin	4	5	6	8	10	12	15	20
161	Yvon Labre	4	5	6	8	10	12	15	20
162	Jim Lorentz	4	5	6	8	10	12	15	20
163	Guy Lafleur	5	6	10	12	15	20	25	80
164	Tom Bladon	4	5	6	8	10	12	15	
165	Wayne Cashman	4	5	6	8	10	12	15	
166	Pete Stemkowski	4	5	6	8	10	12	15	
167	Grant Mulvey	4	5	6	8	10	12	15	20
168	Yves Belanger RC	4	5	6	8	10	12	15	
169	Bill Goldsworthy	4	5	6	8	10	12	15	
170	Denis Potvin	5	6	8	10	15	20	25	40
171	Nick Libett	4	5	6	8	10	12	15	20
172	Michel Plasse	4	5	6	8	10	12	15	
173	Lou Nanne	4	5	6	8	10	12	15	20
174	Tom Lysiak	4	5	6	8	10	12	15	20
175	Dennis Ververgaert	4	5	6	8	10	12	15	
176	Gary Simmons	4	5	6	8	10	12	15	20
177	Pierre Bouchard	4	5	6	8	10	12	15	
178	Bill Barber	4	5	6	8	10	12	15	25
179	Darryl Edestrand	4	5	6	8	10	12	15	
180	Gilbert Perreault	4	5	6	8	10	12	15	30
181	Dave Maloney RC	4	5	6	8	10	12	15	20
182	Jean-Paul Parise	4	5	6	8	10	12	15	
183	Bobby Sheehan	4	5	6	8	10	12	15	
184	Pete Lopresti RC	4	5	6	8	10	12	15	20
185	Don Kozak	4	5	6	8	10	12	15	
186	Guy Charron	4	5	6	8	10	12	15	
187	Stan Gilbertson	4	5	6	8	10	12	15	
188	Bill Nyrop RC	4	5	6	8	10	12	15	
189	Bobby Schmautz	4	5	6	8	10	12	15	20
190	Wayne Stephenson	4	5	6	8	10	12	15	
191	Brian Spencer	4	5	6	8	10	12	15	
192	Gilles Marotte	4	5	6	8	10	12	15	
193	Lorne Henning	4	5	6	8	10	12	15	20
194	Bob Neely	4	5	6	8	10	12	15	
195	Dennis Hull	4	5	6	8	10	12	15	
196	Walt McKechnie	4	5	6	8	10	12	15	20
197	Curt Ridley RC	4	5	6	8	10	12	15	
198	Dwight Bialowas	4	5	6	8	10	12	15	20
199	Pierre Larouche	4	5	6	8	10	12	15	
200	Ken Dryden	20	25	30	50	60	80	100	200
201	Ross Lonsberry	4	5	6	8	10	12	15	
202	Curt Bennett	4	5	6	8	10	12	15	
203	Hartland Monahan RC	4	5	6	8	10	12	15	20
204	John Davidson	4	5	6	8	10	12	15	
205	Serge Savard	4	5	6	8	10	12	15	
206	Garry Howatt	4	5	6	8	10	12	15	20
207	Darryl Sittler	4	5	6	8	10	15	20	25
208	J.P. Bordeleau	4	5	6	8	10	12	15	20
209	Henry Boucha	4	5	6	8	10	12	15	
210	Richard Martin	4	5	6	8	10	12	15	20
211	Vic Venasky	4	5	6	8	10	12	15	20
212	Buster Harvey	4	5	6	8	10	12	15	
213	Bobby Orr	▼12	▼15	▼20	▼25	▼30	▼80	▼125	250
214	Martin/Perrlt/Robert	4	5	6	8	10	12	15	30
215	Barber/Clarke/Leach	4	5	6	8	10	12	15	
216	Gillies/Trottier/Harris	4	5	6	8	10	15	20	
217	Gainey/Jarvis/Roberts	4	5	6	8	10	12	15	
218	MacDon/Apps/Pronvst	4	5	6	8	10	12	15	
219	Bob Kelly	4	5	6	8	10	12	15	20
220	Walt Tkaczuk	4	5	6	8	10	12	15	
221	Dave Lewis	4	5	6	8	10	12	15	20
222	Danny Gare	4	5	6	8	10	12	15	
223	Guy Lapointe	4	5	6	8	10	12	15	
224	Hank Nowak RC	4	5	6	8	10	12	15	
225	Stan Mikita	4	5	6	8	10	15	20	30
226	Vic Hadfield	4	5	6	8	10	12	15	
227	Bernie Wolfe RC	4	5	6	8	10	12	15	
228	Bryan Watson	4	5	6	8	10	12	15	
229	Ralph Stewart	4	5	6	8	10	12	15	
230	Gerry Desjardins	4	5	6	8	10	12	15	20
231	John Bednarski RC	4	5	6	8	10	12	15	
232	Yvon Lambert	4	5	6	8	10	12	15	
233	Orest Kindrachuk	4	5	6	8	10	12	15	
234	Don Marcotte	4	5	6	8	10	12	15	
235	Bill White	4	5	6	8	10	12	15	
236	Red Berenson	4	5	6	8	10	12	15	20
237	Al MacAdam	4	5	6	8	10	12	15	
238	Rick Blight RC	4	5	6	8	10	12	15	20
239	Butch Goring	4	5	6	8	10	12	15	
240	Cesare Maniago	4	5	6	8	10	12	15	
241	Jim Schoenfeld	4	5	6	8	10	12	15	20
242	Cliff Koroll	4	5	6	8	10	12	15	
243	Mickey Redmond	4	5	6	8	10	12	15	

#	Player	VG 3	VgEx 4	EX 5	ExMt 6	NM 7	NmMt 8	NmMt+ 8.5	MT 9
244	Rick Chartraw	4	5	6	8	10	12	15	
245	Phil Esposito	4	5	6	8	10	15	20	30
246	Dave Forbes	4	5	6	8	10	12	15	20
247	Jimmy Watson	4	5	6	8	10	12	15	
248	Ron Schock	4	5	6	8	10	12	15	20
249	Fred Barrett	4	5	6	8	10	12	15	
250	Glenn Resch	4	5	6	8	10	12	15	
251	Ivan Boldirev	4	5	6	8	10	12	15	20
252	Billy Harris	4	5	6	8	10	12	15	
253	Lee Fogolin	4	5	6	8	10	12	15	
254	Murray Wilson	4	5	6	8	10	12	15	
255	Gilles Gilbert	4	5	6	8	10	12	15	
256	Gary Dornhoefer	4	5	6	8	10	12	15	
257	Carol Vadnais	4	5	6	8	10	12	15	
258	Checklist 133-264	5	6	8	10	15	20	30	
259	Errol Thompson	4	5	6	8	10	12	15	
260	Garry Unger	4	5	6	8	10	12	15	
261	J. Bob Kelly	4	5	6	8	10	12	15	
262	Terry Harper	4	5	6	8	10	12	15	
263	Blake Dunlop	4	5	6	8	10	12	15	
264	Canadiens Champs	4	5	6	8	12	15	20	

1977-78 O-Pee-Chee

#	Player	VG 3	VgEx 4	EX 5	ExMt 6	NM 7	NmMt 8	NmMt+ 8.5	MT 9
1	Shutt/Lafleur/Dionne LL	4	5	6	8	10	15	20	40
2	Lafleur/Dionne/Sal/ LL	4	5	6	8	10	15	20	35
3	Lafleur/Dionne/Shutt LL	4	5	6	8	10	15	20	35
4	Williams/Polonich/Gassoff LL	4	5	6	8	10	12	15	25
5	McDonald/Espo/Will LL	4	5	6	8	10	12	15	25
6	Laroc/Dryden/Resch LL	4	5	6	8	10	15	20	40
7	Perr/Shutt/Lafleur/ LL	4	5	6	8	10	15	20	35
8	Dryden/Vach/Parent/ LL	4	5	6	8	10	15	20	40
9	Brian Spencer	4	5	6	8	10	15	20	
10	Denis Potvin	4	5	6	8	10	15	20	40
11	Nick Fotiu	4	5	6	8	10	12	15	25
12	Bob Murray	4	5	6	8	10	12	15	25
13	Pete Lopresti	4	5	6	8	10	15	20	
14	J. Bob Kelly	4	5	6	8	10	12	15	25
15	Rick MacLeish	4	5	6	8	10	12	15	25
16	Terry Harper	4	5	6	8	10	15	20	
17	Willi Plett RC	4	5	6	8	10	15	20	40
18	Peter McNab	4	5	6	8	10	12	15	25
19	Wayne Thomas	4	5	6	8	10	12	15	
20	Pierre Bouchard	4	5	6	8	10	12	15	25
21	Dennis Maruk	4	5	6	8	10	15	20	
22	Mike Murphy	4	5	6	8	10	12	15	
23	Cesare Maniago	4	5	6	8	10	15	20	
24	Paul Gardner RC	4	5	6	8	10	12	15	25
25	Rod Gilbert	4	5	6	8	10	12	15	25
26	Orest Kindrachuk	4	5	6	8	10	12	15	25
27	Bill Hajt	4	5	6	8	10	12	15	25
28	John Davidson	4	5	6	8	10	15	20	35
29	Jean-Paul Parise	4	5	6	8	10	12	15	
30	Larry Robinson	4	5	6	10	15	20	25	50
31	Yvon Labre	4	5	6	8	10	12	15	25
32	Walt McKechnie	4	5	6	8	10	12	15	
33	Rick Kehoe	4	5	6	8	10	12	15	25
34	Randy Holt	4	5	6	8	10	12	15	25
35	Garry Unger	4	5	6	8	10	15	20	
36	Lou Nanne	4	5	6	8	10	12	15	25
37	Dan Bouchard	4	5	6	8	10	12	15	25
38	Darryl Sittler	4	5	6	8	10	15	20	40
39	Bob Murdoch	4	5	6	8	10	12	15	25
40	Jean Ratelle	4	5	6	8	10	12	15	25
41	Dave Maloney	4	5	6	8	10	12	15	25
42	Danny Gare	4	5	6	8	10	15	20	
43	Jimmy Watson	4	5	6	8	10	12	15	25
44	Tom Williams	4	5	6	8	10	15	20	
45	Serge Savard	4	5	6	8	10	12	15	
46	Derek Sanderson	4	5	6	8	10	15	20	
47	John Marks	4	5	6	8	10	12	15	25
48	Al Cameron	4	5	6	8	10	15	20	
49	Dean Talafous	4	5	6	8	10	12	15	25
50	Glenn Resch	4	5	6	8	10	15	20	35
51	Ron Schock	4	5	6	8	10	12	15	25
52	Gary Croteau	4	5	6	8	10	12	15	25
53	Gerry Meehan	4	5	6	8	10	12	15	25
54	Ed Staniowski	4	5	6	8	10	12	15	
55	Phil Esposito UER	4	5	6	8	10	15	20	40
56	Dennis Ververgaert	4	5	6	8	10	12	15	25
57	Rick Wilson	4	5	6	8	10	12	15	25
58	Jim Lorentz	4	5	6	8	10	12	15	25
59	Bobby Schmautz	4	5	6	8	10	12	15	25
60	Guy Lapointe AS2	4	5	6	8	10	12	15	25
61	Ivan Boldirev	4	5	6	8	10	12	15	25
62	Bob Nystrom	4	5	6	8	10	15	20	
63	Rick Hampton	4	5	6	8	10	12	15	25
64	Jack Valiquette	4	5	6	8	10	12	15	25

#	Player	VG 3	VgEx 4	EX 5	ExMt 6	NM 7	NmMt 8	NmMt+ 8.5	MT 9
65	Bernie Parent	4	5	6	8	10	15	20	
66	Dave Burrows	4	5	6	8	10	15	20	
67	Butch Goring	4	5	6	8	10	12	15	25
68A	Checklist 1-132 ERR	4	5	6	8	10	20	30	
68B	Checklist 1-132 COR								
69	Murray Wilson	4	5	6	8	10	12	15	25
70	Ed Giacomin	4	5	6	8	10	15	20	35
71	Flames Team/(checklist back)	4	5	6	8	10	15	20	35
72	Bruins Team/(checklist back)	4	5	6	8	10	15	20	
73	Sabres Team/(checklist back)	4	5	6	8	10	15	20	
74	Blackhawks Team/(checklist back)	4	5	6	8	10	15	20	
75	Barons Team/(checklist back)	4	5	6	8	10	15	20	
76	Rockies Team/(checklist back)	4	5	6	8	10	15	20	35
77	Red Wings Team/(checklist back)	4	5	6	8	10	15	20	35
78	Kings Team/(checklist back)	4	5	6	8	10	15	20	
79	North Stars Team/(checklist back)	4	5	6	8	10	15	20	35
80	Canadiens Team/(checklist back)	4	5	6	8	10	15	20	35
81	Islanders Team/(checklist back)	4	5	6	8	10	15	20	35
82	Rangers Team/(checklist back)	4	5	6	8	10	15	20	35
83	Flyers Team/(checklist back)	4	5	6	8	10	15	20	
84	Penguins Team/(checklist back)	4	5	6	8	10	15	20	
85	Blues Team/(checklist back)	4	5	6	8	10	15	20	
86	Maple Leafs Team/(checklist back)	4	5	6	8	10	15	20	35
87	Canucks Team/(checklist back)	4	5	6	8	10	15	20	
88	Capitals Team/(checklist back)	4	5	6	8	10	15	20	35
89	Keith Magnuson	4	5	6	8	10	12	15	25
90	Walt Tkaczuk	4	5	6	8	10	12	15	25
91	Bill Nyrop	4	5	6	8	10	12	15	25
92	Michel Plasse	4	5	6	8	10	12	15	25
93	Bob Bourne	4	5	6	8	10	12	15	25
94	Lee Fogolin	4	5	6	8	10	12	15	25
95	Gregg Sheppard	4	5	6	8	10	15	20	
96	Hartland Monahan	4	5	6	8	10	12	15	
97	Curt Bennett	4	5	6	8	10	15	20	
98	Bob Dailey	4	5	6	8	10	15	20	
99	Bill Goldsworthy	4	5	6	8	10	12	15	25
100	Ken Dryden	10	15	20	30	40	80	125	400
101	Grant Mulvey	4	5	6	8	10	12	15	
102	Pierre Larouche	4	5	6	8	10	12	15	25
103	Nick Libett	4	5	6	8	10	15	20	
104	Rick Smith	4	5	6	8	10	12	15	25
105	Bryan Trottier	5	8	10	15	25	40	60	200
106	Pierre Jarry	4	5	6	8	10	12	15	
107	Red Berenson	4	5	6	8	10	12	15	25
108	Jim Schoenfeld	4	5	6	8	10	12	15	25
109	Gilles Meloche	4	5	6	8	10	12	15	25
110	Lanny McDonald	4	5	6	8	10	15	20	35
111	Don Lever	4	5	6	8	10	12	15	25
112	Greg Polis	4	5	6	8	10	12	15	25
113	Gary Sargent RC	4	5	6	8	10	15	20	
114	Earl Anderson	4	5	6	8	10	12	15	25
115	Bobby Clarke	4	5	6	8	10	15	25	40
116	Dave Lewis	4	5	6	8	10	12	15	25
117	Darcy Rota	4	5	6	8	10	12	15	25
118	Andre Savard	4	5	6	8	10	12	15	25
119	Denis Herron	4	5	6	8	10	15	20	
120	Steve Shutt	4	5	6	8	10	15	20	35
121	Mel Bridgman	4	5	6	8	10	15	20	
122	Buster Harvey	4	5	6	8	10	12	15	
123	Roland Eriksson	4	5	6	8	10	12	15	
124	Dale Tallon	4	5	6	8	10	12	15	25
125	Gilles Gilbert	4	5	6	8	10	12	15	25
126	Billy Harris	4	5	6	8	10	12	15	25
127	Tom Lysiak	4	5	6	8	10	12	15	25
128	Jerry Korab	4	5	6	8	10	12	15	25
129	Bob Gainey	4	5	6	8	10	15	20	35
130	Wilf Paiement	4	5	6	8	10	15	20	
131	Tom Bladon	4	5	6	8	10	12	15	25
132	Ernie Hicke	4	5	6	8	10	12	15	
133	J.P. LeBlanc	4	5	6	8	10	15	20	
134	Mike Milbury RC	4	5	6	8	10	15	25	30	80
135	Pit Martin	4	5	6	8	10	12	15	25
136	Steve Vickers	4	5	6	8	10	12	15	
137	Don Awrey	4	5	6	8	10	12	15	25
138	Bernie Wolfe	4	5	6	8	10	12	15	25
139	Doug Jarvis	4	5	6	8	10	12	15	25
140	Borje Salming	4	5	6	8	10	15	20	
141	Bob MacMillan	4	5	6	8	10	12	15	25
142	Wayne Stephenson	4	5	6	8	10	15	20	
143	Dave Forbes	4	5	6	8	10	12	15	
144	Jean Potvin	4	5	6	8	10	12	15	25
145	Guy Charron	4	5	6	8	10	12	15	25
146	Cliff Koroll	4	5	6	8	10	12	15	25
147	Danny Grant	4	5	6	8	10	12	15	25
148	Bill Hogaboam	4	5	6	8	10	12	15	25
149	Al MacAdam	4	5	6	8	10	12	15	25
150	Gerry Desjardins	4	5	6	8	10	12	15	25
151	Yvon Lambert	4	5	6	8	10	12	15	25

#	Player	VG 3	VgEx 4	EX 5	ExMt 6	NM 7	NmMt 8	NmMt+ 8.5	MT 9
152	Rick Lapointe	4	5	6	8	10	15	20	
153	Ed Westfall	4	5	6	8	10	15	20	
154	Carol Vadnais	4	5	6	8	10	15	20	
155	Johnny Bucyk	4	5	6	8	10	15	20	
156	J.P. Bordeleau	4	5	6	8	10	12	15	25
157	Ron Stackhouse	4	5	6	8	10	15	20	
158	Glen Sharpley	4	5	6	8	10	15	20	
159	Michel Bergeron	4	5	6	8	10	15	20	
160	Rogatien Vachon	4	5	6	8	10	15	20	35
161	Fred Stanfield	4	5	6	8	10	12	15	25
162	Gerry Hart	4	5	6	8	10	15	20	
163	Mario Tremblay	4	5	6	8	10	12	15	25
164	Andre Dupont	4	5	6	8	10	12	15	25
165	Don Marcotte	4	5	6	8	10	12	15	25
166	Wayne Dillon	4	5	6	8	10	12	15	25
167	Claude Larose	4	5	6	8	10	15	20	
168	Eric Vail	4	5	6	8	15	25	30	
169	Tom Edur	4	5	6	8	10	12	15	25
170	Tony Esposito	4	5	6	8	10	15	20	40
171	Andre St.Laurent	4	5	6	8	10	15	20	
172	Dan Maloney	4	5	6	8	10	12	15	25
173	Dennis O'Brien	4	5	6	8	10	12	15	25
174	Blair Chapman	4	5	6	8	10	12	15	25
175	Dennis Kearns	4	5	6	8	10	12	15	
176	Wayne Merrick	4	5	6	8	10	15	20	
177	Michel Larocque	4	5	6	8	10	12	15	25
178	Bob Kelly	4	5	6	8	10	12	15	25
179	Dave Farrish	4	5	6	8	10	15	20	
180	Richard Martin AS2	4	5	6	8	10	12	15	25
181	Gary Doak	4	5	6	8	10	15	20	
182	Jude Drouin	4	5	6	8	10	12	15	25
183	Barry Dean	4	5	6	8	10	12	15	25
184	Gary Smith	4	5	6	8	10	15	20	
185	Reggie Leach	4	5	6	8	10	12	15	25
186	Ian Turnbull	4	5	6	8	10	12	15	
187	Vic Venasky	4	5	6	8	10	15	20	
188	Wayne Bianchin	4	5	6	8	10	12	15	25
189	Doug Risebrough	4	5	6	8	10	15	20	
190	Brad Park	4	5	6	8	10	15	20	35
191	Craig Ramsay	4	5	6	8	10	12	15	25
192	Ken Hodge	4	5	6	8	10	12	15	25
193	Phil Myre	4	5	6	8	10	12	15	
194	Garry Howatt	4	5	6	8	10	12	15	25
195	Stan Mikita	4	5	6	8	10	15	20	40
196	Garnet Bailey	4	5	6	8	10	12	15	25
197	Dennis Hextall	4	5	6	8	10	15	20	
198	Nick Beverley	4	5	6	8	10	15	20	
199	Larry Patey	4	5	6	8	10	15	20	
200	Guy Lafleur	20	30	40	50	60	125	150	200
201	Don Edwards RC	4	5	6	8	10	15	20	80
202	Gary Dornhoefer	4	5	6	8	10	12	15	25
203	Bob Paradise	4	5	6	8	10	12	15	25
204	Alex Pirus	4	5	6	8	10	12	15	25
205	Peter Mahovlich	4	5	6	8	10	12	15	25
206	Bert Marshall	4	5	6	8	10	12	15	25
207	Gilles Gratton	4	5	6	8	10	12	15	25
208	Alain Daigle	4	5	6	8	10	12	15	
209	Chris Oddleifson	4	5	6	8	10	12	15	25
210	Gilbert Perreault	4	5	6	8	10	15	20	60
211	Mike Palmateer RC	20	25	30	40	50	60	80	200
212	Billy Lochead	4	5	6	8	10	12	15	25
213	Dick Redmond	4	5	6	8	10	15	20	
214	Guy Lafleur RB	4	5	6	8	10	15	20	35
215	Ian Turnbull RB	4	5	6	8	10	12	15	25
216	Guy Lafleur RB	4	5	6	8	10	15	20	35
217	Steve Shutt RB	4	5	6	8	10	12	15	25
218	Guy Lafleur RB	4	5	6	8	10	15	20	35
219	Lorne Henning	4	5	6	8	10	12	15	25
220	Terry O'Reilly	4	5	6	8	10	12	15	25
221	Pat Hickey	4	5	6	8	10	12	15	25
222	Rene Robert	4	5	6	8	10	12	15	25
223	Tim Young	4	5	6	8	10	12	15	25
224	Dunc Wilson	4	5	6	8	10	15	20	
225	Dennis Hull	4	5	6	8	10	12	15	25
226	Rod Seiling	4	5	6	8	10	12	15	25
227	Bill Barber	4	5	6	8	10	12	15	
228	Dennis Polonich	4	5	6	8	10	12	15	25
229	Billy Smith	4	5	6	8	10	15	20	35
230	Yvan Cournoyer	4	5	6	8	10	12	15	
231	Don Luce	4	5	6	8	10	12	15	25
232	Mike McEwen RC	4	5	6	8	10	15	20	
233	Don Saleski	4	5	6	8	10	12	15	
234	Wayne Cashman	4	5	6	8	10	12	15	25
235	Phil Russell	4	5	6	8	10	12	15	25
236	Mike Corrigan	4	5	6	8	10	12	15	25
237	Guy Chouinard	4	5	6	8	10	12	15	25
238	Steve Jensen	4	5	6	8	10	12	15	
239	Jim Rutherford	4	5	6	8	10	12	15	25

#	Player	VG 3	VgEx 4	EX 5	ExMt 6	NM 7	NmMt 8	NmMt+ 8.5	MT 9
240	Marcel Dionne	4	5	6	8	10	15	20	40
241	Rejean Houle	4	5	6	8	10	12	15	25
242	Jocelyn Guevremont	4	5	6	8	10	12	15	25
243	Jim Harrison	4	5	6	8	10	12	15	25
244	Don Murdoch	4	5	6	8	10	15	20	
245	Rick Green RC	4	5	6	8	10	12	15	25
246	Rick Middleton	4	5	6	8	10	12	15	25
247	Joe Watson	4	5	6	8	10	12	15	25
248	Syl Apps	4	5	6	8	10	15	20	
249	Checklist 133-264	4	5	6	10	20	40		
250	Clark Gillies	4	5	6	8	10	12	15	
251	Bobby Orr	30	40	50	60	80	100	150	300
252	Nelson Pyatt	4	5	6	8	10	12	15	25
253	Gary McAdam	4	5	6	8	10	12	15	25
254	Jacques Lemaire	4	5	6	8	10	12	15	25
255	Bob Girard	4	5	6	8	10	12	15	25
256	Ron Greschner	4	5	6	8	10	12	15	25
257	Ross Lonsberry	4	5	6	8	10	12	15	25
258	Dave Gardner	4	5	6	8	10	12	15	25
259	Rick Blight	4	5	6	8	10	12	15	25
260	Gerry Cheevers	4	5	6	8	10	15	20	35
261	Jean Pronovost	4	5	6	8	10	15	20	
262	Cup Semi-Finals	4	5	6	8	10	12	15	25
263	Cup Semi-Finals	4	5	6	8	10	12	15	25
264	Canadiens Champs	4	5	6	8	10	12	15	
265	Rick Bowness RC	4	5	6	8	12	20	25	40
266	George Ferguson	4	5	6	8	10	12	15	25
267	Mike Kitchen RC	4	5	6	8	10	12	15	25
268	Bob Berry	4	5	6	8	10	12	15	25
269	Greg Smith RC	4	5	6	8	10	12	15	25
270	Stan Jonathan RC	4	5	6	8	10	15	20	40
271	Dwight Bialowas	4	5	6	8	10	12	15	25
272	Pete Stemkowski	4	5	6	8	10	15	20	
273	Greg Joly	4	5	6	8	10	12	15	25
274	Ken Houston RC	4	5	6	8	10	12	15	25
275	Brian Glennie	4	5	6	8	10	12	15	25
276	Ed Johnston	4	5	6	8	10	12	15	25
277	John Grisdale	4	5	6	8	10	12	15	25
278	Craig Patrick	4	5	6	8	10	12	15	25
279	Ken Breitenbach RC	4	5	6	8	10	12	15	25
280	Fred Ahern	4	5	6	8	10	12	15	25
281	Jim Roberts	4	5	6	8	10	12	15	25
282	Harvey Bennett RC	4	5	6	8	10	15	20	
283	Ab DeMarco	4	5	6	8	10	12	15	25
284	Pat Boutette	4	5	6	8	10	12	15	25
285	Bob Plager	4	5	6	8	10	12	15	25
286	Hilliard Graves	4	5	6	8	10	12	15	25
287	Gordie Lane RC	4	5	6	8	10	12	15	25
288	Ron Andruff	4	5	6	8	10	12	15	25
289	Larry Brown	4	5	6	8	10	12	15	25
290	Mike Fidler	4	5	6	8	10	12	15	25
291	Fred Barrett	4	5	6	8	10	12	15	25
292	Bill Clement	4	5	6	8	10	12	15	25
293	Errol Thompson	4	5	6	8	10	12	15	25
294	Doug Grant	4	5	6	8	10	12	15	25
295	Harold Snepsts	4	5	6	8	10	15	20	35
296	Rick Bragnalo	4	5	6	8	10	12	15	
297	Bryan Lefley	4	5	6	8	10	12	15	25
298	Gene Carr	4	5	6	8	10	12	15	25
299	Bob Stewart	4	5	6	8	10	15	20	
300	Lew Morrison	4	5	6	8	10	12	15	
301	Ed Kea	4	5	6	8	10	12	15	25
302	Scott Garland	4	5	6	8	10	15	20	
303	Bill Fairbairn	4	5	6	8	10	12	15	25
304	Larry Carriere	4	5	6	8	10	12	15	25
305	Ron Low	4	5	6	8	10	12	15	25
306	Tom Reid	4	5	6	8	10	12	15	25
307	Paul Holmgren RC	4	5	6	8	10	30	40	60
308	Pat Price	4	5	6	8	10	12	15	25
309	Kirk Bowman	4	5	6	8	10	12	15	
310	Bobby Simpson	4	5	6	8	10	12	15	25
311	Ron Ellis	4	5	6	8	10	12	15	25
312	R.Bourbonnais (Federko)	4	5	6	8	10	15	20	35
313	Bobby Lalonde	4	5	6	8	10	12	15	25
314	Tony White	4	5	6	8	10	12	15	25
315	John Van Boxmeer	4	5	6	8	10	12	15	25
316	Don Kozak	4	5	6	8	10	12	15	25
317	Jim Neilson	4	5	6	8	10	12	15	25
318	Terry Martin	4	5	6	8	10	12	15	25
319	Barry Gibbs	4	5	6	8	10	15	20	
320	Inge Hammarstrom	4	5	6	8	10	12	15	25
321	Darryl Edestrand	4	5	6	8	10	12	15	
322	Flames Logo	4	5	6	8	10	15	20	35
323	Bruins Logo	4	5	6	8	10	15	20	35
324	Sabres Logo	4	5	6	8	10	15	20	35
325	Blackhawks Logo	4	5	6	8	10	15	20	35
326	Barons Logo	4	5	6	8	10	15	20	35
327	Rockies Logo	4	5	6	8	10	15	20	35

#	Player	VG 3	VgEx 4	EX 5	ExMt 6	NM 7	NmMt 8	NmMt+ 8.5	MT 9
328	Red Wings Logo	4	5	6	8	10	15	20	35
329	Kings Logo	4	5	6	8	10	15	20	35
330	North Stars Logo	4	5	6	8	10	15	20	35
331	Canadiens Logo	4	5	6	8	10	15	20	35
332	Islanders Logo	4	5	6	8	10	15	20	35
333	Rangers Logo	4	5	6	8	10	15	20	35
334	Flyers Logo	4	5	6	8	10	15	20	35
335	Penguins Logo	4	5	6	8	10	15	20	35
336	Blues Logo	4	5	6	8	10	15	20	35
337	Maple Leafs Logo	4	5	6	8	10	15	20	35
338	Canucks Logo	4	5	6	8	10	15	20	35
339	Capitals Logo	4	5	6	8	10	15	20	35
340	Chuck Lefley	4	5	6	8	10	12	15	25
341	Garry Monahan	4	5	6	8	10	12	15	25
342	Bryan Watson	4	5	6	8	10	12	15	25
343	Dave Hudson	4	5	6	8	10	12	15	25
344	Neil Komadoski	4	5	6	8	10	12	15	25
345	Gary Edwards	4	5	6	8	10	12	15	25
346	Rey Comeau	4	5	6	8	10	15	20	
347	Bob Neely	4	5	6	8	10	12	15	25
348	Jean Hamel	4	5	6	8	10	12	15	25
349	Jerry Butler	4	5	6	8	10	15	20	
350	Mike Walton	4	5	6	8	10	12	15	25
351	Bob Sirois	4	5	6	8	10	12	15	25
352	Jim McElmury	4	5	6	8	10	12	15	25
353	Dave Schultz	4	5	6	8	10	12	15	25
354	Doug Palazzari	4	5	6	8	10	12	15	25
355	David Shand	4	5	6	8	10	12	15	25
356	Stan Weir	4	5	6	8	10	12	15	25
357	Mike Christie	4	5	6	8	10	12	15	25
358	Floyd Thomson	4	5	6	8	10	12	15	25
359	Larry Goodenough	4	5	6	8	10	15	20	
360	Bill Riley	4	5	6	8	10	12	15	25
361	Doug Hicks	4	5	6	8	10	15	20	
362	Dan Newman	4	5	6	8	10	15	20	
363	Rick Chartraw	4	5	6	8	10	12	15	25
364	Tim Ecclestone	4	5	6	8	10	15	20	
365	Don Ashby	4	5	6	8	10	12	15	25
366	Jacques Richard	4	5	6	8	10	12	15	25
367	Yves Belanger	4	5	6	8	10	12	15	25
368	Ron Sedlbauer	4	5	6	8	10	12	15	25
369	Jack Lynch UER (Collins)	4	5	6	8	10	15	20	
370	Doug Favell	4	5	6	8	10	12	15	25
371	Bob Murdoch	4	5	6	8	10	12	15	25
372	Ralph Klassen	4	5	6	8	10	15	20	
373	Richard Mulhern	4	5	6	8	10	12	15	25
374	Jim McKenny	4	5	6	8	10	15	20	
375	Mike Bloom	4	5	6	8	10	12	15	25
376	Bruce Affleck	4	5	6	8	10	15	20	
377	Gerry O'Flaherty	4	5	6	8	10	12	15	25
378	Ron Lalonde	4	5	6	8	10	12	15	25
379	Chuck Arnason	4	5	6	8	10	12	15	25
380	Dave Hutchinson	4	5	6	8	10	12	15	25
381A	Checklist ERR Topps	4	5	6	10	20	35	40	
381B	Checklist COR No Topps	4	5	6	10	20	25	30	60
382	John Gould	4	5	6	8	10	12	15	25
383	Dave Williams	4	5	6	8	10	15	20	40
384	Len Frig	4	5	6	8	10	12	15	25
385	Pierre Plante	4	5	6	8	10	12	15	25
386	Ralph Stewart	4	5	6	8	10	12	15	25
387	Gord Smith	4	5	6	8	10	12	15	25
388	Denis Dupere	4	5	6	8	10	12	15	25
389	Randy Manery	4	5	6	8	10	12	15	25
390	Lowell MacDonald	4	5	6	8	10	12	15	25
391	Dennis Owchar	4	5	6	8	10	12	15	25
392	Jim Roberts RC	4	5	6	8	10	12	15	25
393	Mike Veisor	4	5	6	8	10	15	20	
394	Bob Hess	4	5	6	8	10	12	15	25
395	Curt Ridley	4	5	6	8	10	15	15	25
396	Mike Lampman	4	5	6	8	10	15	20	

—Mike Milbury RC #134 PSA 10 (Gem) sold for $169.66 (eBay; 4/12)

1977-78 O-Pee-Chee WHA

#	Player	VG 3	VgEx 4	EX 5	ExMt 6	NM 7	NmMt 8	NmMt+ 8.5	MT 9
1	Gordie Howe	15	20	25	▲50	60	150		500
2	Jean Bernier RC	5	6	8	10	12	20		
3	Anders Hedberg	5	8	10	12	15	50		
4	Ken Broderick	4	5	6	8	10	12		
5	Joe Noris	5	6	8	10	12	20		
6	Blaine Stoughton	5	6	8	10	12	20		
7	Claude St.Sauveur	5	6	8	10	12	20		
8	Real Cloutier	4	5	6	8	10	15	20	30
9	Joe Daley	4	5	6	8	10	15	20	30
11	Wayne Rutledge	4	5	6	8	10	15	20	30
12	Mark Napier	4	5	6	8	10	15	20	30
14	Don McLeod	4	5	6	8	10	12	15	30
15	Ulf Nilsson	4	5	6	8	10	15		
16	Blair MacDonald	4	5	6	8	10	12		

#	Player	VG 3	VgEx 4	EX 5	ExMt 6	NM 7	NmMt 8	NmMt+ 8.5	MT 9
17	Mike Rogers	4	5	6	8	10	12	15	30
18	Gary Inness	4	5	6	8	10	12		
19	Larry Lund	4	5	6	8	10	12		
20	Marc Tardif	4	5	6	8	10	12	15	30
21	Lars-Erik Sjoberg	4	5	6	8	10	12		
22	Bryan Campbell	4	5	6	8	10	12		
23	John Garrett	4	5	6	8	10	12	15	30
25	Mark Howe	5	10	15	20	25	30	40	60
28	Dave Dryden	4	5	6	8	10	12		
29	Reg Thomas	4	5	6	8	10	12		
30	Andre Lacroix	4	5	6	8	10	12	15	30
31	Paul Henderson	4	5	6	8	10	12		
33	Juha Widing	4	5	6	8	10	12	15	30
35	Robbie Ftorek	4	5	6	8	10	12		
37	Terry Ruskowski	4	5	6	8	10	12		
38	Richard Brodeur	4	5	6	8	10	15	20	40
39	Willy Lindstrom RC	4	5	6	8	10	15	20	50
40	Al Hamilton	4	5	6	8	10	12		
41	John McKenzie	4	5	6	8	10	12	15	30
42	Wayne Wood	4	5	6	8	10	12		
44	J.C. Tremblay	4	5	6	8	10	12		
45	Gary Bromley	4	5	6	8	10	12		
47	Bobby Sheehan	4	5	6	8	10	12		
48	Don Larway RC	4	5	6	8	10	12		
49	Al Smith	4	5	6	8	10	12	15	30
50	Bobby Hull	20	25	30	50	100	200		
56	Jim Park RC	4	5	6	8	10	12	15	30
57	Dan Labraaten RC	4	5	6	8	10	12		
58	Checklist Card	5	6	10	15	25	60		
59	Paul Shmyr	4	5	6	8	10	12		
60	Serge Bernier	4	5	6	8	10	12	15	30
61	Frank Mahovlich	5	6	8	10	12	20	25	80
62	Michel Dion	4	5	6	8	10	12		
63	Poul Popiel	4	5	6	8	10	12		
64	Lyle Moffat	4	5	6	8	10	12		
65	Marty Howe	5	6	8	10	12	20		
66	Don Burgess	5	8	10	12	15	40		

1977-78 Topps

#	Player	VG 3	VgEx 4	EX 5	ExMt 6	NM 7	NmMt 8	NmMt+ 8.5	MT 9
1	Shutt/Lafleur/Dionne LL	4	5	6	8	10	15	20	40
2	Lafleur/Dionne/Sal LL	4	5	6	8	10	12	15	25
3	Lafleur/Dionne/Shutt LL	4	5	6	8	10	12	15	20
4	Williams/Polnch/Gasff LL	4	5	6	8	10	12	15	20
5	McDonald/Polnch/Will LL	4	5	6	8	10	12	15	20
6	Laroc/Dryden/Resch LL	4	5	6	8	10	12	15	20
7	Perr/Shutt/Lafleur LL	4	5	6	8	10	12	15	20
8	Dryden/Vach/Parent LL	4	5	6	8	10	12	15	20
9	Brian Spencer	4	5	6	8	10	12	15	20
10	Denis Potvin AS2	4	5	6	8	10	12	15	20
11	Nick Fotiu	4	5	6	8	10	12	15	20
12	Bob Murray	4	5	6	8	10	12	15	20
13	Pete Lopresti	4	5	6	8	10	12	15	20
14	J. Bob Kelly	4	5	6	8	10	12	15	20
15	Rick MacLeish	4	5	6	8	10	12	15	20
16	Terry Harper	4	5	6	8	10	12	15	20
17	Willi Plett RC	4	5	6	8	10	12	15	20
18	Peter McNab	4	5	6	8	10	12	15	20
19	Wayne Thomas	4	5	6	8	10	12	15	20
20	Pierre Bouchard	4	5	6	8	10	12	15	20
21	Dennis Maruk	4	5	6	8	10	12	15	20
22	Mike Murphy	4	5	6	8	10	12	15	20
23	Cesare Maniago	4	5	6	8	10	12	15	20
24	Paul Gardner RC	4	5	6	8	10	12	15	20
25	Rod Gilbert	4	5	6	8	10	12	15	20
26	Orest Kindrachuk	4	5	6	8	10	12	15	20
27	Bill Hajt	4	5	6	8	10	12	15	20
28	John Davidson	4	5	6	8	10	12	15	20
29	Jean-Paul Parise	4	5	6	8	10	12	15	20
30	Larry Robinson AS1	4	5	6	8	10	12	15	20
31	Yvon Labre	4	5	6	8	10	12	15	20
32	Walt McKechnie	4	5	6	8	10	12	15	20
33	Rick Kehoe	4	5	6	8	10	12	15	20
34	Randy Holt RC	4	5	6	8	10	12	15	20
35	Garry Unger	4	5	6	8	10	12	15	20
36	Lou Nanne	4	5	6	8	10	12	15	20
37	Dan Bouchard	4	5	6	8	10	12	15	20
38	Darryl Sittler	4	5	6	8	10	12	15	25
39	Bob Murdoch	4	5	6	8	10	12	15	20
40	Jean Ratelle	4	5	6	8	10	12	15	20
41	Dave Maloney	4	5	6	8	10	12	15	20
42	Danny Gare	4	5	6	8	10	12	15	20
43	Jimmy Watson	4	5	6	8	10	12	15	20
44	Tom Williams	4	5	6	8	10	12	15	20
45	Serge Savard	4	5	6	8	10	12	15	20
46	Derek Sanderson	4	5	6	8	10	12		
47	John Marks	4	5	6	8	10	12		
48	Al Cameron RC	4	5	6	8	10	12	15	20

#	Player	VG 3	VgEx 4	EX 5	ExMt 6	NM 7	NmMt 8	NmMt+ 8.5	MT 9
49	Dean Talafous	4	5	6	8	10	12	15	20
50	Glenn Resch	4	5	6	8	10	12	15	20
51	Ron Schock	4	5	6	8	10	12		
52	Gary Croteau	4	5	6	8	10	12		
53	Gerry Meehan	4	5	6	8	10	12	15	20
54	Ed Staniowski	4	5	6	8	10	12	15	20
55	Phil Esposito	4	5	6	8	10	12	15	25
56	Dennis Ververgaert	4	5	6	8	10	12	15	20
57	Rick Wilson	4	5	6	8	10	12	15	20
58	Jim Lorentz	4	5	6	8	10	12	15	20
59	Bobby Schmautz	4	5	6	8	10	12		
60	Guy Lapointe AS2	4	5	6	8	10	12	15	20
61	Ivan Boldirev	4	5	6	8	10	12	15	20
62	Bob Nystrom	4	5	6	8	10	12	15	20
63	Rick Hampton	4	5	6	8	10	12	15	20
64	Jack Valiquette	4	5	6	8	10	12	15	20
65	Bernie Parent	4	5	6	8	10	12		
66	Dave Burrows	4	5	6	8	10	12		
67	Butch Goring	4	5	6	8	10	12	15	20
68	Checklist 1-132	4	5	6	10	12	15		
69	Murray Wilson	4	5	6	8	10	12	15	20
70	Ed Giacomin	4	5	6	8	10	12	15	20
71	Flames Team CL	4	5	6	8	10	12		
72	Bruins Team CL	4	5	6	8	10	12	15	20
73	Sabres Team CL	4	5	6	8	10	12		
74	Blackhawks Team CL	4	5	6	8	10	12	15	20
75	Barons Team CL	4	5	6	8	10	12	15	20
76	Rockies Team CL	4	5	6	8	10	12	15	20
77	Red Wings Team CL	4	5	6	8	10	12	15	20
78	Kings Team CL	4	5	6	8	10	12		
79	North Stars Team CL	4	5	6	8	10	12		
80	Canadiens Team CL	4	5	6	8	10	12	15	20
81	Islanders Team CL	4	5	6	8	10	12		
82	Rangers Team CL	4	5	6	8	10	12	15	20
83	Flyers Team CL	4	5	6	8	10	12	15	20
84	Penguins Team CL	4	5	6	8	10	12	15	20
85	Blues Team CL	4	5	6	8	10	12	15	20
86	Maple Leafs Team CL	4	5	6	8	10	12	15	20
87	Canucks Team CL	4	5	6	8	10	12	15	20
88	Capitals Team CL	4	5	6	8	10	12	15	20
89	Keith Magnuson	4	5	6	8	10	12	15	20
90	Walt Tkaczuk	4	5	6	8	10	12	15	20
91	Bill Nyrop	4	5	6	8	10	12	15	20
92	Michel Plasse	4	5	6	8	10	12	15	20
93	Bob Bourne	4	5	6	8	10	12		
94	Lee Fogolin	4	5	6	8	10	12	15	20
95	Gregg Sheppard	4	5	6	8	10	12	15	20
96	Hartland Monahan	4	5	6	8	10	12	15	20
97	Curt Bennett	4	5	6	8	10	12	15	20
98	Bob Dailey	4	5	6	8	10	12	15	20
99	Bill Goldsworthy	4	5	6	8	10	12	15	20
100	Ken Dryden AS1	4	5	10	20	40	50	60	80
101	Grant Mulvey	4	5	6	8	10	12	15	20
102	Pierre Larouche	4	5	6	8	10	12	15	20
103	Nick Libett	4	5	6	8	10	12		
104	Rick Smith	4	5	6	8	10	12	15	20
105	Bryan Trottier	5	6	8	12	15	25	30	50
106	Pierre Jarry	4	5	6	8	10	12	15	20
107	Red Berenson	4	5	6	8	10	12	15	
108	Jim Schoenfeld	4	5	6	8	10	12	15	20
109	Gilles Meloche	4	5	6	8	10	12	15	20
110	Lanny McDonald AS2	4	5	6	8	10	12	15	20
111	Don Lever	4	5	6	8	10	12		
112	Greg Polis	4	5	6	8	10	12	15	20
113	Gary Sargent RC	4	5	6	8	10	12	15	20
114	Earl Anderson RC	4	5	6	8	10	12	15	20
115	Bobby Clarke	4	5	6	8	10	12		
116	Dave Lewis	4	5	6	8	10	12	15	20
117	Darcy Rota	4	5	6	8	10	12		
118	Andre Savard	4	5	6	8	10	12	15	20
119	Denis Herron	4	5	6	8	10	12		
120	Steve Shutt AS1	4	5	6	8	10	12	15	20
121	Mel Bridgman	4	5	6	8	10	12		
122	Buster Harvey	4	5	6	8	10	12		
123	Roland Eriksson RC	4	5	6	8	10	12	15	20
124	Dale Tallon	4	5	6	8	10	12		
125	Gilles Gilbert	4	5	6	8	10	12	15	20
126	Billy Harris	4	5	6	8	10	12	15	20
127	Tom Lysiak	4	5	6	8	10	12	15	20
128	Jerry Korab	4	5	6	8	10	12	15	20
129	Bob Gainey	4	5	6	8	10	12	15	20
130	Wilf Paiement	4	5	6	8	10	12	15	20
131A	Tom Bladon Standing	4	5	6	8	10	12	15	25
131B	Tom Bladon Skating	4	5	6	8	10	12		
132	Ernie Hicke	4	5	6	8	10	12	15	20
133	J.P. LeBlanc	4	5	6	8	10	12	15	20
134	Mike Milbury RC	4	5	6	25	30	40	50	60
135	Pit Martin	4	5	6	8	10	12		
136	Steve Vickers	4	5	6	8	10	12	15	20
137	Don Awrey	4	5	6	8	10	12	15	20
138A	Bernie Wolfe MacAdam	4	5	6	8	10	12		
138B	Bernie Wolfe COR	4	5	6	8	10	12	15	20
139	Doug Jarvis	4	5	6	8	10	12	15	20
140	Borje Salming AS1	4	5	6	8	10	12		
141	Bob MacMillan	4	5	6	8	10	12	15	20
142	Wayne Stephenson	4	5	6	8	10	12	15	20
143	Dave Forbes	4	5	6	8	10	12	15	20
144	Jean Potvin	4	5	6	8	10	12	15	20
145	Guy Charron	4	5	6	8	10	12	15	20
146	Cliff Koroll	4	5	6	8	10	12	15	20
147	Danny Grant	4	5	6	8	10	12	15	20
148	Bill Hogaboam UER	4	5	6	8	10	12	15	20
149A	Al MacAdam ERR Wolfe	4	5	6	8	10	12		
149B	Al MacAdam COR	4	5	6	8	10	12	15	20
150	Gerry Desjardins	4	5	6	8	10	12	15	20
151	Yvon Lambert	4	5	6	8	10	12		
152A	Rick Lapointe ERR	4	5	6	8	10	12		
152B	Rick Lapointe COR	4	5	6	8	10	12	15	20
153	Ed Westfall	4	5	6	8	10	12	15	20
154	Carol Vadnais	4	5	6	8	10	12	15	20
155	Johnny Bucyk	4	5	6	8	10	12	15	20
156	J.P. Bordeleau	4	5	6	8	10	12	15	20
157	Ron Stackhouse	4	5	6	8	10	12		
158	Glen Sharpley RC	4	5	6	8	10	12		
159	Michel Bergeron	4	5	6	8	10	12		
160	Rogatien Vachon AS2	4	5	6	8	10	12	15	20
161	Fred Stanfield	4	5	6	8	10	12	15	20
162	Gerry Hart	4	5	6	8	10	12	15	20
163	Mario Tremblay	4	5	6	8	10	12	15	20
164	Andre Dupont	4	5	6	8	10	12	15	20
165	Don Marcotte	4	5	6	8	10	12	15	20
166	Wayne Dillon	4	5	6	8	10	12	15	20
167	Claude Larose	4	5	6	8	10	12	15	20
168	Eric Vail	4	5	6	8	10	12		
169	Tom Edur	4	5	6	8	10	12	15	20
170	Tony Esposito	4	5	6	8	10	12	15	20
171	Andre St.Laurent	4	5	6	8	10	12	15	20
172	Dan Maloney	4	5	6	8	10	12	15	20
173	Dennis O'Brien	4	5	6	8	10	12	15	20
174	Blair Chapman RC	4	5	6	8	10	12	15	20
175	Dennis Kearns	4	5	6	8	10	12	15	20
176	Wayne Merrick	4	5	6	8	10	12	15	20
177	Michel Larocque	4	5	6	8	10	12		
178	Bob Kelly	4	5	6	8	10	12	15	20
179	Dave Farrish RC	4	5	6	8	10	12		
180	Richard Martin AS2	4	5	6	8	10	12	15	20
181	Gary Doak	4	5	6	8	10	12	15	20
182	Jude Drouin	4	5	6	8	10	12	15	20
183	Barry Dean RC	4	5	6	8	10	12	15	20
184	Gary Smith	4	5	6	8	10	12		
185	Reggie Leach	4	5	6	8	10	12		
186	Ian Turnbull	4	5	6	8	10	12		
187	Vic Venasky	4	5	6	8	10	12	15	20
188	Wayne Bianchin RC	4	5	6	8	10	12	15	20
189	Doug Risebrough	4	5	6	8	10	12		
190	Brad Park	4	5	6	8	10	12	15	20
191	Craig Ramsay	4	5	6	8	10	12	15	20
192	Ken Hodge	4	5	6	8	10	12	15	20
193	Phil Myre	4	5	6	8	10	12		
194	Garry Howatt	4	5	6	8	10	12	15	20
195	Stan Mikita	4	5	6	8	10	12	15	30
196	Garnet Bailey	4	5	6	8	10	12		
197	Dennis Hextall	4	5	6	8	10	12	15	20
198	Nick Beverley	4	5	6	8	10	12	15	20
199	Larry Patey	4	5	6	8	10	12	15	20
200	Guy Lafleur AS1	4	5	6	8	10	12	15	25
201	Don Edwards RC	4	5	6	8	10	12		30
202	Gary Dornhoefer	4	5	6	8	10	12		
203	Stan Gilbertson	4	5	6	8	10	12	15	20
204	Alex Pirus RC	4	5	6	8	10	12	15	20
205	Peter Mahovlich	4	5	6	8	10	12	15	20
206	Bert Marshall	4	5	6	8	10	12	15	20
207	Gilles Gratton	4	5	6	8	10	12	15	20
208	Alain Daigle	4	5	6	8	10	12	15	20
209	Chris Oddleifson	4	5	6	8	10	12	15	20
210	Gilbert Perreault AS2	4	5	6	8	10	12	15	40
211	Mike Palmateer RC	6	10	15	20	25	40	50	80
212	Billy Lochead	4	5	6	8	10	12		
213	Dick Redmond	4	5	6	8	10	12	15	20
214	Guy Lafleur RB	4	5	6	8	10	12	15	25
215	Ian Turnbull RB	4	5	6	8	10	12	15	20
216	Guy Lafleur RB	4	5	6	8	10	12	15	25
217	Steve Shutt RB	4	5	6	8	10	12	15	20
218	Guy Lafleur RB	4	5	6	8	10	12	15	25
219	Lorne Henning	4	5	6	8	10	12	15	20
220	Terry O'Reilly	4	5	6	8	10	12	15	20

#	Player	VG 3	VgEx 4	EX 5	ExMt 6	NM 7	NmMt 8	NmMt+ 8.5	MT 9
221	Pat Hickey	4	5	6	8	10	12	15	20
222	Rene Robert	4	5	6	8	10	12		
223	Tim Young	4	5	6	8	10	12	15	20
224	Dunc Wilson	4	5	6	8	10	12		
225	Dennis Hull	4	5	6	8	10	12		
226	Rod Seiling	4	5	6	8	10	12		
227	Bill Barber	4	5	6	8	10	12	15	20
228	Dennis Polonich RC	4	5	6	8	10	12	15	20
229	Billy Smith	4	5	6	8	10	12	15	25
230	Yvan Cournoyer	4	5	6	8	10	12	15	20
231	Don Luce	4	5	6	8	10	12	15	20
232	Mike McEwen RC	4	5	6	8	10	12	15	20
233	Don Saleski	4	5	6	8	10	12	15	20
234	Wayne Cashman	4	5	6	8	10	12	15	20
235	Phil Russell	4	5	6	8	10	12		
236	Mike Corrigan	4	5	6	8	10	12		
237	Guy Chouinard	4	5	6	8	10	12	15	20
238	Steve Jensen RC	4	5	6	8	10	12		
239	Jim Rutherford	4	5	6	8	10	12	15	20
240	Marcel Dionne AS1	4	5	6	8	10	12	15	25
241	Rejean Houle	4	5	6	8	10	12		
242	Jocelyn Guevremont	4	5	6	8	10	12		
243	Jim Harrison	4	5	6	8	10	12	15	20
244	Don Murdoch RC	4	5	6	8	10	12		
245	Rick Green RC	4	5	6	8	10	12	15	20
246	Rick Middleton	4	5	6	8	10	12	15	20
247	Joe Watson	4	5	6	8	10	12		
248	Syl Apps	4	5	6	8	10	12		
249	Checklist 133-264	4	5	6	10	12	15	20	25
250	Clark Gillies	4	5	6	8	10	12		
251	Bobby Orr	10	15	20	30	50	80	100	▲200
252	Nelson Pyatt	4	5	6	8	10	12	15	20
253	Gary McAdam RC	4	5	6	8	10	12	15	20
254	Jacques Lemaire	4	5	6	8	10	12	15	20
255	Bill Fairbairn	4	5	6	8	10	12	15	20
256	Ron Greschner	4	5	6	8	10	12	15	20
257	Ross Lonsberry	4	5	6	8	10	12	15	20
258	Dave Gardner	4	5	6	8	10	12	15	20
259	Rick Blight	4	5	6	8	10	12	15	20
260	Gerry Cheevers	4	5	6	8	10	12	15	20
261	Jean Pronovost	4	5	6	8	10	12	15	20
262	Mon/NYI Semi-Finals	4	5	6	8	10	12	15	20
263	Bruins Semi-Finals	4	5	6	8	10	12	15	20
264	Canadiens Champs	4	5	6	8	10	12	15	20

1978-79 O-Pee-Chee

#	Player	VG 3	VgEx 4	EX 5	ExMt 6	NM 7	NmMt 8	NmMt+ 8.5	MT 9
1	Mike Bossy HL	6	8	12	15	40	120	135	200
2	Phil Esposito HL	4	5	6	8	10	15	20	
3	Guy Lafleur HL	4	5	6	8	10	15	20	
4	Darryl Sittler HL	4	5	6	8	10	15	20	
5	Garry Unger HL	4	5	6	8	10	15	20	
6	Gary Edwards	4	5	6	8	10	15	20	
7	Rick Blight	4	5	6	8	10	15	20	
8	Larry Patey	4	5	6	8	10	15	20	
9	Craig Ramsay	4	5	6	8	10	15	20	30
10	Bryan Trottier	5	6	8	10	12	15	20	40
11	Don Murdoch	4	5	6	8	10	15	20	
12	Phil Russell	4	5	6	8	10	15	20	
13	Doug Jarvis	4	5	6	8	10	15	20	
14	Gene Carr	4	5	6	8	10	15	20	
15	Bernie Parent	4	5	6	8	10	15	20	35
16	Perry Miller	4	5	6	8	10	15	20	
17	Kent-Erik Andersson RC	4	5	6	8	10	15	20	
18	Gregg Sheppard	4	5	6	8	10	15	20	
19	Dennis Owchar	4	5	6	8	10	15	20	
20	Rogatien Vachon	4	5	6	8	10	15	20	
21	Dan Maloney	4	5	6	8	10	15	20	
22	Guy Charron	4	5	6	8	10	15	20	
23	Dick Redmond	4	5	6	8	10	15	20	
24	Checklist 1-132	5	6	8	10	12	20	30	60
25	Anders Hedberg	4	5	6	8	10	15	20	
26	Mel Bridgman	4	5	6	8	10	15	20	
27	Lee Fogolin	4	5	6	8	10	15	20	
28	Gilles Meloche	4	5	6	8	10	15	20	
29	Garry Howatt	4	5	6	8	10	15	20	
30	Darryl Sittler	4	5	6	8	10	15	20	
31	Curt Bennett	4	5	6	8	10	15	20	
32	Andre St.Laurent	4	5	6	8	10	15	20	
33	Blair Chapman	4	5	6	8	10	15	20	
34	Keith Magnuson	4	5	6	8	10	15	20	35
35	Pierre Larouche	4	5	6	8	10	15	20	
36	Michel Plasse	4	5	6	8	10	15	20	
37	Gary Sargent	4	5	6	8	10	15	20	
38	Mike Walton	4	5	6	8	10	15	20	
39	Robert Picard RC	4	5	6	8	10	15	20	
40	Terry O'Reilly	4	5	6	8	10	15	20	
41	Dave Farrish	4	5	6	8	10	15	20	

#	Player	VG 3	VgEx 4	EX 5	ExMt 6	NM 7	NmMt 8	NmMt+ 8.5	MT 9
42	Gary McAdam	4	5	6	8	10	15	20	
43	Joe Watson	4	5	6	8	10	15	20	
44	Yves Belanger	4	5	6	8	10	15	20	35
45	Steve Jensen	4	5	6	8	10	15	20	
46	Bob Stewart	4	5	6	8	10	15	20	
47	Darcy Rota	4	5	6	8	10	15	20	
48	Dennis Hextall	4	5	6	8	10	15	20	
49	Bert Marshall	4	5	6	8	10	15	20	
50	Ken Dryden	12	15	20	25	30	50	80	100
51	Peter Mahovlich	4	5	6	8	10	15	20	
52	Dennis Ververgaert	4	5	6	8	10	15	20	30
53	Inge Hammarstrom	4	5	6	8	10	15	20	
54	Doug Favell	4	5	6	8	10	15	20	30
55	Steve Vickers	4	5	6	8	10	15	20	
56	Syl Apps	4	5	6	8	10	15	20	
57	Errol Thompson	4	5	6	8	10	15	20	
58	Don Luce	4	5	6	8	10	15	20	30
59	Mike Milbury	4	5	6	8	10	15	20	
60	Yvan Cournoyer	4	5	6	8	10	15	20	35
61	Kirk Bowman	4	5	6	8	10	15	20	
62	Billy Smith	4	5	6	8	10	15	20	
63	Lafleur/Bossy/Shutt LL	5	6	10	15	25	100		
64	Trott/Lafleur/Sitt LL	4	5	6	8	10	15	20	
65	Lafleur/Trott/Sitt LL	4	5	6	8	10	15	20	40
66	Schltz/Will/Polnich LL	4	5	6	8	10	15	20	35
67	Bossy/Espo/Shutt LL	5	6	8	10	12	20	25	40
68	Dryden/Parent/Gilb LL	5	6	8	10	12	20	25	40
69	Lafleur/Barber/Sitt LL	4	5	6	8	10	15	20	40
70	Parent/Dryden/Espo LL	5	6	8	10	12	20	25	40
71	Bob Kelly	4	5	6	8	10	15	20	
72	Ron Stackhouse	4	5	6	8	10	15	20	
73	Wayne Dillon	4	5	6	8	10	15	20	
74	Jim Rutherford	4	5	6	8	10	15	20	
75	Stan Mikita	4	5	6	8	10	15	20	35
76	Bob Gainey	4	5	6	8	10	15	20	35
77	Gerry Hart	4	5	6	8	10	15	20	
78	Lanny McDonald	4	5	6	8	10	15	20	
79	Brad Park	4	5	6	8	10	15	20	
80	Richard Martin	4	5	6	8	10	15	20	30
81	Bernie Wolfe	4	5	6	8	10	15	20	
82	Bob MacMillan	4	5	6	8	10	15	20	
83	Brad Maxwell RC	4	5	6	8	10	15	20	
84	Mike Fidler	4	5	6	8	10	15	20	
85	Carol Vadnais	4	5	6	8	10	15	20	
86	Don Lever	4	5	6	8	10	15	20	
87	Phil Myre	4	5	6	8	10	15	20	
88	Paul Gardner	4	5	6	8	10	15	20	30
89	Bob Murray	4	5	6	8	10	15	20	30
90	Guy Lafleur	5	6	8	10	12	20	25	50
91	Bob Murdoch	4	5	6	8	10	15	20	30
92	Ron Ellis	4	5	6	8	10	15	20	
93	Jude Drouin	4	5	6	8	10	15	20	
94	Jocelyn Guevremont	4	5	6	8	10	15	20	
95	Gilles Gilbert	4	5	6	8	10	15	20	30
96	Bob Sirois	4	5	6	8	10	15	20	30
97	Tom Lysiak	4	5	6	8	10	15	20	
98	Andre Dupont	4	5	6	8	10	15	20	
99	Per-Olov Brasar RC	4	5	6	8	10	15	20	30
100	Phil Esposito	4	5	6	8	10	15	20	
101	J.P. Bordeleau	4	5	6	8	10	15	20	
102	Pierre Mondou RC	4	5	6	8	10	15	20	
103	Wayne Bianchin	4	5	6	8	10	15	20	
104	Dennis O'Brien	4	5	6	8	10	15	20	30
105	Glenn Resch	4	5	6	8	10	15	20	35
106	Dennis Polonich	4	5	6	8	10	15	20	
107	Kris Manery RC	4	5	6	8	10	15	20	
108	Bill Hajt	4	5	6	8	10	15	20	
109	Jere Gillis RC	4	5	6	8	10	15	20	30
110	Garry Unger	4	5	6	8	10	15	20	
111	Nick Beverley	4	5	6	8	10	15	20	
112	Pat Hickey	4	5	6	8	10	15	20	
113	Rick Middleton	4	5	6	8	10	15	20	
114	Orest Kindrachuk	4	5	6	8	10	15	20	
115	Mike Bossy RC	40	50	80	125	200	400	500	800
116	Pierre Bouchard	4	5	6	8	10	15	20	30
117	Alain Daigle	4	5	6	8	10	15	20	
118	Terry Martin	4	5	6	8	10	15	20	30
119	Tom Edur	4	5	6	8	10	15	20	
120	Marcel Dionne	4	5	6	8	10	20	25	40
121	Barry Beck RC	4	5	6	8	10	15	20	
122	Billy Lochead	4	5	6	8	10	15	20	
123	Paul Harrison RC	4	5	6	8	10	15	20	30
124	Wayne Cashman	4	5	6	8	10	15	20	
125	Rick MacLeish	4	5	6	8	10	15	20	
126	Bob Bourne	4	5	6	8	10	15	20	30
127	Ian Turnbull	4	5	6	8	10	15	20	
128	Gerry Meehan	4	5	6	8	10	15	20	
129	Eric Vail	4	5	6	8	10	15	20	30

#	Player	VG 3	VgEx 4	EX 5	ExMt 6	NM 7	NmMt 8	NmMt+ 8.5	MT 9
130	Gilbert Perreault	4	5	6	8	10	15	20	30
131	Bob Dailey	4	5	6	8	10	15	20	
132	Dale McCourt RC	4	5	6	8	10	15	20	
133	John Wensink RC	4	5	6	8	10	15	20	
134	Bill Nyrop	4	5	6	8	10	15	20	
135	Ivan Boldirev	4	5	6	8	10	15	20	30
136	Lucien DeBlois RC	4	5	6	8	10	15	20	
137	Brian Spencer	4	5	6	8	10	15	20	
138	Tim Young	4	5	6	8	10	15	20	
139	Ron Sedlbauer	4	5	6	8	10	15	20	30
140	Gerry Cheevers	4	5	6	8	10	15	20	
141	Dennis Maruk	4	5	6	8	10	15	20	
142	Barry Dean	4	5	6	8	10	15	20	
143	Bernie Federko RC	10	15	20	40	▼60	▼100	200	400
144	Stefan Persson RC	4	5	6	8	10	25	30	50
145	Wilf Paiement	4	5	6	8	10	15	20	
146	Dale Tallon	4	5	6	8	10	15	20	30
147	Yvon Lambert	4	5	6	8	10	15	20	
148	Greg Joly	4	5	6	8	10	15	20	
149	Dean Talafous	4	5	6	8	10	15	20	
150	Don Edwards	4	5	6	8	10	15	20	
151	Butch Goring	4	5	6	8	10	15	20	
152	Tom Bladon	4	5	6	8	10	15	20	
153	Bob Nystrom	4	5	6	8	10	15	20	
154	Ron Greschner	4	5	6	8	10	15	20	
155	Jean Ratelle	4	5	6	8	10	15	20	
156	Russ Anderson RC	4	5	6	8	10	15	20	
157	John Marks	4	5	6	8	10	15	20	
158	Michel Larocque	4	5	6	8	10	15	20	
159	Paul Woods RC	4	5	6	8	10	15	20	
160	Mike Palmateer	4	5	6	8	10	15	20	30
161	Jim Lorentz	4	5	6	8	10	15	20	
162	Dave Lewis	4	5	6	8	10	15	20	
163	Harvey Bennett	4	5	6	8	10	15	20	
164	Rick Smith	4	5	6	8	10	15	20	
165	Reggie Leach	4	5	6	8	10	15	20	
166	Wayne Thomas	4	5	6	8	10	15	20	30
167	Dave Forbes	4	5	6	8	10	15	20	
168	Doug Wilson RC	▲10	▲15	▲20	▲30	▲40	▲60	▲80	▲250
169	Dan Bouchard	4	5	6	8	10	15	20	
170	Steve Shutt	4	5	6	8	10	15	20	
171	Mike Kaszycki RC	4	5	6	8	10	15	20	
172	Denis Herron	4	5	6	8	10	15	20	
173	Rick Bowness	4	5	6	8	10	15	20	
174	Rick Hampton	4	5	6	8	10	15	20	
175	Glen Sharpley	4	5	6	8	10	15	20	
176	Bill Barber	4	5	6	8	10	15	20	
177	Ron Duguay RC	5	6	8	10	12	25	30	80
178	Jim Schoenfeld	4	5	6	8	10	15	20	
179	Pierre Plante	4	5	6	8	10	15	20	
180	Jacques Lemaire	4	5	6	8	10	15	20	
181	Stan Jonathan	4	5	6	8	10	15	20	
182	Billy Harris	4	5	6	8	10	15	20	
183	Chris Oddleifson	4	5	6	8	10	15	20	
184	Jean Pronovost	4	5	6	8	10	15	20	
185	Fred Barrett	4	5	6	8	10	15	20	
186	Ross Lonsberry	4	5	6	8	10	15	20	30
187	Mike McEwen	4	5	6	8	10	15	20	
188	Rene Robert	4	5	6	8	10	15	20	
189	J. Bob Kelly	4	5	6	8	10	15	20	
190	Serge Savard	4	5	6	8	10	15	20	
191	Dennis Kearns	4	5	6	8	10	15	20	
192	Flames Team	4	5	6	8	10	15	20	30
193	Bruins Team	4	5	6	8	10	15	20	
194	Sabres Team	4	5	6	8	10	15	20	
195	Blackhawks Team	4	5	6	8	10	15	20	30
196	Rockies Team	4	5	6	8	10	15	20	30
197	Red Wings Team	4	5	6	8	10	15	20	
198	Kings Team	4	5	6	8	10	15	20	30
199	North Stars Team	4	5	6	8	10	15	20	
200	Canadiens Team	4	5	6	8	10	15	20	30
201	Islanders Team	4	5	6	8	10	15	20	
202	Rangers Team	4	5	6	8	10	15	20	
203	Flyers Team	4	5	6	8	10	15	20	
204	Penguins Team	4	5	6	8	10	15	20	30
205	Blues Team	4	5	6	8	10	15	20	30
206	Maple Leafs Team	4	5	6	8	10	15	20	30
207	Canucks Team	4	5	6	8	10	15	20	
208	Capitals Team	4	5	6	8	10	15	20	30
209	Danny Gare	4	5	6	8	10	15	20	
210	Larry Robinson	4	5	6	8	10	15	20	
211	John Davidson	4	5	6	8	10	15	20	
212	Peter McNab	4	5	6	8	10	15	20	
213	Rick Kehoe	4	5	6	8	10	15	20	30
214	Terry Harper	4	5	6	8	10	15	20	
215	Bobby Clarke	4	5	6	8	10	15	20	30
216	Bryan Maxwell UER	4	5	6	8	10	15	20	
217	Ted Bulley RC	4	5	6	8	10	15	20	

#	Player	VG 3	VgEx 4	EX 5	ExMt 6	NM 7	NmMt 8	NmMt+ 8.5	MT 9
218	Red Berenson	4	5	6	8	10	15	20	
219	Ron Grahame	4	5	6	8	10	15	20	30
220	Clark Gillies	4	5	6	8	10	15	20	
221	Dave Maloney	4	5	6	8	10	15	20	
222	Derek Smith RC	4	5	6	8	10	15	20	30
223	Wayne Stephenson	4	5	6	8	10	15	20	
224	John Van Boxmeer	4	5	6	8	10	15	20	
225	Dave Schultz	4	5	6	8	10	15	20	
226	Reed Larson RC	4	5	6	8	10	15	20	
227	Rejean Houle	4	5	6	8	10	15	20	
228	Doug Hicks	4	5	6	8	10	15	20	30
229	Mike Murphy	4	5	6	8	10	15	20	
230	Pete Lopresti	4	5	6	8	10	15	20	
231	Jerry Korab	4	5	6	8	10	15	20	
232	Ed Westfall	4	5	6	8	10	15	20	30
233	Greg Malone RC	4	5	6	8	10	15	20	
234	Paul Holmgren	4	5	6	8	10	15	20	
235	Walt Tkaczuk	4	5	6	8	10	15	20	30
236	Don Marcotte	4	5	6	8	10	15	20	
237	Ron Low	4	5	6	8	10	15	20	30
238	Rick Chartraw	4	5	6	8	10	15	20	30
239	Cliff Koroll	4	5	6	8	10	15	20	
240	Borje Salming	4	5	6	8	10	15	20	
241	Roland Eriksson	4	5	6	8	10	15	20	
242	Ric Seiling RC	4	5	6	8	10	15	20	
243	Jim Bedard RC	4	5	6	8	10	15	20	
244	Peter Lee RC	4	5	6	8	10	15	20	
245	Denis Potvin	4	5	6	8	10	15	20	30
246	Greg Polis	4	5	6	8	10	15	20	
247	Jimmy Watson	4	5	6	8	10	15	20	
248	Bobby Schmautz	4	5	6	8	10	15	20	
249	Doug Risebrough	4	5	6	8	10	15	20	
250	Tony Esposito	4	5	6	8	10	15	20	40
251	Nick Libett	4	5	6	8	10	15	20	
252	Ron Zanussi RC	4	5	6	8	10	15	20	
253	Andre Savard	4	5	6	8	10	15	20	
254	Dave Burrows	4	5	6	8	10	15	20	
255	Ulf Nilsson	4	5	6	8	10	15	20	
256	Richard Mulhern	4	5	6	8	10	15	20	
257	Don Saleski	4	5	6	8	10	15	20	
258	Wayne Merrick	4	5	6	8	10	15	20	30
259	Checklist 133-264	5	6	8	10	12	20	30	
260	Guy Lapointe	4	5	6	8	10	15	20	
261	Grant Mulvey	4	5	6	8	10	15	20	
262	Stanley Cup Semifinals	4	5	6	8	10	15	20	40
263	Stanley Cup Semifinals	4	5	6	8	10	15	20	30
264	Stanley Cup Finals	4	5	6	8	10	15	20	30
265	Bob Sauve	4	5	6	8	10	15	20	
266	Randy Manery	4	5	6	8	10	15	20	
267	Bill Fairbairn	4	5	6	8	10	15	20	
268	Garry Monahan	4	5	6	8	10	15	20	
269	Colin Campbell	4	5	6	8	10	15	20	
270	Dan Newman	4	5	6	8	10	15	20	30
271	Dwight Foster RC	4	5	6	8	10	15	20	30
272	Larry Carriere	4	5	6	8	10	15	20	
273	Michel Bergeron	4	5	6	8	10	15	20	30
274	Scott Garland	4	5	6	8	10	15	20	
275	Bill McKenzie	4	5	6	8	10	15	20	
276	Garnet Bailey	4	5	6	8	10	15	20	
277	Ed Kea	4	5	6	8	10	15	20	
278	Dave Gardner	4	5	6	8	10	15	20	
279	Bruce Affleck	4	5	6	8	10	15	20	
280	Bruce Boudreau RC	4	5	6	8	10	15	20	
281	Jean Hamel	4	5	6	8	10	15	20	
282	Kurt Walker RC	4	5	6	8	10	15	20	
283	Denis Dupere	4	5	6	8	10	15	20	
284	Gordie Lane	4	5	6	8	10	15	20	
285	Bobby Lalonde	4	5	6	8	10	15	20	
286	Pit Martin	4	5	6	8	10	15	20	
287	Jean Potvin	4	5	6	8	10	15	20	
288	Jimmy Jones RC	4	5	6	8	10	15	20	
289	Dave Hutchinson	4	5	6	8	10	15	20	
290	Pete Stemkowski	4	5	6	8	10	15	20	
291	Mike Christie	4	5	6	8	10	15	20	30
292	Bill Riley	4	5	6	8	10	15	20	
293	Rey Comeau	4	5	6	8	10	15	20	
294	Jack McIlhargey RC	4	5	6	8	10	15	20	
295	Tom Younghans RC	4	5	6	8	10	15	20	
296	Mario Faubert RC	4	5	6	8	10	15	20	
297	Checklist Card	5	6	8	10	12	20	30	
298	Rob Palmer RC	4	5	6	8	10	15	20	
299	Dave Hudson	4	5	6	8	10	15	20	
300	Bobby Orr	20	25	40	50	80	▼100	▼150	300
301	Lorne Stamler RC	4	5	6	8	10	15	20	
302	Curt Ridley	4	5	6	8	10	15	20	
303	Greg Smith	4	5	6	8	10	15	20	
304	Jerry Butler	4	5	6	8	10	15	20	
305	Gary Doak	4	5	6	8	10	15	20	30

#	Player	VG 3	VgEx 4	EX 5	ExMt 6	NM 7	NmMt 8	NmMt+ 8.5	MT 9
306	Danny Grant	4	5	6	8	10	15	20	30
307	Mark Suzor RC	4	5	6	8	10	15	20	
308	Rick Bragnalo	4	5	6	8	10	15	20	
309	John Gould	4	5	6	8	10	15	20	
310	Sheldon Kannegiesser	4	5	6	8	10	15	20	
311	Bobby Sheehan	4	5	6	8	10	15	20	
312	Randy Carlyle RC	5	6	8	10	15	40		200
313	Lorne Henning	4	5	6	8	10	15	20	
314	Tom Williams	4	5	6	8	10	15	20	30
315	Ron Andruff	4	5	6	8	10	15	20	
316	Bryan Watson	4	5	6	8	10	15	20	
317	Willi Plett	4	5	6	8	10	15	20	
318	John Grisdale	4	5	6	8	10	15	20	
319	Brian Sutter RC	5	6	10	12	25	60	100	
320	Trevor Johansen RC	4	5	6	8	10	15	20	30
321	Vic Venasky	4	5	6	8	10	15	20	
322	Rick Lapointe	4	5	6	8	10	15	20	
323	Ron Delorme RC	4	5	6	8	10	15	20	
324	Yvon Labre	4	5	6	8	10	15	20	
325	Bryan Trottier AS UER	5	6	8	10	12	20	25	40
326	Guy Lafleur AS	4	5	6	8	10	15	20	35
327	Clark Gillies AS	4	5	6	8	10	15	20	30
328	Borje Salming AS	4	5	6	8	10	15	20	30
329	Larry Robinson AS	4	5	6	8	10	15	20	30
330	Ken Dryden AS	5	6	8	10	12	25	30	40
331	Darryl Sittler AS	4	5	6	8	10	15	20	53
332	Terry O'Reilly AS	4	5	6	8	10	15	20	30
333	Steve Shutt AS	4	5	6	8	10	15	20	30
334	Denis Potvin AS	4	5	6	8	10	15	20	30
335	Serge Savard AS	4	5	6	8	10	15	20	30
336	Don Edwards AS	4	5	6	8	10	15	20	30
337	Glenn Goldup	4	5	6	8	10	15	20	
338	Mike Kitchen	4	5	6	8	10	15	20	
339	Bob Girard	4	5	6	8	10	15	20	
340	Guy Chouinard	4	5	6	8	10	15	20	
341	Randy Holt	4	5	6	8	10	15	20	
342	Jim Roberts	4	5	6	8	10	15	20	
343	Dave Logan RC	4	5	6	8	10	15	20	
344	Walt McKechnie	4	5	6	8	10	15	20	
345	Brian Glennie	4	5	6	8	10	15	20	
346	Ralph Klassen	4	5	6	8	10	15	20	
347	Gord Smith	4	5	6	8	10	15	20	
348	Ken Houston	4	5	6	8	10	15	20	
349	Bob Manno RC	4	5	6	8	10	15	20	
350	Jean-Paul Parise	4	5	6	8	10	15	20	
351	Don Ashby	4	5	6	8	10	15	20	
352	Fred Stanfield	4	5	6	8	10	15	20	
353	Dave Taylor RC	6	10	15	20	25	50	60	100
354	Nelson Pyatt	4	5	6	8	10	15	20	
355	Blair Stewart RC	4	5	6	8	10	15	20	
356	David Shand	4	5	6	8	10	15	20	
357	Hilliard Graves	4	5	6	8	10	15	20	
358	Bob Hess	4	5	6	8	10	15	20	
359	Dave Williams	4	5	6	8	10	15	20	
360	Larry Wright RC	4	5	6	8	10	15	20	
361	Larry Brown	4	5	6	8	10	15	20	
362	Gary Croteau	4	5	6	8	10	15	20	
363	Rick Green	4	5	6	8	10	15	20	
364	Bill Clement	4	5	6	8	10	15	20	
365	Gerry O'Flaherty	4	5	6	8	10	15	20	
366	John Baby RC	4	5	6	8	10	15	20	
367	Nick Fotiu	4	5	6	8	10	15	20	
368	Pat Price	4	5	6	8	10	15	20	
369	Bert Wilson	4	5	6	8	10	15	20	
370	Bryan Lefley	4	5	6	8	10	15	20	
371	Ron Lalonde	4	5	6	8	10	15	20	
372	Bobby Simpson	4	5	6	8	10	15	20	
373	Doug Grant	4	5	6	8	10	15	20	
374	Pat Boutette	4	5	6	8	10	15	20	
375	Bob Paradise	4	5	6	8	10	15	20	
376	Mario Tremblay	4	5	6	8	10	15	20	
377	Darryl Edestrand	4	5	6	8	10	15	20	
378	Andy Spruce RC	4	5	6	8	10	15	20	
379	Jack Brownschidle RC	4	5	6	8	10	15	20	
380	Harold Snepsts	4	5	6	8	10	15	20	30
381	Al MacAdam	4	5	6	8	10	15	20	
382	Neil Komadoski	4	5	6	8	10	15	20	
383	Don Awrey	4	5	6	8	10	15	20	
384	Ron Schock	4	5	6	8	10	15	20	
385	Gary Simmons	4	5	6	8	10	15	20	30
386	Fred Ahern	4	5	6	8	10	15	20	
387	Larry Bolonchuk	4	5	6	8	10	15	20	
388	Brad Gassoff RC	4	5	6	8	10	15	20	
389	Chuck Arnason	4	5	6	8	10	15	20	
390	Barry Gibbs	4	5	6	8	10	15	20	
391	Jack Valiquette	4	5	6	8	10	15	20	
392	Doug Halward	4	5	6	8	10	15	20	
393	Hartland Monahan	4	5	6	8	10	15	20	
394	Rod Seiling	4	5	6	8	10	15	20	
395	George Ferguson	4	5	6	8	10	15	20	
396	Al Cameron	4	5	6	8	10	15	20	

— Randy Carlyle RC #312 PSA 9 (Mt) sold for $643.99 (eBay; 2/14)
— Randy Carlyle RC #312 PSA 10 (Gem) sold for $512 (eBay; 4/12)
— Bernie Federko RC #143 PSA 10 (Gem) sold for $1,830 (eBay; 3/12)
— Doug Wilson RC #168 PSA 10 (Gem) sold for $714 (eBay; 9/15)

1978-79 Topps

#	Player	VG 3	VgEx 4	EX 5	ExMt 6	NM 7	NmMt 8	NmMt+ 8.5	MT 9
1	Mike Bossy HL	6	8	10	12	15	30		
2	Phil Esposito HL	4	5	6	8	10	12	15	20
3	Guy Lafleur HL	4	5	6	8	10	12	15	20
4	Darryl Sittler HL	4	5	6	8	10	12	15	20
5	Garry Unger HL	4	5	6	8	10	12	15	20
6	Gary Edwards	4	5	6	8	10	12	15	20
7	Rick Blight	4	5	6	8	10	12	15	20
8	Larry Patey	4	5	6	8	10	12	15	20
9	Craig Ramsay	4	5	6	8	10	12		
10	Bryan Trottier	5	6	8	10	12	15	20	25
11	Don Murdoch	4	5	6	8	10	12	15	20
12	Phil Russell	4	5	6	8	10	12	15	20
13	Doug Jarvis	4	5	6	8	10	12	15	20
14	Gene Carr	4	5	6	8	10	12	15	20
15	Bernie Parent	4	5	6	8	10	12	15	20
16	Perry Miller	4	5	6	8	10	12	15	20
17	Kent-Erik Andersson RC	4	5	6	8	10	12	15	20
18	Gregg Sheppard	4	5	6	8	10	12	15	20
19	Dennis Owchar	4	5	6	8	10	12	15	
20	Rogatien Vachon	4	5	6	8	10	12	15	20
21	Dan Maloney	4	5	6	8	10	12	15	
22	Guy Charron	4	5	6	8	10	12	15	20
23	Dick Redmond	4	5	6	8	10	12	15	20
24	Checklist 1-132	4	5	6	8	10	12	15	25
25	Anders Hedberg	4	5	6	8	10	12	15	20
26	Mel Bridgman	4	5	6	8	10	12	15	20
27	Lee Fogolin	4	5	6	8	10	12	15	20
28	Gilles Meloche	4	5	6	8	10	12	15	20
29	Garry Howatt	4	5	6	8	10	12	15	20
30	Darryl Sittler	4	5	6	8	10	12	15	20
31	Curt Bennett	4	5	6	8	10	12	15	20
32	Andre St.Laurent	4	5	6	8	10	12	15	20
33	Blair Chapman	4	5	6	8	10	12	15	20
34	Keith Magnuson	4	5	6	8	10	12	15	20
35	Pierre Larouche	4	5	6	8	10	12	15	20
36	Michel Plasse	4	5	6	8	10	12	15	
37	Gary Sargent	4	5	6	8	10	12	15	20
38	Mike Walton	4	5	6	8	10	12	15	20
39	Robert Picard RC	4	5	6	8	10	12	15	20
40	Terry O'Reilly	4	5	6	8	10	12	15	20
41	Dave Farrish	4	5	6	8	10	12	15	20
42	Gary McAdam	4	5	6	8	10	12	15	20
43	Joe Watson	4	5	6	8	10	12	15	20
44	Yves Belanger	4	5	6	8	10	12	15	20
45	Steve Jensen	4	5	6	8	10	12	15	20
46	Bob Stewart	4	5	6	8	10	12	15	20
47	Darcy Rota	4	5	6	8	10	12	15	20
48	Dennis Hextall	4	5	6	8	10	12	15	20
49	Bert Marshall	4	5	6	8	10	12	15	20
50	Ken Dryden	5	6	8	10	15	25	40	100
51	Peter Mahovlich	4	5	6	8	10	12	15	20
52	Dennis Ververgaert	4	5	6	8	10	12	15	20
53	Inge Hammarstrom	4	5	6	8	10	12	15	20
54	Doug Favell	4	5	6	8	10	12	15	20
55	Steve Vickers	4	5	6	8	10	12	15	
56	Syl Apps	4	5	6	8	10	12	15	20
57	Errol Thompson	4	5	6	8	10	12	15	20
58	Don Luce	4	5	6	8	10	12	15	20
59	Mike Milbury	4	5	6	8	10	12	15	20
60	Yvan Cournoyer	4	5	6	8	10	12	15	20
61	Kirk Bowman	4	5	6	8	10	12	15	20
62	Billy Smith	4	5	6	8	10	12	15	20
63	Lafleur/Bossy/Shutt LL	4	5	6	8	10	12	20	25
64	Trott/Lafleur/Sitt LL	4	5	6	8	10	12	15	
65	Lafleur/Trott/Sitt LL	4	5	6	8	10	12	15	20
66	Schltz/Wil/Polnich LL	4	5	6	8	10	12	15	20
67	Bossy/Espo/Shutt LL	4	5	6	8	10	12	15	20
68	Dryden/Parent/Gilb LL	4	5	6	8	10	12	15	20
69	Lafleur/Barber/Sitt LL	4	5	6	8	10	12	15	20
70	Parent/Dryden/Espo LL	4	5	6	8	10	12	15	20
71	Bob Kelly	4	5	6	8	10	12	15	20
72	Ron Stackhouse	4	5	6	8	10	12	15	20
73	Wayne Dillon	4	5	6	8	10	12	15	20

#	Player	VG 3	VgEx 4	EX 5	ExMt 6	NM 7	NmMt 8	NmMt+ 8.5	MT 9
74	Jim Rutherford	4	5	6	8	10	12	15	20
75	Stan Mikita	4	5	6	8	10	12	15	25
76	Bob Gainey	4	5	6	8	10	12	15	20
77	Gerry Hart	4	5	6	8	10	12	15	20
78	Lanny McDonald	4	5	6	8	10	12	15	20
79	Brad Park	4	5	6	8	10	12	15	20
80	Richard Martin	4	5	6	8	10	12	15	
81	Bernie Wolfe	4	5	6	8	10	12	15	
82	Bob MacMillan	4	5	6	8	10	12	15	20
83	Brad Maxwell RC	4	5	6	8	10	12	15	20
84	Mike Fidler	4	5	6	8	10	12	15	
85	Carol Vadnais	4	5	6	8	10	12	15	
86	Don Lever	4	5	6	8	10	12	15	
87	Phil Myre	4	5	6	8	10	12	15	20
88	Paul Gardner	4	5	6	8	10	12	15	
89	Bob Murray	4	5	6	8	10	12	15	20
90	Guy Lafleur	4	5	6	8	10	12	20	25
91	Bob Murdoch	4	5	6	8	10	12	15	20
92	Ron Ellis	4	5	6	8	10	12	15	
93	Jude Drouin	4	5	6	8	10	12	15	20
94	Jocelyn Guevremont	4	5	6	8	10	12	15	20
95	Gilles Gilbert	4	5	6	8	10	12	15	20
96	Bob Sirois	4	5	6	8	10	12	15	20
97	Tom Lysiak	4	5	6	8	10	12	15	20
98	Andre Dupont	4	5	6	8	10	12	15	
99	Per-Olov Brasar RC	4	5	6	8	10	12	15	20
100	Phil Esposito	4	5	6	8	10	12	15	25
101	J.P. Bordeleau	4	5	6	8	10	12	15	20
102	Pierre Mondou RC	4	5	6	8	10	12	15	20
103	Wayne Bianchin	4	5	6	8	10	12	15	20
104	Dennis O'Brien	4	5	6	8	10	12	15	
105	Glenn Resch	4	5	6	8	10	12	15	20
106	Dennis Polonich	4	5	6	8	10	12	15	20
107	Kris Manery RC	4	5	6	8	10	12	15	
108	Bill Hajt	4	5	6	8	10	12	15	20
109	Jere Gillis RC	4	5	6	8	10	12	15	20
110	Garry Unger	4	5	6	8	10	12	15	20
111	Nick Beverley	4	5	6	8	10	12	15	20
112	Pat Hickey	4	5	6	8	10	12	15	20
113	Rick Middleton	4	5	6	8	10	12	15	20
114	Orest Kindrachuk	4	5	6	8	10	12	15	20
115	Mike Bossy RC	25	30	40	50	60	80	150	400
116	Pierre Bouchard	4	5	6	8	10	12	15	20
117	Alain Daigle	4	5	6	8	10	12	15	20
118	Terry Martin	4	5	6	8	10	12	15	20
119	Tom Edur	4	5	6	8	10	12	15	20
120	Marcel Dionne	4	5	6	8	10	12	15	25
121	Barry Beck RC	4	5	6	8	10	12	15	20
122	Billy Lochead	4	5	6	8	10	12	15	20
123	Paul Harrison	4	5	6	8	10	12	15	20
124	Wayne Cashman	4	5	6	8	10	12	15	
125	Rick MacLeish	4	5	6	8	10	12	15	20
126	Bob Bourne	4	5	6	8	10	12	15	20
127	Ian Turnbull	4	5	6	8	10	12	15	20
128	Gerry Meehan	4	5	6	8	10	12	15	20
129	Eric Vail	4	5	6	8	10	12	15	20
130	Gilbert Perreault	4	5	6	8	10	12	15	20
131	Bob Dailey	4	5	6	8	10	12	15	
132	Dale McCourt RC	4	5	6	8	10	12	15	20
133	John Wensink RC	4	5	6	8	10	12	15	20
134	Bill Nyrop	4	5	6	8	10	12	15	
135	Ivan Boldirev	4	5	6	8	10	12	15	20
136	Lucien DeBlois RC	4	5	6	8	10	12	15	20
137	Brian Spencer	4	5	6	8	10	12	15	20
138	Tim Young	4	5	6	8	10	12	15	20
139	Ron Sedlbauer	4	5	6	8	10	12	15	20
140	Gerry Cheevers	4	5	6	8	10	12	15	20
141	Dennis Maruk	4	5	6	8	10	12	15	20
142	Barry Dean	4	5	6	8	10	12	15	
143	Bernie Federko RC	10	▼12	▼15	30	60	100	125	200
144	Stefan Persson RC	4	5	6	8	10	12	15	20
145	Wilf Paiement	4	5	6	8	10	12	15	20
146	Dale Tallon	4	5	6	8	10	12	15	20
147	Yvon Lambert	4	5	6	8	10	12	15	20
148	Greg Joly	4	5	6	8	10	12	15	20
149	Dean Talafous	4	5	6	8	10	12	15	
150	Don Edwards AS2	4	5	6	8	10	12	15	20
151	Butch Goring	4	5	6	8	10	12	15	20
152	Tom Bladon	4	5	6	8	10	12	15	
153	Bob Nystrom	4	5	6	8	10	12	15	20
154	Ron Greschner	4	5	6	8	10	12	15	20
155	Jean Ratelle	4	5	6	8	10	12	15	20
156	Russ Anderson RC	VG 3	VgEx 4	EX 5	8	10	12	15+ 8.5	MT 9
157	John Marks	4	5	6	8	10	12	15	20
158	Michel Larocque	4	5	6	8	10	12	15	20
159	Paul Woods RC	4	5	6	8	10	12	15	20
160	Mike Palmateer	4	5	6	8	10	12	15	20
161	Jim Lorentz	4	5	6	8	10	12	15	20
162	Dave Lewis	4	5	6	8	10	12	15	
163	Harvey Bennett	4	5	6	8	10	12	15	20
164	Rick Smith	4	5	6	8	10	12	15	20
165	Reggie Leach	4	5	6	8	10	12	15	20
166	Wayne Thomas	4	5	6	8	10	12	15	20
167	Dave Forbes	4	5	6	8	10	12	15	20
168	Doug Wilson RC	5	6	15	20	25	50	60	100
169	Dan Bouchard	4	5	6	8	10	12	15	20
170	Steve Shutt	4	5	6	8	10	12	15	20
171	Mike Kaszycki RC	4	5	6	8	10	12	15	20
172	Denis Herron	4	5	6	8	10	12	15	20
173	Rick Bowness	4	5	6	8	10	12	15	
174	Rick Hampton	4	5	6	8	10	12	15	20
175	Glen Sharpley	4	5	6	8	10	12	15	20
176	Bill Barber	4	5	6	8	10	12	15	20
177	Ron Duguay RC	4	5	6	8	10	12	15	25
178	Jim Schoenfeld	4	5	6	8	10	12	15	20
179	Pierre Plante	4	5	6	8	10	12	15	20
180	Jacques Lemaire	4	5	6	8	10	12	15	20
181	Stan Jonathan	4	5	6	8	10	12	15	20
182	Billy Harris	4	5	6	8	10	12	15	20
183	Chris Oddleifson	4	5	6	8	10	12	15	20
184	Jean Pronovost	4	5	6	8	10	12	15	20
185	Fred Barrett	4	5	6	8	10	12	15	20
186	Ross Lonsberry	4	5	6	8	10	12	15	20
187	Mike McEwen	4	5	6	8	10	12	15	20
188	Rene Robert	4	5	6	8	10	12	15	20
189	J. Bob Kelly	4	5	6	8	10	12	15	20
190	Serge Savard AS2	4	5	6	8	10	12	15	20
191	Dennis Kearns	4	5	6	8	10	12	15	20
192	Flames Team CL	4	5	6	8	10	12	15	20
193	Bruins Team CL	4	5	6	8	10	12	15	20
194	Sabres Team CL	4	5	6	8	10	12	15	
195	Blackhawks Team CL	4	5	6	8	10	12	15	20
196	Rockies Team CL	4	5	6	8	10	12	15	20
197	Red Wings Team CL	4	5	6	8	10	12	15	20
198	Kings Team CL	4	5	6	8	10	12	15	20
199	North Stars Team CL	4	5	6	8	10	12	15	20
200	Canadiens Team CL	4	5	6	8	10	12	15	20
201	Islanders Team CL	4	5	6	8	10	12	15	20
202	Rangers Team CL	4	5	6	8	10	12	15	20
203	Flyers Team CL	4	5	6	8	10	12	15	20
204	Penguins Team CL	4	5	6	8	10	12	15	20
205	Blues Team CL	4	5	6	8	10	12	15	20
206	Maple Leafs Team CL	4	5	6	8	10	12	15	20
207	Canucks Team CL	4	5	6	8	10	12	15	20
208	Capitals Team CL	4	5	6	8	10	12	15	20
209	Danny Gare	4	5	6	8	10	12	15	20
210	Larry Robinson	4	5	6	8	10	12	15	25
211	John Davidson	4	5	6	8	10	12	15	20
212	Peter McNab	4	5	6	8	10	12	15	20
213	Rick Kehoe	4	5	6	8	10	12	15	20
214	Terry Harper	4	5	6	8	10	12	15	20
215	Bobby Clarke	4	5	6	8	10	12	15	25
216	Bryan Maxwell UER	4	5	6	8	10	12	15	20
217	Ted Bulley	4	5	6	8	10	12	15	20
218	Red Berenson	4	5	6	8	10	12	15	
219	Ron Grahame	4	5	6	8	10	12	15	20
220	Clark Gillies AS1	4	5	6	8	10	12	15	20
221	Dave Maloney	4	5	6	8	10	12	15	20
222	Derek Smith RC	4	5	6	8	10	12	15	20
223	Wayne Stephenson	4	5	6	8	10	12	15	20
224	John Van Boxmeer	4	5	6	8	10	12	15	
225	Dave Schultz	4	5	6	8	10	12	15	20
226	Reed Larson RC	4	5	6	8	10	12	15	20
227	Rejean Houle	4	5	6	8	10	12	15	20
228	Doug Hicks	4	5	6	8	10	12	15	20
229	Mike Murphy	4	5	6	8	10	12	15	20
230	Pete Lopresti	4	5	6	8	10	12	15	20
231	Jerry Korab	4	5	6	8	10	12	15	
232	Ed Westfall	4	5	6	8	10	12	15	20
233	Greg Malone RC	4	5	6	8	10	12	15	20
234	Paul Holmgren	4	5	6	8	10	12	15	20
235	Walt Tkaczuk	4	5	6	8	10	12	15	
236	Don Marcotte	4	5	6	8	10	12	15	20
237	Ron Low	4	5	6	8	10	12	15	20
238	Rick Chartraw	4	5	6	8	10	12	15	20
239	Cliff Koroll	4	5	6	8	10	12	15	20
240	Borje Salming	4	5	6	8	10	12	15	20
241	Roland Eriksson	4	5	6	8	10	12	15	20
242	Ric Seiling RC	VG 3	VgEx 4	EX 5	ExMt 6	NM 7	NmMt 8	15	20
243	Jim Bedard RC	4	5	6	8	10	12	15	20
244	Peter Lee RC	4	5	6	8	10	12	15	20
245	Denis Potvin	4	5	6	8	10	12	15	25

#	Player	VG 3	VgEx 4	EX 5	ExMt 6	NM 7	NmMt 8	NmMt+ 8.5	MT 9
246	Greg Polis	4	5	6	8	10	12	15	
247	Jimmy Watson	4	5	6	8	10	12	15	20
248	Bobby Schmautz	4	5	6	8	10	12	15	
249	Doug Risebrough	4	5	6	8	10	12	15	20
250	Tony Esposito	4	5	6	8	10	12	15	20
251	Nick Libett	4	5	6	8	10	12	15	
252	Ron Zanussi RC	4	5	6	8	10	12	15	20
253	Andre Savard	4	5	6	8	10	12	15	20
254	Dave Burrows	4	5	6	8	10	12	15	20
255	Ulf Nilsson	4	5	6	8	10	12	15	20
256	Richard Mulhern	4	5	6	8	10	12	15	20
257	Don Saleski	4	5	6	8	10	12	15	20
258	Wayne Merrick	4	5	6	8	10	12	15	20
259	Checklist 133-264	4	5	6	8	10	12	15	25
260	Guy Lapointe	4	5	6	8	10	12	15	20
261	Grant Mulvey	4	5	6	8	10	12	15	20
262	Stanley Cup: Semis	4	5	6	8	10	12	15	20
263	Stanley Cup: Semis	4	5	6	8	10	12	15	20
264	Stanley Cup Finals	4	5	6	8	10	12	15	20

—Mike Bossy RC #115 BGS 9.5 (Gem) sold for $302 (eBay; 6/12)
—Mike Bossy RC #115 PSA 10 (Gem) sold for $1,302 (Memory Lane; 6/12)

1979-80 O-Pee-Chee

#	Player	VG 3	VgEx 4	EX 5	ExMt 6	NM 7	NmMt 8	NmMt+ 8.5	MT 9
1	Bossy/Dionne/Lafleur LL	20	30	50	100	150	250		
2	Trott/Lafleur/Dionne LL	4	5	6	8	15	25	30	
3	Trott/Dionne/Lafleur LL	4	6	8	10	15	60	80	
4	Williams/Holt/Schultz LL	4	4	5	6	10	25		
5	Bossy/Dionne/Gardner LL	4	6	8	12	20	30	50	150
6	Dryden/Resch/Parent LL	15	20	25	40	50	80	100	150
7	Lafleur/Bossy/Trott/ LL	4	5	6	8	15	25	30	
8	Dryden/Espo/Parent LL	4	5	6	20	30	80	100	200
9	Greg Malone	4	4	5	6	10	15	20	
10	Rick Middleton	4	4	5	6	10	15	20	50
11	Greg Smith	4	4	5	6	10	15	20	35
12	Rene Robert	4	4	5	6	10	15	20	
13	Doug Risebrough	4	4	5	6	10	15	20	
14	Bob Kelly	4	4	5	6	10	15	20	
15	Walt Tkaczuk	4	4	5	6	10	15	20	35
16	John Marks	4	4	5	6	10	15	20	
17	Willie Huber RC	4	4	5	6	10	15	20	35
18	Wayne Gretzky UER RC #18 OPC not 601,200	1,500	2,500	4,000	6,000	15,000			100,000
19	Ron Sedlbauer	4	4	5	6	10	15	20	35
20	Glenn Resch AS2	4	4	5	6	10	15	20	35
21	Blair Chapman	4	4	5	6	10	15	20	
22	Ron Zanussi	4	4	5	6	10	15	20	35
23	Brad Park	4	5	6	8	12	30		
24	Yvon Lambert	4	4	5	6	10	15	20	35
25	Andre Savard	4	4	5	6	10	15	20	
26	Jimmy Watson	4	4	5	6	10	15	20	
27	Hal Philipoff RC	4	4	5	6	10	15	20	
28	Dan Bouchard	4	4	5	6	10	15	20	
29	Bob Sirois	4	4	5	6	10	15	20	35
30	Ulf Nilsson	4	4	5	6	10	15	20	
31	Mike Murphy	4	4	5	6	10	15	20	
32	Stefan Persson	4	4	5	6	10	15	20	
33	Garry Unger	4	4	5	6	10	15	20	35
34	Rejean Houle	4	4	5	6	10	15	20	35
35	Barry Beck	4	4	5	6	10	15	20	
36	Tim Young	4	4	5	6	10	15	20	
37	Rick Dudley	4	4	5	6	10	15	20	35
38	Wayne Stephenson	4	4	5	6	10	15	20	
39	Peter McNab	4	4	5	6	10	15	20	35
40	Borje Salming AS2	4	4	5	6	10	15	20	
41	Tom Lysiak	4	4	5	6	10	15	20	
42	Don Maloney RC	4	4	5	6	10	15	20	40
43	Mike Rogers	4	4	5	6	10	15	20	
44	Dave Lewis	4	4	5	6	10	15	20	
45	Peter Lee	4	4	5	6	10	15	20	35
46	Marty Howe	4	4	5	6	10	15	20	40
47	Serge Bernier	4	4	5	6	10	15	20	
48	Paul Woods	4	4	5	6	10	15	20	
49	Bob Sauve	4	4	5	6	10	15	20	
50	Larry Robinson AS1	4	5	6	8	12	40		
51	Tom Gorence RC	4	4	5	6	10	15	20	35
52	Gary Sargent	4	4	5	6	10	15	20	
53	Thomas Gradin RC	4	4	5	6	10	15	20	
54	Dean Talafous	4	4	5	6	10	15	20	
55	Bob Murray	4	4	5	6	10	15	20	35
56	Bob Bourne	4	4	5	6	10	15	20	
57	Larry Patey	4	4	5	6	10	15	20	
58	Ross Lonsberry	4	4	5	6	10	15	20	35
59	Rick Smith UER	4	4	5	6	10	15	20	35
60	Guy Chouinard	4	4	5	6	10	15	20	35
61	Danny Gare	4	4	5	6	10	15	20	
62	Jim Bedard	4	4	5	6	10	15	20	

#	Player	VG 3	VgEx 4	EX 5	ExMt 6	NM 7	NmMt 8	NmMt+ 8.5	MT 9
63	Dale McCourt UER	4	4	5	6	10	15	20	
64	Steve Payne RC	4	4	5	6	10	30		
65	Pat Hughes RC	4	4	5	6	10	15	20	35
66	Mike McEwen	4	4	5	6	10	15	20	35
67	Reg Kerr RC	4	4	5	6	10	15	20	35
68	Walt McKechnie	4	4	5	6	10	15	20	
69	Michel Plasse	4	4	5	6	10	15	20	
70	Denis Potvin AS1	4	4	5	6	10	15	20	
71	Dave Dryden	4	4	5	6	10	15	20	40
72	Gary McAdam	4	4	5	6	10	15	20	35
73	Andre St.Laurent	4	4	5	6	10	15	20	
74	Jerry Korab	4	4	5	6	10	15		
75	Rick MacLeish	4	4	5	6	10	15	20	40
76	Dennis Kearns	4	4	5	6	10	15	20	
77	Jean Pronovost	4	4	5	6	10	15	20	35
78	Ron Greschner	4	4	5	6	10	15	20	
79	Wayne Cashman	4	4	5	6	10	15	20	35
80	Tony Esposito	4	5	6	8	12	15	20	35
81	Jets Logo CL	15	20	40	50	60	80	100	200
82	Oilers Logo CL	50	60	80	100	150	200	300	500
83	Stanley Cup Finals	4	5	8	30	40	50		
84	Brian Sutter	4	4	5	6	10	15	20	40
85	Gerry Cheevers	4	4	5	6	10	15	20	
86	Pat Hickey	4	4	5	6	10	15	20	
87	Mike Kaszycki	4	4	5	6	10	15	20	35
88	Grant Mulvey	4	4	5	6	10	15	20	
89	Derek Smith	4	4	5	6	10	15	20	35
90	Steve Shutt	4	4	5	6	10	15	20	
91	Robert Picard	4	4	5	6	10	15	20	
92	Dan Labraaten	4	4	5	6	10	15	20	
93	Glen Sharpley	4	4	5	6	10	15	20	
94	Denis Herron	4	4	5	6	10	15	20	
95	Reggie Leach	4	4	5	6	10	15	20	
96	John Van Boxmeer	4	4	5	6	10	15	20	
97	Tiger Williams	4	4	5	6	10	20	25	50
98	Butch Goring	4	4	5	6	10	15	20	35
99	Don Marcotte	4	4	5	6	10	15	20	
100	Bryan Trottier AS1	4	5	6	8	12	30	40	
101	Serge Savard AS2	4	4	5	6	10	15	20	
102	Cliff Koroll	4	4	5	6	10	15	20	
103	Gary Smith	4	4	5	6	10	15	20	
104	Al MacAdam	4	4	5	6	10	15	20	
105	Don Edwards	4	4	5	6	10	15	20	35
106	Errol Thompson	4	4	5	6	10	15	20	
107	Andre Lacroix	4	4	5	6	10	15	20	
108	Marc Tardif	4	4	5	6	10	15	20	35
109	Rick Kehoe	4	4	5	6	10	15	20	35
110	John Davidson	4	4	5	6	10	15	20	
111	Behn Wilson RC	4	4	5	6	10	15	20	35
112	Doug Jarvis	4	4	5	6	10	15	20	35
113	Tom Rowe RC	4	4	5	6	10	15	20	35
114	Mike Milbury	4	4	5	6	10	15	20	
115	Billy Harris	4	4	5	6	10	15	20	
116	Greg Fox RC	4	4	5	6	10	15	20	
117	Curt Fraser RC	4	4	5	6	10	15	20	35
118	Jean-Paul Parise	4	4	5	6	10	15	20	
119	Ric Seiling	4	4	5	6	10	15	20	35
120	Darryl Sittler	4	4	5	6	10	15	20	
121	Rick Lapointe	4	4	5	6	10	15	20	
122	Jim Rutherford	4	4	5	6	10	15	30	
123	Mario Tremblay	4	4	5	6	10	15	20	40
124	Randy Carlyle	4	4	5	6	10	15	20	40
125	Bobby Clarke	4	5	6	8	12	20	25	
126	Wayne Thomas	4	4	5	6	10	15	20	
127	Ivan Boldirev	4	4	5	6	10	15	20	35
128	Ted Bulley	4	4	5	6	10	15	20	
129	Dick Redmond	4	4	5	6	10	15	20	35
130	Clark Gillies AS1	4	4	5	6	10	30		
131	Checklist 1-132	30	40	▼50	▼60	100	250		
132	Vaclav Nedomansky	4	4	5	6	10	15	20	
133	Richard Mulhern	4	4	5	6	10	15	20	
134	Dave Schultz	4	4	5	6	10	15	20	
135	Guy Lapointe	4	4	5	6	10	15	20	
136	Gilles Meloche	4	4	5	6	10	15	20	
137	Randy Pierce RC	4	4	5	6	10	15	20	
138	Cam Connor	4	4	5	6	10	15	20	
139	George Ferguson	4	4	5	6	10	15	20	35
140	Bill Barber	4	4	5	6	10	15	20	
141	Terry Ruskowski UER	4	4	5	6	10	15	20	
142	Wayne Babych RC	4	4	5	6	10	15	20	35
143	Phil Russell	4	4	5	6	10	15	20	
144	Bobby Schmautz	4	4	5	6	10	15	20	80
145	Carol Vadnais	4	4	5	6	10	30		
146	John Tonelli RC	4	6	10	20	40	250	300	400
147	Peter Marsh RC	4	4	5	6	10	15	20	
148	Thommie Bergman	4	4	5	6	10	15	20	35

#	Player	VG 3	VgEx 4	EX 5	ExMt 6	NM 7	NmMt 8	NmMt+ 8.5	MT 9
149	Richard Martin	4	4	5	6	10	15	20	
150	Ken Dryden AS1	10	15	20	25	50	125	200	300
151	Kris Manery	4	4	5	6	10	15	20	35
152	Guy Charron	4	4	5	6	10	15	20	
153	Lanny McDonald	4	4	5	6	10	15	20	40
154	Ron Stackhouse	4	4	5	6	10	15	20	
155	Stan Mikita	4	5	6	8	12	20	25	40
156	Paul Holmgren	4	4	5	6	10	15	20	35
157	Perry Miller	4	4	5	6	10	15	20	
158	Gary Croteau	4	4	5	6	10	15	20	
159	Dave Maloney	4	4	5	6	10	15	20	
160	Marcel Dionne AS2	4	5	6	8	12	20	25	
161	Mike Bossy RB	4	5	6	8	20	25		
162	Don Maloney RB	4	4	5	6	10	15	20	
163	Whalers Logo CL	5	▲10	▲12	▲15	▲30	▼60	100	150
164	Brad Park RB	4	4	5	6	10	15	20	
165	Bryan Trottier RB	4	4	5	6	10	15	20	
166	Al Hill RC	4	4	5	6	10	15	20	35
167	Gary Bromley UER	4	4	5	6	10	15	20	35
168	Don Murdoch	4	4	5	6	10	15	20	35
169	Wayne Merrick	4	4	5	6	10	15	20	
170	Bob Gainey	4	4	5	6	10	20	25	40
171	Jim Schoenfeld	4	4	5	6	10	15	20	
172	Gregg Sheppard	4	4	5	6	10	15	20	35
173	Dan Bolduc RC	4	4	5	6	10	15	20	
174	Blake Dunlop	4	4	5	6	10	25		
175	Gordie Howe	6	25	30	40	60	▲150	▲250	▲800
176	Richard Brodeur	4	4	5	6	10	15	20	40
177	Tom Younghans	4	4	5	6	10	15	20	35
178	Andre Dupont	4	4	5	6	10	15	20	35
179	Ed Johnstone RC	4	4	5	6	10	15	20	
180	Gilbert Perreault	4	4	5	6	10	20		
181	Bob Lorimer RC	4	4	5	6	10	20		
182	John Wensink	4	4	5	6	10	15	20	
183	Lee Fogolin	4	4	5	6	10	15	20	
184	Greg Carroll RC	4	4	5	6	10	15	20	
185	Bobby Hull	▼12	▼15	▼20	▼25	▼30	▲125		400
186	Harold Snepsts	4	4	5	6	10	15	20	
187	Peter Mahovlich	4	4	5	6	10	15	20	
188	Eric Vail	4	4	5	6	10	15	20	35
189	Phil Myre	4	4	5	6	10	15	20	
190	Wilf Paiement	4	4	5	6	10	15	20	
191	Charlie Simmer RC	5	8	10	12	20	30	40	60
192	Per-Olov Brasar	4	4	5	6	10	15	20	35
193	Lorne Henning	4	4	5	6	10	15	20	
194	Don Luce	4	4	5	6	10	15	20	
195	Steve Vickers	4	4	5	6	10	15	20	35
196	Bob Miller RC	4	4	5	6	10	15	20	
197	Mike Palmateer	4	4	5	6	10	15	20	
198	Nick Libett	4	4	5	6	10	15	20	
199	Pat Ribble RC	4	4	5	6	10	15	20	
200	Guy Lafleur AS1	8	10	12	15	30	60	80	300
201	Mel Bridgman	4	4	5	6	10	30		
202	Morris Lukowich RC	4	4	5	6	10	15	20	35
203	Don Lever	4	4	5	6	10	15	20	
204	Tom Bladon	4	4	5	6	10	15	20	
205	Garry Howatt	4	4	5	6	10	15	20	
206	Bobby Smith RC	5	8	15	20	30	50	60	400
207	Craig Ramsay	4	4	5	6	10	15	20	
208	Ron Duguay	4	4	5	6	10	15	20	35
209	Gilles Gilbert	4	4	5	6	10	15	20	
210	Bob MacMillan	4	4	5	6	10	15	20	
211	Pierre Mondou	4	4	5	6	10	15	20	
212	J.P. Bordeleau	4	4	5	6	10	15	20	35
213	Reed Larson	4	4	5	6	10	15	20	35
214	Dennis Ververgaert	4	4	5	6	10	15	20	
215	Bernie Federko	8	10	12	20	30	40	60	150
216	Mark Howe	4	6	8	10	15	25		
217	Bob Nystrom	4	4	5	6	10	15	20	
218	Orest Kindrachuk	4	4	5	6	10	15	20	
219	Mike Fidler	4	4	5	6	10	15	20	35
220	Phil Esposito	4	4	5	6	10	15	20	
221	Bill Hajt	4	4	5	6	10	15	20	35
222	Mark Napier	4	4	5	6	10	30		
223	Dennis Maruk	4	4	5	6	10	15	20	
224	Dennis Polonich	4	4	5	6	10	15	20	35
225	Jean Ratelle	4	4	5	6	10	15	20	
226	Bob Dailey	4	4	5	6	10	15	20	
227	Alain Daigle	4	4	5	6	10	15	20	
228	Ian Turnbull	4	4	5	6	10	15	20	35
229	Jack Valiquette	4	4	5	6	10	15	20	
230	Mike Bossy AS2	5	8	10	30	60	250	300	800
231	Brad Maxwell	4	4	5	6	10	15	20	
232	Dave Taylor	4	5	6	8	15	25	30	
233	Pierre Larouche	4	4	5	6	10	15	20	40
234	Rod Schutt RC	4	4	5	6	10	15	20	

#	Player	VG 3	VgEx 4	EX 5	ExMt 6	NM 7	NmMt 8	NmMt+ 8.5	MT 9
235	Rogatien Vachon	4	4	5	6	10	15	20	
236	Ryan Walter RC	4	4	5	6	10	15	20	60
237	Checklist 133-264 UER	8	12	25	50	80	250		
238	Terry O'Reilly	4	4	5	6	10	15	20	
239	Real Cloutier	4	4	5	6	10	15	20	
240	Anders Hedberg	4	4	5	6	10	15	20	
241	Ken Linseman RC	4	5	6	8	15	50	60	
242	Billy Smith	4	4	5	6	10	15	20	
243	Rick Chartraw	4	4	5	6	10	15	20	
244	Flames Team	4	5	6	8	12	20	25	
245	Bruins Team	4	5	6	8	12	20	25	
246	Sabres Team	4	5	6	8	12	20	25	
247	Blackhawks Team	4	5	6	8	12	20	25	
248	Rockies Team	4	5	6	8	12	20	25	
249	Red Wings Team	4	5	6	8	12	20	25	50
250	Kings Team	4	5	6	8	12	20	25	
251	North Stars Team	4	5	6	8	12	20	25	50
252	Canadiens Team	5	8	10	20	25	50		
253	Islanders Team	4	5	6	8	15	100		
254	Rangers Team	4	5	6	8	12	20	25	
255	Flyers Team	4	5	6	8	12	20	25	50
256	Penguins Team	4	5	6	8	12	20	25	
257	Blues Team	4	5	6	8	12	20	25	
258	Maple Leafs Team	4	5	6	8	30	40	50	
259	Canucks Team	4	5	6	10	20	25	30	80
260	Capitals Team	4	5	6	8	12	30	40	
261	Nordiques Team	5	8	10	12	▼20	40	50	80
262	Jean Hamel	4	4	5	6	10	15	20	
263	Stan Jonathan	4	4	5	6	10	15	20	
264	Russ Anderson	4	4	5	6	10	15	20	35
265	Gordie Roberts RC	4	4	5	6	10	15	20	35
266	Bill Flett	4	4	5	6	10	15	20	35
267	Robbie Ftorek	4	4	5	6	10	15	20	
268	Mike Amodeo	4	4	5	6	10	15	20	35
269	Vic Venasky	4	4	5	6	10	15	20	
270	Bob Manno	4	4	5	6	10	15	20	
271	Dan Maloney	4	4	5	6	10	15	20	
272	Al Sims	4	4	5	6	10	15	20	
273	Greg Polis	4	4	5	6	10	15	20	
274	Doug Favell	4	4	5	6	15	20	25	
275	Pierre Plante	4	4	5	6	10	15	20	
276	Bob Murdoch	4	4	5	6	10	15	20	35
277	Lyle Moffat	4	4	5	6	10	30		
278	Jack Brownschidle	4	4	5	6	10	15	20	
279	Dave Keon	4	4	5	6	15	20	25	35
280	Darryl Edestrand	4	4	5	6	10	15	20	35
281	Greg Millen RC	4	6	8	10	20	30		
282	John Gould	4	4	5	6	10	15	20	
283	Rich Leduc	4	4	5	6	10	15	20	
284	Ron Delorme	4	4	5	6	10	15	20	40
285	Gord Smith	4	4	5	6	10	15	20	
286	Nick Fotiu	4	4	5	6	10	15	20	
287	Kevin McCarthy RC	4	4	5	6	10	15	20	90
288	Jimmy Jones	4	4	5	6	10	15	20	
289	Pierre Bouchard	4	4	5	6	10	15	20	
290	Wayne Bianchin	4	4	5	6	10	15	20	50
291	Garry Lariviere	4	4	5	6	10	15	20	
292	Steve Jensen	4	4	5	6	10	15	20	
293	John Garrett	4	4	5	6	10	15	20	
294	Hilliard Graves	4	4	5	6	10	15	20	35
295	Bill Clement	4	4	5	6	10	15	20	
296	Michel Larocque	4	4	5	6	10	30		40
297	Bob Stewart	4	4	5	6	10	15	20	
298	Doug Patey RC	4	4	5	6	10	15	20	35
299	Dave Farrish	4	4	5	6	10	15	20	
300	Al Smith	4	4	5	6	10	15	20	
301	Billy Lochead	4	4	5	6	15	20	25	
302	Dave Hutchinson	4	4	5	6	10	15	20	
303	Bill Riley	4	4	5	6	10	15	20	
304	Barry Gibbs	4	4	5	6	10	15	20	
305	Chris Oddleifson	4	4	5	6	10	15	20	
306	J. Bob Kelly UER	4	4	5	6	10	30		
307	Al Hangsleben RC	4	4	5	6	10	15	20	40
308	Curt Brackenbury RC	4	4	5	6	10	15	20	35
309	Rick Green	4	4	5	6	10	15	20	
310	Ken Houston	4	4	5	6	10	15	20	
311	Greg Joly	4	4	5	6	10	15	20	35
312	Bill Lesuk	4	4	5	6	10	15	20	
313	Bill Stewart RC	4	4	5	6	10	15	20	40
314	Rick Ley	4	4	5	6	10	15	20	
315	Brett Callighen RC	4	4	5	6	10	15	20	35
316	Michel Dion	4	4	5	6	10	15	20	
317	Randy Manery	4	4	5	6	10	15	20	35
318	Barry Dean	4	4	5	6	10	20	25	
319	Pat Boutette	4	4	5	6	10	15	20	
320	Mark Heaslip	4	4	5	6	10	15	20	

#	Player	VG 3	VgEx 4	EX 5	ExMt 6	NM 7	NmMt 8	NmMt+ 8.5	MT 9
321	Dave Inkpen	4	4	5	6	10	15	20	
322	Jere Gillis	4	4	5	6	10	15	20	
323	Larry Brown	4	4	5	6	10	15	20	
324	Alain Cote RC	4	4	5	6	10	15	20	35
325	Gordie Lane	4	4	5	6	10	15	20	
326	Bobby Lalonde	4	4	5	6	10	15	20	
327	Ed Staniowski	4	4	5	6	10	20	25	
328	Ron Plumb	4	4	5	6	10	15	20	
329	Jude Drouin	4	4	5	6	10	15	20	
330	Rick Hampton	4	4	5	6	10	15	20	35
331	Stan Weir	4	4	5	6	10	15	20	
332	Blair Stewart	4	4	5	6	10	15	20	
333	Mike Polich RC	4	4	5	6	10	15	20	35
334	Jean Potvin	4	4	5	6	10	15	20	35
335	Jordy Douglas RC	4	4	5	6	10	15	20	35
336	Joel Quenneville RC	4	5	6	8	10	20	25	
337	Glen Hanlon RC	4	4	5	6	10	15	20	
338	Dave Hoyda RC	4	4	5	6	10	15	20	
339	Colin Campbell	4	4	5	6	10	15	20	
340	John Smrke	4	4	5	6	10	15	20	
341	Brian Glennie	4	4	5	6	10	15	20	
342	Don Kozak	4	4	5	6	10	15	20	
343	Yvon Labre	4	4	5	6	10	15	20	
344	Curt Bennett	4	4	5	6	10	15	20	
345	Mike Christie	4	4	5	6	10	20	25	
346	Checklist 265-396	5	8	12	▼30	▼50	125		
347	Pat Price	4	4	5	6	10	15	20	35
348	Ron Low	4	4	5	6	10	15	20	
349	Mike Antonovich	4	4	5	6	10	15	20	35
350	Roland Eriksson	4	4	5	6	10	15	20	
351	Bob Murdoch	4	4	5	6	10	15	20	
352	Rob Palmer	4	4	5	6	10	15	20	
353	Brad Gassoff	4	4	5	6	10	15	20	35
354	Bruce Boudreau	4	4	5	6	10	15	20	35
355	Al Hamilton	4	4	5	6	10	15	20	
356	Blaine Stoughton	4	4	5	6	10	15	20	35
357	John Baby	4	4	5	6	10	15	20	
358	Gary Inness	4	4	5	6	10	30		35
359	Wayne Dillon	4	4	5	6	10	15	20	
360	Darcy Rota	4	4	5	6	10	15	20	
361	Brian Engblom RC	4	4	5	6	10	30		
362	Bill Hogaboam	4	4	5	6	10	15	20	
363	Dave Debol RC	4	4	5	6	10	15	20	
364	Pete Lopresti	4	4	5	6	10	15	20	
365	Gerry Hart	4	4	5	6	10	15	20	
366	Syl Apps	4	4	5	6	10	15	20	
367	Jack McIlhargey	4	4	5	6	10	15	20	
368	Willy Lindstrom	4	4	5	6	10	15	20	35
369	Don Laurence RC	4	4	5	6	10	15	20	35
370	Chuck Luksa RC	4	4	5	6	10	15	20	
371	Dave Semenko RC	10	15	20	30	50	100	150	▲400
372	Paul Baxter RC	4	4	5	6	10	15	20	
373	Ron Ellis	4	4	5	6	10	15	20	
374	Leif Svensson RC	4	4	5	6	10	15	20	60
375	Dennis O'Brien	4	4	5	6	10	15	20	
376	Glenn Goldup	4	4	5	6	10	15	20	
377	Terry Richardson	4	4	5	6	10	15	20	
378	Peter Sullivan	4	4	5	6	10	15	20	35
379	Doug Hicks	4	4	5	6	10	15	20	
380	Jamie Hislop RC	4	4	5	6	10	15	20	30
381	Jocelyn Guevremont	4	4	5	6	10	15	20	
382	Willi Plett	4	4	5	6	10	15	20	
383	Larry Goodenough	4	4	5	6	10	15	20	35
384	Jim Warner RC	4	4	5	6	10	15	20	40
385	Rey Comeau	4	4	5	6	10	15	20	
386	Barry Melrose RC	5	8	▲25	▲30	▲40	60	80	200
387	Dave Hunter RC	4	4	5	6	10	15	20	40
388	Wally Weir RC	4	4	5	6	10	15	20	35
389	Mario Lessard RC	4	4	5	6	10	15	20	40
390	Ed Kea	4	4	5	6	10	15	20	35
391	Bob Stephenson RC	4	4	5	6	10	15	20	30
392	Dennis Hextall	4	4	5	6	10	15	20	35
393	Jerry Butler	4	4	5	6	10	15	20	
394	David Shand	4	4	5	6	10	15	20	
395	Rick Blight	4	4	5	6	10	15	20	
396	Lars-Erik Sjoberg	4	4	6	8	12	25	30	

- Wayne Gretzky RC #18 BGS 9.5 (Gem) sold for $50,000 (eBay; 7/08)
- Wayne Gretzky RC #18 BGS 9.5 (Gem) sold for $11,789 (Memory Lane; 6/12)
- Billy Harris #115 PSA 10 (Gem Mt) sold for $11,789 (Memory Lane; 6/12)
- Billy Harris #115 PSA 10 (Gem Mt) sold for $3,174 (eBay; 1/13)

1979-80 Topps

#	Player	VG 3	VgEx 4	EX 5	ExMt 6	NM 7	NmMt 8	NmMt+ 8.5	MT 9
1	Bossy/Dionne/Lafleur LL	4	4	5	6	8	25		
2	Trott/Lafleur/Dionne LL	4	4	5	6	8	12	15	
3	Trott/Dionne/Lafleur LL	4	4	5	6	10	15	25	
4	Williams/Holt/Schultz LL	4	4	5	6	8	12	15	
5	Bossy/Dionne/Gardner LL	4	4	5	6	8	12	15	
6	Dryden/Resch/Parent LL	4	4	5	6	8	12	15	
7	Lafleur/Bossy/Trott/ LL	4	4	5	6	8	12	15	
8A	Dryden/Espo/Par LL ERR	4	4	5	8	15	40		
8B	Dryden/Espo/Par LL COR	4	4	5	6	10	25	35	
9	Greg Malone	4	4	5	6	10	15	20	
10	Rick Middleton	4	4	5	6	8	12	15	
11	Greg Smith	4	4	5	6	8	12	15	30
12	Rene Robert	4	4	5	6	8	12	15	
13	Doug Risebrough	4	4	5	6	8	12	15	30
14	Bob Kelly	4	4	5	6	8	12	15	
15	Walt Tkaczuk	4	4	5	6	8	12	15	30
16	John Marks	4	4	5	6	8	12	15	
17	Willie Huber RC	4	4	5	6	8	12	15	30
18	Wayne Gretzky RC	1,000	1,200	1,500	2,000	3,000	8,000	10,000	40,000
19	Ron Sedlbauer	4	4	5	6	8	12	15	30
20	Glenn Resch AS2	4	4	5	6	8	12	15	
21	Blair Chapman	4	4	5	6	8	12	15	
22	Ron Zanussi	4	4	5	6	8	12	15	30
23	Brad Park	4	4	5	6	10	15	20	
24	Yvon Lambert	4	4	5	6	8	12	15	
25	Andre Savard	4	4	5	6	8	12	15	
26	Jimmy Watson	4	4	5	6	10	15	20	
27	Hal Philipoff RC	4	4	5	6	8	12	15	
28	Dan Bouchard	4	4	5	6	8	12	15	
29	Bob Sirois	4	4	5	6	8	12	15	30
30	Ulf Nilsson	4	4	5	6	10	15	20	
31	Mike Murphy	4	4	5	6	10	15	20	
32	Stefan Persson	4	4	5	6	8	12	15	
33	Garry Unger	4	4	5	6	8	12	15	30
34	Rejean Houle	4	4	5	6	8	12	15	30
35	Barry Beck	4	4	5	6	8	12	15	
36	Tim Young	4	4	5	6	8	12	15	
37	Rick Dudley	4	4	5	6	8	12	15	
38	Wayne Stephenson	4	4	5	6	8	12	15	30
39	Peter McNab	4	4	5	6	10	15	20	
40	Borje Salming AS2	4	4	5	6	8	12	15	
41	Tom Lysiak	4	4	5	6	8	12	15	30
42	Don Maloney RC	4	4	5	6	8	12	15	30
43	Mike Rogers	4	4	5	6	10	15	20	
44	Dave Lewis	4	4	5	6	8	12	15	
45	Peter Lee	4	4	5	6	8	12	15	30
46	Marty Howe	4	4	5	6	8	12	15	
47	Serge Bernier	4	4	5	6	8	12	15	30
48	Paul Woods	4	4	5	6	10	15	20	
49	Bob Sauve	4	4	5	6	8	12	15	30
50	Larry Robinson AS1	4	4	5	6	8	12	15	
51	Tom Gorence RC	4	4	5	6	8	12	15	30
52	Gary Sargent	4	4	5	6	8	12	15	
53	Thomas Gradin RC	4	4	5	6	10	15	20	
54	Dean Talafous	4	4	5	6	8	12	15	
55	Bob Murray	4	4	5	6	8	12	15	
56	Bob Bourne	4	4	5	6	8	12	15	
57	Larry Patey	4	4	5	6	8	12	15	30
58	Ross Lonsberry	4	4	5	6	10	15	20	
59	Rick Smith	4	4	5	6	8	12	15	30
60	Guy Chouinard	4	4	5	6	8	12	15	30
61	Danny Gare	4	4	5	6	8	12	15	
62	Jim Bedard	4	4	5	6	8	12	15	
63	Dale McCourt	4	4	5	6	10	15	20	
64	Steve Payne RC	4	4	5	6	8	12	15	
65	Pat Hughes RC	4	4	5	6	10	15	20	
66	Mike McEwen	4	4	5	6	8	12	15	30
67	Reg Kerr RC	4	4	5	6	8	12	15	
68	Walt McKechnie	4	4	5	6	8	12	15	30
69	Michel Plasse	4	4	5	6	8	12	15	
70	Denis Potvin AS1	4	4	5	6	8	12	15	
71	Dave Dryden	4	4	5	6	8	12	15	
72	Gary McAdam	4	4	5	6	8	12	15	30
73	Andre St.Laurent	4	4	5	6	8	12	15	
74	Jerry Korab	4	4	5	6	10	15	20	
75	Rick MacLeish	4	4	5	6	8	12	15	30
76	Dennis Kearns	4	4	5	6	8	12	15	
77	Jean Pronovost	4	4	5	6	8	12	15	30
78	Ron Greschner	4	4	5	6	10	15	20	
79	Wayne Cashman	4	4	5	6	8	12	15	30
80	Tony Esposito	4	4	5	6	8	25		30
81	Cup Semi-Finals	4	4	5	6	8	40		
82	Cup Semi-Finals	4	4	5	6	8	12	15	
83	Stanley Cup Finals	4	4	5	6	10	15	20	
84	Brian Sutter	4	4	5	6	8	12	15	
85	Gerry Cheevers	4	4	5	6	8	12	15	30
86	Pat Hickey	4	4	5	6	8	12	15	
87	Mike Kaszycki	4	4	5	6	8	12	15	
88	Grant Mulvey	4	4	5	6	8	12	15	30
89	Derek Smith	4	4	5	6	8	12	15	30
90	Steve Shutt	4	4	5	6	8	12	15	
91	Robert Picard	4	4	5	6	10	15	20	
92	Dan Labraaten	4	4	5	6	8	12	15	

#	Player	PrFr 1	GD 2	VG 3	VgEx 4	EX 5	ExMt 6	NM 7	NmMt 8
93	Glen Sharpley	4	4	5	6	8	12	15	30
94	Denis Herron	4	4	5	6	8	12	15	
95	Reggie Leach	4	4	5	6	8	12	15	
96	John Van Boxmeer	4	4	5	6	8	12	15	
97	Tiger Williams	4	4	5	6	8	12	15	
98	Butch Goring	4	4	5	6	8	12	15	30
99	Don Marcotte	4	4	5	6	8	12	15	30
100	Bryan Trottier AS1	4	4	5	6	8	12	15	
101	Serge Savard AS2	4	4	5	6	10	15	20	
102	Cliff Koroll	4	4	5	6	8	12	15	
103	Gary Smith	4	4	5	6	8	12	15	30
104	Al MacAdam	4	4	5	6	10	15	20	
105	Don Edwards	4	4	5	6	8	12	15	30
106	Errol Thompson	4	4	5	6	8	12	15	
107	Andre Lacroix	4	4	5	6	8	12	15	
108	Marc Tardif	4	4	5	6	8	12	15	30
109	Rick Kehoe	4	4	5	6	8	12	15	
110	John Davidson	4	4	5	6	8	12	15	
111	Behn Wilson RC	4	4	5	6	8	12	15	30
112	Doug Jarvis	4	4	5	6	8	12	15	30
113	Tom Rowe RC	4	4	5	6	10	15	20	
114	Mike Milbury	4	4	5	6	8	12	15	
115	Billy Harris	4	4	5	6	8	12	15	
116	Greg Fox RC	4	4	5	6	8	12	15	30
117	Curt Fraser RC	4	4	5	6	8	12	15	
118	Jean-Paul Parise	4	4	5	6	8	12	15	
119	Ric Seiling	4	4	5	6	8	12	15	
120	Darryl Sittler	4	4	5	6	8	12	15	30
121	Rick Lapointe	4	4	5	6	8	12	15	
122	Jim Rutherford	4	4	5	6	8	12	15	
123	Mario Tremblay	4	4	5	6	8	12	15	30
124	Randy Carlyle	4	4	5	6	8	12	15	
125	Bobby Clarke	4	4	5	6	10	15	20	
126	Wayne Thomas	4	4	5	6	8	12	15	30
127	Ivan Boldirev	4	4	5	6	8	12	15	
128	Ted Bulley	4	4	5	6	8	12	15	
129	Dick Redmond	4	4	5	6	8	12	15	30
130	Clark Gillies AS1	4	4	5	6	8	12	15	
131	Checklist 1-132	10	15	20	40	50	250		
132	Vaclav Nedomansky	4	4	5	6	8	12	15	30
133	Richard Mulhern	4	4	5	6	10	15	20	
134	Dave Schultz	4	4	5	6	10	15	20	
135	Guy Lapointe	4	4	5	6	8	12	15	
136	Gilles Meloche	4	4	5	6	8	12	15	
137	Randy Pierce RC	4	4	5	6	8	12	15	30
138	Cam Connor	4	4	5	6	8	12	15	30
139	George Ferguson	4	4	5	6	10	15	20	30
140	Bill Barber	4	4	5	6	8	12	15	
141	Mike Walton	4	4	5	6	8	12	15	
142	Wayne Babych RC	4	4	5	6	8	12	15	30
143	Phil Russell	4	4	5	6	8	12	15	
144	Bobby Schmautz	4	4	5	6	10	15	20	
145	Carol Vadnais	4	4	5	6	10	15	20	
146	John Tonelli RC	4	4	5	8	25	30	40	60
147	Peter Marsh RC	4	4	5	6	8	12	15	
148	Thommie Bergman	4	4	5	6	8	12	15	
149	Richard Martin	4	4	5	6	8	12	15	30
150	Ken Dryden AS1	5	10	15	25	40	50	60	250
151	Kris Manery	4	4	5	6	8	12	15	30
152	Guy Charron	4	4	5	6	10	15	20	
153	Lanny McDonald	4	4	5	6	8	12	15	30
154	Ron Stackhouse	4	4	5	6	8	12	15	
155	Stan Mikita	4	4	5	6	8	12	15	
156	Paul Holmgren	4	4	5	6	10	15	20	
157	Perry Miller	4	4	5	6	8	12	15	30
158	Gary Croteau	4	4	5	6	8	12	15	30
159	Dave Maloney	4	4	5	6	8	12	15	30
160	Marcel Dionne AS2	4	4	5	6	8	12	15	80
161	Mike Bossy RB	4	4	5	6	8	12	15	
162	Don Maloney RB	4	4	5	6	10	15	20	
163	Ulf Nilsson RB	4	4	5	6	8	12	15	
164	Brad Park RB	4	4	5	6	8	12	15	
165	Bryan Trottier RB	4	4	5	6	10	15	20	
166	Al Hill RC	4	4	5	6	8	12	15	30
167	Gary Bromley	4	4	5	6	8	12	15	30
168	Don Murdoch	4	4	5	6	10	15	20	
169	Wayne Merrick	4	4	5	6	10	15	20	
170	Bob Gainey	4	4	5	6	8	12	15	
171	Jim Schoenfeld	4	4	5	6	8	12	15	30
172	Gregg Sheppard	4	4	5	6	8	12	15	
173	Dan Bolduc RC	4	4	5	6	8	12	15	
174	Blake Dunlop	4	4	5	6	8	12	15	30
175	Gordie Howe	▲10	▲15	25	40	50	80	100	300
176	Richard Brodeur	4	4	5	6	8	12	15	30
177	Tom Younghans	4	4	5	6	8	12	15	
178	Andre Dupont	4	4	5	6	10	15	20	
179	Ed Johnstone RC	4	4	5	6	8	12	15	30
180	Gilbert Perreault	4	4	5	6	8	12	15	
181	Bob Lorimer RC	4	4	5	6	10	15	20	
182	John Wensink	4	4	5	6	8	12	15	
183	Lee Fogolin	4	4	5	6	10	15	20	
184	Greg Carroll RC	4	4	5	6	8	12	15	30
185	Bobby Hull	▼10	▼12	▼15	25	30	40	▲60	▲150
186	Harold Snepsts	4	4	5	6	8	12	15	30
187	Peter Mahovlich	4	4	5	6	8	12	15	
188	Eric Vail	4	4	5	6	8	12	15	30
189	Phil Myre	4	4	5	6	10	15	20	
190	Wilf Paiement	4	4	5	6	10	15	20	
191	Charlie Simmer RC	4	5	10	15	30	▼50	80	150
192	Per-Olov Brasar	4	4	5	6	8	12	15	30
193	Lorne Henning	4	4	5	6	8	12	15	
194	Don Luce	4	4	5	6	8	12	15	
195	Steve Vickers	4	4	5	6	8	12	15	30
196	Bob Miller RC	4	4	5	6	8	12	15	
197	Mike Palmateer	4	4	5	6	8	12	15	
198	Nick Libett	4	4	5	6	10	15	20	
199	Pat Ribble RC	4	4	5	6	8	12	15	
200	Guy Lafleur AS1	4	4	5	6	8	30	40	
201	Mel Bridgman	4	4	5	6	10	15	20	
202	Morris Lukowich RC	4	4	5	6	8	12	15	
203	Don Lever	4	4	5	6	10	15	20	
204	Tom Bladon	4	4	5	6	8	12	15	30
205	Garry Howatt	4	4	5	6	8	12	15	30
206	Bobby Smith RC	4	4	5	8	10	15	20	
207	Craig Ramsay	4	4	5	6	8	12	15	30
208	Ron Duguay	4	4	5	6	8	12	15	30
209	Gilles Gilbert	4	4	5	6	10	15	20	30
210	Bob MacMillan	4	4	5	6	8	12	15	
211	Pierre Mondou	4	4	5	6	8	12	15	
212	J.P. Bordeleau	4	4	5	6	10	15	20	30
213	Reed Larson	4	4	5	6	10	15	20	30
214	Dennis Ververgaert	4	4	5	6	8	12	15	
215	Bernie Federko	4	4	5	6	8	12	15	
216	Mark Howe	4	4	5	6	8	12	15	30
217	Bob Nystrom	4	4	5	6	8	12	15	30
218	Orest Kindrachuk	4	4	5	6	10	15	20	
219	Mike Fidler	4	4	5	6	8	12	15	30
220	Phil Esposito	4	4	5	6	8	12	15	
221	Bill Hajt	4	4	5	6	8	12	15	30
222	Mark Napier	4	4	5	6	8	12	15	30
223	Dennis Maruk	4	4	5	6	10	15	20	
224	Dennis Polonich	4	4	5	6	8	12	15	
225	Jean Ratelle	4	4	5	6	8	12	15	30
226	Bob Dailey	4	4	5	6	8	12	15	
227	Alain Daigle	4	4	5	6	8	12	15	
228	Ian Turnbull	4	4	5	6	8	12	15	
229	Jack Valiquette	4	4	5	6	10	15	20	
230	Mike Bossy AS2	4	4	6	10	12	20	30	80
231	Brad Maxwell	4	4	5	6	8	12	15	30
232	Dave Taylor	4	4	5	6	10	15	20	
233	Pierre Larouche	4	4	5	6	10	15	20	30
234	Rod Schutt RC	4	4	5	6	10	15	20	
235	Rogatien Vachon	4	4	5	6	10	15	20	
236	Ryan Walter RC	4	4	5	6	8	12	15	30
237	Checklist 133-264	15	20	30	50	125	400		
238	Terry O'Reilly	4	4	5	6	8	12	15	30
239	Real Cloutier	4	4	5	6	8	12	15	30
240	Anders Hedberg	4	4	5	6	10	15	20	
241	Ken Linseman RC	4	4	5	6	8	12	15	
242	Billy Smith	4	4	5	6	10	15		
243	Rick Chartraw	4	4	5	6	8	12	15	
244	Flames Team	4	4	5	6	8	12	15	
245	Bruins Team	4	4	5	6	8	12	15	35
246	Sabres Team	4	4	5	6	8	12	15	
247	Blackhawks Team	4	4	5	6	8	12	15	
248	Rockies Team	4	4	5	6	8	12	15	
249	Red Wings Team	4	4	5	6	8	12	15	35
250	Kings Team	4	4	5	6	8	12	15	
251	North Stars Team	4	4	5	6	8	12	15	
252	Canadiens Team	4	4	5	6	8	20	25	
253	Islanders Team	4	4	5	6	8	12	15	
254	Rangers Team	4	4	5	6	8	12	15	
255	Flyers Team	4	4	5	6	8	12	15	
256	Penguins Team	4	4	5	6	8	12	15	35
257	Blues Team	4	4	5	6	10	15		
258	Maple Leafs Team	4	4	5	6	8	12	15	
259	Canucks Team	4	4	5	6	8	12	15	
260	Capitals Team	4	4	5	6	8	12	15	
261	New NHL Entries CL	▲10	▲20	▲25	▲50	▲80	▲100		
262	Jean Hamel	4	4	5	6	8	12	15	
263	Stan Jonathan	4	4	5	6	8	12	15	
264	Russ Anderson	4	4	5	6	8	12	15	35

—Wayne Gretzky #18 PSA 10 (Gem) sold for $30,209 (Mastro; 4/07)
—Wayne Gretzky #18 BGS 9.5 (Gem) sold for $22,000 (eBay; 1/14)

HOCKEY
1980 - Present

1980-81 O-Pee-Chee

		NmMt 8	NmMt+ 8.5	MT 9	Gem 9.5/10
2	Ray Bourque RB	20	25	60	120
3	Wayne Gretzky RB	300		400	
9	Ken Morrow OLY RC	12	15	25	60
31	Mike Liut RC	80	100	150	300
39	Brian Propp RC	40	50	100	
67	Michel Goulet RC	60	250	300	1,500
87	Wayne Gretzky AS2	250	300	800	
140	Ray Bourque RC	500	600	1,500	10,000
162	Gretzky/Dionne/Lafleur LL	80	125	400	
163	Dionne/Gretzky/Lafleur LL	80	100	200	
182	Wayne Gretzky TL	80	150	400	
187	Mike Foligno RC	20	30	50	
195	Mike Gartner RC	60	100	400	
242	Rick Vaive RC	125	200	300	
250	Wayne Gretzky	500	800	3,000	
279	Pete Peeters RC	30	50	150	1,000
289	Mark Messier UER RC	500	▼800	▼1,500	6,000
344	Rod Langway RC	80	100	250	800
385	Richard Sevigny RC	30	50	250	

1980-81 Topps

		NmMt 8	NmMt+ 8.5	MT 9	Gem 9.5/10
2	Ray Bourque RB/65 Points.; Record for Rookie Defenseman	50		60	
3	Wayne Gretzky RB/Youngest 50-goal Scorer	80		150	400
67	Michel Goulet RC	30	40	50	
87	Wayne Gretzky AS2	125	200	400	
140	Ray Bourque RC	250	300	500	
162	Gretz/Dion/Lafl LL	80	100	200	
163	Gretz/Dion/Lafl LL	40	60	100	
182	Wayne Gretzky TL/Oilers Scoring Leaders (checklist back)	60	100	250	
195	Mike Gartner RC	50	60	80	
250	Wayne Gretzky UER (1978-79 GP should be 80 not 60)	400	500	2,000	

1981-82 O-Pee-Chee

		NmMt 8	NmMt+ 8.5	MT 9	Gem 9.5/10
1	Ray Bourque	100	150	400	
63	Denis Savard RC	80	125	400	
106	Wayne Gretzky	250	300	800	
107	Jari Kurri RC	▲125	▲200	▲500	3,000
108	Glenn Anderson RC	80	100	500	
111	Paul Coffey RC	250	300	800	
117	Kevin Lowe RC	▲125	▲200	▲300	600
118	Mark Messier	80	100	▲200	
120	Andy Moog RC	100	200	300	600
125	Wayne Gretzky SA	200	250	500	5,000
126	Wayne Gretzky TL	100	125	200	
148	Larry Murphy RC	50	80	200	
161	Dino Ciccarelli RC	50	60	125	1,500
269	Peter Stastny RC	80	150	400	2,500
277	Dale Hunter RC	40	50	125	300
383	Wayne Gretzky LL	100	125	200	
384	Wayne Gretzky LL	100	125	200	
392	Wayne Gretzky RB	50	80	250	3,000

1981-82 Topps

		NmMt 8	NmMt+ 8.5	MT 9	Gem 9.5/10
5	Ray Bourque	25	30	50	200
16	Wayne Gretzky	60	100	150	3,000
18	Jari Kurri RC	30	40	▼50	400
W75	Denis Savard RC	40	50	▼80	400
W100	Larry Murphy RC	50		60	▲250
W105	Dino Ciccarelli RC	40	50	80	600

1982-83 O-Pee-Chee

		NmMt 8	NmMt+ 8.5	MT 9	Gem 9.5/10
1	Wayne Gretzky HL	▲50	60	150	
99	Wayne Gretzky TL	50	60	80	500
105	Grant Fuhr RC	100	125	▼200	1,500
106	Wayne Gretzky	150	200	600	
107	Wayne Gretzky IA	60	80	200	
111	Jari Kurri	▼20	30	40	200
117	Mark Messier	▼40	60	125	800
123	Ron Francis RC	60	100	250	3,000
164	Neal Broten RC	40	▲50	▲60	▲200
235	Wayne Gretzky LL	40	50	80	1,500
237	W.Gretzky/M.Goulet LL	50		80	500
240	Wayne Gretzky LL	30	40	80	400
242	Wayne Gretzky LL	40	50	80	500
243	Wayne Gretzky LL	40	50	80	500
307	Joe Mullen RC	40	▲50	▲100	1,200
380	Dale Hawerchuk RC	80	100	200	2,500

1983-84 O-Pee-Chee

		NmMt 8	NmMt+ 8.5	MT 9	Gem 9.5/10
22	Wayne Gretzky TL	40	50	80	1,000
23	M.Messier/W.Gretzky HL	60	80	125	1,000
29	Wayne Gretzky	150	200	300	2,000
65	Phil Housley RC	50	60	▲100	▲600
160	Bernie Nicholls RC	▼25	40	50	250
185	Guy Carbonneau RC	▼40	60	125	800
203	Wayne Gretzky Hart	30	40	80	600
204	Wayne Gretzky Ross	40	50	80	400
212	Wayne Gretzky RB	30	40	80	600
215	Wayne Gretzky LL	40	50	80	600
216	Wayne Gretzky LL	40	50	80	600
217	Wayne Gretzky LL	40	50	80	600
268	Pelle Lindbergh RC	60	100	200	600
376	Scott Stevens RC	40	50	125	800

1984-85 O-Pee-Chee

		NmMt 8	NmMt+ 8.5	MT 9	Gem 9.5/10
17	Dave Andreychuk RC	50	60	100	800
18	Tom Barrasso RC	80	100	125	800
67	Steve Yzerman RC	200	250	600	5,000
121	Pat Verbeek RC	20	25	▼50	400
129	Pat LaFontaine RC	60	80	200	1,500
185	Doug Gilmour RC	60	100	200	1,500
208	Wayne Gretzky AS	125	150	250	1,000
243	Wayne Gretzky	80	150	400	3,000
259	Chris Chelios RC	80	▼100	250	2,000
327	Cam Neely RC	80	125	200	1,500
357	Wayne Gretzky TL	60	80	100	500
373	Wayne Gretzky Ross	6	12	20	50
374	Wayne Gretzky Hart	6	12	20	50

		NmMt 8	NmMt+ 8.5	MT 9	Gem 9.5/10
380	Wayne Gretzky LL	40	50	80	600
381	Wayne Gretzky LL	40	50	80	600
382	Wayne Gretzky LL	40	50	80	600
383	Wayne Gretzky LL	40	50	80	600
385	Steve Yzerman LL	30	40	80	400
388	Wayne Gretzky RB	30	40	100	600

— Steve Yzerman #67 BGS 10 (Pristine) sold for $2,465 (eBay; 7/08)
— Steve Yzerman #67 BGS 10 (Pristine) sold for $2,300 (eBay; 7/07)
— Chris Chelios #259 BGS 10 (Pristine) sold for $410 (eBay, 05/08)

1984-85 Topps

		NmMt 8	NmMt+ 8.5	MT 9	Gem 9.5/10
13	Dave Andreychuk SP RC	25	40	50	250
14	Tom Barrasso RC	30	40	100	400
49	Steve Yzerman RC	80		250	2,500
51	Wayne Gretzky	50	60	125	2,000

1985-86 O-Pee-Chee

		NmMt 8	NmMt+ 8.5	MT 9	Gem 9.5/10
9	Mario Lemieux RC	1,000	2,000	4,000	8,000
29	Steve Yzerman	50	80	250	1,500
110	Pelle Lindbergh Mem.	60		80	200
120	Wayne Gretzky	150	200	600	
122	Kelly Hrudey RC	40	50	60	200
210	Al Iafrate RC	25	30	▼50	300
237	Al MacInnis RC	100	125	200	
257	Wayne Gretzky LL	50	60	100	
258	Wayne Gretzky LL	50	60	100	
259	Wayne Gretzky LL	50	60	100	
262	Mario Lemieux LL	125	150	250	3,000

1985-86 Topps

		NmMt 8	NmMt+ 8.5	MT 9	Gem 9.5/10
9	Mario Lemieux RC	500	▼600	1,500	15,000
29	Steve Yzerman	25	40	50	400
110	Pelle Lindbergh SP	▼30		▼40	▲250
120	Wayne Gretzky	60	80	125	

1986-87 O-Pee-Chee

		NmMt 8	NmMt+ 8.5	MT 9	Gem 9.5/10
3	Wayne Gretzky	80	150	400	
9	John Vanbiesbrouck RC	40	50	▼80	
11	Steve Yzerman	40	50	100	800
53	Patrick Roy RC	500	800	▼1,200	10,000
122	Mario Lemieux	150	200	600	
149	Wendel Clark RC	100	150	250	
259	Wayne Gretzky LL	60	80	125	1,000
260	Wayne Gretzky LL	60	80	125	1,000

1986-87 Topps

		NmMt 8	NmMt+ 8.5	MT 9	Gem 9.5/10
3	Wayne Gretzky	▼50	▼100	200	600
9	John Vanbiesbrouck DP RC	30	40	80	400
53	Patrick Roy RC	250	300	600	10,000
122	Mario Lemieux	60	100	300	
149	Wendel Clark DP RC	▲50	60	125	800

1987-88 O-Pee-Chee

#	Player	NmMt 8	NmMt+ 8.5	MT 9	Gem 9.5/10
15	Mario Lemieux	40	50	100	800
42	Luc Robitaille RC	60	100	150	▼800
53	Wayne Gretzky	▼50	80	150	2,000
56	Steve Yzerman	▼30	▼40	▼50	▼300
123	Adam Oates RC	▼30	50	▼80	▼800
163	Patrick Roy	40	50	▼80	▼600
169	Ron Hextall RC	50	▼80	▼125	500
215	Mike Vernon RC	▼50	▼60	▼100	500
227	Claude Lemieux RC	▼25	40	50	250
243	Vincent Damphousse RC	25	30	40	400

1987-88 Topps

#	Player	NmMt 8	NmMt+ 8.5	MT 9	Gem 9.5/10
15	Mario Lemieux	▼30	50	80	600
42	Luc Robitaille RC	40	60	80	600
53	Wayne Gretzky	▼50		125	2,000
123	Adam Oates RC	▼20	▼25	▼50	300
163	Patrick Roy	▲25		▼50	
169	Ron Hextall RC	▼30	▼50	▼80	▼400

1988-89 O-Pee-Chee

#	Player	NmMt 8	NmMt+ 8.5	MT 9	Gem 9.5/10
1	Mario Lemieux	30	50	▼100	
16	Joe Nieuwendyk RC	25	30	60	▲800
66	Brett Hull RC	80	▼125	250	5,000
116	Patrick Roy	25	▼30	▼50	600
120	Wayne Gretzky UER	40	50	125	2,000
122	Brendan Shanahan RC	40	50	▼125	2,000
181	Bob Probert RC	▼50	▼60	▼80	500
194	Pierre Turgeon RC	40	50	60	600
196	Steve Yzerman	▼20	▼25	40	▼150

1988-89 Topps

#	Player	NmMt 8	NmMt+ 8.5	MT 9	Gem 9.5/10
1	Mario Lemieux DP	▼25	▼30	▼40	400
16	Joe Nieuwendyk RC	25	30	40	250
66	Brett Hull DP RC	40	50	80	2,000
116	Patrick Roy DP	8	12	25	
120	Wayne Gretzky Sweater	50	60	100	1,500
122	Brendan Shanahan RC	40	50	60	2,000
181	Bob Probert DP RC	▼40	60	80	300
194	Pierre Turgeon RC	25	30	40	300

1989-90 O-Pee-Chee

#	Player	NmMt 8	NmMt+ 8.5	MT 9	Gem 9.5/10
89	Trevor Linden RC	▼20	▼25	▼30	▼60
113	Joe Sakic RC	25	30	50	600
136	Brian Leetch RC	30		40	200
156	Wayne Gretzky	25	30	40	150
232	Theo Fleury RC	12	15	20	60

1989-90 Topps

#	Player	NmMt 8	NmMt+ 8.5	MT 9	Gem 9.5/10
113	Joe Sakic RC	20	30	200	
136	Brian Leetch RC	20	25	30	300

1990-91 O-Pee-Chee

#	Player	NmMt 8	NmMt+ 8.5	MT 9	Gem 9.5/10
7	Jeremy Roenick RC	5	5	12	25
120	Wayne Gretzky	2	4	6	15

1990-91 OPC Premier

#	Player	NmMt 8	NmMt+ 8.5	MT 9	Gem 9.5/10
30	Sergei Fedorov RC	20		25	100
38	Wayne Gretzky	20	25	30	80
50	Jaromir Jagr RC	30		50	250
51	Curtis Joseph RC	20		25	50
74	Mike Modano RC	20		25	80
100	Jeremy Roenick RC	▲15	▲20	25	80
114	Mats Sundin RC	20		30	60

1990-91 Score

#	Player	NmMt 8	NmMt+ 8.5	MT 9	Gem 9.5/10
120	Mike Modano RC	8		30	60
179	Jeremy Roenick RC	20		30	50
428	Jaromir Jagr RC	15	20	25	60
439	Martin Brodeur RC	15	20	30	100
440	Eric Lindros RC	12	20	25	60

1990-91 Score Rookie Traded

#	Player	NmMt 8	NmMt+ 8.5	MT 9	Gem 9.5/10
20T	Sergei Fedorov RC	15		20	40
70T	Jaromir Jagr	10		20	60
88T	Eric Lindros	10		20	60

1990-91 Upper Deck

#	Player	NmMt 8	NmMt+ 8.5	MT 9	Gem 9.5/10
24	Alexander Mogilny RC	5	6	10	15
46	Mike Modano RC	6	8	12	20
55	Ed Belfour RC	6	8	12	20
63	Jeremy Roenick RC	5	6	10	15
178	Mark Recchi RC	5	6	10	15
356	Jaromir Jagr RC	12		25	125
365	Mats Sundin RC	5	6	10	20
458	Felix Potvin RC	15		20	80
525	Sergei Fedorov YG RC UER	20		30	100
526	Pavel Bure YG RC	20		30	150

1991-92 OPC Premier

#	Player	NmMt 8	NmMt+ 8.5	MT 9	Gem 9.5/10
117	Nicklas Lidstrom RC	5	10	15	40
118A	V.Konstantinov ERR RC	10	15	25	40

1991-92 Upper Deck

#	Player	NmMt 8	NmMt+ 8.5	MT 9	Gem 9.5/10
21	Teemu Selanne CC RC	15	20	25	80
26	Nicklas Lidstrom CC RC	10		25	50
64	Peter Forsberg RC	20		25	60
335	Dominik Hasek RC	20			▼80
345	John LeClair RC	15		20	50
652	Nikolai Khabibulin RC	6	8	12	20
655	Alexei Kovalev RC	6	8		20
698	Keith Tkachuk RC	6	8	12	20

1991-92 Upper Deck Czech World Juniors

#	Player	NmMt 8	NmMt+ 8.5	MT 9	Gem 9.5/10
50	Paul Kariya	15		20	40

1992-93 Upper Deck

#	Player	NmMt 8	NmMt+ 8.5	MT 9	Gem 9.5/10
234	Markus Naslund RC	6	8	10	15
586	Paul Kariya RC	12		25	80
591	Chris Pronger RC	15		30	150
617	Saku Koivu RC	6	8	12	20

1994-95 Finest

#	Player	NmMt 8	NmMt+ 8.5	MT 9	Gem 9.5/10
41	Wayne Gretzky	25		40	80
125	Miikka Kiprusoff RC	25	30	50	100

1996-97 Upper Deck

#	Player	NmMt 8	NmMt+ 8.5	MT 9	Gem 9.5/10
370	Joe Thornton RC	▲25		40	▼150

1997-98 Black Diamond

#	Player	NmMt 8	NmMt+ 8.5	MT 9	Gem 9.5/10
114	Daniel Sedin RC	25	30	80	300
131	Roberto Luongo RC	20		80	250
136	Henrik Sedin RC	▼25	▼30	▼60	▼125
150	Vincent Lecavalier RC	12	20	30	100

1997-98 SP Authentic

#	Player	NmMt 8	NmMt+ 8.5	MT 9	Gem 9.5/10
186	Zdeno Chara RC	▼100	250	500	4,000

1997-98 Upper Deck

#	Player	NmMt 8	NmMt+ 8.5	MT 9	Gem 9.5/10
326	Marian Hossa RC	30	40	60	500
412	Vincent Lecavalier RC	15		20	150

1997-98 Zenith

#	Player	NmMt 8	NmMt+ 8.5	MT 9	Gem 9.5/10
81	Patrik Elias RC	5	5	20	
95	Vincent Lecavalier RC	▼20	▼25	40	100
97	Roberto Luongo RC	25	40	▲125	▲300
99	Alex Tanguay RC	6	12	25	40

1998-99 SP Authentic

#	Player	NmMt 8	NmMt+ 8.5	MT 9	Gem 9.5/10
95	Milan Hejduk RC	20	25	30	60

1998-99 Upper Deck

#	Player	NmMt 8	NmMt+ 8.5	MT 9	Gem 9.5/10
234	Martin St. Louis RC	40	50	▼80	▲500

1999-00 Upper Deck

#	Player	NmMt 8	NmMt+ 8.5	MT 9	Gem 9.5/10
165	Daniel Sedin YG	30		125	500
166	Henrik Sedin YG			80	400

2000-01 SP Game Used

#	Player	NmMt 8	NmMt+ 8.5	MT 9	Gem 9.5/10
70	Marian Gaborik RC	35	40	50	80

2000-01 Upper Deck

#	Player	NmMt 8	NmMt+ 8.5	MT 9	Gem 9.5/10
198	Dany Heatley YG RC	▲25	▲30	▲50	▲300
229	Marian Gaborik YG RC	50	▼60	▼80	250

2001-02 SP Authentic

#	Player	NmMt 8	NmMt+ 8.5	MT 9	Gem 9.5/10
145	Pavel Datsyuk RC	60	80	250	400
175	Ilya Kovalchuk AU RC	135	150	175	300

2001-02 Upper Deck

#	Player	NmMt 8	NmMt+ 8.5	MT 9	Gem 9.5/10
211	Ilya Kovalchuk YG RC	50	60	100	400
422A	Pavel Datsyuk YG RC	60	80	200	300
422B	Pavel Datsyuk YG RC	60	80	100	200

2002-03 Pacific Exclusive

#	Player	NmMt 8	NmMt+ 8.5	MT 9	Gem 9.5/10
196	Rick Nash AU RC	25	30	40	80
197	Henrik Zetterberg AU RC	30	40	50	100

2002-03 SP Authentic

#	Player	NmMt 8	NmMt+ 8.5	MT 9	Gem 9.5/10
184	Rick Nash AU RC	100	125	150	▼300
186	Henrik Zetterberg AU RC	200	300	500	2,500
191	Jason Spezza AU RC	50	80	150	200

2002-03 SP Game Used

#	Player	NmMt 8	NmMt+ 8.5	MT 9	Gem 9.5/10
73	Rick Nash RC	10	20	25	40
75	Henrik Zetterberg RC	▲25	▲30	▲60	▲100
82	Jason Spezza RC	10	20	25	40
97	Ryan Miller RC	10	20	25	40

2002-03 Upper Deck

#	Player	NmMt 8	NmMt+ 8.5	MT 9	Gem 9.5/10
232	Rick Nash YG RC	▼150		250	500
234	Henrik Zetterberg YG RC	250	400	600	1,000
429	Tim Thomas YG RC	60	80	125	300
443	Jason Spezza YG RC	30	50	100	150

— Henrik Zetterberg #234 BGS 10 (Pristine) sold for $675 (eBay; 4/15)
— Rick Nash #232 BGS 10 (Pristine) sold for $456.44 (eBay; 4/12)

2003-04 SP Authentic

		NmMt 8	NmMt+ 8.5	MT 9	Gem 9.5/10
137	Eric Staal AU RC	30	40	▲80	▲150
146	Patrice Bergeron AU RC	500	600	▼800	2,000
153	Marc-Andre Fleury AU RC	150	200	▲1,000	1,500

2003-04 Upper Deck

		NmMt 8	NmMt+ 8.5	MT 9	Gem 9.5/10
204	Patrice Bergeron YG RC	▼400		600	2,500
206	Eric Staal YG RC	40	50	▲125	400
221	Brent Burns YG RC	80	100	150	600
234	Marc-Andre Fleury YG RC	600	800	1,000	5,000
454	Ryan Kesler YG RC	25	30	60	300

2003-04 Upper Deck Trilogy

		NmMt 8	NmMt+ 8.5	MT 9	Gem 9.5/10
143	Patrice Bergeron RC	15	20	25	40
180	Marc-Andre Fleury RC	25	30	35	50

2004-05 SP Authentic Rookie Redemptions

		NmMt 8	NmMt+ 8.5	MT 9	Gem 9.5/10
RR5	Dion Phaneuf	20	30	60	100
RR24	Sidney Crosby	600	▲1,000	2,000	
RR30	Alexander Ovechkin	800		1,500	3,000
RR40	Mike Richards	15	20	25	40
RR45	Ryan Getzlaf	20	25	30	50

2005-06 Artifacts

		NmMt 8	NmMt+ 8.5	MT 9	Gem 9.5/10
224	Sidney Crosby RC	600		2,500	4,000
230	Alexander Ovechkin RC	800		1,000	2,500

2005-06 Beehive

		NmMt 8	NmMt+ 8.5	MT 9	Gem 9.5/10
101	Sidney Crosby RC UER Typo 'talent it tow'	▲50	▲80	300	500
102	Alexander Ovechkin RC	60	▲100	400	▲800

2005-06 Black Diamond

		NmMt 8	NmMt+ 8.5	MT 9	Gem 9.5/10
155	Duncan Keith RC	15	20	30	60
156	Henrik Lundqvist RC	30	50	80	150
191	Alexander Ovechkin RC	600	▼800	▼1,200	▲3,000
193	Sidney Crosby RC	▼300		▼500	1,500
194	Dion Phaneuf RC	15	20	30	50
195	Jeff Carter RC	15	20	25	50
196	Corey Perry RC	▼15	▼20	▼25	▼40
199	Mike Richards RC	20	25	30	50

2005-06 McDonald's Upper Deck

		NmMt 8	NmMt+ 8.5	MT 9	Gem 9.5/10
51	Sidney Crosby	40		60	200

2005-06 Parkhurst

		NmMt 8	NmMt+ 8.5	MT 9	Gem 9.5/10
657	Sidney Crosby RC	60		80	200
669	Alexander Ovechkin RC	100		200	400

2005-06 SP Authentic

		NmMt 8	NmMt+ 8.5	MT 9	Gem 9.5/10
131	Ryan Getzlaf AU RC	50	80	▼150	400
132	Corey Perry AU RC	40	50	80	200
139	Thomas Vanek AU RC	30	40	50	100
140	Dion Phaneuf AU RC	30	40	50	80
142	Cam Ward AU RC	15	20	25	40
145	Brent Seabrook AU RC	▲30	▲60	▲150	▲250
147	Duncan Keith AU RC	60	100	250	400
155	Jim Howard AU RC	30		40	60
167	Zach Parise AU RC	30	40	▲80	150
171	Henrik Lundqvist AU RC	150	200	300	▲1,000
177	Jeff Carter AU RC	30	35	40	80

		NmMt 8	NmMt+ 8.5	MT 9	Gem 9.5/10
178	Mike Richards AU RC	20	25	30	50
181	Sidney Crosby AU RC	4,000	5,000	6,000	15,000
188	Alexander Steen AU RC	25	30	35	60
190	Alex Ovechkin AU RC	▲6,000		8,000	20,000

— Sidney Crosby #190 BGS 10 (Pristine) sold for $2,010 (eBay, 06/13)
— Alexander Ovechkin #190 BGS 10 (Pristine) sold for $1,280 (eBay, 05/08)

2005-06 SP Game Used

		NmMt 8	NmMt+ 8.5	MT 9	Gem 9.5/10
101	Sidney Crosby RC	125	400	600	2,000
111	Alexander Ovechkin RC	500	▼600	▼1,200	3,000

2005-06 SPx

		NmMt 8	NmMt+ 8.5	MT 9	Gem 9.5/10
164	Dion Phaneuf JSY AU RC	35	40	60	
173	Henrik Lundqvist JSY AU RC	▲125	▲150	▲200	300
190	Alex Ovechkin JSY AU/499 RC	2,000	2,500	3,000	▲8,000
191	Sidney Crosby JSY AU/499 RC	2,000		2,500	5,000

2005-06 UD Rookie Class

		NmMt 8	NmMt+ 8.5	MT 9	Gem 9.5/10
1	Sidney Crosby	▼60		125	300
2	Alexander Ovechkin	▲200		▲250	▲600

2005-06 Ultimate Collection

		NmMt 8	NmMt+ 8.5	MT 9	Gem 9.5/10
91	Sidney Crosby AU RC	2,500	3,000	5,000	8,000
92	Alexander Ovechkin AU RC	2,500	3,000	5,000	8,000
97	Henrik Lundqvist AU RC	150	200	300	600
101	Ryan Getzlaf AU RC	▼30	40	50	100
105	Dion Phaneuf AU RC	30	40	50	100

2005-06 Ultra

		NmMt 8	NmMt+ 8.5	MT 9	Gem 9.5/10
251	Sidney Crosby RC	▲200	▲250	▲300	500
252	Alexander Ovechkin RC	250		300	800
269	Henrik Lundqvist RC	30		40	100

2005-06 Upper Deck

		NmMt 8	NmMt+ 8.5	MT 9	Gem 9.5/10
201	Sidney Crosby YG RC	1,500		2,000	4,000
204	Corey Perry YG RC	25	40	50	150
216	Henrik Lundqvist YG RC	▼60	▼100	▼125	▼400
230	Duncan Keith YG RC	30	40	80	200
443	Alexander Ovechkin YG RC	1,200	1,500	2,000	6,000
452	Ryan Getzlaf YG RC	▼15	▼25	▼40	200

2005-06 Upper Deck Stars in the Making

		NmMt 8	NmMt+ 8.5	MT 9	Gem 9.5/10
SM1	Sidney Crosby	40		60	200
SM2	Alexander Ovechkin	80		200	400

2005-06 Upper Deck Ice

		NmMt 8	NmMt+ 8.5	MT 9	Gem 9.5/10
103	Alexander Ovechkin RC	▲4,000	▲5,000	▲6,000	15,000
106	Sidney Crosby RC	3,000	4,000	5,000	10,000

2005-06 Upper Deck MVP

		NmMt 8	NmMt+ 8.5	MT 9	Gem 9.5/10
393	Sidney Crosby RC	▲80	▲100	▲125	▲400
394	Alexander Ovechkin RC	▲150		200	400

2005-06 Upper Deck Trilogy

		NmMt 8	NmMt+ 8.5	MT 9	Gem 9.5/10
211	Sidney Crosby RC	300	400	500	1,000
220	Alexander Ovechkin RC	600		800	1,500

2005-06 Upper Deck Victory

		NmMt 8	NmMt+ 8.5	MT 9	Gem 9.5/10
264	Alexander Ovechkin RC	▲125	▲150	▲200	▲600
285	Sidney Crosby RC	▲80		▲100	300

2006-07 Black Diamond

		NmMt 8	NmMt+ 8.5	MT 9	Gem 9.5/10
200	Anze Kopitar RC	20	25	30	50
202	Phil Kessel RC	20	25	30	50
205	Jordan Staal RC	20	25	30	50
206	Paul Stastny RC	25	30	40	50
210	Evgeni Malkin RC	50	60	80	150

2006-07 Flair Showcase

		NmMt 8	NmMt+ 8.5	MT 9	Gem 9.5/10
322	Evgeni Malkin RC	25	30	40	60

2006-07 SP Authentic

		NmMt 8	NmMt+ 8.5	MT 9	Gem 9.5/10
163	Phil Kessel AU RC	40	50	▲100	▲300
184	Anze Kopitar AU RC	200	250	300	▲600
196	Evgeni Malkin AU RC	▲400	▲500	▲600	▼2,000
198	Jordan Staal AU RC	40		50	100
200	Kristopher Letang AU RC	200	250	300	400

2006-07 The Cup

		NmMt 8	NmMt+ 8.5	MT 9	Gem 9.5/10
169	Jordan Staal JSY AU/99 RC	250	400	600	▲800
170	Phil Kessel JSY AU/99 RC	250	▲400	500	▲800
171	Evgeni Malkin JSY AU/99 RC	▲1,500	▲2,000	▲2,500	▲4,000
172	Paul Stastny JSY AU/99 RC	300	500	▲800	▲1,000
173	Anze Kopitar JSY AU/99 RC	400	600	▲800	▲3,000

2006-07 Ultra

		NmMt 8	NmMt+ 8.5	MT 9	Gem 9.5/10
251	Evgeni Malkin RC	40	50	60	125

2006-07 Upper Deck

		NmMt 8	NmMt+ 8.5	MT 9	Gem 9.5/10
204	Phil Kessel YG RC	30	40	▲80	150
216	Anze Kopitar YG RC	100	125	150	▲600
222	Shea Weber YG RC	▼40	▼50	100	250
239	Jordan Staal YG RC	▼30	▼40	▼60	125
240	Kristopher Letang YG RC	50	60	100	300
486	Evgeni Malkin YG RC	200		250	500
487	Joe Pavelski YG RC	50	60	100	300

2006-07 Upper Deck Trilogy

		NmMt 8	NmMt+ 8.5	MT 9	Gem 9.5/10
149	Evgeni Malkin RC	50	60	80	120

2007-08 Black Diamond

		NmMt 8	NmMt+ 8.5	MT 9	Gem 9.5/10
191	Jonathan Toews RC	40	50	80	125
194	Carey Price RC	40	50	125	300
200	Patrick Kane RC	50	60	100	400

2007-08 O-Pee-Chee

		NmMt 8	NmMt+ 8.5	MT 9	Gem 9.5/10
517	Jonathan Toews RC	▲50		▲60	▲125
518	Patrick Kane RC	▲60	▲80	▲100	200

2007-08 SP Authentic

		NmMt 8	NmMt+ 8.5	MT 9	Gem 9.5/10
177	Jonathan Quick RC	125	150	300	400
203	Jonathan Toews AU RC	200	250	300	▲1,500
204	Patrick Kane AU RC	600	800	▲1,500	▼3,000
225	Carey Price AU RC	▲400	▲500	▲800	▲1,500

2007-08 Ultra

		NmMt 8	NmMt+ 8.5	MT 9	Gem 9.5/10
251	Carey Price RC	▼25	▼30	50	▼125
252	Jonathan Toews RC	30	40	50	▼125
260	Patrick Kane RC	60	80	▼100	200

2007-08 Upper Deck

		NmMt 8	NmMt+ 8.5	MT 9	Gem 9.5/10
207	Milan Lucic YG RC	50		60	150
208	David Krejci YG RC	▼30		▼50	200
210	Patrick Kane YG RC	250		400	▼1,200
227	Carey Price YG RC	250		300	800
228	Jaroslav Halak YG RC	8	10	▼30	150
249	Nicklas Backstrom YG RC	20	25	▲60	250
456	Tuukka Rask YG RC	50	60	▼80	▼250
462	Jonathan Toews YG RC	▼200		▼250	▼600

2007-08 Upper Deck Ice

		NmMt 8	NmMt+ 8.5	MT 9	Gem 9.5/10
212	Jonathan Toews/99 RC	500	600	700	1,250
214	Carey Price/99 RC	700	800	900	1,250
217	Nicklas Backstrom/99 RC	100	125	150	250
221	Patrick Kane/99 RC	300	350	400	600

2008-09 Black Diamond

		NmMt 8	NmMt+ 8.5	MT 9	Gem 9.5/10
154	Claude Giroux RC	12	15	30	50
209	Steven Stamkos RC	40	50	100	▼200

2008-09 SP Authentic

		NmMt 8	NmMt+ 8.5	MT 9	Gem 9.5/10
178	Max Pacioretty RC	40	50	60	150
237	Claude Giroux AU RC	60	80	▲125	250
243	T.J. Oshie AU RC	50	80	200	▲400
244	Drew Doughty AU RC	▼80	125	▲200	500
247	Steven Stamkos AU RC	▼300		▼400	▼600

2008-09 Ultra

		NmMt 8	NmMt+ 8.5	MT 9	Gem 9.5/10
251	Steven Stamkos RC	20	▲30	▲60	▲125

2008-09 Upper Deck

		NmMt 8	NmMt+ 8.5	MT 9	Gem 9.5/10
202	Blake Wheeler YG RC	15	20	▼25	150
205	Jakub Voracek YG RC	12	20	40	▲100
218	T.J. Oshie YG RC	30	40	▼50	150
220	Drew Doughty YG RC	30	40	▼60	▲250
235	Claude Giroux YG RC	30	40	60	250
245	Steven Stamkos YG RC	100	125	150	▼400

2008-09 Upper Deck Ice

		NmMt 8	NmMt+ 8.5	MT 9	Gem 9.5/10
161	Claude Giroux RC	40	50	60	100

2008-09 Upper Deck Trilogy

		NmMt 8	NmMt+ 8.5	MT 9	Gem 9.5/10
163	Steven Stamkos RC	40	50	60	100

2009-10 Black Diamond

		NmMt 8	NmMt+ 8.5	MT 9	Gem 9.5/10
222	John Tavares RC	30	40	50	100

2009-10 SP Authentic

		NmMt 8	NmMt+ 8.5	MT 9	Gem 9.5/10
201	John Tavares AU RC	125	150	200	400
202	Victor Hedman AU RC			200	400
203	Matt Duchene AU RC	40	50	60	125
209	Erik Karlsson AU RC	60	80	150	300
223	Jamie Benn AU RC	30	40	80	250
259	Logan Couture AU RC	40		50	200

2009-10 The Cup

		NmMt 8	NmMt+ 8.5	MT 9	Gem 9.5/10
178	Matt Duchene JSY AU RC/99	100	200	300	500
180	John Tavares JSY AU RC/99	1,800	2,000	2,500	4,000

2009-10 Upper Deck

		NmMt 8	NmMt+ 8.5	MT 9	Gem 9.5/10
201	John Tavares YG RC	▲80	▲100	125	400
202	Victor Hedman YG RC	▼40	▼60	▼100	200
203	Matt Duchene YG RC	25	30	▲50	150
210	Erik Karlsson YG RC	40	50	60	200
212	Jamie Benn YG RC	▼30	50	60	▼125
452	Brad Marchand YG RC	200		250	▼600

2009-10 Upper Deck Ice

		NmMt 8	NmMt+ 8.5	MT 9	Gem 9.5/10
170	Jamie Benn RC	175	200	250	400
183	Matt Duchene RC	175	200	250	350
184	John Tavares RC	500	600	700	800

2009-10 Upper Deck MVP

		NmMt 8	NmMt+ 8.5	MT 9	Gem 9.5/10
377	John Tavares RC	30	35	40	90

2009-10 Upper Deck Victory

		NmMt 8	NmMt+ 8.5	MT 9	Gem 9.5/10
318	John Tavares RC	10	12	15	25

2010-11 Black Diamond

		NmMt 8	NmMt+ 8.5	MT 9	Gem 9.5/10
218	P.K. Subban RC	25	30	40	60
220	Jordan Eberle RC	30	35	50	80
221	Tyler Seguin RC	▼20	▼25	▼30	60
222	Taylor Hall RC	20	25	40	100

2010-11 SP Authentic

		NmMt 8	NmMt+ 8.5	MT 9	Gem 9.5/10
271	P.K. Subban AU RC	40	50	60	150
277	Brayden Schenn AU RC	20	25	30	60
280	Taylor Hall AU RC	▼30	▼40	▼60	▼150
281	Jordan Eberle AU RC	▼40	▼50	▼80	200
301	Tyler Seguin AU RC	▼40	▼50	▼80	▼250

2010-11 Upper Deck

		NmMt 8	NmMt+ 8.5	MT 9	Gem 9.5/10
211	Jeff Skinner YG RC	▼15	▼20	▼25	▼40
219	Taylor Hall YG RC	20	25	▲40	150
220	Jordan Eberle YG RC	12	20	40	▼100
231	P.K. Subban YG RC	30	40	50	▲125
240	Sergei Bobrovsky YG RC	50	60	100	▲400
247	Nazem Kadri YG RC	▼15	▼20	▼30	150
456	Tyler Seguin YG RC	▼30	▼40	▼60	150

— Taylor Hall #219 BGS 10 (Pristine) sold for $269 (eBay; 9/12)
— Jordan Eberle #220 BGS 10 (Pristine) sold for $217 (eBay; 10/12)
— Tyler Seguin #456 BGS 10 (Pristine) sold for $239 (eBay; 7/12)

2010-11 Upper Deck 20th Anniversary Parallel

		NmMt 8	NmMt+ 8.5	MT 9	Gem 9.5/10
219	Taylor Hall YG	60	80	100	150
456	Tyler Seguin YG	60	80	100	150
549	Jordan Eberle CWJ	60	80	100	150

2010-11 Upper Deck Exclusives

		NmMt 8	NmMt+ 8.5	MT 9	Gem 9.5/10
219	Taylor Hall YG	175	200	250	
456	Tyler Seguin YG	275	300	325	450

2010-11 Upper Deck Ice

		NmMt 8	NmMt+ 8.5	MT 9	Gem 9.5/10
102	Derek Stepan/99 B RC	80	100	125	200
103	P.K. Subban/99 B RC	300	350	400	500
104A	Tyler Seguin/99 B RC	350	400	450	600
105	Taylor Hall/99 B RC	600	650	700	900
110	Jordan Eberle/99 S RC	350	400	450	550

2011-12 Black Diamond

		NmMt 8	NmMt+ 8.5	MT 9	Gem 9.5/10
250	Ryan Nugent-Hopkins RC	25	30	40	80

2011-12 SP Authentic

		NmMt 8	NmMt+ 8.5	MT 9	Gem 9.5/10
228	Mark Scheifele AU RC	▲60	▲80	▲100	▲150
247	Gabriel Landeskog AU RC	▲100	▲125	▲200	▲300
248	Ryan Nugent-Hopkins AU RC	▼60	80	▼100	▼200

2011-12 Ultimate Collection

		NmMt 8	NmMt+ 8.5	MT 9	Gem 9.5/10
121	Ryan Nugent-Hopkins AU/99 RC	150	200	250	300

2011-12 Upper Deck

		NmMt 8	NmMt+ 8.5	MT 9	Gem 9.5/10
208	Gabriel Landeskog YG RC	30	40	▲80	▲200
214	Ryan Nugent-Hopkins YG RC	50	60	100	▼200
229	Mika Zibanejad YG RC	▼20	25	▼30	▼100
234	Sean Couturier YG RC	▲40		▲50	▲100
248	Mark Scheifele YG RC	▲30		▲80	▲200
478	Roman Josi YG RC	30		100	400

— Ryan Nugent-Hopkins #214 BGS 10 (Pristine) sold for $385 (eBay; 9/12)
— Ryan Nugent-Hopkins #214 BGS 10 (Pristine) sold for $412 (eBay; 2/12)

2011-12 Upper Deck Ice

		NmMt 8	NmMt+ 8.5	MT 9	Gem 9.5/10
98	Gabriel Landeskog RC	200	225	250	350
100	Ryan Nugent-Hopkins RC	500	550	600	800

2012-13 Upper Deck

		NmMt 8	NmMt+ 8.5	MT 9	Gem 9.5/10
237	Chris Kreider YG RC	60	80	100	300
239	Mark Stone YG RC	40	50	80	200

2013-14 Black Diamond

		NmMt 8	NmMt+ 8.5	MT 9	Gem 9.5/10
229	Nathan MacKinnon RC	▲50	▲60	▲200	▲300

2013-14 SP Authentic

		NmMt 8	NmMt+ 8.5	MT 9	Gem 9.5/10
265	Nail Yakupov AU RC	30	40	50	80
268	Morgan Rielly AU RC	50	60	▲125	▲200
269	Filip Forsberg AU RC	50	60	100	150
276	Vladimir Tarasenko AU RC	50	▼60	▼80	▼150
312	Nathan MacKinnon AU RC	▲1,200		▲1,500	▲3,000
316	Aleksander Barkov AU RC	100	125	200	400
319	Mikael Granlund AU RC	20	25	30	60

2013-14 Upper Deck

		NmMt 8	NmMt+ 8.5	MT 9	Gem 9.5/10
202	Dougie Hamilton YG RC	10	15	25	30
204	Brock Nelson YG RC	15	20	30	60
205	J.T. Miller YG RC	30	40	▲100	▲200
212	Tom Wilson YG RC			100	150
218	Morgan Rielly YG RC	20	30	50	125
222	Jonathan Huberdeau YG RC	▼20	▼25	▼40	80
228	Seth Jones YG RC	15	20	25	60
230	Vladimir Tarasenko YG RC	▼20	▼25	▼40	▼80
238	Nathan MacKinnon YG RC	300	400	500	1,000
242	Sean Monahan YG RC	15	20	25	60
246	Tyler Toffoli YG RC			▼20	▼50
451	Filip Forsberg YG RC	30	40	60	150
470	Aleksander Barkov YG RC	50		150	400
477	Brendan Gallagher YG RC	▲80		▲100	▲150
483	Nikita Kucherov YG RC	150	200	400	800

2013-14 Upper Deck Canvas

		NmMt 8	NmMt+ 8.5	MT 9	Gem 9.5/10
C114	Nathan MacKinnon YG	125	200	250	400
C119	Tomas Hertl YG	20	25	40	60

2013-14 Upper Deck Ice

		NmMt 8	NmMt+ 8.5	MT 9	Gem 9.5/10
119	Filip Forsberg/99 RC	150	200	250	300
123	Nathan MacKinnon/99 RC	600	700	800	1,000
124	Vladimir Tarasenko/99 RC	300	350	400	500
128	Nail Yakupov/99 RC	200	250	300	350
129	Alex Galchenyuk/99 RC	400	450	500	600
130	Aleksander Barkov/99 RC	150	175	200	300
131	Tomas Hertl/99 RC	150	175	200	300
133	Seth Jones/99 RC	100	125	150	200

2014-15 Black Diamond

		NmMt 8	NmMt+ 8.5	MT 9	Gem 9.5/10
231	Johnny Gaudreau RC	30	40	80	125

2014-15 SP Authentic

		NmMt 8	NmMt+ 8.5	MT 9	Gem 9.5/10
277	Leon Draisaitl AU RC	▲600	▲800	1,000	3,000
282	David Pastrnak AU RC	▲800		▲1,000	1,500
310	Andrei Vasilevskiy AU RC	200	250	300	1,500

2014-15 Upper Deck

		NmMt 8	NmMt+ 8.5	MT 9	Gem 9.5/10
206	Sam Reinhart YG RC	20	25	▼50	▼100
211	Johnny Gaudreau YG RC	80	100	▼125	250
214	Teuvo Teravainen YG RC	15	20	25	80
223	Leon Draisaitl YG RC	400		500	▲1,200
225	Aaron Ekblad YG RC	25	30	50	▲125
457	Darnell Nurse YG RC	25		50	150
478	Andrei Vasilevskiy YG RC	150		▼300	600
495	David Pastrnak YG RC	400	500	600	1,200

2014-15 Upper Deck Ice

		NmMt 8	NmMt+ 8.5	MT 9	Gem 9.5/10
157	Anthony Duclair/249 RC	20	25	40	80
158	Evgeny Kuznetsov/249 RC	35	40	60	125
159	David Pastrnak/99 RC	200	250	300	400
160	Sam Reinhart/99 RC	200	250	300	350
161	Leon Draisaitl/99 RC	125	150	175	200
162	Aaron Ekblad/99 RC	200	250	300	400
163	Curtis Lazar/99 RC	125	150	175	200
164	Bo Horvat/99 RC	150	200	225	250
165	Teuvo Teravainen/99 RC	150	200	225	250
166	Jonathan Drouin/99 RC	200	250	300	400
167	Johnny Gaudreau/99 RC	400	450	500	600
168	Andre Burakovsky/99 RC	125	150	175	200

2015-16 Upper Deck

		NmMt 8	NmMt+ 8.5	MT 9	Gem 9.5/10
201	Connor McDavid YG RC	1,200		▼1,500	4,000
204	Max Domi YG RC	15	20	30	60
206	Mikko Rantanen YG RC	▲50	▲60	▲80	▲250
214	Connor Hellebuyck YG RC	40	50	▲80	▲300
221	Artemi Panarin YG RC	▲25	30	▼50	150
223	Nikolaj Ehlers YG RC	15	20	30	60
228	Dylan Larkin YG RC	▲40	▲50	▲60	150
231	Sam Bennett YG RC	15	20	30	125
451	Jack Eichel YG RC	▲50	▲60	▲80	▲200
464	Juuse Saros YG RC	20	25	30	80
472	Linus Ullmark YG RC	15	20	40	100
488	Anthony Stolarz YG RC	30	40	50	150

2015-16 Upper Deck Canvas

		NmMt 8	NmMt+ 8.5	MT 9	Gem 9.5/10
C91	Jack Eichel YG	20		50	100
C98	Mikko Rantanen YG	25	30	▲60	▲125
C211	Connor McDavid YG			▼800	2,000
C270	Connor McDavid POE			▼300	600

2016-17 Upper Deck

		NmMt 8	NmMt+ 8.5	MT 9	Gem 9.5/10
201	Auston Matthews YG RC	500		▼600	1,500
205	Brayden Point YG RC	20	25	50	125
210	Sebastian Aho YG RC	25	30	▼50	125
212	Kyle Connor YG RC	30	40	▲60	▲125
217	Travis Konecny YG RC	10	12	20	60
222	Zach Hyman YG RC	▼30	▼40	▼50	▼125
224	Zach Werenski YG RC	25	30	60	150
226	Josh Morrissey YG RC	15	20	30	80
231	Matthew Tkachuk YG RC	40	50	80	200
249	William Nylander YG RC	▲80	▲100	▲125	▲300
451	Patrik Laine YG RC	▼25		▼50	▼100
458	Mathew Barzal YG RC	▼20	▼25	▼30	100
459	Joel Eriksson Ek YG RC	15	20	30	50
468	Mitch Marner YG RC	▲125		200	400
472	Thatcher Demko YG RC	▼20	▼25	▼40	▼100
479	Timo Meier YG RC	10	15	25	50
498	Dylan Strome YG RC	15	20	30	60
525	Jake Guentzel YG RC	20	40	60	150

2016-17 Upper Deck Canvas

		NmMt 8	NmMt+ 8.5	MT 9	Gem 9.5/10
C35	Connor McDavid	▲15	▲25	▲30	▲60
C91	Mitch Marner YG	30	50	100	▲250
C106	Patrik Laine YG	▼15	▼20	▼30	▼60
C211	Auston Matthews YG	80	100	▲250	▲600
C214	William Nylander YG	20	30	▲60	▲250
C218	Matthew Tkachuk YG	25	30	60	150

2017-18 Upper Deck

		NmMt 8	NmMt+ 8.5	MT 9	Gem 9.5/10
201	Nico Hischier YG RC	25	30	▼40	150
210	Adrian Kempe YG RC	15	20	30	125
221	Alex DeBrincat YG RC	▼15	20	▼25	▼80
228	Tage Thompson YG RC	▼20	▼30	▲60	150
242	Charlie McAvoy YG RC	30	40	▼50	▼125
247	Brock Boeser YG RC	▼25		▼30	▼100
464	Martin Necas YG RC	25	30	50	200
466	Jesper Bratt YG RC	15	20	30	100
477	Clayton Keller YG RC	30	40	50	200

2018-19 Upper Deck

		NmMt 8	NmMt+ 8.5	MT 9	Gem 9.5/10
201	Rasmus Dahlin YG RC	▲25	▲30	▼40	▼100
202	Roope Hintz YG RC	▲20	▲25	30	80
210	Mackenzie Blackwood YG RC	20	25	50	80
221	Evan Bouchard YG RC	25	30	▼40	▼125
241	Jordan Kyrou YG RC	▲15	▲20	▲30	80
242	Samuel Montembeault YG RC	▼25	▼30	50	100
246	Miro Heiskanen YG RC	25	30	40	▼80
248	Elias Pettersson YG RC	▼40	50	▼80	▼150
249	Jesperi Kotkaniemi YG RC	10	15	▼20	▼30
451	Andrei Svechnikov YG RC	▼15	▼20	▼25	▼80
472	Robert Thomas YG RC	20	25	30	100
499	Brady Tkachuk YG RC	▲40	▲50	▲100	200

2018-19 Upper Deck Canvas

		NmMt 8	NmMt+ 8.5	MT 9	Gem 9.5/10
C101	Miro Heiskanen YG	15	25	40	100
C218	Carter Hart YG	60	80	125	200
C223	Jesperi Kotkaniemi YG	50	60	80	125

2019-20 Upper Deck

		NmMt 8	NmMt+ 8.5	MT 9	Gem 9.5/10
201	Jack Hughes YG RC	▼80	100	▼125	▼250
224	Carter Verhaeghe YG RC	▲15		▲25	▼60
228	Adam Fox YG RC	▼20	▼25	▼40	▼100
249	Quinn Hughes YG RC	80	100	125	300
451	Kirby Dach YG RC	▼15	▼20	▼25	▼60
471	Nick Suzuki YG RC	80	100	150	400
493	Cale Makar YG RC	▲300		400	800
528	Igor Shesterkin YG RC	100	125	150	400

2020-21 Upper Deck

		NmMt 8	NmMt+ 8.5	MT 9	Gem 9.5/10
201	Alexis Lafreniere YG RC	▼25	▼30	▼40	▼100
208	Joseph Woll YG RC	30	40	▲60	▲125
234	Connor McMichael YG RC	▼15	▼20	▼30	100
235	Jason Robertson YG RC	▼25	▼30	▼50	▼150
246	Jake Oettinger YG RC	▼20	▼25	▼40	▲125
451	Kirill Kaprizov YG RC	50	60	100	250
461	Ilya Sorokin YG RC	▲20		▲25	80
482	Tim Stutzle YG RC	▼25	▼30	60	▼125
495	Dylan Cozens YG RC	12	15	25	50
496	Stuart Skinner YG RC	▼10	▼15	▼30	▼60

2021-22 Upper Deck

		NmMt 8	NmMt+ 8.5	MT 9	Gem 9.5/10
201	Cole Caufield YG RC	▼50		80	250
219	Logan Thompson YG RC	15	20	25	80
223	Spencer Knight YG RC	▲15	20	▲30	▲80
226	Jeremy Swayman YG RC	▼15	▼20	▼25	▼100
232	Trevor Zegras YG RC	▼10	▼15	▼25	▼80
451	Mason McTavish YG RC	▼12	15	▼25	▼60
459	Dawson Mercer YG RC	▼10	12	▼20	▼40
464	Lucas Raymond YG RC	25	30	40	100
466	Cole Perfetti YG RC	15	20	▼25	▲80
469	Moritz Seider YG RC	▼20	25	▼30	▼80
475	William Eklund YG RC	15	20	30	60
488	Quinton Byfield YG RC	▼15	▼20	▼30	100
711	John-Jason Peterka YG RC	▼12	▼15	▼25	▼60
745	Seth Jarvis YG RC	20		40	100

2022-23 Upper Deck

		NmMt 8	NmMt+ 8.5	MT 9	Gem 9.5/10
201	Matt Boldy YG RC	25	30	50	200
213	Matty Beniers YG RC	▼20	▼25	▼30	▼100
224	Pyotr Kochetkov YG RC	15	20	▼25	▼80
228	Owen Power YG RC	▼12	20	30	80
243	Marco Rossi YG RC	▼15	▼20	40	125
451	Juraj Slafkovsky YG RC	▼40	▼50	100	▼300
459	Wyatt Johnston YG RC	40	50	60	250
461	Dylan Holloway YG RC	20	25	40	100
466	Jake Sanderson YG RC	25	30	40	150
470	Brandt Clarke YG RC	12	15	25	80
475	Shane Wright YG RC	20	25	40	125
480	Kaiden Guhle YG RC	▼20	30	40	▼125
490	Arber Xhekaj YG RC	▼15	20	30	100
497	Dylan Guenther YG RC	▼25	▼30	▼50	▼150

2023-24 Upper Deck

		NmMt 8	NmMt+ 8.5	MT 9	Gem 9.5/10
204	Yaroslav Askarov YG RC	▼15	▼20		▼100
210	Dustin Wolf YG RC	40	50	60	200
215	Brock Faber YG RC	▼20	▼25	▼40	▼150
222	Matthew Knies YG RC	▲40	▲50	▲80	▲300
237	Devon Levi YG RC	▼15	▼20	▼25	▼80
248	Luke Hughes YG RC	▼25	▼30	▼40	▼150
451	Connor Bedard YG RC	▼250	300	▼400	1,000
468	Leo Carlsson YG RC	25	30	▼40	▼100
482	Fraser Minten YG RC	25		30	60
497	Mason Lohrei YG RC	25	30	50	80
701	Logan Cooley YG RC	30	40	60	200
711	Adam Fantilli YG RC	▼30	▼40	▼60	▼150
SP1	Connor Bedard SP	▼300		▼400	▼2,000

2024-25 Upper Deck

		NmMt 8	NmMt+ 8.5	MT 9	Gem 9.5/10
202	Jesper Wallstedt YG RC	20	25	40	100
212	Cutter Gauthier YG RC	20	25	50	125
216	Matt Rempe YG RC	25	30	40	100
227	Frank Nazar YG RC	20	25	40	150
229	Lane Hutson YG RC	150	200	250	800
239	Logan Mailloux YG RC	12	20	30	100
244	Logan Stankoven YG RC	20	25	30	125
451	Macklin Celebrini YG RC	150	200	300	1,200
492	Matvei Michkov YG RC	80	125	250	800